नंद चतुर्वेदी रचनावली

कविता समग्र

खंड : 1

नंद चतुर्वेदी रचनावली

कविता समग्र

खंड : 1

सम्पादक

पल्लव

राजकमल प्रकाशन

ISBN : 978-93-6086-922-9

मूल्य : ₹2500
(4 खंडों का सम्पूर्ण सेट)

पहला संस्करण : 2024

प्रकाशक : राजकमल प्रकाशन प्रा. लि.
1-बी, नेताजी सुभाष मार्ग, दरियागंज
नई दिल्ली-110 002

शाखाएँ : अशोक राजपथ, साइंस कॉलेज के सामने, पटना-800 006
पहली मंज़िल, दरबारी बिल्डिंग, महात्मा गांधी मार्ग, प्रयागराज-211 001
1, अनमोल सोराबजी सन्तुक लेन, धोबी तलाव, मरीन लाइंस, मुम्बई-400 002
वेबसाइट : www.rajkamalprakashan.com
ई-मेल : info@rajkamalprakashan.com

मुद्रक : बी.के. ऑफसेट
नवीन शाहदरा, दिल्ली-110 032

NAND CHATURVEDI RACHANAWALI (Vol. 1)
Edited by Pallav

नंद चतुर्वेदी

नामवर सिंह के साथ नंद चतुर्वेदी, वर्ष 2008

धर्मवीर भारती, जयसिंह नीरज और नंद चतुर्वेदी, वर्ष 1981 *(फोटो साभार : ओंकारनाथ)*

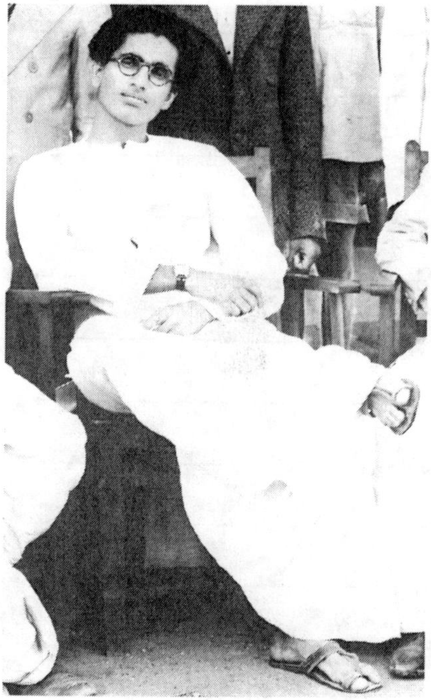

नंद चतुर्वेदी, जलगाँव (महाराष्ट्र) के पास नसीराबाद कस्बे में न्यू इंग्लिश हाई स्कूल के प्रिंसिपल, वर्ष 1948

आशा चतुर्वेदी व नंद चतुर्वेदी, वर्ष 1960

किला — नंद चतुर्वेदी

वह किला पूरी तरह ध्वस्त हो गया था
एक पूरे शानदार इतिहास के बावजूद
वे वीरांगनायें आग में कूद गयी थीं
अपने कृतघ्न और क्लीब पतियों के लिए
जिन्हें प्रेम करना नहीं आता था

वे सुन्दर और अप्रतिम थीं
क्योंकि मर चुकी थीं
और अब वे स्वतंत्र थीं
उनके पति
प्रेम का विरुद गाने को

कोई नहीं था
वह ज़िन्दगी देखने वाला
जो उन्होंने दी थी

वे पैदल आई थीं
या शिविकाओं में
अकेली - अकेली
या एक साथ

लेखक की हस्तलिपि (कविता)

क्रम

ईमानदार दुनिया के लिए

वे सोये तो नहीं होंगे

आशा बलवती है राजन्

गा हमारी ज़िन्दगी कुछ गा

सप्तकिरण में संकलित कविताएँ

ब्रज भाषा की कविताएँ

असंकलित कविताएँ

गीत-रचनाएँ

परिशिष्ट

संशय और आशा के कवि

मैं अस्थिर, अधीर समय का कवि हूँ—अपने निर्मित सपनों पर संशय करता, इसलिए मैं 'कालजयी' कविताएँ लिखने के दंभ से मुक्त हूँ। अपनी कविताओं को मैंने समय से विमुख नहीं होने दिया। मैं विश्वास करता हूँ कि कविता की सबसे बड़ी शक्ति समय की पेचीदगियों, गाँठों, प्रतिकूलताओं को अभिव्यक्ति देना है। कविता की शक्ति और स्वायत्तता यदि है तो यही है।

नंद चतुर्वेदी, 'आशा बलवती है राजन्' की भूमिका से

नंद चतुर्वेदी का काव्य संसार मनुष्य के पक्ष में मजबूती से खड़े रहने के संकल्प से उपजा है। नंद बाबू मनुष्य की स्वाधीनता और गरिमा की रक्षा के संकल्प के साथ उसके लिए तमाम अवसरों की उपलब्धता चाहते हैं। उनकी आकांक्षा है कि ये अवसर मनुष्य के सम्पूर्ण अभ्युदय के हों, उसके जीवन में सम्पूर्ण प्रकाश और तमाम उल्लासों के हों। वे मनुष्य होने की गरिमा के निर्वाह के लिए किसी भी लड़ाई के लिए तैयार हैं और उसके लिए लोकतंत्र को एक ज़रूरी उपाय मानते हैं। आकस्मिक नहीं कि औपनिवशिक दासता के दौर से निकलकर भारतीय लोकतंत्र के बनने और उस पर हो रहे आघातों को वे अपनी कविताओं का विषय बनाते हैं। झालावाड़ नरेश के दरबार में समस्या पूर्ति का छंद लिखकर कविता के संसार में आए इस कवि की यात्रा बेहद रोचक है। यह बहुत आसान था कि नंद बाबू ब्रज भाषा के सुन्दर सवैये लिखते और श्रोताओं का सम्मान प्राप्त करते लेकिन वे अपने काव्य लेखन की शुरुआत में ही 'धन का अजगर' जैसी कविता लिखते हैं तो ब्रज के मुहावरे में भी उन्हें अन्न के एक एक दाने के लिए बिलख रहे जन दिखाई देते हैं। राजस्थान में स्वतंत्रता के फौरन बाद का परिदृश्य समाजवादी संकल्पों से भरा हुआ था। उस दौर में नंद बाबू कोटा में एम ए करने गए और समाजवादी साप्ताहिक 'जय हिन्द' के नियमित लेखक बने। यहाँ से उनकी कविता के मानवीय संकल्पों को विचार का बल मिला और एक सुदीर्घ यात्रा सम्पन्न हो सकी।

नंद बाबू उन कवियों में नहीं हैं जिनके लिए छंदमुक्ति छंदसिद्धि के अभाव का सहारा बनी बल्कि उन्होंने मंच पर गीत कविताओं का लम्बा सफ़र भी तय किया। उन गीत कविताओं में से कुछ एक पुस्तक 'गा, हमारी ज़िन्दगी कुछ गा' में तब प्रकाशित हुए जब नंद बाबू अपनी आयु के चौथे चरण में थे। यह जानना भी पाठकों के लिए भिन्न अनुभव होगा कि नंद बाबू का पहला कविता संग्रह 'यह समय मामूली नहीं' तब छपा जब वे साठ वर्ष के हो गए थे। प्रकाशन से उदासीनता इसका कारण नहीं था अपितु कवि का राजस्थान के उस क्षेत्र से होना था जो आधुनिक कविता के लिए लगभग अपारम्परिक था। यहाँ प्रकाशन की सुविधाएँ नहीं थीं और तब साहित्य के केन्द्र माने जाने वाले शहरों यथा इलाहाबाद, बनारस या दिल्ली से उनका कोई सम्बन्ध था। नंद बाबू इस परिदृश्य को बदलने और राजस्थान के लेखन को उसके वाज़िब हक़ के लिए लड़ने का हौंसला रखते थे। उन्होंने इस जड़ता को तोड़ने के लिए अपने स्तर पर दो बड़े उपक्रम किये। पहला राजस्थान के सात कवियों की संयुक्त कविता पुस्तक 'सप्त किरण' का प्रकाशन और दूसरा 'बिन्दु' जैसी लघु पत्रिका का संपादन-प्रकाशन। उदयपुर में राजस्थान साहित्य अकादमी को आकार देने और उसे एक संस्थान की गरिमा दिलाने में भी उनका योगदान रहा।

नंद बाबू उन दुर्लभ कवियों में थे जो गहरे आधुनिक होने के साथ साथ रसिक भी हैं। वे आपादमस्तक कवि थे। उनकी कविताएँ बार बार उनके आधुनिक चित्त को हमारे सामने लाती हैं जहाँ वे अपने होने का महत्त्व समूचे आत्मविश्वास के साथ प्रकट करते हैं—

हर बसन्त में बीत जाने देता हूँ
पुराने अर्थ का बोझ
निर्गन्ध अतीत
अगति शीत
पुनर्जन्मों की स्मृति में होता हूँ
एक उल्लसित, दग्ध, प्रज्वलित
अग्निवर्ण पलाश

इसी बसन्त में मैं
पुनर्जन्मों की स्मृति में
होता हूँ देह से भिन्न
देहान्तरों के बीच
एक काँपती हुई अभुक्त तृष्णा

ढूँढ़ता हूँ हवाओं की साक्ष
होता हूँ गाछ-पत्ता
फैलता हूँ उन्हीं पुनर्जन्मों की स्मृति में
होता हूँ आकाश।

(बसन्त में होना)

आत्मसजग कवि का यह बयान कहीं आत्ममुग्धता में न बदल जाए इसके लिए उनके पास जिस विचार का सहारा है वह समाजवादी संकल्पों से उपजा है। उनके लिए मनुष्य की गरिमा और स्वतंत्रता सबसे ज़रूरी और सबसे पहले है। अपने पहले संग्रह की एक कविता में वे लिखते हैं—

अपने समय का अस्वीकार नरक है
मनुष्य वृक्ष पर चिपका पत्ता नहीं है
नील जल वाली नदी नहीं है सड़क
यहाँ जूतों की रगड़ पैरों की उदासीन मार
अपमान की दुर्घटनाएँ हैं
वे जो यहाँ चलेंगे पहचाने जाएँगे
अपने उत्साह और पराक्रम के लिए
अपनी पहचान खोकर जो चले जाएँगे
उन्हें देख लेना कोई शिनाख़्त तक नहीं करेगा

हमारी यात्राओं का भयावह एकान्त
सन्नाटा यहीं टूटेगा
मोर्चे के लिए ज़मीन यहीं कटेगी
हम अपने सु-दिनों के लिए
यहीं खड़े रहेंगे और इन्तज़ार करेंगे।

और अपने उसी दौर के गीत में भी कवि कहता है—

नए गान होंगे नई वन्दना में
बंधा रह सकेगा न इनसान यूँ अब
पड़ा रह सकेगा न भगवान यूँ अब
विजय घोष से दुमदुमेंगी दिशाएँ
उठेंगे चरण शत उठेंगी भुजाएँ
बनेंगे सजल श्यामल खेत मन्दिर
नए देव होंगे नई साधना में

नए का यह आग्रह नंद बाबू की कविताओं में तब बार बार आता है। इस नए मनुष्य के संशय कम नहीं हैं जो लोकतंत्र की विफलता के साथ गहरे होते जाते हैं।

तब मैं इन्तज़ार करते हुए लोगों के पास
जा कर क्या कहूँ?
तुम्हारे पास हवा है, आग है, नदी है
इतिहास है
तब भी संशय और फ़रेब और समय के मारे हुए
लोग उठेंगे?
और बाहर की बहती हुई हवा को छुएँगे?
यह फैसला अंत तक जाने के लिए नहीं
सिर्फ़ शुरू करने के लिए है
जब कि लोग नाराज़ और बेचैन हैं
और इतिहास की नदी
मुक्ति के रास्ते तलाश करने की
त्वरा में हैं।

(शुरुआत का फैसला)

इन संशयों के बावजूद वे अपनी कविताओं में मनुष्य के उत्साह को तनिक भी मद्धिम नहीं होने देना चाहते।

बूढ़ी माँ! यह रोने का समय नहीं है
लड़की तुम्हारे आँगन में खड़ी नयी बेल है
लड़का नया पत्ता।

* * *

नंद बाबू भारतीय मन और समाज को बहुत अच्छी तरह जानने समझने वाले कवि हैं। यह अकारण नहीं कि ब्रज के माधुर्य में भीगकर कविताई प्रारम्भ करने वाले इस कवि को भूमंडलीकरण का मनुष्य विरोधी चेहरा साफ़-साफ़ दिखाई देता है और वे लिखते हैं—

कैसा आकाश है
जहाँ उड़ती ही नहीं इच्छाओं की पतंगें
जहाँ से चले गए हैं मेघ-छाया के प्रफुल्लित दिन
सप्त-ऋषि मंडल से बातें करती चन्द्रमा की रातें

(दुनिया बदलने की कोशिश)

इस भूमंडलीकरण के नैराश्य में यदि उनकी आशा का स्रोत कहीं है तो वह मनुष्य जीवन की साधारणता है। वे इस साधारणता को चमक दमक के सामने खड़ा करने की हिम्मत रखते हैं और इसके पक्ष में स्थिर रहना जानते हैं—

कुछ काम और करने हैं अभी
मसलन उस पुराने कोट का अस्तर
जो नीचे है उसे ऊपर कराना और
ऊपर वाले को नीचे

बाज़ार जाना है शाम होने के पहले
जो बच गया है उस में से चुनने
जो किसी ने नहीं लिया उसे लाना है घर तक
चुनने की ज़िन्दगी जब न बची हो
चुनने के लिए अज़ीब-अज़ीब वस्तुएँ हो
तब का रास्ता पार करना है
कठिन

जो लोग वहाँ खड़े हैं
उन से सलाह लेनी है आगे के रास्तों के लिए
सिर बचाने की नहीं, पैर बचाने की
चलने के लिए

उस चिट्ठी पर मैंने पता नहीं लिखा है
तब भी मुझे जल्दी है
मैं उसे चिन्ता करने वाले लोगों तक पहुँचा दूँ
समय से पहले

उस नदी के घाट फिर से देखने हैं
जहाँ अथाह पानी था
जब मैं डरता था और किसी ने धक्का दिया था

बहुत से काम करने थे मुझे
वह घड़ी जिसका काँटा रूका था
उसे दिखाना था
जूता भी सिलाना था उस जगह से

जहाँ से अँगूठा बाहर आ जाता था
और ठोकर लगने का डर था।

(कुछ काम और करने के)

* * *

राजनीति वह क्षेत्र है जहाँ से नंद बाबू का कवि ऊर्जा ग्रहण करता है। वे आततायी राजनीति का चेहरा उघाड़ते हैं और मनुष्यधर्मी राजनीति की प्रस्तावना भी करते हैं। नंद बाबू का स्वाधीन भारत के समाजवादी दलों से सीधा जुड़ाव भी रहा और वे किसी कार्यकर्ता की तरह आन्दोलनों, रैलियों और चुनावों में भागीदारी करते रहे। आततायी। साम्प्रदायिक और भ्रष्टाचारी राजनीति को उन्होंने लगातार अपने निशाने पर रखा। उनके अंतिम संग्रह तक आते-आते ये सरोकार और अधिक मजबूत होते जाते हैं।

पराजय कब नहीं थी
कब नहीं थे झूठ के लिए वाह-वाह करने वाले
लेकिन तभी दल-दल से
निकल आया समय
करिश्मे और भाग्य से नहीं
मनुष्य के उत्साह और संघर्ष से

मनुष्य की स्वाधीनता में उन्हें धर्म जहाँ भी बाधक लगता है वे उसका मुँहतोड़ प्रतिकार करते हैं। इस बिन्दु पर वे बड़े सेक्युलर (सांसारिक) हो जाते हैं जो निर्भय होकर किसी भी सत्ता से भिड़ना जानते हैं—

पादरी अपनी क़िताब खोलता है
पढ़ने लगता है
तुम्हें वहाँ अन्न मिलेगा
क्योंकि यहाँ तुम भूखे थे
एक उदास पेड़ की पत्तियाँ
गिर गईं थीं
पादरी की क़िताब पर
एक दयालु आदमी की तसवीर बनी थी
लोगो ने 'आमीन' कहा
और वे उठाकर ले गये
अपने कंधों पर
एक रक्तहीन प्यासे सपने को
लौटते वक़्त क़ब्र पर

जो रोशनी उन्हें दिखाई दी
पीली और असहाय
अस्त होती हुई
उसी रोशनी में उन्हें चलना था
दूसरे दिन सुबह उठकर।

(क़ब्र पर रोशनी)

लगभग अस्सी वर्ष की इस कविता यात्रा के अंतिम पड़ाव पर अपने संग्रह (आशा बलवती है राजन्) में वे फिर लिखते हैं—

दुनिया जानने के लिए शरीर को ही जानते हैं हम
देहातीत प्रेतात्माओं के लिए नहीं बनी है पृथ्वी।

(शरीर)

सांसारिकता का यह आग्रह उन्हें सच्चे अर्थों में आधुनिक बनाता है। ऐसा आधुनिक जो अपने स्व के लिए जितना जागरूक है उतना ही अपने देश के मामूली, निर्धन और निरुपाय लोगों के लिए भी। वह प्रकृति से गहरा प्रेम करता है और उसकी तमाम सुन्दरता को प्राप्त करना चाहता है ताकि यह दुनिया सुन्दर बन सके। उनकी आकांक्षा स्वार्थी नहीं बल्कि लौकिक है।

अब लौट भी आएँ वे दिन
हज़ारों सुगंधों के बीच के रास्ते
गीली घास
या पत्थरों पर चलती
चारों तरफ़ भागती अग्नि
आकाश पर बिखेरेगा कौन
वह रंग
वह रोशनी

(तेहि न दिवसा गत:)

प्रकृति से गहरा राग नंद बाबू के काव्य संसार का एक अप्रतिम गुण है। हमारे देश की ऐसी कोई ऋतु नहीं है जो अपने तमाम रंगों के साथ उनकी कविता में दिखाई न देती हो। ये रंग स्मृतियों से निकलकर आते हैं तो वर्तमान की उदासियों से जूझते हुए भी। नंद बाबू कई बार नॉस्टेलजिया के कवि दिखाई देते हैं और इसे वे छिपाते भी नहीं। कहना चाहिए कि उनकी कविताओं में यह नॉस्टेल्जिया जिस रचनात्मक वैभव को संभव करता है वह हिन्दी कविता में अन्यत्र दुर्लभ प्राय: है।

यह कहना चाहता हूँ कि आधुनिक हिन्दी कविता के इतने बड़े और सम्पन्न परिदृश्य में नंद बाबू सबसे आला और अव्वल भले न हों किन्तु अनूठे और अलहदा ज़रूर हैं। उनके समूचे काव्य सृजन में जैसे पृथ्वी के तमाम रंग, तमाम गंध और स्पर्श आ गए हैं। रचनावली का प्रकाशन उन पाठकों को भी इस संसार में आने का निमंत्रण देगा जो अब तक इससे दूर थे।

* * *

मुझे याद आता है अपने बी ए के दिनों में नंद बाबू की कविताओं से हुआ पहला परिचय, जिसके वाहक मेरे शिक्षक आदरणीय सदाशिव श्रोत्रिय थे। फिर उनसे मिलने और बात करने का एक सिलसिला शुरू हुआ जो मेरे उदयपुर के दिनों में चरम पर पहुँचा। नंद बाबू के घर जाने के लिए किसी औपचारिकता की आवश्यकता न होती थी। उनकी अनेक कविताएँ प्रकाशन से पूर्व उनकी बैठक में सुनने का सुख अनिर्वचनीय ही था। मैंने तब 'शरीर', 'सुगंध वृक्ष' और 'महाराज' व 'महारानी' जैसी कविताएँ उनसे सुनीं। उन दिनों मेरे साथ नंद बाबू के श्रोताओं और मित्रों में आदरणीय प्रो नवलकिशोर, आशुतोष मोहन और हिमांशु पंड्या भी थे। नंद बाबू हमारे कवि थे।

नंद बाबू के जन्म शताब्दी वर्ष में उनकी रचनावली का प्रकाशन हो यह उनके परिवार और पाठकों की कामना थी जिसे राजकमल प्रकाशन ने पूरा किया। नंद चतुर्वेदी फाउंडेशन और मुख्यत: अरुण चतुर्वेदी जी तथा अनुराग चतुर्वेदी जी का आभार करता हूँ जिन्होंने मुझ पर भरोसा कर यह जिम्मेदारी दी। नंद बाबू के प्रारम्भिक संग्रह छपने वाले पंचशील प्रकाशन और उनके काव्य चयन को पाठकों के लिए सुलभ बनाने वाले भारतीय ज्ञानपीठ तथा बोधि प्रकाशन का भी आभार करता हूँ। आवरण के लिए पोर्ट्रेट तैयार करने के लिए दैनिक हिन्दुस्तान के चित्रकार यशवंत नामदेव आगे आए। रचनावली तैयार करने में हरीश डोभाल जी, भवानीशंकर जी और मनोज राजगुरु ने बार-बार सहयोग दिया। उदयपुर में राजस्थान साहित्य अकादमी के पुस्तकलय से सामग्री खोजने में सुयश जी, मंजू जी और परिवार के अन्य लोगों ने भागदौड़ की। रचनावली के खंडों को अन्तिम रूप से तैयार करने में पत्रकार प्रवण प्रियदर्शी और शोधार्थी अभिनन्दन का भी सहयोग मिला। सबके प्रति विनत हूँ।

—पल्लव

30 जनवरी, 2024
गांधी शहादत दिवस
हिन्दू कालेज, दिल्ली

यह समय मामूली नहीं

नहीं, प्रभु! नहीं
अपना प्रकाश देकर मुझे न रचो
इतनी कृपा न दो कि मैं तुम्हारी अनुकृति ही लगूँ
मैं शीघ्र ही थक जाऊँगा
और तुमसे घृणा करने लगूँगा
तब मैं सब जगह तुम्हारी आकृतियाँ
खंडित कर दूँगा
इसलिए कि मैं तुम से सर्वथा भिन्न लगूँ
आह प्रभु! तुमने मनुष्य बनाया तो है
किन्तु, तुम उसे जानते नहीं हो।

सब हमारे पक्ष में हैं

तुम्हारे हाथ अभी थके नहीं हैं
यह कहने का सुख ही
इस कविता का कथ्य है
थोड़े-से दिन और हैं
सहने के
फैलाने के लिए ये हाथ नहीं हैं

निर्द्वन्द्व रहो
यह जंगल नहीं है
न होने दो इसे जंगल
नदी यहाँ नहीं रुकेगी
कोई भी नहीं
इस प्रवाह का
इस चकित कर देने वाली
यात्रा का सुख ही
इस कविता का कथ्य है

किसी को तो छोड़ना ही पड़ेगा
छोड़ना ही पड़ेगा यह सुख
इस नये पत्ते पर इस धुँध में
बूँद तो है
सूर्य के भाग्य में यह सुख नहीं है
छिन्न-भिन्न हुआ मन
लौटता है पीछे
पीछे कुछ नहीं है

सन्नाटा है
डर है

डरो मत
यहाँ दूब है और छोटी चिड़िया
छोटे लोगों को क्या डर है?
क्या डर है भाग्य के मारे लोगों को?

यह शताब्दी क्रूर लोगों की है
लेकिन हमारी भी है
यह युद्ध है
खड़े रहो

कोई पाप आकस्मिक नहीं होता
तुमने होने दिया तो हुआ
सिर्फ़ इच्छाओं से रास्ते बदलते नहीं हैं

सत्ता ही हार-जीत
यह दुख
हमारा नहीं
युद्धरत रहो
जिसे बदलना है बदलेगा

ये वनस्पतियाँ जलेंगी नहीं
न यह कृति अनुर्वरा होगी
अब की बार पकड़ लें
हवा और बादल
और वक़्त
और चौथा इस बार का भविष्य
सब हमारे पक्ष में हैं।

बहुत-से दुख आत्मा के

अपनी आत्मा के दुख बहुत-से हैं
सबसे बड़ा दुख तो यह है कि
वह वट-वृक्ष जिसकी टहनियाँ
कितनी नीचे ठीक ज़मीन को छूती थीं
अब सिर्फ़ हाथ भर की रह गई हैं
ज़मीन के रिश्ते, ज़मीन, मिट्टी, पानी
वे वनस्पतियाँ, वे पहचाने-पहचाने-से फूल-पत्ते
एक स्वप्न-गाथा लगने लगे हैं

उफनने वाली नदी सिर्फ़ उफनती है
बहती नहीं है
फिर रंज और असमंजस में पड़े
जग्गो हरिजन और डूँगा बा
अपनी खाली मटकियों का वजन ढोते
लौटती हुई यात्रा में
कुछ ज़्यादा झुके हुए
कुछ ज़्यादा ही बीमार होते हैं

बहस के एक हिस्से में प्रज्वलन होता है
दूसरा हिस्सा शान्त करता है, समझाता है
आषाढ़ के बादल तब तक दूर चले जाते हैं
दो-तीन नाम अख़बार में छपते हैं
सबसे बड़ा दुख तो यह है कि
हम समझते हैं कि बादल आ गए हैं
और एक दुख अकहा यह भी कि
पिछले साल लगाया हुआ पेड़

इस साल एक पेड़ की स्मृति भर होता है
समझाने का काम बड़ा कठिन होता है
एक-एक सीढ़ी उतरना धीरे-धीरे
फिर समारोह में उसे उपलब्धि बताना
समझाना कि दुख की एक सीढ़ी कम हो गई है

जानता हूँ अँधेरे रास्तों में
एक चमगादड़ की तरह
वहीं-वहीं चक्कर काटना
रास्तों की तलाश नहीं है
और यह भी जानता हूँ
न इस तरह वे पारिजात मिलते हैं
जिन्हें देखा तो नहीं है
सिर्फ़ हवाओं में जिनका गंध इतिहास है

यह कविता हार की नहीं है
बल्कि फिर से उन संकल्पों को
दुहराने की है
जिसके लिए हम सब
इस क्रूर शताब्दी के सारे
मोर्चों पर युद्धरत हैं।

यह समय मामूली नहीं

यह समय मामूली नहीं
ठीक सूर्यास्त के समय
पूरी किरणें गिनी जा सकती हैं
प्रवाह भी ऐसा-वैसा नहीं
तूफान में लोग धीरज और पूरे आत्म-बल के साथ
धिक्कारते हैं, आततायी, अन्यायी को

यह समय मामूली नहीं
भयाक्रान्त लोग भाषा व्यवहार के
सारे हिस्से को अपने पक्ष में करते हैं
वे बोलते नहीं
लेकिन बोलने वालों की आँख में आँख डालकर
पूछते हैं सवाल

यह समय मालूली नहीं
जिन्हें पुराने काग़ज़, बहीखाते
निकालकर देखने हों देखें
भूतकाल में बाप-दादाओं के चेहरे
अच्छे लगते हैं और जुड़ा हुआ
चक्रवृद्धि ब्याज
जब आख़िरी घड़ी आती है
यही होता है
आयु की फसल और जन्मपत्रियों पर
टिकती हैं लालची आँखें
यह समय मामूली नहीं
इतना बवंडर धूल-धक्कड़ एक साथ

एक ख़ास किस्म का अभ्यास करना पड़ता है
चलने के लिए
कुछ नज़र नहीं आता
पक्षियों के पंखों के सिवा
बहुत देर बाद आता है आकाश
लेकिन आता है अवश्य

यह समय मामूली नहीं
जिन्हें हो खाँसी, दमा या जुकाम
रक्तचाप, सत्ता का गठिया
वे जाएँ
दिखाएँ नब्ज़ ठीक मृत्यु के समय
बचें ज़रा सत्य की हवा, बौछार से
अँधे और मूढ़ उतरें
ऊँडे* कुओं में
जिसमें पानी की बूँद तक नहीं है

ज़मीन इस तरह तो प्यासी नहीं रहेगी—
इस तरह तो नहीं देखेंगे लोग
ऋतुओं का सर्वनाश
इस ग़ैर-मामूली समय में
इतिहास के बाद-किवाड़ खुलेंगे
पूरे के पूरे तालाब में
सहस्त्रों कमल, तैरते हुए
बहते हुए, फैल जाएँगे।

---

* ऊँडे = गहरे

कोई दुर्घटना हुई है

लोग उदास क्यों है
क्यों चल रहे हैं लँगड़ाते हुए
दबे-सहमे
शब्द रहित
कोई दुर्घटना हुई है?

कोई पेड़ सूख गया है क्या सहसा?
सहसा कोई नदी प्रवाह-रहित हो गई है?
या कि कोई जलाशय डूब गया है
अतल अन्धकार में?

कुछ तो हुआ ही है मेरे भाई! कुछ तो
कुछ तो दब ही गया है इन पत्थरों के बीच
पत्ते एकदम रक्तहीन हो गए हैं, भूरे
ऋतुओं के हरे पत्ते
बादलों का जल मैला हो गया है
लड़के ख़ामोश हैं
हिरनियों की तरह उछलती लड़कियाँ
रेंगती हुई चलती हैं, बीमार और शोक में डूबी हुई

हो तो गया ही है कुछ वर्षों का बीत जाना
एक-एक दिन मिट्टी में मिल गया है
एक-एक तसवीर दिन की साक्षी में बनाई गई
सन्नाटे में गारत हो गई है

ज़मीन में बोने के लिए
कोई बीज बचा नहीं है
अगली यात्रा के सारे मुहूर्त
झूठ और फ़रेब की बगल में बैठ हैं

सवालों के उत्तर
अफ़सरों की जेब में हैं
घोड़ा पूँछ हिलाता बाज़ार में खड़ा है
युधिष्ठिर महाराज! आपका रथ
एक बालिश्त ज़मीन में धँस गया है

ऐसा समय है
बिलकुल रुका हुआ
(तो भी) पेड़ों पर हवाओं का दबाव है
जल काँपता है थोड़ी-थोड़ी देर बाद
शायद सारी ऋतुओं की मृत्यु नहीं हुई है

मेरी कविता!
सूर्य जब तक शेष है
तुम रोशनी का हिस्सा बनी रहो
मेरी कविता! इतिहास जब
नि:शब्द होने लगे
तब तुम एक सार्थक शब्द बनो
चाहे हवा, चाहे आकाश, चाहे अग्नि।

अन्धकार होने के पूर्व

कितनी देर हो गई है
जल्दी करो, कुछ तेज़ भी चलो
अन्धकार होने के पूर्व
वहाँ पहुँचो
नहीं तो वह तेज़ नदी की धार
हवा में उछालें मारता जल
दिख नहीं पाएगा

मैंने किसी से कहा नहीं
और आज भी कहने में
निर्लज्जता ही है अपनी आत्मा के भेद
और वे स्वप्न जिन्हें सूर्य तक को
देखने नहीं-दिया मैंने

वे सब वहाँ हैं
उन सबको देखकर यह लगता है
जैसे उनकी प्रार्थना हमारे लिए है
वे हमारी स्वप्न-गाथा लिख रहे है

मुझे कहना नहीं था
लेकिन मुझे भय है
अँधेरा होने के साथ
तुम यह देख नहीं सकोगे

यह उपासना-गृह नहीं
यह सरकारी कार्यालय है

जरा जल्दी करो
यह चक्की खुरदरा आटा पीसती है
यहाँ तमाम प्रार्थनाएँ बदशक़्ल हो जाती हैं

तुम से मैंने कहा तो नहीं था
लेकिन तुम्हारी-हमारी यात्रा का
सिर्फ़ एक ही सिलसिला
एक ही अन्त था
गरम रेत में हमारे झुलसे हुए तलवे

आयु के इस उत्तरार्ध में
जब तुम्हें शायद आशा भी नहीं होगी
हम मिलेंगे-मिले
और यह कैसी सान्त्वना है
तुम्हें देने के लिए मेरे पास
अब केवल एक हिंसा का शब्द है

कितने क्षीण प्रकाश वाला
चन्द्रमा यहाँ है
मैं कहता हूँ, ज़रा जल्दी करो
कुछ तेज़ भी चलो
अन्धकार होने के पूर्व।

अपने विरुद्ध लड़ते हुए

जीवन में समर हारने जैसा एहसास
सिर पर घूमता है चौबीसों घंटे
पतझड़ के पत्तों की तरह

जय किसी की मुट्ठी में नहीं है
मिलती है तो पहले
आस-पास घृणा की भट्टी
दहकती, जलती हुई
चक्राकार घूमती है
उसी में से निकलता है
अधजले कोयले की तरह
आत्महन्ता सफलता का उन्माद

वर्षा की नदी देखी है न!
कितनी हाहाकार करती है, कितनी शोर
कितना बहाती है, कुछ छोड़ती नहीं
लेकिन शरद आती है, शान्त हो जाता है प्रवाह
एक रंग होता है आकाश और जल
आतंक रहित होता है मन

सब कुछ बह चुका होता है—घृणा, ग्लानि, आक्रोश

घृणा से मुक्त होना निरुपाय होना नहीं है
सिंहासन पर घृणा का साँप लपेट कर बैठना
एक आन्तरिक कायरता का दबाव ही तो है
हर बार प्रेम के पक्ष में होना सम्भव है

लेकिन इन दिनों एक निस्सहाय केंचुए की तरह
प्रेम रेंगता है
अपंग लड़के की तरह
भीख माँगता है
युद्ध में हारे हुए सिपाही की तरह
आत्मग्लानि में डूबा है

इस समानान्तरता और द्वन्द्व के बीच
जबकि
पूरा जंगल जलता हो
तब भी हताशा भोगते हुए
समर हारे सिपाही की तरह
अपने आत्मरक्षा के कवच को
उस बीज पर डाल दो
जिसे अपने ही विरुद्ध लड़ते हुए
हमने प्रेम के लिए बोया है
जब कभी उगे यह वृक्ष
शायद न भी उगे
तब भी यह फलहीन, सार्थकता-रहित नहीं होगा
कम-से-कम पृथ्वी को अनुर्वरा होने का
कलंक तो नहीं लगेगा।

भय

वह लकड़बग्घा आ ही गया
जिसके लिए तुम कहते थे
आ जाएगा

मेरे लिए लकड़बग्घे का डर
पूरे जंगल में फैला था
मैं गुलमोहर को देखता
मुझे लगता वह सिर्फ़ उसकी हँसी है
उस ख़ौफ़नाक लकड़बग्घे की

वह अपनी ऊँचाई में
एक वृक्ष की तरह होता
कोई फल गिरता
मैं दहशत से पीला पड़ जाता
कोई नहीं होता
वहाँ लकड़बग्घा होता

तुमने अपनी जाँघ पर एक
अजनबी और डरावनी आकृति दिखाकर
कहा था—यहाँ नोचा था उसने
तब से लकड़बग्घा शिशिर वात की तरह
इस घर में घुसा है

सुनसान होते ही
वह फिर निकल आएगा
यह हादसा नहीं तो और क्या है?

जो होना था हुआ
जो आगाह कर रहे थे उनसे
और जो लापरवाह थे उनसे भी
यह पूछना है कि जब
आ ही गया है घर-मोहल्ले में
लकड़बग्घा
तब?

तब इस दुर्गम पर्वत पर भगोगे
या वृक्ष पर चढ़ोगे?
अब जबकि आ ही गया है लकड़बग्घा
और चबा रहा है
एक सूखे चमड़े के टुकड़े की तरह
हमारी ज़िन्दगी, हमारा भविष्य।

एक निश्चय करने की स्थिति में

बस यहीं रुकें
यहीं इस धूल भरी जगह पर
सुस्ताने के लिए नहीं
और न बीता हुआ कुछ याद करने के लिए
क्योंकि बीता हुआ सिर्फ़ हिलता है

यहाँ हम चलते हुए आए हैं
सब जगह रोके गए लस्त-पस्त
सिर्फ़ इतना जानते हैं कि हम
रोशनी से बेदखल हुए लोग हैं

अब हम यही रुकें
यहीं इसी बाज़ार में
जो भी करना हो यहीं करें
सब के साथ

अकेले में हमारा मातम
एक फूल की तरह है
एक गंदे और बासी फूल की तरह

अकेले में हमारी भूख
केवल एक दिलचस्पी है
अकेले में हमारी मामूली इच्छाएँ

इश्तिहार
रद्दा सी स्कूली बहस

इसलिए हम यही रुकें
यहीं इस रेत में
सूरज की इतनी रोशनी यहीं है
और यहीं है इतनी हवा
हम सब लोग
यहीं रुकें अदने और मामूली लोग
और यहीं से शुरू करें
फिर चलना

यहाँ से हम पीछे नहीं लौट सकते
एक भय की खंदक से दूसरे भय की
खंदक में गिरने के लिए

और न इस रस्सी के तमाम सारे बट खोलने के लिए
जिससे दूसरी ऐंठनदार रस्सी बुनी जा सके
इसमें दाँव-पेच जैसी कौन-सी बात है
सचाई पके और गदराये आम की तरह है
कोई कबाड़ख़ाना नहीं है।

सब कुछ हमारे सामने से गुज़रता है
शान-शौकत के तामझाम
भाड़े के चोबदार
बुर्के पहने हुए फ़रेब

हम यहीं रुकें यहीं जहाँ फाटक बन्द है
लेकिन जो हल्के धक्के से खुल जाता है
उसे खोलें

हम जैसे नगण्य लोगों की यातना यह है कि
यहाँ हम—सिर्फ़ उनकी इच्छा और पर्चियाँ हैं
जब कि हम इतने से नहीं हैं

बस हम यहीं रुकें
और अपने खेतों की तरफ़ न आने दें
उनके बेलगाम घोड़े और संगीन वाले सिपाही
यहाँ रेतीले मैदान में खड़े रहना
और एक बवंडर के बीच
एक पूरे मौसम की हेराफेरी के लिए है।

चलो अच्छा हुआ

अब इस शुरुआत के लिए
प्रतीक्षा का समय नहीं है
जबकि लोग इस सन्नाटे और अन्धकार
और सीलन की कँपकँपी और ग्लानि से
निकल आने के लिए बेचैन हैं
गरमी और रोशनी और खुले हुए मैदानों में

कितने रास्तों पर उन्होंने हमारे लिए
हाथ उठाए थे
हमने समझा वे संकेत हैं
आम संकेतों की तरह विश्वास और नई
रचना के संकेत
लेकिन वे क्रूर बाजीगर थे
वे समय के सारे रास्तों पर खड़े थे
अपने वक्ष पर उन्होंने हमारी गर्मी
हमारी लालटेनें ले ली थीं
हम उनकी इच्छाओं के शिशु थे
छोटे और नादान और उनके खेल के लिए जन्मे

चलो अच्छा हुआ
सूरज अस्त होने के पहले हम इकट्ठे हो गए
उनकी हत्याओं और चालाकी के
खेल को ख़त्म करने के लिए
हम से कुछ छिपा नहीं है
मनुष्य कस्तूरी-मृग की तरह घास नहीं ढूँढ़ता
जहाँ से गंध जन्मे

कहीं से भी हथेलियों से, अँगुलियों से
शरीर में फैली—शिरा, रक्त से
वह जानता है

इस अनाघ्रात कस्तूरी-गंध के लिए
उसने अपनी पीठ पर ढोये हैं इन तमाम सारे
सौदागरों के बारदान और भूसे की बोरियाँ

समय आ गया है
लोमड़ियों की तरह दुबक कर चलने
और चालाक होने का नहीं
किन्तु अपनी रक्त की गर्मी
और प्रवाह और अस्तित्व की सचाई के लिए
निकल आने का
और आदमी के दबे हुए वक्ष से
ताप जलाने का
और उस सबके विरुद्ध
हाँक लगाने का
जो आदमी को छोटी चालाक लोमड़ी बना देता है।

अस्तित्व प्रश्न

नदियों के नील जल का प्रवाह
कहाँ तक गया तुम बता सकते हो?
यहाँ केवल रात का अँधेरा घुप्प है
तमाम रोशनियाँ जैसे यहीं थीं
और यहीं बुझ गईं
तब नदी की प्रखर धार कहाँ नज़र आए?

कुछ भी नज़र न आने का ही तो दुख है
इतिहास के सफ़ों पर अँगुलियाँ फिराते रहो
खूनी भेड़ियों, भूरे मेमनों, मासूम, दुबकी भेड़ों के बीच

लेकिन यह सब व्यर्थ है
नदी और इतिहास के रुके जल को
और डूबे हुए दिन को तलाश करने का
रोमांस और फलसफा

यहाँ जिसका सिर धँसा है
वहाँ किसी का धड़ नहीं है
नदी और मैदान एक अर्थ में सूखे और सपाट है
मायूस, प्यासे लोगों के बीच
हमारी ज़ुबान लटकी है या चिपकी है
आधुनिक इतिहास के सिलसिले में
मैं इतना ही बता सकता हूँ कि
वह बेशुमार श्रृगालों की हू हू
और यातना की भट्टी में अपने भाग्य को
तलाशते मनुष्यों का अस्तित्व प्रश्न है

इस समय जब कि लहरें सिर्फ़ हिलती-सी लगें
रेत की तरह
और रेत ही रेत हो
तब समय आ गया है कि जहाँ भी हो
और जैसे भी हो
और जिनके पास हो
दाँतों के बीच, जबड़ों में, अँतड़ियों में
अपनी ज़िन्दगी और भविष्य को
निकाल लाएँ।

दुख की लय के बीच

पेड़ तुम्हारा नाम क्या है
तेज़ चाकू से त्वचा छीलते
हम पूछते हैं

यह कैसा समय है
एक यंत्रणा की चादर ओढ़कर चलने का
जिसके तार हमारी सर्दी-गर्मी
हमारी हर अनुकूल ऋतुओं के फूल रंगों से
बुने गए थे किन्तु अब
जिसके न बाहर न भीतर
कुछ रह गया है
न ताप, न धुँध, न रोशनी
न प्रखर दिन
न डूबती, रक्ताभ सन्ध्या

आत्मदान के इसी घाट पर
नदी सूख गई है
तभी तो अन्न-जल मुट्ठी में बाँधे
मूर्च्छित लोगों के
कपड़े खोलकर चलते बने हैं
अपने अभिमान में डूबे हुए
देशभक्ति का ढोल पीटते
सत्ता के होठों से होठ
दाँतों से दाँत सटाए हुए, लम्पट!

किस मरणासन्न अश्वत्थ की डाल से
हमारा भविष्य बँधा है भाई!

अश्वमेध के यज्ञ का उदास नेवला
पुण्य-धूलि के लिए घिसटता है अब तक
योजनाओं के जल से अफ़सरों के बगीचे हरे हैं
सारे देश में ग्लानि का एक बूँद जल बचा नहीं है
मिट्टी के स्तनों से अकाल चिपका पड़ा है
उत्तरोत्तर समुद्र सूखता जा रहा है
पृथ्वी सब जगह फट गई है

इस दुख की लय से कोई छटपटाएगा नहीं?
सचमुच एक भी आदमी या एक भी औरत नहीं?
नहीं, नहीं, इस तरह नहीं
नहीं, बिलकुल नहीं होगा
इस कविता का अन्त।

फटे कम्बल के नीचे

यहाँ इस प्रेक्षागृह में
पास-पास होना यकीन भी है
और गर्मी भी
यही आदमी की पहचान भी है
बाहर पेड़ की पत्तियाँ झड़ गई हैं
हवा सिर्फ़ ठंड और तन्हाई के सिलसिले में है
आदमी इसी ऋतु में काँपता है
सूर्य कह देने से
किसकी कँपकँपी मिटती हैं?

इतिहास कोई बड़े पड़ाव का स्थल नहीं है
सिर्फ़ एक रोमांच है, अंकुरित होने का
फिर रक्त-शिराओं के बीच प्रवाहित होने का
फिर उन सब लोगों के होने का
जो रोशनी से निर्वासित है

बाहर शायद अब बूँदाबूँदी होने लगी है
वृक्ष के लिए सम्भव भी हो
एक बेहतर ऋतु की प्रतीक्षा
लेकिन आदमी इस बूँदाबाँदी और पत्रहीन वृक्ष के नीचे
क्या करे?

आदमी का भाग्य भी क्या है?
एक फटे कम्बल के नीचे काँपते रहना
और उसी के नीचे एक भविष्य की धड़कन सुनना
और इन्तज़ार करना भी।

आपातकाल की यात्रा में

आग से प्रकाशित यह जंगल
और इस दर्द करते लँगड़ाते पैर की यात्रा

तुम्हारा उपचार यही तो करता है
एक दिलासा देता है
अँगुली पकड़कर दिखाता है
पिता का चेहरा, पलाश वन की घाटियाँ
भविष्य, समुद्र, गंध-फैलाव, नील जल
प्यास और स्वप्न

यहाँ तुम हो
कितने गरिमामय, कितने ख़ुश
अपनी दोनों बाँहें ऊपर उठाए
कितने अगम्य कितने ऊँचे
एक कबूतर के मानिन्द

एक दिलासा के बतौर तुम नीचे देखते हो
मेरे लिए
जहाँ मैं ख़ुश हूँ
अपनी एक लँगड़ी टाँग की तरफ़ देखता
सिर्फ़ होने के लिए होता हुआ

इस तामझाम में बैठकर
अपना जुलूस कहाँ तक ले जाओगे
यद्यपि यह रहस्य तुम जानते हो
इस जुलूस में वे लोग शामिल हैं

जिन्हें दिलासा के बतौर
तुमने बाज़ार से नकली टाँगें ख़रीद दी थीं

बहुत जल्दी इस यात्रा का अन्त हो जाएगा
ये मायूस और बेसब्र लोग
अपनी कटी हुई टाँगों से रेंगते, घिसटते
उस जंगल तक जा पहुँचेंगे
जहाँ तुम उन्हें-सिर्फ़-दिलासा के लिए ले गए थे
लेकिन जहाँ वे उस धीमे किन्तु
फैलने वाले अग्नि-स्पर्श से रोमांचित हुए थे।

शब्द पुकारता है

फिर-फिर भूल जाता हूँ सही शब्द
तलाश करता हूँ
जहाँ अभी-अभी भीगी है ज़मीन
अभी-अभी अंकित हुआ है जहाँ
एक पैर काँपते हुए आदमी का

एक वृक्ष उगता है अन्दर-ही-अन्दर
जीवन और मृत्यु के
आनंद और भय की
एक-सी परिणति होती है
एक फल होता है तुम्हें देने के लिए
होती है वही कविता
देह का पत्ता बहता है
कुछ नहीं कहती है नदी
बहती है
बहती है इसी तरह शब्द की नदी

सबको पुकारता है शब्द
गुज़रते हैं राजा और मंत्री
लोभी और अँधे और बहरे
सत्ता के रथ के नीचे
दबे पाँव चलती है मृत्यु
अजनबी मोड़ और गलियों पर
भौंकते हैं कुत्ते
जलता है ठीक वहीं शब्द

बार-बार यहीं से गुज़रता हूँ
कभी-कभी मिलता है कुछ
प्राय: कुछ नहीं
प्राय: वही दु:सह-द:खद
दुहरा कर थकता हूँ
थकाता हूँ उन्हें
उन्हें जो जानते हैं
ताजे ओस के बूँद की चमक
जानते हैं दूर तक फैली हुई
हवा-गंध
फलों का लगना फूलना
झरना

फिर-फिर भूल जाता हूँ सही शब्द
बार-बार खोदता हूँ इसीलिए मिट्टी
बार-बार कहता हूँ
वृक्ष मुझमें ही उगो, बढ़ो
तरंगवती नदी मुझे काटो, बहो
शब्द दो।

धूप की याद का सिलसिला

बहुत दिनों तक
गहरी नीली अतलान्त झील की याद नहीं आती
आती है तो
एक अकथनीय दुख की हवा और वर्षा के
झिंझोड़े हुए पेड़ की तरह खड़ा रहता हूँ
चलता हूँ अच्छे-बुरे-दिनों की स्मृति और आतंक के
बीचोंबीच

पुरानी दुनिया का बोझ कंधों पर है
काल पत्थर को घिसता है
यह है
लेकिन तब तक जंगल के तमाम वृक्षों की
नसें टूटी हुई, छिन्न-भिन्न
वनस्पतियों का शोक
एक अँधेरे में बहती हुई नदी के
क्रुद्ध एकालाप से बढ़ कर कुछ नहीं होता

धूप की याद आती ही रहती है
धूप के दिन, हवा की थापों से चलते
बादल पुलों के सपने
धूप में नहाये वृक्षों के कुंज
फिर-फिर आश्वस्त होना
अपने प्रति, धूप, बादल और हवा के प्रति
लेकिन इसी बीच
लौटता है बार-बार

रेंगता हुआ धीरे-धीरे अँधेरे की तरफ़
घिसटता दिन

पीले, रक्तहीन लोगों में बैठा हुआ
मैं प्रतीक्षा करता हूँ
एक पल की और धूप-किरण की
जिसकी स्मृति अब सिर्फ़ एक व्यंग्य-हँसी रह गई है
हवाओं का वेग थक गया हो
ऐसा नहीं है
लेकिन माँ जिस पेड़ के नीचे बैठी है
वहाँ पत्ता तक नहीं हिलता
एक पेड़ के सपने का इस तरह मिट्टी में मिलने का
दुख जो भी हो
एक असहनीय त्रास है

यही सोचना, डूबे रहना
हटाना निराशा की धुँध
फिर डूबना, उठना
यही दिनचर्या का हिस्सा है
ज़िन्दगी के युद्ध का हिस्सा भी।

सड़क : नदी नहीं है

यह शोक-विह्नल क्रुद्ध सड़क है
खड़ा रखती है, कोई भी ऋतु हो
मैं जानता हूँ दुर्घटना और भविष्य-फल
दोनों यहीं होंगे
यहीं अघटित घटेगा
राज्य सिंहासन पर बैठे हुए लोगों के
पैरों में कील यहीं चुभेगी

जिन्हें प्यार होगा देश के भाग्य से
यहीं होंगे
रंग नहीं बदलेंगे
गले में नहीं होगी यज्ञोपवीत
रसदार फलों से भरी गाड़ी के पीछे
भिखमंगे की तरह दौड़ेंगे नहीं
वे ही सिंहासन पर बैठेंगे
जाएगी ज़रूर वहाँ तक एक दिन सड़क
इस अँधेरे के बीच से गुज़रती हुई
सूरज की प्रभामयी लाल आँख तक

बुद्ध डर गए थे
मृत्यु का वृक्ष हथेली पर लिए
ढूँढते फिरे जंगल-दर-जंगल
छाया सुख और मोक्ष
अब जो लोग लोग चलते हैं यहाँ
नंगे पैर
यहाँ एकदम बहते हुए डामर पर

अपने पैरों के तलवे से आग का झरना
चिपकाये हुए
वे न डरेंगे न भागेंगे ही
पुत्र से, पत्नी से, मृत्यु से या
जरा-जन्म से
समय से दग्ध या कातर नहीं होंगे

अपने समय का अस्वीकार नरक है
मनुष्य वृक्ष पर चिपका पत्ता नहीं है
नील जल वाली नदी नहीं है सड़क
यहाँ जूतों की रगड़ पैरों की उदासीन मार
अपमान की दुर्घटनाएँ हैं
वे जो यहाँ चलेंगे पहचाने जाएँगे
अपने उत्साह और पराक्रम के लिए
अपनी पहचान खो कर जो चले जाएँगे
उन्हें देख लेना कोई शिनाख़्त तक नहीं करेगा

हमारी यात्राओं का भयावह एकान्त
सन्नाटा यहीं टूटेगा
मार्चे के लिए ज़मीन यहीं कटेगी
हम अपने सु-दिनों के लिए
यहीं खड़े रहेंगे और इन्तज़ार करेंगे।

अपनी त्वचा पर लिखने का पूर्वाभ्यास

बाहर शायद रोशनी फीकी हो गई है
यहाँ इन अँगीठियों के पास इतनी गर्मी नहीं
दिन-पर-दिन गुज़रने के बाद भी
इन रास्तों का बियाबान
कम होता नज़र नहीं आता

पीछे देखने से क्या होता है?
दुनिया भर का सुनसान
अवरुद्ध इतिहास की मरणासन्न ध्वनियाँ
इस तरह काँपते हुए दिन के पास
क्या रखा है?

देर शायद ज़रूर हो गई है
लेकिन लोग मायूसी के बीच
दृष्टिहीन नहीं हुए है
उसी सभास्थल पर सब कुछ बरकरार है
बहस, शब्द, संकेत, चीख, कराह, टूटन

इस रेत में मैंने बुत पैर देखे हैं
धँसे और ऊँडे
चलना ज़रूर कठिन होता है
रोशनी मिलती भी है और नहीं भी
उम्र भर इन्हीं भयावह
काले जलाशयों में उतरना, लौट आना
बेसब्री, झिझक, डर और प्यास

लेकिन तभी कुछ ऐसा होता है
जैसे एक मूर्च्छा और मृत्यु से
भागने का निश्चय
और कुछ न मिले न सही
सत्ता, विजय, सुख, रथ, पुरस्कार
किन्तु यह व्यर्थता चुके
यह अपना ही डर
अपना ही आतंक
अपनी ही कँपकँपी, शीत, ज्वर, ऐंठन
कहीं कुछ लिखने के पहले
अपनी ही त्वचा पर कुछ लिखा हुआ मिले।

संशय और प्रश्न के बावजूद

अब सब लोग तलाश करने लगे हैं
रोशनी कहाँ चली गई है
हम कभी भी तलाश करें
काल की नाव पर तैरें
हथेली पर दीये जलाएँ, चलें
मशालों के जुलूस में शामिल हों

कितना अँधेरा पार करने को है
और कितना आत्म-विलाप
यहाँ पिशाचों का छोड़ा अन्न
आदमी खाता है
यहाँ सिर्फ़ फैला रहता है
मृत्यु-आकाश

पिछले साल यहाँ तालाब सूख गया था।
कमल-वन घोड़ों ने रौंद दिये थे,
अब कुछ तो है जो इस साल को
उस साल से अलग करता है
छोटी चिड़िया
सुबह-शाम अपने मिज़ाज के मुताबिक
गाती तो है
दिन होने और रोशनी का
इतमीनान भी है
इतमीनान अपने समय का
शायद सबसे अविश्सनीय शब्द हो
जब ढीले जूते की तरह शब्द 'फच फच' करें

कर्म अपवित्र हो
आदमी की हथेली पर झाड़ियाँ उगें

समय की हवा से
अवसर की ताक में खड़े लोगों के मुँह में आम गिरें
तब किस मौसम के उल्लास की
प्रतीक्षा और इतमीनान हो
इस संशय, प्रश्न और अवसाद में डूबे
रोशनी की तलाश में निकले लोग
समुद्र को पार करेंगे, लेकिन हारेंगे नहीं
धुँध से निकलकर आततायी के पास
आदमी की कविता जाएगी
पसीने से सींच कर अनुर्वरा भूमि को
मुलायम करने वाले
फिर से बोएँगे गेहूँ, चना, कपास

तब तक मैं इस समय के बीच भी
और सारे प्रश्नों के बीच भी
उस पेड़ के लिए जो हज़ारों जड़ों से उगेगा
मेरे अन्दर, मेरे बाहर खड़ा रहूँगा
प्रयत्न करूँगा
रोशनी की नाव को इस तट से
उस तट तक बाँध सका तो बाँध दूँगा
अन्यथा फिर एक नये संकल्प से शुरू करूँगा
एक दूसरे रोमांचकारी संकल्प तक जाना।

गाँव के साथ सब...!

वहाँ किसी से बात करना मुश्किल है
वे अक्सर ही 'हाँ' या 'ना' में बात करते हैं
इन दो अक्षरों के बीच विधाता की पूरी दुनिया
उनके इर्द-गिर्द घूमती है

वह पट्टी शायद उखाड़ दी गई है
जो अमूमन उस भूमि का परिचय देती थी
काली उपजाऊ किन्तु बे-ज़ुबान मिट्टी का
बात तब भी नहीं होती थी
और अब भी नहीं
कोई अन्तर नहीं है इस सन्नाटे में
जो एक चाकू की तरह चमकता है
लेकिन बोलता नहीं है

यहाँ बहुत मुश्किल है यह जानना
रेत कब गीली हुई थी
और
कब नाराज़ होकर चलने लगी थी हवा
कुछ गरम
सिर्फ़ एक पीले पत्तों का ढेर
एक काँपती हुई पत्ती
और देह रोमांच और देह सिर्फ़
हो गया पूरा आषाढ़ से आषाढ़ तक
जाना और जन्म
किसी ऋतु का कोई नाम नहीं जानते यहाँ
गो कि है इस ऋतु का नाम—

बारह महीनों और पूरी उमर की एक ही ऋतु
निपट अन्धकार में व्याघ्र की चमकती हुई
आँख वाली मृत्यु

एक पूरा गाँव भय के किनारे पर बसा है
आदमियों के पूरे जिस्म जैसे भय के वृक्ष हों
औरतें और बच्चे न बहने वाली भय की सूखी नदियाँ
इन वृक्षों और इन नदियों के नाम बताना कठिन है
सारे अक्षरों से सारी भूमि पर
यही दो अक्षरों वाला 'भय' लिखा है
यहीं से ले जाते हैं सब मन्दाध लोग अपनी विजय
गिनते हैं अपनी अँगुलियों पर
मूर्च्छित जनों के ऋतु संकल्प
वे ही ले जाते हैं उनको अन्न-जल
उनकी वन-वनस्पतियाँ

वज्रपात एक ही दिशा में नहीं होगा
जब आकाश अँधेरे में डूबेगा
पूरा-का-पूरा डूब जाएगा।

शुरुआत का फैसला

कितनी पास से गुज़रती है हवा
लेकिन रोमांच नहीं होता
सिर्फ़ संशय होता है

सब कहीं लोग देखते हैं
कुछ हिल रहा है
कहीं कोई शाख, कोई पत्ता, कोई तार
हाँ हिलता तो है
लेकिन इससे क्या?
वहाँ कील से ठुका हुआ है अन्धकार
आदमी को पर्त-दर-पर्त ढूँढ़ना पड़ता है
जहाँ वह सिर्फ़ तहख़ाने की सीली हुई मिट्टी
या एक मृत्यु होता है

कितने पास ही रखी हुई है आग
लेकिन यहाँ शिशिर, हेमन्त के भूख की बर्फ
कब पिघलती है?
संशय से बीमार और जर्द पीले लोग
देखते हैं
है कुछ अलाव के पास जगह
है तो, लेकिन थोड़ी-सी
थोड़े-से लोगों के लिए
तब अस्वीकृत आदमी का
इस मिट्टी में जो होना, हो
भाग्य जहाँ काँपता रहे, काँपे
सूखे, जले या बह जाए

आग के लिए इस अलाव से उस अलाव तक
कौन जाए?

कितनी पास से गुज़रती है नदी
अपने जल के पुराने कंचुल छोड़ती हुई
कंच नीले जल वाली नदी
लेकिन रोमांच नहीं होता
सिर्फ़ संशय होता है
किसे देगी नदी अपना जल
उन्हीं को जो नदी के है
तब हम यहीं बैठे रहें उदास
तब इन्हीं सूखे और सपाट होठों पर
या कि इस काल के ऊँडे खड्डों में
तृषातुर ज़िन्दगी चक्कर लगाती रहे

कितने पास से गुज़रता है इतिहास
लेकिन किस का? भाग्यवान लोगों का
न शूरों का न पंडितों का

तब मैं इन्तज़ार करते हुए लोगों के पास
जा कर क्या कहूँ?
तुम्हारे पास हवा है, आग है, नदी है
इतिहास है
तब भी संशय और फ़रेब और समय के मारे हुए
लोग उठेंगे?
और बाहर की बहती हुई हवा को छुएँगे?

यह फैसला अन्त तक जाने के लिए नहीं
सिर्फ़ शुरू करने के लिए है
जब कि लोग नाराज़ और बेचैन हैं
और इतिहास की नदी
मुक्ति के रास्ते तलाश करने की
त्वरा में है।

अर्थशास्त्र चुटकी में है

आदमी की इच्छाओं को पहचानने की गणित
सीखने के लिए
किन मदरसों की ज़रूरत है?
क़िताबों की इबारत केवल
शुतुरमुर्ग पढ़ते हैं
और फिर धूप की तरह गरम
हवा की तरह फैले
आकाश की तरह खुले पंख वाले सत्य की
दवा कर रेत में सिर घुसेड़ लेते हैं
अर्थशास्त्र आदमी की चुटकी में है
आँखों और भाषा में
और वे किस तरह मेरा हाथ दबाते हैं इसमें
मेरी त्वचा समझती है
अर्थशास्त्र की धार तेज़ है या जंग लगी हुई

आदमी न जाए कहीं
बैठा रहे, बोए, काटे चले
धुँधलकों के बीच, अँधेरे में
इससे क्या
वह समझता है अपना हक
वह दाँत पीसता है, वृक्षों की टहनियाँ तोड़ता है
हाँक लगाता है
तब ऋतु चक्र अकल्पित ऋतुओं की
रचना करता है
अग्नि-वर्ण पुष्प गुच्छों की

इन्हीं उदास मौसमों के बीच
घूम आना क्या है?
सड़क जहाँ हैं—हैं

यह दिनों, महीनों की लौट-पीट
शिशिर, हेमन्त, बसन्त और उल्टे

कोई अकल्पित ऋतु आए
हँसने और गरम होने की ऋतु
बहे घाटी-दर-घाटी
शिला-दर-शिला
आदमी अपनी इच्छाओं का हिसाब
न लपेटे, इन फटे-पुराने चिथड़ों में
न लटकाये ज़ुबान
मुर्गे की तरह न ढूँढ़े दाना
बेसब्री और बेबसी में
मुझे छुए और इस देह के आर-पार
और अन्तरंग में समझ लूँ मैं
वह गर्मी, वह स्पर्श

फिलहाल वह मौसम जहाँ हो
मैं उसी मौसम की तलाश
उसी मौसम की रचना में
तुमसे कहूँ-न-कहूँ
लगा हुआ हूँ।

कविता! तुम सार्थक रहो

हाहाकार करते समय के पास
एक दुख का पेड़ खड़ा है
यहीं से तोड़ता हूँ, तुम्हें देता हूँ
सारे कसैले, कड़वे
ठीक कैंसर की तरह की जीभ, तालू, कंठ
वक्ष, नाभि, पूरे रक्त, पूरी त्वचा को
आग की तरह जलाने वाले फल

कितना डर लगने लगा है
यह कहते
लो यहाँ बैठो, यहाँ इस सघन पेड़ की छाया में
चिन्ता रहित रहने दो इस आषाढ़ को
गिरने दो पहाड़ों पर वर्षा का मूसलाधार पानी

नहीं, नहीं, यह कौन कहेगा
मर्द दिन-भर हिसाब लगाता है
कौड़ी-कौड़ी का
औरत बूँद तेल के लिए तरसती है
लड़का पिता को बे-हिसाब गालियाँ देता है
लड़की दाँतों के बीच ज़िन्दगी का रेत पीसती है
सत्ता की कुतिया मक्खियों से घिरी है
फाइलों में उसकी लटकती दुम पर
शोध-कर्त्ता, मीमांसक, तत्त्व-ज्ञाता, दार्शनिक
और कवि-विमुग्ध, मुर्च्छित है
इस देश में, हमारे लक्ष्मी-प्रिय देश में
चप्पा-चप्पा भूमि व्यवस्था के दलालों ने

लम्बी जीभ के नीचे रख ली है
निर्द्वन्द्व पेड़ों पर बैठे वे
हमें बगावत के लिए घासलेट देते हैं
पुलिस को कम्बल
नेता को बोलने के लिए मंच

फसलों की गंध के लिए
तरसते, घूमते हैं लोग
नदियों में अँधाधुँध पानी
मौत के लिए कोई जगह नहीं छोड़ता

आराम-देह कुर्सियों के नीचे
अफ़सरों का जूता और जनता का भाग्य है
बाज़ार के बीचो-बीच मृत्यु-रथ खड़ा है

हर दुर्घटना के लिए हमारे पास तर्क है
हर हिमपात में हम रक्षित हैं
सारे नरक दूसरों के लिए हैं

मेरी कविता! ऐसे खिन्न और निष्फल समय में
इस अन्धकार के ठिठके हादसे के इर्द-गिर्द
एक गर्म शब्द, ईंट, पत्थर
किसी भी तरह रहो
यह प्राण रक्षा का समय है
अलंकरण का नहीं
मेरी कविता! ऐसे समय जब आदमी असहाय हो
तुम सार्थक रही; शस्त्र रहो।

बूढ़ा खूँसट जीतता है

यहाँ किसका भय है वह पूछता है
यहाँ तुम निडर रहो
मेरे पास सारे हथियार हैं
प्रजातंत्र को व्यवस्थित चलाने के लिए
फिर वह दिखाता है
अपनी अँगुलियों के बीच से
एक धुँध, सपना, आम का पेड़
भविष्य
हम मरियल गायों की तरह
बढ़ते हैं घिसटते, गिरते, रिरियाते
अस्त होते सूरज की तरफ़

वह फिर मिलता है
पूछता है
'कोई भय नहीं है न यहाँ?'
उस अपरिचित-सी जगह
उस जगह जहाँ पहले से ही लोग इकट्ठे हैं
वह बसन्त सन्ध्याओं के ब्योरे पढ़ता है
उस पुराने बहीखाते से
जिसे पिछले उम्मीदवार ने इसे दिये थे
हम बैठे हैं, बीड़ी पीते हैं, चिलम तम्बाकू
अन्त में खड़ा होता है एक बूढ़ा-खूँसट
जिसे खाँसी का दौरा पड़ता है
वह आदमी जीत जाता है
वह फिर गाँव आता है
सिपाही-सिपरे, सीटी-व्हिसिल

सलाम, चपरासी, सभा
वह फिर खोलता है
पुराना बक्सा, बहीखाता
पढ़ता है जासूसी क़िस्से
असत्यनारायण की कथा
पास में खड़े रहते हैं स्कूल के बच्चे अवाक्
जिन्हें सिखाया था कहना 'जय हो, जय हो'

इस साल सारे आम्र-वृक्ष
हो गए है ठूँठ
नदी सूख गई है, टूटे हैं पुल
कुएँ का पानी दस हाथ उतर गया है नीचे
अँधे, बहरे, गाँव में कच्छे पहने
घूमते हैं
पूछते हैं—किसा भय है
गाँव के अड़ामची, भड़ामची
कहते हैं
किसी का नहीं, किसी का नहीं
नेता प्रजातंत्र की क़िताब में से
एक काग़ज़ फाड़कर श्रोताओं को देता है
ओम् शान्ति, ओम् शान्ति, ओम् शान्ति।

बीमार लड़का

इतने दिनों तक मैंने इन्तज़ार किया
एक बर्फ की शिला के नीचे दुबक कर
मैं देखता रहा क्यों?
इसलिए कि इस बीमार लड़के का चेहरा
मुझे याद न आए
और आए भी तो मैं उसका जिकर
किसी भाषण में करूँ फिर भूल जाऊँ
सब कुछ एक रस्म की तरह

लेकिन नहीं हुआ जो मैं चाहता था
वह सब्र कुछ नहीं होता जो मैं अमूमन चाहता हूँ

मैं यह सवाल तुम से नहीं पूछता
यह सवाल अर्थ भी नहीं रखता तुमसे पूछना
क्या नहीं होता है जो तुम चाहते हो
शायद होता हो-शायद नहीं
लेकिन मेरे साथ नहीं हुआ

वह बीमार लड़का याद आया
जिससे मैंने यह पूछा था 'दर्द कहाँ है?'
और वह बिना ज़ुबान खोले
ठीक जीभ से लेकर टखने तक लम्बी, पतली
रक्तहीन अँगुलियाँ घुमाता रहा
'यहाँ भी, यहाँ भी, यहाँ भी'
तुम उस लड़के को जानते हो?
अभी तुम इनकार कर दोगे

कहोगे 'तुम नहीं जानते-'
ऐसा करना तुम्हारे व्यापार का हिस्सा है
और यह भी कि तुम उससे डरते हो
लेकिन क्या एक कारण यह नहीं है कि
तुम उसे हमेशा बीमार रखना चाहते हो
एक दुबला, पतला, अपंग
जिससे वह न चले
न उठाए हथौड़ा, न पीटे लोहा

मैं जानता हूँ उस लड़के की कोई सम्भावनाएँ नहीं हैं
लेकिन मैं इस बात को छिपाऊँगा नहीं कि
यह पूरा बसन्त-सुख, मृत्यु-त्रास में बदल जाएगा
अगर उस लड़के को कुछ हुआ तो...

अब मुझे कुछ ऐसा लगता है कि
तुम अपनी सूइयों को पीछे घुमा लोगे
इतनी उबासियाँ भी नहीं लोगे
तुम कुछ ज़्यादा दिलचस्पी दिखाओंगे
तुम्हें कई नाम याद आएँगे
तुम पूछोगे-कौनसा लड़का?
यह वही जगह है, जहाँ कुछ नहीं उगता
"कौनसा लड़का?" इसका क्या उत्तर है?
इस मैदान की सारी घास करीब-करीब पीली पड़ गई है
मैं फिर कहता हूँ 'जल्दी करें, ज़रा जल्दी'
अगर इस लड़के को कुछ हुआ तो—

मैं जानता हूँ तुम अब दूसरा सवाल करोगे
यह कि 'तुम इस लड़के के लिए क्या कर सकते हो?'
मेरे लिए यह बिलकुल बाज़ारू सवाल है
तुम इस सवाल को पूछकर मुस्करा सकते हो
एक ख़ास अन्दाज़ से उठाकर पाइप पी सकते हो
या कि रूमानी लहजे में सीटी भी बजा सकते हो
यह उस लड़के को उपकृत करने का सवाल भी हो
जिसकी नियति तुम्हारा प्रश्न और उसकी मृत्यु है

यह जो हो
लेकिन सज्जनो! मैं अन्तिम बार यह कहता हूँ
यह प्रसंग बीमार लड़के के
नाम याद कर लेने का नहीं है
न यह पूछने का कि इसके लिए क्या किया जा सकता है
यह किसी साबुन से हाथ धो लेने जैसा उपक्रम नहीं है
यह उस लड़के को अपनी पीठ पर उठाने का समय है
मनुष्य की रक्त साझेदारी का
अब कुछ ही समय रह गया है
सज्जनो! आप चाहें तो कुछ निर्णय करें

ये हवाएँ जिनके चलने पर पहले हम लबादे डाल लेते थे
अपनी प्रेमिकाओं से कुछ करीब खिसक आने को कहते थे
वे हवाएँ नहीं है और न वे ही
जो राजनीति को एक ख़ास मौसमी अन्दाज़ देती हैं
एक कँपकँपी का
और एक कॉफी के प्याले पर बैठकर
बहस कर लेने का
बीमार लड़के की मृत्यु सज्जनो!
बहुत करीब आ गई है
लोग अब यहाँ बैठकर रोएँगे नहीं
'फिर वे क्या करेंगे—'
मुझे यह कहने की ज़रूरत नहीं है कि
फिर वे क्या करेंगे
मैं तो केवल यही कहने के लिए बार-बार आता हूँ
अब बहुत थोड़ा समय है
कुछ नहीं के बराबर समय है
और मैं उन लोगों के साथ हूँ
जो बीमार लड़के की मृत्यु पर रोएँगे नहीं
कुछ करेंगे।

बसन्त में होना

बसन्त में मैं
पुनर्जन्मों की स्मृति में
होता हूँ एक-एक कोंपल
देह होती है
नदी आतुर तरंगमयी
बहती हुई रेत में उतरती
हँसती हुई

हर बसन्त में बीत जाने देता हूँ
पुराने अर्थ का बोझ
निर्गन्ध अतीत
अगति शीत
पुनर्जन्मों की स्मृति में होता हूँ
एक उल्लसित, दग्ध, प्रज्वलित
अग्निवर्ण पलाश

बसन्त का सूर्य ही होता है
सिर्फ़ सूर्य
न डरता है
न पैदा करता है दुख
न द्रवित करता है
यही होता है
इसी डाल पर
एक-एक किरण बोता है
गहरे भीतर
ताप देता है पृथ्वी के लिए

इसी बसन्त में मैं
पुनर्जन्मों की स्मृति में
होता हूँ देह से भिन्न
देहान्तरों के बीच
एक काँपती हुई अभुक्त तृष्णा
ढूँढ़ता हूँ हवाओं की साक्ष
होता हूँ गाछ-पत्ता
फैलता हूँ उन्हीं पुनर्जन्मों की स्मृति में
होता हूँ आकाश।

विवाह

थोड़े समय बाद लड़की इस घर से चली जाएगी
पड़ोस की स्त्रियाँ उसके साथ मोह से बँधी है
नीम और पीपल के पेड़ों की छाया के नीचे चलती
वह एक चकित हिरनी की तरह
आयु की छलाँग भर कर
आगे बढ़ गई है

लड़का उन्मत्त नदी की तरह
लड़की के पास है
सारी ऋतुओं के फूल उसकी जेब में है
पार कर लेगा वह
जेठ-बैसाख की उमस-आँधी
सावन-भादों की अटूट मूसलाधार वर्षा
पौष-माघ की प्राणों को ठिठुरा देने वाली—
क्रूर-हिमवात
हज़ारों—विपत्तियाँ, उतार-चढ़ाव

लड़की लड़के को देखती नहीं है
पर्दा नहीं है
खेत में पके धान की तरह
उसकी हथेली है
छोटे-छोटे पैरों से वह दूर तक गई है
फिर जाएगी, डरेगी नहीं
जन्म देगी अपने शरीर-आत्मा के भीतर से
एक समयातीत समय को
वह समय होगा लड़का या लड़की

इस मिट्टी की सरसता से जिन्हें डर है
डरते हैं जो ज़िन्दगी की परिक्रमा से
नया समय जिनकी हथेली में चुभता है
वे अपनी देहली लाँघें, देखें, डरें नहीं
बिलकुल नहीं

लड़की अपने छोटे पैरों से चली गई है
लड़का उसे जानता नहीं है
लेकिन वह उसके लिए लाया है
नये अन्न की बालियाँ, फूल, जल और हवा

बूढ़ी माँ यह रोने का समय नहीं है
लड़की तुम्हारे आँगन में खड़ी नई बेल है
लड़का नया पत्ता।

छोटी चिड़िया : तीन कविताएँ

[1]

छोटी चिड़िया
यह तुम्हारा वर्ष है
हमने जब तुम से सब कुछ
ले लिया है
तुम्हारी ज़मीन, हवा,
जंगल, वृक्ष, आसमान, चुग्गा, पानी
शब्द और बोली
तब तुम्हें दे दिया है यह वर्ष

छोटी चिड़िया
हमारी दुनिया—निपट पाप की है
हम भेड़ियों के मुख लगाये हुए
कीर्तनकार हैं

हमें कुछ भी याद नहीं है
अपने समय की—धूप-छाँह
हवा-जल
गीत-कविता और सपने
अपने ध्वस्त वर्तमान के नख से
तुम्हारे सारे पंख नोंच कर
तुम्हें लौटा दिया है यह वर्ष

छोटी चिड़िया
बाज के पंख और पंजों से
आच्छादित है आसमान

और मेरा मन बिलकुल नहीं बदला है
यह वर्ष तुम्हें देते समय भी।

[2]

छोटी चिड़िया
तुम्हारे पंखों में बँधा है आकाश
तरंगवती नदी

तुम जब उड़ोगी या कि बैठोगी
कहीं किसी डाल पर
निडर
तभी चुपचाप आएगा व्याघ्र
और मृत्यु

छोटी चिड़िया
तुम शायद कभी नहीं सुनोगी
इस सभागृह में पढ़ी गई
वह शोक-कविता
तुम तक नहीं पहुँचेगा
आकाश का दुख
नदी का रोना
पेड़, पत्तियों, वन-वनस्पतियों का क्रोध

किन्तु छोटी चिड़िया
कोई भी हो व्याघ्र या कि राक्षस
भेड़िया या बिल्ली या बाघ
वे अब काँपेंगे इन रास्तों पर चलते हुए
जहाँ तुम्हारे कोमल पंख बिखरे हुए हैं
धधकती हुई अग्नि की तरह।

[3]

छोटी चिड़िया
जिस किसी दिन तुम
उड़ती-उड़ती सूर्य-रथ की ध्वजा पर

जा बैठोगी
ठीक उस दिन
यहाँ पृथ्वी पर तमाम गुलमोहर
झुलस जाएँगे
हवा सिर्फ़ काँपती रहेगी
वृक्ष पत्तों पर

छोटी चिड़िया
जो कुछ यहाँ रह गया है
रूप, रस, गंध और शब्द
वह सब तुम्हारे पंखों का संगीत है

तुम्हारे पंखों में बँधे हैं
रोशनी के पुल
सपनों के द्वीप-द्वीपान्तर
ऋतुओं का हल्का-हल्का पदचाप
फूलों का जुलूस

बहुत छोटी होती हुई दुनिया में
तुम्हीं होती हो
एक उद्दाम यात्रा की तटहीन नदी
एक स्मृति और अन्तहीन विस्तार वाला
आकाश।

बड़े आदमी का लड़का

बड़े आदमी का लड़का
पेड़ पर कभी नहीं चढ़ता
अपने हिस्से की धूप नहीं देता
खड़ा रहता है
एक-एक इमली बटोरने के लिए
हर वृक्ष की लम्बी होती हुई टहनी से

बड़े आदमी का लड़का
साफ़ नहीं बोलता
अपने ऊनी मोजों में
छिपा कर लाता है
खुजली और दाद

बड़े आदमी का लड़का
इन दिनों बीमार होता है
अक्सर वह नाक सुड़कता है
उसे होती है 'कुक्कर खाँसी'
मास्टर उसके पिता को हँसाने के लिए
इसे कहता है 'सांस्कृतिका'

बड़े आदमी का लड़का नदी नहीं तैरता
जब कोई डूबता है, उसे डूबने देता है
वह छोटी चिड़िया पर गिलोल चलाता है
रोकने पर गालियाँ देता है
बड़े आदमी का लड़का बड़ा ही होता है
छोटा होता ही नहीं

वह छोटे पैरों में बड़े जूते पहनता है
छोटी मछलियाँ और परिन्दे पकड़ता है
सड़कों पर धूल फेंकता है; घूँसे मारता है

बड़े आदमी का लड़का आग के पास नहीं आता
न ताजे फल खाता है
वृक्ष की जड़ उसके हाथ में नहीं आती
लम्बी अँगुलियों के नाखून चूसता है वह

बड़े आदमी के लड़के से कुछ नहीं कहना है
गली के लड़के वह जानता है
उसे पसन्द नहीं करते।

हम बार-बार पुल बनाते हैं

हम बार-बार पुल बनाते हैं
एक किनारे से दूसरे किनारे को
जोड़ने के लिए
वे चक्षुहीन आततायी लोग
बारूद और आग बिछाते हैं
वे न किसी के दर्द को जानते हैं
न दर्द को
दर्द से लोग
सूर्य-रथ की वल्गाएँ थामते हैं
दर्द से वे फिर पुल बनाते हैं
द्वीप से द्वीप
और प्रवाह से प्रवाह मिलाने के लिए।

आह! ह्वेनसांग

पारिजात के वन बारूद की सुरंगों में धधक रहे हैं
प्रत्येक देवदारू के नीचे मृत्यु निश्शंक खड़ी है
ह्वेनसांग! क्या तुम इन्हीं मार्गों से भारत आए थे

इस पीढ़ी के बालकों ने इतिहास के उन सब पृष्ठों को
फाड़ दिया है
जहाँ तुम्हारे देश का नाम लिखा है
तुम्हारी आकृति पर न जाने किन काले-पीले या नीले
रंग के चिह्न अंकित कर दिये हैं
आह ह्वेनसांग! उन्हें यह समझाना कठिन हो गया है कि
तुम कोई आक्रान्ता नहीं थे
केवल यायावर थे

सुनो ह्वेनसांग! घृणा विष है
और वह फैल रहा है
युवक इन दिनों प्रेम, शृंगार और युवतियों की बातें
नहीं करते हैं
वयस्क और वृद्ध तेज़ चलते हैं
तीखे बोलते हैं और अकारण छड़ियाँ घुमाते हैं
युवतियाँ कुछ भिन्न प्रकार से जूड़े कसती हैं
जनता एक अनभिव्यक्त व्यथा, आक्रोश और प्रतिशोध
मुट्ठियाँ तान-तान कर व्यक्त करती है
वृद्ध को सब श्रद्धा से नमस्कार तो देते हैं
लेकिन बन्दूक चलाने की दीक्षा लेते हैं
क्योंकि वे छले गए हैं
आह ह्वेनसांग! माओ-त्से-तुंग ने सेतु नहीं बनाए हैं

उन्होंने—निरर्थक इतिहास की सारणियाँ दुहराई हैं
क्योंकि उन्हें यह नहीं मालूम कि इतिहास की स्याही—
रक्त नहीं है

हिन्दुस्तान ने युद्ध लड़े हैं ह्वेन्सांग!
किन्तु वे युद्ध ही थे
अब युद्ध और घृणा दोनों हैं
युद्ध याद नहीं रहते
लेकिन घृणा
घायल सर्प है
जो इतिहास के द्वार पर बार-बार
आहत फन पटकता है
और जनता शस्त्र उठाती है

तुम भारत से अपरिचित नहीं हो ह्वेनसांग!
उसका आकाश अभी भी स्वच्छ और नीला है
लेकिन भविष्य की अनेक पीढ़ियों की शिराओं में
वह जो घृणा का रक्त बहेगा
उसका दायित्व कौन सँभालेगा

दुख है ह्वेनसांग जब बन्दूकें उठती है
लोग बुद्ध को भूल जाते हैं।*

* भारत-चीन युद्ध के समय लिखी कविता

युद्धोन्माद के विरुद्ध

अब तो पूरे आकाश में फिर
सूरज की रोशनी फैलने लगे
डरी हुई हिरनियों की आँखें फिर खुलें
तो मैं ख़ुश हूँ

मैं चाहता हूँ
बच्चे अख़बारों की लम्बी-लम्बी टोपियाँ पहने
नाचें और अर्थहीन तुकें जोड़ें
जवान लड़कियाँ जूड़ों में रंगीन, ख़ुशबूदार फूल लगाएँ
युवक रोशनी में चलें
सड़कों पर मिलें और मुस्कराएँ

बहुत हुई खुदा! बहुत हुई
अभिशापों से घिरी मुल्लाओं, पंडितों,
पादरियों की लहूलुहान अधूरी
प्रार्थनाएँ
अब तक युद्धोन्मत्त, नाबालिग
सेनापतियों के इन चमकदार तमगों पर
किसी ने मुट्ठी भर धूल नहीं फेंकी

तुम्हारे रास्तों पर चलने वाले लोग नम्र होते हैं
इबादतख़ानों में वे बहकते नहीं हैं
मृत्यु कोई भय नहीं है
किन्तु यह सन्दर्भातीत मृत्यु
यह अकारण सूलियों पर चढ़ा देने का उन्माद
जलते हुए शहरों और पुलों की अग्नि

किसी प्रमथ्यु तक नहीं पहुँचती
एक शाप-ग्रस्त अजन्मी पीढ़ी के
काले, धुँधयाये चेहरे
आकृतियाँ लेते हैं
जिनके न आँख होती है, न कान
कुछ होता है
घड़ी का गोल-मोल अंकहीन डायल जैसा कुछ

मैंने फोजी अफ़सरों के वक्तव्य और वसीयतनामें पढ़े हैं
बेचारे
यह तक नहीं लिख पाए कि उनकी क़ब्र पर किस रंग के
कौन-से फूल चढ़ाए जाएँ

खुदा! एक युद्ध-रहित
भय-रहित
सृष्टि के लिए
वरण की स्वतंत्रता दे।

युद्ध : एक मनःस्थिति

फिर एक घृणा का अँधा सर्प
उन्मत्त हो गया है
हमें फिर अपनी घाटियों में
बारूद बिछानी पड़ रही है
हम इस सन्ताप को कभी नहीं भूलेंगे

लोगों को आकाश की तरफ़
देखने में बहुत दिन लगेंगे
वे बहुत दिनों तक न पुल बनाएँगे
न पार करेंगे नदियाँ
खाइयाँ चौड़ी हो जाएँगी

बहुत-बहुत दिनों बाद लगेगा
मौसम बदल गया है
झील पर फिर कमल फैल गए हैं

शहर मौसमी उदासी में नहीं
मौत के तहख़ाने में उतर गए हैं
रेस्ट्राँ में वे धुनें नहीं बजतीं
न वे कहकहे लगते हैं

दिन-भर लोग कयास करते हैं
मृत्यु और ध्वंस के आँकड़े उन्हें याद हैं
युद्ध में कोई नहीं हारता
किन्तु बाद में—बहुत बाद में
आदमी एक केंचुए की तरह रेंगने लगता है

टूटे हुए पुलों पर शहर खड़े-खड़े
प्रतीक्षा करते हैं
अन्धे और आस्थाहीन भविष्य की
एक जवान लाश और सत्य
साथ-साथ मलबे के नीचे दबे मिलते हैं।

वियतनाम के युद्ध पर

बात करने के बहुत कम
प्रसंग रह गए हैं
सब अर्थ बेज़ुबान और गूँगे
और खरोंचे हुए हैं

भूमि से तिरस्कृत लोग
कहीं-से-कहीं जाएँ
रंग के समुद्र और समुद्र और समुद्र
गोरी-बिल्लियों की काली आँख
और एक काला आदमी
सफेद कबूतर की तरह

क्रूर लोगों के पास कान रह गए हैं
आँख नहीं है
जीते हुए और सभ्य लोग
सिर्फ़ तीन काले आदमियों से बदला लेते हैं

कब से उन घाटियों में
उस लड़की को जिबह किया जा रहा है
जिसके पास लोगों को शक है
इन्द्र-धनुष है

भले आदमी
कॉफी और कहवा-घरों में इकट्ठे हैं
उनकी बहस इस पर हो रही है
सरकस के तार पर कौन नाचता है
लड़की या कि मैनेजर।

हाहाकार में डूबा है हस्तिनापुर

लाक्षागृह में जल जाते हैं
गूँगे और बेज़ुबान लोग
कुन्ती और उसके पाँच पुत्र
इन्द्रप्रस्थ में कोई उन्हें जानता है

टूटी हुई धुरियाँ रथ-चक्र
दृष्टिहीन, दिशाहीन भागते हुए अश्व
रिक्त तुणीर, दंडहीन केतु, खंडित भुजाएँ
वक्ष पीटती हुई स्त्रियाँ
दर्प, दर्प, दर्प

कहाँ हैं प्रकाश के वलय
अँधे धृतराष्ट्र!
हाहाकार में डूबा है हस्तिनापुर

पंक्तिबद्ध खड़े हैं हतभागे लोग
अन्न और जल, जल और अन्न
वे मृत्युंजयी कवच कहाँ है?

बार-बार भेष बदल कर आते हैं
इन्द्र और धर्म
वे हम से माँगते हैं
क्या रह गया है हमारे पास
कुछ अख़बार, चिथड़े
और झूठ
और झूठ
और झूठ!

पृथ्वी! गंधमयी तुम

अब वे दिन आ गए हैं
जब सूर्य लज्जित हो जाएगा
क्योंकि उसके समस्त प्रभामंडल के इर्द-गिर्द
कुछ नहीं होगा
केवल फूल के असंख्य पंख होंगे
जिन पर बैठकर उतरेगी किरण

अब वे दिन आ गए हैं
जब मलयगंधा अप्सरा-लोक की तरफ़
कोई देखेगा तक नहीं,
क्योंकि रूप-मुग्धा उर्वशी
यहीं
इस पलाश-वन को समर्पिता रहेगी

मेरी पृथ्वी! जब तक तुम गंधमयी हो
इस जन्म और मरण का
कोई अर्थ मैं पूछूँगा तक नहीं।

तुम्हारा मुख सूर्य को दिखा दूँ

फिर फागुन की हवा द्वारा थपथपा रही है
गेहूँ की स्वर्णमुखी बालियाँ
पहाड़ों के ढालों पर
खड़ी हो गई हैं
अब फिर तुम कहो तो
एक पलाश फूलों का गुच्छा
आकाश तक उछाल दूँ

कल तक सारी खिड़कियाँ बन्द थीं
फिर भी मुझे निरन्तर
प्रतीत होता रहा कि
आकाश की मुट्ठी में गुलाल है
अब तुम कहो तो एक बार फिर
खिड़कियाँ खोल लूँ
और
तुम्हारा मुख सूर्य को दिखा दूँ

फिर झाँझ और मँजीरे बजने लगे हैं
फिर धूप का कमल सारी झील पर फैल गया है
तुम कहो तो फिर एक लहर
तुम्हारे लिए
बुला लूँ।

दर्द

औरतें एक पुराना गीत गा रही हैं
यह शहर जिसका अर्थ समझता नहीं है
मेरी मौसियाँ इसी धुन में कुछ गाती थीं
जब आकाश से धुली हुई रुई की तरह के बादल
लौटने लगते
और साँझ होते-होते
उनकी आँखों में किसी की प्रतीक्षा
और सूरज की रक्ताभ किरणें
तैरने लगतीं

मुझे तभी शरद की हल्की-हल्की पदचाप सुनाई देती
नदियों में सूर्य का झाँकना
अनुभव होता
मेरी मौसियाँ हवा में
चमेली के फूल उछालतीं
मछलियों की तरह तैरतीं
और कोई ऐसा गीत गातीं
जिसके अर्थ के लिए मैं
दिशा-दिशाओं में दौड़ता

शरद फिर आ गई है
औरतें एक पुराना गीत गा रही हैं
जिसका दर्द इस शहर की भीड़ में
कुचला गया है।

हवाओं की दस्तक

तुम्हें लगने लगा होगा
दिशाओं के समुद्र पार कर
वर्षा-मेघ
कहीं दूर-दूर चले गए हैं

तुम्हें लगने लगा होगा कि
इन छोटी-छोटी डालियों पर बैठी
मुग्धा सन्ध्याएँ
अब आकाश के एक विस्तार से
दूसरे विस्तार तक
हल्के नीले काग़ज़ों की
तरह फैल गई हैं
और
काँस की सफेद कलंगियाँ
नदियों के नील जल में
नज़र आने लगी हैं

हाँ, वे हमारी पीछे छूटी हुई यात्राएँ
वे सूरजमुखी के तरोताजा फूल

मौसम तो वही आ गया है
लेकिन हल्की, काँपती हवाएँ
क्लबों और नाचघरों पर
दस्तक देकर लौट रही हैं

एक काली मोटरों की लम्बी कतार खड़ी है
दर्द जिसके बहुत पास से गुज़र गया है

एक टूटी हुई सूइयों की घड़ी पर
मौसमी फूल मुरझाये पड़े हैं
किसी की गरदन ऊँची नहीं होती
जब तक आकाश काले काग़ज़ की तरह
सिकुड़ नहीं जाता

जब मौसम का यंत्र झनझनाता है
तब हमें लगने लगता है कि
शायद यहीं सर्दियाँ शुरू हो गई हैं।

विवशता

दिशाओं तक मेरा हाथ जाता है
लेकिन कुछ छूता नहीं है
मैं एक शब्द के लिए प्रतीक्षा करता हूँ
थोड़ी देर के लिए हल्का नीला
प्रकाश जन्मता है
फिर डूबता जाता है, डूब जाता है
डूब जाता है

मैं शब्दों के लिए फिर जन्मता हूँ
फिर-फिर प्रकाशित करना चाहता हूँ
नदियों के फैलाव और इन्द्रधनुष
अर्थ और आत्मा और अग्नि
प्रेम और दर्द और अन्तरंग
लेकिन कोई कृति नहीं होती
सब तरफ़ स्वादहीन सृष्टि फैली रहती है
मैं फिर होता हूँ, होता हूँ, होता हूँ।

मेहरबानो

अब तुम कुछ भी लिखो, बोलो
तुम कुछ भी लो, दो
मैंने कहा न!
वे समझते हैं
तुम इस घर में हरी चित्तियों वाले
साँप छोड़ जाओगे

इधर इन दिनों बेपनाह लोग
घूमते हैं
उनकी कुछ ज़रूरतें हैं
तुम उन्हें बुलाओ, कोका-कोला
कॉफी या चाय जो चाहो पिलाओ
कपड़ा दो
जो भी तुम्हारे सिक्के हैं बाँटो
लेकिन मैंने कहा न
उन्हें भय है
तुम उन्हें आदमी नहीं रहने दोगे सिर्फ़

तुमने उन्हें बहुत पहले
उन अँधेरे कुओं में उतारा था
इन्हीं बाज़ारों में रंगीन रूमाल
और रसिक औरतें दी थीं
तब उनका ख़याल कुछ दूसरा था

मेहरबानो!
आदमी मौत के पहले काली पट्टियाँ बाँधकर चलता है

इसलिए कि कोई फिर उसके लिए
काली पट्टियाँ बाँधकर न चले
और न उसके लिए मातमी धुनें बजाए

मेहरबानो!
आदमी की चमड़ी को
रुई की तरह नहीं धुन सकते
औरतें कब तक अफीम बेचेंगी?
बावर्चीखाने में लोग कबाब की प्लेटों पर
कब तक औंधे मुँह गिरे रहेंगे?
आख़िर ये सवाल
तुम्हारें पैने दाँतों के लिये तो नहीं हैं?

औरतों की टाँगों का जिकर हो सकता है न!
लेकिन चौराहों पर भूख का सवाल
चुपचाप जिबह नहीं हो सकता
हाँ, मेहरबानो हाँ!

(मर्लिन मुनरो की मृत्यु पर)

काले जल वाली नदी

फिर आकाश से थका-थका सूर्य
धीरे-धीरे नीचे उतर जाएगा
और मैं उन दूर की चोटियों
मटमैली कुबड़ी चट्टानों
चिमनी के काले, तेज़ और घुमावदार धुएँ को
देखता बैठा भी रहूँगा
तो क्या होगा?
अभी-अभी सूर्य तो—फिर निकलेगा नहीं
आह ईश्वर! इस अन्धकार में मुझे
वह काले जल वाली नदी बार-बार
याद आएगी
जिसकी रेत में आत्महत्या की
एक छोटी-सी चीख गड़ी हुई है

आह ईश्वर! इसी अन्धकार में से
किसी प्रतीक्षातुर लड़की की तरह
थोड़ा-सा झुका हुआ पेड़
जन्म लेगा
जिसकी टहनियाँ एक बार
लाल-लाल फूलों से लद गई थीं

संयोग से आज फिर मैंने
मृत्यु के दो प्रसंग पढ़े हैं
एक ईसा और दूसरा मर्लिन मुनरो का
जब तक सूर्य है
शायद तब तक

मैं उन दोनों के चेहरे पहचान सकता हूँ
किन्तु अभी-अभी जब आकाश की किसी मीनार से
एक ही छलाँग लगाकर
सूर्य छिप जाएगा
आह ईश्वर! तब ये दोनों चेहरे
इस दर्द, मृत्यु और अन्धकार से
फिर उठेंगे
और मुझे प्रतीत होने लगेगा कि
इन क्षणों में
वे बिलकुल एक-से हैं
निर्लिप्त, इच्छा-शून्य
और अगम्य।

सख़्त जबड़े वाले धर्मपुत्र

अच्छा होता यह प्रश्न तुम उठाते ही नहीं
और मैं उस अँगुली के खून रंगे नाखून को
न देखकर
उसे बार-बार चूमता
कहता :
'मेरे त्राता
मेरे पिता'
केवल अभ्यास ही की तो बात है

कहाँ किन अक्षांशों पर चमकता होगा सूर्य
किस फैलाव तक चला गया होगा समुद्र
मुझे तुम्हारी त्वचा छू लेने दो
हाँ! वह काफी मोटी, खुरदरी और वंध्या हो गई है
कम-से-कम पारदर्शी तो नहीं है
बस अब
तुम्हारी त्वचा से कभी कोई किरण, कोई लहर
नहीं आएगी

कल तुमने ठीक कहा था
वे धर्म-पुत्र हैं
उनके जबड़े सख़्त हैं
आज वे लोग आए
और अंकित कर गए
पाँच रक्त लगी अँगुलियाँ
मैंने बार-बार उन्हें देखा
अब उनकी आँख में कोई कमल नहीं जन्मेगा।

अकाल

दो श्रृंगाल
रातभर खेत खोदते रहे
गहरा और गहरा और गहरा
अन्न कहाँ है?
अन्न कहाँ है, पृथ्वी!

दो श्रृंगाल
रातभर सूर्य को गालियाँ देते रहे
'हो गया तुम्हारे वंशधरों
तुम्हारे शक्ति-सामन्तों का
राज्य, सूर्य।'
अन्न कहाँ है?
कहाँ है?
कहाँ है अन्न, सूर्य!

दो श्रृंगाल
रातभर पंजों से हवाएँ पीटते रहे
उन्होंने रातभर पेड़ों की जड़ें खोदीं
छलाँगे भरीं
हाय!
उनकी मृत्यु भी
अविज्ञप्त रही।

यात्रा

यात्रा के प्रसंगों में
वे सब बताते रहे
भोगी हुई जिजीविषा
और उसका अन्त
सूर्योदय और एक नियतिहीन
काल-विक्षुब्ध साँझ

नीले तरंगमय जल पर
एक कमल तैरता रहा
किन्तु वे ढोते रहे
वह जो उन जहाजों पर लदा था
भाग्य-लक्ष्मी-तुम कहाँ हो?
तुम कहाँ हो?

उन सबके जाल व्यर्थ गए
बार-बार उन्हें मूर्च्छित मछलियाँ
रंध्रहीन शंख और मणियों की तरह
पारदर्शी पाषाण मिलते गए

आख़िर हुआ क्या
उन सन्दर्भातीत यात्राओं का
क्या हुआ?
कुछ नहीं
वे ढेर-सी रेत इकट्ठी करते रहे
जिसे उन्होंने बार-बार प्रणाम किया
लिखा प्रेम और प्रेम और प्रेम

वे सब फिर ठंडे हो गए
ढूँढ़ने लगे अग्नि कहाँ है?
अन्त में वे सब ज्ञानियों की तरह
शब्द निकालने लगे
फिर शब्दों के निगूढ़ अर्थ

लेकिन आख़िर हुआ क्या
उस प्रेम और अग्नि और शब्दों की यात्रा का?

कुछ नहीं
वे सब कमल-पत्र पर पड़ी
बूँद की तरह थरथराते रहे
पुलों के आर-पार
भीड़ और समय
औरतें और बालक
जन्म और अजन्म
गुज़रते गए।

सिर्फ़ अपने लिए

फिलहाल इन सिलसिलों से डरो मत
उनके बाज़ारों में कुछ नहीं है
हमारी बीमार आकृतियों के अतिरिक्त

पनडुब्बियों में वे क्या ला सकते हैं
हमारी मृत्यु के अलावा
उनके कुत्ते बूची नाक के हैं
उनकी दुम कटी है
वे गोश्त खाते हैं, भौंकते हैं

हमारी बसन्त ऋतु, शीत का हल्का रोमांच
वर्षा की तरोताजा भूमि-गंध
घास के मैदानों पर हंस-पंख की तरह
तैरती-ठहरती और ठहरती-तैरती ज़िन्दगी
यहाँ आकर रुक गई है
कुछ अपनी किस्मत से नहीं
लापरवाही और अज्ञान से
वरना हमारा इतिहास
घास-पात नहीं था

इधर देखते-ही-देखते यह हुआ है
सब कुछ एक पुरानी बिलबिलाहट में बदल जाना
ताज्जुब है अब हवाओं में खिड़कियाँ खोलने का
माद्दा नहीं रहा
सूरज सिर्फ़ एक रंग का नाममात्र होकर रह गया
एक माँसभक्षी आदमी के लिए

इतिहास स्वाभिमानी जनता की बोटियाँ
और एक कबाब की प्लेट रह गया

इन सिलसिलों की शुरुआत ऐसे ही होती है
चुप रहने या बहस के विषय बदलने से
फिर हिप्-हिप् हुर्रे
था या नहीं था का पता लगाना मुश्किल है
किन्तु ऋतुओं के सत्य, समय के सारे जन्म
हमारे कितने करीब हैं
हमारी त्वचा के नीचे सत्य की नदी है

लोग क्यों चल रहे हैं, इतने डरे
किससे डरते हैं लोग
ज़रूर इन अँधे कुओं से
जिनमें ठंडे पानी की धार तलाश करते लोग
मार डाले गए हैं

क्या छपता है इन अख़बारों में
कौन भाषण करता है सभाओं और गोष्ठियों में
न एक मुट्टी रेत कम होती है
न एक पाँव ऊपर आता है

इस बेहद ऊँडे और अँधे कुएँ की मिट्टी और
यहीं से फूटकर आने वाली मीठे पानी की धार
मेरी अपनी इच्छा है
अपनी ऋतु के लिए कौन तलाश नहीं करता है पानी
अपने सुख के लिए कौन नहीं खोदता है मिट्टी
अपनी यातना-मुक्ति के लिए मैं इतना ही कर सकता हूँ
(डरकर न डरकर
विचलित होकर, कुछ साहस के साथ
धँसा हुआ, करीब-करीब हारा हुआ)
एक मुट्ठी रेत उठाऊँ और बाहर फेंकने की कोशिश करूँ।

एक शब्द और निश्शेष

होने और नहीं होने के बीच क्या होता है
कोई समानान्तरता, त्रिकोण, वृत्त, अर्ध-वृत्त
आकाश, भू-धरा द्वीप-द्वीपान्तर
आलोक-अन्धकार
जन्म-पुनर्जन्म

नहीं, कुछ भी नहीं
होने की बस चिन्ता होती है
दो हाथ उठते हैं ऊपर
दो ताड़ वृक्ष की छायाएँ, उतरती हैं
काँपती हुई, छोटे-छोटे कंधों पर

होने की—चिन्ता में होती है
एक औरत, एक मकान
और अन्त में होते-होते
आदमी भटकती हुई तीखी और उदास
सीटियों की तरह
उतर जाता है
गहरी और दृष्टिहीन खंदकों में नीचे

होने के सुख से क्या
अच्छा नहीं है न होने का सुख
डूबते-डूबते भी पलाश का आर-पार
फैला हुआ वन
एक क्रास
उसके नीचे जलती हुई रक्ताभ लौ

एक मोमबत्ती
एक सवाल, नाकामयाबी
एक शब्द
और फिर कई ज़िन्दगियों की नाराज़ी
टूटन, व्यर्थता, आक्रोश
और निश्शेष।

किसका इन्तज़ार

इसके बाद कुछ हुआ ही नहीं
खुली हुई खिड़कियों से
नज़र आता रहा एक फैलाव
एक उदास-सा कुम्हलाया हुआ
पीला कनेर

ज़िन्दगी के पास कितनी रेत है
यहाँ आता है प्रेम
आती है ईर्ष्या और घृणा
और एक टूटी हुई बाँह
और एक मन्दार पुष्प
सब रख लिया है सिरहाने
कुछ देर के लिए धूप
कुछ देर के लिए पेड़
एक भविष्य, समुद्र फेन-सी हँसी
मैं और एक काँपता हुआ शब्द

अब केवल टूटी हुई सूइयों की
बीमार घड़ियाँ
और कुछ होने का इन्तज़ार।

थरथराती मोमबत्ती

ज्योतिषियों से भाग्य पूछने की ज़रूरत नहीं है
एक उखड़े हुए समुद्र को मुट्ठियों में बाँधने वाले लोग
नज़र बचाकर चुपचाप चलते हैं

एक उदास मौसम के लिए
सब ऋतुओं का सूर्य
करीब-करीब एक-सा है
सब नदियों का उद्गम और बहाव
और अन्त
मालूम है

क्या होगा यदि कल एक सिपाही
सेनापति, सामन्त, कवि, गणिका
या कि किसी ग़ैर की कांस्य प्रतिमा
कहीं खड़ी कर दी जाएगी
लोगों को पास-पास बैठ कर
पत्थर फेंकने का अभ्यास हो गया है

अक्षरों के मोड़, उनकी इबारत
और, एक और अर्थ—
अब किसी भाष्यकार की ज़रूरत नहीं है

पास में न कोई झरना है न खिड़की
औरतों की नज़रें अर्थहीन हो गई हैं
मीनारों पर चढ़कर आदमियों ने
आत्महत्या कर ली है

बादल, यक्ष
और रहस्य के ताल सरोवर ढूँढ़ने वाले सज्जनो!
सुनो
'हेल सीजर! सीजर दी ग्रेट'
और अभी-अभी आम रास्तों पर
बेशुमार इकट्ठी हुई भीड़
एक थरथराती हुई मोमबत्ती की रोशनी
कुचलती हुई निकल जाएगी।

पोस्टर

वे सब लोग दीवार पर लगे
एक बड़े पोस्टर को देख रहे हैं
लेकिन उन्हें कुछ ऐसा लग रहा है
जैसे दीवार पर लगा हुआ पोस्टर
उन्हें देख रहा है
ईश्वर! यह कैसा संयोग है

अब वे उस पोस्टर को पढ़ रहे हैं
जिस पर लिखा
'सब कुछ हो गया है'
वे सब यही तो चाहते हैं कि
कुछ हो जाय
उन सब को यही तो दुख है कि कुछ हुआ नहीं
एक पूरी ज़िन्दगी वे रेत में खड़े रहे
एक पूरी ज़िन्दगी वे सूखी नदियों के
किनारों तक दौड़े और लौट आए
लौट आए और फिर दौड़े
एक पूरी ज़िन्दगी की मृत-प्रतिध्वनियों को
वे अर्थ देते रहे, गरमाते रहे
एक पूरी ज़िन्दगी उनके कंधों पर
लोगों ने पैर रख कर आसमान छू लिया
ख़ैर...
एक वयस्क ने पोस्टर पढ़ लिया है
वह उस पर टिप्पणी कर रहा है
'मरीजों ने डॉक्टरों के चोगे पहन लिये हैं

बेशर्म कहीं के'
कहा होगा—वह वृद्ध है

अब वे याद कर रहे हैं
वे क्या-क्या चाहते हैं
'एक गेहूँ की बाली
एक पुस्तक
एक गुलाब का फूल
सूर्य और समुद्र-फेन
ईश्वर! वे लोग चाहते ही क्या हैं?

इस नगर में कोई है?

अँधेरे में पोस्टर नहीं पढ़ा जा रहा है
लेकिन कल सुबह ही तो प्रकाश में लोग
फिर पोस्टर पढ़ेंगे
कल फिर उन्हें कैसा लगेगा
यह सवाल मेरा नहीं है
बल्कि एक पूरे मौसम का है
एक ऐसे मौसम का
जब आदमी की ज़ुबान
इस कदर ऐंठती, लड़खड़ाती
और रुक जाती हो

अब आप कहें तो इन
आरामगाहों से निकलें
और किसी के लिए नहीं
सिर्फ़ अपने आस-पास फैली हुई
धूप और हवा के लिए
पूछें
इस सिलसिले का क्या अन्त है
एक पूरी ऋतु अपने घरों में दुबके हुए
मर्द और औरतों की उबासियों
और श्रृंगालों की...हू हू के सिलसिले का

ख़ैर...
मैं अब यह पूछना चाहता हूँ
इस नगर में कोई है
जो इस सब तरफ़ फैली हुई घृणा

और साजिश के चलते
दर्द से टूटती बाजू को उठाए
और उन उजालदानों को खोले
जो बर्फ गिरने के बावजूद
खुलना चाहते हैं

मैं पूछना चाहता हूँ—
इस नगर में कोई है
जो इन क़ब्रगाहों के ध्वस्त
सुनसान रास्तों से निकले
किसी के लिए नहीं
एक नरक-यातना से मुक्ति के लिए

ये सवाल मसीहा से पूछने के लिए नहीं
आदमी से पूछने के लिए हैं।

बुरा नहीं हुआ

मुझे कोई अफ़सोस नहीं है
तुमने कहा था उधर से लौट आने पर
मुझे एक हरी घास का मैदान मिलेगा
कुछ बुरा नहीं किया
उसकी जगह एक तिकोना शहर
तुमने बसा लिया

कोई ख़ास फर्क नहीं है
इन आदमियों और उनमें
इन और उन औरतों में

मेरा मतलब है व्यर्थ है यह कहना
चेहरे बदल गए हैं
या कि चेहरे रह ही नहीं गए हैं

समय के हर आम रास्ते पर
गर्द थी और हर नाटक ऐसे ही खेला गया था

भाग्य के दरवाज़े पर आदमी
बहुत पहले रक्त-तिलक लगा गया है
बेसाख्ता झूठ बोलने वाले लोग
नेपथ्य से बोलते रहे हैं
कामगृह से लौटीं रसिक साँवली गौर
औरतों के गले में रुद्राक्ष की मालाएँ थीं
मुझे अफ़सोस नहीं है

त्वरा के पहिये पर बैठी हुई
बीसवीं शती के लिए
इस पुराने नाट्य-गृह में बैठने की अपेक्षा
उस शहर से गुज़रना बुरा नहीं है
जिसकी सम्भावनाएँ हैं।

ईमानदार दुनिया के लिए

सारे दरवाज़े खुले हैं

तुम ज़िन्दगी को उस मोड़ पर तो
ला ही सकते हो
जहाँ एक उजाले की रेखा खिंची है
अगर तुम बिको नहीं
सस्ते चमक-दमक वाले माल की तरह

पश्चाताप के लिए
सारे दरवाज़े खुले हैं
छोटा और लाचार बनना आसान है
बहुत बड़ी सफलता न भी मिले तुम्हें
न बना सको मन-पसन्द दुनिया
तब भी तुम यह तो कर ही सकते हो
नीले और अकुंचित आसमान को
एक बार देख लो

विजेता के नक्काशीदार जूतों की सिलाई
और दरबारियों के हुजूम का रंग
एक-सा लगने लगे
तब तुम उन शरीफ़ज़ादों के गम्भीर शब्द
और फूहड़ पुस्तकों को
कबाड़ ख़ाने में तो डाल ही सकते हो
जो इस्तेमाल की हुईं चीजों का क़ब्रिस्तान है

यह देख एक मिथक है
उछलते हुए कंचन-मृग

और लालची लकड़बघ्घों की दोस्ती का
तुम इस ऐय्याश वक़्त के नाटक को
एक लापरवाह आदमी की तरह
देखते हुए गुज़र सकते हो
बिना फ़िसले और एक खिलाड़ी की तरह

संकल्प

बार-बार हम समय को दोष दें
म्लान चित्त बहस करें
निर्णय निकालें कि कुछ होगा नहीं
यहीं गाड़ दिए जाएँगे
भूखे बच्चे
यहीं जला दी जाएँगी
ढोल पीट-पीट कर तरुणियाँ
नरम हथलियों पर
रक्त की लकीरें लिए
खोदते रहेंगे लोग
पाताल लोक तक ऊँडे गढ्ढे
इसे शोकार्त प्रलय की घड़ी में
हम छोड़े नहीं
सुख की तृष्णा

चिड़ियों के छोटे-छोटे पंखों और
हमारे पैरों में
हवा जिसने भी बाँधी हो
बँधी रहे

पहाड़ भी रहें
स्वाति नक्षत्र के बादल
वहीं घिरें
वहीं जाएँ
सागर आकार की
अथाह उड़ान भरते चातक

हम अपना पक्ष खुद हैं
समय वकील का चोगा पहन कर खड़ा हो
विदूषक की तरह
बिका हो मणि-कांचन की दुकान पर
तब भी हम छोड़ेंगे नहीं
अपने सपनों का यथार्थ
ऊँचे आकाश तक की छलाँग

गोपीनाथ

गोपीनाथ अपने गाँव से गठरी लकर चला था
अब शहर में सड़क पार करना है
रास्ते दिखते हैं कई
कौन-सा जाता है
हरिद्वार या गया या प्रयाग
शहर में असमंजस हैं गोपीनाथ
सिर पर रखी गठरी तो और भी गज़ब है
ठिठक कर लोग खड़े हैं
गठरी देखने के लिए
विदेशी गठरी में लगी गाँठों पर हतप्रभ हैं
गाँठ में गाँठ में गाँठ

कोई बम तो नहीं है।
कहाँ के हो, कहाँ जाना है
थाना दूर नहीं है
किस-किस का लालच
किस-किस का भय
बँध गया है गठरी के साथ

कपड़े बाँधकर लाया था गोपीनाथ
गंगा स्नान के लिए
यह यात्रा निर्मल जल की तलाश में थी

कहाँ गंगा और कहाँ यमुना
अभी तो सड़क के उस पार जाना है गोपीनाथ को
गठरी वह अकारण ही ले आया था
सन्देह और तमाशा बनने के लिए।

अपराह्न में

अब तो रोज़ ही देखता हूँ तुम्हें
अस्वास्थ्य, औषधियों और
इंजेक्शन के डिब्बों से घिरे
रोज़ देखता हूँ तुम्हारा धैर्य
देखता हूँ
जहाँ से भी आता हो
पाताल लोक से
तुम्हारे जीवन का झरना

बसन्त के दिनों में
तुम्हारी तरफ़ देखने का अवकाश ही नहीं था
एक स्त्री होने-होने में
ख़त्म हो गए वे सब दिन

आकाश की बची-खुची धूप में
अब तुम्हारे साथ बैठने में
अपने स्वार्थ की छाया
लम्बी और लज्जा कारक है

अपने सुख का एक-एक कंकर गिनना
याद करना
लौटाना बीते हुए को
या सोचना उस अनिर्दिष्ट
भविष्य को
तुम्हारा चेहरा

इतने समीप से कभी देखा नहीं था
देखा होता तो अब मिलाता
कौन-सा सुख-दुख
दे या ले गई है
यह रोशनी या वह छाया

आश्विन

आश्विन के छोटे होते हुए दिनों में
मकड़ी के जालों को देखती हुई
माँ अपने दिनों की याद करती हैं
कहाँ-कहाँ की बातें याद हैं माँ को
किस-किस के विवाह-बरातों में
हुए वितंडावाद की
लाल बुखार, अकाल और विधवा-किशोरियों के
मुँडे हुए सिरों की
समय के सारे गवाक्षों पर
माँ हज़ारों दीप ले कर घूमती हैं
सब कुछ फिर से नज़र आने लगता है
शब्द, रंग, स्वाद
तितलियों के पंख पकड़ लेती हों जैसे

बस एक ही बार
उदास पतझर की तरह माँ को देखा था
उनका गला भर्रा गया था
वे महानाश को देखने लगी थीं
देखने लगीं
खेतों की रौंधी हुई फसलों पर
सिर पीटती असहाय स्त्रियों का रोना-कलपना
नाना के आँगन में इकट्ठे लोगों का
सितमगरों के विरुद्ध गाली-गलौज
पुजारी का भोग, दलाल का ब्याज
दहकती हुई आश्विन की धूप-से
माँ के मुँह का रंग मिलने लगा

मैं फिसलते-फिसलते बच गया
मैंने आज सुबह ही लिखी थी
कविता की मायूस इबारत
काल के नीचे पिस जाने का संकेत।

कार्तिक

लौट आई हैं
कार्तिक की दूध नहाई रातें
घर पिछवाड़े
दूध पीकर
दुबके हुए हैं माँ के पास मेमने
भय रहित

धीरे से आता है तेंदुआ
चोर की तरह दुबकता
गद्दीदार पैर रखता

हिंसा की चमचमाती आँखों से
चारों तरफ़ देखता
दिग्विजयी सुल्तान
रेड अलर्ट, सायरन
कर्फ्यू, धारा एक सौ चवालीस
कुछ भी नहीं पहले या बाद में

भेड़ों का शोकार्त स्वर
दिगन्त तक जाकर लौट आता है

सुबह पूछते हैं लोग
गडरिए से
क्या हुआ था रात को
बहुत बार आवाज़ दी थी भेड़ों ने

गडरिया मेमने गिनता है
दो कम
तेंदुए के पंजे अंकित हैं
निर्जीव लेटी भेड़ें ही इस शोकान्तिका की साक्षी हैं
जो ख़ामोश हैं।

दस हज़ार वर्ष पुराना घर

रात से ही शुरू है वर्षा
कुछ नज़र नहीं आता
अँधेरे के बीच
हरे पत्ते, पीले कनेर
गली का उजास भरा मोड़

जगह-जगह रखता हूँ
तपेला, पुराना लोटा, देगची, भगौना
पूरा घर इतना कमज़ोर
इतना जर्जर हिलता हुआ
खिड़कियाँ लटकती हुई सड़क पर

सब लोग जगे हैं
योजनाओं का दफ़्तर ही हो गया है घर
कल ही कहा था पत्नी ने
मेघों का रूपाकार देख कर
द्वापर की कथा
उन्हीं ने कहा था 'कृष्ण न होते तो ब्रज डूब जाता'

मैं गुस्से से तमतमा गया था
तुम ज्योतिषी नहीं हो विभा
हमारा घर दस हज़ार वर्ष पुराना किला है
हाय! यही तो दुख है इस घर का

लड़का दस हज़ार वर्ष पुरानी बाल्टी लिए
दौड़ता है पूरे घर में

सहस्त्र धाराएँ गिरती हैं छत से
लड़की अपने चियड़े हुए
वस्त्रों की गठरी लिए घर में घूमती है

सब सहता है यह पुराना घर
अथाह जल में डूबते हुए
'भव-समुद्र' पार करने की रोमांचक कथा

राज-द्वार पर खड़ा है
हेलीकॉप्टर
दस हज़ार वर्ष पुरानी छत पर से गुज़रने के लिए

हर वर्ष रात से ही शुरू होती है वर्षा
हर वर्ष हमारे मृत्यु आँकड़ों से शुरू होता है
बाढ़ के विनाश का वर्णन
प्रतिज्ञाओं का मायालोक
दृश्यावलोकन की तैयारी

आत्मा और घर का
शाश्वत रिश्ता समझते हुए
मैं इस मरणासन्न अँधेरे में
लटकती, पलास्तर उखड़ी
छत के नीचे खड़ा हूँ।

थोड़े दिनों बाद

थोड़े दिनों बाद
जब लोग समझ जाएँगे
जल्लाद और सितमगरों के इरादे
तब उन्हें याद आएगा
प्रेम, संगीत का झरना
कविता की सुगंध
नीली रोशनी वाला अतलान्त जल
बर्फ का सफेद कोट पहने कंचनजंघा
अन्तः सलिला श्यामल पृथ्वी

थोड़े दिनों बाद
जब लोग समझ जाएँगे
सिंहासनारूढ़ लोगों के टुच्चे मन
अपने मन के दर्पण में देखेंगे
एक सहस्त्र दल कमल
हज़ारों टहनियों वाले छायादार वृक्ष
एक सीमातीत उदार मन की हँसी

थोड़े दिनों बाद
जब वे घमंड लगाने वाले
हत्यारों की ज़िद और मूर्खता से
थक जाएँगे
तब वे अपने बच्चों से कहेंगे
एक बदमिज़ाज और ऐय्याश वक़्त का क़िस्सा
निर्दोष बालकों के हत्या-प्रसंग

धर्मोन्माद के तंग और हरामी
षड्यंत्रों की कहानियाँ।

कुछ भी हो
आदमी की दोस्ती अमर है
हँसी-मज़ाक़ खेल-तमाशे
खुली ज़िन्दगी और मनमौजी समय

असलियत जानते हैं लोग

लगातार विरोध करते रहो
अन्याय और हिंसा का
उन दिनों भी जब
रिवाल्वर की मदद से
मंत्री पद मिलता हो

फिसलन के समय नज़र आओ
वे बातें कहो
जिन्हें सुनकर लोग कहें
मूर्खों की तरह बातें मत करो
सत्य की और ईमानदारी की
दोस्ती की और दरियादिली की

जब लोग कहें
घर भर लो
यही समय है
हाथ की सफाई और हुनर दिखाने का
तभी आसमान पर
सीढ़ियाँ लगाओ
लोगों से कहो
चढ़ो पहाड़ ऊँचे और दुर्गम हैं
लेकिन वहीं से नज़र आती है
दुनिया मनोरम और अप्रतिम

शहद के बाज़ार में
मक्खियों की तरह भिनभिनाना

दुम हिलाना मरियल घोड़े की तरह
एक भी काँटा न चुभने देना
'जी हुजूर, मैं आपका पायजामा हूँ'
ऐसी भाषा से
मर जाता है आदमी

पराजय कब नहीं थी
कब नहीं थे झूठ के लिए वाह-वाह करने वाले
लेकिन तभी दल-दल से
निकल आया था समय
करिश्मे और भाग्य से नहीं
मनुष्य के उत्साह और संघर्ष से

असलियत समझते हैं लोग
वे नंगी तलवार वालों की
कायरता जानते हैं।

हवा-1

बात करती है हवा
स्थिर, शान्त कालचक्र से
ध्वस्त, ख़ाक-धूल हुए इतिहास से

कोई बोलता नहीं
हिलता है
ज़रा-सा पत्ता, पूरा वृक्ष
अनन्त तरंगों वाला समुद्र

निमिष और अनन्त लौट आते हैं
ऐसे ही हवा लौट आएगी
आकाश में सब कुछ उड़ाती हुई
तब जो बचेगा
छितराया हुआ धुआँ या आलोक
वहीं मैं खड़ा रहूँगा
इस तरह हवा में से हवा को देखता

हवा-2

चलती है हवा
दिगंत काँपते हैं
कोई नहीं बचता

नीचे गिरते पत्ते
फल, बिखरते हुए बादल
सब हवा के खेल हैं

नगारा बजाती है हवा
समय का
इकट्ठे हुए लोग
एक-एक सीढ़ी उतरते हैं
फिर दालान और गली
गाँव और शहर
सब बदल जाते हैं

हवा में उड़ती है पताकाएँ
आतंक से काँपने लगती हैं
काली, हिंस्र पहाड़ियाँ
सबको कहती है हवा
शुरू करो यहाँ से
यहाँ से शुरू करो।

हवा-3

पिताजी!
बन्द कर लें खिड़कियाँ, दरवाज़े
हवा ठंडी है, बर्फीली

युद्ध नहीं करती हवा
फिर भी मफलर बाँध लेंगे लोग
अपना गला बचाने के लिए
खिड़कियों पर गर्द फैली होगी
अंकित होंगे भय के पंजे

छोटा-सा गुलाबी फूल
हवा को देखेगा
बाधा रहित उड़ेगी चिड़िया

अँधेरे से लड़ती है हवा
पेड़ों के बीच गाती है
बसन्त के उन्मत्त गीत
अकाल का आर्तनाद

हवा हमारे सुख के दिन
बुलाती है
पहाड़ों पर पलाश दहकता है
चमकते हैं—दिन

फागुन के आते ही

फागुन के आते ही
हमारा नीबू सहस्त्रों, छोटे पत्तों
फूलों से दमदमाने लगता है
सुगंध से प्रमत्त हवाओं के दिन
मुँडेर पर बैठ जाते हैं
छोटी चिड़िया-सी गरदन उठाए

पौष में किसे मालूम था यह होगा
ठंड से काँपते, निर्जीव पेड़
हिलने लगेंगे
हरे, नये और ताज़ा दम

हज़ारों बार यही हुआ है
पृथ्वी!
तुमने दी है ठंडे पपड़ाए,
धूल-धूसरित
पेड़ों पठारों को
खिलखिलाती हँसी
रोशनी का समुद्र और बसन्त
ठिठुरता हुआ भूखंड
बदल गया है
रंगों की आतिशबाजी
पृथ्वी!
तुम कितनी नई हो
उर्वरा और उत्फुल्ल

कितनी तरह देती हो
रूप, आकार
बदलती हो ताल, लय, छंद
त्रिकाल।

दीपित शिखर

बसन्त मेरा सहचर है
सखा
धूल-धूसरित वीथिकाएँ
नगर और बसन्तसेना
सब कथा है
बीत कर चली जाने वाली
आँधी की तरह
अनन्त में

बसन्त एक खिलखिलाती नदी है
उत्तप्त
पत्तों का रंग
कितने रंगों से बना है
क्लांत पृथ्वी के लिए

दुख फिर लौट आए तो आए
एक दीपित शिखर पर
खड़ा रहूँगा पलाश की तरह
यहाँ से वहाँ तक देख लूँगा
विलीन होती हुई धूप-छाँह।

दुख के दिन

दुख के दिन
बार-बार आते हैं
एक प्रचंड हवा वेग की तरह
वीरान करते हुए बस्तियों को
मुझे तुम्हें
मैं सिर्फ़ अपना सामान बिस्तर समेटता हूँ
तुम्हें भूल जाता हूँ
तुम भी क्रोध में गालियाँ देते हो
अपना सामान जो समेट सकते हो, समेटते हो
हवा एक हाहाकार के बीच से गुज़र जाती है
बच्चे, स्त्रियाँ, बस्ती के लोग
सब एक जान लेवा
दहशत के दिनों की याद करते हैं

कितनी यादें हैं इन बीरान बस्तियों की
दुख की, कत्ल की, बिलकुल रक्तहीन धूप की
सूखे हुए तिनकों की तरह
सुख कभी आया हो
(तो) उठाने की हिम्मत नहीं हुई
इस तरह एक दुख का रेगिस्तान है
मीलों तक फैला हुआ
हमारी ज़मीन है
चाकू से जगह-जगह काट दिए
काग़ज़ की तरह
दिनों-दिन वीरानी और दुख के हाशिए पर
सब लोग भजन-मंडली के साथ

मन्दिर में इकट्ठे होते हैं
कीर्तन करते हैं
दुख के उजाड़ और अनुर्वर खेत में
इस तरह फिर नये अन्न की फसल के इन्तज़ार में
रात सिर्फ़ कुत्तों के लिए है
एक रुदन भरे कीर्तन पर वे भौंकते हैं

हमारे दुख के आस-पास
हज़ारों दुकाने हैं फटे-पुराने कम्बलों की
शब्दों की
मन्द भाग्य वाले शातिर ज्योतिषियों की
इलाज करने वाले
लालची और बीमार डॉक्टरों की
पुराने सुख को लौटा लाने वाले
रसिक, लच्छेदार बातें करने वालों की

दुख के जानकार लेखक,
पत्रकारों के शामियाने गडे हैं
कैमरे रंगीन और तेज़ रोशनी वाले कैमरे
लटके स्तनवाली वृद्धाओं और पुष्ट वक्ष वाली
लड़कियों पर रोशनी डालते हैं
दुख के समय भी
अगणित सवाल हैं

इस बार कुछ भी नहीं बताया
कुछ भी नहीं माँगा
एक अन्न का दाना
चिथड़ा-कपड़ा
ऋण, अनुदान
हमने सिर्फ़ एक-दूसरे का दुख सुना
कहा और सहा।

एक ईमानदार दुनिया के लिए

तुम्हें तो कुछ भी याद नहीं होगा
किसी का नाम-गाम
संघर्ष, अपमान, लात-घूँसे
यातना के दिन
सपने, स्वाधीनता और जयजयकार

कुछ भी तो याद नहीं होगा तुम्हें
सिर्फ़ बड़े हो गए हो
रोशनी में चलते हुए
पूरे मुँह पर अँधेरे की उदासी लेकर
हर क़दम पर
संशय, कड़वाहट और बीमार दिनों को गिनते

देखता हूँ तुम्हारे कपड़े फट गए हैं
देखता हूँ पिता का पुराना मफलर
जगह-जगह रफू किया है
गले में डाल कर तुम बड़े हो गए हो
धक्के खाते हुए
शाम होते ही तुम्हें घर पहुँचना है

तुम्हें याद नहीं होगा
बाज़ार रोशनी से लक-दक है
सिर्फ़ तुम्हीं हो
छुट्टी के दिन का मातम मनाते हुए
बड़े होते हुए
पच्चीस वर्ष पहले की तुम्हें याद नहीं होगी

जूते नीचे से फट गए हैं
इसकी भी याद नहीं होगी तुम्हें
इन इमारतों पर
इतना चटकदार रंग हो गया है इन दिनों
तुम्हारी उम्र के लड़के
दफ़्तर की सीढ़ियों पर
एक बेरहम आदमी की प्रतीक्षा में बैठे हैं
शाम के मटमैले सूरज की रोशनी में

उम्र बीतती है
दुख के आर-पार
लम्बी दौड़ और एक उत्साह रहित
मैदान की तरफ़ देखते हुए

एक फैसला अपने मन में करो
वर्षा में चलो
या कि जेठ बैसाख में
वर्ष स्मृतिहीन, शब्दहीन
गुज़रें या कि पल
चलो और फैसला करो
इस तरह कुछ भी न बीते
न बीते यह अनुर्वरा दिन, उम्र
इसका फैसला करो

तुम्हें याद नहीं होगा
इतिहास के मलबे पर
उन बेशुमार, आततायी, बर्बर लोगों के चेहरे
क्लीव बुद्धिजीवी, निठल्ले पंडित
लालची कठमुल्ले, मौलवी
हारी हुई बाजी के प्यादे

फैसला करो
इस नरक के दरवाज़े पर
बैठे नहीं रहोगे

चलोगे दुर्भाग्य के मारे
लाखों लोगों के साथ
लोभ और भय को छोड़कर
एक बेहद तरोताज़ा दिन के लिए
और एक ईमानदार दुनिया के लिए।

दादी माँ चिन्ता छोड़ो

दादी माँ, तुम हमेशा चिन्ता करती हो
अपने बेटों, बहुओं, पोते-नातियों की
चिठ्ठयों की चिन्ता
बाहर जब कभी होता है
अँधेरा या हवा का शोर
या वह ऋतु आती है
जब अमरूद पकते हैं
और शब्द होता है
बीते हुए ख़ामोश दिनों का

अपनी झूकी हुई झुर्रियों वाली
गरदन पर चादर लपेटे
तब तुम धीमी आग, गर्मी, रोशनी होती हो

दादी माँ युधिष्ठिर के लिए दुखी होना
तुम्हारे महाभारत का हिस्सा है
अब दुर्योधन की पीठ पर
प्रतिष्ठा का कम्प्यूटर कारख़ाना है
गाँधारी आँख पर बँधी पट्टी नहीं खोलती
आँख और हाथ के बीच दहशत भरा जंगल है
तुम्हारी आँख के पास दफ़्तर होता
तब यमराज तुम से हँस-हँस कर बातें करता

अश्वत्थामा दूध के लिए रो-रोकर मरता रहा
दूध का दुख उन दिनों भी था
बाबुओं की गरदन तगड़ी, जंघाएँ पुष्ट थीं

द्रौपदी की पीठ पर
सांसदों की हँसी धर्म-व्यापार था

दादी माँ अब आग तापने
और भूभल में लाल हुए
शकरकंद ख़ाने की चिन्ता छोड़ो
तुम्हारे नाती-पोते
बबलगम चिगलते
अंग्रेजी मदरसों में पढ़ते
बड़े हो रहे हैं।

क़ब्र पर रोशनी

हम रोज़ एक सपना देखते हैं
रोज़ दफ़ना कर लौट आते हैं

दरवाज़े पर ही मिल जाते हैं
गमगीन लोग
एक मुट्ठी मिट्टी
और हवा के बीच
एक पत्ते से सूखे सपने के लिए
उदास और बेचैन

पादरी अपनी क़िताब खोलता है
पढ़ने लगता है
तुम्हें वहाँ अन्न मिलेगा
क्योंकि यहाँ तुम भूखे थे

एक उदास पेड़ की पत्तियाँ
गिर गईं थीं
पादरी की क़िताब पर
एक दयालु आदमी की तसवीर बनी थी

लोगों ने आमीन कहा
और वे उठाकर ले गए
अपने कंधों पर
एक रक्तहीन प्यासे सपने को

लौटते वक़्त क़ब्र पर
जो रोशनी उन्हें दिखाई दी
पिली और बिलकुल असहाय
अस्त होती हुई
उसी रोशनी में उन्हें चलना था
दूसरे दिन सुबह उठ कर
फिर इस अन्तहीन पृथ्वी पर
इस ख़ाक में मिल जाने के लिए
जहाँ से हरे और बड़े-बड़े पत्तों वाला
पेड़ उगता है
सघन और मजबूत।

व्याघ्र जब सोने का कड़ा दिखाए

बहुत दिनों तक याद आएँगे
हमें वे दिन
वे दिन जब हमारा ख़याल था
जल्लादों के दिल नरम हो जाएँगे
वे हमारे घर रौंधेगे नहीं

वे दिन जब हमारे आँगन के
लाल कनेर सूखने लगेंगे
हमारा ख़याल था
वे अथाह जल बरसाने वाले बादल
लौट आएँगे
हवाएँ भी
मिट्टी गीली हो जाएगी

दरअसल यह कुआँ बहुत गहरा है
जिसे हम बार-बार देखते हैं
कभी थोड़ा जल ऊपर आता है
कभी ताल पर घाट बना देता है मालिक
हम अनुमान लगाते हैं
वे पुण्यात्मा है

यह मजबूत जाल है
सारी पृथ्वी पर बिछा हुआ
अदृश्य सुरंगों और बारूदख़ानों से ढका
जब कभी नज़र आता है
हम अपना कपाल फोड़ते हैं

अनुमान लगाते हैं
यह प्रभु की लीला है

इस अन्तहीन सन्ताप में
हमने बहुत दिन खो दिए हैं
दुख के कड़ाह में उबलते हुए
अब जो भी दिन बचे हैं
रोशनी का जो भी हिस्सा
उसी में उलट-पुलट कर देना है

कौन माँगेगा इन्द्र से जल
मरुत से हवा
अग्नि से ताप
विष्णु से कंचन

व्याघ्र जब सोने का कड़ा दिखाए
तब समझ लें उसका जबड़ा खुला है
सब हमें जानें
हमने घुटने टेके नहीं हैं।

एक निडर आदमी की तरह

वह एक पिटे-पिटाए दिन की
रपट लिखता है
लिखता है एक जवान स्त्री की मृत्यु और
उदास समुद्र

अंगीठी में जलते कोयलों की तरह
उसने कविता के लिए कुछ शब्द चुने
और जितनी देर उसने जूते बाँधे
वह टटोलता रहा
एक सिटपिटाए आदमी की तरह
वह रपट जिसमें उसने दर्ज किया है
एक जर्जर दुनिया को फिर से
बचा लेने की कोशिश और निराशा
लगातार बर्फ गिरने का अनुभव
तेज हवा
नंगी सड़क पर चलकर आए हुए
आदमी के ठंडे पैर

वह थाने का आदमी नहीं है
बाहर बिलकुल सन्नाटा है
वह डर कर कविता की एक पंक्ति पढ़ता है
'बूची कुतिया कुर्सी पर बैठ, कुर्सी पर बैठ
बूची कुतिया भर पेट खा, भर पेट खा'

एक पिटे हुए दिन की रपट लिखते हुए
वह फिर अपने बचाव पक्ष की

बहुत-सी बातें लिखता है
बहुत-सी गालियाँ, आक्रामक शब्द

वह सिर्फ़ लिखना चाहता है
अन्दरूनी दहशत और जल्लादों के बारे में
वह बहुत-सी बातें जानता है
हत्यारों की

एक पिटे-पिटाए दिन के लिए
वह दरवाज़ा खोलता है (और)
लेट जाता है
एक निडर आदमी की तरह।

जो न चिड़िया है न तितली

एक लम्बा कोट पहना कर
वे ले गई हैं अपने लड़के को
लम्बा ऊनी कनटोपा, महँगे जूते
जेब में अंग्रेजी कविताएँ

अन्तहीन बातचीत के बीच
वे अपने बेटे की तरफ़ देखती हैं
जो न चिड़िया है न तितली
उसको जेब में नीले कंचे
छोटी पेंसिल, डोर पतली
मुड़े-तुड़े काग़ज़ के टुकड़े
नदियों में दौड़ती किश्तियों के चित्र
नहीं है
एक मग़रूर दुनिया में
वह छोटा उदास लड़का है

कुछ बोलोगे नहीं बबलू?
क्या बोल सकता है बबलू इस समय
अन्धकार में उसका कनटोपा
बहुत नीचे आ गया है
और माँ जल्दी में है
घिसिटता जाता है बबलू
अपने पूरे विरोध और रोने के बावजूद

मेरे पास तो कुछ है नहीं
तुम्हारी माँ के सुख के लिए

तमंचा या रिवाल्वर
कॉमिक्स, हिंसा या झूठ
कार या अमीरी

इस समय दिसम्बर की असहनीय ठंडी रात है
है तुम्हारे पिता का ध्वस्त सपना
तुम्हारी माँ का तहाया हुआ अहंकार

इस सबके बीच तुम्हें मैं
अपने कंधों पर चढ़ा कर
नीले आसमान तक कैसे ले जा सकता हूँ
कैसे सुना सकता हूँ जल परी की कथा
कैसे दिखा सकता हूँ
बन्दर, भालू के खेल

तुम्हारी माँ यह लम्बा कोट
ये जुर्राबें, कनटोपा उतारेंगी नहीं और
मुझे कौन पूछने देगा
इस सबकी ज़रूरत।

हँसी के लिए

चार लड़के गली से बेतहाशा हँसते हुए
निकलते हैं
क़िताबों के बीच धसी लड़का
हँसी रोक ही नहीं पाती
इस तरह बसन्त के दिन बीत जाएँ
यह सुख बहुत है
बाहर सन्नाटे और दरारों के बीच
इस बेख़ौफ़ हँसी के बाद
जो कुछ बचेगा
वह सिर्फ़ आतंक की बीत्ते भर
ज़मीन होगी
फिर तुम उन लड़कों को याद करती रहोगी
उस खिलखिलाती ज़िन्दादिल
हँसी के लिए।

स्मृति

मेरे दाएँ हाथ में पेन्सिल का टुकड़ा था
बाएँ में एक दुनिया
पसीने से तर-बतर हथेली पर
कितने रंग थे
हू-ब-हू हरे वृक्ष के रंग
आकाश, समुद्र के रंग भी

क्या हुआ सहसा
उस छोटी पेन्सिल से मैं कविताएँ लिखने लगा
हर सीढ़ी पर चढ़ते कविताएँ लिखता
कितने रंग थे ऋतुओं के
आदमी के दुख के

इम्तहान जब बिलकुल नज़दीक आ गए
मैं छोटी पेन्सिल से सवाल हल करने लगा
क़िताब के पीछे जो सवालों के जवाब थे
उनसे मेरा एक भी जवाब नहीं मिला
इस बीच वह दुर्घटना हुई
आकाश पर उड़ती हुई चील
एक ही झपट्टे में
हाथ से पेन्सिल ले गई

तेज आँधी में पूरे जड़-मूल से काँपता हुआ
वृक्ष जहाँ था, वहीं मैं खड़ा रहा
पेड़ की पत्तियों का रंग मुझे याद नहीं रहा

सिर्फ़ चील के तलवार जैसे पंख
मूसलाधार वर्षा
एक भी सवाल का जवाब न मिल पाना
यही याद है
बाद वाली दुनिया में

एकता का एक सरकारी दिन

हमारे देश में सिर्फ़ एक दिन
एकता का दिन है
राजा उस दिन आदिवासियों का साफा बाँधता है
डींगे हाँकता है

जुलूस में लोग
मस्त, हँसते, एक-दूसरे को धकेलते
आगे बढ़ते हैं
फोटोग्राफर पूरी सड़कों पर फैल जाते हैं
क्लिक करते हैं
लौटते हैं और क्लिक करते हैं

पट्टियों पर, चमकते कपड़ों पर
लिखा है एकता अमर हो
जुलूस में हज़ारों-हज़ार लोग हैं
सड़क कूटने वाले, भिखमंगे लड़के
फटी नेकर, टूटे बटन वाले
कमीज़ पहले

राजा ही सबसे सुन्दर है उनमें
उसके हुक्म से
एकता का दिन है

मोटर वाले बिलकुल उदास नहीं हैं
मालकिनें मुस्कुराकर

साड़ी का पल्लू ठीक करती हैं
पान का रस उनके होठों के बीच खिला है
कमनीय साम्रज्ञी
पति को देखती है
असाधारण विनम्रता से
सँभालती है अपने रत्नजटित लबादे को

राजा के किंचित हँसते ही
जुलूस का रंग बदल जाता है
अधिकारियों के घोड़े हिनहिनाने लगते हैं
'महाराज की जय हो'
भिखमंगों को यही सिखाया गया है
रोने-गाने के बीच की आवाज़
गगन-भेदी होती है

सन्ध्या होते ही
एकता का जुलूस लौट जाता है
मोहल्ले में नकाब पहने लोग
चाकू, छुरे, पेट्रोल की टंकियाँ ले आते हैं
आग की लपटें, दहशत
रोत-चीखते लोग
ज़मीदार-दरिन्दे
मन्दिरों-मस्जिदों के दलाल
सेठों के कारिन्दे
अँधेरे में दौड़ते हैं
दमकल में पानी नहीं है
राजा थक गया है
सोया है

अख़बार में एकता के दिन का ब्योरा
राजा का प्रसन्न मुख फोटो छपा है
पीछे एक हँसती
विज्ञापन में प्राय: नज़र आने वाली

हसीना की बगल में
बस्ती में लगी आग
औरतों की हत्या का
छोटा और मामूली-सा
समाचार है।

वह हिरन वहीं दौड़ता है, जहाँ व्याघ्र है

हमारे यहाँ कोई सपने दिखाने नहीं आता
कोई जादूगर भी नहीं
वे लोग भी नहीं नट-नटनी
हँसाने वाले लोग भी नहीं
फटा कनटोपा पेन्ट पहने
उद बिलाव जैसी आँखों वाला
छोटा हँसोड़ा भी नहीं

वे लोग भी नहीं
हनुमान जैसी लम्बी पूँछ घुमाते
लंका दहन की तैयारी में लगे
ऊल-जलूल लोग
पेट में पंप से हवा भरते

भेरूदादा भी नहीं
सीता के रूप में निर्द्वन्द्व
अपनी मूंछे हिलाता
बीड़ी पीता

कवि भी नहीं
मनोरम आँखों से दूर तक देखने वाले
समय के प्रसन्न गवाक्षों पर खड़े
दुनिया के आर-पार चले जाने वाले

यह दुनिया हमने बनाई है
जिसे हथेली पर गेंद की तरह

उछाल कर
अपनी हेकड़ी के लिए
बन्दर, भालू की तरह नचाना है
हवाओं के ऊपर आकाश तक
आग के ज़लज़ले और तहख़ानों के अन्दर रखे
हथियारों का गीत
हमारे कमरों में हल्के और तेज़ बजता है

यह दुनिया हमने बनाई है
संगीनों की नोक पर दौड़ती, घमंड भरी
इस पर छोटी-छोटी शाखाओं से
पानी की थरथराती बूँदें नहीं गिरती
किसी की आवाज़ कोई नहीं सुनता
इन उपत्यकाओं में मृत्यु बुलाती है

अपनी ख़ुशी के लिए
जल्लाद रिवाल्वर के साथ
रात और अँधेरे के खेल में पारंगत है
हमारी दुनिया में
चन्द्रमा सिर्फ़ मरते हुए लोगों की ख़ुशी है

इस दुनिया के किनारे बैठ कर
हम अकाल, भूख
और एक मकड़ी की तरह फँसी हुई औरत का
इन्तज़ार करते हैं
जैसे ये सब
खुशी के झरने या तितली या रंग-बिरंगे फूल हों

यह हमारी ख़ुशी की दुनिया है
जहाँ एक लाश बाज़ार में शिनाख़्त के लिए
हज़ारों आत्मीय लोगों के बीच
भयावह शक़्लवाली स्मृति होती है
या कुछ नहीं

बैंक में हमारी ख़ुशी
पुराने बही खातों तक में
देखने को नहीं मिलता

वह हिरन वहीं दौड़ता है
जहाँ व्याघ्र है
यह हमारी ख़ुशी की दुनिया है।

जासूसी

वे बुर्ज के नीचे खड़े हैं
रिवाल्वर लिए किसी के भी इन्तज़ार में
मर्द या औरत लड़का या लड़की

एक कमरे में वे इकट्ठे होते हैं
मर्दानगी की बातें करते
मूँछों पर ताव देते

वे तालाब की सीढ़ियों पर बैठे हैं
जल ही नहीं है वहाँ
घुटनों तक कीचड़ में धँसे
वे हत्याओं की प्रतिज्ञा करते हैं

उनमें से हर कोई एक के बाद एक
अनेक रंग वाला भाषण देते हैं
हरा, पीला, काला, भूरा, ख़ाकी
भाड़ की गरम रेत-सा
तंग पाजामों का नाड़ा कसते हुए
कभी पैंटकी जेब में हाथ डाल कर

गले में सोने की ज़ंजीर और रुद्राक्ष की माला के नीचे
उनकी राख हुई आत्मा का मलबा है
एक-दूसरे को धक्का देते हुए
हत्यारे बाज़ार में आते हैं
कोलाहल, धुकधुकी और डर वाली

सड़क पर मार डालते हैं
बीस लोग या जितने हो सके

धुआँ और रक्त की शिनाख़्त करते लोग
दौड़ते हैं
सब जानते हैं हत्यारों या हथियारों की
कथा

जासूस सारे शहर को रौंध देते हैं
जासूसों की गरदन पर दूसरे जासूस
एक शहर इस तरह तैयार होता है
बड़ी जासूसी के लिए
और एक विलाप के लिए

शोक के शब्द ख़ाक-धूल में मिले होते हैं
एक असहाय कविता
मारे गए लोगों के लिए
रोती रहती है।

गीली लकड़ियों के बीच

उन देहातीत दिनों में
निपट अन्धकार के बीच
रेल निकलती थी
गाँव के सीमान्त से लगी
लगातार सीटी बजाती
तेज और जादू-सी

'लो नौ बज गए'

तब तुम चूल्हा जलाती
ढेर-सी गीली, हरी लकड़ियों से
घास से
दूर-दूर तक फैल जाता था धुआँ

बुखार चढ़ने लगता था तुम्हें
हम तुम्हारी थकी, बीमार
देह पर लेट जाते
कँपकपी से बेहोश होती देह पर
ज़मीन की सारी ठंड, सीलन
बर्फ की नदी ही बहती थी शायद
तुम्हारे शरीर के बीच

इस तरह खतम हो जाते
आश्विन के म्लान दिन

रेल की लगातार बजती सीटी
सिर्फ़ उन दिनों बुरी लगती
सुई की तरह ऊँड़ी चली जाती
नाभि तक और भी नीचे
पिंडलियों के रास्ते
पैर अँगुलियों तक
पूरे जिस्म में चुभती-दौड़ती

कुछ ज़्यादा याद तो नहीं रह गया है
दिन, वर्ष या तारीख़
या कि ऋतु
सिर्फ़ बच गई है
उस अतल दुख में तैरती
तुम्हारी ज्वर-तप्त देह
यहाँ-वहाँ
पूरे समय को
बिद्ध करती, सिसकती
रेल की लम्बी सीटी
गीली लकड़ियों के बीच की आग
और विषाद की निस्संग स्मृति।

लड़की कूद जाएगी रस्सी के पार

यहीं बनाने को है
गौरैया अपना घोंसला
दिन-दिन तिनका, घास
काग़ज़, पन्नी फेंकी हुई,
टुकड़े-टुकड़े रिबिन जोड़कर

पूरे वृक्ष पर घूमती है गिलहरी
ऊँची, छोटे पैरों पर खड़ी
बातचीत करती हुई
नीले रंग के आसमान से

बड़ी तो नहीं लगती रस्सी
कूदती ही रहती है लड़की
कूदने के लिए ही है मौसम

जब तक असमंजस और प्रेम है
तब तक यह घोंसला बनेगा
आइने के पास
गिलहरी बात करेगी
आसमान में उड़ती तितलियों से
लड़की कूद जाएगी रस्सी के पार

यह मौसम बदलेगा नहीं
तुम्हारी हँसी सुकुमार फूलों की तरह है
बाहर लाल कनेर के फूल हैं और
पहाड़ पर पलाश दहकने को है।

दुष्यन्त गाथा

दुष्यन्त गाथा पढ़ कर
लड़के ने लड़की से कहा
सुनो, आज मैं रथ पर चढ़ कर
तुम्हारे यहाँ आऊँगा
लड़की ने कहा
ना, बाबा! ना
हमारे घर मच्छर बहुत हैं
रास्ते में कीचड़ है

फिर वे बड़े हो गए
दुष्यन्त गाथा की ज़मीन
सहस्रों दरारों में फट गई
ऊँचे पहाड़ों पर चलते-चढ़ते
पुरैन पत्रों से ढका जलाशय
कमल, शालवन, ताल
सब संशय, अँधेरे में
एकाकार हो गए
धीरे-धीरे सब कुछ डूब गया

अख़बार में विज्ञापन निकला है
पेड़ लगाने का
दुष्यन्त पेड़ लगाता है
पूरे देश में पेड़ लगे हैं
छोटी टहनी वाले
कोंपल, पत्ते रहित

वनस्पति शास्त्र की पुस्तक में छपे
तीन अंगुल वाले पेड़

हाय दुष्यन्त!
बादलों के लिए
हवा के लिए
अन्न के लिए
जल के लिए
हमें ही तरसना था
यहीं आने थे
भूख, भिक्षा, अकाल

लड़का जल्दी-जल्दी पेडल मारता है
सिर पर आ गया है दिन
बेतहाशा लोग दौड़ रहे हैं
इस प्रवाह में वह अकेला नहीं है
इस उर्वरा मिट्टी में
पूरी निराशा के बावजूद
एक बार फिर वह बो देता है
प्रेम की कथा
किसी भी, किसी भी दिन
फल तो देगा ही यह बचा हुआ
बोया हुआ बीज।

स्त्री-1

लौट आते हैं प्यार के दिन

इन हवाओं के साथ
लौट आते हैं प्यार के दिन
एक क़िस्से में से क़िस्सा
फिर लोट-पोट कर देने वाली हँसी
अकारण
अषाढ़ वर्षा से भीगी ज़िन्दगी
सूखे पेड़ों पर कोपलें ही कोंपलें

मैं कहता हूँ कल हम इसी नदी में नहाएँगे
तुम एक बार दोनों हाथों में जल भरती हो
उछालती हो
अपनी एड़ी से हिलाती हो
चट्टान के नज़दीक का जल

तुम बिलकुल नहीं हो वह
प्रेम क़िस्सों की बहुत मीठी-सी स्त्री
तुम्हारे बाल तरंगों से नहीं हैं
तुम कल फिर इसी जल में नहाने से
इनकार करती हो

इस अँधेरे के साथ तुम्हारा थोड़ा-सा
भविष्य है
उसे बताते-बताते

चन्द्रमा दिखता तो नहीं है
लेकिन आकाश का कोई हिस्सा
सरसों के खेत की तरह लगता है
लौट आते हैं प्यार के दिन।

स्त्री-2

उस लड़की के लिए
कविता बनाते हुए कई बार झिझकता हूँ
उसके लिए बसन्त और फागुन
मृणाल और बहुत से रसीले
शब्द लाता हूँ और डर जाता हूँ
जिस्म के लिए
इतनी सम्मोहन और ताल-लय की बुनावट
धुएँ की तरह बिखर जाती है

लड़की हमारी पास की नाली से
टूटे हुए गिलास के टुकड़े उठाती है
डरती नहीं है
हथेली से उन्हें साफ़ करती है
उसकी हथेली
सफेद झक्क मलमल की तरह
पौष के ठंडे दिनों जैसी रक्तहीन
असंख्य सलवटों वाली है

गुलमोहर के नीचे
वह कुत्तों के लिए फेंके गए अन्न
और खरबूजों के छिलकों के लिए खड़ी है
सोलह वर्ष की लड़कियों के बीच
वह एक दुबली चुहिया है

कोई शब्द कविता के काम का नहीं है
हल्की नीली रोशनी से, समुद्र से, पेड़ से

चिड़िया से
किसी से नहीं मिलता
उस लड़की का मरगिल्ला चेहरा
आप तो जानते ही होंगे उस लड़की को
उसे देखते ही
पन्नीकार का छोटा, बूचा अंग्रेजी कुत्ता
भौंकने लगता है

कई दिनों बाद वह लड़की
एक चिथड़े की तरह बरामद होती है
यह बसन्त भी बीत जाता है
उस पहचानी हुई, मरी हुई लड़की की तरह।

स्त्री-3

उस लड़की को दुबारा देखता हूँ
वह कविता में बार-बार आई है
बार-बार और रसीली साँवली लड़की की तरह
फिर कभी तन्वी, कामिनी, कनक छरी-सी
चकित हिरनी-सी
मैं उसे फिर देखता हूँ

मेरा मन होता है उसी से पूछ लूँ
तुम श्यामा, चकित मृगी हो
क्या हर्ज़ है उसी से पूछ लूँ
वह सब जानती होगी
अपने सूखते हुए तपेदिक वाले
शरीर के सम्बन्ध में

मैंने सुना वह गर्भवती है
सब लोग थू-थू करते हैं
जो भी सुनता है
एक इसी प्रसंग पर
इससे लगाकर उस तक
और जिसे देखों वह
पुण्यात्मा होने का गर्व करता है

वह कुछ छिपाती नहीं है
पेट में बच्चा हो तो उसका ऊपर आना
दुरभिमान नहीं है

सब देख सकते हैं
लड़की गर्भवती है

उसके बाद लड़की गायब हो जाती है
अफवाहों की भरपूर गुंजाइश के साथ
गो कि सब लोग इन्तज़ार में हैं
लड़की लौट ही आएगी
इस बसन्त में न सही तो उस बसन्त में
या कि शरद की इस दूध नहाई चाँदनी में
न सही तो उसमें
एक लड़की में इतनी दिलचस्पी
और उसकी रोमांचक याद
इस शहर के लिए
एक लालची सौदागर का सपना है

नदी या झील के किनारे
लड़की मरी होती
तब शहर के कवि रसीली कविताएँ लिखते
झील के लिए या नदी के लिए
लड़की होती या नहीं भी
हवा होती आर्द्र और करुणा भीगी
उर्वशी की तरह वह सूखे बांस जैसी लड़की
बादलों के नज़दीक-नज़दीक तैरती

मरने से दो दिन पहले
वह एक छोटी चिड़िया की तरह फड़फड़ाई थी
उसकी देह सूखी ज़मीन की तरह फट गई थी

गर्मियाँ शुरू होते ही
सड़क के ख़ौफ़नाक मोड़ पर
नाले के बेतहाशा कूड़ा-करकट में
उस लड़की की लाश का आतंक
याद आता है

हम बचा नहीं सके उसे
जब कि आहिस्ता-आहिस्ता और रोज़
निश्चिन्तता से और हमारे सामने
मर रही थी
हममें से सब की इस जानकारी के साथ
कि वह बचेगी नहीं।

स्त्री-4

यास्मीन

वह सोचता है
श्रोता किसी लच्छेदार रचना के इन्तज़ार में है
वह सोचता है
वे किसी लड़की की रचना सुनना चाहते हैं
वह शुरू करता है
अपने मोहल्ले की लड़की की कथा
यास्मीन का कथा

जिस जिस के यहाँ वह जाती
वर्षा में, सर्दी में, गर्मी में
जिस-जिस रंग की वह रिबिन बाँधती
बसों में जहाँ-जहाँ वह धक्के खाती
उतरती, चढ़ती
हवा से लोग उसे पहचानते
उसके जाने और आने का समय
एक हल्की आहट, पदचाप या प्रतिध्वनि
अपनी-अपनी छतों पर वे खड़े रहते
औरतें उसे गालियाँ देतीं
अपने बात काले करतीं

उसे सब जानते थे
इंजीनियर की बहू
मास्टरनी, थानेदार की पत्नी
सेठानी और नई डॉक्टरनी

उन सबने देखी थी
उसकी शुद्ध तांबे जैसी देह
दूज के चन्द्रमा-सी किंचित वक्र
ललचाने वाली हँसी और मैत्री
किस पूर्णिमा को वह बड़ी हो गई
आग में तपकर लाल
किसी ने नहीं देखा
किस किसके मन पर चढ़ी
अँधेरे को रोशनी में बदलती
स्वाँति बूँद की तरह
किस-किस नक्षत्र के बादलों में बरसती रही
हमारी गली के लड़कों ने यास्मीन को देखा
दुबारा देखा
वे उसे कई नामों से पुकारते रहे

वर्षों बाद जब मैं फिर
उस शहर में पहुँचा
और फिर उस धुँध में मैंने
यास्मीन को याद किया
तब सबने कहा
वह मर चुकी है

इस शहर की एक अँधेरी गली में
वह रौंधी गई
बहुत साफ़-सुथरे क्लीन शेव्ड लोग
उसे पकड़े रहे एक के बाद एक

इसी शहर में
चाकू, क्लोरोफार्म, आयोडीन
और अस्पताल के चिथड़ों के बीच से वह उठी
उसका लड़का शीशम के पेड़ की तरह

मजबूत हाथों वाला है
वह भट्ठी में कोयला झोंकता है।

यास्मीन तमतमाई हुई दुपहर की ज़मीन है
एक क्रूर अमानवीय और हत्यारे बाज़ार में
उसकी चौकन्नी नज़र का आतंक है।

पिछले दिनों

पिछले दिनों हम इकट्ठे हुए
हाथ में सफेद कबूतर लिए
एक समुद्र की सफेद पंख वाली
लहरों की तरह

वे हमारी शान्ति और रोशनी के दिन थे
हमारी प्रार्थना के
ज़मीन से उड़कर आसमान तक जाने के
फिर लौट आने के
बच्चों के पास बैठने के
रसदार फलों से झुके
वृक्ष देखने के

एक ट्रक
गेहूँ और चनों से भरी
एक बस बच्चों को ले जाती
सफेद कबूतरों की छत जैसी
वे गाते थे कोई भी गाना
पास-पास बैठ कर
सड़क पर खड़े हो जाते थे लोग
अपनी लापरवाह ज़िन्दगी और ख़ुशी के दिन
याद करते

अब कोई ज़िन्दगी की बात करता है
तब एक खंदक याद आती है
गुमशुदा और मृत लोगों से ठसाठस

अब कोई दोस्ती की बात करता है
तब गालियाँ देते हैं लोग
ऐसी कि बन्दूक से निकलकर
कोई गोली
बाँह के आर-पार हो गई हो

वे पूछते हैं
कचूमर निकल गया न भाईचारे का
हम ज़िन्दगी के लचकदार पुलों पर खड़े हैं
रक्त की नदी में फेंक दिए जाने के लिए

इन दिनों
मैं बार-बार रास्ते भूल जाता हूँ
दौड़ता हूँ अश्लील शब्दों के लिए
वर्दी पहने सिपाहियों
फ़ौज और काटें लगे सीमान्तों की ओर

लेकिन जब भी दिन निकलता है
दहशत और तबाही से उबलते
इस पतीले में से
हवा में बच्चों की ऊँचा पतंगा में
दूसरी कई पतगें उलझती नाचती हैं
हिम्मत से लोग पकड़ लेते हैं
हत्यारों के हाथ

मैं खड़ा हो जाता हूँ
देखता हूँ बहुत से रंगों की रस्सियाँ
गुँथी हुई मजबूत और अनन्त

एक सपने के लिए
डरते हुए चलता
मैं उसी मैदान में पहुँच जाता हूँ
जहाँ सब लोग
रोशनी वाली आतंक रहित
दुनिया का गीत गाने के लिए खड़े हैं।

कुछ तो होगा ही नागरिकों

कुछ तो होगा ही
नागरिको!
सूखा या बाढ़
गरम रेत या कीचड़
भूख या भेड़िया

तुम्हारी यही तो बुरी आदत है
अनाथ लोगों की तरह हाथ फैलाना
माँगना
शब्दों से ख़ुश होना
घर लौट जाना
आकाश की तरफ़ देखना
रंगीन चिन्दियों की पतंग उड़ाना

अगर मैं तुम्हें मौका दूँ
तुम्हें नागरिको
तुम अभी मुझ से पूछोगे
बताओ कविराज
क्या होगा इस देश का
कब सस्ते होंगे आलू या गोभी

नागरिकों
तुम जानते हो
हर नदी को पार करने के लिए
हिम्मत चाहिए
सपना देखने वाली आँखें और मन

जो पिछले लद्दड़ इतिहास को
एक मुट्ठी धूल में बदल दे

तुम्हारी यही तो बुरी आदत है
जब देखो तब हिसाब मिलाते हो
डरते हो
गए गुज़रे ज़माने की याद करते हो
मुझ से पूछते हो
कविराज जमाना कब बदलेगा

तुम जानते हो नागरिको
समय हमारी मुट्ठियों में है
राजकुमारों की जेबों में नहीं
तुम समझते हो
सबने आत्मा बेच दी है
तुम समझते हो
रोशनी से दिन नहीं जगमगाएँगे
लोमड़ियाँ खा जाएँगी
खेत खोद-खोद कर

नागरिको
राजा अपना लबादा छोड़कर भाग जाएगा
सेनापति अपनी वर्दी
अगर हम छोड़ दें
नर्म गद्दों पर सोना

यहीं छिपी है हमारी ज़िन्दगी
दुख की खंदकों में
भूख और मृत्यु में
कोई देता है किसी की ज़मीन
अकाल पड़ा है सत्य का
तुम इस कायर भीड़ में
धक्का मार कर घुस जाओ
उनकी हीरे वाली अँगूठी को न देखो
दुनिया बदल जाएगी।

बादलों का दिन ही तो है

मेरी बात तो शायद तुम मानोगे नहीं
हिलाओगे नहीं अपनी गर्दन
ऊपर-नीचे, दाएँ-बाएँ
यह बादलों का दिन ही तो है

पीछे जो कुछ भी बचा हो
वृक्ष, पर्वत, उदास मन
उस सब को नहा लेने दो

बुलावे की ज़रूरत तो नहीं है
इन पुलों पर
कभी बिना ज़रूरत
कभी बिना बुलाए
आना चाहिए तुम्हें
वर्षा भीगे पुलों पर
सिर्फ़ बादलों के लिए

कुछ ही दिन और हैं
इस आकाश पर
इतने बादलों के तैर आने के दिन
धीरे-धीरे कम हो जाएँगे
लाल, पीले रंगों के धनुष

घुटने डूब पानी में कभी
कभी धूल से चौपट हुई सड़कों पर
बहुत दिन दौड़ने के हैं

अपनी पेन्ट ऊँची किए
नौकरी की चाबुक से डरते
या तेल के भाव याद करते
गिरते-चढ़ते

बादलों का दिन ही तो है
तर-बतर होने दो अपना मन
याद मत करो कोई कटाक्ष
ताना, समय, इतिहास
तरतीब, बेतरतीब
कुछ भी याद मत करो
बस एक बार
हवा के अथाह थपेड़ों के बीच
खड़े रहो
होने दो पुराने वृक्षों को नया

यह भाषा का दिन नहीं है
हिरन की तरह छलाँग लगाने वाला है
यह दिन
बादलों का दिन ही तो है।

वृद्ध-मंडली

रोज़ बूढ़े लोग इकट्ठे होते हैं
सब तरह के दुखों से थके
छोटे डरे बच्चों की तरह
अपने क्लेशों की लम्बी फहरिस्त पढ़ते हुए
गठिया, रक्तचाप, डायबिटीज
लड़कियों के रंगीन चश्मे
लड़कों की बेफ़िक्र हँसी
चुहल, नादानियाँ
प्रेम और बांकपन

एक बेंच पर बैठे हैं वे सब
सूर्यास्त की बची रोशनी में
अपने अतीत की बातें करते

मैं दुपहर में
जिनका हालचाल पूछता था
अपने तारुण्य पर आत्ममुग्ध
पकना नहीं हो जैसे
कनटोपा पहन कर इन्हीं के बीच बैठा हूँ
विगत की आँच पर गरमाता हुआ
आज की दुनिया पर शोक करता
जो हमारी जैसी नहीं रही

बूढ़े लोगों के पास अपनी जीर्ण-शीर्ण दुनिया की
शान बघारने के सिवा
बचता ही क्या है?

कवि का बयान

इस तरह कोई कामयाब होता है
इस तरह हवा में चलकर
बादलों पर एक तसवीर बनाते हुए
पेड़ों की शाखों पर हल्के तैरते
एक उन्मादग्रस्त समुद्र के साथ
लहरों पर उछालते हुए शरीर

दिया सलाई तो तुम्हारे पास नहीं है
नहीं है कोई तीखी नोक वाली सुई
जलाना कोई बुरा क्रिया पद नहीं है
फूल वहीं सुशोभित है
जहाँ आँख लाल मिर्च की तरह है

तुम्हें कविता की नाकामयाबी पर रंज हो
कामयाब लोगों पर, कामयाब कविता पर
एक उत्फुल्ल चिड़िया की तरह
तुम प्रसन्न होते हो

उस लड़के के पैर
खप्पचियों में बँधे हैं
रपटीली चट्टानों पर वह दौड़ने गया था
गया था गर्वोन्नत
कामयाबी के पठार पर
बिलकुल सही सलामत

बस में बैठी औरत
श्मशान का धुआँ नहीं है
उबासियाँ लेते हुए लोगों के पीले दाँत देखकर
वह दूर हट जाती है
अपनी हथेलियाँ रगड़ती हुई

यहाँ जगह-जगह अधमता और काई है
विपत्ति का तर्क
राम नाम और गंगाजल

इस बार साम्राज्ञी के महल में
कसीदागिरी करने कौन जाएगा
हवा और दरख़्तों के बीच
जो बात होगी
वह सन्नाटे में नहीं होगी

ऊसर ज़मीन के मालिक
और कच्चे फल खाते लोग
एक कविता की कामयाबी होंगे

प्रेम और सुरक्षा का नाम लेकर

माँ ने कहा था
तुम यहीं बैठे रहना
जब तक मैं न लौटूँ

उस वीरान जगह बैठे रहना
न उठना, न हिलना
न चलना
यह सजा थी
सुरक्षित रहने की

उसके बाद माँ ने तो
कुछ कहा नहीं
चिन्ता भी नहीं की माँ के कहने की
कुछ कहा भी होगा तो

फिर किसी ने कहा
तुम यहीं मिलना
मिलना, हाँ,

बस वह कहकर चली गई
हँसती हुई
मैं उसके प्रेम में बैठा रहा
प्रेम की दुर्दान्त सजा भोगता हुआ

तब से प्रेम और सुरक्षा के
आतंक में

आसपास की लगी आग
ठाकुर के लड़के का धुत्त नशे में
खिड़की के रास्ते कूदना
लड़की को पकड़ लेना
याद नहीं है मुझे

सड़क पर पागल कुत्ते की तरह
घूमता है कटखना कोतवाल
मुझे उबासियाँ आती हैं
नींद और बेहोशी

निर्लज्जता, सुरक्षा और प्रेम के
इश्तहार चिपके हैं
घर की दीवार पर
कमीज़ पर और मेरी आत्मा पर।

अकाल-रचना-1

दीर्घायु हों

अकाल और भूख के मारे लोग
दीर्घायु हों
सुख के एक-एक सपने के लिए तरसते
ललचाते भाई-बहन
दीर्घायु हों

आश्वासन के आनंददायी आश्वासन देने वाले
वक़्ता-गण
दीर्घायु हों

सूखी बंजर ज़मीन पर
ऋतुओं के रसीले गीत गाने वाले
कवि पुत्र
दीर्घायु हों

जूते रगड़ते दफ़्तरों के बाबुओं के
मैले और पेन दाँत वाली हँसी सहने वाले
बेकार युवक
दीर्घायु हों

टूटे हैंड पम्प पर
चुल्लू भर पानी के लिए

सिर फोड़ती कुल वधुएँ
दीर्घायु हों

केरोसिन के इन्तज़ार में
खाली डिब्बे लिये क्यू में खड़े
पेन्सनर
दीर्घायु हों

हर विपत्ति में
हनुमान चालीसा का पाठ करने वाले
निठल्ले भक्तजन
दीर्घायु हों
कामसूत्र को रसीली बातों से
किशोरियों का मन जीतने वाले
वैरागी साधुजन
दीर्घायु हों

दीर्घायु हों
आंकड़ों के खंख वृक्षों पर
लटकते बुद्धिजीवी
दीर्घायु हों

दीर्घायु हों
दुर्घटना में मरीं पत्नियों का
मुआवजा माँगने वाले पति
दीर्घायु हों

दीर्घायु हों
हमारी कंगाली पर राजनीति करने वाले
देशभक्त
दीर्घायु हों

हर अवसर पर
हमारी दीनता के लिए
शुभकामना करते
बातूनी, पोपले मुँह वाले
राजनेता
दीर्घायु हों

अकाल रचना-2

अकाल के दिन आते ही
सबकी भूख बढ़ जाती है
चारा ख़ाने की
भूसा और अन्न

इन्द्र के पास बादल हैं
अग्नि के पास तेज़
हवा के पास प्रचंडता
आदमी तोड़ता है ज़मीन
रसातल में चला गया है जल

पहाड़ पर चढ़ गई है जीप
अकाल के आँकड़े, दफ़्तर की लज्जा
सभाओं में सिल्क का कुरता पहनकर
व्याख्यान देता है अकाल

तीर कमान वाले
पेट दिखाते हैं
अकाल के भैंसे पर बैठकर
आता है अफ़सर
दूसरे पर पंडा
तीसरे पर सेठ
चौथे पर टी.ए.डी.ए. और नैवेद्य
इस समय किसी को फुर्सत नहीं है
अकाल से

संन्यासी बताता है
आएगा कलियुग
प्रभु ही करेंगे उद्धार
भक्तलोग ख़रीदते हैं
सैकड़ों बीघा जमीन

औरतें तोड़ती है पत्थर
हिम्मत उन्हीं के पास है
एक चिथड़े में रोटी और लड़का
दरारों में धँसी है ज़िन्दगी

आग के निर्झर के पास
ताँबे जैसे मजबूत लोग बैठे हैं
निडर
वे हज़ारों बार लड़े हैं
दुर्भाग्य और अकाल से
वे अकाल की दुनिया
जानते हैं
जानते हैं अपने खेतों को
हवा को, पुरुषार्थ को

अकाल रचना-3

मेरी जेब में सत्य है
उसे एक रद्दी काग़ज़ के टुकड़े की तरह
मसलता हूँ
सबके सामने चिंदियाँ कर देता हूँ
हवा में उड़ने देता हूँ
उसी दिन अकाल
मेरे पीछे-पीछे
घर में आ जाता है
लौटकर देखता हूँ
हरे पत्ते वाला पेड़
भूरा हो गया है
बच्चे आँगन में खेलने लगे
डाकुओं का मुखौटा लगाकर
मार-धाड़ का खेल

गलियों में घूमता हुआ
मैं कहता हूँ पैसे ख़ाने वाले बाबू की
निर्लज्ज कथा
दूसरे दिन
मेरे दस्तख़त का चेक भुनाता है बाबू
उस दिन एक नदी क्रूद्ध
आँगन में बहती है
मेरा व्याख्यान, बुद्ध की प्रतिमा
महाभारत के उपाख्यान
धर्म की मरियल गाय
सब बह जाते हैं

वर्षा की हरी घास
पृथ्वी के असंख्य
रंग-बिरँगे फूल
एक मुट्ठी काली राख हो जाते हैं
जब मैं पूरी लड़ाई में पिटकर
अस्पताल से लौटता हूँ
एक बेशर्म बहादुर आदमी-सा
हेकड़ी लगाता झूठ बोलता
घमंड करता, लुच्चा

अकाल रचना-4

शब्दों के अन्दर
ऊष्मा का एक दरिया बहता था
मैं निश्चिन्त
शिशिर, हेमन्त सहता
वहीं बैठा रहा
अपने सारे संकल्पों के बीच

हाय! अकाल यहीं पड़ना था
सारे बसन्त के सुख
इसी सूखे दरिया में
गिरने थे
आदमी, औरतें, लड़के, बच्चे
सब यहाँ इकट्ठे थे
बाँध, सड़क, स्कूल
अस्पताल बनाने के लिए
एक ईंट का भट्ठा पकता रहा
रोशनी बाज़ार में बिक गई
गेहूँ, दूध, दलिया, पानी
सब बाज़ार में बिक गए

सिर्फ़ एक शब्द रह गई गाय
तिनका, काग़ज़, पीला पत्ता
तलाश करती
बछड़े का मुँह चाटती
अपनी पराजय के लिए सिर धुनना
आत्मा की नदी तलाश करना

लानत है इस पाखंड पर
सब लोग अपनी क़ब्र क्यों खोदें
शब्द को उठाएँ, हथौड़ा हो तो उसे
या कोई और शस्त्र हो तो वह

शब्द की प्रार्थना बनाकर
तख़्त पर बैठने वालों को लानत है
पैर और फर्श के बीच
रक्त ही रक्त है
हमारे पास कुछ नहीं बचा है
हम बचे हैं या समारोह और दुर्घटना के बीच का
आतंक बचा है
बाज़ार में टूटी कुर्सियों का ढेर है

तकलीफ़ का कुआँ गहरा हो
इसके पहले
रोशनी के मैदान की तरफ़ चलें

मैं, मेरा शब्द, मेरा वजूद
एक पंख है
ज़मीन, आसमान तक फैला
नक्षत्रों को दरख़्तों से मिलाता।

वे सोये तो नहीं होंगे

तब भी बचेगी दुनिया

हज़ारों कविताएँ पढ़ी हैं मैंने
ऊँची, अलक्ष्य घटनाओं की
असमंजस भरी पृथ्वी परिक्रमा की
यातना की, घृणा की, प्रेम की
स्त्री-पुरुषों की, रति-रंग की
अनंग साधना की
निरर्थक और सार्थक

मनुष्य को बचा लेने की
जितना बच सके
खुद मैंने कोशिश की
कुछ बचा नहीं

कितने दिन लगते हैं
बचाने में
वे ऋतुएँ जो चली जाती हैं
पेड़ों पर नये पत्तों के लिए
दिवसान्त तक खड़े रहते हैं
प्रेम करने वाले युगल

किसी से नहीं बचेगी दुनिया
तब भी बचेगी
अविचलित रहेंगे लोग
बिकेंगे भी

चन्द्रमा वैसा भी रहेगा और वक्र भी
अँगुलियाँ जो सुन्न थीं
हिलेंगी
साफ़ होगी कुछ-कुछ धुँध
साफ़ होंगे रास्ते कुछ-कुछ

आख़री टेम्पों में

उसका मुँह अच्छी तरह नहीं देखा
जब वह टेम्पों में चढ़ी
वह सिकुड़कर बैठी रही
कोई सट कर न बैठे इस उम्मीद में
सब सट कर बैठे थे
नागरिक जन
चरित्र/उजले कपड़े वाले

जब वह टेम्पों पर चढ़ी
मुझे कुछ भी नज़र नहीं आया
हाँफती हुई घबराहट
जो प्राय: माँ को होती थी
सीने पर रक्खा हाथ
जिसकी फूली हुई नसें
दूर से दिखाई देतीं

उसके चेहरे पर सिर्फ़
लम्बी नाक थी
जो मुझे नज़र नहीं आई
जब वह टेम्पों पर चढ़ी

अब ज़िन्दगी इतनी बेरहम हो गई है
सौन्दर्य रहित
मैं उस स्त्री के सम्बन्ध में सोचता हूँ
जब वह मेरे सामने होती है
एक गठरी की तरह बैठी हुई कहीं भी

आख़िरी टेम्पों में
रात लौटती
अपने उदास बच्चों के लिए
सही सलामत
चुपचाप
कोई कुत्ता भी न भौंके
इस तरह कि सुबह हो जाए
और लगे कि
बहरहाल वह किसी दंगे-फसाद में
मारी नहीं गई

वे सोये तो नहीं होंगे

वे सोये तो नहीं होंगे
इतनी बातें हैं उन्हीं से सम्बन्धित
इन दिनों
उनके पास रास्ते ही कौन से हैं
कहाँ जगह
सोये तो नहीं होंगे
सड़क के बीचों-बीच
मरने के लिए
बचा-खुचा जीवन
व्यर्थ नहीं है
व सोये तो नहीं होंगे

फिर से कहें

इतना ही मैंने कहा था
जब मैं डर गया था
डर के बारे में

जब जड़ें सूख गई थीं
पत्ते और टहनियाँ
फल गिरने लगे थे
तब मैंने कहा था
हवा और पानी के बारे में
रोशनी, पृथ्वी और आकाश के
बारे में
डरते हुए भी मैंने कहा था
डर के बारे में

यह यूँ ही आ गया था
या सचमुच उस लोक-कथा में था
'शेर आएगा तो नहीं डरोगे'
'नहीं'
मैंने भी यूँ ही कहा था
या सचमुच डरा नहीं था

इस बाल-कथा में
जो कुछ था
वह शेर के बारे में नहीं था
शेर अब आता नहीं है
लेकिन जो कहते हैं

शेर के आने से हम नहीं डरेंगे
वे सब फिर से कहें
शेर के बारे में

लोक-कथा के अन्दर-ही-अन्दर
ताक़त, दाँत, छलाँग
गुर्राहट, लपक
चयन, नरभक्षिता
दहाड़
सबके बारे में
सावधानी और होश के साथ
फिर से कहें

अच्छे दिन नहीं आते

उन्होंने उस प्रार्थना में मिला दिया
जो किसी करुण-स्तवन से अलग था
जूते पहने ही उसे गा रहे थे वे लोग
बीच-बीच में एक-दूसरे की तरफ़
आँख मारते हुए
जो लज्जा रहित
ख़रीद-फ़रोख़्त के वक़्त
चालाकियों की भाषा है

उन्होंने इस आरती में
अपनी तरफ़ से मिला दिया
ग़मगीन या क्षुब्ध करने वाला
जैसा कुछ नहीं
न कोई पछतावा न क्लेश
वे चिल्लाए
और दौड़े उस सब के विरुद्ध
जो कुछ बचा था आदमी में
पृथ्वी पर या आकाश में
ख़ुश होने जैसी गंध
नीलिमा अनन्त
या और कुछ सन्देह-रहित

मैंने सोचा इस ज़लज़ले, तबाही
तोड़-फोड़ और उन्माद के बाद
वे मंत्र पढ़ेंगे
आत्मा से आत्मा को मिला देने वाले

लेकिन वहाँ मौत थी
राहगीरों की पीठ पर
जवान और आकर्षक औरतों को
डराने के लिए

मलबे के ढेर पर
तमाशबीन बातें कर रहे थे
इस अच्छे दिवस की
अँधेरे की सीढ़ियों पर बुढ़ियाएँ
ना उम्मीद बैठीं थीं, विलाप करतीं
एक लम्पट दुनिया में अच्छे दिन कब आते हैं
और किस के काम

यही प्रतिद्वन्द्विता है

दिगंत तक फैली है
बसन्त फूलों की सुगंध
उस जगह भी
जहाँ परिषद् के मलबे की ट्रक
डालती है नागर जनों के
सभ्य होने के क्रम में कचरा

यही प्रतिद्वन्द्विता है
विषाद के ढेर पर
खड़ा मुर्गा, एक ख़ूबसूरत-सी
नरम-सी गरदन उठा कर
जगाता है सब को
कोई उठता है या नहीं
कोई चलता भी है या नहीं
यह हिसाब नहीं करता

ज़िन्दगी की सारी
यात्राओं में यही प्रतिद्वन्द्विता है
चलने की अनिर्दिष्ट ढलानों पर
अँधेरे-उजाले की सीढ़ियों पर फिसलते
कहीं न पहुँचाने की
फिर भी शुरू करने की
न रूकने की

शिशिर-1

शिशिर की धूप में ही
बैठा हुआ हूँ
झुका हुआ है पूरा वृक्ष
ठिठुरन से और
पुष्प भार से
नया होने के लिए

यहाँ-वहाँ सरक कर
जाती हुई धूप
हवा की
सीढ़ियों पर बैठी हुई है
शाम
मिल गए होंगे थकी-चिड़ियाओं को
अपने पेड़

अगली सुबह तक
ज़िन्दगी दो
जिनके पास कपड़े नहीं हैं
ज़िन्दगी दो
जिनकी रोटियाँ ठंडी हो गई हैं
जिनकी बिवाइयों के लिए
मरहम नहीं है
उन्हें ज़िन्दगी दो
इस थोड़ी-सी धूप और
आने वाले दिनों के लिए

शिशिर-2

पहाड़ की पीठ पर बैठा है
शिशिर का सूरज
हाट-बाज़ार से दिन रहते
घर पहुँचने की जल्दी में हैं सब
वे भी
जिनके पास ही हैं घर तो भी
नदी के पश्चिम मोड़ पर
हवा से बात करने के लिए
रुकी हुई है शरदाभा

घुर्र-घुर्र करती हुई रुक गई है
गाँव को जाती आख़िरी बस
एक उदास प्रतिध्वनि के साथ
कंधों पर उनकी यात्राएँ अभी-भी हैं
जो निश्चित नहीं की थीं उन्होंने
किसी भी दिन नहीं सोचा
वे व्यर्थ गईं
या यह कि वे सतरंगी होती
खुले रास्तों पर
चन्द्रमा के साथ

धीरे-धीरे विस्मय और अन्दाज़ से
चलते-चलते
मुकाम पर पहुँचे तब
डरी हुई चिड़ियाएँ
वृक्षों पर लौट गई थीं

नागरिक वे ख़बरें सुन चुके थे
वहीं बार-बार उस तरह की
उस तरह की
जब उद्घोषिका कहती थी
बर्फ पड़ने के बारे में या
फिर थोड़ी सुन्दर लगने के लिए
शुभरात्रि

शिशिर-3

शिशिर ने माँ से कहा
लीलावती* किवाड़ खोलो
सूरज की किरणों का
कोट पहने खड़ी थी हवा
धुँध की छोटी-छोटी अँगुलियों से बना था
सुनहरी रोशनी का मंडप

दुपहर से शाम तक
वृक्षों के बीच
निश्चिन्त लेटा था दिन

माँ छत पर गईं
सुखाई हुई दाल समेटने के लिए
चिड़ियाएँ जिसे
चुगती-चुगती उड़ गई थीं
शाम के रंग जिनके पंखों पर
चमक कर विलीन हो गए थे
पीले पत्तों का ढेर आँगन में लगा था

शिशिर जब बीत जाएगा
लम्बे दिन होंगे
पेड़ों की परछाइयों से लिपटे
माँ अपना पुराना स्वेटर रखेंगी
जतन से सन्दूक में
दूसरे शिशिर के लिए

---

* लीलावती माँ का नाम था।

प्रेम के बारे में

हवा से मैंने प्रेम के बार में पूछा
वह उदास वृक्षों के पास चली गई
सूरज से पूछा
वह निश्चिन्त पेड़ों की छाया में सोया रहा
चन्द्रमा से मैंने पूछा प्रेम के बारे में
वह इन्तज़ार करता रहा
लहरों और लौटती हुई पूर्णिमा का

पृथ्वी ही बची थी
प्रेम के बारे में बताने के लिए
जहाँ मृत्यु थी और ज़िन्दगी
सन्नाटा था और संगीत
लड़कियाँ थी और लड़के
अनन्त बार वे मिले थे और कभी नहीं

समुद्र था और तैरते हुए जहाज
एकान्त था और सभाएँ
प्रेम के दिन थे असंख्य
और एक दिन था

यहाँ एक शहर था सुनसान
और प्रतीक्षा थी
यहाँ जो रह रहे थे कहीं चले गए थे
थके और बोझा ढोते
जो चले गए थे वे लौट आए थे
यहाँ राख थी और लाल कनेर
प्रेम के दिन थे और हाहाकार

लिखोगे तो बच जाओगे

मैं कुछ भी नहीं
लिखना कहना चाहता था
तब भी लिखता कहता रहा

अपनी विफलता के सम्बन्ध में
कोई संशय नहीं था
नहीं लिखता तब भी
तब भी लिखता रहा

अपनी विवशता
अपना समय, अपनी दुनिया को
इस तरह जानता
स्वीकार करता
लिखता रहा

यह आशा अजीब है
कि लिखोगे तो
मरने से बच जाओगे

मृत्यु और महाप्रलय में

एक बार कहा था तुम ने
जिसे मैं समझा नहीं
विवेक से या विचार से

वह वर्जित फल था
अग्नि की शाखा पर
पका-अधपका

तुम्हारे स्पर्श से ही
रंगों का
समुद्र उफन गया था

तुम्हारे स्पर्श से ही
लय का

वह कौन-सा शब्द था
जिसे बहुत पास आकर कहा था
बचा रहा वही सुख
हरे पत्ते की तरह
मृत्यु और महाप्रलय में

माँ की मृत्यु पर

तुम मरी नहीं
मरकर भी

तुम अपनी तर्ज पर जीती रहीं
अपने धुन की राग-लय
गाती बनाती

चुपचाप देखती थीं
खिड़की से
जाती हुई सर्दियाँ
आते हुए बसन्त की
नई कोंपलें
छोटे-छोटे फूल
फिर जो बड़े हो जाते
आकार लेते फल

लौट कर तुम्हारे
मन में
फिर जीवन की अग्नि
धधकने लगती

इस बार भी तुम
किंचित भी-खिन्न नहीं थी
जब यमदूत
आ गए थे

सारी खिड़कियाँ खुली थीं
पूर्णिमा के
अग्नि-वर्ण प्रकाश में

तुम्हारा दाह-कर्म कर के
मैं लौट आया था

ख़ुश होने के बहुत-से कारण

ख़ुश होने के बहुत-से कारण हैं
एक यह कि
बोलने या लिखने से
क्या होता है
उनके पास खड़े रहो
जो सिंहासन पर हैं
सिद्धान्तों के लिए
मरने वाले मर गए हैं

दूसरा यह कि
देखने वाला कौन है
यह रात इतनी लम्बी
और
न कटने वाली है
और
सूरज की तरफ़ पीठ कर के
लोग खड़े हैं

तीसरा यह कि
शर्म की क्या बात है
अपने कपड़े उतारने में
नंगी जाँघ पर
ताल ठोकने वालों के दिन हैं
उन्हें
देखकर कुछ बचता नहीं है
कपड़े पहनने के तर्क में

चौथा, पाँचवाँ और छठा
ख़ुश होने का कारण यह है कि
अब आदमी रहते ही कहाँ हैं
जिन्हें देखते ही नज़र आता हो
रास्ता, घर या सुबह

पिशाचों के लिए खुल गए हों
मोक्ष के मार्ग
तब यह एक और कारण जुड़ गया है
ख़ुश होने के लिए

ग्रहण लग गया है पृथ्वी को

सब लोगों की भविष्यवाणियों से डरा
भोर से उठते ही
देखने लगता हूँ
बादल कहीं एक भी
धूप में तैरता
दुबका हुआ
उदास ग्रीष्म की
जलती हुई ताम्रवर्णी चट्टानों के बीच
या किसी कारख़ाने पर ढलती हुई
भूरी, धुँधली, साँझ की रोशनी में

भविष्य-वक़्ताओं के पास ज्ञान है
जली हुई पृथ्वी और झुलसते हुए
वृक्ष द्वीपों का
मनुष्यों के बीच फैली हुई
ईर्ष्या की असहनीय गर्म रेत को
वही बताते हैं
पृथ्वी से पाँच सौ फीट नीचे
उतर कर चला गया है जल
नक्षत्रों से रह गए हैं हमारे
दुख के धुएँ से घिरे सम्बन्ध

कोई नहीं जानेगा अषाढ़ के
पहले दिन की थरथराती
बिजली की कौंध

आद्रा का श्यामल मेघों के बीच
रोशनी और फुहार से भीगा आकाश

सिर्फ़ आग-ही आग होगी
अखंड दावानल
गली, मुहल्ले, देश में
खड्ग लिए हुए लोग
निष्फल कर देंगे
सघन छायादार फल लगे वृक्षों को
स्त्रियाँ बैठी रहेंगी
बादलों की छाया के लिए

सूखे तालों को देखने के लिए
सब लोग जिएँगे
ग्रहण लग गया है
हिंसा और बादल रहित दिनों का
पृथ्वी को

योद्धा

वह योद्धा था या नहीं
बना दिया गया था
अब वह रोज़ मिलाने लगा
अपनी शक़्ल किसी योद्धा से
मूँछें ले आया कई-कई तरह की
नुकीली और लम्बी
आधी गोल और घुमावदार अन्त में
लेकिन बहुत सजधज कर भी वह
पिछली सदी का लगता

शानदार पिछली सदी के
विज्ञापन की तरह वह बोलता
चलता अठारहवीं सदी के
सैनिक की तरह

जब पुराने किले के
तरतीब और आकर्षक शिल्प से
जमाये गए पत्थर
अचानक गिने लगे
उसे लगा
उसके घुटनों में दर्द है
वर्तमान का युद्ध पेचीदा
और दूसरी तरह का है

स्त्री

स्त्री का काम प्रेम करना है
स्त्री का काम दया करना है
स्त्री का काम मोहित करना है
पिटना है
पानी लाना है
पीसना है चक्की
उदास दिनों की

हम स्त्री की प्रशंसा करते हैं
उसके धीरज की
माँ बनने की
कपड़े धोने की
झाड़ू लगाने की

दिन निकल गया है स्त्री के लिए
उठो
रात हो गई है स्त्री के लिए
सो जाओ

हमें रंज है तुम वैसी नहीं बनी
वैसी अमरीकन, फ्रेंच, जर्मन
हमें ख़ुशी है हम ने तुम्हें वैसी नहीं बनने दिया
तुमने किसी से हँस कर बात नहीं की
जैसा कहा वैसा ही किया
यह वध-स्थल है यही बँधी रही

स्त्री का काम सेवा करना है
स्त्री का काम हँसना है
स्वागत करना है
चाय बनाना है
सोफे झाड़ना है
अपने थके बीमार चेहरे को चमकाना है
स्त्री का काम शान्त रहना है
कबाड़ख़ाने की चीज़ होना है
पुरानी, टूटी-फूटी
संग्रहणीय
ऐतिहासिक और
देखने लायक

निष्फल वृक्ष

निष्फल वृक्ष से
क्या पूछेगी हवा
पृथ्वी के उदास दिनों में
क्या बचेगा
उत्सव और क्रीड़ा के लिए

सुख-दुख का
कामना का
प्रेम का फल कहाँ है
नीचे आग की भट्टी है
जड़ों तक
यहाँ न सूर्योदय
न सूर्यास्त
जलते हुए मरुस्थल में
श्राप देती नदी है

निष्फल वृक्ष की छाया
पिशाचों की तरह लिपटी है
दुर्भिक्ष के हज़ारों आकार में

समय सिर्फ़ भाग-दौड़ का है
सारे आने वाले दिन
श्मशान में बैठे औघड़ की तरह
डरावने हैं
आर्द्रा के बादल
क्या पूछेंगे निष्फल वृक्ष से

सिर्फ़ पछतावा बचा था

अपने लिए ही
बचाया था
दुबारा
दुबारा बचाया था
प्रेम

पूरा नहीं होने दिया कुछ भी
डर कर
दूसरी बार न मिले
उस वृक्ष के नीचे
ठंडी बीतती छाया

दुबारा जाना था
जहाँ पेड़ ढूँढते थे
अपनी पत्तियाँ
बादलों के दिन

पृथ्वी के पास से
कितना दूर चला गया था समुद्र

दुबारा नहीं जाने का
सिर्फ़ पछतावा बचा था

तेहि नो दिवसा गतः

भवभूति

[हमारे वे दिन बीत गए]

शिशिर के वे दिन बीत गए हैं
बसन्त में फिर एक क्षण
रुकेगी नहीं हवा
किससे बातें करती होगी तुम
उन दिनों की
धूप से तपे लाल आँगन में
सूर्यास्त की
अँधेरे से घिरी रातों की
और काँपते, दौड़ते हुए
प्रेतों की

कोई गाता था क्या कुछ
या कोई सुनता
हज़ारों पेड़ों के नाम लेता था मैं
तुम कहती चलो दौड़ें

अब लौट भी आएँ वे दिन
हज़ारों सुगंधों के बीच के रास्ते
गीली घास
या पठारों पर चलती
चारों तरफ़ भागती अग्नि
आकाश पर बिखेरेगा कौन
वह रंग
वह रोशनी

दुनिया ही देती है सब कुछ

हमारे पास लिखने को कुछ नहीं है
दुनिया से ही आता है सब कुछ
दुर्दान्त क्लेशों से, दुखों से
जन्मा, गला
इतना बेतरतीब, ऊबड़-खाबड़
नुकीली-घास की तरह उगा

वही आत्मा है
जिसे हमने पाया है
झुलसती हुई दुनिया से
तपाया है जिसे हमने अन्दर-ही-अन्दर
दुनिया के विरुद्ध या पक्ष में हो कर
गहरे अँधेरे में चीख कर
या हँसते हुए
सब को दिखा कर
एक उछलती हुई गेंद की तरह

सब कुछ हमने दुनिया से लिया है
यह कहना विनम्रता नहीं है
यह कविता या कविता की वक्र-भंगिमा भी नहीं
सत्य को दुनिया के सिवा
कहाँ देखेंगे, जानेंगे
कहाँ प्रेम करेंगे, दुनिया के सिवा

अजीब बात है
दुनिया के बीचों-बीच आया जीवन

बीचों-बीच आई मृत्यु
घटनाएँ गुज़रती हैं देखते-देखते
धूल गुब्बारे की तरह
काल जो हमारे दरवाज़े पर खड़ा है
सब देते हैं एक चकाचौंध को
ईश्वर को

नाटक का पटाक्षेप
इतना जल्दी नहीं होता
वे दर्शक नहीं होते हैं
संगठित लोग होते हैं
हमारे ख़रीददार
कला और सुन्दर मुर्गियों के
अच्छी जिल्द वाले अख़बारों
और शालीन लेखकों के

अजीब बात है
हमारे फल वही खाते हैं
जो ईमानदार नहीं हैं
ईश्वर-भक्त भी नहीं
बलशाली भी नहीं
सुन्दर भी नहीं
विश्वसनीय भी नहीं

हम नई कविताएँ लिखते हैं

हम नई कविताएँ लिखते हैं
बिलकुल भिन्न
पिछले कविराजाओं से

हम दुख और दरिद्र से धनुषाकार हुई
देह पर कविताएँ लिखते हैं
हम लिखते हैं उन पर
जो अँधेरे की घाटियों में जाते हैं
सूरज की रोशनी तलाश करने
जो जाते हैं घुटनों तक दलदल से निकलकर
अजनबी विकट रास्तों पर

बसन्त कहीं नहीं है हमारे लिए
कहीं नहीं है मलय पवन
पाँवों के नीचे मरुस्थल है
लड़कियाँ उसी पर चलती हैं
चार पैसे के लिए
ख़ौफ़ की दुनिया में
रहती है हमारी कविता
बम रखा है हमारी छत पर
फोन कर दिया गया है हमारी सुरक्षा के लिए
शरद की स्वच्छ चाँदनी में
हत्या का खंज़र चमचमाता है

अप्सरा उर्वशी और
बादल के अश्व पर बैठे हुए पुरुरवा के लिए

हमारी सड़के अविश्वासनीय और संकड़ी हैं
हमारी कविता में एक भी
टी.वी. की सुन्दर स्त्री नहीं है
आनंद विभोर, फव्वारे के नीचे स्नान करती

सब गरीबों की ज़मीन हमारी कविता में है
सब के फलदार वृक्ष
सुख सब का, सब की समता
सारे रास्ते ऊबड़-खाबड़
गहरी-बावड़ियाँ
उन पर चलते-गिरते, उनमें उतरते लोग
हमारी कविता में है

कुछ भी अजनबी नहीं है
हमारी कविता में
रोज़ दिखाई पड़ते स्त्री-पुरुष
रोज़ सुनाई पड़ती राग
पुराने पत्तों के गिरने की आवाज़
छुट्टियों के दिन की ख़ुशी
शिकायतें, आलोचना, बहस
प्रतिज्ञाएँ
सब कुछ उथल-पुथल कर देने के संकल्प

कुछ नहीं था भीगने के लिए

दिन-भर होती रही वर्षा
बाहर कुछ भी नहीं था
भीगने के लिए
हरा-होने के लिए कुछ भी नहीं था
दरअसल ज़मीन ही नहीं थी वहाँ
राजाज्ञा का अक्षरशः पालन किया था
ठेकेदार ने
भर दिया था सीमेन्ट कंकरीट से
हर हिस्से को जहाँ ज़मीन थी
या पेड़ जहाँ उग सकता था
या पौधा फूलवाला

माँ ही पूछ लेती थी कभी
उन बेलों के बारे में
जिन्हें हम ने बोया था
कई दिनों पहले
लेकिन अंकुराया ही नहीं था
उनमें से कोई बीज
वे ही देखती थीं
अपनी टूटी डंडी का
चश्मा लगा कर
बादलों का रंग

वे ही पछतावा करती
उन बेलों के लिए
जो पूरे छप्पर पर फैलती थीं

सफेद पीले फूलों से लदीं-झुकीं
पछतावा करतीं
आर्द्रा में काले बादलों के न आने का
वृक्षों का पछतावा
जिनके हरे रंग उनकी आँखों में बसे थे

मैं बहुत समझाता-बताता
उन्हें
नई दुनिया के बारे में
चिकना फर्श, कालीन
वाशिंग मशीन, कम्प्यूटर, केसेट
सब के बार में
विस्तार से
वे धैर्य से सुनती
फिर उदास मन पूछतीं
कितने दिन बचे हैं
सावन के

जब तक मैं देखता हूँ

बिल्ली चिड़िया को देखती है
चिड़िया पेड़ को
बिल्ली पेड़ को देखती है
चिड़िया आकाश को
बिल्ली के पंजों में पंख हैं
चिड़िया गिरते-गिरते बची है

कितने दिन लगेंगे
तैरने के लिए तुम्हें
इस छोटे से ताल को
बिल्ली यहीं बैठी है
धूप खाती
नीली अधखुली आँखों से देखती
तुम्हारी जीवन-रेखा

रहने देना अपनी उमंग
जब तक मैं देखता रहूँ
इस पृथ्वी पर जहाँ-जहाँ
रक्त के दाग़ हैं
वहीं मेरी समय की स्मृतियाँ
कहानी, कथा, कविता
छोटे आलेख
बदलते हैं एक झुलसे हुए
दिवसान्त के उदास धुँधलके को
तुम्हारे पंखों के लिए
कोई पेड़ हरा नहीं है

व्याध के लिए तुम एक तर्क हो
तीर चलाने के अभ्यास का
रक्षा तंत्र एक दुबकी हुई
मौत की घड़ी है

तुम्हारा घोंसला मेरी तसवीर के पीछे है
यह यूँ ही भूरे-मटमैले दिनों की याद है
अधर में एक सुतली से लटकी हुई
तुम यहीं गिरी और यहीं से उड़ी थी
आकाश यहीं देखा छोटी-छोटी आँखों से
रहने देना वह उमंग
जब तक मैं देखता रहूँ

तुम्हें हत्यारों के बीच से बचाना
दया का सवाल नहीं है
यह ढलान पर उदास बैठे
आदमी के दिन तो नहीं
तुम गाओ उजले दिनों के गीत
रोज़ लाओ छोटी, हरी दूब
घास, रिबिन
कालीन पर चलो निर्द्वन्द्व

तुम बड़े लोगों की घृणा
उदासी, अनादर या निराशा नहीं हो
तुम एक अपराजित
जलती-बुझती रोशनी हो
ठंडी होते-होते गरम हो जाती/होती
रेत
काल के अनन्त होने तक की हलचल

पराक्रम

नब्बे बरस की तो रही होंगी माताजी
मैंने कहा—माँ नब्बे बरस की थी
यह सन्तोष देने के लिए बहुत था
वे जो दुख में आए थे
पहले से ही दुख-रहित हो कर

मैं भी यह माँ से कहता रहता था
जो न आयु की गणना जानती थी
न दीनता
जिसे भय भी नहीं था
नब्बे वर्ष की होने का
ज़िन्दगी के साथ ही बाँध लिया था
जिसने
यह रागातीत

मैं जब कुछ वर्षों का हो गया
तब भी माँ ने पेटी नहीं खोली
जिसमें वे सिक्के रखती थीं पुराने
एक-एक कलदार रुपया
अठन्नियाँ, दुअन्नियाँ पुरानी
फोटो पिता के
पिता की अँगुली पकड़े
भाई और मैं
कोट जिसके बटन टूट गए थे
रुई की बगल-बंडियाँ

जिसकी कसें अलग-अलग हो कर
उलझ गई थीं

इस तरह माँ की पेटी में
बंद रही बेटों की आयु
माँ नब्बे वर्ष की हो गईं

पतनशील सुविधाओं की तलाश में

झूठ को समझते हुए
देर लगती है
हम बड़े होकर
झूठ के मोहक शब्द
याद करते हैं
फिर लज्जा और भय-रहित हो कर
बड़े होते हैं

झूठ से ही बचा रहता है
मन का दारिद्र्य
आधे बने महल
आधे मक़बरे
जहाँ ज़िन्दगी और मृत्यु
भागती है

झूठ इस तरह मनोरम होता है
निश्चिन्त, निःसंकोच
सत्य ही पछतावा करता है
पराजय में फेंके हुए पासे की तरह
सब बीमार स्वस्थ होने की
सौगन्ध खाते हैं
सब डॉक्टर कहते हैं
बिलकुल ठीक हो

टूटे हुए घुटनों के बीच
सत्य बैठा रहता है

अन्त में मृत्यु आती है
झूठ के कंधे पर
हाथ रख कर
आक्रामक
पतनशील सुविधाओं की तलाश में

कोई तो बचेगा

कोई तो बचेगा ही
समानधर्मा
गो कि इस समय
किसी के बचने का ख़याल ही
भयावह है

उसके एक विचार के अन्तर्गत ही
कुछ लिखा
इस से मृत्यु का कोई सम्बन्ध नहीं था
लेकिन विचार के कारण ही
उन संगठनकर्ताओं ने
उसका हाथ काटने का
एलान किया

वह अपना हाथ
कोट में छिपाये रहा
इस तरह कि उसका वह हाथ
दुबला हो गया
यद्यपि वह ख़ुश और निर्भय था
इस तिनके जैसे हाथ को लेकर

कल्पना में ही उसने
तय किया
बुरे वक़्त में वह लिखेगा
बुरे वक़्त के बारे में

जो मर नहीं चुके होंगे
वे पढ़ेंगे
एक अन्त होती शताब्दी का पाखंड
कुछ कोशिश जो
मनुष्यों को बचाने के लिए
की गई थी

अयोध्या

अयोध्या से तुम को चढ़ाया था रथ पर
विषाद से क्लांत हो कर नहीं
एक लांछन से मुक्त करने के लिए
अयोध्या को

अन्दर-ही-अन्दर थे अन्तर्विरोध
लाचारी और अदृश्य होती रोशनी
अन्दर-ही-अन्दर थी
कंचन-मृग पाने की तृष्णा
सोने के पलंग पर सोये दशरथ
रघुवंशियों की कीर्ति-सूर्य की
ढलती
छाया रह गए थे
राज-सिंहासन के नीचे फँसी थी गरदनें
अपने सिद्धान्तों की राख पर बैठे थे
अयोध्या के राजपुरुष
कामातुर राजा से
कौन पूछता
अपने आचरण का वृत्तान्त

नव-गयंद की तरह
बेड़ियाँ तोड़कर तुम ही भाग गए थे
सुगंध भरे अरण्य में
निष्कपट लोगों के बीच
तुम कब लौटे
बैठे सिंहासन पर

सब कुछ भूल ही गए हम
दुनियादारी में

उन्नीस सौ नब्बे में
तुम्हारे जन्म और जन्मस्थली की
ज़रूरत पड़ गई
इतनी मिन्नतें, इतनी आरज़ू
इतनी प्रार्थनाएँ, इतना रक्त
रुपया, बन्दूकें, सिपाही, शुभेच्छु
भुखमरे अयोध्यावासियों ने देखे

एक साथ इतने स्वजन, सम्बन्धी
अयोध्यावासियों को याद करने लगे सहस
असंख्य अपने लोगों के बीच
अयोध्या ही वीरान, अपरिचित हो गई

इतनी धक्कम-मुक्का
आर्तनाद, संत-समागम
कीर्तन-आरती, त्रिशूल, ध्वज
कर्फ्यू, सेना
अव्यक्त, अविनाशी, अजन्मा
राम के लिए
इतने सांसदों, विधायकों, मंत्रियों की
ऐसी चिन्ता

सरयू के तटों पर जो कुछ बच गया था
गीली रेत, धूप, चाँदनी
लहरों पर तैरती
केवट की छोटी नाव
छोटे-छोटे बच्चे
दहशत और असमंजस के
निपट अन्धकार में डूब गए

केवल बच गए
उछलते-कूदते सत्ता-मृग
धर्म की ध्वजाएँ थामें
उन्माद-ग्रस्त राजनेता
स्वार्थ की लम्बी थैलियों में
राम-नाम की माला जपते
म्लान-चित्त व्यापारी

काल

काल के लिए
मैंने सुना था
उसकी बन्द आँखों के सम्बन्ध में
यह डरा देने वाली बात थी
मैं डरा नहीं

डरा नहीं
इसलिए मैंने देखा
दृष्टिवान काल
माँ के पास बैठा
चौकस-उन्हें
सुबह गुलाब की कली जैसी
खिलने वाली मुस्कान देते
शाम को हवा जब तेज़ होती
तब कहता—अन्दर जाओ
दिन का संगीत अभी बाक़ी है

मैं काल की आँखें देखता
गिलहरी की तरह शताब्दियों के
शिखर पर चढ़ कर
लौटतीं
दरवाज़ों पर
सीढ़ियों पर से जब तक
धूप म्लान नहीं होती

वे कुछ-न-कुछ बनातीं
पृथ्वी का अनन्त विस्तार
और अस्त होते दिन की
चमकती लहरों की झालरें

भाषा

तुम्हीं हो हमारे सुदिनों और दुर्दिनों की साक्षी
मेरी भाषा
शताब्दियों से शताब्दियों तक
पूर्वजों से भविष्य में जन्म लेने वाले
बच्चों तक
एक विस्तृत सिन्धु की लहरों जैसी
उद्विग्न, धधकते हुए
ज्वालामुखी की तरह

हम चलते हैं
भूतकाल को लपेट कर
वृक्षों के बीचों-बीच
लिपटा हो जैसे मरुत

तुम मेरी भाषा
खुली रखो हमारी आँखें
वर्तमान के अँधे, बेरहम हाथों से
निरपराध सीधे-सादे
लोगों पर न होने दो आघात
मृत्यु का सन्ताप सहने की लाचारी न दो
दो असीमित संवेदनाओं के बन्द द्वार
खोलने की ताक़त

भविष्य दो
जिसमें न देखें
धनाढ्यों का घमंड

पंडितों का पछतावा
कुछ तो बचा लें
स्वाभिमान की कथा के लिए
पराजय की ज़मीन पर
न बिछाएँ लाल कालीन

इतिहास की स्मृतियों के
बीचों-बीच खड़े रहें
तुम्हारी मदद से पार कर लें
सन्देह की यातना भूमि
बेज़ुबान लोगों की
गारत हुई दुनिया
और दूसरी प्रसन्न दुनिया के बीच
तुम ही हो सघन कुहासे में
अग्नि लपट

कपट के इन आततायी दिनों में
न बचे कोई
धैर्य और मनोबल देने वाला
तुम रहो

देश के लिए

मैं नाराज़ भी हो सकता हूँ
एक दिन अपने देश से
एक दिन प्रचंड हवा की तरह
कठिन रास्तों पर चलते हुए
इस तरह शान्त कर सकता हूँ
मन
गालियाँ देते हुए दुनिया और दोस्तों को
और देश को

लेकिन जानता हूँ
जब जेठ के दिन आएँगे
तब यहीं लौट आऊँगा
थके आदमी की तरह
बैठ जाऊँगा अपने दोस्तों को याद करने
और यह कहते
इन हज़ारों-हज़ार फैली टहनियों की तरह
गुँथा हुआ
पत्ते में पत्ता और पत्ता
भीतर-ही-भीतर इतना हरा रहे
इतना सघन और फैला-यह देश
यह आतपहर देश

तुम समझते हो कोई सरल बात है
अपने देश को सहना
चील जानती है आकाश में
पंख फैलाने का सुख-दुख

धुआँ और रोशनी के असमंजस से भरी शाम
सीमेन्ट की फेक्ट्री से आती हवा
निरभ्र आकाश कहाँ है
और कहाँ है
ऋतुओं की फाइलों के फीते का अन्त

अपनी बाज जैसी आँखों से
चुपचाप भविष्य पर झपट्टा मारता
बगुला
निश्चिन्त तैरती गरीब मछली
पकड़ लेता है
मैं कहता हूँ कभी बाढ़ में
कभी अकाल में, कभी असत्य में
मरते हुए देश को
सहना
सरल नहीं है

फुर्सत के दिन
अब नहीं हैं
इतना मनोरम काम भी नहीं है
देश को बनाना
तुम शायद यह समझते थे यहाँ कोई
शादी का मंडप लगा है
वधू का पिता नाना मिष्ठान्नों से
प्लेटों को सजाकर प्रतीक्षा करता है
बजता है अंग्रेजी आर्केस्ट्रा
और दहेज में तुम्हें मिल जाएगा
अन्न, जल, हवा
वस्त्र, घर, सत्य और निर्भीक मन

अगाध समुद्र तक जाने के लिए
बारीक रेत, चट्टानें, दलदल
और थका हुआ मन साथ होता है
किसी सुरीले झरने के पास

बैठना नहीं है
इस भुखमरे देश को फिर से बनाना

नादान लोग, तीस, चालीस या पचास
बरस की बात करते हैं
अँधेरे के पुलों पर
रोशनी जलाना
किन्हीं कोमल अँगुलियों से
कोई स्मृति-रंगों का
जादुई स्वेटर बनाना नहीं है

भाग्य के घोड़े
खींचते रहे हैं इस देश का रथ
शास्त्र-व्याख्या के निकम्मे पराक्रम में
आधे लोग चुपचाप भीख माँगते
दुर्योधन का युद्ध लड़ते हैं
आलसी, झूठे, मक्कार
पुण्य-तीर्थों पर भटकते
झपट ले जाते हैं मोक्ष और भाग्य का सुख
इस देश के अँधेरे को
सिर्फ़ जीभ की कैंची से
काटते हुए लोग
हाय-तौबा मचाते हैं
मौत के सन्नाटे में बैठी सभा
कभी उपदेशक का मुँह देखती है
और कभी थैली का

फिर भी मैं कहता हूँ
जब कभी भी कोई पेड़ गिरेगा
या सूखते हुए किसी दरिया के पास से गुज़रोंगे
या एक दिन किसी की टोपी ले कर
चम्पत हो जाएगा कोई सौदागर
या खेत पर मर जाएगी भूखी कुतिया
एक लड़का लंगड़ाता चलेगा

और अस्त हो जाएगा दिन
इसी तरह उदास और क्लान्त

तब तुम्हें देनी ही होगी
अपने हिस्से की धूप-छाया
महत्त्वाकांक्षा और उल्लास

अतीत के गड्ढे में अन्न नहीं है
शनि और राहु की कुपित दृष्टियों से बनी
जन्म-पत्री देखने वालों की नज़र
अन्धकार में डूबी है

अब तुम बचे हो
इसलिए तुम्हें ही देना होगा
अपना तेज़, पुण्य, बल
यह देश सपना नहीं है
हमारे प्राणों के भीतर-बाहर
बहती नदी है
स्मृति का नीला कंच जल है
हवा है, अन्न है
ऋतुओं का फल है

बुरे वक़्त में

बुरे वक़्त में
क्या होता है बुरा
लोग साथ नहीं देंगे
देंगे तो पूछेंगे
बदले में
क्या दोगे मुझे

वृक्ष फल नहीं देंगे
देंगे तो बाज़ार में बिकेंगे
ट्रक वाले लादेंगे
खुशबू से तर-बतर रहेंगे
उतारेंगे, तोलेंगे
लेकिन नहीं छुएँगे

लड़कियाँ
लड़कों को देख कर डरेंगी-भागेंगी
बूढे छत पर खड़े रहेंगे

बुरे दिन आएँगे
जितने नज़दीक
लोग पूछेंगे
कितने दिन बचे हैं
ज़िन्दगी के
बुरे दिनों में
दलाल कान के पास

आकर पूछेंगे
लेनी है?
बुरे दिन इसी तरह होंगे
लोग देखेंगे, हँसेंगे, सोये रहेंगे

चोरी

अनाथालय से निकलते
बच्चों को देखता हूँ
अमरूद और पके लाल अनारों पर
बुरी दृष्टि डालते
'लालच की आँख से मत देखो
हमारे अमरूद'
कहने को तो कह ही सकता हूँ
मेरी तृष्णा और चोरी
कुछ ज़्यादा अलग नहीं है

शब्द एक जादू का
खेल है
दूसरों पर आक्रमण करो
सम्मोहन का
छिपो अपनी चादर के नीचे

किसी वक़्त कोई डरता होगा
शब्द से
संन्यासी या कवि
सिर फोड़ लेता होगा
चिमटे से या शब्द से

अब लज्जा, चिथड़े
जूते बह गए हैं वर्षा-जल में

मैं अनाथालय के बच्चों से
कहने के लिए दौड़ता हूँ
'रुको अमरूद मत चुराओ'
लेकिन मेरे पेट में
उतनी ही बड़ी गाँठ बढ़ती, पकती है

तुम्हारे लिए मैं नहीं लिखूँगा सोने की चिड़िया

तुम्हारे लिए मैं नहीं लिखूँगा
सोने की चिड़िया
पराजय और निराशा के दिनों में भी
मैंने ललचाई दृष्टि से नहीं देखा
जैसे अमूमन देखते हैं
सोने की चिड़िया का कलेवर

मैंने कोई सम्बोधन नहीं चुना
असंख्य तरह से मैंने देखा है तुम्हें
आशा, निराशा में
संघर्ष में, अपमान, अनिच्छा में
बर्बर आक्रान्ताओं की हँसी में
प्रतिशोध में

नदियों तक गया
उफनती और सूखती
अकाल के दिनों तक
मेघ छाया में

चिथड़ों तक में
मैंने देखा है तुम्हें
सूने राजपथ पर हाथ फैलाए
भूखे बालकों के अविरल आँसुओं के साथ

अब भी वही दिन हैं
भय के
सन्दिग्ध राजपथों पर

निर्मम,निरंकुश पद-ध्वनियों के
सारी गमगीन सन्ध्याओं के बीच
चलने के
देखने के
शायद यहाँ एक पेड़ हो
टहनियाँ, फूल, पत्ते समेटे
यहाँ बची हो हमारे भाग्य से
दुपहर की धूप
बचा हो पहाड़ का उन्नत शिखर
यहाँ से नज़र आ जाएँ
गन्ने, कपास के खेत

दुपहर की धूप जैसे उतरती है
उदासियों की सीढ़ियों पर
ठंडी होती
मैं तुम्हारा इतिहास देखता हूँ
दुख के अक्षरों में
मन्दिरों के स्वर्ण-कलशों पर
डूबते दिनों की
क्लेशपूर्ण छाया में
सन्देह की दृष्टियों में छिपी
रिवाल्वर और मृत्यु में

चुपचाप निकलकर जाना भी तो
मुश्किल है
उन सब को देखते हुए
जो अनिश्चित जगह पर
निश्चय के साथ अडिग हैं
उन तमाम उद्विग्न, संशयरहित
लोगों के साथ
मेरे देश, मैं तुम्हें
आमंत्रित करता हूँ
उल्लासमय क्षितिजों
असंख्य लहरों वाले समुद्र के लिए

उत्सव

उत्सव के बाद वे लौट जाएँगे
जहाँ से आए थे
अपने-अपने घरों को
छोटे-छोटे बालकों और
दुखों की गठरियाँ कंधों पर उठाए

उत्सव में ही उन्होंने सुना था
एक वर्ष या कुछ तो भी बीत गया है
इसका वृत्तान्त
पहाड़ियों पर चढ़ते-उतरते
लगातार गहरे होते अँधेरे के बीच

उत्सव में ही सुनी थी
उन्होंने इतने नगारों की आवाज़
देखे थे इतने लोग
सुर्ख नारंगी रंग वाले साफे बाँधे
उत्सव में ही उड़ी थी
उनके पैरों से इतनी ख़ुशी
धूल और आवाज़ें

उत्सव के बाद वे लौट जाएँगे
जहाँ से आए थे
अपने काँपते पैरों से चलते
डरते
भूखे और अल्प वस्त्र

अपने घर जाते-जाते
वे भूल जाएँगे
दिन के उत्सव का हिस्सा
भूल जाएँगे वह वृत्तान्त
जिसे वे सुनाने वाले थे
उन लोगों को
जो गाँव में रह गए थे
वृष्टि, ओले और उदास वृक्षों से झरती
बूँदों की आवाज़ में
अपनी ज़िन्दगी के दिन गिनते

वे उत्सव से लौट जाएँगे
उत्सव से अलग होने के लिए
वे खींच लेंगे बढ़े हुए हाथ
आशान्वित नेत्र
वे अपना सिर ऊपर उठाए रहेंगे
इस ज़िन्दगी का घमासान युद्ध लड़ते

अदृश्य होते पुलों पर

इन अदृश्य होते पुलों पर
तुम्हारे पैरों की आवाज़ कितनी धीमी है
नीचे कुछ नहीं है फिर से खड़े होने के लिए

नक्षत्रों के पास
कौन से संकेत हैं
ना-उम्मीद लोगों के लिए
इन अदृश्य होते पुलों पर

आशारहित दिनों में भी
किस रिश्ते से लोग रोशनी जलाते हैं
सुनसान घाटियों में

नहीं जानते हो यह जो वक़्त है
अपने भोग-विलास और फुर्सत में बैठे
एक-दूसरे के पेट में छुरे भोंकने का
कानूनी-यथार्थ का

हर बार होती है हत्या
इस और दूसरी तारीख़ में
हर बार होता है विवाद
दूसरी तरह का

कौन यकीन करेगा
कि उसी ने हत्या कर दी है
जो कुशल-क्षेम पूछने आया था

लेकिन म्लान होती धूप के दिनों में
हत्यारे मिल जाएँगे
शोक की जादुई भाषा में निपुण

सोचते हो
यह बेरहम सफ़र बहुत लम्बा होगा
कोई नहीं बचेगा
इन दुर्दान्त दिनों में
कुछ करने वाला
सोचते हो
लोग हमेशा सोये रहेंगे
रक्त में लथपथ
अच्छे दिनों के लिए
नहीं बचेगी उनकी स्मृति

सोचते हो इस प्राचीर पर
दिवसान्त की छाया उसी तरह उतर आएगी
एक नए छुरे पर लिखी होगी
वे सब तारीख़ें
एक के बाद एक
जब वे मारे गऐ थे

कौन बजाएगा यहाँ संगीत की धुनें
जब हम अदृश्य होते पुलों को
पार करते होंगे

क्रिकेट

वे लड़के खेल रहे थे
खुले मैदान में
हवा में
समुद्र के किनारे
जहाँ जगह मिल गई
वहाँ
क्रिकेट, गेंद

वह लड़का दौड़ता है
दर्शक लड़के चिल्लाते हैं
तेज़ आवाज़ में
मार साली को
लड़का दौड़ता—मारता या नहीं मारता
फिर वह औरत हो
या आदमी—छोटी गेंद जैसा
वह मारता है
पूर्वाभ्यास के कारण

खेल-खेल में ज़िन्दगी
कितनी क्रूर होती है
ज़िन्दगी में खेल
ज़िन्दगी का हिस्सा होता है
ज़िन्दगी वहीं खड़ी रहती है
रेत, अंधड़ में

इसी तरह पिटती
कभी खेल बंद हो जाता है
फिर जब शुरू होता है
इसी तरह

उम्मीद है

यही अपनी बस्ती में
सब परिचितों-अपरिचितों से
पूछता हूँ
कैसा लग रहा है
सब कुछ कैसा चल रहा है

वे क्या उत्तर देंगे
यह कुछ छिपा नहीं है
ऐसे मौकों के लिए बनी है
भद्रजनों की भाषा
आकस्मिक हँसी
दुख देने वाली उदासी

एक साथ यह सुनना कितना कठिन है
—उम्मीद है कि वे चला ले जाएँगे
—उम्मीद है कि वे पिछली गल्तियाँ नहीं करेंगे
—उम्मीद है कि बुरे दिनों का हम
मुकाबला कर सकेंगे
—उम्मीद है अच्छे दिनों की—

बिजली का तार टूट कर
ज़मीन पर गिरा है
सब चल रहे हैं बच-बच कर
—उम्मीद है वह किसी को छुएगा नहीं

—उम्मीद है इस तरह
निकल जाएँगे
करंट से बचते-बचते
पाँच साल

युद्ध-कविता

इस बार आतंक से डरे
बूढ़े आदमी की तरह
निकल गया बसन्त

लोगों की निगाहें
नहीं उठीं
इतराते हुए कचनार फूलों पर

नादान लड़कें ही बातें करते थे
बेफ़िक्र लन्तरानियाँ हाँकते
प्रेम और जवान लड़कियों की

सब कुछ मटिया-मेट हो रहा है
एक ख़ूबसूरत दुनिया का
आकाश के नक्षत्रों की रोशनी
आकाश-गंगा का अम्लान सफेद रंग
धुएँ की असंख्य लकीरों के बीच
डरावनी विषाद की झील है

मनुष्य के लिए
किस संसद में बहती है
करुणा की नदी
कविताएँ और अफसाने
किस के लिए लिखते हैं कवि
जहाज़ों को कहाँ-से-कहाँ तक
ले जाती हैं

हिफ़ाजत से लहरें
युद्ध पोतों पर लगी तोपें
बुश और सद्दाम की लम्बी गरदनें नहीं हैं
ज़िन्दगी और बीते हुए बसन्त की
उजड़ी बस्तियों का आर्तनाद है
ध्वस्त लोगों के लिए
शब्दों और अपंग
सदेच्छाओं का वजन उठाना
एक वृक्ष की छाया तलाश करना
कितना कठिन है

कितना कठिन है
इक्कीसवीं सदी की रोशनी का
वर्णन करना
या
उस रोशनी में ठीक
अपनी गरदन के पास
मृत्यु के कई नाम वाले
प्रक्षेपास्त्रों का विस्तार देखना

चमार की हत्या

तुम्हारे लिए मैं कितनी बार सोचता हूँ
तुम्हारे पक्ष में होने के लिए
सिद्धान्त के और बेरहम ब्राह्मणवाद के विषय में
इक्कीसवीं सदी के कामयाब दिनों में
रेगर, नाई, भंगी या चमार के साथ
होटल शेरेटन या सिद्धार्थ
या पकौड़ी-चाट की दुकान पर
शातिर अध्यात्मवादी संवाद के बारे में

तुम सिर्फ़ लोटे भर पानी के लिए
हमारे कुएँ पर आते हो
हज़ारों साल के पुराने कुएँ में
तुम्हारी डोर उतर जाती है
नीचे चट्टान तक

हमारे हाथ में गँडासे हैं
न चूकने वाले वार के लिए प्रसिद्ध
माँ-बहन की गालियाँ
संकट-मोचन संकल्प
हमारे पास बाँस के लम्बे
रगड़ से आग पकड़ने वाले वृक्ष हैं
तुम्हारा लोटा कुएँ की चट्टान पर बजता है
एक हुँकार की तरह
कुएँ की दाहिनी तरफ़
खेत में तुम्हारा कटा हुआ सिर मिलता है

रैदास की कविता से हमारी क़िताब
शुरू होती है
चमारन तुम्हारे सिर को
कहाँ नहीं ले जाती
थाना, संसद, सड़क और चौराहे पर
गाँव में कुछ दिन लग जाते हैं
इस हत्या के पीछे की
कथा समझने में
कुछ-दिन हत्यारे शहर में रह आते हैं

इम्तहान में रैदास की कविता-पंक्तियों का
अर्थ लिख कर
उनके लड़के पास हो जाते हैं
और आगे की कक्षा में चढ़ा दिये जाते हैं

व्यापार

कौन-सी चीजें बिकती हैं
इन दिनों
'बहुत-सी' दुकानदार ने कहा
जैसे गेहूँ का आटा
जैसे तेल, नहाने का सुगंधित साबुन
त्वचा की चिकनाई के लिए क्रीम
दिल को मजबूत करने वाली दवाइयाँ

वह उदास हो गया
'नहीं, नहीं, यह सब नहीं'
दुकानदार ने अपने सामान की सूची देखी
गम्भीर होकर उसने कहा
पिछले दिनों यहाँ हत्यारा आया था
उसके एक व्याख्यान दिया था
'हत्या का अध्यात्म' के सम्बन्ध में
उसके केसेट इन दिनों ख़ूब बिके हैं

इसे ज़रा विस्तार से कहो
आगंतुक ने कहा
हम अपने व्यापार के सम्बन्ध में सोचते हैं
बिकने वाले माल के सम्बन्ध में
उसकी शुद्धता के लिए
विज्ञापन और प्रचार करते हैं
उसे लोकप्रिय बनाते हैं

दुकानदार ने कहा
हमारे यहाँ अहिंसा भी बिकती है
आगंतुक ने पूछा 'कौन-सी अहिंसा'
वह जो घोड़े पर बैठ कर आती है
जिसे सिपाही
गाली-गलोच की भाषा की तरह काम में लेते हैं
जो विश्व-भर के अपाहिजों को
नींद की गोलियों की तरह दी जाती है

आगंतुक और दुकानदार के बीच
बहुत-सा लेन-देन हुआ
काले और गोरे व्यापारियों ने मिल कर
आचरण संहिता बनाई
चीज़ें बेचने के लिए
सांस्कृतिक समझौते हुए

दिन गुज़रते हैं लगातार अँधेरे की तरफ़ घिसटते हुए

तुमने सुना और जाना है
सब कुछ
लाला और पुजारियों के बीच
गुफ़्तगू
बीच में बुद्धिजीवी है
दोनों तरफ़ देखता
छछूँदर की तरह
इस तरफ़ और उस तरफ़ की दीवार पर
फुदकता

सिपाही को क्या परवाह है
दो धौल जमाता है हर किसी के

डॉक्टर के घर असंख्य बीमार बैठे हैं
पर्चियाँ लिख रहा है वह जल्दी-जल्दी
गंजी लड़की दवाघर पर बिल चुकाती है
रहे-सहे बाल उड़ जाने के डर से
पकड़ लेती है उन्हें

मास्टर छुट्टी लेकर
घर पर पढ़ाता है लड़के
एक साथ दस या कम ज़्यादा

कवि सन्ताप करता है
पनघट पर चुहल करती
लड़कियों की अनुपस्थिति पर

कविता में वह अपनी पुरानी ऋतुओं
प्रियाओं की याद करता है

पछतावे के दिन निश्चित हैं
उस दिन सजधज कर आते हैं
वरिष्ठ और विशिष्ट जन
देश की दुर्दशा पर व्याख्यान देते हैं
प्रतिज्ञाएँ करते हैं
व्याख्यान-दाताओं के कभी
खरोंच नहीं आती

स्वामी अध्यात्म की
पुड़ियाएँ बाँटता है

दिन गुज़रते हैं
अँधेरे की तरफ़ घिसटते हुए लगातार

न कुछ छूटेगा न छोड़ूँगा

अपनी जगह तलाश करी
खड़े रहे
किसी पक्षी की तरह
कुछ बनाना नहीं था
तिनके लाना
जोड़ना, एक-एक रखना
किसी अँधेरे में, सन्नाटे में
जिसे कहा जा सके घोंसला

आकाश-दिगंत में
धूल-बवंडर के बीच
नये सिरे से
पंख खोलना-समेटना
उड़ना कहीं-से-कहीं तक

यह तीर्थ-यात्रा है
शिशिर से बसन्त तक की
एक मूल से, वंश से
एक खिड़की से दूसरी खिड़की को देखना
दूसरे से मैत्री करना
घर छोड़ना या मोहल्ला
शहर, जिला या देश

कहने को
मन चन्द्रमा में जाएगा
शरीर हवा में

न भजन चलेगा
न चरखा
न कुछ छूटेगा, न कुछ छोड़ूँगा
बालिश्त भर ज़मीन
अँगुल भर आकाश
कुर्ता, थैला, चिथड़ा
इन्हीं के लिए विवाद
विषाद
इन्हीं के लिए

फुर्ती से

फुर्ती से चलती हुई
लड़की को मैंने देखा
वह कुछ देर वहाँ ठिठकी
जहाँ लोग खड़े थे
सड़क खोदने के उपकरण लिए
गड्ढ़े गहरे थे
खोदने वाले बिजली की फुर्ती से आए
अपनी भुजाओं की मछलियाँ दिखाते

लड़की कूद कर पार करना चाहती है
तभी उसे बुरे दिन याद आते हैं
टूटी हुई चप्पल से चलने का
अपमानजनक ख़याल
बुरे दिनों में उसने
प्रेम किया था
बुरे दिनों में उसने पहनी थी तंग फ्राक

बुरे दिनों का हाथ पकड़ कर
चली थी लड़की
एक हिलती हुई नाव और
भँवर जाल में

बुरे दिनों का गड्ढा
बहुत गहरा है
लड़की खड़ी है
फिर उसे पार करने के लिए

गिर पड़ने की अविश्वसनीयता

मेरे गिर पड़ते ही
वे लोग दौड़ आए हैं
दौड़ आए हैं वे सब लोग
जो इस इन्तज़ार में थे
कि मैं गिर पड़ूँ

अब मैं गिर पड़ा हूँ
और वे लोग मिज़ाज पूछ रहे हैं
—बहुत लग गई है
—कुछ ज़्यादा तो नहीं लगी है
—कुछ भी तो नहीं लगी है
कुछ नहीं टूटा
न हाथ, न पैर, न दाँत
न अँगुली
वे खींच रहे हैं
सारा जिस्म इस तरह कि
एक फ्रेक्चर की ज़रूरत है
मेरे लिए

निराशा का यह कातिलाना समय है
गिर पड़ना इस तरह कि कुछ भी न टूटे
शुभचिन्तकों को अस्पताल तक जाने का
चाहा हुआ सुख भी न मिले
बहस ही न हो
न हो इस तरह की बहस
कि जब वह गिरे थे...

न हो इस बात पर घमंड कि
जब वह गिरे थे

कुछ ज़्यादा ऊँचाइयों से नहीं
सिर्फ़ बालिश्त भर ऊँचाई से
कुहनी बस अलग ही नहीं हुई
फिर भी टाँके लगे थे बीस
डॉक्टर ने फीस ली थी हज़ारों रुपये

मैं गिरा हूँ और चंगा हूँ
इसका सन्ताप मुहल्ले भर में फैला है
मुहल्ले भर की माताएँ, जीजियाँ
बहनें
चकित और उदास हैं कि मैं गिरा
और अखंड रहा
उनका शान्त अहिंसात्मक
मेरे प्रति आदर समर्पित मन
पूरी तरह निराश हो गया है
वह यह मानता ही नहीं कि
मैं पूरी तरह
मुकम्मिल तौर पर
गिर गया हूँ

सब जगह इस घोषणा के साथ
मैं चालाक सिद्ध कर दिया गया हूँ कि
मैं गिरा ही नहीं
मैं इस दुख के गम्भीर
आहत करने वाले प्रसंग में भी
पूरी तरह ईमानदार नहीं रहा
दफ़्तर, बाज़ार, दुकान
सभा, गोष्ठी यहाँ तक कि
अपनी पत्नी, लड़के, लड़की
सब के सामने
मैं सही सलामत रहकर

अप्रमाणित, अविश्वसनीय हो गया हूँ
सब के सामने वे किंचित् खेद
किंचित् लज्जा, किंचित् विनोद के साथ कहते हैं
मैं गिरा तो हूँ
किन्तु अखंडित, पूरी तरह साबुत
पहले जैसा ही संगीन, सही-सलामत

एक साल बीत जाने पर

उन्नीस सौ पचानवे
कल-परसों बीत ही जाएगा
हिसाब में बचा ही क्या है
सिफ़र सिफ़र सिफ़र

गृहिणी खाली डिब्बा पीटती है
दुख का कभी न खाली होने वाला डिब्बा
शम्भूनाथ घिसे हुए जूतों को घसीट कर
उन्नीस सौ पचानवे तक ले आए हैं

तुम्हें क्या पसन्द है बबलू
अपनी फटी-चिथड़ा क़िताब में से
वह मिठाई की दुकान दिखाता है
ये, ये, ये
पतंग की रंगीन डोरियों का
आकाश
माँ एक झापट लगाती हैं
रोते हुए बबलू की चीख
इक्कीसवीं सदी तक सुनाई देती है

सपने देखने वाले कवि जी
लिखते हैं
नया वर्ष हर्ष
दरवाज़े पर विक्षित लड़का
बन्दूक की नकल करता है
धाँय, धाँय

शान्ति पाठ करो, शान्ति पाठ
लेकिन पुजारी बताता है
ढाई किलो शुद्ध घी
जौ, तिल, लाल कपड़ा नौ गज
आठ सुपारी

दूर तक ठंडी, जर्जर रात में
गिरजे की घंटियाँ
बारह बजे तक बजती हैं
शम्भुनाथ अपनी स्मृति पर दबाव डालते हैं
करुणा और प्रेम जैसे शब्दों की याद करते
लेकिन उन्हें याद आते रहते हैं
बहुत-से वाहियात शब्द
थकी, म्लान पत्नी
खाँसती हुई माँ
पीला बबलू, विक्षिप्त यतीन्द्र
एक कोने में
मकड़ी के जाले-सी बुनावट वाला
उन्नीस सौ पचानवे

कष्ट

वह अपनी माँ से अजहद प्यार करता है
प्यार करता है और पूछता है
हम इसी मकान में रहेंगे माँ
जहाँ तुम मिट्‌टी डालती हो
खोदती हो और मिट्‌टी डालती हो
जहाँ मैं बैठा रहता हूँ, रोटी खाता हूँ
कुछ दिनों बाद जब यहाँ बिजली लग जाएगी
और नल से पानी की मोटी धार गिरेगी

कुछ दिन बाद वे हमें घर दे कर
चल जाएँगे
तब वह गुलमोहर बड़ा हो जाएगा
और एकदम लाल फूलों से लद जाएगा
तब मैं और बड़ा हो जाऊँगा
स्कूल जाने लगूँगा

तुम कुछ बोलती नहीं हो माँ
एक टोकरी के बाद दूसरी टोकरी
उठाती हो और डालती जाती हो
उसे गड्‌ढे में
जिसमें कुछ नज़र नहीं आता
शाम को जो आदमी तुम्हें छूता है
पैसे देता है

उसे तुम याद रखना माँ
जब मैं बड़ा हो जाऊँ

तुम इस जगह को भूल तो नहीं जाओगी
यह एक दम गुलमोहर के पास वाला मकान है

सुथारन का बेटा

कुर्सी के युद्ध में
वह बैठने का पेंदा है
कुर्सी बनाता है बुनता है
तीन टाँग की होते ही
सारे लंगड़े मरणासन्न लोग
उसके पास आते हैं
वह धैर्य का चौथा पैर है

हारा नहीं है किसी भी जगह
एक बालिश्त माँगी नहीं हैं ज़मीन
अस्सी हाथ पानी, टूटा हुआ हैंड पम्प
सुथारन के पास दस हाथ रस्सी
करम का रोना, अधजली लकड़ी
चक्की रोती हुई मुट्ठी भर आटा

बाबू अकाल में पैसा खाता है
बड़ा बाबू उस में से
पैसे की नाभि से निकलता है कमल
दस मन की लकड़ी, पाँच मन घी
सुगंध
अफ़सर का घर, फूल की पंखुरियों पर बना है
स्वीमिंग पूल में
संगमरमर के रंग की लड़की
गाँव की लड़की सिपाही ने उड़ा ली
महात्मा समाधिस्थ हैं

कुर्सी खाली नहीं है
नीचे सुथार के लड़के की पीठ है
कुबड़ी
अस्पताल में डॉक्टर पैसे माँगता है

लड़का स्कूल से लौट आता है
रोता हुआ
मास्टर टीन के पीपे पर बैठता है

सुथार लकड़ी और आग के सम्बन्ध को जानता है
केरोसिन कहीं नहीं मिलता
मिलता है शीशी भर
सुथारन बुरादा इकट्ठा करती है
दुबली, डरी हुई
भीगी बिल्ली-सी सुथारन को
सहसा कुछ हुआ है

सुबह तक आग बुझ जाती है
लड़का क़िताब में
लाक्षागृह की कथा पढ़ता है
अग्नि के अन्तहीन विनाश से
वह डरता है
लेकिन बार-बार अपनी माँ से पूछता है
ऊँची लपटों के बारे में
जिज्ञासातुर और निष्कपट

इतना नज़दीक और डरावना

ये बरस यों ही बीत गए हैं
इस तरह चुपचाप
होते असहाय
लांछित करते हर बार किसी दूसरे को
हर बार पतित बताते
पड़ोसी को या किसी तीसरे-चौथे को

ये बरस बीत गए हैं
इस तरह हाय-हाय करते
जैसे दुख का झरना
लौट गया हो पहाड़ के अन्दर
बाहर सिर्फ़ रह गया हो
अनादर और पछतावा
फिजूल होते शब्द
चिड़चिड़ाहट

ये बरस बीत गए हैं
दारिद्र्य से चिपक कर
दारिद्र्य से घृणा करते
सभागृह में रोशनी बाँटते, सजाते
खो गया है जबकि पास का रास्ता
अनात्मीय जनों की हँसी में
रेत में सूखती हुई नदी
इस तरह
जैसे अकेली भटकती हुई अविराम

पेड़ो की छाल पर छाया लिखना
सम्भव नहीं है
खँडहर हो गए मुकामों पर हमने
अपनी यात्राओं को घोड़े बाँध दिये हैं

अब न बच पाने के सन्ताप का
दृश्य दिखता है इतना नज़दीक
और डरावना

शक्ति हो तो

गर्व से या/मुझे नहीं मालूम कैसे
उसने बीते हुए समय को याद किया
तब जो दिया था उसे
इच्छा से जो दे सकता था
एक हद को तोड़ने के लिए

शक्ति हो तो दो
उद्विग्न हो कर कहने के लिए नहीं
हमने दिया
लो भी इसी तरह
शक्ति हो तो लो
अनाथ बन कर नहीं
पछताते, सिर पीटते हुए

रास्तों पर गठरियाँ बाँध कर चलते हैं
ठग और कायर
अकेले चलते-चलते ही
क्षीण होती है आयु

ऐसे ही लेते-देते
खाली होते-भरते हैं खजाने
योद्धाओं के मन क्लांत नहीं होते
शक्ति हो तो
खाली करो

रचना हो तो लो
उमंग जो थक कर बैठने वालों में थी
दुख जो उस तरह कृपण होने में था
पछतावा जो न पाने का है

एक बार चल कर ही यात्राएँ
व्यर्थ नहीं होती
एक बार धूप में चलो
या ठिठुरो, भीगो, नहाओ
शक्ति हो तो

पतन के सम्बन्ध में

वे कुछ भी कहें
पतन के सम्बन्ध में
बताएँ जो बता सकते हैं
कारण
वे छोड़ दें पद ओहदे
जब वे गिर चुके हों
कर चुके हों
इकट्ठा धन
और लोग चकित हों
उनके पाखंड उनकी आस्थाओं को लेकर

एक समय ऐसा आता है
देशवासियों!
जब लोग शपथ खाते-लेते
देश को डुबा आते हैं
समुद्र में
आस्था, व्याख्या, कारण
लालच और राजनीति
पछतावा और गप्पें
इस तरह भी पहचाना जाता है
समय और षड्यंत्र

असमंजस

इस तरह मैं विचार करता
बचता रहा
वह बुरा आदमी नहीं है
शायद वह बुरा भी हो
लेकिन बुरा तो होता ही है
अगर आदमी हो

उसके धनवान होने के सम्बन्ध में
मैं सोचता रहा
परिश्रम से ही मिला होगा
उसे वह धन
न भी किया हो परिश्रम
बुद्धि होगी
न भी हो बुद्धि भाग्य होगा/न कुछ हो
और धन हो
मिला हुआ या अर्जित
तब भी
मैं अपने सम्बन्ध में सोचता हूँ/उससे मिला कर
अर्जित करने के सम्बन्ध में
भाग्य के सम्बन्ध में, बुद्धि के सम्बन्ध में
अच्छे-बुरे दिनों के सम्बन्ध में
परिश्रम और कर्मफल के सम्बन्ध में

उसका मेरा सम्बन्ध
ना-उम्मीदी और पराजय के
बीच से गुज़रता है

वह प्राय: मुझे देख कर
चला जाता है अस्वाभाविक वेग से
मैं उसे देखकर
अपनी-पुरानी जेबों में हाथ डालता
नई दुनिया के बारे में सोचता हूँ
मैं जैसी चाहता हूँ उसे बनाना
तरतीब से रखता हुआ एक के बाद एक उम्मीद

दुख जब नज़र आता है

दुख जब नज़र आता है
तब भी नज़र नहीं आता
एक आशा बनी रहती है
अजीब-सी

दुख के लिए ही लिखी है
हिम्मत न हारने की सूक्ति
दुकानों की सजावट से
मालूम होने लगता है
कितने प्रकार के दुख देखने हैं
मुझ को और देश को

दुख के अन्तिम छोर पर
फाँसी या आत्महत्या की
इच्छा नहीं होती
मुक्त होने और उठने की इच्छा होती है

दुख में ही इच्छा होती है रचने की
भाषा को इस तरह कि
उसकी हद खतम हो
सहिष्णुता या विनम्रता की
रहस्य न बचा रहे
जिसे जानने के लिए
कोई लालायित हो बाद में
जो फिर दुख का कारण बने

दिसम्बर में

पूरे दिसम्बर
मैंने खिड़कियाँ नहीं खोलीं
गिर गए होंगे सारे पत्ते
फूल बहुत छोटे और प्रसन्न
या न भी गिरे हों
यह देखने के लिए भी नहीं

वे स्त्रियाँ कहाँ जा रही थीं
बची हुई रोशनी में
उस पूरे दृश्य के पार
छोड़ती हुई अपनी रमणीय आयु के सपने
सूखते हुए जंगल के बीच

दिसम्बर के मोहक
नीले आकाश और बादलों के लिए
बच्चों के लिए
जिन्हें देखने की मैंने इच्छा की थी
नीले-सफेद और कई रंग के
मुलायम ऊनी स्वेटरों में
उन तक के लिए भी
मैंने खिड़कियाँ नहीं खोलीं

फैन्सीड्रेस कम्पीटीशन

फैन्सीड्रेस कम्पीटीशन में
मिक्कू विवेकानन्द बना
सब ख़ुश थे
मैं और मिक्कू के माता-पिता
चलो विवेकानन्द बन गया

जब ड्रेस-व्रेस पहन कर आया
तब सब कुछ
एक दम विवेकानन्द
कहीं से भी नहीं रहा मिक्कू

और भी लड़के बने
जोगी, जती, संन्यासी

जब कम्पीटीशन हुआ
तब न विवेकानन्द का नाम था
न जोगी का, जती-संन्यासी का
कोई जो सिकन्दर बना था
उसी के नाम पर तालियाँ बजीं
जोगी, जती, संन्यासी और
मिक्कू-विवेकानन्द तक ने तालियाँ बजाईं

हमने फिजूल ही बनाया विवेकानन्द
ऐसे पछतावा करते रहे
मिक्कू के माता-पिता

वे कैसे दिन होते हैं

मैंने देखी नहीं थी तितली
बहुत दिनों से
सन्देह होने लगा मुझे
उसके हल्के पंखों के बारे में
झुलस तो नहीं गए होंगे
आतप के प्रचंड दिनों में
या कुछ और हुआ हो

और कुछ!
यह कि
उन बालकों ने ही
पकड़ लिये हों खेलते-खेलते
पंख
जिनसे वह उड़ती हुई आती है
और उसके पास लौट आते हैं
फूलों के, स्पर्श के
वे सुख

वे कैसे दिन होते हैं
हवा के और तूफ़ान के
देह के अदृश्य होने के
फूलों के पार नज़र आने के

फिर मैं भूल जाता
तितली के सिलसिले में

न आई तो भी
मैं बार-बार उन रंगों को
देखूँगा
जिनसे कभी—उन रंगों का आकाश
बना था

राष्ट्र-भक्ति की एक कविता

उसने एक कविता लिखी
राष्ट्र-भक्ति की
जब वह पढ़ी गई—
तब वे सब लोग खड़े हो गए
काले, कलूटे, दुबले, भूखे, अनपढ़
उम्मीद के खिलाफ़
वे खड़े हो गए

तब अफ़सर ने कवि के कान में
कहा
इसे न सुनाएँ
यह कोई कविता नहीं है

कवि डर कर बैठ गया
या यह अफ़सर का आतंक था
लेकिन कभी-कभी इस तरह भी होता है
कविता का अन्त

साम्प्रदायिकता

वह करीब दस-बीस लोगों की सभा थी
बुलाया नहीं गया था उनमें से कोई
सब बिना नोटिस, अप्रत्याशित
आए थे
अपने लिए या किसी कारण
और जैसे लॉटरी में
निकल आता है कोई नाम
वैसे निकला
साम्प्रदायिकता
बहस उग्र थी
जब ख़त्म हुई
तब इस जुमले के साथ
क्या यह बहस
बहस करने या मनोरंजन
या डर या दोनों थे
बारी-बारी

पुराना घर

अब मुझे वहाँ नहीं जाना था
पचास वर्ष बाद
चतुर्भुज सिलावट का मकान पूछने
रास्ते कहीं-से-कहीं मिल गए थे
या जिन्हें मैं ही भूल गया था
कैसा मकान था और कहाँ?

मैंने कहा मैं सुदर्शन लालजी का पुत्र हूँ
हमारी श्यामा घोड़ी थी
वहाँ मैं चल कर गया
जहाँ वह अब नहीं थी
कभी बँधती रही हो शायद

हमारे घर के पीछे अनार के पेड़ थे
खिड़कियों तक लाल फूल वाले
वहीं कुंड था पीछे
स्फटिक की तरह
चमकती सीढ़ियों वाला
दो बहने जिन्हें दूर से
देखा था मैंने
लाल-चूनर वाली वे

वह अचरज से यह वृत्तान्त सुनता
मुझे देखता रहा

आप बहुत दिनों बाद आए हों शायद

हमारे रहते-रहते भी
शहर बदल जाते हैं इतने
कुछ बदलता नज़र नहीं आता
जब हम इतनी जगह रुकते हों
और पूछते हों अपने पुराने घर

चुनाव

जब-जब आता है चुनाव
मैं याद करने लगता हूँ
वह सब जो मैंने कहा था
किन-किन लोगों से बचने के लिए
वह सब जो मैंने अपने अन्दर देखा था
और जो अपवित्र लगा था
लेकिन जिसके साथ मेरी—सारी
अतृप्त इच्छाओं की एक प्रबल नदी थी
लोभ, लालच, दोगलापन
घमंड सब से
उन सबसे बचने के लिए
दूसरों को कहा था

पराजय के बाद भी वही सब कहा
हारने के कारण
पैसा, दारू, सत्ता
गरीबी, मूर्खता, दुराचरण
अपनी पवित्रता, सिद्धान्त और निष्ठाएँ
अकेला चलना इत्यादि, इत्यादि

इतना सब कहा
लेकिन जो नहीं कहा गया था
वही सब प्रगट हुआ

सारे शब्द चुपचाप चलते हैं
अव्यक्त अर्थों की तरफ़
तब भी जब झूठ के लिए
धिक्कारने वाला न बचे
और छिपाने के लिए सब लालायित हों

स्वाधीनता का अर्थ

अब वे जितनी बार
बात समाप्त करते
करते-करते लगते लेकिन
इस तरह वे स्वाधीनता के बाद
स्वाधीनता का अर्थ समझाने लगे

छतरीवाला आदमी

बारिश तेज़ थी
और मेरे पास छतरी नहीं थी

मैं पास वाले आदमी तक गया
जो मुझे उदार और सभ्य लगता था
उसकी छतरी मुझे पुराने किस्म की लगती थी
ज़्यादा मजबूत और बड़े आकार वाली
मैंने कोशिश की
वह मेरी ज़रूरत समझे
न बोलूँ तब भी

मैं दूसरे आदमी के पास गया
जिसकी छतरी रंगीन थी
आकर्षक और बटन दबाते ही खुलने वाली
वह मेरी लाचारी पर ख़ुश हुआ

तीसरी छतरी वाला
संन्यासी जैसी मुद्रा में खड़ा था
वह आकाश की ओर देखता था
और जल्दी में था
उसने मुझे भीगते हुए नहीं देखा

अन्त में सिर्फ़
एक छतरी बची थी
जो फटी हुई थी
उस भीगते हुए आदमी के पास
मैं ही नहीं गया

किला

वह किला पूरी तरह ध्वस्त हो गया था
एक पूरे शानदार इतिहास के बावजूद
वे स्त्रियाँ आगे में कूद गई थीं
अपने कृतघ्न और क्लीव पतियों के लिए
जिन्हें प्रेम करना नहीं आता था

वे सुन्दर और अप्रतिम थीं
वे मर चुकी थीं
और अब वे स्वतंत्र थे
उनके पति
प्रेम का विरुद गाने को

कोई नहीं था
वह ज़िन्दगी देखने वाला
जो उन्होंने दी थी

वे पैदल आई थीं
या शिविकाओं में
अकेली-अकेली
या एक साथ
शान्त, विक्षुब्ध या रोती हुई
अपने पतियों का आलिंगन कर के
या उन्हें श्राप देतीं
सब से आगे कोई वृद्धा थी
या किशोरी

रोशनी बची थी
और बुर्ज पर कोई सैनिक था
बालक सो गए थे
या चीखते रहे

शान्ति पाठ करने
आए हो होंगे ब्राह्मण
उन्होंने कहा होगा
वे फिर यहाँ आएँगी
पृथ्वी पर
अपना बचा हुआ
जीवन जीने के लिए

इतिहास सिर्फ़ मौत बताता है
बाद की बातें ज़िन्दगी को ही
तलाश करनी पड़ती हैं

बुढ़ापा

वह पीछे देखता
यकायक उसे याद आती
वह छाया
जो सिमटने लगी थी
अचानक उसे याद आती वह
मोह के क्रम में
या वह वृद्ध हो रहा था

क़िताब

उस तरह मैं नहीं पढ़ सका
जिस तरह चाहिए
एक क़िताब में लिखी इबारत

यह क़िताब जैसी भी बनी हो
जिस किसी भी भाषा में लिखी गई हो
लेकिन जब कभी पढ़ी जाएगी
बहुत कुछ विलुप्त हो जाएगा

मैं ही कभी गा-गा कर
पढ़ने लगूँगा
कभी अटक-अटक कर
मैं ही बदल दूँगा
उद्दंडतापूर्वक कभी-कुछ
हँसने लगूँगा
इस तरह शब्दों की
हिज्जे लिखी देख कर

बहरहाल उस तरह नहीं पढूँगा
जिस तरह चाहिए

बदल-बदल कर पढ़ने से
क़िताब का कुछ भी नष्ट नहीं होगा
बच जाएगा
जितना बचना चाहिए

आशा बलवती है राजन्

कवि मित्र (स्व.) प्रकाश आतुर,
(स्व.) रामनाथ 'कमलाकर', विजेन्द्र,
हेमन्त शेष के लिए

आशा बलवती है राजन्

आत्मा नदी, संयम पुण्य-तीर्थ, सत्योदकं, शील तटो, दर्योमी।
तत्राभिषेकम् कुरु पांडु पुत्र, न च वारिणाम शुद्धयं चांतरात्मा।
—*महाभारत*

आत्मा की नदी सूख गई है
संयम के पुण्य तीर्थ गिर गए हैं
सत्य का जल रसातल में चला गया है
धँस गए हैं शील के तट पृथ्वी में
दया की लहरें कहाँ चली गईं
कोई नहीं जानता
अब पांडुपुत्र गली के हैंडपम्प पर
स्नान करने पड़ेंगे
यही जल है जैसा भी है
आत्मा की शुद्धि के लिए

यह ऐसा समय है मूर्छित, स्वार्थ-लिप्त
वह पुस्तक प्रतिबंधित कर दी गई है
जिससे तुम ने वह पाठ पढ़ा था
सत्यम् वद धर्मम् चर
धर्म के अखाड़ेबाज पहलवान
हाथ में गँड़ासे लिए खड़े हैं अटल

सत्य के आगे का पाठ तुमने नहीं पढ़ा
राजकुल के सबसे ज्येष्ठ कुमार होकर भी नहीं
वहीं ठिठके रहे

दिनों तक कुल-गुरु द्रोणाचार्य को
लज्जा आती रही
सत्य का इस तरह पाठ पढ़ने वाले हमेशा से
अनादर के ढलानों पर खड़े हैं
हम सब को वे घिसटते लगते हैं
परम मूर्खता के दलदल में

कृष्ण ने तुमसे कहा था
गहरे संशय कुछ अविश्वास के साथ
कुछ आत्म-ग्लानि के साथ भी
कहो, युधिष्ठिर कहो
द्रोणाचार्य की पाठशाला में नहीं कह पाए थे
अभी कहो आगे के पाठ का वह छल
विजय का नशा, मेरीजुइना, जेनोसाइड
सब के साथ मारा गया अश्वत्थामा
तुम ने कहा 'नरो वा कुंजरोवा'
आधा पुण्य, आधा युधिष्ठिर वहीं मारा गया
भाषा-छल, क्लान्त, रक्त-स्नात

'कुंजरोवा' कहा भी था या नहीं तुमने
या लेखक, कवि वेद व्यास ने ही सुना
उस दिन भी उन्होंने ही सुना हो कदाचित्
जिस दिन अस्फुट से स्वर में कहा था तुमने
'सत्यम् वद धर्मम् चर'
लेखक कवि ही सुनते हो
त्रिकाल का
रुद्ध, उद्विग्न, विकल स्वर 'सत्यम् वद्'

उसी ने एक बार फिर सुना
तुम्हारे पक्ष का स्वर
वह मर्माहत, अस्फुट सा, संशय-ग्रस्त स्वर

हताश कृष्ण ने फिर कहा तुमसे
कहो, युधिष्ठिर, कहो 'मारा गया अश्वत्थामा'

तुमने ऊर्जस्वित स्वर में तब कहा 'हतो नरो'
काँपते, त्रस्त स्वर में 'कुंजरो वा'
जिसे द्रोणाचार्य ने नहीं सुना

(महाभारत में जाने-अनजाने
भोले भाव या चतुराई से
इच्छा या अनिच्छा से
कहा गया
तुम्हारा वह कपट वाक्य दर्ज है)

फिर क्या बचा था
आधे-अधूरे ही तुम बचे थे
उस आधे सत्य के व्याकुल छलावे के साथ
तुम उन हिम-शिखरों में गलने
विलीन होने चले गए

महाभारत के उस प्राणहंता कथानक का
क्या अन्त हो सकता था
कृष्ण किसी स्वकुल के अपरिचित
व्याध के बाण से मारे गए
वे जो चराचर के सखा थे

सत्य अब वस्तुओं, विज्ञापनों के
बाज़ार में बिकता है
आत्मा की जल वाली नदी
दुर्दिनों की रेत में विलुप्त हो गई है

आशा, बलवती है राजन्!

सुगंध वृक्ष

वहाँ उस गली के मोड़ पर
एक वृक्ष था सुगंध का
कभी-कभी जब बिजली चली जाती
पूरे शहर की, अमूमन मैं ठिठक कर खड़ा रहता
तब सुगंध का पेड़ ले जाता
जिधर था हमारा घर

रुक्मिणी उस वृक्ष के पास जाती
पूछती उसका नाम, वंश, कुल, गोत्र, शील
पूछती हमारे घर चलोगे
वृक्ष कहता 'ले चलो भुआ'

हवा वहीं बाँध देती अपना घोड़ा
दिन वहीं रुक कर बादलों से बातें करता

थोड़े दिनों बाद वह घर बिक गया
सुगंध का वृक्ष भी
वे लोग चले गए
नये लोगों के लिए
ऊँची छत-पर-छत
मंज़िल-पर-मंज़िल
हवा अपना घोड़ा खोल कर ले गई
बादल रूठ कर चले गए
काली छायाओं के वक्राकार चक्र घूमने लगे
देखते-देखते सुगंध वृक्ष मुरझा गया

अब निपट अँधेरे में, जब बिजली चली जाती है,
इस गली के मोड़ पर
छोटे-छोटे, असंख्य फूलों वाले वृक्ष के लिए
मैं वहीं वहीं लौट आता हूँ रास्ता पूछने

रुक्मिणी फोन पर बात करती है प्राय:
कभी-कभी जब पोस्ट कार्ड लिखती है
पूछती है अब भी हरा है क्या, दादा
वह गली के मोड़ का सुगंध वृक्ष।

तुम वृषभानुजा हो?

तुम वृषभानुजा हो
तुमने जो पहले नहीं पूछा कभी
रस-केलि में
आज धीर मति से चकित करते पूछा
'थोड़ी रुको यह बाँसुरी लो'
फिर तुम नहीं आए

बसन्त, शिशिर, हेमन्त
ग्रीष्म, वर्षा, शरद
त्रिकाल
मैं तुम्हारी प्रतीक्षा में यहीं खड़ी रही
तुम्हारी बाँसुरी न होती
तब तुम्हारा कुछ देना नहीं था मुझे

जन्म-मरण के इस महारास में
सब कुछ अलौकिक, विस्मित करते
तुम मिले थे
(सूर ने लिखा, 'माई री घन-घन अन्तर
दामिनी
घन अन्तर दामिनी घन अन्तर
यों शोभित ब्रज-भामिनी')
सारा भू-मंडल वह महारास देखने
आया था
उस रस-केलि में तुम कौन थे और मैं
तुमने मुझ से कुछ नहीं जाना
मैंने भी कुछ नहीं

पूछना तो था श्यामसुन्दर तुम से
तुम्हारी मोहिनी के बारे में
कितने कल्पों तक
मैं उन प्रश्नों को साधती रही

क्या उत्तर होता
इस रस-कथा के अतिरिक्त?

हाँ, श्यामसुन्दर इस जलती-धधकती
पृथ्वी पर
जब कभी कुछ बचा
वह अप्रतिम रस-कथा ही बची।

सुन्दर वस्तुएँ

यह कितनी अजीब बात है
हमारी सारी सुन्दर वस्तुएँ
पेटियों के लिए होती हैं
इस सुख के साथ कि वे हैं हमारे पास
इस भरोसे के संग
दूसरों के पास नहीं है
एक पूरा बाज़ार हमारी पेटियों में बंद है

बाज़ार कैसी-कैसी मोहक छवियाँ बनाता है
कैसी-कैसी कामनाएँ
छिपा कर रखने की

भले आदमियो! सुन्दर वस्तुएँ काम में लो
इन सबके लिए कितना जीवन तुमने बीतने दिया है
बाज़ार को कितनी बार तृष्णा से देखा है
दूसरों को दिखाओ अपनी अप्रतिम वस्तुएँ
चुनने का कौशल
पूछो तो उनसे कितनी क़ीमत की होंगी

प्रकट तो होना ही है
जो तुमने ख़रीदा एक भय ही था
केवल दीनता
काम की चीजें कुछ दूसरी थीं
जिन्हें ख़रीदना तुम भूल ही गए थे।

अकाल मेघ-1

यहाँ बैठो मेघ! हमारे पास
हमारी पंचायत में। हमारे टूटे माचे पर
चिलम तम्बाकू पियो
थक गए हो
आषाढ़ के पहले दिन से चले हो
हवा के साथ
अलंघ्य पहाड़ों के शिखरों से उतरते-उतरते

यहाँ रहा हमारे सगों की तरह

आकाश से उतरना पृथ्वी तक
पूरे उदास दिनों में
मिट्टी की चिन्ता करना
सींचना उन पुराने क़दम्ब वृक्षों को
यह तुम्हारी कल्प-कल्पान्तर की रस-कथा है

नदियों को भर जाने दो
किनारों से किनारों तक
हमारे यहाँ आए हो तो कुछ दिन रहो
अभी तो घुटना भी नहीं डूबता नदी में
सारी चट्टानों पर समय की क्लांत
धूप फैली है

अब तुम्हारे भी वे दिन नहीं रहे
डराने वाली गर्जना आतंककारी चमक के
हमारी मटकियाँ जल-रहित, उल्टी रखी हैं

बीज अंकुरित ही नहीं हुए
आकाश-पक्षियों के उड़ान का मार्ग डरावना है
सारे ताल, कुएँ सूख गए हैं
दल-दल से घाट पटे पड़े हैं
तट पर प्यासी टिटहरी का शोक गीत बचा है

यहाँ बैठ कर हमारी प्रार्थना सुनो
'हारने मत दो, याचना के लिए साहस, शब्द न दो
पृथ्वी हमें अन्न दे, बादल जल, वृक्ष हवा
भुजाओं को बल दो
चलने से न थके पिंडलियाँ
प्रतीक्षा रहित समय न दो'

कभी तुम आए थे इन्द्र बन कर
रथ पर अनन्य वेग के साथ
कृष्ण का नगर पूछते हुए
व्यंजना के सारे अर्थों को निष्प्रभ करते
कहते 'हमारा भोग हमें दो यदुवंशियों
कृष्ण तुम्हारा दुर्भाग्य है, क्रूर और निष्करुण
मूसलाधार वृष्टि देखते रहे हम
प्रलय में भी हँसते, गोवर्धन की छतरी तले
तुम्हारे अहंकार रथ के घोड़े पीछे मुड़ गए
भीगने के लिए अब न दिन बचे हैं, न रातें
श्रावण और भाद्रपद
सूर्य के अकथनीय पराक्रम में झुलस गए हैं
हवा पेड़ों के पास से सिर झुका कर गुज़रती है
अकाल के दिन फिर आ गए हैं।

अकाल मेघ-2

हमारे उखड़े आँगन, टूटे छप्पर
घर द्वार पर तुम्हारा स्वागत है
अकाल मेघ!

कल, अँधेरे हम यहाँ से चले जाएँगे
गाँव छोड़कर
खेत और कुआँ यह पड़ोस और पेड़
यह बस्ती अपने सगे-सम्बन्धियों की
बच्चों और बकरियों के साथ
खच्चर पर अपनी बूढ़ी काकी को लादे
सब जगह हम अपने उजाड़ गाँव का
ख़बर करेंगे

हमारे पास कहने को कुछ नहीं है
न कोई रस-पूर्ण कथा, न उदाहरण
अट्टालिकाएँ जिन पर खड़ी हों
अपने केश सुखातीं
अभिसार कुशल युवतियाँ
हमारी स्त्रियाँ दुख जानती हैं
कहना क्या है उसी के बारे में
उसी, उसी को
घर छोड़ना, उठाना डेरे डाँडे
यहाँ वहाँ बिछाना, समेटना ज़िन्दगी
एक मटकी, एक पोटली आटा, एक चुटकी नमक
छोड़ते जाना एक-एक सपना
कभी इस तो कभी उस पगडंडी पर देखना

जानवरों की तरल आँखें अकहा विषाद
चारा न ख़ाने का हठ

छोड़ने को बार-बार कहते हैं संन्यासी
गुफा तक नहीं छूटती, भूलते नहीं किसी
भक्त का नाम

हम उच्चके नहीं हैं लुच्चे या चोर
हमारे खच्चर अड़ियल हैं
बच्चे नंगे, भीख माँगते, भूखे

कल किसी पेड़ के नीचे
अपना खच्चर बाँध देंगे
प्रतीक्षा करेंगे किसी सिपाही, कोतवाल की

हमारा गाँव, भूखंड हमारे मन में रहेगा
काकी और हम सब, सड़क पर
एक व्यवस्थित, चालाक अकाल
पीठ पर बाँधे रहेंगे, अपनी भूमि से
बेदखल हुए।

विज्ञापन मुख

उसका प्रसन्न मुख विज्ञापन के लिए था
जब-जब वे आते वह अपनी
यातना अवसाद और उदासी के बीच
वह सुन्दर मुख दिखाती

जब वे चले जाते उत्तेजित आसक्त और सन्तुष्ट
वह नहीं चली जाती अपने असली,
विक्षुब्ध भरोसेमन्द मुख के पास
जहाँ उसे चन्द्रमा जैसा बताने वाला कोई नहीं होता
कोई नहीं होता, यह कहने वाला
आहा 'मोनिका'! 'चम्पकलता'!

वह अपने सपने समेटती यहाँ-वहाँ से
बिखरे तिनकों जैसे
उन ज्वलंत दिनों के
बाहर आकर दुनिया भर के आकाश में
उड़ने के
हँसते हुए
चिड़िया की तरह दुर्लंघ्य पर्वत-शिखर
लाँघ जाने के

चकित और डरा हुआ
उसे रेत में धँसा, विलीन हुआ-सा
वही चेहरा याद आता तब
जो मल्टीनेशनल गारमेन्टस के शो रूम में लगा था
प्रसन्न और बिका हुआ।

करुणा का पाठ

माँ, मुझे करुणा का अर्थ नहीं आता
बार-बार पूछता हूँ टीचर 'सर' से
वे झुँझला कर बताते हैं बहुत से अर्थ
उलझे-उलझे
लेकिन कितना छूट जाता है पीछे

मैं कहता हूँ रहने दें सर
माँ से पूछ लूँगा
वे हँसते हैं

जब अँधेरा टूटने को होता है
कुछ रोशनी में तुम्हारा प्रसन्न मुख देखता हूँ
तभी करुणा के सारे अर्थ
मेरी समझ में आ जाते हैं
सीधे, सरल अर्थ
आशा रहित दिनों में
तुम कठिन शब्दों का अर्थ समझाती हो
किस कक्षा तक
पता नहीं माँ तुम किस स्कूल में पढ़ी हो?

पुराने दिन, पुरानी क़िताबें

उसने मुझ से कहा
यह क़िताब आपके पिताजी के समय की है
पिताजी ने कहा मेरे पिताजी के समय की

वह उन्हीं के समय की रही होगी
वेंकटेश्वर प्रेस की
अच्छे ख़ासे तगड़े अक्षरों में छपी
दो आने की
हमने उसे आठ आने में ख़रीदी और पढ़ी
मेरे पिता ने कहा

हमारे समय में यह नहीं छपी

मेरे नाती पोते हँसते-हँसते उठे
मैंने सुना उन्होंने जो कहा
शायद व्यंग्य हो या आलोचना
अब दो सौ रुपयों में मिलता है
क़िस्सा 'नये तोता मैना' का

अपने पुराने दिनों, पुरानी क़िताबों की
याद करना भी कैसा होता है
किसी रोशनी का सिमटता
उदास पिछवाड़ा।

स्त्री होने का डर

अभी उन्हें मकान बदलने की ज़रूरत नहीं थी
डरने की आयु भी नहीं थी उनकी
यहाँ जो पेड़ था उनके सोने के कमरे के पास
वहीं वे कहते हैं वह स्त्री आती है
खुले पुष्ट वक्ष वाली
कुछ देर के लिए डाल से लटकी

यह शायद डर ही था या सच
माया को वह स्त्री अपनी सी लगती हू-ब-हू
ग्रीवा, वक्ष, कटि सब कुछ अपने से
डरती नहीं तो वह हिम्मत करके पूछ लेती
'तुम कौन हो मैं तो अभी हूँ
एकदम ज़िन्दा, पूरी स्त्री
दो बालकों की माँ, गोपीनाथ की पत्नी'

उन्होंने निश्चित किया कि वे मकान बदल लेंगे
तय हुए दिन के लिए वे सामान बाँधने लगे
उस छोटे से मकान में इतना सामान!
वे दिनों तक बाँधते रहे

उस रात उस स्त्री ने रोते-रोते कहा
माया मुझे बुला लेती
कितनी गठरियाँ बाँधनी पड़ती हैं कितनी गाँठें
देखना कितनी मुश्किल से खुलती हैं 'गाँठें'
माया ने तो एक भी गाँठ नहीं खोली
सब बँधी रहीं वैसी-की-वैसी

छिनाल कहीं की

तभी गोपीनाथ ने पूछा 'बँध गया है सब सामान
कुछ छूटा तो नहीं'

कुछ अनावश्यक चीजें तो छूट ही जाती हैं, छूटी नहीं
अचार की खाली शीशियाँ चूहों के कुतरे मोजे
फटे, पुराने बनियान, जूते, ब्रेसरीज़
फेविकॉल की खाली हुई ट्यूबें

बच्चों ने कहा अमरुद का पेड़ तो बाँधा ही नहीं, अम्मा!

हाय माया! जिस डर से
तुम मुक्त होने गई हो
वह सब जाने कब से तुम्हारी अटैचियों में,
गठरियों में धँस-बँध गया है
स्त्री होने का डर।

गोपाल की मृत्यु-1

[गोपाल, उसका घर का नाम था। उसका नाम था हर्ष चतुर्वेदी। पार्लियामेंट की लायब्रेरी में वह उच्च अधिकारी था। विचारों से वह 'वामपंथी' था।

उसकी मृत्यु 27 मार्च, 2011 को 'रक्त-कैंसर' से हुई। उपचार के लिए वह 'एम्स' में रहा था।

वह मेरे छोटे भाई राम चतुर्वेदी का बेटा और मेरा भतीजा था]

यह कौन-सा अस्पताल था
कोई मरीज़ नहीं था
गोपाल भी जा चुका था
रोशनी कितनी धुंधली हो गई थी
'कॉरीडोर' में इतना अँधेरा तो नहीं था
नर्सें इतनी उदास नहीं थीं
पहले जब जुलाई में गोपाल से मिलने आया था
दरवाज़े इतने सख़्त बंद भी नहीं थे।
गोपाल शायद कोई क़िताब पढ़ रहा हो
शायद वह पहले से बेहतर हो
हिम्मतवाला पहले से ज़्यादा
पहले की तरह बीमार होने का अफ़सोस करता
कविता सुनने के लिए तत्पर
उसे अस्पताल से ले जाने वाली
एम्बुलेन्स खड़ी है
मार्च सत्ताईस गोपाल की मृत्यु
शिशिर बीत गया है
वृक्षों पर बसन्त की नई कोंपलें
फिर जब आएँगी
मैं अकेला ही उन्हें देखने के लिए रहूँगा
तुम्हारी प्रतीक्षा करता।

गोपाल की मृत्यु-2

कल या परसों तुम्हारी मृत्यु को तीन महीने हो जाएँगे
फिर चार, छह भूलने के लिए
गिनते रहते हैं दिन
यह उदास गिनती ही फिर
एक भरोसे के लिए रह जाएगी
मृत्यु का प्रमाण पत्र
मलिन-सी तारीख़ों में

मैंने सोचा था
जब तुम कैंसर-मुक्त हो कर
अस्पताल से आ जाओगे
हम एक बार फिर 'रोशनी की नदी' का गीत
गाएँगे
दुनिया के चारों तरफ़ धधकते
दावानल की चिन्ता करेंगे

तुम्हारी मृत्यु के बाद
ज़िन्दगी से बहुत दूर चली गई है रोशनी
हँसने के दिन और सपने।

स्वार्थ भी एक शब्द-ध्वनि है

अब भी मुझे उन शब्दों के अर्थ याद हैं
कुछ अधिक व्याकुलता से
जिन्हें मैं बार-बार बोलता था
एक बच्चे की तरह हँसते
जो नया शब्द सीख कर
बार-बार बोलता है
नये-नये अर्थों के आन्तरिक आनंद के साथ

अब मैं उन्हीं शब्दों को फिर बोलता हूँ
सब अचरज करते हैं
अर्थ-व्यंजना के इन भोले-भाले पुराने आग्रहों पर

स्मृति के इन इलाकों पर
कितनी गर्द छा गई है
कपट अठखेलियों की
कितने कम पंखवाली चिड़ियाएँ आ गई हैं
इन पेड़ों पर अपना संगीत जाने कहाँ भूल कर

अर्थ के बारे में विवेक-रहित होना
निरर्थक नहीं है
स्वार्थ भी एक शब्द-ध्वनि है
एक विस्मयकारक व्यंग्यार्थ
एक बोधरहित अलंकार।

कैसे कैसे दिन अम्मा!

अम्मा! हमारे फोटो अख़बारों में नहीं छपते
हम भी तो गरीबों में शिखर पर हैं
अमीरों की तरह दस बड़ों में

अम्मा! तुम्हारा फोटो नहीं दिखता
उन इतराती औरतों की तरह वहाँ
कितने कम कपड़े पहनती हो तुम
उन्हीं की तरह
न चाहते हुए उदास

उन्हें कोई नहीं बुलाता अम्मा!
आभा उषा मौसियों को
वे कितना अच्छा गाती हैं
गांधीजी का भजन
'वैष्णव जन तो तेने कहिये...'
मैं भी नहीं जानता
वैष्णव जन कौन हैं अम्मा!

अम्मा! हम किसी की विरासत नहीं हैं
लाखों लोगों की तरह अकेले
चिथड़े, अकेले, काग़ज़ की तरह
नाली के पास पड़े
अम्मा! कैसे-कैसे दिन हैं
सघन, अँधेरे के हमारे।

हुँह...साली दुनिया

वह छोटी लड़की हवेली के पास चलती आती है
सुख से इधर-उधर नीले चिकने स्फटिक को छूती
पुकारती है फिर दो-तीन बार
सुन कर भी मैं वहीं बैठा रहता हूँ
एक अस्फुट-सी गाली देकर
कुछ नहीं करता
थोड़े दिनों बाद और अधिक बहरा और ज़्यादा बूढ़ा
हो जाऊँगा इस तसल्ली के साथ

हवेली के दरवाज़े पर अंकित
एक पुराने जोगी का चित्र हिलता है
उसकी वंदना करती
शान्ति भुआजी ठिंगनी-सी
अपनी शुभ्र एड़ियों पर हल्का दबाव डालतीं
चूहों की कुतरी दो रोटियाँ देने निकलती हैं
वे नज़र आती हैं, चाहती भी हैं कि वे नज़र आएँ
इस विनम्रता के साथ
लड़की कुछ देर खड़ी रहती है
शान्ति भुआजी को देते देखते

अपाहिज़-सा मैं
फ्लैट का दरवाज़ा खोल कर
अन्दर जाता हूँ
शान्ति भुआजी दानशीलता की चमक लेकर
जोगी वाले पल्ले को खोलती
हवेली के विराट एकान्त में विलीन हो जाती है

चौकीदार अपनी बुझती हुई बीड़ी को
देर तक ज़मीन पर रगड़ता है
फिर फेंक देता है
हुँह...साली दुनिया।

पराधीनता मुक्ति का दिन

यह हमारा दिन है पराधीनता मुक्ति का
वे हमारे देश में खाता बही लेकर आए थे
होंठों पर कुटिल हँसी, सलाम करने वाले

हम थोड़े दिन बाद ही दुखों से पीले पड़ गए
हमारे खेतों की अँतड़ियाँ नज़र आने लगीं
हमारे करघों पर सतरंगी चादरें अधबुनी रह गईं

हम हारे नहीं थे तब भी
तब अपराजित स्वप्न हमारे पास थे
हमारा अपना देश था अपने लोग
अपना मरण पार का जीवन
हमारी आत्मा में भारत रमा था
प्रचंड पुरुषार्थ वाले जनगण
हम सब साथ थे
समुद्र की उत्ताल, विद्रोहिणी तरंगों जैसे
साय रहकर ही लड़ा था स्वाधीनता का समर

कितने कठिन दिन हैं स्वाधीनता के
कभी धुँधले होते हैं शिखर, कभी अनन्त रोशनी से चमकते
कभी मिलते हैं प्रश्नों के उत्तर
कभी जान दे देनी पड़ती है, प्रश्न पूछने वालों को
कभी लगता है समय अपरिचित, अनात्मीय, हिंसक, आततायी
कभी सौम्य, उदार, आत्मीय, मृदुभाषी
कभी सब लगते हैं ताक़तवर धक्का-मुक्की करते
सभी जगह फैले-पसरे

कभी सब लगते हैं उदास, कंधों पर फटा कम्बल डाले दीन
कभी असीम आशा के दौड़ते रथ पर बैठे

स्वाधीनता कहती है
मुझे परिभाषित करो
यदि मैं तुम्हारा सपना हूँ तो मैं तुम्हारा यथार्थ भी हूँ
तुम्हारा रोज़ खटखटाती हूँ दरवाज़ा
तुम्हारा घर आँगन मेरी संसद है
यहीं भटकती रहती हूँ तुम्हारी यातनाएँ लेकर
मैं तुम्हारी इच्छा-शक्ति हूँ
तुम्हारी विजय की अकुंठित कामना।

शरीर

हमारे घर शरीर की बात कोई नहीं करता था
करता भी था तो उसे पवित्र रखने के लिए
जो साधु-बाबा माँगने आता था कभी-कभी या हमेशा
एक ही कड़ी बार-बार गा कर बहुत बार सुनाता था
'क्या तन माँजणा रे एक दिन माटी में मिल जाणा'
तब शरीर अकेला अजनबी की तरह रह जाता
अपनी सारी तृष्णाओं की अग्नि के साथ

शरीर से डरने का तर्क भी था
उसका क्षरण 'बिरछ का ज्यों पात टूटे'
अपने शरीर रहित होने और अखिल ब्रह्मांड-व्यापी
पवित्रता के बारे में
जो शरीर की अपवित्रता के कारण होती है
मैं सोचता था ब्राह्मण होने के लिए

बहुत सी घटनाएँ थीं
स्त्रियाँ यम के पास जाती थीं हठीली, अडिग
मृत्यु ने उठा लिए अपने पतियों के शरीर माँगने
देहातीत प्रेम का एक बार फिर देहानंद लेने के लिए
द्रौपदी पाँच-पाँच पतियों को बाँधे रही शरीर से
अनुद्विग्न, प्रसन्न
राम कौन सी सीता के लिए विकल थे
'मृगनयनी' कहते
अघोरी शिव भुवन भर में दौड़ते रहे
पार्वती के ठंडे, गलते अकिंचन शरीर को
शरीर पर लिए शरीर के लिए

तथागत ने शरीर के लिए ही तो पूछा था
तुम भी एक दिन ऐसी ही हो जाओगी, यशोधरा!
पृथ्वी पर गिरी अचानक, रंगहीन पाँखुरी की तरह

वासवदत्ता के कामातुर काँपते शरीर से डरे
तुमने कहा था 'तब आऊँगा जब तुम्हारे द्वार बंद होंगे'
तथागत! वासवदत्ता आत्मा नहीं शरीर थी
तुम्हें उसी क्षण, सारे लोक के सामने
अपनी युवा कामना के लिए बुलातीं

किसने गिने कितने कल्प-कल्पान्तरों तक
तुम्हें देखने के लिए प्रतीक्षा-विह्वल रही
वृषभानुकुमारी, कृष्ण!

दुनिया जानने के लिए शरीर को ही जानते हैं हम
देहतीत प्रेतात्माओं के लिए नहीं बनी है पृथ्वी।

महाराज

लीजिए महाराज! यह रहा आपका 'डेंचर'
अच्छी तरह भोजन करें
यह रही आपकी 'हियरिंग ऐड'
किसी का नाम कुछ का कुछ न सुनें
यह रहे आपके नेत्र
न रहने पर दुर्घटनाएँ नज़र नहीं आती आपको

यह रही आपकी 'नेक कॉलर'
स्पोंडेलोसिस के लिए
इससे गरदन झुकेगी नहीं आपकी
यह रहा 'चाइनीज' मफ़लर
गरम, कोमल और रंगीन
जुकाम, खाँसी से बचने के लिए
यह 'पशमीना'
इसे ओढ़ कर आप भाषण करें
गरीबों के लिए

यह रहा महाराज आपका भाषण
वही प्रतिज्ञाओं वाला जिन्हें आप बार-बार दुहराते हैं
इस बार कुछ विशेष विस्तार और आडम्बर के साथ
यह रहे आपके खड़ाऊ नुमा 'शूज'
ऋषि वशिष्ठ जैसे
यह सिंहासन रहा, कुशासन बिछा है जिस पर
विदेह की तरह निर्लिप्त वीतराग लगने के लिए

(यहाँ दावानल है महाराज!
सारे ताल, श्यामवर्णी मेघ
हरी नई कोंपलों वाले वृक्ष
लाल रंग के हो रहे हैं जैसे
डरें नहीं महाराज
आप अपने ही पुरजनवासियों के बीच हैं)

धर्म ग्रंथों में बहुत सी ऊल-जलूल बातें लिखी हैं
जैसे त्याग, जैसे विरक्ति
जैसे वैराग्य, करुणा जैसे दान
वह सब समर विजेताओं के लिए नहीं
दास लोगों के लिए है
आपकी जन्म-कुंडली में सब कुछ चमकता
दमदमाता, आलोकमय है, महाराज!
पुराने प्रपंच, पुरानी पराजय
वहाँ गठरी में बाँध कर रख दी गई है

विजय हो चुकी है महाराज!
नये ऋषि-पुत्र, साधु, साध्वियाँ
हस्तिनापुर आ गए हैं
वे आपका कीर्ति-गान कर रहे हैं

उत्सव शुरू हो चुका है महाराज!
वृद्धा वासवदत्ता को यहाँ आने की अनुमति नहीं है
प्रौढ़ा वसन्त सेना कैंसर पीड़िता हैं
तारुण्य के उत्साह से रोमांचित उर्वशी
मदनोत्सव से सीधी यहीं आ रही हैं
कपिलवस्तु के वंचित, विपिन्न लोगों का
जुलूस लौटा दिया गया है
श्रेष्ठिजन, सामन्त, राजरानियाँ
आपकी प्रतीक्षा में हैं

दूसरे दिन युवा नृत्यांगना उर्वशी के साथ
'डेंचर' सुशोभित महाराज की तसवीर

देश के सभी बड़े अख़बारों,
टी.वी. चेनलों पर प्रदर्शित थी
कपिल वस्तु के क्षुधित नागरिकों का
इस तरह नया वर्ष शुरू होता है।

दुनिया बदलने की कोशिश

दुनिया बदलने की कोशिश कितनी बार करते हैं
लेकिन पता नहीं कैसे उसी पुरानी गली
उसी उदास मोड़ पर आ जाते हैं
वही ज़िद्दी कुत्ते, पुरानी चितकबरी गुर्राती बिल्लियाँ

कैसा आकाश है
जहाँ उड़ती ही नहीं हैं इच्छाओं की पतंगें
जहाँ से चले गए हैं मेघ-छाया के प्रफुल्लित दिन
सप्त-ऋषि मंडल से बातें करती चन्द्रमा की रातें

अचरज भरी हवाओं के पेड़ अब सोये रहते हैं
एक भी चिड़िया किसी डाल पर नहीं बैठती
मिट्टी इतनी बाँझ एक बीज तक नहीं उगता
लोग झुंड में भी डरते हैं अकेले भी
स्त्रियाँ अपनी आबरू के लिए बेटे जनती हैं
बेटियाँ मार डालती हैं

बाज़ार में किस कदर ख़ुशियाँ बट रही हैं
नई सूची में उल्लेखनीय है
एक ख़रीदो दो मुफ्त
ऐसे दिन कब आएँगे
वाह! मन मोहन सिंहजी
हमें अमरीकन यान में सैर करा दी

कवि यहाँ-वहाँ पूछते-फिरते हैं
दुनिया बदली कि नहीं!

शिशिर के दिन

उद्दंड लड़कों की तरह
कूदते, छलाँग लगाते
बीत जाते हैं शिशिर के दिन

उनकी बातें पूरी भी नहीं होतीं
शुरू करती हैं अन्त से तो भी
हंसती हुईं न कहने जैसी बातें
एक बार कुछ दूसरी तरह शब्दों को बदलतीं
दिन कितने छोटे हो गए हैं जीजी!

प्रसन्न मन ढूँढ़ती
एक छोटा सा अमरूद
मुझे देती है गिलहरी
ऊपर देखता हूँ
हरे पत्तों में भागती धूप के पार
चिढ़ाने वाली फुर्ती के साथ
अपनी छोटी सी पूँछ नचाती

अब जितना दिन बचे
ठंडी हवाओं के बीच
तुम्हें इस खोखल में लौट आना है
सुबह की प्रतीक्षा में

कितनी भी धुंध हो या ठरन
शिशिर की रात का अन्त तो होना ही है।

विध्वंस के बाद

अनिरुद्ध पटेल
उस सतरह मंज़िल वाली
'द्वारका' का मालिक था
तरह, तरह की रोशनी, सपने, उमंगों से बनी
आसमान के करीब जाती इमारत का
उस दिन आठ बज कर पैंतालीस मिनिट तक

पटेल ने अपनी आमदनी और देनदारी का
हिसाब मिलाया थोड़ी देर तक
एक अचंभे के बीच
वह सफेद पंख वाले हंस की तरह
अपनी उस सतरह मंज़िलों वाली
इमारत के इर्द-गिर्द उड़ता रहा

एक मन्दिर की छत पर उसने प्रार्थना की
एक मल्टीनेशनल कम्पनी से गिड़गिड़ा कर याचना
देवताओं से डर कर उसने क्षमा माँगी

पहले वहाँ एक बड़ी सी मधुमक्खी* उड़ी
मिस्टर पटेल अपने ख़ुशियों के आकाश में उड़ता रहा
फिर हज़ारों मधुमक्खियाँ, उनके छत्ते
विशाल मुख वाली जबड़े रहित दरारें
विनाश के वे बेलगाम घोड़े

---

* कहते हैं कि भूकम्प आने के पहले मधुमक्खियाँ उड़ने लगती हैं

आह अनिरुद्ध!
सतरह मंज़िलों वाली इमारत की
फटी, टुकड़े-टुकड़े होती दीवारों में भागती स्त्रियाँ
उन्हें पकड़े मरे बच्चे
निर्जन अस्पताल स्कूल
पेड़ों की क्लान्त छायाएँ
पक्षियों की तृषातुर खुली चोंचे

पहाड़ों से लुढ़कती असंख्य चट्टानें
धूल और मलबे में मिले घर
हतप्रभ रुका कालचक्र
जिनका जीवन सम्भव था इस प्रलय में
आठ बज कर पैंतालीस मिनिट के बाद
उन्होंने देखा
मृत्यु की झील में असंख्य लोगों के साथ
मूर्छित और विकलांग कृष्ण
मन्दिरों के शिखर
समुद्र की लहरों में उल्टे डूबते

अनिरुद्ध पटेल अहमदाबाद के
किसी अस्पताल में
जैसे और सब थे
अकेला अनाथ, अनाश्रित
उस विध्वंस के बाद

हमारे दरवाज़े पर

अचानक वह हमारे दरवाज़े पर आकर खड़ा हो जाता
पहले मैं उसे पहचान लिया करता था
छीतरमल या उस्ताद बिल्लू खाँ
या किसी भी तरह के दीन-हीन नाम वाला
अपनी ज़िन्दगी की तरह निष्कपट
चबूतरे पर बैठ कर
माँ से अपने अच्छे दिनों के बारे में पूछता
पूछता हमारे भाग किसने लिखे हैं काकीजी

अब शायद मेरी आँखें कमजोर हो गई हैं
मुझे बार-बार लगना दरवाज़े पर खड़ा है कोई
कंकाल पुराना
किसी खँडहर का क्षत-विक्षत पाषाण
जिसे देखकर भी पहचानता नहीं हूँ
अधनंगा, निराहार छीतरमल या उस्ताद बिल्लू खाँ
अपने पढ़े पर विश्वास करता हूँ
इतिहास के अन्त होने पर
उन सब के अन्त होने का

अब उसके बैठने के लिए कही जगह नहीं है
आस-पास कहीं
किसी इतिहास, वंश, किसी काल-पृष्ठ पर

उस दिन अचानक ही दुख हुआ
छीतरमल या बिल्लू खाँ होने का

और बहुत से दुखों के साथ
जबकि इतिहास का अन्त कहा जा रहा था
वह वहाँ पूरी तरह जीवित थे
हमारे दरवाज़े पर।

वे बहनें

कुहरा यहाँ से वहाँ तक छाया है
शिखर से रास्तों तक
कोई पत्ता-पंख हिलता नहीं है
दिन कब उगेगा अम्मा!

हमारे सब दिन कुहरे में छिपे हैं
सफेद कम्बल में लिपटे
नदी पार से आता है सूरज
फटा कोट पहने
चिड़िया आती है हवा के पास
समाचार पूछने
कुहरे से बातें करके
चला जाता है चन्द्रमा

दिन रात इसी तरह बीत जाते हैं, अम्मा
वे मुसाफिर ख़ाने की दोनों बहनें
आग के पास हथेलियाँ
गरम करती हैं
देखती रहती हैं
बिजली के तारों पर बैठी
भीगे पंखों वाली कबूतरों की कतारें।

ब्लास्ट के बाद

कल वे दोनों लड़के मारे गए
जो शहर भर में फूल बाँटते थे
अख़बार में उनके नाम और फोटो छपे थे
घनश्याम और रहमतउल्ला
उनके हाथों में उस समय भी वे फूल थे
संयोग से बचे हुए गुलाब

वे अभी भी एक दूसरे का हाथ पकड़े थे
दौड़ना चाहते थे शायद कूदना
वह दीवार जो अभी पूरी बनी नहीं थी
कल पूरी हो जाती अलंघ्य
जिसके लिए आज वे मारे गए

पूरी रात पड़ोसी उनकी तलाश करते रहे
गलियों और अँधेरों में
धर्म-पुस्तकों में
सवेरे उनके शव उजाले की कँपकँपी में लाए गए

बम-ब्लॉस्ट का यह दुर्घटनाु
किसी मज़हब के रजिस्टर में दर्ज नहीं होगी
अमर तो वे फूल बाँटने वाले लड़के ही होंगे
हमारी यादों में सदियों तक
बम फोड़ने वाले अधम
समय के किसी गड्ढे में दबे मिलेंगे।

खेल

चुन्नू जहाँ छिपता है लुका-छिपी के खेल में
वह जगह सबको नज़र आती है
कोई दीवार, पेड़, झाड़ी
अँधेरा, झुरमुट, शिला कुछ भी नहीं
नितांत खुला, चौड़ा मैदान
हवा इस पार से उस पार तक

अपनी दोनों बाहुओं में मुँह छिपाए
चुन्नू को कोई नहीं देखते वहाँ
सब मुँह उठाए कहाँ-कहाँ तो भी देखते हैं

यहीं तो है भाई, यह रहा चुन्नू!
लेकिन खेल में जो सब को नज़र आती है
वही जगह होती है सबके छिपने की
खिलाड़ी जाने किस हुनर से वहीं नहीं ढूँढ़ते
जहाँ अनन्त जगह है, अनन्त धूप
अनन्त पृथ्वी, अनन्त आकाश
भाग दौड़ अनन्त, अनन्त कथा-रस

चुन्नू की बारी आती है
तब वह दिग्दिगंत में दौड़ता है
समुद्र, नदी, समय के पार
सामने गठरी बने लड़के के चारों तरफ़
धक्के खाता, गिरता

खेल जब थम जाता है
यह असंमजस भरी जगह
कितनी सूनी, ठंडी, पदचाप रहित
निर्जीव हो जाती है
बस तभी दिन अस्त हो जाता है।

जो कहो वह न करो

एक दिन मैंने उनसे पूछा
जो पूछने जैसा नहीं था
आप वह सब कर चुके हैं
जो कहने जैसे हुआ

उन्होंने मेरी तरफ़ कुछ निराशा से
कुछ अप्रीतिकर भाव से देखा
कहा—नहीं, वही कहते हैं जिसे करना नहीं होता
जिसे करना हो उसे कहना
कर्ता को निर्वस्त्र करने जैसा होता है
समझदार लोग कभी नहीं कहते
जो कहो, वह करो
इस तरह
फुर्ती के साथ वे उठे
उठे और सभा को सम्बोधित करने चले गए।

आज़ादी की आधी सदी

वे मुझसे न पूछें यह
कितना गेहूँ, चावल, शक्कर
तुम्हें दें उपहार में
भूखे देश में रहने के लिए
कितने गज कपड़ा ढकने के लिए लज्जा
कितना ऊँडा कुआँ, कितनी कृपा
कृतज्ञ होने के लिए

दंगे में न मरूँ
मरूँ तो शिनाख़्त न किया जाऊँ
हिन्दू या मुसलमान
कौनसा हिन्दू, मुसलमान कौन सा?
किस प्रान्त, शहर, मोहल्ला, गली, मकान का
किसका बेटा, भाई, पति, रिश्तेदार
किस पार्टी संगठन का
किस तरह बिताए दिन
शरण में किस-किस की रहा

यह कहने जैसा हो तो कहूँ
एक मामूली आदमी जब मारा जाता है
न पहचाने जाने वाला जैसा
क्षत विक्षत चेहरा ही तो बचता है
थाने में रपट दर्ज कराने जैसा
संक्षिप्त सा हुलिया

मैं जिस स्कूल में पढ़ूँ
वहाँ न कहा जाए : क़िताबें मुफ्त में बाँटी गईं
मुफ्त में मिला भोजन
गरीब था मुफ्त में मिली कमीज़ और निक्कर
नम्बर दिए गए क्योंकि गरीब था
गरीब था इसलिए वे मुझे पूरी उम्र
असमर्थताएँ देते रहे
जब खड़ा हो जाऊँ
सफल और समर्थ, कोई न कहे
वहाँ क्यों नहीं चले जाते
यहाँ क्या करोगे?

क्या करूँगा?
कुछ नहीं रह गया है
देशवासियो! मेरे लिए कुछ करने जैसा
इतना जल्दी पूरा हो गया उत्सव का
यह विस्मय
इतने जल्दी आ गए विश्राम स्थल
नदियाँ बहने लगी हैं निर्मल जल वाली?
वह दर्द मिट गया है पतित मृत्यु का
अकारण घमंड या क्लेश जन्म लेने का एक कुल में
हत्यारे की शोक सभा में नहीं जाता है कोई?
लड़कियाँ देह को ओर नहीं देखती विज्ञापन के लिए

सत्य का वृक्ष फलों से लद गया है?
विनम्र हो गए हैं सत्ताधीश, ताक़तवर?
पादुकाएँ पहन कर चलते हैं अधिकारी?
क्षमा माँगने लगे हैं दमन करने वाले?
आकांक्षा रहित वीतराग हो गए हैं प्रभुजन
उत्तर कौन देता है
अपने समय, अपनी स्वाधीनता के प्रश्नों का।

लिखने के बाद

लिखने के बाद लिखने का पुण्य निष्फल हो जाता है
जो लिखना चाहा था वह भटकता ही रहा अन्तर्लोक में
जो लिखा वह लिखना ही नहीं था
जहाँ का तहाँ ही होता है लेखक
उस बवंडर के गुज़रने के बाद
अपने लिखे के लिए इतना अनाश्वस्त
एक दावानल के बीच
जो कुछ लिखा उस सत्य में झुलसते

किस के लिए लिखा गया है
हवा में ऐसा सपना यह सम्भाव्य प्रेम-रूपक
जो मनुष्य होने का धीरज देता है
या लिखने वाले को फिर से लिखने का भरोसा

'रचने' का सुख केवल कहने को होता है
बाद में पूछो क्या होता है?
क्या बचता है?
सुदामा से भी अधिक दीन हो जाता है
जो रचता है
कवि नरोत्तम से अधिक दीन नहीं हुआ था सुदामा
द्वारिका पहुँचकर बचे-खुचे 'चाउर' लुटाता?

अपने लिखने तक कितना लुट जाता है कवि
जाने किस समृद्धिवाली दुनिया के लिए

जहाँ बाद में कई बार तृष्णाएँ नज़र आती हैं
आक्रामक परिचित सी

फिर द्वारिका जाता है फिर लौट आता है
आहत और विवश
जैसा लिखने के पहले था।

महारानी

हमारे गाँव आई हैं महारानी
हमारे गाँव आए हैं सिपाही कोतवाल
महारानी! आप हमारे दुखों से दुबली हो गई हैं
आप के सिपाही कोतवाल मेहरबान हो गए हैं

माँ बाहर आओ
हमारे गाँव आई हैं महारानी
देखो माँ, देखो, आई हैं महारानी
हमारे कुएँ सूख गए हैं यह मत बताना माँ!
हमारी गरीबी से डराना मत उन्हें
हमारा दुख सुन कर भन्ना जाता है कलक्टर
कहता है 'ये साले...गाँव वाले...'।

महारानी पैदल नहीं चलती माँ
परियों की तरह उतरती हैं आकाश मार्ग से
पैदल चलने के लिए हम हैं न!
पहाड़ों पर लकड़ियाँ हैं न हमारे लिए
हमारे लिए धूप में जला-अधजला
हमारा जीवन...।

आज तुम्हें बात-बात पर हँसना पड़ेगा, माँ!
आज तुम बात-बात पर सिर हिलाओगी
महारानी हमारा गाँव देखने आई है
ठेकेदार आया है पुल बनाने
गोरी मेम बगीचा लगाएगी
वह कहती है 'सब तुम्हारे लिए बच्चो'!

महारानी! आपकी एड़ियाँ कैसी तो उजली और नरम हैं
हमारी एड़ियाँ फट गई हैं

तुम सोच ही नहीं सकती माँ
महारानी की तपस्या, व्रत, त्योहार
ब्राह्मण, साधुओं की दान-दक्षिणा
कितनी-कितनी परिक्रमाएँ गिरिराज महाराज की
सब हमारे लिए

उन्हें सबकी चिन्ता है माँ
उनके आम्र-कुंजों, कमल, ताल, माधवी लताओं की
हमारे खेजड़े, बबूल, नीम, पीपल
भगवान् की कृपा से हरे हैं
कहीं भी तपती रेत में
ऊबड़-खाबड़ पहाड़ों पर

हमें देखने, हमसे मिलने, हमारी राजी-खुशी
पूछने
वे राज-काज छोड़कर हमारे इलाके में आई हैं
उनकी मोटरें इमली वाले बाग में खड़ी हैं
हमारे लिए वे पद यात्रा करती हैं महारानी!

नहीं, नहीं महारानी आप माँ की बातों पर चित न दें
वे बूढ़ी हैं
हमारे घर में साँप के बिल हैं
हम अँधेरे और अकाल की पगडंडियों पर चलते हैं
मौत की चिड़िया हमारी 'टापरी' पर गाती है

उनसे कह मत देना माँ यहाँ रहो रात भर
यहाँ हमारे 'माचे' पर सो जाओ

देखो माँ अपने ओढ़ने में से
जहाँ छेद न हो वहाँ से
थोड़ा-सा हँसो माँ, वे पूछती हैं

'कसाँ छो काकीजी' अपनी हाड़ौती में
नहीं माँ, वह उत्तर नहीं जो हमारे ललाट पर
लिखा है
हमारे नाम का चिर परिचित दुख

अपनी गाय के पास खड़ी रहो
कल अख़बार वाले अपनी गाय का 'फोटू' छापेंगे
तुम महारानी के साथ छपोगी

जल्दी करो माँ ज़रा जल्दी
हमारे गाँव में महारानी का समय समाप्त
हो गया है

पुनश्च:

महारानी सहस्रों गाँवों पर उड़तीं क्षुधित चीलें
सहस्रों गाँवों पर उड़ते पर्वताकार दुख के बादल
आप को रोज़ नज़र आते होंगे
रोज़ नज़र आते होंगे
स्त्रियों के निर्वस्त्र वक्ष
आधी खुली जंघाएँ
पुरुषों की तपेदिक जलीं छातियाँ
आवारा कुत्तों की तरह भागते भटकते लड़के
उदास पत्तों की तरह खिन्न निष्प्राण लड़कियाँ
महारानी, यात्राओं के किस 'एलबम' में
इनके चेहरे नज़र आएँगे?

महारानी हमारे गाँव, जंगल
अग्नि कुंड हैं
इनका ताप किस दिन पहुँचता है
आप के हवा-महल में?

अच्छे बुरे दिन

अच्छे बुरे सब दिन बीत जाते हैं
यह केवल कहना ही होता है
अच्छे दिन आए नहीं जिनके लिए
उन्होंने कौन से दिन बिताए और कैसे

जिन के दिन रोशनी ही कुचलती चली गई
जिनकी आँखों में उम्मीदों की तसवीरें बनती रही
सड़क के किनारे भाग्य की टक्कर से जो मर गए
उन्हें कौन से अच्छे दिनों का सुख मिला

बुरे दिन काटने वालों के पास क्या है
तुम बताओ
मूर्छित हँसी, ख़ाने की तृष्णा, दुर्गम रास्ते
नाकामयाब ईश्वर, असहनीय अध्यात्म के सिवा

अच्छे भी दिन होते ही होंगे
वे किसी ज्योतिषी से पूछने नहीं गए
यहीं यह दुनिया थी अपमान यातना की
कठिन चढ़ाइयों वाली
यहीं थे प्रजातंत्र के हिनहिनाते घोड़े
दुष्कर्म से निपट कर आए
सिपाहियों के विजेता चेहरे
गिरफ्तारियाँ, साफ़-सुथरी कानून
की क़िताबें
बीत ही गए ऐसे 'अच्छे दिन'।

इससे पहले

इससे पहले तुमने
जब नहीं बताया था प्रेम का घर
मैं खाला के घर रहता था
मुदित मेहमान की तरह

फिर वह तुम्हारा बताया
ढाई अक्षर वाला घर ढूँढ़ने लगा
बंगला, अपार्टमेंट, रूम, एक जैसे कितने
लेकिन सबके दरवाज़े भिड़े, मुँदे, सख़्त
बड़े-बड़े चाबियों के गुच्छे बाहर
एक भी ताला नहीं खुला

रास्ते में ही खड़े थे तुम
घर के उस 'नृत्योत्सव' से शोकार्त
जहाँ पहले से झुंड-के-झुंड लोग खड़े थे
लालायित
डबल डेकर अटैचियों में रत्नजड़ित
हेलमेट के साथ
(तुमने लिखा था शीश उतारे भुंइ धरै)
पता नहीं इसके बाद
तुम मगहर चले गए या काशी में ही रहे

लौटा तब तक
खाला के घर के सामने
भीड़ खड़ी थी
तुम्हारी तरह मैं भी अपने घर के सामने
एक वीरान में खड़ा था अपाहिज।

अपना घर पूछते

कबीर लाठी लिए बाज़ार में खड़ा था
अजीब बात थी उसे अपना घर ही नहीं मिल रहा था
थोड़ी देर बाद
दूसरा अजूबा होना था
घर मिला तो
घर के सब लोग पूछते मिले
तुम कौन हो
कौन कबीर
कबीर कौन

पाँच सौ वर्षों तक
जिस कबीर का यह घर था
जैसा भी था, था तो
अब वह निर्वासित गृहविहीन बाज़ार में
चकित अपना घर पूछते खड़ा था

सिर्फ़ कबीर ही नहीं है
मैं भी हूँ
अपना घर फूँककर
अपना घर पूछता।

अन्त तक

अन्त तक लड़ना पड़ता है अपनी निराशाओं से
अन्त तक शत्रु अपराजित नज़र आते हैं
मदोन्मत्त एक-एक सीढ़ी प्रभुता की चढ़ते
बहुत-सी हीन लड़ाइयों में दिन बीत जाते हैं
फिर जब हिसाब मिलाते हैं
पछतावा होता है

किस बात का पछतावा?
लड़ने का या हार जाने का?
धृतराष्ट्र अंधे थे तो गलती हुई
सब कुछ दिखता होता तब?
अविवेक नहीं आता, दुर्योधन नहीं दिखता
लालसातुर, पुत्र
तब नहीं पूछते
बताओ संजय वहाँ क्या हो रहा है?

आँख वालों को सब कुछ साफ़-साफ़ दिखता है?
लालच की सीढ़ियाँ, तृष्णा की दुर्दांत मोहिनी?
नहीं दिखता प्रभुता का दमदमाता स्वर्णपात्र?
मरने वाले भूमि-पुत्र
निष्कपट अक्षौहिणी सेना
पीछे छूटे स्वजनों का आर्तनाद?

पार्थ ने फिर क्या पूछा होगा अपने सारथी से?
उस निराशा के सघन अँधेरे के बारे में
जो विजय के बाद इतना भयावह हो गया था।

तब भी

हर रोज़ निराशा में ही जीना पड़ता है
हर दूसरे दिन दूसरी तरह होने के लिए
हर पुस्तक उस दिन के लिए काफी होती है
कुछ अँधेरा कम हो तो
दुनिया कितनी बार बदली है
कितने बदलते रास्तों पर
आश्चर्य के साथ
हर बार कितना आहत होना पड़ता है
साहस की कथा कहते समय

यह नदी कितनी गहरी है
मछुआरा जानता नहीं है।
तूफान का मौसम, आंधी की गति
भयावहता के बीचोंबीच विलुप्त दिशाएं

हर बेरहम शताब्दी अपनी निर्ममताओं का
उत्सव मनाती है
हर मदांध शासक अपनी असफलताओं पर इतराता है
बचने की आशा किसी को नहीं रहती

दरवाज़े के सूखते उदास पेड़ पर
तब भी
कितनी हरी पत्तियाँ निकलती हैं।

सूख गई है झील रसवन्ती-1

सुख गई है झील रसवन्ती
मिट्टी ही बची है नरम, साँवली सहस्त्रों दुख-दरार वाली
अब वे दिन याद आते हैं
इस किनारे से उस किनारे तक अछोर पानी और हवा
धुँध की चादर में लिपटे सज्जनगढ़ के
पुराने महलों से बातें करता ढलता
पश्चिम का वर्षा भीगा सूर्य

नीमज माता के देवरे से 'धुप्पाड़ा' करके
दोनों हाथों से बादल हटाता ढलान पर रखे
गीले रपटीले पत्थरों को कूदता
अपने घर आता
नाथू भोपा का छोटा बेटा सोहना

कीकर के सघन पेड़ों पर वर्षा-बूँदें झाड़कर
बैठी सैलानी चिड़ियाएँ
कुछ और नीचे आते हैं मेघ
कुछ और गहरी होती
टापरी वालों की चिन्ताएँ
चाचा कागद की गोलियाँ भर कर
बन्दूक चलाता है
अमरूद वाले बाग़ से हज़ारों तोते
उड़ जाते हैं इधर के आसमान में
मचान पर रखा है चाचा का रेडियो
'कुणी...ए खुदाया कुआँ-बावड़ी
पणिहारी जी...ए...लो

मिरगानेनी जी...ए...लो
(किसने खुदाए हैं ये कुआँ-बावड़ी
मृगनयनी पनिहारिन)
कितनी दूर तक चली गई है
ए...लो...ए...लो की राग-धुन
उदयपुर के शान्त सर्पीले रास्तों पर

झमाझम...झमाझम बरसने लगा है पानी
आर्द्रा नक्षत्र की घटाएँ फतहसागर के
पश्चिम तट पर इकट्ठी हो गई हैं।

सूख गई है झील रसवन्ती-2

वे बड़े लोग हैं झील पर घूमने वाले
तलदार जूते पहने
बड़े घर की बहुएँ अपने अघाए अधेड़ पतियों की
कामना के लिए स्वस्थ होती
तेज़ चाल चितवन वाली

तुम आई हो सूखी झील देखने भुवनेश्वरी
अब जो अप्रासंगिक हो गई है
शायद तुम भी इन झीलों पर
शिशिर की अलस धूप
बसन्त की रस डूबी सन्ध्याएँ
याद करने आई हो
देखो कितनी सीढ़ियाँ उतर गया है पानी
हो गया है सब कुछ समयातीत
जितनी जल्दी हो सके ऋतु-पुष्पों
रस-गंधों के नाम भूल सको भूल जाओ
छोटी-छोटी पगडंडियों पर
धड़धड़ाते बुलडोजर आएँगे
झील तट के कंकाल पेड़ों पर
पछतावा करने
आएँगी चिड़ियाएँ
स्त्रियाँ खिन्न मन लौट जाएँगी
मलिन वस्त्रों की पोटली लिए

आगे देखने वाले 'भद्र जन'
झील की मिट्टी बेचने आएँगे

उनके देशी-विदेशी रिश्तेदार
आएँगे शोकाकुलों को धैर्य देने
सुनते हैं यहाँ मोहनदास गांधी की
प्रार्थना-सभा होगी
आएँगी शुभालक्ष्मी मीराँ का पद गाने
'हरि तुम हरो जन की पीर'

प्रार्थना सभा के बाद मैं ही रहूँ शायद
मोती मगरी की चट्टानों पर बैठा
सूखती झील का सूर्यास्त देखने।

दया

जो हम पर दया करते हैं
वे हमें पीटते हैं
दया के चाबुक नज़र नहीं आते
सिर्फ़ लम्बे नीले निशान याद आते हैं
बाद में
कृतज्ञता से उभरे, आहत

कैसे स्वच्छ, सुशोभन, विनम्रता के वस्त्र
पहनते हैं दया करने वाले
पूरी कालिख चुपड़ी
ग्लानि की झीनी चादर
हम पर फेंक कर

कितनी सख़्त होती हैं
दया की साँकलें
सदियों तक नहीं खुलतीं
अन्दर कौन रोता है
बाहर कोई नहीं सुनता

दया के घाट पर
अहंकार के कितने कपट वाक्य
अंकित होते हैं
कितने शिलालेख
अमर होने की लालसा के

अकाल मर जाते हैं
दया का भिक्षान्न ख़ाने वाले
दया की गोली से
किसी की मृत्यु नहीं होती
यही अचरज उल्लेखनीय है
नपुंसकता का।

सर

सर, आपका पढ़ाया किसी भी
काम का नहीं था
आपके पढ़ाये सिद्धान्त आधी क़ीमत पर
भी नहीं बिके
क़िताबों के औने-पौने दाम तक नहीं
मिले
उन्होंने उन 'थ्योरीज़' पर बात तक नहीं की
जिन्हें आप हमें रटाते रहे
जिन्हें इम्तहान में लिख कर
हम फेल हो गए
अम्मा ने हँस कर कहा
'मास्टर जी ही कौन पास हो गए थे'

सर, आप अपने सिद्धान्त के
हठीले घोड़े पर बैठे रहे
जिसे हम दुबला और दुबला
और दुबला होता देखते रहे
शहरवालों ने कहा
'यह उस मास्टर का घोड़ा होना चाहिए'

सर, मरने के पहले
वह एक बार हिनहिनाया था
फिर मर गया
पुलिसवालों ने आप पर मुकदमा किया है
लोकतंत्र में सड़क पर मरना जुर्म है
घर-आँगन में मरने की स्वतंत्रता है

सर, लड़कों ने मास्टरों का इम्तहान लिया
सब फेल हो गए उनकी छुट्टी हो गई
यह उनसे बड़े ओहदेदारों ने कहा था
उनसे उनके बड़े ओहदेदारों ने
सर, आपने हमें बड़े होने के लिए
कुछ नहीं पढ़ाया
सिर्फ़ यह कविता रटाई
'नानक नन्हे व्है चलो'...

पछतावा नहीं लालच है, सर
ऐसा वैसा ही फिर पढ़ें
लगे कि निरर्थक
इम्तहान में फेल हो जाएँ, तब भी

सफलता की काई कितनी चिकनी
कितनी रपटीली, उद्दंड होती है सर!

यह कैसा समर है कृष्ण?

उसने एक दिन मुझसे पूछा
अब तुम्हें कैसा लगता है
जो तुमने तारूण्य के दिनों में लिखा था
वह सब भूल जाने के लिए
जिसे तुम भूलना नहीं चाहते थे

हाँ, सचमुच मैं याद करने लगा
अपनी तमाम कोशिशें
उस सब व्यर्थ के बोझ को
जिसे मैं चाहता था
किसी तरह अनावश्यक समझ कर छोड़ दूँ
फिर सुख और तसल्ली से बैठूँ
जो हो चुका उसकी यातना से मुक्त

लेकिन कहाँ छूटा कुछ
वक़्त उन्हीं पगडंडियों पर
चक्कर लगाता घूमता रहा
जहाँ कुछ सूखे पत्ते गिरे थे
मुड़े तुड़े अक्षरों की शक़्ल जैसे
छायाओं के बीच
उदास यथार्थ की धूप की तरह

मैंने मुड़कर देखा
एक सूने तीसरे पहर की रोशनी में
मैं दूसरे शहर जाने की जल्दी में हूँ
बेहद उतावली में माँ के चरण छू कर

दूर अँधेरों के पार देखता
एक थकी आकृति को

ये सब बातें अब कितनी ग़ैर ज़रूरी है
कितनी भावुक, कितनी रोमेंटिक
जब सब प्रेमाख्यानों का अन्त
कहा जा चुका हो

यह कैसा समर है कृष्ण!
जहाँ अर्जुन तुम से नहीं
उन तमाम मरने वालों से पूछता हो
मृत्यु के बीचों बीच स्मृति-रूपों के बारे में
वे सब बताते हों
जो इतना नश्वर, इतना लौकिक
इसी दुनिया का, एक छोटा सा सुख।

बड़े हो गए हो चुन्नू

अब तुम बड़े हो गए हो चुन्नू
बहुत सी बातें भूलने के लिए
हाँ, सचमुच बहुत सी बातें भूलनी पड़ती हैं
बड़े होने के लिए
बहुत से हँसने-रोने के दिन
ऋतुओं, दोस्तों, पुष्प-गंधों के नाम

बहुत सी नदियाँ पार करनी पड़ती हैं
बड़े होने के लिए
रास्ते और अपना गांव, शहर
सहसा एक अज्ञात वीरान के
बीचों-बीच छूट जाते हैं

न जाने किस जगह रूक जाती है ट्रेन
स्टेशन का नाम भी
मालूम नहीं होता
जहाँ उतर जाते हैं
सारे मुसाफिर एक दूसरे की
मदद करते हैं
गठरियाँ उठाने में

एक उदास-सा सपना बच जाएगा बस
जिसे शायद इस तरह कहोगे
जब हम छोटे थे और अहिंसापुरी में रहते थे

समय की आँच धीरे-धीरे
बुझ जाएगी
फिर वे खरोंचों के गहरे, नीले निशान
नज़र आने लगेंगे
जो भागते-भागते लगे थे।

जगह नहीं है

इस सपने को रखने के लिए
फिलहाल हमारे पास जगह नहीं है
प्रेम और सौन्दर्य की
माँग गिर गई है इन दिनों बाज़ार में
पुराने माल गोदामों में पड़ी सड़ रही हैं
बुद्ध को समर्पित 'थेरि-गाथाएँ'

यहाँ सब कुछ बिकने के लिए है
जैसे गद्य का लम्पट यथार्थ
भागते समय की चमकती घड़ियाँ

कृपया शोभित कोमलांगियों के लिए
ये 'स्कर्ट' और 'ब्रेसरीज' ख़रीद लीजिए
वे आपसे प्रेम करती हैं

बारिश के रूकने तक
आप यहाँ रूक सकते हैं
अच्छा नहीं लगेगा आपको
भीगे कपड़ों से, जूतों से छप-छप
करते घर जाना

आप अपना पुराना स्कूटर
हमें दे दीजिए
यहाँ एक कार का सपना है
किश्तों के साथ

कल यह अद्‌भुत बाज़ार
लक्ष्मीनारायण वाले मन्दिर मार्ग पर चला जाएगा।

भले आदमियो, हँसो

बहुत कुछ होने के साथ
हँसना कितना दुर्लभ हो गया है
जो हँसते हैं उन्हें नसीहत दी जाती है
अब लोग आहत होते हैं हँसते नहीं

हँसती हुई स्त्री
कितने दुख सहती है दुर्दिनों के
कुदृष्टियों के कितने कोड़े
अपनी पीठ पर
पुरुष से लिपट कर विज्ञापन की स्त्री
किसी को आहत नहीं करती

हँसते हुए लोग पास से निकलते हैं
भय लगता है
शायद वे कर आए हों
व्यवस्था हमारे लिए यातनाओं की
सफलताओं के सारे प्रतिमान
हमारी हँसी का निषेध है

भले आदमियो, हँसने की कोशिश करो
हँसना केवल संयुक्त क्रिया ही नहीं है
दाँतों, जबड़ों और ध्वनि की
वह अन्तरंग इच्छा है
मनुष्य के संघर्ष और सुख की
जब हँसने के दिन बीतने-से लगे
हँसो उन सब पर
जिन पर हँस सकते हो।

प्रेम कथा

मैं लिख भी दूँ
जब भी तुम यह न मानना
इतना-सा होता है प्रेम
जितना सा लिखा होता है कविताओं में

बहुत-सा अचरज होता है
लिखने का और अग्नि शरीर को राख करने जैसी
विनम्रता
तुम्हारे देह तक आने की जो कहीं नहीं होता
केवल प्रतीति होती है
एक आश्वस्ति
यह दृश्य जहाँ भी समाप्त होता है
वहीं से लौट जाने की

वे प्रतिज्ञाएँ, थके चन्द्रमा के देहातप की रातें
जल्दी से लिए चुम्बनों का प्रज्वलन
ढलान का सूर्यास्त और जर्जर रोशनी के पुल

मृत्यु तक छिपा रखता हूँ
यह अनन्त पृष्ठों वाली कथा सबसे बचा कर

अपनी पुरानी तसवीर प्रेम विभोर मनवाली
जहाँ 'अन्त' का प्राणदाहक शब्द लिखा है
हर बार अधूरा रह कर

उन दिनों में मिल जाता है
एक श्यामल रंग की तरह
जो अन्दर भी नज़र आता है
बाहर भी।

विलुप्त हँसी का इतिहास

वह वृद्ध था तब भी यहाँ तक चला आया था
हवा और दिन उसके अनुकूल नहीं थे
एक आँख की रोशनी
सिर्फ़ एक बालिश्त भर सड़क दिखाती थी

दूसरी आँख होती
वह ज़्यादा देखता पढ़ता
पूछता नहीं अपने जगत् के समाचार
अपने बेटे या पोते से
या उस छोटी लड़की से
जिससे कभी वह कहता था
सड़क के उस पार ले जाने को

वहीं वह एक शर्मीली स्त्री से मिलता
जैसे सहसा एक खिड़की खुल जाती
नज़र आते जिससे अनन्त बादल
अनन्त वृक्ष
अनन्त बातें घर की, ख़ाने-पीने की
बच्चों की, आयु की, दुख की

अब वह औरत कहाँ होगी?
वह लड़की छोटी, तितली की तरह जो थी
एक आतिशबाजी ही होती है ज़िन्दगी
कितना ऊँचा जाता है बारूद
कभी रोशनी की छतरी
कभी चक्कर, कभी सितारों का झरना बनातीं

कभी बस फिस्स या फुस्स
कभी सुरूर-रूर या फटाक-फिट्ट
कभी वह भी नहीं

दूसरी आँख होती
वह उस स्त्री के पास फिर जाता
उसी ज़िन्दगी का पुनर्पाठ करने
उस स्त्री की देह में
वह देहान्तर करती दूसरी स्त्री को ढूँढ़ लेता

क्लेश और अतृप्त कामनाओं की वह स्त्री
उसके साथ
क्रुद्ध दाम्पत्य और सपनों रहित
अँधेरी गलियों में
चन्द्रमा ढूँढ़ती
रेत में वृष्टि
खँडहरों में विलुप्त हँसी का इतिहास।

चोर-चोर

चोर के पीछे चोर भागता है
घनीभूत अँधेरे में जितना भाग सकता है
जब रोशनी आती है
दोनों रूकते हैं
दोस्तों की तरह लिपट-लिपट कर हँसते हैं

वे नैतिक उत्साह से विभोर हैं
उनके पास एक जीवन शैली है
वे अँधेरों में भाग सकते हैं
उनकी कुछ सैद्धान्तिक प्रतिबद्धताएँ हैं
उनका एक शक्तिशाली वैश्विक संगठन है
वे सम्पत्ति का बराबर-बराबर बँटवारा चाहते हैं
वे अपने काम अपनी सफलताओं से सन्तुष्ट हैं

वे थोड़ी देर विदा होने के पहले
एक बार फिर हँसते हैं
हँसते-हँसते विलीन हो जाते हैं।

आज़ादी की कविता

आज़ादी को हम सब मरने देते हैं पहले
बाद में उसका महत्त्व बताने के लिए
कुछ इस तरह बताने के लिए
जो हम नहीं हुए, जो हमने नहीं चाहा होना

बताते हैं क्या क्या नहीं हुआ
कारण और विकल्प, आत्मीयता और उत्तेजना
नहीं होने दिया उन्होंने जो हमारे पक्ष में नहीं थे
हमने क्या किया यह नहीं बताते
अपनी दलाली, कमीशन, चोरी

पचासवाँ या सौवाँ साल नहीं आता
मुश्किल था हिसाब लगाना
उस दम्भ का और उन आडम्बरपूर्ण सिद्धान्तों का
वह जो हमारा व्यवसाय है
हमें दुख है उन असंख्य निरर्थकताओं के
न बच पाने का

अब वह लज्जा भी नहीं है
पहले आती रही हो कभी
मैली चादर ओढ़ने में
कभी जब देश ड्राइंग रूम में नहीं था
बहस के लिए

पचास वर्षों में क्या हुआ
चलो उनसे पूछें

जो भूखे हैं हमारे लिए
गूंगे रहे जो हमें बोलने का अवसर देकर
उनकी प्रार्थनाओं से हम नहीं थे ख़ुश
जो लहूलुहान थे
उनके जरिये हम अपना कीर्तन करते रहे
हम सब एक हो गए
उनके तिरस्कार में

हम नहीं थे ख़ुश जब उन्होंने थोड़ी जगह माँगी
विनय से कहा कुछ खिसकने के लिए
हम जहाँ बैठे थे पुरखाओं के समय से

हम उन ख़ास लोगों में हैं
जो रोज़ बोलते हैं आज़ादी की कमियों के बारे में
वक़्त आते ही भूखी चील की तरह
झपट्टा मार कर ले जाते हैं
छोटी चिड़ियाओं के बच्चे आसमान में

इस तरह भी देखें
आज़ादी के पचास साल का पतन
जब हमने ही धकेल दिया है अपनों को
पूरा सौजन्य और अपनापन बताते हुए
फिर-फिर यह दुहराते हुए
हम बदलना चाहते हैं समय को
इस अमानवीय समाज को।

हड़बड़ाहट में मृत्यु

अपने लिए कौन चुनता है मृत्यु
अकस्मात् या उत्साह के साथ
जब ज़िन्दगी मिले छोटी, निष्फल या शानदार
कुचली हुई, लस्त-पस्त
हारे हुए सिपाही की तरह
तब भी,
वह जैसी भी रहे, रहे
बसन्त की अपार अनवरुद्ध हवा में
नाचती खिलखिलाती
या शिला पर गिरती, विदीर्ण, बूंद-बूंद
बिखरती, आहत, थकी, भूखी
हड्डियों की गठरी

कहीं स्थिर बसी
या कि उखड़ी, उध्वस्त, खँडहर

यह क्या वह यहाँ था या वहाँ थी
एक क्रिया-पद, भूतकाल
बुद्ध या उर्वशी
उस बाज़ार या गली के मोड़ पर
वहाँ-जहाँ छीना-झपटी थी और
सघन अँधेरा
कुछ संकेत अधमता, पूछताछ
जाति, धर्म, रंग और नस्ल, वस्त्र और नाम
दुर्दान्त मृत्यु
एक बुझी लालटेन वहाँ रखी थी
एक लाश जिसके शिनाख़्त की हड़बड़ाहट थी।

चमगादड़

यहीं-यहीं चमगादड़ चक्कर लगाती रही
सारे दरवाज़े खुले थे खिड़कियाँ भी
प्रतीक्षा थी कि कैसे भी हो
किसी तरह उस विपदा से बचें
यह जो विपदा है
इस सारे स्थान, काल, देश को घेरे हुए
यहीं यहीं बार-बार

अकारण अनामंत्रित आई
क्या डर है आ गई है तो
चली भी जाएगी
कब्जा तो नहीं कर लेगी
किसी शताब्दी तक
किसी जगह स्थिर भी नहीं है
किसी मिनिट, आश्वस्त हुई
पूरे रोशनी वाले कमरे में

यह अज़ीब खेल है
इतने सुरक्षित लोग भाग रहे हों
आक्रान्त, हिंसक हुए
लम्बे, लम्बे बाँस, झाड़ू, तकिया, कपड़ा
क़िताब उठाए
खुद उचक-उचक कर
बदहवास हुए

कोई सदी हो
रही हो कैसी भी शक्तिशाली, तेज़-पुंज
उसे दौड़ाती रहे एक अंधी चमगादड़
यह भय कि वह घुस आई
तो न निकले।

तितली

मैंने देखी नहीं थी तितली बहुत दिनों से
सन्देह होने लगा मुझे उसके पंखों के बारे में
झुलस तो नहीं गए होंगे
प्रचंड आतप के दिनों में
या और कुछ हुआ हो?

और कुछ?
यह कि उन लड़कों ने ही पकड़ लिये हों पंख
खेलते-खेलते
जिनसे वह उड़ कर आती है
फिर उसके पास आते हैं
फूलों के स्पर्श
वे सुख

वे कैसे दिन होते हैं हवा के और तूफ़ान के
देह के अदृश्य होने के
फूलों के पार नज़र आने के

फिर मैं भूल जाता तितली को
आई न आई
बार-बार देखता हुआ उन रंगों को
जिनसे बना था आकाश
मेरे मन का।

नदी में डूब ही गया था

नदी में डूब ही गया था
बहुत गहरी नहीं थी तब भी
ऊँची एड़ी करके चला
पत्थर टटोलता टटोलता
प्राण इस तरह बचे
जब बच गए
तब किसी से नहीं कहा
अब इतनी उमर हुई

इसके बाद क्या नहीं उतरा? नहीं डूबा?
डूबा कई बार, उतरा और डूबा
ऊँची एड़ी करके चला पत्थर टटोलता, टटोलता

अब कभी-कभी सोचता हूँ
नदी और डूबने के बारे में
मर ही गया होता डूब कर
रेत में धँसी एड़ी थोड़ी नीचे उतर जाती
बस

जब कभी सूख जाती नदी
बात चलती इतने थोड़े जल में डूब जाने की

कुछ लोग हँसते और कहते
डूबने के लिए कैसी नदी चाहिए, कितनी गहरी
कैसा मन चाहिए
शान्त या उन्मत्त

निर्भय या भयभीत
पागल या प्रज्ञावान

अच्छा ही हुआ मरा नहीं
लेकिन मरने की सारी विकलता से
परिचित हो गया।

हे राम

[भूकम्प में मृत बालकों को श्रद्धांजलि]

वे बच्चे अब वहाँ नहीं होंगे
बसन्त उन्हें यहाँ वहाँ ढूँढ़ेगा हवाओं की उदासी में
उनकी सिसकियाँ और हँसी

सारी दुनिया के फूल
रोशनी और धूप, खुली क़िताबें
उन्हें ढूँढ़ती रहेंगी
फटी हुई पृथ्वी के बीच
वे मिट्‌टी हो चुके होंगे
अन्त...हे राम!

बीतने की ख़बर के पहले

यह सिर्फ़ एक ख़बर है
बीतने की
अब अफ़सोस कैसा और किस बात का

हँसी के साथ ही वह स्त्री विलीन हो गई
प्रेम की गलियों में
दुपहर कैसी गरम थी
दूर से हवा आती थी बारिश के दिनों जैसी
लेकिन आसमान में कोई बादल नहीं
नहीं, ये बारिश के दिन नहीं हैं

एक परछाई के पीछे
रोशनी के जितने दिन आएँ
चलें उतने दिन
यहाँ वह औरत मिले तरंगवती नदी की तरह

बहुत सा सामान है छत पर
कपड़े वहीं सूख रहे हैं
हवा में उड़ते, ओझल
कल जो धुँधलके की कहानी
ज़रा लम्बी हो गई थी उसे छोटी करनी है
विश्वास करने जैसी
यही सब है
बीतने की ख़बर के पहले।

क्या होता है भयावह?

हम रोज़-रोज़ इधर-उधर भटकते हैं
यह समझने के लिए कि क्या हो गया है भयावह

समय जिसे हम समझ गए थे
कई तरह से बँधे मुक्त होते
जिसका हमारे साथ
आशा और उदासी का सम्बन्ध था
उसे ढूँढना रोशनी के पथ पर

कभी जिसे हमने बनाया पुलकित होकर
बार-बार बहुत सी पुनर्सृजन की प्रतिज्ञाओं के साथ
अब जब ज़िन्दगी के बारे में सोचते हैं
पछतावा होता है

लोग कहते हैं विस्तार से मत कहो
सारांश बता दो

अब विस्तार से क्लेशों का वर्णन सुनते
किसी को क्रोध न आए
लेखक को लगने लगे अविश्वसनीय घटना है

इस तरह सब भयावह होता है
हम जिसका व्याकुल मर्मान्त वर्णन
किसी पत्रिका में लिख कर
इस तरह सन्तुष्ट
हम उदासीन नहीं रहे।

शायद

वह स्त्री क्या करती है दिन-भर
दिन-भर सड़क पर भूरे, सूखे, निष्प्रभ पत्तों में से
एक एक पत्ता उठा कर फेंकता रहता है

वह आदमी क्या करता है दिन-भर
दिन-भर वह पूरी सड़क पर पड़े
पत्थरों में से एक-एक पत्थर
लुढ़का देता है इधर-उधर

इतनी उदास दुनिया में
इस तरह बिछे पत्ते, कंकर-पत्थर फेंक कर
खुशी की रचना की जा सकती है
शायद।

तुम्हारी उमंग देखने तक

तुम्हारी उमंग देखने तक
मैं यहाँ बैठा हूँ
बादल पहाड़ियों से उतर कर यहाँ तक आ गए हैं
हमारे घर आँगन तक

अब तुम छप-छप करते
एक चिड़िया की तरह उड़ते
हँसते फिसलते, नहाओगे रिमझिम में
एक दूसरे को पकड़ते, भिगोते, धक्का देते

यही दिन है फिसल-फिसल कर खड़े होने के

मैं जल्दी से लौट जाना चाहता हूँ
सुरक्षित बिना भीगे
तुम्हारी हँसी जल-क्रीड़ा मन में लिए

अपने समय के गिरने का
एक छोटा-सा निशान हल्का नीला
बाँह पर बना है
उसे देखता हूँ
अपनी उमंग बचा कर तुम्हारे लिए।

कुछ काम और करने के

कुछ काम और करने हैं अभी
मसलन उस पुराने कोट का अस्तर
जो नीचे है उसे ऊपर कराना और
ऊपर वाले को नीचे

बाज़ार जाना है शाम होने के पहले
जो बच गया है उस में से चुनने
जो किसी ने नहीं लिया उसे लाना है घर तक
चुनने की ज़िन्दगी जब न बची हो
चुनने के लिए अज़ीब-अज़ीब वस्तुएँ हो
तब का रास्ता पार करना है
कठिन

जो लोग वहाँ खड़े हैं
उन से सलाह लेनी है आगे के रास्तों के लिए
सिर बचाने की नहीं, पैर बचाने की
चलने के लिए

उस चिट्ठी पर मैंने पता नहीं लिखा है
तब भी मुझे जल्दी है
मैं उसे चिन्ता करने वाले लोगों तक पहुँचा दूँ
समय से पहले

उस नदी के घाट फिर से देखने हैं
जहाँ अथाह पानी था
जब मैं डरता था और किसी ने धक्का दिया था

बहुत से काम करने थे मुझे
वह घड़ी जिसका काँटा रुका था
उसे दिखाना था
जूता भी सिलाना था उस जगह से
जहाँ से अँगूठा बाहर आ जाता था
और ठोकर लगने का डर था।

ये सब दिन तुम्हारे लिए

ये दिन मैंने तुम्हारे लिए रखे हैं
मूसलाधार वर्षा और उन्मत्त आँधियों के
लगातार भागने के, दो-दो सीढ़ियाँ उचक-उचक कर चढ़ने के
मुझे जहाँ से चढ़ाई शुरू होती है वहीं छोड़ देने के

ये दिन गुस्सा करने के हठीले
लगातार रोने के न बोलने के
सो जाने के ओस नहाई रातों में छत पर
मन ही मन प्रतिज्ञाएँ करने के
कहीं अदृश्य हो जाने के
बम्बई या कलकत्ता जाने वाली गाड़ियों के

ये दिन हँसने के
बादलों के सूँड हिलाते हाथी, बिना पूँछ वाले घोड़े देखने के
हमीदन-चाची के बाग के
चोरी-चोरी अमरूद ख़ाने के

ये सब दिन
अनन्त लम्बी डोर, और रंग-बिरंगी पतंग लिए
वृक्षों, पहाड़ों, नक्षत्रों के पार जाने के

ये सब दिन उमंग के
मैंने तुम्हारे लिए इस असंख्य रंगों वाली
मंजूषा में रख दिए हैं।

आशा और उमंग की पतंग

यह आशा और उमंग की पतंग है
नक्षत्रों की प्रभा से बनी
लौटेगी नहीं यहाँ इस आँगन में
सारे क़ैद हुए सपनों और विक्षुब्ध हवाओं के बीच
गलियों के पार जिसने देखे हों
अस्त होते थके सूर्य और उदित होते क्षोभ रहित चन्द्रमा को

अपनी उड़ान के आवेग में जाना हो
बादलों और हवाओं की रस-मुग्धता
हँसी का आनंद

तलाश किया हों
यहाँ-वहाँ मनुष्य पराक्रम के लिए
अदृश्य रास्ते और अपार कामना-भूमि

डोर तो यही है मेरे हाथों में
उलझी, कमजोर और पतली
आकाश में रहने दूँ तुम्हें
या ज़मीन पर उतार लूँ?
रख दूँ एक पुरानी हिलती-सी खूँटी पर
विस्मय के साथ

फिर जब लौटूँ, तीसरे पहर की रोशनी में
उड़ा दूँ भय-मुक्त होने के लिए
जो हर बार आकाश में न उड़ पाने के
कारण होता है।

सभास्थल

सभा स्थल पर जाने कब से आ गई थी जमना
उसे वे लोग ले आए थे
पार्टी के हिताकांक्षी
उन्हें हुक्म मिला था
रानीजी के लिए भीड़ इकट्ठी करो
दूसरी, तीसरी रुक्मा, गोदावरी, नसरीन चाची

लोकतंत्र यहाँ थिगलियाँ लगे
तिरपाल के नीचे बैठा था
जमुहाता, बीड़ी पीता
संकोचवश किसी ने किसी से नहीं पूछा
कहाँ से आई हो क्यों?
(बच्चे गांव में भूखे, माँ रात तक लौटेगी)

रानी की जय, भारत माता की जय
वंदे मातरम्
सारी सुन्दर स्त्रियाँ रानी को ढंके थीं
रानीजी ने बहुत सी बातें कहीं
चीख-चीख कर

(जमना क्यों आई थी यहाँ
अपने उदास बच्चों को छोड़कर)
रानी के साथ कारों का कारवाँ गुज़र गया था
अब रास्ते में एक भैंस बैठी थी
पीठ पर कौवा और नंग-धड़ंग लड़का

औरतें अँधेरे में अपने-अपने गाँव जा रही थीं
जहाँ से वे आई थीं
सभा स्थल का शामियाना
अचानक आई आँधी से
भरभरा कर गिर गया था
संयोग से बच गई थीं
गाँव की गरीब स्त्रियाँ।

चोरी

हमारे घर चोर आए थे रात में
दरवाज़ा उचका कर
पिता की सूचना के अनुसार
चोरों के लिए कैसी ज़िन्दादिल होती है रात
कैसे स्वागतातुर दूसरों के घर

मैं बालक था इसलिए ख़ुश होता रहा
दरवाज़ा उचकाने की निपुणता पर
उदास बैठी माँ को हँसाने के लिए

चोर ऐसे ही आते हैं बेटा!
दरवाज़ा जैसा का तैसा मिलता है
सख़्त, भिड़ा हुआ, ज़िद्दी
ध्यान से देखे थोड़ा उचका हुआ

बड़े-से-बड़ा चोर कितना सिकुड़ता है
घर में घुसने के लिए विनम्रता से
उचकाने के लिए जगह
किवाड़ लगाने वाला भी रख जाता है

लोग इकट्ठे हो गए थे सहानुभूति में सानंद
धैर्य के सारे मृदु हृदय-विदारक शब्दों के
साथ
उत्सुकता से पूछने 'क्या-क्या ले गए?'

माँ ही बताती रही जो ले गए
आटा, नमक, चुटकी भर शक्कर
मुट्ठी भर दाल,
चकला, बेलन, थाली, कटोरी

अड़ोसी-पड़ोसी लौट गए थे
हमारे लिए दूसरी तरह कलपते
कुछ था ही नहीं विचारों के पास
चोरों का 'होम-वर्क' अच्छा नहीं था

रमेश, दिनेश, सुरेश हमारे घर जो भी आए थे
उन्हें मैं चोरों की चतुराई समझाता रहा
जहाँ से वे घुसे थे, कितना-सा दरवाज़ा उचका कर

आज जितने भी लोग हमारे घर आए थे
वे हमारे घर के रहस्य भेदी थे
उत्सुक, अज़नबी और ईर्ष्यालु।

कहा ही नहीं था

आप वह फिर से कहेंगे
जो कल कहा था
वे हँसे, कहा जो कल कहा था
कल के लिए था
सचाइयाँ रोज़ तलाश करनी पड़ती हैं
आज मैं फिर तलाश करूँगा
कहने जैसी हुई, निधड़क कहूँगा

वे दुबारा हँसे जो मैं कहता हूँ
कहने जैसा होता है तभी कहता हूँ
उसे दुहराता नहीं कह कर भूल जाता हूँ

लोग समझते नहीं है 'मतिहीन!'
इसलिए अनर्थ हो जाता है
मुझे बार-बार कहना पड़ता है
मैंने यह कहा ही नहीं था।

गणतंत्र

यह हमारा सुख सपनों का गणतंत्र है
पुराना जैसे हज़ारों-हज़ारों वर्षों का
नया जैसे कल की आकांक्षा

हम पृथ्वी के स्नेहाकांक्षी हैं
आकाश के नक्षत्रों की डोर से बंधे
कोई ग्रहण न लगे दीप्तिमान सूर्य को
अनन्त रसवाले चन्द्रमा को
इन्द्र से न माँगे वर्षा
वरुण से हवा, कुबेर से धन
बृहस्पति से विद्या

हमारे उत्सव हों ऋतुओं के फूल
पहाड़ से उतरती चाँदनी
नदियों का संगीत, वन-पखेरूओं का नृत्य

खेत देते रहें परिश्रम का फल
कारख़ाने हमारा स्वाभिमान
काल देते रहे जीवन
बुद्धि देता रहे दृष्टि
हम प्रतिज्ञा करें बार-बार स्वाधीनता की
सब के रस डूबे मन की
विषमता के दुर्लंघ्य शिखरों के पार जाने की

पृथ्वी भर के मनुष्य बैठे हों हमारे आँगन
काले, गोरे, लाल, भूरे, वंचित, वाणी विहीन

वे सब हमारी प्रार्थनाएँ हों
द्वेष रहित गणतंत्र के लिए
वे सब जो व्यर्थ मान ली गई हैं
विलासिता के द्वार पर हास्यास्पद

सब हमारी तेज़स्विताएँ हों, हमारी गरिमा
वे हमारी मातृकाएँ, भगिनियाँ, गृहणियाँ
वे सब हमारे साथ हों
अम्लान रोशनी की तरह

हम गणतंत्र के पथचर हों
सजग, इन-उन मोर्चों पर मुक्तिकामी।

अन्ना टोपी

वह लड़का कई दिनों से
एक टोपी की तलाश में था
पहले उसने सफेद तलाश की
फिर काली, फिर हरी, फिर लाल
फिर कई रंगों वाली
अन्त में सफेद ही
सफेद पर जो लिखेगा चमकेगा

अपने निर्णय पर वह ख़ुश था
चमकना ही तो चाहता था वह
बहुत से विकल्प थे उसके पास
लेकिन पैसे नहीं थे
टोपी सबसे सस्ती थी, सफेद ख़ास तौर पर

इन दिनों कुछ लिखना पड़ता है टोपी पर
क्या लिखे लड़का
दोस्तों से पूछा
एक ने कहा 'शेर', दूसरे ने 'हिरन'
तीसरे ने 'बंदर' चौथे ने 'गिरगिट'
अपने-अपने मिज़ाज़ के मुताबिक
लड़के ने 'शेर' पसन्द किया
दोस्तों ने पूछा दहाड़ना आता है
लड़के ने थोड़े दिन दहाड़ना सीखा
पहले वह घर में दहाड़ने लगा
फिर गली, मुहल्ले, फिर शहर में
फिर दिल्ली में

इस शहर में लोग पहले दहाड़ते हैं
फिर रिरियाते हैं
धंधा चलता भी है फिर चौपट हो जाता है
मारते भी हैं मार खाते भी
यह राजधानी चोरों की भी है साहूकारों की भी

फिर जैसा होना था वैसा ही हुआ
लड़के को अपनी दहाड़ में
रोने की ध्वनियाँ सुनाई देने लगी
लड़का सचमुच दहाड़ें मार कर रोने लगा
तुरन्त सिपाही आया
एक लात मार कर
उसने लड़के का मुँह गाँव की तरफ़ कर दिया
जहाँ से वह टोपी की तलाश में आया था।

हम से बड़ा हो हमारा राजस्थान

यह राजस्थान हमारा है
ज़िन्दगी के युद्ध जीतने वालों का
घाटियों और शिखरों का
अकाल का और मेघवाले सुदिनों का
सुरंगे मोरों और प्यासी हिरनियों का

यह हमारी इच्छाओं की भूमि है
रणबाँकुरे लोगों की
स्वाभिमान के विशाल कंधों पर
चड़स और हल उठा कर चलने वाले रंगीलों की

हम पुरानी पगडंडियों को पार कर
रोशनी के राजपथ पर खड़े हैं
अब हमारा 'जनपद' बोलता है
पुरुष और स्त्रियाँ जो कल तक गूंगे थे
बार-बार कहते थे 'घणी खम्मा, घणी खम्मा'
हम उनकी छोलदारियाँ गाड़ते थे

यह हमारा राजस्थान है
हमारा भविष्य और सपना
यह समय शोक और ग्लानि का नहीं है
यह कहकर कोई बहादुर नहीं होता
'हमारे पुरुखा बहादुर थे
हमारी स्त्रियाँ रणचंडिकाएँ थीं'
हमारी कामनाएँ कभी ओछी न हों

न हों प्रतिशोधी, आक्रामक
हमारा ईश्वर हमारी छोटी-छोटी जेबों में बंद न हो
हमारा राजस्थान जब भी हमारा हो
हम से बड़ा हो।

बूढ़े होने तक

जब वह छोटी थी
उसने हंसते-हंसते कहा
अब हम बड़े हो जाएँगे
कहीं भाग जाएँगे
बादलों पर बैठ कर
जैसे तितलियाँ फूलों को तलाश करती हैं
उस तरह सुगंध के दिन तलाश करते
खेलते, अचंभे के अन्धकार में हंसते
एक दूसरे को पकड़ते

मैंने कुछ अनमने मन से कहा
लड़कियाँ इस तरह की बातें नहीं कहतीं
उदास आँखों से उसने पूछा 'क्यों'
बाद वाली उम्र में मैं इसी प्रश्न का उत्तर ढूँढ़ता
बूढ़ा हो गया।

निडर होने के लिए

निडर होने के लिए
कितना डरना पड़ता है
कितने लोग इकट्ठे करने पड़ते हैं
चिपकाने पड़ते हैं कितने पोस्टर
पुलिस थाने में रपट करनी पड़ती है
बचाने की
जो निडर होने की सबसे ज़्यादा
गप्पें मारते हैं
सबसे ज़्यादा डरे हुए होते हैं

ब्रह्मचारी किसी भी औरत से डरा हुआ
डॉक्टर अपनी बीमारी से
अध्यापक अपने अज्ञान से डरा
विद्यार्थी को पीटता है
सिंहासन पर बैठा
चरण पकड़ता है बाबाओं के

संसार डरे हुए लोगों का वास है
निडर होना केवल किंवदंती है।

कितने अच्छे दिन

जब कभी उस रास्ते से निकलता हूँ
जो निर्जन, सुनसान होता था कभी
स्मृति में उतना ही अब भी
कोई भी हो साथ कैसे भी
उससे कहता हूँ
ठीक इस बड़े से 'मल्टीप्लेक्स' के पीछे
हम रहते थे कभी
चतुर्भुज सिलावट के मकान में

हर बार वही रास्ता आ जाता है
सोचता हूँ कितनी बार कह चुका हूँ यह
कितनी बार सुन चुके हैं
"नृसिंह मन्दिर के पास खड़ा रहता था
दूर आते पिता को देखते
उस मोड़ पर अकेले"

वही रास्ता फिर आता है अब भी बार-बार
जहाँ वह इमारत है, ख़ूबसूरत टैक्सियाँ
निश्चय करता हूँ
गुज़र जाने दूँगा उस रास्ते को
किसी को कोई मौका नहीं दूँगा
उन बीते बसन्त के दिन गिनने का
फिर आ गया हूँ मैं वहीं
वही रास्ता इतने कोलाहल के बीच
वही निर्जन मन्दिर की बुझी आरती की गंध

वही सम्मोहन, वही उत्साह से कहने का
“भैय्या यहाँ रहते थे हम”

कार के स्टीयरिंग पर बैठा
भैया मुझे मुड़ कर देखता है
फिर कुछ मर्माहत सा कहता
‘हाँ...आ बाबा वे दिन कितने अच्छे थे’।

दूर चले गए हैं

अब वे दूर चले गए हैं
और भी दूर चले जाएँगे
चाहते भी रहे होंगे

मैं भी इसी तरह छोड़कर
चला आया था अपना घर नगर कभी
कुछ अपरिचित सी ख़ुशियाँ
भविष्य की नई अटैची में रख कर

माँ कुछ कहना चाहती रही होंगी
कुछ अन्दाज़े से बाहर
सबने कुछ-कुछ कहा कहने जैसा
वे ही निःशब्द लौट गईं
पिता से दूर, पीछे, क्लांत, बुझीं

चुन्नू, भैया, चिन्टू कई-कई दिनों बाद आते
हर बार उनके गोरे, साँवरे चेहरे,
हँसी बातें, बदल चुकी होतीं
कुछ दिन उस पुराने घर में
नये परफ्यूम को ख़ुशबू फैली रहती
कुछ दिनों रंगीन, अमरीकन चश्मे
लगाकर लड़कियाँ 'हलो, हाय' कहकर इतराती
लड़के बातचीत में अमरीकन अदाएँ
काम में लेते
बात-बात में 'परहेप्स परहेप्स'
कहने या फक इट

उनकी आँखें कुछ देखती, कुछ कठोर
बातचीत कम रसीली ज़्यादा कम्प्यूटरीकृत
वे अपना लाखों करोड़ों का पेकेज बताते
बढ़ने की सम्भावनाएँ

वे जब पहली बार गए
मैं ही उन्हें दूर तक देखता रहा
सोचता हुआ मुड़ कर देखें
वे शायद।

गा हमारी ज़िन्दगी कुछ गा

आदरणीय पिता श्री सुदर्शनलाल जी
और माँ लीलावती को
जिनकी स्नेह-छाया के बिना कुछ भी
सम्भव नहीं था

सुख-दुख में साथ रही पत्नी को
जिनका जन्म नाम 'वृन्दा' था लेकिन
जिन्हें मैंने 'आशा' कहा

गा हमारी ज़िन्दगी कुछ गा

इन ढलानों पर रुका सुनसान
रोशनी जैसे हुई अनुमान
आदमी क्यों हो गया है बर्फ
आग का कोई समन्दर ला

इस तरह किसने लिखा संवाद
रह गया संशय, दहन, अवसाद
इस कथानक में बचा है कौन
आख़िरी उस आदमी तक जा

धार में जिनकी चमकती छाँव
आँधियों में हों अकम्पित पाँव
रेत में जिनके बने हों द्वीप
उस नदी में से नहा कर आ।

बोलना हो तो अभी कुछ बोल

फिर नहीं आ पाए यह संजोग
या बचें बहरे नपुंसक लोग
इस तरफ़ या उस तरफ़ मत देख
खोल खिड़की द्वार कुछ तो खोल

हर इबारत में लिखा है क्लेश
हर इबादत में छिपा विद्वेष
इन बज़ारों में लगा है देख
सिर्फ़ कुछ रंगीनियों का मोल

यह धुआँ, निर्लिप्तता पाखंड
जल रहे चारों तरफ़ भूखंड
भूख के मारे हुए हैं लोग
देख कुछ इतिहास कुछ भूगोल।

धीरे से गुज़रों मत जहाँ भी अँधेरा हो

लौट-लौट आओगे किन-किन दरवाज़ों से
काँपोगे थर-थर कर कितनी आवाज़ों से
आओ हम आग तपें ठंड की सुरंगों में
साथ-साथ चलना है जहाँ भी सवेरा हो

किन-किन को देर तक पुकारोगे-पुकारोगे
धुँधलाए दर्पण में कहाँ तक निहारोगे
लाओ इस दीपक को यहीं धरो, यहीं धरो
धीरे से गुज़रों मत जहाँ भी अँधेरा हो

एक बार सूरज को लाओ तो, लाओ तो
बहती हुई नदियों के आर-पार जाओ तो
आओ दो यात्राएँ उन-उन सीमान्तों को
गंधवती ऋतुओं ने जहाँ-जहाँ टेरा हो
धीरे से गुज़रों मत जहाँ भी अँधेरा हो।

कोटि चरण आओ

कोटि चरण आओ
सृजन करो युग का नव वंदन
रचो धरा के पथ शुचि शोभन
ज्योतिर्मय हे! ज्योति स्वर्ग कि
धरती पर लाओ

आलोकित दिशि-दिशि गगनांगण
तृप्त बनें गृह वस्त्रहीन जन
एक गीत, गति एक-एक स्वर
कोटि कंठ गाओ

वसुधा से कब कौन अजाना
क्षुद्र वृहत कब किस को माना
करो शान्त यह कलुष विभाजन
जन-गंगा लाओ
कोटि चरण आओ।

कितनी दूर और चलना है

कितनी दूर और चलना है
यह रंगों की आतिशबाज़ी

तुम को कहाँ-कहाँ जलना है

दिन आते हैं झुलसे-झुलसे
खेतों पर उतरी है छाया
किसकी याद बची है मन में
किस का सपन बुलाने आया
कितने प्रश्न कौन उत्तर दे

यह क़िताब कोरी छलना है

सूख गया सब घाटों का जल
धोएँ कहाँ मलिन सी चादर
शहर हुआ कितना अनजान
पूछें कहाँ जुलाहे का घर
बर्फ पड़ी है रस्ते-रस्ते

सारी उमर यहाँ गलना है

कितने शब्द लिखे पंडित ने
डूब बीच नदी के जाकर
मछली तैर समुद्र गई है
पढ़ कर चार प्रेम के आखर?
यह लेखा किस ने बाँचा है

किस का उदय किसे ढलना है।

नए गान होंगे नई वन्दना में

नए गान होंगे नई वन्दना में
घुमड़ घिर रही हैं गगन में घटाएँ
सभी रंग की इन्द्र धनु में छटाएँ
तपिश बढ़ रही है धरा के हृदय की
अभी वृष्टि होगी गगन से अमिय की
अभी जी उठेगी धरा मुस्करा कर
नए पुष्प देगी नई अर्चना में

बँधा रह सकेगा न इनसान यूँ अब
पड़ा रह सकेगा न भगवान यूँ अब
विजय घोष से दुमदुमेंगी दिशाएँ
उठेंगे चरण शत उठेंगी भुजाएँ
बनेंगे सजल श्यामलम् खेत मन्दिर
नए देव होंगे नई साधना में

सितारों तुम्हारी चमक जा रही है
नए चाँद की रोशनी आ रही है
अँधेरे जगत से बढ़ा आ रहा ये
धरा धूल पर फैलता जा रहा ये

इसी को चढ़ेंगे नए गीत मेरे
नए प्राण होंगे नई कल्पना में।

यह मेरा मन विश्वास सँजोये रहता है

यह मेरा मन विश्वास सँजोये रहता है
जैसे धरती के आँगन में पतझर आता
मधु, जीवन यौवन के छंदों को बिखराता
पर कहाँ रुका रहता बसन्त का मधु-विधान
पर कहाँ रुका रहता कलियों का अर्घ्य दान
है नहीं धरा के गीतों की गति रुक पाती
यह मेरा मन विश्वास सँजोये कहता है

यह प्यास और यह सूरज की किरणों का तप
यह विस्तृत नभ यह किसी कंठ का आतुर जप
पर कहाँ रुकी रहतीं मेघों की मनुहारें
पर कहाँ झुकी रहतीं आतप की दीवारें
है नहीं रुका करती ममता की विकल गूँज
यह मेरा मन विश्वास सँजोये बहता है

ये छोटे खिलते सरसों के लहलहे खेत
जिन पर उड़ती अँधड़ आँधी की गर्म रेत
पर शशि की उन मीठी किरणों का प्रीतिपाश
ठंडी रातों का गदराया वह स्नेह-श्वास
रुक पाता कहाँ निमिष भर को पगडंडी पर
यह मेरा मन विश्वास सँजोये रहता है।

लहरों पर लिखता क्या सागर

मिलता जिनको नहीं किनारा
दिखता नहीं जिन्हें ध्रुवतारा
वे डूबे अतलांत तिमिर में
जो थे मोती के सौदागर

जिनके पास नहीं देने को
बादल सा जीवन लेने को
वे किसके आँगन जाएँगे
ले सपनों की काँवड़ सुन्दर

दृष्टि लगी अमृत के घट पर
डूबी सदी रक्त के तट पर
इन्द्रधनुष वाली नौकाएँ
चली गईं बारूद बिछा कर।

कहाँ हार कर बैठोगे मन

हंस छोड़कर गए सरोवर
आग लगी लहरों पर तट पर
दिखती नहीं कहीं भी छाया
मेघ रहित आया है सावन

वे सब यहाँ सो गए आकर
हमें जगाते थे गा-गा कर
एक सदी चुपचाप सिरहाने
रख सोयी कंचन का बरतन

मैं ही खड़ा हुआ हूँ ऐसे
अपराधी मैं ही हूँ जैसे
बीती उमर बीतती कैसे
कतै दुख का सूत सनातन।

अभी सृष्टि पर आँसू भीगी रात है

अभी सृष्टि पर आँसू भीगी रात है
तुम कहते मैं गीत लिखूँ मधुमास के
मुझको लगता सूनी ब्रज की गैल पर
गोरी राधा का मुखड़ा मुरझा गया
मुझ को लगता मनमोहन की वेणु में
आज व्यथा का सरगम जैसे छा गया
मेरी धरती मरती जाती प्यास से
तुम कहते मैं गीत लिखूँ आकाश के

तुम्हें कहाँ मिल गया काम कुसुमायुध ले
किस रति के नूपुर ने तुम्हें पुकार लिया
किस अमराई से मिला प्रणय का आमंत्रण
किन कलियों ने तुम्हें अर्घ्य शृंगार दिया
इस सूने-सूने सूखे वीरान में
तुम कहते मैं गीत लिखूँ विश्वास के

शत-शत चाँदी की रातें सोने के दिन
तुमने सचमुच जाने हैं या अनुमाने हैं
किस रात तुम्हारे नयनों में आए सपने
किस क्षण अधरों ने सुख के स्वर पहचाने हैं
मैं पूछ रहा हूँ तुमसे तुम जो माँग रहे
मैं इस मौसम में गीत लिखूँ उल्लास के।

बादलों से घिर रहा है आसमान

बादलों से घिर रहा है आसमान
धरा विदग्ध देह फूल की जली
घुटा पवन तपिश-तृषा बढ़ी चली
उठे नयन बुझे विषाद से सघन
मुरझ गई नवीन कामना कली
झुलस गया नवीन पौध का हृदय
तरस रहा कहीं किसी का अर्घ्यदान

पड़ी फुहार फूल का प्रणय खिला
बहा पवन कि प्राण को सुधा पिला
उठे झुके नयन प्रतीति स्वर लिए
जिए नवीन गीत मन नया मिला
बरस गई नवीन खेत पर फसल
हो रहा किसी का आज तृप्त मान
बादलों से घिर रहा है आसमान।

यह दीया सब को उजाला दे

पार जाएँ हम अँधेरों की विवशता के
पार जाएँ हम बाज़ारों की अधमता के
डूबते को नाव भूखों को निवाला दे

हम पढ़ें वह पाठ ऐसे आदमी का हो
ठोकरें खाता शिखर पर चढ़ गया है जो
वह उमंगों की चमकती पाठशाला दे

लिख सकें सारी कथा हम आसमानों की
दमदमाते सब समय सारे ज़मानों की
अग्निमय कुंदन बनी वह वर्णमाला दे।

एक टूटा दिन हमारे पास

इस अटैची में भरा सामान
कुछ नहीं कपड़े पुराने म्लान
चिट्ठियाँ जिन को पढ़ी सौ बार
है वही दुनिया, वही सब त्रास

एक दो दस या पचासों साल
पेड़ पर लटकी पुरानी डाल
रोशनी वाले शहर के बीच
कौन गायब हो गया रख लाश

है यहाँ चारों तरफ़ दीवार
है अँधेरे रोशनी के द्वार
इन मदरसों में पढ़ेगा कौन
बोलता हो झूठ जब इतिहास।

रोशनी की यह नदी बहती रहे, बहती रहे

रोशनी की यह नदी बहती रहे, बहती रहे
नील जल सा काँपता मन का रहे आकाश
प्राण प्राणों से बँधें रस-रंग के नवपाश
यह तुम्हारी बाँसुरी की प्रेम भीगी तान
फूल, सपनों की कथा कहती रहे, कहती रहे

दूर झीलों पर गई है फैल कोमल धूप
कमल नयनों में बँधा उस माधवी का रूप
मोह जैसे दिन बहुत लम्बी व्यथा-सी रात
यह तृषातुर ज़िन्दगी सहती रहे, सहती रहे

कौन जाने कौन-से तरु पर झुकेगी शाम
कौन जाने सूर्य फिर किसका लिखेगा नाम
अगिन घाटों से बहे यह ज़िन्दगी की नाव
एक प्यासी प्रार्थना दहती रहे, दहती रहे।

इस तरह जब-जब अँधेरा पन्थ हो

इस तरह जब-जब अँधेरा पन्थ हो
दीप लेकर द्वार तक आना पड़े
आ सकोगे, आ सकोगे, आ सकोगे?

साथ में सुग्रीव हों, हनुमान हों
राजपुत्रों का विजय अभियान हो
आत्मजा शबरी कहीं रथ रोक ले
राम जैसे सहज उसके द्वार तक
जा सकोगे, जा सकोगे, जा सकोगे?

अगम ऊँडी, जाह्नवी की धार हो
एक टूटी नाव हो पतवार हो
मानता केवट न कोई बात हो
एक भूला गीत कोई बन्धु-पथ सा
गा सकोगे, गा सकोगे, गा सकोगे?

है अयोध्या स्नेह है समता जहाँ है
है जहाँ अन्याय, भय लंका वहाँ है
एक कंचन-मृग छिपा बैठा जहाँ हो
आत्म-जय की भूमिजा को खींच कर
ला सकोगे, ला सकोगे, ला सकोगे?

जहाँ-जहाँ बीत गया दिन

जहाँ-जहाँ बीत गया दिन
वहाँ-वहाँ टूट गया मन
वे पलाशवन कहाँ गए
खो गई कहाँ-कहाँ किरण
आएँगे लौट कर कहाँ
कस्तूरी गन्ध के हिरण
अभी-अभी डूब कर रहे
इसी-इसी अन्धकार में
सतरंगे इन्द्र के धनुष
सिन्दूरी घाटियों के वन

बँधे-बँधे नावों के पाल
रेत में धँसे-धँसे चरण
पूछेगा कौन अब यहाँ
ऋतुओं के जन्म औ' मरण
डरी-डरी नदियों के बीच
रह गया भविष्य ही कहाँ
जितनी सी रोशनी बची
उतना सा भाग्य का कथन

अभी-अभी काँपता हुआ
अभी-अभी द्वार बन्द कर
संशय से प्रश्न से डरा
सोएगा यह थका नगर
अपने ही प्रश्न के लिए

अपने ही प्राण के लिए
तनी-तनी रस्सियों के बीच
इतना सा रह गया गगन।

थोड़ा सा दिन शेष रहा है

बस आख़िरी आएगी जब तक
सघन अँधेरा होगा तब तक
बैठे रहे प्रतीक्षा में जो
उनका किसने दुख कहा है

इतना बोझ उठा पाओगे
किस के संग गाँव जाओगे
फटे पुराने जूते पहने
अब तक कितना रक्त बहा है

वे पर्वत के शिखर कहाँ है
आलोकित चन्द्रमा जहाँ है
इस ऋतु में किससे पूछोगे
किसने किसका दर्द सहा है।

क्या कहा, कैसे कहा, किससे कहें

क्या कहा, कैसे कहा, किससे कहें
क्या तुम्हारा नाम यह पूछा गया
दे दिया उत्तर पुराना या नया
एक तीरथ-घाट पर उनसे मिले
क्या सहा, कैसे सहा, किससे कहें

देख लीं सब रौनकें बाज़ार की
सरहदें उनके हमारे प्यार की
सूखता दरिया हुआ जब रेत का
क्या बहा, कैसे बहा, किससे कहें

हुक़्मरानों का कहा हमने किया
पीर पंडित का लिखा हमने जिया
बेबसी के बन्द तहख़ाने किए
क्या रहा, कैसे रहा, किससे कहें।

यह कथा किसने लिखी, किसने कही

रात भर बैठे रहे हम आग पर
राख का था ढेर देखा जाग कर
इस इबारत को पढ़ा पढ़ता रहा
इस तरह से जो बिखरती ही रही

इन दरख़्तों में छिपा बैठा रहा
किन अँधेरों का भयानक अजदहा
क्या हवाओं ने नहीं कुछ भी सुना
आसमानों में हुई जो बतकही

बुलबुलें क्या रात भर गाती रहीं
जालिमों को जो हँसी आती रही
कौन सा कलमा फ़क़ीरों ने पढ़ा
जो नदी वीरान में फिर से बही।

मेघ से घिरा-घिरा गगन रहा

मेघ से घिरा-घिरा गगन रहा
किन्तु यूँ लगा धरा उदास है

डोलती रही कि चाँद की किरण
ढूँढ़ता रहा कहीं मलय पवन
पी पुकार कर थका पपीहरा
किन्तु, बुझ सकी न हाय! प्यास है

आज कुछ झुके रहे पलक कहीं
आज दर्द था मगर अजान सा
आज यूँ लगा कि दे न कुछ सका
और यूँ कि शेष कुछ न पास है

आज मौन तट पुकारता रहा
किन्तु एक भी लहर न सुन सकी
आज मैं विकल निहारता रहा
किन्तु पन्थ का बुझा प्रकाश है।

आज नए घन आए साथी!

आज नए घन आए साथी!
सरल मेघ की नई फुहारें
जागी धरती की मनुहारें
आज किसी को सपनों का सुख
आज किसी की मुग्ध पुकारें
आज किसी की प्रीत पुरातन
सहज-सहज लहराए साथी!

आज झुकी काजल की बदली
आज मुखर जीवन की मुरली
आज किसी के मुग्ध नयन में
हँसी तृप्ति की रेखा पहली
आज गगन का प्यार
धरा के आँचल में मुस्काए साथी

सुर-धनु के रंगों में सज कर
आज विपुल सुख पाता अम्बर
आज पवन की बाँह सँभाले
लहरों का इठलाता अन्तर
आज उठा ममता का सरगम
वसुधा पर छा जाए साथी!

सुन रही हो प्राण की धड़कन हमारी

सुन रही हो प्राण की धड़कन हमारी
प्राण! मन के प्यास की यह तृप्ति कैसी
देह दो-दो किन्तु यह अनुरक्ति कैसी
श्वास-स्वप्नों में सहज हो कर समाहित
सुन रही हो प्यार की गुंजन हमारी

स्नेह-बाती में सजा आलोक नूतन
पारदर्शी प्रीत के अपरूप बन्धन
मुस्कुराते लोचनों की चितवनों से
देख लेती हो पुलक सिहरन हमारी

है कहाँ सागर लहर के बीच अन्तर
है कहाँ आकाश की सीमा निरन्तर
यह मिलन है ज़िन्दगी के तार-स्वर का
गीत बनती जा रही बिछुड़न हमारी।

देह का अन्तर कहाँ तुम प्राण ही हो

देह का अन्तर कहाँ तुम प्राण ही हो
घिर रही मकरंद सी मन पंखुरियों पर
छा रही हो ज़िन्दगी की लहरियों पर
शब्द-वाणी, छंद की लय सी तरंगित
अर्थ का अन्तर कहाँ तुम गान ही हो

तुम सुधामय सृष्टि का परिचय प्रथम हो
तुम धरा के स्नेह का संचय प्रथम हो
हो प्रथम मनुहार के स्वर वन्दना के
ध्येय का अन्तर कहाँ तुम ध्यान ही हो

तुम बहारों की सलज मुस्कान शोभित
तुम शरद आकाश की राका नवोदित
अर्चिता, आराधिता मेरे हृदय की
भक्ति का अन्तर कहाँ भगवान ही हो।

माँगता हूँ गीत की गुंजार तुमसे

माँगता हूँ गीत की गुंजार तुमसे
आज कितनी रात मादक हो चली है
चाँद के सुख-श्वास में घुल खो चली है
स्वप्न मेरी पुतलियों में जल रहे हैं
माँगता हूँ एक मधु का ज्वार तुमसे

मैं यही विश्वास लेकर जी रहा हूँ
मैं इसी उल्लास से विष पी रहा हूँ
एक दिन तो बूँद अमृत की मिलेगी
माँगता उस बूँद का आधार तुमसे

एक ऐसे रूप के अनुमान में हूँ
एक ऐसे छंद के सन्धान में हूँ
जो युगों की बात पल भर में सुना दे
माँगता उस छंद की झंकार तुमसे।

बन्धु! जागरण की बेला में मेरे गीतों के स्वर लहरे

बन्धु! जागरण की बेला में मेरे गीतों के स्वर लहरे
कुछ क्षण अब भी विफल मनोरथ घुटती रहती नई तरुणिमा
कुछ क्षण घिर जाती मेघों से मेरे मन की नई अरुणिमा
कुछ क्षण मेरी मुस्कानों पर पूँजी का दानव लहराता
कुछ क्षण मेरे नए गीत का शोषण कंठ दबाए जाता
धन्यवाद है किन्तु साथियों तुम जीवन को झंकृत करते
अपने पुष्ट बाहु लहरा कर पुलक प्रकम्पन मन में भरते
सदा जलाते शक्ति, न्याय, समता वैभव की दीपक बाती
धन्यवाद! यह शक्ति तुम्हारी मेरी मुस्कानें लहराती
मेरे छंद तुम्हारों सपनों के रंगों से शोभित होते

बन्धु! तुम्हारे घोष उदधि की क्रोधित फुंकारों से घहरे

युगों-युगों से नई बहारों ने दी है इनको रंग-रवानी
युगों-युगों से इन्हें मिली अभिशप्त जनों की हँसी-जवानी
मिला किसी का प्यार पले-खलिहानों की देहों का कंचन
मिला किसी के घायल श्रम का इनको तप्त श्वास का स्पंदन
मिला करोड़ों शोषित जन के मन का भक्ति-शक्तिमय दर्शन
मिला करोड़ों बन्धु जनों के नए विधानों का आकर्षण
मेरा गीत नहीं माटी का नहीं खांड का पंगु खिलौना
मेरा गीत नहीं रच पाते शोषण के डालर का सोना
धन्यवाद! यह गीत धरा के विजय गर्व का स्वर उन्नायक
बन्धु जागरण की बेला में युग-युग तक मेरा स्वर ठहरे

धन्यवाद! हम देख रहे हैं युग की उठती नए चेतना
धन्यवाद! हम सृजन कर रहे माँ धरती की नई वन्दना

कोटि-कोटि चरणों की ध्वनियाँ कोटि-कोटि जन-मन का वैभव
धन्यवाद! हम साथ लिये हैं नई सृष्टि का यौवन-शैशव
लिखा गया इतिहास हमारी नयन विभा के नव-प्रकाश में
उठी बगावत की कुर्बानी नई सृष्टि की सृजन-प्यास में
धन्यवाद! जागी खेतों में फागुन के फसलों की रानी
धन्यवाद! इस नई आग की दीप्ति अँधेरे ने पहचानी
धन्यवाद! मेरे प्राणों में गूँजे जय के विपुल तराने

बन्धु हमारे नए गगन में आज विजय के नव-ध्वज लहरे।

रात-रात भर दीप जलाए राह में

रात-रात भर दीप जलाए राह में
मगर एक तुम हो कि जो आते नहीं

इसी निशा में कभी चाँद से तुम मिले
लगा अँधेरा जन्म-जन्म का धुल गया
इसी निशा में जब श्वासों में तुम घुले
जन्म-मरण का जैसे बन्धन खुल गया
तब से बीती कितनी मधुमय यामिनी

पर मनमोहन तुम ब्रज पर छाते नहीं

लो सूनी-सूनी सी होतीं जा रहीं
प्राण! तुम्हारे सुधि की ये अमराइयाँ
सदा तुम्हारे स्वर भर-भर कर गूँजती
वे सब नीरव हैं मन की गहराइयाँ
तुम्हें बहारें बुला-बुला कर लौटतीं

मगर एक तुम हो कि सुन पाते नहीं

ये चातक के स्वर से रिमझिम आ गई
धरती की मनुहार कि बादल छा गए
जाने किस ममता की विकल पुकार से
इन डालों पर फूल नए मुसका गए
जन्म-जन्म से रहा बाँधता मैं तुम्हें
मगर एक तुम हो कि बँध जाते नहीं।

अभी अँधेरी रात उतरती राह पर

अभी अँधेरी रात उतरती राह पर
तुम कब आकर अपना दीया जलाओगे

उठती है आवाज़ मगर चुपचाप क्यों
जीते हो पर लगता है लाचार हो
आज हज़ारों दिल हैं पर ख़ामोश क्यों
बुझते जाते हो कैसे अंगार हो
तुमने भी देखे होंगे मासूम चमन

तुम कब आकर उनकी कली खिलाओगे

ये आई सौ-सौ रात बसन्ती पर जैसे
तुम फूलों की महफिल से अनजान हो
ये कहीं बरस कर गई चाँद की चार किरण
तुम भूखे प्यासे पथ के मेहमान हो
बढ़ती जाती रात कारवाँ लम्बा है

तुम कब इसको जीवन-गीत सुनाओगे

मैंने देखे हर जीवन के मोड़ पर
उनको जो हँसते जाते हैं, गाते हैं
मैंने देखे उजड़े पथ वीरानों से
खींच बहारों का सरगम ले आते हैं
तुम्हें बुलाती उन सबकी आवाज़ है

तुम फिर कब उनका परचम लहराओगे।

लो तुम्हारी ज़िन्दगी का एक पूरा वर्ष बीता

लो तुम्हारी ज़िन्दगी का एक पूरा वर्ष बीता
घूम कर देखो धरा का क्या किया श्रृंगार तुमने
छोड़ अमृत विष पिया क्या मुस्कुरा साभार तुमने
जल रही धरती कि कोई प्यार का अभिषेक कर दे
तब लिया है क्या सजल-वपु मेघ का आकार तुमने
या कि गिन-गिन श्वास जीवन का घृणित अपकर्ष जीता

याद है पथ पर मिली मधु यामिनी तुमने बिता दी
याद है पथ पर मिली मधु रागिनी तुमने सुना दी
जब मिले अंगार कायर! नत-नयन पीछे मुड़े तुम
क्यों न हँस-हँस उन क्षणों में वह प्रलय-वीणा बजा दी
कह रहे गरदन उठा फिर भी कि हर्ष-अमर्ष जीता

मैं कहाँ कहता विगत के तुम व्यथा से गान गाओ
मैं कहाँ कहता कि आगत को व्यथा से भूल जाओ
घूम कर देखो समय का पथ न तुम को जानता है
तो चरण के चिह्न अगणित आज अंकित कर दिखाओ
यह विजय बेला पराजय का पतित संघर्ष बीता।

तुम जो युग-युग से बन्दी हो जीवन के वीरान में

तुम जो युग-युग से बन्दी हो जीवन के वीरान में
आओ तुम सबको देता हूँ मैं सपने मधुमास के
तुमने कभी न उठती देखी हैं क्या लहरें तीर पर
जिनके प्राणों में बँधते हैं अनजाने अरमान सौ
जिनके प्राणों में पलते हैं युग-युग के तूफ़ान सौ
समय सिन्धु के तीर खड़ी वे लहरें तुम्हें पुकारतीं
देखो इन प्राणों में कितने सपने हैं विश्वास के
तुमने अब तक कभी न देखे ये रेशम से फूल जो
कितनी-कितनी आग जलाए धरती के अधिकार की
कितनी-कितनी प्यास सजाए धरती के श्रृंगार की
उन फूलों की महफिल से उठती है यह आवाज़ जो
अब दिन आते हैं फूलों की धरती के इतिहास के

तुमने कभी न देखी अपनी यह पीढ़ी इनसान की
पल-पल जूझ रही है जो अन्यायी की तलवार से
पल-पल नई ज़िन्दगी रचती मरण और मझधार से
उस मेरी पीढ़ी से खुलते नए पृष्ठ भूगोल के
आओ, वह सबको देती है नए स्वप्न आकाश के।

तुम होतीं मेरे पास कहीं तो कह पाता

तुम होतीं मेरे पास कहीं तो कह पाता
किस तरह कुंज ने कोयल का सरगम जाना
किस तरह धरा ने अम्बर का मन पहचाना
क्यों फूलों में मिट्‌टी की ख़ुशबू आ पाई
क्यों भोर नए रागों से मीठी मुसकाई
यह गीत नई धड़कन जीवन से सराबोर
तुम होतीं मेरे पास कहीं तो कह पाता

संझा का शशि आकाश गुलाबी रंगों से
सागर का मन चंचल गति-गीत तरंगों से
यह फागुन यह महकें गुलाब की मस्तानी
यह धरती सुख सोना सपनों की पहचानी
यह प्यार नया विश्वास तुम्हारे होने का
तुम होतीं मेरे पास कहीं तो बह पाता

यह नया कारवाँ अभिनव पथ अंकित करता
यह नया तराना जीवन मधु संचित करता
यह दीप रात के तन-मन का कल्मष हरता
यह राग जवानी के मन में कसमस करता
मैं भी हिल पाता जोड़ विवशता के बन्धन
तुम होतीं मेरे पास कहीं तो बह पाता।

बीत चलीं सपनों की रातें, उगा नया सूरज अम्बर में

बीत चलीं सपनों की रातें, उगा नया सूरज अम्बर में
नए ओस से लदी पौध के खेतों पर लहरी हरियाली
आज किसी के युग प्यासे अधरों को मिली सुधा की प्याली
आज किसी के नए कंठ से सुने किसी ने कोयल के स्वर
आज कहीं पर इस अल्हड़ फागुन की रातें रहीं सहम कर
धुआँ उठा पर खलिहानों में जली देश की नई जवानी
तुम मलती ही रही नयन युग जागो शक्तिमती कल्याणी
शोषण के दानव स्वाहा करते ही जाते हैं मानवता
क्या न जलेंगी बड़वानल की सोयीं लहरें इस सागर में

नई मनुजता के शोणित से होता पूँजी का आराधन
पतित मनोरथ की पूजा में घुटता रहता है घायल मन
आग लगी रहती जीवन में प्यास नहीं बुझती प्राणों की
नए खून से तृप्ति नहीं है पूँजी के इन पाषाणों की
दब जाते महलों के नीचे झोपड़ियों के गीत सुहाने
दब जाते मन्दिर-मस्जिद की नींवों में ख़ूनी तहख़ाने
तब भी ख़ून लगी डाढ़ों को तृप्ति कहाँ मिलती है साथी
यूँ ही बुझी रहेगी कब तक अग्नि शिखाएँ इस अन्तर में

जब-जब हमने किया मनुजता का नव-शक्ति-भक्ति से वन्दन
जब-जब हमने किया धरा के शोषित पुत्रों का अभिनंदन
मुक्त कर्म, वाणी, विचार की जब-जब टूट चलीं काराएँ
जब-जब गरजीं जीवन के पथ पर जन जाह्नवी की धाराएँ
तब-तब जन-द्रोही सेठों ने पहने जन-हित के पीताम्बर
तब-तब रोकी गई बगावत चाँदी पिस्तोलों में भर-भर
देख रहे हम युग से कायरता है अधिक देखते रहना
क्या न तुम्हारा इंक़लाब धू-धू कर जागेगा घर-घर में।

ये देखो हवाएँ मचलती चली हैं

ये देखो हवाएँ मचलती चली हैं
बड़े पादपों की जड़ें हिल रही हैं
नई कामनाएँ कहीं खिल रही हैं
नए रोष से ज़िन्दगी दमदमाती
नए जोश से ज़िन्दगी कसमसाती
ये देखो गजब की जली है मशालें
ये देखो दिशाएँ दहकती चली हैं

नए अर्घ्य का हो धरा का निवेदन
नए खेत के जन तुम्हें कोटि वंदन
ये पुलकित मनुज का सुखद श्रम जगा है
नए जागरण का चरण फिर लगा है
ये देखो उजाला हुआ मंज़िलों पर
ये देखो कि किरणें धधकती चली हैं

उठे क्या बगूले धरा फनफनाती
ये उठतीं नई पीढ़ियाँ झनझनाती
ये लोहू उबलता पनपती जवानी
ये गूँजी विजय की हमारी कहानी
कहीं क्या रुका है उबलता समुंदर
ये देखो कि लहरें उफनती चली हैं।

तुम आतुर मन बाँध रही क्यों यह सपनों की रात सुहानी

तुम आतुर मन बाँध रही क्यों यह सपनों की रात सुहानी
आए बादल घिरी घटाएँ तृप्त कहाँ चातक जीवन
जली दीप की मधुर वर्तिका शेष शलभ का पुलक प्रकम्पन
मधु रितु की प्यासी कोयल के स्वर से भीग चली अमराई
धरती के आकुल अन्तर को मिली न अब तक सजल विदाई
तुम भी तब माँगो प्राणों की उत्कंठातुर विपुल लालसा
एक घूँट से नहीं बुझेगी प्यास युगों की यह लासानी

ये गुलाब की खिलीं पखुरियाँ मदिर पवन फागुन की बहती
कभी-कभी अँगड़ाई लेकर अब भी रात सिहरती रहती
तब तुम एक कल्पना सी छाती हो मानस पर सुकुमारी
गौर वदन नत नयन रेशमी आँचल की वह लहर तुम्हारी
अरमानों सी तुम प्राणों में सदा पला करती हो मेरे
तुम गीतों में बाँध रही क्यों यह अतृप्ति की मधुर कहानी

हुई न दिन की मिलन यामिनी मुग्ध रहा पश्चिम का अम्बर
चली बीतती रात न फिर भी वह पाई प्रभात को भुज भर
बिखरी लहर पुलिन पर जाकर मौन रहा सागर का अन्तर
तुम भी प्यास मिलन वेला की क्यों न साधती रहो निरन्तर
आज तृप्ति का एक सुधा कण जीवन भर को भार बनेगा
बाँधों अभी न इस प्याले में मधुशाला की रूप जवानी।

लाल हुआ पूरब का अम्बर उठो देश की नई जवानी

लाल हुआ पूरब का अम्बर उठो देश की नई जवानी
नई हुई धरती की सुषमा भीगी कुंजों की अमराई
उफना कुंदन खलिहानों में जागी खेतों में तरुणाई
एक हाथ में गोफन लेकर उसने शोषण को ललकारा
आज वही वसुधा पर जीवन और जागरण की रस धारा
गाती गीत नए फागुन के आज मेंड़ पर वह स्वर भर-भर
महक रहा महुआ गुलाब का चूम बहा है पवन कलेवर
बोली कोयल टेसू के फूलों से लूम लदा वन-प्रान्तर
लिखो माँगता है युग तुम से इस प्रभात की नई कहानी

फूटी नई कोपलें तरु पर दहकी जीवन की अरुणाई
घायल मन बेबस प्राणों को मिली कहाँ अब तक तरुणाई
काम क्षुधा भूखे जीवन की मनोकामना सहज सुहानी
प्यासे मन पर सपनों की छाया घिरती है यह रूमानी
तृप्त नहीं वसुधा का अंचल इंक़लाब की उठी घटाएँ
जागी मधु रितु की मुरझाई नई बहारों से ज्वालाएँ
शिव का शीश गौरवित होगा नहीं रुकेगी अब जन गंगा
उठो नया इतिहास माँगता इस जनगण की जीत कहानी

राग-रंग से कसमस करतीं ये इनसानों की तसवीरें
समय-शिला की छाती पर अंकित करती हैं सृजन लकीरें
टूट रही हैं एक-एक कर युग की काराएँ पाषाणी
जागी शक्ति सर्वहारा के जय की फिर से जन कल्याणी
प्राची की किरणों से जय के गीत लिखे जाते हैं पुलकित
जीवन की भाषा में होतीं नई-नई कलियाँ अभिसिंचित
जन ईश्वर के चरणों पर चढ़ कर ही ये श्रृंगारित होगी
उठो, तुम्हें शोषित मानवता का आवाह्न युग सेनानी।

साथी अभी सुबह का सूरज काले मेघों से घिर जाता

साथी अभी सुबह का सूरज काले मेघों से घिर जाता
खेतों पर अब भी सोया है क़ब्रिस्तान मनाता मातम
फूटा कहाँ अभी फसलों से नई बहारों का वह सरगम
उफन रही धरती की गोदी उफन रहा मधुवन का यौवन
मिट्टी मोल अभी पर बिकता धरती के राजा का जीवन
कल तुमने जिनको सौंपी थी इंक़लाब की जिम्मेदारी
खादी के पीताम्बर पहने वे दौलत के बने पुजारी
चौराहे पर खड़ी रो रही लो मानवता नंग धड़ंगी साथी
बिगुल सुबह का गूँजा कण-कण में अंगार लगाता

तुमने समता और बन्धुता के खींचे नक़्शे लासानी
सागर के ख़ातिर बूँदों ने दी अपनी कितनी कुर्बानी
तुमने कहा पसीना दे दो खून दिया हमने बढ़-बढ़ कर
चूम लिए फाँसी के फंदे लिये मुस्कुराहट अधरों पर
कल तक तुमने मानवता के लगा लिए थे नकली चेहरे
हमें न मालूम तुम डायर थे दपदप उजली खादी पहने
पर तुम अभी न भूले होगे तख़्त ताज की उल्टा-पल्टी
साथी वही खड़ा मेहनतकश आज जशेर अपना अजमाता

ना मुमकिन है ये कि ज़िन्दगी के प्यालों का रंग गिरा दूँ
ना मुमकिन है ये कि जवानी के सारे सपने बिखरा दूँ
ना मुमकिन है राज महल पर जो चढ़ जाए मोटी गुम्बज
ना मुमकिन जो चढ़ जाए रंगीनी ख़्वाबों की सज-धज
उठता है तूफान समुन्दर की लहरों ने करी बगावत
खलिहानों में सुलग रही है सरमाए की खुली ख़िलाफ़त
देखेंगे पर्वत से अपना कौन लड़ाने आते सीना
साथी आज नए जीवन का नया तराना मुझे सुहाता।

बन्धु! तुम्हारे नए स्नेह का आसव ढालो दीप जलेगा

बन्धु! तुम्हारे नए स्नेह का आसव ढालो दीप जलेगा
देख रहा हूँ दिशा-दिशा में लहराते हैं नभ के बादल
देख रहा हूँ आसमान में चाँद हुआ रो-रो कर घायल
ये मेरे सपने मेरे दरवाज़े पर ही हुए भिखारी
ये कल का अन्याय कि जिसने अपनी सूरत आज सँवारी
यह सब कुछ है फिर भी तुमको यह विश्वास दिलाता हूँ मैं
बन्धु! तुम्हारे नए स्नेह का आसव ढालो दीप जलेगा

ये चेहरे हैं लाचारी की महफिल में जो मुसकाते हैं
ये वे हैं जो बैठ क़ब्र के पास बड़े स्वर से गाते हैं
इनके यहाँ चाँद गागर में भर-भर कर अमृत लाता है
ये हैं जिनको बिना मजूरी जो चाहा सब मिल जाता है
यह सब कुछ है फिर भी सदा-सदा आमंत्रण मेरा
बन्धु! चलोगे तो फूलों की डगर मिलेगी पथ निकलेगा

मैं कहता हूँ एक बार तो यह प्यासी आवाज़ उठाओ
मेरी मानो तो अपनी ठंडी सासें फिर से गरमाओ
खड़ी द्वार पर राह देखती नई ज़िन्दगी की मधुरानी
आज मौत की नहीं ज़िन्दगी की हम को तसवीर बनानी
मैं कहता हूँ एक बार लौटाओ फिर अपने सपनों को
बन्धु! फूल से, सपनों से, तारों से, तुमसे जग बदलेगा।

चतुष्पदियाँ

तुमने अमृत ढाला है विष पिया नहीं
एक साँस भी दर्द किसी का जिया नहीं
चाँद बने हो मगर मेघ तुम बने नहीं
तुमने सब कुछ लिया मगर कुछ दिया नहीं

*

हो गया आकाश कितनी दूर कितनी दूर मुझसे
एक सूरज था मगर वह अब कहाँ है अब कहाँ है
एक टूटी नाव का फैला हुआ हो पाल जैसे
एक मैं हूँ एक मेरा नियतिहीना क्षण यहाँ है

*

तुमने कहा कि बीता क्षण क्या आएगा
बीत गया जो क्या सचमुच बुझ जाएगा
यह अस्तित्व नहीं क्षण का लाचार है
जो जल-जल कर बार-बार बुझ जाएगा

*

एक राह पर हुई निछावर ज्योत है
एक बुलबले पर गर्वित रस स्रोत है
एक मौत पर वारी जाती ज़िन्दगी
एक ज़िन्दगी पर शर्मिंदा मौत है

*

तुम ने रस्ता अभी न देखा प्यार का
इसीलिए यह प्रश्न जीत का हार का
जिस दिन प्यार चला सूली के रास्ते
उस दिन विधि ने भाग्य लिखा संसार का

*

हर उठे नयन ने धन्य किया इतिहास है
हर जलता दीपक मंज़िल की प्यास है
हर उठता संकल्प बाँधता सूरज को
हर उठी बाहु पर झुक जाता आकाश है

*

तुम बूँद नहीं हो सागर की महिमा हो
तुम राह नहीं हो मंज़िल की गरिमा हो
तुम कालजयी हो बुझता दीया नहीं हो
तुम क्षण की नहीं सनातन की प्रतिमा हो

*

तुम किसी अकिंचन पथ पर नहीं चलोगे
तुम दान दिया अमृत कैसे निगलोगे
तुम हो इतना विश्वास मुझे काफी है
जिस राह ढलोगे यूँ ही नहीं ढलोगे

*

ज्वार से खुली लहर प्रीति से बँधा सपन
रात का बुझा दीया, भोर की नई किरन
आयु के दुआर पर, जो मिला नया मिला
हर खिली हुई कली, हर लुटा हुआ चमन

*

वैसे तुम सब भाँति समाए हो मन में
जैसे फैला हो चाँद रात के आँगन में
पर कभी-कभी तो ऐसा होता वादा है
जिससे लगता कम प्रीत दिखावा ज़्यादा है।

तुम प्राण! हमारे मन पथ पर छा जाती हो

तुम प्राण! हमारे मन पथ पर छा जाती हो
मीठे-मीठे गीतों से छूतीं हृदय-तार
कुछ यूँ ही छाती जाती हो रच प्रीत-प्यार
फूलों सा कोमल देह श्वास मधु सा पराग
युग-युग की तृप्ति लिये आती है यह बयार
तुम प्राण! हमारे सपनों पर छा जाती हो

यह साँझ रेशमी सूरज की डूबती किरण
यह तारों का उगता-उगता मधुमय शोभन
उस पर भरते कुछ रंग तुम्हारी सुषमा के
मुसकाती चितवन पर आधारित नमित नयन
यूँ उगते शशि-सी आकर हँस इठलाती हो

यह फागुन की ऋतु यह लहराता मदिर पवन
यह टेसू के फूलों का इतराता मधुवन
यह अल्हड़ गीत मिलन-बिरहा के रस भीगे
सब में तुम प्रतिबिम्बित यूँ ही मेरे जीवन
तुम रूप सुधा के अगनित घट ढुलकाती हो
तुम प्राण! हमारे मन-पथ पर आ जाती हो।

कुछ और चतुष्पदियाँ

अब नहीं हूँ चाँद वंशी की नहीं रसधार हूँ मैं
सूर्य हूँ सातों समुद्रों का उफनता ज्वार हूँ मैं
हिम शिखर के हर नए सीमान्त पर धधका करूँगा
माँ तुम्हारे भाल का चन्दन नहीं अंगार हूँ मैं

*

बाँसुरी का स्वर नए रण-तूर्य की ललकार देगा
पारिजातों का महकता वन तुझे अंगार देगा
देश मेरे! सूर्य की लाखों किरण हैं हाथ तेरे
हर किरण का हाथ तेरे भाल को शृंगार देगा

*

यह विसर्जन आरती से, मंत्रा से, शतबार वन्दित
इस मरण पर जन्म होता है अनेकों बार गर्वित
यह तुम्हारा देश इसके मेघ इसके चाँद सूरज
हर नई ऋतु, हर नया संकल्प तुम को है समर्पित

*

मैं तुम्हारी नील झीलों के तटों का तृषित दर्पण
देश मेरे मैं तुम्हारे कल्पतरु का रस-समीरण
जिस अनागत के लिए चाहो समर्पित मैं रहूँगा
मैं तुम्हारे शौर्य की हूँ अग्नि, यश का हूँ सुरभि क्षण

*

इन समुद्रों का उफनता रोष पहचाना नहीं है
इन करोड़ों सूर्य का संकल्प अनुमाना नहीं है
माँ तुम्हारे चाँद को या सूर्य को देखा सभी ने
शत्रु ने निश्चित तुम्हारी अग्नि को जाना नहीं है

*

इसी जन्म का नहीं जन्म-जन्मों का तुमसे नाता
बार-बार इस पुण्यमयी धरती पर मैं जन्मूँगा
उन्हीं अजन्मे जन्मों की सौगन्ध लिये कहता हूँ
किसी फूल पर कभात किसी की दृष्टि न गड़ने दूँगा

*

कौन सा आकाश दूँ तुम को समर्पण
चाँदनी की कौन सी दूँ रात तुमको
किस अनाघ्रत गंध की अंजलि चढ़ा दूँ
किस अजन्मे सूर्य का दूँ प्रात तुमको

*

एक दर्द के सिंगार के लिए
कौन से दुआर तक नहीं गया
एक फूल के दुलार के लिए
कौन सी बहार तक नहीं गया

*

आज की इस साँझ का टूटा हुआ क्षण
किस दिशा की कौन सी वातास को दूँ
दर्द के हर पंख पर बैठा हुआ मन
कौन से आयाम को आकाश को दूँ

*

हर कहीं आकाश पर सलवट गिरी हैं
हर दिशा का आइना धुँधला गया है
आह ईश्वर! चाँद तक पहचान में आता नहीं है
आज यह किस किस निशा का फिर अँधेरा छा गया है

*

मैं बहुत मानता तुम लाए मधुमास जो
बहुत मानता तुम देते विश्वास जो
किन्तु न तुमने जाना मैं न बता पाया
यह कौन जन्म की बुझी-अनबुझी प्यास जो।

सपनों से मन बहलाते हो किन्तु न सत्य छिपाया जाता

सपनों से मन बहलाते हो किन्तु न सत्य छिपाया जाता
तुम ने कहा गगन से आया चाँद उतर कर लो धरती पर
किन्तु कहीं भी दग्ध कंठ को मिला न एक किरण का मृदु स्वर
तुम ने कहा उतर आई है महल मन्दिरों से दीवाली
किन्तु दौड़ती झोपड़ियों में हाय! रात क्यों काली काली
भूख उगी है गली-गली में घर-घर में बैठा नंगा तन
कितने सपनों का प्यासा है नहीं जानते तुम हारा मन
इने गिने मधु के पर्वों से पतझर नहीं भुलाया जाता

कितना बजा रहा तारों को किन्तु सहज मुखरित सूनापन
कितनी भक्ति तुम्हें अर्पित की किन्तु टूटता है आराधन
कभी सुना तुम ने जीती है डालर की, सोने की चितवन
कभी सुना तुमने हँसिया से बाँधे नए प्रीति के बन्धन
पुलकित होता हूँ पर सहसा मेरा देश सामने आता
अभी न जुड़ पाया है जिसका सुख, सपनों से कोई नाता
इस घायल धरती पर मुझसे कोई राग न गाया जाता

उठो, प्रात के प्रथम पहर में, सबको आमंत्रण है मेरा
खुले-खुले सबके आँगन में आएँ किरणें मिटे अँधेरा
तोड़ो काराएँ तन-मन की, उठो देश की नव तरुणाई
जब तक झुकी हुई हैं पलकें चला करेगी यह सौदाई
माँगो सत्व युगों का लूटा अन्न, वस्त्रा, गृह सुख का जीवन
इस धरती पर आज उतारो नव-स्वप्नों स्वर्गों का मधुवन
अब अतीत का गान न मुझसे गाया और सुनाया जाता।

हे ऋतुरानी

पुष्प चरण धर वसुधा के प्रांगण में उतरो हे ऋतुरानी
धारण करो वस्त्र किंशुक का आम्र मौर वेणी श्रृंगारित
भुजबन्धन सरसों का बाँधो वितरित मुस्कानों का अमृत
आओ द्वार खुले दिशि-दिशि के मेरे प्राणों की पहचानी

साँसों में चिर परिचित सौरभ नव किसलय सी सहज लुनाई
वह मनुहार भरी नत-चितवन शतदल की महिमा सकुचाई
गगन द्वीप से उतरो अप्सरि सत्य बनो सपनों की जानी।

गगन से उठे मेघ मेरी धरा की तपिश सब बुझाए चले जा रहे हैं

गगन से उठे मेघ मेरी धरा की तपिश सब बुझाए चले जा रहे हैं
हुई सुरमई साँझ पथ सो चले हैं
अँधेरा उभर पर्वतों पर ढला है
मगर ये उनींदा-उनींदा पवन है
कि जो सब दिशाएँ जगाता चला है
यहीं से किसी के लरजते उठे स्वर कि बेभान मन प्राण पर छा रहे हैं

सजे हैं किसी के नयन के मनोरथ
किसी के नयन की हँसी अश्रु धारें
किसी के तृषित कंठ की कामनाएँ
किसी के अधर की हुई है पुकारें
किसी के मिटे स्वप्न के शुभ सन्देसे कि अब इंद्र-धनु से उठे आ रहे हैं

कहाँ हो रही थी विकल मन प्रतीक्षा
कि आकर मिली मेघ से हंस माला
कहाँ उठ रहा था किसी का निवेदन
कि ये गीत मेरा विवश बाँध डाला
सुधि में तुम्हारे लिखे गीत मैंने, सजल बादलों से मुझे भा रहे हैं।

जागो स्वागत करो कि घिरते आए इंक़लाब के बादल

जागो स्वागत करो कि घिरते आए इंक़लाब के बादल
देख रहे हो तुम धरती का लुटा चला जाता है कंचन
देख रहे हो तुम कि समुन्दर का गुमसुम तूफानी जीवन
देख रहे हो तुम जन-पथ पर शीश धुना करता है मानव
देख रहे तुम जन-भट्टी पर चढ़ा हुआ धनिकों का आसव
पर फिर भी तुम अरमानों को दबा रहे पत्थर के दिल में
गिरी जा रही इस कायरता से मानवता होकर घायल

जागो! स्वागत करो कि घिरते आए इंक़लाब के बादल

कई बार जन-हत्यारों ने धरती को वीरान किया है
कुचल-कुचल कर इनसानों का कई बार अपमान किया है
खेतों का सोना लूटा है लूटी है अस्मत नारी की
तुम ने करी हिमायत फिर भी अब तक उस अत्याचारी की
आज मुल्क में तुम्हें मसालें ले चलनी हैं इंक़लाब की
अब धूँ-धूँ करते अंगारों से भरना धरती का अंचल

जागो! स्वागत करो कि घिरते आए इंक़लाब के बादल

इसी राख में नए घरोंदों के पत्थर की नींव डलेगी
इसी कारवाँ से जीवन के गीतों की गंगा निकलेगी
यह निश्चय है यह नकली मानवता नहीं चलेगी पथ पर
जबकि मर्द इनसान चले हैं नई बगावत को सुलगा कर
तुम्हें ख़त्म करनी ही होगी धरती से सरमाएदारी
तुम्हें लगाना ही होगा अब नई जवानी का पूरा बल

जागो स्वागत करो कि घिरते आए इंक़लाब के बादल।
साथी! जीवन के प्रभात में इंक़लाब के गान लिखो तुम

साथी! जीवन के प्रभात में इंक़लाब के गान लिखो तुम

बढ़ो तुम्हें ललकार रही है इस धरती की नई जवानी
खड़ी हो रही लो सागर की छाती पर लहरें तूफ़ानी
हम कहते हैं नहीं झोपड़ी लहरों की छाया माँगेंगी
हम कहते हैं सूरज की किरणें अब दीवारें लाँघेंगी
अभी न सुलगाई है हमने इनसानों में खुली बगावत
किन्तु देखते पल-पल पर होती जाती मानवता आहत
हमें नहीं अभ्यास कि हँसना देखें इन जन-हत्यारों का
साथी! नई मनुजता रच कर नए-नए अरमान लिखो तुम

देख लिया है इस वसुधा पर हमने इतना पीड़न-शोषण
खींच लिया जिसने जीवन की धरती का परिवर्तन पोषण
देख लिया हमने अपनी धरती से इतना लुटता सोना
किन्तु न कोई हमको समझे मृदुल मोम का बना खिलौना
तुमको मालूम चट्टानों से बना हुआ व्यक्तित्व हमारा
तुमको मालूम मोड़ चुके हम कितनी बार युगों की धारा
आज उठे हम आँधी का आक्रोश जगाने इस वसुधा पर
साथी! धरती से शोषण-उत्पीड़न का अवसान लिखो तुम

प्रजातंत्र में खुल कर जमती है सरमाएदारों की महफिल
आज़ादी के मत्त पहरुए पीकर चौराहे पर गाफिल
हम कहते हैं निभ न पाएगी यह दौलत से साझेदारी
कहाँ उतर पाती है फिर भी जो आसव की चढ़ी खुमारी
अब भी राजमहल से सन-सन निकला करतीं सहज गोलियाँ
जनवादी तरुणों की जब अधिकार माँगती खुली टोलियाँ
कसम उन्होंने ली कि मिटाएँगे वसुधा से वे अन्यायी
साथी! अब अपनी कविता में युग का नव निर्माण लिखो तुम।

आज साँझ की सूनी-सूनी घड़ियों में, यह तुम हो जो मधुमास लुटाए जाते हो

आज साँझ की सूनी-सूनी घड़ियों में,
यह तुम हो जो मधुमास लुटाए जाते हो
कितने युग से चल रहे मगर है थकन कहाँ
कितने युग से जल रहे मगर है जलन कहाँ
आज धरा के सूने-सूने रस्तों पर
यह तुम हो जो आकाश बनाए जाते हो

इन सपनों का साथ न छोड़ा जाता है
किन्तु सदा ही स्वप्न कहाँ रह पाता है
आज ज़िन्दगी के हारे-हारे पथ पर
यह तुम हो जो विश्वास बढ़ाए जाते हो

मुझ को बाँधे रहते हो इन अरमानों से
मोहित करते हो अपनी इन मुस्कानों से
आज चरण की मोहक-मोहक ध्वनियों से
यह तुम हो जो इतिहास रचाए जाते हो।

कहीं जान पातीं कि कैसे गगन से

कहीं जान पातीं कि कैसे गगन से
तुम्हें बाँध लाया प्रिये इस धरा पर

तुम्हीं ने बताया कि कैसे बँधी है
विमोहित दिशा चेत की चाँदनी से
तुम्हीं ने बताया कि क्यों घिर रहे हैं
कहीं मेघ फिर आज सौदामिनी से
तुम्हारे सहज श्वास में है तरंगित
पवन से खिली फूल की कामनाएँ
तुम्हारी सरल चाँदनी बाहुओं में
हुई मुग्ध क्यों प्रीति की अर्चनाएँ
कहीं जान पातीं कि कैसे सुने हैं
तुम्हीं से प्रिये! प्राण ने स्वर्ग के स्वर

समझ पा रहा क्यों निशा ने सँजोया
सहज फूल क्यों साँझ की तारिका का
समझ पा रहा क्यों हुआ प्यार बेसुध
नयन कोर में आज अभिसारिका का
बँधा क्यों सदा से इन्हीं रिमझिमों में
लिये प्यास का कोष अतृप्त सावन
लिया बाँध क्यों इन विपुल बन्धनों में
सरल भावना का बना जो अतनु मन
कहीं जान पातीं कि कैसे तुम्हीं ने
लिया बाँध है काल का रुद्र सागर

तुम्हारी पुलक यूँ कि जैसे अचानक
सहज बह गई प्राण की रुद्ध धारा
तुम्हारे वचन यूँ कि आगम-निगम की
गई टूट सहसा कहीं बद्ध कारा
तुम्हारे अलक पर उतर छाँह आई
तुम्हारे नयन में हँसे चाँद तारे
समझ सब गया हूँ तुम्हें प्रिय समझ कर
सरल हो गए सत्य के भेद सारे
कहीं जान पाती कि कैसे तुम्हीं में
सभी स्वप्न का सार आया निखर कर।

याद आती ही रहोगी

याद आती ही रहोगी
साँझ के रंगीन बादल
प्यार से पलकें झुकाए
नीम के कुसुमित नवल दल
रजनीगंधा की हवाएँ
तब मिलीं तुम सरल आनन
रूप का श्रृंगार करतीं
मन्दगति नव हंसनी-सी
सलज नयनों से विहँसती
फूल से वेणी सजा कर
देखतीं पश्चिम सुनहला
कंबु ग्रीवा, विनत आनन
समुखि! शरदाकाश के
नव प्रात सी भाती रहोगी

तुम मिलीं जैसे किसी
रस-रूप का सागर तरंगित
तुम मिलीं जैसे किसी
मधुमास की उषा अनिंदित
तुम मिली सहसा
किसी की वंदनाएँ मुस्कुराईं
तुम मिलीं सहसा किसी की
कामनाएँ जगमगाईं
कौन कहता वे मिलन क्षण
कर रहे मेरा मलिन मुख

कौन कहता मैं रहा
अतृप्त पाकर वे सुधाकण
चाँद की मीठी किरण-सी
तुम लुभाती ही रहोगी।

वन्दना के क्षण तुम्हारी आरती दो नव-सृजन की

वन्दना के क्षण तुम्हारी आरती दो नव-सृजन की
क्यों समय की धार पर अनजान बहते जा रहे हो
क्यों झुका गरदन सभी चुपचाप सहते जा रहे हो
मानता हूँ रात है पर यह किरण आई कहाँ से?
क्या सुबह की बात तुम मुझसे न कहते जा रहे हो
अर्चना के क्षण चलो प्रिय! अंजली दें जागरण की

यह धरा पाली गई है स्नेह के अमृत कणों से
हो रही व्याकुल व्यथा के इन विकल घायल क्षणों से
क्या अलग हो तुम धरा से दर्द के स्वर से अपरिचित
क्या नहीं तुम भी बँधे हो इस धरा के इन व्रणों से
पुलक के क्षण हम करें रचना समय के नवचरण की

शपथ खाएँ हम नहीं संहार के पथ पर चलेंगे
शपथ खाएँ हम नहीं विद्वेष के क्षण में जलेंगे
यह धरा सब की रही है यह धरा सबकी रहेगी
शपथ खाएँ हम नहीं खंडित मनुजता में ढलेंगे
प्रार्थना के क्षण करें रचना धरा के नव-मिलन की।

आज पहली बार गूँजा

आज पहली बार गूँजा अर्चना का गान
आज गूँजे बन्धनों के घाव पहली बार
आज युग-युग की गुलामी कर उठी हुंकार
आज प्राणों में जलाए अर्चना के दीप
आ गया बापू जननि की मुक्ति का वरदान

कोटि नयनों ने निहारा मातृ-भू का भाल
पुँछ गया सीमन्त का सिन्दूर तन कंकाल
आज पहली बार माँ के दर्द से रोता
आ गया बापू जिलाता जननि की मुस्कान

आज माँ की मुक्ति धरती पर शरद का हास
आज माँ के मुक्त आँगन में खिला मधुमास
आज पहली बार माँ के नयन का तारा
आ गया बापू जननि का मुक्त जीवन प्राण।

देव! मानव बन गए तुम वेदना के किन क्षणों में

देव! मानव बन गए तुम वेदना के किन क्षणों में
कौन-सा अर्चन कि युग-युग का सरल वरदान पाया
कौन-सा स्वर था कि जिसने गान ही भू पर बुलाया
कौन-से शतकल्प के प्रिय पुण्य फिर जागे हमारे
यूँ कि फिर आलोक की महिमा लुटाता देव आया
देव! तुम उतरे धरा पर साधना के किन क्षणों में

तुम उतर आए कि वसुधा ने नया इतिहास पाया
लौट कर पतझर बेला में नया मधुमास आया
मिल गई आतुर नयन को मंज़िलों की मधुरिमाएँ
तुम उतर आए कि प्राणों में नया विश्वास छाया
देव! तुमने विष पिया आराधना के किन क्षणों में

वन्दिनी माँ को समर्पित हो गया तारुण्य सारा
आज किसने मृतिका के भाग्य को फिर से सँवारा
हो गई मुखरित दिशाएँ जागरण का स्वर सजाकर
मुक्त मानव की बही अवरुद्ध फिर से प्राणधारा
देव! मन्दिर छोड़ आए अर्चना के किन क्षणों में।

आज की साँझ कुछ हताश है

आज की साँझ कुछ हताश है
आज आसमान कुछ झुका-झुका
आज कुछ पवन बहा रुका-रुका
आज हर लहर उठी सिहर-सिहर
आज का चाँद कुछ निराश है

आज क्या एक भी कली न खिली
आज क्या डाल एक भी न हिली
आज मैं एक भी क़दम न चला
आज का गीत कुछ उदास है।

कहत कबीर सुनो हो साधो

कहत कबीर सुनो हो साधो
वाणी एक अंगार उचारे दूजी लिए हाथ में लोटा
एक कहै यह असली चेहरा कहै दूसरा इसे मुखौटा
कौन बिरछ की छाया बैठे रहा सोचता बेनीमाधो

इसे बुलाया उसे बुलाया पद सिंहासन उन्हें बिठाया
आतम-ज्ञान कबाड़ा कीन्हा दो कौड़ी के मोल बिकाया
प्यासे हिरण रेत में भागे क्या छिछला क्या नीर अगाधो

छोटे ताल-तलैया न्हाएँ बोले अगम-निगम की बानी
चक्कर काट वहीं पर आवैं जैसे बैल तेल की घानी
रात अँधेरे बाड़ फलाँगे दिन में सीताराम अराधौ।

अब तक रिक्त न हो पाया मन का बादल

अब तक रिक्त न हो पाया मन का बादल
किस सावन की रात हुई पहचान है

कुछ यूँ ही जल-जल बुझा रात मेरा दीपक
कुछ यूँ ही जुड़-जुड़ मेरे सपने गए बिखर
जो आईं लहरें मन का ज्वार न बाँध सकीं
जो उठे गीत वे कब भर पाए मेरा स्वर

जो जल-जल कर भी रहा आज तक अनजाना
वह कौन जन्म का मेरा यह अरमान है

तुम आईं तो मैं सहसा जैसा भूल गया
इस जन्म-मरण के जाने-अनुमाने बन्धन
तुमने जो केवल एक निमिष ही दिया मुझे
मैं उसी निमिष पा गया अनेकों ही जीवन

तुम मिलीं धन्य पर मेरी भी तृष्णा देखो
जो तुम्हें न मिल पाता कुछ भी प्रतिदान है

यह फागुन का बह गया पवन रीता-रीता
फूलों की महफिल में न बँधा पर मेरा मन
तुम को जाना तो लगा कि सब कुछ जान गया
पर कहाँ शब्द में बँधा अजाना सा वह क्षण
तुम ने तो दिया कि देकर शेष न रहे कहीं
पर कहाँ ग्रहण करता मेरा अभिमान है।

पर तुम सहसा विश्वास कहाँ करते हो

पर तुम सहसा विश्वास कहाँ करते हो

जो बीत गए क्षण वे कितने मादक थे
जो बीत रहे क्षण वे कितने मादक हैं
जो आएँगे वे निश्चित मादक क्षण होंगे
पर तुम सहसा विश्वास कहाँ करते हो

तुमने ही तो खीचीं ये रेखाएँ कोमल
तुमने ही तो आकृतियाँ दी ये सरल-सरल
तुमने ही तो फिर प्यार दिया बन कर बादल
पर तुम सहसा अब रंग कहाँ भरते हो

तुम अब तक कर आए कितने पथ चिह्न अमर
तुम अब तक आए मुसकानों की छोड़ लहर
कुछ बहुत न बीती रात अभी है प्रथम पहर
पर तुम सहसा पथ दीप कहाँ धरते हो।

यह देखो पहली बार धरा मुस्काती है

यह देखो पहली बार धरा मुस्काती है
उगता सूरज कुछ नई जवानी का आलम
गातीं फसलें कुछ नए तरानों का सरगम
कुछ विदा हुए कुछ विदा हो रहे हैं तारे
लो डूब चला जो सन्नाटे का था मातम
तुम तानो सीना गरदन झुकी करो सीधी
वह देखो जनता नए स्वरों में गाती है

लो मिट्टी के पुतलों का शासन मरता है
लो सूखे तरुओं का यौवन अब झरता है
जो नई ज़िन्दगी की बहार देख न सकते
उन शूलों का मन इन फूलों से डरता है
तुम उठो माँगता युग बसन्त की अमराई
वह देखो खेतों की रानी अकुलाती है

अब नहीं बसन्ती रातों का राज कोई
अब नहीं खेत पर आसूँ की रातें सोई
ये जो महलों से चन्द लुटेरे ताक रहे
कब इनने धरती नीरी, जोती या बोई
यह हम मेहनत करने वालों की नई पौध
यह देखो मस्तानी सुगंध लहराती है
यह देखो पहली बार धरा मुस्काती है।

तपिश से धरा की जले हैं अधर तो

तपिश से धरा की जले हैं अधर तो
गगन मे सघन मेघ भी छा रहे हैं
सहज पढ़ रहा हूँ झुकी बरूनियों में
घिरी लालसा की सघनतम पिपासा
सहज जानता हूँ रुँधी कंठ में जो
युगों की उबलती हुई रुद्र-भाषा
तरंगित हुआ है उदधि का अतल जो
उसे बाँध कर क्या करेंगी फुहारें
धरा चीर कर उठ रही जो जवानी
उसे रोक कर क्या करेंगी बहारें
किसी के नयन आँसुओं से भरे तो
किसी के नयन अग्नि धधका रहे हैं

सुना पर न देखी अभी तक किसी की
कहीं भी किसी की हुई प्यास पूरी
जले जा रहे चातकी के अधर तो
व्यथा से घिरी जा रही है मयूरी
शपथ ले चले राज-पथ पर कि जिनकी
कहाँ बाँध कर रख दिए वे कि सावन
कहो ना कि ये माधवी पर्व कैसे
क्षुधा से हुआ लोक का मन अपावन
अभी पर न भूलो कि धरती सजग है
नए कंठ से घोष लहरा रहे हैं

निरर्थक हुई वन्दना की पुकारें
अकारथ हुए जा रहे हैं निमंत्रण

नई अर्चना के कलश ढुल गए हैं
बधिर देव व्याकुल हुए सब निवेदन
मगर ये न भूलो कि अब तक किसी से
न बाँधी गई पेट की दग्ध ज्वाला
मगर ये न भूलो कि ऐसे अधर से
कहाँ तक लगेगा सदा भग्न प्याला
अभी ये न भूलो कि वीरानियों में
हज़ारों नए स्वर उभर आ रहे हैं।

तुम जन्मे थे देव

तुम जन्मे थे देव प्रश्न के ऐसे युग में
थकित चरण, चेतना विमूर्छित, बुझा हुआ मन
एक नहीं शत-शत स्वप्नों की दुसह निराशा
दिशाहीन वह अन्ध नियति के रथ का बन्धन

देव जला था प्रश्न दिशाओं के नयनों में
कौन जीतती मृत्यु या कि जीवन की भाषा
कौन युगों से घुमा रहा है काल चक्र को
मरण या कि सपनों की मधुर-मधुर अभिलाषा

प्रश्न उठा था देव सनातन प्रश्न वही है
मैं कवि हूँ रचता हूँ छंदों को जीवन को
या कि भाग्य की लिपि पढ़ता हूँ सार हीन हूँ
काट रहा हूँ दिए आयु के इस बन्धन को

मैं हूँ भी या नहीं यंत्र हूँ या कि मनुज हूँ
फूल नहीं क्या? केवल बुझी हुई बाती हूँ
मैं क्या केवल घृणा प्रीति का सिन्धु नहीं हूँ
लहर नहीं क्या? दग्ध अग्नि का संघाती हूँ

ठीक यही जो जन्म-जन्म से मैंने पूछा
इस अशेष कामना तृषा से बँधा चला मैं
तुम ने उत्तर दिया अनेकों बार जन्म कर
किन्तु प्रश्न की इसी अग्नि से तपा-जला मैं

प्रश्न उठा फिर, तुमने उत्तर दिया देह धर
संशयहीन हुई फिर से यह मनः साधना
तुमने ही विष पिया सत्य है दारुण युग का
अन्ध नियति की भू-लुंठित हो गई कामना

तुम्हें देख हो गई अकिंचन देह घृणा की
उठा स्नेह का जीवन की महिमा का अर्चन
तुम ने जो दे दिया ज्ञान बाँटा जो अमृत
तुम विराट कब माने स्थान काल का बन्धन

देव काल को जीत, गरल को सुधा बना कर
जीवन की आभा में जो कुछ जिया लिखा है
हुआ मृत्यु का ध्वंस अनागत का मृत संशय
इस विराट तम के उर में वह दीप शिखा है

मृत्यु द्वार पर खड़ा हुआ है जग का वैभव
फैल रहा शत-शत जिह्वा हिंसा का अहिफण
इसीलिए कहते थे तुम प्रेमामृत ढालो
करो न्याय, करुणा, समता, ममता का वर्षण

यह विश्वास तुम्हारा है विष नहीं जिएगा
फूलों की मुस्कान जीत लेंगी तलवारें
यह विभेद का दानव निश्चित है कि झुकेगा
गूँजेगी विश्वास, स्नेह की मधु-झंकारें।

नए विचार की मशाल जल रही

नए विचार की मशाल जल रही
न आसमान में धुआँ रुके कहीं
न एक दीपवर्तिका झुके कहीं
उठो, कि जागरण प्रभात हो चला
निहार लो कि ये धरा बदल रही

न सामने शिला बने अड़े रहो
न युग प्रवाह रोक कर खड़े रहो
निहार लो कि ये प्रशस्त पथ खुले
कि ये नवीन जाह्नवी उछल रही

न यूँ तने रहो कि लो जड़ें हिलीं
नवीन प्राण के लिए किरण खिली
निहार लो कि मुक्त हो बहा पवन
कि ये नवीन पौध फूल फल रही।

सप्तकिरण में संकलित कविताएँ

शरद की चाँदनी की रात

आज फिर आई शरद की चाँदनी की रात।
मैं अभी भूला कहाँ हूँ वह सरल मुस्कान,
वे तुम्हारे नत-नयन के मौन मधुमय गान,
देखता था पर न मिटती देखने की प्यास,
आज तक भी लिख न पाया प्राण! वह इतिहास,
आज भी भूला कहाँ हूँ वह मिलन की बात।

आज सच जीना धरा पर हो चला था भार,
लग रही थी ज़िन्दगी ही एक एक कारागार,
पर तुम्हारे प्यार का अब भी वही आदेश,
मंज़िलों के पार जाने का वही आवेश,
मैं कहाँ भूला कि लाना है मुझे नव प्रात।

जी रहा हूँ क्योंकि जीवन में मुझे विश्वास,
जी रहा हूँ क्योंकि तुम मेरे हृदय के पास,
आज फिर फैला क्षितिज पर चाँद का मृदु हास,
रजनिगंधा से सुवासित हो चला वातास,
रूप की इस मधुरिमा में मैं खड़ा रस-स्नात।
आज फिर आई शरद की चाँदनी की रात॥

गर्मियों की साँझ

गर्मियों की साँझ है
दूर तक मेरे बरांदे में बिछी है
चमचमाती धूप की बेहोश किरणें;
सामने की खिड़कियों से आ रहे हैं
पेड़ के सूखे, गिरे, बेरंग पत्ते।

× × ×

चल रहा है साँप-सी तिरछी सड़क पर
धूल-चक्कर;
सामने की इस पहाड़ी पर
बहुत ही अनमनी सी है उदासी।

× × ×

डूबना तो चाहता है दूर सूरज
किन्तु, फिर भी डूब तो पाता नहीं है
गर्मियों की साँझ है
लम्बी
निराशा से भरी
सुनसान
गुम सुम।

× × ×

याद आता है किसी का चाँद-सा मुख
ठीक, चन्दा की किरण-सा
स्निग्ध, मोहक,
इस पहाड़ी से उझककर झाँकता हो

एक मीठा गीत, जैसे इस पहाड़ी के शिखर पर तैरता हो।
और, मेरा मन वहीं पर दौड़ता है
किन्तु, ये तो गर्मियों की साँझ है
नि:शब्द सूनी—
इस उदासी में नहीं कुछ काम होता
और मेरा मन सदा कुछ स्वप्न लेकर घूमता है,
लोग कहते हैं कि सपने देखकर क्या
ज़िन्दगी की मंज़िलें काटी गई हैं?
किन्तु, मेरे सामने तो स्वप्न ही हैं
और फिर ये गर्मियों की साँझ है
लम्बी, निराशा से भरी
सुनसान, गुम सुम।

पृथ्वी और बादलों की विदा

खिल रही है धूप वर्षा के गगन में,
और बादल माँगते अन्तिम विदा हैं।

तरुशिखर पर आज विस्तृत वाष्प के कुछ कण सजल हैं
बह रही पूरब दिशा से पवन चंचल
और पर्वत का शिखर आर्द्रित नयन से
साँझ को घेरे हुए
रंगीन मेघों के
सरल, साभार-वत-सा मौन देखे जा रहा है।

आज कुछ बेहोश-सा स्वर घूमती है चातकी का
और वे सतरंग सुर-धनु की
विलक्षण भंगिमाएँ
एक सूनी-सी उदासी में सिमटकर
दूर जाने कौन स्वप्नावृत गगन की
नीलिमा में मिल रही है।

आज बादल माँगते अन्तिम विदा हैं
और पृथ्वी की सजल दुख-भार से पलकें झुकी हैं
और अधरों पर किसी का गीत मधुमय गुँजरित है।

दूर पर्वत पार उड़ता जा रहा है मेघ का दल
और धरती डूबती ही जा रही है
एक ऐसे अर्थ के अस्तित्व में
जो कि कल ही मेघ ने उसको दिया है

उर्वरा है भूमि सुख-दुख सब सहेगी
किन्तु, इस क्षण एक अनजाना,
विवश से दर्द जैसे छा रहा हो
और बादल माँगते अन्तिम विदा हैं।

विश्वास का सिन्धु

डंगमगाते तीर पर मेरे चरण दृढ़
सिन्धु का आक्रोश
मेघों से गगन की
खिंच रही भ्रू
किन्तु, फिर भी इन भुजाओं से
प्रलय की परिधि
कुंठित कर सकूँगा
यह अमर विश्वास मन का।
लालसा-तूर हूँ
विजय के स्वप्न भी हैं
और जो बरसा रहे हैं
सतत मेरी कामना पर
इन हथोड़ों की दुसह दुर्दान्त चोटें
उन सभी के सामने मैं
शीश भूधर-सा उठाए
अधर पर मुस्कान
नयनों में बिजलियों को सँजोए
चल रहा हूँ।
सामने विश्वास का है सिन्धु
मेरे गीत के स्वर
ये जिन्हें दुहरा चुका हूँ सब समय में
चल चुके जिन पर कि घन के वार
चल चुकी जिन पर कि असि की धार
अविरल
किन्तु, फिर भी मृत्यु के विकृत स्वरों पर
जो सनातन घोष जीवन का, विजय को।

क्या कटेगा सत्य का वह स्वर सनातन?
क्या घटेगा सिन्धु वह विश्वास का अब?
डगमगाते तीर पर जब ये चरण दृढ़!
डगमगाते तीर पर मेरे त्वरण दृढ़!

मेरे स्वप्न

यह गगन की नीलिमा है,
और उस पर मुस्कुराते चाँद की भी रोशनी है,
रजनिगंधा के झकोरों से हुई बेभान
तारों की कतारें सो रही हैं।
किन्तु, मेरे स्वप्न, तुम को नींद ही आती कहाँ है?
स्वप्न ही तो जागते हैं रात-भर मेरे अलस मस्तिष्क में
स्वप्न ही की अग्नि के आलोक में
मैं झाँकता हूँ
इस अनागत के हृदय में।
एक सपना है विगत का
देह-सुख का, आत्म-रति का
सृष्टि मेरे ही लिये थी और मैं था
एक यह ही सत्य था
और कोई सत्य जैसे इस धरा के, वक्ष में पलता नहीं था।
रात का उठता चरण था
और मेरा स्वप्न बदला जा रहा था।
इस घड़ी का स्वप्न यह है
इस घड़ी में जी रहा हूँ
साँस लेकर
वायु में कम्पन उठाकर
बादलों से उठ रहे हैं बन्धु मेरे, मित्र मेरे
क्योंकि इस क्षण
वक्ष मेरा जल रहा है, प्राण सूखे जा रहे हैं
और मेरे पास ही में ज़िन्दगी की सब मनोरम कल्पनाएँ
रिक्त, गुमसुम घिर रही है
मैं उन्हीं के साथ बैठा हूँ

अग्नि मेरे पास में है
प्राण की तेज़स्विता है
प्राण की तेज़स्विता से कल्पना को देह दूँगा
रंग दूँगा
स्वप्न को सामर्थ्य दूँगा
मैं खड़ा हूँ कल्पनाएँ गा रही हैं
साँझ के रंगीन बादल उड़ रहे हैं
दूर मेरी सृष्टि को आकाश चूमे जा रहा है।
आज अपने तक नहीं है सृष्टि
आज अपने तक नहीं है यातनाएँ
साथ सब हैं—एक पारावार
जन का
रोष का
आक्रोश का
भय रहित हो स्वप्न देखे जा रहा हूँ।
रात बीती जा रही है
चाँद की मुस्कान नभ पर छा रही है
स्वप्न है यह प्रात का
मीठे प्रहर का
खेत पर सोना बरसना चाहता है
और सब के स्वर नये, सरगम नया है
प्राण में सब के भरा है अब उजाला
ज़िन्दगी के स्वप्न सबको मिल गये हैं
रात घटती जा रही है
प्रात होता जा रहा है।

ब्रज भाषा की कविताएँ

सवैया

नेह सो भीग रहैं सिगरे जन,
　　प्रेम रसायन सों उजलैं पल।
दीपित प्राण रहैं तुम सों,
　　अंखियान रहे नव-रूप को काजल।
काल की देहरी लांघ के लाल,
　　बसो नित ही सुधि के ब्रज-मंडल।
लाते रहो रस रंग के ये दिन,
　　छाते रहो ज्यों गुलाल के बादल।

सूने भये...

दूर ही दूर तैं जै करैं
　　हँस कार नैं हाथ निकार हिलाबैं
जो रुक जाय कहै अपनी
　　अपनी कहिबे सों कभूँ न अघावै
बीच बजार मिलै सब आपने
　　जाय कहाँ रस-छंद सुनावें
सूने भये सब नेह के घाट
　　कहैं किन सौं किन सौं बतियावै

समानता

मूँछ मुडाय लई तुम हू
　　हम सौ मुख अपनो हू अब कीनों
साहब है हम भी तुम से
　　पद दूनों लला तुम सो कर दीनों

मो मन भी तुम जैसो भयो
रति-रंग उमंगन सौं रस भीनों
एक सखी तुम कीन्हें उनै
इत एक-सखा हम हूँ कर लीनों।

बसन्त-1

सूखे, उदास, भये कचनार सों
रूप की कैसी कली निकली है
नेह को नीको संदेसो लिए
अब फूल के पास गई तितली है
देखो पलास के आँगन में
रस-रूप की कैसी नदी उछली है
आपने प्राण सँभाले रहो
ये बसन्त की कैसी बयार चली है

बसन्त -2

यह कैसी अजीब भई दुनिया
हम बीच बजार सयाने भये
अब आम के बौर न जाने हमें
हम हू उन से अनजाने भये
इत राधिका भूल गई ब्रज को
सुर बाँसुरी के अनुमाने भये
हम कौन सों पूछें बसन्त को आगम
हाय! पलाश बिराने भये

बसन्त-3

ठाडे रहे हम खोल के द्वार
रहे अकुलाय इतै-उत धाये
कैसे बताएँ तुम्हें ये लला
मिल के तुम सों कितने इतराए
सीखे-पढ़े जितने अखरा
सुधि की पतियाँ लिखि के हरसाये

भूलि गये अब ज्ञान के पंथ
    बसन्त के बावरे से दिन आये।

पचास का नोट

कौन से गाँव, गलीन, गुवालिनी
    दूध, मठा, दधि, बेचन जावैं
कौन सों बातें करैं चित की
    हित के मृदु बैनन सों ललचावें
कौन सौं भैया कन्हैया कहें अब
    कौंन सों नेह करें इतरायें
छोकरा पाजी दिखाय के नोट
    पचास को राजी भये इठलावें

पछतावा

कौन से रंग की पौथी पढ़ी
    रस के अखरा विसराने लला
कौन से देसा को पानी पियो
    हम सौं इतने इतराने लला
उनके दुख की बतियाँ न सुनी
    अपने सुख सों हरसाने लला
इत नेह के घाट दिखाने नहीं
    उत देह के हाट-बिकाने लला

भय

आये यहाँ रसखान रहीम
    सवै भयभीत सवैं घबरानें
बंद बजार किये सबने
    पहुँचे सब के सब जाय की थाने
भेदिया ये अल-कायदा के
    हमने सब भाँत इन्हें पहचाने
रावरे नेह में साँवरे लाल
    गये पकड़े दोउ भक्त पुराने

नेह के नाते

दिन ऐसे उदास-उदास रहें
    हँस बोल इन्हें चमकाया करो
रस-रंग के ये दिन बीतें नहीं
    कछु ऐसी गुलाल उड़ाया करो
वह आधी-अधूरी लिखी ना लिखो
    तुम प्रेम-कथा समझाया करो
तुम सौं कछु और बने ना बने
    यह नेह के नाते निभाया करो

पौष के दिन

भोर की धुंध रहे सिसियात से
    साँझ के शीत रहे ठिठुराये
घूप को कोट सुहानो लग्यो
    कनटोपा हवा में उड़ाय लजाये
बातें करी हित की बदरान सौं
    ओस की चादर सौं अकुलाये
स्वागत छंद लिखाय के नंद सौं
    पौष के पाहुन से दिन आये

कौन सी गैल

कौन सी गैल गये वे सखा
    हम को जिन बाँध लियो मन-प्रानन
जानें कहाँ वे गई सबकी सब
    बींधी गई जे सनेह के बानन
ढूँढैं कितै ब्रज-बीथिन में
    ब्रजभानु सुता को मनोरम आनन
बैठे कहाँ हम घरी-दो-घरी
    सखि सूख गये वे क़दम्ब के कानन

जान गये तुमसे

जान गये तुमसे मिलि के हम
    कैसे वन्यो रस को रतनाकर

कैसे कवित्त लिखे तुमने
    बँध जैसे गयो है उमंग को सागर
दीन्हें सरस्वती आय तुम्हें
    छवि वारे अनंत सुधामय आखर
वे सुख की सुधि की निधियाँ
    अजहूँ हिय में बसती कमलाकर

भौर सों सूरज

भौर सों सूरज बैठ गयो
    घर-आँगन, आय के स्वागत के बिन
कौन से देस गई है हवा
    हम ढूँढ के हार गये दिन हो दिन
पेड़ सौं छाया नहीं उतरी इत
    जेठ आषाढ़ लिए सिगरे गिन
आयगें नीर भरे बदरा कब
    बीत ही जायगें ग्रीषम के दिन

आबे लगे वे

आबे लगे वे हमारी गली
    करके कितनी-कितनी चतुराई
नाम हमारो सुजान धर्‌यौ
    घनआनंद व्है के करी कविताई
नेहू सों देखे उरोजन को
    कटि घेरिबे में करके कपटाई
चार दिना में लला समझे
    हँसि-बोलिबो कैसो भयो दुखदाई

हम को नहि बूँद

हम को नहि बूँद मठा की मिली
    छक के उन खाई मलाई लला
फल एक हू पायो नहीं हमने
    यह बेल युँ ही मुरछाई लला

सपना सबके सपना ही रहे
    तुम झूठी रसीद लिखाई लला
सब तंत्र दलाल के द्वारै गये
    यह कैसी स्वतंत्रता आई लला

आये न इन्दु

आये न इन्दु न मेघ न मारूत
    पीपा कई घृत के ढरकाये
बाम्हन जीम के तृप्त भये सब
    आसिस देय मौन सिधाये
एक हू बूँद नहीं बरसी
    सब ताल, नदी, नद, कूप सूखाये
थाली, कटोरी बिकेगी लला
    ये अकाल के काल से हैं दिन आये

कौन को जाय बताये

कौन को जाय बताये बिवाइन
    कौन को चाउर देंय ललामा
कासौं कहै रस रंग कथा
    गुरु मौन के रार की वे अभिरामा
कार के द्वार पर ठाडो रह्यौ जौ
    वह गाँव को दीन मलीन सुदामा
द्वारिका में अब कृष्ण नहीं
    रहते बिल क्लिन्टन और ओबामा

कोउ न नंद सौं

कोउ न नंद सौं बाबा कहै
    सुनि अंकल आग में प्राण दहै
अब कंस को कृष्ण प्रचार करैं
    हँस बोलिके बाँह सौं बाँह गहैं
इत आवैं कहाँ बृषभानु सुता
    जमुना तट कालिया नाग रहै

वह भैया कहाँ ब्रज आपुनो है
    जँह भैया न कोउ कन्हैया कहै

प्रेम विवाह रचायो

प्रेम विवाह रचायो लली
    इनकी न सुनी उनकी नहिं मानी
देखियो दो दिन हू न चले
    यह राधिका-श्याम की प्रेम कहानी
झूठें परै अभिशाप सबै
    दुख में न दुखी सुख ना इतरानी
दीन्हे बसन्त गुलाब के फूल
    दियो बरखा नव नेह को पानी

साथ तुम्हारे न जाने

साथ तुम्हारे न जाने कट्यो कल
    पंथ सदा हँसते बतियाते
नेह के बीत बंसत गये सब
    बीत गई सुख की बरसातें
कासे कहैं यह मर्म-बिथा
    हम कासौं करें ये सनेह की बातें
कैसे कटें अवसाद के ये दिन
    कैसे कटै ये विषाद की रातें

साथ तुम्हारे पहाड़

साथ तुम्हारे पहाड़ चढ़ै,
    रस की उमगी नदियान बहे।
सुख के दिन बीत गये सिगरे,
    दुख, आप ने पास रह्यो सो सहे।
तुम ने न कही, हम ने न सुनी,
    यह प्रेम-कथा अब का सों कहें।
नेह के द्वार भये सब बंद,
    कहौ कँह जाय के ठाड़े रहे।

महँगाई कौ कवित्त

उद्धव सो सुनि के बिहाल हाल ग्वालन को
      ब्रज में पधारे श्याम सुख देवन सबको
स्वागत में आये कछु खाली मटकान लिए
      विरुद बखान्यौ रोय-रोय गाय तब को
लाई जसुमति चार बिस्कुट कटौरी माँय
      कहि के सुनायो दुख-दारिद जो अब को
पूछिबो न भूलि ये कन्हैया सों अनेक बार
      टिकस कटायो लाला लौटबे को कब का

टीचर कौ कवित्त

गाये गिनै, भैसें गिनैं, भेड़-बकरीन गिनैं
      छोड़, छोड़ जावे लरिकान को सभारें हैं
ओछी तनखान में भगावे गाँव दूर-दूर
      पन सरपंचन की खात फटकारै हैं
तीन शत-चौंसठ दिन धक्का खात सड़कन पै
      एक दिन आदर की पड़त फुहारे हैं
बहुतक बखान हारै, कोउ ना बचाव हारे
      टीचर फटीचर को राम रखवारो है

कैसी उदास निहारत

कैसी उदास निहारत खेत को
      बैठी रही ये किसान की पातें
सावन जैसे भये दिन पौष के
      मूसलधार परी बरसातें
घाम में ठाड़े रहे सिसियात
      रही मन ही मन नेह की बातें

भौर सों साँझ लो

भौर सों साँझ लो जावे उड़ी
      रस-केलि करें नभ में इतरावें

ताल-सरोवर के तट पै
    कछु गाय दिसान को यो हरसावें
आपनो और परायो कहा
    सब के घर, आँगन मोद मनायें
आवें यहाँ सब देसन सों
    उड़ती अनुराग भरी चिड़ियायें

शीत सों व्याकुल

शीत सों व्याकुल व्है के हवा
    घर सों निकरी दे दुआर की साँकल
सूरज घूमिको निकस्यो
    किरणों को लपेट चहुँ दिशि कम्बल
चंद्रमा बाँच तो बैठ्यो रहयो
    ग्रह-गोचर मंगल और अमंगल
न्हाय के पंडित जैसे भये
    यह धोले धुले नभ पौष के बादल

बजार

ले मधु गंध गुलबन की, की खदु सराबर स्नान करावे
    देय रसायन की सुइयाँ, दिन दोय में आम पकाव के लाये
चीकू छुरी पे लगाय खाँड़, यों मीठे किए तरबूज खिलाये
    ऐसे बजार सों लावे कहा, रसावाहे विचार करे बकरा के

अलगाव

नाम तुम्हारो गये हम भूल
    न सूरत ही पहचानी लगै
घर, आँगन, गाँव, गली-गलियाँ
    कछु भूली भई सी कहानी लगै
सिगरी दस-रंग भरी रितुएँ
    अब आई-गई अनुमानी लगै
सब सूख जाये रस के असरा
    कछु...पुरानी-पुरानी लगै

दुख

आतप सो पिघले-पिघले दिन
कौन सी चाँदनी जाय नहावें॥
सूखे क़दम्ब की छाँह तरै
अब कौन से फाग के गीत सुनावें॥
आय गये असमंजस के दिन
कौन सों बोलें हँसे बतरावें।
काके अबीर मलैं मुख पै
अब गाल पै काके गुलाल लगावें॥

नम तुम्हरो भयो

नम तुम्हरो भयो है नयो अब
कृष्ण सों कृष्णा कहावत हो अस॥
योग से योगा भयो मनमोहन,
भोग से भोगा कहा अपनो बस॥
लंदन सो मँगवावे मठा
दधि, माखन कंपनी के हित सरबस॥
डंकल अंकल रोके खड़े पथ
जावैं कहाँ कित बेचबे गोरस॥

असंकलित कविताएँ

धन का अजगर

जी हाँ! यह धन का अजगर है
मोटा ताजा
इसको बिड़ला के बेटों ने
दूध पिला कर पोसा पाला
यह लेटा पाक्सितानी मस्जिद में गुमसुम
यह लेटा हिन्दुस्तानी मन्दिर में गुप-चुप
जी हाँ! यह धन का अजगर है
अब खादी की नई कैंचुली में
सजधज कर, फन फैला कर
सरक रहा है धीरे-धीरे
काली दह में जिसे कन्हैया ने नाथा था
उसे अभय वरदान दिया
सन् सैंतालिस में
उस अगस्त पन्द्रह पुनीत को
जन-गण अधिनायक पटेल ने
पुंगी देकर राज प्रमुख के कर कमलों में
एक बड़ी जिम्मेदारी से छुटकारा पाया
प्रभु श्री ने
देख रहे हैं गद्-गद् मन से
उनका यह प्यार अजगर अब
खुला छूट कर काट रहा है।
धक्-धक् बहता खून
मर्द मेहनत कश जनता का खेतों में
खिल-खिल हंसते राज-प्रमुख हैं
इस शरी से एक बून्द का हुआ न घाटा
बिना खून के इन्कलाब की

यह मिसाल है दुनिया देखे
जी हाँ! यह धन का अजगर है
लप-लप जीभ निकाले आता
हम सब देख रहे हैं इसको
जिसने छोड़ा वह सम्भाल ले
वरना हम तोड़ेगे
फिर जहरीली डाढ़
जी हाँ! इस धन के अजगर की

तुम्हें बाँध लाया, प्रिये...

कहीं जान पाती कि कैसे गगन से
तुम्हें बाँध लाया प्रिये! इस धरा पर
तुम्हीं ने बताया कि कैसी बंधी है
विभेहित दिशा चैत की चांदनी से
तुम्हीं ने बताया कि क्यों घिर रहा है
कहीं मेघ फिर आज सौदामिनी से
तुम्हारे सहज श्वास में है तरंगित
पवन से खिली फूल की कामनायें
तुम्हारी सरल चंदनी बाहुओं में
हुई मुग्ध सी प्रीति की अर्चनायें
कहीं जान पाती कि कैसे तुम्हीं से
सुने है प्रिय! प्राण ने स्वर्ग के स्वर
समझ पा रहा क्यों निशा ने संजोया
सहज फूल ये सांझ की तारिका का
समझ पा हा क्यों हुआ प्यार बे सुध
नयन कोर में आज अभिसारिका का
बंधा क्यों सदा से इन्हीं रिमझिमों में
लिए प्यास का कोष अतृप्त सावन
लिया बांध क्यों इन विपुल बंधनों से
सहज कामना का बना जो अतनु मन
कहीं जान पाती कि कैसे तुम्हीं से
लिया बांध है काल का रूद्र सागर
तुम्हारी पुलक यूँ कि जैसे किसी की
सहज बह गई प्राण की रूद्र धारा
तुम्हारे वचन यूँ कि आगम-निगम की
गई टूट सहसा कहीं बद्ध कारा

तुम्हारे अलक पर उतर छांह आयी
तुम्हारे नयन में हंसे चांद-तारे
समझ सब गया हूं तुम्हें प्रिय! समझ कर
सुगम हो गये सत्य के भेद सारे
कहीं जान पाता कि कैसे तुम्हीं में
सभी सत्य के भेद आये निखर कर

उदयपुर : एक रसिक नगर

झीलों की हथेली पर
उदयपुर सो गया है
हवाओं कु पुलों पर
ठहरा हुआ एक मन्दार पुष्प
कुछ नहीं हुआ है अभी
इस नगर को कुछ भी नहीं हुआ है
चुपचाप एक मौसम के बाद
दूसरा मौसम
बादल, बिजली
और घाटियाँ
समय के रसिक गवाक्ष पर
सब कुछ ठहरा, ठहा सा
शायद अच्छा हो
शायद बुरा
किन्तु इस नगर में
जब दिन डूब जाता है
तब मुझे भय नहीं लगता

इस तरह कि हम उदासीन नहीं रहें

हम रोज़-रोज़
इधर-उधर भटकते हैं
यह समझने के लिए
क्या हो गया है
भयावह
समय जिसे हम समझ गए थे
कईं तह का सम्बन्ध था
जिसका हमारे साथ
आशा और उदासों का
एक ख़ूबसूरत रोशनी का
हाथ हो जैसे
जिनके साथ अब उधेड़-बुन
संशय, अवसाद और भय है।
जिसे हमने बनाया
पुलकित होकर
बार-बार अनेक पुनर्सृजन की
प्रतिज्ञाओं के साथ
अब जब ज़िन्दगी के बारे में
सोचते हैं पछतावा होता है
लोग कहते हैं
विस्तार से मत कहो
सारांश बता दो
अब विस्तार से
क्लेशों का वर्णन सुनते
किसी को क्रोध न आये
लेखक को लगने लगे

एक अविश्वसनीय घटना है
इस तह सब भयावह होता है
हम जिसका शोक और
मर्मान्तक वृत्तान्त
किसी प्रसिद्ध पत्रिका में लिखकर भेजते हैं
इस तरह सन्तुष्ट कि
हम उदासीन नहीं रहें

उत्सव का निर्मम समय

किसी भी दिन
मैं देखूँगा तुम्हारा चेहरा
जिस पर उत्सव के दिन वाली
उदासी का विवरण लिखा मिलेगा

अब उत्सव के दिन होते हैं
सब से अधिक व्यर्थ
चोर की तरह ले जाने वाले
एक स्मृति बची-बचाई

उत्सव में कौन आएगा
वसंतसेना, वासवदत्ता
माइकल जैक्सन, चिदम्बरम
या जंगली सूअर
वह नहीं आएगी क्या
विश्व-सुन्दरी
क्या तो भी
ना है जिसका

उत्सव के आतंक में
गाँव पतझड़ के पेड़ जैसा
दरिद्र और निस्पृह हो गया है
औरतों के कंधों पर नंग-धड़ंग
बच्चे बैठे हैं
लज्जा से
अपनी नुन्नी दोनों जंघाओं में छिपाये

दिल्ली कहाँ है जहाँ उत्सव है
वहीं राष्ट्रपति हैं
राष्ट्र कहाँ है
उसकी आँखों में सूर्य-चन्द्रमा हैं
खेतों पर पड़ी दुख की लम्बी छायाएँ
रोटी के आकार का राष्ट्र
बची-खुची आकांक्षाओं का उत्सव है

वे थक गये हैं
उत्सव के एक दिन पहले
सड़क पर गाँव वाली लड़की की लाश मिली थी
बच्चे को चिपकाये अपने स्तन से
उत्सव के एक दिन पहले
लड़कियाँ ट्रक में भर दी गई थीं
वध-स्थल पर ले जाए जाने वाले
मेमनों की तरह

कौन-से उत्सव से आयी हो
वसन्तसेना!
कौनसा उत्सव है
इन दिनों
इस अँधेरे की राजधानी में

जरा धीरे चलो, प्रिय!
धीरे चलोगी तभी नज़र आएगा
यह वीरान और तुम्हारे पार्श्व में
चलने वाला
उत्सव का निर्मम समय

स्वंत्रता-संग्राम का सेनानी

वह स्वतंत्रता-संग्राम का पुराना सेनानी था
उसने कबाड़ से अपने तेज़स्वी दिनों की
तस्वीरें निकालीं
रपटें जो उन दिनों छपी थीं
वह फाइल

घबराकर उसने उस मकड़ी को देखा
नहीं, उसके गिरफ्तार होने के सर्टीफिकेट
असुरक्षित नहीं थे
वे उस मटमैली टोपी में तह किये रखे थे
जहाँ से वह आठ टाँगवाली
अक्रामक मकड़ी
भागी थी निकलकर

नहीं, पहले कुछ नहीं
अब काँपने लगी हैं अँगुलियाँ
बार-बार नाक के ऊपर
करते हुए चश्मा
नहीं, पहले कुछ नहीं
अब कितना मुश्किल है
साफ़-साफ़ छपे
बड़े-बड़े अक्षरों में दमकते
उन शब्दों का पढ़ना
स्वतंत्रता वगैरा

कचहरी के मुंशी ने
इधर-उधर से फाइल देखी

स्वतंत्रता-संग्राम के सेनानी का
चेहरा-मोहरा
पूछा अब क्या सोचते हो
उसने चौंकते हुए लगभग चिल्लाते हुए कहा
साहब! अब आपका राज आ गया है।

हर बृहस्पितवार को

मैं तुम्हारा बन्द खिड़कियाँ खुलने तक
इन्तज़ार करता
यह कैसा घर है कितना सुनसान
ब्राह्मणों का घर पवित्र और डरावना

साल-दर-साल
वसन्त में एक चिड़िया आती थी
पुराने फ्रेम में लगी
तस्वीर पर चोंच मारने के लिए
उन दिनों वाली वह विकल चिड़िया
जब भी आती मैं खिड़की खोल देता
एक उदास दिन की साँझ
बचती थी दिगन्त में

खिड़की खुलते ही
इस ऐश्वर्यशाली घर की
सब दरारें नज़र आने लगतीं
ऊपर तक आच्छादित जाले
जिर्ण और रंगविहिन छत
बाहर पत्ते रहित निर्वाक् पेड़

दिन बदल गये हों शायद
पूरी दुनिया के
मैं जल्दी-जल्दी चढ़ता
अपनी छत पर
वहीं से दिखतीं
बृहस्पतिवार के हाट से लौटतीं

स्त्रियाँ
गठियावात से बेहाल
हर वक़्त ठिठुरती, नंग पैर
इतने से सामान से सन्तुष्ट
पुरुष सिर झुकाकर चलते
जेब में रखते
कपड़े में बँधे बीज
आने वाली फसल के लिए

ये कौन-सी स्त्रियाँ हैं
कौन-से पुरुष हर बार चलते
थोड़ी ढीली पंडलियों से
कुछ पहले से धीमे गातीं
इन रास्तों पर
हर बृहस्पतिवार को

मैं चुपचाप तुम्हें देखने को
खिड़की खोलता
कहीं पूरा मोहल्ला ही तो देख सुन नहीं लेगा
जहाँ सन्नाटे में
गुज़रती हैं दीप्तिहीन तरुणियाँ
अपनी पतली कलाइयों से पकड़े
पानी भरे गगरे

शाम को निकलते
धँसी आँखों वाले छैले
ताजा मोगरे की फूलमालाएँ पहने
रेशमी रूमाल बाँधे
दारू पिये
किसी फिल्म में
पिटी लड़की का गीत गाते

खिड़कियाँ बन्द करते ही
तुम चली जातीं

हज़ारों मील के फासले पर
तन्हा बर्फ में लिपटी चिड़िया की तरह
सफेद और काँपती

मैं तुरन्त उस अँधेरे और
पलास्तर गिरे घर में
अपनी पुरानी लालटेन जलाता
सात रंगों वाली लालटेन
देखता कि वहाँ फिर से
चमक गयी हैं
गाँव की सब स्त्रियाँ
जो बृहस्पतिवार के हाट से लौटती है।
बची हुई सूरज की रोशनी में
अपने गाँव की तरफ़ देखतीं
कुछ पहले से ज़्यादा उदास
और धीमे से गातीं
कोई पुराना गीत
पहले टुकड़ों में फिर एक साथ
मिलाकर
अब वे दिन नहीं हैं
और खिड़कियाँ भी खुली हैं
लेकिन इन चौखटों पर
बृहस्पतिवार की थकी स्त्रियाँ
अब तक क्यों खड़ी हैं?

होने के सुख से

होने के सुख से
क्या अच्छा नहीं है नहीं होने का सुख?
डूबते-डूबते भी लाल-लाल टेसुओं का
आर-पार फैला हुआ वन
एक क्रस
उसके नीचे अहर्निश जलती हुई
एक रक्ताभ लौ
एक मोमबत्ती
एक जिज्ञासा ही जिज्ञासा से मंड़ित
शब्द
सारे जन्म-जन्मान्तरों का क्रोध, आक्रोश और निश्शेष।

एक रिक्त आयाम

लाल टहनियों के फूल
अन्धी खंदकों में गिर गये हैं।
मेरी प्रिया
अभी-अभी तुम्हारी हँसी का कमल
इसी अँधेरे में
अस्तित्व-हीन हो गया है।
सूर्योदय हुआ तो था
मैं हर सूर्योदय का साक्षी हूँ
किन्तु, केवल एक समुद्र-फेन की तरह
वह सूर्य लहर पर उठा, तैरा और डूब गया।
मैंने निश्चय किया
कल बसन्त की हवाओं को
तुम्हारे आँगन तक पहुँचा दूँगा
तुम्हारी वेणी के लिए
कुछ गुलाब
कुछ सूर्य की किरणें लेकर
तुम्हारे द्वारा तक आऊँगा
किन्तु मुझे भय है...मुझे भय है
खंदकें चौड़ी हो गई हैं
टहनियों के फूल तेज़ी से गिर रहे हैं
और आकाश
केवल एक विशाल रिक्तता का
आयाम मात्र रह गया है।

समय

फिर एक साँझ यूक्लिपटिस के पेड़ों तक आ गई है
कल फिर सूर्य निकलेगा—सुबह
समय क्या तुम यही हो?
इतिहास की घटनाएँ।

वे केवल जन्मती हैं।
उनके साथ कुछ नाम जुड़े हैं
जैसे एक नाम अलेक्जेंडर का है
या कि सीजर का
नाम और भी हैं
किन्तु उन सबका क्या अर्थ है?

घटनाएँ केवल प्रतीक्षा हैं
एक और सुबह की
एक और साँझ की
समय क्या तुम यहीं हो?

ये शब्द और ये घोषणाएँ
यह प्रार्थना और ये स्वप्न
विजय की दुर्निवार आकांक्षा
पराजय का दर्द
भीड़ से उठते हुए हाथ, हिलते हुए रुमाल
आकाश और पृथ्वी की परिक्रमा
फिर परिक्रमा
और भी ऐसा ही बहुत कुछ...बहुत कुछ

यह सब एक प्रतीक्षा है
एक और सुबह की
एक और साँझ की
आह समय! क्या तुम यही हो?

अषाढ़ की साँझ पर...

लो गगन का पथ सजाया है धरा ने
        शैल-शिखरों को दिया सिन्दूर मंडन
और कुंकुम से सँवारी देह की छवि।
        आज पहला मेघ आया है।
                अतिथि बन
इस आषाढ़ी साँझ के मधु-पर्व पर।
        एक दिन ऐसी अषाढ़ी साँस के
                एकान्त क्षण में
वह तृषातुर स्वप्न-दर्शी यक्ष
        कौन जाने कौन से अव्यक्त,
                आहत प्राण के निस्सीम पीड़ा मर्म को
                        गुनता रहा था।
पक्ष।
हाँ, सब अजानी कामना के स्वप्न-दृष्टा
        यक्ष ही तो है।
इस असीम विराट, उत्कंठा तृषा को
        पी रहे हैं।
दे रहे काल के रथ को चुनौती
जो दिवस की, वर्ष की महिमा मिटाकर
अग्रसर है।
लहर
        जानते हैं सभ्यता के स्वर्ण-मंडित चरण
                जिन पर गिर गई है धूल,
                        वह बस गिर गई है।
        यह स्मरण इतिहास का है
                गर्व-दृप्त, विशाल-वपु योद्धा, विजेता,

मरण के उस घाट अनजाने मिटे है,
किन्तु फिर भी हर अषाढ़ी साँझ के
        मधु-पर्व पर हम
एक लघु क्षण के लिए ही
वाष्प के उस अतनु वाले मेघ को
देते रहेंगे उस पुरातन स्नेह के
शत-शत निवेदन,
जो मरण के द्वार पर अविजित अमर है।
और क्या है भूमि की अनुभूति में?
        एक क्षण है,
स्वप्न है पूरे-अधूरे, सुख-दुख के,
एक क्षण उद्दाम प्राणों की पिपासा,
एक क्षण है फूल की अविजित सुरभि का।

गीत-रचनाएँ

ये बस्ती उजड़ी-उजड़ी सी

ये बस्ती उजड़ी-उजड़ी सी
किस के घर आँगन जा बैठें
किस से हँस बोलें बतियाएें
किस से कहें कभी तो हम को
मोती चुगते हंस बतायें
अपने गावँ गई पगडंडी
लगती है उखड़ी-उखड़ी सी

कितने हाथ कुए का पानी
कितने ट्रक भर कोका-कोला
कितनी भांग घुटी शिव-मन्दिर
बोल-बोल कर जय बम-भोला
पानी खींच-खींच कर दुलहिन
हुई एक पतली लकड़ी सी

सूखे वृक्ष ससीले मन के
आई नहीं मेघ मालायें
सूखे तट जमुना पर बैठी
वे प्यासी बृज की बालायें
कभी-कभी मिलकर गाती हैं
वे मल्हार टूटी बिगड़ी सी
ये बस्ती उजड़ी-उजड़ी सी

किस घर द्वार कबीरा जाये

किस घर द्वार कबीरा जाये
बैठे साँड गली गलियारे
रस-रिश्तों से रीती काशी
कांधे धरी कबीरा लोई
ले भागा लम्पट सन्यासी
माला कपट-कोथली काँपे
अगनित दुख मंजीरा गाये

आये पंडित, पीर, मौलवी
खाला के घर दिया न बाती
मरे गये अँधेरे घर में
इसके बेटे उसके नाती
विश्वनाथ की नगरी दोनों
रोते-रोते रपट लिखाये

माया ठगनि बैठ गंगा तट
धरम-करम की पोथी बाँचें
एक अजूबा हमने देखा
बंदरी संग मदारी नाचे
ढाई आखर लिखे प्रेम की
चिट्ठी किसको बाँच सुनाये
किस घर द्वार कबीरा जाये

लो अषाढ़ के दिन भी बीते

लो अषाढ़ के दिन भी बीते
बरसे नहीं कहीं भी बादल
तपते घाट उदास नही के
भूल गये हम सब नामों को
रसवंती उर्वरा सदी के
किस को मालुम था पूछेगा
यक्ष प्रश्न प्यासी धरती के

ढोल मँजीरा लेकर आये
नचे इन्द्रदेव के आंगन
भाषण दिया मुदित मंत्री ने
देकर कई-कई आश्वासन
हारे थके गाँव-घर आये
जस-के-तस रीते के रीते

हारा नहीं अभी भी माधौ
चमक रहा आँखों में सावन
मेघ मल्हार हवा गाती है
दावानल हो जाता चंदन
कई बार बादल बरसे हैं
अनायास, औचक अनचीते
लो अषाढ़ दिन भी बीते

यह संसार अजब रे साधो

यह संसार अजब रे साधो
नहीं पूछता कोई किसको
किसका नहीं किसी से नाता
अंधा एक सिपाही सब को
सीटी बजा राह दिखलाता
चिन्ता नहीं कहीं अग-जग की
बहरा आसिफ गूँगा माधौ

खोटा माल बड़ा विज्ञापन
ओछी पूंजी बड़ा-मुनाफा
खड़ा कबीरा भी बजार में
कब खुल जाये बंद लिफाफा
तोल रहा सत्ता का बनिया
मँहगा-सस्ता माल अगाधौ

संसद में जा कर जो सोता
जी हुजूर जो बोले तोता
उसकी जनम कुंडली पंडित
देख-देख कर गद्गद् होता
पुण्यवान वह ही कहलाता
करता जो सौ-सौ अपराधौ
यह संसार अजब रे साधौ

परिशिष्ट

भूमिका

आशा बलवती है राजन्

अपनी कविताओं के बारे में

अपने लिए लिखने की 'आत्म मुग्धता' से बचाने वाली कविवर तुलसीदासजी की लिखी ये पंक्तियाँ पढ़ता हूँ और झिझक जाता हूँ। इन पंक्तियों का आशय यह है कि अपनी कविता सरस हो या नीरस किसे अच्छी नहीं लगती? तब उनके विषय में लिखने का क्या अर्थ है? उनकी लिखी चौपाई इस प्रकार है : *निज कवित्त केहि लागे न नीका सरस होहि अथवा अति फीका।*

इसके बाद बहुत हिम्मत जुटाकर इस काव्य संकलन की कविताओं के बारे में कुछ लिख रहा हूँ।

कविता-संकलनों के क्रम में यह मेरा पाँचवां संकलन है। इसके पूर्व प्रकाशित संकलन 'उत्सव का निर्मम समय' भारतीय ज्ञानपीठ से छपा था। मेरे पूर्व प्रकाशित संकलनों और दूसरे लेखकीय प्रयत्नों को पढ़-देख कर यह धारणा सुनिश्चित हुई लगती है कि 'मैं समाजवादी कवि-लेखक हूँ।' दरअसल मैं वही हूँ और अब जबकि समाजवाद का राजनीतिक रंग फीका पड़ गया हो मुझे उसके मानवीय-संकल्पों की आभा किंचित् भी क्लान्त होती नज़र नहीं आती। पाँच सौ वर्ष पहले, जब न कोई राजनीतिक विचारधारा थी न 'प्रतिबद्धता' जैसा शब्द, न विश्वदृष्टि जैसा दृष्टि-बोध न समाजवादी खेमा तुलसीदासजी ने काव्य-प्रयोजन की निर्भीक घोषणा करते लिखा, 'कीरति भणति भूति भलि सोई सुरसरि सम सबको हित कोई'। (वही कीर्ति और कविता हितकारी है जो गंगा की तरह सबका मंगल करती हो)।

वर्षों तक यह चौपाई मेरे अर्धचेतन में रमी रही यद्यपि कविता के सन्दर्भ में मैं उसका गहन निहितार्थ बहुत बाद में समझ सका। मुझे यह कहने में कोई संकोच नहीं है कि प्रारम्भ में कविता 'कौतुक' की तरह ही रही—'उत्सव' की तरह मुदित करने वाली। बाद में भी जब मैं समाज और समय के साथ रचना के प्रयोजन समझता रहा तब भी उस कौतुक का अन्त नहीं हुआ। कविता का कलात्मक

पक्ष 'कौतुक' ही है। यानी जानी-पहचानी दुनिया के रस-रंग, राग-बिराग, स्वप्न और यथार्थ को मनमोहक 'कौतुक' भरा रूपाकार दे देना।

'साहित्य की स्वायत्तता' के पक्ष लेने वालों के साथ मैं यह कहने लायक कभी नहीं हुआ कि वे हमारी वास्तविक दुनिया के अतिरिक्त कोई 'दूसरी दुनिया' के निर्माता हैं। दुनिया या जीवन से साहित्य का 'अ-लगाव' पक्ष मैंने कभी स्वीकार नहीं किया। इस अर्थ में मैं अपने समय और दुनिया से प्रेम करता, तकरार करता, नई-नई रिश्तेदारियाँ कायम करता कविताएँ लिखता रहा।

मैं यह मानता हूँ कि कविता दुनिया के साथ तात्कालिक और दीर्घकालिक वृहत सम्पर्क है। यह सम्पर्क 'चयनधर्मी' हो भी सकता है नहीं भी। निस्सन्देह यह कवि का विवेक ही निर्णय करेगा कि वह इस दुनिया के 'विराट' में से कविता के लिए क्या प्रियतर पाता है।

मैंने अपनी कविता के लिए 'समृद्धि पक्ष' नहीं 'अभाव पक्ष' चुना। दरसल वही मेरा मोहल्ला, मेरा पड़ोस था, वहीं से मैंने कविता के दरवाज़े पर दस्तक दी थी। मैंने जाना कि अपने पुरोधा कवियों ने समाजवाद का महान् क्रान्तिकारी 'यूटोपिया' रचा है जिसकी अन्तरंग साक्ष्य भक्तिकाल के संत भक्त कवियों ने दी है। 20वीं सदी के आते-आते डार्विन, मार्क्स, फ्रायड आदि ने दर्शन, इतिहास, मनोविज्ञान आदि का पुनःपाठ कर दुनिया भर की वैचारिकी को बदल दिया। मार्क्स ने तो समाज की रचना-व्यवस्था के ईश्वरीय-नज़रिये को सामाजिक-आर्थिक बना दिया। उन्होंने कहा कि मनुष्य का भाग्य उसके समृद्धि-अभाव पक्ष, आनंद और क्लेश की रचना ईश्वरेच्छा से नहीं मानवीय इच्छाओं से होती है। मार्क्स यह समझाते हैं कि आर्थिक वंचनाओं का प्रमुख कारण उत्पादन के साधनों का स्वामित्व का है जिनके अधिकार में वे है वे हमारे भाग्य नियंता मालिक हैं...इत्यादि। इस सिद्धान्त ने मनुष्य की विपन्नताओं को समझने की तार्किक शक्ति दी जिसने 'दुख-दारिद्र्य' निवारण की विवश प्रार्थनाओं का स्वर ही बदल दिया। इस सामान्य से सिद्धान्त ने मनुष्य की नियति बदलने के प्रयास करने वालों को रोशनी देने लगा।

अपनी कविताओं के लिए यह उर्वरा ज़मीन थी जहाँ से मुझे अनायास कविता लिखने की उमंग और विविध विषय नज़र आने लगे। अभावों से विदग्ध ज़िन्दगी का पार्श्व मुझे अध्यात्म का पार्श्व जैसा लगने लगा। 'आशा बलवती है राजन्' की कविताओं में आशा-निराशा के बीच फँसी ज़िन्दगी का प्रज्वलन अनेक रूपों में व्यंजित है।

गौरतलब है कि अभावग्रस्त दुनिया के साथ अपनी कविता को सन्दर्भित रखना मेरा अपना निर्णय था इसलिए दूसरी सब खिड़कियाँ खुली थीं। कविता की निजता इस तरह सुरक्षित थी और कविता कलात्मक वैभव, वर्ण्य विषयों के चयन की स्वाधीनता भी।

मेरी कविताएँ इस संग्रह तक की अपने समय-व्यवस्था और उससे उत्पन्न तृष्णाओं, क्लेशों, लम्पटताओं से जुड़ी हैं। मैं अस्थिर, अधीर समय का कवि हूँ, अपने निर्मित सपनों पर संशय करना इसलिए मैं 'कालजयी' कविताएँ लिखने के दम्भ से मुक्त हूँ। अपनी कविताओं को मैंने समय से विमुख नहीं होने दिया। मैं विश्वास करता हूँ कि कविता की सबसे बड़ी शक्ति समय की पेचीदगियों, गाँठों, प्रतिकूलताओं को अभिव्यक्ति देना है। कविता की शक्ति और स्वायत्तता यदि है तो यही है।

इस संग्रह की पहली कविता का अन्त 'महाभारत' के एक जटिल मूल्य-क्षरण के प्रसंग को दुखान्तिका से गुज़रती है। सब कुछ अँधेरे में लिपट गया हो जैसे! किन्तु एक प्रबल मानवीय-विश्वास चमकता है 'आशा बलवती है राजन्'।

मेरी कविताएँ हिन्दी की अनेक पत्र-पत्रिकाओं में छपी हैं। उल्लेखनीय है : जनसत्ता (ओम थानवी), साक्षात्कार (आग्नेय), प्रभात-ख़बर (हरिवंश), कथन (रमेश, संज्ञा उपाध्याय), अक्सर (हेतु भारद्वाज), मधुमती (वेद व्यास), पहल (ज्ञानरंजन), वसुधा (कमला प्रसाद, स्वयं प्रकाश), अनौपचारिका (रमेश थानवी), बनासजन (पल्लव), सामान्य जन संदेश (डॉ. ओमप्रकाश मिश्र, हरीश अड्यालकर) इत्यादि। इन सब सम्पादकों का मैं आभार व्यक्त करता हूँ।

इस संग्रह की इधर-उधर बिखरी कविताओं में समेटने के लिए अनुराग, मंजु, सुयश ने निरन्तर उत्साहित न किया होता और अरुण, मनोरमा, आदर्श ने मनोबल न बढ़ाया होता तो मेरे लिए कुछ भी कर सकना कठिन था।

राजकमल प्रकाशन के अधिष्ठाता अशोक महेश्वरी का मेरे प्रति अकारण स्नेह ही है कि उन्होंने मेरे उत्तर-जीवन के लेखन की कई पुस्तकें प्रकाशित कीं।

मैं उनके संस्थान और उनके अभ्युदय की कामना करता हूँ।

—नंद चतुर्वेदी

30, अहिंसापुरी
उदयपुर (राजस्थान)

भूमिका

गा हमारी ज़िन्दगी गा

कविताओं के बारे में

अपनी कविताओं के बारे में कभी भी कुछ भी लिखना बहुत कठिन होता है, तब लगभग दुसाध्य सा जब वे पचास से साठ वर्ष पहले लिखी हों और कवि के लिए भी आश्चर्य हो जाने जैसी हो गई हों। वैसे भी अपनी कविता या कविताओं के बारे में किसी भी कवि को क्या कहना या लिखना चाहिए? उस उमंग के बारे में तो वह कभी कुछ भी नहीं कह पाएगा जिसके ताप से वे बनी हैं लेकिन उस समय के लिए वह शायद हिम्मत करके कुछ कह सके जिसके पास खड़े रहकर या जिसकी साक्षी में वह लिख सका है। यह भी अब मैं किसी झिझक के साथ ही लिख पाता हूँ, जब मुझसे यह दबाव डाल कर बार-बार पूछा जाता है कि कविता क्यों लिखते हो? अजीब बात है कि मैं हर बार इस सवाल का उत्तर अलग-अलग देता हूँ। दरअसल मैं खुद कभी आश्वस्त नहीं होता कि कविता लिखने के बारे में मैं कभी कोई 'अपरिवर्तनीय सच' कह पाऊँगा या कोई कह पाएगा? जैसे ज़िन्दगी है वैसे ही कविता है, हज़ारों तरह से व्याख्यायित, हज़ारों कारणों से लिखी गई, हज़ारों आवेगों की दीप-शिखाओं से प्रज्वलित, हज़ारों भावों से रस-मंडित।

ब्रज-भाषा में काव्य शुरू किया था। समस्या-पूर्ति करनी थी। 'हमारे हैं' के साथ अन्त होना था। पिता ने और मैंने छंद बनाया था। सत्य तो यह है कि वह उन्होंने ही बनाया था। मैंने 'कवि दरबार' में उसे हिम्मत के साथ पढ़ दिया था। तब न यह ज्ञान था न भरोसा कि किसी दूसरी तरह, किसी दूसरी भाषा में, कविता बन सकती है। तत्कालीन नरेश महाराज राजेन्द्र सिंह 'सुधाकर' ब्रजभाषा में लिख रहे थे, पूरे झालावाड़ के 'काव्य-लोक' में ब्रज-भाषा का आलोक फैला था। हिन्दी-ब्रजभाषा तकरार का मुझे कोई पता नहीं था। 'हमारी ब्रजबानी ही वेद' ऐसी वियोगी हरिजी की लिखी कविता-पंक्ति मेरे हृदय में बसी थी। उन दिनों मैं उससे (ब्रजभाषा से) मुक्त होना भी नहीं चाहता था। 1943 में मैंने बी.ए.

पास किया लेकिन मैं तब तक कवित्त-सवैये लिखता-पढ़ता रहा। कभी-कभार हिन्दी (खड़ी बोली) में भी लिखता और उन्हें कवि-सम्मेलनों में सुनाता तो श्रोता सराहना करते। वे ब्रजभाषा के कवित्त-सवैयों से भिन्न आवेगों के कारण लिखी होतीं और ब्रजभाषा से अधिक समझी जातीं। उन कविताओं में हमारी ज़िन्दगी के मधुर, रसीले, श्रुति-कोमल शब्द न भी होते तब भी जानी-पहचानी ख़ुशियों-उदासियों, हारी हुई बाजियों या जीते हुए खेल होते। उन्हीं दिनों की दो कविताओं का एक-एक छंद मुझे याद है, शायद इसलिए कि उन कविताओं को मैंने बार-बार पढ़ा था और उनमें ज़िन्दगी की वास्तविकताएँ दर्ज हुई थीं। उन्हीं दिनों की सच्चाई मेरी कविताओं का अविछिन्न हिस्सा हो गई और मैं महान् कवियों और 'जादुई कविताओं' के बारे में सोचते हुए यह समझने लगा कि उनकी महानता का रहस्य उनके अपने समय को व्याख्यायित करना है। सारे महान् कवि और महान् रचनाकार अपने समय, अपने समाज के व्याख्याकार हैं। इस तरह मैं अपनी कविताओं में ज़िन्दगी की वास्तविकताएँ दर्ज करने लगा और उन्हें लिख कर, सुना कर उल्लसित होने लगा।

जिन दो कवितांशों का मैंने ज़िक्र किया वे ये थे :

1. *मधु के प्यालों में पलते हो वैभव के मादक दीवानों*
   अरे! तुम्हारे कुत्ते-बिल्ली दूध-जलेबी पीते खाते
   मुर्गे-मुर्गी महलों की शोभा के साधन समझे जाते
   इधर कहीं जो खुली सड़क पर एक दूध मटकी फट जाती
   कितनी बहनें वस्त्रा भिगोकर दूध बाल-मुख में चचुआती
   ऐ! जननी के भामाशाहों जननी की कसकें पहचानो

2. *पर मेरा तो दिल पत्थर का बैठा-बैठा देखा करता*
   बैठा-बैठा देखा करता अरमानों की जली होलियाँ
   एक बार गिरि के शिखरों पर चढ़ने वाली युवक टोलियाँ
   आज वही भूखे प्राणों से माँग रही जीवन की भिक्षा
   भूखे तन से, भूखे मन से, खेंच रही जीवन का रिक्शा
   पर मेरा तो दिल पत्थर का बैठा-बैठा देखा करता

ब्रजभाषा का सम्मोहन धीरे-धीरे समाप्त हो गया। खड़ी बोली की कविता ने अपने पक्ष में पूरे राष्ट्र का आह्वान किया था और पूरा 'लोक' उसकी अनुगूँज, उसका विदग्ध-स्वर सुनने को तैयार था।

कविता इसी लोक और जनता की भाषा में लिखने के विवेक से मैं अपने और अपने अड़ोस-पड़ोस के अन्याय, गरीबी और लाचारी, दीनता और दुख

को दूर-दूर तक देखने लगा। मुझे यह कहने में ज़रा भी झिझक नहीं है कि समाज और साहित्य के अन्यतम रिश्तों को मैंने पुस्तकों के जरिये नहीं देखा, उन उदास गाँवों और छोटे-छोटे कस्बों की गलियों में ज़रूर देखा जहाँ लोग दिनों तक अँधेरे में बैठे रहते और रोटियों के लिए तरसते। कविता के रीतिकालीन सौन्दर्य-शास्त्र को अलविदा कहते हुए मैंने तब एक कवित्त के अन्तिम चरण में लिखा—

दीजै रंगशाला, रतिशाला को हवाला कहा,
बिलखत जे हैं एक-एक ही निवाला को।

1948 के प्रारम्भ में मैं नसीराबाद, खानदेश (महाराष्ट्र) के स्कूल की हेडमास्टरी छोड़कर राजकीय महाविद्यालय, कोटा में (हिन्दी में) एम.ए. करने आ गया। उस समय मैं पच्चीस वर्ष का था। वही समय था जब मैं कोटा के समाजवादियों के सम्पर्क में आया। कांग्रेस की भाषा बदल गई थी और उसकी हुंकार दब सी गई थी। उन्हीं दिनों मैंने जयप्रकाश जी और लोहिया जी को देखा और उनके विचार सुने और पढ़े। मुझे लगा कि वे ही विचार कविता की तात्त्विक भाव-भूमि हो सकते हैं। मैं इस निष्कर्ष पर पहुँच गया कि विभाजित दुनिया में किसी तरह की सुन्दर कविता नहीं लिखी जा सकती। मुझे अपनी इस मान्यता के विरुद्ध सारे तर्क बुनियादी रूप से निष्करुण और अमानवीय लगते रहे। इसलिए जो विचार बराबरी की दुनिया बनाने का उत्साह जगाते थे उन्हें मैं अपने गीतों में अंकित करने लगा। समाजवादी पार्टी के मुखपत्र 'जय हिन्द' में ये गीत-कविताएँ प्रमुखता से छपतीं तो मुझे ख़ुशी होती। मैं समाजवादी-सम्मेलनों, कवि-सम्मेलनों, कवि-गोष्ठियों में गा-गा कर इन्हें पढ़ता और बराबरी की दुनिया बनाने के लिए भाषण देता। वर्ण, जाति, सम्पदा और भाषा के भेदों में फँसे, विभाजित समाज के सीमान्तों को तोड़कर सहिष्णु और समता प्रिय समाज का सपना रोमांचकारी और नया लगता, इसलिए अपने गीतों में 'नया' शब्द का अनगिनत बार प्रयोग करता।

'नया' शब्द मेरे लिए औपनिवेशिक दासता से मुक्ति का प्रतीक था जिसे एक गहरे अर्थ में स्वतंत्रता के लिए प्राण देने वाले क्रान्ति-वीरों ने समझाया था। मेरे लिए नए का अर्थ था शोषण-मुक्त व्यवस्था, सामन्तों के उत्पीड़न से छुट्टी, प्रेम करने की आज़ादी, लोकतंत्रा इत्यादि। उन दिनों जो 'नये' शब्द का बार-बार प्रयोग करते हुए गीत लिखा उसका एक अंश इस प्रकार था—

नये गान होंगे नई वन्दना में
सितारों तुम्हारी चमक जा रही है
नये चाँद की रोशनी आ रही है

अँधेरे जगत् से उठा आ रहा ये
धरा-धूल पर फैलता जा रहा ये
इसी को चढ़ेंगे नये गीत मेरे
नये प्राण होंगे नई कल्पना में

तारुण्य के उन दिनों में 'नये चन्द्रमा' की इस रोशनी में मुझे ज़िन्दगी का सारा आकाश जगमगाता नज़र आता। इसी तरह नये विचारों की मशाल जलती और नये मेघ आते, नया सूरज आता और मचलती हवाएँ चलतीं।

'नये विचार' की मशाल जल रही'
'आज 'नये घन' आए, साथी!'
'लाल हुआ पूरब का अम्बर उठो देश की 'नई जवानी'
'बीत चली सपनों की रातें उगा 'नया सूरज' अम्बर में'

मैं इन कविताओं के आशावाद की मोहिनी से बँध गया था और इस विश्वास से कि यह राजनीतिक विचारधारा की काव्यात्मक प्रस्तुति ही बुनियादी भारतीय परम्परा की वापसी और 'नई संस्कृति' की दस्तक है। इस उमंग के साथ 'नया' शब्द कविताओं में बार-बार आना सार्थक लगने लगा।

इन रचनाओं को पढ़ते हुए लक्षित किया जा सकता है कि ये 'ग्राम-अभ्युदय' की कामनाओं से जुड़ी हैं। गांधीजी ने इसी आख़िरी आदमी के आशीर्वाद की कामना और इसी आदमी के लिए 'स्वराज्य' की बात की थी। अंग्रेजों ने इसी आदमी को गरिमाविहीन कर दिया था। राष्ट्रनेताओं ने इसी के अर्ध-नग्न शरीर के लिए सूत काता था। मैथिलीशरण गुप्त ने उल्लसित होकर कहा था, 'अहा! ग्राम जीवन भी क्या है' और पन्त ने असीम अनुराग के साथ लिखा—'भारत माता ग्रामवासिनी'। ये वे दिन हैं जब 'गाँव और किसान' अर्थशास्त्र के केन्द्र में था। इन दिनों की तरह संवेदनाहीन 'आत्महत्याओं' की चर्चा के केन्द्र में नहीं। उस समय मैंने अनेक गीतों में 'खुशहाल' गाँवों का, वहाँ की हवाओं का, ऋतुओं का, आकाश का, तरुण-तरुणियों का अनवरत उल्लेख किया, उनकी शक्ति को सम्बोधित करते हुए लिखा 'जागो! शक्तिमती कल्याणी'।

इन्हीं गीतों में से दो अंश उद्धृत हैं—

अब नहीं बसन्ती रातों का राजा कोई
अब नहीं खेत पर आँसू की रातें सोई
ये जो महलों से चन्द लुटेरे ताक रहे
कब इनने धरती, नीरी जोती या बोई
तुम उठो माँगता युग बसन्त की अमराई

यह देखो खेतों की क्यारी अकुलाती है
यह देखो पहली बार धरा मुस्काती है

'जागरण वेला का गीत' रचना का एक लम्बा छंद इस प्रकार है—

युगों-युगों से नई बहारों ने दी इसका रंग-रवानी
युगों-युगों से इसे मिली अभिशप्त जनों की हँसी-जवानी
मिला किसी के प्यार पले खलिहानों की देही का कंचन
मिला किसी के घायल मन का इसको तप्त श्वास का स्पन्दन
मिला करोड़ों शोषित जन के मन का शक्ति-भक्तिमय दर्शन
मिला करोड़ों बन्धु जनों के नए विधानों का आकर्षण
मेरा गीत नहीं माटी का नहीं खाँड का पंगु खिलौना
मेरा गीत नहीं रच पाता शोषण के डालर का सोना
धन्यवाद! यह गीत धरा के विजय-गर्व का स्वर-उन्नायक
बन्धु! जागरण की वेला में युग-युग तक मेरा स्वर ठहरे

इन गीतों में उस चिरन्तन आशावाद से रचा-बुना सपना है जो सब समतावादियों और उनके शुभचिन्तकों का रहा है। अभिधाप्रधान गीतों में उस नए समाज, नई संस्कृति, समय के सुदिनों की भविष्यवाणी भी है जिससे राजस्थान में व्यापक जनाधार के लिए लेखन शुरू होता है। कुछ गीतों, चतुष्पदियों में प्रेम की उदास विफलताओं का विषाद है, 'आज यूँ लगा कि दे न कुछ सका, और यूँ कि शेष कुछ न पास है' लेकिन इस विषाद की पर्तों को उधेड़ता बसन्त की नई कोंपल की तरह यह सुखद प्रतिज्ञा याद आ जाती है 'मैं कहाँ भूला कि लाना है मुझे नव प्रात'।

इन समाजवादी संकल्प-गीतों के साथ अनेक चतुष्पदियाँ अतुकान्त कविताएँ (जो इस संग्रह में नहीं है) लिखता रहा। अतुकान्त कविताएँ लिख कर ही कोई शिखर-कवि हो सकता है या किसी एक रंगत की रचनाएँ लिखकर काव्य-प्रतिभा के श्रेष्ठ उदाहरणों की कोटि तक पहुँचा जा सकता है, यह आग्रह मैंने कभी नहीं किया। लेकिन रचना की अन्तर्वस्तु के बारे में मैं ज़िद के साथ यह कह सकता हूँ कि वह मनुष्य का जीवन ही है अविभाजित, क्रान्तिकारी और सम्पूर्ण।

इन कविताओं को लिखने का उत्साह देने वालों में मेरे अनन्य मित्र और सुहृद कवि रामनाथ कमलाकर हैं, जिन्होंने कोटा में लम्बे समय तक अपना बना कर साथ रखा और अच्छी-बुरी कविताओं को सुनकर सराहते रहे।

कोटा और उदयपुर के समाजवादी साथियों ने जिस आत्मीयता से इन रचनाओं को मान दिया उन्हें औपचारिक धन्यवाद देना उन्हें भूल जाने जैसा होगा। साथी हीरालाल जैन, पुरुषोत्तम मंत्री, स्वामी माधोदास जी, महावीर प्रसाद शर्मा, मनमोहन ठाकौर,

राजेन्द्र जी चौधरी, भाई भगवान कवि-मित्र प्रकाश 'आतुर' और अन्य कई कवि और नागरिक हैं, जिन्हें ये कविताएँ अच्छी और उर्वरा लगी हैं। उनके प्रति आभार व्यक्त करना औपचारिकता ही होगी। लेकिन अभी दूसरा कोई शब्द मिल नहीं रहा।

अनुराग के जबरदस्त आग्रह से ही अधिकांशतः आधी सदी के पहले लिखी कविताओं का यह संकलन तैयार हो सका है। अपनी पुरानी रचनाओं को देखना—पढ़ना मोह-ग्रस्त होना ही है, इस विचार को अनुराग के उत्साह ने खारिज़ कर दिया। इस तरह यह संकलन उसी का है। संयोग से इस संकलन की कविताओं का रचना—समय उसके जन्म-समय से जुड़ा है।

प्रतिष्ठित प्रकाशन संस्थान राजकमल प्रकाशन, दिल्ली के प्रबन्ध निदेशक अशोक महेश्वरी ने जिस सुरुचि और सम्मान के साथ यह संग्रह प्रकाशित किया है उसके प्रति मैं उनका आभारी हूँ।

अन्त में इस संग्रह का नाम उन्हीं दिनों लिखे गीत 'गा, हमारी ज़िन्दगी, कुछ गा' दिया है। अजीब समय है, एकतरफ़ा सुख के उन्मत्त आरकेस्ट्रा के बीचोंबीच लाचार और बेबस ज़िन्दगी को बचाने के लिए संघर्ष करते साथियों को असली राग पहचानने और गाने के लिए कहना पड़ रहा है।

इस तरह किसने लिखा संवाद
रह गया संशय, दहन अवसाद
इस कथानक में बचा है कौन
आख़िरी उस आदमी तक जा
गा, हमारी ज़िन्दगी, कुछ गा।

सम्पादकीय

सप्तकिरण

'सप्त-किरण' राजस्थान प्रान्त के सात तरुण कवियों की रचनाओं का एक साथ पहली ही बार प्रकाशन है। इधर कई वर्षों से राजस्थानी साहित्य और संस्कृति की प्रशस्तियाँ सुनने का सुयोग प्राप्त हुआ आ रहा था; किन्तु, जैसे ही राजस्थान प्रान्त के डेढ़ करोड़ नर-नारी एक हो गए तो उस कीर्ति को व्यापक बनाने की कामना नित्य नवीन परिवेश धारण करने लगी। इस सत्य के पीछे इतिहास है कि राजस्थान का शौर्य केवल तलवार तक ही नहीं था; किन्तु, उसकी महिमा मन की असीम, अज्ञानी कामनाओं को प्रकाशित करने में भी उतनी ही समर्थ हुई। यह अद्‌भुत तो प्रतीत होता है कि इतने विपुल शौर्य के साथ यह कमनीयता, यह दर्द कहाँ था जो यों प्रकट हुआ, किन्तु, इससे यह, अवश्य जान लिया जाता है कि आत्मा की गहराइयों में जो सनातन है, वह केवल भौतिक ही नहीं है। उससे कुछ अवश्य ही गूढ़तर है जो काल के सभी क्षणों को लाँघकर, जीतकर प्रकाशित होता है। तभी तो युद्ध के और आक्रमण के बीच, तलवार और तोप के मध्य भी कलम लेकर कवि न विरह और मिलन के इतने मीठे गीत गाये और तूलिका लिकर ऐसी वंशवर्ती करने वाली तसवीरें बना दीं। तो यह प्रश्न सदा ही मन में बना रहा कि इधर जिस विगत की चर्चा है उसी के अनुरूप वर्तमान को कैसे बृहत् और व्यापक बनाया जाए? विगत की चर्चा मात्र से तो वर्तमान की महानता का दावा नहीं किया जा सकता है? वर्तमान की रचना होगा, उसकी सम्भावनाओं को प्रकाशित करना होगा, जो है उसे प्रत्यक्ष करना पड़ेगा, और इस तरह भविष्य को समर्थ बनाना है तो कुछ चलना होगा ही हर एक यह प्रश्न था।

एक दूसरा प्रश्न भी था—इस सबके लिए क्या करना होगा? विचार को देह देने का काम कैसे होगा? इस विचार को सुनेगा कौन और उसको क्या अवलम्ब होगा? यह प्रश्न मन को कातर बनाता था। प्रकाशन संस्थाओं के अभाव में इस सामूहिक कार्य के लिए बार बार एक ही अवलम्ब नज़र आता था, पर उस अवलम्ब को जो लोग घेरे थे, उन तक पहुँचने की गति, उन गलियों को पार कर

जाने की दिशा नज़र नहीं आती थी। यह अवलम्ब सरकार का था—वह सरकार जो इस प्रान्त पर सात वर्ष से शासन कर रही है। प्रति वर्ष ही इस तरफ़ लालसा लगी रहती कि शायद कुछ इस वर्ष और यदि इस वर्ष नहीं तो कदाचित् दूसरे वर्ष, और यों ही ये रीते सात वर्ष व्यतीत हो गए। प्रान्त में नित्य नवीन गीत गूँजते रहे, काव्य रचना होती रही, कवि सम्मेलन के मंचों पर नये मित्र मिलते रहे पर सभी तरफ़ यही सुनसान। सुना, सराहा, समाप्त हो गया। किन्तु साहित्य की यह दिशा नहीं होती। उसे जनता तक पहुँचाना होता है, उसे जन-मन धारण करता है और उन धारणाओं से नवीन जीवन की सृष्टि होती है। साहित्य का पथ यह है। समाज छोटा होता तो शायद कवि गोष्ठियों से काम हो जाता, समाज के समक्ष सरल प्रश्न और प्रसंग होते तो शायद सुन-सुनकर लोग काव्य को कंठाग्र कर लेते, किन्तु, सृष्टि के विपुल प्रसंगों के बीच और समाज के उत्तरोत्तर विकास के साथ उसे लोगों तक पहुँचाने का पथ पुस्तक है। यह पुस्तक छापे कौन! छापना सरकार को चाहिए था, किन्तु, सरकार यह करने में सफल नहीं हो सकी। यह दायित्व उसका था जो वह निभा नहीं सकी। यदि इस कार्य के लिए सरकार दूरदर्शी होती तो अभी तक प्रान्त की साहित्यिक गतिविधियों को, प्रान्तोपयोगी रचनाओं को अवश्य ही प्रकाशन मिल गया होता। विभाग के तत्त्वावधान में योजनाबद्ध होकर निकलने वाली यही 'सप्त-किरण' कितनी सुन्दर, व्यवस्थित और परिपूर्ण होती? अब तक इस प्रकार कितनी 'सप्त किरणें' निकल प्रान्त में एक वातावरण तैयार हो गया होता। यह साहित्यिक वातावरण हमारे जीवन को तब स्वतंत्र-चिन्तन, गौरवमय जीवन, और राष्ट्र-निर्माण की दिशा में किस तरह आकर्षित करता, यह देखते ही बनता। अब भी विपुल साहित्य है जो प्रकाशन चाहता है। अब भी अनेक सप्त किरणों की सामग्री है जो बिखरी पड़ी है—शासन इधर कृपा करे तो। बात यों छोटी-सी है, किन्तु, पूरी न हो सकने के कारण बहुत बड़ी लगती है।

जो हो, कुछ इस प्रकार 'सप्त-किरण' का प्रारम्भ होता है। एक आकांक्षा की तृप्ति के लिये जो बनता है वह परिपूर्ण नहीं होता, उसे योजना नहीं कह सकते। वह एक दिशा होती है, एक संकेत होता है। 'सप्त-किरण' का प्रकाशन कोई परिपूर्ण योजना, नहीं है, एक दिशा है, सचमुच ही एक घटना है। सात कवि-मित्रों का एक प्रयास है। हम सातों में से कोई नहीं जानता 'सप्त-किरण' के बाद क्या होगा? क्या होना चाहिए? हमने यही जाना है कि 'सप्त-किरण' समूह रूप में हमारे प्रान्त की प्रतिभा को साहित्यिक रूप दे रही है। इसलिए उसे प्रकाशित करना चाहिए। हमने जाना कि हमारे प्रयास हिन्दी जगत के समक्ष जाने चाहिए इसलिए 'सप्त-किरण' प्रकाशित करनी होगी। हमने जाना कि इस प्रकार का संकलन जो इधर आलोचना के लिए राजस्थान का प्रतिनिधित्व करने को नहीं है, होना चाहिए। इसलिए 'सप्त-किरण'आवश्यक है। इस आवेश में 'सप्त-किरण' को प्रकाशन हुआ। स्पष्ट है कि

इसके पीछे कोई आर्थिक कारण नहीं बल्कि मनोवैज्ञानिक कारण है—बहुत कुछ प्रान्त की प्रतिष्ठा का और बहुत कुछ आत्म-प्रकाशन का।

अवश्य ही, इधर ज्यों-ज्यों प्रकाशन पूर्ण हुआ जा रहा है तो एक अदम्य इच्छा मन में जाग रही है कि तुरन्त ही प्रान्त के अन्य सात कवियों को दूसरी 'सप्त-किरण' के लिये निमंत्रण किया जाए। इस विषय में सभी कवि बन्धुओं से निवेदन किया चाहता हूँ कि प्रथम 'सप्त-किरण' का दावा यह नहीं है कि यही प्रथम कोटि के सात कवि हैं। इधर कई मित्र छूट गये हैं जो प्रान्त में अत्यन्त समादृत हैं, श्रेष्ठ शिल्पी हैं, किन्तु 'सप्त-किरण' की जो आर्थिक मर्यादाएँ थीं, उनमें इससे कुछ अधिक होने की सम्भावना नहीं थी। अस्तु, यह सात कवियों की मर्यादा। दूसरी 'सप्त-किरण' में भी यही मर्यादा है किन्तु लक्ष्य है श्रेष्ठ काव्य का प्रकाशन। आकांक्षा तो यही थी कि सारे कवि बन्धु एक ही पुस्तक में समा गये होते—एक ही माला में मणियों, की तरह किन्तु इस सौभाग्य को इन विवशताओं से कैसे प्राप्त करता? 'सप्त-किरण' एक बड़ा साहित्य-परिवार चाहती है—सात-सात सदस्यों को। इसलिए वह सात कहानीकारों, गद्यगीतकारों, आलोचकों, निबन्धलेखकों और विविध साहित्यिक प्रवृत्तियों में अनुराग रखने वाले मित्रों को प्रकाशन देना चाहती है किन्तु इसके लिये कृपा, सहानुभूति और उदारता रखने की प्रार्थना है। शायद इस तरह यह साहित्यकारों का कारवाँ नहीं, किसी मंज़िल पर पहुँच जाए।

संकलन में लगभग इकहत्तर कविताएँ है। कविताओं के सम्बन्ध में लिखने का अधिकार आलोचक का है। जिन कवियों की ये कविताएँ है उनमें कोई आयु की उस परिपक्वता पर नहीं पहुँचा है कि जब शैली बन चुकी होती है या विवेक उठ-उठकर हाथ पकड़ लेता हो। इसलिए एक ही कवि की दस कविताओं में और इस तरह सब कवियों की सभी कविताओं में विविध अनुभूतियों के प्रिय एवं अनेक परिवेश धारण करने वाले शिल्प का प्राचुर्य है। किसी वाद के साथ कुछ भी बँधा नहीं है, किसी शिल्प के साथ कोई मोह नहीं, शायद बहुत कमनीयता भी नहीं, पर जो कुछ है सबका अपना है और सब जगह अपना है। इसलिए आलोचक के लिए यह कठिन होगा किन्तु, होगा मजेदार ही कि वह नपे-तुले कठघरे में शायद किसी को कहीं भी नहीं कस पाएगा। जीवन की सभी दिशाओं को बाँधने वाली, सभी छवियों को झाँकने वाली, सब तरफ़ निहारकर सबके स्वरूप को छन्दोमयी वाणी देने वाली ये रचनाएँ सभी साहित्यकारों के लिए कौतुकमयी होंगी।

'सप्त-किरण' के प्रकाशन में जाने-अनजाने कई मित्रों का सहयोग, उनकी शुभ कामनाएँ साथ हैं। इस विचार को प्रान्त के सभी साहित्यकारों का आशीर्वाद मिला है और यही कारण है कि इस प्रकाशन को यह रूप प्राप्त हुआ है। प्रान्त के मौन और यश-कामना से निर्लिप्त आलोचक और कहानीकार श्री विष्णु दा ने इन कविताओं की जो विवेचना की है यह उनकी कृपा है। श्री गोवर्धन जोशी ने जो

आवरण पृष्ठ की रूप सज्जा की है उसका ससम्मान स्मरण करता हूँ और आभारी है। 'सप्त-किरण' का प्रकाशन सर्वथा कठिन ही होता यदि मुझे साहित्यानुरागी पं. शोभाचन्द्रजी भारिल्ल की कृपा नहीं मिली होती। उन्होंने 'सप्त-किरण' के प्रूफ रीडिंग से लेकर प्रकाशन तक जो सहायता दी वह अविस्मरणीय है। पं. रामस्वरूपजी मिश्र संचालक मनोहर प्रिंटिंग प्रेस ने पुस्तक को शीघ्र छाप देने और सुन्दर बनाने में सब तरह सहायता दी है—साभार स्वीकार करता हूँ।

मुझे आशा है साहित्यिक और सांस्कृतिक प्रयास को आदर, अनुराग और आशीर्वचन देने वाली राजस्थान प्रान्त की जनता को 'सप्त-किरण' का प्रकाशन अवश्य ही प्रिय लगेगा।

विद्या भवन टीचर्स कॉलेज
उदयपुर (राजस्थान)

—नंद चतुर्वेदी

भूमिका

उत्सव का निर्मम समय

अपने लिखने पर किसी भी प्रकार की टिप्पणी करना मोहाविष्ट होना ही है। अपना लिखा हुआ, बोला हुआ, आत्मा का केन्द्र ही होता है, अविछन्न और अभिन्न। बहुत दिनों बाद और बहुत दूर से देखने के बाद भी उसका लालित्य नशा पैदा करता है। 'अपना कवित्व सरस हो या फीका किसे अच्छा नहीं लगता' ऐसा वर्णन करती तुलसीदास जी की एक चौपाई है।

कविता लिखने का कौशल सीखा जाता रहा है, सीखने पर कुछ बात बन भी जाती है, अभ्यास के कारण कुछ लक्षण कविता जैसे, कविता से मिलते-जुलते, नज़र आने लगते है। लेकिन असली, एक दम सौ टंच कविता किसने लिखी है? उस तरह के पारखी, समीक्षक कौन हैं? भाषा के इस कालातीत जादू की ताक़त कहाँ है? बिहारी ने यह सवाल शायद कवियों को ही सम्बोधित किया हो : कितनी ही जादूगरनियों की बड़ी-बड़ी और अनियारी आँखें मिल जाएँगी लेकिन सुजनों के मन बाँधनेवाली चितवन तो 'कुछ और' ही होती है। 'कुछ और' यानी कैसी? कैसे बँधते हैं सुजनों के मन और क्या परिणाम होता है मन बँधने के बाद, मन का? यह सब सवाल प्राय: निराशा ही पैदा करते हैं।

इसलिए कविता लिखने के बारे में उत्तर देते हुए किसी एक उत्तर से बँधना सबसे अधिक क्लेश देनेवाली पराधीनता है। उत्तर नहीं दिए गये हैं। जो उत्तर दिए ये हैं वे सब-के-सब खारिज़ कर देने जैसे थे यह भी नहीं है। किसी ने उत्तर देखकर, उत्तर देने के लिए ही कविता लिखी हो यह सम्भव है लेकिन सर्जना की चाहत, उसके परिणाम, उसका रसानन्द और प्रज्जवलन, उस मझधार में उतरना और पर आ जाना या डूब जाना यह सब दूसरी दुनिया बनाना है। सर्जना में दूसरी कई, पहले से न जानी गई बातें—अचिन्त्य आवेग, अन्तर्विरोध और सपने, रोशनी और अँधेर—हस्तक्षेप करती है : सारी चीजें जिन्हें मैं जानता नहीं हूँ—The things unknown to me जैसाकि हर्बर्टरीड ने अपनी पुस्तक को नाम देकर अभिहित किया है।

लेकिन तब भी कविता या कोई सर्जना, निरपेक्ष नहीं है, यह (कविता) किसी भी शक़्ल में हो—अबूझ या कि उलटबाँसी या चकित करने वाली दिव्यता, अनेकायी या एक अर्थवाली ललित या अग्निलपट, यथार्थ या 'यूटोपिया' वह मनुष्य की आकांक्षा ही है। आकांक्षा के सहस्राकार, सहस्र आयाम, सहस्र रूप-सर्जना की स्वाधीनता के पक्ष हैं। एक सर्जनात्मक समाज अपनी सारी धन-दौलत, स्मृति और सम्पन्नता के साथ समाज और समय को इसी तरह समझता है। इस दुनिया को पूरी समग्रता में बदलने, बचाने की इच्छा होती है।

यह बात नज़र आती है कि रचने की इच्छा महत्त्वाकांक्षी भी है और विखंडन भी, एक अर्थ को तलाश करना और एक अर्थ की कुरूपता को तोड़ना पिछली शताब्दी की कविता इस अर्थ में, बड़ी और सार्थक है कि यह सर्जनाा अथवा कविता के स्थापित अर्थो को बदलती है और मनुष्य की विलुप्त, छीजती हुई पहचान को बचाने अथक कोशिश करती है। संहार, दासता, तिजारत, लालच और धर्मोन्माद दुनिया को कुचलने और आतंकित करते रहने के लिए तरह-तरह के आयुधों का निर्माण और सबसे क्रूरतम, संघर्ष में भाषा की सौदेबाजी और उसके सामर्थ्य को विज्ञापन के काम में लाना दरअसल कविता के लालित्य और केवल वर्णनात्मक सरहदों की रक्षा का मासूम मामला नहीं है, बल्कि मनुष्य और मनुष्य के बीच के रिश्तों को हर तरफ़ से फिर से मजबूत करने का बड़ा संकल्प है। फिलहाल सबसे बड़ा, जटिल और ज़रूरी।

सर्जना और कविता के लिए हम कुछ भी चुन सकते हैं और यह भी हो सकता है कि हम कौतुकवश सब कुछ खुला रहने दें, विमुक्त-लेकिन तब भी यह ध्यान देने की बात है कि 'विमुक्तता', मनुष्यों के दायरे में गहन सदाशयता है, उच्च सामाजिकता और बराबरी का उच्चतर उल्लास। बड़े और विकसित समाजों के पास विमुक्त होने का नैतिक उल्लास होता है लेकिन वह किसी भी अर्थ में किसी को पराजित करना या दीन बनाना नहीं है। जब बड़े और विकसित समाज, सर्जना के सारे दावे केवल अपनी विमुक्ति, अपने दर्प, अपनी प्रभुता, अपनी संस्कृति की श्रेष्ठता के एक-आयामी विस्तार के लिए कर रहें हो तब सर्जना का आनंद और कविता की विमुक्ति का एहसास एक दुर्लभ सपना होता है। तब कविता की विमुक्ति, उस व्यवस्था से विमुक्त होने में ही होती है जो दूसरों के लिए पूरी ताक़त से उत्कर्ष के सारे रास्ते बन्द कर देती है।

याद करता हूँ तो मेरे पास कविता लिखने के बहुत से विकल्प नहीं थे। एक उत्पीड़ित समाज, अन्दर से दरकता, शक्तिहीन, नृशंस सामन्तों के ऐश्वर्य की क़ीमत चुकाता हुआ नज़र आता था। दूसरे रमणीय दृश्य डरावने, आकस्मिक और षड्यंत्र लगते थे। उन दिनों कवि पद्माकर के ऋतु वर्णन की रसीली

शैली का तिरस्कार करते हुए मैंने जो कवित्त लिखा उसका अन्तिम पदबन्ध इस प्रकार था—

दीजै रंगाशाला, रतिशाला को हवाला कहा,
विलखत जे हैं। एक-एक ही निवाला को।

अंग्रेजों और सामन्तों की दोस्ती और उत्पीड़न से बनी हुई व्यवस्था का अन्त नज़र आ रहा था, किन्तु एक हारी हुई बाजी खेलते समय भी वे अपनी सुरक्षा और आर्थिक सम्पन्नता की किलेबन्दी में चौकन्ने और सजग थे।

आज़ादी की कविता लोगों के साथ थी। पहली बार और इतने खुले दिल से। उत्पीड़न के खिलाफ यह पहली बार कविता का संगठित उन्मेष था। शायद पहली बार कविता ने इतने प्रबल स्वर में अपनी सामाजिक प्रतिबद्धता को केन्द्रित किया था।

आज़ादी के बाद की कविता अधिक गम्भीर और रचनाशीलता के अनेक आग्रहों को स्वीकारती है। इस क्रम में सबसे लम्बी और उग्र बहस राजनीतिक शिविरबद्धता को लेकर हुई है। हुआ यह भी है कि किसी एक चालाकी के साथ विश्व की राजनीति ने अपने रूप बदल लिये हैं और शक्ति के वैश्विक रूप अमूर्त और हिंसक हो गये हैं। नये और क्रूर अर्थशास्त्र का मिज़ाज असंख्य तनाव पैदा करता है और संघर्ष के पहले ही पराजय सुनिश्चत कर देता है। भूमंडलीकरण और नये बाज़ारबाद ने सिर्फ़ प्रतिस्पर्धा और पूँजी के वर्चस्व को अमर्यादित हैसियत दी है। मनुष्य की दृष्टि में जब शक्ति-केन्द्र अपने से बाहर 'लोक' में निहित नहीं है। भाषा किसी नैतिक शक्ति का हिस्सा नहीं है, व्यापार और विज्ञापन है।

मैंने बार-बार यह पूछा है कि कविता ऐसे समय में किसका पर्याय है—अकेली खड़ी लालची संस्कृति का, अकेले खड़े लालची आदमी का, अकेले खड़े अभिजात्य का, मानव विरोधी सूचनातंत्र का, निजीकरण का? कवि का अकेला खड़ा रहना सम्भव है लेकिन तब यह कविता की लड़ाई नहीं लड़ता, वह कविता-विरोधी लड़ाई लड़ता है। कविता रचने का पर्याय बराबरी की दुनिया रचना ही है। कविता की भाषा, कविता का मुहावरा, कविता के मिज़ाज बदलने का अभिप्राय मैंने यही समझा है कि कविता की सबसे महत्त्व की लड़ाई ग़ैर-बराबरी वाली दुनिया को बदलने की लड़ाई है।

अपनी कविता की अनेक सीमाओं से मैं परिचित हूँ, उन सीमाओं से मैं निराश भी हूँ लेकिन मुनष्य में अपनी रचनाओं से, ग़ैर-बराबरी और उत्पीड़न के खिलाफ उमंग उत्पन्न कर सकता हूँ यह ख़याल मुझे विश्वास से भर देता

है। मनुष्य के पास सबसे बड़ी ताक़त समता का पक्ष है। मेरे लिए यही कविता का पक्ष भी है।

इस पुस्तक की कविताओं को बार-बार पढ़कर उनकी सराहना में सुचिन्त्य अभिमत व्यक्त करने के लिए मैं भाई नवलजी (डॉ. नवलकिशोर) का हृदय से आभारी हूँ। अपने मितभाषी स्वभाव के बावजूद उन्होंने मुझे इन रचनाओं की सार्थकता से आश्वस्त किया।

—नंद चतुर्वेदी

30, अहिंसापुरी
उदयपुर (राजस्थान)

꩜

नंद चतुर्वेदी रचनावली

काव्य आलोचना और निबंध

खंड : 2

नंद चतुर्वेदी रचनावली

काव्य आलोचना और निबंध

खंड : 2

सम्पादक

पल्लव

राजकमल प्रकाशन

ISBN : 978-93-6086-922-9

मूल्य : ₹2500
(4 खंडों का सम्पूर्ण सेट)

पहला संस्करण : 2024

प्रकाशक : राजकमल प्रकाशन प्रा. लि.
1-बी, नेताजी सुभाष मार्ग, दरियागंज
नई दिल्ली-110 002

शाखाएँ : अशोक राजपथ, साइंस कॉलेज के सामने, पटना-800 006
पहली मंज़िल, दरबारी बिल्डिंग, महात्मा गांधी मार्ग, प्रयागराज-211 001
1, अनमोल सोराबजी सन्तुक लेन, धोबी तलाव, मरीन लाइंस, मुम्बई-400 002
वेबसाइट : www.rajkamalprakashan.com
ई-मेल : info@rajkamalprakashan.com

मुद्रक : बी.के. ऑफसेट
नवीन शाहदरा, दिल्ली-110 032

NAND CHATURVEDI RACHANAWALI (Vol. 2)
Edited by Pallav

नंद चतुर्वेदी

आलोचक और अभिन्न मित्र प्रो. नवलकिशोर के साथ नंद चतुर्वेदी

पुत्र अनुराग के विवाह समारोह में बाएँ से अरुण चतुर्वेदी (सबसे बड़े पुत्र), राम चतुर्वेदी (छोटे भाई), रामभाऊ चौबे (बहनोई), नंद चतुर्वेदी, अनुराग, प्रकाश चतुर्वेदी (भाई), घनश्याम (मौसेरे भाई) और पीछे महेंद्र, सुयश चतुर्वेदी (पुत्र), आदर्श (पुत्र), जगदीश चतुर्वेदी (दामाद), (आगे खड़े) अंकुर, वर्ष 1981 *(फोटो साभार : ओंकारनाथ)*

सच्चिदानंद हीरानंद वात्स्यायन 'अज्ञेय' के साथ नंद चतुर्वेदी

दो भाई और पुत्र। राम चतुर्वेदी, नंद चतुर्वेदी और अरुण चतुर्वेदी, वर्ष 1981
(फोटो साभार : ओंकारनाथ)

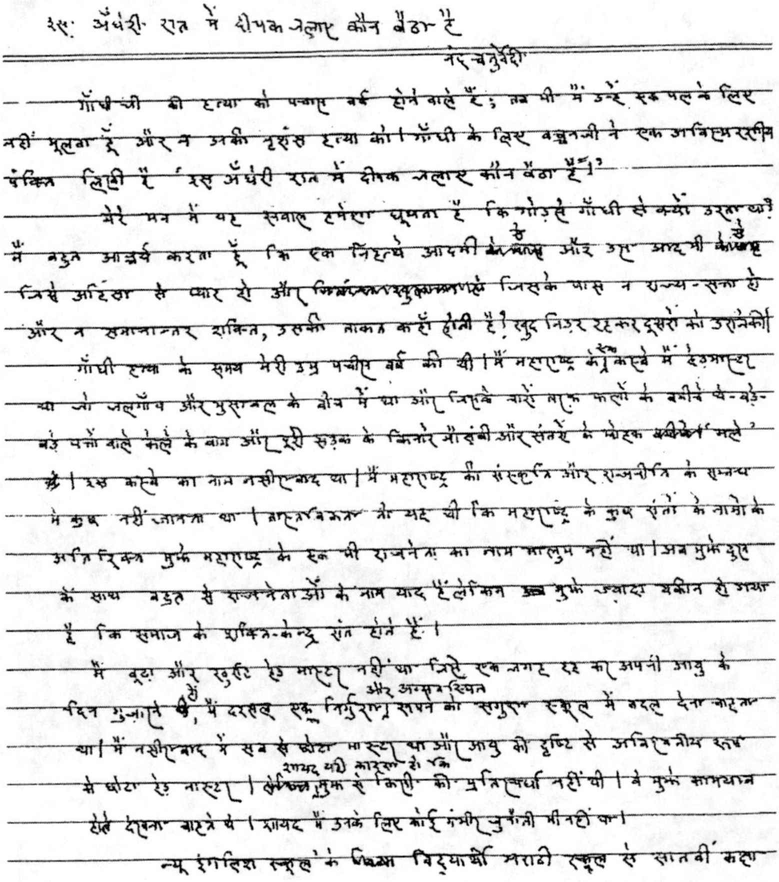

२९: अँधेरी रात में दीपक जलाए कौन बैठा है

नरेन्द्र चतुर्वेदी

गाँधीजी की हत्या को पचास वर्ष होने वाले हैं; तब भी मैं उन्हें एक पल के लिए नहीं भूलता हूँ और न उनकी नृशंस हत्या को। गाँधी के लिए बच्चनजी ने एक अविस्मरणीय पंक्ति लिखी है 'इस अँधेरी रात में दीपक जलाए कौन बैठा है?'

मेरे मन में यह सवाल हमेशा घूमता है कि गोडसे गाँधी से क्यों डरता था? मैं बहुत आश्चर्य करता हूँ कि एक निहत्थे आदमी से और उस आदमी से जिसे अहिंसा से प्यार हो और जिसके पास न राज्य-सत्ता हो और न समानान्तर शक्ति, उसकी ताकत कहाँ होती है? खुद निडर रहकर दूसरों को डराने की।

गाँधी हत्या के समय मेरी उम्र पचीस वर्ष की थी। मैं महाराष्ट्र के एक कस्बे में हेडमास्टर था जो जलगाँव और भुसावल के बीच में था और जिसके चारों तरफ केलों के बगीचे थे- बड़े-बड़े पत्तों वाले केले के बाग और पूरी सड़क के किनारे मौसंबी और संतरे के मोहक बगीचे मिले? थे। इस कस्बे का नाम नसीराबाद था। मैं महाराष्ट्र की संस्कृति और राजनीति के सम्बन्ध में कुछ नहीं जानता था। वास्तविकता तो यह थी कि महाराष्ट्र के कुछ संतों के नामों के अतिरिक्त मुझे महाराष्ट्र के एक भी राजनेता का नाम मालूम नहीं था। अब मुझे युग के साथ बहुत से राजनेताओं के नाम याद हैं लेकिन मुझे ज्यादा यकीन हो गया है कि समाज के शक्ति-केन्द्र संत होते हैं।

मैं बूढ़ा और खुर्राट हेडमास्टर नहीं था जिसे एक जगह रह कर अपनी आयु के दिन गुजारने हों, मैं दरअसल एक निर्गुण और अव्यवस्थित सपने को सगुण स्कूल में बदल देना चाहता था। मैं नसीराबाद में सब से छोटा मास्टर था और आयु की दृष्टि से अविश्वसनीय रूप से छोटा हेड मास्टर। शायद यही कारण है कि मुझ से किसी को प्रतिस्पर्धा नहीं थी। वे मुझे सावधान होते देखना चाहते थे। शायद मैं उनके लिए कोई गंभीर चुनौती भी नहीं था।

न्यू इंगलिश स्कूल के विद्यार्थी मराठी स्कूल से सातवीं कक्षा

लेखक की हस्तलिपि (संस्मरण)

क्रम

भाग-2

भाग-3

अन्य असंकलित लेख

परिशिष्ट

गद्य लेखन का संकल्प

एक कवि के रूप में नंद बाबू की निगाह में दुनिया और समाज की असमानता सबसे मुख्य चिन्ता थी जिसे बराबर करने और मनुष्य जीवन को अधिक मनोरम बनाने के लिए वे कविता का प्रयोजन बताते थे। आलोचना उनका काम्य नहीं थी तब भी वे आलोचना की तरफ प्रवृत्त होते हैं और संकल्पों की रक्षा और यत्किंचित अस्तित्व रक्षा के लिए। जिस समय (लगभग 1940-45) में नंद बाबू ने लेखन को अपना रास्ता बनाया तब राजस्थान में उच्च शिक्षा की उपस्थिति नहीं के बराबर थी और प्रकाशन शैशव काल में। उस दौर में हिन्दी साहित्य के व्यापक संसार में राजस्थान के हिन्दी लेखन पर कौन कलम चलाता? आकस्मिक नहीं उत्तर छायावाद के महत्त्वपूर्ण कवि सुधीन्द्र का नामोल्लेख भी मुश्किल से मिलता है। नंद बाबू ने राजस्थान साहित्य अकादमी की स्थापना के साथ अपने प्रान्त की साहित्य स्थिति को वृहद् हिन्दी समाज के समक्ष लाने के अनेक उपक्रम किये। इस प्रसंग में 'सप्त किरण' का प्रकाशन एक महत्त्वपूर्ण घटना है जिसका सम्पादन नंद बाबू ने किया था। इस कृति के सम्पादकीय में उन्होंने लिखा था, 'तो यह प्रश्न सदा ही मन में बना रहा कि इधर जिस विगत की चर्चा है उसी के अनुरूप वर्तमान को कैसे वृहत और व्यापक बनाया जाए? वर्तमान को रचना होगा, उसकी सम्भावनाओं को प्रकाशित करना होगा, जो है उसे प्रत्यक्ष करना पड़ेगा और इस तरह भविष्य को समर्थ बनाना है तो कुछ चलना होगा ही।' अस्तित्व रक्षा के साथ प्रारम्भ हुआ आलोचना, सम्पादन और समीक्षा का यह सिलसिला पूरी शताब्दी तक नंद बाबू को सक्रिय बनाए रखता है। राजस्थान (और बाहर के भी) न जाने कितने कवियों के संग्रहों की भूमिका और ब्लर्ब नंद बाबू ने लिखे। उन्होंने राजस्थान के हिन्दी कवियों के एक बड़े चयन का सम्पादन भी प्रदेश की अकादमी के आग्रह पर किया। इस समूचे वृत्तान्त का आशय यह नहीं है कि गद्य लेखन (उसमें भी साहित्य समीक्षा और आलोचना) नंद बाबू के लिए जीवनपर्यन्त आपद धर्म बना रहा। वे कवि थे और कविता के सम्बन्ध में निरन्तर विचार करना उन्हें प्रिय था।

'शब्द संसार की यायावरी' के पहले ही लेख में उन्होंने साहित्य के बुनियादी सरोकार तय करने का प्रयास किया और वे जिस निष्कर्ष पर पहुँचे वह निष्कर्ष

नहीं बल्कि उनके शब्दों में, 'यह सिर्फ बहस की शुरुआत है कि जिससे साहित्य के जरिये मनुष्य की दीनता, पराजय, असहायता, संशय कम हो और क्रूरताओं के प्रति उसकी नाराजगी और जागरूकता बढ़े। इस बहस से यह भी लाभ होगा कि हम अपने समय के प्रज्वलित प्रश्नों से जुड़कर साहित्य की प्रासंगिक रचना कर सकेंगे और काल को अधिक प्रखर बनायेंगे।' अगले ही लेख में वे शब्द और कर्म के द्वैत पर विचार करते हैं, 'शब्द की रचनाशीलता की तलाश का मुहावरा जीवित रखने का पक्ष हमारा भी है लेकिन उसके लिए अपने इर्द-गिर्द के संसार को क्रूर शक्तियों के हाथ में निस्साहय सौंप देना उचित नहीं होगा चाहे वे शक्तियाँ सरकार की हों, मंत्र-तंत्र की हों या कि बुद्धिजीवियों की। शब्द के सही इस्तेमाल करनेवाले की जांच भी उतनी ही जरूरी है जितनी कि सही शब्द की। शब्द की रहस्यमयता फैलानेवाले जब बहुत चतुर हो जाएँ तो उसके इस्तेमाल करनेवाले की जांच कर्म से ही होगी।' अर्थात वे शब्द संसार के प्रपंचों में साहित्य को उलझाए रखने के किसी भी कौतुक को आँख मूँदकर माननेवाले नहीं हैं। नंद बाबू के लिए काव्य रचना केवल कविता लिख देने तक सीमित नहीं रही, वे कविता के प्रयोजनों और रचना प्रक्रिया के साथ अपने पाठकों-श्रोताओं के सम्बन्ध में भी विचार करते रहे। 'रसज्ञता' उनका प्रसिद्ध निबन्ध है जिसमें वे लिखते हैं, 'मैं इतना-भर आश्वस्त होकर कह सकता हूँ कि धीरे-धीरे ब्रह्म-ज्ञानी पंडितों और कुत्सित समाज-शास्त्रियों को हृतप्रभ कर नई कविता को उसके रसज्ञ प्राप्त हो रहे हैं। ये रसज्ञ वे हैं जो कलाकृति के माध्यम से प्रकट होनेवाली अदम्य जिजीविषा को सहृदयतापूर्वक देख लेते हैं और सब प्रकार के पूर्वाग्रहों से पल्ला झाड़ लेने में समर्थ हैं। नई-युक्तियों की रक्षा में उन्हें जो प्राणवान अर्थ-गरिमा दृष्टिगत होती है उससे वे मनुष्य की अपरिसीम जिज्ञासा, सत्य को स्पर्श करने की दुर्निवार इच्छा और सृजन की शक्तिशाली उत्कंठा को पढ़ते रहते हैं। इसलिए उन्हें न तो कहीं अनास्था दृष्टिगत होती है और न गत्यवरोध। दुरूह और क्लिष्ट से उन्हें शिकायत नहीं है और न पुराने और बार-बार दुहराये सहज के प्रति वे भाव-शवल है।' साहित्य और प्रगतिशीलता पर विचार करते हुए उन्होंने लिखा है, 'ज्ञान की दिशाओं में जो नये पंथ खुले उन्होंने मनुष्य की शक्ति को नये-नये अभिप्रायों में, नये-नये प्रसंगों में, समझा, उसकी सहायता साहित्य की शक्ति और सौन्दर्यबोध को समझने में काम आई। एक सम्पूर्ण कृति के मूल्यांकन के लिए सबसे पहली तो यह सिद्धि प्राप्ति हुई कि सृजन प्रक्रिया को समझा जाय। सृजन-प्रक्रिया को समझने का अभिप्राय है कृतिकार की रचना-शक्ति को समझना और उसकी कृति को स्वतंत्रता से मूल्यांकित करना। ज्ञान की इस नई खोज ने समग्रता को भी जन्म दिया। अभी तक यूरोपीय या चिन्तन-परम्परा के अनुसार जो खंडित परम्पराएँ रहीं उन्हें समग्रता के साथ जोड़ा गया।' आगे उनका निष्कर्ष है कि यह समग्रता प्रगतिशील मूल्यों की जननी है। जितना अधिक इसे खोजा जाएगा

उतना ही प्रगतिशील साहित्य की समृद्धि होगी। वस्तुत: नंद बाबू पार्टी या शिविरबद्ध प्रगतिशीलता के विचारक नहीं हैं। हालाँकि उनकी आस्था लोहिया जी के समाजवादी विचारों में बनी रही और वे चुनावों में समाजवादी राजनीति कर रहे दलों के कार्यकर्ता भी हुए तब भी साहित्य में उन्हें किसी का पिछलग्गू या अनुकर्ता नहीं कहा जा सकता। वे दो टूक कहते हैं और अपनी राह पकड़ते हैं। साहित्य मूल्यांकन में भी कोई रचनाकार उनके लिए इस नाते वरेण्य नहीं हो जाता कि वह समाजवादी विचारों का है अथवा उनके प्रान्त राजस्थान का ही है। राजस्थान की हिन्दी कविता पर विचार करते हुए वे लिखते हैं, 'स्वातंत्र्योपलब्धि के पश्चात काव्य-धारा के प्रवाह में जो नया मोड़ सम्पूर्ण भारतीय भाषाओं में दृष्टिगत हुआ है हम भी उसके साझीदार है। मुक्त छंद का तो अधिकांश पुराने और नये कवि प्रयोग करने ही लगे हैं किन्तु कथ्य की विविधता, अनुभूति को सक्षम बनाने के लिए शिल्पगत प्रयोग, सामाजिकता का व्यापक अर्थ-बोध, सांकेतिकता और क्षण की तीव्रतम अनुभूति इन सब विशेषताओं को रचनाओं में समेट लेने की आकांक्षा कई कवियों में उभरी है।' लेकिन वे यहाँ भी साहित्य की मूल प्रतिज्ञाओं को नहीं भूलते, 'मैंने आग्रह किया है कि जब कवि और अकवि के बीच भेद करनेवाली काव्य-परिवेश की सभी कठिन और अभ्यासगत सीमाएँ मिट जाएँगी तब यह अत्यन्त आवश्यक होगा कि तीव्र अन्तर्दृष्टि और सौन्दर्य-बोध ही काव्य की शक्ति हों।' इसी तरह कन्हैयालाल सेठिया की रचनाशीलता के प्रशंसक होते हुए भी जब वे कमजोर रचनाओं को देखते हैं तो साफ़ लिखते हैं, 'कविता को दुर्घटनाग्रस्त करने में सिर्फ पार्टी प्रतिबद्धताएँ ही जिम्मेदार नहीं होती, धार्मिक, नैतिक, आध्यात्मिक प्रतिबद्धताओं की जिम्मेदारी भी उतनी ही होती है। एक महान कवि का यहाँ अकविजनोचित अन्त हो सकता है—गनीमत है कि इन तत्त्व चिन्तन की कविताओं में बहुत-सी 'स्यादवादी' कविताएँ शिल्पकौशल की वजह से जीवित हैं।'

सुधि आलोचक के रूप में उन्होंने पिछली पीढ़ी के कवियों पंडित गिरिधर शर्मा 'नवरत्न', सुधीन्द्र और कन्हैयालाल सेठिया के काव्य लेखन पर गहराई के साथ विचार किया है। बाद में रांगेय राघव और हरीश भादानी के काव्य अवदान पर भी उन्होंने विस्तार से लिखा। कुछ उदाहरण निम्न हैं—

सुधीन्द्र के लिए यह निर्भय होकर कहा जा सकता है कि काव्य उनकी आत्मा की सिद्धि था वह उनका स्वभाव था—कविता किसी 'आग्रह' का वाहन नहीं थी जैसी कि वह कुछ कवियों के लिए उस समय भी थी और जैसी कि वह कुछ कवियों के लिए आज भी है। किसी आग्रह का वाहन न होने से सुधीन्द्र की कविता में वह उत्कटता नहीं थी जैसे—शैली, कीट्स या बायरन जैसे सेक्सवादियों में मिलती है और न उसमें वह तिक्तता ही आई जो पिछले दिनों मार्क्सवादी नागार्जुन, शंकर शैलेन्द्र या उर्दू के कुछ कवियों में आती चली थी, किन्तु इसके विपरीत कई बार

यों प्रतीत होता है कि जैसे सुधीन्द्र में काव्य-शिल्प के प्रति एक विशेष मोह, एक आसक्ति भाव जाग रहा हो।

कन्हैयालाल सेठिया की कविता का मिजाज सामान्यतया शान्त अन्तर्मुखी, जिज्ञासातुर और इधर कुछ निष्कर्षात्मक होता चला जाता है, लेकिन प्रारम्भ में वे उस काव्य-चेतना के हिस्से रहे हैं, जो स्वाधीनता के लिए फिरंगियों को ललकारती, क्रोध व्यक्त करती रही हैं। सारे देश के कवियों ने जिन दिलेरी के साथ स्वाधीनता के नवीन सवाल को उठाया वह सेठिया का सवाल भी था, और उन्होंने स्वयं को सम्बोधित करते हुए 'अग्नि वीणा झनझना दो' जैसा गीत लिखा।

हरीश की कविता और उनकी भाषा अनगढ़ जीवनानुभव और लयहीन संसार से कुछ नहीं लेती। एक संस्कारवान आभिजात्य, साफ-सुथरा शब्द-रचाव अपने पीछे एक अनुगूंज छोड़ जानेवाले लय-शब्द यह उनकी काव्य विशेषता है। इसी के द्वारा अपने पाठकों के मन में इस विषमतामूलक व्यवस्था के लिए तीव्र वितृष्णा बल्कि घृणा और बदलाव की जबरदस्त ललक उत्पन्न करना चाहते हैं। किन्तु वर्ग-द्वेष की टुच्चई चालाकी और आत्म-हीनता को जड़ से उखाड़ने के लिए हरीश की रागात्मक लयनिबद्ध रचनाएँ ना-काफी औजार है। यदि हरीश इन गीतों से राजनीति करना या सामाजिक तब्दीली के खयालों को पुरअसर बनाना चाहते हों तो उन्हें शायद निराश होना पड़े।

कहानी उपन्यास जैसी गद्य विधाएँ नंद बाबू के आलोचना संसार में जगह नहीं बनातीं तब भी वे गुलेरी जी पर लिखते हैं और नई कहानी के कुछ उदाहरणों के रास्ते 'कहानी का मर्म' खोजने की कोशिश भी करते हैं। नंद बाबू ने लिखा है, 'उसने कहा था कहानी सिर्फ अन्तर्वस्तु की ऊर्जा के कारण ही नहीं बल्कि शिल्प की नफीस बुनावट के कारण भी बड़ी कहानी है। युद्ध की भयावहता, शत्रु पक्ष की चालाकियों, विदेशी भूमि की सीलन भरी खंदकों और घायलों को ढोनेवाली गाड़ियों के बीच हँसी, गीत, प्रेम-स्मृतियों को कथ्य का हिस्सा बनाना और भाषायी उल्लास को उस गाम्भीर्य तक जाने देना जो मृत्यु की उदासी को वहन करता हुआ भी निस्संगता का अनुभव नहीं होने देता बल्कि देश की जमीन, वन-वनस्पतियों की सघन रिश्तेदारी से जोड़े रखता है।'

राजस्थान माध्यमिक शिक्षा बोर्ड के लिए नंद बाबू ने एक बार कविता पढ़ाए जाने के सम्बन्ध में प्राइमर जैसी प्रबन्ध पुस्तिका तैयार की थी जो कविता के पठन-पाठन में बेहद मूल्यवान बातें कहती है। कविता उनकी प्राथमिक चिन्ता थी, काव्य रचना भी और काव्य मीमांसा भी। आकस्मिक नहीं कि रसज्ञता जैसा निबन्ध लिखनेवाला कवि जीवन के लगभग अन्तिम दौर में भी 'कविता के प्रयोजन का पक्ष' चिह्नित करता है।

* * *

नंद बाबू कवि होने के साथ सामाजिक कार्यकर्ता और राजनैतिक विचार के समर्थक भी हैं। वे साहित्य को लोक शिक्षण का सस्ता औजार भले न मानते रहे हों तब भी उन्हें लोक रुचियों के विविध पक्षों पर लिखना जरूरी लगता था। उनके ऐसे ही निबन्धों की किताब 'यह हमारा समय' थी। कथाकार स्वयं प्रकाश ने इस पुस्तक के सम्बन्ध में लिखा था, 'नंद बाबू के निबन्धों को पढ़कर पता चलता है कि अद्यतन समस्याओं के बारे में भी उनकी सोच मौलिक और मुखर है। वे अपने पक्ष पोषण के लिए ब्राहमणवादी संस्कृत सुभाषितों का सहारा भी नहीं लेते।' इस पुस्तक में उनके पच्चीस निबन्ध हैं जो हमारे जीवन और समय के विविध समकालीन पक्षों पर विचार करते हैं। नंद बाबू बनी बनाई भाषा के मुहावरे में अपनी बात नहीं कहते। इन निबन्धों में प्रवाह और ताजगी तो है ही भाषा की सुंदर छवियाँ भी हैं। भूमिका में उन्होंने लिखा है, 'इस पुस्तक में कई विषयों पर लिखे आलेख हैं जिनमें समय के दबावों, उनको समता और स्वतंत्रता के वृहत्तर उद्देश्यों में बदलनेवाले आन्दोलनों की चर्चा है। 'समता' ही केन्द्रीय चिन्ता है, जिसे अवरुद्ध करने के लिए विश्व की नई पूँजीवादी-शक्तियाँ अपने 'सांस्कृतिक एजेंडा' के साथ जुड़ी हुई हैं। दुनिया के लोग अघाए और शुचितों के बीच बाँट दिए गए हैं। लालची मध्यवर्ग अपनी समृद्धि के सपने देखता पूँजीपतियों की मायावी दुनिया का सहचर हो गया है।' (गद्य लेखन का हौंसला, नंद चतुर्वेदी, 'यह हमारा समय', पृ. 10-11)

नंद बाबू का एक आलेख है 'भारतीयता की तलाश', यहाँ भारतीयता की परिभाषा और व्याख्या दोनों हमारे लिए आवश्यक पठनीय हैं—'भारतीयता के प्रसंग की सबसे जटिल-ग्रंथि तो उसको पहचानने की है। उन विशेषताओं को रेखांकित करने की, जो मौलिक हैं और संशयरहित हैं।...पहचान के संकट को जानने के लिए हमें समाज के उस चित्त को ही जानना पड़ता है, जो समय की अनन्त उथल-पुथल और अनिश्चयों के बीच, अपनी आस्थाओं और प्रतिज्ञाओं को नष्ट नहीं होने देता। हम हज़ारों प्रकार की स्मृतियों की छाया-आतप से गुज़रते हुए उस संपदा को इकट्ठी करते हैं, जिसे हम संस्कृति कहते हैं, और जो बाद में, हमारे समूह-चित्त के राग-द्वेष का निर्धारण करती है। राग ही की तरह द्वेष भी, संस्कृति के हिस्से की चीज़ है। ध्यान देने की बात है कि संस्कृति, अनुभवों की विराट श्रृंखला है, इसलिए उसमें पुनर्नवा होने या कुछ विलुप्त होने की सारी सम्भावनाएँ मौजूद हैं : मनुष्य, इसी तरह इसी पराक्रम में अपना समय और संसार बनाते हैं। नंद बाबू आगे फिर कहते हैं—'भारतीयता की तलाश करनेवालों को यह जानकर हिम्मत बँधेगी कि कट्टरतावाद और मध्ययुगीन सामंतों की स्मृति-कथाओं से सम्मोहित न होनेवाले लोग अब भी मूल भारतीय चित्त को जानते हैं जो मनुष्य को आन्तरिक विवेक और स्वाधीनता से जोड़ता है। आश्चर्य नहीं कि नंद बाबू इस तलाश को भी सर्जना के साथ जोड़ने के पक्षपाती हैं—'भारतीयता की तलाश उसकी पुनर्रचना

ही है,वह नई कविता बनाने की तरह है जिसमें हमारी जानी-पहचानी भाषा अर्थ की नई दुनिया की तरफ ले जाती है और उसे विश्वसनीयता देती है। पहले भी हम अनेक समुदायों के साथ रहे हैं और अब भी उन सारी सम्भावनाओं को तलाश करना एक सर्जनात्मक कर्म है।'

धर्म, हिंसा, बाज़ारवाद, संचार साधनों की अपसंस्कृति, युवा पीढ़ी और शिक्षा से सम्बन्धित आलेखों को एक स्थान पर पढ़ना निश्चय ही एक विवेकवान निबन्धकार की दृष्टि से अपने को रोशन करना है।

तीन उदाहरण और—

भारतीय समाजवादी पार्टी का अच्छा-बुरा अन्त हुआ हो, न हुआ हो लेकिन निराशा का कुआं कुछ अधिक गहरा हुआ है।

यह जरूरी है कि शक्तिशाली होती हुई स्त्री शक्ति की पुनर्व्याख्या करे और दुनिया के पूँजीवादी मॉडल की जगह रचना की नई-नई सम्भावना और तीसरी दुनिया की तमाम उत्पीड़ित स्त्रियों के आत्म-सम्मान, गरिमा और उपादेयता के गहरे अभिप्रायों की तलाश का काम जारी रखे।

भारतीय लोक विविधता प्रिय और अनेक छवियों वाली संस्कृति का आराधक है। उसके लोक की तकरार उस तंत्र से होगी, जो समता और सामाजिक न्याय और वैचारिक स्वाधीनता का अनादर करेंगे। सत्ता तंत्र इस सच्चाई को जितनी जल्दी पहचानता है उतनी जल्दी लोक और तंत्र के बीच अविश्वास की दूरियाँ कम होंगी।

* * *

नंद बाबू ने लघु पत्रिकाओं और छोटे समाचार पत्रों के लिए खूब लिखा। उदयपुर से निकलनेवाले महावीर समता सन्देश और जयपुर से शिक्षा की पत्रिका अनुअपचारिका में उनके अनेक आलेख और संस्मरण छपे। उनके समस्त गद्य लेखन को सहेजना चुनौतीपूर्ण कार्य ही है जिसमें कुछ सफलता मिल सकी है। पाठक देखेंगे कि 'शब्द संसार की यायावरी' और 'यह हमारा समय' में आ चुकी सामग्री के अतिरिक्त असंकलित आलेखों को भी इस खंड में दिया है। बाद में मिले कुछ और आलेखों को उनकी विषय वस्तु के आधार पर खंड में समायोजित किया गया है ताकि पाठकों को रस बाधा न हो। नंद बाबू के गद्य लेखन को पढ़ना अपने वर्तमान को साफ और खुली आँखों से देखना है। यह देखना सिर्फ देखने तक सीमित नहीं रहता बल्कि पाठक को देर तक अपनी विचार यात्रा में साझीदार बनाता है।

—पल्लव

भाग-1

पिता को
जिन्होंने हमेशा शक्ति,
प्रेम और आज़ादी दी

साहित्य के बुनियादी सरोकार

मेरे लिए यह बहुत आवश्यक है कि साहित्य के बुनियादी सरोकार पर फिर से विचार करूँ। इस तथ्य को जानते हुए कि कोई एक निर्णय निकाल पाना शायद सम्भव न हो, लेकिन इस आशा से कि एक व्यापक सहमति पर पहुँचा जा सकता है और तेजी से बदलते हुए मानवीय मूल्यों, रिश्तों, इतिहास-प्रसंगों और ज्ञान के विस्फोटक विस्तार के बीच भी एक जमीन तलाश की जा सकती है जो साहित्य-रचनाओं के आस्वाद और जाँच की प्रामाणिकता के लिए बुनियादी नजरिया दे सके।

पीछे मुड़कर देखें तो साहित्य के बुनियादी सरोकारों में यश, अर्थ, शिव की रक्षा और ललित मृदु वचनों में उपदेशों को बहुत महत्त्व दिया गया है लेकिन अब इनकी चर्चा अप्रासंगिक हो गई है। मेरी दृष्टि में उनको इसलिए अप्रासंगिक माना जा सकता है क्योंकि वे रचना के कारणों की अपेक्षा रचना की नियति को पूर्व-निर्धारित कर देते हैं। ऐसा हो सकता है और हुआ भी है कि लौकिक या कि किसी दूसरे अर्थ में कृति यश, अर्थ और मंगल का कोई प्रयोजन सिद्ध न करे, सिर्फ मनुष्य नियति का किंचित रहस्य खोलकर ही रह जाए।

मनोविज्ञान की तरह से कृति के लिए बहुत से दावे किए गए। मनुष्य की गुह्यतम आकांक्षाओं की जानकारी के जरिये यह बताया गया कि साहित्य-रचना का बुनियादी प्रयोजन अपने से छुट्टी पाना है और एक ऐसे संसार की रचना करना है जो मनुष्य के इर्द-गिर्द फैली हुई सृष्टि से अलग कोई द्वीप हो—प्रेम का, सौन्दर्य का, अभुक्त-अतृप्त आकांक्षाओं की तृप्ति का।

यह भी कहा गया कि साहित्य-रचना के मूल में आदमी की अपनी ही दबी हुई कामेच्छाएँ हैं और यह कि साहित्य के जरिये वह अपनी हीनताओं की क्षति पूरी करता है। एक बार तो मनोविश्लेषकों ने ऐसी समीक्षा शैली आविष्कृत की कि कृति के बुनियादी सरोकार ढूँढ़ने के बजाय कृतिकार के बुनियादी सरोकार ढूँढ़े जाने लगे। कई साहित्यिक कृतियाँ महज बीमार आदमियों और स्त्रियों का विवरण होकर रह गई। ऐसी कृतियों ने साहित्य पढ़नेवाले को बहुत-सा मनोविज्ञान पढ़ाया, यह उपकार भी किया कि जिससे अधिक सार्थक, मानवीय और दंभ रहित नैतिकता की पहचान शुरू हुई और यह लगभग निश्चित-सा हो गया कि मानवीय रिश्ते

गड़बड़ा गए है, जिन्हें फिर से अर्थ देने के लिए सहजता और खुलापन आवश्यक है। एक मोक्ष-कामी समाज और अध्यात्म से बँधे लोगों के लिए यह स्वतंत्रता की तलाश थी। मनुष्य को परम्परागत नीति-आचरण की श्रेणियों में विभाजित करनेकी अपेक्षा उसे एक पूरे मनुष्य की तरह जीवित रहने की स्वाधीनता का यह प्रारम्भ था। जात-बिरादरी को तोड़कर प्रेम करने की स्वाधीनता को लेकर कितनी-कितनी तो प्रेम-कहानियाँ लिखी गई और साहित्य में 'क्रान्ति-आचरण' की शुरुआत मानी गई। सिद्धान्ततः यह स्वीकार किया जाने लगा कि सब तरह के मनुष्य-स्वभाव को अंकित करने की स्वाधीनता साहित्य के लिए जरूरी है।

मनोविज्ञान के साथ ही साथ मनुष्य मन और रिश्तों के प्रसंग में एक दूसरा बुनियादी सवाल उठाया गया। पूछा यह जाने लगा कि आखिर मनुष्यों के मन जो कुछ है और उसके रिश्ते जैसे कुछ, वे नितान्त निरपेक्ष हैं—एकदम वैयक्तिक, अलौकिक, स्वतंत्र या उनका सम्बन्ध हमारे इर्द-गिर्द और जानी-पहचानी व्यवस्था और आस-पास के फैले समाज से भी है? मनुष्य के बीमार रिश्तों और रुग्ण नैतिकता की जड़ कहाँ है? क्या वह मनुष्य और मनुष्य के बीच अमानवीय आर्थिक सम्बन्धों के कारण नहीं जन्मी है? यह सवाल एकदम चौंका देनेवाला था क्योंकि यह मनुष्य-नियति और यातनाओं की रहस्यमयी, अमूर्त और मूर्ख बनानेवाली व्याख्याओं से अलग कर देता था, और एक दूसरी तरह की दृष्टि भी देता था जिससे मनुष्य की असमान और पराधीन बनाए रखनेवाली शक्तियों की पहचान होजाती थी। मार्क्स ने इस तरह बहुत से औधे सवाल सीधे खड़े कर दिये। साहित्य और संस्कृति, आत्मा और चेतना के सिलसिले में हाशिये पर लिखे प्रश्न केन्द्रीय प्रश्नों के रूप में उभर आए। अब साहित्य का बुनियादी सरोकार चातुर्यपूर्ण उक्ति-विधा से हट कर मनुष्य-नियति को बदलने और संसार को स्वतंत्रता और बराबरी के सम्भाव्य स्तरों तक ले जाने में जुड़ गया। साहित्य के तमाम तरल, अमूर्त सवाल समता और स्वाधीनता के सन्दर्भ में व्याख्यायित होने लगे। आज भी साहित्य की रणनीति, साहित्य को औजार या हथगोले के रूप में काम लें, 'साहित्यिक क्रान्ति' इत्यादि मुहावरे मानवीय समता और स्वाधीनता के सिलसिले को आगे बढ़ाने के लिए साहित्य के संघर्ष-नारे हैं।

समता और स्वाधीनता साहित्य के लिए हमेशा मोहक शब्द रहे हैं। कृतिकारों ने इस पक्ष में रहकर 'निरंकुश' होने तक की अप्रीतिकर उपाधि हासिल की है और बेहिसाब खतरे उठाए हैं। ऐसा पहले भी हुआ है, यद्यपि एक अनवरत चेष्टा और किसी स्पष्ट दायित्व के साथ नहीं लेकिन बिखरी-बिखरी चेष्टाओं के रूप में। इतिहास की अधिक साफ समझ और मानवीय इच्छाओं के निरन्तर दबावों ने अब करीब-करीब यह स्पष्ट कर दिया है कि समता और स्वाधीनता के लिए फिलहाल किए जानेवाले प्रयत्न काफी नहीं है और यह भी कि गैर-बराबरी और

पराधीनता के लिए काम करनेवाली शक्तियाँ अन्तहीन छद्म और क्रूरता को कार्य में ले रही हैं। समता और स्वाधीनता यदि मनुष्य के अस्तित्व की बुनियादी आकांक्षा है तो उसको कृति-प्रसंग में दूसरे नम्बर पर नहीं रखा जा सकता। कोई भी मूल्यवान कृति समता और स्वाधीनता के बुनियादी प्रसंगों से जुड़कर ही अर्थ हासिल करती है और साथ ही इन दोनों मूल्यों के अर्थ को गहरा और व्यापक बनाती है। मेरी समझ में इस तरह वह अपने पाठक से जुड़ती है। एक समान आकांक्षा-भूमि पर एक ही काल का साक्षात्कार करते हुए कृतिकार और कृति पढ़नेवाले मिल जाते हैं।

दुनिया के पिछले इतिहास को देखते हुए मुझे ऐसा प्रतीत होता है कि अनेक बार सत्ता भी साहित्य के प्रसंग में स्वयं एक प्रभावशाली पक्ष हो जाती है। वह मनुष्यों के रुचि निर्माण में नियंत्रणकर्त्ता की तरह मौजूद होती है और स्वीकार की जानेवाली हैसियत में होती है। उसके मुकाबले में आदमी लगभग शक्तिहीन हो जाता है, असहाय और आतंकित भी। ये सत्ताएँ शक्ति पुंज होने के साथ-साथ चतुर भी हो गई है। 'क्रान्तिधर्मिता' की सारी दलीलों से परिचित हैं और फायदा उठाती है। वे क्रान्तिकारियों की प्रखर शब्दावली से भी अधिक प्रखर शब्दावली काम में लाती हैं और शब्दों को अर्थ-विच्युत कर देती हैं। सब शब्द और व्यक्ति अन्त में एक समान प्रतीत होते हैं। सारे संघर्ष इस तरह 'नाराजी से निराशा' और 'निराशा से नाराजी' के बीच का भटकाव और निर्णयहीन यात्रा में बदल जाते हैं। समता और स्वाधीनता का संघर्ष अब समर्थक और विरोध करनेवालों के बीच ही नहीं है, एक तीसरा पक्ष सत्ता-पक्ष भी शामिल हो गया है जो अपने को 'जन-पक्ष' कहता है।

समता और स्वाधीनता का प्रश्न मूल्यों (Values) के साथ जुड़ा होने के कारण अपेक्षाकृत जटिल हो गया है। मूल्यों के सन्दर्भ में यह कहना कठिन है कि उनमें से कौन-सा सर्वथा प्रामाणिक और संशय-रहित है, नैतिक आस्थाओं की स्थिति क्या है? स्वयं समता और स्वाधीनता के अर्थ और स्तरों में पेचीदगियाँ उपस्थित की जाती हैं। पुरोहितों के अपने-अपने पक्ष तो हैं ही, अपना पक्ष भी है।

बहरहाल यह भी स्पष्ट होता जा रहा है कि निहित स्वार्थों का जो प्रगट रूप है, समाज और व्यक्ति की जो विसंगतियाँ और अन्तर्विरोध हैं, अपने को स्थिर करने के लिए सत्तापक्ष की जो बुनियादी तृष्णा है, इतिहास, परम्परा धर्म के जो कमजोर और अँधेरे पक्ष है, या कि वर्गों और जातियों के जो भेद है उन सब के लिए सब समय संघर्ष की आवश्यकता को रेखांकित करना साहित्य का बुनियादी सरोकार है। इस सरोकार के साथ जुड़ने का अर्थ शब्द की अपरिमित शक्ति का दबाव कम करना नहीं है और वह शायद कम होगा भी नहीं क्योंकि आनेवाले दिनों में साहित्य-रचना करनेवालों के लिए 'समता और स्वाधीनता' के बृहत्तर

मन्तव्यों की तलाश करना और शब्दों को उन मन्तव्यों का वाहक बनाना कम रोमांचकारी नहीं होगा।

यह सिर्फ बहस की शुरुआत है कि जिससे साहित्य के जरिये मनुष्य की दीनता, पराजय, असहायता, संशय कम हो और क्रूरताओं के प्रति उसकी नाराजगी और जागरूकता बढ़े। इस बहस से यह भी लाभ होगा कि हम अपने समय के प्रज्वलित प्रश्नों से जुड़कर साहित्य की प्रासंगिक रचना कर सकेंगे और काल को अधिक प्रखर बनाएँगे। 'साहित्य क्यों' इस प्रश्न को अनुत्तरित रहने देना साहित्य के लिए तो भयावह है ही मनुष्य-नियति के लिए भी भयावह है क्योंकि साहित्य के जरिये ही इतिहास की चुप्पी टूट सकती है, आगे बढ़ा जा सकता है।

शब्द और कर्म

रचनाधर्मी के सामने इन दिनों शायद यह प्रश्न अधिक महत्त्व का है कि शब्द और कर्म के बीच कोई गहरा और आत्मीय सम्बन्ध है या नहीं? अन्त में रचना की कसौटी क्या हो? अनुभवों का कथन, शिल्प का नयापन, खयालों की बुलन्दी, सम्प्रेषण की सरलता, रचना की प्रभावोत्पादकता यानी रचना की कसौटी उसी में अन्तर्निहित तत्त्वों के आधार हों और फिर, कृतिकार की कर्म की स्वाधीनता रहे अथवा कि उसकी रचना के साथ-साथ उसका कर्म, उसका नित्य व्यवहार, उसका शील और आचरण की भी परख हो। मेरी दृष्टि में इस प्रश्न को उत्तरित करना इसलिए भी आवश्यक है क्योंकि शब्दों की अर्थ-मर्यादा विलुप्त हो गई है और साथ ही शब्दों की अर्थ-विच्युति करनेवाले लोगों को वे सब सुविधाएँ उपलब्ध हैं जो पहले नहीं थीं या कि बहुत कम थीं। शब्दों के रोमांचकारी अर्थ जब रुग्ण-जिजीविषा और कर्म के समर्थन में काम आने लगें तब कर्म के सन्दर्भ में शब्द को समझा जाएगा या शब्द की जो अपनी नियति है और अर्थवत्ता है उस सन्दर्भ में।

पिछले दशकों में लेखकीय ईमानदारी और 'अनुभव की प्रामाणिकता' की इतनी अधिक चर्चा हुई है कि अब उसकी चर्चा ही बन्द हो गई है किन्तु फिर इस शब्दावली को काम मे लें तो क्या यह पूछना सार्थक नहीं है कि लेखकीय ईमानदारी का और अनुभव की प्रामाणिकता का प्रमाण देने के लिए कर्मशीलता, किसी आचरण की विशिष्ट भंगिमा अपनाना जरूरी होगा या नहीं? यदि शब्द और कर्म का उत्स एक है तो हो सकता है कि उनकी व्याप्ति में अन्तर हो—शब्द की व्याप्ति गहरी और अमूर्त्त हो, काल बाधित भी न हो और कर्म मुट्ठी में समा जानेवाला हो, मूर्त और कालबद्ध हो—लेकिन उसका अर्थ यह तो न हो कि बुनियादी रूप में वे पक्ष-प्रतिपक्ष हों। शब्द की घोषणा यदि एक संकल्प है और हमारे मूल्य-चुनाव का एक अमूर्त आयाम है तो कर्म उस संकल्प के वरण की घोषणा का मूर्त आयाम है। साहित्य में किन्हीं असुविधाओं के कारण शब्द और कर्म की एक साथ बुनावट पर आपत्ति की जाती है किन्तु संसार में इस बात को बड़ा महत्त्व प्राप्त है कि 'वह जो कहता है वह करता है।'

काव्य-मीमांसक इस बात पर चर्चा करने के लिए स्वतंत्र है कि कर्म के साथ जोड़ने पर शब्द की मूल प्रकृति ही बदल जाएगी और उसकी 'रचनाशीलता' मर्यादित होगी; शब्द एक आयामी होकर आवेष्टित हो जाएगा किन्तु, 'कर्म' के साथ न जोड़ने की स्थिति में क्या होगा? तब माना शब्द अनेक आयामी हो जाएँगे, यह भी कि वे मनुष्य की नियति को समझने की गहरी प्रबुद्धता से ओत-प्रोत कर देंगे, किन्तु, इससे भी क्या होगा? एक अच्छा और एक संकल्प की रचनाशीलता का और आदमी के अन्दर बैठे आदमी की प्रबुद्धता का तिलस्म कहाँ तक जाएगा? उसे अच्छी-बुरी दुनिया के साथ जुड़ना पड़ेगा। यह अत्यन्त क्लेश की बात होगी कि एक सुन्दर और सार्थक दुनिया का सपना देखनेवालों की थोड़ी सी निश्चिन्तता (लापरवाही) से दुनिया बिलकुल कविता के योग्य ही नहीं रहे।

पिछले दिनों कुछ मित्र 'कविता के आस्वाद' की चिन्ता कर रहे थे, उन्हें खेद था कि अच्छी कविता का आस्वाद लेनेवाले सहृदयों की संख्या कम होती जा रही है और क्योंकि वे विश्वविद्यालय के लोग थे उन्हें यह अच्छा लगा कि काव्य-शिक्षा की शैली बदली जाए। किन्तु मेरी दृष्टि में काव्य-शिक्षा की शैली बदल देने से कोई बुनियादी अन्तर आनेवाला नहीं है। सचमुच कविता के आनन्द में विभोर हो जानेवाले सहृदयों की संख्या इसलिए कम हो गई है, क्योंकि ज्यादातर आदमियों की दुनिया ही नष्ट हो गई है। एक बेहिसाब क्रूर दुनिया में धीरे-धीरे कविता एक विसंगति-सी लगने लग गई है। आदमी की यह लाचारी है—कि वह जिस दुनिया में है उसे छोड़ ही नहीं सकता इसलिए वह दूसरी और छोड़ी जा सकनेवाली विसंगत कविता छोड़ने का विकल्प चुन रहा है। थोड़े दिनों तक यदि दुनिया की व्यवस्था बदलती नहीं है और हमारी प्रबुद्धता 'शब्द और कर्म' को अलग-अलग रखती है तो हमें न कविता की मृत्यु पर शोक होना चाहिए और न अच्छी कविता के आस्वादकों की गिरती हुई संख्या पर।

बहुत दिनों पहले यह बात कही गई थी—कि वे ठंडे और हवादार बंगलों में बैठकर 'किसान की दुपहरिया' जैसी कविता लिखते हैं। इस कथन में चोट कृतिकारों पर की गई थी जो शब्द को 'रहस्यमयता' देने पर विश्वास करते हैं और यह भ्रम फैलाते हैं—कि वे यह कविता लिखकर किसान के दुख को समझ रहे हैं, सूर्य ठीक उनके बंगले की छत पर तप रहा है जो कि उनके सिर पर तपने का पर्याय है। इधर कला और विद्याओं का जिन लोगों के पास हुनर है वे निरन्तर इस छलावे को फैलाने का प्रयत्न कर रहे हैं—कि जिससे यह समझ लिया जाएगा कि शब्द कर्म का स्थानापन्न है। एक निरक्षर देश में यह स्थिति सबसे कम कष्टदायक है। नाराज होने का हुनर आ जाए और नाराजी प्रसारित करने के साधन पास में हों तो बिना जोखिम उठाए एक जोखिम भरी जिन्दगी का दृश्य उपस्थित किया जा सकता है। देश में ऐसे रचनाकारों की संख्या कम

नहीं है जिन्होंने शब्द को कर्म का स्थानापन्न बनाकर शब्द की असली शक्ति का क्षरण कर दिया है।

असमंजस की स्थिति यह है कि जो साहित्य-मीमांसक शब्द और कर्म को अलग-अलग रख कर शब्द की रचनाशीलता तलाश कर रहे हैं उनके साथ वे लोग भी चातुर्य से आ जुड़े हैं जो कहने को तो शब्द और कर्म की मूलभूत एकता में विश्वास करते हैं लेकिन तब जब कि कोई जोखम न हो। इसलिए उनकी विश्वसनीयता की जाँच के लिए जब उनकी कर्म-मीमांसा की जाती है तब वे भी इस तरह क्रुद्ध होते हैं जैसे पूर्व सरणी के लोग।

'शब्द की रचनाशीलता की तलाश' का मुहावरा जीवित रखने का पक्ष हमारा भी है लेकिन उसके लिए अपने इर्द-गिर्द के संसार को क्रूर शक्तियों के हाथ में निस्साहय सौंप देना उचित नहीं होगा चाहे वे शक्तियाँ सरकार की हों, मंत्र-तंत्र की हों या कि बुद्धिजीवियों की। शब्द के सही इस्तेमाल करनेवाले की जाँच भी उतनी ही जरूरी है जितनी कि सही शब्द की। शब्द की रहस्यमयता फैलानेवाले जब बहुत चतुर हो जाएँ तो उसके इस्तेमाल करनेवाले की जाँच कर्म से ही होगी।

लिखने की कठिनाइयाँ

रिल्के के पास किसी अपरिचित युवक फ्रांज कापुस ने अपनी कविताएँ भेजी थीं, जाँच के लिए नहीं सलाह के लिए। किन्तु रिल्के ने कविताओं को न तो जाँचा और न कोई सलाह दी, सिर्फ कुछ बातें लिखीं जिनकी प्रासंगिकता आज भी जैसी की तैसी है। रिल्के ने युवक कवि को लिखा—"सिर्फ एक रास्ता है। आपको अपने भीतर जाना होगा। उस कारण को ढूँढ़ना होगा जो आपको लिखने के लिए कहता है। आपको देखना होगा, क्या वह आपके दिल में गहनतम स्थलों में अपनी जड़ें फैला रहा है? अपने से पूछिए, यदि आपको लिखने से रोका जाए तो आप मरना पसन्द करेंगे? सबसे बड़ी बात-आप रात की खामोश घड़ी में अपने से पूछिए, क्या लिखना जरूरी है? भीतर थाह में जाकर आपको इस प्रश्न का कोई गहरा उत्तर लाना होगा।"[1]

आज लिखने की सबसे बड़ी कठिनाई शायद यह हो कि आदमी को जब जीवन के बहुत से मोर्चे खुले लगें और सब जगह लगे कि उसकी जरूरत है, जब रात की कोई घड़ी खामोश न हो और भीतर का हिस्सा प्रश्नों से बेतरह परेशान हो और उत्तर देने या पाने की स्थिति में न हो; तब क्या लिखे और किस जरूरत के लिए लिखे?

यद्यपि कृतिकार के लिए ऐसे प्रश्न नये नहीं हैं और बार-बार उसने यह पूछा है कि उसका धर्म क्या है? लेकिन पूर्वज कृतिकार का यह पूछना आत्मा की आश्वस्ति थी; उसकी आत्मा और कृति के बीच में कोई तीसरी शक्ति नहीं थी। एक बार उत्तर देने पर कोई संशय नहीं था, फिर कृति और कृतिकार का नवजन्मोत्सव था। किन्तु, अब कृति और आत्मा के बीच एकान्त संलग्न नहीं है, एक तो आत्मा ही अनेक धड़ों में बँटी है, भिन्न आत्मा और अभिन्न आत्मा, पक्ष-प्रतिपक्ष के रूप में, निषेध का स्वीकार करती हुई और स्वीकार का निषेध करती हुई ऐसी संशयग्रस्त आत्मा और क्योंकि आत्मा इस तरह बँटी है—चाहा जाने लगा है कि कृतिकार 'प्रतिबद्ध' हो।

---

1. निर्मल वर्मा द्वारा अनुवादित रेतर मारिया रिल्के का 'एक और साहित्य' से साभार।

यहीं से लिखने की दूसरी कठिनाई शुरू होती है—प्रतिबद्धता की कठिनाई। इस लड़ाई में लिखनेवाला महत्त्वपूर्ण और 'लिखना' गौण है? सवाल इस तरह नहीं होता है कि लिखनेवाला लिखने के लिए हो जाए या कि जो लिखा उसी में ओत-प्रोत नजर आए, ना, सवाल इस तरह नहीं होता। सवाल इस तरह होता है कि लिखनेवाला जैसे अंकिचन हैसियत का है, उसकी हैसियत 'प्रतिबद्धता' है; फिर कोई दूसरी शरण नहीं है। फिर यही, यही लौटपीट है; प्रतिबद्ध होने की, प्रतिबद्धों को एकत्र करने की; दीक्षा और शपथ लेने-देने की; प्रतिबद्धों के अकृतित्व को कृतित्व बनाने की। स्पष्ट है कि 'प्रतिबद्धता का यह रस' धीरे-धीरे उस आदमी को तोड़ देता है। जिसने संकल्प लिया था कि वह असत्य से हर मोर्चे पर मिलेगा; सत्य को शब्द देगा, क्रूर मिजाज वाली सत्ताओं के साथ यारी नहीं करेगा; वह एक बड़ी समझदार और नैतिक दुनिया बनाने के लिए कृतिकार होगा।

कृतिकार की आत्मा और शब्द के बीच एक तीसरी शक्ति निरन्तर हस्तक्षेप करती रही है। वह शक्ति है 'राजतंत्र' की। तंत्र की बुनियादी लड़ाई आदमी के वरण स्वातंत्र्य से है, उसके लिए यह प्रीतिकर प्रसंग है कि आदमी के लिए विकल्पों की दुनिया कम-से-कम होती चली जाए और अन्त में उसकी समस्त स्मृति, शब्दकोष, संकल्प कल्पना-वृत्त वह हो जो तंत्र की है।

लेखकीय स्वाधीनता कृतिकार और तंत्र के बीच एक और लड़ाई का मुद्दा है—वास्तविकता तो यह है कि कृतिकार तंत्र का प्रतिपक्ष है; वह तंत्र के विरोध में जाकर विकल्पों के चयन की स्वाधीनता प्रदान करता है; तंत्र के अन्तर्विरोधों, मर्यादाहीनता, स्वेच्छाचार देखने के लिए रोशनी दे सकता है। तंत्र के लिए आवश्यक है कि इस 'प्रतिपक्ष को पालतू' बनाए और यह स्वीकार करना यद्यपि लज्जाजनक लगता है, किन्तु सत्य है कि तंत्र ऐसा करने में काफी कामयाब हुआ है। सत्ता और तंत्र आदमी के इर्द-गिर्द जिस सम्मोहन की दुनिया बनाते हैं उससे मुक्त रहना कभी सम्भव रहा हो, एक दीर्घकालीन अनासक्ति की दीक्षा के बाद लेकिन जो फिलहाल असम्भव नहीं तो कठिन जरूर हो गया है। गरीबी, चिन्ता, रोग, उदासी की दुनिया से मुक्त होने के लिए तंत्र के पास ताबीज और शक्ति दोनों है। आदमी जिस विद्या से पराजित किया जा सके, जिससे खरीदा जा सके, काम में ली जाए।

यहीं एक अदृश्य आत्महत्या का प्रसंग उपस्थित होता है—लेखक धीरे-धीरे तंत्र के शब्द दुहराने लगता है जिन्हें कि पहले उसने निषिद्ध दुनिया के शब्द घोषित कर दिए थे, धीरे-धीरे वह उन वस्तुओं को लुब्ध दृष्टियों से देखता है जिसे पहले उसने अपनी आकांक्षाओं की सूची से निरस्त कर दिया था, फिर वह राज्य-पुरुष का एक हिस्सा होने का एहसास करता है; गो कि वह सिर्फ एक 'एपेंडिक्स' होता है। यहाँ से उसे कृति के लिए 'शब्द' चुनने होते हैं और यदि शब्द आदमी का हिस्सा होते हों, जो कि मैं समझता हूँ कि होते हैं, तो वह ऐसे शब्द चुनता है जो

एक पूर्व जन्म की याद जैसे लगते हैं जो इस जन्म में अपनी सार्थकता खो चुके हों। शब्दों के जरिये आत्म-साक्षात्कार की जो स्थितियाँ आती हैं उन्हें वह ठंडे तहखानों में डालता जाता है और उसकी कृतियाँ चमकदार डिब्बों की तरह होती है; इतनी चमक से मालिकों का नुकसान नहीं होता और सेवक को लगता है कि वह अपने पुराने पौरोहित्य कर्म का निर्वाह कर रहा है। आराम की दुनिया में रहना यदि जरूरी होता गया तो वह भविष्य-कथन कठिन नहीं है—कि अच्छे साहित्य की दुनिया वीरान हो जाएगी क्योंकि इस दुनिया की शर्तें कुछ दूसरी हैं। अनेक मिजाजों वाली दुनिया के साथ रहने पर सबसे बड़ा नुकसान साहित्यकारों का ही होगा—क्योंकि शायद वही होगा; उन्हें 'अपने मिजाज' का विसर्जन करना होगा, चुनाव भी करना पड़ेगा कि वह उपभोक्ताओं के लिए लिखें, राज्य सत्ताओं के लिए लिखें, तंत्र और व्यवस्था के लिए लिखें या कि एक 'प्रतिपक्ष' बनकर लिखें।

बहुत जल्दी ही लेखक के सामने यह दिक्कत आनेवाली है बल्कि आ ही गई है कि वह एक विशाल पैमाने पर फैलाती हुई 'टेक्नोलॉजी' से कैसे साक्षात्कार करे? भाषा के जो भी संस्कार होते है, जिस इतिहास परम्परा, लोक-चेतना, जलवायु से शब्द आते हैं वे चलते हैं, साहित्य उन्हें धारण करता है, लम्बे समय तक वे एक मानसिकता, एक रुचि, एक प्रकार के शील को जन्म देते हैं। जिन्दगी यहाँ भी चलती है और वहाँ भी जहाँ आविष्कृतियाँ होती हैं, वस्तुओं का निर्माण, विस्तार और उत्पादन होता है, फिर आविष्कृतियों की पूरी प्रक्रिया अन्तर्ग्रथित होने की कोशिश में होती है, एक विशाल व्यवस्था इसमें से जन्मती है। इस व्यवस्था में आदमी घट जाता है, वह नियामक की भूमिका से अलग कर दिया जाता है। वस्तुएँ उसे ललचाती हैं। पूजा-पत्री और धर्म से जन्मे हुए शब्द टेक्नोलॉजी से स्वीकृति चाहते हैं लेकिन कुछ अधूरा-सा रह जाता है। रचना और जिन्दगी धीरे-धीरे अलग हो जाती है साहित्य तब ज्यादा से ज्यादा 'ट्रेन्क्वेलाइजर' का काम कर सकता है। पाठक और रचनाकार दोनों ही धीरे-धीरे यह अनुभव करते हैं—कि यह आधुनिक जिन्दगी नहीं है, यह पुराना इतिहास है—एक 'स्मृति शेष'। अभी भी साहित्य जिस चित्त से स्मृति और कल्पना खोजता है वह 'पुराना-चित्त' है, एक ऐसी जाति का चित्त है, जो भूमि से बँधा है और अनेक प्रकार की सुगन्धों से आवेष्ठित है और अब वह सहसा ही एक यंत्र-सभ्यता के आमने-सामने आ गया है। टेक्नोलॉजी का शब्द व्यापार कैसा होगा, कितना ग्राह्य होगा कितना आग्राह्य, यह भविष्य-कथन करना कठिन है लेकिन यदि वह आदमी की असहायता और निस्संगता तोड़ता नहीं है, जिसकी बहुत कम आशा है, तो धीरे-धीरे साहित्य की जरूरत कम होती जाएगी।

मुझे प्रतीत होता है कि एक विरोधाभासों की और समूह शक्तियों को प्रचंड और उग्र करनेवाली दुनिया रोमांचकारी हो सकती है, लेकिन साहित्य की दुनिया विरोधाभासों और उग्र समूह-शक्तियों और प्रतापी-राज्य तंत्रों से बहुत लम्बे समय

तक प्रेरित नहीं हो सकती। समूह-शक्तियों से व्यक्ति की टकराहट अनिवार्य है क्योंकि व्यक्ति ही समूह की शक्ति और अहम् की संयमहीनता को सहता है। रचनाकार के लिए वे दिन बड़े जोखिम के होंगे जब वह समूह शक्तियों के अन्तर्विरोधों का और एक आकृतिहीन टैक्नोलॉजी के पार्श्व में खड़े होकर रचना करेगा।

आनेवाले दिनों में राज्य सत्ताएँ प्रबल और क्रूर हो सकती हैं, संगठन अधिक अनुशासन-कामी, शहर अधिक फैले हुए, शस्त्र और सैन्य शक्ति अधिक उद्दंड, व्यवस्था अधिक अमानवीय और क्रूर, बाहरी दुनिया ज्यादा ही आकर्षक और वस्तुएँ अधिकाधिक-नोहारी, तब रचनाकार को साहित्य लिखने की जटिलताओं और कठिनाइयों का अनुभव होगा। हो सकता है कि साहित्य के लिए भविष्य की जमीन अधिक उर्वरा न हो, कुछ वीरान ही हो। लेकिन हर हालत में वह चुनौतीपूर्ण स्थिति तो होगी ही।

साहित्य को आस्थाओं से बाँधने का सवाल

बुद्ध ने कहा था 'संसार जल रहा है' और जिसके भी पास कोमल और संवेदनशील मन है वह साक्षी रहेगा कि आज शायद बुद्ध के समय से कहीं अधिक ऊँची और दाहकारी लपटों में संसार जल रहा है; यह बात दूसरी है कि उतनी बेचैनी के साथ कोई यह कह नहीं रहा है। यह बात भी सच लगती है कि संसार को जलन से बचाने का काम महात्माओं तक सीमित नहीं रह गया है क्योंकि वे केवल मनुष्य की उन सद् इच्दाओं को प्रेरित करते हैं जो कभी-कभी उत्तेजित होती हैं और प्राय: प्रभावहीन ही रहती हैं, अधिक से अधिक वे थोड़े समय के लिए तनाव पैदा करती हैं और आदमी 'कृतिवान' न हो तो उससे 'निराश और नाराजगी' के बीच चक्कर कटवाती रहती हैं। हमारे देश में वे प्रमाण मौजूद हैं जब सदेच्छाओं का बोझ उठानेवाले बीच यात्रा में दम तोड़ गए हैं या कि निराशा और नाराजगी के वृत्तों में चक्कर लगाते रहे हैं। और किसी 'कृति और सामूहिक दायित्व' के अभाव में शब्दों की सारी संवेदनशीलता और अर्थवत्ता फिजूल हो गई है।

हमारा देश उन चक्करदार स्मृतियों का प्रमाण है जहाँ महात्माओं की सदेच्छाओं से प्रेरित हुए लोग व्यक्ति-व्यवहार में सच्चे, सीधे और एक हद तक असम्पृक्त, निरीह लगते हैं, किन्तु जिनका सामूहिक आचरण तानाशाहों और लम्पटों से भिन्न करना मुश्किल है। यहाँ ऐसे प्रबुद्ध लोग हैं जो प्रात: ऐसी भाषा बोलते हैं जिसे क्रान्तिकारिता के स्पर्श मिल गये हैं किन्तु जिनकी कृति डरपोकों के आचरण की गवाह है। यहाँ सत्ताकामी लोग प्राय: वैराग्य की जुबान में बोलते हैं और अपने बालकों को अंग्रेजी मदरसों में पढ़ानेवाले गरीबों के मदरसों की पक्षधरता करते हैं। शब्द और कृति इतनी अलग-अलग हो गई हैं कि दोनों से उत्पन्न होनेवाली नृशंसता और इस अलगाव को न पहचानने की स्थिति में एक तीसरे की नृशंसता की पहचान करना सर्वथा कठिन हो गया है। सारे देश में छद्म आचरण और उससे उत्पन्न हुई निराशा और उसी से उत्पन्न हुई क्रूरता जीवन का ऐसा हिस्सा हो गई है कि किसी को किसी के लिए लांछित करना और उत्तरदायी ठहराना अर्थ नहीं रखता।

ऐसे समय में यानी इस अँधेरे में हो सकता है कि आदमी सारे नैतिक मूल्यों की बात करना ही छोड़ दे और उन लोगों की मदद करे जो चाहते हैं कि एक

अराजकता का कुहासा फैल जाए और किसी के कंधे पर कोई हाथ न रखे अथवा कि यह हो सकता है कि जैसे नैतिकता की बात करने के लिए कुछ शानदार क्लब खोल दिये जाएँ और जहाँ उनकी तिजारत हो और एक विशिष्ट वर्ग निराशा के उस दर्शन की बात करे जो संघर्षरत आदमी के साहस को तोड़ता है और बलवानों को अधिक शक्तिवान बनाता है। हमारे देश में जहाँ आस्थाओं की जमीन बिलकुल बंध्या नहीं हुई है, यद्यपि एक निराशा की सीमा तक अंधी आस्थाओं का फैलाव है और कभी न टूटनेवाली मूर्छा है, नई आस्थाओं की पुनर्व्याख्या आवश्यक है। इसमें शायद ही किसी को संशय हो कि साहित्य की शुरुआत और उसका रोमांचकारी होना उसकी प्रभावशालिता और उसकी रहस्यमयता सब कुछ इसी में निहित है कि वह मनुष्य को कितनी 'आस्था' देता है। कोई कितना भी पेचीदा दर्शन प्रतिपादित करे, किन्तु इस बुनियादी आधार से प्रतिश्रुत होना कठिन प्रतीत होता है। अन्त में साहित्य की विलक्षणता और उसकी गहराई उसका स्थायित्व और अर्थबोध इसी पर निर्भर करेगा कि वह मनुष्य के प्रखर नैतिक बोध और आस्था की वापसी में कितना सहायक होता है।

मैं नैतिकता के द्वारा धर्म की संकीर्ण वापसी का आग्रह नहीं कर रहा हूँ और न उस संसार की वापसी पर बल देता हूँ जो आदमी को रूप, रस, गंध, स्पर्श, स्वाद की सृष्टि के प्रति विरत और वितृष्णा युक्त करती है। वस्तुत: मैं उस नैतिकता का सपना देखता हूँ जो दुनिया-भर के साहित्यकारों का एक काम्य सपना है—हर प्रकार की संकीर्णता से मुक्त होने का उत्फुल्ल सपना और मेरी यह धारणा बनती जा रही है कि जब तक मनुष्य को वह 'उत्फुल्ल नैतिकता वापस नहीं लौटा' दी जाती है तब तक वह अपनी ही सृष्टि में अजनबी बने रहने की नियति का दुख भोगता रहेगा।

मैं इन नैतिकता को अमूर्त स्थिति तक भी नहीं ले जाना चाहता हूँ। आज के मनुष्य के लिए अमूर्त सपनों का वजन उठाना कठिन हो गया है—धर्माचार्यों और चतुर राजनीतिज्ञों ने दुनिया को समृद्धि और सुख के अमूर्त सपने दिखा-दिखाकर वर्तमान का दुख और कलह भूल जाने की मोह पूर्ण और लम्बी स्थितियों में गुजारा है। दोनों ने इस जन्म के बाद वाले मोहक चित्र बनाए हैं और अपनी सत्ता तथा अस्तित्व के लिए मत माँगे हैं। मैं उस नैतिकता को व्याख्यायित करना चाहता हूँ जो साहित्य कर्म को पुन: आस्थाशील बना सकती है।

यह स्वीकार करने में मुझे कोई आपत्ति नहीं है कि मनुष्य की आस्था का विकट प्रश्न एकदम और अति सरलीकृत रूप में उपस्थित करना जोखम का काम है फिर भी एक व्यापक सन्दर्भ में उसकी चर्चा की जा सकती है।

मुझे यह प्रतीत होता है कि मानवीय संघर्ष के कुछ परिणाम निकल आए हैं, जो कि बहुत धीरे-धीरे और असंख्य यातनाओं के बाद निकले हैं और उनमें से

पहला परिणाम यह है कि मानवीय सृष्टि का भाग्य खंडित नहीं है, वह एक अखंड अन्विति है और इसलिए उसके सुख-दुख की हिस्सेदारी, छोटे-मोटे भेदों और हिस्सों के उपरान्त भी बहुत बड़े और बेहद छोटे हिस्सों में नहीं बाँटी जा सकती है। भूखे रहने का शास्त्र कोई भी दार्शनिक नहीं समझ सकता। न उस आनन्द की कल्पना की सकती है जो अमूर्त और देहातीत है। एक सूक्ष्म संवेदना जो हमारी शताब्दी को संघर्षरत पूर्वजों का उपहार है और जिसमें पूरी सृष्टि के संवेदनशील लोगों का दाय है, साहित्य की सबसे बड़ी आस्था होनी चाहिए। मनुष्य के सामूहिक भाग्य को व्यक्ति के भाग्य में बाँटने का सिलसिला साहित्य को अनास्थाशील बनाएगा और इसलिए वह किसी साहित्य की उपलब्धि नहीं माना जाएगा। जो राजनीति मनुष्य के जुड़े भाग्य को टुकड़ों-टुकड़ों में बाँटेगी और जो साहित्य मनुष्य को एक सामूहिक सत्व और स्वाभिमान हासिल करने के लिए नहीं उठाएगा वह अनास्था की राजनीति और साहित्य होगा। मनुष्य की समान और स्वाभिमानपूर्ण नियति को हम नैतिकता का हिस्सा कहेंगे।

हम एक और परिणाम तक भी पहुँचे हैं और वह मनुष्य के उस दर्प की तलाश है जो उसे क्रूर मदान्ध और अनैतिक शक्तियों के विरुद्ध लड़ने का बुनियादी अधिकार देती है। क्रूर मदान्ध, और अनैतिक शक्तियों का रूप और आकृति कैसी होती है इसे समझने के निर्दोष मानदंड स्थापित होना अभी शेष हैं, लेकिन मनुष्य के पास वह संवेदनशीलता है जो उसके मंगल अमंगलकारी मित्र और शत्रुओं के बीच पहचान कराने में निर्दोष है। मनुष्य उसी दृष्टि और संवेदनशीलता से इतिहास की दुर्द्धर्ष और अंधी शक्तियों से लड़ा है और जीत गया है। यह मानना उचित नहीं है कि क्रूरता के अभिशाप से सृष्टि जल्दी ही मुक्त हो जाएगी, लेकिन यह मानना भी उतना ही अहितकर है कि क्रूरता की शक्तियाँ कभी समर से नहीं लौटेंगी। जो साहित्यकार इन क्रूर शक्तियों को पहचानता है और उन शक्तियों के विरुद्ध स्वाधीनचेता मनुष्यों को संघर्षशील बनाता है वह मनुष्य की आस्था को लौटाता है और उस नैतिकता की पक्षधरता का समर्थक है जिसे साहित्य की अन्तिम परिणति मानने का मेरा आग्रह है।

मैं समझता हूँ एक और दृष्टि हमें मिल रही है और वह नर-नारी के सम्बन्धों को नये सिरे से देखने की दृष्टि है। अनास्थाशील साहित्यकार नर-नारी की देह सृष्टि को अनुर्वरा मानकर उन्हें तिजारत के लिए साहित्य में ला रहे हैं और भोग की एक आयामी दुनिया से उसे जोड़ते हैं। एक अवरुद्ध संस्कृति के लिए यह एक चटखारेदार और स्वादिष्ट सामग्री होती है लेकिन वह मनुष्य की आस्था को जोड़ती नहीं है।

नर-नारी के स्नेह और अपूर्व मैत्री प्रसंगों को मैं कोई 'सूर्य से भी छिपा' लेनेवाली वस्तु नहीं मानता लेकिन उन्हें 'मांस की दुकान पर लटकाये जानेवाली

मांस-पेशियों के प्रदर्शन' की तरह मानना भी मुझे अस्वीकार है। नर-नारी के इतिहास को पुनर्व्याख्यायित करने का काम आस्थावान साहित्य का एक महत्त्वपूर्ण काम होगा।

इस अधूरी संकल्पना को मैं अन्तिम तर्क परिणति तक नहीं ले जाना चाहता। वे लोग जो शब्द को एक पूरी कृति का और कृति को सिर्फ शब्दों का आकार देकर नया समीकरण नहीं देना चाहते हैं उनके लिए बहुत दिनों तक राजनैतिक घटित को मंडित या कि लांछित करने से काम नहीं चलेगा बल्कि उन आस्थाओं को मूर्त करना पड़ेगा जो इस जड़ता के बीच भी फिर से स्फूर्ति दें और झनझनाएँ भी।

मसीहाओं का साहित्य

पिछला साहित्य देखें तो कृतिकार और कृति-लेखन की असमंजसकारी स्तुति लिखी हुई देखने को मिलती है। ऐसी स्तुति विनम्रता और दंभ दोनों ही उत्पन्न करती है। यह स्तुति इसीलिए की गई है क्योंकि कृतिकार शब्द-सामर्थ्य को धारण करता है और उसके संयोजन से अर्थ की बिलकुल नई : अकल्पित और रोमांचकारी सृष्टि उत्पन्न कर देता है। इस कौतुकमयी सृष्टि को जन्म देने का पराक्रम जिसके पास हो वह स्वयं को एक 'मसीहा' समझने लगे तो कोई आश्चर्य नहीं है।

वैसे भी मसीहाओं की कृतिकारों में बहुत कुछ एक-सा देखने को मिल जाता है। दोनों सृष्टि को एक नैतिक सन्दर्भ देने के लिए प्राय: बेचैन होते हैं। एक अधूरे और अतृप्त संसार को पूरा और तृप्त बनाने का सपना दोनों को आविष्ट करता है। दोनों की जिजीविषा का उद्गम यह है कि वे इस संसार को समृद्ध और सुखद बनाने का दायित्व ग्रहण किए हुए हैं। दोनों की भाषा में इसलिए कभी-कभी एक तरह की संगति और लय और बहुत कुछ कविता की अनुगूँज सुनाई देती है।

इतना साम्य होते हुए भी धर्माचार्यों, महन्तों और साधुओं के आभिजात्य में स्रष्टा हो या कवि या किसी अन्य कला विधाओं से जुड़ा हुआ व्यक्ति, सामान्यतया अविश्वसनीय होता है। वह उनकी संगति में अनादृत भी होता है और विद्रोही भी। यह बात हमेशा ही कुछ अद्भुत-सी लगती है कि श्रेष्ठ रचना या कि उसकी रचना-प्रक्रिया में उथल-पुथल का अंश अनिवार्यत: क्यों हो? इसलिए कि यह अंश मनुष्य की स्वाधीनता का बुनियादी हिस्सा है या कि 'अस्वीकार', उसे एक दूसरी तरह की हैसियत प्रदान करता है, जो उसी के हिस्से में है, किसी दूसरे के नहीं—कम-से-कम जबकि मनुष्य सृष्टि के बड़े हिस्से में 'स्वीकार' करने के सिवाय कोई विकल्प नहीं होता है।

धर्म ही के साथ नहीं, सत्ता, सत्ता-प्रतिष्ठानों और सत्ता-केन्द्रों के साथ स्रष्टा का बड़ा अटपटा रिश्ता होता है। इस अटपटे रिश्ते में से वह मसीहाई जन्मती है जो कविता को एक समानान्तर कर्म बना देती है। मैं सोचना चाहता हूँ कि जिस किसी बादशाह ने कुम्भनदास को बुलाया हो, उनका यह कहना कि 'आते-जाते जूतियाँ घिस जाएँगी और अनचाहे चेहरों को देखना पड़ेगा; इतना ही नहीं सलामें

और करनी पड़ेंगी', जबरदस्त मसीहाई रही होगी, एकदम बादशाह को थर्रा देनेवाली और चकित कर देनेवाली भी। अनजाने ही यह अपनी स्वाधीनता की घोषणा भी रही होगी। मुझे प्रतीत होता है कि इस अस्वीकार के कुम्भनदास जैसे एक दूसरे बादशाह हो गए होंगे। सत्ता अथवा उस समय के बादशाह ने इन्हें कठोर दंड क्यों नहीं दिया? क्या इसलिए कि सत्ता को उनसे कोई भय नहीं था या कि इसलिए कि उनकी अवज्ञा की जा सकती थी या फिर इसलिए कि वे कोई व्यापक अराजकता, अस्वीकार अथवा सिविल नाफरमानी का आन्दोलन फैलाने जैसी स्थिति में नहीं थे।

कबीर कुम्भनदास से अधिक उद्दंड और बेलाग थे; वे व्यवस्था की ऊँच-नीच, जातियों के दुर्दमनीय घमंड, संकीर्णचित्तता और अनुर्वरा-ज्ञान से उत्पन्न होनेवाली क्रूरता को पहचानते थे। उनके साथ सत्संग-मंडली थी जो उन्हीं की तरह ऊँची जाति वालों के द्वारा कुचल दी गई थी। वे सब नीची जाति के लोग थे। निरादर ने उनके पूरे अस्तित्व को एक दूसरे किस्म की स्वाधीनता दी थी। कबीर और उनके साथियों के पास कुछ न होना, न जमीन, न पैसा, न मकान, न वस्त्र और न प्रतिष्ठा या कि प्रतिष्ठित होने की तृष्णा—उनकी शक्ति थी। कुछ न होना कबीर का त्रास नहीं था, उनकी मुक्ति थी। न होने के लिए आज भी लोगों के पास कुछ नहीं है, किन्तु वह उनका त्रास है, मुक्ति नहीं है। न होना जिनकी मुक्ति है वे कबीर की तरह मसीहा होते हैं, इसी के बीच से जो शब्द जन्म लेता है वह कर्म होता है ठीक एक पत्थर फेंकने की तरह या एक अश्लील शब्द कहने की तरह। बाद में कबीर को 'खंडन-मंडन' का कवि कहकर लांछित किया गया है। लेकिन सब कोई जानते हैं कि कबीर के समय की कविता कितनी समर्थ और अग्निधर्मा है। आज जब मन्दिर, मस्जिद की सांध्य झालरें, घंटा-ध्वनि और अजानों का स्वर अन्धकार में डूब जाता है, कबीर की 'मसीहाई' का अन्दाज इसलिए भी अनूठा है कि वह न तो किसी पछतावे से जन्मती है और न किसी सुविधा की तलाश करती है। वह एक भय रहित स्वाधीनता है, भय से उत्पन्न होनेवाली स्वाधीनता नहीं है। मसीहाई तुलसी भी करते हैं किन्तु वे कबीर की तरह के फकीर नहीं है। गृहस्थ वे नहीं रहे, परम्परा का निषेध उन्होंने नहीं किया। जीवन के अन्त में एक करुणा-युक्त स्वर में उन्होंने कहा, 'माँग कर खा लूँगा, मस्जिद में सो जाऊँगा, न एक लेना है न दो देना।' कबीर और उनकी मंडली के रहते-न-रहते 'सहज मसीहाई' का ठाठ समाप्त हो गया। साधुता तो रही लेकिन फकीरी दिन बीत गए। बाद के जो दिन साहित्य को देखने पड़े, वे 'सुविधा और सम्पत्ति' की तलाश के दिन थे। सुविधा और सम्पत्ति की तलाश में लिप्त कृतिकार जातियों के बड़प्पन, अनुर्वरा ज्ञान और कुलीनों के आभिजात्य और शौर्यहीन राजनीति के दाँव-पेंच देखते रहे। काव्य का मानवीय नैतिकता से सम्बन्ध विच्छिन्न हो गया और 'अस्वीकार' का विद्रोही स्वर

छत्रपतियों की सेवा में समर्पित कर दिया गया। रीति-कविता के 'मसीहाई-विरत' दिन दुख और दैन्य के दिन थे।

कहा जा रहा है कि आज 'मसीहाई' के दिन नहीं रहे। एक अभिप्राय में यह एक सुखद वक्तव्य है क्योंकि प्राय: 'मसीहा' निर्णय देते हैं—निष्करुणा और निरासक्त निर्णय, जबकि वे स्वयं अपराधी होते हैं। दूसरे इसलिए भी कि कोई मानवीय निर्णय द्विधारहित नहीं हैं। सारे निर्णय स्थिति के विविध बचाव-पक्ष हैं और उन पर कभी भी सवाल उठाया जा सकता है। तीसरे इसलिए कि आदमी की नियति एक-दूसरे से जुड़ गई है इसलिए मसीहा और आदमी एक ही मंच पर इकट्ठे हैं, वे एक-दूसरे के साथ एक ही नाव में बैठे हैं। स्थिति की इसी गहरी समझ से वह साहित्य लांछित होने लगा है जो किन्हीं पीठासीनों से दिया जानेवाला भाषण होता है या कि अधिक से अधिक प्रार्थना सभा में दिया जानेवाला ऐसा वक्तव्य जिसे देने के बाद स्वयं वक्ता अधिक निरीह और 'रिरियाता' सा लगने लगता है।

लेकिन वास्तव में ऐसा हुआ है? हुआ इतना ही है कि कबीर की तरह 'सहज मसीहा' जो जिन्दगी के अपमान, संशय और यातना से सत्यानुसन्धान करने का जोखम उठाते थे—बिरल हो गए है और उनकी जगह उन लोगों ने ली है जो कहने को मसीहा नहीं हैं किन्तु 'मसीहाई अन्दाज' में पौरोहित्य करते हैं—कभी-कभी कट्टरता का, कभी किसी सुविधा का, कभी किसी वंश का, कभी कुलीनता का, कभी कुर्सी का, कभी राजनेता का। धीरे-धीरे यह स्थिति बनती जा रही है कि आदमी अपने हिस्से में आए सत्य को देखने से डरने लगा है और उस सत्य की जय-जयकार करता है जिसकी उसे पहचान नहीं है।

कबीर जैसे मसीहा ने शब्द को जो नई पहचान दी थी और कर्म के समानान्तर प्रतिष्ठित किया था, आज के मसीहा उसे अपने बचाव-पक्ष की तरह काम में ला रहे हैं। साहित्य का एक बड़ा हिस्सा मसीहाओं की उन रूखी और यातनापूर्ण हिदायतों की तरह होता जा रहा है जो सिर्फ भयाक्रान्त करता है लेकिन किसी नई सृष्टि के संकल्पों से आह्लादित नहीं करता। मसीहाओं के हृदय सूख गए है। जिन शब्दों के प्रयोग से उनके आँगन की क्यारी हरी-भरी होती है वे ही उनके लिए सार्थक शब्द हैं, वहीं तक उनकी प्रतिबद्धता है। शब्दों के अर्थायाम संकुचित हो गए हैं और सारा साहित्य मुट्ठी-भर पाठकों की समझ में आता है। साहित्य सभाओं में घृणा, रोष और मसीहाओं के खेमे, उनके सिद्धान्त-मंत्र, उनकी माला, चेले-चांटियों का सम्मान मुख्य होता है जिसे बाद में 'जीवन्त बहस' कहा जाता है।

मेरे जैसे खुली दुनिया बनानेवाले लोग पिछली दुनिया और इतिहास की बहुत-सी बातें स्मरण कर सकते हैं जिसमें एक बात यह है कि यद्यपि इतिहास और दुनिया पीछे लौटेगी नहीं लेकिन लिखनेवाले को बार-बार यह समझना होगा कि शब्द की ताकत कहाँ है और वह कब-कब विलुप्त हो जाती है। सार्त्र ने किसी प्रसंग में

कहा था—कि "समाज शास्त्र और मनोविज्ञान की नई-नई पुस्तकों ने इतना ज्यादा रोमांचकारी ज्ञान दिया है कि आदमी को उपन्यास पढ़ने की आवश्यकता नहीं है—उपन्यास मर गया है।" हो सकता है कल राजनीतिकार और अर्थशास्त्री इतने लुभावने शब्दों को आविष्कृत कर लें कि हमें न संगीत की जरूरत रहे न लयात्मक कविता की। उस दिन हमें कबीर जैसे फकीरों की मसीहाई ही बचा सकेगी। इस विपत्ति-घटना से बचने के लिए एक पूरी जिन्दगी के मानापमान, संकीर्णता, क्रूरता, कृपणता, स्वार्थ से लड़ने के लिए एकदम नये शब्द की आविष्कृति जरूरी होगी। यह शब्द कुम्भनदास के पास जहाँ से भी आया हो याकि कबीर के पास जहाँ से भी आया हो वहीं से आएगा। इस अर्थ में 'मसीहाओं का साहित्य' फिर से शुरू होना होगा तो होगा। अतीत की इसी जिजीविषा से वर्तमान की लम्पटता कम की जा सकेगी और साहित्य को अपनी मृत्यु से बचाया जा सकेगा जिसका इन्तजार बहुत-से लोग कर रहे हैं।

रसज्ञता

संस्कृत के किसी अज्ञातनाम कवि पूर्वज ने अपनी मर्मान्तक व्यथा प्रकट करते हुए लिखा है—"विधि! मेरे भाग्य में तुम जो चाहो लिख दो, किन्तु अरसिक के समक्ष काव्य-निवेदन का दुर्भाग्यपूर्ण योग मुझे कभी प्राप्त न हो, कभी प्राप्त न हो, कभी प्राप्त न हो।" प्रतीत होता है, इस कवि-पूर्वज के समय भी सभी लोग काव्य के रस-भोक्ता नहीं थे। काव्य-रसास्वादन का सौभाग्य थोड़े ही लोगों को था।

वस्तुतः क्या काव्य के रसभोक्ता थोड़े ही व्यक्ति होते है? कम-से-कम भारतीय काव्य-शास्त्र में रसज्ञ की—जिस विशिष्ट इयत्ता का वर्णन मिलता है उससे तो यही प्रतीत होता है कि सभी लोगों को काव्यमर्मज्ञ होने का सौभाग्य प्राप्त नहीं था। जैसे सभी लोग समान रूप से बुद्धिमान नहीं होते उसी तरह सभी लोग प्रथम श्रेणी के रसज्ञ भी नहीं होते, किन्तु बुद्धि के असमान वितरण पर कोई क्षुब्ध नहीं होता, पर रसज्ञता के सम्बन्ध में यह स्वीकार करने में लोग अधिक कुपित होते हैं और ऐसे लोगों का यह दावा निरन्तर बना रहता है कि कविता उन तक पहुँचे। कहते हैं कि एक बार रस्किन के व्याख्यान में उनके एक श्रोता ने कहा, "तुम मेरे लिए अगम्य हो।" तुरन्त रस्किन ने उत्तर दिया, "भाई! तुम मुझ तक आओ, मैं तुम तक नहीं आ सकता।" आज श्रोता यही चाहते हैं कि कवि उन तक जाए, वे कवि तक नहीं जाएँगे। किन्तु काव्यसृजन के लिए यह आग्रह भयावह है और इससे नितान्त अनर्थकारी सामाजिक अहंकार का जन्म होता है। यह बात दूसरी है कि अमुक कृति श्रेष्ठ है और बहुजन-प्रिय भी, किन्तु बहुजन प्रिय होना ही श्रेष्ठत्व का आधार हो तो कृतिकार को बहुत-सी अन्य चिन्ताएँ ग्रस्त कर लेंगी—जिनमें से अधिकांश का सम्बन्ध सृजन से नहीं होगा। यों मानवीय समानता के सुखद निर्माण के समय यह तथ्य अविनयपूर्ण और संकीर्ण प्रतीत होता है किन्तु छद्म-विनय और प्रदर्शन के लिए किसी अवास्तविकता का वरण करना भी तो छोटा-मोटा पाप है। इसलिए स्थिति यह है कि जैसे संस्कृत के कवि-पूर्वज को उस समय अरसिकों और रसिकों की इयत्ता का भान था, वह विवेक आज भी विलुप्त नहीं होना चाहिए। इस तथ्य-बोध से कोई नया वर्ग अथवा अहंकारी आभिजात्य या कि विशिष्ट कुलशील की परम्परा नहीं जन्मेगी क्योंकि वर्ग-स्पृहा को जन्म देनेवाली परिस्थितियों का सम्बन्ध

काव्य-रसज्ञता से नहीं है। वर्ग-निर्माण के अनेक और अन्य कारण हैं और मुझे विश्वास है उनके विरुद्ध संघर्ष करने में काव्य-रसिकों के विमुख होने की कोई सम्भावना नहीं है।

इस तथ्य के प्रति भी आकृष्ट होने की आवश्यकता है कि रसज्ञता का सम्बन्ध हिन्दी, अंग्रेजी अथवा अन्य भाषाओं की वरिष्ठ उपाधि-प्राप्त कर लेने से अनिवार्यतः जुड़ा हुआ नहीं है और न यही आवश्यक है कि अध्यापकीय कर्म में लगे हुए व्यक्ति रसज्ञ ही हों। यों इस दिशा में विश्वविद्यालय की वरिष्ठ कक्षाओं का अध्यापन कर्म करनेवालों ने दूषित वातावरण को जन्म दिया है, किन्तु संस्कारहीन पंडिताई से कालिदास और भवभूति जैसे रस-सिद्ध कवि भी कम त्रस्त नहीं थे। एक ने शालीनता के साथ पंडिताई से आग्रह किया था कि कृति के श्रेष्ठत्व का सम्बन्ध पुराने और नये होने से क्यों जोड़ रहे हैं : क्योंकि सभी कुछ पुराने होने से श्रेष्ठ नहीं है और न सब कुछ नया होने मात्र से घृणित है। कवि भवभूति ने इसी व्यथा को करुण बनाकर कहा कि न तो पृथ्वी इतनी-सी है और न काल ही। मुझे सराह कर रस-विभोर होनेवाला कोई-न-कोई कभी-न-कभी तो जन्मेगा ही। उस समय से आज तक संस्कारहीन पंडिताई का यह दावा है कि उन तक जो चढ़ जाएगी वही काव्य और जो उनकी सतही संस्कारिता के लिए अगम्य है अथवा नूतन है वह या तो काव्य है ही नहीं और यदि है तो काव्य के शाश्वत तत्त्व उसमें विद्यमान नहीं हैं। पंडिताई ने शाश्वत तत्त्व की बात आज से प्रारम्भ की हो ऐसा नहीं है, गतानुगति को धक्का लगाकर जब कहीं कुछ नया जन्मा है तब ही शाश्वत तत्त्व के आख्यान प्रत्याख्यान की आवृत्ति-पुनरावृत्ति हुई है, किन्तु धीरे-धीरे पंडिताई ने सब-कुछ पचा लिया है। यों उनकी तरफ से प्राप्त यह स्वीकृति सदाशयता अथवा रसज्ञता का प्रमाण नहीं है, वह समय के साथ उनकी विवशतापूर्ण पराजय मात्र है। सर्प के घायल फण की तरह वह आहत रहती है और जब-जब सृजन फिर किसी नये आयाम में संचरण करता है तब-तब पंडिताई की संस्कारहीन सतही काव्य-रसिकता अधिक उग्रता और अनुदारता से आक्रमण करती चली आई है। हिन्दी के चार दशक का काव्य बार-बार पंडिताई की सतही काव्य-रसिकता के आघात सह चुका है। छायावादी काव्यधारा पर आक्रमण कर पंडिताई परास्त हो गई तो उसने स्वीकार कर लिया कि छायावादी कविता को वह पसन्द तो नहीं करती फिर भी उसका अस्तित्व उसे मान्य है, क्योंकि छायावाद की मूल प्रेरणा के स्रोत उपनिषदादि हैं। छायावादी काव्य को प्रदान की गई यह मान्यता पंडितों की पितृवत्सलता ही थी और यह कुछ पहली ही बार उद्घाटित हुआ सत्य नहीं है कि उन्होंने इस काव्य-धारा का स्वागत कभी इसलिए नहीं किया कि वह उत्कृष्ट काव्य का प्रतिनिधित्व करती है। उसके बाद जब यह नया प्रसंग उपस्थित है तब पुरानी पंडिताई फिर जाग गई है और उनकी पुरानी रसज्ञता फिर चिन्ता-ग्रस्त हो उठी है। विश्वविद्यालय के वरिष्ठ अध्यापक

अतीत और गतानुगति की व्याख्या में अत्यन्त आनन्द लेने लगे हैं, इसलिए नहीं कि वे प्राचीन काव्य-रसज्ञ हैं बल्कि इसलिए कि वे अतीत की व्याख्या करने में जितना अधिक रस लेंगे उतना ही अधिक वर्तमान की भर्त्सना करने का उन्हें अधिकार प्राप्त हो जाएगा। अतीत की भाव-शवल प्रशस्तियाँ गाकर वर्तमान को अकिंचन सिद्ध करने का कौशल इसी पंडिताई को प्राप्त है।

रसज्ञता के सन्दर्भ में यह स्वीकार करने का भी कोई कारण नहीं है कि जो नये कृतिकार हैं वे सब के सब रसज्ञ हों। कुछ कृतिकार समय और शिल्प के साथ ऐसा तादात्म्य स्थापित करते हैं कि रचना उनका स्वभाव हो जाता है। सृजन उनके लिए दर्पण नहीं है जिसमें वे आत्मा की वैभवपूर्ण छवि का दर्शन कर सकें और न सृजन का क्षण उनके लिए आत्म-साक्षात्कार का क्षण ही होता है। यश, अर्थ और व्यवहार के लिए वे उन शब्दों की केंचुली भर पहनते हैं जो उनके और समय की देह पर खूब फबती है। दूसरे वर्ग के कवि अपने सृजन के गहरे रस-भोक्ता होते हैं। यूनानी सुन्दर नार सेशियस की तरह आत्मासक्त। ये कवि स्वयं की रचना का आस्वाद करते समय किन्हीं विशिष्ट मूल्यों की स्थापना करते हैं किन्तु दूसरों की रचना का आस्वाद करते समय उनके कार्पण्य की कोई सीमा नहीं होती। उस समय उनका मन पुरानी रसज्ञता की देहरी से टकराया करता है।

वस्तुतः रसज्ञ कवि कम ही होते हैं क्योंकि स्रष्टा की अन्तर्दृष्टि और रसज्ञ की निर्वैयक्तिक भुक्ति व्यक्तियों के दुर्लभ और साधनारत गुण हैं किन्तु वे जिन्हें प्राप्त होते हैं वे काल की सभी क्षुद्र गतानुगति को लाँघ कर स्रष्टा और भोक्ता दोनों के लिए नये मान की स्थापना करते हैं।

इस वक्तव्य के उपसंहार में मैं इतना-भर आश्वस्त होकर कह सकता हूँ कि धीरे-धीरे ब्रह्म-ज्ञानी पंडितों और कुत्सित समाज-शास्त्रियों को हतप्रभ कर नई कविता को उसके रसज्ञ प्राप्त हो रहे हैं। ये रसज्ञ वे हैं जो कलाकृति के माध्यम से प्रकट होनेवाली अदम्य जिजीविषा को सहृदयतापूर्वक देख लेते हैं और सब प्रकार के पूर्वाग्रहों से पल्ला झाड़ लेने में समर्थ हैं। नई-युक्तियों की रक्षा में उन्हें जो प्राणवान अर्थ-गरिमा दृष्टिगत होती है उससे वे मनुष्य की अपरिसीम जिज्ञासा, सत्य को स्पर्श करने की दुर्निवार इच्छा और सृजन की शक्तिशाली उत्कंठा को पढ़ते रहते हैं। इसलिए उन्हें न तो कहीं अनास्था दृष्टिगत होती है और न गत्यवरोध। दुरूह और क्लिष्ट से उन्हें शिकायत नहीं है और न पुराने और बार-बार दुहराये सहज के प्रति वे भाव-शवल है। काव्यगति को आत्मस्थ करनेवाले रसज्ञ अब सुविधा-भोगी सभा-रत्न नहीं हैं बल्कि निरन्तर काम-काज में जुटे हुए अभ्यास-रत मुमुक्षु की तरह हैं, क्योंकि अभी न तो उनके ज्ञान की प्यास बुझी है और न सृष्टि तथा मानवात्मा के रहस्य को समझने की इच्छा का उन्हें कोई अन्त नजर आता है। वे थोड़े हैं किन्तु प्रभावशाली हैं।

रचना की स्वाधीनता या स्वाधीनता की रचना

पिछले वर्ष की डायरी में मैंने आन्द्रे ज़ीद की एक पंक्ति लिखी है—ज़ीद आपको स्मरण है फ्रांस के प्रसिद्ध कृतिकार और उपन्यास लेखक हैं—कला दमन से उत्पन्न होती है, संघर्ष पर जीती है और स्वाधीनता में विसर्जित होती है। प्रतीत होता है स्वाधीनता में विसर्जित होना ही कृति की सबसे महत्त्वपूर्ण नियति है और मनुष्य की या कि उसके रचनेवाली की बुनियादी जरूरत, ठीक उसी तरह की जैसे भूख।

इतिहास में भूखे लोगों ने इतनी यातना सही है कि मानवीय मूल्यों के सन्दर्भ में चिन्ता करनेवाले लोग स्वाधीनता का सवाल उठाना ही भूल गये थे और वह उठा भी तो इतनी फुरसत के साथ जैसे वह नहाने का साबुन हो या कि 'टूथ पेस्ट'। भूख और स्वाधीनता के प्रसंग में 'स्वाधीनता की बात' करनेवाले लोगों के प्रति एक तरह की चिड़चिड़ाहट, तिरस्कार और घृणा फैली। मुझे स्मरण है कि जर्मनी के बँटवारे के समय एक छोटी कहानी कही जाती थी। कहा जाता था कि पूर्वी जर्मनी और पश्चिमी जर्मनी के सीमान्तों पर दो कुत्ते मिले थे और उन्होंने एक-दूसरे की कुशल-क्षेम पूछने के बाद जिन्दगी के सम्बन्ध में अपने-अपने अनुभवों पर दार्शनिक भंगिमा में बातचीत शुरू की। पूर्व जर्मनी के कुत्ते ने कहा कि वह पेट भर खाता है किन्तु उसे भौंकने की आजादी नहीं है, पश्चिमी जर्मनी के कुत्ते का अनुभव यह नहीं था उसने कहा, उसे भौंकने की पूरी आजादी है लेकिन पेट भर भोजन नहीं मिलता। लोग पूर्व जर्मनी की उपलब्धियों को प्रशंसनीय मानते थे। बहुत समय तक यह चुनाव आवश्यक हो गया था और मोहित करनेवाला भी कि भूख और स्वाधीनता जैसे बुनियादी मूल्यों में से किसी एक को चुन लें। जिन्हें चयन करना है उन्हें दोनों में से एक ही का चयन करना पड़ेगा। दुनिया जैसे दो भागों में बँटेगी, एक में भूख के विरुद्ध संघर्ष करनेवाले होंगे और दूसरे में पराधीनता के विरुद्ध संघर्ष करनेवाले। वंचित लोगों की सामान्य जिन्दगी इतनी त्रासदायक थी कि 'भूख' मानवीय मूल्यों से जुड़ गई और स्वाधीनता लम्बे समय तक 'आभिजात्य' की चिन्ता का एक विषय बनी रही, एक अनावश्यक और चुहल करनेवालों का विषय।

सामाजिक दर्शन पर बातचीत करनेवाले जैसे स्वाधीनता की बातचीत करने पर कुपित दृष्टि से देखे जाते थे, उसी तरह स्वाधीनता पर बातचीत करनेवाले कृतिकारों

की भी निन्दा होती थी। 'रचना की स्वाधीनता' का अभिप्राय सिर्फ इतना ही था कि कृतिकार दुनिया-भर में फैली हुई संकीर्णता, टुच्चाई और मन को तोड़ देनेवाले कुकृत्यों में से सिर्फ कुछ को चुनें—उन्हीं कुछ को जो एकदम 'भूख' से जुड़े हैं। यह बुरी बात नहीं थी, न यह अब भी बुरी बात है। वंचित लोगों की पक्षधरता साहित्यकार की अपनी पक्षधरता है, वंचित लोगों का उल्लास कृतिकार का अपना उल्लास है। किन्तु वंचित लोगों के साथ-साथ कृतिकार की यह समझ अपराध नहीं कि आज की दुनिया जैसी बनी है उसमें 'भूख' भी एक राजनैतिक पक्ष है। इसलिए यह समझ सिर्फ अधूरी होगी कि 'भूख-मुक्ति' पराधीनता-मुक्ति है।

कृतिकार के लिए स्वाधीनता एक सपना है जिसे पाने के लिए उसने शब्द और स्वर जैसे अमूर्त, संश्लिष्ट तथा अनेक अर्थआयामी माध्यम चुने हैं। दोनों माध्यमों के जरिये वह रूप, रस, गंध, स्वाद, स्पर्श की सृष्टि को फैलाता है और इतनी अधिक फैलाने की आशा रखता है कि पूरी-की-पूरी दुनिया अनुभव की और उसके पार की दुनिया को नये सिरे से जान सके या कि आविष्कृत कर सके। अनुभवों की दुनिया के बीच रहना चाहे, वे व्यक्ति और व्यक्तियों, समूहों और समाज, इतिहास और परम्परा, लोकशास्त्र और धर्मशास्त्र के अनुभव हों, एक बनी-बनाई अनुभव की दुनिया के इर्द-गिर्द घूमना है जो एक पराधीनता भी है और दूसरी तरह का त्रास भी। इस पराधीनता के वृत्त से निकलना और त्रास-मुक्त होना यह स्वाधीनता की आविष्कृति है और एक रचनात्मक ऊर्जा का आवेश भी हमारी अपनी शताब्दी के संकट का अनुमान इसी से लगाया जा सकता है कि बार-बार हमें रचनाकारों की स्वाधीनता का बुनियादी 'हक' छिन जाने का भय लगा रहता है यद्यपि यह स्वाधीनता सिर्फ अनुभवों के उलट-पलट और नये सिरे से उन्हें व्यवस्थित करने देने भर की है याकि अनुभवों को प्राथमिकता देने भर की। फिलहाल 'स्वाधीनता की रचना' का प्रभावशाली आन्दोलन स्थगित है और जिसे हमेशा के लिए स्थगित रखने के षड्यंत्र, इस या उस उपाय से, राज्य शक्तियाँ करती रहती हैं। आदमी के अनुभव की सृष्टि और उसके दायरे एक ही परिधि में घूमते रहें, सृष्टि एक आयामी हो, यह पहले मंत्रों के द्वारा की गई है और अब 'तंत्र शक्तियाँ' इतनी प्रचंड हो गई हैं कि उन्होंने मनुष्य के अनुभवों की आविष्कृति तो दूर उसके उलट-पलट का अधिकार भी अपने हाथ में ले लिया है।

स्वाधीनता की रचना का काम सबकी दृष्टि में बहुत आवश्यक है, लेकिन यह चिन्ताजनक है कि सब यह आवश्यक मानते हैं कि वह स्वाधीनता उनके द्वार तक आ जावेगी। वे मन-ही-मन स्पष्ट हैं कि तंत्र उनकी स्वाधीनता को उनके घर तक छोड़ जाएगा। कृतिकार भी एक मर्यादित अंश में 'रचना की स्वाधीनता' चाहते हैं, उतनी स्वाधीनता भर कि जिसमें उनके अनुभवों का संसार नजर आए और वे सुरक्षा का अनुभव कर सकें। एक नई तरह की शुरुआत

और एक दूसरे किस्म की असफलता पुरानी शुरुआत और पुरानी सफलताओं से भिन्न किस्म की होती है।

जब तक स्वाधीनता की रचना का आवेश कृतियों में नहीं आता और मैं क्षमा चाहता हूँ कि मैं यह बताने में असमर्थ हूँ कि वह किस गणित से आ सकता है—तब तक भाषाएँ सिर्फ मुहावरे दुहराती रहेंगी और अनुभव के पुराने स्वाद आते रहेंगे। लगभग सभी समाज रचनाएँ अपनी सुरक्षा की तलाश में हैं और इसलिए एक रोमांचकारी जिन्दगी और स्वाधीनता के खतरनाक प्रयोग बन्द हो गए हैं।

कृतिकार चाहे जितनी किलेबन्दी करें, व्यवस्थाओं के लिए शोकसन्तप्त हों, वैकल्पिक व्यवस्थाओं की तलाश करें, वे बुनियादी रूप में 'स्वाधीनता के अलम-बरबाद' हैं। 'हैं' यानी कोई धर्मगुरुओं की जाति के नहीं—किन्तु वह उनका स्वभाव है। मछली के लिए पानी जैसे कोई दूसरी चीज नहीं है, कृतिकार के लिए स्वाधीनता उसी तरह की चीज है। उसी से एक नई, सुखद और रोमांचकारी दुनिया की आविष्कृति सम्भव है।

साहित्य और स्वाधीनता

साहित्य के साथ समता और स्वाधीनता जैसे मानवीय मूल्यों को जोड़ना और उनकी इस तरह बात करना जैसे वे रचना, रचना-प्रक्रिया के हिस्से हों, साहित्य-शास्त्र के लिए बिलकुल नई बात है। साहित्य-चिन्ता के पिछले प्रसंगों में यश, धन, व्यवहार, विश्व-कल्याण, आनन्द तथा उपदेश को साहित्य का प्रयोजन मान कर व्यापक मीमांसा की गई है। साहित्यशास्त्र की पुरानी मीमांसाएँ पढ़कर ऐसा प्रतीत होने लगता है जैसे हम किसी आलीशान महल में हों, जिसके सारे दरवाजे अलौकिकता की तरह खुलते हैं। हमारी आधुनिक साहित्य-चिन्ता इसी अलौकिकता से विमुख हुई जा रही हैं। प्रीस्टले ने 'लिटरेचर ऐंड वेस्टर्न मैन' में अलौकिकता और धर्म-निष्ठा के प्रति नाराजगी-युक्त टिप्पणी करते हुए लिखा है—"मेरे विचार में वे गलत हैं। यदि उनके लिए कोई विश्वास या चर्च अथवा कोई धर्म हितकर हो तो ठीक है, उनके निजी विश्वास को लेकर मैं विवाद नहीं करता, लेकिन न कोई मेरा धर्म है और न मेरे अधिकांश मित्रों का। मेरे विवेच्य प्रमुख आधुनिक लेखकों में बहुत कम के पास कोई धर्म है; जो निश्चित है वह यह है कि हमारे समाज के पास कोई धर्म नहीं है। अब वह केवल अधार्मिक ही नहीं, बल्कि प्रबल धर्मविरोधी है।"

धर्म की कट्टरता, अमानवीयता और नियतिवादी सन्दर्भों के विरोध में खड़े होकर ही हमने समता और स्वाधीनता के मानववादी मूल्यों की तलाश की है और इसी अर्थ में हम परम्पराविरोधी भी होते हैं। हमने यह चुना है कि हम अपने जीवन का अर्थ यहीं अपनी पृथ्वी पर तलाश करेंगे। आदमी ही हमारी सारी जिज्ञासाओं का केन्द्र होगा। हमारी सुदीर्घ परम्परा ने जिस वैराग्य-साधना और मोक्ष, जन्मान्तरवाद और प्रारब्ध को स्वीकार किया है वह मनुष्य की समता और स्वाधीनता का निषेध है। यह मानने में किसी को आपत्ति नहीं है कि इन्हीं कट्टर धर्म-प्रसंगों के बीच कई बार वे शक्तिशाली आन्दोलन भी आए, जिन्होंने मनुष्य की गरिमा को पुन: प्रतिष्ठित करने की कोशिश की और एक उदारवादी धर्म-परम्परा चलाने का संकल्प आचरित किया, लेकिन जल्दी ही वे लोग निहित स्वार्थों की घेरेबन्दी में आ गए। उनकी आवाज एक नैतिक सम्बोध भर हुई; वे व्यवस्था की असंगतियों, गैर-बराबरियों, पराधीनताओं को नष्ट करने के लिए कोई वैकल्पिक व्यवस्था का मसविदा तैयार नहीं कर सके।

इसमें कोई सन्देह नहीं कि इन लोगों ने मनुष्यों को अन्ध-नियति से निकालने की परम्परा की तलाश की; यह बात दूसरी है कि वे बहुत दूर तक नहीं चल पाए।

वन्ध्या व्यवस्था का सुरक्षा-अस्त्र

धर्म की पुरानी परम्पराओं को स्वीकार करने, उन्हें पुनर्जीवित करने, या कि उनकी पुनर्रचना करने का आवेश अब भी कम नहीं है। जातियों का दर्प, वैयक्तिक सम्पदा की सुरक्षा, स्त्री को छोटी और शोषण की सारी स्थितियों में रख कर सामन्ती दर्प का अहसास, मेहनत करनेवाले लोगों को छोटी हैसियत देकर जुल्म करने की इच्छा, जीवन को अर्थ देनेवाली सारी सुविधाओं को मुट्ठी में रखने की प्राणांत कोशिश, साम्प्रदायिक तनावों को जातीय परम्परा की संकीर्ण विरासत के साथ जोड़कर खुशनुमा बनाने की इच्छा पुरानी और सत्त्वहीन परम्परा को लौटा लाने के सिलसिले में है। साहित्य के जरिये इन परम्पराओं की वापसी मायावी और मोहक रूप में होती है—कभी संस्कृति बचाओ के रूप में, कभी देश, धर्म और परम्परा बचाओ के रूप में, कभी बरास्ता रहस्य-रोमांच और पुनर्जन्म की कथाओं, कभी भूत-प्रेत, परा-मनोविज्ञान की अविश्वसनीय कहानियों के द्वारा। कभी बहुत बड़े-बड़े पुरस्कारों के रास्ते, जिनका धर्म से या अनुत्पादक आस्थाओं से घनिष्ठ सम्बन्ध होता है। चिन्ता की बात यह है कि आधुनिक दुनिया का एक हिस्सा मन से अब भी अतीतोन्मुखी है और उसके हाथ में तिजारत के वे सब माध्यम और संचार के साधन आ गए हैं, जिससे वह समता और स्वाधीनतावादी शक्तियों को शिकस्त दे सके। साहित्य का इस्तेमाल भी वह इस वन्ध्या व्यवस्था को स्थायी बनाने के काम में खुल कर करता है।

इस सन्दर्भ की कतिपय कठिनाइयों का जिक्र आवश्यक है, क्योंकि वे प्राय: ही उन जागरूक साहित्यकारों के सामने आती हैं जो धार्मिक आवेशों से बचना चाहते हैं और इस प्रयत्न में होते हैं कि साहित्य मानव-आस्था से कटकर किसी प्रकार की संकीर्णताओं में विलीन न हो जाए। हमारी पहली कठिनाई यह होती है कि हमारे पास जो मिथकों की दुनिया है उसका सम्बन्ध उस धर्म की दुनिया से है जो प्राय: मानवीय कामनाओं को विभाजित करती रही है और जिसके कारण जातियाँ बनी हैं, ब्राह्मण, शूद्रों की परम्पराएँ बनी हैं, कर्म, प्रारब्ध जन्मान्तरवाद के अतार्किक भय स्थापित हुए हैं, गुलाम-अमीर, पतित-पावन, दास-स्वामी की अनैतिक रिश्तेदारी कायम हुई है। इन मिथकों की लम्बी और जबरदस्त परम्परा है। इनके स्वरूप जब तक मानवीय और तर्कसंगत नहीं बनते तब तक उनकी कट्टरता नहीं बदलती और ज्योंही हम उन्हें तर्कसंगति देते हैं वे प्रसंग-च्युत हो जाते हैं और उनकी मिथकीय शक्ति का नुकसान होने लगता है।

उदाहरण के लिए एक लम्बी कविता में गुजरात के किसी कवि ने द्रौपदी के वस्त्र-हरण को एक फ्रायडीयन स्पर्श दिया था। उन्होंने लिखा था कि सभा में बैठे

वृद्ध-जन द्रौपदी का वस्त्रहरण इसलिए देखते रहे, क्योंकि उनके मन में कहीं-न-कहीं गोपन सेक्स-भाव, स्त्री-देह को निर्वस्त्र देखने का भाव मौजूद था। सभासदों में बहुत-से वृद्ध थे, भीष्म जिन पर बाद में द्रौपदी कुपित हुई थी और पूछती रही थी कि आप तो धर्मज्ञ थे, वीर थे, नीतिज्ञ थे, आप कैसे देखते रहे? इस सबके लिए कवि का कहना था कि वे ही तो सबसे ज्यादा भूखे थे, क्योंकि अविवाहित थे। तर्क-दृष्टि से महाभारत के एक प्रसंग की यह व्याख्या सम्भव है। लेकिन उसकी लोक-विश्वसनीयता और स्वीकृति सन्देहास्पद है। ऐसे और अनेक मिथकों का मानवीकरण हो सकता है। नरेन्द्र कोहली ने अपने उपन्यासों में मिथकों का मानवीकरण किया है, लेकिन सबसे बड़ा और महत्त्वपूर्ण प्रश्न जो श्रोता उनसे एक सभा में पूछते रहे, वह यह था कि राम ही कहाँ है! राम का जो रूप जनचित्त में स्थापित है उसे विस्थापित करने की कोशिशें बहुत मुश्किल हैं। अयोध्या सिंह उपाध्याय ने राधा-कृष्ण के रससिक्त कथा-प्रसंग को 'प्रिय-प्रवास' में बदलने की मेहनत की। कृष्ण को लोकनायक बनाया भी, लेकिन पूर्ण पुरुषोत्तम रसेश्वर कृष्ण को वे मर्यादा-पुरुषोत्तम राम नहीं बना सके। फिर भी मिथकों को ज्यादा मानवीय बनाने के प्रयत्न लाभकारी होंगे।

इस प्रसंग को मैं निहाररंजन रे के एक कथन से समाप्त करूँगा। लिखा है—आवश्यकता इस बात की है कि पुराने मिथकों को नये और परिवर्तित सन्दर्भों में व्याख्यायित किया जाए और ऐसे नये मिथक तैयार किये जाएँ, जो प्रादेशिक, सामाजिक, भाषाई सीमाओं का अतिक्रमण कर सम्पूर्ण भारत को आधुनिक मानसिकता का प्रतिबिंबन कर सकें। यह सरल बात नहीं है, लेकिन भारतीय साहित्य को अपना व्यक्तित्व प्रदान करने के लिए अत्यावश्यक है।

नई समीक्षा, पुराने औजार

मेरी दृष्टि में नये मूल्यों के आधार पर लिखे जानेवाले साहित्य की दूसरी कठिनाई उसकी जाँच-पड़ताल की है। साहित्यशास्त्र के पास जाँच के जो औजार हैं वे प्राचीन, धार्मिक समाजशास्त्रीय प्रसंगों से जुड़े हैं, जैसे वाक्, रस, अलौकिक अनिर्वचनीय, लौकोत्तर आनन्द, साधारणीकरण, ध्वनि आदि शब्दों को निरन्तर काम में लेते हुए हमने जो समीक्षाशास्त्र बुना है वह हमारे आधुनिक अनुभवों को सिर्फ मानवीय स्थितियाँ (ह्यूमन सिचुएशंस) कह कर टाल जाता है—शाश्वत और कालातीत साहित्य लिखने की इच्छा हमारे अन्दर तिलमिलाती रह जाती है। दिक्कत यह भी है कि जिस नये साहित्य और सौन्दर्यशास्त्र का जन्म हो रहा है, उसमें भारतीय मनीषा का ज्यादा योगदान नहीं है इसलिए यह कहना मुश्किल है कि उसे हमारी स्वीकृति मिलेगी अथवा नहीं। यदि एक देश की जलवायु, वन-वनस्पति, जीवन और मिट्टी, जमीन और जल कही भी भिन्न और विशिष्ट है, तो उसका साहित्य और समीक्षाशास्त्र भिन्न और अलग पहचानवाला होगा। इधर इस अपेक्षा को भी बार-बार कहा जा रहा है

कि साहित्य की समीक्षा के लिए समाजशास्त्रीय मूल्य एकदम न सही, लेकिन काफी अलग पड़ जाते हैं, इसलिए वहाँ भी विवेक और परिशोधन की आवश्यकता है।

सारी दिक्कतों के बावजूद यह तो हुआ है कि हम अपने आसपास और नजदीक के संसार से जुड़ गए हैं और अब रवीन्द्रनाथ की तरह हम यह नहीं कह सकते कि नदी के प्रवाह का अपना सौन्दर्य है, यह बात दूसरी है कि उससे कभी किसी की प्यास बुझ जाती है या किसी को एक बाल्टी जल मिल जाता है या कि जैसे आयनेस्को ने कहा था "शायद लेखक का उद्‌देश्य केवल एक किस्म की इमारत बनाना है, जो साहित्यिक या रंगमंचीय नियमों को समाहित या प्रदर्शित करती है और ठोस अभिव्यक्ति देती है। एक अप्रयुक्त चर्च, जो अब एक पूजा-स्थान नहीं है, एक अस्पताल या पूजा-स्थान बन सकता है। लेकिन है यह अब भी अपने में एक भवन, चर्च नहीं, वास्तुकला का एक अंग। वस्तुतः यह कभी चर्च था भी नहीं, इसका चर्च के लिए सिर्फ उपयोग किया गया था, इसी तरह एक नाट्यकृति का प्रयोग अस्थायी तौर पर प्रचार या शिक्षा अथवा राजनीतिक दीक्षा के लिए किया जा सकता है। वे शक्तियाँ, जो इसका उपयोग अपने इच्छानुसार करती हैं, इसे एक जीवन्त रचना, एक निर्मित कृति होने से नहीं रोक सकतीं।"

बदलाव की धीमी प्रक्रिया

सार्त्र का उत्तर इसके विपरीत है। "लेखक वह चाहे या न चाहे एक ऐसा मनुष्य है, जो लोगों के बीच के अपरिभाषेय सम्बन्धों को प्रेम और घृणा के नाम देता है, जो सामाजिक सम्बन्धों को अत्याचार और बन्धुत्व की संज्ञा देता है। मैं कहता हूँ कि लेखक यदि दुनिया के किसी पहलू पर चुप रहता है तो वह चाहे या न चाहे भाषा के संसार से सम्बद्ध मौन भी शब्द होता है। हमें पूछने का अधिकार है, तुम उस विषय की तुलना में इस पर क्यों बोले और क्योंकि तुम एक परिवर्तन के लिए बोलते हो, उस परिवर्तन की अपेक्षा यह बदलाव क्यों चाहते हो? तुम डाक-टिकट बनाने के तरीके को क्यों बदलना चाहते हो बजाय गैर-यहूदी मुल्क में यहूदियों के प्रति व्यवहार बदलने के। इसलिए उसे उत्तर देना ही होगा—हम क्या बदलना चाहते हैं" (दोनों उद्धरण—'मानववाद तथा साहित्य' से—डॉ. नवल किशोर)

दरअसल बदलाव की प्रक्रिया में जो कुछ हुआ है वह इतना अपर्याप्त, इतना धीरे-धीरे, हुआ है कि बदलाव के विकल्पों पर सारी बहस शिविरबद्ध और राजनीतिक जिद बन गई है। यही बात साहित्य के सम्बन्ध में हुई है। हम जो साहित्य को बदलाव की इच्छाओं से संयुक्त देखना चाहते हैं, वे इस तरह बाँध दिए गए हैं या उत्तर देने के लिए विवश कर दिए गए हैं कि जैसे पूर्व निर्धारित उत्तरों या विकल्पों के सिवा हमारे पास कुछ नहीं है। सार्त्र ने 'साहित्य क्या है?' (ह्वाट इज लिटरेचर?) की भूमिका में एक संक्षिप्त, किन्तु व्यंग्यात्मक टिप्पणी करते हुए लिखा है कि—'एक

युवा किन्तु अल्प अनुभव वाले लेखक ने लिखा कि यदि प्रतिबद्ध होना चाहते हो तो किसकी प्रतीक्षा कर रहे हो, कम्युनिस्ट पार्टी के सदस्य बन जाओ। अमरीकी पत्रकार ने कहा—तुम्हारे साथ दिक्कत यह है कि तुमने न तो बर्गसां पढ़ा है न फ्रायड और फ्लावेयर जिसने हमेशा स्वतंत्र लेखन किया—तुम्हारी आत्मा पर पश्चात्ताप की तरह छाया हुआ है। एक लेखक जो एक युद्ध से दूसरे युद्ध तक जिया और जिसके नाम के साथ बहुत-सी यादें जुड़ी है कहने लगा, तुम्हारे साथ यही तो दुख है कि तुमने अमरत्व की कभी चिन्ता नहीं की...वगैरा...वगैरा।"

क्रान्ति का रूमानीकरण

ये सब स्थितियाँ साहित्य के साथ एक दहशत की स्थिति में जुड़ गई हैं और बहस का मुद्दा सिर्फ यह रह गया है कि हम या तो अमरीकी लॉबी के साथ या रूसी-चीनी खेमे के लेखक होने के लिए अभिशप्त हैं। इतना हो तो भी गनीमत है, अब प्रतिबद्धताएँ व्यक्ति-केन्द्रित होती चली जा रही है और डर उनको भी लगने लगा है जो किसी भी पार्टी के लेखक है; क्योंकि उनके साहित्य की गुणवत्ता की पहचान करते समय उन पर, उनके साहित्य पर वे सब लांछन लगाए जाते हैं जो उनकी कृति या कृतियों में परिलक्षित नहीं होते, बल्कि उनकी राजनीतिक समझ या वैचारिकी में होते हैं। यह विग्रह और संकीर्णता हमारे जैसे लेखकों में ज्यादा नजर आने लगी है, जो क्रान्ति को निकट भविष्य में हवा की तरह बहता देखते हैं और रूमानियत के अन्दाज में लिखते हैं। इसे हम क्रान्ति का रूमानीकरण कह सकते हैं। मनुष्य नियति को ज्यादा सार्थक और अर्थवान बनाने की पहल करनेवाले लेखक आपस में इतने क्रुद्ध और हृदयहीन नजर आते हैं कि जैसे वे एक-दूसरे को पकड़कर पीछे खीच रहे हों। ये प्रसंग हिन्दी की प्रगतिशील, प्रगतिवादी जनवादी, नवजनवादी साहित्यिक पत्र-पत्रिकाओं में स्वच्छंदतापूर्वक छापे जाते हैं। उन्हें यहाँ विस्तार से उद्धृत करने का अर्थ एक राजनीतिक उत्साह का अतिरेक होगा और उस अनास्था का फैलाना भी होगा, जो अवांछनीय है दरअसल एक पूँजीवादी, कंचन-लोभी, उपभोगवादी, और बंगला कथाकार शंकर के शब्दों में पराश्रित परोपजीवी, पैरासाइटों की दुनिया को बदलने के लिए व्यापक मानवीय मूल्यों से जुड़े रहनेवाले 'स्वाधीन चित्त-मनवाले' लेखकों के बीच सम्पूर्ण लगाव की आवश्यकता है।

मैंने जान-बूझकर 'स्वाधीन चित्त-मन' जैसा मुहावरा काम में लिया है, जो किसी नैतिक सम्बोध अथवा तबीयतों को मुलायम बनानेवाले मुहावरे से भिन्न है। पिछले वर्षों में 'स्वाधीनता' शब्द से समाजवादी सिद्धान्तों के प्रति आग्रहशील साहित्यकारों ने घृणा व्यक्त न भी की हो, पर खासी नाराजी जाहिर की है। इस नाराजी का कारण यह है कि 'स्वाधीनता' शब्द प्रतिस्पर्धी पूँजीवादी समाज का है, जिसका अर्थ साहित्य में कला-रूपों की अमूर्त कारीगरी या कि शब्दों के वायवी, लयात्मक उद्देश्यहीन

रचनाओं तक सीमित होता है। इसमें कोई सन्देह नहीं कि स्वाधीनता के आग्रहों के साथ ये खतरे जुड़े हों। लेकिन साहित्यकार के 'स्वाधीन' न होने के खतरे भी कुछ कम नहीं हैं। इन दिनों 'स्वाधीनता' के साथ सत्ता और व्यवस्था की टकराहट का बहुत गुप्त भयावह और विस्मयकारी खेल चला है, जिसे देखते हुए ऐसा प्रतीत होता है कि जैसे समता और सम्भाव्य बराबरी के लिए किसी जटिल वैचारिकी की आवश्यकता नहीं है। उसी तरह स्वाधीनता के पक्ष का समर्थन करने के लिए किसी संशय, तनाव और भय की आवश्यकता नहीं है।

किसी भी दृष्टि से देखें तो स्वाधीनता कृति या सर्जन का प्रतिपक्ष नहीं है, वह कृति का निषेध नहीं है। पुराने या नये इतिहास में जहाँ कट्टरता है और स्वाधीनता का निषेध है वहाँ कला और साहित्य के फैलाव का रास्ता बन्द है। स्वाधीनता के समय या स्वाधीनता की माँग करते समय रचनात्मक ऊर्जा का जो आवेश देखा जाता है वह इतिहास-चक्र की गति को बदल देता हैं जब मैं इस दृष्टि से देखता हूँ, तो मुझे प्रतीत होता है कि भक्त और संत कवियों की रचना में जो सर्जनात्मक ऊर्जा का आवेश है वह एक बृहत्तर स्वाधीनता के आवेश का हिस्सा है। छोटी जाति के कवियों ने रचना करते समय जाति हीनता से मुक्ति हासिल की और वे सामाजिक स्वाधीनता के व्यापक और मानवीय पक्षों का स्पर्श कर सके। सामाजिक समता और स्वाधीनता का यह अहसास किन्हीं समाजवादी पुस्तकों को पढ़ने और वर्ग संघर्ष की अनुभूति से नहीं बल्कि संवेदनशील मन और साहित्य रचना के आवेश से पैदा हुआ था। स्वाधीनता की उस बृहत्तर इच्छा से असम्पृक्त होते ही सामन्ती आचरण की रूढ़ कविताएँ उक्ति वैचित्र्य और अलंकारों से सज गई। जीवन की चमकती-दमकती इच्छाओं की झलक तक विलुप्त हो गई और उसी अनुपात में उनकी साहित्यिक अर्थवत्ता घट गई।

दरअसल स्वाधीनता और साहित्य का आत्मीय रिश्ता है, जैसे स्वाधीनता के बीच से अर्थवान रचनाओं का प्रतिफलन होता है, उसी तरह साहित्य, रचना का एक निहितार्थ स्वाधीनता है। श्रेष्ठ साहित्य-रचनाओं के बीचोंबीच एक स्वाधीनता की चमकती आँख नजर आती है। इसी चमकती आँख से दुनिया की दुखदायी व्यवस्था और मनुष्य भाग्य की त्रासदी देखी जा सकती है, जिसे बदलने के लिए मुक्तिबोध की इन पंक्तियों में पढ़ा जा सकता है।

अब अभिव्यक्ति के सारे खतरे
उठाने ही होंगे
तोड़ने होंगे ही मठ गढ़, अब
पहुँचना होगा दुर्गम पहाड़ों के उस पार
तब कहीं देखने कोमिलेंगी बांहें
जिनमें कि प्रति पल काँपता रहता
अरुण कमल एक।

सवाल यह है कि इस 'अरुण कमल' को कौन नहीं खिलने देता है? दुनिया को बेहतरीन बनाने से कौन रोकता है? वे कौन-सी शक्तियाँ हैं, जो दुनिया के बदलाव को रोकती हैं?—बहुत-सी हैं। इनमें सबसे प्रचंड शक्ति राज्य-सत्ता की है। प्रायः ही राज्य-सत्ताएँ स्वाधीनता का प्रतिपक्ष होती हैं और इसलिए साहित्य से कमोबेश आतंकित रहती हैं। मैं शैली की बात नहीं करता, जिसने किसी समय रचनाकर्मी को 'अनक्राउंड लेजिस्लेटर' कहा था, न मैं यह कहता हूँ कि वह कोई समानांतर सरकार होती है, लेकिन मुझे यह लगता है कि राज्य-सत्ता और साहित्यकार का रिश्ता तनावपूर्ण होता है, क्योंकि सत्ता की दिलचस्पी जब स्वाधीनता के अपहरण की होती है, साहित्यकर्मी उसे स्वाधीनता की, सत्य की समता की तथा और-और मानवीय मूल्यों की याद दिलाता रहता है।

नहीं तो मनुष्य के पास क्या बचेगा?

इस प्रसंग में यह तथ्य रेखांकित किया जाना चाहिए कि समता और स्वाधीनता मनुष्य नियति के खंडित पक्ष नहीं हैं, यद्यपि यह विचित्र विडंबना है कि इनमें से एक पर अमूमन बल दिया जाता है। ऐसी प्रतीति कराई जाती है कि समता के लिए स्वाधीनता और स्वाधीनता के लिए समता का स्थगन आवश्यक है। हर समय के लिए न सही, कुछ समय के लिए। अन्त में यह होता है कि कुछ समय का स्थगन जल्दी ही समाप्त नहीं होता और इस बीच नई और भयावह स्थितियों का आतंक फैला दिया जाता है। स्वाधीनता के सम्बन्ध में यह संशय हमेशा फैलाया गया है कि वह कोई निजी बेहद आन्तरिक और आदमी का अपना ही मामला है। इस तरह समता के सम्बन्ध में जो भावुक पक्ष नहीं है, स्वाधीनता के सम्बन्ध में एक लचीला और भावुक प्रसंग होता है। लेकिन साहित्यकार किसी एक या दूसरे कारण से और अकसर एक बड़ी विस्तृत बाधारहित दुनिया का सपना देखने के कारण स्वाधीनता का पक्षधर और सत्ता-प्रतिष्ठानों के निहित स्वार्थों की पहचान कराता, व्यवस्था और सत्ता का विरोध-पक्ष होता है, अन्यथा उसकी कोई भूमिका ही नहीं रहती। मैं सोचता हूँ कि आज की सत्ताओं के मिजाज और आतंक शस्त्र-बल और नियोजन-कर्म की उन्मादकारी भूख को देखते हुए स्वाधीनता की माँग बहुत आवश्यक है। नहीं तो मनुष्य के पास बच ही क्या गया है?

स्वाधीनता: अलंकरण नहीं अनिवार्यता

साहित्य के लिए स्वाधीनता का पक्ष कोई बचाव की दलील नहीं है। वह कोई अलंकरण नहीं है, दरअसल वह त्वचा ही है, क्योंकि उसी में से यानी स्वाधीनता के बीच से ही अभिव्यक्ति की, सम्प्रेषण की या कि अनेक आयामी सृष्टि बनाने की बात निकलती है। अभिव्यक्ति की स्वतंत्रता का अर्थ मेरे लिए अपने पास के

उपयोगी औजार के इस्तेमाल का है सृष्टि रचना के लिए कारीगरों के पास जो हजारों औजार हैं और जो हजारों तकनीके हैं, वे इस्तेमाल की हैं, वही बात अभिव्यक्ति के सिलसिले में है। हजारों तकनीकें हैं अभिव्यक्त होने की क्योंकि मनुष्य के पास स्वाधीनता है; सृष्टि को देखने की स्वाधीनता, उसमें लय होने की स्वाधीनता, उसे अभिव्यक्त करने की स्वाधीनता, उसे नया बनाने, उससे मुक्त होने, उसमें विलय होने की स्वाधीनता। इस स्वाधीनता के रहते ही तो अभिव्यक्ति के औजार के उपयोग की बात होती है। झगड़ा यहीं से शुरू होता है। राजनीति भी यहीं से शुरू होती है। स्वाधीनता के अपहरण की बात भी यहीं से शुरू होती है। अभिव्यक्ति की स्वाधीनता के सवाल पर किसी का विमत नहीं है, लेकिन दबाव इस बात का है कि अभिव्यक्ति किसकी? उस दुनिया और सत्य और यथार्थ की जो सहज है, नजर आ रहा है या उस दुनिया, सत्य और यथार्थ की, जो आरोपित है और राजनीतिक कारणों से सब कही उपस्थित किया जा रहा है? मैं यही फिर उस सत्ता की बात करता हूँ, जो मनुष्य और दुनिया के बीच तीसरी शक्ति के रूप में उपस्थित है। सिर्फ मनुष्य और दुनिया के बीच ही नहीं, लेकिन मनुष्य के चित्त-विभाजन में द्विधा उत्पन्न करने में, यथार्थ के हजारों टुकड़े करने और हर टुकड़े को सम्पूर्ण सत्य बना कर दिखाने के हुनर में बहुत कुशल है। वह सत्ता सिर्फ शास्त्र-बल के कारण ही अपराजेय नहीं है, लेकिन वह मनुष्य की सारी श्रेष्ठ इच्छाओं की ऐसी तिजारत करती है कि उसका विरोध करते समय मनुष्य स्वयं में विभक्त होता रहता है और शक्तिशाली प्रचार साधनों के सामने स्वयं को असहाय पाता है। साहित्यकार भी अपनी अभिव्यक्ति स्वतंत्रता को यहीं खोता है या नियंत्रित करता है और क्योंकि राज्य-सत्ता, इसे अन्न, जल, रोशनी, नौकरी, न्याय, दंड सामाजिक मान-सम्मान, मैत्री-शत्रुता; एक नियोजित कार्यक्रम के अनुसार सब कुछ देती है—देश और देश-निष्कासन देती है। वह एकदम निरीह होता है और एक ऐसी सृष्टि करता है जो न केवल एक आयामी होती है, बल्कि मारक ओर अवास्तविक होती है।

सत्ता का अन्तर्विरोधी और अवसरवादी चरित्र

पिछला इतिहास देखें तो पाएँगे कि सत्ता प्राय: ही और लगभग सभी दिशाओं और क्षेत्रों में सांस्कृतिक, साहित्यिक, मनोरंजन, खेल, विनोद-गोष्ठियों, शिक्षा-प्रतिष्ठानों आदि-आदि में एक सुनियोजित दिलचस्पी लेती हुई बढ़ी है। यह दिलचस्पी बस यूँ ही टहलते-टहलते मिल चले जैसी नहीं होती, बल्कि अपने प्रभामंडल और रुतबे के विस्तार की होती है और हम पाते हैं कि वहाँ एक दफ्तर आ जाता है और सब जानते हैं कि वह बाद में एक निष्क्रियता की जगह होती है, लेकिन एक दखलन्दाजी की जगह भी होती है, जहाँ आस-पास का संसार अपनी छोटी-छोटी स्वाधीनताएँ खोकर विपन्न होता है।

यह दलील दी जाती है कि पूँजीवादी सरकारें प्राय: मनुष्य का आर्थिक शोषण करती हुई उसकी सारी स्वाधीनता का अप्रत्यक्ष हरण करती हैं और मुझे इस दलील और दृष्टि को स्वीकार करने में कोई एतराज नहीं है। सत्य यही है कि पूँजीवादी सरकारें स्वाधीनता का केवल नाटक करती हैं। तब हमारे पास, खास तौर पर स्वप्नद्रष्टा साहित्यकार के पास, समाजवादी-साम्यवादी सत्ताओं से यह उम्मीद बनती है कि वे आर्थिक समताओं के महान उपक्रमों में से स्वाधीनता की सारी स्थितियाँ बहाल कर देंगी। लेकिन सत्ता का अन्तर्विरोधी और अवसरवादी चरित्र वहाँ भी कमजोर और डरपोक बना रहता है मनुष्य की छोटी-छोटी स्वाधीनताएँ वहाँ भी बहाल नहीं होतीं। इससे रचना का काम रुकता हो या कि महान रचनाएँ न लिखी जाती हों, यह मैं नहीं कहता। दरअसल रचना-लेखक का काम कभी स्थगित नहीं होता, न हुआ। महान रचनाओं के सम्बन्ध में भी यह कहना ठीक है कि वे बहुत-सी प्रतिकूल और अवांछित, अप्रीतिकर और अमानवीय स्थितियों में भी लिखी गई हैं। तब भी साहित्य के लिए स्वाधीनता की जरूरत बनी रहती है, क्योंकि ऐसे में एक मानवीय और भय-रहित मन विकसित होता है और बर्बर तथा क्रूर स्थितियों और उनके कारणों का जायजा लिया जा सकता है।

पराधीनता की सूक्ष्म प्रक्रिया

जिस दुनिया में हम जी रहे हैं उसमें स्वाधीनता कोई 'कॉस्मेटिक्स' की तरह नहीं है, बल्कि स्थितियों की द्वंद्वात्मकता से जनमी एक अनिवार्यता है। जब उसकी आवश्यकता की बात साहित्य के सम्बन्ध में की जाती है, तो उसका अर्थ यह है कि वह एक मानवीय जरूरत है। यह तथ्य स्पष्ट है कि साहित्य को मानवीय वातावरण से अलग कर के उसकी चिन्ता नहीं की जा सकती। इसी सन्दर्भ में यह तथ्य भी कहा जाना चाहिए कि पराधीनताओं को फैलाने की प्रक्रिया इतनी सूक्ष्म, इतनी बारीक और उलझन-भरी हो गई है कि सामान्यजनों और उनके संगठनों के पास सावधानी के सिवा कोई विकल्प नहीं बचा है। राज्य-सत्ता और उसके साथ संचार-साधनों की सेवाएँ, प्रलोभन और आतंक, पुलिस और फौज और, दूसरी कानूनी स्थितियाँ इतनी सुदृढ़ हैं कि उसका प्रतिकार असम्भव है। मुझे लगता है कि किसी व्यक्ति के निर्द्वंद्व आचरण की हम प्राय: चिन्ता करते हैं, अराजकता की कल्पना से भयभीत होते हैं और नियंत्रित करने के लिए एक व्यवस्था को पुख्ता बनाने की दिशा में सोचते हैं। यह स्थिति बदल गई है। अब तो वह व्यवस्था इतनी चालाक, निरंकुश, लालची और शक्ति-सम्पन्न हो गई है कि व्यक्ति को फिर से उसकी हैसियत का स्मरण दिलाने के लिए बहुत-से प्रयत्न, बहुत-सा साहित्य लिखना पड़ेगा।

साहित्य और स्वाधीनता की बात करते हुए मैं किसी व्यक्ति, स्वेच्छाचार, अतिवाद, अराजकतावाद की बात नहीं करता हूँ। मैं सिर्फ उस बदलते हुए सामयिक

सन्दर्भों को ओर संकेत करता हूँ जिनके चलते सारी राज्य-सत्ताएँ चाहे वे पूँजीवादी हों या साम्यवादी, एक या दूसरे तर्क को अपने समर्थन में करती हुई ऐसी व्यवस्थाओं को जन्म देंगी, जिनसे मुक्ति दिलानेवाला कोई नहीं होगा और हम भी ऐसी मन:स्थिति में होंगे—कि उनसे मुक्ति ही न माँगें। साहित्य-कर्म ऐसी स्थितियों में हमें शायद अप्रासंगिक ही लगने लगे—जैसे इस समय भी बहुतों को लगने लगा है।

अब हम साहित्य और स्वाधीनता के रिश्ते की कुछ ठोस और मूर्त प्रसंगों में जाँच करेंगे और समसामयिक सन्दर्भों की अधिक आत्मीयता से बात करेंगे, जिससे लेखकीय स्वाधीनता का परिदृश्य उतना धुँधला न रहे जितना सैद्धांतिक चर्चा के समय लगता रहा है।

दरअसल भारतीय साहित्यिक परिदृश्य में 'स्वाधीनता' शब्द एकदम नया और शायद चौका देनेवाला है। हमारी दृष्टि में अब तक 'मुक्ति' ही मनुष्य के जन्म-मरण का सर्वोच्च पुरुषार्थ है। इससे श्रेष्ठ कुछ भी नहीं है। मुक्ति जन्म-मरण से मुक्त करती है लेकिन जन्म के साथ लगी त्रासद स्थितियों के साथ जीने और जीते-जीते उनसे संघर्ष करने का विवेक या कोई रास्ता नहीं निकालती। और इसलिए हमारा सारा पुराना साहित्य उस विवेक से रहित है जो स्वाधीन होने की बुनियादी शर्त है। पुनर्जन्म, प्रारब्ध और परलोक के आस्था-मूलक रहस्यीकरणों, बने-बनाए मूल्यों और नैतिक पूर्वग्रहों के सारे बोझ को लेकर लिखे गये संस्कृत साहित्य में मानवीय स्थितियों की भयावहता का विवेकपूर्ण और आत्मीय वर्णन ज्यादा नहीं मिलता। भवभूति जैसे कवि ही कुछ साहस के साथ राम की कट्टरता पर टीका-टिप्पणी करते हैं, अन्यथा मनुष्य रहते दुख-सुख का भोग किसी की चिन्ता का विषय नहीं है। इसलिए उससे मुक्त होने की कोई इच्छा वहाँ नजर नहीं आती। इस परिस्थिति का जायजा लेते हुए 'शब्द और स्मृति' में एक जगह निर्मल वर्मा ने लिखा है—"हमारे देश में साहित्य ऐसी संकोचजनक स्थिति में है, एक भीड़-भरे कमरे में घुसने की स्थिति में, जहाँ उसके लिए कोई जगह नहीं है और उसे या तो धर्म या समाजशास्त्र या हमारी रूढ़ नैतिकता के साथ बारी-बारी से उनकी सेवा करते हुए, आधी कुर्सी पर बैठना होता है।"

स्वाधीनता विवेक का ही आयाम है। इस बात का विवेक कि हमारी ज़िन्दगी के साथ जो स्थितियाँ जुड़ी है—आर्थिक हों, राजनीतिक हों, सामाजिक हों या तकनीकी या अजनबीपन अलगाव की—जिनके कारण जीना सिर्फ दहशत ही नहीं बल्कि एक लम्बा पश्चात्ताप, एक नरक हो, उन सबके कारण है और हम उनके सम्बन्ध में निर्णय ले सकते हैं। और क्योंकि निर्णय ले सकते हैं इसलिए एक अंश में उनकी अधीनता से मुक्ति सम्भव है यह बोध हमें चाहे पश्चिम की विज्ञान-सरणियों से मिला हो, चाहे सामन्तवाद की टकराहट के लिए पूँजीवादी फैलाव से या हमारी ही अपनी अस्तित्व के लिए जनमी जिजीविषा की द्वंद्वात्मकता से, हमारा हो गया

है। हमारी शताब्दी के संघर्ष का जब कभी भी जायजा लिया जाता है, तब हम उसे समता और स्वाधीनता के नाम से अभिहित करते है।

स्वाधीनता की सुगबुगाहट

स्वाधीनता का अहसास स्थूल और सूक्ष्म, संश्लिष्ट और सरलीकृत या इनके बीच के कई कंपनों से गुजर सकता हैं। अंग्रेजों से हमारी जो टकराहट रही, एक लम्बा स्वातंत्र्य-संघर्ष चला, उसका साहित्य-प्रसंग हमारा सबका जाना-पहचाना है। उस साहित्य के तेज, उसके ताप, रचनाशीलता, उन्मेषकारी शक्ति जो जहाँ से प्राप्त हुई वह स्वाधीन होने की इच्छा का परिणाम था। उस समय का लिखा साहित्य इस बात का गवाह है कि स्वाधीन होने की इच्छा में रचनाशीलता के कैसे-कैसे आग्रह छिपे रहते हैं। उस समय से पहले हम नहीं जानते थे कि अभिव्यक्ति के क्या-क्या खतरे हो सकते हैं। पूर्व के साहित्य-इतिहास में यह याद करना कठिन है कि किसी को राज्यतंत्र के विरुद्ध लिखी कविता-कहानी, किसी विवरण, किसी अग्रलेख के लिए जेल भेज दिया गया हो। किसी पुस्तक का जब्त कर लिया जाना, किसी पत्रिका को प्रकाशन के पूर्व स्थगित कर देना, किसी सभा में किसी को भाषण न करने देना, सभा न होने देना, ये सब अनुभव हमारे अपने नहीं थे। वे बिलकुल नई सभ्यता के, आधुनिक थे और स्वाधीन होने के लिए बेचैन लोग फिर भी उत्तेजनात्मक साहित्य लिख रहे थे। स्वाधीन होने के उपक्रम में लिखा यह साहित्य एक वृहत मानवीय इच्छा की साझेदारी थी, इसलिए हजारों कविताओं, कहानियों, उपन्यासों में अभिव्यक्त होकर भी वह थकाती नहीं थी। इस समय का हमारा साहित्य स्वाधीनता के साथ हमारी आत्मीय रिश्तेदारी का प्रमाण है, उसके लिए लेखकों का यातना सहना, जेल जाना और नेहरू जी के शब्दों में 'लिव डेंजरसली' के आह्वान को सुनना सिर्फ इतिहास के आवेशपूर्ण क्षणों से गुजरना या राज्यतंत्र को बदलने की इच्छा मात्र नहीं थी, लेकिन स्वाधीनता की पदचाप को सुनना था। इस तरह हम, हमारा साहित्य, हमारे साहित्यकार इस शताब्दी की उस सुगबुगाहट से परिचित होते हैं, जिसे स्वाधीनता की सुगबुगाहट कहना चाहिए और जिसकी एक घरघराहट माखनलाल जी की प्रसिद्ध कविता की इन पंक्तियों में निहित है—

मुझे तोड़ लेना वनमाली, उस पथ पर देना तुम फेंक।
मातृभूमि पर शीश चढ़ाने, जिस पथ जाएँ वीर अनेक।

यहाँ यह बात कहना भी आवश्यक है कि स्वाधीनता की इस सुगबुगाहट के बीच अंग्रेजी साम्राज्यवाद की शोषण और विषमतामूलक व्यवस्था के विकल्प का सोच भी साहित्यिक कृतियों में देखा जा सकता है। 'प्रेमचन्द' उस सोच के प्रतिनिधि साहित्यकार थे। वैयक्तिक सम्पत्ति की भयानक परिणतियों का जिक्र करते

हुए 'महाजनी सभ्यता' में उन्होंने लिखा : "इस महाजनी सभ्यता के सारे कामों की गरज पैसा होता है...इस दृष्टि से मानो आज महाजनों का ही राज्य है। बड़ा हिस्सा तो मरने-खपनेवालों का है और बड़ा हिस्सा उन लोगों का है जो अपनी शक्ति और प्रभाव से बड़े सम्प्रदाय को अपने वश में किये हुए हैं। उन्हें इस बड़े भाग के साथ किसी तरह की हमदर्दी नहीं, जरा भी रियायत नहीं। उसका अस्तित्व केवल इसलिए है कि अपने मालिकों के लिए पसीना बहाये, खून गिराये और एक दिन चुपचाप इस दुनिया से विदा हो जाए।" इसी करुणा से भीगकर प्रेमचन्द ने कफन जैसी कहानी और गोदान जैसी महत्त्वपूर्ण कृति लिखी। लेकिन एक और कृति-सन्दर्भ उपस्थित था—'प्रसाद' थे। प्रसाद भारत के महान अतीत की स्मृतियाँ ताजा कर रहे थे। उन्होंने जातीय दर्प का रोमांचकारी इतिहास लिखा और सर्जनात्मक भाषा को मोहक स्पर्श दिये। 'पुरस्कार' कहानी के अरुण और मधूलिका नाम पढ़े-लिखे मध्यम वर्ग को इतने अच्छे लगे कि उनमें से हजारों लड़के-लड़कियों के नाम यही हुए।

प्रेमचन्द और प्रसाद कोई प्रतिद्वंद्वी मल्ल या योद्धा नहीं थे। मुझे नहीं मालूम कि साहित्य को लेकर उनकी आपस में कोई तनावपूर्ण रिश्तों की शुरुआत हुई। यह शायद साहित्य-चक्र का स्वभाव ही हो, स्थिति को समग्रता देने का कारण, या कृतिकारों का मिजाज कि कुछ इस जमीन से दैन्य, करुणा, भूख, मनुष्य की लाचारी, सम्पत्तिवानों का दर्प, वर्णों की दांभिक कुलीनता, वर्गों के बीच आभिजात्य और शोषण के साथ जुड़े होते हैं और कुछ मनुष्य के अन्तर्जगत, एक अदृश्य अकेलेपन, प्रेम और मैत्री, स्त्री-पुरुष की आत्मीय रिश्तेदारी, फूल, वन-वनस्पतियों और धुंध में डूबी जीवन की यादों के मोहक संसार के हिस्से हो जाते हैं। यह कोई वर्गीकरण नहीं होता। साहित्य के वर्गीकरण से गो कि एक अच्छा अध्यापक हुआ जा सकता है और फतवेबाजी में आसानी होती है, लेकिन साहित्य का वर्गीकरण उसके मिजाज के विपरीत होता है। 'बेनेदिक्त क्रोचे' ने वर्गीकरण के सम्बन्ध में अपनी राय जाहिर करते हुए लिखा है : 'कला में किसी भी प्रकार सौन्दर्यशास्त्रीय वर्गीकरण व्यर्थ है। यदि यह होगा तो इसकी कोई सीमा नहीं होगी। क्योंकि इसकी अवधारणाएँ बनाना सम्भव नहीं है और परिणामस्वरूप इसका दार्शनिक वर्गीकरण असम्भव है। इसीलिए हमें उन सभी पुस्तकों को जो वर्गीकरण और व्यवस्थापन बतलाती हैं किसी नुकसान-नफे के सोचे बिना जला देना चाहिए।"

वाणी-स्वातंत्र्य का महत्त्व

आजादी के समय का आवेश बाद में एक मोहभंग की स्थिति से गुजरता है। अभी तक एक विदेशी राज्यतंत्र की प्रकृति के साथ हमारा मन नहीं मिलता था और अब हमारे लोग उसी राज्यतंत्र को पूरी राजनीतिक अवसरवादिता और अपने वर्ग-हित के लिए चलाने लगे। समता के सपने, बहुत-सी गांधी की कही हुई बातें और बहुत-से

मानवीय आदर्श झुठलाए जाने लगे। धीरे-धीरे एक बड़े सपने की मौत होने लगी। कट्टरपंथी राजनीति के विरुद्ध और साम्प्रदायिक सद्भावों की नींव रखने के लिए गांधी मार दिये गये। पहली पंचवर्षीय योजना की भारी-भरकम जिल्द देखकर विनोबा जी ने तल्ख मजाकिया लहजे में पूछा था, "इसमें गरीब के लिए क्या लिखा है?" उस समय की स्थिति और लेखक की भूमिका के सम्बन्ध में निराला ने लिखा—

आगे चली गोली जैसे डिक्टेटर
उसके पीछे बहार, जैसे भुक्खड़
उसके पीछे दुम हिलाता टेरियर
आधुनिक पोएट
पीछे बांदी बचत की सोचती
कैपेटेलिस्ट क्राइट

यह अंश 'कुकुरमुत्ता' कविता से है, जो पाँचवे-छठे दशक में लिखी गई थी। इस समय न केवल समतावादियों को धक्का लगा, बल्कि राजनीतिक अवसरवादिता का जो खेल शुरू हुआ और निर्णय जिस तरह स्थगित होने लगे उसका एक अच्छा-खासा व्यंग्यनामा है, मोहन राकेश की कहानी 'परमात्मा का कुत्ता'। कहानी का अन्त करते हुए उन्होंने लिखा : "चपरासी ने उसके लिए चिक उठा दी और वह कमिश्नर साहब के कमरे में दाखिल हो गया। घंटी बजी, फाइलें हिलीं, बाबुओं की बुलाहट हुई और आधे घंटे के बाद बेताज का बादशाह मुस्कुराता हुआ बाहर निकल आया। उत्सुक आँखों की भीड़ ने उसे आते देखा तो वह फिर बोलने लगा, 'चूहों की तरह बिटर-बिटर देखने से कुछ नहीं होता। भौंको, भौंको, सबके सब भौंको। अपने आप सालों के कान फट जाएँगे। भौंको, कुत्तों भौंको।'"

यह कहानी 'प्रोटेस्ट युग' की कहानी है। प्रजातंत्र में बोलने की आज़ादी का बहुत महत्त्व हैं उस आजादी पर विश्वास करनेवालों का जमाना आज भी है। दुनिया-भर में इस स्वाधीनता का आदर है। एक समर्थ राज्य-व्यवस्था, संसदीय प्रणाली लिखने-बोलने की इस आजादी का वैधानिक आदर करती हुई ज़िन्दा है। एक समर्थ राज्यसत्ता का प्रतिपक्ष होकर व्यक्ति इस आजादी के बल-बूते पर अपनी सार्थकता को प्रमाणित करता है। धर्मवीर भारती ने 'टूटा पहिया' शीर्षक कविता लिखकर उस व्यक्ति की हैसियत की बात कही है—

लेकिन मुझे फेंको मत
क्योंकि इतिहास की सामूहिक गति सहसा झूठी पड़ जाने पर
क्या जाने
सच्चाई टूटे हुए पहियों में आश्रय ले

वास्तव में हिन्दुस्तान का साहित्य हमेशा से अतिवादी शिविरों में विभक्त होने से डरता रहा है पुरानी परम्परा के दर्शन, धर्म, नीति और सौन्दर्यवादी आस्थाओं से बना मन जब एक आधुनिक विज्ञान-तकनीक प्रमुख, समता और नई आजादी के स्वाधीनताकामी आग्रहों के आमने-सामने हुआ, तब उसकी हिचक इतनी नहीं खुली कि वह एक की तुलना में दूसरे को वरीयता देकर छिटक देता। राजनीति की दुनिया में यह सम्भव होता हो, एक व्यवस्था का विकल्प दूसरी व्यवस्था होती हो, लेकिन साहित्य में यह कालांकन इतना साफ-साफ नहीं होता। संवेदनशीलता कभी एक कोरी स्लेट नहीं होती। जिस पर सहसा इतिहास, दिक्, काल को आविष्कृत कर लिया जाए। इसलिए आजादी के बाद एक लम्बे समय तक साहित्य के मिजाज पर बहस होती रही; अनेक इच्छाओं का साहित्य लिखा जाता रहा; शिविरबद्धता के आग्रह चलते रहे, साहित्य पर काल का दबाव पहचाना गया; शोषण-गैर-बराबरी को कायम रखने-वाली शक्तियों की शिनाख्त की जाने लगी और राजनीति के शीत युद्ध और अवसरवादिता की प्रकृति भी समझने की पूरी कोशिश रही, फिर भी जैसा मुझे प्रतीत होता है दो शक्तिशाली मानवीय इच्छाएँ विकसित होती रहीं, जिनके बीच आधुनिक दुनिया में भेद करना और दोनों को दो समानांतर दुनियाओं में बाँटना मुश्किल था, साहित्य में तो वह लगभग असम्भव था। ये दो जबरदस्त इच्छाएँ समता और स्वाधीनता की हैं। ये एक सम्पन्न मानवीय दुनिया की दो अन्तग्रंथित इच्छाएँ भी हैं। इन्हें अलग-अलग देखना कठिन है जब-जब इन्हें अलग-अलग कर देखा गया है तब-तब कलात्मकता का ह्रास हुआ है, क्योंकि तब साहित्य या तो राजनीति का प्रचारक हुआ है या फिर एक स्वाधीनता के लिए आग्रह होती हुई कृति सिर्फ अमूर्त अलंकरण या मोहक शब्द-कारीगरी होती है।

मुझे यह स्वीकार करने में कोई आपत्ति नहीं है कि समता और स्वाधीनता का केन्द्र मनुष्य है, जिसे अपनी सारी इच्छाएँ इसी पृथ्वी पर पूरी करनी है। उन इच्छाओं को चुनना है और उन्हें आकृति देना है। आकृति देने के उपक्रम में ही साहित्य की आवश्यकता, उसकी भूमिका की बात उठती है, क्योंकि इससे बिलकुल मिलती-जुलती बात राजनीति करती है और चूंकि वह मनुष्य की बुनियादी इच्छाओं को जानती है, इसलिए उसे ललचाती है और ललचाते हुए दूर तक ले जाती है, और इंतजार कराती है। लगभग सभी राजनीतिक दल प्राय: एक ही तकनीक या लीक पर चलते हैं और जिसकी निंदा करते हैं उसके प्रति मन-ही-मन आकर्षित होते हैं। एक मायालोक की रचना होती है, तब दरअसल साहित्य मनुष्य-चित्त को नये तरीके से सर्जित करता है। एक नई रोशनी देता है। वह रोशनी और जागरूकता हर समय के लिए होती है। यही स्वाधीनताकामी साहित्यकार की और साहित्य की भूमिका होती है, इसके फैलाव के रुकने के कई कारण होते हैं, कई बार साहित्य के व्याख्याकार राजनीति के साथ जुड़े होते हैं और वे राजनीतिक

आग्रहों से साहित्य को व्याख्यायित करते हैं। वे प्रायः हर नई साहित्य-धार पर आपेक्ष करते हैं। साहित्य इतिहास से जो सीख आवश्यक है उसकी ओर नये इतिहास के सौन्दर्यशास्त्र में 'मुक्तिबोध' ने संकेत किया है। उन्होंने 'रचनाकार' और 'मानववाद' शीर्षक आलेख में लिखा है : "मेरे सामने मुख्य प्रश्न यह है कि समीक्षा की भाषा, समीक्षा-शैली, समीक्षा के अन्तर्गत विचारधारा की अभिव्यक्ति इस प्रकार हो कि लेखक यह समझ सके कि समीक्षक उसका शत्रु नहीं उसका मित्र, उसका भ्राता है।"

लेखक-समीक्षक दो पृथक लोकवासी नहीं हैं

लेखक लम्बी-चौड़ी सिद्धान्तवादी शब्दावली से न प्रभावित होता है न उसे जान ही पाता है। अतएव यह आवश्यक है कि इस ढंग से बात की जाए कि जिससे लेखक-समीक्षक की दूरी कम हो, वे दोनों विभिन्न पृथक लोकों में न रह कर, एक ही जगत में रहकर, एक ही भाषा बोलते-से प्रतीत हों।

सिद्धान्त जीवन-जगत के विभिन्न सामान्यीकरणों पर ही तो आधारित होते हैं। वे मानव के अन्तःकरण में स्थित जीवन-ज्ञान-व्यवस्था का ही तो एक ऊर्ध्व-विकास-रूप हैं। अतएव मेरा यह आग्रह है कि आज के लेखक के परिवेश, उसकी रचना-प्रक्रिया, उसके अन्तःकरण के संवेदन-पुंजों को समझाते हुए, उसकी विशेष सन्दर्भ-युक्त भाषा को समझाते हुए, और यह मानते हुए कि लेखक मानव-जीवन ही की अभिव्यक्ति कर रहा है—संक्षेप में लेखक के अन्तःकरण और काव्य में सहानुभूतिशील अन्तर्दृष्टि को परिचालित करते हुए समीक्षा कार्य किया जाए।

'मुक्तिबोध' का यह आलेख पुराना है लेकिन इसमें साहित्यालोचकों को नये पथ-बंधुओं का दृष्टिकोण समझने का आग्रह है जो प्रायः राजनीतिक आग्रहों से सम्भव नहीं होता। साहित्य के राजनीतिक आग्रह सिर्फ प्रगतिवादियों की तरफ से नहीं आते दूसरी तरफ से भी आते हैं—उदारवादियों (लिबरल्स) की तरफ से भी, जो जान-बूझकर मेमने किस्म के लगते हैं और कलात्मक सम्मोहन के जरिये मनुष्य की अत्याचार-विरोधी इच्छाओं को कमजोर करते रहते हैं।

1963-66 के बीच लिखी कविताओं में सर्वेश्वर की एक अच्छी कविता है; कविताएँ-2 में,

लीक पर वे चलें।
लीक पर वे चलें जिनके
चरण दुर्बल और हारे हैं
हमें तो जो हमारी यात्रा से बने
ऐसे अनिर्मित पंथ प्यारे हैं

साक्षी हों राह रोके खड़े
पीले बांस के झुरमुट
कि उनमें गा रही है जो हवा
उसी से लिपटे हुए सपने हमारे हैं
शेष जो भी हैं
वक्ष खोले डोलती अमराइयाँ
गर्व से आकाश थामे खड़े
ताड़ के ये पेड़
हिलती क्षितिज की झालरें
झूमती हर डाल पर बैठी
फलों से मारती
खिलखिलाती शोख अल्हड़ हवा
गायक-मंडली-से थिरकते आते गगन में मेघ
वाद्य-यंत्रों से पड़े टीले
नदी बनने की प्रतीक्षा में कहीं नीचे
शुष्क नाले में नचाता एक अंजुरी जल
सभी बन रहा है कहीं जो विश्वास
जो संकल्प हम में
बस उसी के ही सहारे हैं।

सर्वेश्वर की इस कविता, विश्वासहीन होती हर किस्म की राजनीति और उसके ढलान को बताती है। यह कोई व्यक्तिवादी कविता नहीं है, कहीं रेत में सिर नहीं छिपाती, बल्कि अपने आगे बढ़ने के हौसले और नये गंतव्यों को घोषित करती है।

सातवें दशक का प्रारम्भ होते-होते 'धूमिल' का काव्य-संकलन प्रकाशित होता है—'संसद से सड़क तक'। इस काव्य-संकलन में धूमिल की 'मोचीराम' कविता है। यह कविता सिर्फ तल्ख और अपारम्परिक काव्य-भाषा की आविष्कृति के लिए ही नहीं जानी जाती, बल्कि उन सब लोगों के आर्थिक तनावों को व्यक्त करती है जो हमारे समय के सबसे असली तनाव हैं और अन्त में एक वक्तव्य के साथ खत्म होती है। प्रारम्भ करते हुए लिखा है—

बाबूजी! सच कहूँ-मेरी निगाह में
न कोई छोटा है
न कोई बड़ा है
मेरे लिए हर आदमी एक जोड़ी जूता है
जो मेरे सामने मरम्मत के लिए खड़ा है

बीच का अंश है—

और बाबूजी! असल बात तो यह है कि ज़िन्दा रहने के पीछे
अगर सही तर्क नहीं है
तो रामनामी बेच कर या रंडियों की
दलाली कर के रोजी कमाने में
कोई फर्क नहीं है

अन्त इस तरह होता है—

सबको जलाती है सच्चाई
सबसे हो कर गुजरती है
कुछ हैं जिन्हें शब्द मिल चुके हैं
कुछ हैं जो अक्षरों के आगे अंधे हैं
वे हर अन्याय को चुपचाप सहते हैं
और पेट की आग से डरते हैं
जबकि मैं जानता हूँ कि 'इनकार से भरी हुई एक चीख'
और एक समझदार चुप
दोनों का मतलब एक है
भविष्य गढ़ने में 'चुप' और चीख
अपनी-अपनी जगह एक ही किस्म से
अपना-अपना फर्ज अदा करते हैं।

धूमिल के संग्रह के कुछ दिनों बाद रघुवीर सहाय का काव्य-संकलन प्रकाशित होता है, 'हंसो, हंसो, जल्दी हंसो'। यह संकलन उस जमीन की तरह नजर आता है जिसके नीचे लावा है, लेकिन ऊपर से शान्त है। धूमिल की तरह काव्य भाषा की इतनी चमत्कृति नहीं है, लेकिन कथ्य के तनाव हैं; वे कथ्य बिलकुल हमारे नजदीक आत्मीय किन्तु बेजुबान हैं। उन्हीं में से कविता आती है—हंसने की ऊपरी प्रक्रिया के नीचे शोक, सन्ताप की रुला देनेवाली कविता। एक कविता की ओर आपका ध्यान आकर्षित करता हूँ। सिर्फ उसके प्रारम्भ और अन्त की तरफ—

देखो सड़क पार करता है पतला दुबला बोदा आदमी
आती हुई टरक का इसको डर नहीं
या कि जल्दी चलने का इसमें दम नहीं रहा
आँख उठा देखता है डरेवर को
देखो मैं ऐसे ही चल पाता हूँ

अन्त इस प्रकार है—

यह रपट यही खत्म होती है चाहे एक मामूली बात और
जोड़ लें
कि इस वर्ष मैंने और अधिक मोटर मालिक देखे नियम
तोड़कर बाएँ हाथ से अगली गाड़ी से अगिया जाते हुए
उन लड़कों का यहाँ जिक्र नहीं किया गया है
जो इन्हें देखकर खून का घूंट पीकर रह जाते हैं
क्योंकि उनमें से कोई दुर्घटना में शामिल नहीं हुआ।

यह एक आत्मीय दुख की कविता है। दुख के सामाजिक न होने की दुर्घटना में शामिल नहीं हैं तो सिर्फ दांत भींचते हैं और चले जाते हैं। सबके बँटे हुए दुख 'अवसरवादिता' का ही एक हिस्सा है।

चलो 'गंगा' में नहा ही लें

सन् 70-80 के दौरान बहुत-सी राजनीतिक-साहित्यिक कार्रवाई हुई। पत्र-पत्रिकाओं का प्रकाशन, विचार-विमर्श, भाषण, कविता, कहानी, उपन्यास और व्यंग्य विधाओं में समसामयिक मानवीय और व्यवस्था-त्रास की ऐसी ऊर्जा जनमी कि लोग फिर से एक महान तब्दीली की प्रतीक्षा करने लगे, इस तब्दीली की चाह के पीछे 'जेनुइन' और 'फेक' दोनों तरह की शक्तियाँ थीं। 'फेक' शक्तियों में स्वयं व्यवस्था, सेठ, बड़े कारखानेदार, भूमिपति, पूँजीपति प्रेस और भिन्न-भिन्न वैचारिक शिविरों के देश शामिल थे। व्यवस्था चतुराई से जनपक्ष का मुखौटा लगाकर व्यवस्थित हो रही थी। विश्वविद्यालय के पाठ्यक्रमों में क्रान्ति और व्यवस्था-विरोध की कविताएँ शामिल कर ली गईं। पुस्तकों की केन्द्रीय खरीद में क्रान्तिकारी कवियों की अग्निधर्मा पुस्तकें खरीद कर स्कूल-कॉलेजों में भेज दी गई। अकादमियाँ और सेठों के तिजारती फाउंडेशन लाखों का पुरस्कार देने लगे। साहित्य-संस्कृति के विभिन्न शिविरवादी संगठन और मंच अनुवाद और यात्राएँ कराने लगे। लगे हाथ 'राजनीतिक अवसरवादिता की गंगा में नहा ही लिया जाए'—ऐसा मन बनानेवाले सब तरफ फैल गये।

'जेनुइन' लोगों को लग रहा था कि लोकतंत्र के दायरे में जो संवैधानिक तरीका है उसमें से कोई उत्तर जन-समस्याओं का मिलता नहीं है। कोल्हू के बैल की तरह यही जो तंत्र है, यही जो व्यवस्था है लोकतंत्र की, इसमें घूमती जनता को कोई यातना-मुक्ति नहीं मिलेगी। इस तरह एक पूरी व्यवस्था पर 'बिन्दु' के 1971 के अंक में 'विजयमोहन सिंह' की एक कविता छपी थी, जो भवानी भाई

ने भेजी थी। कविता का शीर्षक था—'मेरे देश को गालियाँ मत दो।' इस कविता की कुछ पंक्तियाँ द्रष्टव्य हैं, वे स्थितियों पर बेलाग टिप्पणियाँ हैं—

मेरा देश सोने का बंगाल है
इसका हर गली-कूचा कंगाल है
मेरा देश आवाराओं का मुहल्ला है
इसमें सुबह-शाम
शेहदे अखबारों का हो-हल्ला है
मुस्टंडे साधुओं और पेटू महाजनों का
पूरा इजारा है, पक्का धड़ल्ला है
मेरे देश को गालियाँ मत दो।
मेरा देश जवान है
बूढ़ा है ओछा है और महान है
इसकी आँखों में अनागत है
मस्तक पर अंकित श्मशान है
मेरा देश त्रैलोक्य का नेता है
कोरा विदूषक है सड़ियल अभिनेता है
झुके हुए इसके कंधों पर
सतयुग है, द्वापर है, त्रेता है
मेरे देश में मेरी, तुम्हारी,
उनकी, सबकी आवाज है
मेरा देश भरा-पूरा है, आजाद है
मेरा देश विविध-निषेधों का राजा है
दकियानूसों का सिरताज है।

संसद का यह समय सबके लिए चिन्ताजनक था, क्योंकि निर्णय लगभग स्थगित हो गये थे। इसी बीच गो कि एक भिन्न कारण से 26 जून, 1975 को आपातस्थिति घोषित कर दी गई। इस देश की जनता के लिए यह मामूली हादसा नहीं था। स्वाधीनता का अर्थ एक स्वाधीनता के अभाव की स्थिति में अच्छी तरह समझ में आने लगा, पूरे हिन्दुस्तान और सभी भाषाओं में कविताओं को ही नहीं, आपातस्थिति के विरुद्ध अखबार की खबरों तक को प्राथमिकता प्राप्त होने लगी। यह प्राथमिकता एक अप्रामाणिक राज्यतंत्र का प्रतिपक्ष थी और रचनाओं को जो बेचैनी की भाषा मिली वह पूरे देश की दबी हुई बेचैनी थी, जो इधर सत्ता-प्रतिष्ठानों और सत्ताधीशों द्वारा अप्रासंगिक करार दी जा रही थी। आपातस्थिति का बेचैन साहित्य इस बात का गवाह है कि मानवीय आवश्यकता और मानवीय स्वाधीनता को दो हिस्सों में बाँटना असम्भव है। अंग्रेजी के प्रोफेसर 'जोन ओलिवर पेर' ने

आपातकालीन कविताओं के संकलन 'वॉयसेज ऑफ इमर्जेंसी' की भूमिका में एक जगह लिखा है—निश्चय ही इन कविताओं ने अशिक्षित जनता को जानकारी नहीं दी; न ही इन्होंने दबी हुई भावनाएँ उकसायीं। वस्तुत: ये साहित्यिक प्रतिक्रियाएँ राष्ट्र की अपनी भूमिगत भावनाओं का प्रतिनिधित्व करती थीं। इसलिए जब तक अपने यहाँ की शक्तियों से और मानव-अधिकारों और आवश्यकताओं की समस्याओं से भारत का संघर्ष चलता रहता है, तब तक ये निरन्तर प्रासंगिक बनी रहेंगी।

रचना सृजन है, उद्वमन नहीं

1975 से 1977 के आपातकाल के बाद के चुनावों में जनता पार्टी का राज्य थोड़े दिन के लिए कुछ चमक-दमक दिखा कर विग्रह की राजनीति में बदल गया। पिछली दो शताब्दियों के राज्यतंत्र के सन्नाटे को तोड़ने में ढाई वर्ष का झगडालू कार्यकाल नि:शेष हो गया और वही राज्यतंत्र ठीक उसी लकदक और नौकरशाही और ऐश्वर्य के पूरे तामझाम के साथ मौजूद है।

साहित्य में हमारा संघर्ष स्वाधीनता के लिए उसी तरह छिड़ा है। मैं यह नहीं मानता हूँ कि भूखे लोगों को स्वाधीनता से कोई लेना-देना नहीं है। सच्चाई तो यह है कि उन लोगों को ही स्वाधीनता की सबसे अधिक जरूरत है। भूख जब राजनीति का हिस्सा हो तब उसके लिए स्वाधीनता की बात जरूरी है।

साहित्य भूख और स्वाधीनता के नारों को उछालकर सृजनशीलता की उच्च कोटियाँ हासिल नहीं करता। वह दोनों के अविभाज्य अहसास का पोषण करता है और हमेशा रचनाशीलता के मोर्चे पर सजग रहता है।

इस लम्बे आलेख में मैंने साहित्य और स्वाधीनता का विवेचन किया हैं मैंने साहित्य की स्वायत्तता और सापेक्षता, दलीय प्रतिबद्धता और साहित्य, साहित्य के दैविक, मनोवैज्ञानिक, मार्क्सवादी उत्स या कि दूसरे प्रश्नों पर जान-बूझकर चर्चा नहीं की। मैं तो सिर्फ एक मानवीय स्थिति और उसके लिए सजग साहित्यिक पक्ष की तैयारी का विवेचन कर रहा था।

आप किसी भी पक्ष को खेमों में बाँट सकते हैं। किसी भी आदमी, साहित्य या उसके वक्तव्य को सन्देह की दृष्टि से देख सकते हैं, ऐसा करना कभी-कभी आवश्यक भी होता है—शत्रु-मित्र की पहचान भी जरूरी है, लेकिन विश्व-परिदृश्य और साहित्य के मिजाज से अपरिचित रहकर सिर्फ अन्दाजों के आधार पर साहित्य के प्रयोजनों की काँट-छांट शायद अज्ञान नहीं तो अवसरवादिता तो अवश्य ही कही जाएगी।

साहित्य के सन्दर्भ में मैं यह वक्तव्य 'समकालीन कविता की भूमिका' में लेखक डॉ. विश्वंभरनाथ उपाध्याय के शब्दों में करूँगा—"कविता, कविता के रूप में ही परखी जाएगी और सामाजिकता के सन्दर्भ में भी उस पर विचार होगा। रचना एक व्यवस्था है, विन्यास है, वह सायास हो या अनायास, वह रचना है, सृजन है, उद्वमन नहीं।"

सृजन में परम्परा और आधुनिकता का संयोग

यह आलेख परम्परा तथा आधुनिकता जैसे शब्दों की परिभाषा न देकर प्रारम्भ कर रहा हूँ यद्यपि वाल्टेयर ने कहा था कि चर्चा करने से पूर्व यह अच्छा हो कि हम शब्दों को परिभाषा दे दें। किन्तु परिभाषा का सबसे बड़ा संकट यह है कि वह शब्द के लचीले अर्थ—विस्तार को सीमित कर देती है और हमारा श्रम तथा आग्रह सन्दर्भों को समझने की अपेक्षा परिभाषा को सत्य प्रमाणित करने में लग जाता है। इसलिए मैं परिभाषा न करके यह स्पष्ट करने का प्रयास करूँगा कि 'परम्परा' तथा 'आधुनिकता' जैसे महत्त्वपूर्ण शब्द किन-किन सन्दर्भों में प्रयुक्त होते हैं और उनसे हमें कौन-कौन सी उपलब्धियाँ हो सकती हैं।

सामान्यतया परम्परा और आधुनिकता जैसे शब्दों का प्रयोग अनेक सन्दर्भों में होता है। एक स्थूल सन्दर्भ काल का है : जब काल को विभाजित करने की चेष्टा में परम्परा को बहुत कुछ प्राचीन और आधुनिकता को वर्तमान में अर्थ में प्रयुक्त करते हैं। यह प्रयत्न कदाचित काल के दीर्घ विस्तार को एक साथ ना समेट पा सकने की कठिनाई के कारण होता है। ऐसा विभाजन काल को सुविधापूर्वक देखने में सहायक होता है। इतिहास में ऐसा काल-विभाजन मिलता है। अध्यापक इसी तरह काल को विभाजित करके विद्यार्थियों को पढ़ाते हैं। साहित्य का इतिहास इसी सुविधा के कारण काल-खंडों में विभाजित है।

इन्हीं शब्दों को एक दूसरे सन्दर्भ में भी प्रयुक्त किया जाता है जो अधिक सजगता और सार्थकता को लिए है। इस सन्दर्भ में जब परम्परा तथा आधुनिकता जैसे शब्दों का प्रयोग होता है तो प्रयोग करनेवाला काल-विशिष्ट की मूल्यगत विशेषताओं का बोध कराना चाहता है। इस प्रसंग में जो कोई परम्परा अथवा आधुनिकता जैसे शब्दों का प्रयोग करता है—साभिप्राय करता है। उसका अभिप्राय होता है कि वह इन शब्दों की सहायता से केवल काल की दृष्टि से ही नहीं बल्कि गुण की दृष्टि से भी चुके हुए तथा काल की दृष्टि से ही नहीं बल्कि गुण की दृष्टि से तरोताजा और एकदम जीवित सन्दर्भों की व्याख्या, विश्लेषण और शोध कर रहा है। आधुनिकता इस सन्दर्भ में एक विशेष मूल्य बन जाती है। उसे जीनेवाला एक विशिष्टता का अनुभव करने लगता है। आधुनिकता को वह फिर आरोपित

सत्य नहीं मानता बल्कि उसी के साथ जीने लगता है। इतनी गहराई और आस्था से जीने के कारण आधुनिकता उसके लिए नैतिक मूल्य बन जाता है। उसे प्रतीत होने लगता है कि आज की त्वरा, आज का संशय, आज का विघटन, मूल्यों का संक्रमण ठीक उसके अस्तित्व के बीच से वह रहा है, वह उसका कल्पित सत्य नहीं, जीवित सत्य है। ऐसी स्थिति में परम्पराओं से उसकी आसक्ति छिन्न-भिन्न हो जाती है। परम्पराओं को वह झुठलाता और अस्वीकार करता है। आज को जीने के लिए, आज का प्रतिनिधित्व करने के लिए वह बहुत कुछ ऐसा करता है जो चौका देनेवाला, असंस्कार वाला, विकृत लग सकता है लेकिन उनको जो आधुनिकता को मूल्य की तरह स्वीकार नहीं करते।

तीसरे सन्दर्भ में 'परम्परा' और 'आधुनिकता' शब्द निन्दा और प्रशंसा के रूप में प्रयुक्त होते हैं। इस प्रसंग में परम्परा एक गतिहीन और स्थिर समय का बोध करानेवाली तेजहीन-सी कोई वस्तु होती है तथा जिसके साथ जीनेवाले मोहाविष्ट-से जीते हैं, दृष्टि नहीं बदलते बल्कि अपना हानि-लाभ भी नहीं देखते। आधुनिकता का यहाँ अर्थ होता है वह सूझ-बूझ जो व्यक्ति को उपयोगी बनाए रखती है, कम-से-कम समय के साथ-साथ जीवन में कुछ फेरबदल लाने में सहायक होती है—स्पष्ट ही है कि यहाँ आधुनिकता शब्द का प्रयोग उपयोगिता और इसलिए लौकिक दृष्टि से प्रशंसा भाव के साथ जुड़ा है।

एक अन्य प्रसंग में आधुनिकता और परम्परा को आत्यन्तिकताओं के सन्दर्भ में देखना अनुचित माना जाता है। काल इस अर्थ में एक अविच्छिन्न प्रवाह है, एक ऐसी समग्रता जिसे खंडित नहीं किया जा सकता। काल जैसे अनेक कक्षों वाली इमारत है जिसके एक कक्ष का द्वार दूसरे कक्ष में खुलता है और फिर दूसरे का तीसरे में। परम्परा इस दृष्टि से गतिहीनता नहीं किन्तु गत्यात्मकता है; परम्परा और परम्परावादिता पर्यायवाची नहीं हैं। परम्परा को इतने व्यापक सन्दर्भ में काम लेनेवाले व्यक्ति आधुनिकतावादियों की निन्दा करते हैं क्योंकि वे व्यर्थ ही बाल की खाल निकालते हैं।

सामाजिक सन्दर्भ में परम्परा और आधुनिकता को लेकर जो मतभेद और विशिष्ट आग्रह है वही साहित्यिक सन्दर्भ में हैं क्योंकि एक प्रकार से समाज और साहित्य दोनों जुड़े हैं। किन्तु साथ ही यह कहना अनुचित नहीं होगा कि सामाजिक सन्दर्भ में इन शब्दों को लेकर जो तनाव है वह इतना स्पष्ट, इतना उग्र और इतने प्रभावशाली रूप से प्रगट नहीं होता जितना साहित्य में, क्योंकि वहाँ कृतियों के माध्यम से सब कुछ पढ़ लिया जाता है और सब को यह विदित है कि वह कितना प्रभावशाली होता है। यह प्रभावशालिता ही कदाचित उग्र विवादों और भय और संकट का कारण होती है। यह कहना विषयान्तर हो तो भी कहने की आज्ञा दीजिए कि यों साहित्यकार से कौन डरता है, और उसकी प्रभविष्णुता

स्वीकारता है, लेकिन क्या वह सभी की सबसे अधिक दृष्टि आकर्षित नहीं करता? क्या उसी के प्रभाव से लोग बचने-बचाने की चेष्टा नहीं करते? वह चेष्टा और दृष्टि-आकर्षण इस बात का प्रमाण है कि सामाजिक सन्दर्भों में जो सत्य धीरे-धीरे संचरित होते हैं वे साहित्य के माध्यम से तुरन्त और प्रभावशाली रूप में दृष्टि बाँध लेते हैं। जो हो। मैं आपके समक्ष यह निवेदन कर रहा हूँ कि परम्परा और आधुनिकता को लेकर साहित्यकारों और साहित्यकारों के बीच, साहित्यकारों और शिक्षित पाठकों के बीच, साहित्यकारों और जनता के बीच तनावपूर्ण स्थितियाँ हैं। ये स्थितियाँ हमारे देश में भी हैं और अन्यत्र भी। सभी देश संक्रमण की स्थितियों में जी रहे हैं। काल के स्वभाव में संक्रमण है लेकिन जो त्वरा और साथ ही जो अनिश्चयता आज है सम्भवत: कभी नहीं थी। ऐसे काल में सब झकझोरे गए हैं लेकिन सब कृतिकार नहीं है इसलिए अव्यक्त, अप्रगट हैं, दायित्वमुक्त है, किन्तु साहित्यकार झकझोरा गया है, व्यक्त है इसलिए दायित्वशील है। इस दायित्व के कारण ही वह सभी समय और विशेष रूप से संक्रमण के संकट को सबसे अधिक महसूस करता है। यों सभी काल में साहित्यकार से अनेक अपेक्षाएँ की गई हैं और उससे कहीं अधिक अपेक्षाएँ आज की जा रही हैं, किन्तु प्रतीत होता है कि साहित्यकार अब उन अगणित अपेक्षाओं को पूरा करने में स्वयं को असमर्थ पा रहा है, उसे यों लगता है कि सृजन को गढ़े-गढ़ाये मूल्यों के लिए अर्पित कर देने की अपेक्षा यही श्रेष्ठ है कि वह अपनी आत्मा के बीच बहनेवाले भय, सन्ताप, आक्रोश, असमर्थता, असमर्थता, निरर्थकता, निरादर या कि प्रेम, सम्पन्नता और सुख को समर्पित हो। मैं इस विस्तार में नहीं जाना चाहता कि वह ऐसा अनुभव क्यों करने लगा है, लेकिन मैं इतना अवश्य निवेदन करता हूँ कि दूसरों के या कि समूह के ढलेढलाए और भोगे हुए सत्यों की अपेक्षा अपने अस्तित्व के बीच से बहनेवाले, अनगढ़, बेडौल और कदाचित आकृति लेते हुए सत्य को कृति में उतारना अधिक उचित है। इस दृष्टि से आधुनिकता आज के कवि के सृजन में अधिक सहायक होगी क्योंकि वहीं तो उसके सबसे अधिक समीप का फल है। कहते हैं कि तुरन्त तोड़े हुए फल का स्वाद विलक्षण होता है इसलिए यह जो समय का फल है जो सबसे समीप है, उसका स्वाद विलक्षण होगा और वह सृजन को वैशिष्ट्य देगा।

सृजन में वैशिष्ट्य आना ही चाहिए। सृजन मूल्यांकन ही तब माना जाता है जब वह अपने पूर्ववर्तियों और निकटस्थ पूर्ववर्तियों से विशिष्ट हो। सृजन में यह विशिष्टता तब ही आती है जब प्रवहमान सत्यों को, अपने इर्द-गिर्द घिरी दर्प-दीनता, आस्था और अनास्थाओं के प्रसंगों को समाहित करने की सजगता कृतिकार में हो। इस सन्दर्भ में परम्परावाद की हम कितनी ही लचीली व्याख्या क्यों न करें, सृजन को मूल्यवान नहीं होने देती, क्योंकि वह कृतिकार को एक

उपकार के विशेष बोझ से दबाए रहती है और आग्रह करती है कि यात्रा के सब छोर पर खड़े होकर वह मुड़ कर देख ले।

इस दृष्टि से यह प्रश्न उपस्थित होता है कि क्या परम्परा अथवा आधुनिकता रचना-प्रक्रिया के आवश्यक अंग हैं? ऐसा प्रश्न मेरे मन में बार-बार उठा है और उसे मैंने मेरे अनेक मित्रों से बार-बार पूछा है। प्रश्न के उत्तर में अनेक बातें कही गई हैं, लेकिन मुझे सबसे अधिक आश्वस्त करनेवाली बात यह लगी है कि सब कृतिकारों की रचना-प्रक्रिया अपनी-अपनी तरह की होती है। दर-असल प्रत्येक कृतिकार अपनी आस्था, अपने विश्वास, अपनी प्रश्नाकुलता को अपने ही काल के सन्दर्भ में जिएगा, अप्रत्यक्ष रूप से ही आधुनिकता को अपनी रचना प्रक्रिया बना लेगा। इसी प्रकार जो कृतिकार अपने विश्वासों को पूर्वजों की पराम्परा के स्थापित सत्यों के सन्दर्भ में जिएगा, तो कुछ दूसरे मूल्यों को अप्रत्यक्ष रूप से अपनी रचना-प्रक्रिया के साथ जोड़ लेगा। यह कहना कि रचना-प्रक्रिया कोई निरपेक्ष मूल्य है, उचित प्रतीत नहीं होता। ऐसा कभी-कभी इसलिए कह दिया जाता है कि हम रचना-प्रक्रिया की एक रहस्यात्मक स्थिति देना चाहते हैं और उसे वैयक्तिक प्रयास मानने से डरते हैं। यदि सब कृतिकारों की रचना-प्रक्रिया एक-सी नहीं होती तो आज की अनास्था, विकृति या कि आज के सत्य, आज की वास्तविकता को जीने का उपक्रम रचना-प्रक्रिया के साथ बाँधा जा सकता है और मुझे लगता है कि ऐसी रचना-प्रक्रिया से उद्‌भूत कृति महत्त्वहीन नहीं होगी।

दूसरा प्रश्न है कि नितान्त आज के प्रश्न, संशय-ग्रस्तता, निरन्तर गत्यात्मकता, विभक्त-मन की प्रश्नाकुलता क्या समाजोपयोगी है? शायद यही प्रश्न है जो सबसे अधिक व्यक्तियों को सबसे अधिक व्याकुल करता है। काव्य को जनोपयोगी होना चाहिए और शायद इसीलिए 'मानवीय परम्पराओं के संरक्षण' जैसे शब्द और शब्द-खंड आपको बड़े पेचीदा, बड़े लचीले और वैयक्तिक रुचि के प्रसंग में काम लिए जानेवाले लगने लगेंगे। उनके साथ आपको राजनैतिक और आर्थिक अभिप्राय जुड़े नजर आ जाएँगे। इसलिए एक तो यही कठिनाई है कि जिन जनोपयोगिता और 'जिन मानवीय परम्पराओं के संरक्षण' के लिए आप कवि से आग्रह कर रहे हैं वे हैं क्या? दूसरा प्रश्न यह कि क्या आधुनिक सन्दर्भ को जीनेवाला कृतिकार वस्तुतः जन-विरोधी है? मैं सोचना चाहता हूँ कि अधिक से अधिक कृतिकार का काम मन की और मन के बाहर फैली हुई आकृतिहीनता को हो सके तो थोड़ी आकृति देना है। आज की सबसे बड़ी जनसेवा यही है कि कृतिकार यह दृष्टि दे दे कि सबके प्रश्नों के उत्तर एक नहीं हैं, वे नये और अपने रास्ते खोजे।

अन्तिम प्रश्न यह है कि आज की आधुनिकता क्या कृतिकार और पाठक के बीच खाई नहीं बनाती? आधुनिकता के नाम पर क्या कृति में जटिल, कठिन और

ऊटपटांग तकनीकी प्रयोग नहीं हो रहे हैं? क्या कुछ फैशन-परस्ती नहीं आ गई है? इसके उत्तर में विनम्रता से इतना ही निवेदन है कि कठिनाई कवि भी पैदा कर सकता है और पाठक भी। पाठक कठिन कृतियाँ पढ़ने का अभ्यस्त हो जाए तो बुरा नहीं है क्योंकि कृति के रस को ग्रहण करने के मार्ग सरल नहीं हैं। मुझे यह भी कहने में संकोच नहीं है कि कृतियों के सरल होने की आशा कम है क्योंकि जीवन के सभी सन्दर्भ कठिन और पेचीदा ही रहे हैं।

फैशन-परस्ती का आक्षेप किसी सीमा तक उचित है। फैशन-परस्त कृति आधुनिक नहीं होगी, क्योंकि तब वह आज के सत्य को मूल्य की तरह नहीं एक लबादे की तरह ओढ़े रहेगी। वैसी कृतियाँ छंट जाएँगी।

साहित्य में प्रगतिशीलता की तलाश

इस शीर्षक से दो अर्थ ध्वनित हो सकते हैं। एक का अभिप्राय यह हो सकता है कि साहित्य के मूल्यांकन के लिए जो पैमाना काम में लाया जाएगा वह प्रगतिशील होना चाहिए। प्राय: इस प्रकार की चर्चा सुनने को मिलती है कि साहित्य जिस शक्ति और गति के साथ लिखा जाता है उस शक्ति और गति के साथ उसकी परख करनेवाला शस्त्र नहीं बदलता। इसका परिणाम यह होता है कि सृष्टि तो बदल जाती है किन्तु, विवेचना का दृष्टिकोण न बदलने के कारण साहित्यिक कृति के साथ पूरा-पूरा न्याय नहीं हो पाता, उसका आस्वादन अपूर्ण-अधूरा ही रह जाता है। ऐसी स्थिति में बदलते हुए कृतित्व के साथ साहित्य की विवेचना के मूल्य भी बदलते रहने चाहिए। अनेक बार प्रगतिशील शब्द का अर्थ हम इन 'बदलती हुई चेष्टताओं' के निमित्त काम में लाते हैं।

इस शीर्षक से दूसरा अभिप्राय यह निकलता है कि साहित्य की प्रभविष्णुता के लिए उसका प्रगतिशील तत्त्व संयुक्त होना अत्यन्त अनिवार्य है। साहित्य के जितने भी उपादान हैं यथा—कल्पना, भाव, भाषा, ध्वनि, अर्थ-सार्थकता और ऐसी ही अन्य अनेक वस्तुएँ, उनमें निरन्तर गत्यात्मकता आवश्यक है। इस गत्यात्मकता के अभाव में साहित्य तो साहित्य रहता है, किन्तु वह मानव चेतना की एक विशिष्ट काल द्वारा एकत्रित की गई प्राण-शक्ति को नहीं समेट पाता। इसलिए यह साहित्य के भाग्य का प्रश्न है कि वह अपने उपादानों को इस प्रकार सहेजे कि उसे प्रगतिशील कहा जा सके।

जो हो, कोई भी अर्थ-ग्रहण किया जाएगा, इतना तो जैसे दोनों से ही ध्वनित होता है कि गति अथवा परिवर्तन की एक शक्तिशाली आकांक्षा का उदय हममें हुआ है और हम कभी साहित्य के मूल उपादानों को परख रहे हैं और कभी साहित्य को परखनेवाले मूल्यों को। दोनों में हमारी एक ही कामना परिलक्षित होती है कि हम साहित्य की प्रभविष्णुता बढ़ाने की चिन्ता कर रहे हैं।

इस निबन्ध में सबसे अधिक शक्तिशाली विवादास्पद शब्द या यों कह लीजिए आपत्तिजनक शब्द प्रगतिशील है। कई साहित्य-कर्मियों और विवेचकों का यह आग्रह है कि 'साहित्य' शब्द स्वयं पर्याप्त है, वह स्वयं इतना विराट् है कि मनुष्य

और युग की समस्त चेष्टाओं को समाविष्ट कर लेता है। इसलिए प्रगतिशील शब्द सर्वथा निरर्थक है। 'साहित्य' शब्द से यदि इस विराट् शक्ति का बोध होता है तो मुझे कोई आपत्ति नहीं है कि प्रगतिशील शब्द का प्रयोग उसके साथ न हो, किन्तु ऐसा प्रतीत होता है कि शब्द एक ही सन्दर्भ और एक ही प्रकार की अर्थ व्यंजना के लिए काम में नहीं लाए जाते, काम में शायद लाए भी नहीं जा सकते। इसलिए कभी उनकी नई शक्तिबोध के लिए, कभी अर्थ को अपेक्षाकृत व्यापकता देने के लिए कभी परिवर्तित होती हुई सामाजिकता की अवगति के लिए और कभी समय की शक्ति को प्रतिध्वनित करने के लिए या तो हम शब्द का संस्कार करते हैं या शब्द के साथ विशेषण लगाते हैं या कभी-कभी नये शब्द को नये सन्दर्भ से बैठा कर उसकी विलुप्त प्राण-शक्ति को चमत्कृत कर देते हैं। ऐसा ही कुछ मनोरथ साहित्य के साथ प्रगतिशील शब्द का प्रयोग करनेवालों का होता है। साहित्य कहने मात्र से जब उनका काम नहीं चलता तब वे किसी-न-किसी प्रकार का विशेषण लगाते हैं। वह विशेषण किसी उदित हुई शक्ति का बोध देता है। वही बोध हम प्रगतिशील शब्द को साहित्य के साथ जोड़कर प्राप्त करते है। जब आलोचक साहित्य के साथ प्रगतिशील शब्द को व्यवहार करता है तब वह जानता है कि जैसे कौन-सा साहित्य प्रगतिशील नहीं है और यह भी जानता है कि क्यों एक विशिष्ट भंगिमा का साहित्य प्रगतिशील है? वह तुलना करता है, वर्गीकरण करता है, साहित्य और साहित्यकार का स्थान निर्धारित करता है। ऐसा सदा से होता चला आया है और साहित्य-इतिहास में होता चला जाएगा और मेरा विश्वास है कि ऐसा होना भी चाहिए जिससे हमें बोध होता है कि श्रेष्ठ साहित्य की परम्परा में कौन सा कृतित्व कहाँ है और क्यों है? जैसे हम मनुष्य कह देने से तृप्त नहीं होते, उसके साथ हमारे शब्दकोष में नाना प्रकार के जो शब्द विद्यमान है उन्हें साभिप्राय और मुक्त होकर काम में लाते हैं, उसी प्रकार मात्र साहित्य कह देने से जब काम नहीं चलता तब हम किसी विशिष्ट अभिप्राय को व्यक्त करने के लिए कहते हैं प्रगतिशील साहित्य (Progressive Literature) और दूसरे किसी प्रकार के साहित्य को कहते हैं ह्रासोन्मुखी साहित्य (Decadent Literature)। इस प्रकार का विभाजन जाने-अजाने आलोचक भी और पाठक भी करते हैं क्योंकि स्वाध्याय की प्रक्रिया में तुलना चलती ही रहती है, उत्कृष्ट, निकृष्ट, प्रगतिशील, ह्रासोन्मुखी यह वर्गीकरण भी होता जाता है।

हमें देखना चाहिए कि प्रगतिशील साहित्य और ह्रासोन्मुखी साहित्य को हम किन कारणों से वैसा घोषित करते हैं। एक आधार तो यह हो सकता है कि हम नैतिक मान्यताओं के आधार पर यह घोषणा करें कि अमुक मान्यताओं और नैतिक मूल्यों का समर्थन करनेवाला साहित्य प्रगतिशील है और अमुक मान्यताओं और नैतिक मूल्यों का समर्थन करनेवाला साहित्य ह्रासोन्मुखी है। यूरोप के समर्थ समीक्षा-शास्त्री और कृतिकार टी.एस. इलियट ने यह घोषणा की है कि साहित्य की

समीक्षा 'क्रिश्चियन-थिओलोजी' (ईसाइयत) की मान्यताओं को ध्यान में रखकर की जानी चाहिए, उन्होंने बलपूर्वक कहा है कि अब हमें यह देखना ही होगा कि हम कृतित्व को अधर में न लटका रहने दें। हम चयन करें और कृतित्व के मूल्यांकन के लिए क्रिश्चियन नैतिकता को मुख्य आधार बनाएँ। धर्म के आग्रह से साहित्य के मूल्यांकन की इस प्रक्रिया से कई आलोचक चिन्तित हो उठे हैं, तो कई नव-धर्मवाद से प्रभावित भी। इलियट के एक आलोचक ने अपनी 'पुस्तक काव्य और नैतिकता' (Literature & Morality) में इलियट की निन्दा करते हुए कहा है कि ईसाइयत के नैतिक मानों पर सभी काव्य-पुस्तक कदाचित् पूरी-पूरी न उतरें और फिर भी वे श्रेष्ठ बने रहें। इसी प्रकार के नैतिक आग्रह को स्वीकार करते हुए हिन्दी-साहित्य में रामचन्द्र शुक्ल ने तुलसी और सूर का तुलनात्मक अध्ययन किया है और सूर की समस्त काव्य-शक्ति को इसीलिए श्रेष्ठतम नहीं माना हैं क्योंकि तुलसी की तरह उन्होंने लोक-कल्याण और लोकानुरंजन को कृष्ण-काव्य में उद्घाटित नहीं किया है। राम शील, शक्ति और सौन्दर्य के प्रतीक पुरुष हैं और उनको आश्रय मानकर तुलसी ने लोकानुरंजन के लिए, लोक-कल्याण के लिए जो काव्य-रचना की वह श्रेष्ठतम है। इसी सीमा के कारण शुक्लजी उभरती हुई नई काव्य-पीढ़ी और नये कृतित्व की निन्दा ही करते रहे, क्योंकि उनके मतानुसार वह काव्य लोक-कल्याणकारी और लोकानुरंजन की शक्ति से वंचित था और इसलिए ह्रासोन्मुखी था। धर्म का यही रूप नये प्रकार से मार्क्सवादी आलोचना में उभरता हुआ नजर आता है। मार्क्स ने वैसे साहित्यालोचन के लिए किसी विशिष्ट दिशा का प्रावधान नहीं किया है, किन्तु प्रकारान्तर से उन्होंने धर्म, साहित्य, नैतिकता और चेतना पर बहुत कुछ लिखा है और उन सबका यह निष्कर्ष निकलता है कि सर्वहारा राज्य की स्थापना के लिए कठिन अनुशासन, कठोर कर्म, अनवरत साधना की आवश्यकता है। सभी को इस साधना, अनुशासन, और कर्म के नियंत्रण में रहना आवश्यक है। उस नियंत्रण से साहित्यकार भी मुक्त नहीं है। इस नियंत्रण में साहित्यकार पर सामाजिक दायित्व और वह भी एक विशिष्ट राजतंत्र को पनपानेवाला सामाजिक दायित्व इस प्रकार उभारा गया कि वह भी धार्मिक मान्यताओं ही की तरह गूढ़ हो गया। प्रगतिशीलता का अर्थ था साम्यवादियों को शक्तिशाली बनानेवाला साहित्य। हिन्दी साहित्य में इस प्रकार की विचार-धारा को प्रबुद्ध रखने के लिए 'प्रगतिवादी' पत्रों को जन्म मिला। कुछ समय के लिए प्रगतिवादी प्रगतिशील दोनों जैसे समानार्थी हो गए। साहित्य के मूल्यांकन की जो शैली प्रगतिवादियों ने दी उसमें कृतित्व का मूल्यांकन न होकर कृतिकार का मूल्यांकन होने लगा और कृति की क्षमताओं का उल्लेख करने के स्थान पर फतवे दिए जाने लगे। किन्तु, ये मान्यताएँ भी थोड़े ही दिनों में थोथी हो गईं और यह प्रतीत होने लगा कि साहित्य के मूल्यांकन के लिए किसी विशेष धर्म-पंथ

या कि राजनीति की रुढ़िवादी नैतिकता और राजनीतिक मतवादी संकीर्णताओं से आक्रान्त विचार-सरणियाँ दोनों ही पूरी नहीं पड़तीं।

तो क्या साहित्य को मूल्यांकित करनेवाली किसी नई सारणी की खोज ही नहीं की जाएगी? क्या प्राचीन रसवादी मान्यताओं या गुण-दोष विवेचना-पद्धति अथवा प्रभाववादी शैली ही को स्थिर कर लिया जाएगा। सौभाग्य से ऐसा नहीं हुआ। ज्ञान की दिशाओं में जो नये पंथ खुले उन्होंने मनुष्य की शक्ति को नये-नये अभिप्रायों में, नये-नये प्रसंगों में, समझा, उसकी सहायता साहित्य की शक्ति और सौन्दर्यबोध को समझने में काम आई। एक सम्पूर्ण कृति के मूल्यांकन के लिए सबसे पहली तो यह सिद्धि प्राप्ति हुई कि सृजन प्रक्रिया को समझा जाए। सृजन-प्रक्रिया को समझने का अभिप्राय है कृतिकार की रचना-शक्ति को समझना और उसकी कृति को स्वतंत्रता से मूल्यांकित करना। ज्ञान की इस नई खोज ने समग्रता को भी जन्म दिया। अभी तक यूरोपीय या चिन्तन-परम्परा के अनुसार जो खंडित परम्पराएँ रहीं उन्हें समग्रता के साथ जोड़ा गया।

यह समग्रता प्रगतिशील मूल्यों की जननी है। जितना अधिक इसे खोजा जाएगा उतना ही प्रगतिशील साहित्य की समृद्धि होगी।

कवि सम्मेलन और रूपान्तर की नई दिशाएँ

साहित्य और कला की रचना के लिये व्यक्ति-कृतिकार की जितनी आवश्यकता है उससे शायद अधिक आवश्यकता दर्शक-श्रोता और पाठक की है। यहीं से साहित्य क्यों के साथ साहित्य किस के लिए का प्रश्न उठता है। इस दूसरे आदमी की उपस्थिति साहित्यशास्त्र में बहुत पहले से ही स्वीकार्य है। कवि रचना करता है, स्वाद पंडित-जन जानते हैं या कि काव्यशास्त्र से आह्लादित होते हुए बुद्धिमान समय व्यतीत करते हैं अथवा साहित्य-संगीत कला के पर्व-बोध से वंचित लोग निरे जानवर हैं, सौभाग्य यही है कि वे घास नहीं चरते। ऐसी चारू उक्तियाँ सहृदय की अनिवार्यता, उसकी समीक्षा और सराहना को महत्त्वपूर्ण बनाने के लिये है।

श्रोताओं के रूप में काव्य-रसिकों की एक आभिजात्य मंडली भी उपस्थित रही है। सामन्त जनों के दरबार में कविता की बेल लम्बे समय तक हरी रही है, वे स्वजन-परिजनों के साथ काव्य रसास्वादन करते रहे हैं। यह स्वीकार करने में कोई कठिनाई नहीं है कि इन परिवारी श्रोताओं के अतिरिक्त प्रभावशाली कवियों के इर्द-गिर्द रसिकों की मित्र-मंडलियाँ भी काव्यास्वाद लेती रही हों। अवश्य ही इन रसिक श्रोताओं ने अपनी-अपनी पसन्द की कविताएँ दूर-दूर तक—व्यक्ति और काल खंडों तक पहुँचायी है। हजारों रसिकों ने इसी अनौपचारिक विधि से काव्य-श्रवण किया है। यह तथ्य आपके विचारार्थ रखना चाहता हूँ कि पूर्ववर्ती कवियों ने अपनी रचनाओं को जिस तरह अलंकृत किया है, छंदों में बाँधा है, उक्ति-चातुर्य से मंडित किया है या कि चमत्कारपूर्ण बनाने की चेष्टा की है उसका एक प्रमुख कारण श्रवण को प्रभावशाली और आनन्ददायक बनाना ही है? नहीं था? सदेह श्रोता की उपस्थिति कोई साधारण घटना नहीं होती, वह कुछ कहे-न-कहे अपनी उपस्थिति से ही कृतिकार के लिये एक विशेष प्रकार की रचना-पंक्ति को आवश्यक बनाता रहता है।

दरबारी श्रोताओं से अलग अपने जन-श्रोताओं से जुड़े रहने के प्रयास में पूर्ववर्ती कवियों ने कथा-वाक्यों की आविष्कृति भी की है। विविध जातीय स्मृतियों और जीवनानुभवों को कथा के साथ जोड़कर श्रोताओं तक पहुँचाने के क्रम में कथा वाचक जैसा मध्यस्थ व्यक्ति तो अवश्य आया, किन्तु यह कोई यंत्र नहीं था, इसलिए इस व्यक्ति ने कविता को कोई क्षति नहीं पहुँचाई। वस्तुतः यह व्यक्ति

कवि से बहुत अधिक भिन्न नहीं था क्योंकि दोनों की सामाजिक और सौन्दर्यमूलक आस्थाएँ समान थीं।

छोटी-छोटी रसिक मंडलियों से भिन्न आकार और प्रकृति वाले कवि-सम्मेलन कब से प्रारम्भ हुए यह कहना कठिन है। कुछ विद्वानों का यह अनुमान है कि उर्दू के 'मुशायरों' से प्रेरित होकर कवि-सम्मेलन आयोजित किये जाने लगे—हो सकता है एक प्रतिस्पर्धा के रूप में। अपने बाल्य काल की स्मृति के आधार पर यह साक्ष्य देता हूँ जब कवि-सम्मेलन की सफलता पर टिप्पणी करते हुए लोग कहते थे कि अमुक अमुक कवि सम्मेलन अमुक अमुक मुशायरे से अधिक कामयाब रहा था कि अधिक रात तक चलता रहा। हो सकता है कि कवि सम्मेलनों की प्रेरणा मुशायरे रहे हों लेकिन मेरी मान्यता है कि कवि सम्मेलन अपने खोए हुए श्रोताओं की तलाश का सिलसिला था। किसी दूसरी विधा के लिये श्रोता की इतनी आवश्यकता हो या न हो किन्तु कविता के लिये वह बहुत बड़ी आवश्यकता है। कवि-जनों का यह श्रोता जो अनेक कारणों से लुप्त प्राय: हो गया था उसे कवि सम्मेलनों के माध्यम से फिर प्राप्त कर लिया गया। यह तलाश एक दूसरे कारण से भी आवश्यक थी। यह विदित है कि जिस समय कवि सम्मेलनों की धूम मची थी उस समय पराधीन देश स्वाधीनता का संघर्ष लड़ रहा था। यह संघर्ष अब चाहे जिस नजरिये से देखा जाए किन्तु अपने बुनियादी रूप में मुनष्य की साहसिक बुलन्दियों का परिचायक था। वह एक अमित शक्तिशाली विदेशी ताकत से अनेक उतार-चढ़ावों के बीच भी लड़ा जा रहा था। आवश्यक था कि अस्त्र शस्त्र हीन जनता का मनोबल क्षीण न होने दिया जाए और स्वाधीनता की आकांक्षाओं को उनकी जिजीविषा का हिस्सा बना दिया जाए। कवियों के लिए स्वाधीनता ऐसे ही है जैसे मछली के लिये पानी और स्वाधीनता काल के कवियों ने इस बुनियादी जीवनाकांक्षा को अपनी रचनाओं में निरन्तर और बेताबी के साथ उजागर किया। लेकिन कवि कर्म का यह आधा दायित्व ही था, पूरा तब हुआ जब उन्होंने विशाल जन-सभाओं और कवि सम्मेलनों में इन रचनाओं के माध्यम से श्रोताओं का मन जीत लिया और स्वाधीनता के लिये अपनी छटपटाहट और बेचेनी को श्रोताओं की बेचेनी और छटपटाहट का हिस्सा बना दिया। कवि सम्मेलनों में उन दिनों श्रोता जानते थे कि कवि क्या सुनाएँगे और कवि जानते थे कि उनके श्रोता क्या सुनने के लिये आए हैं? एक अभिव्यक्त किन्तु पूर्वाभासित समय दोनों को एकात्म करता और तृप्ति देता था। वे एक ही सामाजिक परिवेश के कवि और श्रोता थे। एक ही स्थिति में, एक ही लक्ष्य की तरफ बढ़ते हुए कवियों और श्रोताओं का यह सम्मेलन प्राय: सफल होता था। इन सम्मेलनों की सफलता का दूसरा कारण यह भी था कि यहाँ पठित रचनाओं का शैली विधान श्रोताओं की पूर्व परिचित शैलियों से बहुत भिन्न नहीं होता था। कुछ कवि सम्मेलनों में कवि सूर्यकान्त त्रिपाठी निराला जैसे कवि उपस्थित होकर 'राम की शक्ति पूजा'

जैसी कठिन कविता भी सुनाते थे और श्रोता शान्त चित्त सुनते थे किन्तु इसका कारण निराला के प्रभावशाली व्यक्तित्व के साथ-साथ ओजस्वी काव्य-पाठ था। बाद में ललित गीत पढ़नेवालों का एक वर्ग कवि सम्मेलनों में लोकप्रिय हुआ। गीत-पाठ उर्दू को छोड़कर अन्य भारतीय भाषाओं की काव्य पाठ परम्परा में नया ही था। भारतीय भाषाओं की काव्य-पाठ परम्परा में आज तक भी कवितागान प्रचलित नहीं हुआ है। गान से प्रेरित काव्य-पाठ परम्परा हिन्दी में उर्दू से आई होगी दूसरी भाषाओं का उर्दू से सान्निध्य न होने के कारण छंद-संगीत-लय गति-युक्त पाठ चलता रहा। कवि-सम्मेलनों में गीतकारों का आना ताजा हवा की तरह था, वे अपनी रचनाओं में सरल और रूमानी भाषा का प्रयोग करते और कभी-कभी जीवन की सतरंगी छवियों और अतृप्त सपनों को जगाते। स्वाधीनता-काल के कवि सम्मेलन श्रोताओं ने दोनों तरह के कवियों को समादृत किया।

संक्षेप में द्रष्टव्य है कि कवि-सम्मेलनों का आरम्भ पुरानी गोष्ठी परम्परा से सर्वधा भिन्न और नया था। पुरानी गोष्ठियों का लक्ष्य काव्य शास्त्र विनोद था जब कि कवि सम्मेलनों में पढ़ी जानेवाली रचनाएँ नये सामाजिक उन्मेष के साथ अपने काल के महत्त्वपूर्ण प्रश्नों से जुड़ रही थीं। पुरानी गोष्ठियों से इन सम्मेलनों का स्वरूप बहुत भिन्न था। ये सम्मेलन न तो सामन्तों के दरबार थे और न कवियों की मित्र मंडलियाँ। ये खुल मंच थे जिन पर समकालीन कवि-जन इकट्ठे होते थे और अपने श्रोताओं से प्रशंसा प्राप्त करने की आकांक्षा रखते थे। श्रोतागण सिर्फ दो चार सहृदय-जन नहीं रह गये थे बल्कि हजारों की संख्या में हो गये थे। मंच पर बैठे हुए कवियों को वे जन समुद्र की तरह नज़र आते थे, अचरज नहीं कि वे काव्य पाठ करनेवाले के मन में एक दहशत भी पैदा करते हों। वे सब वर्गों, रुचियों और संस्कारों के थे। श्रोता और कवियों के बीच संयोजक आने लगा था और माइक्रोफोन भी। कवि सम्मेलनों में जानेवाले कवि-गण पारिश्रमिक लेने लगे थे। देश की प्राचीन परम्पराओं के सन्दर्भ में यह नई शुरुआत थी। पारिश्रमिक लेन-देन के साथ ही कवि सम्मेलनों का व्यावसायीकरण शुरू हुआ जिसके अनिष्टकारी परिणाम अब दृष्टिगत होने लगे हैं।

जो हो, स्वातंत्र्य पूर्व के कवि सम्मेलनों ने ऐसे कवियों और श्रोताओं की पहचान कराई जो लम्बे समय तक पराधीन देश को स्वाधीन बनाने के संघर्ष में साथ-साथ रहे। इस इतिहास से एक दृष्टि यह भी प्राप्त होती है कि श्रोताओं को आह्लादित करने और आस्वाद की नई ज़मीन तलाश करनेवाले कृतिकार के लिये मनुष्य की दुर्बल और चुकी हुई तृष्णाओं को रचनाओं का कथ्य बनाने की आवश्यकता नहीं है बल्कि उनकी आस्थाओं को स्फूर्त करने की आवश्यकता है जो मनुष्य-नियति को बदलने के काम आती हैं।

स्वतंत्रता संघर्ष के समय एक बड़े मन्तव्य से बँधे कवि और श्रोतागण स्वतंत्रता के बाद धीरे-धीरे बिखरने लगे। कवियों ने कहा कि जिन्दगी का स्वर इतना टूटा हुआ

और तारतम्य हीन हो गया है कि उसे छंद और अलंकार से सजाना नामुमकिन है। उन्हें प्रतीत होने लगा कि इस जिन्दगी के अपरिमित बिखराव को व्यक्त करने के लिये नई भाषा की आवश्यकता है, उस भाषा की नहीं जिसे कवि जन अब तक काम में लेते रहे हैं। स्वाभाविक ही था कि इन कृतिकारों ने उन सब शैलियों को उपेक्षित किया जिससे श्रोता परिचित थे। उन्होंने वस्तुत: श्रोताओं की चिन्ता ही नहीं की, वे कविता के पाठक तलाश करने लगे। अब तक जो कविता पाठ श्रोताओं को आनन्दित करता था वह भावुकतापूर्ण और नाटकीय कहा जाने लगा। कविता को अधिक गम्भीर बनाने के उपक्रम में उसे गहन विचारों के साथ जोड़ दिया गया। श्रोताओं ने ऐसे कवियों को मंच नहीं दिया। उन्हें ये कविताएँ नीरस लगती रहीं, कुछ अपरिचित-सी और कठिन भी। उनका कथ्य श्रोताओं को दुरूह लगने लगा। कवियों का एक पक्ष इस तरह मंच से अलग हो गया। दूसरा पक्ष श्रोताओं की स्तरहीनता पर सिर धुनता रहा। अंग्रेजी लेखक रश्किन ने अपने श्रोताओं की इस शिकायत पर कि वह उन तक नहीं जा रहे एक बार कहा था कि मुझ तक आओ मैं तुम तक नहीं आ सकता—ऐसा ही कुछ हिन्दी के कवियों ने अपने श्रोताओं से भी कहना चाहा लेकिन उन्होंने सुना नहीं। सचमुच श्रोताओं के साथ भी एक कठिनाई थी—कठिनाई यह कि जिन्दगी अमूमन ही एक वजनदार चीज बनी हुई थी वे कहीं न कहीं उससे मुक्ति चाहते थे, जिन्दगी हर कहीं गम्भीर और असाधारण थी, वे उसे कहीं न कहीं साधारण और प्रिय रूप में देखना चाहते थे। वे थके और उदास थे इसलिए स्फूर्ति और उत्साह के आकांक्षी थे। उन्हें लगता ही नहीं था बल्कि यह उनकी जरूरत थी कि कहीं भी हो वे और कुछ समय निश्चिन्तता से गुजारें। वे समझते थे कि रसिक कवि उन्हें वह इन्द्रधनुष जैसी ज़िन्दगी का स्वप्न देंगे, हँसी देंगे, लेकिन कवि लोगों के पास ऐसी जिन्दगी नहीं थी। श्रोताओं को अनुभव हुआ कि ये कठिन कवि हैं। वे उनकी उदासी तोड़ने का काम नहीं कर सकते। वे भी कवि सम्मेलन के मंच से चले गये। किन्तु, यह न माना जाए कि इन दोनों प्रकार के कवियों ने श्रोताओं को 'अवांछित तत्त्व' कह कर छुट्टी पा ली हो। वे किसी भी अन्य कवि की तरह श्रोता पाने के लिये उद्विग्न थे, किन्तु समान धर्मी श्रोता, प्रबुद्ध और विलक्षण। उन्होंने फिर से गोष्ठी पाठ प्रारम्भ किया, कवि कर्म की जटिल प्रक्रिया को समझाया और आवश्यकता हुई तो अपनी कविताओं पर टिप्पणी की।

इस बीच कई कवि रेडियो के जरिये अपने श्रोताओं को तलाशते रहे। इन कवियों की भी यही विवशता थी कि वह सदेह श्रोता के साक्षात्कार से डरते थे, किन्तु एक निर्गुण, अदेह श्रोता के आकांक्षी थे। सदेह श्रोता प्रश्न पूछ सकता है, रुचि अरुचि बता सकता है अदेह श्रोता सिर्फ रेडियो पर बुलाए जानेवाले की महिमा से अभिभूत हुआ यह सूचना देता है कि उसने कवि को सुना है। इन अदेह श्रोताओं में से कुछ का साक्षात्कार हो सके इसलिए आकाशवाणी ने आमंत्रित श्रोताओं के समक्ष कवि

सम्मेलनों का आयोजन प्रारम्भ किया, किन्तु ये श्रोता भी आजाद श्रोता नहीं थे। यंत्र की रहस्यमयता से वे सन्नाटे में रहने, शायद इस सोच में डूबे हुए कि जो कवि यहाँ है वह अपनी वाणी दूर-दूर तक किस जादू से फैला रहा है। रेडियो से प्रसारण करनेवाले कवियों की महिमा भी रही और सदेह श्रोताओं का साक्षात्कार भी नहीं करना पड़ा।

इधर कवि सम्मेलनों में जिन सदेह श्रोताओं का साक्षात्कार होता है उन्हें श्रोता मानना कठिन है। वह एक विशाल जन समूह होता है, दूर-दूर तक फैला हुआ, अपरिचित जनाकृतियों का हुजूम। वह प्रयत्न करने पर भी शान्त नहीं होता इसलिए आज कल के कवि ढेर से चुटकुले सुनाते हैं और फिर क्षमा याचना के स्वर में एक कविता जो पहले कई बार सुना चुके होते हैं, इसे वे गाते भी हैं या इतने ओजस्वी स्वर में पढ़ते हैं कि उनका वह स्वर श्रोताओं को खामोश रखे। जहाँ यह भय होता है कि कवि जन समूह को अनुकूल और शान्त बनाए रखने में सफल नहीं होंगे वहाँ चुटकुले सुनाने में महारत प्राप्त संयोजक आमंत्रित होता है। वह देर तक श्रोताओं का मनोरंजन करता है फिर कवि को आमंत्रित करता है। अन्त में सफलता का सम्पूर्ण श्रेय संयोजक प्राप्त करता है, उसे सम्मेलन में भाग लेनेवाले एकाध कवि को छोड़कर सबसे अधिक द्रव्य प्राप्त होता है। बम्बई के एक संयोजक के सम्बन्ध में यह कहा जाता है कि उनको अनुबंधित कर सकना सौभाग्य है। मैं उनके सान्निध्य में एक बार कविता पाठ कर चुका हूँ। उन्हें सहस्रों चुटकुले जिह्वाग्र हैं। श्रोता उनसे ही आत्मीयता रखते हैं। उनके और श्रोताओं के बीच सम्पूर्ण तादात्म्य होता है। मैं सोचता हूँ कि आदमी के साथ ज़िन्दगी की इतनी किल्लतें बँध गई हैं कि छोटी-छोटी कविता सुनने की अपेक्षा वह हँसानेवाला छोटा चुटकुला सुनना बेहतर समझता है। वैसे भी इस देश की जनता ने पिछली कई शताब्दियाँ उदासी, अँधेरे और मायूसी में निकाली है और अब महानगरीय जीवन और छोटे-छोटे शहरों और कस्बों का जीवन भी इतनी अनिश्चितताओं से घिरा है कि आदमी एक लाचार हँसी के क्षण को भी हाथ से नहीं निकलने देना चाहता। इसलिए आज यदि आदमी हँसानेवाले कवि सम्मेलनों में रात गुज़ार देता है तो किसी को कोई अचरज या मलाल करने की आवश्यकता नहीं है। दु:ख यही है कि यह हँसी सहज नहीं है मात्र असुविधा की हँसी है। मुझे हजारों श्रोताओं की आवश्यकता है लेकिन अभी के कवि सम्मेलन मुझे सर्वधा अनुत्पादक लगते हैं गम्भीर कवि कर्म तो विशाल जन समूह में व्यर्थ नज़र आता ही है हँसानेवाला कवि-सम्मेलन भी व्यर्थ हो जाता है।

मुझे प्रतीत होता है कि कैसा भी सरल से सरल, ललित पदावली और मनोहर कंठ से स्फुरित गीत हो श्रोता के पास सुनने का धैर्य आवश्यक है, जब कि सारी शताब्दी त्वरा और संशय के पहियों पर बैठी है। तब हमें कवि सम्मेलनों की सफलता के लिये कहीं दूसरी जगहों पर अपने श्रोता को पूर्वाभ्यास देना पड़ेगा। पहले यह विश्वास था कि पाठशालाओं से लगा कर विश्वविद्यालयों में कविता की पढ़ाई नये

श्रोता को तैयार करने में सफलता प्राप्त करेगी लेकिन हमारे यहाँ कविता की पढ़ाई भी इस कदर अत्याचार पूर्ण है कि बाद की ज़िन्दगी में मनुष्य काव्य-पुस्तक का स्पर्श ही नहीं करना चाहता। इसलिए भी यह कवि का ही दायित्व होगा कि वह अपरिमित धैर्य से, छोटे-छोटे समुदायों में, कविता सुनाए और विद्यालय से लेकर विश्वविद्यालय तक की दोषपूर्ण काव्य-शिक्षा के कारण कविता के प्रति जन्मी अनासक्ति को कम करने की चेष्टा करे। ऐसा नहीं होता तो थोड़े दिनों बाद किसी भी कवि को अपना श्रोता चिराग लेकर ढूँढ़ना पड़ेगा।

कवि सम्मेलन की व्यर्थता का दूसरा कारण कवि जनों की व्यवसाय वृत्ति है। जो लोग कविता का व्यवसाय करते हैं उनकी इच्छा अपनी लोकप्रियता के विस्तार के अतिरिक्त कुछ नहीं होती क्योंकि लोकप्रियता के विस्तार से उनका व्यवसाय बढ़ता है और उन्हें प्राप्त होनेवाला द्रव्य उसी मात्रा में बढ़ता जाता है। हिन्दुस्तान जैसे गरीब देश के व्यावसायिक कवि बहुत अमीर हैं। उनके लिये अच्छे कवियों ने मंच छोड़कर कुछ विशेष सुविधा ही प्रदान कर दी है। मंच के व्यावसायिक कवि पिछले कई वर्षों से पुरानी कविताएँ और नये चुटकुले सुना रहे हैं। उन्हें लोग आदर से नहीं केवल प्रतिशोध की भावना से देर रात तक सुनते हैं। दिन होने तक भी कभी-कभी। वर्षों पहले से ही उनका कृतित्व चुक गया है। मैं यह नहीं कहता कि कवि जन फकीरों की तरह जिएँ लेकिन उनकी तरफ से यह वकालत करना भी अनुचित है कि अपनी पुरानी कृतियों के पाठ के लिये उन्हें हजार-हजार रुपया दिया जाए। कविता पाठ यदि एक सौदा है तो कवि सम्मेलनों की अनुत्पादकता स्पष्ट है। मेरा खयाल है कि बड़े से बड़े कवि पर पाँच सौ रुपया से अधिक खर्च नहीं होना चाहिए। मैंने ख्याति लब्ध कवियों को आकाशवाणी के कवि सम्मेलनों में अल्प पारिश्रमिक लेकर हिस्सा लेते देखा है, लेकिन दूसरी जगह ये कवि दस से बीस गुना पारिश्रमिक लेते हैं।

यह भी एक विचारणीय प्रश्न है कि कवि सम्मेलनों को लोक रुचि के अनुकूल बनाने के लिये क्या उस जगह लाना चाहिए जहाँ वह सिनेमा के गीतों को दुहरा सके या उसी स्तर के गीत लिखने के लिए प्रेरित कर सके? यह प्रश्न इसलिए उठाना आवश्यक है कि कवि सम्मेलन की रचनाओं को अन्त में सिनेमा के गीतों की चुनौती ही स्वीकार करनी पड़ेगी। फिलहाल तो मुझे ऐसा प्रतीत होता है कि मंच के कवि 'दुहरा धंधा' कर रहे हैं, सम्मेलन और सिनेमा का, उन्होंने सम्मेलन के मंच की विशिष्टता को गड़बड़ा दिया है, कवि सम्मेलन के मंच से सिने-गीतकार श्रोताओं के अनुरोध पर तसवीर के लिये लिखे गीतों को सुनाते हैं। सिनेमा के गीतों से मुझे अरुचि नहीं है लेकिन कवि-सम्मेलनों का वैशिष्ट्य रखने के लिए और लोकानुरंजन को एक दूसरी दिशा देने के लिए भी यह आवश्यक है कि एक ही श्रोता को दो स्तरों की रचनाओं के आस्वाद की दीक्षा दी जाए। मेरी मान्यता है

कि ऐसा करना कठिन नहीं है। मनुष्य की ज़िन्दगी में हजारों-हजार स्तर हैं, कुछ एकदम स्पष्ट और कुछ अस्पष्ट स्तर के भीतर स्तर और आदमी है कि इन स्तर में दो के बीच जीता है, अनेक संस्कृतियों से मिलता है लेकिन इसलिए नहीं कि भेद पहचाननेवाली दृष्टि ही विलुप्त हो जाए, बल्कि इसलिए कि यह पहचान स्पष्ट हो कि जिन्दगी का पोषण किसी एक तने से या कि एक स्रोत से होता है इसलिए उन सब को पोषित करने की आवश्यकता है। मुझे यह नहीं लगता कि सिनेमा के गीत सुनने के बाद आदमी को शास्त्रीय संगीत के प्रति अरुचि हो जाती है या कि आदमी के लिए लाज़मी हो कि वह या तो यह सुनेगा या वह। रुचियों का ऐसा कठोर वर्गीकरण नहीं हुआ है, मनुष्य बहुआयामी है यद्यपि यह भय मुझे अवश्य लग रहा है कि यंत्रों का दबदबा विशेषतया प्रसार साधनों का दबदबा मनुष्य रुचियों के बहुआयामी संसार को नुकसान पहुंचा सकने की सामर्थ्य प्राप्त कर रहा है। हमें उस दिन की प्रतीक्षा नहीं करनी है जब भाषा सौन्दर्य या कि संगीत-माधुर्य के सारे स्तर विलुप्त हो जाएँ। हमारी चेष्टा यही हो कि मनुष्य भाषा के अनेक स्तरों से परिचित हो कि जिससे वह न केवल एक रसता को तोड़ सके बल्कि अपनी ज़िन्दगी में से फिर नई ज़िन्दगी बना सके। मैं इसलिए यह बहुत आवश्यक समझता हूँ कि कवि सम्मेलन की रचनाओं को सिनेमा के गीतों से अलग रहना चाहिए और श्रोता को धीरे-धीरे दोनों के बीच का भेद समझा दिया जाना चाहिए। यदि ऐसा नहीं होता तो कवि-सम्मेलनों का मुझे कोई भविष्य नज़र नहीं आता।

कवि-सम्मेलनों की सार्थकता या कि उपयोगिता पर भी विचार होना चाहिए। कवि सम्मेलन क्यों हों? इसका एक उत्तर तो यह हो सकता है कि मंच से अपनी रचनाओं को सुनाकर कवि श्रोताओं की रुचि उनकी प्रतिक्रिया जान सके—अपनी कृतियों का इस दृष्टि से मूल्यांकन कर सके। दूसरे कवियों की रचनाओं का आस्वाद ले सके, तुलना कर सके। दूसरा प्रयोजन श्रोताओं को आनन्दित करने का, उनके अवकाश के क्षणों को अधिक मूल्यवान बनाने का हो सकता है। तीसरा प्रयोजन यह हो सकता है कि मनुष्य समय के दबाव, सामाजिक पेचीदगियों और अपने ही अन्दर-अन्दर चलनेवाले अन्तर्द्वंद्वों को पहचान सके। यदि ये प्रयोजन सिद्ध होते हैं तो कवि-सम्मेलन के मंच जीवित रहेंगे यदि ऐसा नहीं होता तो हमारी चिन्ता होनी चाहिए कि हम प्रभावशाली माध्यम और मंच की आविष्कृति करें। श्रोताओं की रुचियाँ नहीं बदलतीं इस पर विश्वास करने का कोई आधार नहीं है। इस समय भी अपनी खुशियों की तलाश में श्रोता अलग नहीं हुआ है यह बात दूसरी है कि कृतिकार उससे किन्हीं कारणों से तादात्मय स्थापित न कर पाता हो। यदि कृतिकार को यह प्रतीत होता हो कि कवि सम्मेलन का मंच अप्रभावी और अनुपयोगी हो गया है (जो कि मुझे प्रतीत है कि हो गया है) तो उसे दूसरे उपाय सोचने चाहिए लेकिन उसी कारण से श्रोता के प्रति व्यापक वितृष्णा उचित नहीं है।

संक्षेप में, कवि के लिये अपने श्रोता की विलुप्ति शुभ नहीं है, जो वृक्ष की जड़ कट जाना दुर्भाग्यपूर्ण है, कवि का श्रोता से कट जाना भी दुर्भाग्यपूर्ण मानना होगा। स्वतंत्रता संघर्ष के दिनों, एक बड़े प्रयोजन से जो कवि और श्रोता जुड़े थे और कवि सम्मेलन दोनों को जोड़ता था वह कारणों से अप्रभावी होता जा रहा है। ऐसा प्रतीत होता है कि कवि सम्मेलन का मंच पुनः वह भूमिका नहीं निभा सकेगा जो वह पहले निभा चुका है। ऐसे समय में कवि और श्रोता एक-दूसरे से अजनबी न हो जाएँ इसकी पहल नितान्त आवश्यक है।

कवि और श्रोता दोनों ही के लिए इन कठिन समय में काव्यमय वातावरण की सम्पूर्ण वापसी तो असम्भव है लेकिन इतना तो किया ही जा सकता है कि कवियों का अपने श्रोताओं के समूहों में साक्षात्कार होता रहे। एक सजग और सहृदय श्रोता का विलुप्त हो जाना दोनों ही के लिये हानिप्रद है। इसके लिये जैसा मैंने कहा है कवि गोष्ठियाँ एक उपादेय माध्यम है। साथ ही काव्य-शिक्षा जो स्कूलों से लगा कर विश्वविद्यालयों में दी जा रही है और जो काव्य विमुख बनाती जा रही है उसे सही बनाने की पहल भी जरूरी है। फिलहाल कविता की पढ़ाई एक लाजिम पढ़ाई है, एक ही तरह की कविता एक ही तरह की पढ़ाई और फिर उसकी परीक्षा। मैं नहीं जानता कि वह सम्भव होगा कि नहीं लेकिन मैं प्रस्तावित करता हूँ कि कविता शिक्षा मुक्त शिक्षा हो परीक्षा की क्रूरता से मुक्त।

मैं रेडियो, टेलिविजन और दूसरी यांत्रिक विधियों के बहुत पक्ष में नहीं हूँ क्योंकि इन यंत्रों के संचालकों की एक खास किस्म की नियति है और कुछ निश्चित निहित स्वार्थ भी। वह एक व्यवसाय-विधि और नौकरशाही का हिस्सा भी है फिर भी उसका काव्य शिक्षा के लिये जो भी उपयोग किया जा सके करना चाहिए।

कवियों से मेरी यही प्रार्थना है कि यदि वे औसत श्रोताओं के लिये नहीं लिखते तो एक व्यवधान एक रिक्तता आती रहेगी और उस रिक्तता में वे सब लोग घुस आएँगे जिन्हें हम नहीं आने देना चाहते। जैसा मैंने अन्यत्र संकेत दिया है कि श्रोता की सारी सम्भावनाएँ बनी है और जैसे एक बहु आयामी श्रोता की भी कल्पना की जा सकती है उसी तरह एक बहु आयामी कवि की सम्भावनाएँ भी होनी चाहिए। श्रोताओं को अच्छी कविताओं से वितृष्णा नहीं है उन्हें अभ्यास की आवश्यकता है। निरन्तर दुरुह और जटिल कविताओं से प्रतिबद्ध होने का आग्रह जान-बूझकर श्रोताओं के प्रति विरक्ति और ऊपर उठे हुए होने का भाव है।

अन्त में, मैं यही निवेदन करता हूँ कि जब कवि और श्रोता जिन्दगी की व्यापक समस्याओं और दुःख सुख से जुड़ा है तो उसकी रुचियों से विरुचियों से भी वह कहीं न कहीं जुड़ गया है। जैसे वह श्रोता को किसी तरह अपने से जोड़ना चाहता है उसी तरह स्वयं को भी उनसे जोड़े अन्यथा चिन्ता का प्रभाव जल्दी ही खत्म हो जाएगा और भाषा की सृजनात्मक सम्भावनाएँ-संवाद हीनता की स्थिति में चूक जाएँगी।

मीराँ : प्रेम और प्रज्वलन की कवयित्री

मीराँ का जन्म पाँच सौ वर्ष पूर्व हुआ था। जो कवयित्री पाँच सौ वर्ष की आयु पार कर गई हो उसकी कविता के महत्त्व प्रतिपादन की कोई आवश्यकता नहीं है। शब्द और काल का घनिष्ठ सम्बन्ध है। लेकिन काल का मन ज्यादा कोमल नहीं है। काल को लाँघ जाना इसलिए मनुष्य और उसकी कविता, उसकी सर्जना की विजय है। काल, कला और काव्य-कृतियों की एक प्रकार से अलिखित समीक्षा है। किस तरह से किस बोध के द्वारा या फिर किस कौशल से काल शब्द को, स्वर को, रंग और रेखा को बचा लेता है और लोक को परीक्षा के लिए देता है और लोक जिस तरह अपनी स्मृति अपनी परम्परा में पूरी सजगता और आत्मीयता से उसे बचाता है और निरन्तर सार्थक रखता है यह एक जादुई खेल-सा है। मीराँ के बारे में मैं जरा जल्दी से यह बता देना चाहता हूँ कि वे विद्वानों, समीक्षकों, बुद्धिजीवियों, शोधकर्ताओं या कि पाठ्य-पुस्तकों के सम्पादकों, संकलनकर्ताओं द्वारा नहीं बचाई गई हैं, वे वास्तव में समय और उन भोले, साधु-मना, पूर्वग्रह विमुक्त, सरल, ग्राम्य-चित्त स्त्री-पुरुषों द्वारा (विशेषतया स्त्रियों द्वारा) बचाई गई हैं जिनकी साक्ष्य आलोचना ग्रंथों में कोई विशेष अर्थ नहीं रखती। इन सहज काव्यानुरागियों ने राजस्थान की इस भक्त कवयित्री को पूरे देश की कवयित्री होने का आदर दिया है। महादेवीजी ने अपने व्याख्यान में कहा—मैंने गुजरात, कर्नाटक, बंगाल तथा समूचे दक्षिण तथा उत्तर भारत का भ्रमण किया है। देश के पूर्व-पश्चिम, उत्तर-दक्षिण में सर्वत्र मैंने मीराँ के पद सुने हैं। मीराँ के पदों की उड़ान समूचे भारतीय आकाश में व्याप्त है; मानो कोई मुक्त पक्षी असीम आसमान में उड़ रहा है।...वे राजस्थान की हैं, गुजरात की हैं, बंगाल की हैं, समूचे भारत की हैं। वे भक्ति आन्दोलन की प्रेरक शक्ति हैं जिसने ब्राह्मण और शूद्र का भेदभाव ही मिटा डाला है। अत: वे सभी जातियों की हैं, सभी धर्मों की हैं, सर्वकालीन, सर्वदेशीय हैं।

कवयित्री मीराँ का संक्षिप्त जीवन : पाँच सौ वर्ष पूर्व जन्मी कवयित्री का जन्म-मरण, काव्य-प्रेरणाएँ; विवाह और वैधव्य, गुरु, यात्राएँ और यातनाएँ सब विवादास्पद और मध्ययुग के अँधेरे में विलीन हुई-सी लगती हैं। "यह गुत्थी तब और भी उलझ जाती है जब हम देखते हैं मीराँ जैसी विश्व की अद्वितीय महिला

भक्त का भारतीय इतिहास में कहीं प्रामाणिक उल्लेख तक नहीं है। मीराँ के सम्बन्ध में भारतीय इतिहास के अनिश्चित होने से मीराँ सम्बन्धी अनेक विवाद अनायास उठ खड़े हुए।"

मीराँ का जन्म : मीराँ बाई की निश्चित और निर्विवाद जन्म तिथि और वर्ष अब भी निश्चित नहीं है और यह भक्ति-काल के सभी बड़े कवियों के साथ है; कबीर के, तुलसी के, सूर और अनेक कवियों के साथ जन्म-मरण का अनिश्चय और संशय लगा है। तब भी डॉ. कल्याण सिंह शेखावत ने अपने शोध-प्रबन्ध 'मीराँ बाई का जीवन-वृत्त और काव्य' में एक तिथि और संवत् का उल्लेख इस प्रकार किया है—मीराँ बाई मेड़ता के स्वामी तथा राठौड़ों की मेड़तिया शाखा के संस्थापक राव जोधवत के पुत्र रतनसिंह की सन्तान थी। रतनसी दूदावत के यहाँ मीराँ बाई का जन्म वि. सं. 1555 को वैशाख सुदि 3 को हुआ था। प्रसिद्ध इतिहासकार गौरीशंकर ओझा भी मीराँ का जन्म 1555 ही मानते हैं किन्तु नरोत्तम स्वामी के मतानुसार उनका जन्म संवत् 1560-61 में हुआ था। मिश्र बन्धुओं ने मीराँ का जन्म संवत् 1573 माना है। जग्गाभाट की बही का उल्लेख करते हुए डॉ. गोपीनाथ शर्मा और डॉ. रामगोपाल शर्मा भी उनका जन्म संवत् 1555 ही मानते हैं। प्रो. सी.एल. प्रभात ने अपने महत्त्वपूर्ण शोध-ग्रंथ 'मीराँ जीवन और काव्य' में लिखा है—"इस प्रकार विभिन्न स्रोतों से प्राप्त विश्लेषण, तिथि-गणना तथा ऐतिहासिक घटनाओं के प्रत्यक्ष-अप्रत्यक्ष साक्ष्य के आधार पर कहा जा सकता है कि मीराँ की जन्म तिथि श्रावण शुक्ला प्रतिपदा संवत् 1561 मानना अधिक तर्क-संगत है।" (पृ. 105)

जिस प्रकार मीराँ का जन्म-संवत् पर विवाद और संशय है उसी प्रकार उनका जन्म-स्थान भी विवादित है। कहाँ जन्मी थीं मीराँ?

डॉ. कल्याण सिंह शेखावत का इस प्रसंग में निम्न विवरण देखें—"मीराँ बाई का जन्म स्थान जोधपुर राज्य का बाजोली ग्राम है, कुड़की या चौकड़ी नहीं जैसा कि अद्यावधि प्रसिद्ध है। यह बाजोली गाँव पहले बाजोली-बीजारूण के नाम से प्रसिद्ध था। एक ही गाँव में ये दो भाग थे जिसमें बीजारूण के तो खंडहर विद्यमान हैं और बाजोली गाँव बसा हुआ है। यह बाजोली ग्राम दिल्ली-जोधपुर रेल मार्ग पर स्थित डेगाना जंक्शन से मील दूर दक्षिण-पूर्व में स्थित है।...इस छोटे से गाँव में रतनसी दूदावत का प्राचीन महल दूदावत ने बनवाया और फिर सपरिवार वहीं रहने लगे। इस तरह मीराँ बाई का जन्म तो बाजोली में हुआ किन्तु बचपन कुड़की में व्यतीत हुआ।" (पृ. 46) इधर जो सामग्री प्रकाशित हुई है उसके अनुसार मीराँ का जन्म कुड़की या बाजौली में नहीं 'मेड़ता' में हुआ था।

नाम का विवाद : शेक्सपियर की प्रसिद्ध उक्ति है नाम में क्या रखा है? गुलाब को किसी नाम से पुकारो। लेकिन मीराँ नाम पर विकट विवाद है। विवाद

का विषय यह कि 'मीरा' शब्द में 'राम' सानुनासिक (राँ) है या निरनुनासिक मात्र ('रा') है। उनका वास्तविक नाम क्या है? मीराबाई या मीराँ बाई? इस प्रश्न के औचित्य पर विचार करते हुए डॉ. सी.एल. प्रभात ने 'मीराँ : जीवन और काव्य : द्वितीय खंड' में लिखा है, "एक बिन्दी के अन्तर के कारण मीरा और मीराँ शब्द दो भिन्न दार्शनिक साधनात्मक और सांस्कृतिक परम्पराओं की ओर मुड़ जाते हैं और मोड़ों के साथ मीराँ के मेड़तिया राठौड़ परिवार की मूलभूत आस्था, मीराँ के अपने प्रारम्भिक जीवन के घटनाक्रम और उनकी भावात्मक जिन्दगी के प्रेरणा-स्रोतों के जो अनेक महत्त्वपूर्ण प्रश्न जुड़े हुए हैं; उनके उत्तरों की दिशा बदल जाती है।" (पृ. 450) डॉ. प्रभात का मत है कि शुद्ध शब्द मीरा है, सानुनासिक शब्द 'मीराँ' नहीं। 'मीरा' और 'बाई' दोनों भारोपीय भाषा के शब्द हैं। मीराँ शब्द संस्कृत के 'भीर' से बना है जिसका अर्थ है 'सागर का अंश'।

सानुनासिक मीराँ शब्द को कई अनुसन्धानकर्ताओं ने उपाधि या उपनाम माना है और कुछ विद्वानों का मत है कि यह शुद्ध रूप से भारतीय शब्द नहीं है किन्तु कुछ साहित्येतिहासकारों का मत है कि यह विशुद्ध भारतीय शब्द है। सबसे पहले डॉ. पीताम्बरदत्त बड़थ्वाल ने 'मीराँ' शब्द से होना बतलाया। इस तरह उन्होंने 'मीराँ' शब्द की व्युत्पत्ति 'मीर' शब्द से होना बतलाया। इस तरह उन्होंने 'मीराँ' नाम को पूरी तरह संस्कृत परम्परा से जोड़कर देखा। उन्होंने 'मीराँ' शब्द को 'सागर कन्या' का अर्थ देते हुए 'लक्ष्मी' से सम्बद्ध किया। 'मीराँ' अर्थात् समुद्र से उत्पन्न होनेवाली लक्ष्मी।

डॉ. मंजु चतुर्वेदी ने अभी-अभी राजस्थान हिन्दी ग्रंथ अकादमी द्वारा प्रकाशित 'मीराँ' मोनोग्राफ में इतिहासकार डॉ. गोपीनाथ शर्मा के हवाले से निम्न अभिमत किया है—'डॉ. जी.एन. शर्मा ने नामकरण के इस विश्लेषण को (मीराँ शब्द की व्युत्पत्ति 'मीर', 'पीर', 'मिहिर', 'वीर' आदि शब्दों से हुई है) भ्रामक माना है क्योंकि राजपूत समाज में मीराँ शब्द प्रचलित नाम था। मालदेव की लड़की मीराँबाई का विवाह वागड़ के एक राजकुमार से हुआ था। उस युग में नामकरण खेती से सम्बन्धित शब्दों से पश्चिमी राजस्थान के राजपरिवार में किए जाते थे। राव आस्थान के पुत्र का नाम हेड़क था। हेड़क खेत जोतनेवाले बैलों के लिए काम में आता था। जयमल के लड़के का नाम बीजड़ था जो बीजों का द्योतक है। राव चूँड़ा की स्त्री का नाम इंडी था जो काँटेदार छोटे खेत के मार्ग के लिए प्रयुक्त होता है। सातल की पत्नी का नाम फूला था जो मक्की को भूनकर बनाए जाते हैं। इसी परम्परा में मीराँ का नाम जेवड़ा था। इस शब्द का प्रयोग गाय-बैल बाँधने की रस्सी के लिए किया जाता है। इसी परम्परा में मीराँ का नाम मेर से लिया गया था। पश्चिमी राजस्थान में अच्छी फसल होना खुशहाल जमाने का सूचक होने से मेर को लेकर मीराँ का नामकरण किया जाना स्वाभाविक था।"

आलोचकों और विद्वानों के एक समूह का यह मत है कि जन्म के समय की पुत्री का अपूर्व तेजोमय रूप देखकर उसका नाम मिहिरा बाई-मीराँबाई अर्थात सूर्य सी दीप्तिवान-रखा गया। सानुनासिक 'मीराँ' का भेद लोक भूल गया है; उसके लिए कोई सी भी मीराँ हो वह ग्राह्य और वरेण्य है।

मीराँ का विवाह : यह सुनिश्चित है कि मीराँ का विवाह वि.स. 1573 के महाराणा साँगा के पुत्र भोजराज के साथ उत्साहपूर्वक तथा धूमधाम के साथ सम्पन्न हुआ। किन्तु यह विवादास्पद है कि उस समय मीराँ 18 वर्ष की थी या 12 वर्ष की। डॉ. कल्याण सिंह उनके विवाह के समय की आयु अठारह वर्ष की मानते हैं क्योंकि उनका जन्म वि. स. 1555 में हुआ प्रमाणित करते हैं। जो इतिहासज्ञ मानते हैं कि उनका जन्म 1561 में हुआ उनके अनुसार उनकी विवाह के समय की आयु 12 वर्ष ठहरती है। विवाह के समय मीराँ की मन:स्थिति के बारे में यह कहा गया है कि उन्होंने 'अनिच्छा' से और 'माता-पिता का मन रखने के लिए' विवाह किया। 'मीराँ बाई : ऐतिहासिक व सामाजिक विवेचन' शोध-पुस्तिका के लेखक डॉ. हुकुमसिंह भाटी ने 'विरोध' शब्द का प्रयोग किया है। उन्होंने लिखा है : 'मीराँ ने शादी करने का विरोध किया क्योंकि उसने तो बाल्यकाल में ही गोपाल (कृष्ण) को अपना पति स्वीकार कर लिया था। विवाह कर वह सांसारिक जंजाल में नहीं फँसना चाहती थी फिर भी माता-पिता के इच्छानुसार उसकी शादी महाराणा साँगा के पुत्र भोजराज के साथ 1516 ई. (वि. स. 1573) की गई।" (पृ. 14) इस सन्दर्भ में मीराँ के पदों की ये पंक्तियाँ आत्म-साक्ष्य और महत्त्वपूर्ण हो जाती हैं—

माई री! हूँ तो सपना में परणो गोपाल।
मती करो म्हारी ब्याव सगाई, क्यूँ बाँधो जंजाल॥

अथवा

ऐसे वर को के करूँ जो जनमे मर जाए।
वर वरिए गोपाल जू, म्हारो चुड़लों अमर व्है जाए।

ध्यान देने की बात है कि मीराँ के हृदय में भक्ति के बीज उनके बाल्यकाल में ही अंकुरित होने लगे थे। मीराँ के पितृ-कुल में भक्ति पीढ़ियों से चली आती थी। दूदा, वीरमदेव और जयमल परम वैष्णव थे। मीराँ के भक्तिभाव और कृष्ण की मूर्ति उपलब्ध करने से सम्बन्धित दो कथाएँ बहु प्रचलित हैं। एक कथा के अनुसार किसी बरात में दूल्हा को देखकर बालिका मीराँ ने माँ से पुछा, "माँ'! मेरा वर कौन है?" सहसा पूछे गए इस प्रश्न से चकित हुई माँ ने गोपाल की मूर्ति बता दी। तभी से 'गिरधर गोपाल' मीराँ के प्राण-वल्लभ हो

गए। दूसरी कथा उस मूर्ति से सम्बन्धित है जो बाल्यकाल में मीराँ ने हठ कर के किसी साधु से प्राप्त की थी। इस मूर्ति के साथ मीराँ का अनन्य प्रेम था। किशोर-आयु की दूसरी बालिकाएँ जब अपनी गुडियों का त्योहार मनाती, मीराँ अपने गिरधरलाल के उत्सव मनाती। बचपन का यह खिलौना ही आगे चलकर उनकी प्रेम भक्ति का स्वरूप बना। यही गिरधर की मूर्ति 'मीराँ के प्रभु गिरधर नागर' में परिवर्तित हो गई।...विदा के समय लड़कियाँ अपनी प्यारी चीजें अपने साथ ले जाना चाहती थी, मीराँ भी गिरधरलाल को साथ ले गई। चित्तौड़ पहुँच अपने स्वामी की सेवा में लगी। फिर भी उनका मन भगवद्‌भक्ति से तनिक भी विचलित नहीं हुआ। (परिषद्—निबन्धावली : मीराँ बाई जीवनी और कविता पर कुछ विचार; कुँवरकृष्ण, पृ. 19-20)

मीराँ के बाल्यकाल और कृष्णानुराग के सम्बन्ध में अनेक धारणाएँ और किंवदंतियाँ इसकी पुष्टि करती हैं कि मीराँ अल्प-आयु में कृष्ण-भक्ति में लीन हो गई थीं और इसी भक्ति के साथ वे विवाहोपरान्त चित्तौड़ गईं।

वहाँ भी वे अपने साथ आराध्य देव गिरधर की मूर्ति ले गई जिसकी पूजा अर्चना करती रहीं।

वैधव्य और यात्राएँ तथा यातनाएँ : यह सुनिश्चित नहीं है कि युवराज भोजराज साँगावत की आकस्मिक मृत्यु कब और किस कारण हुई। वे न तो युद्ध में मरे और न किसी रोग से। यह भी निश्चित नहीं है कि भोजराज की मृत्यु के समय मीराँ कितनी आयु की थी। डॉ. कल्याण सिंह शेखावत अवश्य कहते हैं, 'वि. सं. 1579 में युवराज भोजराज सांगावत की मृत्यु हो गई।' यानी विवाह के छह वर्ष बाद। उनके हिसाब से तब मीराँ की आयु 24 वर्ष की थी। यदि मीराँ चौबीस वर्ष की आयु में विधवा हुई थीं तो वैधव्य-काल के लिए उनके निर्णय न तो भावुकतापूर्ण कहे जा सकते हैं और न अविवेकपूर्ण। किन्तु यदि उनका जन्म वि. स. 1561 और विवाह वि. स. 1573 मानते हैं तथा पति भोजराज की मृत्यु विवाह के पाँच-छह वर्ष बाद तब मीराँ के विधवा होने की आयु 18 या 19 वर्ष हो जाती है। यह जो भी हो इतना सुविदित है कि मीराँ ने लौकिक विवाह का भरपूर सुख नहीं पाया और यह भी कि भोजराज की मृत्यु राणा साँगा के सामने ही हुई। राणा साँगा की मृत्यु वि. स. 1584 में हुई।

यह जानना आवश्यक है कि विवाह के बाद वाले उन थोड़े से दिनों में जब भोजराज साँगावत जीवित थे मीराँ और उनके सम्बन्ध कैसे रहे? दरअसल इस पक्ष पर कोई मनोवैज्ञानिक अध्ययन नहीं हुआ और न कोई विश्वसनीय वृत्तान्त ही मिलता है लेकिन मीराँ के पदों और लोकगीतों में निरन्तर इसके साक्ष्य मिलते हैं। उन्होंने सपने में जिस गोपाल को 'परण' लिया था उसे ही वे 'जनम-मरण' का लोक-लोकान्तर का 'स्वामी, साथी-सगा' समझती रहीं। मन से वरण किए गए इसी

‘ब्रजराज’ से वे नेह निभाती रही। विवाहोपरान्त चित्तौड़ में भी, कुल के बीच भी यह खींच-तान शुरू रही। प्रारम्भ में पारिवारिक जनों ने इस आचरण का निहितार्थ समझाते हुए कहा होगा—

लाजै पीहर, सासरो, माई तणो मोसाल।
सब ही लाजै मेड़तियाजी, या सुँ बुरा कहे संसार।

इसका दृढ़ता से जो उत्तर उन्होंने दिया वह उनके चयन-धर्मी विवेक और निर्भीकता का प्रमाण है :

चोरी-कराँ न मारगी, नहीं मैं करूँ अकाज।
पुत्र के मारग चालता, झक मारौ संसार॥

अपनी पत्नी के इस पारदर्शी तथा निर्भीक, पवित्र वीतरागी आचरण से प्रारम्भ में खिन्न मन युवराज भोजराज साँगावत उनके परमार्थ और भक्तिमार्ग के सहयोगी बन गए। ‘मीराँ सुधा-सिन्धु’ के लेखक आनन्द स्वरूप ने इस प्रसंग में लिखा है, “युवराज भोजराज भी उसके व्यवहारों से खिन्न रहा करते थे किन्तु धीरे-धीरे मीराँ से स्नेह होने लगा। एक बार वार्तालाप के प्रसंग में सांसारिक विषयों की आवश्यकता हो तो दूसरा विवाह करने और नहीं तो उसके परमार्थ पथ में सहयोगी बनने के मीराँ बाई के प्रस्ताव को सुनकर उन्हें अपना कर्तव्य स्पष्ट हो गया। मीराँ के भजन भाव में हाथ बँटाने का निश्चय कर लिया और इस प्रकार मीराँबाई का मार्ग निष्कंटक हो गया। भोजराज ने मीराँबाई के लिए कुम्भ-श्याम मन्दिर के पास एक छोटा-सा मन्दिर भी सेवा-सत्संग के लिए बनवा दिया।

महाराणा संग्रामसिंह की ओर से तो मीराँबाई को कभी किसी प्रकार से बाधा नहीं हुई। उन्हें अपनी पुत्रवधू के प्रति बड़ा ही आदरभाव था। उसकी बुद्धि, चातुरी, ज्ञान, भक्ति के प्रति बड़ी श्रद्धा थी।” (जीवनी, पृ. 44-45)

मीराँ की साहसिक जीवन यात्रा उनके पति की मृत्यु के बाद से ही शुरू होती है जब परिवार द्वारा सती होने का दबाव बनाया जाता है और वे उसको अस्वीकार कर देती हैं। उन्होंने स्वयं लिखा है—

मीराँ के रंग लग्यौ हरि को और संग सब अटक परी।
गिरधर गास्याँ, सती न होस्याँ मन मोह्यो धनस्वामी
जेठ बहू को नातो नाहीं राणा जी म्हे सेवक थे स्वामी।

अनेक सामन्ती मान्यताओं के अस्वीकार के कारण जो कलह धीरे-धीरे सुलग रहा था वह सती न होने के कारण प्रचंडता से धधकने लगा और राज परिवार की सारी-कुटिल और मीराँ का विरोध करनेवाली शक्तियाँ इकट्ठी हो गईं।

इतिहासकार बताते हैं कि मीराँ के विवाह के 11 वर्ष बाद उनके पिता रतनसी भी एक युद्ध में मारे गए और कुछ समय बाद उनके श्वसुर राणा साँगा का भी देहान्त हो गया। परिवार में होनेवाली इन मृत्यु-लीलाओं ने मीराँ को अत्यन्त दुखी कर दिया। "किन्तु उसे बचपन से गिरधर लाल का इष्ट तो था ही अब वह रात-दिन कृष्ण की आराधना में लग गईं तथा अपने समाज की सामाजिक परम्पराओं को लाँघकर साधु-संतों के बीच नाचने-गाने लगीं। जिससे कुल लज्जित होने का भय फैल गया।"

राणा साँगा के बाद मीराँ की भक्ति-आराधना को सहिष्णुता और सहृदयतापूर्वक सहन करनेवाला कोई नहीं बचा। राणा साँगा के बाद मेवाड़ की गद्दी पर बैठनेवाले राठोड़ों के भानजे रतनसिंह ने मीराँबाई को किसी प्रकार शारीरिक अथवा मानसिक यातनाएँ नहीं दीं। लेकिन वे जल्दी ही बूँदी के साथ युद्ध में फँस गए और राव सूरजमल हाड़ा द्वारा मारे गए। रतनसिंह के बाद विक्रमजित (विक्रमादित्य) मेवाड़ के सिंहासन पर बैठे। "राणा विक्रमादित्य के विषय में राजस्थान का इतिहास लगभग इसी प्रकार की बातें कहता है। उसमें निर्दयता, मूर्खता और अविश्वासपूर्ण दुष्टता कूट-कूट कर भरी थी। विष देने के लिए क्रूरता और धूर्तता की आवश्यकता है, वह विक्रमजीत में पूर्णत: विद्यमान थीं।" यह कहने की आवश्यकता नहीं है कि मीराँ के वैधव्य काल की कठोरतम और बर्बरतापूर्ण यातनाओं में एक 'विष-पान' की है। मीराँ ने कभी अचरज से, कभी व्यथा से, कभी अत्यन्त भाव से पूछा है :

सीसाद्या राणा प्यालो म्हाने क्यूँ पाठायो।
भली बुरी तो मैं नहीं कीन्हीं राणा क्यूँ है रिसायो।
कनक कटोरे लै विष घोल्यो दयाराम पंडो रायो।
मीराँ कहे प्रभू गिरधर नागर जून को विड़द बढ़ायो।

इस विष के प्रभाव से बच गई मीराँ को मारने का दूसरा प्राणाघात विकल्प सोचा गया। एक काला नाग डिब्बे में बन्द करके किसी दासी के साथ मीराँ बाई के पास भेजा गया। कहा गया कि इसमें सालिगराम की दिव्य मूर्ति है। जब मीराँ ने भक्ति-भावपूर्वक उस डिब्बे को खोला तो उसमें से दिव्य सालिगराम की मूर्ति प्रकट हुई।

साँप पिटारो राणाजी भेज्यो, मीराँ हाथ दियौ जाएगी
हसँ-हसँ मीराँ कंठ लगायो, यो म्हारो नौसर हार

अथवा

डब्बा खोली मीराँ जब देख्यो हो गए सालिगराम।
जय जय ध्वनि सब सन्त सभा भई, कृपा करी घनश्याम।

विष देने और सर्प-दंश द्वारा मीराँ को मार देने के अतिरिक्त उन्हें लालच भी दिए गए जिनका संकेत उनके पदों में मिलता है :

राणोजी कागज़ मोकल्याजी। द्यो मेड़तणी ने जाई।
साँधा री संगत छोड़ि द्यो। थाँका कुल ने लाछण थाई॥
काठन की माला तजो जी। पहरो मोतीहार।
भगताई थे करो जी। सब ही राज तुमार॥

(राणाजी ने पत्र भेजा और कहा कि मेड़तणीजी को देना और कहना कि वे साधुओं की संगत छोड़ दें क्योंकि उससे कुल लांछित होता है। वे काष्ठ की माला छोड़कर मोतियों की माला धारण करें। यदि वे भक्ति का परित्याग कर दें तो यह मेवाड़ राज उन्हें अर्पित है।)

विक्रमादित्य जिन्होंने मीराँ को अनेक यातनाएँ और कई लालच देकर भक्ति-मार्ग से विचलित करना चाहा लेकिन वे कभी समझ नहीं सके कि मीराँ ने लौकिक पति या ग्रार्हस्थ के सामान्य लोकाचार को कभी स्वीकार नहीं किया। जब मीराँ ने कहा कि 'राणा रूठे नगरी राखे, हरि रूठे कँह जाणा' तब उन्होंने किसी सैद्धान्तिक हठ अथवा किसी पूर्वाग्रह की रक्षा के लिए कुछ नहीं कहा था बल्कि उस आस्थापूर्ण संकल्प ही को दुहराया था जिससे उन्हें त्रिलोक की सम्पदा ठुकराने की अपराजेय शक्ति मिली थी। यही कारण है कि "भोजराज की मृत्यु के पश्चात् मीराँ के मन में वैराग्य की भावना तीव्रता के साथ उठी। उनके आस-पास राज-परिवार में कुबुद्धिमय छल-प्रपंच और प्रताड़णाओं के जंजाल, स्वार्थों के संघर्ष और पर-पीड़क प्रवृत्तियों का बोलबाला था। तरुणाई के पहले प्रहर में ही जीवन के रस और तृप्ति के द्वार संसार ने सदैव को बन्द करके अमंगल के अभिशाप से जिसका नाता जोड़ दिया हो, जिसके परिजन स्नेह के स्थान पर विष देने की सोचते हों और जिसके प्राणों में जीवन की दुर्दम्य और अपराजेय शक्ति और अनुराग की अछूती अमिट प्यास भरी हो वह जगत् की उपेक्षा कर उससे महत्तर, सुन्दरतर और अधिक स्थायी तथा सरस सत्य की ओर उन्मुख न हो तो करे? मीराँ में भक्ति भावना सहज और स्वाभाविक अवश्य थी, शैशव में अंकुरित भी हो गई थी, वह विशेष रूप से पल्लवित, पुष्पित हुई और मुखरित हुई वैधव्य के बाद।"

चित्तौड़ त्याग और तीर्थ यात्राएँ : विष दिए जाने के बर्बरतापूर्ण कृत्य के साथ ही मीराँ का 'आत्म-संघर्ष' चरम सीमा पर पहुँच गया था। संसार के प्रति वृन्दावन तीर्थ-यात्रा का एक प्रसंग उल्लेखनीय है। इस प्रसंग को सभी भक्तों ने लिखा है। नागरीदास की पद प्रसंगमाला के अनुसार, "मीराँ वृन्दावन आईं, जीव गोस्वामी से मिलीं और उनका तिया मुख न देखने का प्रण छुड़ाया।" कवि दयाराम ने, वे वल्लभ सम्प्रदाय के समर्पित कवि थे, लिखा है, "मीराँ बाई आव्या वृन्दावन

माँ रे। प्रेमे निरख्या श्री जयराय। श्री जमुना पयपान कर्यू। ने करी जीव गोस्वामी ने शिक्षाय।" वृन्दावन वास के समय मीराँ बाई ने चैतन्य सम्प्रदाय के प्रमुख सिद्धान्तकार जीव गोस्वामी के दर्शन की इच्छा की लेकिन उन्होंने यह कहकर कि, वे स्त्रियों से नहीं मिलते, मीराँ को विचलित कर दिया। उन्होंने श्रीमद्‌भागवत के वचनों का उल्लेख करते हुए कहा कि 'पुरुष तो एक वासुदेव है। शेष जगत् स्त्रीमय है' 'वासुदेव पुमानेक: स्त्रीयमितरज्जगत।' लज्जित हुए जीव गोस्वामी ने ये शब्द सुनकर भक्तिमती मीराँ को सम्मान देकर संवाद का अवसर दिया। इस प्रसंग को भक्ति के क्षेत्र में एक नाटकीय घटना के रूप में चित्रित किया है। पर वास्तव में यह वक्तव्य मात्र जीव गोस्वामी नामक एक धर्माचार्य के नाम दिया गया वक्तव्य नहीं था, उस समूची व्यवस्था के नाम दिया गया, एक चुनौतीपूर्ण वक्तव्य था जो (व्यवस्था) भक्ति-आन्दोलन की उदारता के बावजूद नारी और पुरुष के सम्बन्धों में पुरुष की अहमन्य की सामन्तीय अधिकारों की परम्परा को छोड़ नहीं पा रही थी अपनी विरोधी अवधारणाओं को धर्म के आवरण में छिपाए थी।

द्वारका वास : आयु के अन्तिम चरण में मीराँ बाई द्वारका में बस गई थीं, जिस द्वारका को उनके गिरधर नागर ने बसाया था। यह उनके प्रियतम और पति की नगरी थी। यहीं उनका देहान्त हुआ। द्वारका का वास उनकी मनोकामना थी। एक पद में उन्होंने लिखा—

राय श्री रण छोड़ दीजै, द्वारका को वास
तज्यौ देसरू बेस हू तजि, तज्यौ राना राज।

उनके द्वारका वास के सम्बन्ध में सभी इतिहासकार एक मत हैं। डॉ. करुणा त्रिवेदी ने मीराँ जयंती स्मारिका 1999-2000 के अंक में लिखा है—"गुजरात के भक्ति के क्षेत्र में, भक्ति संगीत के क्षेत्र में, धार्मिक पर्व-त्योहारों में, गुजराती में उपलब्ध मीराँ पद-साहित्य में, तीर्थों में मीराँ बाई इतनी छा गई, समा गई हैं कि उनके मूलत: गुजरात प्रदेश में जन्मी होने का भ्रम होने लगता है और यह स्थिति आज से नहीं, मीराँ बाई के जीवन काल से गुजरात में पाई जाती है।" डॉ. त्रिवेदी ने इस आलेख में गुजराती में रचे उन पदों का उल्लेख किया है जो उनकी गुजरात यात्रा को विश्वसनीय बनाता है :

हाँरे चालो,डाकोर माँ जइ वसिये
हाँरे मन लेह लगाड़ी रंगरसिये रे।
म्हारा गिरधर रसिया छैल, मैं तो चालूँ थाली गैल
पूरी द्वारका वास करूँली, और समन्द की ल्हैर
सब राण्याँ सूँ रहूँ निराली, जुदा चुंणाद्यौ म्हैल
द्वारका को बास हो मोहि द्वारका को वास

तज्यौ देसौ वेस पतिगृह तज्यौ सम्पत्ति राजि
दासि मीराँ सरन आई, तुम्हें अब सब लाजि
मीराँ हरि में लीन भई
राम कृष्ण द्वारका नगरी परकर मांहि रही
मीराँ के प्रभु गिरधर नागर चरणाँ लीन भई।

द्वारका का विवाद यह नहीं है कि वे वहाँ गई या नहीं, विवाद इस बात पर है कि वे किस मार्ग से और कौन से वर्ष वहाँ गईं? इस सम्बन्ध में कहा जाता है कि वे चित्तौड़ से सीधे ही द्वारका चली गई थीं, यह भी कि वीरमदे दूदावत के अजमेर छोड़ने के बाद गईं और कुछ की राय है मीराँ वृन्दावन यात्रा के बाद ही द्वारका गईं। विद्वानों ने इस मत की ही पुष्टि की है कि वे वृन्दावन की यात्रा के बाद ही द्वारका गई थी जहाँ स्वयं मीराँ के आराध्य देव कृष्ण ने अपने जीवन का उत्तर-चरण पूरा किया था। इस तरह मीराँ की जीवन-कथा 'सपना में परण्याँ गोपाल' के जीवन के साथ तादात्म्य ढूँढ़ती, प्रेम की अशेष मनोवैज्ञानिकता कथा का एक आकर्षक पक्ष खोलती समाप्त होती है।

मीराँ की मृत्यु और उसके पूर्व : गुजरात में मीराँ की मृत्यु के पूर्व एक और हलचल होती है जो बाद में उनकी मृत्यु का कारण भी बताई जाती है। डॉ. कल्याण सिंह शेखावत ने शोध-प्रबन्ध में इस हलचल का उल्लेख किया है। लिखा है, "मीराँ बाई को द्वारका से मेड़ता बुलाने के लिए मेड़ता से आदमी भेजे गए थे क्योंकि यह नहीं हो सकता कि राव वीरमदे दूदावत और राव जैमल वीरमदेवोत उन्हें भूल जाते और उनकी सुध भी नहीं लेते।

...उधर चित्तौड़ के राज सिंहासन पर उदयसिंह साँगावत विराजमान हो गए थे। इन महाराणा से मेड़ता राव जैमल वीरमदेवोत के अच्छे सम्बन्ध थे। साथ ही महाराणा उदयसिंह साँगावत भी मीराँ के प्रति श्रद्धा रखते थे। अत: वि.स. 1597 में मेवाड़ के महाराणा बनने के कुछ समय पश्चात् आपने अपनी भाभी को चित्तौड़ लौटा लाने हेतु चित्तौड़ से आदमी भेजे थे। महाराणा के द्वारा वे आदमी चित्तौड़ से ही भेजे गए थे क्योंकि तब तक उदयपुर बसा ही नहीं था। अत: यह कहना कि आदमी उदयपुर से भेजे गए थे असत्य है। किन्तु मीराँ न तो चित्तौड़ लौटीं न मेड़ता ही।" (पृ. 53)

अनासक्ति का भाव उनके मन में दृढ़तापूर्वक जमा था। उनके अनेक पदों में इसका उल्लेख है—

जग-सुहाग मिथ्या री सजनी होवा हो मिट ज्यासी,
वरण करयाँ हरि अविनासी म्हारो काल व्याल ना खासी
भौ सागर जग-बन्धणा झूंठा, झूंठा कुलरां न्याती।

पारिवारिक क्लेश और वैधव्य के दुख ने मीराँ बाई को चित्तौड़ छोड़ने पर विवश कर दिया। उनके पिता और ताऊ उस समय जीवित थे। मीराँ ने उन्हें सन्देश भेज कर अपनी व्यथा बताई। सन्देश मिलते ही मेड़ता से पीहरवाले उन्हें लेने के लिए आ गए। पीहर मीराँ को अत्यन्त प्रिय लगता था। वहाँ के लोग कंठी माला पहनते हैं। उन्होंने अपने एक पद में उनकी प्रशंसा करते हुए लिखा—"मारा पिहरिया रो लोक भलो रे बाँधे कंठी माला। इसलिए चित्तौड़ के कष्टों से सन्तप्त वे मेड़ता लौट आईं। यहाँ आकर वे भय-मुक्त मन से अपने आराध्य की पूजा-अर्चना में लग गईं। मीराँ जिस महल में नाच गान करती थीं वह महल चतुर्भुज के मन्दिर के ऊपर बना है तथा गिरधरलाल की मूर्ति भी इसी मन्दिर में विराजमान है। मीराँ यातनाओं से मुक्त होकर अपने पीहर में शान्ति से रहने लगी लेकिन मेड़ता में रहना उनके भाग्य में नहीं लिखा था।" राजनीतिक और सामाजिक अस्थिरता के कारण मीराँ अपने परिवार के साथ कब तक और कहाँ-कहाँ रही इसका केवल अनुमान लगाया जा सकता है। उत्तर-जीवन में वे वृन्दावन और द्वारका रहीं इसके प्रमाण अनेक ग्रंथों और स्वयं कवयित्री के लिखे पदों से मिलते हैं।

मीराँ के लिए वृन्दावन और द्वारका तीर्थ-स्थल नहीं हैं; वे उनके आराध्य कृष्ण की 'लीला-भूमि' हैं। इन लीला-स्थलों पर जाना मीराँ के लिए अपने प्रिय गिरधर नागर के 'भाव-रूप' को पुनराविष्कृत करना है। डॉ. सी.एल. प्रभात ने इस सन्दर्भ में लिखा है—"जिस ब्रजवासी का उन्होंने वरण किया था, जिसके रंग में रँगी थी, जिसके निरन्तर दर्शन करती थी उसी की अलौकिक लीला की भूमि को वे प्रणाम करने गई थीं। वृन्दा विपिन में ही हरि भक्तों से मिली, रसेश्वर कृष्ण की भूमि पर परम सन्तुष्ट हुईं भक्तिमयी मीराँ ने यह पद लिखा :

आली! म्हाने लागे वृन्दावन नीकौ
घर-घर तुलसी-ठाकुर पूजा, दरसण गोविन्द जी को
निरमल नीर बहत जमना में, भोजन दूध, दही को
रतन-सिंघासन आप बिराजे, मुगट धर्यो तुलसी को
कुंजन-कुंजन फिरत राधिका, सबद सुणत मुरली को
मीराँ के प्रभू गिरधर नागर, भजन बिना नर कीको।

स्वामी आनन्द स्वरूप ने 'मीराँ सुधा-सिंधु' में इस घटना का नाटकीय और रोचक वर्णन किया है। उनके शब्दों में "मीराँ के जाने से मानो भगवान ही रूठ गए हों त्यों मेवाड़ में अशान्ति बढ़ती ही चली, लोगों को चैन नहीं था। व्याधियाँ भी फैलने लगीं। नए-नए उपद्रव होने लगे।...राणा और प्रजाजनों को यह निश्चय हो गया कि मीराँ बाई को अपमानपूर्वक देश निकाला देने से ही देश की यह परिस्थिति

हुई है। उन्होंने (उदयसिंहजी ने) कुछ जागीरदार तथा पुरोहितादि ब्राह्मणों को मीराँबाई को वापस लौटा लाने के लिए भेज दिया।" (पृ. 66)

चित्तौड़ से आए जागीरदारों और पुरोहित-ब्राह्मणों के इस प्रतिनिधि-मंडल ने मीराँबाई को धर्मसंकट में डाल दिया। वे द्वारका छोड़कर कहीं नहीं जाना चाहती थी। वहीं कीर्तन, भजन, सत्संग करते हुए अपने 'गिरधर नागर' की शरण और कृपा-छाया में रहना चाहती थी। इसलिए उन्होंने चित्तौड़ से आए लोगों का प्रस्ताव अस्वीकार कर दिया। लेकिन प्रजाजन, कर्मचारी, पुरोहित आदि मीराँबाई को साथ लिए बिना चित्तौड़ जाने को तैयार नहीं थे इसलिए उन्होंने धरना और अनशन प्रारम्भ कर दिया। मीराँबाई ने उन्हें बहुत समझाया लेकिन जब वे किसी भी तरह सन्तुष्ट नहीं हुए तब मीराँबाई ने कहा कि वे भगवान द्वारकाधीश की आज्ञा ले आती है। श्यामसुंदर की आज्ञा लेने के लिए मन्दिर में गई मीराँ अदृश्य हो गईं।

हो सकता है 'मीराँ सुधा-सिन्धु' में उल्लिखित यह आख्यान सर्वथा कल्पित हो लेकिन मेड़ता चित्तौड़ से भेजे हुए लोग द्वारका तो आए थे इतना तो डॉ. शेखावत भी स्वीकार करते हैं। शेष कथा स्वामी आनन्द स्वरूप की एक रिक्त स्थान को भरने की तर्क-संगत चेष्टा हो।

मीराँ की मृत्यु अभी तक भी इतिहास और साहित्य के लिए एक रहस्य-घटना है। उसका देहावसान कब और कैसे, कहाँ, किस आयु में हुआ यह सब अनिश्चित है। इस शोकान्तिका पर महादेवी वर्मा ने दुखद टिप्पणी करते हुए लिखा है : "वह स्त्री बड़ी महान थी और उसे संघर्ष भी बहुत करना पड़ा, दंड मिला कि लोग यह भी नहीं जानते हैं कि वह कहाँ मरी! इतनी महान विभूति का इस प्रकार अज्ञात रूप से मर जाना कम दंड नहीं है। मुझे या किसी स्त्री को वैसा दंड नहीं मिला। हमारा संघर्ष उसके सामने कुछ भी नहीं है। जो राजस्थान में पूजी जानी चाहिए थी, उसे ऐसा कठोर दंड मिला। यह अत्यन्त दुख की बात है।" (मीराँ नाटक में डॉ. राजेन्द्र मोहन भटनागर के आलेख से पृ. 8)

अधिकांश विद्वानों का मत है कि मीराँबाई का देहावसान द्वारका वास करते ही हुआ था। अन्त तक वे द्वारका में रही। द्वारकावास के पश्चात् वे किसी अज्ञातवास में नहीं गई जिसकी चर्चा अपुष्ट आधारों पर समीक्षक निरंजन भगत ने की है।

मीराँ की मृत्यु के प्रसंग में डॉ. कल्याण सिंह का कथन द्रष्टव्य है : "राठौड़ों की मेड़तिया शाखा के कुल-गुरुओं की बहियों में यह स्पष्ट लिखा है कि मीराँ बाई का स्वर्गवास वि.सं. 1604 में माह सुदि 5 को हुआ था। उनका दाह संस्कार 'गोमती' के किनारे 'गोमतीघाट' पर किया गया था। मीराँबाई की मृत्यु के पश्चात् मेड़ता और मेवाड़ के लोग वहाँ गए थे। उन्होंने वहाँ बहुत दान-पुण्य किया था। मीराँ की बैकुंठी निकाली गई थी। उक्त बहियाँ अत्यन्त विश्वसनीय कही जा सकती हैं क्योंकि इन्हीं के आधार पर मारवाड़ के कुछ इतिहासों की रचना हुई है। इस

प्रकार 59 वर्ष की अवस्था में मीराँ स्वर्ग सिधार गईं।" मीराँ की मृत्यु को भक्तों और भावुक जनों ने अलौकिक बनाने के प्रसंग में अतिरंजना से काम लिया है। चित्तौड़ से आए कर्मचारियों और पुरोहितों की हठ से त्रस्त मीराँ जब रणछोड़जी की अनुमति लेने मन्दिर में गईं और पीछे नहीं आईं तब धार्मिक श्रद्धालुओं के अनुसार वे अपने आराध्य द्वारका स्थित रणछोड़जी की मूर्ति में समा गईं। इस मनोरम कल्पना को सत्य प्रमाणित करना असम्भव है। सत्य यह हो सकता है कि सम्पूर्ण जीवन भर सन्ताप और कुटिलताओं से संघर्ष करती मीराँ जब थक चुकी हों तब फिर चित्तौड़ जाकर नई और दूसरी जिन्दगी प्रारम्भ करने के बजाय उन्होंने समुद्र में विलीन हो जाना ही उचित समझा हो। इसका कोई प्रमाण नहीं है; यह मीराँ के अद्भुत और पराक्रमपूर्ण जीवन के लिए अस्वाभाविक भी लग सकता है लेकिन यह भयावह निर्णय पूरी सामाजिक व्यवस्था के प्रति एक शान्त 'नि:शब्द' प्रोटेस्ट भी तो हो सकती है जो कई धीर, वीर और शूरों ने दर्ज कराई है। मीराँ का इस तरह समुद्र में विलीन होकर अपना प्रतिरोध दर्ज कराना उनके संघर्षपूर्ण जीवन को और भी प्रभामय बनाता है।

मीराँबाई की रचनाएँ : कवयित्री मीराँ के नाम से प्रचलित पुस्तकों को तीन श्रेणियों में विभक्त कर उनकी प्रामाणिकता पर विचार किया गया है—

1.	टीका ग्रंथ	गीत गोविन्द की टीका
2.	प्रबन्धात्मक रचनाएँ	नरसी का मायरा, सतमामानुंरूसण, रूक्मणी मंगल, नरसी मेहतानी हुँडी, चरीत (चरित्र)
3.	स्फुटपद् तथा अन्य मुक्तक	फुटकर पद, राग सोरठ का पद, मलार राग, राग गोविंद, मीरानी गरीबी

आलोचक विद्वान इन पुस्तकों का अनुशीलन करने पर कहते हैं कि मीराँ की प्रामाणिक रचनाएँ उनके पद ही हैं लेकिन साथ ही समस्या यह है कि अनेक पद जो मीराँ नाम से लिखे गए हैं, अन्य कवियों के हैं। इतना ही नहीं मीराँ के लिखे प्रत्येक पद में भाषा सम्बन्धी अनेक परिवर्तन हो गए हैं और कई पदों में पंक्तियाँ बदल दी गई हैं या घटा-बढ़ा दी गई हैं।

वास्तविकता तो यह है कि मीराँ के अनेक रूपों के अनेक भाषा परिवर्तनों के साथ इतने पद प्रकाशित हैं कि वैज्ञानिक दृष्टि से सम्पादित संस्करण प्रकाशित करना अत्यन्त कठिन हो गया है। जो संग्रह मिलते हैं उनकी वस्तुनिष्ठता सन्दिग्ध है। भक्तिकाल के कवियों के साथ 'लोक' की घनिष्ठ मैत्री के कारण जो भाषा और भाव क्षेपक निरन्तर जुड़ते हैं वे रचना का मूल रूप बदल देते हैं, बदलते रहे हैं।

मीराँ की भाषा, शिक्षा, धर्म-सम्प्रदाय, गुरु-ज्ञान, जीवन-मूल्य और मान्यताओं आदि के सम्बन्ध में अनेक संशय और प्रश्न हैं लेकिन यह स्थिति केवल उन्हीं के साथ नहीं है, पूरा मध्य-काल और संतों का जीवन दुविधा और श्रद्धा-आस्था के

सन्दर्भों से घिरा है। लेकिन कारलायल कहते हैं, "इतिहास में नाम और तारीखों के सिवा सब झूठा है जबकि साहित्य में केवल नाम और तारीखों के सिवा सब कुछ सच है।" संतों के सम्बन्ध में यही वास्तविक है कि उनकी शिक्षा, काव्याभ्यास, कला-चिन्तन की पाठशाला, लोक-जीवन, उसका आस-पास, पड़ोस, घर-गृहस्थ सामाजिक आदान-प्रदान के सहज माध्यमों से ही होता है। पाँच सौ वर्ष पहले मध्यकाल के परम अशान्त, विग्रह-पूर्ण सामन्ती समाज में जन्म लेनेवाली कन्या मीराँ की पाठशाला उनका कुल चतुर्भुज मन्दिर, लोक-जीवन की अंकुठित, साहसिक, उदार धार्मिक परम्पराएँ ही हो सकती थीं, हुईं। वे प्रकृति से कवि थीं; प्रत्युत्पन्नमति वाली, भावुक और आस्थावान। यह देखने की बात है कि आस्थावान होने के कारण अपने समय और सामन्ती समाज के बीच दुर्द्धर्ष आत्म-संघर्ष में वे अपराजित रहीं।

मीराँ के गुरु—'म्हाँने सत्गुरु मैल बनाजो जी' ऐसा आग्रह करनेवाली मीराँ का कोई गुरु था क्या? शोधकर्ताओं ने अनेक नामों का उल्लेख किया है—रैदासजी का तो प्राय: मीराँ के जिन पदों को स्वामी आनन्दस्वरूपजी ने संग्रहीत किया है, उनमें चार पद ऐसे हैं जिनमें रैदासजी का नामोल्लेख है। यथा—

नहीं मैं पीहर सासरे, नहीं पियाजी रे साथ,
मीराँ ने गोविंद मिल्या जी, गुरू मिलिया रैदास।
गुरू मिल्या म्हाने रैदास, नाम नहीं छोडूँ।
दूर पुरबला लिखिया लेख, राणाजी नाम नहीं छोडूँ॥
मेरो मन लागो हरि जी सूँ, अब न रहूँगी अटकी।
गुरू मिलिया रैदासजी, दीनी ज्ञान की गुटकी।
खोजत फिरों भेद वा घर को, कोई न करत बखानी।
रैदास सन्त मिलै मोहिं सतगुरु, दिन्ता सुरत सहद्रानी।

किन्तु इन पदों को मीराँ के पद मानने की सारी सम्भावनाओं को डॉ. सी.एल. प्रभात ने निरस्त कर दिया है। उनके गुरु 'गिरधर गोपाल' ही थे। एक लक्षणा-मूलक पद में मीराँ ने कहा—

दरद की वारी बन-बन डोलूँ, वेद मिला नहीं कोव।
मीराँ के प्रभू वीर मिटै जब, वेद साँवलिया होय।

कवयित्री को कोई वेद, कोई गुरु मिला नहीं। डॉ. कल्याण सिंह शेखावत ने अपनी मान्यता व्यक्त करते हुए लिखा है : "मीराँ के साँवरिया गिरधर ही मीराँ के गुरु थे। वैष्णव सम्प्रदाय में इस स्थिति को स्वीकार भी किया गया है जबकि ईश्वर ही गुरु और आराध्य दोनों रहते हैं। मीराँ की अपने आराध्यदेव तक सीधी पहुँच थी, सीधा जन्म-जन्मान्तर का परिचय था। 'साँवरिया गिरधर' से मिलने की राह प्रक्रिया वह

स्वयं जानती थी अत: उसे किसी 'बिचौलिए' की आवश्यकता कभी नहीं पड़ी। गुरु भी एक धार्मिक बिचौलिया का काम ही करता है और मीराँ को इस धार्मिक बिचौलिया की कभी आवश्यकता नहीं रही।" (मीराँ बाई का जीवन-वृत्त और काव्य : पृ. 239-40)

मीराँ की कविता : मीराँ की कविता के सन्दर्भ में यह रेखांकित करना आवश्यक है कि वह अवरुद्ध और प्रशान्त सामाजिक जीवन के बीच लिखी गई है। स्वयं कवयित्री के जीवन पर दृष्टि डालें तो ऊँची-ऊँची तरंगों पर बने, हिलते, जादुई घर की तरह लगता है; यायावर आवेग का पूर्ण जीवन। उनकी अनेक और निरन्तर यात्राएँ तथा अन्त में द्वारका के समुद्र में सदेह विलीन हो जाना, आत्मानंद की तलाश के सिवा मध्ययुग के अँधेरे में 'बेजुबान' स्त्री के अपने जीवन के अर्थ को ढूँढ़ने की अत्यन्त आकुल इच्छा भी है। महादेवी जी ने इस प्रसंग का उल्लेख करते हुए लिखा है : "इस काल की स्त्री की स्थिति सोचनीय थी। उस समय की नारी के पास मुख ही नहीं था, उसको कहने, सुनने और वाक् अभिव्यक्ति के लिए कोई आजादी ही नहीं थी; आप किसी मुख विहीन स्त्री की कल्पना कीजिए। मध्ययुग की महिला 'अलबोली'थी, जिसका कोई चित्र ही नहीं बन सकता। मीराँ का कोई यथार्थ चित्र अब तक नहीं देखा।" (मीराँ श्रद्धांजलि, मीराँ प्रतिष्ठान महिला मंडल, उदयपुर 1975)

जीवन और कविता : अन्त:सम्बन्ध

मीराँ कविता उनके जीवन और समय का यथार्थ चित्रण है, चित्र-शृंखला की तरह। कविता कई तरह से बोलती है, वह यह चमत्कार भी करती है कि अत्यन्त अधीर और उद्विग्न समय को ऐसा रूप, ऐसा छंद, और संगीत दे कि चन्दन वन के आर-पार सुलगती अग्नि को देखा जा सके।

मीराँ ने लिखा—"राणा रुठे नगरी राखे, हरि रुठे कँह जाणाँ"—बहुत कम कवियों ने इस तरह सत्ता-पुरुष को अकम्पित, अविचलित स्वर में यथार्थ को समझाया है। स्त्री कवयित्रियों में यह हठीली आवाज अकेली मीराँ की कविता में है। राणा के ऐश्वर्य, वैभव या कि संहारक शक्ति के प्रति जरा सी भी आसक्ति या चिन्ता मीराँ के मन में नहीं है। यह एक प्रकार से मनोवैज्ञानिक साधुत्व है और कवयित्री की रचनाओं में सुगन्ध की तरह व्याप्त है। मीराँ ने इस त्याग का वरण सम्पूर्ण मन और इच्छा से किया था इसलिए वह सब कहीं अभिव्यक्ति का सहज गुण जैसा लगता है; न उपदेश की तरह, व्यंग्य की तरह; न दर्प या दुर्भावना की तरह। कवयित्री मीराँ की कविता का शक्ति-केन्द्र माधुर्य; अनन्त प्रेम और माधुर्य। वे रसेश्वर कृष्ण की प्रिया और पत्नी होने की कामना करती हैं। महादेवी जी ने एक व्याख्यान में इस तथ्य को रेखांकित किया है। लिखा है, "मीराँ के काव्य में आलोक है, विद्युत है, जिसमें कहीं पर भी किसी के प्रति दुर्भावना नहीं है। यद्यपि संतों ने और निर्गुणवादियों ने यदा-कदा समाज और शास्त्रों को भी भला-बुरा कहा

है। कबीर ने तो सबकी खबर ली है। खूब कठोरता के साथ पंडित-मुल्ला को भी फटकारा है। किन्तु मीराँ ने केवल मधुर रस बहाया है। मधुर कहा है, उसके पास माधुर्य के अतिरिक्त कुछ है ही नहीं।"

इसी प्रसंग में डॉ. सी.एल. प्रभात का यह मत भी द्रष्टव्य है : "मीराँ का व्यक्तित्व कबीर की तरह आघातप्रिय दुर्दम्य मस्ती तथा नेतृत्व और निर्देशन की अपराजेय आत्मशक्ति से मंडित नहीं था। निर्द्वन्द्विता उनमें भी थी किन्तु नारी सुलभ समर्पण की कोमल भावना ने उसे उद्दंड नहीं होने दिया था। अतएव मीराँ द्वारा कबीर के समान पूर्व प्रचलित मतों का खंडन-मंडन सीधे शब्दों में कहीं नहीं हुआ। वे स्वयं आराधना का स्वर थी, उनका जीवन ही उनका सन्देश था। समाज के लिए कर्तव्य पथ का निर्देशक शब्द उनके पास नहीं था।" (मीराँ : जीवन और काव्य : द्वितीय खंड, पृष्ठ 278)

इस दृष्टि से ही हमें राणा के लिए लिखे पदों पर विचार करना चाहिए। वास्तव में ये पद किसी सिद्धान्त के अन्तर्गत लिखे गए 'नारी स्वातंत्र्य के पद' नहीं हैं; वे केवल 'आत्म-रक्षा' के अपनी निष्कलुष आराधना के अधिकार के लिए लिखे पद हैं। मीराँ के कविता की अन्तर्वस्तु 'प्रणय' और 'प्रतीक्षा' के आवेग में लिखे गए पद 'आन्तरिक विकलता' और 'प्रभु-दर्शन' की वैयक्तिक-कामना के पद भी हो गए है।

यह कहने की आवश्यकता प्रतीत नहीं होती कि मीराँबाई के पास विविधतापूर्ण विषय-वस्तुओं की मंजुषा है। उनकी एक मात्र विषय वस्तु 'गिरधर नागर और उनकी प्रीत' है। यह प्रीति अबोध बालिका मीराँ के मन में अकारण, अतार्किक रूप से अंकुरित हुई थी। सूर ने इस प्रीति-बन्धन के लिए ही कहा, 'लरिकाई की प्रीति कहो, अलि कैसे छूटे'। मीराँ की प्रीति-गाँठ भी नहीं खुली; 'जनम मरण का साथी, थाँ ने नाँ बिसरा दिन-राती'। किन्तु 'प्रेम और प्रतीक्षा' की कविता में राजघराने से मिली प्रताड़ना का दंश इतना तीव्र है कि मीराँ की कविताओं का पाठ निरन्तर सामन्तशाही की यातनाओं के बीच गुजरता है और कवयित्री भी इस विदग्ध करनेवाली के बीच बार-बार गुजरती है। कभी भी, किसी स्तुति में, किसी लीला गान में, किसी सर्जना की मनःस्थिति में राणा के राज में सही हुई प्रताड़ना कविता का अपरिहार्य और स्वाभाविक हिस्सा बन जाती है। उदाहरण के लिए द्वारका के वास के लिए रणछोड़ राय से की गई इस प्रार्थना-पद की अन्तिम पंक्तियाँ द्रष्टव्य हैं :

राय श्री रणछोड़ दीजै द्वारका को वास।
संख, चक्र गदा पदुम दरसै मिटै जनकी त्रास॥
सकल तीरथ गोमती के रहत नित्य निवास।
संख झालर झाँझ बाजे सदा सुख की रास॥
तज्यौ दसरु बेस हुँ तजि तज्यौ राना राज।
दास मीराँ लाल गिरधर तुम्हें अब सब लाज॥

सामाजिक यातनाएँ किस तरह वैयक्तिक कविता-प्रक्रिया की सार्थक और आधारभूत हिस्सा हो जाती हैं यह मीराँ की कविताओं से समझा जा सकता है। राणा को मीराँ अनेक पदों में सम्बोधित करके कविता को प्रत्यक्षत: सामाजिक शक्ति-केन्द्र के साथ होनेवाली सांस्कृतिक मुठभेड़ में बदल देती है। एक उदाहरण देखें :

गहना, गाँठी, राणा, हम सब त्यागा, त्यागा कर रो चूड़ो।
काजल टीको हम सब त्यागा,त्यागा बाँधन जूड़ो॥
मेवा मिसरी म्हैं सब त्याग्या,त्याग्या शक्कर बूरो।
तन की आस कबहू नहिं कीन्हीं,ज्यों रण माँही सूरो॥

राणा और सामन्ती परम्पराओं के साथ मीराँ का संघर्ष विकट है। उसकी विकटता यह है कि वह अपने ही विरुद्ध है, अपना ही अस्वीकार है। जिस परम्परा में अपने कुल,अपनी संस्कृति, इतिहास-परम्परा का महिमा-मंडन हुआ है उसका अस्वीकार। यह संघर्ष और उसके भयावह परिणाम इस तरह मध्यकाल के किसी कवि को सहन करने पड़े या नहीं यह गवेषणा का विषय है लेकिन अभी तक जो सूचनाएँ हैं वे यह साक्ष्य देती हैं कि वे केवल मीराँ बाई के जीवन का हिस्सा ही थे। स्त्री होकर संघर्ष को और कई-कई तरह से भयावह बना देती है। मीराँ की कविता का सौन्दर्य शास्त्र इस तरह भक्ति-काल के दूसरे कवियों से एकदम अलग हो जाता है और उनका साहस कबीर से भी कुछ अधिक और प्रतिरोध कुछ अधिक प्रखर।

सामाजिकता और मीराँ की कविता : सामाजिकता की कई आधुनिक, साहित्यिक अवधारणाओं को मीराँ की कविताओं का समर्थन नहीं मिलता। उदाहरण के लिए उन्हें सामाजिक बदलाव के लिए किसी माध्यम या हथियार की तरह काम में नहीं ले सकते। वे व्यवस्था के किसी हिस्से का न उपहास करती हैं; न व्यंग्य, न किसी पाखंड की पोल खोलती हैं लेकिन स्वयं सामन्ती-व्यवस्था के अनेक नजर न आनेवाले विरोधाभाषों और राजवंशों की दंभपूर्ण कुटिलताओं की यंत्रणा सहती हैं।

तब भी ध्यान देने की बात है कि मीराँ की कविता और जीवन कहीं कोई पराजय, कोई उदासी, कोई दंश, कोई पछतावा, किसी की भर्त्सना करने की इच्छा नहीं है। वे एक अखंड रूप और सौन्दर्य की सृष्टि करती हैं। जहाँ कृष्ण हैं; जहाँ साधुओं का, संतों का परिवार मिल गया है। मीराँ इस परिवार में निस्संकोच निष्कपट मन से नई सामाजिकता की तलाश कर लेती है। 'सन्तन ढिंग बैठ-बैठ लोक लाज खोई।' यहीं से मध्य युग की अकेली, डरी हुई, वर्जनाओं की चाहरदीवारी में स्त्री की बाहर निकलने की यात्रा शुरू होती है; ऐसी यात्रा जो बाद में लोक-और संतों के भरोसे सम्पन्न होती है।

मीराँ की यात्राएँ उन्हें लोक-सम्पर्क में रखती हैं। यह सम्पर्क उन्हें अपनी काव्य-भाषा का सजीव, प्रवाहमय, सरल और प्रसाद गुण सम्पन्न है। यह देखने योग्य है कि मीराँ में विभिन्न जन-समुदायों की भाषा को सीखने की अद्‌भुत क्षमता है। यह उनके साधु-मना होने का प्रमाण है। मीराँ कई तरह की भाषाओं के मेल, मैत्री से अपने पदों की रचना करती हैं। कन्हैया लाल मणिकलाल मुंशी ने उनकी साधु-भाषा की प्रशंसा करते हुए लिखा है : “Her poetic skill possesses the supreme art of being artless.” कला का अभाव ही उनकी सबसे बड़ी कला है। आडम्बर विहीन पदों के माध्यमों से मीराँ अपने भक्त-श्रोताओं के बृहत्तर समुदाय से स्नेह और आदर का सम्बन्ध बना लेती हैं। कबीर इस साधु-भाषा को 'बहता नीर' कहते हैं। आधुनिक कवियों की पाठक तलाश करने की चिन्ता उनके शुद्धतावादी संस्कार तथा अभिजन भाषा परिवारों के साथ जुड़कर गहरी हो गई है। लोक का प्रतिनिधित्व करनेवाली भाषा के स्वर धीमे पड़ गए हैं। लोक से अलग होती कविता अब मध्यम वर्ग की सम्पदा होती जाती है। मीराँ की रचनाओं की ओर मुड़कर देखें तो पाएँगे कि वे जैसे राणा कुल की प्रतिष्ठा और सम्पदा के अभिजात्य को छोड़ती जाती हैं वैसे-ही-वैसे लोक की होती जाती हैं; उनकी कविता भी लोक-स्वीकृति के बहु-आयामों को स्पर्श करती चलती है। कवयित्री मीराँ किसी भाषा, कुल गोत्र, जाति, स्थान की नहीं होती; स्थानीय भाषाओं के माधुर्य को ग्रहण करती वे गिरधर नागर की अनेक छवियों का, उनकी प्रतीक्षा में विरह की विदग्ध घड़ियों का वर्णन करती हैं। वे इस तरह किसी कवि-वंश की नहीं होती। किसी एक पद में मीराँ ने लिखा, “म्हाँने कोई नहीं रोकणहार, मगन होय मीराँ चली।” भाषा शैलियों की जकड़न से स्वयं को निर्बंध करती कवयित्री मीराँ सबकी जानी-पहचानी भाषा को अपनी भाषा बनाकर 'गिरधर नागर' की छाप लगा देती हैं।

भाषा अभिजात्य जोड़ने के प्रसंग में यह समझ में आने लगता है कि मीराँ के पद लगातार सम्बोधन की लय में बँध जाते हैं। वह एक प्रकार से संवाद की आत्मीयता का प्रारम्भ होता है; कविता की सारी औपचारिकता छिन्न-भिन्न हो जाती है।

उदाहरण के लिए :

हेरी! मैं तो दरद दिवानी, मेरो दरद न जाने कोय।
राणाजी! हूँ अब न रहूँगी तेरी हट की।
आली! म्हानें लागे वृन्दावन नीको।
रमैया! तुम बिन रहयो न जाएगी।
हो रे राधा! कपटी कान्हा सूँ मत बोल रे!

तथा अनेक पदों के मुखड़ों में सम्बोधन की अनौपचारिक मिठास भक्तों, श्रोताओं को गरमाती रहती है और पूरा पद अनूठे संवाद की सहज शैली में बँधा रहता है। यह

भाषा न प्रतीक रचती है और न बिम्ब, न विशिष्टता की तलाश करती है न अद्वितीयता की। जिन पदों में मीराँ अध्यात्म चिन्तन करती हैं वहाँ भी संवाद की शैली बनी रहती है।

जैसे : *मन रे! परस हरि के चरण।*
चलो मन! गंगा-जमुना तीर।
मन रे! काहे न धीर धरे।
जोगी! म्हाँने दरस दियाँ सुख होइ।

दूसरे सन्त और भक्त कवियों में मीराँ की तरह अपनी कविता को इस शैली में लोकार्पित करने की इच्छा कम नजर आती है।

सामाजिकता और लोक जीवन के साथ अटूट सम्बन्धों को निभाने के सिलसिले में ही भक्त और सन्त रचनाकार भाषा व्यवहार की दक्षता, पांडित्य, परानिष्ठता को बार-बार छोड़ते नजर आते हैं और यह पोथी-लेखन की दुर्बलता है। उन्होंने भाषा की सर्जनात्मक और स्वाधीनता के लिए अन्तिम स्थितियों तक विश्वास किया है; इस सीमा तक भी कि दूसरा, तीसरा पाठ मूल के शब्दों को बदल दे या कठिन, अप्रचलित को सरल बना दे तक भी आपत्तिजनक नहीं है और न तब जब उनके नाम की महिमा और प्रकाश के अन्तर्गत उसी भाषा भाव के अनेक पद जुड़ते चले जाएँ। मीराँ के पदों की संख्या इस स्वाधीनता के कारण सन्देहास्पद हो गई है। यह जो भी हो किन्तु इस तरह संतों और भक्तों का कृतित्व और नाम का अहंकार लोकर्पित होता रहा। एक सहिष्णु समाज बनाने में उनका यह अवदान महत्त्वपूर्ण बना रहा।

एक तरह से देखें तो मीराँ की काव्य-सर्जना कृष्ण तक ही सीमित है और वर्णनात्मकता भी इकहरी है। मीराँ के लिए कृष्ण का किसी मिथकीय पुरुष की तरह अवतार नहीं होता। उनके लिए वे 'अपौरुषेय' भी नहीं हैं; भगवान भी नहीं (कृष्णास्तु भगवान् स्वयं)। मीराँ का जीवन सन्तप्त और सन्तापग्रस्त है। लेकिन वे अपने जीवन की कोई वक्र छाया अपनी रचनाओं पर नहीं पड़ने देतीं। मीराँ के काव्य-प्रेमी इस तथ्य को अवश्य जानते होंगे कि उनकी कविता एक आयामी, केवल एक कामना की कविता है। वह एक सपना है जिसकी रचना बहुत-से सपनों से हुई है। इन सपनों में एक सपना वह है जिसमें उनका विवाह 'गोपाल' से हो जाता है :

माई म्हाने सुपना में परणी गोपाल
राती पीली चूनर पहरी, मेहँदी पान रसाल
काईं कहाँ और संग भाँवर म्हाँने जग जंजाल
मीराँ के प्रभु गिरधर लाल सूँ करी सगाई हाल

फिर सपना टूट जाता है। गोपाल के साथ परणी मीराँ का लौकिक विवाह कँवर भोजराज के साथ हो जाता है। अनिच्छा से हुए इस विवाह की संगत दुनिया राणा,

पितृ-कुल या पति-कुल के साथ नहीं बैठती। मीराँ उस सपनेवाले गोपाल का साहचर्य पाना चाहती हैं; लेकिन वह स्वप्न है; वे उसी स्वप्न के गोपाल की यह कहकर प्रतीक्षा करती हैं : मेरे तो गिरधर गोपाल, दूसरों न कोई। उसी की प्रतीक्षा करती हैं (हरि मन जोहत, भई छ मासी रैन)। मीराँ के सारे पद कृष्ण के रूप-सौन्दर्य और उनकी प्रतीक्षा में 'आकुल-व्याकुल' मन:स्थिति के हैं। उनका मोहक रूप वे हृदय-आँखों में बसाए रहती हैं।

यह रेखांकित किया जाना चाहिए कि मीराँ की कविताएँ उनके जीवन का स्वर हैं : कृष्ण उस स्वर, उस निवेदन, उस कविता के अन्तरंग श्रोता हैं। कभी भूल न जाएँ इसलिए बार-बार वे कहती है; 'भूल मत जाजोजी महाराज'। यहाँ कविता और मीराँ के व्यक्तिगत जीवन की भेद-रेखा मिट जाती है। सम्पूर्ण आयु के कृष्ण का पति रूप चाक्षुष है—उनके शीर्ष पर मोर मुकुट, माथे पर तिलक है, कानों में कुंडल हैं और काली अलकें शोभित हैं। सुन्दर बदन है। इस तरह का वर्णन अन्य सन्त, भक्ति कवियों और ब्रज भाषा के रीतिकालीन रसिक कवियों ने किया है लेकिन उन सबके सम्बन्ध कृष्ण से अलग हैं; कुछ भी होकर वे परापर परम ब्रह्म हैं। मीराँ का कृष्ण के साथ जो प्रणय सम्बन्ध है वह देहासिक्त है। कृष्ण के साथ उनको संयोग सुख भी वर्णित है।

साजन म्हारे घर आया हो
जुगां जुगां री जोवतां विहरण पिय पाया हो।

लेकिन मीराँ के काव्य का विशेष वैभव, कृष्ण की अनुपस्थिति, उनका विरह ही है। उनके बिना सारा देश सूना है। 'पिया बिन सूनो छे जी म्हारो देश।' मीराँ कृष्ण को इसी भाव में, इसी लोक में, ढोल बजाकर सबके सामने प्राप्त करना चाहती हैं। उनकी भक्ति का चरमपल कृष्ण है। उनके पदों में अनन्त प्रतीक्षा के फल पाने का अनन्त समय नहीं है। वे अधीरतापूर्वक कहती हैं—

प्यारे दरसण दीज्यो आय थाँ बिन रह्यो न जाएगी।

मीराँ की कविता में शिल्प : यह सुनिश्चित है कि मीराँ की कविता का प्रयोजन किसी भी प्रकार शिल्पगत चतुराइयों के लिए नहीं था—न यश के लिए, न अर्थ के लिए, न व्यवहारविद् बनने के लिए। वे किसी भी तरह उन कवियों की श्रेणी में नहीं थीं जिन्हें कविताई का शास्त्रीय ज्ञान हो। मीराँ की कविता आत्म-निवेदन की सहज स्फूर्त अभिव्यंजना है। जो बात तुलसीदास जी ने अपने लिए विनयवश कही थी कवयित्री मीराँ के लिए वास्तविकता है। उन्होंने लिखा :

कवित्त विवेक एक नहीं मोरे। सत्य कहहुँ लिखि कागद कोरे॥
कवि न होहुँ नहिं चतुर कहाऊँ। मति अनुसार राम गुन गाऊँ॥

मीराँ की कविता 'कृष्ण गुन-गान' की है। रस, छंद, अलंकार की दृष्टि से उनकी कविता का विश्लेषण करना उनके काव्य-प्रयोजन को निरादृत करना है तब भी अनायास उनकी रचनाओं में कविताई के अनेक गुण दृष्टिगत होते हैं।

रस : रसों की दृष्टि से मीराँ की कविता में शृंगार और शान्त रस का ही आधिक्य है। लेकिन उनका शृंगार बिहारी, देव, मतिराम की तरह उद्दीपन विभाव के लिए नहीं है। बिहारी की तरह वहाँ परकीया-प्रेम भी नहीं हैं। यहाँ कृष्ण अभिसार के लिए कहीं से आते नहीं हैं और न लौटते हैं। वे मीराँ के हृदय में निवास करते हैं। मीराँ ने अपने एक पद में लिखा है :

औरन के परदेस बसत पिय लिख-लिख भेजत पाती।
मोरे पिया मोरे हृदय वसत हैं, ना कहुँ आती-जाती।

रस की स्थिति का सार-संक्षेप देते हुए डॉ. प्रभात ने लिखा है : सत्य है कि उन्होंने रस को नहीं देखा, वे सदा रसिक या रसेश को देखती रहीं।

छंद : मीराँ के पास छंदों की सम्पदा नहीं है। वे तुलसी, केशव की तरह विभिन्न छंदों का अपनी भावाभिव्यक्ति के लिए प्रयोग नहीं करती। वे पद-रचना करती है। गीतिकाव्य के लिए पद ही सबसे श्रेष्ठ माध्यम और छंद है। कृष्ण का रूप-सौन्दर्य; कृष्ण से प्रणय, कृष्ण की प्रतीक्षा यही तीन विषय मीराँ की कविता की वर्ण्य-वस्तु हैं। तीव्र अनुभूति के इन विषयों को मीराँ ने पद-बद्ध किए हैं जो सरस शब्द और सराग स्वर में 'मणि-कांचन' की तरह गुँथ गए हैं। अपने युग के अन्य महान भक्तों की तरह उन्होंने भी अपनी आत्माभिव्यक्ति के लिए 'गेय-पद' को चुना जो साहित्य और संगीत की मिलन भूमि पर जन्मा काव्य-रूप है और जिसमें भावधर्मी शब्द-साधना, संगीत शिक्षा कब और कहाँ हुई इसकी भी जानकारी नहीं मिलती। तब भी यह गणना की गई है कि उनके पद 27 रागों में गाए जा सकते हैं। 'मीराँ की मल्हार' तो सुप्रसिद्ध है ही 'कल्याण' और 'मारू' राग में उनके उत्तम पद हैं।

नरोत्तम स्वामी के अनुसार, भावावेश, संगीतात्मकता और प्रसाद-माधुर्य गुण-सम्पन्न भाषा के कारण ये पद गीति-काव्य के उत्कृष्ट उदाहरण हो गए हैं—

गीति-तत्त्व 'लिरिसिज्म' के बारे में डॉ. प्रभात ने लिखा है कि "पश्चिमी काव्य शास्त्र द्वारा निर्धारित 'लिरिक' के लक्षण मीराँ में अनायास ही आ गए हैं। संवेदना, वैयक्तिकता, अन्विति और गेयता चारों इनके पदों में है।"

अलंकार : मीराँ अनुभूति की कवयित्री हैं इसलिए उनमें अलंकरण और कविता के बाह्य उपादानों को ढूँढ़ना व्यर्थ है। अंग्रेजी कवि कीट्स ने लिखा कि कविता मेरे मन में उतनी सहजता से,स्वाभाविक रूप से आए जैसे वृक्षों में पत्ते; अगर इस तरह नहीं तो बेहतर है कि फिर नहीं। मीराँ के पास कविता इस तरह आई थी इसलिए उन्हें कविता के बाहरी उपादानों की विशेषता, अलंकारों की आवश्यकता नहीं हुई।

किन्तु स्वाभाविक रूप से जहाँ अलंकार आए हैं वे उनकी कविता को आभामय बना देते हैं। उत्प्रेक्षा के ये दो उदाहरण देखें—

(क) अँग खीणा,व्याकुल भया मुख पिव वाणी हो।
ज्यूँ चातक धन कूँ रटै, मछरी ज्युँ पाणी हो॥
(ख) कुंडल झलकां कपोल अलँका लहराई।
मीराँ तज सरवर ज्यों मकर मिलण धाई।

रूपक : तन मन वार्या हरि चरणाँ में दरसण-अमृत पास्याँ री।
काव्यलिंग : भज मन चरण कमल अविनासी।
जेताई दीखे धरणि गगन विच तेता सब उठ जासी।
अनुप्रास : कुटिल,भृकुटि तिलक भाल चितवन में टोना।
खंजम अरु मधुप मीन, भुले मृग-छोना।

उपसंहार

मीराँ धार्मिक कवियों की श्रेणियों में नहीं आतीं क्योंकि वे किसी अलौकिक या लोकोत्तर कामना की कवयित्री नहीं हैं। जिस अधीरता से वे कृष्ण की प्रतीक्षा करती हैं 'मेंड्याँ चढ-चढ पंथ निहारुँ कब आवँ महाराज' वह तीव्र लौकिक इच्छा का उदात्तीकरण ही है जो कविता का एक मुख्य प्रयोजन भी है। यह लौकिक इच्छा ही उन्हें लोक जीवन की सख्त, कोमल किन्तु समस्त राजसी अहमन्यता को अपदस्थ करनेवाली, धार्मिक रुढ़ियों के अस्वीकार की क्रान्तिकारी कवयित्री सिद्ध करती है।

कवयित्री मीराँ की कविता किसी परम्परागत काव्य शास्त्र से नहीं परखी जा सकती। वह रचना के सम्पूर्ण समाज शास्त्रीय तथा वैयक्तिक प्रतिमानों और आवेशों से गुजर कर एक शान्त आलोक में विलीन हो जाती है।

मुझे नाभादास जी के जिस छप्पय से शुरू करना था उसे अन्त में उद्धृत करता हूँ :

सदरिश गोपिन प्रेम प्रगट कलजुग हिं दिखायौ।
निरअंकुस अति निडर रसिक जस रहता गायौ।
दुष्टिन दोस विचारि मूल्यों को उद्‌दमि कीयो।
बाल न बाँकों भयो नरल अमृत ज्यों पीयो।
भक्ति निसान बजाय के काहुन तें नांहित लजी।
लोक लाज कुल शृंखला तजि मीराँ गिरधर भजी।

चन्द्र सखी और उनका काव्य

'सप्तकिरण' के सम्पादकीय में एक जगह निवेदन किया है 'इस सत्य के पीछे इतिहास है कि राजस्थान का शौर्य केवल तलवार तक ही नहीं था, किन्तु उसकी महिमा मन की असीम अज्ञानी कामनाओं को प्रकाशित करने में ही उतनी ही समर्थ हुई। यह अद्‌भुत प्रतीत होता है कि इतने विपुल शौर्य के साथ यह कमनीयता, यह दर्द कहाँ था जो यों प्रकट हुआ, किन्तु, इससे यह अवश्य जान लिया जाता है कि आत्मा की गहराइयों में जो सनातन है वह केवल भौतिक ही नहीं है, उसमें कुछ अवश्य ही गूढ़तर है जो काल के सभी क्षणों को लाँघकर, जीतकर प्रकाशित होता है। तभी तो युद्ध के और आक्रमण के बीच तलवार और तोप के मध्य भी कलम लेकर कवि ने विरहा और मिलन के इतने मीठे गीत गाये और तूलिका लेकर ऐसी वशवर्ती करनेवाली तसवीरें बना दी।' राजस्थान की इस असीम, इस निगूढ़तम, आत्मोपलब्धि को एक बार जहाँ मीराँ ने सारे संसार के सामने सहेज कर रख दिया तो वहीं अनुगूंज, आनन्द और करुणा के वे स्वर जैसे प्रान्त की माटी में सहज मिल गये। भक्ति का वह कामना तरू फूलता ही गया, फलता ही गया। चन्द्र सखी जैसे मीरा के उस भक्ति तरू का अमृतोपम फल हो।

राजस्थान की इस अत्यन्त लोकप्रिय कवयित्री को लेकर कोई विशेष विश्वस्त सामग्री प्राप्त नहीं होती। हिन्दी साहित्य के इतिहासकारों में, मिश्र बन्धुओं ने चन्द्र सखी का स्मरण किया है और उनके सम्बन्ध में मिश्र बन्धु विनोद के प्रथम भाग में लिखा है नाम : "चन्द्र सखी ब्रजवासी, कविता काल : 1638, विवरण इनके पद राग सागरोद्‌भव में हैं। राधावल्लभीय सम्प्रदाय के अनुयायी थे। साधारण श्रेणी ....।" इन्हीं चन्द्र सखी के सम्बन्ध में मिश्र बन्धुओं द्वारा विरचित 'मिश्र बन्धु विनोद' तृतीय भाग में पुनः द्रष्टव्य है : नाम : चन्द्र सखी कविता काल 1600 पूर्व जयपुर वासी। सम्भव है कि ये 1638 वाली चन्द्र सखी हो। यह स्वाभाविक ही था कि 'मिश्र बन्धु विनोद' के लेखकों का साहित्य इतिहास किसी वैज्ञानिक दृष्टिकोण के आधार पर न होने के कारण दोनों ही भागों में स्थान, काल सम्बन्धी अनिश्चित सामग्री दी गई है, किन्तु राजस्थान ब्रज मंडल तथा देश के अन्य भागों में भी जन-जन की वाणी पर बसी हुई इस कवयित्री को लेकर तथ्य पूर्ण सामग्री का प्राप्त न होना

प्रिय नहीं लगता। इधर राजस्थान के साहित्य सेवियों का ध्यान चन्द्र सखी पर रखा तो अवश्य है, किन्तु काल के अँधेरे में विलान हुई इस कवयित्री पर कोई निष्ठापूर्ण शोध अभी तक नहीं हुआ है। 1634 के लगभग प्रकाशित हुई पुस्तक 'मारवाड़ी भजन सागर' जिसे श्री रघुनाथप्रसाद सिंहानिया ने संकलित की उसमें राजस्थान के अनेक अजाने भक्तकवियों को प्रकाश और प्रतिष्ठा मिली है किन्तु चन्द्र सखी के सम्बन्ध की सामग्री प्राप्त करने में निराशा ही होती है। 'मारवाड़ी भजन सागर' में 'मिश्र बन्धु विनोद' की सामग्री को ही दोहरा दिया गया है पर यह अवश्य स्तुत्य है कि 'भजन सागर' में चन्द्र सखी जी के अनेक पद एक स्थान पर प्राप्त हो जाते हैं। 'राजस्थानी भाषा और साहित्य' के लब्धप्रतिष्ठित इतिहासकार पं. मोतीलाल मेनारिया ने राजस्थानी भाषा और साहित्य में दो स्थानों पर चन्द्र सखी जी का उल्लेख किया है किन्तु भक्तिमती चन्द्र सखी के लिये मात्र उल्लेख पर्याप्त नहीं है। 'राजस्थानी भाषा और साहित्य' अन्य के चतुर्थ प्रकरण में चन्द्र सखी जी से सम्न्धित वक्तव्य द्रष्टव्य हैं : "इस काल की कवयित्रियों में छत्रकुंवरी बाई, ब्रजदासी, रसिक बिहारी उपनाम बणीठणी जी, चन्द्र सखी और प्रताप बाला मुख्य हैं।" यह उल्लेखनीय है कि पंडित मैनारिया जी ने चन्द्र सखी का आविर्भाव काल सम्वत् 1880 के लगभग माना है जिसका उल्लेख 'मिश्र बन्धु विनोद' के तृतीय भाग में मिलता है। इस काल को ग्रंथकार भाषा और साहित्य दोनों ही दृष्टियों से राजस्थानी साहित्य का 'सुवर्ण काल' मानते हैं। सचमुच ही जिस काल में जन प्रिय कवयित्री चन्द्र सखी, सुकवि श्री कुलपति मिश्र, वृन्द, नागरीदास, हित वृन्दावन दास आदि का आविर्भाव हुआ हो वह साहित्य का 'सुवर्ण काल' ही कहा जाना चाहिए। चन्द्र सखी जी के आविर्भाव काल सम्बन्धी सामग्री अत्यन्त निष्ठा और लगन के साथ लिखी गई पुस्तक 'चन्द्र सखी और उनकी काव्य', जिसकी लेखिका सु श्री पदमावती शबनम है; में भी उपलब्ध नहीं होती। पुस्तक के तैंतीसवें पृष्ठ पर इस प्रकार संकेत किया हैं : "वल्लभाचार्य के द्वारा प्रतिपादित पुष्टि मार्ग के अन्तर्गत कृष्णभक्ति का विशेष प्रचार हुआ। पुष्टिमार्ग का राजस्थान में भी विशेष प्रभाव रहा है। यह वार्ता ग्रंथों तथा इतिहास से प्रत्यक्ष है। अस्तु कहा जा सकता है कि चन्द्र सखी का रचना काल विक्रम की सोलहवीं शताब्दी का उत्तरार्ध रहा होगा। इस आधार पर इनका जीवन काल भी विक्रम की 16वीं शताब्दी सिद्ध होती है। जीवन काल के इस अनुमान के सिवा इनके जीवन पर कुछ भी कहना अद्यावधि प्राप्त सामग्री के आधार पर सम्भव नहीं।" इस तरह सबसे पहली समस्या तो चन्द्र सखी जी के आविर्भाव काल को लेकर है। किन्तु जिस भाषा और जैसी शैली का प्रयोग चन्द्र सखी जी के पदों में प्राप्त होता है इससे उनकी काव्य रचना का काल 1880 के लगभग ही माना जा सकता है।

एक दूसरी समस्या चन्द्र सखी जी के व्यक्तित्व को लेकर है। एक मत तो यह है कि चन्द्र सखी स्त्री नहीं थी। अलवर नरेश श्री बख्तावर सिंह जी ने चन्द्र सखी

उपनाम धारण कर काव्य रचना की थी, किन्तु इस धारणा को स्वीकार करने के लिये कोई कारण नहीं है। 'मारवाड़ी भजन सागर' ग्रंथ में कवि श्री बख्तावर सिंह जी का जो काव्य प्रस्तुत किया गया है उसका शब्द शिल्प, उसकी राजसीय भाव सम्पदा और उसकी सारी 'टैकनीक' चन्द्र सखी जी की सुकुमार भाव व्यंजना, अत्यन्त सुबोध, सरल किन्तु फिर भी मर्म स्पर्शिनी अभिव्यक्ति की कक्षा में कहीं नहीं बैठती है। एक दूसरा मत यह है कि अलवर नरेश श्री बख्तावर सिंह जी ने चन्द्र सखी नाम से काव्य रचना की हो किन्तु है यह कोई पुरुष कलाकार ही कि जिन्होंने उप नाम धारण कर काव्य रचना की है इस मत की स्पष्ट ध्वनि 'मिश्र बन्धु विनोद' के निम्न वाक्यों में द्रष्टव्य है : "इनके पद 'राग सागरोद्‌भव' में हैं। यह राधावल्लभीय सम्प्रदाय के अनुयायी थे।" राजस्थानी साहित्य के एक अन्य कुशल विवेचक श्री मनोहर शर्मा ने भी इसी प्रकार की जिज्ञासा प्रकट की है। 'राजस्थान भारती' सन् 1950 के अप्रैल मास वाले अंक में श्री शर्मा जी ने 'राजस्थान का एक लोक प्रिय संगीतकार चन्द्र सखी' शीर्षक निबन्ध में लिखा है, 'इन चन्द्र सखी नाम युक्त भजनों का प्रणोता कहाँ का रहनेवाला, कौन था, आदि बातें अज्ञात हैं। कहा जाता है कि सखी सम्प्रदाय के किसी कवि ने अपना उपनाम चन्द्र सखी रखकर भजन बनाए वे ही भजन चन्द्र सखी के भजन हैं।' यह निर्णय करना तो अत्यन्त कठिन है कि इन पदों की रचियता कोई स्त्री है अथवा पुरुष किन्तु, इन पदों में ऐसी स्त्रीजनोचित कमनीयता, करुणापूर्ण भावोद्रेक, तथा मन प्राण को बाँधनेवाली कोमलता है जो इधर भक्तिमयी मीरा, सहजाबाई आदि में ही मिलती है। चन्द्र सखी के पदों की भाषा में ही ऐसा कुछ लोच और सात्विक रस ग्राहता है कि जो स्त्रियों की भाषा में प्राप्त होती हैं। श्रीमती शबनम ने भी अपना यही मत दिया है जो द्रष्टव्य है "यह कहना कि यह पद सखी सम्प्रदाय के किसी भक्त के रचे हुए हैं, मेरी विनम्र राय में युक्तियुक्त नहीं प्रतीत होता है।...सखी सम्प्रदाय के अन्य ग्रंथों में चन्द्र सखी का कहीं कोई ऐसा उल्लेख नहीं मिलता।" पंडित मेनारिया जी ने कुछ कारण तो नहीं दिया है पर चन्द्र सखी जी को स्त्री कवयित्रियों में ही स्थान दिया है। जो हो इतना तो स्पष्ट ही है कि भक्तिमती चन्द्र सखी के पद जनता के अन्तर्मन की रस सिद्ध वाणी है। इन्हें गाकर जनमन असीम आनन्द, नवचेतना और करुणा से स्निग्ध हो जाता है। तो लीजिये, उन्हीं चन्द्र सखी के कुछ गीतों का काव्य विश्लेषण प्रस्तुत है।

मंगल प्रभात उदय हो रहा है। मन्दिरों में सर्वत्र आनन्द की वर्षा है, भक्तजन, परम रसज्ञ प्रेम निधि कृष्ण की झाँकी के लिये उत्सुक है; तब प्रभात की आरती का मंगल उत्सव चन्द्र सखी के इस पद में देखिए।

मंगल आरती कीजे भोर,
मंगल मथुरा, मंगल गोकुल, मंगल राधा नंद किशोर

मंगल लुकट, मुकट बनमाला, मंगल मुरली है घनघोर
मंगल नंद ग्राम बरसानों, मंगल गोवर्धन गिरि मोर
मंगल बंसीवट, तट यमुना, मंगल लता झुकी चहुओर
चन्द्र सखी मन्जु बालकृष्णछिब, मंगल ब्रजवासी की ओर।

इस तरह वेदना के इन पदों में जिस मंगल की कामना की गई है, वह भक्ति का पावन फल है। जहाँ कृष्ण हैं वहाँ भक्ति के लिए अमंगल कहां! वेदना के इन पदों में बालकृष्ण की रूप मधुरिमा और उनके अपार शौर्य का मनोरंजन करनेवाला पद सम्मिलित है। आराध्य की मंगल वन्दना के पश्चात कुछ पद ऐसे हैं कि जिनमें भक्तिमयी चन्द्र सखी ने शिशु कृष्ण को आनन्दमयी क्रीड़ाओं का भावशबल वर्णन किया है। वल्लभ सम्प्रदाय के सभी कवियों के कालकृष्ण की सुछवि और उनकी शतशत क्रीड़ाओं का मनोमुग्धकारी वर्णन किया है पर जैसा मैंने निवेदन किया चन्द्र सखी का यह पक्ष सुजन का मन वशवर्ती कर लेनेवाला है। एकदम सरल किन्तु फिर भी जैसे कुछ चिरनवीन सी लगनेवाली यह शिशु कृष्ण की एक छवि देखिए जिसमें वे अभी अभी 'मैया मैया' कहना सीख गये हैं।

कवयित्री तो उस दिन की प्रतीक्षा में है कि जिस दिन "कन्हैया मोसों मैंया" कही बोली हैं। पर चन्द्र सखी के कृष्ण 'मैया मैया' कहना सीख गये हैं और इसी के साथ उनकी चिन्ताएँ भी कितनी बढ़ गई हैं। मनकी यह परम प्रसन्नता किन्तु साथ ही बाल कृष्ण के कुशल क्षेम की चिन्तायुक्त अनुर्भूत इस पद में देखिए :

कहन लागे मोहन मैया मैया
मथुरा में होय बालक जन्मै, घर घर बजत बधैया
नन्दमहा को बा बा ही बाबा, बलदाऊ को भैया
दूर खेल मत जाओ मेरे ललना, मारेगी काऊ की गैया
सिंह पोल पर ठाड़ी जसोदा, घर आओ दोनों भैया
चन्दसखी मंजु बाल कृष्ण छिब, जसुमति लेत बलैया।

और यह तुतलाते हुए ठुमुक ठुमुक कर पग धरते धरते कृष्ण बड़े हुए जा रहे हैं, कभी दूध दोहने के लिये बैठते हैं तो आधा पी जाते हैं, आधा पात्र में डालते हैं ऐसे हरि से कौन गाय दुहाने को तत्पर हैं? यही शिकायत इस पद का सौन्दर्य हैं :

हरि जी से कौन दुहावत गैया?
कारे आप कामरी कारी आवत चौर कन्हैया
कनक दोहिनी सोहे हाथ मैं, दुहन बैठ अधपैया
खीन दूहत खन धार चलावत, चितवत में मुसकैया
गौधन छोड़ गहे मैरो आंचल यही सीखायों तेरी मैया
चन्द्र सखी मन्जु बाल कृष्ण छिब चरण कमल बलि जैया।

इस प्रकार ब्रज के सहज आनन्द केलि और उपालम्भों के बीच बढ़कर कृष्ण वय सन्धि पर आकर खड़े हो गये हैं और यही उनका साक्षातकार कृष्ण से होता है। ब्रज से आते जाते, दधि का दान लेते देते यह "लरिकाई की प्रीति" बढ़ती जाती है पर इस प्रीत में भी "काले कृष्ण और गोरी राधा की जोड़ी की स्त्रीजनोचित चुहल चलती रहती है।

तैरो कान्ह कालो हो मायी, मैरी राधा गोरी हो
ऐसी राधे रूप बनो कंचन सी देह बन हो। ...... आदि।

पर फिर भी उन काले कृष्ण के दो नयनो में राधे बिलमागई। और इन ब्रजांगनाओं का चित्त-मन हरण कर कृष्ण चले गये। भक्त कवियों की तरह चन्द्र सखी की वह विरह विकलता भी बड़ी मार्मिक बनी है।

कुंज बन त्यागी जी माधो, माधो जी म्हारी कांई गुणा तकसीर
जो मैं होती जल की मछलियाँ हरि करता असनान चरण
बीच रहती जी माधो
जो मैं होती मोर की पंखवा, हरि के शीश पर मुकुट मुकुट
पर रहती जो माधो,
जो मैं होती बांस की बंसुरियाँ, हरि लेता मने हाथ अधर
मुख रहती जी माधो
चन्द्र सखी मन्जु बालकृष्णछिब, हरि के चरण बीच ध्यान
कृष्ण संग रहती जी माधो।

इस तरह अनेक भंगिमाओं में, अनेक अनुभूतियों में अपने मन के प्रिय भावों को बान्धनेवाली चन्द्र सखी केवल मात्र चन्द्र सखी "मंजु बाल कृष्ण छिब" की सेवा के आधार पर ही अमर हो गई है। काल के अन्धकार में विलीन हुई इस भक्तिमती का चरित्र क्या कभी उजागर होगा। आशा और विश्वास तो अवश्य है।

गुलेरीजी की कहानियों, कविताओं से गुजरते हुए

गुलेरीजी से हमारा परिचय लगभग पन्द्रह-सोलह वर्ष की आयु में होता है जबकि कहानी के जरिये प्रेम की दुनिया हमारे सामने खुलने को होती है। यह प्रेम की दुनिया स्मृतियों के सम्मोहन में डूबती हुई, एक कुर्बानी के चमत्कार से उजली होती है। पन्द्रह-सोलह वर्ष की आयु में एक ऐसी दुनिया हमारे अन्दर भी होती है, हमारे अन्दर की वह दुनिया गुलेरीजी की कहानी वाली दुनिया से हू-ब-हू मिल जाती है। हमें एक प्रमाण मिल जाता है कि हमारे अन्दर जो सपनों और आदर्शों की दुनिया है वह अविश्वसनीय नहीं है, बाहर भी एक अपार प्रेम, बलिदान की दुनिया फैली है। इस तरह एक कहानी, एक शब्दातीत अनुभव की साक्षी होती है और सम्भवतया इसीलिए वह एक मामूली बलिदान से ज्यादा विश्वसनीय बलिदान की कहानी बनती है।

द्रष्टव्य है कि प्रेम की इस दुनिया में किसी किस्म की क्रूरता नहीं है, न पश्चात्ताप, न शहादतनामा, न परपीड़न। यह टुटपूंजिये प्रेमियों की आत्म-केन्द्रित दुनिया नहीं है, आत्म-विज्ञापन क्रय-विक्रय की भी नहीं। आत्मानुकूलन की यह कहानी हमें उन सारी अर्थछवियों से जोड़ती है जो किशोर-आयु की अर्थछवियाँ हैं और बाद में भी उस लहनासिंह से हमारा अटूट सम्बन्ध बनाए रखती है जो हमारी जिन्दगी का 'ध्वस्त पुरुष' नहीं है और उस लड़की को भी एक मोहक प्रासंगिकता से हमारे साथ रखती है जो 'धत्' कहते-कहते एक सम्भावना-विरुद्ध उत्तर देती है—'हाँ हो गई' (सगाई)। बाद में यह लड़की वयस्क स्त्री (सूबेदारनी) हो जाती है और लाम पर जाता लहनासिंह जिसे 'मत्था टेकना' कहता है—यही स्मृतियों की सारी धुन्ध हटाती वह लड़की लौट आती है जिसकी 'कुड़माई' का समाचार सुनकर मगरे वाले लड़के ने "एक लड़के को मोरी में ढकेल दिया, एक छाबड़ी वाले की दिन भर की कमाई खोई, एक कुत्ते पर पत्थर मारा और एक गोभी वाले के ठेले में दूध उंडेल दिया। सामने नहाकर आती हुई किसी वैष्णवी से टकरा कर अंधे की उपाधि पाई।"

नव-धनाढ्य वर्ग की लालची और क्रूर प्रेम कहानियों के संसार में यह मौलिक प्रेम आख्यायिका हो सकता है कि कुछ अप्रासंगिक मालूम पड़े, लेकिन जो प्रेम को

उत्सर्गमय स्पर्श देना चाहते हैं वे लहनासिंह को हमेशा एक व्यापक प्रासंगिकता से देखने की कोशिश करेंगे।

'उसने कहा था' कहानी सिर्फ अन्तर्वस्तु की ऊर्जा के कारण ही नहीं बल्कि शिल्प की नफीस बुनावट के कारण भी बड़ी कहानी है। युद्ध की भयावहता, शत्रु पक्ष की चालाकियों, विदेशी भूमि की सीलन भरी खंदकों और घायलों को ढोनेवाली गाड़ियों के बीच हँसी, गीत, प्रेम-स्मृतियों को कथ्य का हिस्सा बनाना और भाषायी उल्लास को उस गाम्भीर्य तक जाने देना जो मृत्यु की उदासी को वहन करता हुआ भी निस्संगता का अनुभव नहीं होने देता बल्कि देश की जमीन, वन-वनस्पतियों की सघन रिश्तेदारी से जोड़े रखता है।

कहानी के अन्त में उस जमादार लहनासिंह का मृत्यु-समाचार है जो बहुत सार्थक जिन्दगी के हिस्से को खोलता है। यह कोई मामूली खाकीवर्दी वाला जमादार लहनासिंह नहीं है—वह एक ऐसा जमादार है जो पूरी जिन्दगी के युद्ध में मौत को जिन्दगी से अधिक महत्त्वपूर्ण बना देता है। यह तथ्य रेखांकित करने के लिए है कि कहानी कोई मामूली शोकान्तिक नहीं है, वह ऐसी करुणा का हिस्सा है जो मौत के समय जिन्दगी का मतलब पहचानने देती है और प्रार्थना के समय की मोमबत्ती-सी लगती है।

गुलेरीजी की इस महत्त्वपूर्ण कहानी के सामने उनकी दूसरी दो कहानियों की कलात्मक बुनावट कमजोर और कथावस्तु एक आयामी है। यह अचरज-सा लगता है कि दो कहानियों के बाद गुलेरीजी की तीसरी कहानी इतनी संश्लिष्ट और कलात्मक रचाव की विशिष्ट कृति होगी क्योंकि प्रायः लम्बे समय तक लेखक दुहराने के सिवा ज्यादा नहीं कर पाते। कलाकृतियों में 'लम्बी छलाँग' कठिन होती है लेकिन यह गुलेरीजी की अन्तर्दृष्टि थी कि वे एक परिपक्व जीवनानुभव तक पहुँचकर उसे कला-रूप दे सके।

'सुखमय जीवन' और 'बुद्धू का काँटा' कुछ सूक्तियों जैसी कहानियाँ हैं, अचरज में डालकर खुलती हुई, घटनाओं से जुड़ी, परिणाम को विश्वसनीय बनाने की कोशिश करती हुई! 'सुखमय जीवन' के लेखक जयदेवशरण वर्मा की साइकिल पंक्चर हो गई, पंक्चर हुई साइकिल को घसीटते-घिसटाते ये जा रहे थे कि एक लड़की मिली, सहानुभूति से घर खींच ले गई और पिता से मिलाया जो लेखक की पुस्तक 'सुखमय जीवन' के प्रशंसक थे। पिता का विश्वास था कि जयदेवशरण वर्मा की 'सुखमय जीवन' नाम की पुस्तक एक गहरे गार्हस्थ्य-जीवन के अनुभवों से गुजरे लेखक की है और इस तरह उनका विश्वास हो गया था कि वर्मा विवाहित हैं। इधर वर्मा उस उपकारी लड़की को न केवल चाहने लगे हैं, शादी करने के लिए जिद कर रहे हैं, हाथ पकड़े हैं। लड़की, उसके पिता, वर्मा की इस शील रहित व्यवहार पर धिक्कार रहे हैं। लेकिन अन्त में यह मालूम हो जाता है कि लेखक

क्वारे हैं, तब पिता मुस्करा कर कहते हैं—दोनों मेरे पीछे-पीछे चले आओ। वृद्ध बंगले की ओर चलने लगे—"उनकी पीठ फिरते ही कमला ने आँखें मूँदकर मेरे कंधे पर सिर रख दिया।"

'बुद्धू का काँटा' लम्बी और कई घटनाओं से बनी कहानी है। रघुनाथप्रसाद के विवाह से सिलसिला शुरू होता है, पिता ने जल्दी विवाह न करना तय किया है यद्यपि पड़ोसिन स्त्रियाँ रघुनाथ की मां को न जाने क्या-क्या सुना जाती हैं। प्रयाग से इंटर की परीक्षा देकर घर लौटते प्रसाद धराठनी पर रुक जाते हैं जहाँ से वे इलाही के घोड़े पर बैठकर एक गाँव तक आते हैं। 'धूप चढ़ गई थी कि वे एक ग्राम पहुँचे। गाँव के बाहर सड़क के सहारे एक कुआँ था और उसी के पास एक पेड़ के नीचे इलाही ने स्वयं और अपने मोती के लिए विश्राम करने का प्रस्ताव किया' और इसी कुएँ पर रघुनाथ ने लोटे को डोर से बाँधने की सारी अनुभवहीनता का परिचय दिया—'डोर इस तरह बँधी कि कभी वह लोटे को एक सौ बीस अंश के कोण पर लटकाती कभी सत्तर पर' और यहीं पहली बार उसने गाँव की वाक्चतुर महिलाओं की वे सब टिप्पणियाँ सुनीं जिनके चलते वह लगभग निःशब्द हो गया। भगवन्ती इन्हीं महिलाओं के झुंड में एक पन्द्रह-सोलह वर्ष की किशोरी थी जिसने रघुनाथ की वाक्शक्ति छीन ली। उसने कहा—वाह जी वाह, ऐसे बुद्धू के आगे भी कोई लहंगा पसारेगी—तब रघुनाथ को पीछे मुड़कर देखने की हिम्मत नहीं हुई।

गाँव पहुँचने के तीसरे दिन रघुनाथ की भागवन्ती से फिर मुलाकात हुई—नदी घाट पर यह मुलाकात एक हादसे के साथ हुई—रघुनाथ नदी में डूब ही जाता यदि भागवन्ती न बचा लेती; तो भी रघुनाथ का पूर्व-आहत मन प्राण बचानेवाली लड़की के प्रति कृतज्ञ नहीं हुआ। उसने लड़की को पकड़ना चाहा और पकड़ भी लिया। धक्का-मुक्की हुई और तभी रघुनाथ ने देखा कि अगर भगवन्ती के काँटा न लगता तो वह उसे 'पिरागजी' (प्रयागजी) तक दौड़ाकर भी हाथ न आती। लड़के ने लड़की के पैर से दो इंच लम्बा काँटा निकाला—लड़की अन्त में काँटा लेकर भाग गई।

संयोग कि इन्हीं अमित्रों की शादी हो गई। रघुनाथ भागवन्ती की वही बातें सुनाने लगा जो उस दिन कुएँ पर उसने सुनी थीं, लेकिन लड़की सन्नाटे और चुप्पी में डूब गई। अलगाव बढ़ने लगा, चुप्पी बढ़ती गई।

होली के दिनों में रघुनाथ भागवन्ती को निकट लाने की कोशिश में लगा रहा। अन्त में एक उदार क्षमा-याचना करते हुए उसने स्वीकार किया कि "वह वहशी था, अधूरा था, मनुष्य जब तक स्त्री की परछाई नहीं पा लेता है तब तक पूरा नहीं होता मेरे बुद्धूपन को क्षमा करो, मेरे हृदय में तुम्हारे प्रेम का एक भयंकर काँटा गड़ा है। तुम्हारी प्रेमदृष्टि से मेरा यह शूल हटेगा।" इसी निश्छलता से विभोर हुई भागवन्ती रघुनाथ के कंधे पर झूल गई। कोई शूल उनके मन में नहीं था, कोई दंश या ग्लानि उन्हें अलग नहीं कर रही थी।

दोनों कहानियों की कथा-वस्तु के सम्बन्ध में टिप्पणी करना अनावश्यक है—लेकिन दो बिन्दुओं पर प्रकाश डालना जरूरी है। एक, दोनों कहानियों में एक पन्द्रह-सोलह वर्ष की प्रखर लड़की से हमारा साक्षात्कार होता है। वह पुरुष पात्र को अपनी प्रत्युत्पन्नमति से चकित और लगभग हतप्रभ कर देती हैं। दोनों कहानियों की लड़कियाँ गाँव की हैं, लेकिन वे रसिक या रिझानेवाली गाँव की 'गोरियाँ' नहीं हैं, निर्भीक और तुरन्त बुद्धि है—कहानियों के लड़के उनके सामने लाचार और बुद्धू से हैं। लड़कियों में रिरियाहट नहीं है, वे स्थितियों को समझती हैं और लड़कों पर उपकार करती है। लड़कों से निरन्तर छेड़-छाड़ करती हैं। लेखक की उदार दृष्टि के प्रति वे हमें आश्वस्त करती हैं।

दूसरी बात जो निरन्तर हमारा ध्यान आकृष्ट करती है वह लेखकीय प्रखरता है—दोनों कहानियों में लेखक शुरू से ही दखलन्दाजी करते हैं बल्कि वे कहानियों को जिस तरह शुरू करते हैं, वह एक व्यंग्य-रचना की शुरुआत-सी लगती है।

दो उदाहरण

(सुखमय जीवन) मेरा भी बुरा हाल था। एल-एल.बी. का फल अब की और भी देर से निकलने को था—न मालूम क्या हो गया था, या तो कोई परीक्षक मर गया था या उसको प्लेग हो गया था, उसके पर्चे किसी दूसरे के पास भेजे जाने को थे। बार-बार यही सोचता था कि प्रश्न-पत्रों की जाँच किए पीछे सारे परीक्षकों और रजिस्ट्रारों को भले ही प्लेग हो जाए। अभी तो दो हफ्ते माफ करें। नहीं तो परीक्षा के पहले ही उन सब को प्लेग क्यों न हो गया।

(बुद्धू का काँटा) रघुनाथ प् प् प्रसाद त् त् त्रिवेदी या रूग्नात पर्शद तिर्वेदी यह क्या?

क्या करें, दुविधा में जान है। एक ओर तो हिन्दी का यह गौरवपूर्ण दावा है कि इसमें जैसा बोला जाता है वैसे लिखा जाता है और जैसे लिखा जाता है वैसे बोला जाता है। दूसरी ओर हिन्दी के कर्णधारों का अविगत शिष्टाचार है कि जैसे धर्मोपदेशक कहते हैं कि हमारे कहने पर चलो, हमारी करनी पर मत चलो। वैसे ही जैसे वे हिन्दी के आचार्य लिखें वैसे लिखो जैसे वे बोलें वैसे मत लिखो, शिष्टाचार भी कैसा? हिन्दी साहित्य सम्मेलन के सभापति अपने व्याकरण कषायति कंठ से कहें 'पर्सोत्तमदास' और 'हर्किसनलाल' और उनके पिट्ठू छापें इसी तरह ही पढ़ा जाए—'पुरुषोत्तम अ दास अ' और 'हरि कृष्ण लाल अ'।

अजी जाने भी दो, बड़े-बड़े बह गए और गधा कहे कितना पानी। कहानी कहने चले हो या दिल के फफोले फोड़ने? रघुनाथ प्रसाद के पिता का चरित्र-वर्णन करते समय का व्यंग्य द्रष्टव्य है—

हाँ, उसूलों के पक्के हैं। सुबह एक प्याला चाय पीते हैं तो ऐसा कि जेठ में भी नहीं छोड़ते और माघ में भी एक के दो नहीं करते। उर्द की दाल खाते हैं, क्या मजाल है कि बुखार में भी मूंग की दाल का एक दाना खा जाएँ।

गुलेरीजी की तेज-तर्रार भाषा और हाज़िर-जवाबी का पूरा मजा पनघट पर आता है जहाँ रघुनाथप्रसाद अनाड़ियों की तरह कुएँ में लोटा डाले बैठे हैं : स्त्रियाँ बुद्धू बना रही हैं और भागवन्ती एक से एक प्रखर, लगभग ध्वस्त करनेवाले व्यंग्य वाक्य बोले जा रही है।

(पाठक इस बातचीत का पूरा मजा लेनेके लिए 'बुद्धू का काँटा' पढ़ें)

यह तथ्य रेखांकित करने योग्य है कि 'बुद्धू का काँटा' कहानी पर, खास तौर पर उसकी भाषायी संगठना पर भारतेन्दु हरिश्चन्द्र युग का जबरदस्त प्रभाव है। व्यंग्य का यह तेवर भी उस समय के लेखकों में देखा जा सकता है। दरअसल जिस तरह गुलेरीजी कहानियों की (इन दो कहानियों की) शुरुआत करते हैं, उनसे यह लगता है कि वे किसी निबन्ध का रचाव बाँध रहे हों।

कहानियों के चलते वे सब राष्ट्रीय और सामाजिक सरोकार अन्तर्ग्रंथित हो गए हैं जो उस समय की वैचारिकी के हिस्से थे।

तीसरी कहानी 'उसने कहा था' में पहले की दोनों कहानियों की तेज तर्रार किशोरवय लड़की अनुपस्थित है। कथ्य और संवाद की नदी जैसे विलुप्त हो गई है और उसकी जगह एक बेहद शान्त, सुस्थिर, संश्लिष्ट रचनाधर्मिता की शुरुआत होती है। इस कहानी में वर्णन-विस्तार या कि घटना-फैलाव सिमिट कर एक जीवनानुभव में शामिल हो गया है। स्मृतियों का ऐसा सघन रचाव उस समय की दूसरी कहानियों में नहीं है और इस तरह गुलेरीजी की यह कथा लासानी है।

गुलेरीजी की तीसरी कहानी 'उसने कहा था' नई कहानी के आन्दोलन प्रवाह में फिलहाल अप्रासंगिक नहीं है। मनुष्य के पास प्रेम और उसे सार्थक बनाने के लिए जो उत्सर्ग बचा है वह लहनासिंह से हम तक आ जाए तो बुरा नहीं है।

कविताओं से गुजरते हुए

गुलेरीजी की कविताएँ पढ़ने का शायद बहुत कम पाठकों को अवसर मिला हो, उनकी कहानियों ने उनके कवि-व्यक्तित्व को प्रकट नहीं होने दिया। वे उस युग के विशिष्ट कवि थे भी नहीं।

'पं. चन्द्रधर शर्मा गुलेरी की कविताएँ' संग्रह में उनकी संस्कृत और हिन्दी भाषा में लिखी कविताएँ हैं। हिन्दी कविताओं में प्रमुख हैं—झुकी कमान, युवराज का आगमन, रवि, एशिया की विजयादशमी, जापान का सीमोल्लंघन, आहिताग्निका।

कविताओं में, जो बात कहानियों में नहीं है, राष्ट्र की पराधीनता का गहरा सोच नजर आता है। एक ऐसा देश जिसका पुण्य-बल क्षीण नहीं हुआ, अहंकार

रहित होकर जिसने विद्या को देश-देशान्तरों में बँटने दिया, जिसकी शौर्यगाथा वैतालिकों ने गाई, यदि वह देश लालची, साम्राज्यवादियों की चरागाह बना हो तो कोई कवि चिन्ता-मुक्त कैसे रहेगा। यह चिन्ता गुलेरीजी की थी। इस चिन्ता को प्रकट करने में वह व्यंग्य भंगिमा थी जो काव्य-शास्त्र में व्याजस्तुति अलंकार से प्राय: प्रगट हुई है।

इन कविताओं में स्वाधीनता के लिए तर्क द्रष्टव्य है, कभी-कभी तो इतना कि जैसे स्वाधीनता एक विवादास्पद विषय हो जिसका एक पक्ष अंग्रेज हों। राष्ट्रीय काव्यधारा में भी 'स्वाधीनता के लिए यह तर्क पक्ष' मौजूद है, और इस तरह कि जैसे हमारे और अंग्रेजों के बीच जमीन-जायदाद का कोई टंटा हो।

दुख तर्क और व्यंग्य का हिस्सा बनी ये पंक्तियाँ ध्यान आकृष्ट करती हैं—

होती कही पर रामलीला
है पेट में पर नहीं अब हा! वसीला
हो पेट पूरित जभी, तब खेल सूझे
रोगी, ऋणी विजित, क्योंकर मोद बूझे

(एशिया की विजय दशमी)

कहाँ घी पावेगी! अब सुखद गो-वंश न रहा,
ढकेगी काहे से सरस तनु जो कोमल महा!
मिलेगी रेजी तो, यह वह नहीं वल्कल सही
कलेजे में वेदी रच यह प्रतिज्ञाग्नि धर ली
विलासों की मज्जा हवि अब बनेगी सहज में
सदा स्वार्थी की तू बलिपशु भरेगी हृदय में

(आहिताग्निका)

'झुकी कमान' कविता में आह्वान हैं—किसानों का, ब्राह्मणों का, राजपूतों का, देशभक्त लोगों का कि वे पराधीनता के विरुद्ध खड़े हों, लिखा है—

छोड़ो अधूरा अब यज्ञ ब्रहम्न
वेदान्त परायण को बिसारो
विदेश ही का बलिवैश्वदेव
ओ तर्पणों में रिपु रक्त डारो
शस्त्रार्थ, शास्त्रार्थ गिनो अभी से
चलो दिखाओ, हम अग्रजन्मा
धोती-सम्हाल, कुश छोड़, सवाण दौड़ो
आगे गई धनुष के संग व्योमवाणी।

व्यंग्य, वक्रोक्ति और व्याजस्तुति का—'स्वागत शार्दूलविक्रीडितम्' कविता में हृदयग्राही समावेश हुआ है।

घूमे थे जब ट्रान्सवाल अथवा आस्ट्रोलिया कैनेडा
'हुर्रे रूल ब्रिटानिया' तब कहीं गाया सुना आपने
मैं भी उत्सव हर्ष में यदि कहूँ, 'बन्देप्रियांमातरम्'
हो जाता वह कर्णशूल कुछ को, हा कष्ट कैसे सहूँ?

तुम्हारी सेवा हो, तन-पतन सेवा जतन से
तुम्हारी पूजा हो, मन-शमन से वा दमन से
तुम्हारी अर्चा हो, धन-निधन से या दहन से
तुम्हारी तोषायी, तन-मन धनों को नहिं गिने

राजा है सब घास-पास, कुचलो, चाहे न खाओ
मही हैं हम, रोंद दो, पर कभी खाओ हमें भी नहीं
खावें जो बृक, रीछ, जम्बूक, बने भाई सभी आपके
गैंडे व गज है न! खूब करिए 'शार्दूलविक्रीडितम'

(स्वागत शार्दूलविक्रीडितम)

गुलेरीजी ने अपनी कविता में संस्कृत छंदों का प्रयोग किया है—शिखरिणी, शार्दूल विक्रीडित, द्रुतविलम्बित, हिन्दी के दोहा छंद तथा छंद बेताल का उपयोग भी हैं संस्कृत—अनुराग के कारण ये संस्कृत छंद गुलेरीजी को प्रिय रहे होंगे।

राजकुमारों के अध्यापक रहकर भी देश-भक्ति की तेजस्वी कविताएँ लिखना पं. चन्द्रधर शर्मा की मानवीय आस्थाओं का प्रमाण है।

गुलेरीजी ने प्राचीन साहित्य, साहित्यिक शोध एवं लोक साहित्य अनुसन्धान के लिए जो काम किया है वह सर्जनात्मक साहित्य के अतिरिक्त है।

इतने जीवट के साहित्यकार का फिर से मूल्यांकन आवश्यक है। कोई-न-कोई समानधर्मा इस काम को अवश्य महत्त्व देगा।

महाजनी सभ्यता का तिलस्म और प्रेमचन्द

प्रेमचन्द के साहित्य में किसानों और मजदूरों के शोषण का हादसा सब कहीं विद्यमान है, किन्तु 'गोदान' की समाप्ति और 'मंगलसूत्र' के प्रारम्भ के साथ वे महाजनी सभ्यता के आतंककारी विस्तार से परिचित हो गए थे। इसलिए 'महाजनी सभ्यता' निबन्ध में पूँजीवाद के जिस विकराल रूप का वर्णन है, उसे ही 'मंगलसूत्र' के देवकुमार एक तर्क-संगति देते हुए कहते हैं कि "जिस राष्ट्र में तीन-चौथाई आदमी भूखों मरते हों, वहाँ किसी एक को बहुत-सा धन कमाने का कोई नैतिक अधिकार नहीं है, चाहे इसकी उसमें सामर्थ्य हो।" सामर्थ्यवाली बात कह कर प्रेमचन्द उन सारे पूँजीवादी-दार्शनिकों का तर्क-व्यामोह भंग कर देते हैं, जिसका उन्हें बहुत गर्व है और जिसे वे अकाट्य समझते हैं। 'वैयक्तिक प्रतिस्पर्धा' के जिस तर्क को वे मनुष्य-जिजीविषा का हिस्सा बनाते हैं, वह बुनियादी रूप से लालची और ईर्ष्यालु कर्म की हिस्सेदारी है। इसीलिए प्रेमचन्द ने एक दूसरे आलेख 'नया जमाना-पुराना जमाना' में पूँजीवादी समाज पर टिप्पणी करते हुए लिखा—"यह सभ्यता शहद और दूध की नदी अपने कब्जे में रखना चाहती है और किसी दूसरे को एक घूंट भी नहीं देना चाहती। वह खुद आराम से अपना पेट भरेगी, चाहे दुनिया भूखी मरे।"

कंचन-लोलुप पूँजीवादी सभ्यता के सम्बन्ध में लिखते बोलते हुए प्रेमचन्द में एक बौद्धिक प्रखरता है—ज्यादा अच्छा हो, यदि उसे नैतिक प्रतिबद्धता कहें। नैतिक प्रतिबद्धता होने के कारण ही प्रेमचन्द का विरोध स्तर उन सब अविश्वसनीय से अलग होता है, जो सिर्फ बातूनी है और ऐश्वर्यमयी जिन्दगी जीते हैं। यही प्रतिबद्धता उन्हें उन सारे धर्माचार्यों से भी अलग करती है, जिनका नैतिकता बोध मनुष्य की जिन्दगी के बिलकुल पास खड़े सवालों और भयावह अत्याचारों से कतराता हुआ निकल जाता है।

मैं यह जोर देकर कहना चाहता हूँ कि प्रेमचन्द 'गरीबी के अध्यात्म' से जुड़े थे। हजारों जगह और सैकड़ों प्रसंगों में प्रेमचन्द 'कांचन मुक्ति' के अध्यात्म को दुहराते हैं। वे लिखते हैं—"मैं कल्पना ही नहीं कर सकता कि कोई बड़ा आदमी बड़ा धनपति हो। जैसे ही मैं किसी आदमी को बहुत अमीर देखता हूँ, उसकी तमाम कला और ज्ञान की बात का नशा मेरे ऊपर से उतर जाता है। मैं उसे कुछ इस तरह

देखने लगता हूँ कि उसने इस वर्तमान समाज-व्यवस्था के आगे घुटने टेक दिए हैं। जो अमीरों द्वारा गरीबों के शोषण पर आधारित है। लिहाजा कोई नाम, जो लक्ष्मी से असम्पृक्त नहीं है, मुझे आकर्षित नहीं करता...मैं खुश हूँ कि प्रकृति और भाग्य ने मेरी सहायता की है और मुझे गरीबों के साथ डाल दिया हैं इससे मुझे आध्यात्मिक शान्ति मिलती है।"

प्रेमचन्द जब गरीबों के साथ होते हैं, तब वे किसी रूमानी अन्दाज में नहीं होते, उसे शोभामय नहीं बनाते और न उसका स्तवन करते हैं; बल्कि, उसकी सारी शोभा-यात्रा के छल को खोलते हैं और एक अदृश्य, गोपन हिंसा की धूर्तता को जाहिर करते है; उसके लम्पट स्वभाव को समझाते हैं, जिससे आदमी डरे नहीं और अमीरों की हैसियत का कारण समझे। उसे असली रूप में पहचाने। 'सम्पदा का मेस्मेरिज्म' विनष्ट करने का काम करते हुए उन्होंने 'महाजनी सभ्यता' आलेख में एक स्थान पर लिखा है—"इस महाजनी सभ्यता के सारे कामों की अरज पैसा होता है...इस दृष्टि से मानो आज महाजनों का ही राज्य है। मनुष्य समाज दो भागों में बँट गया है। बड़ा हिस्सा तो मरने और खपनेवालों का है। और, बहुत ही छोटा हिस्सा उन लोगों का है, जो अपनी शक्ति और प्रभाव से बड़े सम्प्रदाय को अपने वश में किए हुए है। उन्हें इस बड़े भाग के साथ किसी तरह की हमदर्दी नहीं जरा भी रियायत नहीं। उसका अस्तित्व केवल इसलिए है कि अपने मालिकों के लिए पसीना बहाये, खून गिराए और एक दिन चुपचाप इस दुनिया से विदा हो जाए..."

यह लिखना आज नितान्त गैरजरूरी है कि पूँजीवाद का आखिरी लक्ष्य क्या है? सब जानते हैं कि मनुष्य में जो कुछ श्रेष्ठ है, जो उसका सत्य है, वह उसे निचोड़ लेता है। सारे मानवीय रिश्ते व्यर्थ होते प्रतीत होते हैं। मानवीय संवेदनाओं को इस तरह बेरहमी से काट कर पूँजीवाद समाज और व्यक्ति के बीच शिकार और शिकारी का रिश्ता कायम करता है। शिकारी के मन में शिकार के प्रति कोई भाव, कोई संवेदना नहीं होनी चाहिए। इसके चलते "पूज्य पिताजी भी पितृभक्त बेटे के टहलुए बन जाते हैं। मां अपने सपूत की टहलुई, भाई भी भाई के घर आए तो मेहमान है...इस सभ्यता की आत्मा है व्यक्तिवाद।"

अन्त तक प्रेमचन्द उस तिलस्म को तोड़ना चाहते हैं, जो ईश्वरीय विधान के नाम से पूरे देश में पैर फैला कर निश्चित पसरा पड़ा है। जो अमीर हो गया है, 'ईर्ष्या' जोर-जबरदस्ती, बेईमानी, झूठ, मिथ्या, अभियोग-आरोप, वेश्यावृत्ति, व्यभिचार, चोर-डाके, बरास्ते उन सब क्रूर कर्मों के जो वर्जित है, उन्हें रहस्यमयता का साथ स्वीकार करता है 'ईश्वरेच्छा' की मुहर लगाता है। इस मायावी ईश्वरेच्छा के विरुद्ध प्रेमचन्द अनवरत संघर्ष करते हैं।

प्रेमचन्द मानने लगे थे कि 'महाजनी सभ्यता' के खिलाफ 'नई सभ्यता' का जिहाद शुरू हो गया है। 'कांचन मुक्ति' का जिहाद शुरू हो गया है। 'कांचन मुक्ति'

का जिहाद मामूली नहीं है। फिर भी, वे एक महान आशावादी की तरह कहते हैं—"इस पैसा-पूजा को मिटा दीजिए, सारी बुराइयाँ अपने-आप मिट जाएँगी।"

व्यक्ति-सम्पदा के सम्बन्ध में उग्र विचार रखनेवाले प्रेमचन्द उग्रवादी होते नजर नहीं आते। एक वयस्क समझदार, सहनशील तर्क-प्रिय व्यक्ति की मुद्रा अख्तियार किए रहते हैं। एक आत्मीय विपक्ष की स्थिति में असम्पत्तिवाद का स्तवन करते हैं। सम्पत्तिवानों को 'आत्म-निरीक्षण' करने का खयाल आ सकता है और प्रेमचन्द शायद सोचते रहे हों कि इस तरह वे लोक-कल्याण के लिए 'धन-संचय' से विरत हो जाएँ।

'कंचन मुक्त' होने की मानवीय दलीलों से प्रेमचन्द का साहित्य ओत-प्रोत है। किन्तु एक अमानवीय, हिंसक, निष्करुण, विभाजित, वर्गों में, श्रेणियों में बँटा संसार आज कहीं अधिक फैल गया है। गरीबी के अध्यात्म और उसकी आवश्यकता का प्रतिपादन करनेवाले मन से लक्ष्मी के जादुई तंत्र की गिरफ्त में है। 'कांचन मुक्ति' का दर्शन और विज्ञान फैलाने के लिए अब बहुत कम प्रेमचन्द नजर आते हैं।

सुधीन्द्र की कविता

कवि सुधीन्द्र का जन्म प्रथम महासमर के आसपास हुआ था और वे दूसरे महासमर के परिणामों से उपस्थित हुई समाज-रचना के कौतुक और विभीषिकाओं को देखते-देखते समाप्त हो गए। इन दोनों युद्धों के बीच के व्यक्तित्व का अंकन सरल नहीं है क्योंकि इधर जो समय व्यतीत हुआ है वह मनोविश्लेषकों की दृष्टि से अद्भुत, भय, आशंका, पीड़ा, सन्ताप, चिन्ता और कुंठाओं से बोझिल है। टी.एस. इलियट ने 'मर्डर इन दी केथेड्रल' में इस सन्ताप का वर्णन करते हुए लिखा है "समय हम से अलग जा पड़ा है और हमारा दिमाग प्याज के छिलकों की तरह उतर गया है, क्योंकि हम एक अज्ञात भय सेव्याकुल हैं जिससे हम आँख नहीं मिला सकते।" ('साहित्य की नई मर्यादा' शीर्षक लेख से उद्धृत धर्मवीर भारती : आलोचना) तब दूसरी तरफ यह भी सत्य है कि दोनों महासमर के बीच का समय पराजित जनता के महान अभ्युदय और पूँजीवादी सभ्यता के अन्तिम पतन की सन्धि-रेखा है। यूँ तो पुराने विश्वासों और आस्था के मूल्य बदल जाने के कारण व्यक्ति को जो आश्चर्य हुआ है उससे कम उसे पीड़ा भी नहीं हुई पर जिस शक्ति के साथ उसने अनागत को स्वीकार किया, बल्कि सम्पूर्ण अनागत को जिस नये विश्वास और दर्शन के साथ वरण किया, वह एकदम आनन्द और आकर्षण की महान घटना है।

सच तो यह है कि दोनों महायुद्धों के बीच का मनुष्य जहाँ अपनी व्यथा, विवशताओं के कारण दुर्बल है वहीं अपनी अजेय सृजन लालसा के कारण महान और महिमामय भी है। एक साथ मनुष्य की इतनी विकट वेदना की आत्मस्पर्शी पुकार तो दूसरी तरफ सन्तुलन के साथ सृष्टि के पुनर्निर्माण की क्रिया दोनों ही आश्चर्य-विमुग्ध कर देनेवाली हैं। संक्रमण-काल में यह आस्था अनायास ही पैदा नहीं होती बल्कि भय तो यही रहता है कि अनास्था, अविश्वास, निराशा, मृत्यु और प्रतिक्रियावादी शक्तियाँ जीवन पर हावी न हो जाएँ। संक्रमण-काल में व्यक्ति आत्मपीड़न की जिन स्थितियों से गुजरता है वे एकदम असाधारण और अनहोनी होती है। प्रतीत यही होता है कि जैसे आत्मा को अभी कोई खंड-खंड कर देगा किन्तु, फिर भी मनुष्य का अपराजित संकल्प, स्वतंत्र विवेक उद्दंड 'अहम्' यूँ ही नहीं टूट जाता और वह अभिव्यक्ति के नये-से-नये पथ निर्माण करता है। यही स्थिति दो

महासमर के बीच के साहित्यकार की है। कई बार आलोचक का दृष्टिपथ इतना संकीर्ण और क्षुद्र होता है कि वह सृजनकार की इस 'आत्मदाह', आन्तरिक संघर्ष के समय की अनहोनी स्थिति और उसके प्रभाव को नज़रन्दाज कर देता है। मेरा तो निवेदन है कि महासमर की यातना मनुष्य-मन की सबसे दुर्गम यात्रा की अप-स्मृति है। सारी सृष्टि के साहित्यकार के लिए यह द्विधा का समय है और यही कारण है कि कभी आत्मा के आलोक को खोकर साहित्यकार ने निराशा के स्वरों को गूंथा और गाया तो कभी आलोक को पाकर उसने विश्वास के स्वर मुखरित कर दिए।

दरअसल बीसवीं शती के काव्य और कवियों पर अत्यन्त सहिष्णुतापूर्वक विचार होना आवश्यक है क्योंकि वे ऐसे समय में मनुष्य की आस्था को बल देते रहे हैं कि जब कि वह बिलकुल ही टूट रही थी। यह सत्य है कि कई बार उनके प्रिय स्वप्नों की सृष्टि के ध्वंस होने से उनके आँसू छलक आए हैं पर कहना यही होगा कि सन्ताप की इन घड़ियों में भी दुनिया के अधिकांश कवियों ने निष्कपट भाव से सृष्टि के नये सृजन की घोषणा की। सिसिल ड्रेल्यूइस के शब्दों में उसने निराशा में से जिन्दगी की चिंगारी ढूँढ़ी है और इस्पात में संगीत जगाया है। सुधीन्द्र के आलोचकों को यह स्मरण रखना होगा कि वे इस 'आत्मा के मन्थन' कर देनेवाले दो महायुद्धों के बीच के कवि हैं।

प्रारम्भ ही में महायुद्ध की चर्चा इसलिए भी अनिवार्य हो गई कि इसके साथ भारतीय-स्वतंत्र्य का प्रश्न अविच्छिन्न भाव से जुड़ा हुआ है। प्रथम महायुद्ध के पश्चात् उपनिवेशों की जनता का मन एक विलक्षण आक्रोश से सन्तप्त हो गया। भारतीय जनता के लिए यह संकट और संघर्ष का समय था। सारे राष्ट्र के जन जिस तीव्रता के साथ अपनी शृंखलाओं से मुक्त होना चाहते थे उतनी तीव्रता के साथ मुक्त नहीं हो पा रहे थे और साम्राज्यवादी शक्तियाँ अनेक दाँव-पेच लगाकर उपनिवेशों पर शोषण के दांत तीखे कर रही थी। उधर रूस लगभग 1917 के जारशाही से मुक्त होकर पराजित मानवता का दृष्टिकेन्द्र बन चुका था तो इधर महायुद्ध में विजयी होने के उपरान्त भी अंग्रेजों की दुर्नीति ज्यों-की-त्यों थी। मुक्ति आन्दोलन के गर्भ से जिस एक तीसरी और महान नैतिक शक्ति का अभ्युदय हुआ वह गांधीजी थे। गांधीजी के प्रभाव का वर्णन करते हुए नेहरूजी ने बिलकुल ठीक लिखा है "एक विशाल छायामूर्ति की भाँति गांधीजी भारत के इतिहास की आधी शताब्दी में पाँव फैलाए खड़े हैं। वह मूर्ति भौतिक नहीं आध्यात्मिक है।"

गांधीजी की इस सुदीर्घ छाया ने सारी मानस रचना को नई छवि, नया दर्शन, नया चिन्तन दिया। सारांश यही कि गांधीजी के इस नये नेतृत्व को राष्ट्र ने स्वीकार किया जिसकी गूँज स्पष्टता साहित्य की रचना में धड़कने लगी। राष्ट्र के साहित्य-निर्माताओं ने अपनी-अपनी तरह इस धड़कन को धारण किया और अभिव्यक्ति दी। किन्तु जैसा मैंने निवेदन किया कि जिन शक्तियों से राष्ट्र के साहित्य-कर्मियों का

मानस निर्मित हो रहा था—वह कोई एक घटना नहीं थी, वे अनेक घटनाएँ थीं, वह महासमर का सन्ताप था, अंग्रेजों की प्रथम महासमर के समय की गई प्रतिज्ञा और उसे भंग कर देने का रोष था, गांधीजी का अदम्य आकर्षण था। सांस्कृतिक पराभव से मुक्त होने की कामना थी। सार यह कि एक नये व्यक्तित्व का जो उदय हो रहा था वह नया चिन्तन, नया समाज चाह रहा था। इस तरह अनेक घटनाओं, अनेक आकर्षणों से बना हुआ, बँधा हुआ साहित्यकार का मन कई तरफ, कई तरह से दौड़ रहा था। यह कहना सहज नहीं है और न सरल ही है कि किसी अमुक कारण से कोई अमुक कार्य घटित हो गया हो बल्कि कई बार एक रचना के कई कारण हो सकते हैं या एक कारण अनेक रूप से कार्य में प्रतिफलित हो सकता है। दुर्भाग्य से पिछली हिन्दी आलोचना कुछ इस तरह बढ़ती रही, कि जो समग्रता, व्यापकता उसमें आनी चाहिए थी नहीं आ पाई। आलोचना का यह प्रवाह एक तरफ 'कुत्सित समाज शास्त्रियों (Vulgar Sociologists) के द्वारा अवरुद्ध कर लिया गया और या फिर 'फ्रायडवादी कुंठाशास्त्रियों' द्वारा बँधा रहा। इस तरह एक तरफ सृजन की अपरिसीम लालसा संकूचित हो गई तो दूसरी तरफ आलोचना के व्यापक और शक्तिशाली तत्त्व स्पष्ट होकर सामने नहीं आए। किन्तु आज जो नई आलोचना का सिद्धान्त है वह यही समग्रता है इसलिए हम इन्हीं आधारों पर सुधीन्द्र की काव्य मीमांसा करेंगे।

कवि सुधीन्द्र जैसा मैंने पहले कहा है इन अनेक घटनाओं के प्रतिफलन हैं। वे एक तरफ राष्ट्रवादी कवियों के अनुवर्ती तो दूसरी तरफ गीतिकाव्य के अग्रणी कवियों में से थे। जिस समय उन्होंने काव्य सृजन प्रारम्भ किया उस समय मैथिलीशरण जी गुप्त का वह छंदोमय प्रश्न जो भारत-भारती में उठा वह सारे राष्ट्र में व्याप्त हो गया—

हम कौन है, क्या हो गये थे।
और क्या होंगे अभी।
आओ विचारें आज मिलकर।
ये समस्याएँ सभी।

इसी तरह कवि सुधीन्द्र के अग्रज कवि माखनलाल चतुर्वेदी, बालकृष्ण शर्मा 'नवीन', रामधारीसिंह 'दिनकर' आदि उस साम्राज्यवादी शोषण के विरुद्ध जिस सशक्त वाणी का प्रयोग कर रहे थे उसका आकर्षण कवि सुधीन्द्र के लिए कम महत्त्व का नहीं था। मैथिलीशरण जी वाले स्वर को पकड़कर कवि सुधीन्द्र ने 'जौहर' की रचना की, किन्तु 'जौहर' की रचना में कवि ने संकीर्ण सम्प्रदायवाद का आग्रह ग्रहण नहीं किया है। प्रकाशचन्द्र गुप्त ने ठीक ही लिखा था कि मैथिलीशरण जी का यह 'हम' संकीर्ण था पर सुधीन्द्र ने जिस समय 'जौहर' का आख्यान चुना तो किसी संकीर्ण राष्ट्र नीति का आग्रह नहीं था बल्कि एक राष्ट्रीय शौर्य की घटना को छंदोबद्ध करता था। 'जौहर' की भूमिका में, सुधीन्द्र ने स्वयं बड़ी निर्भीकता से स्पष्ट किया है—

"जौहर की कला भारतीय इतिहास में प्रसिद्ध है। इस देश का दुर्भाग्य कहना चाहिए कि आज देशवासी अपने इतिहास तक को प्रस्तुत करने में झिझक जाते हैं।... मेरी आत्मा, किन्तु इस विचार से विद्रोह करती है। जौहर का लेखक 'जौहर' को हिन्दू-मुसलमान—वैमनस्य का अस्वस्थ वातावरण बनानेवाला नहीं, जीवन, अग्रगति, बल, बलिदान और मानव-प्रेम की अहिंसक भावना का पोषक मानता आया है।"

राजस्थान की वीर रमणियों ने शौर्य का जैसा परिचय 'जौहर' की ज्वाला में भस्म होकर दिया उसे सामन्तवादी विवशता का नाम देना थोड़ा दुराग्रह ही है। सत्य तो यह है कि इस बलिदान ने देश की मुक्तिकामी, स्वतंत्रचेता शक्तियों को अलौकिक स्फूर्ति और साहस प्रदान किया। स्वतंत्रता के जिस उद्दाम आवेग से प्रेरणा लेते हुए सुधीन्द्र ने इस काव्य की रचना की उसका आभास प्रारम्भिक पृष्ठ के छंदों में स्पष्ट हुआ है।

स्वतंत्रता सम्पदा आतुल है,
यह जीवन है अल्प अहो।
प्राणों की आहुति देने में,
क्यों संकल्प विकल्प कहो?
स्वतंत्रता शाश्वत वैभव है,
यह जीवन, यह जगत् अचिर।
जीवन बलि देने में फिर क्यों,
नश्वर मन भय से अस्थिर?

'जौहर' का सारा काव्य किसी तरह के क्षुद्र अहंकार अथवा दुर्बलता को नहीं उभारता, किन्तु, एक ऐतिहासिक प्रसंग के शौर्य को चित्रित करता है। यह ठीक है कि सुधीन्द्र के इस खंड काव्य में शब्द-शिल्प और काव्य-लाधव उभरकर नहीं उठा है फिर भी कई स्थानों पर एक ऐसी सकरुण अनुभूति, शब्द-सौष्ठव और प्रबन्ध-कौशल नजर आता है कि जिसे देखकर यह निश्चय के साथ कहा जा सकता है कि शीघ्र ही एक उत्कृष्ट प्रतिभा का उदय होनेवाला है।

'जौहर' को पढ़कर जो मैंने अनुभव किया उसे मार्क्सवादी आलोचना के हिन्दी—विधायक रामविलास शर्मा ने दूसरी तरह कहा है, पर उससे यह प्रमाणित हो जाता है कि सुधीन्द्र अपने काव्य-शिल्प और कथन की ओजस्विता के कारण अंचल, सोहनलाल द्विवेदी की कोटि में आ गए। आलोचक नंददुलारे वाजपेयी ने तो कवि सुधीन्द्र की इस काव्य प्रतिभा को राष्ट्र के अन्यतम श्रेष्ठ और समादृत कवियों के साथ स्थान दिया है। उन्होंने लिखा है, "पुरानी प्रशस्त धारा के कविगण भी काम करते जा रहे हैं। दिनकर भगवती चरण शर्मा, उदयशंकर भट्ट, रामकुमार वर्मा, नरेन्द्र, सोहनलाल द्विवेदी, जगन्नाथ प्रसाद 'मिलिन्द', अंचल, जानकीवल्लभ

शास्त्री, मनोरंजन, आरसी, सुधीन्द्र, नीलकंठ-तिवारी, नेपाली आदि की रचनाएँ अब भी प्रकाशित हो रही हैं।...इस सबका विवेचन भी नये इतिहास के लेखक को करना होगा।" (द्रष्टव्य : आधुनिक साहित्य : नंददुलारे वाजपेयी : पृष्ठ संख्या 37)

'जौहर' के काव्यकार का यश शीघ्र ही सारे देश में व्याप्त हो गया। किन्तु इसका कारण इस आख्यान को छंदोबद्ध करना नहीं था बल्कि एक ऐसे गुणात्मक परिवर्तन (Qualitative Difference) के कारण कि जिसे 'कविता का आभ्यान्तरिक प्रयाण' कहा जा सकता है। 'जौहर' खंड-काव्य के कुछ छंद द्रष्टव्य हैं—

कल था जो अधरों में
वैभव की मुसकान लिये।
महल रो रहा था आँखों में,
आज अकथ आख्यान लिये।
पल-पल श्री शोभा करती थी,
लीला से श्रृंगार जहाँ।
दग्ध कथा अपनी कहते थे,
अब बिखरे अंगार वहाँ।" ('जौहर' पृष्ठ संख्या 203)

काव्य में इस प्रकार की लाक्षणिक अभिव्यंजना का प्रादुर्भाव हो जाने से सुधीन्द्र का कवि-व्यक्तित्व उभर रहा था। इसमें सन्देह नहीं है कि काव्य के ये नये चरण प्रसाद, पंत आदि छायावादी कवियों की साधना के सुफल है, पर इसी छायावादी काव्य ने अपने उत्तरार्ध में जो व्यक्तिवादिता, रोमानी अभिव्यक्ति, स्त्रैण-कुंठा आदि का पोषण किया उसमें सुधीन्द्र शामिल नहीं हुए। यहाँ तक कि 'अमृत-लेखा' में सुधीन्द्र के गीतों पर रवीन्द्र की छाप चाहे अंकित हुई हो पर 'एकान्त संगीत' के गायक बच्चन या नरेन्द्र शर्मा की भाव-शवलता कहीं भी दृष्टिगत नहीं होती। मैं अभी 'अमृत-लेखा' के काव्य की चर्चा नहीं कर रहा हूँ। ध्यान देने की बात यह है कि 'जौहर' की लाक्षणिक अभिव्यंजना सुधीन्द्र के गीतों में क्रमशः कैसे फैलती गई।

प्रकाशन की दृष्टि से 'जौहर' 1943 में प्रकाशित हुआ और 'प्रलय वीणा' कदाचित 1941 में, पर रचनाक्रम में, 'जौहर' पहले और 'प्रलय वीणा' बाद में रची गई है। 'प्रलय वीणा' की समालोचना करते हुए 1941 के 'जीवन-साहित्य' में सद्गुरुशरण अवस्थी ने लिखा है—

"सुधीन्द्र जी प्रधानतः देश के और युग के कवि हैं। युग का उत्पीड़न उनमें है और उसके व्यक्तिकरण में वे अनुपम रूप से सफल हुए हैं।...उनकी कविताओं को छायावादी नहीं कहा जा सकता है। रहस्यवाद से भी वे अधिकतर दूर हैं। उनकी कोई भी कविता लोक मंगल के भीतर देश मंगल को छोड़कर नहीं चलती।...उनकी प्रेम सम्बन्धी कविताओं में तूफानी बर्बरता नहीं है।...सुधीन्द्रजी के चित्र साफ और भाषा

सुथरी है। उनमें प्रवाह प्रेषणीयता है। क्रान्ति के तूफान में बे-लगाम उफान कहीं नहीं है।" लगभग इसी समय कदाचित् 'प्रलय-वीणा' के गीतों से क्रुद्ध होकर रामविलास शर्मा ने सुधीन्द्र जी के लिए फतवा दिया "मृत्यु कामी कवियों से भिन्न एक दल उनका है जो अपनी वासना को न दबा सकने के कारण समस्त संसार में प्रलय मचा देना चाहते हैं। प्रलय सम्बन्धी कविता इतनी हुई है कि उद्धरण अनावश्यक है। सुधीन्द्र, अंचलजी में अतृप्त वासना प्रलय बनकर आई है।" रामविलास जी को उद्धरण देने की आवश्यकता प्रतीत नहीं हुई अस्तु उद्धरण नहीं दिए अन्यथा किसी अन्य निष्कर्ष पर भी पहुँचा जा सकता था। किन्तु सुधीन्द्र पर यह आरोप अत्यन्त एकाकी है, सत्य तो यह है कि सुधीन्द्र में बर्बर वासना के अनुताप में विदग्ध होने की क्षमता नहीं थी। यदि उनमें कोई वासना थी भी तो उसका काफी सामाजिक—संस्कार हो गया था।

'प्रलय-वीणा' के कुछ गीतों में अवश्य ही आवेश ही आवेश के स्वर उद्दाम हो गए थे पर उस तरह की रचनाओं का प्रारम्भ उससे कहीं पूर्व श्री नवीन एक भारतीय आत्मा' आदि कर चुके थे। इन कवियों में तथा इसी परम्परा के अनुवर्ती कवि सुधीन्द्र की रचनाओं में जो विप्लव की भावना द्रष्टव्य है वह किसी अदम्य वासना का प्रत्यावर्तन नहीं है बल्कि उन सभी 'मानवतावादी' कवियों में मिलती है जो देश के लिए सन्तापित होना जानते हैं। जिस समय ये 'विप्लव गान' गूँज रहे थे उस समय कदाचित् किसी को अवकाश नहीं था कि किसी आलोचक को जाकर 'कनसल्ट' कर लेता। उस समय तो यही भाव सारे वायुमंडल में व्याप्त थे। ये चिंगारियाँ थी कि जिसे आप वासना का प्रत्यावर्तन कह दीजिए, आप पलायनवाद कह लीजिए, या उसे राष्ट्रवादिता की संज्ञा दे दीजिए। सुधीन्द्र के पहले इस प्रकार की उग्र रचनाओं का एक समा बँधा था। नवीनजी की वे अग्नि बरसा देनेवाली पंक्तियाँ सारे देश में गूँज उठी थीं—

बरसे आग, जलद जल जाए,
भस्मसात भूधर हो जाए।
पाप-पुण्य सद्-सद् भावों से,
धूल उड़ उठे दाएँ-बाएँ।
नभ का वक्षस्थल फट जाए,
तारे टूक-टूक हो जाएँ।
कवि कुछ ऐसी तान सुना दो,
जिससे उथल-पुथल मच जाए।

इस प्रकार की रचनाओं में कोई वासना नहीं थी, कोई दमित आकांक्षाओं की तृप्ति भी नहीं थी। उस समय के कवि केवल दिवास्वप्न-दर्शी ही नहीं थे बल्कि राष्ट्रव्यापी सुख-दुख के सहगामी थे। 'प्रलय-वीणा' के गीतों का स्वर दमित वासना

का स्वर नहीं है बल्कि एक अनुताप-दग्ध मानवतावादी कवि का स्वर है कि जो आस-पास मनुष्य की मर्यादा को अप्रतिष्ठित होता हुआ देख रहा था। इसी 'प्रलय-वीणा' के कुछ अन्य ऐसे भी गीत हैं जो सुधीन्द्र को 'वासनावादी कवियों' से अलग कर देते हैं। 'प्रलय-वीणा' की रचना के समय श्री नरेन्द्र का एक गीत 1939 के अक्तूबर 'हंस' में देखिए—

फिर फिर रात और दिन आते,
फिर-फिर होता साँझ सवेरा,
मैंने भी चाहा फिर आए—
बिछुड़ा जीवन साथी मेरा,
पर मेरे जीवन का साथी,
छूट गया सो छूट गया।
रातों जगा, करवटें बदली—
सांसें गिन गिन नींद बुलाई
किन्तु न पूरा हुआ अधूरा
सपना, उचटा नींद न आई
कच्चे धागे सा सुख-सपना,
टूट गया सो टूट गया।
पर मेरे जीवन का साथी,
छूट गया सो छूट गया।

उसी 'हंस' में त्रिलोचन का एक अन्य गीत प्रस्तुत है—

उड़चल, उड़चल; मेरे पंछी, तेरा दूर बसेरा।
दिन उड़ता निज पर फैलाए,
बदल रहा जग बिना बताए,
दिन के संग चला चल, पीछे आता घोर अँधेरा।
सांस न लेने की बेला है,
प्रलय पर्व का यह मेला है,
फिर तेरा वह देश, जहाँ पर शेष न साँझ सवेरा।

अब इन दोनों गीतों की पृष्ठभूमि में 'प्रलय-वीणा' के कवि श्री सुधीन्द्र का एक गीत उपस्थित है।—'नरेन्द्र' के गीत में निराशा और त्रिलोचन का पलायन दोनों ही सुधीन्द्र के गीत में नहीं हैं।

तन-मन की इन रंग-रलियों में,
चिर जीवन का ध्येय न भूलो।

जग जीवन की इन गलियों में,
नित्य चिरन्तन प्रेय न भूलो॥
अपने पावन प्राण कलश को,
तन-मन के मधु अमृत से भर।
अविनश्वर के पूजार्चन में,
धर दो उसको प्रेम पुरस्सर॥
अजर-अमर के आराधक तुम,
जड़ प्रतिमा के चरण न छू लो!
गायक, गीत स्वराराधन में,
आदि अनश्वर गेय न भूलो!!

सुधीन्द्र सदैव ही बड़े ईमानदार कवि रहे हैं। उनमें 'गलदश्रु भावुकता' इस दर्जे की नहीं थी जो उन्हें आत्म-रत बनाकर छोड़ देती। अवश्य ही उन्होंने छायावाद का काव्यशिल्प ग्रहण किया था अभिव्यक्ति को अधिक सप्राण, स्फूर्तिदायक बनाया था, किन्तु उसमें व्यक्तिवादी वासना नहीं थी। छायावाद की अभिव्यक्ति और कुशल काव्यशिल्प से प्रभावित होने न होने की बात नहीं थी बल्कि समस्या यह थी कि इस सामग्री की उपयोगिता क्या हो? सुधीन्द्र छायावादी स्वप्न चुराकर अन्तर्मुखी नहीं हुए, वे 'प्रलय-वीणा' में अधिक शक्ति-सम्पन्न होकर सामने आए। 'प्रलय-वीणा' के सुधीन्द्र पर गांधीजी और रवीन्द्र के प्रभाव स्पष्ट हैं। यही जैसे सुधीन्द्र के दो ध्रुव हैं, दो प्रेरणा-केन्द्र। सुधीन्द्र के प्राणों में कवि बसा था वह रवीन्द्र को समर्पित था, सुधीन्द्र के प्राणों में जो मनुष्य था वह गांधीजी को समर्पित था। इन दोनों के बीच कशमकश थी। ये दोनों आकर्षण थे कि जिनके बीच सुधीन्द्र का मन बँधा हुआ था।

'प्रलय-वीणा' में सुधीन्द्र ने जो काव्य-शिल्प का प्रयोग किया वह 'अमृत-लेखा' में आकर निखर गया। 'अमृत-लेखा' का कवि छायावाद की प्रशस्त धारा का कवि है। उसमें अन्य छायावादियों की तरह प्रेम-विह्वलता या इसी प्रकार वायवी रोमान्स इत्यादि नहीं है। सुधीन्द्र के लिए यह निर्भय होकर कहा जा सकता है कि काव्य उनकी आत्मा की सिद्धि था वह उनका स्वभाव था—कविता किसी 'आग्रह' का वाहन नहीं था जैसी कि वह कुछ कवियों के लिए उस समय भी थी और जैसी कि वह कुछ कवियों के लिए आज भी है। किसी आग्रह का वाहन न होने से सुधीन्द्र की कविता में वह उत्कटता नहीं थी जैसे—शैली, कीट्स या बायरन जैसे सेक्सवादियों में मिलती है और न उसमें वह तिक्तता ही आई जो पिछले दिनों मार्क्सवादी नागार्जुन, शंकर शैलेन्द्र या उर्दू के कुछ कवियों में आती चली थी, किन्तु इसके विपरीत कई बार यों प्रतीत होता है कि जैसे सुधीन्द्र में काव्य-शिल्प के प्रति एक विशेष मोह, एक आसक्ति भाव जाग रहा हो। 'अमृत लेखा' के कई गीत काव्य-शिल्प के कारण प्रिय हुए हैं और उन पर रवीन्द्र का प्रभाव स्पष्ट

है। 1941 के लगभग सुधीन्द्र रवि बाबू के गीतों का अनुवाद कर रहे थे। 1941 के कवि 'जीवन-साहित्य' में उनका 'रवीन्द्रनाथ का युग-दर्शन' निबन्ध प्रकाशित हुआ। इस निबन्ध में कवि सुधीन्द्र के अनुवादक का प्रखर रूप द्रष्टव्य है। एक नमूना उपस्थित करता हूँ :

जे थाय थाके सवार अधम हमें दीन
सेइ खाने जे चरण तोमार राजे
सबार पिछे, सबार नीचे, सब हरादेर माझे
(है जहाँ अधम दीनातिदीन
है वहाँ तुम्हारे चरण आज
सबसे पीछे सबके नीचे
जनगण में है राजाधिराज।)

इस निबन्ध में जो कुछ चुना गया है उससे प्रतीत होता है कि सुधीन्द्र 'नर-नारायण' की वन्दना को कितनी उत्कटता के साथ संजो रहे थे। 'अमृत-लेखा' पुस्तकाकार तो सम्वत् 2001 में प्रकाशित हुई किन्तु यह कहा जा सकता है कि 'अमृत-लेखा' के गीतों पर रवि बाबू के काव्य शिल्प की छाप स्पष्ट उभर आई। आखिर रवि बाबू के इस प्रभाव का ऋण किस पर नहीं है? किन्तु सुधीन्द्र पर जो यह प्रभाव अंकित हुआ उसकी मर्यादा है। मैंने निवेदन किया है कि सुधीन्द्र पर एक अन्य व्यक्तित्व भी व्यापक प्रभाव डाल रहा था—गांधी। 'अमृत लेखा' के सौन्दर्यदर्शी कवि में इसी प्रभाव के कारण एक विशेष चिन्ता, एक विशेष चिन्तन की धारा बहती नजर आती है। 'अमृत-लेखा' में यह चिन्तन एक गहरी करुणा और कुछ जीवन के गम्भीर प्रश्नों को लेकर समा गई है। कहीं-कहीं इस चिन्ता का परिणाम यह हुआ है कि उसने गीतों का स्वर भंग कर दिया है। पर इतना बिलकुल स्पष्ट है कि इन गीतों के गायक का मन समृद्ध और संस्कारवान है।

'अमृत-लेखा' के बाद के गीतों में कई धारणाएँ, कई मोड़ हैं। वैसे तो 'अमृत-लेखा' के तमाम गीतों में एक ही जिज्ञासा है, एक ही प्रश्न है, जो भारतीय दर्शन का प्रधान स्वर है। जीवन और मृत्यु की सीमाओं के पार जो अनश्वर है, जो अनाम है वह क्या है? किन्तु इस प्रश्न को सुधीन्द्र ने इन गीतों में कई तरह से गाया है, अनेक प्रकार से आत्मा को आन्दोलित करने का प्रयास किया है। 'अमृत-लेखा' के कुछ गीतों में तीव्र प्रश्न है—

अमर जो न मुझे करे वह दान लेकर क्या करूँगा?
अक्ष पर अपने निरन्तर
घूमता मैं चक्र बनकर,
लक्ष्य अपना पा सकूँगा

प्राण क्या निज लक्ष्य खोकर?
प्रेय दो तो दो मुझे मैं प्राण लेकर क्या करूँगा? (गीत दो)

अमर प्राणों की अचिरता दी मुझे उपहार में क्यों?
मुक्ति थी इतनी मनोरम
और परवशता मरण सम,
कर लिया बन्दी चिरन्तन्
घेर मुझको प्यार में क्यों? (गीत तीन)

आठवें गीत में इसी तरह की चिन्ता और चिन्तन-निष्ठा द्रष्टव्य है :

क्या दूँ मैं उपहार में?
यह सांसों का कोमल बन्धन
तोड़ सकेगा कब यह तन-मन?
लगी हुई आत्मा की निधि जीवन के व्यापार में
क्या दूँ मैं उपहार में?

आत्मा का यही संघर्ष, यही सनातन प्रश्न बारहवें गीत में फिर मुखरित हुआ है :

क्यों चूमता अमर है इन मृत्तिका कणों को?
इस मृत्तिका कलश में
पीयूष पेय भर-भर
निशिदिन उंडेलता है क्यों मृत्यु के चरण पर
क्यों चूमता अधर है इन मृत्तिका कणों को?

जीवन यदि इतना क्षुद्र है, असत्य है, तो फिर उसे रचा क्यों गया है? शरीर यदि एक मृत्तिका का कलश है तो उसमें यह आत्मा का पीयूष क्यों उंड़ेला गया है? यही खोज, यही प्रश्न 'अमृत लेखा' के गीतों में कई जगह गुंजरित है (द्रष्टव्य गीत संख्या 33, 34, 41, 42, 43)

'अमृत लेखा' में यह प्रश्न ही नहीं है, कई स्थलों पर विश्वास भी है, प्रश्न वहाँ समाप्त हुआ-सा हैं यह विश्वास बल्कि यह धारा सुधीन्द्र की अपनी है। मृत्युकामी या रोमान्सवादी कवि के लिए न तो प्रश्न है और न उसका समाधान, किन्तु सुधीन्द्र का जो आत्म-मन्थन था उसका स्वर स्वस्थ है क्योंकि अन्तिम विजय विश्वास की है। अमृत लेखा का प्रथम गीत प्रस्तुत है—

अमर जीवन को मिटा देंगे नहीं शत शत मरण ये!
कुंज छाया मय बने हैं
जबकि पग पग पर मनोरम

लग नहीं सकता निमिष भर
यह विषय पथ दीर्घ दुर्गम
पथ चिरन्तन को छिपा देंगे नहीं लघु लघु चरण ये!

इसी विश्वास के कारण 'अमृत लेखा' के प्रसिद्ध गीत 'दान का प्रतिदान तुमको दे रहा हूँ' की रचना हुई है। इस गीत के अन्तिम पद का काव्य-शिल्प और उसी के साथ आत्मा की विराट छवि का सौन्दर्य दर्शनीय है—

मृत्तिका के कुछ कणों में
लिया अमृत बाँध मैंने!
कलश के कुछ बिन्दुओं में
सिन्धु पाया साध मैंने।
अमृत बिन्दु रहे कहाँ अब?
श्याम सौरभ बस गया है
पुतलियों में है चुराया
मधुर रूप अगाध मैंने
कण मुझे तुमने दिया
मैं प्राण तुमको दे रहा हूँ।
दान का प्रतिदान तुमको दे रहा हूँ।

32वें गीत में सुधीन्द्र ने जो 'प्रलय-प्रणय' का समारोह एक साथ आयोजित किया है वह भी एक ऐसे विश्वास के कारण ही है जो जीवन के प्रति अगाध आस्था का परिणाम होता है।

'अमृत लेखा' के गीतों में कुछ छायावादी तरीके से कई जगह सामाजिक दायित्व का संकेत मिलता है। द्रष्टव्य है—

आज तन का कर रहा हूँ
मैं रुचिकर श्रृंगार नव-नव
किन्तु बलि पंथी बनूँगा
कल उठे जयघोष, जबरन,
जन-जनार्दन के चरण में
शीश यह उपहार भी है
प्रणय में मेरे प्रलय का प्यार भी है।

एक अन्य गीत में मिट्टी के प्यार करने का आग्रह है—

तुम सिखा रहे हो बार-बार
मैं इस मिट्टी से करूँ प्यार

इसके अतिरिक्त सरल भाव से लिखे कई प्रणय गीत है। इन प्रणय गीतों में आशा और निराशा, जीवन के प्रति उद्दाम विश्वास और कहीं-कहीं गहरी निराशा की अभिव्यक्ति है। 'अमृत लेखा' के इन गीतों के साथ कवि सुधीन्द्र का एक व्यक्तित्व बन गया और इसी के साथ उनकी काव्य-रचना (शैली) का एक रूप निर्धारित हो गया। 'अमृत लेखा' में जो 'आत्म-मन्थन' प्रारम्भ हुआ था, प्रतीत होता है कि वह सुधीन्द्र की प्रकृति का अंश था। सृष्टि के प्रति, जन्म के प्रति, ईश्वर के प्रति जो जिज्ञासा 'अमृत लेखा' में प्रारम्भ हुई, उसी की छवि उनके आधुनिकतम गीतों में द्रष्टव्य है।

'अमृत लेखा' के बाद सुधीन्द्र ने अनेक गीत लिखे। पिछले वर्षों में उनके मन का संघर्ष जीवन और मृत्यु से अलग होकर कुछ व्यक्ति और समाज के प्रश्न सुलझाने में लगा था। इधर आलोचकों ने जो नई-नई दीवारें चुनीं, जिन नए मापदंडों के काव्य-शरीर को नापना शुरू किया और जो 'मजदूर-किसानों' की दुहाई देकर कविता को सीमित करने की चेष्टा की गई, उससे शायद सुधीन्द्र व्यथित हुए। सामाजिक दायित्व से छूट की कामना उनकी नहीं थी लेकिन साहित्य समाज या राजनीति के हाथ का शस्त्र हो जाएगी यह उन्होंने नहीं चाहा। उन्होंने कविता को 'युगवादी' और 'युग-युगवादी' कहकर एक नई विभाजन रेखा तैयार की थी। इसके बावजूद भी सुधीन्द्र का मन दुराग्रही नहीं था। संसार का ताप उनको दग्ध करता था, मृत्तिका की पुकार उन्हें विकल करती थी, प्रणय उनको रोमांचित करता था, करुणा से उनका अन्तर द्रवित होता था, आशा से वे परिपूर्ण थे पर निराशा की भी शक्ति को स्वीकार कर रहे थे। किसी एक तरह के गीत उन्होंने नहीं लिखे। उनकी नई रचनाओं में 'मिट्टी की कहानी' और 'कल्पना के पंख और संसार की जंजीर' उल्लेखनीय हैं।

इस तरह सुधीन्द्र से दरअसल राजस्थान की कविता की पहचान बनती है और वे हिन्दी कविता के प्रमुख कवि होते हैं।

जीवनानंद दास का कवि-कर्म

हिन्दी-कवियों और कथाकारों पर रवीन्द्रनाथ और शरत्‌चन्द्र का इतना सघन प्रभाव रहा है कि उनके बाद भी और शायद अब तक भी उन्हें बचाने और उन्हें याद रखने की चिन्ता ही हमारी मुख्य और अपरिहार्य चिन्ताओं में से एक है। यह कहने की कोई आवश्यकता नहीं है कि रवीन्द्रनाथ और शरत्‌चन्द्र हिन्दी रचनाकारों के लिए बहुत-सी विषय-सामग्री और भाषा के अभ्यस्त-मुहावरों की वर्जनाओं को ढीला करते हैं। यहाँ कम-से-कम उस नीति-शास्त्र और उपदेश की चारुता रहित कविताओं से अलग ऐसी मनोरम रचनाओं की पदचाप सुनाई पड़ती है जो शब्द की अनेक अन्तर्ध्वनियों को एक साथ 'अर्थ-लय' से बाँधती है यह हिन्दी कविता और कथा को व्याकरण की यातना से बचानेवाला नया अनुभव होता है। ग्राम्शी ने अपने एक लेख में 'ऑरगेनिक इंटेलेक्चुअल' की ओर संकेत किया है। रवीन्द्र और शरत् अपनी सम्पूर्ण सर्जनात्मक मोहकता के साथ दरअसल उन सामाजिक पेचीदगियों और स्वाधीनता के अनेक सवालों से भी सम्बद्ध हैं जो बौद्धिकता को मानवीय उत्कर्ष के पराक्रम, उसकी परम्परा के साथ बाँधते हैं। इन्हीं कारणों से और नई सजगता को चिह्नित करते निराला और पंत और अनेक प्रतिभाशाली कवि रवीन्द्र को भूलते नहीं है। इस सारे परिदृश्य में हिन्दी रचनाकारों और पाठकों पर बंगाल के दूसरे रचनाकारों का प्रभाव, उनकी स्मृति और उनका अवदान ज्यादा महत्त्व ग्रहण करता नजर नहीं आता।

यह जानकारी बहुत उपयोगी और दिलचस्प हो सकती है कि रचनाकार और पाठक के रिश्तों की मनोवैज्ञानिक जमीन कैसी कैसी होती है और तब जबकि सब सवाल, समय के और समाज के भाषा-संरचना के और रचना-शिल्प के, सामाजिक-मूल्यों और उनकी जरूरतों के, आस्वाद की उथल-पथल के, और कभी-कभी उध्वस्त हो चुकी संस्कृति के होते हैं; तब भी हम अपनी रुचियों को साहित्य के अनेक सन्दर्भों में उन्हीं रचनाकारों के साथ बाँधे रखते हैं जिनके साथ अब हम अपनी रुचियों को साहित्य के अनेक सन्दर्भों में उन्हीं रचनाकारों के साथ बाँधे रखते हैं जिनके साथ अब हमें कोई ताल्लुक नहीं रखना चाहिए। इस तरह बहुत-सा समय ऐसे व्यतीत हो जाता है जैसे पुराने को बचाए रखना ही हमारी प्रतिज्ञा

हो। इस प्रसंग में मैं जब अपने पढ़ने को याद करता हूँ तो वर्षों-वर्षों बाद रवीन्द्रनाथ को छोड़कर सिर्फ जिज्ञासावश विष्णु दे की 'स्मृति, सत्ता, भविष्यत् 'की कविताएँ पढ़ता हूँ। ये कविताएँ सरल नहीं हैं जिनकी आवश्यकता पर हम बार-बार बल देते हैं और अपनी परिपक्वता की परीक्षा करने से घबराते-बचते हैं। स्मृति, सत्ता, भविष्यत् की कविताओं में अतीत, वर्तमान और भविष्य, अँधेरा व प्रकाश, उम्मीद और अफसोस की अजीब मोहिनी है लेकिन यह सारी कविताएँ उत्कर्ष की उन तमाम कल्पनाओं को खारिज करती हैं जो 'मनुष्य की सत्ता' को विखंडित करती है : 'आधुनिक जीवन में सभी कुछ तो है—ऊँची अट्टालिकाएँ, व्यापार-व्यवहार, बाबू, मुन्शी और अफसर—किन्तु मनुष्य की सत्ता, उसकी अस्मिता इस सबके बीच से गायब है, अत: सब कुछ खोखला है। परिवेश के साथ सत्ता का विलगाव ही हमारी संस्कृति का संकट है।' (कवि विष्णु दे और उनका काव्य-स्मृति, सत्ता, भविष्यत्)

नर सत्ता खोजता फिर रहा है, अपना आत्म परिचय
खेतों में, गंजों में, बन्दरगाहों में वह अपनी सत्ता खोजता है,
अपनी शिनाख्त
पाँच जनों के दर्शन में, समाज के आतशी प्रतिबिम्ब में
उसे अपनी सत्ता नहीं मिलती, जो बस फूल की तरह
धूप-वर्षा-छाया में मिट्टी से
जड़ों, शाखों, पत्तों के प्राकृतिक आर्केस्ट्रा में फूटती है
उस फूल की तरह जिसकी सत्ता मिट्टी में, धूप वर्षा में,
जड़ों-शाखों में निहित है
यहाँ तक कि फूलदान में सजे होने पर भी
तभी तो आज हमारी सत्ता नहीं है, घर में या सभा में, बैठक में
या चाय खाने में
फूलदान की बौद्धिकता में भी नहीं, लाख कोशिशों के बावजूद।

विष्णु दे की कविताएँ बहुत अलग तरह की हैं, रवीन्द्रनाथ की कविताओं के अध्यात्म, आलोक और अन्तर्दाह से बने शिल्प को वे 'आदि धाराओं की जटाओं' से बँधना कहते हैं और उससे भिन्न और त्रासद दुनिया के लिए किसी स्थापित आस्था में से नहीं बल्कि एक बौद्धिक आवेग और 'परस्पर विरोधी अवधारणाओं' के बीच का रास्ता तलाश करते हैं। विष्णु दे की रवीन्द्रनाथ ठाकुर को अस्वीकार करनेवाली यह कविता देखें :

ठाकुर से लेन-देन और नहीं, और नहीं
आदि धारा की जटाओं से बाँधना नहीं और
गंगा हम खोले हुए अपनी आत्माओं की

बढ़ते हैं समुद्र की ओर
साथी गीतों के, हर पंक्ति हर रंग में
हर चित्र हर कविता में
खोलते हैं हम धाराएँ नई आनन्दित

तब भी मैं देखता हूँ कि हिन्दी कवियों में विष्णु दे की कविताएँ पढ़ने का ज्यादा उत्साह नहीं है। कवि जीवनानंद दास और उनकी कविता से मेरा परिचय नया-नया है। कुछ समय पूर्व मैंने चिदानंद दास की पुस्तक देखी थी जिसका अनुवाद प्रयाग शुक्ल ने किया था। यह छोटी-सी, किन्तु जीवनानंद दास की कविताओं का वैशिष्ट्य और मर्म बतानेवाली पुस्तक केन्द्रीय अकादमी ने प्रकाशित की है। जीवनानंद दास की विषादपूर्ण जिन्दगी और सम्मोहित कर देनेवाली कविता के बारे में अंग्रेजी पत्रों में मैं कुछ पढ़ता रहा लेकिन हिन्दी के पाठकों और ज्यादातर कवियों के लिए जीवनानंद दास का नाम परिचित कवियों में नहीं है।

जीवनानंद दास इस बात का प्रमाण है कि किसी भी कवि को अपनी विलक्षणता और उत्कृष्ट रचना-कर्म के लिए किसी भी बड़े कवि से होड़ लगाने या डरने या कि निन्दा करने की जरूरत नहीं पड़नी चाहिए। देखने की बात है कि जीवनानंद दास का पूरा जीवन (1899-1954) और इनकी कविता उसी काल में, लेकिन एक भिन्न धरातल पर विकसित होती है, जब बांग्ला साहित्य पर रवीन्द्रनाथ छाए हुए थे। लेकिन यह इस कवि के लिए कोई चुनौती नहीं थी। चिदानंद दास गुप्त ने उनके हवाले से लिखा है 'कवियों का जन्म अपने से पहले के कवियों को उखाड़ फेंकने के षड्यंत्र से नहीं होगा...अपवादस्वरूप एक दो कवियों की कविता को छोड़कर शेष बांग्ला कविताएँ इतनी अल्पजीवी लगती हैं कि रवीन्द्र के किसी गीत या कविता से सामना होते ही हम इस बात के लिए उनके प्रति कृतज्ञ हो उठते हैं कि इन अल्पजीवी कविताओं से उनकी कविताओं में कितना बड़ा फर्क है।' किन्तु जीवनानंद दास जैसे कवि भी हैं, 'जो वैयक्तिक प्रतिभा के गर्व भरे दावों का निषेध करते हैं किन्तु अपनी रचना-शक्ति और मौलिकता के कारण कविता की दूसरी परम्परा की शुरुआत करते हैं।'

जीवनानंद दास की कविता की गुणवत्ता और शक्ति पर बात करने से पहले उनकी जिन्दगी पर कुछ रोशनी डालें।

जीवनानंद दास 18 फरवरी, 1899 को बारीसाल (जो अब बांग्लादेश में है) में जन्मे थे। उनके परिवार पर ब्रह्म-समाज के सिद्धान्तों का जबर्दस्त प्रभाव रहा। पिता सत्यानंद समर्पित अध्यापक और अनेक सामाजिक-धार्मिक संगठनों के सदस्य थे। माता कुसुम कुमारी ख्याति प्राप्त कवयित्री थीं; उनकी कविताएँ विभिन्न पत्र-पत्रिकाओं में छपती रहीं, एक कविता संग्रह भी प्रकाशित हुआ। उनकी सरल और स्वत: स्फूर्त रचनाएँ अपने समय और समकालीनों में चर्चित हुई। जीवनानंद

दास का बाल्यकाल आनन्दपूर्ण और क्लेश रहित था और वे अपने अनेक साथी कवियों की तरह धर्म-रूढ़ियों से मुक्त कवि की तरह स्थापित हुए। कवि के परिवार पर साहित्य के संस्कारों का प्रबल प्रभाव रहा जो उस समय के अंग्रेजी शिक्षित परिवारों की विशेषता थी; जहाँ एक विशेष चाहत के साथ अंग्रेजी-साहित्य पढ़ा जाता था और बांग्ला तथा संस्कृत साहित्य की उपेक्षा भी नहीं होती थी। उनका संस्कृत साहित्य के लिए कोई विशेष आकर्षण नहीं रहा लेकिन वे अंग्रेजी-भाषा और साहित्य को पूरे मनोयोग से पढ़ने लगे जो उन्हें बाद के जीवन में भी उल्लसित और प्रेरित करता रहा।

वे कलकत्ता के प्रेसीडेंसी कॉलेज में अंग्रेजी साहित्य पढ़ते रहे और बाद में कलकत्ता विश्वविद्यालय से अंग्रेजी में 1921 में एम.ए. किया। कुछ दिनों तक कवि ने कलकत्ता के 'ब्रह्म-समाज' के अन्तर्गत चलनेवाले सिटी कॉलेज में अंग्रेजी साहित्य का अध्यापन किया। लेकिन जल्दी ही कॉलेज के 'शुद्धतावादी' प्रबन्धकों से तकरार हो गई। प्रबन्धकों का आरोप था कि कवि ने अपनी एक कविता में स्त्री-उरोजों का सौन्दर्य-वर्णन किया है। इस अश्लील कविता को लिखने के लिए उन्होंने जीवनानंद दास को नौकरी से हटा दिया। जीविकोपार्जन के लिए उन्होंने कई कॉलेजों में अंग्रेजी का अध्यापन किया। बारीसाल के ब्रजमोहन कॉलेज में कवि 10 वर्ष तक अंग्रेजी के लेक्चरर रहे। 1946 में वे छुट्टियाँ बिताने कलकत्ता आए। कलकत्ता के उन भयानक सम्प्रदायवादी दंगों के एक महीने पहले। फिर वे बारीसाल नहीं लौट पाए। बाद में हिन्दुस्तान-पाकिस्तान का बँटवारा हो गया और उन्हें हिन्दुस्तान में ही रह जाना पड़ा। बारीसाल विभाजन के बाद बांग्लादेश में चला गया।

कलकत्ता में रहते हुए महीनों नौकरी के लिए भटकना पड़ा। लम्बी कोशिश के बाद उन्हें एक अखबार में काम मिला लेकिन यहाँ वे ज्यादा दिन नहीं रह सके। उत्तर-जीवन के कई वर्ष उन्होंने दारुण अर्थाभाव और क्लेशों के बीच बिताए। लम्बे समय तक पत्रिकाओं में छपनेवाली कविताओं का यदा-कदा आनेवाला पारिश्रमिक ही उनके जीविकोपार्जन का साधन रहा। उनकी पत्नी स्कूल में अध्यापिका थी—जिनका वेतन बहुत कम था। उनका जीवन-वृत्तान्त लिखनेवालों ने बताया कि इन अर्थाभाव के दिनों में उन्हें अपने पूरे जीवन में किसी एक पुस्तक की मात्र सौ रुपया रॉयल्टी मिली। अन्त में उन्हें हावड़ा के किसी कॉलेज में नौकरी मिली।

अपनी जिन्दगी के अन्तिम दिनों में कवि जीवनानंद दास आर्थिक अभाव के अवसाद से घिरे रहे। देश के विभाजन की त्रासदी और पीड़ा उन्हें घेरे रही। ट्राम से कुचले जाने के आठ दिन बाद 22 अक्टूबर को उस कवि का निधन हो गया जिसका जीवन पहले ही गरीबी और परेशानियों ने कुचल दिया था।

एक कवि को कैसा होना चाहिए-कैसे स्वभाववाला? कैसा लगना चाहिए? सामान्य लोगों से कितना भिन्न? कितना अभिन्न? कितना पढ़ा-लिखा? कैसी निष्ठाओं,

आस्थाओं का? कैसे आचरण का? कवि को अपनी जिन्दगी कैसे रचनी चाहिए? इत्यादि और प्रश्नों के क्या उत्तर हैं? इन प्रश्नों के विश्वसनीय उत्तर—कविता में ढूँढ़े जाने चाहिए? बहरहाल जीवनानंद दास के बारे में इनके मनोरंजन के बारे में कुछ टिप्प्पणियाँ :

चिदानंद दास गुप्त ने लिखा—'जीवनानंद दास कविता के बाहर कभी नहीं जिए।...रवीन्द्र की तरह वह कला-कर्म और उससे जुड़े होने के बाहरी उपकरणों की एकान्विति पर जोर नहीं देते थे। जैसी उनकी कविता हो उसी प्रकार की कोई वेश-भूषा हो—ऐसा कोई अन्तरसम्बन्ध उसके यहाँ नहीं था। उन्होंने छायाभास और यथार्थ के बीच कल्पना के संसार और सामाजिक परिवेश में जीवन के बीच कोई संश्लेषण नहीं चाहा था। चाहे बारीसाल का ग्रामीण वातावरण हो जहाँ वे जन्मे और बड़े हुए थे, चाहे कलकत्ता हो—जहाँ उन्होंने बाद के वर्ष बिताए—दोनों ही जगहों में उन्होंने गहन और एकान्तिक भाव से कल्पनाशील जीवन जिया। हालाँकि वह अपने चारों ओर के जीवन के तात्कालिक सरोकारों से दूर रहते थे, लेकिन इसके बावजूद वह उसके मर्मज्ञ पर्यवेक्षक थे—हाँ, जहाँ तक उसमें सशरीर हिस्सा लेने का सवाल है, यह हिस्सेदारी उनके कृतित्व के द्वारा ही थी। वे कवि के अलावा कुछ नहीं थे।'

समीर वरण नंदी ने जीवनानंद दास का हिन्दी में अनुवाद किया है और इस संग्रह का नाम दिया है 'जीवनानंद दास : श्रेष्ठ कविताएँ'। संग्रह की विशेषता यह है कि उसमें स्वयं कवि का एक गम्भीर वक्तव्य है जिसमें पाठकों और कवि के बीच का रिश्ता तय होता है। अपने कवि-कर्म को समझाते हुए और उसी प्रसंग में आलोचकों के आग्रह की चर्चा करते हुए उनका एक महत्त्वपूर्ण कथन है। नंदी ने अपनी तरफ से 'दो शब्द' लिखे हैं। यह एक पृष्ठ से कम का लेकिन एकदम सुगठित वक्तव्य है जिसमें कवि के स्वभाव का तो नहीं तब भी उनकी लेखकीय ऊर्जा और वैशिष्ट्य का संयत अंकन है। समीर वरण ने उन्हें 'कवियों के कवि' कहा है। यद्यपि कवि ने कहा है 'सभी कवि नहीं होते कोई-कोई ही होता है।' लिखा है : "इस 'कवियों के कवि' की प्रकृति बौद्धकालीन नगरों की सभ्यता की लम्बी यात्रा जैसी है; वही आत्मा का सफर इस कवि में दिखाई देता है। विभिन्न नगरों और विभिन्न रूपसियों के साथ प्रेम और करुणा का जीवन लिए-दिए इनमें मानव सभ्यता की गहरी पीड़ा है।"

बीते कितने कल्प समूची पृथ्वी मैंने जलभर छाती
वहाँ मलय सागर तक-सिंहल के समुद्र से, रात-रात
भर अन्धकार में मैं भटका हूँ या अशोक औ बिम्बसार के
धूसर लगते संसारों में दूर समय में समय में और दूर था
अन्धकार में मैं विदर्भ में थका हुआ हूँ।

उसके घने केश विदिशा पर घिरी रात के अन्धकार से
मुख श्रावस्ती का शिल्पित हो, दूर समुद्री आँधी में
पतवार गई हो छुट, खो दी हों नाविक ने
अपनी, फिर वह देखे हरी पंक्तियोंवाला द्वीप अचानक।

('बनलता सेन' से बनलता सेन)

जीवनानंद दास की कविता के लिए, नंदी लिखते हैं कि, वह जिन्दा इतिहास है। काल-बोध तो है ही नहीं। एक ही संवेदना के लिए अतीत से भविष्य की यात्रा चलती रहती है—शरीर और आत्मा का क्षरण और शाश्वत रिश्ते का हिसाब किताब करती हुई। उसी में घटना, पीड़ा, मृत्यु, जिजीविषा, कुछ नाम, कुछ जगहें, कुछ नदियाँ यों ही दोहराए जाते हैं कि कथा-रूप बन जाता है जो महाकाव्य का-सा प्रभाव डालता है।

बुद्धदेव बोस ने उन्हें 'नितान्त अकेला कवि' कहा है। शिशिर कुमार दास ने कवि-स्वभाव के बारे में लिखा है : "वे एकदम शान्त, उदासीन और अन्तर्मुखी है; भीड़, साहित्यिक गोष्ठियों और विद्वत् जनों के संस्थाओं में दूर राजनीतिक आन्दोलनों; सैद्धान्तिक बहसों से चलनेवाले, विनम्र और मृदुभाषी जीवनानंद दास की जिन्दगी लगभग घटनारहित रही। सिवा मृत्यु की उस दुर्घटना के जिसमें वे ट्राम से कुचल दिए गए।"

..."वे प्राय: जीवन भर अंग्रेजी साहित्य के अध्यापक रहे, लेकिन अपनी आजीविका पूरी करने के लिए बाद के वर्षों में उन्हें इंश्योरेंस का काम भी करना पड़ा।...

...लोगों के साथ मेल-जोल और व्यवहार में उन्हें बराबर कठिनाई होती रही।... निश्चय ही उनका जीवन रवीन्द्र की एकान्विति और सब कुछ को छा लेनेवाले संश्लेषण से बहुत दूर था—बहुत कुछ भिन्न प्रकार का था। वह अपने समय के ही अनुरूप था—अपने तनावों, अलगाव, अपनी छिपी हुई गहरी पीड़ा, अपने अविश्वासों, अपने मोहभंग के साथ। अपने कृतित्व में, जैसे कि अपने जीवन में, वह रवीन्द्रोत्तर काल के ही थे। (जीवनानंद दास : चिदानंद दास गुप्त : पृ. 16)

कवि के सिवा कुछ के संकल्प के कारण ही उन्होंने अपने एक लेख में स्वयं लिखा : "अलग कोई सचमुच कवि है तो उसके लिए यह सम्भव नहीं होगा कि वह रोजमर्रा की जिन्दगी को किसी दूसरे रूप में अपनी प्रतिभा का परिचय उतनी अच्छी तरह दे सके जिनकी कि अपनी पहली प्रतिभा-कविता का।" यह सचमुच आज के कवि के लिए एक तरह की विस्मय भरी चुनौती की तरह है कि वह इतनी सजगता से अपने आप को अस्वीकार करते हुए, जिसे कवि एलियट ने 'सेल्फ डिनायल' कहा है, केवल कवि होने के लिए आत्म-विस्मृत, विनम्र और अन्तर्मुखी रहे।

सेठिया जी की कविता समझने के सिलसिले में

कवि कन्हैयालाल सेठिया की कविता पर पहले और इन दिनों बहुत कम चर्चा हुई है, क्योंकि समय के जिन दबाओं से चिन्तित और आक्रान्त होकर इधर कविताएँ लिखी गई हैं, वे सेठिया के सरोकार नहीं हैं। उनकी कविताएँ आज की कविताओं से इतनी भिन्न हैं कि शायद उन पर बात करने की ज्यादा जरूरत न समझी गई हो। लेकिन किसी भी कवि को सिर्फ इसलिए धकेल कर बाहर निकाल देना, क्योंकि उसने समय के साथ होकर चलना अस्वीकार किया है, कविता लिखने के अनेक कारणों में से कुछ ही कारणों को महत्त्व देना होगा। मेरी दृष्टि में कविता रचना की प्रक्रिया तलाश करते समय कभी भी यह कृपणता सार्थक नहीं होगी। कविता रचना किसी भी कवि की बड़ी जरूरत है और हमारी भी सबसे बड़ी जरूरत यह है कि हम उस महत्त्वपूर्व जरूरत को तलाश करते रहें। एक अच्छी कविता तलाश करने के सिलसिले में कवि को आन्दोलित करनेवाले सारे प्रभावों की जाँच करते हुए यदि हम न थके तो अच्छा हो।

कन्हैयालाल सेठिया ने अपने काव्य संकलनों पर भूमिका या 'आमुख' जैसा कुछ नहीं लिखा है किन्हीं पुस्तकों पर रामनिवास ढंढ़ारिया ने दो शब्द लिखे हैं लेकिन वे कवि के मित्र की प्रशंसापूर्ण साक्षियाँ हैं।

राजस्थान की हिन्दी कविता शोध-ग्रंथ में कवि प्रकाश आतुर ने सेठिया को प्रतिष्ठित करते हुए लिखा है—"वे मूलतः चिन्तक हैं और भारतीय वेदान्त की निगूढ़तम अभिव्यक्तियों को सरस एवं हृदयग्राही शब्दों तथा शैली में अभिव्यक्त करने में निष्णात हैं।"

इसी महत्त्वपूर्ण ग्रंथ में प्रकाश आतुर ने सेठिया की कविता के कथ्य और शिल्प के सम्बन्ध में कन्हैयालाल मिश्र प्रभाकर को उद्धृत किया है—"आप चिन्तन के कलाकार हैं।...आपके चिन्तन की पृष्ठभूमि संस्कृति, धर्म, दर्शन है।"

"आपके गीत भी पुष्ट हैं क्योंकि उनका चेहरा उनकी जाति का है, जिससे वे तुरन्त पहचाने जाएँ। उनके चहरे की चमक गहरी है पर उसके धड़कनों के स्वर इतने झीने हैं कि नगाड़ा सुनने के आदी कान उन्हें भले ही न सुन पाएँ पर वीणा का रस पहचाननेवाले कनरसिया तो पहली कड़ी पर झूम उठें।" (द्रष्टव्य : राजस्थान की हिन्दी कविता, पृ. 192)

कन्हैयालाल सेठिया से किस प्रसंग में मिलना हुआ यह याद नहीं आता लेकिन वे सप्त किरण (सात कवियों का संकलन) प्रकाशन के दिन थे। इस संकलन के सारे कवि तरुण थे और वे राजस्थान के साहित्य की नई पहचान बनाने के लिए कोशिश कर रहे थे, राजनीति में जिस तरह रियासतों को एक करने के प्रयत्न हो रहे थे, साहित्य में 'सात किरण' उसी इकट्ठे संकल्प की शुरुआत थी।" सात किरण के कवियों का यह भी दुख था कि राजस्थान के अतीत की यश-गाथा गा कर उसके वर्तमान को मामूली बनाया जा रहा था। आज भी बहुत-से साहित्यकर्मियों को यह भी पीड़ा होनी चाहिए कि हमारा भविष्य असाधारण नहीं निकला। शायद हमारा रचना कर्म उस कोटि का न रहा हो या शायद दूसरे कारण हों। बहरहाल सप्त किरण प्रकाशित करने के दिन कुछ उत्साह और आवेग के दिन थे और तब उस कवि से मुलाकात हुई जिसे कन्हैयालाल सेठिया कहते हैं—शान्त, मितभाषी और दूर आसमान से लगी दृष्टि वाला कवि।

मैंने उनसे कविताएँ माँगी। सेठिया जी ने कविताएँ देने में न तो कोई हुज्जत की, न कोई शर्त लगाई, न दूसरी किसी तरह की जिज्ञासा प्रगट की। एक साथी कवि पर जितना विश्वास, जितनी आत्मीयता जाहिर की जा सकती थी उस सब के साथ उन्होंने बीस कविताएँ और पच्चीस रुपयों का मनिआर्डर भेज दिया। इन बीस कविताओं में से बारह कविताएँ, मैंने चुन कर 'सप्त किरण' में प्रकाशित की।

आज जब कि मैं सेठिया जी के लगभग एक हजार गीत पढ़ चुका हूँ तब सिर्फ कौतूहलवश उन बारह गीतों को फिर से 'सप्त किरण' से निकालकर पढ़ता हूँ, मुझे बहुत अचरज होता है कि बाद में जिस कविता का पूरा सघन वृक्ष फैला उसका बीज यहाँ है। कविता में दरअसल मनुष्य का अपरिचित मिजाज और उसकी सहजता या संश्लिष्टता बीज रूप में छिपीं होती है, यह मैं 'सप्त किरण' में छपी 'फूल विहँसता शूल मौन है' कविता से लगाकर आज तक छपी कविताओं में गुंथे धागों की तरह देख पाता हूँ। वह सवाल 'सत्य कौन है, भूल कौन है' सेठिया की कविता का बुनियादी सरोकार है और इसी को समझने के लिए वे बेचैन, आकुल और आतुर नजर आते हैं। इस प्रश्न को जहाँ उठाते हैं वहाँ उनकी कविता सहसा एक दीप्ति ग्रहण करती है। लेकिन उसकी बात विस्तार से बाद में करना ठीक होगा।

कन्हैयालाल सेठिया की कविता का मिजाज सामान्यतया शान्त अन्तर्मुखी, जिज्ञासातुर और इधर कुछ निष्कषत्मिक होता चला जाता है, लेकिन प्रारम्भ में वे उस काव्य-चेतना के हिस्से रहे हैं, जो स्वाधीनता के लिए फिरंगियों को ललकारती, क्रोध व्यक्त करती रही हैं। सारे देश के कवियों ने जिस दिलेरी के साथ स्वाधीनता के नवीन सवाल को उठाया वह सेठिया का सवाल भी था, और उन्होंने स्वयं को सम्बोधित करते हुए 'अग्नि वीणा झनझना दो' जैसा गीत लिखा।

आजादी के दौर में लिखी हुई कई कविताओं को पढ़कर मुझे ऐसा लगा है कि वह जैसे अराजकतावादी कवियों का सपना हो। नवीन जी की 'कवि कुछ ऐसी

तान सुना दो जिससे उथल-पुथल मच जाए' कृति प्रसिद्ध है। उस तरह की कविताएँ सेठिया जी ने लिखी—

अग्नि वीणा झनझना दो
आज तांडव नृत्य होगा
हिल उठे है प्राण कवि के
आज भीषण कृत्य होगा
चू पड़ेगे टूट तारे
चाँद चकनाचूर होगा
कान के परदे फटेंगे
हास इतना क्रूर होगा

वैसे ये दोनों ही कवि गांधीवादी रहे हैं, लेकिन हो सकता है कि पराधीन देश के लिए उनके पास शायद कोई सुधारवादी व्यवस्था का विकल्प न हो और यह भी हो सकता है कि गांधीजी की अहिंसावादी वैचारिकी उनके अचेतन मन को कहीं-न-कहीं नाकाफी और दुखपूर्ण लगती रही हो। जो हो, सेठिया ने उस समय आक्रोश की नई कविताएँ लिखी, उन सबका ध्येय ऐसी महाक्रान्ति का गीत लिखना था जो देश के सोये पावन उज्ज्वल प्राणों को जगा दे।

'अग्नि वीणा' की कई कविताओं में राजस्थान के पुण्यवान पूर्वजों का स्मरण किया गया है और उनको उन सारे शौर्यवान प्रतीकों की याद दिलाई है जो उनके अकर्म और आलस्य पर शर्मिन्दा है।

कुछ रचनाएँ ऐसी भी है जिनमें सुख-दुख की मोहक और त्रासदायक स्थितियों का विवरण देते हुए कवि अपने श्रोताओं को स्वतंत्रता देता है कि वे पराधीन रहते हुए पायल की झनकारें सुनें या काँटों के रास्तों पर चलें, बिखेरते हुए शोल, शूलों और लपकती ज्वालाओं का सामना करें, और स्वाधीन हों। कवि के लिए स्वाधीनता ही एक रास्ता है और वह अपने पाठक को भी इस रास्ते पर चलने के लिए प्रेरित करता है। ऐसी कविताएँ सुधीन्द्र दा ने 'प्रलय वीणा' में लिखी हैं। सेठिया जी के लिए भी एक बलिदान की घड़ी को लौटा देना सम्भव नहीं था इसलिए कविता भाषा का सम्मोहन (जो सुधीन्द्र दा का कौशल रहा) छोड़कर उन्होंने लिखा—

प्रेयसि कर भुज बन्धन ढीले
तुम युग-युग के बन्धन खोलो
बुला रही रणभेरी मुझको
रुका रहूँ मैं कैसे बोलो
प्रेयसि मुझको बुला रही तुम
फूल सेज पर कैसे आऊँ

शूल सेज पर सोई है माँ
क्या इसको विस्मृत कर जाऊँ?

'अग्नि वीणा' का प्रथम संस्करण 1942 में निकला था और दूसरा तीस साल के बाद 1972 में। इस संकलन में कवि की बीस रचनाएँ संगृहीत हैं।

एक और अवसर आता है जब कन्हैलाल सेठिया की कविताओं में आवेश और उग्रता नजर आती है। यह अवसर चीन-भारत का युद्ध है। इस अप्रत्याशित युद्ध पर सारा देश क्रुद्ध होता है, कविताओं में भी वह क्रोध अंकित होता है लेकिन ज्यादातर रचनाओं में विश्व की प्रसिद्ध युद्धविरोधी रचनाओं का स्वर नहीं होता। हमारी कविताएँ युद्धविरोधी न होकर चीनविरोधी होती हैं और इसलिए सामयिक आवेश का एक हिस्सा होकर रह जाती है। हजारों रचनाओं में माओ-त्से तुंग और चाऊ-एन-लाई को धिक्कारने और गालियाँ देने की प्रतिद्वंद्विता नजर आती है। हजारों कविताओं में पंक्तियाँ, बड़बोलापन और क्रोध की अतिशय नाटकीयता मौजूद है। उस दौर में लिखी सेठिया जी की रचनाएँ भी इन कमजोरियों से नहीं बच पाती। 'आज हिमालय बोला'—कविता-संग्रह में तात्कालिक आवेश से प्रभावित कुछ रचनाएँ द्रष्टव्य हैं—

तुम चाऊ बटमार उचक्के
अब तक खाए धक्के-मुक्के
आज पड़ा है यम से पाला देगा पार उतार
सिपाही दुश्मन को ललकार

(सिपाही का गीत, पृष्ठ-55)

जान-बूझकर पड़े अक्ल पर
कैसे माओ पत्थर
भला चाहते तो टांगों में
जाओ पूंछ दबाकर

(बर्बर चीन)

बचकर न वापिस जाए निकल वे
खूब कसकर दुहत्थड़ जमाओ
चमार चाऊ मुर्दा नहीं हम
जिन्दा जवाहर का हिन्द पाओ

(समय का तकाजा)

पकड़ लो इसकी चुटिया
न झिझको, न घबराओ
इस मर्ज की एक ही दवा है

न इससे बतियाओ
न इसको पतियाओ
बस बिना रूके धकियाओ, लतियाओ

(रोगी भाओ)

अन्न नहीं पर झूठ बिक रहा
पैकिंग के बाजारों में
कालिख पोते सत्य चीखता
चाऊ के अखबारों में
निपुण बहुत है कायर माओ
थोथे गाल बजाने में

(चंगेजी बेटा)

'रक्त दो, रक्त दो, रक्त दो' और 'धांय, धांय, धांय' रचनाएँ कवि जयशंकर प्रसाद के 'प्रयाण गीत'—हिमाद्रि तुंग शृंग से, प्रबुद्ध शुद्ध भारती के अनुरूप बनाने की कोशिश की गई है लेकिन प्रसाद जी और सेठिया जी के काव्य संस्कारों में जो अन्तर है वह उनकी इन रचनाओं का अन्तर भी है।

संकलन की आखिरी कविता 'परमवीर शैतानसिंह के प्रति' है जिसमें प्राचीन वीरों के शौर्य, साहस और बलिदानी आकांक्षाओं के प्रतीक शैतानसिंह को कवि ने याद किया है लेकिन यह कविता इतनी अधिक वर्णनात्मक है कि युद्ध की करुणा, मानवीय नैतिकता के सवाल और सत्ताकर्मियों के चालाकी भरे खेलों की ओर ध्यान आकर्षित होने के स्थान पर युद्ध में प्राण देने को ही एक मूल्यवान स्थिति बना देती है।

यहाँ इस तथ्य को रेखांकित करना चाहता हूँ कि कन्हैयालाल सेठिया की कविताएँ समय के स्थूल सरोकारों की नहीं है और इसलिए उनमें उनकी सर्जनात्मक ऊर्जा की पहचान नहीं होती। बाहर की दुनिया के लिए कविता करते समय वे शब्द से मामूली हल्की-सी पहचान करते हैं और वर्णनात्मकता के जरिये कुछ दूर जाकर रुक जाते हैं। यहाँ कविता का कौशल या हुनर है जो सेठिया के कवि रूप की हल्की-सी पहचान कराता हैं उनका देदीप्यमान कवि-रूप वहाँ प्रगट होता है जहाँ वे दुनिया के बाह्यरूप का आभ्यान्तरीकरण करते हैं। दरअसल प्रत्येक कवि स्थूल दुनिया को मन की दुनिया से मिलाता है और एक रिश्ता कायम करता है। इसी रिश्तेदारी और आत्मीयता से कविता की दुनिया शुरू होती है।

कविता की जाँच करते समय यह आवश्यक है कि कवि के मन का और स्थूल दुनिया का रिश्ता तलाश किया जाए। स्थूल दुनिया किसी के लिए भी मामूली उपादान नहीं है, कवि के लिए तो वह वास्तव में एक गैर मामूली, असाधारण उपादान है। स्थूल दुनिया के सहस्त्रों आपसी सम्बन्धों से कवि का मन अपना सम्बन्ध बनाता है

और अभिव्यक्त करता है। सम्बन्धों के बीच से सम्बन्ध बनाता हुआ वह एक जगह, एक ऊँची-सी जगह बैठकर, फिर इस आत्मीय दुनिया के लिए कविता लिखता है। ऐसा भी होता है कि अनेक कवि अपने प्रश्न दुनिया को सम्बोधित करते हैं और ऐसा भी हो सकता है कि अनेक कवि दुनिया के प्रश्न खुद को सम्बोधित करें।

सेठिया जी का इस स्थूल दुनिया से बहुत आत्मीय रिश्ता नहीं है, एक नैतिक रिश्ता है, तत्त्व-तलाश का। इस नैतिक रिश्तेदारी के कारण सेठिया की कविता में सवाल ही सवाल हैं। जहाँ वे दुनिया के बाहरी रूप को देखते हैं वहाँ वे उसे चौखटे की तरह काम में लेते हैं और अपने विचारों की तसवीर लगा देते हैं, जैसे इस कविता में—

ये शानदार शोरूम वाले
प्रतिष्ठान
बेचते हैं केवल वर्तमान
दुर्लभ हैं इनकी लिस्ट में
तुम्हारे इष्ट के दर्शन
तुम टूटे पहिये वाले
दृश्य रथ के स्वामी
इनके स्टाक में है अणुअनुगामी
इन्द्रलोकी यानों के पार्ट्स
खोजो किसी कबाड़खाने में
भूतकाल के विलुप्त आर्ट्स
या फिर किसी अजायबघर में
क्रमिक विकास के सन्दर्भ स्वरूप
सुरक्षित है
तुम्हारा इच्छित

(खुली खिड़कियाँ चौड़े रास्ते)

कई रचनाओं में बहारी दुनिया के साथ वे इतने बेगाने होते हैं कि उसे केवल अलंकरण के लिए काम में लेते हैं जैसे इस रचना में—

टाइपिस्ट चाँद
दिवस-कागज के नीचे
रात का कार्बन पेपर पर
समय-टाइपिस्ट के की बोर्ड पर
अंकित नखत-अक्षरों पर
किरण अंगुलियाँ चला
सूरज के लिए आमंत्रण पत्र टाइप कर चुका है

क्लर्क आकाश ने उसे
ऊषा के गुलाबी लिफाफे में बन्द कर
दिशा चपरासिन को दे दिया है

(वहीं : 38)

बाहरी दुनिया के साथ कोई आत्मीय रिश्ता न होने के कारण ही सेठिया शहर के सम्बन्ध में लिखते हुए बहुत नाराज नजर आते हैं—

शहर के मुखौटे वाले
इस नरक के चारों ओर
चक्कर काटती है
एक भारी भीड़
जो छटपटाती है
मकड़ी के द्वारहीन रेशमी तम्बू में
फँसी हुई असहाय मक्खी की तरह
पर छूटने नहीं देता है जिसे
भूख को रहन रखा हुआ पेट
व्यसन को उधार दिये गये पाँव

(वहीं : 58)

'खुली खिड़कियाँ चौड़े रास्ते' की कविताएँ दुनिया के साथ अपने नैतिक रिश्ते को सघन करने के सिलसिले में हैं। यहाँ बहुत-सी कविताएँ, प्रयोग शब्द चमत्कार, अलंकरण, आधुनिक दुनिया की नई वस्तुओं को समेट कर रूपक-स्थापनाएँ एक नये कवि के आने की प्रामाणिक आहट है, लेकिन इन सबके बीच सवाल और बेचैनी राजस्थान के कई कवियों से सेठिया को एकदम अलग करती है और सिर्फ उन्हीं की है और यही उनका विश्वस्त स्वर है—

कैसे रोपूँ? मन के उखड़े बिरवे को
जिससे यह लगे
खिले, फूले, फले
कब के हाथ में थामे
बैठा हूँ कलम
बस चारों ओर
असर ही असर
जड़ें काटनेवाले
चूहों के विवर
या दो चार

भटकते डांगर
सोचता हूँ
लौट चलू घर
वही रोपूं
गमले में मिट्टी भर
इस उखड़े मन को।

(वहीं : 66)

यह कविता बाहरी दुनिया से खौफ खाए कवि की नहीं है बल्कि बाहर की यात्रा को अविश्वस्त, अप्रामाणिक माननेवाले कवि की आन्तरिक, अन्तर्मुखी यात्रा है। इन कविताओं में यह बात बिलकुल साफ है कि कवि का कथ्य चाहे विवादास्पद हो लेकिन भाषा बहुत तराशी हुई और अपने हुनर में परिपक्व हो गये कवि की है।

74 गीतों वाले कविता संग्रह 'प्रतिबिम्ब' में सेठियाजी ने तारीखें दी हैं जिससे यह अन्दाज लगाया जा सकता है कि सन् 1947 से लगाकर 1960 तक उनका मन कहाँ-कहाँ तक गया है। मुझे लगता है कि 'प्रतिबिम्ब' की अनेक कविताएँ एक नैतिक द्वंद्व को शान्त करने की कोशिश में है। सारे नैतिक सवालों का उद्गम यह जानने की कोशिश ही है कि 'सत्ता' (Reality) का स्वरूप क्या है? ब्रह्म-खोजी के लिए यह रास्ता तत्त्वान्वेषण से शुरू होता है, लेकिन कवि के लिए वह कोई तत्त्व-सिद्धि नहीं है, बल्कि सौन्दर्य की नाना-पर्तों का विहार है। यह कभी खत्म न होनेवाली यात्रा ही एक नैतिक सिद्धि है; एक के बाद एक पर्त खुलती जाती है और भेदों में बँटी सृष्टि अभेद तक चली जाती है और फिर अभेद में सौन्दर्य की बिखरी-बिखरी किरणें भेद की रचना करती हैं। सेठिया लम्बे समय तक यह सृष्टि और तत्त्व-सौन्दर्य देखते रहे हैं, इसलिए रूढ़ नैतिकता से वे बहुत दूर भी है। जीवन-यात्रा की यह विवेचना कन्हैयालाल सेठिया ही कर सकते हैं—

बीज का अन्तिम चरण प्रिय
बीज ही है, फल नहीं है।
आज का अन्तिम चरण तो
आज ही है, कल नहीं है
ताड़ित, सुरधनु, दुग, कुहा में
बूँद कब चिर बन ठहरती?
आस, आँसू, मेह में नित
रिमझिमा कर वह उतरती
पंथ की अन्तिम शरण तो
पंथ है, मंजिल नहीं है

(प्रतिबिम्ब)

पंथ और मंजिल के सवाल कन्हैयालाल सेठिया की कविता के महत्त्वपूर्ण सवाल हैं। मेरी दृष्टि में ये किसी संत-महात्मा के सवाल नहीं हैं। वे सवाल उस आदमी के हैं जो एक कविता में कहता है—

उठ, कर शर सन्धान तिमिर का
व्यूह भेद करता है
कैसा यहाँ विराम शिखा को
झंझा में पलना है
अथ इति से उन्मुक्त गगन में
खग उड़ सतत रहा।

(प्रतिबिम्ब)

सेठिया की कविता लगभग मर ही गई होती यदि वे रूढ़ नैतिकता की दुनिया से अपना रिश्ता जोड़ लेते और उत्तर देने की त्वरा में मसीहाई करते, कम-से-कम 'प्रतिबिम्ब' की कविताओं में तो उन्होंने वैसा नहीं किया। वैसा नहीं किया इसलिए 1959 में आते-आते वे एक कविता ऐसी लिख सके—

तुम अपने विथकित चिन्तन को
समाधान करते हो?
तुम अपनी कुंठा को भ्रमवश
महाज्ञान कहते हो।
अपनी हुई पराजय को तुम
सहलाते कह 'ईश्वर'
रुको, न फेंको ओ पैगम्बर
परिभाषा के पत्थर

'प्रतिबिम्ब' की रचनाओं का कथ्य और शिल्प बहुत दूर तक जाता है। रह-रहकर एक विदग्ध सवाल वे अपनी कविता में उठाते हैं—लगभग सारी कविताएँ इसी सवाल के इर्द-गिर्द घूमती है : सत्य क्या है? नित्य क्या है? विश्व क्या है? व्यक्ति क्या है? स्वर्ग क्या है? नरक क्या है? पुण्य क्या है? पाप क्या है? मुक्ति क्या है? भक्ति क्या है? जन्म क्या है?

कुछ ऐसी कामनाएँ भी हैं जिनकी सिद्धि वे किसी से चाहते हैं—किसी अदृश्य, रहस्यमय शक्ति से। वह शक्ति जैसे दाता है। मैं नहीं जानता वह कौन है जो सेठियाजी को आकाश देगा, विश्वास देगा, मधुमास देगा—

पंख दिए, आकाश न दोगे
तो जड़ता चेतना क्या है?

फिर क्षमता-दुर्बलता क्या है?
केवल खेल, अगर रचना-को
प्राण दिए विश्वास न दोगे?

दुनिया से एक नैतिक और आस्थावान रिश्ता बनानेवाले कवि के लिए यह अलौकिक तीसरी पराक्रमी शक्ति शायद जरूरी हो।

कन्हैयालाल सेठिया की कविताएँ पढ़कर यह कहना कठिन नहीं है कि उनके कवि-मन की बनावट में छायावादी कविताओं और उनमें भी महादेवी की कविताओं का ज्यादा प्रभाव रहा हो। अकिंचनता, करुणा, याचना, समर्पण और रहस्यालोकित मर्म शब्दावली की उत्तरोत्तर वृद्धि छायावादी प्रभाव का कारण है। 'दीपकिरण' की एक सौ साठ कविताओं में छायावादी कथ्य और शिल्प का साक्ष्य ढूँढ़ना कठिन नहीं है। राजस्थान की हिन्दी कविता वास्तव में हिन्दी की बड़ी फैलनेवाली कविता का हिस्सा रही है और मैं यह स्वीकार करता हूँ कि इस सफरनामें में हमारे प्रान्त के बहुत से बड़े कवि हमसफर रहे हैं—यह दूसरी बात है कि कृपण इतिहास लेखक उनके साथ हमारा नाम जोड़ने में लज्जा या संकोच का अनुभव करते हैं। मैंने सुधीन्द्र की प्रारम्भिक कविताओं में सुमित्रानन्दन पंत का प्रभाव देखा है और मुझे न तब कोई अचरज हुआ न अब जब मैं यह कहता हूँ कि 'दीपकिरण' की कई कविताओं में महादेवी की कथ्य और शिल्प-छाया धीरे-धीरे उतर आई है। सेठिया की इन काव्य-पंक्तियों का अवसाद कितना गहरा, कितना महादेवी की तरह है—

मैं अपरिचित प्राण में तेरा मृदुल परिचय लिए हूँ।
किन्तु फिर भी हूँ संजोए,
पुतलियों में मुग्ध विस्मय
भेद खुलकर झर न जाए
फूल-सा, मुझ दीन का भय
मैं अगाए गान में तेरी मधुर मधुलय लिए हूँ
हास है दिन का उजाला
पूर्णिमा मुस्कान तेरी
रात है भुज पाश परिचित
चिर मिलन की चाह मेरी
मैं अमाँगे दान में तेरा मदिर परिणय लिए हूँ।

छायावाद से सेठिया ने तुम 'तुम्हारा', 'उच्छवास', 'बादल', 'बाँसुरी' और 'विरह विह्वलता' और हजारों शब्दों का संसार लिया है लेकिन यह कहकर मैं

एक बड़े कवि का कद छोटा नहीं करता चाहता हूँ क्योंकि मैं उन कई बड़े कवियों को जानता हूँ जिन पर दूसरे बड़े कवियों का प्रभाव है लेकिन फिर भी जिनका प्रभामंडल कहीं छोटा नहीं हुआ है।

मुझे यह स्वीकार करने में कोई संकोच नहीं है कि छायावादी कवियों से अमूर्त कथ्य शैली और शब्द-विधान लेकर भी सेठिया जी ने जगह-जगह नितान्त अपना स्पर्श देकर 'दीपकिरण' कोलासानी गीत संग्रह बना दिया है। 'दीपकिरण' कविता-संग्रह में अपने अस्तित्व और कविता को तलाश करनेवाले मन का एक साथ एक जबरदस्त संघर्ष है। 'दीपकिरण' के बाद का काव्य धीरे-धीरे सवालों के उत्तर देने में तल्लीन हो गया है।

इसके पूर्व कि मैं उस कविता की तरफ जाऊँ, 'दीपकिरण' की एक और विशेषता की बात करना आवश्यक समझता हूँ।

हिन्दुस्तान की कविता में इन दिनों कवि चाहे प्रकृति के अपार वैभव और आत्मीयता से विमुख हो रहे हों, लेकिन हमारे देश की कविता के साथ प्रकृति अपनी पूरी अनुरागात्मकता के साथ जुड़ी है; वह कविता को हृदयस्थ कराती है, हजारों जड़ों के साथ कविता को हमारे मन में फैलाती है। सेठियाजी ने अपने सम्पूर्ण रचना-संसार में प्रकृति को न जाने कितनी-कितनी तरह फैलने दिया है और हमारे आत्मीय आध्यात्मिक संसार का हिस्सा बना दिया है। प्रकृति के भरे-पूरे वैभव को आत्मस्थ करना, फिर उसे हजारों प्रसंग में हमारी जिज्ञासा, जिजीविषा, आह्लाद-आनन्द, वैराग्य और प्रश्नों का हिस्सा बनाना और फिर हमारे चित्त में एक अक्षयवट की तरह प्रतिस्थापित करना, सेठियाजी के कवि-कर्म का सबसे महत्त्वपूर्ण हिस्सा है। इन रचनाओं में कुछ ऋतु कविताएँ आसपास के प्राकृतिक वैभव के अपार ताजगी और सम्पन्नता लेती हैं और एक स्मृति-संसार से जोड़ देती है—शरद की एक मोहक कविता द्रष्टव्य है—

ये चमेली के सुमन से
मदिर उजले शीत के दिन
ये खिले सहसा मुरझते
ये मिले सहसा विलगते
ज्यों किसी अल्हड़ प्रणय के
सजल झीनें प्रीत के दिन
ये रजत के रूप वाले
ये कनक-सी धूप वाले
एक मीठे से सपन की
सुरभि भीने गीत के दिन

व्योम नीला, भूमि उज्ज्वल
प्रिय मिलन को प्राण विह्वल
ये किसी हर को हराने
पंचशर के जीत के दिन
वे चमेली के सुमन से
सुमन घेले शील के दिन

चैती—बयार का एक और गीत...

हुआ शीत-गत, चली चैत की
मलयज मिली बयार
अपने माणिक-दशन दिखाकर
हंसने लगा अनार
मदिर मंजरित नीम, गरल को
आया मधु का ध्यान
सुरभि-विह्वलता सांसें भूली
रसना की पहचान
आज लहर की श्लथ वेणी में
रक्त-जवा के फूल
अहरह मन्द झकोरों से ले
मुग्ध गूंथता कूल

'दीपकिरण' की कुछ दूसरी विशेषताओं पर विचार करने के लिए रसज्ञ समर्थ हैं, इसलिए यह प्रसंग यहीं समाप्त करता हूँ।

कोई भी कवि सारी उम्र एक बड़ी कविता बनाता है और उसी के बीच कुछ और कविताएँ बनाता है—हजारों कविताएँ बनाता है उस बड़ी कविता का मूल भाव उसे बाँधे रहता है : जड़ से जोड़ता है। हो सकता है कि एक लम्बे अर्से तक वह मूल केन्द्र भाव से विच्युत हो जाए या कि उसके चारों तरफ घूमता रहे और केन्द्र पर दृष्टि जमाए रहे। कई बातें हो सकती हैं।

सेठियाजी के सम्बन्ध में यह तथ्य रेखांकित करना आवश्यक है कि वे विपथगामी नहीं होते। दुनिया की विसंगतियों के बीच से वे एक संगति की कविता ढूँढ़ते रहते हैं, सारी लयहीनता को वे एक लय से जोड़ते हैं, अगति के बीच गति को, गति के बीच अगति को, क्षण के बीच अनन्त को और अनन्त के बीच क्षण को और ऐसे अनेक अन्तर्विरोधों को एक समताल पर लाने की कोशिश करते हैं। प्रत्येक कविता में यही दृष्टि काम करती है। हजारों कविताओं के एक दर्पण में हजारों प्रतिबिम्ब

देखते हैं। 'प्रणाम' कविता-संग्रह में चौदहवीं रचना की शीर्ष पंक्ति जैसे कन्हैयालाल सेठिया का पूरा भाव-संसार है। लिखा है—

यह दर्पण का महल कि इसमें
सब प्रतिबिम्ब तुम्हारे हैं...
खंड-खंड इन रूपों ने मिल
एक रूप परिपूर्ण किया
भिन्न-भिन्न इन रंगों ने मिल
एक रंग अवतीर्ण किया
लघुविराट के इस अन्वय ने
कितने प्रश्न उभारे हैं?

इन्हीं प्रश्नों के उत्तर में 'दीपकिरण' का कवि एक कदम आगे बढ़ता है, यहीं से एक दूसरा कन्हैयालाल सेठिया शुरू होता है—पिछली—प्रश्नाकुलता बरकरार रखते हुए भी उत्तर के अनुसन्धान में अधिक तेजी से चलता है।

यह कहना बहुत कठिन है कि किसी कवि को अपनी गहरी प्रश्नाकुलता शान्त करने के लिए किसी दार्शनिक व्यवस्था का हिस्सा हो जाना चाहिए या कि अपने मन को प्रश्नों के तुरंग पर यायावरी करने देना चाहिए। सेठियाजी ने यद्यपि 'प्रणाम' के छब्बीसवें गीत में लिखा है—

यह मेरा सौभाग्य है कि अब तक
मैं जीवन में लक्ष्यहीन हूँ
करती नहीं हृदय का मेरे
कोई एक कामना शोषण
मदिर वासना की मधु परियों
सतत नाचती सन्मुख प्रतिक्षण
मुक्त दृष्टि निरुपाधि निरंजन
मैं विमुग्ध भी उदासीन हूँ

लेकिन यह कविता न तो विमुग्धावस्था या उदासीनता के साथ रहने की तैयारी में है और न प्रश्नों के तुरंग पर अनन्त यायावरी की स्थिति में बल्कि यह एक थकी कविता है; अनिश्चय की स्थिति से ऊबी हुई इसलिए चौतीसवें गीत के लहजे में एक बदलाव इस तरह हुआ है—

यह पतझर की शाम, अकेला
फूल उदास बहुत है
शूलों की महफिल में अलि का

कटु उपहास बहुत है
रो मत मृदुल समीर, दुआरा
कोई और खुलेगा।

पुनः छत्तीसवें गीत में लिखा है—

पनघट तक आकर भी गागर
रीती लौट रही है
इस गगरी ने कुम्भकार के
श्रम को व्यर्थ गवाया
रूप रंग आकार देखकर
गाहक गया ठगाया
पुनः चाक चढ़ चौरासी के
केवल राह यही है

'चौरासी कोटि जोनियों' का चक्र-पुनरपि जननं, पुनरपि मरणम, पुनरपि जननी जठरं शयनम।'

वय के उतरार्द्ध का 'प्रणाम' कविता-संकलन पहले की प्रश्नाकुलता वाली कविता से प्रणाम करता है। इसलिए जो वासना और भावना से अलग जीवन का दूसरा अर्थ समझने के लिए तैयार नहीं था, यथा—

आज की जो वासना प्रिय।
कल वही है सृष्टि,
आज की जो भावना प्रिय
कल वही है दृष्टि
वासना का क्रम चले बस
है यही आधार
भावना का भ्रम चले बस
है यही आकार
और जीवन क्या? जगत क्या?
पूछना ही व्यर्थ
वासनामय, भावनामय
से परे क्या अर्थ?

('सप्त किरण' से)

वे 'प्रणाम' के उन्तीसवें गीत में लिखते हैं—

तू अपनी उपलब्धि आप है
अनगिन विश्व तुम्हारे भीतर

साथ समन्वित ईश्वर-नश्वर
विग्रह सन्धि विराम निरन्तर
व्यक्त-गुप्त सीमित अमाप है।
द्वंद्वातीत द्वंद्व मय तत्पर
छंदबद्ध-निर्बन्ध महेश्वर
चिन्मय-मृण्मय संशय निश्चय
सृजन-विसर्जन पुण्य पाप है
गीत अगीत नवीन पुरातन
सहज कठिन प्रारम्भ-समापन
एक-अनेक अरूप-रूपमय
विध्न-सिद्धि वरदान-शाप है।

यह विरोधी शब्दों का पुंज एक उत्तर देने की प्रक्रिया में है। 'प्रणाम' के दसवें गीत में सेठियाजी भारतीय अध्यात्म की 'अनहदनादी' और 'मौनी बाबाओं की परम्परा में पहुँचने की कोशिश करते हैं—

शून्य सुना करते हैं मेरे
प्राण यज्ञ की पूत ऋचाएँ।
गिनती में बंध जानेवाले
श्रोता मेरे साध्य नहीं है
सुनकर करे प्रशंसा निन्दा
ये मेरे आराध्य नहीं है
महामौन तक पहुँचाने की
माध्यम मेरी गीत शिखाएं

इसी गीत में 'अनहद नाद उठा करता है' और 'केवल 'स्व' का बोध भिखारी को सम्राट बना देता है' जैसी पंक्तियाँ है।

इसलिए 'प्रणाम' को सेठियाजी के पुराने और नये काव्य की विभाजन रेखा मानना चाहिए। इस कथन का यह अर्थ नहीं है कि कविताओं के बीच से कोई नई अतर्क-संगत, अनाहूत या अप्रत्याशित कविता-श्रृंखला की शुरुआत होती है—सिर्फ इतना ही कि अब तक प्रश्न दुनिया की यायावरी करनेवाला कवि अब उत्तर हासिल करने, उत्तर बतानेवालों की दुनिया में प्रवेश करता है—लेकिन कविता की दुनिया में यह बात इतनी-सी नहीं है। उत्तर बतानेवाला कवि संक्षिप्त हो जाता है—ठीक जैसे गणित का आदमी बड़े सवाल का उत्तर संक्षिप्त में दे देता है। केवल कविता का आकार ही छोटा नहीं हुआ है; उनके शिल्प में भी बहुत

परिवर्तन हुआ है—गीत की लय बदल गई है। तुक वाली कविता तुक-रहित हो गई है, कविता-संग्रहों के नामों में भावनात्मक अमूर्त संज्ञाएँ प्रयुक्त हुईं—अनाम, निर्ग्रंथ मर्म। प्रणाम, मर्म, अनाम तथा निर्ग्रंथ क्रमशः सम्वत् 2022, 2028, 2031, 2032 में प्रकाशित हुए।

निर्ग्रंथ के फ्लैप पर सेठियाजी के संग्रहों—'मर्म' और 'अनाम' पर विशेषतया प्रसिद्ध कवियों की सम्मतियाँ छपी है। 'अनाम' की कविताओं को बच्चनजी, वीरेन्द्रकुमार जैन और भवानीप्रसाद मिश्र ने इसलिए सराहा है कि वे 'मंत्र' ही है। वीरेन्द्रकुमार ने लिखा—"श्री अरविन्द ने कहा था, आगामी कविता सूक्ष्म यांत्रिक प्रभाव वाली होगी। आपकी इन कविताओं में वह भविष्यवाणी सच होती लगी। आप में भाव और चिन्तन की अद्भुत संयुति है।"

मंत्रशक्ति पर मुझे इतनी ही टिप्पणी करनी है कि सेठिया यदि ऋषिकोटि की कविता कर रहे हों तो वह हमारी क्षति है क्योंकि कविता प्रायः इस मोक्ष के विरोध में होती है जिसे मंत्र सिद्ध करते हैं। मंत्रों ने अब तक जो कविताएँ बनाई हैं वे अमूर्त रहस्य को प्रतिष्ठापित करती हैं। सृष्टि के खुले आनन्द और रूप, रस, गंध, स्वाद, स्पर्श को तिरस्कृत करने का काम भी मंत्र सिद्ध कविता ने किया है। इसलिए यदि सेठिया मंत्र कविता से किसी बड़ी कविता को आविर्भूत करना चाहते हो तो वह एक दुर्घटना होगी। कविता का सत्य यथार्थ को सिकोड़ने में या अमूर्त करने में नहीं है उसे विस्तार देने में हैं।

लेकिन चाहे सेठिया चाहते रहे हों न चाहते रहे हो, जो चिन्तन का रिश्ता उन्होंने दुनिया के साथ स्थापित किया था और जिस यथार्थ का वे अध्यात्मीकरण-आभ्यान्तरीकरण कर रहे थे उसे मंत्र-कविता तक आना ही था। मंत्र कविता तक आते-आते सेठियाजी सिद्ध-पुरुषों की तरह कविता के ताबीज बाँटने लगे। 'दीपकरण' की रचनाओं का प्रवाह, प्रश्नाकुलता, प्रकृति के अनेक आयामी रचावों के बीच एकता और अन्तर्विरोधी पक्षों के बीच अद्वैत देखनेवाली कविता दुर्घटनाग्रस्त हो गई। सेठियाजी अब द्रष्टा नहीं रहे, वे दिखानेवाले हो गए। "मैंने देख लिया है, मैंने जान लिया है" इस भाव में कोई विनम्रता नहीं होती। कवि देनेवाला हो गया—दाता। 'मर्म' की कविता बहुत छोटी बहुत ही छोटी है और परिभाषात्मक है। इस संकलन में जहाँ कविता दुर्घटनाग्रस्त नहीं हुई वह 'दीपकिरण' या कि 'प्रतिबिम्ब' के प्रतिमानों पर लिखी गई है। पचहत्तरवी कविता में देखें—

हर सुमन का सुरभि से यह
अनलिखा अनुबंध
अनिल को सौंपे बिना यदि
मैं झरूँ, सौगन्ध।

या

सत्य वहीं संगत
जो सर्व सम्मत

या कि

अम्बर, अनिल
सलिल, हुताशन
भू करती
सब का मूल्यांकन

लेकिन जहाँ कविता तत्त्व-चिन्तन की दृष्टि से है : वहाँ केवल कर्ता के अन्दर सिमट गई है या पाठक के पास आते-आते संत-सम्मत वचन रह गई है। ऐसी कुछ कविताएँ द्रष्टव्य हैं—

(1) कहा, सब
अनकहा
शेष अब
स्वगत रहा।

(2) मत का सृजक
जड़ मन
सत का जनक
आत्मन।

(3) नीरव की चर्चा
रव से
जीवन की चर्चा
शव से।

(4) अपना
अपने मैं बो
अन्तः जग
बाहर सो।

(5) स्व से अतीत
वह भयभीत

(6) नभ
भू,
मैं
तू

(7) पदार्थ
चेतना की सीढ़ी
यथार्थ
कल्पना की पीढ़ी

(8) गत
आगत
अनागत
सब
कोई
अभ्यागत

(9) अलख को लख
भुला मत अपने को
सत्य को शोध
सुला मत सपने को

'मर्म' के प्रारम्भ में सेठियाजी ने लिखा है—

मर्म
मर्मज्ञों के
लिए
है
अल्पज्ञों

और
सर्वज्ञों के
लिए
नहीं

दो शब्द के लेखक है गुलाब खंडेलवाल, रतनशाह, नथमल केडिया। दो शब्द सेठियाजी को कवि की तरह नहीं, 'महात्मन' की तरह परिचित कराते है—कवि चिन्तन और दर्शन के धरातल पर पूरी तौर पर प्रतिस्थापित हो चुका है। विज्ञ पाठक और सुधीजन इसमें अवगाहन कर लाभान्वित होंगे।

'अनाम' संवत् 2021 में छपा काव्य संग्रह है। 'मर्म' की कविता, शैली चलती रही है—जीवनानुभवों को सिद्ध-वचन बनाकर कहने की कविता-शैली। यह शैली बुरी नहीं है लेकिन यह कविता की शैली नहीं है। आध्यात्मिक अनुभवों को किसी विश्वास के साथ कहने की शैली अवश्य है। मेरा खयाल है कि कविता का अपना मिजाज है और किसी भी कवि को अपने माध्यम का मिजाज बदलने की स्वाधीनता नहीं होनी चाहिए।

कविता की स्वायत्तता यह है कि वह प्रत्येक जीवनानुभव को लचीला और व्यापक बनाने की कोशिश करती है, वह स्थूल यथार्थ को सौन्दर्य देती है और कला-रूप को प्रस्थापित करती है। वह एक क्रूर तर्क-शैली की जगह एक समानान्तर आत्मीय तर्क-शैली आविष्कृत करती है जो प्राय: अमूर्त होती हुई भी हद दर्जे तक विश्वसनीयता और प्रामाणिकता हासिल करती है। 'अनाम' में सेठिया जी इस लचीलेपन को एक क्रूर तर्क-शैली से काटकर कविता के बुनियादी मिजाज को बदल देते हैं—यहाँ कविता में जीवनानुभव की व्यापक साझेदारी नहीं रहती। वह व्यक्ति के मिजाज का हिस्सा बनती है और यहीं कमजोर होती है।

'अनाम' के मिजाज को सेठियाजी ने इस प्रकार व्यक्त किया है—

अनाम नाम की प्रतिक्रिया है
जब तक सम्बोधन में रति है
मन यति क्या होगा? शब्द का व्यूह
अशब्द से ही टूटेगा यह मैं जानता हूँ।
अत: बोध से अबोध बन पाऊँ तो सहज ही
मेरा विराम अविराम से मिल लेगा।

इस पुस्तक की संयोजिका तारा वैद ने प्रकाशकीय वक्तव्य में सेठियाजी की यह प्रतिनिधि कविता उद्धृत की है—

नाम रूप की भीड़ जगत में
भीतर एक निरंजन
सुरति चाहिए अन्तर दृग को

बाहर दृश्य को अंजन
देखे को अनदेखा कर दे
अनदेखा का देखा
क्षर लिख-लिख तू रहा निरक्षर
अक्षर सदा अलेखा।

'प्रणाम' से लेकर 'निर्ग्रंथ' की रचनाएँ, विदित हो कि, 'उत्तर' देने की परम्परा में है। जो प्रश्नाकुलता पूर्व रचनाओं में है,—एक नैतिक सम्बोध के नजदीक-नजदीक—वह 'उत्तर' कविताओं में बदल गई है। 'अनाम' की उन्नीसवीं रचनाओं में 'प्रश्न परम्परा' को 'दिग्भ्रम की परम्परा' कहते हुए लिखा है—

खड़े हैं
दिग्भ्रमित से
कब से
कुछ प्रश्न
दुखते हैं
बेचारों के पाँव
याद है इन्हें
पूरब पश्चिम दक्षिण
भूल गए
'उत्तर' का गाँव

कुछ दार्शनिक मिजाज की रचनाएँ 'अनाम' से उद्धृत हैं—

(1) मधु
मिट्टी के भांड़ में है
अथवा स्वर्ण पात्र में
दृष्टि का यह द्वैत
नहीं छल पाएगा
रसना के ब्रहम को।

(2) खो जाता है
जहाँ पहुँचकर
पेड़
वह वन

(3) नहीं होगा गणित के
बड़े से बड़े
प्रश्न का
अगणित में उत्तर
इसलिए है बाहर
अंकों के व्यूह से ईश्वर

(4) द्वार के लिए
न भीतर है
न बाहर
द्वैत
दर्शन में है

(5) अक्षर से
क्षर तक की यात्रा
यंत्र
अक्षर से
शब्द तक की यात्रा
तंत्र
अक्षर से
अक्षर तक की यात्रा
मंत्र

(6) बलि वासनाओं की दो
नारियल
कुंठा का तोड़ा
चन्दन
अहम का घिसो
बन जाएगा
तुम्हारा पशु ही प्रभु

'निर्ग्रंथ' की रचनाएँ संवत् 2032 में प्रकाशित हुई। अब तक छपे कविता-संग्रहों में यह सेठियाजी का आखिरी संग्रह है। प्रथम सोलह कविताएँ भगवान महावीर के पुण्य-चरित्र की विविध घटनाओं से सम्बन्धित है। 16वीं कविता में यह प्रार्थना अंकित है।

करो ग्रंथि से मुक्त मुझे है
वीत राज भगवन्त
बन न सका नवनीत, मथ रहा
कब से जाने तक्र
कर समय अब छूटे मेरा
जनम-मरण का चक्र
मुझे सताते हैं भव-भव के
बाँधे कर्म अनन्त

कहना नहीं है कि यह 'प्रार्थना' कविता का अन्त है। यह आत्म-निवेदन, संशयाकुल संसार के मैदान में डटे प्रसन्न कवि का नहीं, भव-बन्धन से मुक्त होने की छटपटाहट है। किन्तु इस कविता के बाद भी 'निर्ग्रंथ' में गणितीय संक्षिप्तता लिए 66 रचनाएँ हैं।

इन कविताओं का प्रधान स्वर 'आत्म-बोध' का है। आत्म-बोध की कविता लिखने की संत-परम्परा हिन्दी के लिए नई नहीं है। भव-पंक में निग्न भक्तों ने आर्तवाणी में प्रभु को बार-बार पुकारा है। संसार की और अपनी प्रकृति को समझा है। भव-मुक्ति की कामना की है। लेकिन सेठिया जी पुराने कवियों से बहुत भिन्न है। आत्म-बोध के सिलसिले में वे चिन्तक है; आत्म-विश्लेषण के साथ भव-विश्लेषण भी करते रहते हैं। वे अध्यात्म की शब्द-शृंखला को निरन्तर काम में लेते हैं किन्तु 'आत्म-विभोर' नहीं होते। तैरने का सम्पूर्ण ज्ञान लेकर वे डूबने जाते हैं। यही कारण है कि वे आध्यात्मिक सम्बोध की न होकर तत्त्व-चिन्तन की दिशा में

अधिक सक्रिय होती है। बार-बार वे इन स्थितियों में अपनी तरफ देखते हैं; अपने को सम्बोधित करते हैं लेकिन वस्तु-जगत् के क्रिया-कलापों पर, कार्य-कारण भाव पर टिप्पणी भी करते चलते हैं। 'निर्ग्रंथ' में वे ग्रंथि-हीन हो सकते तो बड़ी कविता होती लेकिन अन्त तक वे कार्य-कारण भाव जोड़ते रहते हैं, फिर तात्त्विक प्रश्न करने लगते हैं : उसके उत्तर देने लगते हैं। उत्तर देते समय 'सिद्ध' और प्रश्न करते समय विनीत होते हैं।

ज्ञाता या सिद्ध की कविता है—

(1) धागे में
मणियाँ है कि
मणियों में धागा
ज्ञाता वह
जो शब्द में सोया
अक्षर मैं जागा

(2) मात्र देह है
समिधाएँ
वायु है
प्राण अग्नियों का
रख लेगी
क्षरित विभूति
माँ वसुधा
ले लेगा
अक्षरित कनकाभा
पिता शून्य

निर्ग्रंथ होने की प्रक्रिया में भी वे समाजवाद और मार्क्स पर कठोर टिप्पणी करना नहीं भूलते। समाजवाद के लिए लिखी वह कविता द्रष्टव्य है—

टूट गया है
भीड़ से जुड़ने की
प्रक्रिया में
आदमी
चिपका दिया गया है
समाजवादी गौंद से
हथेलियों की जगह
मस्तिष्क
पगथलियों में
हृदय
पहुँच पाता है अब
पेट और शिश्न
तक ही
रक्त और दौर

समाजवाद को लतियाने के सिलसिले में ही सेठियाजी को 'शिश्न' की याद आती है। मार्क्स के लिए एक पूरी कविता इस प्रकार है—

सामने था
जो कुछ
उस पर थी
मार्क्स की दीठ
रह गई अदीठ पीठ
जो थी पेट के पीछे
नहीं हुआ अनुभूत
साम्य का योग
हाथ लगा
अभिव्यक्ति का सत्य
साम्य भोग

इन रचनाओं में कथ्य की रमणीयता जिस अनुपात में कम होती गई है कविता उतने ही अनुपात में 'दुर्घटनाग्रस्त' हुई है। कविता को दुर्घटनाग्रस्त करने में सिर्फ 'पार्टी प्रतिबद्धताएँ ही जिम्मेदार नहीं होतीं, धार्मिक, नैतिक, आध्यात्मिक प्रतिबद्धताओं की जिम्मेदारी भी उतनी ही होती है। एक महान कवि का यहाँ अकविजनोचित अन्त हो सकता है—गनीमत है कि इन तत्त्व चिन्तन की कविताओं में बहुत-सी 'स्यादवादी' कविताएँ शिल्पकौशल की वजह से जीवित हैं।

सेठिया का कविता का सफरनामा लगभग पचास वर्षों में फैला है। अपनी शब्द-शिक्षा की उन्होंने अपने स्वभाव के इतने अनुकूल बना लिया है कि वे कुछ रचनाओं को विशेषतया उत्तर वय की रचनाओं को छोड़कर तत्त्व निरूपण के कठिन काम को सिद्ध करती है। वे सृष्टि और शब्द को एक रिश्ते से—आत्मा के रिश्ते से—बाँधनेवाले कवि हैं।

सेठिया की कविता के दबाव हमारी कविता से बहुत भिन्न हैं। हमारी कविता जन-सम्पर्क की जनवादी कविता है। सेठिया—आत्म-सम्पर्क की आत्मवादी कविता करते हैं। अनेकान्त में रमा हुआ उनका मन कविता के लिए बहुत बड़े आकाश की तलाश से कविता प्रारम्भ करता है यह बात दूसरी है कि बाद में वह आकाश सिकुड़ जाता है।

हमारी आज की कविता से भिन्न कविता करते हुए भी वे भारतीय कविता की तात्त्विक प्रश्नाकुलता और उसके समाधान की महत्त्वपूर्ण आकांक्षा बनाए रखते हैं।

हरीश भादानी का कवि-कर्म

न रगड़ो तुम भी
चकमक पत्थर मुझ पर
नहीं दो अपने हाथों
किसी ईंधन की।
हवि मुझे
विस्फूटने को ही है
मेरे भीतर से एक ज्वालामुखी
अगियाया हुआ
फिरूंगा राजमार्गों पर मैं
फेंकूगा पलीते
उनकी ऊँचाइयों तक
बह-बह जाएगा मेरा लावा
इनकी बाबियों
इनकी बुनियाद की
आखिरी तह तक

हरीश की ये पंक्तियाँ 'नष्टो मोह...' से हैं। नष्टो मोह...उनकी लम्बी काव्य कृति है। आत्मालाप की उन सारी स्थितियों से गुजरती हुई कृति, जो अब तक गीत लिखनेवाले कवि को एक तल्ख जीवनानुभव के सामने खड़ा करती है—गो कि अन्त उसका एक रोमांचकारी शब्दावली में होता है जो अमूमन उन कवियों की होती है—जिन्हें दुनिया को शोकरहित करने की हमेशा याद रहती है। 'नष्टो मोह' जहाँ समाप्त होती है वहाँ अंकित है—

रोशनी। शब्द। सम्बोधन।

लेकिन फिलहाल इन काव्य-कृति के सम्बन्ध में इतना लिखना ही काफी है—बाद में विस्तार से।

हरीश से मेरी पुरानी पहचान है। राजस्थान में जिन कवियों की सुकुमार देह और मोहक हँसी मैं कभी नहीं भूल सकता उनमें से एक हरीश भादानी हैं। हरीश भादानी

उनमें से भी एक हैं जो साहित्यिक पत्रकारिता और जिन्दगी को अपने तेवर के साथ जीने के लिए तलवार की धार पर चले हैं। जिन बुद्धिजीवियों और रचनाकर्मियों को कर्म की सार्थकता और उसकी नैतिक जिम्मेदारियों का एहसास है वे हरीश भादानी की काव्य-यात्रा का अर्थ समझेंगे, जो एक असंगत, विकट और त्रासद जिन्दगी से अपना रस लेकर ऊर्जावान बनी हुई है। हरीश इस अर्थ में महत्त्वपूर्ण और बड़े कवि हैं कि उन्होंने मनुष्य और कविता को अलग-अलग नहीं होने दिया। जो शौकिया कवि नहीं हैं वे हरीश भादानी के इस गुण की तारीफ करेंगे।

हरीश का पहला काव्य-संकलन 'अधूरे गीत' है जिसमें उन्होंने अपने काव्य सरोकार पर रोशनी डाली है। लिखा है—कविता के सम्बन्ध में मेरी स्पष्ट धारणा यही है कि कविता, युग की, फोड़े की तरह उभरी व्यवस्थाओं को समान बनाते हुए और जीवन की कुरूपताओं को अनूठा सौन्दर्य प्रदान करते हुए वर्गहीन समाजवादी समाज की स्थापना की कल्पना को बल दे, कविता की आत्मा संहार की कुत्सित भावना को पीछे धकेल कर मानवी सौहार्द, विश्व-शान्ति और सृजन का मूर्त सन्देश दे, वही कविता युग की अपनी कविता है।

हरीश के काव्य सरोकार और घोषणाएँ पेचीदा या कि उलझनभरी नहीं हैं। कविता के द्वारा वे जिन दुनिया को बनाना चाहते हैं वह मानवीय दुनिया है और उसके गीत गाना, उसे बनाने के संकल्प दुहराना, उसके प्रति निरन्तर प्रतिबद्ध रहना उनका कवि-कर्म है।

हरीश लम्बे समय तक समाजवादी पार्टी और समाजवादी आन्दोलन के साथ रहे हैं। यह शायद 1948-49 की बात रही होगी जब बीकानेर की जन-सभा में हम दोनों ने एक मंच से समाजवादी संकल्प दृहराया। तारुण्य के वे दिन कुछ और थे, बीकानेर में बौद्धिकों का जमघट, बहस, बातें, क्रान्ति-सोच, मोहक जिल्दोंवाली नई-ताजा पुस्तकें, लेखन हमारे सपनों के बहुत नजदीक था। बगरहट्टा, सत्यनारायण पारीक, मुरलीधर व्यास, हरीश की याद किसी रस्मी तरीके से नहीं बल्कि एक अटूट रिश्ते की तरह जीवन का हिस्सा बन गई। बाद में भी बीकानेर क्रान्ति-सोच की हिस्सेदारी में पीछे नहीं रहा, हरीश ने लम्बे समय तक 'वातायन' निकाला जिसका कर्ज चुकाने के लिए हवेली का हिस्सा बेचना पड़ा—

कर्ज की पीते थे मय, और समझते थे कि हाँ,
रंग लाएगी हमारी फाकामस्ती एक दिन

इस तरह शुरुआत हुई। हरीश के प्रथम काव्य-संकलन प्रकाशन की जिसमें अधिकांश कविताएँ छंद बँधी है, प्रेम और क्रान्ति के लिए कुछ कविताएँ अतुकान्त है, अन्त की कविताएँ राजस्थानी भाषा में लिखी हुई हैं।

प्रेम और तब्दीली की इच्छा से बनी हुई इन कविताओं में सरल किन्तु प्रश्नाकुल, उद्वेग युक्त, असन्तोषपूर्ण मन:स्थितियाँ हैं। जवान होते हुए हरीश ने उस समय जो

कविताएँ लिखीं उनकी आज यही प्रासंगिकता है कि वे तब से लेकर प्रेम, समता और अवाम के लिए खड़ी है।

जिस समय हरीश ने कविता लिखना शुरू किया तब गीत, राजस्थान की ही नहीं—हिन्दी के कवियों की प्रिय विधा थी। नाराजी, प्रेम, व्यंग्य, रसलीन काव्य-उक्तियाँ, सत्ता-प्रतिष्ठानों के विरुद्ध जिहाद, इंकलाब की बुलन्दियों को छूते नारे प्राय: गीत या छंदबद्ध कविता में लिखे जाते। हरीश ने गीत लिखने में सिद्धि पा ली थी। गीत उनके अनुकूल था। हो सकता है कि गीत उनके सुरुचि-सम्पन्न जीवन और कमनीय मिजाज के बहुत नजदीक आ गया हो। चार काव्य-संकलन के बाद 'नष्टो मोह...' में उन्होंने गीत और नई कविता की गद्य-लय वाली भाषा का प्रयोग किया लेकिन वे कामयाब नहीं हुए और उन्होंने फिर अपने छठे और अब तक आखिरी काव्य-संकलन 'खुले अलाव पकाई घाटी' में गीत का बेहतरीन प्रयोग किया है।

गीत के सिलसिले में यह कोई हरीश की वकालत नहीं है। सवाल सिर्फ काव्य-भाषा को लेकर है क्योंकि भाषा एक कारगर औजार है। एक आयु पर पहुँचे और खास तौर पर सामाजिक तब्दीली के लिए कृतसंकल्प कवि के लिए भाषा दरअसल एक अहम सवाल है। यह गौर करने जैसी बात है कि हरीश नव-गीतकारों के 'भाषा रोमांच' (Language Thrill) में कोई दिलचस्पी नहीं लेते। उनका गीत छंद प्राय: पुराना और लम्बी पंक्ति वाला होता है (छपने में वह चाहे टुकड़ों-टुकड़ों में छपकर नई कविता की तरह नजर आता हो) गो कि शब्द समूह दूसरा है, दूसरे जीवनानुभवों से आता लगता है, ज्यादा अर्थवान कभी-कभी संत और मसीहाई विषाद से उत्तप्त, कभी-कभी एकदम मसीहाई। मसीहाई विषाद अथवा दृष्टि कहकर हरीश पर यह आरोप लगाना नहीं है कि वे उपदेशक, साधु अथवा महात्मा हैं, कवि नहीं। मैं केवल उनके द्वारा प्रयुक्त शब्द-प्रकृति की बात कर रहा हूँ जो उन सब कवियों में समान होती है जिन्हें एक खास तौर का संसार बनाना होता है—विषमता रहित, दासता रहित, हर सम्भव पराधीनता रहित। मसीहाई विषाद के बिना उस विश्व रचना के लिए शब्द प्रेरित नहीं करते। इसलिए 'खुले अलाव पकाई घाटी' के गीत 'कदम-कदम बढ़ाए जा' जैसे लहजे में नहीं हैं, वे गुरिल्ला गीत भी नहीं हैं, बल्कि एक शताब्दी के आचार-विचार की दुखान्तिका से उपजे हैं, प्रकृति के रस विलास-विषाद से आए हैं। हरीश शब्दों को बहुत ठंडे मन से उठाते हैं। कोई तलवार या हथोड़ा, कुल्हाड़ी या हंसिया, ईंट या पत्थर की तरह नहीं बल्कि हरे वृक्ष की टहनी की तरह जो कवि के देखते-देखते सूख गई है। बहुत-सी मिसालें हैं लेकिन उन सबको उद्धृत करना बेमौजूं होगा, सिर्फ एक कविता पढ़ने का आग्रह करता हूँ—'तुम'

किससे भरूँ
कैसे भरूँ

यात्रा में आई दरारें
कैसे टांक लूँ पैबन्द
फट गई तितीर्षा पर
पिरो तो लूँ कभी
विरासत में बची नंगी सुई
सूत भर सम्बन्ध भी
समेट कर ले गए तुम
ओ तुम

(खुले अलाव पकाई घाटी)

पुनः लौटें—1961 में कवि का दूसरा काव्य-संकलन प्रकाशित हुआ 'सपन की गली'। इस संकलन की महत्त्वपूर्ण बात यह कि इसकी भूमिका बच्चनजी ने लिखी है। भूमिका में हरीश के कृतित्व से सम्बन्धित अभिमत बहुत सावधानी से लिखा गया है जो कोई भी वयस्क और प्रतिष्ठित कवि किसी भी नये और तरुण कवि के लिए लिखेगा। उन्होंने लिखा...उनका (हरीश का) हृदय भावनापूर्ण है और नये-पुराने दोनों ही माध्यमों से वे अपने को अभिव्यक्त कर रहे हैं। घटनाओं और परिस्थितियों की प्रतिक्रिया तीव्रता के साथ उनके अन्तर में होती है और उतनी ही शीघ्रता के साथ उसे शब्दों में बाँधने का प्रयास भी वे करते हैं। किसी भी कवि की रचना में इन चीजों का पाया जाना शुभ लक्षण है और उसकी सम्भावनाओं का परिचायक भी।

संकलन में हरीश ने फिर काव्य-सरोकारों को दुहराया है। रचनाओं के सम्बन्ध में जिन दो बातों पर प्रकाश डाला है उनमें से एक तो यह है कि 'सपन की गली' में भावनाओं को उन्होंने उनके अन्तर में पैठ कर समझने का प्रयास किया है इसलिए इस संग्रह में "पीड़ा और अभावों के स्वर संयमित होकर उभरे हैं" दूसरी बात यह कि "मैं अनुभूतियों, संवेदनाओं के प्रति ईमानदार हूँ।"

'सपन की गली' की शुरुआत एक चतुष्पदी से होती है—

कौन आया था पहले सपन की गली?
कौन आगे चला, कौन पीछे चली?
सिर्फ इतना सिखा चल पड़ी लेखनी?
प्यार पीछे जगा, पीर पहले चली।

यह अकेली चतुष्पदी ही नहीं, रूमानियत लिए हुए कई कविताएँ यानी चतुष्पदियाँ, गीत और अतुकान्त रचनाएँ हैं। अतुकान्त कविताओं की भाषा स्वच्छ हिन्दी है लेकिन गीत की रसीली लय और मुहावरा विद्यमान है। उदाहरण के लिए "नारी प्रांजल व्यंजना' में स्त्री की सारी विवशता केसरिया, कस्तूरी गंध, ऋचाओं,

महुआ, पलाशों, गुलाबों के जरिये कही गई है—अन्त में हृदय को मथनेवाला सवाल मौजूद है—

या किसी विद्युत घड़ी में रचित
इस सृष्टि का शृंगार?
बोलो-कि
तुम हो क्रीत-दासी
या खिलौना
तुम किसी क्षणभर उफनती वासना का?

हरीश अपने इस काव्य-संकलन में उन शक्तियों को पहचानते से लगते हैं जो आज की त्रासदी के लिए जिम्मेदार हैं, 'मेरी कविता' में उन्हें गिनाया गया है—

ये सब व्यापारी हैं, सूदखोर, संगदिल हैं
मेरी इस पीढ़ी के आदमी
मेरी कविते! ये तो मोहित भरी उमर पर
इनके कहे ठगी मत जाना

'सपन की गली' का मर्मान्तक स्वर प्रेम-निषेध में नहीं है बल्कि प्रेम के उन सारे सपनों के विच्छिन्न हो जाने में है जिसका कारण यह क्रूर असमतावादी व्यवस्था है स्त्री भी जहाँ एक 'जिन्स' हो गई है। दर असल प्रेम के सम्बन्ध में हमारी बहुत-सी दिक्कतों में मुख्य दिक्कत यह है कि उसे हम कोई मूर्त छवि या सामाजिकता नहीं देना चाहते इसलिए सहस्त्रों आधुनिक कविताओं में उत्तर छायावादी प्रभाव और प्रगतिशील रूमानी औद्धत्य का सिलसिला हमारी नापसन्द के बावजूद चलता रहता है। 'सपन की गली' में कहीं-कहीं ही अमूर्त प्रेम की तरफदारी और धुन्ध घटती है—किन्तु प्रायः बनी रहती है तो यह तारुण्य की दहलीज पर आए हर कवि की दिक्कत रहती होगी।

1966 में हरीश के दो संकलन प्रकाशित होते हैं—'सुलगते पिंड' और 'एक उजली नजर की सुई' दोनों संकलनों में कुल मिलाकर एक सौ सत्तावन रचनाएँ है। दोनों में अलग-अलग भूमिकाएँ हैं। 'एक उजली नजर की सुईं' में हरीश ने तीन पृष्ठों का वक्तव्य दिया है यह वक्तव्य पहले वक्तव्यों की अपेक्षा अधिक परिपक्व और गम्भीर है। वह इस बात का सबूत है कि अब कवि अपने समय के प्रश्नों को अधिक चिन्ता के साथ ग्रहण कर रहे हैं। इसी वक्तव्य में हरीश आत्मालोचन करते हुए लिखते हैं—'ऐसी ही वैयक्तिक पृष्ठभूमि से जुड़ा-जुड़ा मैं कविता के शब्दों को खोजता रहा हूँ। इस खोज में सामाजिक प्रतिकूलताओं से लड़ते रहने का आक्रोश और यदाकदा की थकन भी रही है तो वैयक्तिक व्यामोह

भी। किन्तु जीने के लिए मिल रहे यथार्थ का सुलगता रंग, उसकी आंच, उसका आकर्षण मुझे व्यामोहों के भावोन्मेष से खींचता रहा है, तपाता रहा है, निकटतम परिवेश को स्थितिजन्य सापेक्षता में जीने के तकाजे करता रहा है और मेरी सम्पूर्ण चेतना पर इतने तकाजों के हल्के गहरे दाग लगे हैं जिन्हें उजली नजर की सुई ने गहरे तक बींधा है।"

इस वक्तव्य में हरीश ने कविता के 'फार्म' पर भी कुछ कहा है, खास तौर पर गीत की 'छांदिकता' और 'संगीतात्मकता की चौखटोंबँधी संवेदना' के सिलसिले में उन्होंने यह पहचाना है कि "गेयता कवि की अतिरिक्त विशेषता हो सकती है पर काव्य-गुण की श्रेष्ठता का मानदंड नहीं हो सकती।"

गीत, नवगीत, शुष्क बौद्धिकता, यथार्थ से रागात्मक तादात्म्य, अनुभूतियों का सहज शिल्प बहुत से शब्द इस वक्तव्य में हैं लेकिन वे कवि के चित्त को अथवा उसके मन में 'फार्म' को लेकर चलनेवाले 'द्वंद्व' को किसी निर्णय तक पहुँचने में मदद नहीं करते, वे गीत के प्रति अपनी पुरानी धारणा कायम रखते हैं, रागात्मकता को उनका वैष्णव मन स्वीकार करता है।

'सुलगते पिंड' में हरीश 'अपनी ओर से...' आलेख में प्रारम्भ करते ही पूछते हैं—सुलगते पिंड की कविताओं को आज की कविता कहूँ? फिर उसका उत्तर है—"आज की कविता तो नए व्यक्ति और नए व्यक्ति सम्बन्धों की खोज की और निकटतम परिवेश को रागात्मकता के साथ जीने की अनुभूतियों की अभिव्यक्ति की कविता है और एक साफ घोषणा भी—उन प्रतिकूलताओं-व्यामोहों-जो उसे अपने यथार्थ से दूर ले जाते हैं और अपनी अनुकूलताओं से लड़ने की स्वाभाविक प्रक्रिया से रोकते हैं—के विरुद्ध लड़ना आज की कविता का जैवी-धर्म है।"

इन दोनों काव्य-संग्रहों से हरीश के वक्तव्यों में अंश उद्धृत करने का अर्थ इतना-सा है कि वे एक जगह आकर अपनी कविता और भाषा की जिन्दगी के अधिकाधिक निकट लाना चाहते हैं। वे गीतों में आए 'अवरोध' को तोड़ने की कोशिश करते हैं, कई स्तरों पर तोड़ पाते हैं लेकिन 'रागात्मकता' के साथ बँधी जैवी-इच्छा उन्हें गीत को उथल-पुथल करने की ताकत तो देती है किन्तु गीत मुक्त होने की ताकत नहीं देती। कहीं गहरे अचेतन में उन्होंने यह स्वीकार कर लिया है कि गीत भाषा ही 'रागात्मकता' को धारण कर सकती है।

हरीश के लिए यह समय (1960 से 1966) एक जबरदस्त निर्णय लेने का प्रतीत होता है क्योंकि रचना के लिए जहाँ से वे प्रेरणा ले रहे हैं वहाँ कोई संशय, धुंध नहीं है। सवाल है तो यह कि इस नंगे, क्रूर, विषम और अमानवीय यथार्थ को किस तरह की काव्य-भाषा में व्यक्त किया जाए—सम्पूर्ण लालित्य और नाजो-नखरे वाली भाषा में या कि एक पौरुषेय और क्रुद्ध भाषा में, अमूमन

गद्य जैसी लगनेवाली सपाट भाषा में। हरीश फिर नहीं बदलते, उनके गीत का आन्तरिक रचाव यथावत् रहता है यद्यपि एक नये तेवर और सामर्थ्य से वे कहीं-कहीं खलबली मचाते हैं, भाषा-व्यामोहों को तोड़ते हैं जैसे 'एक उजली नजर की सुई' के पहले गीत में—

मैंने नहीं
कल ने बुलाया है
खामोशियों की छतें
आबनूसी किवाड़ें घरों पर
आदमी-आदमी में दीवार है
तुम्हें छैनियाँ लेकर बुलाया है।

फिर दूसरी रचना में—

फेंक गया है
बरफ छतों पर
कोई मूरख मौसम
पहले अपने ही आँगन से
आग उठाओ तो जानूं

एक और रचना पृष्ठ 33 पर—

एक उजली नजर की सूई
आदमी-आदमी के फटे मन सिये
इस तरह गूंथ दे
फल जाए
किसी एक कल के लिए
आग धरती से उठे
घटियाँ घूमती पर्वतों को छुए
मेरी भी
किसी कल के लिए
अक्षरों की जिन्दगी तेरे लिए

लेकिन हरीश के वैष्णव-मन की आत्मीयता का एक और फैलाव है उसी में से एक अहीरन थाली भर धूप लिए आ जाती है—

सिरहाने लोरी सुन
सोए पल जाग गए

अंजुरी भर दूध पिया
बिन बोले भाग गए
उड़ी-उड़ी फूलों की गंध
बाँधने में मगन
थाली भर धूप लिए
बैठी अहीरन

क्या ऐसी और प्रकृति के हरे-भरे विस्तारों, आकाश, नदी, वनस्पतियों से आई कविताएँ परिवर्तन विरोधी होती हैं? मेरी दृष्टि में ये कविताएँ कवि की प्रकृति-तादात्म्य की आदिम इच्छा से बनती हैं और आदमी को आदमी से जोड़ती हैं, उसके गहरे रस स्रोतों को प्रगट करती हैं। एक आत्मा के गहरे ताल में उसे निमज्जित करती हैं।

'एक उजली नजर की सुई' में वे कविताएँ भी हैं जो 1956 से लेकर 1960 के बीच लिखी गई हैं, उनका बुनियादी स्वर रूमानी हैं, वे स्मृति और अतृप्त प्रेम-आकांक्षाओं के कारण अपनी पहचान बनाती है।

'सुलगते पिंड' की कविताओं में अधिक आत्मविश्वास है, उनका मुख्य स्वर इन पंक्तियों में है—

हम तराशे जा रहे हैं
नई सड़कें
नये सम्बन्ध
आंकते ही जा रहे हैं
नई सम्भावनाएँ

या कि फिर

ओट में दुबके हुओं को उत्तर भेज दो, कि
कच्ची मौसमी दीवार के
उस पार
जन्मने अकुला रही है
एक अरुण-ज्योति
जीवन की नई सम्भावनाएँ
बस, हमारे पहुँचने भर की प्रतीक्षा है

पुराने नये के बीच का अन्तर स्पष्ट करने की और नई व्यवस्था और पुरानी व्यवस्था के भेद को समझ सकने की इच्छा के कारण हरीश प्रतीक चुनते हैं—पुरानी

हवेली दीमक लगी चमगादड़ी की भीड़ से चीखती, क्षय रोग के बीमार की तरह। इस हवेली के लिए हरीश के मन में रत्ती-भर भी मोहासक्ति नहीं है, इस हवेली के ढह जाने की एक रोमांचकारी—इच्छा उनके मन में है—

कि ढह जाए हवेली का बुढ़ापा
यह पैबन्द वाली जातियाँ फट जाए
सब खुला-खुला हो जाए
हम आकाश ओढ़ें
धरती को बिछाए
धूप खा
पी ले हवाएँ
इसलिए अब से
हमारा साथ देती
आस्था। तू आ
लम्बे हाथ—
जिजीविषाओं के फिराकर
पोंछे जाले-दीमकें
हम मिट्टी गोद लावें
दीवार नई कर दें
तू आ!
अंजुरिया भर-भर उलीचे धूप
आँगन में
कि अन्धी हो जाएँ
सभी चमगादड़ें
हवा महके हवेली में
तू आ!!

'सुलगते पिंड' में आग शब्द का इतना प्रयोग जर्जर व्यवस्था के ध्वंस के लिए है। व्यवस्था के मिजाज को बताने के लिए हरीश कविता को विवरणात्मक बनाते हैं—एक नतीजे तक पहुँचते हैं और अन्त में भविष्य की खुशी के सपने बुनते हैं। लगभग हर कविता इन तीन स्थितियों से गुजरती है। हो सकता है कि कविता-लेखन की इन क्रिया में एकरसता निहित हो लेकिन शायद यह उन सभी कविताओं के साथ जुड़ी तकलीफ है जो व्यवस्था-ध्वंस की पहल करती है।

सुलगते पिंड में कविता को जोड़े रखने और विस्तार देने के लिए 'कि' का प्रयोग हुआ है और जगह-जगह 'दोस्त' या 'मित्र' आदि सम्बोधन काम में लिया गया है।

1979 में हरीश की नई काव्य-कृति 'नष्टो मोह'...प्रकाशित होती है 'नष्टो मोह' की भूमिका 'अथ नष्टो मोह' शीर्षक से है और अब तक की भूमिकाओं में सबसे लम्बी लगभग छह पृष्ठों की है। कवि ने उसमें कई बातें कहीं हैं जो उनकी सामाजिक निष्ठाओं का सबूत है। उन सारी घोषणाओं को कवि ने इस प्रकार समेटा है—कविता समय और समाज सापेक्ष है। व्यक्ति समाज की पहली और अनिवार्य इकाई है। समय और समाज व्यक्ति के समय और विराट् के चिन्तन, जीवन और गति के ही परिचायक हैं। इसका अर्थ यह कतई नहीं कि व्यक्ति इकाई के अस्तित्व और गरिमा का कोई महत्त्व नहीं व्यक्ति का अस्तित्व उसकी गरिमा समग्र विराट् की सहभागिता के रूप में ही सार्थक है।

कविता मेरे लिए व्यक्ति और उसके समग्र आन्तरिक और बाह्य विराट को पहचानने की प्रक्रिया रही है। व्यक्ति से मेरा मतलब अपने समग्र विराट् के सन्दर्भ में अपनी सामर्थ्य और दुर्बलता को निरन्तर जाँचते रहने और रूपायित करते रहनेवाले व्यक्ति से है, यह वह व्यक्ति नहीं है जो निरन्तर निजता जीता है, अवयक्त और अरुण की साधना करता है, समाज के सम्पूर्ण साधन-श्रम-वैभव को वैयक्तिक अधिकार की सीमा में आस-पास के प्रति निरा-निस्पृह भाव रखता हुआ भोगता है और सुविधाओं की लड़ाई लड़ता है।

यह वक्तव्य पहले के तमाम वक्तव्यों से भिन्न है और हरीश को उन संघर्षशील व्यक्तियों की कतार में ला खड़ा करता है जो साधन-श्रम-वैभव की सामाजिक मिल्कियत के लिए प्रतिबद्ध हैं। समाजवादी आन्दोलन के साथ जुड़े हरीश अब साम्यवादी आन्दोलन के साथ होकर कविता को सामाजिक बदलाव के लिए औजार की तरह काम में लानेवालों की जमात में होते हैं।

'नष्टो मोह...' आत्मालाप की शैली में लिखा गया है, एक मुख्य श्रोता है 'दोस्त'। कवि पूरे समय व्यवस्था-त्रास की बात अपने जरिये कहता है। त्रास यह कि कवि कितनी निर्ममतापूर्वक व्यवस्था द्वारा उपयोग में लाया गया है और जब-जब उसने इस व्यवस्था की साजिश समझने की कोशिश की तो—

करार दिया गया है उसे
तीसरा आदमी
हाँ, तीसरा आदमी
दाग दिया जाता है जिसे
कभी सुकरात, कभी गेलीलियो
खुदीराम, कन्हाई
कभी लुमुम्बा, कभी चे ग्वारा
एदित के नाम से
और होने लगता है जमात

जब भी यह तीसरा आदमी
संज्ञा तक पोंछ दी जाती है उसकी
गर्भाशय तक धो दिये जाते हैं बारूद से
फसल ही न हो
कई सौ मौसम,

नष्टो मोह—में जगह-जगह गीता के श्लोक उद्धृत है। वे कविताओं को बहुभाषायी बनाने के लिए नहीं बल्कि 'थीम सोंग' की तरह हैं। दरअसल वे हरीश की उदारतावादी वैष्णव परम्परा के हिस्से हैं। ऐसा न होता तो एक नाट्य-शैली का ईजाद करते हुए वे इस श्लोक की कविता का हिस्सा नहीं बनाते—

अपनी महारत के जुए में
जकडे रहनेवाले परम भट्टारको सुनो
नष्टोमोह स्मृतिर्लब्धा
त्वत्प्रसादान्मया च्युत
स्थितो स्मि गत सन्देह
करिष्ये वचनन्तव

(मेरे मोह नष्ट हो गये हैं, मुझे अपने वास्तविक रूप और कर्तव्य का बोध हो गया है, अब मैं संशयों से मुक्त हूँ और आपके कथनानुसार अपने कर्तव्य का निर्वाह करने को तत्पर हूँ)

असमंजस है कि एक देहान्तरवादी ब्राह्मण-स्वर भी 'नष्टोमोह' में विद्यमान है। साम्यवादी मोर्चें पर 'मोह भंग' की यह स्थिति कितनी उपयोगी या कि विवादस्पद होगी कहना मुश्किल है।

'नष्टोमोह' एक बड़े इरादे वाली कविता-पुस्तक अवश्य है लेकिन कुछ कारणों से उसे शुरू से आखिर तक पढ़ना कठिन है, भाषा की कठिनाई, शब्दों को गीत के उपयुक्त बनाने के लिए उनका स्वरूपान्तर, शुरू से अन्त तक का आत्म-कथन और एक पंडिताऊ आभिजात्य 'नष्टोमोह' को मामूली आदमी के अथाह दुख का काव्य नहीं बनने देते। 'नष्टोमोह' का भाषायी गठन और काव्य शैली गीत प्रमुख हैं इतिहास की इतनी त्रासदायक स्थितियों और व्यवस्था के ऐसे क्रूर हादसों के वर्णन के लिए 'नष्टोमोह' का भाषायी आभिजात्य बहुत अनुकूल नहीं है।

1981 में 'खुले अलाव और पकाई घाटी...' काव्य संग्रह प्रकाशित होता है। इस संकलन में हरीश ने अपनी तरफ से कोई बात नहीं कही है लेकिन फ्लैप पर जो लिखा है वह इस प्रकार है—

—कवि-कर्म निस्सन्देह जीवन के बहु विधि आयामों में गुजरते हुए अनुभूत सत्यों की कलात्मक अभिव्यक्ति है...और सामाजिक रूप में जागरूक तथा सामाजिक

परिवर्तन में कला को एक कारगर हथियार माननेवाला कवि अपने अनुभूत सत्यों को कलात्मक रूपों में मात्र व्यक्त नहीं करता बल्कि जन-मानस की संवेदनात्मक चेतना को उद्वेलित-आन्दोलित करता हुआ उसे ज्ञानात्मक स्तर की ओर उन्मुख करता है...इस तरह रचनाकार व्यक्ति समाज की गति और प्रगति को त्वरित करता है...गीतकार हरीश भादानी की 'एक उजली नजर की सुई' में सोच का यह आधार स्पष्ट आकार लेता है वहाँ 'खुले अलाव पकाई घाटी' में कवि अपने इस आधार के साथ गाँव से महानगर और महानगर से गाँव की बहुआयामी-यात्राएँ करता है... शोषण पर आधारित इस व्यवस्था में रेत और सड़क, सायरन और फरनेस से जुड़े जीवन को जहाँ रचनाकार ने तिल-तिल जलते देखा है वहीं उसने इसी संसार में नए जीवन सम्बन्धों के लिए संघर्ष का उत्स भी देखा है।

इस वक्तव्य में हरीश की कविता के सामाजिक सरोकार और व्यवस्था के प्रति उनकी नाराजगी पिछले सभी वक्तव्यों से ज्यादा स्पष्ट है। व्यवस्था तब्दीली के लिए कला को 'कारगर हथियार' बनाने की बात सी.पी.एम. के साथ होने का संकेत भी है फिर भी हरीश वाचाल राजनीतिज्ञों की तरह कला सरोकारों को दूसरा दर्जा नहीं देते, यह द्रष्टव्य है।

वक्तव्य में यह कहना—कि 'गीतों के माध्यम से कवि ने जीवन को रागात्मक अभिव्यक्ति दी है—सार्थक है। यही हरीश होने का मतलब है, यही 'एसेन्सियल हरीश' है। गीत, रागात्मकता और हरीश एक साथ होते हैं।"

हरीश की कविता और उनकी भाषा अनगढ़ जीवनानुभव और लयहीन संसार से कुछ नहीं लेती। एक संस्कारवान आभिजात्य, साफ-सुथरा शब्द-रचाव अपने पीछे एक अनुगूँज छोड़ जानेवाले लय-शब्द यह उनकी काव्य विशेषता है। इसी के द्वारा अपने पाठकों के मन में इस विषमतामूलक व्यवस्था के लिए तीव्र वितृष्णा बल्कि घृणा और बदलाव की जबरदस्त ललक उत्पन्न करना चाहते हैं। किन्तु वर्ग-द्वेष की टुच्चाई चालाकी और आत्म-हीनता को जड़ से उखाड़ने के लिए हरीश की रागात्मक लयनिबद्ध रचनाएँ ना-काफी औजार है। यदि हरीश इन गीतों से राजनीति करना या सामाजिक तब्दीली के खयालों को पुरअसर बनाना चाहते हों तो उन्हें शायद निराश होना पड़े।

'खुले अलाव पकाई घाटी' का शब्द, जीवन के रूमानी अनुभवों के कारण नहीं किन्तु गीत के लयात्मक गठन के कारण ही अपने बुनियादी अर्थ और प्रभाव को छोड़कर दूसरा कोमल और आत्मीय अर्थ ले लेता है। मिसाल के लिए 'रेत है रेत' रचना का बुनियादी अर्थ-फैलाव और सोच क्रान्तिकारी है। रेत का बिफर जाना, नाराज हो जाना और फिर ताकतवर लाव-लश्करों को आगे न बढ़ने देना, कोई मामूली बात नहीं है, सचमुच तो वह एक 'क्रान्ति' प्रतीक है, मामूली आदमियों का नाराज होना, बिफर जाना, फिर बड़े-बड़े सूरमाओं का विजयोन्माद देखते-देखते

समाप्त हो जाना ये कुछ अर्थ ध्वनित होते हैं, किन्तु इस गीत में बंध कर रेत की यह प्रतीकात्मक उग्रता नहीं रह पाती। एक जगह वह 'खम खाकर' उठती है एक नाजनी की जुल्फ की तरह, फिर शहर में जाती है, लेकिन हो चाहे जो जाएगी 'आंधी नहीं' हो पाती, यही हरीश इस 'खम' से मात खा जाते हैं।

उठो गाँव से ये खम खाकर,
एक आंधी-सी—शहर जाएगी।

अब इस आंधी से कोई क्यों डरेगा, सेठ तो क्या चौबदार भी नहीं। ज्यादा से ज्यादा वह 'मौसम अच्छा नहीं है' कहकर खिड़की, दरवाजा बन्द कर लेगा। गाँव की रेत दरवाजे पर दस्तक देकर लौट आएगी। मैं हरीश की गीत की बन्दिश को या उसके साहित्यिक मिजाज के लिए कुछ नहीं कह रहा। मैं सिर्फ गीत को 'इन्फास्ट्रक्चर' की मजबूरी बता रहा हूँ। हिन्दी के गीतकारों के लिए जो प्रशंसा भाव मेरे मन में है वह यथावत है। लेकिन क्रान्ति-गीतों की बुनावट के सिलसिले में हरीश को मिले संस्कार या-कि दूसरों को भी यदि ऐसे ही संस्कार मिले हो तो फिर से उन्हें सोचना पड़ेगा और 'निराला' की तरह लोकधुनों पर कजरी या दूसरे गीत लिखने पड़ेंगे।

यही बात 'ऐषणा' पर लिखे गीत के लिए है—

लिखनी थी—जिनसे
अगले ही क्षण
अर्थवती पोथी
वे कौन जुबानें थीं
दरवाजे रख गई पत्थरों की भाषा
कागज के नरम कलेजे पर
कैसे हरफ बिछाऊँ।

गीत की इतनी कोमल रचना है कि मन विषाद में डूब जाता है, दूसरी कोई प्रतिक्रिया नहीं होती। इस विचार में हर कोई शामिल हो जाएगा। लेकिन यह तो 'अकाम्य' है, 'पत्थरों की भाषा' देनेवाले, पोथी के नरम कलेजे को चीरनेवाले और उनकी इस क्रूरता से अभिशापित सभी समान विषाद में डूब जाएँ तो 'क्रान्ति अभिप्राय' को कहाँ तलाश करना होगा?

अच्छा है या बुरा, जो हो लेकिन रागात्मकता में कोई कमी नहीं आए ये हरीश निरन्तर खयाल रखते हैं, आभिजात्य उनकी मदद करता है और हर कविता में एक 'चित्र-शब्द छवि' अंकित होती है—

बरसात के बाद की
गुनगुनी धूप की छाह में

रह न जाए कहीं
आँगने में नमी
आवाज दी है तुम्हें इसलिए।

हरीश की कविता शक्ति संस्कारशीलता, रागात्मकता, शब्दों की रूपात्मक बुनावट और अनुगूँज में है। उनका सोच क्रान्ति-धर्मी, हवेली ध्वंस में है। उनकी जद्दोजहद यह है कि वे इस क्रान्ति-सोच को कविता के जरिये कैसे फैलाएँ और कैसे वो वर्गविहीन सर्वहारा की प्रमुखता कायम करे। हरीश जो भी सोचे, अपनी राजनीतिक छवि जो भी बनाएँ, लेकिन जिन रागात्मक गीतों में वे क्रान्ति-सोच समाविष्ट कर रहे हैं वह 'सर्वहारा की क्रान्ति' को शायद ही आगे बढ़ाए। व्यवस्था की त्वचा इतनी मोटी हो गई है कि इन सुरुचि सम्पन्न गीतों से वहाँ खरोंच तक आनेवाली नहीं है।

हरीश जिस आयु के हैं और इतने दिनों जो काव्याभ्यास उन्होंने किया है वहाँ से भाषा की नई भूमि तलाश करने के लिए यायावरी करना, शब्दों के आभिजात्य से सर्वहारा की गरीबी और यातना के भयावह यथार्थ को चित्रित करना, इतनी मोहक शब्द-ध्वनियों और गुनगुनी धूप और वनस्पतियों के रूप-संसार से संसार के कबाड़खाने में लौटना, व्यक्ति हरीश के लिए सम्भव हुआ हो लेकिन कविता के लिए नहीं हुआ है। हरीश ने...इस सारे शब्द संसार के साथ बहुत नजदीक की पहचान बना ली है—उस पहचान को खोने के बाद उन्हें पहचान पाना जरूर कठिन होगा।

जिस राजनीति के साथ हरीश है या कि दूसरे हैं इसकी बहुत-सी जरूरतें हैं, उनके लिए काम करते हुए हरीश जिन कुंठा रहित संस्कारशील गीतों को लिख रहे हैं, लिखते ही चले जाएँ तब भी उन्हें 'प्रतिक्रान्तिवादी'...कहने का साहस किसी को नहीं होगा।

समाजवादी संकल्पों के कवि : गणपतचन्द भंडारी

1945 की गर्मियों में राजस्थान साहित्य सम्मेलन आयोजित था। वे बड़प्पन और वैभव न दिखाने की इच्छा और खुले भाईचारे के दिन थे। किसी को धकेलकर प्रतिस्पर्धा जीतने की दौड़ नहीं थी और न साहित्य पर राजनीतिक मनसबदार हुक्म चलाते थे।

अजमेर डी.ए.वी. स्कूल के कमरों में साहित्यकार ठहरे थे; संध्या को कवि-सम्मेलन था। मुकुल 'सेनानी' कविता के कारण कीर्ति-शिखर पर थे। उस समय वे युवा और सुदर्शन थे। 'सेनानी' कविता का पाठ करते समय वे आत्मविश्वास और लयवान गायकी का परिचय देते थे।

मुकुलजी के मुकाबले तो नहीं लेकिन अपने सादे रहन-सहन, मिलनसार स्वभाव और काव्य-पाठ की दक्षता के कारण गणपतजी भी लोक-प्रिय कवियों की पहली पंक्ति में थे। वे गम्भीर, ओज और करुणापूर्ण कविताओं के साथ-साथ हँसानेवाली रचनाएँ भी सुनाते थे। उनकी कविता में एक सार्वकालिक राजनीतिक मुद्दा उपस्थित रहता जिसके साथ श्रोता तदकार हो जाते। ये मुद्दे दरअसल श्रोताओं के अतृप्त सपने ही थे। यदि ध्यान से देखें तो कई राजनीतिक मुद्दे हमारे बृहत्तर सांस्कृतिक सरोकार ही होते हैं और कोई भी रचनाकार उन्हें दुनिया को सार्थक और बेहतर बनाने के लिए उसी तरह काम में ले सकता है जैसे वह दूसरे मानवीय आवेगों को काम में लेता है।

बहरहाल, गणपतजी से इस कवि सम्मेलन में मिलना हुआ। जहाँ तक मैं याद कर पाता हूँ उन्होंने 'हम चले देखने दीवाली', 'गर्दभराज' और 'बाईसिकल' रचनाएँ पढ़ीं।

इस कवि-सम्मेलन में हाड़ौती अंचल के विख्यात कवि और मेरे घनिष्ठ मित्र रामनाथ कमलाकर भी आए थे। उन दिनों कवि-सम्मेलन कमलाकर की 'शुभे शारदे माँ, नया गीत दो, माँ! नया गीत दो' वन्दना से प्रारम्भ होता था। स्वयं कमलाकर अपने पौरुषमय स्वर से यह वन्दना गाते थे। कभी-कभी तो वे यह वन्दना गाते-गाते अधीर, भावुक और गद्गद हो जाते, जिससे श्रोताओं पर प्रभाव पड़ता। इस सम्मेलन के दूसरे दिन हम दोनों ने यह निश्चय किया कि आज हम कविता में ही बातचीत

करेंगे। ऐसा ही किया, पूरी जिन्दादिली और वचन-बद्धता का निर्वाह करते हुए हम तुकें मिला-मिलाकर बातें करते रहे। मुश्किल से दिन खत्म होने पर हम सामान्य मन:स्थितिवाले होकर गद्य मे बातें करने लगे।

बाद में गणपत जी से कवि-सम्मेलनों और अकादमिक संस्थानों मे मुलाकातें होती रहीं। वे निरंकुश कवि नहीं थे। अध्यापन ओर स्काउटिंग से उन्होंने अनुशासन और कर्मठतापूर्वक जीवन व्यतीत करने की शिक्षा ली थी। माध्यमिक शिक्षा बोर्ड की हिन्दी पुस्तकों के संकलन-सम्पादन के समय मैं सोचता था कि वे दकियानूस सम्पादकों में होंगे लेकिन वस्तुत: वे प्रगतिशील, उदार और आधुनिक-साहित्य के अध्येता और विद्वान थे। उन्होंने पाठ्य-पुस्तकों में आधुनिक-विचारों और नई साहित्यिक विधाओं का समावेश किया और 'पुराने के सिवा कुछ भी श्रेष्ठ नहीं हैं' इस विचार से आतंकित नहीं हुए।

कुछ वर्ष पहले दिल्ली की एक शैक्षिक-गोष्ठी में गणपतजी और मैं एक ही कमरे में ठहरे हुए थे। मुझे भय था कि मैं अपनी सटर-पटर प्रकृति के कारण उनके साधु-चित्त को कहीं दुखी न कर दूँ लेकिन वे विनोदी, एक सीमा तक हँसोड़ और जिन्दादिल निकले। वे जल्दी उठते और दिल्ली की शान्त, फूलों से लदी एकान्त सड़कों पर घूम आते। एक दिन मैंने देखा कि वे संस्थान के हरी दूबवाले लॉन पर जवानों की तरह अविराम गति से कठिन और स्फूर्तिदायक व्यायाम कर रहे हैं। मेरा खयाल है कि कवि प्राय: प्रमादी होते हैं लेकिन गणपतजी फुर्तीले, साहसी और प्रसन्नचित्त कवियों में थे।

गणपतचन्द्र भंडारी की कविता जनोन्मुखी है, जो राजस्थान की कविता की प्रमुख पहचान है। हमारे प्रान्त का साहित्य और विशेषतया कविता मानवीय मूल्यों से जुड़ी रही है और इसी कारण वह रचनात्मक राजनीति को जीवनानुभव का महत्त्वपूर्ण हिस्सा मानती रही है। जिन्दगी को बेहतर बनाने के लिए अन्याय और गैर-बराबरी के विरुद्ध सजगता उत्पन्न करना और घमंडी सामन्तवाद के विरुद्ध लड़ाकू मन बनाने में हमारे कवियों ने पहल की है। स्वाधीनता के लिए बहुत-सा रचनात्मक काम करनेवाले कार्यकर्ताओं ने अदम्य विश्वास और उत्साह के गीत, कविता, नाटक, निबन्ध, कथा-उपन्यास लिखे हैं। इन रचनाओं में मनुष्य की इच्छा शक्ति के कई रूप-रंग देखने को मिलते हैं।

गणपतजी स्वाधीनता का अर्थ समझानेवाले कवि हैं। स्वाधीनता और उसके बादवाले समय की एक धुँधली-सी व्यवस्था उनके मन में थी इसलिए उन्होंने चाहे ढेरों कविताएँ न लिखी हों लेकिन जो कुछ भी लिखा उसे समय और साधारण जन से अलग नही होने दिया। सामन्ती शोषण लद्दड़ समाज व्यवस्था और पूँजीपतियों के षडय़ंत्रों के विरुद्ध नाराजी उनकी कविता का कथ्य है। वे अपनी कविताओं में समता का पक्ष लेते है; यही उनकी कविता की ताकत है।

गणपतजी की कविता के सम्बन्ध में सार्थक टिप्पणी करते हुए प्रो. कल्याणमल लोढ़ा ने लिखा, 'दिनकर' के बाद ओज, प्रसाद और माधुर्य का सामंजस्य मैंने बहुत कम कवियों में पाया है—उनमें आप प्रमुख हैं। दिनकर ने व्यक्ति और समाज, विषय और रूप चिन्तन और आकलन—मनोवैज्ञानिकों की भाषा में कहूँ तो अनुभूत और अभिव्यक्ति-कथात्मक सृजन दोनों पहलुओं को किसी समय एक कर दिया था हिन्दी काव्य में। वह एकता ही उनकी-उनके कवि की तेजस्विता थी-मुझे लगता है आपके कवि और काव्य में भी ऐक्य-सामरस्य है।" (6-1-60 को कवि को लिखे एक पत्र से उद्धृत)

कवि होने के साथ-साथ गणपतजी हमेशा एक नैतिक-आलोक और ईमानदार दृष्टिवाला संस्कारशील समाज बनाने के पक्ष में रहे। उन्होंने 'हमारा राष्ट्र' शीर्षक से विद्यार्थियों द्वारा मंचित हो सकनेवाले नाटकों का एक संकलन प्रकाशित किया। इस संकलन में दो शब्दवाले अंश में उन्होंने लिखा, "इस बात का पूरा ध्यान रखा गया है कि नाटक बालकों के संवेदनशील मानस पर ऐसा प्रभाव डालें जो उदात्त और श्रेष्ठ जीवन-मूल्यों के प्रति आस्था उत्पन्न करनेवाले हों। अत: इनके ऐसे प्रसंगों का समावेश है जो अत्याचार के विरुद्ध संघर्ष करने और व्यापक जन-हित के लिए त्याग और बलिदान करने का साहस जुटानेवाले हों। साथ ही वे पितृ-भक्ति और गुरु-भक्ति की प्रेरणा देते और विद्वत्ता के मिथ्याभिमान को खंडित करके विनय, क्षमाशीलता और विवेक उन्नयन करनेवाले हों।"

दुनिया और देश को नैतिक आदर्शों और जन-सेवा की ओर उन्मुख रखने के लिए गणपतजी 1928 में स्काउट बने और आज तक हैं। यह शब्द और कर्म को एक करने की कोशिश भी है जो प्राय: नहीं होती और दोनों असहाय और निस्संग से रह जाते हैं।

गणपति सामाजिक-जीवन को निरन्तर और समृद्धिमय बनाने की चिन्ता करते हैं और इसलिए साहित्यिक, सामाजिक, शैक्षिक संस्थाओं के पदाधिकारी बने रहते हैं।

इस प्रसंग को समाप्त करने के पूर्व यह कहना चाहिए कि गणपतजी जन-चेतना जगानेवाली उस परम्परा के कवि हैं जिनके पुरोधा जयनारायण व्यास, गणेशीलाल, सुमनेश जोशी आदि बड़े कवि रहे हैं।

1959 में गणपतचन्द भंडारी का काव्य-संकलन 'रक्तदीप' प्रकाशित हुआ जिनमें हिन्दी-राजस्थानी की सैंतीस कविताएँ हैं। ज्यादा कविताएँ हिन्दी की हैं।

'रक्तदीप' के बाद कवि का कोई संकलन देखने को नहीं मिलता और ऐसा भी विदित होता है कि 1959 के बाद कवि ने ज्यादा कविताएँ नहीं लिखीं। 1980 में 'माया त्यागी' हादसे पर लिखी एक कविता देखने को मिलती, है 'पाती दुर्योधन

की: बागपत के बहादुरों के नाम' और 1984 में 'होली जलाओ, दीवाली, मनाओ', शीर्षक से दूसरी कविता। ये दोनों कविताएँ 'रक्तदीप' से अलग नहीं हैं। पहली कविता में गुस्सा और व्यंग्य हैं। 'गुस्सा' करता हुआ कवि कहता हैं :

पर हाँ, यदि उन्होंने थूका भी होता तुम पर
तो सच मानो, तुम डूब जाते थूक के समन्दर में।
पर ऐसा कुछ न हुआ
क्योंकि सरकारी निगाह में
तुम जन रक्षक हो
(भले ही भेड़ें मिमियाती रहें
कि तुम
इन्द्रसान के नीचे छिपे हुए
साक्षात् तक्षक हो)

दूसरी कविता में 'गुस्सा और स्पष्टोक्तियाँ' हैं

प्रशासन आशासन है
जेब भर दो शासन है
अन्यथा दु:शासन है!

बगुला भक्तों का बोलबाला है
डैने सफेद हैं पर अन्तर अति काला है
पैसा बन चुका है जीवन का मूल मंत्र
भरी जवानी में क्षत-विक्षत है लोकतंत्र।

दूसरी रचना में 'गुस्सा' इतना अधिक है कि वहाँ तुकबन्दियों और अन्त्यानुप्रासों से ही कविता की पहचान होती है।

फिर 'रक्तदीप' की ओर लौटें। रक्तदीप की कविताएँ 1940 से 1951 के बीच लिखी गई हैं। इस संकलन में गणपतजी की रचनाओं और आत्म-विश्लेषण के साथ सम्पादक कोमल कोठारी की भूमिका है। 'आत्म-विश्लेषण' में कवि ने अपने काव्य सृजन के प्रयोजनों पर विस्तार से प्रकाश डाला है। कवि ने लिखा है :

"जहाँ तक मेरा अपना प्रश्न है अपने विकास के विगत इतिहास पर दृष्टि डालने से मैं इस निष्कर्ष पर पहुँचता हूँ कि केवल काव्य-रचना ही नहीं, मेरे जीवन के अनेक व्यवहारों के मूल में आत्म-प्रकाशन की प्रवृत्ति अथवा अहं की तुष्टिकर प्रेरणा ही है। वाणी द्वारा दूसरों को प्रभावित करने की प्रवृत्ति के द्वारा ही मेरे बहुत बड़े अंश का निर्माण हुआ है।"

"सच पूछा जाए तो केवल कविता ही नहीं, अपितु मंच के माध्यम से रंग जमाने की सभी कलाओं से मेरा प्रेम रहा है और आरम्भ में गायन और बाद में भाषण, कविता-पाठ और अभिनय तीनों से मेरे अहं की पर्याप्त मात्रा में तुष्टि हुई है।"

"इस प्रकार अहं की तुष्टि और मंच पर सफलता ही मेरी रचनाओं की अनेक प्रवृत्तियों का नियंत्रण करती रही है; जैसे मैंने प्राय: ऐसे ही विषय चुने जो जन-रुचि के अनुकूल हों और ऐसे ही छंद लिखे जो प्रवाहपूर्ण गति से बोले जा सकें। हास्य की ओर मेरी प्रवृत्ति भी सम्भवत: इसी कारण से है और कुछ कविताओं का सुधारवादी दृष्टिकोण भी उस युग की माँग के अनुकूल है।"

कवि सम्मेलनों से अहं तुष्टि करनेवाले गणपतजी प्रत्येक दृष्टि से टुटपूँजिया कवियों से भिन्न और बड़े हैं। दरअसल राजस्थान में कवि-सम्मेलनों की जिस परम्परा की बात होती है उसमें से केवल भंडारीजी ही नहीं गुजरे हैं बल्कि आज के बहुत-से, शायद सब, कीर्ति-प्राप्त और बड़े कवि भी प्रेरित हुए हैं। इन कवियों की विशेषता यह रही कि इन्होंने यथास्थितिवाद के विरुद्ध सजगता से कविताएँ लिखीं और जन-चित्र को सामाजिक यथार्थ से अलग नहीं होने दिया। कविता के जरिये जन-साधारण से मिलना एक महत्त्वपूर्ण काम था जिसे न केवल राजस्थान के समर्थ कवि करते रहे बल्कि जिसे निराला, दिनकर, माखनलाल चतुर्वेदी, नवीन, नागार्जुन, बच्चन, शिवमंगलसिंह सुमन तथा अनेक कवियों ने अनेक आदर का और सांस्कृतिक कर्म समझा।

यहाँ भंडारीजी की इस विशेषता को रेखांकित करना चाहिए कि इन कवि-सम्मेलनों में मनुष्य को यथास्थिति पर हँसनेवाला और असहाय श्रोता नहीं बनाया, न दिलासा दी और न क्रान्ति की लंतरानियाँ हाँकीं। उन्होंने मंच की प्रकृति को समझा और उसे बदलाव की इच्छा पैदा करनेवाला माध्यम बनाया।

कविता को प्रभावशाली बनाने के लिए गणपतजी ने नाटक और वर्णनात्मकता को सर्वाधिक महत्त्व दिया। उनकी कोई कविता हो चाहे 'रक्तदीप' हो 'दीवाली' या 'है कौन राष्ट्र का निर्माता' या 'जनताकुमारी का स्वयंवर' सब में नाटक और कथा, कविता के हिस्से हैं। नाटक के तत्त्वों का समावेश करने के लिए उन्होंने 'जनताकुमारी का स्वयंवर' को पात्रों के बीच में चलनेवाले संवादों की लम्बी कविता बना दिया है। इस कविता के पात्रों के नाम भी मनोरंजक हैं : मूँछ मरोड़सिंह खद्दरदास, समाजनारायण, हड़तालअली, स्वतंत्रसिंह, जनतारानी, भारतमाता।

रक्तदीप की कविता का प्रारम्भ एक 'दृश्य स्थित' से होता है। दिसम्बर की सर्दी है, तीर की तरह चुभनेवाली हवा चल रही है और यहीं उस स्त्री का आकस्मिक रूप से आना होता है जिसका दुख देखकर कवि हत्प्रभ होकर पूछता है :

यह कौन सिहरती जाती है। यह कौन ठिठुरती जाती है?
भूखे भारत की प्रतिमा सी। यह कौन ठहरती जाती है?

'दीवाली' कविता में भी भव्य रोशनी के बीच हमारा परिचय सेठ करोड़ीमल से कराया जाता है। यह स्थिति भी एक नाटक के दृश्यारम्भ सी है :

वह बैठे सेठ करोड़ीमल। जिसकी यह कपड़े की दुकान।
आँखें झँप जाती देख, चमकते। खीनखाब के सजे थान।

वास्तव में कविता सिद्धि के लिए नाटक और वर्णनात्मकता के तत्त्वों को एक साथ काम में लेनेवाले कवियों में गणपतजी महत्त्वपूर्ण हैं।

वर्णनप्रिय होने के कारण कवि प्रत्येक कविता को कहानी का आधार देते हैं और विरोधी परिस्थितियों के तनाव से उत्पन्न हुए रोमांचकारी परिदृश्य हैं और उन्हीं से सामन्तवादी, पूँजीवादी उत्पीड़न की भयावहता रेखांकित होती है। 'रक्तदीप' में ठाकुर के कुँअर का विदेशी कुत्ता दूध सा सफेद लगनेवाला चूने का पानी पीता है। इस तरह श्रम का अनादर और अवमूल्यन होता है। यही श्रोताओं के आवेश का कारण और कविता का सबल पक्ष है। कवि लिखता है :

आखिर जब धीरज छूट गया। बच्चे का क्रंदन सुन-सुन कर
बेटे की भूख बुझाने माँ। लपकी चुल्लू में चूना भर
धरती न डिगी, सागर न डूला। न फटा व्योम, न हिले शेष
सब मौन रहे पाषाण बने। ब्रह्मा, श्रीपति, अम्बा, महेश।

इस कविता का अन्त एक रचनात्मक साहस को चुनौती देता है। वह श्रमिकों को दुनिया के स्वामित्व की याद दिलाती है, उन्हें शोषण-मुक्त दुनिया बनाने का सपना देती है। इस आस्थावान सन्देश के कारण यह कविता ताकतवर हो जाती है। लिखा है :

मजदूर! तुम्हीं जादूगर हो। मिट्टी को महल बना देते।
हो तुम्हीं शक्ति की महाबाढ़। महलों की जड़ें हिला देते।
तुम महासृजन तुम महाप्रलय। अपने बल को पहचान उठो।
पशुता से लोहा लेने फिर। फौलादी सीना तान उठो।
तुम उठो वहीं आँधी बनकर। जग पर नंगों, भूखों छाओ
मानव के लोहू से जलनेवाले। ये दीप बुझा जाओ

वैसे मुझे 'दीवाली' कविता का पहले जिक्र करना चाहिए था क्योंकि उसका रचना वर्ष 1945 है। 'रक्तदीप' 1947 में लिखी गई है। दरअसल 'रक्तदीप', 'दीवाली कविता पुनराख्यान है। दीवाली एक कथा-कविता है; विरोधी-परिदृश्यों के बीच से गुजरती; स्थितियों को चाक्षुष और मूर्त बनाती।

कविता के शुरू होते ही एक नाटक के दृश्य की तरह सेठ करोड़ीमल और मोदक प्रिय गणेश के साथ-साथ वह स्त्री आती है जिसके परिचय में कवि कहता है...। थी अधनंगी दुखिया कोई। पहने थी जीर्ण-शीर्ण चिथड़ा। रूखे केशों में छिपा हुआ था। उसका सूखा-सा मुखड़ा।

माँ के साथ एक दुबला-पतला बच्चा है जिसे कवि ने बत्ती जैसा कहा है। वह सिक्कों को दूध से घुलता हुआ देखकर चिल्लाता है 'दूध पिला री! दूध पिला'।

'रक्तदीप' की तरह इस कविता का अन्त किसी सन्देश के साथ नहीं होता। केवल 'हम चले देखने दीवाली' पंक्ति से ही इस दुनिया में वर्गों की खींचतान और विकृतियों की भयावहता और दुख का आर्त्तनाद चित्रित होता है। अन्त का छंद इस प्रकार है :

भारत माता का एक लाल। जब दूध-दूध चिल्लाता था।
निर्जीव स्वर्ण के सिक्कों पर। वह दूध उड़ेला जाता था।
भगवान दूध से न्हाये पर। बच्चे का पेट रहा खाली।
हम चले देखने दीवाली।

यह तथ्य द्रष्टव्य है कि गणपतजी की कविता पर मारवाड़ की प्रदर्शनकारी लोक-कलाओं का गहरा प्रभाव है। वे कई बार संवाद शैली को काम में लेते हैं जो लोक-नाट्य के मंचों से श्रोताओं को हँसाती है और अभिनेता और दर्शक के बीच का अलगाव एकदम कम करती है। 1942 में गणपतजी ने माली और मधुप का संवाद कराते हुए 'आधुनिक भँवरगीत' कविता लिखी। 'जनताकुमारी का स्वयंवर' में हँसोड़ पात्र हैं जैसे लोक-नाटकों में होते हैं। परिस्थिति भी वैसी ही हँसानेवाली है। पात्रों की भाषा भी वही है। मूँछ मरोड़सिंह कहता है :

ऐसा है हाथ साफ मेरा, तुम भले चैन से सो रहना।
मुँडन में नींद उचट जाए, तो मूँछ मरोड़सिंह मत कहना।
घिस गई धार, पर, राम राज्य की सिल्ली काम बनाती है।
चोरीवाली हिन्दू जनता, सब मुझ से शीश मुँडाती है।

खद्दरदास, हड़तालअली, समाजनारायण, स्वतंत्रसिंह सब जनतारानी का मुँडन करना चाहते हैं। समाजवाद के प्रति सहानुभूति होने के कारण समाजनारायण के हाथ में कवि ने उस्तरा नहीं दिया है :

है कहाँ उस्तरा हाथों में? औजार स्वदेशी लाया हूँ।
पर्वत से मिट्टी खोद-खोद, गड्ढों को भरने आया हूँ।
आजादी का सच्चा सुख तो मुझ को वर ही पाओगी।
कर गई चुनाव में गलती तो दर-दर की ठोकर खाओगी।

जनतारानी जब इन नम्बरी लोगों से घबरा जाती है तो भारतमाता से पूछती है :

कौन वरण कर जिसे सुनहरे अपने बाल बचाऊँ मैं?

उत्तर में भारतमाता कहती है :

जा खोज! भरत सा तापस जो सत्ता की कुर्सी ठुकराए।
जो समझे भोग हराम सभी, जब तक न राम-राज्य लाए।
ऐसा न जन सेवक हाथ लगा तो निज रक्षा कर पावेगी।
बगुला भक्तों को वर-कर तो तू निश्चय शीश मुँडाएगी।

संग्रह की राजस्थानी कविताओं में भी लोक नाट्य शैली का गहरा प्रभाव है। 'निर्माण-गीत' में ये कवितांश एकदम नाट्यधर्मी और संवाद शैली में है :

लिछमी बोलै, सुणो सेठजी! अब मैं जावण वाली हूँ।
मोटा डूंगर खोद-खोद ने, खायाँ पाटण वाली हूँ।
यूँ सूतौ मत रैई रे भोला! वीरा सुणतां भाग जै।
धरती री पौथी रा आखर, वाँचण रौ वर माँग जै।

गणपतजी ने हर बार यह चिन्ता व्यक्त की है कि उनकी कविता लोकोन्मुखी, अन्याय-विरोधी और नैतिक आस्थाओं का सन्देश देनेवाली हों। वे अपनी रचनाओं में एकदम मूर्त, यहाँ तक कि नामों या वर्गों का उल्लेख करते हुए समाजवादी अभिप्रायों का कथन करते हैं। उदाहरण के लिए ये पंक्तियाँ द्रष्टव्य है :

देख! गढाँ सू लटका करती, लिछमी छम-छम आवै है।
एक-एक कर जोर जुलम रा, दिवलाँ बुझता जावै है।
धरती सूं धणियापो उठग्यो, उठग्यो ठाकर, राजा-राणी रौ।
थारै सागै हल जोतैला हमें पूत ठकरांणी रौ।

कवि की कई रचनाओं पर तात्कालिकता का गहरा असर हुआ है। 15 अगस्त, 1947 के अवसर पर 'मुक्तिगान', 'आबू को गुजरात में मिलाने के विरुद्ध', 'बेटी तेरे बेटा होगा', 'पानी न मिलने की दिक्कतों को लेकर नल' और सत्याग्रह प्रयाण के समय 'काँटों का ताज' रचनाएँ लिखीं।

हँसाने के लिए कवि ने 'गर्दभराज', 'बाईसिकल' जैसी रचनाएँ लिखी है। बाईसिकल कविता धनाक्षरी छंद में है। अन्तिम छंद में प्रेस या कवि की भूल से चौथा-पद—बंध गायब है। फिर भी यह कहना होगा कि हँसानेवाली कविताओं के बावजूद गणपतजी हास्य-रस के कवि नहीं हैं। वे सिद्ध व्यंग्यकार भी नहीं हैं क्योंकि वक्रोति के लिए जिस सूक्ष्मावलोकन की आवश्यकता है वह गणपतजी

की कविता-प्रकृति से मेल नहीं रखता। वे प्राय: एकार्थी और सरल रचनाएँ लिखते हैं। उन पर मैथिलीशरण गुप्त, कथावाचक राधेश्याम, रामनरेश त्रिपाठी और कवि सम्मेलन के मंच का प्रभाव है। गणपतजी को प्रभावित करनेवाले तीनों कवियों में इतिवृत्तात्मकता की प्रधानता है। इन तीनों में विस्तार की विशेषता है लेकिन आन्तरिकता और चारुत्व का अभाव है।

चारुत्व के अभाव में वर्णानात्मक कविताएँ प्राय: पुनरावृत्ति होती है; वे तुकबन्दियाँ होने तक की सीमा पर आ जाती हैं। यह गणपतजी की कविताओं में देखा जा सकता है।

दूसरी बात देखने योग्य यह है कि यदि कवि आस-पास की प्रकृति और घटनाओं के साथ अपना अन्तरंग रिश्ता न कायम करे तो केवल तत्काल की घटनाओं पर लिखी कविताएँ आर्त्तनाद करती या भावाकुल सूचनाएँ देती प्रतीत होती है। भंडारीजी की कुछ कविताएँ, मुझे भय है; इसी प्रकार की हो गई हैं।

तीसरी बात यह कि गणपतजी अपनी कल्पना और काव्य कौशल को बहुत दूर तक नहीं ले जाते इसलिए वे अपनी आविष्कृत की गई परिपाटियों में बँधे नजर आते हैं।

गणपतजी की कविता के सम्बन्ध में 'रक्तदीप' के सम्पादक कोमल कोठारी ने युक्तिसंगत टिप्पणी करते हुए लिखा है :

'...भंडारीजी की कविताएँ वर्तमान जीवन की समस्याओं का प्रतिफल हैं। साथ ही वे इस युग के जन साधारण की मानसिक उद्विग्नता का चित्रण करती हैं। कविता का यह स्वरूप उसकी शाश्वतता को सन्तुष्ट कर सकेगा यह निश्चित रूप से तो नहीं कहा जा सकता पर यह निश्चित रूप से कहा जा सकता है कि आनेवाले युग में आज के काव्यात्मक स्पंदन को अवश्य ही इन कविताओं में अनुभव किया जा सकेगा।'

संवत् 1970 भादवा वद चौथ को जन्मे गणपतजी दीर्घायु हों और उनकी कविताओं में व्यक्त जीवन का उल्लास हमें समतावादी समाज बनाने की प्रेरणा दे।

[यह आलेख गणपतजी के जीवन-काल में लिखा गया था।]

वामपंथी सरोकारों का कवि : मदन डागा

डॉ. मदन डागा का जन्म 10 अक्तूबर, 1933 का है। 29 अप्रैल, 1985 को बम्बई अस्पताल में उनका निधन हो गया। वे पूरी जिन्दगी मानवीय मूल्यों के लिए संघर्ष करते रहे। 'शाकाहारी कविताओं' के नाम से जो काव्य-संकलन उनकी पत्नी डॉ. सावित्री डागा ने सम्पादित किया है उसमें कवि मदन डागा के सम्बन्ध में लिखा है—

"जीवन यापन के लिए सड़कों पर हॉकर बने, दुकानों पर किया श्रम, स्कूल मास्टरी या फिर लाचू कालेज, के.एन. कॉलेज, जोधपुर विश्वविद्यालय तथा सोमानी कॉलेज में अध्यापन। शेष समय की फ्री लांसिंग या बेकारी में फाकामस्ती, छात्र जीवन से जन-जुलूसों व हड़तालों में सक्रिय रहे, घेराव किए, पुलिस की लाठियाँ व जेल की हवा भी खूब खाई, शृंखलाएँ समाज की तोड़नी हों या रूढ़ियों की, वे हर मोर्चे पर जूझते रहे।

वे बहुचर्चित छात्र नेता रहे तो विद्यार्थी-प्रिय शिक्षक और जनप्रिय लेखक भी, उनकी कविताएँ पोस्टर बनीं।...विद्रोही स्वभाव व खतरे मोल लेने की आदत के कारण उन्हें बार-बार विचारों की कीमत चुकानी पड़ी। जन-आन्दोलनों में मदन डागा की रचनाएँ हथियार बनी हैं। मदनजी की जिन्दगी और संघर्ष से सम्बन्धित एक छोटी-सी साक्ष्य डॉ. नामवरसिंह की है। 'यह कैसा मजाक है' कविता संकलन में उन्होंने 'तर्पण के दो शब्द' लिखे हैं। लिखा है—'जोधपुर के चार वर्षों के प्रवास में उनसे रोज नहीं तो अक्सर मुलाकात होती रही। उन्हें निकट से जानने का मौका मिला और मैंने जाना कि उनका जीवन-संघर्ष कितना कठिन था। उन संघर्षों में मन का कड़वा होना स्वाभाविक था। वह कड़वापन उनकी कविताओं में भी है। लेकिन बड़ी बात यह है कि उस कड़वेपन को डॉ. डागा ने कविता का रूप दिया।'

कविता लिखने के कई कारण हो सकते हैं शाश्वत और तात्कालिक, लेकिन मदन डागा की कविता के कारण बहुत स्पष्ट हैं। वे उच्चकोटि के सर्जनात्मक के दावे नहीं हैं लेकिन वे सामाजिक व्यवस्था को मानता-मूलक और सुन्दर बनाने के दावे अवश्य हैं। दरअसल मदनजी की बहुत कम कविताएँ ऐसी हैं जिनमें उनकी राजनीतिक वैचारिकी और शोषणधर्मा व्यवस्था के खिलाफ रचना के तनाव स्पष्ट न होने देते हैं कि सर्जनात्मक और सामाजिकता के सरोकार अलग-अलग नहीं हैं।

मदनजी की कविता समझने के लिए उनकी कुछ छोटी-छोटी कविताएँ पढ़ना जरूरी हैं। संयोग से ये कविताएँ 'आँसू का अनुवाद' कविता संकलन में मिलती हैं।

सबसे पहली कविता सुमित्रानन्दन पंत के लहजे पर है। पंत ने लिखा था कि पहला कवि वियोगी रहा होगा, उसका गीत आह से निकला होगा, फिर आँसुओं की तरह उमड़कर कविता की धारा बह चली होगी। वियोगी कवि की इस छवि को ध्वस्त करने के लिए मदनजी ने थोड़े व्यंग्य के साथ लिखा :

विभुक्षित होगा पहला कवि
अन्त से निकला होगा गान
चार सौ अस्सी पी.एल. सड़ा
दान में मिला न होगा धान

(कविता : आँसू का अनुभव)

पुराने कवि 'कान्ता सम्मत' उपदेश की बात करते रहते हैं। मदनजी 'क्रान्ति सम्मत' की जरूरत अनुभव करते हुए कहते हैं :

मेरी कविता
कान्ता सम्मत नहीं
क्रान्ति सम्मत उपदेश है
क्योंकि अभी तो भूखा मेरा देश है

कथ्य के बाद वे कविता के रूप पर आते हैं। भाषा और छंद पर। यहाँ इस तथ्य को रेखांकित करना आवश्यक है कि मदनजी की प्राथमिकता कविता नहीं है उनकी राजनीतिक निष्ठाएँ हैं। इसलिए वे कविता की कलात्मकता को अनावश्यक मानते है उनकी नहीं हैं। कविता का काम दरअसल शोषकों के प्रति घृणा उत्पन्न करना है इसलिए भाषा-शास्त्र की विलक्षणताओं में जाने की अपेक्षा वे उसकी 'शस्त्र-शक्ति' को महत्त्व देते हैं। इस सिलसिले में उनकी यह कविता द्रष्टव्य है :

किन्तु नफरत में
भाषा शस्त्र बन जाती है
विचार समझने नहीं
सिर फोड़ने के काम आती है
भाषा शास्त्र बकवास है
भाषा शस्त्र में
सत्य का वास है

छंद के लिए उन्होंने 'गोरख धंधा' शब्द काम में लिया है। निठल्ले कवि मात्रा गिनने का काम करते हैं। उनकी एक कविता इस प्रकार है :

मैं नहीं चाहता
बाँधूँ कविता छंदों में
मैं डूब नहीं सकता
इन गोरख धंधों में
मैं नहीं चाहता गिने
बैठ अक्षर मात्रा
दिन भर के थके चुके
मुसीबत के मारे
वे लोग
गिना करते हैं जो
बेचैन हुए
दिन में तारे

इस प्रकार कवि कर्म, काव्याभिप्राय, भाषा, द्वंद्व आदि को नए रूप से व्याख्यायित करते हुए वे आश्वस्त होते हैं कि उन्होंने 'कविता का नया व्याकरण' तैयार कर लिया है। तब वे ये बता देते हैं कि कविता के लिए उन्हें सहृदय नागर पाठकों की नहीं 'सर्वहारा पाठकों' की आवश्यकता है। लिखते हैं :

मेरी कविता का व्याकरण
सर्वहारा ही जानता है
वह जो दर्द को
सही-सही पहचानता है।

कवि के साथ सर्वहारा को जोड़ने की जबरदस्त इच्छा के कारण ही मदनजी काव्य-भाषा, अलंकरण तथा कलात्मकता के सारे प्रश्नों को कथ्य के साथ मिला देते हैं। इसका लाभ यह हुआ है कि मदन जी की कविता एकदम सरल और ग्राह्य हो गई है, लेकिन उसका नुकसान यह हुआ है कि वे प्राय: तात्कालिक आवेश में परिवर्तित होती नजर आती हैं। यही कारण है कि एक साथ पढ़ने पर उनमें 'चारुत्व' का अभाव नजर आने लगता है।

यह बात देखने की है कि मदनजी ने अपनी जिन्दगी के रूमानी प्रसंगों को कविता का हिस्सा बनाया है। 'मेरी तलाश', 'मोड़ पर', 'अधजली तीली' आदि कविताओं में स्त्री-पुरुष के साथ-साथ रहने की दैहिक जरूरत सामाजिक जरूरत में बदल जाती है। ये कविताएँ 'कॉमरेडशिप' के उदार भावों से जुड़ती हैं। लेकिन इन

कविताओं में बहुत-सा सैद्धान्तिक कथन और बड़बोलापन है इसलिए वे जगह-जगह बयानबाजी और अनात्मीय कथ्य की तर्कयुक्तियाँ-सी लगने लगती हैं।

'आँसू के अनुवाद' में कुछ छोटी रचनाएँ हैं जिनका मिजाज लम्बी रचनाओं से भिन्न हैं। प्राय: ये व्यंग्य रचनाएँ हैं, कुछ में प्रेम और तारुण्य का हल्का-सा विषाद है। व्यंग्य को उन्होंने अन्त तक नहीं छोड़ा। दरअसल पिछली आधी सदी में हमने दुनिया की बेरहमियों को इतनी जगह से देखा है और इतनी बार हम या हमारे साथ का आदमी व्यवस्था के द्वारा लज्जित या कि अपमानित किया गया है कि उसने हमारी कविता-भाषा को बनाया। मदनजी की शक्ति यह है कि उन्होंने अपने व्यंग्य को किसी की खिल्ली उड़ाने, शापित करने या डंक मारने के काम में नहीं लिया। वे इस भाषा से अपने श्रोता को सावधान या बेचैन करते हैं। जब वे बेचैन करते हैं तो लगता है कि हम गर्मी में तपती हुई छत पर सोए हों।

दो व्यंग्य कविताएँ पढ़ें—

(1) *व्यर्थ होती हो तुम दुखी*
क्या हुआ जो पहुँच गया
चाँद पर इनसान
और मैला हो गया
मुँह का पिटा उपमान?
है धरा दिखाती वहाँ से चन्द्र के समान
धरामुखी
व्यर्थ होतीं तुम दुखी।

(2) *शरद पूनो के बहाने*
रजत स्प्रे हो गया
भू पर अमिट
कि जैसे वित्त मंत्री ने
नए कानून द्वारा
आज कर दी
ब्लैक मनी व्हाइट

अब दो अंश उन कविताओं में से हैं जिनमें प्रेम और तारुण्य का हल्का-सा विषाद अंकित है :

(1) *मुझे तुम्हीं याद आती हो*
अकेली तुम
अकेली तुम
अकेली तुम

जैसे तुम्हारा और मेरा
जन्म-जन्मान्तरों का नहीं
दर्द के अकेले क्षणों का साथ है
और यही सबसे बड़ी बात है

(2) *मैं जब जब हस्ताक्षर करने लगता हूँ*
तुम्हारा नाम लिख जाता है
शायद तुम्हारा व मेरा कोई नाता है
मैं तुम्हें
भुलाने का प्रयास कर रहा हूँ
शायद जान-बूझकर
याद कर रहा हूँ।

'आँसू का अनुवाद' में बहुत-सी छंदबद्ध कविताएँ हैं और चतुष्पदियाँ हैं। 'सीपी का सैलाब' मदनजी की पहली काव्यकृति है जिसमें उनकी चतुष्पदियाँ संकलित हैं। डॉ. रामप्रसाद दाधीच ने 1986 में प्रकाशित दूसरे संस्करण की भूमिका में लिखा है कि आज से ठीक तेरह वर्ष पूर्व यह कृति प्रकाशित हुई थी।

मदनजी के सम्बन्ध में फिर से यह दुहरा दिया जाना चाहिए कि वे राजनीति के कवि हैं और इसलिए उनके रचना कर्म में राजनीतिक मन्तव्यों की निर्णायक भूमिका है। उनकी रचनाओं में यदि कहीं कोई विषाद, निराशा, प्रेम या कि स्मृतियों की छाया उतरी है तो वह संयोग है अन्यथा वे कवि की राजनीतिक जरूरतों से जुड़ी हैं। मदनजी दरअसल राजनीतिक जरूरत के कारण ही कविता करते हैं क्योंकि इस तरह व्यवस्था की विसंगतियों का चित्रण और वर्गविहीन समाज रचना का सन्देश हजारों लोगों तक स्फूर्ति और उल्लास की भाषा में तुरन्त पहुँच जाता है। मदनजी की शायद ही ऐसी कोई रचना हो जो 'सन्देश रहित' हो।

मदनजी जैसा बुद्धिमान राजनीतिकर्मी यह जानता था कि चतुष्पदी को कवि और श्रोता के बीच एक रिश्ता बनाने के काम में लिया जा सकता है। उन्हें मालूम था कि इस छंद के साथ उक्ति-चातुर्य को प्रभावशाली बनाया जा सकता है और इस तरह सन्देश के साधारणीकरण का काम आसान हो जाता है। इस समझ के चलते कवि ने अपनी चतुष्पदियों के द्वारा अवाम का मन जीतने और अपने सन्देश को उन तक पहुँचाने में सफलता पाई हो तो आश्चर्य नहीं है।

चतुष्पदियों को जीवन्त और ताजा बनाए रखने के लिए कवि ने उन्हें पूरी तरह से सामयिकता के साथ जोड़ा है। कुछ चतुष्पदियों में दुनिया की बेरहमी का हल्के अन्दाज में वर्णन किया गया है। इन रचनाओं की भाषा मंच और श्रोताओं के उपयुक्त है। उनमें अंग्रेजी, उर्दू के प्रचलित शब्दों को काम में लेकर भाषा को सरल बना दिया गया है। इसे मैं जनवादी कवि का हुनर मानता हूँ।

'सीपी का सैलाब' की बहुत-सी चतुष्पदियाँ ऐसी हैं जिनमें कवि ने बार-बार अपने दु:ख का भावुकतापूर्ण उल्लेख किया है। किसी समाजवादी कवि को यह कहने की आवश्यकता नहीं होनी चाहिए कि वह सुख के जीवन को अभिशाप समझता है या वह गम उठा-उठाकर मजदूर हो गया है अथवा कि वह जलता दिया और रोशनी है। इन कथ्यों को बार-बार दुहराने से कविता का बहुत-सा हिस्सा बलिदान का विज्ञापन-सा लगने लगता है।

मदनजी के दो कविता-संकलन 85 में (शाकाहारी कविताएँ) तथा (यह कैसा मजाक है) प्रकाशित हुए।

शाकाहारी कविताओं से परिचित कराते कवि-पत्नी श्रीमती सावित्री डागा ने आठ पृष्ठ का आलेख लिखा है। इस आलेख को समाप्त करते हुए उन्होंने मदनजी की कविताओं को न सराहनेवालों पर एक अनावश्यक और आतंकित करनेवाली टिप्पणी की है। लिखा है—"हो सकता है पुस्तक की कविताओं मे छिपे सच्चे इन्सानी दर्द को सुख-सुविधाओं में जीनेवाले, समझौतों के सूत्रों से स्वयं को टूटने से बचाए रखनेवाले उच्च पदाधिकारी, सम्पन्न परिवारों में जन्मे-पले प्रोफेसर, विद्वान् समीक्षक भी ठीक-ठीक नहीं समझ सकें। और रूपवादी या शाश्वत कविता के समर्थकों को भी ये कविताएँ नीरस जान पड़े। किन्तु कबीर, नागार्जुन, धूमिल आदि की परम्परा के रचनाधर्मियों व विचारकों को निश्चय ही ये कविताएँ पसन्द आएँगी-सार्थक लगेंगी। और उन लेखकों को भी अच्छी लगेंगी जो लेखनी का प्रयोग अन्याय, अत्याचार के संग्राम में तलवार की तरह करना चाहते हैं। जो सुख-सुविधा के प्रलोभनों या कष्टों से डरकर अपनी लेखनी के समझौतों के प्रलोभनों या कष्टों से डर का अपनी लेखनी को समझौतों के गिरवी नहीं रख सकते।"

इस टिप्पणी के बावजूद भी मदनजी की कविताओं की सीमाएँ नजर आती हैं। ये सीमाएँ राजनीतिक मतभेद की नहीं हैं अच्छी और कम अच्छी कविताओं में बुनियादी अन्तर की वजह से हैं।

मदनजी की एक सीमा तो उनकी यह जिद है कि वे कविता की कलात्मक जरूरतों को आवश्यक नहीं मानेंगे; इसका परिणाम यह हुआ है कि उनकी अधिकांश कविताएँ तर्क-कौशल और आक्रामक मुहावरों तक सीमित रह गई हैं, उनमें आत्मीयता का अभाव नजर आता है।

उनकी दूसरी सीमा यह है कि वे अपनी कविताओं को आक्रोश तथा आत्म-सन्ताप से अलग करने की कोशिश नहीं करते इसलिए वे न तो किसी बड़े जनान्दोलन का पसपना बनाती हैं और न शोषण तथा अन्याय के प्रतिकार की कोई सुचिन्त बहस उठाती हैं। कई बार वे व्यक्ति केन्द्रित-सी लगती हैं।

इन दिनों प्राय: या तो यह कहा जा सकता है कि कविता को राजनीति से अलग करें या यह कि कविता में केवल राजनीति ही करें। ये दोनों ही पक्ष कविता

को सीमित करनेवाले हैं। कविता के लिए राजनीति कोई निषिद्ध कर्म नहीं है और न राजनीति कविता का प्रतिपक्ष है। दरअसल 20वीं शताब्दी को राजनीति और कविता के लिए अनुकूल होना था क्योंकि यह समय मनुष्य के सोच, बदलाव और कर्म से भविष्य को बड़ा और सुन्दर बनाने का था लेकिन ऐसा नहीं हुआ। गहरे उत्साह का छुट-पुट प्रयत्नों में अन्त हो गया फिर भी क्रूर मनुष्य नियति को मानवीय रूपाकार देने के ईमानदार प्रयत्न यदि कविता, राजनीति और अन्य विधाएँ करती हैं तो निराशा और धुन्ध छँटने की सम्भावनाएँ बढ़ती हैं। इस सिलसिले में राजनीति और कविता एक-दूसरे को गरमाते रह सकते हैं।

मदनजी की कविता की सारी शक्ति वक्रोक्तियों में निहित है। इन्हीं वक्रोक्तियों के माध्यम से हम पूँजीवादी व्यवस्था की विकृतियों और विसंगतियों से परिचित होते हैं।

दोनों संकलनों में पूँजीवादी व्यवस्था की क्रूरताओं को चित्रित करते और एक मरणासन्न आभिजात्य की खिल्ली उड़ाने के लिए कवि एक खास तकनीक से पुरानी और मान्य शब्दावली में किंचित उलट-पुलट करते हैं। इस उलट-पुलट से आभिजात्य की भद्रता का आवरण खुल जाता है और वह माया-लोक ध्वस्त हो जाता है जिसे लेकर अब तक सब भ्रमित थे। शब्द के उलट-पुलट से मदनजी ने जिस तरह की व्यंग्य-विधि तैयार की उसके कुछ उदाहरण द्रष्टव्य हैं—

(क) *भारत*
एक धर्म निरपेक्ष नहीं
शर्म निरपेक्ष देश है

(ख) *पहले लोग*
सठिया जाते हैं
अब कुर्सिया जाते हैं

(ग) *कृषि हमारे देश की*
रीढ़ की हड्डी
पहले कभी थी
अब तो
कुर्सी हमारी रीढ़ की हड्डी है।

(घ) *पितृ देवो भव*
मातृ देवो भव
मंत्री देवो भव
जाने क्यों नहीं लिखते

(च) *गजगामिनी चाल पर*
फिदा होनेवाले रहे होंगे कोई
वरना वे अपनी प्रेयसियों को
मंत्रीगामिनी नहीं कहते

(छ) *बहुत भद्दा लगता है*
रोटी का नारा
सारे जहाँ से अच्छा हिन्दोस्ता हमारा

(ज) *मेरी भाषा का व्याकरण*
पाणिनी नहीं
पददलित ही जानते हैं
क्योंकि वे मेरे दर्द को पहचानते हैं

(झ) *कौन, बसन्त*
या बस-अन्त
आस-पास तो मातम की छाया है
सुना है फिर बसन्त आया है

(त) *एक रात आयोग नहीं तो*
एक राह आयोग ही बना देते

(द) *मैंने प्रेम-पत्र नहीं*
आवेदन पत्र लिखे हैं

(थ) *राजदुलारा तो नहीं*
लेकिन दिल दुलारा हूँ
ठहरो अभी तुम सर्वजीता बनने दो
अभी मैं
सर्वहारा, सर्वहारा, सर्वहारा हूँ

(ध) *करना दर्द को लिपिबद्ध*
फर्ज मानता हूँ मैं
आशुलिपि नहीं तो क्या
अश्रुलिपि जानता हूँ मैं!

मदनजी का अन्तिम रचना-संकलन 'यह कैसा मजाक है' है। इसकी पहली कविता 'कुर्सी प्रधान देश' है। यह कवि की प्रतिनिधि रचना और महत्त्वपूर्ण दस्तावेज है। इस कविता में कवि ने राजनीतिक अवसरवादी और पूँजीवादी अन्तर्विरोधी बयान दिया है। इसी कविता में साम्यवादी अवसरवादियों पर दिया गया वह वक्तव्य है।

इधर कुछ तथाकथित क्रान्तिकारी
हंसिये पर से हथौड़ा हटाकर
चमचा रख रहे हैं।

अपने 'प्यारे देश' और समाज के अन्तर्विरोधों, नैतिक पराजय, लालच, भुखमरी, रोग ऐयाश और चालाक अवसरवादियों की राजनीति के बीच रहना और उसे न बदल पाने की हालत में अपनी निराशा और चिड़चिड़ेपन को व्यंग्य और हँसी में बदल देना मामूली खेल नहीं हैं। मदनजी की सारी शक्ति यही है; एक गैर-मामूली अन्तर्दाह को भाषा में बदलने की कोशिश। मदनजी की लगभग सभी कविताएँ सभी अन्तर्दाह का रूपान्तर हैं।

मदनजी की कविताओं में कथ्य का फैलाव नहीं हैं। वहाँ भयावह सामाजिक विसंगतियाँ और वर्गों के बीच ठहरी हुई व्यवस्था को बदलने की इच्छा है। यह इच्छा नाराज टिप्पणियों के रूप में कविता का रूप लेती है।

व्यंग्य-कविताओं में काम ली जानेवाली भाषा प्राय: आक्रामक है; कहीं-कहीं उसमें स्थितियों को न बदल पाने का गहरा विषाद है। हरिशंकर परसाई, शरद जोशी की तरह फैलाव न होने से ठहराव और पुनरावृत्ति है।

बहुत बार कवि नाराजगी को अकाव्यात्मक भी बन जाने देते हैं। राजनीतिक कविताओं को हमें जिन खतरों से बचाना चाहिए उनमें से एक यह भी है कि हम अपने वैयक्तिक तनावों और नाराजी को कविता का हिस्सा न बनाएँ। राजनीतिक कविता से हम लाभ के लिए सदा तैयार रह सकते हैं लेकिन वह तभी सम्भव है जब हम राजनीति के नाराज तेवर को रचनात्मकता से अलग न होने दें।

मदनजी ने कभी-कभी कड़वाहट की वजह से रचनात्मक तनावों को बिखर जाने दिया है। इन कविताओं में देखें :

आदमी आज आदमी न रहकर
झंडों का दलाल कैसे बन गया है
वेश्या का भी चरित्र होता है
लेकिन मेरी सरकार का तो वह भी नहीं है
यह सरकार जो रक्त सने
कपड़े दिखा-दिखा
हृदय परिवर्तन करना चाहती है ना
वे उसके मासिक धर्म के चिथड़े हैं
तुम नाहक उसे खून-खराबा समझ डर रहे हो
और प्रायश्चित में आत्म-हत्या कर रहे हो।

लेकिन बहुत-से राजनीतिक सन्दर्भों में मदनजी ने अपनी आक्रामकता और प्रत्युपन्नमति का लाजवाब उपयोग किया है। कुछ काव्यांश द्रष्टव्य हैं :

(क) *वसन्त तुम्हारे बाग में आता होगा*
मेरे तो बही में आता है
मन तो उसी से
बाग-बाग हो जाता है।

(ख) *आओ दोस्त*
धंधा करें
अकाल पड़ा है
चन्दा करें

(ग) *हर नया अंकुर गम में डूबा*
कह रहा है
यह तुम्हारा प्रान्त
यह हमारा सूवा है

(घ) *जरा आँख खोलो*
जरा पंख फडफ़ड़ाओ
छिन गया हथौड़ा
तो जुबाँ से आघात करो
क्योंकि हथौड़े से भारी होती है
जुबाँ की चोट

गर कोई करना जाने
नहीं तो कविता या ग़ज़ल, क्या मानें!

(ङ) *हँसता हुआ-सा दिख रहा बाहर जो बूथ के*
लगता है वोट दे के पछताया हुआ-सा है।

(च) *एक पूरे इन्सान की जिन्दगी*
भ्रष्ट व्यवस्था के जूते में
काटनेवाली कील भी न बन सके
तो फिर उसका अर्थ...?

इन कविताओं से यह प्रमाण मिलता है कि मदनजी का साम्यवादी राजनीति के साथ गहरा सरोकार था। वे उन सिद्धान्तों के साथ थे जो मनुष्य को मनुष्य से जोड़ता है। शोषकों की राजनीति, अर्थशास्त्र, धर्म, परम्परा, व्यवस्था के खिलाफ उन्होंने जमकर कविताएँ लिखीं।

'यह कैसा मजाक है' संकलन में कवि ने एक बेमिसाल गीत लिखा है 'अक्कड़-बक्कड़'। यह भारतीय जनतंत्र के दुर्भाग्य का गीत होते हुए भी जनवाद को ताकत पहुँचाता है। लिखा है :

अक्कड़-बक्कड़ बम्बे बो
भाग्य भरोसे तू मत सो
लेने वोट किया था वादा
जीता तो बन गया शहजादा
जिसे भेजते हम कुछ कीने
वह जाता संसद में सो

मरणोपरान्त किसी कवि-साथी की समीक्षा से हम बहुत कुछ सीखते हैं, खास तौर पर उस कवि से जो राजनीति के मोर्चे पर सक्रिय रहते हुए कविता भी लिख रहा हो। इस समय राजनीति और कविता को अलग करना कठिन है पर यह समझना कठिन नहीं होना चाहिए कि कविता का राजनीतिक आचरण कैसा हो? कला और उसके प्रभावशाली उपयोग के सवाल यहीं से शुरू होते हैं और यह भी कि राजनीति और कविता के क्रम को उलटकर कविता और राजनीति कर दें तो क्या अन्तर हो सकता है। मदन जी की कविताओं में से याद रखने और भूल जाने जैसी बहुत-सी कविताएँ है लेकिन महत्त्वपूर्ण बात यह है उनकी कविता का मनुष्य से रिश्ता है। उनकी कविता क्रूर मानव-नियति को बदलने के लिए समर आरूढ़ रहती है।

साहित्य और मानवाधिकार

मानवाधिकार आयोग की सम्मान्य अधिकृतियाँ अध्यक्ष महोदय, प्रो. संजय लोढ़ा, सांगी विद्वद्जन, विश्वविद्यालय के आचार्यगण, विद्यार्थी मित्रो! मैं आपका अत्यन्त आभारी हूँ कि आपने मुझे इस महत्त्वपूर्ण विचार-गोष्ठी में बोलने का अवसर दिया। मुझे लगता है कि इस विषय पर विषय-विशेषज्ञों और विद्वानों ने जो विमर्श किया उसके चलते मैं कुछ विशेष न कह पाऊँ।

मैं दरसल साहित्य का सामान्य-सा विद्यार्थी हूँ और उसके पढ़ते-पढ़ाते समय मुझे यह हमेशा अनुभव होता रहा है कि साहित्य और मानवाधिकारों का अघोषित किन्तु बेहद समीप का मैत्री-सम्बन्ध है।

साहित्य के बारे में अमूमन यह जन-धारणा है कि उसका सम्बन्ध किसी अलौकिक दिव्यता से है इसलिए उसे जिन्दगी और उसकी दारुण यातनाओं से कोई लेना-देना नहीं है। जिन्दगी की पूरी दुर्दशा और गरिमा-हीनता में धँसे-फँसे कुछ कवि-लेखकों ने भी अपने लेखकीय प्रयोजन और आनन्द का 'ब्रह्मानंद सहोदर' समझने में सार्थकता अनुभव की है। वे शब्द को 'ब्रह्म' की कोटि में बैठा कर स्वयं को काव्य संसार का प्रजापति घोषित करते रहे हैं।

इसी का परिणाम था कि एक आधार विहीन दुनिया में वे कल्पना के पंखों पर बैठे रहे। वे यह भूल गये कि कल्पना के पंखों पर बैठे रहकर भी उनके पैरों में संसार की जंजीर है। इस यथार्थ से परिचित कराते एक कवि ने लिखा 'कल्पना के पंख पर बैठा हुआ मैं पाँव में जंजीर है संसार की।' (कवि सुधीन्द्र)

साहित्य-रचना की शक्ति और उसकी अलौकिकता-लौकिकता को लेकर कितने भी सिद्धान्त रहे हों लेकिन दुनिया-भर के महत्त्वपूर्ण रचनाकारों ने रचता-स्वाधीनता और अन्य मानवाधिकारों की पक्षधरता की है। देखें कि वे ब्रह्मा की तरह स्वैच्छिक संसार रचते हैं। संस्कृत के एक श्लोक की अर्धाली में इस स्वाधीनता की संकोच रहित होकर घोषणा की गई है। कहा है 'अपारे काव्य संसारे कवि रैव: प्रजाति'। इस प्रजापति को जैसा रचे वैसा संसार बनाने की स्वतंत्रता है। यह दरअसल अभिव्यक्ति की स्वतंत्रता के अधिकार की घोषणा है। मेरा आग्रह है कि इसी अभिप्राय से 'निरंकुशः कवयः' वाले पद-बंध को भी पढ़ा जाना चाहिए।

प्रकारान्तर से यह 'धर्म' और 'राज्य' के अधिनायकवादी व्यवहार और आज्ञाओं के विरुद्ध अभिव्यक्ति की स्वतंत्रता की पक्षधरता है।

मैं विनम्रतापूर्वक यह रेखांकित करना चाहता हूँ कि साहित्य मानवाधिकारों की पक्षधरता का दस्तावेज है। उसने आत्म-हीनता, गरीबी, पराधीनता, पतनशीलता, जाति भेद तथा वर्चस्ववाद की तमाम श्रेणियों के विरुद्ध संघर्ष किया है। यह कहना घमंड की बात नहीं है कि साहित्य ने 'राज्य-सत्ता' के खिलाफ 'शब्द-सत्ता' का मोर्चा सदा खुला रखा। मानवाधिकार आयोग की तरह 'गरिमामय जीवन' की माँग करने के प्रसंग में यह तथ्य बार-बार दुहराया जाता है।

मानवाधिकारों की भावनात्मक-पक्षधरता करना साहित्य का चिरन्तन प्रयोजन है। आज जैसी मानवाधिकार आयोग की छवि है वैसी न रही हो, अधिकार-उल्लंघन पर दंड न मिलता हो, कोई विधवत् आचार-संहिता भी न हो तब भी मानवाधिकार की गरिमा का बोध साहित्य-ग्रंथों में कई-कई रूपों में रेखांकित है। कवि ने कई-कई तरह से कई बार यह कहा है, "सुनो हे मानुष भाई, शबार ऊपर मानुष सत्य तहार ऊपर नाई' (चण्डीदास) हे मनुष्य मित्रों सुनो, सब के ऊपर मनुष्य ही सत्य है, उसके ऊपर कुछ नही।" मानवाधिकार आयोग की स्थापना का लक्ष्य भी मनुष्य की सर्वोपरिता को सुरक्षित रखना ही है।

संसार के साहित्य और कला-कृतियों ने मानव-जीवन के अधिकार और गरिमा को सुरक्षित रखने का दायित्व निभाया है। ध्यान से देखें तो साहित्य ने मानवाधिकारों के लिए उर्वरा और कोमल चित्त-भूमि बनाने का काम किया है। कई बार उसने राज्य-सत्ताओं को अपनी क्रूरताओं, अपने घमंड से परिचित कराया है। कुंभनदास कवि ने सीकरी की राज-सत्ता का घमंड तोड़ते हुए कहा, "संतों का सीकरी से कोई लेना-देना नहीं। आते-जाते जूतियाँ घिसती हैं हरि नाम भी बिसर जाता है। जिनका मुँह देखने से ही क्लेश होता है उन्हें झुक-झुककर सलामें करनी पड़ती है। कुंभनदास कवि कहता है कि गिरधरलाल ही काम के हैं दूसरे सब बेकाम हैं।" मूल पद इस प्रकार है—

संतन को कहा सिकरी सी काम?
आवत जात पन्हैया टूटी बिसर गयो हरिनाम
जिनको मुख देखे दुख उपजत तिनको करिवै परी सलाम
कुंभनदास लाल गिरधर बिनु और सबै बे काम।

राज्य सत्ता के साथ-साथ प्रभुता और पद के जितने उन्मादकारी प्रसंग हैं उनके साथ साहित्य की तकरार लगातार चलती रही है। यह लक्षित किया जा सकता है कि शब्द की मार सहने से भयावह राज-शक्तियाँ हों या धर्म-शक्तियाँ या कि वर्चस्ववादी सामाजिक शक्तियाँ सबने पुस्तकों को नष्ट किया, जलाया या प्रतिबन्धित किया

क्योंकि शब्द का सत्य राजाज्ञाओं, धर्माज्ञाओं, प्रभुवर्ग के कायर इरादों को अस्वीकार करता है और उन पाखंडों से लड़ता है जो अतार्किक, असंगत और अमानवीय है।

मानवाधिकार समाज-रचना और संस्कृति को स्थायित्व देता बोध और प्रयत्न हैं जो समता और स्वतंत्रता के प्रतिमानों पर आधारित हैं। साहित्य का सौन्दर्य-शास्त्र और कुछ नहीं है, वह समता और स्वतंत्रता का सामाजिक सन्तुलन है। इस तरह साहित्य की अन्तर्वस्तु उसका सौन्दर्य प्रकारान्तर से मानवाधिकारों की आवश्यकता का विवेक या बोध है। इस बोध का स्थान-काल से कोई सम्बन्ध नहीं है यह समता और स्वतंत्रता का बोध है जो पुराने से पुराना होकर आधुनिक हो जाता है और आधुनिक होकर भी पुरानी कोटियों में शामिल हो सकता है। समता और स्वाधीनता का बोध ही साहित्य को नये या पुराने की कोटियों में विभाजित करता है जो अन्ततः मानवाधिकार की स्वीकृति या निषेध की श्रेणियाँ है। अर्थात् वही साहित्य काल का अतिक्रमण करता नया होता है जो समाजिक-जीवन में समता और स्वतंत्रता के मनोभावों को स्फूर्त करता है। इसका उत्तर देना कठिन है कि साहित्य समता और स्वाधीनता की चेतना का भाव कैसे जगाता है लेकिन यह निश्‍चित है कि यही चेतना और स्फूर्ति साहित्य का मौलिक तत्त्व और मानवाधिकारों की रचनाभूमि है।

इसी क्रम में यह लक्षित करना उत्साहप्रद है कि कई शताब्दियों पूर्व के साहित्यकार वाल्मीकि, कालिदास, भवभूति आदि ने स्त्री-पराधीनता के त्रासद प्रसंग को कितनी निर्भकता के साथ सार्वजनिक विमर्श का प्रश्न बताकर अपनी पक्षधरता का प्रमाण दिया है। 'उत्तर रामचरित' के कवि भवभूति ने राम के कपटाचरण पर व्यंग्य करते हुए लिखा- ये वही राम हैं जो कभी उस साध्वी सीता को यह कह-कह मोहित करते थे 'त्वं जीवनम्, त्वमसि में हृदयम् द्वितीयम्, त्वं कौमुदी नयो यो अमतम् त्वमंङ्गे' (तुम मेरा जीवन हो, तुम मेरा दूसरा हृदय हो, तुम मेरे आँखों की चन्द्रिका हो, तुम मेरे सम्पूर्ण अंगों में प्रवाहित होनेवाला अमृत हो।)

महाभारत के रचयिता वेद व्यास ने द्रौपदी की अपमान-कथा को 'नर-नारी' समता का तब से लेकर आज तक का केन्द्रीय प्रश्न बना दिया है। संत कवि तुलसीदास ने एक विचलित करनेवाली चौपाई में पूछा है "केहि विधि सृजी नारि जग माँही, पराधीन सपने हु सुख नाही।" सूर ने प्रेम का जो अद्‌भुत 'यूटोपिया' रचा है वह हमारे आचरण की दमित कामनाओं का विरोध करता वासना को सन्तुलित और उदात्त रूप देता है। सूर के साथ अष्टछाप के कई कवि रसहीन और बाँझ होती संस्कृति को स्नेहसिक्त कर देते हैं। मानवाधिकार के पक्ष में ये कवि-वृन्द निष्कलुष मनोभूमि रचता है और स्त्री-पुरुष मैत्री की 'स्पेस' बनाता है।

यह रेखांकित करने की आवश्यकता है कि साहित्य ने लौकिक कामनाओं को कभी उपेक्षा की दृष्टि से नहीं देखा। सामाजिक व्यवस्थाओं की अनीति-पूर्ण रचनाओं, विषमताओं, दीनता, जाति-पाँति के भेद, भूख, अन्याय, सभी उसकी वर्ण्य-वस्तु

रहे। भक्तों-संतों की कविताओं में लौकिक-क्लेशों के निवारण की विकल प्रार्थनाओं का महत्त्वपूर्ण अंकन है।

संत भक्तों का यह समुदाय अपनी गरीबी के प्रति लज्जित नहीं है, न किसी प्रकार की हीनता के बोध से क्लान्त है। निसन्देह गरीबी के इस सघन दबाव में 'भूख' का दंश कसकता ही रहता है। हरि-भजन के साथ 'भूख' की तकरार चलती है और किंचित अधिकार की आक्रामक मुद्रा में भक्त आराध्य से कहता है 'भूखे भजन न होहि गुपाला ये ले तेरी कंठी माला।' कबीर भूख के यथार्थ को अच्छी तरह जानते हैं वे श्रमिक-गृहस्थ हैं, दीन और दुनिया को संभाले। वे भूख-कुतिया की अराजकतावादी शक्ति से अपरिचित नहीं है। एकालाप करते कहते हैं देखो कबीर यह भूख-कुतिया है। इसे जब तक टुकड़ा नहीं डालोगे यह हरि-भजन में बाधा डालती रहेगी। पहले इसे टुकड़ा डालो फिर निश्चित होकर भजन करो।

कबीरा क्षुधा कूकरी, करत भजन पे भंग
या को टुकड़ा डारिके, भजन करो निःशंक।

व्यापक रूप से भूख के आपराधिक चरित्र की जानकारी संस्कृत के श्लोक की इस पंक्ति से मिलती है : 'विभुक्षितम् किम् न करोति पापम्' भूखा कौन-सा पाप नहीं करता? इस सन्दर्भ में यह श्लोक भी याद आता है जो गांधारी ने भगवान् श्रीकृष्ण से कहा था—

वासुदेव जरा कष्टम् निर्धन जीवनम्
पुत्रशोक महाकष्टम् कष्टातिकष्टम् क्षुधा

हे वासुदेव वृद्धादेव वृद्धावस्था कष्ट है। जीवन पुत्र शोक महाकष्ट और भूख तो कष्टों का भी महा कष्ट है।

यह देखने की बात है कि कि इन श्रमिक लगभग अपढ़ किन्तु संस्कारित कवियों ने उस भूख के आन्दोलन को निरन्तर सामाजिक, संवेदनशील जीवन्त बनाए रखा जिसे सामन्तवादी-व्यवस्था ने उपेक्षा के अन्धकार में धकेल दिया था। उन्होंने ईश्वर को निर्धनों, वंचितों, क्षुधितों के पक्ष में रखा। उसे दीन बंधु, गरीब नवाज, दीना नाथ, दयालु सम्बोधनों से अपना संरक्षक बनाया। विलासी, विषमतावादी, प्रभुजनों के घर नहीं जाने दिया। कहा—

शबरी के बेर सुदामा के तांदुल रुचि-रुचि भोग लगायो।
दुर्योधन की मेवा त्यागी साग विदुर घर खायो।

सामाजिक समता के इन पक्षधर कवियों ने अपनी सहज लोक भाषा में जाति-पाँत, धन-संचय, साम्प्रदायिक संकीर्णताएँ, कर्मकांड का निरन्तर विरोध किया। वे

उन शक्तियों, समूहों और दंभी ज्ञानियों का प्रतिरोध करते रहे जो धर्म, जाति, कुल, जन्म, सम्पत्ति के आधार पर ऊँच-नीच का अमानवीय समाज बनाए हुए थे और इस दुनिया को ईश्वर-निर्मित, व्यवस्थित और अपरिवर्तनीय मानते थे। संत-भक्त, साधु-मना भोले कवियों ने इस अवधारणा को अपनी सहज विनम्रता और श्रम-निष्ठ जीवन-रचना से ध्वस्त कर दिया। जिस सधुक्कड़ी, जानी-पहचानी भाषा में उन्होंने सामन्ती-समाज और पंडितों से मामूली-से लगनेवाले वे प्रश्न पूछे जो अनुत्तरित रहे। वे गैर-बराबरी वाले समाज को बराबरी की जमीन पर लानेवाले प्रश्न थे। वे दुनिया को अघाये हुए समाज से वंचितों के लिए पूछे गये थे। वे ऊँची जात वालों से नीची जाति के विभाजन की तार्किकता के बारे में पूछे गये थे। वे धन-संचय की मर्यादा से सम्बन्धित थे। वे दरसल आज की समाज-रचना की सम्भावना को तलाशते थे।

साहित्य के इस समता-स्वाधीनता के 'यूटोपिया' को दुनिया की एक अनिवार्य व्यवस्था बनाने के जिस महान प्रयत्न में 'मानवाधिकार आन्दोलन' लगा है उसका समर्थन करने के लिए साहित्यकार आज अधिक सजग, चौकन्ना, सावधान होकर लोक मंगलकारी शक्तियों के साथ है। मनुष्य की 'बराबरी और स्वाधीनता' का सवाल भावुकता भरा और रुमानी नहीं है वह एक जरूरी सवाल है जो मानवीय गरिमा, सभ्यता और इतिहास बचाने के साथ जुड़ा है।

संस्कृति का वाहन : भाषा

जून के जन शिक्षण अंक में भारतीय संस्कृति के विवादास्पद प्रश्न को लेकर मैंने एक निबन्ध लिखा था और यह प्रकट करने का प्रयत्न किया था कि इतिहास लेखन की निरन्तर अवज्ञा, आत्यन्तिक आसवित तथा विवेकशाली विवेचना के अभाव में शिक्षक के लिये संस्कृति का रूप समझना कितना कठिन हो गया है। इन सभी कठिनाइयों के अतिरिक्त एक ऐसी कठिनाई भी भारतीय जनता के समक्ष रही कि जिसने भारतीय परम्पराओं के प्रति हमें सदैव ही अवज्ञाशील बनाए रखा। यह कठिनाई हमारी भाषा सम्बन्धी है। एक शती से हमें जो कुछ दिया गया है वह अपनी भाषा में नहीं दिया गया। वैसे अंग्रेजी के प्रशंसक यह कहने से नहीं चूकते कि इस भाषा ने राष्ट्रीयता, ज्ञान विज्ञान के विस्तृत क्षितिज और एक नई दुनिया हमें दी कि जिसके लिये हमें एहसानमन्द होना चाहिए, किन्तु इस सबको स्वीकार कर गांधी जी ने बनारस विश्वविद्यालय के दीक्षन्त समारोह में एक बड़े मार्के का विशेषण इसी निर्मित दिया था उन्होंने कहा कि अंग्रेजी शिक्षा की तुलना स्याहीचट्ट से की जानी चाहिए जो सोखने का काम किया करती है। गांधी जी की यही महिमा थी कि अपनी धरती की माटी के मुकाबले में उन्होंने कभी किसी के सोने को मोह के साथ नहीं देखा और देशी माटी से सभी तरह की रचना करने का आग्रह बनाए रहे। भाषा को लेकर भी उनका यही अनुराग था।

भाषा संस्कृति का देह है : उस देह को धारण कर संस्कृति स्वच्छ हवा की तरह सभी को सुलभ होती है और राष्ट्रीय जीवन को स्वास्थ्य और ताजगी देती है। संस्कृति की प्रसरणशीलता भाषा के अभाव में अकल्पित है। अभी तक जो विदेशी जन हम पर शासन करते रहे उनमें से अनेक ही इस मत के थे कि हमारी काली चमड़ी में उनकी गोरी आत्मा विराजमान रहे और इसलिए उन्होंने अपनी भाषा का प्रयोग किया। अपनी भाषा के रंग में उन्होंने सारे जीवन को सरोबोर कर दिया। एक इतिहासकार के इस वक्तव्य में कितनी सच्चाई है कि मुगल शासन ने तलवार से इस देश पर कब्जा किया जो कि स्थायी न रह सका, किन्तु अंग्रेज शासकों ने हमारी आत्माओं पर भाषा द्वारा कब्जा किया है जिससे मुक्त होना आसान नहीं। यह एक अनिवार्य सत्य है कि आत्मा और मन की मुक्त अवस्था के लिये जनता में बहुविधि

प्रचलित भाषा को अपनाया जाए। उस भाषा का पठन-पाठन विधिवत और तेजस्वी बनाया जाए तथा उसको सब तरह शक्ति और समृद्धि से सम्पन्न किया जाए।

अंग्रेजों के शासन में भाषा के प्रश्न को लेकर कोई दुराग्रह नहीं था अंग्रेजी कोई नहीं चाहते थे क्योंकि वह 'किंग एमपरर' की भाषा थी और उसे कोई भाषा लालित्य अथवा शास्त्र की दृष्टि से नहीं, नौकरी की विवशता को लेकर पढ़ा करते थे। उस भाषा ने भारतीय भाषाओं ही को निरादृत नहीं किया बल्कि संसार की अन्य समृद्धि पूर्ण भाषाओं को भी भारत में नहीं आने दिया। सार यह है कि सारा शासनतंत्र हिन्दुस्तान को जिस तरह चूस रहा था अंग्रेजी भाषा भी उस तंत्र का एक पुर्जा थी और इसलिए उसकी विपुल महिमा होते हुये भी किसी का मन आस्थाशील नहीं था। हाँ, कुछ ऊँचे स्तर के आई.सी.एस. अधिकारी और मद्रासी जनों को छोड़कर सभी इस बात से सहमत थे कि भारतीय भाषाओं को गौरव पूर्ण स्थान मिले और हिन्दी राष्ट्र की भाषा मान ली जाए। अवश्य ही गांधी जी ने 'हिन्दुस्तानी' का आन्दोलन प्रारम्भ किया था जिसके पीछे उनका असीम जन अनुराग था। गांधी जी जिस तरह समस्त जीवन को आडम्बरहीन बनाना चाहते थे भाषा को भी वे उस आडम्बर से विमुक्त करने के पक्ष में रहे। चर्खे से लेकर भाषा तक उनका एक ही दर्शन था कि अनावश्यक आडम्बर सब ही बुरा है। देह की तेजस्विता जैसे निष्ठावान आत्मा से है उसी प्रकार भाषा का लालित्य भी भावनापूर्ण, सरल और प्राँजल विचारों से है। किन्तु, हिन्दुस्तानी ने जब सम्प्रदायवाद का नया चेहरा लगाया जो कि बिहार की कुछ पाठ्यपुस्तकों में मिला तो सभी चिन्तकों को वह खला और धीरे-धीरे हिन्दुस्तानी का तर्क विधान निर्माण तक प्रभाहीन हो गया। हिन्दी राष्ट्र भाषा स्वीकार की गई और पन्द्रह वर्ष की अवधि में उसे राष्ट्र व्यापी महत्त्व देने का निश्चय किया गया।

उस समय प्रतीत होता था कि शिक्षा की सबसे बड़ी, सबसे महत्त्वपूर्ण समस्या सरल हो गई है और देखते देखते विदेशी भाषा का प्रभुत्व उठ जाएगा। भाषा को लेकर कुछ विद्वानजनों का विरोध होगा यह तो अपेक्षित था, किन्तु वह इतना आसक्तिपूर्ण होगा इसकी कल्पना नहीं थी। 'संस्कृति' ही की तरह भाषा को लेकर विपुल मतभेद और दुराग्रह भी है। शिक्षक इस भाषा के प्रश्न को लेकर उद्विग्न है। एक तरफ फिर अंग्रेजी के लिये नये-नये तर्क प्रस्तुत किये जा रहे है और उसके स्तर गिर जाने से शिक्षाविद चिन्तित हो चले है तो दूसरी तरफ हिन्दी वालों का लालच है और पाठ्यक्रम में इतनी पुस्तकें भरी जा रही हैं कि विद्यार्थी उनका वजन उठाता उठाता परेशान है। कुछ दक्षिण के लोगों का और कुछ उत्तर प्रान्तीय जनता का आग्रह है कि हिन्दी के पास उस कोटि का साहित्य नहीं है कि वह राष्ट्र भाषा का गौरव वहन कर सके। एक अन्य तर्क के द्वारा शब्द कोश के अभाव की भी चर्चा की जाती है। सब मिला कर भाषा के प्रश्न के प्रति एक बड़ी अनिश्चित नीति बरती जा रही है और उसका प्रभाव जीवन के महत्त्वपूर्ण प्रसंगों पर पड़ रहा है।

पाठशालाओं का वातावरण निर्मल नहीं हो पा रहा है, अध्यापकों की शक्ति बिखरी पड़ी है, शील बहा जा रहा है। भाषा के द्वेष के कारण पाठशालाओं, कॉलेजों और विश्वविद्यालयों का वातावरण जनता के जीवन से ताल मेल नहीं खा रहा। भाषा सम्बन्धी निश्चयात्मक नीति प्रजातंत्र निर्माण में योग देगी क्योंकि तब शिक्षा भी एक विशेष प्रभाव की रचना करने में लग जाएगी और देश की जनता शीघ्र ही साक्षर बन सकेगी। अनेक समस्याओं को सुलझाने के लिये भाषा-नीति दृढ़ करनी होगी और उसे व्यवहार में लाने की योजना अंकित करनी पड़ेगी। यह सौभाग्य का लक्ष्ण नहीं है कि राष्ट्र भाषा के प्रश्न को लेकर अशेष काल तक मतवाद चला करे, न तो राष्ट्रीय परम्पराओं के निर्माण से और न जनता के साथ अखंड मैत्री स्थापित की जा सके।

अवश्य थोड़ी समीक्षात्मक बुद्धि से भाषा के महत्त्वपूर्ण विवादास्पद मुद्दों पर विचार किया जाए, यह विचार भाषा शास्त्री की तरह नहीं शिक्षक की तरह हो तो पाठशालाओं के काम में सरलता होगी। सबसे महत्त्वपूर्ण विवाद अंग्रेजी को लेकर है। अंग्रेजी का पक्ष लेनेवाले विद्वान हैं, अधिकारी हैं और शिक्षा की गति मति निश्चय करते हैं। उनके शब्दों का और मत का राष्ट्र व्यापी आदर होता है। अनेक विद्वानों का मत है कि अंग्रेजी का विश्वव्यापी महत्त्व होने के कारण पाठशालाओं में उसका अध्ययन आदर की दृष्टि से देखा जाना चाहिए, उसका महत्त्व भी उसी प्रकार स्वीकार करते रहना चाहिए। कुछ दूसरे व्यक्तियों का आग्रह है कि विज्ञान, गणित, इंजीनियरिंग आदि विषयों में अंग्रेजी का सम्पूर्ण आधिपत्य स्वीकार करना आवश्यक है क्योंकि पारिभाषिक शब्दावली का अभाव है और दूसरे इन विषयों का अन्तरराष्ट्रीय महत्त्व है। कुछ प्रगतिशील लोग कहते हैं कि अंग्रेजी का अनादर नहीं होना चाहिए क्योंकि उसमें केवल 'किंग एमपरर' के फरमान ही प्रचारित नहीं हुए है बल्कि उनके जैसे अन्य प्रगतिशील विद्धानों ने भी अपने शक्तिशाली विचारों को अभिव्यक्त किया है। इन विचारों से साम्राज्यवाद की नींव ढीली पड़ गई है और आज भी वे उस माध्यम के द्वारा पीड़ा और शोषण के विरुद्ध अपने विचारों को उपस्थित कर रहे है।

यह तो नहीं कहना है कि इन सभी विचारों में सत्य नहीं है, किन्तु, इतना अवश्य कहा जा सकता है कि स्कूल की प्रारम्भिक शिक्षा और माध्यमिक कक्षाओं में मातृ भाषा और राष्ट्र भाषा के द्वारा जो संस्कार और संस्कृति स्थायी बनाई जा सकती है वह किसी अन्य भाषा द्वारा नहीं। एक तरफ भारतीय संस्कृति को गौरवपूर्ण स्थान देने की बात करना और दूसरी तरफ अंग्रेजी के लिये आत्यन्तिक अनुराग बनाए रखने की बात बहुत कम समझ में आती है। इसी प्रकार पाठ्यपुस्तकों वाली दलील है। एक विचारक ने अपने एक निबन्ध में उसका बड़ा समाधान कारक उत्तर दिया है; उनका कथन है कि जिस प्रकार आज के कई विद्वान अंग्रेजी में लिखकर

सन्तोष और सुख प्राप्त कर रहे है क्या यही विद्वान जन यदि चाहें तो मातृ भाषाओं को कोष समृद्ध नहीं कर सकेंगे? किन्तु प्रश्न तो यही है कि क्या हम सभी यह चाहेंगे। अंग्रेजी का एक गौरव जो हमारे मन में है। वैसे यह तो मालूम नहीं पड़ता कि हिन्दुस्तान में अंग्रेजी की पुस्तकें किस के लिये लिखी जाती हैं, कौन पढ़ता है, कितने प्रतिशत व्यक्ति उस साहित्य का उपयोग करते है? फिर भी एक महत्त्व जो अंग्रेजी को मिला है वह अभी कम होता प्रतीत नहीं होता और स्कूलों में भी अभी अध्यापकों का मन स्वस्थ नहीं है।

प्रान्तीय भाषाओं को लेकर दक्षिण में निरर्थक ही शोर गुल है। वैसे अंग्रेजी के प्रति विपुल मोह और हिन्दी के प्रति द्वेष का कारण समझ नहीं आता क्योंकि दक्षिण की भाषाओं और हिन्दी में कहीं अधिक साम्य है। दोनों में संस्कृत शब्दों का बाहुल्य है। 'हिन्दी की तानाशाही' का नारा भ्रमपूर्ण है। हिन्दी केवल अन्तर्प्रान्तीय भाषा है, प्रान्तीय नहीं। प्रान्त का सभी काम प्रान्तीय भाषा में होगा, हिन्दी केवल उच्चस्तरीय शासकीय कार्यों में प्रयुक्त हो तथा राष्ट्रीय एकता का प्रतीक यही मात्र विधान की मनीषा है।

पारिभाषिक शब्दावली के प्रति भी यह समझौता अनिवार्य है कि अधिकांश शब्द संस्कृत से ग्रहण किये जाएँ क्योंकि वैसा करने से प्रान्तीय भाषाओं और हिन्दी की मैत्री अखंड रहेगी। इसके साथ 'नाना शब्द नाना अर्थ' का संकट टल जाएगा। जहाँ इस प्रकार न हो सके वहाँ अधिक सुविधा पूर्ण शब्द ग्रहण कर लिया जाए, वह अंग्रेजी का भी हो सकता है। विज्ञान इंजीनियरिग आदि विषयों को लेकर जो चर्चा है उसके प्रति यही शंका है कि यदि ये सब अंग्रेजी में ही पढ़ाये गये तो इधर प्रान्तीय तथा हिन्दी का शब्द कोष इस क्षेत्र में सर्वथा वंध्या ही नहीं रह जाएगा? अंक शास्त्र, गणित शास्त्र आदि को लेकर हमारा गौरव हमेशा के लिये नष्ट होने देना चाहिए? ऐसा होने देना कदाचित सस्ता नहीं पड़ेगा।

हिन्दी को लेकर सम्पूर्ण राष्ट्र में एक नया उत्साह है किन्तु कुछ उसी प्रकार प्रान्तीय साहित्य भी धूम से लिखा जा रहा है। एक बार यह मैत्री स्थिर हो जाए जो कि हिन्दी और प्रान्तीय साहित्य के बीच है ही तो एक तरफ राष्ट्रीय एकता को नया बल मिलेगा और दूसरी तरफ सारे देश की संस्कृति निर्मल होकर नया चमत्कार ग्रहण कर ले। शासकजनों, अधिकारियों, विद्वान् शिक्षकों का यह दायित्व स्वीकार हो कि वे क्षण के लिये, नहीं, किन्तु एक कालव्यापी योजना की दृष्टि से भाषा को लेकर जन मत बनाएँ। इसके साथ ही शिक्षा का विस्तार कैसे हो सकता है उसे भी न भूला जाए। क्या अंग्रेजी को लेकर अज्ञान से मुक्ति मिल सकती है? वैसा होता तो सौ वर्ष से अंग्रेजी चली ही आ रही है। तीसरे, यह 'सांस्कृतिक-खाई' जो गाँव और शहर के बीच है यह कैसे पट सकेगी? यह मन का अपरिसीम अन्तर कैसे समाप्त होगा? चौथे, बेसिक शिक्षा के साथ अंग्रेजी का ताल मेल कैसे जमेगा?

फिर क्या विदेशी भाषा से राष्ट्रीय, भारतीय संस्कृति का पुनर्निर्माण सम्भव है? यह प्रश्न हैं जो निरन्तर समाधान चाहते हैं। इन प्रश्नों का समुचित समाधान न होने से शिक्षकों का अन्तर क्षुब्ध है।

विधान निर्माण के बाद समय तो बीत ही रहा है। भाषा के प्रश्न को लेकर मत भी बन रहे हैं, सभाएँ हो रही हैं, बचत वक्तव्य निकल रहे हैं। कहीं ऐसा न हो कि पन्द्रह वर्ष व्यतीत होने पर भी हम चिन्तातुर मन और शंकाशील मस्तिष्क से यही कहते नजर आएँ कि अभी हमारी प्रयोग-अवधि समाप्त नहीं हुई है और हम एक ओर हिन्दी तथा अन्तर्प्रान्तीय और दूसरी ओर अंग्रेजी उनके अपेक्षाकृत महत्त्व के सम्बन्ध में ठीक ठीक निर्णय नहीं कर पाए। वैसे पन्द्रह वर्ष काल की व्यापक मर्यादा में कुछ नहीं है, किन्तु निरक्षर जनता के लिये पन्द्रह वर्ष महत्त्वपूर्ण है, राष्ट्रीय-संघठन, सांस्कृतिक पुनर्निर्माण को लेकर वह काल नगण्य नहीं है। स्कूल का वातावरण, विद्यार्थियों का आचरण, शिक्षकों का भी भावी कार्यक्रम इसी बात पर निर्भर करेगा कि हम विधान की स्वीकृत भाषा को अपने विश्वविद्यालयों की, उच्च शिक्षा, परीक्षा की भाषा अब तक स्वीकार करते हैं और उसके लिये कौन सी महत्त्वपूर्ण योजना कार्यान्वित करते हैं।

कविता हर समय जीवन का पक्ष लेती है

हमें यह बार-बार समझना है कि कविता मनुष्य के लिए है; उसके जीवन सौन्दर्य को बचाये रखने के लिए है। बार-बार जीवन पर ही आक्रमण होता है। कभी दानवों का, कभी राक्षसों का, कभी अधर्म का, अनर्थ का, कभी पारलौकिकता का और कभी दुनिया का। कविता हर समय जीवन का पक्ष लेती है। कई-कई तरह से लेती है। हर समय जीवन दुर्घटनाग्रस्त होता है और हर समय कविता की जरूरत रहती है। दुर्घटनाओं के असंगत, अतार्किक मिजाज को समझने के लिए, दुर्घटनाओं के बीच अपनी आस्थाओं को बचाने के लिए। जिन्दगी की विलुप्त लय तलाश करने के लिए।

गोपाल व्यास के 'हाँफता हुआ दिन' की कविताएँ पढ़ता हूँ तो उनमें मुझे दुर्घटनाग्रस्त हुई जिन्दगी को लगातार तलाश करने की कोशिश मिलती है। यह उनकी कविता की ताकत और सार्थकता है।

डॉ. गोपाल व्यास इतिहास पढ़ाते हैं। भारतीयों का चित्त इतिहास में ज्यादा नहीं रमता। वे कवितानुरागी होते हैं। मैंने इसलिए उनसे पूछा कि वे इतिहासकार रहना चाहेंगे या कवि। इतिहास भी तो काल का नेत्र है।

उन्होंने कहा मैंने इन कविताओं में इतिहास ही को रूपान्तरित किया है। दरअसल गोपाल व्यास की कविताओं में राजप्रासाद, दुर्ग, स्तम्भों पर उकेरी हुई नृत्यांगनाएँ या राजमहिर्षियाँ न भी हों, इतिहास के नेपथ्य में चलनेवाली वह जनशक्ति तो है ही जो हमारी आज की कविता का कथ्य बन गई है।

यहाँ से हम सौन्दर्यशास्त्र के भव्य और मनोरम लगनेवाले काव्य-प्रतिमानों को तोड़ कर सामान्य लोगों और मामूली परिस्थितियों की कविताएँ करने लगे हैं। कविता में यह समाजवादी, लोकतांत्रिक इच्छाओं का हस्तक्षेप है। आखिर जिन लोगों ने इतिहास-चक्र को ऐसी अबाध, अविराम गति दी, पसीने से तर-बतर हथेलियों से काल को नये आकार-शिल्प दिये उन्हें सौन्दर्यशास्त्र से बेदखल करना एक आपराधिक महत्त्वाकांक्षा ही हो सकती है।

गोपाल व्यास की लगभग सभी कविताओं में इन भूले हुए लोगों के लिए एक पछतावा है लेकिन वैसा करुण पछतावा नहीं जो यादों के धुँधलके में डूबा रहता है बल्कि ऐसा जो उबारता है, और फिर से दुर्घटनाग्रस्त जिन्दगी को बचाता है।

कवि दुर्घटना के इस खेल पर लगातार टिप्पणी करता है। इन टिप्पणियों में ही उसकी कविता का बौद्धिक तनाव और तिक्तता का रूप देखा जा सकता है। 'मन में महाभारत' की इन पंक्तियों में कवि उस सारे मोहक सपने के संसार को गालियाँ देता नज़र आता है जो उसके चारों तरफ है जिसमें उपदेश के पिटारे हैं, अंधा लोकतंत्र है, भविष्य की ऐसी शतरंज है जहाँ ईमानदार लोग बाजी हार जाते हैं। कवि ने लिखा है-कितना सुरक्षित हूँ मैं/प्रजातंत्र में/बेकार होते भी भूंगली के मापिक/दायित्व से विरक्त/शिखंडी-सा पुरुष/बच्चे बीबी को रद्दी मान/शेष संजोता हुआ/सपनों की धरोहर पर/वायदों के नये आयाम/द्रौपदी का अनावरण/भाषाओं का नारीत्व देखता हुआ/ओर के सपनों में/भविष्य की शतरंज खेलता/देखता हूँ/ कुत्ते ने बेरोकटोक फंफेड़ दिए/स्वाभिमानी भिखारी के चिथड़े।

'हाँफता हुआ दिन' की कविताएँ किसी डाल पर बैठी हुई, खुशी से गाती चिड़िया की तरह नहीं है। वह दरअसल अन्दर से टूटे, विक्षुध, स्वप्नरहित समय की कविता है। ऐसी कविताओं का शिल्प पुरानी शास्त्रीय कविताओं से भिन्न है, कभी-कभी वक्तव्यनुमा, कभी आत्म संवाद जैसा और कभी-कभी तीव्र व्यंगात्मक है। 'वर्षों बाद' रचना में एक लम्बे वक्तव्य का अंश इस प्रकार है :

बीसवीं सदी की गाथा में/कार्बनडाई ऑक्साइड का/दिखलाई देता आवरण/ हाइड्रोजन-आक्सीजन का बढ़ता/विकराल वापीकरण/घोणाओं की पोशाक पहने/ भस्मासुर सा/संहारक संसृति का/ओजोन सा झाँकने लगा है।

आधुनिक कविताओं में हमने अपने जमाने की विसंगतियों पर हमला किया है। इस हमले के दौरान हमने अपने अन्दर के चालाक आदमी की गर्दन भी पकड़ ली है, उसके कपटाचरण को भाँप लिया है। यह मार्क्सवादी मुहावरे में मध्यवर्गीय चरित्र की विसंगति है। इस अवसरवादी चरित्र की विशेषता है क्रान्तिकारी लफ्फाजी के बीच उपभोक्तावादी संस्कृति के लाभों की गाँठ बाँध लेना। गोपाल व्यास ने इस कपटाचरण को इन पंक्तियों में व्यक्त किया है : उड़ना शायद/बगैर दायित्व सुरक्षित है/जैसे खिड़की से देखना और क्रीड़ा में आनन्द लेना/बगैर कर्तव्य के (पलायनवाद और कबूतर)।

गोपाल व्यास इसी कपटाचरण की दूसरी विसंगति पर भी आक्रमण करते हैं जिसे हम 'धर्म' कहते हैं। 'दंभ के देवता' में तुलसीराम के बहाने बदले हुए जमाने के आचरण का लम्बा दुखद परिदृश्य है। सारी अस्थिाएँ बाजार की चीजें हो गई हैं। पिछले दिनों की याद करता हुआ कवि कहता है—तब श्रद्धा का फैशन नहीं था/आज से समाज में।

अब श्रद्धा और आस्थाओं के सारे पक्ष कड़ुवाहट में बदल गये हैं और मन्दिर-मस्जिद मुनाफे के नोट छापनेवाली टकसालें हो गई हैं तब तुलसीराम कितना बौना हो गया है—तुम तुलसीराम/कितने बौने हो गये/अब तुम्हारे लिए मन्दिर/उसके लिए

मस्जिद/समर्पण की जगह/संघर्ष स्थल होने लगे हैं और तुम उसके जैसे/दैनिक गलतियों के/उत्सर्ग से भी कतराते हुए/निर्माण में लगे हों/दंभ के देवता/चेतन हो गये हैं जड़ से।

गोपाल व्यास राजस्थान में लिखी जानेवाली हिन्दी कविता के महत्त्व और समकालीन चिन्ताओं को आगे बढ़ाते हैं। उसे सामाजिक आधार देते हुए अपनी शब्द रचना की इन पंक्तियों को अधिक गम्भीर सार्थकता प्रदान करते हैं :

ओ। शब्द
अब भी तुम
पहचानों अपनी शक्ति
अपना सौन्दर्य
और मौन हो जाओ शब्द
मनन के लिए
उस विराट के लिए
जिसके खातिर तुम ने
अपना सर्वस्व
बिखरा दिया है आज

आनेवाले दिनों में गोपाल की ये गम्भीर रचनाएँ अपना मिजाज बदलेंगी क्योंकि सहज और चित्ताकर्षक होना भी कविता के गुण है।

जीवन के उत्ताप और नैतिक साहस की कविताएँ

रूस के प्रसिद्ध कवि येव्गेनी येव्तुशेंको की महत्त्वपूर्ण कविताओं का अनुवाद और संग्रह है धूप खिली थी और रिमझिम वर्षा। संग्रह में चालीस कविताएँ है। जिनका हिन्दी अनुवाद अनिल जनविजय ने किया है। कविताओं का अनुवाद सीधे रूसी से हिन्दी में हुआ है। हम प्राय: अंग्रेजी के जरिए हिन्दी में अनुवाद करते हैं और तब होता यह है कि कुछ अंग्रेजी तक और कुछ अंग्रेजी से हिन्दी में आते-आते मूल की अर्थ लाघवता और भाषा-सौन्दर्य की विभुता विलुप्त हो जाती है। इस अनुवाद में सौभाग्य से यह नहीं हुआ है। अनिल जनविजय मास्को में हैं इसलिए वे रूसी-साहित्य की उन आधुनिक भाषा भंगिमाओं और मुहावरों से परिचित हैं जो उसके आधुनिक बोध, द्वंद्व, अकुलाहट और उदासी को व्यक्त करते हैं। सन्तोष की बात यह भी है कि जनविजय अनुवादक ही नहीं हैं, सर्जक भी हैं जो शब्द के मर्म को समझते जानते हैं।

येव्तुशेंको की अब तक चौदह लम्बी कविताएँ और करीब पचास कविता संग्रह रूसी भाषा में प्रकाशित हो चुके हैं। उन्होंने दो उपन्यास लिखे हैं। दो फिल्मों की पटकथा लिखी है और दो फिल्मों का निर्देशन भी किया है। यही नहीं तीन फिल्मों में उन्होंने अभिनय किया है। उनके द्वारा खींची गई तसवीरों के दो एलबम प्रकाशित हुए है। विश्व की 72 भाषाओं में उनकी कविताओं के अनुवाद हुए हैं। येव्तुशेंको 1992 में सोवियत-संघ टूटने के बाद 1993 में अमेरिका चले गए। आजकल अमेरिका के ओक्लाहोमा राज्य के टाल्सा नगर में रह कर अध्ययन कर रहे हैं और वर्ष में पाँच माह आकर रूस में रहते हैं।

अनिल जनविजय ने येव्तुशेंको की रचनाओं के अनुवाद में अत्यन्त संजीव और जानी-पहचानी भाषा को काम में लिया है। इस पुनर्रचना के माध्यम से ही हम उस संवाद को सुनते हैं जो भिन्न संस्कृति वाले समाज के सुख-दुख को समझाता है और संवेदना को नई दुनिया को प्रकट करता है। अनुवाद दरअसल इसी तरह अपने महत्त्व को स्थापित करता है और हजारों भेदों के चलते हमारे मन में चलनेवाले वैश्विक राग की अनुगूंज पैदा करता है। हम एक आकाश में अनेक रंगों के बादल एकाकार होते देख सकते हैं।

अनिल जनविजय ने येव्तुशेंको की रचनाओं का अनुवाद इस तरह किया है कि वे अन्त्यानुप्रासों में बँध गई है। अन्त्यानुप्रास कविता के लिए कितने अपरिहार्य हैं- रोचकता, और रचना के लिए- इस पर लगातार विचार हुआ है लेकिन जनविजय ने इसकी जरूरत को तीव्रता से अनुभव किया है और इसलिए अधिकांश रचनाओं में अन्त्यानुप्रास मिलाए गए हैं।

धूप खिली थी और रिमझिम वर्षा में कुछ रचनाएँ लम्बी हैं और कुछ छोटी। लेकिन उन सब में आधुनिक जिन्दगी की उत्ताप है और उन सब अर्थों में स्वाधीनता की तलाश को कवि होने का अर्थ है, और जो कवि होने के अर्थ को मूल्यावान भी बनाता है। येव्तुशेंको रूस के घटना-संकुल इतिहास के दिनों के कवि हैं लेकिन दृष्टिवान कवि, इसलिए ऐसे प्रतिरोध और नैतिक साहस के कवि कि वे स्तालिन के बर्बर सत्तावाद से टकराते हैं, और अपनी देशभक्ति के उस चमकदार पक्ष में खड़े रहते हैं जो यातना-शिवरों का पर्याय नहीं है।

प्रत्येक बड़े कवि को परीक्षा देनी पड़ती है और वह परीक्षा उन्मत्त सर्वसत्तावाद और सरकारी जुल्मों की तासीर समझाते हुए ही होती है। सरकारी जुल्म कई तरह के रंगीन, लुभावने कपड़े पहने घूमते हैं और कुछ दिनों के लिए सुरक्षा देते नजर आते हैं लेकिन रचनाकार इस कपटाचरण को जानता है। इस कपटाचरण को जानना कविता की राजनीति नहीं होती उसका स्वभाव होता है, सहज और क्रान्तिधर्मी। प्राय: सरकारी सर्वसत्तावाद राष्ट्र-प्रेम के धुले हुए चटकदार वस्त्र पहनता है जैसे कि स्तालिन के दिनों में पहना दिए गए थे; और स्तालिन विरोध को रूस विरोध का पर्याय समझा जाने लगा था।

रूस के स्तालिन विरोधी कवियों, लेखकों, समीक्षकों को निर्वासन का अपमान सहना पड़ा था। येव्तुशेंको की कई कविताओं में स्तालिनवादी रूस की दुख-गाथा वर्णित है। यह देखने की बात है कि इन कविताओं में वे कवि-चातुर्य्य का प्रयोग नहीं करते, आवेगों को ही कविता बनने देते हैं और शब्द की अभिधा-शक्ति को अपने उत्कर्ष तक ले जाते हैं। देश के लिए अपनी चिन्ताओं को व्यक्त करते हुए येव्तुशेंको उस सब वाग्मिता को अर्थहीन बना देते हैं जिसे स्तालिनवादी देश-भक्ति के सन्दर्भ में काम लेते हैं। इस डरावने काल के लिए लिखा है : मैं कैसे मदद करूँ तेरी/ऐ रूस/वहाँ कवि क्या मदद करेगा/जहाँ सत्ता/प्राय: कवियों को/देश निकाला दे देती है।

येव्तुशेंको की कविताएँ—कविता और राजनीति पर बहस के दरवाजे खोलती है, विशेषतया उस समय जबकि बहुत-सी राजनीतिक लफ्फाजी और देशभक्ति के उच्चतम आदर्श गड्ड-मड्ड किए जा रहे हों जैसा कि स्तालिन के समय किया जा रहा था या कि हमारे देश में अभी किया जा रहा है—देशभक्ति का कुत्सित राजनीतिकरण। धूप खिली थी और रिमझिम वर्षा की कई कविताओं में पार्टी और

देश को पर्यायवाची बनाने की एक आयामी (यूनी पोलर) बौद्धिक नृशंसता का येव्तुशेंको ने प्रतिवाद किया है। यह सबकी जानकारी में है कि स्तालिन काल के अनेक दुराग्रहों में से एक यह था कि स्तालिनवाद से असहमत होना 'देशद्रोह' था। इस सिद्धान्त की परिणति यह हुई कि एक आज्ञाकारी लेखक मंडल पार्टी के हुक्म के मुताबिक साहित्यिक पुस्तकें लिखने लगा।

इस तरह वैकल्पिक साहित्य के लिए न तो दिन बचे न जगह। दरअसल येव्तुशेंको जैसे बड़े कवि साहित्य या कविताएँ लिखते समय राजनीति से विमुख नहीं होते लेकिन अपनी रचनाओं के जरिए वे उन सारे सवालों को कुरेदते हैं जो राजनीति के ही नहीं साहित्य के भी नैतिक सवाल हैं और जो केवल भाषा-सुरुचि या सौन्दर्य, अलंकरण तक आकर ही समाप्त नहीं होते बल्कि भाषा में निहित एक और सुनी जानेवाली भाषा तक जाते हैं। यह अपेक्षाकृत निगूढ़ भाषा, पार्टी और साहित्य के तात्त्विक भेद को स्पष्ट करती है।

येव्तुशेंको की कविताएँ इस राजनीतिक छद्म का प्रतिपक्ष हैं यानी पार्टी की कट्टरता और तुच्छता, व्यक्तिपूजा और भाववादी अहंकार का प्रतिपक्ष। यह पूरी रचनात्मक राजनीतिक इच्छा या कर्म या कि बदलाव का निषेध नहीं है। दरअसल येव्तुशेंको की कविताएँ राजनीति और साहित्य के रिश्तों की घनिष्टतम तलाश है। इस तलाश के धूप खिली थी और रिमझिम वर्षा संग्रह की कविताओं में अनेक सबूत हैं। पुनर्लेखन की कोशिश एक छोटी सी दस पंक्तियों की कविता है जो कवि के उन सपनों को तय करती है जो प्रायः कविता के होते हैं—सुदिनों के सपने, अनन्त और अमर्यादित, बार-बार प्रेरित करनेवाले। कवि ने लिखा है : मैं/अन्तिम कवि हूँ/उस कम्युनिज्म का/जो कभी आया नहीं इस धरती पर/और शायद कभी आ भी नहीं सकता। अपने राजनीतिक समय के व्याख्याकार येव्तुशेंको इसका उत्तर भी एक दूसरी कविता में देते हैं जिसमें कविता के मुलायम और कल्पनाशील उपकरण काम में नहीं लिए गए हैं लेकिन कुछ दार्शनिक भंगिमाएँ हैं जो कई बार कविता के पार्श्व में रही हैं।

इस कविता का शीर्षक 'स्तालिन के वारिस' और इस सवाल का उत्तर है कि कम्युनिज्म क्यों नहीं आया और क्यों नहीं आएगा। कवि ने लिखा है : हमने बुआई की थी सच्चे मन से/सच्चे मन से धातु को ढाला था/सच्चे मन से हमने कदम बढ़ाए थे/सच्चे मन से हमने यह देश संभाला था/वह डरता था हम से/वह जो उद्देश्य में रखता था विश्वास/पर साधन उद्देश्य के अनुकूल हों/यह नहीं था उसे स्वीकार/ वह दूरदर्शी था/बुद्ध के नियमों का तजुर्बेकार। इस कविता में अन्त तक यह उद्वेग अंकित रहता है कि स्तालिनवाद की नृशंसता और यातना-शिविरों के वारिस किसी-न-किसी रूप या रंग में हर देश में रहते हैं। लिखा है : कुछ वारिस उसके मंच पर चढ़ कर/गाली देते स्तालिन के भय को/फिर रातों को रोते याद कर पुराने समय

को: इन कविताओं के बारे में यह रेखांकित किया जाना चाहिए कि स्तालिनवाद की क्रूरताओं की याद यहाँ 'दुस्वप्न' की तरह समाहित है और लगातार फिर-फिर लौट आती है—वह कहीं-कहीं कम्युनिज्म के लिए दुष्प्रचार का काम करती है और अमेरिकी खेमे के जासूसों की भाषा बोलने लगती है। इकतीसवीं कविता 'लाल झंडे का विदा गीत' इसी तरह की है जिसमें कवि इस तथ्य को किसी आग्रह (दुरा) के साथ स्थापित करना चाहता है कि वह कम्युनिस्ट नहीं है। कभी कम्युनिस्ट नहीं रहा जीवन में/कम्युनिस्टों का साथ भी नहीं दिया। क्या यह अमेरिकी श्रोताओं को आश्वस्त करने के लिए है?

लेकिन तब भी हम आश्चर्य कर सकते हैं कि कट्टरता और साम्प्रदायिकता कैसे अभिन्न रूप में देशों और द्वीपांतरों में फैलती है और वैसे ही सहिष्णुता और सज्जनताएँ भी। एक कवि जब पूरी पृथ्वी के लोगों के लिए बोलता है और अपनी भाषा को प्रतिशोध, प्रति हिंसा और नफरत से बचाता है तभी वह सब समय के लिए प्रासंगिक होता है और महत्त्वपूर्ण भी। धूप खिली थी और रिमझिम वर्षा एक कविता इसी तरह की है।

वह इस अर्थ में विशिष्ट है कि वह सर्वश्रेष्ठ और शुद्ध वंशवाद के ईश्वरीय मिथक को तोड़ती है। प्रसूतिगृह में दंगाई घुस आते हैं और वे एक वंश विशेष के लोगों को मार डालना चाहते हैं; किन्तु दरवाजे पर ही उन्हें आया मिल जाती है जो उन्हें यह कह कर बाहर कर देती है : मैं हमेशा ही रला-मिला देती थी/शिशुओं के हाथों पर बँधे हुए टैग/अब यह जानना बहुत कठिन है/कि तुम में कौन है अरमेनियाई/ और कौन अजरबेजानी/...उस बुढ़िया की पीठ के पीछे छिपे हुए थे/डरे हुए लोग/ और गिरिया रहे थे अपनी जाति से अनजान।

एक बड़ा कवि सारे स्थानों से और सारे समयों के सीमान्तों से यह चौकसी करता है कोई एक भी कारण न हो कि मनुष्य का दंभ, नृशंसता और नाश का कारण बने। शुद्ध रक्त और श्रेष्ठ वंश की वर्चस्वशाली अवधारणाओं के मनोविज्ञान का आतंक तोड़ने के लिए येव्तुशेंको ने इस कविता में लिखा है : हर यहूदी अरब भी है/हर अरब है यहूदी/और यदि कभी कोई भीगा किसी के रक्त में/तो मूर्खतावश अंधा होकर/भीगा अपने ही रक्त में। कविता के अन्त की यह प्रार्थना-पंक्तियाँ द्रष्टव्य है : हे ईश्वर!/इस खूनी उबाल से बचा हमें/अल्लाह, बुद्ध और ईसा के बच्चे/जिन्हें रला-मिला दिया गया था प्रसूतिगृह में ही/बिना टैग के है/जीवन और सौन्दर्य की तरह।

लेकिन ऐसी रचनाओं की ट्रेजेडी यह है कि वे सद्भाव की श्रेणी में जाकर संग्रह ली जाती हैं जबकि उनकी जगह नस्लवाद के विरोधी स्वर को उठानेवाली रचनाओं में होनी चाहिए। हमारे देश में उन्मत कविता की यह प्रासंगिकता भी है कि यह सम्प्रदायवादी शक्तियों के लिए विवेक की प्रार्थना भी है और करुणापूर्ण रूदन भी।

येव्तुशेंको की कविताएँ अनेक तरह की हैं, राजनीति के भारी दबाव का तो कुछ वर्णन यहाँ किया गया है लेकिन अपने दोस्तों प्रिया और पहली पत्नी कवयित्री अख्यादुलिना, पत्नी मरीया (माशा), रूस की लड़कियाँ, माँ फूल और ऋतुओं की स्मृतियों को उत्तेजित करती कई कविताएँ हैं। ये कविताएँ हिन्दी की रूमानी और स्मृति कविताओं से ज्यादा खुली, देह सौन्दर्य में ज्यादा प्रसन्न और प्यार में फँसानेवाली हैं। वे पूरी तरह स्त्री-आसक्ति की, रस-लीन कविताएँ हैं।

राजस्थान की हिन्दी कविता के प्रतिमान : एक भूमिका

19वीं शताब्दी में राजस्थान में हिन्दी का काव्योद्भव और राजस्थानी का पुनरोत्थान साथ ही साथ चलता है। भाषाओं का यह सहगमन इतिहास की सद्भावनापूर्ण और बड़ी घटना है। 19वीं शती में राजस्थानी का पुनर्जागरण और पुराने ग्रंथों की शोध-खोज मुझे स्वतंत्रता-संग्राम के विस्तृत कार्यक्रम का एक अभिन्न अंग मालूम होती है, क्योंकि उस समय प्रत्येक प्राचीन ग्रंथ के प्रकाशन का यह अभिप्राय था कि हम पूर्वजों का यश आलोकित कर रहे हैं जिसे कुछ तो इतिहास के अँधेरे ने और कुछ अंग्रेजी शासन के स्वार्थ ने फैलने नहीं दिया था। उस समय हिन्दी के प्रसारण का स्पष्ट अभिप्रेत भी यही था कि राष्ट्र अपनी भावनात्मक एकता को प्रकट करने के लिए जिस नई भाषा को जन्म दे रहा था उसमें राजस्थान की साझेदारी है। इस प्रकार राजस्थानी का पुनः उत्थान और हिन्दी का प्रसार एक ही भावना से आलोकित होनेवाली दो प्रकाश-वर्तिकाएँ थीं जो दो दिशाओं में जलकर भी अँधेरे में ही लड़ रही थीं। भारतीय भाषाओं के अस्तित्व की घोषणा भारतेन्दु हरिश्चन्द्र ने बड़ी दृढ़ता के साथ की। लिखा, "अपनी भाषा की उन्नति सभी प्रकार की उन्नति की धात्री है, जब तक उसका अभ्युदय नहीं होगा हृदय की पीड़ा जाएगी नहीं।"[1]

भारतीय भाषाओं को जीवित करने का यह आग्रह अंग्रेज लेखक मेकोले के उस उद्धत वक्तव्य की प्रतिक्रिया थी जिसने सम्पूर्ण भारतीय वाङ्मय को अंग्रेजी दर्शन और विज्ञान के समक्ष अकिंचन सिद्ध करने का प्रयत्न किया था। किन्तु इस स्वर ने स्वतंत्रता—संग्राम को बड़ी स्फूर्ति दी और इस जागरण के साथ ही जैसे भारत की मूच्छित आत्मा को नव-रसायन प्राप्त हो गया। सम्पूर्ण प्राचीन को अद्भुत अध्यवसाय के साथ खोजा गया, भारत की विलुप्त परम्पराओं का संस्कार हुआ और यह अनुभूति सजग होने लगी कि "'हम उन्हीं पूर्वजों (आर्यों) की सन्तान हैं जिन्होंने हँसते-हँसते इतिहास के प्रवाह को देखा है और सब तरह की आपदाएँ, आँधियाँ और विप्लव की यंत्रणाओं को सहा है। हमारे ये पूर्व-पुरुष पवित्र चरित वाले, परम शक्तिशाली किन्तु विनम्र और परदुखकातर जन थे। वे दान के लिए संचित करते थे।

1. निज भाषा उन्नति अहै, सब उन्नति को मल।
बिन निज भाषा ज्ञान के मिटै न हिय को शूल॥

अतिथि उनके देव थे, सत्य और तेजस्विता को उन्होंने हृदय में स्थान दिया था। वे कृतसंकल्प थे और अपनी प्रतिज्ञा पर सहज न्योछावर होना जानते थे।[1] इसी स्वर को राजस्थान के वरिष्ठ कवि 'नवरत्न जी' ने अनुगुंजित किया। लिखा "हे आर्य जाति! तू ही तो वीरता के तत्त्व को जानती है, क्योंकि तेरा पवन (वातावरण) किसी को भी परमवीर बना देता है। क्या यह तेरा पुण्य नहीं कि तूने लक्ष्मी-सी युद्ध-वीर, मां अहिल्या-सी दान-वीर और मीराँ-सी प्रेम-वीर को जन्म दिया। राजा शिवि जैसे दया-वीर को किसने धन्य किया?

जिसे अविश्वास हो वह सम्पूर्ण इतिहास को ढूँढ़ ले और साख दे कि तूफानी शताब्दियों के बीच इस गरिमा से कौन जिया है?[2] इसी कवि ने एक दूसरे छंद में जीवनार्पण के लिए प्रेरित करते हुए लिखा है कि "स्वाति बूँद, जल-स्त्रोत और सुरभि-युक्त फूल की तरह जिओ। क्षण-भर ही सही पर ऐसा क्षण जो दूसरों के लिए है और इसीलिए विराट् है। तुम बून्दें हो तो क्या? तुमने चातक की प्यास बुझाई है। तुम नन्हे-से जल-स्त्रोत तोहो पर तुम्हीं ने श्रमाहत पथक को विश्राम देने का पुण्य अर्जित किया है। सुकुमार फूल होकर भी अनन्त सुरभि वितरित करने का यश तुम्हें प्राप्त है। तुम सब लघु होकर भी विराट हो क्योंकि तुमने आत्मार्पण किया है।" देश के समर्पित होने की इस कामना को अनेक कवियों ने रचना का माध्यम बनाया। न मात्र कविता में ही बल्कि कहानियों और उपन्यासों में भी यही विदग्धता परिलक्षित होने लगी। विदेशी शासन के प्रति जयनारायण व्यास की एक आक्रोश-युक्त कविता द्रष्टव्य है।[3] सुमनेश जोशी स्वातंत्र्य संग्राम के प्रमुख अग्रणी कवि थे।

---

1. कवि जयशंकर प्रसाद: "भारतवर्ष" शीर्षक कविता की अन्तिम कतिपय पंक्तियाँ।
2. कौन महारानी लक्ष्मी बाई सा था युद्ध वीर?
   कौन माता अहिल्या-सा कहीं दान वीर था?
   कौन प्रेम मतवाली मीरा-सा था धर्म वीर?
   कौन शिवि का-सा विश्व बीच दया वीर था?
   जानकर विलोक जाति-जातियों का इतिहास
   आर्य-जाति! तेरे जैसा किसमें खमीर था?
   तू ही एक मात्र तीरता के तत्त्व जानती थीं,
   तेरे तो पवन से ही, होता महावीर था।
3. बाकी मत रख खूब सता ले,
   खूब दिखा दे अपना पशु बल।
   निर्बल का बल देख रहा है
   तेरे सब कुकृत्य को प्रति-पल॥
   अन्न-विहीन उदर की आहें,
   दावानल-से बन कर भीषण।
   भष्मिभूत कर देगी उनको,
   जो दोनों का करते शोषण॥

→

किन्तु, स्वातंत्र्य-संगाम के समय लिखी हुई कविता के सम्बन्ध में यह सम्मति बना लेना कि उसका एक मात्र स्तर आक्रोश था, अधिक औचित्यपूर्ण नहीं होगा। सत्य तो यह है कि स्वातंत्र्य-संग्राम के समय लिखे हुए काव्य में अनेक मनोदशाओं का अंकन हुआ था। क्योंकि वस्तुत: यह संघर्ष एकान्त राजनैतिक प्रभुत्व से मुक्त होने भर का संघर्ष नहीं था, बल्कि व्यापक अर्थ में 'मानवीय स्वातंत्र्य' के नये आयाम तलाश करने का शुभारम्भ था। इस आकृतिहीन मानवीय स्वातंत्र्य को आकृति देने की चेष्टा में ही तो इस काल के कवि ने एक ही साथ अन्तरात्मा के अनेक स्वर गूंथे थे। कभी-कभी यह आश्चर्य होता है कि अभी-अभी जो कवि देश की उद्दाम आसक्ति के गीत लिख रहा था वही सहसा मानवीय मूल्यों की गहरी खोज में कैसे रत हो गया? दो क्षण पूर्व जो सामाजिक न्याय, स्वातंत्र्य और समता की अभ्यर्थना कर रहा था वह दो क्षण पश्चात इतना अन्तर्मुखी कैसे हो गया कि उसे प्रिय के केश-पाश में हरसिंगार के पुष्प-गुच्छ लगाने के अतिरिक्त कुछ करना शेष ही नहीं रहा?

ऊपर-ऊपर से ये सब जैसे विरोधी प्रकृति के तत्त्व दृष्टिगत होते हैं किन्तु कवि इन्हें इन्द्रधनुष की तरह धारण करता है। वास्तविकता तो यही है कि मानवीय स्वातंत्र्य की आकृति बनानेवाले किसी एक दिशा, किसी एक रंग, किसी एक मत अथवा किसी एक सम्भावना को समर्पित नहीं होते बल्कि वे उस स्वप्न-द्रष्टा की तरह होते हैं जो एक मादक और रूमानी स्वप्न को देखने लगते हैं और देखते ही रहते हैं। इसी मानवीय स्वातंत्र्य की रचना करने का संकल्प लेने के कारण वे जिस उत्कटता से देश की स्वाधीनता का संघर्ष लड़ते हैं उसी उत्कटता से वे सामाजिक रूढ़ियों की कारा को क्षत-विक्षत कर देने का संकल्प ग्रहण करते हैं और ठीक उसी उत्कटता से वे नारी के प्रति समर्पित होना चाहते हैं या व्यक्ति-प्रतिष्ठा के लिए अपनी वाणी का निर्बाध उपयोग करने के अधिकार को प्राप्त करते हैं। यह तथ्य कभी-कभी दृष्टि-ओझल होने के कारण काव्य-रसज्ञ अपने प्रिय कवियों के साथ भी अनेक बार अन्याय कर जाते हैं। जो हो, इस दिशा में अभी इतना भर अलम् होगा कि इस काल और काव्य-वैशिष्ट्य का प्रतिनिधित्व करनेवाले कुछ कवि, जो इस संकलन में है, उन्हें इस वक्तव्य के सन्दर्भ में देख सकें। संकलन के कवि ईश्वरचन्द्र 'रत्नाकर' की चारों कविताओं में यह भाव-व्याप्ति दृष्टब्ध है। 'उच्छ्वास' कविता

→ कल ही तुम पर गाज गिरेगा।
तेरा सभी समाज गिरेगा।
तख्त गिरेगा ताज गिरेगा।
नहीं रहेंगी तेरी सत्ता।
बस्ती तो आबाद रहेगी।
जालिम तेरे सब जुल्मों की।
उसमें कायम याद रहेगी।

में उन श्रेष्ठ मानवीय मूल्यों को घोषित करते हैं जो मनुष्य का न जाने किस काल का सुख स्वप्न है।[1]

इसके बाद 'गीत' में वह तन्मयता है जिसे रहस्यमय और व्यक्ति-धर्मी कहना अधिक उपयुक्त होगा।[2] यही भाव फिर गहरी रहस्यमयता से आवृत्त हो जाता है।[3]

क्रान्ति और रूमानियत के तादात्म्य का स्वर सुधीन्द्र के समस्त काव्य में विलक्षणता के साथ मुखरित हुआ है। 'जौहर' और 'शंखनाद' से प्रारम्भ करनेवाले कवि की 'अमृत-लेखा' तक की यह यात्रा अन्तर्मन की यात्रा ही है जो विस्तारकामी है।

देश-भक्ति, समाज-रचना, दर्शन की जिज्ञासा, स्नेह के अपरिसीम बन्धन, नारी का स्पर्श और लून-तेल-लकड़ी सब कुछ सत्य है और सब कुछ चाहिए भी, किन्तु जो अस्तित्व को अर्थ देता है वह क्या है? यही सनातन प्रश्न 'अमृत-लेखा' का मूल स्वर है। किन्तु, इस सबके बीच भी बार-बार देश के दासत्व की पीड़ा उभर आती है।[4]

---

1. मानवीय मूल्य
बहे अन्तर से हो उद्‌भूत
न्याय निर्झर की निर्मल धार
प्राप्त कर जन्म-सिद्ध अधिकार
सभी हो, सुधी, स्वतंत्र उदार
बने यह शुचि वसुधैव कुटुम्ब, सत्य, शिव, सुन्दर का आभास।
जननी! तू आज मुझे बन जाने दे, तेरे उर का उच्छ्‌वास॥
2. एकान्त तन्मयता
चेतना मेरी कहो प्रिय! एक तेरा स्मरण स्पन्दन
क्षीण आशा ज्योति लेकर जल रहा निर्धूम जीवन
स्नेह का दे स्पर्श कर दे आज निर्मल दीप ज्योतित
दूर जाना, पथ, अपरिचित।
3. अनन्त रहस्य
रागनी बन आत्म-विस्मृति की अधर पर लास करता
हो गया जाग्रत मधूर सा स्वल्प क्षण में प्रखर जीवन
सजग कवि के लोचनों से ज्योति कोलेकर उधारी
उस अनन्त रहस्यमय को दिव्य-श्री मैंने निहारी
('परिणति' शीर्षक कविता से)
4. फूल से उत्पन्न हूँ मैं, आग से है खेल मेरा
जो रहा हूँ मैं गरल पी, है अमृत सेमेल मेरा
है मुझे तो एक दुख-सुख, मैं प्रलय की ओर उन्मुख
फिर कृपा का भार कोई, क्या सकेगा झेल मेरा?
स्पर्श है निर्माण मेरे ध्वंस किन्तु, प्रहार मेरे।
फूल मेरे हार है, अंगार हैं श्रृंगार मेरे॥
(फूल और अग्नि)

दासत्व के जीवन की अकिंचनता कवि को क्रान्ति के लिए तत्पर करती है किन्तु इस व्यथा के साथ फिर वह जीवन का प्रश्न आ जाता है।[1]

इस तरह एक इन्द्रधनुष है जिसमें सब रंग हैं—पराधीनता से मुक्त होने की उद्‌दाम आकांक्षा का रंग, जीवन के गम्भीर प्रश्नों के अन्तराल में झाँकनेवाली जिज्ञासा का रंग, नारी के प्रणय-वेदना में बेसुध हो जाने का रंग और अस्तित्व-सार्थकता के लिए न जाने कितने-कितने रंगों का आयोजन। यह आयोजन, यह शोभा और व्यक्तित्व की यह प्रसरणशीलता मानवीय स्वतंत्रता के बहुर्मुखी सन्दर्भ में ही समझी जा सकती है। इसी सन्दर्भ में जनार्दनराय नागर की चर्चा करना अत्यन्त उपयुक्त होगा जो कविता, गद्य-काव्य, कहानी और उपन्यास इन सभी विधाओं में स्वातंत्र्य-संग्राम के समय से लिख रहे हैं। काव्य के माध्यम से उन्होंने गांधी युग के वैभव का साक्षात्कार किया है, लेकिन उनका मन जीवन की अन्य दिशाओं तक भी गया है और कदाचित् अतृप्त ही लौट आया है। उनके काव्य में यही छटपटाहट है, यही अशेष प्यार की छटपटाहट।

यों इस प्रसंग में यह कहना अधिक उपयुक्त होगा कि एक प्रकार से इस संकलन के अधिकांश कवियों की अन्तश्चेतना का संस्कार स्वातंत्र्य-संग्राम की आशा-निराशा और अजन्मे भविष्य की प्रतीक्षा ने किया है। रवि बाबू की एक लघु-सी कविता है "जन्म से पूर्व मैं कहाँ था माँ?" माँ ने उत्तर में कहा, "तू इच्छा होकर मुझ में विद्यमान था, पुत्र!" वस्तुत: एक व्यापक सन्दर्भ में हम इच्छा होकर ही स्वतंत्रता के गर्भ में जी रहे थे और जब हमारी अन्तश्चेतना का संस्कार हो रहा था तो उस प्रवाह में हमने ऐतिहासिक प्रसंगों को रचनाओं में अवतरित किया, अन्योक्तियाँ लिखी, नाटक खेले, सुधार समितियाँ बनाई; मुट्ठी-भर व्यक्तियों के स्वामित्व को चुनौती दी, व्यक्ति की प्रतिष्ठा का स्वर उभारा, नारी के उत्कट प्रणायाराधन को शुचिता दी, अर्थ-भेद के कुरूप प्रसंगों के प्रति सामान्यजन में रोष उत्पन्न किया और वह सब कुछ लिखा जो आक्रोश में लिखा जा सकता था। सचमुच स्वातंत्र्य—उपलब्धि के अन्तिम चरण में उन सब कवियों के साथ (जिनका मैंने इस वक्तव्य में पहले उल्लेख किया है) कुछ अन्य कवियों का कंठ-स्वर राजस्थान के छोटे-छोटे भू-भागों की सीमा लाँघ

---

1. क्यों चूमता अमर है इन मृत्तिका कणों को?
इस मृत्तिका कलश में
पीयूष पेय भर-भर
निशि दिन उड़ेलता है क्यों मत्यु के चरण पर?
क्यों चूमता अमर है इन मृत्तिका कणों को?
अथवा
अमर प्राणों की अचिरता दी मुझे उपहार में क्यों
मुक्ति थी इतनी मनोरम और परवशता मरण सम
कर लिया बन्दी चिरन्तन, घेर मुझको प्यार में क्यों
('अमृत-लेखा' से)

कर फैलने लगा। इस स्वर को राजस्थान की काव्य-चेतना का नया हस्ताक्षर कहना औचित्यपूर्ण होगा। इस नए व्यक्तित्व को धारण करनेवाले कवियों का उल्लेख सूचना मात्र के लिए कर रहा हूँ। ये हैं गणपतिचन्द्र भंडारी, कन्हैयालाल सेठिया, रामनाथ 'कमलाकर', घनश्याम 'शलभ' चन्द्रदेव, परमेश्वर द्विरेफ, मेघराज 'मुकुल', सत्यप्रकाश जोशी, प्रकाश आतुर इत्यादि।[1]

मैंने इस खेमे की कविता को काव्य-चेतना का नया हस्ताक्षर कहा है, वह किसी प्रशस्ति के लिए नहीं है बल्कि एक व्यापक परिवर्तन की दिशा का बोध कराने के लिए है। इस परिवर्तन की दो विशिष्टताएँ उल्लेखनीय हैं। एक तो यह कि इन कवियों की रचनाओं में सामाजिक दायित्व का स्पष्ट बोध प्रतीत होता है और दूसरी यह कि ये कवि सामाजिक दायित्व के साथ ही साथ आत्मा की उस अन्तरंग छवि को चित्रित करने की कोशिश करते हैं जो पूर्ववर्ती कवियों में संयोगवश मिल जाएगी तो मिल जाएगी। एक तरह से ये कवि खड़ी बोली के उस स्वर का प्रतिनिधित्व करनेवाले हैं जो नई सामाजिक क्रान्ति और काव्य-सौन्दर्य की विस्तार-कामना में सहायक हो रहा था। यह अनुपयुक्त नहीं होगा कि इस नए चैतन्य का किंचित परिचय देने के लिए मैं इस पीढ़ी के दो कवि गणपतिचन्द्र भंडारी और कन्हैयालाल सेठिया को उद्धृत करूँ। कवि गणपतिचन्द्र की यह विशिष्टता है कि उनकी काव्य-कृतियों में सामाजिक वैषम्य के प्रति आक्रोश है, बल्कि यह कहना उपयुक्त होगा कि मनुष्य-मन की ऊर्ध्वगामी यात्रा के लिए जिन सामाजिक मूल्यों की आवश्यकता है, उन सभी को वे अपनी रचनाओं में समेटते हैं।[2] ऐसी एक रचना 'रक्त-दीप' है जिसमें एक ओर

---

1. वास्तविकता तो यह है कि इन कवि-नामों का आधार मेरी धुँधली-धुँधली-सी स्मृति है। इस स्मृति को अधिक प्रामाणिक बनाने के लिए मैंने कुछ कवियों के प्रकाशित संकलन का उपयोग किया है, शेष कुछ के लिए प्राचीन पत्र-पत्रिकाओं और मित्रों से जानकारी एकत्र की है। किन्तु किसी विधिवत् साहित्य-इतिहास के अभाव में मुझे भय है कि कुछ उल्लेखनीय नाम मेरी जानकारी में नहीं आए हैं। इस अपूर्ण जानकारी की प्रतीति मुझे इस तरह हो रही है कि पुराने मत्स्य-प्रदेश के एक भी कवि का मैं उल्लेख नहीं कर पा रहा हूँ। मेरी अल्पज्ञता पर विशेष विचार न कर मेरी जानकारी के लिए यदि कवि-जन मुझे कभी लिखने की कृपा करें तो उस सामग्री का फिर कभी उचित उपयोग कर पाऊँगा।
2. राजस्थान के कृतित्व मूल्यांकन करने के लिए एक प्रश्न-तालिका भेजकर मैंने प्रान्त के प्रतिष्ठित कवियों से उनके मत आमंत्रित किए थे। उन प्रश्नों में एक प्रश्न यह था—"यदि आपने भारतीय स्वातंत्र्य के समय रचना प्रारम्भ की तो उस समय आपकी रचना सामान्यतया किन विषयों पर होती थी?" इसके उत्तर में कवि ने लिखा है, "राष्ट्रीय और जन-जागरण, सामाजिक रुढ़ियों का विरोध और हास्य।" कवि द्वारा प्रकाशित रचना-संकलन 'रक्त-दीप' में भी कवि ने अपनी रचनाओं की मूल प्रेरणा और रचना-प्रक्रिया पर जो वक्तव्य दिया है उससे मुझे यह मन्तव्य बनाने में बड़ी सहायता मिली है। यदि मैं उन्हीं ठीक तरह से समझा हूँ तो आज भी उनकी मूल प्रेरणा का स्वर यही सामाजिकता है, यही अर्थ-वैषम्य, यही बाह्य यथार्थ। व्यंग्य और हास्य में भी अधिकांशतया इसी सामाजिक यथार्थ पर टिप्पणी होती है।

सामन्ती वैभव और दूसरी ओर क्षुधित, विवश, निरुपाय और अकिंचन नर-नारी हैं। यह नारी पुत्र के लिए उतना दूध भी प्राप्त नहीं करती जितना कुंवर जी का पिल्ला। 'रक्त-दीप' रचना विषम आर्थिक सम्बन्धों पर एक करुणापूर्ण टिप्पणी है।

इस रचना का प्रारम्भ दिसम्बर के कठिन शीत वर्णन से होता है। शीत इतना दारुण है कि मानो अम्बर का कलेजा चू रहा हो। ऐसी ठिठुरती सर्दी में प्रभात होते न होते एक नारी-आकृति चली जा रही है। कवि लिखत है—

यह कौन सिहरती जाती है? यह कौन ठिठुरती जाती है?
भूखे भारत की प्रतिमा-सी यह कौन हहरती जाती है?
किस शाहजहाँ हतभागे की मुमताज बिलखती जाती है?
देखो भारत की भूख स्वयं साकार सिहरती जाती है!

इस नारी के पीछे जो नर-प्रेत है वह ठाकुर का कारिंदा है और प्रात: के पूर्व ही इसे घेरने आ गया है, क्योंकि ठाकुर के घर पुत्री के ब्याह में राज्य-प्रासाद को सँवारने का दायित्व इस हतभागिनी का है। वह अपने दायित्व को पूरा करने के लिए पति के साथ जुटी हुई है। तभी कुंवर जी उधर आते हैं—

तब उधर कंवर जी लिए हुए कुत्ता ड्योढ़ी पर आते हैं।
फिर बड़े प्यार से बिठा गोद में उसको दूध पिलाते हैं॥

बच्चा दूध देखता है और रोने लगता है, रोता है तो रोता ही जाता है। माँ क्या करे? उसे युक्ति सूझती है कि

बेटे की भूख बुझाने मां लपकी चुल्लू में चूना भर।

कवि की टिप्पणी है—

हा आज दूध के बदले में, कान्हे का जी बहलाने को।
तैयार यशोदा होती है, चूने का घोल पिलाने को॥

इसके साथ ही यह प्रसंग समाप्त हो जाता है, किन्तु इस सबका निष्कर्ष क्या? कवि प्रचारक की तरह किन्तु प्रभावशाली स्वर में कहता है—

तुम महा सृजन, तुम महा प्रलय
अपने बल को पहचान उठो

तुम उठो वहाँ आंधी बन कर
जग पर नंगों। भूखों। धाओ

मानव के लोहू से जलने
वाले ये दीप बुझा जाओ।

('रक्तदीप' काव्य-संकलन से उद्धृत)

इस सामाजिक स्वर के साथ-साथ आत्मा की अन्तरंग आकुलता को कवि कन्हैयालाल सेठिया ने छोटे-छोटे गीतों में अंकित किया है। कवि के इन गीतों का संग्रह 'दीप किरण' में हुआ है। 'दीप किरण' की रचनाएँ रहस्य, सौन्दर्य, वैयक्तिक अनुभूति और दार्शनिक जिज्ञासा से प्रेरित है। वे वस्तुतः गीति-काव्य की प्रतिनिधि रचनाये हैं। रूमानी कवियों की तरह कवि ने अपनी अभिव्यक्ति को ताजगी देने के लिए कई जगह प्रकृति से प्रतीक चुने हैं जो जीवन की क्षण भंगुरता को जितनी सहजता से प्रकट करते हैं, मन को उसी गहराई के साथ प्रभावित भी करते हैं। 'दीप किरण' का एक गीत है जिसमें कवि ने पूजा के फूल, दीप और गीत से अपने समर्पण की अशेष इच्छा को व्यक्त किया है। लिखा है—

मैं पूजा का दीप बनूँगा
अपने उर पर रख चिंगारी
बनूँ आरती का अधिकारी
बुझवा दोगे कागज बन कर तो मैं और समीप बनूँगा

(दीप-किरण का 84वाँ गीत)

एक वैयक्तिक अनुभूति का गीत द्रष्टव्य है जहाँ बादलों की ओट में रात रो रही है, पवन उच्छ्वास बन घूम रहा है, बिजलियों की तरह प्राण का विश्वास पल-पल आलोकित होकर बुझ-बुझ जाता है, किन्तु इसी रात में—

कूकती है बाँसुरी फिर
आज यमुना तीर
खोलती रह रह झरोखा
राधिका की पीर
आँसुओं को रख हथेली
मोलती तरु-पात
बादलों की ओट लेकर रो रही है रात

(दीप-किरण का 77वाँ गीत)

सेठिया के अनेक रसमय, रहस्यमय गीतों से इतना चयन पर्याप्त होगा।

मेरा इन दोनों कवियों को उद्धृत करने का अभिप्रेत इतना ही था कि राजस्थान में नई पीढ़ी के स्वरोदय की कुछ विशिष्टताएँ अवगत हो ले। वस्तुतः उचित ही

यह था कि मैंने जिन कवितयों का नामोल्लेख किया है उन सबकी मैं विस्तारपूर्वक चर्चा करता, क्योंकि उनमें से प्रत्येक का काव्य-स्वर अपनी-अपनी विशिष्ट भंगिमा के साथ प्रान्त में फैला है किन्तु, विस्तार-भय के कारण ऐसी चर्चा सम्भव नहीं हुई।

स्वतंत्रता-संग्राम के अन्तिम चरण में हिन्दी कवियों के जागे हुए स्वर को शीघ्र ही सम्पूर्ण प्रान्त में व्याप्त होने और प्रतिष्ठा प्राप्त करने का संयोग मिला और जब देश ने स्वतंत्रता उपलब्ध की तब राजस्थान को इस नये भाग्योदय का सुख मिला। कवियों के सृजन पर इस परिवर्तन का यह प्रभाव हुआ कि वे एक विशाल काव्य-परम्परा के समक्ष आकर खड़े हो गए और उन्हें अपेक्षाकृत अधिक रसज्ञ जनों के प्रति निवेदित होने की जिम्मेदारी स्वीकार करनी पड़ी। यह संयोग राजस्थान के कवियों के लिए नया तो था किन्तु वह उसका कामनापूर्ण स्वप्न भी था। इस दृष्टि से इस देश की सबसे बड़ी उपलब्धि यही है कि शताब्दियों के विशृंखलित साहित्य कर्म को हम फिर आकृति और व्यक्तित्व प्रदान करने के लिए कृत-संकल्प हो गए। हमने जिस दशक में यह कार्य प्रारम्भ किया है वह सामान्य काल-खंड नहीं है। एक तो साहित्य कर्म की उपयोगिता प्रमाणित करने के लिए ही कठिन परिश्रम और धैर्य की आवश्यकता है क्योंकि मनुष्य का जिन आवश्यकताओं और एषणाओं के साथ गहरा सम्बन्ध है, साहित्य की प्रकृति उनसे मिलती-जुलती नहीं है। दूसरी कठिनाई वह है कि साहित्यकार के व्यक्तित्व को समृद्ध बनाने के लिए जिन सृजनेतर साधनों की आवश्यकता है वे इस प्रान्त में प्रचुरता के साथ उपलब्ध नहीं हैं। सत्य तो यह है कि कठिनाइयाँ अनेक हैं किन्तु कभी उनसे निराश और कभी अस्तित्व-सिद्धि के लिए लड़ती-झगड़ती येकवि-पीढ़ी आगे आ ही गई है। काल की इस अवधि में जो रचा गया है उससे यह जाना जा सकता है कि हमने चाहे विराट् प्रतिभा का परिचय न दिया हो, लेकिन हम निष्ठापूर्व लेखन कार्य में लगे हैं।

सबसे पहले मैं उन दो कवि मित्रों का आदरपूर्वक उल्लेख करना चाहता हूँ जिनके इसी दशक में दो वृह्द् काव्य-ग्रंथ प्रकाशित हुए है, उनमें से एक 'पार्वती' 'महाकाव्य' है जिनके कवि डॉ. रामानंद तिवारी 'भारतीनन्दन' है और दूसरा 'मीराँ' महाकाव्य जिसके प्रणेता कवि परमेश्वर द्विरेफ हैं। शास्त्रीय समीक्षक इस पर झगड़ते रहे कि ये ग्रंथ परम्परावादी दृष्टि से महाकाव्य हैं या अन्य कुछ, किन्तु दोनों ही ग्रंथ अत्यन्त निष्ठा के साथ लिखे गए हैं। दोनों कवियों ने जिन दो महिमामयी नारियों को इन काव्य-ग्रंथों में समादृत किया है वे अगाध प्रेम और अदम्य संकल्प-शक्ति की प्रतिमूर्ति हैं। दोनों कवियों ने सौन्दर्य के साथ शिवम् की जो प्रतिष्ठा इन काव्य-गन्थों में की है वह मणि-कांचन संयोग है। कवि परमेश्वर द्विरेफ ने इस काव्य-ग्रंथ के अतिरिक्त शताधिक रससिक्त गीतों की रचना की है जिनमें प्रकृति और जीवन की अनेक रहस्केलियाँ द्रष्टव्य है। इस संकलन में उनका एक गीत है 'कुंकुम का संसार'। गीत वस्तुतः क्षण की उद्दाम अनुभूति होता है। क्षण के उस आवेश में कवि

देखता है कि साँझ का रंगीन संसार अन्धकार में विलीन हुआ जा रहा है। सब कुछ शान्त है, पक्षी की गति, वंशी का स्वर, वन का अलि-गुंजार, चंचल जल, हंसयूथ का निवधि विचरण। यही सहसा उसे स्मरण आता है कि ऐसे ही सब कुछ मोन हो जाता है, क्योंकि जीवन की ग्रीवा में पड़ा काल का सर्प सब कुछ निगल जाता है।

ऐसा प्रतीत होता है कि राजस्थान की भूमि गीत-रचना के लिए अधिक उपयुक्त है। इसका प्रमाण यह है कि संकलन के लगभग सभी कवि और अन्य कतिपय कवि-मित्र जो इस संकलन में नहीं हैं, उनमें से भी अधिक गीतकार हैं। इन गीतों में अतृप्ति और आक्रोश के सभी क्षण बँधे है। कभी-कभी तो एक ही कवि में ये दोनों अनुभूतियाँ इतनी सहज और सत्यता के साथ तदाकार हो गई हैं जैसे एक अनुभूति का क्षण दूसरी अनुभूति के क्षण से भिन्न ही न हो, कोई एक अतृप्ति किसी दूसरी अतृप्ति से न तो श्रेष्ठ हो और न निकृष्ट। इसी व्यापक सन्दर्भ में जैसे यह असत्य प्रतीत होता है कि प्रत्येक कवि का केवल एक ही क्षितिज होता है या कि यह कहना कि अमुक कवि समाज-धर्मी और अमुक कला-धर्मी। दरअसल हमारे रसज्ञ मन के लिए यह अधिक तृप्तिदायक होगा कि हम इन कवियों के एक या एक से अधिक क्षितिज देख सकें अथवा यह प्रतीति कर सकें कि कहाँ एक क्षितिज दूसरे क्षितिज में डूब गया है। इस दृष्टि से यह प्रसंगानुकूल होगा कि हम प्रान्त के अग्रणी कवि 'मुकुल' से प्रारम्भ करें।

सन् 1954 में मुकुल का 'उमंग'[1] काव्य-संग्रह प्रकाशित हुआ जिसका मुख्य लक्ष्य सामाजिक चेतना जगाना था। वे इसी अर्थ में हमारे प्रान्त के बड़े कवि रहे क्योंकि लगभग दो दशकों से वे अपनी कविता में मनुष्य की श्रेष्ठता का घोष करते हैं।

सामाजिक चैतन्य की गहरी अनुभूति घनश्याम 'शलभ' की कृतियों में निहित है। उनकी एक रचना है 'बूँद जो कितनी महान है'। कवि का वक्तव्य है कि इस लघु के विराज् समर्पण को कौन जानता है? यह मिट्टी तो मधुमास लहराया, यह काल-पत्र पर गिरी तो न जाने कितने अजरामर ग्रंथों की रचना हुई, किन्तु, समर्पिता बूँद की चिन्ता किसे है? इसीलिए तो कवि घोषित करता है—

इसीलिए तो सोचता हूँ
क्योंकि मैं भी एक बूँद हूँ
सम्भव है

---

1. जीवन के विरुद्ध जो चलती वह कविता कुलटा है
कला नहीं उसकी संतति है, आराधन उलटा है
शाश्वत और चिरन्तन का सुख युगमति को हरता है
बिना सींग का कवि-पशु केवल हरी घास चरता है
मैं हूँ उष्ण रक्त की गर्जन निष्क्रिय शीत नहीं हूँ
अर्थहीन, ध्वनि मात्र और केवल संगीत नहीं हूँ
'उमंग' की प्रथम रचना

अनेकानेक मनुष्यों के
इस अथाह आलोड़ित सिन्धु में
घुल-मिलकर
गहराई में उतरकर
स्वयं विराट बन जाऊँ
अतः उस बूँद को पहचान लूँ
जो कि क्षण-क्षण
बिन्दु-बिन्दु
विराट बनती जा रही है।

बूँद की इस अकिंचनता में विराट् का बोध ही वस्तुतः सामाजिक चैतन्य की कसौटी है।

यह कवि एक-दूसरे के पसंग में इतना करुण हो गया है जैसे किसी बाँसुरी का स्वर दूर तक की अगम्य घाटियों में गूँज जाएगी। रचना का शीर्षक है 'समय की बात'। कविता का प्ररम्भ ढली हुई साँझ की इस विषादपूर्ण मनःस्थिति में होता है।—

श्रांत, दिव श्रम से थका
अब लौट आया हूँ यहाँ पर
हूँ रहा अवलोक-वे परदेश से परजन्य आए
पैठ उस ही ठौर तुम भी
किया करती थी प्रतीक्षा एक दिन मेरी जहाँ पर
पढ़ सुनाया था कभी कादम्बरी का वह कथानक
आ रहा सब याद फिर, तुमने सुनाया था जहाँ तक
ढल चुकी संध्या सुनहली हो चली अब रात फिर भी
ये तुम्हारी मधुर सुधियाँ जग रही सोती नहीं।

और यह स्मरण धीरे-धीरे कवि-मन पर वर्षा की रात ही की तरह घिर जाता है, रातरानी के धुले हुए फूलों की तरह यह सुधियों की महक अन्धकार में भटक रही है, सारे डूब रहे हैं और आकाश सूना हो गया है, बूदें झर-झर बरस रही हैं, गीत का स्वर अवरुद्ध है।

मुझे लगता है, शलभजी की कविता का क्षितिज एक नहीं है बल्कि अनेक क्षितिज एक ही क्षितिज में डूब गए हैं। काव्य-शिल्प उन्होंने अभ्यास के साथ सँवारा है।

जीवन के विभिन्न प्रभावों की ग्रहण करनेऔर फिर आत्मवान होकर अभिव्यक्त करने की क्षमता कवि ज्ञान भारिल्ल में भी है। आक्रोश और अतृप्ति के क्षण दोनों ही कवि के मन पर प्रभाव डालते हैं। अतृप्ति के प्रत्येक क्षण में श्रापित यक्ष की

तरह उनका मन अशेष तृष्णा लेकर पुकार लगाता है किन्तु प्रत्येक सीमान्त से उनका स्वर अनादृत ही लौट आता है। तो भी अपनी आस्था को अघट रखता हुआ कवि कहता है—

चाहे भव-भव तक भी मुझको तृप्ति रहे तरसाती
किन्तु यही निस्सीम पिपाषा लेकर जला करूँगा
तुम अपने मन के मन्दिर में सुख का दीप जलाना
मैं दीपक की स्नेह-वर्त्तिका बनकर गला करूँगा
तुम अपने जीवन का भी सब दर्द मुझे दे देना
मैं तुमको दे दूँगा अपने सपने, अपनी आशा।

अतृप्ति का यह कवि अपनी निराशा को लेकर कहाँ-कहाँ तक नहीं गया है! वसन्त की गंध-बोझिल पवन ने उसका सारा शरीर झुलसा दिया है, मधु मास की प्रत्येक संध्या के आकाश में उसका मन दूर-दूर तक तृप्ति खोजने गया तो है किन्तु शर-बिद्ध चीखते विहग-सा निराश होकर लौट आया है।[1]

शायद यही निराशा एक कविता में कुछ विकृत तर्क देती हुई कहती है कि सब लोग महत्त्वाकांक्षाओं को धारण करते हैं और सभी का अपना युग आता है। मैं भी किसी समय अभिलाषाओं के स्वर्ग में घूमा हूँ, पर हाय! आज तो समय का कंकाल मात्र ही हूँ और इसीलिए मधु-पान करता हूँ।[2]

ऐसा आत्मलीन कवि भी रूमानी अतृप्ति के शिखर छोड़कर दूसरे जीवन के शिखर तक पहुँच जाता है। जहाँ दिशाओं में विभा धुली है। प्रातः का पवन सृष्टि भर को जगा रहा है। सागर में चंचल हिलोरें उठ रही हैं। यह छोटी-सी प्राणवान लहर उस सदियों पुरानी और भौंड़ी-सी चट्टान पर नाच रही है। एक दूसरी रचना में भेद की दीवार उठानेवालों को वह कहता है—

मन प्राणों को इस बन्धन में
और न बाँधो
हे विराट्
ये क्षुद्र लकीरें और न खींचो
शतदल की सी पंखुरियाँ
सौ फूल नहीं है
एक फूल है

('आकाश कुसुम': लकीरें)

1, 2 द्रष्टव्य—'आकाश कुसुम'—बसन्त और मेरा मन, तुम मुझसे नाराज हो।

ऐसे ही संवेदनाओं के अनेक सन्दर्भ में रामनाथ 'कमलाकर' की कविताओं का रसास्वादन किया जाना चाहिए। प्रकृति की विराट् प्रभुता, प्रीति का पावन आकर्षण, रहस्य-चिन्तन, वैषम्यपूर्ण जीवन की कुंठाये और इधर कभी-कभी बीसवीं शताब्दी के कृत्रिम जीवन की ग्लानि—इतना कुछ समेटता है कवि 'कमलाकर'। एक रचना में चाँद के अपरूप सौन्दर्य का यह आत्मीयतापूर्ण वर्णन द्रष्टव्य है—

लो प्रतीची के अधर पर झूका चन्द्रानन
छांह पलती तम किशोरी का जगा यौवन
सोचता क्या ओंठ पर अँगुली धरे आकाश
चाँदनी में मुस्कराता चाँद मेरे पास॥[1]

रूप की इस छवि के अंकन करनेवाले कवि का यह व्यंग भी स्वीकार कीजिए जो उनकी कविता 'स्नो की दीवार' में प्रकट हुआ है। कविता का प्रसंग यह है कि कवि आयु प्राप्त करता जा रहा है, किन्तु आयु के साथ-साथ उसे वे सब परिवर्तन अस्वीकार हैं जो उसके देह-सौन्दर्य को निगल रहे हैं। इसीलिए झुरियों को वह स्नो से मिटा देना चाहता है और यदि आयु की परिपक्वता के कारण बाल उड़ रहे हैं तो उसका उपचार भी उसने सोच लिया है—

माँग की जगह बदलो
परिवर्तन जीवन है
फैशन इसीलिए तो
रोज रोज नूतन है

किन्तु इस सब के होते हुए भी वह प्रश्न तो है ही—

स्नो की *दीवार से*
कैसे रोक पाओगे जीवन की तेज चाल?

आयु प्राप्त करनेवाले इस प्रश्न का उत्तर सोच सकते हैं। इस सब रूप और आयु, जीवन और मृत्यु के बीच भी इस कवि का वह रहस्य चिन्तन और आस्था की प्रगाढ़ता देखिए—

अंजलीगत समर्पण हुआ जब अहम्
रह गए एक तुम ही जगत बन स्वयं
भाव घूंघट उठा साधना से कहा
थे कभी तुम कठिन अब अनायास हो
शब्द से दूर हो अर्थ से पास हो
दूर से दूर हो पास से पास हो।

---

1. 'सप्त-किरण' चाँदनी का चाँद।

इस रूप, इस तल्लीनता, इस सामाजिक चैतन्य के विविध आयामों में कवि की यह जिजीविषा अनेक रूपों को लेकर विचरती रहती है, क्योंकि अकेले कवि नहीं जाता। वह एक प्रवहमान तरंग की तरह है जो कभी छोटे तो कभी बड़े घेरे बनाती है, कभी तट तक लगती है और कभी अनन्त जल-धार में कहीं की कहीं अन्तर्धान हो जाती हैं। ठीक इसी तरंग-सा व्यक्तित्व हमारे इस दशक के कवियों का है जो कभी रूमानियत और कभी सामाजिक प्रभाव को अंकित करने में व्यस्त हैं। यहाँ कुछ कवियों की रूमानी रचनाएँ द्रष्टव्य है।[1]

---

1. रूमानी-भंगिमा—

(क) *कहने को ये अंबर-धरती और गगन के सभी सितारे*
देख रहे हैं हम दोनों को करते होंगे क्रूर इशारे
गात तुम्हारा सहला-सहला मलय पवन भी बहता होगा
सुधि आने पर गीले शायद होते होंगे नयन तुम्हारे
पर मेरे अन्दर पर कब से यह उदास बादल क्यों छाया
बीत गई लो शरद सुहानी, किन्तु तुम्हारा पत्र न आया

(ख) *अंगना हर बांह एक झूल रही झूलना*
इस दृग-गलियारे पर सुधियों की भीर है
बौर गई निशिगन्धा भर आई मालती
मन की अमराई पर बरस रही पीर है
प्राणों के बिग्वा की कच्ची-सी डाली पर
असुवन की डोरी है, सपनों का डोलना
मन के औ मीत जरा हौले से तौलना
घर आए पाहुन तो द्वार तनिक खोलना

—आनन्द कश्यप

(ग) *आज सावन की घटाओं में तुम्हारे नाम*
पाती ला रही है यह सजीली सांवली-सी शाम
कि बिरहा की तपन में तिलमिलाता देह का हंसा
तुम्हारी अर्चना को दे रहा होगा चुनौती-सी
कि रस का, रूप का लोभी चमन की डाल का भंवरा
प्रणय की भावना में कर रहा होगा मनौती-सी
तुम्हारी आस भी क्या है? कि हर विश्वास भी थकता
तपस्या की लगन से आज ध्रूव तारा लजाता है
तुम्हारी प्रीत भी क्या है कि हर तूफान में छिप कर
लगन का देवता मधुराग की वीणा बजाता है
हिलालो आज इन्द्रासन कहीं से स्नेह का दीपक
जला कर ला रही है यह लजीली सांवली-सी शाम

—शान्तिलाल भरद्वाज →

इस रूमानी स्वर को अधिक तन्मयतापूर्वक और शायद अधिक संयम के साथ कुमारी शकुन्तला, 'रेणु' और श्रीमती राजकुमारी कौल ने अपनी रचनाओं में बाँधा है। आत्मार्पण की एक स्थिति कुमारी रेणु के इस गीत में द्रष्टव्य है : "तुम्हारे द्वार तक आई थी तो न जाने किन-किन कल्पनाओं को सज रही थी। विचार था कि प्रियतम तुम्हें गाकर रिझा लूँगी। यदि एक बार चरण प्राप्त हो गए तो सब जन्मों का कलुष धुल जाएगा, पर जब तुम प्राप्त हुए तब न तो गाया गया और न आत्म-निवेदन के लिए कोई शब्द ही मिले। बस आँसुओं से ही चरण पखारती रही। यह विचार था कि—

तुम्हें पिन्हाऊँगी मैं प्रियतम
अश्रु-कणों की माला निर्मल
और तुम्हारे स्नेह दान से

→ (घ) *प्रिये! तुम्हारी देह उजहरी*
अमलतास का गाछ तुम्हारी
और तुम्हारी उमर माघ की
मीठी चढ़ती हुई दुपहरी
हँसी धूप सी सहज सुहानी
झरने की कलकल सी वाणी
नभ की जिर्मल नूतनता सी
नयनों की नीलिमा लूभानी
झीने बादल के टुकड़े-से
उड़े-उड़े से भाव सँवरते
कोमल वचन पराग सने से
हरसिंगार सुमनों से झरते
यह जीवन की छाँह इकहरी
अमलतास का गाछ सुनहरी
मेरे मन में इस छाया में
सुस्ताने की इच्छा लहरी।

—मदनगोपाल शर्मा

(ङ) *मैं न घटा हूँ वह जो बस बरसात में,*
आसमान में आकर दो दिन की घिरे।
मैं न मधुप हूँ वह जो बिन मनुहार के,
सुमन-सुमन पर मनवाहा उड़ता फिरे।
पर पल भर भी तुम जो मुझे दुलार दो,
मैं मुखरित हो मधूवन का गुंजन बनूँ।

—मनोहर प्रभाकर

भर लूँगी अपना पुण्यांजल!
यही भावनाएँ थीं मन में
पुलक न माती थी इस तन में
किन्तु तुम्हें सन्मुख पा, पावन
निर्विकार-निर्वेद गया बन
हुआ मुक्ति-पथ चिर आलोकित
गया चरण में ही जीवन ढल।

श्रीमती कौल से इस संकलन में जो गीत समाविष्ट हुए है, उन सबमें समर्पण की अनुभूति बड़ी सबल है। 'तुम्हीं तो वह प्रथम क्षण' शीर्षक कविता में एक स्थान पर लिखा है—

बन्दिनी मुझको बनाया
बन्धनों से मुक्त करके
रागिनी मुझको बनाया
चिर जलन से युक्त करक
प्राण मेरे हों भले ही
पर तुम्हीं वे प्राण कम्पना
दे गए जो श्वास जीवन को तुम्हीं तो वह प्रथम क्षण।

सामाजिक चैतन्य और मानवीय मूल्यों का वह स्वर, जो स्वातंत्र्य संग्राम के समय उठा वह स्वातंत्र्य उपलब्धि के पश्चात भी गूँजता रहा। कुछ तो यह हुआ कि हमारा स्वप्नदर्शी मन पुराने और नये शासन में कोई अन्तर ही नहीं कर पाया क्योंकि जिस सामाजिक समृद्धि के मनोरथ हम धारण किए हुए थे, उनका प्रारम्भ ही हमें नजर नहीं आता था। हमें प्रतीत होने लगा कि मनुष्य अभी तक स्वाधीन नहीं है।

दारिद्र्य से वह पिस रहा है, उसकी चिन्तन-शक्ति निष्क्रिय हो गई है सर्वत्र उसका शोषण किया जा रहा है। इस असहनीय नियति को चुनौती देनी चाहिए। यदि यह नियति शासन के द्वारा शक्ति ग्रहण कर रही है तो शासन को चुनौती देनी चाहिए। यदि वह अन्यत्र कहीं से आज्ञा ग्रहण कर रही है तो उस दिशा को चुनौती देनी होगी। जो होना है हो पर मनुष्य को स्वाधीनता, न्याय और प्रेम प्राप्त हो। कई बार तो अनेक कविताओं का विषय यह होता था कि मनुष्य का भाग्य बदले। मुझे स्मरण है कि एक समय हिन्दी की कविता में 'नया', 'नवीन' और 'नव्य' शब्द का इतना अधिक प्रयोग हुआ कि कुछ पंक्तियाँ नितान्त अर्थहीन होकर भी यह सार्थकता प्रकट करती रहीं कि कुछ बदलना चाहिए और नया आना चाहिए। नया चन्द्रमा, नया आकाश, नया धर्म, नया कर्म, नया मनुष्य, नया गान, नये पुष्प, नई लहर और न जाने क्या-क्या, किन्तु, सब कुछ नया। धीरे-धीरे इस नये के स्थान पर हमारी आकांक्षाएँ रूप लेने

लगीं, कुछ नये प्रतीक नये अभिप्राय के लिए काम आने लगे और धीरे-धीरे बहुत कुछ इतना विश्वासपूर्ण रचा जाने लगा जो वस्तुतः मानवास्था का परिचायक था। आज भी यह सृष्टि और यह देश अनेक यंत्रणाओं से त्रस्त है और जो मोटी चमड़ी के नहीं हैं वे सब यंत्रणाओं से मनुष्य को शीघ्र ही मुक्त देखना चाहते हैं। प्रान्त के कवियों में अब भी कई वलिष्ठ स्वर हैं जो मानवीय दारिद्र्य और दुर्भाग्य के विरुद्ध उठते हैं। वे इन सब विपत्तियों को एक सुनियोजित षड़यंत्र ही मानते हैं और बार-बार मनुष्य को सभी प्रकार के अन्याय के विरुद्ध खड़े होने का नियंत्रण देते हैं। ये स्वर किसी मतवाद से प्रभावित नहीं हैं और न किसी राजनैतिक दुराग्रह से बँधे हैं। इन स्वरों में कवि मुकुल, भंडारी (जिनकी चर्चा अन्यत्र कर चुका हूँ) के अतिरिक्त सुमनेश जोशी, सत्यप्रकाश जोशी और प्रकाश 'आतुर' के स्वर प्रभावशाली हैं।

कवि सुमनेश जोशी, जिन्होंने स्वातंत्र्य के समय से मानवीय मूल्यों का संघर्ष लड़ा है, अपनी नवीनतम कविता में लिखते हैं—"तुम जो आज लघु, हीन, ताड़ित और उपेक्षित हो कल ऐसे रहनेवाले नहीं हो क्योंकि यह नियति का क्रम है कि जो आज विभव-पूजित, शास्त्र-सुसज्जित और शासनाधिकार से गर्व-दृप्त हैं वे कल क्षीणबल हो जानेवाले हैं।

मैं तुम्हें विश्वास के साथ कहता हूँ कि जैसे कल मुझे सत्ताधीशों की पराजय अवश्यम्भावी नजर आ रही है वैसे ही तुम्हारी नव-यात्रा का उठता हुआ उत्साह भी दृष्टि-ओझल नहीं हो पा रहा है। तुम आश्वस्त रहो कि जैसे अभिमान का क्षण नाशवान है वैसे ही लघुता भी क्षार-क्षार होने ही के लिए है।" ('नियति-क्रम' शीर्षक कविता का भावानुवाद)

मानवास्था का यह स्वर 'एटम परीक्षण' शीर्षक सत्यप्रकाश जोशी की रचना में द्रष्टव्य है। कवि सन्ताप-ग्रस्त स्वर में कहता है कि यदि 'एटम परीक्षकों' की आकांक्षाएँ निबधि रूप से तृप्त होती रही तो...।

एक दिन फूलों में लाली नहीं होगी
खेतों में धान की बाली नहीं होगी
वर्षा तो होगी, हरियाली नहीं होगी
लूले लंगड़े जन्मेंगे
अन्धे बहरे पनपेंगे
और एक दिन
नारी तो होगी, माँ नहीं होगी
पुरुष तो होगा, बाप नहीं होगा
भाई नहीं, चाचा नहीं, ताई नहीं
लड़के-लड़कियों में सगाई नहीं होगी
प्रेम नहीं होगा, परिवार नहीं होगा।

सामाजिक चैतन्य का स्वर प्रकाश 'आतुर' की कविताओं को भी विशिष्टता प्रदान करता है। यों इन दिनों उनकी कुछ कविताओं में जीवन की नश्वरता का अनुभव गहरी करुणा के साथ अंकित हुआ, किन्तु मुझे लगता है कि जिस स्वर से उन्हें पहचाना जा सकता है वह यह है—

ऐसा पथ अपनाओ जिसने पौरुष को ललकारा हो
ऐसा सपन सजाओ जिसने समता को अधिकारा हो
ऐसी जलन जलाओ जिससे जल जाए यह अर्थ विषमता
ऐसा पूजो रूप जिसे बहुजन ने स्वयं श्रृंगारा हो
आओ निशा हटाता हूँ
आओ दिशा बताता हूँ
अरुणोदय-सी रश्मि बिखेरो, तिमिर श्रृंखला तोड़ दो।

प्रकाश जी ने इधर एक-दो रचनाएँ ऐसी भी लिखी हैं जिन्हें 'अनकन्वेशनल' ही कहना चाहिए। इनमें एक कविता 'मन के प्रयोग' है। मन की उपमा कुत्ते की दुम से दी है जो सम्पूर्ण कविता के प्रसंग में सार्थक भी है। मुझे यह रुचिकर प्रतीत होता है कि प्रकाश जी कुछ नई दिशा खोजें, क्योंकि सामाजिक चैतन्य की प्रबुद्धता इसमें नहीं है कि कवि आकांक्षामय शब्दावली का अनिवार्यत: प्रयोग करें, बल्कि इसमें है कि उसकी अभिव्यक्ति आत्मा के अतलान्त को स्पश करे और मनुष्य का मन आलोकित कर जाए।

स्वातंत्र्योपलब्धि के पश्चात काव्य-धारा के प्रवाह में जो नया मोड़ सम्पूर्ण भारतीय भाषाओं में दृष्टिगत हुआ है हम भी उसके साझीदार है। मुक्त छंद का तो अधिकांश पुराने और नये कवि प्रयोग करने ही लगे हैं किन्तु कथ्य की विविधता, अनुभूति को सक्षम बनाने के लिए शिल्पगत प्रयोग, सामाजिकता का व्यापक अर्थ-बोध, सांकेतिकता और क्षण की तीव्रतम अनुभूति इन सब विशेषताओं को रचनाओं में समेट लेने की आकांक्षा कई कवियों में उभरी है। उनमें से प्रमुख है—जयसिंह 'नीरज', प्रकाश जैन, जुगमन्दिर तायल, रणजीत, राम आचार्य, भारतरत्न भार्गव, शान्तिलाल भारद्वाज, कृष्णवल्लभ शर्मा, त्रिलोकीप्रसाद इत्यादि। मैंने भी इस दिशा में कतिपय रचनाएँ लिखी हैं।

इसी नई कविता के सम्बन्ध में इतना आग्रह अवश्य रहना चाहिए कि वह कविता बनी रहे। मन को स्पर्श करने का काम कविता करती रही है और यह धर्म उसे निभाते रहना चाहिए। कभी-कभी काव्य के नाम पर जो विकृति और निरर्थकता आ रही है उसे कोई तर्क, कोई तर्क, कोई प्रमाण पुष्टि नहीं दे सकता है। मुझे यह संकेत देने की आवश्यकता इसलिए प्रतीत हो रही है कि इधर जो लिखा जाएगा वह कदाचित इस नई कविता के माध्यम से ही होगा, क्योंकि आलोचक जो चाहे

कहते रहें, पर इतना सत्य है कि मन की अनेक अनुभूतियों और सृष्टि के अनेक प्रभावों को वाणी देने के लिए जिस भाषा की आवश्यकता है वह इस कविता के पास है। यह भी सिद्ध है कि हमारी बुद्धि पूर्ण 'एटमी युग' की रसज्ञता के वह समीप भी है और अनुकूल भी है। छंद तथा अन्य परम्परागत काव्य-अलंकरण से मुक्त होने के कारण वह हमारे लिए विशेष बुद्धिगम्य भी हो जानेवाली है और इन परिस्थितियों में यह भी सम्भव हो कि इन सब अनुकूल स्थितियों में वे लोग भी कवि-कर्म के प्रति आकर्षित हो लें जिन्हें दूसरा कुछ भी करने-धरते के लिए न मिल। इसलिए मैंने आग्रह किया है कि जब कवि और अकवि के बीच भेद करनेवाली काव्य-परिवेश की सभी कठिन और अभ्यासगत सीमाएँ मिट जाएँगी तब यह अत्यन्त आवश्यक होगा कि तीव्र अन्तर्दृष्टि और सौन्दर्य-बोध ही काव्य की शक्ति हों।

मैं जयसिंह 'नीरज' के प्रारम्भ करता हूँ। 'नीरज' की यह रचना सबकी आत्मा का दर्पण है—

हम सब शुतुरमुर्ग है
धोखे में फँसते हैं
रेत में सर देकर
रक्षित समझते हैं
...
हम सब कछुए हैं

यही आत्म-साक्षात्कार जुगमन्दिर तायल ने किया है।

दायरे से तकते हैं
सिकुड़ना कर्म है
विस्तार ही अधर्म है
आँगन में बैठना बहुत ही बड़ी शर्म है।

इसी आत्म-साक्षात्कार की स्थिति में लिखी प्रकाश जैन की पंक्तियाँ द्रष्टव्य हैं—

और किया क्या अब तक हमने
सुख के चित्र बनाए लाखों
और दर्द का विज्ञापन भी खूब किया है
बहुत चलाया पाप-पुण्य का खोटा सिक्का
बालू पर दीवार बनाई मर्यादा की।

पुराण-पुरुष युधिष्ठर ने अश्वत्थामा की निर्लज्ज हत्या का नाटक जिस तरह खेला उससे हम सब अपरिचित नहीं है, फिर भी रात-दिन हम वही नाटक खेलते हैं और सब पुण्य के नकाब लगा कर निर्भय हैं।

हम सब युधिष्ठर हैं
धरती से चार अंगुल ऊँचा चलता है
हमारी ख्याति का रथ सदा
पर अवसर को देखकर
और स्वार्थ को समझकर
हम जोर से पुकारते हैं 'अश्वत्थामा हतो'
और फिर धीरे से बोलकर 'नरो या कुंजरो'
सत्य वक्ता का दंभ निभाते हैं
अपनी झेंप मिटाते हैं।

काम-काज और आपाधापी की इस दुनिया में आत्म-दर्शन के लिए एक क्षण मिल जाएगी तो सब कुछ मिल गया। इस स्थिति की एक रचना मेरी है 'शेष फिर'

मुझको दो एक क्षण
जिसमें मैं भेंट सकूँ
जो कुछ मैं हूँ उस सबसे
आज बस इतना ही
शेष फिर...
शेष फिर...।
मुझको दो एक शब्द
जिसमें मैं देख सकूँ
जन्म मरण
तृषा-शमन
आज बस इतना ही
शेष फिर...
शेष फिर...।

दो रचनाएँ जिनमें नई और सार्थक उपमाओं का प्रयोग हुआ है—द्रष्टव्य है। पहली रचना भारतरत्न भार्गव की है जिसमें दर्द की उपमा निबोली से दी है। लिखा है—

दर्द एक नीम की निम्बोली-सा
कच्चा तो कड़ुवा है

पकने पर मीठा है
बहुत गुणकारी है

दूसरी रचना रामाचार्य की है जिसमें कवि ने साहित्यकार के संसद भवन का सांगोपांग वर्णन किया है। विरोधी दल (आलोचक) के लिए कहा है कि हम उनकी चिन्ता नहीं करते हैं, क्योंकि—

हम लिख रहे हैं
बे-खौफ लिखते जाएँगे
घिस नहीं सकती कभी यह
जिन्दगी की निव
क्योंकि स्याही से भरे
पाताल झरते हैं
आँख की दोनों दवातों में।

इस प्रकार लगभग पाँच दशकों को लाँघती हुई राजस्थान की काव्य-धारा बीसवीं शती के अधुनातन काव्य तक आ गई है। इन पाँच दशकों की सबसे बड़ी उपलब्धि यही है कि हम सभी असुविधाओं की मार झेल कर भी टूटे नहीं है और भविष्य को यंत्किचिन्त आकृति देने की चेष्टा में लगे हैं। हमारा यह संकल्प है कि हम देश को श्रेष्ठ रचनाएँ देने की हर सम्भव कोशिश करते रहेंगे।[1]

---

1. यह आलेख राज साहित्य अकादमी द्वारा प्रकाशित 'राजस्थान के कवि: भाग 1' की भूमिका से उद्धृत है।

राजस्थान की गीत-कविता : एक अवलोकन

'राजस्थान की गीत-कविता' ऐसा शीर्षक देकर मैं किसी तरह का अलगाव या अहंकार भाव पैदा नहीं करना चाहता। हमारे प्रान्त की कविता के उतार-चढ़ाव पूरी हिन्दी कविता के उतार-चढ़ाव जैसे ही हैं। थोड़े बहुत अन्तर के साथ हमारी कविता का स्वभाव, उसकी प्रवृत्तियाँ समान धर्मा हैं। उदाहरण के लिए खड़ी बोली को काव्य भाषा बनाने के लिए जो काम मैथिलीशरण जी ने किया वह झालरापाटन के पं. गिरधर शर्मा 'नवरत्न' ने किया दोनों कवि पं. महावीर प्रसाद द्विवेदी द्वारा सम्पादित 'सरस्वती' में समान आदर और महत्त्व के साथ छपते रहे। गद्य के विकास में जो काम, जो श्रम आचार्य द्विवेदी ने किया वह झालावाड़ निवासी हिन्दी अध्यापक पं. रामनिवास शर्मा ने किया। पंडित जी ने द्विवेदी जी के हिन्दी-प्रचार को शक्ति और विस्तार देने के लिए 'सौरभ' पत्रिका सम्पादित की। प. गिरधर शर्मा ने कवि-गुरु रवीन्द्रनाथ ठाकुर की काव्य-कृति 'गीतांजलि' का सर्वप्रथम पद्यानुवाद किया और भरतपुर में 1927 में आयोजित हिन्दी साहित्य सम्मेलन के अवसर पर गुरुदेव को सुनाया।

कविता में ही नहीं, दूसरी विधाओं में भी राजस्थान के साहित्यकारों ने हिन्दी-समाज के अन्य साहित्यकारों के समतुल्य लेखन किया। कहानी-लेखन में प्रेमचन्द जी ने प्रसाद जी, कौशिक जी, जैनेन्द्र जी के साथ पं. जनार्दन राय नागर का नामोल्लेख किया है। जिस लेख में जनुभाई का नाम है, वह 'हंस' का 1934 का नवम्बर अंक है और शीर्षक है 'हिन्दी गल्प कला का विकास'। इसी तरह उस काल में 'गद्य-काव्य' लिखने का उत्साह चर्चित था, उसी क्रम में राजस्थान के कई लेखक-लेखिकाएँ 'गद्य-काव्य' लेखन में प्रसिद्धि पा रहे थे; उनमें दिनेश नंदिनी चोर्डिया (श्रीमती डालमिया) पहचानी गईं। लेकिन 'राजपूताने' की घनघोर सामन्ती व्यवस्था, संचार माध्यमों का अभाव और शिक्षा-प्रचार की अल्पतम सुविधाओं ने हमारे सांस्कृतिक साहित्यिक प्रयत्नों को कोई जगह नहीं दी। 'राजपूताना' का 'सांस्कृतिक साहित्यिक' इतिहास और पहचान 'केसरिया बालम और चंचला पनिहारिनियों' तक ही सीमित रह गई। विदेशी मेहमानों को अब भी, दुर्भाग्य से इन्हीं 'रस-केलियों' के व्यंजन परोसे जाते हैं।

'राजपूताने' की कविता की बात करें तो उसकी सामर्थ्य और सीमा स्पष्ट नज़र आती है। राज्यश्रित कविताओं का कोई बड़ा घर-आँगन नज़र नहीं आता,

परिपाटियाँ भी नज़र आती हैं और सामन्ती-शौर्य और विलासिता की बढ़ा-चढ़ा कर कहीं अतिशयोक्तियाँ और गप्पबाज़ी भी प्रसन्न करती है। लेकिन विदेशी आक्रान्ताओं के साथ भिडंत रण-कौशल और दुर्दान्त स्वाभिमान भी नज़र आता है। उस समय के विरुद्ध-गान गानेवाले कवियों ने 'इला न देणीं आपणी' ऐसी ओजस्वी पंक्तियाँ लिख कर आत्म-सम्मान की आंच को बुझने नहीं दिया। उन्होंने राज्याश्रित होते हुए भी सामन्तों को 'कली ही सों बंध्यो' कहकर 'राज-धर्म' को निभाने की चेतावनी दी। तब भी वह 'जन-पक्ष' की कविता नहीं थी। सामन्त बहुधा अपने सुख में निमग्न वर्ण था, शिकार, शराब और विलासिता का रचना-केन्द्र। वहीं कविता कलाओं का केन्द्र भी था। वह 'नारायणी-शक्ति' था और उसकी इच्छा आज्ञा ईश्वर की इच्छा और आज्ञा थी।

यह लक्षित किया जाना चाहिए कि खड़ी बोली की गीत-विधा पुरानी पद-लेखन परम्परा से कई अर्थों में भिन्न है। वह प्रभु प्रार्थना और मोक्ष-याचना के आग्रह से जकड़ी हुई नहीं है। वह व्यक्ति के अधिक सघन, अधिक उत्पीड़क, आवेगों और कामनाओं की निर्बाध, स्वतंत्र अभिव्यक्ति है। वह ज़िन्दगी के यथार्थ का जाना पहचाना पक्ष है। इसलिए उसका एक उग्र एक 'क्रान्तिकारी' पक्ष है। खड़ी बोली के कवियों ने इसलिए अपनी आज़ादी के संघर्ष में इस विधा का प्रभावशाली उपयोग किया है। एक समय दुनिया-भर के कवियों ने अपने निजी जीवन और सामाजिक वर्जनाओं के त्रास को इस नई 'लिरिकल' 'गीत-विधा' के जरिए अभिव्यक्त किया है। सामाजिक और वैयक्तिक स्वतंत्रता की माँग करते आवेग इन गीतों में लिखे गये हैं।

राजपूताने के कई भागों के खंडित भूगोल को एकीकृत कर अखंडित 'राजस्थान' बनाने की राजनीतिक माँग को सांस्कृतिक सार्वजनिक बनाने का काम उस समय के आन्दोलनकारी नेताओं ने शुरू किया जिनमें विजयसिंह 'पथिक', जयनारायण व्यास, हीरालाल शास्त्री, पं. नानूराम, भेरूलाल 'काला बादल' शामिल थे। वे कर्म और चेतना जगाने का काम और इस प्रदेश के जीवन-यथार्थ को कविता-गीतों में अंकित कर रहे थे। बहुत कलात्मक दृष्टि से तो उन गीतों की उत्कृष्टता साबित नहीं की जा सकती है, किन्तु वे 'अमीरी और गरीबी' के बीच की अलंघ्य दूरियों का वृत्तान्त थी। वह कविता की यथार्थवादी-परम्परा की शुरुआत थी। बाद में यह परम्परा राजस्थान की कविता का केन्द्रीय स्वर बनी। रियासतों में बँटे अनेक रचनाकारों के अदृश्य भाईचारों और लघु समाचारों पत्रों की मजबूत श्रृंखला ने सामन्तों का मनोबल तोड़ दिया। अदम्य देशभक्ति, राष्ट्रवाद, समाजवाद के पक्षधर रचनाकारों ने अपने गीतों में नये भारत और नये राजस्थान के लिए उमंग भरे गीतों का मंगलाचरण शुरू कर दिया।

लम्बे समय तक राजस्थान के खड़ी बोली के बड़े कवियों ने गीत-रचना की है। इन कवियों ने गीतों की भाषा और शिल्प को अद्भुत सम्प्रेषण, शक्ति से समृद्ध किया है। उन्हें कई तरह की भावाभिव्यक्ति की क्षमता प्रदान की है। गीतों ने केवल

राष्ट्रीय एकता को ही शक्ति नहीं दी, बल्कि हर उस मनस्थिति का भावाकुल वर्णन किया जो व्यक्ति की ज़िन्दगी रचती है या उसे उलट-पुलट करती है।

राजस्थान ने छायावाद के कवियों से लगाकर प्रगतिवादी कवियों ने गीत-रचना की ताकत को स्वीकार किया है। इन कवियों ने गीतों का मंच से पाठ कर श्रोताओं को नये युग, नये समय और समाज बनाने की उमंग दी है। इसी क्रम में राजस्थान के खड़ी बोली के कवियों का अवदान महत्त्वपूर्ण हो जाता है। वे सामन्तवाद की कविता रूढ़ियों, भाषा तथा शिल्प को ही नहीं बदलते, बल्कि जनता को नये समय-बोध और मानवीय-गरिमा का एहसास कराने के लिए नया साहित्य, बदली हुई जनतांत्रिक कविता-गीत लिखते हैं और कवि-सम्मेलनों के मंचों से सुनाते हैं।

यह रेखांकित करना आवश्यक है कि राजस्थान एक होने के साथ ही प्रदेश की साहित्यक, सांस्कृतिक एकता के सूत्र सघन हो गये। 1954 में हमने एक सहयोगी कविता-संकलन प्रकाशित किया इस संकलन को 'सप्त किरण' नाम दिया। इस संकलन में खड़ी बोली के सात कवि शामिल किये गये ये कवि किसी एक राजनीतिक विचारधारा या कि एक सिद्धान्त से बँधे नहीं थे। वे नये राजस्थान के थे, गीत लिखते थे और अपनी साहित्यिक पहचान बनाने के आकांक्षी थे। 'सप्तकिरण' के प्रकाशन के लिए प्रत्येक कवि ने पच्चीस रुपये दिये। प्रत्येक कवि के दस गीत प्रकाशित हुए। सप्त-किरण के ये कवि थे—कर्पूरचन्द्र 'कुलिश', कन्हैयालाल सेठिया, नंद चतुर्वेदी, प्रकाश आतुर, ब्रह्मदत्त सुधीन्द्र, रामनाथ 'कमलाकर', ज्ञान भारिल्ल। पूरे प्रान्त में गीत-रचनाकार कवि-सम्मेलनों, कॉलजों के वार्षिकोत्सवों, आकाशवाणी की कविता गोष्ठियों में छाए हुए थे। कविवर मुकुलजी की 'सैंधाणी' कविता राष्ट्रीय कीर्तिमान पा चुकी थी। वे उसके पाठ के साथ कवि-सम्मेलन का यश लूट ले जाते थे। गणपतिचन्द्र भंडारी 'हम चले देखने दीवाली' कविता सुनाकर शोषण की लज्जाजनक नृशंसता का वर्णन करते थे। हरीश भादानी के गीतों में अन्याय के विरुद्ध खड़े होने का बुलावा होता था। जयपुर के युवा कवि ताराप्रकाश जोशी, हरिराम आचार्य, तारादत्त निर्विरोध, डॉ. मनोहर प्रभाकर, डॉ. रणजीत, वीर सक्सेना, भारतरत्न भार्गव, चन्द्रकुमार 'सुकुमार', कोटा के शान्ति भारद्वाज 'राकेश', दयाकृष्ण 'विजय', जगदीश चतुर्वेदी, बशीर अहमद मयूख, कुमार शिव, ब्रजेन्द्र कौशिक, उदयपुर के महेन्द्र भानावत, भगवतीलाल व्यास तथा अनेक रचनाकार नये राजस्थान के स्वप्नदर्शी कवि थे।

मैं उस्ताद को जानता था, व्यास गणेशीलाल 'उस्ताद' को। वे सहसा एक दिन उदयपुर मेरे घर आ गये थे। मैं उनसे अपरिचित, उन्होंने सहज ही अपना परिचय दे दिया था। वे अपने प्रति लापरवाह और उदासीन थे। उनके पास एक रजिस्टर था। वे अपने बालों को लगातार व्यवस्थित करने की कोशिश कर रहे थे। उन्होंने मेरे बरामदे में बैठकर भोजन किया था। थाली उन्होंने घुटनों पर रख ली थी। वे मुझे सारे समय एक विद्रोही दार्शनिक कवि लगते रहे। वे बड़े सरकारी ओहदे पर थे,

लेकिन वे उस ओहदे से चिढ़े हुए लगते थे, शायद वे उसे ठोकर मारने के लिए तैयार थे। उस्ताद ने मुझे कई कविताएँ सुनाई जो 'क्रान्तिकारी और अग्निधर्मा' थीं। मैं मरुधर मृदुल और वेदव्यास की कविताओं के बारे में कुछ जानता था, लेकिन वे प्रगतिशील लेखक संघ के मोर्चें पर अधिक सक्रिय थे। वेद जी की तब मैंने पत्रिकाओं में छपी कविताएँ पढ़ी थीं, सरल किन्तु स्फूर्तिवान, लेकिन उनकी विभाजित ऊर्जा से उनकी सर्जना का प्रवाह धीमा पड़ गया। मरुधर तब अपनी 'लो प्रोफाइल' में थे।

1958 में राजस्थान अकादमी (संगम) की स्थापना हुई। मेरी दृष्टि से यह गीत-रचना का उत्कर्ष काल था। हिन्दी, उर्दू, संस्कृत, राजस्थानी कविता के बड़े और प्रख्यात कवियों की सर्जनात्मक प्रतिभा शिखर पर थी। उस समय के कुछ उल्लेखनीय नामों में ये नाम शामिल थे—पं. गिरधर शर्मा 'नवरत्न', पं. रामनिवास शर्मा, चाँद बिहारी लाल 'सबा', भट्ट मथुरानाथ शास्त्री, हरिभाऊ उपाध्याय, मुनि जिनविजय, पं. जनार्दनराय नागर, रांगेय राघव, डॉ. ब्रह्मदत्त सुधीन्द्र, कवि नारायण सिंह भाटी, उस्ताद गणेशीलाल, कवि चन्द्रसिंह 'बिरकाली', पं. विद्याधर शास्त्री आदि। कवियों की नई पीढ़ी में गीतकारों की उपस्थिति उल्लेखनीय थी। ये गीतकार आजादी के दिनों के स्वप्नदृष्टा और नेहरु-युग के छविकार थे। इनकी कविताओं और गीतों में व्यवस्था-बदलाव, समता और स्वाधीनता, प्रेम, समानता और न्याय के मानवीय-मूल्यों का महिमा मंडन था। कवि सुधीन्द्र के शब्दों में यह 'मिट्टी की कहानी, मिट्टी के गान' का युग था।

अकादमी के आरम्भिक कार्यक्रमों में 'पुस्तक-प्रकाशन' का महत्त्वपूर्ण काम शामिल रहा है। प्रकाशन योजना के अन्तर्गत सर्वाधिक पुस्तक गीतकारों की ही प्रकाशित हुई है। हिन्दी के वृहत परिदृश्य में इन पुस्तकों की चर्चा न हुई हो, लेकिन किसी भी धैर्यवान समीक्षात्मक तुलना में गीतों की ये पुस्तकें निराश नहीं करेंगी। इस योजना के अन्तर्गत प्रकाशित पुस्तकों के उपरान्त भी अकादमी यह अनुभव करती रही कि गीतकारों की रचना-धर्मिता को अभिव्यक्त करनेवाला एक प्रतिनिधि संकलन प्रकाशित होना चाहिए। इस उद्देश्य से 'राजस्थान के कवि' (भाग एक सं. नंद चतुर्वेदी) प्रकाशित हुआ। इस ग्रंथ में 78 कवियों की रचनाएँ हैं, जिनकी पृष्ठ संख्या 329 है। यह संग्रह 1964 में छपा है। इन रचनाओं को पढ़कर राजस्थान की उस साहित्यिक-सांस्कृतिक ऊर्जा और आकांक्षाओं का आकलन किया जा सकता है जो उस समय के जनान्दोलन लिखते हैं और भविष्य को सौंप देते हैं। साहित्यालेखन के बारे में एक भोली-सी धारणा बनी है कि वह एक मनोरम कल्पनाशीलता से जन्मा हवामहल होता है, लेकिन जो ऐसा होता नहीं है। वह एक 'जादुई यथार्थ' होता है, मनुष्य को उन इच्छाओं का जो अभी यथार्थ का अदृश्य हिस्सा है।

'मधुमती' का यह अंक 'गीत विशेषांक' है, सम्पूर्ण 'कविता अंक' नहीं। जिसे हमारे प्रान्त के यशस्वी कवि तथा गीतकार किशन दाधीच सम्पादन कर रहे हैं। किशन दाधीच के सम्बन्ध में यह कहा जाना चाहिए कि वे गीत की नई शैली और

व्यंजना के समर्थ पक्षधर हैं। इसके साथ ही उनका काव्य-पाठ कविता की सहज आन्तरिक लय को ग्राह्य भी बनाता है। यह स्पष्ट होना आवश्यक है कि बहुत से कारण हैं कि जिन्होंने कविता के रचना कर्म को 'गीत' और 'कविता' में विभाजित कर दिया है। गीत के लक्षणों में एक अहम् जरूरत 'अन्त्यानुप्रास' और रागात्मक काव्य-पाठ है। उसकी अन्तर्वस्तु में 'निजता या वैयक्तिक सुख-दुःख की सघनता या अन्तरंगता' एक महत्त्वपूर्ण तत्त्व है। उसके व्याख्याकारों में एक सुमित्रानंदन पंत ने कहा 'वियोगी होगा पहला कवि, आह से निकला होगा गान, उमड़ कर आँखों से चुपचाप, वही होगी कविता अनजान' या जैसे अंग्रेजी कवि ने कहा 'हमारे सब से मधुर गीत वही हैं जो सबसे उदास क्षणों के हैं,' इत्यादि। 'कविता' के पक्षधर अन्त्यानुप्रासों से घिरी रचना शैली को कविता की गैर-वाजिब और भावुकता पूर्ण घेराबन्दी मानते हैं। बहुत-सी बातें हैं जिनसे 'गीत और कविता' के बीच विवाद है। इस अंक में वे महत्त्वपूर्ण कवि इसीलिए शामिल नहीं हैं, जो गीत नहीं लिखते।

बहरहाल इस 'गीत-अंक' में समय की गणित के अनुसार आज़ादी के दिनों और आदर्शों का स्मरण करानेवाले कवियों से लगाकर गीतों के 'प्राइवेटाईजेशन' हो जाने तक के युवा कवि शामिल हैं। लेकिन युवा रचनाकारों का उत्साहवर्धक 'धमाका' या 'स्वर' नज़र नहीं आता। शायद 'क्रिएटिविटी' के दूसरे दायरे विस्तृत हो गये हैं।

'गीत अंक' में मेरे अनुमान से पचास वर्ष के आयु पार करनेवाले रचनाकारों की संख्या अधिक है, लेकिन व्यवस्था-बदलाव का ओजस्वी स्वर धीमा पड़ गया है। गीतों में आन्तरिकता की गहन अनुभूति का ताप भी कम नजर आता है। गीतों में 'कलात्मक प्रयोग' या 'संरचनात्मक तब्दीलियों' का अभाव चिन्ताजनक है। तब भी इस अंक में शामिल कवि डॉ. रमाकांत शर्मा, बनवारीलाल 'खामोश', अतुल कनक, डॉ. नरेश दाधीच, डॉ. पद्मजा शर्मा, डॉ. सावित्री डागा आदि सामाजिक निराशाओं के घेरों को तोड़ते आगे बढ़ते हैं।

गीतों पर उर्दू ग़ज़लों का 'संरचनात्मक प्रभाव' नज़र आता है, लेकिन इसे 'भाषाई भाईचारा' कहकर प्रसन्न नहीं हुआ जा सकता। इसे 'हिन्दी ग़जल' कहा जाने लगा है। ये सब विचार 'सरसरी तौर' पर निकलते से लगते हैं, जिन पर विस्तार से विचार-विमर्श किया जा सकता है। टेक्नोलॉजी के गहन और त्वरित बदलावों से पैदा हुई उत्सवधर्मी अमरीकी संस्कृति के प्रभावों का यदि हमारी कविताओं पर असर होता है और वे जन-जीवन से विछिन्न होती हैं तो तब की स्थितियों पर विचार करने की जरूरत भी यह 'गीत अंक' पैदा करता है। साहित्य और कलाओं का विकास कई अर्थों और सीमान्तों को खोलता है और सामाजिक विषमताओं के दायरे घटाता है। क्या 'मधुमती' का यह अंक इन दायरों को घटाने में मदद कर रहा है?

'मधुमती' : जनवरी-फरवरी, 2012

भाग-2

कविता का रचनात्मक शिक्षण

राजस्थान माध्यमिक शिक्षा बोर्ड ने व्यापक आन्तरिक मूल्यांकन योजना के अन्तर्गत पद्य-पाठ को मुख्य साहित्यिक प्रवृत्तियों में स्थान दिया है। बोर्ड द्वारा तैयार की गई 'अनुदेश-पुस्तिका' में इस प्रवृत्ति को सफल बनाने का दायित्व शिक्षक को सौंपा गया है। संकेत रूप में कुछ सारपूर्ण परामर्श भी हैं। उदाहरण के लिये पद्य-पाठ में कैसी सामग्री हो? अनुदेश पुस्तिका में कहा गया है कि 'सूक्तियाँ, कहावतें और गद्य-पद्य अंश' का समावेश किया जा सकता है। इस सामग्री की प्रकृति के सम्बन्ध में यह उल्लेख है कि यह 'प्रेरणादायक और उपयोगी' हो। भाषा के सम्बन्ध में कोई प्रतिबन्ध नहीं है फिर भी मर्यादा बनाए रखने के लिये 'हिन्दी अंग्रेजी और संस्कृत' भाषाओं के नाम गिनाए गये है। अध्यापक चाहें तो भाषाओं वाली सूची में 'ब्रज, राजस्थानी और उर्दू' को जोड़ सकते हैं। ब्रज काव्य की पुरानी भाषा है जिसकी रचनाओं का रसास्वादन विद्यार्थी छोटी कक्षाओं से लगाकर बड़ी कक्षाओं तक में करते रहते है। इस भाषा के काव्य में अर्थ-चमत्कार और अनुप्रास, यमक, श्लेष जैसे अलंकारों की छवि विद्यार्थियों को आकृष्ट करती है। उदाहरण के लिये बसन्त ऋतु का 'कूलन में, केलि में, कछारन में, कुंजन में' तथा शिशिर ऋतु तथा वर्षा-ऋतु के अनुप्रास-युक्त घनाक्षरी छंद छठी, सातवीं कक्षा से ही विद्यार्थी का मन मोह लेते है। भूषण के कुछ छंदों में छात्र यमक अलंकार सराहते हुए पाए गये हैं। सूर तथा अन्य कवियों के पद भाषा-माधुर्य तथा सहज भाव सम्प्रेषणीयता के कारण बोझ से नहीं लगते। राजस्थानी के सम्बन्ध में विशेष लिखना आनावश्यक है क्योंकि वह अनेक तरह से इस प्रान्त के जीवन यथार्थ से जुड़ी है। राजस्थानी काव्य की भाषा और मुहावरा इस प्रान्त के विद्यार्थियों को पुरानी जातीय स्मृतियों से जोड़ता है चाहे वे रूमानी स्मृतियाँ हों चाहे शौर्य की स्मृतियाँ या कि जय-पराजय की अथवा कि सामन्ती-शोषण और सामाजिक अन्याय की स्मृतियाँ हों। इस भाषा के नये काव्य में लोक-शब्दों का प्रयोग, जन-जीवन की छवियाँ और सहजता विद्यार्थी को आकृष्ट करती है। उर्दू राजस्थान के लिये अजनबी भाषा नहीं है। उर्दू की शब्द लाघवता और रूमानी खुलान किशोर अवस्था को लाँघकर युवावस्था में जानेवाले विद्यार्थियों को अच्छा लगता है। उर्दू की ग़ज़लें, शेर और शायरी और हास्य लेख विद्यार्थी

रुचि के साथ पढ़ते और सुनते है। कव्वालियाँ स्कूलों के वार्षिक कार्यक्रम का अंश होती है क्योंकि उसमें कई विद्यार्थी हिस्सा ले सकते हैं और जिसकी अदायगी में न केवल अनौपचारिकता ही होती है बल्कि एक नाटकीय उल्लास, विचित्र वेशाभिनय, लम्बे-लम्बे हाथ बढ़ाना, घुटनों पर बैठना और एक विशेष अदा के साथ गाते-गाते आधे खड़े हो जाना, दर्शकों की प्रशंसा को सलाम करके सिर आँखों पर रखने जैसा मंचीय कौतुक भी रहता है जो 14 से 18 वर्ष की आयु वाले विद्यार्थियों को विशेष सन्तोष देता है। इस तरह हमारे स्कूलों में शिक्षक 'पद्य-पाठ' की सामग्री को छह भाषाओं—हिन्दी, अंग्रेजी, संस्कृत, ब्रज, राजस्थानी, उर्दू में से चुन सकता है।

सामग्री चयन के बाद अनुदेश पुस्तिका में यह भी कहा गया है कि विद्यार्थी 'इसे (सामग्री), कंठस्थ करे और प्रभावशाली ढंग से इसका पाठ कर सके'। इस प्रकार कविता पाठ के तीन महत्त्वपूर्ण अंग है :

1. सामग्री
2. स्मरण
3. प्रभावशाली पाठ या सम्प्रेषण

} कविता पाठ

अब हम इन तीनों पर अलग-अलग विचार कर सकते हैं।

सामग्री चयन

विद्यालयों के लिए 'पद्य-पाठ' की सामग्री का चुनाव कठिन काम है क्योंकि उसका सम्बन्ध भी एक न एक रूप से भाषा शिक्षण से जुड़ा रहता है। इस महत्त्व के कारण 'पद्य-पाठ' की सामग्री निरे आनन्द के लिये नहीं चुनी जा सकती है यद्यपि हम प्रयत्न यही करते हैं कि विद्यार्थी इसे सहज आनन्द की दृष्टि से ही ग्रहण करें। यहीं एक अजीब सा द्वंद्व प्रारम्भ होता है। विद्यार्थी को इस सामग्री में जोर-जबरदस्ती की गंध आने लगती है और वह अनुभव करने लगता है कि इस 'हॉबी पीरियड' में भी अध्यापक अपनी तरफ से पद्य-पाठ की सामग्री देकर उसकी स्वतंत्रता का अपहरण कर रहे है और यदि अध्यापक सामग्री नहीं चुनता तो उसे एक नैतिक पीड़ा का अनुभव होता रहता है क्योंकि उसे सन्देह बना रहता है कि विद्यार्थी की चुनी सामग्री अवश्य ही साधारण होगी और उससे औपचारिक कक्षा अध्ययन में अनुपलब्ध उद्देश्य वैसे के वैसे ही रह जाएँगे। वह समझता है यह स्थिति टाली जा सकती है यदि वह सामग्री का चुनाव करे। ऐसी द्वंद्वात्मक स्थिति की चर्चा, कुछ अप्रसन्नता के भाव से, रवि बाबू ने अपने एक संस्मरण में की है "...तब मेरी उम्र बहुत छोटी थी। एक बात मुझे याद है, विद्यालय का काम शुरू होने से पहले गैलरी में बैठकर सब लड़के गाने के स्वर में कैसी-कैसी कविताएँ पढ़ा करते थे। शायद उनमें इस बात की कोशिश थी कि शिक्षा के साथ-साथ लड़कों का कुछ मनोरंजन भी हो।... इसमें सबसे बढ़कर मजे की बात यह थी कि अधिकारी वर्ग तब की किसी एक

थ्योरी को मानकर बिलकुल निश्चिन्त था कि उसने लड़कों के लिये मनोरंजन की व्यवस्था कर दी है। प्रत्यक्ष लड़कों की तरफ देखकर उसके फलाफल पर विचार करना वह फिजूल समझता था। मानो उनके सिद्धान्त के अनुसार आनन्द पाना लड़कों का एक कर्तव्य हो और न पाना अपराध। इसलिए जिस अंग्रेजी किताब से उन लोगों ने थ्योरी अपनायी थी उसमें से पूरा का पूरा अंग्रेजी गाना लेकर वे आराम का अनुभव कर रहे थे।" इस उद्धरण से रवि बाबू की अप्रसन्नता और उसका कारण समझना कठिन नहीं है। यह हॉबी या मनोरंजन के पीरियड में अध्यापक के हस्तक्षेप के प्रति नाराजी है। लेकिन अध्यापक को सभी परिस्थितियों में खाँडे की धार चलना पड़ता है। ऐसे अवसरों पर अध्यापक की अन्तर्दृष्टि ही काम देती है। वैसे एक कुशल अध्यापक यह जानता है कि वह अपने विद्यार्थी को अधिक से अधिक स्वतंत्रता और बौद्धिक हिस्सेदारी देते हुए न सकुचावे। इस सिद्धान्त के अनुसार यहाँ भी वह सामग्री चयन में विद्यार्थी को काम सौंपेगा, उसके द्वारा चुनी सामग्री की गुणावगुण के आधार पर परीक्षा करेगा, रुचि परिष्कार में सहायक होगा। यदि अधिक संख्या में विद्यार्थी सहायक होते हैं तो अध्यापक के पास विविधतापूर्ण सामग्री का भंडार तैयार हो जाता है। इसके अतिरिक्त यह लाभ भी होता है कि इस सामग्री के स्तर, रुचि, उपयोगिता, की जाँच भी इस समूह में होती रहती है। सामग्री चयन में विद्यार्थियों के सहयोग को सौभाग्य ही कहना चाहिए अन्यथा पूरा का पूरा कार्य भार अध्यापक पर आ जाता है। छोटे विद्यालयों में यह कार्य कदाचित् अध्यापकों को करना ही पड़े।

'पद्य-पाठ' की सामग्री-चयन में प्रबुद्ध और काव्य-रसिक अभिभावक भी सहायता देते हैं। कई बार अध्यापक सुशिक्षित परिवार के विद्यार्थियों को यह परामर्श देते हैं कि वे सामग्री चयन में अभिभावकों से मदद ले लें। चयन-कार्य में इस प्रकार अभिभावक का उपयोग उचित ही है किन्तु यह 'स्थायी-विधि' नहीं होनी चाहिए क्योंकि उनकी सारी सदिच्छाओं के साथ वे उन्हीं रचनाओं को चुनेंगे जो उनके चित्त को प्रफुल्लित करती है और जिनकी विषयवस्तु, भाषा और मुहावरा विद्यार्थी की रुचि के विपरीत हो सकता है। विद्यार्थी का ऐसी रचना से न तो रुचि-संस्कार होता है और न उसकी प्रफुल्लता ही संवर्धित होती है। वह अधिक से अधिक अपने अभिभावक की भूमिका में होता है। इस भूमिका को वह लम्बे समय तक धारण नहीं कर सकता। इसके अन्त में जाकर दो ही परिणाम हो सकते हैं; एक तो यह कि वह कवितादि से शीघ्र ही विरत हो जाए और या फिर यह 'वयस्क रुचि' को स्थायी रूप से अपनी बना ले जो अवश्य ही एक विसंगति का भाव पैदा करनेवाली होगी। इसलिए अभिभावकों की सामग्री को भी अध्यापक शैक्षिक-लक्ष्यों की दृष्टि से देखेगा और अन्त में विद्यार्थी की रुचि, स्तर और भावात्मक स्थिति को ही निर्णयात्मक दौर में महत्त्व देगा।

इस समय सामग्री-चयन करने और उसे विद्यार्थी तक पहुँचने में अध्यापक कितनी सहायता दे रहे हैं यह जानना कठिन है लेकिन इस प्रवृत्ति की जितनी उपादेयता है उसे देखते हुए इस कार्य के साथ जुड़े अध्यापकों से अधिक श्रम की अपेक्षा की जाएगी। यदि अध्यापक इस आयु के भावुक और संवेदनशील छात्रों को उनकी आवश्यकतानुकूल भाव-सामग्री नहीं देता तो वे अपनी तात्कालिक आवश्यकताओं के लिये रुचिहीन कविताएँ और गीत चुनेगे जिनसे बचने के लिये हम उनसे बार-बार कहते तो हैं लेकिन विकल्प के रूप में प्रफुल्ल और रोमांचित कर देनेवाली सामग्री नहीं देते। विद्वान अध्यापक इस तथ्य को जानते हैं कि विद्यार्थी जब कभी सामान्य अथवा स्तरहीन कविताएँ चुनता या पढ़ता है तो एक नैतिक द्वंद्व का सामना करता है क्योंकि वह अपने स्तरहीन चयन को जानते हुए भी किसी श्रेष्ठ विकल्प के अभाव में उसी को चुनने के लिये विवश है। अन्त में वह इसी संस्कार को स्थायी संस्कार के रूप में चुन लेता है। यह कहने की आवश्यकता नहीं है कि पाठ्यपुस्तकीय सामग्री इस सामग्री से भिन्न है इसलिए उससे इस प्रवृत्ति का काम पूरा नहीं हो सकता।

यहाँ यह भी विचारणीय है कि अध्यापक भाषा-शिक्षण के माध्यम से कौन से उद्देश्यों की सम्प्राप्ति करना चाहता है और इन उद्देश्यों में से वे कौन से हैं जिनका महत्त्व लिखित परीक्षा की दृष्टि से अधिक है और वे कौन से है जिनकी प्राप्ति के लिये सतत आग्रह और शिक्षण आवश्यक है। परीक्षा द्वारा मूल्यांकित हो जानेवाले उद्देश्यों की चर्चा अनपेक्षित है, इसलिए हम यहाँ उन्हीं उद्देश्यों की चर्चा करें जिनकी सम्प्राप्ति के लिये अनौपचारिक प्रयत्न, सतत-आग्रह और अपेक्षाकृत लम्बे सान्निध्य और वैयक्तिक-प्रभाव तथा परामर्श की आवश्यकता है और जिनका मूल्यांकन लिखित परीक्षा द्वारा सम्भव नहीं है। ये उद्देश्य है—

1. विद्यार्थी में रसास्वादन की क्षमता विकसित करना
2. साहित्यिक अभिरुचि का सम्बन्धन करना
3. सौन्दर्यबोध की क्षमता का विकास करना
4. प्रभावशाली ढंग से वाचन की क्षमता बढ़ाना

यथा सम्भव हमारी 'पद्य-पाठ' की सामग्री ऐसी हो जो इन उद्देश्यों की पूर्ति में सहायक हो। यहाँ इस तथ्य से अवश्य अवगत हो जाना चाहिए कि रसास्वादन की क्षमता और सौन्दर्यबोध की चेतना को विस्तार तथा साहित्यिक अभिरुचि का संवर्धन साधारण काम नहीं है इसलिए यह आवश्यक प्रतीत होता है कि एक अनौपचारिक किन्तु अनुकूल और उपयोगी सामग्री तथा वातावरण की तैयारी को न तो दृष्टि-ओझल किया जाए और न अनावश्यक समझा जाए। किसी समय यह सिद्धान्त प्रतिपादित हुआ था कि शिक्षा अबाधित और मुक्त कर्म है, बालक अनुभवों से सीखता है किन्तु धीरे-धीरे इस सिद्धान्त की अक्षमता स्पष्ट होने लगी

और बीसवी शती के प्रारम्भ में शिक्षाविदों का यह आग्रह रहा कि शिक्षा चुने हुए मानवीय अनुभवों को प्रस्तुत करने की प्रक्रिया है। इस सिद्धान्त के अनुसार पुरानी अराजकतावादी स्थिति समाप्त हो गई और शिक्षा के क्षेत्र में रचनात्मक अनुभवों के पुनः संयोजन रुचिपूर्ण सामग्री-चयन और उपयोगी तथा आनन्ददायक विधियों की तलाश प्रारम्भ कर दी गई। इस सिद्धान्त के आधार पर शिक्षक अब यह नहीं कह सकता कि बालक को अपनी कलात्मक रुचि का संस्कार करने अथवा साहित्यिक अभिरुचि के संवर्धन के लिये अपनी खोज प्रारम्भ रखनी होगी बल्कि उसे अनुकूल अवसर और सामग्री प्रस्तुत करनी पड़ेगी जिससे विद्यार्थी की कलात्मक अथवा साहित्यिक अभिरुचियों का विकास न रूके वह कला अथवा साहित्य का रसास्वादन कर सके और उसकी सौन्दर्य चेतना का सहज विस्तार हो। सुरुचिपूर्ण सामग्री और परिष्कृत अवसरों के संयोजन की इसलिए भी जरूरत है क्योंकि इधर संस्कारहीन रुचियों के फैलाव की सम्भावनाएँ बढ़ गई हैं। उदाहरण के लिये एक कार्यक्रम- कवि सम्मेलन की चर्चा करें। कवि-सम्मेलन में अनेक शैक्षिक सम्भावनाएँ हैं लेकिन इन दिनों ये अधिकांशतः आयोजनकों तथा कवियों की लोकप्रियता के फैलाने के लिये संयोजित होते हैं जिनसे रुचि-परिष्कार की अपेक्षा करना कठिन है। यह विचारणीय है कि बहुत बड़े कवि-सम्मेलनों के स्थान पर कौन से कार्यक्रम आयोजित करें? क्या कुछ अच्छे और चुने हुए कवियों की गोष्ठियाँ हों? क्या कुछ अच्छे काव्य-पाठ करनेवाले अध्यापकों को समय-समय पर आमंत्रित किया जाए? या चुने हुए विद्यार्थी कवि बुलाए जाएँ? जो भी परिस्थिति के अनुकूल हो, वह हो। यहाँ तो केवल इस तथ्य से अवगत होना आवश्यक है कि हमारे 'पद्य-पाठ' को अनौपचारिक वातावरण में किन्हीं शैक्षिक-उद्देश्यों की सम्प्राप्ति करना है इसलिए हमारी सामग्री को भी इन उद्देश्यों की सम्प्राप्ति में सहायक होना चाहिए।

आपको अभी तक यह प्रतीत हो रहा होगा कि 'पद्य-पाठ' की सामग्री की चर्चा पद्य अथवा कविता तक ही सीमित हो गई है। आपकी यह प्रतीति उचित ही है क्योंकि सूक्तियों अथवा गद्यांशों को लेकर मेरे मन में कोई विशेष उत्साह नहीं है इसलिए यहाँ मैं आपको 'पद्य-पाठ' की सामग्री से सम्बन्धित चर्चा में 'पद्य' की ही चर्चा करता लग सकता है। वस्तुतः सूक्ति की एक मर्यादा है और वह यह कि भाव की दृष्टि से वह केवल चकाचौंध उत्पन्न कर सकती है अथवा कि थोड़े शब्दों में अति व्याप्त अर्थ को समाहित कर सकती है अथवा कि अर्थ-भंगिमा के वैशिष्ट्य के कारण लुभा सकती है। सूक्ति एक आयामी रचना है अनेक आयामी नहीं जो पद्य या कविता हो सकती है इसलिए सूक्ति-कथन में वाचक को किसी कौशल की आवश्यकता नहीं। कविता क्योंकि अनेक आयामी है इसलिए उसमें वाचक अपने कौशल की पूरी अभिव्यक्ति कर सकता है। अच्छी कविता अच्छी

सूक्ति की अपेक्षा अधिक हृदयग्राही होगी क्योंकि वह कई भावनाओं से जन्मी है और कई भावनाओं को जन्माएगी। यह केवल तुलना है, सूक्तियों के महत्त्व को नकारना नहीं है। सूक्तियों का एक लाभ देख सकते है : वे तुरन्त याद हो जाती है और यदि प्रसंगानुकूल उपयोग में लाई जाएँ तो श्रोताओं पर वक्ता का प्रभाव स्थापित करती है। गद्यांश भी कविता का काम नहीं करते यद्यपि मैं जानता हूँ कि 'गद्य-काव्य' की विधा में लिखे गये वियोगी हरि के 'चित्रकार' अथवा 'दीनों पर प्रेम'; डॉ. रघुवीरसिंह की 'शेष स्मृतियाँ' मे से 'ताज' या सरदार पूर्णसिंह के भावात्मक निबन्धों में से कोई अंश या कि विवेकानन्द; स्वामी रामतीर्थ आदि के उत्साहवर्धक पाठांश, महादेवी वर्मा के 'अतीत के चलचित्र' में से कोई करुण प्रसंग, जयशंकर प्रसाद की 'पुरस्कार' कहानी का प्रकृति चित्रण, रायकृष्णदास का 'सागर और मेघ' की संवाद-शैली पर लिखा मार्मिक गद्य-खंड अवश्य ही विद्यार्थी को प्रभावित कर सकते है। किन्तु इन गाद्यांशों को कंठस्थ करके भी विद्यार्थी इन्हें दूसरों को सुनाकर प्रसन्न करने में इतना सफल नहीं हो सकता जितना वह काव्य-पाठ करके हो सकता है। निस्सन्देह ही विद्यार्थी वाद-विवाद के लिये लम्बे-लम्बे गद्य-भाषण और अभिनय के लिये बहुत लम्बे संवाद कंठस्थ करते हैं लेकिन ऐसा करने के लिए वे जिन कारणों से उत्साहित हैं उनमें सार्वजनिक प्रदर्शन से प्राप्त होनेवाली तुष्टि और प्रशंसा मुख्य है। कुछ विद्यार्थी कठिन गद्यांशों को पद्य ही की तरह कंठस्थ करते हैं जिससे उनमें आत्म-विश्वास उत्पन्न होता है और वे यह सन्तोष भी पा सकते हैं कि उनके पास ज्ञान की सम्पदा है।

सामग्री कैसी हो

पद्य-पाठ की सामग्री कहाँ से चुनें? हम यदि पद्य-पाठ की सामग्री प्राप्त करने के सही स्थानों को जान लें तो हमें सामग्री के अभाव की शिकायत नहीं होगी और हम निरन्तर अपनी सामग्री को बढ़ाते चलेंगे, न केवल बढ़ाएँगे ही बल्कि उसे विविधतता और मानवीय अनुभूति की गहराइयों से युक्त करने की भी कोशिश करेंगे।

हमारे पास, हमारे पास ही क्यों सभी देशों और वहाँ की जनता के पास, सभी प्रकार की प्रेरणादायक सामग्री प्राप्त करने का एक अक्षय उत्स है और वह है हमारी जातीय स्मृतियाँ। कोई भी राष्ट्र या समाज हो वह एक सामूहिक और सामाजिक जीवन व्यतीत करता है; इस जीवन-प्रणाली के लिये वह व्यवहार, नीति, नियम, धर्म शिक्षा, भाषा, भूषा और न जाने क्या-क्या आविष्कृत करता है। इन सबके बीच उसका इतिहास, परम्परा, आचार-व्यवहार, नीति, जन्म-मरण, जय-पराजय, नर-नारी के प्रणय-विवाह सम्बन्ध, सन्तान, सम्पत्ति के नियम सब बनते-बदलते हैं। यही सब उसके इतिहास और परम्परा के रूप में उसकी जिजीविषा का अंश होता है। जरूरी नहीं कि यह सब इतिहास, परम्परा और काल-चक्र के बीच से

गुजरी किसी देश की सामाजिक-जिन्दगी 'मीठी यादगारें' या 'मधुर-स्मृतियाँ ही' हों। वे कड़वी और भय उत्पन्न करनेवाली भी होंगी लेकिन वे हमारे जीवन-प्रवाह के साथ ऐसी जुड़ी होंगी कि उन्हें अलग करना उचित और सम्भव नहीं होगा। जब-जब हम अपनी साहित्यिक सामग्री को इस सामूहिक जीवन के संघर्ष-इतिहास ओर मानवीय परम्परा से जोड़ेंगे वह हमारे मन को आह्लादित करेगी। विद्यार्थी जब तक बड़ा होकर जीवन की विषम स्थितियों के द्वारा क्रूर नहीं बना दिया जाता तब तक वह उस शैक्षिक सामग्री और सामूहिक जीवन को पसन्द करता है जो उसे स्कूल में मिलता है। लोक-गीत, लोक-नृत्य, लोक-कथाएँ इसीलिए हमें आनन्द देते है क्योंकि वे हमारे साथ-साथ रहने की जातीय स्मृति और इसलिए जीवनांश है। इसलिए पद्य-पाठ की सामग्री चयन करते समय हम यह निकष बना सकते हैं कि जिन रचनाओं में हमारी जातीय स्मृतियों की यानी हमारे सार्थक इतिहास, परम्परा, लोक-नीति, लोक-संघर्ष, खुले लोक-व्यवहार, भेद-भाव हीन जनसम्पर्क की छवि अंकित है उन्हें चुनें क्योंकि वे रचनाएँ विद्यार्थियों को अच्छी लगेंगी।

हमारे पास सामग्री चयन का दूसरा अक्षय उत्स है प्रकृति। किसी भी विद्वान् शिक्षक से यह कहने की आवश्यकता नहीं कि मनुष्य के अनुभव और स्वभाव को बनाने में नदी, पर्वत, मिट्टी, वायु, आकाश, वृक्ष, पक्षी इन सबका कितना महत्त्वपूर्ण हिस्सा है। प्रकृति को साहित्य से रमणीय उपमाएँ मिली हैं न केवल उपमाएँ बल्कि प्रतीक और बिम्ब भी। ये हमारी और प्रकृति के बीच की घनिष्ठता को प्रकट करते हैं। अकेले चन्द्रमा के सान्निध्य को लेकर ही इस देश के कवियों ने जितनी मनोहारी कल्पनाओं, विरह और संयोग की वर्णन भंगिमाओं और नर-नारी के रसमय-सम्बन्धों की गहरी रचनाओं को लिखा है क्या उन सबका वर्गीकरण सम्भव है? हिन्दुस्तान की ऋतुओं और खुले आकाश का आनन्द मात्र कवियों ने ही नहीं लिया है, सबने लिया है। इतना ही नहीं ऋतुओं की बदलती श्री और आनन्द हमारे जीवन और साहित्य में भी प्रतिबिम्बित हैं। रीतिकाल के कवि पद्‌माकर, सेनापति, बिहारी और बाद के कवि सुमित्रानन्दन पंत, निराला और फिर उसके बाद के अनेक कवियों ने प्रकृति पर सहस्त्रों रचनाएँ लिखी हैं। हमारे विद्यार्थियों के लिये पद्य-पाठ की सामग्री चयन करते समय इस स्त्रोत से हम अनेक रचनाएँ ले सकते हैं।

तीसरा उत्स है मनुष्य की संघर्षशीलता। साहित्य के अध्यापक से यह छिपा नहीं है कि मनुष्य को नैतिक बल देनेवाली रचनाओं का जन्म मनुष्य की संघर्षशील प्रवृत्ति से ही हुआ है। मनुष्य सदा गुलामी, शोषण, कट्टरता, अनुदारता, अन्याय, क्रूरता के विरोध में लड़ता रहा है और उसकी इस लड़ाकू मनोवृत्ति का चित्रण करनेवाला साहित्य संसार के श्रेष्ठ साहित्य की गणना में आता है। इस साहित्य से मनुष्य को अदम्य उत्साह नैतिक बल, आस्था, जागरूकता और निर्भय-मन

प्राप्त हुआ। आज भी संघर्षशीलता को प्रेरित करनेवाला साहित्य युवओं को आकृष्ट करता है और विश्वास है कि हमेशा ही करता रहेगा। माध्यमिक और उच्च माध्यमिक कक्षाओं में पढ़नेवाले विद्यार्थियों की काव्य-रुचि जाँचने के लिये जो अनुसन्धानात्मक कार्य हुआ उससे भी यह विदित होता है कि विद्यार्थी उच्च आदर्श, नीति, बलिदान, प्रेम और अनवरत संघर्षशीलता का चित्रण करनेवाली रुचि को प्राथमिकता देते हैं।

'पद्य-पाठ' की सामग्री चुनते समय हमें समसामयिकता के महत्त्व को नहीं भूलना चाहिए। मनुष्य की सर्वाधिक रुचि अपने समय के सन्दर्भों में रहती है क्योंकि उससे जीवन का यथार्थ जुड़ा है। साहित्य की बदलती हुई भाषा और विषयवस्तु का परिचय भी समसामयिक साहित्य से ही प्राप्त होता है। आज जिन्दगी को जिस अनास्था और कड़वाहट का सामना करना पड़ रहा है या कि स्त्री पुरुष के रिश्ते, पारिवारिक घनिष्ठता की टूटन और सम्पत्ति का मानवीय रिश्तों पर प्रभाव देखने को मिल रहा है, वह नितान्त हमारे ही समय की समस्या है। साहित्यिक रचनाओं में व्यंग्य-रचनाएँ अथवा नाराज-लेखन जो प्रमुखता प्राप्त कर रहा है उसका हमारे जीवन से गहरा सम्बन्ध है। अपने काल की भयंकरता, क्रूरता, शोषण और पड्यंत्र से विद्यार्थी को अलग रखने काी कोशिश अनुचित है। हम में से किस के लिये भी समय को गोपनीय दस्तावेज की तरह जेब में रखकर घूमना सम्भव नहीं है।

हमारे पास सामग्री चयन का एक स्रोत और भी है—साहित्य की उपलब्ध सामग्री। यह सामग्री दो प्रकार की है; एक वह जो हमारे साहित्य को परम्परा से प्राप्त हुई है; दूसरी वह जो इस समय लिखी जा रही है। विद्यार्थी की साहित्यिक अभिरुचि का विकास करने में हमें अपने पुराने साहित्य से लगाकर नये साहित्य तक की मदद लेनी पड़ेगी लेकिन यह अवश्य ही ध्यान रखना पड़ेगा कि यह सामग्री उसकी कुत्सित अभिरुचि को न जगाए। मनुष्य में जो श्रेष्ठत्व या नैतिकता की अग्नि है उसे न बुझने दे। अवश्य ही विद्यार्थी की आँखों पर पट्टी बाँधना हमारा काम नहीं है लेकिन उसके रुचि परिष्कार का काम तो हमारा है ही जिसे यथासम्भव पूरा करने में हमें संकोच का अनुभव नहीं होना चाहिए।

रचना-चयन किसके लिए

रचना-चयन किसके लिए? इस प्रश्न का उत्तर सरल भी है और कठिन भी है। सरल उत्तर तो यह है कि यह चयन 9वीं, 10वीं तथा 11वीं कक्षाओं के विद्यार्थियों के लिए है और कठिन इसलिए कि यह आयु-विशेष के जिन विद्यार्थियों से सम्बन्धित है उनका एक मनोविज्ञान है जटिल और संश्लिष्ट। किन्तु हमारा उद्देश्य इस आयु के विद्यार्थियों का जटिल और संश्लिष्ट मनोविज्ञान समझना नहीं है इसलिए हम इस

आयु के विद्यार्थियों की सामान्य मानसिक आवश्यकताओं की चर्चा करके सन्तुष्ट हो सकते हैं। सामान्यतया इस आयु में यानी छात्र जब 9वीं कक्षा में प्रवेश लेता है तब वह न तो किशोर होता है न युवा; वह आयु की 'सीमा-रेखा' पर होता है। आयु की इस 'सीमा-रेखा' पर खड़ा वह दोनों तरफ देखता है; किशोरावस्था की दुनिया की तरफ और तारुण्य की यानी भविष्य की दुनिया की तरफ। उसका शरीर भी बदलाव के चिह्न जाहिर करता है; लड़का पुरुष होने की तैयारी करता है; लड़की स्त्री होने की। यह आयु विचित्र आशा-निराशाओं की होती है; एक महत्त्वाकांक्षी मन, प्रदर्शन और प्रतिष्ठा की इच्छा, आत्म-समर्पण और बलिदान की भावना, नैतिक आस्थाओं की तलाश, रूढ़िग्रस्त दुनिया की उपेक्षा और बन्धनहीन जिन्दगी की तृष्णा, प्रेम की तृषा, रूमानियत और स्वप्नों की दुनिया में भटकाव, आक्रोश और नाराजगी, प्रसन्नता और दरियादिली, इन्हीं सब विचित्र विरोधाभासों से बनी आयु। एक विद्वान् के अनुसार 'सुबह के धुँधलके की तरह' रोशनी और अँधेरे से बनी। ऐसी आयु के लिए हमारे पास विविध रुचियों, विश्वासों और आवश्यकताओं की पूर्ति करनेवाली सामग्री चाहिए।

इसके अतिरिक्त हमें छात्र-छात्राओं की रुचियों के भेद को भी ध्यान में रखना होगा। इस आयु के छात्र पौरुष वृत्ति के होते जाएँगे किन्तु छात्राएँ कोमल मन वाली क्योंकि उन्हें पुरुष से अलग जीवन के लक्ष्यों की सम्प्राप्ति करनी है। वे कोमल, करुण प्रसंगों की 'पद्य सामग्री' विशेष रुचि से पढ़ेंगी।

तीसरी आवश्यकता नागरिक-जीवन और ग्राम्य-जीवन के भेद को समझने की है क्योंकि हमारी इच्छा न होते हुए भी इससे छात्रों की रुचि में भेद आता है। यह सत्य भूलने से काम नहीं चलता कि हमारा सामाजिक वातावरण, सांस्कृतिक परिवेश, स्थानीय जीवन की सुविधा-असुविधाएँ हमारी रुचियों पर प्रभाव डालता है। इस रुचि भेद को जितना हो सके ध्यान में रखना चाहिए और जहाँ अनिवार्यता न हो वहाँ इस रुचि वैविध्य को जीवित रखने की चेष्टा करनी चाहिए। साहित्यिक और सांस्कृतिक क्षेत्रों में रुचि भिन्नता एक अनिवार्य स्थिति है क्योंकि यह भिन्नता उसका वैशिष्ट्य है—एक तरह से उसे दूसरों से अलग करता है। इन क्षेत्रों में अध्यापक का यह कर्तव्य होता है कि वह इस रुचि वैशिष्ट्य, रुचि-भेद, रुचि-वैविध्य की तलाश करे और पोषित करे।

रचना-चयन के आधार

चयन का मूल आधार तो विद्यार्थी की रुचि है। हमारी सामग्री का कोई महत्त्व नहीं है यदि विद्यार्थी की रुचि उसे पढ़ने की न हो। हमारे विद्यार्थियों की रुचि क्या है यह जानना अधिक कठिन काम नहीं है। कुछ तो इन रुचियों के सम्बन्ध में मनोविज्ञान की पुस्तकें हमारी सहायता करती हैं लेकिन इन पुस्तकों से भी कहीं अधिक सहायक

हमारा कक्षा-अध्यापन का अनुभव है। विद्यार्थियों की प्रारम्भिक रुचि, उनका स्तर, उनकी मनोकामनाएँ स्थानीय वातावरण, पूर्व प्रयत्न कक्षा-अध्यापन यह सब बता देता है। प्रारम्भ में ही यदि अध्यापक अपनी रुचि को महत्त्व देने लगेगा तो उस द्वंद्व में उलझ सकता है जिसकी चर्चा पूर्व पृष्ठों में की गई है।

रुचि जानने का एक अच्छा तरीका यह है कि हम विद्यार्थियों से कविताएँ, सूक्तियाँ या जो कुछ भी उन्हें स्मरण है सुनें। आखिर जो उन्हें याद है, जिसे उन्होंने याद रखने का प्रयत्न किया है वह कुछ संकेत तो देता ही है। यहीं से हम अपने प्रारम्भ का बिन्दु चुन सकते हैं। हो सकता है कि विद्यार्थियों को जो कुछ स्मरण है वह उनकी तत्काल की आवश्यकता हो लेकिन यही आवश्यकता तो है जो उसकी रुचि जगाती है, सामग्री की खोज का आवेश उत्पन्न करती है; सामग्री को कंठस्थ करने की इच्छा उत्पन्न करती है। इस प्रकार जो हमारे लिये तत्काल है वह विद्यार्थी के लिये पूरा लम्बा और तुष्टिदायक काल हो। एक विद्वान शिक्षक इस तत्काल रुचि को दीर्घकालीन रुचि में बदलने की चेष्टा करेगा। रुचि परिष्कार के लिये श्रम, निरन्तरता और धैर्य की आवश्यकता होती है। अध्यापक धीरे-धीरे विद्यार्थी की तलाश करता है, धीरे-धीरे उसका मन जीतता है, कभी-कभी रचनात्मक सुझाव देता है और चुपचाप ही उसके व्यक्तित्व को वांछित दिशाओं में मोड़ता है। ये वांछित दिशाएँ अध्यापक की अपनी रुचि प्रिय दिशाएँ नहीं हैं बल्कि विद्यार्थी के माध्यम से विद्यार्थी के लिये खोजी गई दिशाएँ हैं। प्रगतिशील शिक्षकों की यह राय मान्य है कि शिक्षक का काम विद्यार्थियों पर वयस्क रुचियों की टोपी पहनाना नहीं है। हमारा काम विद्यार्थी से चलकर विद्यार्थी तक पहुँचना है।

यदि हम विद्यार्थी की रुचि जान गये हैं और हमने यह मालूम कर लिया है कि उनका पूर्व ज्ञान किस स्तर का है तो फिर हम आगे बढ़ सकते हैं।

अब हम यह देख सकते हैं कि विषयवस्तु की दृष्टि से 9वीं, 10वीं, 11वीं कक्षाओं के विद्यार्थी साधारणतया किस प्रकार की कविताएँ पसन्द करेंगे और यह भी कि उन कविताओं में क्या साहित्यिक विशेषताएँ हों? वैसे कोई भी विलक्षण और प्रभावशाली कृति खंडित नहीं की जा सकती है और न हम यह कह सकते हैं कि विद्यार्थी ने अमुक कविता विषयवस्तु के कारण और अमुक कविता शैली के कारण पसन्द की है। अमूमन साहित्यिक कृतियों का प्रभाव इस या उस कारण की उपज नहीं होता वह अनेक कारणों की संश्लिष्ट उपज होता है। फिर भी हम अपनी स्थूल सुविधाओं की दृष्टि से 'विषय-वस्तु' और 'शैली' की विशेषताओं में रचनाओं को बाँटते हैं। ऐसा प्रयास हमें केवल प्रारम्भिक दृष्टि देता है। अन्त में तो अध्यापक को संश्लिष्ट अनुभवों और साहित्यिक विशेषताओं वाली कृतियाँ ही तृप्ति देती हैं और विद्यार्थी भी ऐसी ही रचनाओं से नये-नये आनन्द की अनुभूतियों से गुजरते हैं। यही उनके मन का 'पुनःसृजन' है।

सम्भाव्य विषय-वस्तुओं की तालिका

1. **स्त्री पुरुष के प्रेम की कविताएँ :** (शृंगारिक कविताएँ, सौन्दर्य वर्णन प्रतीक्षा, मिलन क्षणों का तीव्र आवेग, प्रेम सम्बन्धों की टूटन, प्रेमियों की क्रूरता या समर्पण, प्रेमी-प्रेमिका का निश्छल या छल पूर्ण व्यवहार, साहसिकता, रूढ़ियों को तोड़कर प्रेमी के साथ चले जाना या विवाह कर लेना।)
2. **संघर्ष तथा नैतिक आस्थाओं को प्रेरित करनेवाली कविताएँ :** (सब प्रकार के अन्याय का विरोध, पुरानी पीढ़ी का विरोध, शोषण का विरोध, पूँजीवाद की मुखालिफत, गरीबी की मुखालिफत, नई सृष्टि बनाने की इच्छा, समतावादी संसार बनाने का स्वप्न, अन्याय के विरुद्ध संघर्ष करनेवाली शक्तियों का वर्णन, आवेग और आक्रोश को आकांक्षा को अभिव्यक्ति करने की कामना।)
3. **राष्ट्र-प्रेम, विश्व मैत्री तथा उच्च आदर्श वाली कविताएँ :**
4. **प्राकृतिक श्री तथा अन्य रूमानी भाव वाली कृतियाँ :** (ऋतु, पर्वत, उपत्यकाओं, नदी, समुद्र, वृक्ष आदि का वर्णन, शौर्य तथा साहस का वर्णन, व्यक्ति के बलिदान तथा महत्त्वाकांक्षाओं का वर्णन, ध्येय के लिए अन्त तक संघर्ष करनेवाले व्यक्तियों का वर्णन, प्रतिकूल परिस्थितियों में भी पराजय न माननेवाले व्यक्तियों का वर्णन, क्रूर सत्ता अथवा अधिकारी अथवा जातीय-स्मृतियों को नष्ट करनेवाले आततायी का विरोध करनेवाली शक्तियों का वर्णन)।
5. **अन्य प्रेरणादायक विषय :** ये विषय इतिहास के रोमांचकारी प्रसंगों से जुड़े हो सकते हैं या राष्ट्र के नव-निर्माण से सम्बन्धित हो सकते है, राष्ट्र की तात्कालिक आवश्यकताओं से जुड़े हो सकते हैं, स्थानीय आवश्यकताओं की पूर्ति के लिए हो सकते हैं।
6. इसके अतिरिक्त व्यक्ति की विचित्रताएँ, विरोधाभासपूर्ण स्थितियाँ, व्यक्तिगत क्षुद्रता, अंहकार, अकारण बुद्धि-चातुर्य दिखाने की भावना और दूसरी मन:स्थितियों को चित्रित करनेवाली रचनाएँ भी इस आयु के विद्यार्थी को मोहित करती है।

साहित्यिक विशेषताएँ

बुद्धिमान शिक्षकों को विदित है कि किसी कृति में कोई एक विशेषता नहीं होती, उसमें अनेक विशेषताएँ होती हैं। वैसे प्रतीत होता है कि जैसे किसी कृति का प्रभाव किसी कारण विशेष से पड़ रहा हो किन्तु विश्लेषण करने पर यह विदित होगा

कि अनेक कारण और गुण है जो कृति को प्रभावशाली बना रहे हैं। इसलिए जब कृति की साहित्यिक विशेषताओं की चर्चा की जाती है तब हमारा उद्देश्य इस सारे जटिल विषय को आपके सामने अतिसरलीकृत रूप में उपस्थित करना नहीं है, उद्देश्य केवल इतना ही है कि आप पूर्व परिचित बातों की पुनरावृत्ति कर लें और कभी किसी रचना को चुनने के कारण तलाशने पड़े तो साहित्यिक विशेषताओं की इस तालिका से आपको मदद मिले।

1. **भाषा :** सामान्यतया वह कृति पसन्द की जाएगी जिसकी भाषा अधिक घुमावदार अस्पष्ट, आडम्बरपूर्ण और अपरिचित प्रतीकों तथा बिम्बों से बोझिल न हो गई हो। इसका अभिप्राय यह नहीं कि वह एक दम सपाट और वक्तव्य नुमा हो जो अक्सर राजनैतिक कविताएँ हो जाती हैं।
2. **शैली :** छात्र ओजपूर्ण शैली में लिखी जानेवाली कविताएँ पसन्द करते हैं। इस शैली में वे 'तुकवाली' कविताओं को प्रधानता दे सकते हैं लेकिन अतुकान्त कविताओं की कोई सम्भावना नहीं है यह मान्यता अनुचित है। अतुकांत कविताओं में ओजगुण उभरकर आता है क्योंकि अर्थ दूसरे चमत्कारों में नहीं फँसता। तुकान्त कविताओं में कभी-कभी 'लचर' तुक कविता के गुण को नष्ट करता है। संस्कृत के कवि को जैसे 'भूप' की तुक के लिए 'कूप' तक जाना पड़ता है। व्यंग्य में अतुकान्त अथवा आधुनिक ढंग से लिखी कविता खूब काम करती है। काव्य पाठ को यदि हम 'मंचीय पाठ' का समानार्थी नहीं बनाना चाहते तो हमें दोनों तरह की कविताओं के गुणावगुण की परीक्षा करनी चाहिए। लेकिन पसन्द में जोर जबरदस्ती की उपयोगिता कम है, विद्यार्थी तुक पसन्द करते हों तो करें, हम 'तुक' से 'अतुक' तक आ सकते हैं। न भी आएँ तो तुक वाली कविताओंकी उपयोगिता कम नहीं है। काव्य संस्कार और काव्य रुचि तो बनती ही है।
3. **लय और संगीतात्मकता :** इस आयु के विद्यार्थी लय और संगीत के भक्त होते हैं। भावपूर्ण युवक मन में भी एक लय और रागिनी बजती है; जीवन के प्रति मोह भंग होने की यह आयु नहीं होती, इसलिए श्रुति-मधुर, कोमल शब्दों वाली कविताएँ युवा-मन पसन्द करता है। जो कविताएँ गाई जाती हैं वे अधिक रुचि-प्रिय होती हैं। हिन्दी में अपनी विशिष्ट लयात्मकता और गेयता के कारण नीरज, सोमठाकुर, बच्चन, गजानन वर्मा, मुकुल आदि की कविता सराही जाती है। लेकिन विद्यार्थियों को यह तथ्य स्पष्टतया ज्ञात होना चाहिए कि 'कविता-पाठ' और 'कविता-गान' एक ही बात नहीं है। 'गायन' काव्य-पाठ का अंग नहीं है। पाठ ही महत्त्वपूर्ण है। 'गान' कभी-कभी स्वरों को नाना प्रकार से मिलाकर इस तरह प्रस्तुत करता है

कि कृति का 'काव्य-व्यक्तित्व' नष्ट-सा हो जाता है। 'पाठ' कविता के सभी अंग-उपांगों को समान महत्त्व देता है।

4. **चित्रात्मकता का आकर्षण :** विद्वान कहते हैं कि कविता पढ़ी ही नहीं जाती, देखी भी जाती है, वह कान ही के लिए नहीं आँख के लिए भी होती है। युवाजन की आँख, देह, शब्द, कल्पना-जन्य सौन्दर्य चाहते हैं। कविता में चित्रित देह सौन्दर्य विद्यार्थियों को अच्छा लगता है। शब्द चित्रोपमता को शुक्ल जी जैसे आलोचक महत्त्वपूर्ण स्थान देते हैं। अंग्रेजी कवि वर्ड्सवर्थ को 'डेफोडिल्स' रचना शब्द चित्रोपमता का विशिष्ट उदाहरण है। पंत की कुछ रचनाएँ जैसे 'नौका-विहार', 'दो लड़के', 'वह बुड्ढा' शब्द-चित्र उपस्थित करने के कारण महत्त्वपूर्ण मानी जा सकती है। निराला की 'भिखारी' कविता भी एक चित्र ही उपस्थित करती है।
5. इस आयु के विद्यार्थी अनुप्रासों की छटा, अनुकरणात्मक शब्दावली, शब्दों की पुनरावृत्ति वाली रचना पसन्द करते हैं क्योंकि ऐसी रचनाएँ सृजनात्मक कौतुक उपस्थित करती हैं।
6. जिन कविताओं में अद्भुत कल्पना, उदात्त मानवीय भावनाएँ, प्रचंड आवेग तथा वस्तुओं और स्थितियों का मानवीकरण होता है उन्हें उच्च कक्षा के विद्यार्थी पसन्द करते हैं।

हम इस तालिका को कुछ लम्बी भी बना सकते हैं, लेकिन वह किसी निर्णयात्मक तालिका का स्वरूप न ले ले अतः यहाँ केवल सूचनात्मक तालिका ही प्रस्तुत की जा रही है। इस तालिका को अध्यापकगण अपने-अपने अनुभवों के आधार पर पूर्णता देंगे। किसी भी रचना की परख कागज पर नहीं विद्यार्थियों की रुचि के निकष पर होगी। हो सकता है तब यह तालिका आपको कुछ विशेष महत्त्व की न लगे।

गद्यांशों का चुनाव करते समय भी हमें भावना-परक स्थितियों का वैसा ही खयाल रखना होगा जैसा पद्यांशों का चुनाव करते समय रखेंगे। चाहे गद्य हो या पद्य विद्यार्थी की मनोरचना तो बदलनेवाली नहीं है। जिन गद्य रचनाओं में मनुष्य के मन की आवेगमय स्थितियों, उच्च आदर्शों, बलिदानी भावनाओं और अन्यायपूर्ण परिस्थितियों के विरोध की चर्चा होती वह विद्यार्थियों को अच्छी लगती है। लेकिन गद्य में लय की कमी होती है, यद्यपि विद्वान गद्य-लय की बात करते है, और उसमें पद्य की तरह किसी एक भावना की सघनतम अभिव्यक्ति नहीं होती इसलिए उसे कंठस्थ करने में कठिनाई आती है। लेकिन गद्य की छोटी-छोटी कथाओं में बहुत शक्ति होती है। उनमें संवाद-लाघवता, सुख-दुःख के निर्णय, सम्भाव्य परिणामों में से किसी एक परिणाम के निकल आने का आनन्द रहता है इसलिए इनका उपयोग किया जा सकता है। ऐसी कथा-पुस्तकों में 'जातक-कथाएँ', 'पंच-तंत्र की

कहानियाँ', 'महाभारत की कथाएँ' और 'नवनीत' जैसी पत्रिकाएँ हैं जिनमें मनुष्य के ज्ञान और अनुभव को समृद्ध करनेवाली असंख्य कथाएँ हैं। लोक भाषा में भी मनुष्य के परिपक्व अनुभव की कुछ कम कथाएँ नहीं हैं।

सामग्री चयन के बाद हमारी प्रवृत्ति का दूसरा महत्त्वपूर्ण और मुख्य बिन्दु उस सामग्री का कंठस्थ करना है। पुरानी कहावत है 'कंठी विद्या और अंटी दाम'। कंठ में जो विद्या है वही काम की है। पुस्तकों के अभाव में कंठ-विद्या को जो प्रमुखता दी गई थी और स्मरण शक्ति को जो श्रेष्ठतत्व मिला था उसका औचित्य था। स्मरण शक्ति को प्रखर बनाने के लिए और जो भी उपाय हों 'आवृत्ति' उसमें मुख्य उपाय था, जिसे 'घोकना' कहा जाता था। प्राचीन मत में खोदने से पानी, घोकने से विद्या आती थी 'घोकंत विद्या, खोदंत पानी'। इसी 'घोकने' को विधिवत् बनाने के लिए दंड थे, देह-दंड, ताड़ना, निंदा, अपमान। परीक्षार्थी, शास्त्रार्थ, विवाद जो वितंडावाद तक में बदल जाता था।कम आयु वाले बालकों के लिए यह गर्व की बात थी कि उन्हें ढेर से श्लोक कंठस्थ है; गीता और रामायण से। उन्हें कुरान कंठस्थ है। भोजन के पूर्व पंक्तियों में बैठे बालकों की प्रतिस्पर्धा होती थी, कहीं कहीं अब भी होती है, वे श्लोक बोलने में एक दूसरे से बाजी मारना चाहते थे, जैसा अब अन्त्याक्षरी सभाओं में होता है। कई जगह तरुण होली और बसन्त जैसे पर्वों पर अनौपचारिक काव्य-पाठ करते हैं जिसमें एक ही विषय पर भिन्न-भिन्न कवियों की रचनाएँ सुनाई जाती हैं और यह कभी-कभी प्रातः काल तक चलता है। आजकल सिनेमा के गीतों की ऐसी प्रतिस्पर्धा रेल यात्रा में होती है जब युवक गण यात्राओं या टूर्नामेंट खेलने जाते है। युवतियाँ भी साथ हों तो इन प्रतिस्पर्धाओं में एक और ही रस आ जाता है।

किन्तु अब स्मरण शक्ति की महिमा होने पर भी उसे अनुचित रूप से धर दबाया नहीं जाता। स्मरण शक्ति के रहस्य को मनोविज्ञान ने खोल दिया है और दंड की प्रक्रिया व्यर्थ हो गई है। स्मरण शक्ति के सम्बन्ध में मनोविज्ञान जो कुछ कहता है उसे यहाँ दुहराने की आवश्यकता नहीं है। हम यहाँ केवल दो बिन्दुओं पर विचार करेंगे जो कविता के कंठस्थीकरण में सहायक होंगे। एक बिन्दु तो यह कि कविता यदि हमारी रुचि की है तो उसके कंठस्थ करने की प्रक्रिया में आधी बाधा दूर हो गई। रुचि की चीजें हमें सहज याद हो जाती है, रुचि प्रिय लोग, रुचि को भानेवाले रंग, रुचि के लोगों के काम-काज, रुचि के पर्व, रुचि के पथ-गलियाँ, वन-घाट, गंध-स्पर्श सब याद हो जाते हैं, याद रहते हैं। इसलिए विद्या के क्षेत्र में रुचि की तलाश का महत्त्व है। विषय में रुचि न हो तो उसे रुचि-प्रिय कैसे बनाएँ? किन विधाओं को काम लें कि विषय सरस बन जाए।

कविता वैसे आनन्ददायक प्रसंग है इसलिए उसमें विद्यार्थी की स्वाभाविक रुचि होती ही है। यदि इस स्वाभाविक रुचि को हम और अधिक अनुकूल बना लें तो

कंठस्थ करने की प्रक्रिया सरल हो जाएगी। कविता हमारे मन को प्रफुल्लता देती है, कविता में वे सब गुण होते है—गति, लय, छंद, प्रवाह जो स्मरण को सुखद बनाते है तब? तब बस चयन की बात है, विद्यार्थी की रुचि को मोड़ने की। प्रारम्भ में विद्यार्थी की रुचि ही रहे फिर उसे दिशा मिलती चली जाए।

दूसरी बात यह है कि रुचि के प्रभावशाली रूप से उद्‌घाटित होने और उपयोग में आने के अवसर हों। ज्ञान का कोई भी पक्ष और रुचि की कोई भी कला उपयोग में न आने पर अरुचि में बदल सकती है। कविता को जब तक स्कूल और सार्वजनिक जीवन में महत्त्व प्राप्त नहीं होता तब तक उसमें रुचि रखनेवाले विद्यार्थी नहीं मिलेंगे या मिलेंगे तो केवल इसी दृष्टि से कि उसमें ज्यादा मेहनत नहीं हैं या क्या फर्क पड़ता है कोई भी प्रवृत्ति लो। अच्छे खिलाड़ी को बहुत से लाभ मिलते हैं लेकिन अच्छे 'काव्य-पाठ' करनेवाले को कदाचित् ही कोई लाभ मिलता हो। स्कूल में भी अब अच्छी प्रतिस्पर्धाओं के दिन गुज़र रहे हैं। प्रवृत्ति के मूल्यांकन के समय भी अच्छे छात्रों के कौशल की पूरी परख नहीं होती। तब वह केवल निजी आनन्द के लिए ही है यही मानकर चलते है। मनुष्यों में बहुत अधिक संख्या ऐसी नहीं है जो 'आत्मानन्द' की स्थिति में सुख पाएँ इसलिए 'पद्य-पाठ' की उपयोगिता, इस कौशल के प्रदर्शन और बाद में इसके पुरस्कृत होने के अवसरों की निरन्तर वृद्धि करना चाहिए। यह काम स्कूल में हो सकता है। वैसे अच्छी कविताओं के स्मरण करनेवालों की वाक्-शक्ति विलक्षण और प्रभावशाली हो जाती है उनकी भाषा का परिमार्जन होता है, और उनका मन उत्फुल्ल रहता है। जीवन में यह भी कुछ कम नहीं है।

कंठस्थ करने की विधि

कविता को कंठस्थ करने की विधियाँ है : खंड विधि, जिसे अब तक अध्यापक-गण काम में लेते आए हैं ओर दूसरी सम्पूर्ण विधि जिसे मनोविज्ञान-कार उचित मानते हैं। खंड विधि का दोष यह है कि पहले एक-एक अनुच्छेद को याद करिये फिर दूसरे एक-एक को और फिर पूर्वार्द्ध को उत्तरार्द्ध से जोड़िए। लेकिन सम्पूर्ण विधि में सभी अनुच्छेद सम्बद्ध रहते हैं और भाव की अखंड अन्विति बन जाती है। इस दृष्टि से सम्पूर्ण पद्धति कहीं अधिक सार्थक है।

प्रो. ओड ने अपनी पुस्तक 'भाषा शिक्षण की नवीन विधियों' में एक दूसरे प्रश्न का भी समाधान किया है। प्रश्न यह है कि कविता कंठस्थ करने में कितना समय दिया जाए। इसके उत्तर में उन्होंने लिखा है "मनोवैज्ञानिकों द्वारा यह प्रमाणित हुआ है कि एक ही दिन में 10 बार पढ़कर कविता को मुखाग्र करने की अपेक्षा 10 दिन एक-एक बार कविता को पढ़कर याद करना अधिक फलदायी होता है। जो कविता जितनी शीघ्र याद की जाएगी वह उतनी ही जल्दी विस्मृत भी कर दी

जाएगी। जिस चीज को सीखने के लिए समय को प्रसारित कर दिया जाएगा वह धारणा शक्ति की दृष्टि से अधिक चिरस्थायी होगा।"

प्रभावशाली पाठ

तीसरा मुख्य बिन्दु है कंठस्थ की गई सामग्री का प्रभावशाली ढंग से पाठ। प्रभावशाली ढंग से पाठ करने का आशय यह है कि शब्दों के माध्यम से कवि जिन भावनाओं को पाठकों तक पहुँचाना चाहता है वे पहुँच जाएँ। यदि कवि उन्हें हँसाना चाहता है तो वे हँसने लगें और यदि उन्हें रुलाना चाहता है वे रोने लगें। इसका अभिप्राय यह हुआ कि पाठकर्ता रचनाकार की मन:स्थिति में स्वयं को ढोले। पाठकर्ता जब तक भाव तादात्म्य की स्थिति को प्राप्त नहीं करता तब तक वह श्रोताओं को उस आनन्द या भाव से वंचित रखेगा जो कवि या लेखक ने उस रचना में समाविष्ट किया है। ऐसी तादात्म्य की स्थिति के लिए लम्बे और निरन्तर अभ्यास की आवश्यकता है। भिन्न-भिन्न रचनाओं में भागों की स्थिति भिन्न-भिन्न होती है और पाठकर्ता को प्रत्येक स्थिति के साथ अपना तादात्म्य स्थापित करना पड़ता है। यदि ऐसा नहीं होता तो भागों की पुनर्रचना नहीं होती और श्रोता के संस्कार सोये के सोये ही रह जाते है। तन्मयता की यह स्थिति प्राप्त करना विद्यार्थी के लिए कठिन काम होगा। उसके लिये अनवरत श्रम की आवश्यकता है लेकिन इसके अभाव में शब्दों के अर्थ भ्रष्ट होंगे या विलुप्त हो जाएँगे। आपने कई बार देखा होगा कि नाटक में अभिनयकर्ता की थोड़ी सी असावधानी के कारण करुणापूर्ण दृश्य हँसी में बदल जाते हैं। थोड़ी सी असावधानी से 'रसाभास' हो सकता है। संक्षेप में प्रभावशाली पाठ के लिए सबसे मुख्य बात दीर्घकालीन और निरन्तर अभ्यास की आवश्यकता है।

किसी भी प्रभावशाली तरीके से पाठ करने का प्रारम्भ शुद्ध उच्चारण से होता है। विद्यार्थियों को यह अभ्यास कराया जाना चाहिए कि वे जिस किसी भाषा की गद्य अथवा पद्य की रचना पढ़ रहे हैं उस भाषा की उच्चारण प्रकृति से परिचित हों और प्रामाणिक तथा स्तरीय (Standard) उच्चारण अपनायें। प्रान्तीयता के प्रभाव से बचें। उदाहरण के लिए राजस्थान में एक क्षेत्र विशेष के विद्यार्थी 'श' का उच्चारण 'स' करते हैं और 'स' को 'श' बोलते हैं। इसी तरह वे 'झरोखे' को 'जरोखा', 'जहाज' को 'झहाझ', 'ज्वाला' को 'झवाला', 'घर' को 'गर', लिखते और पढ़ते हैं। 'मतलब' को 'मतबल', 'जमाने' को 'जमाना', तथा 'कृष्ण' को 'किशन' कह कर कितनी अरुचि उत्पन्न की जा सकती है इसका अनुमान कठिन नहीं है। प्रान्तीयता का प्रभाव हमारे उच्चारण पर अनिवार्यत: होता है फिर भी शुद्ध उच्चारण की तरफ प्रयत्न साध्य रहना विद्यार्थी के लिए आवश्यक प्रयत्न है।

उच्चारण की शुद्धता के बाद विद्यार्थी को गद्य या पद्य के प्रभावशाली पाठ के लिए 'अर्थ की अन्विति' बनाने का अभ्यास करना पड़ेगा। जब तक इस प्रकार का

अभ्यास नहीं होगा विद्यार्थी उचित विराम, स्वराघात अथवा बलाघात, उतार-चढ़ाव का ध्यान नहीं रख सकेंगे। उनकी पाठ-क्रिया केवल शब्दों का अर्थहीन उच्चारण होगी।

वस्तुतः गद्य या पद्य को प्रभावशाली ढंग से पढ़ना यांत्रिक और कृत्रिम रूप से पढ़ने की सभी आदतों से मुक्ति लेना है। पाठ की यांत्रिक विधि शब्द के अर्थों को नहीं खोलती वह शब्दों को एक लय विशेष से उच्चरित करना सिखाती है। कई पुराने कथा-वाचक या काव्य पाठी कथा-कविता को इतने निर्जीव ढंग से पढ़ते हैं कि सारी सामग्री ही हमारे लिए अरुचि-पूर्ण हो जाती है। कुछ पुराने अध्यापक मत्तगयंद छंद को इतने कृत्रिम ढंग से पढ़ते हैं कि श्रोता का ध्यान अर्थ-वैशिष्ट्य की तरफ न जाकर एक रिरियाती हुई लय विशेष की तरफ चला जाता है।

प्रभावशाली पाठ का अर्थ न तो 'रिरियाती लय' है और न गायन है। कुछ अध्यापक तुलसीदास की चौपाइयों को कथा वाचक की तरह पढ़ते हैं। यह पाठ वैसे अनुचित नहीं किन्तु उसका प्रयोजन भिन्न होने से हमारे लिए अनुपयोगी है। प्रभावशाली पाठ वाणी के शुद्ध उच्चारण द्वारा शब्द के अर्थ वैशिष्ट्य को उजागर करने की प्रक्रिया है।

पाठ के सम्बन्ध में एक और सूचना उचित होगी। प्रभावशाली पाठ को जैसे कृत्रिमता से बचाना आवश्यक है उसी प्रकार उसे नाटकीयता अथवा अतिनाटकीयता से बचाना भी आवश्यक है। कई अध्याक अथवा अध्यापिकाएँ उत्साह के अतिरेक में बड़ी कक्षाओ तक में अंगाभिनय करते हैं जिससे पाठ के अर्थ को समझने में बाधा पड़ती है और रसास्वादन की क्षमता उत्पन्न नहीं होती छोटी कक्षाओं में भी अंगाभिनय स्वाभाविक ही होना चाहिए। अर्थ-बोध अथवा अर्थ-विस्तार का सबसे अच्छा तरीका प्रभावशाली वाचन है। जैसे शान्त झील में छोटी सी कंकरी तरंगे बनाती है वैसे ही प्रभावशाली वाचन अर्थ की अनेक छवियों को तरंगायित करता है। प्रभावशाली वाचक विषय वस्तु को चमत्कृत कर देता है।

यह प्रभावशाली वाचन कोई जादू या चमत्कार नहीं है। यह कुशल अध्यापक के नेतृत्व में बार-बार अभ्यास और अवसरों से हासिल होनेवाला गुण है। प्रभावशाली पाठ का कौशल पाठ करने से ही आ सकता है जैसे दूसरा कोई भी कौशल बार-बार करने से ही आता है। अच्छा अध्यापक कुशल वाचन का जादू सिखाता है, इस जादू को चलाने के लिए उचित अवसर और श्रोता प्रदान करता है। उनकी प्रशंसा करता है, उन्हें उत्साहित करता है, पुरस्कृत होने की विधि बताता है, सारांश कि उन्हें आगे बढ़ाता है।

'पद्य-पाठ' की प्रवृत्ति में आदर्श कक्षा के गुणों की आवृत्ति होती है और दुर्गुणों की निवृत्ति का प्रयास होता है इसलिए विद्यार्थियों को संख्याधिक्य के कारण कक्षा में जो अवसर नहीं मिलते, यहाँ मिल सकते है। अध्यापक का निकट सान्निध्य भी विद्यार्थियों के मन को खोल सकता है।

सृजन-शक्ति का विकास

'पद्य-पाठ' की प्रवृत्ति में हम छात्र की सृजन-शक्ति को विकसित करने के सम्बन्ध में भी सोच सकते हैं। विद्यालयों में कई छात्र साहित्यिक सृजन में रुचि लेते हैं, वे कविताएँ बनाते हैं, कहानियाँ लिखते हैं, डायरी लिखते हैं, निबन्ध तो हर एक छात्र लिखता है लेकिन कुछ छात्र निबन्ध लेखन के रीतिबद्ध कर्म में भी मौलिकता लाने का प्रयास करते है। वस्तुतः विद्यार्थी की किशोर और युवावस्था सामान्यतया इतनी रचनात्मक दिशाएँ लेने को तत्पर रहती है कि हमारे संकेत मात्र से 'सिम-सिम' खुल जाती है। इन अवस्थाओं में सृजन एक क्रीड़ा होती है, एक आनन्ददायक खेल। यह क्रीड़ा केवल अध्यापक की प्रशंसा और उत्साह के शब्द चाहती है। प्रत्येक बालक में सृजन के प्रति अभिरुचि होती है, कविता के प्रति तो वह एक 'मोहावस्था' जैसी बनी रहती है। छोटे बालक 'एक, दो, तीन' से ही तुक मिलाकर मास्टर 'गयादीन' या 'मोइन्नुदीन' को जोड़ देते हैं फिर वे 'गयादीन' दाल खाते हैं और उस दाल से कोई 'लाल' शब्द से अपने नाम का अन्त करनेवाले अध्यापक जन्म लेते हैं। यह कविता कभी खत्म नहीं होती, यह कौतुक-विस्तार चलता रहता है। बाद में अध्यापक और जिन्दगी का भार सर्जन और आनन्द के सब स्रोत बन्द कर देते हैं लेकिन जहाँ कद्र-दाँ अध्यापक और क्रूर जिन्दगी नहीं होती या इन दोनों से लड़नेवाला विद्यार्थी होता है वह आगे बढ़ जाता है। लेकिन अब विवेकशील अध्यापकों की कमी नहीं, वे तो साहित्य-सृजन करनेवाले छात्रों को परामर्श और प्रशंसा देते हैं और उनकी रचना शक्ति के अद्‌भुत चमत्कार देखने के लिए तत्पर रहते हैं।

क्या सृजन-प्रवृत्ति अवसरों और अभ्यास से जीवित रहती हुई बढ़ती जाती है? क्या वह जन्मजात नहीं होती? यह विवाद पुराना है। हम इस प्रश्न के उत्तर में यही कह सकते हैं कि एक सृजनशील वातावरण औसत दर्जे के विद्यार्थी को विकसित करता और आगे बढ़ाता है जब कि एक मरियल और यांत्रिक वातावरण में श्रष्ठ सृजन औसत पर आकर टिक जाता है। इसलिए सृजन के सम्बन्ध में 'अकादमिक विवाद' करने की अपेक्षा हमारा प्रयत्न मौलिक अभिव्यक्ति करनेवाले छात्र-छात्राओं को उत्साह और अवसर देने का रहना चाहिए। हमें सहसा महान कृतियों के जन्म की सम्भावनाओं को भी मन से निकाल देना चाहिए हमें केवल मनुष्य की धीरे-धीरे विकसित होनेवाली निर्माण और इच्छा शक्ति की तरफ ध्यान देना चाहिए। विद्यालयों में सृजन का लक्ष्य महान ग्रंथ लिखना, अद्‌भुत आविष्कार करना या ज्ञान-भंडार खोल देना नहीं है, हमारा काम तो इतना ही है कि हम विद्यार्थी को ज्ञान की तलाश करने के मार्गों से परिचित करा दें और यह बता दें कि नये ज्ञान का आविष्कार या सृजन कैसे होता है?

हम इस दिशा में कुछ रचनात्मक चितन करें। कुछ ही वर्ष पूर्व कानुर से 'सुकवि' नाम का पत्र निकलता था। यह पत्रिका प्रति मास एक 'समस्या' देती थी। नवोदित कवि इन समस्याओं की पूर्ति करते थे, प्राचीन और प्रतिष्ठित कवियों के साथ छपते थे। अनेक विद्यार्थी भी 'समस्या-पूर्तियाँ' करते थे और 'सुकवि' को भेजते थे। उर्दू में भी इसी तरह की समस्या-पूर्ति होती है। समस्या-पूर्ति से छंद, तुक, लय और गति का ज्ञान हो जाता था क्योंकि उसके अभाव में लिखना ही सम्भव नहीं था। आज 'समस्या-पूर्ति' सम्भव नहीं है क्योंकि छंद-बद्ध काव्य का प्रचलन कम होता जा रहा है फिर भी विद्यार्थी को हम किसी-न-किसी मूर्त अनुभव के प्रति सजग कर सकते हैं। उसके समक्ष हम किसी-न-किसी स्थिति विशेष का रोमांचकारी अथवा और किसी भी तरह का वर्णन कर सकते हैं या हम कुछ चुनी हुई सामग्री पढ़ सकते हैं या विद्यार्थियों को पढ़ने के लिए दे सकते हैं। हम यह भी कर सकते हैं कि विद्यार्थियों को भिन्न-भिन्न स्थानों और स्थितियों का साक्षात्कार करने दें जैसे नदी का एकान्त, पर्वत-शिखरों की रमणीय साँझ, शरद की सुनहली धूप, वसन्त में टेसुओं से लदा जंगल, एक बाजार या एक विचित्र आकृति वाला व्यक्ति फिर उनकी मुक्त प्रतिक्रिया होने दें, उन्हें कुछ लिखने को कहें। वे चाहें गद्य में लिखें या पद्य में। तत्काल लिखें या बाद में। प्रारम्भ में विद्यार्थी अपने परिचित विषयों पर लिखेंगे। उन्हें प्रारम्भ में परिचित विषयों, परिचित वातावरण पर ही लिखना चाहिए, प्रारम्भ में उनकी प्रतिक्रिया अपने परिचित व्यक्तियों और वातावरण के प्रति ही होगी, प्रारम्भ में वे तारतम्य हीन चीजें लिखेंगे, आप द्वारा उपस्थित की हुई सामग्री का अनुकरण करते हुए लिखेंगे। वयस्क जन की शब्दावली काम में ले सकते हैं। सब कुछ 'अक्रम' सा होगा लेकिन इसी अराजकता (Chaos) में से कुछ व्यवस्थित रूप जन्म लेगा।

इस रचना के बाद हमारी गोष्ठी होगी, जिसमें पढ़ा और सुना जाएगा। प्रशंसा होगी, आलोचना प्रारम्भ में नहीं होगी, बाद में कुछ दिशा-निर्देश करनेवाले प्रस्ताव होंगे लेकिन रचना को बहुत कम बदला जाएगा। प्रत्येक अध्यापक बदल भी न पाए, ऐसी स्थिति में किसी कृतिकार को आमंत्रित करना अच्छा होगा। फिर स्कूलपत्रिका, दीवारपत्रिका, मेरी पत्रिका, बालकों की पत्रिका में यह रचना छप सके तो अच्छा होगा। छपी रचनाओं पर विद्यार्थियों को प्रतिक्रिया व्यक्त करने के लिए उत्साहित करना चाहिए। विद्यालय में सृजनशीलता के लिए स्वतंत्रता और सहानुभूति की भी आवश्यकता है जो अवश्य प्राप्त होनी चाहिए।

इसके साथ ही 11वीं कक्षा तक पहुँचते पहुँचते विद्यार्थी को रचनात्मक समीक्षा करने का अभ्यास भी होना चाहिए। अध्यापक कभी-कभी ऐसे प्रश्न पूछ सकता है जो विद्यार्थियों को दिशा दें। किन्तु अध्यापक का हस्तक्षेप कम हो और सदा ही सहायक के रूप में हो। सहृदयता से ही सृजन आगे बढ़ता है।

कुछ समस्याएँ और प्रश्न

इन प्रवृत्तियों से जुड़ी हुई कई समस्याएँ और प्रश्न हैं जो इनके शैक्षिक और उपयोगी पक्ष को उभरने नहीं देती। अध्यापक इन प्रवृत्तियों की उपयोगिता को अस्वीकार नहीं करता लेकिन अनेक बार वह भी उस आवश्यक सामग्री, वातावरण, सहायता और सहानुभूति से वंचित रहता है जो इन प्रवृत्तियों के कुशल संचालन के लिए आवश्यक हैं।

विद्यार्थियों का प्रवृत्ति में रुचि की दृष्टि से चयन नहीं होता और न बाद में निष्पक्ष मूल्यांकन ही होता है। कभी-कभी उस प्रवृत्ति के लिए किसी भी प्रकार की रुचि और संस्कार न रखनेवाले विद्यार्थी आ जाते हैं और रुचि शील विद्यार्थी किसी भी प्रकार की सहायता प्राप्त नहीं कर पाते।

अध्यापक-गण इस प्रवृत्ति को बोझ समझते हैं, अनेक बार उनके पास प्रवृत्ति की प्रकृति उसे व्यावहारिक और उपयोगी बनाने के लिए आवश्यक निर्देश-पुस्तिका मार्ग बनानेवाली सामग्री नहीं होती। यह सब न होने से वह प्रवृत्ति के प्रति उदासीन हो जाता है।

विद्यार्थियों को भी यह प्रवृत्ति बोझ लग सकती है क्योंकि उन्हें स्कूल से गाँव लौटना होता है या परिवार पोषण की चिन्ता रहती है या जो स्कूल में केवल समय बिताने आते हैं। ये और दूसरी कई समस्याएँ हैं जिनके उत्तर देना आवश्यक होते हुए भी कठिन है। इन समस्याओं का समाधान करते समय अध्यापक की इच्छा शक्ति और उदास शिक्षा व्यवस्था में से उत्साहवर्धक शैक्षिक अंश को उपयोग में लाने की प्रत्युत्पन्नमति (Rescurcefulness) पर ही विश्वास किया जा सकता है। अध्यापक हिम्मत हार जाता है तो फिर बहुत कुछ उपयोगी कल्पनाएँ और योजना भी निरर्थक हो जाएगी।

अब हम कुछ रचनाओं का संग्रह देखें जो आपकी और आपके विद्यार्थियों की आवश्यकता पूरी कर सकें। ये रचनाएँ थोड़ी हैं जिनमें अन्य अपनी पसन्द की रचनाओं को जोड़कर संख्या वृद्धि कर सकते हैं।

कुछ रचनाओं का चयन

ये रचनाएँ केवल व्यक्तिगत रुचि के आधार पर नहीं चुनी गई हैं किन्तु इनका आधार बहुत कुछ वे सिद्धान्त हैं जिनका उल्लेख इस आलेख में किया गया है। अच्छा तो यह होता कि ऐसे उदाहरण अधिक होते, उनके साथ प्रत्येक रचना के चुनाव के औचित्य की व्याख्या होती, उन्हें विद्यार्थियों की रुचि अरुचि के निकष पर कसा जा सकता। लेकिन यह सब लम्बा समय साध्य और अनुसन्धानात्मक कार्यक्रम है। अत: यहाँ कुछ रचनाएँ केवल नमूने के रूप में दी जा रही हैं।

कभी-कभी यह भी विचार उठता है कि विद्यार्थियों की रुचि वैशिष्ट्य को महत्त्व दिया जाकर उन्हें उसी तरह अग्रसर करें। उदाहरण के लिए यदि किसी विद्यार्थी की रुचि इतिहास प्रधान और शौर्यपूर्ण रचनाएँ पढ़ने की ओर है तो उसे अन्य रचनाओं की तरफ उन्मुख करने की अपेक्षा एक ही ओर केन्द्रित करें। यह दृष्टि उपयोगी अवश्य है लेकिन इसका भय है कि विद्यार्थी बहुत जल्दी ही एक आयामी रुचि वाला हो जाएगा। जीवन की रुचियाँ जितनी अधिक विकसित होंगी व्यक्ति उतना ही उदार और परिपूर्ण होगा। व्यक्ति की एकांगिता को तोड़ने और उसकी अनेक आयामी रुचि को विकसित करने की चेष्टा शैक्षिक-कार्यक्रम की महत्त्वपूर्ण दिशा है। इसलिए हमें अधिकाधिक रचनाओं को पढ़ने और कंठस्थ करने का अवसर विद्यार्थियों को देना चाहिए। जीवन की रस-धार अनेक रास्तों से बहती आती है, अनेक रुचियाँ उस धारा को पुष्ट और प्रचंड बनाती है। आज का जीवन विस्तार और अनेक आयाम वाला है। यही उसकी गति है।

अब अध्यापकों की सहायता के लिए कुछ रचनाएँ प्रस्तुत हैं।

कुछ रचनाएँ

इन रचनाओं की संख्या इतनी सी ही नहीं है जितनी यहाँ है। सम्भव है कि एक या दो रचनाएँ ही अध्यापकों के काम में आएँ। अन्त में तो अध्यापक ही विद्यार्थियों की रुचि परीक्षा करेगा, रचनाएँ चुनेगा-चुनवाएगा, पढ़ने के कौशल को विकसित करेगा। अध्यापक इस अवस्था में विद्यार्थी का आदर्श होता है। इस अवस्था में विद्यार्थी की आस्था को दृढ़ रखना अध्यापक का ही काम है। अध्यापक की रुचियाँ ही अन्त में विद्यार्थी की रुचियाँ बनेंगी। इन रचनाओं में से कुछ भी रचनाएँ अध्यापक को पसन्द आए तो यह मेहनत बेमतलब नहीं होगी।

[1]

बसन्त वर्णन

कूलन में, केलि में, कछारन में, कुंजन में,
    क्यारिन में, कलित कलीन, किलकंत है।
कहै 'पदमाकर' परागन में, पौन हू में,
    पानन में, पिक मे, पलासन पगंत है।
द्वार में, दिसान में, दुनी में, देस-देसन में,
    देखो दीप-दीपन में दीपति दिगन्त है।
बीथिन में, ब्रज में, नवेलिन में, बेलिन में,
    बनन में, बागन में, बगरयो बसन्त है।

[पद्माकर]

[2]

वर्षा वर्णन

दूरी यदुराई 'सेनापति' सुखदाई देखो,
आई रितु पावस न पाईं प्रेम पतियाँ।
धीर जलधर की सुनत धीर भरकी सो,
दरकी सुहागिन की छोह भरी छतियाँ
आई सुधि बर की हिये में आइ खर की,
सुमिरि प्रानप्यारी वह प्रीतम की बतियाँ।
भूलि औध आवन की लाल मन भावन की,
उग भई बावन की सावन की रतियाँ।

[सेनापति]

[3]

नैनन के जल सौं पग धोये

कैसे बिहाल बिबाइन तैं भये कंटक जाल गरै पग जोये।
हाय! महा दु:ख पाए सखा, तुम आए इतै न कितै दिन खोये।
देखि सुदामा की दीन-दसा करुणा कर के करुणानिधि रोये।
पानी परात को हाथ छुयौ नहि नैनन के जल सौं पग धोये।

[सुदामा मिलन : नरोत्तम कवि]

विभोर

छूट्यो गेह काज लोक लाज मनमोहिनी को,
भूल्यो मन मोहन को मुरली बजाइयो।
देखो दिन द्वै में 'रसखान' बात फैल जैहे,
सजनी कहाँ लौं चन्द हाथन छिपाइबो।
काल हू कलिन्दी तीर चितयो अचानक ही,
दोउन को दोऊ ओर मृदु मुसकाइबो।
दोऊ पैर पैयाँ दोऊ लेत हैं बलैयाँ,
उन्हें भूल गई गैयाँ इन्हें गागर उठाइबो।

[रसखान]

[4]

व्यथा

जा थल कीन बिहार अनेकन,
    ता थल काँकरी बैठी चुन्यौ करैं।
जा रसना सौं करी बहु बातन,
    ता रसना सौं चरित्र गुन्यौ करैं।
'आलम' जौन से कुँजन में करी,
    केलि तहाँ अब शीश धुन्यौ करैं।
नैनन में जो सदा बसते,
    तिनकी अब कान कहानी सुन्यी करैं।

[आलस]

[5]

बिरखा बींनणी

लूम-झूम मदमाती, मन बिलमाती, सौ बल खाती
गीत प्रीत रा गाती, हँसती आवैं बिरखा बींनणी
चौमासे में चँवरी चढ़ने, साँवण पूगी सासरे
भरै भादवै ढली जवानी, आधी रैगी आसरे
मन रो भेद लुकाती, नैणां आंसूढ़ा ढलकाती
रिमझिम आवै बिरखा बींनणी।
ठुमक-ठुमक पग धरती, नखरो करती
हिवड़ौ हरती, बींद पगलिया भरती
रिमझिम आवै बरखा बींनणी।
तीतर बरणी चूँदड़ी नै काजलिया री कोर
प्रेम डोर में बँधती आवै रूपाली गिणगोर
झूठी प्रीत जताती, झींणे घूँघट में सरमाती
ठगती आवै बिरखा बींनणी।
घिर-घिर घूमर रमती, रूकती थमती
बीज चमकती, झब-झब पलका करती
भँवती आवै बिरखा बींनणी।
आ परदेसण पाँवणी जी पुल देखैं नीं बेला
आलीजा रै आंगणे में करै मना रा मेला
झिरमिर गीत सुणाती, भोले मनड़ै ने भरमाती

छलती आवै बिरखा बींनणी।
लूम-झूम मदमाती, मन बिलमाती
सौ बल खाती, गीत प्रीत रा गाती
हँसती आवै बिरखा बींनणी।

[रेवतदान चारण]

(6)

इंकलाब री आँधी

अंधार घोर आँधी प्रचंड
आ धुँआधोर धँव-धँव करती
आवै है उर में आग लियाँ, गढ़ कोटां बंगला ने ढहती
नीवाँ रै नीचै दबियौड़ो, जुग-जुग री माटी दै झपटौ
लै उडी किलाँ ने जड़ामूल, पसवाड़ौ फेर लियो पलटौ
तिणकै ज्यूँ उडगी तरवांरा, गोचे रो रूप कियौ भालां
रुंखा रै पत्ता ज्यूँ उडगी, वे लाज वचावण री ढालां
वा पड़ी उखरड़ी में बोतल, मद पीवण रा प्याला उडग्या
मैफिल रा उडग्या ठाट-बाट, वे महलां रा रखवाला उडग्या
वे देख जुगां रा सिंघासण, रड़वड़ता पड़िया ठोकर में
वे देख हजाराँ मुगट आज, उडतौड़ा दीखै अम्बर में
वे ऊँधा लटकै अधरबम्ब, नहिं झेलै अम्बर नै धरती
अंधार घोर आँधी प्रचंड, आ धुंआ धोर धंव-धंव करती
आवै है उर में आग लियाँ
गढ़ कोटां बंगला ने ढहती
आँधी आ अजब अनूठी है, डूँगर उडग्या सिल उडी नहीं
सिमरथ वे ढहग्या रंग-महल, हल्की झूँपड़ियाँ उड़ी नहीं
उड़ गयौ नवलखौ हार देख, मिणियाँ री माला पड़ी अठै
उड गई चूड़ियाँ सोने री, लाखां रो चुड़लौ उडै कठै
उड गया रेशमी गदरा वे, राली रै रंज नहीं लागी
आ फिरै कामेतण लड़ाझूम, लखपतणी मरगी लड़थड़ती
आवै है उर में आग लियाँ
गढ़ कोटां बंगला ने ढहती
अंधार घोर आंधी प्रचंड आ धुँवा धोर धँव धँव करती।
आवै है उर में आग लियाँ, गढ़ कोटां बंगला नेढहती।

[रेवतदान 'कल्पित']

[7]

वर्षा गीत

आज नये घन आए साथी।
सरल मेह की नई फुहारें
जागी धरती की मनुहारें
आज किसी को सपनों का सुख
आज किसी की मुग्ध पुकारें
आज किसी की प्रीत पुरातन
सहज-सहज लहराये साथी।

आज झुकी काजल की बदली
आज मुखर जीवन की मुरली
आज किसी के मुग्ध नयन में
हँसी तृप्ति की रेखा पहली
आज मगन का प्यार धरा के
आंचल में मुसकाये साथी।

सुर-धनु के रंगों से सजकर
आज विपुल सुख पाता अम्बर
आज पवन की बाँह सँभाले
लहरों का इठलाता अन्तर
आज उठा ममता का सरगम
वसुधा पर छा जाए साथी।
आज नये घन आए, साथी।

[नंद चतुर्वेदी]

[8]

देश की धरती तुझे कुछ और भी दूँ

मन समर्पित तन समर्पित और यह जीवन समर्पित
चाहता हूँ देश की धरती तुझे कुछ और भी दूँ।
माँ! तुम्हारा ऋण बहुत है, मैं अकिंचन
किन्तु इतना कर रहा फिर भी निवेदन
थाल मैं लाऊँ सजाकर माल जब, स्वीकार कर लेना दया कर वह समर्पण
गान अर्पित, प्राण अर्पित, रक्त का कण-कण समर्पित

चाहता हूँ देश की धरती तुझे कुछ और भी दूँ।
भाँझ दो तलवार को लाओ न देरी
बाँध दो कसकर कमर पर ढाल मेरी
भाल पर मल दो चरण की धूल थोड़ी
शीश पर आशीष की छाया घनेरी
स्वप्न अर्पित, प्रश्न अर्पित, आयु का क्षण-क्षण समर्पित
चाहता हूँ देश की धरती तुझे कुछ और भी दूँ।
तोड़ता हूँ मोह बन्धन क्षमा दो
गाँव, मेरे द्वार, घर आँगन क्षमा दो
आज सीधे हाथ में तलवार दे दो
ओर बाएँ हाथ में ध्वज को थमा दो
ये सुमन लो! यह चमन लो नीड़ का तृण-तृण समर्पित
चाहता हूँ देश की धरती तुझे कुछ और भी दूँ।

[रामावतार त्यागी]

[9]

हर द्वार-देहरी के बुझते दिये जलाओ

कुछ और रात बाकी, कुछ दूर है सवेरा
हिम्मत न हार बैठो, गर्दन झुकी उठाओ
हर द्वार-देहरी के बुझते दिये जलाओ
तुम राह देखते हो किस चाँद की? गगन में
किस किरण की दिशा में आँखें बिछा रहे हो?
तुमने कभी न जानी जो शक्ति है तुम्हारी
वह रोशनी कहाँ है जिसको बुला रहे हो?
तुम एक बार अपना संकल्प दृढ़ करो तो
सब दीप जल उठेंगे, आवाज तो उठाओ
हर द्वार-देहरी के बुझते दिये जलाओ
ये रात के अँधेरे, ये स्याह स्याह बादल
तूफान की हवाएँ तुम को डरा रही हैं
माना कि जिन्दगी की यह रात है भयानक
पर तुम स्वयं अगन हो तूफान से प्रलय हो
जो हो रहा हृदय में भूचाल वह उठाओ

हर द्वार-देहरी के बुझते दिये जलाओ
जागो! दिशा दिया को आवाज फिर लगाओ
अपनी तमाम ताकत इस बार आजमाओ
दीवार जो जहाँ हो उसको वहीं गिराओ
आकाश पर, जमी पर तुम रास्ता बनाओ
बिछ जाएगी तुम्हारे पथ पर सुबह सिंदूरी
पथ पर बढ़े चलो तुम थक कर न बैठ जाओ
हर द्वार-देहरी के बुझते दिये जलाओ।

[ज्ञान भारिल्ल]

[10]

चले जाएँगे ही

तिमिर में, प्रलय में, न तूफान में भी, कदम ये रुके है, न रुक पाएँगे ही
जगत् की सुबह से चला, चल पड़ा मैं
अड़ी चोटियाँ, पर न पीछे मुड़ा मैं
न मैं रुक सका बादलों की घटा में
चला आ रहा हूँ, न पीछे हटा मैं
अड़ी थी शिलाएँ खड़ी झाड़ियाँ थीं
नदी थी तरंगित, गहन खाड़ियाँ थीं
उफनती हुई पार करता सरित को
चमकती हुई पार करता तड़ित को
गगन चूमती औ उछलती लहर को
लिया बाँध दिन-रात को पल-प्रहर को
कदम से कदम बाँधकर साथ मेरे
चली मृत्यु दिन-रात सायं-सवेरे
प्रगति रोक दे जो भला कौन ऐसा, अड़े विघ्न उनको निगल जाएँगे ही
जिधर मैं चला, बन गई राह मेरी
जहाँ हाथ रक्खा, वहीं चाह मेरी
चला आ रहा आस दिल में छिपाए
किरण ने उतर कर नये पथ बनाए
इधर एक मेरा बहुत बन गया जब
अँधेरा उषा में मिला हँसा गया जब
सभी सृष्टि के साज मैंने सजाए

उदधि ने गरज जीत के गीत गाये
लिए एक कर सृष्टि संहार आया
अहंकार को शक्ति से जोड़ डाला
सभी खूँद अभिशाप आगे चला मैं, स्वयं गर्व की आग में हूँ जला मैं
न फिर भी हटे पैर पीछे हमारे, चले थे, चले हैं, चले जाँयगे ही

[उदयशंकर भट्ट]

[11]

यह भारत की धूल

धूल कि जिसके आँगन चन्दन शीश नवाता है
धूल कि जिसके इंगित पर नगपति बलि-बलि हो जाता है
धूल कि जिसकी गौरव महिमा अम्बर निशिदिन गाता है
धूल कि जिससे स्वयं महापातक पावनता पाता है
यह भारत की धूल इसे प्राणों से बढ़कर प्यार करो
धूल कि जिसमें बलिदानों की जलती हुई कहानी है
धूल कि जिसमें स्वाभिमान की उठती हुई जवानी है
धूल कि जिसमें भरी आग औ बहती हुई हिमानी है
धूल कि जिसमें अरमानोंकी तीखी तेज रवानी है
यह भारत की धूल कि इससे प्राणों का श्रृंगार करो।
धूल कि जिसमें छिपे सदा ही अनगिन रण मैदान हैं
धूल कि जिसमें छिपे हुए अनगिनत देव-उद्यान हैं
धूल कि जिसमें छिपे हुए अनगिनत नवीन विहान है
धूल कि जिसमें छिपी हुई महिमा भी स्वयं महान है
यह भारत की धूल कि इस पर उठे हाथ का वार करो।

[भगवतीलाल व्यास]

[12]

कुछ नई कविताएँ : व्यंग्य

सुखी लोग

बच्चे मार खाते हैं, चिल्लाते हैं
पैसे पाते हैं, पिपहिरयाँ बजाते हैं

लोग हैं
जो हर तनखाह पर सीटियाँ बजाते लौटते हैं घर
उत्सवों पर बीवी बच्चों को
खिलाते हैं आइसक्रीम, घुमाते है चिड़ियाघर।
शोक सभाओं में बड़ी संजीदगी से झुका लेते हैं चेहरा सर्द
दो आँसुओं से खरीद लेते हैं जमाने भर का दर्द
बारी-बारी पढ़ते हैं एक ही बैठक में कोक शास्त्र गीता
और सब्जी वाले को पुकार पूछ लेते हैं
भई, क्या भाव है पपीता
जोकरों की अदाओं पर हँसते खिल खिलाते हैं
गदहों का रेंकना सुनते हैं जोश में आ जाते हैं
पान की पीक की तरह थूकते है जीवन का फर्ज़
कुंठा! पूछते है ये कौन सा है मर्ज़
लड़कर आते हैं सुनने लगते हैं फिल्मी गीत
जूता वर्तमान है जिनका टोपी है अतीत
कोट की तरह दिन को पहन कर घूमते हैं
सलीके से खूंटी पर टाँग देते हैं
स्वच्छ बिस्तरे की तरह बिछा लेते हैं रात को
सुबह समेट लेते हैं
शीत हो या गरमी हो या मेह
भीग कर आते हैं कमरे में झट सुखा डालते हैं देह
कैसा सीधा-सीधा है यह जीवन का भोग
कभी-कभी सोचता हूँ
आह कितने सुखी हैं ये लोग।

[रामदरश मिश्र]

[13]

लघु कविताएँ

ओस चाट-चाट कर

धोबी गया घाट पर
राही गया बाट पर
मैंन गया घाट और बाट पर

दोनों हाथ काट कर
जीता रहा ओस चाट-चाट कर

[14]

गुलाब

जल रहा है जवान होकर गुलाब
खोल कर ओठ जैसे आग
गा रही है फाग!

[केदारनाथ अग्रवाल]

[15]

नई लहर पुराने किनारे

नई रोशनी को मिले राह कैसे, नजर है नई तो नजारे पुराने
नई शाम है तो धुँधलका पुराना, नई रात है तो सितारे पुराने
बसाएँ कहाँ घर नई जिन्दगी का, लगाएँ पता क्या नई मंजिलों का
खिवैया तुम्हारी बँधी खाड़ियों में, लहर है नई तो किनारे पुराने
इधर ठोकरों पर पड़ी है जवानी, उधर सिर उठाये खड़ी राजधानी
महल में पुराने दिये जल रहे हैं, रुकी जा रही है नये की रवानी
बुलाकर नये को शरण कौन देगा, जमे है दुआरे-दुआरे पुराने
चले मंजिलों को मशालें लिये जो, अँधेरे-अँधेरे पहुँच तो गये वो
सवेरा हुआ तो नई रोशनी में, सभी भूल बैठे कुटी के दिये को
नई चाँदनी की दुहाई मचाई, मगर छा गये मेघ कारे पुराने
नई रोशनी को मिले राह कैसे, नजर है नई तो नजारे पुराने
सदा काम लेकर पुरानी नज़र से, चले जा रहे हैं पुरानी डगर से
मगर ये न सोचे कि कब तक चलेगी, नई जिन्दगी ये पुरानी उमर से
बताते भी क्यों कर नई राह हमको, पुराने नयन के इशारे पुराने
नई रोशनी को मिले राह कैसे, नजर है नई तो नजारे पुराने
कभी कटघरे से निकलकर तो देखो, कि दल दल से दल के उछल कर तो देखो
मुहल्ले से बाहर गली और भी है, जरा मस्तियों में मचल कर तो देखो
कि छत पर टहलकर खुली धूप देखो, झरोखे हुए अब तुम्हारे पुराने
नई रोशनी को मिले राह कैसे, नजर है नई तो नजारे पुराने।

[गोपालसिंह नेपाली]

[16]

इकतारा

भोर सुहानी मेरा नंदन
साँझ सलोनी मेरा अंजन
मेरा मन है मेरा सुमरन
तोड़ चुका हूँ सारे बंधन
पूरब-पच्छिम उत्तर-दक्खन
बोल इकतारे, झन-झन, झन-झन
काम है मन की माला जपना
कैसा जलना, कैसा तपना
चूक तड़पना, भूल कलपना
यह भी अपना, वह भी अपना
किस से झगड़ा, किस से अनबन
बोल इकतारा, झन-झन, झन-झन
पीर पुरोहित पोंगी-पापा
लोटा लुटिया, दाढ़ी चुटिया
मन्दिर-मस्जिद, गुफा औ गिरिजा
घंटी, ढोलक ताता थैय्या
याहू-याहू पू-पू, टन-टन
बोल इकतारा झन-झन, झन-झन
मुल्ला-पांडे, पीर अभिमानी
लठ्ठम-लठ्ठा, खींचा-तानी
मन है अंधी, बुद्धी कानी
पहने हैं ये सब अज्ञानी
मेरे ज्ञानी मन की उतरन
बोल इकतारा झन-झन, झन-झन
लोग ये सारे चक्कर खाते
राह गली में आते-जाते
चलते-फिरते, रोते-गाते
सब से रिश्ते, सबसे नाते
सारे साथी सारे साजन
बोल इकतारे झन-झन, झन-झन
सब की झोली, मेरी झोली

सब की टोली, मेरी टोली
सब की होली, मेरी होली
सब की बोली, मेरी बोली
सब का जीवन, मेरा जीवन
बोल इकतारे, झन-झन, झन-झन
मैं हूँ मदिरा बरतन दुनिया
मैं हूँ माथा चन्दन दुनिया
मैं हूँ बादल सावन दुनिया
मैं हूँ मुखड़ा दरपन दुनिया
दुनिया मुखड़ा मैं हूँ दरपन
बोल इकतारे, झन-झन, झन-झन

[जोश मलीहाबादी]

[17]

एक और उर्दू रचना

मुस्कुराओ खुशी की बात करो
रोनेवालों हँसी की बात करो
खूँ फिशा मौत आयगी इक दिन
गुल फिशा जिन्दगी की बात करो
ये अँधेरे के तज़किरे कब तक
दोस्तों! रोशनी की बात करो
फूल मुरझा गये तो क्या गम है
खिलनेवाली कली की बात करो
कल की बातें करेंगे कल वाले
'वज्द' तुम आज ही कि बात करो

[वज्द]

[18]

गद्यांश

जाओ जाओ, तुम सब लोग वहाँ जाओ जहाँ प्लेग फैला हो, जहाँ दुर्भिक्ष काले बादल की भाँति छा गया हो, जहाँ लोग दुःख कष्ट के भार से पीड़ित हों और जाकर उनका दुःख हलका करो। अधिक से अधिक क्या होगा? यही न कि इस

प्रयत्न में तुम्हारी मृत्यु हो जाएगी। पर इससे क्या? तुम्हारे समान कितने ही लोग प्रतिदिन जन्म ले रहे हैं और मरते जा रहे हैं। इससे इस बड़ी दुनिया का भला कौन सा टोटा हो जाता है? तुम्हें मरना तो होगा ही तो फिर एक महान आदर्श लेकर क्यों न मरो? जीवन में एक महान आदर्श लेकर मर जाना कहीं बेहतर है। द्वार-द्वार जाकर इस आदर्श का प्रचार करो। इससे तुम्हारी अपनी उन्नति तो होगी ही साथ ही तुम अपने देश का भी कल्याण करोगे। तुम्हीं पर हमारे देश का भविष्य निर्भर है उसकी भावी आशाएँ केन्द्रित हैं। तुम्हें अकर्मण्य जीवन बिताते देख मुझे मार्मिक पीड़ा होती है। उठो! काम में लग जाओ हाँ, काम से लग जाओ। इधर-उधर मत देखो, दिन-पर-दिन काल तम्हारे अधिकाधिक निकट आता जा रहा है।

[विवेकानन्द]

[19]

देने का समय तो आज है

संध्या के आगमन के साथ ही चमेली की सघन शाखाओं में सफेद-सफेद फूल खिल आए, जैसे अन्धकाराच्छन्न आकाश में तारे झिलमिला रहे हों। धरती ने देखा तो गोद की बेटी के इस सौभाग्य पर फूली न समायी, मन-ही-मन बलैयाँ लेने लगी। रात ने देखा तो पुलकित हो उठी नन्हे-नन्हे सुमन शावकों को देखकर उसे अपनी गंधहीन वेणी की याद आ गई। उसने चमेली की ओर सतृष्ण नेत्रों से देखा और एक फूल से कहा 'क्या तुम मेरी वेणी अलंकृत करोगे'?

फूल ने सदर्प कहा 'क्षमा करो, देवि! अभी तो मैंने ऐसे प्रस्तावों के बारे में विचार ही नहीं किया है'।

धरती ने सुना, तो वह फूल के अहंकार पर किंचित क्षुब्ध हो रही। चमेली की डाल पर खिले एक पुष्प से उसने सस्नेह कहा 'तात, दाक्षिण्य में तुम्हें कृपणता नहीं बरतनी चाहिए। तुम्हारे पास यदि है तो तुम्हें देना भी चाहिए'।

फूल ने थोड़ी उपेक्षा से पृथ्वी की ओर देखा और कहने लगा देने से मैंने इनकार कब किया अम्बे। मगर आते ही यह अर्चना मुझ से नहीं होगी। थोड़े दिनों बाद मैं यथाशक्ति दाक्षिण्य का सम्मान करूँगा।

धरती ने सुना तो हँसने लगी। बोली जब महाकाल तुम्हें अपने ग्रहण का दाक्षिण्य बना लेगा, तब तुम्हारे देने का क्या मूल्य रहेगा। देने का समय तो आज है, जब तुम स्वयं अपने हो और जब दाक्षिण्य भी तुम्हारा है।

[रवीन्द्रनाथ ठाकुर]

[20]

साहित्य का लक्ष्य

लेकिन साहित्य का उद्देश्य जीवन की व्याख्या मात्र, वास्तविकता का चित्रण मात्र नहीं है। उसका उद्देश्य, ऐसी व्याख्या और चित्रण के माध्यम से मनुष्य को और उसके माध्यम से संसार को बदलने की और सही दिशा में बदलने की जितनी ही उत्कृष्ट प्रेरणा दे सकता है, वह उतना ही श्रेष्ठ है। रोगेर गाराब्दी के शब्दों में एक अच्छी पुस्तक वह है जो हमारी वास्तविकता और उसके लेखन की कला को अभिव्यक्त करने के अतिरिक्त भी बहुत कुछ करती है। वह एक शक्ति है, एक आवेग है, एक औजार है, एक हथियार है, जिसके द्वारा आज के सपनों को कल की सच्चाई बनाया जाता है। एक अच्छी पुस्तक वह है, जो वास्तविक संसार में, किसी वास्तविक मनुष्य की किसी वास्तविक समस्या को अपनी समग्रता के साथ प्रस्तुत करती है। एक अच्छी पुस्तक वह है जो हमें सही ढंग से जीना और सही ढंग से मरना सिखाती है।

[परिप्रेक्ष्य डॉ. रणजीत]

अध्यापकों के लिए कतिपय काव्य-पुस्तकों में से काव्य-पाठ के लिए कविताओं की सूची प्रस्तुत है। ये कविताएँ रुचि-विभिन्नताओं को ध्यान में रख कर चुनी है। भाव-भाषा को दृष्टि से सरलता को प्रधानता दी गई है। कुछ कविताएँ छंदोबद्ध है, कुछ नई कविताएँ हैं। कुछ व्यंग्य-कृतियाँ है। अध्यापक-गण अपने विद्यार्थियों की रुचि और आवश्यकता के अनुसार इसे बढ़ा लेंगे या सर्वथा नई रचनाएँ चुन लेंगे।

पुस्तक का नाम	कवि का नाम	कविता की प्रथम पंक्ति	पृ. सं.
वेणु लो गुँजे धरा	श्री माखनलाल चतुर्वेदी	क्या आकाश उतर आया है दूबों के दरबार में	3
”	”	हम भी कुछ करते रहते हैं उस बबूल की छाँह में	74
दिगन्त	त्रिलोचन शास्त्री	घायल होकर गिरा सिपाही और कराहा	18
”	”	एक हजार आठ स्वामीजी...ने डकार ली	19

"	"	डियर चलो, सिनेमा हो आएँ तबियत भारी	27
"	"	नया वर्ष आया है, माथे पर होली की...	38
एक सूनी नाव	सर्वेश्वर दयाल सक्सेना	एक शहर चिपक रहा है मेरे जूतों में	34
"	"	इस मृत नगर में रात दिन मैं चलता हूँ	36
"	"	किड़ किड़ किड़, कियाँ, कियाँ	58
विश्वास बढ़ता ही गया	शिवमंगलसिंह सुमन	जर रहे हैं दीप जलती है जवानी	86
भारतीय कविता 1953	सर्व भाषा काव्य-संकलन सम्पादन साहित्य अकादमी नई दिल्ली	चढ़े हिमालय की चोटी पर फिर भी ऊपर चढ़ना है	574 575
"		तुझको या तेरे नदीश, गिरी, वन को नमन करूँ मैं	576 577
ठंडा लोहा	धर्मवीर भारती	अगर डोला राहसे गुजरे कुबेला	10
"	"	मुक्तक-एक, दो, चार	33
"	"	गोरी-गोरी सौंधी धरती	34
"	"	सृजन की थकन भूल जा देवता	53
जो नितान्त मेरी है	बालस्वरूप राही	भीतर है अंध कुआ बाहर है सिर्फ धुँआ रमे कहाँ मेरा मन	4
"	"	इस तरह तो दर्द घट सकता नहीं इस तरह तो वक्त कट सकता नहीं	28
"	"	इतनी याद किसी की तुझको आई नहीं कभी जितनी याद तुम्हारी मुझको आया करती है	13

प्रणाम	कन्हैयालाल सेठिया	बीज दिया बदले में मेरी हरी भरी फुलवारी ले लो	9
"	"	एक रूप माँगा था तुम ने यह सारा संसार दे दिया	17
"	"	पनघट तक आकर भी गागर रीति लौट रही है	37
कूँ कूँ (राजस्थानी)	कन्हैयालाल सेठिया	टाट-टारड़ी-टोरड़ी झोटी-लरड़ी-टोगड़ी	71
चेत मांनखा "	रेवतदान चारण "	घण मूंघा मोती मत ढलका रोयाँ रूजगार मिलै कोनी हँसे गिगन में चाँद डल्यो	38
"	"	कोई किरत्याँ फेरा खाय	65
"	"	तूटै म्हारा बाजूड़ा री लूँब लट उलझी जाए	105
बादल और बाँसुरी	घनश्याम 'शलभ'	फूल उठी सावन की संध्या	114
		रात नवेली...	115
		प्रीत की धरती...चाँदनी	76
स्वर्ण-रेख (वेद ऋचाओं का अनुवाद)	बशीर अहमद 'मयूख'	जागो उठो नया जीवन ले	7
"	"	हल जोतो...	53
बिम्ब-बिम्ब चाँदनी	विश्वेश्वर शर्मा	चहकी रे साँवरी चिरैया	11
"	"	इनही में यहीं कही...	43
ये : सपने ये प्रेत	रणजीत	किस अभागे को अरे इस धूप में दफना रहे हो	10
"	"	इस शैतानों की बस्ती में...	38

"	"	प्यार चार अस्वीकारोक्तियाँ	79
"	"	सोच समझ कर चलना भैया	103
माया दर्पण	श्रीकान्त वर्मा	एक अदृश्य टाइपराइटर पर साफ सुथरे	1
"	"	कुछ छोटी कविताओं के शीर्षक (क) हम लोग	34
		(ख) दुपहर	35
		(ग) शिशिर	36
		(घ) घाट पर नहाती हुई	37
"	"	एक मारवाड़ी मुनीम जमुहाई लेता हुआ	46

कहानी का मर्म

कहानी के मर्म की बात कहने का मुझे अधिकार नहीं है क्योंकि मैं कहानी का स्रष्टा नहीं हूँ। मैं एक उपभोक्ता मात्र हूँ। जो सृष्टि रचता है, उसके निर्व्याज आनन्दातिरेक का क्या कहना। किन्तु उपभोक्ता के पास जो खाता-बही, हिसाब-किताब है, वह उसे निर्लिप्त नहीं होने देता। हाँ, एक बात अवश्य है कि ऐसा हिसाबी-किताबी उपभोक्ता यदि सौदे-सट्टे के बीच सन्तुष्ट हो जाए तो उसका मन स्रष्टा के प्रति परमादर-भाव से कृतज्ञ हो जाता है।

सचमुच उपभोक्ता सब जगह एक-सा ही होता है। माल को ठोक-बजाकर परखनेवाला। समझ-बूझ के साथ, समय हो या पैसा, खर्च करनेवाला। सामान्यतया माल बेचनेवाला, उपभोक्ता को झक्की समझता है और उसके नाप-तौल को पसन्द नहीं करता, किन्तु उपभोक्ता का सुरुचि-सम्पन्न और विवेकप्रिय होना बाजार किस्म की वस्तुओं को रोकता है और इसलिए 'क्वॉलिटी' का सम्मान बराबर बना रहता है। जो महत्त्व अर्थशास्त्र में उपभोक्ता का है, वही साहित्य में पाठक का। दोनों जगह इस विलक्षण उपभोक्ता से निस्तारा नहीं है। बल्कि कई बार यदि यह कद्रदाँ नहीं मिलता, तो साहित्यकार का क्षोभ बेहद बढ़ जाता है। पुराने कवि ने इसी क्षोभ से संतप्त होकर कहा था कि गुण नहीं हिराया है, इस गुण का ग्राहक हिरा गया है: "गुण न हिरानो गुण गाहक हिरानो है।"

तो घूम-फिर कर प्रश्न यह हुआ कि यह उपभोक्ता क्या चाहता है और कहानीकार से उसका क्या तकाजा रहता है? बात वही है कि साहित्य से हम क्या चाहते हैं? आस्थाशील साहित्यकार भी अनेक बार यही पूछता है कि क्या दूँ आपको? जब गम्भीर तत्त्व-द्रष्टा की तरह पूछता है तो वैदिक ऋषि की कही जिज्ञासा अब भी उभरती है 'कसमै देवाय' (किस देवता को यह हविष्य अर्पित करूँ)? किसके सुख के लिए लिखूँ? न तो भाषा है, न निबन्ध है, न मंजुल मति। रघुनाथ की यह चरित-गाथा अपने ही लिए है, नितान्त अपने ही सुख के लिए। किन्तु इस परम विनय के तात्त्विक सत्य को ग्राह्य समझते हुए उपभोक्ता से मुक्ति नहीं है। इस प्रश्न को 'अज्ञेय' ने 'त्रिशंकु' निबन्ध-संग्रह में भली विधि उठाया है। लिखा है—"क्या मैं स्वान्तः सुखाय लिखता हूँ?"

"कोई भी कवि केवल मात्र 'स्वान्त: सुखाय' लिख सकता है, यह स्वीकार करने में, मैंने अपने को सदा असमर्थ पाया है। अन्य मानवों की भाँति अहं मुझमें भी मुखर है, और आत्माभिव्यक्ति का महत्त्व मेरे लिए भी किसी से कम नहीं है, पर क्या आत्माभिव्यक्ति अपने आप में सम्पूर्ण है? अपनी अभिव्यक्ति-किन्तु किस पर अभिव्यक्ति। इसलिए अभिव्यक्ति में एक ग्राहक या पाठक या श्रोता, मैं अनिवार्य मानता हूँ...।" इस ग्राहक या पाठक या श्रोता को अनिवार्य मानने के कारण ही प्रेषणीयता (Communicatility) का प्रश्न उठता है। यह जो दूसरा पक्ष है, साहित्य-स्रष्टा से भिन्न, जो पाठक कहलाता है, किन्तु एक गहरी सामाजिकता के कारण उससे (स्रष्टा से) अभिन्न है, वह क्या प्राप्त करना चाहता है? इन दिनों काव्य-क्षेत्र में इस प्रश्न का बड़ा विश्लेषण हुआ है। कविता के क्षेत्र में शब्दों की रहस्यमयता के प्रति एक आकर्षण भाव रहा है। रहस्यवादी कवि से लगाकर रूमानी कवियों तक ने सभी स्थितियों में यह सिद्ध करने की चेष्टा की है कि वे जो लिखते हैं, उसका अभिप्राय उतना ही नहीं है, जितना कुछ समझा जाता है। वह 'अमित-अमित छवि' ग्रहण करता है। कवि का आशय गूढ़, अलौकिक और रहस्यमय होने के कारण उसके शब्द-अर्थ को ध्वनित मात्र कर सकते हैं। कवि की इस विवशता को भी 'ग्लेमर' माना गया है। किन्तु कवियों की माया अपरम्पार है। सौभाग्य से यह बात, यह मायावी महिमा, कहानीकार के इर्द-गिर्द नहीं घूमती। वह अगम्य और निगूढ़ लोक की छवि, सहज पृथ्वी तक लाता है। धर्म और तत्त्व-दर्शन के जो अनाम, अगोचर और रहस्यमय सिद्धान्त हैं, उन्हें भौतिक देय देने की कामना कहानीकार की होती है। यह सौभाग्य की बात है कि कहानी की परम्परा में पृथ्वी-लोक के स्पर्श की बात कभी किसी भी अर्थ में अशोभनीय नहीं मानी गई है। पृथ्वी-लोक का यह स्पर्श 'कथा सूत्र' कहलाता है। कहानीकार इसी 'कथा सूत्र' से ग्राहक का मन बाँधता है। फूल में गन्ध-तत्व की तरह यह कथा 'अमित-अमित छवि' ग्रहण करती हुई पाठक का मन वशीभूत किये रहती है। क्या आश्चर्य कि इस कथा-रस का निरन्तर पान करने के लिए उस, कहानी रसिकों के चिर-परिचित राजकुमार ने अपने राज्य का आधा भाग उस व्यक्ति को देना स्वीकार किया होगा कि जो कभी न समाप्त होनेवाली कहानी कह सके? किन्तु दुर्भाग्य कि वह राज्य किसी को न मिला और राजकुमार की वह चिर अतृप्त प्यास नहीं बुझी। जो हो, इतना सत्य है कि राजपुत्र जो सुनना चाहता रहा होगा, वह जीवन के उन सब मनोरथों को गूँथनेवाला 'कथा सूत्र' ही कहा जा सकता है। तो उपभोक्ता की दृष्टि से मैंने यह चाहा है कि जो कथा मैं पढ़ूँ उसमें कुछ भौतिक, हाँ, कुछ 'दृश्य-मान कथा सूत्र' हो, जिसको पकड़कर मैं जीवन के अन्तरंग प्रकोष्ठ में झाँक सकूँ। यह जो कविता में 'भाव मात्र' निर्गुण, निर्विकार, Absolute की बात है, उसे कहानी के स्वस्थ जीवन में नहीं आने देना चाहता। सूर ने कहा था कि जिसके न रूप है, न रेख, न

गुण, न जाति, न युक्ति उस अवलम्बन-हीन की प्राप्ति के लिए मन चकित होकर दौड़ता है, पर पाता कहाँ है कुछ? कुछ न पाए तो श्रम अकारथ जाता है। कहानी पढ़ते समय अकारथ समय और श्रम नहीं लगाना चाहता, इसलिए कुछ भौतिक 'कथा-सूत्र' देखना चाहता हूँ।

इस प्रसंग को अधिक स्पष्ट करने के लिए पहले 'अज्ञेय' की दो कहानियाँ लेता हूँ। एक 'गेंग्रीन' और दूसरी 'हीली-बोन् की बतखें'। 'गेंग्रीन' कहानी में जो जीवन चित्रित है, वह इस विराट् बीसवीं शताब्दी के यांत्रिक जीवन की विवशता है। इस कहानी में "अनैच्छिक, अनुभूतिहीन, नीरस यंत्रवत्" और 'मोटर के स्पीडोमीटर' की तरह जो विश्रान्त स्वर में कहता है कि "मैंने अपने अमित शून्यपथ का इतना अंश तय कर लिया' कहनेवाली मालती आई है, उसे मेरी आत्मीयता नहीं मिलती। 'ग्रेंग्रीन' में कथा नहीं है, एक स्थिर स्थितप्रज्ञ-सा भाव है। किन्तु 'हीली-बोन्' की बतखें' अपने कथा-रस के कारण ऐसी सुन्दर बन पड़ी है कि मन प्रसन्न हो जाता है। हीली-बोन् यिर्वा खासिया की है, जाने-अनजाने कारणों से कौमार्य-व्रत ग्रहण किया है। वह बतखें पालती है। बतखों पर सारे मंडल के गाँव ईर्ष्या करते हुए उन बतखों पर इन दिनों एक डाकू लोमड़ा घात लगाये है। आज फिर 'जब' बीचो-बीच फर्श रक्त से स्याह हो रहा था और आसपास बहुत से पंख बिखरे थे" किसी ने पिछवाड़े के रास्ते से आकर कहा, 'खू-ब्लाई' (राम-राम)। यह कैप्टन दयाल थे और मिस यिर्वा की मदद के लिए आए थे। संयोग कि उस रात डाकू लोमड़ा फिर आया 'रात में दो-अढ़ाई बजे बन्दूक की धाँय। सुनकर हीली जागी' किन्तु 'तब वह उठी नहीं, लोमड़ी ज़रूर मर गई होगी और उसे सबेरे भी देखा जा सकता है, यह सोचकर फिर सो रही।" किन्तु लोमड़ा वहीं मरा नहीं, यह बात कैप्टन दयाल ने सुबह बताई। कैप्टेन दयाल जब शिकार की खोज में चले, तो हीली 'डाओ' उठा लाई और चलने को तैयार हो गई। खोजते-खोजते वे उस स्थान तक आ गये, जहाँ "अन्धकार में कई- एक जोड़े अंगारे-से चमक रहे थे। हीली ने स्थिर दृष्टि से देखा। करारे में मिट्टी खोदकर बनाई हुई खोह में, या कि खोह की देहरी पर नर-लोमड़े का प्राणहीन आकार दुबका पड़ा था। कास के फूल की झाड़ू-सी पूँछ उसकी रानों को ढँक रही थी, जहाँ गोली का ज़ख्म होगा। भीतर शिथिल-गात लोमड़ी उस शव पर झुकी खड़ी थी, शव के सिर के पास मुँह किये मानो उसे चाटना चाहती हो और फिर सहमकर रूक जाती हो। लोमड़ी के पाँवों से उलझते हुए तीन छोटे-छोटे बच्चे कुनमुना रहे थे। उस कुनमुनाने में भूख की आतुरता नहीं थी, न वे बच्चे लोमड़ी के पेट के नीचे घुसड़-पुसड़ करते हुए भी उसके थनों को ही खोज रहे थे...माँ और बच्चों में किसी को ध्यान नहीं था कि गैर और दुश्मन की आँखें उस गोपन घरेलू दृश्य को देख रही है"। इस करुणा से अभिभूत हीली को कैप्टन दयाल कुछ कहें-कहें, तब तक वह अन्तर्धान हो गई। घर लौटकर उसने एक-एक कर सारी बतखों के सिर उड़ा दिये। लौटकर आए हुए

कैप्टन ने देखा कि खून से रंगी 'डाओ' पड़ी है। उन्होंने कहा—"यह क्या मिस यिर्वा?" और फिर उत्तर न पाकर, उसकी आँखों का जड़-विस्तार लक्ष्य करते हुए, उसके कन्धे पर हाथ रखते हुए फिर धीमे-से बोले—'क्या हुआ हीली?' हीली कन्धा झटककर, छिटककर परे हटती हुई खड़ी हो गई और तीखेपन से थर्राती हुई आवाज़ से बोली "दूर रहो हत्यारे!" यहाँ कहानी समाप्त हो जाती है। कथा-रस के प्रवाह के साथ-साथ करुणा या प्रसंग द्वारा मणि काँचन संयोग उपस्थित करता है। मिस यिर्वा के मन में यह माँ का कान्ति-युक्त महिमामय प्रसंग भी विराजमान था, इतना सन्देह उपस्थित होता है कि कहानी और प्रकार से निखर उठती है। कथा-रस की इस पहली आवश्यकता पर इतना वक्तव्य अलभ् होगा।

दूसरी बात—

कहानी में 'कथा-रस' के अतिरिक्त 'अनुभूति की अन्तरंग अभिव्यक्ति' परमावश्यक समझता हूँ। विषयवस्तु के साथ यह हार्दिकता न हो तो 'कथा-रस' की भव्य महिमा अकिंचन सिद्ध होगी। इसी परम हार्दिकता को भवभूति ने कदाचित् काव्य में श्रेष्ठ 'करुण-रस' माना है। रस तो करुण ही है और शेष तो उसके भेद मात्र हैं। जैसे तरंग, बुद्बुद्, लहर आदि जो जल के नाना भेद होकर भी मूल में जल ही हैं। करुणा की इस छवि से मंडित होकर स्थान काल और पात्र शाश्वत होने का गौरव प्राप्त करते हैं। 'शरद् बाबू' का वह अस्तित्वहीन-सा पशु 'महेश' इस असीम हार्दिकता के कारण पाठकों के मन को आज तक बाँधे हुए है। साहित्य-स्रष्टा की अभिव्यक्ति का मूल-धर्म आखिर यही तो है कि सृष्टि के असंख्य कार्य-कलापों के बीच जो वस्तु, या जो कर्म, या जो क्षण उसको आकृष्ट करता है, उसके प्रति वह अर्पित हो जाए। किन्तु अर्पित होने मात्र से ही काम नहीं चलता, इसलिए उस वस्तु, कर्म और क्षण को वह हार्दिकता से, अन्तर की समस्त करुणा से अभिसिंचित करता है। मनुष्य-मनुष्य के बीच जो रिक्तता है, या यह जो नाना भेदों की, रुचि की, व्यवहार की, परम्पराओं की, सभ्यता की खाई है उसे इस लोक-व्यापी हार्दिकता से पाट दे। अनुभूति की अन्तरंगता के अभाव से वर्ण्य-वस्तु विलक्षण होते हुए भी साहित्य नहीं बन पाती। यह बात भी दो कहानियों को लेकर स्पष्ट करता हूँ। एक यशपाल की 'करुणा' नाम की कहानी है और दूसरी श्री वि.स. खाँडेकर की 'एक दंश'। दोनों कहानियों में हमारे युग के विच्छिन्न व्यक्तित्व (Split personality) का कथानक स्वीकार किया गया है। यशपाल की कहानी का पुरुष-पात्र एक जागीरदार है जो ऊपर-ऊपर से भद्र और नेक तबियत का बातूनी आदमी है। यह भद्र पुरुष अपने सौजन्य के कारण अध्यापिका करुणा (शायद यही नाम है) को आकृष्ट करता है। विवाह के बाद वे जागीरदार गाँव जाते हैं और सहसा एक रात पत्नी को पास से उठती हुई अनेक करुण-चीत्कारें सुनाई देती है। वह पति से पूछना चाहती है, जो

कई बार टाल-मटोलकर यह बताते हैं कि यदि यह सब मार-पीट न हो, तो उनके अन्तःपुर की रंगरेलियाँ समाप्त हो जाएँगी। निष्कर्ष यह कि इस ऊपर-ऊपर से भद्र पुरुष के अन्तर में बैठा हुआ सामन्ती पुरुष अपने स्वार्थ के समय सदा ही सतर्क है। 'करुणा' तब जान पाती है कि सत्य क्या है? कथा श्रेष्ठ है, पर जैसे कहानी, उस अन्तरंग अभिव्यक्ति के स्पर्श से सप्राण नहीं होती। यह सत्य, सिद्धान्त समझाता है पर उस Sublimity तक नहीं पहुँचता जो अन्तर को स्पर्श करता है।

'एक दंश' कहानी का कथानक यूँ है—लेखक एक नौकरानी रखता है। यह नौकरानी काम पर आती है और साथ ही अपने रुग्ण, अत्यन्त शिथिल पंगु बालक को साथ रखती है। काम की थकान से घायल होकर यदि उसे जीवन का अर्थ कहीं प्राप्त होता है तो इस रुग्ण 'टिट्टी' के मुख को चूमकर। 'टिट्टी' जैसे उसके सुख-दुःख का सनातन सखा है, उसके अस्तित्व की 'टिट्टी' ही सार्थकता है। गृह-स्वामिनी की झिड़कियाँ खाकर भी वह उसे नहीं छोड़ेगी। किन्तु, यह बहुत दिन तक नहीं निभता। 'टिट्टी' की माँ मद्रास जाकर उसे अपनी माँ के पास छोड़ आती है। फिर काम! गृह-स्वामिनी सन्तुष्ट है, पर 'टिट्टी' की माँ अब निर्गन्ध पुष्प है। माँ के प्राण की सुगन्ध, 'टिट्टी' जाने कैसा है?

आज लेखक के घर पर मंत्री का भोज है। आज तार भी आया है। तार में 'टिट्टी' की दारुण अवस्था की खबर है। पर इससे गृह-स्वामिनी को क्या? मंत्री का भोज हो और टिट्टी की माँ चली गई तो घर की प्रतिष्ठा दो कौड़ी की हो जाएगी। मंत्रीजी का भोज सानंद समाप्त होने पर तार 'टिट्टी' की माँ को दे दिया जाता है। माँ भाग कर पहुँचती है। पर अब पहुँचने से क्या होता है? दिया बुझ गया था! 'टिट्टी' की अन्तिम छवि निहारने की माँ की अकिंचन कामना पूरी न हो सकी। किन्तु लेखक के मन में यह दंश बराबर बना रहता है कि यदि तार, समय से ही 'टिट्टी' की माँ को दे दिया जाता तो वह उस निरीह शिशु के अन्तिम दर्शन कर लेती।

मंत्री के भोज की प्रतिष्ठा के लिए बेचारे 'टिट्टी' की मृत्यु के समय माँ की अनिवार्य आवश्यकता की यह अवहेलना।

खाँडेकर ने भी हमारे भद्रलोक के आचरण की अच्छी-खासी धज्जियाँ उड़ा दी हैं, किन्तु इतनी अन्तरंग हार्दिकता के साथ कि हमारे अपने सभी के चेहरे जैसे साफ़ उभरकर कहानी के दर्पण में आ गये हों।

मुझे शिकायत है कि यह हार्दिकता, सृष्टि के साथ यह अटूट मैत्री कम होती जा रही है। विपुल कहानी-साहित्य का प्रकाशन हो रहा है, पर सृष्टि के सौभाग्य और दुर्भाग्य के साथ बँधा हुआ हमारा मन, तटस्थ और असम्पृक्त क्यों हो गया है? तो दूसरी बात पर मेरा यह आग्रह है कि कथा-सूत्र के साथ-साथ कहानी के आकर्षण को चिरन्तन रखने के लिए लेखक को पूरी-पूरी तरह Dedicate (समर्पित) हो जाना पड़ेगा। इस समर्पण के साथ ही बहुत-सी इधर उठी हुई समस्याएँ हल हो जाएँगी।

मेरे लिये कोई कहानी, लेखक के साथ महत्त्वपूर्ण अमहत्त्वपूर्ण नहीं बनती, बल्कि इस हार्दिकता के कारण महत्त्वपूर्ण बनती है।

अब तीसरी बात—

कहानी कितनी बड़ी हो—कितने शब्दों वाली। गति के इस युग में पाठक का धैर्य क्या ग्रहण करेगा? मैं कहता हूँ महाशय! पाठक से न पूछें। आप में देने की कितनी सामर्थ्य है? कितना है पास में? इस पूँजी को देखें। छोटी पूँजी वाला व्यापार करता है, तो ग्राहक को दोष देता है कि खरीददार ही नहीं है। लोग बड़े-बड़े पोथे के पोथे पढ़ने को तैयार हैं। प्रश्न यही हे कि पठनीय है या नहीं। धैर्य पाठक में नहीं है या लेखक में? छोटी और अत्यन्त छोटी कहानी में चमत्कार को नमस्कार कर लेता हूँ, पर मन अनुरंजित नहीं होता। कहानी में रचनाकार कुछ देता नहीं है। एक भंगिमा अवश्य होती है, जो क्षणिक विद्युत-प्रकाश की तरह मन पर कौंध कर मिट जाती है। बहुत-सी जगह भरनी पड़ती है। कहानी-शास्त्र के पंडित लोग कहते हैं कि मनुष्य के मन की यही गति है और कहानी मन के साथ जुड़ी है तो फिर कोई सीधी रेखा नहीं खींची जा सकती है। यह बात मैं जानता हूँ कि मन किसी एक सीधी दिशा में नहीं उड़ता। कहानी भी किसी एक तरफ, बने-बनाए मार्ग पर 'लीक-लीक' चलती रही तो वह दारुण यांत्रिकता होगी, कई जाने-पहचाने सिद्धान्त दुहराती चली जाएगी। कहानी के पंखों पर इस तरह के बोझिल पत्थर लटकाने के पक्ष में मैं नहीं हूँ। किन्तु छोटी कहानी में न कथा-सार हो, न कुछ विलक्षण प्रसंग की गरिमा; न किसी विशेष क्षण की अनुभूति हो, और न अनुभूति की अन्तरंग अभिव्यक्ति; तब फिर क्या कीजिएगा? पहले समस्यापूर्ति हुआ करती थी, कवि अन्तिम चरण को एकदम चमत्कार पर समाप्त कर शेष तीन चरण ज्यों-त्यों गढ़ देता था। कवित्त या पद के ये बिचारे तीन चरण, इस चौथे चरण के लिए ज्यों-त्यों खड़े रहते थे, वही इस छोटी कहानी के लिए है। सारी कहानी जैसे किसी एक वाक्य की सार्थकता प्रमाणित करने के लिए अस्तित्व धारण करती है। उदाहरण के लिए नवोदित लेखक 'शेखर जोशी' की कहानी 'दाज्यू' ले रहा हूँ। कहानी के पात्र 'जगदीश बाबू' बड़े से शहर में आकर परेशान हैं। नये शहर में आने पर जैसा सबके साथ होता है उनके साथ भी हुआ। कोई अपना नहीं है। संयोग कि शहर के जिस कैफे में वे जाते है, मदन नाम का एक पहाड़ी लड़का उन्हें मिल जाता है। मदन उन्हें पहाड़ी भाषा में 'दाज्यू' पुकारने लगता है। दोनों पहाड़ियों के बीच यह 'दाज्यू' शब्द उनके मन जोड़नेवाला है। मदन कम खुश नहीं कि उसके जाने-पहचाने प्रदेश के जगदीश बाबू यहाँ है।

किन्तु धीरे-धीरे जगदीश बाबू अपनी मध्यवर्गीय 'प्रेस्टिज' के प्रति सजग होते जाते हैं और जितनी तीव्रता के साथ वे सजग होते है, उन्हें 'दाज्यू' शब्द उतना ही अप्रीतिकर प्रतीत होता जाता है। एक दिन वे मदन को डाँट देते है। बिचारा मदन रो-धोकर मन के साथ समझौता कर लेता है।

एक दिन फिर जगदीश बाबू मित्र हेमन्त के साथ आते है, उसके नाम धाम पूछते है। नाम पूछने पर खिन्न-मन मदन कहता है, 'बॉय कहते हैं शाब मुझे'। संक्षिप्त-सा उत्तर देकर वह मुड़ गया। ठीक इसके बाद इन शब्दों के साथ कहानी समाप्त हो जाती है, 'मैं बॉय हूँ, बॉय"। तुम्हारी 'प्रेस्टिज' के, तुम्हारे नपुंसक दंभ के घेरे के बाहर, एकदम बाहर।"

इस कहानी की रचना 'बॉय कहते है शाब मुझे' इस वाक्य के इर्द-गिर्द घूमती है। 'प्रेस्टिज' का दारुण बोझ सबके सिर पर लदा है। किसी का कोई नाम नहीं है, व्यक्तित्व-हीन हैं सब! बस 'बॉय' मात्र हैं। कहानी की यह जो वर्ग-भेद की 'प्रेस्टिज पाइंट' की विपन्नता है, उसके पाठक परिचित तो हो जाता है, पर इस दर्द की गूंज टिकती नहीं है। चमत्कार तो है पर जैसे कोई कसक नहीं छूटी है। जो हो, छोटी कहानी में बंगाली लेखक 'वनफूल' की तरह 'कथा-शिल्प' की दक्षता प्राप्त न हो, तो लक्ष्य-भेद नहीं होता।

अब अन्तिम बात विविधता की—

हिन्दी की कहानियों में विविधता कम है। दो-तीन किस्म की कहानियाँ मिल सकती है। लेखक का नाम जान लें तो विषय-वस्तु की कल्पना की जा सकती है। 'प्रयोग वाले' प्रगतिकामियों' का दोष-दर्शन करने को तत्पर हैं और 'प्रगति-कामी' 'प्रयोगवादियों के ऊपर तलवार ताने हैं, इन दोनों की अपनी विवशताएँ हैं। दोनों ही 'दीक्षा-गम्य भाषा' का प्रयोग करते हैं। बँधे-बँधाये घेरे हैं। सीमाओं की जानकारी दोनों को है। इस दिशा में प्रान्तीय भाषाओं में बड़ी ताज़गी है। 'नवनीत' तथा अन्य पत्र पत्रिकाओं में समय-समय पर अन्तर्प्रान्तीय कहानी-साहित्य प्रकाशित होता है, वह उसकी दृष्टि की ताज़गी प्रकट करता है। जीवन की अपार महिमामय भूमि पर अनेक प्रयोग किये जा सकते है, और अनन्त प्रगति के नये सीमान्त खोले जा सकें, तो अनहोना नहीं होगा। एक ही लेखक अनुभूतियों की विविध-छवियाँ प्रदान कर सकता है, और जितने लेखक हमारे पास हैं, वे सब तो हमें जीवन के तल-अतल के स्पर्श की खबर दे सकते हैं, पर वे कृपा कर यह स्वीकार करें कि उपभोक्ता का मन नाना दिशाओं में बहता है।

अंग्रेजी में एक कहावत है कि जहाँ देवदूत जाने से डरता है, वहाँ मूर्ख निर्द्वंद्व होकर चला जाता है। विनय से नहीं, अपने अज्ञान को जानकर कह रहा हूँ। इसी भाव से ख्याति-लब्ध लेखकों की कहानी पर कलम चला दी है। थोड़ा औद्धत ही सही, पर इस तरह उपभोक्ता का दृष्टिकोण यदि लेखक को समझा सका हूँ, तो अविनय का लांछन इतना बुरा नहीं लगेगा।

भाग-3

वर्ण और स्त्री

हमारे समय की सबसे उग्र और हिंसक बहस 'संस्कृति' को लेकर है। यह डर फैला हुआ है कि दुनिया की महान संस्कृतियाँ खतरे में हैं। इसके चलते प्राय: यह नारा गूँजता लगता है कि 'हिन्दुत्व खतरे में है' या कि 'इस्लाम खतरे में है।' ईसाइयत विनाश के कगार पर बैठी है, यह नारा भी इन्हीं में से एक है। बड़े-छोटे धर्म-संगठनों के आचार्यकुल और प्रचारक 'विनाश के खतरे' से सावधान हुए अपने अनुयायियों को अधिकाधिक संगठित होने का आग्रह कर रहे हैं। एक तरह से सभी 'धर्म' महाविनाश के खतरों के भयावह सपने देख रहे हैं। कुछ इतिहासकारों का कहना है कि हमारा समय 'सभ्यताओं की टकराहट' का है। क्या यह कहना उचित होगा कि बाजार की प्रतिस्पर्धा संस्कृति-सभ्यता के इलाकों में दाखिल हो गई है और वे सभी अपनी-अपनी 'श्रेष्ठताएँ' बेचने की चिन्ता में लगी हैं?

'संस्कृतियों' के क्षेत्र में इस अकुलाहट का कारण क्या है? वे सहसा ही 'आत्म-रक्षा की मुद्रा में क्यों आ गई हैं? उनके लक्षण और सरोकार क्यों बदल रहे हैं? इस सबका एक सरल-सा उत्तर तो यह है कि पुरानी संस्कृतियाँ नये बदलावों का बोझ उठाने में असमर्थ हो गई हैं और जिन समाजों की उन्होंने रचना की थी उनके दिन समाप्त हो गये हैं। वे 'अनुत्पादकों की श्रेणी' में आ गई हैं। कुछ वर्षों पहले अमरिकन स्तंभकार एलविन टॉफलर ने 'फ्यूचर शॉक' (भविष्य के झटके) शीर्षक पुस्तक लिखकर पुराने अभिजन समाजों में घबराहट पैदा कर दी थी और वे दहशत में आ गये थे। उन्हें लगने लगा कि उनके विश्वासों की दुनिया हिल रही है। यह झटके तीसरी दुनिया के पुराने देशों में अधिक तीव्रता से अनुभव किये गये जहाँ के समाजों की मनोरचना मिथक, परम्परा, धर्म, इतिहास और प्राकृतिक आकस्मिकताओं के अप्रत्याशित रूपों के आधार पर हुई थी। ध्यान से देखने पर यह जानकारी मिलती है कि पुराने समाजों की मनोरचना का आधार 'धर्म' है। 'धर्म' के व्यापक अर्थों में संस्कृति, सभ्यता, इतिहास, परम्पराएँ सब समाहित कर ली गई हैं। आज भी अनेक विद्वानों का मत है कि 'विश्व-प्रपंच' को समग्रता की दृष्टि से धर्म की स्थिति में ही देखना चाहिए क्योंकि संस्कृति, सभ्यता, इतिहास, परम्परा, प्रकृति, पर्यावरण, समाज, जीवन-मृत्यु धर्म के ही विविध प्रसंग हैं।

'धर्म-संस्कृति' का विश्व के दूसरे देशों के निर्माण में इतना प्रभाव रहा या नहीं रहा हो भारतीय मनोरचना पर उसका सकारात्मक प्रभाव गहरा और स्पष्ट है। तब यह प्रश्न उठता है कि उन्हीं महान धर्म-सिद्धान्तों के अनुसार भारतीय समाज-व्यवस्था की रचना क्यों नहीं कर सके? उदाहरण के लिए यदि हम उन आधारों की तलाश करें जिन पर हमने जीवन-रचना का निश्चय किया था तो हमें यह जानकर प्रसन्नता होगी कि उनमें सबसे पहला स्थान 'समता' का था। वह हमारी धर्म-संस्कृति का केन्द्र था, हमारी कविताओं में हम उसी समतावादी देश का सपना बुनते रहे—समानि हृदयानी वहः। हमारे सबके हृदय समान हों। कैसे अशान्त समय में शंकराचार्य ने अद्वैत के सिद्धान्त का प्रतिपादन किया जो समता का महान सिद्धान्त था। कोई दूसरा नहीं है, कोई भिन्न नहीं है, 'मैं ही ब्रह्म हूँ' ऐसा कहकर शंकर ने समता के दर्शन को, भारतीय धर्म-संस्कृति का केन्द्र बना दिया था।

समता-दर्शन की बेल को हमने कभी मुरझाने नहीं दिया। भगवान महावीर, बुद्ध और भक्तों-संतों ने पूरी ऊर्जा, पूरी आत्मीयता से 'समता' के महान सिद्धान्त का समर्थन किया। बीसवीं सदी तक भी समता-दर्शन की चमक स्थिर रखने का उत्साह बना रहा, गांधी, मार्क्स के अनुयायी उसकी पक्षधरता करते रहे। लोहिया तो आज भी 'समता की लड़ाई' को सबसे बड़ा मुद्दा मानते हैं। 'सप्त क्रान्ति' शीर्षक दस्तावेज के प्रारम्भ में ही वे लिखते हैं "बीसवीं सदी के दो युग हैं। एक तरफ निर्दयता में यह सदी बहुत बढ़ी हुई है तो दूसरी ओर न्याय की इच्छा में भी।" किन्तु ध्यान देने की बात यह है कि सदेच्छा के इस महान 'युटोपिया' को हासिल करने के लिए हमारी समाज-व्यवस्था इतनी कमजोर, इतनी अपंग, लगभग इच्छा शक्ति विहीन और अपर्याप्त क्यों है? हमारे आदर्श और यथार्थ के बीच का फासला इतना चौड़ा और दुर्लध्य रहा है कि धर्म और संस्कृति के सारे मानवीय वक्तव्य मिथ्या और छलावा लगते हैं। भारतीय समाज के मन की उदारता, सहिष्णुता और शील उसके लौकिक जीवन और सामाजिक व्यवस्था की बनावट से हमेशा टकराते रहते हैं। भारतीय समाज का यह आन्तरिक कलह, आदर्श और यथार्थ का अन्तर्विरोध इतना तीव्र, असन्तुलित और दुराग्रही हो गया है कि धर्म-संस्कृति के उदार-सन्दर्भ केवल उत्सवधर्मी मंगलाचरण ही रह गये हैं।

भारतीय जीवन का समाज-शास्त्र वर्णवादी व्यवस्था से प्रारम्भ होता है। हमारा सामाजिक जीवन चार वर्णों में विभक्त है—ब्राह्मण, क्षत्रिय, वैश्य और शूद्र। इन वर्णों की संरचना कब और कैसे हुई इसका कोई प्रामाणिक और विश्वसनीय ब्योरा नहीं मिलता और न ब्राह्मण-शूद्र से क्यों श्रेष्ठ है इसका ही कोई कारण ढूँढ़ने पर मिलता है। इसकी व्याख्या तर्कातीत है, जिसे अलौकिक कहकर स्वीकार कर लिया गया है। सार रूप से यही कहा मिलता है कि ब्राह्मण भगवान के मुख से पैदा हुए,

क्षत्रिय बाहुओं से, वैश्य उदर से और शूद्र चरणों से। कौन किस वर्ण में या योनि में जन्म लेगा, यह भगवान के हाथ है। भगवान की इच्छा ही अटल है। वर्ण-व्यवस्था के इस सिद्धान्त ने छोटे-बड़े, अमीर-गरीब के बीच के अन्तर को, एक तरह से गैर-बराबरी को किसी अदृश्य अलौकिक शक्ति के हाथों सौंप दिया है।

यह लोक-विश्वास हो गया है कि जैसे पाँचों अंगुलियाँ बराबर नहीं हो सकती वैसे ही सब मनुष्य सब तरह से बराबर नहीं हो सकते। छोटा-बड़ा, अमीर-गरीब, काला-गोरा, ब्राह्मण-शूद्र होना भाग्य की बात है।

वर्ण-व्यवस्था की सबसे दुर्भाग्यपूर्ण परिणति यह हुई कि उसने काम-काज और व्यावसायिक सक्रियता के इलाके तय कर दिये। जन्म से पहले ही यह तय हो गया है कि जन्म के बाद किसे किस इलाके में जाना है। यह इलाका बुद्धि और योग्यता के प्रतिमानों पर नहीं, जन्म के आधार पर मिला है। ब्राह्मण को अध्ययन-अध्यापन, शिक्षा का, क्षत्रिय को रक्षा का, वैश्य को वाणिज्य का और शूद्र को सेवा का इलाका दिया गया है। सेवा के अनेक लाभ समझाए-बताए गये हैं। यह कहा गया है कि सेवा करने के दुर्लभ अवसर सबको नहीं मिलते। इस तरह ब्राह्मण, क्षत्रिय, वैश्य के मन में अटल श्रेष्ठत्व के और शूद्र के मन में अटल हीनता के भाव भर दिये गये हैं। उच्च वर्ण के प्रभुजन इस श्रेष्ठता-बोध के कारण शूद्रों पर असंख्य अत्याचार करते नहीं सहमते और शूद्र अपने हीनता बोध के कारण कोई आक्रोश नहीं जताते। दरअसल इस सामाजिक व्यवस्था के कारण अन्याय करनेवाला और सहनेवाला एक प्रकार की मनोवैज्ञानिक विस्मृति के दौर से गुजरता है। वर्ण-व्यवस्था का इससे अधिक घृणित बँटवारा क्या होगा कि जिसके चलते शूद्रों का एक समुदाय कुलीनों, नागरिकों का परवाना, मल-मूत्र सैकड़ों वर्षों से कर्तव्य-पालना की तरह उठा रहा है और जूठी-पत्तलों का बचा-खुचा अन्न खा रहा है। सामाजिक-अपमान के इस परिदृश्य में बहुजन समाज के लोक-प्रिय नेता डॉ.अम्बेडकर ने कहा था कि 'वे हिन्दू-धर्म में जनमे तो हैं पर मरेंगे नहीं।'

स्त्री

वर्णवादी व्यवस्था ने स्त्री के लिए विनम्रता से विचार नहीं किया और न उन्हें वांछित स्वातंत्र्य की भूमि दी है। उन्हें संशय की दृष्टि से देखा गया है और उनकी आदतों की, बिना प्रमाण, हँसी उड़ाई गई है, जिससे वे आत्म-विश्वास विहीन हो जाएँ। उदाहरण के लिए उन्हें कामुक, वाचाल और आभूषण-प्रेमी बताया गया है। कुछ समय पहले उनकी वाचालता पर मैंने एक चुटकुला पढ़ा था जिसमें वे किसी एक स्थान पर इकट्ठी हुई थीं और आश्चर्य कि वे सब चुप थीं। जबकि सच यह हो कि शायद मरते दम न वे बोली हों या न हँसी हों। उनकी काम चेष्टाओं के बारे में यह कुख्यात है कि वे ऋषियों की तपस्या भंग करने के लिए भेजी गईं।

एकाध ऋषि को उन्होंने सम्मोहित भी कर लिया था। मेनका नाम की अप्सरा की अपकीर्ति सर्वविदित है।

स्मृतियों का स्त्रियों के बारे में अनुदारतावादी रूख छिपा नहीं है। स्मृतिकार मनु को उद्धृत करते हुए यह श्लोक पढ़ा जाता है कि वे (स्त्रियाँ) किशोरी होने तक पिता के संरक्षण में रहें, फिर पति और विधवा होने पर पुत्र के, जो भी हो लेकिन वे स्वतंत्र न रहें (स्त्री स्वातंत्र्य न मर्हती)। वे कवि जो समता-विरोधी समाज-रचना के असन्दिग्ध विरोधी रहे वे भी माया का रूपक बाँध कर स्त्री को 'ठगनि' कहकर अवमूल्यित करते रहे; माया महाठगनि हम जानी...इत्यादि। तुलसी नारियों के पक्ष के कवि नहीं है। रीतिकालीन कवि उन्हें सामन्तों के मनोरंजन का 'मसाला' मानते हैं। पद्माकर के 'शिशिर' वर्णन में यह पंक्तियाँ द्रष्टव्य हैं—

शिशिर के पाला को न व्यापत कसाला तिन्हें
जिनके अधीन ऐते उदित मसाला हों।
तान तुकशाला हों विनोद के रसाला हों,
सुबाला हों दुशाला हों, विशाला चित्रशाला हों॥

बुद्ध अपने प्रिय शिष्य आनन्द से लम्बे विवाद-विमर्श के बाद स्त्रियों को धर्म संघ का सदस्य बनाते हैं। लोक-दृष्टि में स्त्री का स्थान गरिमामय मित्र का नहीं है। उसे बलपूर्वक दबाये रखने की नसीहत दी जाती है। कहा जाता है कि ज़मीन और ज़ोरू जोरावरों (पुरुषार्थियों) की है, जोर (पुरुषार्थ) घटते ही वह दूसरों की हो जाती है (ज़मीन, जोरू जोर की, जोर घटे की ओर की)। संस्कृत की एक लोकप्रिय कहावत में स्त्री के चरित्र और पुरुष के भाग्य के बारे में यह कहा है कि स्त्रियों के चरित्र और पुरुषों के भाग्य को देवता तक नहीं जानते हैं पुरुष तो क्या जानेंगे? पुरुषों के वर्चस्वादी समाज में स्त्री तक को अपना अपमान और गरिमा रहित जीवन व्यतीत करना सहज लगता है।

दक्षिणी पंथी राजनीतिक पार्टियाँ स्त्री को आज़ादी का वास्तविक अर्थ समझाने में बाधक होती हैं और परिवारवाद के वे सब सपने दिखाती हैं जिससे वे आज्ञाकारी, भजनानन्दी गृहणियाँ बनी रहें। उनके चारों ओर धार्मिक अनुष्ठानों, उत्सवों, ज्योतिषवाद का मोहक परिदृश्य रचा रहता है जो उन्हें अन्ध-विश्वासों और मूर्खताओं की धुंध से बाहर नहीं निकलने देता।

यौन-शुचिता, अखंड पवित्रता, आर्थिक स्वतंत्रता के सवाल एक-दूसरे के साथ ऐसे उलझा दिये गये हैं कि स्त्री को अपने व्यक्तित्व रहित हो जाने की बात याद ही नहीं रहती। जब कभी 'नारीवादी विमर्श' में वे दुहराई जाती हैं तब दक्षिण पंथियों द्वारा अतीत के वे सब सुभाषित उल्लेखनीय चतुराई के साथ कहे जाते हैं जिनमें 'जहाँ नारी पूजा होती है वहाँ देवता निवास करते हैं' प्रमुख होती है। पति-परायणा

ऋषि-पत्नियों का विशेषतया गार्गी, मैत्रेयी के विदुषत्व का बखान होता है। सती हो जानेवाली स्त्रियों के अनुपम बलिदान की ओजस्विनी कविताएँ पढ़ी जाती हैं और फिल्में 'करवा-चौथ' के उपवास और पति के महिमा-मंडन का सिलसिला शुरू रखती है। करुणा का कीर्तन और 'नवरात्रों' के व्रत उपवास करनेवाला समाज यह जल्दी ही भूल जाता है कि कन्याओं की भ्रूण-हत्या कर दी जाती है, उनके जन्मोत्सव पर न कहीं थाली बजती है न कहीं बन्दूक चलती है, परिवार में निःशब्द सन्नाटा पसर जाता है। किशोरी होते-होते वह अपने भाइयों की सुख-सुविधाओं के सामने गरीब होती जाती है। अन्त तक वह अपनी उदास, थकी ज़िन्दगी का हिसाब-किसाब मिलाती रही है। पुरुष समाज ऐसी चुपचाप मर जानेवाली स्त्रियों के त्याग-तपस्या के गीत गाकर उन्हें गरिमा-रहित ज़िन्दगी जीने का उत्साह देता है।

आज भी हमारा जीवन 'समता और स्वाधीनता' के बुनियादी सवालों को टालता हुआ, महज उन अन्तर्विरोधों का आख्यान बना है, जो हमें बदलने और वास्तविक ज़िन्दगी जीने की उमंग नहीं देता है।

स्त्री की आज़ादी का सवाल

स्त्री के लिए आज़ादी की बात करना सबसे आसान और सबसे मुश्किल है। आसान तब, जबकि वह किताबी सवाल हो और कठिन तब, जबकि वह घरेलू, घर का, घर में लगातार नज़र आनेवाला सवाल हो। किताब की स्त्री, गोष्ठी की स्त्री या कि आधुनिक विचारों में तैरती स्त्री की आज़ादी के सवाल एक तरह से टकराहट के अथवा कि भिड़ने के सवाल नहीं, वे निराकार और अमूर्त सवाल हैं। इन सवालों पर व्यवहार का कोई दबाव नहीं है। एक बेरहम और घर में निहायत नाकामयाब पिता या पति स्त्री को आज़ादी देने के पक्ष में बोलनेवाला सबसे तेज-तर्रार वक्ता होता है और विचारों में एकदम आधुनिक और आकृष्ट करनेवाला। किताब में स्त्री-आज़ादी का वर्णन उन सम्भावनाओं का होता है, जिनकी चर्चा में 'रोमेंटेसिज्म और रसिकता' घुली-मिली होती है और यह बड़प्पन कि हम नये जमाने को रोशनी दे रहे हैं। वास्तविकता तो यह है कि स्त्री की आज़ादी का सवाल किताबी नहीं है, वह दरअसल मनोवैज्ञानिक और व्यवहार के बदलाव का एक पेचीदा सवाल है।

वैसे भी आज़ादी नज़र आनेवाला व्यवहार है, सिर्फ विचार या इरादा नहीं है। सारे विश्व-समाजों की शोकान्तिका यही है कि उन्होंने अपने-अपने समाजों के और खास तौर पर मनुष्य-व्यवहार पर असर डालनेवाले सवालों को खूबसूरत इरादे की पेटियों में बन्द कर दिया है, जिन्हें वे समय-समय पर निकाल लेते हैं और झाड़-फूंककर वापस उन्हीं पेटियों में बन्द कर देते हैं। स्त्री-आज़ादी का सवाल उन्हीं सवालों में से एक है, जिसे प्राय: बहस में रखा जाता है और उलट-पुलट कर देखा जाता है। उसे उस रहस्य-पेटी में बन्द करने से पहले दिलासे के तौर पर वह सुभाषित दुहराया जाता है, जहाँ कहा गया है कि 'नारी की जहाँ-जहाँ पूजा होती है, वहाँ देवता निवास करते हैं।' यह सुभाषित एक भव्य आरती की शब्दावली की तरह है, जो स्त्री को मन्दिर की सीढ़ियाँ चढ़ाता है, लेकिन यह हमारी दुनिया में, जो एक विशाल बाज़ार में तब्दील हो गई है, एक विज्ञापन की तरह भी है—वह स्त्री को लगातार अवास्तविक बनाता है; ऐसी खूबसूरती देता है जो या तो आक्रमणकारी भाव पैदा करती है या ठंडापन, जो स्त्री की वास्तविकता को नष्ट करता है, पूजा

की सारी चीजें धीरे-धीरे परम्परा में बदल जाती हैं और वह स्त्री के 'पूजा-भाव' का हुआ है। वह पूजा-भाव हमारी सभ्यता के सबसे बड़े पाखंड में बदल गया है। स्त्री की रोजमर्रा की जिन्दगी इस 'पूजा-भाव' की अभिव्यक्ति है। स्त्री का पिटना, उसके साथ बलात्कार, उसे जला दिया जाना, उसका अनादर, सामाजिक गैर बराबरी, उसके लिए यातना के असंख्य प्रसंग और प्रयत्न और अन्त में उसे नीचे दिखाने का विजयोल्लास एक तरह से सभ्य समाजों का आत्म-पतन है, जिसका कलंक न तो प्राचीन काल की स्त्रियों के उदाहरण से और न दुर्गा शप्तसती के पाठ से धुलता है। इसमें कोई सन्देह नहीं है कि दुनिया में बहादुर, विदुषी, प्रतिभा-सम्पन्न, चतुर राजनीतिज्ञ और प्रधानमंत्रियों, सांसदों, रचनाकारों और वैज्ञानिकों में स्त्रियों की उल्लेखनीय संख्या है, तब भी असंख्य स्त्रियों की जिन्दगी भयंकर दुःस्वप्न है, बड़ी और महत्त्वपूर्ण स्त्रियों की जिन्दगी ऊपर-ऊपर से चाहे जितनी मज़बूत और निर्द्वंद्व लगती रहती हो, लेकिन सामाजिक दृष्टि से कमज़ोर होने की लाचारी उनके चारों तरफ फैली होती है।

लेकिन असंख्य स्त्रियाँ तो महज 'स्त्रियाँ' ही हैं, सामाजिक दृष्टि से अपाहिज; बचपन में पिता, युवा होने पर पति और बुढ़ापे में पुत्र के आरक्षण में इच्छा रहित पराधीन जीवन जीती हुई, जिनके लिए यह कहा गया है' स्त्री को आज़ादी या स्वतंत्रता अदेय है। स्त्री दरअसल पुरुष की इच्छाओं का उपनिवेश है। इस तरह पूरा समाज 'स्त्री और पुरुष भाव' में विभाजित है, विभाजन की यह दरार सब तरफ, 'मन, वाणी और कर्म' में नजर आती है। काम के बँटवारे में, आचरण में, व्यवहार और अवसरों के बँटवारे में चेतना और नैतिक-दायित्वों के बँटवारे तक में इस बँटवारे ने स्त्री को इच्छाशक्ति और शक्तिहीन अबला में बदल दिया है। अब इसका नतीजा सामने आ गया है। नतीजा यह है कि स्त्री को ताकतवर बनाने की बात से या अधिकार सम्पन्न करने के विकल्पों से उसके जीवन में कोई हलचल नजर नहीं आती। यदि नज़र आती है तो वह अमीर तबके की स्त्रियों में है, गरीब स्त्री सैकड़ों सीढ़ियाँ नीचे बैठी है; कुजात, जरायमपेशा, अरब अमीरता के किसी धन्ना सेठ के लिए खरीदी जाती, निर्वस्त्र बाजार में घुमाए जाने के लिए, घर में एक पदार्थ की तरह, कई-कई मीटर गहरे कुओं से पानी खींचती, गाँव के तालाब में भैंसों के साथ स्नान करती, यक्ष्मा रोग से बीमार, हर साल बच्चे पैदा करती, वे ही नहीं दूसरी हजारों तरह की तकलीफें स्त्री के साथ लगी हैं।

ध्यान से देखें तो स्त्री खौफ है; जन्म से लगाकर मृत्यु तक। सबसे ज्यादा तकलीफ की बात तो यह है कि वह धीरे-धीरे इस यातना के क्रम में 'अजनबी' होती गई है—स्वयं से अजनबी, अपनी शक्ति और ताकत से एकदम अपरिचित, एक कहानी में स्त्री बार-बार अपना नाम भूल जाती है। उसका पति जब याद दिलाता है, तब भी वह चकित और डरी हुई अपना नाम याद करने की कोशिश करती है।

वास्तविकता यह है कि सामाजिक खौफ से गुज़रते हुए स्त्री खुद से डरी, खुद में विभाजित, शक्तिहीन हो जाती है। बाहर जो हादसा नजर नहीं आता, वह अन्दर मन में, अदृश्य टूट के रूप में घटित होता नजर आता है। कितने भी मजबूत मिथक और कितनी भी खूबसूरत भाषा उस उदासी और निष्क्रियता को तोड़ नहीं पाती, जो इस पराधीनता और गैर बराबरी के रिश्ते से पैदा होती है, प्रायः पढ़े-लिखे लोग शहर की स्त्रियों के बारे में जानते हैं। गाँव की स्त्रियों के अथाह दुख के बारे में बहुत कम। घर-गृहस्थी के अन्दर गाँव की बुनियादी सुविधाओं की बात डॉ. राममनोहर लोहिया ने शुरू की थी, जब इन्दिरा गांधी प्रधानमंत्री थीं और स्त्री होने के नाते तमाम स्त्रियों के मत हासिल करने की दावेदार बन रही थीं। उन्होंने कई आम सभाओं में स्त्री प्रधानमंत्री को याद दिलाया था कि वे अब तक एक सुविधाजनक सस्ती झाड़ू भारत की स्त्रियों को नहीं दे सकी हैं जिससे वे कमर की हजारों बीमारियों से बच जाएँ, उन्होंने लिखा—"स्त्रियों की समस्या कितनी मुश्किल है, यह कई जगह देखा जा सकता है। उसकी रसोई में बुरी तरह धुआँ देनेवाले चूल्हे की गुलामी बहुत बुरी है। उसे खाना बनाने का निश्चित समय मिलना चाहिए और ऐसी चिमनी, जिसमें होकर धुआँ निकल जाए..."

'आज हिन्दुस्तान में मर्द-औरत दोनों को ही खाना नहीं मिल रहा है। अच्छे खाने के अर्थ में 10 में से नौ भूखे रह जाते हैं, बिलकुल भूखे रह जाते हैं, पेट नहीं भरता, लेकिन मर्द के मुकाबले में औरतों का पेट ज्यादा खाली रहता है। उसका कारण है कि हिन्दुस्तान की औरतें मर्द के बाद खाती हैं। पहले खिलाती हैं, बढ़ी उम्र के मर्दों को, बच्चों को, कहीं घर में मेहमान आ जाएँ, तो उनको खिलाओ और फिर उसके बाद ज्यादातर घरों में खाने के लिए पूरी तरह से बचता ही नहीं है, कई जगह तो औरत पानी पीकर, पेट बाँध कर सो जाती है (नारी; चौथे दर्जे की नागरिक)।

डॉ. लोहिया सामाजिक बदलाव के लिए 'सप्त क्रान्ति' का जो कार्यक्रम देते हैं उसमें 'वर्णों और स्त्रियों के कटघरे' की बात लगातार उठाते हैं—कभी-कभी भावुकता के साथ, लेकिन ज्यादातर सिद्धान्त की दृष्टि से एक जगह लिखा है 'मुझे यकीन है कि वर्णों और स्त्रियों के कटघरे आत्मा के इस पतन के लिए बुनियादी तौर पर जिम्मेदार हैं, इन कटघरों में इतनी ताकत है कि ये जोखिम उठाने और खुशी हासिल करने की सारी ताकत को खतम कर दें।'

लोहिया बहुत सावधानी से और साहस के साथ 'यौन शुचिता' की बात करते हैं, जो पुरुष वर्चस्व और पवित्रता की जटिल मनोग्रंथि है और उत्पादन के अर्थशास्त्र से जुड़ी है। नीचे पायदानों पर बैठी स्त्रियाँ भूख, यौन-शोषण, उत्पादन के अर्थशास्त्र की सबसे अधिक मार खायी हुई होती हैं, इसलिए उनकी जिन्दगी को रंग-रौनक देने के सारे सवालों के पहले उन्हें जिन्दा रखने के मुद्दे ही अहम हैं, वास्तविकता तो यही है कि स्त्री-आज़ादी और सशक्तीकरण के सारे सवाल स्त्री की जिन्दगी

बचाने की तरफ मोड़ दिये जाने चाहिए। बराबरी की सबसे विकट लड़ाई स्त्री के जीवन रक्षा की है।

भारतीय समाज का बँटवारा स्त्री-पुरुषों के बीच में ही नहीं है, बल्कि अनेक जगह अनेक स्तरों में बँटी हुई स्त्रियों के बीच भी है। इतना ही नहीं, पुरुष अवधारणाओं से बने समाज में बहुत-सी स्त्रियाँ भी पुरुष व्यवहार उनकी बेरहमी की समर्थक हो गई हैं और समाज के सुविचारित निर्माण को महत्त्व नहीं देतीं। पुराने समाजों में अनेक परम्पराओं का मिलना और उनके आदर्शों की झिलमिलाहट स्त्री-पुरुषों के रिश्तों को लगातार पेचीदा बनाती हैं और किसी भी प्रकार के बदलाव को अविश्वसनीयता देती है। देखने की बात यह है कि इन सब परम्पराओं के बीच पुरुष वर्चस्व और आर्थिक नियोजन में पुरुषों को अवसर मिलने का अन्तहीन सिलसिला चलता है। यह तथ्य प्रायः भुला दिया जाता है कि गैर-बराबरी को कायम रखने में अवसरों का न मिलना ही सबसे प्रमुख कारण होता है, भारतीय समाज व्यवस्था में स्त्रियों के लिए अधिक अवसर प्राप्त करने की गुंजाइश नहीं है और उन्हें अपनी प्रतिभा विकसित करने की जरा सी भी जगह नहीं दी गई है। संयुक्त परिवारों का गठन कुछ इस प्रकार हुआ है कि स्त्री के लिए रोशनी के सारे दरवाजे और खिड़कियाँ बन्द हैं। बड़ी उमर तक और कभी-कभी पूरी उमर तक सभ्य और शहरी परिवारों तक में वे बेजुबान, दुर्घटनाओं को देखनेवाली ही बनी हैं। संयुक्त परिवारों में बेशुमार गैर-बराबरी और दूसरी प्रकार की मनोवैज्ञानिक यातनाओं का चालाकी भरा खेल चलता रहता है, जिसमें विधवाएँ बुढ़ाती स्त्रियाँ, अपने हकों से बेदखल की गई पति की कई रिश्तेदार शामिल रहती हैं। किस्म-किस्म के पारिवारिक झगड़ों, और षड्यंत्रों के बीच महत्त्वपूर्ण निर्णय होते रहते हैं, जिसके परिणाम स्त्रियों को ही भोगने होते हैं। आर्थिक निर्णयों में सलाह-सूचना, जमीन, घर का लेन-देन, पारिवारिक बँटवारे का संकट तथा दूसरी कई तरह की आमदनी-खर्च की खबरें बहू-बेटियों से लगाकर बड़ी-बूढ़ियों तक के लिए अनावश्यक होती हैं। दरअसल आर्थिक प्रसंग स्त्रियों के लिए झंझट भरे मान लिये गये हैं और अपने न्यायोचित हकों के लिए किसी स्त्री का कोर्ट-कचहरी में नजर आना, मुकदमा लड़ना लज्जाजनक समझा जाता है। मर्द ऐसी स्त्रियों पर 'आचरण' सम्बन्धी कई आरोप लगाते हैं। ज्यादातर स्त्रियाँ इस अपमान और जलालत से बचती हैं और मृत्यु तक अपनी भोली-भाली जिन्दगी अपमान, लाचारी, भूखमरी, रोग के पायदानों पर बैठी-बैठी बिता देती हैं।

तब भी समता और स्वाधीनता की अदृश्य जैविक इच्छा मर्दों और औरतों के मन में कोई-न-कोई शक्ल लेती रहती है, वह जिन्दगी और इतिहास में देखने-पढ़ने को मिलती है। इस रोशनी में ही हमें अपनी न पाई हुई मंजिलें नजर आने लगती हैं और उन तक पहुँचने के रास्ते और उपाय ढूँढ़ने का उत्साह हासिल होता है। अपनी नाकामयाबियों और परम्पराओं की हम निर्मम आलोचना करते हैं और एक

नई इच्छाशक्ति के बल पर मानवीय रिश्तों को मजबूत और स्थायी बनाते हैं। इस तरह हमारे संविधान में मर्द और औरत के रिश्तों के बीच गैर-बराबरी मिटाने की शुरुआत होती है। दबी-कुचली स्त्री सहसा एक छलाँग लगाकर पुरुष के बराबर आ जाती है। उसका 'वोट' पुरुष के बराबर हैसियत और शक्ति पा लेता है और यह देखने को मिलने लगता है कि पुरुष अपनी राजनीतिक प्रतिष्ठा बचाने के लिए स्त्री के सामने हाथ जोड़कर खड़ा है; उन्हें इज्जत के साथ सम्बोधित कर रहा है; उन्हें शक्तिशाली बनाने के विचार, विश्वास दे रहा है उनकी विफलताएँ, यातनाएँ, उन पर होनेवाले अत्याचार देश की संसद, विधानसभाओं के सामने हैं। एक अपरिचित यथार्थ अनेक विशेषणों के नीचे दबा पाखंड, सदियों का अविश्वास और संशय, स्त्री को निरन्तर पीछे धकेलने का पाप, पुरुष होने का अमर्यादित घमंड, सब पर बात और बहस होने लगती है। यह बात दूसरी है और जाँच-पड़ताल करने जैसी है कि 'मत' की बराबरी भी, यानी एक प्रबल राजनीति का शस्त्र तक स्त्री के प्रति अन्याय, उत्पीड़न और गैर बराबरी की परम्परा को ध्वस्त करने में कामयाब क्यों नहीं होता? स्त्री की रचनात्मक शक्तियों पर कोई विश्वास नहीं करता। यहाँ तक कि मध्यकाल की तेजस्वी संत परम्परा भी, जो अंधविश्वासों और सामाजिक विषमताओं की चारों तरफ से धुनाई करती है, स्त्री को कोई उदारता और सम्मान का स्थान नहीं देती। स्त्री के लिए ऐसे सामाजिक पूर्वाग्रहों के बीच भारतीय संविधान में राजनीतिक हैसियत मिलना एक बड़ी उथल-पुथल और लोकशक्ति के नये ऊर्जा-क्षेत्रों की तलाश ही कही जाएगी।

किन्तु राजनीतिक बराबरी के प्रयास सामाजिक बराबरी के लिए किये जानेवाले प्रयासों का एक हिस्सा ही हैं जिसके अच्छे परिणाम निकलते हैं, लेकिन इतने धीरे-धीरे कि कुछ बदलता नज़र नहीं आता और प्रतिरोधी शक्तियाँ अपने पूरे कौशल से बदलाव विरोधी स्वरों को संगठित करती रहती हैं। स्त्रियाँ हों, दलित हों, अल्पसंख्यक हों या कोई भी उत्पीड़ित पक्ष हो, उनके लिए वर्चस्वशाली अभिजनों के मन बेरहम और तर्क विरोधी होते हैं। वास्तव में वे दबे-कुचले, वंचितों और शोषित जनों से कई तरह के लाभ उठाते हैं; स्त्री के साथ सभी प्रकार के पुरुषों की आदिम कामेच्छाओं का भावमय सम्बन्ध है; ईर्ष्या और आधिपत्य का। यह दोनों तरफ है, यानी स्त्री भी पुरुष के प्रति ईर्ष्या रखती है और उसे अपने कब्जे में रखना चाहती है। इन दोनों के बीच अन्तर यह है कि स्त्री असुरक्षा के भयंकर दबाव में पुरुष को अपने अधीन रखती है और पुरुष उद्दंडता के साथ, पुरुष में एक शक्ति कामना की तरह रहती है, जैसे कोई तेज बहनेवाली नदी हो, पुरुष स्त्री पर, ऐसे ही कब्जा करता है, जैसे जमीन पर और उसी तरह प्रतिद्वंद्वी के प्राण भी ले लेता है।

यह जाँच करने की बात है कि स्त्री-पुरुष का मुख्य झगड़ा क्या है? पुरुष की पूरी इच्छा स्त्री को 'शक्ति' न बनने देने की है। 'शक्ति' का दूसरा प्रतिद्वंद्वी केन्द्र

कोई न हो, यही केन्द्रीय मुद्दा है। अकेली स्त्री विदुषी हो याकि वीरांगना, वैज्ञानिक या कुछ भी, यह आपत्तिजनक नहीं है; इसका यश भी है; पुराने गिने-चुने नाम सब देशों के पास हैं, रानियाँ और साम्राज्ञियाँ हैं, लेकिन वे शक्ति केन्द्र नहीं हैं। सम्पूर्ण व्यवस्था में उनकी आवाज़, उनके हक-हवा-रोशनी की तरह, अपने आप जाने-पहचाने नहीं हैं; पुरुष के हकों की तरह अप्रतिहत और निर्बाध। स्त्री कहीं निर्णायक नहीं है; घर में भी नहीं। अपने शरीर श्रम, शक्ति, गंध-स्पर्श, स्वाद, मैत्री, आसक्ति, प्रजनन, किसी के लिए नहीं, इस यातना को अभिव्यक्त करते तुलसीदासजी ने लिखा:

कत विधि सृजी नारि जग माहीं।
पराधीन सपनेहु सुख नाहीं॥

लेकिन बीसवीं सदी स्त्री-सशक्तीकरण के पक्ष की रही है, पश्चिमी दुनिया से लगाकर हमारे देश तक में स्त्रियों को लेकर फैलायी गई लोकप्रिय कटुताओं और व्यंग्योक्तियों को अविश्वसनीयता हासिल हुई है और बहुत सी धुंध छटी है और दुराग्रह कम हुए हैं। शोषण की बहुत-सी अवधारणाओं का मिज़ाज समझ में आने लगा है और अनेक अनुसन्धानों ने स्त्रियों के शरीर और मन से जुड़ी भ्रान्तियों को निर्मूल कर दिया है। अनेक क्षेत्रों की प्रतिस्पर्द्धी परीक्षाओं में स्त्रियों ने पुरुषों की अपेक्षा अच्छे परिणाम दिये हैं। गृहस्थी और नौकरी के मोरचों पर भी वे हिम्मत और आत्म-विश्वास का परिचय देती हैं। अब किसी भी साहसिक काम में स्त्री को केवल पूर्वग्रह के आधार पर ही क्षमता या शक्ति-रहित नहीं कहा जा सकता है।

वह प्रश्न तब भी मौजूद है कि स्त्री ने यह आत्म-विश्वास किस तरह हासिल किया है? एक प्रतिकूल व्यवस्था और अनेक विपरीत परिस्थितियों के बावजूद अपनी जगह बनाने का उसे यह साहस कहाँ से मिला है? इसका उत्तर ज्यादा पेचीदा नहीं है। मध्यम वर्ग की स्त्री ने शिक्षा से शक्ति हासिल की है। शिक्षा ने स्त्री और पुरुष में अदम्य आत्म-विश्वास की उमंग पैदा की है। शिक्षा पराधीनता के दायरों से बाहर आने की आक्रामक शक्ति देती है, जो बाद में सामाजिक रचना के प्रवाहों को मोड़ देती है। धीरे-धीरे व्यवस्था के अन्दर की दुस्साहसिकता टूटने लगती है। मध्यम वर्ग की स्त्रियों में मिलनेवाली बहुत-सी सुविधाओं में शिक्षित होने की सुविधा भी थी और उसमें कुछ पुरुषों की उदार दृष्टि का सहयोग था। शिक्षित होने के अवसर ही मध्यमवर्ग की स्त्रियों में लगातार गैर-बराबरी का विरोध करने की इच्छा शक्ति जगाता रहा है और आज जिस 'स्त्री-शक्ति' की बात हो रही है, उसकी प्रेरक मशाल मध्यम वर्ग की शिक्षित स्त्रियों ने ही जला रखी है। आगे आनेवाली सदी 'स्त्री दासता' की नहीं होगी। नई प्रौद्योगिकी, देश-देशान्तरों के बीच होनेवाली यात्राएँ, उत्पीड़न के विरोध में चलते आन्दोलन और स्त्री-शिक्षा के फैलते आयाम और अवसर मर्द-औरत के बीच के फासले घटा देंगे।

यह तथ्य ध्यान देने जैसा है कि मध्यम वर्ग की स्त्रियाँ ही स्त्री-सशक्तीकरण के आन्दोलन को तेज करेंगी, क्योंकि वे शिक्षित हैं और राजनीतिक आन्दोलनों में शरीक हैं, उनके पास कानूनी-ज्ञान, सूचनाएँ और दमन के खिलाफ अखबारी मुहिम चलाने की समझ है। उनमें से बहुत-सी स्त्रियों की राजनीतिक-सामाजिक हैसियत पुरुषों के बीच भी महत्त्व रखती है और सबसे महत्त्वपूर्ण तो यह बात है कि उनके पास कुछ समय और साधन हैं, जो संघर्ष की निरन्तरता के लिए जरूरी है।

विचारणीय यह है कि बाज़ारवाद के बीचों-बीच फँसी मध्यमवर्ग की स्त्रियाँ स्त्री को शक्ति देनेवाले आन्दोलन के बुनियादी मुद्दों को कितना बचा पाती हैं और सबसे नीचे पायदान पर बैठी औरत को स्त्री समुदाय और पूरे समाज के बीच कितना आत्मविश्वास, कितनी इच्छा-शक्ति, अपने व्यक्तित्व के विकास के लिए किस प्रकार के अवसर, आर्थिक बराबरी के लिए किस तरह की रणनीति और नैतिक दायित्व की चमक का कितना एहसास कराती हैं। देखें तो मध्यम वर्ग की स्त्रियों के दुख और चिन्ताएँ उन सब स्त्रियों से बहुत अलग हैं, जो उनके घर में और समाज में 'बाइयों' के नाम से जानी जाती हैं और जिनकी कमाई पर उसके मर्द का पूरा अख्तियार है। स्त्री-स्वाधीनता का और सशक्तीकरण का संघर्ष बँटा हुआ नहीं है, न मर्द—औरत के बीच न औरत-औरत के बीच, गोकि निहित स्वार्थ वालों की कोशिश रहेगी कि वह बँटा रहे और कुछ स्त्रियाँ और पुरुष शक्ति के शिखर पर बैठे रहें।

आज के मध्यमवर्गीय परिवारों के सम्बन्ध में चिन्ता करना निर्मूल और अकारण नहीं है। उनका मन और आचरण गहरे दबावों के बीच से गुजर रहा है। पिछले सालों के दुनिया को बदलने के विचार और निष्ठाएँ बदल गई हैं और बराबरी के लिए संघर्ष करने की इच्छा कमजोर हो गई हैं। सिद्धान्तों को अपने हित में परिभाषित करना और समृद्धि के नये-नये सपने देखना मध्यम वर्ग के व्यवहार का अविच्छिन्न हिस्सा हो गया है, इसलिए उनकी विश्व-दृष्टि भी सीमित हो गई है। मध्यम वर्गीय परिवार की स्त्रियाँ सजग किन्तु आत्मकेन्द्रित हो गई हैं और इस भगदड़ में वे सब विचार और लक्ष्य विलुप्त हो गये हैं, जो शक्ति के सम्बन्ध में लगातार केन्द्र में रहने चाहिए। वास्तव में सवाल तो यह है कि स्त्री को शक्तिशाली बनाने के लिए किस तरह के समाज की आवश्यकता है। जब तक समाज-रचना के सवाल, दृष्टियाँ और चिन्ताएँ खंडित और विभाजित हैं, हमारे उत्तर और रचना के विकल्प अनेक दिशाओं में भागते हुए घोड़ों की तरह होंगे। इसलिए हमारी यात्राएँ असुरक्षित रहेंगी।

आज यह हुआ है कि 'शक्ति' का अभिप्राय 'पैसे' में सिमट गया है और इसलिए मध्यम वर्गीय परिवार की स्त्रियाँ बुनियादी रूप से ऐसे समाज को शक्तिशाली मानती हैं, जहाँ धन के बरसते रहने की सम्भावनाएँ खुली हों। लेकिन एक शक्तिशाली समाज की ऐसी अवधारणा अनेक विसंगतियों का कारण बन गई है और धीरे-धीरे

हम एक आपराधिक समाज बनाते जा रहे हैं। सबसे बड़ा नुकसान तो यह हुआ है कि प्रतिष्ठा और सम्मान के सम्बन्ध में हमारा नज़रिया बदल गया है। स्त्रियों के मन में भी मध्यवर्गीय लालच ने अनेक छोटी-मोटी पगडंडियाँ बना ली हैं। वे सवाल, जो जिन्दगी की गुणवत्ता के सम्बन्ध में थे, पीछे धकेल दिये गये हैं। स्त्रियों की नई रचनात्मक ऊर्जा 'विज्ञापन' के काम में आ गई है और यही 'सशक्त' होने का मतलब हो गया है। इसमें कोई सन्देह नहीं है कि आर्थिक गैर-बराबरी से दुनिया-भर के अपराध होते हैं लेकिन मध्यम वर्ग का संघर्ष केवल इसलिए उनके पक्ष में नहीं हो सकता कि इस तरह स्त्री के सशक्त होने की शुरुआत हो गई है। मध्यम वर्ग की स्त्री जब तक पूरे समाज के लिए आर्थिक बराबरी के नये प्रतिमानों का संघर्ष नहीं करतीं तब तक शक्ति का छोटा-सा द्वीप, जिसकी आबादी बहुत कम होगी, बना रहेगा। यह कहने की आवश्यकता नहीं है मध्यम वर्ग सैद्धान्तिक निष्ठाओं का सबसे चतुर विक्रेता है, जिसका विशद वर्णन पवन कुमार वर्मा की पुस्तक 'दि ग्रेट इंडियन मिडिल क्लास' में पढ़ने को मिलता है।

पुरुष की बराबरी का सिद्धान्त स्त्री को शक्तिशाली बनाने का आदर्श सिद्धान्त नहीं है। वह चुनौती तो है और बहस के लिए उत्तेजना भी पैदा करता है, लेकिन वह दर्पपूर्ण और नृशंसता के भरोसे चलनेवाला है। स्त्री यदि पुरुष की अनुकृति ही होती है, तो अच्छी और मनोरम; तनाव-रहित और शान्त दुनिया का सपना बिखर जाएगा। पुरुषों की दुनिया और उसका बनाया हुआ 'शक्ति का मॉडल' विफल हो गया है। उनकी बनाई हुई दुनिया परमाणु-शस्त्रों और दारुण गरीबी के बीच बँट गई है और अगर स्त्री भी इसी पुरुष-दुनिया के आदर्श को बनाती हुई सशक्त होती है, तब 'स्त्री सशक्तीकरण' अर्थहीन होगा।

यह जरूरी है कि शक्तिशाली होती हुई स्त्री शक्ति की पुनर्व्याख्या करे और दुनिया के पूँजीवादी मॉडल की जगह रचना की नई-नई सम्भावना और तीसरी दुनिया की तमाम उत्पीड़ित स्त्रियों के आत्म-सम्मान, गरिमा और उपादेयता के गहरे अभिप्रायों की तलाश का काम जारी रखे।

ग़ैर-बराबरी की पाठशाला

इस प्रश्न के कई उत्तर हो सकते हैं कि गैर-बराबरी का पाठ कहाँ से शुरू होता है क्योंकि कोई ऐसा स्कूल नज़र नहीं आता, पोथी या टीचर जो गैर-बराबरी या असमानता की बाकायदा और लगातार शिक्षा देता हो। लेकिन तब भी घर से लगाकर दुनिया-भर में तरह-तरह की विषमताओं और गैर-बराबरी का उन्माद फैला है। गैर-बराबरी के खिलाफ अत्यन्त उग्र और बड़े-हिंसक और शान्त, अहिंसक, विवेकपूर्ण और वैचारिक आन्दोलन हुए हैं और आज भी उथल-पुथल तथा अराजकता के संकेत देते जनान्दोलन का सिलसिला खत्म नहीं हुआ है तब भी गैर-बराबरी की दीवारें गिरी नहीं हैं और न सुरंग के उस पार कोई प्रसन्न करनेवाला उजाला नज़र आता है।

विषमता, असमानता या गैर-बराबरी के विरुद्ध संघर्ष करते हुए भी यह जानकारी करना गैर-वाज़िब नहीं है कि ये अदृश्य पाठशालाएँ कौन-सी हैं जहाँ गैर-बराबरी के पाठ इस तरह पढ़ाए जाते हैं कि वे हमारे सिद्धान्त और व्यवहार के हिस्से बन जाएँ, इतने स्वाभाविक कि जिन पर बातचीत करना ही गैर-जरूरी तथा अपराध जैसे लगने लगें। लेकिन दुर्भाग्य से इन्हीं पाठशालाओं में गैर-बराबरी के सिद्धान्त-पाठ इतनी कुशलता और कट्टरता से पढ़ाए जाते हैं कि वे हमारी आस्थाओं के बुनियादी आधार तथा अहंकारवादी मनोविज्ञान के अटूट हिस्से हो सकते हैं। यह कहना मुश्किल है कि आयु के किस पड़ाव पर गैर-बराबरी की स्थितियों का तीव्र दंश अनुभव होने लगता है। लेकिन सामान्यतया तो समझ की इस आयु के आने के पहले ही गैर-बराबरी की सामाजिक-व्यवस्था और संस्थाएँ हमें रक्षात्मक कवच पहना देती हैं जिससे वह सुन्न पैदा हो जाए कि शोषण करनेवाला और सहनेवाला कोई प्रतिक्रिया करने से विमुख हो जाएँ और दोनों को ही लगने लगे कि कुछ भी असामान्य, अन्यायपूर्ण और अमानवीय नहीं हुआ है। दोनों पक्षों की संवेदनाएँ भोंथरी हो जाने से उन्हें सबकुछ ठीक-ठाक, विधिवत्, समाज-सम्मत लगता चलता है। व्यवस्था की यह संवेदनाहीन स्वीकृति बाद में परम्परा हो जाती है जिस पर न विचार सम्भव होता है, न संवाद। दरअसल 'परम्परा' प्रभु-वर्ग के भाषा वंश का सबसे चालाक और अनेकार्थी शब्द है जो कई मुद्राएँ अपनाकर स्थापित स्वार्थों का समर्थन करता है। अन्त में गैर-बराबरी की अवधारणा परम्परा का ऐसा सर्व

स्वीकृत हिस्सा हो जाती है जिसे भूलकर हम एक भाग्यवादी असहाय-सी ज़िन्दगी ही जीते रहते हैं।

गैर-बराबरी के अनेक रूप देखकर क्या यह मान लिया जाना चाहिए कि वह मनुष्य प्रकृति का अनिवार्य हिस्सा है—आहार, निद्रा, भय, मैथुन की तरह, एक प्रवृत्ति, 'इन्स्टिंक्ट' और उसके खिलाफ़ सारा संघर्ष केवल एक कुतूहल, एक आनन्ददायी मनोकामना है? सामान्यतया तो सृष्टि की या प्रकृति के रचाव की अनेक बहुलताएँ और भौगोलिक विषमताएँ हमें असहज नहीं बनातीं और यहीं से मानवीय-सृष्टि की गैर-बराबरी या असमानताओं को समझने का, सहन करने का अभ्यास हम शुरू कर देते हैं। वैसे ध्यान से देखें तो गैर-बराबरी की कुरूपताएँ और विकृतियों को प्रकृति की विकृतियों की तरह देखने का सिद्धान्त हमें काफी तसल्ली देता है और ईश्वरीय इच्छा का शान्त और गम्भीर तर्क सारी मानवीय बेचैनियाँ दूर कर देता है। ऐसी ही कुछ मनोदशा में हमने गैर-बराबरी के अमानवीय सिद्धान्त के प्रति पूरी असहमति दिखाते हुए भी चालाकी के साथ मोक्ष और 'कर्म-फल' का सिद्धान्त भी बना लिया है। यह पुनर्जन्म का कारण-रूप सिद्धान्त भी है। पूर्व-जन्म के अच्छे-बुरे कर्मों का फल भोगने के लिए ही बार-बार जन्म होता है। यह जन्म किस जाति में होगा, किस कुल में, किन परिस्थितियों में यह सब पूर्वनिर्धारित और कर्मफल का भोग है। इस मान्यता के अनुसार इस जन्म का सुख-दुख, जात-कुजात, रंग-रूप, गरीबी-अमीरी, शिक्षा-कुशिक्षा सब पूर्व-जन्मों का हिसाब-किताब चुकता करने के लिए है।

व्यवस्था की सारी धूर्तताओं को संरक्षण देता हुआ यह सिद्धान्त ईश्वरीय इच्छा से रची हुई इस ऊबड़-खाबड़ और विषमताओं के बीच बनी हमारी बेरहम दुनिया को सामान्य सा बना देता है। तब हम उन सब मर्माहत करनेवाली विद्रूपताओं को बदलने की कोशिश तक को भी छोड़ देते हैं। हमारी जानी-पहचानी सुख-दुख की दुनिया 'राम की रचना' में बदल जाती है। तब गैर-बराबरी की दुनिया भी राम की रची हुई, तर्क और न्याय संगत लगने लगती है। सामान्य-आदमी के विश्वासों में यह बँटी, विभाजित, 'फ्रेक्चर्ड' दुनिया विश्वसनीय हो जाती है। मेरी मां ने सारी दलीलों को सुनकर पूरे आत्म-विश्वास से भरकर हाथ (पंजा) दिखाते पूछा था, "सब अंगुलियाँ बराबर हैं क्या?" मेरे उत्तर देने के पहले हमारी अधेड़ बाई बोली, "नहीं, माताजी, जैसे हाथ की पाँचों अंगुलियाँ छोटी-बड़ी हैं ऐसे ही दुनिया छोटे-बड़े, गरीब-अमीर, काले-गोरे, जात-बिरादरी, मरद-लुगाई, लल्ला-लल्ली में बँटी है। सबका अपना-अपना नसीब है। अपने-अपने करमन को फल है।" यह एक सर्वमान्य विश्वास है; व्यवस्थावादियों के सारे तर्कों को चकनाचूर करता हुआ। शिक्षक और संत कवि तुलसीदास इस पर मुहर लगाते हैं," होहहिं जाहि राम रचि राखा, को करि तरक बढ़ावहिं साखा।" उनके अनुसार सबकुछ पहले से बना है

इसमें कोई भी तर्क-वितर्क करके क्या घटा-बढ़ा लेगा? एक पूरी असंत आपाधापी की विभाजित दुनिया के लिए कवि तुलसीदास का मत है कि वह राम की रची है कोई तीसमार खां क्या कर लेगा?

हम देखते हैं कि कर्म-फल का सिद्धान्त लोक-विश्वास का अचल हिस्सा है, यद्यपि कोई नहीं जानता कि इस विशाल जनसंख्या के कर्मों का ब्योरा कैसे तैयार होता है और पुनर्जन्म का निपटारा कब होता है? इतनी आकस्मिताओं की धुंध में लिपटकर भी विभाजित-दुनिया के लिए कर्म-फल-भोग एक अखंड सनातन-सा विश्वास बना रहता है। ज्ञान कोई मदद नहीं करता। ज्ञान के हाथ में सृष्टि-रचना नहीं है। ज्ञानी से पूछा जाता है कि सृष्टि किसने बनाई है तब कोई असन्दिग्ध उत्तर नहीं मिलता और यहीं से एक अदृश्य रचनाकार आविर्भूत होता है। यही मनुष्य-सृष्टि बनाता है। यह सृष्टि दुविधा या सुविधाग्रस्त, भेदों में बँटी या भेदातीत वह राम की या ईश्वर की रचना है। ज्ञानी को ललकारते हुए कबीर ने कहा, "जो कर्म की गति थी वह तो नहीं टली न! वशिष्ठ जी महाराज! आप तो बड़े पंडित ज्ञानी थे, नक्षत्रों का योगायोग देखकर शुभ मुहूर्त्त में आपने राम-जानकी का विवाह कराया था पर क्या हुआ? सीता का हरण हुआ, दशरथ की मृत्यु, वन में विपत्तियाँ ही विपत्तियाँ! क्या हुआ महाराज? कर्म की गति नहीं ही टली।" अनेक प्रकार की और तर्क-संगत आकस्मिकताओं से भरी समाज-रचना पर कबीर हतप्रभ, नाराज़ और उदास होकर कहते हैं—

करमन की गति न्यारी, मोरे रामा!
वैस्या ओढ़ै साल, दुसाला, पंडित भये भिखारी मोरे रामा।
बड़े-बड़े पंख दिये बगुला के, कोयल, करदीनी कारी, मोरे रामा।

बहरहाल, इस तरह 'कर्म-फल' भोगने का विश्वास हमारी सामाजिक-आस्था का व्यापक और अनिवार्य हिस्सा हो जाता है। देखने की बात है कि कर्म-फल के सिद्धान्त का कोई समुचित ज्ञान-शास्त्र नहीं है और न कर्मों की कोई निर्णायक तालिका है, तब भी शिक्षित-अशिक्षित के मन में कर्म-फल भोगने को लेकर कोई गहरी उदासी या जिज्ञासा नहीं है। हिन्दू-मन में यह सिद्धान्त ईश्वरीय न्याय का प्रतीक है। कभी-न-कभी, किसी-न-किसी जन्म में तो शुभ-अशुभ का पुरस्कार या दंड मिलेगा। लोक-विश्वास है कि ईश्वर के यहाँ देर है पर अंधेर नहीं है।

यह तथ्य रेखांकित किया जाना चाहिए कि कर्मफल के सिद्धान्त की स्वीकृति के साथ हमें ऊँची-नीची-जात और अमीरी-गरीबी के बीच का भयावह अन्तर काले-गोरे का रंग-भेद, स्त्री-पुरुष और लड़के-लड़की के प्रति व्यवहार की दुमुंही कपट नीतियाँ सात्विक और निरामिष लगने लगती हैं और दुनियाभर की गैर-बराबरियाँ और अन्याय भाग्य का खेल और न्याय-संगत हो जाते हैं। सारे कष्ट, दुख-दुविधा,

भूख, रोग, शोक, शरीर-मन-आत्मा के सन्ताप, प्रकृति की विनाशलीलाएँ, सामाजिक अवहेलनाएँ, अनादर, व्यवस्था की विसंगतियाँ, शोषण, पराधीनता सब अपने ही अशुभ कर्मों का स्वाभाविक और औचित्य-पूर्ण दंड-विधान हो जाता है। हम ही सोचने लगते हैं शुभ कर्म करनेवालों को सुख-समृद्धि और खूबसूरत दुनिया कभी-न-कभी तो मिलनी चाहिए। ऊँची जात, कुल, पद, प्रतिष्ठा और असंख्य अनायास मिलनेवाली अनुकूलताएँ उनके शुभ कर्मों का उपार्जित प्रतिफल हो जाती हैं।

दुनिया-भर के लोग 'कर्म-फल' के इस सिद्धान्त को धर्म की अदृश्य पाठशालाओं में पढ़ते हैं और गैर-बराबरी को अघोषित स्वीकृति देते हैं। हमें नज़र आती हों, नहीं भी आती हों लेकिन हमारी असली लड़ाई उन धार्मिक संस्थानों की अदृश्य पाठशालाओं से ही है जहाँ सहस्रों अखाड़े, मठ, मस्जिद, चर्च, धर्म-पीठें बराबरी के विरुद्ध 'धर्म का मार्केटिंग' कर रही हैं और हिंसा, हत्या के फतवे बाँट रही हैं।

हम भी सारी प्रगतिशीलता के साथ एक अदृश्य धार्मिक स्कूल, बराबरी के विरुद्ध प्रार्थना की कोई किताब साथ रखते हैं जिसका नाम 'बाजारवाद' है और जो हमें अपनी प्राइवेट दुनिया को मोहक बनाना सिखाती है।

दलित का हिसाब-किताब

कुछ वर्ष पहले मैंने नामदेव छीपा के पद पढ़े थे, उनमें से एक पद में गायी व्यथा मुझे आज भी विचलित करती है, उन्होंने उस पद में लिखा है—"हे पांडुरंग! मुझे अपना भक्त बनाना था तो छीपा क्यों बनाया और छीपा बनाना था तो भक्त क्यों बनाया?" एक दूसरे भक्त ने अपने जाति-सन्दर्भ का हवाला देते हुए अपने आराध्य से पूछा कि, "पहले तो मैं नहाता नहीं था, अब तो रोज़ नहाता हूँ, यही नहीं, तेरे सम्प्रदाय की छाप और तिलक लगाकर (अपने पैसे से) तेरा भक्त कहलाने लगा हूँ। मैं धन्ना भगत जाति का मीणा हूँ, पूछता हूँ, 'तारेगा कि नहीं?'" दोनों भक्तों को अपनी निम्न जाति का बोध है। अपनी भक्ति का गुमान और अपनी जाति के कारण सवर्णों के तिरस्कार की दहकती हुई अनुभूति भी।

भारतीय सामाजिक चेतना का यह अत्यन्त तनाव भरा अन्तर्विरोध और द्वंद्व है कि उसकी ज्ञान-मीमांसा में समता की उदात्त सैद्धान्तिकी की प्रतिस्थापना हुई है। जिसका सबसे अच्छा उदाहरण शंकर का अद्वैत दर्शन है, जहाँ पूरी दुनिया, ब्रह्मांड, चराचर में ब्रह्म का वास है। 'तो में, मो में, खड्ग, खम्भ में, सब जग रहा समाई'। लेकिन व्यवहार और व्यवस्था में यह उदात्त समता-भाव अनेकों तरह से बँट गया है और हज़ारों कवियों, भक्तों, दार्शनिकों के भावनात्मक तथा तर्कसंगत विरोधों के चलते सामाजिक व्यवहार और व्यवस्था की वे फाँकें यथावत् और दुर्लध्य बनी हुई हैं, भारतीय समाज की इस निर्मम और गैर-बराबरी की व्यवस्था का विरोध बार-बार और अनेक स्तरों पर, यहाँ तक कि कई धर्मों तक ने किया है। लेकिन यह अजीब दुर्भाग्य है कि वे सब प्रयत्न व्यर्थ हुए। यही नहीं, बल्कि वे धर्म जो वर्ण और जाति व्यवस्था का जबरदस्त विरोध कर रहे थे, कई फाँकों में बँट गये। बौद्ध-धर्म महायान और हीनयान तथा जैन धर्म हिन्दू धर्म की तरह कई छोटे-छोटे समूहों और पंथों में बँटकर अपने-अपने मार्गों का श्रेष्ठत्व साबित करता जीवित है। अपरिग्रह का उद्घोष करनेवाला धर्म आज दुनिया के सबसे धनाढ्य धर्मावलम्बियों में शामिल है। तब भी हिन्दू धर्म की वर्णवादी व्यवस्था का विरोध करनेवाले संतों, भक्तों, धर्मानुयायियों का यह उपकार तो हमें मानना चाहिए कि वे हिन्दू धर्म की जाति और अतर्कसम्मत परम्पराओं के

तीव्र आलोचकों के रूप में बार-बार सामने आते रहे और समतावादी संस्कृति के प्रेरक और पक्षधर रहे।

यह समझना मुश्किल है कि इस शान्त, सहिष्णु, उदार दर्शन और संस्कृति के इलाके में वर्णवादी, जातिवादी व्यवस्था का कब्जा क्यों और कैसे हुआ, लेकिन उस व्यवस्था में सबसे नीचे पायदान पर खड़े शूद्र ब्राह्मणों, क्षत्रियों और वैश्यों के सेवक थे। उनका जन्म ही इन तीनों सवर्णों की सेवा के निमित्त हुआ था। ऐसा दर्शाया गया है कि जैसे सवर्णों की सेवा ही उनके जन्म का प्रयोजन और सार्थकता है। इस निर्ममता को एक मानव शरीर का रूपक देकर प्रस्तुत किया जाता रहा। ब्राह्मण इसका मुख है, क्षत्रिय भुजाएँ, वैश्य उदर तथा शूद्र पैर। फिर पैरों का महत्त्व बताया जाता है। वह जैसे शूद्रों के गुणगान का हिस्सा होता है। पैरों की मज़बूती ही इस व्यवस्था की मज़बूती बतायी जाती है। निहितार्थ यह कि शूद्र जहाँ हैं मज़बूती से खड़ें रहें, क्योंकि वे हिन्दू व्यवस्था के आधार स्तम्भ है।

इस क्रम में सेवा को मानव-धर्म की महान विभूति दर्शाया जाता है। हनुमान सेवा के अनुपम आज्ञाकारी प्रतीक हैं। सब जगह हाथ जोड़े सेवक के रूप से खड़े हैं। इस तरह शूद्र सेवा के लिए तत्पर रहें। सेवा एक अमूल्य भाव है, इसलिए वर्णवादी व्यवस्थापक उसे निःशुल्क प्राप्त करते रहते हैं। यह तीनों कोटि के सवर्णों का जन्मसिद्ध अधिकार है। इस व्यवस्था में जब कोई असन्तुलन आता है, उसे 'धर्म की हानि' माना जाता है। तब ईश्वर अवतार लेते हैं और सामाजिक सन्तुलन स्थापित करते हैं। इस बीच एक अबूझ प्रक्रिया के अन्तर्गत जातियाँ बनती जाती हैं और जातियों के अन्तर्गत जातियाँ बनती जाती हैं और जातियों के अन्तर्गत छोटी-बड़ी जातियाँ वृक्ष में शाखाओं की तरह विकसित होती रहती हैं। विभाजन की इस प्रक्रिया में अछूतों की जातियाँ निकल आती हैं। शूद्र इन जातियों को अपने से भी हीन मानने लगता है। उनको जो काम करने के लिए दिया गया वह सवर्णों की सेवा करते हुए उनका 'पाखाना' उठाना था, जिसके एवज में वे घर-घर से रोटियाँ माँग कर लाते और खाते थे। ग्रहण का अवसर उनके लिए वरदान का होता था, उस दिन कुलीन सवर्ण उन्हें फटे-पुराने चिथड़े देते थे और दानशीलता की चमक लिये जीते थे। वे अस्पृश्य थे जिसकी जानकारी उन्हें 'हटो-हटो' कहकर देनी होती थी। उनके शरीर अपवित्र थे जिनसे विषाक्त कीटाणुओं की नदी बहती हो। हिन्दू धर्म ने अछूतों के लिए एक अनुल्लंघनीय न्याय-व्यवस्था (ईश्वरीय व्यवस्था) का आधार लिया था, जिसके अनुसार अछूत होकर जन्म लेना पूर्व के कुकर्मों का न्यायसंगत परिणाम था। इस अंधी, किन्तु तथाकथित न्यायसंगत व्यवस्था से सवर्ण और शूद्र जातियों को सनातन सेवक, बेहतर शब्द 'चाकर', मिल गये थे। इन सेवकों ने यह व्यवस्था अपने भाग्य के रूप में स्वीकार कर ली थी। व्यवस्था का अंग होने के कारण वह अपरिवर्तनीय और स्थिर थी। स्वामित्व और सेवकत्व विभाजन को स्वीकारते हुए

हिन्दू-समाज शान्ति और सुख से रह रहा था। तमाम विरोध के स्वर प्रार्थना के स्वर ही थे। अछूतों ने अपनी इस सामाजिक धार्मिक स्थिति को पूर्व जन्मों के कुकर्मों का फल मान लिया था। उनकी प्रतिरोध शक्ति निश्शेष हो गई थी।

फिलहाल इस सवाल को छोड़ देते हैं कि आज़ादी की लड़ाई का एक लक्ष्य अपमानित और अछूत जातियों की मुक्ति-कामना का था या नहीं? यह सवाल बार-बार उठता रहा है और अनेक बुद्धिजीवियों और विचारकों ने यह माना है कि आज़ादी की लड़ाई का मुख्य प्रयोजन राजनीतिक था। सामाजिक परिवर्तन के लिए यह अनुमान लगाया गया था कि वह राजनीतिक परिस्थितियों में बदलाव के साथ स्वत: हल हो जाएगा, जो कि पूरी तरह हुआ नहीं। श्री के.एन. पन्नीकर ने23 फरवरी, 2010 के 'दि हिन्दू' में इस पर फिर से बहस छेड़ते हुए डॉ. बी.आर. आम्बेडकर को उद्धृत किया है। लिखा है, "हमें अपने राजनीतिक लोकतंत्र को सामाजिक लोकतंत्र में बदलना चाहिए। राजनैतिक लोकतंत्र का आधार जब तक सामाजिक लोकतंत्र नहीं होता, वह अल्पायु होता है। सामाजिक लोकतंत्र का क्या अर्थ है? वह एक ऐसी जीवन-व्यवस्था है जो स्वाधीनता, समता और भाईचारे को जीवन का सिद्धान्त मानती है। हम 26 जनवरी, 1950 को विरोध की जिन्दगी स्वीकार करने जा रहे हैं। राजनीति में हमें बराबरी का अधिकार मिल रहा है लेकिन हमारी सामाजिक और आर्थिक ज़िन्दगी का आधार गैर-बराबरी ही रहेगा।" श्री पन्नीकर इस निष्कर्ष पर पहुँचते हैं कि आज़ादी के लिए लड़ते हुए हमने सामाजिक रूप से दीन-हीन वंचितों और अपनों को अपनी चिन्ता का केन्द्र नहीं बनाया। उन्हें जहाँ का तहाँ खड़ा रखा।

हो सकता है कि आज़ादी की लड़ाई में राजनीतिक दृष्टि और सामाजिक प्रयत्नों में दलितों को उनके अपमान और दुखों से मुक्त कराने के त्वरित और प्रभावशाली उपाय न किये गये हों, लेकिन उनके साथ किये जा रहे अमानवीय व्यवहार का अपराध-बोध हमेशा हमारे कंधों पर लदा रहा। गांधी जी इस लड़ाई को अन्त तक लड़ते रहे।

गांधी जी ने तब तक आज़ादी को अर्थहीन माना जब तक अस्पृश्यता खत्म नहीं होती। उन्होंने लिखा—"भारत में जब तक अछूत रहेंगे तब तक स्वराज्य नहीं मिलेगा। भारत ने यह जो अपराध किया है उससे हीन इंग्लैंड ने भी काम नहीं किया।"

1916 में हुए सर्वजातीय सम्मेलन में गांधी जी ने छुआछूत निवारण के लिए मुक्कमल जंग की घोषणा करते हुए अपने सिर की तरफ इशारा किया और कहा—"यह सिर अस्पृश्यता निवारण के लिए समर्पित है।" गांधी दलित के घर न जन्में हों, लेकिन उनके काम को गरिमा, सामाजिक वैधता दिलानेवाली हर सम्भव कोशिश में शामिल ही नहीं हुए, उसका अभिन्न हिस्सा भी हो गये। इस तत्परता ने हिन्दू-मन में दलितों के प्रति उदात्त सहिष्णु भाव की जगह बनाई जिसे अभी भी फैलाव देने की बहुत ज़रूरत है।

गांधी जी के ये सारे बयान, ये सारे काम धर्म और सुधार खाते में डाले गये। ऐसे उदार प्रयोग, ऐसी प्रार्थना करती कविताएँ, करुणा से ओतप्रोत कामनाओं को हिन्दू-वर्णवादी व्यवस्था ने खारिज कर दिया था जिनकी यादें पुरानी नहीं पड़ी थीं, गांधी वर्णवादी हिन्दू व्यवस्था के समर्थक थे, इसलिए भी उनकी इस मानवीय उदारता को शंका की दृष्टि से देखा जाता रहा। वहाँ संत दृष्टि तो बनी रही, किन्तु क्रान्ति का, बदलाव का, समतावादी दृष्टि का अभाव नज़र आता रहा। दलितों की दृष्टि में गांधी उनके कुल के सहगोत्री या कि जन्मना शूद्र नहीं थे। उन्हें अधिक से अधिक इस बात के लिए सराहा गया कि उन्होंने 'सवर्णों के मन-मस्तिष्क से अस्पृश्यता हटाने का प्रयत्न किया' (चन्द्रशेखर धर्माधिकारी)। दरअसल जो काम गांधी कर रहे थे और जो आज भी अधूरा है, वही सामाजिक अभिशाप बना हुआ है और दलितों की अवमानना, तिरस्कार और सनातन घृणा का, तनाव का कारण है। दलित समाजशास्त्री और बुद्धिजीवियों के विश्लेषण भी सवर्णों के उस जातिगत मनोगत अहंकार को नहीं तोड़ पाते जो शोषणवादी व्यवस्था ने बनाए हैं।

1930 में डॉ. बी.आर. आम्बेडकर दलित चेतना के महानायक के रूप में उभरते हैं। वे भारत की आज़ादी के परिप्रेक्ष्य में यह सवाल उठाते हैं कि आज़ादी के बाद दलितों की क्या स्थिति होगी? क्या वे अस्पृश्य ही बने रहेंगे अथवा सामान्य नागरिकों के भी अधिकार प्राप्त कर सकेंगे? (कँवल भारती) डॉ. आम्बेडकर का महत्त्व हमारे लिए यही है कि वे हिन्दू-व्यवस्था के सबसे गम्भीर, सबसे अमानवीय पक्ष के विरोध का मुद्दा उठाते हैं। दरअसल वे इसके हकदार भी हैं। दलितों के जीवन की गरिमा का आकाश उन्होंने सिकुड़ते-सिमटते, टुकड़े-टुकड़े होते देखा है। वे स्वतंत्रा-भारत में एक अखंड-अविभाजित भारतीय समाज की रचना का सपना देखते हैं और एक समतावादी समाज की पक्षधरता करते हैं। वे जातियों में खंडित, आर्थिक, राजनीतिक, सांस्कृतिक हीनता के कई पायदानों पर खड़े समाज की अखंडता और गरिमा का मुद्दा उठाकर स्वतंत्रता का वास्तविक अर्थ खोलते हैं।

इसी प्रयत्न के दौरान वे लक्षित करते हैं कि ब्राह्मणवाद और पूँजीवाद ही भारतीय समाज के शत्रु हैं और जातियों में बाँटने के ज़िम्मेदार हैं। आम्बेडकर जी ने जातियों में विभाजित सवर्ण और दलितों के समाज की राक्षसी दुर्दशा को केवल 'कागज देखी' ही नहीं, 'आँखन देखी' को भी अनुभव किया है। जन्म से मिलनेवाली इस जाति-व्यवस्था के विरोध में उन्होंने यह सन्तापग्रस्त कथन किया था कि हिन्दू धर्म में जन्म लेना तो उनके हाथ में नहीं था लेकिन वे मरेंगे इस धर्म में नहीं। उन्होंने लाखों अनुयायियों के साथ समतावादी बौद्ध धर्म स्वीकार किया।

अनेक बाधाओं और जटिलताओं के बावजूद डॉ. आम्बेडकर के नेतृत्व में एक ऊर्जावान दलित चेतना की पदचाप सुनाई देने लगी। भारत की स्वतंत्रता के साथ देश में लोकतंत्र की जिन मान्य परम्पराओं की स्थापना हुई, उनसे मताधिकार

जाति-सम्प्रदाय के भेद से रहित न्यायिक प्रशासनिक व्यवस्था तथा सरकारी सेवा क्षेत्रों और संसद तथा विधानसभाओं में आरक्षण के स्वातंत्र्योत्तर दलित संघर्ष को मजबूती प्रदान की (विभांशु दिव्याल)। इसमें कोई सन्देह नहीं कि आम्बेडकर जी की क्रान्तिकारी पहल ने सवर्णों के उस दुराभिमान को तोड़ दिया कि वे ही सरस्वती के लाड़ले हैं या कि बौद्धिक शिखर सवर्णों की ही विरासत है। सबसे महत्त्वपूर्ण काम यह हुआ, जिसका विभांशु दिव्याल ने उल्लेख किया है, कि दलित मध्य वर्ग में से दलित बुद्धिजीवियों का एक ऐसा तेज-तर्रार वर्ग उभर आया है जो जाति और शोषण की पक्षधर किसी भी राजनीतिक-धार्मिक विचारधारा के कपड़े उतारकर तार्किक ढंग से नंगा कर सकता है। इस आशावादी संकेत और आरक्षण की सुविधाओं के बावजूद भी दलित-चेतना समतावादी समाज रचना का काम करने में नाकामयाब रही। वह स्वयं विरोधाभासों में उलझ गई। दलित चेतना का सबसे कमजोर पक्ष उसका जातीय चेतना का रूप ले लेना है। यह दुखदायी प्रसंग ही है कि जिस दलित चेतना को जातीय आधार विखंडित करने और श्रमिकों की एकता कायम करने का बड़ा क्रान्तिकारी काम करना था, वह स्वयं छोटी-बड़ी जातियों में बँटकर निंदित ब्राह्मणवादी व्यवस्था की ही पुनरावृत्ति करने लगी। यह भी हुआ है कि शिक्षा की जिस सुविधा ने तेज-तर्रार मध्यवर्ग की रचना की वह बड़ी नौकरियाँ पाकर एक अलग चमकदार समूह बन गया और उस कुलीन वर्ग की देखादेखी करने लगा जिसका वह विरोधी और आलोचक था।

दलित शक्ति अभी भी एकीकृत नहीं है। दलित-ईसाई, दलित-मुस्लिम, दलित-सिख, दलित-हिन्दू तो हैं ही, राजनैतिक पार्टियों ने भी अपने-अपने दलित बाँट लिये हैं। "यह तथ्य रेखांकित करने जैसा है कि दलित जातियों की आपसी प्रतिस्पर्धा ने जाति से जुड़ी तमाम सामाजिक-सांस्कृतिक-धार्मिक रूढ़ियों और स्थापनाओं को ज़िंदा रखा है जो हिन्दू वर्ण-व्यवस्था के प्राण-तत्त्व रहे हैं।" (विभांशु दिव्याल) दलितों के बीच अपरिचय की स्थिति भी चिन्ताजनक है, एक क्षेत्र, प्रान्त, जनपद के दलित दूसरे क्षेत्र, प्रान्त, जनपद के दलितों को नहीं जानते। दलित-चेतना के उभार में एक बाधा यह भी नज़र आती है कि दलितों की अनेक संस्थाएँ और संगठन आम्बेडकर जी के सिद्धान्तों के हवाले देते अपना श्रेष्ठत्व बताते हैं और दूसरी संस्थाओं की निंदा करते हैं। श्रेष्ठत्व की यह प्रतिस्पर्धा नेतृत्व को कमज़ोर करती है और दिशाहीन व्यक्तिवाद की ओर ले जाती है।

यह कहने की आवश्यकता नहीं है कि गांधी जी ने जिस धार्मिक-सांस्कृतिक मोर्चे पर दलित-शक्ति को मज़बूत करने और उच्चतर मनोवैज्ञानिक आधार-भूमि बनाने का काम शुरू किया था, वह फिर से, और उस नैतिक बल से, आगे नहीं बढ़ा। गांधी जी का रचनात्मक काम ढीला पड़ गया, जिसका एक मुख्य हिस्सा छुआछूत-निवारण से जुड़ा था। दलित नेतृत्व ने सबको सन्देह की दृष्टि से देखना शुरू किया और विश्वास

की नई भूमि नहीं बनाई। आम्बेडकर जी की बौद्धिक तेजस्विता का प्रकाश दूसरों के आँगन तक नहीं जाने दिया। "सवर्णों के मन नहीं पिघलेंगे" इस अविश्वास के कारण दलित चेतना के सहयोगियों को भी संशय की दृष्टि से देखा-समझा जाने लगा।

गौरतलब है कि दलितों के प्रति होते अमानुषिक अन्याय और घृणित व्यवहार को रोकने की दिशा में कठोर कानून बनाए गये और त्वरित प्रशासनिक कार्रवाई के आदेश जारी हुए, किन्तु जातीय-व्यवस्था से बने सवर्णों के मन अधिक सतर्कता और छद्म के करुणा तथा सद्भाव की भाषा बोलने लगे लेकिन अपने व्यवहार में पहले से अधिक क्रूर अराजक और निर्द्वंद्व हो गये। राजनीतिक स्वार्थ और वोट बैंक बढ़ाने के लालच से जो सवर्ण वर्ग आरक्षण के मुद्दे पर शान्त हुआ नज़र आ रहा था, वह सामाजिक मोर्चे पर अधिक प्रतिशोधात्मक कार्यवाही करने लगा।

लगता है डॉ. आम्बेडकर के प्रगतिशील समतावादी इरादे धुँधला गये हैं। जातियाँ मज़बूत हो गई हैं जिससे नये जातिवादी क्षेत्रों का अभ्युदय हो रहा है। इधर मीडिया से मिली सूचना के अनुसार बाबा रामदेव कोई राजनीतिक पार्टी बनाने की शुभेच्छा जाहिर कर रहे हैं। हो सकता है कुछ समय बाद सर्वश्री आशाराम बापू, श्री श्री रविशंकर जी, कथावाचक मुरारी बापू राजनीतिक पार्टियाँ बनाने का एलान करें और दक्षिणपंथी राजनीतिक पार्टियों का धर्म संसद बनाने का नेक इरादा पूरा हो जाए। तब दलितों को कुचलती धर्म और पूँजी के गठबन्धन से बनी पुरानी ब्राह्मणवादी-पूंजीवादी व्यवस्था के अच्छे दिन लौट आएँ।

बहरहाल, दुर्भाग्य के वे दिन कभी न लौटें यह कामना करते हुए ज़रा जल्दी से और संक्षेप में दलितों की कांशीराम-मायावती के समय के राजनीतिक परिदृश्य की बात करें।

कांशीराम-मायावती की राजनीति 90 के दशक से शुरू होती है। कांशीराम दलितों को यह अहसास कराने में कामयाब होते हैं कि दलित जब तक अपने वोट को बेचते रहेंगे, वे बहुजन होकर भी सत्ता के निचले पायदान पर बैठे रहेंगे। इस मंत्र से कांशीराम दलित वोटों का ध्रुवीकरण करते हैं और दलित सत्ता का एजेंडा पूरा करने लगते हैं। लेकिन जाति-विहीन, समतावादी प्रगतिशील समाज बनाने का बाबा साहब आम्बेडकर का सपना धुँधला जाता है। सत्ता पाने की अनिवार्यता को लेकर कांशीराम उन्हीं शक्तियों के साथ गठबन्धन करते हैं जो वर्णवादी-व्यवस्था और पूँजीवादी व्यवस्था के शुभचिन्तक और प्रबल पक्षधर हैं।

लेकिन क्या गठबन्धन की सिद्धान्तहीन राजनीति का यह सफ़र वही है जिसे पूरा करके डॉ. आम्बेडकर ने एक समतावादी समाज बनाने का सपना देखा था और जिसमें समता, स्वाधीनता और बंधुत्व की मनोरम इच्छाएँ सजी थीं? दलितों का असली दुख सत्ता से वंचित रहना नहीं, सामाजिक अपमान को झेलना और इज़्जत से रोटी न पाना है।

निराशा के कर्तव्य

'निराशा के कर्तव्य' डॉ. राममनोहर लोहिया की एक छोटी तीस पृष्ठों की पुस्तक है। यह किसी 'पुस्तक योजना' के अन्तर्गत लिखी जानेवाली पुस्तक नहीं है। यह समाजवादी युवजन सभा के सदस्यों से हुआ संवाद, भाषण है, जो 23 जून, 1962 को नैनीताल में हुआ या दिया गया था। लगभग पचास वर्ष हुए।

मैं सोचता हूँ अन्यायों और ग़ैर-बराबरी की दुनिया को न्यायप्रिय, समतावादी बनानेवालों के मन प्राय: निराशा-आशा के झूलों में झूलते रहते होंगे। निराशा इस दुनिया, इस व्यवस्था और वर्तमान से जो मिली है और आशा उस भविष्य से जिसकी रचना इस कुरूप वर्तमान को बदलकर सम्भव है। गहरे अँधेरे और निराशा के बीच की स्थितियों को देखना, उस सन्ताप से गुज़रना लेकिन आहत न होना, न हारना ही 'निराशा के कर्तव्य' हैं। लोहिया जी इस भाषण में उस निराशा के विश्वव्यापी परिदृश्य को देखते हैं जहाँ शोषित और शोषक देश हैं और जिन्हें समतावादी व्यवस्था बनाने का काम मिलकर करना है।

लोहिया जी के इस भाषण के बाद वाले पचास वर्ष दुनिया के देशों और हमारे देश की प्राथमिकताओं को उलट-पुलट कर देनेवाले हैं। समता, शान्ति और सहिष्णुता की मनोकामना करनेवाले, उसके लिए आन्दोलित होनेवाले लोगों, संस्थाओं और देशों की संख्या कम हो गई है। उनकी वाणी और कर्म की तेजस्विता, शक्ति और गति मन्दी पड़ गई है। दुनिया एक ध्रुवीय हो गई है और संमतावादियों के लिए निराशा के धुँधलके गहरा गये हैं लेकिन क्या दुनिया और देश को इस दुखद स्थिति से संघर्ष करने के उत्साहप्रद कर्तव्यों के भी अन्तिम दिन आ गये हैं? लोहिया जी के इस संवाद-भाषण की प्रासंगिकता इस प्रश्न के साथ और अधिक ज़रूरी हो गई है।

लोहिया जी निराशा(ओं) से उबरने के कर्तव्यों की बात करने के पहले निराशाओं की तफ़सील से बात करते हैं। वे कहते हैं "मुझको काफ़ी समय से तीन तरह की निराशा है : एक राष्ट्रीय निराशा, दूसरी अन्तरराष्ट्रीय निराशा और तीसरी मानवीय निराशा।"

पहली राष्ट्रीय निराशा के लिए वे इतिहास ढूँढ़ते हैं; पन्द्रह सौ बरस पहले तक के इतिहास में उन्हें किसी अन्दरूनी जालिम के खिलाफ़ जनता के विद्रोह का कोई

उदाहरण नहीं मिलता। "एक जो राजा अन्दरूनी बन चुका है, देश का बन चुका है, लेकिन ज़ालिम है उसके खिलाफ़ जनता का विद्रोह नहीं हुआ यानी ऐसा विद्रोह जिसमें हजारों लाखों हिस्सा लेते हैं, बगावत करते हैं, कानून तोड़ते हैं, ज़ालिम को गिरफ्तार करते हैं, फाँसी पर लटका देते हैं?" इसी का परिणाम वह झुकना होता है जो न अन्याय के खिलाफ़ आवाज़ उठाने देता है और न सिर। लोहिया कहते हैं "इस झुकने को हमारे देश ने बड़ा सुन्दर नाम दिया है कि हमारा देश तो बड़ा समन्वयी है।"

ऐसे समन्वय प्रायः समर्पण ही होते हैं। समर्पित ज़िन्दगियाँ हर 'जोखम' से डरती हैं और परिवर्तन की हल्की आहट से असुरक्षित और व्याकुल नज़र आती हैं। "लोग आधे मुर्दा हैं, भूखे और रोगी हैं लेकिन सन्तुष्ट हैं। संसार के और देशों में गरीबी के साथ-साथ असन्तोष और जलन है। यहाँ थोड़ी बहुत जलन इधर-उधर हो तो हो लेकिन खास मात्रा में जलन या असन्तोष नहीं हैं।"

इसका—इस झुकने, टूटने या सन्तोष का कारण लोहिया जी ढूँढ़ते हैं और वे 'जाति प्रथा' को सबसे बड़ा कारण चिन्हित करते हैं। यह कहने की जरूरत नहीं है कि जाति-प्रथा वर्चस्व और दासता की कैसी-कैसी मनोग्रंथियाँ बनाती हैं और किस चतुराई से गैर-बराबरी को 'ईश्वरीय-न्याय' का रूप दे देती है। डॉक्टर साहब कहते हैं कि "हिन्दुस्तान में एक तरफ आर्थिक गैर-बराबरी और दूसरी तरफ समाज की या मंत्र की गैर-बराबरी ने मिलकर यह अवस्था पैदा कर दी है कि साधारण जनता, बहुसंख्यक जनता के दिमाग में वह उखड़ापन नहीं रह गया है। उसमें सन्तोष आ गया है और क्रान्ति की सम्भावना बहुत कम दिखाई पड़ती है।...यह है पिछले पन्द्रह सौ बरस की बात। यह कूड़ा बहुत दिनों का जमा हुआ है या दिमाग पर एक विशेष प्रकार का जंग चढ़ा है और वह भी बड़ा पुराना है, कोई 1500 बरस का। यह कोई मामूली निराशा की चीज़ नहीं हुई।"

लोहिया जी उस सामयिक निराशा की भी चर्चा करते हैं जो आज़ादी के बाद शुरू होती है। वह 'जोखम', क्रान्तिकारी कर्म और तरह-तरह की गैर-बराबरी के विरुद्ध खड़े होने का युग बीत गया है। अब वह युग आ गया है कि जो कुछ मिल गया है उसे बैठकर भोगो। सब मिलाकर ऐसा लगता है कि यह भोग का युग चल रहा है।

राष्ट्रीय निराशा के प्रसंग में वे राज चलानेवाले, शासक-वर्ग की भी बात करते हैं जिन्हें वे 'दो नम्बर का राजा' कहते हैं। इनकी चतुराई का उल्लेख करते हुए वे कहते हैं, "ये सब चीज़ों से मिलाप कर लेते हैं और हिन्दुस्तान हर किसी तूफ़ान के सामने झुक जाता है। यही शासक वर्ग पुश्तैनी गुलाम हैं।" अपनी राष्ट्रीय निराशा का समाहार करते हुए लोहिया जी लिखते हैं, "अजीब हालत है कि जिसको क्रान्ति चाहिए उसके अन्दर शक्ति है ही नहीं और वह शायद सचेत होकर उसकी चाह रखता ही नहीं और जिसमें क्रान्ति कर लेने की शक्ति है उसे क्रान्ति चाहिए नहीं या

तबियत नहीं है। मोटे तौर पर यह राष्ट्रीय निराशा की बात है। साथ में छोटी-छोटी और बातें भी हैं हिन्दुस्तानी झूठा होता है। समय का खयाल नहीं रखता। बकवासी हो गया है। मेहनत करना नहीं जानता, आलसी हो गया है। इसमें कोई सन्देह नहीं है कि इस वक्त हिन्दुस्तान, हम लोग, दुनिया में सबसे झूठे सबसे आलसी और सबसे निकम्मे हो गये हैं।"

अन्तरराष्ट्रीय निराशा की बात करते हुए वे मशीन और युद्ध के हथियारों से पैदा होनेवाली निराशा की बात करते हैं। मशीन की वे उस तरह तो भर्त्सना नहीं करते जैसे गांधी करते हैं; लेकिन जैसे हर्बर्ट मारक्यूज़ करते हैं—एक आयामी (यूनीडायमेंशल वर्ल्ड) बनाने के प्रसंग में। जब वे मशीन की निराशा की बात करते हैं तो फ्रांस के विश्वविद्यालय के प्रोफेसर का नाम तो नहीं लेते, हवाला देते हैं, वह मारक्यूज़ के प्रतिपादित सिद्धान्त की तरफ ही जाता है। लोहिया के अनुसार गोरी दुनिया मशीनों के जरिये चीज़ों का उत्पादन बढ़ाए जा रही है जिसका परिणाम सब चीजें एक जैसी हो रही हैं। संगीत एक जैसा, नाचना वगैरह एक जैसा, कपड़े-लत्ते एक जैसे, चेहरे भी करीब-करीब एक जैसे। इस गोरी दुनिया में इतनी सादृश्यता आ रही है, बिलकुल एक जैसा पन आ रहा है कि लोगों का मन ऊबने लगा है और वे सोचते हैं कि इन्सान खुद एक मशीन बन जाएगा, उसमें अनोखापन नहीं रहेगा।...गोरी दुनिया में आज शृंगार की चीज़ें हर एक के लिए सम्भव हो गई हैं। नतीज़ा यह है कि हर औरत का चेहरा खूबसूरत बन रहा है, बहुत एकसापन आ रहा है? ऐसा लगता है कि दो-चार, दस बरस तक उन चेहरों को देखते रहो तो अज़ीब-सा बेमतलबपन मालूम पड़ेगा। चेहरों की चीनी तो बढ़ती जा रही है लेकिन नमक घटता जा रहा है।

अन्तरराष्ट्रीय निराशा का दूसरा कारण हथियारों की प्रतिस्पर्धा है। एक शान्तिकामी समाजवादी की तरह वे चिन्ता करते हैं रूस और अमेरिका के बीच चलनेवाली आयुधों की विनाशकारी प्रतिस्पर्धा के परिणाम भयावह हो सकते हैं। आज स्थिति पैदा हो गई है कि अब चाहे कोई नये हथियार बनें या न बने, रूस और अमेरिका दोनों एक दूसरे और संसार का नाश कर सकते हैं।...इसलिए हथियार न सिर्फ नैतिक दृष्टि से बुरे हैं भौतिक दृष्टि से भी निकम्मे हो गये हैं, उसमें हार-जीत कहाँ रह गई है? लेकिन दुनिया के लोग निरन्तर भय और असुरक्षा की मनोग्रंथियों के बीच जी रहे हैं और युद्ध न भी हो युद्ध की सम्भावनाओं ने हथियारों के व्यापार का एक बड़ा बज़ार खोल दिया है। हथियारों के बारे में सोचते हुए लोहिया केवल आधुनिक आयुधों के बारे में ही नहीं सोचते उन पारम्परिक हथियार बन्दूक और लाठी के खातमे के बारे में सोचते हैं। "इतनी अच्छी दुनिया कब बन पाएगी कि बन्दूक और लाठी की भी जरूरत न रहे।...संसार में क्या कभी ऐसा ज़माना आएगा जब चोरी, धोखाधड़ी और तात्कालिक गुस्सा खत्म हो जाएँगे।"

लोहिया यह तलाश करते हैं कि हथियार किस कारण निकले या हथियारों ने किस कर्म को पैदा किया। इसके उत्तर में उन्होंने लिखा, "असल में हथियार माने अन्याय। हथियार या तो अन्याय मिटाने का जरिया है या उसे कम करने का जरिया है। हथियार की ज़रूरत अन्याय के साथ चिपकी हुई है।"

"गैर-बराबरी अन्याय का बहुत बड़ा हिस्सा है। कम-से-कम सम्पूर्ण बराबरी नहीं तो सापेक्ष बराबरी कायम करने पर समाज में तुष्टि आएगी, न्याय की भावना आएगी और फिर हथियारों को खतम करनेवाली हालत पैदा हो जाएगी।...बीसवीं सदी बड़ी बेरहम सदी है, बड़ी खराब सदी है लेकिन उसके साथ-साथ इसमें एक गुण है जो कभी किसी सदी में नहीं रहा और वह यह कि बीसवीं सदी का इन्सान अलग-अलग देशों में अलग-अलग अन्यायों के खिलाफ एक साथ लड़ रहा है।" लेकिन इस तरह अन्यायों का खत्म होना और हथियारों का अनावश्यक हो जाना लोहिया की 'खाली दिमाग के सोचने की गुंजाइश' है।

लोहिया जी के पास अन्तरराष्ट्रीय अन्यायों, गैर-बराबरी के सन्दर्भों और निराशाओं की लम्बी फहरिस्त है। उनमें सबसे बड़ा अन्याय रूस और अमेरिका के पास 'सारे संसार के हथियारों की मिलकियत है।' उनकी दृष्टि में दूसरा अन्याय 'अन्तरराष्ट्रीय जमींदारी' है। तफ़सील से बताते हुए वे कहते हैं कि जैसे भूमि की राष्ट्रीय गैर-बराबरी दूर करना अनिवार्यता है तो वह अन्तरराष्ट्रीय अनिवार्यता क्यों नहीं है? 'आखिर इसकी जड़ कहाँ है? कोई पट्टा कहीं से थोड़े ही लिखाया गया है? यह भी तो आकस्मिक घटना ही है।...अमरीका में गोरों ने लाल हिन्दुस्तानियों को खतम किया तो उन्होंने उनकी जमीनें हड़प लीं। रूस में जो कोई भी शुरू में आए, उन लोगों ने जमीनें अपने कब्जे में कर ली। यह एक तरह की अन्तरराष्ट्रीय ज़मीदारी चली।'

इसी तरह पैदावार की अन्तरराष्ट्रीय गैर-बराबरी है जिसके चलते 'अमेरिका व रूस जैसे देश तो 8 हज़ार से 14 हज़ार रुपया हर साल आदमी के हिसाब से पैदावर कर रहे हैं और हमारे जैसा देश 400 रुपए पर पड़ा हुआ है। एक और अन्याय दिमागी साम्राज्यशाही है।' जैसे हमारे यहाँ शूद्र पर द्विज की साम्राज्यशाही है। गोरा आज दुनिया के सामान को जिस खूबी और अकल के साथ इस्तेमाल कर सकता है, समझता है और हेर-फेर कर सकता है उसको रंगीन नहीं जानता। यह भी बिलकुल साफ़ बात है। गोरा इस दिमागी साम्राज्यशाही के रहस्य को रंगीन को देता भी नहीं है।'

अन्यायों की इस श्रृंखला में हथियारों की और दामों की साम्राज्यशाही शामिल है। दामों की जबरदस्त साम्राज्यशाही और परिणाम स्वरूप लूट का आँकड़ा बताते हुए लोहिया ने लिखा "शायद 20, 25 या 30 अरब रुपये की लूट होती है। आजकल रूस या अमेरिका या सम्पन्न देश दान या कर्जे के रूप में गरीब देशों को देते हैं

उससे कहीं ज़्यादा रुपया इस समय ये सम्पन्न देश गैर-सम्पन्न देशों से दामों की लूट से ले लिया करते हैं।" सम्पन्न देशों की यह ठगी गैर-सम्पन्न देशों से कच्चा माल लेकर 'उन्हें पक्का माल और पक्के में पक्का मशीनें देकर सुरक्षित रखी जाती है।

'निराशा के कर्तव्यों' में तीसरे प्रकार की निराशा 'मानवीय निराशा' के रूप में उल्लिखित हैं। इस प्रसंग की निराशा को वे 'सत्ता और आदर्शवाद' (पैगम्बरी) के बीच निरन्तर चलनेवाली तकरार की तरह चिन्हित करते हैं। इसे स्पष्ट' करते हुए वे कहते हैं, 'समाजवादी दल की राजनीति में एक तरफ तो है सत्ता प्राप्ति और दूसरी तरफ है पैगम्बरी।...अगर मकसद खाली राजनीति होता, सत्ता प्राप्ति होता, नेतागिरी होता, तो शायद गद्दी के मामले में सफलता थोड़ी बहुत ज्यादा मिलती लेकिन मुश्किल यह है कि उसके साथ पैगम्बरी भी जुड़ी हुई है, समाज परिवर्तन भी जुड़ा है।...ज़्यादातर दुनिया को मोड़ देनेवाले वही व्यक्ति हुए हैं जिनमें राजनीति के मुकाबले में पैगम्बरी वाला हिस्सा कुछ ज़्यादा रहा। ईसा-मसीह राजनीति के हिसाब से तो बड़े असफल रहे। 300 बरस तक असफल रहे। उनमें राजनीति वाला हिस्सा बहुत ही कमज़ोर था और पैगम्बरी वाला हिस्सा बड़ा मजबूत था। शायद मोहम्मद एक ऐसे नेता हुए कि जिनमें नेतागिरी और पैगम्बरी के हिस्से ठीक-ठाक मिले हुए थे कि एक तो उनकी पैगम्बरी कामयाब हो गई और दूसरी तरफ उनकी नेतागिरी भी उतनी ही कामयाब हो गई। अपने जीवन काल में ही दोनों सफलताएँ उनको मिल गई। महात्मा गांधी के लिए यह कहना बड़ा मुश्किल है कि उनमें पैगम्बरी का हिस्सा भी उतना ही था जितना राजनीति का, नेतागिरी का। मुझे लगता है उनमें शायद राजनीति का हिस्सा कुछ थोड़ा सा ज़्यादा था।'

देखने की बात है कि सत्ता की राजनीति और आदर्शवाद (पैगम्बरी) लोहिया—सैद्धान्तकी के दिलचस्प और महत्त्वपूर्ण केन्द्र हैं। यहाँ भी वह है। वे इस निष्कर्ष पर पहुँचते हैं, "इन सब बातों को समझ कर, इस राजनीति को पकड़कर, पैगम्बरी और राजनीति भी, सत्ता प्राप्ति और समाज परिवर्त्तन भी, नया भविष्य और उसके साथ-साथ आज की दुनिया में गद्दी पर बैठने की अभिलाषा या न्याय के लिए माँग-इन सिद्धान्तों को लेकर कोई दल चलेगा तो सम्भवत: एक बात होकर रहेगी और अगर वह दल ज्यादा सच्चा है तो उसमें पैगम्बरी का हिस्सा ज्यादा रहेगा ही।"

सत्ताभिलाषा और पैगम्बरी के बीच चलती वैचारिक जद्दोजहद को लोहिया बीसवीं सदी की चरित्र-व्याख्या के काम में लाते हैं। उनका यह विश्लेषण बीसवीं सदी को समझने की कोशिश करते अनेक विद्धानों ने उद्धृत किया है। उन्होंने लिखा है, "मैं फिर से याद दिला दूँ, बीसवीं सदी बेरहम है लेकिन उसके साथ-साथ उसमें एक बीज है, एक सम्भावना है कि मनुष्य इसी सदी के खत्म होने तक गैर-बराबरी और नाइंसाफी से मुक्त हो जाए इस लोकप्रिय उद्धरण के साथ संवाद का एक चरण समाप्त होता है—निराशा के कारणों का।"

दूसरे चरण में 'कर्तव्यों' की थोड़ी जानी-पहचानी-सी फहरिस्त है। यह दरअसल उन समाजवादी युवाओं के लिए है जो सामाजिक-बदलाव के लिए प्रतिबद्ध हैं। लोहिया की दृष्टि केवल बदलाव के कर्मकांड पर नहीं है जिनका चरित्र कागज़ी और राजनीतिक मुनाफों पर केन्द्रित होता है और जिनका परिणाम सत्ता हासिल करने में मदद करता है। वे दरअसल कुछ दूर तक जाना चाहते हैं। यह यात्रा उस निराशा के गहन कारणों की जाँच करने के लिए उकसाती है जिसके अभाव में युवकों को कोई सार्थक और क्रान्तिकारी विचार और कर्म की प्रेरणा नहीं मिलती। इसी प्रसंग में वे वह सवाल करते हैं कि क्या बात है कि 10, 12, 15 बरस में कोई चीज़ कर ही नहीं पाए? अब हम सवाल करें कि 40, 50 या 60 सालों में कुछ कर ही नहीं पाए?

लोहिया ने उस समय जो कारण तलाश किया वह यह है, "कांग्रेसी सरकार इस बात में सफल हो गई कि उसने इस भोग युग में लड़कों का ध्यान 'सांस्कृतिक कार्यक्रमों की तरफ इस खूबी से बढ़ा दिया कि बुद्धिवाले या दिमागी कार्यक्रम, विचार और सिद्धान्तों के कार्यक्रम पिछड़ या ओझल हो गए। नाच, गाना, संगीत वगैरह बड़ी अच्छी चीज़ें हैं बशर्ते कि वह नम्बर दो पर हों। पहले नम्बर पर दिमागी बहस, सिद्धान्त, विचारों की उथल-पुथल, उधेड़बुन यह सब होना चाहिए। लेकिन विद्यार्थियों का दिमाग इस चीज़ से हटाया गया है।" क्रान्ति का सबसे बड़ा शस्त्र बुद्धि की तीव्रता और बदलाव की बेचैन आकांक्षा है। बुद्धि की इस तीक्ष्ण धार को कुंठित न होने देना निराशा के कर्तव्यों में पहले नम्बर पर है।

निराशा के कर्तव्यों की गणना करते हुए लोहिया निरन्तर अंग्रेजी हटाने की बात करते हैं। 'हिन्द-स्वराज्य' पढ़ते हुए मैंने 'स्वभाषाओं और हिन्दी' के लिए ऐसी ही ज़रूरत के साथ आग्रह करते गांधी जी को पढ़ा। गांधी और लोहिया अंग्रेजी को ज्ञान की भाषा मानते हैं लेकिन उसके वर्चस्व का निषेध करते हैं। शिक्षा के एक बुनियादी और महत्त्वपूर्ण सिद्धान्त का उल्लेख करते हुए उन्होंने लिखा है, "हमारी पढ़ाई केवल उस माध्यम से हो जिसमें कि हम सचमुच पढ़ाई सीख सकते हैं क्योंकि अंग्रेजी के शब्द जाल में फँसे-फँसे हमारे दिमाग का भुर्ता बन गया। गोरे लोगों की दिमागी साम्राज्यशाही जो चल गई है उसका बड़ा कारण यह है कि वे विद्या अपनी भाषा के ज़रिए सीखते हैं। हमारे लिए उनकी विद्या पहले ही नकल है और दूसरे हम उसे उनकी भाषा में सीखते हैं इसलिए वह कोई काम की नहीं रह जाती।"

हम यह विश्वास के साथ कह सकते हैं कि डॉ. राममनोहर लोहिया 'अंग्रेजी हटाओ' आन्दोलन के भावुक प्रवक्ता नहीं हैं। वे उसके गम्भीर, निपुण और क्रान्तिकारी व्याख्याकार हैं। अंग्रेजी के दुष्प्रभावों का उन्होंने गहन...अध्ययन किया है। उन्होंने बताया है कि अंग्रेजी पढ़े-लिखों के मुनाफे का अर्थ-शास्त्र भारतीय भाषाओं के

योग्य छात्रों के हितों को किस तरह रौंधता है। उनकी दृष्टि में युद्ध की हार-जीत का गणित भी भाषा से जुड़ा है। 'अंग्रेजी हटाओ आन्दोलन' के सिलसिले में एक जगह उन्होंने लिखा है, "हम से कई लोग कहा करते हैं कि विद्यार्थी के मन में जब तक कोई बड़ी-चौड़ी चीज़ नहीं होती तब तक उछला नहीं करता है तो सीमा की सुरक्षा पर ही उछलो।" सीमा की सुरक्षा कोई हँसी-मज़ाक की बात नहीं है। अंग्रेजी हटानेवाली बात भी इतनी ही मुख्य है और सीमा की सुरक्षा के साथ जुड़ी हुई है। चीनी अपनी भाषा में सब सीख रहा है इसलिए ज़्यादा ताकतवर बनता चला जा रहा है और हम हिन्दुस्तानी अपनी भाषा में चीजें नहीं सीख रहे हैं इसलिए उसके मुकाबले में कमज़ोर बनते चले जा रहे हैं।

लोहिया भारत में वर्ग-निर्मिति में सम्पत्ति के साथ-साथ भाषा और जाति को भी शामिल करते हैं। हमारे देश का अभिजन सम्पदा के कारण ही वर्चस्ववादी वर्ग में सम्मिलित नहीं होता, अंग्रेजी और उच्च जाति के कारण भी होता है। वर्ग-विहीन समाज-रचना के लिए लोहिया इसलिए अंग्रेजी के प्रभुत्व के विरुद्ध उग्र आन्दोलनवादी रवैया अपनाते हैं। यहाँ तक कि 'गुरिल्ला युद्ध' की रणनीति भी वाज़िब मानते हैं। 'निराशा के कर्तव्य' में युवजन सभा के सदस्यों को वे कहते हैं "यह फैसला कर लो कि विद्यार्थियों की टोलियाँ रहेंगी जो अपने शहर में एक भी अंग्रेजी नामपट नहीं रहने देंगी। यह लड़ाई लगातार चलती रहेगी क्योंकि सरकार की तरफ से जिद्द हो सकती है कि अंग्रेजी में वह फिर से लिखें। आप मिटाएँगे तो दोनों तरफ से जिद्द होगी, एक झूला सा चलता रहे। उनकी तरफ से अंग्रेजी की लिखावट, आपकी तरफ से अंग्रेजी की मिटावट।"

भारतेन्दु ने कभी भाषा के गुणानुवाद में यह दोहा लिखा था :

निज भाषा उन्नति अहै, सब उन्नति को मूल,
बिन निज भाषा ज्ञान के, मिटै न हिय को शूल।

इस दोहे में प्रायः यह ही देखा गया कि वह उग्र राष्ट्र-प्रेम और भावुकता का प्रतीक हैं। लेकिन लोहिया इसे सब प्रकार की उन्नतियों का मूल मानते हैं। आर्थिक, भौतिक, मानसिक, सांस्कृतिक दासता और हीनता की सारी स्थितियों से मुक्ति पाने का। उन्होंने नाराज़ होकर भारतीय भाषाओं की उपेक्षा सहते देश को 'कटी ज़ुबान का देश' कहा है।

उल्लेखनीय यह भी है कि अंग्रेजी भाषा अभिजात्यवादियों का घमंड तोड़ने के लिए वे बाकायदा आन्दोलन, सत्याग्रह, जेलें भरने का आग्रह करते हैं। यह भारतीय भाषाओं और हिन्दी के लिए प्रतिवर्ष 14 सितम्बर के 'हिन्दी दिवस' पर लिखे जानेवाले लेखकों के उस वाक्-छल को प्रकट करता है जो स्व-भाषा के लिए एक दिन तड़प कर वर्ष के शेष दिनों अंग्रेजी का झंडा उठाए फिरते हैं।

उपनिवेशों के शासन में मालिकों की भाषा ने शोषण और वर्चस्व के लिए जो आधार तैयार किये वे शस्त्रों से भी ज़्यादा घातक थे। उन्होंने शासित देशों के लोगों में जो हीनता की भावनाएँ पैदा कीं उनमें से एक यह थी और है कि अंग्रेजी विश्व-भाषा है और उसे जाननेवाला विश्व को जानता है। लोहिया के लिए अंग्रेजी का यह मोहक प्रपंच निराशा और गैर-बराबरी का मुख्य कारण था। यह विडम्बना ही है कि लोहिया के बाद भारतीय भाषाओं की गरिमापूर्ण वापसी के लिए कोई प्रचंड आन्दोलन नहीं हुआ और यह भी कि उनकी मृत्यु के बाद समाजवादी पार्टी ही टूट गई और लोहिया के कई सपने आधे-अधूरे ही रह गये। अब सेम पित्रोदा की अध्यक्षता में बनी समिति कक्षा एक से अंग्रेजी पढ़ाने का दबाव बनाए हुए है। अंग्रेजी के अच्छे दिन आ गये हैं।

निराशा के कर्तव्यों में 'जात-पाँत' को तोड़ना एक अनिवार्य आवश्यकता और कर्तव्य है। लेकिन कैसे तोड़ें? इस पर लोहिया जी ने विस्तार से बात की है। उनकी दृष्टि से 'जात' तोड़ने के लिए चार प्रकार के हमले किये जाने चाहिए। उनमें पहला हमला धार्मिक है। धर्म-सूत्रों में जाति कायम रखने और उखाड़ने की लम्बी बहस है। लेकिन लोहिया कहते हैं कि 'बहस चलती रहेगी। मुझे एक खतरे से आगाह कर देना है कि आमतौर से जाति तोड़क जितने लोग हैं वे अपनी बहस को धार्मिक और पौराणिक ही रख दिया करते हैं जब कि इस बहस में 100 मिनट में से मुश्किल से 10 मिनट ही लगना चाहिए।"

'जात तोड़ो' सिलसिले का दूसरा हमला आर्थिक है। लोहिया मानते हैं कि आर्थिक-गरीबी और छोटी जातियों का अज़ीब-मैत्री-संयोग है। इसे तोड़ने के लिए लोहिया प्रस्तावित करते हैं, "साढ़े छह बीघे की खेती से अलाभकर जोत से लगान खत्म करना, ज्यादातर छोटी जाति के हैं, जो सचमुच बहुत ही छोटी जाति वाले हैं, वे इसमें आते हैं। उनको आर्थिक मामलों में कुछ ऊँचा उठाओ और उनकी अपनी आँखों में खुद की इज्जत बढ़े, आत्म सम्मान जगे। साढ़े छह एकड़ वाली बात या खेतीहर मज़दूर की मज़दूरी बढ़ानेवाली बात या ऊँची से ऊँची आमदनी या नीचे से नीची आमदनी के बीच एक मर्यादा बाँधनेवाली बात।"

जाति-तोड़ो कार्यक्रम का तीसरा हमला सामाजिक है जो सहभोज से प्रारम्भ होता है। यह जितना सरल सा कार्यक्रम लगता है उतना और वैसा होता नहीं है। प्राय: लोग, पचीस या तीस इकट्ठे होकर खा लिया करते हैं लेकिन जब यह काम सारे समाज के लिये होता है तब लोहिया कहते हैं, "इसका जबरदस्त असर पड़ता है।" एक बार हैदराबाद में हम लोगों ने यह काम किया। वही 30-35 आदमी जो हमेशा इकट्ठे साथ खाएँ तो कोई असर पड़ेगा नहीं लेकिन 4 हजार, 10 हजार, 15 हजार आदमी विभिन्न जातियों के इकट्ठा होते हैं और अपने-अपने घर से चावल-दाल ले जाते हैं, एक हंडिया में वह पका दिया जाता है वही सब लोग बैठ कर खाते हैं तो तहलका मच जाएगा।

सामाजिक हमले के सिलसिले में ही वे अन्तर्जातीय विवाह के बारे में भी सोचते हैं। वे कल्पना करते हैं कि कुछ ऐसा हो सकता है कि गद्दी मिल जाने पर एक ऐसा कानून बना सकते हों कि जितने भी सरकारी नौकर होंगे उनकी नियुक्ति में इस बात का ध्यान रखा जाएगा कि पहले नौकरी उसी को देनी है जिसने अन्तर्जातीय विवाह किया है। अन्तर्जातीय मतलब द्विज में, आपस में नहीं बल्कि द्विज अद्विज।

जात-पाँत तोड़ने की दिशा में चौथा हमला है राजकीय। लोहिया मानते हैं कि जैसे-जैसे यह बालिग मताधिकार चलता रहेगा, चुनाव चलते रहेंगे वैसे-वैसे जाति का ढीलापन बढ़ता रहेगा। यहीं वे इस बात पर जोर देते हैं कि "हमें जो चीज़ पकड़कर रखनी है, वह है विशेष अवसर बनाम समान अवसर। इस विषय का खुलासा करते हुए वे कहते हैं कि समान अवसर का मतलब हमारे लिए क्रान्तिकारी नहीं होता जैसा कि रूस या अमरिका में होता है क्योंकि वहाँ जात-पाँत नहीं है। हमारे लिए क्रान्तिकारी विचार है। विशेष अवसर। लोहिया मानते हैं कि "जो राजनीतिक दल विशेष अवसर के सिद्धान्त को लेकर आगे बढ़ेगा वह जोखम उठाने को तैयार रहेगा। वह साफ़ कहेगा योग्य अथवा अयोग्य की बहस में हमको नहीं पड़ना है, हमें तो इन दबे हुए लोगों के दबे हुए संस्कार को सुधारने के लिए ऊँची जगह बैठाना है। हो सकता है 100 को बैठाएँगे तो उसमें से 60-70 निकम्मे निकलेंगे लेकिन जो 30 अच्छे निकलेंगे वे सारे समाज में एक इतनी जबरदस्त हलचल पैदा करेंगे जैसे आटे में खमीर मिलाते हैं वैसे सारे समाज को पुनर्जीवित कर देंगे।"

युवकों के साथ लोहिया की बातचीत यहीं खत्म होती है जिसके बाद प्रश्नोत्तर हैं : जिनका आकलन मैं विस्तार भय से नहीं कर रहा हूँ लेकिन जिन्हें मूल्यवान जानकारियों के लिए पढ़ा जाना चाहिए। संवाद में कुछ भटकाव और अन्तरराष्ट्रीय हकीकतें हैं जो महत्त्वपूर्ण हैं लेकिन मुझ से छूट गई हैं। लोहिया ने अपनी ये निराशाएँ और कर्तव्यों की बात बार-बार कही है। इन को मिलाकर एक और दस्तावेज 'सप्तक्रान्ति' शीर्षक से प्रकाशित हुआ है। दरअसल 'निराशा के कर्तव्य' और 'सप्तक्रान्ति' दोनों को एक साथ पढ़कर ही राष्ट्र और विश्वव्यापी गैर-बराबरी का मिज़ाज़ और चरित्र समझा जा सकता है।

किस तरह की वैचारकी?

लोहिया के इस युव-जन संवाद को आधी सदी, पचास साल, हो गये हैं और वे युव-जन भी बूढ़े हो चले होंगे जो तब बीस साल या एक-दो साल आगे-पीछे के रहे होंगे। लेकिन राष्ट्रीय और अन्तरराष्ट्रीय बदलाव की गति इतनी तेज़ और विस्मयकारी है कि हम न केवल पिछला बाज़ार ही भूल गये हैं बल्कि वे वस्तुएँ भी भूल गये हैं जो खरीद कर लाते थे या 'लून तेल लकड़ी' जितने में लाते थे और वे आकांक्षाएँ जिनसे हमने भविष्य बनाया था। अब केवल याद करने की कठिनाई के साथ बचे

हैं। पुराने किस्से या उसूल या कि जीवन का संगीत। इस समय बीते समय की तुलना करना जटिल, भयावह और अविश्वसनीय जैसा हो गया है।

यह ध्यान से देखने जैसी बात है कि लोहिया की निराशा और फिर उसे तोड़ने के कर्तव्य गैर-बराबरी शोषण, पूँजीवादी-व्यवस्था, धर्म और संकीर्णता की तमाम अवधारणाओं से जूझने के सिलसिले से ही है। वे वायवी, अमूर्त्त, कल्पना से रचे अध्यात्म या ऊल-जुलूल व्यक्ति हित की कामना के लिए नहीं है। ऐसे ही अन्तरराष्ट्रीय सम्बन्धों को नये रूपाकार देने की बात है। गैर-बराबरी के आधार पर टुकड़ों-टुकड़ों में बँटी दुनिया में प्रगति और शान्ति सहिष्णुता और सुख की बात सोचना एक भोला-सा सपना ही है।

आज का सवाल क्या वही है? दुनिया, समाज, समय-व्यवस्था आदि के बदलाव का, रोटी और सम्मानपूर्ण ज़िन्दगी की बहाली का? समाजवादी व्यवस्था पर बहस करने का, उसकी विफलताओं के कारण ढूँढ़ने का, मानवीय निराशाओं को नये आशावाद से चमकाने का और विश्व-शान्ति के लिए गोरे-देशों के वर्चस्ववादी इरादों के बरक्स रंगीन देशों की सामूहिक-मेधा और ज्ञान को प्रज्वलित करने का?

अब शायद सवाल इस तरह का नहीं है। पचास साल पहले लोहिया समाजवाद को अनुत्पादक सामन्ती, पूँजीवादी व्यवस्था और संस्कृति के खिलाफ आक्रामक विचार मानते थे। वे ही नहीं देश के संविधान में भी समाजवाद के सिद्धान्त को आदरास्पद स्थान हासिल है।

लेकिन विचार-जगत् में समाजवाद एक 'कमज़ोर शब्द' पड़ गया है और उसकी जगह वैश्वीकरण नव-उदारवाद और निजीकरण जैसे चालाक शब्दों ने ले ली है। समाज, समय, मनुष्य और प्रगति इन्हीं शब्दों के प्रसंग से व्याख्यायित होती है। ये शब्द और विचार गोरों की कार्यशाला में ढलते हैं और रंगीन देशों के विचारकों, विज्ञान एजेन्सियों, स्कूलों, युनिवर्सिटियों, बाजार-प्रबन्धकों, गोरे देशों से दान बटोरनेवाली स्वेच्छिक संस्थाओं को भेज दिये जाते हैं।

गोरे लोगों के बारे में लोहिया जी ने कहा "एक बात शायद मैंने नहीं कही उसे जोड़ लेना कि जो गोरे लोग हैं असल में वे ही आज की दुनिया में फैसला करते हैं। हम जो कुछ सोचते हैं उसका तो असर बहुत कम पड़ता है और अगर पड़ता है तो बहुत मामूली और बहुत देर बाद। गोरे के काम का असर बहुत जल्दी और जबरदस्त पड़ता है। यहाँ तक कि रंगीन दुनिया के दिमाग को भी गोरे ही बना रहे हैं। जब गोरे चिल्लाना शुरू करते हैं कि अणुबम को खत्म करो, एक तरफा निशस्त्रीकरण करो तो रंगीन दुनिया भी चिल्लाने लगती है।"

समाजवाद का यही दुखान्त है। गोरी दुनिया ने अपने हित में उसे अवमूल्यित कर दिया है। उन्हीं लोगों ने 'बाज़ार' को प्रतिष्ठित किया है और रंगीन दुनिया के मन और मौलिकता पर अधिकार कर लिया है।

लेकिन यह वास्तविक ज़िन्दगी का भ्रमात्मक और अनुल्लेखनीय, निराशाजनक हिस्सा है। विश्व-आबादी के एक बड़े हिस्से में अन्याय, असहिष्णुता, गैर-बराबरी की लम्बी छायाएँ पसरी हैं और यही अवास्तविक और वास्तविक दुनिया के बीच निरन्तर चलनेवाली क्रूरतम तकरार है।

बहरहाल भारतीय समाजवाद या समाजवादी पार्टी का अच्छा-बुरा अन्त हुआ हो, न हुआ हो लेकिन निराशा का कुआँ कुछ अधिक गहरा हुआ है। लोहिया वाले दिनों में अघाये हुए समाज और लोगों की सफलताओं के दागदार और अनैतिक होने का अपयश चहुँओर फैल जाने का डर था। सरकार अपने लालची कुकृत्यों के खुलासों से काँप जाती थी। संसद में जब लोहिया ने आमदनी के बीच अन्तर का आँकड़ा बताया था तब नेहरू सरकार विचलित हुई थी। अब कोई जानता तक नहीं है कि देश के प्रधानमंत्री और सामान्यजन के बीच गैर-बराबरी का आँकड़ा क्या है। थोड़े दिन पहले प्रभाष जोशी के किसी आलेख में गरीब और अमीर के बीच आमदनी का अन्तर 34 गुना पढ़ा था।

दरअसल यह सवाल किसी पार्टी से जुड़ा नहीं है कि अन्यायों और तरह-तरह की गैर-बराबरियों के विरुद्ध कौन संघर्ष करता है यह पूरा मानवीय और नैतिक सवाल है। एक तरह से सार्वकालिक और सार्वभौमिक और इस तरह देखने पर यह घमंड टूटता है कि बदलाव या क्रान्ति सिर्फ अमुक-अमुक स्थान और अमुक-अमुक काल में हुए या हुई। लगभग सब देशों और सब समय अन्यायों और गैर-बराबरियों के खिलाफ संघर्ष हुए हैं। कभी जीतते हुए, कभी हारते हुए।

निसन्देह लोहिया के समय की दुनिया और भारत उसकी राजनीति, नेतृत्व, सामाजिक रचना संस्कृति और अर्थ-नीति सब बदल गये हैं। पश्चिम के दबाव का निर्द्वंद्व प्रदर्शन करते हुए हम उनके जैसे हो जाने के उत्साह में है। हमारी भूषा, हमारी भाषा और हमारा भोजन अन्तरराष्ट्रीय प्रतिमानों की होड़ में लगे हैं। यह एक खुशनुमा आनन्द नगर है, कुछ खुश-खुश मध्यवर्गीय बेहद खुश सौ-पचास करोड़-अरबपति लेकिन कर्ज़ में डूबे आत्महत्या करते किसान हैं; अपने जल, जमीन, जंगल से खदेड़े गये लाचार लाखों लोग हैं, शहरों में खानाबदोशों जैसी ज़िन्दगी गुज़ारते जवान लड़के-लड़कियाँ हैं, सैकड़ों की तादाद में कचरा बीनते भीख माँगते बालक हैं, गैर-बराबरी से चौपट हुई निराश जिन्दगियाँ हैं।

'निराशा के कर्तव्य' में से इस लाचार भारत के लिए कुछ रोशनी देशवासियों की बुद्धि और मौलिकता बचे, इस आशा के साथ।

बुद्ध-महावीर-गांधी के आगे

इन दिनों जो बात अक्सर चिन्तित करती है वह हिंसा का फैलाव है। कई तरह की और कई कारणों से फैलनेवाली हिंसा से होनेवाले नुकसानों में से कुछ हमारी समझ में आते हैं लेकिन कुछ इतने जटिल, इतने सूक्ष्म होते हैं कि वे हमारी समझ में तुरन्त नहीं आते तब भी वे हम पर लगातार असर डालते हैं; एक किस्म का मनोवैज्ञानिक असर-भय। भय में जीना, अपने चारों तरफ भय की रचना देखना, भयभीत समाज में रहने का अभ्यास करना और हथियारों की मदद से अपने को ताकतवर सुरक्षित अनुभव करना।

यह बात अजीब है और विचारणीय भी है कि हथियारों से हम ताकत का अनुभव करें जबकि यह 'भय' जैसी विनाशकारी बीमारी का लक्षण हो। किसी बन्दूक वाले समाज बनने के बाद हमारी सुरक्षा की ज़रूरतों में सबसे पहली ज़रूरत क्या होगी? इस पर थोड़े दिनों बाद सार्वजनिक बहस करते मिलेंगे क्योंकि तब हमें यह अनुभव होने लगेगा कि बन्दूकों से बन्दूक वाले समाज में नहीं जिया जा सकेगा। एक बन्दूकवाले समाज में हिंसा एक सामाजिक-मूल्य की तरह विकसित होगी; उसके बीज हमारी 'चित्त की भूमि' में बोए हुए होंगे और बाहर समाज में हिंसा, घृणा, बाहु-बल को प्रतिष्ठा मिलेगी; शस्त्रों के जंगल चारों तरफ जलते, धधकते नज़र आएँगे।

पिछले दिनों हमने महावीर स्वामी के जन्मदिन पर विचारगोष्ठी की थी। इसमें कुछ भी नया नहीं था। सालों-साल हम सभी पर्वों, उत्सवों, महापुरुषों के जन्म और मृत्यु के प्रसंगों पर एक कर्मकांड को प्रिय और प्रसंगानुकूल बनानेवाली बातें कहकर पूरा करते हैं। कई बार एक अवसर पर कही गईं बातों को नज़रअन्दाज़ करते हुए दूसरे और तात्कालिक अवसर की बातों को अधिक प्रामाणिक बताते हैं। यह अन्तर्विरोध बार-बार प्रकट होता है। तब भी मूल्यवान निष्कर्ष बच जाते हैं जिनका असर समाज रचना के बुनियादी इरादों पर पड़ता नज़र आता है। इसी दृष्टि से महावीर जयंती पर 'अहिंसा का अर्थशास्त्र' पर विमर्श का आयोजन किया था। आशा थी कि यह विमर्श हिंसा-अहिंसा की द्वंद्वात्मकता, औचित्य, तत्कालीन और दीर्घकालीन नतीज़े, आपदाकालीन हिंसा की अनिवार्यता, अर्थशास्त्र की प्रकृति

और हिंसा की सन्दिग्ध अनिवार्यता, हिंसक समाज में अर्थशास्त्र की अनिवार्यताओं, मध्यवर्गीय अर्थशास्त्र और हिंसा समता का अर्थशास्त्र और अहिंसा आदि पर केन्द्रित होगा लेकिन वहाँ फिर हिंसा पर अमूर्त्त और आध्यात्मिक बातचीत होकर रह गई।

क्या यह इसलिए हुआ कि चाहे हिंसा हमारे दिल में बसी हो पर हमारे पास उसके पक्ष में ज्यादा बात करने की जगह नहीं है, उन हिंसा के सिद्धान्तकारों के पास भी नहीं जो लक्ष्यों और साधनों की शुचिता पर ढीला-ढाला रवैया रखते हैं और अहिंसा को लाचारी का पर्याय मानते हैं? यह विचार करने की बात है कि क्रूरतम विश्व-विजेताओं ने अपनी-अपनी वैयक्तिक नृशंसताओं के बारे में कुछ भी कहा या किया हो लेकिन एक नई सभ्यता या दुनिया बनाने के लिए हिंसा का समर्थन नहीं कर सके। हिंसा-रसिक भी यह नहीं भूलते कि उनके उत्पाद में कोई नैतिक या तत्त्वत: अपनी चमक नहीं है इसलिए अपने पक्ष में वे पवित्रता, आदर्श, राष्ट्रप्रेम, अव्यवस्था के खिलाफ ज़िहाद, नस्लवाद और श्रेष्ठत्व के लिए नए वातावरण की आवश्यकता जैसे कई मनमोहक नारों का प्रचार करते हैं यद्यपि वे जानते हैं कि नैतिक रिक्तता के बीच ही बन्दूकों की आवाज़ सबसे ज्यादा कामयाब होती है। विश्व-युद्धों से लगाकर छोटे-बड़े, कौटुम्बिक कलह के पहले जिस उत्तेजना को काम में लाया जाता है वह एक प्रकार की नैतिक उत्तेजना ही होती है जिससे हिंसा की अराजकता और विनाश को सहने की मनोवैज्ञानिक ताकत हासिल होती है और पक्ष में जनमत बनता है।

हिंसा के पक्ष में मनुष्य की पाशविक वृत्ति है; अन्दर से, अवचेतन की अँधेरी गुफा से अपने शिकार को ढूँढ़ता क्रुद्ध पशु। जब हिंसा से ही हिंसा का प्रतिकार सम्मत है। हिंसा का समर्थन करनेवाले उसे 'दैविक शक्ति' का प्रतिरूप मानते हैं जो अधमताओं से और दुष्टों से सज्जनों की रक्षा करती है। इस तरह हिंसा देवी-रूपों में प्रतिष्ठित होती है और समाज-रचना की सहयोगी शक्ति के रूप में पहचानी जाती है। बहुत पहले से ही देवी-देवता पशु और नर-बलि से प्रसन्न होते हैं और मनचाही कामना पूरी करते हैं। यह हिंसा का दैवीकरण है। पुराने युद्धों में, जैसे 'महाभारत' में, शक्ति प्रदर्शन, भूमि और स्त्रियाँ ही महाविनाश का कारण बनी हैं। स्त्रियों ने दुर्भाग्य और पुरुषों की भोगेच्छाओं का सबसे ज्यादा बोझ ढोया है। बाद के विश्व युद्ध बाज़ार बढ़ाने और उपनिवेश-विस्तार के लिए लड़े गए हैं और उन्हें 'राष्ट्र-प्रेम और आत्म-अभ्युदय' की खूबसूरत टोपियाँ पहनाई गई हैं। जब-जब युद्धों और हिंसा के लिए कोई खूबसूरत विशेषण नहीं मिलता उसे 'धर्म-युद्ध' और पश्चिमी दुनिया में 'होलीवार' 'सेक्रेड वार' और अब 'आईडियोलोजिकल वार' भी कहा जाता है। अब पैसे वाले और भूमिपति 'रणवीर सेना' जैसी निजी सेनाएँ बनाते हैं और दलितों, भूमिहीनों का संहार करते हैं जो अपना हक माँगने के लिए खड़े होते हैं। इस तरह हिंसा का सिद्धान्त शक्ति के साथ अनिवार्य रूप से जुड़ गया है।

लेकिन, फिलहाल हम महावीर स्वामी की तरफ लौटें जो हिंसा से बनाई हुई व्यवस्था पर सवाल उठाते हैं। महावीर का सबसे महत्त्वपूर्ण सपना समता के आधार पर दुनिया की रचना करना था। देखने की बात यह है कि जो कोई दुनिया को फिर से बनाना चाहता वह 'रहने' की इच्छा से किसी-न-किसी तरह बँधा रहता है। उसे लगता है यह दुनिया रहने के योग्य नहीं है तो भी यहाँ वे सारी सम्भावनाएँ हैं जो दुनिया को सुन्दर, समृद्ध और स्नेहपूर्ण बना सकती हैं। इसी प्रसंग में महावीर 'अपरिग्रह' की बात करते हैं, मर्यादित संचय की। अपार संचय की व्यर्थता बताते हुए क्योंकि वह दूसरों का हिस्सा ही होगा और उन्हें वंचित और विभिन्न करेगा। यह समता-सिद्धान्त का निषेध होगा और लालच, ईर्ष्या, टूटन, अविश्वास और छीना-झपटी की मन:स्थिति बनाएगा। वहीं 'अपरिग्रह' का सिद्धान्त सौम्य नागरिकों का ऐसा समाज और अर्थशास्त्र बना सकेगा जो मन-ही-मन जन्म लेती हिंसा, अधर्म प्रतिस्पर्धाओं और पाखंड से बचाएगा।

किसी भी समाज के लिए, यह समझना आवश्यक है कि विवेक के रास्ते कौन से हैं? अर्थ-शास्त्र का विवेक क्या है, उसका शक्ति केन्द्र कहाँ है? उत्पादन और उपभोग का रिश्ता क्या है? ध्यान से देखें तो यह तथ्य समझने में ज्यादा समय नहीं लगेगा कि अर्थशास्त्र का विवेक वंचित मनुष्य के हित में निहित है, उसका शक्ति केन्द्र मनुष्य में ही है, मनुष्य ही है।

आज हुआ यह है कि अर्थ-शास्त्र का विवेक उलट दिया गया है। अर्थ की सत्ता केन्द्र में आ गई है और मनुष्य नेपथ्य में चला गया है। पैसे की अकूत शक्ति ने मनुष्य का आत्म-बल छीन लिया है। एक ऐसा समाज नज़र आने लगा है जहाँ पैसा और उससे खरीदी गई वस्तुएँ 'शक्ति' हो गई हैं। मनुष्य निस्तेज हो गया है। अर्थ-शास्त्र के इर्द-गिर्द या दूर-दूर तक उसका कोई वजूद उसका हस्तेक्षप नज़र नहीं आता। टोफलर ने अपनी एक पुस्तक का नाम 'पावर शिफ्ट' दिया है। शक्ति कहाँ से कहाँ सरक कर आ गई है यह इस पुस्तक की केन्द्रीय चिन्ता है। उनका निष्कर्ष है कि वह शक्ति केन्द्र पहले जहाँ कहीं रहा हो अब सरक कर पैसे में आ गया है—मनी इज़ पावर (पैसा शक्ति है)। जबकि वास्तविकता यह है कि दुनिया के सारे सवाल (परिग्रह-अपरिग्रह, हिंसा-अहिंसा, नैतिकता, ज्ञान-विज्ञान, कला-संस्कृति के) मनुष्य के हैं। ये सब उस सजगता के सवाल हैं जो मनुष्य के अभ्युदय और गिरावट के मानदंड तय करते हैं।

यह कहने की आवश्यकता नहीं है कि परिग्रह भय की सबसे जटिल, समझ में न आनेवाली, भ्रमित करती हुई मनोग्रंथि है, वह एक प्रकार का उत्पीड़न सुख है। हमारे समय की सहस्त्रो साड़ियाँ और गाउन, अत्यन्त मूल्यवान और किस्म-किस्म की चप्पलें और जूतियों का संग्रह करनेवाली स्त्रियों की मनोग्रंथियों का अध्ययन अभी बाकी है लेकिन वे उस बीमार मानसिकता और समाज की जानकारी अवश्य

देती है जो किसी अज्ञात भय से वस्तुओं का संग्रह करती हैं और उन्हें पाकर, उन पर कब्जा करके आत्म-विश्वास और बेहिसाब ताकत का अनुभव करती हैं। लेकिन भविष्य में यह दो स्त्रियों की मनोग्रंथि ही, दुनिया की अधिकांश आबादी के प्रबल मनोरोग में बदल जानेवाली है। यह अपने को सबसे अलग, सबसे विशिष्ट, सबके जैसी नहीं बल्कि अद्वितीय दिखाने की ज़िद होगी। अब प्राय: यह मुहावरा काम में आता है 'सबके जैसा नहीं' यानी हम सबसे अलग, असमान, मनमौजी, आत्म-केन्द्रित और किसी की। सुननेवाले, सामान्य जनों जैसे नहीं हैं। परिग्रह का वास्तविक रूप दंभ ही है जो बार-बार 'अद्वितीय' होने के लालच को प्रकट करता है।

समतावादी और हिंसा मुक्त समाज के लिए जैन सिद्धों और साधुओं ने सत्य को अनेक दृष्टियों से उलट-पलट कर देखने का आग्रह किया है। धर्म-दृष्टियों के साथ जो कलह, कष्ट और हिंसा जुड़ी है उसका मुख्य कारण दूसरों के अनुभवों की अवमानना है। 'यह जो मेरा अनुभव है, यह जो मेरी दृष्टि है', मेरा धर्म और मेरा ईश्वर है, सृष्टि रचना के सम्बन्ध में मेरी आस्थाएँ हैं' वही सबसे श्रेष्ठ है, अनित्य और अटल है। यह एक प्रकार की तुलना है। धर्म-सिद्धान्तों की कम उन धर्मों को माननेवालों की ज्यादा। यह श्रेष्ठता का भाव असहनीय कट्टरता पैदा करता है और अपने इतिहास, अपनी परम्परा, अपने धर्म में चलनेवाले अन्तर्विरोधों और असमानताओं को नहीं देखता। श्रेष्ठता के सारे दावे, वे चाहे धर्म के सम्बन्ध में हों या कुल-गोत्र के सम्बन्ध में, चाहे रंग, नस्ल, लिंग, भाषा, देश, बाज़ार, तकनीक या चीजों के बारे में ही धीरे-धीरे व्यापार का अध्यात्मक हो जाते हैं जो मनोवैज्ञानिक असन्तुलन पैदा करते हैं और मनुष्यों की बराबरी के दावों को खारिज करते हुए छोटी बड़ी कोटियाँ या जातियाँ निर्धारित करते हैं। इसलिए जैन-संतों का आग्रह है कि हम 'अनेकान्तवादी' दृष्टि विकसित करें क्योंकि इस तरह हम अपने विचारों के कैदखाने से बाहर निकल सकते हैं और जीवन-सत्यों को ज्यादा खुली रोशनी में देखने का प्रयास कर सकते हैं।

यह सबसे अधिक चिन्ता की बात है कि बराबरी का समाज बनाने में विश्व धर्मों की भूमिका सन्देहास्पद रही है यद्यपि वे समतावादी समाज निर्माण के प्रबल दावेदार होते हैं। धर्म के साथ सबसे बड़ी कठिनाई यह है कि वे एक सीमा को तोड़ते हुए दूसरी सीमान्तों को स्थापित करते हैं। अन्त में वे भी अमूर्तन की ओर वर्चस्वशाली शक्ति-समूहों की तरफ होते हैं। वे अपनी लोक-कल्याणकारी और श्रेष्ठता की भूमिका का एक भी दावा नहीं छोड़ते। इन धर्मानुयायियों का आचरण अनुदार और दूसरे धर्म-सम्प्रदायों के प्रति असहिष्णु और द्वेषपूर्ण होता है।

गौरतलब है कि दुनिया-भर के धर्म-सम्प्रदायों की ऊपरी विनयशीलता और सद्भावनापूर्ण भाव बार-बार आपसी संघर्ष, हिंसा, उत्पीड़न, लज्जाजनक कुकृत्यों में बदले हैं। एक वैचारिक परम्परा के खुलेपन के बावजूद, वैदिक धर्म की अपौरूषेयता

और सर्वसत्तावाद को अस्वीकार करने के कारण जैन और बौद्ध धर्म को नास्तिक कोटि के धर्म-समूहों में धकेल दिया गया है। कट्टरतावाद की वैचारिक परम्परा के अन्तर्गत जैन और बौद्ध मतावलम्बियों के साथ बहुसंख्यक हिन्दुओं के रिश्ते तनावपूर्ण रहे हैं। यह विडम्बना ही है कि समता के पक्ष में अपनी आस्थाओं के लिए प्रतिबद्ध जैन धर्म एक जाति की व्यवस्था में सिमट गया है और उसी तरह कर्मकांड के लिए उत्सुक नज़र आने लगा है जिसके विरुद्ध उसने बगावत की थी। जीवन को अनेक तरह से जानने की, उसकी वैचारिक शक्ति को फैलाने, दृष्टियों की अनेकता को स्वीकार करने और सामाजिक-धार्मिक कट्टरता के विरुद्ध अपनी पूर्व प्रतिज्ञाओं को पूरा करने की इच्छा कमजोर पड़ गई है और उसकी जगह सम्पत्ति के महाप्रदर्शनों ने ले ली है।

समतावादी समाज के लिए महावीर स्वामी का सबसे महत्त्वपूर्ण अवदान अहिंसा का प्रतिपादन है। वे अहिंसा की सामाजिक ताकत को जानते हैं इसीलिए अहिंसा के सगुण और निर्गुण रूपों को जीवन-शैलियों में रूपायित होने देते हैं। वे अहिंसा को विचारों का आधार बनाना चाहते हैं जो लम्बे अभ्यास से मिलता है। हो सकता है हमारी पूरी जिन्दगी की तपस्या अहिंसा का मर्म समझने में विफल हो जाए लेकिन उनका विश्वास है कि जब भी सफलता मिलेगी तब उसके कारण अभ्यास और अनुशासन होंगे। अहिंसा और सद्गुणों के बीज हमारी चेतना में अन्तर्निहित हों लेकिन वे अभ्यास और स्वभाव परिवर्तन से ही सामाजिक मूल्यों में बदलते हैं इसलिए महावीर स्वामी हिंसा की प्रतिरोधी शक्तियाँ विकसित करने के लिए अपने अनुयायियों को वैयक्तिक और सामाजिक स्तर पर अनेक कठिन नियमों के बीच से गुज़रने देते हैं। तब भी वे लोक साहित्य, लोक संवाद से विमुख नहीं होते।

यह ध्यान देने की बात है कि अहिंसकों का समाज कायरों का नहीं, तेजस्वियों का अग्नि-धर्मा लोगों का है, अल्पसंख्यकों के जैसे, दुनिया के प्रतिबद्ध और आदर्शोन्मुखी समाज होते हैं। अहिंसकों का समाज मनुष्य की शीलवान प्रकृति पर विश्वास करता है। करुणा और दूसरे सारे सद्गुणों के बीज मनुष्य के संस्कारों में हैं इसलिए शील और मैत्री का वातावरण ही बनाना है। अहिंसा पर आधारित समाज रचना का काम व्यक्ति से शुरू होता है, सद्गुणों में अडिग आस्था और अपने स्वभाव को कल्याणकारी बनाने के संकल्प से। समाज के विभिन्न समूहों की परिस्थितियों और शील आदि गुणों को ग्रहण करने की पात्रता तथा उन्हें सामाजिक मूल्यों में बदलने की कठिन प्रक्रिया पर विश्लेषकों का जब कभी ध्यान जाता है तब अहिंसा की कई सीमाएँ नजर आने लगती हैं। तब भी यह भूलना अनुचित है कि हमारी असावधानी से हिंसा और बन्दूकों या कि शस्त्रागारों का पाशविक उन्माद मनुष्यों के विवेक को व्यापक प्रतिहिंसा में बदल सकता है और तब सामाजिक संगठनों की तथा लोक-विमर्श की शक्तियाँ कमजोर पड़ती जाती हैं।

इसी प्रसंग में यह देखना चाहिए कि महावीर स्वामी केवल शस्त्र की हिंसा के विरुद्ध ही नहीं, विचार के बुनियादी ढाँचे को भी हिंसा और कुविचारों से अलग करते हैं। यहीं वे अपनी पूर्व परम्परा से टकराते हैं; वर्ण-व्यवस्था और वैदिक कर्मकांड से; जो कई मनोवैज्ञानिक कुंठाओं को पैदा करती रही हैं और उन विचारों को वैधता देती है जो अहिंसा का या कि समता के पक्ष का गम्भीरता से समर्थन नहीं करते। समता के लिए आदर भाव के कारण महावीर लोक-भाषाओं के पक्ष समर्थक हैं। आज भी जैन मुनि स्थानीय बोलियों में 'बखान' करते हैं और सिनेमा के गीतों की लोकप्रिय धुनों पर कविता-भजन बनाते हैं, गाते हैं। इस तरह सामान्य-जन से उनका सम्पर्क-संवाद चलता है।

बुद्ध भी इसी अभिजन परम्परा के विरोध में अपना संघर्ष शुरू रखते हैं। वे करुणा के सिद्धान्त का प्रतिपादन करते हैं और मनुष्य को दुख मुक्त करने का अभियान चलाते हैं। बुद्ध की करुणा और दुख मुक्त होने का उपक्रम सब के लिए है। वहाँ भी वर्ण-व्यवस्था का विधान अमान्य है। बुद्ध की करुणा का सिद्धान्त क्या है? यह दरअसल मनुष्य के अन्दर जलती ईर्ष्या, वर्चस्व, श्रेष्ठता, भय, निराशा, पराजय, अकेलेपन की आग को देखना उसके कारणों को जानना और मन को आवेग रहित कर अशुभ विचारों का प्रतिकार करना है।

लेकिन इस समय जहाँ हम आ गए हैं और उसके जो भी कारण हों, हमें यह विश्वास हो गया है कि अहिंसा, करुणा, अनेकान्तवाद, अपरिग्रह आदि पर चलने और उनके सम्बन्ध में चिन्ता करने के दिन चले गए हैं। वे दिन भी चले गए हैं जिनकी रोशनी में चलने का आग्रह गांधी करते रहे हैं; ऐसी रोशनी जो सबके मन में बसी है और सबके व्यवहार और आचरण को निखारती है। अब हम समझने लगे हैं कि दुनिया बाहर ही बाहर है; अन्दर कुछ नहीं है। अन्दर कुछ हो तो भी उसे मूर्छित और सोए रहने देना चाहिए।

सब जानते हैं कि अन्दर की दुनिया—विचारों या कि भावों की कितनी प्रबल और व्याकुल दुनिया है। यह हमारी अन्दरूनी दुनिया की ताकत ही है कि हम हिंसा को दुनिया बनाने के सर्वोत्तम साधन के रूप में अस्वीकार कर देते हैं। हमारे पास दुनिया बनाने के लिए बहुत विश्वसनीय और सुतर्क-संगत प्रतिमान न भी हों तब भी एक किस्म का विवेक है जो चुनता है और छोड़ता है; अतियों से बचता है। बुद्ध ने जिसे 'मध्य-मार्ग' कहा है; न अतिशय-उपभोग का और न चरम-वैराग्य का।

21वीं सदी की दुनिया निःसन्देह बुद्ध और महावीर के समय से भिन्न है। वह कई प्रकार से बदल गई है और मानवीय सम्बन्धों में जबरदस्त उलट-फेर हुए हैं और इसी क्रम में राज्य सत्ताओं का रूप और नागरिकों के साथ उसके व्यवहार और आचरण में अनपेक्षित तब्दीलियाँ हुई हैं। राज्य-सत्ताओं के पास शक्ति केन्द्रित

हो गई है और नागरिकों का अभ्युदय, जीवन, सुरक्षा, शिक्षा, स्वास्थ्य, व्यापार, उत्पादन के साधन राज करनेवालों और ओहदेदारों की मुट्ठी में हैं।

प्रभुसत्ताओं की आपसी टकराहट और अपने-अपने राष्ट्र-राज्यों से नागरिक—स्वाधीनता और समता का हक हासिल करने का संघर्ष अहिंसा हिंसा के सवाल को फिर से ज़रूरी बनाता है। सवाल यह है कि तब उपनिवेशवाद की लालची और शोषण करनेवाली अर्थ-व्यवस्था को निष्प्रभ करनेवाले प्रतिरक्षात्मक उपाय कौन से हैं? यदि वे केवल प्रतिद्वंद्वात्मक और प्रतिस्पर्धात्मक हैं तो हिंसा या सशस्त्रा क्रान्ति का विकल्प क्या है? क्या अदृश्य रूप की नव-औपनिवेशिक व्यवस्था में गैर-बराबरी का संघर्ष हिंसा और हथियारों के बिना मुमकिन है? दूसरी विचारणीय बात अपने देश की राजनीतिक, आर्थिक, सामाजिक, सांस्कृतिक व्यवस्था के साथ मानव-अधिकार और नागरिक स्वाधीनता से सम्बन्धित है। कोई भी समाज उत्पीड़न और शोषण के मुद्दों पर अपनी नाराज़गी जाहिर करने के लिए सरकार के साथ कैसा सलूक करें जबकि एक पक्ष के पास हथियारों, पैसे तथा प्रचार की ताकत और सुविधाएँ हों और दूसरा पक्ष निहत्था और असहाय हो। तब नागरिकों को हिंसा या अहिंसा में से तत्काल और दीर्घकाल के लिए किसे चुनना चाहिए? गांधी जी ने सिविल नाफ़रमानी, सत्याग्रह, अहिंसा का रास्ता चुना था। क्या यह चुनाव हिंसा और हथियार से बेहतर था, क्या विदेशी और देशी-शासकों और हुक्मरानों के दमन और अन्याय के खिलाफ़ संघर्ष करते हुए हमारा नज़रिया बदला हुआ होना चाहिए? देशी हुक्मरानों के भ्रष्टाचार, सार्वजनिक लापरवाहियाँ व्यक्तिगत विलासिता, ज़मीन-ज़ायदाद और अवैध धन-संचय को संसद की बहस या न्याय पालिकाओं के लिए ही छोड़ देना चाहिए? क्या विभाजित पुराने, आत्मालोचन के अभ्यास और परम्परा से वंचित किन्तु बदलते हुए और समता की आकांक्षा से उद्वेलित समाज में बदलाव की प्रक्रिया का धीमापन लोकतंत्रात्मक और धीरज दिलानेवाला या थका देनेवाला नहीं होता और हिंसा की तरफ नहीं ले जाता?

पिछली शताब्दी लोकतंत्रवादियों और अहिंसा के आधार पर समाज रचना करनेवालों के लिए ज्यादा आशाप्रद नहीं रही है। दुनिया-भर में मनोवैज्ञानिक अवसाद और बराबरी के सपनों के ध्वस्त होने का क्लेश फैल रहा है। इसलिए सारे आदर्श और सिद्धान्त चालाक लोगों के जाल या पाखंड लगने लगे हैं। असंख्य स्त्री-पुरुषों के मन में सुन्दर और दुख रहित जीवन की उम्मीद खत्म हो जाने से हिंसा के लिए सैद्धान्तिक ज़मीन तैयार होती नज़र आ रही है।

हमारे समय के हिंसा-अहिंसा, नैतिकता-अनैतिकता और दूसरे सवाल महावीर और बुद्ध के समय में इतने जटिल न रहे हों जैसे वे आज हो गये हैं क्योंकि अब वे कई दबावों और संशयों के बीच में हैं और उनके उत्तर महाशक्तियों की पंचायत में तय होते हैं। तब भी बुद्ध और महावीर के बाद अहिंसा पर सबसे सार्थक विमर्श

करनेवालों में गांधी हैं जो सभ्यता के 'पश्चिमी मॉडल' के सबसे दृष्टिवान समीक्षक हैं। पश्चिमी मॉडल को गांधी 'भोगवादी और पाशविक' मानते हैं। यूरोपीय शासन व्यवस्था को उन्होंने 'अधार्मिक, अधम, और आसुरी' कहा है। अंग्रेजी शासन के विरुद्ध संघर्ष करते गांधी ने अहिंसा की अद्‌भुत शक्ति को रेखांकित किया। उनका मानना है कि 'अहिंसा तो निर्विकार होने में और कर्तव्य के संकल्पपूर्वक पालन में है जिसके लिए मरना आना चाहिए और कोई व्यक्ति अहिंसा पालन करना न सीख सके तो कायरतापूर्वक पीठ दिखाकर भागने की अपेक्षा उसे आततायी को मारने में संकोच नहीं करना चाहिए।'*

यह महत्त्वपूर्ण है कि अहिंसा-हिंसा की बहस किसी समय विशेष की नहीं है, यह विचारों को खोलने और सौम्य जीवन बनाने की सबसे जरूरी और सार्वकालिक बहस है। हमारी ज़िन्दगी की गुणवत्ता बढ़ी है या घटी है इस तथ्य को परखने के प्रतिमान क्या हैं? वास्तविक प्रतिमान तो अहिंसा-हिंसा का व्यवहार ही है; विचारों के बीच असहनशीलता की संहारक अग्नि जैसे-जैसे फैलती है समाज वैसे-वैसे सिमटता जाता है और ज़िन्दगी की रोशनी बुझ जाती है। किसी भी समय या समाज या कि राज्य-व्यवस्था में नागरिक-जन अपनी ज़िन्दगी और वैचारिक स्वाधीनता के लिए रिवाल्वर रखने या चलाने का अधिकार माँगे या कि बड़े समुदाय छोटे समुदायों को निःशेष कर देने का संकल्प करें, स्त्रियों के साथ अमानवीय व्यवहार की दुर्घटनाएँ असंख्य हो जाएँ, सभ्यता और सामाजिक-न्याय का दिखावा और छल ही छल नज़र आने लगे; अनुभव होने लगे कि सभ्य-जीवन के लिए कोई जगह बच नहीं गई है तब सवाल महावीर, बुद्ध और गांधी या कि विश्व भर के विचारवान नागरिकों के अवदान को बचाने का नहीं रह जाता बल्कि उस सत्व को बचाने का रह जाता है जो सामाजिक श्रेष्ठत्व की बुनियाद है।

इसलिए समता, हिंसा-अहिंसा, लोकतंत्रा, स्वाधीनता, सामाजिक न्याय और समाज-रचना के बुनियादी अधिकारों के मुद्दे बुद्ध, महावीर और गांधी से आगे उस तकनीकी समाज के भी होंगे जो समता की सदी से कतराने के प्रयत्न में हैं। तकनीक बहुत कुछ आश्चर्यों की दुनिया बना देनेवाली है; एक फैक्टरी मनुष्यों से रहित, अर्थ-व्यवहार कम्प्यूटर से चलनेवाला, परखनली का बच्चा, मूल्य-निरपेक्ष स्मृति, इतिहास-विरत मनुष्य समुदाय, बन्दूकों के जरिये बात करनेवाले सांसद, विधायक, तब वर्तमान की समृद्धि और विज्ञापनों का तत्काल ही बचेगा। यह ऊल-जलूल सपना नहीं है। इसका निहितार्थ यह है कि हम इस समय आगे आनेवाली दुनिया के बारे में न सोंचे क्योंकि 'विचार, सिद्धान्त' या मूल्यों का अन्त हो गया है या होनेवाला है? इसका यह अर्थ है कि हम उन लोगों को मज़बूत हो जाने दें जो दुनिया के बाज़ार, विचार, मुद्रा, तकनीक, वस्तुएँ, जीवन-प्रवाह अपने कब्जे में रखना चाहते हैं?

* सनातन धर्म और महात्मा गांधी : पुखराज, पृ. 250

ऐसे समय में अहिंसा का पक्ष लेना, अहिंसा के बारे में सोचना और कई प्रतिकूल परिस्थितियों के बीच भी अहिंसा को कायरता और दब्बूपन का प्रतीक न होने देना बराबरी-का समर्थन करना है क्योंकि हिंसा के वर्चस्व का प्रचार वे ही कर रहे हैं जिनके पास पूँजी है जिसका वे बँटवारा नहीं चाहते।

यह सोचना भयावह होगा कि हिंसा-अहिंसा के सवाल फिलहाल ठंडे तहखाने में रखे जा सकते हैं क्योंकि हिंसा की उन्मादकारी और 'इररेशनल' शक्ति के सामने चुपचाप बैठे हुए लोग उत्पीड़कों की ज्यादा मदद करते हैं। हिंसा के विस्तार उन उन सारी पाशविक ताकतों के बारे में, जो हिंसा का कारण होते हुए भी नज़र नहीं आती, आज और अभी सोचना और दबाव के लिए जन मत बनाना आवश्यक है क्योंकि अब लोगों का यह विश्वास प्रबल होता जाता है कि हिंसा के परिणाम तुरन्त नज़र आते हैं और यह कि हिंसा ही शक्ति प्रदर्शन का सबसे रोमांचकारी, थ्रिलपूर्ण रास्ता है।

दुनिया और ज़िन्दगी के उर्वरा, सार्थक और समतावादी बनाने के लिए हमें 'लक्ष्य और साधनों' के विमर्श पर हमेशा चौकन्नी दृष्टि रखने की आवश्यकता अनुभव करनी चाहिए विशेषतया अपने देश में जहाँ बुद्धि को निर्मल रखने की परम्परा हो। गौरतलब है कि हिंसा का वक्र प्रायः प्रतिक्रान्तिकारियों और यथा-स्थितिवादियों के पक्ष में ही गया है।

अपरिग्रह और समाजवाद

हमें संचय और त्याग पर एक साथ विचार करना चाहिए। हम यह मान भी लें कि संचय (परिग्रह) स्वाभाविक प्रवृत्ति है तब भी त्याग (अपरिग्रह) उतना ही गरिमामय और मानवीय प्रसंगों में उतना ही महत्त्वपूर्ण है यह मानने से भी गुरेज़ नहीं करना चाहिए। ज़िन्दगी की यह लड़ाई अनोखी है कि जिसे हम स्वाभाविक मानते हैं उसी के विरुद्ध खड़े होकर एक सांस्कृतिक, सभ्य समाज बनाना चाहते हैं। इसी क्रम में हम संचय के स्वभाव को तुच्छ मानकर त्याग के भाव को श्रेष्ठ, सामाजिक, मुक्तिदायी मानते हैं। जो तकरार संचय और त्याग के बीच है वही यौनाकांक्षाओं के आकर्षण और विकर्षण के बीच भी है। मनोचिकित्सक फ्रॉयड 'सभ्यता के सारे संकट को दमित यौनाकांक्षा का ही मानते हैं। इस विषय पर उनके विस्तृत विचारों को 'डिस्कंटेंट्स ऑफ सिविलिजेशन' में पढ़ा जा सकता है। उनके पूर्व रूसो ने प्राकृत जीवन की प्रबल पक्षधरता की है। सामाजिकता को दासता की बेड़ियाँ मानते हुए उन्होंने कहा—'मनुष्य जन्म के समय ही आज़ाद होता है, फिर तो वह ज़िन्दगी भर हर जगह बेड़ियों से कसा रहता है।' कौन-सी बेड़ियाँ? इसका उत्तर है सामाजिकता की, सभ्यता की, वर्जनाओं और निषेधों की। ध्यान से देखने पर यह सब आग्रह प्रवृत्ति मूलक मालूम होंगे जिन्हें भारतीय विचारकों ने सामान्यतया मनुष्य का जैविक, प्राकृतिक, स्वभाव माना है। लेकिन जिसके विरुद्ध दूसरी श्रेष्ठ दुनिया बनाने का विचार भी किया है। यह विचार अपने प्राकृत स्वभाव से छिटक कर एक श्रेष्ठतर दुनिया बनाने का है जो 'आत्मकेन्द्रितता' से बचती अधिक सार्वजनिक हो सकती है, आत्महित से ऊपर उठती 'सर्वभूत हिते रताः'।

यह उल्लेखनीय है कि भारतीय संस्कृति में प्रकृत स्वभाव को या प्रवृत्तियों को (इन्स्टिंग्ज़) ग्लानि की दृष्टि से नहीं देखा है। केवल यह देखा है कि वे जीवन-स्तर की 'अस्तित्त्व-मूलक' स्थितियाँ हैं, बोधमूलक नहीं। वे जीवन के ऐसे दरवाज़े हैं जो खुल सकते हैं और जिनको खोलकर मनुष्य की अस्तित्त्व मूलक शक्तियों को विकसित किया जा सकता है। इस सम्भावना के कारण ही ऋषि कहता है, 'प्रवृत्ति रेसाभूतानाम् निवृत्तास्तु महाफलः। अहार, निद्रा, भय, मैथुन इत्यादि प्राणिमात्र की प्रवृत्तियाँ हैं लेकिन जो इन्हें नियंत्रित करता है वह महाफल पाता है। इस दृष्टि से

देखें तो संचय (परिग्रह), धन इकट्ठा करना, वस्तुओं को प्राप्त करने की ललक, अनावश्यक सम्पदा पर स्वामित्व की अदम्य इच्छा जैविक या स्वाभाविक है लेकिन वह इच्छा के दासत्व से मुक्त नहीं करती। कवि बिहारी ने एक दोहे में पूछा भी है 'हे हिरन! इस जाल में पड़ कर कौन छूटा है? ज्यों-ज्यों तुम इससे छूटना चाहते हो, उलझते, फँसते ही जाते हो।'

को छूट्यौ इहि जाल परि, कत कुरंग अकुलात।
ज्यों-ज्यों सुरझि भज्यों चहत, त्यों-त्यों उरझ्यो जात॥

प्रवृत्तियों के बारे में यह जानना आवश्यक है कि उनका वेग या दबाव अदम्य होता है और वे नैतिकता-अनैतिकता के दायरे से मुक्त होती हैं। वे केवल ऊर्जाएँ (शक्ति) होती हैं; अनाकृत, उद्देश्य-विहीन। प्रवृत्तियों का दमन कई तरह की मानसिक व्याधियों का कारण हो जाता है। प्रवृत्तियों का यदि उदात्तीकरण (सब्लिमेशन) नहीं होता तो वे विनाश का भयावह रूप ले लेती हैं। उदाहरण के लिए संचय की अपरिष्कृत प्रवृत्ति लालसा, लालच या लोभ का अकल्पित विस्तार करती है और विश्व-विनाश के लिये महायुद्ध के षड्यंत्र रचती है।

परिग्रह या संचय की सबसे भयावह विकृति हिंसा, प्रतिस्पर्धा, अनधिकृत स्वामित्व, संवेदनहीनता, ईर्ष्या, उपभोग, विलासिता और सैकड़ों प्रकार की सामाजिक विकृतियों का मुख्य कारण होती हैं।

यह लक्षित किया जा सकता है कि प्रवृत्तियों की अंधाधुंध शक्तियों को दुनिया के सभी धर्मों-दर्शनों ने चिन्हित किया है लेकिन उन्हें विनाशकारी मान कर भी मनुष्य को लज्जित नहीं किया है बल्कि इस शक्ति के संहारक स्वभाव को सर्जनात्मक स्वभाव में बदलने के अनवरत प्रयत्न किये हैं। भारत के धर्म-दर्शनों में जिन चार पुरुषार्थों का उल्लेख है उनमें से दो 'अर्थ' और 'काम' हैं; दूसरे दो 'धर्म' और 'मोक्ष' हैं। इसी तरह स्वर्ग का एक 'मनोस्वप्न' (यूटोपिया) रचा गया है। पाप-पुण्य की दो कोटियाँ निर्धारित की गई हैं। इन्हें परिभाषित किया गया है। परोपकार पुण्य और पर-पीड़न पाप है—

'परोपकाराय पुण्याय्, पापाय् पर पीड़नम्'। इसी का अनुवाद तुलसीदासजी ने इस तरह किया है—'परहित सरिस धरम नहिं भाई। पर-पीड़ा सम नहिं अधमाई।' परपीड़न, हिंसा, शोषण परिग्रह की प्रवृत्ति के परिणाम हैं। परहित, परोपकार, दुनियाँ भर के लोगों की सुख-समृद्धि कामना, ईर्ष्या, मत्सर, राग-द्वेष रहित जीवन अपरिग्रह के फल हैं जो परिग्रह के उदात्तीकरण का परिणाम हैं। भारतीय साहित्य के कथा-पुराण, मिथक, आख्यान और महाकाव्य मूल प्रवृत्तियों के परिष्कार करने, उनकी अकूत शक्ति का नियंत्राण करने, उनके विनाशकारी वेग को रचनात्मक व्यवहार में बदलने का कोई अवसर हाथ से फिसलने नहीं देते। वे निरन्तर हिंसा, परिग्रह,

चोरी, असत्य आदि का विरोध करते हैं। इसी विरोध को उग्र, मुखर और आक्रामक बनाने के लिए वे भारतीय धर्म-व्यवस्था में 'ईश्वरीय न्याय' और 'कर्म-विपाक' के सिद्धान्तों का समर्थन करते हैं। सुकृत्य और कुकृत्य पुरस्कृत तथा दंडित होने ही चाहिए। किसी कारण या कि मनुष्य के राग-द्वेष, पक्षपात से इस जन्म में बच गये तो दूसरे जन्म में वे 'ईश्वरीय न्याय व्यवस्था' के अन्तर्गत पुरस्कृत या दंडित होंगे। महत्त्व की बात यह है कि प्रवृत्तियों से नितान्त विरक्ति का भाव किसी तरह और उत्प्रेरक नहीं माना गया है इसलिए उन्हें व्यक्ति-केन्द्रितता से मोड़कर समाज-केन्द्रित करने का आग्रह स्पष्ट है। यह गौरतलब है कि भारतीय-चिन्तकों की दृष्टि मूलत: समाज केन्द्रित है जिस तथ्य को रवीन्द्रनाथ ठाकुर ने पूर्व और पश्चिम के चिन्तन-स्वभाव का महत्त्वपूर्ण अन्तर कहा है। यह हमें स्पष्टतया तब भी नज़र आता है जब हम चित्त-प्रवृत्तियों के परिष्कार करने और ऊर्ध्वमुखी बनाने के संकेतों को पढ़ते हैं। ये संकेत सार्वजनिक हैं और सामाजिक हैं। प्रवृत्तियों के परिष्कार का मुद्दा स्त्री-पुरुष, गरीब-अमीर, दास-स्वामी के बीच बँटा और विखंडित नहीं है। सामाजिक अभ्युदय ठिठक-ठिठक कर सीढ़ी-दर-सीढ़ी नहीं चढ़ता, यह हमारी चिन्तन-परम्परा का वैशिष्ट्य है इसलिए अपरिग्रह, अहिंसा, अस्तेय आदि के पाठ को हमने भेदाभेद रहित होने दिया है।

'अर्थ' और 'काम' की प्रवृत्तियों के परिष्कार और उनके सन्तुलन, नियंत्राण, उदात्तीकरण को धर्म-व्यवस्थाओं, संत-भक्तों ने प्राथमिकता दी है। मध्यकालीन संत, भक्तों ने सम्पदा और स्त्री की मोहिनी को 'माया' कहा है। 'माया' मधुर वाणी बोलती है और सत्, रज, तम का फंदा लिए डोलती हैं। वह 'महाठगिनी' है। कबीर ने लिखा :

माया महाठगिनी हम जानी
तिरगुन फांस लिये कर डोले बोले मधुरी वाणी।

उन्होंने धन-सम्पदा से अनासक्ति के कई सरल उपाय बताए हैं। ये 'धन-विरक्ति' के पक्ष के नहीं हैं। लोकधर्मी संत कबीर धनाभाव के त्रास को जानते हैं किन्तु वे धन संग्रह के अनिष्टकारक, असमतामूलक स्वभाव से भी वाकिफ़ हैं। दरअसल सारे लोकधर्मी संत, भक्त कवियों ने धन के उन्मादकारी, अमानवीय, प्रतिस्पर्धी स्वभाव को अच्छी तरह पहचाना, परखा है। इसलिए उसके साथ विवेकपूर्ण अनासक्ति, दूरस्थ सम्बन्धों के लिए उपदेशित किया है। एक पुराने आख्यान में ब्रह्मा ने देवता, दानव और मनुष्यों को सदाचरण सम्बन्धी परामर्श में 'द' कहा था। इसका रहस्य पूछने पर देवताओं से कहा 'दमन करो', दानवों से 'दया' करने को कहा और मनुष्यों को कहा 'दान' करो। भारत की धर्म-व्यवस्था 'दान' आधारित है। संतों को धन-संचय के अन्यायकारी स्वभाव का ज्ञान था इसलिए उन्होंने धनासक्ति के प्रति

मनुष्य-व्यवहार को बदलने का दबाव बनाए रखा। कबीर ने एक दोहे में धन के असीम लालच को मर्यादित करती प्रार्थना में कहा :

साईं इतना दीजिए, जामें कुटुम समाय।
मैं भी भूखा ना रहूँ, साधु न भूखा जाए।

दूसरे दोहे में धन की मर्यादा निश्चित करते हुए कहा 'यदि नाव में जल और घर में धन बढ़ जाए तो सज्जन का कर्तव्य है कि नाव के जल को दोनों हाथों से बाहर उलीच दें और धन का मुक्त हस्त दान कर दे।'

जो जल बाढ़े नाव में घर में बाढ़ै दाम।
दोनों हाथ उलीचिये यह सज्जन को काम॥

धन-संचय के अनिष्टकारी परिणामों से दुनिया के सभी धर्म, सभी संस्कृतियाँ, सभी सभ्यताएँ और महात्मा डरे हुए रहे और उसे पाप का मूल भी मानते रहे। एक समतामूलक समाज का निर्माण उनकी सर्वोपरि कामना रही। भारतीय धर्मों में जैन धर्म ने अहिंसा को परम धर्म माना, 'अहिंसा परमोधर्मः'। इस परमधर्म की साधना में धन-संचय, परिग्रह सबसे बड़ी बाधा के रूप में लक्षित किया गया। त्याग और अपरिग्रह की शक्ति को पहचाना गया। इस क्रम में अनुयायियों को धीरे-धीरे वस्तुओं को त्यागने का परामर्श महत्त्वपूर्ण है। वस्तुओं का लालच, उनका संचय, उनका स्वामित्व, उसका अहंकार सब के दुष्परिणामों से बचने के लिए साधकों और शिष्यों को प्रशिक्षित किया जाने लगा। जैन धर्म में सबसे कठिन व्रत 'वस्त्र-त्याग' है। निर्वस्त्र होना, रहना, शरीर की पूरी मोहासक्ति का त्याग दिगम्बर-साधक ने स्वीकार किया। निःसन्देह दिगम्बर होना लालच के अन्तिम छोर को स्वेच्छापूर्वक छोड़कर विरक्ति के आनन्द का वरण है।

अपरिग्रह अहिंसा की साधना का अभिन्न अंग है। अपरिग्रहवादी यह मानते हैं कि सम्पदा मदान्ध शक्ति है और तुच्छ प्रतिस्पर्धाओं और सामाजिक-असमताओं का केन्द्र है। धर्माचार्यों ने जल में कमलवत् रहने का आग्रह किया है। उनकी दृष्टि में संसार से लिपट कर रहना ही दुख का कारण है। बुद्ध ने 'तृष्णा' को ही दुख की जड़ माना है। भर्तृहरि ने तृष्णा को 'सदा युवा' की तरह चित्रित किया है। कहा: 'सतृष्णा न जीर्णा, वयमेव जीर्णा' (तृष्णा जीर्ण नहीं होती, हम ही जीर्ण हो जाते हैं)। तृष्णाओं में सबसे प्रबल 'धनैषणा' (धन की तृष्णा) हैं; जो समतामूलक समाज का शत्रु पक्ष है।

यह किंचित अचरज़ भरा ही लगता है कि जैसे दुनिया के सारे छोटे-बड़े धर्मों ने धर्माचरण की एक ही जगह बैठकर एकमत होकर एक संहिता लिखी हो जिसका मूल उद्देश्य स्वेच्छा से समतावादी, शोषण रहित, समाज-रचना हो। जिसके अनुयायी

अपने-अपने 'आत्म-निर्णय' का स्वाधीनतापूर्वक उपयोग करने अहिंसा, अपरिग्रह, सत्याचरण को प्रतिष्ठित करें। इन प्रयासों से यह संकेत भी मिलते हैं कि मनुष्य की आदिम प्रवृत्तियाँ पूरी न भी बदलें लेकिन उनके अंधाधुंध आक्रमण से बचकर एक उच्चतर समतावादी, सहिष्णु समाज निर्मित किया जा सकता है।

इसे विडम्बना ही कहना चाहिए कि धर्म-दृष्टियों की अवहेलना हुईं और उनके उच्चतर उद्‌देश्य नाकामयाबियों के अँधेरे में विलुप्त हो गये। दरअसल धर्म-दृष्टियों ने न्याय-प्रिय मनुष्य की कल्पना की और उसके गुणों का मनोरम यूटोपिया रचा जो वास्तविक दुनिया की रगड़ से निस्तेज हो गया। संत, भक्तों और धर्माचार्यों ने 'ईश्वरीय न्याय और कर्म-विपाक' के जिस सिद्धान्त की स्थापना की वह आस्थावादी समाज के लिए था और तत्काल के हानि-लाभ पर उसका कोई दुष्प्रभाव नज़र नहीं आता था। इस क्षण अनिष्ट होनेवाला नहीं, जो होगा वह अगले जन्म में होगा। अगले जन्म की हँसी पहले-से देहवादी उड़ाते रहे, 'पुनराजन्म् कुत:?' ईश्वर भी संशयवाद के दायरे में रहा। डार्विन ने सृष्टि-रचना में ईश्वर का हस्तक्षेप समाप्त कर दिया। धर्म दृष्टियाँ, धर्माचार्यों का लोक-व्यवहार अनेक अन्तर्विरोधों के कारण अविश्वसनीय हो गया। सारी कथा-भागवत् के बीच समाज गरीबों-अमीरों में बँटता गया। इधर ज्यों-ज्यों भारतीय समाज का सम्पर्क पश्चिम से होता गया, आस्था के अनेक अबूझ मुद्दे तर्क के ज़रिए खारिज़ किये जाने लगे। इस दिशा में कार्ल मार्क्स और मनोवैज्ञानिक सिगमड फ्रायड ने बाहर और मन की दुनिया को समझने के नये रास्ते बताकर समाज और जीवन समझने के क्रान्तिकारी सूत्रों का उद्‌घाटन किया।

मार्क्स ने अर्थशास्त्र को देखने-समझने की दृष्टि ही बदल दी। उन्होंने दुनिया के दुर्भाग्य, लाचारी, गरीबी, दासता के कारणों की गहन, तर्कसंगत समीक्षा की जिसके लिए ईश्वर या भाग्य, पुण्य या पाप का कोई दायित्व प्रमाणित नहीं होता। वे कुटिल मानवीय व्यवस्था के परिणाम हैं। उन्होंने इस मानवीय शोषण से मुक्त होने के लिए उत्पादन के साधनों को व्यक्ति-सम्पदा के ईश्वरीय-अधिकार वाले सिद्धान्त को खारिज़ कर दिया। उन्होंने कहा 'सम्पदा समाज की है'। यह सिद्धान्त 'समाजवाद' का संघर्ष वाक्य बन गया और दुनिया-भर के लोगों की समझ में आ गया कि कुछ अघाये हुए, पूँजीपतियों के असीम लालच और व्यक्तिगत सम्पदा-संग्रह' की कामना ने दुनिया का अमीरों-गरीबों के बीच नीचतापूर्ण बँटवारा कर दिया है।

मार्क्स के सिद्धान्तों ने दुनिया-भर के वंचितों को बुद्धि का प्रकाश और सुखद वर्तमान के लिए संघर्ष का रास्ता बताया। यह काम प्रकारान्तर से धर्मों ने किया था। धर्मों ने व्यक्ति-सम्पदा की तुच्छता को सदा रेखांकित किया। चक्रवर्ती सम्राट त्यागी साधुओं के चरणों में बैठते रहे। लेकिन धीरे-धीरे धर्म स्वयं धर्माचार्यों की सम्पदा बन गया और मन्दिर-मठ, मस्जिद-गिरिजाघर सम्पदा की खानें हो गए। समाजवाद का सबसे बड़ा प्रयोग रूस में हुआ जहाँ एक समूह ने सत्ता के प्रभावी

प्रभु-वर्ग की तरह काम कर के सम्पदा के समाजीकरण का प्रयोग विफल कर दिया। न धर्म-शक्ति, न राज्य-शक्ति, न सैन्य-शक्ति परिग्रह के असीम आनन्द की कल्पना को निर्मूल कर सकीं। किसी हताशा में गांधी ने, जो अन्तिम आदमी के समर्पित वकील रहे, कहा, 'मैं तुम्हारी ज़रूरत तो समझ सकता हूँ लेकिन तुम्हारा लालच समझ में नहीं आता।'

समाजवाद का अन्तिम लक्ष्य अपरिग्रह है। व्यक्ति की इच्छाशक्ति और व्यवस्था की संरचना मिल कर जब तक अपरिग्रह की चाहत पैदा नहीं करती तब तक समाजवादी सपना पूरा होता नज़र नहीं आता।

लोहिया जी ने कहा था समाजवादियों का मुख्य काम तो ऐसा समाज बनाना हैं जहाँ लालच का जन्म ही न हो। लेकिन यह तथ्य स्पष्ट है कि अपरिग्रह की पवित्रतम भावना कहीं से अकस्मात् नहीं फूटती। मनुष्य प्रायः प्रवृत्ति के सहज धर्म को अपनाता है। संचय मनुष्य की आदिम, सहज मनोवृत्ति है। इसे हम 'सहज परितृप्ति' भी कह सकते हैं। संचय एक प्रकार का सुरक्षा भाव भी है। लोक-व्यवहार में जो सामाजिक प्रतिष्ठा देता है और सब प्रकार की कार्य-सिद्धि करता है। इसलिए वह एक बड़ी मनोगत जरूरत हुआ रहता है। यह ज़रूरत इतनी प्रबल होती है कि सारे नैतिक और मानवीय पक्ष, संवेदना, करुणा, सामाजिकता व्यर्थ हो जाती है। स्वार्थ-सिद्ध करनेवालों का एक शक्तिशाली समूह बन जाता है जो संचय, शोषण और अनैतिक आचरण को कानूनी जामा पहना देता है। बाज़ार की ये शक्तियाँ हिंसा, दमन, विनाशकारी आयुध काम में लाने से परहेज़ नहीं करतीं।

समाजवाद अन्याय, शोषण और गैर-बराबरी को संरक्षण और बढ़ावा देनेवाली इन सत्ताओं और शक्तियों के विरुद्ध एक समान्तर जन-शक्ति का विकल्प पेश करता है जो सत्ता या शक्ति का केन्द्र होती है। यह समाजवादी शक्ति अपरिग्रह के सिद्धान्त का नया, ओजस्वी स्वरूप होती है जो व्यक्ति-सम्पदा को असम्भव बना देती है। वह दुनिया-भर के लोगों की बुनियादी जरूरतें पूरा करने का वादा करती है और उन अभावों को पूरा करने का सार्वजनिक प्रयास करती है जो लालच का बीज बोते हैं और संग्रह की वृत्ति को प्रोत्साहित करते हैं।

निःसन्देह दुनिया के श्रेष्ठ धर्म धन-संग्रह, व्यक्ति सम्पदा और उपभोक्ता संस्कृति के भोगवादी आचरण को अक्षम्य मानते हैं लेकिन उनके पास ऐसी सामाजिक व्यवस्था नहीं होती जो मनुष्यों को अभावग्रस्त, विषमताओं से घिरी ज़िन्दगियों को गरिमामय बनाती हों। धर्माचार्य जितना 'अपरिग्रह' के व्रत को आवश्यक और शक्तिशाली बनाते हैं वे वास्तव में समाजवाद की ही चिन्ता करते हैं। 'अपरिग्रह' के मूल में समाजवाद को सम्भव बनाने का विचार निहित है।

दूसरी शरणागति

हम एक बँटी हुई दुनिया में रह रहे हैं। बाहर से वह रोशनी में नहाती हुई लगती है, सम्पन्न और समृद्ध होती हुई; विचारों और आविष्कारों के नये दरवाजे और खिड़कियाँ खोलती। लेकिन अन्दर ही अन्दर लोग बेचैनी का अनुभव करते हैं, बाहर इतनी जगमगाहट के बावजूद असुरक्षा और अँधेरे की आहट और आवाज़ें सुनाई पड़ती हैं। एक सम्पूर्ण होती दुनिया जैसे टुकड़ों-टुकड़ों में बँटी हुई हो। ऐसा लगता है, जैसे स्वाधीन होने की प्रबल इच्छा रखनेवाली विश्व की जनता ज्यादा पराधीन और असहाय हो गई है। बाहरी दुनिया जो उजाले और अँधेरे में बँटी हुई है उसने हमारी निजी, आन्तरिक और भावनात्मक दुनिया को भी कई टुकड़ों में बाँट दिया है। हमारी अपनी बँटी हुई दुनिया के अन्दर का विभाजन हमें नज़र नहीं आता। पहले कभी इस धारणा को हम ताकत के साथ स्वीकार करते थे कि बाहर का प्रवाह गुज़र जाता है अगर हमारी अन्दर की मनोरचना मज़बूत हो। मन की रचना का निर्गुण-तत्त्व हमें बाहर के हज़ारों आघातों, आवेगों, उतार-चढ़ावों, अकाल-आक्रमणों से एकदम अविच्छिन्न बचा सकनेवाला नज़र आता रहा, अब भी आता है। इस सत्य को स्थापित करने के लिए ही यह कहा जाता रहा कि मन हार जाए तो हार और मन जीत जाए तो जीत (मन के हारे हार है, मन के जीते जीत) और यही बात संस्कृत के पंडितों ने कही जिसका निहितार्थ यह कि मन-ही-मनुष्य की मुक्ति या बन्धन का कारण है (मन एवं मनुष्यानाम् कारणम् मोक्ष बंधये) यह मनुष्य के मन की स्वायत्तता का सिद्धान्त है जहाँ कोई परिस्थिति, कोई व्यवस्था, कोई मान-अपमान, न्याय-अन्याय, संकल्प-विकल्प, ज़िन्दगी की अर्थवत्ता को घटाता-बढ़ाता नहीं है। मन अपनी सृष्टि को बनानेवाला, उसे अपनी तरह चलानेवाला है। वह शरीर से अलग, दुनिया से निस्संग, पूरी तरह स्वतंत्र है।

लेकिन मनोरचना का यह सिद्धान्त हमें दुनिया और उसके हादसों को समझने नहीं देता था और संवेदनहीन व्यक्तिवाद को बनाने में मदद करता था। दुनिया में रहकर दुनिया से अपने मन को बाहर रखना इस तरह कि जैसे जल में कमल का पत्ता केवल जल की थरथराहट के बीच ठहरा हुआ, अपने समय से अजनबी बने

रहने की होशियारी तो हो सकती थी लेकिन वह दुनिया के साथ, गहरी मैत्री बनाने की हिम्मत तोड़ता था और एक कपटपूर्ण आचरण के लिए तैयार करता था।

पिछली बीसवीं सदी ने मन की स्वतंत्र सत्ता का सिद्धान्त खारिज कर दिया। मन की रहस्यमयी पर्तें खुल गईं और उसके अन्दर उठनेवाले प्रचंड तूफानों और लहरों का आवेग समझ में आने लगा। यह भेद भी छिपा नहीं रहा कि समाज और समय की सुकृतियाँ और विकृतियाँ ही मन के नाना आवेगों, अतृप्त कामनाओं, प्रतिशोध की रचना करती हैं। मनोचिकित्सकों ने मन की उन हलचलों, दबी हुई भावनाओं को पहचान लिया जो साधु-वेश में हत्यारों का सा आचरण करती हैं। यह भी समझ में आने लगा कि समृद्धि के बावजूद लोग किन अज्ञात आशंकाओं से डरते रहते हैं और वैराग्य की रोशनी में स्त्री-देह की मोहक छवियों की यादें कहाँ-कहाँ छिपी रहती हैं? उनकी कोशिशों ने हज़ारों संशयों, शंकाओं, मानवीय स्वभाव की दुर्बलताओं को सहृदयतापूर्वक परिभाषित किया, सभ्यता के और मन के छिपे निगूढ़ रिश्तों की व्याख्या, विश्लेषण किया तब भी मन की अंधी और उन्मादकारी शक्तियों को हम पूरी तरह नहीं जान सके। रोशनी, ज्ञान, समझ, इतिहास-बोध, दर्शन, साहित्य, शान्तिकामी, आध्यात्मिक वचनावलियों के बीच से वे कब और कैसे उठ-खड़ी होती हैं और ध्वंस तथा नर-संहार को कभी तत्त्व-ज्ञान, कभी राष्ट्र प्रेम, कभी देश-रक्षा, कभी शत्रु-विजय, कभी व्यापार, कभी वर्चस्व, कभी स्वाधीनता, लोकतंत्रा, कभी धर्म की दलीलों से कैसे चमकाने लगती हैं? हम दरअसल अपने अनेक स्तरीय विभाजन की इस त्रासदी को पूरी तरह देखने में नाकामयाब रहे और नैतिक साहस के अभाव में उस सामाजिक सत्य को नहीं जान सके जो मनुष्य के विखंडन और आतंरिक क्षरण से लड़ता है।

यहाँ इस सवाल को पूछने में कोई हर्ज़ नहीं है कि हमने किन दबावों में अपने उस नैतिक साहस का ध्वंस हो जाने दिया जो मनुष्य की 'खंडित प्रतिमा' को बचाता है? वास्तव में तो हमने ही नहीं दुनिया के समुन्नत समाजों ने इस 'नैतिक पराजय' की यातना को इतना सहा है कि अब हम और वे...यह कहने लगे हैं कि 'हम केवल अपने-अपने सत्य को जानने के लिए अपनी यात्राओं पर निकले हैं।' यह उत्तर आधुनिकतावादियों का जीवन-दर्शन है, जिनके लिए हर सिद्धान्त एक कटघरा है जिससे बाहर निकलना आवश्यक है। लेकिन हम थोड़ी दूर जाकर देखें तो 'नैतिक पराजय' का यह घटना-चक्र कुछ साफ़ होता नज़र आता है। नैतिकतावादी दर्शन के साथ झगड़ा तब से शुरू होता है जब से यूरोप, अपने 'उपयोगितावादी दर्शन' का प्रचार करता है और मनुष्य की समग्रता को विभाजित-दृष्टियों से व्याख्यायित करता है। यहीं से मनुष्य का आन्तरिक विभाजन भी शुरू हो जाता है; जो सीज़र का है वह सीज़र को दो और ईश्वर का ईश्वर को। यह जीवन को दो फाँकों में बाँटना था; बाद में इसी तरह ज़िन्दगी बीसियों प्रकार से परिभाषित होकर टुकड़ों-टुकड़ों

में देखी-समझी जाती रही। आधा-अधूरा जीवन लिए बीसवीं सदी की शुरुआत अकुलाहट से भरी थी जिसमें फैलाव तो नज़र आता था लेकिन अन्दर कुछ नहीं था। पुरानी-दुनिया बिखरी पड़ी थी, भयावह रूप से अविश्वसनीय और आकारहीन। मनुष्य कई लक्ष्यों की तरफ एक साथ दौड़ने लगा, एक अन्दरूनी प्रतिस्पर्धाओं के मैदान में; राज-पदों के लिए, आर्थिक समृद्धि के लिए, ऐश्वर्य, आराम और वस्तुओं के उपयोग के लिए। यूरोप की पूरी जीवन-शैली 'उपयोग करो और फेंकों' (यूज एंड थ्रो) के साथ जुड़ गई और मानव-सम्बन्धों की गर्माहट बोझ की तरह अनुभव होने लगी।

विश्लेषण और विखंडन यूरोप की विमर्श और ज्ञानार्जन की मुख्य शैली बनी जो विज्ञान की विशिष्टता भी है। इस विश्लेषण से उन्होंने प्रकृति और पदार्थों की शक्ति का अनुमान लगाया और उसे मनुष्य के वश में लाने की कोशिश की। विज्ञान ने इस तरह एक तर्क की दुनिया बना दी। तर्क की इसी दुनिया को 'आधुनिक' कह कर सम्मानित किया गया। किन्तु यह देखने की बात है कि आधुनिक दुनिया विरोधाभासों की सबसे सन्तप्त दुनिया है; वह जितने चटकदार रोशनी के रंगों से बुनी गई है उससे कहीं अँधेरे की बड़ी थिगलियाँ लगी हैं, समृद्धि के विशाल स्तूपों के ठीक नीचे असंख्य बालकों और स्त्रियों की भूखी आकृतियाँ हैं, लोकतंत्र की भाषा बोलते अकड़ कर चलनेवाले तानाशाह हैं 'फाइव स्टार' होटलों के मालिक साधु, संन्यासी, महात्माओं के हुजूम हैं; हथियार बेचते शान्तिकामी मुल्क और सत्ता के दलाल हैं। यूरोप के विकासवादी वैज्ञानिक डार्विन ने इन्हें यह तर्क बता दिया कि जो सबसे ताकतवर होंगे वे ही जिएँगे। पश्चिम में उसी दिन से अपनी शक्ति तंत्र को विकसित करने का संकल्प ले लिया। इस सारे तंत्र का मिज़ाज वस्तु बेचने की मंडियाँ ढूँढ़ना था। उन्होंने शक्ति को नई तरह परिभाषित किया; शक्ति का यह रूप नज़र आता था, शासन के, व्यापार के, साम्राज्य और वर्चस्व के रूप में। विश्व की पुरानी, किन्तु थका देनेवाली सभ्यता और संस्कृतियों के सामने वह विकल्प के रूप में लुभावना और आशाप्रद था। वह सामन्ती, भाग्यवादी व्यवस्था को कुछ दूसरी तरह सुधरती दिशाओं में मोड़ता था। धीरे-धीरे यूरोप का प्रभुत्व, सैन्य, व्यापार और विज्ञान के जरिये उपनिवेशवादी बनता गया। अकेले ब्रिटेन ने अपने वर्चस्व का इतना विस्तार किया कि उनको अपना सूर्यास्त कभी कहीं नज़र ही नहीं आता था।

वर्चस्व और विस्तार की यूरोपीय दुनिया और संस्कृति ने पूरी दुनिया को निर्धन बना दिया है। सबसे बड़ा नुकसान तो यह हुआ है कि वह पराक्रम हीन हो गई है और उसमें यह कहने का ज्यादा साहस नहीं बचा है कि वह इस वर्चस्व और विकास की परिकल्पना को अस्वीकार करती है क्योंकि यूरोप आत्म-मुग्ध, आत्मकेन्द्रित और एक आयामी अनुभवों के अतिरिक्त कुछ नहीं देता, हमारे देश ने बार-बार रोशनी की प्रार्थना की है। ऐसी प्रार्थना और देशों और धर्मों ने भी की है

लेकिन जिस उत्कटता के साथ हमने दुनिया-भर के हित चिन्तन के लिए मैत्री के लिए की है वह प्रार्थना अनुपम है किन्तु अब हमने पश्चिम का ही अनुकरण किया है; यही हमारे राजतंत्र और अर्थतंत्र का रक्षा-कवच है और इसलिए विश्व-शान्ति और मैत्री की प्रार्थना के शब्द और स्वर निष्प्रभ और अर्थहीन हो गए हैं। नैतिक दुनिया बनाने का हमारा संकल्प विलुप्त हो गया है, इसलिए हमारे देश में रोशनी की प्रार्थना करनेवाले वस्तुओं की, अकूत सम्पत्ति की, राज्य सत्ता की प्रार्थना में लगे हैं।

दरअसल हमने पश्चिम की तरह अपने मन में उनकी जीवन-शैलियों, उनके अर्थ-शास्त्र उनके प्रतिस्पर्धी विकास के पूँजीवादी नमूने (मॉडल) को अपना लिया है। आज़ादी के संघर्ष में केवल गांधी ही पश्चिमी 'नेशन-स्टेट' की अवधारणा वाली राज्य-व्यवस्था से अलग लोक-शक्ति के अभ्युदय की बात करते थे लेकिन वह नया और कठिन रास्ता था। जयप्रकाश जी ने उस का इन शब्दों में वर्णन किया है : इस व्यवस्था का जीवन-दर्शन क्या है? अपने पास जितना है उससे ज्यादा प्राप्त करो, ऊपर पहुँचो।...समाज की चोटी पर बैठे इन थोड़े लोगों के हाथ में सीमित है पूरी राजनीति, पूरी शिक्षा। सब पूँजीपति नहीं हैं, लेकिन सबको विशेष अधिकार प्राप्त हैं। भारत में यह छोटा समूह, कुछ थोड़े व्यक्तियों को छोड़कर अधिक-से-अधिक आधुनिक टेक्नोलॉजी चाहता है, अधिक उद्योगीकीकरण चाहता है, अधिक मशीनीकरण चाहता है। खेती में रासायनिक बीजों का ज्यादा से ज्यादा इस्तेमाल चाहता है। भारत में आधुनिकतावाद का यही परिवेश है।

अब एक चेहरे वाले विश्व में समृद्धि और दीनता, शिक्षा और निरक्षरता, स्वास्थ्य और रोग, उजाला और अँधेरा हमेशा के लिए बँटा हुआ लगता है। उपनिवेशवाद और पराधीनता से मुक्त हुए देश फिर पिट गए हैं। मनुष्य के पूरे वैभव, पूरी सर्जनात्मक उर्जा, पूरी समृद्धि और शान्ति की दुनिया देखने के दर्शन, अर्थतंत्र, संस्कृति, लोक-नीति के बजाय उन्होंने पश्चिम के महाबाज़ार महापूँजी, अपार-असंख्य इच्छाओं वाली जिन्दगी के पश्चिमी 'विकास का मॉडल' मन से चुन लिया है। यह दूसरी विकल्पहीन या दूसरी शरणागति है।

अच्छी और सार्थक शिक्षा के अवरोध

शिक्षा के सम्बन्ध में हमने जितने विषाद् से निषेधात्मक टिप्पणियाँ की हैं, उससे अधिक मुखर हम किसी भी विषय में शायद ही हुए हों, लेकिन इन सारी निषेधात्मकता और नाराजी के बावजूद क्या हम शिक्षा की मौजूदा व्यवस्था को बदलना चाहते हैं?

यदि शिक्षा के सम्बन्ध में हम सारी क्रान्तिकारी-लफ्फाज़ी के परिणामों को देखें तो पाएँगे कि देश में एक भी ऐसा आन्दोलन नहीं हुआ, जो शिक्षा के बुनियादी ढाँचे को बदलने के लिए किसी बड़ी उत्तेजना, बहस या चिन्ता को फैलाता हो। इसके विपरीत हुआ यह है कि एक नाकामयाब शिक्षा का ढाँचा इतना अधिक मजबूत हो गया है कि हमारी निंदा का सारा तार्किक आधार ही खोखला और अर्थहीन नज़र आता है। इसका क्या यह अर्थ है कि एक तरफ हम उस सामाजिक आधार को नहीं बदलना चाहते, जिसका प्रतिफल यह शिक्षा है और दूसरी तरफ यह नाटक भी चलाना चाहते हैं, जिससे हम परिवर्तन के सबसे बहादुर पक्षधर बने रहें?

शिक्षा के सम्बन्ध में यह बात गौर करने की है कि वह कोई अँधेरे में उड़नेवाला चमगादड़ नहीं है गोकि यह दुर्भाग्य की बात है कि लोग अमूमन यह तथ्य भूल जाना चाहते हैं कि वह कई तरह से बाहरी और अन्दरूनी दुनिया को बदलती है या कि नेस्तनाबूद करती है। शिक्षा के सम्बन्ध में सोचते हुए प्रायः हमारा ध्यान उस जटिल प्रक्रिया की ओर नहीं जाता, जिसके अन्दर समय और समाज को बनाने की प्रबल शक्ति के स्रोत छिपे रहते हैं और जिसमें हजारों किस्म के अदृश्य प्रयोजन और संकल्पों के ताने-बाने और रंग शामिल होते हैं।

हम शिक्षा के सम्बन्ध में सोचें या न सोचें, लेकिन वे लोग उसके सम्बन्ध में लगातार सोचते हैं, जो सामाजिक-चेतना और सांस्कृतिक प्रवाह को एक रंगत, एक खास किस्म की दृष्टि देना चाहते हैं। हमारे देश की शिक्षा के सम्बन्ध में यह सोचना निहायत भोलापन होगा कि हम अभी मझधार में हैं, और हमने किसी खास दृष्टि का विस्तार नहीं किया है। आज़ादी की लड़ाई के वक्त हमारे मन में गोरी दुनिया के लिए चाहे जो विचार रहे हों, लेकिन आज़ादी के बाद हम उन सारे संकल्पों से मुक्त हो गये हैं, जो गोरी दुनिया के बरक्स अपनी मौलिकता के दावे पेश करने के लिए हमें तत्परता और उत्साह दे सकते हैं। हमने यह मान लिया है कि दुनिया की

लगाम गोरे लोगों के हाथ में है, वे आधुनिक दुनिया के बनाने और चलानेवाले हैं। उनकी समाज-व्यवस्था को स्वीकार करने के अतिरिक्त हमारे पास कोई विकल्प नहीं है। इस भाव के साथ ही हमने यह भी स्वीकार कर लिया कि इस शिक्षा व्यवस्था के सिवा हमारे पास कोई विकल्प नहीं है। दरअसल समाज-व्यवस्था और शिक्षा-तंत्र को हमने इतना दृढ़ और अभिन्न बना दिया है कि रात-दिन एक भट्‌टी में जलकर और भी कई भट्टियाँ खोदने का विचार हमें न आत्मी-घाती लगता है और न राष्ट्रीय अपमान।

जिस शिक्षा की नाकामयाबियों का ब्योरा देते हुए हम थकते नहीं हैं, उसकी आश्चर्यजनक कामयाबी यह है कि उसका एक पूरा तंत्र और व्यापार मंडल बन गया है। देवी-देवताओं, संतों, महात्माओं के नाम से चलाए जानेवाले स्कूल संस्थान, शैक्षणिक संस्थाएँ बड़ी फीस और बड़े तामझाम के साथ उसे बेचैन बनानी वाली होड़ में फँसी हुई, प्रतिस्पर्धा तथा गैर-बराबरी की दुनिया तक ले जाती हैं, जिसे हम बाहर से गालियाँ देते हुए मन-ही-मन अलंकृत करते हैं और जो एक तरह से हमारे सपनों की दुनिया होती है। यह अनायास ही नहीं हुआ है कि देश के हुक्मरानों और नौकरशाही ने गांधी के रचनात्मक कार्यक्रमों के साथ बुनियादी शिक्षा को भी समाप्त हो जाने दिया। वास्तव में गांधी के रचनात्मक कार्यक्रम के साथ-साथ उस समाज-रचना की वापसी होती थी, जो पूर्व की मौलिक और उदार परम्पराओं पर आश्रित थी। सिर्फ गांधी ने ही यह कोशिश की थी कि सामाजिक और शैक्षिक प्रयोजनों की दूसरी परम्परा आविष्कृत की जाए, लेकिन गोरी दुनिया के बड़प्पन से आतंकित तीसरी दुनिया के सत्ताधीशों ने गांधी को जल्दी ही अप्रासंगिक बना दिया। गांधी की गाँवों वाली, स्वावलम्बी, आत्मनिर्भर, चमक-दमक रहित व्यवस्था आज़ादी के लिए संघर्ष करनेवाले, मध्यवर्गीय चित्त के नेताओं को आकर्षक नहीं लगी थी। गांधी की शिक्षा का कार्यक्रम उन सबके लिए अनाकर्षक था। दरअसल, उनकी शिक्षा 'मालिकों की मानसिकता' उत्पन्न करने में असमर्थ थी। उससे एक सीमा तक उत्पादन, श्रम और विभाजन में उलझे हुए सवाल हल होते थे। जाहिर है कि यह शिक्षा उन सारे सामाजिक प्रयोजनों को दूसरी तरह व्याख्यायित कर रही थी, जिसमें गोरी दुनिया को महत्त्व देनेवाले भारतीयों की दिलचस्पी नहीं थी।

गोरी दुनिया की जद्दोजहद को डारविन ने परिभाषित किया था, उन्होंने कहा था जो महाबली हैं उन्हें ही उपनिवेशवादियों पर शासन करने का हक है। यूरोप के लोग महाबली हो गये थे और उन्हें शासन करने का प्राकृतिक अधिकार मिल गया था।

डारविन का तर्क दुनिया-भर के महाबलियों को राहत देनेवाला था। हिन्दुस्तान की ऊँची जातियों को, कुलीनता को, अंग्रेजी पढ़े-लिखे लोगों को, धनिकों और नव-धनाढ्यों को, अभिजात-वर्ग के लोगों को, उद्योगपतियों और अपरबलियों को हैसियत प्राप्त हो गई थी। उनके निहित स्वार्थों को अंग्रेजों ने धक्का नहीं पहुँचाया।

जिन लोगों के उद्योग नष्ट हुए और जिन्हें सामन्तों और अंग्रेजों का दुहरा जुल्म सहना पड़ा, उनमें कुलीनों और भद्र लोगों की संख्या बहुत कम थी। महाबलियों के सिद्धान्त को मेकॉले ने हमारे देश में चिर स्थायी कर दिया।

मेकॉले के शिक्षा-तंत्र ने कुलीन-तंत्र की महत्त्वाकांक्षाओं को जरा सी ठेस नहीं पहुँचायी। उसने बुद्धिवादियों और अभिजात-वर्ग के लोगों को उपार्जन के ऐसे संभ्रांत रास्ते दिखा दिये, जो उन्हें नई-प्रतिष्ठा भी देते थे और उनके कुलीनत्व को अक्षुण्ण रखते थे। यह एक तरह से असमता-मूलक सोच के लिए निर्विध्न शरण-स्थल बना।

पिछले सौ वर्षों में गोरों और गोरी दुनिया से लड़ते, और उन्हें अलविदा कहते-कहते भी हमने उनकी संस्थाओं और सोच के वर्चस्व को स्वीकार कर लिया? भारत की जिन्दगी में वे हमारे रसोईघर तक पहुँच गये हैं और उनकी भाषा हमारे हृदय में अंकित है। जो मुट्ठी-भर लोग देश चलाते हैं, उनके पास अपने दर्प, अपने आभिजात्य, गैर-बराबरी, अमानवीय महत्त्वाकांक्षाओं और वस्तुवादी संस्कृति के विस्तार के लिए इससे अच्छी और सार्थक शिक्षा कोई दूसरी हो नहीं सकती।

कुछ मासूम लोग सोचते हैं कि यह शिक्षा भूल-चूक से चल रही है वे ये नहीं जानते कि हमारी सरकारें, शिक्षाविदों, कुलपतियों, अध्यापकों और विद्यार्थियों के लिए यह सबसे अच्छा समय है। जब वे एक-दूसरे को लांछित करते, अपराधी ठहराते; युनिवर्सिटियों के सर्टिफिकिटों को फाड़ते-जलाते, शोषण-प्रिय स्कूलों, महाविद्यालयों और युनिवर्सिटियों को खोलने की माँग करते हैं।

हमें यह अच्छी तरह समझ लेना है कि हमारी शिक्षा किसी अंधी सुरंग से नहीं गुजर रही है बल्कि पूरी तरह स्थापित हो गई है, क्योंकि यह उन सब प्रभावशाली वर्गों को प्रामाणिकता प्रदान करती है, जिसे इस देश में सम्भाव्य बराबरी वैचारिक स्वाधीनता, सहिष्णुता और मैत्रीपूर्ण सामाजिक सम्बन्धों से भय लगता है। ये ही सब लोग सुरक्षा चाहते हैं।

शिक्षा के कुछेक मुद्दे

हिन्दुस्तान की शिक्षा के सम्बन्ध में जितनी बहस तीखी और तेज होती जा रही है उतना ही यह भय फैलता जा रहा है कि यह सब तब्दीली के क्रम को कुछ लम्बे समय तक टालने का कौशल तो नहीं है? कर्म की जगह शब्दों से काम लेना हमारा पुराना मिज़ाज है; इससे कुछ न बदलकर भी कुछ बदलने की तबियत रखनेवालों में सम्मिलित हुआ जा सकता है। यह सुविधा तलाश करनेवाले और यथा-स्थितिवादियों की चतुराई भी हो सकती है।

बहस सब जगह छिड़ी है और तब्दीली की माँग सब तरफ से है, सब तरह के मन वालों की तरफ से, और सब तरह की—इस सब के बीच से ही तब्दीली आनेवाली है—एक पुराने, मध्यवर्गीय-स्वार्थों को मजबूत बनाए रखनेवालों के बीच से उपनिवेशवादी ढाँचे को तोड़कर, जिसके प्रशंसकों की कमी नहीं है, जिसकी कम-ज्यादा उपयोगिता को स्वीकार करनेवालों की संख्या काफी है और जिसके समानान्तर कोई क्रान्तिकारी शिक्षा की विकल्प-योजना देखने को नहीं मिलती। वैसे तब्दीली के सम्बन्ध में वक्तव्य देनेवालों के निराश मन की स्थिति का अन्दाजा इसी से लगाया जा सकता है कि परीक्षा-केन्द्रित शिक्षा का सब कहीं विरोध है और परीक्षा है कि हटाये नहीं हटती—ठीक उसी तरह की परीक्षा है; छूरे, चाकू, हत्या, सामूहिक नकल, कॉपियों की चोरी और प्रश्न-पत्रों की बिक्री और अन्त में डिग्रियों की फाड़-तोड़ के उपरान्त भी; जो पचास वर्षों से अधिक हुए चली आ रही है; उतनी ही दरबारी शान शौकत के साथ, तामझाम में बैठी हुई; एक पूरे शैक्षिक लवाज़में के साथ; सब कुछ प्रकट होते हुए भी गोपनीयता के सारे अन्दाज़ लिये। इसलिए यह भय है कि इस समय जो फिर शिक्षा के रूप और प्रकृति को बदलने की बहस छिड़ी है वह केवल कर्म की उग्रता को शान्त करने के लिए ही तो नहीं है। राज्य-पुरुष तब्दीली के लिये लगभग अधीर ही हैं और हिन्दुस्तान का सत्ता-कामी राज-पुरुष जब अधीर होता है और वाचलता दिखाता है तब यह सन्देह किया जा सकता है कि वह विरोध को निरर्थक करने की पहल हो सकती है; इधर-उधर के फेरबदल के बाद मूल रूप में यथास्थिति को बराबर रखने की।

इसी तरह की एक बहस उदयपुर में हुई थी; हुई तो वह थी एक भव्य और खर्चीले अत्याधुनिक होटल में। काफी खर्चीली तबियत के लोग उसमें आमंत्रित थे; ऐसे लोग जिन्हें 'शिक्षित-आभिजात्य' कह सकते हैं। लगभग सभी फर्राट अंग्रेजी में बोलनेवाले और एक खास किस्म की उदासी के कारण क्रान्तिधर्मियों जैसे लगनेवाले भी। इस आभिजात्य की रुचियों का मनोवैज्ञानिक अनुसन्धान तो मैंने नहीं किया है लेकिन जो अनुभव कर सकता हूँ उससे यह निष्कर्ष निकालना कठिन नहीं है कि इस वर्ग की दिलचस्पी और रुढ़ियाँ उस रूमानी संस्कार वाले वर्ग से मिलती-जुलती हैं जो प्रेम-सम्बन्धों में खुलापन और गैर-ज़िम्मेदारी, समाज रचना में प्रतिस्पर्धा और अर्थ-सम्बन्धों में क्रूरता, गोपनीयता और वैशिष्ट्य के समर्थक हैं। इस वर्ग का एक लक्षण यह भी है वे सामान्य हिन्दुस्तानी नहीं लगते और जो संस्था इस आभिजात्य को दूर-दूर के सैर-सपाटे कराती है और इनके शरीर-मन के स्वास्थ्य की चिन्ता करती है—'लेसले सहानी' फोरम—उसका शायद निगूढ़ प्रयोजन भी यह हो सकता है कि वह देश की महत्त्वपूर्ण समस्याओं पर विचार करने के लिये एक ऐसे तरुण और महत्त्वाकांक्षी आभिजात्य को तैयार करें जो समस्याओं को एक रूमानी क्रान्तिकारी अन्दाज़ तो दें लेकिन उन्हें आम आदमी से न जुड़ने दे यानी उन्हें 'हिन्दुस्तानी मोर्चे' पर न आने दे।

जो, हो, 'लेसले सहानी' फोरम ने हिन्दुस्तान की शिक्षा पर विचार करने के लिये कुछ लोग बुलाए थे—सभी आयु के स्त्री-पुरुष; जिन्हें मिलानेवाली अंग्रेजी भाषा थी। इनमें से चार को उदयपुर की एक महत्त्वपूर्ण संस्था—सेवा मन्दिर ने आमंत्रित किया था। बहस का विषय था—"हिन्दुस्तान की शिक्षा को बदलने का दायित्व किसका?" भाग लेनेवाले शिक्षा-विशेषज्ञ थे—डॉ. प्रेम कृपाल, श्रीमती कमला चौधरी, डॉ. अमरीक सिंह, श्री वी.वी. जॉन। बहस का विषय उत्तेजक था और वक्तागण भी कीर्ति नि:शेष हुए लोगों में नहीं थे इसलिए आमंत्रित श्रोतागण आश्वस्त थे कि समय वाचाल लोगों के बीच नहीं गुज़रेगा और न वैचारिक मुद्दों को गोल-मोल वक्तव्यों के बीच एक अँधेरी-गुफा से दूसरी अँधेरी गुफा में धकेल दिया जाएगा। कम-से-कम सवाल के वैचारिक-पक्ष को मार नहीं दिया जाएगा और उन लोगों को चिन्हित किया जाएगा जिनकी कट्टरता, वर्ग-स्वार्थ, व्यक्तिगत महत्त्वाकांक्षा के कारण व्यापक तो क्या छोटी-मोटी तब्दीलियाँ तक सम्भव नहीं हो पा रही हैं। लेकिन दुख है कि इस बहस में बेशुमार शब्द खर्च हुए और ये शिक्षा-विशेषज्ञ सामान्य मुद्दों के अतिरिक्त किसी भी तथ्य को नहीं खोल सके—विशेषतया उस विषय के तथ्य को जिस पर बहस होनी थी। प्रेम कृपाल जैसे शिक्षा की बारीकियाँ समझनेवाले विशेषज्ञ ने भी जब यह कहा कि शिक्षा के परिवर्तन लाने का दायित्व 'समाज' का है तब मेरे जैसे कई लोगों के मन में यह सन्देह पैदा होने लगा कि 'समाज' जैसे व्यापक और निर्गुण शब्द को काम में लेकर वे बहस को केवल

'चालू मुहावरे' में बदल रहे हैं। मेरे लिये यह समझना नितान्त कठिन था कि भारत जैसे विशाल देश में 'समाज' चाहते हुए भी शिक्षा-नीति, पाठ्य-क्रम, शिक्षा-विधि, इम्तिहान की प्रणालियों में क्या तब्दीली ला सकता है? प्रेमकृपाल जी क्या यह नहीं जानते कि इन दिनों शिक्षा-नीति का प्रत्यक्ष सम्बन्ध समाज से कितना-सा रह गया है और यह भी कि वह वर्ग कौन-सा है जो थोड़े से लचीलेपन को शिक्षा-नीति का अंग नहीं बनाना चाहता क्योंकि उससे उनके खुद का, उनकी जाति का और उनके वर्ग का प्रभुत्व टूटता है? यह बात दूसरी है कि वे यह न कहना चाहते हों। इसके बाद श्रीमती कमला चौधरी और अमरीक सिंह जी बहुत-सी बातें करते रहे, सूचना की दृष्टि से महत्त्वपूर्ण किन्तु बहस के मूल विषय से दूर। बी.वी.जान बहस करनेवालों में सबसे अधिक चतुर कहे जा सकते हैं जो शब्द-लाघव और श्रोता की तबियत को जोड़ने की कोशिश करते हैं और अमूमन ज्यादा कुछ न कहकर भी सबको तृप्त कर देने का कौशल जानते हैं। वे अंग्रेजी का सबसे अच्छा उपयोग करते हैं और श्रोता उन्हें क्षमा भी कर देते हैं चाहे वे विषय पर कम बोलें लेकिन बोलते रहें। उन्होंने परिवर्तन की जिम्मेदारी प्रेमकृपाल जी की तरह समाज पर नहीं, व्यक्ति पर स्थिर की। 'समाज' ही की तरह 'व्यक्ति' एक निर्गुण और लगभग निरर्थक शब्द है क्योंकि वह कोई हैसियत नहीं रखता। केवल पाँच वर्ष में एक बार मत देता है और राज्य पुरुष चुनता है फिर पाँच वर्ष तक निःशेष होता रहता है। वी.वी.जॉन से अधिक इस सत्य को कोई नहीं जानता कि उन जैसे प्रखर बुद्धि व्यक्ति उम्र भर शिक्षा की तब्दीली में, लिखकर, बोलकर, प्रशासक रहकर भी लगभग कुछ भी नहीं कर सके। प्रेमकृपाल जी की तरह वी.वी. जॉन भी यह न कहना चाहते हों कि तब्दीली को कौन रोके हुए है तो यह बात दूसरी है अन्यथा सब कोई जानते हैं कि परिवर्तन की शक्ति कहाँ है और वह प्रभावशाली रूप में क्यों काम नहीं कर रही है? आखिर शिक्षा इस तरह अनुपयोगी और आदमी का मनोबल तोड़नेवाली क्यों हो गई है?

इस तरह की निराकार, निराकृति बहसें हम खूब करते हैं—शिक्षा, साहित्य, धर्म, राजनीति को लेकर तो अनेक कभी-कभी पूरी नाटकीयता के साथ, कभी-कभी जान-बूझकर सार्थक मुद्दों को काटने के लिए और कभी-कभी झूठ-मूठ के मुद्दों को लेकर, जिससे परिवर्तन की प्रतिक्रिया मन्द और कठिन हो जाए और यथास्थिति की क्रूरता को बनाए रखना सरल हो। फिर भी यह बात कुछ कम महत्त्व की नहीं कि इस सारी अव्यवस्था के बीच शिक्षा को बदलने की एक सार्थक माँग है—एकदम सगुण और उचित जिसे अबतक ऊँची जाति, ऊँचे पद और वेतन तथा सत्ता-कामी लोग अपने स्वार्थों की सुरक्षा के लिए अधूरे मन से स्वीकार करते रहे हैं।

शिक्षा में तब्दीली की यह सार्थक और सगुण माँग मुझे एक बुनियादी सामाजिक परिवर्तन की माँग से भी जुड़ी लगती है जो इन दिनों देश में कुछ उग्र हो गई है और ऐसी आबो-हवा में भी उग्र होती जा रही है जिसमें अमूमन न तो कोई हलचल होती

है और न कोई प्रतिक्रिया। मैं यह नहीं कहता कि धुंध हट गई है और न यही कि कोई प्रखर सामाजिक दर्शन जन्मा है जिसे व्यवहार में लाने के लिए क्रान्तिकारी शिक्षा की माँग की जा रही हो। मैं केवल एक हल्का प्रतिवाद देखता हूँ, एक नाराज़गी और अनुमान लगा सकता हूँ कि किसी समय वह अन्याय के सभी मोर्चों पर संघर्ष का रूप ले सकती है। लोहिया जी ने बहुत ठीक कहा था, "हमारी शताब्दी बड़ी क्रूर और बेरहम है। इसमें इतना अत्याचार होता है कि जितना दुनिया में कभी नहीं हुआ लेकिन हमारी शताब्दी की खूबी यह भी है कि मनुष्य पहली दफा सभी अन्यायों के साथ लड़ रहा है।"

अन्याय का कौन-सा रूप है जिसके खिलाफ मैं कुछ लोगों को बाजारों में और कुछ को शिक्षालयों में एक साथ नाराज़ होता देख रहा हूँ? अन्यायों की कोटि में शायद 'असमता' सबसे क्रूरतम अन्याय है और उसके विरुद्ध लड़े जानेवाला संघर्ष सबसे ज्यादा रोमांचकारी और पश्चात्ताप रहित। मुझे लगता है कि बहुत धीरे-धीरे ही सही 'असमता' के विरुद्ध एक व्यापक नाराज़गी का सिलसिला शुरू हुआ है जो विश्वविद्यालयों और शिक्षा के उच्च संस्थानों में फैलता जा रहा है। शिल्स जैसे समाजशास्त्री नाखुश हैं कि इस देश के विद्यार्थी 'फुटकर शिकायतों' के खिलाफ विद्रोही हैं लेकिन सवालों की जड़ तक नहीं जाते। उनकी अप्रसन्नता ठीक भी है लेकिन हिन्दुस्तान के इतिहास और प्रकृति को वे जानें तो न अधिक निराश होंगे न नाखुश। शताब्दियों से दरिद्र, मायूस, रुग्ण, नियतिवादी, सत्ता-लोलुप सामन्तों की क्रूरता और ऊँची जात वालों के अहंकार को उठानेवाला देश समता के लिए थोड़ा बहुत लचीलापन दिखाये तो बड़ी बात है। वही यह बड़ी बात है जो मुझे नज़र आती है—यद्यपि एकदम साफ और उग्र रूप में नहीं, प्रायः हिंसात्मक व्यवहार में बँटी हुई, प्रायः एक फुसफुसाहट के रूप में—एक बेचैन फुसफुसाहट कहना उचित होगा।

वस्तुतः स्वतंत्रता के बाद वाले पच्चीस वर्ष हमारी बेचैनी के वर्ष रहे हैं विशेषतया इसलिए कि हमने एक विशिष्ट आचरण वाले हिन्दुस्तान की कल्पना की थी जो धीरे-धीरे मिटती रही और वहीं स्थिर, कट्टर और जाति हितों में बैठा पुराना हिन्दुस्तान बनने लगा। वह निराशा की स्थिति थी और इस स्थिति से उबरने की कोशिश में सारे हिन्दुस्तान में मतलब-बेमतलब उत्पात, हिंसा होती रही जिसकी सत्ता ने उपेक्षा और भ्रमपूर्ण व्याख्याएँ कीं और उस 'तब्दीली की बेचैन आकांक्षा' को मुट्ठी-भर लोगों की शरारत कहकर दफना दिया। सरकार के पक्ष में यह एक निरन्तर सिलसिला है—अब तक भी। हिन्दुस्तान में फैली असमता और कट्टरता के पक्ष में आज भी रोष प्रकट हो—जो कई बार विश्वविद्यालयों में होता है तो सत्ता केवल क्रूर होती है और अक्सर ऐसे प्रयत्न होते हैं जिससे कोई प्रश्न सार्थकता ग्रहण न करे कम-से-कम ऐसा कोई भी प्रश्न जो यथास्थिति, गरीबी, जात, दिल की कृपणता और कट्टरता को तोड़े। हिन्दुस्तान के विश्वविद्यालयों से यह आशा

थी कि वे आज़ादी के तुरन्त बाद समतावादी और आधुनिक हिन्दुस्तान को बनाने की 'बेचैन और सार्थक आकांक्षा' को मूर्त्त रूप देंगे लेकिन वहाँ के उपकुलपतिगण और दूसरे बड़े लोग सत्ताधीशों से भिन्न मन रखनेवाले नहीं निकले, वे उसी वर्ग और जात के निकले जिनका पुराने हिन्दुस्तान में दबदबा रहा। अच्छे भविष्य की कल्पना करना उनके मिज़ाज में नहीं है। तब? कहाँ जाए आदमी? किस खौफनाक भविष्य के जबड़े में?

लेकिन इधर हिन्दुस्तान का नया लड़का धीरे-धीरे विद्यार्थी आन्दोलनों की रूमानी भूमिका से अलग होता जा रहा है। वह शिक्षा की तब्दीली का सवाल नौकरी से जोड़ता है, वह शिक्षा-प्रतिष्ठानों में उच्च पदों पर बैठे लोगों की आपसी खींच-तान जानता-समझता है; जिस शिक्षा के साथ उसकी पूरी ज़िन्दगी बँधी है उसकी सार्थकता तलाश करता है। यह उसकी नई भूमिका है; उसके आन्दोलनों में यह बात स्पष्ट उभरकर आती हो या नहीं लेकिन उनके पीछे एक रूमानियत से अलग होकर ज़िन्दगी के यथार्थ और बराबरी की ज़मीन तलाश करने की आकांक्षा दिनोंदिन साफ़ नज़र आती जा रही है। अब शिक्षा में केवल अवसरवादी फेरबदलकर यथास्थिति रखना कठिन है—लेकिन मैं नहीं जानता कि शिक्षा को तब्दील करने और नई नीति बनानेवाले राज्य-पुरुषों को यह आवश्यकता स्पष्ट रूप से अनुभव होने लगी है या नहीं।

मैं इस क्रम में एक दूसरे मोह से मुक्ति भी देखता हूँ। मैं देखता हूँ कि हिन्दुस्तान का फिलहाल दब्बू आदमी और आज्ञाकारी विद्यार्थी कुछ बहादुरी दिखाने लगा है और चाहता है कि उसके लिये जो भी निर्णय लिये जाएँ वे उसकी गैर-हाज़री में न हों। निर्णय की अन्तिम स्थिति तक वह हाज़िर रहे। यह सत्ता का फैलाव है, सत्ताधीश के लिए करीब-करीब मारक क्योंकि इस तरह उसका चरित्र, उसकी बुद्धि, उसका कर्म, सब कुछ उद्घाटित होता है। इस स्थिति में अब तक चली आनेवाली सत्ता की प्रकृति उलट-पुलट हो जाती है; उसकी ऊपरी मजबूती और आन्तरिक पिलपिलापन जाहिर होता है। लेकिन इस फैलाव के सिवा कोई रास्ता नहीं है—यद्यपि इसको कट्टरतापूर्वक रोकनेवालों की संख्या भी कम नहीं है। हिन्दुस्तान के विश्वविद्यालयों अथवा अन्य उच्च शिक्षण-संस्थानों के सत्ता-सामन्तों का यह गर्व ही उन्हें जीवित रखता है कि अन्त में निर्णय तो प्रशासक को ही लेना है। हिन्दुस्तान में हर जगह एक निर्णय लेनेवाला होता है जो दूसरों के लिए निर्णय लेता है। घर में यह हैसियत पिता को मिली है, स्कूल में प्रधानाध्यापक को, कॉलेज में आचार्य को, विश्वविद्यालय में उपकुलपति को। वे सब बहस करवाते हैं लेकिन गर्व वही 'अन्त में जिम्मेदारी प्रशासक की है'—यह गर्व क्योंकि अप्रजातांत्रिक है, निर्णय भी अप्रजातांत्रिक होते हैं और उस व्यक्ति के गैर-हाज़री में जिसके साथ उसका गहरा सम्बन्ध है। मेरे खयाल से 'गैर-बराबरी' को तोड़ने के क्रम में सत्ता के पुराने स्वभाव की कट्टरता

और आसक्ति तोड़ना जरूरी होगा। हमारे देश में यह अन्तर्विरोध सहसा ही समाप्त होनेवाला नहीं है जिसके चलते सत्ता टूटे भी और सत्ता-सामन्त ऐसा आसानी से होने दें। सत्ता की नीयत पर सन्देह करना, उसे अधिक लोगों में बँटने देना, और जात, पद, वेतन की आसक्ति को तोड़ना आनन्ददायक कर्म है क्योंकि वह समता की तरफ चलता है। शिक्षा में तब्दीली लाने की माँग अनिवार्यतः सत्ता के सारे स्वभाव की पुनर्रचना है जो हिन्दुस्तान में एकदम नई किन्तु आवश्यक शुरुआत है। शिक्षा में तब्दीली लानेवाले लोग उच्च वंशीय, सम्पत्तिशाली और अंग्रेजी पढ़े लिखे हैं। हिन्दुस्तान के उच्च-शिक्षा-प्रतिष्ठानों का रूप उच्च सत्ता-प्रतिष्ठानों से मिलता-जुलता है। मैं सोचना चाहता हूँ कि हिन्दस्तान में शिक्षा की तब्दीली को लेकर जो माँग उठती है उसे 'मुट्ठी-भर' लोगों की मानसिक विकृति या 'राजनैतिक पार्टियों की महत्त्वाकांक्षा' कहकर उपेक्षा करने की हमारी प्रकृति बदले और हम यह समझने लगें कि पुरानी धुंध और अँधेरे के रहते भी जो बातें तेजी से स्पष्ट होती जा रही हैं उनमें से दूसरी बात यह है कि शिक्षा में परिवर्तन की माँग एकदम सामयिक ही नहीं है बल्कि उसकी गहराई का दूसरा आयाम है सत्ता का फैलाव, अधिकाधिक निर्णयों में अध्यापक विद्यार्थी की साझेदारी और शिक्षा के लक्ष्यों की कट्टरता या जड़ता को तोड़ना।

तीसरी बात भी है जो इन दिनों विद्यार्थियों और जवान अध्यापकों का ध्यान आकर्षित कर रही है। वस्तुतः यह मूल की बात है और पुरानी थी—जिसे एक तरह से पुराना वायदा भी कह सकते हैं। पुराना वायदा यह था कि हिन्दुस्तान के स्वतंत्र होते ही शिक्षा का लन्दन से आयातित ढाँचा टूट जाएगा। यह केवल भावेश ही नहीं था बल्कि एक स्वतंत्र हुए राष्ट्र की अपनी यथार्थवादी भूमिका तलाश करने का उपक्रम था। इसकी शुरुआत हो चुकी थी—बुनियादी तालीम के रूप में। किन्तु आज़ादी के बाद वाले वर्ष 'वन्ध्या शिक्षा' के वर्ष निकले। लन्दन की भूमिका के साथ, वाशिंगटन की भूमिका जुड़ी। शिक्षा विश्लेषकों ने इसे 'शिक्षा में नव उपनिवेशवाद' का फैलाव माना। अमेरिका से हिन्दुस्तान के लिये न केवल गेहूँ ही आया, शिक्षा के लिये पुस्तकें, शिक्षा-विशेषज्ञ, स्कूल-भवन के नमूने, प्रशासन की शैलियाँ, यात्राओं की सुविधाएँ आयातित हुईं। यह नये हिन्दुस्तान की तबियत मारनेवाली दिशा थी। मैं रत्तीभर भी यह नहीं सोचता हूँ कि शिक्षा के लिये खुले अन्तरराष्ट्रीय वातायन मुंद जाए, और न मैं यह सोचता हूँ कि शिक्षा अतीतोन्मुखी होकर पुराने वंश-वर्ग, देश या कुल-गर्व से जुड़ जाए। मैं केवल यही प्रस्तावित करना चाहता हूँ कि एक उपभोक्ता की भूमिका—जिसे पिछले पच्चीस वर्षों में हिन्दुस्तान ने स्वीकार किया—नाराज़गी पैदा करनेवाली ही नहीं नकलचियों की भूमिका थी और राजनैतिक कारणों से तृतीय श्रेणी की भूमिका भी। हिन्दुस्तान के राज्य-पुरुषों की अनिच्छा के बाद भी यह सवाल शिक्षालयों के द्वारा उठाया जा

रहा है कि उनकी शिक्षा को उत्पादक की भूमिका मिलने के दिन आएँगे या नहीं? इस सवाल की सार्थकता यह है कि 'एक गोरी मुद्रा' का अहंकार—जो असली अध्यापक के लिये बिलकुल जरूरी नहीं है—टूटेगा। शायद हो कि इस टूटन से देश की राजनीति भी बदले।

हिन्दुस्तान जैसे गरीब देश में 'शिक्षा विलास' की बात कोई नहीं सोच सकता—इन दिनों पुरानी पढ़ाई 'शिक्षा-विलास' के सिवा कुछ नहीं रह गई है और इसलिए धड़ाधड़ यह वक्तव्य आ रहे हैं कि शिक्षा को व्यवसायोन्मुखी बनाए जाने की चिन्ता राज्य-पुरुषों का मन बाँधे है। लेकिन मैं पहले तो यही शक करता हूँ कि उनका मन वस्तुतः चिन्ताग्रस्त है या कि वह केवल एक चिन्ता की मुद्रा है। यदि वैसा हो भी तो क्या शिक्षा परिवर्तन का बुनियादी सवाल तय मान लिया जाएगा।

शिक्षा को दो बातें करनी होंगी। एक ज़िन्दगी के तत्काल मुद्दों से जोड़ना और दूसरे सारी ज़िन्दगी के साथ—शरीर, मन, साहित्य, संस्कृति और जो कुछ भी सार्थक है उसके साथ मेल बिठाना। मैं समझता हूँ शिक्षा को जो केवल इस नौकरी या उस नौकरी से जोड़ रहे हैं वे केवल एक आवश्यक काम कर रहे हैं और बुनियादी सवाल टाल रहे हैं। शिक्षा के परिवर्तन को हमारे देश में बुनियादी सवालों से जोड़ना पड़ेगा जो मैंने इस लेख में उठाने की कोशिश की है और वे हैं :

(क) एक गैर-बराबरी कायम रखनेवाले समाज को बराबरी की दिशा में कैसे लाया जाए

(ख) पुराने हिन्दुस्तान से ब्राह्मण, शूद्र, स्त्री-पुरुष, धनाढ्य-निर्धन, अंग्रेजी पढ़े-लिखे और देशी जुबानों के जाननेवालों के बीच की घेरे बन्दी कैसे तोड़ें?

(ग) सत्ता के कठोर और कुंठित स्वभाव को उदार और साझेदारी वाले स्वभाव में कैसे परिवर्तित करें

(घ) शिक्षा को हिन्दुस्तानी बनाने के क्या उपाय करें और

(च) शिक्षा को विलास से बचाकर आनन्दकारी रूप में कैसे ढालें।

बहुत जल्दी ही इन प्रश्नों के उत्तर देने पड़ेंगे ये जो बुनियादी प्रश्न हैं।

शिक्षा : लोक और अभिजन की तकरार

लोक-कथाओं ने अभिजनों की संस्थाओं, व्यवस्थाओं और अभिरुचियों की जमकर खिल्ली उड़ाई है और समान्तर आलोचना-विमर्श तैयार किया है। लोक-साहित्य में यह तनाव इतना ज्यादा खुला और व्यक्त है तब भी साहित्य के 'शालीन पंडितों' और 'समीक्षकों' ने इस तरफ नहीं देखा है और न इस 'निम्न कोटि के साहित्य' को सामाजिक संरचना के आधारभूत सबूतों की तरह शामिल किया है। इसलिए यह तकरार नज़र नहीं आती। जहाँ कहीं नज़र आती है वहाँ काव्य-शास्त्र को विनोद और रस की मंजूषा माननेवाले इसे 'शाश्वत-साहित्य' से पृथक कर देते हैं।

यह बात ध्यान देने जैसी है कि लोक-कथाओं में सम्पूर्ण जीवन और उसकी परम्परा पर निडर होकर रोशनी डाली गई है। जहाँ जो सौन्दर्यविहीन है, जिन्दगी का विनाश करनेवाला या सन्तुलन को नष्ट करनेवाला है वहाँ उसका उपहास है, कोई-न-कोई घमंड तोड़नेवाली वक्रोक्ति या अन्योक्ति-कथन है, कोई चतुराई भरा संवाद या श्लोक है, आकाशवाणी या अभिशाप है। गहन दार्शनिक विषयों पर शास्त्रार्थ है या सनातन प्रश्नाकुलता।

लोक-साहित्य का मिज़ाज़ एक निर्द्वंद्व आलोचक की तरह है जो यह मानता है कि कहीं भी और किसी के अन्त:पुर में झाँकना-ताकना गैर-वाजिब नहीं है। सामाजिक, धार्मिक, आर्थिक और किसी भी किस्म की गैर-बराबरी के सीमान्तों पर निगहबानी करना और वहाँ खड़े परम नैतिक और धर्म-प्रवीण थानेदारों के अहंकार की धज्जियाँ उड़ाना उसकी प्राथमिकता में शामिल है।

अपनी स्थापना के समर्थन में मैं आपको केवल दो लोक-कथाएँ बता देता हूँ जो अपने समय के महापंडितों का मान-मर्दन करने के प्रसंग में है। शिक्षा के दुर्लभ अधिकार को पाकर मदांध कुलीन जितने इतराये-बौराये फिरते हैं उनका नशा उतारने के लिए पूरा गाँव-समुदाय मिलकर शास्त्रार्थ का खेल रचता है और केवल भयभीत करनेवाले मनोविज्ञान से इतराते काशी-प्रशिक्षित पंडितों का नूर उतार देता है। कथा में यह ईर्ष्या दंश उस शिक्षा-व्यवस्था को लेकर भी है जिसके चलते सिर्फ अभिजन या कि कुलीन ही शिक्षित होते हैं और अधिकांश दबे-कुचले लोग हाशिए पर बैठे अपने-अपने परम्परागत नीरस व्यवसाय से जिन्दगी चलाते-चलाते मर जाते

हैं। अवसर न मिलने और सामाजिक गैर-बराबरी की तकलीफों, प्रतिहिंसा के तनावों को सहते हुए वे इन कथाओं के जरिये उन पोथी-पंडितों की हेकड़ी उतार देते हैं जो शास्त्रों का नीरस ज्ञान और आडम्बर ढोते-ढोते बूढ़े बैल हो जाते हैं।

चलिए, अभिजात्य और शिक्षा के दंभ को एक अनोखे जनतांत्रिक अन्दाज से तोड़नेवाली इस लोक-कथा को पढ़ें। युवक आदित्य प्रकाश अपने नगर ब्रह्मपुर लौट आया था। उसने काशी के पंडितों से शिक्षा ग्रहण की थी जिसका उसे गर्व भी था और गौरव भी। अब जैसे अमेरिका या यूरोप के किसी देश से लौटा कुलीन व्यक्ति किसी-न-किसी बहाने, बात करते-करते वहाँ के ऐश्वर्य के वर्णन से परितृप्त होता नज़र आता है, आदित्य भी किसी-न-किसी प्रसंग से काशी की अद्वितीयता के वर्णन में रम जाता है। वह साथियों को अपनी योग्यताओं, वाक्पटुता और शास्त्रार्थों के वृत्तान्त बताते हुए यह कहना नहीं भूलता कि उसने विश्व प्रसिद्ध पुस्तकों को इतनी बार छुआ, देखा और पढ़ा है कि उनकी आकृतियों से उनका नाम बता सकता है।

ब्रह्मपुर के जन-पद में यह प्रसिद्धि फैली हुई थी कि आदित्य प्रकाश पुस्तक की आकृति से उसे पहचान जाते हैं। इस प्रसिद्धि ने अहंकार और आत्मश्लाघा के शिखर छू लिए थे। पास के प्रीतिपुर वाले इन दर्पोक्तियों से थक गये थे। उन्होंने निश्चय किया कि वे काशी के युवा पंडित को मात देंगे। प्रीतिपुर की तरफ से कहला दिया गया कि यदि उनकी पुस्तक को पं. आदित्य प्रकाश चीन्ह लेते हैं तो वे ब्रह्मपुर नगर के बीचों-बीच आदित्य के बाबा पं. ललित नारायण की मूर्ति स्थापित करेंगे। हारने पर प्रीतिपुर की पाठशाला में आदित्य पाँच वर्ष तक पढ़ाएँगे। दोनों पक्ष सहमत हो गये।

निश्चित हुए दिन एक विशाल गाड़ी पर 'तिलकाष्ठमहषिबन्धनम्' नामक महाग्रंथ रेशमी वस्त्र में सजाकर रखा गया। इस विशाल गाड़ी को तीन बैलों की जोड़ियों से खींचा जा रहा था। इधर से शास्त्रार्थ के लिए तैयार किये गये रवीन्द्र भारती की गाड़ी के आगे चल रहे गाँव वाले जय बोलते जा रहे थे।

उधर आदित्य अपने जनपद में प्रसिद्धि विस्तार के लिए अत्यन्त उत्साहित थे। जिस तरफ से ग्रंथ लेकर गाँव वाले आ रहे थे उधर वे बार-बार देखते, कुछ कदम चल कर जाते और लौट आते। कुछ दिन चढ़ने पर उन्होंने दूर धूल उड़ती देखी और जय-जयकार सुनी। थोड़ी देर में उन्हें गाड़ी और जन-समूह दिखाई दिया। कुछ अचम्भे के साथ उन्होंने तीन जोड़ी बैलों से खींची जानेवाली गाड़ी देखी। उन्हें कुछ-कुछ ऐसा लगा कि उसमें जैसे कोई ग्रंथ रखा हो। आदित्य एक क्षण को भय-कम्पित हुए लेकिन फिर साहस के साथ सभास्थल पर पहुँच गए।

आदित्य नारायण दरअसल मन-ही-मन हार चुके थे। गाड़ी पर रखे विशाल ग्रंथ को, जिसे तीन पुष्ट बैलों की जोड़ी खींच कर ला रही थीं, दूर से देखकर ही आदित्य भय और अवसाद से घिर गये थे। वे उस महाग्रंथ का नाम नहीं बता सके;

जिसका कोई नाम था ही नहीं। वह तो प्रीतिपुर वालों ने काशी से आए इस स्नातक (ब्राह्मण) की हेकड़ी खत्म करने के लिए अपनी प्रत्युत्पन्नमति (कुशाग्र बुद्धि) से तिल के डंठलों को सजा कर भैंस के जेवड़ों से बाँध 'तिलकाष्ठमहषिबन्धनम्)' नाम दिया था।

इस तथ्य को मैं दुहरा दूँ कि जीवन के विभिन्न पक्षों की निगहबानी करने के लिए लोक ने कोई अटल सिद्धान्त या सूत्र न बनाए हों लेकिन अपने हितों की निगरानी करने की दक्षता उसने निरन्तर दिखाई है। शिक्षा के बारे में लोक की यह जागरूकता विलक्षण है। किस मुद्दे पर लोक ने अभिजन से तकरार नहीं की है? लेकिन प्राथमिकता लोकमंगल पर विस्तार की, 'बहुजन हिताय-बहुजन सुखाय' की है। इधर शिक्षा की बात करें तो शास्त्र-ज्ञान के विरुद्ध दुनिया के काम आनेवाली सुमति के पक्ष में लोक-कविता ने जबरदस्त दस्तक दी है। कबीर ने उबाऊ 'पोथी ज्ञान' के बरक्स दुनिया का 'आँखों देखा' ज्ञान शिरोधार्य किया है और संकीर्ण संस्कृत-कूप-जल के बजाय बहते भाषानीर से अपनी कविता का तर्पण। लोक ने पंडिताऊ दुरभिमान का मौका मिलते ही प्रतिवाद किया और 'भोले भावों' की रचना करनेवाली जन-शिक्षा का समर्थन। विश्वविद्यालयों के 'तकनीकी ज्ञान' की खिल्ली उड़ाती यह लोक-कथा आपको जरूर हमारे पुराने समय के अन्तर्द्वंद्व के बीच से गुजारेगी और लोक-पक्ष की विदग्ध आलोचनात्मक दृष्टि के गहरे बोध की जानकारी देगी।

ये श्रीधर शास्त्री हैं, कुलीन ब्राह्मण और काशी के शिक्षित-स्नातक। कई शास्त्रार्थों के विजेता। काशी-निवास करते हैं और शास्त्र अनुमोदित मार्ग पर चलते हैं। इस समय श्वसुर-घर जा रहे हैं। कोई गाड़ी, घोड़ा, पालकी या रथ श्रीधर के पास नहीं है। कई बीहड़ जंगलों को पार करते जाना पड़ेगा शास्त्रीजी को। बहरहाल, अब तक तो कोई कष्ट नहीं आया था लेकिन अब एकदम सामने मृत गधा पड़ा है, शायद, मरे हुए दिन-दो-दिन हुए हों। शरीर फूल गया है, दुर्गंध के कारण सांस लेना कठिन है। चारों तरफ घेर कर बैठे गिद्ध और कौवे लाश को लेकर भयानक उपद्रव कर रहे हैं।

क्या करें श्रीधर शास्त्री?

क्या कहता है शास्त्र? शास्त्र कहता है शव का दाह-कर्म करो। श्रीधर शास्त्र निर्देश का पालन करेंगे। वे गधे को उठाकर सम्मानपूर्वक श्मसान तक ले जाने की कोशिश में लग गये। लाख कोशिश करने पर भी भारी गधा टस-से-मस न हुआ। शास्त्री इस प्रयत्न में थक गये। अब क्या कहता है शास्त्र?

कहता है कि शरीर में सबसे महत्त्वपूर्ण सिर है। उसका दाह कर्म करो। लेकिन गधे का सिर कहाँ है? इस असमंजस में उन्हें मृत गधे की गरदन काटने का निश्चय किया। तेज धार वाले किसी शस्त्र के न मिलने के कारण गरदन काटने का काम

भी नहीं हो सका। श्रीधर चिन्ता में पड़ गये। सहसा ही जैसे बिजली कौंधी हो उन्हें शास्त्र-वचन याद आया कि आँख ही रोशनी का केन्द्र है इसलिए सिर न हो तो आँख से भी काम चल सकता है। किसी तरह किसी भी क्रूरता से मरे हुए गधे की आँख निकालकर श्रीधर शास्त्री ने दाह संस्कार किया। अब उन्हें यह चिन्ता सताने लगी कि वे 'भद्र' नहीं हुए हैं। यानी उन्होंने न तो सिर का मुँडन कराया है न मूँछें, दाढ़ी मुँडवाई हैं।

किसी तरह वे गाँव के एक नाई को ढूँढ़ सके जिसके भोथरे उस्तरे से उन्होंने अपने सिर के बाल मुँडवाए और मूँछें, दाढ़ी साफ करवाई। मार्ग में पवित्र नदियों के घाटों पर वे गधे की आत्मा की शान्ति-प्रार्थना करते रहे जो बिचारा जीवन भर दूसरों के लिए बोझ ढोने-उठाने के लिए अभिशप्त रहा। जो हो, गधे की आत्मा को शान्ति मिली या नहीं यह विवादित है किन्तु श्रीधर की आत्मा को अवश्य शान्ति मिलती रही।

यों दो-तीन दिन की यात्रा करते थके-हारे 'भद्र' (लोक शब्द 'भद्दर') हुए श्रीधर शास्त्री किसी एक सुबह ससुराल के गाँव के सीमान्त पर नज़र आए। तभी शौचादि के लिए उनकी साली ने उन्हें देखा-पहचाना। जीजाजी के आने की खुश-खबरी सुनाने के लिए वह फुर्तीली युवती अपनी मां और जीजी के पास पहुँची। जो वर्णन उसने किया उसमें जीजाजी के 'भद्र' होने का भी था। जाहिर है कि श्रीधर शास्त्री की सास और पत्नी को उनके किसी निकट प्रियजन की मृत्यु के कोई पूर्व समाचार न होने से केवल अन्दाज लगाना ही सम्भव था। तब भी उन्होंने जामाता के आने से पूर्व रोना-धोना और दारुण शोक प्रदर्शन शुरू कर दिया। परम्परानुसार आसपास की स्त्रियाँ भी आ गईं जिन्हें कोई बात मालूम नहीं थीं और न मालूम करने की इच्छा।

इधर जामाता श्रीधर शास्त्री ससुराल पहुँच गये। वे थोड़े चकित होकर अपने बैठने के लिए उच्च स्थान ढूँढ़ने लगे। जामाता के स्वागत के लिए जो शास्त्रोक्त वर्णन उन्होंने पढ़ा था उसमें लिखा था 'उच्च स्थानेषु पूज्येषु' यानी पूज्य के लिए उच्च स्थान आवश्यक है। उन्हें जल्दी ही घास की ऊँची गंजी नज़र आ गई वे उसी ऊँचे और पूज्य स्थान पर जा चढ़े और तब तक बैठे रहे जब तक उचित स्थान की व्यवस्था नहीं कर दी गई।

रात हो चली थी। गाँवों में सूर्यास्त के बाद रात जल्दी आ जाती है। श्रीधर शास्त्री जल्दी ही शयन-कक्ष में पहुँच गये। उनके पहुँचने के बाद उनकी रूपवती पत्नी शीलभद्रा वहाँ पहुँची। रूप की उस दीप-शिखा को देखते ही श्रीधर शास्त्री मन-ही-मन वह सुप्रसिद्ध उक्ति दुहराने लगे 'रूपवती भार्या शत्रु' यानी रूपवान भार्या दुश्मन होती है। तब वे क्या करें? कुरूप बनाने के क्रम में उन्हें उसे एक आँख कर देने का उपाय सूझा। लेकिन 'एकाक्षी कुल नाशनी' यानी एक आँख

वाली वंश डुबो देगी—यह शास्त्र-वचन याद आया। इधर शीलभद्रा को पति के कलुषित भाव समझने में देर न लगी। वह क्रुद्ध सिंहनी की तरह छलाँग लगाकर श्रीधर को अकेला छोड़कर चली गईं और लौटकर 'एकाक्षी' और कुरूप होने के लिए कभी नहीं लौटी।

दुर्भाग्य से हमारी शिक्षा अभिजात्य वर्ग की जिस खुशामद करनेवाली परम्परा से जुड़ी है वह उन जीवन-मूल्यों से भी जुड़ी है जिसमें संशय करना, बोलना, मूल्यों का प्रतिसंसार रचना मना है। लेकिन आप लोक-साहित्य को बोलते, तकरार करते, लोक-व्यवहार के सुरुचिपूर्ण मूल्यों के पक्ष में खड़े होने की निर्भीकता को देखेंगे तो दंग रह जाएँगे।

धर्म और हिंसा

धर्म और हिंसा में क्या सम्बन्ध है? क्या धर्म में ऐसे नजर न आनेवाले भाव हैं जो हम में हिंसात्मक उत्तेजना भड़का देते हैं? यदि ऐसा नहीं है तो क्या धर्म रक्षा के लिए असंख्य बार लड़े गये धर्म-युद्ध और असंख्य बार हुआ नर-संहार अकारण कहा जाना चाहिए। क्या सारे धर्म-युद्ध हिंसात्मक मनोरंजन हैं—ऐसा निष्कर्ष निकालना ठीक होगा? यदि वे किसी उच्च भाव की रक्षा के लिए लड़े गये हैं लड़े जा रहे हैं या कि लड़े जाएँगे तो वे उच्च और दिव्य भाव क्या थे, हैं, या होंगे? हम जब चाहें तब मनुष्यों को मक्खियों की तरह मारने का खेल तो नहीं खेल सकते हैं।

ध्यान से पढ़ें, देखें तो धर्म-ग्रंथों में शौर्य का भाव, उत्तेजना, मर मिटने की आकांक्षा स्पष्ट रूप से पढ़ने को मिलती है। यह भी लिखा है कि नारायण नर का अवतार लेकर अधर्मियों का संहार करते हैं। गीता का बहु-उद्धृत श्लोक इसी तरह की भावोत्तेजना से लिखा गया है—जब-जब धर्म के विरोध में असाधुजन आन्दोलन का झंडा उठाते हैं और साधुजनों को सताते लगते हैं तब-तब मैं साधुजनों की रक्षा करने के लिए और असाधुजनों को दुष्कृत्यों का दंड देने के लिए आता हूँ। त्रेता में राम और द्वापर में कृष्ण आए उन्होंने दुष्टों का संहार किया। ये संहार का संकल्प लेकर जन्मे थे। उनके अपने-अपने शस्त्र थे राम धनुषधारी थे और कृष्ण के पास सुदर्शन-चक्र था। कौन साधुजन थे और कौन असाधु-जन जिनकी रक्षा और जिनका संहार करना आवश्यक हो गया था इसका केवल अनुमान ही लगता है। कोई निश्चित पहचान नहीं है। कृष्ण के समय में उनके माया कंस ही शक्ति केन्द्र थे और उनका वध हुआ। क्या वे ही असाधु थे? कुरु-कुल के युद्ध में कृष्ण अर्जुन के सारथी रहे, सुदर्शन चक्र का एकाधिक बार ही उपयोग किया। एक बार भीष्म की तीरन्दाजी से विक्षुब्ध होकर और एक बार शिशुपाल के शिरोच्छेदन के लिए। लेकिन युद्ध के लिए उकसाते रहे। मेरा स्मरण कर और युद्ध कर (मामनुस्मर युद्ध च)। केवल कहा ही नहीं युद्ध निश्चित किया। युद्ध करूँ या नहीं। अर्जुन के इस संशय, दुविधा को धिक्कारते और विनाश का भय बताते रहे—संशयात्मा विनश्यति। युद्ध स्थली कुरुक्षेत्र को धर्म का क्षेत्र बताया गया है। दिनकर जी ने डॉ. हजारीप्रसाद द्विवेदी के हवाले से कृष्ण के दो रूपों का उल्लेख किया है मूलतः तो वे 'युद्ध कुल के

श्रेष्ठ रत्न हैं, वीर हैं, राजा हैं, कंसारि हैं। रसेश्वर, राधा-वल्लभ वाला दूसरा 'रूप अपेक्षाकृत नवीन है'। अन्त में कृष्ण का यादव वंश आपस के कलह से नष्ट हो जाता है। द्वापर का कृष्णावतार क्या केवल कुरु-कुल के असाधुजनों और अपने कुल का संहार आयोजित करने के लिए हुआ था? जो भी कारण रहा हो, लेकिन इतना तो स्पष्ट है कि धर्म अपनी सारी सौम्य घोषणाओं और करुणापूर्ण कथनों के उपरान्त भी कहीं-न-कहीं विरोधी, प्रतिपक्ष, चिन्हित करता है जिसे वह शस्त्र-शक्ति से दबाता है और तब हिंसा भी वैध-शक्ति के रूप में समाज को स्वीकार होती है। यह हिंसा धर्म-संस्थापना के लिए की जाती है। जो करते हैं और प्रतिपक्षी शत्रुओं का संहार करते हैं वे 'हत्यारे' नहीं 'धर्म संस्थापक' होते हैं। जीतकर वे राज-सुख भोगते हैं, मर कर स्वर्ग जाते हैं। सारे युद्धों को महान और अपरिहार्य सिद्ध करने के लिए उन्हें धर्म-भावना से प्रेरित और अनुप्राणित बताया जाता है। प्रत्येक युद्ध में धर्म-भाव शामिल होता है।

त्रेता का रामावतार किन दुरात्माओं का संहार करने के लिए हुआ था? शिक्षकों, गुरुओं के आश्रमों की गरिमा और यज्ञादि को भ्रष्ट करनेवाले कुछ असामाजिक तत्त्वों को समाप्त करने के लिए या कि सारी सुख-सुविधाओं से सम्पन्न लंकापुरी और उसके शिवभक्त स्वामी रावण का वध करने के लिए? ध्यान से देखें तो राम के महान शत्रु तो परशुराम होने चाहिए थे जिन्होंने इक्कीस बार पृथ्वी को क्षत्रिय विहीन कर दिया था और पिता की आज्ञा का पालन करते माता का वध कर दिया था। बाद में सीता हरण करनेवाला रावण बुराई का और राम अच्छाई का प्रतीक हो गये। रावण दहन जिस धार्मिक उल्लास से सम्पन्न होता है उसमें धार्मिक उदात्तता का अनुभव कम और प्रतिहिंसा का भाव ही प्रमुख हो जाता है।

देखने की बात यह है कि त्रेता-द्वापर की धर्म-हिंसा बाहर के धर्मों से नहीं है—इस्लाम या ईसाइयत से। यह हिंसा अपनों के बीच है, धर्म-सम्प्रदायों के बीच है। अपने-अपने सम्प्रदायों के देवताओं, विश्वासों की श्रेष्ठता को लेकर है। क्या यह अपनों के बीच का तनाव एक ही तरह की उपासना-पद्धति या कि कर्मकांड विकसित करने की दिशा में था? दुनिया के बड़े धर्मों के छोटे-छोटे टुकड़े हुए हैं। इन छोटे-छोटे सम्प्रदायों में मुकम्मिल विभाजन के पूर्व बड़ी हिंसा और रक्तपात हुआ है। सारी दुनिया को करुणा का सन्देश देनेवाले ईसा के अनुयायी आपसी कलह में जूझते, लड़ते मरते प्रोटस्टेंट और केथोलिक्स में बँटें। लोकतंत्र के बेहतरीन आदर्शों का उदाहरण प्रस्तुत करनेवाला इस्लाम फाँकों में बँट कर शिया-सुन्नियों के भीषण युद्धों का कारण बना। युद्ध की अहिंसा के मर्मज्ञों ने हीनयान-महायान सम्प्रदायों में विभाजित होने का निश्चय किया। जैन धर्म नाना मार्गों, पंथों में बँटता चला गया। हिन्दू धर्म अनेक देवी-देवता, धर्म-सम्प्रदायों, लोक-विश्वासों, दार्शनिक-विमर्शों में बँटा है। जब से धर्म-बँटवारे हुए तब से लगा कर आज तक धर्म-सम्प्रदायों के बीच

तीव्र मतभेद, हिंसा, दमन, निन्दा, धमकियों का सिलसिला जारी है। धर्म-गुरुओं के अलग-अलग मठ-मन्दिर, अखाड़े, पहलवान, निजी अर्ध-सैनिकों के दल अकूत चल-अचल सम्पदा, प्रभावशाली प्रभु-वर्ग की भक्तमंडलियाँ कई प्रकार तनाव पैदा करतीं और उत्पात मचाती रहती हैं। एक ही धर्म-संघ के अनुयायियों में आपसी कलह, चरित्र-हनन, कुप्रचार, हमले और दुर्घटनाओं का दुष्चक्र चलता रहता है।

एक ही धर्म के टुकड़े क्यों होते हैं और उनके बीच वैमनस्य और कड़ुवाहट की आग क्यों धधकती है इस पर विचार करना बहुत आवश्यक हो जाता है। इसका सामान्य-सा कारण धर्म का 'सम्पत्ति' में बदल जाना है जिससे मुनाफा कमाया जा सके। जिसके मिथक, प्रतीक, बिम्ब, अवधारणाएँ, कर्मकांड के रूप में व्यवस्थित की जा सकें और जिनकी श्रेष्ठता बता कर मृत्यु के बाद स्वर्ग-नरक का सौदा किया जा सके। यह सुनने में अच्छा न लगे लेकिन 'धर्म' की अवधारणाएँ 'वस्तुओं' की तरह खरीदी-बेची गई हैं। एक प्रसिद्ध ईसाई संत स्वर्ग के टिकिट बेचने का उद्योग चलाते रहे। बोहरा जमात के धर्म-गुरु अपने अनुयायियों से कई तरह की जकात (कर) वसूल करते हैं। दुनिया-भर के ईमाम फतवे जारी करते हैं और धन संचय के रास्ते निकालते हैं। यह कम अचरज की बात नहीं है कि तपस्या, त्याग तथा वैराग्य का उपदेश देनेवाले और भगवान की शरण में बैठे हिन्दू धर्माचार्य समानान्तर सरकारें चलाते हैं और अपने दुष्कृत्यों को छिपाने के लिए अबाध संरक्षण का सरकारों पर दबाव बनाते हैं। धर्म-गुरुओं के पास बेहिसाब धन, जमीन, अनुयायियों का आज्ञाकारी वोट-बैंक और राजनैतिक पार्टियों का प्रत्यक्ष-अप्रत्यक्ष समर्थन है। एक प्रतिस्पर्धी समाज में धर्म-संगठनों का तात्त्विक और नैतिक स्वरूप बिखर गया है और वे सत्ता-सम्पदा के केन्द्र हो गये हैं।

धर्म के साथ सबसे बड़ी कठिनाई यह है कि उसके बाहरी कोण इतने नुकीले होते हैं कि वे उसकी आन्तरिक रचना और सौन्दर्य को देखने ही नहीं देते। धर्म का इसलिए जो रूप नजर आता है वह लौकिक ही होता है, एक ढाँचा, कर्मकांड, उदास सी आकृति, पहचान बनाने की कोशिश। दरसल धर्म एक समान आचार-विचार का ढाँचा बनाने का प्रयत्न करता है जो मनुष्य या स्त्री को सामुदायिक पहचान देता है और उसे यह विश्वास दिलाता है कि यही उसकी श्रेष्ठतम पहचान और अनुपम उपलब्धि है। इसी धर्म के ढाँचे को उठाए-उठाए वह अपना जीवन बिता देता है। इसे एक शालीन शब्द भी दिया गया है—व्यवस्था। प्रत्येक धर्म का बाहरी आचरण 'व्यवस्था' से निर्धारित होता है।

लेकिन धर्म अपने मौलिक रूप में 'ढाँचा, कर्मकांड या एक निश्चित व्यवस्था और आज्ञा, फतवा विरोधी होता है। यही उसका सौन्दर्य भी है। इसी 'आत्मा के आदेश' पर चल कर वह अपने इर्द-गिर्द जमी धूल झाड़ लेता है और नई ऊर्जा का संचार करता है। विश्व के सारे धर्मों ने बगावत के रास्ते तलाश किये हैं और

जोखम की सीढ़ियाँ चढ़ी हैं। सारे 'धर्म' 'आत्मानुभव' 'आत्मा की आवाज़', 'आत्मा के दीप' बनकर प्रतिष्ठित हुए हैं और उन्होंने पूरी तरह, पूरी तेजस्विता के साथ 'ढाँचावाद' की निरर्थकता और निस्सारता प्रमाणित की है। धर्म और व्यवस्था के बीच की टकराहट और अन्तर्विरोध धर्म को अप्रतिष्ठित करता हुआ एक संगठन तैयार करता है और व्यवहार-जगत् के बीच अपने को स्थापित करता है। व्यवस्था आत्मानुभवों की मौलिकता अद्वितीयता, स्वायत्तता का खंडन करती हुई अपना अनुशासन कायम करती है। एक हद तक व्यवस्थाएँ मनुष्य के विवेक और निर्णय लेने की स्वतंत्रता का हनन करती हैं। उसे वे एक बना-बनाया निर्णय मुहैय्या कराती हैं जिसमें वह शामिल न होकर भी शामिल होता है। लेकिन निर्णय लेने की पेचीदगियों से बचने के कारण राहत का अनुभव करता है। धर्म-व्यवस्था उच्चतम जीवन-मूल्यों को भुलाने का प्रयत्न करती है जिनका धर्म बार-बार याद दिलाता है। धर्म और धर्म-संगठनों के बीच यही खींचतान चलती रहती है। धर्म मनुष्य की वास्तविक 'बीज शक्तियों' की व्याख्या करता है, जो वैश्विक और विकासमान हैं। वे जीवन-रचना के तात्त्विक रूप को देखती हैं।

इस प्रसंग में हम भारतीय धर्म को देखें जिसका आग्रह संगठन या व्यवस्था पर नहीं सत्य की अनन्तता पर है। जिसकी रस-भूमि स्थान, काल, व्यक्ति नहीं है अखिल-निखिल ब्रह्मांड है। जिसके प्रार्थना-सूत्र सबके हित की कामना करते हैं (सर्वभूत हितेरता:) और धर्म किसी कर्म-कांड में बँध कर नहीं श्रेष्ठ मानवीय गुणों में व्याख्यायित होता है—घृति, क्षमा, दमोस्तेयम्, शौचम्, इन्द्रिय निग्रहम् धी, विद्या, सत्यम् क्रोधम्, दशकम् धर्म लक्षणम्। एक धर्म के लोकतंत्र की पोषक होने के कारण भारतीय मनीषा न कोई धर्म-ग्रंथ रचती है, न प्रार्थना, न कोई आधारभूत नित्य-कर्म, न उपासना पद्धति, न निश्चित व्याख्याकार। प्रार्थना के सारे प्रतीक, रूपक नैतिक, निर्मल सृष्टि की स्थापना करते हैं—असतो मा सत गमय: तमसो मा ज्योतिर्गमय, मृत्योर्मा अमृतम् गमय:। (मुझे असत्य से सत्य की ओर, अँधेरे से ज्योति की ओर, मृत्यु से अमरत्व की ओर ले चल।) छह दार्शनिक-पद्धतियाँ जीवन-यथार्थ पर विमर्श करती हैं और मनुष्य के सर्वोच्च हित की स्थापना करती है जो भेदातीत है। बार-बार यह कहा जाता है—सर्वे भवन्तु सुखिन:, सर्वे सन्तु निरामय: (सब सुखी हों, सब दोष रहित हों), कोई एक भी दुखी न हो। हिन्दू-धर्म की ऐसी उदात्त और कलुष रहित घोषणाएँ बार-बार हुई हैं तथा उनके प्रति अपनी निष्ठा उजागर करते अनेक जनान्दलनों ने प्रतिबद्धता निभाई है। छठी-सातवीं शताब्दी में शंकराचार्य ने अद्वैत-दर्शन से समता के महान सिद्धान्त का प्रतिपादन किया। सबमें ब्रह्म है (सर्वम् खल्विदं ब्रह्म) 'तोमें, मोमें, खड़ग, खंभ में, सब जग रहा समाइ।' समतावादी इस महाअभियान को कबीर जैसे अनेक संतों ने प्राण-प्रण से समर्थन दिया। बीसवीं शताब्दी के अन्त तक भी गांधी ने 'सत्य को ही ईश्वर कहा और माना।'

देखने की बात यह है कि इन्हीं शान्त, उदार, समतावादी धर्म-सूत्रों में से वह समाज व्यवस्था निकलती है जो नितान्त अमानवीय, अलोकतंत्रवादी और समता के सारे सपनों को ध्वस्त करती है। धर्म और धार्मिक व्यवस्था के अन्तर्विरोध इतने भयावह हैं कि वे धर्म की सारी उदात्त स्वीकृतियों को अविश्वसनीय बना देते हैं।

यह कहना अत्यन्त कठिन है कि हिन्दू धर्म-व्यवस्था वर्ण और जाति की अवधारणा कैसे निर्मित करती है और उसे कैसे जन्म के साथ जोड़ती है लेकिन वह निराशा, थकान, रोष, प्रभुत्व के जटिल मनोविकार पैदा करती है और हिंसा, अपराध, तनाव, मान-अपमान के सैंकड़ों कारण बनाती है। हिन्दू-धर्म व्यवस्था का यह स्थायी-भाव है। जाति-प्रथा के चलते हिन्दू-समाज की ऊपरी शान्त और मनोरम व्यवस्था अन्दर से धधकती रहती है और बार-बार जातीय-दंगे, लूट पाट, अपराध और हत्या, राष्ट्रीय-सम्पदा के अपरिमित नुकसान का कारण बनती है।

सामाजिक-संगठन का यह हिन्दू-रूप धर्म ने स्वीकृत नहीं किया है। लोक ने 'आत्मा सो परमात्मा' कह कर धर्म को अलौकिक ऊँचाई तक पहुँचा दिया है। 'जल और कुंभ' का रूपक बाँध कर कबीर 'ब्रह्म और जीव' के सम्बन्ध को समाज की अद्‌भूत इकाई के रूप में स्थापित करते हैं 'जल में कुंभ, कुंभ में जल है, बाहर भीतर पानी, फूटा कुंभ जल-जलहि समाना यह तत् कहो गियानी'।

दरसल हमारे लिए धर्म और धर्म-संगठन या धर्म-संस्था या कि धर्म—व्यवस्था के अन्तर्विरोध को समझना आवश्यक है जिसकी रचना पुरोहित वर्ग करता है। अन्ततः धर्म-व्यवस्था की अनुपालना उनके वर्चस्व और जीविकोपार्जन से जुड़ जाता है। इस जीविकोपार्जन के खेल को रहस्यमय बनाने के लिए पुरोहित केन्द्रीय सत्ता बना रहता है। यह सत्ता जीवन-मरण, गति-अगति, काल-अकाल, प्राकृतिक आकस्मिकताओं, दैहिक-दैविक-भौतिक तापों की भविष्यवाणियाँ करती हैं। धीरे-धीरे लौकिक-अलौकिक भय पुरोहित-वर्ग को शक्ति केन्द्र बना देती है और वह छोटी-बड़ी, जीवन से लेकर मृत्यु तक की गतिविधियों का नियामक हो जाता है।

पुरोहित अपनी बौद्धिक कुशलता से धर्म की नैतिक शक्तियों को नारायणी शक्ति में बदल लेता है और स्वयं उसका प्रतिनिधित्व करता है। चमत्कार और भय उसे अपार शक्ति देते हैं। वह असंख्य अनुयायियों का आस्था-केन्द्र होता है और बार-बार उन्हें धर्म विनाश का खतरा बताकर विरोधियों को हिंसा कराता है। यह हिंसा प्रत्येक धर्म-व्यवस्था को मान्य होती है।

देश और दुनिया में धर्म नहीं, धर्म-व्यवस्थाएँ अपने निहित स्वार्थों और वर्चस्व को बचाने-बढ़ाने के लिए कभी अपने ही धर्म-परिवारों और कभी दूसरे धर्म-कुलों के अनुयायियों को आपस में भिड़ाती, हिंसा कराती फलती-फूलती रहती है। ऐसे 'अंधे और अँधेरे', समय में धर्म की नैतिक प्रतिज्ञाओं को बचाना नागरिकता का सर्वोच्च कर्तव्य होता है।

हिन्दू धर्म की उदार-यात्रा

जिस जगह हम आ गये हैं वहाँ से यह देखना मुश्किल हो गया है कि किन मूल्यों को बचा लेने से हम देश और देशवासियों को बचा लेंगे, इस प्रसंग में प्राय: सभी यह पश्चात्ताप करते हैं कि वे समय की बंजर ज़मीन पर खड़े हैं, लेकिन कोई भी ठीक से यह नहीं जानता कि देश की ज़मीन को उर्वरक बनाने के लिए किस किस्म के बीज बोने की आवश्यकता है। इस घटाटोप से मुक्त होने के लिए हमें सच्चाई के साथ यह सवाल पूछना चाहिए कि क्या हम अपने समय से बहुत परेशान हैं? क्या इस समय की खुशियों में से एक भी खुशी हमारी नहीं है या कि किसी भी समय के उद्वेगपूर्ण सवालों और अन्तर्विरोधों के उत्तर तुरन्त ढूँढ़ निकाले गए हैं?

लेकिन एक बेचैन शताब्दी के लोग कई मिज़ाजों के होते हैं। बहुत से होते हैं जो समय के कई अन्यायपूर्ण मोर्चों पर खड़े रहते हैं और परिवर्तन की आशा लिये जीते हैं। बहुत से चालाक लोग समय की छोटी-मोटी उथल-पुथल की निंदा करते हुए एक भी सुख-सुविधा से वंचित नहीं रहना चाहते। बहुत से लोगों को व्यतीत हुए समय की याद आती रहती है और वे उन्हीं दिनों की रूमानी तसवीर अपने दिल से लगाए रहते हैं। ऐसा कई कारणों से होता है, हो सकता है कि हमारे व्यतीत हुए समय में दो-चार सुख के बीज रहे हों या हो सकता है कि वर्तमान की उठा-पटक को सहन करने की हमारी शक्ति चुक जाए या कि हमें वर्तमान में बड़े होने, बढ़ने से डर लगने लगे।

कुछ भी हो, लेकिन समय के सम्बन्ध में यह बात ध्यान देने की है कि वर्तमान के साथ हमारे रिश्ते हमेशा आशंका, असुरक्षा और दुविधा से घिरे रहेंगे, लेकिन व्यतीत हुए समय के साथ ऐसा नहीं होगा। उसे हम भावुकता और श्रद्धा की दृष्टि से देखेंगे क्योंकि वह हमारे लिए न तो चुनौतीपूर्ण होगा और न उसका हमारे पक्ष-विपक्ष में कोई परिणाम निकलेगा। यदि हम सावधान न रहे तो वह तिलस्म की तरह हमें बाँधे रहेगा और छलेगा भी खास तौर पर उस समय जब हमारे पास नई सोच के लिए रास्ते बन्द हों और औपनिवेशक संस्कृति का दबाव बना हो।

हमारे जैसे प्राचीन देश में अतीतानुराग के लिए बहुत-सी जगह है क्योंकि उस प्रतीक पर हम अपने और विदेशी लोगों से सम्मान हासिल करते रहे हैं जबकि आज हमारे पास गर्व करने जैसा कुछ भी नहीं है और गोरे लोगों ने हमारे मन की दुनिया

जीत ली है। इस धुंध में ही हमें पुराने भारत की वे दूध की नदियाँ, वर्णाश्रम धर्म जैसी सामाजिक व्यवस्था, विलासी राजाओं का राजसी और नृशंसा ठाठ, आश्रमों में दी जानेवाली गुरुओं की शिक्षा और विश्वमैत्री की उदारतापूर्ण भावनाओं की याद आने लगती है। हम में से बहुत से अतीत की वापसी चाहने लगते हैं।

यह वस्तुत: एक ही तरफ देखना है और न केवल काल के आगे बढ़ने का नज़रअन्दाज करना है, बल्कि उस समय में रहे अन्तर्विरोधों, अभावों और कष्टकर प्रसंगों को जान-बूझकर भूल जाना है।

बहुत पुराने समय में राजगुरु द्रोणाचार्य के पुत्र अश्वत्थामा को दूध के बदले आटे का घोल पिलाने का वृत्तान्त मिलता है। सन्दीपन गुरु के आश्रम में भूखे सुदामा ने कृष्ण के कलेवे में से कुछ सामग्री चुराकर खा ली थी। तपोनिष्ठ ऋषियों के चित्त किशोरी अप्सराओं पर मुग्ध होते रहे। सूर्य और चन्द्रमा आकाश से उतरकर अविवाहित कुंती और विवाहित अहिल्या से काम-क्रीड़ा कर लौट गये।

हमारे जीवन-प्रवाह के हजारों प्रसंग एक-दूसरे के विपरीत, एक आचरण की विसंगति को काटते दूसरे अधिक तर्क संगत आचरण की स्थापना करते मिल जाएँगे, एक कट्टरता का निषेध करती करुणा और एक उदार परम्परा की जगह लेती, दूसरी कट्टरतावादी परम्परा के उदाहरण इस तरह घुल-मिल गये हैं कि हम भारत को 'परम्पराओं का महासंगम' भी कह सकते हैं।

अपनी भौगोलिक और जलवायु की विलक्षणताओं के अनुसार भारत ने अपनी धार्मिक पहचान बनाने के लिए एक भी बाहरी आचार-व्यवहार पर मुहर नहीं लगायी और न किसी एक परम्परा के बोझ को अपने कंधों पर उठाया। केवल भारत के लोगों ने ही परम्पराओं के अन्तर्विरोधों का दबाव सहा है। यह सही है कि बार-बार उसका मुकाबला हुआ है। यह बात गौरतलब है कि भारत में जो भी हिन्दू राजनीतिक पार्टियाँ किसी एक धर्म या किसी एक परम्परा का नाम लेती हैं उनके पास एक भी सर्वमान्य धर्म-ग्रंथ या आचार-संहिता या कि उपासना स्थल नहीं है?

यह मानना कठिन है कि यदि पूर्वजों ने इच्छा की होती तो वे कोई निरापद धर्म-ग्रंथ नहीं लिख सकते थे या कि किसी सर्वमान्य आचार-संहिता का प्रचार करने में असमर्थ रहते। वे मेधावी और पंडित थे, लेकिन वे समय के आर-पार भी देखते थे, काल की सनातन गति को जानते थे। वे हठी और मताग्रही-आचार्य की तरह नहीं बल्कि एक वैचारिक की तरह काल-निर्मिति के और लोक-मन के विविध पक्षों को पहचानते थे उन्हें यह अनुमान था कि किसी जाति का मन धार्मिक-स्मृतियों से नहीं बनता बल्कि उन संवेगों, अनुभवों और विचारों से बनता है जो विश्व के अन्दर और बाहर होनेवाले घटना चक्रों से जुड़े होते हैं। विचारों की वैश्विक-सत्ता पर उनका विश्वास था।

जो लोग हिन्दुस्तान के आशिक हैं वे इसलिए नहीं कि वहाँ पूर्वजों के लोकाचरण और व्यवहार पर मुग्ध होने और श्राद्ध करने की भावुक परम्परा है, बल्कि इसलिए

कि वहाँ विचार की श्रेष्ठता को स्वीकार करने का साहस है। यह बात विचार करने योग्य है कि हमारी पूरी धर्म परम्परा लौट-लौट कर वैचारिक आधार क्यों ढूँढ़ती है? सत्यान्वेषण के लिए दार्शनिकों और तपस्वियों ने शरीर सुख को बार-बार अस्वीकार क्यों किया है?

लगभग दो हजार वर्ष पहले विकट सन्देहों से घिरे अर्जुन के जिन प्रश्नों की कृष्ण ने मीमांसा की थी वह विचार की अन्तिम और अनासक्त यात्रा थी। महाभारत में उपस्थित हुए कृष्ण काल और मनुष्य-मन के गहन रिश्तों के व्याख्याकार हैं। वे फल की चिन्ता न करते हुए कर्म के समर्थक हैं। यह स्वाधीन रहने का सबसे बड़ा विचार है। यह विचार हमें इतना पसन्द आया है कि गीता को तिलक, गांधी, विनोबा, अरविन्द सहित देश के लाखों-लाख लोगों ने धर्म-ग्रंथ जैसा आदर दिया है।

हमारे लिए यह चिन्ता की बात है कि हमारा मिज़ाज और हमारी बौद्धिक परम्परा अन्ध-निष्ठाओं और धर्म के बाहरी रूपाकारों के पक्ष में नहीं है। तब भी हम सहसा अपनी आस्थाओं के लिए किस्म-किस्म की बाहरी और अतार्किक रूपों की तलाश और स्थापना के लिए सब तरह की, यहाँ तक कि राजनीतिक, कोशिश में क्यों लगे हैं?

यह तथ्य अच्छी तरह समझ लेना चाहिए कि बाहरी प्रतिमानों की स्थापना का विचार हमें काफी आकर्षक नहीं लगा है और पूर्वजों ने उसे कभी महत्त्वपूर्ण बनाने की चिन्ता नहीं की। जिन लोगों ने यह समझा कि धर्म के बाहरी प्रतिमान देश के लोगों में प्रगाढ़ मित्रता पैदा करते हैं उनसे मुसलिम तथा ईसाई देशों की आपसी कलह और कटुता छिपी नहीं होगी। अब भी दुनिया में ऐसे युद्धों की कमी नहीं आई है जो समान धर्मबीजों और समान धार्मिक प्रतिमान वाले देशों के बीच लड़े जा रहे हैं।

जिस धर्म को भारत के लोगों ने स्वीकार किया है उसे 'सनातन धर्म' कह कर बड़ा बना दिया है। यह विशेषण उसे सारी संकीर्णताओं से मुक्त करने की कोशिश में है। इससे धर्म के सारे अभिप्राय पारिभाषित होते हैं। एक निरन्तरता का भाव उन गुणों को विकसित करने पर जोर देता है जिनका सम्बन्ध हमारे तत्काल को लाँघ कर विराट से जुड़ जाता है।

अन्दर की दुनिया सनातन है इसलिए हम बारम्बार उसी को सम्बोधित करते हैं। उसी के क्षय को रोकना चाहते हैं। उसी को संस्कारित करना चाहते हैं। अन्दर की दुनिया बचाने का अर्थ है धैर्य, क्षमा, बुद्धि, विद्या, सत्य, अक्रोध जैसे दुर्लभ मानवीय गुणों को बचाना। यही धर्म के लक्षण हैं, 'धृति, क्षमा, दमोऽस्तेयं, शौचम्, इन्दिय-निग्रह, धी, विद्या, सत्यम्ऽक्रोध दशकम् धर्म लक्षणं।' ध्यान देने की बात है कि ये बाहरी प्रतिमान नहीं हैं; किसी एक जाति के भी नहीं हैं और निरन्तर विकसित होनेवाले हैं। जो धर्म मानवीय गुणों के आधार पर विकसित होगा उसका कोई बाहरी रूप नहीं हो सकता। न वह किसी स्थान, काल की मर्यादा या कि रुढ़ियों से छोटा हो सकता है।

एक हिन्दू का अन्तर्द्वंद्व यह है कि वह बाहरी प्रतिमानों से मुक्त होने पर गर्व करता है। लेकिन वह लगातार यह कोशिश भी करता है कि अपनी बाहरी पहचान के चिह्न या लक्षण बताता गिनाता चले। जब-जब वह बाहरी एकता पर बल देता है, कट्टर हो जाता है, लेकिन जब वह बाहर से अन्दर की ओर जाता है उसका रूप बदल जाता है; वह नरम, दुनिया का दोस्त और उदार होता है। डॉ. लोहिया ने लिखा था कि कट्टरता और उदारता का चक्र बार-बार चला है अपने समय में गोडसे और गांधी कट्टरतावादी और उदारतावादी परम्पराओं के प्रतिनिधि रहे हैं।

तब भी एक हिन्दू के लिए अपनी बाहरी पहचान सिद्ध करना हमेशा मुश्किल होगा। जब-जब वह आन्तरिक शक्ति और मनुष्योचित गुणों के विकास का दावा करेगा वह कम कट्टर और ज्यादा लचीला हिन्दू होता जाएगा।

मैंने एक बार काशी नरेश के गुरु से पूछा था कि बाहरी लक्षणों और चिह्नों के अभाव में वे 'हिन्दू' किसे कहेंगे? उन्होंने कहा कि हिन्दू होने का सर्वमान्य लक्षण 'परमात्मा, परलोक और पुनर्जन्म' में विश्वास है। लेकिन हिन्दुओं में नास्तिकों की संख्या कम नहीं है।

हिन्दू धर्म का बाहरी ढाँचा बनाने की चिन्ता दरअसल एक राजनीतिक चिन्ता है; एक किस्म का मनोवैज्ञानिक डर है जो दूसरे धर्मों के विस्तारवादी स्वरूप से पैदा हुआ है, लेकिन यह सोचने की बात है कि जिस धर्म के बीज तात्त्विक जिज्ञासाओं के मूल तक जाने में निहित हैं उसका बाहरी आचार-शास्त्र या कि बाहरी प्रतिमान किस सीमा तक उपयोगी होंगे? तब हम उसे अपने मूल स्वभाव और जातीय चेतना के आधारों पर अलग नहीं कर देंगे?

उदाहरण के लिए जिसे हम 'हिन्दू धर्म' कह रहे हैं और चिन्ता कर रहे हैं कि वह खतरे में है और यह भी कि उसे बचाना चाहिए तब दरअसल हमारी चिन्ता क्या है? क्या खतरा है? हिन्दू धर्म का कौन-सा तत्त्व, कौन-सा रूप नष्ट होनेवाला है?

एक सरल-सा उत्तर तो शिवाजी के समय भूषण ने दिया था—शिवाजी की प्रशंसा करते हुए कवि ने लिखा था कि आपने 'कांधे पै जनेऊ राखी, माल राखी गर में' बहुत से लोग इसे ही दुहरा रहे हैं।

लेकिन देखना यह है कि इस उत्तर की प्रासंगिकता क्या है? किसने किस पर आक्रमण किया है? क्या हमारी शताब्दी का संकट 'जनेऊ और गले में माला' का है? क्या यह संकट की बहुत उथली पहचान नहीं है?

किन्ही धर्म-समूहों से डरना या उन्हें डराना दोनों का धार्मिक नहीं मनोवैज्ञानिक तथा आर्थिक उपचार और उपाय ढूँढ़ना आवश्यक है।

हम धर्म को चाहे जितने आग्रह से 'हिन्दू बनाना चाहें और बाहरी प्रतिमानों की कैद में बाँधें तब भी कामयाबी मिलनेवाली नहीं है क्योंकि वह हमारी उस वैचारिक यात्रा का निषेध है जो सहस्त्रों वर्षों से हमने की हैं।

हिंसा की बढ़त

इन दिनों हिंसा की बढ़त हमारी केन्द्रीय चिन्ता का विषय है। समृद्ध होती अरब-खरबपतियों की बढ़ती हुई तादाद और ऊँचाइयों के सपने देखते हुए आत्ममुग्ध मध्यवर्ग को हिंसा की फैलती हुई आग की लपटों से डर लगने लगा है। इस डर और संकट की वज़ह से ही वे सब समाजशास्त्रियों, अर्थशास्त्रियों, राजनीतिज्ञों, धर्माचार्यों, तांत्रिकों, ज्योतिषियों और अपने शुभ चिन्तकों से यह पूछने में लगे हैं कि हिंसा क्यों बढ़ रही है? दुख की बात यह है कि वे यह मानने के लिए तैयार नहीं हैं कि इसका मुख्य कारण वे ही हैं। वे उन रोशनी के द्वीपों में हैं जिनके चारों तरफ अँधेरा और उदासी है।

एक अघाये हुए और भूखे समाज का अन्तर पूरी तरह आँकड़ों से समझ में नहीं आता और शायद आँकड़ों के इसी कांइयांपन से विक्षुब्ध होकर किसी अर्थशास्त्री ने झूठ के तीन प्रकारों में आँकड़ेबाज़ी को भी गिना है। उसने कहा है झूठ तीन प्रकार के होते हैं 'झूठ, नितान्त झूठ और आँकड़ेबाज़ी (लाईज, डेम लाईज एंड स्टेटिसटिक्स) तब भी हमें विश्वसनीय विकल्प के अभाव में आँकड़ों पर विश्वास करना पड़ता है और हम पाते हैं कि भारतीय समाज में अस्सी प्रतिशत लोग बीस रुपया रोज़ की आमदनी पर जी रहे हैं। इतने सारे वंचित लोग अपने व्यर्थ के जीवन से निराश होते हिंसा की तरफ लौटते हैं, छीना-झपटी करते हैं, सार्वजनिक सम्पदा को नुकसान पहुँचाते हैं। इस कुकर्म करने का अधिकार किसी को नहीं है। तब भी कुकर्मों के विरोधी व्याख्याकारों ने व्यथित होकर हिंसा के पक्ष में झुकता वक्तव्य दिया है। कहा है—"विभुक्षितम् किम् न करोति पापम्" (भूखा आदमी कौन-सा पाप नहीं करता?) अहिंसा के समर्थन में खड़ा होना उस समय कुछ अपराध जैसा लगने लगता है जब सारी दुनिया असमानताओं के हजारों हिस्सों में बँटी हो और मनुष्य के पास अपने होने का अर्थ जानने के लिए आत्महत्या या दूसरों की हत्या करने के अतिरिक्त कोई विकल्प न बचा हो। गैर बराबरी की व्यवस्थाएँ हिंसा, उपद्रव, सार्वजनिक सम्पदा के प्रति अनादर की भावना या घृणा के सिवा दूसरा कोई भी भाव पैदा नहीं कर सकती है।

इस समय यदि देश के विचारवान लोग गैर बराबरी के साथ बढ़ती हिंसा की शक्तियों को नहीं देखते, तो आनेवाला समय पूरी तरह अराजकता का होगा और समाज की सारी रचनात्मक ऊर्जा संशय और शंकाओं के बीच निरर्थक हो चुकी होगी।

गांधी जी ने किसी समय एक सारगर्भित बात कही थी वह लोभ से सम्बन्धित थी और लोभ के प्रबल विनाशकारी दुश्चरित्र की तरफ इशारा करती थी। उन्होंने कहा था कि "मैं तुम्हारी जरूरत को समझ सकता हूँ लेकिन तुम्हारे लोभ को नहीं।" यह उन्नीसवीं सदी के पश्चिमी अर्थशास्त्र और पूँजीवादी तिलस्म को तोड़ने का मर्म वाक्य था जो भारतीय मन को भी प्रभावित कर रहा था। यह कोई अध्यात्म कथन नहीं था और न वैराग्य कथा का सूत्र वाक्य। यह केवल लोक-व्यवहार के उदात्त चरित्र और मानवीय रिश्तों की गरिमा बचाने का सिद्धान्त था। जिसे यूरोपीय अर्थशास्त्र ने उलट कर लूट का सिद्धान्त बना दिया था। इसका दायरा लोभ को उचित ठहरा कर अपने घर भरने और दूसरे को वंचित करने के स्वाभाविक अधिकार तक फैल गया था। अर्थशास्त्र के असंख्य और असीमित इच्छाओं वाले सिद्धान्त को एशियाई मुल्कों ने भी स्वीकार कर लिया था। एक नई उर्जा और प्रतिष्ठा के साथ अर्थशास्त्र हमारे मन का मालिक बन गया। आज हम जिसे उपभोक्तावाद की 'अपसंस्कृति' कहते हैं यह उसकी शुरुआत थी।

देखते-देखते अपेक्षाकृत शान्त, सहनशील, श्रम आधारित अर्थ-शास्त्र उदृंड, मनचला और शोषण-केन्द्रित होता गया है। इस अर्थशास्त्र का शोषण और हिंसा से कोई गुरेज़ नहीं है। धीरे-धीरे यही अर्थशास्त्र नई अर्थ-केन्द्रित सभ्यता में बदल गया है और व्यक्तिवाद को सैद्धान्तिक समर्थन देने लगा है। इस सभ्यता को प्रेमचन्द ने 'महाजनी सभ्यता' कहा है और उसके बारे में लिखा है, "पूज्य पिताजी पितृभक्त बेटे के टेहलुए बन जाते हैं। मां अपने सपूत की टहलुई, भाई भी भाई के घर आए तो मेहमान है। इस सभ्यता की आत्मा है व्यक्तित्वाद।"

आज के व्यक्तिवाद और प्रेमचन्द के समय के व्यक्तिवादी आवेशों की तुलना करना निरर्थक है। यह समय सारे मानवीय रिश्तों को भूल जाने का है। गांधी के समय ऐसा लगता है कि लालच के घोड़े की लगाम मनुष्य के हाथ में है। लेकिन अब मनष्य को घोड़ा बनाकर लालच उस पर सवार हो गया है और मनुष्य की लगाम लालच के हाथ में है। लालच ने जिस वृहत् अपरिचय के वृत्त बनाए हैं वे मनुष्य और मनुष्य के बीच ही नहीं मनुष्य को अपने से भी अपरिचित बनाते हैं। ऐसे सघन आत्म-अपरिचय के समय हिंसा ही एक रोमांचक कर्म रह जाता है। हिंसा के जरिये ही मनुष्य अपनी शक्ति का अन्दाजा लगाता पहचानता है।

हिंसा के लिए बढ़ते हुए रोमांस का इतना जुनून है कि 'अहिंसा' का काम पुलिस के महकमें के पास चला गया है। वे हिंसक, उपद्रवी भीड़ पर गोलियाँ चलाते हैं या हवाई फायर करते हैं, आकस्मिक मृत्यु के आँकड़े कोई नहीं जानता। हिंसा प्रेमियों की ये दलील अहिंसा प्रेमियों को शर्मिंदा करती है कि जब तक उपद्रव, अशान्ति न हो, सरकारी अधिकारियों की चेतना सोई रहती है। हिंसा प्रेम में डूबे देशों और जनता की यह 'रसिकता' देखने जैसी है कि वार्षिक बजट में शिक्षा या स्वास्थ्य

पर खर्च होनेवाली राशि को देखने के बजाय वे रक्षा बजट की राशि को देखने और उसकी समीक्षा करने को उतावले रहते हैं। यह विडम्बना है कि भूखे, बीमार, अधनंगे, अनपढ़ लोगों को अपने ऐतिहासिक गौरव की याद दिलाते समय परमाणु परीक्षणों का बार-बार उल्लेख किया जाता है। छोटे-छोटे देश अत्यन्त महंगे और संहारक आयुध बनाकर पड़ौसी देश से मित्रता की अपेक्षा करते हैं। समझा जाता है कि हिन्दुस्तान-पाकिस्तान के बीच अब तक युद्ध न होने का कारण शान्ति, प्रेम, भाई चारा नहीं है, अणु-आयुध और सर्वनाश का भय है। तब भी निर्भय होकर शान्तिकामी जनता अपनी-अपनी सरकारों से यह नहीं पूछ रही है कि ये संहारक आयुध किस के विनाश के लिए है? क्या हमारे जीवन का उत्सव-काल समाप्त हो गया है?

दुनिया-भर के समाजशास्त्री, अंधाधुंध अमीरी के बीच हिंसा, आतंक, हत्या, अपराध और अनेक तरह की अधमताओं के अकल्पित विस्तार के कारणों की तलाश कर रहे हैं? उनमें से कुछ समाजशास्त्रियों का एक वर्ग दृढ़तापूर्वक यह मानता है कि हिंसा की इस बढ़त का कारण 'धर्म-क्षय' है। पश्चिम के भौतिकवाद ने धर्म और अध्यात्म पर विजय पा ली है। वे रामचरित मानस में वर्णित रामराज्य को 'यूटोपिया' रचने में लगे हैं और धर्म संसद की स्थापना का सपना देखते हैं। वे अब भी सृष्टि रचना को ईश्वरीय विधान मानते हैं। उनके मतानुसार राजा-रंक, गरीब-अमीर, ब्रा ह्मण-शूद्र, आदि व्यक्ति के पूर्व जन्म के कर्मों का फल है। धर्म-क्षय के कारण ही व्यक्ति का मन दुर्बुद्धि, हिंसा, कुकर्म, पाप आदि की तरफ भागता है। धर्माचार्यों के चतुर शिष्य और अनुयायी अपने-अपने धर्म मार्गों, धर्मग्रंथों, आस्थाओं, कर्मकांडों को श्रेष्ठ मानते अन्तर्विरोधों के तनावों और लालच का बीच जीवन जीते हैं। यह विडम्बना है कि अनेक सम्प्रदायों मज़हबों में बँटा समाज मानवीय व्यवस्था की क्रूर विसंगतियों का विरोध नहीं करता। गरीबों वंचितों के दुर्भाग्य को उनके पूर्व जन्म के कुकर्मों का फल मानता है। वह अनेक कथाओं, मिथकों, कुतर्कों से अन्याय के विरुद्ध संघर्ष को भोंथरा करता है।

हिंसा की इस देशव्यापी आक्रामकता के बीच भी अहिंसक समाज और सरकार बनाना प्रासंगिक और आवश्यक है क्योंकि हिंसा निषेधात्मक कर्म है और उसे आधार बनाकर कोई मजबूत और संवेदनशील समाज नहीं बनाया जा सकता है। हिंसा की बनावट में एक किस्म की कायरता और पलायन है। किन्तु अहिंसा तब अविश्वसनीय हो जाती है जब वह निर्गुण, सिद्धान्त की तरह उद्धृत होती है और जिसका कर्म-पक्ष अत्यन्त कमजोर होता है।

हमारे देश में वर्ण, जाति का बँटवारा, सम्पत्ति के असीम छोरों पर बँटी प्रभुता, स्त्री की पराधीनता, धर्म-सम्प्रदायों की जकड़न और अत्यधिक सीमाओं तक पहुँचा भाग्यवाद हिंसा के लिए उर्वरा भूमि तैयार करते हैं और अहिंसा दर्शन की चमक और जरूरत को बेअसर बना देते हैं।

बाज़ारवाद और शुद्धतावाद में पिचकी हिन्दी

वर्ष में एक दिन हिन्दी की बात करने का आता है। यह 14 सितम्बर है। इसे 'हिन्दी दिवस' कहते हैं। हिन्दी-दिवस के दिन हमें अचानक यह अनुभव होने लगता है कि अंग्रेजी प्रबल हो रही है, उसने हिन्दी को पछाड़ दिया है। निष्कर्ष यह निकलता है कि हमारी हिन्दी को अंग्रेजी से तगड़ी करना चाहिए। कौन करे, आजकल करने का काम किसी का नहीं है। सब काम 'सरकार' का है। 'हिन्दी दिवस' के दिन जिस-जिस की जैसी रुचि होती है वैसी-वैसी माँग दर्ज कराकर 'सरकार' की अकर्मण्यता को धिक्कारता 'हिन्दी सेवी' होने का सम्मान प्राप्त करता है। चुपचाप अंग्रेजी तीन सौ चौसठ दिन अखाड़े में डटी रहती है।

यह अचरज की बात ही है कि भाषाविद्, विद्वान, विश्वविद्यालय के आचार्य-गण तक यह विश्वास करते हैं कि सरकारें भाषा को पुनर्जीवन दे सकती हैं। जबकि वे जानते हैं कि राजकीय संरक्षण के चलते भाषाएँ सूख गई हैं। राजघरानों, कुलीनों, प्रकांड पंडितों, कवियों द्वारा सींची गई संस्कृत, फारसी आदि मुरझा गई हैं और जन-भाषाओं का बाल भी बांका नहीं हुआ। 'साहित्य-अमृत' के सम्पादक डॉ. विद्यानिवास मिश्र 'हिन्दी दिवस' पर आक्रोशपूर्ण सम्पादकीय लिखते थे लेकिन अन्त तक आते-आते वे सरकार की उदासीनता और उपेक्षा पर खिन्न होकर रूठे हुए नज़र आते थे।

जहाँ तक मैं समझता हूँ स्व. मिश्र जी सहित अनेक हिन्दी सेवियों का यह आकलन है कि हिन्दी को लेकर ज्यों ही सरकारों में चैतन्य आएगा हिन्दी तगड़ी हो जाएगी अनेक उन्नतियों के द्वार खुल जाएँगे; 'निज भाषा उन्नति अहै, सब उनति को भूल।'

लेकिन पिछले साठ वर्षों में भाषा के साथ हमारे भावनात्मक सरोकारों में जबदरस्त बदलाव आया है। दरअसल हुआ यह है कि सारे भावनात्मक सरोकार व्यापारिक सरोकारों में बदल गये हैं। जिस प्रौद्योगिकी का विकास हुआ है उसकी जरूरतें वस्तुएँ बनाना और बेचना है; भावनाओं के रिश्ते बनाना नहीं है और न यह समझाना है कि हमारी ज़िन्दगी कितने दूसरों की मदद, परिश्रम, हुनर और आत्मीयता पर टिकी है। अन्त:सम्बन्धों की यह दुनिया बोझिल और बाँझ होती जा

रही है। प्रौद्योगिकी विकसित तकनीकों ने भाषा के सारे सरोकार बदल दिये हैं। अब भाषा का काम मन को खोलना, सच्चाई को दिखाना या बुरे के विरुद्ध अच्छे के लिए आत्म-विश्वास बढ़ाना नहीं है बल्कि एक लम्पटतापूर्ण बाज़ार बनाना है जहाँ वस्तुएँ आसानी से बिक सकें। भाषा की जरूरत वस्तुओं के झूठे गुणगान और विज्ञापन के लिए है।

थोड़े दिन पहले हमारे 'वस्तु-मित्र अखबारों' ने अमरीका के प्रेसीडेंट बुश का एक बयान छापा था। इस बयान में अमरीकी नौजवानों से जल्दी ही उम्दा हिन्दी सीखने के लिए कहा गया था। भारत के हिन्दी-सेवी इस बयान से बहुत प्रसन्न हुए। कुछ ने सराहना की मुद्रा में कहा कि प्रेसिडेंट बुश तक ने हिन्दी की अहमियत स्वीकार ली है और अमेरिकन युवकों को हिन्दी सीखने की सलाह दी है।

उन्हें यह समझने में देर लगी कि अमरिका के प्रेसीडेंट बुश का हिन्दी-प्रेम भारत के सामान्य जन के स्वाभिमान, गरिमा और भावनाओं को मुक्त अभिव्यक्ति देनेवाली हिन्दी के लिए नहीं बल्कि गाँवों में मार्केट की जरूरतों को समझने और भाषा चतुराइयों से अनावश्यक विलासिता की वस्तुओं के लिए बाज़ार बनाने के लिए है।

वस्तुओं और भाषा के रिश्ते हमारी समझ में कठिनाई से आते हैं लेकिन सच्चाई तो यही है कि वस्तुएँ पहले और भाषा बाद में हमारा जीवन प्रभावित करती है। हम बार-बार यह समझने की कोशिश करते हैं कि हिन्दी की जगह क्यों सिकुड़ती जा रही है; उसके शब्दों को धक्का देते बाज़ार के रसहीन शब्द क्यों जगह बनाते जा रहे हैं? मां, भैया, अम्मा की जगह मम्मी, मॉम और पिता की जगह डेडी, डैड, पापा ने क्यों ले ली है लेकिन इतना ही नहीं हुआ है रसोई घर में थाली की जगह प्लेटें और कटोरियों की जगह 'बाउल्स' आ गये हैं। हवेली, घर, कॉम्पलेक्स, अपार्टमेंट; दुकान—शॉप्स, स्टोर्स में तब्दील हो गई हैं। कल लड़का सक्सीटीसेवन का हिन्दी अनुवाद पूछ रहा था। किसी को अचरज नहीं होना चाहिए कि परसों सारी भारतीय भाषाएँ अनुवाद के रूप में पहचानी जाने लगें।

हिन्दी सेवकों के लिए हिन्दी के सहज, जनतांत्रिक, गरिमा और रसमय रूप को बचाने की चुनौती ही सबसे अहम् और चिन्ताजनक है। सबसे बड़े जनाधार वाली भाषा होने के कारण बाज़ार उस पर घात लगाए बैठा है। विकास के बाज़ारवादी मॉडलों के चलते भाषा के सारे जाने-पहचाने शब्द, मुहावरे, वाक्य-विन्यास, प्रतिमान बदल गये हैं। मातृभाषाओं का दूध सूख गया है। अब यदि हिन्दी राज्य-भाषा बनती हैं तो वह 'हिंग्लिश' कहलाएगी। अब शायद हिन्दी-समाज को लगने लगे कि हिन्दी के जनतांत्रिक रूप को बचा सकना केन्द्र और राज्य सरकारों के मनोबल की बात नहीं है और कोई भी अच्छा, ईमानदार और लोकहित में काम करने की शक्ति 'बाज़ारवाद' ने क्षीण कर दी है।

किन्तु क्लेश इसका भी है कि भाषा को यानी हिन्दी को बचाने और समृद्ध करने का जन-उत्साह भी अत्यधिक कमज़ोर पड़ गया है। भाषा आनन्दोत्सव न होकर कमाई का ज़रिया हो गई है। मध्यवर्ग ने अंग्रेजी के सामने घुटने टेक दिये हैं। विदेशी तकनीक के साथ ही विदेशी भाषा का दबदबा कायम हो गया है। गाँव के लोग अपनी गरीबी और बदहाली का कारण अंग्रेजी से वंचित रखे जाने को मानते हैं। हिन्दी-पट्टियों में असंख्य अंग्रेजी स्कूल धड़ल्ले से अपना धंधा कर रहे हैं।

वर्चस्ववादी मध्यवर्ग और मीडिया 'हिंग्लिश' का प्रचार कर रहे हैं। 'हिंग्लिश' का अर्थ होता है हिन्दी में अंरग्रेजी शब्दों की अराजक घुसपैठ। 'हिंग्लिश' को 'सामान्य जन की भाषा' कहनेवाला एक शक्तिशाली समूह 'बाजारू भाषा' को वैधता दिलाने की कोशिश में लगा है। उसका तर्क है कि दूसरे देशों के शब्दों से हिन्दी का खजाना समृद्ध होगा और मित्रता के पुल बनेंगे। मित्रता के पुल बनाने का काम टी.वी. और अखबार वाले करने लगे हैं। अखबारों में आधे हिन्दी और आधे अंग्रेजी के वाक्य 'मैत्री के पुल' बना रहे हैं। अंग्रेजी शब्दों की घुस-पैठ से बनाई गई नई हिन्दी वह 'बाजारू भाषा' है जिसका अर्थ विलासिता की वस्तुएँ दिखा-दिखा कर समझाया जाता है। पूरा बाजार इन व्यर्थ की चीजों और शब्दों से अटा पड़ा है। यह ध्यान देने की बात है कि इस बाजारू और नकली भाषा को सरल हिन्दी कहा जा रहा है।

हिन्दी-भाषी लोगों के लिए बहुराष्ट्रीय कम्पनियाँ रोज़गार की अनेक कठिनाइयाँ पैदा करनेवाली हैं और अंग्रेजी का वर्चस्व तिलमात्र भी घटनेवाला नहीं है। अंग्रेजी पारिभाषिक शब्दावली का दबदबा समाचार पत्रों के सब पृष्ठों पर देखा जा सकता है। प्रौद्योगिकी के इस नये विस्तार के साथ मध्यवर्ग ने समझौता कर लिया है। बहुराष्ट्रीय और निजी कम्पनियों से यह सवाल कौन कर सकता है कि वे किस भाषा का प्रयोग कर रहे हैं? वे किसी के प्रति जवाबदेह नहीं है।

हिन्दी-भाषा के साथ-साथ देवनागरी लिपि पर भी संकट गहरा गया है। हिन्दी अब रोमन लिपि में लिखी जा रही है। टी.वी. पर दिये गये सन्देशों की लिपि रोमन है। एक अन्तरराष्ट्रीय लिपि का सम्मोहन जल्दी ही तर्क में बदलनेवाला है। देवनागरी लिपि की सारी विशेषताएँ उसकी रूप-रचना का सौन्दर्य अन्तरराष्ट्रीय बाज़ार की जरूरतों के दबाव में विलुप्त हो जानेवाला है।

हिन्दी के अहित में जैसे बाज़ार भाषा 'हिंग्लिश' लगी है जिसका पूरा लक्ष्य 'महाजनी सभ्यता' के विस्तार का है जो एक संवेदनात्मक जन-भाषा बनने की मुहिम को रोकती है उसी तरह 'शुद्धतावाद' भी हिन्दी के अहित में लगा है। शुद्धतावाद हिन्दी को संस्कृत की बेटी बताता है और एक भावनात्मक सूत्र के आधार पर ब्राह्मणवादी परम्परा के साथ जोड़ देता है। शुद्धतावादी हिन्दी को

कठिन, पांडित्यपूर्ण, रसहीन और एक विशेष वर्ग की भाषा बनाते हैं जो उन्हीं की जाएदाद के रूप में उन्हीं के कब्जे में रहती है। लोहिया जी ने जब वर्ग विश्लेषण किया था तब जिन तीन कारकों की गिनती की थी उनमें एक भाषा भी थी दूसरे (दो) जाति और जाएदाद (व्यक्ति सम्पदा) थे। संस्कृत लम्बे समय से अभिजनों की भाषा बनी रही और बहुजनों को अपनी ड्योढ़ी पर खड़ा रखा। संस्कृत नाटकों में राजपुरोहित, नृपति-वर्ग, राजमहिषियाँ, कुलीन-जनों को संस्कृत बोलने का अधिकार है लेकिन स्त्रियों और सेविकाओं को नहीं है। ज्ञान का सारा खजाना भाषा के जरिये कुलीनों की मुट्ठियों में आ जाता है। कुलीनों के वंशज बहुजनों को इस परम शक्तिशाली भाषा ज्ञान से वंचित रखते हैं और ऐसी व्यवस्था करते हैं कि भाषा ही सबसे बड़ी बाधा बनी रहे। शुद्धतावादियों के लिए बोलने और लिखने की सहज, समझी जानेवाली रस-रंजिता भाषा कष्टदायक होती है। देखने की बात यह है कि दोनों (अंग्रेजी और संस्कृत के पैरोकार) अलग-अलग रास्तों से चलकर इस जगह आकर मिल जाते हैं कि भाषा का प्रवाह, उसकी सहज गति, उसकी जनपक्षधरता घट जाए। दुर्भाग्य से दोनों पक्ष सन्देह और भटकाव की चालाक अमूर्त और अजनबी दुनिया बनाते हैं।

शुद्धतावादियों का यह कहना सही नहीं है कि हिन्दी संस्कृत की बेटी है। ध्यान से देखें तो हिन्दी संस्कृत की प्रतिस्पर्धी भाषा है। मां-बेटी का रिश्ता बनाकर हिन्दी के प्रतिस्पर्धी तेवर ढीले करने की कोशिश में कुलीन वर्ग एक सीमा तक कामयाब हुआ है यह कहने में मुझे संकोच नहीं है। भाषा की राजनीति करनेवाली दक्षिण पंथी भारतीय जनता पार्टी और राष्ट्रीय स्वयं सेवक संघ जैसे कट्टर-पंथी संस्थान हिन्दी को संस्कृत की बेटी बताकर उसकी क्रान्तिकारी भूमिका को नष्ट करने की कोशिश करते हैं। वे भाषा के सार्वजनिक हक को एक विशेष वर्ग की सम्पदा बना देना चाहते हैं। शुद्धतावाद की सच्चाई यह है कि वह एक प्रकार से श्रेष्ठत्व का दावा पेश करता है और किसी भी प्रकार के मेल-जोल और मैत्री की सम्भावनाओं को खारिज़ कर देता है। यही फासीवाद और राष्ट्र-भक्ति का सबसे अनचाहा, विकृत रूप है।

कट्टरवादियों ने भाषा के संवाद, सम्पर्क और सृजन के सारे रास्ते कई बार सकड़े किये हैं और इस तरह ज्ञान के अनेक स्रोतों पर अपना अधिकार जमाये रखा है। ज्ञान और सत्य के अनुसन्धान पर पुराने समय से लगाकर आज तक के कट्टर पंथियों के प्राण लेनेवाले फ़तवे हमारी जानकारी में हैं। देश में इस समय कोई विचार निर्भय होकर व्यक्त नहीं किया जा सकता है और न कोई आख्यान भय रहित मन से लिखा जा सकता है।

इस शुद्धतावादी-कट्टरतावादी परिदृश्य में हिन्दी हिन्दुओं की ओर उर्दू मुसलमानों की भाषा हो गई है। जो भाषा असंख्य किसानों, मज़दूरों, कामकाज़ी महिलाओं,

कुलियों, रिक्शावालों, कवियों, शायरों, गांधी, प्रेमचन्द, लोहिया, कबीर-मीरा, रैदास, हज़ारों क्रान्तिकारी शहीदों ने बोली-लिखी उसे हिन्दू-मुसलमानों में बाँटने का फासिस्टवादी षड्यंत्र कामयाब होने को है। यदि यह साजिश सफल हो जाती है तो हिन्दू और मुसलमान फासिस्ट लोगों को बेजुबान कर देंगे। तब रिक्शावाला 'सचिवालय' का बिना अर्थ समझे पंडित-मुल्ला की वजनदार सवारियों को खींचता ही चला जाएगा।

अब हिन्दी के सामने 'राष्ट्रभाषा', 'राजभाषा' बनने के पहले 'बाजारवाद' और 'शुद्धतावाद' से बचकर जन-भाषा बने रहने की चुनौती है।

हिन्दी का एक दिन

कुछ दिन पहले मैंने स्वतंत्रता की चिन्ता की थी। पन्द्रह अगस्त को सारे अखबारों ने और जिससे जहाँ बन सकता था उसने पन्द्रह अगस्त को देश की और स्वाधीनता की चिन्ता की थी। फिर वर्ष बाद चिन्ता करने का दिन आएगा। अब चौदह सितम्बर को भाषा की चिन्ता करेंगे—राष्ट्र-भाषा की। फिर अक्टूबर में गौ को बचाने की चिन्ता करेंगे। किसी दिन सद्‌भावना बढ़ाने की चिन्ता, किसी दिन 'गणतंत्र' बचाने की चिन्ता। इस तरह एक-एक दिन होता है भाव-विह्वल होकर चिन्ता करने का और चिन्ता मुक्त होने का। ऐसे चिन्ता की उम्र लम्बी होती जाती है और उसके कई फायदे होते हैं।

फिलहाल हिन्दी की चिन्ता। चौदह सितम्बर के आते ही हम में से कुछ को और हमारे राष्ट्र-नायकों को हिन्दी को राज-भाषा बनाने की याद आने लगती है। यह चिन्ता होने लगती है कि हिन्दी कभी राजभाषा होगी भी या नहीं? वैसे तो प्रायः नहीं, लेकिन 'हिन्दी दिवस' के दिन हम पूरे भारतवासियों को याद करते है, खास तौर पर दक्षिण के राष्ट्रप्रेमी महामनाओं को जिन्होंने हिन्दी को राजभाषा बनाने के पत्र पर हस्ताक्षर किए थे।

चौदह सितम्बर को या ऐसे ही किसी दिन को हम 'भारतीय भाषाओं' की विपत्ति का दिन नहीं मानते क्योंकि हमारी दृष्टि में दूसरी भारतीय भाषाओं पर संकट नहीं हैं; वे फल-फूल रही हैं, व्रजपात हिन्दी पर ही हुआ है क्योंकि वह 'राजभाषा' नहीं हो रही है। हमारा विश्वास है कि हिन्दी के राजभाषा घोषित होते ही 'स्वदेश, स्वभाषा, स्वधर्म' के सब संकट और चुनौतियाँ समाप्त हो जाएँगी और सब जगह सब विभागों में, राज्यों में हिन्दी काम में आने लगेगी। हिन्दी साहित्य और साहित्यकारों की पहचान बनेगी और देश को एकता-अखंडता के सूत्र में बाँधना कठिन नहीं होगा।

यह शायद 'अतृप्त मनोकामना' है; ऊपर-ऊपर से मनोरम लगनेवाला परिदृश्य और एक भोली-भाली सद्‌भावना, सदेच्छा। वास्तव में तो हमें हिन्दी राजभाषा के सम्बन्ध में नहीं 'हिन्दी चाहत, हिन्दी प्रेम' की मनोवैज्ञानिक जरूरत के सम्बन्ध में बात करनी चाहिए। भाषा व्यवहार एक आन्तरिक ज़रूरत है जो इस चाहत और इस इच्छा पर निर्भर करती है कि हम कितना विस्तार, कितना फैलाव और कितनी

हदबन्दियों को तोड़ना चाहते हैं। वह अभिजात्य और गैर-बराबरी तोड़ने की भी चाहत है; समीप आने की और अपरिचित जन-समूहों को समीप लाने की। यह आवश्यकता उस समय और भी अधिकता से अनुभव की जानी चाहिए जब देश धन, बड़ी जाति और भाषा (विशेषतया अंग्रेजी) के आधार पर अभिजात्य और शोषकों में बँट रहा हो और सबसे गरीब हिन्दी प्रान्तों पर 'भाषा-साम्राज्यवाद' लादने का कलंक लग रहा हो। यदि हिन्दी अनुरागी ज्यादा भावुक न हों तो उन्हें इस कड़वी और कठोर सच्चाई को समझ लेना चाहिए कि हिन्दी के राजभाषा होने की सम्भावनाएँ धुँधली होती जा रही है। अब 'अंग्रेजी हटाओ' का नारा न लुभावना है न उत्साहजनक। अंग्रेजी को चुपचाप सामाजिक और व्यावसायिक बड़प्पन मिल गया है जिसका अन्दाजा बेहद मंहगे अंग्रेजी स्कूलों के लिए बढ़ते आकर्षण से लगाया जा सकता है। महानगरों, नगरों, कस्बों, गाँवों-देहातों में अंग्रेजी स्कूलों की 'मनोवैज्ञानिक ज़रूरत' अनुभव की जाने लगी है और इन स्कूलों में पढ़ना-पढ़ाना बड़प्पन का चिह्न बन गया है। अंग्रेजी स्कूल 'लाभदायक व्यापार' के केन्द्र बन गए हैं और उन्होंने 'सरकारी स्कूलों' का सम्मान और आवश्यकता एकदम कम कर दी है।

यह देखने और चिन्ता करने की बात है कि पिछले कई वर्षों से हिन्दी और दूसरी भारतीय भाषाएँ समृद्ध नहीं हुई हैं यद्यपि उनके बोलनेवालों की संख्या बढ़ी है, लेकिन उनसे अनुराग करनेवालों की संख्या लगातार कम हुई है। समाज के टूटने और संवेदनहीन होने का पछतावा और दुख की बात अमूमन की जाती है लेकिन उसका सबसे बड़ा कारण अपनी भाषाओं को भूल जाना है या उन्हें लगातार उपेक्षित करना है।

अंग्रेजी हुकूमत के दिनों में भारतेन्दु ने एक अविस्मरणीय दोहा लिखा था जिसके अन्तिम चरण में था 'मिटत न हिय को शूल' लेकिन इस उम्मीद के साथ कि गोरी ताकतों के चले जाते ही जिन बहुत सी खुशियों के लौट आने की उम्मीद थी उनमें अपनी भाषा की वापसी भी थी। भाषा के लिए यह समय निराशा का नहीं था क्योंकि अवरोध के कारण जानते थे और वह इच्छा भी हमारे पास थी जो देश और भाषा को विपत्तियों से बचाती है और सृजन का उत्साह देती है।

आज़ादी के तुरन्त बाद ब्रिटिश ब्राडकास्टिंग कॉर्पोरेशन का नुमाइन्दा गांधी के पास गया था। गांधी से उसने इस महान ऐतिहासिक अवसर पर सन्देश देने को कहा। उन्होंने कहा, "ब्रिटेन वालों से कह देना कि गांधी अंग्रेजी भूल गया है।" गांधी और उनके बाद राममनोहर लोहिया ही भारतीय भाषाओं की स्वाधीनता के सबसे प्रबल पक्षधर की तरह याद किए जाएँगे। लोहिया ने 'अंग्रेजी हटाओ' आन्दोलन के समय इस देश को 'कटी जुबान का देश' कहा था।

बहुत सी बातों और बहुत से आन्दोलनों की अब हमारे मन में अच्छी भली और रूमानी यादें ही बच गई हैं लेकिन पूरे प्रवाह और परिदृश्य को देखें तो उन

आन्दोलनों का करुणापूर्ण अन्त हो गया है विशेषतया उन आन्दोलनों का जो इस देश की जनता और जनाकांक्षाओं से जुड़े थे और जिनकी उपयोगिता आज भी निर्विवाद और असन्दिग्ध है। भाषा आन्दोलन का भी हमारे देखते-ही-देखते दुखद अन्त हो गया है और उन जीवनशैलियों का भी जिससे भाषा निकलती है और शक्तिशाली बनती है। सच्चाई तो यह है कि जिस देश के चालीस सैंकड़ा लोग भूखे और उत्पीड़ित-समाज के हों वहाँ की भाषा समर्थों और शक्ति-केन्द्रों की नहीं हो सकती है और उन्हें उन उत्पीड़कों की भाषा दबोच देगी जो कपटाचरण से लोकतंत्र चलाते हैं; जो पाँच या इससे कुछ कम वर्षों में गूंगे लोगों से 'मातृ-भाषाओं' में मत माँगने जाते हैं लेकिन बाद में अपना व्यापार, अपने विश्वविद्यालय, स्कूल, अस्पताल, संसद, उच्च न्यायालय, अमूल्य अन्वेषण, खोज, सूचनाएँ, कानून अंग्रेजी भाषा में चलाते हैं। भाषा का ऊपर-ऊपर से भोला-भाला, भला सा लगनेवाला मसला वास्तव में प्रभुजनों और वर्चस्व बनाए रखनेवालों का सबसे क्रूर संघर्ष होता है। अन्त में, जिसका नतीजा एक मनोवैज्ञानिकहीनता में बदल जाता है। उत्पीड़ित, निर्धन लोग समझने लगते हैं कि वे गरीब भाषा-परिवार के लोग हैं उनके स्कूल रद्दी और बेरोजगार बढ़ानेवाले हैं; अमुक कुल, जाति और पेशे के मां-बाप अपने बेटों को अंग्रेजी स्कूलों में पढ़ा रहे हैं। इस पूरी चालाकी, व्यावसायिक दक्षता, मनोवैज्ञानिक चतुराई से इस व्यापार का सबसे लाभदायक दर्जा मिल जाता है। सामान्यजन मन-ही-मन लड़ाई हार जाते हैं।

यह देखने की बात है कि पिछले वर्षों में सहसा ही विदेशी शराब और विदेशी भाषा के स्कूलों की संख्या में इतनी वृद्धि क्यों हो गई है और हमारी स्वदेशी सरकारों ने घुटने क्यों टेक दिए हैं? दोनों मोर्चों पर यह 'पराजय' बेहोशी में नहीं हुई है; दोनों का नशा एक सा है और दोनों ही गरीबों को अपनी ज़मीन से बेदखल करती हैं और जीवन-निर्माण की उमंग को नष्ट करती है। ध्यान देने की बात है कि इन पिछले बीस वर्षों में 'शिक्षा की गैर-बराबरी' की बहस और जनान्दोलन खत्म हो गए हैं। सरकारी स्कूलों की चमक खत्म होती जा रही है और उनमें पढ़नेवालों के मन हीनता और लाचारी से क्लान्त हैं। वे यह मानते हैं कि उनके इस दुर्भाग्य का कारण हिन्दी है। इस समय सबसे भयावह आक्रमण देश के सीमान्तों पर नहीं देश के स्कूलों और शिक्षा पर हो रहा है क्योंकि यहीं असंख्य बालकों की चित्त-रचना होती है। असंख्य देशवासियों को वास्तविक पराधीनता का पता यहीं लगता है।

इस समय संकट राजभाषा को लेकर तो हैं ही लेकिन असली संकट 'जनभाषा' को लेकर है क्योंकि धीरे-धीरे अपनी भाषा के लिए ही लोगों के मन में सन्देह और कातरता के भाव फैलाए जा रहे हैं और युवा-वर्ग में यह दहशत पैदा कर दी गई है कि वे हिन्दी के जरिये, हिन्दी बोलकर, धोती-कुर्ता पहने किसी बड़े ओहदे और कम्पनी की कुर्सी नहीं पा सकते। इस सत्य से राजभाषा के तरफदारों को परिचित

हो जाना होगा कि जन-भाषा के सूखते वृक्ष पर राजभाषा का कोई फल-फूल नहीं लगेगा। यदि किसी मौसम में लग भी गया तो जल्दी ही मुरझा जाएगा क्योंकि जन-भाषा की इच्छा-शक्ति से ही राजभाषाएँ चलती हैं। भाषाएँ राजाज्ञाओं के और अभिजनों के बल पर नहीं चलतीं। इस चालाकी को समझा जाना चाहिए कि गैर-बराबरी के कारण बँटे हुए समाज में भाषायी गैर-बराबरी के आधार बने रहेंगे और राजभाषा दुकान की सजावट की तरह ललचाती रहेगी और लोग सत्ताधीशों को धिक्कारते रहेंगे। पश्चिम के प्रतीकों और जीवन-शैलियों के साथ जब बड़प्पन का भाव जुड़ा है; पश्चिम का भोजन और मित्रताजब सामाजिक श्रेष्ठत्व के प्रतिमान हैं तब देशी भाषाओं का विकास असम्भव है।

इस बात पर फिर से और गहराई से विचार करना चाहिए कि हिन्दी के पंडितों, लेखकों, कवियों, शुद्ध हिन्दी प्रेमियों ने हिन्दी को लोक-प्रिय बनाने के लिए क्या किया है? क्या उन्होंने अपने हिन्दी प्रेम को महज़ विज्ञापन बना लिया है और जनाधारों को काट दिया है? क्या यह दुख की बात नहीं है कि हिन्दी भाषा-भाषी प्रान्तों में हिन्दी लिखने-बोलने का आग्रह किया जाए और वे लोग जो हिन्दी-दिवस के दिन अवसर के सारे लाभ उठाकर हिन्दी की पक्षधरता करें वे अपने बेटे-बेटियों के विवाह-निमंत्राण अंग्रेजी में छपाएं-अंग्रेजी में 'गणपति-वंदना' और 'महिला संगीत' की सूचनाएँ छपी हों।

हिन्दी अध्यापकों, कवियों, लेखकों ने हिन्दी के जनाधारों को लगातार कमज़ोर करने की कोशिश की है। वे प्राय: हिन्दी को शुद्ध बनाने की कोशिश में उसे 'अजनबी जन-समूहों की भाषा में बदलने का प्रयत्न करते हैं। हिन्दी के कवियों, लेखकों की जमात विश्वविद्यालयों में पढ़ाते-लिखाते नगरीय मध्यवर्ग का अभिन्न अंग हो गई हैं। जो इस जमात में नहीं है वे भी जन-सामान्य के लिए नहीं लिखते, उनके सुख-दुख का किताबी ज्ञान ही उनके लोक-जीवन के ज्ञान की सीमा है। गाँव से शहर में आए लेखक शहर के हो गए हैं। गाँव बौद्धिक-अनुभूति की बात करने तक सीमित हो गया है। अध्यापकों ने भाषा अध्यापन इतना नीरस, उबाऊ और यांत्रिक बना दिया है कि पढ़नेवाले किताबें नहीं किताबों के सम्बन्ध में 'वनवीक सीरिज़' में पढ़ते हैं और इम्तिहान के बाद तुरत-फुरत रद्दी के भाव बेंच देते हैं। शुद्ध हिन्दी वालों को यह वहम है कि वे संस्कृतनिष्ठ, कठिन, लोक से अपरिचित हिन्दी बोलकर उपकार कर रहे हैं और वे जो हिन्दी बोल रहे हैं वह फूलेंगी-फलेगी। लेकिन उनकी हिन्दी अंग्रेजी की मदद कर रही है। दोनों ही अभिजनों की भाषा है; सामान्य जनों की भाषा और संवेदना से अलग पंडितों और नौकरशाहों के सम्प्रदाय की भाषा। लोक-मंगल की बात करनेवालों की भाषा समारोह और उत्सव की भाषा हो गई है।

राजभाषा की चिन्ता करनेवालों के लिए इसकी चिन्ता करना बहुत आवश्यक है कि हिन्दी क्षेत्र के लोग बेझिझक, निडर होकर अपने घर में, अपने नगरों-शहरों,

अपने प्रान्तों में हिन्दी को काम में लें। दूसरे प्रान्तों के लोगों को हिन्दी में काम-काज करने की सलाह तक असरदार होती नहीं लगती जब तक हम हिन्दी प्रदेश वाले अपने व्यवहार में सौ फीसदी खरे और ईमानदार नहीं उतरते। लेकिन यह ताकत उस पूरे ईमानदार बदलाव पर निर्भर करती है जब हम भाषा के असली पहरुओं के पास लौटेंगे और उन लोगों की चिन्ता करेंगे जिन्हें जान-बूझकर अपनी ज़मीन, अपनी जुबान, अपने सपनों, अपनी भाषा से बेदखल कर दिया गया है।

अपनी भाषा को राजभाषा बनाने की एक दिन की चिन्ता को जब तक हम सार्वकालिक चिन्ता के साथ हिन्दी को अंग्रेजी के प्रबलतम आक्रमण और मनोवैज्ञानिक हताशा से नहीं बचा लेते, कुछ भी कर पाना सम्भव नहीं है।

संचार-साधनों से अपसंस्कृति तक

पिछले वर्षों में विज्ञान और यंत्र-विधि ने दुनियादारी चलाने और हमारे मन बदलने के रोमांचकारी तरीकों की ईजाद की है। इस तरह कि वे हमें बाहरी दुनिया के नहीं अपनी अन्दरुनी दुनिया की भावना या संकल्प जैसे लगते हैं। इनकी अचरज भरी ताकत यह है कि वे जिनके हाथ में हैं उन्हें असंख्य गुना ताकतवर बनाते हैं और यह भी कि मनुष्य के हाथों में होते हुए भी उसे एक जादुई ताकत से लैस करते हैं। आज मनुष्य और यंत्र-विधि का प्रेम और घृणा का द्वंद्वात्मक रिश्ता ऐसे निर्णायक मोड़ पर आ गया है कि यदि हम यंत्र-विधि को मनुष्य-हित के पक्ष में होने का आन्दोलन नहीं करते तो एक ऐसी अप-संस्कृति जन्म ले सकती है जो मानवीय संस्कृति के स्वभाव और स्वरूप को बदल दे और पूँजीवादी-सत्ता गिरोहों के पक्ष में हो।

विज्ञान और यंत्र-विधि की बाहरी दुनिया से अन्दर की, मन की दुनिया तक की यात्रा किसी बड़े तामझाम के साथ नहीं बल्कि एक सूक्ष्म तर्क-संगति के साथ, दुनिया के रहस्यों को खोलती और एकदम नई तथा विश्वसनीय लगती जरूरतों का विस्तार करते हुई है। मिसाल के लिए हम टी.वी. को लें। वह एक बड़े डिब्बे के आकार का है। एक सीमा तक वश में भी है। इस अर्थ में कि उसे खोलने-बन्द करने के लिए हम स्वाधीन है। उसे अमरिका में 'मूर्खों का डिब्बा' कहा जाता है। वह दुनिया के मजेदार खेल-तमाशे, मजेदार उथल-पुथल, मजेदार स्त्री, पुरुष, बच्चे और भयावह, रोमांचकारी नर-संहार, गुप्त षड्यंत्र तथा कामयाबियों के करिश्में दिखाता हुआ एक अप-संस्कृति का समान्तर विचार पैदा करता है। यह विचार हम से लगातार भिड़ता है और हमें वह नहीं रहने देता जो हम चाहते हैं। एक अयथार्थ को यथार्थ बनाने की कोशिश और उसी को धीरे-धीरे सपनों की तरह लुभावना बनाने का काम इस तरह होता जाता है कि हम जैसे जुए में सारे दाँव लगाते जाते हैं और एक-एक इंच ज़मीन हारते जाते हैं।

टी.वी. से ही नहीं, संचार के सभी माध्यमों से हमारी मैत्री प्रगाढ़ होती जा रही है क्योंकि वे हमारे अकेलेपन और निरीहता के अनुभवों को तोड़ते हैं। वे हमारी देखने-सुनने की सीमित शक्ति को कई तरफ मोड़ते हैं और एक नये रंगत की 'सामाजिकता' देते हैं। नए रंगत की इस सामाजिकता से पुराने रंगत की आध्यात्मिकता

इस कदर फीकी पड़ गई है कि हमारे बड़े-बड़े साधु-संन्यासी गले में ट्रांजिस्टर लटका कर 'बोल राधा बोल' जैसे गीत सुनते अलौकिक आनन्द पाते हैं और भक्तों को 'राधा-कृष्ण' के साहचर्य का मर्म समझाते हैं। दुनियादारी में लगे लोगों के लिए यह भक्ति, कविता और संगीत की 'ड्राईंगरूम' तक वापसी है। इस मनोरंजन और मनोविलास के चलते हम सबके लिए यह भूल जाना बहुत स्वाभाविक है कि इन मशीनों के पास आत्म-विवेक और आत्म-निर्णय की शक्ति नहीं है और यह भी कि यह सारा उपक्रम हमारी आन्तरिक दुनिया के कार्यों में नियोजकों का अदृश्य किन्त चातुर्यपूर्ण हस्तक्षेप है, जिनके विवेक-अविवेक या कि सामाजिक-सरोकारों के प्रति प्रतिबद्धता अथवा कि उदासीनता से बहुत कुछ बन या बिगड़ सकता है।

इसी सिलसिले में विकासशील और गरीब देशों के लिए विज्ञान की भूमिका पर एक बार फिर से विचार करना आवश्यक हो गया है क्योंकि उनके पास विज्ञान गौरी दुनिया से आया है और इसलिए वे उसे या तो श्रद्धा, आतंक और सम्भ्रम से स्वीकार करते हैं या उसे अतीतानुराग के कारण उपेक्षा और अनादर से अस्वीकार कर देते हैं। यही बात संचार-साधनों के साथ है। संचार-माध्यमों के साथ हम उत्तेजना भाव के साथ जुड़े हैं, इतनी उत्तेजना के साथ कि जहाँ दूरदर्शन केन्द्र नहीं है वहाँ के निवासी यह अनुभव करते हैं कि उनकी हैसियत कम कर दी गई है और वे सरकार की दृष्टि में कम महत्त्वपूर्ण हैं। लेकिन जहाँ ये केन्द्र हैं वहाँ के नागरिक भी सन्तुष्ट नहीं हैं क्योंकि वे निरन्तर अपने सामाजिक-जीवन में उस दूसरे प्रकार के खालीपन का अनुभव करते हैं जिससे वे कुछ समय पूर्व अपरिचित थे। दरअसल यह 'दूसरे प्रकार का खालीपन' एक लोक-संस्कृति अनुरागी चित्त पर मशीनी-संस्कृति का दबाव है। मेरी दृष्टि से इस दबाव को एक अंश में ही कम किया जा सकता है और ऐसा होना भी तभी सम्भव है जब हम सभी संचार साधनों को अपने सामाजिक-सांस्कृतिक प्रयोजनों से जोड़े रहें।

सामाजिक सांस्कृतिक प्रयोजनों पर सुचिन्त्य और गम्भीर संवाद की सम्भावना का निषेध नहीं किया जा सकता लेकिन यह निर्विवाद है कि आज के संचार माध्यमों की कार्यशैली और संचालकों की दृष्टि देशी मिज़ाज की नहीं है, उन पर गोरे लोगों और नव-धनाढ्य वर्ग का आतंक है। भारत जैसे गरीब देश में वे मनोविलास होते हैं। वे राजनीतिक अवसरवादिता और राजनेताओं के दंभप्रचार का जबरदस्त माध्यम बने हुए हैं।

इसी प्रसंग में यह रेखांकित करना उचित होगा कि देश के सामाजिक यथार्थ से बेखबर होने के कारण हमारे संचार-माध्यमों के संचालक उपभोक्तावादी संस्कृति की दलाली कर रहे हैं जो युद्ध-शस्त्रास्त्रों की दलाली से भी अधिक भयावह है। वे वास्तव में वस्तुओं के महत्त्व का ऐसे प्रतिपादन कर रहे हैं कि उनके अभाव में जैसे मनुष्य सत्वहीन ही हो जाता है। आप प्राय: दूरदर्शन, रेडियो या कि अन्यत्र भी

यह विज्ञापन देखते, सुनते, पढ़ते होंगे जिसमें किसी प्रेशर कुकर के सम्बन्ध में यह कहा जाता है कि जो अपनी पत्नी से प्यार करेंगे वह उसे अमुक-अमुक प्रेशर-कुकर का उपहार देंगे। प्यार के लिए प्राण देने की जिस शैली में प्रेशर कुकर बेचा जाता है वह मासूम मनोरंजन या मनोविलास नहीं है, वह धीरे-धीरे आत्म-पीड़न और हीनता जैसी कमजोर मन:स्थितियों को पैदा करने का मनोवैज्ञानिक कौशल है। ऐसे विज्ञापन बेहिसाब अन्तर्विरोध पैदा करते हैं और उन उत्पीड़ित लोगों को वस्तुओं की दुनिया में लाकर खड़ा कर देते हैं जिनकी दुनिया भूख, रोग, कुपोषण से पहले ही चौपट हो चुकी है। शायद हम सबका यह अनुभव अब तक पुख्ता हो चला होगा कि यदि पूरे समय हम रेडियो या दूरदर्शन को सुनते, देखते रहें तो जल्दी ही इस परिणाम पर पहुँच जाएँगे कि आज़ादी के बाद हमारी सबसे बड़ी जिम्मेदारी साबुन बेचने की है। साबुन लगाकर ताल में मछलियों की तरह तैरती या फव्वारे के नीचे बैठी खिलखिलाती हुई विज्ञापन वाली स्त्रियों को देखना उन सब नगरों या गाँवों के लिए आत्म-पीड़न ही है जहाँ चार दिन में घण्टे-आध-घण्टे के लिए पानी आता हो या कि जिन पोखरों और गढ्ढेनुमा तालाबों में भैंसे और स्त्रियाँ एक साथ नहाती और पानी पीती हों।

विज्ञापनबाजी का यह सिलसिला उस लद्दड़ आर्थिक व्यवस्था के लिए घमंड लगानेवाली आँकड़ेबाजी का हिस्सा भी है जो विकासशील और विभिन्न देशों में प्राय: सराही जाती है। गांधी ने एक बार शराब और शिक्षा के आर्थिक अन्त:सम्बन्धों पर नाराज़ टिप्पणी करते हुए कहा था कि वे शराब की आमदनी से चलाए जानेवाले स्कूलों को बन्द कर देना पसन्द करेंगे। क्या हम यह वक्तव्य संचार-माध्यमों और विज्ञापनों से होनेवाली आमदनी के अन्त:सम्बन्धों के सिलसिले में दे सकेंगे? दरअसल हम सबके मनों में एक लोभ सैंध लगाकर चोर की तरह घुस गया है कि इन्हीं सब क्रूर, अश्लील और हिंसा के रास्तों से हम आधुनिक हो सकते हैं और ऐसा न कर सकना पिछड़ेपन का संकेत है। यह शायद हमारे लिए भी अपने मन में जाँच लेने का समय है जबकि हम अपनी बहुत सी महत्त्वाकांक्षाओं के पक्ष में सामाजिक सरोकारों को पुर्नव्याख्यायित करने में लगे हों या कि असहाय अनुभव करते हों।

हमारे लिए यह भी एक गम्भीर और विचारणीय मुद्दा है कि हमारे देश में संचार साधनों का जैसे दुरुपयोग हुआ है उसका वास्तविक कारण क्या है? मेरी दृष्टि में सबसे बड़ा कारण यह है कि सिर्फ सत्ताधीश ही नहीं बल्कि अधिकांश नागरिक यह समझते हैं कि समाज-परिवर्तन का सबसे कारगर शस्त्र राजनीतिक-परिवर्तन है और इसी समझ के चलते राजनीति की छोटी और अमहत्त्वपूर्ण बातें राष्ट्रीय जीवन की जरूरी और अहम् बातें बन जाती हैं और तब संस्कृति के सारे संश्लिष्ट सवाल राजनीति के जरिये हल होने लगते हैं। तब संचार माध्यमों के लिए यह अलग से विवेक करना सम्भव नहीं होता कि वे राजनीतिक प्रयोजनों को सामाजिक प्रयोजनों

से अलग करते रहे, खास तौर पर उस नौकरशाही के लिए जो सत्ताधीशों को सुरक्षित करती हुई अपने लिए सुरक्षा की सारी शर्तें पूरी कर लेती है। ऐसी परिस्थितियों में ये बुनियादी सवाल, जैसे हमारे जीवन और लोक के मूलाधार क्या हैं या हमारे देश के लिए शिक्षा, संस्कृति, राजनीति और अर्थ नियोजन के कैसे व्यापक समीकरण की आवश्यकता है या कि हम किन राष्ट्रीय ज़रूरतों और सामाजिक मूल्यों की नई रचना अथवा पुनर्रचना करें, किसे प्राथमिकता दें और किन्हें छोड़ने की तैयारी करें ही सबसे ज्यादा अप्रासंगिक हो जाते हैं। यही हुआ भी है। आज़ादी के बाद वाले समय में राजनीति एक तरह से पूरे देश का व्यसन ही बन गई। एक सांस्कृतिक विरासत के स्थान पर राजनीतिक विरासत को स्वीकृति दिलाने की आपाधापी मची रही। किन्हीं नए मानवीय विचारों की खोज और विकल्पों के वैचारिक संघर्ष के बीच गुजरने से पहले ही उपभोक्तावादी संस्कृति को चमक-दमक के साथ पेश कर दिया गया। दूरदर्शन, सिनेमा, आकाशवाणी, अखबार सेठों और सरकार की 'साझा संस्कृति' के अन्तर्गत पश्चिम के वैभव, वहाँ की दुकानदारी के व्यावसायिक प्रतिमान, घटिया किस्म की छेड़खानी और मनोरंजन को फैलाने लगे।

यह ध्यान देने की बात है कि यह जलालत और मानवीय मूल्यों के प्रति उदासीनता की शुरुआत बीसवीं सदी के उत्तरार्द्ध की घटना है। इससे यह भी रोशनी पड़ती है कि विज्ञानवाद और यंत्र विधि या कि पिछले दिनों जिस प्रौद्योगिकी की उपयोगिता का हम जिक्र करते आए हैं वह निर्विशेष और निरपेक्ष नहीं है, कम-से-कम विश्व व्यवहार में तो वह ऐसी नहीं ही है। मनुष्य ने अपनी इच्छाओं के लिए उसका दोहन किया है और उसी के प्रसंग में वह सार्थक या कि भयावह हुई है। इससे हम यह निष्कर्ष निकालते हैं कि जैसे यंत्र विधि को उसी तरह संचार माध्यमों को हम उस तरह आज़ाद नहीं रहने दे सकते कि वह मनुष्य की सामाजिक-शक्ति का प्रतिपक्ष होकर अपने कौतुकागार में से कुछ भी विलक्षण और अद्‌भुत करिश्मे भर दिखाए तथा तात्कालिकता के लिए मनुष्य की उपार्जित सारी मूल्यवान ताकतों को अंगूठा दिखा दे। विज्ञान यदि कार्य कारण भाव की तार्किक संगति का परिणाम है तो उसे समाज और रचना के क्षेत्र में ऊल-जलूल मूल्यों को फैलाने और मानवीय रिश्तों को ठंडा करने का अतर्क संगत काम नहीं सौंपा जा सकता।

यंत्र-विधि और संचार माध्यमों के विरुद्ध मेरी टिप्पणियाँ दरअसल उस 'न्यस्त स्वार्थ' के विरुद्ध हैं जिसकी दृष्टि आत्म-केन्द्रित हो गई है और जो मनुष्य के रचनात्मक आवेशों को हर तरह से दूसरी ओर मोड़ कर नष्ट करने का चातुर्य दिखाने में प्रवीण है। यह टिप्पणियाँ उन देशों के विरुद्ध भी हैं जो गुन्नार मिरडाल के शब्दों में "विज्ञान की अपनी लालसा के सांचे में ढाल कर अपनी लालसा को विज्ञान के नाम पर अविकसित देशों पर लादना और इस तरह यंत्र विधि का भी धंधा करने लगे हैं।"

मैं सामाजिक सरोकारों के पक्ष में होकर भी किसी राजनैतिक मतवाद का प्रवक्ता बनने का लालची नहीं हूँ क्योंकि मैं एक नारे की उबाऊ परिणति से अपरिचित नहीं हूँ। उसके प्रवचनाकार धार्मिक उपदेशकों की तरह हो जाते हैं। लेकिन मैं सामाजिक प्रयोजनों की उन अन्वेषी शक्तियों से परिचित हूँ जो किसी भी देश और काल के बिखरे बिखरे रहस्य सूत्रों को जोड़ देते हैं।

देश में संचार-साधनों की स्वायत्तता के सन्दर्भ में बहुत सी हलचल है लेकिन वह एक अभिप्राय में केवल राजनीतिक हलचल है। ऐसा हो तो भी मैं उसे उपयोगी मानता हूँ लेकिन वह कोई उल्लास जनक दृश्य परिवर्तन नहीं है। वह संचार माध्यमों की भूमिका पर न तो कोई तात्त्विक बहस है और न वह हमारे जैसे उदास, विभिन्न और ऊल-जलूल सांस्कृतिक अभिप्रायों में बँटे देश के सामने कोई मानवीय मूल्यों का बड़ा रुपाकार पेश करती है। अब भी संचार माध्यमों के संचालकों का मिज़ाज देश की निर्माणकारी और देशी शक्तियों से जुड़ेगा यह पूरी तरह सन्देह के दायरों में है। अब भी उनकी केन्द्रीय मनोवृत्ति में कोई हेराफेरी होगी और प्रान्तों की विविधतापूर्ण सृजनशीलता प्रतिभाओं की प्रभविष्णुता तथा सांस्कृतिक विशिष्टताओं को स्वीकार कर लिया जाएगा इसका ही कोई संकेत मिलता है।

फिलहाल हमारे संचार माध्यम दो जगहों पर एकदम नाकामयाब नज़र आ रहे हैं। एक जगह तो वह है जहाँ वे आधुनिक यथार्थ के बेहद उलझे हुए स्वरूप को एकदम सरल बनाने की कोशिश में लगे हैं। दूसरी जगह वे एक ऐसी संवेदना शून्य भाषा का प्रयोग फैला रहे हैं जो न मनोविनोद करती है और न किसी के दुख का आकलन करती है। जो भारत के किसी भी भू-प्रदेश की भाषा नहीं है। वह लोगों की जिन्दगी को इस तरह उथल-पुथल रही है जैसे उनका काम केवल रंगीन चीजों का खूबसूरत पुलिंदा खरीदना, चीजों को बेचना, उत्तेजित होना, ईर्ष्या करना, मारकाट के बाजार में घुस जाना हो। हम जब तक एक व्यापक आन्दोलन के जरिये सामाजिक सरोकारों और संचार माध्यम के रिश्तों को जोड़ते नहीं तब तक सारी सद्च्छाओं के बावजूद संचार माध्यमों के विश्रृंखलित और दिशाहीन कार्यक्रम बदलनेवाले नहीं हैं।

पत्रकारिता के ये दिन

पत्रकारिता के सम्बन्ध में मेरा ज्ञान उथला-उथला ही है यद्यपि हर समय मेरे मन में पत्रकार बनने का लालच रहा है। क्या इसका कारण यह है कि मैं पत्रकार नहीं बन सका? मनुष्य का स्वभाव शायद ऐसा ही होता है कि जो वह नहीं हुआ या नहीं हो सका, होना चाहता है।

लेकिन जो पत्रकार नहीं होना चाहते वे पत्र क्यों निकालते हैं? अखबार निकालने में अनाप-शनाप पूँजी क्यों लगाते हैं? कौन सा लोक-कल्याण, परिवर्तन के कौन से मुद्दे, जिन्दगी को बदलकर किन मंजिलों तक पहुँचा देने की कल्पना उनके मन में होती है। यहीं से हम यह सवाल उठा सकते हैं कि हिन्दी पत्रकारिता का मिजाज़ या कि चरित्र क्या है या कि कैसा है? खासकर आजकल की पत्रकारिता किन पेचीदगियों से गुज़र रही है?

तफसील में न भी जाएँ तब भी यह बात साफ-साफ नज़र आती है कि अखबारों पर पूँजीपति घरानों का कब्ज़ा है। यह दरअसल लोगों के दिलों, उनकी अन्दरुनी इच्छाओं, अभिरुचियों, उनकी जिन्दगी के जायकों को अपने कब्जे में करने की चाल है। यह खेल इतने हुनर और व्यावसायिक बुद्धि से खेला जाता है कि लोग समझते हैं उन्हें अपने विकल्प चुनने की आज़ादी है जबकि वे अखबार के दबाव और उसके प्रचार में ज्यादा से ज्यादा आज़ादी खोते जाते हैं। सच तो यह है कि उनके सोचने और निर्णय लेने की ताकत दिनोंदिन कमज़ोर होती जाती है।

उदाहरण के तौर पर इन दिनों लोगों के लिए यह निर्णय करना कठिन हो गया है कि वे अपनी खिड़कियों और दरवाजों पर कौन से रंग के पर्दे डालें या कि कौन सी चाय पिएँ, साबुन काम में लाएँ। प्रेम करने तक के उपाय अखबार में छपते हैं। अखबार उस नशे की तरह हो गये हैं जिसके नहीं मिलने पर नशेड़ी सिर पीटने या बाल नोचने लगते हैं। लोगों ने सोचने की जहमियत उठाने से इनकार कर दिया है। सब छापों के अखबार बाज़ार में मिलते हैं। दिलचस्प बात यह है कि एक ही अखबार में कामसूत्र से लगाकर क्रान्तिकारिता की सामग्री सजी-धजी रहती है।

पूँजीपतियों ने मन को उथल-पुथल कर देनेवाले शब्द के और उसे बार-बार दुहराने से मिलनेवाले बल के चमत्कार को समझ लिया है। उन्होंने मन और शब्द

के गहन रिश्तों की कई बार मनोवैज्ञानिक तलाश जारी रखते हुए अपनी पूँजी का इज़ाफा तो किया ही है, सरकार और सत्ता को अपनी अंगुलियों पर नचाने का हौंसला भी बढ़ा लिया है। दरअसल प्रशासन के इतने स्तरों पर अखबारों का रूतबा देखा जा सकता है कि अखबार वालों से उसके प्रेम और घृणा के अजीब रिश्ते देखने को मिलते हैं। सरकार और पूँजीपतियों के बीच होड़ सी लगी है। अब यह अखकार चलानेवालों का घमंड नहीं कहा जा सकता कि वे सरकारों की अदला-बदली करने की ताकत रखते हैं। हमारे देश में उन्होंने ऐसा कर भी दिखाया है।

बहुत से लोगों का खयाल है कि गरीब मुल्कों में अपनी अवैध पूँजी को बढ़ाने और उसकी सुरक्षा के लिए यह एक जरूरत है। अखबार दरअसल चोकीदारों और चोर दरवाजों की जानकारी रखते हैं जो अन्तत: मालिकों की आर्थिक हैसियत और सांस्कृतिक रूतबे को बढ़ाने में मदद करती है। उन्हें राजनीतिक हल्कों में ताकाझाँकी का बल्कि आतंक स्थापित करने का अधिकार देती है। सूचना इकट्ठी करने का अधिकार समाचार पत्रों के मालिकों को राजनेताओं से अधिक ताकतवर बना देता है जिसे वे प्राय: झूठ, हिंसा, आपराधिक रंगत के किस्से बनाकर बेचते हैं।

हमारे समय का यह सबसे अधिक दिलचस्प किन्तु भ्रमात्मक मिथक है कि अखबार की कोई अलग अपनी स्वाधीनता है जबकि सब जानते हैं कि इस पानी में कितने प्रकार के रंग मिले होते हैं और सत्य की हड्डियों का रस पहले ही चूस लिया जाता है। सरकार और सेठ एक दूसरे की जेब में हाथ डाले रहते हैं। वे एक दूसरे का मजेदार संरक्षण और विरोध करते हैं और इस तरह अलग-अलग अखबार पूँजीपतियों के लिए अलग-अलग स्वाधीनता की पताकाएँ फहराते रहते हैं। इसे वे 'अभिव्यक्ति की स्वतंत्रता' का आदरास्पद नाम भी देते हैं। अमूमन सेठाश्रित 'पत्रसमूह' दक्षिण-पंथी पार्टियों की विश्वसनीयता बढ़ाता है और दूसरी तरफ बदलाव की क्रान्तिकारी सोच, कर्म, विकास के मॉडलों की भरपूर प्रशंसा कर जनता को भ्रमित करता है।

स्वतंत्रता के समय की पत्रकारिता की तुलना आज की पत्रकारिता से करना अर्थहीन है। आज़ादी के बाद देश की प्राथमिकताएँ बदल गई हैं। पिछले पचास वर्षों में आज़ादी के समय का 'त्याग युग' भोग युग में बदल गया है और 'धनवान' होना ही हमारी सबसे महत्त्वपूर्ण इच्छा हो गई है। धनवान होने के सिलसिले में ही हमने यह तय कर लिया है कि देर नहीं लगाएँगे, तुरत-फुरत, अंग्रेजी में जिसे 'इन्स्टेंट' या 'टू मिनिट्स' में मिलनेवाली कामयाबी कहते हैं, हासिल करेंगे।

पत्र-समूहों के मालिकों या महत्त्वाकांक्षी पत्रकारों को इस प्राथमिकता से अलग करना सम्भव नहीं है। जब संतों और साधुओं तक का मन धन और राजसत्ता की ओर बेलगाम घोड़ों की तरह दौड़ रहा हो तब समाचार पत्रसमूहों के मालिकों और पत्रकारों को गालियाँ देना असंगत है। दलालों और राजनीतिक पार्टियों के शिखर नेताओं के बीच जब अवैध धन की बेमरजाद बाँट-चूंट चल रही हो तब सार्वजनिक

जीवन में पवित्रता या सम्पत्ति के समाजीकरण की बातचीत बेमतलब और असंत होती नज़र आती है। आज़ादी के संघर्ष का रोमांस कुछ भी रहा हो आज की परिस्थितियों में वह 'शोक-गीत' जैसा ही लगता है।

इसलिए यदि पत्र-समूहों के मालिकों के मन में धन इकट्ठा करने का लालच समुद्र की तरह उमड़ आया हो और सम्पादकों को लाख-सवा लाख रुपया हर महीने मिल रहा हो तब भी हम उन्हें सरकारी ओहदेदारों की तरह खुशकिस्मत नहीं कह सकते। बहुत पहले मैंने आई.ए.एस. ओहदेदारों के लिए पढ़ा था कि वे हिलते तो बहुत हैं पर चलते नहीं हैं लेकिन पत्र-समूहों के सम्पादकों को यह सुविधा नहीं है। उन्हें हिलना भी पड़ता है और चलना भी। उन्हें अपने काम की आबरू और विश्वसनीयता बचाने के साथ-साथ मालिकों की मेहरबानी और उनकी सुरक्षा हासिल करने के लिए सत्ता के गलियारों में भागदौड़ करनी पड़ती है और अनचाहे काम करने पड़ते हैं। पत्रकारिता में भी ऊँचे पायदान पर पहुँचने के लिए कुलीन वंश, ऊँची जाति, अच्छी अंग्रेजी, परिचय और तिकड़मों की जरूरत पड़ती है।

अब सुनने में आता है कि पत्र-समूहों को अपने पक्ष में करने के लिए राजनीतिक पार्टियाँ बराबर सेंध लगाती रहती हैं या तरह-तरह से सम्पादकों के मन डांवाडोल करती रहती है। यथासम्भव वे अपने पक्ष के सम्पादकों की नियुक्तियों पर दबाव डालती है। वर्ष 2009 के चुनावों में पार्टियों ने करोड़ों रुपये देकर टेलीविजन के चैनल खरीद लिए थे। दक्षिण-पंथी पूँजीपतियों का अकूत पैसा मीडिया कारोबार में लगा है।

हिन्दी पत्रकारिता के सिलसिले में ध्यान देने योग्य बात यह है कि अब हिन्दी का प्रभुत्व और रचनाशील परम्परा को अलविदा कहा जा रहा है। अब हिन्दी अखबारों के नाम प्राय: अंग्रेजी पत्रों की तरह होते हैं। टाइम्स, नवभारत टाइम्स, हिन्दुस्तान टाइम्स, संडे मेल, संडे आब्जर्वर, इंडिया टुडे, आउटलुक, ब्लिट्ज, थर्ड र्व्लड का शब्दानुवाद करते तीसरी दुनिया या मार्निंग न्यूज़ का प्रभात खबर। यह बात हँसी में उड़ा देने जैसी नहीं है कि नाम में क्या रखा है?

हिन्दी समाज के बड़ी पूँजी वाले पत्र अंग्रेजी पत्रों के मुकाबले में शायद अपने आप को पिछड़ता देखकर अपने पूरक अखबार के पन्नों में धड़ल्ले से अंग्रेजी का प्रयोग कर रहे हैं। यह अंग्रेजी हिन्दी में लिखी होती है। हमारे प्रदेश का एक बड़ा पत्र अपने पाठकों को प्रात:कालीन अभिवादन हिन्दी में 'गुड मार्निंग' छाप कर करता है 'शुभ प्रभात' कहकर नहीं।

नामों का अंग्रेजीकरण पत्र मालिकों के हीनताबोध का संकेत है कि वे सार्थक और बुलन्द इरादों को प्रतिध्वनित करनेवाले नामों की जगह केवल समय की सूचना देनेवाले गुण और मौलिकता रहित नामों की तलाश में लगे हैं?

केवल नामों के सम्बन्ध में ही नहीं भाषा प्रयोगों के सम्बन्ध में भी मालिकों के मन बदल गये हैं। वे अंग्रेजी के अनुवाद की तरफ जा रहे हैं। अखबारों में जिस

दुस्साहसिकता के साथ अंग्रेजी का प्रयोग हो रहा है वह देसज भाषा-संस्कारों के 'विलुप्तीकरण' का संकेत है। हिन्दी अखबारों की भाषा अंग्रेजीनुमा होती है। बड़े अखबारों के सम्पादक विदेशों में प्रशिक्षित होते हैं। वे सोचते अंग्रेजी में और लिखते भारतीय भाषाओं में है। यही कारण है कि हिन्दी के समाचार पत्रों में देशी-देहाती दुनिया के सुख-दुख नहीं छपते शहर की वाचाल और अमीर होती दुनिया की खबरें होती हैं। भाषा के साथ लोग भी बँट गये हैं।

यह क्यों हो रहा है? क्या अनायास महज संयोगवश? क्या पत्र-समूहों के नव धनाढ्य मालिक इस तरह अपने घटते जनाधार की आशंका से चिन्तित नहीं होते? लेकिन ऐसा करने के पीछे उनकी सोच अतर्क संगत नहीं है। दरअसल मीडिया प्रबन्धन के सेठ जानते हैं कि भविष्य की उपभोक्ता संस्कृति, अंग्रेजी मदरसे, फलता-फूलता नव-धनाढ्य वर्ग और नव उपनिवेशवाद के आकर्षण भारतीय भाषाओं के लिए कोई जगह छोड़नेवाले नहीं है। वे जानते हैं कि एक भीरू, लालची, समता विरोधी और फाइव स्टार होटलों में ऐय्याशी करनेवाला हिंसक मध्यवर्गीय पाठक ही भविष्य में उनके अखबारों का खरीदार और विज्ञापनदाता होगा। पूँजीपति घराने इस सम्भावनाशील वर्ग के लिए ही अखबार निकालता है। वह इस वर्ग का ध्यान उन अहम् सामाजिक सवालों से हटाने में लगा है जो गरीबी, अन्याय, कुशिक्षा, कुपोषण और गैर-बराबरी के हैं।

हिन्दी पत्रकारिता का वह भयावह रूप धीरे-धीरे खुल रहा है। उसे संक्षिप्त में यूँ कहा जा सकता है कि कुछ ही पहले हम खबरों के बीच विज्ञापन पढ़ते थे लेकिन अब विज्ञापन के बीच खबर पढ़ते हैं। इन खबरों में निराशा, अपराध, यौन हिंसा, डरानेवाले भविष्य, धार्मिक कर्मकांड, राशिफल और टुच्चे राजनेताओं के विवाद सबकी अरुचिकर खबरें अटी रहती हैं। ये खबरें विकल्प-विहीनता और डर का भाव पैदा करती हैं जनता का मनोबल छीजता जाता है। निराश, भूखे लोग हिंसा की तरफ बढ़ते हैं। भूखा आदमी कौन सा पाप नहीं करता?

बहरहाल पूँजीवादी मीडिया और पत्र-समूह के सारे सिंगार-सजाव और चालाकियों के चलते हुए भी पत्रकारों की ज़िन्दगी में कोई उल्लेखनीय ताज़गी नहीं आई है। पत्रकारों की जिन्दगी आम हिन्दुस्तानी की तरह दो हिस्सों में बँटी है। थोड़े से सम्पादकों का अभिजात्य, सुविधाएँ, राजपुरुषों के साथ विदेश भ्रमण, शराब या उपहारों की चमक-दमक कई-कई स्तरों तक फैली गैर-बराबरी को बढ़ा रही है। पत्रों में अधिकांश काम करनेवालों की जिन्दगी असुरक्षित और दयनीय है। वे कभी भी बेरोजगारों की श्रेणी में शामिल हो सकते हैं।

मुझे नहीं मालूम कि इन दिनों 'हिन्दी पत्रकारिता' के सामने कभी राष्ट्रीय पहचान का संकट खड़ा हुआ या नहीं? लेकिन खड़ा हो तो वे किन जीवन मूल्यों को या प्रतिमानों को चुनेंगे? इस प्रश्न का उत्तर आसान नहीं है। फिर भी दिया जाना चाहिए

क्योंकि इस उत्तर के साथ ही भविष्य की पत्रकारिता जुड़ी है। पिछले कई वर्षों से भारतीयता को पहचानने की राष्ट्रव्यापी बहस चली है। पहचान का शायद सबसे बड़ा संकट यह है कि हम प्राय: सरल रास्तों की तलाश करते हैं। तब सबसे सरल रास्ता जो नज़र आता है वह स्थूल से प्रतीकों को चुन लेने का होता है। हो सकता है कि ये धार्मिक कर्मकांड के हों, एक बहुसंख्यक समुदाय की मान्यताओं, विश्वासों या आचार संहित के हो; प्राचीन पौराणिक मिथकीय परम्पराओं के हों या कुछ अन्य किस्म की कट्टरताओं के जो समुदाय विशेष के वर्चस्व को सुरक्षित रख सकें। पहचान बचाने के सिलसिले में हमारी स्मृतियाँ महत्त्वपूर्ण भूमिका निभाती हैं जो समय के मिजाज़ के साथ जुड़ी होती हैं और जिनका आस्वाद मीठा या कड़वा होता है।

हिन्दी पत्र समूहों के पूँजीपति मालिक या अधिकारी पत्रकार जब राष्ट्रीय पहचान के संकट से जुझते होते हैं तब वे वेद, उपनिषद्, रामायण, महाभारत काल की स्मृतियों से गुज़रते हैं लेकिन देखते हैं कि इस महा अतीत में हमारी पहचान की कोई गढ़ी गढ़ाई मूर्ति नहीं है, वहाँ समाज की विकसित होती जीवनशैलियाँ हैं, कठिन जीवन संघर्ष है, सत्ताधीशों और सामान्यजनों के रागद्वेष हैं, विवेकवान और अविवेकी स्त्री-पुरुष हैं।

जब वे अपनी पहचान के प्रतीकों को मध्यकालीन भारत में ढूँढ़ते हैं तो वहाँ सामाजिक जिन्दगी ज्यादा जटिलताओं से घिरी नजर आती है। तुलसीदास जैसे महात्माओं को धर्मपथ संकीर्ण और कीचड़ सने लगते हैं, सुपथ दिखाई नहीं देता (सुमुझि परै नहीं पंथ)। सामन्तों का कलह, मुसलमानों का आक्रमण, धर्म परिवर्तन, हिन्दू मुसलमानों की टकराहट, स्वाभिमान, समर्पण-दोस्ती-दुश्मनी, बनते बिगड़ते रिश्ते चरम पर नज़र आते हैं।

यह चुनौती अंग्रेजी साम्राज्य के साथ ज्यादा गहरी हो जाती है। जैसा लार्ड किपलिंग ने कहा—'पूर्व पूर्व है, पश्चिम पश्चिम; दोनों नहीं मिलेंगे।' मिलने न मिलने के प्रसंग में काफी खींचतान रही। पूर्व ने अपने आध्यात्मक का विरुद-गान नहीं छोड़ा और न पश्चिम ने अपने भौतिक संसाधनों और सुख-विलास को हीनतर प्रयोजन माने। उस दुविधा के समय राष्ट्रीय पहचान का सम्पूर्ण संकट 'पराधीनता से मुक्ति' में निहित हो गया। ध्यान देने की बात है कि पराधीनता से लड़ते हुए हमने नये और विश्वसनीय जीवन मूल्य रखे जैसे स्वतंत्रता, समता, धर्मनिरपेक्षता, सहिष्णुता इत्यादि। आज़ादी के दिनों का संघर्ष हिन्दी पत्रकारिता का संघर्ष हो गया। उर्दू के मशहूर कवि ने लिखा कि 'तोप तलवार के मुकाबले अखबार निकालो।'

लेकिन आज़ादी के बाद वाले दिनों में जैसा सम्भव था पुरानी अतीत की यादें फिर ताज़ा होने लगीं। देश के विभाजन की त्रासदी इतनी असहनीय और विकट थी कि हिन्दू-मुसलमानों के बीच के सम्बन्धों और सांस्कृतिक सहयोग के दिन पूरी तरह बीत ही गये हों। उन्हीं दिनों दक्षिण पंथी पार्टियों और उनके समर्थक भाषायी

पत्र-समूहों के मालिकों ने सरल, लोकप्रिय और सनातन काल के स्थूल प्रतीकों को राष्ट्रीय पहचान के साथ जोड़ लिया। पुराने धर्म प्रतीकों की नई वैज्ञानिक व्याख्या होने लगी। भाषयी पत्रों ने ज्योतिष, देवी-देवता, उनके अनुष्ठान, राशिफल, धर्म संस्थनों के प्रति आदरभाव और विवेकहीन आस्थाओं को समर्थन देना प्रारम्भ किया।

आज भी भाषायी पत्र प्रति सप्ताह देवताओं और राशियों से सम्बन्धित सामग्री छाप कर वैकल्पिक धार्मिक पहचान बनाने की कोशिश करते हैं। एक भाग्यवादी संस्कृति और ईश्वरीय इच्छा पर आधारित व्यवस्था पूँजीवाद के विस्तार के लिए अत्यन्त आवश्यक है। पूँजीपतियों के पत्र घराने और आधुनिक मीडिया सोच के उन सब विकल्पों को खारिज करते नजर आते हैं जिन्हें विज्ञान और समाजशास्त्र ने बहुत मेहनत से बनाए हैं। इन बड़े अखबारों में मध्यकालीन इतिहास और धार्मिक मुद्दों पर जनता का ध्यान केन्द्रित करने की कोशिश हैं जिन पर अस्त होते सूर्य की किरणें गिर रही हैं।

हिन्दी पत्रकारिता के ये दिन बहुत कामयाबी और सन्तोष के हो सकते हैं अगर वे लोकतंत्रात्मक समाज को बनाने और बचाने के लिए उन पुराने और नये ढाँचों की निष्पक्ष और निर्भीक आलोचना करें जो हिंसा, अन्याय, सम्प्रदायवाद, गैर बराबरी और शोषण की पुरानी परम्पराओं के आकर्षण में बँधी हैं। उनकी 'राष्ट्रीय पहचान' का संकट 'धर्म शिखरों' के साथ नहीं जुड़ा है, वह मानवीय रिश्तों की पुनर्वाख्या से जुड़ा है जिसमें सब जाति और धर्म के स्त्री-पुरुष शामिल हैं। लेकिन समाचार पत्र समूहों के मालिक या उनके चहेते पत्रकार लोगों को अतीतानुराग और अंधविश्वास से अलग जाने देंगे यह सन्देहास्पद है।

हिन्दी पत्रकारिता के सन्दर्भ में यह बात ध्यान आकृष्ट करती है कि उसके प्रमुख आकर्षण केन्द्र शहर है। शहरों में ही अखबारों के ग्राहक और विज्ञापनदाता और वहीं एक बोलनेवाला, महत्त्वाकांक्षी, सजग, पढ़ा-लिखा, असन्तुष्ट, असहिष्णु खबरें बनानेवाला वर्ग रहता है। जिस तरह का देश हमारे मन में है उसके नमूने हमारे महानगर मुम्बई, कोलकाता या कि प्रान्त की राजधानियाँ हैं। उनकी सुविधाओं का बड़े समाचार पत्र अच्छा खासा ध्यान रखते हैं। गाँव के लाचार और गरीब लोग भी वहीं शरण लेते हैं। मुझ से इन महानगरों के एक युवक ने तारीफ करते हुए कहा कि वहाँ कोई भूख से नहीं मरता लेकिन महानगर हिंसा और बेहद शर्मनाक अपराधों के केन्द्र हो गये हैं और सबके लिए एक या दूसरे के लिए आकस्मिक मौत इंतजार करती है। क्या पूँजीपतियों के अखबार समूह के लिए 'भूख, हत्या और हिंसा' खबरों की विशिष्ट श्रेणियाँ बनती है?

तब भी शहर की फिक्र में लगे समाचार पत्र समूहों की थोड़ी बहुत नज़र ग्रामांचलों में भी लगी रहती है। अखबारों की एक खास शैली में वहाँ खबरें न बनती हों तब भी वहाँ चुनाव और राजनीति होती है और समय-समय पर धार्मिक, कट्टरता,

जाति द्वेष, सामाजिक क्रूरता की नृशंस घटनाएँ होती रहती हैं। इधर वैश्वीकरण और उदारतावाद और विकास के नये रूपों ने ग्रामांचलों में जो परिवर्तन किये हैं वे अखबारों के नये सम्भावना क्षेत्र बन गये हैं।

इस सबके बावजूद प्रश्न तो बना ही रहता है कि ग्रामांचलों की जिन्दगी को ऊपर उठाने, उसकी गुणवत्ता को विकसित करने, उन्हें संवैधानिक प्रतिज्ञाओं के अनुसार सुख-सुविधाओं के समान हिस्सेदारी में शामिल करने का जायजा बड़े समाचार पत्र क्यों नहीं लेते? ग्रामांचलों में फैली सामाजिक, राजकीय और प्रशासनिक उपेक्षा और अनदेखी वहाँ की वर्चस्ववादी हिंसा, ऊँची जातियों द्वारा शोषण, कुशिक्षा, कुपोषण, भारी कर्ज और आत्महत्या ये चिन्ताजनक खबरें क्यों नहीं बनतीं?

हिन्दी पत्रकारिता और पत्रकारों पर इस बात की ज़िम्मेदारी लगातार बनी रहेगी कि वे अपनी व्यावसायिक और आर्थिक उन्नति के साथ लोकजीवन को मजबूत और वास्तविक जनतंत्र से जोड़ने का काम करें।

आमजन और मीडिया

मीडिया से अभिप्राय हम 'टेलीविजन' ही समझते हैं, विस्तार से बात करते हुए रेडियो, और अखबारों को भी शामिल करते हैं, यद्यपि समाचार भेजने और फैलाने के दूसरे भी कई माध्यम हैं। पुराने माध्यम बिलकुल खारिज हो गए हैं ऐसा नहीं है लेकिन उनकी उपयोगिता धीरे-धीरे खत्म होती जा रही है। नई दुनिया की जरूरतों के लिए, 'सूचना प्रौद्योगिकी' का बृहत्तर जाल फैला दिया गया है। अब समाचार 'उत्पाद' बन गये हैं और उनका 'वर्ग चरित्र' बनता जा रहा है। अखबार और टेलीविजन चैनलों पर दिखाए जानेवाले समाचारों में खास फर्क यह है कि चैनलों के समाचार लगातार और इतने वेग से दिखाए जाते हैं कि वे देखनेवाले को उनकी सच्चाई या झूठ पर सोचने का कोई मौका नहीं देते। हमारे पास उन्हें स्वीकार करने के सिवा कोई विकल्प नहीं होता। अखबार में दूसरे दिन जब हमारे पास समय होता है; स्वीकार या निषेध का, सन्देह का, सहमति या असहमति का और जरूरत आ पड़े तो प्रतिवाद का। तब भी अखबारों से कहीं अधिक प्रभाव टी.वी. चैनलों पर दिखाए जानेवाले दृश्यों का होता है। लगता है कि चैनलों पर दिखाए जानेवाले चित्र-दृश्य कागद लेखी न होकर 'आँखन देखी' ही हों—यह जानते हुए कि यह कैमरे की या मशीन की आँख है जो 'जादुई यथार्थ' की रचना करने में समर्थ होती है। लेकिन ध्यान देने की बात सम्मोहित होकर टीवी देखना या अखबार पढ़ना नहीं है बल्कि असल में यह है कि यह चित्र दृश्यावली कौन दिखा रहा है या यह खबरें कौन बना रहा है और उसका मकसद या प्रयोजन क्या है? कितना शुद्ध, कितना जन-पक्षधर, कितना संवेदनशील और कितना नैतिक-शक्ति सम्पन्न करनेवाला।

मीडिया के साथ हमारे रिश्ते अनिवार्य और अटूट हैं; वे मोहक और वितृष्णा—जन्य हैं। ('लव-हेट रिलेशंस' कहे जानेवाले) दोनों तरह से वे हमें बाँधे रहते हैं इसलिए उनसे बचना, निरपेक्ष या एकदम उदासीन होना सम्भव नहीं है। हम यह प्रतिज्ञा नहीं कर सकते कि अखबार नहीं पढ़ेंगे या टी.वी., सिनेमा, सीरियल नहीं देखेंगे या कि रेडियो नहीं सुनेंगे, क्योंकि वे अप-संस्कृति के वाहक या प्रचारक हैं। यह प्रतिज्ञा हम कर भी लें और दुनिया से भागकर दुबक जाएँ तब भी यह प्रवाह थम जानेवाला नहीं है। दुबक जाने का मनोवैज्ञानिक प्रभाव पराजय और निराशा

का असहनीय सन्ताप पैदा करेगा और बदलने तथा रचना करने के सारे इरादों को खत्म कर देगा। हम लोकप्रिय और खुशियाँ देनेवाले आविष्कारों को किन्हीं कुलीन संस्कारों और अदाओं को बचाने के लिए हमेशा निंदा कर छोड़ देने का आग्रह नहीं कर सकते।

हम इस तथ्य को बार-बार दुहरा सकते हैं कि मीडिया का तंत्र हमारा रहनुमा, हमारा दोस्त और आत्मीय नहीं है। वह हमारी गरीबी, पराधीनता, लाचारी और संघर्ष की हकीकतों को दुनिया के सामने रखकर आमजन की पक्षधरता करनेवाला भी नहीं है। इसमें भी कोई शक नहीं है कि वह पूँजीवादी दुनिया का माल बेचनेवाला सबसे होशियार और मुखर दलाल है; वह कई भाषाएँ, जुबानें, मुहावरे, भोली भंगिमाएँ और नैतिक जगत् की सूक्तियाँ और कविताएँ जानता है तथा विज्ञापनों में सुन्दर युवा स्त्री-पुरुषों के वक्ष, जंघाएँ, आलिंगनों और चुम्बनों के जरिये शराब और सिगरेटें बेचता है।

इस सबके बावजूद हमें थोड़े धैर्य के साथ यह भी समझना होगा कि आखिर मीडिया के मिजाज में यह बदलाव क्यों आया है? मीडिया का बदलाव आकस्मिक नहीं होता। ध्यान से देखें मीडिया के स्वभाव में परिवर्तन एक लक्षण है; जबकि असली कारण कुछ दूसरे हो सकते हैं। उन कारणों की तफ़सील में न जाकर हम बीच में ठिठक गए हैं और मीडिया को लताड़ना शुरू कर दिया है।

दरअसल बुनियादी सवाल तो यह है कि समाज के मिजाज में वे कौन सी तब्दीलियाँ आई हैं जिनकी वक्र-छाया हमारे अखबारों, रेडियो, टी.वी. चैनलों और हमारे दूसरे सांस्कृतिक उत्सवों, बाजार और खान-पान, वेश-भूषा, भाषा और सामान्य बोलचाल पर पड़ रही है। सच्चाई तो यह है कि समाज और मीडिया का गहरा और आन्तरिक रिश्ता है। मीडिया का अपना कोई स्वतंत्र अस्तित्व नहीं है। उसकी सारी शक्तियाँ समाज में निहित हैं। मीडिया की चतुराई यह है कि वह सामाजिक संरचना की जटिल उथल-पुथल को सरल कर देता है और ऐसी भाषा-रचना करता है जो हमारे आवेगों को किन्हीं निष्कर्षों या कि निर्णयों तक नहीं पहुँचने देती।

अब मुड़कर हमारे समाज को देखें जिसकी सेवा में हमारा टी.वी., रेडियो, अखबार और कुछ शान्त-सा लगनेवाला मीडिया लगा हुआ है, जैसे राष्ट्रीय स्वयं सेवक संघ की शाखाएँ, धर्म-सभाएँ, अस्थल या अखाड़े, शैक्षिक जगत् की पुस्तकें या कि राजनीतिक पार्टियाँ।

ध्यान से देखने पर दुनिया और देश का समाज कई फाँकों और दरारों में बँटा नजर आएगा। एक अघायी और भूखी, तृप्त और संत्रास्त, मारनेवाली और मार खानेवाली दुनिया तो है ही रंग और धर्म, जाति, भाषा और लिंग में विभाजित दुनिया की त्रासदी भी कम हिंसक और निष्करुण बनानेवाली नहीं है। दुनिया का और हमारा टी.वी. तथा अखबारी मीडिया इसी विभाजित और बड़प्पन में मगरूर

समाज से ही जीवन रस लेता है और इसी को आबाद रखने की कोशिश करता है। इस महंगे व्यवसाय में जो पैसा लगाते हैं उनसे यह उम्मीद करना कि वे अपने मायालोक को ध्वस्त करके शाम होते-होते बाज़ार से बिना बिके माल को समेटकर घर चले जाएँगे एक भली और भोली दुनिया बनाकर, अक्ल की सारी खिड़कियाँ बन्द कर लेना है। मीडिया के बन्दे उपभोक्तावादी बाज़ार के ग्राहक बनाने का काम करते हैं। वे हमारी उन कमजोरियों को पकड़ते हैं जिनका सम्बन्ध हमारी जीवन-रचना और भावनात्मक दुनिया से है। हम यह देखते हैं कि मीडिया धर्म के सारे अलौकिक-लौकिक व्यवहारों में अपार रुचि दिखाता है। क्या इससे यह परिणाम निकाला जाना चाहिए कि वह सहसा लोक-मंगल और भगवद्-भक्ति, संन्यास और वीतरागत्व के प्रचार में रुचि लेने लगा है और मोक्ष-मार्गी हो गया है? दरअसल धर्म की यह जबरदस्त मार्केटिंग कई तरह से मीडिया की विश्वसनीयता बढ़ाती है और धर्म-गुरुओं के अनैतिक-आचरण और अपार सम्पत्ति जोड़ने के लालच का विरोध करनेवालों को 'धर्म-द्रोहियों' की श्रेणी में शामिल कर देता है। अब यह समझने में ज्यादा कठिनाई नहीं आती कि मीडिया का कौशल एक फरेब की दुनिया को वास्तविक दुनिया की तरह प्रेक्षपित करना है और मारक्यूज़ के शब्दों में 'एक आयामी' (यूनीडायमेंशनल) संस्कृति की रचना करना है। हमारे देखते-देखते हमारे शहर और गाँवों की स्थानीय रंगत धुल-पुछ गई है। वे कुछ ही दिनों में पश्चिम की बस्तियों में तब्दील हो जाएँगे और हमारे 'अपार्टमेंट्स' सारी गैर-ज़रूरी, दिखाऊ, उधार के दम पर खरीदी वस्तुओं के अजायबघर होंगे। हमारे पास दुनिया-भर के इस कबाड़ के साथ वे गैर-ज़रूरी सूचनाएँ होंगी जिनका ताल्लुक भयावह अपराधों, बलात्कारों, हत्याओं और हिंसा से होगा। इस सबके लिए जरायम पेशा कौमें, गाँव के गरीब, छोटी जातियों दलित-वर्ग के लोग पकड़ लिए जाएँगे। मीडिया का सूचना तंत्र हमें यह विश्वास दिला देगा कि अपराध गरीबों और वंचितों के सिवा कोई कर ही नहीं सकता।

मीडिया के महंगे उपकरण और जटिल तकनीक के चलते सामान्य लोगों के पास घुटने टेकने या छोटे संसाधनों से जुटाए गए वैकल्पिक मीडिया के प्रबन्धन के सिवा दूसरा कोई उपाय नज़र नहीं आता। लेकिन तब भी हमारी मनोवैज्ञानिक परेशानी बनी रहती है और हमारे प्रयासों के छोटे होने का एहसास हमें कुंठित किए रहता है। उनका असर भी सीमित होता है और गुणवत्ता की देख-रेख भी। लेकिन बड़े मीडिया के दबाव को कम करने के सिवा हमारे पास कोई विकल्प नहीं है जिसे हम जन-सम्पर्क या जन-पंचायतों और पारम्परिक संचार-माध्यमों से तोड़ सकते हैं। हम देखते ही हैं कि उफनती हुई नदियाँ नए रास्ते ढूँढ़ती हैं। हमारे कमजोर मन को शक्तिशाली बनाने के लिए यह विश्वास काफी हो सकता है कि छोटी-छोटी सचाइयों की नैतिकता और जन-हित के मुद्दों का दबाव हमारे पक्ष में है। अगर

हम पूँजीवाद की लूट और बड़े मीडिया की साजिशों को समझते हैं तो हमें छोटे मीडिया और संगठनों की ताकत में फिर से भरोसा करना पड़ेगा।

हमारे पास एक और भी उपाय बचता है। हम बड़े मीडिया, बड़े उद्योगों और पूँजीवादी देशों के सहयोग और सांठ-गाँठ की पोल खोल सकते हैं। हम मीडिया के जारी किए गए बयानों और दिलचस्पियों की चीर-फाड़ कर सकते हैं और उन सब कथानकों का छल प्रकट कर सकते हैं जो धर्म, जाति, भाषा, लिंग की गैर-बराबरी को बढ़ावा देते हैं। हमारे कई पढ़े-लिखे, बुद्धिमान लोग मीडिया के दिखाए दृश्यों और अखबार में छपे आख्यानों को सनातन सत्य की तरह स्वीकार और उद्धृत करते हैं। उन्हें यह विश्वास नहीं होता कि मीडिया का एक महत्त्वपूर्ण काम बौद्धिक-कुशलताओं को नष्ट करना भी है। बार-बार दुहरा कर टीवी चैनल या अखबार वस्तुओं को बेचनेवालों का साम्राज्य बढ़ाते हैं।

अगर हम मीडिया के सत्य की विश्वसनीयता खंडित करते हैं और पाठकों-दर्शकों में प्रश्न या सन्देह करने की ताकत पैदा करते हैं तो फिर टीवी देखकर, अखबार पढ़ कर या बाबाओं के प्रवचन सुनकर भी आराम से अपने रूप, रंग, गंध, स्पर्श की दुनिया बचाकर रख सकते हैं। इस ताकत के जरिये हम आमजन की पीड़ा और चिन्ताओं के साथ अधिक संवेदनशील हो सकते हैं।

सज्जनों का सम्पत्ति शास्त्र

इससे पहले कि मैं इस आलेख की शुरुआत करूँ आपको एक किस्सा सुना दूँ। यह किस्सा मुझे मेरे पिता ने सुनाया था। इस किस्से का सम्बन्ध एक खूबसूरत स्त्री से है। वह अजीब खूबसूरत स्त्री थी। लेकिन इस सुन्दर स्त्री के साथ कोई अजीब हादसा हुआ था। शायद यही कारण था कि जिससे उसके आगे के बाल उड़ गए थे और ध्यान से देखने पर यह भी नज़र आ जाता था कि उसके पीछे के बाल भी नहीं हैं। इस तरह वह कुछ-कुछ आगे और पीछे से गंजी थी। लेकिन वह सुन्दर और चंचल थी इसलिए लोगों का मन मोह लेती थी।

एक दिन संयोग से वह युवा स्त्री एक संत को मिल गई। संत ने पूरी विनम्रता से पूछा कि "अचरज है माता! तुम्हारे आगे और पीछे दोनों ओर के बाल उड़ गए हैं; क्या आप इसका कारण बता सकेंगी?" युवती खिन्न हो गई लेकिन उसने कहा पहले पीछे के बाल उड़ने की बात सुनो। दुर्जन लोगों के यहाँ मैं नहीं जाना चाहती वे मुझे बाल खींच-खींच कर अपने घर ले जाते हैं। खींच-तान में मेरे पीछे के बालों की यह दुर्दशा हुई है। युवा-संत को बहुत दुख हुआ लेकिन वह आगे के बाल उड़ जाने का रहस्य जानना चाहता था। उसने पूछा और आगे के केश? युवती जरा हँसी फिर साधु के पास आकर कहा तुम्हारे कारण। तुम्हारे यहाँ आना, रहना चाहती हूँ लेकिन तुम आने नहीं देते। आने के लिए तुम्हारे चरणों में न जाने कब से ललाट रगड़ रही हूँ; रगड़ते-रगड़ते सामने के बाल ही उड़ गए हैं। यह कह कर युवती धीरे-धीरे चली गई। सन्त भी। पिता ने कहा वह युवती लक्ष्मी थी। सज्जनों, साधुओं के पास रहना चाहती है लेकिन वे उससे उदासीन रहते हैं। मैं जब तक छोटा था यही सोचता था कि सज्जनों और साधुओं के पास बेहद कमज़ोर इच्छा-शक्ति और लक्ष्मी को खुश रखने और प्रेम करने के साधनों का अभाव ही रहा होगा। बाद में भी मेरे मन में सज्जनों के समाज की कई तसवीरें बनती रहीं और मैं सम्पत्ति और समाज के बीच के सम्बन्धों को लेकर उलझन में पड़ा रहा।

इस सवाल का उत्तर बहुत आसान नहीं है कि सज्जनों का समाज कैसा होना चाहिए और खास तौर पर यह कहना या निर्णय करना और भी मुश्किल है कि एक कुटिल-समाज की परिभाषा सम्पत्ति को केन्द्र में रखकर ही करना चाहिए।

हमारे यहाँ जरूर समाज और सम्पत्ति के रिश्तों पर लगातार विमर्श हुआ है और महाभारत और रामायण के मदोन्मत्त नायकों की कुटिलता का कारण शक्ति और सम्पत्ति ही है लेकिन देवताओं के समाज और उसके सुख के केन्द्र भी शक्ति और सम्पदा है। प्राय: देवता और राक्षसों के बीच की प्रतिस्पर्धा और संघर्ष का कारण सम्पदा, विलास और शक्ति ही है जिसे असुर देवताओं से और देवता असुरों से पाने की जबरदस्त प्रतिद्वंद्विता करते हैं। देवताओं के मन में सम्पत्ति की कामना मामूली आदमी की तरह देखने को मिलती है। सज्जनों के मन में सम्पत्ति की कामना नहीं होती यह सोचना कठिन है। तब लक्ष्मी की वह कौन सी भंगिमा है जो सज्जनों को, साधुओं को डराती है? यह डर उनके मन में पहले से ही, एक पूर्वग्रह के रूप में होता है या लक्ष्मी का स्वभाव है, उसका चरित्र कि वह जहाँ होगी जहाँ जाएगी सब कुछ सुन्दर, सुखद, सन्तोष देनेवाला नष्ट हो जाएगा और उसकी जगह क्लेशों की वह बंजरभूमि नज़र आने लगेगी जहाँ भ्रम भी पैदा नहीं होगा और मानवीय रिश्ते उलट-पुलट हो जाएँगे? तब क्या सज्जनों का समाज बनाने के लिए हम किसी ऐसे समाज की कल्पना करें जिसमें लक्ष्मी का हस्तक्षेप न हो। लेकिन तब भी हमारे लिए यह सवाल बचा रहेगा कि क्या यह समाज सज्जनों का होगा या उन डरपोक लोगों का जो अपनी आकांक्षाओं के मालिक नहीं होते और उस कठिन परीक्षा के समय घबरा जाते हैं जब 'सम्पूर्ण निर्णय' लेने की जिम्मेदारी आती है।

दरअसल मनुष्य के 'सम्पूर्ण विकास' को हम चीजें छोड़-छोड़कर नहीं देख सकते। ज़िन्दगी इस तरह कठोर चुनावों के बीच से सम्पूर्णता का आनन्द नहीं लेती। देखा गया है कि अनुभवों को खंड-खंड कर बाँटनेवाले या निर्णय के रास्तों पर चलनेवाले समाज कई तरह से बदला लेनेवाले समाज में बदल जाते हैं। सज्जनों के समाज की ताकत लक्ष्मी के पराक्रम और उसके चंचल, मनमौजी तथा ऐश्वर्यकामी मिज़ाज से डरने में नहीं है लेकिन उससे टकराने और उसे अपने अनुकूल बनाने में है। यह ध्यान देने की बात है कि सज्जनों की संस्कृति और दारिद्र्य की संस्कृति एक नहीं है। दरिद्रता की संस्कृति हज़ारों तृष्णाओं, चालाकियों, चटोरेपन और झूठ से दबी रहती है। तुलसीदासजी ने इसी संस्कृति पर कटाक्ष करते हुए लिखा है : नार मरी, घर सम्पति नासी। मूंड मुँडाय भये संन्यासी। अभावों की संस्कृति में लक्ष्मी के लिए सज्जनों के मन अधीर होते देखे गए हैं और वह पछतावा भी देखा गया है जो सम्पदा के न पाने का होता है।

सज्जन लोग बताते तो नहीं हैं लेकिन वे इस सुन्दर और हमेशा युवा रहनेवाली की बेवफाई से भी कम खिन्न नहीं हैं। उसके स्वभाव पर कवियों ने आपत्ति की है और हेकड़ी लगाते हुए कहा है कि लक्ष्मी के और हमारे बीच पटती नहीं है। कवियों ने पहले कहा : कमला, थिर न रही। फिर दूसरे कवि ने कहा, कारण बताया : बूढ़े की बहू, चंचल स्वभाव की नहीं होगी, इसके उसके पास नहीं जाएगी तो क्या

करेगी —(पुरुष-पुरातन की वधू क्यों न चंचला होय)। लेकिन कुछ सज्जनों का यह मानना है कि कविताओं की यह चेतावनी सज्जनों को नहीं सूदखोरों, लालचियों और कंजूसों को थी। सज्जनों से कबीर ने दूसरी बात कही थी दोनों हाथों से उलीचने की; दोनों हाथों से देने की। कहा था :

जो जल बाढ़ै नाव में, घर में बाढ़ै दाम।
दोऊ हाथ उलीचिए, वह सज्जन को काम।

कबीर की दृष्टि में सम्पत्ति अर्जन और सम्पत्ति विसर्जन दोनों सज्जनों का काम हैं। यह बात ठीक इसी तरह नहीं, कुछ बदलकर उपनिषद भी कहती है। देवताओं से दमन करने की, दानवों से दया करने की : मनुष्यों से दान करने की। ब्रह्मा से मिलने गए देवता, दानव और मनुष्यों के प्रतिनिधि मंडल से उन्होंने 'द' कहा था। कबीर ने कहा कि दोनों हाथों से धन उलीचो और ब्रह्मा ने कहा दान करो। तब भी, वास्तव में दोनों ही सज्जनों को ही सम्बोधित कर रहे थे। दुर्जनों के लिए कवि और देवता कुछ नहीं कहते और कहें तब भी दुर्जन कुछ नहीं सुनते।

यह ध्यानपूर्वक देखा जाना चाहिए कि हमारा जीवन कहीं भी या कभी भी एक आग्रह से, एक इच्छा से, एक तरफा नहीं चल सकता। हम चाहें या कोई भी चाहे हमारी नाव कई लहरों पर नाचती है। यही जीवन का सम्मोहन है। हमारी अपनी सदी को देखें। लोगों के निश्चय, उनकी दौड़, उनके मन में दबी-छुपी आकांक्षा को पढ़ें, उनके रोज़ के व्यवहार की तरफ झाँकें, उनके सपनों की ओर नज़र दौड़ाएँ तो यह जानने में ज्यादा समय नहीं लगेगा कि सब के सब उस युवती को अपने घर ले जाने को बेताब हैं जिसके क्लेश और नाराजी का हमने इस लेख के प्रारम्भ में जिक्र किया है। अब उनमें वे सज्जन भी शामिल हो गए हैं जो पहले कभी उदासीन थे। अब लक्ष्मी को किसी के चरणों में सिर रख कर ललाट रगड़ कर प्रार्थना नहीं करनी पड़ती। लेकिन यह भी एक तरफा दौड़ है, एक रस और थका देनेवाली। वह वस्तुओं के लिए अदम्य उत्साह पैदा करती है। वस्तुओं को अपने कब्जे में करने की आदिम इच्छा। फिलहाल इस ज्वर के उतरने की कोई सम्भावना नज़र नहीं आती लेकिन इस एक पुरुषार्थ से अनेक पुरुषार्थों से बनी ज़िन्दगी नहीं चलेगी। इसी प्रसंग में और यह कोई अलौकिक प्रसंग नहीं है, यह कहना कि वस्तुओं के पास ज़िन्दगी की उदासी मिटाने की बुनियादी ताकत नहीं है; यदि ज़िन्दगी कई रंगों से कई आवेगों और उत्तेजनाओं से बनी है तो उसके वैभव को बचाने के लिए हमें वे सारे रंग तलाश करने पड़ेंगे जिन्हें अपनी जिद में या अज्ञान में पहचानने से इनकार कर दिया हो।

ऐसा पहली बार ही नहीं हुआ है, अब जैसा हम समझ रहे हैं कि सारा पराक्रम पैसे के पास आ गया है, सारी शक्ति और विभूतिमयता पैसे में निहित हो गई है;

ऐसा ही किसी वक्त धर्म-संस्थापकों ने सोचा था और धर्म ने विश्व-विजय का झंडा गाड़ दिया था। लोगों को स्वर्ग जाने के टिकिट मिलने लग गए थे और हत्यारों ने स्त्रियों को स्वर्ग में सुख के सपने दिखा कर चिता पर चढ़ा दिया था। आत्म-निर्णय और संवेदना के सारे रास्तों पर पंडित, पादरी और मौलवी अपने धर्म-शास्त्र की पुस्तकें लेकर बैठ गए थे। यह लगने लगा था कि सब कुछ ठीक हो गया है लेकिन ज्यादा कुछ ठीक नहीं हुआ। धर्म-संगठनों में कलह और फूट-फ़जीहत मान-अपमान, बड़प्पन और निन्दा लोक और शास्त्राविज्ञों का तीव्र मन-भेद और विद्वेष की कटुता नज़र आने लगी। ब्राह्मण और बौद्ध वेद और वेद-निंदकों, आस्तिकों और नास्तिकों में बँट गए (नास्तिकों वेद निन्दकः)। शान्तिकामी, धर्म प्रवक्ता हिंसा और लूट-पाट के नायक बन गए। मन्दिरों के पास अकूत लक्ष्मी इकट्ठी हो गई। मस्जिदें दूसरे धर्मावलम्बियों के लिए तलवार-बन्दूकें इकट्ठी करने के काम आने लगीं। धर्म के सारे अन्तर्विरोध सामाजिक क्रूरताओं और नर-संहार के कारण बन गए।

महत्त्व की बात यह है कि एक रंग की, एक चाहत या एक सिद्धान्त, धर्म भाषा से दुनिया जैसी हम चाहते हैं वैसी नहीं बनती, वैसे ही अकेली-सम्पत्ति किसी को सार्थक दुनिया का वरदान नहीं दे सकती। निःसन्देह दुनिया और किसी सीमा तक खूबसूरत जिन्दगी के लिए सम्पत्ति की; बाजार की, मैत्री-पूर्ण अर्थशास्त्र की आवश्यकता से इनकार करना असम्भव होगा वैसे ही अर्थशास्त्र की शक्ति को नियंत्रित और बाज़ार को वस्तु-केन्द्रित बनाने के बजाय मनुष्य-केन्द्रित बनाना जिन्दगी, दुनिया और मनुष्य को बचाने के लिए आवश्यक होगा।

यह तथ्य भूलने के लिए नहीं है कि सम्पत्ति-शास्त्र की अपनी कोई निरपेक्ष पहचान नहीं है और न उसकी स्वायत्तता असन्दिग्ध है। अमरीकी बाज़ार या कि पच्छिम के मुल्क अपने सम्पत्ति—शास्त्र की निरपेक्ष-सत्ता का चाहे जितना ढोल पीटते रहें लेकिन उसकी सम्पूर्ण परिभाषा सामाजिक अभ्युदय और दारिद्र्य मिटाने के साथ जुड़ी रहेगी। दुनिया का अर्थशास्त्र भीख माँगनेवालों और भीख देनेवालों का अर्थशास्त्र नहीं हो सकता। इसी तरह वह कुटिलताएँ करनेवाले और सहनेवालों का सम्पत्ति-शास्त्र भी नहीं होगा। यदि यह प्रश्न उत्तरित होना हो कि सम्पत्ति शास्त्र की कामयाबी की पहचान क्या है...? तब इसका उत्तर पूछने के लिए हम बहुराष्ट्र कम्पनियों के पास नहीं जाएँगे बल्कि अपने लोगों के पास जाएँगे जो अपनी बेहतरीन, भूख-रहित जिन्दगी के लिए अकथ परिश्रम करते हैं।

पानी

जब पानी नहीं आता यानी वर्षा नहीं होती तब पिता मुझे वह संवाद सुनाते जो कृष्ण और अर्जुन के बीच हुआ था। अर्जुन ने कृष्ण से पूछा—"आप जब प्रसन्न होते हैं तब क्या करते हैं?" कृष्ण ने उत्तर दिया—"अर्जुन, मैं वर्षा करता हूँ।" सन्तुष्ट न हुए अर्जुन ने फिर पूछा—"आप जब अत्यन्त प्रसन्न होते हैं तब?" तब भी कृष्ण ने वही उत्तर दिया—"मैंने कहा न अर्जुन, वर्षा करता हूँ।" तीसरी बार प्रश्न को उलट-पुलट कर अर्जुन ने पूछा—"जब आप अत्यधिक प्रसन्न होते हैं तब भी वर्षा करते हैं? "कृष्ण ने हँसकर कहा—"हाँ, अर्जुन वर्षा करता हूँ।" अब यदि कृष्ण हों और अर्जुन फिर पूछे तो अब भी शायद वे यही उत्तर दें।

छोड़िये भी कृष्ण-अर्जुन को। आपसे पूछें कि आपको कोई वरदान माँगने को कहा जाए तो क्या माँगेंगे? वर्षा तो आपकी प्राथमिकता में नहीं होगी।

फ्रांस की कोई महारानी थी। (माफ करें नाम याद नहीं रहा) उनसे किसी ने कहा—"लोगों को रोटी नहीं मिल रही।" उसने चकित होकर कहा—"क्या, रोटी नहीं मिल रही तो 'केक' क्यों नहीं खाते?" हमारे आमिर खानों, शाहरुख खानों और अमीरज़ादों से कहें कि पानी नहीं मिल रहा पीने को, तो फ्रांस की महारानी की तरह इतराये हुए 'ठंडे पेय' के दलाल कहेंगे—"पानी नहीं तो क्या पेप्सी, कोका कोला, मिरिंडा या कुछ भी पियो।"

देखते-देखते यह विभाजन हुआ है। पानी वालों और कोका कोला वालों में देश का बँटवारा। पूरा देश इस तरह और इतनी तरह बँटा है कि प्यासे लोगों की बात करते हम लगातार कुछ इस तरह महसूस करने लगते हैं कि प्यासों की अकर्मण्यता ही उन्हें प्यासा रखे हुए है। जो प्यासे हैं और पानी की बूँद-बूँद के लिए अपने दुर्भाग्य को गाली दे रहे हैं वे दरअसल जाहिल और अकर्मण्य हैं। जो ऊपर बैठे हैं और प्यासे लोगों का पानी पी रहे हैं, पानी का व्यापार कर रहे हैं; वे आरोप लगाते हैं कि गुनहगार तो वे अकर्मण्य गरीब हैं जो जनसंख्या बढ़ा रहे हैं और पानी के अभाव का प्रमुख कारण हैं। कोला कम्पनियों और शुद्ध जल की बोतलें बेचनेवाले दलाल, जबकि, यह जानते हैं कि कोला और पेप्सी जैसी अमीर बहुराष्ट्रीय कम्पनियों ने गाँवों के जल-समृद्ध क्षेत्रों में ट्यूबवेल खोदकर अपार जल-दोहन किया है।

जल-दोहन के इस काम में गरीबों के मतों से जीतनेवाली सरकारें कोका कोला वालों का कैसे साथ देती हैं इसकी एक मिसाल राजस्थान के कालाडेरा गाँव का 'जल-आन्दोलन' है, कालाडेरा जयपुर से पच्चीस किलोमीटर दूर है। यहाँ कोका कोला की बहुराष्ट्रीय कम्पनी ने ट्यूबवेल खोद लिये हैं। जल-दोहन की इस प्रक्रिया में किसानों के कुओं का पानी रसातल में पहुँच गया है और आस-पास के गाँवों का अर्थशास्त्र उलट-पुलट हो गया है। जल-दोहन का हिसाब बताते हुए 'राजस्थान समग्र सेवा संघ' के अध्यक्ष सवाईसिंह बताते हैं कि सात लीटर शुद्ध जल से एक लीटर कोक बनता है। गाँव के लोग बरबाद हो गये हैं। गाँवों में फैले प्रदूषण से अनेक प्रकार के चर्म-रोग फैल गये हैं। कोका कोला कम्पनी को 1998 में राजस्थान के पूर्व मुख्यमंत्री भैंरोसिंह शेखावत ने 'जल-लूट' की इजाज़त दी थी। 1998 से 2008 तक के इन दस वर्षों में सवाईसिंह पन्द्रह से बीस लाख लीटर पानी प्रतिदिन लूटने का नाराज़गी के साथ उल्लेख करते हैं। 2004 में 'जल-लूट' के विरुद्ध स्वत:स्फूर्त ग्राम आन्दोलन में 95 वर्ष के सर्वोदयी नेता सिद्धराज जी ने भाग लिया था। समग्र सेवा संघ के आन्दोलन का परिणाम बताते हुए अध्यक्ष किंचित राहत के साथ कहते हैं कि 65 ट्रक कोका कोला की बोतलें ढोनेवाले ट्रकों की संख्या अब पाँच ट्रक तक सिमट गई है।

जल की गरीबी और अभाव की बातचीत में सवाईसिंह जी उन 23 नये शराब के कारखानों को लाइसेंस देने का हवाला देते हैं, जहाँ एक बोतल शराब बनाने में दस से बारह बोतल पानी बरबाद होता है। शराब के ठेकेदारों के बारे में सोचता हूँ तो मुझे यह कहने में कोई संकोच नहीं होता कि यह जो पानी की शून्यता है वह उस ऐयाश वर्ग के कारण है जो जल के असीम दोहन से, 'जल-मार्केटिंग' में लगे हैं। जो गरीब और कुचले हुए लोग हैं; बोतलों का दस-दस, बीस-बीस रुपयों का पानी खरीदने में असमर्थ हैं। वे 'सीवरेज' का पानी पी रहे हैं और अकाल मर रहे हैं।

'सीवरेज' का विषाक्त पानी पीने से हुई मृत्यु को लेकर राजस्थान के एक बड़े समाचार पत्र और जलदाय मंत्री सांवरमल जाट के बीच गरमा-गरमी हुई जिसमें मंत्री ने कहा—"एक दिन मरना तो सभी को है।" लेकिन गरीबों के पास प्रचंड गर्मी से मरने के लिए भी ज्यादा विकल्प नहीं हैं या तो प्यासे मरना है या सिवरेज का पानी पीकर मरना है। जब गरीब मरते हैं तब अर्थशास्त्रियों को ज्यादा तकलीफ नहीं होती। उनका बयान होता है कि प्रकृति अपना हिसाब करती है। पूँजीवाद का अर्थशास्त्र करुणा के आँसुओं से नहीं लिखा होता।

प्रदूषित जल ही दुनिया के गरीब लोगों, गरीब बच्चों को पीने को मिलता है। भारत में कैसी दुर्दशा और दुर्भाग्य है इस पर विश्व स्वास्थ्य संगठन की रिपोर्ट के अंश द्रष्टव्य हैं—विश्व में 42.5 करोड़ बच्चों को पानी का साफ पानी उपलब्ध नहीं है। 98 करोड़ सफाई के उचित प्रबन्ध से वंचित हैं। दिल्ली के यमुना पार क्षेत्र और पुनर्वास कॉलोनियों में 40 लाख से ज्यादा लोग रहते हैं और वे साफ पानी न मिलने

से हर वर्ष हैजा, आन्त्रशोथ, डायरिया जैसी बीमारियों से पीड़ित होकर मरते रहते हैं। इस देश में प्रतिवर्ष लगभग दस लाख बच्चे हैजा और आन्त्रशोध से मरते हैं।"

इस रिपोर्ट के अनुसार भारत में 70 प्रतिशत पानी की सप्लाई मल-जल से प्रदूषित है। नदियों में मिलनेवाला पानी आमतौर पर कम या अधिक स्तर पर बैक्टीरिया, वायरस, पैरासाइट से सन्दूषित है। दिल्ली से गुजरनेवाली यमुना नदी में 18 अरब लीटर से ज्यादा बिना उपचार किया मल-जल प्रतिदिन मिल रहा है जिससे उसमें बैक्टीरिया बड़ी मात्रा में पनप रहे हैं।

प्रदूषित जल के आँकड़ों, गुब्बारों जैसे फूले पेट के बच्चों और धक्के खाती जर्द पीली आँखों की स्त्रियों को देखने के लिए हमें 'विश्व स्वास्थ्य संगठन' की रिपोर्ट पढ़ने की जरूरत नहीं है। देश के सारे नगरों के अवांछित गरीब लोग पुरानी, जर्जर, फूटी पाइप लाइनों के जल सीवरेज का मिला जल पी रहे हैं। लेकिन जल की यह गरीबी और यह लूट अनायास नहीं है और इसके लिए किन्हीं अलौकिक कारणों को नहीं ढूँढ़ना चाहिए और न इन्द्र को प्रसन्न करने का धार्मिक अनुष्ठान करना चाहिए। दरअसल प्रकृति और पृथ्वी ने हमें अपार जल दिया है। विशालतम नदियाँ और झरने दिये हैं और संवेदनशील पानी की तरह मन दिया है।

लेकिन 19वीं सदी ने विज्ञान के घोड़े पर बैठकर प्रकृति को जीतने, उससे अनिर्णीत तकरार का महाअभियान छेड़ा, प्रकृति के उपकरणों का दोहन, प्रकृति पर विजय, उससे अनबन। उस सदी के वैज्ञानिकों और यात्रियों ने समुद्र की साहसिक यात्राएँ की, देश-देशान्तरों पर विजय-ध्वजाएँ फहराईं, व्यापार के लिए तीसरी दुनिया के देशों की मंडियाँ ढूँढ़ी। पृथ्वी के अन्तराल से समय की तसवीर बदल देनेवाले खनिज निकाले। पर्वत, नदियाँ, वन, वृक्ष, फल-फूल जहाँ जो कुछ था, पृथ्वी का आनन्दमय उपहार उसका व्यापार, सौदा, बाजारीकरण शुरू हुआ। यूरोप के छोटे देशों ने महान सभ्यता के यश-दीप्त देशों को अपने उपनिवेश बना लिये। उन्हीं दिनों अंग्रेजों ने इतरा कर कहा, "हमारे महान साम्राज्य में कभी सूर्यास्त नहीं होता।" यह बात दूसरी है कि उन्हीं के प्रकृति कवि वड्‌र्जवर्थ ने कविता की एक उदास पंक्ति में लिखा—"दुनिया हमारे चारों तरफ कैसे तो लिपट गई है।"

दुनिया की उस बेरहम सदी की यात्रा अब अपनी तार्किक परिणतियों तक पहुँच रही है। दुनिया और देशों, समाजों और समय में दो चेहरे, प्रतिद्वंद्वियों की तरह साफ-साफ नज़र आ रहे हैं। सम्पत्ति के नव-धनाढ्य दावेदारों के पड़ोस में गरीबी, रोग, मृत्यु, कुपोषण, गैर-बराबरी की अपार दुनिया बसी हुई है। इसी दुनिया में अनन्त जलवाले वॉटर पार्क्स, तरणताल, शहरों के मनचले साहबज़ादों की आँखों को तरावट देनेवाले फव्वारे, पाँच सितारे होटलों के हरे-भरे, तर-बतर लॉन और राजनेताओं की फुलवारियाँ हैं। पड़ोस में हाहाकार करती, मरती, मल-जल पीती, पानी के लिए इन्तज़ार करती बस्तियाँ हैं।

बंगलों के लोगों के लिए कितना तो पानी है, कितने टैंकर, फव्वारे, दस-दस, बीस-बीस रुपयों में मनचाहे उतनी शुद्ध जल की बोतलें।

कैमरा लगे फव्वारों के नीचे स्नान करनेवाली तरुणियाँ कब से उछल-कूद और केलि कर रही हैं। पड़ोस के गाँव में तलैया पर सरपंच की श्यामला भैंसे और दीन-हीन स्त्रियाँ स्नान करती कपड़े धो रही हैं।

सभा के मंच पर मंत्री हैं और चमकते चेहरे वाले अतिथिगण हैं। प्रत्येक व्यक्ति के सामने शुद्ध जल की एक-एक बोतल है। मंत्री और चमकते चेहरे वाले अतिथिगण समतावादी समाज बनाना चाहते हैं और दुखी हैं कि आज़ादी के साठ वर्ष बाद भी हम जनता को एक गिलास स्वच्छ पानी तक नहीं दे पाए।

पर्यटकों को बुलाने के लिए नये होटलों के निर्माण के लिए परमिट हैं, मल्टीप्लेक्स बनाने की इज़ाजत है, आकाश तक छूनेवाली इमारतों की सुविधाएँ हैं। विकास के लिए बलिदान और पानी देने की दरियादिली दिखाने की नसीहत है।

एक तरक्कीपसन्द, चमकती पानीदार शताब्दी के बीच कई चीज़ों के लिए तरसती, संघर्ष करती, मरती जनता को देखना तो कष्टकर है ही लेकिन सबसे ज्यादा कष्टकर तो उसे पानी के लिए 'त्राहि-त्राहि करते' भटकते देखना है जबकि अनन्त जल के बीच पानी के सौदागर, पानी की मार्केटिंग करते, नकली जल अभाव की स्थितियाँ पैदा कर रहे हैं और जल लूट रहे हैं।

जल-अभाव की कृत्रिम स्थितियाँ पैदा करनेवाली इन बहुराष्ट्रीय कम्पनियों के दलालों, सरकारों और विकास के सौदागरों से ग्राम-केन्द्रित और ग्राम आदमियों की प्यासी बस्तियों का संघर्ष करना चुनौती और साहस का काम नहीं तो और क्या है?

दुविधा में युवा पीढ़ी

आलेख को ऐसा शीर्षक देकर मैं जरा भी प्रसन्न नहीं हो रहा हूँ जो बड़े लोग हुआ करते हैं, मनोविज्ञान की शब्दावली में जिसे 'सेडिस्ट प्लेजर' (दूसरों को दुख पहुँचाकर प्रसन्न होना) कहा जाता है। इस शीर्षक से केवल स्थिति की वास्तविकता और गम्भीरता का अनुमान लगाया जा सकता है। यहाँ यह कहना भी आवश्यक है कि 'युवा-भाव' का सन्दर्भ पुरुषों तक ही सीमित नहीं है, उसमें वे युवतियाँ भी शामिल हैं जो युवा-पुरुषों से अधिक दुविधाओं के दबाव में हैं। वे स्त्री भाव से मुक्त होकर पुरुष-समाज में जगह बनाने की कोशिश कर रही हैं।

यह कहने के बाद भी भारतीय समाज का जैसा विकट विभाजन है वह युवा-वर्ग को भी विभाजित किये हुए है और हर स्तर पर युवा-पीढ़ी की दुविधाएँ अलग-अलग नज़र आती हैं। मसलन शहरी और गाँव के युवाओं की दुविधाएँ और उनसे मुक्त होने की कोशिशें एक-सी या एक तरह की नहीं होतीं। इसी प्रकार ऊँची जाति के युवाओं और दलित-युवाओं की दुविधाएँ एक-सी नहीं हैं और न हिन्दू-मुसलमान या ईसाई युवाओं-युवतियों की दुविधाएँ एक सी हैं। लेकिन वे जिस किसी धर्म, जाति, प्रान्त, इलाके, रंग-नस्ल के हों दबावों और दुविधाओं के संकट में धंसे हैं।

समाजशास्त्रियों का कहना है कि दुविधाओं की दुनिया बनी रहती है और जैसे प्रकृति में नई ऋतुएँ आती हैं वैसे ही दुनिया के बदलने का ऋतु-चक्र चलता है। यह बात दूसरी है कि बदलाव की गति कभी इतनी मन्द, इतनी आज्ञाकारी और व्यवस्था के अनुकूल होती है कि जल्दी कुछ होना, बदलना नज़र नहीं आता। कभी इतनी तेज गति से उथल-पुथल होती है कि हिम्मत जवाब दे देती है और भूचाल-सा आया लगता है। बदलाव की गति के कारण जब समझ में नहीं आते या परिणाम हमारी मुट्ठी में नहीं होते तब उन झटकों को बरदाश्त करने के लिए हम उसे 'संक्रमण का काल' कहकर भूल जाना चाहते हैं या 'जल्दी ही सब कुछ ठीक हो जाएगा' ऐसा भ्रम पालने लगते हैं। लेकिन दरअसल यह होना 'पलायन' ही है।

बदलाव के झटके सबसे ज्यादा जवान होती पीढ़ी को ही सहन करने पड़ते हैं, एक सिरे से लेकर दूसरे सिरे तक, वर्तमान से लेकर नजदीक भविष्य तक। वयस्क लोग अपने समय को जी चुके होते हैं और बदलते समय के लिए उनके

पास थोड़ा कुतूहल और थोड़ा धैर्य होता है, कुछ-कुछ अनासक्ति, हमें क्या करना है, कितने से दिन जीना है। जिनकी मैं बात कर रहा हूँ उन मध्यवर्गीय वयस्कों को अपने गुजरे समय पर गुमान होता है क्योंकि उनकी आर्थिक स्थिति प्राय: मजबूत होती है और उनके बैंकों में जमा पूँजी निराशाजनक नहीं होती।

मध्यवर्गीय युवक समय की उछलती, शान्त होती तरंगों को देखते हैं। कभी वे समय को धकेलते हैं और कभी वे समय के धक्के खाते हैं। प्राय: वे समय को पहचानते हैं और आगे-पीछे होने की चतुराई दिखाते हैं। उनके वर्ग-चरित्र को सम्पत्ति, जाति और भाषा बनाती है। उनके बारे में सामान्यतया यह निष्कर्ष निकालना तो कठिन है कि वे आदर्शविहीन या कि जिन्दगी के महान और मनोरम सपने नहीं देखते। याद करें आज़ादी के सपने देखने, स्वाधीनता के लिए मर मिटनेवाले युवकों में ऐसों की कमी नहीं थी जो हमारी राय में मध्यवर्गीय थे। वे आन्दोलनकारियों की अगली पंक्ति में शामिल थे। आज भी ऐसे युवा और युवतियों की कमी नहीं है जो जिन्दगी के मोर्चों पर इसलिए संघर्षरत हैं कि अभावों से ग्रस्त जिन्दगी भविष्य में लाचार और बदसूरत नजर न आए। तीन वर्ष पहले मुम्बई में 'डब्ल्यू.एस.एफ.' (वर्ल्ड सोशल फोरम) के अन्तर्गत मैंने हजारों युवा-युवतियों को 'दूसरी दुनिया सम्भव है' के नारे लगाते देखा और सुना था। तब निराशा से किंचित उबरा था। लेकिन यह कोई व्यवस्थित आन्दोलन नहीं था। उससे इतना भर पता लगता था कि दुनिया और देश के लोग कितने-कितने अभावों में जी रहे हैं। ये अभावों और अभागों की दुनिया का दृश्य था। जो साहित्य वहाँ बाँटा गया था वह अमीरों के अमानवीयकरण और मानवाधिकारों के अपहरण का दुखद और दारुण वृत्तान्त था। लेकिन तब भी किसी प्रकार के आन्दोलन की कोई सुगबुगाहट नहीं थी। यह भी कहा गया था कि 'वर्ल्ड सोशल फोरम' का मकसद भी यह नहीं है। यानी आधी दुनिया की भूख से उपजी पराधीनता के बारे में कोई रास्ता निकालना, उसके विरुद्ध किसी तरह का संघर्ष करना इन हजारों युवक-युवतियों का सरोकार नहीं है जबकि उन सबका भविष्य अनिश्चितता के सीमान्तों पर है।

पिछले चालीस वर्षों से जन-आन्दोलन का ग्राफ ढलान की ओर गया है और युवक-युवतियों की मानसिकता संघर्ष के खतरों से बच निकलने की ओर बढ़ी है। एक बड़ा कारण तो विदेशी सत्ता से मुक्त होना है। मुक्त हुए लोगों के लिए यह सोचना कठिन होता है कि सत्ता के स्वभाव की रचना गोरे और काले के बीच कोई तात्त्विक अन्तर के आधार पर बनी नहीं होती और यह भी कि उसकी नशीली प्रकृति में कोई बुनियादी अन्तर नहीं होता। मुक्त हुए लोगों का यह मनोविज्ञान भी होता है कि संघर्ष के थका देनेवाले दिन समाप्त हो गये, अब हमें सत्ता का सुख हासिल करना चाहिए। स्वतंत्रता-संग्राम के एक सेनानी ने मुझे इतराते हुए कहा था कि उसे अब हर महीने साढ़े बारह हजार रुपया महीना मिलता है। उनका संगठन हर मौके

पर किसी-न-किसी तरह की सुविधा-सहूलियत के लिए दबाव डालता रहता है। उनकी दृष्टि में आज़ादी की लड़ाई लड़ी जा चुकी है और अब उसके फल चखने के दिन हैं। इस तरह आज़ादी के अर्थ और परिणाम सीमित होते चले गये और वे सब जिनके लिए आज़ादी कोई सुख हो सकता था या कि वे सब जिन्होंने इसके लिए संघर्ष किया था 'लापता' घोषित कर दिये गये।

आज़ादी के बाद का सबसे बड़ा हादसा यही हुआ कि बहुसंख्यक लोग 'लापता' हो गये उनमें वे युवा-युवतियाँ शामिल थे जिनका भविष्य बाद वाले दिनों के साथ बँधा था। दरअसल मुझे यह कहना चाहिए कि न आज़ादी के संघर्ष वाले एजेंडा में और न बाद में ही युवा-शक्ति की पहचान की गम्भीर कोशिश की गई। ज्यादा-से-ज्यादा यह हुआ कि उन्हें राजनीतिक पार्टियों ने 'स्टूडेंट विंग' या 'विद्यार्थी प्रकोष्ठ' याकि अलग नाम देकर अपनी विचारधारा और राजनीतिक एजेंडा के प्रचार के लिए एक हथियार की तरह काम में लाया। वे ज्यादातर चुनावों के दिनों में पर्चियाँ बाँटने, सभाओं में भीड़ जुटाने और उद्दंडता और बदअमनी फैलाने के लिए इस्तेमाल किये जाते रहे। आज़ादी के पहले या बाद वाले दिनों में जो किशोर-किशोरियाँ और युवक-युवतियाँ शिक्षित होते रहे वे औपनिवेशिक मानसिकता से मुक्त नहीं हैं और न वे अपने अद्‌भुत और दुर्लभ आत्म-विश्वास से पूर्ण क्षमताओं से परिचित होना चाहते हैं। औपनिवेशिक शिक्षा का ही यह परिणाम है कि युवा-पीढ़ी उस सारे परिवेश से अजनबी हो गई है जो उसका परिचित है और जिसमें रहकर वह स्फूर्ति और रचनाशीलता का अनुभव कर सकती है। अपनी परम्परा और संस्कृति, इतिहास और भाषा के सामाजिक मूल्यों से कटे-कटाये और अपरिचित सन्दर्भों में रहकर कोई भी युवा-शक्ति अपाहिज़ सी हो जाती है इसमें सन्देह करने की आवश्यकता नहीं है।

जिन उपायों से आज़ादी के संघर्ष की दुनियाओं को शक्तिहीन बनाने की सम्भावनाएँ बनी थीं और नये प्रतिभा उन्मेष की चमक पूरे देश में प्रकट हुई थी उसे मध्यवर्ग ने अपने दायरे में समेट लिया और जल्दी ही अपनी आक्रामक-शक्ति के साथ उत्कर्ष के सारे साधन कब्जे में कर लिए। इसी मध्यवर्ग ने राजनीतिक तंत्र को पूरी चतुराई के साथ अपने पक्ष में झुका कर रखा। शहर और गाँव की सीमाएँ साफ-साफ नज़र आने लगीं। गाँव वाले गांधी के देश में रह गये और शहर नेहरू के देश में चमकने लगे। यह दंश इतना मार्मिक था कि गांधी ने आज़ादी के बाद कहा, "मैं खोटा सिक्का हो गया हूँ (आई एम ए काउंटरफीटेड कॉइन)।"

औपनिवेशिक तंत्र से स्वाधीन हुई सरकार ने ब्रिटिश शैली की हुकूमत से ज्यादा दूर रहने का साहस नहीं दिखाया। उसी नौकरशाही, उसी न्यायतंत्र, उसी पुलिस-फौज संगठन, सारे स्कूल कॉलिज और दंभ की रौनक और सत्ता की हेकड़ी को बरकरार बनाए रखा। 'अंग्रेजी' हमारी हुकूमत की चहेती भाषा बनी है। भाषा के इस वर्चस्ववाद ने अभिव्यक्ति के वे रास्ते बन्द रखे हैं जो अनुसन्धान की

मौलिकता के लिए खुलना आवश्यक थे। इसके चलते ज्ञान का रचनात्मक-उत्साह हीनता ग्रंथि का शिकार है और मौलिकता की जगह अनुवाद ने ले ली है। हमारे मीडिया तंत्र पर अंग्रेजी भाषा और पश्चिमी जीवन-शैली का भयानक दबाव है। हमारे सूचना-तंत्र पश्चिम के बाजार की जरूरतें पूरी करते हैं और प्रतिभाशाली युवक अमरिका की तरफ भागते हैं। अपने देश, अपनी भाषा, गाँव, सांस्कृतिक, आर्थिक स्रोतों की जानकारी के अभाव में वे भविष्य की सम्भावना को व्यक्तिवादी नज़रिए से देखते हैं और खुद को कुछ गिनी-चुनी क्षमताओं के लिए समर्पित करते हैं। समाज-व्यवस्था और राजनीतिक-तंत्र की साझेदारी से युवकों की जिन्दगी का व्यवसायीकरण हुआ है। वहाँ वे केवल 'कार्पोरेट' जगत् का माल बेचनेवाले फुर्तीले एजेंटों की तरह उपस्थित हैं। जब नहीं हैं और प्राय: नहीं है, तब वे अप-संस्कृति, बलात्कार, हत्या, लूट-पाट, आतंक, बसें जलानेवाले और लज्जाजनक अपराधों के गिरोहों में शामिल होते हैं।

विकास के जिन प्रतिमानों को हमने राष्ट्रीय महत्त्व दिया है वे दरअसल एक आयामी (यूनीडायमेंशनल) हैं। दुनिया बनानेवाले ही नहीं एक आयामी जिन्दगी बनानेवाले भी हैं। यह आयाम अघाये हुए समाज (एफ्लूएंट सोसायटी) की अधिकाधिक समृद्धि के लिए है। भारतीय समाज ही नहीं तीसरी दुनिया के औपनिवेशिक दासता से मुक्त समाजों का मध्यवर्गीय युवा इसी एक ध्रुवीय दुनिया में अपनी जगह बनाने के लिए प्रतिबद्ध है। लेकिन युवा-शक्ति के लिए यह दुनिया भी उतनी ही सम्भावनाहीन और आधी-अधूरी होगी जैसे अभी है। एक भरी-पूरी दुनिया हासिल करने के लिए नव-धनाढ्य-वर्ग के गिने-चुने फार्मुले नाकाफी हैं। उनकी रचनाशक्ति को पहचानना (आईडेंटीफाई करना) और उसके लिए जगह बनाना उन्हें नौकरी देकर खारिज कर देने की प्रक्रिया का पर्याय नहीं है।

लेकिन हुआ यही है हमने उनकी शक्ति, स्फूर्ति, उनकी तेजस्विता और एक तरह से पूरी जिन्दगी को अभी के नये मालिकों ने परीक्षा के नम्बरों और पुराने आदर्शों से बाँध कर खूँटियों पर लटका दिया है। उनकी तारीफ में हम ऐसे कसीदे भी गाते हैं, 'तुम्हारा ज्ञान, सूचनाएँ, कौशल और जीवन-संघर्ष हमारी पीढ़ी के मुकाबले कई गुना बढ़-चढ़ कर है। तुम्हारी प्रतिभा अमेरिका और यूरोप तक में चमकती इत्यादि।' लेकिन जब कभी वे पुराने पड़ते समय या जर्जर समाज-रचना या कि अपने विपक्ष की असुविधाओं के विरोध में किंचित समूहनिष्ठ होकर शक्ति प्रदर्शन करते हैं तब हम उन्हें कुचलने के लिए बर्बर शक्ति काम में लाते हैं। उनकी इस शक्ति को हम यानी व्यवस्था चलानेवाले पहचानने से इनकार कर देते हैं। अपनी सारी वैधता और तर्क-संगति के बावजूद विफल और कुचली हुई वह युवा-शक्ति विध्वंस और अराजकता की पीढ़ी में बदलती है तो आश्चर्य और दुख करने जैसा क्या है।

यह तथ्य अलक्षित नहीं जाना चाहिए कि देश की राजनीतिक व्यवस्था में ही नहीं, सांस्कृतिक-परम्परा में भी 'युवा-शक्ति' की अलग से कोई पहचान बनाने की कोशिश या कि सम्माननीय अवधारणा नहीं है। हमारे सांस्कृतिक परिवेश में 'अनुभव' को श्रेष्ठतर स्थान प्राप्त है। लोक-विश्वास में बड़ों की छत्रछाया, बड़ों की सीख, बड़ों का अनुभव, स्वीकार की व्यवस्था, श्रद्धा या आस्था को महत्त्व प्राप्त है। हजारों वर्ष पहले जन्मे पुराण-पुरुष हमारी प्रेरणा के केन्द्र हैं। रचना और प्रयोगधर्मी परम्परा और बुद्धि से हमारी सामाजिक व्यवस्था असुरक्षित अनुभव करती है। संयुक्त परिवार व्यवस्था में निर्णय के सारे अधिकार 'बुजुर्ग पीढ़ी' को प्राप्त हैं। युवा-बहुओं को सहज दिखने-देखने तक की आज़ादी नहीं है।

आज भी युवा-वैज्ञानिक हनुमान जी से शक्ति लेकर दिन की शुरुआत करते हैं। हमारे सांस्कृतिक सुरक्षातंत्र की कई विशेषताओं के बावजूद उसने युवा शक्ति के सामूहिक उन्मेष को स्थान नहीं दिया है। यह उस विभाजन से ही स्पष्ट होता है जो ब्रह्मचर्य, गार्हस्थ, वानप्रस्थ और संन्यास के बीच हुआ है। ब्रह्मचर्य और वानप्रस्थ के बीच थोड़ा-सा समय है और उसमें जिन्दगी समझने, बनाने, समेटने के झमेले और झंझट हैं। वहाँ तारुण्य के तरानों के पहले प्रौढ़ होते जीवन के सुर-राग हैं। युवा-शक्ति उसी उपेक्षा की कड़ी में है जिसमें स्त्री और दलित हैं। मध्यवर्ग के प्रतिनिधियों ने इन 'शक्ति-केन्द्रों' के साथ अपनी तकरार अधिक आक्रामक और अधिक दृढ़ता के साथ प्रारम्भ की है लेकिन इनके उपयोग और पहचान के लिए कोई उत्साह या योजना की कहीं कोई शुरुआत नज़र नहीं आती।

क्या वैश्वीकरण का आन्दोलन, अवधारणा, विज्ञापन, प्रचार युवा-शक्ति को कोई भरोसा, कोई जगह देता है? ध्यान देने की बात है कि 'वैश्वीकरण' नव पूँजीवाद की व्यापारी-शक्तियों का संगठन है जो तीसरी दुनिया के देशों में अपने बाजारों की तलाश में है। वह कोई विश्व हित की सैद्धान्तिकी नहीं है। उसका सिद्धान्त एक ठंडी, व्यक्तिवादी, प्रतिस्पर्धी आर्थिक व्यवस्था को दुनिया-भर में विश्वसनीय बनाना है। उसका यह काम भी है कि वस्तुओं को व्यक्ति की पहचान और प्रतिष्ठा में बदल दिया जाए और ऐसा भ्रम फैला दिया जाए कि व्यक्ति की कीमत उसके रोमांचकारी गुणों, उसकी सामाजिक प्रतिबद्धताओं से नहीं उसके ब्रेंडेंड कमीज़, जूते, घड़ी, टाई, कार, टी.वी., वाशिंग मशीन, मोबाईल, फोटो कम्प्यूटर से आंकी जाने लगे। कोशिश यह होती है कि हर युवक या युवती यह समझने लगे कि वह गुण की अद्वितीय इकाई है और उसकी जिन्दगी का मकसद नितान्त उसके अपने अभ्युदय तक सीमित है। व्यक्ति और समाज के रिश्तों में जिस तरह का ठंडापन और एकांगिता इन दिनों नज़र आती है, वह सुनियोजित है। उससे सामाजिक हित के संवाद रूक गये हैं और शोषकों की ताकत बढ़ गई है। शोषण के प्रति सामूहिक नाराज़गी प्रकट करनेवाली 'यूनियनें' मुक्त बाज़ार के मालिकों के दबाव में शान्त

हो गई हैं। 'युवा-शक्ति' के विस्तार और विकास की चिन्ता करनेवाली सरकारें अपनी अधिरचना के ब्यौरे और तफसीलें 'कोरपोरेट जगत' के अमीरज़ादों से लाती हैं और अपनी जनता को इस तरह बेचती हैं कि वे सपनों और वास्तविकताओं के धुँधलके में अकेले और असहाय होते हैं।

वैश्वीकरण की अवधारणा का यह मायालोक युवक-युवतियों को अनेक दुविधाओं से लगातार गुजारता है और अनिर्णय और अनिश्चिताओं में उलझाए रखता है। प्रगतिशील अर्थशास्त्रियों ने उसके भयावह परिणामों में वैविध्यपूर्ण सांस्कृतिक छीजन और अमीरी के निर्मित होते द्वीपों के जो आँकड़े बताए हैं उनसे न केवल निराशा हुई है, श्रम और पुरुषार्थ, सहयोग और संगठित प्रतिकार के अच्छे नतीजों के प्रति भी संशय पैदा हुआ है। रातोंरात करोड़पति बनने की चाह ने अंधे भाग्यवाद, साम्प्रदायिक कट्टरता, जुर्म, देह-व्यापार और अमानुषीकरण की दुनिया को वैधता दिला दी है। युवा-शक्ति की आदर्श से चमकती दुनिया के लिए नये रास्तों की तलाश बहुत जरूरी है। हर बार उत्साही लोगों ने जिन्दगी के लिए बेहतरीन संस्कृति और सभ्यता तलाशी है युवा-शक्ति के विकास के लिए उन्हीं प्रयत्नों की आवश्यकता है।

भारतीयता की तलाश

भारत में रहनेवालों के लिए भारतीयता को तलाश करने की क्या विवशता है? क्या यह उन लोगों की विवशता है जिन्हें अपनी पहचान विलुप्त हो जाने का भय लगने लगता है? क्या यह स्वाभाविक ममत्व है, अपनी आत्म-रक्षा और उन जीवन-बीजों को बचा लेने का जो दूसरी भूमि और जलवायु में न बचें या यह अपनी विशेषताओं को दिखाने और बचाते रहने का कौशल और अहंकार है? निश्चय ही हमें अपनी विशेषताओं का बोध आवश्यक है, उस विनम्रता की स्थिति में भी जब हम उन्हें विकसित करना चाहें और उस दंभ में भी जब हम दूसरों से टकराना चाहें और उनके विलुप्त हो जाने का डर आवेष्टित कर लें।

भारतीयता के प्रसंग की सबसे जटिल ग्रंथि तो उसको पहचानने की है। उन विशेषताओं को रेखांकित करने की जो मौलिक हैं और संशयरहित हैं। विशेषताओं को रेखांकित करते समय उन सीमान्तों की स्पष्ट समझ जहाँ सिर्फ अत्यन्त आवश्यक धुँधलका ही बचे अन्यथा उनके अर्थ और मर्यादाएँ स्पष्ट नजर आती रहें और जो अतीत में ही अर्थवान और चमकती नजर न आएँ बल्कि वर्तमान में भी स्पष्टतर होती नजर आएँ।

पहचान के सूत्र क्या हो सकते हैं? एक तो यह है कि यह भूगोल जिसकी सीमाओं में हम बँधे हैं और दूसरा हमारा राजनीतिक अधिकार हमारा मत का अधिकार जिसके जरिये हम सरकारें बदलते हैं और सामाजिक परिवर्तन की इच्छा प्रकट करते हैं। इसी क्रम में हम संविधान के प्रति भी अपनी प्रतिबद्धता प्रदर्शित करते हैं।

लेकिन यह नितान्त स्थूल सी पहचान है भावना और रागात्मकता रहित, औपचारिक, जिसके बीच खरीदने-बेचने, जाति-प्रेम और धर्मोन्माद, पूर्वग्रह और पक्षपात, संकीर्णता और कट्टरता तथा छद्म लोकतंत्र के सारे सवाल आते हैं। लेकिन भारतीय-समाज की वास्तविक पहचान के मुद्दे ये नहीं हैं भूगोल, सीमान्त, चुनाव, मत या कि एक विशाल तंत्र (सरकार) इसकी प्रणाली और प्रशासन, व्यवस्था इत्यादि।

आवश्यक बात तो यह है कि पहचान के संकट को जानने के लिए हमें समाज के उस चित्त को ही जानना पड़ता है जो समय की अनन्त उथल-पुथल और अनिश्चयों के बीच अपनी आस्थाओं और प्रतिज्ञाओं को नष्ट नहीं होने देता। हम

हजारों प्रकार की स्मृतियों के छाया-आतप से गुजरते हुए उस सम्पदा को इकट्ठी करते हैं, जिसे संस्कृति कहते हैं और जो बाद में हमारे समूह-चित्त के राग-द्वेष का निर्धारण करती है। राग ही की तरह द्वेष भी संस्कृति के हिस्से की चीज है। ध्यान देने की बात है कि संस्कृति अनुभवों की विराट शृंखला है इसलिए उनमें पुनर्नवा होने या कुछ विलुप्त होने की सारी सम्भावनाएँ मौजूद हैं। मनुष्य इसी तरह इसी पराक्रम से अपना समय और संसार बनाते हैं।

विचारकों और विद्वानों का एक समूह धर्मास्थाओं को भी समाज के चित्त की प्रमुख पहचान मानता है। धर्म ही समाज के चित्त को बनाता है और सृष्टि-रचना के उद्देश्यों को व्याख्यायित करता है और जन्म-मरण की रहस्यमय गुत्थियों को सुलझाता है लेकिन सबसे जटिल और अनुत्तरित सवाल तो यह है कि धर्म-तंत्र और धर्मास्थाओं के बीच का सम्बन्ध, उनका रिश्ता क्या है? कम-से-कम भारतीय धर्म के सम्बन्ध में तो यह प्रश्न बुनियादी और निर्णायक है।

भारतीय-धर्म के सम्बन्ध में यह सत्य सबसे कम विवादात्मक है कि वह किन्हीं बाहरी लक्षणों और उनकी अनुपालना पर आग्रह नहीं करता। यह एक प्रकार की 'स्वाधीनता' है, एक प्रकार से भय-रहित होने की प्रक्रिया और प्रतिज्ञा। यह स्वाधीनता वहाँ अनायास या आकस्मिक नहीं है। वह एक जीवन-शैली है जो सत्य को अन्वेषित करने के लिए आवश्यक है। सत्य के प्रति यह अनुरक्ति भारतीयता को उन जीवन-मूल्यों के साथ जोड़ती है जो पूरी मनुष्य जाति के जीवन मूल्य हैं। एक बड़े अभिप्राय से भारतीयता इन्हीं जीवन-मूल्यों को विकसित करनेवाला लोकतंत्र है। यही कारण है कि एक भारतीय का धार्मिक चित्त इतना जटिल नहीं है जितना कि उसका सांसारिक चित्त। उसके धार्मिक चित्त पर कट्टरता के ज्यादा खरोंच नजर नहीं आते और ज्यादा बड़े क्रूर और संहारक धर्म-युद्धों का वर्णन भी पढ़ने को नहीं मिलता।

यह देखने की बात है कि इस 'स्वाधीनता' के कारण भारतीयों ने जिन महत्त्वपूर्ण आस्थाओं को चुना है उनमें से आन्तरिक विवेक और अनन्तता जैसे दो प्रतिमान हमारे लिए महत्त्वपूर्ण हुए हैं और हमारी जो भी जीवन-दृष्टियाँ रही हों कितनी ही निगूढ़, जटिल और अमूर्त या कि सरल और विनम्र तथा भक्ति-प्रेरित वे आन्तरिक विवेक और अनन्तता से विमुख नहीं होतीं। इन दोनों के कारण से भारतीय जीवन-दृष्टि दुनिया की, काल की, स्थान की उथल-पुथल को खंड-दृष्टि से नहीं देखती, वहाँ समग्रता का बोध है इसलिए समाज या व्यक्ति, इतिहास या परम्परा, जीवन और मृत्यु, सत्य-असत्य, सगुण-निर्गुण और इतिहास चक्र बहुत अलग-अलग नहीं है। इसलिए मेरी दृष्टि में भारतीयता कोई अलग वैशिष्ट्य या उत्कृष्टता नहीं है एक अलग सा आवेश या कि एक सर्वथा भिन्न राष्ट्रीय गर्व। वह एक मानवीय-संस्कृति का पक्ष है। इसी दृष्टि से एक बृहत्तर नैतिकता की खोज भारतीयता की आधारभूत नजर है।

इस तथ्य को साहस के साथ कहना चाहिए कि भारतीय परम्परा में जड़ता और कर्मकांड के निषेध की जो ताकत है और जिसे आध्यात्मिक ताकत भी कह सकते हैं वह वैशिष्ट्यहीन होने की नैतिक ताकत है। वह एक विशेष भाव से और रूढ़ि-बद्ध अर्थ में धार्मिक अभिप्रेतों का अतिक्रमण है। धार्मिक अभिप्रेतों का संसार प्राय: एक पूर्व-कल्पित संसार है और उसमें सुख और लोक-कल्याण की कोटियाँ निर्धारित हैं। वहाँ मनुष्य को चुनने की स्वाधीनता इतनी कम है कि वह अपनी इच्छा-शक्ति और पुरुषार्थ को क्षीण करता नजर आता है। यह एक भिन्न प्रकार का मनोवैज्ञानिक तनाव और छद्म मनोलोक बनाने की पीड़ा है। इसका प्रमाण यह है कि धर्माचार्यों तक की दुनिया विग्रह और कलहरहित नहीं होती। कल्पित दुनिया की प्रतिबद्धताओं को लेकर वास्तविक दुनिया को समझना उसमें रहना और मन के अन्दर ही अन्दर बहती इच्छाओं को अस्वीकार करते जाना आचार्यों में अनेक मनोग्रंथियाँ पैदा करती हैं। इसलिए भारतीय चित्त के लिए अनुभवों की हजारों खिड़कियाँ खुली रहती हैं और जब कभी किसी कर्मकांड, पद्धति या तंत्र की शक्ति बढ़ती है, तभी एक नरम, कोमल और उदार लोक-आदर्श की धारा भी बहती नजर आती है। हजारों बार इन छोटी-छोटी हजारों अन्तरधाराओं ने भारतीयता को पुनर्व्याख्यायित करने में मदद दी है और उसके अलौकिक प्रतीकों और प्रतिमानों को भिन्न सांस्कृतिक और सर्जनात्मक अर्थ दिए हैं। इस प्रसंग को जे.एल.ब्रोकिंग्टन के इस वक्तव्य के साथ देखें जो उन्होंने 'एक शॉर्ट स्टोरी ऑफ हिन्दुइज्म' के अन्तिम पृष्ठ पर दिया है। हिन्दू धर्म के इतिहास में यह देखने की बात है कि महत्त्वपूर्ण स्थितियों में विपरीत तत्त्वों की जटिल अन्त:क्रियाओं ने धर्म को लचीलेपन का अद्वितीय गुण दे दिया है। हिन्दू-धर्म कोई खास जीवन दृष्टि नहीं है, इसके अनेक अनुयायियों के लिए वह सिद्धान्त से अधिक महत्त्वपूर्ण व्यवहार शैली है। समाज के कई निचले स्तरों के लोगों के लिए वह पारम्परिक कर्मकांड का निर्वहन है लेकिन यहाँ भी उनके आग्रह और उसकी अपेक्षाएँ बार-बार बदलती हैं। परम्परा वही नहीं है जो नजर आती है बल्कि वह लगातार नई दृष्टियों और परिस्थितियों के समावेश के लिए व्याख्यायित होती रहती है। नई वैचारिक आविष्कृतियाँ परम्परा का प्रतिपक्ष नहीं है वे इसकी प्रासंगिकता बनाए रखने का पक्ष हैं। हिन्दू धर्म पुराने को नये के पक्ष में छोड़ता नहीं है लेकिन दोनों को अन्तर्ग्रंथित करता है इस तरह कि नए संशय, प्रश्न और आकुलता को पारम्परिक भाषा में अभिव्यक्ति मिलती है। और नई अन्तर्दृष्टियाँ पूर्वग्रहों के बीच जगह बनाती जीती हैं। बदलती परिस्थितियों के अनुरूप बदलने की क्षमता का हिन्दू-धर्म ने बार-बार प्रमाण दिया है। हिन्दू धर्म का यही सामान्य चरित्र और इतिहास है, भिन्नताओं, परम्पराओं और नई वैचारिक दृष्टियों को एक साथ और पूरी तरह अन्तर्ग्रंथित करना। इस तरह हिन्दू-धर्म वही, वैसा ही नजर आते हुए भी निरन्तर बदलता है। देखने की बात है कि क्या यह आन्तरिक स्वायत्तता या एक

किस्म का अमूर्तता-बोध, जिसे मैंने वैशिष्ट्य रहित होना कहा है, एक अराजक स्थिति और सामाजिक-संकट का कारण बनता है जिससे बचने की आवश्यकता है और क्या यह बचाव तभी सम्भव है जब हम समाज को एक नजर आनेवाली एकता और अनुशासनात्मक समानता से बाँध दें?

इन दिनों यह अनुभव इसलिए भी तीव्रता से होने लगा है क्योंकि आर्थिक प्रतिस्पर्धाएँ उग्र हो गई हैं जिनके लिए धर्म, जाति, राष्ट्र, भाषा, वंश और कुल की छतरियाँ खुलने लगी हैं और उन्हें दुनिया के बाजार में लेकर चलना न केवल खुशनुमा और मोहक है बल्कि आत्म-विश्वास देनेवाला भी हो गया है। आज कल धर्म-भीरु लोगों में गरीब ही शामिल नहीं है लेकिन वह नव-धनाढ्य वर्ग, राज-पुरुष और चतुर अफसर और एक्सीलेन्सीज भी हैं जो होड़ा-होड़ी वाले समाज में संगठित धर्म-प्रतिष्ठानों, कुल देवता-देवियों, ग्रह-नक्षत्रों और जन्म-पत्रियों तथा रहस्य-शक्तियों की बढ़-चढ़कर दलीलें देते हैं और उन्हें गाँव के हाट-बाजार से लेकर अन्तरराष्ट्रीय बाजारों तक में लाभदायक बनाते हैं। इसलिए भी भारतीय समाज में यदि आन्तरिक गुणवत्ता को बढ़ानेवाले प्रत्ययों के प्रति निराशा से देखा जा रहा हो और एक शान्त उद्वेग-रहित जीवन की जगह उग्र राष्ट्रवाद और ऊपर-ऊपर नजर आनेवाले लक्षणों से धर्म, संस्कृतियों के भेदों की व्याख्या की जाने लगे तो यह ज्यादा चकित करनेवाला नहीं लगता।

एक और तथ्य की तरफ भी ध्यान जाता है कि किन्हीं बाहरी लक्षणों से बँधे सामाजिक रूप के लिए भारतीय चित्त में कोई आवश्यक ललक और पूज्य-भाव देखने को नहीं मिलता। किसी भी कठिन समय में हमारे सांस्कृतिक या सर्जनात्मक आग्रह समाज के बाह्यरूप को यानी किसी खास उपासना-पद्धति, किसी एक धर्मग्रंथ, किसी एक पवित्र और श्रेष्ठ मानव-समुदाय या कट्टर वैचारिकी और सिद्धान्त को बचाने की चिन्ता नहीं करते। उनकी चिन्ता कुछ और रहती है, वह नाना रूपों को बचाने की होती है। एक भारतीय की रुचि विश्व के और जीवन के नाना रूपों को, विचार के नाना-रूपों को, प्रकृति के नाना रूपों की ओर जाती है। सत्य एक है लेकिन उसे अनेक तरह से कहा जाता है इस कथा रस में। इस 'नानत्व' में बँधा हुआ मन ही दुनिया-भर की संकीर्णताओं और कट्टरताओं की निन्दा करता है। धर्म के संगठनात्मक रूप के न होने का दुख और इसी तरह एक आचार-संहिता के न होने का पछतावा प्रायः भारतीयों को नहीं हुआ। कवियों-लेखकों, संगीतकारों, शिल्पियों, चित्राकारों, वास्तुविदों को तो किसी भी समय नहीं। यह पूछना चाहिए कि क्यों नहीं? क्या यह भी पूछना चाहिए कि किसी भी कुल-शील से जन्मी भाषा अपनी किस मोहिनी से किस शक्ति से मनुष्य के मन को बाँधती है और उसको सब तरह के अहंकार और संकीर्णताओं से मुक्त करती है, आखिर 'निर्विशेष' करना सर्जनात्मकता का, संस्कृति का सर्वश्रेष्ठ मूल्य क्यों हैं?

यह जानना अत्यन्त आवश्यक और उपयोगी है कि एक बहुत प्राचीन समाज बार-बार संगठित और बाहरी लक्षणों तथा कर्मकांड वाले समाज का निषेध क्यों करता है और उन जीवन-मूल्यों की ओर क्यों लौटता है जिन्हें दस धर्म लक्षण कहा है—

धृति, क्षमा, दमोस्तेयं शौचमइन्द्रिय निग्रहम्।
धी, विद्या, सत्यमऽक्रोधम् दशकं धर्म लक्षणम्।

तब भी ऐसा नहीं है कि भारतीय समाज ने किसी सामाजिक-व्यवस्था के प्रति लगातार गहरी उदासीनता दिखाई हो। ऐसा भी नहीं है कि जिस धर्म-तंत्र के साथ भारतीय समाज-व्यवस्था का आत्यन्तिक और गहरा सम्बन्ध है उसने हमेशा सौम्यता, सम-दृष्टि और सहिष्णुता का परिचय दिया हो।

भारतीय-जीवन और समाज-रचना के अन्तर्विरोधों पर ज्यादा रोशनी डालने की आवश्यकता नहीं है, उसकी कट्टरता और असहिष्णुता तो इसी से पहचान ली जाती है जब वह चार-वर्ण वाली समाज-रचना को एक मौलिक और महत्त्वपूर्ण अवधारणा मानता है। यहाँ पुरुष और स्त्री जन्म के साथ बड़े और छोटे हो जाते हैं और मौत आने तक इस सामाजिक और मनोवैज्ञानिक आनन्द और यातना को भोगते-सहते हैं। यह सामाजिक-विभाजन और कट्टरता भारतीय समाज में विचार और व्यवहार के दुर्लंघ्य फासले पैदा करती हैं। अधिकांश भारतीय विभाजन की इस यातना को किसी प्रकार की तर्क-संगति देने में असफल होते हैं लेकिन वे अपने सामाजिक आचरण में जन्मजात बड़प्पन की सारी सुविधाओं का पश्चात्ताप-रहित और अधिकारिक मन से लाभ लेते हैं।

सर्जनात्मक दृष्टि ने कट्टरता की इस सामाजिक व्यवस्था पर बार-बार और असन्दिग्ध मन से क्रोधपूर्ण और व्यंग्यात्मक आक्रमण किए हैं। मध्ययुगीन संतों में किसी एक ने नहीं करीब-करीब सबने दुनिया और लोगों की समझ में आ जानेवाली भाषा में कई विचलित करनेवाले प्रश्न किए हैं। उच्च-वर्ण, कुल, शील में जन्म अभिजात्य के पास इसका कोई उत्तर नहीं है। इन प्रश्नों से, जो इन कवियों ने किए हैं, लोक-चित्त की उस निर्मलता और सहज संवेदना का पता लगता है जो एक वैश्विक-विवेक भी है और बोध भी, जिसकी ओर सामान्य भारतीय कलुष-रहित मन से देखता है। मध्ययुगीन संतों की कविता जन पक्ष की कविता है, गाँवों, उत्पीड़ितों, अपमानितों, अभिजनों के अहंकार का दुख भोगते कुम्हारों, जुलाहों, दर्जियों, जाटों, महिलाओं की कविता; जिस पर किसी कुलीन ने नाराज होकर लिखा था—

जाट, जुलाह, जुरे, दरजी, मरजी में रहै रैदास चमारौ।
ऐते बड़े करुणा-निधि को, इन पाजिन ने दरबार बिगारौ।

संतों और अनेक भक्त कवियों का हस्तक्षेप भारतीय जन की इस इच्छा को बताता है कि वे 'पवित्रता और श्रेष्ठत्व' आडम्बरयुक्त जीवन का प्रतिकार करते

रहें। भारतीय समाज का इतिहास हदों में बँधे रहने और हदों के पार जाने की तीव्र इच्छा का इतिहास है। निःसन्देह एक समाज अपने जीवन को बचाने का और विकसित करने के लिए एक और अनेक जीवन शैलियाँ विकसित करता है और ऐसा भारतीय समाज ने किया है, लेकिन देखने की बात तो यह है कि वह अपने स्वभाव और स्मृतियों को दूसरे जन-समुदायों और विचार-परम्पराओं के साथ कितना मिलने देता है या अलग रखता है, किस आग्रह के साथ हद-बन्दी करता है और कितनी हदें खोलता है।

भारतीय समाज ने अपने स्वभाव और स्मृतियों को बचाने के क्रम में, दूसरे समाजों की ही तरह, बारी-बारी से कट्टरता और उदारता का परिचय दिया है। इसे किसी 'सनातन कोटि' में रखना कठिन है। यह कट्टरता 'वेदों' को बचाने के लिए, धर्म की रक्षा के लिए और धर्मानुमोदित वर्ण-व्यवस्था और आचार-संहिता को शक्ति देने के लिए बार-बार प्रदर्शित की गई है। कट्टरता ने भारतीय समाज को दूसरे समाजों से अलग रखने की कोशिश की है और अपनी श्रेष्ठता, शुचिता और प्राचीनता की बार-बार याद दिलाई है। अपनी कला-संस्कृति के अभ्युदय को भी इस श्रेष्ठता में शामिल किया है। इस बात पर भी गौर करना चाहिए कि कट्टरता के कारण भारतीय-समाज में असमानता और द्वेष की दरारें गहरी हुई हैं और सर्जनात्मकता को गहरी क्षति पहुँची है।

यह ध्यान देने की बात है कि कट्टरता के केन्द्र में प्रायः समुदाय विशेष के लोग और उनके हित होते हैं और वे संगठनात्मक-शक्ति से सम्मोहित करते हैं। वे परोक्ष-अपरोक्ष रूप से सत्ता-केन्द्र हो जाते हैं और अपने श्रेष्ठत्व का प्रचार करते हैं, वे विचारों को एक व्यवस्था का आकार देने में समर्थ होते हैं। ये स्थितियाँ मनोवैज्ञानिक स्तरों पर प्रायोजित की जाती हैं। विचारपूर्वक देखें तो यह एक प्रकार का व्यवस्था-सम्मत अधिनायकवाद होता है और ऐसी हिंसा की तरफ अग्रसर करता है जो नजर नहीं आती। इस अन्तर्विरोध की ओर जब कभी ध्यान जाता है तब कुछ विचित्र लगता है कि दार्शनिक और सम-चित्तता पर लगातार आग्रह करनेवाले भारत में उस व्यवस्था को स्थान मिला है जिसमें शूद्र और स्त्रियों के लिए ज्यादा सम्मान नहीं है। कट्टरतावाद बाहर के समुदायों के साथ जो दुर्भावना पैदा करता है उससे कहीं ज्यादा स्थानीय-समुदायों में उन दरारों को गहरी होने देता है जो मूल-समाज के अंग हैं। जब कट्टरतावाद के अच्छे दिन आते हैं तब विभिन्न जन-समुदायों की मैत्री और संवाद की जड़ें सूखती जाती हैं और साहित्य तथा कला का उत्कर्ष क्षीण होता जाता है। श्रेष्ठता का दंभ न कुछ देखने देता है न सुनने।

लेकिन तब भी और बहुत सी दुःसह परिस्थितियों में तथा धर्म-तंत्र से बँधी सामाजिक व्यवस्था के बीचोंबीच भी भारतीयों ने मनुष्य की सबसे ऊँची और संवेदनशील आवाज को विलुप्त नहीं होने दिया। कट्टर वर्ण-व्यवस्था, परमात्मा,

परलोक और पुनर्जन्म के निहित सिद्धान्तों को बुद्ध ने भयावह नहीं बनने दिया। दुनिया को माया का धुआँ माननेवालों को कई आचार्यों ने चुनौती देने का साहस किया और दाम्भिक ब्राह्मणवाद के विरुद्ध विश्व-मैत्री और बंधुत्व का मनमोहक संगीत चलता रहा। भारतीयता की तलाश करनेवालों को यह जानकर हिम्मत बँधेगी कि कट्टरतावाद और मध्ययुगीन सामन्तों की स्मृति-कथाओं से सम्मोहित न होनेवाले लोग अब भी मूल भारतीय चित्त को जानते हैं जो मनुष्य को आन्तरिक विवेक और स्वाधीनता से जोड़ता है।

भारतीयता की तलाश करना वास्तव में उस भारत की तलाश करना है जो अतीत में भी था और भविष्य की सम्भावनाओं का भी है। अभी-अभी केवल पचास वर्ष पूर्व हमने स्वतंत्रता का संघर्ष करते हुए अपने दारिद्रय और अध्यात्म, कट्टर वर्ण-व्यवस्था के बीच गैर बराबरी और सामाजिक न्याय, धर्म-व्यवस्था की एकांगिकता और धार्मिक-आस्थाओं के बुनियादी प्रश्नों पर विमर्श और संवाद किया है। इस बार हमने धार्मिक-आस्थाओं पर केवल धर्म-सभाओं और धर्म-सम्प्रदायों में ही बात नहीं की है उन्हें सार्वजनिक किया है। हमने भारतीयता की कट्टरतावादी और उदार-सहिष्णुतावादी शक्तियों के बीच के उस क्रूर संघर्ष को भी देखा है जिसमें एक कट्टर हिन्दू नाथूराम गोडसे दूसरे उदार और सनातनी हिन्दू की प्रार्थना-सभा में हत्या कर देता है।

देखना है कि बीसवीं शताब्दी के अन्त होते-होते और इक्कीसवीं शताब्दी के लगते-लगते, विज्ञान और कम्प्यूटर प्रौद्योगिकी के आश्चर्यजनक अभ्युदय के साथ हम अपनी किन प्रतिज्ञाओं, स्मृतियों और परम्पराओं के साथ जीते हैं? हमारा सामूहिक-चित्त (Collective Consciousness) किस प्रकार का व्यवहार और प्रतिक्रिया करता है। वह फिर से अपनी बनी-बनाई, अपने उजले और अँधेरे पक्षों और राग-द्वेष से बनी सुरक्षित अभिजनों की महिमा-मंडित संस्कृति की तरफ लौट जाता है या यह भारतीयता की बहुआयामी, रचनाशील, लोक-हित की संस्कृति की तलाश करता है?

भारतीयता की तलाश का अर्थ उसकी पुनर्रचना ही है, वह नई कविता बनाने की तरह है जिसमें हमारी जानी पहचानी भाषा अर्थ की नई दुनिया की तरफ ले जाती है और उसे विश्वसनीयता देती है। पहले भी हम अनेक समुदायों के साथ रहे हैं और अब भी उन सारी सम्भावनाओं को तलाश करना एक सर्जनात्मक काम है।

कविता के प्रयोजन का पक्ष

कविता या साहित्य के सम्बन्ध में यह धारणा बनी हुई है कि किसी भी प्रयोजन से जुड़कर वह अपनी चमक खो देता है इसलिए जब किसी प्रयोजन की बात होती है तब कवि खिन्न हो जाते हैं या इतने निरपेक्ष कि जैसे वह कवि-कर्म का निषेध हो। कुछ-कुछ तो मुझे लगता है कि इससे कवियों के मिज़ाज का पता लगता है, उनके निरंकुश रहने की निष्पाप इच्छा का जिसके कई बार अच्छे परिणाम भी निकले हैं। बुरे समय में, व्यवस्था के आततायी स्वभाव के विरुद्ध टिप्पणी करने में, सत्ताधीशें के उन्माद को रेखांकित करने में और मानवीय सम्बन्धों के पराक्रम और मर्यादा को बचाने में कवियों और रचनाधर्मियों के निरंकुश स्वभाव ने महत्त्वपूर्ण काम किया है। मेरी दृष्टि में यह रचना का सार्वकालिक पक्ष है। ताज्जुब इसी बात पर होता है कि निरंकुशता के बीच से लोक-मंगल का यह अध्यात्म किस तर्क से आता है लेकिन कविता या साहित्य के सम्बन्ध में दूसरी भी बहुत-सी अचरज भरी बातें हैं जिन्हें तर्क से समझना मुश्किल होता है। सिर्फ आवेगों की रोशनी में वे मूल्यवान और औचित्यपूर्ण लगने लगती हैं।

कविता के अध्यात्म के सम्बन्ध में यह कहना आवश्यक है कि उससे ईश्वर और मनुष्य के रिश्ते चाहे व्याख्यायित न हुए हों किन्तु उससे मनुष्य और मनुष्य के बीच तथा मनुष्य और मनुष्य-समूहों के बीच के रिश्तों की पुनर्व्याख्या और पुनर्रचना जरूर हुई है।

ध्यान देने की बात यह भी है कि कवि स्वभाव का निरंकुश होना (निरंकुशः कवयः) या कि उसका मनमौजीपन, अराजक और समानन्तर सत्ता होने का आग्रह किसी एक प्रयोजन का दबाव और उसके अनुरूप सृष्टि बनाने, बदलने का आग्रह है। एक स्थापित अर्थ के अध्यात्मवादी कवियों में तो प्रयोजन का दबाव इतना सघन और अपरिहार्य होता है कि वे एक जीवित, नजर आनेवाली दुनिया के बदले दूसरी अमूर्त, अदृश्य दुनिया बनाते हैं। यह बात दूसरी है कि उसमें कविता होती है या नहीं लेकिन वे अपने सिद्धान्तों को संवेदनशील और आत्मीय बनाने के लिए कविता के उपकरणों को काम में लेते हैं। वे पारलौकिकता का आकर्षक विज्ञापन करते हैं। यह हस्तक्षेप की सौम्य मुद्रा है; एक संत या कवि का अपनी मनोवांछित दुनिया की तरफ हमें आकर्षित करने का दबाव।

नि:सन्देह कविता के दबाव के दायरे मनुष्य के चित्त-शोधन से लगा कर दुनिया के मिज़ाज बदलने तक और असंख्य हो सकते हैं और उसकी भंगिमाएँ शास्त्र-सम्मत या इतनी नाटकीय और पूर्वानुमानों के विरुद्ध हो सकती हैं, इतनी काल्पनिक और असमंजस भरी कि पढ़नेवाले को विश्वास ही न हो। हो यह भी सकता है कि खुद लेखक को ही पता न लगे कि कौन-सी कृति किस प्रयोजन के लिये है। प्रयोजन को छिपाना और तब भी प्रयोजन के दबाव को लगातार बनाए रखने का रहस्य ही शब्द की शक्ति का रहस्य है। जो कवि अपनी कृतियों को इन दबावों से मुक्त रखते हैं वे दरअसल नाकामयाब कवियों की कोटि में होते हैं। वे सिर्फ कविता का हुनर जाननेवाले कवि होते हैं और ऐसे असंख्य कवि हो सकते हैं।

रचना में बहुत से प्रयोजन गुंथे रहते हैं जैसे बहुत से रंगों वाली डोरियाँ और स्वयं कवि एक डोरी को अलग करते-करते बहुत-सी डोरियों के ताने-बाने डालता चलता है। वे कभी-कभी इतने उलझे हुए होते हैं कि रचना प्रयोजनातीत या 'शुद्ध' जैसी लगने लगती है। निस्सन्देह कविता-रचना की प्रक्रिया सीधी नहीं है, जैसे हम यहाँ से चले तो वहाँ पहुँच जाएँगे। हम कविता में शुरू करने को ही जानते हैं अन्त को नहीं। अन्त शब्दों की मैत्री-अमैत्री, शब्द संयोजन, शब्दों की आन्तरिक रचनाशीलता से कहीं का कहीं जाता है; एकदम अपरिचित और अप्रत्याशित। लेकिन इससे कविता कोई जादू का खेल साबित नहीं होती। इससे केवल यही साबित होता है कि किसी भी कवि को शब्द की आकस्मिक शक्ति का अन्दाज नहीं होता। अंग्रेजी आलोचक हर्वर्ट रीड ने अपनी पुस्तक 'थिंग्ज अननोन टु कम' में रचनाशीलता के इन आवेगों का विस्तार से वर्णन किया है।

भारतीय भाषाओं के एक भी महत्त्वपूर्ण कवि ने मनोविलास के लिये कविता नहीं लिखी है और प्रयोजनातीत कविता की तो बात ही नहीं की। कवियों ने और लक्षण ग्रंथकारों ने तो बार-बार प्रयोजन निश्चित करने का आवश्यक और महत्त्वपूर्ण काम किया है। लक्षण-ग्रंथकारों ने कविता में यश, अर्थ, लोक-व्यवहार और अशिव की क्षति के प्रयोजनों को गिनाया है। लेकिन अशिव की क्षति पर ही भारतीय भाषाओं के कवियों का चित्त अटका है। हिन्दी के सबसे समर्थ कवि तुलसीदास ने 'कीर्ति और भणति' के प्रयोजनों को सबका हित करनेवाली गंगा के साथ मिलाया है—

कीरति, भणति, भूत भलि सोई,
सुरसरि सम सब को हित होई,

यह बात ध्यान देने की है कि इस प्रयोजन की सिद्धि उनकी कविता में होती है और उसी में से एक 'आतप रहित समाज' बनाने का सपना आता है। जिस बात पर प्राय: ध्यान नहीं जाता है वह अभिव्यक्ति के कौशल का है। लक्षण ग्रंथकारों ने यहीं अकलात्मक होने के खतरे से बचने के लिये लिखा है—कान्ता सम्मिततयो उपदेश युज:। धर्माज्ञाओं और राजाज्ञाओं की व्यर्थता, उससे आँख-मिचौनी खेलने

की चालाकियों और उन्हें तार्किक-प्रपंचों तथा वितंडावाद की स्थितियों तक पहुँचा देने की अवसरवादिता से उदास होकर लक्षण ग्रंथकारों ने उनकी जड़ ही काट दी। उन्होंने शब्द की रचनाशीलता और संवेदना की ताकत को कठोर नहीं होने दिया और कविता को इस तरह धार्मिक और सत्ता-पुरुष के दंभपूर्ण वक्तव्यों आदेशों से बचा लिया। धर्माज्ञाओं और राज्यादेशों से बचकर ही कविता हमारी अद्भुत दुनिया के समीप आ जाती है जो ज्यादा लचीली और बदलाव के लिये है, एक पश्चात्ताप रहित बदलाव के लिये और पूर्वग्रहों से मुक्त, वास्तविक और पूरी।

कविता ने हमेशा जिन्दगी के लिये नये अध्यात्म की रचना की है और इसी अर्थ में वह गहन दुनियादारी और उतनी ही गहन अध्यात्मवादी होने की हिम्मत रखती रही है। लालची दुनिया और अध्यात्म के कर्मकांड से बचकर वह पूरी, अखंड और अविभाजित दुनिया बनाने की कोशिश करती है जिसे हम दुनिया के भीतर की 'अगम दुनिया' कहते हैं। यह निषेधों की दुनिया नहीं होती, यह नश्वर दुनिया होती है जिसके बीच आदमी हार कर पुनर्रचना का काम शुरू करता है।

यह अखंड और अविभाजित दुनिया ही शाश्वत हो सकती है। कभी-कभी कविता के सम्बन्ध में जिन मोहक विशेषणों से हम काम लेते हैं उनमें से एक 'शाश्वत' का विशेषण भी है या 'कालजयी'। शायद सब कवियों को यह जानकारी नहीं होगी कि शाश्वत कविता के उपकरण, उसका दर्शन क्या है? यह भी कि शाश्वत को कौन तय करता है? किस तरह? कौन-सी कसौटी लगाकर?

यह बात ध्यान देने जैसी है कि 'शाश्वत' कविता का कोई प्रतिमान नहीं है। वह केवल एक मनोवैज्ञानिक इच्छा है जो कवि की इस तलाश में मदद करती है कि दरअसल वह किस तरह काल के नश्वरता के लम्बे घुमावदार मोड़ों को पार करे कि रचना बहुत दिनों तक पढ़नेवालों को जादू में बाँधे रहे और मनुष्य के विवेक को निर्णयात्मक और मजबूत बनाए रखे। किन्तु हर हालत में 'शाश्वतता' लोकस्मृति का हिस्सा ही है। इसी क्रम में किसी भी रचनाकार के लिये यह जानना आवश्यक है कि वह क्या है जो लोकस्मृति का हिस्सा हो सकता है, वह क्या है जिसे लोग भूलते नहीं हैं, जो बार-बार चित्त को व्यग्र, अशान्त करता है, जो हमारे विच्छिन्न काल सन्दर्भों को जोड़ता है। अनेक सांस्कृतिक आसक्तियों के बीच से निकलकर दुनिया-भर के मनुष्यों को एक तरह उल्लसित या उदास करता प्रतीत होता है और प्रयोजनातीत-सा लगकर भी रचना के अन्दर फल के स्वाद की तरह, प्रयोजन से जुड़ा होता है।

भारतीय कविता का सबसे बड़ा, सबसे विकट द्वंद्व दुनिया और शाश्वतता के बीच है। शाश्वततावादी कहते हैं कि वे दुनिया को जानते हैं :

मूर्ख के द्वारा कहा गया किस्सा/महत्त्वहीन
व्यर्थ की चिल्ल-पों और नाराजगी

(A tale told by an idiot. Full of sound and fury signifying nothing)

इसलिए निकट का काल, 'तत्काल' उन्हें मूल्यवान नहीं लगता, इसलिए वे तत्काल के यथार्थ, नजर आनेवाली दुनिया, घटनाओं के बीच का इतिहास, गरीबी, अकाल, राजतंत्र और व्यवस्थाओं की असहनीय क्रूरता, वर्णाश्रम-धर्म और स्त्री-पुरुषों के बीच के बँटे हुए और असभ्य व्यवहार के लिये कविता की प्रतिबद्धता आवश्यक नहीं मानते। उनके मन की डोर अनन्त से बँधी रहती है, निर्गुण से, दुनिया के निषेध से, प्रयोजनातीत सृष्टि से। लेकिन मैं इस प्रयोजनातीत काव्य-सृष्टि की तुलना इन दिनों कवियों की ऊल-जलूल और संशयवादी दृष्टियों से नहीं करूँगा क्योंकि वे अगम्भीर, व्यावसायिक और एक सीमा तक सृजन को हिंसा, स्त्री, बाजार और नंगेपन से जोड़ने की आज़ादी चाहते हैं। यह दूसरे प्रकार के सांस्कृतिक दबाव का प्रतिफल और प्रयोजन है। लेकिन इस पर बाद में टिप्पणी।

मैं एक पिछले बरस की याद करता हूँ जब किसी ने मुझसे यह सवाल पूछा था कि हम (भारतीय) काल के नज़दीकी दबावों पर प्रतिक्रिया क्यों नहीं करते? क्यों हमारे साहित्य में एक किस्म का 'शान्ति पाठ' चलता है? इतिहास के क्रूरतम नरमेध, लुटेरे और आक्रान्ताओं के लिये तामस भाव और नाराजगी से हम दूर क्यों रहते हैं?

मुझे उस समय एक निरपेक्ष उत्तर ही नजर आया। मैंने कहा कि हम तथ्यों को समसामयिक और आधे-अधूरे अप्रामाणिक तर्क पर आधारित मानते हैं। बाद में उन्हें सच-झूठ कुछ भी सिद्ध करते हैं। उन्हें काल बदल देता है। शत्रु-मित्र, अनुकूल—प्रतिकूल, कुछ भी बनाया जा सकता है। फिर ये अनन्त काल तक नहीं जीते, नहीं जाते। पतंग बीच में ही कट जाती है। इन सबको समेट कर, शामिल कर काल के समय और अनन्त रूप को सृजित करना सम्भव नहीं है।

मुझे हमेशा ही यह लगता रहता है कि भारतीय मन इन्द्रियों से पकड़े जानेवाले यथार्थ को, इसलिए दुनिया को भी ज्यादा विश्वसनीय नहीं मानता। जो बदलता है यानी देखनेवाला और दिखाई देनेवाला (विषय-विषयी) उस पर भरोसा करना सपनों की ध्वस्त दुनिया में घूमना है। यथार्थ को तथ्यों और स्थान-काल के सन्दर्भों में समझने को हमने एक उपलब्धि-शून्य-प्रयत्न मानकर छोड़ दिया है। दुनिया के लिये भारतीय मन में ज्यादा पछतावा नहीं है क्योंकि वह हाट-बाजार है जो संध्या तक उठ जानेवाला है।

शाश्वततावादियों ने कवि को एक 'साक्षी पुरुष' की तरह जन्म-मृत्यु के पार जीवन लीला को देखने की हिम्मत तो दी लेकिन वे उस 'जीवन-राग' को कविता में नहीं बाँध सके जो कविता का केन्द्रीय प्रयोजन है। कविता के लिये निर्गुण भाव को पकड़ना सम्भव नहीं होता। क्योंकि वह जीवन की उस आन्तरिक बेचैनी, दुनिया की मर्म कथा से नहीं बच सकती जो शब्द की ताकत है।

तब भी शाश्वततावादियों का खतरा बना है, वे अब जीवन-मृत्यु के पार वाली दुनिया की बात तो नहीं करते लेकिन एक निरपेक्ष, निर्गुण दुनिया की बात जरूर करते

हैं, जो कविता के मनोराज्य में दखल नहीं करे। शाश्वततावादी कविता के प्रयोजन को ऊपर से ढक देते हैं और कोशिश करते हैं कि दुनिया और शब्द का रिश्ता ठीक से व्याख्यायित न हो। वे चाहते हैं कि कविता का प्रयोजन सिर्फ 'सृजन' का रोमांच हो। एक तरह से निस्संग, कम-से-कम सामाजिक। कविता की सामाजिकता से जोड़ना उन्हें रचनात्मक प्रयासों और प्रयोजनों में सबसे कमजोर लगता है।

लेकिन बहुत पहले भी दुनिया का पक्ष लेकर कविता लिखनेवालों ने क्या किया? उन्होंने जम कर दुनिया की कविता लिखी लेकिन पूरी दुनिया के बारे में नहीं, पूरी दुनिया के मान-अपमान के बारे में नहीं, पूरी दुनिया की बेचैनी के बारे में नहीं, न पूरी दुनिया के प्रेम के बारे में। न दुख, न यातना, न लाचारी के बारे में। ले-देकर कुछ स्त्रियाँ थीं जो प्रेम करती थीं। वे जब प्रेम करती थीं तो अभिसार स्थल पर जाती थीं, चोरी-चोरी और छिप-छिप कर। वहीं कामी पुरुष आते थे। कवियों ने इन थोड़े से स्त्री-पुरुषों और उनके मनोभावों को लेकर एक छोटी और मोहक दुनिया का निर्माण किया है। यह दुनिया भी शाश्वततावादियों की तरह विभाजित और अधूरी है। दोनों मिलकर अपनी-अपनी तरह हमें आधी-अधूरी दुनिया की तरफ आकर्षित करते हैं। एक तरफ इन्द्रियों के पार वाली दुनिया और दूसरी तरफ पूरी इन्द्रियों की दुनिया का कलात्मक फैलाव हमारे मनोभावों को हमारी दृष्टियों को अनुभूतिसम्पन्न नहीं बनाते क्योंकि दोनों प्रकार के कवियों ने दुनिया के अँधेरे हिस्सों और वास्तविकताओं को अपने नजदीक नहीं आने दिया। दरअसल यहाँ हम एक बहुत ही चौंका देनेवाले इस तथ्य से परिचित होते हैं कि शाश्वतवाद का विरोध सिर्फ इसमें नहीं है कि हम सगुण दुनिया का एक हिलता-डुलता हिस्सा अपनी कविता में ले आएँ, उन्हें मोहक भी बना दें, शब्द भी दे दें, उत्सवों के अनुरूप शिष्टाचरण भी करें बल्कि इसमें है कि वे कितने वेग से हिलते-डुलते हैं और चलते-बोलते कहाँ किस जगह पहुँचते हैं।

"मुझे शक्ति यह जानकर नहीं मिलती है कि मैंने अपने को कहाँ जोड़ा है। मेरा सर्जनात्मक सुख यह जानने में है कि मैंने अपने को कहाँ तोड़कर एक नई बस्ती बसाई है और यदि यह भी कमोबेश देख सकूँ कि वह नई सृष्टि मेरी पुरानी बस्ती उजाड़ कर बनी है तो क्या कहने।" (घुटन के बाहर : कुछ पते कुछ चिट्ठियाँ; रघुवीर सहाय)

पुराने समय के शाश्वततावादी और उनके मुकाबले में दुनिया की कविता लिखनेवालों ने ज्यादा नई बस्तियाँ नहीं बसाईं। जो बसाईं भी उनमें बहुत कम लोगों के रहने की जगह थी।

तब भी वह कविता निष्प्रयोजन नहीं थीं। कई बार वह कामना और हेतु रहित, कभी मनोरंजन करनेवाली, कभी उत्कृष्ट मनोभावों का चित्रण करती और कभी शब्द की अद्‌भुत सामर्थ्य के उदाहरण के रूप में नजर आती है लेकिन वह प्रयोजनवती है कोई कवि जाने या न जाने लेकिन रचना का अर्थ मन को उलटना-पुलटना है, स्थितियों को मान्यता देना या विरोध करना है, एक विकल्प का प्रस्ताव रखना है।

मेरी दृष्टि में यह रचना का अन्तर्निहित उल्लास है। पुराने कवि छिपाते हुए या प्रकट रूप में यह उल्लास प्रदर्शित करते हैं।

कविता के निष्प्रयोजन होने के पक्ष में हमारे पास सबसे बड़ा तर्क यही है कि वह आत्म-सुख है, स्वतः आता, एक तरह से अयाचित। बहुत से कविताविज्ञों का मानना है कि वह आत्मा का विस्तार है, मैं एक हूँ, अनेक हो जाऊँ। वह अभिव्यक्त होने का सुख है। इस प्रयोजन-रहित कविता के सम्बन्ध में कीट्स ने कहा कि यदि कविता वृक्षों के पत्तों की तरह आए तो आए नहीं तो बेहतर है न आए। रवीन्द्रनाथ ठाकुर ने बादलों की तरह कहा 'श्रावण' के बादलों की तरह।

कविता के सम्बन्ध में ऐसे बहुत से कथ्य हैं। तुलसीदास जिन्हें इस आलेख में मैंने पहले भीउद्धृत किया है और जो पूरे मनोयोग से लोक-चित्त की और सामाजिक आचरण की पुनर्रचना करते हैं वे काव्य-शक्ति से चमत्कृत हुए कहते हैं :

जा पर कृपाकरत जनजानी,
ता डर अजिर नचावत वाणी।

जिसे आप अपना मान कर कृपा करते हैं उसके हृदय-आँगन में वाणी का नृत्य होता है। यह रचना का श्रेय न लेने के पक्ष में और निरहंकार होने की प्रक्रिया में सबसे विनयपूर्ण वक्तव्य है।

आत्म-सुख या आत्माभिव्यक्ति का तर्क किसी भी महत्त्वपूर्ण कवि के लिये हमेशा अपर्याप्त होगा क्योंकि तब भी आत्म-सुख और आत्माभिव्यक्ति के प्रसंग में बहुत से सवाल होंगे, जैसे आत्म-सुख या आत्माभिव्यक्ति की प्रासंगिकता क्या है? वे किस लिये हैं? उसका नैतिक या सामाजिक दायित्व क्या है? एक बड़ी दुनिया के साथ हमारे मनोराज्य की दुनिया क्या सिर्फ आत्म-सुख या आत्माभिव्यक्ति या कि सृजन के रोमांचकारी सुख की स्थिति से जुड़ी है?

इस बात पर गम्भीरतापूर्वक विचार किया जाना चाहिए कि कविता के सांस्कृतिक प्रयोजन क्या हैं क्योंकि एक गहन अर्थ में काल की स्थिर और बदलती हुई स्थितियों के बीच कविता ही सार्थक सांस्कृतिक संवाद होती है। इसी तरह वह शब्द के रचनात्मक और गैर-रचनात्मक अर्थ-रूपों को सामाजिक संस्कार से जोड़ती है। यह भी तय करती है कि कविता का स्वभाव कितना अपना और कितना दूसरे अनुशासनों से लेता-देता है। इस तरह कविता के वे प्रतिमान भी निश्चित होते हैं जो सिर्फ काव्य-चारुता के उपादान नहीं होते बल्कि विकसित होती संवेदना और संकट के कारण और व्याख्या होते हैं।

यह ध्यान देने की बात है कि कविता का भविष्य किन्हीं खुशमिजाज काव्य रसिकों पर निर्भर नहीं करता, इस बात पर निर्भर करता है कि कविता जिन्दगी की कितनी व्यापक जरूरत होती है।

यह भी गौर करने की बात है कि हम ऊपरी और आस्वाद के ढीले पड़ते प्रतिमानों पर अविश्वसनीय साबित हुए सौन्दर्यशास्त्र से मुक्ति चाहते हैं, ऊपरी और मनोविलास की जरूरतों से जुड़ी कविता से मुक्ति भी एक गैर जरूरी नाटक से मुक्त होने के सिलसिले में ही है। कविता के साथ प्रयोजन की बात करना उसे ढीली-ढाली और सतही जरूरत से अलग करना और एक गहन सामाजिक संस्कार से जोड़ना है जिससे कविता केवल कर्मकांड का रूप ही न रह जाए। एक जीवित काव्य परम्परा और काव्य-संस्कार के लिये यह करना, अनायास या प्रयासपूर्वक, जैसे भी हो, सार्थक होता है।

कविता के साथ प्रयोजन को जोड़ने की सबसे गहरी चिन्ता मार्क्सवादी और समाजवादी करते रहे हैं। वे यह जानना चाहते हैं कि कविता के जरिये चलनेवाला संवाद किसे मजबूत करता है क्योंकि वह किसी-न-किसी को तो मजबूत करेगा ही तब भी जबकि कवि यह न जानता हो और उसे यह अन्दाज भी न हो कि क्या परिणाम निकलनेवाले हैं। दरअसल मार्क्सवाद ने सौन्दर्य-शास्त्र और कलात्मक अभिव्यक्तियों के रहस्य को बहुत-सी भूल-भुलैयों से बाहर निकाल दिया और पक्षधरता के सवाल खड़े कर दिये। निस्सन्देह यह जिन्दगी को बिलकुल नई तरह से देखने की शुरुआत थी, बदलने की शुरुआत और उस धुंध को साफ करने की भी जो कभी न छटनेवाली और बहुत ताकतवर मालूम होती थी।

गैर-बराबरी हिंसा कमजोर वर्गों के लगातार उत्पीड़न के सामाजिक कारणों का एकदम खुला और तर्क-संगत विचार उन सब धार्मिक, आर्थिक, राजनीतिक व्यवस्थाओं को चौंका देनेवाला था जिनकी मौत की घड़ी आ गई थी।

उत्पादन के साधनों पर व्यक्ति के कब्जे को मिली हुई सामाजिक स्वीकृति और मुनाफाखोरी की आजादी से पैदा होनेवाली हिंसा और विसंगतियों के विरुद्ध लगे मोर्चों ने ही रचनाकारों से यह सवाल किया कि वे किसके पक्ष में हैं? क्या वे स्थापित मुनाफाखोरी, शोषण और गैर-बराबरी की व्यवस्थाओं के साथ हैं या वे सम्पत्ति और उत्पादन के साधनों का समाजीकरण चाहते हैं?

इस तरह का सवाल पहले किसी ने नहीं किया था। बहुत से रचनाकारों को साहित्य और कलाओं के सम्बन्ध में सामाजिक पक्षधरता और प्रतिबद्ध अभिव्यक्ति का सवाल साहित्य की स्वायत्त सत्ता का निषेध नजर आने लगा। दरअसल यह सोचना भी कठिन था कि कल्पना के एक मासूम और भोले-भाले, मजेदार संसार को हम अपने ही विरुद्ध शोषकों का हथियार बनाए हुए हैं, जबकि हम इस बन्दूक को उन पर चला सकते हैं। रचना के अन्तरंग सूत्रों की नियामिका, हमारी जिन्दगी और मानवीय मूल्यों के साथ सम्बद्धता है। यह क्रान्तिकारी सवाल था जिसका उत्तर कोई पुस्तक नहीं, जिन्दगी ही दे सकती थी।

बहुत से साहित्यकारों को यह सवाल राजनीतिक, गैर-साहित्यिक और इसलिए अप्रासंगिक नजर आने लगा। समाजवादियों ने जितनी आक्रामकता से प्रयोजन

का सवाल उठाया उतनी ही आक्रामकता से प्रतिवाद करनेवालों ने साहित्य की स्वायत्तता, उसकी रचनाशीलता, चारुता और उद्देश्यों की बहुलता पर बहस की। कविता क्यों, उसकी प्रयोजनशीलता, उसकी पक्षधरता, उसके सरोकार इत्यादि प्रसंग इन्हें समाजशास्त्र के इसलिए साहित्य के लिये फिजूल की पेचीदगियाँ लगने लगे।

किन्तु निस्सन्देह समाजवादियों ने साहित्य की मनोरम और मजे-मजे की यात्रा को मनुष्य की जिन्दगी के साथ जोड़ दिया और साहित्यकारों, कविता को भी, व्यवस्था की क्रूर भयावहता और खुद की वह दीनता नजर आने लगी जिसके बीच वे फँसे थे और जिसके चलते एक उत्कृष्ट सांस्कृतिक कर्म न हिलनेवाले पेड़ की तरह खड़ा था।

बहरहाल, परिदृश्य बदल गया है और यह मानना मुश्किल हो गया है कि रचना-कर्म शौकिया या मनोविलास के लिये है। दरअसल दुनिया-भर के बड़े कवियों और रचना-कर्मियों ने अपनी कविता के जरिये किसी-न-किसी प्रकार का हस्तक्षेप किया है। उन्हें यथास्थितिवादी या परिवर्तन करनेवाली श्रेणियों में बाँटा जा सकता है। कुछ नासमझ या भोले साहित्यकारों के सम्बन्ध में नहीं कहता अन्यथा साहित्य, बाजार और मीडिया के रिश्ते खुले हो गये हैं और जो जितना निरुद्देश्य लिख रहा है वह उतना ही बिकने की सम्भावना वाला कवि-लेखक बन रहा है। आश्रित कवि—लेखक होने का सपना अब भी लुभावना है। विक्रम सेठ की लेखकों के बीच अमूमन चर्चा होती है जिनके एक उपन्यास के छपने और बिकने के पहले ही रॉयल्टी के करोड़ों रुपये मिल गये थे। सारे गरीब देशों के कवि-लेखक मन-ही-मन विक्रम सेठ होने की उन्मादकारी इच्छा से जुड़ सकते हैं और यह कहने को तैयार हो सकते हैं कि वे दुनिया को जैसी देखते हैं, लिखते हैं। शायद ऐसे कवि अपने मन की दुनिया भी देखते हों जो ऐश्वर्य और वैभवशाली दुनिया का एक छोटा कोना है।

प्रयोजन के साथ सच्चे मन से जुड़नेवालों की प्राथमिकता मानव और मानव समूहों की चौपट होती दुनिया की प्रतिष्ठा बचा लेना है, जो इन दिनों आर्थिक-विजय, और सांस्कृतिक क्षरण के पाटों के बीच आ गई है। तीसरी दुनिया की दुर्लभ सांस्कृतिक सम्पदा साहित्य और कला के लिये उपभोक्तावादी महाजनी सभ्यता के पक्षधर लोगों के पास केवल सहानुभूति के वे शब्द हैं जो पिछले पचास वर्षों से अर्थ-च्युत हो रहे हैं।

किन्तु विचारणीय बात यह है कि हमारे श्रेष्ठतम प्रयोजनों को कविता की आन्तरिक ताकत कैसे बनाएं? कई बार हालाँकि लेखकों ने प्रयोजनों के सौदे किये हैं और उनकी कविताओं में संघर्ष और क्रान्ति, गैर-बराबरी और कांचन-मुक्ति, सर्वहाराओं का हित और जनवाद केवल उपदेशात्मक शब्द और विज्ञापन रह गए हैं।

यह बात ध्यान में रखने जैसी है कि साहित्यिक प्रयोजनों की उद्घोषणाएँ राजनीतिक प्रयोजनों से भिन्न हैं। उनकी प्रतिबद्धता उन रचनाओं में नजर आती है जो राजनीतिक अवसरवादिता के विरुद्ध भी होती हैं, जो यथार्थ और सच्चाई के आन्तरिक उल्लास और गिरावट के अवसाद को बार-बार व्यक्त करती हैं।

मुझे प्रतीत होता है कि आज जो कवि-लेखक साहित्य के प्रयोजन को संशय की दृष्टि से देखते हैं या जिन्हें साहित्य के लिये कोई संकट नजर नहीं आता वे मनुष्य की उस विकटतम लड़ाई, जीवन-संघर्ष से ना-वाकिफ हैं या रहना चाहते हैं और जिनके पास रोटी और केक दोनों हैं, और जो आश्वस्त हैं कि जब रोटी नहीं होगी तो वे लोगों से कहेंगे—"केक क्यों नहीं खाते?"

लेकिन जो रोटी को नहीं अमरूद की सुगन्ध को ज्यादा सच मानते हैं और कविता-प्रयोजनों को विफलता, मृत्यु, पराजय के साथ जोड़ते हों उनके लिये मैं सर्वेश्वर की कविता पंक्तियाँ लिखता हूँ :

यदि तुम्हारे घर के
एक कमरे में आग लगी हो
तो क्या तुम
दूसरे कमरे में सो सकते हो?
यदि तुम्हारे घर के
एक कमरे में लाश पड़ी हो
तो क्या तुम
दूसरे कमरे में जा सकते हो?
यदि तुम्हारे घर में एक कमरे में
लाशें सड़ रही हों
तो क्या तुम
दूसरे कमरे में प्रार्थना कर सकते हो?
यदि हाँ,
तो मुझे तुम से
कुछ नहीं कहना है।
आज़ादी के बाद?

हमारे लिए यह बहुत जरूरी है कि हम आज़ादी के बाद वाली हलचल और बदलाव पर भावुकता रहित होकर विचार करें जिससे यह अन्दाज़ा लगा सकें कि क्या खो गया है? कितना खो गया है, कितना नुकसान हो गया है। हो सकता है कि उतना न खोया हो और हम खोने का वर्णन बढ़ा-चढ़ा कर रहे हों। हो सकता है यह हमारी पीछे मुड़-मुड़ कर देखने की आदत हो; आत्म-मुग्धता और अतीतानुराग की। हो सकता है कि बहुत ज़्यादा नुकसान हुआ हो जिसका हम आकलन नहीं कर रहे।

अक्सर हम पुराने दिनों की याद करते रहते हैं, उन दिनों और उस समय को प्यार करते हैं, उन दिनों की यातनाएँ और अपमानों को भूल जाते हैं। यह कहा भी

जाता है कि बीता हुआ समय अच्छा लगता है; यहाँ तक कि लोग क्रूरताओं का भी रुमानीकरण करते हैं।

इस सिलसिले में यह भी कहा जाना चाहिए कि जब हम खोनेवाली वस्तुओं का ठीक-ठीक आकलन नहीं कर पाते तब अक्सर आध्यात्मिक बातें करते हैं जो नज़र नहीं आतीं और इसीलिए अच्छी और आकर्षक लगती हैं। अध्यात्म का नष्ट होना सुखद नहीं है लेकिन अध्यात्म के मौलिक तत्त्वों को जाने बिना उनकी बातें करना और निराशा फैलाना भी उतना ही दुखद है। यह भी देखने की बात है कि आज़ादी के बाद वाले दिनों में अध्यात्म के तात्त्विक स्वरूप को विकसित करने के स्थान पर आक्रामक और अहंकार से अभिभूत अध्यात्म का प्रचार हुआ है। हमारे देश में अध्यात्म की कई जुबानें और स्थापित पीठें और अखाड़े हैं। यह विशेषता भी है कि इन अध्यात्मकवादी संस्थानों के पास अपार सांसारिक माया और राजनीति में हस्तक्षेप करने का लालच भी है।

हमारी दूसरी कठिनाई आज़ादी के सन्दर्भों और संकल्पों को समझने की है। आज़ादी के महाअभियान का एक उद्देश्य, विदेशी दासता से मुक्ति, सबको मालूम है लेकिन इसके बाद की सीढ़ियाँ और रास्ते और बाद वाली दुर्गम यात्रा के सारे लक्ष्य धुँधलके में डूबे हुए हैं। आज़ादी के विस्तार का अर्थ किसी को विदित नहीं है और आज भी उसके अर्थ को परिभाषित करना कठिन है। हमने चाहा हो या नहीं लेकिन हम आज़ादी के समय से लगाकर आज तक अपनी संस्कृति के अन्तर्विरोधों से ही संघर्ष कर रहे हैं। इस संस्कृति के उजले और अँधेरे पक्षों को समझने की कोशिश ही आज़ादी की सबसे महत्त्वपूर्ण और बुनियादी मुद्दा है।

इसमें कोई सन्देह नहीं कि एक बड़े पुराने और कई अर्थों में समृद्धिशाली देश के सामने उत्कर्ष के किसी एक आदर्श और दृष्टि पर सहमति हासिल करना कठिन काम है लेकिन सामान्यतया मनुष्य के सुख-दुख, आशा-निराशा, आवश्यकताएँ, भेद-भाव, मान-अपमान के सवाल, गरीबी और बीमारियाँ, विषमताएँ और सामाजिक अन्याय सब नज़र आनेवाले सन्ताप होते हैं जिनके विरुद्ध पराधीन और कुचले, उत्पीड़ित लोग संघर्ष करते हैं। इस तरह आज़ादी के लक्ष्य अपने-आप निर्धारित हो जाते हैं और एक जाने-पहचाने अर्थ में लोग स्वाधीनता की परिभाषा करते हैं। यह देखने की बात है कि यह परिभाषा पुस्तकों में नहीं लिखी होती और न इन नज़र आनेवाली इच्छाओं का हिसाब बड़े-बड़े अर्थशास्त्री और गणितज्ञ ही लगा पाते हैं। मोटे तौर पर इस उथल-पुथल को हम स्थापित व्यवस्था का विरोध और नई रचना के विमर्श की शुरुआत कहते हैं। इस तरह, कारण कुछ भी होकर वह नई व्यवस्था की तलाश होती है, एक सपना-सा होता है।

हम भारत की आज़ादी के सम्बन्ध में विचार कर सकते हैं। यह अंग्रेजों के कुशासन से मुक्ति की सबसे बड़ी हलचल थी। यह कहने की आवश्यकता नहीं

है, लेकिन यह अनेक तरह की गैर-बराबरियों, बर्बरता, उत्पीड़न और सामाजिक अन्याय के विरुद्ध भी बड़ा आन्दोलन था इसे भी नज़रअन्दाज नहीं किया जा सकता है। यह बिखरते हुए, विभाजित होते हुए, वर्चस्व के लिए होड़ लगाते हुए जाति-आभिजात्य, ऐय्याश तथा झगड़ालू सामन्तों के अनुत्पादक-तंत्र के खिलाफ उग्र आक्रोश था। यह दरअसल आज़ादी के आन्दोलनों का स्वभाव है। वह कहीं से शुरू होते हों, उनका कारण या निमित्त कुछ भी हो अन्त में वे उन सवालों से आ जुड़ते हैं जो मनुष्य के व्यापक सुख-दुख या स्वीधनता-पराधीनता के या शोषण-मुक्ति के सवाल हैं।

भारतीय-स्वतंत्रता के सवाल इस परिधि के अन्तर्गत आनेवाले सवालों में है। वे चाहे अंग्रेजों की अधीनता-मुक्त से शुरू होते हों लेकिन अन्त में वे भारतीय-जीवन और उसके उत्पीड़न से जुड़े सवाल ही हैं। इस व्यवस्था के प्रति सबसे प्रामाणिक क्षोभ हमारे साहित्य में देखने को मिलता है जहाँ एक 'समदर्शी प्रभु' का कीर्तिमान किया गया है। यही वह बीज जिसके लिए आज़ादी जमीन तैयार करती है।

व्यवस्था, धर्म, संस्कृति, सृष्टि-रचना, साहित्य, संगीत, कला, ज्ञान आदि के सम्बन्ध में विचार आते समय हमारे मन प्रायः पवित्रता के भाव से भरे होते हैं। हम उन्हें विमर्श और हस्तक्षेप से ऊपर एक अलौकिकता की दृष्टि से देखते हैं। हम अक्सर वह भूल जाते हैं कि व्यवस्थाएँ जटिल मनोग्रंथियाँ तैयार कर देती हैं और वे उत्पीड़न का ऐसा शास्त्र बनाती हैं कि अन्याय वैधता हासिल कर लेता है। असल में यह सामाजिक हैसियत और वर्चस्व पाने और बनाए रखने की प्रक्रिया है। दैविक और अलौकिकता के पद पर पहुँचते ही व्यवस्थाएँ और सांस्कृतिक सन्दर्भ अपरिवर्तनीय और अटल हो जाते हैं। आज़ादी की इच्छा शाश्वतता के विरुद्ध; उसका प्रतिकार उसका निषेध करनेवाली इच्छा है। व्यवस्था और संस्कृति, धर्म और अध्यात्म मनुष्य का पुरुषार्थ है और वे कैसे भी मनोरम लगे अन्तर्विरोधों और प्रश्नों से मुक्त नहीं है। इसलिए यह विचारणीय हो जाता है कि आज़ाद होना कोई अमूर्त स्थिति नहीं है। उसका अर्थ अपने समाज की दुर्भाग्यपूर्ण और असहनीय स्थितियों को बदल देना है। यह भी रेखांकित किया जाना चाहिए कि आज़ादी की स्थिति कोई पूर्णता की स्थिति नहीं है, न वह आध्यात्मिक उपलब्धि है, उसके साथ न रागात्मक अतीत बँधा है और न चमकदार मोहक भविष्य। आज़ादी केवल वर्तमान है और हम आज़ादी का अनुभव केवल वर्तमान को सुन्दर, अर्थवान और सुखद बनाकर ही कर सकते हैं। आज़ादी का ऐश्वर्य और आनन्द इस दुनिया के ऐश्वर्य और आनन्द के साथ बँधा है। वह निरपेक्ष और सनातन सौन्दर्य नहीं है; वह दुनिया के साथ बँधा और समय की जटिलता के साथ उलझा है।

इसलिए जब हम अपनी आज़ादी के पचास वर्षों का जायजा लें तब हमें उन सारे अप्रासंगिक सवालों से बचना चाहिए जिनका सम्बन्ध हमारी दुनिया और वर्तमान

से नहीं है। वे सारे सवाल जो हमारी व्यवस्था की विसंगतियों के सन्दर्भ में नहीं पूछे जाते वे आज़ादी के सवाल नहीं है।

आज़ादी के बारे में मैं इस तथ्य को बार-बार दुहराता रहा हूँ कि वह कोई मुकम्मिल घटना नहीं है; वह जादू या कोई मोहिनी भी नहीं है जिसका गुमान फकीरों या राजनेताओं को होता है। आज़ादी की अवधारणा में हज़ारों संकल्प, तात्कालिक इच्छाएँ, ऊल-जुलूल करतब गिरी, माँगें और चुनौतियाँ विकल्प शामिल होते हैं, जुड़ते या घटते हैं और हमारी घबराहट, निराशा और बेचैनी का कारण भी यही होता है; यह समझ कि आज़ादी कोई स्थिर, मुकम्मिल चीज़ है। बनी-बनाई, निर्विकल्प, न बदलनेवाली, हमारी मनोकामना पूरी करनेवाली, खींच-तान रहित। आज़ादी को निस्तेज न होने देने के लिए हमें लगातार कोशिश करनी पड़ती है और बार-बार उस विवेक को बचाना पड़ता है जो आज़ादी को स्वेच्छाचारिता के निरंकुश-बोध से अलग करता है।

इन पचास वर्षों में असंख्य लोग आज़ादी के आलोचक और कमियाँ बतानेवाले हो गये हैं और इसमें कोई सन्देह नहीं है कि हम निराशा और हार के दिन देखनेवाले लोगों में शामिल हैं। इसमें भी कोई सन्देह नहीं है कि हम उन बहुत सी प्रतिज्ञाओं से विमुख हो गए हैं जिनमें हमने किसी साहस, किसी उत्तरदायित्व, किसी सच्चाई के साथ कहा था। इन प्रतिज्ञाओं ने ही हमारी आज़ादी के संघर्ष को एक चमक और प्रामाणिकता दी थी। उन प्रतिज्ञाओं को स्मरण करें तो सबसे पहले और सबसे ऊपर दीनता और दारिद्र्य का, गरीबी का निवारण है। हमारी औपनिवेशिक दासता ने अंग्रेजों के घर भर दिए थे। इसका वर्णन इन पचास वर्षों के साहित्य में अनेक तरह से हुआ। इसे भारतेन्दु ने 'भारत दुर्दशा' कहा है। दारिद्र्य के क्लेश में पूरा भारत डूबा है :

अंगरेज राज सुख साज सजै सब भारी
पै धन विदेस चलि जात इहै अति ख्वारी
ताहू पर मंहगी काल रोग विस्तारी
दिन दिन दूने दुख ईस देत हा हा री
सब के ऊपर टिक्कस की आफत आई
हा हा भारत दुर्दशा देखी नहिं जाई।

इस असहनीय गरीबी पर नाराज़गी प्रगट करने के लिए गांधी गोलमेज कॉन्फ्रेंस में ढाई गज कपड़ा पहन कर गए थे। सारी दुनिया के अदब कायदों की धज्जियाँ उड़ाते हुए गांधी ने बादशाह से कहा था कि आपने मेरे कपड़े भी तो पहन रखे हैं। उन्हीं दिनों प्रेमचन्द जी ने 'महाजनी सभ्यता' की बात करते हुए उसके अमानवीय स्वभाव का अपनी कहानियों में वर्णन किया है।

यह बात बहुत पुरानी नहीं है जब सामान्य लोगों ने समता और स्वाधीनता का पक्ष लेते हुए लोगों को विश्वास दिलाया था कि लोकतंत्र का सत्ता-पुरुष गरीबों की, सामान्य जनों की तरह रहेगा, आचरण करेगा, उनकी सुख-दुख भरी यात्रा का सहचर होगा। अंग्रेजों के लोक-विमुख शासन और हुक्मरानों की दमनपूर्ण कार्यशैलियों को बदल देगां हमारी ये सार्वजनिक इच्छायें और गरीबी के विरुद्ध लगाए गए दावे संविधान में भी अंकित हैं। हमारी इस प्रबल दावेदारी को कवि दिनकर ने 'जनतंत्र का जन्म' में लिखा है :

सब से विराट जनतंत्र जगत का आ पहुँचा,
तैंतीस कोटि हे! सिंहासन तैयार करो,
अभिषेक आज राजा का नहीं प्रजा का है,
तैंतीस कोटि जनता के सिर पर मुकुट धरो।
आरती लिए तू किसे ढूँढ़ता है मूरख
मन्दिरों, राजप्रसादों में तहखानों में
देवता कहीं सड़कों पर मिट्टी तोड़ रहे।
देवता मिलेंगे खेतों में खलिहानों में।
फावड़े और हल, राजदंड बनने को हैं।
धूसरता सोने से श्रृंगार सजाती है
दो राह समय के रथ का घर्घर नाद सुनो
सिंहासन खाली करो कि जनता आती है।

यह ध्यान देने की बात है कि राष्ट्रभक्त कवियों ने जिस जनता के लिए बार-बार सिंहासन खाली करने का आह्वान किया है, वह जनता कौन सी है? उनकी प्राथमिकताएँ क्या हैं? यह कहने की आवश्यकता नहीं है कि यह मोक्ष या मन्दिर; स्वर्ग या नरक माँगती जनता नहीं है; इसकी प्राथमिकता जोगी, जती, संन्यासी, फकीर, मुल्ला, पादरी, काजी, वीतराग या गुफावासी होने की नहीं है। उसकी ख्वाहिश अपने दरिद्र से, दीनता से, लून-तेल, लकड़ी की याचना से मुक्ति पाने की है। इस गरीबी और लाचारी की जड़ें अदृश्य नहीं हैं, यह इत्तफाक नहीं है कि 'गोपाल' की यह भूमि 'भूपाल' की हो गई है; जन्म के कारण अभिजात्य और अहंकार की एक ऐसी रचना हो गई है जो दूसरों को हमेशा नीचा मानती है और सामाजिक बराबरी का निषेध करती है। यहीं से और इन्हीं विसंगतियों से आज़ीज लोग आज़ादी के वास्तविक हकदार हैं।

आज़ादी के बाद?

हमारे लिए यह बहुत जरूरी है कि हम आज़ादी के बाद वाली हलचल और बदलाव पर भावुकता रहित होकर विचार करें जिससे यह अन्दाज़ा लगा सकें कि क्या खो गया है, कितना खो गया है, कितना नुकसान हो गया है? हो सकता है कि उतना न खोया हो और हम खोने का वर्णन बढ़ा-चढ़ाकर रहे हों। हो सकता है यह हमारी पीछे मुड़-मुड़कर देखने की आदत हो; आत्म-मुग्धता और अतीतानुराग की। हो सकता है कि बहुत ज़्यादा नुकसान हुआ हो जिसका हम आकलन नहीं कर रहे।

अक्सर हम पुराने दिनों की याद करते रहते हैं, उन दिनों और उस समय को प्यार करते हैं, उन दिनों की यातनाएँ और अपमानों को भूल जाते हैं। यह कहा भी जाता है कि बीता हुआ समय अच्छा लगता है; यहाँ तक कि लोग क्रूरताओं का भी रुमानीकरण करते हैं।

इस सिलसिले में यह भी कहा जाना चाहिए कि जब हम खोनेवाली वस्तुओं का ठीक-ठीक आकलन नहीं कर पाते तब अक्सर आध्यात्मिक बातें करते हैं जो नज़र नहीं आतीं और इसीलिए अच्छी और आकर्षक लगती हैं। अध्यात्म का नष्ट होना सुखद नहीं है लेकिन अध्यात्म के मौलिक तत्त्वों को जाने बिना उनकी बातें करना और निराशा फैलाना भी उतना ही दुखद है। यह भी देखने की बात है कि आज़ादी के बाद वाले दिनों में अध्यात्म के तात्त्विक स्वरूप को विकसित करने के स्थान पर आक्रामक और अहंकार से अभिभूत अध्यात्म का प्रचार हुआ है। हमारे देश में अध्यात्म की कई जुबानें और स्थापित पीठें और अखाड़े हैं। यह विशेषता भी है कि इन अध्यात्मकवादी संस्थानों के पास अपार सांसारिक माया और राजनीति में हस्तक्षेप करने का लालच भी है।

हमारी दूसरी कठिनाई आज़ादी के सन्दर्भों और संकल्पों को समझने की है। आज़ादी के महाअभियान का एक उद्‌देश्य, विदेशी दासता से मुक्ति, सबको मालूम है लेकिन इसके बाद की सीढ़ियाँ और रास्ते और बाद वाली दुर्गम यात्रा के सारे लक्ष्य धुँधलके में डूबे हुए हैं। आज़ादी के विस्तार का अर्थ किसी को विदित नहीं है और आज भी उसके अर्थ को परिभाषित करना कठिन है। हमने चाहा हो या नहीं लेकिन हम आज़ादी के समय से लगाकर आज तक अपनी संस्कृति के अन्तर्विरोधों

से ही संघर्ष कर रहे हैं। इस संस्कृति के उजले और अँधेरे पक्षों को समझने की कोशिश ही आज़ादी की सबसे महत्त्वपूर्ण और बुनियादी मुद्दा है।

इसमें कोई सन्देह नहीं कि एक बड़े पुराने और कई अर्थों में समृद्धिशाली देश के सामने उत्कर्ष के किसी एक आदर्श और दृष्टि पर सहमति हासिल करना कठिन काम है लेकिन सामान्यतया मनुष्य के सुख-दुख, आशा-निराशा, आवश्यकताएँ, भेद-भाव, मान-अपमान के सवाल, गरीबी और बीमारियाँ, विषमताएँ और सामाजिक अन्याय सब नज़र आनेवाले सन्ताप होते हैं जिनके विरुद्ध पराधीन और कुचले, उत्पीड़ित लोग संघर्ष करते हैं। इस तरह आज़ादी के लक्ष्य अपने-आप निर्धारित हो जाते हैं और एक जाने-पहचाने अर्थ में लोग स्वाधीनता की परिभाषा करते हैं। यह देखने की बात है कि यह परिभाषा पुस्तकों में नहीं लिखी होती और न इन नज़र आनेवाली इच्छाओं का हिसाब बड़े-बड़े अर्थशास्त्री और गणितज्ञ ही लगा पाते हैं। मोटे तौर पर इस उथल-पुथल को हम स्थापित व्यवस्था का विरोध और नई रचना के विमर्श की शुरुआत कहते हैं। इस तरह, कारण कुछ भी होकर वह नई व्यवस्था की तलाश होती है, एक सपना-सा होता है।

हम भारत की आज़ादी के सम्बन्ध में विचार कर सकते हैं। यह अंग्रेजों के कुशासन से मुक्ति की सबसे बड़ी हलचल थी। यह कहने की आवश्यकता नहीं है, लेकिन यह अनेक तरह की गैर-बराबरियों, बर्बरता, उत्पीड़न और सामाजिक अन्याय के विरुद्ध भी बड़ा आन्दोलन था इसे भी नज़रअन्दाज नहीं किया जा सकता है। यह बिखरते हुए, विभाजित होते हुए, वर्चस्व के लिए होड़ लगाते हुए जाति-आभिजात्य, ऐय्याश तथा झगड़ालू सामन्तों के अनुत्पादक-तंत्र के खिलाफ उग्र आक्रोश था। यह दरअसल आज़ादी के आन्दोलनों का स्वभाव है। वह कहीं से शुरू होते हों, उनका कारण या निमित्त कुछ भी हो अन्त में वे उन सवालों से आ जुड़ते हैं जो मनुष्य के व्यापक सुख-दुख या स्वीधनता-पराधीनता के या शोषण-मुक्ति के सवाल हैं।

भारतीय-स्वतंत्रता के सवाल इस परिधि के अन्तर्गत आनेवाले सवालों में हैं। वे चाहे अंग्रेजों की अधीनता-मुक्त से शुरू होते हों लेकिन अन्त में वे भारतीय-जीवन और उसके उत्पीड़न से जुड़े सवाल ही हैं। इस व्यवस्था के प्रति सबसे प्रामाणिक क्षोभ हमारे साहित्य में देखने को मिलता है जहाँ एक 'समदर्शी प्रभु' का कीर्तिमान किया गया है। यही वह बीज जिसके लिए आज़ादी जमीन तैयार करती है।

व्यवस्था, धर्म, संस्कृति, सृष्टि-रचना, साहित्य, संगीत, कला, ज्ञान आदि के सम्बन्ध में विचार आते समय हमारे मन प्रायः पवित्रता के भाव से भरे होते हैं। हम उन्हें विमर्श और हस्तक्षेप से ऊपर एक अलौकिकता की दृष्टि से देखते हैं। हम अक्सर यह भूल जाते हैं कि व्यवस्थाएँ जटिल मनोग्रंथियाँ तैयार कर देती हैं और वे उत्पीड़न का ऐसा शास्त्र बनाती हैं कि अन्याय वैधता हासिल कर लेता है। असल में यह सामाजिक हैसियत और वर्चस्व पाने और बनाए रखने की प्रक्रिया है।

दैविक और अलौकिकता के पद पर पहुँचते ही व्यवस्थाएँ और सांस्कृतिक सन्दर्भ अपरिवर्तनीय और अटल हो जाते हैं। आज़ादी की इच्छा शाश्वतता के विरुद्ध; उसका प्रतिकार उसका निषेध करनेवाली इच्छा है। व्यवस्था और संस्कृति, धर्म और अध्यात्म मनुष्य का पुरुषार्थ हैं और वे कैसे भी मनोरम लगे अन्तर्विरोधों और प्रश्नों से मुक्त नहीं हैं। इसलिए यह विचारणीय हो जाता है कि आज़ाद होना कोई अमूर्त स्थिति नहीं है। उसका अर्थ अपने समाज की दुर्भाग्यपूर्ण और असहनीय स्थितियों को बदल देना है। यह भी रेखांकित किया जाना चाहिए कि आज़ादी की स्थिति कोई पूर्णता की स्थिति नहीं है, न वह आध्यात्मिक उपलब्धि है, उसके साथ न रागात्मक अतीत बँधा है और न चमकदार मोहक भविष्य। आज़ादी केवल वर्तमान है और हम आज़ादी का अनुभव केवल वर्तमान को सुन्दर, अर्थवान और सुखद बनाकर ही कर सकते हैं। आज़ादी का ऐश्वर्य और आनन्द इस दुनिया के ऐश्वर्य और आनन्द के साथ बँधा है। वह निरपेक्ष और सनातन सौन्दर्य नहीं है; वह दुनिया के साथ बँधा और समय की जटिलता के साथ उलझा है।

इसलिए जब हम अपनी आज़ादी के पचास वर्षों का जायजा लें तब हमें उन सारे अप्रासंगिक सवालों से बचना चाहिए जिनका सम्बन्ध हमारी दुनिया और वर्तमान से नहीं है। वे सारे सवाल जो हमारी व्यवस्था की विसंगतियों के सन्दर्भ में नहीं पूछे जाते वे आज़ादी के सवाल नहीं हैं।

आज़ादी के बारे में मैं इस तथ्य को बार-बार दुहराता रहा हूँ कि वह कोई मुकम्मिल घटना नहीं है; वह जादू या कोई मोहिनी भी नहीं है जिसका गुमान फकीरों या राजनेताओं को होता है। आज़ादी की अवधारणा में हज़ारों संकल्प, तात्कालिक इच्छाएँ, ऊल-जुलूल करतब गिरी, माँगें और चुनौतियाँ विकल्प शामिल होते हैं, जुड़ते या घटते हैं और हमारी घबराहट, निराशा और बेचैनी का कारण भी यही होता है; यह समझ कि आज़ादी कोई स्थिर, मुकम्मिल चीज़ है। बनी-बनायी, निर्विकल्प, न बदलनेवाली, हमारी मनोकामना पूरी करनेवाली, खींच-तान रहित। आज़ादी को निस्तेज न होने देने के लिए हमें लगातार कोशिश करनी पड़ती है और बार-बार उस विवेक को बचाना पड़ता है जो आज़ादी को स्वेच्छाचारिता के निरंकुश-बोध से अलग करता है।

इन पचास वर्षों में असंख्य लोग आज़ादी के आलोचक और कमियाँ बतानेवाले हो गये हैं और इसमें कोई सन्देह नहीं है कि हम निराशा और हार के दिन देखनेवाले लोगों में शामिल हैं। इसमें भी कोई सन्देह नहीं है कि हम उन बहुत सी प्रतिज्ञाओं से विमुख हो गए हैं जिनमें हमने किसी साहस, किसी उत्तरदायित्व, किसी सच्चाई के साथ कहा था। इन प्रतिज्ञाओं ने ही हमारी आज़ादी के संघर्ष को एक चमक और प्रामाणिकता दी थी। उन प्रतिज्ञाओं को स्मरण करें तो सबसे पहले और सबसे ऊपर दीनता और दारिद्र्य का, गरीबी का निवारण हैं। हमारी औपनिवेशिक दासता

ने अंग्रेजों के घर भर दिए थे। इसका वर्णन इन पचास वर्षों के साहित्य में अनेक तरह से हुआ। इसे भारतेन्दु ने 'भारत दुर्दशा' कहा है। दारिद्र्य के क्लेश में पूरा भारत डूबा है :

अंगरेज राज सुख साज सजै सब भारी
पै धन विदेस चलि जात इहै अति ख्वारी
ताहू पर मंहगी काल रोग विस्तारी
दिन दिन दूने दुख ईस देत हा हा री
सब के ऊपर टिक्कस की आफत आई
हा हा भारत दुर्दशा देखी नहिं जाई।

इस असहनीय गरीबी पर नाराज़गी प्रगट करने के लिए गांधी गोलमेज कॉन्फ्रेंस में ढाई गज कपड़ा पहनकर गए थे। सारी दुनिया के अदब कायदों की धज्जियाँ उड़ाते हुए गांधी ने बादशाह से कहा था कि आपने मेरे कपड़े भी तो पहन रखे हैं। उन्हीं दिनों प्रेमचन्द जी ने 'महाजनी सभ्यता' की बात करते हुए उसके अमानवीय स्वभाव का अपनी कहानियों में वर्णन किया है।

यह बात बहुत पुरानी नहीं है जब सामान्य लोगों ने समता और स्वाधीनता का पक्ष लेते हुए लोगों को विश्वास दिलाया था कि लोकतंत्रा का सत्ता-पुरुष गरीबों की, सामान्य जनों की तरह रहेगा, आचरण करेगा, उनकी सुख-दुख भरी यात्रा का सहचर होगा। अंग्रेजों के लोक-विमुख शासन और हुक्मरानों की दमनपूर्ण कार्यशैलियों को बदल देगां हमारी ये सार्वजनिक इच्छायें और गरीबी के विरुद्ध लगाए गए दावे संविधान में भी अंकित हैं। हमारी इस प्रबल दावेदारी को कवि दिनकर ने 'जनतंत्र का जन्म' में लिखा है:

सबसे विराट जनतंत्र जगत का आ पहुँचा,
तैंतीस कोटि हे! सिंहासन तैयार करो,
अभिषेक आज राजा का नहीं प्रजा का है,
तैंतीस कोटि जनता के सिर पर मुकुट धरो।
आरती लिए तू किसे ढूँढ़ता है मूरख
मन्दिरों, राजप्रसादों में तहखानों में
देवता कहीं सड़कों पर मिट्टी तोड़ रहे।
देवता मिलेंगे खेतों में खलिहानों में।
फावड़े और हल, राजदंड बनने को हैं।
धूसरता सोने से श्रृंगार सजाती है
दो राह समय के रथ का घर्घर नाद सुनो
सिंहासन खाली करो कि जनता आती है।

यह ध्यान देने की बात है कि राष्ट्रभक्त कवियों ने जिस जनता के लिए बार-बार सिंहासन खाली करने का आह्वान किया है, वह जनता कौन-सी है? उनकी प्राथमिकताएँ क्या हैं? यह कहने की आवश्यकता नहीं है कि यह मोक्ष या मन्दिर; स्वर्ग या नरक माँगती जनता नहीं है; इसकी प्राथमिकता जोगी, जती, संन्यासी, फकीर, मुल्ला, पादरी, काजी, वीतराग या गुफावासी होने की नहीं है। उसकी ख्वाहिश अपने दरिद्र से, दीनता से, लून-तेल, लकड़ी की याचना से मुक्ति पाने की है। इस गरीबी और लाचारी की जड़ें अदृश्य नहीं हैं, यह इत्तफाक नहीं है कि 'गोपाल' की यह भूमि 'भूपाल' की हो गई है; जन्म के कारण अभिजात्य और अहंकार की एक ऐसी रचना हो गयी है जो दूसरों को हमेशा नीचा मानती है और सामाजिक बराबरी का निषेध करती है। यहीं से और इन्हीं विसंगतियों से आज़ीज लोग आज़ादी के वास्तविक हकदार हैं।

जनयोद्धा डॉ. राममनोहर लोहिया

1948 की बात है। नेहरू जी के दबदबे और हिन्दुस्तान की राजनीति पर गौरवर्ण, कुलीन उच्चवर्णियों, अंग्रेजी भाषाविदों और औपनिवेशिक परम्पराओं पर अँगुली न उठानेवाली नौकरशाही के प्रभुत्व के दिन। तब कोटा में पहली बार लोहिया जी के दर्शन हुए, नेहरू से भिन्न, मामूली आदमी की तरह बाजार में खड़े, किसी का इंतजार करते, सामान्य-सी ऊँचाई, रूखे अव्यवस्थित बाल, नेताओं से बिलकुल भिन्न-अनेता। मैं चकित भी हुआ और मुग्ध भी।

जयप्रकाश नेहरू से मिलते-जुलते थे। सोशलिस्ट पार्टी के लाल झंडे की पृष्ठभूमि में खड़े होकर जयप्रकाश जब विशाल जनसभाओं को सम्बोधित करते, तो वे नेहरू जैसे लगते, वैसे ही गौरवर्ण, सुआकृतिवान भीड़ के आचरण से कभी-कभी क्षुब्ध होते। नेहरू-जयप्रकाश में इतना साम्य था कि लोग नेहरू के बाद जयप्रकाश के प्रधानमंत्री होने की घोषणा करते।

जयप्रकाश नेहरू से विमुख नहीं हुए। जयप्रकाश की चित-रचना परम्परा, इतिहास और काल की अनन्तता से हुई थी। लोहिया जी के बारे में सोचते हुए यह खयाल आता है कि सत्य को पहचानने के लिए वे काल को मिथ्या नहीं मानते थे; उसकी अगति को हिलाने के लिए वे जनान्दोलनों की तैयारी में लगे रहे। पुरातन-रिश्तों, परम्परा और इतिहास का बोझ उठाने के बजाय उनकी पुनर्रचना और व्याख्या का काम उन्होंने किया। जब नेहरू और दूसरे बहुत से विचारक अमूर्त और तिलस्मी शब्दों के जरिये स्वाधीनता की व्याख्या में लगे थे, सिर्फ—लोहिया थे जो उसे एक देखी जानेवाली मूर्त, विश्वसनीय और प्रामाणिक अर्थवत्ता देने का तर्क दे रहे थे। इसलिए उन्होंने समान 'भोजन, भवन, भूषा' का तर्क आविष्कृत किया। भूखे, निर्वसन अथवा अधनंगे, बेघर, डरे, रोगी और भाग्यवादी लोगों के लिए दूर भविष्य के सपने और महान औद्योगिक देश-निर्माण की लम्बी-लम्बी बहसें अप्रासंगिक ही तो थीं। साम्यवादियों की तर्क-शैली में दीर्घकालीन बलिदान का हिस्सा लोहिया को छलावा लगता रहा, क्योंकि वह नीरस, असहनीय और क्रूर वर्तमान को सहने के लिए सिर्फ तर्कजाल था।

लोहिया को पहचानने के लिए 'शब्द और कर्म' के सम्बन्ध में उनका तर्क जानना बहुत जरूरी है। नेहरूवाद का सारा संकट यह था कि वह शब्दों की एक

रमणीय, मायावी दुनिया बनाता था। कर्म उसे अप्रीतिकर था। इस दुनिया से धीरे-धीरे लोहिया का 'मोहभंग' होने लगा था। आजादी के बाद वाले देश की मोहक तसवीर धूमिल होती गई। 'क्रान्ति, जोखिम, तकलीफ और त्याग' का युग उनके देखते-देखते 'भोग के युग' में बदल गया। निराशा के कर्तव्य में उन्होंने एक तल्ख-टिप्पणी करते हुए लिखा—"अजीब हालत है कि जिसको क्रान्ति चाहिए, उसके अन्दर शक्ति है ही नहीं और वह शायद सचेत हो कर उसकी चाह रखता ही नहीं और जिसमें क्रान्ति कर लेने की शक्ति है, उसको क्रान्ति चाहिए नहीं या तबीयत नहीं है। मौटे तौर पर राष्ट्रीय निराशा की यह बात है। समय का खयाल नहीं रखता बकवासी हो गया है। मेहनत करना नहीं जानता आलसी हो गया है। इसमें कोई सन्देह नहीं हैं कि इस वक्त हिन्दुस्तान, हम लोग, दुनिया में सबसे झूठे, सबसे आलसी और सबसे निकम्मे हो गये हैं।" स्थितियों की इस भयावहता में नेहरूवाद का मायालोक तोड़ना एक बड़ी जरूरत थी। 'सिविल नाफरमानी' का राजनैतिक कर्म यहीं से, अकर्म आलस्य की मूर्च्छा तोड़ने के लिए, शुरू होता है। सत्ताधीशों के दर्प और अन्याय के विरुद्ध 'सिविल नाफरमानी' के सिवा दूसरा कोई कारगर उपाय लोहिया जी को नजर नहीं आता था।

बाद के दिनों में 'शब्द की मरजाद' बढ़ाने के लिए लोहिया ने एक ऐसा प्रसंग चुना कि जिससे पार्टी संगठन की बेबसी, सत्ता-लोलुपता, आचरण का अन्तर्विरोध, कमजोर चरित्र, शब्द और कर्म के द्वैत का नाटक खुल गया। पट्टमथानु पिल्लै की सरकार ने गोली चलायी, लोहिया ने सरकार से त्यागपत्र देने को कहा, क्योंकि गोली-कांड पर समाजवादी, कांग्रेसी सरकारों पर त्यागपत्र देने के लिए दबाव डालते थे। पट्टम की सरकार तर्क देने लगी, ठीक कांग्रेसी सरकारों की तरह। कर्म के समय पीछे हट गई। लोहिया ने कार्यकारिणी से त्यागपत्र दे दिया, जिसके वे महामंत्री थे।

बहसबाजी के बीच लोहिया की 'राजनीतिक किशोर दृष्टि' पर कुछ बातें कही गईं, लेकिन शब्द और कर्म की अभिन्न शिनाख्त के लिए वे लम्बे समय तक याद किये जाते रहे। लोहिया हमेशा जन-योद्धा रहे, बराबरी और स्वाधीनता के लिए संघर्ष करते, प्रेम करते, सिद्धान्तों की जड़ता तोड़ते, टुकड़ों में बँटी दुनिया के बीच पुल बनाते।

दूसरी बार लोहिया जी रतलाम में मिल गए। मैं तो उन्हें पहचान ही गया, लेकिन उनका बड़प्पन कि उन्हें मैं याद रहा, देखते ही पहचान गये। अपने डिब्बे तक, डिब्बे में ले गए। मेरा टिकट बदला लिया और बाहर भीड़ में, एक मामूली दुकान पर चाय पीने ले गये। कहा 'भीड़ में चलो' आभिजात्य में शामिल होने की बेतहाशा दौड़ और भीड़ को केवल राजनीतिक मरकजों तक पहुँचने की सीढ़ी समझनेवाले नेताओं से बिलकुल भिन्न यह व्यक्ति कहता है कि 'भीड़ में चलो।' मैं देखता हूँ,

तुरन्त लोहिया दुकान पर बैठे लोगों से गहरी पहचान कर लेते हैं, उनके दुख-सुख में घुल-मिल जाते हैं। मैं दुबारा चकित और मुग्ध हाता हूँ।

लोहिया यायावर थे। प्रथम श्रेणी के डिब्बे में वे बहुत थोड़े-से सामान और ढेर-सी पुस्तकों के साथ थे। बिस्तरबन्द पर आचार्य नरेन्द्र देव का नाम लिखा था। वे टी.एस. इलियट की कोई पुस्तक पढ़ रहे थे—'मर्डर इन द किथीड्रल' हो या 'ट्रेडिशन ऐंड मॉडर्निटी' मुझे ठीक से याद नहीं। उनके पढ़ने का अन्दाज कुछ भिन्न था। वे शब्द नहीं, हो सकता है पूरी पंक्ति या कि पूरा पैरा, पृष्ठ पढ़ते हों, इसलिए सपाटे से, तेजी से, पृष्ठ-पर-पृष्ठ पढ़ रहे थे। यूरोपीय साहित्य और परम्परा से परिचित होने के कारण हो सकता है इलियट उन्हें कठिन न लग रहे हों, अन्यथा उन्हें पढ़ना और समझना अमूमन कठिन माना जाता रहा है।

उस समय सोशलिस्ट पार्टी को कठिन निर्णय लेना था। उसे 'जनाधार' देना था। यह बहस छिड़ी हुई थी कि साम्यवादी पार्टी की तरह सोशलिस्ट पार्टी में दाखिल होनेवालों की निष्ठा परखी जाए या कि जैसे प्राय: खुली सदस्यता होती है—हो। लोहिया एक खुली पार्टी बनाने के पक्ष में थे। वे देर तक मुझे सोशलिस्ट पार्टी को आम आदमी की पार्टी बनाने के पक्ष में समझाते रहे। इस बीच इन्दौर आ गया। वहाँ से कुछ सम्भ्रान्त लोग हमारे डिब्बे में बैठे। मैं नहीं कह सकता वे कौन थे, लेकिन वे जिस तरह बाते कर रहे थे, उससे लगता था कि वे लोहिया जी को पहचानते थे और चाहते थे कि लोहिया राजनीतिक परिदृश्य पर कुछ कहें। लेकिन वे शान्त मन इलियट की पुस्तक समाप्त करने में लगे रहे। उन्हें उस बड़े झोले में रखी ढेर-सी पुस्तकें पढ़नी थी। उनके पास रेल के डिब्बे में बैठे समय काटने की गरज से संवाद करनेवालों के लिए कम समय था। कम क्या, एकदम समय नहीं था।

लोहिया जी से फिर मिलना नहीं हुआ। जरूरत भी नहीं थी। हिन्दुस्तान में जितने समता और स्वतंत्रताकामी लोग थे (और वे कम नहीं थे) वे लोहिया जी का आह्वान सब दिशाओं में, सब दिशाओं से सुन रहे थे।

मानवीय आकांक्षाओं के सम्बन्ध में कोई गणितीय समीकरण मुझे याद नहीं है। शायद इसीलिए मुझे याद नहीं है कि यायावरी, पक्कड़ों या कि जिन्दगी को बेचैनी के छोर तक, यहाँ तक कि भूख-प्यास, जेल, मुकदमें, दंड, यातना, तिरस्कार तक ले जानेवाले के पास क्या होता है—क्या होता है जो उनकी भाषा के बेइंतहा आक्रोश, दर्द और सृजनात्मक ऊर्जा को आत्मा के आर-पार जानेवाल तर्क और प्राणों को उत्सर्ग कर देने की लापरवाही देता है। लोहिया जी को याद करते समय यह सोचना आवश्यक है, क्योंकि गांधी के बाद खुले आम जेल चलने का बुलावा देनेवाले, सत्ता के आन्तरिक क्षय, बड़बोलेपन, निरर्थकता, जातिगत अहंकार और कुलीनता के नाटक को निर्भीकतापूर्वक बेनकाब कर देनेवाले वे अकेले थे, लेकिन उनकी आवाज ऊँची थी। सबसे अधिक बेचैन, आकर्षक और

बेशुमार लोगों को एक जोखिम-भरे रास्ते पर चलने के लिए उत्प्रेरित करनेवाली। लोहिया कोई राजपुरुष नहीं थे। राजपुरुषों के अकृपापात्र थे। वे कोई मोहक रूप-रंग अथवा आभिजात्य का सपना दिखानेवाले जादूगर नहीं थे। वे सिर्फ सत्य और रोशनी के नजदीक ले जाते थे, और शायद इस यात्रा के दौरान वे असंख्य लोगों के मित्र बन गये थे।

दरअसल लोहिया देश-प्रेम में डूबे थे, लेकिन वह इतना गहरा, इतना संश्लिष्ट, परिपक्व और बहु-आयामी था कि एक साथ उसके कई शिखर नजर आने लगते थे। अब जैसे नेहरू जी के विरुद्ध जब वे फूलपुर से चुनाव लड़ रहे थे, तब अपनी जनसभाओं में श्रोताओं को वचनबद्ध करते थे कि वे घरों में अपनी पत्नियों को नहीं पीटेंगे। उनका तर्क था कि हिन्दुस्तान के लोग अपनी कायरता के कारण दफ्तर में डांटे-फटकारे जाकर घर पहुँचते है और पत्नी को पीट कर बहादुरी दिखाते हैं। जिस दिन वे अपनी औरतों को पीटना छोड़ देंगे, उस दिन वे अन्याय के विरुद्ध मोर्चा लगाएँगे, हिन्दुस्तान की हुकूमत बदल देंगे। स्त्री-निरादर का इतना गहरा, ममान्तक अहसास और उसका यह इंकलाबी उपचार (वचनबद्धता) लोहिया जी के लिए ही सोच पाना सम्भव था।

देश की भाषाओं के लिए एक स्वाधीन देश में लम्बा अनवरत संघर्ष करने का औचित्य, अंग्रेजी जुबान के साथ सत्ता, आभिजात्य और हुक्मरानों की सांठ-गाँठ को देख सकने की अन्तर्दृष्टि, भाषा के साथ चित्त-रचना के असंख्य प्रसंगों को जुड़ा देखने का मनोविज्ञान लोहिया के पास था। फिर भी सत्ता-प्रतिष्ठानों के दो प्रतिशत लोग अपने अपने लालच के लिए भाषाई गैर बराबरी के पक्ष में जब तर्क देने लगे, तब लोहिया ने 'अंग्रेजी हटाओ' आन्दोलन की शुरुआत की। इस आन्दोलन के सिलसिले में लोहिया ने भारतीय भाषाओं की रचनाशीलता के पक्ष में जो-जो कुछ कहा उसे 'आक्रोश और भाषाई संकीर्णतावाद' के नाम पर बदनाम करने का प्रयत्न हुआ, लेकिन वह इतिहास का सिर्फ एक लज्जाजनक प्रसंग होकर ही रह गया। यह बात दूसरी है कि आज 'विदेशी भाषा और विदेशी शराब' गड्डमड्ड हो गई है, लेकिन यह दूसरी बार 'राष्ट्रीय शर्म' का इतिहास लिखा जा रहा है। भारतीय भाषाओं की पुनर्स्थापना की चर्चा करते समय हम अब दीन होते है और तब लोहिया के क्रान्ति-कर्म की प्रासंगिकता नजर आने लगती है।

लोहिया जी ने संसदीय आचरण की एक सार्थकता देते हुए पहली बार चकित कर देनेवाली आँकड़ेबाजी की। गैर-बराबरी के सीमान्तों को प्रकट करते हुए उन्होंने तीन आने प्रतिदिन और लाख रुपये की आमदनी के आँकड़े देकर सत्ताधीशों, अर्थशास्त्रियों और आँकड़ेबाजी को हतप्रभ और शर्मिन्दा कर दिया। बाद में सरकार के वित्तमंत्री चार पैसे इधर-उधर बताने का नाटक करते रहे, लेकिन लोहिया को झुठला नहीं सके।

राजनीति के फरेब और क्रूर सामन्ती आचरण को उद्घाटित करते हुए भी देश के सांस्कृतिक सरोकारों से जुड़े रहने की कोशिश लोहिया को एक लासानी राजनेता और बड़ा आदमी बनाती है।

सांस्कृतिक सरोकारों के सिलसिले में उन्होंने एकदम अछूती अन्वेषी दृष्टि का परिचय दिया है। इसी क्रम में उनकी भाषा एकदम अनोखी और अर्थगर्भी हो गई है। ऐसा प्रवाह, इतनी ताजगी, रचनाशीलता और मोहकता कम लेखकों में मिलती है—राजनेताओं में तो एकदम नहीं। भारत की संस्कृति के वे आधुनिकतम भाष्यकार थे, उसके उतार-चढ़ाव, दर्प, दर्द, करुणा, क्रूरता, अभिनवत्व और प्राचीनता और दूसरी वक्र और सीधी भंगिमाओं को प्रतिपादित करने और अर्थ देने का दायित्व उन्होंने स्वीकार किया था। हिन्दुस्तान के सांस्कृतिक विकास को वे कट्टरतावाद और उदारतावाद की धाराओं में बाँटते व्याख्यायित करते थे। एक समय आया है जब कट्टरतावादी शक्तियाँ देश में फैलीं। साहित्य, विज्ञान, धर्म, कला, संगीत, स्थापत्य, लोक-व्यवहार, धर्म-विचार के स्रोत सूख गये। फिर उदारतावादी शक्तियों के विस्तार के साथ साहित्य, कला, धर्म विचार विकसित हुए। कट्टरतावादी शक्तियों की पहचान कराते हुए वे गोडसे को उसका प्रतीक बनाते हैं। उदारतावादी शक्तियों के प्रतीक पुरुष गांधी हैं। लोहिया चाहते थे कि एक लचीले दिमाग और उदारपंथ की गांधी संस्कृति फैले।

राम, कृष्ण और शिव के व्यक्तित्व का वर्गीकरण करते हुए उन्होंने कृष्ण को बहुआयामी पूर्ण पुरुष का दर्जा दिया है। कृष्ण क्रान्ति और प्रेम के अनोखे देवता थे। एक हाथ में बाँसुरी, सृजन और भुवन मोहन संगीत, दूसरे में पाँचजन्य, संहार और विद्रोह का घोष। एक आँख में करुणा के बादल और दूसरे में अन्याय-दहन के लिए अग्निवर्षा, यह लोहिया के मन में नई युवा-पीढ़ी की कल्पना थी। इसी नये पुरुष के जन्मोत्सव के लिए वे सांस्कृतिक-राजनैतिक जमीन तैयार करते रहे।

रंगों में श्याम वर्ण को वे भारत का जन्म-रंग मानते रहे। राम और कृष्ण के सम्बन्ध में—श्याम शरीर की उर्वरा कल्पना उन्हें अनोखी लगती रही। गोरे रंगों से भारतीय-संस्कृति के रंग-सेतु नहीं बन सकते थे, इसलिए भारत के इन दोनों महापुरुषों को कवियों के श्याम-वपु, श्याम वर्ण दिया। श्याम वर्ण को गोरी दुनिया और सौन्दर्य के प्रतिस्पर्धी संसार में सम्मानपूर्ण स्थान दिलाने का प्रयास मेधावी लोहिया के सिवा कौन कर सकता था?

स्त्री-हकदारी के लिए जो वैचारिक संघर्ष लोहिया ने किया वह अप्रतिम था। 'द्रौपदी और सीता' के बीच क्रान्तिधर्मी द्रौपदी को वे महत्त्वपूर्ण स्थान देते रहे। मृत्यु से संघर्ष करते हुए भी अपनी कुशल-क्षेम पूछने के लिए आई श्रीमती इन्दिरा गांधी को देखकर उन्होंने कहा, "इन्हें कुछ खिलाओ, राजनारायण, ये हमारे देश की प्रधानमंत्री हैं।" उन्हें दुख था कि इस देश की स्त्री प्रधानमंत्री देश की गरीब

स्त्रियों को न एक सस्ता चूल्हा दे सकी, न एक सस्ता, आरामतलब झाड़ू। एक व्यापक दुख के बीच से लोहिया बोलते थे, इसलिए वे राजनीतिक टुटपूँजियापन के आरपार चले जाते थे।

शूद्र, हरिजन, मुसलमान और देश के दूसरे असंख्य लोगों के लिए वे 'खामोश मसीहा' नहीं थे। वे मनुष्य की हैसियत से सारी दुनिया के मनुष्यों की यातना, पराधीनता, विषमताहथियार के विरुद्ध बोलते रहे।

देश में जो चल रहा है उसे देख्ते लोहिया जैसे व्यक्तियों के सिद्धान्त तफसील से बताए जाएँगे, यह सम्भव प्रतीत नहीं होता, इसलिए उस प्रत्येक अवसर की तलाश आवश्यक है जब उस आदमी के सम्बन्ध में बताया जा सके जो अबाध खुशियों, सम्भाव्य समता तथा मानवीय स्वाधीनता के सपनों के लिए बहस, कर्म, तर्क, जेल, क्रान्ति या कि हर सम्भव उपाय काम में लेता रहा।

लोहिया का अवदान

सन् 1940 में गांधी ने 'हरिजन' में लिखा था कि वे 'लोहिया के पहले से अधिक नजदीक आए हैं।' अब 40 से 47 के सात वर्षों में वे गांधी के अत्यन्त निकट आ गए थे। गांधी लोहिया की विशेषता जानते थे और उन्होंने अपनी यह भावना प्रकट भी की थी। गांधी ने कहा था, "तुम बहादुर हो, लेकिन तुम्हारे लोगों में शायद तुमसे बहादुर होंगे। लेकिन बहादुरी से क्या? शेर भी बहादुर होते हैं। तुम बुद्धिमान हो लेकिन वकील भी बुद्धिमान होता है। लेकिन एक गुण ऐसा है जिसमें तुम सबसे अच्छे हो और वह है शील।" लोहिया को बाद में उनके एक हिन्दी के प्रोफेसर मित्र ने उन्हें शील का अर्थ बताया 'धारावाहिकता' यानी 'निरन्तरता'। लोहिया : इन्दुमती केलकर। (पृ. 142)

लोहिया जी के बारे में कुछ और लिखने के पहले रुककर मैं यह बताना चाहता हूँ कि लोहिया के जीवन और कर्म की सबसे प्रामाणिक जानकारी देनेवाली पुस्तक इन्दुमति केलकर की 'लोहिया' है। जयप्रकाश जी ने इस पुस्तक का 'आशीर्वाद' देते हुए लिखा : "उन्होंने इस पुस्तक में लोहिया का जीवन और कर्म प्रामाणिकता से उतारने की कोशिश की है।...मुझे यह उम्मीद है कि यह किताब व्यापक रूप से पढ़ी जाएगी और जिन्हें लोहिया से मिलने का मौका नहीं मिला ऐसे पाठकों को इस किताब में उच्च मौलिक प्रतिभा की प्रस्फोटक कर्मयोगी जीवन की झलकियाँ देखने को मिलेंगी।"

राममनोहर लोहिया का जन्म 23 मार्च, 1910 (चैत्र कृष्ण तृतीया) को अकबरपुर में हुआ था। कहते हैं वहीं सरयू के तट पर बसे अकबरपुर में राम ने बनवास की पहली रात बिताई थी। उनके पिता का नाम हीरालाल और माता का नाम चन्द्री था। पिता अयोध्या और माँ मिथिला की थीं। लोहिया जब ढाई वर्ष के थे तभी उनकी माता की मृत्यु हो गई। हीरालाल ने फिर विवाह नहीं किया। उन्होंने शेष जीवन राष्ट्र की सेवा और पुत्र के लालन-पालन में लगा दिया।

शिक्षा : लोहिया ने बी.ए. तक की शिक्षा भारत में ही हासिल की। बी.ए. (आनर्स) में उन्होंने प्रथम श्रेणी प्राप्त की। उन्होंने विद्यासागर कॉलेज कलकत्ता में अध्ययन किया। अध्ययन के दौरान लोहिया की गांधीजी, पं. जवाहरलाल नेहरू,

सुभाषचन्द्र बोस आदि से मुलाकात हुई। श्रीमती केलकर ने उस समय पर टिप्पणी करते हुए लिखा, "इस प्रकार सन् 1929 में पढ़ाई समाप्त करने तक युवक राममनोहर लोहिया का निर्माण तो पूरी तरह नहीं हुआ था किन्तु उनके जीवन को सर्वाधिक प्रभावित करनेवाली शक्तियाँ और व्यक्ति उन पर अपना प्रारम्भिक और गहरा प्रभाव डाल चुके थे।"

पी-एच.डी. के लिए जर्मनी (बर्लिन यूनिवर्सिटी) में : लोहिया जी ने हम्बोल्ट यूनिवर्सिटी से पी-एच.डी. की उपाधि प्राप्त की। बर्लिन में अध्ययन के दौरान उनके राजनीतिक, सामाजिक, सांस्कृतिक विचारों में परिपक्वता आई।

सन् 1932 के आरम्भ में लोहियाजी ने डॉक्टरेट की उपाधि प्राप्त की। उनका शोध-प्रबन्ध 'नमक सत्याग्रह' पर था जो उन्होंने जर्मन भाषा में लिखा था।

जब लोहियाजी जर्मनी में अध्ययन कर रहे थे तब जिनेवा में 'लीग ऑफ नेशंस' की बैठक हुई। बीकानेर के महाराजा इसमें भारत का प्रतिनिधित्व कर रहे थे। लोहिया की दृष्टि में महाराजा का प्रतिनिधित्व करना किसी भी तरह वाजिब नहीं था। वे अनेक अवरोधों के चलते जिनेवा पहुँचे और जब बीकानेर नरेश अंग्रेज सरकार के पक्ष में भाषण कर रहे थे तब लोहिया ने सभागृह में सीटी बजाकर तहलका मचा दिया। इतना ही नहीं उन्होंने बीकानेर महाराजा के प्रतिनिधित्व को चुनौती देते हुए अपने वक्तव्य अखबार 'लू त्रावे ह्यूमेनाइट' में प्रकाशित कर देश का सच्चा प्रतिनिधित्व किया।

सन् 1933 के आरम्भ में सम्पूर्ण सफलता पाकर डॉ. राममनोहर लोहिया हिन्दुस्तान लौट आए। इस समय तक की राजनीतिक अवधारणाओं का आकलन श्रीमती इन्दुमती केलकर ने इस प्रकार किया है : "जर्मनी से लौटने के समय उनके विचार बहुत कुछ परिपक्व हो चुके थे। गांधी का प्रभाव उन पर पहले ही था किन्तु गांधी के अंधभक्त नहीं थे। राजनीति में गांधी के अहिंसात्मक प्रतिरोध को वे शुरू से ही युगांतकारी देन मानते आए थे। किन्तु गांधी के आर्थिक विचारों से वे कभी पूर्णतया सहमत नहीं थे। बचपन में संस्कृत के अध्ययन ने उनका झुकाव देश के सांस्कृतिक इतिहास की ओर कर दिया था। इतिहास की मार्क्सवादी व्याख्या उन्हें कभी मान्य नहीं रही। वरन् उन्होंने समाजवाद को एक नई सभ्यता के रूप में देखा। ऐसी सभ्यता जिसमें सामाजिक, आर्थिक एवं राजनैतिक शोषण के लिए कोई भी स्थान न रहे। इसी दृष्टि से वे सम्पत्ति के सामाजिक स्वामित्व को एक बुनियादी आवश्यकता मानते थे। कम्यूनिस्ट राजनीति के प्रति उनकी कभी कोई आस्था नहीं हुई। सोवियत रूस को वे अपने छात्र जीवन में ही समाजवादी सभ्यता के निर्माण का एक प्रारम्भिक प्रयोग नहीं मानते थे, क्योंकि यह प्रमाणित हो गया था कि रूस तानाशाही की हुकूमत के नीचे जनता की इच्छाओं और भावनाओं से दूर हो गया है।

मूल रूप से ही यही वैचारिक आधार थे जो अनुभव और अध्ययन के साथ विकसित होते रहे। परिपक्व होने पर लोहिया ने इतिहास, अर्थशास्त्र, राजनीति, दर्शन और सामाजिक संगठन के व्यापक क्षेत्र में एक नई सभ्यता के निर्माण की आधार भूमि प्रस्तुत की।"

कांग्रेस के साथ राजनीति में प्रवेश : सन् 1932 में जर्मनी से लौटने के बाद दो वर्ष तक लोहिया अपने लिए राजनीतिक मुकाम की तलाश करते रहे। 17 मई, 1934 को पटना में अंजुमन-ए-इस्लामिया हाल में आचार्य नरेन्द्रदेव की अध्यक्षता में सारे देश के समाजवादियों का सम्मेलन हुआ। लोहिया उसमें शामिल हुए। सम्मेलन में सारे देश में एक विधिवत् संगठित सोशलिस्ट पार्टी की स्थापना का निर्णय लिया जो कांग्रेस के अन्दर रहकर काम करे। सम्मेलन ने विधान, कार्यक्रम, संगठन के लिए जो संगठन समिति बनाई, लोहिया उस समिति के सदस्य चुने गए। बाद में लोहिया पार्टी की कार्यकारिणी के सदस्य भी चुन लिए गए। पार्टी ने 'कांग्रेस सोशलिस्ट' साप्ताहिक निकालने का निर्णय लिया वे उसके सम्पादक बनाए गए।

1936 में कांग्रेस का लखनऊ में अधिवेशन हुआ। जिसमें भारतीय कांग्रेस समिति के दफ्तर में एक परराष्ट्र-विभाग खोलने का प्रस्ताव पारित हुआ। कांग्रेस अध्यक्ष पं. जवाहरलाल नेहरू ने इलाहाबाद आकर परराष्ट्र विभाग का मंत्री पद सँभालने को कहा। 1936 से 1938 तक लोहिया ने परराष्ट्र विभाग का कार्यभार अत्यन्त निपुणता के साथ सँभाला। छोड़ने का कारण कांग्रेस समिति का एक प्रस्ताव था जिसमें कहा गया था कि कांग्रेस-सोशलिस्ट पार्टी की कार्य-समिति का सदस्य अखिल भारतीय कांग्रेस कमेटी के विभाग या दफ्तर का मंत्री नहीं रह सकता।

1 सितम्बर, 1939 को हिटलर ने पोलैंड पर हमला किया और 3 सितम्बर को ब्रिटेन ने जर्मनी के खिलाफ घोषणा की।

1939 में युद्ध-विरोध प्रचार के लिए गिरफ्तार किए गए और छोड़ दिए गए। 1 जुलाई, 1940 भारत सुरक्षा कानून की 38वीं. धारा के मुताबिक उन्हें दो साल की सख्त कैद की सजा सुना दी। उनके लिए गांधी ने बम्बई की अखिल भारतीय कांग्रेस कमेटी की सभा में (15 सितम्बर, 1940) कहा था, "जब तक डॉ. राममनोहर लोहिया और जय प्रकाश नारायण जेल में हैं तब तक मैं खामोश नहीं बैठ सकता। उनसे अधिक शूर और सभ्य आदमी मुझे मालूम नहीं। उन्होंने हिंसा का प्रचार नहीं किया है बल्कि रामगढ़ प्रस्ताव का पालन किया है। उनके लिए यह सम्मानजनक है।"

4 दिसम्बर को नेहरू, अच्युत पटवर्धन, लोहिया, नरेन्द्रदेव और अन्य नेता रिहा कर दिए गए।

बम्बई में 8 अगस्त, 1942 की रात को भारतीय कांग्रेस कमेटी के अधिवेशन में 'भारत छोड़ो' प्रस्ताव पारित हुआ। 'भारत छोड़ो' संकल्प को निर्णायक परिणति तक पहुँचाने के लिए समाजवादियों ने भूमिगत आन्दोलन चलाने का निर्णय लिया।

योजनानुसार लोहिया और अच्युत पटवर्धन ने जो योजनाएँ पेश कीं उनमें तार यंत्र तोड़ना, हथियारों की रेलगाडियों को बारूद लगाकर उड़ाना और यातायात की व्यवस्था को तोड़ना को प्राथमिकता दी गई। सरकारी कारोबार की जगह नष्ट करना या कब्जा करना भी भूमिगत कार्यवाही में शामिल था। लोहियाजी के इन भूमिगत दिनों और जीवन का रोमांचक वर्णन श्रीमती इन्दुमती केलकर की 'लोहिया' पुस्तक में 'कांग्रेस-रेडियो बोल रहा है' अध्याय में मिलता है। लोहिया के इन दिनों के लेखों को पढ़ना किसी वैचारिक आँधी के बीच से गुजरने जैसा है।

20 मई, 1944 को लोहिया बम्बई में गिरफ्तार कर लिए गए। जेलों में दी जानेवाली कठोर और अमानवीय यातनाओं के क्रम में वह सबसे निर्मम और बर्बर थी जिसके चलते दस दिन और दस रात तक सोने नहीं दिया गया। 'आखिर में उनके नाक मुँह से खून आने लगा।' अपनी अदम्य जिजीविषा और चिरन्तन आशावाद की रोशनी में आगरा जेल से लार्ड लिनलिथगो को ब्रिटिश राज पर हमला करते हुए जो पत्र लिखा था वह अंश गौरतलब हैं : "अहिंसक क्रान्ति भूगर्भ की धाराओं के समान होती है। हजारों प्रवाह फूटने या नहर खोदने की जरूरत नहीं होती। आजादी की दुर्दम्य भूख और गांधी की 23 साल की तपस्या 9 अगस्त के उद्रेक के पीछे है। आजादी की भूख गाली से नहीं मरती।"

..."यह क्रान्ति मुट्ठी-भर शस्त्रधारियों की नहीं सारी जनता की है। इतिहास में पहली दफा मामूली आदमी लड़ रहा है। उसका साधन उसका तेज है, हथियार नहीं।"

अन्त में लिखा : "जब तक आप झुकते नहीं हमारी स्वातंत्र्याकांक्षा आपका पीछा करती रहेगी।"

11 अप्रैल, 1946 की शाम 7 बजे आगरा जेल से रिहाई हुई। लोहियाजी जब आगरा जेल में थे तभी अक्टूबर 1945 में उनके पिता की मृत्यु हो गई। उनके अन्तिम संस्कार के लिए उन्होंने 'पेरोल' पर रिहा होकर जाने से इनकार कर दिया।

आगरा की जेल यातनाओं से चौपट हुए स्वास्थ्य-सुधार के लिए लोहिया गोवन मित्र डॉ. जूलियो मैनजिस के गाँव आसोलना गए। लेकिन गोवा की असहनीय राजनीतिक परिस्थितियों ने लोहिया की उपस्थिति को दूसरा ही रंग दे दिया। 18 जून, 1946 को गोवा मुक्ति आन्दोलन शुरू हो गया। लोहिया को गिरफ्तार कर 19 जून, 46 को रिहा कर दिया गया। अब गोवा में स्वतंत्रता आन्दोलन शुरू हो गया था और डॉ. राममनोहर लोहिया उसके महानायक बन चुके थे।

26 से 29 फरवरी, 1947 में कानपुर में 'कांग्रेस सोशलिस्ट' पार्टी का अधिवेशन हुआ जिसकी अध्यक्षता लोहियाजी ने की। इस अधिवेशन में कांग्रेस सोशलिस्ट पार्टी के नाम से 'कांग्रेस' शब्द हटा दिया और केवल 'सोशलिस्ट पार्टी' नाम रहा। इसके बाद का समय कांग्रेस और सोशलिस्ट पार्टी के बीच गहरे, तनाव और परिवर्तन का

नजर आता है। यह समय भारत को 'मुकम्मल आजादी' देने के प्रस्ताव से सम्बद्ध था। समाजवादियों को लगता था कि कांग्रेस ने 'भारत विभाजन' का सिद्धान्त मन-ही-मन स्वीकार कर लिया है। जिसे नेहरू-पटेल के दबाव में कांग्रेस कार्यसमिति ने औपचारिक स्वीकृति प्रदान कर दी है। सोशलिस्ट पार्टी ने तटस्थता की भूमिका स्वीकार की। लेकिन लोहिया अन्त तक विभाजन में अपने को अपराधी मानते रहे। दस वर्ष बाद विभाजन के सम्बन्ध में अपना मत व्यक्त करते हुए कहा कि 'अगर सामूहिक रूप से नहीं तो व्यक्तिगत रूप से विभाजन के प्रति उनका विरोध अधूरा रहा और अगर वे कुछ नहीं कर सकते थे तो देश के बँटवारे के खिलाफ जेल चले जाना चाहिए था।'

1946 का साल दुर्घटनाओं का रहा। सब तरफ दंगे शुरू हो गए थे। बंगाल के साथ-साथ दिल्ली भी साम्प्रदायिक दंगों का केन्द्र बन गई थी। गांधी कलकत्ता छोड़कर दिल्ली में शान्ति स्थापना करने के लिए आए। गांधीजी के साथ लोहिया भी बंगाल से दिल्ली आ गए। दिल्ली में शरणार्थियों को बसाने की बड़ी समस्या थी जिसे लोहिया ने अपने हाथों में ले लिया।

उल्लेखनीय है कि सन् 40 से 47 तक सात वर्षों में लोहिया गांधीजी के अत्यन्त निकट आ गए थे। यह उन्हीं दिनों की बात है जब गांधी ने लोहिया से सिगरेट, चाय, कॉफी पीने के बारे में बात की थी। दूसरी स्वास्थ्य सम्बन्धी बातों के साथ यह भी कहा था, "सोशलिस्ट की हैसियत से तुम्हें जनता से एकरूप होना चाहिए। तुम्हें जनता का प्रतिनिधि बनना चाहिए। जो सिगरेट तुम्हें हिन्दुस्तान में जनता के एकरूप और प्रतिनिधि नहीं होने देगी उसका समर्थन तुम कैसे करोगे?" दो महीने बाद लोहिया जी ने गांधीजी को सिगरेट पीना छोड़ने की सूचना दी।

हत्या के चार दिन पहले 29 जनवरी, 1948 को गांधी-लोहिया की मुलाकात हुई। लोहिया से बम्बई हड़ताल के बारे में गांधी ने कहा, "हड़ताल के बारे में तो बोलूँगा ही। लेकिन यह प्रश्न इतने महत्त्व का नहीं। महत्त्व का वह है कि आखिर में तुम्हारी पार्टी और कांग्रेस के बारे में कुछ निश्चित करना चाहिए। तुम कल जरूर आना। कल पेट भर बातें होंगी।"

पेट भर कर बातें करने के लिए 30 जनवरी की संध्या को निकले लोहिया ने गांधी की जघन्य हत्या की खबर सुनी। वे बिड़ला भवन की ओर भागे जहाँ गांधी की मृत देह पड़ी हुई थी।

पिता हीरालाल जी की मृत्यु के बाद लोहिया जी को लगा वे दुबारा अनाथ हुए हैं। एक बार लोहिया ने कहा था, "ईश्वर और स्त्री दो प्राप्तव्य होते हैं। मैं ईश्वर नहीं मानता हूँ और स्त्री मुझे मिली नहीं। लेकिन गांधीजी में दोनों की झलक मुझे मिली।"

सन् 1948 मार्च के नासिक सम्मेलन में सोशलिस्ट पार्टी ने कांग्रेस से निकलने का फैसला किया।

कांग्रेस से टूटकर सोशलिस्ट पार्टी नए विचार और कर्म का दस्तावेज तैयार करती है। इस दिशा में लोहिया का अवदान, महत्त्वपूर्ण बना रहता है। वे हमेशा पूर्वाग्रहों के आलोचक बने रहते हैं और नए राजनीतिक विचार और कर्म का अनुसन्धान करते हैं। इस क्रम में 1949 की मार्च को हुआ पटना का दूसरा सोशलिस्टों का सम्मेलन विशेष अहमियत रखता है।

पटना सम्मेलन की सबसे बड़ी उपलब्धि पार्टी को 'जन-पार्टी' बनाने का प्रस्ताव पारित करना था। अब तक की 'कैडर बेस्ड पार्टी' अब 'मास पार्टी' हो गई। केवल 'जनता का नेतृत्व करनेवाला नहीं बल्कि जनता का बनाया हुआ दल' यह संवैधानिक रूप से स्वीकार कर लिया गया। अपने प्रस्ताव को व्यापक और क्रान्तिकारी रूप देने के लिए भू-सेना, छोटे उद्योग, चौखम्भा राज्य, सिविल नाफरमानी इत्यादि को कार्यक्रम का मुख्य अंग बना लिया गया। इस प्रस्ताव को 'आगे बढ़ो' कहकर प्रचारित किया गया। अपनी पार्टी की आलोचना करते हुए उन्होंने कहा कि—"पार्टी को अकर्मण्यता, बाह्याडम्बर, चुनाववाद, विद्रोहवाद और दलबन्दी पाँच शत्रु सताते हैं। इन दुश्मनों को जीतने के लिए रचनात्मक, ठोसपन, रचना, संघर्ष और हमदर्दी के गुण विकसित करने की आवश्यकता है।" समाजवादी सिद्धान्तों को अधिक स्पष्ट करते हुए उन्होंने कहा कि समाजवाद की बुनियाद सम्भव बराबरी, छोटी मशीनें, सामाजिक मिल्कियत, चौखम्भा राज और विश्वराज्य है।

अब मई सन् 1952 के पंचमढ़ी सम्मेलन को देखें जिसकी अध्यक्षता डॉ. लोहिया ने की थी और पहले चुनाव की पराजय से उत्पन्न अवसाद और निराशा की जगह दृढ़ता और निश्चयात्मकता की रोशनी फैला दी थी। अध्यक्षीय भाषण में उन्होंने 'पूँजीवाद और साम्यवाद से समान दूरी' वाले बहुचर्चित नीति-सिद्धान्त का प्रतिपादन किया। इस सिद्धान्त ने समाजवादियों को नई पहचान दी जो अभी तक अपने को मार्क्सवादी कह रहे थे। लोहिया-नीति का केन्द्रीय भाव यह था कि सुदूर भविष्य में जो होने की इच्छा है उसकी प्रत्यक्ष अनुभूति वर्तमान के कर्म में होनी चाहिए। अपने भाषण में लोहिया ने हिंसात्मक मार्ग की स्पष्ट शब्दों में भर्त्सना और सामाजिक-राजनीतिक परिवर्तन के लिए 'फावड़ा, मत और जेल' का समर्थन किया।

लोहिया के इस अनासक्त भाव की प्रसंशा की जानी चाहिए कि उन्होंने नेतृत्व अथवा पद या कि सत्ता की यत्किंचित कामना कभी नहीं की। उन्होंने एक बार यह भी कहा कि वे जयप्रकाश नारायण को देश का प्रधानमंत्री बने हुए देखना चाहते हैं किन्तु किसी की कृपा से नहीं वरन् जनता का विश्वास प्राप्त करके।

इसी वर्ष यानी 26 सितम्बर, 1952 को किसान मजदूर पार्टी और सोशलिस्ट पार्टी का विलय हुआ और प्रजा सोशलिस्ट पार्टी बनी।

लोहिया ने नजर आनेवाले और न आनेवाले अनेक अन्यायों के विरोध में संघर्ष किया है, उनमें एक 'वाणी स्वातंत्र्य' का भी है। सुप्रसिद्ध न्यायाधीश अग्रवाल के

समक्ष 24 अगस्त, 1954 को यह तर्काधारित और तेजस्वी बयान दिया था। इसमें कहा गया कि 'थोरों और गांधी' कानून के खिलाफ सामुदायिक प्रतिकार के लिए उत्तेजना देनेवालों में हैं।

मुकदमों का केन्द्र बिन्दु यह था कि लोहिया सिविल नाफरमानी द्वारा अन्याय पूर्ण कानून को भंग करने का प्रचार कर सकते हैं या नहीं? क्या उन्होंने ऐसा प्रचार करके संविधान में दिए गए 'वाणी स्वातंत्र्य' के अधिकार का दुरुपयोग किया है?

न्यायमूर्ति अग्रवाल ने अपने फैसले में हर एक भारतीय नागरिक को सिविल नाफरमानी के प्रचार का 'हक' बहाल किया। लोहिया न केवल जेल से छोड़े गए बल्कि सरकार को 500 रुपये खर्च भरने का आदेश दिया। यह 'वाणी-स्वातंत्र्य' की यशस्वी लड़ाई की विजय थी।

12 अगस्त, 1954 को एक दिन और यादगार दिन है जब प्रजा सोशलिस्ट पार्टी के महामंत्री लोहिया ने अपनी ही पार्टी की सरकार के मुख्यमंत्री को 'गोलीकांड' पर इस्तीफा देने के आदेश देते हुए तार भेजा। यह प्रजा सोशलिस्ट पार्टी के अन्त होने का प्रारम्भ था। यह नजर आता है कि कांग्रेस से छिटककर आए कांग्रेसी सदस्यों का मन सत्ता की डोर से बँधा था, उनके साथ सोशलिस्ट पार्टी के कुछ प्रभावशाली सदस्य भी नेहरू की मोहिनी से बँधे थे और स्वयं नेहरू उन चतुर राजनीतिक खिलाड़ियों में से थे जो विरोधियों के खेमे में गाहे-बगाहे सेंध लगाते रहते थे। जो भी हो, प्रजा-सोशलिस्ट पार्टी अपने अन्तर्विरोधों के चलते छिन्न-भिन्न हो गई।

1955 की 28 दिसम्बर, से 1 जनवरी, 1956 तक नई सोशलिस्ट पार्टी का स्थापना सम्मेलन हैदराबाद में हुआ। इसके पूर्व के घटनाक्रम में प्रजा सोशलिस्ट पार्टी के नेहरू समर्थकों ने मधु लिमये और लोहिया को तथाकथित अनुशासनहीनता का आरोप लगाकर पार्टी से निष्कासित कर दिया। उल्लेखनीय है कि "श्री जयप्रकाश नारायण ने लोहिया को फूट परस्त बताया और कहा कि यदि वे कांग्रेस अध्यक्ष होते तो इस फूट परस्ती के लिए डॉ. लोहिया को स्वर्ण पदक इनाम इकरार करते।" (देखें : लोहिया—इन्दुमती केलकर; पृ. 302)

बहरहाल सोशलिस्ट पार्टी के स्थापना-सम्मेलन के अवसर पर उसके मनोनीत अध्यक्ष डॉ. लोहिया ने जो भाषण दिया वह पार्टी की वैचारिकी और कर्म का नीति वक्तव्य बन गया। ध्यान से देखें तो लोहिया के भाषण केवल राजनीतिक अकर्मण्यता और उदासी को ही नहीं भारतीय समाज की उस सांस्कृतिक मूर्च्छा को भी तोड़ते हैं जो पिछले कई हजार वर्षों से अपने कर्म-शून्य अध्यात्म के ढोंग में फँसी है।

1957 के चुनाव में लोहिया नेहरू के मुकाबले लोकसभा का चुनाव लड़े। वे 30-35 हजार मतों से पराजित हुए। अपनी हार पर टिप्पणी करते हुए उन्होंने कहा 'जो अच्छा आदमी था और संगठन था वह जीता। जो आदमी और संगठन उतना अच्छा नहीं था वह हारा।'

दुबारा लोक-सभा में लोहिया 1963 में जीत कर आए। यह देखने जैसी बात है कि लोहिया जय-पराजय से न तो उन्मत्त होते हैं न विचलित। वे राजनीति को बाहर से नहीं देखते। इस अर्थ में वे जयप्रकाश जी से अलग हैं जो राजनीति में रमते हैं लेकिन चुनाव नहीं लड़ते। शायद हार जाने का विषाद या भय उन्हें दबोचे रहता हो।

लोहिया ने चीन से भारत को चुनाव का मुद्दा बनाया था। यह राष्ट्रीय कलंक की शर्मनाक सरकार है इस सत्योद्घाटन के साथ वे चुनाव जीत गए थे। उनके सभा प्रवेश के बाद लोक-सभा का कायाकल्प हो गया। "अब तक सड़े-गले संकेत, संसदीय शिष्टाचार की रूढ़ मान्यताएँ, अनुशासन के नकली नियम, दरबारी रिवाजों का दबाव, जीर्ण और तनावपूर्ण दबावों तथा जटिल प्रक्रियाओं के कारण जो लोक सभा कैदखाना बन गई वहाँ अब खुली, उन्मुक्त हवा बहने लगी।"

यह लोहिया जी के कारण हुआ कि हिन्दी को लोक सभा में सम्मान मिला। अंग्रेजी न बोलनेवाले बेजुबान, बेजान सांसदों को जुबान मिली। लोकवाणी के मुखर होते ही संसद की बहसों में ताजगी आ गई।

21 अगस्त, 1963 को आचार्य कृपलानी द्वारा रखे गए अविश्वास प्रस्ताव पर हुई बहस के दौरान लोहिया ने 'तीन आने बनाम पन्द्रह आनेवाले मुद्दे' का रहस्योद्घाटन किया। कहा कि "27 करोड़ आदमी तीन आने रोज के खर्चे पर जिन्दगी निर्वाह करते हैं जबकि प्रधानमंत्री के कुत्ते पर तीन रुपये खर्च करने पड़ते है। खेत मजदूर 12 आने रोज कमाता है, अध्यापक दो रुपये रोज कमाता है जबकि प्रधानमंत्री पर पच्चीस हजार रुपया रोज खर्चा होता है।"

लोक सभा में लोहिया ने निराकार निर्गुण दरिद्र जनता का साकार सगुण स्वरूप दिखाने के प्रयास में अनन्त सवाल उठाकर अपनी उपस्थिति को अविस्मरणीय बना दिया।

डॉ. राममनोहर लोहिया ने बीसवीं सदी के अनेक सीमान्तों का अन्वेषण किया है। विफल होते हुए पूँजीवाद और साम्यवाद के विरुद्ध वे नई समाजवादी संस्कृति के लिए उर्वरा भूमि की तलाश करते रहे। इसी क्रम में वे 'सप्त क्रान्ति' और 'निराशा के कर्तव्यों' पर बात करते हैं। इन दो अत्यन्त उपयोगी विषयों पर स्थानाभाव के कारण चर्चा सम्भव नहीं हुई है। इसी तरह भारतीय समाज की परम्परा और उसकी वर्तमान विकृतियाँ, सगुण-निर्गुण और भारतीय मस्तिष्क की ग्रंथियाँ, राम, कृष्ण और शिव,वर्ण और स्त्री के कटघरे, हिन्दू और मुसलमान, मठी गांधीवाद, सिविल नाफरमानी-सत्याग्रह और हिंसक क्रान्ति जैसे मुद्दों पर उनकी उत्तेजक टिप्पणियाँ और उनकी मौलिकता के प्रमाण हैं। अन्याय के विरुद्ध वे 'विश्व-नागरिक और विश्व-यार' के रूप में पहचान बनाते हैं। रंग-भेद का विरोध करते हुए उन्होंने अमेरिका में गिरफ्तारी दी है।

अपनी अभिव्यक्ति के लिए लोहिया जी के पास अत्यन्त उर्वरा, अत्यन्त तीक्ष्ण, संवादात्मक, पांडित्यरहित संवेदनात्मक भाषा है। यह भाषा उन्होंने लोक-वैभव और

अभावों से चुनी है। ग्रामांचल के अनेक जाने-पहचाने से शब्दों से उन्होंने हिन्दी का कोश समृद्ध किया है।

यह बताना आवश्यक है कि लोहिया का समय समाजवादी पत्रकारिता का समृद्धि युग है। 1956 के अगस्त में 'मैन काइंड' नामक अंग्रेजी, अन्तरराष्ट्रीय मासिक का प्रकाशन किया। लोहिया इसके प्रधान सम्पादक थे। 'मैनकाइंड' की आवश्यकता बताते हुए उन्होंने कहा कि 'आज के एकान्तिक और संकुचित दर्शन के बजाय सदैव संकुचितता रूपी मालिन्य को शुद्ध करनेवाली और आदर्श दृष्टि द्वारा दुनिया का आलिंगन देनेवाली मानव जाति के वर्तमान और भविष्यकालीन आदर्श दृष्टि का संशोधन करना चाहिए।'

"कम-से-कम संकुचित और ज्यादा विश्वव्यापी आदर्श की लगातार खोज जारी रखनी चाहिए।"

"दुनिया के सत्य-संशोधन और आदर्श भविष्य का अन्वेषण 'मैनकाइंड' का ध्येय है। 'मैनकाइंड' के सम्पादक की आँख स्थानीय और दूसरे विश्व प्रश्नों की ओर देखती रही।"

समाजवाद की नई संस्कृति का प्रचार करने की दिशा में 'जन' हिन्दी मासिक का अन्यतम स्थान था। अनेक प्रान्तों से समाजवादी साप्ताहिक, मासिक, त्रैमासिक प्रकाशित होने लगे। हिन्दी ही नहीं, अंग्रेजी,उर्दू और प्रान्तों की भाषाओं में भारतीय समाजवाद के 'विचार-वाणी और कर्म' के सिद्धान्तों की पदचाप सुनाई देने लगी।

हैदराबाद से प्रकाशित होनेवाली 'कल्पना' मासिकी ने साहित्य-संस्कृति के नए जनपदीय सन्दर्भों को चर्चित किया। बुद्धिजीवियों, विद्धानों, युवा लेखकों ने नई सर्जनात्मकता का परिचय दिया।

स्वयं लोहिया ने अनेक छोटी-छोटी पुस्तकें लिखकर क्रान्तिकारी विषयों पर चर्चा चलाई। धर्म, संस्कृति, इतिहास, शिक्षा, जाति, विवाह पर युव-जनों को सम्बोधित किया।

28 सितम्बर, 1967 को लोहिया अस्पताल में 'प्रोस्ट्रेट ग्लेंड' की शल्यक्रिया के लिए भर्ती किया गया। 12 अक्टूबर, 1967 की रात 1 बजकर 5 मिनट पर हृदयघात के कारण उनकी मृत्यु हो गई।

26 सितम्बर, 1962 को नागार्जुन सागर के अपने भाषण में लोहिया ने कहा था 'लोग मेरी बात सुनेंगे लेकिन मेरे मरने के बाद।'

क्या, दरअसल, लोग सुन रहे हैं?

अन्य असंकलित लेख

लोकतंत्र बचने की आशा

'लोकतंत्र' की शब्द रचना को देखें तो सन्देह नहीं रहता कि तंत्र पीछे और लोक पहले है। लोक की समृद्धि, सौन्दर्य और गरिमा की सुरक्षा करना तंत्र का काम है। अंग्रेजी में लोकतंत्र का अनुवाद 'डिमोक्रेसी' है जिसकी विस्तार से परिभाषा 'जन का, जन के द्वारा, जन के लिए' कहकर की गई है।

ध्यान से देखें तो यह राजनीति का सवाल ही नहीं है, एक 'नैतिक' सवाल भी है। यह स्वामित्व का सवाल है। तंत्र का स्वामी कौन है? किसकी निगरानी में दिया जाए 'स्वामित्व'। राजनीति से किंचित दूर हटें तो साहित्य में भी यह सवाल, रामायण महाकाव्य के रचयिता तुलसीदासजी ने 'उत्तरकांड' में, पूरे विस्तार से उठाया है। राजतंत्र की विशद जिम्मेदारियों को 'दैहिक, दैविक भौतिक' में बाँट कर उन्होंने रामराज्य का 'यूटोपिया' रचा है और कहा है कि रामराज्य में इन तीनों की सुरक्षा का जिम्मा लिया था। कवि ने उस राजतंत्र की कठोर शब्दों में निन्दा की है जो अपनी प्रजा के क्लेशों का निवारण नहीं कर पाता। उस तंत्र का (स्वामी) अधिपति वह राजा 'नरक' भोगता है।

सामन्त काल में तंत्र अकूत शक्ति का धारक है। यह शक्ति उसे ईश्वरीय वरदान के रूप में मिली है। राजा का, वंश मूल भी देवता हो। यह जनता पर अलौकिक ईश्वरीय दबाव बनाता है और इस तरह राज की शक्ति प्रश्नातीत होती है। राजस्थान में मेवाड़ के महाराणा 'सूर्यवंश' के हैं, एक दूसरे राजवंश का उद्‌गम चन्द्रमा से हुआ माना जाता है वे चन्द्रवंशी हैं। सारांश यह कि सामन्तकाल में तंत्र का शक्ति केन्द्र ईश्वर की अलौकिकता से जुड़ा है। राजा ईश्वरीय-शक्ति का प्रतिनिधि है।

राज तंत्र हो या अधिनायक तंत्र या कि लोकतंत्र यह प्रश्न बार-बार पूछा जाता है कि तंत्र का शक्ति-केन्द्र कहाँ है? तंत्र को शक्ति कौन देता है? शक्ति स्थानान्तरण की प्रक्रिया और साधन क्या हैं?

इन प्रश्नों का उत्तर कुछ आगे चल कर देंगे। फिलहाल अराजकतावादियों के इस दावे पर विचार करें कि क्या तंत्र आवश्यक बुराई (नेसेसरी ईविल) है? तंत्र की आवश्यकता इसलिए है कि, जैस हॉव्स ने कहा व्यक्ति 'दुष्ट, दुर्बुद्धि और कमजोर है'। लेकिन वे जो मनुष्य को नैतिक शक्तियों का धारक मानते हैं और

जटिल परिस्थितियों में 'आत्म-निर्णय' या कि 'आत्मा की आवाज' पर विश्वास करते हैं अपनी इस बात पर अटल नज़र आते हैं कि लोक और तंत्र की संगत बैठती ही नहीं है। उनकी आपसी खींचतान बुनियादी रूप से 'स्वतंत्रता और उसके निषेध' की पेचीदा और मनोवैज्ञानिक है। व्यक्ति अपनी 'स्वतंत्रता' और तंत्र अपनी 'प्रभुता' को बचाने के लिए विरोधी दिशाओं में प्रत्यक्ष नहीं तो अप्रत्यक्ष रूप से खींचते नज़र आते हैं।

'आत्मा की आवाज़' के प्रबल समर्थक गांधीजी तंत्र के अपार शक्तिशाली हो जाने की सम्भावना से भयभीत हुए नज़र आते हैं। उनके प्रिय संत कवि तुलसीदास भी 'प्रभुता के मद' की बात करते हैं—सुन खगेश अस को जग माँही, प्रभुता पाहि जाहि मद नहीं। अकेले गांधी ही नहीं दुनिया-भर के कई चिन्तकों को 'प्रभुता का नशा' का अन्दाजा है। एक्टन का यह कथन तो अमूमन उद्धृत किया जाता है : पावर करप्ट्स एंड एब्सोल्यूट पावर करप्ट्स एब्सोल्यूटली' यानी प्रभुता भ्रष्ट करली है और सम्पूर्ण प्रभुसत्ता 'सम्पूर्णतया' प्रभुसत्ता के नशे से डरे कार्ल मार्क्स 'राज्य तिरोहण' (विटरिंग अवे ऑफ दि स्टेट) का पक्ष लेते हैं।

गांधी व्यक्ति और तंत्र के इस नैतिक और बुनियादी विवाद के राजनीतिक घमासान के बीच-बचाव के सिलसिले में 'ग्राम स्वराज्य' का विकल्प रखते हैं। यह विकल्प सत्ता का विकेन्द्रीकरण प्रस्तावित करता है। केवल गांधी ही नहीं बल्कि एक सजग समाजवादी कार्यकर्ताओं की मंडली, जिसमें जयप्रकाश नारायण, राममनोहर लोहिया, मधु लिमये, जार्ज फरनेंडीज, किशन पटनायक जैसे प्रबुद्धजन शामिल हैं, जो सत्ता के विकेन्द्रीकरण का प्रबल समर्थन करते हैं।

ध्यान से देखें तो यह सिद्धान्त तंत्र की निरंकुशता से बचाने का प्रयत्न है। मार्क्स भी 'सामूहिकता' के प्रयोगों का समर्थन करते हैं जिससे उत्पादन के साधनों पर व्यक्तिगत स्वामित्व का दायरा सिमिट जाता है और समूह के पास निर्णायक शक्ति आ जाती है।

यदि हम उस सवाल का उत्तर देना चाहें कि तंत्र का सत्ता-केन्द्र कहाँ है तो हम इस विवेचन के आधार पर विश्वासपूर्वक कह सकते हैं कि जन-समूह या जनता में है और तंत्र उसका संवाहक है जो जनता के सुख और हितों की रक्षा करता है, उन्हें सम्भव बनाता है और उन्हें बढ़ाता है। तंत्र का काम जन-हितों को अर्थवत्ता देन के सिवाय कुछ नहीं है। तंत्र की अपनी कोई स्वतंत्र सत्ता, हुकूमत या स्वायत्तता नहीं है और न उसके पास स्व-निर्मित कोई शक्ति-स्रोत है। शक्ति दरसल 'बंदूक की नली' में नहीं लोक में निहित है। वे दिन दुर्भाग्य के और विकट विनाश के होते हैं जब तंत्र शक्ति के स्व-निर्मित प्रतिमान निश्चित करने लगता है और जनता को उन्हें स्वीकार न करने पर यातनाएँ देता है। तंत्र और जन के बीच चलनेवाले ये अनिश्चय, अविश्वास और टकराव के दिन अच्छे नहीं होते।

इस परिप्रेक्ष्य में भारत की तरफ लौटें। इस सन्दर्भ में भारतीय स्वतंत्रता-संग्राम के बुनियादी आधारों पर विचार करना अनुचित नहीं है। इस विमर्श के अच्छे परिणाम भी निकल सकते हैं और एक सुदृढ़ लोकतंत्र की निर्मिति में सहायता मिल सकती है। एक बड़े संग्राम में अनेक इरादेवाले सैनिक लड़ते और प्राण देते हैं। गांधी ने ठीक ही कहा था कि यह संघर्ष केवल शासकों के रंग की हेरा-फेरी नहीं है, गोरे रंग के शासकों और हाकिमों की जगह काले रंग के शासकों और हाकिमों को स्थापित करने की, बल्कि उस व्यवस्था-तंत्र को बदलने की है जो शोषण और लूट पर आधारित है। दुर्भाग्य से गांधी की कोई व्यक्तिवादी ज़िदों पर अनावश्यक ध्यान केन्द्रित किया गया जबकि विचार उन व्यापक अवधारणाओं पर होना था जो देश को शोषण-मुक्ति का आग्रह करते हैं। ध्यान से पढ़ें तो गांधी का 'सभ्यता-विमर्श' शोषण-मुक्ति का विमर्श ही है, जिसका प्रमुख लक्ष्य 'लोक-शक्ति' को जागरूक रखना है।

'लोक और शक्ति' की अवधारणा को अमूर्त और भाववादी बहस से बचाने के लिए गांधी लगातार 'दरिद्र नारायण' के उत्कर्ष और 'आखिरी आदमी' के अभ्युत्थान की बात करते हैं जो अंग्रेजी साम्राज्यवाद की लूट का केन्द्र रहा है। इस चिन्तन में गांधी 'तंत्र' को एक 'लापरवाह नजरिए' से देखने लगते हैं। लोक चेतना को जगाना, लोक विवेक की गुणवत्ता और शक्ति को सजग और स्फूर्त रखना उनका आधारभूत सामाजिक दर्शन है। सारांश यह कि गांधी 'लोक' को ही शक्ति का केन्द्र मानते हैं और तंत्र लोक को धता बता कर शक्तिशाली न बन जाए इसका ध्यान रखते हुए एक वैकल्पिक व्यवस्था का 'ब्लू प्रिंट' तैयार करते हैं। इस 'ब्लू प्रिंट' का आधार गाँव की पुनर्रचना ही है। यह 'ब्लू प्रिंट' गाँव को स्वावलम्बी बनाता है और अपने संसाधनों का मालिक।

किसी समय जब मैं समाजवादी पार्टी का सक्रिय सदस्य था और उसकी विचारधारा का प्रचार करने गाँवों में जाता था अक्सर अपने भाषणों में कहता था "थाँ मालिक और सरकार थाँकी चाकर छे। थाँ सेठ और मंत्री थाँका मुनीम छै।" (आप स्वामी हो और सरकार आपकी सेवक है। आप सेठ और मंत्री आपके मुनीम है'।) सभा में शामिल लोग इन नये रूपकों का तालियाँ बजा कर स्वागत करते थे।

सर्वोदयी विनोबा जी ने दूसरी या तीसरी वृहदाकार पंचवर्षीय योजना के ग्रंथ को देखकर आशीर्वाद लेने आए मंत्री से वे पृष्ठ दिखाने के लिए कहा था जहाँ वंचितों के भाग्योदय के उपाय लिखे हैं।

लोक-शक्ति के निर्माण का सबसे प्रामाणिक दस्तावेज भारत का संविधान है, जहाँ भारत के लोगों की तरफ से 'लोकतंत्र, सामाजिक न्याय, भाईचारा, समाजवाद और पंथ-निरपेक्षता के लिए तंत्र के समर्पित रहने की घोषणा है।

15 अगस्त, 1947 को विभाजन की त्रासदी के चलते उस महान ऐतिहासिक स्वतंत्रता-संग्राम का परिणाम निकलता है और भारत औपनिवेशिक दासता से मुक्त

होता है। यह एक राजनीतिक विजय होती है। जवाहरलाल नेहरू प्रधानमंत्री बनते हैं। संसदीय जनतंत्र का पहला चुनाव 1952 में होता है। लोक और तंत्र की मित्रता और भेद का आकलन तब से ही शुरू होता है।

'ग्राम-स्वराज्य' का सिद्धान्त नेहरू का मनभावन-पक्ष कभी नहीं रहा। गाँवों को नेहरू हमेशा परम्परावादी, अन्ध-विश्वासों के केन्द्र और अविकसित, अवैज्ञानिक विचारों की इकाइयों के रूप में ही देखते रहे। इस सम्बन्ध में गांधी-नेहरू के विचारों का मतभेद विवाद का विषय रहा है। बहरहाल नेहरू ने विकास और शासन का वही मॉडल चुना जो पश्चिमी देशों में स्वीकृत था। स्वतंत्र भारत की शासन-प्रणाली तंत्र-रूप बरतानिया सरकार की प्रतिकृति ही रहा। वे ही कचहरियाँ, वही दंड-संहिता, वही विश्वविद्यालय, वही कलक्टर, हाकिम और राज्य-दर्प। उतने ही दूर राष्ट्रपति, प्रधानमंत्री, मंत्रीगण। उच्च प्रशासनिक सेवाओं के पद पर वे ही अधिकारी कायम जो अंग्रेजी हुकूमत के हितैषी थे। उसी अंग्रेजी ठसक वाले और जनता से दूर रहने के अभ्यस्त। गांधी जल्दी ही इस परिवर्तित सरकारीकरण की नाटकीयता में अजनबी लगने लगे। उन्होंने स्वयं विषाद भरे वक्तव्य में कहा "अब मैं एक खोटा सिक्का हूँ' (आई एम ए काउंटर फिटेड काइन)। उन्होंने तो 'कांग्रेस' को नाम तक बदलकर नये राजनीतिक परिप्रेक्ष्य में शामिल होने और चुनाव लड़ने को कहा था जिसे कांग्रेस ने अपने हित का न मान कर अस्वीकार कर दिया।

लोक-शक्ति जिस स्वतंत्रता संग्राम की विजय का आधार थी वह हाशिये पर धकेली जाती रही और तंत्र-शक्ति राज-पथ पर अग्रसर होती रही।

हर पाँच वर्ष बाद चुनाव होते रहे, नई संसद बनती रही और हर बार तंत्र के रचनाकार शोषण की स्थितियों से 'फेक एनकाउंटर' करते रहे। राज्यतंत्र और सत्ताधारी पार्टी समृद्धि के पायदानों पर चढ़ती रही और लोक अपनी गरीबी मिटाने और गरिमा बचाने की गुहार लगाते रहे।

लोक-शक्ति और तंत्र के बीच आदर और अनादर का द्वंद्व और टकराव चलता रहता है। किसी भी देश के लोग तंत्र को तब तक निष्क्रिय नहीं करते जब तक तंत्र से बहुजन के हित और सुख की थोड़ी सी भी उम्मीद बचती है।

अब तंत्र जिन त्रासद आर्थिक, सामाजिक स्थितियों को देख रहा है और हिंसा, उपद्रवों, आन्दोलनों और अराजकताओं की उपेक्षा करने का साहस दिखा रहा है क्या वह इस प्रश्न का स्वीकारात्मक उत्तर है कि देश में लोक और तंत्र के बीच फाड हो गई है और उम्मीद का कोई धुंधलका नहीं बचा है? क्या राजतंत्र इतना संवेदनाहीन, लापरवाह और प्रभुता से मदोन्मत्त हो गया है कि सम्भावनाओं को समाप्त समझ लिया जाए?

निःसन्देह औपनिवेशक दासता से मुक्ति के साठ साल जिस हर्ष और उल्लास से चमकने चाहिए नहीं चमके हैं और न तंत्र के प्रति जो विश्वास बनना चाहिए वह

बना है। इससे भी अधिक दुखद इस लोक-विश्वास का प्रबल होना है कि हिंसा और उपद्रव ही तंत्र को सक्रिय बनाता है। यह विश्वास तंत्र की नाकामयाबियों को प्रकट करना और सामाजिक बर्बरता फैलाना है।

देश का राजतंत्र पश्चिम के विकास की हू-ब-हू नकल कर रहा है जिसे गांधी खारिज करते हैं क्योंकि उसका फल शोषण और विनाश है और वह मदान्ध प्रभुवर्ग की रचना करता है। भारत में विकास के इस आधुनिक मॉडल ने जिस मध्यवर्ग की रचना की है वह जल्दी अमीर हो जाने के नशे में है और बढ़ते पूँजीवाद का समर्थक है। वह आत्म-केन्द्रित और संवेदनाहीन है। वह समता-विरोधी भी है।

भारतीय लोक विविधता प्रिय और अनेक छवियों वाली संस्कृति का आराधक है। उसके लोक की तकरार उस तंत्र से होगी, जो समता और सामाजिक न्याय और वैचारिक स्वाधीनता का अनादर करेंगे। सत्ता तंत्र इस सच्चाई को जितनी जल्दी पहचानता है उतनी जल्दी लोक और तंत्र के बीच अविश्वास की दूरियाँ कम होंगी।

लोकतंत्र : अँधेरे और उजास का क्रम

प्रदेश के जिस ग्रामीण अंचल से मैं आता हूँ, वहाँ क्रान्ति या सत्याग्रह की कोई सुगबुगाहट मैंने अपने बचपन में नहीं देखी-सुनी थी, न रेडियो था न कोई अखबार आता था। ऐसे में 15 अगस्त, 47 को अपने स्कूल-मैदान में राष्ट्रीय ध्वज को दी गई सलामी का अभूतपूर्व आह्लाद मुझे अभी तक स्मरण है—उस समय के प्रधानाध्यापक के वे शब्द भी कि 'अब हम न गोरों के राज में हैं, न राजाओं-जागीरदारों के राज में, अब हमारे बड़ों के बीच से चुने गए लोग ही राज करेंगे और हमारे छात्रों के लिए आगे अच्छी नौकरियाँ इन्तज़ार कर रही हैं, इलाज के लिए अब दूर कस्बे तक जाना नहीं होगा, गाँवों में ही अस्पताल खुलेंगे और आगे की शिक्षा के लिए भी दूर बड़े शहर में जाने की ज़रूरत नहीं रहेगी। यह सब सुनना बहुत सुखद लगा था। आज अपनी उम्र के चौथेपन में देख रहा हूँ कि मेरे उस गाँव में उच्चतर माध्यमिक विद्यालय हो गया है, लेकिन निरक्षर लोग अभी भी काफी हैं—जितने बच्चे स्कूलों में जाते हैं, उनमें से बहुत सारे दो-चार साल बाद छोड़ देते हैं और अपने निरक्षर माता-पिताओं से बहुत अलग नहीं लगते, गाँव में दवाखाना भी है, पर वैद्य को फीस देनी होती है और ज़्यादातर दवा बाज़ार से लेनी होती है, गाँव के ज्यादा पढ़े-लिखे लड़कों में भी ज्यादातर नौकरियों के लिए भटकते-फिरते हैं, गाँव में पक्के मकानों की तादाद बढ़ी है, पर कच्चे-अधपक्के घरों वाले मकान ही ज्यादा हैं। मतलब आजादी के साठ साल बाद भी खुशहाली का वह आलम नहीं है, जिसका सपना उस दिन हम बच्चों को सुनाया गया था। ऐसा नहीं है कि गुलामी के पहले के देश और आज के देश में विस्मयकारी बदलाव नहीं हुआ है—हुआ है और इतना कि सूर्य चन्द्रग्रहण में आकाशीय नक्षत्रों से डरने-सहमनेवाले देश ने चन्द्रयान भेजने का कमाल कर दिखाया है और विदेश जानेवाले रिश्तेदारों से छोटे-मोटे इलेक्ट्रोनिक उपकरण मँगानेवाले हमारे लोग अब विदेशों में अपने देश का माल खपाने बड़ी संख्या में जाने लगे हैं। लेकिन अब भी यह देश चन्द लाख अमीरों के लिए तो 'इंडिया' है—पश्चिमी अमीरों से मिलती-जुलती रईसी में जीनेवालों का—और करोड़ों के लिए 'भारत' है—फटेहाली, भूखमरी, बीमारी, गन्दगी में जीते और रोजी-रोटी के लिए जूझते लोगों का।

ऐसा क्यों है? हमने लोकतंत्र को कायम रखा है, देश और प्रदेश में सरकारें जनता की चुनी हुई हैं। हमारे साथ और बाद में आज़ाद हुए मुल्क जहाँ सैनिक सरकारों के अधीनहोते गए थे और अब तक भी विफल लोकतंत्र के उदाहरण बने हुए हैं—हमारी यह उपलब्धि कम बड़ी नहीं है? लेकिन आजादी का हमारा सपना क्या था? गांधी का रामराज्य और ग्रामराज्य—जहाँ शासन पर बैठनेवाले का फर्ज होगा—"आखिरी आदमी के आँसू पोंछना" और नेहरू का समाजवाद—जो देश से कंगाली को कचरे की तरह साफ करेगा और हर गरीब टाटा-बिड़ला-अंबानी तो नहीं होगा, लेकिन एक खाता-पीता और भरा-पूरा घरबारी जरूर होगा। वैसा क्यों नहीं हुआ? इसलिए नहीं हुआ कि स्वतंत्रता-सेनानी कुछ निष्ठावान नेताओं की उपस्थिति के बावजूद हमारा सत्ताधारी वर्ग बहुत जल्द सत्ताकांक्षी और स्वार्थलिप्त नेताओं का जमावड़ा बनता गया और आज तो स्थिति यह है कि बहुतेरे नेता साफ कहते हैं कि वे राजनीति में फकीरी के लिए नहीं आए हैं—कुर्सी पाने (यानी राजसुख भोगने) के लिए आए हैं—राजनीति उनका मिशन नहीं, पेशा है। इसका नतीजा यह हुआ कि चाहे संसद के लिए चुनाव हों या विधानसभा के लिए, लोकतंत्र चुनावी अनुष्ठान में बदल गया है—धनबल, बाहुबल, छलबल जैसे भी हो बस चुनाव जीतकर जन-प्रतिनिधि बनना और सत्ता हथियाना ही नेता का उद्देश्य बन गया है। ऐसे लोकतंत्र में भ्रष्टाचार का फलना-फैलना स्वाभाविक ही था और शासन की हर संस्था का प्रदूषित होना उसी का अनिवार्य परिणाम है।

पिछली सदी के अन्तिम दशक से शासन-व्यवस्था, उसकी बागडोर चाहे एक दल के हाथ में रही हो या बहुदलीय सरकारों के हाथ में, सर्वथा जनविमुख होती गई है। विकास का लक्ष्य अकिंचन के जीवन-स्तर के उन्नयन से तय नहीं होता, धनकुबेरों के लिए खजाने खोलने से होता है—गरीब को सम्पत्ति के छन कर उन तक पहुँचने का दिलासा भर दिया जाता है।

हमारे लोकतंत्र के विद्रूपीकरण का सबसे प्रामाणिक साक्ष्य पाना है तो हमें अपना साहित्य देखना चाहिए। छठे दशक से ही हिन्दी में मोहभंग का जो दौर शुरू होता है, वह आगे चलकर सत्ता-प्रतिरोध में बदल जाता है और वह बदस्तूर चल रहा है। हमारे अधिकांश लेखकों में, जो कम्युनिस्ट नहीं थे तब भी, एक समतावादी समाज के लिए बेचैनी हमेशा रही है। सोवियत रूस में साम्यवाद के अन्त के बाद भी उनमें से ज्यादातर ने उदारवादी अर्थशास्त्रियों की तरह पूँजीवाद का जयघोष नहीं किया और इसलिए वैश्वीकरण और उदारीकरण के मीडिया (जो पूँजीपतियों के नियंत्रण में है) प्रायोजित प्रचार में न बहक कर साधारण जन के प्रति अपनी प्रतिबद्धता बनाए रखी है। उन्होंने लोकतंत्र का जो स्वप्न देखा था और अब भी देखते हैं—उसमें मार्क्सवाद का अभावमुक्ति और समानता का दर्शन, गांधीवाद की अहिंसात्मक राजनय व दरिद्र नारायण की सेवा में तत्पर शासन-व्यवस्था का जज़्बा

और पश्चिमी इहलोक-प्रमुखता व धर्म.निरपेक्ष लोकतंत्र की वैचारिक स्वाधीनता का चिन्तन-इनका सम्मोहक सम्मिश्रण है।

जब तक हम लोकतंत्र के लिए एक बेहतर चुनाव-प्रणाली नहीं खोज लेते, सरकारें बदलती रहेंगी पर वे शासन 'जनता के लिए' कम करेंगी। इस स्थिति को सामने रखने के बाद भी हमें मतदान में भाग लेते रहना है—इससे जुड़कर ही हम बेहतर जन-प्रतिनिधि की एक निरन्तर तलाश में शामिल हो सकते हैं और उसके लिए अनवरत राजनीतिक दबाव भी बनाए रख सकते हैं।

बुरा-से-बुरा लोकतंत्र भी अच्छी-से-अच्छी तानाशाही से अच्छा होता है। किसी भी लोकतंत्र में जब तक निर्वाचन अपेक्षाकृत स्वतंत्र और विश्वसनीय होते हैं और चिन्तन व अभिव्यक्ति की स्वतंत्रता के मौलिक अधिकार सहित जनसंगठन बनाने के अवसर उपलब्ध होते हैं, किसी हिंसक क्रान्ति द्वारा व्यवस्था बदले जाने की सम्भावना कम होती है। सशस्त्र क्राान्ति का रास्ता न केवल लम्बा होता है, वह रक्तपातपूर्ण इतिहास तो रचता ही है, सत्ता को अपना दमन-चक्र चलाते रहने का मौका भी देता है। हमारे देश में जन-विस्थापन के विरुद्ध चलाए गए अहिंसात्मक जन-अभियानों को तत्काल भले ही बड़ी सफलताएँ न मिली हों, लेकिन सशस्त्र क्रान्ति के नगण्य से मुक्ति-अंचलों की सन्देहास्पद उपलब्धियों से वे कहीं बड़ी हैं। लोकतंत्र में स्वसुधार की सम्भावना सदैव मौजूद रहती है—अँधेरे आसमान में उजास की रेखा सहसा फूटती है। कोई जयप्रकाश आता है और जनता को जगाता है तो 'सम्पूर्ण क्रान्ति' भले न हुई हो, लेकिन देश में आपातकाल लगाने का फैसला आज की या भविष्य की कोई सरकार शायद ही कभी कर सके। 'सम्पूर्ण क्रान्ति' नहीं हुई, पर जनान्दोलन का हमारे स्वतंत्रता-आन्दोलन के इतिहास में एक और अध्याय जुड़ा। जनता की साँस भ्रष्टाचार की काली हवा में घुटने लगी तो उसे संघर्ष-सन्नद्ध करने के लिए अन्ना हजारे के रूप में फिर एक जननायक उभरा।

—और इस तरह कदम-दर-कदम लोकतंत्र के वास्तविक जनतंत्र में देर-सबेर बदलने की नई-नई आशा जगती रहती है।

वर्तमान भारत में बुद्धिजीवियों की भूमिका

ठीक आधी सदी के बाद मैं उस पुस्तक को पढ़ रहा हूँ जिसे 1961 में अमरीकन समाजशास्त्री एडवर्ड शिल्स ने लिखी थी। यह भारत के उन बुद्धिजीवियों का सर्वेक्षण है जो परम्परा और आधुनिकता के बीच अपना स्थान तलाश कर रहे हैं। यह सर्वेक्षण भारतीय बुद्धिजीवी की उस 'आहत और अपमानित' ज़िन्दगी के आत्मसंघर्ष को अभिव्यक्त करता है जो अपनी महान और गर्वीली परम्परा को लालच और संभ्रम से देखता हुआ आधुनिकता के नये प्रतिमानों और जीवन-शैलियों को अपनी संस्कृति और स्वभाव का हिस्सा बनाता जाता है।

शिल्स की इस पुस्तक के पहले 1928 में प्रकाशित काका कालेलकर की पुस्तक 'जीवन साहित्य' में मैंने उनका छोटा सा निबन्ध पढ़ा था—'श्रमजीवी बनाम बुद्धिजीवी'। यह स्थूल सा सामाजिक विभाजन है लेकिन इसके कुछ मनोवैज्ञानिक परिणाम हुए हैं—छोटी-बड़ी, मान-अपमान की दृष्टियाँ बनाने में। कालेलकरजी ने लिखा है "आज भी मनुष्य शिक्षा इसी उद्‌देश्य से प्राप्त करता है कि वह परिश्रम करने की सजा से बच जाए। एक दिन मैं सिन्ध में अपना स्नान-गृह साफ कर रहा था यह देखकर एक प्रख्यात धर्मोपदेशक मुझसे पूछने लगे—अजी, ऐसा काम करना था तो इतनी अंगरेजी क्यों पढ़ी? चार इल्म पढ़े हैं, पर फिर भी अपने हाथ से काम कर रहे हैं। मुझे बड़ी शर्म मालूम होती है।" कब से और क्यों यह कहना तो कठिन है लेकिन बुद्धिजीवियों के मन में चिन्तन और कर्म के बीच कोई घनिष्ठ आकर्षण देखने को नहीं मिलता और अगर बुद्धिजीवी की कोई विशेषता बताने का आग्रह किया जाए तो 'आराम और फुर्सत' से दिन गुज़ारने का लालच, शरीर-श्रम से बचना प्रमुख होगा। दार्शनिकों, विचारकों और कवियों के सम्बन्ध में यह धारणा आदर के साथ फैली हुई है कि वे पूरी ज़िन्दगी कल्पना-लोक में ही गुजारते हैं। इसका निहितार्थ यह है कि मेहनत से बनाई हुई, कर्म की दुनिया में वे अज़नबी हैं और उन्हें इस तरह यथार्थ से बचते-बचाते रहने का हक भी है। इस तरह, विचार और बुद्धि को तेजस्वी और पवित्र बनाए रखने के लिए उसे शरीर-श्रम से अलगा दिया गया। बुद्धिजीवी उस वृहत्तर समाज से, उसकी भाषा और उसकी सार्वजनिकता, सर्जनात्मकता से अपरिचित हो जाए, इस अपरिचय को और अलगाव को उन्होंने

महिमा-मंडित भी किया यह कहकर कि वे सामान्यजनों से भिन्न और विशेष हैं। इस अलगाव की रफ़्तार और उसके भाव को अंग्रेज़ी ने हवा दी। अंग्रेजी जाननेवालों का एक अलग तेज-तर्रार, चमत्कारी वर्ग बन गया। वर्ग-निर्माण की प्रक्रिया में, डॉ. राममनोहर लोहिया ने धन के साथ ऊँची जाति और अंग्रेजी भाषा को भी रेखांकित किया है, उसका करिश्मा भारत सहित तीसरी दुनिया के कई देशों में नज़र आने लगा। 1935 में मेकॉले ने अनुवादकों या दुभाषियों का वर्ग तैयार करने की बात की थी जो बाद में 'बाबू' बना और 'बुद्धिजीवियों' के वर्ग में प्रतिष्ठित हो गया।

'बुद्धिजीवी' अंग्रेजी शब्द 'इंटेलक्चुअल' का पर्यायवाची है। शिल्स ने लिखा है कि "आधुनिक भारतीय बुद्धिजीवी का अभ्युदय आधुनिक भारत की तरह 19वीं सदी में ही हुआ है। पहले भारतीय प्रशासकों और बाद में आधुनिक शिक्षा के विकास के साथ कॉलिज-शिक्षकों के रूप में। 19वीं सदी के पूर्वार्द्ध में राजा राममोहन राय भारतीय प्रशासकों की पंक्ति के और हेनरी डी रोजिओ कॉलिज शिक्षक के रूप में बुद्धिजीवियों में शामिल होनेवाले अग्रणी महानुभाव थे। सदी के उत्तरार्द्ध में वकील और पत्रकारों को बुद्धिजीवियों की जमात में स्थान मिल गया। इस दूसरे चरण में लेखकों, उपन्यासकारों, कहानीकारों, कवियों, नाटक लिखनेवालों का एक बड़ा समुदाय, जो हर अर्थ में आधुनिक था, बंगाल में प्रतिष्ठा प्राप्त करने लगा। गौरतलब है कि इनमें उपन्यास और कहानी-लेखकों के पास किसी प्रकार की पूर्व भारतीय अथवा देशज परम्परा नहीं थी। इस प्रकार भारत में बुद्धिजीवी जनसमुदाय बनने लगा जिसकी रुचियों को भारतीय बुद्धिजीवी महत्त्व देने लगे।" (दि इंटेलक्चुअल बिटवीन ट्रेडीशन एंड मोडर्निटी—एन इंडियन सिचुएशन; एडवर्ड शिल्स, पृष्ठ 15)

इस लम्बे अन्तराल में भारतीय बुद्धिजीवियों ने सार्वजनिक जीवन में अपना महत्त्वपूर्ण स्थान बना लिया है और यदि उन्हें पश्चिमी प्रतिमानों की दृष्टि से देखें तब भी उनकी तकनीकी दक्षता, विश्लेषणात्मक मेधा, स्वभाव और रुचियाँ असन्दिग्धहैं। 1961 के आंकड़ों के अनुसार उनकी संख्या 1,60,000 तक पहुँच गई हैं। यह संख्या इतनी बड़ी है कि उसकी आवाज़ अनसुनी नहीं की जा सकती है और जो कई विषयों पर आयोजित विचारोत्तेजक परिसंवादों में परिपक्वता का सबूत हो सकती है।

यह बात ध्यान में रखने जैसी है कि भारतीय बुद्धिजीवी अनेक केन्द्रों से अपनी शक्ति ग्रहण करता है और इस तरह कई दबावों के बीच रहता और रास्ता बनाना है। "उसके पास अपनी समृद्ध बौद्धिक सम्पदा और परम्परा है, एक पारम्परिक सामाजिक संरचना है, मुगल साम्राज्य के दिनों में तहस-नहस किया गया बौद्धिक ढाँचा है, अंग्रेजी राज में तैयार किए गए बौद्धिक-संस्थान और इनकी अपनी परम्परा है, भारत की गरीबी और निरक्षरता है और इस तरह विदेशों से आयातित आधुनिकता को स्थान देने की आधी-अधूरी इच्छाएँ हैं।" (वही)

बुद्धिजीवी की विशेषताओं को जानने की इच्छा करते हुए यह तलाश करना आवश्यक है कि 'आधुनिकता' के लक्षण क्या हैं क्योंकि आधुनिक होने की शर्तें बुद्धिजीवी होने की शर्तें भी हैं। प्राय: लोग समझते हैं कि आधुनिक होने के लिये नए रहन-सहन का दिखावा और एक ऐसी रूमानी किस्म की जीवन-शैली काफी है जो परम्परा को ढके रहती हो और बाहर-बाहर से परिवर्तन की क्रान्तिकारी-भाषा भी काम में लेती चली जाती हो। यह इसलिए भी होता है कि आधुनिक होना मुश्किल होता है और उसकी अनिवार्यता के सम्बन्ध में हम पूरी-पूरी तरह आश्वस्त भी नहीं होते। इस तरह पुराने समाज आधे-अधूरे मन से आधुनिक होना चाहते हैं लेकिन दूसरा या सनातन मन जो पीछे देखता है—बदलूँ या न बदलूँ इस दुविधा या संशय से घिरा रहता है। इस तरह आधे-अधूरे मन से आधुनिक होता है यानी आधे-अधूरे मन से बुद्धिजीवी।

बहरहाल आधुनिक होने की शर्तों को देखें। "पहली शर्त है कि आधुनिक मनुष्य नए अनुभव के लिए हमेशा उत्सुक रहेगा। दूसरी शर्त यह कि वह न केवल सवालों के उत्तर ढूँढने के लिए तत्पर रहेगा जो वर्तमान परिवेश से उपजे हैं बल्कि उनके बारे में अपनी राय बनाने की क्षमता भी विकसित कर लेगा। वह लोकतांत्रिक मूल्यों के लिए आस्थाशील होगा, तीसरी शर्त—उसे यह मालूम होगा कि किसी भी समस्या को देखने के कई कोण हैं और उसे दूर करने के कई उपाय हो सकते हैं। चौथी बात यह है कि वह अतीत की अपेक्षा वर्तमान के नज़दीक होता है और भविष्य की तरफ देखता है। उसका पाँचवाँ सरोकार समय होता है; वह समय की कीमत जानता है; उसके काम करने के घंटे निश्चित होते हैं; वह समय का पाबन्द है और अपने काम को व्यवस्थित रूप से करता है। छठी शर्त—अपने काम को सम्पन्न करने के लिए वह परिस्थितियों और परिवेश को अनुकूल बनाता है। वह परिस्थितियों के वश में होने की अपेक्षा उन्हें अपने वश में रखता है। सातवीं बात यह है कि वह जानता है कि दुनिया अबूझ नहीं है, उसका गणित समझा जा सकता है और सामाजिक संस्थाओं द्वारा, जिन पर मनुष्य का वश है, दुनिया बदली जा सकती है। आठवीं बात विज्ञान और टेक्नोलॉजी में उसका पूरा विश्वास होता है और अन्तिम बात यह कि वह मनुष्य की बराबरी में विश्वास करता है और न्यायपूर्ण व्यवस्था का समर्थक है।"

आधुनिक मनुष्य या बुद्धिजीवी होने की सबसे बड़ी शर्त यह स्वीकार करना है कि हमारी दुनिया, उसकी व्यवस्था, बहुत से सवाल, स्वाधीनता के, समता के, मनुष्य और स्त्री के, उत्पीड़न के, वे दैविक, अमूर्त और निर्गुण नहीं हैं। उनका सम्बन्ध सामाजिक रचना, विवेक, मनुष्य के विचारों, इच्छा-शक्ति और परिवर्तन की दिशाओं से है। इस तरह वह विचारों की अन्तहीन सम्भावनाओं के बीच खड़ा रहता है। दरअसल दुनियाभर के बुद्धिजीवियों की विलक्षणता ज्ञान और विचारों के

साथ टकराना और उस रोशनी के लिए प्यासे हिरण की तरह भागते रहना है जिसे व्याख्यायित करने के लिए शायद 'सम्भावना' सबसे सार्थक शब्द है।

यदि हम भारतीय समाज को देखें तो पाएँगे कि वहाँ बुद्धिजीवी की कोई अलग से पहचान नहीं है, उस तरह जिस जिस तरह पश्चिम में है। एक बौद्धिक असहमति दर्ज कराने की और सत्ता प्रतिष्ठानों के वैचारिक दुराग्रहों के विरुद्ध संघर्ष करते रहने की। मसलन हम सार्त्र का एक जीवन प्रसंग लें—"सार्त्र ने हर समय हर जगह होनेवाले दमन के विरुद्ध आवाज उठाई। अपने देश के सैनिकों द्वारा अल्जीरिया की स्वाधीनता को कुचलने की कार्रवाई से क्षुब्ध होकर उसने फ्रांसिसी सैनिकों को सेना से भाग जाने के लिए उकसाया और द गॉल को चुनौती दी कि जब इस उद्देश्य के लिए प्रकाशित घोषणा-पत्र पर हस्ताक्षर करनेवाले दूसरे व्यक्तियों को गिरफ्तार किया है तो उसे भी जेल में बन्द किया जाए। सार्त्र ने कहा कि यदि सच्चा न्याय ही किया जाना है तो मुझ पर राजद्रोह का मुकदमा चलाया जाए क्योंकि मैंने फ्रांसिसी सैनिकों से युद्ध क्षेत्र से भागने का आह्वान किया है तो द गॉल ने कहा कि क्या कोई वाल्तेयर को भी बन्दी बनाता है—सार्त्र फ्रांस है।" (सात रंग—देवेन्द्र इस्सर, पृ. 112) भारतीय समाज में सत्ता-प्रतिष्ठानों को इस प्रकार की निर्मम आलोचना सुनने का थोड़ा अभ्यास भी नहीं है और ऐसी हिम्मत से राज-काज, राज-पुरुषों और राजनेताओं की नीति-आलोचना करनेवाला कोई बौद्धिक-वर्ग या बुद्धिजीवी यहाँ तैयार ही नहीं हुआ है। संसार से डरना, भागना, अपनी धर्म-संस्कृति की मुख्य लय या सुर को बेसुरा न होने देना, जल में कमल की तरह रहना और अन्त में 'मोक्ष' को पाने के लिए अलौकिक उद्वेगों के बीच रहना-जीना ही इसका कारण है? भारतीय बुद्धिजीवी की मनोरचना का रहस्य क्या है? किस परम्परा में उसकी मनोरचना होती है और अन्त तक किस बौद्धिक-परम्परा के मनोवैज्ञानिक करिश्में से वह मोहित रहता है? शिल्स ने इस दबाव को 'धार्मिक-संवेग' (Religious Sensitivity) के अन्तर्गत स्थान दिया है, एक महासागर में मिल जाने का भाव, इन्द्रिय बोध की छोटी हदों और रोज-रोज के संकीर्ण अनुभवों को लाँघकर सबमें विलीन हो जाने की इच्छा, जो पश्चिम में केवल धार्मिक-अनुभवों की श्रेष्ठ कोटि है, यहाँ के बुद्धिजीवियों के सार्वजनिक जीवन का हिस्सा है।"

भारतीय समाज में वैराग्य, विरक्ति, जीवन के दुखों से घबराना और कहीं अन्यत्र आनन्द ढूँढ़ना इस कदर चाहा जाता रहा है कि हमारी जीवन-व्यवस्था में हमने जिन आश्रमों की रचना की है, उनमें से केवल एक गार्हस्थ में ही हम जिन्दगी का असली चेहरा देखते हैं। यह आयु का एक चौथाई हिस्सा होता है जो देखते-देखते बीत जाता है और तीसरे-चौथे आश्रम के दिन आ जाते हैं जहाँ से हम जीवन की अनित्यता, नश्वरता और निस्सारता को पूरी गम्भीरता से समझने की कोशिश करते हैं। यही दिन होते हैं जब भारतीय बुद्धिजीवी दुनिया को 'मृग मरीचिका' और

मिथ्या समझने लगता है और इसलिए एक 'द्रष्टा' की भूमिका में 'सच्चे आनन्द' का अनुभव करने लगता है। यह पूरी दुनिया उसे 'माया' लगने लगती है और सारे उत्पीड़न, दुख, यातनाएँ, गैर-बराबरी, गरीबी, अकाल, रोग, युद्ध आदि भगवान की लीला या इच्छा नज़र आती है। पश्चिम के बुद्धिजीवियों को हमारा यह स्वभाव उस आध्यात्म-संस्कृति का हिस्सा ही नज़र आता है जो दुनिया को नई तरह बनाने की इच्छा को कमजोर करता है और वैराग्य या उदासीनता की ओर धकेलता है। यह संयोग नहीं है कि समाजवाद के प्रमुख पक्षधर और नेता जयप्रकाश नारायण, अपने समय की क्रान्तिकारी राजनीति के संचालक अरविन्द घोष, साम्यवादी व्यवस्था के प्रबल समर्थक मानवेन्द्रनाथ राय, उत्तर-जीवन में झंझटभरे दुनिया के रास्तों को छोड़कर मानवकल्याण के सुगम और निर्विवाद रास्तों पर चले जाते हैं जो वानप्रस्थियों और संन्यासियों के हैं। जयप्रकाश राजनीति से छिटक कर भूदान-आन्दोलन में चले जाते हैं, अरविन्द आध्यात्म-चिन्तन के लिए आश्रम की स्थापना करते हैं और एम.एन. राय प्रतिवर्ष अपने अनुयायियों के साथ वार्षिक शिविर लगाते हैं जहाँ वे जीवन के प्रति सौम्य रुचियाँ विकसित करने पर बल देते हैं। असल में तो भारतीय बुद्धिजीवी के पास और उसके चारों ओर 'मोक्षकामी' विचारों का विश्वास ही फैला रहता है और उसकी आकांक्षा जन्म-मरण के चक्र से मुक्त होने की होती है। सांसारिक जीवन और उसके प्रश्न उसे इतने डरावने लगते हैं कि जो सांस्कृतिक परम्परा उसे मिली है उससे वह उनकी चमक नहीं, निकटता देखता है और हमेशा के लिए बन्धनरहित हो जाना चाहता है।

भारतीय बुद्धिजीवी इसके अलावा यूँ भी कई मनोग्रंथियों के बीच जाता है। आज तो प्राय: वह इस मनोवैज्ञानिक यातना से गुज़रने की बात करता है जिसे वह 'जड़ों से कट जाना' कहता है। उसे लगता है कि वह अपने लोगों से अलग हो गया है और जैसे एक अजनबी दरवाजे-दरवाजे भटकता है लेकिन कोई दरवाजा नहीं खुलता, वह भी अजनबी हो गया है और उसके लिए सारे जाने-पहचाने दरवाजे बंद हो गए हैं। अपने लोगों से अलग जैसे—वह किसी द्वीप में रहता है। थोड़ा सा हिन्दुस्तानी और ज्यादा अंग्रेज़। इस बात को समझने की कोशिश में वह पश्चिमी शिक्षा और संस्कृति को मुख्य अपराधी पाता है।

अपने ही लोगों में अजनबी होने के कारणों में अंग्रेजी भाषा और रहन-सहन यदि एक कारण हो तब भी भारतीय जीवन और व्यवस्था के अन्तर्विरोध इतने स्पष्ट हैं कि उन्हें नज़रअन्दाज़ करना अँधेरे में रहना ही होगा। असल में तो भारतीय बुद्धिजीवी को इस सवाल का मुकम्मिल उत्तर ढूँढना है कि भारतीय समाज के विघटन का प्रमुख कारण क्या है; वह जो ज़िंदगी को उदास भी करता है, दूसरों से अलग भी और दंभ तथा बड़प्पन की अनेक श्रेणियों में बाँटता है। वह कारण नज़र नहीं आता वह जाति-व्यवस्था है, जो भारत के लोगों को ऊपर से और बहुत गहरे अन्दर से

अपरिचय और अजनबीपन की स्थायी और अनुल्लंघनीय दीवारें खड़ी करती है। जाति-प्रथा में बँटा हुआ देश यह देखने ही नहीं देता कि जाति-दंभ ने आत्मीयता की जगह कितनी कम कर दी है। भारतीय बुद्धिजीवी अपनी जड़ों की तलाश करने के सिलसिले में भटकता हुआ इस अपने अन्दर के विभाजन को नहीं देखता जो सम्पूर्ण सामाजिकता के गहरे ताने-बाने को विछिन्न करता रहा है। यह कहने की आवश्यकता नहीं है कि भारत के अधिसंख्य बुद्धिजीवी कुलीनता और जातिव्यवस्था के पक्ष में हैं। वे उसे सामाजिक संगठन की महत्त्वपूर्ण इकाई मानते हैं। जड़ों की तलाश में निकले हुए वे इस बुनियादी कारण को नहीं देखते या नहीं देखना चाहते।

भारतीय बुद्धिजीवियों के परिवार सामान्यतया गरीब और समृद्धिहीन हैं। अभी भी बड़े, विद्वान, लेखकों, कवियों, पत्रकारों, अध्यापकों को सम्मानजनक मकान नहीं मिलता और वे सुविधाएँ तो दुर्लभ हैं जो उनकी व्यावसायिकता गुणवत्ता या कलात्मक दक्षता बढ़ाने के लिए जरूरी हैं। परिवार में स्त्री-पुरुष के बीच के रिश्ते अमानवीय और तनावपूर्ण हैं। स्त्रियों की शिक्षा, उनको शक्तिशाली बनाने के प्रयत्न, उन्हें अपने स्वभाव के अनुसार जीवन जीने की स्वाधीनता और दूसरे प्रश्न केवल चालाकी भरी प्रतीक्षाएँ हैं। बुद्धिजीवियों की निराशा और रसहीन जीवन शैलियाँ उस सामाजिक, आर्थिक, सांस्कृतिक तथा धार्मिक संसार की प्रतिछवियाँ ही हैं जिन्हें बदलने को हम आधे-अधूरे मन से कुछ दूर जाते हैं और फिर अपनी जड़ों को ध्वस्त होने, बचाने के लिए नहीं, उन्हीं पुरानी हवेलियों में लौट आते हैं जिनकी दरवाजे और खिड़कियाँ छोटी हैं।

निःसन्देह हमारे देश की बौद्धिक-परम्परा पुरानी और कुछ अनुशासनों को अत्यन्त समृद्ध बनानेवाली रही है पर वह ब्राह्मण-वर्चस्व की ही है इसलिए एक सीमित अर्थ में ही उन्हें 'उत्पादक' कहा जा सकता है। वह दरअसल 'व्यवस्थाकारों' को ही महत्त्व देती है और नियामक बनाती है। इस व्यवस्था में 'लोक' केवल अवान्तरण करता है और स्थापित व्यवस्था के अनुसार पाप-पुण्य का भागी बनता है। मोक्ष ही परम-पुरुषार्थ है, जो कर्म-बन्धन और पुनर्जन्म से मुक्ति है। पुराने भारतीय समाज में इस तरह प्रगल्भ तत्त्वमीमाँसा के बावजूद भी व्यवस्था में हस्तक्षेप की बहुत कम जगह है। व्यवस्था के लोकानुमति तथा सामाजिक हस्तक्षेप की गुंजाइश इसलिए भी कम है क्योंकि पुरुषार्थ-सिद्धि (धर्म, अर्थ, काम, मोक्ष) व्यक्ति सापेक्ष है। वर्ण-व्यवस्था की कठोर सीमाएँ विमर्श या बहस को अनावश्यक बना देती है क्योंकि वह एक तरह से निर्णायक स्थिति है। यह बात ध्यान देने योग्य है कि भारतीय समाज में विशेषतया पुराने भारतीय समाज में 'बुद्धि' या उसकी उपलब्धियों को किसी सराहनाभाव से नहीं देखा जाता। तर्कम अप्रतिष्ठायाम्-तर्क अप्रतिष्ठित है क्योंकि वह चातुर्य है आज़ैर छल है इसलिए विग्रह, प्रश्न, कॉन्फ्लिक्ट पैदा करता है; संशय और विनाश। यह बुद्धि की सीमा दिखाने का प्रयत्न है। प्रायः आस्था

शब्द का प्रयोग होता है जो 'पवित्रता' की कोटि में आता है और किसी को विमर्श या प्रश्न की अनुमति नहीं देता।

'बुद्धिजीवी' यानी समाज को बदलते हुए देखनेवाले, बदलाव की अनिवार्यता उपादेयता को स्वीकार करनेवाले, उस प्रक्रिया में शामिल होनेवाले व्यक्ति के लिए पिछली दो शताब्दियों के पुनरावलोकन से आई निराशा को तोड़ने के लिए सिर्फ यही आशा बनी है कि वह अनेक ऐसे बुद्धिजीवियों के अवदान से समृद्ध हुई है जिन्होंने पुराने और निष्फल वैचारिक ढाँचों को तोड़ा और मनुष्य को उत्साहपूर्वक जीने के लिए झंझोड़ा है। सहस्रों विचारों की रोशनी के सामने हमारी आँखें खुली रहें, विचारों का कोई डर हमारे मन में न समाए, केवल थके हुए मन से हम इतिहास को न देखें-पढ़ें ऐसी उमंग पैदा करना बुद्धिजीवियों के कर्तव्यों में शामिल है।

लेकिन बुद्धिजीवी दुनिया में बराबर-बराबर बँटे नहीं हैं और इसी तरह दुनिया की यंत्रणाएँ और क्लेश भी बराबर-बराबर विभाजित नहीं हैं। देखा जाए तो तीसरी दुनिया के देश विकल्पहीन हैं और उनकी भूमिका या तो पश्चिम के विकास और प्रगति के प्रतिमानों का अनुकरण है या फिर अपने ही उस अतीत की ओर देखना है जहाँ से ज़िन्दगी को बदलने की कोई त्वरा या बेचैनी नज़र नहीं आती और जहाँ किसी व्यावसायिक दक्षता, संसार से सम्बन्धित कामों की सफलताएँ, वैज्ञानिक शोधों का आनन्द या गेहूं की नई प्रजाति से कृषि का उत्कर्ष सराहा जाता है। औपनिवेशिक दासता से युक्त दुनिया के देशों ने और वहाँ के बुद्धिजीवियों ने पश्चिम की समृद्धि, प्रौद्योगिकी, बाज़ार और वस्तुओं के अर्थशास्त्र को मानवीय विकास का चरम लक्ष्य स्वीकार कर लिया है। इस तरह तीसरी दुनिया की सारी प्रतिभा और समझ, अनुभव और बुद्धि, विविधता और निर्माण के नये रूप विलुप्त हो गए हैं और विकास की दौड़ एक आयामी, एक तरफा हो गई है। पश्चिमी बुद्धिजीवियों की यह आशा क्षीण हो गई है कि तीसरी दुनिया के अलग जीवनानुभव और सांस्कृतिक-विवेक किसी भिन्न व्यवस्था की तलाश करने में कामयाब होगा, जबकि साम्यवादी और पूँजीवादी व्यवस्थाओं का कोई विकल्प नज़र नहीं आ रहा। और अब दो व्यवस्थाओं में से साम्यवादी व्यवस्था निस्तेज हो गई हैं और अमेरिका ही एक विश्व बाज़ार, एक विश्व व्यवस्था, एक सांस्कृतिक उत्तेजना के जरिए दुनियाभर के बुद्धिजीवियों का सम्मोहन केन्द्र बना है।

भारतीय स्वाधीनता के पचास वर्षों में फिर से बुद्धिजीवियों की भूमिका पर विमर्श करना इस बात का संकेत है कि अँधेरा छटा नहीं है और उनके लिए यह अनिवार्य हो गया है कि वे अपने देशवासियों की नियति और तेजी से बदलते यथार्थ की ओर नज़र डालें तो पाएँगे कि उन्होंने सामान्य जन के साथ कभी अभिन्नता का अनुभव नहीं किया और इसलिए वे कभी सामान्य लोगों की विश्वसनीयता प्राप्त नहीं कर सके। यदि हम गहराई से उनकी मनोरचना का विश्लेषण करें तो हमारे देश के

बुद्धिजीवी 'नक्कालों' की श्रेणी में आते हैं। उनमें से अधिकांश की आकांक्षा उच्च श्रेणी के अफसर होने की है। किसी एक बड़े भारतीय प्रशासनिक सेवा के अधिकारी ने उसके बारे में टिप्पणी करते हुए कहा था, "वह हिलता तो बहुत है मगर चलता नहीं है। एक क्षोभ-भरे बयान में ऑक्टेवियो पॉज ने कहा है"...। मगर मैं यह मानता हूँ कि बुद्धिजीवी की राजनीतिक हैसियत में अकसर छल होता है। वह अक़सर राजनेताओं का दास होता है। राजनीति को बदलने के लिए राजनीति से विद्रोह और समाज को बदलने के लिए समाज की आलोचना, गहरी शंका आवश्यक है। यहाँ मैंने पाया कि अधिकतर राजनीतिज्ञ अबौद्धिक हैं और अधिकतर बौद्धिक राजनेताओं के दास हैं।" (बीसवीं शताब्दी के अँधेरे में: श्रीकान्त वर्मा, पृ. 32)

बुद्धिजीवियों की बदलती अभिरुचियों और अभिजनों के वर्ग में पहुँचने की प्रबल आकांक्षा ने भारतीय समाज में बदलाव की 'इच्छा' को कमजोर कर दिया है। अब लोग सिद्धान्त-निष्ठा को या किसी सिद्धान्त को संशय की दृष्टि से देखने लगे हैं और रिक्तता में जैसा होता है भाग्य और ईश्वर की तलाश करते नज़र आते हैं। अच्छे दिनों और सभ्य समाज की घटती सम्भावनाओं के कारण भारतीय समाज में क्रान्तिकारी सोच की जगह अतीत की ओर मुड़-मुड़ कर देखना, अदृश्य ग्रहों और ज्योतिषियों में अटूट विश्वास करने लगना, धर्म-गुरुओं की शरण तलाश करना और एक साम्प्रदायिक राजनीतिक पार्टी का 'वोट बैंक' बढ़ाना बुद्धिजीवियों के ढीले-ढाले प्रभाव के संकेत हैं।

बहरहाल स्वाधीनता के पाँच दशकों के बाद इक्कीसवीं सदी की शुरुआत में 'वर्तमान भारत में बुद्धिजीवी की भूमिका' की तलाश करना समाज को आधुनिक बनाने के क्रम में आई उदासी और शैथिल्य के रू-ब-रू होना है। इन पचास वर्षों में हमने अनेक विश्वविद्यालय, कॉलिज, सरकारी स्कूल और बहुत बड़ी फीस वसूल करनेवाले पब्लिक स्कूल खोले हैं और खुलने दिए हैं, डॉक्टर, इंजीनियर और पत्रकार बनाए हैं; प्रौद्योगिकी के विस्तार के प्रयास किए, परमाणु आयुध बनाकर अपनी वैज्ञानिक क्षमताओं का प्रमाण दिया है। सारांश यह कि बुद्धिजीवियों की संख्या बढ़ाई है। लेकिन तब भी गुन्नार मिर्डल का कहना है कि 'बुनियादी समस्याएँ बरकरार हैं, गरीबी बढ़ी है, बौद्धिक दासता, अंग्रेज़परस्ती और अन्धानुकरण की प्रवृत्तियों को पहले से अधिक प्रोत्साहन प्राप्त है और सामाजिक स्तरों पर यथार्थ से साक्षात्कार के बजाए अन्तर्मुखता को अधिक महत्त्व दिया जा रहा है। ...। भारत को विदेशी विशेषणों, पराई यंत्र विधि और औपनिवेशिक शिक्षा को रद्द कर स्वयं अपनी परम्परा और जलवायु के अनुसार अपना विकास करना चाहिए। गांधीजी की सारी कोशिश यही थी इसलिए मेरा विश्वास है कि गांधीजी का चिन्तन युक्तियुक्त था, वह महज उड़ान नहीं था बल्कि वह वास्तविकता पर आधारित था। औपनिवेशिक अर्थशास्त्र और दर्शन के पीछे भागने के बजाए भारत

के शिक्षित वर्ग को गांधी की सार्थकता समझनी चाहिए।" (बीसवीं शताब्दी के अँधेरे में—श्रीकान्त वर्मा)।

यह रेखांकित किया जाना चाहिए कि अभी भी भारत को पूरी तरह आधुनिक बनानेवाला बुद्धिजीवी ही है। वह वांछित और सुचिन्त्य बदलाव के लिए ज्ञान की विविध प्रणालियों का आविष्कार करता है, लेकिन उसकी शोध और उसके आविष्कार समाज के विकास और उन्नयन के लिए होते हैं और स्त्री-पुरुषों को अपनी दक्षता, कौशल, पांडित्य और सर्जनात्मक क्षमताओं के प्रति आश्वस्त करते हैं। इस तरह नए ज्ञान को आविष्कृत करनेवालों का एक समूह बन जाता है और एक समूह उनका जो इन उपलब्धियों को शिक्षा से दूर या संचार माध्यमों के उपकरणों द्वारा या कि संवाद, आन्दोलन, विचार-गोष्ठियों के माध्यम से फैलाता है। इस प्रकार ज्ञान के नए आयाम खुलते हैं और वैज्ञानिक ऊर्जा का विस्तार होता है। ज्यों-ज्यों विभिन्न संस्कृतियों, स्वभावों, अनुभवों के लोगों की मैत्री बढ़ती है बुद्धि और बुद्धिजीवियों की रोशनी फैलती जाती है।

यदि ध्यान से देखें तो भारतीय बुद्धिजीवियों की हलचल अपने समाज में बदलाव की आकांक्षा से ही शुरू होती है। यह एक वैचारिक हलचल है और भारतीय समाज की अनेक कट्टरताओं के विरुद्ध अपनी तीक्ष्ण प्रतिक्रिया दर्ज कराती है। यह प्रतिक्रिया उस अंग्रेज़ी राज के विरुद्ध भी है जो इस देश को आर्थिक-दृष्टि से खोखला करती है और उनके अनेक समृद्ध जीवनानुभवों की हँसी उड़ाती है। लेकिन बुद्धिजीवियों का यह हस्तक्षेप अनेक मिज़ाज वाला है और वे सब कई रास्तों से चल कर भी इस बात पर एक मत होते हैं कि भारतीय समाज और विदेशी राज को बदलना और नए समाज को जनाधार देना हमारी प्राथमिकताओं में शामिल है। सामाजिक बदलाव की दिशा में वर्ण-व्यवस्थाओं की कट्टरताओं के विरुद्ध संघर्ष और स्त्रियों में सामाजिक कर्तव्यों के प्रति चेतना जगाने का आन्दोलन शुरू करना प्रमुख है। इस तथ्य से इनकार नहीं किया जा सकता है कि इन बुद्धिजीवियों के शक्ति केन्द्र पश्चिम के विश्वविद्यालय, बुद्धिजीवी और वैचारिक संगठन तथा संचार-संस्थान हैं लेकिन वह राष्ट्रवादी दृष्टि भी है जो अपने देश को समुन्नत प्रतिमानों के आधार पर मूल्यांकित होता देखना चाहती है। यह बुद्धिजीवी वर्ग, राजनीतिक गतिविधियों का केन्द्र भी है।

गौरतलब है कि पश्चिम के बुद्धिजीवी देश की राजनीतिक गतिविधियों और चिन्ताओं से जहाँ तक हो दूर रहते हैं। इन बुद्धिजीवियों को यह लाभ मिलता है कि वे लगातार ज़िन्दगी को सुन्दर, मजबूत और निर्भीक बनानेवाले तथ्यों को जानने, कहने की हिम्मत जुटाये रखते हैं और आवश्यक हुआ तो राजनीतिक प्रतिष्ठानों और आर्थिक संस्थानों के मालिकों, दलालों तथा सौदागरों की साठ-गाँठ को भी तथ्यों के साथ प्रकट करते हैं। किन्तु भारत में जहाँ बुद्धिजीवियों के छोटे से समुदाय

ने सामाजिक और राजनीतिक बदलाव के दोनों मोर्चों पर काम किया है वहाँ कई जटिलताएँ पैदा कर दी हैं। वे स्वयं घटनाओं के केन्द्र बन गए हैं और आजादी के बाद वे लोगों की इच्छाएँ जाँचने और पूरी करने में नाकामयाब हुए हैं। बात यह हुई कि भारतीय बुद्धिजीवियों ने अपने लोग और अपने समाज—चारों तरफ लुभावनी किन्तु बेरहम दुनिया बसी हुई है; कई तरह के मिजाज और स्तरों वाली—भूखी, बीमार, निरक्षर, उत्पीड़ितों से लगा कर अमीरजादों, करोड़पतियों, पाँच सितारों वालों की लालची, बहुराष्ट्रीय कम्पनियों के मालिकों, दलालों की, मन्दिर, मस्जिद, गिरजाघरवालों की और संवेदनहीन, आत्म-मुग्ध, उपभोगप्रिय, मध्यवर्ग की। बुद्धिजीवी इस प्रतिज्ञा से बँधा हुआ है कि वह पूरे समाज को आधुनिक और मानवीय बनाएगा। आज का असन्तुलित और अनेक तरह की क्रूरताओं, गैर-बराबरियों में विभाजित जीवन भारतीय बुद्धिजीवियों के लिए नहीं है और न उनका जीवन निरपेक्ष, निर्लिप्त, केवल मोहकामी, ब्रह्मलीन ऋषियों का है। दरअसल उनकी भूमिका सामान्यजन के मन में और पूरे समाज के लिए एक सुन्दर, सार्थक, सर्जनात्मक जीवन रचने की शक्ति पैदा करने में है। लेकिन यह इस पर निर्भर करता है कि भारतीय बुद्धिजीवी अपने लिए किन मूल्यों और किस वैचारिकी को चुनता है। नौम चॉम्सकी ने अपने एक वक्तव्य में 'पवित्र विचार और नेक इरादों की असहायता' पर टिप्पणी करते हुए कहा था कि 'कोई विचार कहाँ तक सार्थक है इसकी पहचान केवल इससे हो सकती है कि उसे कार्य में परिणत करने पर क्या नतीजे निकलते हैं।' भारतीय बुद्धिजीवी की भूमिका का असली पता भी तभी लगेगा कि बाद में समाज कितना बदलता है और कैसा बदलता है—किनके लिए बदलता है?

शिक्षा के मध्यवर्गीय द्वीप

शिक्षा के बारे में इधर हमने सार्वजनिक रूप से चिन्ता करना बन्द कर दिया है। इसके कुछ कारण हो सकते हैं लेकिन यह अनायास नहीं है। इस चुप्पी का निहितार्थ यह है कि हमने इस शिक्षा व्यवस्था को सार्वजनिक स्वीकृति दे दी है। वैसे यहाँ यह सवाल पूछना वाजिब होगा कि 'सार्वजनिक स्वीकृति' का गणित क्या है? सर्वजन कौन है? क्या ये वे अभिजन या कि मध्य वर्ग के लोग हैं जो किसी-न किसी रूप में हमेशा वर्चस्वशाली, मुखर और व्यवस्थाओं के मालिक रहे हैं? जिनकी चतुराई सारी सुविधाओं को अपने लिए बचा कर परोपकारिता की मुद्राओं का प्रदर्शन करते रहना है? क्या ये ही लोग देश और सामाजिक व्यवस्थाओं की देखभाल करते और दिशा दिखाते हैं? क्या हमारी सम्पूर्ण शिक्षा-व्यवस्था को अपने अनुकूल और अपने हित को, अपने अभ्युदय को समृद्ध करने या कि अवसरों को बढ़ानेवाली बनाने का काम यही वर्ग करता है? फिलहाल यह स्वीकार करने में संकोच की जरूरत नहीं है कि पिछली कई शताब्दियों से हमारी अर्थ-व्यवस्था से लगाकर सामाजिक, सांस्कृतिक व्यवस्थाओं की निगरानी करनेवाला यही प्रभु-वर्ग रहा है जो 'सम्पत्ति, जाति और भाषा' (डॉ. राम मनोहर लोहिया के अनुसार) के कारण अपने वर्चस्व को कायम रखने में कामयाब रहा है। प्राचीन समय से लगा कर आज तक का इतिहास कुछ ऐसा ही है।

प्राचीन भारत के दार्शनिक मिजाज में समता की इच्छा और प्रार्थनाएँ अद्भुत 'यूटोपिया' रचती नजर आती हैं लेकिन उनके व्यावहारिक परिणाम निराशाजनक निकलते हैं? समता के दर्शन में से एक विभाजित समाज पैदा होता है। अनेक तरह से बँटा हुआ और अमानवीय, निष्करुण और निरंकुश उसमें कुलीन, श्रमिक, दलित, पराधीन स्त्रियाँ, वेद विद और नितान्त मूर्ख (निरक्षर) कर्म और प्रारब्ध की डोर में बँधे अपने पूर्व जन्म के पुण्य और पापों का आनन्द तथा दंड भोगते नजर आते हैं। अधिसंख्य लोग ऐसे परिवारों में जन्म लेते हैं जिन्हें अपनी शिक्षा, अपने अच्छे-बुरे जीवन और भाग्य के कुचक्रों के बारे में किसी प्रकार की कोई जानकारी नहीं है और न उस तरफ जाने के कोई रास्ते उनके लिए खुले हैं। लेकिन जिनके लिए खुले हैं उन्हें जन्म-जन्मान्तर तक भाग्य की सारी सुविधाएँ-अधिकार की तरह

हासिल हैं। इस सवाल का कोई उत्तर नहीं है कि जिनके लिए शिक्षा के दरवाजे बंद थे वे किसने किए थे? बंद करने की सार्वजनिक स्वीकृति किसने दी थी? क्या पुराने भारत में भी कुलीन और प्रबुद्ध प्रभु-वर्ग आज ही की तरह अपने वर्चस्व की रक्षा के लिए सजग और चौकन्ना था?

ध्यान से देखें तो शिक्षा अपने रास्ते बनाने में कभी स्वतंत्र रही नजर नहीं आती। उसकी भूमिका हमेशा वे ही प्रभु-वर्ग बनाते हैं जो समाज और अर्थ-व्यवस्थाओं को रूपाकार दे चुके होते हैं। शिक्षा उन व्यवस्थाओं से उपजे अन्तर्विरोधों का एक तर्क-संगत अनुमोदन करती है। शिक्षा की सार्थकता प्रायः सहनशील समाज बनाने के प्रसंग में रही है। इसका अर्थ यह है कि शिक्षा दी गई व्यवस्था का न केवल समर्थन करे बल्कि उसे मानवीय गुणों का विकास करने का श्रेय भी दे। एक लोकतंत्रात्मक छलावे के अन्तर्गत उसे प्रश्न भेदी बनाने की कोशिश को प्रशंसा की दृष्टि से देखा जाता है लेकिन ये प्रश्न पूर्व निर्धारित के दायरे में ही होते हैं और तीव्र तर्क-वितर्क के बाद उन्हीं निष्कर्षों पर मुहर लगाते हैं जो वर्चस्ववादी कुलीन तंत्र के द्वारा पहले से ही 'सनातन और शाश्वत' की श्रेणी में स्थापित होते हैं। कई बार इन असुविधाजनक प्रश्नों को 'आस्था' के साथ जोड़ कर बहस और तर्क स्थगित कर दिए जाते हैं और एक किस्म की कट्टरता और मूर्खता को ढक दिया जाता है। बदलाव की इन जिज्ञासाओं को दबाने के लिए राजा और पुरोहित दोनों ही शामिल रहते हैं। सामान्यतया पुरोहित, उलेमा,पादरी और संन्यासी संसार से अलग-थलग नजर आते हैं लेकिन सामाजिक क्रान्तियों की आहट पाते ही वे प्रतिरोध की दीवार बनकर खड़े हो जाते हैं और अपने विशेषाधिकारों के कारण सामान्यजन से अलग पहचान का हक माँगने लगते हैं। इसका कोई तर्क नहीं होता। इसका सम्बन्ध 'आस्था' से होता है।

यह देखने की बात है कि शिक्षा का तंत्र, शिक्षक, पाठ्य पुस्तकें 'आस्था' के अबूझ मनोविज्ञान से कभी छेड़खानी नहीं करते। इस तरह शिक्षा एक छोटे से जन-समूह द्वारा संचालित होती रही है और उसकी सीमाएँ इतनी संकुचित रही हैं कि उससे न इस भव की समस्याएँ सुलझी हैं न उस भव की। राज्य तंत्र और धर्म-तंत्र के बने-बनाए ढाँचे की सेवा में लगी शिक्षा जिन्दगी से छिटक कर किसी आत्म-मुग्ध नायिका की तरह एकांगिता का आनन्द लेती रहती है।

अब इस मध्ययुगीन दृश्य से हट कर जरा अंग्रेजों के जमाने को देखें। शिक्षा की दृष्टि से ईस्ट इंडिया कम्पनी को यह देश 'उर्वरा भूमि' की तरह मिला था। उनके आने के पहले कई सदियों तक आक्रमणों और अराजकता के बीच गुजरते हुए देश में शिक्षा की कोई प्रयोजनवती यात्रा नजर नहीं आती। सामन्ती कुनबों, क्षत्रपों और अनेक जातियों में बँटे देश की शिक्षा का दृश्य पारम्परिक ही बना रहता है। इस पारम्परिकता का अर्थ 'यथास्थितिवाद' है, जो जहाँ है वहीं बना रहे।

व्यवसाय कुनबों और जातियों में बँधा रहे—ब्राह्मण पढ़े, क्षत्रिय रक्षा करें, वैश्य आर्थिक सुरक्षा देखें और शूद्र सेवा करें। इन चार खाँचों में बँधा, सिमिटा, समाज और देश शिक्षा के किसी लोकतंत्र की कल्पना नहीं कर सकता था। वर्ण के इन खाँचों पर क्रुद्ध हुए डॉ. राममनोहर लोहिया ने कहा था कि देश के बार-बार गुलाम होने का कारण यही है कि सबको मिलकर आजादी के लिए लड़ने और प्राण देने की उमंग नसीब नहीं हुई। केवल भाग्यशाली जातियाँ ही देश की सुरक्षा के लिए लड़ती रहीं, शेष सभी पराधीनता का अभिशाप भोगने के लिए विवश थीं। जाहिर है कि इस व्यवस्था ने मनोवैज्ञानिक पराधीनता और हताशा के दायरों की ऐसी रचना की कि डॉ. अम्बेडकर ने कहा कि जन्म लेना उनके वश में नहीं था इसलिए वे हिन्दू-समाज में जन्मे लेकिन मरना उनके वश में है और वे हिन्दू रह कर नहीं मरेंगे। अन्त में वे बौद्ध हो गये थे।

हम हिन्दू-धर्म और समाज की उदारता के कई उदाहरण दे सकते हैं लेकिन वहाँ दलितों और स्त्रियों की शिक्षा के लिए सार्वजनिक सहमति या स्वीकृति का कोई प्रसन्न उल्लेख नहीं मिलता। वैसे तो इस समाज में शिक्षा के लिए किसी प्रकार की छटपटाहट, उद्वेग या बेचैनी नजर आती ही नहीं है क्योंकि एक स्थापित व्यवस्था के घेरों को तोड़ कर बाहर निकलना वर्चस्ववादी समाज के स्वास्थ्य को गड़बड़ा देने के संकेत ही होते। इसलिए हुआ यही कि शिक्षा के सार्वजनीकरण का तो अस्वीकार बना ही रहा, जो मुट्ठी भर लोग शिक्षित थे, वे भी परमात्मा, पुनर्जन्म, परलोक की व्याख्या करते रहे। शिक्षा का लौकिक जगत् से सम्बन्ध टूटा रहा। दरसल वर्चस्ववादी समाज की यह सफलता ही होती है कि वे वास्तविक दुनिया से दूर उन सब प्रश्नों को बहस और विमर्श में बनाए रखता है जो अलौकिक और अनन्त है। इसे ही अलौकिकता का आनन्द कहा जाता है। काशी में जो विश्व प्रसिद्ध बहस हुई थी, शंकराचार्य और मंडन मिश्र के बीच में, वह भी सन्ताप पर नहीं थी वह अद्वैत पर थी ब्रह्म ही सत्य है और यह संसार झूठा है, माया और प्रपंच। संसार हमारी शिक्षा के केन्द्र में बमुश्किल आया है इसलिए वहाँ जगत के सन्ताप-ग्रस्त दलितों और उनसे भी अधिक सन्तापग्रस्त स्त्री का कोई वजूद नहीं है। युद्ध भी दुनिया में खड़े रह कर दुखों को नहीं ललकारते। वे भी घर, गृहस्थ छोड़नेवालों को अपने पास बुलाते हैं। दूसरे धर्म भी शिक्षा के प्रसंग में लोकतंत्रवादी नहीं हैं। अंग्रेज इसी वर्चस्ववादी, वर्ण और जाति श्रेष्ठता के आधार पर विभाजित सामन्ती समाज में शिक्षा का लोकतंत्र लेकर आए थे लेकिन सच्चाई तो यह है कि वे इस देश में व्यावसायिक उपनिवेश के साथ-साथ बौद्धिक उप निवेश की रचना का सपना भी देखते थे। जिन मुंशियों की फौज उन्होंने खड़ी की वह किसी भी तरह शिक्षा के लोकतांत्रिक मूल्यों की समर्थक नहीं थी। ये मुंशी प्रभु-वर्ग के लोग ही थे और दोनों मोर्चों पर खड़े थे। अपने आर्थिक अभ्युदय के लिए अंग्रेज और अंग्रेजी के तथा

वर्चस्ववादिता के लिए कट्टर हिन्दुत्व के साथ। हिन्दुत्व की पहचान के लिए वे सनातनी और वर्णाश्रम धर्म को महिमा-मंडित करते थे, आश्चर्यजनक रूप में स्त्री और दलित के दुर्भाग्य के लिए वे 'कर्म-शृंखला' को कारण-रूप मानते थे। भारतेन्दु काल के साहित्य में हिन्दू-मन की अनेक स्तरीय पहचान का संकट ईस्ट इंडिया कम्पनी वालों की शिक्षा का पैदा किया हुआ है। ऊपर से सहिष्णुता-सज्जनता का और अन्दर से कठोरता और कट्टरता का।

बहरहाल, इस तरह हम आजादी के आन्दोलन तक आ जाते हैं जिसका चौतरफा नेतृत्व अंग्रेजी पढ़े-लिखे लोगों के पास था। इनमें से बहुत सारे लोग इंग्लैंड में रह कर पढ़े थे और वहाँ की सभ्यता, संस्कृति, राजनीति, अर्थशास्त्र और सामाजिकता के प्रशंसक थे। वहाँ की शिक्षा को वे उदार और लोकतंत्रवादी तथा राष्ट्र-भक्ति की प्रेरणा देनेवाली मानते थे। उनका विश्वास था कि शिक्षा का मुद्दा राजनीति का हिस्सा है और आजादी के साथ ही उसके प्रयोजन, प्रणालियाँ, पद्धतियाँ बदल जाएँगी। गांधीजी ही नजर आते हैं जो राष्ट्रीय शिक्षा-नीति पर संवाद करते हैं। वे ही शिक्षा के रोजगारों से जोड़कर स्वावलम्बी बनाने की पक्षधरता लेते हैं। मातृ-भाषा और राष्ट्र-भाषा को शिक्षा-मनोविज्ञान से जोड़कर अंग्रेजी को अपदस्थ करने की मुहिम छेड़ते हैं। अंग्रेजी की गुलामी से मुक्ति का वे शंखनाद करते हैं। आजादी के तुरन्त बाद बी.बी.सी. का संवाददाता उनसे मिलने और उनकी प्रतिक्रिया जानने आता है तब वे कहते हैं : 'उनसे कह देना कि गांधी अंग्रेजी भूल गया है'। गांधी शिक्षा के वर्चस्ववादी, शुद्धतावादी अभिजन-अंग्रेजी तंत्र को तोड़ने की कोशिश करते हैं लेकिन यह देखकर हैरानी होती है कि वे अपना वारिस जवाहरलाल नेहरू को बनाते हैं जो भारतीय अभिजनवाद के हिमायती हैं और अंग्रेजी-लेखक हैं। मैंने नेहरू पर आयोजित एक सेमीनार में नेहरू के अंग्रेजी-लेखक होने को भारतीय-भाषाओं के लिए दुर्भाग्य माना था। कोई लेखक अपनी अभिव्यक्ति के लिए किस भाषा को चुनता है यह महज संयोग ही है यह उसके सिद्धान्त का हिस्सा है।

उन दिनों हम मेकॉले की निन्दा भी सुनते हैं लेकिन यह अंग्रेजी भाषा के विरुद्ध ही नजर आती है, एक तरह से हिन्दी भाषा बचाने के लिए, एक भावुकता भरी अपील के रूप में। यह शिक्षा के लोकतंत्रीकरण का कोई संकल्प नहीं सुझाती और न कोई शिक्षा की स्वतंत्र नीति-रीति का मसविदा पेश करती है। यह चुपचाप उन्हीं व्यक्तिवादी, प्रतिस्पर्धी जीवन मूल्यों का समर्थन करती है जो अच्छे बाबू और मुंशी बनाती है। आजादी की लड़ाई के दौरान ही शायद हमने यह तय कर लिया था कि हम न तो शिक्षा को सामाजिक पुनर्रचना के साथ जोड़ेंगे, न श्रम के साथ, गाँवों के या गरीबों के साथ भी नहीं। राजनीतिक स्वतंत्र का अर्थ जब तक सामाजिक-स्थितियों की पराधीनता और विषमताओं को व्याख्यायित करना नहीं

होता वह केवल स्वाधीनता का छलावा ही होता है। इस दृष्टि से आजादी के बाद जो काम शिक्षा को करना था उसका निश्चित ब्योरा, सिद्धान्त या संकल्प भी हमें आजादी के संघर्ष वाले दिनों में नहीं मिलता।

जिन परिस्थितियों में देश को आजादी मिली थी वे विषादजनक और भयावह थीं। लेकिन ज्यों ही इनसे कुछ उबरने की स्थिति बनी यह उम्मीद की जाने लगी कि हम शिक्षा की विदेशी रचना और उसी के साथ उलझी अन्य सामाजिक गुत्थियों के हल ढूँढने लगेंगे क्योंकि शिक्षा के साथ ही हमारी और देश की पुरर्रचना जुड़ी है। विदेशी हुकूमत ने हमारी भाषाओं और बौद्धिक, भावनात्मक सम्भावनाओं की जैसी उपेक्षा की और गाँवों के संसाधनों को खींच कर शहरों में केन्द्रित किया उसे बदलने और सन्तुलित करने की आवाजें उठ रही थीं। उसके साथ ही शिक्षा को कोरा शब्द-ज्ञान और परीक्षा केन्द्रित बनाए रखने की भी तीव्र आलोचना हो रही थी और विकल्प के रूप में उसे सामाजिक जीवन से जोड़ने की इच्छाएँ व्यक्त की जाने लगी थीं लेकिन कुछ समय बाद ही यह आँच ठंडी पड़ने लगी। आश्चर्य कि इसकी शिकायत किसी ने नहीं की। करता भी कौन? जो लोग शिक्षा से वंचित थे उनके लिए वह एक महँगा सपना थी, वह उनके भाग्य में भी नहीं थी। उन्होंने उसकी आवश्यकता भी नहीं समझी। दलित और स्त्रियाँ, फिर गाँव वालों की सम्भ्रान्तजनों और कुलीनों की सेवा ही तो करती है। जो शिक्षा हासिल कर रहे थे उनके लिए बदलाव का अर्थ था वंचितों का हस्तक्षेप और उससे भी अधिक विक्षोभकारी था उनके एकाधिकार का हनन और सुविधा और नौकरियों का बँटवारा। सब मिला कर बदलाव की जरूरत वाले और बदलाव को गैर-जरूरी माननेवाले चुप रहे। यह 'यथास्थितिवाद' की प्रचंड विजय थी।

लेकिन तत्कालीन सरकार यह बताने के लिए हमेशा उतावली रही कि शिक्षा की क्रान्तिकारी तब्दीली में उसकी गहरी रुचि है इसलिए उसने सुविख्यात लोगों की अध्यक्षता में बार-बार आयोगों का गठन किया। इन आयोगों की सिफारिशों के क्रियान्वयन की घोषणाएँ अनेक विचार गोष्ठियों, परिसंवादों, सेमिनारों, सभाओं में होती रही। सभी गोष्ठियों में देश को शत-प्रतिशत साक्षर करने के संकल्पों को दुहराया गया। अनेक उपायों द्वारा गरीब-अमीर के बीच की शिक्षा को समता के धरातल पर लाने की प्रतिज्ञाएँ हुईं। इन स्कूलों को 'नेबरहुड स्कूल' कहा गया। समान शिक्षा के आदर्श को स्थापित करने के लिए 'पब्लिक स्कूलों' को प्रोत्साहित न करने के वादे हुए। स्कूलों को उत्पादन-केन्द्र बनाने के प्रयत्न हुए, उन्हें 'मल्टी परपज' के नाम से चिन्हित किया गया लेकिन इस बहुआयामी प्रयोगधर्मिता का प्रयोजन कभी गम्भीर रूप से व्याख्यायित नहीं हुआ क्योंकि हम चतुराई के साथ अपने समाज और लोगों को जानने-समझने की कोशिशों से भटकते रहे। अपने समाज और देश से कटी हुई राजनीति अर्थतंत्र, शिक्षा और संस्कृति अजनबीपन के जैसे द्वीप बना सकते थे

वैसे द्वीप बनते रहे। देश जिस तरह खंडों, इरादों, सम्प्रदायों, जातियों, आमदनियों में बँटा था शिक्षा भी उसी तरह अनेक स्तरीय द्वीपों में बँटी रही।

इस बीच शिक्षा के व्यवसायीकरण और साम्प्रदायीकरण की प्रक्रिया तेज होती गई। शहरों में पुराने और जर्जर स्कूलों के मुकाबले नये, लुभावने, महँगे, अंग्रेजी स्कूल खुल गये। उनके पाठ्यक्रम विदेशों की तर्ज पर थे और नई दुनिया की चकित कर देनेवाली नौकरियों से जुड़े थे। दूसरी तरफ उन सम्प्रदायवादी ताकतों ने अपना माया जाल फैलाना शुरू किया जो विचारों की नई ऊर्जा से खौफ खाई हुई थी। इस नई ऊर्जा के स्रोत समता और स्वाधीनता के विचार थे। इस वैचारिक ताजगी को लेकर दलितों और स्त्रियों ने अपनी पराधीनता के विरुद्ध पुराने मिथकों की क्रूरता बताना शुरू किया। इस सबके बरबस सम्प्रदाय वादी शक्तियों ने सामाजिक अपराजकता का भय बता कर स्कूलों और उच्च शिक्षा-संस्थानों में ऐसे पाठ्यक्रम पढ़ाने पर जोर देना प्रारम्भ किया जो अलौकिक और अमूर्त मतवादों के पक्ष के थे। ये उस इतिहास की मदद कर रही थीं जो मानवीय संसाधनों को धर्म-केन्द्रित बनाती हैं और उस संस्कृति, साहित्य को स्फूर्ति देती हैं जो घृणा और श्रेष्ठता के दंभ को उत्कर्ष के प्रतिमान मानती हैं।

इस समय हमारी शिक्षा के सारे प्रयोजन तकनीकी उत्कर्ष के साथ जुड़ गये हैं और वे एक अघायी हुई व्यक्तिवादी दुनिया की ओर ले जाते हैं। शिक्षा अर्थ की एक ध्रुवीय रचना में लगी है। यह रचना मध्यवर्गीय लालचों और आत्म-मुग्धता के केन्द्र बनाती है जिसका विरोध करना जरूरी है।

नेहरू की पचासवीं बरसी पर

स्वतंत्रता के बाद के दिनों की बात है। भारत के प्रधानमंत्री जवाहरलाल नेहरू सांझ के गहरे धुंधलके में रंगमंच के पीछे एक कुर्सी पर बैठे सिगरेट पी रहे थे। पास रखी दूसरी कुर्सी पर बैठे सज्जन के कंधे पर हाथ रखे, जिन्हें मैं तुरन्त नहीं पहचान सका। बाद में वह जाना। वे तत्कालीन महाराज कुमार श्री भगवत सिंह थे। मैं दरअसल अँधेरे और एकान्त में बैठे प्रधानमंत्री को देखकर घबरा गया था। मैं डर गया था कि सुरक्षा तंत्र वाले किसी अशुभ की आशंका में मुझे ही गिरफ्तार न कर ले। 30 मार्च, 1950 उत्तर भारत की प्रतिष्ठित शिक्षण संस्था विद्या भवन, उदयपुर राज्य का वार्षिकोत्सव। डिस्कवरी ऑफ़ इंडिया पर आधारित नृत्य, संगीत, अभिनय आदि के रंगारंग कार्यक्रम की अध्यक्षता प्रधानमंत्री कर रहे थे। जिस गांधी-नेहरू युग में मेरी पीढ़ी ने औपनिवेशिक दासता से मुक्ति के सपने देखे और उन्हें साकार किया उसके रचनाकार को देखने-सुनने का यह मेरे लिए रोमांचकारी अवसर था। उनकी वक्तृता और मुद्रा शान्त, आवेश रहित तथा विषय भारत निर्माण की भविष्य दृष्टियों का दीर्घकालीन समीक्षा-पत्र था। 27 मई, 1964 को दिल्ली में नेहरू जी की मृत्यु हो गई। इसी के साथ इस महान युग की समाप्ति हो गई जिसे गांधी-नेहरू युग कहा जाता रहा। याद रहे 30 जनवरी, 1948 को एक कट्टरपंथी हिन्दू ने गांधी जी की हत्या कर दी थी।

नेहरू जी ने लगभग 17 वर्षों तक प्रधानमंत्री का कार्यभार सँभाला। यह कार्यकाल 1947 से 1964 के बीच का था। यहाँ यह कहना जरा भी अप्रासंगिक नहीं होगा कि विभाजन की विभीषिका, बँटवारा और त्रासदी उथल-पुथल के बीच नेहरू ने अकथ साहस और धीरज के साथ लोकतांत्रिक, पंथनिरपेक्ष, समतामूलक समाज-व्यवस्था, प्रशासकीय संस्थाएँ सुदृढ़ करने की कोशिश की। आजादी के बाद भारतीय शासन व्यवस्था और रीति-नीति पर इस कालखंड का व्यापक और स्पष्ट प्रभाव उल्लेखनीय है।

लेकिन यह वैकल्पिक गांधी के विकल्पों का भारत नहीं था। यह अंग्रेजी भारत ही था। गांधी नेहरू के बीच की चिन्ताओं और चिन्तन की दूरियों का भारत, इंडिया। यह नेहरू-गांधी की भविष्य दृष्टि का अन्तर भी था। इसे स्पष्ट करते हुए

रामचन्द्र गुहा ने मेकर्स ऑफ मॉडर्न इंडिया में दोनों की सहमतियों असहमतियों का इस प्रकार जिक्र किया है। नेहरू गांधी को श्रद्धा की दृष्टि से देखते थे और गांधी अपने बेटों से भी ज्यादा स्नेह अपने अनुयायी पर बरसाते रहे। लेकिन भविष्य के भारत के प्रति दोनों के रुझान में भारी अन्तर था।

नेहरू धर्म विरक्त थे लेकिन गांधी अपने विश्वासों के अनुरूप ईश्वर पर आस्था रखते थे। नेहरू भारत की पारम्परिक गरीबी से मुक्ति पाने के लिए औद्योगीकरण को ही एकमात्र विकल्प मानते थे। जबकि गांधी ग्रामीण अर्थव्यवस्था के पक्षधर थे। नेहरू आधुनिक सरकारों में सामाजिक व्यवस्था को सुधारने और गतिशील बनाने की क्षमता में पूरा यकीन करते थे। गांधी राजतंत्र को शंका की नजर से देखते थे। उनका विश्वास व्यक्तियों और ग्राम समुदायों के विवेक पर केन्द्रित था। इन असहमतियों के साथ दोनों के बीच बुनियादी सहमतियाँ थी। दोनों व्यापक अर्थ में देशभक्त थे जिन्होंने किसी जाति, भाषा, क्षेत्र, धर्म या किसी भी तरह अधिनायकवादी सरकार के साथ होने के बजाय अपने को पूरे देश के साथ एकाकार कर लिया था। दोनों हिंसा और अधिनायकवाद नापसन्द करते थे। दोनों अधिनायकवादी सरकारों की तुलना में लोकतंत्रात्मक सरकारों को पसन्द करते थे। (मेकर्स ऑफ मॉडर्न इंडिया—रामचन्द्र गुहा, पृ. 327)

स्वतंत्रता संग्राम के आन्दोलन में अनेक बार जेल यात्राएँ सहते नेहरू को अपार लोकप्रियता मिली। जनता ने उनकी खुशमिजाजियों और बदमिजाजियों को समान रूप से सहेजा। जब उन्होंने नाराज होकर तकिए फेंके तब भी और तब भी जब उन्होंने फूल मालाएँ फेंकी। युवा उनकी तरह वस्त्र पहनने लगे, उनकी तरह बोलने और लिखने लगे। वह अघोषित प्रतिष्ठा के प्रतीक हो गए।

नेहरू सम्बन्धी विमर्श में यह बात स्पष्ट हो जाना आवश्यक है कि वह आधुनिक और बड़े अर्थ में समाजवादी थे। इसी अर्थ में वे सनातनी हिन्दू और आत्मा की आवाज सुनते गांधी से अलग थे। उन्होंने 19वीं सदी के सभ्यता विमर्श को जड़-मूल से उखाड़कर फेंक नहीं दिया था। उन्होंने लिखा, "आज की सभ्यता में अनेक विकृतियाँ है किन्तु उसकी अनेक विशेषताएँ हैं। उसमें विकृतियों से मुक्त होने की ताकत भी है। उसे जड़-मूल से नष्ट करने का अर्थ उसकी ताकत को खत्म करके एक उदास अँधेरी और दुख भरी जिन्दगी की और लौट जाना है।" एक मध्यमार्गी राजनीतिक पार्टी के अध्यक्ष और सदस्य रहते जवाहरलाल नेहरू समाजवादी समाज रचना के लिए अपनी प्रतिबद्धता घोषित करते है। दरअसल विकास का नेहरू विजन मॉडल राज्य की उसे विकासवादी प्रतिबद्धता की घोषणा ही है जो शोषणविहीन समाज रचना की बुनियादी शर्त है।

अपनी समाजवादी अवधारणा को स्पष्ट करते हुए नेहरू लिखते हैं, 'मैं समाज से व्यक्ति सम्पदा और मुनाफे की भावना खत्म करना चाहता हूँ। मैं प्रतिस्पर्धा

की जगह समाज-सेवा और सहयोग की भावना स्थापित करने का समर्थक हूँ। मैं व्यक्तिगत मुनाफे के लिए नहीं उपभोग के लिए उत्पादन चाहता हूँ।' मैं यह बात विश्वास पूर्वक कहता हूँ कि दुनिया और भारत की समस्याओं का अन्त समाजवाद से ही हो सकता है। मैं इस शब्द को किसी स्पष्ट मानवतावादी की तरह नहीं समाज वैज्ञानिक और अर्थशास्त्री की तरह काम में लेता हूँ...। समाजवाद केवल आर्थिक सिद्धान्त ही नहीं वह जीवन दर्शन भी है। समाजवाद का अर्थ है व्यक्ति सम्पदा का उन्मूलन और व्यक्ति मुनाफे की तरह सहयोग की भावना के महान आदर्श की शुरुआत। इसका अर्थ है हमारी रुचियों, आदतों हमारी प्रवृत्तियों में बुनियादी तब्दीली। संक्षेप में एक पुरानी पूँजीवादी व्यवस्था से अलग एक नई सभ्यता की शुरुआत।'

गौरतलब है कि नेहरू के समय की अर्थनीतियाँ मिश्रित अर्थव्यवस्था पर आधारित हैं। वे लोकतंत्रात्मक छवि और समाजवादी उत्साह का, मिश्रित रूप हैं। नेहरू 'अंग्रेजी मिजाज' की शासन व्यवस्था के साथ बहुत कम छेड़छाड़ करते हैं। न्याय, शिक्षा, स्वास्थ्य, पुलिस, टैक्स वसूली आदि का ढाँचा ब्रिटिश काल का जैसा ही बना रहता है। नौकरशाही का रुझान, रुतबा, आतंक, अधिकार यथावत बने रहते हैं। फेरबदल में सिर्फ अंग्रेजी हुक्मरानों की जगह भारतीय नजर आते हैं।

यह भी देखा जा सकता है कि समाजवाद के प्रति आकर्षित नेहरू 'समाजवादी' नहीं कहलाना चाहते हैं, वे अपनी शासन व्यवस्था के विकल्प खुला रखते हैं। आजादी के समय की अनेक स्वदेशी घोषणाएँ अनुपयोगी, और व्यावहारिक हो जाती हैं। गांधी जी की पुस्तक हिन्द-स्वराज पुरानी हो जाती है। समाजवादी नेहरू बदलाव की प्रक्रिया में हिंसा का दखल जरा भी पसन्द नहीं करते। 'क्रान्ति का आधार अहिंसा, पूँजी तथा श्रम, जमींदार तथा रैयत के सद्भावनापूर्ण सम्बन्ध हों।'

किसी निश्चित 'छाप तिलक' के समाजवादी न होने के कारण उन पर निरन्तर 'व्यक्तिवादी' होने के आरोप लगते रहे। इन आरोपों से उद्विग्न होकर 1939 में सुभाष बोस को एक पत्र में लिखा, 'क्या मैं समाजवादी हूँ या क्या मैं व्यक्तिवादी हूँ, क्या दोनों में अन्तर्विरोध होना आवश्यक है? मैं मानता हूँ कि स्वभाव और प्रशिक्षण के कारण में व्यक्तिवादी हूँ लेकिन बुद्धि मुझे समाजवादी बनती है। मैं विश्वास करता हूँ कि समाजवाद व्यक्तित्व की विशेषताओं को ना तो कुंठित करता है और ना उन्हें विकसित रहने देता है। मैं इसीलिए समाजवाद के प्रति आकर्षित हूँ कि उसके जरिए व्यक्ति असंख्य आर्थिक एवं सांस्कृतिक बन्धनों से मुक्त होता है। मैं एक हद तक खुद से और दुनिया से असन्तुष्ट हूँ।' सत्ता में आने के बाद नेहरू का अन्त:संघर्ष तीव्र और जटिल हो गया। एक पुरानी और अतीत की स्मृतियों से बँधे हुए देश को नये उद्योग, नई कृषि, नया अर्थशास्त्र और समाजवादी दृष्टि देने की सीमाएँ तो थीं ही, साथ ही विभाजन के क्लेश और निरपराध लोगों का रक्तपात, राज्यों का पुनर्गठन

संविधान निर्माण असंख्य लोगों की असंख्य इच्छाओं को समझने योग्य संवेदनशील व्यवस्था की स्थापना का काम जैसी चिन्ताएँ नेहरू को घेरे रहीं।

समाजवादी साथियों का धीरे-धीरे नेहरू से, उनकी नीतियों से मोह भंग होने लगा क्योंकि नेहरू गैर-बराबरी के विरुद्ध केवल बयानबाजी और दुख व्यक्त करते थे और एक लचीले मन वाले तानाशाह हो रहे थे। पार्टी और सरकार पर उनकी पकड़ मजबूत थी। उनके स्थापित विकास मिथक को तोड़ते हुए डॉ राम मनोहर लोहिया ने तीन आना प्रतिदिन का आंकड़ा बताकर नेहरू को संकट में डाल दिया था। संसद में समाजवादी लोहिया उनके मुख्य विरोधी और जन पक्षीय नीतियों के प्रवक्ता बन गए थे।

अपने शासनकाल में नेहरू कई मोर्चों पर बदलाव के संकल्पों को रूपाकार नहीं दे पाए लेकिन उनके कार्यकाल में एक कठोर और संवेदनशून्य नौकरशाही का जस-का-तस बने रहना सबसे अधिक चिन्ताजनक रहा। भाषा के मोर्चे पर अंग्रेजी अपने दबदबे को यथावत बनाए रही। शहर फलने-फूलने लगे। गाँव का न अँधेरा कम हुआ ना उदासी।

नेहरू काल का सबसे बड़ा सदमा चीन का आक्रमण था। आचार्य कृपलानी ने जिस पर नेहरू के इतिहास दृष्टि का मजाक उड़ाते हुए संसद में कहा था, "अध्यक्ष महोदय। हमारे प्रधानमंत्री बार-बार इतिहास बनाने की बात करते हैं जबकि चीनी भूगोल बना रहे हैं।"

नेहरू की यह पचासवीं बरसी है तब उन्हें औपचारिकतावश नहीं, प्रसन्नता, कृतज्ञता के साथ यह श्रेय तो देना ही है कि वे भारत को एक आधुनिक, प्रगतिशील, शक्तिवान आत्मविश्वासी राष्ट्र बनानेवाले प्रधानमंत्री रहे।

हज़ारों रोशनियों का सपना

मनुष्य की ज़िन्दगी की सबसे बड़ी जरूरतों में रोशनी सबसे बड़ी जरूरत है। रोशनी की जरूरत समझने के लिए चाहे हम अन्धकार को भी आवश्यक बताते रहें लेकिन ज़िन्दगी अँधेरे की सुरंग के पार देखना चाहती है जहाँ देखने और उत्सव मनाने के लिए बहुत कुछ है। रोशनी में सब कुछ नज़र आता है वे आपदाएँ और तकलीफ़ें भी जिनके पार जाना है जिनके कारण रास्ते रूके और हम अनुभव करते हैं कि 'परिवर्तन' आवश्यक है।

अँधेरे के पार जाना ज़िन्दगी का स्वभाव है, वह स्वार्थ नहीं है। इस स्वभाव के कारण अपने सघन अँधेरों के बीच मनुष्यों ने दुनिया को रोशनी, खुशहाली, समृद्धि के लिए प्रार्थना की है, कविताएँ लिखी हैं। प्रार्थना में लिखा है 'कामये दुख तप्रातां प्राणिमा आर्तिनाशनाम्।' (चाहता हूँ कि प्राणिमात्र की दुख मुक्ति हो) यह रोशनी के लिए ही प्रार्थना है। दुख के उन अँधेरों से मुक्त होने की चाहत जो मनुष्य को चलने आगे बढ़ने की हिम्मत देते हैं। दुख मुक्ति की इसी चाहत में इसी कवि ने संसार भर के प्राणियों की दुर्लभ कामनाओं को छोड़ने की घोषणा की है। लिखा है 'स्वर्ग भी नहीं चाहता राज्य भी नहीं और न पुनर्जन्म'।

लक्षित करें कि प्राणिमात्र के सन्ताप-रहित करने की कामना के लिए मनुष्य के मन में कितनी उत्कट कैसी बेचैन आकांक्षा है। जैसे यही मनुष्य होने का अर्थ हो। देखने की बात यह भी है कि वह किसी विशेष पुरुष या किसी साधु-संत, या कि आध्यात्मवादी की आकांक्षा नहीं है।

मेरी दृष्टि में दुनिया-भर के लोगों के मन में रोशनी का कोई ऐसा 'दिया' जलता है जो सबको प्राणिमात्र को सब तरह के दुखों के अँधेरों से मुक्त करना चाहता है। दरअसल करुणा की प्रकाश की नदी पर केवल बुद्ध का ही अधिकार नहीं है पूरे मानव-वंश का है। यह कार्य कोई चमत्कार नहीं है कि मनुष्य ने अनेक प्रकार के अँधेरों से संघर्ष किया है अनेक प्रकार के अन्यायों के विरुद्ध मोर्चे खोले हैं और रोशनी से दुनिया को आलोकित करने का सपना पूरा किया है।

यह भी रेखांकित किया जाना चाहिए कि अन्याय, विषमता और अधमताओं के अँधेरों से सेनाएँ ही नहीं लड़ी हैं, मामूली, रण-कौशल की सारी कलाओं से अपरिचित अकेला आदमी भी जीत हार की चिन्ता किये बिना लड़ा है।

नि:सन्देह हम सघन अँधेरों और दुखों से घिरे हैं लेकिन हमने उतने ही साहस से उन दुखों से मुक्त होने के प्रयत्न किये हैं। हमने बार-बार अपने समय के अँधेरों को, दुखों को समझने की कोशिश की है। हमने उनसे मुक्त होने के लिए उन्हें श्रेणियों में बाँटा है। गम्भीर लोगों ने उन्हें 'त्रय ताप' कहा है। इस आशय की एक चौपाई तुलसीदासजी ने 'रामचरित मानस' के उत्तरकांड में लिखी है जब 'राम राज्य' स्थापित हो चुका है—"दैहिक, दैविक, भौतिक तापा/रामराज मँह काहू न व्यापा"। ऐसा नहीं है कि इस चौपाई के माध्यम से तुलसीदास कोई 'काल्पनिक रामराज्य' या सामाजिक, राजनीतिक, आर्थिक, यूटोपिया बनाकर छोड़ देते हैं। वे उसका खुलासा करते हैं। उस राज्य की साफ-साफ उपलब्धियाँ बताते हैं। यह भी बता देते हैं कि कौनसे अँधेरे हैं और कैसी-कैसी रोशनी हो?

आगे वाली चौपाई में लिखा :

नहिं दरिद्र कोऊ दुखी न दीना।
नहिं कोऊ अबुध न लच्छन हीना।

इस प्रकार प्रकाश के अध्यात्मवादी अर्थ से अलग करता उसे सांसारिक अभिप्रायों से जोड़ता है। तुलसीदास की यह छोटी चौपाई उन व्यवस्थाओं की जरूरतों को भी समझाती है जिससे अयोध्या जनपद के नागरिक दरिद्रता, दीनता, दुख, विवेकहीनता और कुलक्षणों से मुक्त होते हैं। दरसल भारतीय इतिहास कवि तुलसीदास के पहले से लगा कर बाद वाले उन पाँच सौ वर्षों में सामन्तों, जातियों, सम्प्रदायों, धार्मिक कर्म-कांडों और अंध—विश्वासों से इस तरह रौंधा गया कि वह व्यवस्था-सम्बन्धी एक सपना और तारतम्य के बारे में कोई निर्णय करने की स्थिति में ही नहीं रहा। सबसे बड़ी दुर्घटना तो उन विदेशी आक्रान्ताओं के आक्रमण थे जिनका लक्ष्य देश को लूटना और मनोबल गिराना था। दुर्भाग्य से वे कामयाब भी हुए।

पराधीनता के इस काल में सब तरह के अँधेरे सघन होते गये। उपनिवेशवादियों ने अपार धन अपने-अपने देशों में भेजा। गाँवों के उद्योग चौपट हो गये, कृषि के उत्पाद सात समुद्र पार जाने लगे। अथाह दरिद्रता, दुख-दीनता, निरक्षरता, अपराध और अधमताओं ने मनुष्य होने की सारी गरिमा खंडित कर दी।

यह देखने की बात है कि अँधेरों की श्रृंखला में उस संत कवि को दरिद्रता (गरीबी) ही सबसे सघन अँधेरे के रूप में नजर आई है। अपने आराध्य के राज्य में कोई दरिद्र नहीं है यह बात वह सबसे पहले बताता है जिसके राज में प्रजा दुखी है उस राजा को 'नरक' भोगना पड़ता है। कह कर डराता, चेताता भी है। तुलसीदास दारिद्रय की यातना जानते हैं। अपना जीवन माँग-माँगकर खाते और मस्जिद में सो-सो कर काटा है (माँग के खाइबो, मसीद में सोइबो, लबेको एक न देवे को दोऊ)। दरिद्रता के बाद दुख और दीनता रहित गरिमापूर्ण जीवन की बात करते हैं।

अयोध्या का नागरिक न 'रोटी का याचक है और न गरिमा-रहित ज़िन्दगी जीता है' दीनता की या लाचारी की या सामाजिक प्रताड़नाएँ की। वह बुद्धिहीन नहीं है वह उचित-अनुचित का भेद जानता है और सब सुलक्षणों से सम्पन्न है।

ध्यान से देखें कि अयोध्या का यह वर्णन रोशनी के आयामों का मूर्त 'ब्लू प्रिंट' है जो किसी भी काल में किसी भी देश को अँधेरों से मुक्त करता चमकता है और जो अमूनन इस 'तमस', इसी कालिमा से निकलने के लिए देश एक बार फिर स्वतंत्रता का संघर्ष करने लगा। उसने संसार में गुलामी, गरीबी, अन्याय, विषमताओं के खिलाफ लड़े जानेवाले सशस्त्र युद्धों की परम्परा के बरक्स एक नैतिक जन-सत्याग्रह की तकनीक आविष्कृत की और औपनिवेशिक शक्तियों को परास्त कर दिया। युद्ध की उस मौलिक, मानवीय तकनीक के आविष्कारक मोहनदास—करमचन्द गांधी थे। मैं गांधीजी की उस पुरुषार्थ पूर्ण आवाज़ को हमेशा समझना चाहता हूँ जिसके आह्वान पर असंख्य लोग खड़े हो गये, किसी विजय जुलूस के लिए नहीं कारखाने, जेलखाने, नृशंसताएँ और जलियांवाला बाग जैसी क्रूर अधमता सहने के लिए।

यह सवाल भी वाज़िब है कि आखिर गांधी किसका आदमी था? किसका हिमायती? अहमदाबाद क्योंकि वह गाँव वालों का प्रतिनिधि था जिनके पास तन ढकने के लिए इससे भी कम कपड़ा था, के टेक्सटाइल मिल के मालिकों का या मजदूरों का? पूँजीपतियों का या 'प्रोलीतेरियत' का? मेरी दृष्टि से वह 'दरिद्रनारायण' का हिमायती था। वह 'ग्राम्य-स्वराज' का आदमी था। वह गाँव वालों को औपनिवेशिक शक्तियों द्वारा उजाड़े गाँव उन्हीं के सुपुर्द करना चाहता था। वह मानता था कि देश का राष्ट्रपति गाँव की दलित बेटी हो वह पंचम जार्ज से ढाई गज कपड़ा पहन कर मिला था। वह और उसके आश्रमवासी अपने पाखाने साफ करते थे। उसने अपनी टूटी चप्पलें गाठीं और दूसरों की चप्पलें बनाईं। वह सब प्रकार की प्रभुताओं से लड़ा, और अपने स्वधर्म को बचाते हुए मारा गया।

नि:सन्देह भारत का महाअन्धकार 'दरिद्रता' ही है जिसने दूसरे कई अँधेरे, अतिश्रय, अपराध और अवसाद के घेरे बनाए हैं। 'दरिद्रता' ने कई-कई तरह के अन्ध-विश्वास, अहंकार, अज्ञान और अनुदारता के दायरे फैलाए हैं। 'दरिद्रता' ने ही यह समझने नहीं दिया है कि हमारे गैर-बराबरी, विषमताएँ, कुपोषण, कुशिक्षा और अनेक तरह के सामाजिक, आर्थिक, राजनीतिक अन्याय 'ईश्वरीय' नहीं हैं और न वे अटल हैं। वे उस व्यवस्था का परिणाम हैं जिसने देश को अघाये हुए लोगों और भूखे, दरिद्रों के बीच बाँट दिया है।

उस अमानवीय लद्‌दड़ सामाजिक व्यवस्था का ही परिणाम है कि देश उच्चतम समतावादी दर्शन की पक्षधरता करते हुए असंख्य जातियों में बँटा हुआ है। ध्यान से देखें तो दरिद्रता और जाति का सघन रिश्ता बना है जिसने अपमान-अपकार्य के अँधेरों

का सनातन सम्बन्ध बना दिया है। जातियों के बड़प्पन ने मनुष्य के कर्म, प्रतिभा, बुद्धि, जिजीविषा को अलंघ्य श्रेणियों में बाँट दिया है। जाति और सामाजिक-कर्म का रिश्ता अटल है। इतना अटल कि न बड़ी जातियों को यह त्रासदायक लगता है कि जाति-दंभ के कारण उनका कितना 'अमानुषीकरण' हो गया है और न छोटी दलित जातियों के लोगों को यह प्रतीत होता है कि वे अन्याय की अकारण मार सह रहे हैं।

भारतीय समाज के अनेक लक्षित-अलक्षित अँधेरों के बीच पुरुष वर्चस्व में डूबी स्त्री का पराधीन जीवन अचर्चित ही है। पाँच सौ वर्ष पहले कवि तुलसीदास ने अत्यन्त उदास मन से स्त्री पराधीनता पर यह चौपाई लिखी थी 'केहि बिधि सृजी नारि जग माँही, पराधीन सपने हु सुख नहीं। (कौन-सी विधि से स्त्री की विधाता ने रचना की है? पराधीन को तो सपने में भी सुख नहीं मिलता)

डॉ. राममनोहर लोहिया ने भारतीय समाज की दो कटघरों से मुक्ति चाही है—वर्ण और स्त्री।

क्या भारतीय-समाज ने कट्टरता के कई कई अँधेरों से मुक्त होने का संघर्ष नहीं किया है? दरिद्रता, स्त्री, जाति, संस्थानिक धर्म और पंथवाद के विरुद्ध आक्रामक संघर्ष नहीं लड़े हैं? क्या तर्क, विज्ञान, प्रश्नानुकूलता, अंध-मतवाद के विरुद्ध शास्त्रार्थ की परम्परा नहीं रही है? क्या प्रकृति, सृष्टि, ईश्वर, जन्म-मरण के विषय में भारतीय मनीषा गहन विचार-विमर्श नहीं हुआ है? आशा की बात यह है कि हमारे पास 'सभ्य जीवन' को बचाने के प्रमाण हैं। यह बात अलग है कि हम सामाजिक क्रूरताओं और विषमताओं से निर्णायक मुक्ति हासिल नहीं कर सके।

किसी भी शक्तिशाली राष्ट्र की मुक्ति-यात्रा 'द्वंद्व' रहित नहीं होती, अच्छे, सभ्य, समतावादी समाज को कई अवरोधों से लड़ना पड़ता है। अकल्पित यातनाएँ भी आती हैं लेकिन अन्धकार की हार होती है। रोशनी के सहस्त्रों दीये जलते हैं।

जिन्हें रोशनी चाहिए

हमारी बहस का एक हिस्सा यह था कि सारा शहर, बाज़ार, छोटी-छोटी सड़कें, बड़े मन्दिर-मस्जिद, गुरुद्वारे और गिरिजाघर, अस्पताल और स्कूल रोशनी से जगामगा रहे हैं, लेकिन कुछ लोगों को अगर अँधेरा ही नज़र आता है तो उन्हें अपनी आँखों का इलाज़ करना पड़ेगा। यह किसी हद तक सच भी है। जहाँ समृद्धि की रोशनी पहुँची है वहाँ जिन्दगियाँ बदल गई हैं। कृष्ण से मिल कर जब सुदामा लौटकर आए थे तो पूछते फिरे थे, 'कहाँ गई मेरी टूटी टपरिया, द्वार बीच हस्ती बँधे'। (मेरा वह टूटा-फूटा घर कहाँ गया? यह क्या मेरा घर है जिसके दरवाजे पर हाथी बँधे हैं?) 1990 के बाद वाले वर्षों में जिन भाग्यवानों पर रिद्धि-सिद्धि प्रसन्न हुई उनके घर-द्वार बदल गये हैं और हाथी तो नहीं लेकिन हाथी जैसी उसके वाली नये-नये नामों 'ब्रेंडस' की कारें खड़ी हैं। सदा खुले रहनेवाले द्वार और बड़े-बड़े आँगन वाले घर वातानुकूलित बहुमंजिले अपार्टमेंटों में बदल गये हैं जिन्हें बेच-बेच कर 'बिल्डर्स' धन-कुबेर बन गये हैं। छोटे-छोटे कस्बे और शहर यूरोप के नगर बनने की होड़ में लगे हैं। वहाँ इतनी रोशनी है कि अमावस्या की तिथि ढूँढने के लिए पंचाग ही देखना पड़ता है। किसी समय यह अतिशयोक्ति अलंकार का लक्षण हो सकता था, अब एक जाना-माना यथार्थ है।

विकास और रोशनी की इस दिवाली में स्नान करनेवाले लोगों का मन बदल गया है। उनकी रोशनी का केन्द्र बाजार हो गया है। उनकी सन्तुष्टि और प्रसन्नता उन सब वस्तुओं में समा गई है जो ज़िन्दगी के लिए गैर-जरूरी हैं। यही लोग वस्तुओं में रोशनी देखते हैं और वस्तुओं से ज़िन्दगी का आनन्द और वैभव नापते हैं। वे अपने 'अपार्टमेंट' की रोशनी को ही सच मानते हैं। उन्हें लगता है कि उनका घर, बँगला, अपार्टमेंट जिस रोशनी में नहा रहा है उसी में पूरा देश नहा रहा है।

लेकिन यह रोशनी का सच नहीं है। तब रोशनी का सच क्या है? यह किन कसौटियों के आधार पर कहें कि देश चमक रहा है और समृद्ध हो रहा है?

मेरे पास दो प्रश्न हैं और वे रोशनी के 'सच' को जाँचने की कसौटियाँ हो सकती हैं। हमारा पहला प्रश्न यह हो सकता है कि क्या इस समृद्धि के चलते हिंसा के दायरे सिकुड़े हैं? क्या आखरी आदमी तक बेहतर ज़िन्दगी की उम्मीद पहुँची

है? क्या थके-हारे, शताब्दियों से गरिमापूर्ण जीवन के लिए तरसते स्त्री पुरुषों के लिए कोई खुशियों का सपना बचा है? क्या हमारे अर्थ-शास्त्र में कोई समानता का आदर्श नज़र आता है?

इन प्रश्नों का उत्तर देना कठिन नहीं लेकिन डरा देनेवाला है। हिंसा के सामान्य, छुट-पुट प्रसंग ही घटित नहीं हुए हैं देखते-देखते 'हिंसा की संस्कृति' फैल गई है और हमें अपना देश ही 'हिंसा की असंख्य वारदातों की जगह नज़र आने लगा है। सबसे चिन्ताजनक और भयावह यह हुआ है कि हम इस स्थिति पर यकीन करने लगे हैं कि हिंसात्मक उपद्रव के बिना कोई निर्णय नहीं हो सकता। इस मनोविज्ञान ने सामूहिक हिंसा और उत्पात के जगह-जगह कई इलाके खोल दिये हैं। हिंसा का दूसरा परिणाम यह निकला है कि सहिष्णु और शान्तिप्रिय लोग हिम्मत हार कर अलग-थलग पड़ गये हैं। अजीब बात यह है कि हिंसक और उपद्रवी लोग ही 'शान्ति कमेटियों' के सदस्य होते हैं। सभ्य और सौम्य जन-शक्ति का ग्राफ गिर गया है और जो लोग कानून की शक्ति और नागरिक सुरक्षा की बात करते हैं वे डरपोक, कायर, भगौड़े और नामर्द माने जाते हैं।

दुर्भाग्य से हिंसा में ही नहीं हिंसा की वैचारिकी में भी लोगों को रस मिलने लगा है जिसका मुख्य स्रोत 'लालच का अर्थशास्त्र' है। इसे कई नामों से जाना जाता है—वैश्वीकरण (ग्लोबेलाईजेशन), निजीकरण (प्राइवेटाइजेशन), उपभोक्तावाद (कंज्यूमरिज्म), बाजारवाद, विकास (डवलपमेंट), प्रगति (प्रोगेस), उदारवाद (लिब्रेलाइजेशन), आर्थिक अभ्युदय (एकोनोमिक ग्रोथ)। इन सब शब्दों का मतलब एक ही है, एक 'व्यक्ति-केन्द्रित समाज बनाना और सामाजिक सरोकारों के लिए बंजर भूमि तैयार करना, लूट, शोषण, अपरिमित संचय की इज्जत बढ़ाना'।

नये और मुनाफे खोरी के अर्थशास्त्र ने 'विकास' जैसे लोकमंगलकारी शब्द के अर्थ बदल दिये हैं। तीसरी दुनिया की सरकारों ने यूरोप और अमेरिका के आर्थिक ढाँचों और नमूनों को अनुकरणीय मान कर विदेश की अनाप-शनाप पूँजी को अपने अपने देशों में आने के दरवाजे खोल दिये हैं। लालच के असंख्य दरवाजे खुल गये हैं। गांधी ने दुख के साथ कहा था, 'मैं तुम्हारी जरूरतें तो समझ सकता हूँ लेकिन तुम्हारे लालच को नहीं।' व्यक्ति के इन्हीं लालची इरादों को अब पराक्रम और प्रगति की सर्वोपरि इच्छा कहा जाता है। विकास और प्रगति की होड़ वाले समाज ने तरह-तरह की हिंसा को जन्म दिया है।

यह तथ्य देखने जैसा है कि हिंसा के सौदागरों ने अपनी पक्षधरता और कीर्त्तन के लिए जबरदस्त 'मीडिया' विकसित कर लिया है जिसका काम अवास्तविक दुनिया दिखाना है। मीडिया भविष्यवाणियों, भाग्य और भय की तस्वीरे बताता है और हिंसा, अपराध तथा अश्लीलता की दुर्घटनाओं को 'जनता माँग' कहकर प्रयोजित करता रहता है।

दलित, स्त्री, अल्प-संख्यक, आदिवासी गरीब, हिंसक अभिजात्य और प्रभु-वर्ग का केन्द्र है। हजारों किसानों ने अच्छे दिनों की आशा का सपना देखते-देखते आत्महत्या कर ली है।

रोशनी के इसी छदम को उजागर करने के लिए हमारे कवि मित्र स्व. मिलापचन्द 'राही' ने लिखा 'दीप इतने जलाए गये रोशनी और कम हो गई।'

हिंसा के आँकड़े बताते हैं कि निरंकुश, आत्म-केन्द्रित प्रभु-वर्ग और लालची मध्य-वर्ग पूँजी-विस्तार के सार्वजनिक विकल्पों का रास्ता रोक कर बैठ गया है। बहुजन की शिक्षा, स्वास्थ्य, सड़क, पानी, बिजली, निजी क्षेत्र के मुनाफे खोरों और दलालों के हाथ में चली गई है। ये मुट्ठी भर लोग समृद्धि, रोशनी, निर्बाध पूँजीवाद और वैश्वीकरण, निजीकरण की वकालत कर रहे हैं।

रोशनी, समृद्धि, विकास का अंधाधुंध प्रचार करनेवाले अभिजन वर्ग से यह सवाल पूछा जाना चाहिए कि यदि वास्तव में रोशनी फैली है तो देश के प्रभु वर्ग और वंचितों के बीच आर्थिक, सामाजिक, सांस्कृतिक फासले कम हुए हैं? क्या सवर्ण और दलित, औरत और मर्द, अमीर और गरीब, हिन्दू और गैर-हिन्दू के बीच रिश्तों में नफ़रत की कोई कमी हुई है? क्या नागरिकों के बीच संवेदना के पुल बने हैं और वर्गों के बीच समता और सहिष्णुता के लिए काफी जगह बनी है? हमारे शहरों की खौफनाक और असुरक्षित ज़िन्दगी के बारे में उस स्त्री ने कहा था कि उसे किन्हीं दूसरों से नहीं अपनों से ही डर लगता है।

सामाजिक रिश्तों के बीच की तीव्र कड़ुवाहट और नफ़रत उड़ीसा की नन सिस्टर ललित बरवा के उस वृत्तान्त से जाना जा सकता है कि जिसमें वह कहती है 'जब मैं थोड़ी देर के लिए उन दरिन्दों से छूट कर भागी तभी मैंने ढूँढती भीड़ की आवाज़ें सुनी—आओ, हम उसके साथ समूह-बद्ध होकर बलात्कार करें। कम-से-कम सौ मर्दों को उसके साथ संभोग करना चाहिए'। द्रौपदी के निर्वस्त्र किये जाने से विक्षुब्ध होनेवाले सज्जनों को सिस्टर ललित बरवा का दिल्ली में दिया यह बयान कैसा भी लगे लेकिन यह उन पतन की क्रूरतम स्थितियों में से एक है जहाँ हमारे रिश्ते पहुँच गये हैं।

यह गौरतलब है कि अरब-खरब पति होने की तीव्र इच्छा ने सब तरफ, सबके मनों में प्रतिस्पर्धा और हीनता की भावनाएँ भर दी हैं और एक पूरा समाज आत्म-हीनता के भाव से सिकुड़ गया है। ऐसे समाज में उदासीनता, एक दूसरे के प्रति नफ़रत, संवाद-हीनता और लालच की खेती हो रही है। एक सम्पन्न, समृद्ध और प्रसन्न ज़िन्दगी सहज रिश्तों के लिए भटक रही हे। इस भटकाव में हिंसक और संकीर्ण सम्प्रदायवाद एक तसल्ली देनेवाले विकल्प की तरह उभरा है जिसका परिणाम है कि सब तरफ कल्पित शत्रु नजर आने लगे हैं हिन्दू को मुसलमान, मुसलमान को ईसाई, ब्राह्मण को दलित, शहरी को ग्रामीण, मालिक को मजदूर बड़े को छोटा,

अधाये को भूखा और इन सामाजिक विषमताओं के कारण उपजे शत्रुओं से लड़ने के लिए धर्म-नेताओं के अखाड़े, मीडिया के पूँजीपतियों द्वारा खरीदे 'चैनल' अखबार रात-दिन काम करते हैं। हमें रोज यह अनुभव होता है कि हम अपराधी समाज में जी रहे हैं और अविश्वास की दुनिया से घिरे हैं। इस अकेलेपन के अनुभव में वे सारे सम्बन्ध टूटते जाते हैं जो हमें शक्ति देते हैं।

यह समझना बहुत आवश्यक है कि हिंसा और मानवीय रिश्तों से टूटी हुई रोशनी का तिलस्म जल्दी ही बिखर जाता है। इस बीच जो घटित होता है वह न वास्तविकता को देखने देता है, न दुर्भाग्य को, न अँधेरे को। दरअसल, इस समृद्धि की छद्म रोशनी में बसते हुए लोगों में विषमताओं के अँधेरों को देखने का साहस नहीं होता। वे यह देखना-सुनना नहीं चाहते कि बहुसंख्य देशवासी तरह-तरह के अँधेरों में बैठे और बेजुबान हैं। वे जब बोलेंगे तभी वास्तविक रोशनी का उल्लास फूटेगा।

अन्दर-बाहर का उजास

हमारा मन लगातार प्रकाश ढूँढ़ता रहता है। संत हँसते हैं और कहते हैं कि ढूँढ़ने की जरूरत ही क्या है यह तो तुम्हारे ही पास है। तुम प्रकाश का हिस्सा हो। रोशनी का प्रकाश तुम्हारे अन्दर ही है। इस दीवानगी को समझाने के लिए वे कस्तुरी-मृग की उपमा देते हैं। अपनी नाभि में बसी असीम सुगंध वाली कस्तूरी को छोड़कर पूरे जंगल की घास को सूँघता फिरता है हिरण। कबीर ने 'कस्तूरी-मृग' को भारतीय मन की जटिल मनोग्रंथि समझाने के काम में ही लिया है। भारतीय मन की जटिल मनोग्रंथि क्या है? शायद यह कि प्रकाश अन्दर चाहिए है कि बाहर? कौन-सी दुनिया आबाद की जानी चाहिए अन्दर की या बाहर की? अन्दर की पवित्रता महत्त्वपूर्ण है कि बाहर की? आराधना का निर्गुण स्वरूप यही है या सगुण? निर्गुण और सगुण का द्वंद्व भारतीय जीवन में बार-बार और कई तरह से उभरकर आता है—भीतर और बाहर के प्रकाश का चुनाव की प्राथमिकता भी इसी का एक रूप है। हमारे लिए दोनों दुनिया को प्रकाश से जगमगाना हमेशा कठिन रहा है। यह एक प्रकार से आत्मा और शरीर का झगड़ा भी है। प्राय: हमने शरीर को इस झगड़े में हार जाने दिया है और आत्मा को श्रेष्ठ बनाने के लिए अनेक रास्ते निकाले हैं। आत्मा कैसे प्रकाशित होती है और प्रकाशित हो जाने के क्या लक्षण हैं, इसके बारे में हमारा ज्ञान प्रामाणित और सार्वजनिक नहीं है तब भी आत्मा को प्रकाश में भरने की प्रतिज्ञाएँ करते हैं। शरीर को इसी क्रम में अकिंचन और उपेक्षणीय मान लिया गया है और तपस्या के लिए उसके दमन की सबसे बड़ी आवश्यकता मानते हैं। शरीर का रूपक कविता भाषा में बाँधे तो वह एक किराया का मकान है जो हमें छोड़कर जाना है, हमारा नहीं है। नश्वरता की असहनीय स्थिति से हम उसके साथ बँधे हैं। शरीर के साथ हमारे दुर्व्यवहार का एक बड़ा कारण उसका खत्म होना है, उसकी नश्वरता या कि कि बँधी बँधाई आयु सीमा। बाहर की दुनिया का प्रतीक शरीर है। दुनिया के साथ हमारे संशयशील व्यवहार का कारण उसका बदलना और नश्वर हो जाना है। मनुष्य स्वभाव की विचित्रता यही है कि यह न बदलनेवाले, अनश्वर का महिमा मंडन करता है। संतों ने 'अविनाशी', कभी खत्म न होनेवाले की बंदना की है। मीरा

के किसी पद में यही आग्रह है 'अरे मन' उन चरण कमलों का स्मरण कर जो 'अविनाशी' है क्योंकि जो कुछ भी 'धरणी-गगन' के बीच नजर आता है वह सब उठ जानेवाला है। यह संसार 'कागज की पुड़िया' है, बूँद पड़ते ही गल जानेवाली या कि बाजार जो संध्या तक उठ जाएगा, इत्यादि'। यह भीतर-बाहर का खेल हमारे मन में शंकाएँ उपजाता रहता है और नतीजा यह निकलता है कि हम बाहर की उसी दुनिया से भागते रहते हैं जिसके साथ हम चौबीसों घंटे रहते हैं। उसी दुनिया को अँधेरे के हवाले कर देते हैं जिसके साथ हम त्रिकाल में बँधे हैं। बाहर की दुनिया दरिद्रता, अँधेरे और अराजकता के बीचोंबीच भटकती है लेकिन हम भीतर की आत्मा की अमूर्त दुनिया को प्रकाश से भरने की चिन्ता करते हैं हर बार हमें यह विचार करना चाहिए कि हम भीतर यानी अपने मन की हलचल देख रहे हैं या कि भीतर कैद हो रहे हैं, सिमट रहे हैं। भीतर देखने और भीतर सिमटने के भेद को पहचाननेवाले भीतर बाहर की दुनिया को बाँट-बाँटकर देखने के खतरों को जानते हैं। वे दुनिया की रोशनी को भीतर बाहर तोड़-तोड़कर विभाजित नहीं करते। ध्यान से देखें तो दुनिया इस तरह बनी ही नहीं है—भीतर की और बाहर की, शरीर की और मन की, लौकिक और अलौकिक। अब दुनिया मनुष्य की है, मनुष्य का ही शरीर है और उसी की आत्मा, मन, बुद्धि, विवेक है तब सम्पूर्ण मनुष्य के लिए प्रकाश है, भीतर के लिए भी और बाहर के लिए भी। अब यह जैविक विज्ञान ने सिद्ध भी कर दिया है कि शरीर और मन एक ही तंत्र में बँधे हैं। वे एक दूसरे पर निर्भर है,...इन्हें अलग-अलग कर दिया था, अलग-अलग स्वामियों के अधीन। चन्द्रमा मन का स्वामी था, मृत्यु के बाद मन अपने देवता के पास चला जाता था। अब न मन तन के बिना रह सकता न तन मन के बिना। दरसल हम भीतर सिमट गए हैं इसलिए बाहर के अँधेरे से लड़ने का साहस नहीं करते। प्रकाश सब का सब हमें, मुझे ही मिलना चाहिए, सब सुख और सम्पदा मुझे ही, पद-प्रतिष्टा भी मुझे ही। मैं विष्णु हूँ लक्ष्मी को मेरे पैर दबाना चाहिए। जब व्यक्ति कछवे की तरह सिमटने लगता है तब पूरी-की-पूरी नदी अपने लिए ही माँगता है। जब तक हम दूसरों की आँखों, दूसरों की विपदाओं से दुनिया को नहीं देखते हम बाहर का दारिद्य, कुरूपता, बाहर की दरारों वाली, लक्ष्मी विहीन दुनिया नजर नहीं आती। हम अपनी ही समृद्धि के प्रकाश के लिए प्रार्थना करते हैं। दुनिया के लोग अनेक तरह के अँधेरों में जीते हैं। अनेक तरह से संगठित होकर अपनी अपनी अँधेरी दुनिया में रोशनी लाने की कोशिश करते हैं। कभी-कभी कामयाब कोशिश, कई बार नाकामयाब कोशिश। अब अँधेरी दुनिया के लिए संघर्ष देवताओं से नहीं होता, मनुष्यों से होता है। संघर्ष सीता या द्रौपदी के लिए भी नहीं होता पेट्रोल के लिए होता है, व्यवस्थापकों से होता है। लेकिन क्या बाहर की चमकती दुनिया, अपार रोशनी वाली शहरों की सड़कें, बेशुमार भागती कारें और

सुख-समृद्धि के सपनों का विश्वास दिलाते लोग विश्वसनीय हैं? कुछ दिन पहले मैंने एक कविता-गीत में लिखा था—'रोशनी वाले शहर के बीच, कौन गायब हो गया रख लाश'। बाहर की रोशनी का दंभ करनेवाली इक्कीसवीं सदी बेरहम लोगों की है। भीतर की सूखती संवेदनाओं के अँधेरे का मुकाबला करने के लिए वे अनन्त रोशनी का शामियाना लगाए हैं और गरीब देशों के बाजारों को उधार की रोशनी से चमका रहे हैं। हमारी दुनिया को संवेदना की तरल और विषमता रहित दुनिया के खुले बाजारों की लक्ष्मी और उजास की कामना करनी चाहिए।

अव्यवस्थित बदलाव की आलोचना

मूल्य-संक्रमण के दौर में पुस्तक डॉ. सदाशिव श्रोत्रिय के लेखों का संग्रह है। पुस्तक में हमारी जिन्दगी के त्वरित बदलावों से सम्बन्धित उन्नीस लेख हैं। वे एक दशक पहले लिखे गये हैं, जिनमें से अधिकांश 'राजस्थान पत्रिका' के 'रविवारीय परिशिष्ट' में छपे तब उसके प्रभारी वरिष्ठ साहित्यकार मनोहर प्रभाकर थे।

कुछ समय पहले डॉ. सदाशिव ने बहुत आग्रह के बाद, इन्हें मुझे पढ़ने के लिए दिए थे, जिन्हें एक साथ पढ़कर मैं नागरिकों और प्रबुद्धजनों की अपनी और समाज की जिन्दगी में व्यापक उलट-फेर के प्रति उदासीनता और उपेक्षा देखकर सहम गया। मैंने चाहा कि लेखक की इन चिन्ताओं के साथ नागरिक समाज की सहभागिता हो। मैं प्रसन्न हूँ कि डॉ. सदाशिव के वे आलेख पुस्तकाकार होकर आ गए हैं। एक कवि, शिक्षक, संस्कृति-कर्मी, लेखक की इन चिन्ताओं को हमें सहृदयता और सौन्दर्य-बोध का विस्तार देने के रूप में ही पढ़ना चाहिए।

लेखक की ये चिन्ताएँ क्या है? भूमिका में उनके बारे में कुछ खुलासा है। लिखा है, 'लोगों की आत्म-केन्द्रियता में निरन्तर वृद्धि ने सर्वाधिक ध्यान आकर्षित किया। मैंने देखा कि देश, संस्था, परिवार, नगर, समाज, प्रकृति, पर्यावरण आदि किसी भी कीमत पर अपनी ही प्रगति अब अधिकाधिक लोगों का लक्ष्य बनती जा रही है। उपभोक्ता संस्कृति के प्रचार-प्रसार ने अधिकाधिक वस्तुओं के उपभोग को ही श्रेष्ठता का मापदंड बना दिया है। इसलिए मितव्ययिता, सादगी, त्याग आदि अवधारणाएँ अब लोगों की समझ से बाहर होने लगी हैं। दृश्य-मीडिया अब धड़ल्ले से अधिक हिंसा व अश्लीलता का प्रदर्शन कर रहा है। शिक्षित होने का अर्थ अब बेहतर इनसान बनना न होकर अधिक पैसा कमाने मे समर्थ होना रह गया है। समाज में भ्रष्टाचार, अनुशासनहीनता अधिक ग्राह्य होने लगी है। हमारे पारम्परिक मूल्यों का यह संक्रमण ही मेरे अधिकांश लेखों की पृष्ठभूमि है।'

डॉ. सदाशिव के इन विवेकपूर्ण विचारों के साथ पाठकों को इस तथ्य से सहमत होने में भी संकोच नहीं होगा कि परिवर्तन की जिस तेज आंधी मे हम फँस गए हैं, उसने हमारे निर्णय, हमारे चुनाव, हमारे मूल्य बोध, हमारी रुचि-अरुचि के लिए कोई जगह नहीं छोड़ी है। परिवर्तन के जिस मॉडल को हमने चुना है, वह पश्चिम

का करुणारहित आर्थिक व्यक्तिवाद है, जिसे सदाशिव ने अच्छी तरह लक्षित किया है और 'आत्मकेन्द्रिता' कहा है। लेखक बार-बार अपने आलेखों में 'आत्मकेन्द्रिता' की वृद्धि की ओर इशारा करते हैं, जिसके बीज या तो सामन्ती संस्कृति में हैं या पूँजीवादी-संस्कृति में, लेकिन जिसका विश्लेषण उन्होंने नहीं किया है। ऐसे कईं आलेख हैं, जो भिन्न-भिन्न सामाजिक स्थितियों, प्रसंगों, विषयों पर हैं, जिनकी तरफ हमारा ध्यान नहीं जाता। उदाहरण के लिए अठारहवें आलेख—'पुत्रों न स्तोतव्य' को देखें। चाणक्य के इस सुभाषित का अर्थ है—'अपने मुंह से पुत्र की प्रशंसा मत करो'। भारतीय संस्कृति में आत्म-प्रशंसा की सारी चेष्टाओं को निन्दनीय माना है। सदाशिव ने परिवारों में वेग से फैलते हुए इस दुर्गण को लक्षित किया है। उन्होंने अपने इस आलेख में पुत्र की प्रशंसा के बहाने 'आत्म प्रशंसा' की निन्दा ही की है, साथ ही यह परामर्श भी दिया है कि उत्साहवर्धन के लिए करी जानेवाली प्रशंसा को अतिशयोक्तियों से बचाया जाए।

प्रशंसा करने और सुनने के इस सहज लालच के कारण 'आलोचक समाज' न बन पाने का वाजिब डर लेखक रेखांकित करते हैं, जबकि कबीर ने कभी कहा था 'निन्दक नियरै राखिये'।

अपने गृह-नगर श्रीनाथद्वारा की छिन्न-भिन्न होती आस्थाओं और बढ़ती व्यवसायोन्मुखिता और अस्वच्छता पर गहन चिन्ता तथा विकलता से लिखे दो आलेख, 'बाजार में बदलता एक वैष्णव तीर्थ', 'पावन तीर्थ : अपावन गलियाँ' पठनीय हैं। दोनों लेखों में लेखक ने इस भक्ति-नगर के सांस्कृतिक-प्राकृतिक ऐश्वर्य पर उपभोक्ता-संस्कृति के चारों तरफ से होनेवाले आक्रमण का त्रासद वर्णन किया है। इसी प्रकार नष्ट होती शुचिता और स्वच्छता के लिए लापरवाह नागरिकों को कर्तव्यबोध कराया है।

'पावन नगरी : अपावन गलियां' शीर्षक लेख का सख्त शब्दों में अन्त होता है, इस नगर के निवासियों को, मन्दिर मंडल को, यहाँ कार्यरत संस्थाओं को और राज्य सरकार को श्रीनाथजी के प्रति श्रद्धा प्रकट करने के प्रथम उपाय के रूप में इस नगर को स्वच्छ व सुन्दर बनाने का हरसम्भव उपाय करनाा चाहिए। जब तक लोगों में श्रीनाथ मन्दिर के विस्तारस्वरूप नगर को साफ-सुथरा और पवित्र बंनाए रखने की इच्छा जाग्रत नहीं होती, तब तक उन्हें शायद सच्चे अर्थों में वैष्णव नहीं कहा जा सकता।'

सामाजिक-सांस्कृतिक जीवन बदलने में शिक्षा और भाषा कितनी महत्त्वपूर्ण भूमिका रखती है, इससे 'मूल्य संक्रमण के दौर में' के लेखक सुपरिचित हैं। आजादी के दिनों में मेकॉले की शिक्षा-पद्धति और भाषा-व्यवहार की हमारे राजनेताओं ने उग्र आलोचना की है। गांधी-विचार में अंग्रेजी शिक्षा और भाषा बदलाव का जबरदस्त आग्रह रेखांकित है। उन्हीं चिन्ताओं और इधर के शिक्षा संस्थानों के अनियंत्रित

विस्तार और व्यावसायीकरण को लेकर सदाशिव ने चार लेख लिखे हैं। चारों लेखों में शिक्षा के मूल लक्ष्यों के विलुप्त हो जाने का अफसोस और फिक्र है। जिस तथ्य से लेखक संबसे अधिक डरे हुए हैं, वह शिक्षा की 'प्रयोजनहीनता और अनियंत्रित विस्तार' है। उन्होंने 'उच्च शिक्षा की विसंगतियों' लेख में लिखा है, जब तक हमारी आवश्यकताओं एवं हमारी परिस्थितियों के अनुकूल उच्च शिक्षा का सुनियोजित विस्तार नहीं होता, तब तक हमारे अधिकांश कॉलेज सार्वजनिक धन के अपव्यय के साधनों के अलावा कुछ नहीं बन पाएँगे। वे भारी पूँजीवादी-निवेश के बावजूद श्रेष्ठ एवं देश के गौरव बढ़ानेवाले व्यक्तियों का निर्माण नहीं कर पाएँगे।'

हिन्दी भाषा के बहुविवादित प्रश्न पर लेखक न तो उग्र होते हैं, न उत्तेजित, बल्कि एक धीर-मति विद्वान की तरह वे उसे अधिकांश देशवासियों द्वारा बोली-समझी जानेवाली भाषा के रूप में लक्षित करते हैं 'राष्ट्र-भाषा का प्रश्न' वाले लेख में उन्होंने अंग्रेजी की तुलना उस 'अप्राकृतिक पेड़' से की है, जिसकी जड़ें इस देश के बाहर हैं।' इसकी उपस्थिति हर उस भाषा-वृक्ष के विकास में बाधक है, जो जीवंत रूप में इसी देश से जुड़ा और इसी देश की जलवायु की उपज है।'

सदाशिव भाषा के साथ प्रगाढ़ भावनात्मक रिश्ते की बात करते हैं, जिसे इधर संवेदनाहीन व्यपारवाद के वैचारिक-विमर्श में नजरंदाज किया जाने लगा है। उन्होंने लिखा, 'किसी भाषा और उसके बोलनेवालों के बीच सम्बन्ध शरीर और वस्त्र का न होकर शरीर व त्वचा का होता हैं भाषाएँ कमीज नहीं हैं, जिनमें से एक को उतारकर आसानी से दूसरी पहनी जा सके। भाषा अभिन्न रूप से उसे बोलनेवालों के समूचे इतिहास तथा उनकी सामाजिक-सांस्कृतिक विशेषताओं से जुड़ी रहती है, इसलिए किसी देश का काम कभी पूरी तरह किसी विदेशी भाषा से नहीं चल सकता।' (राष्ट्रीय सम्पर्क भाषा हिन्दी, पृ. 30)

पुस्तक का सबसे लम्बा और केन्द्रीय आलेख 'बढ़ती आत्मकेन्द्रिता और हमारा समाज' है। लेखक ने आत्मकेन्द्रिता का अर्थ बताते हुए उसे 'व्यक्ति में उदात्त भाव और मानव मात्र के प्रति व्यापक संवेदनशीलता का अभाव' कहा है। ऐसा व्यक्ति 'अपने लिए एक ऊर्ध्वगामी व भविष्योन्मुख जीवन के स्थान पर अल्पकालिक ह्रासोन्मुख जीवन का चुनाव करता है।'

आत्मकेन्द्रिता के कारणों पर विचार करते हुए उन्होंने लिखा है, 'हमें लगता है कि हमारा समाज अचानक एक विश्वव्यापी उपभोक्ता संस्कृति की गिरफ्त में आकर अपनी उस सांस्कृतिक परम्परा से कट गया है, जो त्याग, सादगी, परमार्थ और कर्तव्यपरायणता पर अत्यधिक बल देती थी।' इस कारण के अतिरिक्त भोगवादी दृष्टि, अर्थ-केन्द्रित सामाजिक-रचना, परिवारों का विघटन, पारिवारिक रिश्तों की टूटन; व्यक्ति स्वार्थ की सर्वोपरिता, जनसंख्या वृद्धि और राजनीति की वर्तमान भूमिका को आत्मकेन्द्रिता बढ़ाने के कारणों में गिनाया है।

समाज-रचना के स्थायी उपकरणों में लेखक मानते हैं कि 'श्रेष्ठ समाज वही हो सकता है, जिसमें उदारता व सार्वजनिक हित के मूल्य प्रतिष्ठित हों।' यह निश्चित है कि उदात्त जीवन-मूल्य ही समाज को बचा सकते हैं, लेकिन एक क्षुधित और अघाए हुए विभाजित समाज में श्रेष्ठ, उदार जीवन-मूल्यों को बचाने का काम कितना दुष्कर और लगभग असम्भव है, इसका उदाहरण भारतीय समाज है, जहाँ संचय की अकल्पित तृष्णा पैदा हो गई है और श्रेष्ठ जीवन-मूल्यों का तिरस्कार सहज स्वीकृति पा गया है। आत्मकेन्द्रिता के कारण ढूँढ़ने में डॉ. सदाशिव थोड़े और गहरे पानी में उतर सकते थे।

'मूल्य-संक्रमण के दौर में' का अन्तिम और भाव-प्रवण लेख है 'अब कहाँ वह प्रेम की रंगत'। यह लेख सदाशिव घायल लैला के कथन से शुरू करते हैं, जिसे निजामी अन्तिम क्षणों में मजनूं के पास ले जाते हैं और जो अपने प्रेमी से दस कदम दूर पर ठिठककर कहती है, 'मेरे आगे बढ़ने की सीमा यहीं तक है। मैं इस वक्त एक जलती हुई मोमबत्ती हूँ। मैं खुद पिघलकर खत्म हो जाऊंगी। प्रेम करनेवालों के लिए बहुत ज्यादा नजदीकी अन्त का कारण बन जाती है और इसलिए प्रेमियों को एक-दूसरे से दूर ही रहना चाहिए। बीमार रहना बेहतर है, बनिस्बत आगे चलकर इलाज की वजह से शर्मिंदा होने के।' लेखक अशरीरी प्रेम को रोमांचक अनुभूति की तरह प्रतिष्ठापित करते हैं और इस तथ्य से खिन्न भी हैं कि 'रूहानी इश्क' के वे दिन खत्म हो गए। उन्होंने एक बौद्धिक के रूप में प्रेम के 'आध्यात्मिक रूप' के समाप्त होने के कारणों की तलाश की है। उन्होंने लिखा है, 'व्यावसायिक व भौतिक मूल्यों के हमारे समाज पर इस तरह हावी हो जाने के कारण वह अब किसी प्रकार की कल्पनात्मकता, काव्यात्मकता, मिथकीयता, रहस्यमयता या अलौकिकता के अनुकूल नहीं रह गया है।'

भविष्य का साहित्य

साहित्य के सम्बन्ध में हम अक्सर इस विचार से प्रभावित होते हैं कि साहित्य का भविष्य उसके लिखे जाने में निहित है, यानी उसे कालखंडों में बाँटना अनुपयोगी और इसके महत्त्व को कम करना है। साहित्य की शाश्वत प्रकृति से न केवल लेखन बल्कि पाठकों का एक बड़ा समूह भी दबाव में रहता है। एक दृष्टि से यह सत्य भी है कि हम किसी योजना या परिणाम या कि भविष्य के अन्तर्गत लेखन का काम नहीं करते। किसी बड़े अभिप्राय में ही वह प्रायोजित कर्म होता है। इस अभिप्राय में कि हम लिखने के कारण जानते हैं जिससे हम भावावेगों से मुक्त ही नहीं होते बल्कि भविष्य का अनुमान लगाने की ताकत जुटा पाते हैं। मेरी दृष्टि में साहित्य के लिए यह कहना उसके महत्त्व को कम करना नहीं है कि वह हमें भविष्य के बहुत से रहस्य, बहुत सी जटिलताएँ समझने देता है जो हमारी संवेदनाओं की दुनिया में उलझी-सुलझी होती है; जिसे बाहर निकालकर देखना हमें डराना और असुरक्षित छोड़ जाना है। उदाहरण के लिए अब मैं समझता हूँ कि अपनी मर्यादाओं में बँधी सीता के लिए भवभूति न केवल करुणा की भूमि तैयार करते हैं बल्कि पुरुष होने, राम होने के दर्प को भी तोड़ते हैं जो कई सदियों के बाद स्त्री-पुरुषों का बराबरी का बेचैन सवाल बनता है।

यह ध्यान देने की बात है कि इन दिनों यह अनुभव किया जा रहा है और कहा भी जा रहा है कि साहित्य-रचना का काम लगातार कठिन होता जा रहा है यह इस बात का संकेत है कि जिन्दा समाज के लिए साहित्य लिखा जाता है उसमें कुछ ऐसे परिवर्तन आ रहे हैं जो चिन्ताजनक हैं और साहित्य को गैर-जरूरी मानते हैं। विचारणीय है कि क्या जीवन, साहित्य और भविष्य का रिश्ता टूट गया है? जरा इस पर विस्तार से चर्चा करें।

वास्तव में हम विभिन्न प्रकार की जीवन शैलियाँ विकसित करनेवाली सभ्यता और संस्कृति की दुनिया में आ गए हैं। कुछ परिवर्तन तो ऐसे हुए हैं जिन्हें हम 'चमत्कार' ही कह सकते हैं और जो हमारे देवताओं के वश में थे। अब पृथ्वी, आकाश और समुद्र की परिधियों को पार करना किसी तिलिस्म या जादू का हिस्सा नहीं है और ना इसके लिए किसी देवता को प्रसन्न करने का अनुष्ठान करने का है।

आवश्यकता है बाहरी दुनिया, इसकी व्यवस्था, तंत्र, सरकारें, उनके लालच और स्वार्थ, विषमताएं, उसके कारण और उनसे मुक्त होने के उपाय जैसे हमारी समझ में आने लगे हैं, वैसे ही हम मन की गाँठे, घमंड, विकृतियों और उन्माद, पागलपन और जल्दबाजी, दुचितापन और चालाकियाँ को भी समझने लगे हैं।

लेकिन इतना ही नहीं हुआ है; हुआ यह भी है कि सम्पत्ति अर्जित करने के हजारों तरीके निकल आए हैं और उन्होंने जिस अर्थतंत्र को विकसित किया है उससे सामाजिक, नैतिक प्रतिमान लुप्त हो गए हैं। जिस औद्योगिक क्रांति का ढाँचा 19वीं सदी में तैयार हुआ था और जिसमें से परम्परावादी देश के लिए कुछ रोशनी फूटती नजर आती थी वह 21वीं सदी में पहुँचते-पहुँचते इतना बदल गया है कि उसकी पुरानी पहचान, पुराना चेहरा ढूँढ़ना फिजूल हो गया है। जिसके हाथ में नई टेक्नोलॉजी है—जिसका चेहरा निर्वैयक्तिक और वस्तुओं के उत्पादन से जुड़ा है—वहाँ मनुष्य का विचार करना उत्पादक प्रक्रिया है। सम्पदा ही शक्ति है और वह सब लोगों की जरूरत है इसीलिए उसे वैध और अवैध, नैतिक और अनैतिक अच्छी और बुरी श्रेणियाँ में रखकर नहीं समझ जाना चाहिए। उसे जरूरत और सच्चाई की तरह मान लिया जाना चाहिए।

अर्थ की ताकत को जो नई 'शक्ति' के रूप में स्थापित किया जा रहा है उसमें मनुष्य का उत्पादक-रूप गायब हो गया है। एक अमूर्त होती उत्पादक व्यवस्था में वस्तुओं के साथ हमारा सिर्फ उपभोक्ता का रिश्ता रह गया है।

जाहिर है कि वस्तुओं का कोई भविष्य नहीं होता इसीलिए उपभोक्तावादी अर्थतंत्र के साथ हमारी रुचि वर्तमान के बहुत थोड़े हिस्से तक बँधी रहती है। समय का यह थोड़ा सा हिस्सा वही होता है जब तक दूसरी चीज पहली चीज को धक्का देकर फिजूल नहीं बना देती।

वस्तुओं के इस रोमांस के साथ क्या साहित्य की दुनिया बदल गई है और भविष्य भी? हाँ या नहीं जैसे उत्तर की जगह यह कहना ठीक होगा कि साहित्य की दुनिया का कथ्य और उसका अन्तर्द्वंद्व अधिक तनावभरा और निराशात्मक हो गया है। एक लेखक को अब यह निश्चय करना आवश्यक लग रहा है कि वह वस्तुओं की आक्रामक संगति के साथ अपने विचारों और भावों की अपेक्षाकृत शान्त और स्थिर दुनिया का निर्वाह कैसे करे? लेकिन यह भी पेचीदा सवाल है कि एक लेखक अपनी दुनिया की वस्तुओं के साथ चलनेवाले रोमांस को कैसे भूल जाए? क्या यह सम्भव है कि वस्तुएँ उपस्थित रहें लेकिन लेखक और उसकी साहित्य-रचना पर प्रभाव ना डालें? ध्यान देने की बात यह है कि ये वस्तुएँ ही नहीं हैं उत्पाद की विलक्षण टेक्नोलॉजी है जो मनुष्य के पराक्रम और नजर आनेवाले श्रम की जगह अमूर्त कौशल और गति को विस्तार देती है। मेरे लिए उसे कम्प्यूटर तकनीक और अर्थतंत्र की प्रक्रिया और पारिभाषिक शब्दावली की व्याख्या करना

कठिन है लेकिन एल्विन राफलर ने अपनी पुस्तक 'पावर शिफ्ट' के तीसरे प्रकरण में 'द फास्ट एंड द स्लो' शीर्षक से जो आलेख लिखा है वह उत्पादन के रोमांचक बदलाव पर रोशनी डालता है।

इस बदलाव के चलते देश और मनुष्य जाति का बँटवारा विकसित और विकसित हो रहे, धनवान और निर्धनों में हो गया है और इन्हीं के साथ साहित्य के भविष्य का भी बँटवारा हो गया है। भविष्य का या 21वीं सदी का साहित्य मनुष्य को सब तरफ से घेरती हुई विवशताओं के बारे में होगा। इस तरह वह उस तरह से तो सौन्दर्य की रचना नहीं करेगा जिसे हमारी कल्पना बनाती है, ऐसा बसंत जो हमारी दुनिया में नहीं आता, ऐसा प्रेम जो अमूर्त दुनिया की खुशी होता है या ऐसी फेंटेसी—जो बर्फ की तरह गल जाती है।

20वीं सदी की दुनिया टूटते हुए प्रयोजनों और परम्परा की दुनिया है। इसका अर्थ यदि हम यह समझे कि अब हर साल 20 तरह के फैशन डिजाइनर्स हमारी वेशभूषा के कपड़ों की सिलाई करेंगे या यह कि विश्व भर के देशों ने 'शस्त्रों के समुद्र' भर रखे हैं और वह आतंक की शर्तों पर नई दुनिया के प्रयोजनों और परम्परा को व्याख्यायित करेंगे, तब हम सिर्फ एक ऊल-जुलुल दुनिया बनाने की बात कर रहे होंगे लेकिन यदि हम पुरानी दुनिया की नाकामियों का विश्लेषण करते हैं और जिस सीमा तक हो सके हस्तक्षेप करते हैं और मनुष्य के दुर्भाग्य, दमन और अपमानित करनेवाली परम्परा को बदलते हैं तो यह प्रश्न पूछेंगे कि हम 21वीं सदी के साहित्य से क्या अपेक्षाएँ रखते हैं?

यह रेखांकित करने की बात है कि हम अधिसंख्य लोगों के पड़ौस में आ गए हैं और उन स्थितियों से भी परिचित हैं जिनसे हिंसक और विस्तारवादी समाज और सत्ताएँ कायम होती हैं। यह बात कम सोची जा रही है कि चरम ऐश्वर्य और लपकते हुए समाज निर्भय समाज नहीं हैं और उन्हें सन्तुलित समाज की श्रेणी में रखना भी कठिन है। ऐश्वर्य, तमाशा और अपनी प्रभुसत्ता के लिए स्थापित अर्थतंत्र स्वायत्त और निरपेक्ष नहीं है : इसका अर्थ और चमत्कार मानवीय परम्परा के सन्दर्भ में ही है। उसका प्रयोजन भी सन्तुलित दुनिया बनाने के प्रसंग में ही पूछा जाता है।

हम साहित्य की ताकत को अपौरुषेय नहीं कह सकते क्योंकि लेखन की ताकत चाहे जितनी हों किन्तु लेखक की जिन्दगी दुविधाओं के बीच है। अपराधी की तरह हो ना हो, अकेला और असहाय न भी हों, लेकिन वह महत्त्वाकांक्षा, उच्च स्तरीय जीवन और पैसे की होड़ में शामिल है। संवेदना और वास्तविकताओं के बीच लेखक की जिन्दगी सामान्य नहीं होती।

भारतवर्ष में लेखन कोई समृद्धि का बड़ा कारण नहीं है। निरक्षर देश में यह उम्मीद करना उचित भी नहीं है। ज्यादातर लेखक पढ़ाते हैं या पत्रकार हैं या कुछ

दूसरा काम करते हैं। हमारी परम्परा में लेखन को 'तपस्या' की श्रेणी में रखा जाता है। ये अब पैसे और चकाचौंध की दुनिया में आ गए हैं। उन्हें यह विश्वास हो रहा है कि सम्मान लेखन का नहीं पैसे का होता है। यह निष्कर्ष उनकी आत्मा उनके संस्कार स्वीकार नहीं करता जो दुनिया और उनकी बुद्धि स्वीकार करती है। यह आत्मसंघर्ष और द्वंद्व की स्थिति होती है।

भविष्य का साहित्य क्या इस द्वंद्व से प्रभावित होगा?

साहित्य को जीविकोपार्जन का हिस्सा न बनाकर हमने महत्त्वपूर्ण काम किया है। साहित्य के प्रयोजनों को जिस तरह व्याख्यायित किया गया है वह साहित्य के लोक कल्याणकारी पक्ष को प्रकाश में लाते हैं। हमारी परम्परा को संत कवि तुलसीदास ने इस तरह रेखांकित किया है। लिखा है—कीर्ति और अर्थवत्ता का श्रेष्ठत्व इसी में है कि वह गंगा की तरह सबका हित करनेवाली हो। इसके बाद वाले साहित्यकारों ने भी रचना का सम्बन्ध व्यापार से या जीवकोपार्जन से नहीं होने दिया। आज भी हम बहुत से अमेरिकी या पश्चिमी लेखकों की तरह अपने साहित्य को हिंसा और स्त्री-देह में रसीले वर्णों से भर नहीं दे रहे हैं। यह होड़ हमारे मन में नहीं है कि एक पुस्तक-पुस्तक के अतिरिक्त क्रय हो यानी विज्ञापन की शृंखला या जिन्दगी को सौन्दर्यविहीन और कामोत्तेजक दो अर्थों वाली कृतियाँ।

लेकिन धीरे-धीरे साहित्य का यह पारलौकिक नजरिया खुद अपने सोच और आर्थिक दबावों के कारण अनाकर्षक हो गया है। क्या तीसरी दुनिया के लेखकों को इसीलिए ही गरीब रहना चाहिए कि बाजार में अश्लील, जिस्मफरोशी, हत्या और हिंसात्मक वारदातों का साहित्य ही धनाढ्य बनाता है? क्या लेखकों को तपस्या के वे सारे दावे छोड़ नहीं देने चाहिए जो नैतिक मनस्थितियों को ज्यादा मजबूत नहीं रहने देते?

यह स्थिति ज्यादा स्पष्टतापूर्वक समझी जानी चाहिए कि किसी भी नैतिक ताकत का विस्तार स्थल समाज ही है। जब तक समाज में नैतिक मूल्यों को सम्मान और हैसियत का दर्जा नहीं मिलता वह लुढ़क जाते हैं यहाँ तक की जीवन मूल्यों को बचानेवाले महात्मा भी अन्तरराष्ट्रीय होटलें बनाने और अमीर भक्त-उपभोक्ताओं को आकर्षित करने में लग जाते हैं।

इस विवेचना से में किसी निराशावादी परिणाम पर नहीं पहुँचता बल्कि भविष्य की तरफ संकेत करना चाहता हूँ। मैं कहना चाहता हूँ कि साहित्य महज उन तफ्सीलों का बुरा नहीं होगा जो उबाऊ और सिद्धान्तों का अवास्तविक झमेला होता है। बल्कि ज्यादा बेचैन और खुद लेखक की अपनी आत्मा की तलाश करने की कोशिश में होगा। किर्केगार्द ने एक बार कहा था कि जीवन के दो रूप होते हैं। एक वह जिसमें कष्ट सहन किया जाता है और दूसरा वह जिसमें कष्ट सहन किए जाने की व्याख्या होती है। भविष्य का साहित्य पहली कोटि का अनुभव होगा क्योंकि

लेखक इस संस्कृति, अर्थतंत्र और सामाजिक परिदृश्य का आदमी होगा जो उसके सारे तनावों के बीच रह रहा है, लेकिन उनसे मुक्त भी होना चाहता है।

यह तथ्य स्पष्ट है कि 20वीं शताब्दी राजनीतिक उथल-पुथल, युद्ध, सैनिकों की व्यूह-रचना और शस्त्रों की थी किन्तु 21वीं शताब्दी के शुरू होते-होते सेना और शस्त्रों के केन्द्रों में दबदबे ने अपना मिजाज बंजारों की शक्लों में ढाल लिया है। बाजारों का रूप, वाणिज्य का आचरण, उसकी सहस्त्रों गतिविधियाँ, वस्तुओं के उत्पाद के हक (पेटेंट) बौद्धिक सम्पदा और व्यापार सन्धियाँ, कम्पनियों के बदलते रूप और वस्तुओं के आकर्षण हमारे चारों तरफ फैल गए हैं।

इस अर्थतंत्र के चलते सारे राजनीतिक विचार ठंडे पड़ गए हैं और उनकी शक्ति क्षीण होती नजर आ रही है। अलफिन टोफलर ने 'पावर शिफ्ट' की शुरुआत करते तीन उद्हरण दिए हैं, उनमें से एक माओ का है जिसमें कहा गया है कि शक्ति बंदूक की नली में से निकलती है; तीसरा फ्रांसिस बेकन का है जिसमें कहा है कि ज्ञान ही शक्ति है लेकिन दूसरा उद्हरण कहता है—रुपया बात करता है। राजनेता की जगह पैसा ही बोलेगा या बात करेगा। राजपुरुष या राजनीतिक के केन्द्र से हट जाने के कारण साहित्य से राजनीतिक मतवाद और विचारधारा का स्थान दूसरे दर्जे पर आ जानेवाला है। उसके स्थान पर पैसे की पाश्विक ताकत और उसके प्रभाव से उत्पन्न हुई विसंगतियों और एक चमक दमक वाली समाज रचना का आग्रह भविष्य के साहित्य के केन्द्र में रहेगा।

लेकिन क्या यह सच है कि लोग इस साहित्य को पढ़ेंगे जिसमें जिस्म, हिंसा, हत्या की तरकीबें, हथियारों के न पकड़े जाने का कौशल, तफतीसें और तहकीकात 'होमोसेक्सुअलिटी' नशे वालों का पागलपन और वे सब कथ्य रूप होंगे जो मनुष्य को ज्यादा से ज्यादा बेरहम और असामाजिक बनाएँगे?

मेरी दृष्टि में यह निष्कर्ष बहुत जल्दी से निकल गया है और उस मनुष्य के लिए नहीं है जो कई सामाजिक विकृतियों के साथ रहता-जीता है लेकिन तुरंत और सद्भाव की तलाश करता है। मनुष्य के स्वभाव को जो मनोविज्ञान जानता है वह मनुष्य के भय, उसके लालच, उसकी क्रूरता के साथ-साथ उसकी उदारता, उसकी सज्जनता, उसकी करूणा और बुलंदगियों की तरफ देखने की आदत को भी जानता है। इसीलिए एक छोटे से समय के थोड़े से लेखन की पुस्तकों की खरीद का आँकड़ा पाठकों की रुचियों का सार्वकालिक प्रभाव नहीं है। शॉ के समय में भी लोगों ने उनसे कहा था कि नागरिक बुरी पुस्तकें पढ़ रहे हैं। शॉ ने कहा उन्हें पढ़ लेने दीजिए वे जल्दी ही अच्छी पुस्तकों की तरफ लौट आएँगे।

लेकिन ज्ञान और सूचनाएँ बढ़ाने की असीम सम्भावनाओं वाली सदी में मनुष्य चार तरह की ही किताबें पढ़ेगा, दो तरह के गाने सुनेगा, दो या तीन तरह के रिश्ते जोड़ेगा और बार-बार पहले गए हुए शहरों में ही जाएगा ऐसा

निष्कर्ष निकालना अपनी दुनिया के असंख्य पाठकों को अवांछित कठघरे में धकेल देना होगा।

यदि ऐसा होता है तो 21वीं सदी सबसे अधिक दरिद्र और दयनीय सदी होगी और तब दुनिया-भर के लेखकों और बुद्धिजीवियों को अपनी सम्पूर्ण ऊर्जा के साथ प्राथमिकताओं के एजेंडा के बदलने की चिन्ता करनी पड़ेगी।

अच्छे साहित्य को पढ़नेवालों की तलाश करते हुए हमें आशान्वित होना चाहिए कि भविष्य में हमारे पास साक्षरों का भी एक विराट समूह होगा।

क्या भविष्य में आकर्षक मीडिया तंत्र साहित्य को अपदस्थ कर देगा? साहित्य के सम्बन्ध में बात करते हुए हम यह भूल जाते हैं कि वह हजारों आस्वादों में से एक है और इसी तरह अनेक चेतना केन्द्रों में से भी एक। हम आधुनिक विश्व के विस्तार और ज्ञान के अद्‌भुत विस्तार को केवल साहित्य से आकलित नहीं कर सकते। शब्द की सीमा के पार देखा-सुना-समझा जानेवाला संसार उसका सौन्दर्य, आकार-विस्तार आनन्द, आस्वाद के लिए अलग-अलग साधन साहित्य को शक्ति देनेवाले होंगे। साहित्य से हम जिस भाव शक्ति को समर्थ बनाते हैं वही दुनिया को सहन करने का विकल्प है, लेकिन अब दुनिया अपने सम्पूर्ण अर्थ में अन्त:सम्बन्धों की दुनिया है। इसीलिए साहित्य का वर्चस्व यदि मीडिया पर अपेक्षाकृत कम होता है तो उसे मीडिया की जरूरत के सन्दर्भ में ही देखा जाना चाहिए। साहित्य की शक्ति-फैलाव के लिए जो कई साधन और मंच, सभा और गोष्ठियाँ हैं या पुस्तकें और उच्च अध्ययन केन्द्र हैं और सहस्त्रों वर्षों से समाज के साथ उसका अविछिन्न सम्बन्ध उसकी ताकत है।

मेरी दृष्टि में भविष्य जब विशेषज्ञों और विद्या के इस या उस पक्ष पर आत्यन्तिक आग्रह कर रहा हो तब साहित्य पूरे मनुष्य और पूरी दुनिया को देखने के लिए दृष्टि देगा। ध्यान देने की बात है कि दुनिया के बाहरी ढाँचे को बचाने के लिए बाहरी रचना-आकारों को ही मजबूत करना काफी नहीं है, उसे बचाने के लिए जिस आदमी, नेता और विवेक की आवश्यकता होगी—वह मुक्तिबोध में शब्दों में 'संवेगात्मक ज्ञान' होगा।

यह बात रेखांकित करनी होगी कि नई दुनिया, उसकी दौलत और उसका सम्पूर्ण ढाँचा मनुष्य समाज के संवेगों का बोझ बनकर उसे चरमरा देगा। साहित्य भविष्य में गैर-जरूरी लगता हुआ भी इसलिए जरूरी बना रहेगा कि वह संवेगों की रोशनी में दुनिया को असन्तुलित होने से बचा पाएगा।

यह प्रश्न पूछा जा रहा है कि अद्वितीय क्षमता वाली टेक्नोलॉजी और प्रचार-तंत्र ने शब्दों का भविष्य चौपट नहीं कर दिया है?

इसमें कोई सन्देह की गुंजाइश नहीं है कि एक पेचीदा और सामान्यत: निर्वैयक्तिक अनुसन्धानात्मक गणित पर चलनेवाली टेक्नोलॉजी का शब्द से कोई रिश्ता नहीं है

और वह विकसित कम्प्यूटर विज्ञान भी है। एक तरह से मनुष्य के बाहर धकेले जाने की प्रक्रिया में शब्द भी बाहर चला गया है। साहित्य के लिए यह नुकसान का समय है। एक छोटी और आपसी संवाद की खुली दुनिया का लौट आना मुश्किल है। उस दुनिया के अन्तर्विरोध और सीमाएँ हैं।

किन्तु आगे-पीछे इस यांत्रिक दुनिया में हिंसा, युद्ध, हत्याएँ और दौलत की अनाप-शनाप शक्ति को वैधता मिलेगी या नहीं? चरम ऐश्वर्य और विलासिता की दुनिया को बराबरी की वैध दुनिया बनानेवाले स्वीकृति देंगे या नहीं? हम जिस दुनिया में रहते हैं और जिस दुनिया को पसन्द करते हैं—वह दो और अलग-अलग दुनिया हो सकती है। जिन आन्दोलनों को लोगों ने मजबूत किया है और जिसके लिए वह लगातार संघर्ष करते हैं, जिसे वे चुनते और पसन्द करते हैं वह बराबरी की, शोषण रहित दुनिया है। बहुसंख्य लोग संवाद की खुली दुनिया चाहते हैं। वस्तुओं की उतनी ही दुनिया उन्हें चाहिए जो अभाव और अनादर से मुक्त करें।

हमें यह बात नहीं भूलनी चाहिए कि भविष्य के समाजों के लिए विवेक, नैतिक शक्ति और प्रगाढ़ मानवीय रिश्तों की लगातार आवश्यकता बनी रहेगी। जिसे साहित्य और दूसरी कलाएँ देंगी और जिनकी अनुपस्थिति से जिन्दगी असन्तुलित हो जाएगी। वह जिन्दगी का स्वभाव नहीं है। इसीलिए एक कम्प्यूटरीकृत दुनिया में भी साहित्य और कलाओं का हस्तक्षेप चाहा जाएगा। लेकिन साहित्य और कलाओं के अनेक रूप और अनेक स्तरों की सम्भावनाओं से भी इनकार नहीं करना चाहिए। मनुष्य के अनुभव, उसकी अभिरुचियाँ, उसके बौद्धिक स्तर, कला रूपों के वैविध्य और आस्वाद लेखन का आकर्षण और बदलती हुई दुनिया की दस्तक कई तरह के अनुशासनों के लोगों के लिए कई तरह के साहित्य की जरूरत रेखांकित करेगी। यह भी सम्भव है कि एक ही व्यक्ति के लिए एक से ज्यादा तरह की और भिन्न-भिन्न आस्वद की पुस्तकें चाही जाने लगें। आइंस्टीन के लिए मैंने पढ़ा है कि वह विज्ञान की गहन शोध पुस्तकों के बाद जासूसी उपन्यास पढ़ना ही सबसे अधिक पसन्द करते थे। हर्बर्ट मार्क्युज़ की एक आयामी जिन्दगी, जो हमारी टेक्नोलॉजी की दुनिया में विकसित हो रही है उससे लोग ऊब जाएँगे और वे उन सब वस्तुओं और पुस्तकों की तलाश करेंगे जो जिन्दगी की बहुआयामी माँगों को पूरा करती हैं—उन्हें सम्पूर्णता देती हैं।

क्या भविष्य की भाषा केवल विज्ञापनों और प्रचार की भाषा ही होगी? क्या यह वस्तुओं का विवरण देने के काम आएगी? मेरी दृष्टि से विज्ञापन का काम ललचाना है, वस्तुओं की तरफ खींचना, उन्हें जिन्दगी की सच्चाई का बना देना लेकिन हम विज्ञापनों की सच्चाई जानते हैं, उनकी चतुराई और कलात्मक भाषा प्रयोग?

दरअसल हम शब्दों और भाषा के अवमूल्यन के प्रश्न को समाज के साथ जोड़कर देखेंगे तो अनुभव करेंगे कि पूँजी और व्यापार की दुनिया में भी वे असंख्य

लोग रह रहे हैं जिन्होंने एक नैतिक, मानवीय और अपरिचित सम्भावनाओं वाले भविष्य के लिए संघर्ष किया है। भाषा जिस विरासत से अपनी शक्ति लेती है—(लोक विरासत से) वह जिन्दगी हमारे इर्द-गिर्द है। लेकिन जैसा बुद्ध ने कहा है कि नदी में वही पानी दोबारा नहीं आता हम उसी भाषा से काम नहीं चला सकते।

भविष्य के साहित्य की भाषा उसी तरह से सरल, आवेगयुक्त, प्रसन्न करनेवाली, मुलायम और मेहमाननवाजी की भाषा नहीं हो सकती जो हम सुनने, समझने के अभ्यस्त हो गए हैं। जिन लोगों को हम गांव या कारखानेवाले मजदूर एवं सामान्यजन समझते हैं वे भी कई तरह के प्रभावों से पहले बदल चुके होंगे। वे अपनी दुनिया को समझने का प्रयत्न करेंगे और पूँजीवादी, उपभोक्तावादी-अपसंस्कृति के खतरनाक मोड़ों को ज्यादा गम्भीरता से पहचानेंगे।

ज्यों-ज्यों पूँजीवादी (राष्ट्रीय और अन्तरराष्ट्रीय) स्थितियाँ जटिल होंगी, वंचित लोग उत्तेजित होंगे और भविष्य के साहित्य में अपना पक्ष खोजेंगे और मजबूत होंगे।

साहित्य और बाजार

साहित्य लेखन की उत्कृष्टता के प्रतिमानों को बचाने की चिन्ता जिस प्रकार हमारे सरोकार हैं इस तरह यदि हम हमारे साहित्य को पढ़नेवालों की और उनके बदलते हुए मिजाज की भी चिन्ता करते हैं तो अनुचित नहीं है। हम चाहे जितनी स्वायत्तता की बात करें लेकिन वह प्रश्न तो हमारे साथ लगा ही है कि हम किसके लिए लिखते हैं। साहित्य लेखन की सांस्कृतिक और मनोवैज्ञानिक जरूरत में हमारे साहित्य का अध्येता या पाठक सबसे महत्त्वपूर्ण जरूरत है।

एक बड़े से बड़े लेखक के मन में एक श्रोता समूह पूर्व निर्धारित है। इस अप्रत्यक्ष श्रोता समूह को ही वह अपनी कविता, कहानी, उपन्यास सुनाता है। इस समूह के साथ ही उसकी मानसिक संगति बैठती है। इसके साथ उसका बौद्धिक संवाद चलता है। वास्तव में किसी भी स्तर के लेखक के लिए इस अगोचर समूह की उपस्थिति केवल औपचारिक ही नहीं होती—वह दोनों के बीच साझा-कर्म होता है। एक तरह से और एक स्थिति में यह अप्रत्यक्ष समूह लेखन पर एक दबाव, नियंत्रण बनाए रहता है—जीवन मूल्यों, भाषा शैली और उस अन्तरंगता का जिसे हम मौलिकता कहते हैं। लेखक और इस पाठक समूह के बीच ऐसी समझ विकसित हो जाती है कि वह अपनी बनाई हुई मनोरथों की दुनिया में उनके साथ जाना चाहता है, उन्हें अपनी संवेदना की हदें पार करने के लिए ललचाता है, उन्हें अनुकूल और कोमल-मन बनाता है। यदि एक बड़ी और अप्रतिम संवेदना का कवि या लेखक हो तो उसके मनोराज्य में हस्तक्षेप करता है। साहित्य का सारा कौशल इसी में है कि वह अपने निर्धारित प्रत्यक्ष या अप्रत्यक्ष अध्येता समूह की भावनात्मक या वैचारिक या कि सौन्दर्य की दुनिया को कैसे या कितनी बदलता है।

लेकिन इस जरूरत और दबाव के बावजूद लेखक और समाज समूहों का रिश्ता इतना सरल और मनोरम नहीं होता। प्रया: लेखक अपने समाज से उखड़े हुए और असन्तुष्ट होते हैं। दरअसल वे अपनी गहन संवेदनशीलता के कारण भविष्य में बनते-बिगड़ते मानवीय रिश्तों को देख पाते हैं। वे उस पतन और उन विकृतियों से मुक्त होना चाहते हैं जो उन्हें सामाजिक सम्बन्धों के अमानवीयकरण में नजर आती है।

यह ध्यान देने की बात है कि सामाजिक विकृतियों के मोर्चे पर ही एक रचनाकार के साथ ही जन-समूहों के अस्वीकार की पहचान होती है। तब कृति एक तरह से उस समाज के प्रति निंदा प्रस्ताव होती है, जिसमें लेखक अपने अपराध-बोध के साथ रहता है और मुक्त होने के लिए लगातार प्रयत्न और संघर्ष करता है। इस संघर्ष में यह प्राय: अकेला रह जाता है। यह बात दूसरी है कि बाद में उस विकृति या उन विकृतियों के विरुद्ध का सत्य आग की तरह फैल जाए और उन क्रूरताओं के पीछे काम करनेवाली साजिशें नजर आने लगें। किन्तु यह लम्बी और पेचीदा प्रक्रिया है। इस बीच कई सामाजिक विकृतियों को व्यवस्था और राजनीति का समर्थन मिल जाता है। कई बार वे विकृतियाँ व्यवस्थाएँ ही उत्पन्न करती हैं इसलिए उनका संरक्षण करना उस समाज के लिए आत्मरक्षा और स्वार्थ जैसा हो जाता है।

इस बात पर प्राय: ध्यान नहीं जाता है कि हम छोटी, सरल दुनिया में अमानवीयकरण की विकृतियाँ और सामाजिक रिश्तों की टूटन और परिणाम जल्दी ही नजर आ जाते हैं किन्तु दुर्भाग्य से यह छोटी दुनिया अपने अन्तरविरोधों के कारण दूसरी सीमाओं में सिकुड़ जाती है और उसकी जगह एक बड़ी और फिर उससे बड़ी दुनिया ले लेती है। इस बड़ी दुनिया का तर्क तो प्रतिस्पर्धा नहीं होती किन्तु परिणाम प्रतिस्पर्धा होता है। शक्तिशाली और विजेताओं के बीच प्रतिस्पर्धा होती जाती है जो सामूहिक विवेक और समृद्धि के स्थान पर व्यक्तिवादी विवेक और समृद्धि को सार्थकता देती है। धीरे-धीरे शक्ति और समृद्धि बलशाली समूहों में बँट जाती है। यह बलशाली समूह ही दुनिया का नियंत्रण करने लगते हैं, उत्पादन के साधन ही नहीं, जीवन मूल्य के सम्बन्ध में भी विकल्पों का दबाव बनाए रखते हैं। बहरहाल हम अपनी पहले की दुनिया को भूलते, उसे एक तरह से अप्रासंगिक मानते हुए, एक आरामतलब दुनिया की तलाश में लग गए हैं। इस दुनिया को हमने चिढ़कर या खुश होकर 'उपभोक्तावादी दुनिया' कहा है।

यह नाम हमारा दिया हुआ नहीं है। यह अर्थशास्त्रियों ने दिया है लेकिन पहली बार इतनी सूक्ष्मता और इतनी संक्षिप्तता के साथ हम अपनी आन्तरिक दुनिया को बाहरी दुनिया से टकराते हुए उसकी पेचिदगियों को समझते हुए, उससे प्रेम करते हुए, उससे घृणा करते हुए उसके बीचो-बीच आ गए हैं।

उपभोक्तावाद की विकृतियों के विस्तार में जाना तो कठिन है और ना मैं इस पक्ष का हूँ कि हर नए विस्तार और विवेक को विकृति की गणना में ले आऊं। मैं इस तथ्य को भी रेखांकित करना चाहता हूँ कि यह कोई आध्यात्मिक किस्म की चिन्ता नहीं है जिसका उपचार यज्ञों, मंत्रों या प्रभु-प्रार्थनाओं से सम्भव है। यह दरअसल बाजार हासिल करने का, व्यापार का और नई पूँजीवादी ताकतों की फिर से इकट्ठे होने की योजना का हिस्सा है। उपभोक्तावाद की केन्द्रीय दिलचस्पी

इसमें है कि वे जीवन की महत्ता को और मूल्यों को वस्तुओं की संख्या में बदल दें, जिससे जिन्दगी एक बाजार जैसी लगने लगे। प्रेम की साड़ियों में या प्रेशर कुकर में; स्त्री को सौन्दर्य प्रतियोगिता में; भाषा और साहित्य को विज्ञापनों और विशेषणों में; शिक्षा को ट्यूशन में और सेवा को मेडिकल क्लिनिको में, राजनय को वोटो में और विनम्रता को 'सेल्स गर्ल' में। मैं आपकी स्मृति को ताजा करने के लिए मोहन राकेश के विज्ञापन पर लिखे एक बहुत पुराने व्यंग्य-लेख की चर्चा कर दूँ जिसे हम तब एक रसीले वर्णन की तरह पढ़ रहे थे अब वह वास्तविकता का हिस्सा हो गया है।

मोहन राकेश के बहुत पहले उपभोक्तावाद की विकृतियों को 'महाजनी सभ्यता' वाले आलेख में प्रेमचन्द जी ने रेखांकित किया था। उसके दो अंश यहाँ उद्धृत हैं—इस महाजनी सभ्यता के सारे कामों की गरज पैसा ही होता है...इस दृष्टि से आज मानो महाजनों का ही राज है। मनुष्य समाज दो भागों में बँट गया है। बड़ा हिस्सा तो मरने और खपनेवालों का है और बहुत ही छोटा हिस्सा उन लोगों का है जो अपनी शक्ति और प्रभाव से बड़े सम्प्रदाय को अपने वश में किए हुए हैं। उन्हें इस बड़े भाग के साथ किसी तरह की हमदर्दी नहीं, जरा भी रियायत नहीं। उसका अस्तित्व केवल इसलिए है कि अपने मालिकों के लिए पसीना बहाए, खून गिराए, और एक दिन चुपचाप इस दुनिया से विदा हो जाए।

दूसरे उद्धरण में उन्होंने कहा : मैं कल्पना ही नहीं कर सकता कि कोई बड़ा आदमी बड़ा धनपति हो। जैसे ही मैं किसी आदमी को बहुत अमीर देखता हूँ उसकी तमाम कला और ज्ञान की बात का नशा मेरे ऊपर से उतर जाता है। मैं उसे कुछ इस तरह देखने लगता हूँ कि उसने इस वर्तमान समाज व्यवस्था के सामने घुटने टेक दिए हों, जो अमीरों द्वारा गरीबों के शोषण पर आधारित है। लिहाजा कोई नाम जो लक्ष्मी से असम्पृक्त नहीं है मुझे आकर्षित नहीं करता। मैं खुश हूँ कि प्रकृति और भाग्य ने मेरी सहायता की है और मुझे गरीबों के साथ डाल दिया है।

अब बहुत कम लेखन में यह कहने की ताकत बची है कि गरीबों के साथ डाल दिए जाने के कारण वह खुश हैं या कि ऐसा करके प्रकृति और भाग्य ने उनकी सहायता की है। गौर से देखे तो प्रेमचन्द जी के समय से पूँजीवाद ने जो सफर तय किया है वह गरीब देश के लिए बहुत लुभावना और आकर्षक है। लगभग सभी गरीब देश के सत्ताधीशों ने 'उपभोक्ताओं' का मन खुले बाजार के सपने दिखाकर जीत लिया है। उपभोक्ताओं को इसमें कोई एतराज नहीं है कि वह बाजारों से वस्तुएँ ही नहीं विचार भी खरीदकर ले जा रहे हैं और लगभग एक नशे की स्थिति में है। उपभोक्ता को अपने आराम, पैसे और सुविधा की तलाश है, और विक्रेता इस तर्क को, इस मनोविज्ञान को जानता है। वस्तुओं और विचारों को वह एक ही तकनीक से बेचता है—खूबसूरत पैकिंग में खूबसूरत स्त्री के साथ।

यदि हम उपभोक्तावाद की सारी संरचना को देखें तो यह नतीजा निकलना आसान होगा कि उसके पास मनुष्य की नियति बदलने और शोषण मुक्ति का कोई दर्शन नहीं है। उसकी सारी संरचना में यह आग्रह निहित है कि वह मनुष्य की संवेदना को वस्तुओं के बहुरंगी नाटक में उलझा दे और एक नकली अयथार्थ को बड़े पैमाने पर फेलने दे। उदाहरण के लिए हमने उन वैज्ञानिक तकनीक और प्रौद्योगिकी को हथिया लिया है जिसे दुनिया ने 20वीं सदी के आरम्भ में शक्ति को तलाश करते हुए बराबरी वाले समाज बनाने के लिए अविष्कृत की है।

इस सब के कारण मनुष्य की संवेदनशीलता के दायरे सिकुड़ गए हैं और हमारा आत्मविश्वास टूट गया है। अब हमें पूरी दुनिया नजर नहीं आती, पूरी दुनिया की गैर-बराबरी, पूरी दुनिया का पतन, पूरी दुनिया का अन्याय और शोषण जो कुछ नजर आता है वह विशेषज्ञों की आँख से। अब विज्ञापन और विशेषज्ञों की दुनिया में आत्मनिर्णय और विवेक की भूमिका व्यर्थ होने लगती है। इसीलिए वे सब साधन भी व्यर्थ लगते हैं जो हमारे वश में हैं और हमें स्वाधीनता की ओर ले जाते हैं। वह अर्थतंत्र भी फिजूल और जोखिम भरा लगता है जिसमें दलालों की भूमिका ना हो। अमूर्त और अन्तरराष्ट्रीय दलालों के हाथों में रहते हुए अर्थतंत्र के लिए हमारे मन में अद्‌भुत आकर्षण और आदर उत्पन्न हो गया है।

अनुदार अयथार्थवादी और वस्तुओं के मूल्य से मनुष्य की गुण और शक्ति का बोध करानेवाले उपभोक्तातंत्र ने बेचनेवाले और खरीदनेवालों में विचित्र किस्म के भय पैदा कर दिए हैं। दोनों रिक्तता के एहसास से भयभीत हैं। अगर आप विचार करें तो देखेंगे कि उपभोक्ताओं का जीवन बहुत कठिन है, उन वस्तुओं के लिए जीना जिनको दूसरों के परामर्श, दूसरों के दबाव में खरीदा है, जो बाहरी हैसियत (स्टेटस) बढ़ाने के लिए है। जिनका आन्तरिक मूल्य कल कुछ अधिक रहनेवाला नहीं है।

इस रिक्तत और भय से लड़ने के लिए उपभोक्ता समाज ने हिंसा, उत्पीड़न अकेलेपन, निर्वैयक्तिकता, धार्मिक कर्मकांड, यौनाचार और कट्टरता के मोहक जाल बना लिए हैं।

एक संवेदन शून्य, निठल्ले और अनुउत्पादक होते समाज में साहित्य को बनाने, या उसकी प्रासंगिकता या कि उपयोगिता पर विचार और चिन्ता करना आवश्यक है। बहुत से सवाल है। एक सवाल तो यही है कि उपभोक्तातंत्र से रचनाकार बच सकेगा? दूसरा सवाल यह है कि यह हमारा पाठक जब अप-साहित्य और अप-संस्कृति के ढलान पर खड़ा है तब उत्कृष्ट और जीवनोत्कर्ष का साहित्य कौन पढ़ता है? यह सवाल बार-बार किया जाता है कि 'मीडिया' के आकर्षण, लोकप्रिय और संस्कारहीन प्रायोजित कार्यक्रमों की तुलना में साहित्य एकदम हासिए पर नहीं धकेल दिया गया है? उसके पाठकों की संख्या चिन्ताजनक रूप से कम नहीं हो

गई और वह सवाल भी अपनी जगह है कि एक व्यापारिक समाज में शब्द के अवमूल्यन को बचाना यानी शब्द की प्रामाणिकता को सुरक्षित रखना लेखकीय, दुस्साहस ही तो नहीं है?

यदि हम इस दुनिया में रहते हैं और उसी में, उसी के लिए लिखते हैं तो हमारे विचार, संवेग, रुचियाँ, भाववेश उससे बँधे हैं और इसमें कोई सन्देह नहीं है कि धीरे-धीरे रचनाधर्मिता के प्रयोजनों पर हम व्यापारिक दृष्टि से चिन्ता करने लगे हैं, बहुत कुछ लाभ-हानि की दृष्टि से, बहुत कुछ ऐसे कि पुस्तक एक वस्तु हो। पुस्तक के न बिकने का क्षोभ और बोझ हमारे मन पर रहता है। पश्चिम में सबसे ज्यादा बिकनेवाली पुस्तक का नाम हमारे बहुत से लेखकों को याद रहने लगा है। पुरस्कार मिलते ही तीसरी दुनिया के अपेक्षाकृत निर्धन लेखक की प्रतिष्ठा बढ़ जाती है। अमीर और गरीब की बँटी हुई दुनिया में जब अमीरी के बहुत से चोर दरवाजे खुल रहे हों जिनसे होकर राजनेता, व्यापारी, साधु संत, प्रतिष्ठित और भद्र पुरुष, योगी और अयोग्य नौकरशाह आवा-जावी कर रहे हों और देखते-देखते जिनके अच्छे दिन आ गए हों तब उसकी भोंड़ी छाया साहित्य-रचना पर भी पढ़ने लगे तो कुछ अचरज की या अनहोनी बात नहीं है।

वैसे भी हम उपभोक्तावादी संस्कृति पर चाहे जितने शोकग्रस्त हों लेकिन हमारी व्यवस्था में उपभोक्तावाद के विकसित होने की सम्भावनाएँ निहित हैं। हमारी व्यवस्था में छोटे लोगों (शूद्रों), स्त्रियों के लिए गैरबराबरी—अनादर और हिंसा का भाव निहित है। हमारी व्यवस्था में असंख्य स्त्री-पुरुषों को शिक्षित होने और स्व-विवेक विकसित करने के बहुत थोड़े अवसर मिले हैं। कुलीन और सामन्त-तंत्र को बौद्धिक और आर्थिक स्वतंत्रता के लाभ मिले हैं। बड़े लोग हमारे देश में मेहनत नहीं करते, वे किसी शारीरिक काम में निपुण नहीं होते, वे कर्म और संस्कृति के आह्लाद को नहीं जानते, वे आधुनिक अभिप्राय में उपभोक्ता हैं। एक चौथाई दुनिया में ही अध्यात्म चिन्तन की सुविधा है। इस तरह बुद्धि और सम्पदा से रहित तीन चौथाई दुनिया में वस्तुएँ और पैसे की दुनिया के प्रति सहसा ही भागदौड़ मच गई हो और वैज्ञानिक तकनीक से उन्हें हासिल करने से सुविधा-सुख, बराबरी और हैसियत मिलती हो तो आगा-पीछा देखने और नैतिक-अनैतिक प्रतिमानों की चिन्ता करने का भार ज्यादा लोग नहीं उठाएँगे। वह आध्यात्मिक की रसीली बातें करने और शेयर खरीदने की सुविधा का लाभ लेंगे।

यह संक्षिप्त टिप्पणी इसलिए कि उपभोक्ता-विकृतियों अथवा कि उपभोक्ता अपसंस्कृति के कारणों की तलाश करते हुए हम अपने आरोपों के केन्द्र में पश्चिम, भौतिकवाद, विज्ञान, आधुनिकता और अब बहुराष्ट्रीय कम्पनियों और उदारीकरण की आर्थिक नीतियों को रखते हैं तब अपनी आत्ममुग्ध छवि के कारण अपनी

उस व्यवस्था का गहन विश्लेषण नहीं करते, जहाँ दरारें पड़ चुकी होती हैं और संस्कृतिक प्रमाणों के अच्छे बुरे अक्स पडते रहते हैं। किसी भी तरह की तीव्र घबराहट इस बात का प्रमाण होती है कि प्रतिरक्षा की अन्दरूनी ताकत समाप्त हो गई है बल्कि वह सांस्कृतिक साहस और सजगता भी बाकी नहीं बची है जो प्राय: संकट के दिनों में खास तौर पर ऐसे संकट का विकल्प हो सकती है।

तब भी मैं कहूँगा कि उपभोक्तावादी अपसंस्कृति के विरुद्ध इस देश में साहित्यधर्मियों ने उदासी नहीं दिखाई और अपने साहित्य-कर्म को सामाजिक-दर्शन वैश्विक भाईचारे का हिस्सा माना। उन्होंने अपनी कविता, कहानी, उपन्यास को हिंसा, यौन आकर्षण, साम्प्रदायिक तनाव, भाग्य और देवताओं की छाया से बहुत दूर रखा। उन्होंने यह चेष्टा की कि वह अपने रचनाकर्म को उन कमजोर और पतनशील इच्छाओं से नहीं जोड़ेंगे जो विश्व के और इस देश की पूँजीपति-घरानों नवउपनिवेशवादियों और कट्टरतावादियों का मिलाजुला षड्यंत्र है।

निसन्देह गम्भीर, चुनौती भरे और नए समतावादी मरकजों तक ले जानेवाला उत्कृष्ट साहित्य दुर्घटनाग्रस्त हुआ है और उसे हिन्दी के आम पाठक खरीदते पढ़ते हैं। दरअसल साहित्य के क्षेत्र में ही नहीं लेकिन जीवन के दूसरे सभी क्षेत्रों में उत्कृष्टता दुर्घटनाग्रस्त हुई है। किन्तु, यह अजीब बात है कि दुर्घटनाग्रस्त होती हुई उत्कृष्टता की माँग अभी भी पाठकों के मन में है। यह कहना उपभोक्तावादियों के लिए सम्मानजनक ही होगा कि उनकी कमजोरी व्यापारी इच्छा, हिंसा और सेक्स ने हमारी श्रेष्ठतम इच्छाओं को दबोच लिया है। अब भी बहुसंख्यक लोग साहित्यिक-उत्कृष्टता का हस्तक्षेप चाहते हैं। हमारे देश में साहित्यिक शील और उत्कृष्टता के प्रति मानव को सम्मानित करने की परम्परा है।

लेकिन आवश्यक यह है कि हम उत्कृष्टता के प्रतिमानों को लेकर पाठकों को आतंकित ना होने दें। उत्कृष्टता कालातीत, हवा में ठहरा हुआ प्रतिमान नहीं है। लेखकों ने उसे अपने बड़प्पन और पाठक का कद थोड़ा छोटा बनाने के लिए काम में लिया है। यह लेखक और पाठक के बीच की कोई प्रतिद्वंद्विता नहीं है। लेखकों की अभिरुचियाँ और किसी भी समय के पाठकों के आस्वाद अलग-अलग होंगे और वह हर समय अपने लेखक चुनेंगे और उत्कृष्टता के बारे में सोचेंगे। शब्द और मीडिया के बीच हम बँटे हैं। यदि हम शब्द और मीडिया के स्वभाव को समझ लेते हैं तो हमारे आरोप-प्रत्यारोप कम हो जाएँगे। मेरी दृष्टि में शब्द व्यक्तिगत और आन्तरिक दबाव का परिणाम है लेकिन मीडिया निर्वैयक्तिक साधन है। मीडिया का हुनर ही इसमें है कि यह उलझे हुए आवेगा का सरलीकरण करे, एक सीमा तक निर्वैयक्तिकरण करे। लेकिन यह साहित्य लेखन की मुनादी नहीं है, यह कोई निराशा का कारण भी नहीं है। पश्चिम से कई मुल्कों में, अमेरिका में पुस्तकों की खरीद और पढ़ने का चाव काम नहीं हुआ है यद्यपि वहाँ आधुनिकतम

मीडियातंत्र का दबाव बना है। पुस्तक पढ़ना और टी.वी. देखना अलग-अलग प्रकार की ज़रूरतें हैं। कई बार परिपूरक।

साहित्य के लिए उपभोक्ता-विकृतियों से डरने की आवश्यकता नहीं है। मानव जाति कई हादसों से गुजरी है, कई बार ऐसा लगा है कि मनुष्य के लिए अपने श्रेष्ठतम मूल्यों को बचा पाना कठिन होगा लेकिन मनुष्य जैसे हर बार अपने मूल्य बोध का आन्दोलन करते आगे बढ़ा है और जैसे आगे बढ़ानेवाली दृष्टि, संस्कृति और साहित्य ने उसकी मदद की है अब भी और भविष्य में भी वही होगा।

राष्ट्रीय एकता का स्वरूप और रचनाधर्मिता

रचना-कर्म के हजारों आवेग हैं और वे एक दूसरे के साथ इतने संकुल और संश्लिष्ट है कि उनका बुनियादी रूप निर्धारण करना बहुत कठिन है। इन आवेगों के साथ वैश्विक उथल-पुथल का जो स्वरूप बना है उससे रचना-कर्म समुद्र की अशान्त उछलती तरंगों पर बैठे रहने के समान लगने लगा है। एक आवेग के पीछे दौड़ते हुए असंख्य, आवेग, एक भयावहता के पीछे लगभग मरणासन्न बनानेवाली दूसरी भयावहता और एक दुर्घटना और उत्तेजना के पीछे दुर्घटनाओं और उत्तेजनाओं की इतनी लम्बी कतार होती है कि रचना-कर्म के शान्त और बुनियादी चरित्र को जिस तरह कल तक परिभाषित किया जा सकता था आज बेहद कठिन लगने लगा है।

फिर भी क्या हमारा चित्त दिक् और काल से एक दम विच्छिन्न हो गया है? 'बिरछ के ज्यों पात टूटे, बहुरि न लागे डार' इस तरह दिक्-काल से हम अलग हो गए हैं या हो सकते हैं? दिक् और काल क्या हमारे संवेग, अनुभव और एन्द्रीयता का आधार नहीं है? हमारी जिन्दगी जहाँ भी हो और जैसी भी रहे क्या वह दिक्-काल की द्वंद्वात्मकता से अप्रभावित है? यदि हमारी जिन्दगी के सारे सवाल एक दम निर्गुण, निराकार नहीं हैं तो हमारा रचना-कर्म इन्हीं आवेगों, इन्हीं घटनाओं और इसी दिक् काल के भीतर समाया होगा। कभी वह तत्काल और देश को लाँघेगा और कभी वह तत्काल देश के बीच से बोलेगा जैसे शमसेर कहते है बात बोलेगी उसी तरह देश और काल बोलेगा।

पहले थोड़ी बात काल पर—

इस सिद्धान्त को लगभग सभी विद्वान् और समीक्षक मानते हैं कि हमारे रचना-कर्म का मुख्य दायित्व उस काल को पहचानना है जो हमारा मित्र और अमित्र है। इस तरह काल-बोध ही रचना की सार्थकता है। दरअसल जिस कारण कोई कृति रचनाकार की चेतना और पाठक के अनुभवों का हिस्सा होती है उसे काल का हस्तक्षेप ही मानना चाहिए। एक सार्थक और बड़ी रचना का काम काल-चेतना को कई स्तरों पर उद्घाटित करना और विश्व-दृष्टियों को एक साथ बाँध देना है। काल के अनेक अभिप्राय: मानव-चेतना के हिस्से होते हैं उन्हें परिभाषित करती

रचना ही तो काल जयी और मानवीय परम्परा का महत्त्वपूर्ण दस्तावेज होती है। उदाहरण के लिए हम कबीर की उन रचनाओं को लें जिनमें वे आडम्बरों पर नाराज होकर आक्रमण करते हैं। ये रचनाएँ किसी क्रुद्ध अराजकतावादी कवि की नहीं हैं लेकिन वे सहसा ही हमारे अन्दर चल रहे क्रूर नाटकीय आचरण के अराजक पक्षों का साक्षात्कार कराती है, वे काल के सरल, सहज और मानवीय पक्ष को आधार बनाती हैं जो हमारे ही अन्दर है, दूसरों को मार कर या उनके मानवीय अधिकारों का अपहरण कर खुद मरता हुआ मनुष्य इस अनैतिक, असमय मृत्यु से बचना चाहता है। कबीर उसे बचा लेते हैं। उसके बदले नाराजी व्यक्त करते हैं, उसकी कापुरुषता और क्रूरता का उससे साक्षात्कार होने देते हैं। काल अपनी ज़िद और अपने शास्त्र-सम्मत माया लोक को लाँघकर एक शाश्वत और उजले चमचमाते जीवन का हिस्सा हो जाता है।

काल के मिज़ाज को जानना, उसके साथ मैत्री या संघर्ष करना रचना-धर्म की आन्तरिक जरूरत है। काल जब शक्ति से नहीं जीता जाता तब मनुष्य उसे अधिक संवेदनशील, कुछ अमूर्त्त उपायों को काम में लेता हुआ अपने पक्ष में करता है। शब्द और उसका कलात्मक-व्यवहार काल के अमूर्त्त अनन्त विस्तार और तिलस्म को मूर्त्त बनाने की मानवीय कोशिश है। इस कोशिश की विशेषता यह है कि वे एक दूसरे के साथ चलते एक दूसरे को प्रभावित करते हैं कभी शब्द काल की व्याख्या करता है और उसे पक्ष में कर लेता है कभी इसके विपरीत शब्द काल का अनुयायी होता है, मुलायम और सारे अभिप्रायों को ग्रहण करता हुआ।

क्या काल की तरह देश भी हमारी रचनाधर्मिता का हिस्सा है? यह स्वीकार करने में कोई सन्देह नहीं होना चाहिए कि देश किसी-न-किसी रूप में सब के चित्त में होता है, कभी सगुण होकर भूमि-आकाश, पर्वत, सागर, नदियाँ, फूल-फल, वन-वनस्पतियों, ऋतु वैभव का रूपाकार लेता है,

उत्तर यत् समुद्रस्य हिमाद्रेः चैव दक्षिणाम
वर्ष तद् भरतं नाम, भारतीय यत्र संन्ततिः

(विष्णु पुराण)

पर्वत वो सब से ऊँचा हमसाया आसमां का
वह संतरी हमारा, वह पासवाँ हमारा

ए आबरूदे गंगा वो दिन है याद तुझको
उतरा तेरे किनारे, वह कारवाँ हमारा

(इकबाल)

या जैसा वर्णन सुब्रह्मणयम भारती ने किया है—इसके उत्तर में हिमालय है, दक्षिण में कुमारी अन्तरीप है और पूर्व-पश्चिम में लहराते महासमुद्र हैं। वीरों को जन्म देनेवाला सर्व सम्पन्न वेदों का श्रेष्ठ देश है यह भारत, इसे देवता मानकर इसकी पूजा करो। तो कभी महान इतिहास और परम्परा के रूप में, कहीं जनपदों की मनोहारी लीला, शौर्य और उत्सर्ग कामी जिजीविषा के रूप में, कहीं कविता, संगीत, नृत्य के मोहक कला-वैभव में और कहीं उस महान दरियादिल के रूप में विद्यमान् होता है जिस पर मुग्ध होकर रवीन्द्रनाथ लिखते हैं हे आर्य आओ, हूण आओ, आओ शक, मुसलमान, ख्रिस्तान, इस महामातवेर समुद्र तीर पर आओ।

कठोर शास्त्र-परम्परा और जाति-व्यवस्था की त्रासदी के उपरान्त भी सौभाग्य से हमारी रचनाधर्मिता की प्रेरणा वह उद्दंड राष्ट्रीयता नहीं है जिसकी निन्दा करते हुए डॉ. जानसन से उसे लम्पटों की आखिरी शरण कहा है। हमने अपनी रचनाओं में प्रायः बड़े मानव वंश की एकता का सपना देखा है और उसे साथ-साथ उठने-बैठने, खाने-पीने, साथ-साथ सुख-दुख झेलनेवाली साझा संस्कृति तक ले गए हैं। दिनकर जैसे कवि जो बाहरी परिवेश को महत्त्व नहीं देना चाहते पूछते हैं

तुझ को या तेरे नदीश, गिरि वन को नमन करूँ मैं,
मेरे प्यारे देश देह या मन को नमन करूँ मैं,
किस को नमन करूँ मैं भारत किस को नमन करूँ मैं।

इसका उत्तर उन्होंने दिया भी है—एक देश का नहीं शील यह भू-मंडल भर का है।

यह भूलने की बात नहीं है कि यह देश अपने भौगोलिक सीमान्तों की रक्षा करने में चाहे कई बार नाकामयाब रहा हो लेकिन उसने अपने चित्त और अपनी संस्कृति को नाकामयाबी और विफलता-बोध से आक्रान्त नहीं होने दिया है। चित्त-रचना के बुनियादी महत्त्व को ध्यान में रखने के कारण ही बार-बार 'समान हृदयानिवह:' (सब के हृदय समान हों) जैसी-भावना-पूर्ण और आकर्षक बात कही गयी है। मैं यह नहीं कह रहा कि भारत की सामाजिक रचना कम बोझिल, कम थका देनेवाली या कम-आक्रामक है या कि बाहरी एकता के लिए बनाई गई आचार-संहिताएँ कम हिंसात्मक और दमनकारी हैं। मैं केवल इस ओर आपका ध्यान आकर्षित कर रहा हूँ कि दूसरी और उदारतावादी परम्परा का आत्म-संघर्ष कितना कठिन है जो एक अतर्क-संगत वर्णाश्रमवादी व्यवस्था का मुकाबला करती है और एक बड़े और रचनात्मक मन तथा साझा संस्कृति के पक्ष में निरन्तर आगे बढ़ती है। उदाहरण के लिए जब सब तरफ बाहरी आडम्बर बढ़े और जातियों का शिकंजा कसा जाने लगा, दलितों और छोटे लोगों का बेइन्तहा शोषण बढ़ गया तभी सूफियों और संतों ने 'जप, माला, छापा तिलक' के अहंकार को तोड़ने और

छोटे लोगों के लिए समतावादी अध्यात्म का महान अभियान शुरू किया। ये लोग और कोई नहीं थे उदार दृष्टि वाले गृहस्थ और कवि थे। न वे पंडित थे और न मशालची जो दुनिया-भर को रोशनी दिखाने का घमंड करते हैं लेकिन खुद अँधेरे रास्तों पर भटकते हैं।

पंडित और मसालची, दोऊ सूझै नांहि।
औरन को करै चांदणा, आप अँधेरे मांहि।

इस अभियान में रामानुजाचार्य, मोइनुद्दीन चिश्ती, निज़ामुद्दीन औलिया, कबीर, नानक, सूरदास, तुलसीदास, मीरा सहित हज़ारों लोग लगे थे। देश के इन्हीं साधारण लोगों ने भाषा-आभिजात्य, कुल-शील के बड़प्पन, पंडित्य के दंभ, धनाढ्यों के घमंड और नृपतियों की विलासिता के विरुद्ध बड़ा और महत्त्वपूर्ण रचनात्मक काम किया था।

देश को जोड़ने का राजनीतिक काम जल्दी शुरू नहीं हुआ लेकिन चित्त जोड़ने की कविता लिखने का काम यहाँ कभी बन्द नहीं हुआ। चित्त जोड़नेवालों ने मनुष्यों में सदा एक हौसला, एक नैतिक साहस-सुधर्म दृष्टि पैदा करने की कोशिश की। यह तथ्य रेखांकित करने योग्य है कि इस देश की एकता का स्वरूप राजनीतिक फरमानों या देश-निष्कासन के हुक्मनामों या कि उत्सवों की प्रदर्शन कामी कलाओं से नहीं हुआ है बल्कि जनता और पृथ्वी के उस घनिष्ठ सम्बन्ध से हुआ है जिसने वासुदेव शरण अग्रवाल के शब्दों में 'भूमि को सम बनाया और नाना प्रकार के पदार्थों की उपलब्धि के लिए पृथ्वी रूपी गौ का दोहन किया। एक-दो नहीं अनेक आदिराज पृथु यहाँ जन्मे हैं जिनके नेतृत्व में पृथ्वी का दोहन किया गया और उसके अमृत तुल्य दुग्ध का जनता ने पान किया।

यह तथ्य बार-बार ध्यान आकर्षित करता है कि जिस देश में कई भाषाएँ, कई विचार, कई संगठन, कई संगत, कई जनपद रहे हैं और कई प्रकार की राजनीतिक उथल-पुथल हुई है उसकी ताकत को बचाये रहनेवाले कौन से सीमान्त हैं?

यह कोई अविवेक या ईश्वर कृपा का जादू नहीं है क्योंकि दोनों में से कोई भी अराजकता और सर्वनाश करने में सक्षम है। दरअसल यह जादू इस महान जातीय चेतना और इच्छा का है जो ज्ञान और कर्म के दरवाज़े हर समय खोलने की कोशिश करती है और जो आन्तरिक स्वतंत्रता के उल्लास को निरन्तर बनाए रखने के बावजूद भी 'साझा संस्कृति' के दाय को सांस्कृतिक आभिजात्य के लिए बलि नहीं होने देती।

हम में से बहुत से लोग जो चलने की जल्दी में हैं और राष्ट्रीय एकता के सवाल पर ज्यादा गम्भीर होने की अपेक्षा अपनी ज़िद पर अड़े हैं वे सोचते हैं कि बहुत सी स्थितियाँ और एक बलशाली तंत्र की स्थापना से इस देश की एकता सुरक्षित

होगी। धर्म उनकी दृष्टि में इन दोनों आवश्यकताओं को पूरा करेगा। उनका सोचना है कि धर्मतंत्र को मजबूत करने से राष्ट्र का विघटन नहीं होगा और आचरण की एक निश्चित पद्धति राष्ट्र को एक ध्येय, एक आदर्श देगी, इस तरह देश बाहरी आक्रमण और सांस्कृतिक आघात सहने में समर्थ होगा।

यह दरअसल 'धर्म की राजनीति' का शार्टकट है। निरक्षर, भूखे और कुपोषित लोगों के पहले से कमज़ोर हुए एहसासों का शोषण है। विभाजन के बाद ऐसे विचारों को एक विशेष भावुकता के साथ विज्ञापित किया गया है। 'धर्मों रक्षति रक्षित' (धर्म की रक्षा करनेवाला सब जगह सुरक्षित है) यह सुभाषित धर्मावलम्बियों और धर्मविरोधियों को ताकत देता है। राष्ट्र को कमज़ोर बनाने की बहस चलती रहती है और वे सब प्रश्न टलते रहते हैं जो विभिन्न देश के केन्द्रीय प्रश्न है।

राष्ट्रीय एकता और धर्म के सम्बन्ध में यह टिप्पणी करना आवश्यक है कि व्यक्ति-सापेक्ष होने के कारण धर्म देश के हिताहित की चिन्ता नहीं करता। उसका तंत्र आतंक की सीमा तक जाता है जिससे मनुष्य की रचना-धर्मिता के प्रबल आवेग कुंठित होते हैं। धर्म बाहरी प्रतीकों और कर्मकांड की सरणियों में विश्वास करने के कारण आचरण को विवेक शून्य और मानवीय संवेदनाओं को तंत्रबद्ध करता है। विश्वभर में मनुष्य-पक्ष में सोचनेवाले लचीले और करुणापूर्ण धर्म अपने अन्तर्विरोधों के कारण क्रूर, अमानवीय और कलहकारी हुए हैं। धर्म एक भय है, सब में सब से भय पैदा करता है—गुरु से डरो, मंत्र से डरो, वेद से डरो, लोक से डरो और अन्त में अन्यायी से डरने की स्थिति आ जाती है।

राष्ट्रीय एकता के लिए किसी एक धर्म-शक्ति की या धर्म-सेना की बात करना अनैतिहासिक और अतर्क संगत है। यहाँ के सामन्त और नृपत्ति-गण एक धर्म-पथ के अनुयायी होने के बावजूद अपने लौकिक हितों और भू-सम्पदा के लिए परस्पर और पीढ़ियों तक लड़ते रहे हैं। आवश्यकतानुसार उन्होंने विदेशी आक्रमणकारियों की सहायता की है। ईश्वरीय रहस्य और मोक्ष के तत्व को समझने के लिए यहाँ दर्शन-शास्त्र प्रमाण रूप है। राज्य-तंत्र के साथ धर्म का ताल-मेल बैठानेवाले सम्राट अशोक ही अन्यतम है। हमारे राष्ट्र की पहचान कभी किसी एक धर्म के कारण नहीं बनी।

धर्म और रचना कर्म के घनिष्ठ सम्बन्धों पर रोशनी डालते हुए एक आचार्य ने मुझ से कहा था कि जहाँ 'रामायण' है वहाँ ये दोनों पल और तरंग की तरह अभिन्न हैं लेकिन यह सब जानते हैं कि रामायण कर्मकांड और आचरण संहिता नहीं है। वहाँ वे सब चरित्र है जो सामाजिक-जीवन और मर्यादा के बीच अपनी नियति तलाश कर रहे हैं और जिनसे मानवीय कर्म की व्याख्या सम्भव होती है।

धर्म की तर्क-सरणियों से और तत्त्ववाद से रचना-धर्मिता की गहरी दोस्ती नहीं है। जहाँ है वहाँ भी वैसी नहीं जैसी धर्माचार्य चाहते हैं। धर्म और कला की चिन्तन-

पद्धतियों में बुनियादी अन्तर है। दृश्य-जगत को मिथ्या मानते हुए धर्माचार्य ब्रह्मवाद की ओर लौटते हैं। कलाओं का आनन्द इसी संसार में है, वे संसार के स्वरूप की व्याख्या करती हैं और मनुष्य में विश्वास पैदा करती है। मोक्षवाद, इन्द्रिय-निग्रह, वैराग्य, अनासक्ति के सम्बन्ध में रचना-धर्मियों की राय अच्छी नहीं है। तुलसीदास जैसे शीलवान और सज्जन कवि विन्ध्य के उदासियों की हँसी उड़ाते हैं जो बिना नारियों के दुखी है और शिलाओं के चन्द्राननियाँ बन जाने के इन्तज़ार में हैं। इसी प्रसंग में 'करूणा करि कानन को पगु धारे' वाली वचन-भंगिमा का व्यंग दृष्टव्य है।

धर्म की ज़िद करते हुए उलेमा से मोमिन कहते है

उम्र तो सारी कटी, इश्क बुतां में मोमिन,
आखरी वक्त में, क्या खाक मुसलमां होंगे।

धर्माचायों की जीवन-शैली और शब्द-कर्म के अन्तर, चोटी, दाढ़ी, तिलक, त्रिपुंड के आडम्बर पर बहुत सी तीखी बातें कह कर कवियों ने उन्हें लगभग अविश्वसनीय ठहरा दिया है :

सच कह दूँ ए बिरहमन, गर तू बुरा न माने,
तेरे सनम कदा के, बुत हो गये पुराने

धर्म की अमानवीयता पर अपना परिताप व्यक्त करते हुए आजमी ने लिखा है :

मल लिया माथे पे तहजीन का गाज़ा लेकिन
बर बरीयत का था जो दाग वो छूटा ही नहीं
गांव आबाद किये शहर बसाये हमने
रिश्ता जंगल से जो अपना था वो टूटा ही नहीं
इसको मजहब का जनूं कहिए कि मेरी वहशत
कत्ल भी कर दिया हम साये को लूटा ही नहीं

हमारे देखते-देखते पिछले दशकों में राष्ट्र और राष्ट्रीय एकता के सम्बन्ध में विचार परिवर्तन हुआ है। यह प्रतीत होने लगा है कि वे राजनीतिक ज़रूरत पूरी करनेवाले लुभावने और मायावी शब्द हैं। राजनीतिक मूल्यहीनता और सामाजिक उथल-पुथल के बीच ये दोनों शब्द भी धीरे-धीरे मूल्यहीन होते जा रहे हैं। ऐसे प्रश्न भी पूछे जाते हैं—कि जिन्हें लेकर स्वतंत्रता-संग्राम का उत्सर्ग-पूर्ण प्रसंग पश्चाताप पैदा करता है। राष्ट्रीय-एकता के प्रसंग में हत्या की घमंड भरी राजनीति, जातियों का वध और जातिवाद पर टिका लोकतंत्र बहुत से प्रश्न और चिन्ता पैदा करता है। अपने-अपने स्वार्थों की छाप लगी हुई राष्ट्रीय-एकता राजनीति के बाजार में बिकती हुई नज़र आती है।

बहुत से लोग मानते हैं कि राष्ट्र राज्यों का उदय, उनकी प्रतिस्पर्धाएँ, उनके आपसी विग्रह, सत्ता-समीकरण सब एक थका देनेवाली प्रक्रिया है। राष्ट्र-राज्यों के सत्ताधीश अपनी-अपनी प्रभुसत्ता के लिए युद्ध और सन्धियाँ करते हैं। सब ओर से निरीह जनता लड़ती है। एक अर्थ में न कोई जीतता है न हारता है। राष्ट्र-राज्य शीर्षक पुस्तक में जैनेन्द्र लिखते हैं : 'आज जो दो शब्द विग्रह में ठने है कल वही सन्धि में सधे नहीं बल्कि समास में संयुक्त दिखते हैं। उस शब्दावली के सहारे बात की तह तक पहुँचना इसलिए आसान नहीं होता।...कठिनाई उन सामान्य जनों को होती है जो शब्दों को खेल की चीज़ नहीं मानते बल्कि उनके साथ भावनाओं को जोड़ते हैं। शब्दों पर पक्ष खड़े होते है और दोनों ओर से यहाँ तक कि कभी लाखों कुर्बान कर दिए जाते हैं पर अन्त में देखा गया है कि अन्त में दोनों शब्दों ने अनायास सन्धि कर ली है।...स्वयं राजनेता शब्द से बँधा नहीं होता केवल अमुक शब्दों द्वारा जनता को हाँकने का वह अपना हक मानता है।'

विश्व के अनेक बुद्धिजीवी और मार्क्सवादी समाज शास्त्री राष्ट्रों की सीमांकित परिकल्पना, उनकी प्रतिद्वंद्विता, संघर्ष को बेबुनियाद मानते हुए राष्ट्रवाद के सिद्धान्त को ही खारिज करते हैं। वे केवल दो दुनिया मानते हैं—एक उत्पादन के स्वामियों की दुनिया और दूसरी सर्वहारा की दुनिया। एक व्यक्तिगत सम्पदा के मालिकों की चमक-दमक वाली दुनिया और दूसरी मेहनत-मजदूरी करते श्रमिकों, किसानों और गरीबों की उदास दुनिया। दरअसल राष्ट्रवादी नेता न्यूरोटिक स्थिति तक जाकर अपने निहित स्वार्थों और विफलता-बोध की राजनीति करते हुए राष्ट्र को माता, गौ आदि भावुक सम्बोधनों से मंडित करते हैं और युद्धोन्माद के नारे लगाते हैं।

राष्ट्र के बुनियादी तत्व उसके सीमान्त, उसका भौगोलिक रूप या कि उसे समृद्धि देनेवाली पृथ्वी है तब यह सवाल कि पृथ्वी किसकी है? उसके अधिकृती, उसके न्यायोचित स्वामी कौन हैं? सुई के बराबर नहीं देंगे—क्यों नहीं देंगे? महाभारत में तुम जीतोगे तो पृथ्वी का राज्य प्राप्त करोगे और युद्ध स्थल पर मरोगे तो क्षत्रिय गति मिलेगी यह विशेषाधिकार और आज दलितों और किसानों की एक-एक चित्ता भूमि हथयाने के लिए भू-पतियों द्वारा प्रारम्भ किया कत्ले-आम और हिंसा पृथ्वी और जन टूटते रिश्ते और राष्ट्र एकता के ईमानदार प्रयत्नों को शंकाकुल बनाते हैं।

फिर लौट कर प्रश्न करें—फिलहाल राष्ट्रीय-एकता और राष्ट्र पर किस तरफ से आक्रमण हो रहा है? कोई विदेशी अपनी सेनाएँ लेकर चढ़ाई कर रहा है? इस समय एक भिन्न किस्म संकीर्ण क्षेत्रवाद और उसे हासिल करने के लिए जबरदस्त हिंसा और आतंक फैला है। राष्ट्र की एकता को तोड़नेवाली राजनीति का एक रूप द्विराष्ट्रवाद से चल कर बहुराष्ट्रवाद तक आता है। यह आक्रमण बाहर से नहीं होता, अन्दर-ही-अन्दर एक छोटा सिद्धान्त मजबूत होता है—कभी अलग भाषा

का सिद्धान्त कभी अलग संस्कृति की पहचान का सिद्धान्त, कभी अलग धर्म का सिद्धान्त, अलग वंशजों और प्रजातियों का सिद्धान्त और कभी एक बड़े राष्ट्र को तोड़ने की ज़िद का सिद्धान्त। इन या ऐसे सिद्धान्तों पर एक राष्ट्र में बहुराष्ट्र का स्वरूप, संघर्ष, हिंसा और अस्थिरता का ढाँचा खड़ा होता है। राष्ट्र के भीतर राष्ट्रों के दावे पेश होते हैं। यह सत्ताधीशों की विफलता और उसकी घबराहट से उत्पन्न स्थिति के कारण भी हो सकते हैं, हो सकता है इसके कारण आर्थिक असन्तुलन और राजनीतिक महत्त्वाकांक्षाएँ भी हों और इस सम्भावना से भी इनकार नहीं किया जा सकता है कि वह एक उग्र असामाजिक और विघटनाकारी समुदायों की देश को तोड़ने की साज़िश हो।

फिर भी एक लोकतंत्रवादी देश में राष्ट्रीय एकता के स्वरूप को वीर गाथा कालीन सैनिक-उत्साह से निश्चत करना सम्भव नहीं होगा। अन्तिम और दीर्घकालीन विकल्प जनता और तंत्र की सुविचारित सुनियोजित आधारों की दोस्ती ही होगा।

यह विडम्बना ही है कि धीरे-धीरे देश की जनता में नैतिक साहस, समता और मेहनत की जिन्दगी के आदर्श धुंधले हो रहे हैं, देश को जोड़नेवाली शक्तियों की जगह अलगाव और आतंक की शक्तियाँ, मूल्यों और संकल्पों की जगह हिंसा, संकल्पहीनता और अवसरवादिता की राजनीति का परिदृश्य नजर आता है। इन परिस्थितियों में राष्ट्रीय-एकता एक राजनीतिक आवेश और नारा हुआ जा रहा है।

इन स्थितियों में रचनाधर्मियों को गहरी चिन्ता होना स्वाभाविक है। वे अपनी चिन्ताओं को लेकर जो लिख रहे है वह व्यर्थ के उल्लास और आशावाद का साहित्य नहीं है। वह दरअसल पूरे काल और देश को एक पूँजीवादी व्यवस्था के तमस से निकालकर मनुष्य को अपनी शर्तों पर जीने के लिए तैयार करनेवाला साहित्य है।

आप में से सब आज के महान साहित्यिक अवदान से परिचित हैं, उसका व्यवस्था-विरोधी रूप देखकर आप शायद यह सोचते होंगे कि वह राष्ट्रीय-एकता के महान लक्ष्य से बेखबर है। लेकिन बात यह है कि वह देश को उसकी जनता से अलग सोचने की स्थिति में नहीं है। मजबूत और सन्तुष्ट जन ही राष्ट्रीय-एकता की मजबूत सैनिक चौकी हैं?

एक मूल्य-विहीन समय में जब कि अलगाववादी और आतंकवादी, धार्मिक उन्माद फैलानेवाले और समता विरोधी, अवसरवादी, राजनीतिज्ञ और धन पर इतराते नव धनाढ़यों की ज़मात अन्दर-ही-अन्दर कुचक्र रचती हो तब इस कुचक्र को पहचान सकनेवाली जनता और रचनाधर्मी असहायता और लाचारी का अनुभव करते हुए तटस्थ हो जाते हैं तो देश की एकता को मजबूत से मजबूत सेना भी सुरक्षित रखने में सम्भवः कामयाब नहीं होगी।

ऐसे समय में हम मलयालम के प्रख्यात कवि कुरूप के इस काव्यांश को दुहरा सकते हैं :

हम व्याख्या करें
तो आखिर किस समय की?
अगर यह दिन है
तो कहाँ छिपी बैठी है रोशनी
यह रोशनी है क्या?
जिसमें पड़ रहे है डाके
लुट रहा है इन्सान?
लुढ़का दिया जाता है प्रहलाद को
छोड़ दिया जाता है सीता को
रावण की दया पर
मिटा दिया जाता है कली को
फूल बनने से पहले
यही क्या दिन है?
और अगर यह रात है
तो क्यो जलता है अंग-प्रत्यंग
ऐसे पहर सदा के लिए अस्त हुए
जब कि हम सब कुछ भूल सो जाते थे
और आज
हम में से एक की नींद के लिए
दूसरे को अपलक पहरा देना है
अब मैं जागता रहूँगा, तू सो जा।

साहित्य का अध्याय
आधुनिक चिन्ताओं का अध्यात्म

नये हिन्दुस्तान का मन पुराने हिन्तुस्तान से बिलकुल अलग है यह कहना तो कठिन है लेकिन बहुत अलग हो गया है यह कहने में कोई संकोच नहीं है।

हमारे चित्त पर पश्चिमी संस्कृति का रंग चढ़ गया है हमने यह मान लिया है कि वह बड़प्पन देनेवाली मजेदार संस्कृति है। एक सीमा तक उसने तर्क के दरवाजे खोल दिए हैं। अब वह जमाना आ गया है कि हमें सारी बातों को, विश्वासों और मान्यताओं को तर्क और बुद्धि की कसौटी पर कसना होता है। झूठा-सच्चा आधार ढूँढ़ना पड़ता है।

मैंने पंडितों को कान पर जनेऊ चढ़ा कर पेशाब करने के तर्कों पर सहमत होते हुए सुना है। उनमें से एक ने यह तर्क दिया कि कान के पास कोई नस होती है जिसे जनेऊ दबा देती है और पेशाब की सारी-रुकावटें दूर हो जाती हैं। लेकिन यह सुविधा शूद्रों को क्यों नहीं? स्त्रियों को क्यों नहीं? इसका उत्तर हम नहीं ढूँढ़ पाए?

तुलसी-पत्र को मन्दिर के जल के साथ लेने की उपयोगिता पर जये सिरे से प्रकाश डालते हुए स्वामीजी ने कहा कि उससे विद्युत तरंगे पैदा होती हैं और कई रोग नष्ट हो जाते हैं। मैं यह नहीं कहता कि तुलसी-पत्र की कोई उपयोगिता नहीं है लेकिन स्वामियों को अपनी बात बुद्धि-संगत बनानी पड़ेगी यह नया झमेला और तमाशा तो है ही। कहानीकार यशपालजी ने 'झूठा-सच' पुस्तक में ऐसे बहुत से अन्ध-विश्वासों और स्थितियों को ध्वस्त करने की कोशिश की है जो बुद्धि-संगत नहीं हैं।

लेकिन हमारे लिए पश्चिमी संस्कृति के साथ विज्ञान की वापसी शायद उतनी विषाद्-जनक नहीं है जितनी कि 'महाजनी सभ्यता' की, जिसने हमें चौपट कर दिया है और जिस पर हमें ज्यादा गम्भीरता से विचार करना चाहिए।

यह कहना बहुत कठिन है कि वस्तुओं के प्रति, सम्पत्ति-धन के लिए हमारे मन में इतना लालच कैसे पैदा हुआ। लेकिन इस समय दुनिया के देशों में हमारा देश शायद सब से ज्यादा लालची और चीज़ों को सब से ज्यादा इकट्ठी करनेवाला, सब से ज्यादा प्यार करनेवाला है। यह सब अचरज भरा इसलिए

भी मालूम होता है कि हम ने हज़ारों वर्षों तक अध्यात्म को जीवन की सब से मूल्यवान सिद्धि माना है।

पश्चिम यदि वस्तुओं से चिपटता है तो वह संन्यास का या निस्पृहता का दावा भी नहीं करता और न दान त्याग, कांचन-मुक्ति का कीर्त्तन ही करता है। हमारी बात दूसरी है। हमारी व्यवस्था में से लालच नहीं निकलता। चार आश्रमों में से तीन आश्रम मुक्ति के लिए है। विचारणीय है कि एक लम्बी कांचन-मुक्ति की परम्परा में से यह लोभ की नदी कहाँ से निकलती है? यदि केवल डेढ सौ वर्षों के अंग्रेजी ताल्लुकातों से हमारे हज़ारों वर्षों का पुण्य बल घट जाता है तब हम इस नतीजे पर पहुँचते हैं कि लालच और वस्तुओं के त्याग का हमने मात्र ढोंग ही किया था। अन्दर से हमारा गरीब मन वस्तुओं के साथ बँधा था।

इस बात पर भी विचार किया जाना चाहिए कि हिन्दुस्तान का ऐश्वर्य या सोना या कि मणि-माणिक, हीरे-जवाहरात कहाँ और किस के पास थे? किन लोगों के लिए कांचन-मुक्ति की बात कही गयी थी?

ऐश्वर्य और कंचन दरसल सामन्तों, मन्दिरों के पुजारियों और व्यापारियों के पास था और उन्हीं से कांचन-मुक्त होने की अपेक्षा की जा सकती थी। सोमनाथ के मन्दिर में बेहिसाब सोना इकट्‌ठा हो गया था। विदेशी हमलावर मुहम्मद गजनवी वहीं से सोना ढो कर ले गया। मन्दिरों को हजारों बीघा जमीन दान में मिली थी जिसे पुजारी भोग रहे थे। कई हिन्दू राजाओं ने कोई-न-कोई बहाना बनाकर इन विशाल भूमि-खंड़ों को 'खालसा' (जब्त) कर लिया और पुजारियों का कब्ज़ा खत्म कर दिया। सामन्तों के पास अपार धन, रत्न, मणि-माणिकों का संचय था। व्यापार में लक्ष्मी का निवास है, यह पुराना सुमाषित था। व्यापारी वर्ग सम्पन्न और ऐश्वर्य कामी था।

सामान्य लोगों के पास दुख और दारिद्रय के सिवा कुछ नहीं बचा था। तुलसीदास माँग कर खाते और मस्जिद में सोने को तैयार थे। ब्रिटिश राज्य में गरीब भारतीय के पास औसतन ढाई गज कपड़ा पहनने के लिए बचा था। उतना पहन कर ही मोहनदास गांधी ने जार्ज पंचम से मिलने की ज़िद की थी। यह बहस महीनों चली। क्या जार्ज पंचम, चर्चिल के शब्दों में उस 'नंगे फ़कीर' से मिलें जो वेशभूषा की सारी औपचारिकताओं को धत्ता बताकर अपनी बात पर अड़ा है? यह मुलाकात सामान्य तरीके से खत्म नहीं हुई जब जार्ज-पंचम...तब गांधीजी ने अपनी विकेद्रप्रियता में कहा 'बादशाह' ने दोनों के लिए पहन तो रखे हैं।

एक गरीब देश में अध्यात्म का जादू ज़्यादा दिनों तक नहीं चलता। हमारे यहाँ तो मामूली आदमी का मन ही नहीं बड़े-बड़े साधु-संतों तक का मन ही चमक-दमक वाली चीज़ों की तरफ़ बे लगाम घोड़े की तरह भागता है। एक मन्दिर में मैंने मूर्तियों के पास रखे रंगीन टी.वी. का कारण पूछा। स्वामीजी ने कहा अब

पुराने भगवान नहीं रहे, आधुनिक हो गये हैं। योगियों तक को अन्तर्राष्ट्रीय ख्याति की कामना चौबीसों घंटों सताती है। उनके पास सम्पत्ति के रहस्यमय कोषागार हैं। एक स्वामी की, हथियारों के अन्तर्राष्ट्रीय ख्याति के सौदागर अदनान खसोगी के साथ ज़िगरी दोस्ती है।

यह बात गौर करने लायक है कि स्वतंत्रता के बाद हमारे मन में जो अमर्यादित लालच पैदा हुआ है नैतिकता के सारे सन्दर्भ व्यर्थ हुए लगते हैं उसका कारण वास्तव में भौतिकतावादी संस्कृति है या हमारी वह हजारों वर्षों की दीनता जो इधर संयम और लज्जा के सारे बाँध तोड़ कर पूरे देश में इतने प्रचंड उन्माद और वेग के साथ बह रही है।

आजादी के बाद धन-संचय के लिए हमारा मन एक दम बेताब हो गया है। धन-संचय और परिश्रम का सम्बन्ध टूट गया है। अब किसी नगर सेठ के लिए यह सुनकर अचरज होता है कि वे अपने घर से लोटा-डोर ले कर निकले थे। अपार परिश्रम, इच्छा-शक्ति और धीरज से उन्होंने लक्ष्मी की आराधना की। इन गुणों के लिए किसी के मन में आदर नहीं रह गया है। तुरंत करोड़पति होने के सपने सब की आँखों में है। भ्रष्ट होने और भ्रष्ट करने में अब किसी को कोई संकोच नहीं है।

अपने मन की, अपनी सामाजिक व्यवस्था की और हजारों वर्षों से चली आती गैर बराबरी के परिणामों की जाँच-पड़ताल करने की जगह हम बार-बार अंग्रेजों के ललाट पर कलंक का टीका लगाते हैं या औपनिवेशिकता को इस कपटाचरण के लिए ज़िम्मेदार मानते हैं। यह हम बहुत लम्बे समय तक कर सकते हैं, ऐसा करना आसान है लेकिन यह हमारे लिए अपमान और लज्जा की बात होगी कि केवल डेढ सौ या दो सौ वर्षों के अंग्रेजी सम्पर्क को हम अपनी हार, दुर्दशा और पतन के लिए दोष देते रहें और उन्हीं रास्तों पर चलते रहें जो हमारे मिज़ाज और संस्कृति के प्रतिकूल हैं। लोग उन सब पश्चिमी चीज़ों का स्वाद चख रहे हैं जिन्हें वे गालियाँ देते हैं। लोगों के घरों में वे सब वस्तुएँ अटी-पड़ी हैं जिनसे वे घृणा करने का लोक दिखावा करते हैं। यह आचरण का दोगलापन है।

मैंने पिछले पचास वर्षों में अंग्रेजी शिक्षा के व्यर्थ होने की दलीलें सुनी हैं। मैंने सुना है कि मैकॉले ने यह शिक्षा अपने साम्राज्य विस्तार के लिए चलाई थी। लेकिन अब भी वही दलीलें और पछतावा है, वही असमर्थता और दोषारोपण है। शिक्षा के निरर्थक ढाँचे को बदलकर नया कलेवर देने की हम ने कोई बड़ी और कारगर कोशिश नहीं की। यह कोशिश सिर्फ गांधीजी ने की थी—जिसे अंग्रेजी दाँ नौकरशाही और गरीबी को बरकरार रखनेवालों ने कामयाब नहीं होने दिया। अब हालात ऐसे बन गये हैं कि मैकॉले की गैर-हाज़री में भी राष्ट्र-हित का दंभ करनेवाली सरकारें अंग्रेजी स्कूलों और अंग्रेजी शिक्षा के सामने घुटने टेके बैठी है। लोगों को विश्वास

हो चला है कि भारतीय भाषाओं के दिन ख़त्म हो गये। नव-धनाढ्य मध्य-वर्ग को अब, 21वीं सदी के हिन्दुस्तान में, भाषा के ही फूलने-फलने के दिन नज़र आ रहे हैं। हम ने अपनी ही सरकारों को स्वदेशी और स्वभाषा के आन्दोलनों को नष्ट करते देखा है।

हमें यह सोचना चाहिए कि यदि अंग्रेजों से हमारा सम्पर्क न होता तो क्या हमारा चित्त भय-शून्य होता? हम साहसी, धृतिवान, परदुखकातर और समतावादी होते? तब क्या हमारा लोभ-मुक्त, सत्य-प्रिय और निष्कपट होना निश्चित था? दरसल हमारी गरीबी ने, जो हमारे कर्म-रहित धर्म-चिन्तन और निष्प्रभ सामाजिक व्यवस्था का उत्पाद है, हमारे मूल्य बोध, उत्साह और जीवन सन्तुलन को गड़बड़ा दिया है। एक बेहतर मानवीय ज़िन्दगी के लिए हमारी इच्छा शक्ति धीरे-धीरे कमज़ोर होती गयी है। अब आज़दी के पचास वर्षों के बाद हम यह सोच कर आश्वस्त होते जा रहे हैं कि इसी व्यवस्था में सोने का कमल खिलेगा जिसे पाने के लिए हम एक चोर दरवाजा खोले हुए हैं। बीसवीं सदी के बीतते-बीतते 'तुरन्त करोड़पति' होने के लिए हम किसी भी कर्मकांड में शामिल होने के लिए तैयार हैं।

क्या सोने की लंका का दहन होगा? क्या कांचन-प्रेमी दशानन को हम 'अलविदा' कह देगें? क्या किसी में वह आत्म-बल होगा जो लंका को भस्म करने के लिए पलीता जलाए? क्या लोग राम के सत्पथ पर चलेंगे? क्या वे सत्ता-सिंहासन की राजनीति से मुंह फेर लेंगे? क्या वे सम-चित्त, समतावादी व्यवस्था को पसन्द करेंगे? स्वर्ण-हिरण के पीछे भागनेवाले लोगों से यह कहनेवाला कोई बचेगा कि इस व्यवस्था के बीच से कोई रोशनी जगमगानेवाली नहीं है।

लेकिन तब भी इस सत्य को समझना होगा कि किसी भी सभ्य समाज, सभ्य देश की आत्म रक्षा के लिए और विश्व रक्षा के लिए कांचन-मुक्त, लालच रहित व्यवस्था की ईज़ाद तो करनी ही होगी।

अज्ञेय : पुनरावृत्ति तथा पुनर्रचना के क्रम में

अज्ञेय के काव्य-संग्रह 'क्योंकि मैं उसे जानता हूँ' में तीन खंड हैं जिनके अन्तर्गत चौवन कविताएँ संकलित हैं। पहले खंड में सात कविताएँ हैं जिन्हें कोई शीर्षक नहीं दिया गया है। फिर सत्तरह कविताएँ हैं 'गूँजेगी आवाज' शीर्षक के साथ और फिर तीस कविताएँ हैं 'प्रार्थना का एक प्रकार' के अन्तर्गत। कविता-संग्रह भारतीय ज्ञानपीठ ने प्रकाशित किया है। संग्रह की कविताएँ 1965 से 1968 के बीच लिखी गई हैं। रचनाएँ अस्सी पृष्ठों में संकलित हैं; मूल्य पाँच रुपया है। प्रारम्भ में रेनर मारिया रिल्के की कविता पंक्तियाँ हैं जो समर्पित कवि के वैशिष्ट्य का बोध कराती हैं और उनके उद्धृत होने की सार्थकता इसी में है कि उनके माध्यम से अज्ञेय की रूचि, संस्कार और रचनाओं की मूल प्रकृति का हल्का-सा आभास हो सके। रिल्के की काव्य-पंक्तियाँ हैं : [तब सहस्त्रधा चिन्तन में मैं तुम्हें सोच सकता पूरा, तुम्हारे अन्तिम छोर तक और तुम्हें पकड़ सकता (एक मुस्कान की अवधि भर) और तुम्हें दे देता धन्यवाद की तरह उन सब को, जो जीते हैं]।

अज्ञेय की कविताओं का यह आन्तरिक मिज़ाज हो न हो कि वो बहस की शुरुआत करें किन्तु उनकी कविता का यह भाग्य अवश्य है कि उन पर बहस हो और जिसका अन्त रचनाओं को समझने के अतिरिक्त सब कुछ हो। लेकिन यह काव्य-कौतुक ठीक नहीं है क्योंकि इससे कवि की असाहित्यिक सामर्थ्य-असामर्थ्य पर रोशनी डाली जाती है। किन्तु शेष सब छूट जाता है : मसलन, कवि की कविताओं का मिज़ाज, उसका प्रभाव, समसामयिक जगत् के सन्दर्भों की पकड़, भाषायी-सामर्थ्य, काव्यानुभवों की प्रमाणिकता और इसी तरह के दूसरे सवाल। तब यही ठीक है कि अज्ञेय की कविता के मूल मिज़ाज पर बात की जाए यद्यपि यह एक कठिन काम है; क्योंकि किसी भी कवि की रचनाओं के मिज़ाज की परख संवेदनाओं को वर्गीकृत करके या कि उसके सामाजिक दर्शन की बात करके अथवा कि उसमें निहित समसामयिक सन्दर्भों की गिनती के साथ सम्भव नहीं होती। लेकिन इन सब दुविधाओं के बीच भी मनुष्य स्वभाव की सुविधा यह है कि उसकी एक-न-एक पहचान है जो कृतियों में अनके बार दुहराई जाने के कारण इतनी स्पष्ट हो जाती है कि उसे कवि-व्यक्तित्व का मुख्य अंश मान सकते हैं—एक वैशिष्ट्य। कवि-व्यक्तित्व को इससे कुछ कठिनाई भी होती

है क्योंकि वह वैशिष्ट्य उसके लचीलेपन को सीमित करता है; किन्तु वही उसकी पहचान है जो उसे खुले और अपरिचित मैदान में दौड़ने से बचाती हैं। वैशिष्ट्य का सबसे अधिक सम्मोहक अंश यह होता है कि वह कवि को शिल्प आविष्कृत करने की क्षमता प्रदान करता है जो अपनी अद्वितीयता और प्रभाव के कारण कवि को कुछ समय तक याद रहने योग्य बनाता है। मुझे यह कहने में सन्देह नहीं है कि अज्ञेय अपने समय के विशिष्ट कवि हैं और उनका यह वैशिष्ट्य 'क्योंकि मैं उसे जानता हूँ' की उन तीस रचनाओं में देखा जा सकता है जो 'प्रार्थना के एक प्रकार' उप-शीर्षक के अन्तर्गत आ गई हैं, जिसका हल्का-सा आभास देने के लिए, जैसा मैंने पहले भी लिखा है, उन्होंने रिल्के को उद्धृत किया है। इसी संकलन की 'क्यों' इसके पूर्व भी न केवल पद्य-कृतियों में बल्कि उपन्यास और कहानी में भी अज्ञेय का यह वैशिष्ट्य प्रकट हुआ है। कवि ने उसे 'आत्मने पद' में 'राग-विस्तार' कहकर व्याख्यायित किया है और मुझे काव्य की मूल-प्रेरणा की हैसियत से राग-धर्म को स्वीकार करने में हिचक नहीं है लेकिन मुझे भय है कि अज्ञेय ने अपनी रचनाओं का मूल उत्स 'राग-धर्मिता' में पाया हो। अज्ञेय को पहले-पहले पढ़ें तो लगता है कि वे बेझिझक प्रेम और समर्पित के कवि हैं लेकिन बाद में पढ़ते-पढ़ते 'क्योंकि मैं उसे जाता हूँ' तक आ जाइए तो लगने लगा कि वे द्विधा, झिझक और समर्पण के खतरों से सावधान कवि हैं। वे वस्तुतः किसी समुन्द्र में छलाँग लगाने वाले कवि नहीं है यद्यपि वे बहुत दूर से और तेज दौड़ते नजर आते हैं।

यह द्विधा या झिझक अनुपयोगी नहीं है विशेषतया शिल्प के लिये क्योंकि वह कभी आत्म-मुग्धता और कभी कुछ ढूँढ़ लाने की त्वरा और उद्विग्नता देती है जिससे लुभावने मुहावरे आविष्कृत होते हैं लेकिन उससे शायद वह नुकसान होता हो कि शब्द किसी शब्दातीत अनुभव तक जाने में स्वार्थवश हिचकता है—स्वार्थवश इसलिए कि कवि को इसी झिझक से पैदा हुए मुहावरों ने स्थापित किया है और वह उनसे दूर हटकर नये शब्दार्थ को ढूँढ़ने का नुकसान नहीं उठाना चाहता। अज्ञेय के लिए मैं ऐसा नहीं कहता यदि मैं इस संकलन की इन तीस कविताओं को न पढ़ लेता जिसमें कुछ लुभावने पद बंध हैं और 'प्रार्थना का एक प्रकार' एक अलग चेहरे में नजर आता है और कुछ ऐसी विलक्षण पंक्तियाँ भी पढ़ता हूँ :

साँझ-सवेरे मैं थोड़ा-सा अतीत में जी लेता हूँ
क्योंकि रोज शाम को मैं थोड़ा-सा
भविष्य में मर जाता हूँ

फिर 'कुछ फूल : कुछ कलियों' की ये पंक्तियाँ :

फूल : मन : कलियाँ
सब अपने-अपने ढंग से

उत्तरदायी हैं।
फूल
मुरझाएगा
वही तो नियति है
होने का फल है।
पर उसकी अमोघ बाध्यता का तो बल है
जो कली को खिलाएगा, खिलाएगा।

या 'आश्वस्ति' शीर्षक कविता का यह प्रश्न जो प्रेम का सहज, किन्तु, अशेष प्रश्न है :

तब-हाँ, तब उस रस में—
या कह लो सुख में, दुख में, सपने में
उस मिट्टी में—उस धारा में
हम फिर अपने होंगे
ओ प्यार! कहो, है इतना धीरज
चलो साथ
यों : बिना आशा-आकांक्षा
गहे हाथ?

किन्तु, यह चिन्ता की बात है कि ऐसी कविताएँ कम हैं। ज्यादा तो ऐसी ही हैं कि जिनमें पुराने अज्ञेय की याद आती है और कुछ में निरन्तर दुर्बोध होते अज्ञेय की—जैसे 'प्यार' की इस कविता में :

प्यार
एक यज्ञ का चरण
जिसमें मैं मेध्य हूँ
प्यार
एक अचूक चरण
कि जिसके द्वारा
मैं मर्म में वेध्य हूँ।

यह 'वेध्य' कविता के अन्त में :

नहीं तो और क्या है प्यार
सिवा यों
अपनी ही हार का अमोघ दौर किसी

को सिखाने के
किसी के आगे
चरम रूप से वेध्य हो जाने के?

कुछ कविताएँ दूसरी तरह की चिंता पैदा करती हैं जिससे पुराने अज्ञेय की याद धुँधली होती है क्योंकि उनमें कवि की 'शब्दअर्थ-भंगिमा की सम्पृक्ति' निरन्तर क्षीण प्रतीत होती जाती है (अभी तक अज्ञेय जिसके लिये प्रतिश्रुत थे)। ऐसा उन कविताओं में हुआ है जहाँ 'देह-प्यार' की चर्चा है क्योंकि 'देह-प्यार' के लिए बहुत कुछ घुमा-फिराकर कहने की जरूरत नहीं—इतना घुमाव-फिराव भी नहीं—'भुवन! तुम मुझे लो'—जितना भी।

इस संकलन में एक और कवि है—वह पहले भी था—लेकिन इस बार एक साथ सत्तरह कविताओं में जो ऊपर से शालीन लेकिन मन से उद्विग्न और नाराज। ये कविताएँ अज्ञेय को समसामयिक सन्दर्भों से जोड़ती हैं और चारों तरफ चलने वाले 'गोपन फरेब' को उद्घाटित करती हैं। ये कविताएँ इन दिनों लिखी जाने वाली कविताओं से भिन्न हैं—उन कविताओं से जिनमें कवि अमूमन सारे कुकृत्यों के लिए अपने को बरी रखता है और दूसरों को नोंचता-खरोंचता है। ये कविताएँ दूसरों से ही नहीं खुद से भी सवाल करती हैं और 'आत्म साक्षात्कार' की उन सीढ़ियों तक ले जाती हैं जहाँ आत्मवान् पुरुष चाहे तो खुद बन्द द्वार को खटखटा सकता और बेचैन हो सकता है; पूछ सकता है :

चलो, ठीक है कि आजादी के बीस बरस से
तुम्हें कुछ नहीं मिला
पर तुम्हारे बीस बरस से आजादी को
(या तुमसे बीस बरस की आजादी को)
क्या मिला?

या यह कि :

ओ केले के पेड़, क्यों नहीं भगवान ने
तुझे रीढ़ दी
कि कभी तो तू अपने काम आता
चाहे तुम्हें कोई न भी खाता
...

एक बार तनकर खड़ा तो होता
मेरे लुज-लुज भारतवासी।

इस तरह के प्रश्न ही दूसरी जहनियत खोलते हैं—केवल दूसरों की त्वचा को नोंच कर भाग जाने को नहीं लेकिन अपनी त्वचा और रक्तधार में बँधी-बहती कुछ करने को जिसके बिना अस्वीकृति, प्रतिश्रुत होना-होना शब्दों को दुहराना भर है। इन कविताओं में कवि देश के सिर पर वाचाल और जातियों में क्रूर, लालच और स्वार्थ को बढ़ाने वाले लोग नजर आते हैं। पूछता है :

तू किस-किस को रोएगा?
कब बनेगा राष्ट्र
कब तू अपनी नियति को पकड़ पाकर
तकिया लगाकर सोएगा?

जैसा मैंने कहा है—कि अज्ञेय की पुरानी कविताओं में भी समय के व्यापक सन्दर्भ हैं लेकिन सत्तरह कविताओं में वे किसी गहरी चिन्ता से उद्विग्न लगते हैं जो निरा आवेश नहीं है लेकिन हर आदमी में छिपी कृतघ्नता, कमजोरी और कुछ न करने वाली मनःस्थितियों की आलोचना है।

पूरी कविता पुस्तक पढ़ने के बाद मुझे लगता है कि 'निजी अज्ञेय' की कविताएँ केवल 'निस्संगता की पुनरावृत्ति' हैं लेकिन 'सामाजिक अज्ञेय' की कविताएँ बहुत धीमे-धीमे ताप से गरम हैं और बौद्धिक-व्यंग्य की सारी शक्ति से युक्त हैं।

अज्ञेय के रचना-शिल्प में कोई तब्दीली नहीं है क्योंकि वे अभी भी निजी हैसियत से 'द्विधा, झिझक' और किनारे पर खड़े कवि हैं। वे पहले मुझे 'दार्शनिक कवि' जैसे लगते थे जो शब्दों को साधु-प्रयोग तक ले जाते हैं लेकिन अब मैं सोचता हूँ—कम-से-कम इस पुस्तक में (और उन कविताओं में जो उनकी अन्तरंग कविताएँ हैं) वे किसी नई जोखम के लिए तैयार नहीं हैं। अज्ञेय के माध्यम से क्या अजन्मी शब्द-शक्ति के जन्म लेने की सम्भावना का इन्तजार किया जा सकता है? ऐसे प्रश्न का उत्तर इस या उस पुस्तक से सम्बन्धित नहीं है लेकिन कवि के सम्पूर्ण व्यक्तित्व से जुड़ा है। अज्ञेय का व्यक्तित्व कभी-कभी छलाँग लगाता है और यही एक उम्मीद है।

[राजस्थान सरकार के शिक्षा विभाग की त्रैमासिक 'नया शिक्षक-टीचर टुडे' के जुलाई-सितम्बर अंक, वर्ष 1973 से साभार]

[क्योंकि मैं उसे जानता हूँ : अज्ञेय; भारतीय ज्ञानपीठ]

आइए रेवती रमण की कविताओं से मिलें

रेवती रमण शर्मा को मैंने उनकी कविताओं से जाना है, उनके आन्तरिक मिजाज और अन्तर्द्वंद्व को भी। एक हद तक मन की दुनिया को उथल-पुथल कर देने वाली कविताओं के साथ वे शान्त और मृदुभाषी रह सकते हैं। वे हमारे प्रान्त के उन कवियों में हैं जो कवित्व का ढोल नहीं बजाते, न प्रतिद्वंद्विता करते, ना प्रतिस्पर्धा और ना ही वाणिज्य। इन कविताओं को, जो संकलन में छपी हैं; वह मुझे सिर्फ दिखाने के लिए लाये थे। बाद में संकोच—बहुत ज्यादा संकोच के साथ कहने लगे कि मैं उन्हें पाठकों से मिला दूँ। कविता के सिलसिले में यही हो सकता है, उन्हें पाठकों से मिलाया ही जा सकता है। पहले आप कविताओं से मिल लें और यदि आप पूरी आत्मीयता से मिल लिए हैं तो पाठकों और काव्य प्रेमियों से मिला दें।

रेवती बाबू की कविताओं से मिलने के लिए मैं तीन दिन तक उनके साथ रहा। एक-एक कविता पढ़ना, कविता से बात करना, फिर कविताएँ पढ़ते रहना। इस तरह कविताओं का पहला पाठ समाप्त हुआ। दोबारा उन्हें कविताओं को परिष्कृत रूप से पाकर पढ़कर प्रसन्न होना स्वाभाविक था। कविताओं का मिजाज दोस्तों की तरह होता है, वे बहुत से रहस्य ना भी समझाती हों लेकिन बहुत से असंमजसकारी इरादों को हल्के-हल्के बातों ही बातों में खोल देती हैं। उबड़-खाबड़, बेतरतीब रास्ते वाली जिन्दगी चुटकी बजाते-बजाते उम्मीद और रोशनी में नहायी लगती है।

रेवती रमण शर्मा की रचनाओं में मैं एक गहरा सामाजिक सरोकार देख पाता हूँ; इससे भी ज्यादा साफ सुथरी बात कहना हो तो यह की एक निडर 'समाजवादी सरोकार' देख पाता हूँ। लगभग हर कविता में वे इस 'समाजवादी सरोकारों' को स्पष्ट और मजबूत होने देते हैं। कई कविताओं में ऐसा प्रतीत होता है कि जैसे वे पहले एक कथ्य ढूंढ लेते हों, बाद में कविता लिख देते हों और शायद इसीलिए इन कविताओं में मेरे लिए कुछ भी 'सहसा, अन्दरूनी या आत्मीय' जैसा कुछ नहीं होता। बाहर और अन्दर की दुनिया एक सी होती है—वर्गों में बँटी, यात्राओं की सीढ़ियाँ से बनी हुई, ऊंची नीची और खुशियों से बेखबर।

इस एक आयामी दुनिया और कथ्य से कवि उन अनेक कविताओं को लिखता है जो प्रारंभ से अन्त तक एक अर्थ वाली होती है, स्पष्ट और समझ में आने वाली। इससे किसी हद तक कविता पुख्ता होती है और कवि तथा पाठक के बीच सारे काल्पनिक अर्थ विलुप्त हो जाते हैं। ऐसी कविताओं से जिन्दगी की तकलीफें समझने की शक्ति बढ़ती है और तब शायद यह संकल्प शक्ति भी बढ़ती है कि हमें गैर बराबरी, साम्राज्यवादी और युद्धोन्माद बढ़ाने वाली ताकतों से लड़ने के लिए एक राजनीतिक, सैद्धान्तिक, पार्टी लाइन पर मोर्चा बनना चाहिए। इस विश्वास को साथ लेकर वह लिखते हैं—

तुम्हारे पिता
देश के कोटि-कोटि जन के साथ
गांधी के असहयोग के लिए / सहयोग बने
अंग्रेज साम्राज्यवादियों के खिलाफ/ सिर्फ आजादी के लिए
अब आजादी की केन्द्रात्मकता के लिए
अहम हो गई है लड़ाई।

(खिलाफत के खिलाफ)

बँटता है खेमों में मछली दरबार
मूर्खता है आजादी के स्वप्न पालना
जुड़ेंगे मूलधारा से हम / जान देंगे
होंगे आजाद

(लाल मछली काँच घर की)

बीहड़ घाटी दरख्तों के बीच
नवगीत गाता है / चिड़ियों का झुंड
तोड़ता है अकेलापन / भरता है मन का खालीपन
चिड़ियों का झुंड
होता है सामूहिकता का आभास
पहाड़ के सीमांत पर बनी
सीमांती दीवारों के सहस्त्रों छिद्रों से
मुस्कुराते हैं हजारों सूरज एक साथ

(एहसास)

इन और ऐसी कविताओं में समाजवादी चिन्तन और सिद्धान्त के बहुत से शब्द होते हैं, जो मेरी दृष्टि से भाषा की रचनाशीलता को घटाते हैं। समाजवादी या साम्यवादी सिद्धान्तों की कविता का आन्तरिक उल्लास मनुष्य को उसकी लम्बी, दुरूह, कठिन, निराशामय और संश्लिष्ट दुनिया से काटकर पार्टी की सिद्धान्त

वाक्यवालियों से जोड़ देने में नहीं है बल्कि यह बताने में है कि आज की जिन्दगी किस कदर असहाय होकर भी एक नई और समतावादी दुनिया के लिए संघर्षरत है। समाजवादी कविताओं को इसीलिए ना केवल एक गहरी समझ और आत्मीयता की आवश्यकता होती है बल्कि उसे लचीली, अर्थवती भाषा की भी जरूरत होती है जो दुनिया को समझाती और नई बनाती चलती है। चाहे धर्म हो या राजनीति या कोई अन्य अनुशासन, जितनी बार हम उसे जिद और घेरेबन्दी में लाएँगे कविता-प्रेमी हमसे दूसरी तरह की इच्छा करने लगेंगे, शायद पार्टी के लोग भी।

रेवती रमण शर्मा की अच्छी कविताएँ वे हैं जिनमें वे जिन्दगी की सारी विसंगतियाँ का बड़ा परिदृश्य देखते हैं: जहाँ उल्लास की ज्यादा रोमांचकारिता नहीं होती, हल्की हताशा होती है, लेकिन एक पुख्ता विश्वास वाली कर्म-संकुल जिन्दगी भी होती है—

परसों आम चुनाव
बड़े नेताओं के भाषण हैं आज
हाथ में हथोड़ा लिए
पहाड़ से लौटते हुए
सबने सुना
"केवल तुम्हारे मत से
तुम्हारा भाग्य बदलेगा"
वोटों वाला दिन निकल गया
पत्थर तोड़ते; तोड़ते पत्थर

(किसी एक दिन)

कक्षा का मौन तोड़ता है घीसू
मास्साहब वह नहीं जा पाएगा
कल से स्कूल नहीं आ सकेगा
बाबा ने कहा है
"तू स्कूल नहीं जाएगा
चौधरी की भैंस चराएगा
ट्रैक्टर धोएगा / हुक्का भरेगा—
अपना कर्ज चुकाएगा।"

(तरक्की)

जिस नगर में कवि रेवती रमण रहते हैं वह रंगों की आतिशबाजी का नगर है। बसन्त आते-आते पलाश के चटख लाल रंगों से अरावली की घाटियाँ दहकने लगती है। अलवर के तमाम नए कवियों ने रंग के इस समुद्र में मनोहरी कविताएँ

लिखी हैं। रेवती रमण की शायद ही कोई कविता हो जिसमें अलवर की प्रकृति, पहाड़ों का रंग, गरीबों का शौकार्त संवाद पहाड़ों पर गिरता, झुकता, डूबता सूरज; मजदूरों का साहसी स्वर, डलिया बनाते छोटे-छोटे बालकों के मुरझाए मासूम चेहरे मौजूद न हो। उनका होना ही रेवती रमण का होना है। अलवर के सब कवियों में सिर्फ रेवती रमण ही है जो इतने स्थानीय होते हुए इतने आकर्षक हैं और एक हद तक महत्त्वपूर्ण भी।

हमें यह आशा करनी चाहिए कि रेवती रमण मनुष्य इतिहास के उसे पक्ष के सार्थक कवि होंगे जो बड़े-बड़े सिद्धान्तों के लिए संघर्ष करने के साथ हर जगह छोटे-छोटे आतंक, कपट, अवसरवादीता, क्षुद्रता, और कट्टरता के खिलाफ खड़े होने का साहस करता है। आज कविता रचना की प्रासंगिकता यही है—यही शायद सबसे बड़ी जरूरत है।

परिशिष्ट

शब्द-संसार की यायावरी : अपनी तरफ से

हमारे समय की विलक्षणता यह है कि हम लिखते हैं और बार-बार यह पूछते हैं कि लिखते क्यों हैं? ऐसा पूछना 'आत्म साक्षात्कार' से कम नहीं होता। एक सवाल का सामना करना तलवार की धार पर चलना होता है।

इससे पूर्व कवियों से यह सवाल कोई नहीं करता था। वे बहुत ऊँचे पद पर स्रष्टा के पद पर माने जाते थे। उन्हें निरंकुश होने की आजादी थी। निरंकुशता के कारण या 'निरंकुशता' हासिल करने के लिए वे साहित्य रचना करते थे।

शब्द का अपना दबदबा था। शब्द एक रहस्य-वृत्त बनाता था। हजारों लक्षण-ग्रंथ इसकी व्याक्ष्या करते थे। अलग से यह सवाल नहीं था लिखते क्यों हैं?

लेकिन अब यह सवाल है। इस सवाल का कोई एक उत्तर नहीं है—एक गणित के प्रश्न की तरह सबका उत्तर किसी जानकार या विशेषज्ञ ने अन्त में लिख नहीं दिया है। एक उत्तर नहीं होने के कारण एक लम्बी बहस है और अनेक उत्तर हैं। सब अपने-अपने उत्तर देते हैं, मिलाते हैं और एक-दूसरे की आलोचना करते हैं, भिन्न उत्तर होने के कारण बताते हैं, आक्रामण करते हैं।

किसी कर्म की जाँच करना, उसके कारणों का पता लगाना, उसे रहस्य और अन्ध-श्रद्धा से मुक्त करना, उसे 'मानवीय कर्म' बनाना है। इस तरह सर्जनात्मक कर्म एक हैसियत और दायित्व पूर्ण कर्म की श्रेणी में आ जाता है।

1. 'शब्द-संसार की यायावरी' में मैंने प्रारम्भिक आलेख साहित्यिक कर्म के कारणों की जाँच करते हुए लिखे हैं। मेरी दृष्टि से साहित्य की स्वायत्तता और सापेक्षता को विकट बहस का मुद्दा नहीं बनाया जा सकता। बहस के बीचोबीच एक 'सन्तुलन' की जरूरत समझी जा सकती है। यह किसी भी लेखक की बुनियादी जरूरत होगी कि वह अपने लेखन को सामयिक राजनीति का हिस्सा होने से बचाए। दरअसल साहित्य को सामयिक राजनीति की प्रतिक्रियाओं से बचाना साहित्य को कोई ऊँची हैसियत देना नहीं है बल्कि उसके मिजाज, उसकी प्रकृति को समझना है। सर्जनात्मक ऊर्जा और राजनीतिक ऊर्जाओं का स्वभाव बहुत भिन्न-

भिन्न है। राजनीति जिन लकीरों, रूढ़ियों और संकीर्णताओं को बढ़ाती है साहित्य उन्हें कहीं-न-कहीं काटता है।

साहित्य स्वाधीनता का एक पक्ष है। जब कभी उसे 'स्वाधीनता' से विमुख किया जाएगा वह कभी न हिलनेवाले समय का मृत हिस्सा होगा। स्वाधीनता ही साहित्य की स्वायत्तता है। अगर स्वाधीनता हासिल करना मानवीय कर्म की बड़ी उपलब्धि है तो साहित्य के साथ उसे जोड़े रहना आवश्यक है। मैंने साहित्य और साहित्यकर्मी की स्वाधीनता को मूल्यवान सरोकार माना है। इस स्वाधीनता से ही संसार का अपार सौन्दर्य रक्षित होता है और सृष्टि की पुनर्रचना होती है—एक अनाकृत बेतरतीब चिन्ता आकृति लेती है और भविष्य के दरवाजे पर दस्तक देती है।

2. 'शब्द-संसार की यायावरी' का एक बड़ा हिस्सा राजस्थान की समकालीन कविता और कवियों पर है। मेरे मत में 'हिन्दी साहित्य का इतिहास' हिन्दी के अनेक महत्त्वपूर्ण रचनाधर्मियों का उल्लेख नहीं करता और प्रान्तों की साहित्य जिजीविषा को रेखांकित करने का काम भी नहीं करता। इस तरह वह सिर्फ साहित्य की केन्द्रीय प्रवृत्तियों और केन्द्रीय व्यक्तियों तक ही सीमित रह जाता है। साहित्य—इतिहास का इस तरह सीमित और केन्द्रित होना द्वेष-बुद्धि उत्पन्न करता है।

राजस्थान में हिन्दी का जो साहित्य-कविता, कहानी, उपन्यास लिखा जा रहा है उसे मूल्यांकित करना जरूरी हो गया है क्योंकि वह हिन्दी साहित्य के इतिहास का एक हिस्सा है। किसी द्वेषी अथवा प्रतिस्पर्धी मन से नहीं लेकिन प्रान्तीय रचना-कर्म को 'हैसियत' देने की दृष्टि से मैंने ये आलेख लिखे हैं। अभी तक हमारी ओर किसी ने आँख तक उठा कर नहीं देखा है इसलिए यह जिम्मेदारी हमारी ही है कि हम लिखें भी, लिखे को मूल्यांकित करें, लेखकों को स्थापित करें और साहित्य इतिहास को केवल उत्तर प्रदेश का ही नहीं हिन्दी प्रदेश का इतिहास बनाएँ। यह तर्क मैं आक्रामक पक्ष की ओर से नहीं बचाव पक्ष की ओर से दे रहा हूँ।

इस खंड का सबसे पहला आलेख 'राजस्थान की हिन्दी कविता के प्रतिमान' है। इस आलेख में विभिन्न राज्यों के एक हो जाने के उपरान्त राजस्थान के साहित्योग्मेष का सिलसिलेवार ब्योरा है। इस आलेख में राजस्थान के साहित्य का विश्लेषण और मूल्यांकन करने की कोशिश भी है। इसके बाद वाले लेख कुछ कवियों की रचनाधर्मिता पर प्रकाश डालते हैं।

इस दिशा में राजस्थान साहित्य अकादमी द्वारा प्रकाशित साहित्यिक मासिकी 'मधुमती' महत्त्वपूर्ण काम कर रही है, लेकिन प्रान्त में जिस

तेजी से साहित्य-लेखन का काम हो रहा है उस तरफ और पुराने लेखन को विधिवत् करने की दृष्टि से बहुत-सा काम किया जाना शेष है।

3. 'शब्द-संसार की यायावरी' पुस्तक पुरस्कृत होने के बाद मैंने 'साहित्य और स्वाधीनता' शीर्षक नया आलेख जोड़ा है। इस आलेख को मैंने राजस्थान साहित्य अकादमी के लिए लिखा था और राजस्थान विश्वविद्यालय के हिन्दी-विभाग में पढ़ा था।
4. तीन आलेख 'स्मृति कर्म' है। प्रेमचन्द, राममनोहर लोहिया और रांगेय राघव लगातार मुझे अपनी तरफ खींचते रहे हैं। राममनोहर लोहिया की सांस्कृतिक ऊर्जा इतनी रचनात्मक और रोमांचकारी है कि जब भी मेधावी व्यक्ति उन्हें राजनीति के प्रसंग से थोड़ा अलग करेंगे, उन्हें मूल्यवान पाएँगे। प्रेमचन्द और रांगेय राघव के सम्बन्ध में मुझे कुछ नहीं कहना है।
5. गद्य-लेखन के सिलसिले में मैंने यायावरी ही की है। किसी खास विद्या को छोड़कर आज का लेखक 'यायावरी' ही कर सकता है। एकतरफा, एक आयामी दुनिया में रहना सम्भव नहीं है, रहना भी नहीं चाहिए, इसलिए हजारों-हजार सवाल कई-कई तरह से उलझे सवाल, अन्तर्गंथित और संक्लिष्ट, अनेक अनुशासनों से मूल्यांकित सवाल हमारे सामने है। लगभग सभी पर कुछ कहना-लिखना होता है और वही किया है।

   सभी सवालों के उत्तर इस पुस्तक में नहीं हैं। इस छोटी किताब में इतनी सामग्री ही यथेष्ट है।
6. 'यायावरी' एक प्रसन्न कर्म है न तो पूर्व-नियोजित, न विवशतापूर्ण। चलते-चलते जहाँ विराम आ गया है आ जाने दिया है।
7. मैं राजस्थान साहित्य अकादमी और पंचशील प्रकाशन के व्यवस्थापक भाई मूलचन्द गुप्ता का हृदय से कृतज्ञ हूँ जिनके कारण यह पुस्तक प्रकाशित हो सकी। श्री गुप्ता ने राजस्थान के कई कवि-लेखकों की पुस्तकें छापने की पहल की है। उन्होंने यह महत्त्वपूर्ण काम किया है।

—नंद चतुर्वेदी

यह हमारा समय : गद्य-लेखन का हौसला

अब जबकि मैंने काफ़ी गद्य-लेखन कर लिया है और करते रहने की आशा है तब मेरे मन में बार-बार इस तरह का सवाल उठता है कि गद्य-लेखन का हौसला या उमंग कहाँ से आती है? कविता के स्रोत खूब तलाशे गये हैं। उसका अध्यात्म भी तलाशा गया, लौकिक शास्त्र, मनोविज्ञान, अर्थ और समाज-शास्त्र भी। उसके रचना-कौशल, शैलियों, यहाँ तक कि उसके रचना-माध्यम कवियों के विचित्र व्यसनों, लिप्तताओं तक को खंगाला गया और उन्हें विश्लेषित कर लिया गया है। उनकी उद्दंडताओं को 'निरंकुश' कहकर एक अलग से प्रशंसनीय स्वभाव की श्रेणी बनाई गई कहा गया 'निरंकुशः कवयः'।

लेकिन गद्य के लिए ऐसा कोई उत्साह नज़र नहीं आता जबकि हो सकता है कि कवियों की तुलना में गद्य-लेखकों की संख्या कहीं अधिक हो। यह भी ध्यान देने जैसी बात है कि गद्य के श्रेष्ठ लेखन को कवियों की कसौटी कहा गया है : गद्यं कवीनां निकषं वदन्तिः वह कौन-सा गद्य था जिसे कवियों की कसौटी माना गया है? किस कवि की, किस कृति को? क्या वह संस्कृत के नाटकों का संवाद गद्य था या कथा-गद्य या कि अन्य किसी शैली का? क्या रोचकता उसका प्रमुख गुण था अथवा उपादेयता या कि कल्पनाशीलता? लम्बी गद्य लेखन की परम्परा के उपरान्त भी अभी तक यह कहना कठिन है कि किस कोटि के लेखन को 'सर्जनात्मक गद्य' कहा जाए और कविता आदि लेखन की जैसी कोटि में शामिल किया जाए?

कवियों ने प्रचुर मात्रा में गद्य-लेखन किया है। कहानी, उपन्यास, नाटक, रिपोर्ताज़, संस्मरण, यात्रा और पत्र लेखन तो है ही, इसके अतिरिक्त भी, साहित्यिक-समीक्षाएँ, निबन्ध (आलोचनात्मक, वैचारिक, सामाजिक) आदि लिखे हैं। अंग्रेजी में लिखे गद्य-रूपों में निबन्ध रूप को 'ऐसे' कहा जाता रहा और उसकी विशेषता में 'मस्तिष्क की उन्मुक्त उड़ान' (लूज सेले, ऑफ द माइंड) को प्रमुखता दी गई। निस्सन्देह, अंग्रेजी की इन रचनाओं में 'बुद्धि और विनोद' की अद्‌भुत रंग-छटाएँ तो हैं ही लेकिन साथ ही सामाजिक जीवन-व्यवहार की वे कपट-कथाएँ भी हैं जो विशेष सांस्कृतिक-दंभ के कारण पर्दानशीं रह जाती हैं। मसलन एक वृत्तान्त में चर्च में इतवार के दिन प्रार्थना करनेवाले 'हेराफेरी' के माहिरों का विनोदपूर्ण वर्णन है।

वर्णन में कहा गया है कि रविवारीय प्रार्थनाओं में कैसे 'चतुर लोग' अपनी पुरानी फटी छतरियाँ ले जाते हैं जिन्हें वे गिरजाघर में जाते समय 'अमरेला स्टेंड', पर लटका जाते हैं और लौटते समय, जैसे जल्दी-जल्दी में, उसके एवज़ दूसरे की नई छतरी उठा ले जाते हैं। अपने दुष्कर्म को कुछ इस तरह रंग देते हुए कि 'हेरा-फेरी' कोई चोरी नहीं है : 'Exchange is no robbery'। हिन्दी में ऐसी रचनाओं की एक पुस्तक मैंने प्रभाकर माचवे की पढ़ी थी : 'खरगोश के सींग'। जिस वृत्तान्त का मैंने ऊपर हवाला दिया है उसका शीर्षक 'अमरेला मोरल्स' था और वह अंग्रेज लेखक 'एलफा ऑफ द प्लाऊ' का था।

लेकिन 'मस्तिष्क की उन्मुक्त उड़ान' वाले अंग्रेजी ढब के 'ऐसेज़' ने हिन्दी के निबन्धकारों को प्रभावित नहीं किया। शायद कोई भी शैली हो, कितनी भी मोहक, नई और आकर्षक उसे सांस्कृतिक भूमि तलाश करनी पड़ती है और भारतीय चित्त के बारे में यह सुविदित है वह अपने लिए एक स्थिर, किसी हद तक निष्कर्षात्मक, लक्ष्य-बाधित लेखन का पक्षधर है। इसलिए उसने अपनी वैचारिक अभिव्यक्ति के लिए 'निबन्ध' विधा को अधिक उपयुक्त पाया।

यह लक्षित किया जाना चाहिए कि पिछली सदी भारतीय सामाजिक-राजनीतिक जीवन के तेज बदलावों और उथल-पुथल की रही है। हमारे जीवन की रंगतें, स्वभाव और सामाजिक-व्यवहार, शील और संस्कृति के स्थिर प्रतिमान बदल गये हैं। यह परिवर्तन स्वतंत्रता पाने के बाद इतनी तेजी से हुआ है कि उसने अनेक अवरुद्ध आन्दोलनों को, हमारी सामाजिक-सांस्कृतिक जीवन की वैचारिकी को ही बदल दिया। यह वैचारिकी हमारे जीवन-मूल्यों के अब तक स्थिर और स्थापित स्वभाव के नए विमर्श और सवालों को कुछ रूखे, कुछ उद्‌दंड और दुस्साहसिक तरीकों से खोलने के लिए सहमति देती। सामन्ती और अंग्रेज दासता की कायरता से दबी-कुचली व्यवस्था के लोग अपने समय के सवालों पर जिस तरह सोचने लगे उसने साहित्य की मर्यादित और स्त्रोण सौन्दर्य-शास्त्र की रूढ़-छवियों को खंडित कर दिया। इस साहित्य के नये 'सौन्दर्य-शास्त्र' में अब तक हाशिये पर खड़ा विभाजित सामाजिक जीवन केन्द्र में आ गया और यह प्रश्न कई तरह पूछा जाने लगा, 'पार्टनर तुम्हारी पोलिटिक्स क्या है?' (मुक्तिबोध)। यह सवाल यद्यपि, इधर कुछ कमज़ोर-सा, कुछ धीमी सी आवाज़ में पूछा जाने लगा है; लेकिन यह हमारे समय का सबसे सार्थक सवाल है। हमारी भविष्य की शताब्दियों को हाशिये पर खड़े इस प्रश्न का उत्तर देना ज़रूर होगा कि क्या गरिमाविहीन विभाजित ज़िन्दगी के लिए सम्भाव्य समताओं की खुशनुमा दूसरी दुनिया सम्भव है?

बहरहाल, मैंने कविता लिखने और नागरिक होने के क्रम में अपने समय और उसके विरोधाभासों को समझने-जानने की जितनी सम्भव थी, कोशिश की। इसमें कोई सन्देह नहीं है कि समय की टकराहटों के बीच उसके बदलते और स्थिर रहते

स्वभाव को समझना कठिन है फिर भी मनुष्यों की असंख्य बेचैनियों और कष्टों को ज़ाहिर करने के आन्दोलन हुए हैं और उन्होंने समय के अन्तर्विरोधों को स्पष्ट करने में मदद की है। ऐसी जन-क्रान्तियाँ भी हुई हैं जिन्होंने क्रूरतम तानाशाहों को रास्ता दिखा दिया है और राज्य-सत्ताओं को उलट दिया है। देखने को यह भी मिलता है कि राज्य-सत्ताओं को ही नहीं असमतावादी सामाजिक सत्ताओं को भी जन-आन्दोलनों ने छिन्न-भिन्न कर दिया है।

साहित्य और सर्जना की उत्कृष्ट कोटियाँ भी इसका प्रमाण हैं कि वे समय को व्याख्यायित करने का ही काम करती हैं कभी वे उसके अन्तरंग को देखतीं, कभी अनुगमन करतीं तो कभी भविष्यवाणी का काम करती हैं। गद्य समय का विचार-पक्ष है, उसकी निर्णायक शक्ति पक्षधरता है। पद्य समय का भाव-पक्ष है; होने की सम्भावना का। पॉल वेलरी ने कविता और गद्य का अन्तर करते हुए कविता को नृत्य की तरह देखा है और गद्य को निश्चित यात्रा की तरह; गद्य मंजिल तलाश करता है : कविता कहीं पहुँचाती नहीं है। न भी पहुँचती हो लेकिन जमे हुए को उखाड़ देती है, गति के वेगवान प्रतीकों की स्थापना करती है। ध्यान से देखने पर कवियों ने जो गद्य लिखने का काम किया है उसका लक्ष्य कविता को कुछ अधिक ठोस बनाने की कोशिश की ओर संकेत करता है। यह कविता का लक्ष्य-भेदी, विचार रूप है।

गद्य-लेखन के बारे में मैं यह कहना आवश्यक समझता हूँ कि वह 'स्वत: स्फूर्त' सर्जना नहीं है; वह अपने बाहरी दबावों की निष्पत्ति है और एक सुतार्किक निष्कर्ष तक पहुँचती यात्रा है। लेकिन यह कहना उचित नहीं है कि गद्यालेखन 'दोयम दर्जे' की साधना है। अब कविता-भाषा का गद्य-रूप लेना भाषा की शक्ति का विस्तार और काव्य-भाषा के वर्चस्व की प्रचलित रूढ़ियों को अस्वीकार करना ही कहा जाएगा।

इधर हिन्दी का गद्यलेखन समृद्ध और सामाजिक जड़ता तथा रूढ़ियों पर अधिक उग्रता से प्रहार करने के लिए प्रतिबद्ध हुआ नज़र आता है। आज़ादी के लिए संघर्ष करते राष्ट्र-नायकों ने 'समता और स्वतंत्रता' के जिन दो महान लक्ष्यों को पाने का संकल्प किया उन्हें धूमिल न होने का उत्साह हिन्दी तथा अन्य भारतीय भाषाओं के साहित्य का केन्द्र है। मैंने अपनी कविता और इस पुस्तक में संकलित आलेखों में 'समता और स्वतंत्रता' के लिए अपनी प्रतिबद्धता को 'पुनरावृत्ति' की सीमा तक अभिव्यक्त किया है। मेरी दृष्टि में यह शताब्दी कई तरह की गैर-बराबरियों और अन्यायों के बीच विभाजित और उनके विरुद्ध छिड़े संघर्षों की है। निराशाओं के गहरे अँधेरों के बीच संघर्षरत लोगों का विश्वास है कि दूसरी दुनिया यानी बराबरी की, शोषण विहीन, न्यायप्रिय दुनिया सम्भव है। ऐसी दुनिया बनाने के लिए संघर्षों और विचारों की सुदीर्घ परम्परा दुनिया के सभी देशों और भारत में भी अनवरत विकसित हुई है। इस संकलन में उन्हीं सब सन्दर्भों और परम्पराओं को खंगाला

गया है जो समता के विचारों और पक्षों को मज़बूत करती हैं। 'धर्म' के उसी पक्ष को बार-बार रेखांकित किया है जो धर्म के स्थूल, बाहरी कर्मकांड को महत्त्वहीन मानता है लेकिन जो संवेदना के उन सब चमकदार पक्षों को शक्ति देता है जो सार्वजनिक जीवन को गरिमामय बनाते हैं।

इसमें सन्देह नहीं है कि संस्थागत धर्म-सम्प्रदायों ने नशे का काम किया है और अहंकार तथा श्रेष्ठत्व की ऊँची-ऊँची दीवारें बनाई हैं लेकिन हमारी ज़िन्दगी बुरी तरह आकस्मिकताओं और अनिर्दिष्ट भविष्य के बीच ऐसे फँसी है कि विश्वास के लिए सर्वशक्तिमान ईश्वर की प्रार्थना और उसके आयोजक आधुनिक 'सीईओ' या कह लीजिए धर्म-गुरु ही नज़र आते हैं। वे तत्काल मानसिक सुरक्षा देते प्रतीत होते हैं।

इसी प्रसंग में वृद्ध पूँजीवाद और धर्म-संघों के उत्साहप्रद 'मेमोरेंडम ऑफ अंडरस्टेंडिंग' हस्ताक्षरित होते हैं। अपने अस्तित्व की सारी नीत्शेवादी निरीश्वरवादी उद्घोषणाएँ खारिज करता हुआ 'ईश्वर' मज़बूत हुआ है। भारत जैसे गरीब देश में स्वास्थ्य-सेवाओं के अभाव में 'सुन्दर कांड' और 'हनुमान चालीसा', 'सुरक्षा कवच' प्रदान करते हैं। समझने की बात यह है कि हमारा समय 'धर्म' या 'मज़हब' की तत्त्व-दृष्टियों का पक्षधर नहीं अपनी 'मार्केटिंग' को उतावला नज़र आता है। इससे धर्म-संस्कृति और धर्म-सभ्यता के बीच की तकरार पढ़ी जा सकती है।

पुस्तक में अर्थ और बाज़ार केन्द्रित व्यवस्था के कारण हुई बरबादियों का बार-बार जिक्र हुआ है। दुनिया की सारी विविधताएँ और आनन्द, प्रयोजन और कर्तव्य अर्थ के एक जाल में बिंध गये हैं। विकसित देशों ने अपने अर्थ-तंत्र और टेकनॉलोजी का विस्तार एशिया और विकासशील देशों के बाज़ारों में निर्बाध रूप से फैला दिया है। उनके सांस्कृतिक प्रतिमानों को दुनिया-भर की संस्कृतियों ने श्रेष्ठता का दावेदार बना दिया है।

पुस्तक में कई विषयों पर लिखे आलेख हैं जिनमें समय के दबावों, उनको समता और स्वतंत्रता के बृहत्तर उद्देश्यों में बदलनेवाले आन्दोलनों की चर्चा है। 'समता' ही केन्द्रीय चिन्ता है जिसे अवरुद्ध करने के लिए विश्व की नई पूँजीवादी शक्तियाँ अपने सांस्कृतिक एजेंडा के साथ जुड़ी हुई है। दुनिया के लोग अघाये और क्षुधितों के बीच बाँट दिये गये हैं। लालची मध्यवर्ग अपनी समृद्धि के सपने देखता पूँजीपतियों की मायावी दुनिया का सहचर हो गया है।

यह कहना आवश्यक है कि ये आलेख किसी 'तत्त्ववाद' की भूमिका नहीं है। ये उन चिन्ताओं की अभिव्यक्ति और साधारणीकरण है जो भारत के जन-जीवन से जुड़ी और भविष्य के विकास की सम्भावनाएँ हैं। भारत की समृद्धि 'समता और स्वतंत्रता' की परम्पराओं से जुड़ी हैं; यह बताना इस पुस्तक का प्रयोजन है।

संकलन का आलेख 'निराशा का कर्तव्य' डॉ. राममनोहर लोहिया का है। मैंने उसका प्रस्तुतीकरण किया है। डॉ. लोहिया दुनिया और भारत की सामाजिक-

राजनीतिक व्यवस्था में व्याप्त 'गैर-बराबरियों' के विश्लेषक और उनके विरुद्ध संघर्ष करनेवाले जन-योद्धा हैं। वे भारतीय आज़ादी के शिल्पकारों में उल्लेखनीय हैं।

इस संकलन के आलेख समय-समय पर हिन्दी की कई पत्र-पत्रिकाओं में छपे हैं। मैं इन पत्र-पत्रिकाओं तथा मित्र सम्पादकों का आभारी हूँ जिन्होंने मुझे प्रकाशित करने का अनुग्रह किया : ये हैं—जनसत्ता (सं. ओम थानवी), अनौपचारिका (रमेश थानवी), अक्सर, समय माजरा (डॉ. हेतु भारद्वाज), नवनीत (डॉ. विश्वनाथ सचदेव), मीमांसा (राजाराम भादू), समता सन्देश (हिम्मत सेठ), साक्षात्कार (आग्नेय), राजस्थान पत्रिका, (गुलाब कोठारी), प्रभात खबर (हरिवंश), सामान्य जनसन्देश (डॉ. ओमप्रकाश मिश्र, हरीश अड्यालकर), लोकमत समाचार (प्रकाश चन्द्रायन)। राजकमल प्रकाशन के भाई अशोक महेश्वरी को धन्यवाद देना महज़ औपचारिकता नहीं है; यह मेरा कर्तव्य है। वे मेरे शुभाकांक्षी और साहित्यानुरागी हैं।

प्रिय अरुण, मन्नू, अनुराग, सुयश, मंजु, आदर्श को शुभाषीशों के साथ यह पुस्तक देता हूँ जो अत्यन्त उत्साह के साथ बल्कि अधीरता से मेरी प्रकाशित होनेवाली हर पुस्तक की प्रतीक्षा करते हैं।

—नंद चतुर्वेदी

30, अहिंसापुरी, उदयपुर
0294-2450332

नंद चतुर्वेदी रचनावली

संस्मरण, डायरी, व्याख्यान और पत्र

खंड : 3

नंद चतुर्वेदी रचनावली

संस्मरण, डायरी, व्याख्यान और पत्र

खंड : 3

सम्पादक

पल्लव

राजकमल प्रकाशन

ISBN : 978-93-6086-922-9

मूल्य : ₹2500
(4 खंडों का सम्पूर्ण सेट)

पहला संस्करण : 2024

प्रकाशक : राजकमल प्रकाशन प्रा. लि.
1-बी, नेताजी सुभाष मार्ग, दरियागंज
नई दिल्ली-110 002

शाखाएँ : अशोक राजपथ, साइंस कॉलेज के सामने, पटना-800 006
पहली मंज़िल, दरबारी बिल्डिंग, महात्मा गांधी मार्ग, प्रयागराज-211 001
1, अनमोल सोराबजी सन्तुक लेन, धोबी तलाव, मरीन लाइंस, मुम्बई-400 002
वेबसाइट : www.rajkamalprakashan.com
ई-मेल : info@rajkamalprakashan.com

मुद्रक : बी.के. ऑफसेट
नवीन शाहदरा, दिल्ली-110 032

NAND CHATURVEDI RACHANAWALI (Vol. 3)
Edited by Pallav

नंद चतुर्वेदी
(फोटो साभार : हेमंत शेष)

परिवार के बीच बाएँ से—आशा चतुर्वेदी (पत्नी), मनोरमा (पुत्री), जगदीश (दामाद), नंद चतुर्वेदी। पीछे खड़े—गरिमा (दौहित्री), श्रेय (पौत्र), अरुण (पुत्र), अरुणा (पुत्री), रजनीकांत (दामाद), मंजु (पुत्री), सुयश (पुत्र), तृप्ति, सुमन (पुत्रवधू)। नीचे बैठे हुए—कौस्तुभ तन्मय और संगम (पौत्र), वर्ष 2009

एक आयोजन में बाएँ से—नामवर सिंह, नंद चतुर्वेदी, मंगलेश डबराल (उदयपुर), वर्ष 2006

'सप्त किरण' के कवि प्रकाश आतुर और नंद चतुर्वेदी, वर्ष 1986

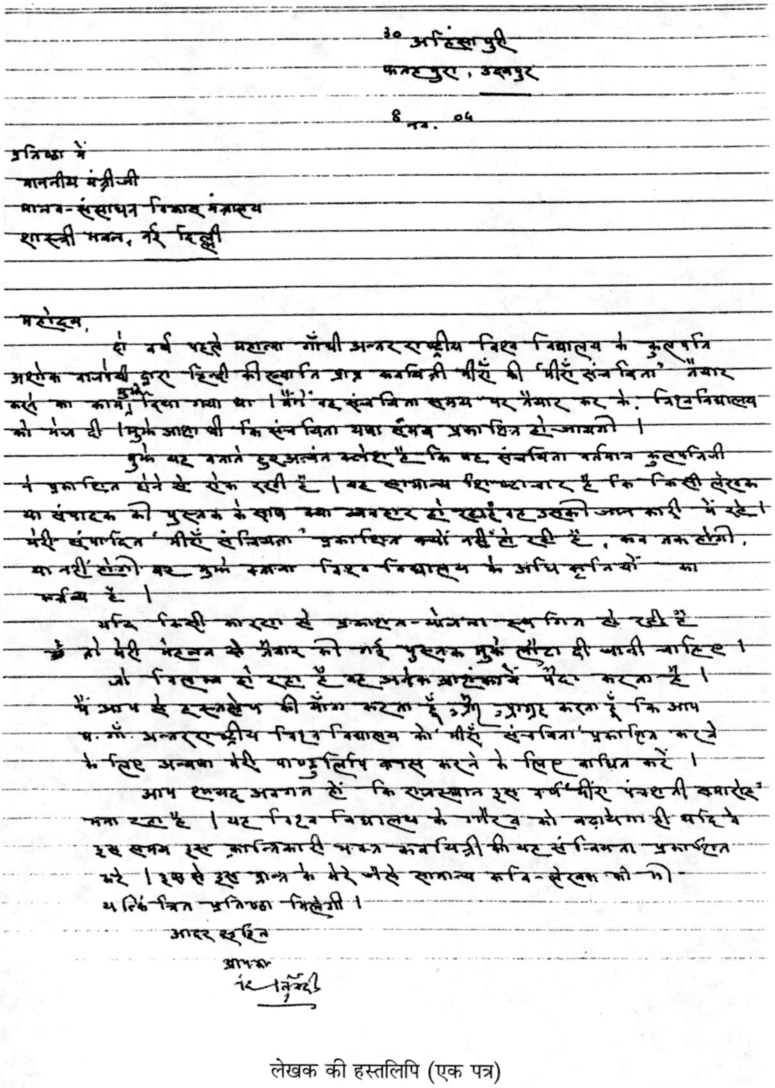

३० अहिंसापुरी
फतहपुरा, उदयपुर

8 नव. 04

प्रतिष्ठा में
माननीय मंत्रीजी
मानव-संसाधन विकास मंत्रालय
शास्त्री भवन, नई दिल्ली

महोदय,

दो वर्ष पहले महात्मा गाँधी अन्तरराष्ट्रीय विश्व विद्यालय के कुलपति अशोक वाजपेयी द्वारा हिन्दी की ख्याति प्राप्त कवयित्री मीराँ की 'मीराँ संचयिता' तैयार करने का काम मुझे दिया गया था। मैंने वह संचयिता समय पर तैयार कर के विश्वविद्यालय को भेज दी। मुझे आशा थी कि संचयिता यथा संभव प्रकाशित हो जायगी।

मुझे यह बताते हुए अत्यंत क्लेश है कि यह संचयिता वर्तमान कुलपतिजी ने प्रकाशित होने से रोक रखी है। यह सामान्य शिष्टाचार है कि किसी लेखक या संपादक की पुस्तक के साथ क्या व्यवहार हो रहा है वह उसकी जानकारी में रहे। मेरी संपादित 'मीराँ संचयिता' प्रकाशित क्यों नहीं हो रही है, कब तक होगी, या नहीं होगी यह मुझे बताना विश्व विद्यालय के अधिकारियों का कर्तव्य है।

यदि किसी कारण से प्रकाशन-योजना स्थगित हो रही है तो मेरी मेहनत से तैयार की गई पुस्तक मुझे लौटा दी जानी चाहिए। जो विलम्ब हो रहा है वह अनेक आशंकायें पैदा करता है। मैं आप से हस्तक्षेप की माँग करता हूँ और आग्रह करता हूँ कि आप म. गाँ. अन्तरराष्ट्रीय विश्व विद्यालय को 'मीराँ संचयिता' प्रकाशित करने के लिए अन्यथा मेरी पाण्डुलिपि वापस करने के लिए बाधित करें।

आप शायद अवगत हैं कि राजस्थान इस वर्ष 'मीरां पंचशती समारोह' मना रहा है। यह विश्व विद्यालय के गौरव को बढ़ायेगा ही यदि वे इस समय इस क्रान्तिकारी भक्त कवयित्री की यह संचयिता प्रकाशित करें। इससे इस प्रान्त के मेरे जैसे सामान्य कवि-लेखक को भी यत्किंचित प्रतिष्ठा मिलेगी।

आदर सहित
आपका
[illegible]

लेखक की हस्तलिपि (एक पत्र)

क्रम

डायरी

व्याख्यान

पत्र

सम्पादकीय

परिशिष्ट

स्मृतियों का गद्य

'मैं तो समझता हूँ कि हमारी कविता भी एक तरह का गद्य ही है। जब यह प्रयत्न ही हुआ था कि कविता की भाषा ज़िन्दगी से अलग न हो तभी अभिधा की शक्ति कविता में आ सकी। अभिधा में ही लक्षणा और व्यंजना की शक्तियाँ आईं। गद्य को कवियों की कसौटी माना गया है। अज्ञेय, मुक्तिबोध जैसे बड़े कवियों ने डायरियाँ और कहानियाँ लिखी हैं। मेरे लिए गद्य और पद्य का कोई अन्तर नहीं है बल्कि वह एक ही प्रकार की निर्मिति है।'

नंद चतुर्वेदी के लिए गद्य लेखन भी उन्हीं चुनौतियों का परिणाम है जो काव्य सृजन के लिए भी मौजूद रहीं। अपने लेखन के प्रारम्भ से ही वे गद्य लेखन करते रहे जो प्राय: निबन्धों एवं सामाजिक विषयों पर उनके लेखों के रूप में आता था। उदयपुर में अध्यापन करते हुए शिक्षा पर उन्हें नियमित लिखना अच्छा लगता था और जब उन्होंने 'बिन्दु' का सम्पादन किया तो उसकी एक विशेषता नंद बाबू के सुचिन्तित सम्पादकीय भी थी। वस्तुत: यह कहने में कोई संकोच नहीं होना चाहिए कि उनका गद्य लेखन लोकतांत्रिक चिन्ताओं से उपजा हुआ है जिसे नंद बाबू की आत्मीय और प्रांजल भाषा ने गहरी अर्थवत्ता दी है। वे अपनी तरुणावस्था में समाजवादी साप्ताहिक 'जय हिन्द' के लिए भी नियमित लिखते रहे थे और बड़ी मात्रा में उन्होंने अंगरेजी से अनुवाद भी किया। अपनी डायरी में उन्होंने साफ़-साफ़ लिखा है कि लेखक को भी लिखने का निरन्तर अभ्यास करते रहना चाहिए। आश्चर्य नहीं कि नंद बाबू उन लेखकों में से थे जो अपने को प्राप्त हुए प्रत्येक पत्र का तफ़्सील से जवाब देते थे। यही नहीं वे अपनी तरफ से भी मित्र लेखकों को नियमित पत्र लिखते थे।

रचनावली के इस खंड में नंद बाबू के कथेतर लेखन को समेटा गया है जिसमें संस्मरण, डायरी, पत्रों के साथ व्याख्यान और साक्षात्कार भी हैं। नंद बाबू इनमें से किसी भी विधा को हलके में नहीं लेते। वे पत्र लिखते हैं तो उसमें भी हम प्रसन्न और ऊर्जावान गद्य को महसूस कर सकते हैं। वे इस गद्य लेखन में अपने समय और समाज की छोटी बड़ी तमाम व्याधियों पर नज़र दौड़ाते हैं और राजनीति व

राजनेताओं के सम्बन्ध में भी दो टूक लिखने में संकोच नहीं करते। एक लेखक के रूप में उन्होंने समाजवादी विचारधारा का पक्ष चुना है लेकिन उनकी विचारधारा किसी गिरोहबन्दी से जन्म नहीं लेती। वे राजस्थान में सक्रिय रहे प्रगतिशील लेखक संघ, जनवादी लेखक संघ और जन संस्कृति मंच के साथ संवाद रखते हैं। वे लघु पत्रिकाओं के लिए लिखते हैं और उन्हें पढ़कर एक सजग पाठक के रूप में अपनी प्रतिक्रिया भी देते हैं।

सम्भवत: यह 2004 से 2006 के आसपास का समय था जब उन्होंने राजस्थान साहित्य अकादमी की पत्रिका मधुमती के लिए नियमित संस्मरण लिखे। ये संस्मरण प्राय: राजस्थान के साहित्य से जुड़े उन लोगों पर होते थे जिनके अवदान से नयी पीढ़ी अनभिज्ञ है। इन लोगों में द्विवेदी युग के पंडित गिरिधर शर्मा नवरत्न, हाड़ौती के कवि भैरूलाल कालाबादल, कवि प्रकाश आतुर के साथ साथ जैनेन्द्र, श्यामाचरण दुबे, शिवमंगल सिंह सुमन, अश्क दम्पती, यशपाल, देवीलाल सामर, आलम शाह खान, युगलकिशोर चतुर्वेदी, कवि चित्रकार रामगोपाल विजयवर्गीय, भागीरथ भार्गव, कल्याणमल लोढ़ा और क़मर मेवाड़ी पर उनके संस्मरण हैं। मोटे तौर पर ये संस्मरण दो तरह के हैं, कभी त्वरा में लेखक के महत्त्व का उद्घाटन करते औपचारिकता से भरे और कभी आत्मीय मुलाक़ातों का वर्णन करते अनौपचारिकता में डूबे। नंद बाबू त्वरा में भी भाषा की रंजकता को जाने नहीं देते और थोड़े से इशारे में भी कोई-न-कोई ख़ास बात कह जाते हैं। यशस्वी कथाकार रांगेय राघव पर लिखा एक छोटा सा संस्मरण रचनवाली के इस खंड में है। 'तरोताज़ा कमल' शीर्षक से लिखे गए इस संस्मरण में रांगेय राघव के दृढ़ व्यक्तित्व और गहरी विद्धत्ता की झलक मिलती है। नंद बाबू उन्हें काल को जीतने वाला रचनाकार कहते हैं। उनसे हुई कुछ मुलाक़ातों का वर्णन करते हैं और उनकी असमय मृत्यु पर क्षोभ व्यक्त करते हैं। राजस्थान में पचास वर्षों तक निरन्तर निकलती रही लघु पत्रिका 'सम्बोधन' के सम्पादक क़मर मेवाड़ी पर लिखे संस्मरण में वे कहते हैं, 'यह अकादमिक बहस का मुद्दा हो सकता है कि लेखक की सहृदयता और निष्कपटता का अच्छे-उत्कृष्ट असरदार साहित्य से कोई नाता-रिश्ता, सम्बन्ध है या नहीं? मनुष्य के चले जाने पर शब्द ही प्रमाण होंगे उसका मानवीय आचरण नहीं, तब भी हमारी साहित्य परम्परा में मनुष्यों के साथ कवि का पड़ोस, उसका सौजन्य, उसका अपने समय और समाज को बचाने के प्रयत्न-शब्द की अन्तर्ध्वनियाँ होंगे, यह अमिट विश्वास है।'

स्वातंत्र्योत्तर समाजवादी आन्दोलन को समझने की दृष्टि से नेहरू पर लिखा गया संस्मरण वह भूमिका है जिसके अगले अंश नंद बाबू ने जे.पी. और लोहिया

के संस्मरणों में लिखे हैं। जयप्रकाश पर लिखते हुए वे इस प्रसंग को विस्तार देते हैं कि जब प्रजा सोशलिस्ट पार्टी के कार्यकर्ता कांग्रेस से जुड़ने लगे थे। इस संस्मरण में जे.पी. के व्यक्तित्व की चर्चा करते हुए नंद बाबू जब उनकी वक़्तृता का वर्णन करते हैं तब यह एक रोमानी अनुभव प्रतीत होता है। जे.पी. कोटा की एक जनसभा में आए थे, 'मैंने किसी बड़ी सभा में पहली बार श्रोताओं में इतने लम्बे समय तक इतने गम्भीर भाषण सुनने की क्षमता को देखा था और पहली बार ऐसे वक्ता को भी जो अपने श्रोताओं की बुद्धि पर इतना विश्वास करता हो। वे जे.पी. के तारुण्य के दिन तो नहीं थे, तब भी वे सुदर्शन और मजबूत सेनानायकों की तरह लगते थे। उनकी भाषण शैली उन समाजशास्त्रियों, प्राध्यापकों जैसी थी जो प्राय: किसी हड़बड़ाहट में नहीं होते और एक सुतार्किक विवेचना के असीम धैर्य के साथ बोलते हैं। अब मैं समझता हूँ कि नई समाज रचना के लिए यह धैर्य कितना आवश्यक है और तब भी जबकि कुछ हाथ न आए।' चीन से युद्ध के उद्विग्न दिनों को याद करते हुए वे जे.पी. के बारे में लिखते हैं 'बहुत से समाजवादी साथियों की दृष्टि में वे संन्यासी हो गए थे। मुझे लगा कि दरअसल नया होना कितना मुश्किल होता है, प्राय: लोग एक निश्चित बने-बनाए सिद्धान्त के इर्द-गिर्द घूमते हैं, वे क्रान्तिकारी भी जो बार-बार दुनिया को बदल देने का आग्रह करते हैं, वे तक, अपने पुराने आग्रहों को न बदलते हुए पूर्वाग्रहों से लिपटे मिलते हैं।' इस नए दौर में भी नंद बाबू जे.पी. का महत्त्व बताने में नहीं हिचकते 'अब जबकि राज्य शक्ति असंख्य तरीकों से अपूर्व बल, अनैतिक आचरण और अवसरवादिता का लज्जाहीन प्रदर्शन कर रही हो, जे.पी. ही बचते हैं जो अपनी विफलता के बीचों बीच राज्यशक्ति से टकराते हैं और लोक-ऊर्जा, लोक-शक्ति, लोक-नीति को बचाने की बात करते और योजना बनाते हैं।' लोहिया जी हुई उनकी दो मुलाक़ातों के संक्षिप्त ब्योरे के साथ लिखे गए संस्मरण में यह टीप याद रह जाने वाली है—'लोहिया जी को याद करते समय यह सोचना आवश्यक है क्योंकि गांधी के बाद खुलेआम जेल चलने का बुलावा देने वाले, सत्ता के आंतरिक क्षय, बड़बोलेपन, निरर्थकता, जातिगत अहंकार और कुलीनता के नाटक को निर्भीकतापूर्वक बेनकाब कर देने वाले वे अकेले थे, लेकिन उनकी आवाज़ ऊंची थी। सबसे अधिक बेचैन, आकर्षक और बेशुमार लोगों को एक जोखिम भरे रास्ते पर चलने के लिए उत्प्रेरित करने वाली। लोहिया कोई राजपुरुष नहीं थे। राजपुरुषों के अकृपापात्र थे। वे कोई मोहक रूप-रंग अथवा आभिजात्य का सपना दिखाने वाले जादूगर नहीं थे। वे सिर्फ सत्य और रोशनी के नजदीक ले जाते थे, और शायद इस यात्रा के दौरान वे असंख्य लोगों के मित्र बन गए थे।'

नंद बाबू राजस्थान में समाजवादी आन्दोलन के ज़मीनी सिपाहियों में रहे हैं। गाँवों-कस्बों में जाने, ग़ैर-बराबरी के विरुद्ध अलख जगाने और जोशीले गीतों से वातावरण बनाने जैसे कई काम थे जो उनके साथी और वे किया करते थे। अपने इन साथियों पर लिखते हुए सम्बन्धों की उष्मा की आँच नंद बाबू पाठकों तक पहुँचाते हैं। हीरालाल जैन पर लिखा संस्मरण इसका उदाहरण है। एक सामान्य-नामालूम से समाजवादी कार्यकर्ता हीरालाल जैन पर लिखा उनका संस्मरण जैन को बड़े चरित्र के रूप में स्थापित करने वाला है, 'हीरालालजी ने जिस रास्ते का चुनाव किया वह 'जोखिम उठाने वाली ज़िन्दगी' का रास्ता था। ऊपर से उनकी ज़िन्दगी विक्षोभ रहित नज़र आती है लेकिन अन्दर-ही-अन्दर वहाँ स्थापित व्यवस्था के प्रति असहमतियाँ-ही-असहमतियाँ, राज्य-शक्तियों से टकराने के संकल्प और परिवर्तनकामी शक्तियों के साथ रहने का अदम्य उत्साह है।' इसी संस्मरण में आपातकाल के दिनों का वर्णन करते हुए वे बताते हैं, 'राजस्थान में जनता पार्टी का नेतृत्व भैरोसिंहजी करते हैं और उनकी कुशल राजनीतिक रणनीति समाजवादियों के सारे रास्ते बन्द कर देती है। दुनिया में जैसे छोटे लोगों के वंश डूब जाते हैं, वैसे छोटी पार्टियों का भी अवसान हो जाता है। पुराने समाजवादियों को लोग 'खुशनुमा द्वीपों' की तरह याद करते हैं लेकिन मुझे यह दया हमेशा अपमानजनक लगती है।'

समाजवादी आन्दोलन के उत्कर्ष और पराभव पर भिन्न-भिन्न प्रसंग मिलकर आन्दोलन की एक तस्वीर बनाते हैं। यह तस्वीर विश्वसनीयता से भरी हुई है क्योंकि नंद बाबू इस आन्दोलन से कैसा भी लाभ लेने वाले नहीं रहे, न साहित्य में और न राजनीति में। राजेन्द्र सिंह चौधरी पर लिखे एक संस्मरण का प्रसंग देखिए। ऐसे प्रसंग अब बेहद विरल हो गए हैं। अपनी अकृत्रिमता में इसका सौन्दर्य अनूठा है 'मैं इस आदमी को पचास वर्षों से जानता था। लाल टोपी वाले राजेन्द्र सिंह को। मुझे टीचर्स कॉलेज से बुला ले गया था और फाटक के बाहर खड़ी भैसों में से एक की पूँछ पकड़ाते हुए कहा कि कोर्ट चलना है। जंगलात वाले आदमी इन्हें चरनोट की ज़मीन पर चरने नहीं देते। जब मैंने हील हुज्जत की तब उन्होंने गाली तो नहीं दी, लेकिन कहा कि तुम चिकने (सिल्कन) सोशलिस्ट हो और खींचकर ले गए। यह भैसों का अद्‌भुत जुलूस था। शहर के लोगों ने सोशलिस्टों का जलवा मान लिया।' नंद बाबू के सुदीर्घ रचना जीवन में आए ज्ञात-अल्पज्ञात साहित्यकारों से पुस्तक में साक्षात्कार करना सुखद है। पं. गिरधर शर्मा 'नवरत्न' पर लिखे संस्मरण में नंदजी ने झालावाड़ नरेश राणा राजेन्द्र सिंह 'सुधाकर' के सान्निध्य में हुए कवि दरबार का वर्णन किया है। ऐसे कवि दरबार को देखने, भागीदारी करने का यह प्रसंग इक्कीसवीं सदी में पढ़ना सचमुच इतिहास में गोते

लगाने का सुअवसर ही है। तब बारह वर्ष के रहे नंद बाबू ने भी इस कवि दरबार में कविता पढ़ी थी। जिन आत्मीय स्मृतियों से इस वृत्तान्त की रचना हुई है वह एक अजाने रहस्यलोक में जाने जैसा अनुभव है। बहरहाल वे पं. गिरधर शर्मा 'नवरत्न' के बारे में लिखते हैं 'भाषा की नई रचना के साथ-साथ वह वास्तव में उस बड़े देश की रचना कर रहे थे जो हमारे संकल्पों को, विचारों को नई तरह से समझने-समझाने की आधारभूमि बनाता है। पण्डितजी नवजागरण के उन कवियों में थे, जो सांस्कृतिक-बहुलता के रचनात्मक अभिप्रायों को समझते थे।' नंद बाबू ने आगे नवजागरणकालीन एक और विभूति पं. रामनिवास शर्मा पर भी लिखा है। जब राजस्थान में ही इन लोगों की स्मृतियाँ विलुप्त होती जा रही हैं तब हिन्दी के विराट संसार से भला क्या शिकायत की जाए। नंद बाबू ने ऐसे लोगों पर संस्मरण लिखकर हिन्दी साहित्य के इतिहास में निश्चय ही कुछ गौरवशाली पन्ने जोड़ दिए हैं।

कवि नईम, राजनेता-लेखक रजनीकान्त वर्मा, आलोचक जीवन सिंह, गांधीवादी कार्यकर्ता नेमीचन्द भावुक और शिक्षक भाई भगवान पर गहरे स्नेह और उष्मा से साथ लिखे गए संस्मरण हैं। इन संस्मरणों और समीक्षा आलेखों में संस्मृतों पर बात करते हुए नंद बाबू बहुधा कविता, साहित्य और समाज के सम्बन्ध में भी कोई न कोई गहरी बात कह देते हैं जो पाठकों को देर तक याद रह जाने योग्य होती है। रजनीकान्त वर्मा के प्रसंग में उन्होंने लिखा है—'मैं कभी कभी यह सोचता हूँ कि आशा के उछलते हुए घोड़ों पर मनुष्य, शायद, हमेशा ही सवारी करना चाहता है।' नंद बाबू आशा के लिए जन जीवन से ऊर्जा ग्रहण करते हैं और मामूली लोगों के पक्ष में बोलते हुए—लिखते हुए तमाम दुष्चक्रों और मुसीबतों के भी हार न मानने का संकल्प भर देते हैं। इसी संस्मरण में उन्होंने राजनेता रजनीकान्त वर्मा और शिक्षिका—सामाजिक कार्यकर्ता हबीबा बानो के विवाह का पुराण प्रसंग याद किया है। वे लिखते हैं—'पचास वर्ष पहले की कट्टरताओं और विभाजन की त्रासदी के बीच शान्ता—परसराम त्रिवदी के ब्राह्मण परिवार और हबीबा के बोहरा मुस्लिम परिवार की ऐसी घनिष्ठता को मैं अब भी जब-जब याद करता हूँ तो निराशा से उबर जाता हूँ।' भारतीय समाजवादी आन्दोलन ने धर्म, परिवार और निजी सम्बन्धों पर भी गहरा विचार किया है। यह परम्परा महात्मा गांधी, नेहरू, आचार्य नरेन्द्र देव, राममनोहर लोहिया और जयप्रकाश नारायण तक के लेखन में मिलती है। नंद बाबू इस परम्परा से रोशनी ग्रहण करते हैं। भाई भगवान पर लिखा गया संस्मरण राजस्थान के समाजवादी आन्दोलन का भी एक अध्याय है। नंद बाबू ने लिखा है—'मैंने भाई भगवान के साथ अपने साथियों के चुनाव प्रचार में थका देने वाला तब भी आनन्ददायक समय व्यतीत किया है। हमने टूटी हुई साइकिलों, जर्जर बसों

और फटीचर कारों में गाँव के दौरे किये हैं और कथावाचकों की तरह लच्छेदार भाषण दिए।...इन दौरों में हमने गाँव के लोगों के धुल और उदासी में लिप्त चेहरों को देखा था और उन स्त्रियों को जो अपने परिवार के लिए जाने कितनी दूरियों से पानी लाती थीं। इन मायूस स्त्री-पुरुषों को देखकर हम जोर से नारे लगाते—हमारी मंज़िल समाजवाद।'

विश्व हिन्दी सम्मेलन (1999) के प्रसंग में की गई लन्दन यात्रा का वृत्तान्त और तीन-चार निजी संस्मरण हैं। 'माँ की गाँव' में नंद बाबू ने अपने नाना के बहाने ब्राह्मण परिवारों की कथा लिखी है, जिसे पढ़ना स्मृति के मार्फत कठोर यथार्थ से रू-ब-रू होना है। दलित आत्मकथाओं जैसे दारूण दुःख और अपमान के समानान्तर इन तथाकथित सवर्ण परिवारों की पीड़ाएँ कम त्रासदायक नहीं हैं। गरीबी की मार, भांग पीकर गलियाते पुरुष, सूखते भुट्टे के बिस्तर पर चाँदनी रात काटती स्त्रियाँ, मन्दिरों का धुआँ, डाकू, मृत्यु के प्रसंग और फिर ऊँचे होने का दम्भ मिलकर भारतीय ग्राम जीवन को फिर फिर जानने समझने का नया मौका देते हैं। ये व्यतीत के चित्र इसलिए भी दुर्लभ हैं कि इन्हें उधार के रंगों-कूँचियों से नहीं माँडा गया है। 'भागीरथ काका' अपनी प्रकृति में रेखाचित्र के करीब संस्मरण है और एक बढ़िया कथा का आस्वाद देता है। भागीरथ काका की निश्छलता के साथ स्त्री शोषण का प्रसंग दग्ध करने वाला पाठकीय अनुभव है। वे कोई बड़ी क्रान्तिकारी औरतें नहीं है, जिन पर नंद बाबू संस्मरण लिखते हैं, अपितु सामान्य जीवन जीने की कोशिश करतीं, लाचार-गरीब और बार-बार ठगी जाती स्त्रियाँ हैं जो तब भी जीवन की आस छोड़ नहीं देतीं। नंद बाबू सत्तर-अस्सी वर्ष पुराने समय और समाज से कुछ चरित्र चुनकर लाते हैं और वस्तुपरकता, ठेठ वातावरण की निर्मिति से सर्वथा भिन्न अनुभव दे जाते हैं। 'सीएटी कैट, कैट माने बिल्ली' इसी श्रृंखला की एक कड़ी है। यहाँ भांग के शौकीन नाना का चित्र अपने आवेग में काशी के 'बहरी अलंग' की याद दिलाने वाला है। लेकिन इस संस्मरण में आया भैंस की आकस्मिक मृत्यु का वृत्तान्त पाठक को अवसाद में डाल जाता है। वस्तुतः नंद बाबू ने संस्मरणों में जिन व्यक्ति-घटनाओं और स्थानों को चुना है वह चुनाव ही उनकी पक्षधरता को दिखाने वाला है। इन संस्मरणों में भाषा का जादुई संसार मिलता है लेकिन यह कोई वायवीय संसार नहीं अपितु लड़ते-संघर्ष करते मामूली लोगों के जीवन की ही दुनिया है। महात्मा गांधी की हत्या पर लिखा संस्मरण 'इस अँधेरी रात में दीपक जलाए कौन बैठा है' इतिहास का एक कटु अध्याय फिर खोलता है। तब नंद बाबू महाराष्ट्र के एक छोटे से कस्बे नसीराबाद के एक स्कूल के हेडमास्टर थे। गांधी हत्या के समाचार से उपजते तनाव और आतंक में वे साम्प्रदायिक विभाजन का बुनियादी कलुष देखते हैं। यहाँ गोलवलकर के

एक व्याख्यान और राष्ट्रीय स्वयंसेवक संघ की बैठकों का विवरण साम्प्रदायिक विभाजन की कलुषता को भिन्न-भिन्न कोणों से परखने वाला है। इस संस्मरण से स्वयं नंद बाबू के भी प्रतिरोधी और अनत व्यक्तित्व का चित्र निकलता है जो ख़तरे उठाना जानता है।

संस्मरण निजी छवियों की निर्मिति या पिछला बाकी चुकाने की साहित्यिक अभिलाषा नहीं हैं। नंद बाबू के संस्मरणों का मूल्य गहरी सामाजिकता और वैचारिक प्रतिबद्धता है। फैशन से बाहर हो चुके आन्दोलनकामी विचार और कार्यकर्ताओं को चित्रित करती यह पुस्तक विधाई अन्तर्क्रिया का भी अनुपम मेल है। जहाँ इसे पढ़कर समाजवादी आन्दोलन की एक तस्वीर बनती है वहीं नंद बाबू के अपने जीवन-रचना संघर्ष का ब्योरा और साहित्यिक किलों से दूर राजस्थान के लेखन-लेखक संसार का चित्र भी बहुरंगी छटा से भरा है।

* * *

यह तो ज्ञात नहीं कि नंद बाबू ने डायरी लेखन कब प्रारम्भ किया। उनके जीवन के अन्तिम वर्षों की डायरी मिलती है जिसमें जैसे वे अपने जीवनानुभवों का निष्कर्ष लिखते चलते हैं। अपनी डायरी में वे अध्यात्म या आत्मा की मुक्ति से नहीं जूझते बल्कि संसार के वास्तविक सवालों के जवाब तलाश करते रहते हैं। यदि कोई कहे कि नंद बाबू गहरे अर्थों में सेक्युलर (सांसारिक) लेखक हैं तो गलत नहीं होगा। वे सामान्य मनुष्यों की भांति मृत्यु से उत्पन्न बिछोह से व्यथित होते हैं और अपनी निराशा को कहीं नहीं छिपाते। उनकी डायरी के ऐसे अंश देखे जाने चाहिए—

समाज हित को परिभाषित करना कितना कठिन है। जो कृति आज समाज-हित की है वह कल धिक्कारी भी जा सकती है या जो आज धिक्कारी गई है वह कल सुकृत्य का दर्जा हासिल कर ले। सोचे हुए को कर पाना दरअसल कठिन है।

अध्यापक सोचता है कि शिक्षा से दुनिया पवित्र, निष्कपट बनाई जा सकती है। बहुत पवित्रता से दुनिया उदास तो बनाई जा सकती है लेकिन मजेदार नहीं। कभी-कभी मैं सोचता हूँ किसी एक शहर में केवल मास्टर हीमास्टर रहते हों तो वह शहर कैसा होगा?

सबसे कठिन तो अपनी निराशाओं से लड़ना है। इसलिए कि हम खुद नहीं जानते कि हम क्या चाहते हैं और क्यों?

हमारी सदी के कई चीजें हासिल की हैं लेकिन धीरज खो दियाहैं। ऋतु आने पर ही फल आएँगे—ऋतु आँयाँ फल होया। धैर्य-रहित सदी दुर्घटनाओं से कुचली जा रही है।प्रतीक्षा का आनन्द लेने की उत्कंठा प्रेम का तत्त्व ही नहीं जीवन का भी है।

मैं सोचता हूँ एक कवि का काम सब प्रकार की दीनता नष्ट करने का है। 'आत्म-हीनता' सहित। कहाँ-कहाँ छिपी रहती है दीनता? कभी-कभी जो अकड़ जैसी नज़र आती है वह दीनता ही होती है। दूसरे को स्वीकार करना दीनता तोड़ने का पहला चरण है। 'बहुवचनता', बहुदृष्टियाँ तार्किकता बौद्धिक-दीनता दूर करती है।

निराशा भी जीवन का हिस्सा है अगर हम उसकी गिरफ्त में न आए। निराशा यह संकेत देती है कि हमारा जीवन कई तरह के रंगों, स्थितियों, आकस्मिकताओं से बना है। हमारे अनुमानों के विपरीत भी करुणा का व्याख्यान देने वाला और नये जमाने के कपड़े पहनने वाला पुराना खुर्राट, क्रूर और पिशाच हो सकता है। कपड़े बदलने से चित्त नहीं बदलता। बन्दूक लिए फिरने वाला बहादुर नहीं होता। इसलिए कपड़े बदल कर आधुनिक बनने वालों से यह पूछना चाहिए कि चित्त बदला या नहीं?

आधुनिक दुनिया बहुत तरह से हमारे पास आ गई है—साधु-संतों के पास आ गई है। हमारे चित्त में रम गई है। उसके आकर्षण अद्‌भुत है।

नंद बाबू की डायरी बहुत अच्छे गद्य का आस्वाद लेने के लिए भी पढ़ी जानी चाहिए। इसी तरह उनके पत्रों का भी महत्त्व सामने आता है जिनमें नंद बाबू अपने निजी दायरे सार्वजनिक करते हैं। दो टूक टिप्पणियाँ और निर्भीक कथन। इनमें बहुधा आत्मीयता का रस भी है तो बेहद निजी निराशाएँ भी। नंद बाबू बहुत लोकतांत्रिक हैं वे अपने पर भी सवाल करना जानते हैं और करते हैं। के के बिड़ला फाउंडेशन का बिहारी पुरस्कार लेने के प्रसंग में उनके अनेक पत्र उनकी ईमानदार टिप्पणियों के लिए पढ़ने योग्य हैं।

* * *

नंद बाबू की रचनवाली उनके शताब्दी वर्ष में आ रही है यह मेरे लिए व्यक्तिगत रूप से भी आह्लादकारी है। मैं अपने उदयपुर प्रवास में नंद बाबू के जन्म दिन पर होने वाले उत्सवों में भागीदार रहा हूँ। ऐसे ही एक आयोजन में मैंने उनके भाई राम चतुर्वेदी जी से भेंट की थी। जन्म दिन के इस उत्सव में उनके परिवारी, मित्र और नगर के अनेक परिचित गण मान्य भी होते थे। नंद बाबू को उस दिन

उल्लास में देखना सचमुच प्रीतिकर अनुभव होता था। भले ही नंद बाबू अब हमारे मध्य नहीं हैं तब भी उनके परिवार ने जन्मदिन के इन आयोजनों को जारी रखा है। एक कवि की इस तरह से भी उपस्थिति प्रेरणा देती है। नंद बाबू का सपना हम सबका सपना बने और हमारा देश, हमारा समाज, हमारी दुनिया ग़ैर-बराबरी के कष्ट से मुक्त हो।

—पल्लव

संस्मरण

बड़े अर्थ में वे आधुनिक और समाजवादी थे

जवाहरलाल नेहरू के साथ मेरी पीढ़ी के लोगों का रिश्ता प्यार और नाराज़गी का है, जो हर उस आदमी के साथ होगा, जिसने सत्ता में आने के पहले हजारों रंगीन सपने दिखाए हों, लेकिन बाद में कई कारणों से और ख़ासतौर पर जुझारू इच्छाशक्ति के अभाव में धुँधला गये हों। राममनोहर लोहिया ने नेहरू युग के मायालोक से विरक्त होते हुए कहा था कि अगर कलेजा चीर कर दिखाना सम्भव हो, तो दुनिया देख सकेगी कि वहाँ नेहरू की मूर्ति अंकित है। यह नेहरू के भक्ति-युग का पटाक्षेप था। लेकिन उसकी बात कुछ बाद में।

नेहरू जब स्वतंत्रता के लिए संघर्ष कर रहे थे, तब हमें लगता था कि गांधी और वे समय के आर-पार देख सकते हैं, इसलिए भारत के विगत, वर्तमान और अनागत को जानते हैं। इसलिए उनके सोच के अन्तर्विरोधों का विश्लेषण या उनकी फल-श्रुतियों पर सन्देह करना आवश्यक है।

दरअसल, यह जादू जैसा ही लगता है कि कोई भी व्यक्ति समय को कैसे पहचानता है या लोगों के मन कैसे जीत लेता है, कि हारे-थके लोग चट्टान की तरह मजबूत होकर खड़े हो जाते हैं और बहादुर की तरह मर जाते हैं। लेकिन जब ऐसा हो जाता है, तब हम मानवीय स्वभाव, उसकी बुनियादी ज़रूरतों को कुछ-कुछ समझने लगते हैं और उन संकल्पों की ताक़त का अन्दाज़ा लगाने लगते हैं, जो समुद्र के ज्वार की तरह होती है और महान जनान्दोलन को जन्म देती है।

गांधी और नेहरू मानवीय परम्पराओं के किन पक्षों को सक्रिय बनाने की कोशिश कर रहे थे? किस सामाजिक चेतना के धरातल पर उन्होंने अपने संघर्ष का मोर्चा लगाया था? किन जटिल, किन्तु जागरूक सवालों का वे उत्तर तलाश कर रहे थे? किस तरह का भारत उनके मन में रूपाकार ले रहा था?

इन प्रश्नों पर विचार करते समय मैं गांधी और नेहरू को मिलाने की कोशिश नहीं करूँगा। इन दोनों को गड्डमड्ड करना दोनों के बड़े और महत्त्वपूर्ण सामाजिक—सांस्कृतिक दाय को झुठलाना होगा। लेकिन गांधी और नेहरू के पक्ष में यह अवश्य कहना चाहिए कि वे भारत की उस उदारतावादी परम्परा के पक्षधर थे, जो जड़ता का विरोध करती हुई सार्थक और रचनात्मक सामाजिक कर्म का

समर्थन करती है और इसलिए वह जनान्दोलन का रूप लेती है। इन जनान्दोलनों की यह विशेषता रेखांकित की जानी चाहिए कि वे निषेध और नाराज़गी व्यक्त करते हुए अस्तित्वहीन नहीं होते, बल्कि रचनात्मकता का एक उत्तेजक अंश होते हैं। गांधी-नेहरू के नेतृत्व में अंग्रेज़ी हुकूमत का विरोध करते हुए वे जुलूस या जनसभाएँ या छोटे-छोटे जन-समूह ठस या जड़मति नहीं रह जाते थे। दरअसल, वे ज्यादा जिम्मेदार, सजग और साहसी स्त्री-पुरुष होते थे। आवेग के समय भी वे विचार-शून्य नहीं बना दिये जाते थे। वे अपनी भूमिका जानते थे और किसी-न-किसी रूप में जन-सेवा के काम से जुड़े होते थे।

नेहरू एक बड़े अर्थ में आधुनिक और समाजवादी थे। इसी मद्दे पर वे गांधी से अलग थे। यह बात किसी से छिपी नहीं है कि वे अपनी सामाजिक प्रतिबद्धताओं के कारण उस समय बहुत से कांग्रेसकर्मियों से खिन्न-मन थे और बहुत से कांग्रेसकर्मी उनसे असन्तुष्ट और नाराज़ थे। 1936 में डॉ. राजेन्द्र प्रसाद, सी. राजगोपालाचार्य, वल्लभभाई पटेल, जे.बी. कृपलानी, जमनालाल बजाज ने कांग्रेस वर्किंग कमिटी से इस्तीफा देते हुए लिखा था, 'हम अनुभव करते हैं कि आपका तथा दूसरे समाजवादी सदस्यों का बार-बार समाजवाद का उपदेश देना और उस पर आग्रह करना देश और आजादी के संघर्ष के लिए हानिकारक है। हम इस राय के हैं कि आपके भाषणों और उनसे प्रेरित हुए दूसरे समाजवादियों के कृत्यों से कांग्रेस देश भर में कमज़ोर पड़ती जा रही है।'

गांधी और नेहरू के बुनियादी मतभेद मामूली नहीं हैं। दरअसल, इन दोनों के बीच हुई बहस और खतो-किताबत उन सब स्वाधीनता-कामी लोगों के लिए एक उत्साहप्रद घटना है, जो विचारों की असहमति को दर्ज कराना मौलिक अधिकार मानते हैं, गुरु और शिष्य (गांधी और नेहरू) एक तार्किक ऊँचाई तक पहुँचकर अपनी जीवन-दृष्टि के पक्षों को प्रकट होने देते हैं, लेकिन दोनों के चित्त और मैत्री हीरे की तरह चमकते रहते हैं और शब्द तथा कर्म की सारी सम्भावनाएँ खुली रहती हैं। आज इस ईमानदारी और खुलेपन को चिराग लेकर तलाश ही किया जा सकता है, जबकि न केवल राजनीति में, बल्कि उन सारे मंचों पर जहाँ वैचारिक बगावत की सारी सम्भावनाएँ बनी रहती हैं, लोग अनुयायियों की तरह उपस्थित रहते हैं और सुनने की रस्म अदा करते हैं।

बहरहाल, नेहरू गांधी के उस सिद्धान्त से तीव्र असहमति व्यक्त करते हैं, जिसे 1909 में उन्होंने (गांधी ने) इस तरह रेखांकित किया था—"भारत की मुक्ति उस सब कुछ को भूल जाने में है, जो उसने पिछले पचास वर्षों में सीखा है। रेल, तार, अस्पताल, वकील, डॉक्टर सबको भूल जाना है। अभिजात वर्ग को पूरी ईमानदारी और वैचारिक निष्ठा के साथ कृषकों का जीवन स्वीकार कर लेना, क्योंकि ज़िन्दगी का सच्चा सुख उसी जीवन में है।"

नेहरू ने इस सोच को काटते हुए और एक ख़ास आक्रामक मुद्रा में लिखा है, "मैं किसान के तनाव-रहित जीवन को महिमामंडित नहीं कर सकता। मुझे वह भयावह लगता है। उनकी जीवन-शैली को अपनाने की जगह मैं किसानों को उससे बाहर निकाल लाना चाहता हूँ, शहरीकरण के लिए नहीं, बल्कि ग्रामांचलों में शहरों की सांस्कृतिक सुविधाएँ उपलब्ध कराने के लिए मुझे वहाँ का जीवन सच्चे आनन्द की अनुभूति नहीं कराता, वह जेलखानों जैसा भयावह लगता है।"

जवाहरलाल नेहरू अपने को गांधी से अलग करने के लिए लगातार विज्ञान, समाजवाद, आधुनिकता, नैतिक सोच, सामाजिक अनुशासन की बात करते हैं। गांधी की तरह गरीबी, इच्छाओं के दमन, प्रकृति की तरफ लौट जाना, ज़रूरतों को कम करना, ब्रह्मचर्य आदि को वे नापसन्द करते हैं। "मैं साधुओं की जीवन की शैली को सामाजिक आदर्श बनाने का प्रशंसक नहीं हूँ। यद्यपि मैं मानता हूँ कि वह कुछ व्यक्तियों के अनुकूल हो सकती है। मैं सरलता, समता, आत्मनियंत्रण की सराहना करता हूँ, लेकिन इन्द्रिय-दमन में मैं ज़रा भी विश्वास नहीं करता।"

"आज की सभ्यता में अनेक विकृतियाँ हैं। किन्तु उसकी अनेक विशेषताएँ हैं। उसमें विकृतियों से मुक्त होने की ताक़त भी है। उसे जड़-मूल से नष्ट करने का अर्थ उसकी ताक़त को ख़त्म करके एक उदास, अँधेरी और दुख-भरी ज़िन्दगी की ओर लौट जाना है।"

समाजवादी अवधारणा को स्पष्ट करते हुए नेहरू लिखते हैं कि "मैं समाज से व्यक्ति सम्पदा और मुनाफे की भावना को समाप्त करना चाहता हूँ। मैं प्रतिस्पर्धा की जगह समाजसेवा और सहयोग की भावना स्थापित करने का समर्थक हूँ। मैं व्यक्तिगत मुनाफे के लिए नहीं, उपभोग के लिए उत्पादन चाहता हूँ।"

"मैं यह बात विश्वासपूर्वक कहता हूँ कि दुनिया और भारत की समस्याओं का अन्त समाजवाद से ही हो सकता है। मैं इस शब्द को किसी अस्पष्ट मानवतावादी की तरह नहीं, बल्कि समाज-वैज्ञानिक और अर्थशास्त्री की तरह काम में लेता हूँ... समाजवाद सिर्फ आर्थिक-सिद्धान्त ही नहीं है, वह जीवन दर्शन भी है। मुझे समाजवाद के सिवा भारत की गरीबी और बेरोजगारी का अन्त नज़र नहीं आता...समाजवाद का अर्थ है व्यक्ति सम्पदा का उन्मूलन और व्यक्ति मुनाफे की जगह सहयोगी भावना के महान आदर्श की शुरुआत, इसका अर्थ है हमारी रुचियों, आदतों, हमारी प्रवृत्तियों में बुनियादी तब्दीली। संक्षेप में एक पुरानी पूँजीवादी व्यवस्था से अलग एक नई सभ्यता की शुरुआत।"

यह देखा जा सकता है कि नेहरू जी समाजवादियों में शामिल नहीं होना चाहते। वे अपने विकल्प खुला रखते हैं। सबसे महत्त्वपूर्ण बात तो यह है कि वे हिंसा से घृणा करते हैं। "हमारा समाजवाद और साम्यवाद अहिंसा, पूँजी तथा श्रम, जमींदार तथा रैयत के सद्भावनापूर्ण सम्बन्धों पर आधारित होगा।" एक

खुले समाजवादी विचारक होने के कारण उन पर 'व्यक्तिवादिता' का आरोप लगाया गया। 1939 में सुभाष बोस को लिखे पत्र का यह अंश द्रष्टव्य है : "क्या मैं समाजवादी हूँ या क्या मैं व्यक्तिवादी हूँ? क्या दोनों में अन्तर्विरोध होना आवश्यक है? मैं मानता हूँ कि स्वभाव और प्रशिक्षण के कारण मैं व्यक्तिवादी हूँ, लेकिन बुद्धि मुझे समाजवादी बनाती है। मैं विश्वास करता हूँ कि समाजवाद व्यक्तित्व की विशेषताओं को न तो कुंठित करता है और न उन्हें अविकसित रहने देता है। मैं इसीलिए समाजवाद के प्रति आकर्षित हूँ कि उसके जरिये व्यक्ति असंख्य आर्थिक तथा सांस्कृतिक बन्धनों से मुक्त होता है...मैं एक हद तक खुद से और दुनिया से असन्तुष्ट हूँ। मैं एक ऐसा व्यक्ति भी हूँ, जिसे क्षुद्रताओं से घिरी दुनिया नापसन्द है।"

नेहरू की मनोरचना में उनकी सौन्दर्य दृष्टि और संवेदनशीलता का बहुत महत्त्व है। उनका अन्तर्द्वंद्व दरअसल, उस लेखक का भी है, जो अपने से और दुनिया से एक साथ लड़ता है। यही कारण है कि नेहरू अपनी व्यक्तिवादी दुनिया को ध्वस्त नहीं करते, लेकिन महत्त्व भी नहीं देते और समाजवादी होते हैं।

सत्ता में आने के बाद नेहरू का अन्त:संघर्ष तीव्र और जटिल हो गया। एक पुराने और अतीत की स्मृतियों में बँधे देश को नये उद्योग, नई कृषि, नया अर्थशास्त्र और समाजवादी दृष्टि देने की सीमाएँ तो थीं ही,लेकिन साथ ही विभाजन के क्लेश और निरपराध लोगों का रक्तपात, राज्यों का पुनर्गठन, संविधान बनाने की कठिन प्रक्रिया, असंख्य लोगों की असंख्य इच्छाओं को समझने योग्य व्यवस्था तंत्र की स्थापना जैसी कितनी ही चिन्ताएँ नेहरू को घेरने लगीं।

विभाजन की त्रासदी का अन्तिम दुष्परिणाम गांधी जी की हत्या थी। नेहरू ने शोकार्त होकर कहा,..."और आज वह शक्तिशाली पुरुष, जिसे हम असीम आदर और प्यार देते रहे, चला गया है, क्योंकि हम उसकी रक्षा नहीं कर सके। यह हम सबके लिए लज्जा की बात है।"

तो भी यह श्रेय नेहरू को देना चाहिए कि वे एक विभाजित और गरीब देश को फिर से हिम्मत और स्वाभिमान देने की अथक कोशिश करते रहे।

समाजवादियों का धीरे-धीरे नेहरू से मोहभंग होने लगा, क्योंकि नेहरू सिर्फ शब्दों में ग़ैर-बराबरी का दुख व्यक्त करते थे और एक लचीले मन वाले तानाशाह होते नज़र आते थे। उनके स्थापित विकास मिथक को तोड़ते हुए डॉ. लोहिया ने 'तीन आने प्रति दिन' का आँकड़ा देकर नेहरू को संकट में डाल दिया था।

नेहरू बहुत से मोर्चों, पर क्रान्तिकारी संकल्पों को रूपाकार नहीं दे सके, लेकिन उनकी स्वीकृति से एक प्रबल और कठोर नौकरशाही का पुनर्स्थापित होना सबसे चिन्ताजनक था। भाषा के मोर्चे पर नेहरू ने अंग्रेज़ी को महत्त्वपूर्ण भाषा बनाने की चालाकियों को नहीं रोका।

नेहरू का अन्तिम सदमा चीन का आक्रमण था। आचार्य कृपलानी ने नेहरू की इतिहास-दृष्टि का मजाक उड़ाते हुए संसद में कहा, "अध्यक्ष महोदय, हमारे प्रधानमंत्री बार-बार इतिहास बनाने की बात करते हैं, लेकिन वे (चीनी) भूगोल बना रहे हैं।"

इसमें कोई सन्देह नहीं कि नेहरू भारतीय इतिहास के सबसे असाधारण समय को जनतंत्र और समाजवाद का स्वरूप देने वाले बड़े राजनेता थे, लेकिन इसमें भी कोई सन्देह नहीं कि यदि वे बार-बार और लगातार फिसलते नहीं, तो यह देश आज की निराशा और अकर्म की कठिन यातनाओं के बीच से नहीं गुजरता।

आधी सदी तक जयप्रकाश

"अगर तुम न हिलो तो सारी दुनिया को हिला सकते हो" यह लोहिया ने जयप्रकाश के बारे में लिखा था, लेकिन यह प्रसंग पुराना है, करीब आधी सदी पुराना, 1953 के आसपास का। यह अफवाह जोरों पर थी कि नेहरू जयप्रकाश जी को उपप्रधानमंत्री बनाना चाहते हैं। यह उन्हीं दिनों की बात है जब अशोक मेहता ने 'पिछड़ी हुई अर्थव्यवस्था की राजनैतिक मजबूरियों' शीर्षक सिद्धान्त-पत्र जारी किया था। बाद में अशोक मेहता ने योजना आयोग के उपाध्यक्ष का पद स्वीकार कर लिया था। लेकिन उस घटना-चक्र के बारे में मैं जब कभी विचार करता हूँ तो इस प्रश्न से बार-बार टकराता हूँ कि क्या जयप्रकाश 'हिल' गये थे? क्या इसका दंश उनके बाद वाले जीवन को भी प्रभावित करता रहा कि वे नेहरू के राजनीतिक वारिस नहीं हो सके? क्या ऐसी महत्त्वाकांक्षाएँ पूरी तरह व्यक्तिगत होती और विफलता की वक्र-छाया अन्दर-ही-अन्दर सिमट कर निश्शेष हो जाती हैं? क्या राजनीति की शक्ति इतनी नशीली और उन्मादकारी होती है कि वह धर्मात्माओं, अध्यात्मवादियों, दार्शनिकों को हत्बुद्धि कर दे। यदि उन दिनों के नेहरू-जयप्रकाश-राममनोहर लोहिया के राजनीतिक प्रसंगों का ध्यानपूर्वक पुनर्पाठ करते हैं तो हम जयप्रकाश जी की सामर्थ्य और सीमाओं की पुनर्व्याख्या कर सकते हैं। हम यह कह सकते हैं कि जे.पी. दुर्घटनाग्रस्त होते-होते बच गए। यह कह पाना कठिन है कि इस 'दुर्घटना' से वे कैसे बचे? किन कारणों से, किन परिस्थितियों में, यद्यपि इन कारणों और परिस्थितियों के तफसील में जाना बहुत ज़रूरी है क्योंकि वे मानवीय स्वभाव की पेचीदगियों को ही नहीं बतातीं, बल्कि लोकतंत्रात्मक राजनीति में सत्तापक्ष की उस इच्छा को भी बताती हैं जिससे वह विरोध को निर्भ्रान्त, कपट रहित ताक़त देकर अपनी आलोचना के लिए तैयार करता है।

और जवाहरलाल नेहरू? मैं बार-बार इस सवाल से भी टकराता हूँ कि नेहरू जयप्रकाश को अपनी ओर क्यों खड़ा करना चाहते थे? क्या वे उन्हें लोकतंत्र और समाजवाद के उत्कर्ष और राजनीति में नैतिक-शक्ति को बचाने के लिए एक समानांतर शक्ति-केन्द्र बनाना चाहते थे या कि उनके शक्ति-केन्द्र बनने की सम्भावना से भयभीत थे; इसलिए उन्हें प्रभुता और पद की ओर आकर्षित कर रहे थे? क्या

एक लोकतंत्र को निष्प्रभ करने की यह कोशिश थीं जो तानाशाहों की होती है और जिसमें लोक-शक्ति दलालों, नौकरशाहों और चापलूसों को शक्तिवान बनाती नज़र आती है और अन्त में लोकतंत्र बिकाऊ माल की तरह खरीदा जाने लगता है। इस प्रसंग का अन्त कैसे होता है? नेहरू के सहयोग-निमंत्रण पर प्रजा-सोशलिस्ट पार्टी चौदह सूत्री कार्यक्रम का मसविदा उनके पास भेजती है, जिसे वे 'मनपसन्द बातों की सूची' कह कर बातचीत का सिलसिला बन्द कर देते हैं लेकिन कांग्रेस को इसका पूरा-पूरा लाभ मिलता है। प्रसोपा के कई निष्ठावान कार्यकर्ता सत्ता से जुड़ने का लालची सपना देखने लगते हैं। जयप्रकाश जी तो नहीं हिले लेकिन प्रजा सोशलिस्ट पार्टी ज़रूर हिल गई थी। क्या नेहरू विरोध के दुर्ग में सेंध लगाने में कामयाब हो गये थे? अब मैं कभी-कभी सोचता हूँ कि राजनीति में कोई लालच का टुकड़ा कैसे धीरे-धीरे बादल और फिर सघन घटाओं की तरह आच्छादित हो जाता है और सत्ता-सुख में बदल जाता है। कभी-कभी हम डर के साथ, कभी जान-बूझकर चकित रहते हुए अपने समय की गिरावट को देखते हैं और सत्ता-पुरुषों के आचरण पर नाराज़ होते हुए असहाय-सा अनुभव करते हैं। लेकिन घटनाएँ और गिरावट अनायास नहीं आतीं। क्या वे राजनीतिक आघात जिन्हें हम आज बुरे दिनों की तरह याद करते रहते हैं और अवसरवादिता तथा सिद्धान्तहीन दल-बदल जो समझ में नहीं आते, पुरानी विरासत की ही पुनरावृत्ति तो नहीं है जिसे ताक़तवर दल नज़र न आने वाली तानाशाही के रूप में इस्तेमाल कर रहे हैं?

आधी सदी पहले मैंने जे.पी. को देखा था। 1948 में मैं कोटा के राजकीय महाविद्यालय में एम.ए. की पढ़ाई करने गया था और समाजवादी पार्टी का मेंबर बना था। वहाँ से राजस्थान की समाजवादी पार्टी का मुख-पत्र 'जय हिन्द' प्रकाशित होता था, जो सामन्तवाद से टकराने और नई व्यवस्था के सपने बनाने की उमंग पैदा करता था। ये ठीक आजादी के बाद वाले दिन थे और जब देशवासियों के सामने आजादी के संघर्ष और आजादी को व्याख्यायित करने वाली प्रतिज्ञाएँ धुँधलाई नहीं थीं। क्या प्रतिज्ञाएँ थीं, इनकी तफसील में जाना तो आवश्यक नहीं है लेकिन संक्षेप में वे गरीबों, दलितों, स्त्रियों के वास्ते भारत बनाने की महत्त्वपूर्ण प्रतिज्ञाएँ थीं। जिस मुक्ति और स्वाधीनता की तरफ बार-बार आग्रह और इशारा किया जाता रहा वह कोई अध्यात्मवादी मुक्ति या 'देहातीत जन्म-मरण मुक्त' होना नहीं था, वह औपनिवेशिक अर्थतंत्र और शोषणमुक्त होना ही था। गांधी के अफ्रीका से लौटने के बाद गोखले ने उन्हें नौ महीनों तक 'भारत भ्रमण' की सलाह दी थी। तब उन्होंने वह गरीब भारत देखा था, जिसे देखकर ढाई गज कपड़ा पहनने-ओढ़ने का निश्चय किया था। उन्हीं दिनों का विमर्श यह भी प्रकट करता है कि स्वाधीनता का अर्थ गोरी हुकूमत को बदल कर किसी दूसरी रंग वाली हुकूमत की अदला-बदली नहीं है, बल्कि आख़िरी आदमी की हुकूमत में निर्णयात्मक सीधी-सीधी साझेदारी-स्वराज्य। दरअसल यही

'स्वराज्य' शब्द पश्चिमी राज्य के संस्थागत ढाँचे और अर्थ को बदल देता है और लोक की शक्ति बन जाता है। गांधी इसी शक्ति को संगठित करना चाहते थे। यही गांधी की पश्चिमी मॉडल को चुनौती थी, राज्य-शक्ति के बरक्स लोक-शक्ति।

लेकिन गांधी की हत्या कर दी गई और अब क्षीण-सी आशा तथा विकल्प की सम्भावना के लिए जयप्रकाश-लोहिया की तरफ ही देखा जा सकता था। कांग्रेस गांधी की इच्छाओं और एक व्यापक अर्थ में स्वाधीनता-संघर्ष की बुनियादी प्रतिज्ञाओं से विमुख हो रही थी। गांधी ने कुछ मायूसी के साथ उन्हीं दिनों कहा था, "मैं खोटा सिक्का हो गया हूँ।" यह भी कि कांग्रेस को अब भंग कर दिया जाना चाहिए, लेकिन कांग्रेस को प्रभुता और राज्य-शक्ति का नशा चढ़ गया था; इसलिए वे जनोत्कर्ष की राजनीति से उदासीन हो गये थे। राजनीति और लोकनीति के टकराव धीरे-धीरे स्पष्ट होते गए। 'शोषण, गरीबी और वर्ग-विभेद से मुक्त समतावादी समाज' की मंज़िलें बहुत दूर होती जा रही थीं। इस धुँधलाते समय में मैंने जयप्रकाश को देखा, सुना था। वे तब सोशलिस्ट पार्टी के 'जनरल सेकेट्री' थे। मैं बहुत उत्साहित और भयभीत था। भय लग रहा था कि लोग जे.पी. को सुनने आएँगे या नहीं? जे.पी. लम्बा और गम्भीर भाषण देते हैं, कहीं लोग बीच में उठकर चले तो नहीं जाएँगे? कवि कालिदास ने लिखा, 'अतिस्नेहे पाप शंकी' अत्यन्त स्नेह करने वाले के मन में जाने कितनी और किस-किस प्रकार की दुर्भावनाएँ आती हैं। मेरे मन में भी जे.पी. की सभा को लेकर अनेक दुर्भावनाएँ आती रहीं। लेकिन कोटा का यह सभास्थल वक्ता के आने के पहले ठसाठस भर चुका था। आयोजन स्थल पर कुछ भी विशिष्ट नहीं था, सिवा एक बड़े लाल पर्दे पर पहिए की विशाल आकृति के। उसी मंच पर खड़े होकर सोशलिस्ट पार्टी के जनरल सेकेट्री जयप्रकाश नारायण ने लगभग सवा घंटे का प्रभावशाली भाषण दिया था। प्रभावशाली इस अर्थ में कि वह किसी प्रकार की राजनीतिक वाक्पटुता और लद्दड़ सूक्तियों से मुक्त था और समाज-रचना की उन सब पेचीदगियों की तरफ इशारा करता था जो आजादी, गांधी की मृत्यु और नेहरू की पश्चिमोन्मुख लोकतंत्र के कारण पैदा हो गई थीं। मैंने किसी बड़ी सभा में पहली बार श्रोताओं में इतने लम्बे समय तक इतने गम्भीर भाषण सुनने की क्षमता को देखा था और पहली बार ऐसे वक्ता को भी जो अपने श्रोताओं की बुद्धि पर इतना विश्वास करता हो। इसके पहले मैंने कभी किसी बड़े राष्ट्रीय नेता को नहीं देखा-सुना था, इसलिए मैं उन्हें विमुग्ध भाव से देखता-सुनता रहा। वे जे.पी. के तारुण्य के दिन तो नहीं थे, तब भी वे सुदर्शन और मजबूत सेना नायकों की तरह लगते थे। उनकी भाषण-शैली उन समाजशास्त्रियों, प्राध्यापकों जैसी थी जो प्राय: किसी हड़बड़ाहट में नहीं होते और एक सुतार्किक विवेचना के असीम धैर्य के साथ बोलते हैं। अब मैं समझता हूँ कि नई समाज रचना के लिए यह धैर्य कितना आवश्यक है और तब भी जबकि कुछ हाथ न आए।

इस दौरे में जे.पी. के साथ प्रभावतीजी भी थीं। भाषण के समय वे मंच पर बैठी थीं और अनुद्विग्न भाव से चरखा कातती रहीं। उन्होंने मंच पर अपने लिए कोई विशेष स्थान नहीं बल्कि एक नज़र न आने वाला आकर्षण रहित स्थान तलाश कर लिया था। वे दुबली-पतली और सामान्य भारतीय महिलाओं-सी थी। जहाँ तक मुझे याद है वे चश्मा लगाये थीं। भाषण के बाद जब जे.पी. भीड़ से घिरे चल रहे थे प्रभावती जी पीछे रह गई थीं। सहसा वे रुके और पूछा—"प्रभावती कहाँ है?"

सभा के श्रोताओं को वे राज-शक्ति और लोक-शक्ति का भेद समझाते रहे। अन्त में राज्य को विलीन हो जाना चाहिए और लोक को अपनी इच्छा का राज बनाना चाहिए। इस राज के दो प्रमुख उद्देश्यों पर, स्वाधीनता और समता पर, वे देर तक चर्चा करते रहे जो उनके और दूसरे समाजवादियों के विमर्श का हमेशा मुख्य हिस्सा रहीं। लोक-शक्ति के पक्ष में होने के कारण ही जे.पी. सहित दूसरे सभी समाजवादियों ने विकेन्द्रित अर्थ-व्यवस्था का समर्थन किया। लोक-शक्ति के अभ्युदय के लिए जे.पी. ने पूरी ज़िन्दगी दाँव पर लगा दी।

दूसरे दिन वे मजदूरों की एक सभा को सम्बोधित करने के लिए रामगंजमंडी गए और तीसरे पहर कोटा के राजकीय कॉलेज में उन्होंने बुद्धिजीवियों, विद्यार्थियों, राजनीतिकर्मियों, पत्रकारों की बड़ी सभा में भाषण किया। यह भाषण जे.पी. के भविष्य की राजनीति को समझने में मदद करता था। यह वह समय था जब रूस में स्तालिन की नृशंसताओं ने समाजवाद की सारी मानवीय अवधारणाओं को निष्प्रभ कर दिया था। अभी तक साम्यवाद के प्रबल समर्थक जे.पी. की यह असहमति उस बहस को फिर से सामने ले आई थी जो 'साध्य-साधनों की शुचिता' और मौलिक मानवाधिकारों से सम्बद्ध थी। उनकी टिप्पणियों की यह चिन्ता बाद के आलेखों में इस प्रकार व्यक्त हुई हैं—

"रूस में जो भयंकर से भयंकर अत्याचार हुए हैं, उनके कारण मार्क्सवाद की क्रान्तिकारी नीति के विरुद्ध मेरा मन विद्रोही बन गया है और मैं सोचने लगा हूँ कि क्या अशुद्ध साधनों द्वारा कभी शुद्ध साध्य प्राप्त किया जा सकता है—रूस में हमने केवल औपचारिक स्वतंत्रता का निषेध ही नहीं देखा बल्कि सामाजिक न्याय और समानता का निषेध भी देखा। हमने देखा कि वहाँ नौकरशाही शासकों का एक नया वर्ग खड़ा हो गया है और शोषण के भी नये-नये रूप हमने वहाँ देखे हैं। यह सब समाजवाद का केवल अभाव ही नहीं बल्कि उसका निषेध भी है। मैंने महसूस किया कि रूस में यह जो सब हुआ वह केवल किसी एक सिरफिरे मनुष्य के दुष्ट कर्मों का परिणाम नहीं है बल्कि वहाँ जिस प्रकार की सामाजिक और आर्थिक व्यवस्था खड़ी की गई, उसी का यह परिणाम है। स्पष्ट रूप से इस बुराई की जड़ में राजनीतिक और आर्थिक सत्ता का अत्यधिक केन्द्रीकरण और सम्पूर्ण राज्यवाद ही रहा।"

बुद्धिजीवियों तथा विद्यार्थियों की इस सभा को जयप्रकाश जी ने कुर्सी पर बैठकर सम्बोधित किया था जैसे वे कोई अन्तरंग संवाद कर रहे हों, किसी विशेष चिन्ता के साथ, क्योंकि समाजवाद की बुनियादी चिन्ता लोक-शक्ति के अभ्युदय की ही होनी चाहिए। जे.पी. की पूरी ज़िन्दगी लोक-शक्ति की पक्षधरता को मजबूत करने का प्रयत्न थी, यही पक्षधरता दुनिया भर के समाजवादियों को नई व्यवस्था बनाने का नैतिक-तर्क, सिद्धान्त और साहस देती है। लोक और राज्य-शक्ति के बीच की बहस किसी भी समाजवादी के लिए शाब्दिक छेड़खानी नहीं है बल्कि राज्य-शक्ति के साथ संघर्ष है जिसके पास सैनिक-शक्ति और प्रभुत्व (ऑथारिटी) है।

जे.पी. ने यहाँ यह प्रश्न भी उठाया कि क्या भौतिकवाद के पास अच्छा मनुष्य बनाने की कोई प्रेरणा है? यही वह शाश्वत प्रश्न था जिसे उन्होंने आपातकाल के दिनों में लिखी एक कविता में उठाया था और जिसके उत्तर में उन्होंने त्याग, सेवा, निर्माण, संघर्ष, सम्पूर्ण क्रान्ति की बात करते हुए भौतिकवाद के दावे को ख़ारिज कर दिया था। एक दूसरी जगह उन्होंने लिखा, "बहुत वर्षों तक द्वंद्वात्मक भौतिकवाद की मैंने उपासना की थी...। अब एक बात मेरे मन में दिन की तरह स्पष्ट हो गई है कि किसी भी प्रकार का भौतिकवाद मनुष्य के सच्चे अथात् में मनुष्य बनने के साधनों से पूरी तरह वंचित कर देता है। भौतिक संस्कृति में मनुष्य को अच्छा मनुष्य बनने के लिए कोई प्रेरणा रहती ही नहीं।"

यह पहल मनुष्य की स्वाधीनता और उसकी सम्भावनाओं को राज्य-शक्ति की जकड़न और जादू से मुक्त करने की थी। जबकि उन दिनों के राजनीतिक-साहित्य में यह प्रबल आशा बताई जा रही थी कि सब विषमताओं, पराधीनता और यातनाओं का कारण आर्थिक-व्यवस्था का लद्दड़पन है। इस नई व्यवस्था और एक नये 'स्वर्णिम प्रभात' के लिए हमें अपने वर्तमान की सभी सुख-सुविधाएँ कुर्बान कर देनी चाहिए। इस सबके चलते लोगों को उन नृशंसताओं को भी सहन कर लेना चाहिए जो सत्ता-पुरुष उनके अनागत भविष्य-सुख के लिए तय करते हैं।

मैंने जे.पी. पर जासूसी भी की। कहीं तो मैंने यह पढ़ लिया था या शायद सुना था कि वे सुन्दर चप्पलों के शौकीन हैं। सुवस्त्रों के भी और इसी तरह अच्छे 'शेविंग सेट' रखना भी उन्हें पसन्द है। मैंने बार-बार उनकी चप्पलें देखीं। क्या वे हर बार अलग-अलग चमकीली और नई थीं? क्या उनके वस्त्र अनुपम थे, अभिजनों जैसे? इसमें कोई सन्देह नहीं था कि वे बहुत स्वच्छ और सुरुचिपूर्ण वस्त्र पहने थे, आभामय और प्रभावशाली, लेकिन वे आतंकित करने वाले नहीं थे, उन वस्त्रों में वे बिहार के ही लगते थे। उस समय वे सफेद टोपी लगाए थे यद्यपि मैंने लाल, भूरी टोपियों में भी उन्हें देखा है। कांग्रेस के सदस्यों से अलग दिखने के लिए उन्होंने समाजवादियों से लाल टोपी पहनने का आग्रह किया था। बाद में जब वे समाजवादी भी नहीं रहे तब वे भूरी टोपी पहनने लगे थे। उन दिनों जे.पी. शाकाहारी नहीं थे,

यद्यपि प्रभावती जी पूरी तरह निरामिष भोजन करती' थी, उन्हें समाजवादी राजनीति में कोई रुचि नहीं थी, वे सिर्फ जयप्रकाश जी की सहचर थीं—'गांधीजी की बिटिया।'

इसके तुरन्त बाद मैंने उन्हें उदयपुर में देखा-सुना। उन दिनों राजस्थान की समाजवादी पार्टी ने 'राजस्थान एक हो' का आन्दोलन शुरू कर रखा था; जिसका केन्द्र उदयपुर था। वे उदयपुर इसी प्रसंग में आए थे और गुलाब बाग में एक विशाल सार्वजनिक सभा को सम्बोधित किया था। सामन्तवाद के अमानुषिक अत्याचारों से लड़ने वाली जनता के लिए राजस्थान के समाजवादी पूरी तरह बदली हुई व्यवस्था देखना चाहते थे। वे चाहते थे कि राजकुमार, राजकुमारियों को उनकी योग्यता, शिक्षा या कि कौशल के अनुसार नौकरियाँ या हक मिलें। उनके साथ सामान्य भारतवासी की तरह व्यवहार हो। उनके राजमहल, अस्पतालों, स्कूलों, कॉलेजों में बदल दिए जाएँ। उनका स्वर्ण, रत्न, आभूषण तथा धन राज्य कोष में जमा हो। उन दिनों समाजवादी प्राय: अमेरिका का यह उदाहरण देते थे जहाँ बड़े-से-बड़े आदमी का बेटा होटलों में रकाबियाँ या प्याले धोता है, अख़बार बाँटता है, शौचालय साफ करता है, मशीनें चलाता है, गर्ज ये कि मेहनत करता है। सामन्तों के लाड़ले, लाड़लियाँ कालीनों पर नहीं, राजस्थान की ऊबड़-खाबड़ भूमि और तपती रेत पर चलें।

इस सभा में जे.पी. ने लम्बा भाषण नहीं किया, लेकिन उन मुद्दों पर अपनी गहरी नाराज़गी व्यक्त की जिनके कारण 'लोक' कमज़ोर हो रहा था। दरअसल जे.पी. की सारी चिन्ताओं का केन्द्र वह 'आख़िरी-आदमी' ही था जो आज सत्ता की उपेक्षा और तिरस्कार का केन्द्र है।

सबसे नीचे और वंचित लोगों की चिन्ताओं में शामिल होते हुए उन्होंने लिखा, "मार्क्सवाद ने समानता और बंधुता की एक और ज्योति मेरे लिए जला दी। केवल स्वतंत्रता पर्याप्त नहीं थी। उसका अर्थ होना चाहिए, सबकी, जो लोग सबसे नीचे के स्तर पर है, और सबसे पीछे हैं, उनकी भी स्वतंत्रता। और, इस स्वतंत्रता में शोषण, भुखमरी, दरिद्रता से मुक्ति का भी समावेश होना चाहिए।" (जयप्रकाश : देसाई, कान्ति शाह : पृ. 312)

लेकिन मनुष्य की स्वतंत्रता और समता की अवधारणा को बचाने की ताक़त किसमें है—राज्य या लोक में? जयप्रकाश का सबसे महत्त्वपूर्ण अवदान उस शक्ति, उस अग्नि को आहूत करना था जो लोक में विद्यमान होते हुए भी अदृश्य रहती है, जिसे सुलगाने के लिए एक चिनगारी की आवश्यकता है। जे.पी. मानते थे कि स्वाधीनता और समता को बचाने का काम "एक आशावान सामाजिक आन्दोलन, एक शान्तिपूर्ण संघर्ष के द्वारा ही सम्भव है जिसके लिए व्यापक जन-जागरण तथा व्यापक संघर्ष की आवश्यकता है।" उनकी दृष्टि में पाँच वर्षों के बाद मतदान और पार्टी की अदला-बदली कोई बुनियादी परिवर्तन नहीं ला सकती। उसके लिए जनता की प्रत्यक्ष कार्रवाई चाहिए जिसमें और चीजों के साथ-साथ सविनय अवज्ञा

शान्तिपूर्ण असहयोग और व्यापकतम अर्थ में सत्याग्रह हो। (जे.पी. की विरासत: राममूर्ति : सम्पूर्ण क्रान्ति की सम्पूर्णता, पृ. 16)

1954 की अप्रैल में बोधगया सम्मेलन में जे.पी. ने भूदान के लिए अपना जीवन समर्पित कर दिया। यह समाजवाद की यात्रा का एक और शायद अन्तिम पड़ाव था। उन्होंने लिखा, "मुझे इस बात का पूरा विश्वास हो गया कि यदि दुनिया को कभी भी समानता, बंधुता और शान्ति की स्थापना करनी होगी तो समाजवाद को आख़िरकार सर्वोदय में विलीन होना ही पड़ेगा। सर्वोदय जनता का, राज्य का नहीं—अपना समाजवाद है।"

यह कहना आवश्यक है कि किसी भी देश के समाजवादी हों, उनकी सबसे बड़ी ज़रूरत वह आकांक्षा ही है, जिसकी शक्ति को पहचान कर वे बराबरी का और स्वाधीन, राज्य और शोषण-मुक्त दुनिया बनाना चाहते हैं। बार-बार विफल और निराश होने के उपरांत भी उन्मत्त शोषकों से संघर्ष करता है। हम देखते हैं कि ऊपर से अत्यन्त शान्त, भद्र और सौम्य लगने वाले गांधी, विनोबा, जे.पी. और लोहिया अन्दर से अत्यन्त अशान्त, विक्षुब्ध ज्वालामुखी थे, जिनसे प्रचंड सैन्य-बल वाली सरकारें थरथराती थीं।

बहरहाल, जयप्रकाश के इस निर्णय से कि वे सर्वोदय के लिए समाजवादी पार्टी की सक्रियता से विमुख हो रहे हैं, पार्टी के कार्यकर्ताओं में उदासीनता और नाराज़गी फैल गई। जे.पी. को उम्मीद थी कि उनके इस फैसले से सर्वोदय आन्दोलन को शक्ति और कार्यकर्ता मिल जाएँगे, पूरी नहीं हुई। जे.पी. को भी इसका क्लेश था और नाराज़गी भी, जिसे उन्होंने इस प्रकार व्यक्त किया था—"जिस प्रकार के जयप्रकाश को आप आज भी चाहते हैं, वह तो बहुत पहले मर चुका है।"

अब तो सर्वोदय आन्दोलन और वैसे ही समाजवादी आन्दोलन भी बिखर गया है लेकिन उस समय भी जब वे आन्दोलन ऊर्जावन थे उनके विफल हो जाने का मुझे भय लगता था। जे.पी. ने सर्वोदय में जाने का निर्णय 'अन्तरात्मा की आवाज़' पर ही लिया था। यह गांधी-विधि थी। बाद में लोहिया-जयप्रकाश के पत्राचार से भी इसकी पुष्टि हुई। इस रास्ते को उन्होंने 'टेढ़ा-मेढ़ा और पेचीदा' तो कहा लेकिन इसके औचित्य पर उनके मन में कभी कोई संशय पैदा नहीं हुआ। वे इसे 'पूर्ण ज्योति' का रास्ता मानते रहे। भारत के अनेक क्रान्तिकारियों ने अन्तरात्मा की आवाज़ पर स्पष्ट नज़र आने वाले रास्तों से अलग रहस्यमय, धुँधलकों के रास्तों को चुना है लेकिन वे प्राय: निष्फल और निराशाजनक ही रहे। उनसे एक प्रकार की आत्म-तुष्टि मिलती रही लेकिन समाज-रचना का कोई नया विकल्प तैयार नहीं हुआ।

समाजवादी जे.पी. को राजनीति और पार्टी के साथ ही देखना चाहते थे। उनके नाम और कीर्ति के साथ पार्टी का भविष्य जुड़ा था, लेकिन जे.पी. की तलाश 'लोक-शक्ति और लोक-नीति' के सीमांतों की थीं। अपने एक आलेख 'जयप्रकाश

: क्रान्ति प्रकाश' में गणेश मंत्री ने जे.पी. में और बँधी लीक पर चलने वाले क्रान्तिकर्मियों में फ़र्क़ बतलाते हुए उन्हें 'खोज-यात्री" की उपाधि से विभूषित किया था और लिखा कि "अन्तिम समय तक वे विचारों और कर्म के क्षेत्र में बीहड़ों को तोड़ते हुए नये रास्ते बनाते रहे। इस दृष्टि से महत्त्व इस बात का नहीं है कि जे.पी. अपने जीवनकाल में समता और स्वतंत्रता पर आधारित समाज बना पाए या नहीं। खोज-यात्री के रूप में उनकी महत्ता इसमें है कि वे समता और स्वतंत्रता के लक्ष्यों के लिए कर्म और चिन्तन की नई दिशाएँ खोज पाए या नहीं।"

इस तथ्य को बार-बार रेखांकित करने की आवश्यकता है कि जे.पी. के लिए क्रान्तिकारी बदलाव की पहल समाज को शक्तिशाली बनाने के सन्दर्भ में ही है, राज्य को या सेना को शक्तिशाली बनाने के सन्दर्भ में तो एकदम नहीं। इसलिए वे विकेन्द्रित रचना और अहिंसात्मक साधनों पर बल देते रहे। यहाँ 'शक्ति' के सारे अर्थ बदल जाते हैं, वह नैतिक शक्ति की पर्याय हो जाती है। यहीं वह बुनियादी सवाल उठता है कि बुराई या असामाजिक तत्त्व के प्रतिकार की शक्ति शस्त्र में निहित है या मनुष्य में? यदि मनुष्य की इच्छा-शक्ति में ही अच्छाई के साथ दोस्ती और बुराई के प्रतिकार का विवेक छिपा है तो शस्त्र-शक्ति नहीं मनुष्य की नैतिक-शक्ति को केन्द्र में रखकर क्रान्ति पर विचार करना चाहिए।

तब भी समाजवादी पार्टी के कार्यकर्ताओं और दूसरी राजनीतिक पार्टियों में जे.पी. का यह विचार कोई दीर्घकालीन उम्मीद पैदा नहीं कर सका। सामान्य लोगों के पास ज़िन्दगी की असंख्य चिन्ताएँ हैं। वे लगातार व्यवस्था-बदलाव की कठिन और लम्बी लड़ाई की हिम्मत नहीं कर सकते। उनके लिए यह आसान और आशाप्रद था कि वे पार्टी वाला लोकतंत्र स्वीकार करें जो मतदान के जरिये पाँच वर्षों में सरकार चुने, पूर्ववर्ती सरकार रखे या बदले। वह सीधा, सादा, झंझट रहित् लोकतंत्रात्मक रास्ता लगता था, लेकिन इस लोकतंत्र को जे.पी. ने 'बेबसों का लोकतंत्र' कहा था और जिसकी नृशंसता और यांत्रिकता से आहत होकर डॉ. राममनोहर लोहिया ने कहा था कि "जीवित कौमें पाँच वर्ष तक इन्तज़ार नहीं करतीं।" लेकिन ये टिप्पणियाँ व्यापक परिप्रेक्ष्य में नहीं थीं, चुनाव-प्रक्रिया को लेकर थीं।

इस तरह जे.पी. के विचारों के साथ रहने और उनसे अलग होने, उनकी जाँच उनकी समीक्षा, प्रतिफल की आशा करते कुछ समय गुज़र गया। कुछ मैं अपनी साहित्यिक जिम्मेदारियों के प्रति ज्यादा गम्भीर भी हुआ और बिन्दु नाम की त्रैमासिक पत्रिका सम्पादित करने लगा। तब भी जे.पी. के प्रति मेरी उत्सुकता कम नहीं हुई क्योंकि वे एक महत्त्वपूर्ण सम्भावना को रूपाकार देने में लगे थे—ग्राम स्वराज्य की उस अवधारणा को जो किसी समय भारतीय राजनीति और लोक-शक्ति की स्फूर्ति का आधार थी, लेकिन अब जो निस्तेज होकर विलुप्त हो रही थी। समतावादी समाज-रचना करने वालों के लिए यह एक और कारण से भी

आकर्षक थी क्योंकि वह मानवीय स्वतंत्रता के साथ भी प्रतिबद्ध थी। स्वतंत्रता के बारे में जे.पी. ने लिखा—"स्वतंत्रता मेरे जीवन की वासना बन गई है। मैं कभी भी उसका सौदा रोटी के लिए, सत्ता के लिए, सुरक्षा के लिए, समृद्धि के लिए, राज्य के गौरव के लिए नहीं कर सकता।" यह साम्यवादियों को चिढ़ाने वाली बात थी। वे स्वतंत्रता की अवधारणा को प्रतिस्पर्धा की छूट मानते थे। जहाँ प्रतिस्पर्धा होगी वहाँ विषमता आएगी ही। स्वतंत्रता या समता या दोनों इस बहस के बीच भी 'लोक-शक्ति' और 'अहिंसा', दोनों के लिए मेरे मन में उत्कट आदर के भाव थे। ये पारम्परिक क्रान्ति-सोच से अलग रास्ता था। राज्य-शक्ति और हिंसा (यदि साध्य प्राप्ति के लिए आवश्यक है) ये अमूमन क्रान्तिकारी परिवर्तनों के लिए मान्य और विश्वसनीय साधन हैं और यह लोक-विश्वास भी है। जे.पी. और कई लोकतांत्रिक समाजवादियों के प्रयत्न इन रास्तों से हटकर एक नये 'यूटोपिया' को प्रस्थापित करते थे। यह एक तरह से 'अहिंसक लोक-क्रान्ति की आध्यात्मिक यात्रा थी।'

एक बार फिर मैंने जयप्रकाश जी को उदयपुर में ही देखा। किस प्रसंग में वे यहाँ आए थे यह तो मुझे याद नहीं आता, लेकिन वे भारत-चीन युद्ध के बाद वाले तनाव भरे दिन थे। पंचशील की महान और सौम्य घोषणा के बाद चीन ने भारत पर आक्रमण कर दिया था। यह विश्वास और मैत्री, सद्भावना, शान्ति और अहिंसा के प्रयत्नों पर अप्रत्याशित आघात था। दिनकर ने उन्हीं दिनों क्रुद्ध होकर लिखा था :

क्षमा शोभती उस भुजंग को, जिसके पास गरल हो।
उसका क्या जो दंतहीन, विषहीन, विनीत, सरल हो।

उग्र हिन्दूवादी संगठनों को गांधी और अहिंसा की खिल्ली उड़ाने में 'आनन्दातिरेक' का अनुभव होने लगा था। साहित्य में एक बार फिर वीर गाथा काल लौट आया था। कई कुकवि 'हम चीन की ऐसी कि तैसी करेंगे' जैसी वाहियात तुकबन्दियाँ पढ़-पढ़ कर कवि सम्मेलन के मंचों से पैसा कमा रहे थे। सारे देश में पराजय के कारण निराशा और शर्म तो थी है, लेकिन अनेक बुद्धिजीवियों के मन में यह प्रश्न भी था कि इस समय 'अहिंसक प्रतिकार' की कोई विधि आविष्कृत क्यों नहीं की गई? क्या ऐसे अवसर हिंसा की अनिवार्यता और देश-रक्षा के लिए सैन्य-शक्ति की आवश्यकता को सिद्ध नहीं करते?

ऐसे उद्विग्न दिनों के बीच जयप्रकाश उदयपुर आ रहे हैं और भाषण करेंगे, यह फिर से मुझे आकर्षित करता है लेकिन मैं देखता हूँ कि समाजवादी साथियों में जे.पी. के लिए कोई उत्साह नहीं है। जे.पी. के साथ उनके राजनीतिक और बौद्धिक रिश्ते ठंडे पड़ गए हैं। बहुत से समाजवादी साथियों की दृष्टि में वे संन्यासी हो गए थे। मुझे लगा कि दरअसल नया होना कितना मुश्किल होता है, प्राय: लोग एक निश्चित बने-बनाए सिद्धान्त के इर्द-गिर्द घूमते हैं, वे क्रान्तिकारी भी जो बार-बार

दुनिया को बदल देने का आग्रह करते हैं, वे तक, अपने पुराने आग्रहों को न बदलते हुए पूर्वाग्रहों से लिपटे मिलते हैं।

उदयपुर की यात्रा में मैंने दो विद्यालयों में उनके भाषण सुने। सुनने वालों में विद्यार्थी, महिलाएँ और राजनीतिक दिलचस्पियों वाले कुछ लोग, इने-गिने सर्वोदयी और समाजवादी थे। हवा जे.पी. के पक्ष में नहीं थी। "राष्ट्रीय स्वयं संघ के प्रदर्शनकारियों ने कुछ ही दिन पहले 'चीन और पाकिस्तान के एजेंट वापस जाओ। देशद्रोही को फांसी पर लटकाओ' आदि नारे लगाकर दिल्ली की एक सभा में भारी ऊधम मचाया था।" (जयप्रकाश : सं. नारायण देसाई, कान्ति शाह, पृ. 405)

जयप्रकाश जी ने युद्धोन्माद के विरुद्ध भाषण दिये और सरकारों का स्वार्थ तथा लोक-मैत्री की आवश्यकता को समझने का आह्वान किया। इस लोक-मैत्री को ही उन्होंने लोक-शक्ति के रूप में जाँचा-परखा। उनकी दलील थी कि "इतने बड़े दो देशों और इतनी बड़ी दो प्रजाओं के बीच स्थायी-वैमनस्य न तो सम्भव है, न इष्ट ही है।" उनकी दृष्टि में इसका हल 'आदान-प्रदान की भूमिका' ही हो सकती है। "राजनीति आदान-प्रदान का अर्थ शरणागति नहीं है।" दूसरी सभा में उन्होंने अहिंसा पर भी विचार किया, जो न कायर बनाती है और न भगौड़ा।

जहाँ तक मुझे याद है इन सभाओं में उन्होंने सिविल नाफरमानी की बात भी उठाई। यदि चीन के जीते हुए इलाके के लोग यह तय करते हैं कि आक्रमणकारी को न एक पाई और न एक भाई देंगे तब वे असहाय हो जाएँगे, किन्तु, यह निश्चय दीर्घकालीन और सम्पूर्ण होगा। उन्होंने एकतरफा निशस्त्रीकरण की सम्भावना का भी ज़िक्र किया।

शाम को अचानक ही वे दिल्ली चले गए, क्योंकि लोहियाजी की हालत बिगड़ती जा रही थी। 12 अक्टूबर, 1967 की रात में 1 बजकर 5 मिनट पर लोहियाजी की मृत्यु हो गई। अपने श्रद्धांजलि-भाषण में जे.पी. ने रुँधे हुए कंठ से कहा, "मैं राम मनोहर से आठ साल बड़ा हूँ। उचित तो यह था कि मैं उधर जाता और वह यहाँ खड़ा होकर भाषण करता।"

अन्त में जयप्रकाश को मैंने राणा प्रताप विमान-स्थल पर देखा। वे बम्बई से दिल्ली जा रहे थे। विमान कुछ समय के लिए उदयपुर रुका था। इमरजेंसी के बाद के दिन थे। सैकड़ों नाराज़ लोग मुक्ति संग्राम के नेता को देखने, उनके 'दर्शन' के लिए विमान-स्थल पर जमा हुए। जे.पी. को ईजी चेयर पर बैठा कर बाहर लाया गया था। सर्दी के दिनों की धूप फैली थी। जे.पी. थके हुए थे, लेकिन 'अपराजित साहस की दीप्ति' से चमक रहे थे। उन्होंने अगले चुनाव को 'लोक-शक्ति की परीक्षा का उत्सव पर्व' कहा था। पाँच मिनट बोलने के बाद वे फिर विमान यात्रा के लिए चले गये।

आज फिर विमान-स्थल पर मुझे भीड़ नज़र आई थी, वही राजनीति करने वाले चेहरे, राष्ट्रीय स्वयं सेवक संघ के कार्यकर्ता, जिन्होंने जे.पी. की सभा में 'चीन-पाकिस्तान के एजेंट वापस जाओ' नारे लगा कर ऊधम मचाई थी, उनकी कुर्सी को धीरे-धीरे चलाते बाहर लाए, उनके साथ फोटो खिंचा कर अत्यन्त आत्मीय जन हो गए थे। समाजवादी लाल टोपियाँ जो पहले ही उनकी अनुगामिनी होने का गर्व कर रही थीं, जनसंघ वाले जिन्हें जे.पी. ने राष्ट्र भक्त होने का सर्टिफिकेट दिया था (अगर जनसंघ वाले फासिस्ट हैं तो मैं भी फासिस्ट हूँ—कहकर)।

आधी सदी तक जयप्रकाश को मैंने अपने कंधों पर बैठाये रहा हूँ, क्योंकि वे लगातार राज्य-शक्ति के बरक्स लोक-शक्ति के समर्थकों में थे और बार-बार, हर तरह के अँधेरे में रोशनी की तलाश कर रहे थे।

अब जबकि राज्य-शक्ति असंख्य तरीकों से अपूर्व बल, अनैतिक आचरण और अवसरवादिता का लज्जाहीन प्रदर्शन कर रही हो जे.पी. ही बचते हैं जो अपनी विफलता के बीचोंबीच राज्य-शक्ति से टकराते हैं और लोक-ऊर्जा, लोक-शक्ति, लोक-नीति को बचाने की बात करते और योजना बनाते हैं।

राज्य-शक्ति के दर्प, अकुंठित विस्तार; अपरिमित शक्ति, उसी के द्वारा पोषित मीडिया, लालची मध्यम वर्ग और उत्तर आधुनिकता का प्रपंच, इनके बीच जे.पी. लोक-शक्ति का विकल्प प्रस्तुत करते हुए इस सदी के महत्त्वपूर्ण और प्रासंगिक पुरुष की तरह उपस्थित रहते हैं। यह शायद मनुष्य की सबसे बड़ी ताक़त है, जयप्रकाश की भी।

ग़ैर-बराबरी के विरुद्ध लड़ने वाले हीरालाल जैन

आधी सदी के पार देखता हूँ तो आज भी मुझे वे ही हीरालाल जैन नज़र आते हैं—ग़ैर-बराबरी के विरुद्ध लड़ने वाले। उनके इस भाव में कभी कोई परिवर्तन, कोई घबराहट, सन्देह, कोई अविश्वास, हिचकिचाहट नज़र नहीं आई। समाजवाद का वे शास्त्रीय अर्थ भी जानते रहे और मानवीय अर्थ भी। मानवीय अर्थ में हीरालाल जी के लिए समाजवाद का सम्पूर्ण अर्थ ग़ैर-बराबरी के विरुद्ध खड़े रहना, लड़ना ही था। उनकी मृत्यु का शोक भी इसीलिए कि ग़ैर-बराबरी की हजारों फांकों में बँटी असहनीय दुनिया के लिए चिन्ता करने वाला, बात करने वाला, लिखने वाला और जेल जाने वाला एक कम हो गया।

साथी हीरालाल जैन की अब केवल उदास-सी यादें ही बची हैं। ये यादें किसी विलक्षण आदमी की नहीं है जिसकी पदचाप दूर से सुनाई दे और लोग रास्ता दें या भय से साथ जोड़ लें या कि जिसमें लोग कल के किसी मुनाफे की सम्भावना देखें या पूरी ज़िन्दगी राजनीति करते हुए भी जिसने किसी पद की एक सीढ़ी चढ़ी या उस तरफ तृष्णा की ललचायी आँख से देखा हो। ऊपर से हीरालाल कोई क्रान्ति की धधकती मशाल नहीं थे। उनके साथ कई-कई पार्टी आयोजित जन-सभाओं में मैंने उन्हें भाषण की जगह बातें करते देखा है। सिर्फ ख़तरे की सूचनाएँ देते या सरकार की जन-विरोधी नीतियों का खुलासा करते। सभा में दूसरे साथी पुरुषोत्तम मंत्री, स्वामी माधोदासजी, कवि बशीर अहमद 'मयूख', महावीर जी और मैं दनदनाती भाषा में भाषण देते। लेकिन जब हीरालाल खड़े होते तो हमें एक शान्त उद्वेग रहित स्वर सुनाई देता। वे अन्त के वक्ता होते लेकिन वे गाँव वालों का मन जीतने वाली बातें कहते, आडम्बर और अलंकार रहित। शोषण और जुल्मों का ज़िक्र करते समय किसी चतुराई या छल-कपट की ज़रूरत को वे महत्त्व नहीं देते। हम कई साथी यह जानते भी थे कि उन्हें वर्णन करना या विस्तार देना नहीं आता, जबकि जन-सभाओं में उत्तेजना या आवेश की हमेशा जगह होती है, कुछ अतिशयोक्ति भी रंग लाती है किन्तु इसे वे कोई अहमियत नहीं देते।

यह 1948 की बात है। समाजवादियों ने कांग्रेस से नाता तोड़ लिया था। लेकिन उनका विकास कांग्रेस के भीतर ही हुआ था, वे उसी वृक्ष की शाखा थे

जिसे गांधीजी ने सींचा था। अलग होने पर भी उनके विचारों पर गांधी-चिन्तना की गहरी छाया थी। समाजवादी पार्टी को अपनी अलग पहचान बनाने के लिए कड़ी मशक्कत करनी पड़ी। जनता प्रायः समाजवादियों को कांग्रेस की 'बी' टीम कहकर छेड़खानी करती रहती थी। कांग्रेस वालों की तरफ से गाँव-गाँव में समाजवादियों के ख़िलाफ़ दो मुद्दे फैला दिये गये थे—सम्पत्ति और स्त्री। सम्पत्ति के स्वामीत्व को लेकर उन्होंने लोगों को इतना डरा दिया था कि पान वाले तक हमसे पूछते कि पार्टी का अगर शासन हुआ तो उनके चूने-कत्थे के लोटे तो उन्हीं के रहेंगे? सभाओं में हमें इन नाकारा सवालों का जवाब देने में शर्म आती। स्त्री को लेकर 'यौन-शुचिता' के बारे में तरह-तरह के भ्रम फैला दिये गये थे। गाँवों और कस्बों में यह भावनात्मक मुद्दा पार्टी के लिए अदृश्य अभिशाप की तरह फैला हुआ था। सम्पत्ति के बँटवारे को लेकर हम बेटे-बेटी के समान अधिकार पर जोर देते। लोहिया जी ने 'द्रौपदी या सीता' को लेकर जो बहस छेड़ दी थी उसमें सब रंगत के कट्टरतावादी, सम्प्रदायवादी, प्रतिक्रियावादी लोग आनन्द और उछाह से शामिल हो गये थे।

समाजवादियों की मुश्किलें यही नहीं थीं। राजस्थान के सामन्त अपने पक्ष को मजबूत करने में लगे थे और यह अनिश्चित था कि उनको भूमि के बदले मुआवजे की कितनी रकम मिलेगी। समाजवादी पार्टी रूसी क्रान्ति की यादें दिला-दिलाकर राजा-महाराजाओं के ऐश्वर्यशाली महलों को स्कूल और अस्पतालों के लिए अधिगृहीत करने का कल्पना-सुख लेती थी। हम अपने भाषणों में बार-बार कहते कि अब राजकुमारों को हो सकता है कि होटलों में ग्राहकों के कप-प्लेट धोकर अपनी ज़िन्दगी चलानी पड़े। लेकिन राजा-महाराजा कच्चे सौदागर नहीं थे। उन्हें कांग्रेस ने खुश करने के लिए दिल खोल कर प्रीवीपर्स के तोहफे दिये और 'महाराज प्रमुख' और 'राजप्रमुख' की पदवियों से समलंकृत किया।

मैंने उन्हीं दिनों 'धन का अजगर' शीर्षक व्यंग्य कविता लिखी जिसे हीरालाल जी ने 'जयहिन्द' में प्रकाशित की। उसका एक अंश इस प्रकार था :

जी हाँ! यह धन का अजगर है
कालीदह में इसे कन्हैया ने नाथा था
उसे अभय वरदान दिया
सन सैंतालीस में
उस अगस्त पन्द्रह पुनीत को
जन-गण अधिनायक पटेल ने
पुंगी देकर राजप्रमुख के कर-कमलों में
एक बड़ी जिम्मेदारी से

छुटकारा पाया
प्रभुश्री ने

पार्टी साथियों के उत्तेजनात्मक भाषणों के बावजूद भी जनता के मन में राजाओं के लिए कोई-न-कोई सम्मोहन था जो टूटता नहीं था। हम निराश होते लेकिन हीरालाल जी कभी नहीं। कहते कि यह शताब्दियों का संस्कार है। हम तो उनके पास आज ही आए हैं। अब मैं सोचता हूँ तो मुझे लगता है कि संस्कार के साथ-साथ राजाओं की अनेक चारित्रिक विचित्रताएँ, नियंत्रण की अपार असंवैधानिक ताक़त तथा तुरन्त कार्यवाही उनकी लोकप्रियता के कारण हैं। अब जैसी राजनीतिक अराजकता और छीना-झपटी है, उसे देखते कई राजा भले और प्रजावत्सल नज़र आते हैं। किन्तु राजाशाही की नृशंसताएँ और इस संस्था को मिला ईश्वरवादी समर्थन हमारी सभाओं में उग्र नाराज़गी के साथ प्रकट होता। फिर भी क्षत्रियों ने एक संस्थानिक ढाँचा खड़ा कर लिया था—क्षत्रिय महासभा, गाँवों-गाँवों में छुटभैया राजपूतों ने अपनी तलवारें चमकाना शुरू कर दी थी। उनका नारा था 'इला न देनी आपणी' (अपनी ज़मीन नहीं देनी है) क्योंकि यह पूर्वजों ने अपने प्राण देकर प्राप्त की है। ज़मीन के साथ सामन्तवाद का अटूट रिश्ता है, वह उनका जीवन और प्रभुत्व है, यह तथ्य धीरे-धीरे समझ में आने लगा। लेकिन एक व्यक्ति के लिए कितनी ज़मीन, कितना पानी, कितने गुलाम, कितनी डावड़ियाँ, कितना ऐश्वर्य चाहिए यह सवाल पूरी शिद्दत के साथ हमें परेशान करता रहता।

साथी हीरालालजी जन आन्दोलनों और स्वाधीनता संघर्ष के कठिन अनुभवों से गुज़र चुके थे और वैसे भी वे ठंडे मन-मस्तिष्क के थे। वे देख रहे थे कि आजादी के बाद संघर्ष का मिज़ाज बदल गया था। जिस वैराग्य, सेवा और राष्ट्रप्रेम के लिए आजादी के संघर्ष में प्रतिज्ञाएँ की गई थीं उन्हें व्यवहार में लाना असम्भव-सा नज़र आने लगा था। सबसे पेचीदा सवाल यह था कि राष्ट्रीय सरकारों की अलोकतंत्रीय नीतियों का असरदार विरोध कैसे हो? यह उपाय तो वयस्क मतदान द्वारा सरकार बदलना था ही लेकिन पाँच वर्षों तक शोषण और उत्पीड़न सहना और अन्त में लोक-लुभावन प्रचार तंत्र का मुकाबला करने की कठिनाइयों को देख कर लोहिया जी ने नारा दिया था कि 'बहादुर कौमें पाँच वर्ष तक इन्तज़ार नहीं करती'। लेकिन 'बहादुर कौमें' करें क्या? सरकार की सामर्थ्य, उसकी शक्ति, उसका तंत्र, संसद और विधानसभाओं की आडम्बरपूर्ण कार्यशैली का बहादुराना प्रतिरोध कैसे हो सकता है? औपनिवेशिक दासता से मुक्ति के ये पचास वर्ष इस दुखद तथ्य के गवाह हैं कि कौमें एक अर्से तक दिखावटी लोकतंत्र में जीवित रहने की अभयस्त हो सकती है और एक ऐसा प्रभु

वर्ग तैयार हो सकता है जो उत्पीड़न को एक खूबसूरत लोकतंत्र के उत्सव की तरह प्रचारित कर देने का हुनर हासिल कर ले।

बहरहाल, मुझे यह मानने में कोई संकोच नहीं है कि तब भी साथी हीरालाल जैन ने न कोई दीनता दिखाई और न पलायन किया। वे अपनी नैतिक-आस्थाओं को बनाए रखने वाले मजबूत आदमी थे। इसका सबूत उनकी ज़िन्दगी थी। राजनीति की शब्दावली में 'नाकामयाब ज़िन्दगी'। लेकिन लोक-दृष्टि में साहसी, मानवीय और शुभ्र। देखें कोटा के रामपुरा बाजार में हरे रंग की लम्बी तार-वाली रेलिंग लगी है। उस पर सफेद अक्षरों में 'न्यू एशियेटिक इंश्योरेंस कम्पनी' लिखा है। उसी पर कुछ तख़्तियाँ लगी हैं—सोशलिस्ट पार्टी, जय हिन्द, बीड़ी मजदूर यूनियन। इस इमारत के नीचे दुकानें हैं। उन दुकानों के बीच में संकरी, अँधेरी सीढ़ियाँ हैं जिनसे गुज़र कर ऊपर पहुँचा जाता है। यह बीच का हिस्सा है, उसके ऊपर एक और मंज़िल है जिसमें दो कमरे हैं और छोटी छत है। बीच के हिस्से में एक कमरे में साथी हीरालाल जैन रहते हैं। सटे हुए लम्बे बरांडे में उनका कार्यालय है इंश्योरेंस का, 'जय हिन्द' साप्ताहिक का, मजदूर संगठनों का। यहीं पार्टी अख़बार के बदले आने वाली पत्रिकाएँ, समाचार-पत्र, पार्टी बुलेटिन रखे रहते हैं और यहीं शहर के बुद्धिजीवी, राजनीतिक पार्टियों के कार्यकर्ता आते हैं। बहस, गपशप, छींटाकशी, चुहलबाजी का यह केन्द्र ही है। पास के कमरे में हीरालाल जी रहते हैं। किंचित वैराग्य, साधु मन और एक समाजवादी समाज बनाने के सपने के साथ। इस कमरे में प्राय: कोई आता-जाता नहीं है, इस कमरे में अन्य कोई नहीं रहता। अविवाहित ज़िन्दगी की सारी मनोरमताएँ लिए अकेले ही हीरालाल जैन एक छोटे-से टेबल लैंप की रोशनी में रात को कोई भी पुस्तक पढ़ते हैं। यहीं सोते हैं। इतनी-सी इस कमरे की अहमियत है।

इस मंज़िल में दो और कमरे हैं। एक कमरे में साथी पुरुषोत्तम मंत्री और महावीर प्रसाद शर्मा बैठते हैं। दोनों मजदूर-किसान संगठनों के सलाहकार-मददगार हैं। अभावग्रस्त सोशलिस्ट पार्टी की वे कितनी आर्थिक सहायता करते हैं इसका अन्दाज़ लगाना मुश्किल है। लेकिन कई बार संकेतों में हीरालाल जी बता चुके हैं कि यह मदद काफी मात्रा में होती है। एक नई पार्टी की जिसकी राजनैतिक सम्भावनाएँ अपरिभाषित और सन्दिग्ध हो, उसे कोई क्यों मदद देगा, जबकि मदद का अर्थ 'इन्वेस्टमेंट' हो। सोशलिस्ट पार्टी गरीबों, किसानों-मजदूरों, उत्पीड़ितों की है वह साबित करने के लिए दोनों वकील साथियों ने अपने दफ़्तर को एक तरह सराय ही बना दिया है। इमारत की इसी मंज़िल का एक कमरा 'विश्राम भवन' है। दुपहरी में यहाँ पार्टी के कई साथी आराम करते हैं और गाँव के किसान रात को यहीं रहते-सोते हैं। पार्टी का बहुत-सा काम इसी कमरे में होता है। पूरे कमरे में रुई का गदेला बिछा हुआ है। उस पर एक मोटा नीला

चद्दर फैला हुआ रहता है। कुछ गोल तकिये हैं और एक छोटा-सा बिजली का फैन। जो पहले आता है वह उसे अपने सिरहाने तक खींच लेता है और अख़बार पढ़ते-पढ़ते सो जाता है।

जब मैं कोटा आया तब पच्चीस वर्ष का था और महाराष्ट्र के एक स्कूल की हेडमास्टरी छोड़कर यहाँ एम.एम. करने आ गया था। मुझे समाजवाद के बारे में तफसील से कुछ भी जानकारी नहीं थी। इतनी भर कि सबकी बराबरी का उसूल मुझे अच्छा लगता है और इस भाव को मैं अनायास ही कविताओं में बाँध चुका था। 'मधु के प्यालों में पलते हो वैभव के मादक दीवानों' या कि 'पर मेरा तो दिल पत्थर का बैठा-बैठा देखा करता है।' मैं किसी रहने के कमरे की तलाश में था और तब तक अस्थायी मुक़ाम अपने सहृदय कवि मित्र रामनाथ कमलाकर के यहाँ पर कर लिया था। एक दिन संध्या को हमें सोशलिस्ट पार्टी की जनसभा में जाना था, जो रामपुर बाजार में थी। फुटपाथ पर दरियाँ बिछी थीं, और दो-सौ-ढाई-सौ लोग बैठे थे। बिजली के खम्भे के नीचे कुर्सी-टेबल रखे थे और कोई ख़ास सजधज वाला तेज-तर्रार वक्ता नज़र नहीं आ रहा था। इस सभा में पहली बार किसी पार्टी के झंडे के नीचे मैंने भाषण दिया था और हीरालाल जैन से मुलाक़ात हुई थी जिसने बाद वाली पूरी ज़िन्दगी को बदलने में मदद की। उस मुलाक़ात के बाद में अमूमन पार्टी के दफ़्तर में जाने लगा। यहाँ हीरालालजी ही होते थे। उन्हें मैंने प्राय: पेंट और आधी बांह के बुश-शर्ट में ही देखा, लेकिन एकदम सब कुछ कायदे का एक सम्भ्रान्त युवक जैसा। कुछ भी ढीला-ढाला नहीं था। आकस्मिक तो कुछ भी नहीं। वे बातूनी मिज़ाज के नहीं थे लेकिन घुन्ने भी नहीं। पार्टी को फैलाना और विश्वसनीयता बनाना यह उनकी सबसे बड़ी चिन्ता थी। कांग्रेस का विकल्प समाजवादी पार्टी है लेकिन क्यों? गांधी का हत्यारा गोडसे है या उसकी साम्प्रदायिक विचारधारा? पार्टी का स्वरूप कैसा हो, जनाधारित (मास बेस्ड) या 'केडर बेस्ड'? इत्यादि।

इन्हीं सब प्रसंगों को लेकर और पार्टी के प्रचार के लिए 'जय हिन्द' साप्ताहिक निकलने लगा। उसके सम्पादन का जिम्मा साथी हीरालाल जैन को सौंपा गया। यह पार्टी का मुख-पत्र था। 'जय हिन्द' मगनलाल जी मास्साब के 'कोटा प्रिंटिंग प्रेस' में ही छपता। वे सम्पादक के बड़े भाई थे और वहाँ सम्पादक हीरालाल जैन को लम्बे समय तक उधार की सुविधा मिली हुई थी। वैसे वे मास्साब के साथ ही रहते थे, उन्हीं के रसोड़े के सदस्य थे और जब कभी कोई पार्टी का आदरास्पद साथी आता, वह भी वहीं भोजन करता था। लेकिन असली और आत्मा का घर तो सोशलिस्ट पार्टी का कार्यालय ही था।

पार्टी को पूरे प्रदेश में व्यवस्थित करने के साथ-साथ 'जय हिन्द' को प्रति सप्ताह निश्चित दिन निकालने की जिम्मेदारी हीरालाल जी ने ले ली थी। सुबह से

शाम तक वे प्रूफ पढ़ने और प्रान्त भर से आई ऊल-जलूल सामग्री को भाषा देते। भाषा को वे सरल-से-सरल 'जन-भाषा' बनाते। भाषा के मामले में उनसे तकरार होती रहती। समाजवादियों की आडम्बर रहित ज़िन्दगी की तरह उनकी भाषा भी आडम्बर रहित होनी चाहिए। हमारे पाठक बीड़ी-मजदूर हैं। यह मानकर चलो। 'जय हिन्द' के ग्राहकों की संख्या ज्यादा नहीं थी। पार्टी केन्द्रों पर अख़बार पड़े रहते। उन्हें बेच कर समय से पैसे भेजना बहुत मुश्किल होता। हीरालाल जी बार-बार उस साथी को लिखते जिसे वे अख़बार का बंडल भेजते थे। जिसका कभी कोई उत्तर नहीं आता। केन्द्रीय पार्टी ने सस्ती पुस्तिकाएँ निकालीं और नई-नई पार्टी होते हुए भी गम्भीर विचारों पर विमर्श का सिलसिला प्रारम्भ किया। हीराजी वे पुस्तकें भी बेचते, हमें भी बेचने को कहते।

साथी हीरालालजी के साथ मैंने राजस्थान के कई स्थानों, शहरों की यात्राएँ कीं। वे दरअसल तीर्थयात्राएँ थीं। थोड़े-से सामान, थोड़े-से खर्च के साथ और एक वरिष्ठ साथी के अहंकार का छटांक भर वजन बिना उठाए। लेकिन राजस्थान में अब भी ग़ैर-बराबरी, निरक्षरता, जातियों का घमंड, स्त्री-नृशंसताएँ, साम्प्रदायिक असहिष्णुता का दावानल धधकता है जिसके विरुद्ध हीरालाल जी ने लड़ाई छेड़ी थी। यह बात विस्मृत के इस भयावह काल-खंड में भी नहीं भुलाई जा सकेगी।

मैं कोई दार्शनिक या आध्यात्मिक सवाल नहीं उठा रहा। जब मैं लक्ष्यों के चुनाव के सवाल उठाता हूँ। ये सवाल स्वाधीनता और सामाजिकता से जुड़े हैं और असाधारण आदमी से लेकर साधारण आदमी के लिए हैं। अपनी ज़िन्दगी के सौन्दर्य को बचाने के लिए व्यक्ति क्या चुनता है? हीरालाल जी ने जो रास्ता चुनाव किया वह 'जोखिम उठाने वाली ज़िन्दगी' का रास्ता था। ऊपर से उनकी ज़िन्दगी विक्षोभ रहित नज़र आती है लेकिन अन्दर-ही-अन्दर वहाँ स्थापित व्यवस्था के प्रति असहमतियाँ-ही-असहमतियाँ, राज्य-शक्तियों से टकराने के संकल्प और परिवर्तनकामी शक्तियों के साथ रहने का अदम्य उत्साह है।

इमरजेंसी में जेल में बन्द हीरालाल जी से मिलता हूँ। वे जेल-जीवन की खुशियों का वर्णन करते हैं, साथ-साथ रहने और सरकार द्वारा हो रही मेहमानबाजी की तफसील के साथ सूचना देते हैं। अभी इमरजेंसी की शुरुआत के दिन हैं, लेकिन कितनी भी छोटी अवधि की पराधीनता हो वह अपमान तो है ही। जेल में मेरे कई मित्र राजनीतिक बन्दी हैं लेकिन वे तानाशाही के आगे नहीं झुके हैं, यह आजादी को एक सनातन मूल्य की तरह व्याख्यायित करने का फिलसफा और सुख है। थोड़ी देर में जेल की अधिकृतियाँ हमें बाहर निकल जाने का हुक्म देती हैं। संध्या हो गई है। सूर्यास्त होने की निराशा के साथ-साथ साथियों का उदास बैरक में लौटना आजादी की वापसी का अन्तहीन इन्तज़ार ही तो है।

आपातकाल के बाद समाजवादी पार्टी का विलय हो जाता है और नई पार्टी के लोगों में राजनीतिक प्रभुता पाने की जो दौड़ शुरू होती है उसमें समाजवादी पार्टी की पहचान ही विलुप्त हो जाती है। राजस्थान में जनता पार्टी का नेतृत्व भैरूसिंह जी करते हैं और उनकी कुशल राजनीतिक रणनीति समाजवादियों के सारे रास्ते बन्द कर देती है। दुनिया में जैसे छोटे लोगों के वंश डूब जाते हैं, वैसे छोटी पार्टियों का भी अवसान हो जाता है। पुराने समाजवादियों को लोग 'खुशनुमा द्वीपों' की तरह याद करते हैं लेकिन मुझे यह दया हमेशा अपमानजनक लगती है।

हीरालाल जी को, जब कुछ समय के लिए समाजवादियों का राजनीतिक अभ्युदय हुआ था, तब भी कुछ करने का मौका नहीं मिला और उनकी शान्त प्रतिभा, मानवीय मूल्यों के लिए जगह बनाने की इच्छा, एक समृद्ध राजस्थान बनाने की आकांक्षा अवसादग्रस्त अँधेरे में विलीन हो गई।

यह कहकर मैं उन्हें लज्जित नहीं करूँगा कि उन्होंने अपने सपनों के बदले कोई प्रतिदान चाहा था, मैं तो सिर्फ उस राजनीतिक बेवफाई की बात कर रहा हूँ जो वहाँ की फितरत है और जहाँ शानदार लोग गुमनामी के अँधेरे में खो जाते हैं। लेकिन इस सारी दुनियादारी और कृपणताओं के बावजूद हीरालाल जी ने इस प्रान्त और गरीब देश के अच्छे दिनों की आशा और यह विश्वास नहीं छोड़ा कि अन्तिम जीत मानव-मैत्री, समता और समाजवाद की ही होगी।

अन्तिम दिनों में यानी अस्सी के पार भी वे अपने अठारह वर्ष की उमर वाले संकल्प को पूरा करने के उत्साह से विरत नहीं हुए। राजनीति के प्रपंच से वे अलग हो गये लेकिन ज़िन्दगी के मूल्यों की लड़ाई से वे एक इंच भी पीछे नहीं हटे। अब वे प्रान्त और देश की प्रगतिशील पत्र-पत्रिकाओं में ग़ैर-बराबरी, कट्टरतावाद और हिंसा के विरुद्ध बोलने-लिखने लगे। उनका लिखना उनके साधु मन के अनुसार ही पारदर्शी, सरल तो था ही, अस्पष्टताओं से भी बचता-बचाता रहा। एक सुपठित समाजशास्त्री की तरह वे इक्कीसवीं सदी के लिए भविष्यवाणियाँ करते रहे।

समाजवादियों के एक होने की प्रवंचना से वे मुक्त हो गये थे। पूर्व सांसद भुवनेश चतुर्वेदी द्वारा आयोजित कोटा की जनसभा में पूर्व रेल मंत्री नीतीश कुमार को उन्होंने कहा था—"पहले अपने राज्य में सम्प्रदायवादियों से रिश्ता छोड़कर आप बिहार के समाजवादी एक हो जाएँ तो देश के समाजवादी एक हो जाएँगे।" मैं उस सभा में मौजूद था।

कूल्हे की हड्डी टूटने के बाद वे अपने बड़े भाई मगनलाल जी के परिवार के साथ रहने लगे थे। वहीं उनसे मिलने गया था। उनकी सबसे बड़ी खुशी यह थी कि उन्हें अब केन्द्र भी स्वतंत्रता सेनानी की पेंशन देगा जिसके निर्देश की उन्हें प्रतीक्षा थी। उन्हें अब भी विश्वास था कि एक सुन्दर दुनिया का आधार समाजवाद ही होगा।

आख़िरी चिट्‌ठी में उन्होंने लिखा—'नियति हमें जिस स्थिति में रखे आनन्द से रहें।'

साथी हीरालाल जी की ज़िन्दगी सारे अभिप्रायों में साधारण किन्तु अद्‌भुत खुशियों और सपनों वाली थी। जो साधारण लोग हैं वे हमेशा हीरालाल जी को याद करते रहेंगे क्योंकि वे उन्हीं के खातिर, उन्हीं की तरह एक बराबरी की गरिमामय दुनिया की कामना करते रहे।

मुक्ति संग्राम के सिपाही नरेन्द्रपाल सिंह चौधरी

एक सौ चार वर्ष के स्वतंत्रता-सेनानी समाजवादी नरेन्द्रपाल सिंह चौधरी का निधन 30 मई को नाथद्वार में हो गया। उन्होंने अपनी ज़िन्दगी को जिस उमंग और साहस के साथ जिया उससे अमूमन ऐसा लगता रहा कि उन्होंने अपानी जन्म-तिथि के साथ छेड़खानी की है। सचमुच नरेन्द्रजी जिस ऊर्जा, स्फूर्ति और धुन के साथ जिये उससे मुझे हमेशा लगता रहा कि शायद आयु मन की होती है और नरेन्द्रजी का मन हमेशा तरुण, उत्साहित और निर्भीक रहा। शरीर का अतिक्रमण करता, यायावर मन।

उनका जन्म 20 मई, 1903 का है। नाथद्वार के पास गुंजोल गाँव में। वे मेवाड़ के चौधरी जाट हैं। गुंजोल नाथद्वार से दो किलोमीटर दूर बनास के किनारे बसा है। नरेन्द्रजी बाबा श्रीनाथ जी के लिए बैलगाड़ियों से यमुना का जल लाते थे। वृन्दावन से जल लाने में गाड़ियों को छह-छह महीने लग जाते हैं। नरेन्द्रजी के पिता रामकिसन जी भी कुछ समय तक बैलगाड़ियों से यमुना का जल लाने में सहयोग देते रहे।

नरेन्द्रजी की शिक्षा किसी स्कूल या कॉलेज में नहीं हुई लेकिन उन्होंने इंटर और विशारद की परीक्षाएँ पास की जो प्रयाग से संचालित होती थीं। पच्चीस के होते-होते वे आजादी की उस दिशा में दौड़ने लगे जहाँ से पीछे मुड़कर नहीं देखना था—किसी छाया या खुशबू पद अथवा किसी प्रतिष्ठा के लिए। दौड़ते रहना था एक सौ चार वर्ष का हो जाने तक। आपको यह बतला दूँ कि अकेले नरेन्द्रपाल सिंह ही नहीं (भाई) राजेन्द्र सिंह चौधरी, (भाई) मदन मोहन सब अपना घर-बार छोड़कर नई समाज रचना के लिए अन्त तक दौड़ते रहे।

रामकिसन जी के लड़कों ने ताँगे चलाते-चलाते ही स्वतंत्रता का अर्थ सीखा था। ताँगा वाले नारायण-नारू नरेन्द्रपाल सिंह चौधरी और 'कल्लू' राजेन्द्रसिंह चौधरी हो गये। दोनों भाइयों के लिए स्वतंत्रता एक अलौकिक शब्द, भावना बन गई। दोनों भाइयों ने उसे हवा, आकाश में तैरता हुआ देखा। देखा कि देशवासियों की रक्त-शिराओं में वह अग्नि बन कर दौड़ रही थी। दोनों भाइयों ने कभी उसका लौकिक अर्थ नहीं जाना। पहले उन्होंने कहा—स्वराज हमारा जन्मसिद्ध अधिकार है, फिर वे कहने लगे—हमारी मंज़िल समाजवाद। उनके लिए गांधी, जयप्रकाश, लोहिया और दूसरे देशभक्त स्वतंत्रता के पर्याय बन गये। वे ही उनके सिद्धान्त, कर्म-व्याख्याकार,

उनकी चेतना के पहरेदार थे। एक भक्त की तरह अपनी जीवन नैया उन्हीं को सौंप दी थी। यह तथ्य उल्लेखनीय है कि चौधरी भाइयों ने इस तरह बढ़ते हुए कभी भी जीवन का गणित-जोड़, बाकी-गुणा, भाग कुछ भी नहीं किया। उन जीवन-दानियों की जन्म-पत्रियों में सत्ता और सम्पदा-विरोध के सिवाय दूसरा कोई योग देखने को नहीं मिलता। उसके लिए उन्होंने कोई आकांक्षा, अकुलाहट, कोई तृष्णा पैदा नहीं की। जब प्रान्त में कांग्रेस की सरकार बनी, वे कांग्रेस छोड़ कर समाजवादियों के साथ आ गये और फिर किसी अन्य पंथ की ओर मुड़ कर नहीं देखा। कबीर का लिखा दोहा याद आता है : स्वाति-जल के लिए चातक का प्रण देखकर ज़रा सा भी धीरज नहीं रहता। मरते समय भी जल में था लेकिन चोंच नहीं डुबोई।

अपने द्वारा तैयार किये हुए जीवन-वृत्तान्त में नरेन्द्रजी ने 1928 में साबरमती आश्रम जाने का उल्लेख किया है। दरअसल 1928 से 1948 तक के बीस वर्ष उनके अपने इलाके में सामन्ती जुल्मों के ख़िलाफ़ संघर्षों के वर्ष हैं। देखने की बात यह है कि यह टुकड़ों-टुकड़ों में या रुक-रुक कर हुआ संघर्ष नहीं हैं, मध्ययुगीन बर्बरता और साम्राज्यवादी कुटिलताओं के साथ चलने वाला लम्बा और लगातार संघर्ष है। लेकिन गांधी एक ही तरह का संघर्ष नहीं चलाते, वे एक और तरह का रचनात्मक संघर्ष भी चलाते हैं जो ग्राम-रचना का है। आख़िरी पड़ाव तो ग्राम-स्वराज है, वही तो गांधी-चिन्ता का आख़िरी आदमी रहता है। गाँव में सब कुछ सुन्दर नहीं है। वहाँ दारू है, बीमारियाँ हैं, निरक्षरता और अस्पृश्यता है, कुशिक्षा और कुसंस्कार है। सबसे अधिक विद्वेष फैलाने वाले मज़हब के पूर्वाग्रह हैं। इसलिए वे अपने स्वयंसेवकों को शराबबन्दी, अस्पृश्यता निवारण, स्कूल चलाना, कुटीर-उद्योग के छोटे-छोटे उपक्रम संचालित करना, खादी बेचना आदि कामों में लगे रहने का आग्रह करते हैं। 1930 के नमक सत्याग्रह में शरीक हुए बेतों की सजा और जेल-यातना पाए हुए नरेन्द्रजी को भी बाद वाले वर्षों में दोनों मोर्चों पर संघर्ष करते देखते हैं। गांधी या स्वतंत्रता से जुड़ा कोई आन्दोलन या रचनात्मक काम निरापद नहीं था, सब कहीं वह अंग्रेज़ी हुकूमत और सामन्तों के स्थापित आर्थिक स्वार्थों को मामूली आदमी और अदनी प्रजा की चुनौती था। स्वतंत्रता का यह आन्दोलन जिस नैतिक-चमक से दीपित था उसके सामने प्रभु-सत्ताओं की सारी साजिशें निष्प्रभ हो रही थीं। रचनात्मक कार्यों और राजनीतिक आन्दोलन के बीच कोई प्रतिद्वंद्विता या कि कोई प्रतिस्पर्धा नहीं थी लेकिन नरेन्द्रपाल सिंह चौधरी जैसे लोग ज्यादा जोखिम वाला उग्र हलचल भरा, युवकोचित जीवन पसन्द करते थे। इसलिए बार-बार जेल जाने की जुगाड़ में थे। एक बार हँसी-हँसी में मैंने उनसे पूछा था—अबकी बार तो बहुत दिन हुए, भाई साहब! आप जेल ही नहीं गये! उन्होंने बिना किसी झिझक के कहा कि कोई योग ही नहीं बन रहा है, चौबेजी! गो कि यह अंग्रेज़ी हुकूमत के दिन नहीं थे! चाहे वह मजाक ही हो लेकिन नरेन्द्रजी बार-बार जेल-यात्रा के लिए उत्सुक रहते, एक मनोवैज्ञानिक

उत्कटता के साथ। अपने जीवन-वृत्तान्त में जेल में काटे कुल दिनों का जोड़ बारह साल बताया है। यह मेवाड़ के युवकों की साहस कथा है, गुंजोल गाँव के किसान बेटे की, जहाँ लोग एक अदने सिपाही, दरोगा या पटवारी की पदचाप से काँपते थे। ये जेलें काल-कोठरियाँ थीं और यह युवक-मंडली (नरेन्द्र जी, उनके भाई राजेन्द्र चौधरी, पुरुषोत्तम चौधरी, मास्टर किशन लाल आदि) सरकार के दुश्मन। उन्हें कोई राजनीतिक बन्दियों का दर्जा प्राप्त नहीं था, वे निठल्ले, अपराधी, राज-द्रोही थे, उन्होंने महारानी विक्टोरिया का उदयपुर के गुलाब बाग में मुँह काला किया था, उन्होंने प्रजा मंडल में शामिल होकर महाराणा को उत्तरदायी शासन देने की घोषणा करने का अल्टीमेटम दिया था।

1938 से 1948 तक नरेन्द्र जी जेल और रचनात्मक कामों के बीच एक निष्ठावान कांग्रेसी की तरह हाजिर रहते हैं और प्रजामंडल के सक्रिय सदस्य की तरह मेवाड़ की राणाशाही के विरुद्ध खड़े होने की सारी सजाएँ और परेशानियाँ भुगतते हैं। प्रजामंडल एक ढीला-ढाला राजनीतिक जन-संगठन था जिसमें न केवल पुरुष बल्कि स्त्रियाँ भी शामिल थीं। ये स्त्रियाँ सामान्य घरों की थीं और स्वाधीनता का भावना-प्रधान अर्थ ही जानती थीं। किसी जनान्दोलन में शामिल होने का उनका यह पहला अनुभव था। प्रजामंडल का आन्दोलन स्थानीय जन-चेतना से प्रेरित था और वर्तमान की अमानवीय स्थितियों से मुकाबला करता था। इस राजनीतिक आन्दोलन का सबसे बड़ा लाभ यह हुआ कि लोगों में अनेक सामाजिक संकीर्णताओं को समझने का विवेक नज़र आने लगा। अपने इस सहज विकसित विवेक के कारण नरेन्द्रजी नाथद्वार के मन्दिर-प्रवेश के लिए बार-बार आन्दोलन करते हैं और जेल जाते हैं। राजस्थान के पूर्व मुख्यमंत्री मोहनलाल सुखाड़िया के जाति-तोड़ो विवाह में कट्टरपंथियों के विरोध की जरा—सी परवाह न करते हुए सहयोगी होते हैं। दलितों के लिए विद्यालय चलाते हैं और लगातार तंग नज़रियों की ख़िलाफ़त करते हैं। ध्यान से देखें तो नरेन्द्र जी कहीं पहुँचकर विश्राम नहीं करना चाहते, हर शिखर पर पहुँचकर उन्हें दूसरे शिखर नज़र आने लगते हैं, जहाँ जाना है। मुझे यह मानने में कोई संकोच नहीं है कि नरेन्द्रजी कोई विचारक नहीं हैं, निश्चय करके चलने वाले, चलने से पहले कोई योजना बनाने वाले। वे सैनिक हैं जो खतरों से लड़ने के लिए तैयार रहते हैं, एक खंदक से दूसरी खंदक में कूदते हैं लेकिन लगातार मुक्ति की तलाश में लगे रहते हैं।

1949 में नरेन्द्रपाल सिंह चौधरी कांग्रेस छोड़ देते हैं, ठीक उस समय जब कांग्रेस अपने लोगों को पद-प्रतिष्ठा का प्रसाद बाँटने लगती है। कांग्रेस छोड़ने के कई कारण और मजबूरियाँ हो सकती हैं—सैद्धान्तिक और व्यक्तिगत, लेकिन ज़ाहिरा तौर पर समाजवादी जो नारा देते थे वह था—'यह आजादी झूठी है, देश की जनता भूखी है'। यह शायद नरेन्द्र जी का भी नारा था। जिस आजादी का सपना

देखा गया था वह धुँधला पड़ रहा था। राजस्थान के सामन्तों ने अपनी रियासतों को बहुत धीरे-धीरे एक राजस्थान में विलय करने का निश्चय लिया था। कई तरह की सौदेबाजी की थी।

1949 में मैंने पहली बार नरेन्द्रपाल सिंह चौधरी को देखा। वे कई साथियों के साथ कोटा आए थे, जिनमें उनके भाई राजेन्द्र सिंह चौधरी, भाई भगवान, परमानन्द त्रिपाठी की मुझे याद है। बाद में इन सबसे मेरी घनिष्ठ मित्रता हो गई थी। उन दिनों मैं कोटा में रहकर हिन्दी में एम.ए. कर रहा था, समाजवादी पार्टी का मेंबर भी बन गया था। देखते ही प्रेम करने जैसा नरेन्द्रजी में कुछ नहीं था। उनका शरीर और मांस-पेशियाँ मजबूत और कसी हुई थीं। वे एकदम सीधे और विजेता सिपाही की तरह तन कर खड़े थे जिसे कई मोर्चे जीतने का अनुभव हो। खेतों में अकथ मेहनत करने वाले किसान की तरह उनका रंग तपे हुए ताँबे जैसा था। उनका भाषण उत्तेजनापूर्ण और उलझा हुआ, गुस्सा भरा था। मैं ठीक से नहीं कह सकता कि इस सम्मेलन का प्रयोजन क्या था या वह महज 'परिचय सम्मेलन' था और कोटा में इसलिए आयोजित किया गया था क्योंकि यह शहर समाजवादियों का केन्द्र था। यहीं से 'जय हिन्द' साप्ताहिक प्रकाशित-सम्पादित होता था। इसके सम्पादक हीरालाल जैन थे।

1950 में मेरी नियुक्ति विद्या भवन टीचर्स ट्रेनिंग कॉलेज में प्राध्यापक पद पर हो गई। उन दिनों उदयपुर में समाजवादियों को कांग्रेस के विकल्प के रूप में देखा जाने लगा था। श्रमिक संगठनों में उन्हें प्रतिष्ठा के पद मिले हुए थे। उनकी पहचान ईमानदार और लड़ाकू कार्यकर्ता की तरह बनी हुई थी। नरेन्द्रपाल सिंह चौधरी और राजेन्द्र सिंह चौधरी जनता के बीच निष्कपट और साहसी नेता के रूप में पहचाने जाते थे। उदयपुर आते ही मैं उन दोनों भाइयों का विश्वासपात्र और स्नेह-भाजन बन गया। फिर जब तक सोशलिस्ट पार्टी चली मैं नरेन्द्रजी, राजेन्द्र जी के साथ पार्टी के उत्साह और अवसाद, उतार और चढ़ाव, प्रशंसा और फ़जीहत के दिनों को देखने के लिए मौजूद रहा। सोशलिस्ट पार्टी कई नाम और रूपाकार लेती रही; सोशलिस्ट पाटी, प्रजा-सोशलिस्ट पार्टी, संयुक्त सोशलिस्ट पार्टी। उसके अध्यक्ष, सचिव आदि बदलते रहे। पहले पार्टी 'केडर बेस्ड' थी फिर 'मास पार्टी' हो गई। लेकिन नरेन्द्रजी की आस्था 'समाजवाद' में थी। एक 'सम्भाव्य समतावादी' समाज में और मृत्यु तक उसी में बनी रही। सोशलिस्ट पार्टी के बनने-बिगड़ने के क्रम में हमने लोहियाजी को अपना नेता मान लिया और उनकी 'सप्त-क्रान्ति' के सिद्धान्तों को प्रसारित करने लगे।

इन वर्षों में मैं नरेन्द्र जी को ध्यान से देखता रहा। उनको ज़िन्दगी और राजनीति का कोई मुक़ाम नहीं था। लगातार चलना, लगातार बदलाव, सतत प्रतिरोध, उनकी मनोवैज्ञानिक ज़रूरत बन गया था। अपने अशान्त चित्त को व्यवस्थित करने के

लिए वे बार-बार जेल गये हैं और राज्य-व्यवस्था की मखौल उड़ाई है। जेल उनकी प्रिय जगह है और वे इसे बार-बार दोहराते थे कि हर राजनीतिक कार्यकर्ता को एक बार जेल जाना चाहिए और पुलिस वाले की थप्पड़ खानी चाहिए। मुझे वे 'चिकना समाजवादी' कहकर हँसते थे क्योंकि मैं न तो जेल गया था और न सिपाही की थप्पड़ खाई थी। लेकिन संस्कार से वे 'बौद्धिक' थे। दलितों, कृषकों, अल्पसंख्यकों और पिछड़ी जाति वालों से वे शिक्षित होने का बार-बार आग्रह करते थे। एक समय था जब उदयपुर की सोशलिस्ट पार्टी को स्थानीय एडवोकेटों, डॉक्टरों, कॉलेज के विद्वानों का समर्थन हासिल था और उसका प्रमुख कारण नरेन्द्रजी, राजेन्द्रजी की समतावादी राजनीति के लिए प्रतिबद्धता ही थी। उनकी यह प्रतिबद्धता वैकल्पिक राजनीति में तब्दील क्यों नहीं हुई इसके कई कारण हैं, जिनकी विवेचना का यह अवसर नहीं है। लेकिन नरेन्द्रजी ने राजनीतिक आचरण की शुचिता और गरिमा को जिस ऊँचाई तक पहुँचाया, नैतिकताविहीन राजनीति के इन दिनों में उसे अतिरिक्त महत्त्व के साथ याद किया जाना चाहिए।

1961 से 1977 तक नरेन्द्रपाल सिंह चौधरी जाट बहुल इलाके मावली से विधानसभा का चुनाव लड़ते रहे। यह उनके लिए निराशा के कर्तव्य की तरह था। इस अवधि के एक भी चुनाव में वे नहीं जीते, लेकिन उनका मन एक भी चुनाव नहीं हारा। हर चुनाव में अप्रतिहत योद्धा की तरह वे उपस्थित रहे और पूरे राजनीतिक विवेक के साथ सत्ता-पक्ष के प्रतिद्वंद्वी प्रत्याशी की जन-विरोधी नीतियों का इतिहास उजागर करते रहे। लगभग इन सभी चुनावों में मैं नरेन्द्रजी के साथ रहा। दिन-दिन भर हम खटारा साइकिलों से गाँवों में जाते, भीतों पर गेरू (लाल मिट्टी) से नारे लिखते, और छोटी-छोटी जन-सभाओं में समाजवादी सिद्धान्तों की व्याख्या करते और खुशहाली के सपने दिखाते। कभी-कभार हमारे पास जीप होती, तब हम उसे लाल झंडों से सजाते और एक ठसक के साथ नरेन्द्रजी को लेकर किसी बड़े कस्बे में जाते। लेकिन प्रायः हमारी जीप उस चुटकुले वाली जैसी होती, जिसमें हार्न के सिवा सब कुछ बजता रहता। एक बार हमारी जीप मावली से फर्लांग-दो फर्लांग चली होगी कि अदाएँ दिखाने लगीं और अन्त में मटकती-मटकती खड्डे में जा गिरी। चोटें गम्भीर नहीं थी, तब भी दिनों तक मैं लंगड़ाता रहा।

हमारे चुनाव अभावों के चलते तनाव-ग्रस्त होते। कोई बड़ा नेता प्रचार करने नहीं आता। गिने-चुने झंडे, पोस्टर, पेम्फलेट और सुविदित चुनाव-परिणाम। लेकिन नरेन्द्रजी कहते कि यह पार्टी के प्रचार के लिए सबसे अच्छा समय होता है। इन दिनों वे पर-पीड़ा में आनन्दलेने लगते। दिन में दो-तीन बार चाय और मिर्ची वाले सेव पिलाते-खिलाते। शाम को मावली स्टेशन के हलवाई की दुकान पर तेल की पूरियों के साथ कोई तो भी दाल या भुजियों का झोल होता।

1978 में नरेन्द्रजी विधायक बने लेकिन सोशलिस्ट पार्टी के नहीं जनता पार्टी के। समाजवादी पार्टी का जनता पार्टी में विलय हो गया। लेकिन जल्दी ही जनता पार्टी विखंडित हो गई और फिर सोशलिस्ट पार्टी का नाम किसी ने नहीं सुना।

1979 में नरेन्द्र जी कुछ समय के लिए राजस्थान जनता पार्टी के अध्यक्ष रहे। बाद वाले वर्षों में राजस्थान के सोशलिस्ट जनता पार्टी के साथ वफादारी निभाते रहे लेकिन जल्दी ही व्यक्तिवादिता और अवसरवाद के चलते जनता पार्टी भी खंडित होती रही। उसके महत्त्वाकांक्षी नेताओं ने क्षेत्रीय पार्टियाँ बना ली। राजस्थान में फिर समाजवादियों का कोई संगठन नहीं बना। पुराने दिनों की सद्‌भावना और क्रान्तिकारिता का जब कभी सोशलिस्टों को पुण्य-लाभ मिलता रहा।

11 अक्टूबर, 2005 को उदयपुर में वे सम्मानित हुए। एक सौ चार वर्ष के नरेन्द्रजी ने कहा ग़ैर-बराबरी और सम्प्रदायवाद के विरुद्ध हमारी लड़ाई ख़त्म नहीं हुई है। मैं जब तक ज़िन्दा हूँ लड़ता रहूँगा। उन्होंने युवकों से कहा कि राजनीति से भागो या डरो मत। देखना है कि तुम्हारे इरादे क्या हैं!

28 जून, 2006 को साथी नरेन्द्रपाल सिंह चौधरी को नाथद्वार अस्पताल में देखने जाता हूँ। उनके पुत्र जोर से कान के नजदीक जाकर मेरा नाम पुकारते हैं। कोई पुराना स्मृति तार जुड़ जाता है। सूनी, सफेद, रक्तहीन, डूबती, तलाश करती आँखें और दो आँसू। पूरी ज़िन्दगी एक समाजवादी दुनिया बनाने वाले साथी को मैं प्रणाम करता हूँ और उदास मन लौट आता हूँ।

लाल टोपी वाले राजेन्द्रसिंह चौधरी

अपनी बाद की ज़िन्दगी में वे ज़रा भी निराश नज़र नहीं आए और न पछतावा किया, जो रास्ता उन्होंने तय किया उसी पर विश्वास और हिम्मत के साथ चले। बहुत-सी बातें जो दिल तोड़ देती है हुईं। यशोदा जी को क्षय हो गया था और धीरे-धीरे उनकी जिदंगी का अन्त नजदीक आ रहा था तब भी, बाद में अकेले पुत्र की मृत्यु के पूर्व उपचार से लगाकर आख़िरी सांस तक उन्होंने जिस बहादुरी और साहस का परिचय दिया उससे मैं चकित था। राजनीति में वे नाकामयाब लोगों में से थे। एक सिद्धान्तनिष्ठ समाजवादी की तरह वे वहीं खड़े रहे जहाँ उन्हें गांधी, जयप्रकाश, लोहिया खड़े कर गये थे। दरअसल राजेन्द्रसिंह चौधरी उन बड़े और मजबूत आदमियों से थे जिन्होंने देश और समाज को न केवल विदेशी दासता से मुक्त कराने की प्रतिज्ञा की थी बल्कि शक्तिशाली, सुन्दर तथा विवेकपूर्ण बनाने का सपना भी देखा था।

राजेन्द्रजी ने आजादी के लिए संघर्ष करने वाले हजारों हजार युवजनों के साथ 'दासता मुक्ति' को बहुत गहरे और वास्तविक अर्थ में समझने की कोशिश की थी। उनकी दृष्टि में वह केवल 'सत्ता हस्तांतरण' का सवाल ही नहीं था जो दूर से सत्ता में शामिल होने की इच्छा बनकर चमकता है, बल्कि उस व्यवस्था को बदलने की प्रबल आकांक्षा थी जो इस देश में नज़र न आने वाली दासता के रूप में फैली थी।

हमारे देश में व्यवस्था का चरित्र समझना आसान नहीं है क्योंकि वहाँ जन्म के साथ ही भाग्य का अपरिवर्तनीय सम्बन्ध है। भाग्य को बदलने का कोई उपाय, कोई सामर्थ्य नहीं रहता है। दरअसल हमारे सम्बन्ध इस संसार के साथ नहीं रहते और हमारे दर्शन-ग्रंथ संसार की पेचीदगियों से संघर्ष करने की बात भी नहीं करते। इसलिए राजेन्द्रजी जैसे लोगों के लिए आदर का भाव पैदा होता है जो अपनी ज़िन्दगी के बेहतरीन अवसरों को दाँव पर लगाकर पूरी उम्र ग़ैर-बराबरी के विरुद्ध संघर्ष करते रहते हैं और अन्त तक हिम्मत न हारने वाले, अडिग, अटल योद्धा की तरह खड़े नज़र आते हैं।

समाजवादी पार्टी के लिए बहुत से लोगों के मन में यह दुखद अहसास है कि वह जल्दी ही छिन्न-भिन्न हो गई है क्योंकि यही एक ऐसी पार्टी थी जो भारत को

उन उसूलों के प्रति विश्वास दिलाती थी जो आजादी के संघर्ष से विकसित हुए थे। इन सिद्धान्तों में लोकतंत्र और समाजवाद दोनों की आस्था शामिल थी और ऐसी सक्रियता भी जो सिर्फ बीसवीं सदी के खुशनुमा राजनीतिक मरकजों और मंज़िलों तक ही नहीं पहुँचाती बल्कि जो रिश्तों में नई जगमगाहट भी पैदा करती है। इस जगमगाहट से ही समाजवादी संस्कृति की उम्र लम्बी होती है। लेकिन जिसे उत्पीड़क बढ़ने की ज्यादा गुंजाइश नहीं देते। ज़ाहिर है जिसे हिन्दुस्तान में भी कई तरह के उत्पीड़कों ने फैलने की जगह नहीं दी।

लेकिन साथी राजेन्द्रसिंह चौधरी ने कभी पीछे मुड़कर नहीं देखा, उन दिनों में भी जब अशोक मेहता ने 'पिछड़े अर्थतंत्र की विवशताओं' की वकालत करते हुए कई समाजवादियों को नेहरू की तरफ खींच लिया था। राजेन्द्रजी के मन में राजस्थान को समृद्ध करने का रास्ता सामन्तवाद को नष्ट करना था। कांग्रेस ने सामन्तवाद के साथ समझौता किया था और सामन्तों को वे सब सुविधाएँ दी थी जिनके वे हक़दार नहीं थे। प्रजामंडल के नेताओं ने सामन्तों के दमन के ख़िलाफ़ अनवरत संघर्ष किया था। वह संघर्ष उस व्यवस्था के विरुद्ध था जिसमें कोई भी सामन्त ईश्वरीय सत्ता का प्रतिनिधि होता था और जिसकी आज्ञा का कोई उल्लंघन नहीं कर सकता। उसमें सम्पूर्ण सत्ता निहित होती थी और इसलिए वह तानाशाह होता था। राजेन्द्रजी ने लिखा, "अत्याचार, बलात्कार, दमन, सामन्तों ने जमकर किया। सबका मुकाबला किया गया। मैंने जुल्मों का सामना किया, झुका नहीं। मैं सामन्ती कुशासन के जुल्मों का सच्चा साक्षी हूँ।" (आजादी के पचास बरस : महावीर समता सन्देश : अंक-28, 10 अगस्त, 1997)

यह रेखांकित करने योग्य है कि राजेन्द्रसिंह चौधरी अपनी आयु की अन्तिम घड़ी तक खोखली सामन्ती संस्कृति की ख़िलाफ़त करते रहे, जिसे मनोरम शब्दों में लपेट कर भारतीय जनता पार्टी का शासन वापस ला रहा है और एक तरह से उस व्यवस्था के औचित्य की पुनर्स्थापना कर रहा है जिसके विरुद्ध इस प्रान्त के बहादुर तरुण-तरुणियों ने जान की बाजी लगी दी। राजेन्द्रजी ने लिखा, "आज राजस्थान सरकार उन अतीत की घटनाओं पर पर्दा डालने के लिए कभी महाराणा प्रताप, तो कभी हल्दीघाटी की आड़ लेकर सामन्ती यश को उजागर कर रही है। करें, लेकिन ईमानदारी भी बरतें। राणा प्रताप के वंशजों ने क्या-क्या अत्याचार, अन्याय, दमन, शोषण किया वह भी तो इस जनतंत्र में उजागर करें।" (समता सन्देश : अंक-28, 10 अगस्त, 1997)

वास्तव में सामन्तों के आर्थिक और सामाजिक रूतबे को कायम रखने, उनकी आर्थिक क्षतिपूर्ति करने, राजप्रमुख और महाराजप्रमुख जैसी पदवियों से महिमा मंडित करने का लिहाज और सौजन्य कांग्रेस ने दिखाया था जिसे समाजवादियों ने कभी स्वीकार नहीं किया। 'राजस्थान एक हो', का आन्दोलन करने वाले समाजवादियों

ने सामन्तों को दिये जाने वाले मुआवजे का प्रबल विरोध किया था। उन्होंने कहा था कि राजभवनों और महलों को जनोपयोगी कर्मशालाओं, स्कूलों, कॉलेजों, अस्पतालों, कलादीर्घाओं में बदल दें। राजेन्द्रजी की मान्यता थी कि कांग्रेस ने इस मोर्चे पर प्रजामंडल के उस संघर्ष को पटखनी दी है जिसे विजय सिंह पथिक, माणिक्यलाल वर्मा, हीरालाल शास्त्री, जयनारायण व्यास और इस प्रदेश की संघर्षशील जनता ने शुरू किया था। इस सन्दर्भ में राजेन्द्रजी 'फ्रीडम एट मिड नाइट' के हवाले से सामन्तों के नैतिक अधिकारों पर सवालिया निशान लगाते रहे। 'फ्रीडम एट मिट नाइट' के लेखकों ने पूछा था कि अंग्रेज़ों ने औरत और आखेट के सिवा विलासी सामन्तों के लिए छोड़ा ही क्या था? भारतीय जनता पार्टी के सामन्तवादी कीर्तनकारों से राजेन्द्रजी का यही सवाल था जिसे उन्होंने आजादी की पचासवीं साल गिरह के अवसर पर निर्भीकता और बेचैनी के साथ उठाया था।

लेकिन राजनीति के अतिरिक्त राजेन्द्रसिंह चौधरी की अपनी अवसादपूर्ण और परेशान करने वाली ज़िन्दगी थी। महत्त्व की बात यह थी कि वही समाजवाद के उसूलों का अनुपम उदाहरण थी। मैं इस आदमी को पचास वर्षों से जानता था। लाल टोपी वाले राजेन्द्र सिंह को। मुझे टीचर्स कॉलेज से बुला ले गया था और फाटक के बाहर खड़ी भैंसों में से एक की पूंछ पकड़ाते हुए कहा कि कोर्ट चलना है। जंगलात वाले आदमी इन्हें चरनोट की ज़मीन पर चरने नहीं देते। जब मैंने हील-हुज्जत की तब उन्होंने गाली तो नहीं दी, लेकिन कहा कि तुम चिकने (सिल्कन) सोशलिस्ट हो और खींच कर ले गये। यह भैंसों का अद्‌भुत जुलूस था। शहर के लोगों ने सोशलिस्टों का जलवा मान लिया।

राजेन्द्रजी लम्बे समय तक हाथीपोल के चाय वाली दुकानों के ऊपर वाले एक छोटे से हिस्से में रहते थे। उसका एक हिस्सा सोशलिस्ट पार्टी का दफ़्तर था और दूसरा विधुर चौधरी का निवास। यहाँ पार्टी की बैठकें होती थीं और सोशलिस्ट पार्टी के या समर्थक दलों के ढेर से अख़बार रखे होते थे। थोड़ी देर बैठने के बाद राजेन्द्रजी एक ट्रे में चाय लाते थे। चमकते हुए चाय के प्याले, अलग दूध, शक्कर, चाय की केतली, कुछ भी खाने को एक प्लेट में। राजेन्द्र जी को चिढ़ाना होता तो कहा जाता कि 'जयप्रकाश चाय' है, हम 'लोहिया चाय' पिएँगे, शुद्ध उबली हुई।

एक दिन जब कोई नहीं था राजेन्द्रजी ने उसी तरह की अलग दूध, शक्कर, अलग चाय बनायी और जलेबी रखी। उदास होकर कहा कि चौबेजी, आज यशोदा का श्राद्ध है। इसके बाद वे उठे और दफ़्तर, जिसमें दुनिया भर का कबाड़ और अधजली बीड़ियाँ पड़ी थीं उसकी सफाई करने लगे।

आजादी के दिनों की बहादुराना राजनीति करने वाला राजेन्द्रसिंह चौधरी अपने लिए या किसी के लिए भी वोट की जुगाड़ करने में नाकाबिल था। मेरे अपने चुनाव में और कपासन के खुद के चुनाव में मैंने उनका गहरा संकोच देखा। मतदाता के

सामने जाकर चुनाव में वे कुछ भी कहने में असमर्थ रहते। मैं पूछता, "क्या वे हमें वोट देंगे?" वे कहते, "हाँ, वे हमारी तरफ देख कर मुस्कुरा रहे थे।" मतदाताओं के सामने वे अपना परिचय 'नाथद्वार के चौधरी' कहकर देते। उन्हें जाट और बी.ए. तक पढ़ने का गर्व था। वे इसका उल्लेख करते थे।

पचास वर्ष तक अपनी टूटी-फूटी समाजवादी पार्टी के सिद्धान्तों की रक्षा उस आदमी ने पूरी तत्परता से की और कभी अपनी ज़िन्दगी की परेशानियों का किसी के सामने ज़िक्र नहीं किया। यह चौधरी राजेन्द्र सिंह की ही ताक़त थी।

अन्त के दिनों में राजेन्द्र जी राजनीति से कुछ थक गये थे और खिन्न भी हो गये थे, लेकिन यह थकान और खिन्नता उस राजनीति से थी जो एक व्यापार बन गई थी। वे मृत्यु से कुछ दिन पहले आए थे। उस दिन उन्होंने खिन्न मन से कबीर का एक दोहा सुनाया था :

पंडित और मसालची, दोनों सूझे नांहि
औरन को करै चाँदणा, आप अँधेरे मांहि

ग़ैर-बराबरी की दुनिया को बराबरी की दुनिया बनाने का काम जिन्हें पसन्द है और जो ख़ासतौर पर भारत को अपनी निराशा और संकीर्णता से बचाना चाहते हैं वे राजेन्द्रसिंह चौधरी के सपने को बनाने और बचाने की लगातार उन्हीं की तरह कोशिश करेंगे।

हिन्दी को समर्पित पिता, पुत्र और पुत्री

वे अच्छे दिन थे, लालच रहित मन वाले लोगों, साहित्यकारों, राजनीतिकारों, विद्वानों के। तब किसी संकल्प के लिए किसी ओहदे, सम्मान, पुरस्कार, प्रतिष्ठा की ज़रूरत नहीं थी, संकल्प या सेवा के बदले कोई भूमि खंड, कोई मानदेय, कोई पद्‌म श्री, पद्‌म भूषण, प्रशस्ति, प्रतिभा या किसी भी तरह की कामना का कोई अंकुर उगता-बढ़ता नज़र नहीं आता था। उन्हीं दिनों की तरफ लौटता हूँ। वे स्वराज्य हासिल करने के दिन थे; उसी की लड़ाई थीं; इसी में बहुत-सी इच्छाओं के, सपनों और संकल्पों के डोरे गुंथे-बुने थे। सब मिलकर अंग्रेज़ी-साम्राज्यवाद से लड़ रहे थे। अनेक मोर्चों पर यह लड़ाई शुरू थी। इन अनेक मोर्चों में से एक मोर्चा 'भाषा' का भी था। इस मोर्चे की अग्रिम पंक्ति में थे झालरापाटन, राजस्थान के पं. गिरिधर शर्मा 'नवरत्न', ईश्वर लाल 'रत्नाकर', शकुन्तला 'रेणु'—पिता, पुत्र और पुत्री।

झालरापाटन झालावाड़ से दो कोस यानी चार मील दूर था और अपने दुर्दिनों के बावजूद वाणिज्य और सम्पन्नता के अच्छे दिनों की याद दिलाता था। चन्द्रभागा के मनोरम तटों पर बसा हुआ यह नगर वैष्णव और जैन सम्प्रदायों का मिलन केन्द्र था। थोड़ी-सी दूरी पर होने के उपरांत भी मैंने झालरापाटन की नगर-रचना को पूरी उत्कंठा के साथ पहले कभी नहीं देखा था और जब मैं यहाँ आया था तब सातवीं क्लास का मामूली विद्यार्थी था। कहीं तो भी किसी जलाशय के किनारे पर एक बड़ा शामियाना बँधा था। झालावाड़ के कवि, कविता प्रेमी राजकीय बस में बैठकर 'कवि-दरबार' में आए थे। 'कवि-दरबार' में समस्या पूर्ति करने वाले जो कवि-गण थे, उनमें सबसे छोटा (अल्पवय) कवि मैं था। पूरी तरह बड़ा बना दिया गया। एक बड़ा साफा जिसे पिताजी बाँधते थे, वह और बन्द गले का कोट, चूड़ीदार पाजामा पहनाकर पिता मुझे उस बस में छोड़ गये थे जिसमें प्यार से किसी ने मुझे अपने पास जगह दी थी। थोड़ी देर में 'घर्र-घर्र' करती राजकीय बस झालारापाटन आ गई।

शामियाने से ढका सभास्थल रंगीन दरिएँ बिछाकर खूबसूरत बना दिया गया था। कार्तिक की रात का चन्द्रमा पश्चिम के जलाशय पर तैरता नज़र आता था। सभापति का आसन अत्यन्त धवल चादर बिछाकर बनाया गया था, जिसके पीछे दो गोल बड़े-बड़े तकिए लगे थे। इस 'कवि-दरबार' संस्था के अध्यक्ष महाराज

राजेन्द्र सिंह थे जो 'सुधाकर' उपनाम से ब्रजभाषा-खड़ी बोली में और 'मख़मूर' तख़ल्लुस से उर्दू में कविता लिखते थे। वे कवि और कविता-प्रेमी राजा थे। कविता-प्रेम के कारण प्रसिद्ध कवि गया प्रसाद शुक्ल 'सनेही', सम्पादक 'सुकवि' (कानपुर) झालावाड़ आते-जाते रहते थे। मैंने उन्हें झालावाड़ के प्रसिद्ध और सुन्दर राधारमणजी के मन्दिर में देखा था, जहाँ वे महाराज राजेन्द्र सिंह जी 'सुधाकर' के अतिथि रूप में ठहराये गये थे। 'सनेही जी' उस समय पचास वर्ष के रहे होंगे। वह दुपुल्ली टोपी लगाए, कुरता, धोती में ठेठ उत्तर प्रदेश निवासी लगते थे। 'सुकवि' में छंद-प्रधान कविताएँ छपती थीं; समस्या-पूर्तियाँ भी। झालावाड़ के कवियों की रचनाएँ 'सुकवि' में स्थान पाती थीं। जो सुकवि का अंक 'सनेही जी' अपने साथ लाए थे, उसमें उनकी बबूल को सम्बोधित करती कविता—'ओ रे बबूल' 'ओ रे बबूल' छपी थी। यह कविता ध्यानाकर्षक थी, क्योंकि खड़ी बोली में लिखी गई थी। इस कविता को पढ़कर कवींद्र हरनाथ, जो ब्रजभाषा के प्रबल समर्थक थे, सनेही जी से रुष्ट हो गए थे। उन्होंने तत्काल पूछा, "क्या आप भी पथ-भ्रष्ट हो गए हैं?" ब्रजभाषा का मिठास और संगीत सुकवि के सम्पादक को अब अच्छा नहीं लगता? सनेही जी के पास कोई सुविधापूर्ण उत्तर नहीं था। काव्य-भाषा को लेकर उन दिनों विकट बहस थी। कविता भाषा और ज़िन्दगी की भाषा के बीच फ़र्क़ मिटाने की कोशिश कविता को ज़िन्दगी के नजदीक लाने की थी। उन दिनों इतनी सजगता से तो नहीं लेकिन एक तरह के साहित्यिक तनाव के बीच में झालावाड़ के कवियों में ब्रजभाषा का आग्रह देखता था। अब मुझे यह आश्चर्य होता है कि झालावाड़ के इतने कवियों को ब्रजभाषा में कविता लिखने का अभ्यास किसने कराया? हमारी भाषा तो हिन्दी (खड़ी बोली) थी और लोक जीवन में हाड़ौती रची-बसी थी। तब ब्रजभाषा? पूरे देश के कवियों ने ब्रजभाषा के कवियों को आदर दिया था। क्या यह संत-कवियों का अवदान था? या कि क्या कोई लोकप्रिय काव्य-भाषा होती है जिसके बीज हमारी अनभुति हमारे संस्कारों में होते हैं?

अगर मैं बहुत तफसील में न जाऊँ तो यह कह सकता हूँ कि रीवाँ से आए कवि हरनाथ जी की उपस्थिति ने झालावाड़ में ब्रज-भाषा के लिए ज़मीन उर्वरा कर दी थी। वह रीतिकालीन कविता शिल्प के जबरदस्त प्रशंसक और प्रतिभा-सम्पन्न कवि थे। कवित्त-सवैया पढ़ने की पारम्परिक शैलियों को रद्द करते हुए उन्होंने लय वाली पाठ-शैली को प्रसारित किया, जो प्रभावशाली और मोहक थी। कवि हरनाथ प्राचीन कवियों की परिष्कृत शैली के वस्त्र पहनते थे और शक्ति उपासक थे। किशोर वय के कवि उन्हें 'दाऊ' कहते थे और 'गुरुवत्' मानने लगे थे। राजा और कवि 'सुधाकर' को उन्होंने जल्दी ही मोहित कर लिया। कविता की जो जगह पहले से बनी थी वह विस्तृत होने लगी और झालावाड़ में यह विनोद प्रचलित हो गया कि किसी वृक्ष को झिंझोड़ो और दस-पाँच कवि टपक पड़ेंगे। अब मैं सोचता

हूँ कि ऐसा होना अकारण नहीं था। इस तरह ही राजा की कृपा-दृष्टि का हक़दार होना सम्भव हो सकता था। कवि हरनाथ जी की राजकीय हल्कों में सहसा हैसियत का बढ़ जाना भी इसी कारण से था। वे अपनी कुशाग्र बुद्धि से यह जान गए थे कि राजा कवि को अपने मनोरथ सिद्ध करने में किस तरह उपयोग में ले सकते हैं।

लेकिन मैंने कवि दरबार से बात प्रारम्भ की थी और उसी सूत्र को मुझे आगे बढ़ाना चाहिए। जिस 'कवि दरबार' का यह आयोजन किया गया, उसके बारे में यह जान लेना आवश्यक है कि वह कोई सार्वजनिक संस्था नहीं थी, वह पूर्णतः महाराज सुधाकर जी की संस्था थी इसलिए उसके तत्वावधान में आयोजित सम्मेलन महाराज की उपस्थिति में और उनके गौरवानुकूल गरिमा के साथ सम्पन्न होना था। इस कवि-दरबार जिसमें मैं पहली बार कविता पाठ करने आया था, 'हमारे हैं' पद समस्या पूर्ति के लिए था। सम्मेलन के सभापति महाराज राणा राजेन्द्र सिंह 'सुधाकर' थे, जिनकी प्रतीक्षा थी। सम्मेलन सार्वजनिक नहीं था, इसलिए कुछ सम्भ्रान्त व्यक्ति ही उपस्थित थे। शायद ज्यादातर अधिकारीगण। महाराज के पहले 'गुरुदेव' आए थे; गुरुदेव यानी पं. गिरिधर शर्मा 'नवरत्न' (जन्म : जून 1881; निधन : जून 1961)। गुरुदेव के आते ही 'कवि-दरबार' महिमामय लगने लगा। सारी घबराहट के बावजूद मैंने उन पर एक दृष्टि डाली। दूर से वह मुझे बलशाली गजराज की तरह चलते नज़र आए। वह लम्बा गुजराती कोट पहने हुए थे, साफा तो था ही। गले में लिपटा और दोनों कंधों के पास झूलता बड़ा-सा दुपट्टा और गुजराती ब्राह्मणों की शैली में पहनी हुई धोती। साथ में कौन था? शायद ईश्वर दादा (ईश्वरलाल उनके पुत्र, उपनाम 'रत्नाकर') उन्हें पकड़े हुए। गुरुदेव धीरे-धीरे सँभल-सँभलकर चल रहे थे, इस तरह कि गिर न पड़ें। क्या उन्हें कुछ दिख नहीं रहा? हाँ, उनके परिवार को 'रतौंधी' का रोग था। गुरुदेव, ईश्वर दादा, शकुन्तला बहन, ईश्वर दादा से छोटे परमेश्वर लाल को रात होते ही दिखना बन्द हो जाता था। ईश्वर दादा भी गुरुदेव के साथ कवि-दरबार में आए। वे दुबले-पतले थे, लम्बे बन्द गले का कोट और संकरी मोरी का पाजामा (अलीगढ़ी पाजामा) पहने थे। पिता, पुत्र दोनों को दरबार के पास आदरास्पद स्थान मिला था। 'गुरुदेव' का पद महाराज भवानी सिंह जी ने दिया था और सम्मानपूर्ण जीवन व्यतीत करने के लिए गुरुदेव के पुरोधाओं को राज्याश्रय प्राप्त था। (पं. गिरिधर शर्मा नवरत्न के बारे में कुछ अधिक जानकारी हासिल करने के लिए 'नवरत्न काव्यशतक' शीर्षक छोटी पुस्तक पढ़ी जानी चाहिए। इसके प्रस्तोता डॉ. विष्णुप्रसाद पाठक, संकलनकर्ता शकुंलता रेणु और सम्पादन पूज्य युगल किशोर चतुर्वेदी ने किया है। प्रकाशक गिरिधर शर्मा जन्म शताब्दी समारोह समिति है।)

महाराज के आते ही कवि दरबार की कार्यवाही शुरू हो गई। कब क्या हुआ इसे उस काव्य पाठ के पहले अवसर की घबराहट में याद रखना बहुत मुश्किल था। समस्या-पूर्ति वाला काग़ज़ मेरी जेब में सुरक्षित था तब भी मैं उसे बार-बार

सँभालता रहा जैसे वह कहीं गायब हो सकता हो। नाम शायद फतहकरण जी चारण पुकार रहे थे। वे मारवाड़ के थे और हमारे मुहल्ले में ही रहते थे। समस्या-पूर्ति वाला छंद पिताजी ने उन्हें ही दिखाने के लिए भेजा था। उन्होंने एक-दो शब्द इधर-उधर कर के कागज़ लौटा दिया था। फतहकरण जी चारण शैली में कवित्त पढ़ते थे। एक प्रवाह में, तेज-तेज, बिना विराम लिए, प्रत्येक पद-बंध में स्वर ऊँचा करते थे। उनके छंद विषमता मुक्त होते थे। जब उन्होंने कविता-पाठ के लिए मुझे बुलाया, मैं यंत्रवत् उठा और कविता सुना आया, जो महाराज का स्तुति गान था 'सुमति गणेश जैसे, वैभव में इन्द्र जैसे' इत्यादि और अन्त में 'राजेन्द्र जू हमारे हैं'। बाल कवि होने के कारण सबने मेरी पठंत की सराहना की। मेरी कविता का कागज़ गुरुदेव तक पहुँचा दिया गया। इस कविता प्रतियोगिता का परिणाम दूसरे 'कवि-दरबार' में सुनाया गया। वह पुरस्कार चार रुपये का था जो मुझे मिला था। बाद में मैं लम्बे समय तक ब्रजभाषा में कवित्त, सवैये और दोहे लिखता रहा। मुझे यह मालूम नहीं था कि मुझसे सिर्फ़ चार मील दूर 'नवरत्न सरस्वती भवन' में भविष्य की कविता-भाषा का निर्माण हो रहा है; उस भाषा में राष्ट्रीयता की, स्वदेश प्रेम की रचनाओं का सर्जन हो रहा है जो स्वाधीनता की अमर आकांक्षा जगाती है।

पं. गिरिधर शर्मा नवरत्न के पक्ष में यह कहना चाहिए कि भाषा की नई रचना के साथ-साथ वह वास्तव में उस बड़े देश की रचना कर रहे थे जो हमारे संकल्पों को, विचारों को नई तरह से समझने-समझाने की आधार भूमि बनाता है। पंडित जी नवजागरण के उन कवियों में थे, जो सांस्कृतिक-बहुलता के रचनात्मक अभिप्रायों को समझते थे। अपनी एक व्यंग्य-रचना में दूसरों के धर्मों की निंदा करने वाले से वे उनमें श्रेष्ठ मानवीय मूल्यों को देखने का आग्रह करते हैं :

जाना नहीं अच्छा कभी जैनियों के मन्दिर में,
किसी भाँति अच्छी नहीं कृष्ण की उपासना।
शंभू का स्मरण किये होना जाना क्या है,
राम नाम लिये से क्या सिद्ध होगी कामना।
हैं म्लेच्छ मुसलमान हिन्दू बड़े काफिर हैं
ऐसे हो परस्पर में बुरी जहाँ भावना।
प्रेम न हो आपस में एक फिर क्यों कर हो,
क्यों न भोगे हिन्द माता नई-नई यातना।

यह कवित्त धर्म-सहिष्णु राष्ट्र न बनने पर एक विषादपूर्ण वक्तव्य है। झालारापाटन के कवि-परिवार ने यह निश्चय कर लिया था कि 'रस और राष्ट्र' के चुनाव में वह राष्ट्र को प्राथमिकता देगा, लेकिन झालावाड़ के कवियों के लिए 'रस और रास' का महत्त्व कम नहीं हुआ था, यहाँ 'रस-कुंज में कृष्ण बाँसुरी' बजाते थे (रस कुंज

में कन्हाई सखि बाँसुरी बजाई)। महाराज कवि 'सुधाकर' का यह रस-गीत संगीत मास्टर नवल हारमोनियम पर गाते थे और संगीत-प्रेमियों को आह्लादित करते थे। तब भी कवि 'सुधाकर' के मन में गुरुदेव का दिया मंत्र जब कभी गूंज जाता था और वह 'नित उठ डगर बुहारत हरिजन' जैसे मर्माहत करने वाले गीत खड़ी बोली में लिखते थे। भाषा को लेकर वह 'दुचित्त' थे। राज-परिवार में कृष्णोपासना की प्रमुखता भी ब्रजभाषा के लिए आकर्षण का कारण थी।

ब्रजभाषा की पक्षधरता करते हुए भी मैं 'नवरत्न सरस्वती भवन' गया था। तब पंडित गिरिधर शर्मा 'नवरत्न' पूरी तरह अंधे हो गए थे। वह एक बड़े तख़्त पर लेटे हुए थे और लगातार खाँसते-थूकते थे। उनका परिवार बड़ा और अखंडित है, ऐसा आभास होता था। जहाँ वे थे वहाँ पुस्तकें-ही-पुस्तकें थीं। शायद वह गुरु-पूर्णिमा का अवसर था। बारिश के कारण सीलन थी, नीचे की ज़मीन पूरी तरह पसीज गई थी। दीवारें गीली थीं और बाहर बादलों से आसमान ढके होने के कारण एक अजीब क़िस्म की उदासी थी। मुझे तब साहित्य के बारे में कुछ मालूम नहीं था और न साहित्यकार होने का आवेश था। मैं कुतूहलवश ही झालारापाटन आ गया था। बाद में मैं पंडितजी की तुलना मिल्टन से करता रहा। उन्होंने मेरे पूरे शरीर पर स्नेह से हाथ फेरा और बैठने को कहा। कुछ देर में उनके पैरों के पास बैठा रहा; जो काले और सूखे थे। वहाँ एक तरफ लिखने की सामग्री रखी थी, कुछ पुराने, पीले से कागज और पेंसिल। ईश्वरलाल 'रत्नाकर' को उस कवि-सम्मेलन के बाद यहाँ थोड़ी देर के लिए देखा। वह अपने पिता से गुजराती में बात करते रहे। घर पूरे 'गृहस्थी के ढर्रे' पर था। अन्दर ही कुआं था और ब्राह्मण-शैली का रसोई घर। सब तरफ से वह किसी राज-गुरु का घर नहीं, हिन्दी के स्वाभिमानी कवि, सेवी का घर था, जिसने किसी समय हिन्दी का विरुद-गान में यह छंद लिखा था :

अंग्रेज़ी, जर्मन, ग्रीक, फ्रेंच, लैटिन त्यों,
रशियन, जापानी, चीनी, प्राकृत प्रमानी हो।
तमिल, तैलंगी, तूलू, द्राविड़ी, मराठी, ब्राह्मी
उड़िया, बंगाली, पाली, गुजराती, छानी हो।
जितनी अनार्य, आर्य-भाषा जग ज़ाहिर है,
फारसी अरबी तुर्की सब मन आनी हो।
जनम वृथा है तो भी मेरे जान मानव को
हिन्द में जनम पा के हिन्दी जो न जानी हो।

(गिरिधर शर्मा 'नवरत्न' पर विशेष साहित्यिक सामग्री के लिए राजस्थान साहित्य अकादमी की पत्रिका "मधुमती' का नवम्बर-दिसम्बर 1985 का नंद चतुर्वेदी द्वारा सम्पादित विशेषांक गिरिधर शर्मा 'नवरत्न' जन्म-शती विशेषांक देखें।)

वास्तव में पंडित गिरिधर शर्मा 'नवरत्न' भाषा के मोर्चे पर अत्यन्त निष्ठा और प्रतिदान में आकांक्षा रहित मन से जुड़े थे। वह राष्ट्रभाषा की सारी लोकतांत्रिक सम्भावनाएँ देख सकते थे जो एक बड़े लेखक, कवि के लिए देखना-समझना आवश्यक होता है। नाना प्रकार से वह हिन्दी के लिए समर्पित होते रहे। यह उन्हीं की हिम्मत थी कि बम्बई की एक विशाल सभा में जिसकी अध्यक्षता मालवीय जी कर रहे थे, कहा था—"मालवीय जी, जनता आपका आदर करती है तो करे लेकिन गिरिधर शर्मा से आप तभी सम्मान पाएँगे जबकि हिन्दू युनिवर्सिटी हिन्दी विश्वविद्यालय में परिवर्तित हो जाएगी।" (गिरिधर शर्मा 'नवरत्न' : व्यक्तित्व और कृतित्व डॉ. विष्णुचन्द्र पाठक)

नवरत्नजी के यहीं मैंने पहली बार ब्रह्मदत्त 'सुधीन्द्र' को देखा था। मैं उन्हें नहीं जानता था, बहन शकुन्लता 'रेणु' ने ही कहा था यह सुधीन्द्र दा हैं। वह पुलिस-ड्रेस में थे। बाद में मैंने जाना कि हिन्दी के प्रसिद्ध गीत रचनाकार सुधीन्द्र हेड कांस्टेबल या कांस्टेबल रह चुके हैं। जहाँ मैं सुधीन्द्र से मिला था वह एक लम्बा कमरा था, जिसमें लकड़ी की बड़ी-बड़ी पेटियाँ रखी थीं, किताबों से भरी हुईं। शायद गुरु-पूर्णिमा के कारण इस सीलन भरे कमरे में पंडित जी के चित्र के सामने दीपक जल रहा था। पूजा-अर्चना का सामान रखा था। पं. गिरिधर शर्मा के बारे में यह प्रचार कर दिया था कि वे खड़ी बोली के कवि हैं; कोमल कान्त पदावली से रससिक्त ब्रजभाषा के नहीं। यह वास्तविकता भी थी; वे ही नहीं ईश्वर लाल 'रत्नाकर' और शकुंलता रेणु यानी पिता, पुत्र और पुत्री सभी खड़ी बोली की पदचाप सुन रहे थे और उसे अभिव्यक्ति का माध्यम चुन चुके थे। तब तो नहीं लेकिन अब मैं यह समझ पाता हूँ कि किसी लेखक का भाषा चुनाव कितना महत्त्वपूर्ण और सारगर्भित होता है। 'नवरत्नजी' उन अन्तर्दृष्टिवान रचनाकारों में थे जो नव जागरण की महत्ता को जान रहे थे और उसके प्रसार की काव्य-भाषा रचने के लिए प्रतिश्रुत थे।

ईश्वर दादा से ज्यादा मुलाक़ात नहीं हुई, जब कभी हुई तब मुझे लगा कि वे अन्तर्मुखी हैं। शब्दों का अपव्यय करने से परहेज करने वाले। धीमे (गति और स्वर) बोलते थे; दांतों और जबड़ों को मिलाकर और उसी तरह कविता पाठ करते। उस समय के सम्बन्ध में मुझे ज्यादा कुछ मालूम नहीं था। ईश्वर लाल 'रत्नाकर' की कविताओं में मैं कुछ मर्म-विद्ध करने वाली उदास-भाषा और सांध्य-संगीत जैसा विषाद स्वर देखता, सुनता था। वह अपने पिता से भिन्न, छायावादियों से मिलती-जुलती कविता-भाषा का प्रयोग करते थे। उनकी दुरूहता की ब्रजभाषा काव्य-प्रेमी खिल्ली उड़ाते थे। ईश्वर दादा को अन्तिम बार मैंने 1948 में सुना। जब झालावाड़ में मेरे घर पर 'हाड़ौती प्रगतिशील लेखक संघ' बनाया। इस बैठक की प्रेरणा मनमोहन ठाकौर ने दी थी और उनके सहित रामनाथ 'कमलाकर',

शान्तिलाल भारद्वाज, राजेन्द्र सक्सेना, जगदीश चतुर्वेदी, मदन स्वतंत्र साहित्यकार आए थे। सम्मेलन के अन्तिम दिन आयोजित काव्य पाठ में ईश्वरलाल 'रत्नाकर' ने जहाँ तक मुझे याद है, 'कुरुक्षेत्र' नामक महाकाव्य के कुछ अंश सुनाए थे। वह काव्य ग्रंथ दुर्गा भागवत के व्यास पर्व की शैली पर लिखा जा रहा था। महाभारत के महत्त्वपूर्ण पात्र अपनी जीवन गाथा कहते हुए पाप-पुण्य का विवेचन करते थे। इस ग्रंथ का क्या हुआ, कोई नहीं जानता। अन्त में वे उज्जैन में रहते थे। नौकरी करते सेठ विनोदीराम बालचन्द मिल्स में। ईश्वर दादा के छोटे भाई परमेश्वर जी ने राजगुरु पं. नवरत्न जी के यातनापूर्ण जीवन और आर्थिक विपन्नताओं का वर्णन करते हुए अपने बड़े भाई के बारे में इस प्रकार लिखा है—

"आज घर में आटा नहीं है, चोकर को पीस कर मोटी रोटी सेकी गई है। छोटा भाई कहता है, 'दादा! तू खा ले।' बड़ा भाई कहता है, 'भाई! तू खा ले!' दोनों भूखे सो जाते हैं।"

"पुत्र ईश्वरलाल का लोकवाणी प्रेस का कार्य समाप्त हो गया है। अब उसे लालचन्दजी सेठी की अध्यक्षता में संचालित विनोद मिल्स में 150/—मासिक का सेवा कार्य मिला है। वह सपरिवार उज्जैन है, परन्तु उसका स्वास्थ्य क्षीण होता जा रहा है। उसे दो बार लम्बी-लम्बी अवधि के लिए अस्पताल में भर्ती करवाया जा चुका है।"

"पुत्र ईश्वरलाल को एंबुलेंस में उज्जैन से पाटन पहुँचा दिया गया है। रात्रि का समय है। जोरों से पानी बरस रहा है। रोग से जूझता शरीर दम तोड़ देता है।..."

"पुत्र, अपने पीछे काफ़ी गृहस्थी छोड़ गया है—विधवा पत्नी, चार पुत्र व दो पुत्रियाँ..."

पिता की तरह ईश्वरलाल 'रत्नाकर' रात्रि-अंधता से पीड़ित थे। उनकी मृत्यु 1956 में क्षय रोग से हुई। डॉ. विष्णु चन्द्र पाठक की सूचना के हवाले यह कहा जा सकता है कि वे कांग्रेस की केन्द्रीय वर्किंग कमेटी के सदस्य थे।

यह जग है शतरंज रात्रि-दिन जिसके हैं खाने अभिराम
संसृति कर का मोहरा बनना है यहाँ मनुज मतिधाम
इधर-उधर चालें चलते पिटते-कुटते अन्तिम क्षण में
पेटी में हो बन्द खेल का कर देते हैं वहीं विराम।
रक्तिम मधु से रहे छलकता यदि प्रतिफल मेरा जीवन
तो चिन्ता ना कुछ भी कहते रहें मुझे सूफी सज्जन
बने अरे मेरे लोहे से ऐसी एक कुंजि अन मोल
जिससे बन्द सुरालय वह बन जाए बस उन्मुक्त भवन

—ईश्वर 'रत्नाकर'

पता नहीं शकुंलता बहन को राजस्थान की 'महादेवी' और महादेवी जी को 'मीरा' किन समानताओं के कारण कहा जाने लगा है। लेकिन अक्सर ऐसी तुलनाएँ और रूपक आनन्द या ज्ञान बढ़ाने वाले नहीं होते और...सामान्यीकरण की इच्छा के अन्तर्गत हमारी जिज्ञासा को कुंद कर देते हैं। बहरहाल 'नवरत्न सरस्वती भवन', झालरापाटन में मैंने उन दोनों बहनों को एक साथ देखा था। शान्ति जीजी और शकुन्तला बहन के बीच रंग का अन्तर मैं तुरन्त लक्षित कर सका था। शान्ति जीजी गोरे रंग की थीं और उनके केश लम्बे और आकर्षक थे। शकुन्तला 'रेणु' उनकी जितनी गोरी नहीं थीं, वह ईश्वरदादा की तरह ही मितभाषी थीं, लेकिन उनकी निश्चल हँसी और वैदुष्य उन्हें विशिष्टता देता था। वह पंडित जी की सखा और सचिव थीं। सभा और गोष्ठियों में मैंने प्राय: उन्हें पंडित जी के साथ देखा था, जिन्हें वह 'बापू जी' कहती थीं। वह पंडित जी की तरह कई भाषाएँ जानती थीं। उनकी कविता-भाषा और अन्तर्वस्तु, छायावादी कवियों के समीप थी और कविताएँ एक शान्त नदी की तरह जीवन के कई घाटों से गुज़र जाती थीं। स्वभाव से शकुन्तला 'रेणु' अनुद्विग्न अविचलित दीप-शिखा-सी लगती थीं। वह अविवाहित रहीं। मुझे वे 'नंद भैया' कहती थीं।

अपने पिता के सम्बन्ध में मेरे एक प्रश्न के उत्तर में उन्होंने 'समाधि-लेख' की ये पंक्तियाँ सुनाई थीं :

अनुचित सत्ता वशीभूत हो शीश झुकाना।
कायरता का काम सदा जिसने था जाना।
रहा सदा स्वाधीन किया निज मन का चाहा।
दिया सत्य उपदेश उच्चतर चरित निबाहा।
दुखों से न डिगा न झूला सुख में आकर।
सोता है इस ठौर वही कवि गिरिधर नागर।

पंडित ईश्वरदादा की तरह वह भी 'रतौंधी' (रात्रि-अंधता) से पीड़ित हो गई थीं। राष्ट्र-भाषा और साहित्य के उच्चादर्शों से जुड़ी शकुन्तला बहन शिक्षा के उच्चादर्शों के लिए भी उसी तरह समर्पित रहीं, 'नवरत्न सरस्वती भवन' के उजाड़ में अपने पिता के स्वाभिमान और सपनों के साथ। बहुत पहले झालरापाटन के हायर सैकेंड्री स्कूल में उनसे मिला था, मृदुभाषी और अपनी ज़िन्दगी को अपनी शर्तों पर जीने वाली कवयित्री शकुंलता 'रेणु' से जो प्रधानाध्यापिका हो गई थीं। उम्र भर हिन्दी के लिए संघर्ष करती, प्रधानाध्यापिका को लड़कियाँ 'मैडम, मैडम' कहकर सम्बोधित करती थीं।

यह भयंकर दृश्य मैं कभी नहीं भूलूँगा। 'नवरत्न सरस्वती भवन' की यह आख़िरी यात्रा थी। प्रकाश 'आतुर' ने 'मधुमती' का गिरिधर शर्मा 'नवरत्न' जन्मशती विशेषांक

सम्पादित करने की जिम्मेदारी मुझे सौंपी थीं। कोई सामग्री छूट न जाए, इस दृष्टि से मैं अपने भाई राम चतुर्वेदी के साथ झालरापाटन गया था। सर्दियों की साँझ शहर पर उतर गई थी। वर्षों बाद गली के सन्नाटे में डूबे उस बड़े बन्द दरवाज़े पर दस्तक देने में मुझे अज़ीब क़िस्म का डर लग रहा था। किसी ने दरवाज़ा खोला। हम दोनों भाई अन्दर गए। जहाँ एक युवक पुस्तकों को आग में डालकर प्रचंड लपटों की तरफ स्थिर, विस्फारित आँखों से देख रहा था। क्या ये वही पुस्तकें, कॉपियाँ थीं, जो शकुन्तला बहन ने उत्साह और हर्ष के साथ 'बापूजी का खजाना' कहकर मुझे दिखाई थीं। एक दुनिया जो जल रही थी, उसकी लपटें मैं देख रहा था। 'कुछ बचा नहीं है, नंद भैया!' शकुन्तला बहन ने विषादपूर्वक कहा। यह युवक परमेश्वर भाई का बेटा था, पंडित गिरिधर शर्मा 'नवरत्न' का पोता।

कल मैंने प्रो. मूलचन्द्र पाठक से पूछा था 'वहाँ उस 'नवरत्न सरस्वती भवन' में कौन रहता है?'

पाठक जी ने कहा, 'परमेश्वर की बहू।' कहा—'परमेश्वर के छोटे बेटे ने आत्महत्या की।'

यह वृत्तान्त राष्ट्रभाषा के वर्चस्व के लिए संघर्षरत परिवार का है। उन दिनों का जब अंग्रेज़ों का राज था। देश के असंख्य परिवार 'हिन्दी' के थे, हिन्दी के लिए लड़ते-मरते। अब देशी सरकारों के समय हिन्दी विदेशी भाषा की तरह देखी जा रही है। देशी और राष्ट्रीय सरकारों से अब भारतीय भाषाओं को सम्मानपूर्ण स्थान देने की माँग करने के लिए 14 सितम्बर का दिन निश्चित है।

गद्यकार, सम्पादक पं. रामनिवास शर्मा

हमारे लिए सारे स्कूल के और नगर के लिए वे महाराज थे। महाराज यानी राजा नहीं, महाराज यानी हिन्दी-अध्यापक। मुझे इस समाज शास्त्र का अब तक ज्ञान नहीं है जिसके चलते 'महाराज' हिन्दी-अध्यापक का पर्यायवाची हो गया था। मैंने यह सब जानने की कभी ज़रूरत भी नहीं समझी। मैं तब सातवीं कक्षा में पढ़ता था।

महाराज हमारी कॉपियाँ जाँचते और 'रा.नी.' लिखते, सब हँसते और जब वे आते तो कहते कि लो 'रानी' आ गए। एक बार मैंने 'नी' काट कर 'जा' कर दिया—राजा। वह व्याकरण और 'जेंडर' दोनों तरह से शुद्ध था। लेकिन वे राम निवास थे जिसका संक्षेप 'रानी' ही हो सकता था। महाराज के लिए तुक मिलाकर कविता भी लिखी गई थी; दुर्भावना से नहीं, कौतुकवश—'घंटी बजी टन्न उसमें निकले गजानन्न। गजानन्न ने डाली घास, जिसको खाएँ रामनिवास।' किसी छात्र ने ये पंक्तियाँ ब्लैकबोर्ड पर लिख दी; मैं भयभीत बैठा रहा कि अब पूरी क्लास दंडित होगी, लेकिन महाराज आए, उन्होंने वे पंक्तियाँ पढ़ीं, हंसे और डस्टर लेकर मिटा दीं।

पं. रामनिवास शर्मा सुन्दर और आकर्षक नहीं थे लेकिन उनके चेहरे पर कोमल-सी रोशनी चमकती थी और सिर मुझे ऐसे लगता जैसे कोई लोहे का गोला हो, जिसमें ऊर्जा का स्रोत छिपा हो। उनकी टाँगें सूखी लकड़ी-सी नज़र आतीं,जो घुटनों के कुछ नीचे तक खादी की धोती से ढकी रहतीं। वे खादी का कुरता पहनते थे और सर्दियों में नेहरू जी जैसी बास्कट। बाद में जिस चित्र में मैंने उन्हें बन्द गले का कोट, साफा और गले के दोनों ओर दुपट्टा डाले हुए देखा था, वह ज़रूर अवसर विशेष के लिए खिंचाया गया होगा। जब तक मैं झालावाड़ के स्कूल में पढ़ता रहा, महाराज को मैंने बहुत औपचारिक वस्त्रों, मोजे, बूंट पहने नहीं देखा, न अचकन में, न चूड़ीदार पाजामा में। वे जूते पहनने के बजाय चप्पल पहनते थे जो मुझे गांधीजी की चप्पलों से मिलती-सी नज़र आतीं। यह शायद उन चप्पलों के कारण ही हो कि उनके पैर सर्दियों में बिवाइयों से फट जाते और कुछ कुरूप भी लगने लगते। स्कूल में सिर्फ हेड मास्टर लाला संतराम ही थे जो पेंट-कोट पहनते थे, पर साहबी से बचने के लिए पंजाबी साफा बाँधते थे, लाला लाजपतराय की तरह; या फिर पंडित जयदेव झा थे, जो धुर बिहारी वस्त्र और पगड़ी पहनते थे और संस्कृत

पढ़ाते थे। वे पंडित थे और लगते भी थे। वे दरभंगा के थे और महाराज भवानीसिंह के विद्यानुराग ने उन्हें यहाँ बुला लिया था। उनके पुत्र गजानन्द झा, झालावाड़ के इसी स्कूल में, जिसमें मैंने सातवीं क्लास में दाख़िला लिया था, अंग्रेज़ी पढ़ाते थे। तरुण गजानन्द झा ने अपने पिता से अलग पहचान बना ली थी। उनकी वेश-भूषा में अंग्रेज़ियत आ गई थी। लेकिन महाराज अपनी सारी सादगी के बावजूद विशिष्ट थे। गुरुकुल कांगड़ी में पढ़े होने के कारण उनकी रुचियाँ और जीवनशैली दूसरे अध्यापकों से भिन्न नज़र आती थी। वे प्राय: अपने साथ पत्र-पत्रिकाएँ लाते, लेकिन उन दिनों मैं पत्र-पत्रिकाओं के महत्त्व के बारे में कुछ नहीं जानता था, न छपने के बारे में और न लेखक के महत्त्व के बारे में। महाराज के मन में पूरे समय यह विषाद रहा होगा कि उनके विद्यार्थी यह कब जानेंगे कि उनका हिन्दी अध्यापक अपने समय का बड़ा लेखक, विचारवान पंडित, वक्ता और एक देश-प्रसिद्ध पत्रिका का सम्पादक है। वे बहुत बार इन पत्रिकाओं में छपे अपने फोटो दिखाते लेकिन नाम छिपाने के लिए उस जगह हाथ रख देते जहाँ वह होता। फिर बालकों जैसी सरलता से पूछते : अच्छा तो बताओ जी, ये कौन हैं? हम विद्यार्थी जो पहली बेंच पर बैठते महाराज की तरफ देख कर मुस्कराते। उस समय यही संवाद होता था, इसी तरह का, यह भी केवल हिन्दी भाषा के अध्यापक से। अंग्रेज़ी के अध्यापक शासकों की भाषा के प्रतिनिधि थे विशिष्ट, उसी तरह के अपने को मानते, उसी ठसके से रहते। उनसे किसी की नज़दीकियाँ सम्भव न होतीं। गणित अंकों और रेखाओं का अमूर्त विषय था जिससे अधिकांश विद्यार्थी डरते, उसके अध्यापक से आतंकित रहते। स्कूल एक संवादहीन यंत्रणा-गृह-सा लगता।

महाराज हमसे सस्वर पाठ पढ़ने को कहते और शब्दार्थ पूछते। विद्यार्थियों को इस तरह अपनी सार्थकता का विश्वास होता। लेकिन इस तरह भी वे थोड़े से ही पास लगते। अपनी अगाध विद्वता के छोर पर वे निस्संग ही हो सकते थे, स्कूल के विद्यार्थी उनके बौद्धिक ताप को सहते थोड़ी-सी ज़मीन पर ही खड़े रह सकते थे। स्कूल के दूसरे अध्यापक महाराज का कैसा सम्मान करते रहे होंगे, इसका मैं कभी अन्दाज़ नहीं लगा सका। महीने में दो बार निबन्ध लिखना पड़ता। जब मैं बड़ी क्लास में आ गया, तब यह समझने लगा कि निबन्ध में प्रकृति की मनोरम छटाओं का वर्णन करने से महाराज सन्तुष्ट होते हैं, इसलिए निबन्ध के प्रारम्भ में इस तरह लिखता—भगवान भुवन भास्कर प्राची में उदित हो गए, कभी 'गगनाङ्गण' शब्द का प्रयोग करता और इस तरह के रसपूर्ण वाक्य बनाता कि महाराज मुझसे अपना लेख सुनाने को कहते। निबन्ध के अन्त में भी मैं एक कौतुकास्पद वाक्य जोड़ता... और फिर मैं निद्रा देवी की गोद में सो गया। महाराज इस वाक्य से बहुत प्रसन्न होते। प्रकृति के इस रसात्मक वर्णन के कारण मैं उन दिनों प्रसादजी की 'पुरस्कार' कहानी के अनेक अंश सहज याद कर सका और उन्हें कहीं भी उद्धृत करता होता।

शायद इस प्रकार की हिन्दी लिखने के कारण मेरी स्कूल में कुछ अलग-सी पहचान बनने लगी। झालावाड़ में पंडित रामनिवास शर्मा को लेखक की तरह 'अल्प ख्याति' प्राप्त थी। लोग राजा के साथ सम्पर्क की घनिष्ठता को ही महत्त्व देते थे। विद्वानों की मान्यता के लिए राजपुरुषों की नज़दीकियाँ और उनकी कृपादृष्टि आवश्यक थी। महाराज को मैं ख़ुदाबख़्श भाई की दुकान पर आते-जाते देखता। उनके भाई रंगरेज थे, लेकिन ख़ुदाबख़्श दार्शनिक मिज़ाज के थे और गम्भीर साहित्य पढ़ते थे। उनके पास मैं माधुरी, वीणा, गंगा, कल्याण, कल्पद्रुम, सरस्वती की प्रतियाँ देखता। जिनमें महाराज के और दूसरे विद्वानों के विमर्शपूर्ण आलेख और टिप्पणियाँ होतीं। वे ये पत्रिकाएँ महाराज से ही लाते थे।

पंडित रामनिवास शर्मा विज्ञान के अध्यापक विरदीचन्दजी के साथ रहते थे। जब से मैंने उन्हें देखा है तब से वहीं एक लम्बे कमरे में, चारपाई और फैले हुए बेतरतीब कपड़ों और किताबों के साथ। उनकी पत्नी का देहांत बहुत जल्दी ही हो गया था, लेकिन मास्टर विरदीचन्दजी के परिवार को महाराज ने अपना बना लिया, अभिन्न और परम आत्मीय। इस व्यवस्था के कारण वे अपनी ज़िन्दगी और लेखन की अनवरतता को कायम रखने में सफल हुए। विरदीचन्दजी मास्साब अपने शान्त और विनम्र स्वभाव के कारण महाराज को बड़े भाई की तरह आदर देते रहे। तब की खुली ज़िन्दगी आडम्बर रहित थी। दोनों अध्यापकों की कोई अपनी-अपनी या सम्मिलित 'बैठकें' या 'बैठक', कुर्सी या सोफे, शिकायतें या परेशानियाँ नहीं थीं। अपने-अपने सुख-दुख लिए एक साहित्य का विधुर अध्यापक और दूसरा विज्ञान का गृहस्थ टीचर अपनी मर्यादा और अपनी स्वाधीनता के साथ एक मैत्रीपूर्ण, साझा जीवन जीते रहे। बाद वाले वर्षों में जब कभी मैं महाराज से मिलने जाता, वे एक हरे दोने में कलाकंद और नमकीन सेव खिलाते, पुराने पत्थर की बनी छतरी की सीढ़ियों पर दरी बिछाकर वे पत्रिकाएँ दिखाते जिनमें उनके लेख, उनके चित्र के साथ छपे होते।

इस छोटे नगर में महाराज की विद्वता उनके ज्ञान, उनकी हिन्दी प्रदेशों में प्रसिद्धि, अनेक भाषाओं के पांडित्य की सराहना करने वाला कोई नहीं था। महाराज भवानी सिंह का, जो उन्हें अपनी विद्वद् सभा में नवरत्नों के एक रत्न की तरह शोभित किये थे, निधन हो गया था और अब वे उदासीनता और उपेक्षा के वीरान में खड़े शायद मुझे अपने प्रशंसकों में गिन रहे थे। एक बार उन्होंने मुझसे हिम्मत करके कहा था 'अजी कुछ लिखो जी नंद; मेरी कविता पर लिखो।' मैं झेंप गया; साहित्य और कविता के बारे में मेरा अल्प ज्ञान महाराज से छिपा नहीं होगा। मैं थर्ड ईयर (बी.ए. फाइनल) में पढ़ता था। पंडितजी ने कुछ दोहे लिखे थे वे मुझे दे गये और उन पर लिखने का कुछ समीक्षा ज्ञान भी। आत्मविश्वासपूर्वक मैंने दोहों पर समीक्षा लिखी, जिसे महाराज ने देख-पढ़कर 'वीणा' में भेज दी। उन दिनों मध्य प्रदेश, इन्दौर

से कालिका प्रसाद दीक्षित 'कुसुमाकर' के सम्पादकत्व में निकलने वाली 'वीणा' का सम्मान था, उसमें जब वह समीक्षा छपी तो मैं बहुत प्रसन्न हुआ। महाराज ने उस अंक को जगह-जगह दिखाया, मेरे पिता को भी, जो छपने के महत्त्व को जानते थे, लेकिन महाराज की विद्वता, उनका स्वाध्याय और मौलिक निगूढ़ चिन्तन की जैसी चर्चा और प्रसिद्धि होनी चाहिए थी, वैसी नहीं हुई और उसका दंश उन्हें जीवन भर कष्ट देता रहा हो तो कोई अस्वाभाविक और अचरज की बात नहीं है। महाराज का केवल एक निबन्ध संकलन 'सौरभकण' 1943 में प्रकाशित हुआ (जन्म सन् 1883), तब वे साठ वर्ष के हुए थे। इसे मध्यप्रदेश हिन्दी साहित्य समिति, इन्दौर ने प्रकाशित किया था। 187 पृष्ठ की इस पुस्तक का मूल्य दो रुपया बारह आना था, पुस्तक की भूमिका माधवराव विनायक राव किवे, एम.ए. ने लिखी है। किवेजी की इस छोटी-सी किन्तु विशद अथात् वाली भूमिका में महाराज के लेखकीय अवदान को इस प्रकार रेखांकित किया गया है :

"आप ही ऐसे व्यक्ति हैं जिन्होंने पाश्चात्य एवं पौर्वात्य-वाङ्मय-समुद्र के साहित्य रत्नों पर प्रकाश डालने का सफल प्रयास किया है। साथ ही आधुनिक विषयों को सार्वभौम और सार्वजनिक किन्तु शास्त्रीय रूप देने और प्राचीन धूल-धूसरित विषयों को सामयिकता के परिष्कृत भव्य और विद्वन्मान्य आसन पर बिठा सकने का अदम्य उत्साह दिखाया है।"

"आपके लेख यद्यपि समाधिक गुणावली से समलंकृत हैं तथापि उनकी कलात्मक वैज्ञानिक शैली, विशुद्ध विचार पद्धति, उच्च मनोवृत्ति और संश्लेषण-विश्लेषणात्मक वर्णन प्रणाली का साहित्य में अपना स्थान है। उनकी अनुभूति प्रधान विवेचना, भाव-भावना प्रधान अभिव्यंजना, कर्मठात्मक प्रस्तावना और समन्वय-सामंजस्य मूलक विचारधारा भी उच्च साहित्य की द्योतक है। सुपरिपक्व विचारों की महनीयता भी भुलाई जाने की वस्तु नहीं है। लेखों की ज्ञानवर्धकता तो बलात जिज्ञासुओं का ध्यान अपनी ओर आकर्षित करती है। आपके लेखों की एक सुस्पष्ट विशेषता यह भी है कि उनमें सनातन-सत्य, मानवीयता और सामयिकता का विशद विवेचन सांगपांग मिलता है। साथ ही इनमें समाज को धरातल से ऊपर उठाने का गुण भी पूर्णतः पाया जाता है। यही कारण है कि वातावरण और व्यक्तित्व निर्माण का उद्योग लेखक का अपना ध्येय-सा मालूम होता है, लेकिन इन सबका उपादान कारण तो लेखक की मौलिक विचार-पद्धति और विषय-प्रतिपादन की विद्वत्तापूर्ण मनमोहक रीति ही है।"

किवेजी ने पंडितजी के निबन्धों की जिस निपुणता के साथ विवेचना और सराहना की है, वह उनके भी साहित्यिक-ज्ञान और मर्मज्ञता का परिचायक है। द्विवेदीकालीन निबन्धों और गद्य-लेखन में पंडितजी ने जिस प्रौढ़ता और वैविध्य का परिचय दिया है, वह उन्हें उत्कृष्टता के शिखर पर पहुँचाता है। वे जिस भाषा को काम में लेते हैं और जिन विषयों का पल्लवन करते हैं, उससे हिन्दी लेखन की

परिपक्वता और उसकी ज्ञान-परम्परा की दुर्लभ जानकारी मिलती है। यदि हिन्दी के इतिहास लेखन में उत्तर प्रदेश के इर्द-गिर्द की ही साहित्यिक ज़मीन तक सीमित न रहा गया होता तो महाराज जैसे बड़े गद्य-निर्माता का नाम अनुल्लेखनीय नहीं रह जाता। यह राजस्थान के विश्व विद्यालयों के हिन्दी विभागों और राजस्थान साहित्य अकादमी का प्रमाद ही है कि हिन्दी गद्य के सहस्रों पृष्ठ लिखने वाले पर एक भी उत्तम शोध-ग्रंथ अथवा प्रामाणिक पुस्तक उपलब्ध न हो।

बहरहाल 'सौरभ कण' में विविध विषयों पर बारह निबन्ध संकलित हैं; उनमें से एक 'आर्योचित आदर्श साहित्य के निर्माण की रूप-रेखा' जैसा विशद तथा वैचारिक निबन्ध शामिल है। यह बात देखने जैसी है कि पंडितजी गुरुकुल में दीक्षित हैं, इसलिए वे आर्य समाज के अनेक संस्कारों को याद करते हैं, उनमें से एक प्रबलतम है विज्ञान-सम्मत विवेक का। उसका परिणाम यह होता है कि वे अनेक अतिवादी अवधारणाओं का प्रतिकार करते हैं। वे ज्ञान और सूचनाओं का आकलन करते हुए पश्चिम के विद्वानों को उद्धृत करते हैं। लेकिन जिस भावनात्मक ज़मीन को वे विवेक से या कि भावुकता से पकड़े रहते हैं वह वैदिक-चिन्तन और उसी के अनुसार 'कृणवन्तो विश्वमार्यम्' ही है। आर्य-श्रेष्ठता की उद्घोषणाएँ करते वे कभी नहीं थकते। एक नैतिक जिम्मेदारी का भाव उनके लेखन में हमेशा मौजूद रहता। 'सौरभ कण' के तथा अन्य लेखों में भारतीय प्रतिभा की श्रेष्ठता और गवेषण के उद्यम की अथक सराहना है। इसे मैं 'लचर राष्ट्रवाद' की तरह न देखकर उस आत्म विश्वास के रूप में देखता हूँ जिसकी हमें ज़रूरत थी; जबकि अंग्रेज़ हुक्मरान और उनके इतिहासकार हमारी ज्ञान-परम्परा को लद्दड़ और लाचार साबित करने में लगे थे। महाराज का लेखन भारतीय मनीषा और परम्परा को फिर से देखता है और उसे राष्ट्रवाद से जोड़ देता है। द्विवेदी काल के लेखकों में पंडित रामनिवास शर्मा सम्पूर्ण आत्म-विश्वास, शास्त्र-ज्ञान और भाषा के समर्थ प्रयोगकर्ता के रूप में स्थापित होते हैं। भाषा के जिस व्याकरणनिष्ठ रूप को 'सरस्वती' सम्पादक मान्य बना रहे थे उसे अभिव्यक्ति का समर्थ माध्यम बनाने में महाराज के प्रयत्न उल्लेखनीय रहे। बस मुझे उनसे यही शिकायत रही कि वे भाषा के रुतबा को बढ़ाते रहे लेकिन उन्होंने उसके लालित्य, उसकी जीवन्तता को नहीं बचाया। शायद ज्ञान की और रचना की भाषा के अन्तर को द्विवेदी काल के मूर्धन्य विद्वान जान-बूझकर अनदेखी करते रहे हों या खड़ी बोली के शब्द-निष्ठ स्वरूप को बचाने के लिए उनका ध्यान लालित्य जैसे भाषा के गुण की ओर गया ही न हो। ज्ञान की ऊँचाइयों में रामनिवास शर्मा द्विवेदीकालीन लेखकों में सबसे ऊँचे हों तो आश्चर्य नहीं है, लेकिन इसे शोध और जाँच का विषय बनाया जाना चाहिए।

'सौरभ कण' के अतिरिक्त महाराज की कोई पुस्तक प्रकाशित नहीं हुई और न उनका कोई लेख ही किसी पाठ्य-पुस्तक में सम्मिलित किया गया। यह लेखक

के साथ-साथ उस प्रान्त का भी दुर्भाग्य है जहाँ उसके बड़े लेखकों को भी उपेक्षा के अँधेरे में विलीन हो जाना पड़े लेकिन पिद्दी लेखकों की यश-पताका दूर-दूर तक फहराती नज़र आए।

पंडित रामनिवास जी ने साहित्यिक पत्रकारिता के उच्च प्रतिमान स्थापित करने के लिए 'सौरभ' पत्रिका का सम्पादन प्रारम्भ किया। पत्रिका का पहला अंक सितम्बर 1920 में प्रकाशित हुआ। मुखपृष्ठ पर झालावाड़ के राजमहल का चित्र छपता था और संरक्षक के रूप में महाराज राणा झालावाड़, नरेश सर भवानीसिंह बहादुर के.सी.एस.आई. का नाम, प्रत्येक अंक में एक या दो कविताएँ, अन्तर अनुशासनीय आलेख और अन्त में महाराज रामनिवासजी द्वारा विविध सामयिक विषयों पर लिखी टिप्पणियाँ होती थीं। अंक करीब पचास पृष्ठ का होता था। 19वें अंक के साथ, मार्च 1922 में 'सौरभ' प्रकाशन बन्द हो गया। (मेरे पास इन दुर्लभ अंकों की फाइल और 'सौरभ कण' पुस्तक की प्रति है जो मुझे स्वतंत्रता सेनानी और राजस्थान के वरिष्ठ पत्रकार स्वर्गीय कनक 'मधुकर' ने दी थी, जिनका मैं अत्यन्त आभारी हूँ।) इन उन्नीस अंकों में जो सामग्री प्रकाशित हुई है, वह कई अनुशासनों से सम्बन्धित है और उससे भारतीय प्रतिभा और उसकी अन्वेषी परम्परा का गहरा बोध होता है। इन लेखों में अंग्रेज़ी विद्वानों के प्रचुर हवाले मौजूद हैं, जिनका उद्देश्य बौद्धिक कट्टरवाद और वर्चस्व दंभ को तोड़ना प्रतीत होता है। 'सौरभ' के लेखक अपने समय के स्थापित और विद्वानजन हैं। 18वें अंक में 'अन्तिम निवेदन' के साथ उन लेखों के नाम छापे गये हैं जो समय पर परिश्रमपूर्वक उत्तमोत्तम लेख भेज कर हमारा हाथ बँटाने में सदैव सावधान रहे हैं। इन नामों में प्रमुख हैं—पं. लज्जाराम महता, लाला कन्नोमल एम.ए., पं. पद्मसिंह शर्मा, मिश्रबंधु, मुंशी देवी प्रसाद, पं. प्यारेलाल मिश्र बार एट ला, ठा. किशोरी सिंह बारहठ, महेश प्रसाद मौलवी का फाजिल, पं. प्राणनाथ विद्यालंकार, बाबू सम्पूर्णानन्द, पं. चन्द्रमणि विद्यालंकार 'पालीरल', पं. आत्माराम जी बी.ए.एल.एल.बी. आदि।

यह बात गौर करने की है कि 'सौरभ' पत्रिका के सम्पादक अपने सामग्री चयन और पाठकों की रुचि का ताल-मेल बैठाने में अत्यन्त सजग थे। यह दरअसल वही भाषा का मोर्चा था जहाँ जरा-सी भी आकस्मिकता, प्रमाद या आत्म-मुग्धता स्वाधीनता के आशयों को गड़बड़ा सकता था या उसके अभिप्रायों को बदल सकता था। द्विवेदीकालीन साहित्यकार, पत्रकार इस जिम्मेदारी को जानते थे और वे नई भाषा और नये विषयों के जरिये एक अलग मिज़ाज वाले साहित्यिक समाज का निर्माण करने में लगे थे। ज़रूरत पड़ने पर वे अंग्रेज़ी पुस्तकों का अनुवाद कर रहे थे और उनके समाजशास्त्र, अर्थशास्त्र, मनोविज्ञान, राजनीति आदि के शब्दों का प्रयोग कर रहे थे। 'सौरभ' सम्पादक रामनिवास शर्मा ने ज्ञान की खिड़कियाँ खोलने में कोई संकोच नहीं किया और वे हिन्दी-अंग्रेज़ी शब्दों, अंग्रेज़ विद्वानों के उद्धरणों

से अपने लेखक, 'सौरभ' के सम्पादकीय और टिप्पणियों को ज्ञान-वर्द्धक बनाते रहे। लेकिन यह प्रयत्न भारतीय ज्ञान परम्परा को नई भाषा में व्याख्यायित करने का भी था। सौरभ के 'ठोस, गम्भीर और मौलिक लेखों पर 'लीडर' में प्रशंसा करते हुए सर सी. वाई। चिन्तामणि ने लिखा कि लेखक का अपने विविध और विभिन्न विषयों पर आधिपत्य ही नहीं, पूर्ण आधिपत्य है।

'सौरभ कण' में छपे निबन्धों की सूची देखकर पंडितजी के विविध विषयों में रुचि और ज्ञान का अन्दाज़ा लगाया जा सकता है। विषय सूची इस प्रकार हैं— 1. विचार पद्धति और विश्वशान्ति, 2. सौन्दर्य विज्ञान, 3. वायुमंडल-विज्ञान, 4. मानसिक रसायन और उसका उपयोग, 5. साहित्य और रसायन विज्ञान, 6. चित्र-दर्शन-कला, 7. उपकार-कला, 8. आर्य साहित्य के उपेक्षित तत्त्व, 9. ज्ञान-विज्ञान के अन्वेषण का नवीन क्षेत्र, 10. मानस का अनिंद्य महिला चरित्र चित्रण, 11. आर्योचित आदर्श साहित्य के निर्माण की रूप-रेखा, 12. साहित्य की सार्वभौम सत्ता और हमारा उत्तरदायित्व।

'सौरभ' के प्रकाशन के स्थगन पर भी महाराज हतोत्साहित नहीं हुए। हिन्दी की प्रतिष्ठित पत्रिकाओं में उनके लेख प्रकाशित होते रहे।

मेरी दुनिया झालावाड़ तक ही सीमित थी। मैं तब छपने के महत्त्व को न जानता था और न अक्षरों की चमक या कि दूर-दूर तक फैली रोशनी के बारे में मुझे कुछ मालूम था। मैं बस पाठ्यक्रम की पुस्तकें पढ़ता या समस्या पूर्ति करता। महाराज के लेखों के बारे में जब दसवीं में आ गया तब सोचने लगा। 'किसके लिए लिखते हैं महाराज! दूसरे मास्टर तो कुछ नहीं लिखते? उनके लेख कौन पढ़ता है?' इस तरह कुछ सोचता।

क्या मुक्ता देवी महाराज के लेख पढ़ती थीं? वे काल्विन गर्ल्स स्कूल की अध्यापिका थीं और महाराज के पास वाली सड़क पर उनका मकान था। मैंने उन्हें और केसर देवी को 'कवि दरबार' में कवित्त-पाठ करते सुना था। केसर देवी के पति 'हंस' भी कविता लिखते थे और कवि दरबार की गोष्ठियों में सुनाते थे। केसरदेवी और हंस के इस युगल पर वहीं के किसी कवि ने एक विनोदपूर्ण छंद भी लिखा था, जिसका अन्त इस प्रकार हुआ। 'हंस विहरे है शठ! केसर की क्यारी में।'

'कवि दरबार' की गोष्ठियों में मैं प्राय: वरिष्ठ कवियों के पीछे दुबक कर बैठा रहता और मध्यानतर की प्रतीक्षा करता, जब एक दोने में मोती पाक और घी में तले नमकीन सेव दिये जाते। मुक्ता देवी को किसी तरह हिम्मत करके मैंने पहली बार कवि-गोष्ठी में ही देखा था। वे गौर वर्ण, किंचित स्थूल और आकर्षक थीं। पति की मृत्यु के बाद वे अपने पिता के साथ ही रहीं। एक सहृदय पड़ोसी की तरह मुक्ता देवी का परिवार महाराज का आदर करता रहा। महाराज के विधुर, सूने और एकान्त जीवन में किंचित उल्लास भरने वाले मुक्ता देवी के परिवार की यह भूमिका उल्लेखनीय थी।

कभी-कभार महाराज मेरे घर भी आते। वे मेरे पिता को साहित्यानुरागी मानते थे। प्राय: उनके पास वे पत्र-पत्रिकाएँ होतीं, जिनमें उनके लेख छपे होते। मेरे पिता उनके प्रशंसक और पांडित्य से प्रभावित थे। मेरी माता मुझे बुलाती और पंडितजी से भोजन करने को कहलवातीं। वे बहुत संकोच के साथ कभी-कभी भोजन कर लेते। जब हमारी रियासत का राजस्थान में विलय हो गया और स्वर्गीय मोहनलाल सुखड़िया मुख्यमंत्री बने तब मेरे पिता ने हंसकर ताली बजाते हुए महाराज को बधाई दी और कहा कि 'अब वे महत्त्वपूर्ण व्यक्ति हो गये हैं। मुख्यमंत्री के मौसाजी।' महाराज निर्विकार रहे। ये वे दिन थे जब विज्ञान के अध्यापक विरदीचन्दजी झालावाड़ छोड़ कर अपने पुत्र के पास चले गये थे और महाराज निपट अकेले श्री अब्दुल रज़्ज़ाक रिटायर्ड तहसीलदार के मकान 'गुलज़ार मंज़िल' के एक कमरे में रहने लगे थे। इन दिनों उनका हमारे घर आना अमूमन होने लगा और वे थोड़े आग्रह पर भोजन करने लगे। क्या वे भोजन कराने वाले को ढूँढ़ने लगे थे? क्या गुर्जर गौड़ ब्राह्मण महासभा सभापति विद्यावारिधि पं. रामनिवास शर्मा को इस नगर में कोई नियमित भोजन कराने वाला और अपने घर में आराम से रखने वाला नहीं बचा था?

'गुलज़ार मंज़िल' अब वीरान हो चुकी थी। सामने अलवर नरेश की स्मृति में बना 'जयनारायण पार्क' उदास वृक्षों का उपेक्षित स्थल बन गया था। कवि मित्र 'सुधाकर' (झालावाड़ नरेश) की जिस स्तूप पर ये पंक्तियाँ लिखीं थीं :

उर पर आरी चली, काल की कटारी चली,
स्वर्ग को सवारी चली प्यारे जयराज की।

वह अँधेरे में खड़ा था। मैं महाराज के उस कमरे से लौट आया था जहाँ सब चीजें अस्त-व्यस्त और फ़िज़ूल-सी नज़र आती थीं। महाराज के लेखन और मूर्धन्यता से जिस नगर को यश और रोशनी और नाम मिला था, वे अब असहाय से नज़र आते थे। बाद में जब अकादमी स्थापित हो गई, उन्हें आर्थिक सहायता दी जाने लगी, लेकिन उनके इर्द-गिर्द उनके पास कोई नहीं था। किसी ने मुझे कहा कि वे कहीं भी जाते तो ठेले में बैठकर जाते, लगभग अपाहिजों की तरह। उनकी आँखों की रोशनी भी चली गई थी।

मैं शायद यह लिखना भूल गया हूँ कि महाराज का वैवाहिक जीवन जल्दी ही सिमट गया। प्रसव काल में ही उनकी पत्नी का निधन हो गया और तब से अपने एकाकी जीवन और अकेले होने के संताप को वे साहस के साथ सहन करते रहे।

उन दिनों भी जबकि उन्हें यानी एक हिन्दी अध्यापक और हिन्दी लेखक को जो भी अकिंचन-सा वेतन या अत्यल्प-सा मानदेय मिलता हो, उसमें से एक सपने, एक सुकृत्य के लिए वे कुछ बचाते रहे। इस तरह एक सार्वजनिक प्रसूति गृह के लिए उन्होंने दस हजार रुपये जोड़े। झालावाड़ राजकीय चिकित्सालय के साथ महाराज

के इस लोक मंगलकारी अवदान से पंडित रामनिवास कॉटज वार्ड बना हुआ है। यह एक संवेदनशील लेखक के 'शब्द और कर्म' को एक साथ जीने का प्रमाण है। 1964 में उनका निधन हो गया।

14 सितम्बर के दिन हम हिन्दी के लोग अपने वाग्मिता का प्रदर्शन करते हुए हिन्दी को राजभाषा बनाने की राजपुरुषों से याचना करते रहते हैं; तब ही मैं महाराज के उस अवदान की याद करता हूँ जो इस जनभाषा के वैभव को बढ़ाते रहे और उस साम्राज्यवादी अंग्रेज़ी भाषा के विरुद्ध रचनात्मक बगावत करते रहे जो तमाम भारतीय भाषाओं को 'वर्नाक्यूलर' कह कर अवमानित करते रहे थे। हमारे देशी हुक्मरान इन शानदार देशभक्तों का न तो नाम जानते हैं और न भाषा के मोर्चे पर उनके द्वारा प्रदर्शित अद्‌भुत रचनात्मक पराक्रम को।

महाराज पं. रामनिवास शर्मा, सम्पादक 'सौरभ' का स्मरण उसी पराक्रम का स्मरण है। देखना है कि राजस्थान के लोग विद्वद्‌मंडली और राजस्थान साहित्य अकादमी भाषा-भक्तों के इस अवदान का स्मरण कैसे करती है?

सत की बेड़ियाँ सरनाटे बाजै

[सत्य की बेड़ियाँ पूरे वेग से बज रही हैं]

मुझे दुख है कि यह कविता पूरी याद नहीं है, पूरी या कोई अंश तक याद नहीं है, केवल यह मुखड़ा याद है। यह हाड़ौती (कोटा, बूँदी, झालावाड़ के क्षेत्र मिलाकर हाड़ौती कहते हैं) के किसी प्रसिद्ध कवि की है, ऐसा भी नहीं है। प्रसिद्धि सबके भाग्य में होती भी नहीं है यद्यपि वह महानतम पुरुषों की अन्तिम और दुर्बल चाहत है। मिल्टन ने अपनी शोक-कविता में लिखा है—"फेम इज़ दि लास्ट इनफरमिटी ऑफ नोबल माइंड।" पांडवों की माँ कुन्ती ने किसी प्रसंग में विद्या और पौरुष की सामर्थ्यहीनता के बारे में कहा था कि भाग्य ही फलता है विद्या या पौरुष नहीं (भाग्यं फलति सर्वत्र न च विद्या न च पौरुषम), कवि-प्रसिद्धि के बारे में भी यही सत्य है। विद्या और पौरुष अक्षम नज़र आते हैं।

आज़ादी के समय लिखी सैकड़ों कविताओं में एक इस कविता के मुखड़े ने मुझे मोहित कर लिया था। लोकभाषाओं के जादुई संगीत की मोहिनी से मैं बँधा था। वह लय वाला रूपक इस पंक्ति में निबद्ध था और सत्य की अविश्रान्त गति को सूचित करने वाला शब्द 'सरनाटे बाजै' मैंने किसी कविता में ऐसा उपयुक्त नहीं पढ़ा। बेड़ियों में क़ैद हुए सत्य की यह त्रिकाल विजय थी; यह ध्वनि, कभी न थमने वाली, कभी निःशब्द न होने वाली। यह साम्राज्यवादी नृशंसता के विरुद्ध नैतिक रोष प्रकट करने वाली कविता-पंक्ति थी; आगे आने वाले दिनों के लिए भी जब हम असत्य और असहिष्णुता के दुर्दिनों से घिरे हों।

लेकिन मेरे पास केवल यही एक पंक्ति है और कविता की पूरी अन्तर्वस्तु के बारे में कुछ भी कहना सम्भव नहीं है।

विदेशी पराधीनता से संघर्ष करते इस कवि भेरूलाल काला बादल की एक दूसरी कविता की भी एक ही पंक्ति मुझे याद है 'काला बादला बरसा द र बळती आग' (काले बादल जलती अग्नि की वर्षा कर)। हाड़ौती में लिखी कविताओं की जिन पंक्तियों का मैंने हिन्दी में अनुवाद किया है वह दरअसल निष्प्रभ है। परिष्कृत भाषाएँ ज़िन्दगी के आवेग और सहज स्फूर्ति की प्रायः चिन्ता नहीं करती, जैसी वे अपनी पवित्रता, अभिजात्य और वर्चस्व का करती हैं लेकिन जो

भाषाएँ लोक बनाता-रचता है वे अपनी मौलिकता के पक्ष में खड़ी होती हैं और वहीं से अपनी लय, आरोह-अवरोह और व्यंजना के दबावों को ग्रहण करती है। काला बादल जब 'बरसा द र' में 'द र' का प्रयोग करते हैं तब वे उस मौलिक व्यंजना का ही उद्‌घाटन करते हैं जिसे मेरा हिन्दी गद्यानुवाद बचाने में निष्फल होता हुआ निष्प्रभ हो जाता है। 'द र' में व्याकुलता के अनेक स्तरीय आवेग हैं जो हिन्दी की इसी मनोभाव वाली अन्य रचनाओं तक में व्यंजित नहीं होते। दरअसल शोषण और पराधीनता के विरुद्ध लड़ते हुए इस देश के कवियों ने जिस विकलता के साथ सर्जना के प्रतिमान बनाए हैं वे काव्य रचना की रूढ़ियों को तो तोड़ते ही हैं साहित्यिक-समाज बनाने का नया उत्कर्ष भी जगाते हैं। इस नये उत्कर्ष में वह विध्वंस भी शामिल है जो पंगु, पराधीन साम्राज्यवादी सत्ता-व्यवस्था को अस्वीकार करता है। ध्यान से देखें तो स्वतंत्रता-संघर्ष की कविता असहमति की कविता है।

यह तथ्य भी उल्लेखनीय है कि स्वतंत्रता-संघर्ष में देश भर के और सभी भाषाओं के रचनाधर्मी अनेक तरह की यंत्रणाएँ सहते हैं जिसमें लम्बी अवधि की क़ैद, सम्पत्ति की जब्ती, नौकरियों से निकाला जाना, आजीवन कारावास और मृत्युदंड भी शामिल है। ये यातनाएँ राजनीतिक कामों के लिए नहीं रचना-कर्म के लिए हैं। यह रचना-कर्म स्वाधीन होने की प्रतिज्ञाओं से जुड़ा है और भाषा की सभी शक्तियों के उपयुक्त प्रयोग का (अभिधा, लक्षणा, व्यंजना) उदाहरण है। यह इस तथ्य का उदाहरण भी है कि राजनीतिक कर्म साहित्यिक-कर्म की तेजस्विता का क्षरण नहीं करता और इस तथ्य की भी कि किसी ऐसे समय के राजनीतिक आदर्श साहित्य की अन्तर्वस्तु भी हो सकते हैं। रचनाशीलता का संकट यह नहीं है कि वह अमुक मनोभाव से जुड़ी है और अमुक से नहीं, बल्कि यह कि वह किसी भी मनोभाव से तीव्रता या उत्कटता से जुड़ पाती है या नहीं।

किन्तु हम इस मुद्‌दे पर दूसरी तरह से भी सोच सकते हैं—आकस्मिकता के सन्दर्भ में। मसलन अपने प्रान्त के सन्दर्भ में सोचते हुए मैं जयनारायण व्यास, हीरालाल शास्त्री, माणिक्यलाल वर्मा या विजय सिंह 'पथिक' आदि की याद करता हूँ जो संघर्ष के समय के आकस्मिक कवि थे और जिन्होंने अपने-अपने तीव्र मनोभावों को छंदों का रूप दिया। इस तरह कि जन-आन्दोलन जन-कविता बन गये लेकिन वे मूलतः कवि नहीं थे; मूलतः वे आन्दोलन के आदमी थे; बाद में वे वहीं चले गये। फिर उन्होंने कविताएँ नहीं लिखीं और न कवियों की तरह पहचाने जाने का आग्रह किया।

भेरूलाल 'काला बादल' के बारे में मेरा ख़याल दूसरा था। जिन कविता-पंक्तियों का मैंने हवाला दिया है, उनसे मैं उन्हें स्वाधीनता आन्दोलन के आकस्मिक कवि से अलग देखता रहा। मेरी दृष्टि में वे सामाजिक-चिन्ताओं के प्रौढ़तर कवियों में

थे और इसी चिन्ता के साथ मैं उनकी अन्य रचनाओं की तलाश में लगा था। मैं जगह-जगह, हाड़ौती के कवि-मित्रों, साहित्यानुरागियों से पूछता रहा, स्वतंत्रता संग्राम के समय के गीत संकलनों को देखता रहा लेकिन न तो मुझे वे दोनों पूरे गीत मिले और न नया ऐसा कुछ जो उनके कवि-व्यक्तित्व पर रोशनी डालता हो। हार कर मैंने यह मान लिया कि 'काला बादल' नाम के कोई आन्दोलनकारी कवि कभी हाड़ौती में आए होंगे, रहे होंगे और चले गये होंगे। ऐसा भी हो सकता है कि वे अब भी हों लेकिन जिनकी प्रतिभा सूख गई हों। मैं ऐसे बहुत से कवियों को जानता हूँ जो पीछे छूट गये हैं और जिनकी प्रतिभा विलुप्त हो गई है या जिन्होंने बाद में शुरू किया और बहुत आगे निकल गये या न बहुत आगे गये, न पीछे ठिठके रहे।

पिछले दिनों शिवराम से मिला था। 'अभिव्यक्ति' के सम्पादक, जन-नाट्य लेखक और हाड़ौती के रेशे-रेशे को जानने वाले। उनसे पूछा था कि कौन थे भेरूलाल 'काला बादल'? क्या वे वही थे जिन्हें हाड़ौती में दाजी (दादाजी) कहा जाने लगा था और जिन्होंने 'सत की बेड़ियाँ सरनाटे बाजै' और 'काला बादल बरसा द र बळती आग' रचनाएँ लिखीं? क्या तुमने इन दोनों रचनाओं को जैसी की तैसी, पूरी-की-पूरी छपी-देखी या पढ़ी है या कि अन्य रचनाएँ सुनी जाती हैं? क्या जनता-पार्टी के समय आयुर्वेद-मंत्री रहे श्री भेरूलाल काला बादल कवि काला बादल हैं? शिवराम ने कहा 'हाँ, वे ही हैं; लेकिन मैंने उनकी वे रचनाएँ नहीं पढ़ी हैं; दूसरी भी नहीं। मैं उन्हें अच्छी तरह नहीं जानता, मैं उनसे मिला भी नहीं हूँ।' लेकिन शिवराम ने वादा किया कि वे इन रचनाओं को ढूँढ़ेंगे। अभी तक शायद वे उन्हें (रचनाओं को) पाने में कामयाब न हुए हों या भूल ही गये हों।

काला बादल से संयोगवश ही मेरा मिलना हुआ। लेकिन तब जबकि उनकी कवि की तरह कोई पहचान नहीं बच गई थी। उन्हें लोग आयुर्वेद मंत्री के पद से लौट आए व्यक्ति की तरह जानते थे। जब वे मेरे यहाँ आए तो जनता पार्टी के कार्यकर्ता की हैसियत से पार्टी अध्यक्ष कल्याणसिंह कालवी के चुनाव-प्रचारक बनकर आए थे। उनकी जीप में चुनाव-प्रत्याशी के पोस्टर और दूसरी सामग्री भरी थी। मेरे यहाँ उनसे एक दिन पूर्व आए मेरे मित्र पुरुषोत्तम मंत्री ठहरे हुए थे जिनके साथ काला बादल को नाथद्वार विधानसभा क्षेत्र में जाना था। मेरे घर पर जीप के रुकते ही वे प्रचार सामग्री के गट्ठर उतारने लगे। इतनी फुर्ती के साथ कि मैं दंग रह गया। वे खादी की धोती और शर्ट पहने थे, दोनों तरफ बटन लगे जेब वाला। उनके सफेद बाल धूल सने होने के कारण मटमैले हो गये थे। लेकिन तब भी वे उनके चेहरे को आकर्षक बनाते थे। मुझे वे बहुत से चेहरे याद आने लगे जिनका वर्णन मैंने रूसी उपन्यासों में पढ़ा था, इस अन्तर

के साथ कि 'काला बादल' का रंग तपे हुए ताँबे-सा था—शुद्ध हिन्दुस्तानी रंग। मैंने जब उनका स्वागत 'दाजी' कहकर किया तो वे हंसे और कहा, "अजी भाई साहब!"

वे बहुत जल्दी में थे। फुर्ती से उन्होंने और पुरुषोत्तम ने चाय पी और नाश्ता किया और जैसे किसी हड़बड़ाहट में हों वे नाथद्वार चले गये। मुझे भी पुरुषोत्तम पकड़ कर ले गये लेकिन वे चन्द्रशेखर वाली जनता पार्टी के बुरे दिन थे। जनसंघ वाले जनता पार्टी से अलग हो गये थे और उन्होंने भारतीय जनता पार्टी के नाम से नई पार्टी बना ली थीं। कल्याणसिंह जनता पार्टी के प्रदेशाध्यक्ष थे जिनके जीतने के आसार नहीं थे। तब भी पुरुषोत्तम और काला बादल उनके प्रचार में जी-जान से जुटे थे। इस तरह से कि उनकी जीत सुनिश्चित हो। तब काला बादलजी से रचनाओं के बारे में कोई बातचीत नहीं हुई। चुनाव-क्रम में प्रसिद्ध तीर्थ एकलिंगजी के पासवाले कस्बे देलवाड़ा में एक जनसभा हुई, जिसे कई मंत्रियों ने सम्बोधित किया। मंत्री बारी-बारी से आते जिनका परिचय संयोजक कराता; वह कहना नहीं भूलता कि अमुक-अमुक विभाग के भूतपूर्व मंत्री रहे हैं। इस क्रम में जब काला बादल को बुलाया गया तो संयोजक यह कहना भूल गया कि वे अमुक-विभाग के भूतपूर्व मंत्री थे। 'काला बादल' को यह अपमानजनक लगा। उन्होंने भाषण प्रारम्भ करने के पूर्व हाड़ौती में बोलते हुए व्यंग्य-मुद्रा में कहा 'भायाँ, संयोजक जी म्हारो परिचय तो दियो छे पण वे भूलग्या क म्हूँ भी भूतपूर्व मंत्री छूं क्यूंक म्हूँ अभूतपूर्व छूं।' मैं उस सभा में शामिल था; मुझे उनका यह श्लेषगर्भी वाक्य हृदयस्पर्शी लगा, कवियोचित भी। हाड़ौती में बोल कर उन्होंने लोगों को मोहित कर लिया।

वोट डलवा कर जब वे उदयपुर आए तब जो उनसे बातचीत हुई उसका सारांश यूं है। यह बातचीत हाड़ौती में हुई थी जिसे मैं खड़ी बोली में प्रस्तुत कर रहा हूँ। उन्होंने कहा कि वे कांग्रेस में थे किन्तु निहित स्वार्थ के अभिजनों ने उन्हें कभी स्वीकार नहीं किया और उनके विरुद्ध 'हाई कमांड' से चुगली करते रहे। आपातकाल के दिनों में उन्होंने एक रसिया लिखा (यहाँ उन्होंने अपनी डायरी खोली और उसमें से सुनाने लगे)—'ऐ री जुलम कर डार्यो या नेहरू की पुतिया ने।' अब देखो भायाजी, ई कविता की पंक्ति में म्हें तो लिख्यो छ नेहरू की पुतिया ने पण दिल्ली में म्हारा विरोधी इन्दिरा जी सूं कियो क काला बादल एक कविता मांडी छ 'ऐ री जुलम कर डारयो या नेहरू की कुतिया न। पुतिया न बदल र कुतिया कर दियो।' इन्दिरा जी नाराज़ हो गईं और मुझे कांग्रेस से निकाल दिया। कांग्रेस में सवर्णों के एकाधिकार से वे नाराज़ थे। लेकिन जनता पार्टी में भी स्थितियाँ बेहतर नहीं थीं, इसका उन्हें अफसोस और एहसास था।

कांग्रेस से अपने सम्बन्धों का ज़िक्र करते हुए उन्होंने कहा, "भायाजी, लोक-राज्य परिषद् का जलसा अजमेर में हुआ था। उसमें शेर-कश्मीर शेख अब्दुल्ला, पंडित जवाहरलाल नेहरू और कई गणमान्य नेता आए थे। आना सागर की पाल पर तम्बू लगे थे। मैं कांग्रेस सेवा दल का वालंटियर था। समय बदल-बदल कर हमारी ड्यूटी लगती थी। जलसे के आख़िरी दिन मेरी ड्यूटी नेहरू जी के तम्बू के सामने लगी थी। सभा देर रात तक चलती रही। मुझे नींद आने लगी तो मैं आना सागर की पाल पर चला गया और 'सत की बेड़ियाँ सरनाटे बाजै' कविता गाने लगा, नेहरूजी कब आ गये मुझे पता ही नहीं लगा। शायद मेरी लय-बद्ध आवाज़ सुनकर वे कुछ देर तम्बू के बाहर ठहरे रहे हों। दिन उगते ही उन्होंने ड्यूटी पर खड़े सेवा दल के वालंटियर से पूछा, "रात को वह चरवाहा कौन था जो गा रहा था। उसकी आवाज़ बड़ी मीठी थी। हम उससे मिलना चाहते हैं।"

यह कहते ही तो रात के ड्यूटी देने वाले वालंटियरों का रजिस्टर ढूँढ़ा जाने लगा। "पतो लाग्यो के म्हूँ छो। म्हन बुलायो और नेहरू जी म्हारी पीठ पर हाथ धर न बोल्या 'तुम अपना गाना आज सभा में सुनाना।' म्हूँ तो गद्गद् हो ग्यो।" बड़ी सभा में मेरी कविता सुनी गई और जब मैं कविता सुना कर अपनी जगह बैठा तो देर तक तालियाँ बजती रही।

बाद में जब पहला चुनाव हुआ तो खानपुर (शायद वे खानपुर, जो झालावाड़ से पच्चीस-तीस किलोमीटर दूर है, रहते थे या कहीं आस-पास मैं नहीं जानता।) से मेरा नाम केंडीडेट के रूप में नहीं भेजा गया।

मुझे बहुत बुरा लगा। मैंने नेहरूजी को चिट्ठी लिखकर इस अन्याय के बारे में लिखा। लिखा कि मैं वही भेरूलाल काला बादल हूँ जिसने लोक-राज परिषद् के अधिवेशन में कविता-पाठ किया था लेकिन मुझे चुनाव में टिकिट नहीं दिया जा रहा है। पत्र पहुँचते ही नेहरूजी के यहाँ से लिखा गया 'भेरूलाल काला बादल को टिकिट दिया जाए।'

फिर जनता पार्टी के शासन काल में मंत्री पद के बुलावे का रोचक वृत्तान्त सुनाते रहे। किस तरह शासन के वाहन आए, किस तरह गाँव में अफरा-तफरी मच गई—म्हूँ अर आपकी भाभी घर पोत रिया छा, क लोग दोड्या-दोड्या आया; दाजी, दाजी जयपुर सूं मोटरां आई छे इत्यादि। कलफ लगे धोती, कुरते के पहनने से लगाकर शपथ-ग्रहण समारोह तक चित्रोपम वर्णन।

मैंने पूछा कि वे दोनों कविताएँ 'सत की बेड़ियाँ सरनाटे बाजै' और 'काला बादला, बरसा द र बलती आग' आपने ही लिखी है? उन्होंने हँसकर कहा और कुण लिखी छे? मैंने आग्रह किया कि वे उन रचनाओं को सुनाए किन्तु तब तक 'मतगणना' शुरू होने का समय आ गया। वे जल्दी से निकले और जीप में बैठ गये।

एक कवि को बार-बार अमरत्व नहीं मिलता। लेकिन अमरत्व प्राप्त होने की सम्भावनाएँ भी तब समाप्त होने लगती हैं जब समय के पदचाप को कवि नहीं सुनता या रास्ता बदल लेता है। जिन दो गीतों से 'काला बादल' हाड़ौती के जन-आन्दोलन के नायक हुए थे अब इस संशय से घिरे हैं कि वे भेरूलाल 'काला बादल' ही थे या कोई, तो भी जिनका उपनाम 'काला बादल' था।

तब भी 'सत्य की बेड़ियाँ सरनाटे से बजती रहे' यह इच्छा ही सर्जना का अमरत्व है और उत्कर्षशील सामाजिकता का प्रतिमान।

दृश्य जगत की रंगत बदल देते हैं जैनेन्द्र

जैनेन्द्रजी से मिलते हुए मुझे हमेशा डर लगता रहा, उसी तरह उन पर लिखते हुए भी डर लगता है क्योंकि जैनेन्द्र के लिखने के कोई जड़ सिद्धान्त नहीं रहे और उन्होंने कभी कोई अटल, अनश्वर स्थापनाएँ नहीं कीं। जिस किसी ने उन्हें व्याख्यान देते सुना हो उसे याद आता होगा कि वे प्राय: अपनी वक़्तृत्वता को बीच-बीच में खंडित करते हुए कहते हैं 'मैं मानता हूँ'। यह संयोग नहीं है और न यह उनके स्थापित होने की घमंड भरी पहल है, बल्कि यह लहजा स्थापनाओं की जड़ता, अहंकार की त्रिकाल-बाधा और सत्य के अद्वंद्वात्मक रूप को हटाकर अपने अनुभव की प्रामाणिक दुनिया देखने के प्रयत्न में हैं। हमारी बौद्धिक दुनिया का यह संकट अभी भी मिटा नहीं है कि अपने सन्देहों को सत्य से मिट जाने दें और वे ख़तरे उठाएँ जो सत्यान्वेषण की बुनियादी शर्त है? यह देखने में आता है कि हमें सत्य को खोजने वाली महान चिन्ताओं की शताब्दी में भी अपने निर्णयों और आकांक्षाओं के सम्बन्ध में दूसरे लोगों के हस्तक्षेप और स्थापनाओं से डर लगता है।

जैनेन्द्रजी जब यह कहते हैं कि 'मैं मानता हूँ' तब वे दरअसल अपने पूरे ज्ञान, अनुभव, कर्म, जिज्ञासा, प्रामाणिकता, पूरी जिदंगी और दुनिया दाँव पर लगा देते हैं; वह एक तरह से बहस जारी रखने का निमंत्रण होता है जबकि कोई भी यह चाहता है कि यह दुविधा भरा, झंझट भरा, प्रश्नाकुल सफ़र समाप्त हो जाए और हमें बिलौना-मथना न पड़े—सत्य मिल जाए और सत्य को स्थापित करने वाला, एक त्रिकाल उजागर करने वाला सिद्धान्त मिल जाए। सफलता का सारा फलसफा हथेली पर ही उग आए।

सबसे पहले इसी आदमी को मैंने अजमेर में देखा था, एकदम गठरी हुआ दुर्बल और घुन्ना होने की सीमा तक चुप। वह अंग्रेज़ों का जमाना था और टाउन हॉल में कोई कविता-पाठ का कार्यक्रम था। वहाँ बहुत-सी आलमारियाँ रखी थीं जिनमें शायद पुस्तकें थीं। दो आलमारियों के बीच यह गठरीनुमा आदमी बैठा था। यदि इतना सिकुड़ा हुआ न होता तो मैं यह जानने की कोशिश नहीं करता कि वह कौन है? बाद में किसी ने कहा, 'ये जैनेन्द्रजी हैं।'

फिर जैनेन्द्र की कीर्ति फैलने लगी और उतनी ही उनकी रहस्यमयता रहस्य मुद्राओं को लेकर हँसी-ठट्टा भी होने लगा। एक बार यशपाल जी उदयपुर आए, तब एक पुस्तक प्रकाशित हुई थी 'जैनेन्द्र के विचार'। किसी ने सभा में पूछा कि जैनेन्द्र के विचारों के सम्बन्ध में आपको क्या कहना है? यशपाल ने विनोद करते हुए कहा कि पहले कहानी की और अब विचारों की चटनी बना रहे हैं जैनेन्द्र!

लेकिन वास्तविकता यह है कि जैनेन्द्रजी के लिए विचार मानवीय अस्तित्व का वंश-वृक्ष है। विचार की जड़ हरी और सघन न हो तो मानव वंश का विस्तार अनुपादेय और व्यर्थ होगा। जैनेन्द्रजी दकार्त की तरह यह मानते हैं कि मैं विचार करता हूँ 'इसलिए मैं हूँ'। विचार करने के सिलसिले में ही उनके लिए इस दुनिया की बड़ी और सार्थक हैसियत है। उनका साहित्य इसलिए कला-रूपों की रंगीन बनावट नहीं होता बल्कि वह विचारों का अनन्त विस्तार होता है। विचारों की अपार लीला-स्थली के रूप में ही उसे समझा जा सकता है। जैनेन्द्र के पात्र इस वैचारिक ऊर्जा के कारण अन्दर-बाहर से एक-से नहीं होते। बाहर की आक्रामक दुनिया उनके अन्दर जाते-जाते उसी रंग की नहीं रह जाती। वह एक वैचारिक दुनिया बन जाती है; एक अलग रंग-आकार ग्रहण कर लेती है। बाहर की खुरदरी, स्थूल दुनिया वैचारिक दुनिया बनते ही बहुत महीन, बदली हुई कई रंगों की हो जाती है।

जैनेन्द्र अपने साहित्य से जो एक ख़ास क़िस्म का उद्वेग उत्पन्न करते हैं उसका कारण 'कार्य-कारण' शृंखला की अस्त-व्यस्तता से जुड़ा है। हम जिन-जिन कारणों का अनुमान लगा सकते हैं उनसे कहीं अलग, एकदम अप्रत्याशित किन्तु एक तरह की विश्वसनीयता लिए हुए कुछ दूसरा कार्य हो जाता है और हम चकित होते, कुछ मूर्ख हुए से यह सब देखते-पढ़ते रहते हैं।

यह करते हैं जैनेन्द्रजी, कि पहले वह हमें अपने ही विश्वासों से भिड़ाते हैं और फिर जैसे इन्हीं संशयों, प्रश्नों और दबावों में से चमत्कारिक लगभग चिढ़ा देने वाला उत्तर निकाल कर बता देते हैं। यह विचार की ताक़त होती है; आदमी की नैतिक आन्तरिक ताक़त। सारे बाहर के घटनाचक्र को आत्मसात करना, उसे होते हुए देखते रहना और परिणाम तक आते-आते घटनाओं के क्रम, उनके स्वभाव, उनके आक्रमण को इस तरह बदल देना कि शब्दों की परिभाषा और दृश्य-संसार की रंगत ही बदल जाए।

मृणाल एक जगह कहती है—"मुझे ऐसा लगता है कि इन लोगों में जिन्हें दुर्जन कहा जाता है उनमें कई तह पार करके वह भी तह रह जाती है कि उसको छू सको तो वह दुग्ध-सी श्वेत, सद्भावना का सोता ही फूट निकलता है। इसी से अब यह प्रतीति मेरे लिए इतनी कठिन नहीं रह गई है कि सबके अन्तर में परमात्मा है, वह

सर्वान्तर्यामी है, सर्वव्यापी है। इसी से अभी यहाँ से टूटकर उखड़ना नहीं चाहती। क्यों चाहूँ? कहाँ सब कुछ नहीं?"

जैनेन्द्र यह जानते हैं कि तर्क की एक सीमित ताक़त से वे सर्जनात्मकता के सारे दरवाज़े नहीं खोल सकते, इसलिए वे उन ताक़तों को भी बराबर काम में लेते हैं जो एक सीमा तक तर्क रहती हैं और फिर तर्कातीत हो जाती है। इन तर्कातीत ताक़तों में प्रेम, ईश्वर, नैतिकता, स्वाधीनता इत्यादि होती हैं। जैनेन्द्र हमारी सृष्टि की अनुत्तरित जिज्ञासाओं को कभी तर्क और कभी तर्कातीत ताक़तों तक ले जाते हैं।

दरअसल यह जैनेन्द्रजी का भी द्वंद्व है। तर्क से तर्कातीत होना और फिर लौट आना। गांधी के पास जैनेन्द्र इसलिए जाते हैं कि उनसे जैनेन्द्र को बहुत से उत्तर मिलते हैं। गांधी ईश्वर की, प्रेम की, नैतिकता की, समर्पण की सबकी बात करते हैं। इन्हें एक तर्क संगति भी देते हैं। परिस्थिति और भाग्य के तर्क को तोड़ते हैं और मनुष्य की दिगन्तव्यापी सम्भावनाओं को तलाश करते हैं।

जैनेन्द्रजी से बात करना आसान है लेकिन यही कठिनाई भी है क्योंकि वे आपके प्रश्न के सम्बन्ध में बहुत से प्रश्न करते हैं, और उसी में से एक झमेले भरा उत्तर भी निकालते हैं, जो कुछ इस तरह का होता है। मान लीजिए कि हम जैनेन्द्र जी से यह प्रश्न करें कि "हम बाहर की परिस्थितियों में सारे सन्तुलन को पाकर भी भीतर से बेचैन क्यों होते हैं?" तब वे कहेंगे :

"भीतर-बाहर ये दो शब्द हैं। पर वे दो शब्द नहीं हैं प्रकृत में एक ही है। दो होकर भी एक जैसे ओर और छोर। और जहाँ ऐसा नहीं है वहाँ उनमें सचमुच विरोध हो पड़ा है, वही क्लेश है। इस तरह का क्लेश मानवीय सृष्टि है। वस्तुतः वह है नहीं। तभी तो जगत का नाम द्वंद्व है। द्वंद्व के माने हैं दो बीच का अनिर्वाह। यह दो के अनेक के बीच एकता का भाव ही हमारी समस्या है।"

अर्थात् सत्य में इस जगत का कोई कुछ परस्पर सर्वथा असम्बद्ध नहीं है। अवकाश के बीच में वह दीखता है। वह रिक्त नकार नहीं है। योग-वियोग के तरह-तरह के अलक्ष तंतु उसमें भरे पड़े हैं।

परिणामतः व्यक्ति और परिस्थिति ये दो भिन्न सत्ताएँ नहीं हैं। एक को दूसरे की परिभाषा में समझा जा सकता है। व्यक्ति परिस्थिति का फल है और परिस्थितियों का निर्माण भी व्यक्ति करता है।

जैनेन्द्रजी को मैंने इस भाषा में पंडितों के बीच और आपस में बातचीत करते सुना-जाना है। यह शास्त्रोक्त भाषा नहीं है। यह छोटे-छोटे वाक्यों में विचारों के प्रवाह और उनके आविष्कृति की भाषा है। जैनेन्द्रजी अपने प्रतिपक्षियों पर, अपनी ईजाद की गई, इसी भाषा में आक्रमण करते हैं। भाषा की इस रचनात्मकता के कारण वे अद्वितीय कहे जा सकते हैं। जैनेन्द्र जी जैसी भाषा किसी ने नहीं लिखी और कोई लिख भी नहीं पाया।

बहुत-सी बातें हैं जैनेन्द्र जी में : वे आस्था भी हैं, तर्क भी, आधुनिक भी हैं, प्राचीन भी, शान्ति भी हैं, विचलिन भी, शब्द भी हैं, और मौन भी। लेकिन वे एकदम देशी हैं, अपने जाने-पहचाने और घर के। मनुष्य-चित्त की विविधताओं को तलाश करते हुए ही वे हमें निराशा और गहरे तमस के पार ले जाते हैं और निडर बनाते हैं।

विवेक-युक्त मस्तिष्क और विद्वेष-रहित वाणी : श्यामाचरण दुबे

प्रो. श्यामाचरण दुबे के निधन के बाद मुझे यह अत्यन्त आवश्यक प्रतीत होने लगा कि मैं उनके वैचारिक अवदान को ज्यादा गहराई से पढ़ूँ और जानूँ। अब तक मैंने उन्हें डॉ. योगेश 'अटल' के जरिये ही जाना था, जो उदयपुर से बी.ए. पास करने के बाद समाजशास्त्र में एम.ए. करने के लिए सागर विश्वविद्यालय गये थे। वहाँ से लौटे योगेश 'अटल' ने अपने गुरु श्यामाचरणजी की समाजशास्त्रीय परम्पराओं को ही नहीं, बल्कि उनकी जीवन-शैली को भी अपनी जीवन-शैली का हिस्सा बना लिया था, इस तरह कि बाद में जब मैंने प्रो. दुबे को देखा, उनको बोलते और सिगार पीते और उनके कपड़ों की सिलाई को, तो मुझे लगा कि मैंने पहले तो उन्हें कभी नहीं देखा तब भी कहाँ देखा? थोड़ी देर में ही मुझे याद आ गया कि मैंने योगेश में उन्हें देखा है। मैं एक बार विनोद में (शायद मैंने यह बात एडवर्ड शिल्स के सम्बन्ध में कहीं सुनी या पढ़ी थी) योगेश से कहा था, 'मेरी बात ध्यान से सुनना, कोई सिगार पीने से प्रो. दुबे नहीं हो जाता।' बाद में उन्होंने 'अंडरस्टैंडिंग इंडियन सोसाइटी' की प्रस्तावना में जैनेन्द्र दोषी के हवाले से अपने गुरु श्यामाचरणजी के सम्मोहन का ज़िक्र करते हुए लिखा है, "अपने विद्यार्थियों के लिए वे सम्मोहन थे (स्टार)। वे उनकी तरह चलते, मुद्राएँ बनाते, बोलते; यहाँ तक कि उन्हीं की तरह कपड़े पहनते। हममें से बहुतों ने जाने-अनजाने उनके बोलने और बोलते समय की भंगिमाओं को अपना लिया था।"

'अंडरस्टैंडिंग इंडियन सोसायटी' में दुबे जी ने 'अब तक का सफ़र' शीर्षक देकर एक विनम्रतापूर्ण आलेख लिखा है जिसके दो अंश मैं यहाँ उद्धृत कर रहा हूँ, जो उनके बौद्धिक संस्कारों को समझने में हमारी मदद करते हैं।

"जीवन में मैं कभी किसी व्यक्ति, पार्टी या विचारधारा के लिए प्रतिबद्ध नहीं रहा, लेकिन मैं उन लोगों के लिए हमेशा प्रतिबद्ध हूँ जिनका हम अध्ययन करते रहे हैं। क्या आज भी वे अपनी ज़िन्दगी के महत्त्वपूर्ण निर्णयों में हस्तक्षेप कर सकते हैं? क्या राष्ट्रीय विकास के मुद्दों पर उनकी रुचियों और विकल्पों के सम्बन्ध में किसी ने कभी उनसे पूछा या उनकी चिन्ता की है?"

इन चिन्ताओं के साथ दुबेजी ने अपनी बौद्धिक उपलब्धियों और भारतीय समाजशास्त्र और समाजशास्त्रियों के सामने आई चुनौतियों को रेखांकित किया है।

अन्त में श्यामाचरण जी ने लिखा है : "मुझे ज़िन्दगी ने, जितना मैंने चाहा उससे ज़्यादा ही दिया है। मुझे ज़िन्दगी से न मिलने की ज्यादा शिकायतें नहीं हैं। अपने काम के मूल्यांकन की मैं चिन्ता नहीं करता। संस्कृत कवि और नाट्यकार भवभूति के शब्दों में 'काल अनन्त और पृथ्वी विपुल है', काल और विशाल दुनिया देखें और परखें। मेरी तरह सोचने वाले समानधर्मा कुछ तो होंगे ही। एक लोकप्रिय संस्कृति कवि ने बौद्धिक परिदृश्य के सम्बन्ध में लिखा है—'अनेकमत और भिन्न-भिन्न प्रकार की अभिव्यक्तियाँ हैं। मस्तिष्क विवेक-युक्त हो और वाणी विद्वेष-रहित।'"

जिस तरह के समय और राजनीतिक-सांस्कृतिक बाज़ीगरों में हम फँस गये हैं; वहाँ से देखें तो प्रो. श्यामाचरणजी जैसे विवेक-युक्त मस्तिष्क और विद्वेष-रहित वाणीवाले बहुत थोड़े-से लोग नज़र आते हैं।

दुबेजी से पहली बार उदयपुर में ही मुलाक़ात हुई, मुख़्तसिर और मामूली-सी। शायद वे योगेश अटल के आग्रह पर ही आए हों, इस शान्त ऐश्वर्यवाले नगर को देखने के लिए अन्यथा जिस काम के लिए वे आए थे वह उनके लिए अत्यन्त साधारण था। वे विद्या भवन रूरल इंस्टीट्यूट में समाजशास्त्र के कुछ विद्यार्थियों की मौखिक परीक्षा लेने आए थे, जहाँ मैं पढ़ाता था और परीक्षा संयोजक था। इस छोटे-से इंस्टीट्यूट में दुबेजी का कुछ असहज और अनमना होना स्वाभाविक था। वे चुरुट मुँह में दबाये रहे। मौखिक जल्द ही ख़त्म हो गया। इसके बाद उन्होंने छोटा-सा भाषण भी दिया, जो अंग्रेज़ी में था। वे धीरे-धीरे बोले थे, जैसे अन्तर्मुखी हो रहे हों, एक प्रकार से आत्मलीन। उस सन्तुलित भाषण में नई समाज रचना के लिए अनेक संकेत थे। वह एक तरह से ग़रीब देश के समाजशास्त्री का देश के लोगों के प्रति 'कमिटमेंट' था। लेकिन वह कोई लोकप्रिय वाग्मिता नहीं थी, वह एक तर्कसंगत समाज रचना का नक़्शा था।

जब मैं, बाद में, अख़बारों में या 'परम्परा, इतिहास-बोध और संस्कृति' में या अन्य पुस्तकों में उन्हें पढ़ता हूँ तो मुझे उनकी वे सारी चिन्ताएँ और स्वप्न-दृष्टियाँ नज़र आती हैं जो एक पुराने, जर्जर और लगातार अतीत की ओर देखने वाले समाज को बचाती है और भविष्य की तरफ देखते रहने के लिए बेचैन करती हैं।

अतीत और वर्तमान के बीच सन्तुलन तथा परम्परा और बदलते समय के मिज़ाज की चिन्ता और निरन्तरता और बदलाव के बीच का संवाद प्रो. दुबे का मुख्य सरोकार रहा है। इन सरोकारों की चर्चा और वर्तमान को अधिक अर्थवत्ता देने का आग्रह उनके 'इतिहास का बोझ' (बिन्दु, जनवरी-मार्च अंक, 1970) से लगाकर आज तक के प्रकाशित विचारों का मुख्य प्रसंग है। दृष्टव्य है : "निःसन्देह हमारी प्राचीन सभ्यता की अनेक उपलब्धियाँ महत्त्वपूर्ण हैं। उन पर सम्पूर्ण मानव-जाति

और विशेषकर भारतीयों को गर्व होना चाहिए। परन्तु इस गर्व से ही हमारे समाज के गम्भीर प्रश्न हल नहीं किये जा सकते। जिन विशिष्ट स्थितियों ने प्राचीन भारत में विचारात्मक और कलात्मक सर्जना को प्रेरित किया था, वे सम-सामयिक भारत में सम्भवत: विद्यमान ही नहीं हैं। नये प्रतिमानों और मूल्यों ने उन्हें अनुपयुक्त बना दिया है...। भारत की बहुचर्चित और बहुप्रशंसित आध्यात्मिकता आज जटिल ग्रंथियोंवाला कर्मकांड बनकर रह गई है। भूखे पेट का आध्यात्मवाद अधिक टिकाऊ नहीं होता। झूठे सन्तोष के आवरण को चीरकर उभरने वाला आक्रोश एक ऐसा यथार्थ है जिसकी अवहेलना बिना शक सिद्ध हो सकती है।" (इतिहास का बोझ)

बाद में 'भारतीयता की तलाश' व्याख्यान में निर्मम आत्मावलोकन करते हुए लिखा कि भारत ने जगत गुरु होने का एक भ्रम पाल रखा है। इससे जितनी जल्दी निजात मिले, उतना अच्छा। भारत ने यदि मानव-सभ्यता को कुछ दिया है तो उसने बहुत कुछ लिया भी है। इस आदान-प्रदान के बिना हमारा सामाजिक-सांस्कृतिक विकास अवरुद्ध हो जाता।

हमारा दूसरा जातीय भ्रम है—हमारी समाज-व्यवस्था के आदर्श होने का। यदि हमारी व्यवस्था आदर्श और स्वयं पूर्ण थी तो वह समय-समय पर उठने वाली गम्भीर समस्याओं का हल क्यों नहीं खोज सकी? विसंगतियों के कारण हमारी दुर्दशा क्यों हुई?

नि:सन्देह हमारे पास उन आदर्शों और लक्ष्यों का अनमोल खजाना है, पर इनके सन्दर्भ में ही हम तीसरा भ्रम पाल रहे हैं। हमारे ऊँचे आदर्श हमारी ज़िन्दगी में रचे-बसे नहीं हैं, हमारी कथनी और करनी में भारी अन्तर है। अहिंसा के देश में हिंसा का ज्वालामुखी क्यों फूट रहा है? अपरिग्रह की दुहाई देने वाले समाज में उपभोक्ता-संस्कृति क्यों पनप रही है?

इक्कीसवीं सदी की चर्चा चौथे भ्रम को जन्म दे रही है। हमारा ध्यान उच्च विज्ञान और तकनीक पर केन्द्रित है, हम उनके सांस्कृतिक पक्ष पर बहुत कम ध्यान दे रहे हैं। मानवीय मूल्यों और मानसिकता पर उनका क्या प्रभाव होगा? क्या यांत्रिकता और अमानवीयकरण ही हमारा भविष्य है? (भारतीयता की तलाश : परम्परा, इतिहास-बोध और संस्कृति, पृ. 50)

मैं उनके लेखों की विषय-वस्तु और भाषा की बुनावट में एक बुद्धिजीवी की वह चिन्ता पाता हूँ जो अपने वर्तमान की निराशाओं और उलझनों के बीच से जितना भविष्य देख और दिखा सकता है, देखता और दिखाता है। वहाँ न कोई रोमांस है ना यूटोपिया।

1966 में मैंने 'बिन्दु' पत्रिका का सम्पादन प्रारम्भ किया। यह प्रयत्न जीवन और समाज की उस अभिन्नता को समझने का था, जो साहित्य और साहित्येतर दूसरे अनुशासनों की विरासत है। एक तरह से यह साहित्य की उस मूल ताक़त

को समझने की भी एक कोशिश थी जो सिर्फ ललित वचनावली और लालित्यपूर्ण अर्थ-छवियों का उपक्रम ही नहीं है, बल्कि सुविस्तृत वृक्ष की तरह अनेक जड़ों से पोषण ग्रहण करता है। 'बिन्दु' के माध्यम से हम जीवन के अन्त:सम्बन्धों और मानवीय मूल्यों की निरन्तरता और बदलाव के द्वंद्वात्मक रिश्तों की जटिलता को समझना चाहते थे। इसके लिए हम विभिन्न अनुशासनों के बड़े लेखकों की तलाश में थे। श्यामाचरणजी की कीर्ति से मैं परिचित था और मैंने योगेश अटल से फिर कहा कि वे अपने गुरु को 'बिन्दु' में लिखने के लिए राज़ी कर लें। इस रज़ामन्दी और परिचय के बाद मैं लगातार दुबेजी को ज्यादा घनिष्ठता से जानने लगा।

मुझे सागर विश्वविद्यालय से उच्च शिक्षा की गोष्ठी में शामिल होने का निमंत्रण मिला। उच्च शिक्षा की जटिलताओं के सम्बन्ध में कुछ नहीं जानता, सिवाय इसके कि वह भी उसी संक्रमण के दौर में है जिसकी बहस पूरे देश और बुद्धिमान लोगों के बीच चल रही है, लेकिन जिसके उद्देश्यहीन और अप्रासंगिक होते जाने से कोई बेख़बर नहीं है। वह अंग्रेज़ों की हुकूमत को मज़बूत करने और उनके प्रति अनुराग उत्पन्न करने के लिए थी लेकिन अब उसकी प्रासंगिकता क्या है? मैंने सोचा इस गोष्ठी में शायद इसी पर विचार होगा। मेरा लालच यह भी था कि मैं 'बिन्दु' के लिए कुछ नई सामग्री और विचार ला सकूँगा।

इन्दौर से सागर तक की यात्रा बस से की। सर्दियों के छोटे दिन थे, छोटे तेज-हीन, आते-जाते मालूम ही न होने वाले। इन्दौर से रवाना होने वाली बस के काँचों पर छोटी-छोटी ओस की बूंदें जमी थीं और बाहर मालवे के खेतों की सुगंध फैली थी, अफ़ीम की, सरसों की और विन्ध्या के शाल-वनों की। मैंने सोचा कि शायद मैं आज की गोष्ठी में नहीं पहुँच पाऊँगा। किन्तु, दोपहर ढलते-ढलते मैं सागर पहुँच गया था। विश्वविद्यालय तक पहुँचने का रास्ता घाटी से गुज़रता था जहाँ तीसरे पहर की मनोरम धूप और रोशनी फैली हुई थी।

प्रो. श्यामाचरण को 'ऑटो' वाला जानता था। उसने मेरी बेचैनी भांप ली थी, धीरज भी दिया था। ऑटो की आवाज़ सुनकर लीलाजी बाहर आ गई थीं और उन्होंने मुझे बता दिया कि मैं उनके साथ ही ठहरूँगा। मुझे जहाँ ठहराया गया था, वह शायद दुबेजी के बेटे मुकुल का कमरा था। योगेश अटल भी वहीं ठहरे थे। लीलाजी ने मुझे जल्दी ही चाय पिला दी और एक विद्यार्थी के साथ सभागार भेज दिया। दरअसल, मैं बहुत घबराया हुआ था, मैं किसी मुद्दे पर बोलने की अच्छी तैयारी के साथ नहीं आया था। मैंने यह सोचा भी नहीं था कि वह विद्वानों की इतनी बड़ी सभा होगी।

मुझे देखते ही श्यामाचरणजी उठकर आए और उस कुर्सी तक ले गये जो पहले से ही खाली रखी गई थी और पहली क़तार में थी। मैंने बहुत जल्दी में निर्णय कर लिया कि भाषा के सन्दर्भ में, ख़ासतौर पर अंग्रेज़ी के विरोध में बोलना चाहिए।

इस निर्णय से मैं कुछ आश्वस्त हो गया। मुझसे पहले बोलने वाले अंग्रेज़ी में और दंभ से भी बोले थे जो अंग्रेज़ी बोलने वालों में स्वाभाविक रूप से आ जाता है। मैंने पहली बार देखा कि भाषा किस तरह और क्यों बाँट देती है। मेरे हिन्दी में बोलते ही सभागार में तालियाँ बजने लगीं। मेरा ख़याल है, वे वहाँ बैठे नौजवान विद्यार्थियों ने बजायी थीं जो अनात्मीय भाषा सुनते-सुनते थक गये थे। बोलते हुए मैंने दूर से योगेश अटल को देखा जो खुश नज़र आ रहे थे। मैंने दुबेजी पर कटाक्ष करते हुए कहा, "वे हिन्दी में लिखेंगे-बोलेंगे तो समाजशास्त्र फैलेगा, विदेशों में अंग्रेज़ी में लिख-बोलकर भारत के समाजशास्त्री नंबर दो पर ही रहेंगे।" मुझे बाद में पछतावा भी हुआ कि मैंने दुबेजी को आहत किया है, जो मेरे मेज़बान हैं, लेकिन वे ज़रा भी खिन्न या क्रुद्ध नज़र नहीं आए। भारतीय विश्वविद्यालयों में प्रायः बोलने की आज़ादी एक महत्त्वपूर्ण अधिकार की तरह शामिल है।

इस सेमिनार में प्रो. नूरूल हसन और प्रो. मुनिस रज़ा भी आए थे। प्रो. नूरूल हसन उद्‌घाटन-सत्र में मेरे पास ही बैठे थे या शायद उन्होंने इस सत्र की अध्यक्षता की थी लेकिन वे मुझे नवाबों की तरह लगे थे। उनका रंग गोरा और आँखें सुन्दर और बड़ी थीं। प्रो. मुनिस रज़ा को मैंने बड़े-बड़े बालों से पहले शायर समझा। मुझे तब तक यह मालूम नहीं था कि वे राही मासूम रज़ा के भाई हैं।

दुबेजी को लौटने में देर हो गई थी लेकिन योगेश और मैं देर तक उदयपुर की, और दूसरी-दूसरी बातें करते रहे। मुकुल शायद थोड़ी देर तक वहाँ बैठे रहे, अपने पिता की तरह धूम्रपान करते रहे लेकिन फिर वहाँ से चले गये। दुबेजी का हम दोनों ही इन्तज़ार कर रहे थे। थोड़ी देर बाद वे गाउन पहने गरम दूध का प्याला लेकर आए। उन्होंने कहा, "आप दिन-भर की यात्रा से थक गये होंगे, आपका भाषण बहुत अच्छा रहा।" फिर कुछ देर तक वे बैठे रहे, योगेश से सिगरेट माँगकर पी। बाहर सघन अँधेरा और तेज हवा थी।

दूसरे दिन की गोष्ठी किसी ख़ास विषय को लेकर थी। परचे भी पढ़े गये। दुबेजी ने एक प्रतिबद्ध समाजशास्त्री की तरह शिक्षा की सम्भावनाओं को बताते हुए उन अवधारणाओं और अन्धविश्वासों के प्रति ज़िहाद करने का आह्वान किया जो पुरानी और अर्थहीन हो गई हैं और जो सामाजिक विकास और व्यक्तियों के उत्कर्ष में बाधक हैं। एक विवेक सम्मत, आधुनिक और सन्तुलित दुनिया और देश बनाने का आग्रह प्रो. दुबे को बुद्धिजीवियों की प्रथम पंक्ति में रखता है। शाम को एक बड़ी पार्टी का आयोजन था। इसमें आतिथ्य की सारी ज़िम्मेदारी श्रीमती लीला दुबे की थी। कई तरह के पेय, कई तरह की पकौड़ियाँ, खाने की चीजें। इतने सारे विशिष्ट अतिथियों में भी श्यामाचरण जी मुझे 'ऐपल जूस' पिलाना नहीं भूले। इस आयोजन में मैं डॉ. प्रेमशंकर और गोविन्द द्विवेदी से मिला। गोविन्द द्विवेदी उस समय एम.ए. में पढ़ रहे थे और अपनी कुशाग्र बुद्धि और साहस के कारण लोकप्रिय थे। श्रीमती

लीला दुबे समाजशास्त्र विभाग में 'एनथ्रोपोलॉजी' की सह-प्राध्यापिका थीं। दुबेजी का कमरा पुस्तकों से ठसाठस भरा था। उनके बड़े-से बिस्तर के सिरहाने 'लैंप' लगा था और ढेर-सी पुस्तकें थीं। उन्होंने हिन्दी-साहित्य की अनुधातन पुस्तकें पढ़ी थीं और कृष्णा सोबती की भाषा तथा कथा-संरचना की प्रशंसा की थी।

तीसरे दिन मुझे दुबेजी अपने विभाग में ले गये। मैं कोई शास्त्र-विशेषज्ञ नहीं था, तब भी अपने विभाग के साथियों से मिलाने, उनके अनुसन्धान-विषय बताने में उन्होंने कोई कृपणता नहीं बरती। लीलाजी से विभाग में फिर मिलाया लेकिन उनसे कोई बात नहीं हुई, वहीं क्या, कोई बात कहीं भी नहीं हुई। मैंने कई वर्षों बाद राजकिशोर की सम्पादित पुस्तक 'स्त्री की जगह' में एक लेख 'धरती और बीज' पढ़ा था। न पढ़ा होता तो उनके विदुषत्व से यत्किंचित भी परिचित नहीं हो पाता।

लौटती यात्रा के लिए दुबेजी मुझे अपनी कार से स्टेशन तक छोड़ने आए। उन्होंने मेरे साथ बाँधा जाने वाला भोजन भी देखा जिसमें फल भी शामिल थे। साफ़ पानी की बोतल भी। स्टेशन पर गाड़ी समय से ही आ गई थी। जो थोड़ा-बहुत समय मिला उसमें वे 'बिन्दु' को और अधिक उत्कृष्ट बनाने की बात करते रहे।

दूसरी बार वे दिल्ली में मिले—शायद वह सांस्कृतिक मंत्रालय का कमरा था और मुझे ठीक से याद नहीं है कि विचार का मुद्दा क्या था, लेकिन उस समूह-बैठक में चित्रकार जे. स्वामीनाथन थे जिन्होंने आग्रह के साथ यह कहा था कि संस्कृति को बचाने के लिए सरकार को चिन्ता करने की कोई आवश्यकता नहीं है। उन्होंने कहा कि सारे तंत्र मिथक हैं। आदिवासियों को उनका तंत्र और उनकी जीवन-शैलियों को बचाने की स्वाधीनता मिलनी चाहिए। यह कहना कठिन था कि आदिवासियों या अन्य किन्हीं का जीवन एक द्वीप की तरह सुनसान छोड़ा जाए या उन्हें शहरी जीवन-शैलियों में डुबो दिया जाए? दरअसल मुख्य सवाल यह था कि कितना हस्तक्षेप किया जाए, और क्यों?

दुबेजी स्वामीनाथन के इस रोमांटिक विचार से पूरी तरह सहमत नहीं थे। मुझे बार-बार इस बात का एहसास हुआ है कि वे कठिन-से-कठिन स्थितियों को एक तर्कसंगति तक ले जाने की कोशिश करते थे। सुविधा और सरलीकरण के ख़तरों को वे जानते थे। लेकिन यह देखने की बात है कि वे ज्ञान की महान परम्परा को भी 'बहुजन-हित' में बाँटने का आग्रह करते हैं 'किसी भी व्यक्तिगत मोक्ष और स्वर्ग-प्राप्ति के मोह को त्यागकर'।

स्वामीनाथनजी के आग्रह को उन्होंने तार्किक दृष्टि देने की कोशिश की और वे बदलाव की भूमिका को रेखांकित करते रहे। आदिवासियों के कुपोषण, अज्ञान, बीमारी, निर्धनता को सांस्कृतिक प्रतिमानों का दर्जा देने का उन्होंने निषेध किया। 'संस्कृति और सत्ता' के अन्तसर्म्बन्धों पर उन्होंने 'परम्परा, इतिहास-बोध और

संस्कृति' पुस्तक में गहन विमर्श किया है। पुस्तक में संस्कृति और सत्ता पर एक स्वतंत्र आलेख भी है।

श्यामाचरणजी के साथ अपनी इस तीसरी और एक तरह से आख़िरी मुलाक़ात को भूल सकना मेरे लिए नामुमकिन है क्योंकि वह किसी भी तरह पूर्व नियोजित नहीं थी : वह नितान्त हेतुरहित थी। संयोग से उसे भी योगेश अटल ने ही सम्भव बनाया था। योगेश उन दिनों आई.आई.टी. में प्राध्यापक थे और हौज़ख़ास में रहते थे। मैं एन.सी.ई.आर.टी. की कार्य-गोष्ठी में गया था। प्रो. दुबे भी दिल्ली आए हुए थे। दिसम्बर के महीने की धुंध में दिल्ली लिपटी हुई थी, सूरज जल्दी ही अस्त हो गया था। मैं सर्दी से राहत पाने के लिए योगेश के यहाँ जल्दी ही चला गया था। वे मुझे अपनी कुछ कविताएँ भी सुनाने वाले थे जो उन्होंने विदेश में लिखी थीं। योगेश का कमरा गरम और आरामदायक था।

दुबेजी कुछ देर से आए। सर्दी से बचाव का उन्होंने पूरा इन्तज़ाम कर रखा था। उनका ओवरकोट बहुत सुन्दर था, उनके बाल इस बार कुछ ज़्यादा सफ़ेद हो गये थे। थोड़ी देर बाद तक वे योगेश की बेटियों से हँसते-बोलते रहे। खाना खाते-खाते दस बज गये थे। बाहर तेज़ हवा थी और दुबेजी ज़िद करने लगे कि वे मुझे अपनी कार से ले जाएँगे। उन्होंने हँसते हुए कहा, "आप डरें नहीं, मैं अच्छा ड्राइवर हूँ।" मैंने कहा कि मैं आपके साथ मरने को तैयार हूँ। कार के सामने वाले काँच पर ओस गिर रही थी। होस्टल थोड़ी दूर था। मुझे डॉक्टर साहब ने कार से उतारा और कहा, "'बिन्दु' निकालते रहिए।"

उनसे अन्तिम बार 'भारत भवन' में मिलना हुआ। वे अशोक वाजपेयी की मेधा और कविताओं के प्रशंसक थे। वर्षों बाद भी वे मुझे पहचान गये। उनके बुलावे पर भी मैं भोपाल में उनसे मिलने नहीं जा सका।

श्यामाचरणजी के निधन से हमारा नुक़सान हुआ है। उनकी सबसे बड़ी ताक़त सामाजिक विकास के उन लक्ष्यों और आदर्शों को देखने की थी जो वंचितों और शोषितों के पक्ष में थी। वे उन बौद्धिकों की पहली पंक्ति में आते हैं जो देश और दुनिया के निर्माण और भविष्य को सजगता और चौकसी के साथ देखते हैं।

सुमनजी

सुमनजी को मैंने बहुत बाद में देखा, मिला तो नहीं तब भी, लेकिन उनका नाम बड़ा था जिसे मैंने बार-बार सुना था और जिसकी मोहिनी से मैं बंध भी गया था। रूप और नाम वाली प्रतिद्वंद्विता की बात मैं नहीं करूँगा लेकिन नाम के निर्गुणत्व के साथ बँधा यश-अपयश स्थान और समय की सरहदों को लांघता है। एक कवि की क्षमता को हम इस तरह भी रेखांकित करते हैं। कवि भर्तृहरि ने एक श्लेषार्थी छंद में यह कहा भी है 'नास्तियेषां यशःकायः जरामरणाजम् भयम्' (जिनके यशरूपी शरीर को न वार्धक्य का डर है और न मृत्यु का ऐसे रस-सिद्ध कवियों की जय हो)।

मन्दसौर के राजकीय कॉलेज के प्रांगण में यह कवि-सम्मेलन आयोजित था जिसमें तिल भर जगह भी बैठने के लिए नहीं बची थी और हर पल जिस कवि के आने की प्रतीक्षा थी वह शिवमंगल सिंह 'सुमन' थे। जब तक वे नहीं आए थे हम लोगों को यानी दूसरे कवियों को कविता सुनाने का अवसर था। उस समय कॉलेज के प्रिंसिपल शायद चिन्तामणि उपाध्याय थे जो कविता प्रेमी और हिन्दी भाषा और साहित्य के मर्मज्ञ-विद्वान थे। उन्होंने मुझे एक बार रामपुरा कॉलेज में बुलाया था। जहाँ मैंने पहली बार बड़नगर से आए हास्य रस के कवि कुंजबिहारी पांडे की कविताएँ सुनी थीं। मन्दसौर कॉलेज के कवि-सम्मेलन में सुमनजी के आते ही दूसरे कवियों का पाठ अप्रासंगिक हो गया, चिन्तामणि उपाध्याय ने तुरन्त यह जान लिया। उन्होंने सुमनजी से कविता सुनाने का औपचारिक, अनौपचारिक, आत्मीय आग्रह किया। यह एक जादुई खेल ही था कि देखते-ही-देखते कवि और सुनने वालों के बीच की सारी दूरी सिमट गई। श्रोता कवि की अनेक लोकप्रिय कविताओं का नाम ले-लेकर सुनाने की इच्छा प्रकट करने लगे, पर्चियों पर पर्चियाँ आने लगीं। मैं मध्य प्रदेश के दूसरे लोकप्रिय कवि बालकवि बैरागी के पास बैठा हुआ था। वे सुमनजी के जादू को जानते थे। उन्होंने बहुत धीरे से पूछा, "क्या आप पहली बार सुमनजी के सम्मेलन में आए हैं?"

बहरहाल सुमनजी का कविता-पाठ शुरू हुआ। वे कवि-सम्मेलनों के अच्छे दिन थे और बेहतर बात यह थी कि कवि वे रचनाएँ सुनाता था जो बाद में उसके

महत्त्वपूर्ण संग्रहों में छपती थीं। यह श्रोताओं और कवियों के बीच विश्वसनीयता और आत्मीयता का पुल होता था और श्रेष्ठ कविताएँ पहले लोक में फैल जाती थीं फिर पाठ्य-पुस्तकों में छपती थीं। कवि अपनी कविता के लिए खतरा या जोखिम मोल लेता था, यह जोखिम कि वह केवल लोकप्रियता के लिए ही नहीं, अपनी अभिव्यक्ति के जटिल मोड़ों पर भी, अपने श्रोताओं को साक्षी बना रहा है। मैंने इन कवि-सम्मेलनों में हिन्दी के बड़े कवियों को कविता पाठ करते देखा-सुना है। अजमेर कॉलेज के मंच पर हरिवंशराय बच्चन ने अपने बड़प्पन की सारी हदों को छोड़कर 'नीड़ का निर्माण फिर' और 'दिन जल्दी-जल्दी ढलता है' जैसे अन्तर्मुखी गीत पढ़े हैं। जोधपुर के चालीस या पैंतालीस वर्ष पुराने कवि-सम्मेलन की याद करता हूँ जिसमें भवानी प्रसाद मिश्र ने गीत-फरोश 'जी हाँ हुज़ूर मैं गीत बेचता हूँ' जैसी अपारम्परिक लम्बी रचना सुनाई है और जिनसे श्रोताओं ने घंटे भर तक कविताएँ सुनी हैं। अज्ञेय ने बीकानेर में एक बड़े श्रोता-समूह को 'असाध्य वीणा' जैसी प्रतीकात्मक कविता सुनाकर इस आरोप को खंडित किया है कि सामान्यजन नई कविता के भाव-बोध का ग्रहीता नहीं होता और यहाँ मन्दसौर में डॉ. शिवमंगल सिंह सुमन को मैं इस सार्वजनिक कवि-सम्मेलन के मंच से अकुंठित और पूरी आस्था के साथ अर्पित मन से 'सांसों का हिसाब' जैसी लम्बी कविता पढ़ते देख रहा हूँ।

मैं चकित हूँ, सुमनजी के पास न कोई पुस्तक है, न कोई रजिस्टर, न डायरी। वे कहीं रुकते भी नहीं और न किसी पंक्ति को इस तरह दुहराते हैं कि आगे की पंक्ति याद आ जाए। वे अपनी कविता में पूरी तरह निमग्न, कविता के प्रत्येक शब्द की अर्थ-ध्वनि को पकड़ते, श्रोताओं को अद्‌भुत आत्म-विश्वास के साथ अपना बना लेते हैं, इतना अपना कि वे अपने सहज ज्ञान, सहज बोध से कविता के उन मर्म-स्थलों को सराहते हैं, जो रसिकों के सराहने के लिए हैं। सुमनजी इस तरह अपने काव्य-पाठ से एक साहित्यिक-समाज बनाते हैं जिसमें अच्छी कविता सुनने का धैर्य और सराहना का विवेक विकसित होता है। मैं यह अनुभव करने लगता हूँ कि एक कवि के लिए रचना-विवेक के साथ पाठ करने के कौशल की कैसी आवश्यकता और कितनी निर्णायक भूमिका है। सुमनजी के प्रसंग में मैं यह कहना नहीं भुलूँगा कि उनकी स्मरण-शक्ति विलक्षण थी और इसलिए वे अपने कविता-पाठ को अचरज-भरा बनाए रखते थे। मन्दसौर के कवि-सम्मेलन में मैं सुमनजी को इतना ही जान सका।

सईद मेरे पास आया है। उसने रूरल इंस्टीट्यूट से बी.एस-सी. की डिग्री ली है। मैंने उसे प्रथम वर्ष में हिन्दी पढ़ाई है और इस नाते मैं उसका 'टीचर' भी हूँ। ऐसा वह मानता है। वह अब जिस विषय की पढ़ाई करना चाहता है वह उज्जैन के विक्रम विश्वविद्यालय में है जिसके कुलपति कवि शिवमंगल सिंह 'सुमन' हैं। कवि

हैं तो मैं उन्हें ज़रूर जानता हूँ और सईद के दाख़िले के लिए लिख सकता हूँ। इस तरह उसका रास्ता निष्कंटक हो सकता है। वह मेरे पास आता है और यह जानने की कोशिश करता है कि सुमनजी के साथ मेरे कैसे सम्बन्ध हैं? मैं कहता हूँ कि मैं उन्हें पूरी तरह जानता हूँ लेकिन वे मुझे जानते हों यह कहना मेरे लिए कठिन है। फिर वे कुलपति हैं। यह परिचय की डोर कमज़ोर है। मेरे पत्र से कुछ होने-जाने वाला नहीं है। लेकिन सईद की ज़िद है। मैं बहुत हिचक के साथ डरे-डरे मन से सुमनजी के नाम एक पत्र लिखकर देता हूँ, यह कहते हुए कि ज़रूरी नहीं है सईद कि यह ख़त तुम्हारे दाख़िले में मदद करे।

कुछ दिनों बाद सईद उज्जैन से लौट कर मुझे ख़त के लिए धन्यवाद देने आता है। वह सुमनजी के कृपापूर्ण व्यवहार से अभिभूत है। वह कहता है—'सर! जैसे ही आपका ख़त देखते हैं, मुझे अन्दर बुलाते हैं, कहते हैं—नंद ने भेजा है तुम्हें! जाओ तुम्हारा दाख़िला हो गया। देखिए सर! कितना लिहाज़ करते हैं वे आपका।' सुमनजी की सहृदयता को मैं इस तरह अपने मन में आज तक अंकित किए हूँ। सहृदयता ही रचनाकार का कवच है।

जहांनुमा होटल का कोई कमरा है। भारत भवन की गोष्ठियों में सम्मिलित होने वाले मेहमान-रचनाकार यहीं ठहराये जाते हैं। यह सुविधाजनक और आरामदायक होटल है। शायद मैं गोष्ठी के एक दिन पहले ही पहुँच गया हूँ, कुछ दूसरे लोग भी जिनमें डॉ. शिवमंगल सिंह 'सुमन', नरेश सक्सेना, कृष्ण बलदेव वैद भी हैं। मेज़मान अशोक वाजपेयी पूरे उत्साह से इस छोटे से अतिथि-समुदाय को आह्लादित किए हैं। वे जहाँ होते हैं ज़िन्दगी थिरकती रहती है; गोष्ठी के, बातचीत के, संवाद के तापमान को गिरने न देने की चिन्ता अशोक वाजपेयी की मुख्य चिन्ताओं में एक होती है, एक उज्ज्वल भाव की तरह। गोष्ठियों में वे 'बहुरंग विचारों' की पतंग उड़ती देखने के शौकीन-संयोजकों में होते हैं। उनके होने से इस कमरे की यह गोष्ठी भी गरम और जीवन्त है। फिलहाल कुछ पीने-पिलाने का दौर चल रहा है। सुमनजी शान्त हैं लेकिन उनकी उपस्थिति कई बार अनुभव होती है; जब वे शराब के बारे में शेरो-शायरी सुनाते हैं। लेकिन थोड़ी देर बाद वे जोश में आ जाते हैं। उनके पास स्मृतियों का खज़ाना है; उन्हीं में से जब वे कुछ सुनाने लगते हैं तो समय एक छलांग लगाकर उन घटनाओं और व्यक्तियों के पास पहुँच जाता है जहाँ वे थे, उस सबको प्रत्यक्ष करता जो व्यतीत हो चुका है। क्या सुमनजी उन पुरोधाओं की पदचाप सुनते हैं; उन्हें देखते हैं; उनकी आत्मीयता का स्पर्श करते हैं? लगता तो ऐसा ही है। यह कहना वाज़िब नहीं है कि वे कुशल अभिनेता हैं या यह सब किसी नाटक का वह अंश है जो अप्रासंगिक और पुराना हो चुका है। सुमनजी अब पूरे आवेश में हैं; वे प्रसाद के 'आँसू' से कुछ अंश सुनाते-सुनाते निरालाजी की 'राम की शक्ति-पूजा' के काव्यांश सुनाने लगते हैं।

वे टेबल पर खड़े हो जाते हैं जैसे निराला खड़े हों और उसी आरोह-अवरोह, उसी भाव-भंगिमा, उसी आवेश और उत्तेजना के साथ कविता-पाठ करने लगते हैं जो महाकवि को फिर से जीवित कर देना है। काशी सुमनजी का यथार्थ भी है और सपना भी।

अरुण के साथ उज्जैन में, उनके निवास 'समर्पण' पर मिलने जाता हूँ। अरुण (मेरा पुत्र) विक्रम विश्वविद्यालय में राजनीति शास्त्र में रीडर है (अब उदयपुर, राजस्थान के विश्वविद्यालय में प्रोफेसर)। सुमनजी अरुण से पुत्र की तरह प्रेम करते हैं, उसको प्रतिष्ठित भी करते हैं। अरुण को सुमनजी के वे मार्ग मालूम हैं जहाँ वे सुबह-सुबह घूमने जाते हैं, शौकिया तरीके से नहीं, नियमित, स्वास्थ्य रक्षा के लिए, घूमने वालों की तरह, वैसे ही जूते, उसी के अनुरूप वस्त्र, मित्र-मंडली, निश्चित समय इत्यादि। अरुण ही उनकी लोकप्रियता के बारे में बताता है; यह कि जन्म-दिवस पर हजारों लोग (लगभग दस हज़ार) जो उन्हें अभिनंदित करने आते हैं दूध-जलेबी का नाश्ता करते हैं। पूरा दिन सार्वजनिक 'उत्सव के दिन' में बदल जाता है।

हम उनकी बैठक में हैं। वे प्रसन्न हैं; प्रसन्नता और उत्साह उनकी कविता और उनकी ज़िन्दगी के अभिन्न हिस्से हैं। मैं उनकी कविता की वे पंक्तियाँ याद करता हूँ—'क्या हार में, क्या जीत में। किंचित नहीं भयभीत मैं। संघर्ष पथ पर यह मिले। यह भी सही वह भी सही। वरदान माँगूंगा नहीं।' पता नहीं कैसे, किस प्रसंग में सुमनजी एक फाइल ले आते हैं जिसमें एक पत्र हजारीप्रसाद द्विवेदी का है। वे उसे पढ़ने लगते हैं। पत्र का सारांश यह कि नामवरजी इन दिनों कहीं काम नहीं कर रहे हैं। उन्हें उनकी विद्वत्ता, प्रतिष्ठा के अनुरूप पद दिलाने में सहायक हों। इसके बाद नामवरजी जोधपुर विश्वविद्यालय में हिन्दी के प्रोफेसर होते हैं जिसकी चयन समिति के सदस्य सुमनजी हैं। उन्हें इस बात का मलाल है कि हिन्दी आलोचना निष्पक्ष नहीं है। उनकी ध्वनि से मैं यह अन्दाज़ नहीं लगा पाता कि क्या इस पक्षपात के चलते इन दिनों उनका महत्त्व या उनका उल्लेख कम हो गया है? सामान्यतया सुमनजी का गद्य, उनकी बातचीत, दंश और कटुता से बची रहती है। मैं यह कहना नहीं भुलूँगा कि सुमनजी सारे समय दूसरों को बड़ा और महत्त्वपूर्ण बनाते हैं, यह उनकी लोकप्रियता और महत्ता का रहस्य भी है और कारण भी। अपने बारे में भी वे मृदु-भाषी नहीं हैं। यश की छोटी-छोटी गठरियों को उठाकर चलने वालों को मैंने उन्मत्त होते देखा है, लेकिन सुमनजी के बारे में मैं ऐसा नहीं कहूँगा।

श्रीमती सुमन कुछ खाने को ले आती हैं; वे मेरा परिचय उनसे करवाते हैं। उनसे मैं कुछ नहीं पूछ पाता, वे भी जल्द ही, तश्तरियाँ रखकर चली जाती हैं। थोड़ी देर बाद वे अपने पुस्तकालय में ले जाते हैं। प्रसन्न मुख, एक सन्तोष के साथ वे

मेरी तरफ़ देखते हैं। मुझे बाहर तक छोड़ते हैं। एक बड़े कवि से मिलने का यह सुख मेरे लिए अविस्मरणीय है।

सुमनजी पक्षाघात से पीड़ित हैं, यह उज्जैन से लौट कर अरूण ने बताया। फिर एक दिन टी.वी. पर उनके मृत्यु-समाचार। उनकी शोक सभा में मैंने कहा 'कविता का एक युग समाप्त हो गया है।' यह महज़ औपचारिक कथन नहीं है। सुमनजी उस युग के कवि हैं जब कविता छायावाद से छिटक कर कुछ ज्यादा सहज, कुछ ज़्यादा अन्तरंग होने का यत्न करती हैं। इसे कविता के ज़िन्दगी के निकट आने की कोशिश का युग ही कहना चाहिए। कविता में नये युग की पहचान और नये युग के कवियों की पहचान इसी तरह होती है कि वे ज़िन्दगी को कितने समीप से, कितनी अन्तरंगता से, कितनी सहजता से अपनी बनते देखते हैं। 'हिल्लोल' से शुरू करते हैं सुमनजी। जिसके बारे में उन्होंने लिखा, " 'हिल्लोल' में जीवन और जगत के प्रति तीव्रतम जिज्ञासा, विस्मय, राग और सम्भ्रम के भाव हैं। 'हिल्लोल' के कवि रूप में मैं छायावाद की वायवीयता, रहस्यावरण और एक ख़ास क़िस्म की फंतासी से भिन्न चल रही यथार्थवादी रूमानी प्रवृत्ति से सम्बद्ध था।" (सुमन समग्र, खंड दो, पृ. 6)

छायावाद के अस्वीकार के साथ सुमनजी किसी रिक्तता में खोते नहीं हैं और न 'हिल्लोल' के रूमानी अवसाद में ज़्यादा लीन होते हैं। जिस रास्ते को वे बहुत स्पष्टता से देखते हैं वह प्रवाह और प्रतिबद्धता का है। सुमन समग्र-2 के प्रारम्भ में ही उन्होंने अपने रचना-प्रयोजन के सम्बन्ध में वक्तव्य देते हुए लिखा है मैं प्रगति और प्रवाह के प्रति प्रतिबद्ध हूँ। किसी विशेष चिन्तनधारा या वाद से न तो अपने को जोड़ता हूँ, न जोड़ना चाहता हूँ। यदि प्रवृत्ति की दृष्टि से देखा जाए, मैं मूलतः रोमेंटिक हूँ—अपने सम्पूर्ण विद्रोही, स्वतंत्र और रागात्मक अथात् में। आगे चलकर मुझे प्रगतिवादी कहा गया। वस्तुतः मैंने सशस्त्र क्रान्ति की राष्ट्रीयता के द्वार से प्रगतिवाद में प्रवेश पाया; फिर भी उसके वाद से मैं बंध नहीं पाया या वह मुझे बाँध नहीं पाया। इसलिए जैसे-जैसे परिवेश बदलते गये, मैं सहज भाव से अपनी बात कहता गया।

छायावाद के उत्तर-काल की कवि-पीढ़ी ने जिस जगह अपनी उपस्थिति दर्ज करायी वह यही जगह थी, 'अपनी बात' कहने की, कविता को उस मुक़ाम तक ले जाने की जहाँ वह अपनी बात कहने की ऊर्जा और व्यक्तित्व, उतनी वयस्कता और भाषा पा सके। सुमनजी सहित उस पीढ़ी के तमाम कवियों में जिसमें हरिवंशराय बच्चन, नरेन्द्र शर्मा, रामेश्वर शुक्ल 'अंचल', हंस कुमार तिवारी, सुधीन्द्र, सोहनलाल द्विवेदी, जानकी वल्लभ शास्त्री आदि शामिल हैं कविता को उस जगह ले जा सके जहाँ से वह अनेक काव्य-रूढ़ियों से मुक्त हो गई। कविता के लिए स्वाधीनता ढूँढ़ने का काव्य हर समय कठिन होता है विशेषतया तबकि जब सर्जना की लम्बी परम्परा और सिद्धान्त हों और पीठ पर बड़े कवियों का वजन हो।

काव्य रूढ़ियों से मुक्त करने के लिए सुमनजी अपनी पीढ़ी के वरिष्ठ कवि हरिवंशराय बच्चन का आभार व्यक्त करते हैं और उन्हें अपना दसवाँ काव्य संग्रह 'कटे अँगूठों की वन्दनवारे' समर्पित करते हैं। इस प्राणवन्त अवदान के प्रति कृतज्ञता ज्ञापित करते हुए सुमनजी ने लिखा है—"छायावाद के अतिनवाबी कल्पनापरक, अमूर्त्त भावबोध में जीवनयथार्थ की दुरूहता झेलने की सामर्थ्य नहीं थी। परिणामस्वरूप उसकी सूक्ष्म व्यंजनाएँ स्वप्नलोक में रमने की छलना से तो हमें विस्मय-विमुग्ध कर सकती थीं पर हमारे सुख-दुख, आशा-निराशा सो पूर्ण अन्तर्द्वंद्वों की यात्रा में संवेदनशील सहयात्री का सम्बल नहीं प्रदान कर सकती थीं। बच्चन ने भाव, भाषा और अभिव्यक्ति को जीवन के ज्वलंत स्वरूप से जोड़कर काव्य के विस्मयबोधक स्वरूप को सहज और सहृदय संवेद्य बना दिया। दैनंदिन जीवन से चुने हुए उनके बिंब, अनुभूति की आँच से द्रवित भाषा के सहारे जन-मानस के उच्छावासों और उल्लासों के पाथेय बन गए। स्वप्नलोक की छाया छवियों का ठोस धरती की सुखदुखात्मक अनुभूतियों के रूप में अवतरण स्वयं में ही एक उपलब्धि है।"

सुमनजी ने जिन विशेषताओं का उल्लेख बच्चनजी के सन्दर्भ में किया है वे सुमनजी सहित उस पूरी पीढ़ी की है जो 'अपनी बात' कहने के लिए कविता की नई ज़मीन, नई भाषा और नई सामाजिकता तलाश कर रही थी। इस पीढ़ी के सम्मान में यह भी कहना चाहिए कि वह कोई अराजकतावादी आकांक्षाओं की पीढ़ी नहीं थी, कल्पना के पंखों पर बैठी या प्रेम-समुद्र की लहरों पर नाचती। नये होने के अर्थ में ही सुधीन्द्र ने अपने गीत की शीर्ष पंक्ति में लिखा : "कल्पना के पंख पर बैठा हुआ मैं पांव में जंजीर है संसार की।" सुमनजी ने नये होने के अर्थ में ही हजारों पंक्तियों में और बार-बार संसार की सारी निराशाओं और पराजय के बीच से मनुष्य की गरिमा को अक्षुण्य बनाए रखने की कविता लिखीं।

सुमनजी की कविता-पीढ़ी ने छंद-शिल्प को बदलने की कोशिश नहीं की लेकिन आवेगपूर्ण बनाने का काम किया। आवेगपूर्ण छंदों के कारण कथ्य अधिक ग्राह्य होता गया। सुमनजी की कविता का छंद और लय अत्यन्त आवेगपूर्ण और स्फूर्तिदायक है। राष्ट्रीय और अन्तर्राष्ट्रीय स्थितियों की विसंगतियों और सामाजिक-विषमताओं के लिए जिस आक्रोश को जगाने के लिए वे प्रतिबद्ध थे उसे उनकी काव्य-भाषा और छन्द की लय पूरी तरह उठाती रही और उनके काव्य-पाठ को ओजस्विता देती गई। शिवमंगल सिंह 'सुमन' की कविता में उन्नतिशील राष्ट्रवादिता के अनेक सपने अनेक तरह से मौजूद हैं और अन्त में वे समृद्ध विश्व-संस्कृति के हिस्से हो जाते हैं। उनकी कविता इस तरह राष्ट्रीय दर्प और दुराग्रहों से मुक्त होती जाती है। समृद्धि और गरीबी के बीच विभाजित भारत के 'महिमा मंडन' में उनकी कोई दिलचस्पी नहीं है। अपनी पीढ़ी के बहुत से कवियों में वे इस दृष्टि से आगे

हैं। यह रेखांकित किया जाना चाहिए कि उनकी कविता-चिन्ताओं में एक समृद्ध विश्व के साथ ही एक समृद्ध भारत का महत्त्व है। इसे ही उन्होंने प्रकारांतर से और सम्पूर्ण आत्म-विश्वासपूर्वक इन पंक्तियों में कहा है :

जिन उपकरणों से मेरी देह बनी है।
उनका अणु-अणु धरती की लाज बचाए।

'जीवन के गान' संग्रह की भूमिका में सुमनजी अपनी प्रतिबद्धता, प्रगतिवाद, राष्ट्रवादिता और कला-रूपों को समझने के लिए विस्तारपूर्वक संकेत देते हैं। वे उस समय के उन सब कवियों पर आक्रमण करते हैं—"जो यह स्वीकार नहीं करना चाहते कि आधुनिक हिन्दी काव्य में एक विचार और भाव-साम्य है जिसके सामाजिक कारण हैं।" इस आलेख में वे अप्रतिबद्ध रचनाकारों के विचारों को 'बालू के बोरे' कह कर खिल्ली उड़ाते हैं। लेकिन वे रूसी प्रगतिवाद से परहेज करते नज़र आते हैं। वे प्रगतिवाद को इस देश की विसंगतियों की उपज मानते हैं। उन्होंने लिखा, "प्रगतिवाद हमारे बीच में कहीं बाहर से नहीं कूद पड़ा है वरन् हमारे समाज ने जो असंगतियाँ उत्पन्न की हैं उन्हीं के अन्दर से यह फीनिक्स बच्चा विश्व की अश्वत्थ डाल पर चहक उठा है।" किसी समय सुमनजी प्रगतिवाद के उल्लेखनीय सन्दर्भ कवि थे और उन्हें 'सोवियत लैंड पुरस्कार' से सम्मानित किया गया। लेकिन सुमनजी को बाद वाले दिनों में शायद यही पछतावा रहा हो कि उन्हें प्रगतिवादी कवियों की तरह शिद्‌दत से याद करने वालों में अब कोई नहीं है।

सुमनजी और उनकी साथ वाली पीढ़ी के रचना-आयाम विस्तृत और व्यापक हैं। वे एक साथ अनेक लोगों से प्रभावित हैं और अनेक सिद्धान्तों का समन्वय करते हैं। अनेक सिद्धान्तों की रंगों में उनका मन, उनकी रचना-शक्ति दरिद्रों जैसी नहीं होती। नाना प्रभावों की यह शक्ति उनकी कविता के कई स्तरों के पाठकों से मिलाती है। सुमनजी को प्रभावित करने वाले प्रभा-मंडल में अनेक विरल और विश्रुत लोग शामिल हैं। 'सुमन-समग्र खंड-1' में प्रसिद्ध नारायण चौबे ने उनका उल्लेख किया है "गांधीजी के 1930 के नमक सत्याग्रह में वे शामिल होते हैं। 1935 में वे मार्क्सवाद से प्रभावित होते हैं। मदन मोहन मालवीय के परिवार के वे सदस्य ही हो गये थे। पं. जवाहरलाल नेहरू, रवींद्रनाथ टैगोर, आचार्य नरेन्द्र देव, डॉ. सम्पूर्णानन्द, जेड अहमद, रूस्तम सैटिन, आचार्य शुक्ल, आचार्य हजारीप्रसाद द्विवेदी, राहुल सांकृत्यायन, केशव प्रसाद मिश्र, आचार्य वाजपेयी के स्नेह का मैं अधिकारी हूँ। इन सबसे मैं प्रभावित हूँ। आचार्य द्विवेदीजी मुझे मानस-शिष्य मानते थे। दिनकर की आत्मीयता, बच्चन की मैत्री, अज्ञेय की प्रगाढ़ ममता, निराला का दुलार, महादेवी का लाड़, पंत का स्नेह, शिवरानी देवी का वात्सल्य और नेहरूजी का स्नेहाशीष मुझे प्राप्त थे—यह बहुतों की इर्ष्या का

कारण बने हैं। मेरे निर्माण में इन सबका प्रभाव है।" इस 'वाइड स्पेक्ट्रम' में जिस पीढ़ी का निर्माण होता है और जिस मनस्विता के साथ वह और सुमनजी रचना करते हैं उसमें 'कला-ठिठुरन' का कोई स्थान नहीं होता और सारा विश्व एक नीड होता है।

सुमनजी आशा, उमंग और जीवन-सौन्दर्य के पक्ष के कवि थे। उन्हें मैं इसी तरह याद करता हूँ :

जब तक हाथ-पैर चलते हैं
जब तक वाणी बोल रही है
अथ-इतिहीन कर्म मय पथ पर
भार नहीं बन सकता जीवन।

तरोताजा कमल

मुझे बार-बार प्रतीत होता है कि मृत्यु के बाद मनुष्य ऐसी रिक्तता दे जाता है जो कभी नहीं भरती। मेरा कहना यह नहीं है कि मृत व्यक्ति से अधिक तेजस्वी व्यक्ति शेष नहीं रह जाते या कि जन्मते ही नहीं। मेरा कहना तो इतना ही है कि सबके रहते जन्मते भी, मृत्यु प्राप्त करने वाले व्यक्ति की आन-बान, सज-धज, पसन्दगी-नापसन्दगी, प्यार और घृणा को धारण करने वाला, जीने वाला उसके जैसा कोई दूसरा नहीं रहता और न कोई फिर जन्मता है। इस तरह हर मृत्यु प्राप्त करने वाला व्यक्ति दुनिया को कुछ घायल, कुछ अपंग-सा बना देता है। कदाचित, इसीलिए मृत्यु के बाद मनुष्य एकदम बड़ा और किन्हीं अथात् में अपरिहार्य लगने लगता है।

कभी-कभी ऐसा लगता है कि काल मनुष्य का शुभचिन्तक नहीं है, किन्तु क्या कभी-कभी ऐसा नहीं लगता कि काल जैसे मनुष्य का सबसे बड़ा मित्र है? यह सही है कि काल को सब कोई नहीं जीतते, लेकिन जो जीतने वाले होते हैं, उन्हें वह अपने प्रवाह की लहरों पर ताजा कमल की तरह तैराता-बहाता शताब्दियों के इस छोर तक पहुँचा कर खुद दबे पांव और कितना चुपचाप निकल जाता है। बरस, दो बरस, दस बरस और फिर बरस-पर-बरस। यों काल को जीतकर व्यक्ति दुनिया के लिए कितना अपरिहार्य हो जाता है।

मैंने रांगेय राघव का नाम आज से कोई बीस वर्ष पूर्व सुना था। उस समय हम हाड़ौती के कुछ तरुण साहित्यकार प्रगतिशील लेखक संघ की स्थापना के लिए झालावाड़ में मिले थे और साहित्य के रूप, प्रयोजन, सामाजिक दायित्व इत्यादि विषयों पर जोशीली बहस से थककर एक ऐसी कृति की तलाश में थे जो हमारे मन्तव्यों के अनुरूप और साहित्य की दृष्टि से श्रेष्ठ हो। तब रांगेय राघव के मित्र मनमोहन ठाकोर ने उनके काव्य-संकलन 'पिघलते पत्थर' से इसी शीर्षक वाली रचना सुनाई। कुछ तो रचना-सौष्ठव और कुछ मनमोहन ठाकोर के काव्य-पाठ ने मुझे ऐसा प्रभावित किया कि मैं लम्बे समय तक रांगेय राघव को काव्य के अतिरिक्त किसी दूसरी विधा का लेखक स्वीकार करने को तैयार नहीं हुआ। मनमोहन ठाकोर बाद में उनके इतिहास की जानकारी, उनके उपन्यासों की ताजगी, प्रखर बुद्धि,

धूम्रपान, लेखन कार्य के प्रति अपार निष्ठा के कई किस्से कहते रहे, लेकिन मेरे लिए इतना ही पर्याप्त था कि वे शक्तिशाली और दृष्टिवान कवि हैं।

मैंने अब तक रांगेय राघव को कवि की तरह ही जाना था लेकिन थोड़ा समय बीतते-न-बीतते मैं उनको एक-दूसरे रूप में भी जानने लगा। उनका यह रूप फूल की तरह कोमल न होकर वज्र की तरह कठोर था। यह आलोचक रांगेय राघव थे। उस समय डॉ. रामविलास शर्मा और डॉ. रांगेय राघव के बीच 'नवयुग' (जो बाद में धर्मयुग था) में एक बहस छिड़ गई थी। इस बहस से मुझे रांगेय राघव ने एक नया शब्द दिया 'शाब्दिक पटेबाजी'। आज भी कई बार ऐसा प्रतीत होता है कि विद्वान लोग 'शाब्दिक पटेबाजी' में कितना लम्बा अर्सा गुजार देते हैं जबकि समय का प्रवाह कितनी तरंगें, कितने वृत्त, कितने बुदबुदे, कितने फेन बनाता-मिटाता ठीक पैरों के नीचे से चला जाता है।

फिर एक लम्बा अन्तराल। रांगेय राघव की पुस्तकों-पर-पुस्तकें, ख्याति-पर-ख्याति लेकिन साथ ही निंदा की फुसफुसाहट, तीखी आलोचनायें। आलोचना का विषय? यही कि वे कागज तौल-तौल कर लिखते हैं, उनमें गहराई कम फैलाव ज्यादा है और ऐसा ही बहुत कुछ जो सामान्यता कहा जाता है लेकिन जो लेखक के व्याप्त होते हुए प्रभाव की साक्षी भी देता है। यों मुझे भी कभी-कभी लगता कि अधिक मात्रा में लिखने वाला लेखक थोड़े ही समय में प्रभावहीन रचनाओं को जन्म देने लगता है लेकिन मुझे ऐसा भी लगता कि यह मान्यता नितान्त वैयक्तिक है। वस्तुतः प्रभावशाली रचनाओं का कारण एक कृति और दूसरी कृति के बीच का समय न होकर कृतिकार की रचना-सामर्थ्य है और यदि रांगेय राघव में वह रचना-सामर्थ्य है तो वे क्यों प्रतीक्षा करें? क्यों न वे अपनी सामर्थ्य का उपयोग करें? बहुत बाद में जब मैं एक बार उनसे मिला तो उन्होंने मुझे कई योजनाएँ बताते और समझाते हुए कहा कि हिन्दी के लेखक अपनी प्रतिभा के सहस्रांश का भी उपयोग नहीं करते। उस दिन मैंने समझा कि जिसके पास सूर्य के समान तेजस्विता है, वह समय की क्यों प्रतीक्षा करेगा? धीरे-धीरे लिखने का तर्क उन लेखकों का तर्क भी तो हो सकता है जो सामर्थ्यहीन कछुए की तरह चलते हैं और क्योंकि वे एक बार संयोगवश किसी खरगोश को लज्जित कर चुके हैं, सोचते हैं कि सभी खरगोशों के भाग्य में हमेशा-हमेशा के लिए कछुए से हारकर लज्जित होना लिखा है।

मेरे लिए इससे अधिक कष्ट का कारण क्या हो सकता था कि जिस व्यक्ति के यश की कथाएँ मैं बीस वर्षों से सुनता रहा उससे मिला तब जब वह तेजी से मृत्यु के निकट पहुँच रहा था, किन्तु क्या कहीं भी इस तेजस्वी व्यक्ति के दर्प को मृत्यु आहत कर सकी? क्या कहीं कोई पत्ता गिरा, कोई लहर उठी। कहीं कुछ भी तो नहीं हुआ। पहली मुलाक़ात में भी वे मुझे शान्त समुद्र की तरह लगे जिसके वक्ष पर बहुत कुछ आया और चला गया है। मृत्यु के कोई तीन वर्ष पूर्व उनसे मिलना

हुआ लेकिन मैं यह दावा नहीं करूँगा कि मुझे उनकी अन्तरंगता मिली। शायद ऐसा कुछ नहीं हुआ क्योंकि ऐसा होने की कोई सम्भावना नहीं थी। वे यश के जिन शिखरों को छू रहे थे वहाँ वे बहुत ऊँचे थे। न मैं वहाँ मिल सकता था और न दूसरे किन्हीं कारणों से उनकी अन्तरात्मा के दर्द तक पहुँचा सकने की स्थिति में था। मैंने उस पहले साक्षात्कार में कुछ ऐसा अवश्य अनुभव किया कि जैसे वे बहुत अकेले-अकेले हैं। लेकिन अकेलापन शायद सभी लेखकों के हिस्से में आता हो।

मैं उनसे जयपुर में मिला। वे इस नगर में आयोजित सेमिनार का संचालन कर रहे थे। जब वे पहली बार संगोष्ठी में आए तो मुझे विश्वास ही नहीं हुआ कि वे इतने तरुण, इतने सुदेह, इतने सुरुचि-सम्पन्न होंगे और जब तीन वर्ष बाद उन्हें मृत्यु उठा ले गई तो मुझे यही लगता रहा कि उस देह, उस रूप और उस गरिमा के लिए मृत्यु नहीं होनी चाहिए थी। संगोष्ठी में वे भय, कुंठा और व्यग्रता रहित होकर थोड़ा-सा बोले। सामान्यतया पंडित लोग ऐसे पदों पर चढ़कर और विद्वानों को देखकर बहक जाया करते हैं लेकिन रांगेय राघव जो थे वही रहे, व्यक्त हुए। उस दिन बड़ी औपचारिक-सी बातचीत हुई, मुझे बुरा नहीं लगा।

संगोष्ठी के दूसरे दिन साँझ को उनसे लम्बी बातचीत हुई। कक्ष में कई व्यक्ति थे। सिगरेटों पर सिगरेटें पी जा रही थीं। बहस में कुछ तनाव आ गया था। तनाव की स्थिति में बातचीत काफी रंग ले आती है। बात कवि टी.एस. इलियट तक आ गई थी। रांगेय राघव इलियट से प्रसन्न नहीं थे और उन्हें कुछ ऐसा बताया गया था कि मैं इलियट को काफी श्रद्धा देता हूँ, इसलिए वे मुझसे भी नाखुश नज़र आ रहे थे। अपनी अप्रसन्नता के दौरान उन्होंने मुझ पर बार-बार यह आपेक्ष किया कि मैं कोई बात अपनी नहीं कह रहा हूँ। सारी-की-सारी बातें बेहद किताबी हैं। वस्तुतः मैं उद्धरण बोल रहा हूँ। इलियट पर उनका मुख्य आपेक्ष यह था कि वह पादरी है और एक अभिजात्य विचारधारा का पक्ष समर्थक रायलिस्ट। मैं उस दिन से आज तक यह नहीं समझ पाया हूँ कि व्यक्ति के ये गैरज़रूरी रूप इतनी प्रमुखता ग्रहण करके हमारी रसज्ञता को कैसे दूषित कर देते हैं? रांगेय राघव रसवादी परम्पराओं के समर्थन में लगे रहे और नये कवियों के प्रति आक्रोश व्यक्त करने से नहीं हिचकिचाये। उन्होंने कहा कि नये कवि छंद से भागते हैं क्योंकि छंद का अनुशासन कठोर होता है। 'फ्रीवर्स' की बात करने का अधिकार उन्हीं कवियों का है जो पहले कुछ कविता-सवैये लिखकर बतायें। उन्होंने एक ऐसा ही वक्तव्य बाद में 'कविताएँ' मासिक में दिया था जो 1961 में सिंतबर अंक में प्रकाशित हुआ था। मैंने उनकी बात सुनकर सूचित किया कि मैं उन्हीं कवियों में से हूँ जिसने अपना कवि-कर्म कवित्त और सवैये लिखकर प्रारम्भ किया है और अब 'फ्रीवर्स' तक आया हूँ। मुझे नहीं मालूम उन्हें मेरा यह कथन रुचा या नहीं लेकिन साँझ का झुटपुटा कमरे में दाख़िल होने लगा था इसलिए वे उठ गये। उठते-उठते उन्होंने तनाव को कम

करने की दृष्टि से अपना हाथ आगे बढ़ाया जिसे मैंने स्नेह और सम्मान से अपने हाथ में ले लिया और अपनी तरफ से उनके नजदीक आने के लिए उनसे एक सिगरेट माँग कर जलाई।

अबकी बार उनसे आकाशवाणी के एक कवि सम्मेलन में मिलना हुआ। कवि-सम्मेलन से पूर्व औपचारिक मेल-मिलाप के बाद वे मुझे अपने भाई के यहाँ ले गये, पत्नी से परिचय कराया जो उस समय बी.ए. में पढ़ रही थी। उन्होंने साहित्य अकादमी के सम्बन्ध में बात की। मैं उस समय अकादमी का सदस्य था इसलिए उन्हें उसकी सारी गतिविधियों से अवगत करा सका। सारी बातें सुनकर उन्होंने मेरे कंधे पर हाथ रखकर कहा—"भाई, वह राजनीति की कतरन है, तुम थोड़े दिनों बाद यह समझ जाओगे।" सचमुच रांगेय राघव जो बहुत पहले समझ गये थे वह मैं बाद में समझा और जब यह समझा तो उससे अलग हो गया। दुख यही रहा कि यह देखने के लिए रांगेय राघव जीवित नहीं रहे।

अश्क-दम्पती और यशपालजी

एकदम निश्चित साल, महीना और तारीख़ तो नहीं बता पाऊँगा, लेकिन यह सन् 52-53 की बात है, यह अच्छी तरह याद है। मैं विद्या भवन टीचर्स ट्रेनिंग कॉलेज में लेक्चरर था। इन्हीं वर्षों में पहले अश्कजी और फिर कौशल्याजी, यशपालजी उदयपुर आए थे। आधी सदी बाद यह याद करना तो मुश्किल है वे क्यों आए थे? शायद अश्कजी और कौशल्याजी तो अपने पुस्तक-व्यवसाय के लिए बाज़ार देखने आए थे और यशपालजी बस यूं ही एक ऐतिहासिक नगरी की शौर्य और सौन्दर्य गाथाओं से रू-ब-रू होने। बाद में अश्कजी की व्यावसायिक-कुशलता को लेकर यह विनोदपूर्ण किस्सा सुनाया जाता रहा कि वे 'बैंगन का पौधा' कहानी-संग्रह को कृषि महाविद्यालय लायब्रेरी में बैंगन की खेती के लिए महत्त्वपूर्ण पुस्तक बताकर खरीदवा गये। मैं कह नहीं सकता, हो सकता है, यह किस्सा कृषि महाविद्यालय के लायब्रेरियन के निकम्मेपन को उजागर करने के लिए उनके किसी प्रतिपक्षी द्वारा प्रचारित कर दिया गया हो?

अश्कजी जहाँ तक मुझे याद है, विकास अधिकारी योगेश शर्मा के यहाँ रुके थे। योगेश लिखने-पढ़ने वाले आदमी थे और साहित्य की नई पुस्तकों की टोह में रहते थे। आज़ादी के बाद वाले वर्षों में नई पुस्तकें वाम चिन्तन से प्रभावित थीं। उदयपुर में इन पुस्तकों पर चर्चा प्रगतिशील लेखक संघ की गोष्ठियों में हो जाया करती थी। लेकिन उदयपुर पुस्तक व्यवसाय की दृष्टि से कभी बुलन्दियों पर नहीं रहा—आज भी नहीं है। तब जो दो-एक पुस्तक भंडार थे वे ज्यादातर गीता प्रेस गोरखपुर की सस्ती धार्मिक पुस्तकें रखते थे। आज स्थिति पहले से बेहतर है लेकिन उदयपुर को अभी भी 'बौद्धिक नगर' का दर्जा पाने का इन्तज़ार है।

अश्कजी के आने की सूचना मुझे योगेश शर्मा ने ही दी। वे चाहते थे कि टीचर्स ट्रेनिंग कॉलेज में उनका भाषण हो सके। वे शायद सर्दियों के दिन थे, ट्रेनिंग कॉलेज का सभागार अश्कजी के प्रशंसक अध्यापकों से भरा हुआ था। मैंने भी इसके पहले उन्हें नहीं देखा था लेकिन एक अपराजेय योद्धा की तरह राजयक्ष्मा (टीबी) से वे लड़कर नई ज़िन्दगी हासिल कर चुके हैं, यह पढ़ चुका था। कुछ अच्छी-बुरी, यश-अपयश की बातें थीं लेकिन एक लेखक के साथ उसके पढ़ने

वाले या चाहने वाले इन सबका अतिक्रमण करते हैं। रचना की अद्वितीयता उसकी मोहिनी से बँधे रहते हैं। मैं और प्रतीक्षा करते ट्रेनिंग कॉलेज के अध्यापक अश्कजी से इसी तरह बँधे थे।

अश्कजी में कुछ भी अद्‌भुत नहीं था जैसा हम प्राय: लेखकों के बारे में सोचते हैं। वे बालों वाली टोपी और ओवर कोट पहने थे, शायद इसी से कुछ लम्बे लग रहे हों। राजयक्ष्मा से मुक्त हुए व्यक्ति का आत्मविश्वास लेकर वे नई ज़िन्दगी से रू-ब-रू थे। उन्हें किसी बँधे-बँधाए विषय पर नहीं बोलना था। मैंने इसके प्राय: अच्छे परिणाम देखे थे—चाहे जहाँ से शुरू करके चाहे जहाँ ख़त्म करना, और सुनने वालों को आज़ादी देना। कुछ लोग इस खुलेपन से नाराज़ होते हैं। वे चाहते हैं कि कोई नतीजा निकले। बोलने वाला ही समस्या का कोई समाधान निकाले।

अश्कजी ने कोई रीतिबद्ध भाषण नहीं दिया। उसमें न उपदेश था न उपालंभ। वे बहुत-सी बातों का खुद भी आनन्द लेते थे। एक बात मुझे जो याद रह गई वह सावर्जनिक प्रशंसा करने से सम्बन्धित थी। उन्होंने कहा कि पंजाब में किसी बात के अच्छे लगने पर या कि अच्छी कविता की सराहना के लिए तालियाँ नहीं बजती। श्रोता, उन्हें जहाँ जो अच्छा लगता है कहते हैं 'सत् श्री अकाल, बोले सो निहाल'। इसका तुरन्त परिणाम निकला कि ज्योंही उन्होंने बोलना समाप्त किया श्रोताओं ने प्रशंसा में तालियाँ बजाने के बजाय प्रसन्नतापूर्वक कहा 'सत् श्री अकाल, बोले सो निहाल'। अश्कजी ने इस प्रशंसा का खूब आनन्द लिया। उनसे यह पहली और आख़िरी मुलाक़ात थी। एक बार जब इलाहाबाद गया और अश्कजी से मिलने भी लेकिन न वे मिले न कौशल्या जी। उनसे अचानक हुई उस स्नेहपूर्ण मुलाक़ात को मैं अब तक नहीं भूला हूँ।

दिनों तक मैं बेतकल्लुफ, प्रसन्न मुख और कुछ हद तक महत्त्वाकांक्षी अश्कजी को याद करता रहा तभी उनका एक ख़त मुझे मिला। वह कोई औपचारिक पत्र नहीं था, न भावुकता भरा और न राग-रंजित। दोस्ताना अन्दाज़ में लिखी यह चिट्‌टी मेरे लिए महत्त्व की भी हो गई थी क्योंकि वह हिन्दी पत्र-लेखन की अत्यन्त आडम्बर और अतिशयोक्तिपूर्ण परम्परा को व्यर्थ करती हुई सीधी-सच्ची काम-काजी शैली में लिखी थी। चिट्‌ठी में कौशल्याजी के आने की सूचना थी और यह आग्रह भी कि कोई असुविधा न हो तो मैं उन्हें अपने यहीं ठहरा लूँ। मेरे लिए यह सुखद ख़बर थी लेकिन चिन्ता की शुरुआत करने वाली भी थी। चिन्ता आने-जाने के साधनों को लेकर थी। 52-53 का उदयपुर दो घोड़ों के ताँगों या साइकिलों का था। कभी-कभी महाराणा की खुली लालरंग की 'रॉल्स रायस' नज़र आ जाती थी। मैं उदयपुर शहर से तीन किलोमीटर दूर रहता था, जहाँ मिलने वाले पैदल, साइकिल पर या ताँगा करके आते थे। सड़कें पुरानी और तकलीफ़देह थीं और शाम होते-होते अँधेरी और असुरक्षित हो जाती थी। मेरे घर से शहर की तरफ़ जाने वाले एक अँधेरे रास्ते पर

विशाल वटवृक्ष था, सहस्त्रों जड़ों वाला। उसके पास से गुज़रने वाले का कलेज़ा मज़बूत होना चाहिए था। उस वटवृक्ष के साथ प्रेत-कथा जुड़ी थी। वह मनचला सैलानी था और साइकिल के केरियर पर बैठ जाता था। थोड़ी दूर जाकर कहते हैं कि साइकिल वाला गिर जाता था और वाहन गायब हो जाता था। धीरे-धीरे वह रास्ता रोशन होने लगा। शहर के उस प्रसिद्ध पर्यटन-स्थल 'सहेलियों की बाड़ी' के पास अब एक खूबसूरत बाज़ार विकसित हो गया और चौबीसों घंटे अबाधित यातायात चलता है। वह पुराना सैकड़ों जड़ों वाला वटवृक्ष और वे प्रेत-कथाएँ केवल मनोरंजक यादें ही रह गई हैं।

मैं यातायात सम्बन्धी कठिनाइयों को लेकर अश्कजी को लिखना चाहता था लेकिन संकोचवश नहीं लिख सका। मैं कौशल्याजी के आतिथ्य को लेकर भी नर्वस था। मेरा मकान खुशादा, खुला और प्रशस्त था लेकिन शौचादि की आधुनिक सुविधाओं से वंचित था। उसमें स्नानघर नहीं था और हमने एक छोटे कमरे को स्नान घर बना लिया था। हमारा निरामिष प्याज, लहसुन रहित भोजन उन्हें भाएगा या नहीं। इन्हीं सब चिन्ताओं के चलते मैं कौशल्याजी को अपने घर ले आया। वे उदयपुर देखने नहीं आई थीं, व्यवसाय और समृद्धि का विस्तार क्षेत्र तलाश करने आई थीं। मध्यवर्गीय दिखावों और आडम्बरों से मुक्त होने के कारण उन्होंने हमें ज़रा भी परेशान या चिन्तित नहीं किया। वे अश्कजी की दूसरी पत्नी थी लेकिन उसकी कोई गाँठ या मनोवैज्ञानिक दबाव उनमें नज़र नहीं आता था। पचास वर्ष पहले के उदयपुर का पुस्तक कारोबार बहुत सिमटा हुआ था लेकिन इससे वे निराश नहीं थीं। मैं उनकी फुर्ती और उत्साह को चकित होकर देखता रहा।

मझौले कद की और व्यवसाय, बुद्धि से ओत-प्रोत कौशल्याजी की आँखों में मुझे नई पीढ़ी की स्त्री नज़र आने लगी। उन्होंने जल्दी से पुस्तक-व्यवसाय की सम्भावनाओं को खंगाल लिया। शायद इस काम में उन्होंने मुझे अपना अच्छा सहायक न समझा हो या अकेले चलने की ज़िद और इच्छा-शक्ति के कारण वे आत्मनिर्भर ही रहीं। अगर मैं थोड़ी धृष्टता के साथ कहूँ तो कह सकता हूँ कि मैं उन्हें जल्दी ही भूल गया होता लेकिन जो महत्त्वपूर्ण बात वे दो दिनों में मुझसे शान्त, नि:शब्द कहती रहीं वह एक पारम्परिक, दास-स्त्री की छवि तोड़ने की थी। यह भी उन्हें न भूल सकने का कारण बना रहा।

हम प्रकाश आतुर के यहाँ रात का भोजन करने गये थे। उनका घर हमारे यहाँ से दूर था और जल्दी सो जाने वाले उदयपुर की सर्दियों की रातें नौ बजते-बजते सूनी हो गई थीं। किसी तरह की सवारी मिल ही नहीं सकती थी। कौशल्याजी ने कहा, "चलो, चलते हैं।" रास्ता काटने के ख़याल से या कौशल्याजी के विचार जानने की गरज से मैंने स्त्री के नौकरी करने के विरोध में टिप्पणी की ही थी कि मैंने तुरन्त उनका क्रुद्ध और उत्तेजित स्वर सुना : तुम दरअसल रीतिकालीन पुरुष

हो। तुम स्त्री नहीं बिहारी की नायिका चाहते हो और उसे ही अपने पास रखना पसन्द करते हो। तुम्हारे मन में छोटे-छोटे गोरे-धुले पैरों में मखमली जूतियाँ पहने कालीन पर चलने वाली स्त्री है।

मैं एकदम हक्का-बक्का रह गया। शर्मिंदा और कायर। आधी सदी पहले स्त्री-स्वाधीनता की यह अकम्पित आवाज़ थी जो आज सहस्रों आवाज़ों में सुनता हूँ। दो दिन में जो साधन मिला उससे उन्होंने स्कूल, कॉलेज की अधिकृतियों से सम्पर्क किया, पुस्तकें दिखायीं और उनकी गुणवत्ता पर बातचीत की।

इलाहाबाद जाकर उन्होंने अश्कजी का वृहद उपन्यास 'गर्म राख' और 'दीप जलेगा' कविता संकलन भेजे। जब कभी पुरानी पुस्तकें इधर-उधर करते ये दोनों पुस्तकें हाथ आ जाती हैं तो मुझे उन दोनों की याद आ जाती है जिनकी स्नेह छाया का बहुत थोड़ा-सा हिस्सा मुझे मिला था।

यशपालजी

यशपालजी को लाने के लिए मैं उदयपुर स्टेशन पर पहुँचा तब तक गाड़ी आ चुकी थी और मुसाफ़िर ताँगों में बैठ चुके थे। यशपालजी ने काफ़ी दिनों पहले मुझे अपने आने की सूचना दे दी थी लेकिन मैं स्टेशन से सात-आठ किलोमीटर की दूरी पर रहता था। मेरे पास साइकिल थी लेकिन मैंने अभी-अभी चलाना सीखा था और ज़रा-सी आपदा आती देखता तो उतर जाता था। फिर दुबारा बैठने के लिए किसी ऊँचे स्थान की या पत्थर की तलाश करता। यही कारण होता कि जहाँ जिस वक़्त पहुँचना होता देर हो जाती और बुरा भी लगता।

किसी-न-किसी ताँगे में यशपालजी बैठे होंगे इस उम्मीद से मैं हर ताँगे की सवारियों को घूर-घूर कर देखने लगा। एक ताँगे में जिसमें पीछे एक स्त्री और उसके बच्चे ठुंसे-बैठे थे उसी में आगे यशपालजी थे, अनुद्विग्न और बेतकल्लुफ। मैंने उन्हें पहले कभी नहीं देखा था, लेकिन किसी कहानी के साथ उनका चित्र भी था। इस साहचार्य भाव से मैंने उन्हें पहचान लिया। प्रगतिशील लेखक संघ के वे चर्चित और बहुप्रशंसित कहानीकार थे। उनका प्रसिद्ध उपन्यास 'दिव्या' मैंने पढ़ा था जिसमें स्त्री के जीवन-यथार्थ और देह-सुख पाने की कामना और कथा है। यशपालजी का आना इसलिए भी उत्साहदायक था कि राजस्थान में इस समय सामन्त-संस्कृति का पटाक्षेप हो रहा था और जन-संस्कृति और लोक-तंत्र का अभ्युदय। लेकिन इस बाबत उनसे कोई सार्वजनिक संवाद नहीं हो सका। उस समय यहाँ ऐसा कोई मंच भी नहीं था जहाँ राजनीतिक बदलावों को सामाजिक उपयोगिताओं के अर्थ में समझने की बातचीत की जा सके। एक दिक्कत यह भी थी कि यशपालजी के स्वभाव को मैं नहीं जानता था। मैं कह नहीं सकता था कि वे मौन रहना पसन्द करते थे या बोलना। लेकिन यह बाद में जान गया कि जब बोलते हैं तब विनोद

और वक्रोति दोनों का मज़ा लिया जा सकता था। ज्यादा तो याद नहीं रह गया है लेकिन दो-एक उदाहरण दे सकता हूँ। जैनेन्द्रजी पर बात निकल आई थी। मैंने उनकी कहानियों की बढ़-चढ़कर प्रशंसा कर दी थी। यशपालजी ने सुन कर कहा, "हाँ, उनकी कहानियाँ कभी-कभी ऐसी होती हैं जैसे बड़े गाजे-बाजे के साथ लगे कि कोई बड़ा जुलूस आ रहा है। देखने के लिए औरतें-आदमी इकट्ठे हो जाएँ। जुलूस गुज़र जाए और पता ही न लगे कि माज़रा क्या था? किसका जुलूस था? एक अलौकिकता ही बची रह जाए।"

उन्हीं दिनों जैनेन्द्रजी की 'जैनेन्द्र के विचार' पुस्तक बाज़ार में आई थी। मैं भी ले आया था, देख कर कहा 'अच्छे, भले कहानीकार थे। वह भी नहीं रहने दिया। विचारक बना दिया बिचारों को।' यशपालजी की ये टिप्पणियाँ मुझे सख्त और व्यक्तिकेन्द्रित लगी। लेकिन मैंने उनसे कोई बहस नहीं की और न असहमति व्यक्त की जो कि मुझे करनी चाहिए थी। वे मेरे मेहमान थे, उम्र में बड़े, प्रसिद्ध और विवेकवान। उनकी आयु और कीर्ति के कारण उनसे मैं सहज और अनौपचारिक नहीं हो सका था। मैंने इन दो दिनों में उन्हें लेखकों की तरह ढीले-ढाले वस्त्रों में भी नहीं देखा। पहली बार जब स्टेशन वाले ताँगे में देखा तब भी वे फौजी जैसे कपड़े पहने थे जिनमें वे फुर्तीले और रूवाबदार लगते थे। बाद में वे अक्सर वैसे ही वस्त्र पहने रहे। पूरी बांह वाला शर्ट जिसके दोनों तरफ़ ऊपर-नीचे जेबें थीं। नीचे बड़ी-बड़ी खुली। घिसे रंग की चुस्त-सी पेंट। 'क्लीन-शेव्ड' चेहरे में वे चौकन्ने और सजग लगते थे। एक बौद्धिक आभा लिये वे प्रायः दूर तक देखते थे। वे इस 'गांधीवादी आज़ादी' से नाराज़, खिन्न और असन्तुष्ट थे। बाद में 'गांधीवाद की शव परीक्षा' करते हुए उन्होंने जिन प्रखर तर्कों से इस आज़ादी को ढोंग साबित किया उससे उनकी अप्रसन्नता और क्रान्तिकारिता का अन्दाज़ लगाया जा सकता है। उदयपुर की विशाल और शान्त नीले जल वाली झीलों को दिखाने के लिए साइकिल के सिवा कोई साधन नहीं था। वही मैंने प्रस्तावित किया। सच्चे 'कामरेड' की तरह वे तुरन्त तैयार हो गये, आयु या बड़प्पन की कोई रेखा उनके चेहरे पर नज़र नहीं आई। उनके कथा-साहित्य में भी ज़िन्दगी की सच्चाइयाँ कला की किन्हीं अदाओं के साथ प्रकट नहीं होती और न उन पर बड़प्पन की कोई मुहर लगी होती हैं। बहरहाल उस दिन उन्होंने तेज़ी से साइकिल चलाई और फतहसागर के लम्बे, घुमावदार, शान्त पालों पर सूर्यास्त देखा।

कुछ समय के लिए मैं उन्हें शहर में ले गया जो उन दिनों बुर्ज के भीतर-भीतर बसा था। बुर्ज के अन्दर जाने के लिए विशाल 'पोल' थे जो रात होते-होते बन्द हो जाते थे और जल्दी सुबह खुलते थे। कनक 'मधुकर' शहर में रहते थे और 'नवजीवन' साप्ताहिक सम्पादित करते थे। वे साहित्यानुरागी और स्वतंत्रता-सेनानी थे। उन्होंने मुझे 'उद्‌गार' शीर्षक गद्य-गीतों का संकलन दिया था। उदयपुर में उन दिनों सुश्री दिनेश नंदनी चोरड़िया (डालमिया) और पं. जनार्दन राय नागर उत्साहपूर्वक गद्य-गीत लिखते थे।

मुझे विश्वास था कि कनकजी यशपालजी जैसे बड़े और विख्यात लेखक को अपने कार्यालय में आया देखकर अत्यन्त प्रसन्न होंगे। वही हुआ। उनके अप्रत्याशित आगमन से वे चकित रह गये। हम वहाँ बैठे ही थे कि महाराणा भोपाल कॉलेज के प्रिंसिपल शंकर सहाय सक्सेना आ गये। आयु, पद, विद्वत्ता के तमाम अन्तरालों को पाटकर वे मुझे जितना स्नेह और आदर देते थे वह मुझे हमेशा संकोच में डाल देता था; इसका कारण शायद मेरी समाजवादी आस्थाएँ थीं। शंकर सहाय जी आचार्य नरेन्द्र देव की शिष्य परम्परा में थे और समाजवादियों की उनके प्रति निष्ठा और आदर से परिचित थे। दरअसल श्री सक्सेना भारतीय समाजवाद की आर्थिक दृष्टियों और नीतियों के पक्षधर थे। एक सीमा तक उनकी जीवनशैली में भी सरल सौन्दर्याभिरुचियाँ नज़र आती थीं। वे खादी पहनते थे और निजी ताँगे का इस्तेमाल करते थे। बाद में जब उन्होंने कार खरीदी तब भी कुछ शर्मिंदा होते रहे। वे कहते थे कि जब वे कहीं बाहर गये हुए थे पीछे से उनके परिवारवालों ने उनसे बिना पूछे कार खरीद ली थी। यह सफ़ाई देना, दरअसल, उनकी भलमनसाहत थी और सरलता का उदाहरण है।

कनकजी के यहाँ शिष्टाचार के नाते सक्सेना जी ने ही बातचीत शुरू की। पहले कुछ तुलसीदास जी की कविता पर बात हुई इस परिणाम के साथ कि फिर वैसी 'कविताई' नहीं हुई। होते-हुआते जब कहानी पर बात आई तो शंकर सहाय जी ने कहा कि प्रेमचन्दजी के बाद किसी ने 'कहानी' नहीं लिखी। मैंने सोच लिया था कि यशपालजी इसका प्रतिवाद करेंगे। सचाई भी यह थी कि हिन्दी का कथा-साहित्य प्रेमचन्दजी के बाद उनकी परम्परा को समृद्ध करते, बदलते, नई ज़मीन तलाशते बढ़ा है लेकिन किसी बेचैनी का अनुभव करते हुए भी यशपालजी ने सिर्फ़ इतना ही कहा कि बाद वाली कहानियों पर आपकी नज़र न पड़ी हों। यह उनका बड़प्पन था और एक लेखक का शील।

संयोग से उनके साथ मैंने अजमेर तक यात्रा का। स्टेशन पर उन्हें कॉलेज के विद्यार्थी लेने आए थे।

अब न यशपालजी हैं, न अश्क जी, न कौशल्याजी। केवल उनके समय को व्याख्यायित करतीं और आधी सदी पहले के उदयपुर को बताती उनकी कुछ मोहक यादें हैं जो उदास करती हुई भी अच्छी लगती हैं।

अब वे दिन चले गए

यदि उन्होंने, लगभग अन्त होते-होते वह प्रश्न मुझसे न पूछा होता तो मैं उन्हें देखता भी नहीं। सही बात तो यह थी कि प्रिंसिपल डॉ. श्रीमाली जी संस्था-प्रमुख थे और मैं वहीं प्राध्यापक होने के लिए 'इंटरव्यू' दे रहा था। दूसरे संस्था अध्यक्षों और चयन मंडल के सदस्यों की इसलिए ज़्यादा दिलचस्पी नहीं थी। हस्ब मामूल सब ठीक चल रहा था : प्रश्न और उत्तर। अध्यक्ष ने हिन्दी काव्य, साहित्य, क्या पढ़ा इन दिनों, क्या-क्या किया, नहीं किया ऐसा कोई प्रश्न नहीं पूछा। सारे सवाल समाजवाद पर ही पूछे। वे भी आचार्य नरेन्द्र देव पर केन्द्रित।

हिन्दी के सन्दर्भ में कुछ भी न पूछा जाना उन सज्जन को अवश्य बुरा लगा होगा इसलिए उन्होंने पूछा लेकिन किसी दंभ के साथ नहीं, अत्यन्त सहजता से 'दिव्या उपन्यास पढ़ा है?'

'जी, अभी-अभी पढ़ा है।'

दिव्या के बारे में कुछ बताएँगे उन सज्जन ने जानना चाहा।

यानी क्या?

यही उसकी चारित्रिक विशेषताएँ इत्यादि।

इस प्रश्न का उत्तर ज़रा भी कठिन नहीं था फिर भी मैंने उस प्रश्न को कठिन मानकर कुछ गम्भीरता से उत्तर दिया।

मैंने शायद 'कम्युनिस्ट नैतिकता' का हवाला भी दिया। लेकिन अन्त में मुझ से यह धृष्टता हुई कि मैंने उलटकर यह पूछा कि प्रश्नकर्ता का क्या विचार है?

प्रिंसिपल डॉ. श्रीमाली ने किंचित नाराज़ होकर कहा, 'आप इंटरव्यू दे रहे हैं, ले नहीं रहे।' इस तरह इंटरव्यू समाप्त हुआ।

जब सब बाहर आए तब मैंने उन्हें पूरी तरह देखा। वे सुदर्शन थे, गोरे और गोल चेहरे वाले।

शेरवानी, किंचित टेढ़ी टोपी, गरारा (ढीला पाजामा), चप्पल और प्रसन्न मुद्रा। उस वक़्त उनकी आयु चालीस के लगभग होगी। वे मेरी नियुक्ति पर खुश थे। उन्होंने मुझे बधाई दी और नाम बताया—देवीलाल सामर। इस इंटरव्यू में राजस्थान

के प्रसिद्ध शिक्षाविद् और कवि जनार्दन राय नागर (जनु भाई) आने वाले थे, लेकिन वे नहीं आए। उन्होंने मेरे पक्ष में अपनी सम्मति भेज दी थी।

टीचर्स ट्रेनिंग कॉलेज के प्रशस्त बरामदे में खड़े होकर मैंने दक्षिण के आकाश में उठी कृष्णवर्ण मेघों की अपूर्व घटाएँ देखीं। उस वर्ष 1950 में उदयपुर में सघन और उल्लेखनीय वर्षा हुई थी।

देवजी विद्या भवन स्कूल में हिन्दी के वरिष्ठ प्राध्यापक थे लेकिन वे यही नहीं थे। वे स्कूल के साहित्यिक-सांस्कृतिक कार्यक्रम के अधिष्ठाता थे। वे 'कलकत्ता सदन' छात्रावास के मुख्य प्रभारी और 'शनिवारीय सभा' के संयोजक थे। वे कलकत्ता सदन में विद्यार्थियों के साथ ही रहते थे। उनका और विद्यार्थियों का अनन्य आत्मीयतापूर्ण रिश्ता था—'जल में कुंभ, कुंभ में जल है' जैसा। शनिवारीय प्रार्थना सभा एक साहित्योत्सव ही होता। प्राय : नागरिक वार्ता के लिए बुलाए जाते। वही वार्ता अच्छी मानी जाती जो उपदेश-मुक्त होती। कविता और संगीत और फिर 'असदो मा सद्गमय...मौन। इस तरह स्कूल का दिन शुरू होता। इस शनिवारीय सभा में मैं नियमित जाता और देर तक देवजी के साथ रहता। धीरे-धीरे मैं उनके गुणों, उनके कौशल, रंगकर्म से परिचित होने लगा। लेकिन एक दिन मैं बहुत परेशान रहा। उस दिन मैंने उन्हें अपने सुन्दर उड़ते, किंचित सूखे, किंचित भूरे बालों में देखा, गोलाकार कटे, हो सकता है उन्होंने खुद काट लिए हों, लेकिन दरअसल यह परेशानी का कारण नहीं था। परेशानी का कारण यह था कि मैं तुरन्त यह याद नहीं कर सका कि इस तरह की सजधज वाला, इस तरह की 'बॉडी लेंग्वेज' का आदमी मैंने पहले कहाँ देखा? पूरे दिन मैं उस आदमी को याद करता रहा, पूरे दिन याद ही नहीं आया। शाम होते-होते मैं आह्लादित हो गया; वे उदयशंकर जी की तरह थे; उस 'बॉडी लेंग्वेज' में मैंने उदयशंकर जी को अजमेर में देखा—युवा उदयशंकर को। यह 1941-42 की बात है। मैं गवर्नमेंट कॉलेज में थर्ड ईयर का विद्यार्थी था और वे रेलवे इंस्टीट्यूट में प्रदर्शन देने आए थे। तब उनकी कीर्ति ऐसी नहीं थी कि लड़के-लड़कियाँ अपनी-अपनी 'ओटोग्राफ बुक' लेकर उनके पास दौड़े जाते। जिस शाम प्रदर्शन होने वाला था उसी दिन सुबह डरता-डरता मैं रेलवे इंस्टीट्यूट गया था। बस ऐसे ही भावावेश में उन्हें देखने, हो सके तो बात करने। देख ही सका। वे तन्मयता से संध्या-प्रदर्शन के रिहर्सल में लगे थे। शायद यह मशीनी बेले का कोई हिस्सा था। किसी एक किरदार ने सीटी बजाई और धक्-धक् कर मशीनें चलने लगीं। सुप्रसिद्ध नर्तकी सिमकी को उदयशंकर जी के साथ मैंने पहली और अन्तिम बार वहीं देखा। संध्या को अजमेर के रेलवे इंस्टीट्यूट में आयोजित उदयशंकर जी की मौलिकता और सर्जनात्मकता का यह भव्य प्रदर्शन था। मेरे लिए तो इसलिए भी अद्वितीय था क्योंकि मैं जिस कस्बे से आया था वहाँ मैंने रासलीला और भवानी नाट्यशाला में खेले जाने वाले नाटक 'चूं-चूं का मुरब्बा', 'खूबसूरत

बला' या 'वीर अभिमन्यु' के सिवा कुछ नहीं देखा था। उदयशंकर जी का 'तांडव नृत्य' इतना वेगपूर्ण, इतना गतिवान कि सारा सभागार उत्तेजना में खड़ा हो गया। सिमकी के साथ उनका 'लास्य-नृत्य' मनमोहक था, धीमे पदचापों और प्रसन्न अंग-भंगिमाओं से संग्रथित वह एक काम-तरंग पैदा करता था। लेकिन 'मशीन' वाले नृत्य की संरचना एकदम दूसरी तरह की थी; उदयशंकर भिन्न-भिन्न मशीनों के चालक थे। नट-बोल्ट के साथ पूरे मंच पर दौड़ते, वे अपनी मशीनों को चलाने, फुर्तीले 'मशीनमेन' ही लगते थे। नृत्य की प्रचलित परम्परा में 'मशीन' नृत्य अपारम्परिक प्रयोग था और नया होने के कारण आकर्षक और चर्चित।

देवजी आश्चर्यजनक रूप में अब मुझे उदयशंकर जी से लगने लगे थे। शायद वे नृत्य विधा में प्रवीण हैं, उनका शरीर कमनीय और कोमल तो है। शनिवार की 'प्रार्थना सभा' में जब कुछ कहने खड़े होते हैं तब वे तन कर आवेश-मुद्रा में खड़े क्यों नहीं रहते? किसी कवि या सर्जक की-सी कुछ विनम्र मुद्रा में क्यों होते हैं?

मैंने साहस करके देवजी से कहा कि आपका 'प्रोफाइल' उदयशंकरजी से कितना-कितना मिलता है? क्या आपकी नृत्य में कोई गति है? बाद में किसी ने मुझे देवजी के सुदीर्घ रंगकर्म का परिचय दिया। कलकत्ता सदन (छात्रावास) की ओर इशारा करते हुए उन्होंने कहा कि यह देवजी का ही अवदान है लेकिन यह बात मैंने कभी उनके मुँह से नहीं सुनी। उदयशंकर जी के साथ रहने की चर्चा भी किसी दर्पोक्ति की तरह उन्होंने नहीं सुनाई। "आप ने उस दिन उदयशंकर जी की बात चलाई थी। सन् 1940 में मैं उनसे प्रशिक्षित होने के लिए अल्मोड़ा गया था। लोकनृत्यों के प्रति वहीं मेरे मन में उत्साह उत्पन्न हुआ। भेरू थानें पूजां जैसे लोकनृत्य को देख कर उदयशंकर प्रसन्न हो गए। (हँस कर) मैं गया तो वहाँ प्रशिक्षित होने किन्तु प्रशिक्षक हो गया। बाद में उन्होंने अपने एक आलेख 'एक सपना जो साकार हुआ' में लिखा :

..."इन कार्यक्रमों में मैंने जो 'भेरू थानें पूजां' नामक भीली नृत्य प्रस्तुत किया, वह सबके मन को भाया और मुझे अवसर प्रतिदिन मिलने लगे। कुछ ही दिनों में मेरा इस केन्द्र पर विशिष्ट स्थान बन गया और एक दिन ऐसा आया कि मैं छात्र से लोकनृत्य प्रशिक्षक बन गया। एक क्लास प्रतिदिन ऐसी भी होती थी कि जिसमें केन्द्र के प्रशिक्षक श्री उदयशंकर भी शामिल थे, मुझसे नृत्य सीखते थे।"

एक बार और भी देवजी उदयशंकरजी के साथ रहे, जब वे अपनी प्रसिद्ध फिल्म 'कल्पना' बना रहे थे। उस समय के अपने संस्मरण सुनाते हुए वे हँसकर कहने लगे—इस बार भी वही हुआ, जनाब! मैं गया अभिनेता बनने और बन गया हिन्दी-शिक्षक और संवाद लेखक।

अब मैं समझ सकता था कि देवजी पर उदयशंकर का इतना गहरा रंग क्यों छाया हुआ था! लेकिन उन दिनों की नृत्य शैलियों का रंग अलग-अलग था और

रहा। देवीलाल सामर देश और विदेशों में लोकनृत्य परम्परा के शिखर पुरुषों में शामिल थे और वे अपनी स्थानीयता को अन्त तक कलानुभावों का विश्वसनीय आधार बनाए रहे। वर्षों तक देवजी ने भारतीय लोककला मंडल के मुक्ताकाशी मंच पर राजस्थान भर की लोकगायिकी, लोकनृत्यों, लोककलाओं का प्रदर्शन किया और उस विरासत का परिचय दिया, जिसकी चमक अब बुझती जा रही है। मैंने उस अपार भीड़ को देखा है जिसके सामने वे उस सरल, कौतुकभरे ग्राम-संस्कृति के दिलचस्प खजाने को खोलते थे और जिसमें वे एक अकुंठित मन वाले नर्तक की तरह शामिल होते थे।

सन् 1932 में सामर जी विद्या भवन में हिन्दी के अध्यापक होकर आ गये थे लेकिन वे कलालोक के ही थे, कमनीय शरीर, कोमल मन वाले, जब वे चलते तो कुछ बाईं तरफ झुके, आत्मलीन कवियों की तरह भी। शनिवार की प्रार्थना-सभा पर उनके कोमल स्वभाव की छाप अंकित थी। प्रार्थना सभा में प्रार्थना-गीत, विशुद्ध कविताएँ और दूसरी कविताएँ या छंद या कि 'समूह गीत' जो पढ़े, गाए जाते वे उद्वेगरहित, शान्त-आलोक में ले जाते थे। एक बार देवजी ने अपने रचे हुए दो-तीन गीत सुनाए जिन पर सुमित्रानंदन पंत का प्रभाव था। बहुत बाद में (मृत्यु के बाद) जब मैं उनके बारे में कुछ लिख रहा था मैंने वह कॉपी देखी, जिसमें वे गीत थे और पंतजी की लिखी भूमिका। मुझे खुशी थी कि दोनों बार के मेरे अनुमान सही निकले। मुझे उनका उदयशंकरजी के साथ जो प्रगाढ़ सम्बन्ध था उसकी जानकारी नहीं थी। लेकिन उनके 'शरीर की भाषा' से मैं उस आत्मीय भाषा की लिपि को पढ़ सका जो 'प्रभाव' की पर्यायवाची बन जाती है और दूसरी बार उनकी पद्य-रचना पर पंतजी के कोमल शब्दायोजन का स्पर्श। अल्मोड़ा का ऐसा सांस्कृतिक-सान्निध्य देवजी को मिला लेकिन तब भी वे लोक के कलाकार ही रहे। उदयशंकरजी की तरह उन्होंने जो नई आविष्कृतियाँ कीं, वे लोक के, गाँवों के मनोरंजन को बचाने की थीं। कविता का जादू ज्यादा दिनों तक वहीं बाँधे रहा। जिस भाषा में उन्होंने कविताएँ लिखी थीं, वह अभिजनों की थी जिनसे वे विमुख थे। इसलिए ही शायद उन्होंने कविताएँ नहीं लिखीं। इसका अर्थ यह नहीं लगाया जाना चाहिए कि वे परिष्कृत रुचियों और भाषा के पक्षधर नहीं थे। हो सकता है कि इसीलिए उन्हें मेरी कविताओं में रुचि नहीं रही, जो प्राय: समाजवादी प्रेरणाओं से लिखी होती थीं और खुरदरी होती थीं। कम-से-कम पंत जी जैसी कलात्मक रुचियों वाली तो नहीं होती थीं। जन और अभिजन के बीच वे बँटे रहे।

शनिवारीय प्रार्थना सभा की तरह ही विद्या भवन की एक और परम्परा में 'दल जलसे' आते थे। प्रत्येक कक्ष का एक दल था और उसे समय-समय पर अपने सदस्यों की सर्जनात्मक प्रतिभा का परिचय देना पड़ता था। इन 'जलसों' में विद्यार्थी नाटक, समूह गान, नृत्य, एकल गान-नृत्य और दूसरे कौशलों का प्रदर्शन करते थे।

यह एक प्रकार का सांस्कृतिक कार्यक्रम था, और पूरे वर्ष चलता था। देवजी और गोवर्धन बाबा (प्रसिद्ध चित्रकार गोवर्धन लाल जोशी) के दल जलसे आकर्षण का केन्द्र होते थे। उन्हें पास के गाँव वाले और अभिभावक देखने आते। कोशिश यह रहती थी कि दल के प्रत्येक सदस्य को अपनी-अपनी प्रतिभा दिखाने का अवसर मिले। देवजी ने कई नाटक लिखे, जिन्हें वे दल जलसों में खेलते थे। लोकनृत्यों में उनका दल हमेशा आगे रहता। इन नृत्यों में देवजी भाग लेते और अपनी नृत्य प्रतिभा का परिचय देते। 'भेरू थानें पूजां' लोकनृत्य मैंने पहले-पहले एक दल जलसे में देखा था। देवजी भोपा बनते थे और उनके शरीर में जब भेरू प्रवेश करते तो वह सांकल से अपनी पीठ पर प्रबल आघात करते। देवता से दरबार में आए लोग शान्त होने की प्रार्थना करते। जब भेरूजी शान्त होते तब वे बारी-बारी से अपने मनोरथों के बारे में पूछते। देवता फलश्रुति करते। गम्भीर और विनोदी प्रश्नों के बीच 'भेरू अर्चना' की नृत्य नाटिका समाप्त होती।

अब जब मैं इस तमाम बातों पर विचार करता हूँ तब मुझे लगता कि देवजी को विद्या भवन में व्यतीत हुए बीस वर्ष 'भारतीय लोककला मंडल' की स्थापना की पूर्व तैयारी के थे। इन बीस वर्षों में वे रंगकर्म की एक पूरी तस्वीर बनाते रहे और लोककला मंडल की भी जिसे उन्होंने बाद वाले वर्षों में पूरे मनोयोग से रूपाकृत किया। अभिजन कलाओं के लिए उनके मन में कोई राग, कोई मोह कभी पैदा नहीं हुआ। 'एक सपना जो साकार हुआ' आलेख में लोककलाओं के पक्ष में उन्होंने लिखा :

"दस वर्ष तक मैं इसी घुटन में जीता रहा। मेरे मन में यह इच्छा बलवती होती रही कि ऐसे प्रयोग हमारे देश में अवश्य किए जाएँ, जिनसे लोकनृत्यों का मुख उज्ज्वल हो और उन्हें मान-सम्मान मिले। उस समय तक लोकनृत्य और लोकसंगीत को वह दर्जा प्राप्त नहीं था जो आज प्राप्त है। वे अनपढ़, पिछड़े हुए एवं दलित जनों की कला में शुमार थे। नर्तक और संगीतज्ञ स्वयं को भी हीन समझते थे। समाज में वे तिरस्कृत थे, और दूसरों का मनोरंजन करके वे अपना पेट भी बड़ी मुश्किल से पाल सकते थे। जब भी स्कूल में छुट्टी होती मैं अपने कुछ मित्रों के साथ झोली बाँधे भीली क्षेत्रों में निकल जाता और ग्राम्य जीवन से निकटतम अनुभव प्राप्त करता।"

साहित्य और कलासम्बन्धी नज़रिये में देवजी और मेरे बीच कोई सहमति नहीं थी। दरअसल इसकी ज़रूरत भी नहीं थी। वे साहित्य के क्षेत्र में कोई हलचल नहीं मचा रहे थे और न किसी प्रकार के हस्तक्षेप के महत्त्वाकांक्षी थे। वे लोककलाओं के मोर्चे पर नहीं खड़े थे। उनकी दृष्टि में वे कलाएँ संगीत, नृत्य, कठपुतली नाच, तमाशे, यात्राएँ शुद्ध मनोरंजन और उत्सव थे। उनका प्रयोजन आनन्ददेना था। गाँवों की यह सम्पदा अपहृत कर ली गई थी और देवजी को इस बात का बहुत

दुख था कि गाँव वालों की ज़िन्दगी आनन्द और उत्सवविहीन हो रही है। सिनेमा और दूसरे पश्चिम के दृश्य-साधनों ने गाँव वाले लोगों को सर्जक की जगह दर्शक बना दिया है।

धीरे-धीरे यह सुगबुगाहट शुरू हो गई कि देवजी विद्या भवन छोड़ने वाले हैं। विद्या भवन में ही कुछ लोग थे जो उनके अतिशय कलानुराग पर आपत्ति कर रहे थे। उनकी आपत्ति थी कि इस तरह वे हिन्दी-अध्यापन की उपेक्षा कर रहे हैं। उनकी प्राथमिकता विद्या भवन न होकर कलामंडल हो गई है। उनके नृत्य-नाट्य प्रदर्शन से 'कलकत्ता सदन' बना है इससे वे मगरूर हो गये हैं इत्यादि।

कुछ दिनों बाद यह बात पुख़्ता हो गई कि देवजी ने विद्या भवन छोड़ दिया है। विद्या भवन संस्था की कार्यकारिणी ने उनसे आग्रह किया कि वे विद्या भवन या कला-मंडल दोनों में से किसी एक को चुनें। देवजी ने कलामंडल चुना। वे तब 42 वर्ष के थे।

1952 की 22 फरवरी को इस संस्था (भारतीय लोकमंडल) की स्थापना हो गई।

अब उनसे मुलाक़ातें कम हो गईं, कम होती गईं। उदयपुर की रेजीडेंसी रोड पर वे लोककला मंडल के भवन में ही रहने लगे। लोककला मंडल के कलाकार ही उनका परिवार था। उनकी अपनी कोई सन्तान नहीं थी। अथक परिश्रम से उन्होंने यह संस्था बनाई जो आज विश्वविख्यात हो गई है। अब इस संस्था के निदेशक मेरे मित्र भानुभारती हैं, जिनका कलानुराग उन्हें देश के शिखर कला-निदेशकों में स्थापित करता है।

हिन्दी का बड़ा कहानीकार : आलमशाह खान

पत्नी की मृत्यु के बाद डॉ. आलमशाह खान अकेले रह जाने के संताप की बार-बार चर्चा करते थे। यह अकेलेपन का एहसास उनके मन-प्राण पर छा गया था। मानवाधिकार आयोग की सदस्यता को स्वीकार करना एक तरह से उस तन्हा ज़िन्दगी को फिर से आबाद करने की कोशिश ही थी, फिर से कर्मरत होने की और उन वंचितों, मज़लूमों के पक्ष में बोलने की, जो उनकी कहानियों में अपने वजूद, अपनी गरिमा के लिए अन्त तक संघर्ष करते हैं। खान साहब की ज़िन्दगी के अन्तिम दिनों को इस तरह भी देखना-समझना चाहिए। जब कहानियाँ लिखने का सिलसिला करीब-करीब ख़त्म हो गया हो तब उन अवसरों की तलाश करना और उन्हें काम में लाना जो उन कहानियों के एहसास, उनकी प्रतिबद्धताओं को, जितना भी हो सके बचा लें। खान की इस विशेषता को नज़रअन्दाज़ नहीं कर सकते कि वे इन्हीं सामाजिक प्रतिबद्धताओं को 'सर्जनात्मक संवेदनशीलता' के स्तर पर उतारने के लिए वर्षों तक इन्तज़ार करते हैं। अपनी लेखन-प्रक्रिया के बारे में उन्होंने भगवतीलाल व्यास से बातचीत के दौरान कहा भी है—"देखिए, मैं एक बहुत ही 'चूजी' लेखक हूँ (अगर मैं एक लेखक हूँ तो) और लेखन के लिहाज़ से मैंने साठ साल की उम्र में इतनी ही (साठ) कहानियाँ लिखी हैं। इसका महज़ एक कारण है कि मैं जब तक एकदम नया और यहाँ तक कि अविस्मृतकारी कथ्य अपने मन मस्तिष्क में रचा-बसा कर उस अनुभूत को संवेदना के स्तर पर जीता हुआ उसी के अनुरूप भाषा-शैली के आग्रह से अपने आपको समृद्ध नहीं कर लेता तब तक मैं नहीं लिखता। यह सब समय साध्य होने के साथ-साथ कष्ट साध्य और विलम्बकारी भी है।"

आयु के उत्तरार्द्ध में अपने उसूलों को व्यवस्था के वाग्जाल, छल और आडम्बर के बीच से यत्किंचित भी बचाकर ज़िन्दगी को लौटा देने की कोशिश ही आलमशाह खान को गम्भीर बीमारी के दिनों में भी एक जगह से दूसरी जगह दौड़ाती रही। यह दुतरफा आवाज़ाही थी : ज़िन्दगी से साहित्य और साहित्य से फिर ज़िन्दगी की ओर। इस आवाज़ाही, ज़िन्दगी को बचाने, उसे पहाड़ की तरह अडिग, अटूट, मज़बूत बनाने की कोशिश को वे साहित्य का बुनियादी सरोकार मानते रहे।

लिखा—"साहित्य के बुनियादी सरोकार बदलते नहीं हैं। उनके रूप, भंगिमाएँ, स्ट्रेस बदल जाते हैं। मुझे एक भी लेखक ऐसा नहीं मिला जो विरक्त होकर किसी निजी अनुरक्ति के आलोक में ही जीता हो। आत्मरतिग्रस्त व्यक्ति लेखक न होकर कोई जिंस है या हो सकती है।"

एक कार दरवाज़े पर आ कर रुकती है और एक सम्भ्रान्त व्यक्ति उससे उतरता है; धीरे दरवाज़ा खोलकर अन्दर आ जाता है लेकिन इस तरह कि जैसे इतनी-सी मशक्कत से थक गया हो। मैं बाहर देखता हूँ। सीढ़ियों के पास खान खड़े हैं। मैं उनके स्वागत के लिए जाता हूँ और सीढ़ियाँ चढ़ाता हूँ जो बहुत ऊँची नहीं हैं। वे बताते हैं कि 'डायबिटीज़' बढ़ गई है और वे कमज़ोरी का अनुभव करते हैं, थोड़ी-थोड़ी देर बाद चक्कर और डूबने का अनुभव भी होता है। रक्त-शर्करा बढ़ जाने का जो अंक वे बताते हैं; उससे मैं डर जाता हूँ। डॉक्टर इसे 'साइलेंट किलर' कहते हैं। वे आते ही हिदायत दे देते हैं कि सिर्फ चाय पिएँगे बिना शक्कर की। फिर हँसकर कहते हैं—"यह चौबों का घर है, शक्कर के बारे में हिदायत दे देना बहुत ज़रूरी है।" कुछ देर जयपुर की बातें करते हैं; उसी तन्हाई की, बेचैनी की, अकेलेपन की; यहाँ भी कौन है। उन्हें यह तसल्ली है कि आयोग के मेंबर होने के कारण उन्हें चिकित्सा की श्रेष्ठ और उच्च कोटि की सुविधाएँ प्राप्त हैं। थोड़ी देर बैठते हैं; कुछ बेचैनी के साथ। फिर जाते-जाते उलाहना देते हैं—"आप तो जयपुर आते हैं लेकिन 'मानसरोवर' क्यों नहीं आते? फिर विस्तार से अपने आवास का परिचय, पता देते हैं। मैं उन्हें सीढ़ियाँ उतारता हूँ। अजीब बात है, नंदबाबू! मैं आप से पन्द्रह वर्ष छोटा हूँ।" उन्हें कार तक छोड़ता हूँ। यहाँ से वे सीधे अस्पताल जाते हैं।

फिर बीमारी को लेकर बहुत-सी चिन्ताएँ, डायबिटीज़, स्पोन्डेलोसिस; तरह-तरह की जाँचें; अन्त में 'एम.आई.आर.—गहन से गहनतर जाँच, उदयपुर से जयपुर, जयपुर से दिल्ली। पता लगता है कि कान की कोई नर्व-शिरा ऊपर से सूख कर किंचित मुड़ गई है जिससे रक्त-प्रवाह बाधित होता है और शरीर का सन्तुलन अव्यवस्थित हो जाता है।

'उदयपुर से ही बोल रहा हूँ, नंदबाबू; प्रणाम, खान।'

'ओह! खान साहब; स्वागत; कब आए, कैसे मिज़ाज़ हैं।'

'आता हूँ, बारह बजे तक, आ सकता हूँ! घर पर रहें।'

बारह बज चुके हैं; करीब सवा बारह बजे कार दरवाज़े पर रुकती है, खान उतरकर साढ़ियों के पास आ कर रुक जाते हैं। कुछ हुआ नहीं है; शायद भय है, कहीं चक्कर न आ रहे हों, न आ जाएँ, जस्ट सायकोलोजिकल; कान की नर्व सूख गई है, नंदबाबू! कभी भी शरीर आंधी में पेड़ की तरह काँपने लगता है, दृढ़ता से खड़ा नहीं रह सकता।

मैं उन्हें अन्दर बैठक में ले आता हूँ; सीढ़ियाँ चढ़ाकर। वे दिल्ली की जाँचों के बारे में बताने लगते हैं; अब होगा यह कि किसी दिन 'पेरेलेसिस' हो जाएगा। डॉक्टर कहते हैं यह इसकी, इस रोग की अन्तिम और दारुण परिणति है।

मैं उन्हें मदन बाबू की माँ के रोग का वृत्तान्त सुनाता हूँ, जिनके कान की नस इसी तरह सूख गई थी और इसी तरह चक्कर आते थे। वे इलाज से ठीक हो गई थीं। मैं उन्हें आश्वस्त करता हूँ। मैं वास्तव में विश्वास करता हूँ; उनके स्वस्थ होने की कामना करता हूँ।

'आमीन।' उन्होंने कहा।

दो सीढ़ियाँ उतरकर तीसरी पर वे खड़े हो गए, उन्होंने कहा 'बिस्तर पर अपाहिजों की तरह नहीं मरना चाहता खान, नंदबाबू।' इस बार मैंने देखा वे मज़बूत कदमों के साथ कार तक चले गए। मैंने दृढ़ता से कहा आप अच्छे हो जाएँगे।

जब वे उदयपुर आते फोन करते। एक बार बहुत सुबह फोन किया और हँसकर कहा 'नहीं पहचानोगे; खान प्रणाम'। लेकिन इस बार काफी दिन हो गए। क्या वे उदयपुर नहीं आए? अस्वस्थ तो नहीं हैं, शायद दिल्ली हों।

और यह फोन सुबह-सुबह महेन्द्र का, "क्या साहब, मालूम हुआ क्या?"

"क्या मालूम हुआ? महेन्द्र!"

"डॉ. आलमशाह खान नहीं रहे।"

"क्या जयपुर में?"

"नहीं, उदयपुर ही आ गए थे, क़मर ने बताया।"

फिर सब बातें, रात को आराम से थोड़े घूमकर अपने कमरे में सोये थे। रात को कब कैसे देहांत हुआ; किसी को कोई ख़बर नहीं, मृत्यु की पदचाप, आहट, कोई आवाज़ किसी ने सुनी? 'अपाहिज की तरह बिस्तर पर नहीं मरना चाहता, नंदबाबू!'

अश्विनी बाज़ार के कब्रिस्तान में थोड़े से साहित्यकार मित्रों, स्वजन-परिजनों के बीच अपने बाँकपन, अपनी हंगामी कहानियों के लिए प्रसिद्ध और चर्चित हुए खान को दफना दिया गया। नगर में खान की मृत्यु उदासीनता में डूबी रही। यूनिवर्सिटी ने जहाँ अध्यापन करते हुए डॉ. आलमशाह खान ने ज़िन्दगी बिताई उन्हें सामूहिक रूप से याद करने का शिष्टाचार तक नहीं निभाया। राजस्थान साहित्य अकादमी ने एक कार्यालयीय विज्ञप्ति निकालने के सिवा किसी यादगार शोक सभा में खान के लेखकीय अवदान को रेखांकित नहीं किया। अकादमी अध्यक्ष वेद व्यास कोटा से चल कर जनाज़े में शामिल होने उदयपुर आए थे लेकिन वे भी इस प्रसंग पर अकादमी की उदासीनता को भंग करने में नाकामयाब रहे।

...खान साहब से अपनी दोस्ती के 'उद्‌भव और विकास' का कोई औपचारिक वृत्तान्त मेरे पास नहीं है; शायद कोई भी मैत्री सीढ़ी-दर-सीढ़ी चढ़ती हुई कहीं पहुँचती भी नहीं है। मैं उनके साथ न खेला, न स्कूल गया; न उनका पड़ोस मिला, न एक

विभाग, एक जगह नौकरी, न समान व्यसन। एक फासला भी बना था आयु का। तब भी हम एक-दूसरे को जानते थे; ऊपर के सारे भेदों को लांघता हुआ एक अभिन्नता एक अन्तर्लोक की भाषा के जरिये हमारा रिश्ता था। हम एक ही तरह की दुनिया के रचनाकार थे; एक बड़ी और सुन्दर दुनिया के साथ हमारे मनोभाव बँधे थे। उनके जीवित रहते, उनके 'बाँकपन' के बारे में मैं अक्सर सोचता, उस अराजकता के बारे में जो एक लेखक को प्रतिविश्व, एक चमकदार दुनिया बनाने में मदद करती है। डॉ. खान के 'बाँकपन' उनकी 'अराजकता' को मैं हर बार नई रचनात्मकता की तलाश में ही समझता रहा। अगर हम उदयपुर के रचनात्मक परिदृश्य और सामन्तवाद के गिरावट के दिनों पर नज़र डालें तो आलमशाह की अराजकता, उनका गुस्सा, ज़िद सब ज़रूरत और सार्थकता समझ में आ जाती है। यह दरअसल उदयपुर में 'जनार्दनराय काल' था। वे और दिनेश नंदिनी चोरड़िया (बाद में श्रीमती डालमिया) गद्य-काव्य लिख रहे थे और जनू भाई की कहानियों पर जैनेन्द्र की कहानियों का ज़बरदस्त दबाव था। खान विद्यापीठ (जनार्दन जी की संस्था) में काम कर रहे थे और सूचना-पट्ट पर ख़बरें लिखते थे। इस ठहरे हुए जल को हिलाने और उसमें लहरें उठाने का काम उन सब को चिढ़ाने वाला लगता था जो परम्परावादी समाज में अपने सामाजिक, आर्थिक उत्कर्ष के दिन ढूँढ़ते थे। खान के सवाल, उनकी बौद्धिकता, विमर्श में उनका हस्तक्षेप, सर्जना के अपारम्परिक आयामों की तलाश, हिन्दी की बड़ी पत्रिकाओं में छपना, मुसलमान होकर भी लोकप्रिय रचनाकारों में पहचाने जाना यह सब उन्हें उध्वस्त करने की कोशिशों के बावजूद स्थापित करता था। उनका हस्तक्षेप साफ-सुथरा, एक सीमा तक निर्मम और उन सबको झेंपा देने वाला होता था जो लफ़्फाजी करने में प्रवीण थे।

डॉ. खान के सामाजिक मिज़ाज़ का अक्स उनके साहित्य पर तेज़ रोशनी की तरह चमकता रहा। वे उन निपट अंधकार और गरीबी के आख़िरी पायदान पर बैठे लोगों को कहानियों में बुला लाते हैं और बड़प्पन देते हैं जिन्हें कोई जानना, देखना नहीं चाहते। वे पूरी इच्छा, पूरे लोकतांत्रिक मन से 'स्थानीयता' को अपनी कहानियों में 'ब्राह्मांडवाद' (युनिवर्सलाइजेशन) से बचा कर निकाल लाते हैं। यह 'अभिजनवाद' का विरोध, उसके ख़िलाफ़ बगावत होती है। कहानी वाले लोग अपनी भाषा बोलते हैं, यह उनकी उपस्थिति होती और उन सब व्यवस्थावादियों को यह याद दिलाती रहती है कि वे अपने घरों, मोहल्लों से बेदखल नहीं हुए हैं। हिन्दी के कम कहानीकार अपने पात्रों की उस भाषा का सम्मान बचाते नज़र आते हैं जो उनके सांस्कृतिक लोक को ही नहीं, उनकी ज़िन्दगी को बचाती है।

खान साहब को मैं कई तरह याद करता रहूँगा लेकिन वे अपने 'बाँकपन' और 'स्थानीयता' के पहरेदार की तरह मुझे हमेशा-हमेशा याद आते रहेंगे।

निर्भीक और निस्पृह सम्पादक : युगलकिशोर चतुर्वेदी

पहले मैं सत्येन्द्र भाई से मिला था, फिर पंडितजी से। सत्येन्द्र भाई गवर्नमेंट कॉलेज में प्राध्यापक शायद विभागाध्यक्ष थे। मैं अजमेर प्राय: आता-जाता रहता था। माध्यमिक शिक्षा बोर्ड के अध्यक्ष श्री लक्ष्मीलालजी जोशी और दादाभाई केसरीलाल जी बोर्दिया की मुझ पर कृपा थी और एक साहित्यकर्मी, कवि की तरह मेरी पहचान बन गई थी—इसलिए प्राय: बोर्ड में आना-जाना होता रहता। इतना कि एक बार एक सज्जन ने मुझसे पूछ ही लिया कि क्या मैंने उदयपुर छोड़कर अजमेर में ही नौकरी कर ली है?

अजमेर में मैं अपनी बहन के घर ठहरता, जो आर्यनगर में था। डॉ. सत्येन्द्र वहीं पास में रहते थे। आर्यनगर में कई प्राध्यापक रहते थे। उन्हीं में से किसी एक के यहाँ मैं गया हुआ था। वहीं डॉ. सत्येन्द्र मिल गये; उन्होंने मुझे भोजन पर आमंत्रित किया।

डॉ. सत्येन्द्र का घर विद्वानों की तरह किंचित अस्त-व्यस्त था। उन्होंने चतुर्वेदियों को प्रिय लगने वाली 'खीर' बनवाई थी। लेकिन वे कई अर्थों में आधुनिक थे, उनकी पत्नी भी। हमने 'डाइनिंग टेबल' पर एक साथ भोजन किया। यह मध्यम वर्ग के अभ्युदय के संकेत थे। तुलसीदासजी के साथ लॉर्ड मैकॉले की परम्परा की दोस्ती के। डॉ. सत्येन्द्र ने भी पंडित युगलकिशोरजी के बारे में कोई अतिशयोक्तिपूर्ण वर्णन नहीं किया; यदि वे करते भी तो मुझे वह असंयत या कि अनर्गल नहीं लगता क्योंकि उनकी कीर्ति से मैं पहले से परिचित था। उनकी माता प्रियंवदाजी के बारे में यह सुनकर मुझे प्रसन्नता हुई थी कि वे भरतपुर नगरपालिका की पहली महिला अध्यक्ष थीं। पंडितजी के पराक्रम से भी मुझे प्रियंवदाजी के पराक्रम पर प्रसन्नता और गर्व होता रहा। सत्येन्द्र जी ने पंडितजी की मृत्यु के बाद 'लोक शिक्षक' के सम्पादन की जिम्मेदारी अपने कंधों पर उठा ली। इन दिनों यह जिम्मेदारी उठाना तलवार की धार पर चलना है। बड़े अख़बारों के बीच अपना आत्म-सम्मान, जीवन-मूल्यों को बचाने की कोशिश करते अख़बार निकालते रहना आसान नहीं है। फिर राजनीतिक उदारता के दिन भी बीतते जा रहे हैं। लेखन की आजादी का मतलब समझने में राजनीतिज्ञों और पार्टियों को दिक्कतें होने लगी हैं, तब भी सत्येन्द्र जी 'लोक-शिक्षक' के सम्पादन का कार्य सँभाले हुए हैं। मैं समझता था कि वे जल्दी ही थक जाएँगे, लेकिन वे मैदान छोड़कर भागे नहीं। पंडितजी का 'लोकशिक्षक' उन्होंने सँभालकर

रखा। वही आदर्श, आकार, लेखक; वैसा ही आदर्शोन्मुखी सम्पादकीय, ब्रज-भाषा की कविताएँ, हिन्दी का गौरव बढ़ाने की प्रतिज्ञा। पूरी-की-पूरी ब्रज-शैली। अन्तर लगा तो इतना ही कि सत्येन्द्र जी के सम्पादकीय अधिक भावुकतापूर्ण और अधिक विषादजन्य होते हैं। पंडित युगलकिशोरजी की समझ अधिक यथार्थवादी थी। क्योंकि वे राजनीति से आए थे। वे बदलते राजनीतिक, सामाजिक, आर्थिक परिदृश्य और उसकी आन्तरिक रणनीति, बदलाव; उसके यथार्थ को समझते थे। वे एक नये राजनीतिक नेतृत्व का अभ्युदय देख रहे थे, उस नेतृत्व का जो अब तक पीछे छूट गया था। वे देख रहे थे एक नये संक्रमण-काल में जीवन नई तरह से व्याख्यायित हो रहा था और बहुमत वाले समूहों का दबाव बढ़ता जा रहा था। पंडितजी जो 'मत्स्य-प्रदेश' में उपप्रधानमंत्री रह चुके थे अब एकीकृत राजस्थान की राजनीति में अकेले पड़ गए थे और वे इस राजस्थान के नये नेतृत्व के आलोचक भी बन गए थे : निर्भीकता और निस्पृहता के साथ।

बहरहाल सत्येन्द्रजी दूसरे अनुशासन से आए थे इसलिए उनके सम्पादकीय आलेख दूसरे मिज़ाज के होते रहे। कुछ पांडित्यपूर्ण, कुछ साहित्यिक छटा बिखेरते हुए, कभी सांस्कृतिक अतीत के नष्ट होने पर रोषपूर्ण टिप्पणियाँ करते। लेकिन समग्रता में 'लोक-शिक्षक' पंडितजी की गति-मति पर चलता है। इसका प्रमाण 'संस्थापक की कलम' से छपने वाला नियमित स्तंभ है। 'पत्र' सादे कागज पर छपता है। वैश्वीकरण का या सूचना-प्रोद्यौगिकी का कोई असर 'लोक-शिक्षक' पर हुआ नज़र नहीं आता। मैं नहीं जानता कि 'लोक-शिक्षक' को ठीक वैसा ही, यथावत निकालना, जैसा पं. युगलकिशोरजी निकालते थे, सत्येन्द्रजी की ज़रूरत है या विवशता। लेकिन मैं अवश्य यह चाहता हूँ कि 'लोक-शिक्षक' इक्कीसवीं सदी के विमर्श की ओर पाठकों के प्रखर बौद्धिक उत्साह को तृप्त करने वाली पत्रिका बने।

पंडित युगलकिशोरजी से मैं पहली बार अनायास ही जयपुर के आकाशवाणी केन्द्र पर मिला। अपनी बढ़ती आयु के उपरांत भी वे मुझे बलवान और कद-काठी से मजबूत, पहलवान की तरह लगे। मैं उनके सामने दब-सा गया। वे सफेद धोती-कुर्ता पहने हुए थे। उनके केश और घनी सफेद भौहें उन्हें प्रभावशाली बना रही थीं। मैं एकदम से यह सोच नहीं सका कि उनके निकट होने के लिए किस प्रकार का औपचारिक आचरण अपनाना चाहिए, तभी मुझे उनके साथ आई उनकी पोती या दोहिती नज़र आईं जो जींस और शर्ट पहने थीं। मैं पंडितजी के पास गया और सहज होते हुए कहा कि मैं अतीत और आगत को एक साथ नमस्कार करता हूँ। चतुर्वेदीजी ने मुझे अपने पास ले लिया। उन्होंने वे सारी दूरियाँ तुरन्त समाप्त कर दीं जो आयु के कारण या दूसरे किन्हीं कारणों से हो जाती हैं। वे प्रसन्न-चित्त थोड़ी देर तक आत्मीयजनों जैसी बात करते रहे। फिर अपने यहाँ आने के आग्रह के साथ वे मुझे अपना आशीर्वाद देकर चले गए। मुझे वे ज़रा भी उन बुजुर्गों जैसे नहीं लगे

जो ज़िन्दगी के ढलान पर आकर दुनिया से परेशान हो जाते हों बल्कि मुझे लगा कि वे अभी भी नया देश बनने का बहुत-सा उत्साह, बहुत-सी उमंग लिए हुए है और कांग्रेस की क्षीण होती इच्छाशक्ति को अपनी आलोचना, अपनी ललकार से स्फूर्तिमान बनाए रखने की आशा रखते हैं। इस अदम्य उल्लास के कारण मैंने पंडितजी को अभी भी उन बूढ़े लोगों में शामिल नहीं किया जिनसे सिर्फ उनकी तबीयत के बारे में ही पूछा जा सकता है।

अबकी बार जब जयपुर जाऊँगा तब पंडित युगलकिशोरजी से मिलूँगा। यह मैंने निश्चय कर लिया। जब गया तो उनका कोठीनुमा भवन तलाश नहीं करना पड़ा। वे बरामदे में ही आराम से बैठे थे; सामने तख़्ते पर पैर फैलाए, जिस पर ढेर से अख़बार और पुराने कागजात बिखरे थे। हमारी बातचीत शुरू हो गई इस तरह कि जैसे पिछली बार हमने उसे अधूरी छोड़ दी हो। अधिकांश बातें कांग्रेस की तत्कालीन गतिविधियों से जुड़ी थीं, गुटबन्दी की कुटिलताओं और संकीर्ण मन्तव्यों से। लेकिन तब भी वे व्यक्तिगत कुंठाओं से जुड़ी नहीं थी। उन सिद्धान्तों की अवहेलना के प्रसंगों से जुड़ी थीं जो कांग्रेस बार-बार दोहराती थी। लेकिन जिनसे अब विमुख हो रही थी। बीच-बीच में 'मत्स्य प्रदेश' और अपने मंत्री-काल का सुनहरा समय अनेक तरह से चर्चित होता रहा।

'लोक-शिक्षक' के प्रति उनके मन में गहन अनुराग था और उसे वे राष्ट्र-निर्माण के लिए प्रतिबद्ध साप्ताहिकों की श्रेणी में गिनते थे। आजादी के दिनों में अनेक लघु समाचार-पत्रों का प्रकाशन होता था और वे सब आजादी के सपनों को रूपाकार देने के लिए कृत-संकल्प नज़र आते थे। एक बड़ा संघर्ष सामन्तवाद के ख़िलाफ़ छिड़ा हुआ था। रियासतों से निकलने वाले समाचार-पत्रों में सामन्तों के विलास, दमन, अंग्रेज़ों के साथ की गई साँठ-गाँठ की ख़बरें प्रकाशित होतीं और गांधी के 'सुराज की प्रतिज्ञाएँ' दुहरायी जातीं। अब भी पंडित युगलकिशोरजी लोक-शिक्षक में वह चमक मौजूद है, लेकिन 'लोक-शिक्षक' में चतुर्वेदियों की इतनी रचनाएँ छापते कि मुझे एक बार पंडितजी को यह लिखना पड़ा कि वे न चाहते हुए भी 'पत्र' को 'चतुर्वेदी वर्चस्व' का पत्र बना दे रहे हैं।

पहली मुलाक़ात से ही मैंने पंडितजी के निष्कपट मन की गहराइयों का अनुमान लगा लिया था, यह भी कि वे राजनीति की उन क्षुद्रताओं के लालच से बँधे नहीं हैं जो राज भवन तक ले जाती हैं।

लौटने के पहले मुझे उन्होंने अपने भवन के वे बड़े कमरे दिखाए जिनमें ढेर-सी फाइलें और सामान रखा था, फिर कुछ खाने की चीजों के साथ-साथ चाय पिलायी लेकिन मुझे इस बात का ज़रा भी एहसास नहीं होने दिया कि वे आयु में, अनुभव में मुझसे बहुत बड़े हैं। मुझे यह भी नहीं लगा कि मैं एक मंत्री या कि स्वतंत्रता के लिए अपना सब कुछ देने वाले स्वतंत्रता सेनानी के साथ हूँ। अन्त में वे मुझे

एक छोटे से, सुन्दर संगमरमर (शायद) से बने मन्दिर तक ले गए जहाँ प्रियंवदाजी (उनकी पत्नी) की मूर्ति स्थापित थी। वहाँ जाकर वे अपनी पत्नी की स्मृतियों में विह्वल हो गये। अभी-अभी जो व्यक्ति वज्र की तरह कठोर था वह फूल की तरह मृदुल हो गया—इस रहस्य को समझते हुए मैंने भी उन्हें (प्रियंवदाजी) प्रणाम किया। हर वर्ष मैं देखता कि पंडितजी प्रियंवदाजी की स्मृति में उनकी मृत्यु-तिथि पर 'लोक-शिक्षक' का विशेष अंक प्रकाशित करते। एक बार मैंने पत्र लिखकर उनसे निवेदन किया, इस स्मृति अंक को 'स्त्री-शक्ति अंक' के रूप में निकालने का मन बनाएँ। लेकिन वे अपने प्रेमासक्त मन को किंचित भी विचलित करने को तैयार नहीं थे।

प्रियंवदाजी के लिए ही नहीं, अनेक राष्ट्र-विभूतियों, प्रान्तीय राजनीतिज्ञों, देश के साहित्यकारों, विद्वानों, पत्रकारों, संस्कृतिकर्मियों के लिए पंडितजी के मन में कृतज्ञता-भाव था—जिसे अभिव्यक्त करने के लिए 'लोक-शिक्षक' का वे उदारतापूर्वक उपयोग करते और गुणानुवाद गाते। ऐसी कृतज्ञता अब भावुकता की कोटि में शामिल की जाती है, पंडितजी के समय भी की जाती थी, लेकिन वे अपनी पत्रकारिता के 'बाँकपन' को अलग से आंकते रहे। इस 'बाँकपन' में राष्ट्रप्रेम, साहस और निर्भीकता के रंगों का बेजोड़ मिश्रण था।

पंडितजी की सबसे बड़ी चिन्ता हिन्दी की स्थापना को लेकर थी। यह चिन्ता उन्हें गांधीजी ने दी थी। गांधी-विमर्श में हम देख सकते हैं कि गांधीजी के सबसे उग्र वक्तव्य, सबसे अधिक बेधक और आक्रामक—वे अंग्रेज़ी के विरुद्ध हैं। देशी भाषाओं और विशेषतया हिन्दी के बिना वे आजादी की मुक्कमिल तस्वीर नहीं बना पाते। इस प्रसंग को 'लोक-शिक्षक' के ताजे अंक में डॉ. वीरेन्द्र शर्मा ने 'हिन्दी के लिए नया अभियान' शीर्षक लेख में रेखांकित किया है। गांधीजी लिखते हैं—"समुद्र में ही आग लगी है, तब कहाँ बुझाऊँ? मैं किस मुँह से माउंटबेटन को पत्र लिखूँ कि हमें सम्पूर्ण आजादी दो।"

यह बात ध्यान देने जैसी है कि गांधीजी के मन में किसी प्रकार का 'भाषा-कलुष' या कि 'भाषा-कुंठा' नहीं है। वे जब-जब मातृ-भाषाओं या कि हिन्दी की बात करते हैं तब-तब एक वृहत्तर आजादी का भाव ही उनका केन्द्र होता है।' एक भारतीय मन, जिसकी अवधारणा भारतीय-भाषाओं के बिना नहीं होती, गांधी का 'स्वराज' है। विदेशी भाषा को 'स्वराज' में हस्तक्षेप करने का अधिकार गांधी नहीं देते।

यह बात पंडित युगलकिशोरजी ने आत्मसात कर ली थी। इसलिए 'लोक-शिक्षक' एक प्रकार से हिन्दी का मुख-पत्र हो गया था। वे स्वयं केन्द्र और राज्य सरकार के हिन्दी विरोधी आचरण के जबरदस्त विरोधी थे। हिन्दी प्रेम के कारण उन्होंने झालरापाटन निवासी और हिन्दी साहित्य के विख्यात कवि पं. गिरिधर शर्मा 'नवरत्न' का 'जन्म-शती समारोह' भरतपुर में आयोजित किया। इस आयोजन में झालावाड़ निवासी और 'नवरत्न' परिवार के साहित्यिक अवदान का प्रशंसक होने के

कारण पंडितजी ने मुझे भी आमंत्रित किया। इसके पूर्व 'राजस्थान साहित्य अकादमी', भाई प्रकाश 'आतुर' की प्रेरणा से, एक बड़ी संगोष्ठी का आयोजन झालावाड़ में कर चुकी थी। इस अवसर को महत्त्वपूर्ण बनाने के लिए अकादमी ने 'मधुमती' का 'नवरत्न विशेषांक' भी निकाला, लेकिन चतुर्वेदीजी का भरतपुर में 'नवरत्नजी' के लिए यह समारोह आवश्यक था। दरअसल वे हिन्दी के लिए बात करने का कोई अवसर, कोई मंच नहीं छोड़ते थे। 'नवरत्नजी' हिन्दी के प्रबल पक्षधर थे। आचार्य महावीरप्रसाद द्विवेदी के 'हिन्दी-प्रचार आन्दोलन' में गिरिधरजी का स्वर सबसे ऊपर, सबसे बुलन्द था। हिन्दी की कीर्ति-कथा उन्होंने अनेक छंदों में लिखी। 'नवरत्नजी' उन कवियों में सबसे पहले थे—जिन्होंने कविवर रवींद्रनाथ ठाकुर की 'गीतांजलि' का हिन्दी में अनुवाद किया था। भरतपुर में सन् 1927 में आयोजित 'हिन्दी साहित्य सम्मेलन' को सफल बनाने में पं. गिरिधर शर्मा की कर्तव्य-निष्ठा अविस्मरणीय रही थी। पंडित युगलकिशोर चतुर्वेदी के लिए इस हिन्दी-सेवी को भरतपुर में याद करना हिन्दी के लगातार गिरते ग्राफ के दिनों में पवित्र कर्तव्य हो गया था।

भरतपुर का कार्यक्रम दो दिन का था। जयपुर से पं. युगलकिशोरजी के साथ डॉ. भोलाशंकर व्यास, श्री कलानाथ शास्त्री, डॉ. योगेश्वर शर्मा ('नवरत्नजी' के पौत्र) और मैं। जीप से की गई इस यात्रा में पंडितजी ने मेहमाननवाजी का अद्भुत परिचय दिया। अपनी आयु, अनुभव के सारे बड़प्पन, अहंकार को समेट कर वे हमें प्रसन्न करते रहे। रास्ते भर वे राजनेताओं के लोभ-लालच की बातें बताते रहे। हिन्दी के लिए कुछ भी न किए जाने का दंश उनके मन को क्लांत किये थे, किये रहा। जयपुर से भरतपुर के बीच का लम्बा रास्ता न अखरे इसका पंडितजी ने इतना ख़याल रखा कि हम लोग संकोच में ही रहे। उनकी उदार मैत्री का उस यात्रा में हमने पूरा आनन्दलिया। भरतपुर के सर्किट हाउस में ठहरने का प्रबंध था।

'नवरत्न-शताब्दी समारोह' की विद्वत् गोष्ठी के आयोजन की चिन्ता में पंडितजी सर्किट हाउस से बहुत पहले ही चले गये। हमें यथासमय ले जाने के लिए वाहन आ गया। गोष्ठी क्या थी सार्वजनिक सभा ही थी। गोष्ठी की अध्यक्षता तत्कालीन विधानसभाध्यक्ष पंडित गिर्राजप्रसाद तिवारी को करनी थी। मुख्य अतिथि शिक्षामंत्री थे। शिक्षामंत्री के आने की घोषणा के कारण बड़ी संख्या में इलाके के अध्यापक आ गये थे—मुलाक़ातियों और ज्ञापनदाताओं की संख्या कम नहीं थी। मुझे बहुत प्रसन्नता थी कि 'नवरत्नजी' की हिन्दी सेवाओं को सराहने के लिए इतनी बड़ी तादाद में नगरवासी आए हैं। पंडाल खचाखच भरा था। सब 'झंडी वाली कार' की प्रतीक्षा में थे।

ज्योंही तिवारीजी की कार आई, लोगों ने समझा शिक्षामंत्री आ गये हैं। वे उस तरफ दौड़ने लगे। लेकिन जब कार से अध्यक्ष तिवारीजी निकले तो प्रतीक्षा करते किसी बुजुर्ग शिक्षक ने किंचित खिन्न, किंचित नाटकीय लहजे में कहा—'अरे!

जे तो गिरिराज हैं।' थोड़ी देर बाद आयोजकों ने शिक्षामंत्री के न आने की घोषणा की। देखते-देखते खचाखच भरे पंडाल में से तीन चौथाई लोग जा चुके थे। हमारे लोकतंत्र में अभी भी किस तरह की 'दासता के संस्कार' हैं, इसका यह विषादपूर्ण नजारा था। लोगों के कष्ट या तो ईश्वर या राज्य के मंत्री, वज़ीर ही मिटा सकते हैं। यह भाव अटल है।

थोड़ी ही देर बाद 'शताब्दी-समारोह' का कार्यक्रम शुरू हुआ। जहाँ तक मुझे याद है हमारे भाषण उत्सव-धर्मी थे, लेकिन पंडित युगलकिशोरजी ने हिन्दी के बारे में जो कुछ कहा वह महत्त्वपूर्ण था। वे गांधीजी का दिया मंत्र ही बार-बार बोल रहे थे। यह कि किसी राष्ट्र की कल्पना राष्ट्रभाषा के बिना सम्भव नहीं है। वे केन्द्र और प्रान्त के उस द्विखंडित आचरण की निंदा कर रहे थे जो हिन्दी की ज़रूरत को दुहरा-दुहरा कर भी अंग्रेज़ी के सामने घुटने टेके हुए है। पंडितजी ने गिरिधर शर्मा 'नवरत्न' की हिन्दी सेवाओं का विस्तारपूर्वक ब्योरा दिया। विशेषतया कवि रवींद्रनाथ की 'गीतांजलि' के प्रथम हिन्दी अनुवाद का भेंट-वर्णन करते-करते वे भाव-विभोर हो गये। 'यह दो भाषाओं की कविताओं का संगम-तीर्थ है' यह कह कर जब उन्होंने भाषण समाप्त किया तो देर तक पंडाल में तालियाँ बजती रहीं।

दूसरे दिन का प्रात:कालीन विमर्श श्रोताओं की दुर्लभता के कारण सम्भव नहीं हुआ। लेकिन इससे पंडितजी ज़रा भी खिन्न नहीं थे। उन्होंने जो भी वक्ता-श्रोता आए थे उन्हें मनुहार कर-कर भरतपुर की जलेबी-कचोरियाँ खिलाईं। मैंने देखा कि पंडितजी चाहे जयपुर में रह रहे हों, उनकी लोकप्रियता भरतपुर में घटी नहीं है।

'लोक-शिक्षक' की पत्रकारिता 'राष्ट्रीय-चेतना' की प्रबल पक्षधरता है। वह उतनी ही राष्ट्रभाषा हिन्दी के लिए भी समर्पित है। इन दिनों भी डॉ. सत्येन्द्र चतुर्वेदी 'मारवाड़ी बनाम राजस्थानी' की तानाशाही के विरुद्ध खड़े हैं।

रूप और लावण्य के चित्रकार कवि विजयवर्गीय

विजयवर्गीयजी से 1948 में चित्रकार परमानन्दजी के घर मुलाक़ात हुई थी। यह संक्षिप्त-सी, मर्यादा में बँधी मुलाक़ात थी। परमानन्दजी ने मुझे शायद इसलिए बुलाया हो कि मैं उन दिनों साहित्य और कलाओं में आधुनिकता का प्रवक्ता था और शायद उनके घर आने वाले मेहमान से जिरह करने के लिए एक उपयुक्त व्यक्ति हो सकता था।

जहाँ तक मुझे याद है वे सर्दियों के दिन थे। परमानन्दजी ने मेहमान के स्वागत का प्रबंध एक खुशनुमा कमरे में किया था जहाँ सुबह की सुगंध और धूप की नरम रोशनी साथ-साथ फैली हुई थी। विजयवर्गीय जी से मैं पहले नहीं मिला था इसलिए उन्हें लेकर मेरे मन में उथल-पुथल थी और उनके सम्बन्ध में मैं कई तरह की कल्पनाएँ कर रहा था।

थोड़ी देर बाद जो व्यक्ति आया उसे मैंने विजयवर्गीयजी नहीं माना गो कि वे विजयवर्गीयजी ही थे। उनमें कुछ भी असाधारण नहीं था इसके सिवा कि उनके घुंघराले बाल बहुत करीने से संवारे गये थे जो उनकी मुखाकृति को स्त्रैण कोमलता देते थे। पान खाने के कारण उनकी हँसी में एक रंगत आ गई थी। धीरे-धीरे बोलते हुए वे आकर्षक लगते थे।

मुझे आशा था कि हम कुछ समय बैठेंगे लेकिन रामगोपालजी हड़बड़ी में थे। अब मुझे ज्यादा कुछ तो याद नहीं रह गया है लेकिन लौटते समय जब मैंने उनके निवास तक जाने की इच्छा प्रगट की तो वे कुछ झिझके, उन्होंने कहा कि वे अकेले नहीं हैं, उनके साथ एक महिला है जो उनसे चित्रकला की शिक्षा ले रही है। मेरे लिए यह एक दिलचस्प सूचना थी जिसे सिर्फ रामगोपाल विजयवर्गीय ही दे सकते थे। स्त्रियों को लेकर जिस तरह का कलुष हमारे मन में है उसके चलते विजयवर्गीयजी कई तरह से मुझे टाल सकते थे लेकिन उन्होंने ऐसा नहीं किया। यह उनका सत्याचरण भी था और निर्भीकता भी—जो हमारे देश में प्राय: देखने को नहीं मिलती है।

मैं बहुत से कवियों को जानता हूँ जो कुशल चित्रकार हैं और कई चित्रकारों को जो कविता लिखते हैं। क्या यह यात्रा-रेखाओं के दृश्य जगत से शब्दों के

अदृश्य जगत तक और शब्दों के अदृश्य जगत से रेखाओं के दृश्य जगत तक आने-जाने की है? क्या कवि सूक्ष्म और अमूर्त से घबरा कर रंगों के दृश्य-संसार में लौट आना चाहते हैं और चित्रकार इसके ठीक विपरीत मूर्त से अमूर्त तक जाने की तैयारी करते हैं? मैंने एक बार रामगोपालजी से यह सवाल किया था। उन्होंने हँसते हुए कहा था कि यह उनके लिए 'कौतुकास्पद' है। रामगोपालजी के लिए सारी कलाओं की ज़रूरत, अनिवार्यतः अभिव्यक्त होने की ज़रूरत ही है। उनके चित्रों में अभिव्यक्त होने की अदम्य इच्छाएँ हैं, असंख्य नर-नारी रूप हैं, ललित कामनाएँ और कमनीय देह हैं।

उनकी कविता में भी यही सघन चित्रांकन हैं—प्रकृति के नाना मोहक रूप, छाया-धूप की क्रीड़ाएँ, रंग-मैत्री से बनी अनगिनत दृश्य-छवियाँ, ऋतुओं का रंगोत्सव, और कई तरह के वर्णन-विवरण।

'अभिसार-निशा' की कथा विरहातुर राधा की स्मृतियों से बनी है। संध्या का आकाश कुमकुम की तरह लाल हो गया है। धीरे-धीरे सारी पृथ्वी अँधेरे में डूब चली है—सरोवर का जल अविचल हो गया है। जन-शून्य विपिन के शान्त मार्गों पर उदास वृक्ष खड़े हैं और गृहणियाँ तुलसी-वृन्दों के तले दीपक जला आई हैं। तभी राधा का मन कृष्ण की स्मृति में डूब जाता है और वे उन्हीं स्थलों की ओर लौट आती हैं जहाँ कभी उनके साथ अभिसार किया था।

लेकिन अब सब कुछ बदल गया है। प्रकृति के मनमोहक दृश्य-पटल पर करुणा और विषाद के म्लान चित्र बन गये हैं। सूखे पत्तों से वन का मौन भंग होता है और पृथ्वी से आकाश तक वायु के आहत स्वर के अतिरिक्त सुनने के लिए कुछ भी नहीं बचा है। विजयवर्गीयजी भी दूसरे कवियों की तरह प्रकृति और पुरुष के आत्मीय-सम्बन्धों की इस कथा को सम्पूर्ण तन्मयता के साथ कहते हैं।

'अभिसार निशा' का अन्त एकदम अप्रत्याशित और सुखद है। दरअसल कृष्ण का स्मरण, मनन, चिन्तन यदि हमें दुख से मुक्त करता है तो राधा भी मुक्त हों। विरह और द्वैत, और उसके बीच देहाग्नि का ताप सहती हुई वृषभानुजा का सपना क्या है? निश्चय ही कृष्ण में विलय होने का। वही हुआ भी है :

भू से अंबर की ओर उठी।
राधा माधव की ध्वनि जय-जय।
राधा माधव का द्युति मंडल।
हो गया एक में अपर विलय।

'अभिसार निशा' की राधा को 'प्रिय प्रवास' की सुमतिवान राधा की तरह कुछ नहीं कहना है। विजयवर्गीयजी प्रकृति की उद्दाम लीला और कृष्ण की अनुपस्थिति का क्लेश भोगती वृषभानुजा के मनोभावों के चितेरे हैं। यह उनके स्वभाव के अनुकूल

भी है क्योंकि यहाँ अनेक मुग्ध और आकुल कर देने वाली दृश्य-छवियों में रंग भरे जाने की सम्भावनाएँ हैं। किन्तु, इस कविता-प्रणाली का एक दोष भी है जो विजयवर्गीयजी की कविता में आ गया है। दरअसल उनकी कविता वर्णन-प्रधान हो गई है और बहुत बार और औपचारिक आवेगों से पृथक नहीं हो पाती। कभी-कभी वे एक मनोभाव को थका देने वाली सीमा तक दुहराते हैं, लेकिन विजयवर्गीयजी बहुत बड़े कवि होने का दावा नहीं करते।

'अभिसार निशा' के अतिरिक्त एक और गीत-संग्रह 'अलकावली' पर भी विचार करना युक्ति-संगत होगा। यह संग्रह 1949 में प्रकाशित हुआ है। संग्रह की छोटी-सी भूमिका में विजयवर्गीयजी लिखते हैं—"जब आह और कराह की ध्वनियों से कान बधिर हुए जाते हैं ये कैसा विपरीत राग। ये कैसे सुनहरे स्वप्नों की याद, प्रेम और मिलन की बातें...। किन्तु मैं अपने आपको विवश पाता हूँ, मैंने कविता लिखने का प्रयास नहीं किया स्वयं कविता ने ही मुझे बाध्य किया है...। मैंने जो बात कहनी चाही कह डाली, कह लेने पर जान पड़ा कि इसे लोग कविता कहते हैं।"

'अलकावली' के गीत उसी रूमानियत और सौन्दर्यचेतना की प्रतिच्छायाएँ हैं जिन्हें विजयवर्गीयजी रंगों की मुग्ध चित्रकारी में अंकित करते रहते हैं। "दामिनी-सी दमकती देह, नयनों में वारुणी की नशीली रूपाभा, क्षितिज के पार से नुपुरों की ललित झंकार करते बढ़ते चरण, लहरों की तरह सुकुमार देह का कंपन और एक व्याकुल प्रतीक्षा" यह उनकी कविता और चित्रकारी का तिलस्म-संसार है।

विजयवर्गीयजी ने बार-बार और विविध प्रकार से स्त्री के देह-सौन्दर्य और प्रेम-विदग्ध क्षणों को अपनी रचनाओं की विषय-वस्तु बनाया है। यही देह-लावण्य और उसके विविध आकर्षणों को वे चित्रों में भी रूपायित करते रहे हैं। स्त्री-सामीप्य के ये जादुई क्षण उनकी कविता और चित्रों में इतनी तरह से अंकित हुए हैं कि इनसे अलग उन्हें पहचानना मुश्किल हो जाता है।

थोड़े समय पूर्व में विजयवर्गीयजी से एक आधुनिक कवि के संकलन-विमोचन के अवसर पर मिला था। वे सारी गोष्ठी में शान्त रहे। जब गोष्ठी का समापन होने लगा तब उन्होंने एक विषाद के साथ कविता के 'ऊल-जलूल' रास्तों पर चलने की शिकायत की।

एक कवि जिसने अपनी कविता में सौन्दर्य, प्रेम और अगाध तृषा के गीत लिखे हैं, उसकी आधुनिक कविता से 'ऊल-जलूल' होने की शिकायत अनुचित नहीं था।

रामगोपालजी अब भी कविता लिखते हैं लेकिन जो कुछ अब तक उन्होंने लिखा है, वह उनके सौन्दर्य-बोध की विशिष्ट शैलियों को महत्त्वपूर्ण बनाता है।

दादाभाई

मेरे लिए दादाभाई को विद्या भवन से अलग करके देख या सोच पाना नामुमकिन है। वे विद्या भवन के सिद्धान्तों का, जिनमें से अब बहुत-से विलुप्त हो गये हैं, कर्म-पक्ष थे। यही सबसे कठिन काम होता है, शिक्षा को इस तरह फैला देना कि वह हर बार जीवन में चमकती और जीवन को चमकाती नज़र आए। इस कठिन काम को करते हुए ही वे मुझे विद्या भवन में थोड़े अलग और महत्त्वपूर्ण नज़र आते थे। वे शिक्षा के बहुत से रहस्य किताबों में नहीं, विद्यार्थियों की जीवन-रचना में देखते थे।

स्कूल प्रबन्धन का काम दादाभाई के लिए आनन्दभरा काम था। यह उसी का परिणाम था कि विद्या भवन में ज्यादा खींचतान और तनाव नज़र नहीं आता था। अध्यापक और विद्यार्थी मिलकर बेहतरीन और सम्भावनाशील ज़िन्दगी बनाने की कोशिश करते थे। स्कूल सुबह से शाम तक चलता था लेकिन न लड़के-लड़कियाँ थके लगते थे और न ही अध्यापक।

मेरी नियुक्ति टीचर्स ट्रेनिंग कॉलेज में हुई लेकिन मुझे स्कूल अच्छा लगता था। मेरी नियुक्ति तथा मेरा साक्षात्कार लेने वाली कमेटी में दादाभाई श्री केसरीलाल बोर्दिया भी थे किन्तु उन्होंने मुझसे कुछ नहीं पूछा, यद्यपि वे साहित्य के मर्मज्ञ विद्वान थे। साक्षात्कार का संचालन डॉ. श्रीमाली ने किया था। उन्होंने कुछ प्रश्न पूछे थे जो समाजवाद पर केन्द्रित थे। देवीलाल सामर ने जो विद्या भवन में हिन्दी के अध्यापक और विख्यात रंगकर्मी थे, यशपाल के 'दिव्या' उपन्यास पर एक प्रश्न ज़रूर पूछा था जिसका उत्तर कठिन नहीं था। यह बात 1950 की है।

साक्षात्कार के बाद हम ट्रेनिंग कॉलेज के बरामदे में आ गये थे। आषाढ़ का अन्त हो रहा था और उदयपुर की तरफ से आते हुए काले बादल विद्या भवन स्कूल के विशाल बरगद के पेड़ों तक आ गये थे। तभी बोर्दियाजी मेरे पास आ गये और मेरी नियुक्ति पर देर तक प्रसन्नता ज़ाहिर करते रहे। उस समय तक मुझे उनके सम्बन्ध में कुछ भी मालूम नहीं था। बाद में केशवजी (व्यवस्था सचिव) ने मुझसे कहा कि दादाभाई केसरीलाल बोर्दिया विद्या भवन में हेडमास्टर हैं। उस समय लौटने की हड़बड़ाहट में मैं उन्हें बाहर-ही-बाहर से देख सका। वे खादी के

सूती वस्त्र पहने थे, शेरवानी, बहुत साफ पाजामा। कुछ औपचारिकताओं को पूरा करके तेज बारिश के बावजूद दादाभाई चले गये।

अब यह बात पुरानी और आदर्शवादी लग सकती है, लेकिन उस समय शिक्षा के परम्परावादी और निस्तेज कर्मकांड को तोड़ कर एक नये विकल्प की तलाश करने का साहस विद्या भवन का आकर्षण और विशेषता रही और इसीलिए विद्या भवन की दिनचर्या दूसरे स्कूलों की थका देने वाली निस्तेज दिनचर्या से अलग नज़र आती थी। दरअसल इस हलचल और शिक्षा को नई संस्कृति और सामाजिक, राष्ट्रीय विरासत से जोड़े रखने की अथक कोशिश के दौरान ही मैंने दादाभाई को जाना था।

विद्या भवन का दिन प्रार्थना-सभा से आरम्भ होता था। शनिवार की प्रार्थना-सभा चित्ताकर्षक होती थी। प्रार्थना-सभा में कवि सोहनलाल द्विवेदी की कविता 'अन्तरतम में ज्योति भरो हे', गायी जाती थी (अब भी गायी जाती है)। प्रार्थना-सभा का लक्ष्य उस अध्यात्म, उस नैतिक ताक़त की पहचान करना था, जो मनुष्य में कस्तूरी की सुगंध की तरह रहती है, लेकिन जिसे जानना अत्यन्त कठिन होता है। मैं वर्षों तक प्रार्थना-सभा के जादू से बँधा रहा। प्रार्थना-सभा को मोहक, दुर्लभ और उत्कृष्ट बनाने के लिए दादाभाई हमेशा उत्सुक रहते। वे प्रायः ऐसी कहानियाँ, कविताएँ सुनाते जिनमें जीवन का सौन्दर्य और सत्य अन्तर्निहित होता। वे खलील जिब्रान की कविताओं का अक्सर पाठ करते। जिब्रान की कविता में अध्यात्म और दुनिया का अद्भुत मेल था। उसका मिज़ाज़ भारतीय कविता से मिलता था। एक गहरे अर्थ में दादाभाई का मन भी भारतीय अध्यात्म में रचा-बसा था। वे प्रायः प्रार्थना-सभा में उपनिषदों के आख्यान सुनाते थे। यम-नचिकेता का संवाद उन्हें प्रिय था। वे ईसा की करुणा से अभिभूत थे। दादाभाई का अंग्रेज़ी, हिन्दी तथा उर्दू का उच्चारण परिष्कृत और निर्दोष था। इसीलिए जब वे किसी भी भाषा में कुछ भी पढ़ते थे तो भाषा का सौष्ठव और ओज निखर उठता था। कभी-कभी विवादास्पद मुद्दों यहाँ तक कि विद्या भवन के आचरण और सिद्धान्त के बीच के भेद पर भी बातचीत हो जाती थी। मैंने प्रार्थना-सभा में जातक कथाओं से कई मनोरम प्रसंग सुनाए और बड़े कवियों की रचनाएँ पढ़ीं। प्रार्थना-सभा के अन्त में स्कूल के बालक-बालिकाएँ या संगीत निपुण अध्यापक किसी भी भाषा का ललित पद या भजन गाते थे। फिर समवेत स्वर में शान्ति पाठ होता था। असतो माँ सद्गमय, तमसो माँ ज्योतिर्गमय, मृत्यों माँ अमृतम् गमय। इसके बाद कुछ क्षण शान्ति, आनन्द और आलोक से चमकते नज़र आते।

मैंने प्रार्थना-सभा पर विस्तार से इसीलिए चर्चा की है कि हमारे स्कूल और शिक्षक नैतिक शिक्षा पर चाहे जितनी गम्भीरता से बातें करें किन्तु वे नसीहतों, नीतिवचनों और उपदेशों के पुलिन्दे होती हैं। वे भयभीत करती हैं और एक प्रकार के नाटकीय जीवन की ओर आकर्षित करती है। हमारा जीवन अधिक-से-अधिक

नैतिकता के पारम्परिक खांचों में फँसा है इसलिए अन्तरतम और निर्णय की ज्योति कमज़ोर होती जाती है। विद्या भवन की शिक्षा-नीतियों में नैतिकतापूर्ण आचरण के लिए जो कार्यक्रम तैयार किया था, प्रार्थना-सभा उसकी समझ विकसित करने का सबसे अच्छा उदाहरण थी। दादाभाई के मन में शिक्षा को सौन्दर्य और संवेदनामूलक बनाने का प्रबल आग्रह था। वे इसी अभिप्राय में विशिष्ट शिक्षाविदों में थे।

इस तरह प्रार्थना-सभा से शुरू हुआ दिन खेल के मैदान में सूर्यास्त के साथ ख़त्म होता। कई बार दादाभाई मुझे खेल के मैदान में दौड़ते, हॉकी खेलते नज़र आते। उसूल यह कि खेलने का उपदेश देने के बजाय खेलना बेहतर है।

जब दादाभाई रूरल इंस्टीट्यूट के डायरेक्टर हुए तब भी वे विद्या भवन को नहीं भूले। उन्होंने विद्या भवन को केवल बौद्धिक स्पर्धाओं और उच्चतम अंक हासिल करने की कुशलताओं और क्षमताओं से नहीं जोड़ा था, बल्कि ज़िन्दगी और समाज को बचा सकने वाले उसूलों के साथ सम्बोधित किया था। इसीलिए रूरल इंस्टीट्यूट का बुनियादी मॉडल और शैक्षिक आदर्श विद्या भवन के अनुरूप ही रखने की कोशिश की गई। प्रार्थना-सभा, वैयक्तिक और पढ़ाई की कठिनाइयों को दूर करने के लिए प्रत्येक कक्षा के साथ एक शिक्षक को जोड़ना, हर महीने अभिभावकों को छात्र के अध्ययन सम्बन्धी तथा अन्य अच्छी-बुरी अभिरुचियों का ब्योरा देना, कला स्नातकों को सामुदायिक सेवाओं की आवश्यकता तथा अन्तर्निभरता के सिद्धान्त से परिचित कराना और विज्ञान तथा इंजीनियरिंग के छात्रों को महज तकनीशियन न होने देना, उन्हें भारत की उत्कृष्ठ सांस्कृतिक विरासत से परिचित कराना, कॉलेज से बाहर शिविर लगाना, साथ-साथ रहने देना और विद्यार्थियों के जीवन-व्यवहार को खुलापन देना, स्वाधीनता और आत्मीयता के अवसरों को जुटाना यह पाठ्यचर्या का एक हिस्सा था जिसकी शानदार सफलता दादाभाई स्कूल में देख चुके थे।

लेकिन रूरल इंस्टीट्यूट के छात्र और अध्यापक भिन्न-भिन्न स्थानों से आए थे। उनके मन में कॉलेज शिक्षा की कुछ दूसरी ही प्राथमिकताएँ थीं। इसलिए इन सब जीवन मूल्यों के प्रति अधिक अनुकूल स्थितियाँ नहीं थीं। दुख इसका भी था कि भारत के अनेक शिक्षाविद्रों, कुलपतियों और आचार्यों ने रूरल इंस्टीट्यूट के अधिक मानवीय, प्रगतिशील और ग्रामविकास को महत्त्व देने वाले पाठ्यक्रम को कामयाब नहीं होने दिया। शुरू के कई सालों में इंस्टीट्यूट की स्नातक कक्षाओं में विद्यार्थियों की संख्या बहुत कम होती थी। अध्यापक और विद्यार्थी एक क़िस्म के मनोवैज्ञानिक निराशा के बीच काम करते नज़र आते।

इस समय दादाभाई ने इंस्टीट्यूट को उदयपुर विश्वविद्यालय के साथ सम्बन्धित करके उसके भविष्य को नष्ट होने से बचा लिया। यह रेखांकित करने योग्य है कि विश्वविद्यालय से सम्बन्धित होकर भी इंस्टीट्यूट की महत्त्वपूर्ण विशेषताओं को बचाए रखने के प्रयासों में सजगता बरती गई।

मेरे लिए रूरल इंस्टीट्यूट में दादाभाई के साथ रहने, काम करने के वे दिन उत्साह और आनन्द के थे। एक नई संस्था बन रही थी जिसका स्वरूप और रचना बेरोजगार युवकों की संख्या बढ़ाना नहीं था बल्कि शिक्षा को व्यवहार, अनुभव और राष्ट्रीय आवश्यकताओं के साथ जोड़कर नेतृत्व दे सकने वाली नई पीढ़ी को तैयार करना था।

रूरल इंस्टीट्यूट की परिकल्पना का आधार अमेरिका का 'लेंड ग्रांट्स कॉलेज' था। अमेरिका के इन कॉलेजों में गाँवों के विकास, वहाँ की ज़िन्दगी, रहन-सहन, असुविधाएँ और उनको हल करने के उपाय सब कुछ अलग तरह से सोचे जाते थे। गाँव की रोशनी, पानी, सड़कें, शिक्षा, चिकित्सा, बाजार, उत्पादन, मित्रता और प्रेम एक शब्द में 'गाँवों का सामुदायिक जीवन और उनका समाज शास्त्र' शहर से अलग है, उन्हें अलग मानकर उनकी परम्पराओं और जीवन शैलियों को अलग तरह से विकसित और समृद्ध करना चाहिए—यह 'लेंड ग्रांट्स कॉलेजों' का सोच था।

हमारे देश में शहर और गाँव को मिलाकर उनकी अर्थात् गाँवों की हृदय विदारक असुविधाओं को भुला दिया गया है। स्थितियों को इस तरह मिला देने से शहरों को विकास की बेशुमार सुविधाएँ मिल गई हैं। इस तथ्य को दादाभाई जैसे संवेदनशील बुद्धिजीवी समझ रहे थे इसलिए उन्होंने इंस्टीट्यूट को गाँवों के पास ले जाना और गाँवों को इंस्टीट्यूट के पास लाने की ईमानदार कोशिश की। संस्था के प्राध्यापकों को इस तरह के कई काम सौंपे गये जो असुविधाजनक थे और जिन्हें करना वे अबौद्धिक कर्म मानते थे। गाँव में लालटेन लेकर जाना या खेतों में चूहों के बिल तलाश करना और उन्हें मारने की दवा रखना, न साहित्य पढ़ाने वालों का काम था और न अर्थशास्त्र पढ़ाने वालों का। यह सोच परम्परावादी प्राध्यापकों और शिक्षकों का था।

यह दरअसल औपनिवेशक शिक्षा के ढाँचे की बुनियादी जिद है कि जिससे पूरा समाज बँट गया है। गाँव और शहरी समाज में छोटे और बड़े का मनोवैज्ञानिक भेद स्पष्ट रूप में नज़र आता है। गाँवों में अनुत्पादक श्रम, अव्यवस्था फैली हुई है और ज़िन्दगी को चलाने वाली बुनियादी सुविधाओं का अभाव है। यह सवाल अब भी बहस में है कि शिक्षा का इससे कोई सरोकार है या नहीं? पढ़े-लिखे या पढ़ने-लिखने वालों की गाँव के अज्ञान से लड़ने की जिम्मेदारी हैं या नहीं? गाँवों का नेतृत्व शहर के लोगों को करना चाहिए या गाँव से ही वहाँ का नेतृत्व होना चाहिए?

इस बात का खुलासा करते हुए रूरल इंस्टीट्यूट के पहले दीक्षान्त समारोह में भारत के तत्कालीन शिक्षामंत्री डॉ. के.एल. श्रीमाली ने कहा था कि वे संस्था के स्नातकों के लिए ऐसी सम्मानपूर्ण व्यवस्था करना चाहते हैं कि उन्हें शहरों में आकर नौकरी न करनी पड़े। दादाभाई से तो प्रायः इस सम्बन्ध में बात होती ही रहती है। वे कई अथात् में आधुनिक थे और शिक्षा को ग्राम-रचना का अंग मानते थे। उन्होंने

बार-बार इसका समर्थन किया था। शिक्षण संस्थाएँ चाहे वे विश्वविद्यालय हों या महाविद्यालय या कि स्कूल, अपने पड़ोस, अपने गाँवों से बेख़बर नहीं रह सकते हैं। विद्या को एक आभूषण की तरह पहन कर घमंड करने का दादाभाई निषेध करते रहे। इसलिए इंस्टीट्यूट में उन्होंने पारम्परिक शास्त्र-ज्ञान और ज्ञानियों का संकोचपूर्वक समर्थन किया। वे सामुदायिक विकास कार्यक्रम की गुणवत्ता बढ़ाने की कोशिश में लगे रहे। शास्त्र और जीवनानुभव को एक साथ, एकान्विति में देखने का जैसा प्रयास उन दिनों हुआ वैसा फिर नहीं हुआ। मुझे स्वीकार करने में कोई कठिनाई नहीं है कि शिक्षा को 'लोकोन्मुखी' बनाने का जो प्रयोग सम्भव हुआ, वह दादाभाई के उत्साह और समझ के कारण हुआ।

इस बात को रेखांकित करना चाहिए कि दादाभाई ने बहुत पहले अंग्रेज़ी में एम.ए. किया था लेकिन उन पर अंग्रेज़ीयत का नशा नहीं चढ़ा था। वे भारतीय भाषाओं और संस्कृति के प्रबल पक्षधर थे। उन्होंने संत-साहित्य और प्रमुख धर्मों का अध्ययन किया था। वे उपनिषदों को, अध्यात्म को, जीवन निर्माण के लिए महत्त्वपूर्ण मानते रहे। भारतीय उत्सवों पर, फिर वे हिन्दुओं के हों या मुसलमानों के, बौद्धों के हों या ईसाइयों के, दादाभाई का हमेशा आग्रह रहता था कि विद्यार्थी उसका पौराणिक और ऐतिहासिक महत्त्व समझें। मैंने इसी प्रयोजन से आयोजित गोष्ठी में 'कुरान की प्रासंगिकता' पर मुस्लिम विद्वान की वार्ता सुनी थी। सिविल इंजीनियरिंग विभाग में 'बारहवफात' पर स्वयं दादाभाई ने भाषण दिया था। मैंने अपने कई वर्षों में उन्हें सिर्फ एक बार पूरी अंग्रेज़ी वेशभूषा में देखा—टाई, कोट और पेंट में। रूरल इंस्टीट्यूट की सेवा विस्तार सभाओं और किसानों की गोष्ठियों में दादाभाई सरल मेवाड़ी में बोलते थे और इस बात की सावधानी बरतते थे कि कोई अंग्रेज़ी का पारिभाषिक या कठिन शब्द बाधा न बने।

दादाभाई के सम्बन्ध में यह जानना बहुत आवश्यक है कि वे सहज, स्वभाववश अध्यापक थे। वे विद्यार्थी की बौद्धिक आवश्यकता के साथ-साथ उसकी मनोवैज्ञानिक, उसकी आयु की ज़रूरतों को समझते थे। स्कूल के लड़के-लड़कियों की मैत्री और समीप आने के प्रसंगों में उन्होंने कोई नैतिक दुर्घटना का अहसास नहीं किया। उनकी यह मान्यता थी कि शिक्षा की सबसे महत्त्वपूर्ण ज़रूरत भयमुक्त ज़िन्दगी है। शिक्षा में धर्म और नैतिकता का एक अर्थ स्वाधीनता है। वह विवेक जो अच्छे-बुरे के चुनाव में निर्णय करता है। इसलिए विद्या भवन में अध्यापक को शारीरिक दंड देने की मनाही थी। एक बार विद्यार्थियों की पंचायत में प्रधानाध्यापक बोर्दिया ने एक विद्यार्थी के तमाचा लगाने के लिए माफी माँगी थी।

शिक्षा के सौन्दर्य-शास्त्र पर हमारे शिक्षकों ने ज्यादा बात नहीं की क्योंकि शिक्षा का मुख्य काम सूचनाओं और नसीहतों के साथ जुड़ा है। इससे भी कहीं अधिक बड़ों की उस दुनिया के साथ जिसका रस निचुड़ चुका है या नौकरी की

दौड़ में अव्वल आना है। शिक्षा की इन्हीं प्राथमिकताओं ने हमारे स्कूलों को रस, आनन्दरहित और सौन्दर्यरहित बना दिया है। स्कूल के नाम पर बालक एक डरावना सपना देखता है। उदयपुर से दिल्ली तक की यात्रा में मैंने दादाभाई से यह प्रश्न पूछा था कि हमारे स्कूल इतने भयावह और अप्रासंगिक क्यों हो गये हैं?

उन्होंने कहा कि हमने स्कूलों और शिक्षा को परीक्षा और सूचनाओं से जोड़ दिया है। हमारे स्कूल उत्सव और आनन्दविहीन हो गये हैं। दादाभाई ने शिक्षा को आनन्दविहीन नहीं होने दिया। कोई महीना ऐसा नहीं होता था कि स्कूल में किसी भी दल का जलसा न हो। वार्षिकोत्सव और वनशाला के दिन रचनाशीलता और नये सृजन की उमंग वाले दिन थे। पढ़ाई की नीरसता और कक्षा के बँटवारे को तोड़ती नई श्रेणियाँ बन जाती। संगीत, नृत्य, नाटक, कव्वाली एवं प्रहसन की तैयारी में अध्यापकों और विद्यार्थियों के बीच की दीवार टूट जाती और वह समझ विकसित होती जो ज़िन्दगी को बनाती और बचाती है।

मैं स्कूल में काम नहीं करता था तब भी दादाभाई ने वनशाला के समापन उत्सवों में मुझे लगातार जगह-जगह शामिल होने का अवसर दिया। जयपुर वनशाला में हम दोनों मिर्जा राजा जय सिंह की शैली में पगड़ी बाँध देने वाले को कई दिन तक तलाश करते रहे। वनशाला के उत्सवों की प्रामाणिकता और श्रेष्ठता के लिए वे अथक प्रयास करते।

दादाभाई के सम्बन्ध में यह जानना महत्त्वपूर्ण होगा कि वे उत्कर्षशील धर्मदृष्टियों के अनुमोदक थे। वे उस कट्टरता और कर्मकांड का विरोध करते रहे जो मनुष्य और मनुष्य के बीच दीवार बनाती थी। वर्षों तक वे हरिजन-सेवक संघ के अध्यक्ष रहे और दलितों को उनका सम्मानजनक स्थान मिले इसका प्रयत्न करते रहे। अपनी लोकप्रियता को उन्होंने कभी विज्ञापित नहीं किया।

दादाभाई जैसे प्रबुद्ध और विनम्र अध्यापक तथा सजग नागरिक, सभ्य और विवेकपूर्ण समाज रचना के लिए काम करने वाले सज्जन व्यक्ति ज्यों-ज्यों दुर्लभ होते जाएँगे वे हमारे लिए अधिकाधिक सार्थक तथा प्रासंगिक भी होते जाएँगे।

चालीस बरस के याराने की रस-कथा

एक युवा कवि के रूप में मैंने प्रकाश को 1948 में देखा था। वह जयप्रकाशजी के लिए आयोजित एक विशाल सभा थी। हमारा प्रान्त रजवाड़ों में बँटा था। वे लापरवाह ऐय्याश सामन्तों की जमीदारियाँ थीं, लोग कंगाल थे, राज-खज़ाने का धन रनिवासों के विलास और अंग्रेज़ों को खुश करने की तिकड़मों के लिए था।

हम 'एक राजस्थान' बनाने की कोशिश में लगे थे और सभा उसी संकल्प को रूपाकार देने के उपक्रम में थी जिसे जयप्रकाश सम्बोधित करने वाले थे।

मुझे यह याद नहीं है कि वहाँ प्रकाश ने कौन-सी कविता पढ़ी लेकिन जिस उमंग और स्फूर्ति से उन्होंने पढ़ी उसकी याद चालीस बरस बीत जाने पर भी तरोताजा है। प्रकाश की कविताएँ तूफानी नदी की तरह होती हैं, वे शब्दों को तराशते नहीं हैं। एक तेज मनोवेग के लिए शब्द अपनी जगह तलाश कर लेते हैं फिर एक गति होती है। प्रकाश की कविता की सामर्थ्य अर्थ नहीं है, एक उत्साह देने वाली गति में है। अपनी कविता के लिए उन्होंने जिस छंद को चुना है वह भी तेज चाल वाला छंद है, ठुमुक-ठुमुक कर चलने वाला नहीं। वह पौरुष का छंद है।

बहरहाल, इस सभा में मैंने भी कविता पढ़ी थी जिस पर प्रसन्न होकर प्रकाश ने मुझे बांहों में भर लिया था। वह दोस्ती का भुज-पाश था। दरअसल एक कवि की दोस्ती बहुत भिन्न क़िस्म की होती है, नरम ज़मीन पर चलने जैसी। बाद वाले वर्षों में हम उसी नरम ज़मीन पर चले, तेज आंधी भरे दिनों के साथ, बसंत की खुशबुओं के साथ और पतझड़ की खिन्न मन:स्थितियों के साथ भी। 1950 में मैं उदयपुर आ गया। प्रकाश तब शिक्षा भवन में प्रधानाध्यापक थे। वे अविवाहित थे, सुदर्शन भी। तब का उदयपुर गरीबों का और अथाह जल भरी झीलों का था। मैं मुकम्मिल तौर से समाजवादी हो गया था और यह समझता था कि प्रकाश का मन, उनकी कविताएँ सब तरह से ज़िन्दगी की संकीर्णताओं से अलग ऊँचाइयों की तरफ जाने वाली हैं। उदयपुर में प्रकाश ही साहित्यिक कर्म की धुरी हो सकते थे और यह अजीब बात है कि वे आज भी साहित्यिक-कर्म की धुरी हैं। उनके बिना कोई भी साहित्य-समारोह या कि साहित्य की योजना पूरी नहीं होती।

पीछे लौट कर देखता हूँ तो मुझे प्राय: यह याद नहीं आता कि हमने अपने गन्तव्यों पर कोई बहस की हो, किसी भी तरह की सैद्धान्तिक या कर्म की। प्रकाश हवाओं को पहचानते हैं और उस तरफ चलने की कोशिश करते हैं जहाँ खुलापन और दोस्ती है, लेकिन यह जटिलताओं से बच निकलने की इच्छा से भी होता है। प्रकाश बहुत बड़ा खतरा उठाने की मन:स्थिति में नहीं रहते, जल्दी से हल निकालना और तनावों से बच निकलने का मार्ग तलाश करते हैं। इससे समय और महत्त्वाकांक्षाओं के अन्तर्विरोध निरन्तर प्रगट होते रहते हैं और हमारे लिए कोई विकल्प नहीं होता; सिवा इसके कि हम वैचारिक धुंध हटाते चलें।

मैं यह नहीं कहता कि वे एकदम आरामतलब हैं या घटनाओं के कुपथगामी होने की स्थिति में कोई सार्थक हस्तक्षेप नहीं करते। मैं जानता हूँ कि उदयपुर में या कि राजस्थान में प्रगतिशील साहित्यिक वातावरण बनाए रखने के लिए उन्होंने बार-बार मेहनत की है। सन् 51 के आस-पास हम लोगों ने प्रगतिशील लेखक संघ बनाया और साहित्य के उन सब मुद्दों पर बहस करते रहे जिससे वह प्रासंगिक और सामाजिक सरोकारों से प्रतिबद्ध रहे।

प्रकाश 'एक मिज़ाज या एक छाप' का साहित्य पसन्द नहीं करते, उन्होंने अपनी कविताओं में पुरुषार्थ और रूमान, यथार्थ और सपनों को साथ-साथ रहने दिया है, लेकिन वे लद्दड़ और अनुर्वर साहित्य को सहन नहीं करते। इसलिए जब सारी कोशिशों के बावजूद प्रलेस चलता नहीं है तब हम उदयपुर में कवि गोष्ठियों का सिलसिला शुरू रखते हैं। इन गोष्ठियों की यह विशेषता होती है कि उनमें हिन्दी, उर्दू, राजस्थानी, ब्रजभाषा की रचनाएँ पढ़ी जाती हैं। लम्बे समय तक हम गोष्ठियों को ज़िन्दा रखते हैं। कविता पढ़ने के साथ-साथ इन गोष्ठियों में हमने वैचारिक मुद्दों पर लम्बी बहसें की हैं। इन्हीं गोष्ठियों में से एक में विपिन बिहारी वाजपेयी ने कॉडवेल की पुस्तक 'इल्यूजन एंड रियलिटी' पर एक लम्बा और उपयोगी व्याख्यान दिया था। मोहम्मद शफी अगवानी (पूर्व कुलपति, जवाहरलाल नेहरू विश्वविद्यालय) प्राय: उर्दू के नवीनतम लेखकों और उनकी रचनाओं का परिचय देते थे। कृश्नचन्दर, यशपाल, रामविलास शर्मा, रांगेय राघव, अज्ञेय, उपेन्द्रनाथ 'अश्क', पंत और निराला हमारी बहसों के बीचोबीच थे।

प्रकाश लम्बे अर्से तक 'प्रगति' साप्ताहिक पत्र निकालते रहे हैं। वह एक राजनीतिक उद्देश्य को पूरा करने वाला साप्ताहिक था और सुखाड़िया जी का समर्थक भी, लेकिन वह साहित्यिक साप्ताहिक भी था और प्रकाश उसे साहित्यिक समाचारों से भर देते थे। 'प्रगति' के कारण हमारी दोस्ती मजबूत हो गई थी। मैं कई महीनों तक लगातार प्रकाश के यहाँ जाता रहा। भूपालपुरा के दो कमरों वाले मकान पर मेरी खातिर देखकर उनके कुछ दोस्तों को बुरा लगने लगा था।

गोष्ठियों के शुरू होने से पहले प्रकाश 'प्रगति' पर विस्तार से बात करते। जब सुधीन्द्र दा की असामयिक मृत्यु हो गई, तब हमने प्रगति का शानदार 'सुधीन्द्र अंक' निकाला। प्रकाश ने उनकी लिखी कविता का ब्लाक बनाया और छापा। अपनी सारी आर्थिक सीमाओं के बावजूद इस अंक को उन्होंने एक महत्त्वपूर्ण अंक बनाने की कोशिश की। वह सुधीन्द्र के प्रति तो उनका अनुराग था ही लेकिन यह उस भविष्य की आहट भी थी जिसके लिए हमने बाद वाले वर्षों में बहुत से लोगों को नाराज़ किया। हमने दरअसल प्रान्त के उपेक्षित साहित्य कर्म को स्वाभिमानपूर्वक स्थापित करने के लिए एक मामूली-सी कोशिश की।

इसी जिद में हमने 'सप्त किरण' प्रकाशित करने का संकल्प किया। हमारी दृष्टि में इस तरह प्रान्त के कविता कर्म को हिन्दी पाठकों के सामने रखा जा सकता था और उनका ध्यान आकर्षित किया जा सकता था।

प्रकाश के मन में यह बात गहराई से अंकित हो गई कि जब तक हमारे रचना-कर्म से हम ही परिचित नहीं होते, उसके महत्त्व को रेखांकित नहीं करते, उन्हें नहीं पढ़ते या पढ़ाते या कि उन्हें प्रकाशित नहीं करते तब तक कोई साहित्यिक समृद्धि सम्भव नहीं है। इस समझ के साथ उन्होंने 'राजस्थान की कविता' को अपनी शोध-कार्य का विषय बनाया। इस शोध-ग्रंथ के कवि-चयन में यद्यपि एक उदार क़िस्म की बंधुता और ढीली आलोचना के दोष हैं लेकिन उसका गन्तव्य निश्चित है। प्रकाश उससे बहुतों का मनोबल बढ़ाते हैं और प्रान्त के साहित्य-कर्म को हैसियत देते हैं। एक भय टूटता-सा नज़र आता है।

अकादमी के अध्यक्ष होने के बाद प्रकाश उस कार्यक्रम को तेज करते हैं जो हमारी साहित्यिक प्रतिष्ठा बढ़ाने में मददगार है। उनके आने के बाद गोष्ठियों, सभाओं, परिषदों में राजस्थान का साहित्यिक कृतित्व लगातार चर्चा और बहस के बीच बना है।

राजनीति में प्रकाश स्व. मोहनलाल सुखाड़िया के आदमी माने गये हैं। वास्तव में सुखाड़िया ने उनके चित्त पर अमिट छाप अंकित की है। सुखाड़िया के राज्यपाल हो जाने के बाद प्रकाश ने विधायक का चुनाव लड़ा था। एक शिक्षक, कवि और राजनेता की तरह वे उन दिनों कीर्ति के शिखर पर थे। विश्वविद्यालय के शिक्षकों ने ही नहीं नगर के तमाम प्रगतिशील शिक्षकों ने प्रकाश के लिए प्रचार का कार्य किया था। उन्हें विधायक का टिकट मिलने से बहुत से कांग्रेसी नाराज़ थे और उन्हें हराने में उनका हाथ और खुशी थी। वे थोड़े से मतों से हारे थे। सिर्फ आठ सौ मतों से।

मैं निराश था। प्रकाश मतगणना से लौटे ही थे। वे थके हुए नज़र आते थे लेकिन विषाद-मुक्त और निश्चिन्त। मैंने किसी भी चुनाव में इतने राजनीतिक रंग के लोगों को एक साथ नहीं देखा था। यह प्रकाश की सहृदयता और सज्जनता का सबूत था।

प्रकाश अब ज्यादा कविताएँ नहीं लिखते, उन्हें यह कहने में या स्वीकार करने में संकोच नहीं है। शायद उन्होंने यह पहचान लिया हो कि जिस रंग की और रंगत की कविता उन्होंने शुरू की थी उसके दिन बीत गये हैं। कविता का वह आवेश और एक मनोभाव को विस्तार देकर छंदोबद्ध करने की कला ही सार्थक कवि होने के लिए काफी नहीं है।

तब वे क्या लिखते हैं? उनका गद्य-लेखन शुरू है। उनके गद्य से कविता न लिखने की क्षतिपूर्ति होती है। 'मधुमती' में उनकी टिप्पणियाँ कई बार उस सजग नागरिक की प्रतिक्रियाएँ जैसी लगती हैं, जो एक हादसे से गुजरते-गुजरते हिंसा और खूरेजीं के दूसरे हादसे के सामने खड़ा होता है। यह एक लेखक का कष्ट भी होता है जिसने पृथ्वी के हर्षोल्लास से स्वयं को इस कदर जोड़ लिया है कि कहीं का कोई भी कष्ट, कोई भी यातना उसे हिला देती है।

एक आदमी एक कवि, एक लेखक के साथ चालीस बरस का याराना एक रस-कथा है जिसमें अनेक अन्तर्कथाएँ, क्षेपक, लुट जाने और लूट लेने के ब्योरे हैं।

प्रकाश को साठ बरस का होते देखने का यह सुख है कि वह हमें वार्द्धक्य के थकान की नहीं तारुण्य की उस कविता की याद दिलाता है जो उसने कभी लिखी थी :

चट्टान तोड़कर राह करे
यह वह लहराता पानी है
लड़ने का नाम जवानी रे
बढ़ने का नाम जवानी है।

साहित्य की बहुआयामिता के उत्सव में भागीरथ भार्गव

भागीरथ भार्गव का जन्म 4 जुलाई, 1937 का है। इस हिसाब से मृत्यु के समय वे सत्तर के करीब आ गये थे। मृत्यु की सचाई के जानकारों और धैर्य देने वालों को कुछ तसल्ली हो सकती है लेकिन जिस प्रबल आशा और अथाह उत्साह से वे जी रहे थे वहाँ मृत्यु ठगिनी-सी आ गई थी। चालाक और अप्रत्याशित-सी।

कैंसर से संघर्ष करते, कभी काँपती, प्राय: मजबूत अँगुलियों से पकड़े बॉल पेन से लिखी चिट्ठियों में कोई अवसाद, निराशा या हार जाने का संकेत नहीं है। इन्हीं चिट्ठियों में एक वह है जिसमें उनकी वह लम्बी कविता है जिसका शीर्षक है 'शाश्वत इतिहास बनूँगा'। मैं निश्चय के साथ तो नहीं कह सकता लेकिन मुझे यह लगता है कि वह उनकी आख़िरी कविता हो। इसके पहले की चिट्ठी में उन्होंने जयपुर दूरदर्शन केन्द्र की कवि-गोष्ठी का ज़िक्र किया था और उसके कुछ ही दिनों बाद यह कविता भेजी थी। हो सकता है कि उत्तर-आधुनिकता के तिलस्म को खंडित करने वाली इस कविता को उन्होंने गोष्ठी में भी पढ़ा हो। कविता भेजने की तारीख़ 4 जून, 06 है, मृत्यु से नौ महीने पहले। कविता की कुछ पंक्तियाँ इस प्रकार थीं : 'यूँ नष्ट न कर पाओगे मुझे / अपने शकुनी दुष्चक्रों से / रक्तबीज हूँ / अन्तिम क्षणों तक / बना रहूँगा / इस विविध रूपी रंगमंच पर / अपनी अजेय अस्मिता के साथ।' ये पंक्तियाँ कवि भागीरथ के उस अदम्य साहस की घोषणा थी जो दो वर्ष से मस्तिष्क-कैंसर से जूझ रहा था लेकिन जिसे उम्मीद थी कि दुनिया की ग़ैर-बराबरी के ख़िलाफ़ संघर्ष करने के लिए वह बहुत जल्दी स्वस्थ हो जाएगा। अफसोस मेरे अन्तिम पत्र का जवाब उनके बड़े भाई जगदीश शर्मा ने दिया था जिसमें उनकी थकान, बेहोशी और लगातार गिरती देह-शक्ति का ज़िक्र था।

भागीरथ के साथ मेरी दोस्ती पुरानी है। अलवर की पुरानी, किंचित सुनसान और वृक्षों की लम्बी छायाओं से ढँकी सड़कों पर मैं उनके साथ बार-बार घूमा हूँ। जब कभी दिल्ली या उस रास्ते से कहीं भी जाता उन्हें पोस्टकार्ड लिख देता। वे स्टेशन पर मिलते, एक डिब्बे में खाना लिए, अलवर का 'मिल्क केक' अलग से, पानी की बोतल और फल। लौटते समय ठहरने का जबरदस्त आग्रह करते उस खिड़की

के पास साहित्य और साहित्यकारों की बातें करते रहते जब तक ट्रेन अच्छी गति पकड़ नहीं लेती। उन दिनों हम अपने सामन्ती राजस्थान की संस्कृति को समाजवादी संस्कृति में बदलने के बड़े-बड़े सपने देखते और कविताएँ लिखते। हम विश्वास करते कि कविताएँ और नया साहित्य व्यवस्था और ज़िन्दगी बदल देगा। भागीरथ उन्हीं स्वप्न दृष्टाओं में से थे, कम बोलने वाले और 'एक्टीविस्ट' (कार्यकर्ता)। एक कविता 'दस्तावेज' का अन्त करते हुए उन्होंने लिखा :

सच मेरी हमदर्दी बहुआयामी है
एक के दर्द पर रोना आता है
दूसरे के दर्द पर खून खोल जाता है

साहित्य की बहुआयामिता के उत्सव में वे शामिल रहे सर्जक, संयोजक, सम्पादक साथी की तरह। उनके चार कविता संग्रह निकले। हथेलियों पर ब्रांह्मड (1970), शाही सवारी (1973), मोती की माँ (1993), ताल से ताल मिला (2003)।

कविता लिखने के प्रयोजन पर किसी समय उन्होंने एक बयान दिया था, उसका कुछ हिस्सा इस प्रकार है...मैं समाजवादी तौर-तरीकों को पसन्द करता हूँ। हर प्रकार के शोषण का विरोध मुझे सुख देता रहा है। मैं समाजवादी व्यवस्था में ही वर्तमान व्यवस्था का हल देखता हूँ। शोषितों की स्थिति के साथ अपने को आत्म-सात करना, उनकी व्यथा को शब्द देना और उनकी सुप्त-चेतना को जगाना ही कवि का प्रयास है, यही उसके कवि-कर्म का लक्ष्य बिन्दु है। क्यों लिखता है वह? किसके लिए लिख रहा है वह इसका उत्तर। लेकिन भागीरथ कोई शिविर-बद्ध कवि नहीं थे। अच्छी बात यह भी थी कि अपने कवि होने को उन्होंने किसी अद्वितीयता के साथ नहीं जोड़ा।

मैं किसी ऐसी यात्रा की याद नहीं करता जब किसी साहित्यिक आयोजन में शरीक हुए बिना अलवर से लौट आया हूँ। साहित्यिक-संवादों, चर्चाओं, राष्ट्रीय गोष्ठियों, अकादमिक-विमर्शों का आयोजन भागीरथ के कवि-कर्म का विस्तार था। उन्होंने इन आयोजनों को बौद्धिक गरिमा देकर अपने नगर को प्रगतिशील विचारों की शक्ति-पीठ की तरह स्थापित कर दिया। अनेक अकादमिक गोष्ठियों और कविता-शिविरों में विषय के विद्वानों और वरिष्ठ कवि त्रिलोचनजी, नागार्जुनजी से लगा कर अपने इलाके के अल्पख्यात रचनाकारों को जो सम्मान, हैसियत, बोलने के अवसर और स्वाधीनता वे देते वह सब उनके लोकतंत्रात्मक मिज़ाज और खुलेपन का सबूत थी। अब इस नगर को समकालीन साहित्य और प्रगतिशील विरासत से परिचित कराने वाला भागीरथ जैसा कोई नज़र नहीं आता। इस विषाद को अलवर के वरिष्ठ सामाजिक कार्यकर्ता और लेखक सुरेश पंडित ने व्यक्त करते हुए कहा, "अब अलवर का साहित्यिक तापमान गिर जाएगा।"

1970 से मैं भागीरथ की साहित्यिक-सांस्कृतिक रुझानों से परिचित होता गया। वे अलवर से 'साहित्य-संगम संस्था' के प्रतिनिधि के रूप में राजस्थान साहित्य अकादमी के सदस्य हो गये और उदयपुर आने-जाने लगे। उनकी ख्याति प्रगतिशील-साहित्य के प्रबल पा्क्षधर की तरह फैलती गई। भागीरथ ने जमकर साहित्यिक-पत्रकारिता की और 'कविता' पत्रिका के चौदह अंकों का सम्पादन किया। यह रेखांकित किया जाना चाहिए कि वे उस साहित्य और संस्कृति के पक्षधर रहे जो मनुष्य की बराबरी और गरिमा को बनाए और बचाए रखने की है। इस अत्यन्त कठिन किन्तु मानवीय कर्म को करने का उत्साह उन्हें हमारे समय का महत्त्वपूर्ण कवि और संस्कृतिकर्मी बनाता है।

नरेन्द्र के सपने

डॉ. नरेन्द्र भाणावत ने जितने साहस से बल्कि जितने पराक्रम से ज़िन्दगी का संघर्ष किया उतने ही साहस से और पराक्रम से मृत्यु का मुकाबला भी किया। मृत्यु से मुठभेड़ के दिनों में वे कविताएँ लिखते रहे। जीवन और मृत्यु को एक साथ, सपूर्णता में देखना ही वास्तविक अध्यात्म है और नरेन्द्र ने उसे पूरी तरह आत्मसात् किया था।

'नरेन्द्र-महेन्द्र दो भाई हैं' इस तरह प्रकाश आतुर ने मुझे इन भाइयों की कठिन और संघर्षपूर्ण जीवन-गाथा सुनाई थी। महेन्द्र से बाद में मेरी दोस्ती हो गई। नरेन्द्र के सिलसिले में मुझे इनके प्रसन्न-मुख और बड़ी-बड़ी हँसती आँखों का आत्म-विश्वास हमेशा याद आता है। जीवन से जैसे कोई शिकायत न हो, कोई 'उपालंभ' देने को न हो। अपने पुरुषार्थ से ही डॉ.नरेन्द्र भाणावत ने अपरिचित और प्रतिकूल दुनिया को अपनी, जानी-पहचानी, मित्र दुनिया बना ली थी। इस दुनिया को जीतने में सबसे ज्यादा मजबूती नरेन्द्र की माँ ने बनाई थी। 'ए मेरे मन' कविता-संग्रह में 'माँ' शीर्षक कविता में वह संघर्ष अंकित है जो 'माँ और जीजी' ने अपने 'बेटों' और 'भाइयों' के लिए किया है। 'माँ' के जीवन-संघर्ष को रेखांकित करते हुए नरेन्द्र ने लिखा है :

मुँह झाँकरे उठकर दूसरों का अनाज पीसती
पड़ोसियों के घर केसर कुई से
पानी लाती
गेहूँ और दाल बीनती
चरखा चलाती
कपड़े सीती
गाँव के पास जंगल से लकड़ी लाती
कंडे बीनती
माँ! तुमने जीवन में दुख ही दुख सहा।

इस कविता में नरेन्द्र ने अपनी माँ को बार-बार प्रगतिशील कहा है क्योंकि 'अनपढ़ होकर भी तुम पढ़ाई का मोल समझती थीं।' पढ़ाई के सिलसिले में ही

दूसरी बार नरेन्द्र अपनी माँ की प्रशंसा में लिखते हैं—'तू अनपढ़ होकर प्रगतिशील विचारों की थी। तूने सब सुविधाएँ दीं। समाज की रूढ़ियों को ललकारा। बहू उच्च शिक्षा लेकर। विदुषी बनकर समाज की सेवा करे। बच्चों में संस्कार के बीच वपन करे। इसी भावना से तूने हम दोनों को आगे बढ़ाया। खुद कष्ट की अग्नि में तपती रही, खपती रही। पर हम शुद्ध स्वर्ण बनकर निखरें। यही सदा तेरी चाह रही।' अपने रोग-ग्रस्त हो जाने के कारण माँ की वृद्धावस्था में सेवा न कर पा सकने का अवसाद नरेन्द्र की इस कविता में अत्यन्त भावुकता के साथ प्रकट होता है।

महेन्द्र ने अपने भाई के विवाह की रोमांचक और एक अर्थ में पर्दा-प्रथा को तोड़ने की जिद वाली बात सभी को बताई थी। वह महत्त्वपूर्ण बात थी, अब नहीं, लेकिन उन दिनों जब नरेन्द्र इंटरमीडिएट में पढ़ते रहे होंगे और शान्ता भाणावत, गाँव के स्कूल में, आठवीं कक्षा में। महेन्द्र ने बताया कि भाई की जिद से हड़कंप-सा मच गया। दहेज में कुछ न दिया जाए,विवाह-वेदिका पर बहू घूँघट निकालकर न बैठे—जैसी भाई की शर्तें थीं। चालीस-पचास वर्ष पहले के गाँव में, ब्राह्मण-बनियों के परिवारों की जटिल मनोरचना और रूढ़िवादिता को समझते-देखते हुए सचमुच नरेन्द्र के विवाह का शर्त-नामा विस्मयकारी था। नरेन्द्र गरीब परिवार के थे और दहेज के धन का आकर्षण बहुत स्वाभाविक था लेकिन 'आदर्शों की चमक' किसी मुलम्मे की तरह उनके मन पर नहीं चढ़ी थी और वे जीवन के अन्त तक 'तृष्णा' के विरुद्ध खड़े रहे। नरेन्द्र ने 'मेरी रचना' कविता में अपने रूढ़िमुक्त विवाह और पत्नी डॉ.शान्ता भाणावत की अदम्य कर्म-स्फूर्ति का मोहक वर्णन किया है। 'मेरी रचना' के कुछ अंश इस प्रकार हैं :

बहू दुहरा काम करती है
घर का भी, कॉलिज का भी
वह दोनों दायित्वों को समभावपूर्वक
कुशलतापूर्वक सँभालती है
कभी आह नहीं करती
कभी झुंझलाहट नहीं लाती
बहू के रूप में वह माँ की सेवा करती है
पत्नी के रूप में अपना पूरा फर्ज़ निभाती है
वह तन-मन से समर्पित है मेरे लिए।

मैं रुग्ण हूँ तो वह मेरी औषध है
मैं थका-हारा हूँ तो वह मेरा विश्राम है
मैं निराश हूँ तो वह मेरी आशा है
मैं पथिक हूँ तो वह मेरी मंज़िल है

मैं मूक हूँ तो वह मेरी भाषा और अभिव्यक्ति है
मैं शब्द हूँ तो वह मेरी रचना है।

मैं लगातार डॉ. नरेन्द्र भाणावत के कठिन जीवन-संघर्ष के सम्बन्ध में सोचता हूँ। उनकी निर्धनता, विषम सामाजिक परिस्थितियाँ, अन्त में भयावह रूप से मौत की ओर खींचते हुए कैंसर और इससे कुछ समय पहले आँख के 'रेटिना डिटेचमेंट' के सम्बन्ध में और इस सबके बावजूद उनकी उत्कृष्टताओं, उनके लेखन, उनकी विद्वत्ता, धर्मास्थाओं और विषादरहित मन-स्वभाव के बारे में—तब मैं ज्यादा जिज्ञासातुर हो जाता हूँ और उन शक्ति स्त्रोतों को ढूँढ़ने लगता हूँ जो मनुष्य के पास हैं और अद्वितीय बनाते हैं। यहीं मुझे धर्मास्थाओं की शक्ति पर विचार करने की आवश्यकता प्रतीत होती है। इसमें कोई सन्देह नहीं है कि धर्मोन्माद ने कई बार दुनिया को तबाह कर दिया है और वैचारिक पराधीनता को बढ़ाया है लेकिन धर्मोन्माद-दृष्टियों ने कट्टरताओं के विरुद्ध अगणित लड़ाइयाँ भी लड़ी हैं और बगावत करने वालों ने बहादुरी से प्राण तक दिए हैं। वास्तव में दूसरी सारी रचनात्मक शक्तियों की तरह उदार धर्म-दृष्टियों ने मनुष्य के रचनात्मक संकल्पों को बनाने और बचाने में बहुत मदद की है।

नरेन्द्र के उल्लास और शक्ति का केन्द्र उनकी ये धर्मास्थाएँ ही हैं। उनके जीवन और कविताओं को मिलाकर देखें तो वे उस बोध की ओर ले जाती हैं जिससे जीवन के गहनतम अर्थ खुलते हैं। कविता या साहित्य का आनन्दरचना ही है लेकिन किसे रचना है इसका ही उत्तर देना हो तो शायद नरेन्द्र ने जो उत्तर दिए हैं उनसे हम सहमत होंगे। वे लिखते हैं :

मैं अपने भार से लदा न रहूँ
अपने रस को अपने में क़ैद न रखूँ
अपना फल सब को बाँटू
अपने रस से सबको सरस बनाऊँ
आश्रयहीन को आश्रय दूँ
दग्ध संतप्त राही को
स्नेहभरी छाँव दूँ।

किसी जगह जाकर अध्यात्म का यह अनुभव सामाजिक अनुभव के साथ तदाकार हो जाता है तब वह न दीनता का भाव रहता है न दया करने की इच्छा, वह शुद्ध प्रार्थना होती है। प्रार्थना की कविता में व्यापक लोक-हित की कामना होती है, साधुओं की और गृहस्थों की भी। गृहस्थों की प्रार्थना-कविताएँ ज्यादा विदग्धता के साथ लिखीं होती हैं क्योंकि वे ज़िन्दगी के सुख-दुख, मान-अपमान की गर्म राख से निकलती हैं।

'ए मेरे मन' की प्रार्थना-कविताएँ निकट आती मृत्यु के दबाव में तो लिखी ही गई हैं लेकिन वे दरअसल एक आहत हुए और दुख से भीगे हुए कवि ने लिखी हैं। महत्त्वपूर्ण बात तब भी यह है कि उनमें व्यक्तिगत निर्वाण की नहीं लोक-मंगल और समता की अत्यन्त आत्मीय और उदात्त कामनाएँ व्यक्त हुई हैं। यह धर्म की शक्ति है, धर्म इस तरह कविता की शक्ति होता है।

कविता में नरेन्द्र ने लिखा है :

प्रभु!
मैं तुम्हारी प्रार्थना इसलिए करता हूँ कि
मैं जन-जन का कल्याण करूँ
अँधेरे में प्रकाश बिखेरूँ
अज्ञान में ज्ञान की ज्योति प्रज्वलित करूँ
कहीं अभाव-अभियोग न रहे
हिंसा, आतंक और भय का भूत भागे
सब परस्पर शान्तिपूर्वक हिलमिल कर रहें
एक दूसरे का साथ दें
साथ-साथ उठें
साथ-साथ खाएं
साथ-साथ काम करें
किसी के प्रति राग-द्वेष न हो
दूसरों की बढ़ती देखकर प्रसन्नता का भाव जगे।

देखने की बात यह है कि अपने दुखों और संतापों में से हम क्या निकालते हैं—कौन-सा जीवन-दर्शन?

नरेन्द्र ने अपने अनुभवों से जिस तरह का जीवन-दर्शन तैयार किया था वह जैन-दर्शन से प्रभावित था लेकिन वह विकृत यथार्थ से टकराता भी था। वे प्रफुल्ल मन वाले व्यक्ति रहे और जो सत्य उन्होंने तलाश किया वह 'सार्वजनिक सुख' का था।

इस तथ्य की तरफ मैंने 'माटी-कुंकुम' की कविताओं का परिचय कराते हुए लिखा है—'माटी-कुंकुम' की कविताओं में उत्साह का जो 'अनवरत स्वर' है वह नरेन्द्र के पितृहीन संसार में भोगी हुई यातनाओं के ख़िलाफ़ 'अस्तित्व-रक्षा' का साहसिक स्वर है।

आदमी में जो पराजित न होने का भाव है वह इन कविताओं में है। एक के बाद एक कविता पढ़ता हूँ तो इतना स्पष्ट होता है कि आदमी के पास जो न टूटने वाला सत्व है और जिसे धारण किए रहने की आकांक्षा आदमी में रहेगी वह इन कविताओं को ख़ास तरह का स्थायित्व देंगी।

परिस्थितियों के अनुकूल होने का तर्क डॉ. नरेन्द्र भाणावत के सम्बन्ध में अप्रासंगिक है, यह उनकी ज़िन्दगी और कविता दोनों में नज़र आता है। 'माटी-कुंकुम' की एक कविता का अंश यह बताता है कि ज़िन्दगी और दुनिया बनाने में वे कितनी उमंग से आगे बढ़े हैं।

तुम बढ़ो नभ में उजेला चाँद छू लो
सिंधु से अमृत निकालो और पीलो
प्यार से, सहकार से, श्रम से, धरा पर
आदमी की भाँति सौ-सौ साल जी लो
हर निशा में, हर दिशा में स्नेह-कण से
मैं तुम्हारा हृदय मन्दिर लीपता हूँ
तुम करो शृंगार श्रम के सीकरों से
मैं तुम्हारी भाग्यरेखा खींचता हूँ।

दुनिया को सबके लिए रहने के लायक सुखद और सुन्दर बनाना धर्म-नीतियों और आस्थाओं का व्यापक हिस्सा है, यह नरेन्द्र भूलते नहीं हैं।

विद्वद्जनों में उनका आदर और महत्त्वपूर्ण स्थान उनके श्रम और पुरुषार्थ के कारण है। उन्होंने अपनी दुनिया को सार्थक बनाने में जिन धर्मास्थाओं से प्रेरणा ली वे जैन धर्म की ही नहीं 'मानव धर्म' की आस्थाएँ भी हैं।

अब भी नरेन्द्र की याद में मेरे सामने वह दुनिया और वह समाज है जिसे खूबसूरत बनाने की वह लगातार कोशिश करते रहे। जब तक वह गरीब दुनिया, गरीब गाँव, चक्की पीस-पीसकर अपने बालकों को पढ़ाने वाली माताएँ और छोटे 'बींद-बींदणियां' चार-चार बालिश्त घूँघट निकालने वाली बहुएँ और सती-प्रथा का महिमा-मंडन है, तब तक डॉ. नरेन्द्र भाणावत के सपनों को पूरा करने का काम बाकी है।

बहुज्ञ और अन्वेषी : लोढ़ाजी

प्रो. लोढ़ा के साथ मेरा परिचय थोड़े समय पहले का है, प्रौढ़ और परिपक्व होते दिनों का और संयोगवश बाद के दिनों में भी आदर और संकोच से घिरा-घिरा, जिसे मैं मैत्री कहने में झिझकता हूँ। किसी संस्कृत के सुभाषित रचनाकार ने कहा कि शील या व्यसन की समानधर्मिता ही सख्याता का कारण होती है—समान शीले व्यसने सुसख्यम्। लेकिन मुझमें लोढ़ाजी की तरह न पांडित्य का शील था और न गहन साहित्यानुशीलन का दुर्लभ व्यसन। अपनी थोड़ी-सी कविताओं की पूँजी लेकर मैं ज़रूर उनके सामने इतराता रहा जिसके बारे में भर्तृहरि ने लिखा : जब कुछ नहीं जानता था तब मदांध हाथी की तरह इठलाता रहता। जब कुछ-कुछ जानने लगा तभी लगा कि जैसे ज्वर उतर गया हो।

1992 में मुझे बिड़ला फाउंडेशन के बिहारी-पुरस्कार से सम्मानित किया गया। अकस्मात ही घोषित हुए इस पुरस्कार से मुझे जितनी प्रसन्नता हुई उससे कहीं अधिक मेरी माँ को हुई जो अस्सी पार कर गई थी। जिस निर्णायक—मंडल ने यह निर्णय लिया था उसके अध्यक्ष प्रो. कल्याणमल लोढ़ा थे। मैं उनके सम्बन्ध में ज्यादा जानता नहीं था लेकिन उससे भी कम इस बिड़ला पुरस्कार के बारे में मेरा ज्ञान था। पहला बिहारी पुरस्कार मेरे मित्र जयसिंह नीरज को उनके काव्य संकलन 'ढाणी का आदमी' के लिए मिला था। इस पुरस्कार की राशि पचास हजार रुपया थी (अब पचहत्तर हजार)। वह राजस्थान साहित्य अकादमी के पुरस्कार से कहीं अधिक आकर्षक थी और एक निर्धन प्रान्त के साहित्यकार के लिए ज़रूरी और प्रतिष्ठा दिलाने जैसी। हिन्दी साहित्यकारों की शायद भारतीय साहित्यकारों की भी पुरस्कार को लेकर अमूमन अजीब और दुमुँही प्रतिक्रिया होती है। उन्हें ऐसे अवसरों पर कुम्भनदास और ज्या पाल सार्त्र आदि की याद आती है। 'अष्ट छाप' के प्रसिद्ध कवि कुम्भनदास ने बादशाह के बुलावे पर संतों का सीकरी से क्या काम कहकर दरबार में जाने की अनिच्छा प्रकट की थी और फ्रांस के दार्शनिक-साहित्यकार सार्त्र ने पुरस्कार राशि को आलू का बोरा कहकर अस्वीकार दिया था। मैंने पुरस्कार के लिए कोई मोह मन में नहीं रखा था और न कोई यत्न किया था इसलिए उसे स्वीकार करते हुए मुझे किसी प्रकार का संकोच नहीं था। मुझे इस बात की भी

खुशी थी कि निर्णय-समिति के अध्यक्ष प्रो. कल्याणमल लोढ़ा थे जिन्हें मैं किंचित भी नहीं जानता था किन्तु जो साहित्य के मर्मज्ञ विद्वान थे, निष्पक्ष और निस्पृह। यह पुरस्कार मेरे पहले काव्य-संग्रह 'यह समय मामूली नहीं' पर दिया गया था।

पुरस्कार समारोह जयपुर में आयोजित था। वहीं मेरी मुलाक़ात प्रो. कल्याणमल लोढ़ा से हुई। जहाँ मैं ठहरा हुआ था वहीं वे मुझे लेने आए थे। मैं किसी प्रसिद्ध या सुविदित स्थान पर रुका हुआ नहीं था। वह मेरी बहन का घर था, रामगंज बाज़ार की एक गली में जो किसी भी तरह सुपरिचित स्थानों में नहीं थी। जब लोढ़ाजी का फ़ोन आया, यह जानने के लिए कि वे मुझे ले जाने के लिए कहाँ आएँ, तब मैं अत्यन्त संकोच में पड़ गया। उस जगह का ठीक-ठीक पता देना कठिन था, उस गली में जिसे 'मेहरों का रास्ता' कहते हैं, वहाँ स्थित हकीमजी की हवेली जिसमें तीन जाली वाली खिड़कियाँ हैं—वहाँ। बताते-बताते मैं थक-सा गया और मैंने नम्रतापूर्वक कहा कि मैं बिड़ला ऑडिटोरियम के सभागार में पहुँच जाऊँगा, वे कष्ट न करें। लोढ़ाजी ने शान्त भाव से कहा, "आज मैं आपको यह आज़ादी नहीं लेने दूँगा। आप हमारे अतिथि हैं। आपको मैं लेने आ रहा हूँ। आपने जो स्थान बताया है उसे ढूँढ़ना मुश्किल नहीं है।"

कुछ समय बाद वे तीन खिड़की वाली हकीमजी की हवेली के सामने वाली सड़क पर अपनी कार एक तरफ़ लगाकर मुझे ससम्मान ले जाने के लिए आ गए थे। लोढ़ाजी को इसके पहले मैंने कभी नहीं देखा था और न उनके व्यक्ति-रूप की कोई कल्पना की थी। इसलिए सहज रूप में ही मैं उनसे परिचित, उनका आत्मीय हो गया। उनमें डराने वाला, असहज बनाने वाला कुछ भी नहीं था—न शरीर, न ज्ञान की अकड़, न पदों का बोझ, न कृतित्व का अहंकार। समारोह-स्थल बिड़ला ऑडिटोरियम ले जाने के पहले वे मुझे अपने पुत्र के यहाँ ले गए और मुझे स्नेह और सम्मान के साथ चाय पिलाई। इससे पहले मैं लोढ़ाजी से नहीं मिला था लेकिन उन्होंने अपनी सहजता से मैत्री के वे सब दरवाज़े खोल दिए जिनसे रोशनी और ऊष्मा आती है। उनके वैदुष्य, उनके पांडित्य, कृतित्व और विद्वद् मंडली में फैले सुजस से मैं बाद में परिचित हुआ लेकिन स्नेहाधीन होने के इस अनायास आए क्षण को मैंने हाथ से नहीं जाने दिया। उनके पुत्र का शोभादायक भवन उनके कुल-वैभव और सुरुचि का परिचायक था। उसकी सज्जा राजस्थान के कलात्मक अतीत तक ले जाती थी। वहीं से लोढ़ाजी, मुझे समारोह स्थल पर ले गए जहाँ पर उद्योगपति कृष्ण कुमार बिड़ला, समारोह संयोजक डॉ. भँवर सुराणा, बिड़ला फाउंडेशन के सचिव बिशन टंडन हमारा इन्तज़ार कर रहे थे। राजस्थान विश्वविद्यालय के वरिष्ठ प्रोफेसर और दर्शनशास्त्र के प्रकांड विद्वान डॉ. दयाकृष्ण समारोह के अध्यक्ष थे। अब जब भी मैं उस समारोह को याद करता हूँ तो मुझे अच्छा लगता है कि समारोह किसी राजनीतिक प्रपंच के कारण फीका और निष्प्रभ नहीं हुआ। एक अच्छे सांस्कृतिक-

साहित्यिक उत्सव की वह आज भी याद दिलाता है। यह प्रो. कल्याणमल लोढ़ा के कारण था। उनके साहित्यिक वर्चस्व और गरिमा का यह एक सहज और सगुण उदाहरण था। प्रो. कल्याणमलजी साहित्यिक पहचान से अलग अपनी कोई पहचान बनाने की ज़रा-सी भी कोशिश नहीं करते।

मेरे लिए उन्होंने चयन-समिति के अध्यक्ष की हैसियत से एक आलेख पढ़ा था, जो उनकी अन्वेषी दृष्टि का प्रमाण था। कहाँ-कहाँ और किन-किन स्रोतों से उन्होंने यह सामग्री इकट्ठी की थी, कितने परिश्रम से, कितने अपनेपन से, इस सब पर मैं अचरज करता रहा। लेकिन यहीं मुझे रुककर उनकी तत्परता और शोध-दृष्टि से अर्जित विवेक और चयन-सूक्ष्मता को रेखांकित करना चाहिए जो इन दिनों विलुप्त होती नज़र आने लगी है, और थोड़ी-बहुत कहीं है तो पक्षधरता के कुहासे में लिपट गई है। आयु के जिस पड़ाव पर वे थे वहाँ भी उनकी जिज्ञासा जवान लोगों के जैसी थी, प्रेरणादायी और प्रयोगधर्मी। समारोह के मंच से पढ़े जाने वाले इस आलेख में एक निष्कपट आलोचक और बहु-आयामी विद्वान का पारदर्शी रूप मुझे उनके और करीब ले गया। तब भी मैं उस लेख में अपने बारे में पढ़-सुन कर संकोच में पड़ गया था। वैसा लिखना शायद अवसरानुकूल ही तो नहीं था? जो भी हो, वह एक सुगुंफित आलेख था और अपने मन को तसल्ली दिलाने के लिए काफी था कि एक बड़े अन्वेषी प्रोफेसर ने लिखा था।

दूसरे दिन मुझे और प्रो. लोढ़ा को 'सन्दर्भ' की गोष्ठी में हिन्दी के ख्यातनाम आलोचक प्रो. वीरेन्द्र सिंह जी के यहाँ जाना था। 'सन्दर्भ' बहुअनुशासनीय विषयों के विद्वानों की संस्था थी और उसमें किसी प्रकार की बौद्धिक तानाशाही नहीं थी। वह विचारों की अभिव्यक्ति का खुला मंच था। यह वक्ता को ही निश्चित करना पड़ता था कि उसकी मर्यादा क्या है? श्रोताओं को भी यह आज़ादी मिली हुई है कि वे वक्ता के प्रतिपाद्य विचारों पर सहमति या असहमति दर्ज करा सकें। 'सन्दर्भ' संस्था में बोलने का यह मेरा दूसरा अवसर था। प्रो. लोढ़ा के सान्निध्य में पहला। 'हमारा समय' यह विषय मैंने ही प्रस्तावित किया था। 'पुरस्कार-समारोह' की सफलता ने मुझे उत्साहित कर रखा था इसलिए 'सन्दर्भ' गोष्ठी के लिए मेरी तैयारी आधी-अधूरी ही थी।

गोष्ठी में मैंने पहली बार ही प्रो. कल्याणमल लोढ़ा को सुना था। वे वहाँ कुछ विलम्ब से पहुँचे थे इसलिए आयोजकों ने मुझसे ही शुरुआत की। जहाँ तक मुझे याद आता है मैंने अपने समय के अन्तर्विरोधों का ज़िक्र किया। इस बीच प्रो. लोढ़ा भी आ गए। एक शालीन श्रोता की तरह उन्होंने मेरा वक्तव्य सुना।

उनकी वक्तृता ज़रा भी आवेशपूर्ण नहीं थी। वे जैसे किसी विश्वविद्यालय की विस्तार व्याख्यानमाला में बोल रहे हों—शान्त, सुस्थिर, तर्क-संगत, व्यक्ति और समाज के बीच के रिश्तों को रेखांकित करते। उनका भाषण अकारण ही गरिमामय

नहीं हो गया था, उनकी बहुज्ञता और समय के साथ भिड़ने वाले पूर्व से लेकर पश्चिम तक के दार्शनिकों, साहित्यकारों के हवाले चमत्कृत करने वाले थे। यह उनकी बौद्धिक ऊर्जा, स्मरण शक्ति और प्रत्युत्पन्न मति का प्रमाण था। विद्वानों के संसार में विश्वसनीय होने की यह विधि शोध-संस्कारों से जुड़ी थी। लोढ़ाजी के बारे में यह कहना ज़रा भी पक्षपात, प्रशंसा या अतिशयोक्ति नहीं है कि अध्ययन और अन्वेषण उनके लेखन, उनकी वक्तृता के जैविक (आरगेनिक) हिस्से हो गये हैं। यहाँ तक उनके व्यक्तिगत पत्रों में काव्यांश उनकी मर्म कथा कहते उद्धृत हैं।

लोढ़ाजी की विद्वत्ता और अन्वेषी दृष्टि को जानने की कोशिश में ही मैं उनकी कोई-न-कोई पुस्तक पढ़ लेना चाहता था। पुरस्कार समारोह की सारी औपचारिकताओं को जानते हुए भी आत्मीयता का कोई स्पर्श, कोई भाव मुझे उनके करीब ले गया था। सहसा उनका एक पोस्टकार्ड मुझे मिलता है और उसी से वे सारे स्नेह सूत्र जुड़ जाते हैं जो संकोच और दूरी की दुविधा में उलझ गए थे। अपनी सारी हिचक, मर्यादा-भाव और संकोच को छिटका कर मेरे पत्र लिखने के साथ कलकत्ता-उदयपुर की सारी दूरियाँ ख़त्म हो जाती हैं। किसी एक दिन मुझे वे 'वाग्मिता' की एक प्रति, अपने हस्ताक्षर से सुशोभित, भेजते हैं।

लोढ़ाजी और मैं समकालीन हैं। देश और दुनिया की निरन्तरता और बदलाव, पारम्परिकता और आधुनिकता, सहिष्णुता और कट्टरता, औपनिवेशिक दासता और मुक्ति, विभिन्न राजनीति, आर्थिक, सांस्कृतिक तनावों की स्थितियों को देखते, समझते और उन्हीं को जीते। इनका हमें लाभ भी मिला। साहित्य और ज़िन्दगी की सम्भावनाओं को हम किंचित दुराग्रहरहित मन से पढ़ सके। अपने समय के तीव्र संशयों, उथल-पुथल को देखने के लिए हमने तैयारी की और बहुलताधर्मी देश-विदेश के साहित्य से अपनी हदों और हदों के पार देखने का अभ्यास किया। समकाल को समेटने का कई लेखकों ने जो प्रयत्न किए उसमें पूर्व और पश्चिम के ज्ञान और लेखन का पूरा-पूरा आकलन था, उसे पढ़ने-जानने की स्वाधीनता मिली कि वे दृष्टियों की निष्पक्षता का विस्तार कर सकें। इसलिए 'वाग्मिता' के साहित्य-लेखन की इस विशिष्टता को चिह्नित करते हुए विलम्ब नहीं लगा कि वह समकालीन ज्ञान के कई मूलों से आया हुआ विवेक है। साहित्य का अलग से छिटक कर कोई निरपेक्ष पाठ नहीं है। वाग्मिता के स्व-कथ्य में एक जगह उन्होंने लिखा है : आदि साहित्य किसी भी संकीर्ण सीमा रेखा में बँधा नहीं रह सकता। विश्व की चिन्तना आज एकदेशीय नहीं है—नहीं रह सकती। विल्की के वन वर्ल्ड की भाँति साहित्य भी आज वन वर्ल्ड ही है। वाग्मिता के विस्तार व्याख्यानों में इस प्रकार के विचारों का—साहित्य की सापेक्ष-सत्ता का—कई रूपों में उल्लेख है। लोढ़ाजी ने जैसे साहित्य की एकांगिता का प्रत्याख्यान किया है वैसे ही दूसरे अनुशासनों के इस दंभ को भी तोड़ा है कि उनकी भी कोई निरपेक्ष या स्वतंत्र सत्ता है।

‘वाग्मिता’ में प्रो. कल्याणमल लोढ़ा के छह आलेख सम्मिलित हैं। लेखक ने बताया कि ये निबन्ध विभिन्न विश्वविद्यालयों में, सभाओं में दिये गये कुछ भाषणों का रूपान्तरित संकलन है। ये आलेख साहित्य के बारे में होकर भी साहित्य ही के बारे में नहीं हैं। वे ज्ञान की नाना खिड़कियों से आती रोशनी, हवा, धूप की तरह हैं, लेखक के ज्ञान की अन्तर अनुशासनीय दीप्ति से प्रभावान, उसी तरह पूर्व-पश्चिम के साहित्यानुरागी, सर्जकों, विद्वानों के वक्तव्यों, उद्धरणों से शोभित। देखने की बात यह भी है कि वे इन सबके बीच भारतीय कवियों, लक्षण-ग्रंथकारों, तत्त्व-विश्लेषकों, दार्शनिकों की प्रभविष्णुता को कहीं क्षीण नहीं होने देते। प्राचीन और समकालीन साहित्य, इतिहास, दर्शन और अन्य अनुशासनों के आधुनिक ज्ञान को ‘वाग्मिता’ में देखना आनन्ददायक है।

वाग्मिता का स्व-कथ्य लोढ़ाजी की आधुनिक ज्ञान-चेतना का दस्तावेज है।

पत्नी की मृत्यु के बाद उनकी चिट्ठियाँ कम हो गईं, जो आईं उनमें अवसाद और अकेले रह जाने का तीव्र संताप था। उत्तर-जीवन के इस विषाद के उपरांत भी लोढ़ाजी अपने यश और गरिमा का विस्तार करने कलकत्ता के साहित्यानुरागियों और हम सबके बीच हैं और रहें—यह हमारी इच्छा, प्रबल और स्वाभाविक है।

गुणवन्त डॉ. महेन्द्र भाणावत

डॉ. महेन्द्र भाणावत को लिखने की ताक़त कहाँ से मिलती है? किसी भी लेखक को पढ़ते समय मेरे मन में यही प्रश्न बार-बार उठता है। फिर उस लेखक की चाहे एक पुस्तक हो या पचास।

इस तलाश के बीच ही मैंने यह सन्तोष प्राप्त किया है कि डॉ. महेन्द्र भाणावत किसी एक घोंचू लेखक की तरह ज़िन्दगी को दफना कर, उसके ताप, उसकी गर्मी से बचते नहीं रहे हैं बल्कि एक उबलते कड़ाह में हाथ डालकर उन्होंने अपनी अँगुलियाँ जलने दी हैं। हर लेखक को इसी तरह ज़िन्दगी के नजदीक जाना पड़ता है और इम्तिहान देना पड़ता है। इसका मतलब यह है कि हम असली ज़िन्दगी से लेखकीय ज़िन्दगी को अलग नहीं कर सकते। कम-से-कम डॉ. महेन्द्र भाणावत ने यह नहीं किया है।

निसन्देह महेन्द्र पूरी तरह लोक के आदमी हैं। पूरी तरह भूमि में फैले हुए, लोगों में मिले हुए, इसलिए देवी-देवताओं, भूत-प्रेत की कथाओं, जन्म-जन्मांतर के प्रसंगों को वे अपनी ज़िन्दगी का मनोरमणीय पक्ष ही नहीं, आस्थाओं का पक्ष बनाए रहते हैं, तब भी जबकि आधुनिक ज़िन्दगी उनके सामने हैं और बहुत से अनुभव रूढ़ियों और अन्धविश्वासों की श्रेणियों में शामिल कर दिये गये हैं।

डॉ. महेन्द्र भाणावत को लोक-जीवन और उसकी सहस्त्रों छवियाँ देखने के लिए 'सहस्त्रों आँखें' मिली हैं। इन्हीं आँखों से वे हजारों वर्षों के वृक्ष, हजारों वर्षों के संत-महात्मा, हजारों वर्षों के आर-पार का समय, हजारों वर्ष के मांडणों, लोकनाटकों के विदूषक, स्वांग, सिन्दूर पीते, दहकते अंगारों पर नंगे पैर चलते, अपनी पीठ को लगातार लोहे की सांकलों से पीटते, किसी पेड़ की हर नरम डाल से रोगी को दुख मुक्त करते भोपे देखते हैं और उस रहस्य को अपने अनुसन्धान, अपनी रचना से पुनर्व्याख्यायित करते हैं। देखने की बात यह है कि काल या बौद्धिकता का परिदृश्य महेन्द्र के लिए कोई हिचक नहीं होता, जो आधुनिकों के लिए हैं। आधुनिकों का एक नज़रिया है जिसका विरोध करते हुए एक बहस के बीचोबीच जे. स्वामीनाथन ने मुझे रोकते हुए कहा था—"डॉक्टर भी तो एक भोपा ही है, शरीर के सम्बन्ध में वह कितना-सा जानता है।"

महेन्द्र स्वामीनाथन से बहुत अधिक भोले और सहज हैं और उनके विश्वासों का संसार ज्यादा जटिल नहीं हैं।

डॉ. भाणावत के विश्वासों के साथ मेरा तालमेल नहीं बैठता तब भी जब मैं पुराना साहित्य पढ़ता हूँ तो अचरज में पड़ जाता हूँ कि पुरोधा रचनाकारों ने रूप और काल को अतिक्रमण करने में कितने कौशल से काम लिया है।

शायद एक दृष्टि उन्हें लोक-साहित्य से मिली हो। लोक-साहित्य में काल कोई गणना या महत्त्व का विषय नहीं है। जन्म और मृत्यु एक संक्रमण की स्थिति में चलते रहते हैं। यहाँ तक कि वे आपके वश में हो जाते हैं और शरीर तथा आत्मा अनेक संताप सहन करती है। अभिजात-साहित्य के कवि कालिदास दुष्यन्त के शाप और विस्मृति को अपने नाटक का कैसा अनुकूल पक्ष बनाते हैं। दर्शकों के लिए शाप या वरदान सत्य का रूप नहीं होते। वे कला-रूप (आर्ट फार्म) होते हैं। सत्य की जटिलता को कुछ सरल और मनोरंजकता देते हैं।

डॉ. महेन्द्र अपनी शोध में, रचना और अभिव्यक्तियों में इन काल-रूपों की आन्तरिक शक्ति को समझने, देखने, बचाने की लगातार कोशिश करते हैं; जिस कोशिश में देवी-देवता, नदी, पर्वत, वृक्ष, भूत-प्रेत की योनियाँ, जन्मांतरवाद की आस्थाएँ और कार्य-कारण की शृंखला से व्याख्यातित न होने वाले अनेक विश्वास शामिल होते हैं। दरअसल यह ऊल-जलूल विश्वास उस काल, उस रचना और कलारूप की ताक़त होते हैं। उस शक्ति या उस रोमांस को भुलाकर उस कला-रूप के सौन्दर्य की व्याख्या करना बेमतलब है। उसी रोमांस को बचा कर रखने के लिए, हो सके उतना उसे आधुनिक अभिप्रायों से अलग देखने-समझने की इच्छा से महेन्द्र मेलों में, किलों की ध्वस्त इमारतों में, अँधेरे एकान्त महलों में, अड़भोपों के देवरों में, महात्मा और संतों के सत्संगों में, मन्दिर-मस्जिदों के इर्द-गिर्द जाते हैं और उन सबसे संवाद करते हैं जो वृद्ध तो हो गये हैं लेकिन आस्थाहीन नहीं।

इन कला-रूपों को वे अपनी और उनकी आँख से देखते हैं। उनका उपकरण, उनकी साक्षी 'श्रुति' है, लोग हैं, संवाद हैं। लोग जिनकी स्मृति ढीली-ढाली है लेकिन पूर्वग्रह दूषित नहीं है और जो कुछ कल्पना, कुछ बतरस, कुछ आख्यान, कुछ गप्प, कुछ रचनाशीलता को लेकर थोड़ा पीछे की ओर देखते आगे बढ़ जाते हैं।

इन साक्षियों को पुष्ट और प्रमाणित तथा लोक-परम्परा के चिन्तन को अधिक समृद्ध करने के लिए महेन्द्र अपनी स्थापनाएँ भी करते हैं।

देखने की बात यह है कि लोक-साहित्य किसी ठहरे हुए ताल की तरह नहीं है। एक बीच में से जैसे कई अंकुर फूटते हैं वैसे ही लोक-साहित्य के एक रचना रूप को, एक पद को, एक कथा को कोई भी अतिथि कवि, कथाकार, कीर्तनकार कोई पंक्ति कोई घटना, कोई सुर-ताल देकर आगे बढ़ा देता है। इस तरह एक सनातन सत्य फिर से नये कला-रूप में व्यक्त होता है।

यह तथ्य रेखांकित किया जाना चाहिए कि महेन्द्र के लेखन में जो प्रवाह और भाषा का सहज रूप है और कहीं-कहीं वही भाषा जो एक उछलती हुई लड़की की तरह चलती दिखती है, वह सब लोक-साहित्य की छविमान ऊर्जा ही है। उन्होंने शायद लोकसाहित्य से ही यह सीखा है कि लेखन किसी वैचारिकी की निष्कर्षात्मक या तार्किक परिणति नहीं है। इसीलिए उनकी कविताएँ (कोई-को औरत), उनके साक्षात्कार, उनकी सम्पादित पत्र-पत्रिकाएँ, उनके आयोजन, भाषण और जीवन-शैली, संकल्प और आस्थाएँ आधुनिक चाहे न हों लेकिन उस ज़िन्दगी का हिस्सा हैं जिसकी याद हमें उस खुशनुमा मैदान की तरह आती है जहाँ बहुत-सी धूप, पशु-पक्षी, हमारी पहचानी वनस्पतियाँ और तीर्थों को जाते हुए लोग जमा हैं।

'निर्भय मीरां' के लिए इतना तो कहना ही पड़ेगा वह निर्भय होने की दुर्दांत इच्छा रखने वाली भारतीय स्त्री का जीवन-वृत्तान्त है और यह भी कि उस निर्भय स्त्री-कवियत्री का जीवन लिखने वाला भी उसके सम्मोहन, उसकी निर्भीकता के जादू में आ गया है।

'निर्भय मीरां' इतिहास-पुस्तक नहीं है। कारलायल ने कहा था कि साहित्य में तिथियों और नामों के सिवा सब कुछ सच और प्रामाणिक होता है जबकि इतिहास में तिथियों और नामों के सिवा कुछ भी सच नहीं होता।

'निर्भय मीरां' की साक्षियाँ, उसका आधार लोग हैं, पुरोहित, संत, साधु, गृहस्थ, अपढ़ स्त्रियाँ, कृष्ण भक्त तीर्थवासी जिनके मन में काल-विवेचन नहीं है। कुछ बतरस, कुछ कल्पना, कुछ विलक्षणता, कथा-चमत्कार लेखक की ओर से भी है जो आधुनिक और बौद्धिक होने की चिन्ता नहीं करता, सिर्फ लोक के बीच फैले सत्य और प्रमाणों की चिन्ता करता है। 'यह प्रेम का पंथ है कराल और तलवार की धार पर चलने जैसा।'

1937 में जन्मे महेन्द्र की यह पचासवीं कृति है। किसी भी लेखक के लिए यह गर्व और सन्तोष की बात हो सकती है और विशेषतया तब जबकि वह लगातार अपनी लेखकीय ऊर्जा को विकसित कर रहा हो।

लोक-जीवन और साहित्य पर दुतरफे हमले जारी हैं। एक तरफ अज्ञान और आत्मा-मुग्धता के और दूसरी तरफ आधुनिकता के। डॉ. भाणावत जैसे लेखक लोक-साहित्य को भारतीय-साहित्य का एक अविभाज्य अंग बनाने की कोशिश में लगे रहेंगे जिससे वह 'अजूबा' बन कर न रह जाए, जिसका कुछ डर दिन-प्रति-दिन गहरा होता जा रहा है।

महेन्द्र की ही नहीं, हमारी-सबकी साहित्यिक यात्रा कठिन ही होती जा रही है क्योंकि उसे गम्भीरता से पढ़ने वाले कम होते जा रहे हैं। तब भी इन विषम परिस्थितियों में डॉ. भाणावत हमारे बीच एक 'फिनोमिना' ही हैं।

युवजनों की तरह सपने देखते क़मर मेवाड़ी

क़मर मेवाड़ी के साथ मेरी पहचान कब शुरू हुई उसे याद करना मुश्किल ही नहीं बल्कि नामुमकिन है, यह एक तरह से ग़ैर-ज़रूरी भी है। हमारे साथ हज़ारों बातें, हज़ारों मनोभाव, हज़ारों यादें, प्रेम और स्मृतियाँ जुड़ी हैं—तिथियों और तारीख़ों के उस तरफ ऋतुओं और दिनों को धुँधलाते हुए। अब जब कभी क़मर उदयपुर आते हैं कहीं भी, किसी कारण, कितने भी समय के लिए उनका फोन आता है और हँसती हुई आवाज़—'क्या हो रहा है नंदबाबू, कदाचित मैं नहीं हूँ तो महेन्द्र को क़मर बताते हैं और महेन्द्र फिर मुझे, कभी भी, लेकिन इसमें कभी गफ़लत नहीं होती। तीनों के बीच का यह संवाद अकारण होता है, कोई राजनीति नहीं, न किसी की निंदा, न अभ्यर्थना केवल इस विश्वास के साथ कि हम लेखक हैं और बेहतर दुनिया तलाश कर रहे हैं जिसे यह दोस्ती ताक़त और सौन्दर्य दे सके।

लेखकों की दुनिया अजीब होती है, अलग-अलग और अनेक रचनाओं की, तात्कालिक रूप से बिखरी हुई, ऊबड़-खाबड़, ध्वस्त और न समझ में आने वाली, लेकिन इसी विन्यासहीन अराजक मनोभावों की दुनिया में से वे एक व्यवस्थित, सुचारु और सुन्दर दुनिया बनाना चाहता है। क़मर, महेन्द्र और मेरे बीच एक यही साझा है, एक सम्मिलित प्रतिज्ञा, 'सुन्दर दुनिया बनाने की जो हमें मिलाती है और एक जैसा रखती है, इन दिनों की विभीषिकाओं के बीच जब जाति, धर्म, इतिहास, भाषा, संस्कृति और परम्पराओं के बहुत से दुख देने वाले सवाल हों और लेखक-कवि भी प्रायः इनके बीच और उनके पार्श्व में खड़े हों, जब भोलापन और चतुराई पहचान में न आने वाले कौशल के साथ आपस में लिपट गई हो और दिल तोड़ती हो।'

क़मर में एक ख़ास क़िस्म की ताक़त है जो इनके नाम के साथ वाले पद 'मेवाड़ी' से जुड़ी है—यह उनके जन्म स्थान का अविछिन्न बोध है। जैसे इस शब्द को बोलते ही वे उन सब लोगों के साथ होते हैं जो इस भूखंड में एक साथ भूख, दरिद्रता, अलग-अलग क़िस्म के धोखे, अलग-अलग क़िस्म की वादा ख़िलाफ़ियाँ, नारू और तपेदिक, जंगल-ज़मीन से विस्थापन, अकारण दंड, राजवंश और सामन्तों की ऐय्याशी का खर्च और अब नये देश-भक्तों के पांखड का संताप सहते हैं। मेवाड़ी होते ही क़मर लेखक के सम्पूर्ण अभिजात्य को गल जाने देते हैं। वे मेवाड़

की उस ज़मीन का हिस्सा हो जाते हैं जिस पर वंचितों और उत्पीड़ितों को बसना, फसलें उगाना और नई संस्कृति की रोशनी में चलना है।

क़मर ने सारी ज़िन्दगी शिक्षा, साहित्य और संस्कृति कर्म को दी है। साइकिल से आते-जाते वे गाँव के प्राइमरी स्कूल के सजग अध्यापकों में शामिल रहे हैं। कांकरोली-राजसमन्द नगर में, पूरे मेवाड़ और राजस्थान बल्कि हिन्दी समाज में क़मर का नाम उन लोगों के साथ लिया जाता है जो कट्टरतावाद और मज़हबी संकीर्णताओं का विरोध करते हैं और ग़ैर-बराबरी के ख़िलाफ़ अपनी कविताओं और कहानियों में पक्षधरता साबित करते हैं। यह हो सकता है कि उनकी रचनाओं में साहित्योत्कर्ष के वे प्रतिमान नज़र न आएँ जो शुद्धतावादी रचनाकर्मियों को आल्हादित करते हैं? लेकिन मानवीय पक्षधरता में उनका विश्वास कभी जरा-सा भी विचलित होता नज़र नहीं आता। उनके साहित्य के प्रश्न मनुष्य के क्लेशों से अलग नहीं हैं। इस दृष्टि से ही उनके स्वभाव की सरलता और रचनाकार साथियों से मैत्री, उनके साथ व्यवहार का खुलापन और आत्मीयता का महत्त्व समझ में आता है। क़मर जब अपने नगर में कोई साहित्य-संवाद, गोष्ठी, उत्सव आयोजित करते हैं तब उनकी उमंग, उनका आतिथ्य उनकी चिन्ता और भाग-दौड़ उन सारी परम्पराओं में मिल जाती है जो इस देश के मामूली स्त्री-पुरुष की हैं, उसी तरह जैसे घी में डूबी स्निग्ध, तर-बतर 'बाटी'। वही मनुहार और आग्रह जो किसी दूर से आए भाई के लिए होता है। यह क़मर की पहचान होती है, एक लेखक, कवि और मनुष्य की एक साथ।

यह अकादमिक बहस का मुद्दा हो सकता है कि लेखक की सहृदयता और निष्कपटता का अच्छे, उत्कृष्ट, असरदार साहित्य से कोई नाता-रिश्ता, सम्बन्ध है या नहीं? मनुष्य के चले जाने पर शब्द ही प्रमाण होंगे उसका मानवीय आचरण नहीं, तब भी हमारी साहित्य परम्परा में मनुष्यों के साथ कवि का पड़ोस, उसका सौजन्य, उसका अपने समय और समाज को बचाने के प्रयत्न शब्द की अन्तर्ध्वनियाँ होंगे, यह अमिट विश्वास है। इसे सहसा असंगत कहना भी बहुत कठिन है। बहरहाल क़मर की कविता और कहानी के पड़ोस में मामूली आदमी रहते हैं जिनकी दुनिया लम्बे अँधेरे से होकर गुजरती है, जिन्हें धीरज, दिलासा देने का काम एक कविता की और एक-दूसरे ध्रुव पर मनुष्य की ज़रूरत है। इस पहचान के धुँधले पड़ने और जीवन के लगातर बँट जाने के कारण हम इस संशय में पड़ गये हैं कि ज़िन्दगी और शब्द की लय के उत्स शायद अलग-अलग हों और शायद हत्यारे भी स्मृतियों को दोहराते बेहतरीन कविता लिख सकें। क़मर उस तरह की यानी एक विभाजित जीवन की चिन्ता करने वाले लेखक नहीं, इसलिए वे लेखकों के समुदाय के साथ रहते हैं, उत्सव और साहित्य समारोह आयोजित करते हैं और यथासम्भव शब्द और कर्म को विभाजन की त्रासदी से बचाते हैं।

क़मर के सम्बन्ध में लिखना किसी 'अद्‌भुत आदमी' के लिए लिखना नहीं है। हमारी दुनिया के साथ क्लेश और परेशानियाँ लिपटी हुई हैं और हमारे लेखन के रेशे-रेश में वे सब कई तरह की शक्लों में बदलती रहती हैं, कई तरह के सपनों में, आकृतियों में। छोटे-से-छोटा और बड़े-से-बड़ा लेखक इस भँवर जाल में उलझा है। शब्दों की रोशनी में रास्ते तलाश करते हुए वे मनोरम बस्तियाँ बनाते हैं।

इसी क्रम में क़मर मेवाड़ी ने 'सम्बोधन' पत्रिका का सम्पादन-प्रकाशन शुरू किया जिसका सौवाँ अंक निकल चुका है। यह उनके अकेले की ताक़त है कि लगभग पैंतीस वर्षों से वे इस पत्रिका को हिन्दी समाज की प्रगतिशील जनोन्मुखी चेतना से जोड़े हुए हैं।

'सम्बोधन' इस देश की धर्मनिरपेक्ष, लोकतंत्रात्मक विचार शक्ति को फैलाने और मज़बूत करने की प्रतिज्ञा से बँधी है। यह क़मर की जिद है। मैंने बार-बार उनसे पूछा है कि 'सम्बोधन' के प्रकाशन पर कितना खर्च आता है? इसका उत्तर क़मर कभी नहीं देते। राहुल की प्रसिद्ध पंक्ति है—'भागो मत, दुनिया को बदलो'—पता नहीं दुनिया बदली या नहीं, उस तरह जैसी और जितनी क़मर चाहते थे लेकिन वे भागे नहीं। 'सम्बोधन' के अच्छे-से-अच्छे अंक उन्होंने निकाले। यह बात दूसरी है कि हिन्दी समाज के अनेक क्लेशों और चिन्ताओं से घिरे मन ने, निरक्षरता, दारिद्रय और साहित्य के प्रति उदासीनता से आक्रांत लोगों ने क़मर को इस पुरुषार्थ के लिए बहुत कम शाबाशी दी।

क़मर साठ वर्ष के हो गये हैं लेकिन दुनिया बदलने के सपने वे अब भी युवजनों की तरह ही देखते हैं।

निष्कपट नईम

नईम भाई की मृत्यु के बाद अब मैं उनके नाम का अर्थ उर्दू डिक्शनरी में ढूँढ़ रहा हूँ। मैं सोचता था यह उनका तख़ल्लुस (उपनाम) हो; पूरा नाम कुछ और रहा हो। समीरा, उनकी बेटी ने लिखा—"जी नहीं, तख़ल्लुस नहीं, नाम का हिस्सा था। नाम था 'अब्दुल नईम खान'।" अब शब्दकोश में अर्थ मिल गया है। नईम का अर्थ है नियामत, दुर्लभता। नईम का यश भी यही था कि वे अपने अक्षरों को नहीं, अर्थ को चमकाते रहे। अपने नाम की गरिमा के साथ एकाकार हुए, नईम विरल साहित्यकार थे।

आगे लिखने से पहले यह बतला दूँ कि नईम भाई के साथ खतो-किताबत शुरू करने में तकलीफ हुई। तकलीफ यह कि कैसे शुरू करूँ? सम्बोधन ठीक से हो जाए तो ख़त ठीक से लिख लिया जाएगा ऐसा मानता रहा। एक सज्जन को अन्त तक ख़त लिखते नहीं बन सका क्योंकि सम्बोधन की लय नहीं बन सकी। प्रयोग किए, जी साहब, बाबू, केवल नाम, श्री, आगे श्री पीछे जी, और भी कई लेकिन लय नहीं बनी। लय नहीं बनी तो ख़त भी नहीं लिखा इसका पछतावा अब तक है। नईम को क्या लिखूँ-नईमजी, नईम सा, नईम बाबू, श्री नईम, प्रिय नईम, नईम महाशय लेकिन कोई लय नहीं मिली। लय आत्मीयता की ही तो पर्यायवाची है वही मैं ढूँढ़ रहा था। अन्त में 'भाई' में ही वह अप्रतिम लय मिली। मैं उन्हें नईम भाई लिखने लगा और उम्र में उनसे बड़ा होने के कारण वे मुझे 'मोहतरिम' नंद बाबू लिखते रहे, जिसका अर्थ 'आदरणीय' होता है। बरसों से 'भाई' होने की यह 'माधुर्य पूर्ण' लय एक साथ हमारी ज़िन्दगी में बजती रही। मैं ज़िन्दगी भर इसी 'भाई-भाव' को अपने व्यवहार, अपनी कविता में रचा-बसाकर लिखते-बोलते, सुनते-सुनाते रहा। अपने ढेरों खतों, बातों ठहाकों, ठिठोलियों में मुझे वे हमेशा इसी 'भाई' होने की 'धुन' सुनाते रहे। इस भले आदमी ने कभी बौद्धिक होने का गुरूर नहीं किया और न किसी ख़त की किसी एक पंक्ति में कोई सिद्धान्त या लिखने के बाबत कोई 'फलसफा' का उल्लेख ही किया। किसी को अच्छे-बुरे की कतार में खड़ा नहीं किया और न यह पूछा कि 'पार्टनर तुम्हारी पॉलिटिक्स क्या है?' नईम ने भोलेभाव से रघुराई को पा लिया था।

नईम का जन्म 1 अप्रैल, 1935 को 'मडियादों' गाँव में हुआ था। यह गाँव मध्य प्रदेश के दमोह जिले की हटा तहसील फतहपुर के पास है। उनका पूरा नाम अब्दुल नईम खान था, पिता का अब्दुल करीम खान और माता का सकीना बी। पिता नगरपालिका विद्यालय में शिक्षक थे। नईम ने नगरपालिका दमोह से ही अपना शिक्षकीय जीवन प्रारम्भ किया और 1995 में जिला शिक्षा एवं प्रशिक्षण संस्थान (डाइट) देवास के प्राचार्य पद से सेवानिवृत्त हुए।

नईम की कविता-यात्रा डॉ. नरेन्द्र सिंह फौजदार के अनुसार 1959 से प्रारम्भ होती है। उनकी कविताओं के चार संकलन प्रकाशित हुए। पथराई आँखें (1980), बातों ही बातों में (1995), लिख सकूँ तो (2003) और पहला दिन मेरे आषाढ़ का (2004) में निकले। इन संकलनों की भूमिकाएँ कवि त्रिलोचन, नरेश मेहता, कमलेश्वर और विजयबहादुर सिंह ने लिखी हैं। 1982-1985 के बीच वे साहित्यिक त्रैमासिक पत्रिका 'ज़रूरत' का सम्पादन करते रहे। गीतकारों की पंक्ति में नईम एकदम अलग और विशिष्ट नज़र आते हैं। वे गीत के वैयक्तिक राग-बोध को लोकतंत्रात्मक अनुभवों के साथ जोड़ देते हैं। उनके गीत इस नई भाषा में सार्वजनिक त्रास की प्रतिनिधि रचनाएँ हो जाते हैं। नईम के गीत-संकलनों ने उनको कई पुरस्कारों का हक़दार बनाया है। वे अपने रचना-कौशल को केवल शब्दों तक ही सीमित नहीं रखते, वे उसे काष्ठ-शिल्प में भी अभिव्यक्ति करते हैं। इस कला की उत्कृष्टता के लिए उन्हें 'श्रेष्ठ कला आचार्य' अलंकरण से विभूषित किया गया है।

नईम भाई से विधिवत् कब और कैसे मुलाक़ात हुई और उनके साथ मैत्री का यह सघन वट-वृक्ष कैसे बढ़ता-फैलता रहा, इसका ब्योरा मेरे पास नहीं है। उस साधु की न मैंने जात पूछी, न ज्ञान, न उसने ही कभी बताया कि उसकी जात, उसका धर्म, उपासना, मज़हब क्या है? मुझे उसका पूरा नाम तक मालूम नहीं था। नाम नईम, निवास राधागंज, शहर-देवास, बस इसी हैसियत से मैं उन्हें जानता रहा। फिर यह जाना कि वे अपने पुराने गीतों की लयात्मक, भुरभुरी पहचान को ध्वस्त कर चुके हैं और वे उस तरह की रचनाएँ लिख रहे हैं जो आज लिखी जाने वाली अतुकान्त और विक्षुब्ध कविताओं के नजदीक हैं। अब यह याद करना कितना अजीब लगता है कि मैंने उनका या कि उन्होंने मेरा कविता-पाठ एक भी बार तल्लीनता से नहीं सुना, केवल एक बार अलवर में ऐसा योग बना था लेकिन हमारी बारी आते-आते श्रोता ऊँघने लगे थे और हम भी थककर अन्यमनस्क हो चुके थे। फिर भी नईम भाई और मैंने मन लगाकर कविता में अतुकान्त नई कविता और सघन लय बोधवाली कविता में तकरार और कटुता न होती तो नईम भाई की रचनात्मकता को लेकर इतना ठंडापन देखने को नहीं मिलता। उनकी कविता की अन्तर्वस्तु, जन-पक्षधरता की भावाकुल

उक्तियाँ नहीं हैं बल्कि वे ईमानदार सच्चाइयाँ हैं जो हर समय बोलने का हक माँगती है।

निर्वसन शाखाएँ, पीले पत्ते तिनके
परखच्चे उड़े जाते कर्फ़्यू वाले दिन के
लिखनी तो चाही थी
गंध पवन
वासन्ती शाम
लेकिन बैठा मैं
द्रोह दलन
जन के पथ बाम

आग्नेय के मध्य प्रदेश साहित्य परिषद के सचिव होते ही परिषद के काम-काज में गतिशिलता आ गई। आग्नेय ने परिषद को साहित्यिक-विमर्श का महत्त्वपूर्ण केन्द्र बना दिया और प्रगतिशील रचना-कर्मियों को जोड़ने का प्रयास किया। इसी तरह उन्होंने साहित्य-परिषद की मासिक पत्रिका 'साक्षात्कार' को व्यापक अर्थों में प्रगतिशील बनाने की प्रभावशाली मुहिम शुरू की। आग्नेय राजस्थान से परिचित थे। वे राजस्थान विश्वविद्यालय में डिप्टी रजिस्ट्रार के पद पर काम कर चुके थे, यद्यपि वहाँ के उप-कुलपति डॉ. गोविन्द चन्द्र पांडे उन दिनों विवाद-ग्रस्त व्यक्तियों में शामिल थे। उन्हें 'आनन्द मार्गी' माना जाता था। वे प्राचीन भारतीय इतिहास के प्रकांड पंडित हैं। आग्नेय से मैं कुलपति कार्यालय में मिला, तब शायद उनकी कोई कविता-पुस्तक प्रकाशित हुई थी, जिसका मुझे अब नाम याद नहीं आ रहा। उस बहुत छोटी सी मुलाक़ात के बाद, मुझे लगा, कि मैं उनके लिए अनावश्यक हो गया हूँ।

इसलिए एक दुपहर साहित्य परिषद के कार्यालय से आग्नेय के दस्तखतवाला पत्र मिला। यह पत्र अत्यन्त स्नेह और आदर के साथ लिखा गया था जिसमें परिषद की पत्रिका 'साक्षात्कार' में लिखने का आग्रह था। आग्नेय के इस पत्र के साथ साहित्य-परिषद ने भोपाल आने-जाने के रास्ते खोल दिए। इसका सबसे बड़ा लाभ यह हुआ कि मैं बहुत-से उन कवि, लेखक-मित्रों से मिल सका जिनका नाम तो सुना था लेकिन जिनसे मिला नहीं था। मान-सरोवर का हंस तो नहीं बन सका लेकिन कुएँ का मेढक भी नहीं रहा। मेरा मन बहुत-सी खुशियों से भर गया जिनमें से एक यह भी कि इन साहित्यिक-आयोजन में नईम भाई से बार-बार मिलना हो सकेगा लेकिन ऐसा हुआ नहीं। एक बार ज़रूर ऐसा संयोग आया था जिसमें वे और मैं साथ-साथ थे और हमें मध्य प्रदेश के शिखर साहित्य-पुरुष का सम्मान सुनिश्चित करना था। 'जूरी' में हमारे अतिरिक्त हरिनारायण व्यास, डॉ. विष्णु नागर और एक कोई और सज्जन थे जिन्हें मैं याद नहीं कर पा रहा। अध्यक्षता संस्कृति-सचिव कर

रहे थे, संयोजक आग्नेय थे। सब बातें पहले से ही तय हो चुकी थीं, पुरस्कृत होने वाले का नाम और दूसरी औपचारिकताएँ लेकिन बैठक में सबको गम्भीर अनभिज्ञता और कार्यवाही की पारदर्शिता के प्रति आश्वस्ति प्रकट करनी थी। ख़ासतौर पर मुझे (मध्य प्रदेश से बाहर का होने के कारण) अपनी तटस्थता का प्रमाण देना था। मैंने नईम भाई से पूछा तो वे ठहाका लगाकर हँसे लेकिन कहा कुछ नहीं। 'ठहाका' इसलिए कि जैसे मैं इन पुरस्कार-समितियों के आचरण के बारे में सब कुछ जानता हूँ और अभी चतुर-सयाना बनकर उनके मन का भेद ले रहा हूँ। हो सकता है मेरे लिए लिए उनके मन में ऐसे काइयाँ विचार न आए हों और स्वभाववश हों।

बहरहाल, निर्णायक-मंडल की बैठक पूरी गरिमा के साथ पूर्व योजनानुसार सम्पन्न हुई। जिस साहित्यकार का नाम तय करके गए थे उस पर 'निष्पक्षतापूर्वक' मुहर लग गई थी। हमारा भाड़ा-भत्ता मिल गया था। नईम भाई और मुझे चार बजे इन्दौर के लिए छुटने वाली गाड़ी पकड़नी थी; हम उस हिसाब से स्टेशन पहुँच गए। ट्रेन में बैठते ही हम अपनी मक्कारी और नाटकीयता पर इस कदर हँसते रहे कि हमारे साथ बैठे मुसाफ़िरों को हमारे मानसिक सन्तुलन पर सन्देह होने लगा। हँसते-हँसाते ही देवास आ गया। नईम भाई फुर्ती से उतरे और भाग कर मेरे लिए कचौरियाँ ले आए। कहा 'यहाँ और कुछ नहीं मिलता नंद बाबू!' रेल एक धक्के के साथ चली। बहुत दूर से मैंने देखा नईम भाई हाथ हिलाते खड़े थे।

आग्नेय जब तक परिषद के सचिव रहे 'फ्लाश' का आतिथ्य मुझे उदारतापूर्वक मिलता रहा। मुझे ही नहीं शायद मेरे जैसे उन सभी को जिन्हें अक्सर अफसर-कुल के अधिकारी—साहित्यकार पहचानते तक नहीं थे, आग्नेय के समय पहचान मिलने लगी।

नईम भाई के लिए लिखना आवश्यक है कि वहाँ मैत्री होने का कोई आडम्बर नहीं है, कदाचित कोई कारण भी नहीं। मैं जिन दिनों उनकी मित्रता पर इतरा रहा था, मुझे मालूम हुआ कि एक गोष्ठी समाप्त कर वे भागीरथ भार्गव की मनुहार पर अलवर रुक गए थे। देवास जाने पर एक ख़त में उन्होंने लिखा, 'आप तो चले गए लेकिन मुझे तो भागीरथ जी ने आने नहीं दिया सो पाँच-छह दिन उनके साथ रहकर आया। आप जैसा होना मुझे नहीं आता। अलवर प्रगतिशील कवियों का केन्द्र है। अब केवल इस बात का पछतावा ही रह गया है कि नईम भाई के साथ मुझे एक साथ दो-चार दिन रहकर यह जानने का अवसर क्यों नहीं मिला कि किस विश्वास के कारण वे इतनी निराशाओं के पास रोशनी के इतने चिराग जलाए हुए हैं।'

फिर साहित्य परिषद के किसी कार्यक्रम में उनके साथ साझा नहीं हुआ। एक बार होटल 'फ्लाश' के कोरिडोर में उनसे जल्दी-जल्दी में मुलाक़ात हुई थी, तब उन्होंने बताया था कि वे उच्च-रक्तचाप, ब्लड़ शुगर, कोलेस्ट्रॉल की जाँच कराने जा रहे हैं। लेकिन हस्बे-मामूल ज़िन्दगी और खतो-किताबत और 'लाफ्टर थैरेपी' चलती रही। एक भले-चंगे, स्वस्थ, हँसोड़, नईम नज़र आते रहे।

नईम बड़े लेखक-परिवार के मित्र थे। उदार और सहज, अकृत्रिम जीवन-व्यवहार से उन्होंने सब तरह की संकीर्णताओं के विरुद्ध आवाज़ उठाई थी, मुसलमान होने का न कोई गिला-शिकवा था और न कोई मुआवजा माँगा। वे एक सामान्य मध्यवर्गीय नागरिक के अभावों और चिन्ताओं की दुख-गाथा लिए इस देश की ज़िन्दगी में शामिल हो गए थे। वे देवास के हर उत्सव-मेले में शामिल थे। देवास (मध्य प्रदेश) के नवरात्रि 'रामायण मेला' के संयोजकों में वे प्रमुख थे। मेले में बुलाने के लिए एक लुभावने पत्र में उन्होंने लिखा—"हाँ मेला अवश्य है सो इसलिए कि यह लोहियावाला मेला और ये रामायण तुलसीकृत रामायण है जिसे पढ़ता-पढ़ाता रहा। एक जातीय क्लासिक के रूप में, गो 'कथादेश' फरवरी 2001 में विष्णु खरे कह रहे हैं कि नैतिक दासता और प्रतिक्रियावाद के दुर्दान्त प्रतीक गोस्वामी तुलसीदास विरचित 'रामचरित मानस' से हिन्दू मानस कब मुक्त होगा? कहते रहे लेकिन हम उनसे सहमत नहीं हैं।"

इस पत्र के उत्तरार्द्ध में बहुत-से मित्र साहित्यकारों की मृत्यु सूचना और अवसादपूर्ण चिन्तन है—'फिर भी मरहूम अग्रज श्रीकान्त जोशी की ही एक पंक्ति है—ज़िन्दगी बातचीत है करते रहिए। बात सोलह आने सच है। दिनकर सोनवलकर चार-पाँच बरस से स्मृति खोकर चुप थे। नरेश मेहता जी अन्तिम दिनों में बिलकुल खामोश थे और जोशीजी (श्री कान्त) एक पांडुलिपि पढ़ते-पढ़ते चल दिए। सभी की बातचीत बन्द हो गई, ज़िन्दगी निरस्त हो गई। मन-ही-मन बतियाने लगे कि पहले अपनों से बात करना शुरू कर देना चाहिए। मेरा यह ख़त अनजाने शायद इसी जिजीविषा का परिणाम है (मई का ख़त 20-2-2001 से उद्धृत)। नईम भाई के बुलावे पर जाना तो था ही। देवी मन्दिर में श्रद्धालुओं की भीड़ थी और रौनक भी। लेकिन व्याख्यान वाला पंडाल भरा जाना तो था ही। देवी मन्दिर में श्रद्धालुओं की भीड़ थी और रौनक भी। लेकिन व्याख्यान वाला पंडाल भरा नहीं था तब भी नईम पूरे उत्साह से सुशोभित थे। उन्होंने रेशमी (लखनवी) कुर्ता पहन रखा था। वैसा ही अलीगढ़ी पायजामा। ज्यों, ज्यों पंडाल भरता जाता वे प्रफुल्लित होते। जब प्रो. राममूर्ति आए, वे दौड़े और श्रद्धापूर्वक अभिवादन किया। सीता के उत्तर-जीवन पर हमारे व्याख्यान केन्द्रित होने थे। प्रो. राममूर्ति जी ने संशयरहित मन से राम के उदत्त चरित्र का वर्णन किया और सीता के प्रसंग में निर्दोष प्रमाणित किया। मेरी अच्छी तैयारी नहीं थी फिर भी मैंने सीताजी का पक्ष लिया। भवभूति के 'उत्तर रामचरित' से राम की निर्ममता पर किए कटाक्षों का उल्लेख किया। पुरुष-श्रोता राम के आचरण की ही पक्षधरता कर रहे थे। भाषणों के बाद किसी भी तरफ की कोई प्रतिक्रिया नहीं की। सभा स्थल पर ही नईम भाई के परिवार के साथ भोजन किया। मुझे उन्होंने अपने आचरण की सहजता और गरिमा से 'भारतीयता' का अर्थ समझा दिया। हममें से बहुत कम उन जैसे दरियादिल और कपटरहित मन के होंगे।

अपनी दोस्ती को निर्बाध रखने के लिए वे (दोस्तों को) लगातार पत्र लिखते रहे। उनके निधन के बाद उनको याद करने वालों ने इन स्मृत्यालेखों में इन स्नेह-पत्रों का बार-बार हवाला दिया है। मेरे पास उनके अनेक पत्र हैं, सब तो नहीं फिर भी अधिकांश। ये 'मेघदूत पोस्ट-कार्डों' पर लिखे औपचारिकता निभाने वाले पत्र नहीं हैं। यह उनके पत्र लिखने का प्रयोजन भी प्रतीत नहीं होता। ध्यान देने की बात है कि इन पत्रों में वे प्रसन्न ठहाके लगाने वाले नईम भी नज़र नहीं आते। वहाँ वे अध्ययनशील अध्यापक, समसामयिक साहित्यिक गतिविधियों पर तल्ख टिप्पणी करते आलोचक और आत्म-श्लाघा से बचते कवि नज़र आते हैं।

इन लम्बे खतों को उन्होंने 'देवास गजट' नाम दिया है। अपने एक ख़त के अन्त में उन्होंने लिखा है—"'देवास गजट' का यह अंक यही ख़त्म कर रहा हूँ, हस्तलिखित कुछ-न-कुछ तो निकालना ही चाहिए। मरणोपरान्त महान् होने के लिए सो अपने राम ने यह विनम्र प्रयास किया।" 'देवास गजट' के कितने ही बहुमूल्य अंक मेरे पास हैं। कुछ लापरवाही के कारण सुरक्षित नहीं रहे। जो हैं वे पूरे बड़े कागज के दोनों तरफ लिखे हैं। सफेद कागज पर काली स्याही से किंचित बड़े, सुडौल अक्षरों में लिखे होने के कारण वे सहज पठनीय हैं। किसी भी पत्र में एक भी शब्द कटा-छटा नहीं है। एक भी वाक्य अपनी संरचना में न तो दोषपूर्ण है, न शिथिल, न अप्रासंगिक। सारे वैचारिक-पक्ष, निन्दा-स्तुति, नाराज़ी-प्रसन्नता, आडम्बर-विहीन शैली में लिखे पारदर्शी हैं। वे एक निर्भीक लेखक के वक्तव्य हैं, ये पत्र शालीनता और तहजीब की मिसाल हैं। इनमें पारिवारिक और आत्मीय समाचारों के अतिरिक्त ढेर-सी सामग्री है जो साहित्य-कला, आलू-प्याज, मौसम, राजनीतिक-क्षुद्रताओं और उनसे उपजे मनोवेगों से जुड़ी हैं। इन पत्रों में उनका वह क्षोभ भी अंकित है जिसके कारण गीत-परम्परा की अवमानना हुई है और नव-गीतों तथा नई-कविता के बीच 'शूद्र और ब्राह्मण' जैसा भेद कर दिया गया है। अपने एक पत्र में पूरी आक्रामकता के साथ वे इसे 'छुआछूत' कहकर निंदित करते हैं। लिखा है, "वे मेरे, अग्रज और आपके मित्र हैं (आग्नेय जो उस समय म.प्र. साहित्य परिषद के सचिव थे) उनका किरदार काफी स्पष्ट है। मित्रों को 'शिखर सम्मान' दिलाना होता है तो नईम और नंद बाबू याद आते हैं, जूरी के काम के लिए और जब काव्य-पाठ के लिए आमंत्रित करना होता है तो उसका छन्द (नईम भाई के अपने प्रसंग में) आड़े आ जाता है। अजीब छुआछूत के मारे हैं ये साहित्य के सवर्ण।" (19.4.99 का पत्र) इसके पूर्व 23 मार्च, 99 के ख़त में उन्होंने लिखा था, "अब अवसर था तो सवर्ण कवितावादियों ने हमें अल्पमत में ही डालकर नहीं अछूत समझकर पंक्ति से बाहर कर दिया। अजीब बुतशिकन लोग हैं। अगर इनका वश चलता तो ये सारे मध्ययुगीन ही नहीं छायावाद-प्रगतिवाद तक के कवियों को कवि मानने से इनकार कर देते। विचारों, भावनाओं के क्षेत्र में ये

शुद्धतावादी कठमुल्ला नज़रिया इन्होंने कहाँ से उधार लिया। मुझे इनकी सामाजिक भूमिका भी सन्देहास्पद नज़र आती है।"

नईम भाई के पत्रों में ऐसी कई नामजद कड़वी टिप्पणियाँ हैं जिन्हें किसी दूसरे अवसर के लिए छोड़ा जा सकता है। तब भी इस नाराज़गी से तो रू-ब-रू होना पड़ता है कि प्रगतिशील साहित्य के केन्द्र, मध्य प्रदेश में उनकी कविता और रचनाशीलता पर जैसी और जितनी चर्चा होनी चाहिए थी नहीं हुई। वे जन-पक्ष के स्वाभाविक और सहृदय कवि थे। उन्होंने गीत-विधा को रसीली, भावुक अन्तर्वस्तु और लम्बे घसीटते छन्द-शास्त्र को बदलकर ज़िन्दगी को जगाते प्रतीकों, सहज भाषा और छन्द को तुरन्त समाप्त होने वाली गति से भर दिया है। उदाहरण के लिए एक 'नवगीत' की रचना देखें :

चूँ चुनाचे। अगर-मगर। या कहने का मेरा मतलब ये,
दौड़ते ही रहे अनिश्चित भाषा के घोड़े अब तक वे।
पूरा हुआ न मतलब, खुद भी रहे अधूरे
जादूगर होने निकले, हो गए जमूरे।

विकलांग और संशयों से भरी सदी में नईम ने पूरी मजबूती दिखाते हुए न किसी की मुंशीगिरी की न मुनीमी। लिखा—

अपना देश काल, अपनों की मुझे ख़बर है
जैसी जब मिल गई उसी में किया सबर है
कह न सकोगे मुँह भर कर यह कभी कि ये तो
अपना यार मुदर्रिस वही नईम नहीं है।

नईम भाई ने जिस 'देशकाल' को जिया वही उनके 'नवगीतों' के बीच जीवित है। जब-जब हम उनकी कविता पढ़ते हैं अपने निष्करुण समय, समाज, सभ्यता का ब्योरा पढ़ते-समझते नज़र आते हैं।

चिरन्तन आशावादी रजनीकान्त वर्मा

मृत्यु के आठ-दस दिन पहले एक अन्तर्देशीय पत्र मिला। भेजने वाले की जगह पर रजनीकान्त वर्मा लिखा था। वे प्राय: फोन करते थे जब कभी, कहीं वे मेरा लिखा कुछ पढ़ते। प्रशंसा सुनकर मैं प्रसन्न और प्रेरित होता। मैं सोचता हूँ किसी भी आयु का रहे, मनुष्य को प्रशंसा प्रेरित करती है। मिल्टन ने अपनी एक लम्बी कविता में लिखा था 'प्रसिद्धि महानतम व्यक्ति की अन्तिम दुर्बलता है।' फोन आता तो घबराहट नहीं होती लेकिन यह पत्र थोड़ी बेचैनी पैदा करता है। बहुत जल्दी में मैं अन्तर्देशीय पत्र खोलता हूँ। पत्र पढ़कर तसल्ली होती है, एक कविता भेजने का आग्रह है : बोलना हो तो अभी कुछ बोल।

वह कविता लिखी ज्यों-की-त्यों रखी हुई है। इसकी दूसरी पंक्ति है, 'फिर नहीं आ पाए यह संयोग' और वह संयोग आया नहीं। रजनीकान्त को श्वास लेने में तकलीफ होने लगी, चार-पाँच दिन के बाद उनकी एक प्राइवेट नर्सिंग होम में 4 मार्च, 09 को मृत्यु हो गई।

रजनीकान्त की श्रद्धांजलि सभा में मैंने कहा था कि वे इलाहाबाद के थे लेकिन उदयपुर के हो गए थे। उनके उदयपुर आते ही मित्रों के यहाँ फोन की घंटियाँ बजने लगती। डॉ. महेन्द्र भाणावत, 'समता सन्देश' के सम्पादक हिम्मत सेठ, कवि किशन दाधीच, प्रो. अरुण चतुर्वेदी से कई-कई योजनाओं पर बातें होतीं और निर्णय लिए जाते। रजनीकान्त दरअसल एक उद्विग्न समाजवादी और 'सोशियल एक्टिविस्ट' (सामाजिक कार्यकर्ता) थे। सामाजिक जीवन के ठहरे हुए जल को किसी तरह हिलाना और गति देते रहना उनके कर्तव्यों में शामिल था। उनकी आवाज़ ऊँची लगभग दहाड़ जैसी थी। किसी आन्दोलन के सिलसिले में जेल की अँधेरी कोठरी में बन्द रहे। वहीं जहरीले मच्छरों से काट लिए जाने के कारण 'एलीफेन्टाइटिस' हुए (हाथीपगा) पैर से भी वे सब गोष्ठियों, संवादों में जाते और अपनी उपस्थिति दर्ज कराते थे। हमने कुछ समय पहले यह योजना बनाई थी कि डॉ. राममनोहर लोहिया पर एक ऐसी पुस्तक सम्पादित की जाए जिसमें उनके देश-भर के मित्रों के संस्मरण शामिल हों और जिसमें 'भारतीय समाजवाद' जैसे विशिष्ट पद 'नाम' की ज़रूरत और प्रासंगिकता पर विचार हो। लेकिन बाद में यह योजना ढीली पड़ गई।

अभी-अभी मृत्यु के दो-चार महीने पहले जब मैं उनसे मिलने गया तब भी (लगातार अस्वस्थ रहते हुए भी) उन्होंने कहा कि हमें उदयपुर के हिन्दी, राजस्थानी, उर्दू के कवियों का संकलन प्रकाशित करना चाहिए। आर्थिक कठिनाइयों का ज़िक्र आया तो रजनीकान्त ने कहा कि वे उसकी व्यवस्था करेंगे। ऐसे संकलनों को न कोई खरीदता है और न किसी कवि की कीर्ति का विस्तार होता है। यह मैं उन्हें बताता हूँ। यह भी बताता हूँ कि 'सप्तकिरण' (राजस्थान के सात कवियों का सहयोग प्रकाशन) की छपाई का कर्ज मैंने उतारा, तब भी वे उत्साहित रहते हैं। मैं कभी-कभी यह सोचता हूँ कि आशा के उछलते हुए घोड़ों पर मनुष्य, शायद, हमेशा ही सवारी करना चाहता है। उधर उन्होंने अंग्रेज़ी में 'सोशलिस्ट इंडिया' पत्रिका का सम्पादन किया। उन्होंने उसकी जब चर्चा की तो मुझे कुछ अचरज हुआ क्योंकि वे 'अंग्रेज़ी हटाओ' आन्दोलन के मुखिया थे। "जब हमें विचारों के फैलाने की ज़रूरत हो तब 'भाषाओं के उपयोग' का लचीला सिद्धान्त अनुपयोगी नहीं होगा।" ऐसा कुछ कहकर रजनीकान्त ने व्यावहारिकता का परिचय दिया था। उन्होंने पहले भी अंग्रेज़ी में कई छोटी पुस्तिकाएँ लिखी हैं और अब फैलते मध्यवर्ग में तो अंग्रेज़ी एक 'आदरास्पद' भाषा हो ही गई है।

रजनीकान्त विचार और आन्दोलन की सीमाओं के भीतर-बाहर, कभी राममनोहर लोहिया और कभी राजनारायण के नजदीक मालूम पड़ते थे। इन दिनों वे उत्तर प्रदेश के समाजवादी क्षत्रप मुलायम सिंह यादव के साथ थे। लेकिन उनके साथ होने की शर्त सदा समाजवाद रही, बराबरी और हर तरह के शोषण से मुक्त करने वाली समाज-व्यवस्था।

रजनीकान्त वर्मा ख्याति-लब्ध साहित्यकार लक्ष्मीकान्त वर्मा के छोटे भाई थे। उनका जन्म इलाहाबाद में 7 दिसम्बर, 1928 को हुआ। उनकी शिक्षा क्रिश्चियन कॉलेज और इलाहाबाद विश्वविद्यालय में हुई। उनके पुत्र हिमालय बताते हैं कि उनके पिता ने ही सबसे पहले डॉ. लोहिया पर एक पुस्तक लिखी जिसका शीर्षक 'लोहिया' था। उल्लेखनीय यह कि पुस्तक एक रात में ही लिख ली गई थी।

1962 के लोकसभा चुनाव में फूलपुर लोक सभा क्षेत्र से रजनीकान्त को ही पार्टी उम्मीदवार बनाया गया था, जहाँ से पं. जवाहरलाल नेहरू चुनाव लड़े थे। यह बात अलग है कि रजनीकान्त ने इस लोकसभा क्षेत्र को पूरी मेहनत से तैयार किया और अपने नेता डॉ. लोहिया को सौंप दिया। डॉ. राममनोहर लोहिया और तत्कालीन भारत के प्रधानमंत्री पं. जवाहरलाल नेहरू के बीच हार-जीत का फैसला यहाँ बहुत कम वोटों से हुआ था। पं. नेहरू जीत गए थे।

मुझे यह जानना था कि क्या रजनीकान्त पूरे समय के राजनीतिक-सामाजिक कार्यकर्ता थे? क्या वे अपने बड़े भाई लक्ष्मीकान्त की तरह आलोचक-कवि-लेखक होने के लिए उत्सुक नहीं थे? क्या वे 'जन' या 'मैनकाइंड' या कि 'नई धारा'

की तरह किसी साहित्यिक, राजनीतिक, सांस्कृतिक वैचारिकी की कोई पत्रिका सम्पादित करना नहीं चाहते थे? 'सोशलिस्ट इंडिया' पत्रिका का सम्पादन जो कि उन्होंने अब शुरू किया था लेकिन क्या यह किसी पुरानी इच्छा की भरपाई नहीं थी? अकादमिक क्षेत्र में अपनी उपस्थिति दर्ज कराने के लिए वे उदयपुर विश्वविद्यालय के प्रोफेसरों के सम्पर्क में रहे। उनके मीडिया-कर्मी पुत्र हिमालय ने उनके साहित्यिक कृतित्व का विशद ब्योरा दिया है जिसमें विभिन्न सामाजिक, राजनीतिक मुद्दों पर लिखी साठ से अधिक पुस्तक तथा विभिन्न विधाओं में लिखा साहित्य शामिल है। उनकी कई कविताएँ नई संस्कृति का सपना दिखाती हैं। रजनीकान्त ने अपने इस विविधता पूर्ण साहित्य—सृजन का विनम्रतावश कभी ज़िक्र नहीं किया। बहुत पहले चेतक चौराहे पर 'टोडावत पानवाले' के अड्डे पर 'जय राजस्थान' के सम्पादक और मेरे अनन्य मित्र चन्द्रेश व्यास के आग्रह पर उन्होंने इन्दिरा गांधी के पक्ष में एक कविता सुनाई थी। संयोगवश ये वे ही दिन थे जब रजनीकान्त की 'इन्दिरा गांधी ही क्यों' पुस्तक चर्चित थी। इस कविता पर मेरी उनकी तकरार हो गई थी। इस कविता को मैं आपातकाल का समर्थन ही समझा। आपातकाल समर्थक कांग्रेसी चन्द्रेश व्यास की दृष्टि मुझे चिढ़ाती सी लगी। परिणाम यह हुआ कि रजनीकान्त को मैं समाजवादी खेमे से बाहर का आदमी समझने लगा। अब मुझे दुख होता है कि मैंने उनसे उस कविता का निहितार्थ तत्काल क्यों नहीं समझा लिया? हो सकता है कि वह कविता पूरी वक्रोक्ति हो। लेकिन कविता पर चली उस बहस के दौरान उन्होंने विरोध क्यों नहीं किया। आपातकाल समर्थक चन्द्रेश व्यास से नजदीकी का क्या अर्थ था? ये प्रश्न मेरे मन में उठते रहे। उस समय जो कुछ भी समझा हो, लेकिन रजनीकान्त अन्त तक ग़ैर-बराबरी वाले समाज के विरुद्ध संघर्ष करते रहे और एक प्रतिबद्ध समाजवादी साबित हुए।

रजनीकान्त से मेरा परिचय हबीबाबानू के कारण हुआ। 1970 में हबीबा रजनीकान्त का विवाह हुआ। तब से रजनीकान्त उदयपुर आते जाते रहे। वे पंचवटी में रहते थे जो मेरे नजदीक ही है, लेकिन हबीबा बानू को मैं उनके पिता और शान्ता त्रिवेदी के कारण अर्से पहले से जानता था। 1950 से मैं विद्या भवन गोविन्दराम सेक्सरिया टीचर्स ट्रेनिंग कॉलेज में अध्यापन करने लगा तभी से शान्ताजी की महिला परिषद् के काम और ख्याति से परिचित और प्रभावित रहा। महिला परिषद् का दो कमरोंवाला दफ्तर होम्योपैथी के प्रसिद्ध डॉक्टर उडेरालाल के दवाखाने के ऊपर था। दफ्तर के सामने एक गली थी जिससे चलकर चन्द्रेश व्यास के '15 अगस्त' के पक्षिक-पत्र के कार्यालय तक पहुँचा जा सकता था। उदयपुर आने के पहले से ही मैं चन्द्रेश व्यास द्वारा सम्पादित '15 अगस्त' में लिखता था। मैं उनकी नेहरूजी जैसी उर्दू-मिश्रित हिन्दी का प्रशंसक था। चन्द्रेश भाई का नाक-नक़्शा

पं. जवाहरलाल नेहरू से मिलता था। शेरवानी, चूड़ीदार पायजामा और पठानी सेंडिल के साथ सफेद टोपी में छरहरे, लम्बे, चन्द्रेश व्यास नेहरू के डुप्लीकेट लगते थे। वे इस चारों तरफ से बुर्जो से घिरे शहर में खुलेपन और बौद्धिक मिज़ाज के आदमी थे। वे शान्ता त्रिवेदी के प्रशंसकों में थे जो स्त्रियों को घूँघट से बाहर की बड़ी अद्‌भुत, रोमांचकारी दुनिया देखने का आग्रह कर रही थी। मैं दोनों जगह आता-जाता था। इसी क्रम में मैंने दुबली-पतली, शान्त और स्नेहमयी हबीबा बानू को देखा था। हबीबा दाऊदी बोहरा समाज में जन्मी थीं, जिनकी एक बड़ी सघन बस्ती 'बोहरवाड़ी' के नाम से प्रसिद्ध है। यहीं से महिला परिषद् ने स्त्रियों को साक्षर करने का काम प्रारम्भ किया था। हबीबा का पूरा परिवार शान्ता त्रिवेदी के पक्ष में खड़ा था। पचास वर्ष पहले की कट्टरताओं और विभाजन की त्रासदी के बीच शान्ता-परसराम त्रिवेदी के ब्राह्मण परिवार और हबीबा के बोहरा मुस्लिम परिवार की ऐसी घनिष्टता को मैं अब भी जब-जब याद करता हूँ तो निराशा से उबर जाता हूँ।

बहरहाल, हबीबा ने जल्दी ही समाजवादी पार्टी के लिए काम करना निश्चित कर लिया और वे उदयपुर से अकेली पाकिस्तान में अपनी मौसी के पास गईं जहाँ से कलकत्ता होती हुई वे उत्तर प्रदेश आ गईं। यहीं वे समाजवादी पार्टी की अभिन्न हो गईं।

24 अप्रैल, 1968 को उन्होंने लखनऊ में सोशलिस्ट पार्टी के सचिव रमाशंकर गुप्ता से विवाह किया। यह शादी लखनऊ की बारादरी में सम्पन्न हुई जिसमें उत्तरप्रदेश के अनेक समाजवादी नेता राजनारायण, प्रभु नारायण, तत्कालीन संविद सरकार के मुख्यमंत्री रामप्रकाश गुप्त आदि उपस्थित थे। शादी का जश्न तहसीन परिवार ने उदयपुर में भी उत्साहपूर्वक मनाया जिसमें मैं निमंत्रित था। मैं राजनारायणजी को देखने के लिए उत्साहित था जिसके तगड़े शरीर की और कौतुकपूर्ण कार्रवाइयों की राजनीतिक हल्कों में ख़ासी चर्चा होती थी। बाद में तो वे इन्दिरा गांधी को रायबरेली से चुनाव में हराकर महानायकों की श्रेणी में आ गए थे। उदयपुर में 'लायन्स क्लब' के सदस्यों को सम्बोधित करते हुए उन्होंने पुरुषों को 'शेरों' और स्त्रियों को 'शेरनियों' कहकर खूब मनोरंजित किया था। मैंने उनसे 'लपड़धों-धों' शब्द सीखा जिसे दूसरे लोगों ने भी ग्रहण और प्रचारित किया। मुझे ऐसे ही प्रसंग में केन्द्रीय गृहमंत्री ज्ञानी जैलसिंह जी की याद आती है जो चुनाव सभाओं में पुरुषों को 'प्यारो' और महिलाओं को 'प्यारिओ' सम्बोधन करके श्रोताओं को खूब हँसाते थे।

दुर्भाग्य से कुछ ही दिनों बाद रमाशंकर की पेट के कैंसर के कारण मृत्यु हो गई।

1970 में होली के दिन रजनीकान्त व हबीबा बानू का विवाह हो गया। यह विवाह पहले लखनऊ के एक मन्दिर और बाद में उदयपुर में बोहरा समाज की

रस्मों के अनुसार सम्पन्न हुआ। लगभग चार दशकों तक निर्विघ्न और अपने-अपने धर्मों की मर्यादा और गरिमा, मानवीय-स्वतंत्रता और सामाजिक आदर्शों को निभाता यह विवाह समाजवादी श्रेष्ठताओं का उदाहरण रहा। इस विवाह में न रजनीकान्त हिन्दू से मुसलमान हुए और न हबीबा बानू बोहरा से हिन्दू हुई। वे जहाँ थे वहीं रहे, अपनी-अपनी आस्थाओं का आदर करते, मित्र और सदाचार। उल्लेखनीय यह भी है कि रजनीकान्त के पूरे परिवार लेखक लक्ष्मीकान्त, कृष्णकान्त या उनकी पत्नियों ने हबीबा जी की धर्मास्थाओं को न संशय की दृष्टि से देखा और न उन्हें छोड़ने के लिए दबाव डाला।

हिमालय तहसीन (34) अपने पितृ-कुल से माँ को मिली आजादियों का वर्णन करते हैं तो हमें भरोसा होता है कि 'सभ्यताओं के इस संकट काल' में मानवीय सदाशयता और नागरिक स्वाधीनता के शिखर विलुप्त नहीं हुए हैं। हिमालय बताते हैं—

उनका नामकरण करने वाली उनकी उदयपुरवाली रजिया मौसी हैं। पिता उन्हें अपना कुलनाम 'वर्मा' नहीं देते। मातृ-कुल का 'तहसीन' ही रहता है। हबीबा भी तहसीन ही रहती है 'वर्मा' नहीं होती। हिमालय को जब स्कूल में दाख़िल कराते हैं तब 'धर्म' के मामले में अड़ाअड़ी होती है। प्रिन्सिपल प्रवेश देने से इनकार कर देते हैं। बाद में एडमीशन मिल जाता है। हबीबाजी किसी तरह भी मज़हबी मामलों में कुंठित न हों इसलिए लक्ष्मीकान्तजी पहले करते हैं कि वे नियमित नमाज पढ़ें और रोजा रखें। लक्ष्मीकान्तजी ने अपने हनुमान मन्दिरवाले कमरे में ही अपने भाई की बहू के लिए नमाज पढ़ने की जगह सुरक्षित कर दी थी। उन्होंने हिन्दू उपवास से रोजा के कठिन आचरणवाले दिन की तुलना करने के लिए एक बार रोजा रखा था। हिमालय एक घटना का ज़िक्र करते हैं जब लक्ष्मीकान्तजी अपनी बेटी की शादी में 'भात' परोसने की रस्म अदायगी के लिए घर की बहू होने के नाते हबीबा जी से कहते हैं, तब उनके दामाद के एक रिश्तेदार आपत्ति करते हैं। लेकिन ताऊजी अविचलित भाव से कहते हैं कि जिसे नहीं खाना है वो जा सकते हैं, परोसेगी तो हबीबा ही।

'रोजा' के दिनों में रजनीकान्त, जिस दिन पत्नी रोजा रखती, सुबह से ही इस फिक्र में लग जाते कि शाम को इफ़्तारी में क्या होगा? रमजान में तो रोज दोपहर से ही शाम की इफ़्तारी का सामान बनवाने या बाजार से मँगवाने की तैयारी करने लगते।

धर्म के मामले में भाई रजनीकान्त का विचार था कि वह व्यक्ति का अपना चुनाव है। 'जब हिमालय को स्कूल में भर्ती कराने ले गया तब धर्मवाले कॉलम को भरने से मैंने मना कर दिया था। उसने कहा कि बड़ा होकर हिमालय स्वयं चुनेगा कि उसे किस धर्म का पालन करना है। मैं उस पर धर्म थोपने वाला कौन हूँ?'

एक चिरन्तन आशावादी की तरह रजनीकान्त वर्मा समतावादी देश और दुनिया बनाने की कोशिश करते रहे, जहाँ बन सकी वहाँ बनाई थी, जहाँ नहीं बन सकी

वहाँ नाउम्मीद नहीं हुए। मृत्यु पूर्व लिखी कविता का यह अंश उनके अघटित आशावाद का प्रमाण है—

रास्ते जब बन्द हों
नया रास्ता बनाने के लिए
आगे बढ़ने के लिए
एक लुकाठी हाथ में लो-आगे बढ़ो
नया रास्ता लेकर
भ्रष्ट व्यवस्था को जलाने के लिए
इन्कलाब लाने के लिए
नया समाज शोषण विहीन बनाने के लिए।

विरासत की चिन्ता : डॉ. लक्ष्मीमल्ल सिंघवी

लक्ष्मीमल्लजी से मेरी घनिष्ठता उस तरह तो नहीं थी जिस तरह एक ही नगरवासियों के या सहपाठियों के बीच होती है। संस्कृत में एक सुभाषित है—'समाजशीले व्यसने सुसख्यम्' उस प्रकार की सख्यता भी नहीं जो समान शील और व्यसन वालों के बीच होती है। लेकिन अपरिचय के ऐसे फासले भी नहीं थे जिन्हें लाँघा न गया हो। उनकी ख्याति का सान्निध्य राजस्थान वालों के लिए दुर्लभ नहीं था। एक प्रान्त में जन्म लेने वालों का परिचय अदृश्य हवाओं की तरह होता है जो चारों तरफ से घेरे रहती हैं और अबाध गति से बहती हैं।

लक्ष्मीमल्लजी से यह पहली मुलाक़ात मुख्तसर-सी थी। भाई नेमीचन्दजी जैन 'भावुक' युवकों के लिए एक संस्था चलाते थे (शायद अब भी चलाते हों) 'अन्तरप्रान्तीय कुमार साहित्य परिषद्', उसका सम्मेलन था। सम्मेलन-स्थल मुकुंदगढ़ था। समारोह में कवि-सम्मेलन भी था, जिसमें भावुक जी ने मुझे आमंत्रित किया था। सम्मेलन में प्रसिद्ध कवि हरिकृष्ण 'प्रेमी' और लक्ष्मीमल्ल सिंघवी सहज चिह्नित किए जा सकते थे। उनमें विद्वत्ता और विनम्रता का अद्भुत योग था, जो हमेशा उनमें रहा। सम्मेलन की कार्यवाही में जब कभी उन्होंने हस्तक्षेप किया वह प्रदर्शनकामिता या विशिष्टता दिखाने के लिए नहीं था, वह विचारों को स्पष्टता और गम्भीरता देने के लिए होता था। उन्होंने कवि-सम्मेलन में कविता-पाठ किया या नहीं इसकी मुझे याद नहीं है लेकिन बहुत बाद में मैंने 'साहित्य-अमृत' के सम्पादकीय आलेखों के साथ कई रचनाएँ पढ़ीं जो उनके सहृदय कवि होने का प्रमाण देती हैं। कविता-पाठ के अतिरिक्त आयोजित वैचारिक-सत्रों में लक्ष्मीमल्लजी की उदार विचार-सरणियों का उल्लेखनीय अवदान मैं अब भी भूला नहीं हूँ।

फिर एक लम्बे अन्तराल के बाद उनसे उदयपुर में भेंट हुई। उन दिनों वे लन्दन में उच्चायुक्त का पद-भार सँभाले हुए थे और यहाँ के प्रसिद्ध लोक-नाट्य कला-संस्थान भारतीय लोक-कला मंडल के अध्यक्ष थे। उनके उदयपुर आने के कुछ ही दिन पहले कला-मंडल के संस्थापक पद्मश्री देवीलाल सामर का निधन हो गया था और संस्था का प्रशासनिक ढाँचा मजबूत और अडिग मालूम हो रहा था। वह दरअसल अन्तर्विरोधों का रण-क्षेत्र था। इस ढाँचे की सबसे बड़ी कमज़ोरी

यह थी कि कार्यकर्ताओं की सेवा-सुरक्षा के कोई विश्वसनीय नियम नहीं थे। संस्था देवजी के विश्वास पर चल रही थी। सेवा की गुणवत्ता निश्चित करने के आधार ढीले-ढाले थे, प्राय: देवजी की पसन्द-नापसन्द ही निर्णायक थी। इसका परिणाम यह हुआ कि सामर जी की मृत्यु के बाद यह बखेड़ा शुरू हो गया कि कला-मंडल में संचालन का दायित्व कौन सँभाले?

हमारा पक्ष यह था कि योग्यता, वरिष्ठता के साथ-साथ देवजी के आदर्शों और कार्यशैली से लम्बे सान्निध्य के कारण परिचित डॉ. महेन्द्र भाणावत को ही कला-मंडल का निदेशक नियुक्त करना चाहिए। लेकिन कार्यकारिणी के बीच वर्चस्ववादी रुझानों की जबरदस्त खींचतान थी। इसलिए कला मंडल के अध्यक्ष डॉ. सिंघवी उदयपुर बुलाए गए थे। नि:सन्देह वे ही इस कठिन समय में कला-मंडल को बचा सकते थे। इस आशा के साथ मैं उनसे मिलने गया था और यह कहने के लिए कि संस्था का भविष्य सदस्यों के बीच की कलह से आहत हो चुका है। लक्ष्मीमल्लजी से यह मुलाक़ात आत्मीयतापूर्ण रही। कला संस्थाओं को बचाने के लिए वे चिन्तित थे और उन्हें इसका खेद था कि भारत की समृद्ध कला-सम्पदा, उसका संरक्षण उपेक्षित और दयनीय है। उन्होंने पश्चिमी देशों की अपनी कला, साहित्य और स्मारकों की विरासत बचाने के अकथ प्रत्यनों की सराहना की। देर तक हम इंग्लैंड के समाज, वहाँ के लोग, काले-गोरों के रंग-भेद पर बातचीत करते रहे। डॉ. महेन्द्र भाणावत के गुणों की उन्होंने सराहना की लेकिन उन्हें कला-मंडल का निदेशक बनाने के प्रति कोई उत्साह नहीं दिखाया। उन्होंने यह प्रसंग कार्यकारिणी में रखने का आश्वासन दिया। लक्ष्मीमल्लजी शान्त स्वभाव से बात करते थे, अधिवक्ताओं जैसी तर्क-पूर्ण वाचालता और अहम्यता से हमेशा बचने का प्रयास उन्हें मृदुभाषी बनाता था। बातचीत में वे कल्पनाशीलता को रंग देते नज़र आते थे।

यह मुलाक़ात किसी आकांक्षा के साथ हुई थी इसलिए इसके परिणाम जानने की उत्सुकता भी बहुत दिनों तक बनी रही। दरअसल उस आकांक्षा (माँग) को एक लोकतंत्रात्मक प्रक्रिया से गुजरना था, उसे डॉ. सिंघवी हमारी अपेक्षानुकूल प्राविधि अपनाकर परिणाम तक नहीं पहुँचा सके इसका खेद था लेकिन तब भी वह भेंट दूसरे कई कारणों और दृष्टियों से महत्त्वपूर्ण याद बनी रही।

डॉ. सिंघवी के जिस चित्र में मैं रंग भरता रहा वह अलग-अलग प्रसंगों से संचित किए थे। वे छोटे-छोटे प्रसंग थे जैसे एक बड़े उपन्यास में छोटी-छोटी मनोरम आख्यायिकाएँ हों। अन्त में जो चित्र मैं बना सका वह एक 'संस्कृति पुरुष' का था। मैं उनको विधिवेत्ता के रूप में जानता था, उनके राजनीतिक मन्तव्यों, गतिवधियों और उसके गलियारों की चहल-कदमी से भी परिचित था लेकिन मेरी दृष्टि में यह उनकी लौकिक उपलब्धि थे। अन्तिम लक्ष्य तो 'सांस्कृतिक लोक' ही था। इन

सांस्कृतिक सरोकारों के आकर्षकों के कारण वे देश-विदेश की कई संस्थाओं के अध्यक्ष और मानद सदस्य थे।

इस बार सिंघवी से जयपुर में मिलना हुआ। वहाँ अज्ञेयजी की स्थापित संस्था 'वत्सल निधि' का वार्षिक व्याख्यान आयोजित था। प्रसिद्ध कवि नरेश मेहता मुख्य वक्ता थे और मुझे अध्यक्षता करने का स्वयं अज्ञेयजी ने आग्रह किया था। यह उनकी अनुपम शालीनता थी। मेरा उनके प्रति उद्दंडतापूर्ण और अशालीन व्यवहार रहा था, जिसके चलते उनके और मेरे बीच फासले और नाराज़गी ही सम्भव और स्वाभाविक थी। लेकिन सम्भवत: अपनी उदार सदाशयता के चलते वे उन घटनाओं को भूल गए थे। वे अकादमी की एक गोष्ठी में आए थे। माउंट आबू में ही प्रकाश ने मुझे अज्ञेय जी की इच्छा बता दी थी। तब भी उदयपुर एरोड्रोम पर जाते हुए स्नेह और मनुहार के साथ उन्होंने मुझसे जयपुर व्याख्यान की अध्यक्षता के लिए कहा। मैंने भावुक होकर कहा, 'यह आपका आदेश है।' अब तो मैं उन जैसे बड़े मन लोगों और सुदिनों के बारे में भाव-विह्वल होकर सोच ही सकता हूँ।

उस आयोजन में लक्ष्मीमल्लजी और इलाजी 'कार्यकर्ता' जैसी तल्लीनता के साथ जुटे थे। समारोह के समाप्त होते ही वे अतिथियों को अल्पाहार के लिए ले गए। वहीं उन्होंने साहित्यकारों के प्रति सरकारों के निपट अवज्ञापूर्ण व्यवहार की चर्चा की। वे चाहते थे कि राजस्थान साहित्य अकादमी साहित्यकारों की कुशल क्षेम के प्रति कोई आदर्श योजना बनाए और उसे विधान-सभा द्वारा स्वीकृत कराए। जब मैंने कहा कि किसी भी पार्टी की सरकार हो इस विधेयक का व्यापार ही करेगी तो सिंघवीजी ने स्वीकार किया। उन्हें भी भय था कि साहित्यकार को इसकी भारी कीमत चुकानी पड़ सकती है। उसकी रचना स्वाधीनता या व्यक्ति-स्वातंत्र्य खरीदा जा सकता है। यह चर्चा जो इतनी आवश्यक थी, आगे नहीं बढ़ी। लेकिन हमारे सामने वे सब दृश्य थे और हैं जिनमें गरीबी से लड़ते-झगड़ते कोई बड़ा साहित्यकार इलाज के अभाव में मरने लगता है तब किसी अख़बार के कोने में कोई वित्तीय सहायता की अपील होती है जिसे शायद ही कोई पढ़ता है।

मैं आख़िरी बार हिन्दी के अनन्य हितैषी डॉ. सिंघवी से हिन्दी विश्व-सम्मेलन, लन्दन में मिलता हूँ। देखता हूँ कि लन्दन उनका अपना शहर हो गया है। दूसरे देश में आकर भी वे अपने ही देश की तरह यहाँ सहज हैं। भारतवंशी स्त्री हों या पुरुष, सब उन्हें अपना भाई, अभिभावक, हितैषी जैसा मानते हैं। हाई कमिश्नर कार्यालय में हम सब (राजस्थान से भेजे गए प्रतिनिधिगण) एक जापानी नाट्य-संस्था द्वारा अभिनीत एकांकी देखने गए थे, वहीं वे पं. विद्यानिवासजी के साथ आए थे। हम उनसे मिलने की उम्मीद में थे लेकिन वे मिले नहीं। इसका हमें बुरा भी लगा और मलाल भी रहा। शायद वे समारोह व्यवस्थाओं को लेकर चिन्तित रहे हों। सम्मेलन के सार्वजनिक सत्रों में वे अक्सर नज़र आते रहे। एक सत्र में उनका

रोचक व्याख्यान भी हुआ लेकिन अंग्रेज़ी के दबाव में आई हिन्दी के लिए पछतावे के सिवा उनके पास कहने के लिए ज्यादा कुछ नहीं था। सत्तारूढ़ भारतीय जनता पार्टी की अधिकृतियाँ भी राष्ट्रभाषा हिन्दी के लिए वहाँ कोई उत्साहपूर्ण वचनबद्धता की घोषणा नहीं कर पाईं।

यह दुर्योग रहा कि पं. विद्यानिवास जी का कार एक्सीडेन्ट में आकस्मिक निधन हो गया। वे ललित-निबन्धों के निष्णात लेखकों में थे। अपने इन निबन्धों में उन्होंने भारतीय-जीवन की उन अनेक प्रसन्न छवियों का उल्लेख किया है जो हमारी संस्कृति की मूलाधार है। 'साहित्य-अमृत' के सम्पादन को पंडितजी के इन्हीं निबन्धों और सम्पादकीयों से अतिरिक्त आभा मिल गई है। विद्यानिवास जी के निधन के बाद डॉ. लक्ष्मीमल्लजी—'साहित्य-अमृत' के सम्पादक हो गए।

परिवर्तन लक्षित करने के लिए मैं 'साहित्य-अमृत' को अधिक उत्सुकता से पढ़ने लगा। उसके सम्पादकीय अब विधिवेत्ता लिख रहे हैं और एक अन्य अनुशासन के पंडित का हस्तक्षेप साहित्य की गुणवत्ता को कितना प्रभावित अथवा बाधित कर रहा है यह जानने की इच्छा मुझमें बढ़ती चली गई। 'साहित्य-अमृत' को इस जिज्ञासा के साथ पढ़ना लाभदायक रहा। मैंने जाना कि डॉ. सिंघवी की लेखन-शैली एक तटस्थ-साक्ष्य की तरह थी। वे अन्तर्वस्तु में कम रमते थे लेकिन उसके विस्तार के उपकरण, उनकी प्रांजलता महत्त्वपूर्ण होती थी। वे अन्तर्वस्तु के धुँधलके को चमकाने की कोशिश करते थे। अपनी भावनाओं को पुष्ट करने के लिए वे तर्क और परम्परा को खोजने में निरन्तर जुटे रहते। विधिवेत्ता के मूल स्वभाव में परम्परा को ढूँढ़ने का जो उत्साह रहता है वह उनके लेखन में मिलता था। विधि में जिसे 'प्रिसिडेंस' कहते हैं, 'प्रिसिडेंस' उनके लिए वर्तमान की तरह थी। साहित्य में यही 'प्रिसिडेंस' 'विरासत भाव' बन गई थी। एक ख़ास आग्रह, जुनून, कर्तव्य-बोध की तरह वे 'विरासत' को बचाने की चेतावनी देते। 'साहित्य-अमृत' की छोटी-छोटी सम्पादकीय टिप्पणियों में वे उन संस्थाओं, इमारतों, उत्सवों, परम्पराओं की बात करते जिनके ऐश्वर्यशाली अतीत और धूलधानी हुए वर्तमान को उन्होंने देखा है।

'पुनश्च' के जून 05 में उनका 'विरासत की वेदना और व्यथा' शीर्षक आलेख छपा। आलेख का प्रारम्भ एक गम्भीर वक्तव्य से होता है—'विरासत स्मृति के ललाट पलट पर अंकित एक कस्तूरी तिलक की तरह है। विरासत जाति और संस्कृति का दर्पण और सूचकांक होता है। स्मृतियाँ अतीत को और अस्मिता को परिभाषित एवं प्रतिभासित करती हैं। इसलिए स्मृतियों के प्रति समाज का विशेष दायित्व होता है। उन्हें सहेजने और सँवारने का दायित्व, उस दायित्व को समझने, समझाने और निभाने का दायित्व।'

इस आलेख में डॉ. लक्ष्मीमल्ल भारतीय-समाज के स्मृति-विहीन होते जाने पर व्यथा व्यक्त करते हैं और उन कारणों की पड़ताल करते हैं जिनके चलते 'अपनी

विरासत के प्रति हमारा दायित्व-बोध अत्यन्त क्षीण और धूमिल है।' इस गम्भीर और बौद्धिक सवाल पर वास्तव में कोई गहन विमर्श और विश्लेषण नहीं हुआ है। जल्दी और अव्यवस्थित रूप से आधुनिक होते भारतीय समाज ने विकास के जिस एक आयामी रास्ते को चुना है उसने और इस स्मृति सम्पदा को हमने खँगाला नहीं और न यह प्रयत्न किया कि उसका हिस्सा जीवित और उपादेय है, कितना नितान्त जर्जर, अनुपादेय और मृत। इतिहास और स्मृतियाँ बोझ बनकर भी सामाजिक संरचना को संवेदना शून्य बनाने का कारण हो जाती हैं।

इस आलेख में डॉ. सिंघवीजी ने साहित्यकारों के प्रति सामाजिक उदासीनता को रेखांकित किया है। लेकिन वस्तुस्थिति यह है कि सम्पूर्ण रचना-धर्मी समाज को उपभोग की संस्कृति ने हाशिए पर डाल दिया है। इस समय सारी रचना-धर्मिता, स्मृतियाँ, परम्पराएँ, धर्म और धर्माचार्य खरीदे-बेचे जा सकते हैं। इस आलेख में ही नहीं 'साहित्य-अमृत' के लिए लिखी जाने वाली कई टिप्पणियों में वे पुरानी संस्थाओं, उनके अवदान; साहित्यकारों की महनीय रचना-धर्मिता और उनके ऋण, साहित्यकारों के टूटे-फूटे आवास, दीन-हीन कुटुम्बी जनों की उपेक्षा पर घोर नाराज़गी जताते हैं।

डॉ. सिंघवी की बहुआयामी चिन्ताओं में साहित्यकारों की पुस्तकें, उनके घर-बार, चिट्ठी-पत्री बचाने की निरन्तर बात करना उन्हें एक अतिरिक्त चमक देता है और साहित्य का शुभाकांक्षी बनाता है। ऐसे सर्जक, साहित्यानुरागी, सम्पादक दिनों-दिन कम हो रहे हैं-यह सांस्कृतिक दैन्य, लक्ष्मीमल्लजी की याद को बार-बार ताजी करता है।

भाई भगवान : आशा और उमंग की रोशनी में

भाई भगवान के साथ अपनी पहली मुलाक़ात की याद करने के सिलसिले में यह कह देना ही काफी है कि हम साथ-साथ वरिष्ठजनों (वृद्धजनों) की सूची में आ गए हैं, उन अपूर्ण आधे-अधूरे सपनों के साथ जिन्हें हम दोनों ने जीवन की गठरी में बाँधा था। वे सपने हमारे मनोविलास (यूटोपिया) नहीं थे, उनके साथ हमने अपने जीवन का सौन्दर्य और सुख बाँधा था। इस तरह भाई भगवान की और मेरी मित्रता समान राजनीतिक 'शील और व्यसन' की थी।

भाई भगवान लोकतंत्रात्मक समाजवाद के लिए प्रतिबद्ध थे। यह एक कठिन मोर्चा था क्योंकि यह उस परिवर्तन के लिए कोशिश थी जो पुराने समाजों को ज्वर की कँपकँपी की तरह लाता है और जिसे लाने के लिए हथियार उठाने का भी निषेध है। यह बराबरी के लिए एक नया सिद्धान्त था जिसकी समाज में प्रतिष्ठा तो थी लेकिन जिसके लिए कभी संघर्ष नहीं किया था। यह लोगों का मन बदलकर उनकी सहमति से उन्हें बराबरी, सामाजिक न्याय और लोकतंत्र की शुचिता के लिए तैयार करना था। भाई भगवान इस संकल्प के साथ थे और यह संकल्प चाहे जितना नाकामयाबियों के साथ जुड़ा हो लेकिन जो अभी भी कई-कई तरह से बँटी और बरबाद होती जा रही दुनिया के लिए आशा और उत्साह का केन्द्र कहा जा सकता था।

राजस्थान में समाजवादियों ने पहले कांग्रेस के साथ और बाद में अकेली राजनीतिक पार्टी की हैसियत से सामन्तवाद के ख़िलाफ़ लगातार लड़ाई लड़ी इस विश्वास से कि बदलाव का गणित कामयाबी का हो या न हो लेकिन उम्मीद का बीज होता है। इस सिद्धान्त के आधार पर अनेक राज्यों और रियासतों में बँटे हुए राजपूताना को राजस्थान बनाने के लिए समाजवादियों ने सामन्तों को 'महाराजप्रमुख', 'राजप्रमुख' बनाने और पेंशन मुआवजा देने और सम्पत्ति रखने के विशेषाधिकारों का प्रबल विरोध किया। दरअसल राजस्थान में समाजवादियों का मुख्य आकर्षक नारा धन और धरती के बँटवारे का ही था। पुराने सामन्तों के पास कितना धन और ज़मीन है इसका खुलासा अब तक नहीं हुआ है। ध्यान देने की बात यह है कि अब भी राजस्थान को सामन्तों, हाथियों और महलों के अद्‌भुत द्वीप की तरह पेश किया जाता है। महलों को इस तरह दिखाया जाता है जैसे वे विलासिता को याद रखने

के लिए बहुत ज़रूरी और प्राथमिक वस्तुएँ हों जबकि यह प्रान्त गरीबों, पिछड़ों और निरक्षरों का है। भाई भगवान ने 1957 में जब समाजवादी पार्टी के प्रत्याशी की तरह विधान सभा का चुनाव लड़ा तब भी वे राजस्थान को समाजवाद, निर्धनता और निरक्षरता से मुक्त करने का घोषणा पत्र लेकर ही लड़े थे। मुझे पूरा विश्वास था कि अपनी समाजवादी आस्थाओं और लोकप्रियता के कारण उन्हें अच्छे मत मिलेंगे लेकिन समाजवादियों के पास साधनों की कमी और निर्धनता का कोई अन्त नहीं था और उसके चलते उन्हें उत्साहजनक मत नहीं मिले तब भी नाउम्मीदी की कोई शिकन उनके चेहरे पर नज़र नहीं आई।

मैंने भाई भगवान के साथ अपने साथियों के चुनाव प्रचार में थका देने वाला तब भी आनन्ददायक समय व्यतीत किया है। हमने टूटी हुई साइकिलों, जर्जर बसों और फटीचर कारों में गाँव के दौरे किए हैं और कथावाचकों की तरह लच्छेदार भाषण दिए। भाई भगवान बहुत सरल मेवाड़ी में भाषण देकर लोगों को मोहित कर लेते थे। समाजवाद के सिद्धान्तों को सरलता और आडम्बर रहित शैली में परिभाषित करने की जैसी निपुणता भाई भगवान के पास थी वैसी रामकिसन (भरतपुर) को छोड़कर शायद किसी के पास नहीं थी। भाई भगवान लोक-जीवन, लोक-भाषा मुहावरे को जानते थे इसलिए उनके भाषण मुझे ऐसे लगते जैसे सर्दियों में अलाव के पास बैठा हो और गरमा रहा हो। वे लोगों की राजनीतिक निराशा तोड़ने के लिए 'कोऊ नृप होइ हमैं का हानी, चेरी छाँड़ि न होउब रानी' का डटकर विरोध करते। कांग्रेस की विफल शासन-नीतियों से उत्पन्न हुई निराशाओं को तोड़ने के लिए वे गाँववालों को समझ में आने वाले सहज उदाहरण देते। वे कहते कि यदि परिवार में किसी एक बेटे की बहू कर्कशा निकल जाए तो क्या वे दूसरे बेटों का ब्याह नहीं करेंगे? यह किसी एक राजनीतिक पार्टी की विफलता के बरक्स जनता को दूसरी पार्टी के प्रत्याशी चुनने की चुनौती होती थी।

साधनों के अभाव में समाजवादी बड़ी सभाओं का आयोजन नहीं कर पाते थे और उनका नाश्ता दफ्तर में रखा गुड़, मूँगफली और भूँगड़े होते थे। साथी परमानन्द त्रिपाठी के चुनाव में भाई भगवान और मैं भीलवाड़ा की 'सुन्दर विलास' धर्मशाला में दस दिन तक साथ रहे थे और चुनाव के अन्तिम दौर में पूरे भीलवाड़े में घूम-घूमकर नमस्कार किया और मत देने की प्रार्थना की। भाई भगवान ने एक दिन गम्भीर होकर कहा कि उनके कंधों में दर्द है। मैं चिन्तित हो गया, होना तो हमारे पैरों में चाहिए, भाई भगवान। उन्होंने उत्तर दिया कि हमने कन्धे उचका-उचकाकर हजारों लोगों से 'नमस्कार' जो किया है। इन दौरों में हमने गाँव के लोगों के धूल और उदासी में लिप्त चेहरों को देखा था और उन स्त्रियों को जो अपने परिवार के लिए जाने कितनी दूरियों से पानी लाती थीं। इन मायूस स्त्री-पुरुषों को देखकर हम जोर से नारे लगाते 'हमारी मंज़िल समाजवाद'।

1949 में मैंने भाई भगवान को कोटा में देखा, उनकी मूँछें बहुत आकर्षक थीं। वैसी मूँछवाले को उग्र स्वभाव का होना चाहिए लेकिन वे थोड़ा बोले और न नेताओं की तरह तालियाँ बजवाने वाला भाषण ही दिया। मेवाड़ के नेताओं में नरेन्द्रपाल सिंह चौधरी, राजेन्द्र सिंह चौधरी, उमराव सिंह टावरिया, परमानन्द त्रिपाठी भी कोटा कॉन्फ्रेंस में आए थे। मुझे जहाँ तक याद है यह कॉन्फ्रेंस 'राजस्थान एक हो' के सिलसिले में थी। उन दिनों समाजवादी नेता अपनी अलग पहचान बनाने के लिए लाल टोपी लगाते थे। जयप्रकाश जी लाल टोपी में तेजस्वी और आकर्षक लगते थे। राममनोहर लोहिया ने लाल टोपी का 'बाहरी और दिखाऊ कर्मकांड' कहकर निषेध किया था। भाई भगवान भी लाल टोपी में थे, कांग्रेस से अलग।

भगवानदास (भाई भगवान) नाथद्वार के थे, उनका कुल पुष्टि मार्ग से सम्बन्धित है। मैं कभी-कभी धर्माग्रहों को छोड़कर धर्म के विषय में सोचता हूँ, उसके व्यापक अवदान के सम्बन्ध में तब मुझे भाई भगवान की सुदृढ़ता, विनोद, सुगंध-प्रियता, मृदुवाग्मिता की याद आती है। उस जीवन की भी जो उन्होंने महान् समतावादी सिद्धान्तों के लिए जिया और फिर उत्तर जीवन की जो उन्होंने शिक्षा के लिए दिया। भाई भगवान धर्म के वैष्णव-प्राग्रहों का अनुशीलन करते सहिष्णुता, समता, ग़ैर-सम्प्रदायवादी संकल्पों को पूरा करने में लगे रहे।

पुराने राजनीतिक जीवन के प्रसंग में मैंने जब भाई भगवान से पूछा तो उन्होंने एक पछतावे के साथ बिहारी का दोहा पढ़ा :

जिन दिन देखे वे कुसुम, गई सुबीत बहार।
अब अलि रही गुलाब में, अपत कटीली डार॥

लेकिन यह उनका राजनीतिक परिदृश्य का आकलन था अन्यथा वे दृढ़ विश्वास के साथ उदयपुर का उमंगपूर्ण और सुशिक्षित जीवन बनाने में आगे की कतार में खड़े थे।

शिक्षक, समीक्षक : डॉ. जीवनसिंह

हिन्दी साहित्य के क्षेत्र में डॉ.जीवनसिंह मार्क्सवादी समीक्षक की तरह प्रतिष्ठित हैं लेकिन प्रथमत: तो वे शिक्षक हैं। मुझे यह कहने में कोई झिझक नहीं होती कि वे शिक्षक होकर ही समीक्षक हैं। मैं उनके जीवन-विश्लेषण को सरल करने के लिए उनके नाम के साथ दो विशेषण लगा रहा हूँ अन्यथा दूसरा अनावश्यक भी हो सकता है।

मेरी उनकी मैत्री को लगभग तीस वर्ष से अधिक हुए होंगे लेकिन मैं एक भी वह कारण बताने में असमर्थ हूँ, जो हमारी मैत्री का बीज है। यह कारण रहित, सहज मैत्री है, इसलिए आनन्दित करती और बार-बार नई होती जाती है। तब भी मैं उस स्रोत को जानने में लगा रहा हूँ जहाँ से यह जीवन की सहज रस-धार आती है और मैं एक कामयाब शोध-कर्ता की तरह यह तलाश कर पाता हूँ कि यह 'सहजता' हमने अपने गाँवों के अनन्त और आनन्दमय शान्त जीवन से पाई है। जीवनसिंह अपने आर्थिक-संसाधनों को समृद्ध करने के सिलसिले में शहर आ बसे हों लेकिन उनकी मनो-रचना; उनकी स्मृतियाँ, जीवन-शैली और वैचारिक अवधारणा ये गाँव के अन्न-जल से बनीं, उसी परिवेश के ताप से परिपक्व हुई हैं। हमारे आधुनिक जीवन की यही विडम्बना है कि गाँव की संस्कृति, गाँवों की धूप-छाँह में पले-बढ़े मन को लेकर हम शहर में रहने आ गए हैं। अब आ गए हैं तो शहर छूटता नहीं है, यह जानते हुए कि शहर कभी 'अपना' होने वाला नहीं है।

इस निर्णय तक पहुँचते-पहुँचते मैं थोड़ा घबरा जाता हूँ, मुझे लगने लगता है कि मैं किसी भावुकतापूर्ण निर्णय तक पहुँच गया हूँ। इस दुविधा से उबरने के लिए मैं उनकी ज़िन्दगी को थोड़े पीछे जाकर टटोलने की कोशिश करता हूँ। इस क्रम में उनके जीवन पर उन्हीं का लिखा एक वृत्तान्त पढ़ता हूँ जिसका ममत्वपूर्ण शीर्षक है 'मेरा गाँव : मेरा मेवात'। देखा जा सकता है कि यह कोई अधूरा औपचारिक शीर्षक नहीं है; यह दरअसल लेखक का अपने गाँव के साथ सम्पूर्ण रागात्मक रिश्ते का घोषणा-पत्र है। मैं जब जीवनसिंह की खुली और सब अवसरों पर रस-स्निग्ध ज़िन्दगी देखता हूँ तो मुझे विश्वास होता है कि

वे उस ममत्व को ही हरा-भरा कर रहे हैं जो उन्हें अपने जन्म के गाँव जुरहरा ब्रज-मेवात जनपद से मिला है। जीवनसिंह इस आलेख में मेवात-जनपद के उस सांस्कृतिक-वैभव का वर्णन करते हैं जो हिन्दू-मुसलमान के भाईचारे और पारस्परिक अटूट-विश्वास से बने-बुने गए हैं, जिन्हें दुर्भाग्य से विभाजन की त्रासदी ने खंडित कर दिया है। 'मेरा गाँव-मेरा मेवात' के उन बुरे दिनों के बारे में वे लिखते हैं, "बहुत बुरे दिन थे वे हमारे इलाके के लिए। उसी का परिणाम हुआ कि मेवात के गाँवों का हाल यह है कि आज भी एक भाई मेवात में रह रहा है तो दूसरा पाकिस्तान का नागरिक है। बहन-बेटियों का पीहर मेवात में है तो ससुराल पाकिस्तान में। भाई यहाँ है तो भतीजा वहाँ है। मामा वहाँ है तो फूफी यहाँ है। रिश्तों को बाँट दिया गया। यह एक बड़ी सच्चाई है। इसी में मन की नौका डगमगाती रहती है। न चाहते हुए भी मेवाती का रिश्ता पाकिस्तान से बना रहता है।" रिश्तों की टूटन का विषाद प्रेमचन्दजी ने 'महाजनी सभ्यता' आलेख में जिस पीड़ा से लिखा है उसकी प्रतिध्वनि डॉ. जीवनसिंह के आलेख में सघनता से अनुगुंजित होती है।

'मेरा गाँव-मेरा मेवात' आलेख जीवनसिंह के मार्क्सवादी नज़रिये और गाँव की बहु-आयामी रसमय सांस्कृतिक-परम्पराओं को समझाने में मदद करता है। उनकी नज़र में गाँव बहु-आयामी संस्कृति की अविछिन्न इकाई है; उसी अविछिन्नता को बनाए रखने के लिए एक-सी आर्थिक-संरचना है। यह वृहत् आर्थिक-समायोजन साम्प्रदायिक-कुटिलताओं या पूँजीवादी स्वार्थों से आहत नहीं है। इसे प्रमाणित करने के लिए जीवनसिंह गाँव की साझा श्रम-संस्कृति का उदाहरण देते हुए लिखते हैं, "एक समय था जब कुआँ किसान की सब से बड़ी दौलत माना जाता था। कुआँ चाहे किसी व्यक्ति या परिवार का हो लेकिन उसके निर्माण में सामूहिक श्रमदान का योग लगभग पूरा गाँव किया करता था।...कुआँ भले ही वह एक व्यक्ति का हो लेकिन भावना यह रहती थी कि उसके पानी से दूसरे लोग बौसाएँगे और अपनी मंज़िलें तय करते राहगीरों की प्यास बुझेगी, चिड़ी-चुंगला और ढोर-डंगरों को भी कोई दिक्कत नहीं होगी। इस भावना के आलोक में कुआँ निर्माण का काम 'धर्म' का सबसे बड़ा काम माना जाता था।"

गाँव-सुख और समाज का यह 'यूटोपिया' जीवनसिंह की यादों में कई तरह से रचा-बसा है। जुरहरा की रामलीला, ताजियों का मेला या दशहरा के दिनों की उनके परिवार से जुड़ी रस्में, शेख मीर के मजार के पीड़ा-हरण चमत्कार और ऐसी अनेक स्मृतियाँ उन्हें मेवात के सांस्कृतिक-जीवन को अक्षय निधि लगती हैं। जो राम प्रसंग 'बाबरी मस्जिद' ध्वस्त करने और हमेशा-हमेशा के लिए हिन्दू-मुसलमानों के बीच सांस्कृतिक-अलगाव का प्रमुख कारण बना उसका पछतावा करते हुए

जीवनसिंह ने लिखा : "इस्लाम मतावलम्बी होने के बावजूद मेवों को रामलीला से कोई परहेज नहीं रहा, वे रामलीला को पूरे गाँव के सांस्कृतिक आयोजन के रूप में देखते हैं जैसे 'ताजिये' के मेले को हिन्दू भी अपने गाँव का मेला ही मानते थे। मेवात में इनकी प्रसिद्धि जुरहरा की 'रामलीला' और जुरहरा के 'ताजियों' की तरह रही है।"

जुरहरा गाँव की सांस्कृतिक चेतना की मूलाधार 'रामलीला' के प्रति जीवनसिंह का अघट उत्साह उन्हें रामलीला मंच पर ले जाता है। अच्छे-ख़ासे हिन्दी-साहित्य के विद्वान्, गवर्नमेन्ट कॉलेज के लेक्चरर लूगड़ी ओढ़कर दो वर्ष तक लक्ष्मण की माँ सुमित्रा का पार्ट अदा करते हैं। फिर एक दिन हँसते-हँसते मुझे बताते हैं कि उन्होंने लंकापति रावण का अभिनय किया है। मैं देर तक उनके स्वभाव की सहजता और प्रसन्न मुख छवियों को रावण की क्रूर मुखाकृतियों और चारित्रिक कुटिलताओं से मिलाता बेतहाशा हँसता हूँ। मेरे इस प्रश्न पर कि राजपूत कुल की मर्यादा कोई बाधा नहीं बनी? जीवनसिंह ने उत्तर दिया : "खुद को 'डी-क्लास करने और जाति, कुल, सम्प्रदाय, पद का अहंकार तोड़ने का यही अवसर और तरीका उपयुक्त लगा।" गाँव के लोगों में अब उस भाईचारे का भाव, जिसे जीवनसिंह ने देखा है, बिखरा देखकर उनके मन में अपार क्लेश और क्रोध है। रिश्तों की इस टूटन और संवेदनाहीन होते समय पर उन्होंने अपने आलेख 'मेरा गाँव-मेरा मेवात' में बार-बार नाराज़गी और सन्ताप प्रकट किया है। लिखा है, "कैसी विडम्बना है कि अज्ञानता-जड़ता और गरीबी के साथ में लोगों के सांस्कृतिक रिश्ते ज़्यादा मजबूत और सहज थे और आज जब कि ज्ञान-विज्ञान दोनों का प्रभाव बढ़ा तो एक ओर तो अलगाव और दूरियाँ ज्यादा बढ़ीं और दूसरी ओर धर्म के नाम पर चलने वाली जड़ता और संकीर्णताएँ नए-नए वेश धारण कर जीवन पर हावी हो गईं। राजनीति ने धर्म का दुरुपयोग किया।"

गाँव की इस अपार सांस्कृतिक सम्पदा पर गर्व करते प्रसन्न जीवनसिंह वहाँ की कृषि-आधारित अर्थ-व्यवस्था से असन्तुष्ट और खिन्न हैं। इस अन्तर्विरोधी विश्लेषण को समझना कठिन है क्योंकि गाँवों की समृद्ध सांस्कृतिक पूँजी, वहाँ की इस व्यवस्था के चलते अक्षुण्ण, अक्षरित रही है। स्वयं लेखक पूर्व उद्धृत वक्तव्य में यही कहते हैं और सन्ताप भी करते हैं कि आज ज्ञान-विज्ञान की रोशनी में अलगाव और दूरियाँ बढ़ गई हैं और मानवीय रिश्तों में गहरी दरारें नज़र आने लगी हैं। तब वे छिटककर सहसा नई संस्कृति (रामलीला, दशहरा, ताजिया मेलों से हटकर) के चरित्र की प्रशंसा क्यों करने लगते हैं? "शहरी जीवन में नए निश्ते बन रहे हैं। गाँव अभी भी कृषि पर आधारित व्यवस्था के बाहर नहीं निकल पाए हैं इसलिए वहाँ पुराने रिश्तों को ही स्वीकृति प्राप्त है।" (मेरा गाँव, मेरा मेवात)।

इस हस्तक्षेप को यदि कुछ समय के लिए नज़रन्दाज कर दें तो हमें जुरहरा की ज़मीन-आकाश, ऋतुओं, उत्सवों, परम्पराओं, उत्सव-पर्वों, परिवार के स्वजन-परिजनों से सहज जुड़े, उन्हें बार-बार अपने जीवनराग से जोड़ते प्रसन्न जीवनसिंह फिर मिल जाएँगे। देखने की बात यह है कि यह 'आसक्ति' किसी कार्य-कारण भाव से व्याख्यायित नहीं होती—गो कि किसी बुद्धिवादी को वह निहायत भुरभुरी और भावुकता-पूर्ण, 'नोस्टेलजिया' और बुर्जुआ क़िस्म की चाहत लग सकती है। जीवनसिंह अपने एक अन्य आलेख, जिसे वे ललित निबन्ध कहते हैं, 'गाँव की तीसरी आँख' में लिखते हैं,... "लेकिन संस्कृति की दुहाई देने वाले मुझे जितने लोभ-लालच और सत्ता कर्म में लिप्त दिखाई देते हैं उतने सामान्य जन नहीं। इसलिए आज भी मेरा मन बार-बार अपने गाँव, अपनी जन्म-भूमि की ओर भागता है यद्यपि वहाँ घोर अभाव, असुविधा, अशिक्षा, अंध-विश्वास व रूढ़ियों की उर्वर स्थितियाँ आज भी बनी हुई हैं। इसके बावजूद कुछ वहाँ मिल जाता है जो निरन्तर मेरी मनुष्यता और उसकी स्मृतियों को तरोताजा बना देता है।"

गाँवों की जिन उत्कृष्टताओं पर जीवनसिंह रीझे हुए हैं वे 'सामूहिकता, 'साधारणता' और 'सरलता' हैं। शहरी लोगों के आत्म-सम्मोहन और आत्म-विज्ञापन के लालच से वे त्रस्त हैं। गाँव के सरल, साधु-मना लोगों में आत्म-मुग्धता के दुर्गुण का अभाव उन्हें प्रसन्न किए रहता है। 'गाँव की तीसरी आँख' ललित निबन्ध को मैं किंचित असमंजस के साथ पढ़ता हूँ और उनके मार्क्सवादी नज़रिये को मैथिलीशरण की उस पंक्ति से टकराता रहता हूँ : अहा! ग्राम जीवन भी क्या है। क्यों न इसे सबका मनचाहे, संवेदना और ज्ञान में विभाजित इक्कीसवीं सदी में जीवनसिंह संवेदना पक्ष के प्रतिनिधि, साहित्यकार, प्रशंसक, कॉमरेड, शिक्षक-साथी नज़र आते हैं। शायद उनका ग्राम-संस्कृति के लिए प्रगाढ़ स्नेह इन मानवीय संवेदनाओं और सरोकारों के कारण ही हो।

भाई जीवनसिंह से साहित्य-गोष्ठियों और अन्य प्रसंगों पर अनेक बार मिला हूँ। राजस्थान के साहित्यिक-सांस्कृतिक मंचों पर वे खुश-मिज़ाज प्रसन्न-चित्त, विद्वान और लोक-धर्मी अवधारणाओं के जिद्दी समर्थक हैं। वर्षों पहले ब्रज के 'कामां' नगर में उनके साथ रहने की याद अब भी बनी है। यह गोष्ठी राजस्थान साहित्य अकादमी ने आयोजित की थी। ठहरने की व्यवस्था में जीवनसिंह और मैं एक ही कक्ष में थे। गोष्ठी के उपरान्त सर्दियों की उन रातों में हम रीतिकालीन कवियों की विलास-प्रियता की निन्दा करते हुए उनकी रसिकता के प्रशंसक बने कवित्त-सवैये सुनाते-सुनाते सो जाते। जीवनसिंह मध्यकालीन कवियों की रचना-निपुणता के प्रशंसक हैं और आज के कवियों के लय-छन्द रहित कविता—रचना के नाराज़ समीक्षक। 'कामां' में हमने 'ब्रज-साहित्य अकादमी' की स्थापना का प्रस्ताव पारित किया। मैंने उस प्रस्ताव को प्रस्तुत किया था और (जहाँ तक मुझे

स्मरण है) जीवनसिंह ने उसका अनुमोदन करते हुए प्रस्ताव के महत्त्व पर छोटा सा व्याख्यान दिया था। कुछ साहित्यकारों ने इस प्रस्ताव को यश अर्जित करने का प्रयत्न कहकर हँसी उड़ाई थी। मैंने भी उस दिन कम ही विश्वास किया था जब मुझे किसी ने सरकार द्वारा इस प्रस्ताव के स्वीकृत करने और ब्रज साहित्य अकादमी स्थापित करने की सूचना दी।

'कामां' की गोष्ठी से जीवनसिंह अत्यन्त प्रसन्न थे। यह नगर लोक-कला प्रदर्शनकारियों का केन्द्र है। आयोजक स्व. कवि रामशरण पीतलिया ने एक रात रास लीला के एक प्रसंग के प्रदर्शन का प्रबन्ध किया था। बड़ी संख्या में दर्शक (स्त्री-पुरुष) आए थे जो बार-बार तालियाँ बजा-बजाकर आशु-कवियों, लोक-गायकों, नर्तकों, कलाकारों का उत्साह-वर्धन करते थे। जीवनसिंह दर्शक-समुदाय के सहज भाग हो गए थे। मैं अभिजात्य कलाओं का प्रशंसक होने के कारण न तो रासलीला को एकाग्रता से देख सका और न उन सहज अभिव्यक्त होने वाली अभिनय भंगिमाओं को सराह सका जिन्हें जीवनसिंह सराहते रहे। तब मुझे लगा कि दरसल वे मन से, संस्कारों से, स्वभाव से अपनी जन्मभूमि, अपने गाँव में रचे-बसे हैं।

मई-जून का इन्तज़ार रहता। कुछ वर्ष पहले राजस्थान विश्वविद्यालय ने उत्तर-पुस्तिकाएँ सामूहिक रूप से जँचवाने की योजना बनाई थी। जयपुर में उत्तर-पुस्तिकाएँ जाँचने के लिए विविध विषयों के प्राध्यापक आते थे। परीक्षा-कार्य के साथ यह एक तरह का मिलन-उत्सव होता। मैं हर वर्ष इस उत्सव में उमंग के साथ जाता और पुनर्नवा होकर लौटता। परीक्षक एक बड़े कमरे में बैठते। यहाँ मैं जीवनसिंह के साथ बैठता। उनके साथ बैठते मैं हमेशा प्रीतिकर पड़ोस का अनुभव करता। मैं प्राय: उन्हें रीतिकालीन कवियों के रस-रंजित श्रृंगार के कवित्त-सवैयों की पंक्तियाँ सुनाता। सुनते ही वे कॉपी जाँचने का काम छोड़कर अपनी रीझ या खीझ ज़ाहिर करते। उनकी खीज मत्सर-रहित होती, रीझ तो मुक्त हँसी के साथ कमरे को अनुगुंजित कर ही देती। इस रस-विनोद में कई बार दूसरे साथी अपना-अपना स्थान छोड़कर हमारे पास आ जाते।

बीच-बीच में चाय और छोटी-छोटी कचौरियाँ मिलतीं। चाय प्राय: इतनी कम होती कि मैं उसकी तुलना मन्दिर में मिलने वाले आचमन से करता। एक दिन मैंने एक दोहा चाय, कचौरी की मात्रा और आकार पर सुनाकर सब परीक्षकों को आनन्दित कर दिया। जब डिप्टी रजिस्ट्रार आए तो मित्रों के आग्रह पर उन्हें भी सुनाया गया। वे झेंप गए। परिणाम अच्छा निकला। चाय अधिक मात्रा में मिलने लगी, कचौरी का आकार बड़ा हो गया। 'त्वरित दोहों' का सबसे अधिक आनन्द जीवनसिंह लेते। धीरे-धीरे दोहे बनने की रफ्तार और विषय-वस्तु का विस्तार होने लगा। दोहों में मैं परीक्षण कार्य की 'फटाफट शैली' और लापरवाहियों की

खिल्ली उड़ाता हँसाने लगा। विनोदपूर्ण एक दोहा मैंने जीवनसिंह पर ही लिख दिया, जो इस प्रकार था :

कछु बाँची, जाँची नहीं, अंक सबन पै दीन।
तुम्हरी समता को करे जीवनसिंह प्रवीन॥

परीक्षा-केन्द्र की केन्टीन में हम दोनों और कई मित्र साथ-साथ भोजन करते। इस रूखे, रस-हीन भोजन को हम 'प्रेतान्न' कहते। यह प्रयोग विश्वविद्यालय ने दो-तीन या शायद ज्यादा वर्ष चलाया लेकिन अब तो वे दिन चले गए। फोन पर एक दिन जीवनसिंह ने बताया कि उन्होंने स्वैच्छिक सेना-निवृत्ति ले ली है।

जीवनसिंह से मिलने के अनेक औपचारिक-अनौपचारिक अवसर आए हैं लेकिन उनके साहित्यालोचन के प्रतिमानों पर कभी जमकर या खुलकर बात नहीं हुई। बातचीत के ज्यादातर दायरे 'जागतिक सन्ताप' या मीडिया का मायाजाल अथवा साहित्यिक पत्र-पत्रिकाओं और उनके सम्पादकों की राजनीति, अवसरवादिता, दुचित्तापन तक ही सीमित रहा। एक संकोच यह भी रहा कि मैं उनकी साहित्यिक अभिरुचियों और उनके प्रिय साहित्यकारों को जानता था जिनकी गुणवत्ता पर बात, विचार या बहस करना मुझे शालीनता के विपरीत लगता। मुझे किंचित आभास वह भी रहा कि लोहिया-प्रशंसक होने के कारण अच्छे कवि या मझोले कवि के रूप में भी मैं उनके लिए अनुल्लेखनीय हूँ। लोहिया-प्रशंसक समाजवादियों के प्रति अपनी अरुचि को डॉ. महेशचन्द्र पुनेठा से बातचीत करते उन्होंने यों प्रकट किया है—"समाजवादी दर्शन के नाम पर हमारे देश में राममनोहर लोहिया के अनुयायी भी हैं और कार्ल मार्क्स की धारा के भी। इन में कुछ प्रवृत्तियों के मामले में दोनों में कुछ समानताएँ हो सकती हैं किन्तु पूँजीवादी व्यवस्था के विरुद्ध जो वैकल्पिक समग्रता कार्ल मार्क्स के दर्शन में है वह लोहिया के यहाँ नहीं।" तब भी एक सुहृद मित्र की तरह मैं उनकी ज़रूरत अनुभव करता रहा।

डॉ. जीवनसिंह हिन्दी के साहित्यकारों में मार्क्सवादी समीक्षक और साहित्यिक निबन्धकार की तरह पहचाने जाते हैं। उनकी तीन पुस्तकें 'कविता और कवि-कर्म', 'कविता की लोक प्रकृति', तथा 'शब्द और संस्कृति' प्रकाशित हैं। 'कविता और कवि कर्म' राजस्थान साहित्य अकादमी के सर्वोच्च पुरस्कार 'मीराँ पुरस्कार' में चयनित हो चुकी है। प्रयत्न करने पर भी 'कविता और कवि-कर्म' तथा 'कविता की लोक प्रकृति ' पुस्तकें अप्राप्य रहीं जिनकी क्षतिपूर्ति मैंने महेशचन्द्र पुनेठा की जीवनसिंह से बातचीत से' की है। यह बातचीत 'लोकगंगा' पत्रिका के दो अंकों में 'कविता के पाठक का संकट हमारी व्यवस्था का संकट भी है' शीर्षक से छपी है। इस बातचीत के अनेक अंश भावुकतापूर्ण हैं लेकिन पूरी बातचीत

आधुनिक प्रगतिशील कविता के स्वभाव को समझाने में मदद करती है। प्राय: जीवनसिंह अपने आलोचना निबन्धों में विदुषत्व की मर्यादाओं और भाषा-संयम को कायम रखते हैं। लेकिन इस बातचीत में वे 'उग्र, उपदेशक' नज़र आते हैं।

'शब्द और संस्कृति' में जीवनसिंह के कविता, संस्कृति और भाषा के बारे में लिखे लेख हैं। ये विभिन्न महाविद्यालयों, सेमिनारों गोष्ठी मंचों से पढ़े गए हैं। कहीं भी पढ़े गए हो लेकिन वे हमारे समय की विलासिता, अहंकार, विकृत धर्म-हुंकारों, उपभोक्तावादी अप-संस्कृति के दुर्गुणों को प्रकट करते हैं।

जीवनसिंह कभी विनम्रता और कभी हेकड़ी के साथ समय, समाज की विवेचना, समीक्षा और साहित्य के सौन्दर्यमय, आशावादी प्रतिविश्व का अंकन करते हमेशा महत्त्व के बने रहते हैं।

समर्पित अध्यापक : मास्साब रामचन्द्रजी

रामचन्द्रजी मास्साब से मुझे खूब डर लगता था। उन्हें जब अपने घर की तरफ आता देखता तो डरकर उस सीलन भरे अँधेरे कमरे में छिप जाता जहाँ मैं अन्यथा जाना बेहद ना पसन्द करता था। इस कमरे में जाने के विचार से ही मेरा जी घबराने लगता। मुझे ऐसा लगता जैसे मुझे उल्टियाँ होने लगेंगी। लेकिन मास्साब का ऐसा डर लगता कि यह कमरा ही मेरी शरणस्थली होता और मैं मजे से वहाँ तब तक बैठा रहता जब तक वे दूर तक न चले गए होते-गढ़ के दरवाज़े तक।

रामचन्द्रजी मास्साब मेरे पिताजी से कभी-कभी मिलने आते थे। जब आते तो मुझे यही लगता कि वे मेरे बारे में ही कहने आए होंगे; मेरी शिकायत करने। लेकिन ऐसा नहीं था। वे दरअसल महाराजा भीमसिंहजी के बेटे को पढ़ाने जाते थे। हमारा घर उनके रास्ते में पड़ता था। महाराजा भीमसिंह झालावाड़ राज्य के प्रतिष्ठित सरदार थे। मैं गणित में लज्जाजनक सीमा तक फिसड्डी था। इस सीमा तक कि नवीं क्लास की वार्षिक परीक्षा में गणितवाले प्रश्न-पत्र में मुझे पचास में से सिर्फ दो अंक मिले थे, शायद कुछ अंक दूसरे प्रश्न-पत्र में मिल गए हों जिसमें, एलजेब्रा, ज्यमिति, शामिल थे। लेकिन मैं नवीं में फेल हो गया। ज्यामिति के बहुत-से शब्दों की परिभाषाएँ और शब्द मेरी समझ में नहीं आते थे लेकिन मैंने उन्हें कंठस्थ कर लिया था। उस समय मैं 'एडसेन्ट एँगल और टेंजेन्ट' के बारे में कुछ नहीं जानता था, सिर्फ 'शब्द' जानता था। एलजेब्रा का मुझे कोई उपयोग नहीं लगता था। मैं सपनों में बार-बार गणित की परीक्षा देता और पास में बैठे दूसरे परीक्षार्थी की नकल करते पकड़ा जाता। ज्यों-त्यों दसवीं पास हुआ और गणित से मुक्ति मिली।

मास्साब रामचन्द्रजी गणित पढ़ाते थे। वी बी.एस-सी. थे जिन्हें झालावाड़ के तत्कालीन नरेश महाराज भवानीसिंह ने प्रगतिशील शैक्षिक योजना के अन्तर्गत आगरा भेजकर विज्ञान-स्नातक बनाया था। मास्साब दलित वर्ग की मोची-जाति के सदस्य थे। उन्हें राजकीय अनुदान देकर शिक्षित करने के कारण झालावाड़ राज्य की कीर्ति 'राजपूताना' की प्रगतिशील रियासतों में हो गई थी। अकेले मास्साब ही नहीं हर साल झालावाड़ से एक प्रतिभाशाली व्यक्ति राज्य की

तरफ से स्नातक होने के लिए उत्तर प्रदेश के किसी-न-किसी विश्वविद्यालय में भेजा जाता रहा।

1934 में हम (माँ और तीन भाई) पैतृक-नगर झालावाड़ में स्थायी रूप से रहने के लिए आ गए। मेरे पिता इसके पूर्व उदयपुर रहे जहाँ सामन्तों के एक वर्ग ने उन्हें अपमानित करना शुरू कर दिया था। जब हम झालावाड़ आए तब इस छोटे से नगर में बिजली नहीं थी। पिता एक सात रंगों वाला 'दीप-घर' ले आए थे, जिसे माँ शाम को जला देती थीं। मैं उसकी रंग-बिरंगी आभा के साथ कुछ देर पढ़ता और जल्दी ही सो जाता। उन दिनों की यादों में यह सात रंगों वाली लालटेन तक मेरे अवचेतन में अब तक धीमी सी, कभी लाल, कभी पीले, कभी हरे रंगों की रोशनी के साथ प्रज्वलित है; माँ-पिता की तारुण्य-मुक्त सुदर्शन छवियों के साथ।

मैं जहाँ तक अन्दाज़ लगा सकता हूँ मास्साब के मन में कोई 'हीनता ग्रंथि' या अपनी जाति को लेकर कोई तनाव नहीं था। या था तो एक स्थापित और कठोर सामन्ती, कुली, वर्चस्ववादी व्यवस्था में वे स्वयं को असहाय और अकेला पाते थे। उस किशोर आयु में मैं केवल यही देख सकता कि वे स्कूल से लौट कर अपनी दुकान पर चले जाते और अपने पैतृक व्यवसाय में लग जाते। मास्साब के भाई अपनी आजीविका के लिए जूतियाँ बनाते थे। नगर के दक्षिणी इलाके में 'मोची मोहल्ला' था, (शायद अब भी इसी नाम से हो) वहीं दूसरी दुकानों से थोड़ी ऊँची दुकान पर बी.एस-सी. पास, कुशाग्र बुद्धि गणित अध्यापक 'रामचन्द्र' को पूरी तत्परता से अपना पैतृक व्यवसाय करते, देखा जा सकता था। मेरे पिता वही जूतियाँ पहनते थे। जब कभी मुझे पहनाने होते वहीं ले जाते। तब मैं उनका ग्राहक होता विद्यार्थी नहीं। प्राय: उनके भाई मुझे जूतियाँ पहना-पहना कर देखते। मास्साब बीड़ी पीते रहते। तब एक रुपये में अच्छी मजबूत ख़ालिस चमड़े की जूतियाँ पहन आता था। भाई द्वारा अपने ब्राह्मण विद्यार्थी को जूतियाँ पहनाते देखकर मास्टर रामचन्द्रजी के मनोभावों को उस समय, उस छोटी उम्र में समझने की मेरे पास कोई युक्ति नहीं थी। न आयु, न ज्ञान, न विषमतावादी समाज-रचना के विश्लेषण की क्षमता, न मनोवैज्ञानिक सिद्धान्तों की समझ। अध्यात्म के यश की पुरानी धुंध में लिपटे सुरक्षित सामन्ती समाज में मास्साब का बी.एस-सी. पास होना, दुकान पर बैठकर राँपी से चमड़ा काटकर जूतियाँ बनाना, भावहीन होकर कुलीन अभिजनों को पहनाना सब एक अन्तर्दाहकारी त्रासदी थी।

नवीं क्लास में फेल हो जाने का मुझे कष्ट था और मैं डर भी गया था कि कहीं दूसरी बार भी ऐसी ही दुर्गति न हो। लेकिन तब के दिनों में फेल होना कोई बड़ी लज्जाजनक घटना न थी। पढ़ने का कोई ख़ास महत्त्व नहीं था। मैट्रिक पास होना काफी था। बी.ए. पास होना तो उल्लेखनीय था। मेरे पिता एक मनोरंजक

वृत्तान्त भी सुनाते थे। कहते थे कि झालावाड़ नरेश महाराज भवानीसिंहजी से सारोला (एक ठिकाना) के महाराज ने किंचित लज्जा और विनोद भाव से पूछा, "सूण्यौ छै क आपणे अठै चौबे दम्मीलाल 'बय' (बी.ए. का अपभ्रंश और 'बया' पक्षी का हाड़ौती रूप) आयो छै तो काँई विशेष पक्षों का गुण राख छै, अन्दाता?" महाराजा भवानीसिंह जी ने हँसते हुए कहा, "नहीं, महाराजा सा. अपने यहाँ जैसे 'विशारद' या शास्त्री होते हैं वैसे विदेश में बी.ए. होते हैं।" हमारे स्कूल के हेडमास्टर लाला सन्तराम बी.ए. थे। जो बाहर से आए थे। वे अपने नाम से कम, बी.ए. पास होने से अधिक प्रसिद्ध थे। लेकिन यह सब दूर की कौड़ी थी। अभी मुझे नवीं क्लास की घाटी पार करनी थी। हिन्दी के अतिरिक्त सब विषय अंग्रेज़ी में पढ़ने पढ़ते थे। ज्यॉग्राफी की एक बड़ी पुस्तक, जिसके लेखक उडले स्टग्म थे, कठिन अंग्रेज़ी में थी। साइंस की कई अवधारणाएँ थीं जो मेरी समझ में नहीं आती थीं। इस समग्र अवसाद में जो 'शाबासी' मुझे कविता के कारण मिल रही थी वही कवच थी। मैं उसी को पहनकर अपने स्कूल और नगर में इतराया-सा रहता था।

मेरे पिता ने मेरी घबराहट जान ली थी और मास्साब रामचन्द्रजी के यहाँ 'ट्यूशन' की व्यवस्था कर दी। मैं मास्साब के घर जाने लगा था। वहाँ विद्यार्थियों की भीड़ न थी, न कहीं कोई प्रतिस्पर्धी भाव था, न महत्त्वाकांक्षा और न ही उनके भविष्य की कामना। मास्साब के यहाँ जाने से मुझमें 'आत्म-विश्वास' जैसा भाव पैदा हो गया। मास्साब का कमरा ठंडा था और सब प्रकार के 'टीम-टाम' से मुक्त मैं एक बैंच पर बैठकर वे सवाल करता रहता जो वे बता जाते थे। जब कभी कोई कठिनाई आती वे मदद करते। उन्होंने कभी स्थिर होकर नहीं पढ़ाया। मुझे काम बताकर वे दुकान पर चले जाते। उन्होंने मुझे अपनी कमज़ोरी के लिए न कभी लताड़ा, न लज्जित किया या कि हाथ उठाया। उनका घर पारम्परिक रूप से साधारण था।

मास्साब स्कूल में अलीगढ़ी पायजामा शेरवानीनुमा कोट और काली टोपी पहनकर आते थे। वे किंचित लँगड़ाकर चलते थे। स्कूल में उनका रूआब था। लम्बे शैक्षिक अनुभव के कारण उन्हें पाठ्य-क्रम की विषय-वस्तु कंठस्थ हो गई थी। पूरी शिक्षा एक कर्मकांड में बदली हुई थी, नीरस, उबाऊ और यांत्रिक। शिक्षक न हँसते थे न विद्यार्थियों को हँसने देते। मैं ठीक से उन कारणों को नहीं बता पाऊँगा कि उन दिनों अध्यापकों के ट्यूशन-बाजार में इतनी मन्दी क्यों थी? अंग्रेज़ी और मैथेमेटिक्स जैसे कठिन विषयों के अध्यापकों की ट्यूशन से उल्लेखनीय आमदनी नहीं थी। मैं कुछ दिनों अंग्रेज़ी के अध्यापक हीरालालजी के यहाँ पढ़ने गया जहाँ मुश्किल से कोई ट्यूशनार्थी देखा हो।

स्कूल में मास्साब रामचन्द्रजी नियमित और निष्ठापूर्वक पढ़ाने वाले अध्यापकों की श्रेणी में थे। हम, उनके विद्यार्थी, अचरज करते कि हमारे शिक्षकों को कभी

बुखार तक नहीं आता और न वे कभी अवकाश लेते हैं। दस बजे से चार बजे तक स्कूल में निर्विघ्न पढ़ाई चलती। स्कूल में एक भी लड़की या अध्यापिका नहीं थी। शहर में भी छोटी जाति की इक्की-दुक्की स्त्री या तरकारी बेचने वाली उम्रदराज मालिनें या कुँजड़िनें नज़र आतीं।

रामचन्द्रजी मास्साब और उस समय के प्रसिद्ध लेखक पं. रामनिवास जी (हिन्दी अध्यापक) के बीच मधुर सम्बन्ध थे। वे दोनों आर्यसमाजी थे। आर्य-समाज उन दिनों दलितों का पक्षधर और हिन्दू समाज की एकता का प्रबल हिमायती था। मास्साब और पंडितजी दोनों राष्ट्रवादी मुख्यधारा के समर्थक और समर्पित अध्यापक के रूप में प्रतिष्ठित थे।

स्कूल में 'रेड क्रास सोसायटी' की शाखा इच्छुक विद्यार्थियों को सेवा कार्यों के लिए प्रेरित करती थी। मास्साब इसके प्रभारी थे। शरद ऋतु के आते ही कार्तिक मेले की तैयारियाँ शुरू हो जातीं। चन्द्रभागा के नीले जलवाले तटों पर छोटी-छोटी छोलदारियों का गाँव बस जाता।

दूर-दूर के राज्यों से आए सुन्दर, सुदर्शन पुष्ट बेलों और उनके मालिकों की गाड़ियाँ विशाल नदी के तट के मैदान में नज़र आने लगतीं। मास्साब रामचन्द्रजी के नेतृत्व में हमारे टैंट लग जाते और ज़मीन पर हमारे बिस्तर। दिन में हम रेडक्रास सोसायटी के छोटे 'वालिन्टियर' मेले में छपे हुए कागज बाँटते जिनमें बीमारियों से बचने की हिदायतें लिखी होतीं। मेले में जहाँ-कहीं पाँच-सात स्त्रियों-पुरुषों का झुंड होता हम भाषण देते या हमारे छपे 'पेम्फलेटों' में छपे बीमारियों की रोक-थाम के उपाय पढ़कर सुनाते। शाम को मास्साब 'मेजिक लालटेन' से मलेरिया या नारू चेचक-हैजा आदि के दुष्प्रभावों की तस्वीरें (स्लाइड्स) दिखाकर गाँववालों को स्वास्थ्य-सम्बन्धी जानकारियाँ देते। कैम्प ख़त्म होने के साथ हमें उपयोगी वस्तुएँ देकर, पुरष्कृत किया जाता। मुझे एक बार काँच का 'कलम-दान' दिया था जिसे माँ न जाने कितनी महिलाओं को दिखा-दिखाकर आनन्दित होती रही। मास्साब इस तरह कई सालों तक हमारे स्मृति में बसे रहे।

हमारी दसवीं (मेट्रिक) का परीक्षा केन्द्र उज्जैन था। मार्च के शुरू होते ही विद्यार्थियों के मन में परीक्षा की चिन्ता और यात्रा का उल्लास समा जाता। झालरापाटन के प्रतिष्ठित सेठ सर विनोदीराम वालचन्द की धर्मशाला में ठहरने का इन्तज़ाम हो चुका था। हमारे संरक्षक मास्साब रामचन्द्रजी थे। वे मेरे पासवाले कमरे में थे। साथ रहकर भी उन्होंने कभी अपनी 'मास्टरी' नहीं जताई। धर्मशाला में 'खटमलों' का बाहुल्य था। वहाँ के अधिकांश मकान लकड़ी के बने थे जिनमें 'खटमल' दिन भर आराम से रहकर रात में रहने वालों का 'खून' पीने के लिए आजाद थे।

दसवीं पास करने के बाद मैं अपने पितृ-नगर से दूसरे नगरों में पढ़ने के लिए जाने लगा। झालावाड़ आना-जाना कम हो गया। रामचन्द्र जी मास्साब के

बारे में इतना ही जाना कि झालावाड़ के आरक्षित विधान-सभा क्षेत्र 'डग' के एम.एल.ए. (काँ.) चुने गए। बाद में उनके देहावसान के समाचार से मैं दिनों तक विचलित रहा।

मुझे लगता है मास्साब ने एक वर्णवादी सामन्ती समाज की सारी अवमाननाएँ नि:शब्द होकर सहीं। वे विषमतावादी समाज में शान्त, योग्य गणित के अध्यापक होकर भी अपने भाइयों के साथ बिना किसी हीनताबोध के जूतियाँ बनाते और पहनाते रहे। उनके विधायक काल की उपलब्धियों से मैं अनभिज्ञ रहा। वैसे भी विभाजित वर्णवादी व्यवस्था में कुलीनों की उपलब्धियों का ही कीर्तन होता है या धन्ना सेठों का!

नेमीचन्द भावुक : गांधीवाद का सक्रिय प्रमाण

बहुत पहले कार्ल मार्क्स ने दार्शनिकों से मुखातिब होते हुए कहा था कि दुनिया की व्याख्या तो खूब और कई बार हुई पर सवाल तो उसे बदलने का है। बाद में इसी भंगिमा से राहुलजी ने लगभग एक नारा देते हुए लिखा-'भागो मत, दुनिया को बदलो।' ध्यान से देखें तो बदलने का काम ही कठिन है, लेकिन कहने जैसा भी नहीं है। 'कहना' एक लुभावना विज्ञापन है।

भावुकजी के बारे में यह कहा जाना चाहिए कि वे कथनी के नहीं, करनी के आदमी हैं और इसलिए दुनिया को बदलने की छोटी-छोटी कोशिशों में उनकी उत्साहजनक उपस्थिति देखी जा सकती है। जिस तरह का राजनीतिक या सामाजिक उन्माद इन दिनों प्रचलित है, उनमें बड़ी-बड़ी बातों का कहना भी शामिल किया जाना चाहिए, लेकिन उनके यथास्थिति में रत्तीभर बदलाव नहीं होता—एक अविश्वास और दर्पोक्ति-कथन की चतुराई ज़रूर फैलती-पसरती रहती है। भावुकजी ने इस तरह की वाचालता से बचकर जो ज़िन्दगी का रास्ता चुना, वह किसी भी नगर, किसी भी समाज, किसी भी समय को सराहना और यश देता है।

भावुकजी मुझे कैसे जानने लगे, इसका कोई सूत्र मेरे पास नहीं है, लेकिन मैं कोई अन्दाज़ा लगाऊँ तो इस नतीजे पर पहुँच सकता हूँ कि वह शायद कोटा से प्रकाशित होने वाला साप्ताहिक अख़बार 'जय हिन्द' हो सकता है, जिसमें मैं कविताएँ लिखता था और राजस्थान के राजनीतिक-सामाजिक बदलाव की सम्भावनाओं पर नज़र डालता रहता था। उन दिनों लघु समान्तर पत्रों का परिवार वृहद् सामाजिक प्रयोजनों से जिस तरह जुड़ा था, उसी तरह वैयक्तिक रिश्तों, रुचियों और परिचयों की सघनता तक चला गया था। समाचार-पत्रों के लेखक, सम्पादक, उसके लिए ख़बरें भेजने वाले ग्राहक-संख्या बढ़ाने वाले हितैषी, सगे-सम्बन्धी, किसी एक कुटुम्ब की तरह पहचाने जाते थे। राजस्थान में सामन्तों की नृशंसता और कुशासन के विरुद्ध छोटे समाचार-पत्रों का जन-संघर्ष कई अर्थों में अद्वितीय था। उसी अद्वितीयता का एक हिस्सा यह था कि राजस्थान के किसी भाग से निकलने वाले छोटे पत्र का लेखक पूरे प्रान्त के सम्पादकों, लेखकों का जाना-पहचाना नाम होता था। इस प्रकार शायद मैं भावुकजी के परिचय में उनके थोड़ा नजदीक आ गया था।

नेमीचन्द, जहाँ तक मैं याद कर पाता हूँ, उन दिनों एक विश्वस्त, निस्पृह, गांधी-पन्थ के पत्रकार संवाददाता थे। उन्हें 'जन हितैषी' पत्रकारों की पंक्ति में आदर की जगह मिली हुई थी। उनकी आर्थिक ज़रूरतें सीमित थीं। 'जयहिन्द' सहित अनेक लघु समाचार-पत्रों की नि:शुल्क सेवा का आनन्द वे लेते थे। किसी भी समय जो सेवा कठिन साधना की श्रेणी में आती है, नेमीचन्दजी ने इसी सेवा का पथ चुना था। मुझे लगता है कि वह उनके स्वभाव का अनिवार्य हिस्सा था। सहज अनायास और अकारण।

अब जिस प्रसंग को मैं लिख रहा हूँ, वह समय की किसी धुंध से निकालकर लाया हुआ लग रहा है, कभी देखे हुए सपने को सुनाने का सुख या स्वाद जैसा होता है। बस दुबारा उसे ही पाने के लिए मैं उसे लिख रहा हूँ।

अन्तरप्रान्तीय कुमार साहित्य परिषद् का कहीं वार्षिकोत्सव है। जाने कहाँ! (अब कोशिश करके भी जगह का नाम याद नहीं कर पा रहा हूँ) लेकिन जोधपुर के बाहर। चालीस बरस पहले यात्रा इतनी सुविधापूर्ण नहीं थी और मैं उस तरह का साहसिक यात्री भी नहीं था कि झोली-झंडा उठाऊँ और चल दूँ। फिर मारवाड़ की तरह सब तरह की अनिश्चितताओं के बीच, लेकिन मैं भावुक जी की निगाहों में ज़रा भी कायर नहीं बनना चाहता था। हिम्मत करता हूँ और किसी एक पुरानी, उदास-सी जर्जर बस में बैठकर जोधपुर पहुँच जाता हूँ। यहाँ भावुकजी को सब लोग जानते हैं। कोई भी ताँगेवाला उनके घर तक ले जाने के लिए तैयार है। खुद को उनके नजदीक बताने का किंचित अतिशयोक्तिपूर्ण वर्णन करता है। एक ताँगे पर सवार होकर भावुकजी के घर पहुँच जाता हूँ।

जोधपुर के किसी सँकरे-से बाजार में भावुकजी रहते थे, क्या अब भी वे वहीं रहते हैं? (दरअसल अपनी इस लापरवाही पर मुझे दुख है कि अभी जब लन्दन-यात्रा में उनके साथ मैं रहा, तब मैंने उनकी ज़िन्दगी के पड़ाव और मंज़िलों के बारे में कुछ भी क्यों नहीं पूछा?) बहरहाल, वह एक खुशनुमा जगह थी और मैं इस बात से बहुत ज्यादा खुश था कि दिन की थका देने वाली यात्रा के बाद मैं किसी मायूस धर्मशाला या सराय में ठहरा हुआ नहीं था। भावुकजी के मकान में यह सुविधा थी कि कमरे के सामने छोटी छत थी, जो गर्मियों की रातों के लिए वरदान थी। भावुकजी दूसरे दिन की यात्रा को सुखद बनाने की तैयारियों में लगे थे। ज़ाहिर था कि वे घर देर से आएँगे। देर से ही आए, लेकिन उत्साह और उमंग से भरे-भरे युवकों को ज़िन्दगी के नए सपनों का अर्थ समझाने की उतावली में। भावुकजी में कहने जैसा कुछ भी नहीं है। कद-काठी या नयन-नक़्श, विद्वता या वचन-विदग्धता। ध्यान से देखने पर धैर्य से काम करने का उत्साह और सरलता से प्राप्त हुई सामाजिक निष्ठाओं को बचाने की चिन्ता से सिवा उनमें कुछ भी विशेष नज़र नहीं आता। पूर्व में आयोजित इन कस्बों के कार्यक्रमों के बारे में या

उनकी सफलताओं-असफलताओं की विवेचना करते हुए भावुकजी न अतिशयोक्ति करते हैं, न आत्मश्लाघा, न विस्तार। शायद वे मुझे आगाह कर रहे हों, एक शहरी मिज़ाजवाले, कवि-लेखक को कि जनोन्मुखी साहित्य-रचना के रास्ते कितने दुर्गम हैं और कस्बों-गाँवों का जीवन किन्हीं 'रोमेन्टिक कोरीडोरो' से होकर नहीं गुजरता। मैं देखता हूँ कि भावुकजी गाँवों-कस्बों के जीवन में साहित्य की रोशनी और खुशियाँ भर देना चाहते हैं और वहाँ के जीवन की दुर्लभ विसंगतियों से युवाओं को परिचित कराने का कठिन काम कर रहे हैं। यह काम करते हुए उनके मन में न अहंकार है और न कुछ अद्भुत कर दिखाने का हेकड़ीभरा उत्साह। ऐसा लगता है कि यह कर्म-पथ अपने आनन्द के लिए ही उन्होंने चुना है।

जोधपुर के बुद्धिजीवियों ने भावुकजी के इस कर्म-पथ को न तो क्रान्तिकारी माना और न सामाजिक बदलाव की दिशा में कोई अहमियत दी। इसका कारण उनकी (बुद्धिजीवियों) गांधीजी के साथ तकरार थी। जोधपुर के ज्यादातर बुद्धिजीवी या तो कम्युनिस्ट थे या रेडिकल ह्यूमनिस्ट, जो गांधीजी को 'पूँजीपतियों का दलाल' मानते थे और गांधीवादी जीवन-शैली का मजाक उड़ाते थे। भावुकजी की सरल जीवन-शैली और रचनात्मक हस्तक्षेप उनके दम्भपूर्ण दार्शनिक अन्दाज़ों को चुनौती देता था।

बहरहाल, जून के महीने की वह रात मैंने मिर्ची बाजारवाले उस छोटे-से मकान की छत पर गुजारी। उदयपुर की रातों की तरह ही यहाँ की रातें ठंडी और खुशनुमा थीं। नेमीचन्दजी की खाट मेरे पास ही थी। हम दोनों ही बातें करते-करते अचानक ही जाने कब सो गए थे।

अन्तरप्रान्तीय कुमार साहित्य परिषद् का यह वार्षिक उत्सव कहाँ होना था, इसका मुझे कोई अनुमान नहीं था। यह ज़रूर बता दिया गया था कि वह कस्बा जोधपुर से साठ-सत्तर मील की दूरी पर है। अगर सड़क पर रेत की परतें न चढ़ी हों तो वहाँ दो-ढाई घंटे में बस पहुँच जाएगी। भावुकजी जल्दी उठकर तैयार हो गए और मुझे भी तैयार कर दिया। वे बार-बार इस बात पर जोर देते थे कि यह यात्रा शहर के साहित्यकारों को गाँव के लोगों से मिलाने की है और यह भी कि शहरी युवा गाँव की असुविधाओं, असमानताओं के प्रति संवेदनशील हों।

यह दरअसल उसी गांधीवादी रचनात्मक आदर्शवाद का हिस्सा ही था, जो आख़िरी आदमी को जानने और उसकी अथाह गरीबी और विपन्नता से परिचित होने की इच्छा से आन्दोलित था, लेकिन अब जो केवल बातचीत का कारुणिक मुहावरा भर रह गया है। भावुकजी का यह निश्छल उत्साह मुझे फिर सपनों से भर देता था। दरअसल वे मेरे भी युवा मन के रूमानी सपने थे, जिन्हें मैंने उस समय की लिखी गई कविताओं में बार-बार अंकित किया था और जिनमें मैं अब भी मुक्त नहीं हूँ।

अन्तरप्रान्तीय कुमार साहित्य परिषद् का यह शिविर तीन दिन का था, जिसमें सुप्रसिद्ध कवि और नाट्य-लेखक हरिकृष्ण प्रेमी, विधिवेत्ता डॉ. लक्ष्मीमल्ल सिंघवी,

कवि प्रो. गणपतचन्द भंडारी शामिल हो रहे थे। हरिकृष्ण प्रेमी की छन्दोबद्ध भावुक रचनाएँ मैंने पहले सुन रखी थीं, लेकिन उनमें साहित्यकार के जिस रूप को मैं ज्यादा अच्छी तरह जानता था, वह नाटक-लेखक था। उनके नाटक उन दिनों पाठ्य-पुस्तकों में पढ़ाए जाते थे। उनका 'रक्षाबन्धन' नाटक प्रसिद्ध और लोकप्रिय था। उसमें हुमायूँ और कर्मवती की कथा थी, जिसमें हिन्दू-मुस्लिम प्रेम और एकता का प्रशस्त और चित्ताकर्षक सन्देश था। हरिकृष्ण प्रेमी मध्य प्रदेश के कांग्रेसी राजनेता गोपीकृष्ण विजयवर्गीय के भाई थे और अपने उदात्त राष्ट्रप्रेमी साहित्य लेखन के लिए सुविख्यात थे। उत्सव में उनके साथ रहने का अधिक समय नहीं मिला। ऐसे अवसर व्यस्तताओं के बीच गुज़र जाते हैं। एक लम्बा कर्मकांड और स्वागत-परिपाटियों का सिलसिला सबसे ज्यादा समय लेता है और थका देता है। मिलने और संवाद के अवसर घटते जाते हैं। इन्हीं सबके चलते हरिकृष्ण प्रेमीजी से सघन परिचय नहीं हुआ। अब एक सुदर्शन मँझले कद के कवि की याद मन में अंकित है, खादी का झब्बा और इकलंगी बंगाली भद्रजनों जैसी धोती पहने।

लक्ष्मीमल्लजी की तब की मुझे कुछ भी याद नहीं है कि बाद में उनके मिलने और उनको किंचित नजदीक से देखने के अवसरों को मैं भूलता नहीं हूँ। इन अवसरों पर मैंने उन्हें अपने बुद्धि-चातुर्य को पूरी दक्षता से काम में लेते देखा है। इस कौशल को उन्होंने कभी कटुता में नहीं बदला और तर्क के उस दुधारे को काम में लेते रहे, जिससे अपने पक्ष की दृढ़ता का गुण और दीप्तिमया नज़र आती रहे और प्रतिपक्षी को लगता रहे कि वह ही दुराग्रह के कुचक्र में उलझा है।

उस उत्सव का जो चेहरा सबसे अधिक चमक के साथ मेरी यादों में बसा है, वह गणपतचन्द भंडारी का है। शायद इसलिए भी कि मैं इससे पहले भी उनसे मिला था और उनका कविता पाठ सुन चुका था। गणपतजी सरल कवि थे और उनकी कविताएँ भी सरल थीं—वर्णनात्मक के प्रवाहपूर्ण शैली में काव्य-पाठ करते थे। उनकी कविता 'दीवाली' राजस्थान की लोकप्रिय कविता हो चुकी थी। मेघराज 'मुकुल' की अन्यत्र प्रसिद्ध कविता 'सेनाणी' के बाद कवि-सम्मेलन मुश्किल से चलते थे, लेकिन गणपतचन्द भंडारी उखड़ते कवि-सम्मेलन को 'दीवाली' कविता का धाराप्रवाह पाठ करके जमा देते थे। उनकी कविताओं में एक प्रकार की नाटकीयता भी रहती थी। रात को उस साहित्य समारोह में, जिसमें कस्बे के अधिसंख्य लोग शामिल हुए थे, उन्होंने 'दीवाली' कविता पढ़ी थी। जिसे श्रोताओं ने उत्साहपूर्वक सुना और जिसकी बार-बार तालियाँ बजा-बजाकर सराहना की।

उत्सव के कवि-सम्मेलन में गजानन वर्मा ने राजस्थानी कविताएँ सुनाई थीं। उनकी राजस्थानी डिंगल-परम्परा की नहीं थी। वह लोक-प्रचलित जन-जातियों से मिलती थी। गजानन कविता और संगीत को मिलाकर आकर्षण और आस्वाद की नई ज़मीन तैयार करते हैं। अपनी कविताओं में संगीत में वे अभिजात्य की रूढ़ियों

और सौन्दर्यशास्त्र की पारम्परिक रीतियों का निषेध करते नज़र आते हैं। कालिदास के अनुकरण पर एक कविता में वे एक दक्षिण की बादली को विदग्ध नायिका का सन्देश देकर उत्तर के सीमान्त पर भेजते हैं, जहाँ उसका योद्धा पति देश के लिए प्राणों की बाजी लगा रहा है। दूसरे गीत में माँगीलाल दर्जी से पूछते हैं—'थारी काँई मरजी कौन-से रंग का घाघरा और कौन-से रंग की 'मगजी'। मुझे गजानन वर्मा की रचनाओं में मरुप्रदेश का लोक-जीवन एक उत्सव की तरह लगता रहा। उनकी पाठ की मोहिनी श्रोताओं को देर तक बाँधे रही।

मैं भावुकजी के आग्रह पर चला तो गया था, लेकिन मेरे पास कोई अच्छी कविता नहीं थी। जोशीली, वर्णनात्मक या सरल स्थानीय जन-भाषा में लिखी, लेकिन उत्सव के कवि-सम्मेलन के श्रोता दयालु और सज्जन थे। स्त्रियाँ घूँघट निकाले बैठी थीं। वे घर के थका देने वाले काम से मुक्ति का आनन्द लेने आई थीं और ले रही थीं। पुरुष सम्भ्रान्त होने का यश लूटते हुए बड़े-बुजुर्गों की तरह बैठे थे और कभी-कभी उद्दंड लड़कों को शान्त करते थे। मैं इस बीच कई बार भावुकजी की तरफ देख चुका था। वे प्रसन्न थे। मध्यवर्ग के कवियों को कस्बों-गाँवों की जनता से मिलाने का समाजवादी-गांधीवादी उत्साह मैं उनमें अच्छी तरह देख सका था। उनके इस उत्साह के कारण मैंने भी दो-तीन व्यंग्य रचनाएँ धड़ल्ले से पढ़ीं।

कुमार साहित्य परिषद् का यह प्रयत्न उस सांस्कृतिक अलगाववाद को मिटाने के लिए था, जो लोहिया के शब्दों में धन, भाषा और जाति की वर्चस्ववादी स्थितियों के कारण पैदा होता है। कुलीन नागरिकों ने मान लिया कि संस्कृति और साहित्य का बड़प्पन शहरों की ही पूँजी है। भावुकजी ने जिस गांधी ज्ञान की रोशनी फैलाने का संकल्प लिया था, उसी में यह शामिल था कि संस्कृति के दावेदार बड़े नगर ही नहीं हैं, वे धूल में लिपटे गाँव और गलियाँ भी हैं, जहाँ देश का आख़िरी आदमी रहता है। अनजाने में नहीं, बल्कि एक विनम्रशीलता के साथ भावुकजी उस 'आख़िरी आदमी' की गरिमा और स्वाभिमान बचाने के पक्ष में खड़े हो गए थे। इस उम्मीद के साथ कि कुमार साहित्य परिषद् के सदस्य भी उस ग़ैर-बराबरी के विरुद्ध अदृश्य खड़े हो जाएँगे, जो कुलीन और प्रभु वर्ग के लोगों ने अपने वर्चस्व को कायम रखने के लिए कुछ अजीब मिथकों के साथ समाज में फैला दिए हैं। मुझे मालूम नहीं है कि इस प्रयोग की कामयाबी का कभी कोई आकलन हुआ या नहीं और हुआ तो उसके परिणाम क्या निकले?

उत्सव से लौटती यात्रा में सड़क रेत से पट गई थी और सूरज इतनी सुबह भी इतना प्रचंड था कि हम सब बस को धक्के देने वाले पसीने से नहा गए। गरम हवाओं और लू से बचने के लिए सबने तौलिए सिर से लपेट लिए। दूर-दूर तक भूरी रेत की लहरें वक्राकार होती कहीं तक जाती और विलीन होती थीं। दूर तक भी कहीं से कोई सघन पेड़ नज़र नहीं आता था। खेजड़ी के छोटे-छोटे पेड़ जहाँ

भी थे, वहाँ उनकी छोटी छाया सिमटी हुई नज़र आती थी। ड्राइवर और खल्लासी ने अथक श्रम करके रेत हटा दी और बस में सवार हो लिए। भावुकजी ने कुछ उदास होकर क्षमा-सी माँगी, लेकिन मनुष्य कहाँ-कहाँ अपनी ज़िन्दगी को तलाश करते, बचाते, उम्मीदों के बीच कैसे-कैसे दुखों को अपना बनाता है, वह मरुस्थल की ज़िन्दगी को छोटा-सा अनुभव मुझे नेमीचन्दजी भावुक ने ही दिया था। मुझे जिसके लिए कृतज्ञ होना था, भावुकजी उसी को लेकर दुखी थे। शीलवान लोग कैसी-कैसी हिन्दी रचते हैं।

उदयपुर आकर भी उस 'रेत-स्नान' के कठोर दृश्य को कुछ दिनों तक नहीं भूलता हूँ। उस पुरानी बस की घुर्र-घुर्र आवाज़ के साथ ढेर-सा धुआँ छोड़ते रुक जाना, खेजड़ियों की छोटी सिमटी छायाएँ और मनुष्य की प्रकृति से लगातार तकरार बार-बार याद करता हूँ। कुछ दिनों बाद सूरज शर्मा (अध्यापक) मिलते हैं, जिन्हें मैं यह यात्रा-वर्णन सुनाता हूँ। हँसकर कहते हैं—"सर, उस जन्म में बैल के कर्तव्य पूरी निष्ठा से नहीं निभाए थे, इसलिए इस जन्म में पूरे करने हैं। पानी के लिए अनन्त ऊँडे कुएँ के धोरों में बैल बनकर भीगते हैं, तब कहीं एक बाल्टीभर पानी मिलता है। थोड़े-से पानी के लिए हर दर्जे की मेहनत करनी पड़ती है। नहाना तो दुर्लभ सुख है।"

आधी सदी के बाद यदि मुझे अब भावुकजी और कुमार साहित्य परिषद् की उस प्रयोग की गहन समीक्षा करनी पड़े तो मैं विकास के बहुत-से नए अर्थों को समझने लगूँगा, जो सत्ता-तंत्र के लालची चरित्र में साफ-साफ देखे जा सकते हैं, जो विवाह का मॉडल हमने विकसित किया है, वह व्यक्ति उत्कर्ष का है और प्रतिस्पर्धा के सारे हुनर आजमाने का मौका देता है। कुमार साहित्य परिषद् का वह उत्सव कोई 'पिकनिक' नहीं थी, जिसकी प्रेरणा का स्रोत मरुस्थल की मनोरम छवियाँ देखो और लौट आओ हो। उसकी प्रेरणा गाँव के बाजार की सम्भावनाओं का सर्वे करना भी नहीं था। दरअसल उसकी प्रेरणा का केन्द्र उन संवेदनाओं का विस्तार करना था, जिससे हमारे हृदय एक होते हैं और हम एक साथ आगे बढ़ते हैं, एक साथ संस्कृति के दरवाज़े खुल जाते हैं।

वह कोई संयोग या प्राकृतिक हादसा नहीं है कि विकास की वे सारी कोशिशें ख़त्म हो गईं, जिसमें किसी समय जन हिस्सेदारी से छोटी सड़कें, नहरें, जन-स्वास्थ्य से जुड़ी स्वच्छता-योजनाएँ, जन-नाट्योत्सव हाशिए पर आ गए और ठेकेदारों का अभ्युदय हुआ। धीरे-धीरे विकास के, संस्कृति के, साहित्य के शक्ति केन्द्र उन सारी संवेदनाओं से छिटक कर दूर जा पड़े, जिन्हें आजादी के दिनों में हमने महत्त्व दिया था, लेकिन ऐसा हुआ। 'ग्राम स्वराज्य' और 'आख़िरी आदमी' का उन्नत गाथा और भयशून्य मन का सपना धुँधला पड़ गया। अब किसी-किसी को पंतजी की वह पंक्ति कभी-कभार ही याद आती होगी, जिसमें भारत माता को ग्रामवासिनी

कहने का गर्व अनुभव होता है। भावुकजी ने कुमार साहित्य परिषद् के लिए जब गांधीवादी विकास का सांस्कृतिक सपना देखा होगा, तब वे यह सोच नहीं पाए होंगे कि दुर्दिन इतने अलगाव, इतनी अहमन्यता और इतने अनर्थ के होंगे। अब हम जिस भारत को देख रहे हैं, वह अन्दर से अशान्त और आक्रामक हुआ नज़र आता है। वह अपने बनाए, वरण किए मूल्यबोध से टकराता हुआ, निधड़क आर्थिक-प्रभुता के सारे हिंसक प्रतिमानों को जीवन-शैलियों में किसी एक ठसक के साथ शामिल करने के लिए उतावला है। वह मनोवैज्ञानिक बदलाव है—किसी भी पुराने बदलाव से अलग। जीवन के उत्कर्ष की भाषा को बदलना और वस्तुओं में रूपान्तरित करना।

इस अन्तराल में मैं भावुकजी या उनके बारे में कुछ भी याद न करता, तब भी कुछ वर्षों तक मेरे पास कुमार साहित्य परिषद् द्वारा प्रकाशित पत्रिका आती रही। इसमें कुमार साहित्य परिषद् के सदस्यों की सरल-सरल कविताएँ, कहानियाँ छपी होतीं और परिषद् की गतिविधियों की सूचना। फिर पत्रिका का आना बन्द हो गया। क्या इसका सम्बन्ध हमारे सार्वजनिक जीवन में गांधीजी के विचारों या सत्य, अहिंसा, करुणा के प्रति घटती रुचियों से था? क्या आजादी के दिनों की चमक क्षीण होती जा रही थी और मध्यवर्ग का वह नशीला चरित्र विस्तृत होता जा रहा था, जिसका लक्ष्य अपना रूप सँवारना होता है?

जो भी हुआ हो, नेमीचन्दजी अन्दर-बाहर से गांधी विचार और आचरण के प्रतीक बने रहे। गांधी-निष्ठा के कारण वे हिन्दी-भक्त और प्रचारक की तरह स्थापित हुए। इस बारे में सोहन शर्मा ने लिखा—"श्री नेमीचन्द जैन 'भावुक' ने प्रारम्भ में हिन्दी नहीं जानने की क्षतिपूर्ति का प्रयास उस समय की प्रतिष्ठित हिन्दी साहित्य सम्मेलन की 1948 तक विशारद और साहित्य रत्न, तदुपरान्त 1952 में बिहार के हिन्दी विद्यापीठ देवधर की साहित्यालंकार परीक्षाएँ देकर किया। इन्हें विद्या वाचस्पति की मानद उपाधि से भी सम्मानित किया गया। आपने सन् 1951 से 1955 तक अपना हिन्दी विद्यालय भी चलाया, जिसके माध्यम-से हिन्दी साहित्य-सम्मेलन, महिला विद्यापीठ, हिन्दी विद्यापीठ, राष्ट्रभाषा प्रचार समिति आदि परीक्षाओं की कक्षा चलाकर लगभग पाँच सौ छात्र-छात्राओं को जहाँ एक ओर हिन्दी की परीक्षाएँ उत्तीर्ण करवाईं, वहीं इनमें से पचास से अधिक हिन्दी सेवी तरुण युवा बनने की प्रेरणा दी।"

भावुकजी से बार-बार मिलना तो नहीं हुआ, लेकिन जब भी हुआ, वे गांधी-पथ पर अविचलित, दृढ़, निष्ठावान आदमी की तरह चलते मिले। प्रतिस्पर्धी, मुश्किल से गांधी विनोबा का नाम लेने वाले शहर में सोजती गेटवाली सड़क पर भावुकजी ठंड की काँपती संध्याओं में गांधी अध्ययन केन्द्र पर बैठे हैं। गांधी साहित्य के अनुरागी, गांधी-विचार के अध्ययनशील परीक्षार्थी आसपास के कमरों में पढ़ रहे हैं। किसी एक पुराने पड़े रजिस्टर में से उत्साही कार्यकर्ता की तरह वे आँकड़े पढ़ने लगते हैं, फिर कुछ थक जाते हैं। एक युवक हस्तक्षेप करता है—अभी बाईपास सर्जरी हुई

है। स्वस्थ होने पर नगर ने अभिनंदित किया है। 'अजातशत्रु' उपाधि से विभूषित हुए हैं। मैं उस धुँधलाती दिसम्बर की संध्या में एक बार फिर गांधी की मुद्रावाली छवि भावुकजी में देखता हूँ।

इस बार 'लन्दन-यात्रा' में लम्बी मुलाक़ात और साथ-साथ रहना होता है। यह यात्रा छठे विश्व हिन्दी सम्मेलन में शामिल होने के लिए हुई थी, जिसमें भावुकजी और मेरे सहित नंदकिशोर आचार्य, वेदव्यास, सोहनदान चारण और डॉ. सावित्री डागा को अशोक गहलोत सरकार ने मनोनीत किया था। बाईपास सर्जरी के कारण वे कुछ थक गए हैं। यह भी दुख है कि कई तरह की हथेलीभर दवाइयाँ उन्हें निगलनी पड़ती हैं। सात घंटों की उड़ान के बाद लन्दन के हवाई अड्डे पर वे अपनी पहियोंवाली अटैची खींचते तेज-तेज चलते हैं। हिन्दी सेवी होने का उन्हें गर्व है और वे यह मानते हैं कि सम्मेलन प्रमुखत: हिन्दी सेवियों का है, साहित्यकारों का नहीं। ओरिएंटल एंड एफ्रोएशियन स्टडीज हॉस्टल में हम एक साथ रहते हैं, सुबह के चाय-नाश्ते से लगाकर रात के डिनर तक। एक-दूसरे के साथ से आश्वस्त और समृद्ध।

दिल्ली के हवाई अड्डे पर लौटकर हम सब अपने-अपने शहरों के लिए अलग हो जाते हैं। भावुकजी को फिर मैं अपनी पहियेदार अटैची खींचते हवाई अड्डे से बाहर जाता देखता हूँ। हिन्दी-सेवा और प्रचार के लिए वे दीर्घायु हों, इन्हीं भावनाओं के साथ...।

लन्दन के दस दिन

लन्दन यात्रा का योग अनायास बन गया था—पके फल की तरह आ गिरा था इसलिए उसकी खुशी भी अकथनीय थी। अपनी ज़िन्दगी के बारे में सोचता हूँ तो कई बार ऐसे योग आए हैं अनायास, अनाहूत, अकल्पनीय इसलिए उनके साथ अकथनीय खुशियाँ जुड़ी हैं। इस यात्रा का सम्पूर्ण प्रबंध हमारे प्रान्त की (राजस्थान) सरकार ने किया था और अवसर भी गरिमापूर्ण था। छठा विश्व हिन्दी-सम्मेलन लन्दन में आयोजित था और उसी में हमारे प्रान्त का प्रतिनिधित्व करने के लिए जो लेखक दल गया था, उसी का मैं सदस्य था।

मुझे प्रसन्नता और आश्चर्य था, पहले तो विश्वास ही नहीं हुआ क्योंकि ऐसे अवसर प्राय: लेखकों को मिलते ही नहीं हैं, आला-अफसर, ब्यूरोक्रेट्स या राजनेताओं के घरों-दफ़्तरों, पार्टी-कार्यालयों में चक्कर काटने वाले तथाकथित लेखक ही इन्हें समेट लेते हैं। अप्रत्याशित अयाचित यदि किसी लेखक को मिल ही जाए तो वह पक्षपात और शक के दायरे में रहता है जो उसे अत्यन्त लज्जाजनक और आहत करने वाला लगता रहता है। बाद में मुझे भी कई कृपालु सज्जनों, शुभचिन्तकों ने यह संकेत दिये थे कि इस सूची में मेरा नाम उनके प्रयत्नों से, सिफारिशों से शामिल हुआ है। मैंने अपने इस शुभचिन्तक का नाम जानने की बहुत कोशिश की क्योंकि मुझे खुद को अचरज था—आख़िर मुख्यमंत्री को मेरा नाम क्यों जानना चाहिए? दूसरे साहित्यकारों को वे किसी-न-किसी कारण से जानते थे—अपरिचित तो केवल मैं ही था। अन्य साहित्यकार लन्दन-यात्री थे : डॉ. नामवर सिंह, नंदकिशोर आचार्य, वेद व्यास, डॉ. सोहनदान चारण, नेमीचन्द जैन 'भावुक'। मेरी अन्तिम और सुखद जानकारी के अनुसार यह साहित्यकार-सूची मुख्यमंत्री श्री अशोक गहलोत ने स्व-विवेक से ही बनायी थी। बाद में नामवरजी के स्थान पर जोधपुर विश्वविद्यालय की हिन्दी-प्राध्यापिका डॉ. सावित्री डागा का नाम शामिल कर दिया गया। इस यात्रा का सबसे आनन्ददायक पक्ष यह था कि लन्दन जाने वाले हम सब एक-दूसरे से सुपरिचित और मित्र थे। मेरे लिए तो यह सुरक्षा-कवच ही था।

मुख्यमंत्री के निजी सचिव का फोन लड़कियों ने सुना था। मैं घर पर नहीं था। वे प्रसन्नता और उत्साह में दौड़ी-दौड़ी मुझे ढूँढ़ती-ढूँढ़ती बाजार तक आ गईं।

जब मुझसे कहा तो मैंने इसे किसी मित्र का मजाक ही माना। लेकिन घर आते ही जब फोन फिर आया तब सारा संशय समाप्त हो गया। घर के सब लोग यह निश्चय करने में लग गये कि पचहत्तर वर्ष के साहित्यकार को दस दिन की विदेश यात्रा पर जाना चाहिए या नहीं। तुरन्त पचहत्तर वर्ष के वरिष्ठ वीरों-वीरांगनाओं के शौर्य-वृत्तान्त कहे जाने लगे। सबसे ज्यादा चिन्तित पत्नी को निश्चिन्त करने की लड़कियों की यह कोशिश कामयाब हुई।

हमारे परिवार में विदेश यात्रा के 'एक्सपर्ट' अनुराग को मुंबई फोन लगाया गया। उनकी खुशी का अन्दाज़ा लगाना सम्भव नहीं था केवल उनकी आवाज़ से ही उनके हर्षातिरेक का अनुमान लगाना सम्भव हुआ। सबको इसकी खुशी थी कि पासपोर्ट, वीजा यहाँ तक कि आकस्मिक खर्च के लिए कुछ अतिरिक्त पौंड्स का प्रबंध भी राज्य-सरकार को ही करना था। इस तरह इतनी निश्चिन्त यात्रा का सुयोग कब किसको मिलता है? फिर भी मेरा मन द्वंद्वरहित नहीं था। आख़िर यात्रा तो मुझे ही करनी है। हवाई जहाज में आठ घंटे तो मुझे ही बैठना है। वहाँ बुखार आ गया या पेट दर्द हुआ तो डॉक्टर के पास या अस्पताल ले जाने वाला कौन होगा? सबसे बड़ी चिन्ता तो भोजन की होने लगी। लहसुन-प्याज रहित भोजन की व्यवस्था कैसे होगी? सर्दी होगी क्या मध्य सितम्बर में? बहुत पहले मेरे चित्रकार मित्र परमानन्द चोयल ने लन्दन यात्रा के संस्मरण सुनाए थे—कई-कई दिनों तक सूरज नज़र न आने और वर्षा होते रहने के। एक बार तो वे उस उदास मौसम से बदला न ले सकने के कारण रोने लगे थे। किन्तु मैंने निश्चय किया अगर गया तो नदी पार कर लूँगा। ये सब भीरू मन के विकार थे जो मेरे यात्रा करने के निर्णय के साथ ही विलुप्त होने लगे।

विदेश यात्रा की बहुत-सी औपचारिकताएँ होती हैं जिन्हें पूरी करनी ही पड़ती हैं। कई कागजों पर कई-कई सूचनाएँ देनी होती हैं और फोटो-चिपकाने पड़ते हैं। एक बार तो पासपोर्ट के लिए मेरे कागजों का पूरा-का-पूरा सेट ही लौट आया क्योंकि उन पर मैंने ऐसा फोटो लगा दिया था जिसमें मैं किसी शायराना अदा के साथ बैठा था लेकिन मेरे दोनों कान साफ-साफ नज़र नहीं आते थे, जिनका नज़र आना अनिवार्य था। दुबारा वे ही कागज भरने पड़े, उन्हीं सूचनाओं के साथ वह फोटो लगाने पड़े जिनमें दोनों कान साफ-साफ नज़र आ रहे थे।

हमारी यात्रा किसी प्रकार से कष्टदायक न हो और समय से पहले सारी औपचारिकताएँ पूरी हो जाएँ इसका ज़िम्मा पर्यटन-विभाग का था, तब भी पासपोर्ट लेने के लिए जयपुर जाना पड़ा। पासपोर्ट जारी करने वाले कार्यालय के अधिकारी विलम्ब प्रिय और असामान्य लालची होते हैं। कार्यालय में लोगों की भीड़ होती है अनिश्चय और आशंका के बीच प्रतीक्षा करती, झुंझलाती, क्रुद्ध और असहिष्णु। दफ़्तरों में बैठने की ऊब से बचने के लिए मैंने पूरी ज़िन्दगी कोशिश की है और

सौभाग्य से ऐसी नौकरी भी मिली जिसमें दफ़्तर एक अनुपस्थित इकाई की तरह दर्ज रहा। अब जबकि मुझे पासपोर्ट हासिल करना है तब भी सौभाग्य से मैं पर्यटन विभाग के आला अफसर के साथ आया हूँ। इस उम्मीद से कि न मुझे प्रतीक्षा करनी है और न किसी बड़े अफसर का चेंबर देखना है। लेकिन लीजिए, पर्यटन विभाग का बड़ा अधिकारी पासपोर्ट जारी करने वाले अधिकारी को ढूँढ़ रहा है। कुछ देर बाद उनका चपरासी हमें सूचित करता है कि साहब किसी मीटिंग में बैठे हैं और कब ख़त्म होगी यह बता पाना सम्भव नहीं है।

अर्से बाद दफ़्तर में बैठकर किसी अधिकारी की प्रतीक्षा से मैं बेहद उखड़ गया हूँ, लेकिन मेरे साथ आए अधिकारी की बेचैनी से मैं काफी खुश हूँ जो अपने दफ़्तर में रोज इस तरह कई लोगों को इन्तज़ार कराता है। शाम होते-होते पासपोर्ट अधिकारी अपने चेंबर में आता है। उन्हें देखते ही मैं दंग रह जाता हूँ। वे मुझे 'स्वर्ण-मृग' की तरह लगने लगते हैं। उनकी अँगुलियों में सोने की दमकती अँगूठियाँ हैं जिनमें अनेक रंग और आभा के रत्न जड़े हैं। उनकी घड़ी की मोटी चैन उस कमरे की ढलती साँझ के मटमैले रंग को स्वर्णाभा से शोभित करती है। उनके 'पार्क एवेन्यू' शर्ट पर कफ-बटन विदेश की अद्‌भुत नक्काशी के नमूने हैं। जेब में जो 'पार्कर' पेन है उसका ऊपरी ढक्कन रत्न-मंडित है। अपनी सारी भद्रता के बावजूद वे मुझे अभद्र और क्रूर लगने लगते हैं। मैं जल्दी-से-जल्दी उस चेंबर की रोशनी से बच कर अँधेरे में धंस जाना चाहता हूँ। मुझे पासपोर्ट मिल गया है और अब मुझे यात्रा की दूसरी तैयारी शुरू कर देनी है। दरअसल मैं अपनी अकुलाहट और मन को समझने का यत्न करता हूँ लेकिन इसी दौरान बहुत से राय-मशविरे करने पड़ते हैं। राय देने वाले मुझे भयभीत कर रहे हैं या भय-मुक्त यह समझना मेरे लिए मुश्किल हो गया है। मुझे ऐसा भी लगता है कि वास्तव में मैं जाना ही नहीं चाहता हूँ। हिन्दी वालों का एक मेला या तमाशा और वह लन्दन में! जिन लोगों ने चतुराई से अपने साम्राज्य और अपनी भाषा को हमारे मन-प्राण पर फैला दिया है, उन्हीं के नगर में हम अपनी भाषा की अवमानना का विषाद सुनने-सुनाने को इकट्‌ठा हो रहे हैं। एकदम से मेरे मन में यह विचार कौंधता है कि अगर कोई विदेशी मुझसे यह पूछ ले कि भारत में अंग्रेज़ी लिखने-बोलने-सीखने का इतना उन्माद क्यों हैं तब मेरे पास देने को क्या उत्तर है?

बहरहाल इस सारे द्वंद्व के बीच लन्दन यात्रा की तैयारी चल रही है। रोज अख़बार, टी.वी., लन्दन यात्रा पर गये अड़ोसी-पड़ोसियों से मौसम की जानकारी लेता हूँ। सितम्बर के महीने में कैसी सर्दी पड़ती है? अगहन जैसी या पौष जैसी? वर्षा होती है या नहीं? सूरज नज़र आता है या नहीं? देखता हूँ तो मेरे पास पुराने कपड़े ही नज़र आते हैं जिनमें गर्मी नहीं बची है। अच्छी अटैची भी नहीं, पहियों वाली। उधर कहते हैं कुली भी नहीं मिलते, अपना सामान, वजन खुद ही ढोना

पड़ता है। यहाँ देश के साहब के पानी की सुराही अर्दली उठाता है और जूतियाँ भी वही पहनाता है। जूतियों की बात पर मुझे याद आया कि मेरे पास जूते भी नहीं हैं। मैं बरसों से चप्पलें ही पहनता रहा हूँ। गरम मुल्क में चप्पलें सुविधाजनक और खुली होती हैं, सस्ती भी होती हैं। लन्दन की यात्रा ने बहुत कुछ ज़िन्दगी की दरिद्रता के रू-ब-रू कर दिया है। पत्नी और लड़कियों ने उत्साह के साथ सब तैयारी कर दी है। सब पुरानी अगति, शीत नये उत्साह में बदल गया। लन्दन में मनोनुकूल, लहसुन-प्याज रहित खाना न मिले तो लड्डू, नमकीन, ड्राईफूट (बादाम, काजू, किशमिश) साथ में रख दिये गये हैं। आवश्यक दवाइयाँ और एहतियात की सारी वस्तुएँ। अटैची कपड़ों से ठसाठस भरी हैं। एक भी कपड़ा पुराना और म्लान नज़र नहीं आता। एक पुराना गाना, फिल्मी याद आता है 'साला, मैं तो साहब बन गया'।

उदयपुर से दिल्ली जाने और लौटने का एयर-टिकट आ गया है। दिल्ली में सबके ठहरने और आतिथ्य का प्रबंध 'राजस्थान हाउस' में है जहाँ राजस्थान सरकार के पर्यटन-अधिकारी पहले से ही पहुँच गये हैं। उन्होंने हमारी विदेश यात्रा को जितनी सुविधाजनक बनाने की कोशिश की वह हम सबको प्रसन्न और उत्साहित करने वाली है। राजस्थान हाउस में अनुराग मेरे लिए कुछ पौंड्स और सिक्के, खाने की बहुत-सी चीजें बम्बई से लेकर आया है। राजस्थान से जाने वाले हम छहों सदस्य सब तरह से समान-शील और व्यसन के हैं इसलिए किसी-का-किसी से दुराव नहीं है। नंदकिशोर आचार्य हम सबमें अल्पवय के हैं लेकिन यात्रा-निष्णात और सजग।

वेद व्यास से मेरी घनिष्ठ दोस्ती है, यह दोस्ती कुछ वैचारिक मतभेदों के बावजूद हैं। मतभेद यह है कि वे साहित्य की श्रेष्ठता का विचार पार्टी के सिद्धान्तों पर करना चाहते हैं जबकि मैं सोचता हूँ कि हम रचना में लगातार स्वाधीन होने की हिम्मत करते हैं, हम हर रचना में अपनी नियति तलाश करते हैं। जो भी हो इस विदेश-यात्रा ने हमें बहुत नजदीक ला दिया है। बात-बात पर हम एक-दूसरे की सलाह लेते हैं। शायद यह 'असुरक्षा का भाव' है।

एरोड्रोम पर एक अजीब क़िस्म की 'धुकधुकी' होने लगती है। जब पहली बार जहाज में बैठा था तब की याद करता हूँ। बरसों पहले जब दिल्ली से उदयपुर आना था। तब वायुयान के यात्रा सम्बन्धी नियमों को न जानने के कारण मन विचलित हुआ था। डॉ. योगेश 'अटल' एरोड्रोम पर छोड़ गये थे लेकिन संयोग से उसी जहाज से अज्ञेयजी भी यात्रा कर रहे थे। मैं चुपचाप उन्हीं के साथ हो गया। जैसा-जैसा वे करते गये मैं उन्हीं का अनुसरण करता। दिल्ली से जोधपुर तक उनके साथ निःशब्द यात्रा हुई। शायद एक-दो बार उन्होंने प्रसन्नता और किंचित मुस्कान के साथ मेरी तरफ देखा, वह निर्लिप्त, अंहकारमुक्त सर्जक की दृष्टि थी। उन दिनों वे जोधपुर में अंशकालीन अतिथि प्रोफेसर थे। उसके बाद मैंने अपनी कैंसर-पीड़ित पत्नी के साथ कई बार वायुयान से यात्रा की लेकिन अकुलाहट या

भयरहित। तो अब यह 'धुकधुकी' क्यों? यह शायद अदृश्य, अपरिचित दूरियों तक जाने के जैविक भय के कारण ही हो। इस धुकधुकी, भय और अनिश्चित मनोभावों को दूर धकेलती 'सिक्योरिटी चेक' की उद्घोषणा होती है। बसें एयर इंडिया के वायुयान तक ले जाती है, जो लन्दन होकर न्यूयार्क जाने के लिए तैयार खड़ा है। इनमें से बहुत से परिचित हैं। अचानक इस यात्रा में मिल जाने के संयोग का हम हंसकर, हाथ हिलाकर स्वागत करते हैं। हमारा वायुयान ज्यादा आकर्षक और सुविधाजनक नहीं है। यात्रा लम्बी साढ़े सात घंटों की है। अगर यात्री छोटी-छोटी खिड़कियों के पास बैठा हो तो पहाड़ों पर बादलों के खेल देख सकता है, लेकिन यदि वह बीच में बैठा है तब वह विवशता में फँसा रहेगा। रेल की यात्रा में थोड़ी-थोड़ी देर बाद स्टेशन आएँगे, बैठने वाले बदल जाएँगे या वे अपने विविध स्वभाव का आकर्षण-विकर्षण छोड़ते उतर जाएँगे। यह सुख वायुयान में नहीं है। यहाँ ठसकदार कुलीनता देखते-दिखाते यात्रा की अवधि काटनी पड़ती है। पास में बैठा यात्री अख़बार में धंस जाता है या किताब के पन्ने उलटता रहता है। लेकिन इस यात्रा में मैं और वेद व्यास पास-पास बैठे हैं और हमारे पास नये-पुराने राग-द्वेष की ढेर-सी बातें हैं। यात्रा में एक विशेष प्रकार की स्वाधीनता होती है; व्यवहार और वार्तालाप की मर्यादाओं का अतिक्रमण करने की। वह मैं कर रहा हूँ, पूरी स्वाधीनता और मनोयोग के साथ। वायुयान में एक और मंज़िल है—एक्जीक्युटिव क्लास कहते हैं जिसे। उससे उतरकर पं. विद्यानिवास मिश्र और उनकी बेटी आते हैं। पंडितजी धीरे-धीरे सब पर दृष्टि निक्षेप करते हैं—मित्रवत, आभिजात्य के साथ। लेकिन वे कुछ थके से लगते हैं। मैं हाथ जोड़ कर, जहाँ बैठा हूँ वहीं से प्रणाम करता हूँ। शायद पहचाने हों, न पहचाने हों—वे एक हाथ उठाकर आशीर्वाद की मुद्रा में मेरा अभिवादन स्वीकार करते हैं।

कहा जा रहा है कि पंडितजी और अशोक वाजपेयी लन्दन हिन्दी सम्मेलन से दिल्ली में अन्तर्राष्ट्रीय हिन्दी-सचिवालय स्थापित किये जाने की अपेक्षा रखते हैं। उसके वे पदाधिकारी होना चाहते हैं। मैं इस प्रस्ताव के पक्ष में हूँ। लेकिन मुझे भय है कि इस पर राजनीतिक कुचक्रों की वक्र-छाया पड़ सकती है।

दरअसल इस विश्व हिन्दी सम्मेलन की सबसे बड़ी कमज़ोरी और रहस्य यह है कि उसका कोई संस्थागत रूप नहीं है और यदि हो भी तो उसकी जानकारी सार्वजनिक नहीं है। यह तथ्य थोड़ा दुखद है और आश्चर्यजनक भी है। एक वैश्विक आयाम वाली संस्था के संवैधानिक और लोकतंत्रात्मक स्वरूप देने की चिन्ता अब तक क्यों नहीं हुई या की गई? क्या विश्व हिन्दी सम्मेलन का उत्सव-धर्मी प्रयोजन ही उसकी चरम स्थिति है? सम्मेलन से लौटने पर डॉ. महीप सिंह ने 'संचेतना' में एक परिचर्चा आयोजित की थी लेकिन वह परिणामरहित ही रही। वैसे भी वह एक लघु-पत्रिका का नैतिक-उन्मेष ही था जिसकी तरफ शायद ही किसी का ध्यान गया

हो। दरअसल ढीली-ढाली व्यवस्थाएँ या तत्काल और ज़रूरत के मुताबिक की जाने वाली कार्रवाइयाँ आयोजकों और अफसरों के लिए अत्यन्त सुविधाजनक होती हैं। किसी को कुछ मालूम नहीं होता केवल उन्हीं को होता है जिन्हें होना चाहिए।

हमारा वायुयान पर्वतमालाओं और समुद्रों को पार करता 'हेथ्रो' हवाई अड्डे पर उतर गया है। मुझे यह मालूम नहीं है कि हमारा यान 'हेथ्रो' के किस नंबर के अड्डे पर उतरा है, क्योंकि वहाँ एक-दो यान ही नज़र आते हैं। बाद में जाना कि हवाई अड्डा कई भागों में विभाजित है। उतरते ही यह अनुभव हो जाता है कि हम एक तरतीब वाले, व्यवस्था और अनुशासन-प्रिय महानगर में आ गये हैं। हमारा सामान हमें ही खींचना, उठाना है, कतार में खड़ा होना है। यह घोषणा बार-बार होती है कि भीड़ न करें। भीड़ से यहाँ हर कोई दबाव का अनुभव करता है और काम में किसी क़िस्म की बाधा। दो से तीसरा आदमी होते ही भीड़ हो जाती है। बाद में लन्दन के किसी स्टोर या रेस्तरां पर मैंने कोई भीड़ नहीं देखी, न गप-शप करते लोग, न हल्ला-गुल्ला या कि वक़्त गुजारते युवक, अधेड़ या बातूनी बूढ़े।

दरअसल हमारी यह यात्रा प्रायोजित थी इसलिए एकदम सुरक्षित लेकिन हम स्वतंत्र नहीं थे। हमारे लिए पश्चिम का यह महानगर अपरिचित और अनाविष्कृत था, हम वरिष्ठों की श्रेणी में थे इसलिए आपदारहित, निर्विघ्न यात्रा से सन्तुष्ट भी थे। आतिथ्य की सीमाओं में रहकर ही हमने लन्दन को देखा, जाना और अनुभव किया। यह मानने में मुझे कोई संकोच नहीं है कि हमने उसे 'तलाश' नहीं किया। हम यह तक नहीं जान सके कि लन्दन में हिन्दुस्तान-पाकिस्तान के लोगों की बस्तियाँ कहाँ हैं और उनके आपसी रिश्ते कैसे हैं?

बहरहाल 'हेथ्रो' हवाई अड्डे पर हमारे अपने ठहरने की जगह ले जाने वाली बस खड़ी थी। उसका ड्राइवर हमारी बसों के ड्राइवरों की तरह निरपेक्ष और उदासीन नहीं था। जहाँ तक मुझे याद है उसमें कोई कंडक्टर भी नहीं था। वह सम्पूर्णतया ड्राइवर के आधिपत्य में थी। वह अन्दर की तरफ और ड्राइवर के चाहने पर ही खुलती थी। जितनी सवारियों के लिए वह अनुबन्धित थी उससे अधिक सवारी का बैठना असम्भव था। जब इंडिया हाउस से एक जापानी-मंडली का हिन्दी-नाटक मंचन देखकर लौट रहे थे तब बस में एक अनधिकृत सवारी बैठ गई थी और लीजिए ड्राइवर एक इंच बस सरकाने को तैयार नहीं है जब तक अनचाही सवारी उतर नहीं जाती। जो सवारी उतरती है वह इंडिया हाउस के किसी बड़े अधिकारी की रिश्तेदार है। अन्ततः उसे बाहर आना ही पड़ता है।

सारे दरवाज़े अन्दर खुलते हैं, चाहे वे रेलगाड़ी के हों या कमरों के। दरवाज़े खोलने के लिए नियत स्थान पर एक कार्ड ऊपर से नीचे की ओर घुमाना पड़ता है। कार्ड भूल जाने पर भारी झमेला हो जाता है और जब तक कोई अन्दर से न खोले बाहर खड़े रहने के सिवा कोई विकल्प नहीं होता।

राजस्थान के साहित्यकारों का प्रतिनिधिमंडल 13 सितम्बर को लन्दन पहुँच गया था। हमारा 'अफ्रो ओरिएंटल स्टडीज' हॉस्टल में ठहरने का प्रबंध किया गया था। हमें जिस यूनिट में ठहराया गया था उसमें पाँच छोटे केबिन और एक बिजली के उपकरणों से लेस किचन था। केबिन छोटे किन्तु आरामदेह और सुखद थे, पूरी तरह मौसम के मिज़ाज़ के अनुकूल, एयर कंडीशंड। अन्दर ही स्नानघर और शौचालय, ठंडे-गरम पानी का शॉवर। फूलों की क्यारियों की तरफ खुलने वाली काँच की खिड़की।

विश्व-हिन्दी सम्मेलन के आयोजक भारतीय मूल के हिन्दीभाषी ही थे। ठहराने की व्यवस्था महिलाएँ कर रही थीं। भारतीय स्वभाव के बहुत से लक्षण उनमें मिलते थे। उनके काम में कम फुर्ती और अधिक धैर्य नज़र आता था। जिस कमरे में रजिस्ट्रेशन हो रहा था वहाँ भारत के दफ़्तरों की तरह अफरा-तफरी और अव्यवस्था थी। एक दिन पहले पहुँच जाने के कारण और कुछ हुज्जत करके हमने अच्छी जगह हासिल कर ली थी। हमारा होस्टल लन्दन के समृद्ध इलाके में था। उसके सामने सड़कों का जाल बिछा था जिस पर सहस्रों कारें तेज रफ़्तार से गुजरती थीं। सात दिन तक हम लन्दन की बेशुमार भागती कारों को देखते रहे लेकिन एक बार भी 'हार्न' नहीं सुना। पैदल चलने वालों के लिए खुले, चौड़े, फुटपाथ हैं और उन्हीं से लगे मॉल, स्टोर, रेस्ट्रां, मकान, दफ़्तर आदि हैं। सड़कें चमकती, खुली, चौड़ी और आकर्षक हैं। मुख्य सड़कों के डिवाइडरों में फूलों के मनोरम रंग खुशियाँ लुटाते हैं। एक भी स्टोर, एक भी भंडार, दुकान, रेस्ट्रां, इमारत पर कोई साइन बोर्ड, नामपट्टिका, विज्ञापन, किसी वस्तु की तस्वीर या इश्तहार नज़र नहीं आता। किसी इमारत का कहीं कोई कोना, कोई छज्जा निकला नहीं है, कहीं किसी ने राजकीय भूमि का अतिक्रमण नहीं किया है। पूरे लन्दन में न सही लेकिन अधिकांश लन्दन की बसावट में एकलय, एक सिंफनी सुनाई देती है। मैं सोचता हूँ अपने नगर की सुरुचिपूर्ण बसावट, स्वच्छता और तरतीब को लेकर लन्दनवासियों को कुछ घमंड भी हो तो गैरवाज़िब नहीं है। इस अनुशासन और व्यवस्था का अभयस्त लन्दन ज्ञान और शोध के उन सब शिखरों को छूता और देखता है जिन्हें अव्यवस्था और अनुशासनहीनता की चिख-चिख में फँस तीसरी दुनिया के नगर कल्पना में भी छूना-देखना मुश्किल समझते हैं।

लेकिन मैं आपको दूसरी ही बातें बताने लगा। अच्छा हो यात्रा-वृत्तान्त की ओर लौटूं। पश्चिम में ज्यादा तकल्लुफ और औपचारिकताएँ नहीं हैं गो कि 'थैंक्स' और 'सॉरी' कहने का शिष्टाचार और वेष-भूषा का 'सलीका' (एटीकेट) एक प्रदर्शनकामिता की हद तक मौजूद हैं। लेकिन विश्व हिन्दी सम्मेलन का समारोह न पूरी तरह भारत का था न इंग्लैंड का और चूँकि मेजबान इंग्लैंड के भारतवासी थे इसलिए मेज़बानी की रंगत घुली-मिली-सी थी। जितने दिन हम 'अफ्रो ओरिएंटल

स्टडीज' के हॉस्टल में रहे, शाम को जाकर ट्रे ले आते जिसमें दूसरे दिन की सुबह का चाय-कॉफी-नाश्ते का सामान होता। हम जो चार लोग साथ ठहरे थे (भावुक जी, आचार्य नंदकिशोर, वेद जी और मैं) इनमें से जिस किसी की नींद जल्दी खुल जाती वह किचिन में जाकर बिजली की केतली में पानी उबाल कर सबको बुला लेता। डॉ. सोहनदान और बहन डॉ. सावित्री डागा को भी जो इसी हॉस्टल में अन्यत्र ठहरे हुए थे। ट्रे में नाश्ते के लिए ब्रेड और बटर ही होता था लेकिन हम सबके साथ घर का बना स्वादिष्ट मिष्टान्न और नमकीन था जिसे हमने एक साथ कर लिया था। चाय के साथ हम वही खाते और भारत लौटने के दिन गिनते।

दरअसल सम्मेलन का कार्यक्रम एकदम निराकार और अस्पष्ट था। संवाद, संभाषण, सार्वजनिक व्याख्यान, वक्ता, देश-विदेश से आए हिन्दी के विद्वानों, कवि-लेखकों का परस्पर परिचय, विदेश के हिन्दी-सेवकों का प्रचार-कार्य और कठिनाइयों का कोई ब्योरा, भविष्य का दिशा-बोध कराने वाला कोई कार्यक्रम या दूसरी कोई जानकारी उपलब्ध नहीं थी। जिस सम्मेलन की देश में इतनी महिमा गाई जा रही थी और जिस पर अकूत धन खर्च हुआ था उसकी दशा और दिशा क्या अँधेरे में खो गई थी? इसका उत्तर हाँ और ना में दिया जा सकता था। हाँ, अकादमिक दृष्टि से, नहीं राजनीतिक दृष्टि से। बी.बी.सी. ने राजनीतिक चतुराई को भांप लिया था। उन्होंने एक चर्चा इस विषय को लेकर आयोजित की कि 'क्या किसी एक विचारधारा द्वारा सम्मेलन अपहृत कर लिया गया है?' चर्चा में कवि और जे.एन.यू. के हिन्दी प्रो. केदारनाथ सिंह, संघ के प्रसिद्ध कार्यकर्ता भानु प्रताप सिंह और मुझे शामिल किया गया था। इस प्रसारण को मैं नहीं सुन सका इसलिए यह कहना मुश्किल है कि हमारे किन तर्कों और अनुभवों को प्रसारण में शामिल किया गया। भारत के हिन्दी अख़बारों ने ज़रूर सम्मेलन के राजनीतिकरण की आलोचना की। हिन्दी के कई प्रतिष्ठित लेखक-कवि उद्घाटन-दिवस की उस कार्यवाही से नाराज़ थे जिसमें प्रसाद,पंत, निराला, महादेवी तथा अन्य वरिष्ठ साहित्यकारों के बरक्स प्रधानमंत्री अटल बिहारी वाजपेयी को कवि-रूप में स्थापित करने की कोशिश हुई थी। उनके गीतों को जगजीत सिंह तथा भूपेन्द्र हजारिका जैसे विख्यात गायकों ने गाया-पढ़ा तथा एक विशाल स्क्रीन पर निरन्तर उन्हें प्रक्षेपित किया जाता रहा।

उद्घाटन-समारोह लन्दन की किसी प्रसिद्ध और प्राचीन नाट्य-शाला में हुआ जिसे आधुनिक रूप दे दिया गया था। वह विशाल भवन था जिसके चारों तरफ दर्शक दीर्घाएँ थीं। समारोह प्रारम्भ होते-होते वे दर्शकों और प्रतिभागियों से भर गई थी। 14 सितम्बर हिन्दी-दिवस के दिन की दोपहर को भारत से बड़ी संख्या में राष्ट्रीय स्वयंसेवक संघ की प्रिय संस्था 'संस्कार भारती' के सदस्य लन्दन आ गये थे। यह यात्रा आने वालों के लिए कई तरह से सुविधाजनक थी। राष्ट्रभाषा सेवी होने के सम्मान के साथ-साथ विदेश मंत्रालय से मिलने वाली सभी यात्रा सुविधाएँ

कंसेशंस और आतिथ्य-सुख विशेष आकर्षण की तरह उपलब्ध थे। मैंने देखा कि हॉस्टल का हॉल और बरामदा बड़ी-बड़ी अटैचियों से अटा पड़ा था, जिन पर बीजेपी के झंडे के रंग की रिबिन बँधी है। धनवान-सी लगती सम्भ्रान्त कुल की महिलाएँ उनकी रखवाली करती बैठी है। शायद उनके पति रजिस्ट्रेशन और हॉस्टल में जगह के लिए गये हैं। बाद में वे ही सब 'हिन्दी—हितैषियों' के रूप में उद्घाटन-समारोह में सम्मिलित हो गये थे जो वास्तव में लन्दन की सैर के लिए और अपने व्यापार विस्तार की सम्भावनाएँ देखने आए थे।

समारोह के सूत्रधार डॉ. विद्यानिवास मिश्र और डॉ. लक्ष्मीमल्ल सिंघवी थे। आयोजन-प्रमुख विदेश राज्यमंत्री वसुंधरा राजे थीं जिन्होंने उद्घाटन अवसर पर औपचारिक भाषण पढ़ा था।

मेरा मन इस बात को लेकर खिन्न था कि उद्घाटन के इस महत्त्वपूर्ण अवसर पर किसी ने गांधीजी का स्मरण तक नहीं किया, जो किसी समय हिन्दी साहित्य सम्मेलन के अध्यक्ष रहे थे और बाद में जिन्होंने हिन्दी समेत भारतीय भाषाओं की आजीवन और प्रचंड पक्षधरता की थी। इंग्लैंड में गांधीजी को भूल जाना अस्वाभाविक और असहज था, जो हुआ।

यह ध्यान देने जैसी बात है कि आत्म-मुग्ध अंग्रेज़ी मीडिया और अख़बारों ने विश्व हिन्दी सम्मेलन की कोई ख़बर, कोई प्रसारण आवश्यक नहीं समझा। दरअसल ब्रिटिश-अंग्रेज़ी मीडिया अहंकार-ग्रस्त और औपनिवेशिक हैं। लोकतंत्र की लम्बी परम्परा के बावजूद इंग्लैंड यह याद रखना चाहता है कि अभी कुछ ही वर्षों पहले उनके उपनिवेशों में सूरज नहीं डूबा था। शायद सूरज न डूबने जैसी स्थितियों के आने की सम्भावनाएँ उनके मन में अब भी है। ज़ाहिरा तौर पर हमारे पास कोई प्रमाण नहीं है लेकिन एक ठसक और तीसरी दुनिया के देशों पर से अपने वर्चस्व की छाया उठ जाने का अवसाद ब्रिटेन के सामान्य व्यवहार और आबोहवा में घुला-मिला है।

लन्दन के स्त्री-पुरुष कम बोलते हैं। 'प्राइवेसी' के लिए उनके मन में जो अथाह आदर और अनुरक्ति है वही उन्हें बोलने नहीं देती। बोलेंगे तो सब कुछ खुल या बिखर जाएगा, यह भय उन्हें मितभाषी बनाए रखता है। वे जोर से रेडियो या तीव्र आवाज़ से टी.वी. का प्रसारण-कार्यक्रम भी प्राइवेसी का हनन ही मानते हैं। किसी भी तरह 'प्राइवेसी' भंग होने पर वे मुकदमा दायर करते हैं। हमारे देश में जिस तरह की अमर्यादित आजादी भगवान के भक्त और अल्लाह के आशिक लाउडस्पीकर चलाकर या शादियों और चुनाव के दीवाने गाने बजाकर या भाषण सुनाकर लेते हैं उसकी लन्दन में कोई कल्पना भी नहीं कर सकता?

उत्तर के झंझट से बचने के लिए वे प्रश्न को ही टाल जाते हैं या कह देते हैं 'आई डोंट नो' (मैं नहीं जानता)। एक दिन सम्मेलन-स्थल तक ले जाने वाली बस किसी कारणवश छूट जाती है और हम चल देते हैं पहले दिन जिस दिशा में गये थे

उसी तरफ। फिर भी आश्वस्त होने के लिए फुटपाथ पर खड़े एक सज्जन से पूछते हैं कि 'अफ्रो-ओरिएंटल स्टडीज इंस्टीट्यूट' किधर है? उसने कहा, 'आई डोंट नो' (मुझे मालूम नहीं)। फिर हमारी तरफ देखकर उसने पूछा, 'क्या आपके पास कोई लन्दन का नक़्शा नहीं?' भाई नंदकिशोर आचार्य के पास था। उसने चिन्हित करते हुए कहा, 'गो स्ट्रेट, देन लेफ़्ट' (पहले सीधे फिर बायें)।

लेकिन ये सब उत्तर इतनी अनिच्छा से दिये गये थे कि हम अपने शहर और देश के सरल, सहृदय लोगों की देर तक याद करते रहे। एक और प्रसंग में भी ऐसा ही अनुभव दुहराया जाता है। जिस दिन हॉस्टल छोड़ कर भाई मधुकर उपाध्याय के यहाँ जाना था उस दिन हमारे पास कुछ समय था। किसी ने कहा कि पास ही लन्दन लायब्रेरी है, वह देख आएँ। यह तो हमने जाना ही नहीं था और न किसी ने बताया ही था।

हमने इस सुझाव का आदर किया और थोड़ी ही देर में उस महान पुस्तकालय के पार्श्व में खड़े थे। लेकिन तब भी आश्वस्त होने के लिए वहाँ खड़े सज्जन से अंग्रेज़ी में पूछा कि लायब्रेरी कहाँ है? उसने कहा, 'मैं नहीं जानता, ढूँढ़ लो' (आई डोंट नो, सर्च युअर सेल्फ)। वह जानता था। बाद में वह हमें लायब्रेरी में मिला। लेकिन उसने ठीक ही कहा था 'ढूँढ़ लो'। ढूँढ़ना इसी तरह, इसी साहस के साथ होता है। बार-बार पूछने और बताये जाने के क्रम में आत्म-विश्वास का क्षरण होता जाता है। अँगुली पकड़ कर चलने वाले बच्चे ज़िन्दगी के कठिन रास्तों पर ठिठक कर खड़े रह जाते हैं।

लन्दन के न बोलने वाले लोग पुस्तकों के मुरीद हैं। वे बड़ी-बड़ी और भारी कीमतों वाली पुस्तकें खरीदते और पढ़ते हैं। उम्र वाले स्त्री-पुरुष, तरुण-तरुणियाँ, किशोर-किशोरियाँ और बालक अपने गर्म कोटों की जेबों में अख़बार और किताबें भरे रहते हैं। कहीं बैठे हों, खड़े हों, बस या रेल के इन्तज़ार में हों, कई एकड़ों में फैले उद्यानों के विशाल वृक्षों की छाया-धूप में लेटे हों पुस्तक साथ रखते हैं।

मैं नहीं जानता कि लन्दन में अख़बार किस तरह बाँटे जाते हैं। क्या हमारी तरह, हाकर्स के जरिये या जिसको चाहिए वह स्टोर से लाता है? लेकिन अख़बार खरीदने के लिए जिस लम्बी और व्यवस्थित कतार को एक सुबह मैंने एक स्टोर पर देखा उससे मैं अनुमान लगा सकता हूँ कि अख़बार खरीदने के लिए पढ़ने वाले खुद जाते होंगे। किताबें और अख़बार एक साथ रखे होते हैं। शायद वे सब स्टोरों पर खरीदे जा सकते हैं। एक स्टोर में मैं वैसे ही शौकिया चला गया था जहाँ सब वस्तुएँ खरीदी जा सकती हैं। वहीं अख़बार और पुस्तकें भी थीं। दो हंसमुख तमिल लड़कियाँ काम कर रही थीं। ब्रिटिश म्यूजियम और लन्दन लायब्रेरी की खूबसूरत इमारतों में पुस्तकें अनिवार्य आकर्षण की तरह सजी थीं। दुनिया भर के लोग यहाँ निर्द्वंद्व घूमते थे। कहीं कोई सिपाही या चौकीदार नज़र नहीं आता।

लन्दन म्यूजियम में चित्रांकन की पूरी आजादी है। 'लाफिंग-बुद्ध' को कितने ही युवा कलाकार अपनी स्केच बुक में चित्रित कर रहे थे। सारी दुनिया के देशों से समेटी गई यह अन्यतम और दुर्लभ सम्पदा सभ्यताओं के विकास की साक्ष्य है और अपनी कालजयी अद्वितीयता के कारण ब्रिटिश म्यूजियम के अनेक विशाल खंडों में सजी है। हम एशिया खंड की कलाकृतियाँ देखकर थक जाते हैं। लौटते हुए देखते हैं कि एक युवती 'बेबी-कार्ट' में सुलाए बच्चे के लिए भीख माँगती है। कुछ थोड़ी दूर पर एक प्रेमी अपनी प्रेमिका को फाटक पर चूमता है और तेज कदमों से चल कर गायब हो जाता है। लेकिन यह दृश्य अमूमन देखने को नहीं मिलते। लन्दन के लोग और शायद पूरे यूरोप के लोग मेहनत से अपना देश और संस्कृति बनाना जानते हैं। समय और श्रम की इज्जत पर वे केवल व्याख्यान ही नहीं देते, उसे आचरण का हिस्सा भी बनाए हुए हैं। ब्रिटिश म्यूजियम का संग्रह उनके काम करने की अथक शक्ति और उत्साह की बेजोड़ मिसाल है।

लन्दन लायब्रेरी देखकर मेरे मन में कई सवाल उठते हैं। ज्ञान की अदम्य चाहत के और पुस्तक संस्कृति के बारे में, पढ़ने की लगन और ज्ञान-आराधना के सारे स्रोतों को तलाश करते रहने की इच्छा के बारे में। हमारे देश से पुस्तकों के महँगे होने और न खरीदे जाने के कारणों पर या टी.वी. के बरक्स पुस्तक विलीन हो जाने की आशंका और संताप पर होने वाली बहस के कारणों पर मैं विचार करने लगता हूँ। आख़िर किस तरह पश्चिम ने पुस्तक पढ़ने के अपार आनन्दको पहचाना होगा और उसे पाने के लिए अभ्यास किया होगा? क्या गरीबी और पुस्तक खरीद का कोई अनिवार्य सम्बन्ध है? अमीरजादे, मध्यमवर्गीय हैसियत के उम्दा कार खरीदने वाले अभिजन पुस्तकें क्यों नहीं खरीदते हैं?

बहरहाल वेद व्यास, नंदकिशोर आचार्य और मैं लन्दन लायब्रेरी पहुँचते हैं। यह रविवार का दिन है। आज यहाँ किन्हीं विख्यात वैज्ञानिक और समाजशास्त्री का भाषण आयोजित है। उसी का सूचना-पट्ट लिये दो लड़कियाँ खड़ी हैं। सारा विवरण उसी पर दिया है। सब इतनी तफसील से है कि किसी को कुछ पूछने की ज़रूरत न पड़े। लिफ़्ट से हम किसी एक मंज़िल तक जाते हैं जो रोशनी से भरी है। चकित होकर हम उस आकर्षक कक्ष को देखते हैं जहाँ आरामदायक कुर्सियाँ, कम्प्यूटर लिखने की सामग्री रखी है और पुस्तक के साथ सद्व्यवहार के नियम लिखे हैं। ब्रिटिश म्यूजियम की तरह यहाँ भी कोई चौकीदार नहीं। कोई किताब उठा ले जाएगा, पृष्ठ फाड़ देगा, उस पर कुछ लिख देगा ऐसा कोई भय नहीं। ऐसी जगह हो तो पुस्तक के साथ प्रीत करने का, एक रस हो जाने का किसका मन नहीं करेगा? कह नहीं सकता कि पश्चिम में पुस्तक-संस्कृति के लिए अनन्य चाहत पैदा करने में लन्दन लायब्रेरी जैसी संस्थाओं का ही प्रचुर अवदान रहा हो? आज भी उस शान्त और भव्य लायब्रेरी में बैठा हूँ और पढ़ रहा हूँ, ऐसा सपना बार-बार आता है।

सितम्बर का लन्दन भारत में नवम्बर की तरह ठंडा था और हमने गरम कपड़े पहन लिये थे। भारत में बी.बी.सी. के संवाददाता और अनुराग के मित्र कुरबान अली से लन्दन आने के पहले मैंने मौसम के बारे में पूछा था, तब उन्होंने अपनी ज़िन्दादिली और शायराना मिज़ाज से कहा था, 'लन्दन में, नंदबाबू, मौसम और माशूक का कोई भरोसा नहीं।' माशूका तो कोई मिली नहीं लेकिन बदमिज़ाज सर्दी और बरसात के मौसम ने पीछा नहीं छोड़ा। पूरे समय धूप के टुकड़े यहाँ-वहाँ नज़र आते। उन्हें पकड़ने दौड़ता—तब तक वे न जाने कहाँ गायब हो जाते। जितने दिन लन्दन में रहा बाहर जाते वक़्त छतरी ले जाना नहीं भूला।

ऐसी ही वर्षा और सर्द हवाओं में देर रात तक स्वामी नारायण के मन्दिर में रुक जाना पड़ा था। सम्मेलन के प्रतिभागियों का एक रात्रि-भोज मन्दिर की ओर से आयोजित था। मन्दिर की भव्यता और कला-दीर्घाएँ देखते-देखते काफी समय लग गया। शायद विदेश मंत्रालय के अधिकारियों को भी आते-आते देर हो गई। भोजन देर से शुरू हुआ और ख़त्म होते-होते साढ़े बारह बज गये। रात के बारह बजे तक के लिए अनुबन्धित बसें निर्धारित समय से एक मिनट पहले ही रवाना हो गईं। लन्दन में रात के बारह बजे बाद सड़कों पर सार्वजनिक वाहनों की आवाज़ाही निषिद्ध है। उधर मन्दिर से हमें भोजन करा कर विदा दे दी गई। दरवाज़े बन्द हो गये।

मन्दिर के आँगन में पहुँचते-पहुँचते तेज बारिश और ठंडी हवा चलनी शुरू हो गई। स्वामी नारायण के मन्दिर में जो भक्त लोग हमें भोजन कराने आए थे वे अपनी-अपनी कारों में बैठकर रवाना हो गये। हम लोग बरसात और ठंडी हवाओं से बचने के लिए यहाँ-वहाँ छिपते फिर रहे थे। साथ ही यह जानने की कोशिश कर रहे थे कि हमें अपने-अपने निवास स्थलों पर ले जाने के क्या उपाय किये जा रहे हैं। किसी से परिचय न होने के कारण चिन्ता कुछ ज्यादा ही हो रही थी। बरसात और सर्द हवाएँ रुकने का नाम ही नहीं ले रही थीं।

कुछ देर बाद विदेश मंत्रालय के अधिकारियों की जीपों से प्रतिभागियों को निश्चित स्थानों पर पहुँचाने का काम शुरू हुआ। पहले बच्चे और स्त्रियाँ, फिर वृद्ध और वरिष्ठजन, उसके बाद युवजन। बाहर बारिश और सर्दी के बावजूद हमारे सम्मेलन स्थल या ठहरने के केबिन, गप्पें लगाने-मिलने के सेंट्रल हॉल गरम और आराम से बैठने लायक सोफों और कुर्सियों से सजे थे। केन्द्रीय कक्ष में एक बड़ा दूरदर्शन सेट था जिस पर अधिकांश समय फुटबॉल का मैच चलता था। लड़के उन्मत्त होकर मैच देखते और बड़े रेफ्रीजरेटर में सिक्का डाल कर पेप्सी-बोतल निकालते-पीते।

सम्मेलन के कार्यक्रम अफ्रो-आरिएंटल स्टडीज इंस्टीट्यूट में ही आयोजित थे। भिन्न-भिन्न विधाओं पर पत्र-वाचन और चर्चा भिन्न-भिन्न कमरों में आयोजित थी।

सम्भागियों को कहीं भी बैठने की आजादी थी। कुछ वरिष्ठजनों के भाषण इंस्टीट्यूट के केन्द्रीय सभागार में आयोजित थे। इन मान्य वक्ताओं के भाषण सुनने की ललक अधिकांश प्रतिभागियों में थी। राष्ट्रभाषा की प्रबल समर्थक भारतीय जनता पार्टी के नेतृत्व में होने वाले सम्मेलन में भारतीय भाषाओं और राजभाषा हिन्दी के सम्बन्ध में कुछ स्पष्ट नीतियों और क्रान्तिकारी घोषणाओं की उम्मीद थी जो नाकाम रही। पं. विद्यानिवास मिश्र और डॉ. लक्ष्मीमल्ल सिंघवी के भाषण औपचारिक और बचते-बचाते थे। भारत में बढ़ते हुए अंग्रेज़ी दबदबे और अंग्रेज़ी-भाषा के विस्तारवादी, वर्चस्ववादी आक्रमण पर कोई बहस नहीं हुई। किसी भय से सम्मेलन आक्रांत था या हमारे मन से ही हम अंग्रेज़ी-भाषा के अधीन हैं? दक्षिण से आए हिन्दी अध्यापक कैसा अनुभव करते हैं और किस प्रकार के नैतिक समर्थन की उन्हें आवश्यकता है इस पर कोई बात नहीं हुई। उनका एक भी प्रतिनिधि बोलने के लिए आमंत्रित नहीं था। 'संस्कार भारती' द्वारा लाए गये हिन्दीसेवी लन्दन देखने और खरीद-फरोख्त करने में मशगूल रहे।

एक सत्र जो विदेशी हिन्दी-सेवियों के लिए सुरक्षित था, वह महत्त्व का था। अवरोधों के चलते वे कैसे हिन्दी की दीप-शिखा प्रज्वलित किये है इसका वर्णन, साहस-कथा सुनने जैसी थी। मॉरीशस से आए एक साथी ने कहा कि वहाँ कई भाषाओं के अनिवार्य शिक्षण के चलते वह कैसे-कैसे अवरोधों के बीच अपने पुरखों की भाषा हिन्दी और रामायण का अनुराग बचाए हुए है।

किसी एक दिन हम दस पौंड यानी सात सौ रुपया देकर लन्दन देखने गये थे। टूरिस्ट बस हमें नगर के ऐश्वर्यशाली इलाके में ले गई थी। यह इलाका पार्लियामेंट स्ट्रीट के नाम से प्रसिद्ध है। बस में बैठे हुए भी हम उस आभामय इलाके का वैभव और दीप्ति देख सकते थे। विडंसर पेलेस के भव्य द्वार पर फूलों वाले फ्राक और चमकदार रंग वाले शर्ट और धूप से बचाने वाले हेट पहने 'गार्ड ऑफ ऑनर' के बदलाव को देखने के लिए वृद्ध और वृद्धाएँ देर से खड़े हैं। एक-एक मिनट की बचत और परवाह करने वाले स्त्री-पुरुष अपना समय राजतंत्र के इस व्यर्थ के कर्मकांड को देखने के लिए क्यों जाया कर रहे हैं यह समझना मुश्किल है। इंग्लैंड दरअसल जनतंत्र और राजतंत्र के प्रति आस्था और आदर में बँटा है। वह दोनों तरफ अपनी अनुकूलता दिखाता है। बस यहाँ से धीरे-धीरे गुजरती है। पार्लियामेंट स्ट्रीट को देखते हुए मुझे भारत के असंख्य शोषित, दरिद्र, भूखे, अकालग्रस्त, ऋण-ग्रस्त किसानों, मजदूरों, मामूली लोगों के दयनीय चेहरे याद आते हैं जिन्हें 'भारत दुर्दशा' में भारतेंदु हरिश्चन्द्र ने चित्रित किया है।

बस का अन्तिम पड़ाव 'थेम्स नदी' का पुल है। मैं थेम्स के मटमैले जल और जहाजों को देखता हूँ लेकिन गंगा-यमुना के मुकाबले 'थेम्स' मुझे छोटी नदी लगती है। हम बड़ी नदियों के तटवासी हैं।

मैंने लन्दन को केवल टूरिस्ट बस में बैठकर ही नहीं देखा, यहाँ-वहाँ, भोजन के लिए आमंत्रित स्थानों पर आते-जाते भी देखा है। मैं चाहता था कि उस जगह को भी देख सकूँ जहाँ गांधी रहे थे। यह अद्‌भुत संयोग ही था कि उस दिन जब भारतीय विद्या भवन के भोज पर जब हम बुलाए गये थे तब किसी ने कहा कि पास ही में 'कोर्ट स्ट्रीट' है। मैं याद कर सका कि ऐसी किसी स्ट्रीट में गांधी रहे थे। उत्सुकतावश में कुछ दूर निकल जाता हूँ लन्दन की बसावट देखता। अनायास मैं देखता हूँ कि एक कमरे के सामने 'ब्लू चिप' लगी है जिस पर लिखा है 'गांधी लिव्ड हियर'। कुछ देर सम्मोहित मैं वहाँ खड़ा रहता हूँ, फिर दौड़कर वेद जी, आचार्य जी को बुला लाता हूँ और एक मंत्र की तरह जपता हूँ—'गांधी लिव्ड हियर, गांधी लिव्ड हियर'। मेरी यह इच्छा पूरी नहीं हुई कि लन्दन लायब्रेरी में उस जगह को देख पाता जहाँ बैठकर मार्क्स ने दुनिया को बदल देने वाला ग्रंथ 'पूँजी' लिखा था।

सम्मेलन समाप्त हो गया है लेकिन अभी हमें दो दिन लन्दन में रहना है। भारत से चलने के पहले ही यह चिन्ता थी, इन दो दिनों की। शुद्ध शाकाहारी भोजन करने वालों के लिए विदेश इस तरह भी अड़चन पैदा करता है। लन्दन दुनिया का महँगा शहर है। हमें राज्य सरकार ने जो अतिरिक्त द्रव्य दिया है वह अपर्याप्त है।

लेकिन अनुराग ने हमारी मदद की है। उसके बी.बी.सी. में कई मित्र हैं, वह उनके लिए काम करता है। अचलाजी हैं, नरेश कौशिक हैं और हमारे परिवार के सदस्य जैसे मधुकर भाई (उपाध्याय) हैं। लन्दन जाने के पहले ही अनुराग ने उन्हें मेरे वहाँ पहुँचने की सूचना दी है। उन्होंने अपना मोबाइल नंबर दे दिया है। मधुकर उपाध्याय से मेरी पुरानी पहचान है एक सर्जक, सहृदय के रूप में। उनकी 'पृथिवी' पुस्तक मेरे पास है। यह अथर्ववेद के 'पृथिवी सूक्त' का ललित हिन्दी अनुवाद है। इसके बाद मधुकर भाई बी.बी.सी. के लिए 'दांडी यात्रा' की कठिन किन्तु रोमांचकारी सामग्री इकट्‌ठी करने के क्रम में उदयपुर में मेरे यहाँ रुके हैं और हमारे साक्षात्कार लिए हैं।

लन्दन में उनके यहाँ पहुँचकर हम जैसे भारत के अपने घर ही आ गये हैं। वे एक प्रशस्त मकान में रहते हैं। उन्होंने हमें अपने हाथों से बना हुआ भोजन कराया। वेद व्यास, नंदकिशोर आचार्य और मैंने देर रात तक मधुकर उपाध्याय की अत्यन्त मर्मस्पर्शी उर्दू कविताएँ सुनीं। यह उनका अपरिचित रूप था।

दूसरे दिन चार पौंड के रेल टिकट लेकर मधुकर उपाध्याय के साथ हम तीनों ने मेट्रो में और सार्वजनिक बसों में उसी टिकट से यात्रा की। बी.बी.सी. में मधुकर भाई काम करते हैं इसलिए वहाँ की हिन्दी सर्विसेज का जटिल और दिनों-दिनों तक शोध करके सामग्री जुटाने और फिर प्रसारण करने का काम वे हमें समझाते हैं। अपनी निष्पक्षता और मौलिकता के लिए पहचानी जाने वाली

प्रसारण-सेवाओं का यह काम पूरा जिम्मेदाराना है इसलिए श्रम-साध्य भी है। रात का भोजन हम बी.बी.सी. में कार्यरत और अनुराग के मित्र नरेश कौशिक के साथ करते हैं। नरेश लन्दन में ही रहने लग गये हैं। वे हमें शुद्ध शाकाहारी भारतीय भोजन कराते हैं।

हम सोचते हैं कि मधुकर उपाध्याय न होते तो हमारी यह यात्रा कितनी अधूरी-अधूरी होती।

20 सितम्बर, 1999 को हम लन्दन को अलविदा कहते हैं। मैं नहीं जानता दूसरे साथियों के क्या भाव हैं लेकिन मैं इस यात्रा से लन्दनवासियों की अपने नगर को सँभालने और प्यार करने की प्रबल आकांक्षा से अत्यन्त प्रभावित होता हूँ।

माँ का गाँव

जिस गाँव का यह वृत्तान्त है उसका कोई हुलिया नहीं है। वहाँ कभी कोई विद्वान, शूरवीर, कवि-कोविद, रणबाँकुरा, धनवान, भक्त या संत नहीं जन्मा कि जिसकी कीर्ति स्वर्णाक्षरों में लिखी गई हो। महज़ संयोग होता और मैथिलीशरण जी इस गाँव को देख लेते तो वे यह कविता कभी न लिखते—"अहा! ग्राम जीवन भी क्या है, क्यों न इसे सबका मन चाहे।" तब भी मेरे मन में इसी गाँव की अनगिनत यादें हैं। सारे दुर्दिनों, दुर्दशाओं, दुराशाओं की यादें; अजीब बात है कि जिनसे मैं बचना चाहता हूँ, लेकिन जिन्हें मैं कभी भूलना भी नहीं चाहता। अब यह सोच कर मुझे बहुत तसल्ली होती है कि मेरा इस गाँव में 'पुनर्वास' नहीं था; मैं दरअसल इसी गाँव का था और फिर वहीं आ गया था। अपनी माँ के साथ। यह मेरी माँ का गाँव था।

गाँव का स्टेशन छोटा था, जहाँ गाड़ी खड़ी होते ही रवाना होने के लिए सीटी दे देती थी इसलिए माँ एक स्टेशन पहले ही दरवाज़े के पास आकर खड़ी हो जातीं, छोटा-मोटा सामान गिन लेतीं; फिर पास बैठे मुसाफ़िर से विनय करतीं कि वे मुझे और सामान के उतारने में मदद कर दें। स्टेशन के आते ही माँ गजब की फुर्ती से उतर जातीं और मुझे धीरे से गोदी में लेकर नीचे खड़ा कर देतीं। फिर एक-एक कर सामान उतार लेती। तब तक खूब-सा धुआँ छोड़ती गाड़ी धीरे-धीरे सरकने लगती। थोड़ी देर में स्टेशन सूना हो जाता और गाड़ी दूर के मोड़ पर लम्बी सीटी बजाती अदृश्य हो जाती।

माँ के लिए नाना बैलगाड़ी लेकर आते थे। स्टेशन से हमारा गाँव दो या तीन किलोमीटर की दूरी पर था। कालू दादा गाड़ी हाँकते थे; वे हमारे काश्तकार थे इसलिए गाड़ी लाना उनके कर्तव्यों में शामिल था। माँ गाड़ी में बैठ जातीं लेकिन मुझे हमेशा ही डर लगता कि कहीं वे लुढ़क न जाएँ। यह दरअसल गाड़ी नहीं 'गाड़ा' था। ऊपर का आधा भाग पठार की तरह उठा हुआ और नीचे का आधा ढलान की तरह। गाड़ी के लिए कोई सुव्यवस्थित मार्ग नहीं था। मैं माँ को ही देखता रहता। गाड़ी के पीछे-पीछे भागता हुआ। बाद में मैंने गाड़ी के प्रसन्न करने वाले कई दृश्य फिल्मों में देखे लेकिन हमारी गाड़ी किसी 'रोमेंटिक फिल्म' का हिस्सा नहीं थी, न वैसे बैल, तगड़े भागते मस्तमौला। माँ हिचकौले खातीं हँसती रहती। गाँव का

सीमांत ज्यों-ज्यों पास आता, माँ का चेहरा अपूर्व आभा से चमकने लगता। इमली वाले बाग तक मौसियाँ आ जातीं और गाड़ी के पीछे-पीछे चलने लगतीं। मुझे वे छोटा समझ कर पकड़ने की कोशिश करतीं लेकिन मैं दौड़ कर बहुत पहले घर पहुँच जाता। नाना धीरे-धीरे चलते और माँ के पहुँचने के बाद आते।

कालू दादा हमारा सामान उतारकर पोल के चबूतरे पर रखते और जाते-जाते अनुनय भरे स्वर में माँ से कुछ कहते। बाद में जब रात को मौसियों और नानी के साथ की महफिल लगती तब यह गोपनीय बात उजाग़र होती कि कालू दादा को घर बसाने वाली 'सलोनी भाभी' के लिए पाँच सौ रुपये की दरकार है। इसके पहले कि माँ अपना वाक्य पूरा करती नानी जोर से कहती, 'एक पैसा मत दीजै ई काल्या कूँ। ऊ घणो मंगतो है।'

गाँव वालों के इस सनातन चरित्र को माँ जानती है। तब भी कालू दादा का घर बसाने में वे कृपण नहीं होगी। नानी कहती है—'काल्या कहाँ से चुकायगा? इसके न खेत, न बीड़ा, न हल, न बैल, न घर, न टापरी।' कालू दादा के पितृत्व के बारे में किसी को कुछ मालूम नहीं है। सामान्य जानकारी यही है कि वह लक्खा बा का बेटा है। है या नहीं इस पर भी कथाएँ हैं। नानी कहती हैं कि असली बेटा तो 'मोड्या' है, जिसे माँ 'मोड्या दादा' कहती हैं। लक्खा बा का वही एक बेटा, उनका वारिस। लक्खा बा माली है और हमारे कुएँ से खेती करता है। हमारे कुएँ में अथाह पानी है। रात-दिन चड़स चलता तब भी भरा-का—भरा। लक्खा बा ने थोड़ी-सी ज़मीन में 'बैंगन' बो रखे हैं। कभी-कभी 'मालन माँ' हमारे घर बैंगन दे जातीं। बदले में नानी उन्हें मक्का दे देतीं। लेकिन इन दिनों कालू दादा ही बैंगन लेकर आते हैं और माँ से मुलाक़ात करने की कोशिश करते हैं। स्त्री के मोहक जादू में फँस गया है बिचारा कालू दादा। "निरगुन फांस लिये कर डोले, बोले मधुरी बानी।" मैं ही नहीं फँसा हूँ कबीर जी! अखिल चराचर फँसा है।

आइए, ज़रा इस गाँव की रचना समझ लें। यह मेवाड़ के प्रसिद्ध दुर्ग चित्तौड़ से छह किलोमीटर की दूरी पर है। बहुत सम्भव है कि यहीं कहीं मुगलों के साथ मेवाड़ की सेनाओं ने अपनी स्वतंत्रता के लिए युद्ध लड़ा हो लेकिन इतिहासकारों के पास इसका कोई प्रमाण नहीं है। गाँव एक छोटी नदी 'बेड़च' के करीब बसा है; करीब यानी चार फर्लांग के लगभग। वर्षा ऋतु में जब नदी उफान पर होती तब भी अब तक किसी प्रकार का नुकसान करने नहीं आई लेकिन नदी तट की भूमि वीरान है। मैं इस नदी को बहुत पहले से जानता हूँ। तब से जब माँ ने कहा था कि नदी के रास्ते पर जो एक लम्बी-सी चट्टान है उस पर पैर रखकर मत जाना। तब मैंने हँसते हुए माँ से कहा कि 'तब उड़कर जाऊँगा, माँ?' लेकिन तब भी चट्टान से बचकर जाता। माँ ने कहा कि युद्ध के दिनों का कोई प्रेत उस चट्टान के नीचे रहता है। शायद कोई फ़कीर हो। तुम कैसे जानती हो माँ? माँ ने कहा वह कस्तूरी

को लग गया था। कस्तूरी को ध्यान नहीं रहा और वह चट्टान पर पैर रखकर नदी पर चली गई। फकीर नाराज़ हो गया और कस्तूरी के पीछे पड़ गया।

लौट कर आई तो बेहोश हो गई और ऊल-जलूल बातें करने लगी। बार-बार कहती राख लाओ राख। कभी-कभी हिन्दी बोलता; अधिकतर तो मेवाड़ी। कस्तूरी ने सवा सेर राख चढ़ाई और असावधानी के लिए माफी माँगी। चट्टान का प्रेत सज्जन है। मैं डर गया। जब कभी नदी जाता तो चट्टान से बहुत दूर घूमकर निकलता। गाँव में ऐसी कई जगह प्रेत-बाधाएँ थीं और अमूमन लोग डरते-सिहरते रहते। गाँव के पास बिल्व-पत्र वाले बाग का प्रेत कोई रईस, अमीरज़ादा था और सुगंध प्रेमी। वह किसी भी मेहमान के कान से इत्र का फाया छीन लेता था। अब जब मैं मामा की मौत पर गाँव गया तब प्रेत वाली चट्टान सड़क बनाने वालों ने खोद कर फेंक दी थी। 'बेड़च' नदी के घाटों का पानी सूख गया था। कोई यह बताने वाला भी नहीं बचा था कि अथाह जल वाले 'कालीदह' में अब पानी है भी या नहीं।

उस समय गाँव में मुश्किल से सौ मर्द-औरतें होगीं; पच्चीस-तीस घर। चतुर्वेदी—ब्राह्मण जिन्हें महाराणा ने यह गाँव दिया था, उनके घर बीच में थे, उनके दोनों तरफ किसानों के बेतरतीब घर थे। ब्राह्मणों ने भी 'ठाकुर' पद-नाम स्वीकार कर लिया था। अपनी रोज-मर्रा और शादी-विवाह की सेवाओं के लिए नाई, कुम्हार, खाती चमार, पुजारी को एक-एक घर बनाने के लिए ज़मीन दे दी थी। उन्हें सेवाओं के बदले फसल के बँटवारे के समय निश्चित मात्रा में मक्की या गेहूँ दे दिया जाता था। कभी-कभी वे गाँव के किसानों का काम भी करते थे। 'ब्राह्मण ठाकुर' के पास कोई काम नहीं था। निठल्ले होने के कारण उनकी 'ठकुराई' किसी पर भी नहीं चलती थी। धीरे-धीरे उन्होंने अपने खेत, कुएँ गिरवी रख-रखकर ऋण ले लिया था। विवाह और मौत के सारे आयोजन कर्म, कांड उधार से ही चल रहे थे। मृत्यु कर्म कराने वाला 'कर्मांतरी' बलिष्ठ घोड़े पर बैठकर आता था और तेरह दिन तक 'जजमान' (यजमान) के यहीं रहता। अन्त के दिन मृतात्मा की शान्ति के लिए 'कठोर दक्षिणा' की वसूली करके चित्तौड़ चला जाता। मृत्यु कर्म कराने वाले को ज़मीन का स्वामीत्व देकर यजमान को पितृ-ऋण से मुक्ति मिलती। विवाह कराने वाले मथुरा के चतुर्वेदी ही होते, वहीं से आते और यात्रा का टीए-डीए लेते। उनकी दक्षिणा भी ज़मीन का स्वामीत्व देकर चुकाई जाती। इस तरह पूरे गाँव की ज़मीन चतुर्वेदियों ने गिरवी रखी दी। उदयपुर के जिस नागर परिवार के यहाँ खेत-कुएँ रहन रखे गये थे उन्होंने गाँव में एक कारिन्दा नियुक्त कर दिया था जो किसानों से मेल-जोल, सम्पर्क-संवाद बनाए रखता और मालिकों के हितों की सुरक्षा करता।

नाना को छोड़ कर गाँव के किसी चतुर्वेदी ने कोई नौकरी या व्यापार नहीं किया। उनमें से कोई शिक्षित नहीं था। शिक्षा की कोई सुविधा भी नहीं थी। चित्तौड़ का हाकिम उन्हें किसी भी अपराध के अन्तर्गत कचहरी में बुला लेता और जेल

भेज देता। बिचौलिया हाकिम की माँग के पत्ते खोलता। जेल में भूखे-प्यासे ब्राह्मण बिचौलिया को ही रुपये की व्यवस्था करने को कहते। हाकिम के पास रुपया पहुँचते ही निरपराध जेल भेजे गए लोग छूट जाते। इस तरह लापता रहे लोग घर आते तो विचलित, व्यथित होते हुए स्वजन-परिजन फिर से उनके जीवित होने के प्रति आश्वस्त होते। वे कई दिनों तक आधे भूखे रहते। किसी के हाथ का बना भोजन न करने के कारण उन्हें भूखे रहने की यातना सहनी पड़ती। हाकिम समझता ब्राह्मण महाराणा की दान में मिली ज़मीन का सुख-भोग रहे हैं जिसमें हमारा साझा वाज़िब अधिकार है और दुखान्तिका का सबसे अधिक त्रासद पक्ष यह था कि ब्राह्मणों के साथ किसकी सहानुभूति नहीं थी। कोई प्रतिवाद, कोई रोष, कोई फरियाद करने वाला नहीं था। गाँव के किसानों से हम न बोलते थे, न उनके बालकों के साथ हमारा खेलना और न मेल-जोल सम्भव था। मैं खेलने के लिए तरसता रहता, लेकिन किसी का साथ सम्भव ही नहीं था। मौसियों के साथ रहते-रहते मैं कुछ शर्मीला और स्त्रैण हुआ जा रहा था। अलगाव के कारण नदी के घाट बँट गए थे। किसानों की स्त्रियाँ कहाँ नहातीं या कपड़े धोती इसकी याद मैं कभी नहीं कर सका। शायद वे कुओं पर ही नहाती हों या उनके पास इतने कपड़े ही नहीं हो, बदलने के, धोने के, सुखाने के। हमारे पास भी कौन-से कपड़े थे, कौन-सा साबुन, कौन-से चद्दर, कमीज, धोती या पाजामे। माँ कुछ साबुन की बट्टियाँ उदयपुर से ले जातीं उन्हीं से कपड़े कभी-कभी धुलते। नदी की विशाल चट्टानों पर उन्हें सूखने को छोड़कर हम पास की पहाड़ियों में बैर तोड़ते और खाते। यही हमारा नाश्ता होता।

नदी पर जान-बूझकर देर-देर तक नहाते रहते। बिना नहाये कुछ भी खाना निषिद्ध था। वैसे खाने को दोनों समय के भोजन के सिवा कुछ था ही नहीं। इसलिए नहाते-नहाते इतनी देर कर देते कि घर जाते ही भोजन मिल जाए। भोजन नानी ही बनाती थी। उन दिनों भोजन बनाना एक तरह से तपस्या करना ही था। अग्नि-देवता प्रसन्न ही नहीं होते थे। लकड़ियाँ गीलीं होतीं, बार-बार बुझ जातीं, फूँकते-फूँकते नानी बेदम हो जाती। मैं छोटी-छोटी, पतली-पतली, सूखी लकड़िया चुनता, फूँक मार-मार आग जलाता और रोटी सिकने का इन्तज़ार करता। मेरा यज्ञोपवीत संस्कार जल्दी ही हो गया था। इसलिए मुझे सिर्फ धोती पहनकर ही भोजन करना पड़ता। सर्दी के दिनों में मैं थर-थर काँपता हुआ भोजन करता। शाम को हमारे यहाँ 'पराठे' बनते जिन्हें हम 'पक्का' मानते। सुबह की रोटी, दाल, चावल, मक्का की घाट, दलिया, खिचड़ी, 'कच्चे भोजन' में शामिल होती थीं। चतुर्वेदियों में प्राय: शाम को चपाती, दाल, चावल नहीं बनते; पराठे, पूरी ही बनती हैं। तब के पराठे सूखे-सूखे, नाम के घी में बनते और छाछ लगी पतली पानी जैसी तरकारियों के साथ खाए जाते थे। मुझे और नाना को दूध मिलता था। उनके दूध में 'खांड़' भी डाली जाती। वे भांग

पीते थे इसलिए यदि उन्हें यत्किंचित मीठा खाने को नहीं मिलता तो वे कुपित हो जाते और नानी को गालियाँ देने लगते। ऐसे में वे माँ और मौसियों का लिहाज़ भी नहीं करते। मुझे फीका दूध मिलता। अगर मैं अब याद करने लगूँ तो कह सकता हूँ कि पन्द्रह दिनों में एक या दो तोला शक्कर पेट में जाती होगी।

हमारा गाँव प्राय: सोया ही रहता। तेज़ हवाओं से कभी सांय-सांय की आवाज़ आती या किसी गाय के रम्भाने की। शाम को 'राधावल्लभनाथ' के मन्दिर की आरती होती तो झालर बजती और साथ में एक फूटा नगारा जो परिक्रमा के पास रखा रहता। काले पाषाण की बनी राधा-कृष्णा की मूर्ति किसी आस्थावान शिल्पकार की तराशी हुई थी, सानुपातिक और सुन्दर देह-यष्टि वाली। नाथू दादा पुजारी जब युगल मूर्ति का थोड़ा भी श्रृंगार कर देते तो उनका रूप निखर जाता। आरती जल्दी ही दिन छिपते-छिपते हो जाती। मुझे हमेशा ही यह अजीब लगता कि आरती की झालर और शंख-ध्वनि के साथ कुत्ते क्यों रोने लगते हैं; किस उत्तेजना में? एक दिन उदास नाथू दादा ने माँ से आकर कहा कि मन्दिर में चोरी हो गई है और भगवान की चाँदी का मुकुट और बाँसुरी तथा दूसरे आभूषण चोर ले गये हैं। माँ इस समाचार से संतापग्रस्त हो गईं। गाँव में दो-एक दिन यह ख़बर फैलती रही। गाँव वालों ने नाथूदास बाबाजी (नाथू दादा) पर ही शक किया। कुछ ने कहा भगवान में ताक़त होती तो चोरों के हाथ जहाँ-के-तहाँ चिपक जाते, भागने के पहले वे अंधे हो जाते।

गाँव में भीलों और दलितों के घर एकदम अलग-थलग एकान्त में थे। उनकी स्त्रियाँ, बच्चे कभी नज़र नहीं आते। उनमें से दलित परथ्या दादा कभी-कभी हमारे यहाँ आता, जब नाना को जूतों की मरम्मत करानी होती। जूतियाँ ले जाते समय भी वह अत्यन्त विनम्रता दिखाता जैसे वे किसी ऋषि की पादुकाएँ हों। माँ को वह 'बाईजी' कह कर हाथ जोड़ लेता। हमेशा सिमटकर खड़ा रहने वाला 'परथ्या दादा' किसी को बिना बताये एक रात मर गया। उसके पेट में असहनीय दर्द हुआ था। किसी को मालूम नहीं हुआ, लेकिन मालूम भी होता तो भी उस दलित 'परथ्या दादा' के प्राण बचाने के लिए कौन विकल होने वाला था। कहाँ गाड़ी-घोड़ा, कहाँ अस्पताल-डिस्पेंसरी, कहाँ डॉक्टर-वैद?

गाँव में रहते हुए भी, वहाँ से 'बेदखल' हुए लोग कभी 'राधावल्लभनाथ' के मन्दिर तक भी दर्शन के लिए नहीं आते। उनका देवरा, उनके देवता, उनकी आरती, आह्वान, वाद्य हमारे देवता से, मन्दिर से, पूजा-विधि से एकदम भिन्न थे। संध्या आरती के समय मांदल की तेज़-तेज़ आवाज़ आती और 'धुपाड़े' से तीखी गंध निकलती। उनके 'देवरा' का भोपा भभूत देता। और मोर-पंखों से सिर पर दो-तीन हल्के आनन्ददायक प्रहार करता। ये प्रहार देवता की तरफ से मिला आशीर्वाद होते। गाँव के किसान दुख और रोग-मुक्त होने के लिए 'देवरे' पर ही जाते। राधावल्लभनाथ के मन्दिर पर ब्राह्मण ही दर्शनार्थ आते-जाते थे।

मन्दिर के सामने हनुमानजी का स्थानक था और किसानों की बस्ती शुरू होती थी। एक घर लालाभाई बनजारा का था। वह सम्पन्न बनजारों में से था। उसकी पत्नी नाक-कान में स्वर्णाभूषण पहनती थीं। डकैत सूर्यास्त होते गाँव में घुस आए। उनमें से एक लालाभाई बनजारे के बाड़े वाले घर में घोड़े पर बैठा हुआ ही चला गया। घोड़ा इतनी तेज़ी से आया कि मैं हक्का-बक्का रह गया। इतने में आरती शुरू हो गई। झालर और नगारा बजने लगे। अजनबियों को देखकर कुत्तों के भौंकने की आवाज़ पर किसी का ध्यान जाता तब तक डाकू लालाभाई बनजारा की बहू के नाक की नथ और कान के झुमके खींच कर घोड़े पर फुर्ती से अपने दूसरे इन्तज़ार करते साथियों के साथ भाग निकला। एकदम इस दुर्घटना से आहत लालाभाई की बहू बेहोश हो गई; उसकी नाक और कान से तेज खून बहता रहा। बाद वाले दिनों में सरपट दौड़ता हुआ घोड़ा और उस पर बैठा हुआ कोई दैत्य बार-बार मेरे सपनों में आता। एक कोई तो भी स्त्री मेरी ओर भागती, खून में नहायी, रोती। मैं डर से थर-थर काँपने लगता। उस दिन के बाद राधावल्लभनाथ के मन्दिर की संध्या आरती में मैंने जाना ही छोड़ दिया।

गाँव की सत्तर वर्ष पुरानी इन यादों के मोह में मैं आज भी फँसा हूँ। अब गाँव को मैं समझना चाहता हूँ। समझने की बहुत-सी तकलीफें होती हैं, उनसे न गुजरूं तो अपनी माँ का पुराना गाँव फिर से चमकने लगता है।

भागीरथ काका

भागीरथ काका को एक भी सुदिन, एक भी सुख के लिए याद नहीं किया जा सकता। आप नहीं मानेंगे कि उनके बारे में लिखने का साहस जुटाने में मुझे पचास वर्ष लग गये। उनके अँधेरे के जीवन में एक भी प्रकाश का दिन नज़र नहीं आता। वास्तव में भागीरथ काका को याद करना दुख के अथाह समुद्र को याद करना है। विधाता ऐसी भी सृष्टि करते हैं कि ज़िन्दगी लुढ़कती-लुढ़कती मृत्यु तक चली जाए। आहार, निद्रा, भय और मैथुन के बीच से गुजरती। अपनी ज़िन्दगी से निस्संग, अपरिचित, अजनबी, भागीरथ काका को दुख का सनातन पड़ोसी की तरह ही याद किया जा सकता है।

ज़िन्दगी के उन्हीं दिनों में माँ उन्हें अपने साथ उदयपुर ले आई थीं। वे हमारे यहाँ भोजन बनाने में सहायता करने लगे। माँ का अपने पीहर से असीम प्रेम ही भागीरथ काका को हमारे यहाँ रसोई बनाने वाला 'महाराज' बनाकर ले आया था। वैसे वे किसी काम के लिए नहीं बने थे। सब्जी काटने के लिए भी माँ उन्हें तेज धारवाला चाकू देते डरती थी। ले तो आई थीं वे उन्हें, लेकिन कोई काम नहीं करने देती थीं। काका उन्हें पिता की तरह लगते। दो-चार जली-कच्ची रोटियाँ बनाते-न-बनाते माँ उन्हें दूसरा काम करने को कह देती और खुद चौका सँभाल लेतीं। जितने दिन वे हमारे यहाँ रहे माँ खूब प्रसन्न रहीं, अपने मायके के आदरास्पद व्यक्ति की स्नेह-छाया में उनका अकेलापन टूटता रहा। दोपहर के भोजन के बाद माँ और भागीरथ काका गाँव की बातें करते। थोड़े दिनों में ही वे गाँव की याद करने लगे। उन्हें लगने लगा कि उनकी पत्नी गंगाबाई बेहद असुरक्षित और अकेली हैं। उन्हीं दिनों गाँव से हमारे कोई सम्बन्धी किसी मुकदमे की पेशी पर आए थे। उन्हीं के साथ भागीरथ काका चले गए। जाते-जाते वे रोने लगे और माँ को आशीर्वाद के रूप में न जाने कहाँ से एक कलदार रुपया निकाल कर दिया। तब अंग्रेज़ सरकार के एक कलदार सिक्के की कीमत चार मेवाड़ी रुपयों के बराबर थी। जिन अफसरों को कलदार में वेतन मिलता वे मेवाड़ी अफसरों के सामने इतराते और शेखी बघारते थे। रेल का टिकट अंग्रेज़ी कलदार से ही खरीदा जा सकता था। शायद भागीरथ काका इस रुपये के अंग्रेज़ी सिक्के को इसलिए इतने जतन से सँभालकर रखे रहे हों कि किसी भी दिन

गाँव जाने के लिए उन्हें माँ से कलदार रुपया न माँगना पड़े। यह महज संयोग ही था कि उदयपुर से चित्तौड़ तक जाने वाली रेलगाड़ी से गाँव के स्टेशन का किराया पन्द्रह आना ही था। माँ को यह बात मालूम थी। मालूम तो काका को भी रही हो, लेकिन भावुकता के इस क्षण वे यह भूल गये हों। "ले लो लीली बाई" उन्होंने आर्द्र कंठ से कहा लेकिन सजग माँ ने उसे सिर पर लगाकर भागीरथ काका को लौटा दिया। अपने साथ लाए लोटा-डोर, धोती-कुर्ता इस संक्षिप्त सामान को लेकर भागीरथ काका मिश्रों की पीपली (माँ का गाँव) चले गये। माँ दिन भर अनमनी, उदास और बार-बार आँसू पोंछती रही।

भागीरथ काका हमारे यहाँ थोड़े ही दिन रहे थे। एक उदास, बेज़ुबान छाया की तरह। हमारी ज़िन्दगी में उनका कोई हस्तक्षेप नहीं था। उनके चेहरे पर कभी किसी तरह का कोई भाव, अच्छा-बुरा, क्रूर या करुण न कभी आया न देखा। चले जाने के बाद अब तक भी, मुझे केवल उनकी सफेद घनी मूँछें और नीली आँखों की उदासी ही याद आती है। एक छोटी-सी डिबिया में उनकी ज़िन्दगी बन्द थी। हो सकता है मृत्यु के समय तक थोड़ी-सी खुल गई हो। जिस दिन चौबे भागीरथ हमारे घर से गये उस रात को भी माँ ने उनके भोलेपन के दो किस्से सुनाए, वे मैं आपको सुना देता हूँ :

भागीरथजी चौबे का विवाह मेवाड़, राजस्थान से बहुत दूर महाराष्ट्र के एक छोटे-से कस्बे बालापुर में हुआ था। टुकड़ों-टुकड़ों में रेल यात्रा करते-कराते भागीरथ काका ससुराल पहुँचे। एक बहुत छोटे-से गाँव के निष्कपट, निश्छल, भोले जंवाई को देखकर ससुराल वालों को शायद यही सुख हुआ होगा कि उनकी बेटी को इस आदमी ने कोई सम्पदा, ऐश्वर्य, खुशियाँ न भी दी हों, एक निर्विघ्न, शान्त, बाधारहित वैवाहिक ज़िन्दगी तो दे ही दी है।

जंवाई दूर से आया था, थोड़े दिनों के लिए, यह सोच कर अपने सीमित साधनों के चलते सास ने खातिरदारी करने में कोई कसर नहीं छोड़ी। सुबह-शाम के भोजन में रोज कोई-न-कोई पकवान बनाती रही। आज संध्या का भोजन अपेक्षाकृत सादा था। पूरियों के साथ एक बड़ा कटोरा ओटाये दूध से भरा था। जंवाई के साथ साला भी भोजन कर रहा था। उसके सामने भी एक कटोरा दूध जैसे सफेद रंग के पेय से भरा था। साले का नाम चौबे कुंजीलाल था। बलिष्ठ, कसरत से कमाया हुआ शरीर, लम्बा-तगड़ा, विनोदी स्वभाव। सुबह उठकर सौ-दो सौ दंड, दो सौ-तीन सौ बैठक, हनुमानजी का स्मरण, 'बाल समै रवि भक्ष लियो, तब तिनहुँ लोक भयो अंधियारो'। अपने जीजाजी के घुटनों से घुटना भिड़ा कर बैठे थे कुंजीलाल। उनके दूध के कटोरे से अपना कटोरा सटा दिया। जीजाजी को भोजन में तल्लीन देख कर पहलवान साले ने चुपके से अपने छाछ का कटोरा उनके सामने सरका कर उनके दूध का कटोरा अपने सामने कर लिया। भोले भागीरथ काका ने छाछ का

कटोरा दूध की तरह पी लिया। उतनी ही तृप्ति और आनन्दके साथ जैसे वे ओटा हुआ दूध ही पी रहे हों।

माँ ने बताया कि जंवाई को दूध का कटोरा और बेटे को छाछ का, यह छल निर्धनता की कथा ही थी। इसी के समांतर उन्हें महाभारत की वह कथा याद थी जिसमें राजगुरु द्रोणाचार्य अपने बेटे अश्वत्थामा के जिद करने पर पानी में आटा घोलते हैं और दूध का भ्रम पैदा करते हैं। अब मुझे ठीक से याद नहीं आता कि भागीरथ काका की इन रोचक कथाओं से मेरे मन में करुणा उत्पन्न होती थी या क्रोध, लेकिन ये कथाएँ मुझे प्रसन्न नहीं करती थीं। मुझे चारों तरफ दरारें-ही-दरारें नज़र आने लगती जिनमें मैं और भागीरथ काका फँसे हुए हों। मेरा मन कहता कि कभी भी भागीरथजी महाराज की आँखें खुल जाएँगी और वे इन विशाल दरारों को लांघ जाएँगे, लेकिन ऐसा हुआ नहीं और उनका उत्तर-जीवन अमर्यादित दुखों का समुद्र बना फैलता रहा।

उनके भोलेपन का दूसरा किस्सा और भी अधिक मर्मांतक और क्लेश पहुँचाने वाला था। भागीरथ काका जमना मौसी को लेने आगरा जा रहे थे। उनकी तीन बेटियाँ थीं। पारी मौसी, जमना मौसी और नारायणी मौसी। जमना मौसी आगरा ब्याही थीं। उन्हीं को गाँव लिवा लाने के लिए यह यात्रा थी। कहीं आने-जाने की आदत न होने के कारण भागीरथ काका लगातार बेचैनी अनुभव कर रहे थे। पास बैठा एक यात्री उनकी मनोवैज्ञानिक परेशानी को भांप रहा था। वह एक शातिर ठग था। उसे काका के भोलेपन की असीम गहराई का अन्दाज़ लगाने में देर नहीं लगी। उसने कुछ ही समय में उनसे घनिष्ठता बढ़ा ली, इस तरह कि जैसे वह उनकी हर तरह से मदद के लिए तैयार हो। उसने भागीरथ काका को यह विश्वास दिला दिया कि वह जमना मौसी के पति का पड़ोसी है। वह अपने साथ ही उन्हें इक्के पर बैठा लेगा और चौबे झम्मनलाल के घर पहुँचा देगा। 'महाराज' इस आश्वासन के बाद बेफिक्र हो गये। ठग बीच-बीच में उन्हें सँभालता रहा, पानी, चाय के लिए पूछता रहा और अपनी आत्मीयता की बाहुओं में समेटता रहा।

आगरा स्टेशन पर उसने महाराज को उतार लिया। अब वह उन्हें 'महाराज' की जगह 'बाबूजी' 'बाबूजी' कहने लगा। ठग ने उन्हें अपने साथ ही इक्के में बैठा लिया। कुछ दूर चलकर इक्का एक शानदार स्टोर के सामने रुका। ठग ने बाबूजी को इक्का से उतार लिया और स्टोर में महँगे-महँगे सामान ले-ले कर अलग रखने लगा। बीच-बीच में वह महाराज से भी मुखातिब होता जाता जिससे दुकानदार को किसी तरह का सन्देह न हो और भागीरथ काका को भी ठग की नियत पर शक करने का अवसर न मिले। सामान इकट्ठे करने के बाद ठग दुकानदार से यह कहकर चलता बना कि वह घर से पैसे लेकर आता है। महाराज को वह तब तक बैठाये रहे जब तक वह आकर पेमेंट नहीं करता। भागीरथ काका को वह यह

कहकर रफूचक्कर हो गया कि यह गया और यह आया। दुकानदार ने महाराज को स्टूल पर बैठ जाने को कहा।

वे बैठ गये। दोपहर बीत गई, तीसरी पहर भी ख़त्म होने को आया। जो उन्हें बैठा गया था, उस व्यक्ति के आने का अब भरोसा नहीं था। भूखे-प्यासे, थके और उदास भागीरथ काका को ठग ने गिरवी रख दिया है यह तब पता चला जब वे उठकर जाने लगे। दुकानदार ने उनसे पूछा कि वह व्यक्ति कौन था? महाराज ने तब मुँह खोला और बताया कि वे उस ठग को कतई नहीं जानते। वह रेल-यात्रा का साथी था। वह उन्हें यह भरोसा देता रहा कि वह उनके दामाद झम्मनलालजी को जानता है, वह उन्हें उनके घर पहुँचा देगा। दुकानदार सकते में आ गया, भागीरथ काका भी। थोड़ी देर बाद साँझ हो जाएगी, फिर स्टोर बन्द करने का समय आ जाएगा तब दुकानदार इस आदमी का क्या करेगा? क्या वह पुलिस को इत्तला करे। वह तुरन्त ठगी की इस भयावहता को समझ गया। भागीरथ काका हर सवाल के जवाब में यही कहते रहे—"में कूँ कई मालूम कोय नी। ऊँ आदमी को भी मूं नीं जाणूं" (मुझे कुछ भी मालूम नहीं, मैं उस आदमी को नहीं जानता)।

"नहीं जानते तो यहाँ बैठे रहो" दुकानदार ने सख्त आवाज़ में कहा। इस किस्से का अन्त संयोगवश सुखद हुआ। संयोग से, एकदम अप्रत्याशित चौबे झम्मनलाल बाजार आते हैं। वे तो अपने ससुर को नहीं देखते, लेकिन ससुर दामाद को देख लेते हैं। वे जोर-जोर से उन्हें बुलाते, आवाज़ देते हैं—"ए झम्मनलाल! इधर आओ, में कूँ छुड़ाओ। एक आदमी में कूँ गिरवी मेलग्यो है।" (ए झम्मनलाल, इधर आओ और मुझे छुड़ाओ, एक आदमी मुझे गिरवी रख गया है।) झम्मनलाल इस स्टोर पर अपने ससुर को देखकर अचरज में पड़ गये। उन्हें दुकानदार ने घटनाक्रम बताया और ठग जितनी कीमत का सामान ले गया था झम्मनलाल से वसूल की। मैंने इस वृत्तान्त को एक काल्पनिक आख्यान की तरह माना। मुझे पता नहीं माँ ने भागीरथ काका के इस भोलेपन को किसी गुण की तरह स्वीकार किया या नहीं। शायद वे इसे अपवाद की तरह ही स्वीकार करती रही हों—अव्यावहारिक और कुछ-कुछ असंगत, लेकिन हर देश-काल में ऐसे भले, भोले, कलुषरहित मन वाले हो सकते हैं—ग़ैर-ज़रूरी ही सही, लेकिन हो तो सकते ही हैं।

मिश्रों की पीपली में भागीरथ काका को किसान 'भागीरथजी महाराज' कहते थे। वे बड़े से एक जर्जर पैतृक घर में रहते थे। उनके घर से सटकर चौबे गंगाप्रसाद का मकान था। अपने बड़े कुनबे के लिए उनका अपना मकान अपर्याप्त था इसलिए भागीरथ काका के मकान पर उनकी आँख थी। वैसे भी चौबे गंगाप्रसाद की कई महत्त्वाकांक्षाएँ थीं जिन्हें पूरी करने के लिए वे किसानों और ब्राह्मणों में तनाव पैदा करते रहते थे। भागीरथ महाराज के कुछ खेत उन्होंने कौड़ियों के मोल खरीद लिए थे और उन्हें मकान बेचने के लिए फुसलाते रहते थे। उनकी आँखें हल्की नीली थीं,

प्रतिहिंसा में धधकती और बिल्ली से मिलती-जुलती। चालाक इतने कि जिस दिन माँ का उदयपुर आने का कार्यक्रम होता चौबे गंगाप्रसाद उन्हें भोजन का निमंत्रण देते। माँ के मना करने पर औपचारिकता पूरी हो जाती।

भागीरथ काका के उत्तर-जीवन की सबसे क्रूर और करुणाभरी, उनके सामाजिक जीवन को चौपट कर देने वाली दुर्घटना तब हुई जब मेरे पिता ने उदयपुर की नौकरी छोड़ दी और माँ अपने तीन बेटों को लेकर झालावाड़ चली आई। इस अपयश-कथा को कहने में मेरी कोई दिलचस्पी नहीं थी, यदि इसमें मर्दों की वह नृशंस छल-कथा न होतीं जो असाधारण अपराधों की ही नहीं, उन शिशु हत्याओं की भी हैं जिन्हें जन्मते ही जीवित होते हुए भी रेत की अनगिनत पर्तों तले दबा दिया जाता है। यह एक विधवा के यौन शोषण का शोकपूर्ण वृत्तान्त भी है जो एक छोटे से गाँव में कुलीन ब्राह्मणों की घुसर-फुसर के बीच चलता रहा। यौन-शोषण करने वाले मर्द बदलते रहे और भागीरथ जी महाराज उनके कलुष को हर बार रेत के गड्ढों में गाड़ते रहे।

यह दुर्घटना भागीरथ काका की बड़ी बेटी पारी मौसी से जुड़ी है। वे जहाँ तक मुझे याद है लखनऊ में ब्याही थीं और उनके पति पोस्टमैन थे। मुझे उनका नाम मालूम नहीं है और न उन्हें मैंने कभी देखा, लेकिन इससे क्या फ़र्क़ पड़ता है? शायद उनकी आर्थिक स्थिति कमज़ोर रही हो या दूसरी परिस्थितियों का दबाव रहा हो, वे लोगों के मनीऑर्डरों का भुगतान करने में चूकने लगे। फ़र्ज़ी दस्तखत करके रकम अपने पास रख लेते। इस तरह काफी रुपया उनके पास इकट्ठा हो गया। अन्त में पकड़े जाने के डर से उन्होंने आत्महत्या कर ली। दामाद की मृत्यु से आहत भागीरथ काका बेटी को गाँव ले आए। यह पारी मौसी की लखनऊ से अन्तिम विदा थी। गाँव में विधवा युवती की सुगंध फैलने लगी। पारी मौसी सुदर्शना नहीं थी। उनका रंग गेहुंआ था और सामान्य विधवा की तरह ही वे रहने लगी थीं। गाँव में अमूमन विधवा स्त्रियाँ अपने कुल-शील की मर्यादा से बँधी रहती हैं, जैसे देवकी मौसी रहीं। उनके साहस की प्रशंसा मैंने सुन रख थी। किसी ने, कहते हैं कि उनके देवर ने ही युवा देवकी मौसी का अँधेरे में हाथ पकड़ लिया था। क्रुद्ध देवकी मौसी ने उसकी ऐसी फ़जीहत की कि गाँव में वह मुँह दिखाने लायक नहीं रहा। लेकिन पारी मौसी के प्रसंग में देवकी मौसी का आदर्श भरभराकर गिर गया। अपने पिता की तरह भोली पारी मौसी छली गई थीं। कुँवारा चम्पालाल उनके पास ही रहता था। गरीबी के कारण विवाह टलता रहा और वह प्रौढ़ हो गया। उन्हीं दिनों विधवा पारी मौसी गाँव आ गई थीं। चम्पालाल से उनका देह-सम्बन्ध हो गया। उनका पहला बेटा हुआ। अवैध सन्तान के जन्म का कलुष धोने के लिए भागीरथ काका उसे गाँव के बाहर नाले में जीवित ही गाड़ आए। दुराचरण के अपराध में, भागीरथ काका का बेटी समेत अघोषित सामाजिक बहिष्कार हो गया। चम्पालाल

निर्भीक, निष्कलंक बना रहा। उसकी तरफ कोई वक्र दृष्टि से नहीं देख सकता था। स्त्री को ही अपने चरित्र की रक्षा करनी चाहिए। स्त्री का इशारा जब तक न हो मजाल है कि कोई मर्द उसकी तरफ देख भी ले। अब सारा गाँव बिगड़ जाएगा। यही सब बातें गाँव में कही जाने लगीं। चम्पालाल कुँवारा संत था और रहा। पारी मौसी पतिता हो गईं।

अपने जीवित बेटे को पिता के हवाले करती पारी मौसी ने कोई भी संकल्प लिया हो, लेकिन वे उसका पालन नहीं कर सकीं। मैंने सुना कि वे फिर गर्भवती हैं। मेरे एक विधुर सम्बन्धी से उनके निकट होने की ख़बर पहले से ही फैल रही थी। मैं शरीर और काम-सम्बन्धों को पाप-पुण्यों में बाँट कर नहीं देखता था, तब भी मैं शरीर गरिमा को चिथड़ा-चिथड़ा होते हुए देखने का हिमायती भी नहीं था। मैं चाहने लगा था कि पारी मौसी से चौबे चम्पालाल विवाह कर ले या वे किसी से भी विवाह करके आबरू की ज़िन्दगी जिएँ, लेकिन उन्होंने कुछ नहीं किया। एक बार फिर सन्तान को जन्म दिया और पिता को सौंप दिया जो उसे रेत, आंधी के बवंडर में छोड़ आए। एक सम्भावना, एक सपना, एक नक्षत्र फिर भागीरथ काका दफना कर चले आए। मैंने पारी मौसी को अपने ख़यालों से निकाल देने की बार-बार कोशिश की, लेकिन एक निष्पाप, कामदग्ध कमज़ोर-सा चेहरा मेरी नज़रों से दूर नहीं हो सका। मेरे सम्बन्धी अपनी निर्लज्जता और अदम्य पुरुषार्थ का प्रदर्शन करते घूमते थे, पारी मौसी से अपरिचित और उनके आचरण की निंदा करते। गाँव का यह दूसरा हादसा था।

तीसरी सन्तान को पारी मौसी ने मरने नहीं दिया। यह कैसे सम्भव हुआ इसकी कोई तथ्यपरक जानकारी मुझे नहीं है। बूढ़े, सामाजिक घृणा की आँच में जलते भागीरथ दम्पती कब मर गये, इसकी कोई ख़बर भी नहीं है। अब हम गाँव से बहुत दूर चले गये थे, मैं अजमेर अपनी मौसी के पास बी.ए. में पढ़ रहा था। सब मिलाकर माँ का गाँव दूर चला गया था, केवल वहाँ की ख़बरें अकाल, बाढ़, मृत्यु, बीमारी, विवाह या शुभ-अशुभ समाचार आते तो उद्विग्न होकर पुराने दिनों की याद करता रहता।

ऐसे में कोई तो भी मिश्रों की पीपली (माँ का गाँव) से अजमेर आया। उसी ने पारी मौसी के गाँव छोड़ कर पास के स्टेशन पर घर बनाकर रहने की बात बताई। उसने जो कुछ कहा उसी से भागीरथ काका की ज़िन्दगी का विषादपूर्ण वृत्तान्त समाप्त करने का मन था, लेकिन अपनी ज़िन्दगी की पूरी सम्भावनाओं के साथ पारी मौसी जीवित थीं। गाँव छोड़ने के साथ उनका दूसरा जीवन शुरू होता है।

पारी मौसी की तीसरी सन्तान जब गर्भ में थी तब कोई ब्राह्मण दम्पती गाँव में आकर उन्हीं के यहाँ रहने लगे। वे निःसन्तान थे। गाँव में यह अफवाह थी कि इन दिनों पुरोहित का बेटा मोहनलाल व्यास पारी मौसी के घर आता-जाता

है, लेकिन यह सन्देह भी प्रबल था कि जो महाराज ब्राह्मण उनके यहाँ सपत्नीक रहता है वह लंपट है।

बहरहाल हुआ यह कि महाराज ने गाँव के रेलवे स्टेशन के नजदीक एक कच्चा-पक्का घर खड़ा कर लिया। पारी मौसी भागीरथ काका का घर चौबे गंगाप्रसाद के परिवार वालों को बेचकर महाराज के साथ स्टेशन पर रहने चली गई। लांछन, अपमान, कामुक दृष्टियों और फँसावट से मुक्त हुई पारी मौसी ने आत्मविश्वास हासिल किया या नहीं—यह कहना दरअसल कठिन था लेकिन जब कभी मैं उस स्टेशन से गुजरता डिब्बे के हर दरवाज़े पर खड़ा हो जाता शायद पारी मौसी दिख जाएँ लेकिन कभी नहीं दिखी। इस बीच महाराज ने यह ख़बर फैलने दी कि उनकी पत्नी आख़िर गर्भवती हो गई है। यह उन पर भगवान का अनुग्रह है।

ऐसा सचमुच हुआ नहीं। वह पारी मौसी की ही तीसरी सन्तान थी जो जीवित रही। उन्होंने अपयश, सामाजिक लांछन से बचने के लिए इस बालक को दत्तक पुत्र कहकर पाला-पोसा और बड़ा किया। उन्होंने भी यह प्रवाद फैलने दिया कि वह महाराज की पत्नी की सन्तान है। इस सन्तान को 'लाला' कहकर पारी मौसी प्रसन्न होती रहीं। मैं यह नहीं बता पाऊँगा कि बाद में महाराज और उनकी पत्नी की मृत्यु कब हुई या वे जीवित ही कहीं चले गये। वैसे भी वे मेरी दिलचस्पी के केन्द्र में नहीं थे। जब मेरे पिता की मृत्यु हो गई तब सांत्वना देने पारी मौसी माँ के पास आई। माँ को वे बड़ी बहन की तरह मानती थीं। यह देखकर मुझे आश्चर्य हुआ कि माँ के मन में पारी मौसी के कलुषित अतीत को लेकर कोई अमर्ष नहीं था। इस उदार व्यवहार का क्या कारण था? शायद यह कि गाँव वाले, माँ और मैं कहीं-न-कहीं इसे पुरुषों की कामुक-अधमता के रूप में ही देखते-समझते रहे।

अन्त तक पारी मौसी स्टेशन वाले मकान में रही। उनका ग्राम-पंचायत में महिला प्रतिनिधि के रूप में मनोनयन हुआ। लाला का विवाह चतुर्वेदियों में ही हुआ।

अब न भागीरथ काका हैं न उनकी पत्नी गंगाबाई। पारी मौसी भी नहीं और न उनके दुख-दग्ध जीवन की बात करने वाला कोई। लाला से मिले हुए मुझे अर्सा हो गया।

कुछ दिन पहले मैंने किसी कविता में लिखा था :

इतिहास सिर्फ मौत बताता है
बाकी की बातें तो ज़िन्दगी को ही
तलाश करनी पड़ती हैं।

'सीएटी' केट, केट माने बिल्ली

'सीएटी केट, केट माने बिल्ली' यह कहकर मोहनलाल मामा ठहाका लगाकर हँसते; उनकी मूँछें भी। मामा की मूँछें इतनी सुन्दर थीं कि मैंने मन-ही-मन यह निश्चय कर लिया कि मैं उन्हीं की जैसी मूँछें रखूँगा। अपनी मूँछों पर ताव देते हुए मामा एक दोहा भी बोलते, जिसकी एक पंक्ति में 'बिना मुच्छ का ज्वान' भी होता था। इसी के साथ मामा अपनी जवानी का आनन्द लेने लगते। उनके लिए मूँछें मर्द होने का प्रमाण थी। उन्हीं दिनों गाँव का लड़का हरलाल मेले में से एक जोड़ा मूँछ ले आया। वह दिन भर उसे लगाकर घूमता रहता। जब कभी अपने कुर्ते की जेब में रख लेता। मैं किसी से कहता तो नहीं, लेकिन बार-बार मुझे शक होता कि मामा की मूँछें मेले से खरीदी तो नहीं हैं। हिम्मत करके एक दिन मैंने मामा से पूछा 'असली हैं कि नकली'। मामा को जुनून चढ़ गया और वे मूँछों को पकड़-पकड़ कर खींचने लगे, जैसे कोई पौधा उखाड़ रहा हो। मुझे डर लगने लगा कि कहीं मूँछें उखड़ कर मामा के हाथ में ही न आ जाएँ। लेकिन मूँछें तो क्या एक बाल तक नहीं टूटा। 'देखा, बच्चू, इसे कहते हैं मर्द की मूँछें।' फिर न जाने किस कवि की यह पंक्ति गाकर सुनाई 'जिनको निज मूँछ की लाज नहीं, उनसे तो कहीं मुंछ मुंडे भले।'

मोहनलाल मामा मेरे सगे मामा नहीं थे। मेरी नानी की बहन के बेटे। नानी को वे 'धन्नी' मौसी कहते। जब मामी अपने मायके चली जाती तो मोहनलाल मामा अपनी मौसी के यहाँ रहने के लिए आ जाते। मुझे उनका आना बेहद अच्छा लगता, जैसे फिर एक रुका हुआ दरिया बहने लगा हो। दरअसल हमारे इस घर में नाना के सिवा कोई पुरुष नहीं था—नानी थी और मौसियाँ। मेरी माँ सबसे बड़ी थीं, वे छह बहनें थीं, लेकिन कोई भाई न होने का उन्हें दुख था। मेरी माँ ने बड़ी बहन का ही नहीं भाई की भी जिम्मेदारियाँ निभाईं और छोटी बहनों को भाई का प्यार दिया। इस छोटे गाँव में इन छह बहनों के प्यार की कहानियाँ घर-घर कही जाती। मेरे नाना को यह कहने में आनन्दआता कि ये छह उनकी बेटियाँ नहीं बेटे हैं। कभी-कभी नाना मेरी माँ को उनके नाम से बुलाते 'लीलाबाई!' और एक-आधे वाक्य में बाप-बेटी के बीच की यह बातचीत समाप्त हो जाती। नाना ने

नानी से कभी कोई बात की हो यह मुझे याद नहीं है या कि मौसियों से ही कभी बोलने की ज़रूरत समझी हो इसकी भी याद नहीं आती। नाना की दुनिया आँगन के एक छोर पर थी और नानी, माँ और मौसियों की दुनिया दूसरे छोर पर। इन दोनों दुनिया के बीच निःशब्दता फैली रहती, कभी-कभी बहुत ज़रूरी हुआ तो डरते-डरते, बहुत दूर से, नाना सुन लें कुछ इस तरह से नानी कोई बात कहतीं और नाना सुन लेते। फिर लम्बा सुनसान और आँगन के इस पार से उस पार तक फैली खामोश ज़िन्दगी।

सुबह से शाम तक की कुछ बातें इस ब्राह्मण परिवार में तय थीं, जिनमें कभी कोई बदलाव की सम्भावना नहीं थी। न कोई चाहता था कि कुछ बदले: कुछ बने या बिगड़े, कुछ घटे या बढ़े। नानी के घर में वर्षों तक एक कील नई नहीं गड़ी और जो जहाँ गड़ी थीं, वहीं गड़ी रहीं। न नया हुआ और न पुराना गया। माँ और मैं उदयपुर से गये तो लालटेन ज़रूर लेते गये। वह तेज बरसात में या हवा में बुझता नहीं था, लेकिन उसे साफ रखना, बत्ती काटना, केरोसिन भरना माँ को ही आता था, जो जल्दी ही किसी मौसी ने सीख लिया। लालटेन नाना की पोल में ही जलता था, यद्यपि उसकी ज़रूरत नानी को थी। नानी को पूरे कुटुम्ब की अँधेरे में रोटियाँ बनानी पड़तीं। मुझे ठीक से याद नहीं कि नानी अपनी बेटियों को दूध देती थीं या नहीं, लेकिन नाना को और मुझे कटोरों में दूध दिया जाता क्योंकि हम पुरुष-वर्ग के थे; मामा जब यहाँ रहते, उन्हें भी दूध परोसा जाता। स्त्रियों के लिए कोई तो भी रसीली, ढेर-सी पानी वाली सब्जी या दाल होती।

नाना भोजन करने हर रोज विशिष्ट अतिथि की तरह आते, आतंक के बीच। जब वे खाकर पोल के चबूतर पर चले जाते, तब सब मौसियाँ चूल्हे के आसपास आ जातीं। गीली लकड़ियाँ होने के कारण रसोई घर में अमूमन धुआँ फैला रहता। नानी बार-बार अपनी आँखें पोंछतीं और चूल्हा फूँकतीं। थोड़ी देर लकड़ियाँ जलतीं फिर बुझ जातीं। नानी के बाल लटककर नीचे आ जाते जलती लकड़ियों के करीब। मुझे डर लगता कि कहीं किसी दिन नानी का मुँह झुलस न जाए। नाना लालटेन लेकर चले जाते, तब पीली फीकी रोशनी वाली चिमनी जलने लगती। मौसियाँ और मामा और मैं साथ-साथ खाने बैठते। अन्त में नानी खाती, तब गाँव के सीमांत वाले मोड़ पर रेल लम्बी सीटी बजाती धड़धड़ करती गुज़र जाती। यह नौ बजने की सूचना होती। कोई तो भी कहता नौ बजे की गाड़ी जा रही है। रोटी खा चुकने के बाद नानी और मौसियाँ आँगन में सूखते 'मक्यों' पर आराम से लेट जातीं। आश्विन की ठंडी होती रातों में जलरहित बादल आकाश में दौड़ते, कभी चन्द्रमा के पीछे, कभी चन्द्रमा को घेरने।

मैं उस 'ओबरी' में ही सोता था, जहाँ भोजन बनता था। नानी और मां, मौसियाँ बड़े घर में सोती थीं, ओबरी में मुझे लेकर कोई एक मौसी सो जाती

थी। जो घर में सोतीं, उन्हें सुबह बहुत जल्दी 'घट्टी' (चक्की) पीसने उठना होता था। नानी तारों से अन्दाज़ लगा लेती थीं कि कितनी रात शेष है। 'सप्तर्षि मंडल' कहाँ पहुँच गया है? आकाश के किस कोने में और किस तारे की प्रभा कितनी क्षीण हो गई है। 'घट्टियों' की आवाज़ में मुझे गहरी नींद आ जाती। रात में कई बार डर लगता, ठंड भी। पास में श्रृगाल हू, हू करते रहते और एक जानवर भयानक आवाज़ में रोता। नानी ने बताया कि उसके मुँह से अग्नि झरती है और जब वह रोती है श्मशान के प्रेत प्रसन्न होते हैं, किसी-न-किसी की मौत हो जाती है। मैं मौत के बारे में सोचने लगता। मैंने कसी को मरते नहीं देखा था। मैंने नानी से मृत्यु के बारे में पूछा। नानी ने कहा कि एक-न-एक दिन सबको मरना है।

उस रात अचानक हमारी भैंस मर गई। मामा अपने घर पर ही सोते थे। ज़रूरी भी था। गाँव में अमूमन दीवार तोड़कर चोर घुस आते थे। दाल-दाना, गेहूँ-मक्का, सेर-आधा सेर आटा, गिलास-थाली जो मिलता ले जाते। मामा के यहाँ एक बार सेंध लग चुकी थी। तब से वे सजग हो गये थे। भैंस को छटपटाते देखकर नानी ने झटपट लालटेन जलाया। देखा तो काला-भुजंग लहराता हुआ आँगन के पार चला गया। भैंस को विष चढ़ गया था। मामा दौड़कर 'भोपाजी' के पास गए। रात में ही देवता का आह्वान किया गया। उन्होंने एक लोटा जल अभिमंत्रित किया, जिसे मामा नीम के झौरे से भैंस पर छिड़कते रहे। जब कभी भैंस आँखें खोलती मामा कहते 'खम्मा! बावजी! पधारो'। मैं भी मामा के साथ आँखें बन्द कर लेता। नानी, मौसियाँ रात भर भैंस के पास बैठी रोती रहीं, सुबह होते-होते भैंस की मृत्यु हो गई। उस दिन नानी अवसाद से घिरी बैठी रहीं। पार्वती (भैंस का नाम) की अकाल मृत्यु की ख़बर गाँव में तुरन्त फैल गई।

साँप हमारे घर में अजनबी नहीं था। माँ जब लालटेन नहीं लाई थीं, तब आश्विन की धूप से बेहाल दिनों में साँझ होते-होते कई बार तफरी पर निकले साँप नाना के पैर के नीचे आ जाते। नाना उचक कर निकल जाते; साँप भी जाने कितनी दूर, जाने कहाँ अन्तर्धान हो जाता। नाना के बारे में मैं आपको यह बताना भूल गया कि वे चौबों (चतुर्वेदियों) की कुल परम्परा में यशस्वी 'भंगेड़ी' थे। जितनी थोड़ी-सी ज़मीन उनके पास रह गई थी, उसमें से करीब एक बीघा में वे वर्ष भर के लिए भांग की खेती करते थे। मक्का के साथ भांग के पौधे उखाड़ कर आँगन में सूखने के लिए बिछा दिए जाते। दिनों तक आश्विन की प्रखर धूप और रात की हल्की-सी ठंड में भांग की पत्तियाँ तैयार होती रहतीं। फिर वे तोड़कर ताँबे के बरतन में उबाली जाती। नाना तब आश्वस्त हो जाते कि अब वे भरपूर नशीली हो गई हैं। वे दो बार भांग पीते। मुख्य भांग शाम को घोटी जाती। चार बजे रेल जब लम्बी सीटी बजाती गुजरती तब, नाना शिला-लोढ़ी की तरफ देखते।

तब तक गाँव के भांग-प्रेमी आ जाते और 'बूटी' घुटने लगती। जब काजल की तरह बारीक पिस जाती तब छान ली जाती और 'लेना हो शंभो' की आवाज़ के साथ छोटे बच्चों को प्रसाद के रूप में थोड़ी-थोड़ी, शार्गिदों को गिलास में और नियमित पीने वालों को लोटे में दी जाती। मेहमानों की खातिर में 'विशेष भांग' जब कभी बनती तब शक्कर, बादाम, पोश्त के दाने भी घुटते। गाँव में शक्कर अत्यन्त विशिष्ट पर्वों के अवसर पर खाने को मिलती। भांग का सत्र यहीं समाप्त नहीं होता। फिर 'हाथ-मुँह' धोने के लिए नदी पर जाते, जिनकी इच्छा होती वे नहाते। यह माना जाता कि नहाने से भांग लहराने लगती है। मामा कभी-कभी भांग पीते। वे प्राय: एक कविता-पंक्ति सुनाते 'गंग से ऊँची तरंग उठे जब अंग में आवत भंग भवानी'। एक दिन सचमुच मामा के अंग में भंग भवानी समा गई और वे आँगन में खाट पर अपनी दोनों टाँगे ऊपर किये लेट गए। थोड़ी देर तक सब यह कौतुक देखते रहते, लेकिन जब काफी वक़्त हो गया तो नानी ने पूछा कि वे इस मुद्रा में क्यों लेटे हैं? देर तक मामा ने कोई उत्तर नहीं दिया, लेकिन बाद में वे रो-रो कहने लगे कि अब आकाश गिरने वाला है और वे उसे अपनी टाँगों पर थामने में असमर्थ हैं।

अहा! मोहनलाल मामा, तो आप इसलिए अपनी टाँगें आकाश की तरफ उठाए हैं? मैंने हँसते-हँसते पूछा।

मुश्किल से उनका रोना बन्द हुआ और उनकी आकाश थामने की कोशिश में उठी टाँगें खाट पर सामान्य रूप से सीधी हुईं।

भांग पीकर नाना निश्चिन्त होकर गाँव के अथाह अँधेरे में चबूतरे पर दरी बिछा कर लेट जाते। एक बार उन्हें कुछ ऐसा महसूस हुआ, मानो उनकी जांघ पर किसी ने अंगारा रख दिया हो। वे तुरन्त उठकर बैठ गये और माँ को आवाज़ लगाने लगे 'लीलाबाई लीलाबाई'। आवाज़ में जो दहशत मिली हुई थी उसे सुनकर माँ दौड़ी गई और लालटेन के क्षीण प्रकाश में उसे कीड़े को ढूँढ़ने लगी, जो इस तीव्र दाह का कारण हो सकता था। उन्हें भय था कि अँधेरे में सांप ही न काट गया हो। इधर-उधर ढूँढ़कर माँ ने बिच्छू का पता लगा लिया, लेकिन बिच्छू था कि न आगे आता, न पीछे ही जाता। क्या उसे नाना के डंक मारने के साथ भांग का नशा चढ़ गया था? थोड़ी देर वह उन्मत्त होकर इधर-उधर हिलता-डुलता बेहोश होकर मर गया। चौबे शंकरलाल ने थोड़ी देर उस जगह हाथ फेरा, जहाँ बिच्छू ने डंक मारा था और फिर चिन्तामुक्त यथास्थिति को प्राप्त हो गये। सुबह उन्होंने भांग-प्रेमियों को बिच्छू को नशा चढ़ जाने की कथा हँस-हँसकर सुनाई और भांग पीने के लाभ से अवगत कराया। सुबह की हल्की नशे वाली भांग को नाना 'झलंगा' कहते थे। उसे वे अकेले ही पीते थे। वे शिव-उपासक थे और उन्हीं के भक्तों की तरह त्रिपुंड और भस्म लगाते थे। नाना से मुझे डर लगता

था। शायद नशे के कारण या अपने अच्छे दिनों की यादों को लेकर वे तनाव में रहते और घरवालों पर गुस्सा उतारते रहते। इस कारण वे अपनी गरीबी को लेकर आहत थे। लम्बे समय तक वे मेवाड़ के एक सामन्ती ठिकाने के 'कामदार' रहे थे। हर महीने रुपया उनके हाथ में आता था, सब कुछ निश्चित और नियमित था। लेकिन कामदारा छूटने के बाद वे इस बहुत छोटे से गाँव में सारे अनिश्चयों, सारी अव्यवस्थाओं-अनियमितताओं के साथ आ गए थे। ब्राह्मणों के इस गाँव में, जहाँ केवल नदी के स्नान के सिवा कोई सुख नहीं था। नाना एक उजड़ी दुनिया में बैठे थे। कहे तो वे 'ठाकुर' जाते थे, लेकिन उनकी 'ठकुराई' किस पर थी, वे खुद नहीं जानते थे। चार-पाँच बीघा ज़मीन उनके पास थी, जिसे किसान कमाते थे। एक-दो भैंस थी जिनके दूध से घी, दही, छाछ मिल जाती थी। पास के छोटे कस्बे से दूसरे सामान की उधार चलती थी। महाजन उगाही करने आता तो नाना अपने अंगोछे से मुँह ढंक कर सो जाते और तब तक सोए रहते जब तक वह चला नहीं जाता। कई बार मेरी माँ उधार चुका देती। नाना को वह कभी भी यह पछतावा नहीं होने देती कि उनके बेटा नहीं है। बेटियों के पास अपने माता-पिता के लिए अदृश्य ममता का, आदर का, झरना होता है यह मैंने नाना की छह बेटियों से ही जाना था। वे विवाहिता होकर चली गईं, तब भी उनकी हँसी, आँसू, चिन्ताएँ या कि मनोकामनाएँ उनकी यादें, स्पर्श और स्वाद नाना के आँगन में ही भटकते नज़र आते। माँ जब भी उदयपुर जातीं बार-बार रेल की खिड़की से बाहर देखती रहतीं, उस बीस घरोंवाले गाँव को, जो जितना पीछे छूटता जाता, उतना ही माँ को नजदीक, चमकता नज़र आता रहता।

वीरांगना तो नानी ही थीं। चारों तरफ खुले, सब तरफ रास्ते वाले घर को चोरों से बचाकर रखना यह उन्हीं के अपूर्व साहस का काम ही था। उनके पास कोई पिस्तौल, कोई तलवार, छुरी, चाकू, या कोई धारदार शस्त्र नहीं था, वे न कोई कराटे के, न कुश्ती के दाँव-पेच जानती थीं, तब भी उस निपट असुरक्षित गाँव में अपने निडर स्वभाव से वे पुरुषों को लज्जित करती थीं। जब आँगन में मक्की सूखती, वे माँ की जेवर वाली पोटली को ज़मीन में ऊँडे गाड़ देती और रात में उसी जगह अपनी खाट बिछाकर सो जाती। रात में चार बार वे लकड़ी लेकर यहाँ से वहाँ तक का आँगन पार करती। जब कभी मोहनलाल मामा वहीं सोते, उन्हें आवाज़ देती 'मोहनलाल'।

कुछ दिनों जब नाना नहीं होते 'बालाभाई बनजारा' हमारे यहाँ सोते। उनके पास मजबूत तेलपिया हुआ लट्ठ था। वे देर रात आते और चिलम पीते। तम्बाकू की तीव्र गंध घर भर में फैल जाती, लेकिन उनके आते ही हम खुश हो जाते। वे सबको सुरक्षा प्रदान करते। प्रात:काल के सब नक्षत्रों को वे जानते थे। उनके उदय और अस्त होते ही वे नानी को जगाते 'धन्नीबाई'। नानी उठती और दही बिलोती

या घट्टी फेरतीं। मौसियाँ भी चक्की पीसने के लिए उठ जातीं। बालाभाई उठकर कबीर का भजन गाते:

करमन की गत न्यारी हो
मेरे रामा, करमन की गत न्यारी
बड़े-बड़े पंख दिए बगुला के
कोयल कर दीन्हीं कारी
वेश्या ओढ़े साल धुशाले
पंडित भए भिखारी...मोरे रामा।

मामी थोड़े दिन बाद पीहर से लौट आतीं। मामा का आना कम हो जाता। मैं मामा को चिढ़ाने उनके घर चला जाता, कहता 'सीएटी केट, केट माने बिल्ली'।

अब नाना-नानी का गाँव सपना हो गया है और वे दिन भी।

रिश्तों का माधुर्य

ललितजी के साथ मैं कई तरह से बँधा हूँ। राजनीतिक मतभेद के बावजूद उनके स्नेह और सौजन्य से, उनकी निर्भीकता और हठीलेपन से। सौभाग्य से हमारी ज़िन्दगी एक रंग से, भाव या दृष्टि से बँधी और बनी नहीं है। उसका आनन्द अनेक रंगों, भावों और दृष्टियों में सजा हुआ है।

लेकिन मैं ललितजी से भी कहीं ज़्यादा किसी अकथ अनन्यता के साथ उनके परिवार से बँधा हूँ जिसके अभाव में मैं न अपनी शिक्षा के बारे में सोच सकता हूँ और न उन खुशियों के बारे में जिन्हें मैं उस कुटुम्ब की स्नेह-छाया में प्राप्त कर समृद्ध हुआ। आज उनका स्मरण कृतार्थ होने जैसा लगता है।

मैं यह बताना नहीं भूलना चाहता कि ललितजी के परिवार से हमारे पारिवारिक रिश्ते कोई रक्त के पारम्परिक रिश्ते नहीं हैं। वे स्नेह और आत्मीयता के रिश्ते हैं जो अकारण हो जाते हैं और इसीलिए न कभी परीक्षा से गुज़रते हैं और न कभी आक्रोश से या कि अहंकार की क्षुद्रताओं से। शायद इन्हीं रिश्तों को सनातन या शाश्वत कहा जाता है।

मेरे पिता ललितजी की नानी को बड़ी बहन मानते थे और 'जीजी बाई' कह कर सम्बोधित करते। हमारे लिए वे 'केसर भुआ जी' थीं। वे पिता की सहोदरा नहीं थीं और न हमारी सगी भुआ लेकिन ज़िन्दगी तो कई तरह से रिश्ते बनाती है और अपने हिस्से का मधुसंचित करती है। दरअसल मेरे पिता के सूने और एकान्त जीवन में इन सब अनायास, दूर के, अनाम रिश्तों का माधुर्य ही छलकता रहा है। इसी क्रम में केसर भुआजी की बेटी मेरी सूरज जीजी बाई हो गईं और उनके दोहते ललितजी का मैं नंदमामाजी हो गया।

मैं इसे केसर भुआजी का परिवार ही कहूँगा। फूफाजी आनन्दीलालजी अपने घर में मेहमान की तरह, अपने नाम के अनुरूप, जीवन का पूरा रस-आनन्द लेते निश्चित रहते थे। वे कोटा-शैली की सुन्दर पगड़ी बाँधते थे जो उनकी शानदार दाढ़ी पर शोभित होती थीं। उनकी मुखाकृति एक विशेष आकर्षण का केन्द्र होती। फूफाजी सा को अपनी इस मोहक आकृति से प्रेम भी था। उनका एक सुन्दर-सा फोटो था जिसे वे आगुंतक को उत्साहपूर्वक दिखाते थे। उनका यह फोटो प्राचीन जीवन-शैली

के प्रति आकर्षण और आदर भाव पैदा करता था। अपनी गृहस्थी का सम्पूर्ण भार केसर भुआ जी पर छोड़कर वे वीतरागियों का-सा जीवन व्यतीत करने लगे थे।

ललितजी के जीवन-निर्माण में अपने स्नेहपूर्ण संयुक्त परिवार का प्रभावशाली योगदान है। उनके अपने और राजनीतिक जीवन के उतार-चढ़ाव और धूप-छांह वाले दिनों पर मैंने जो निर्विघ्न उत्साह और सहनशीलता की आभा देखी है उसका उद्गम वह संयुक्त परिवार ही है जिसके संघर्षों के बीच से वे अक्लांत निकल कर आए हैं। उनकी इस पारिवारिक पाठशाला की थोड़ी-सी विस्तारपूर्वक जानकारी लें।

फूफाजी आनन्दीलालजी के कोई पुत्र न होने के कारण ललितजी की माँ सूरज जीजीबाई पिता-माता के साथ ही रहने लगीं। घंटाघर पुलिस चौकी के पास एक छोटी, संकरी-सी गली में घुसते ही जो मकान आता है वह चौबे आनन्दीलालजी का है—ललित जी का ननिहाल। यह मुहल्ला 'डाकोत्या पाड़ा' कहलाता है। 'डाकौत' मृत्यु के बाद का कर्मकांड कराने वाले पेशेवर ब्राह्मण होते हैं। घंटाघर मुस्लिम-बहुल इलाका है—निम्न मध्यवर्गीय मुसलमानों का। अबकी तो मैं नहीं जानता लेकिन बहुत पहले इस क्षेत्र के बीड़ी बनाने वाले मज़दूरों की यूनियन में मैंने काम किया था। पुरुष ही नहीं गरीब परिवारों की मुस्लिम स्त्रियाँ भी बीड़ियाँ बनाती थीं और जैसे-तैसे अपनी गृहस्थी चलाती थीं।

ललितजी के पिता पुरुषोत्तम लालजी पुलिस विभाग में वरिष्ठ अधिकारी, शायद 'पब्लिक प्रोसिक्यूटर' थे। उन्हें सब 'कोर्ट साहब' कहते थे। मैंने उन्हें कभी पुलिस-वर्दी में नहीं देखा : लेकिन तब भी मुझे उनका व्यक्तित्व प्रभावशाली और रूवाबदार लगता था। वे आज्ञा देना पसन्द करते—मानना नहीं। यह पुलिस अधिकारियों के स्वभाव की विशेषता होती है। ललितजी की मुखाकृति, स्वभाव और भंगिमाएँ बहुत कुछ 'कोर्ट सा' से मिलती हैं। इस परिवार में चार भाई और तीन बहनें थीं जिनमें से अब ललितजी और दिनेश हैं। एक छोटे घर में साथ-साथ रह कर वे सब सन्तुष्ट और प्रसन्न थे।

वर्षों के हिसाब से देखूँ तो मुझे सम्बन्धों का यह गणित 1939 से साफ़-साफ़ नज़र आता है। इस वर्ष मैंने मैट्रिक पास कर ली। तब झालावाड़ में इससे आगे पढ़ने की कोई व्यवस्था नहीं थी। सबसे नज़दीक कोटा ही था, जहाँ इंटर-कॉलेज था और वे निकट सम्बन्धी थे जिनके यहाँ मैं रह सकता था। लेकिन वहाँ कॉलेज में प्रवेश पाना किंचित सन्देहास्पद था क्योंकि उन दिन झालावाड़-कोटा के आपसी और राजनयिक सम्बन्ध तनावपूर्ण थे। इतने कि झालावाड़-कोटा की बस-सवारियों को भारी असुविधा के बावजूद आहू नदी के देवरी-घटा कस्टम नाके पर बस बदलनी पड़ती थी। सौभाग्य से हर्बर्ट कॉलेज, कोटा में मुझे सुविधापूर्वक प्रवेश मिल गया और मैं दादा भाई श्याम सुन्दर जी के साथ रहने लगा जो नव-स्थापित नयापुरा पुलिस स्टेशन (थाना) के प्रभारी थे। नयापुरा का थाना कॉलेज के अत्यन्त समीप

था तब भी मुझे घर की, विशेषतया माँ की याद आती। मुझे हमेशा ऐसा लगता रहता कि इन उदास दिनों की संध्याएँ बिताने के लिए मुझे किन्हीं और आत्मीयजनों के यहाँ जाते रहना चाहिए। लेकिन एक बड़े अपरिचित नगर में कहाँ? छोटे कस्बों से आने वाले लड़कों की तरह मेरा मन भी भीरू और संकोची था। लेकिन मुझे सहसा ही लगा कि केसर भुआजी का द्वार तो मेरे लिए खुला ही है। पहली बार जब मेरे पिता मुझे कोटा छोड़ने आए थे उन्होंने अपनी बहन से कहा था 'जीजी बाई इसका ध्यान रखना'।

इस तरह मैं केसर भुआजी के यहाँ आने-जाने लगा और उसी तरह आत्मीय हो गया जैसे सूरज जीजी बाई के बेटे-बेटी थे—बन्नू (बनवारी लाल), छन्नू (छैल बिहारी लाल) उमराव जीजी : ललित उस समय सात-आठ वर्ष के होंगे। बच्चू (दिनेश), सुशीला और शान्ति की मुझे कुछ धुँधली-धुँधली-सी याद है लेकिन उल्लेखनीय जैसा तो कुछ भी नहीं।

चालीसवें दशक का ललितजी का यह परिवार सुख और शान्तिपूर्ण था। उसका मुखिया सरकारी नौकरी में था, जो प्रतिष्ठा और सम्मान से जुड़ी थी। केसर भुआजी न केवल घर-परिवार में बल्कि देशज चतुर्वेदियों में अत्यन्त आदरणीय महिलाओं की श्रेणी में शामिल थीं। किसी भी बड़े काम में उनकी राय और स्वीकृति की प्रतीक्षा रहती थी। मेरे पिता जब से झालावाड़ में आए वे केसर भुआजी की स्नेह-छाया में रहने लगे। मेरे विवाह में जब तक वे नहीं आईं गणेश-स्थापना नहीं हुई। उनके आने के बाद ही विवाह के सारे कार्यक्रमों का क्रम और दिन निश्चित हुए।

दरअसल ललितजी का परिवार नानीजी-केन्द्रित था, वहाँ उनकी सत्ता अखंडित थी। अल्प आर्थिक-संसाधनों वाले परिवार इसी तरह से विघटन और व्यक्तिगत महत्त्वाकांक्षाओं की चपेट में आने से बच सकते थे। केसर भुआजी यथासम्भव यह कोशिश करती रहीं कि चतुर्वेदियों की महान परम्पराएँ अक्षुण्य रहें। इस कर्तव्य को निभाने के क्रम में उनकी चौकसी का एक मनोरंजक उदाहरण मुझे याद है। यह बात 1940 के आसपास की है जब मैं वहाँ पढ़ने गया था। उस समय हमने 'चतुर्वेदी युवक-मंडल' की स्थापना की। ज़ाहिर है कि हमारा उद्देश्य कुछ-कुछ आधुनिक होना और उन संकीर्णताओं को तोड़ना था जो खान-पान पर कड़ी चौकसी करती थीं। इस तरफ़ एक छोटा-सा कदम बढ़ाते हुए हमने युवक-मंडल में यह प्रस्ताव पास किया कि हम बाज़ार में बने हुए तेल के सेव, दही बड़े, कचौरियाँ-पकौड़ियाँ खाएँगे जिन्हें चतुर्वेदी-समाज 'सखरा' मानकर नहीं खाने देता। हम घरों पर बनीं पकौड़ी-गुलगुले और दूसरी तेल में तली हुई चीज़ों को कपड़े उतारकर खाने को भी अनुचित मानते हैं और इन सब वस्तुओं को 'नखरी' मानकर सामान्य आहार की तरह कपड़े पहने हुए ही खाएँगे। मज़ेदार बात यह थी कि ललितजी के बड़े भाई बन्नू (बनवारी लाल) युवक-मंडल के सदस्य थे। उन्होंने घर जाकर उत्साह

के साथ इस प्रस्ताव की सूचना दी, जिसे सुनते ही केसर भुआजी (नानीजी) आग बबूला हो गईं। बन्नू ने बाद में बताया कि वे इतनी उत्तेजित थीं कि उन्हें पीटने के लिए डंडा लेकर आ गईं। लेकिन स्वभाव से मृदुल केसर भुआजी का आक्रोश जल्दी ही शान्त हो गया और सब लोग कचौरियाँ, मूंग की दाल के पकौड़े, सेव और दूसरा बाज़ार का नमकीन निःसंकोच खाने लगे। समय भी बहुत-सी सुविधाओं का पक्षधर होता है। हमारे न चाहते हुए भी बहुत से रास्ते खुल जाते हैं।

इंटर के दूसरे वर्ष मैं 'कोर्ट सा' (ललितजी के पिता) के निर्माणाधीन मकान के नीचे वाले कमरे में रहने चला गया। केसर भुआजी ने मन्दिर वाली माजी को मेरा भोजन बनाने के लिए रख दिया। वे कुछ दिन थे जब मैं ललितजी के परिवार का अभिन्न हिस्सा हो गया था। गर्मियों की छुट्टियों में मेरा विवाह हो गया था और उस 'डफौले वाली गली' (अब इन्दिरा मार्केट) से निकलते ही मेरे ननिया ससुर का मकान था जहाँ से मुझे निमंत्रण की उम्मीद रहती थी। भुआजी का घर पास में ही था जहाँ मैं अक्सर चला जाता और भोजन करके आता। जब जाता तब 'आ रे भाया' कहकर सूरज जीजी बाई (ललितजी की माता) मेरा स्वागत करतीं? उस उदार परिवार में किसी का भोजन कोई भार नहीं था। कॉलेज बहुत दूर हो गया था और तब किसी भी तरह की वाहन-सुविधा उपलब्ध नहीं थीं। कभी-कभार दो क्रिश्चियन बहनें जो ताँगे से कॉलेज आती-जाती थीं मुझे बुला लेती थीं। कॉलेज से लौटते समय भी यदि वे मुझे देख लेती तो बैठने का आग्रह करतीं। मैं पूरे संकोच के साथ सिकुड़ कर निःशब्द उनके ताँगे से घर आ जाता। अब उन बहनों की याद ही रह गई हैं।

सुख के दिनों में ही नहीं दुख और बीमारी के दिनों में भी केसर भुआजी का घर ही मेरा घर था। एक बार जब मुझे ज्वर आया तो वैद्यजी ने उदर-शुद्धि के लिए जो औषधि दी उससे दस्त लग गये और मैं निढाल हो गया। इस समय भुआजी और उनके परिवार ने मेरी जैसी परिचर्या की वह मैं कभी नहीं भूल सका। मेरे माता-पिता जब तक आए मैं स्वस्थ हो चुका था।

दो वर्ष की पढ़ाई ख़त्म हो चुकी थी। तब हर्बर्ट कॉलेज में बी.ए. करने की कोई व्यवस्था नहीं थी। झालावाड़ जाकर मुझे नये कॉलेज जाना था। कोटा छोड़कर जाने के विषाद से आहत हुआ जब मैं केसर भुआजी और सूरज जीजी बाई को अलविदा कहने गया, तब मुझे उस घर से आँसुओं के साथ जो श्रीफल और आशीर्वाद मिला उसका सुफल मैं आयु भर पाता रहा यह कहना असंगत नहीं होगा।

10 वर्ष बाद 1948 में हिन्दी में एम.ए. करने के लिए मैं फिर कोटा आ गया लेकिन यह अब 1938 वाला नगर नहीं था। आज़ादी का बदलाव नज़र आने लगा था, विशेषतया विभाजन की त्रासदी से उपजे राजनीतिक आक्रोश, संताप तथा लोगों के जन्म-स्थान, शहर, भूमि और भावनात्मक सम्बन्धों के बदलाव से आई दरारों

ने एक भयानक मनोवैज्ञानिक दहशत पैदा कर दी थी। कांग्रेस के अलावा विभिन्न राजनीतिक पार्टियाँ और संगठन बन गये थे और जैसा स्वाभाविक था देश भर में ज़बरदस्त तब्दीली के आसार नज़र आने लगे थे। गांधीजी की हत्या के कारण राजनीतिक सरगर्मियाँ बढ़ गई थीं। ललितजी उन दिनों राष्ट्रीय स्वयंसेवक संघ के साथ थे। मैं समाजवादी पार्टी के अख़बार 'जयहिन्द' में काम करने लग गया था, बाद में उस पार्टी का मेंबर हो गया। वैचारिक मतभेद के कारण मुझे केसर भुआजी के यहाँ जाने में संकोच होने लगा। 'जाने-न-जाने' का अन्तर्द्वंद्व कुछ ही दिनों चला। साहस करके मैंने इस झिझक को तोड़ दिया। जब गया तो सूरज जीजी बाई ने मुझे उलाहना देते हुए कहा 'अतरा दिन क्यूं न आयो, भाया?' (इतने दिन क्यों नहीं आया?) मेरे पास इसका कोई उत्तर नहीं था। इसके बाद मैं अक्सर भुआजी के घर जाने लगा। जब जाता तो भोजन वहीं करता। बन्नू (बनवारी लाल) और छन्नू (छैल बिहारी) के विवाह हो गये थे। इस छोटे घर में एक लम्बा-सा बरामदा जुड़ गया था जहाँ बैठकर मैं बच्चू, सुशीला एवं शान्ति से गप्पें लड़ाता और अपने घर से दूर रहने की उदासी को कम करता।

बन्नू अध्यापक हो गये थे और छन्नू जो बेहद घरेलू क़िस्म के थे, मेरे साढ़ू भी हो गये थे। उनसे मैं खुल कर बातें करता। ललित जब सोलह-सतरह साल के होंगे। आयु का अन्तर होने के कारण या संघ की गतिविधियों में तल्लीन रहने की वजह से वे मुझे कम दिखाई देते। संघ उन दिनों प्रतिबन्धित संस्था थी। दरअसल भुआजी का घर, उनकी गृहस्थी और परिवार किन्हीं राजनीतिक मताग्रहों का केन्द्र नहीं था। सम्बन्धों की संवेदनशीलता और सहिष्णुता ही ललितजी के परिवार की धुरी थी जिसे वे भी यथाशक्ति सँभाले रहे।

1950 के बाद कोटा से मेरा सम्बन्ध कम होता गया। मैं उदयपुर की सुविख्यात शिक्षा संस्था विद्या भवन में शिक्षक हो गया। ललितजी अपनी एकाग्रता, धुन और निष्ठा के कारण जनसंघ की राजनीति में चमकने लगे। प्रान्त की और विशेषतया हाड़ौती की राजनीति में उनका अलग चेहरा नज़र आने लगा। कांग्रेस के विरोध में जनसंघ सत्ता का प्रबल दावेदार हो गया। ललितजी सत्ता-राजनीति के इस बदलाव में प्रमुख भूमिका निभा रहे थे।

उनके जीवन-वृत्तान्त में यह उल्लेख मिलता है कि 1966 में सुन्दर सिंह भंडारी के आग्रह पर उन्होंने राज्य-सेवा से त्याग-पत्र देकर पूर्णकालिक राजनीति में आने का निश्चय किया। मैं उनके राजनीतिक आन्दोलनों की जानकारी अख़बारों के माध्यम से पाता रहा।

लम्बे अर्से बाद मैं उनसे कोटा सेंट्रल जेल में मिला जहाँ वे आपातकाल के दौरान बन्दी बनाकर रखे गये थे। उसी जेल में मेरे समाजवादी साथी हीरालाल जैन, पुरुषोत्तम मंत्री और अन्य परिचितजन थे। दस मिनट हुए होंगे कि मेरी मुलाक़ात का

समय समाप्त हो गया। मैं जेल की फाटक से बाहर आ गया था लेकिन मैं स्वाधीन नहीं था। पूरा देश एक विशाल बन्दीगृह था।

1977 के चुनावों के बाद ललितजी लगातार कई विभागों को देखने, सँभालने कैबिनेट मंत्री के पद पर रहे। शिक्षा-विभाग के मंत्री की ज़िम्मेदारियाँ निभाते हुए उन्होंने महिला-शिक्षा के उन्नयन को वरीयता दी। इन दिनों उनकी प्रशासनिक दक्षता के और दृढ़ता के कई उदाहरण किस्से बन गये।

उदास-से-उदास दिनों में भी जय-पराजय की सीढ़ियों पर चढ़ते-उतरते उनकी प्रसन्न आँखें और मृदु व्यवहार कड़ुवाहट में नहीं बदला।

पचहत्तर वर्ष की आयु पार करने के उपलक्ष्य में उदयपुर में जो अभिनंदन समारोह आयोजित हुआ उसे देखकर मुझे कवि शिवमंगलजी की वे काव्य पंक्तियाँ याद आती रहीं :

क्या हार में, क्या जीत में,
किंचित नहीं भयभीत मैं।
संघर्ष पथ पर यह मिले,
यह भी सही वह भी सही।
वरदान माँगूगा नहीं।

इस अँधेरी रात में दीपक जलाए कौन बैठा है

गांधीजी की हत्या को पचास वर्ष होने वाले हैं, तब भी मैं उन्हें एक पल के लिए नहीं भूलता हूँ और न उनकी नृशंस हत्या को। गांधी के लिए बच्चनजी ने एक अविस्मरणीय पंक्ति लिखी है, 'इस अँधेरी रात में दीपक जलाए कौन बैठा है।'

मेरे मन में यह सवाल हमेशा घूमता है कि गोडसे गांधी से क्यों डरता था? मैं बहुत आश्चर्य करता हूँ कि एक निहत्थे आदमी से और उस आदमी से जिसे 'अहिंसा से प्यार हो और जिसके पास न राज्य सत्ता हो और न समानांतर शक्ति, उसकी ताक़त कहाँ होती है? खुद निडर रहकर दूसरों को डराने की।

गांधी-हत्या के समय मेरी उम्र पच्चीस वर्ष की थी। मैं महाराष्ट्र के एक कस्बे में हेडमास्टर था जो जलगाँव और भुसालव के बीच में था और जिसके चारों तरफ फलों के बगीचे थे। बड़े-बड़े पत्तों वाले केले के बाग और पूरी सड़क के किनारे मौसम्बी और संतरों के मोहक 'मले' थे। इस कस्बे का नाम नसीराबाद था। मैं महाराष्ट्र की संस्कृति और राजनीति के सम्बन्ध में कुछ नहीं जानता था। वास्तविकता तो यह थी कि महाराष्ट्र के कुछ संतों के नामों के अतिरिक्त मुझे महाराष्ट्र के एक भी राजनेता का नाम मालूम नहीं था। अब मुझे दुख के साथ बहुत से राजनेताओं के नाम याद हैं लेकिन ज्यादा यकीन हो गया है कि समाज के शक्ति केन्द्र संत होते हैं।

मैं बूढ़ा और खुर्राट हेडमास्टर नहीं था जिसे एक जगह रह कर अपनी आयु के दिन गुजारने हों। मैं दरअसल एक निर्गुण और अव्यवस्थित सपने को स्कूल में सगुण देखना चाहता था। मैं नसीराबाद में सबसे छोटा मास्टर था और आयु की दृष्टि से अविश्वसनीय रूप से छोटा हेडमास्टर। शायद यही कारण हो कि मुझसे किसी की प्रतिस्पर्धा नहीं थी। वे मुझे कामयाब होते देखना चाहते थे। शायद मैं उनके लिए कोई गम्भीर चुनौती भी नहीं था।

'न्यू इंग्लिश स्कूल' के विद्यार्थी मराठी स्कूल से सातवीं कक्षा पास कर चुके थे और आगे स्कूल न होने के कारण खेतों में काम करने लगे थे। वे जलगाँव जाकर पढ़ने की स्थिति में नहीं थे। स्कूल के खुलते ही उनमें पढ़ने की उमंग फिर से पैदा हो गई और वे अपनी बढ़ती हुई आयु को भूल कर फिर से पढ़ने लगे। न्यू इंग्लिश स्कूल में ज्यादा लड़के किसानों के थे। छोटी आयु का होने के कारण विद्यार्थियों

के और मेरे बीच सहजसखा भाव नज़र आता था लेकिन शायद असली खुशी की बात तो उन खिड़कियों के खुल जाने की थी जो उनके लिए बहुत पहले बन्द हो चुकी थीं। ये लड़के पढ़ाई से मिलने वाली हैसियत और प्रतिष्ठा का मर्म जानते थे।

मैं मराठी नहीं जानता था लेकिन नसीराबाद भाषायी कट्टरतावाद से मुक्त था। भारत का बड़प्पन उसकी सहिष्णुता में है, गो कि वह निहित स्वार्थों के पक्ष में नहीं होती इसलिए उसके विरुद्ध साजिशें कामयाब होती हैं। कट्टरवादी लोग सहिष्णुता को कायरता कहते हैं—नसीराबाद पुराने खानदेश का हिस्सा है जिसकी भाषा संस्कृति में मराठी, उर्दू, हिन्दी अजीब तरह से मिल गई है और यही कारण था कि भाषा के कारण मेरे और विद्यार्थियों के बीच अपरिचय की कोई दीवार नहीं थी।

1946 का नसीराबाद कांग्रेस के पक्ष का था और मेरे लिए यह समझना बहुत मुश्किल था कि गांधी-विरोध की राजनीति करने वालों का मुखिया कौन है? और उनका मुद्दा क्या है? यह जानना मेरे लिए अमहत्त्वपूर्ण और अनावश्यक था। मेरी प्रतिबद्धता एक ऐसे स्कूल के लिए थी जहाँ विद्यार्थियों की अच्छी पढ़ाई हो और उनमें वह दृष्टि और विवेक पैदा किया जाए जो अच्छे और सभ्य समाज की रचना करता है। निःसन्देह मैं इन विद्यार्थियों को एक बड़े और स्वाधीन भारत के लिए समर्पित होते देखना चाहता था। मेरी ज़िन्दगी के ये खूबसूरत और आदर्शपूर्ण दिन थे और न्यू इंग्लिश स्कूल उसका अविछिन्न, अविभाज्य हिस्सा था।

मैं इन विद्यार्थियों को नसीराबाद के सामाजिक जीवन में शामिल कर देना चाहता था क्योंकि मेरी दृष्टि में शिक्षा का कोई निरपेक्ष सत्य नहीं था। शिक्षा की खिड़की दुनिया में ही खुलती है। नसीराबाद की कई समस्याएँ थीं; वहाँ हर साल हैजा फैल जाता था और लोग महीनों तक मौत की अँधेरी रात में रोते-बिलखते जीते थे। कस्बे के पास बहती नदी के किनारे खुले शौचालय थे। स्वास्थ्य और स्वच्छता के अभाव में पूरा कस्बा थका, उदास और बीमार लगता था। न्यू इंग्लिश स्कूल के सामने ही स्त्री-पुरुष जल्दी उठकर शौच के लिए बैठ जाते थे। लोग सड़े फल और सब्जियाँ खरीदते और खाते थे। मैं चाहता था नौजवान विद्यार्थी इस निष्प्रभ जीवन को देखें और उसे बदलने के लिए प्रभावशाली हस्तक्षेप करें।

आजादी का पहला उत्सव मैंने इन विद्यार्थियों के साथ ही मनाया था। मराठी स्कूल में विद्यार्थियों, अध्यापकों-अध्यापिकाओं और किसान नेताओं की भीड़ लग गई थी। 'वन्दे मातरम्' और 'विजयी विश्व तिरंगा प्यारा' के गीत गाते लड़कियाँ-लड़के नसीराबाद की सड़कों-बाजारों को अनुगुंजित करते रहे।

लेकिन सब कुछ ठीक नहीं हुआ था। अंग्रेज़ अन्त में कामयाब हुए थे और देश दो टुकड़ों में बँट गया था। लोहिया के शब्दों में यह ब्रिटिश साम्राज्यवाद की आख़िरी साजिश थी। हिन्दू-मुसलमानों के बीच रिश्तों की पुनर्व्याख्या और पुनर्रचना का यह अत्यन्त मार्मिक और पेचीदा समय था।

नसीराबाद में हिन्दू-मुस्लिम सम्बन्धों से मैं नावाकिफ था। लेकिन गणेश विसर्जन के समय वहाँ साम्प्रदायिक तनाव और दंगों के बारे में मैंने सुना था। दंगे की यह शैली जानी-पहचानी थी और उसके कारण सुविदित थे। हिन्दू मस्जिद के सामने से बाजे बजाते हुए निकलने पर अड़ जाते थे और मुसलमान उस पर घमासान मचा देते थे। यह कोई धर्म का सवाल नहीं था। यह एक क़िस्म का आतंकवादी नस्लवाद था। हत्यारे इस बहाने से हथियार इकट्ठे कर लेते थे और सभ्य शान्तिप्रिय लोगों को डराते थे। मैं नसीराबाद में मस्जिद के पास ही रहता था। मेरे रहते वहाँ कोई साम्प्रदायिक दंगे नहीं हुए। भारत-पाकिस्तान विभाजन की त्रासदी के दिनों में कटुता नहीं फैली। दरअसल यहाँ के मुसलमान गरीब हिन्दुओं से भी ज्यादा गरीब थे। वे गाड़ियाँ हाँकने वाले थे या हमाल या फिर अमीर हिन्दुओं के 'मलों' (बगीचों) में चौकीदार थे। न्यू इंग्लिश स्कूल में सिर्फ एक मुसलमान लड़का पढ़ता था जो अमीर खानदान का था। गरीब मुसलमानों को बैरिस्टर मुहम्मद अली जिन्ना का नाम मालूम नहीं था। वे गांधीजी को जानते थे।

अजमेर में मैं एक बार राष्ट्रीय स्वयंसेवक संघ की शाखा में गया था। कोई एक सज्जन जो महाराष्ट्र के थे, संघ की गतिविधियाँ देखते थे। वे अक्सर 'हिन्दू-एकता' की और भारत के 'महान अतीत' की बातें करते। उनकी बातें मुझे भावुकतापूर्ण और रूमानी लगती, तब भी भारत की महानता मुझे असन्दिग्ध भाव से आकर्षित करती, जो अब भी करती है।

नसीराबाद (खानदेश) में मुझे राष्ट्रीय स्वयंसेवक संघ की ताक़त का और उसकी राजनीति का कोई अन्दाज़ा या ज्ञान नहीं था। मुझे ज्यादातर लोग कांग्रेस पक्ष के ही लगते थे। तब भी मुझे शाखा में एक बार प्रवचन देने जाना पड़ा। शाखा में सम्मिलित होने वाले अधिकांश लड़के 'किशोर-वय' के थे। किसी 'मतवाद' में दीक्षित करने के लिए यह आयु बहुत उपयोगी थी। दुबारा मैं शाखा में तो नहीं लेकिन एक ऐसी सभा में बुलाया गया जिसकी कार्य-शैली लोकतंत्रात्मक और खुली नहीं थी। यह सभा रात के समय किसी सज्जन के घर पर की गई थी। जो लोग आए थे वे गरीब या किसान नहीं थे। उनमें से अधिकांश काली टोपियाँ लगाये थे। मराठी में बातचीत करने के कारण मुझे अपना अजनबीपन लगातार अनुभव होता रहा।

मैंने राष्ट्रीय स्वयंसेवक संघ के सरसंघ चालक गोलवलकर का भाषण जलगाँव में सुना था, जहाँ गांधी-हत्या के बाद भीषण दंगा हुआ था और सम्प्रदायवादियों ने घर जला दिये थे। गोलवलकर घोड़े पर बैठे थे। काले बन्द गले के शेरवानीनुमा कोट और दुलंगी धोती में वे ज्यादा रोबीले नहीं लगते थे। उनका घोड़ा राणाप्रताप या शिवाजी की तरह का चंचल या स्फूर्तिवान नहीं था। गोलवलकर को राजनेताओं की तरह सजाया भी नहीं गया था। उनके चेहरे की प्रतिक्रिया समझना मुश्किल था

क्योंकि उनके मुँह का ज्यादा हिस्सा उनकी लम्बी दाढ़ी से ढका था। उनके लम्बे काले बाल कंधे तक लहरा रहे थे।

गोलवलकरजी का प्रवचन खुले और विशाल मैदान में आयोजित था। श्रोताओं को कतारबद्ध बैठा दिया गया था और उन्हें सामान्य श्रोताओं की तरह आचरण करने की आजादी नहीं थी। काली टोपी, आधी बांह का शर्ट और हाथ में लाठी लिए स्वयंसेवक मुस्तैदी से निगरानी कर रहे थे। सुई गिरे तो उस तक की आवाज़ सुनाई दे—ऐसी शान्ति, व्यवस्था और अनुशासन के बीच गुरुजी बोले। उनका भाषण दृढ़तापूर्ण, उद्वेग-रहित और हिन्दू राज बनाने के लिए स्फूर्ति देने वाला था। इस सभा में गोलवलकर सेना-नायक और 'सम्पूर्ण सत्य' को वे जानते हों, इस तरह के अविचलित और अहंकार भाव से बोले थे। नसीराबाद के सम्भ्रान्त और धनी लोग इस सभा में आए थे जिन्हें मैं वहाँ नहीं देख सका था। क्या वे राजनीति की दुनिया के आदमी थे, 'संघ परिवार' के समर्थक? 'मलों' (बगीचों) के मालिक?

कुछ समय बाद न्यू इंग्लिश स्कूल में एक अध्यापक की नियुक्ति की गई, यह नौजवान अध्यापक 'न्यू इंग्लिश स्कूल सोसायटी' के अध्यक्ष का साला था। वह काली टोपी पहनता था। मुझसे कहीं जल्दी स्कूल के नौजवान विद्यार्थी इस अध्यापक की निष्ठाओं को भांप गये थे। वे जान गये कि वह एक 'ख़ास क़िस्म' के हिन्दू हितों का प्रतिनिधि है। शायद वे उसकी गतिविधियों की चौकसी भी करने लगे।

30 जनवरी की संध्या को गांधी की हत्या कर दी गई यह ख़बर एक अविश्वसनीयता और गहरे विषाद के साथ इस छोटे से कस्बे में फैल गई। कोरान्ने (न्यू इंग्लिश स्कूल सोसायटी के अध्यक्ष का साला और अध्यापक) ने हत्या पर प्रसन्न होकर पेड़े बाँटे, यह ख़बर भी आग की तरह फैल गई। कस्बे में शोक और असहनीय नाराज़गी फैली हुई थी। शाम होते-होते मुझे किसी अकल्पित हिंसा, आगजनी, लूट-पाट की आशंका होने लगी। मुझे भय लगने लगा कि इन दंगों में न्यू इंग्लिश स्कूल के नौजवान छात्रों की ही अगुवाई न हो। मैं नितान्त अकेला हो गया था। नेहरू ने ठीक ही कहा था कि 'देश अँधेरे में डूब गया है, लेकिन हिंसा का प्रतिकार हिंसा से नहीं हो सकता।'

मैं कुछ कर सकता हूँ तो करूँ।

एक असहाय आदमी की तरह मैं भागकर पुलिस स्टेशन गया, जहाँ एक बेफिक्र सिपाही तिपाई पर पैर फैलाए बैठा था। उसने लापरवाही से पूछा—'क्या बात है हेडमास्टर?' मैंने कहा कि गांधीजी की हत्या कर दी गई है और दंगा हो सकता है। फुर्ती से इन्तज़ाम करो। यह कहकर मैं मुख्य बाजार में आ गया। मस्जिद के पास उग्र भीड़ इकट्ठी थी जहाँ न्यू इंग्लिश स्कूल सोसायटी के अध्यक्ष रामभाऊ कुलकर्णी रहते थे और वहीं उनकी डिस्पेंसरी थी। सड़क पर बेइन्तहा, अँधेरा फैला हुआ था और लोग नारे लगा रहे थे। वे पूछ रहे थे कि कोरान्ने कहाँ है? पेड़े किसने

बाँटे थे? गांधी के हत्यारे कहाँ छिपे हैं? डिस्पेंसरी की टूटी बोतलें, बिजली के तार सड़क पर पड़े थे।

यह इम्तिहान था। मैंने तुरन्त निर्णय लिया और भीड़ को धकेल कर डिस्पेंसरी के दरवाज़े पर खड़ा हो गया। मैंने वह मानवीय अपील अपने विद्यार्थियों से ही की थी जिसमें प्राण तक देने का निश्चय था। मैंने कामयाबी हासिल की। तब भी भीड़ छुटपुट हमले करती हुई बिखर गई। हमले अभिजनों के घरों पर ही हुए थे। मुझे खुशी थी कि उस हिंसा और आगजनी के समय मैं उस कस्बे को गम्भीर नुकसान से बचा सका, जहाँ मैं सामान्य अध्यापक था।

गांधी की हत्या गोडसे नाम के एक आदमी ने की थी। वह प्रार्थना सभा में हुई थी। मृत्यु के समय गांधी ने अपराजित योद्धा की तरह आत्मबल और पुरुषार्थ का परिचय दिया। उन्होंने 'हे राम' कह कर प्राण दिये। यह एक हिन्दू द्वारा दूसरे हिन्दू की हत्या थी।

गांधी हत्या के कारणों का विश्लेषण करते हुए लोहियाजी ने लिखा था—गांधीजी की हत्या हिन्दू-मुस्लिम-संघर्ष को लेकर उनकी मान्यताएँ मात्र नहीं है। इसके पीछे हिन्दू समाज में चला आ रहा उदारमतवाद और कट्टरतावाद का प्राचीन संघर्ष है। उदारमतवाद के विरोध में निराश और पराभूत होते जा रहे कट्टरतावाद का सबसे हीन जुआ था यह हत्या।

वर्ण वर्चस्व के विरोध में और स्त्रियों के पक्ष में तथा धन-सम्पत्ति के विरोध में और सहिष्णुता के पक्ष में किये जा रहे गांधीजी के कामों से संतप्त हुए व्यक्तियों ने गांधीजी की हत्या की है।

यह दुख और निराशा की बात है कि गांधी हत्या के प्रसंग धुँधला दिये गये हैं जबकि देश में कट्टरतावाद की राजनीति, संस्कृति, अर्थ नीति, उत्पीड़न और क्रूरता के कई हुनर और कौशल विकसित कर चुकी हो और हत्यारे अपने नये-नये नाट्य मंचों पर उपस्थित हो रहे हों।

मौसाजी

विद्वानों, कवियों, साहित्यकारों या कि किसी भी उत्कृष्टता के लिए काम करने वालों की ज़िन्दगी ऊपर-ऊपर से नज़र नहीं आती। आती भी है तो ज्यादा आशान्वित नहीं करती क्योंकि वह प्राय: उन प्रतिमानों को अधिक महत्त्व नहीं देती जो सफलता और लौकिक समृद्धि के हैं। विद्वान् आत्म-विज्ञापन से विमुख रहते हैं और इसलिये बाद में भी उनका जीवन-वृत्त लगभग अनुल्लेखनीय और अचर्चित ही रहता है। अब समाचार-पत्रों और संचार माध्यमों के कारण कुछ सामान्य रचनाकारों और वैज्ञानिकों की कृतियाँ और आविष्कार रोशनी में आए और वे ख्यातिप्राप्त लोगों की श्रेणी में आ गए लेकिन अब भी बहुत-से उदासीनता के वृत्त हैं जिनसे भारतीय भाषाओं के रचनाधर्मी घिरे हैं और महत्त्वपूर्ण रचनाकार भुला दिए गए हैं।

संस्कृत रचनाकारों, लेखकों, विद्वानों के साथ ऐसी अनेक दुर्घटनाएँ हुई हैं और अत्यन्त समृद्धिशाली भाषा के अनेक विद्वानों, कवियों के नाम लगभग विलुप्त ही हो गए हैं। यह चिन्ता की बात है कि राजस्थान ने अपने ही प्रान्त के विद्वद्जनों को भुला दिया है चाहे वे किसी भी भाषा के हों और उनके साहित्य को बचाने का उपक्रम नज़र नहीं आता। यहाँ के प्रमुख संस्कृत रचनाकारों, दार्शनिकों, विद्वज्जनों के जीवन-वृत्त तथा परम्परा की हमारी पाठ्य-पुस्तकों में चर्चा तक नहीं है। राजस्थान के अनेक नगर संस्कृत विद्वानों की उपस्थिति के कारण 'छोटी काशी' की तरह प्रसिद्ध हुए हैं। लेकिन आज वहाँ उनकी कीर्ति का कोई चित्र तक नहीं बचा है। राजस्थान की लोकतांत्रिक सरकारों ने संस्कृत के प्रति मोहक वाचालता दिखाकर भी उसके उन्नयन में कोई उल्लेखनीय महत्त्व का काम नहीं किया। मेरी दृष्टि में संस्कृत केवल धार्मिक अनुष्ठानों की भाषा ही नहीं है वह शताब्दियों के जीवनानुभवों, शास्त्र-ज्ञान, साहित्य से भी जुड़ी है। इस सत्य को प्रमाणित करने के लिए संस्कृत के विद्वानों के अनेक आयामी रचनाधर्मी ग्रंथों को प्रकाशित और प्रतिष्ठापित करने की आवश्यकता है क्योंकि संस्कृत के धार्मिक अभिजात्य ने उसकी लोकप्रियता और प्रचार में बाधा पहुँचाई है। मैं आशा करता हूँ कि संस्कृत के विद्वान अपनी भाषा की सिमटती हुई प्रतिभाओं और प्रभा को बचाने के लिए सक्रिय होंगे।

इस क्रम में ही मेरे लिए राजस्थान संस्कृत अकादमी द्वारा आयोजित यह जन्म शती समारोह महत्त्वपूर्ण है क्योंकि यह एक विलुप्त होती उस विद्वत्-परम्परा की याद दिलाता है जो केवल अपनी बुद्धि, मेहनत, निष्ठा और ज्ञान के श्रेष्ठ आनन्द के लिए समर्पित हुई थी। यह बहुत पुरानी बात नहीं है और न ऋषि-मुनियों के समय की बात है बल्कि अभी-अभी की, सौ-पचास वर्षों की बात है। छोटे-छोटे कस्बों और गाँवों में रहने वाले सद्गृहस्थों से जुड़ी है जिन्होंने शिक्षा के अव्यावसायिक आनन्द और ज्ञान की तलाश में अपने बालकों को अनेक स्थानों पर भेजा। जो आस्थाओं को सुरक्षित रखने वालों में से थे जिन्हें मेकाले के बाबू नष्ट करने के लिए तत्पर थे और जिनके आतंक का वर्णन करते हुए बूँदी के किसी कवि ने लिखा था :

हाबू ज्यों रात, देशवासिन को जाबू फाड़,
काबू में न आवै बात बाबू के दिमाग की।

इन सद्गृहस्थों और सामान्यजनों में ही मथुरा लाल जी चतुर्वेदी थे जो जयपुर रियासत के एक छोटे कस्बे टोडारायसिंह में रहते थे। उनके पुत्र पं. पुरुषोत्तम शर्मा चतुर्वेदी थे जिनकी विद्वता और धर्म निष्ठा का स्मरण करने के लिए हम सब उनकी सौवीं वर्षगाँठ के उत्सव में सम्मिलित हुए हैं। उनकी पारिवारिक स्थिति, शिक्षा, अध्यापन, प्रवास, गोस्वामी कुमारों के साथ व्यतीत किए हुए जीवन, मेयो कॉलेज में धर्मोपदेशक-पद पर कार्यरत रहने, विवाह, धर्मसत्संगों, विद्वद्-सभाओं में शास्त्रार्थ तथा व्याख्यान, श्रीमद्भागवत पर प्रवचन और सम्पादनादि पर जयपुर संस्कृत कॉलेज के अध्यापक पं. दीनानाथ त्रिवेदी 'मधुप' ने संक्षिप्त 'जीवन चरितम' में कुछ सूचनाएँ दी हैं लेकिन ये उस आन्तरिक हलचल, उद्वेग और अशान्ति का परिचय नहीं देती जो एक लेखक या विद्वान की रचना करती हैं और जो उसके सामान्य से जीवन को असामान्य बनाती हैं।

पंडित पुरुषोत्तम शर्मा चतुर्वेदी मेरे मौसा थे। नाना के छह पुत्रियाँ थीं, सबसे बड़ी मेरी माँ थीं और उनसे छोटी मेरी मौसी पंडितजी महाराज की पत्नी थीं। पंडितजी के दो पुत्रियाँ हैं, पुत्र नहीं। उनके छोटे भाई मदनमोहन शास्त्री की मृत्यु युवावस्था में हो गई थी। बहनों और माता के साथ वे अकेले थे जो अपने परिवार में किसी दूसरे पर यह लगता है कि यह एक साधारण माँ के लड़के की धैर्य और पराक्रम गाथा है जो पीछे मुड़ कर नहीं देखता। पंडित पुरुषोत्तम शर्मा चतुर्वेदी का जीवन इसका प्रमाण भी है कि हमारे भाग्य को हम देवी-कृपाओं के भरोसे नहीं छोड़ सकते। मनुष्य अपनी प्रबल इच्छा-शक्ति और श्रम से भाग्य की विलुप्त-शक्ति को जगा सकता है। पं. दीनानाथ जी 'मधुप' की सूचनानुसार पंडितजी महाराज सत्रह वर्ष की आयु में टोडारायसिंह छोड़कर ब्यावर आ गए थे और बाद में नाथद्वार में जहाँ से उनके भाग्योत्कर्ष का समय प्रारम्भ होता है। लेकिन 'उत्कर्ष' के ये दिन

भी लगातार प्रवास, देशाटन और अस्थिरता के दिन थे। पंडित जी महाराज ने हिन्दी 'रस गंगाधर' के प्रथम भाग के प्रथमानन निवेदन में लिखा है : 'आचार्य कुमार यहाँ (चौपासनी, मारवाड़) स्थिरता से नहीं रह पाते। उन्हें भारतवर्ष के अधिकांश भाग में फिरते रहना पड़ता है, मैं उनके संग रहा इस कारण और अन्य कारणों से मुझे खूब भ्रमण करना पड़ता है। सो इस अनुवाद के लिखते समय मैंने कराँची, हैदराबाद (सिंध), जोधपुर (कई बार), अहमदाबाद, बड़ौदा, ईडर, बीकानेर, बाड़मेर, जूनागढ़ (कई बार) काशी, मथुरा और श्री नाथद्वार आदि अनेक प्रसिद्ध नगरों के अतिरिक्त काठियावाड़ के शतावधि गाँवड़ों में प्राय: आज पहुँचे और कल चले इस हिसाब से भ्रमण किया है और आज भी यह क्रम वर्तमान है।

'गाँवड़ों में प्राय: किसानों के घरों में रहना होता है। उन गंदी, अंधतमसावृत ख़यालों और पिस्सुओं के नियत निवासों में जिन कष्टों का अनुभव होता है। उन्हें अनुमानित के अतिरिक्त कौन समझ सकता है? हाँ कभी-कभी अच्छे घर भी प्राप्त हो जाते हैं पर भाग्य से ही। फिर वहाँ पहुँचते ही घर जमाना, भोजन बनाना, गुँसाई-कुमारों को पढ़ाना और आवश्यकता हो तो व्याख्यानादि भी देना पड़ता है। इसके उपरान्त यदि सद्भाग्य से कुछ समय प्राप्त हो गया और शरीर और मन स्वस्थ रहा तो इस अनुवाद लिखने का अवसर आ सकता है। पर ऐसी परिस्थिति में एकाग्रता और स्वास्थ्य कहाँ तक रह सकते हैं, इसका पता भुक्तभोगी को ही हो सकता है।'

इन प्रतिकूल परिस्थितियों में 'रस गंगाधर' जैसे न्याय पद्धति प्रधान, दुरूह और जटिल ग्रंथ की व्याख्या लिखकर महामहोपध्याय पं. गिरिधर शर्मा चतुर्वेदी के शब्दों में, "व्याख्याकार महाशय ने मार्मिक साहित्य ज्ञान, प्रौढ़ पांडित्य, लेखनचातुरी, विवेचन, प्रवीणता, उत्तम कवित्व शक्ति का पूरा परिचय दिया है।"

अनुवाद के प्रसंग में यह कहना आवश्यक है कि उससे अनुवादक के हिन्दी-संस्कारों का तो पता लगता ही है लेकिन उससे भी महत्त्व की बात यह है कि यह अनुवाद उनकी विषय की सम्पूर्ण और गहन जानकारी का प्रमाण है। भाषा लाघव, पारदर्शिता और आचार्यों के मत प्रतिपादन में भाषा अपव्यय से बचना पंडितजी की अपनी प्रतिभा को भी प्रकट करता है। 'रस गंगाधर' की सारी जटिलताएँ प्रवाहपूर्ण और सरल, मुहावरेदार हिन्दी के कारण समाप्त हुई लगती हैं; काव्य और उसका सौन्दर्य-शास्त्रीय विमर्श कहीं शिथिल हुआ नहीं लगता। 'रस गंगाधर' में संस्कृत छन्दों का हिन्दी-पद्यानुवाद भी पंडित पुरुषोत्तम शर्मा की कवि प्रतिभा की साक्ष्य है। जिन छन्दों का दोहों में अनुवाद हुआ है वे अपनी गठन और अर्थ सम्प्रेषण में अत्यन्त समर्थ हैं; अनुवाद के बाद भी उनमें मौलिकता का सा आनन्द आता है। अनुवाद के क्रम में जिन कठिनाइयों और असुविधाओं का वर्णन पंडितजी ने किया है उन्हें याद करते हुए यह पद्यानुवाद उनकी उत्कृष्ट विद्वत-परम्पराओं के लिए

प्रतिबद्ध रहने का विशिष्ट उदाहरण है। हिन्दी रस—गंगाधर में कहीं भी यत्किंचित प्रमाद अथवा शैथिल्य के लक्षण नज़र नहीं आते।

पंडितजी के विस्तृत अध्ययन, तार्किक शैली, विज्ञान-सम्मत दृष्टिकोण और गद्य की प्रौढ़ता लेखन होता 'भारतीय व्रतोत्सव' पुस्तक में देखा जा सकता है। इस पुस्तक में भारतीय अध्यात्म-चिन्तन से सम्बद्ध अनेक जिज्ञासाओं पर विचार किया गया है। प्रारम्भ में 'भारतीय काल-विज्ञान' पर विशद चर्चा अत्यन्त उपयोगी है और इसी प्रकार पुस्तक के अन्त में यज्ञ-धन-तप पर भी लिखी गई विवेचना अनेक शास्त्रों, ग्रंथों और पांडित्यपूर्ण उद्धरणों से प्रामाणिक और यथावत बनी रहती है। हमारे प्राचीन ज्ञान के नष्ट होने का कारण उसका ढोंगी और लालची-लोगों द्वारा व्यावसायीकरण है। पंडितजी ने निर्भीक होकर ऐसे व्यवसायी पंडितों की भर्त्सना की है। उन्होंने यज्ञ दान तप वाले प्रकरण में लिखा है : "किन्तु दुख के साथ कहना पड़ता है कि आज भारत में तप का सर्वथा अभाव है। आज का भारतवासी तो 55 वर्ष की अवस्था में भी पाश्चात्यों के अर्थ-काम-प्रधान जीवन का अनुकरण करके पेंशन लेने को भी तैयार नहीं। हाँ ढोंगी भिक्षुओं की तो कमी नहीं। गाँव-गाँव और घर-घर में उन्हीं का बोलबाला है। साधुरूप में असाधुओं के यूथ के यूथ उमड़ रहे हैं। भक्त प्रवर तुलसीराम जी के शब्दों में—

नार मरी घर सम्पत नासी।
मूँड़ मुँड़ाय भये संन्यासी।

इतना ही नहीं आज के ऐसे बड़े जो लिखते न पढ़ते और जो न वास्तव में देश और धर्म के लिए तप करते हैं वे या तो घुटे सिर बाबाजी बनने का रंग भरते है या विलासितामय जीवन की शिक्षा पाकर भारतीय धर्म और संस्कृति को रसातल में ले जाने को उद्यत हैं।

पंडित पुरुषोत्तम शर्मा चतुर्वेदी को मैं अब तक दूर से आदर से, भय से अपने मौसा की तरह ही जानता था। कुछ-कुछ अपने पिता के कारण भी जो उनकी विद्वता और पांडित्य की प्रशंसा करते लेकिन प्राय: तो मैं उनसे डरता ही था। नाना के घर वे गम्भीर और मौन रहते और मौसी जब जातीं तो स्टेशन तक उनका रोना न थमता। मैं सोचता यह सब मौसाजी के कारण ही है, यह क्लेश मुझे उनसे दूर करता और भयभीत भी। लेकिन यह बचपन के दिन थे।

1941 में मैंने इन्टरमीडिएट की परीक्षा उत्तीर्ण की और बी. ए. करने के लिए मैं मौसाजी के पास अजमेर आ गया। उस समय वे धर्मोपदेशक के पद पर मेयो कॉलेज में स्थापित हो चुके थे। मेयो कॉलेज में अनेक राजकुमार उनके शिष्य थे जिनमें दिवंगत महाराजा राज भगवतसिंह जी और काशी नरेश विभूतिनारायण जी के नाम उल्लेखनीय हैं। राजकुमारों के साथ पंडित जी का व्यवहार अत्यन्त

सन्तुलित, स्नेहपूर्ण, ग्रंथि-रहित था। अंग्रेज़ों द्वारा अनुशासित कॉलेज में भारतीय संस्कृति के सम्बन्ध में ऊल-जुलूल और आधार रहित सूचनाओं और आरोपों का प्रति उत्तर देते हुए राष्ट्र और अपने स्वाभिमान की रक्षा करते हुए निर्भीकतापूर्वक रहना तलवार की धार पर चलना था। पंडितजी ने क्रान्तिकारी होने का दम्भ नहीं किया किन्तु अन्दर से हमेशा एक मजबूत आदमी होने का परिचय दिया। उसके दो उदाहरण देखें। मेयो कॉलेज के धर्मोपदेशक के पद पर काम करने वाले सज्जन को चूड़ीदार पायजामा पहनना पड़ता था, अब तक किसी ने इसका प्रतिवाद नहीं किया, लेकिन पंडितजी ने चूड़ीदार पायजामा पहनना अस्वीकार कर दिया। वे धोती पहनते थे और पहनते रहे। मेयो कॉलेज की कार्यकारिणी ने उनके इस आचरण का समर्थन करते हुए स्वीकृति दी।

भारतीय काल-विज्ञान पर अंग्रेज़ किस तरह आक्षेप करते थे और उसके विरोध में किस तरह की अनर्गल बातें करते थे इसका वर्णन पंडित जी महाराज ने 'भारतीय व्रतोत्सव' के प्रारम्भ में किया है। जिसे मैं उद्धत कर रहा हूँ : "एक रिटायर्ड फौजी अफसर अंग्रेज़ किसी विषय को पढ़ाने के लिए वहाँ नियत किया गया। उसने एक दिन पढ़ाते समय प्रसंगवश छात्रों से कहा, आप लोगों के हिन्दू पंचांग को धिक्कार। लड़कों ने पूछा 'क्यों?' उसने कहा इस पंचांग के कारण आपके त्योहार कभी नियत तारीख़ को नहीं होते। कभी महीना 21 दिन का होता है तो कभी 31 दिन का। पंडित बिना कारण आपको चक्कर देते रहते हैं। लड़कों को यह बात बहुत खटकी। उन्होंने मुझसे आकर यह सब कथा कही। तब मैंने कई रविवार के व्याख्यानों में भारतीय काल-विज्ञान पर व्याख्यान दिए। लड़कों ने जब जाकर उस अंग्रेज़ से फिर वह सब कहना आरम्भ किया तो उस फौजी अंग्रेज़ ने कहा कि सॉरी अर्थात मैं अपने कथन पर खिन्न हूँ।"

पंडितजी के साथ मैं लगातार दो वर्ष रहा। प्रारम्भिक दिनों की हिचक और एक तरह के संकोच के बाद उनका वात्सल्य मैत्री में बदल गया। कविता के कारण अजमेर में जल्दी ही लोक-प्रियता मिल गई। वे इससे प्रसन्न थे, वे शायद इससे भी प्रसन्न थे कि मेरा रहन-सहन सही अर्थों में उनके मनोनुकूल था। मैं धोती कुर्ता पहनता था और ब्रजभाषा में कवित्त, सवैये, दोहे, कृष्ण भक्ति और प्रेम के पद लिखता था। मेयो कॉलेज में नौकरी के कारण पंडित जी के जीवन में स्थिरता आ गई थी। कॉलेज के पास ही वे गुलाबबाड़ी में अपना रचनात्मक जीवन व्यतीत करने लगे।

इन्हीं दिनों जब मैं उनके साथ रह रहा था उन्होंने 'भारतीय धर्म' नामक एक महत्त्वपूर्ण मासिक निकालना प्रारम्भ कर दिया। इस पत्र की विषय-वस्तु हमेशा तर्कसंगत और वैज्ञानिक दृष्टिकोण का समर्थन करने वाली होती। घोषित रूप में पंडित जी वैष्णव धर्म और पुष्टि मार्ग के समर्थक थे लेकिन वे बनारस से निकलने वाले 'सन्मार्ग' की ख़बरें भी 'भारतीय धर्म' में प्रकाशित करते थे। 'सन्मार्ग' के

सम्पादक स्वामी करपात्रीजी थे। स्पष्ट रूप से पंडितजी गांधी समर्थक नहीं थे और वर्णाश्रम धर्म के पक्षधर थे। लेकिन वे आडम्बर रहित, सौम्य, अनुशासनबद्ध, उत्साह युक्त समाज-रचना का आग्रह करते थे। उनके सम्पादकीय तार्किक विवेचना और हिन्दू-वैज्ञानिकता के आधार पर लिखे होते थे। 'भारतीय धर्म' में ही पंडितजी एक व्यंग्य-विनोद का स्तम्भ भी लिखते थे 'चौबे का चिट्ठा'। उसमें उन्होंने मेरे मित्र सूरजकरण ज़िन्दल का व्यंग्य छापा था जिसमें श्राद्ध में आमंत्रित पेटू तथा लालची ब्राह्मण की जाट यजमान ने पिटाई कर दी थी।

मैं भारतीय धर्म में ब्रजभाषा के बड़े कवियों की रचनाएँ चुनता और छापने के लिए देता। मैंने कारलायल के प्रसिद्ध ग्रंथ 'सार्टर रेजार्ट्स' से आधुनिक स्त्रियों की जीवन शैली, रहन-सहन वेश-भूषा आदि की खिल्ली उड़ाने वाले अंग्रेज़ी लेख का अनुवाद किया था। जिसे 'भारतीय धर्म' के सम्पादक ने प्रशंसापूर्ण टिप्पणी के साथ छापा।

यह अत्यन्त खेद की बात है कि 'भारतीय धर्म' की कोई प्रति मेरे पास या पंडितजी के परिवारवालों के पास नहीं है। यह पत्रिका मथुरा से छपकर आती थी। और पंडितजी के उत्साहपूर्ण सृजनात्मक कार्य को रेखांकित करती थी। उत्तर-जीवन में मेरे ऊपर उनकी और मौसी की स्नेह-पूर्ण छाप रही। वे काशी नरेश की सहृदयता और उदारतापूर्ण व्यवहार के कारण रामनगर चले गए।

बासठ वर्ष की आयु में उच्च रक्तचाप के कारण उनकी मृत्यु हुई।

अपनी अकथ इच्छा शक्ति, 'अगाध पांडित्य', साहित्य-मर्मज्ञता, अहंकार रहित जीवन शैली तथा भारतीय-धर्म तथा संस्कृति के प्रति अपूर्व निष्ठा के कारण वे मंडली में सदा याद किए जाएँगे।

ऐसे सुकृतिवान् लोगों के लिए ही भर्तृहरि ने लिखा :

जयन्ति ते सुकृतिनो, रससिद्धा: कवीश्वरा:।
नास्ति येषां यश: काये जरामरणजं भयम्॥

अम्लान रोशनी की तलाश में

अँधेरा हमारे गाँव की ज़िन्दगी का हिस्सा हो गया था। गाँव के लोग ठोकर लगने वाली एक-एक जगह को जान गए थे। उनके पैर वहाँ अनायास ही उठ जाते थे,जहाँ वह बड़ा-सा पत्थर था, जिसे हम भूत-चट्टान के नाम से जानते थे और डर-डर कर चलते थे। भूत-चट्टान का प्रेत कोई रसिक मन का फक्कड़ रहा होगा क्योंकि वह प्राय: सोलह बरस से बीस बरस लड़कियों को लग जाता और राख के ढेर चढ़ाने पर प्रसन्न होता। प्रेत और अँधेरे के बीच ज़रूर कोई रिश्ता था। आगरावाली मामी के घर लालटेन था। पूरे गाँव के घुप्प अँधेरे में वह छोटा सा घर रोशनी का उत्सव केन्द्र था। किन्तु थोड़े ही दिनों में लालटेन बुझ गया और मामी को प्रेत-बाधा सताने लगी।

ओझा ने बड़े तमाशे किए। वह भूत को बोतल में उतारने की दर्पोक्तियाँ करता। जहाँ तक मुझ याद है—मामी के घर से श्मशान तक ओझा ने कीलें गाड़ दी थीं। दिन अस्त होते-होते ओझा आया। ऊँचे स्वर में उसने प्रेतात्मा का आह्वन किया और दो-तीन बोतलों में उतारने की कोशिश की। तब तक सघन अँधेरे में गाँव डुब गया। कुत्तों का विषाद युक्त रोना और ओझा की आवेग युक्त तांत्रिक क्रियाएँ चलती रही। दो बोतलें चटक कर टुकड़े-टुकड़े हो गईं। तीसरी बोतल में ओझा ने प्रेत को बन्द कर दिया, जिसे लेकर वह नदी की ओर भागने लगा। भागने के पहले उसने सख्त हिदायत दी थी कोई उसके पीछे नहीं आएगा।

बहुत दिनों तक मामी के पास कोई नहीं जा सका। एक बार संध्या होते-होते उन्होंने मुझे बुला लिया। वे जहाँ सोई हुई थीं, उससे कुछ ही दूर वर्षा से भीगी दीवार पर वह लालटेन टँगी हुई थी, जिसका सिर्फ ढाँचा ही बच गया था। मामी भी उस लालटेन के ढाँचे सी ही तो नहीं रह गई हैं? अस्त होते हुए सूर्य की फीकी रोशनी के वृत्त में मैं उनका जो चेहरा देख रहा था वह निराशाजनक था। उनकी हथेलियों पर अब भी फफोलों की वह चमड़ी मुरझाई नहीं थी जिसे ओझा ने अपनी तांत्रिक सफलता का चमत्कार बताने के लिए जलते हुए कोयले रखकर फैलाई थी। मामी कुछ नहीं बोलीं। उन्होंने मुझे अपने नजदीक बुलाया और बाहर उस रोशनी की तरफ देखने लगीं, जिसका थोड़ी देर बाद निश्शेष होना ही बचा था।

अश्विन के दिन आ गए थे गाँव में बुखार फैलाने लगा। हजारी दादा दो दिन में मुरझा गया; वह पैर घसीटते हुए चलता और रोटी का नाम सुनते ही उल्टियाँ करने लगता। कस्तूरी जीजी धधकते बुखार में उठती और गीली लकड़ियाँ फूँक-फूँककर थक जाती। रतनलाल काका के पास अभिमंत्रित जल का घड़ा रहता, जिसमें से वे रोगियों की कथीर की कटोरियाँ भर देते।

इन्हीं दिनों नानी से मिलने नारायण मामा आते थे। वे दशहरा पूर्व आयोजित होने वाली रामलीलाओं में हनुमान बनते थे। रात को काँटों पर भुट्टे सेकते-सेकते वे हमें आश्चर्यचकित करने वाली और हँसाने वाली बातें सुनाते। सीता को खोजते हुए वे लंका पहुँचने की रोमांचकारी कथा कहते-कहते खड़े हो जाते और सीता माता की वन्दना करने लगते। तभी सोने के रथ पर आरूढ़ होकर रावण अशोक वाटिका में पहुँच जाता। सीता की तरफ से नारायण मामा गाने लगते-'हे! रावण तू धमकी दिखाता किसे, मुझे मरने का खौफ खतर ही नहीं।' तभी गाँव के सीमान्त पर रेल अपनी तेज सीटी बजाती गुज़र जाती। उसके आख़िरी डिब्बे की क्षीण होती हुई आवाज़ के साथ के मन्दिर पर कीर्तन करते भक्तों का स्वर डूब जाता।

रातों में सोना बहुत मुश्किल होता। वर्षा में नानी साँप को ललकारती-फटकारती रहती। उन्हें मालूम रहता कि वह घर के कौन से बिल में होगा। कई बार वह हमारी अलगनी पर लटका होता—पूँछ लपेटकर मुँह नीचे किए, शीर्षासन करता हुआ। काल-भुजंग को इतने समीप देखकर मेरी घिग्घी बँध जाती। केवल नानी ही इस काल-भुजंग से छेड़छाड़ करती थीं।

सर्दियों की रातें बहुत ठंडी और लम्बी होती थीं। मैं 'ओवरी' में सोता था लेकिन दूर-शायद नदी के उस पारवाले जंगल में एक शृगालिनी रोती रहती थी। कभी मुझे ऐसा लगता कि वह हमारे पिछवाड़े आकर रो रही है। शृगालिनी को मैंने देखा नहीं था लेकिन सुना था कि उसके मुँह से आग की झीलें निकलती हैं और जब वह इस तरह रोती है तभी कोई स्वजन मर जाता है।

बालाभाई बनजारा पोल में सोता था। कार्तिक बीत जाने पर नाना जागीरदार की नौकरी पर चले जाते और बालाभाई हमारे यहाँ आने लगते। पौष की रातों में ठंडी हवाएँ चलतीं और सुबह ओस से ज़मीन गीली हो जाती। सुबह होने से बहुत पहले ही बालाभाई 'करमन की गत न्यारी मोरे रामा!' वाला भजन गाने लगते। उनकी आवाज़ मोटी थी और एक थके और हारी हुई बाजी खेलने वाले खिलाड़ी जैसी लगती। वे नानी को नाम से पुकारते थे। बालाभाई के सम्बन्ध में यह कहा जाता था कि वे डाकुओं के गिरोह से मिले हुए हैं। गवर्नर की रेल जब हमारे गाँव के सीमान्त से निकलती तब पुलिस के लोग बालाभाई को पकड़ ले जाते। उन दिनों नानी को पूरी रात जगना पड़ता था। उन अँधेरी रातों में मैं सोता नहीं था। उस छोटे

से गाँव में कई-कई पैरों के जोड़ों की आवाज़ें और फुसफुसाहट मुझे सुनाई देतीं। जैसे वे आँगने की छोटी-छोटी दीवारें कूद-कूद कर हमारे घर में आ रहे हैं। मैं रुँधे हुए गले से नानी को पुकारता और पानी लाने के लिए कहता। पानी पीकर भी मैं प्यासा ही रहता। इमलीवाले बाग के आसपास जब उनके चले जाने की कल्पना कर लेता तब मैं सो जाता और सुबह जब धूप आँगन में और मामी के चबूतरे पर फैली होती तब उठता।

गाँव में पुलिस के लोग बार-बार आने लगे। वे एक-एक से अलग बात करते और उन्हें हिदायतें देते। हमारे छोटे से गाँव के तीन हिस्से थे। गाँव ब्राह्मणों का था। किसान खेती करते थे। हमारी सेवा के लिए एक कुम्हार, एक नाई, एक माली, एक चमार और दो-एक भील थे। तीन हिस्सों में बँटा हुआ गाँव एक दूसरे से लगभग अपरिचित था। तीनों के बीच एक सुनसान, गम्भीर बड़प्पन का मौन फैला था। नदी के उस घाट पर जहाँ हम ब्राह्मण नहाते थे, हीरा दादा नहा सकता था। वह दूसरे घाट की पीपल पर चढ़कर नदी में गंठा लगाता और हमें चुनौती देता। परथ्या दादा पूरी नदी पर कहीं नहीं नहा सकते थे। ब्राह्मण मानते थे कि नदी चमारों के स्नान से अपवित्र हो जाती है। पुलिसवाले ब्राह्मणों से ही बात करते। वहीं भोजन करते और खाटों पर पसर जाते।

वे माफीदारों को गर्वनर की सवारी गाड़ी से सुरक्षित निकाल देने की जिम्मेदारी दे गए थे। निश्चित तारीख़ के दिन पूरे गाँव में हलचल रही। नाना सबसे बड़े होने के कारण इस योजना के नेता थे यद्यपि उनकी इसमें कोई दिलचस्पी नहीं थी। पुलिसवाले कह गए थे कि गाँव की सीमा से लगी रेल पटरी के साथ-साथ जो खम्भे गड़े हैं, उन पर एक-एक ब्राह्मण माफीदारों ने एक पीपा तेल, बड़े दीये, बिनौले मँगाए और नए कपड़े पहन कर अँधेरा होते-होते गाँव के पास से गुजरने वाली रेल पटरी के पास जाकर उल्टे मुँह खड़े रहे।

सुबह चिड़चिड़ाते हुए नाना ने बताया कि रात में कई रेलें गुजरीं। उस पूरे जनांचल में जहाँ हजारों साल से अँधेरे और अकाल की ठंडी छायाएँ पसरी पड़ी थीं, वहाँ गर्वनर की रेल को सुरक्षित गुजरने के लिए अपार रोशनी जगमगा रही थी। मैं केवल अँधेरे में श्रृगालिनी के उस रोने के बीच गाँव के गरीब ब्राह्मण माफीदारों को अंग्रेज़ गवर्नर के लिए रोशनी की सलामी देते हुए उल्टे मुँह खड़े रहने की कल्पना करता सो जाता।

गाँव में दुख कोई अलग सी चीज नहीं थी। एक ही घंटे में टिड्डियाँ खेत को सफाचट कर गई थीं। देखते ही देखते एक बादल आया और पेड़ गंजे हो गए। गाँव भूखों मरने लगा।

दीवाली का दिन केवल फीकी रोशनी का उत्सव होता। सब जानते थे कि कल, परसों और आने वाले दिनों की रातें ठंड और अँधेरे में काँपती रहेंगी।

मैंने जल्दी ही गाँव छोड़ दिया लेकिन एक अम्लान रोशनी की तलाश में ज़िन्दगी काट दी। आसानी से रोशनी की किरण मिलती नहीं है। ज़िन्दगी की हर सीढ़ी फिसलती हुई, नि:स्तब्ध अँधेरे के मातम में डूबी रहती है फिर भी आदमी है कि रोशनी, हँसी और दोस्ती के सपने देखता है। इन सपनों की ताक़त से वह हर फिसलती सीढ़ी पर खड़ा रहता है और दुनिया बदल देता है।

'सुकवि' सम्पादक गयाप्रसाद शुक्ल 'सनेही' और झालावाड़ का साहित्य लोक

लगभग सत्तर पचहत्तर वर्ष हुए होंगे जब 'सुकवि' के सम्पादक श्री गयाप्रसाद शुक्ल 'सनेही' झालावाड़ आए थे। मैंने पहली और अन्तिम बार उनके दर्शन अपने पैतृक-नगर झालावाड़ में ही किए थे। बहुत कम साहित्यानुरागियों को यह विदित होगा कि 'सनेही' का एक और भी उपनाम था 'त्रिशूल' जिसका उपयोग वे खड़ी बोली के रचनाकार के रूप में करते थे।

'त्रिशूल' को लेकर एक विनोद-व्यंग्यपूर्ण संस्मरण मुझे झालावाड़ के राजकवि पं. हरनाथजी ने सुनाया था जो इस प्रकार था। किसी एक कविता-पुरस्कार प्रतियोगिता में अपने समय के लब्ध-प्रतिष्ठ कवि नाथूराम 'शंकर' शर्मा और श्री गयाप्रसाद शुक्ल 'त्रिशूल' शामिल थे। संयोग से वह पुरस्कार 'त्रिशूल' को मिला। निर्णय से 'शंकर' जी कुपित हुए। उन्हें पक्षपात की दुर्गंध आई। उन्होंने अवसरानुकूल एक दोहा लिखा:

का 'शंकर' कविता करे
का पावे उपहार।
जब इनाम है ले रह्यो
शंकर को हथियार॥

'सुकवि' पत्रिका झालावाड़ के सार्वजनिक पुस्तकालय में आती थी, जिसमें कभी-कभी मेरी समस्या-पूर्तियाँ छप जाए करती थीं। मैं 'सनेही' जी के नाम से सुपरिचित था। इसलिए उनके दर्शन की इच्छा भी प्रबल हो गई। उन्हें देखने के सिवाय मेरे मन में कोई दूसरा लालच नहीं था। अपने छोटे से नगर की सीमाओं में हमारे सपने, कल्पनाएँ या कि दूसरा कुछ देखने, पहचानने की इच्छाएँ भी क़ैद थीं। वे यहाँ इस छोटी सी रियासत की छोटी सी राजधानी में कानपुर से यात्रा के कई कष्ट सहते क्यों आए हैं, किसके मेहमान हैं, कितने दिन रूकेंगे आदि प्रश्न मन में आए थे लेकिन उन दिनों इन सबसे मेरा कोई गहन सरोकार नहीं था। मुझे उनके कवि-कर्म का महत्त्व समझने की भी कोई इच्छा नहीं थी। मैं केवल किशोर-आयु के उत्साह में देखना भर चाहता था।

वे राधारमणजी के मन्दिर में ठहराये गये थे। मन्दिर शहर के दक्षिण छोर पर था। वह काफ़ी दूर था, एकान्त और सन्नाटे जैसी नीरवता में। मन्दिर के शान्त परिसर के एक कमरे में सनेही जी ठहरे थे। मन्दिर के पास 'कुत्तों की सराय' थी जिसे मैं सामन्त काल की एक निर्मम स्मृति की तरह याद करता हूँ। पहले यह विशाल भवन बाहर से आने-जाने वालों के ठहरने के लिए था जिसे अब महाराज के पेरिस से खरीद कर लाए गये महँगे कुत्तों के अतिथि-गृह में तब्दील कर दिया गया था। कुत्ते ठंडे देश की जलवायु से आए थे, झालावाड़ की गर्मी बरदाश्त नहीं कर सके। विशेषज्ञों ने सलाह दी कि इनके आवास को 'वातानुकूलित' जैसा बनाया जाए। उस समय वातानुकूलन के यंत्र सहज उपलब्ध नहीं थे इसलिए अतिथि श्वानों के आवास-कक्षों में न केवल बिजली के पंखे ही लगाए गए बल्कि खस की टट्टियाँ भी लगा दी गईं। तब भी विदेशी कुत्ते भारतीय जलवायु की प्रतिकूलताएँ सहन नहीं कर सके। वे एक-एक कर मर गये। 'कुत्तों की सराह' इस तरह खाली हो गई।

कुत्ते बम्बई ऐरोड्रोम पर उतरे थे इसलिए उन्हें झालावाड़ 'फ्रंटियर मेल' से लाया गया। उन दिनों 'फ्रंटियर मेल' सबसे ज्यादा प्रतिष्ठित ट्रेन थी। रेल-मार्ग पर झालावाड़ का स्टेशन 'छतरपुर' था जो अठारह मील की दूरी पर था। छतरपुर जैसे अत्यन्त मामूली स्टेशन पर फ्रंटियर का रूकना असाधारण घटना थी लेकिन छतरपुर स्टेशन पर यूरोप से आए कुत्तों के लिए फ्रंटीयर रुका। जिसकी चर्चा बरसों तक आसपास के इलाके में बड़ी शान से चलती रही।

सामन्ती विलासिता का यह प्रसंग मुझे बहुत समय तक याद रहा जब तक मैंने उसे उस समय लिखी एक कविता में इस तरह दर्ज नहीं कर लिया।

मधु के प्यालों में पलते हो
वैभव के मादक दीवानों!
अरे! तुम्हारे कुत्ते-बिल्ली
दूध जलेबी बीते-खाते
मुर्गे-मुर्गी महलों की
शोभा के साधन समझे जाते
उधर कहीं जो खुली सड़क पर
एक दूध मटकी फट जाती
लाखों बहिनें वस्त्र भिगो कर
दूध बाल मुख में चुचवातीं
ए जननी के भामाशाहों!
जननी की कसके पहचानों!

मुझे याद नहीं कि 'कुत्तों की सराय' का यह त्रासद सामन्ती वृत्तान्त 'सुकवि' के सम्पादक गयाप्रसाद शुक्ल 'सनेहीजी' को किसी ने सुनाया या नहीं।

अजनबियों को त्वरा और उत्सुकता के साथ देखने की इच्छा के साथ जब अपने काव्य-गुरु कवीन्द्र हरनाथजी के साथ मैं मन्दिर के उस कक्ष में पहुँचा जहाँ सनेही ठहरे हुए थे। वे तैयार थे। वे शायद कवि हरनाथजी के इन्तज़ार में थे। वे एकदम चमत्कृत करने वाले व्यक्तियों में नहीं लगे, न कोई बहुत सुन्दर नाक-नक़्शवाले। इस समय के व्यक्तियों से तुलना करूँ तो वे मुझे दिल्ली वाले लालाओं से मिलते से लगे, जो प्रौढ़ावस्था के निकट आते-आते मुटा जाते हैं। लालाओं जैसे शरीर वाले होते हुए भी वे उनसे बहुत भिन्न थे। वे यू। पी। के ही लग रहे थे। गेहुँआ रंग, पेट आगे निकलने की तैयारी में। ब्राह्मणों के परिवारों में पहने जाने वाली स्वच्छ धोती कुर्त्ता पहने वे कनोजिया कुल में जन्मे लगते थे। किश्तीनुमा जालीदार टोपी और चमकते पम्प शू उनकी मध्यवर्गीय सम्पन्नता के चिह्न नज़र आते थे। वे क्लीन-शेव और आधुनिकता की ओर आकृष्ट हुए सम्पादक-कवि होने का प्रमाण देते थे। पूज्य भावना के साथ जब मैंने उन्हें प्रणाम किया तो उन्होंने प्रसन्न होकर कुछ कहा जो अब सत्तर-पचहत्तर वर्ष बाद याद नहीं आ रहा।

कुछ समय तक मैं उन दोनों महाकवियों के पीछे-पीछे भीरू किशोर-छात्र की तरह चलता रहा। मुझे कवि होने का कोई महत्त्व मालूम नहीं था, न मैं उसके लिए शिक्षित हो रहा था। एक बार जो समस्यापूर्ति की थी, पुरस्कृत हुई, उसी से इस छोटे से नगर में जो पहचान बनी थी उसकी खुमारी में था।

कुछ समय के बाद मुझे झालावाड़ का साहित्यिक महत्त्व समझ में आने लगा। यह उदात्त चरित्र उसे विद्यानुरागी राजाओं ने प्रदान किया था। महाराज भवानी सिंह इंग्लैंड से दस हजार पुस्तकें समुद्र के रास्ते से ले आए थे। जो ज्ञान-विज्ञान, साहित्य, कला आदि का नवोत्कर्ष वहाँ हुआ था वह इन सुनहरी, मजबूत जिल्दों में सुरक्षित था। इन दस हजार पुस्तकों को एक अत्यन्त भव्य पुस्तकालय भवन में रखा गया था। पुस्तकालय भवन का नाम 'भवानी-परमानन्द' लायब्रेरी' था। पुस्तकें अंग्रेज़ी में थीं और महँगी थीं। वे विषय विशेषज्ञों द्वारा लिखी गई थीं। कुछ पुस्तकें जिन्हें 'भवानी-परमानन्द' लायब्रेरी में जगह नहीं मिल सकीं उन्हें सार्वजनिक लायब्रेरी में रखवा दिया गया। भवानी परमानंद लायब्रेरी की अंग्रेज़ी पुस्तकों के बारे में यह भी सुनने को मिला कि वे अंग्रेज़ शासकों को प्रसन्न करने की कोशिशों का ज़रूरी हिस्सा था क्योंकि कोटा रियासत ने लन्दन की 'प्रीवी कौंसिल' में झालावाड़ रियासत के विरुद्ध एक मुक़दमा दायर कर रखा था जिसके अनुसार झालावाड़ रियासत का एक उर्वरा हिस्सा कोटा का था।

घूस वाली बात सच भी हो तब भी वह सुखद थी। वह सार्वजनिक हित और नागरिकों की ज्ञान-गरिमा के विस्तार पक्ष में थी। दुखद यही रहा कि रियासतों के

एकीकरण के साथ 'भवानी-परमानन्द' लायब्रेरी के रख-रखाव का ज़िम्मा राजकीय कॉलिज को दे दिया गया जहाँ उसका चरित्र और चेहरा ही बदल गया। मेरे मित्र और कवि तथा भारतीय ज्ञानपीठ के पूर्व निदेशक डॉ. दिनेश मिश्र ने जो झालावाड़ कॉलिज में किसी समय अंग्रेज़ी के प्राध्यापक होकर रहे थे, गहरे विषाद के साथ लायब्रेरी की दुदर्दशा का वर्णन किया था "पुस्तकों की सुनहरी जिल्दें नष्ट कर दी गई थीं, उनमें से जो पृष्ठ जिसके उपयोग के थे फाड़ कर ले गये, पुस्तकें चुरा ली गईं या लौटा ही नहीं गईं" यह वास्तव में एक भव्य लायब्रेरी के बर्बाद होने का दयनीय वृत्तान्त था।

महाराज भवानीसिंह के समय में 'भवानी नाट्यशाला' का निर्माण हुआ था। यह ऐतिहासिक नाट्यशाला लन्दन में शेक्सपीयर काल की बनी नाट्यशालाओं की अनुकृति थी। कहते हैं कि शेक्सपीयर के नाटक वहाँ मंचित हुए, लेकिन 1935 में जब मेरे पिता हमें मेवाड़ से झालावाड़ लेकर आए 'भवानी नाट्यशाला' का 'पारसी थिएटर' काल शुरू हो गया था। मैंने "नकचा मास्टर' द्वारा निर्देशित 'चूँ-चूँ का मुरब्बा', 'सत्य हरिश्चन्द्र', 'वीर अभिमन्यु' जैसे नाटक मंचित किये जाते देखे। वे विनोदपूर्ण और दिल दहलाने वाले करतबों से दर्शकों को मुग्ध कर देते थे। सिर्फ शेक्सपीयर के नाटकों में अभिनय करने वाला एक अभिनेता चार्ल्स डोरियन जिसे हम 'हलो बाबा' कहते झालावाड़ की गलियों में बालकों का मनोरंजन करता घूमता। वह प्रौढ़ हो चला था, तब भी बालकों को कंधों पर चढ़ा कर घुमता या उनके लिए हाथी-घोड़ा बनता। एक सुनसान उदास से शहर में 'हलो बाबा' बच्चों की दुनिया का जीवंत हिस्सा हो गया था। कभी-कभी संध्या होते होते वह हमारी तरफ फेरी लगाता, हमारे चबूतरे पर थोड़ी देर बैठता। कुछ दिनों बाद 'हलोबाबा' नज़र नहीं आया। शायद स्वदेश चला गया हो।

उन्हीं दिनों उसके बारे में सुना कि वह अंग्रेज़ी हुकूमत का जासूस है जो सरकार के विरुद्ध उग्र होती गतिविधियों की रपट दिल्ली भेजता रहता है। मुझे विश्वास नहीं होता कि शेक्सपीरियन रंगमंच का पात्र अंग्रेज़ी हुकूमत का जासूस था और अब प्रमाण जुटाने की ज़रूरत भी क्या है?

राजस्थान राज्य के गठन के बाद इस भव्य और शोभनीय नाट्यशाला की उसी तरह बर्बादी हुई जैसे 'भवानी परमानन्द' लायब्रेरी की हुई। कुछ दिनों बाद जब मैं झालावाड़ गया तब नाट्यशाला एक बेरौनक सिनेमा घर में बदल दी गई थी। मैंने एक पिक्चर भी देखी जो कई तरह के द्वि-अर्थी संवादों से दर्शकों का मनोरंजन करती थी।

अपनी बेहद दबी नाक के कारण 'नकचा मास्टर' कहलाने वाले सज्जन युवा होती बेटियों के साथ गुमनामी के अंधेरे में विलीन हो गये।

अपने गृह-राज्य की प्रगतिशीलता की चर्चा के क्रम में वहाँ से प्रकाशित होने वाले 'सौरभ' मासिक (1920) की चर्चा आवश्यक है। 'सौरभ' के सम्पादक

पं. रामनिवास शर्मा थे जो हिन्दी के उन विद्वान् लेखकों में थे जिनके वैचारिक लेख तत्कालीन पत्र-पत्रिकाओं में प्रचुरता से प्रकाशित होते थे। वे स्कूल में हिन्दी के अध्यापक थे। 'सौरभ' के संस्थापक महाराज भवानी सिंह थे। उल्लेखनीय बात यह कि 'सौरभ' में संस्थापक का लेख जब भी प्रकाशित होता वे सामान्य लेखकों की तरह छपते। न किसी तरह की अलंकृति, न राजकीय उपाधि, न किसी तरह के चाटुकारिता पूर्ण विशेषण। ढाई वर्ष निकल कर 'सौरभ' का प्रकाशन बन्द हो गया। महाराज भवानीसिंह के संरक्षक रहते भी अर्थाभाव के कारण। 17 अप्रैल, 1929 को महाराज भवानीसिंह की मृत्यु हृदय-रोग के उपचार के लिए इंग्लैंड में ले जाने वाले जहाज में हो गई। उनका दाह-कर्म अदन में ही कर लिया गया। अपने कार्यकाल में वे झालावाड़ जैसे छोटे राज्य को प्रगतिशील विद्वद्नगरी बनाने में लगे रहे। कवि, विद्वान्, पंडित-जन इस राज्य की सम्पदा थे। कई भाषाओं के सुविज्ञ, खड़ी बोली ब्रजभाषा के सिद्ध कवि, रवीन्द्रनाथ की 'गीतांजलि' के पहले पद्यानुवादक तथा हिन्दी के प्रबल पक्षधर पं. गिरधर शर्मा 'नवरत्न' झालावाड़ के 'राजगुरु' थे।

बिहार के महामहोपाध्याय पं. जयदेव झा और ज्योतिष विद्या के विशेषज्ञ कुलमणि शास्त्री झालावाड़ निवासी ही हो गये। यह महाराज भवानीसिंह का साहित्य तथा विधानुराग का प्रमाण ही माना जाना चाहिए कि अन्तर्राष्ट्रीय ख्याति के नर्तक उदयशंकर के पिता श्री श्यामाशंकर राज्य सेवा में दीर्घकाल तक रहे। वे राज्य हाई स्कूल के एक वर्ष तक हेडमास्टर रहने के उपरान्त महाराज के प्राइवेट सेक्रेटरी के पद पर पाँच वर्ष तक कार्य करते रहे। फिर राज्य कौंसिल के सदस्य नियुक्त कर दिए गये। उन्हें महाराज इंग्लैंड यात्रा में साथ ले गये। उदयशंकर भी पिता के साथ गये। श्री श्यामाशंकर ने इस विदेश प्रवास में लन्दन से पीएच.डी। तथा बार.एट.लॉ की उपाधियाँ प्राप्त कीं। (झालावाड़ राज्य का इतिहास : डॉ. शरीफुर्र रहमान खान, कोटा)।

उल्लेखनीय बात यह है कि महाराज भवानीसिंह के पुत्र महाराज राजेन्द्र सिंह ने भी सुकवि के रूप में ख्याति अर्जित की। वे 'सुधाकर' उपनाम से ब्रजभाषा और खड़ी बोली में कविताएँ लिखते थे और 'मख़मूर' तख़ल्लुस से उर्दू में। पिता के साहित्यानुराग की ख्याति को महाराज राजेन्द्र सिंह 'सुधाकर' ने ज़रा भी क्लान्त नहीं होने दिया। स्वयं कवि होकर उन्होंने पूरे झालावाड़ को कवि नगर बना दिया। एक संवेदनशील कवि और एक प्रगतिशील राजा के गुणों के मेल ने उनकी रूढ़ सामन्ती छवि के अपयश को धूंधला दिया। उन्होंने गांधी जी के सिद्धान्तों और रचनात्मक कार्यक्रम को अपनी कविता और राजकाल का अंग बना दिया। वे हरिजन-मन्दिर प्रवेश के अग्रणी नायक बन गये। एक गीत में उन्होंने लिखा 'नित उठ डगर बुहारत हरिजन' और राज्य कर्मचारियों तथा हरिजनों को लेकर नगर के शिव मन्दिर में प्रवेश किया। उस कठिन समय में यह साहस और चुनौती भरा काम था।

लेकिन जब पास के समृद्धनगर झालरापाटन के प्रसिद्ध वैष्णव मन्दिर द्वारकाधीश में पुजारियों के अड़ियल रूख के कारण मन्दिर-प्रवेश सम्भव नहीं हुआ तब कवि-राजा सुधाकर ने भी प्रतिज्ञा की कि वे भी तब तक मन्दिर प्रवेश नहीं करेंगे जब तक हरिजनों के लिए दर्शनों की सुविधा नहीं होती।

अब याद आता है कि 'कवि-दरबार' नामक एक संस्था महाराज राजेन्द्र सिंह सुधाकर ने ही स्थापित की थी। इस संस्था का कोई विधान सम्मत स्वरूप था या नहीं इसे मैं याद नहीं कर पाता। इतना ज़रूर याद है कि श्री फतह करण चारण इसके सेक्रेटरी थे। वे हमारे घर के पास ही रहते थे। वे शेखावाटी के थे और ब्रजभाषा के सुकवि। वे अत्यधिक मदिरा पीने के कारण एकान्त प्रिय हो गये थे। स्वभाव से वे 'शक्की' थे। उन्हें मैं डरते-डरते एक बार अपनी लिखी धनाक्षरी दिखाने गया, जो उन्हें अच्छा नहीं लगा। उनका व्यवहार इतना रूखा था कि मैं दूसरी बार उनके यहाँ जाने की हिम्मत नहीं जुटा सका।

'कवि दरबार' में मैं सबसे कम आयु का बुलाया जाने वाला कवि हुआ करता। अपनी भीरूता के साथ मैं किसी वरिष्ठ साहित्यकार या साहित्यानुरागी के पीछे बैठा करता। कवि दरबार में प्रधानाध्यापिका केसरदेवी अपने पति राजहंस जी के साथ आती। अध्यापिका मुक्तादेवी मुझे दुलार से बुलातीं और मेरा मनोबल बढ़ातीं। वे आयु में प्रौढ़त्व की सीमाओं पर आ गई थी लेकिन सुन्दर और प्रसन्न मुखाकृति की थीं। केसरदेवी और राजहंस जी पर किसी मनचले कवि ने एक कविता लिखी जिसका अन्त इस प्रकार था 'हंस बिहरे है शठ केसर की क्यारी में"। दोनों कवयित्रियाँ 'सुकवि' पत्रिका में छपती थीं। 'कवि-दरबार' में कभी-कभी बाहर के विख्यात कवि भी आते थे। मुझे सीतामऊ हाईस्कूल के प्रधानाध्यापक श्री अनूप शर्मा की धुंधली सी स्मृति है। कवि अनूप शर्मा वीर-रस के प्रसिद्ध कवि थे। उनके छंद उस समय की काव्या-भाषा—ब्रज-भाषा से भिन्न खड़ी बोली में रचित होते। वे हनुमान आसन की मुद्रा में बैठते और अपनी ओजस्वी वाणी में काव्य-पाठ करते। एक तो इस काव्य पाठ की ओजस्वी शैली के कारण दूसरे खड़ी बोली में लिखी गई धनाक्षरी के कारण और तीसरे सीतामऊ के महाराज कुमार रघुवीर सिंह की सुप्रसिद्ध पुस्तक 'शेष स्मृतियों' के भावपूर्ण गद्यालेखन के साहचर्य के कारण मुझे अनूप शर्मा की हमेशा याद बनी रही। जब जब मैं 'शेष स्मृतियाँ' के विदग्ध कर देने वाले लेख पढ़ता सीतामऊ, महाराज कुमार रघुवीर सिंह, कवि अनूप शर्मा, झालावाड़ का 'कवि-दरबार' मेरी स्मृति में एक साथ कौंध जाते। इस तरह अपनी किशोरावस्था के वे दिन कविता लिखने के अभ्यास के साथ जल्दी से गुज़र गये। अपने छोटे से नगर में मैं कुछ इतराते, कुछ कविता के नये आलोक को देखते-समझते मैं आगे बढ़ गया।

धीरे-धीरे सुकवि-सम्पादक गयाप्रसाद शुक्ल 'सनेही' का झालावाड़ आना भी समझ में आ गया। महाराज राजेन्द्रसिंह 'सुधाकर' का कविता-लेखन और

साहित्यानुराग के प्रति आश्वस्त हुए 'सनेही' जी को 'सुकवि' के लिए आर्थिक मदद का विश्वास कानपुर से उन्हें यहाँ ले आया था।

'सनेही' जी से झालावाड़ आने का आग्रह कदाचित् कविवर हरनाथजी ने किया हो। कवि हरनाथ राजस्थान के निवासी नहीं थे। वे मध्यभारत (अब मध्यप्रदेश) की एक छोटी सी रियासत पन्ना के ग्रामांचल के थे। वे ब्रजभाषा के रस-सिद्ध कवि थे। वे शक्ति-उपासक थे। अपने काव्य-पाठ की बदली शैली से वे प्रभावित करते थे। आयु के कारण कुछ दुबलाते मुँह पर उनकी मूँछें सामन्तकालीन रणबाँकुरें सेनापतियों की तरह शोभित होती थीं। राज-दरबार में अपनी प्रभावी उपस्थिति के कारण वे जनता में आदरास्पद और आवश्यक व्यक्तियों की श्रेणी में गिने जाते थे। मेरे पिता के नम्रता और शिष्टाचार पूर्ण स्वभाव के कारण वे हमारे यहाँ आने-जाने लगे थे। मैंने उनका शिष्यत्व स्वीकार लिया और घनाक्षरी सवैया का अपरम्परागत शैली में पाठ करना भी सीख लिया। यह शैली कुछ-कुछ संगीतमय थी और प्रेम और शृंगार के कवित्तों के पाठ को अधिक लालित्यपूर्ण बना देती थी। इस कोमल पठंत के कारण मेरी किंचित अलग और प्रिय-सी पहचान बन गई थी। महाराज राजेन्द्र सिंह 'सुधाकर' के कवि होने के कारण झालावाड़ में कविता की बहार आ गई थी जिसे कवीन्द्र हरनाथ जी ने अधिकाधिक रसमय बना दिया।

यह उन दिनों की बात भी है जब शताब्दियों से काव्य-रचना की ब्रजभाषा को खड़ी बोली की चुनौती मिल रही थी। 'सरस्वती' के साहित्यकार-सम्पादक महावीर प्रसाद द्विवेदी और उनके स्कूल के कवि गद्य और पद्य के भाषा-पार्थक्य पर सवाल उठा रहे थे। ब्रजभाषा के समर्थक ब्रजभाषा के माधुर्य और कोमलता पर रीझे हुए थे। वे हिन्दी की उच्चारण-कर्कशता की तीव्र निन्दा करते हुए उसे कोमल भावों की अभिव्यक्ति के लिए अनुपयुक्त बता रहे थे। अपने पक्ष के समर्थन में वे हिन्दी के इस वाक्य का उदाहरण देते थे जिसे ब्रजभाषा में इस तरह पढ़ा जाता था—साँकरी गली में मोर काँकरी चुभत है तो हिन्दी में इस तरह 'सँकड़ी गली में मेरे कंकड़ी चुभ रही है'। वियोगी हरि जैसे समर्थ गद्य-गीतकार ब्रजभाषा के प्रबल पक्षधर थे। उन्होंने लिखा 'हमारी ब्रजबानी ही वेद'। लेकिन कविता-भाषा बदलाव की ज़रूरत दरसल एक राष्ट्रीय ज़रूरत भी थी। स्वतंत्रता की भावनाभिव्यक्ति के लिए जिस ऊर्जा की आवश्यकता थी वह खड़ी बोली से ही सम्भव थी और अन्त में बदलाव के लिए वही निर्णायक तत्त्व रही।

दूसरे स्थानों की तरह झालावाड़ का कविता-क्षेत्र ब्रजभाषा और खड़ी बोली के बीच चली प्रतिस्पर्धा में बँटा था। झालावाड़ की कवि-मंडली कवि हरनाथ जी के व्यक्तित्व और कृतित्व से प्रभावित हुई ब्रजभाषा के माधुर्य पर मोहित थी। महाराज राजेन्द्र सिंह 'सुधाकर' ब्रजभाषा में कविता लिख रहे थे लेकिन एक सजग रचनाकार की तरह वे खड़ी बोली की पदचाप भी सुन रहे थे। हिन्दी (खड़ी बोली)

के प्रबल पक्षधर और राष्ट्रीय ख्याति के कवि गिरिधर शर्मा 'नवरत्न' झालावाड़ से चार किलोमीटर दूर झालरापाटन नगर में रहते थे जहाँ जाकर कवि 'सुधाकर' आशीर्वाद लेते थे। 'नवरत्न जी' का परिवार राष्ट्रभाषा हिन्दी का अनन्य अनुरागी था। गिरधरजी की कविताएँ 'सरस्वती' में प्रकाशित होती थीं। उनके कवि पुत्र (जिन्हें मैं ईश्वर दादा कहता था) ईश्वरलाल 'रत्नाकर' ने हिन्दी में 'कुरुक्षेत्र' महाकाव्य का लेखन प्रारम्भ किया था जिसे वे पूरा नहीं कर सके। दुर्भाग्य से वे क्षयग्रस्त हो गये और उनकी मृत्यु हो गई। शकुन्तला जीजी (गिरधर शर्मा की पुत्री) 'रेणु' उपनाम से कविताएँ लिखती थीं। रहस्यवादी काव्यधारा की महत्त्वपूर्ण कवयित्री रही। इस प्रकार कवि हरनाथ और राजगुरु गिरधर शर्मा के बीच ब्रजभाषा और खड़ी बोली को लेकर एक प्रतिद्वन्द्विता चल रही थी। इसमें महाराज का उन दोनों कवियों के प्रति आदर आड्डैर अनुग्रह भाव भी एक महत्त्वपूर्ण पक्ष था।

जब सनेहीजी काव्यानुरागी महाराज 'सुधाकर' से 'सुकवि' से आर्थिक-सहायता के लिए आए थे तब ब्रज-भाषा के अवसान के दिन थे। 'सनेही' जी जिस 'सुकवि' को अपने साथ लाए थे उसमें उन्हीं की एक कविता छपी थी, 'ओ रे! बबूल, ओ रे बबूल'। जहाँ तक मैं याद करता हूँ इस कविता पर ब्रजभाषा समर्थक कवीन्द्र हरनाथ ने पछतावा करते बिहारी ने यह दोहा पढ़ा था :

जिन दिन देखे वे कुसुम, गई सुबीत बहार
अब अली रही गुलाब में अपत कटीली डार।

थोड़े समय बाद महाराज राजेन्द्र सिंह 'सुधाकर' की 'हृदय-गति' रूक जाने से मृत्यु हो गई और कविता का वह वेग भी शिथिल पड़ गया जो कवि 'सुधाकर' के कारण गतिमान था। महाराज सुधाकर की स्मृति में पंडित हरनाथजी ने जो 'स्मरणांजली' प्रकाशित की उसमें मैंने एक धनाक्षरी लिखकर अपना शोक इस प्रकार व्यक्त किया—

सरस सुधाकर सौं शून्य सौर-मंडल भौ
काव्य-रतनाकर में कैसे ज्वार जागेगो?

रणजीत : पाटी। 'शाहेवक़्त' से बग़ावत करता एक 'कामरेड' कवि

स्तालिनकालीन 'सोवियत.संघ' में न केवल साम्यवाद-विरोधी चिन्तन वर्जित था—पार्टी.लाइन से हटकर सोचना भी दंडनीय अपराध हो गया था। फलत: अभिव्यक्ति की स्वतंत्रता सर्वथा समाप्त हो गई थी। इसके बावजूद मानवीय स्वातंत्र्य-चेतना से अभिप्रेरित कोई-न-कोई लेखक प्राणादंड या यातनाप्रद लम्बे कारावास का ख़तरा उठाता रहता था। शीतयुद्ध के दिनों सोवियत-विरोधी दुष्प्रचार के चलते विचारकों और लेखकों के दमन के समाचारों पर साधारणत: भरोसा नहीं होता था क्योंकि लेखकों और कलाकारों को वहाँ राज्य की ओर से ऐसी विशेष सुविधाएँ प्राप्त थीं, जो पश्चिम के किसी भी पूँजीवादी जनतंत्र में अप्राप्य थीं—भारत जैसे तीसरी दुनिया के देशों में तो वे अकल्पनीय ही थीं। लेकिन सचाई अपारदर्शी लौह.दीवारों के पार भी छन कर आने लगी थी-विशेषत: तब जब 'पास्तरनाक' को नोबुल-पुरस्कार के लिए न केवल अनुमति नहीं दी गई, उनके लेखन की निन्दा भी की गई। आगे शान्तिवादी अणु-वैज्ञानिक सखारोव भी भर्त्सना का विषय बने। सोवियत सत्ता स्तालिन और साम्यवादी दल के प्रति वफादारी में तनिक.से भी विचलन को बर्दाश्त नहीं करती थी। 'समाजवादी यथार्थवाद' के नाम पर एक निर्देशित कला-सिद्धान्त रचनात्मक अभिप्रेरणा का स्रोत और लक्ष्य बना दिया गया था। इसका अनुपालन न करने वाले लेखकों-कलाकारों को 'गुलाग' (सोल्जेनितिनन। प्रदत्त नाम) जैसे श्रम शिविरों (क़ैदखानों) में भेज दिया जाता था, जहाँ अनेक क़ैदी क्रूर व्यवहार को भोगते लम्बी सजा के बीच ही चल बसते थे। सोवियत-अधिनायकवाद से मोह.भंग वाले पूर्व कामरेडों की पश्चिम में एक बड़ी जमात थी। उनमें ज्यादातर सोवियत-शत्रु ही नहीं, समाजवाद-विरोधी और जनतंत्र-समर्थन के नाम पर पूँजीवादी व्यवस्था के पक्षधर तक हो गए थे। उन दिनों पाश्चात्य बौद्धिक संसार में आर्थर कोएस्लर (भूतपूर्व कम्युनिस्ट बुद्धिजीवी) की मार्क्सवाद की विफलता पर-विशेषत: सोवियत साम्यवाद के अन्तर्गत स्वतंत्रता के सर्वथा अभाव को लेकर—'द गॉड दैट फेल्ड' की विशेष चर्चा थी। ख्रुश्चेव के द्वारा स्तालिन के भयावह दमन-चक्र के खुलासे के बाद भी ब्रेज्नेव-काल तक सोवियत समाज विचार और अभिव्यक्ति की स्वतंत्रता

के लिहाज से एक प्रतिबन्धित समाज ही बना रहा। स्तालिन की निरंकुश तानाशाही को पार्टी में सामूहिक निर्णय के सिद्धान्त को 'व्यक्ति-पूजा' (पर्सनैलिटी-कल्ट) द्वारा निरस्त किए जाने का परिणाम माना गया। शीतयुद्ध के दिनों सोवियत-संघ और उसके प्रभाव-क्षेत्र के पूर्वी यूरोप में वाक्-स्वतंत्रता पर जो कठोर बन्धन थे और जिनके कारण लेखकों-कलाकारों के साथ जो यातनाप्रद व्यवहार होते थे, भारत के साम्यवादी नेता-कार्यकर्ता उन्हें साम्राज्यवादी-पूँजीवादी प्रचार तो करार देते ही थे, उससे आगे बढ़कर समाजवाद की रक्षा में हिंसापूर्ण दमन को अनिवार्य भी मानते थे। इस बारे में प्रगतिशील लेखक-संघ के सदस्य व हमराही या तो पार्टी-प्रचारित सफाई देते थे या चुप रहते थे। पास्तरनाक-प्रसंग में मुझे याद है कि दिनों तक अमृतराय के अलावा किसी नामचीन लेखक ने कोई असहमतिपरक वक्तव्य नहीं दिया था। समाजशास्त्री श्री पी। सी. जोशी की सोवियत सच का खुलासा करने वाली किताब सोवियत संघ के विघटन के लगभग दो दशक बाद आई है।

प्रगतिशील लेखक-संघ यों तो ग़ैर-मार्क्सवादी किन्तु उन्नतिशील विचारों के लेखकों के लिए भी खुला था, लेकिन प्रधानत: वह भारतीय साम्यवादी दल का ही एक साहित्यिक मंच था, जो सोवियत-संघ के प्रति निष्ठावान था। इसलिए प्रगतिशील लेखक-संघ की निष्ठा भी सोवियत-मार्क्सवाद के प्रति प्रगाढ़ थी और फलत: साहित्यिक आदर्शों के लिए वह सोवियत सांस्कृतिक नीति-रीति का मुखापेक्षी भी था। ऐसे में विचारधारा-प्रतिबद्ध किसी प्रगतिशील लेखक से यह अपेक्षा भी नहीं की जा सकती थी कि वह सोवियत साम्यवादी दल और उसके द्वारा निर्देशित कलानुशासन को प्रश्नांकित करे। पार्टी से अप्रतिबद्ध वाम सोच के लेखकों के बीच विचार और अभिव्यक्ति की स्वतंत्रता के पक्ष में रूस के विरुद्ध आलोचनात्मक स्वर अवश्य उभरने लगे थे। हिन्दी के मान्य प्रगतिशील लेखक इस सम्बन्ध में जब लगभग चुप से थे तब जिन चन्द घोषित मार्क्सवादी युवा रचनाकारों ने सोवियत व्यवस्था के प्रति सन्देह और शिकायत को स्वर दिए, उनमें एक मुखर आवाज़ रणजीत की थी, जो उन्नीस सौ साठ के दशक में उभरे प्रगतिशील कवियों में एक जाना-पहचाना नाम है।

आज स्थिति एकदम बदल गई है। साम्यवादी दल के विभाजन के बाद भारतीय साम्यवादी (मार्क्सवादी) दल बना और उससे सम्बद्ध जनवादी लेखक-संघ गठित हुआ। आगे एक और वामपंथी लेखक संघ 'जन संस्कृति-मंच' अस्तित्व में आया, जिसका सम्बन्ध भारतीय साम्यवादी-दल (मार्क्सिस्ट-लेनिनिस्ट) से है। इनके बीच विचारधारागत मतभेद बहुत धुँधले हैं और अब वे अलग-अलग वामपंथी गुटों के लिए प्लेटफार्म जैसे होकर रह गए हैं। लेखक समाज पर उनका वैसा प्रभाव नहीं है, जैसा कभी प्रगतिशील लेखक-संघ का था। स्वयं प्रगतिशील लेखक-संघ का प्रभाव आज़ादी के बाद-विशेषत: तैलंगाना की विफल क्रान्ति के बाद-क्षीण हो गया

था। अब तो वामपंथी रुझान के बहुत-से लेखक लेखक-संगठनों के बाहर हैं और वे समतावादी तो अवश्य हैं, पर दल-निरपेक्ष हैं, क्योंकि तीनों संगठन प्रच्छन्नतः अपने-अपने मूल राजनीतिक दलों से अनुशासित हैं।

रणजीत की काव्य-रचना का आरम्भ प्रगतिशील विचारधारा के पक्के अनुयायी की तरह हुआ और इसलिए प्रगतिशील लेखक-संघ का वह अत्यन्त सक्रिय कार्यकर्ता भी बना। प्रगतिशील कवि के रूप में उभरने के साथ ही उसने शोध-प्रबन्ध के रूप में 'हिन्दी की प्रगतिशील कविता' नाम से एक आलोचना-पुस्तक लिखी, जिसकी महत्त्व-स्वीकृति 'सोवियत लैंड-नेहरू पुरस्कार' (1971) के रूप में हुई। 1973 में अल्माअत्ता में आयोजित पाँचवें अफ्रीकी एशियाई लेखक-सम्मेलन में उसे भारतीय लेखकों के आमंत्रित दल में शामिल होने का अवसर दिया गया। 1973 में ही उसने केदारनाथ अग्रवाल के सहयोगी के रूप में बाँदा में अखिल भारतीय प्रगतिशील हिन्दी साहित्यकार—सम्मेलन का आयोजन किया, जिसे कई साल के अन्तराल के बाद प्रगतिशील—मंच द्वारा सम्पन्न एक वृहद् समारोह का गौरव मिला था। अपने कविता-संग्रहों के प्रकाशन के साथ उसने ऐतिहासिक क्रम से चयन करते हुए आधुनिक हिन्दी-कविता का एक संकलन 'प्रगतिशील कविता के मील पत्थर' के नाम से निकाला, जिसमें प्रगतिशीलता के प्रतिमान को वृहत्तर मानवीय सरोकारों तक व्याप्त कर दिया गया है।

रणजीत का मोहभंग न सोवियत रूस के धुरव विरोध तक गया और न समाजवादी निष्ठा से उसका तनिक भी विचलन हुआ। हिन्दी में मोहभंग के बाद समाजवाद ही नहीं, मानववाद-सामान्य तक के विरोध की सीमा तक जाने वाले एकमात्र लेखक निर्मल वर्मा हैं, जो अति-आधुनिक/अति—भारतीयतावादी/अति-प्रतिगामी एक साथ हैं। प्रगतिशील आलोचना में व्यक्तिवादी और कलावादी करार दिए गए अज्ञेय तक न सोवियत-शत्रु थे और न मानववादी आदर्शों के अस्वीकारक। खैर, समाजवाद-मानववाद के उनके अस्वीकार के बावजूद मेरी दृष्टि में निर्मल वर्मा एक बड़े लेखक हैं और रणजीत-प्रसंग में उनके स्मरण का मकसद उन्हें रणजीत की बराबरी पर लाने का नहीं हैय कामरेड-बिरादरी से निकले लेखकों में उसकी उस हिम्मत और उस ईमानदारी की तारीफ करने का है जो उसने बिना मार्क्सवाद-विरोधी हुए तब दिखाई थी जब रूसी शासन की निन्दा को संगठन में कुफ्र से कम नहीं समझा जाता था।

आज की रणजीत की विचारदृष्टि को मोटे तौर पर ऐसी मानववादी विचार-पद्धति कहा जा सकता है, जिसमें समाजवादी समाज-रचना का लक्ष्य तो जस-का-तस है, पर जिसकी स्थापना और संचालन जनतांत्रिक आधारों पर होना चाहिए। प्रगतिशील लेखक-संघ से 1980 में सम्बन्ध-विच्छेद के बाद भी उसकी सामाजिक और सांस्कृतिक क्रियाशीलता बराबर बनी रही है। इधर वह कमलेश्वर, राजकिशोर, गीतेश शर्मा व कतिपय अन्य लेखकों व समाजकर्मियों के सहयोग से सन्दीप पांडेय द्वारा

गठित 'मानवीय समाज' नामक जाति-धर्म-निरपेक्ष संस्था के एक संस्थापक-सदस्य के रूप में सक्रिय है। सामाजिक-राजनीतिक सक्रियता के साथ उसका रचना-कर्म भी निरन्तर चलता रहा है।

रणजीत ने कलम उठाई थी एक ऐसे प्रतिबद्ध कवि के रूप में, जिसके लिए 'कामरेड' शब्द सिर्फ एक शब्द नहीं इनसान के नये भविष्य का वाचक था—

कामरेड!
सिर्फ एक चुंबन नहीं, एक मंत्र है
जो बोलने वाले और सुनने वाले दोनों को पवित्र कर देता है
एक मंत्र, जिसे छूते ही अलग-अलग देशों, नस्लों, रंगों
और वर्गों के लोग
एक दूसरे के सहज सहोदर बन जाते हैं।
एक रहस्यमय मंत्र
जो इनसान की आज़ादी, बराबरी और भाईचारे के लिए
कुरबान होने वाले लाखों शहीदों की समाधियों के दरवाज़े
सबके लिए खोल देता है
और साधारण से साधारण व्यक्ति उनकी महानता से
हाथ मिला सकता है।

इस कामरेड कवि ने साहित्य को क्रान्ति का औज़ार मानते हुए अपने शब्दों को मुक्ति-सैनिकों की भूमिका देना चाही थी—जाओ!/ओ मेरे शब्दों के मुक्ति सैनिको, जाओ!/जिन जिन के मन का देश अभी तक है गुलाम/...। उन सब तक नई रोशनी का पैग़ाम आज पहुँचाओ...।'

अपने देश के लोकतंत्र को वह 'बटमारों और तम के पहरेदारों' की ऐसी बस्ती मानता है जहाँ 'खून चूसने की सबको पूरी पूरी आज़ादी है' और इसलिए उसके लिए कविता लिखना उस लड़ाई में शामिल होना है, जो उसकी इस अपनी बस्ती को ही नहीं, पूरी दुनिया को बदलने के लिए लड़ी जा रही है और लड़ी जाती रहेगी तब तक 'मानव मानव मध्य विषमता जब तक दूर नहीं होती/सुख से कैसे जी सकते हैं, इस दुनिया के सारे लोग?' अपना आत्म-परिचय देते हुए कवि अपने रचना-लक्ष्य को इन शब्दों में रखता है—

प्यार और बगावत के मैं गीत लिखता हूँ
हैवानियत की हार और इनसानियत की जीत लिखता हूँ
लड़ाई जारी रहेगी जब तक 'इनसान' इनसान नहीं बनता
इसलिए अपना नाम अभी 'रणजीत' लिखता हूँ।

इस कामरेड कवि का यह जोश तब ठंडा पड़ने लगता है जब साम्यवादी देशों में जब-तब चलते रहने वाले शुद्धि-अभियानों के प्रति उसमें सन्देह जागता है—वह विभ्रमित है कि कल के वफ़ादार क्रान्तिकारी क्यों आज गद्दार करार दिए जा रहे हैं और कैसा न्याय है कि उनसे आनन-फानन में जुर्म कबूलवाया जा रहा है गोली से मारे जाने के लिए उन्हें फायरिंग-स्क्वाड के सामने पेश किया जा रहा है या बर्फीले रेगिस्तान की काल-कोठरियों में भेजा जा रहा है। उसे इस सच का पता चलने लगता है—जनता ने की थी क्रान्ति/संसार को स्वर्ग बनाने के लिए/क्रान्ति ने पैदा किए नेता/नेताओं ने डाल दिया क्रान्ति को अपने हरम में/जनता जाए जहन्नुम में/और क्रान्ति/जनता के दम और दोहन का हथियार बन गई।

ट्राट्स्की की पुस्तक 'रूसी क्रान्ति का इतिहास' पढ़ते हुए उसे क्रान्ति के अधिकृत रूसी इतिहास में भूतपूर्व क्रान्तिकारियों पर कालिख पोते जाने पर गहरा रंज होता है—

वे सब जो विजयी होकर लौटे हैं/ज़िन्दा बचे हैं/सच्चे हैं, देशभक्त हैं, महापुरुष हैं/वे सब जो हार गए/खेत रहे/झूठे थे, गद्दार थे, दुष्ट थे/नीति कहती है/सत्य की हमेशा जीत होती है/इतिहास कहता है/जो जीतता है वह सत्य कहा जाता है।

इन्हीं शंकाओं के चलते साम्य के स्वर्ग की सम्भावित (सोवियत) भूमि से उसका मोहभंग होने लगता है और तब से रूस का भीतरी तंत्र और बाहरी विस्तारवाद उसकी आलोचना के विषय हो जाते हैं। 1986 में लोकभारती से प्रकाशित 'झुलसा हुआ रक्त कमल' की अधिकांश कविताएँ उसकी इस बदली दृष्टि को बेबाक अभिव्यक्तियाँ हैं—'चेकोस्लाविया में रूस के हस्तक्षेप से दर्द और क्रोध की जो प्रक्रिया शुरू हुई वह अफगानिस्तान में उसके फौजी दखल से बेगानेपन में बदल गई।' एक स्वयंचेता साम्यवादी कवि का जन-अभियान के लिए किया गया यात्रारम्भ विश्व क्रान्ति-आन्दोलन के अगुआ दल द्वारा अपनी सत्ता को बदस्तूर कायम रखने और आश्रित दलों को अपने नियंत्रण से बाहर जाने न देने के लिए की जाने वाली बेशर्म ज्यादतियों का इतिहास बनता गया तो उसे अपना यात्रान्त भयावह लगने लगा। उसकी इस मनोदशा की अभिव्यक्ति के लिए यह पूरी किताब ही पढ़ने लायक है। यहाँ केवल दो उदाहरण दिए जा रहे हैं—

पॉलैंड के बारे में कविता की पंक्तियाँ हैं—

(1) बीचों बीच से फट गया है/'सर्वहारा तानाशाही' का शानदार पोस्टर/ और सर्वहारा हवा में मुट्ठियाँ लहरा-लहरा कर/अपने हिस्से की रोटी और गोश्त माँग रहे हैं/अपने ही नाम पर खड़ी की गई तानाशाही से/ पूरी जनता एकजुट होकर/लड़ रही है/'जनता के जनतंत्र' से! अपने जनतांत्रिक अधिकारों के लिए!!'

(2) तुम किसके साथ हो/पीड़ितों के या पीड़कों के?/क्या तब भी/जब दोनों साम्यवादी हों?/तुम किसके साथ हो/दूसरों के देश में टैंक भेजने वालों के/या टैंकों पर बम न फेंक कर/उनके चालकों से बहस करने वालों के?/तुम किसके साथ हो?

कवि का यह सवाल जितना अपने लिए है, उतना ही अपने साथियों (प्रगतिशीलों) के लिए भी है।

पूर्वी यूरोप में रूस के सैनिक हस्तक्षेपों के बाद भी कवि अभी भी 'अन्तिम विजय' के प्रति आश्वस्त है क्योंकि पोलैंड-हंगरी/चेकोस्लाविया की घटनाएँ उसे साम्यवाद के जनवादीकरण में विकास की सूचनाएँ देती लगती हैं। उसका विश्वास है कि 'साम्यवाद जैसा महान मानवीय आदर्शों से प्रेरित आन्दोलन कुछ निहित-स्वार्थ यथास्थितिवादी नेताओं के कारण एक बँधा तालाब बनकर नहीं रह सकता।' लेकिन इसी संकलन में 'सोल्झेनित्सिन के नाम' शीर्षक से जो कविता है, उससे साम्यवादी शासन के जनतंत्र की ओर बढ़ने के प्रति उसका विश्वास डिगता हुआ लगता है—

सोल्झेनित्सिन तुमने यह क्या किया? तुम्हारे 'गुलाग' ने मेरी आत्मा को आमूल झकझोर दिया/लेनिन मेरी नज़रों में नये युग का अग्रदूत था, क्रान्ति का मसीहा/और स्तालिन एक घृणास्पद तानाशाह/पर आह! स्तालिनवाद के सूत्र/ तुमने लेनिनवाद की कोख से ही निकलते दिखा दिए।

कवि जानता है कि उसकी इन कविताओं पर साथी कामरेडों की विपरीत प्रतिक्रिया होगी—"अनेक कट्टर 'प्रगतिशील' या 'जनवादी' आलोचक या दलीय कार्यकर्ता मुझे न केवल अप्रगतिशील बल्कि प्रतिक्रियावादी भी घोषित करने लगें...। वैचारिक मतभेद रखने वाले को झटपट विरोधी और शत्रु तक घोषित करने का उतावलापन साम्यवादी संस्कारों में बस गया है।" वास्तव में वह अपने संगठन के साथियों के बीच निन्दा-पात्र बना और उसे उस समय के महामंत्री ने, जो कभी उसके अच्छे मित्र थे, क्षमा-याचना की सलाह दी, लेकिन सम्बन्ध-विच्छेद की कीमत पर भी उसने अपने इस नवबोध को नहीं त्यागा कि 'अभिव्यक्ति की स्वतंत्रता-आलोचना की स्वतंत्रता, एक ऐसा मानवीय मूल्य है, जिसके प्रति सहनशीलता किसी भी प्रबुद्ध और मानवीय आदर्शों से प्रतिबद्ध सत्ता में अवश्य होनी चाहिए।' इसके साथ ही व्यवस्था-परिवर्तन के लिए रक्त-क्रान्ति की अनिवार्यता से उसका विश्वास उठने लगा। वैसी क्रान्ति के बाद जनतंत्र-स्थापना की कोई गारंटी इतिहास नहीं देता—फ्रांसीसी क्रान्ति के बाद नेपोलियन की राजशाही आई और सोवियत क्रान्ति के बाद पार्टी की व पार्टी के बहाने पार्टी-प्रमुख की तानाशाही कायम हुई। अन्तिम जनवादी क्रान्ति की सम्भावना अब तक तो 'गोदो का इन्तज़ार' ही बनी हुई है। विचार के धरातल

पर मार्क्सवाद अब भी कवि के लिए प्रेरणा-स्रोत है, लेकिन विकल्पहीन सत्य वाला 'पवित्र सिद्धान्त' नहीं।

वृद्ध चेहरा, धँसी आँखें टिकी हैं अदृष्ट पर
औ पड़ी है थकी ऐनक 'कैपिटल' के पृष्ठ पर
अनगिनत बलिदानियों के लहू से लिखी किताबे-इन्क़लाब
आह! सत्तर साल में ही आ गई परिशिष्ट पर।

दुनिया बदलने के लिए उसे अब सशस्त्र संघर्ष का मार्ग विफलता की ओर ले जाता लगता है, इसलिए गांधी के अहिंसात्मक आन्दोलन का रास्ता ही उसे सही विकल्प भी लगने लगा है :

मैं लडूंगा/लड़ता रहूँगा/इस बर्बर आततायी अमानवीय व्यवस्था से/लेकिन बिना हथियार उठाए/गगग मैं शहीदों के प्रति पूरे सम्मान के बावजूद/नहीं मरना चाहता एक शहीद की मौत/गगग इसलिए/बहुत धैर्य से लड़ना पड़ेगा इससे/बहुत जागरूकता, बहुत सतर्कता से/व्यापक संगठन और आन्दोलन से/कविता से, कहानी से, फिल्म-दूरदर्शन से/चिन्तन से, मंथन से, विमर्श और विचार से/दलित, शोषित, वंचितों के व्यापक सहकार से/पूर्ण सहयोग से, चुनौती से, ललकार से।

इतना ही नहीं वह सोवियत-संघ के साठवें साल में वहाँ गांधी के आविर्भाव की कामना करता है, क्योंकि उनके अलावा और कौन है जो आम रूसी को निर्भय बना सके और आजाद हिन्दुस्तान के तीसवें साल में यहाँ लेनिन के पर्दापण की प्रतीक्षा करता है, क्योंकि उनके सिवा और कौन है जो दो-तिहाई भूखे भारतीयों का इलाज कर सके।

रणजीत की साम्यवादी सत्ता से मोहभंग की लगभग सभी कविताएँ सोवियत-संघ को लक्षित हैं, चीन की और माओ की आलोचना अपवाद रूप में ही आई है, जैसे 'आम्रकुंजों में उभरता हुआ वियतनाम' (बांग्लादेश) में—

सिर्फ चुप ही नहीं है/वह याह्या के लिए छुरियाँ भी तेज कर रहा है/तुम अपनी इस बेहयाई को/सिद्धान्तवादिता के कौन-से गढ़हें में धोओगे माओ! ज़रा सोचो तो!

सोवियत-संघ से मोहभंग के बाद उसने चीन की तरफ किसी भी कविता में किसी उम्मीद से देखा तक नहीं है।

रणजीत ने प्रकृति, प्यार, औरत, दलित आदि के बारे में, साम्प्रदायिकता और जातिवाद के विरोध में और सामाजिक विडम्बनाओं तथा तात्कालिक राजनीतिक प्रसंगों के बारे में भी कविताएँ रची हैं, लेकिन वह प्रधानत: विचारधारात्मक संकल्पनाओं और स्थापित साम्यवादी सत्ताओं से मिली भग्न प्रत्याशाओं का कवि रहा है। उसकी कविताएँ आज के नक्सल क्रान्तिकारियों से भी मानो पूछ रही हैं क्या हथियारबन्द बग़ावत से वे जीत के आख़िरी मुक़ाम तक बढ़ते रह सकेंगे? और क्या गारंटी है कि

उनके निज़ाम में फिर निरंकुश दमनचक्र न चले? क्या उनका प्रतिशोध कभी-कभी 'पोलपोती' दिशा में बढ़ता नहीं लगता?

रणजीत मुख्यतः सम्बोधन, आह्वान, आमंत्रण, वक्तव्य और व्यंग्य का राजनीतिक कवि रहा है और इसलिए उसका रचना-शिल्प अभिधाप्रधान है। भाषा को धारदार बनाने की सजगता उसमें बराबर मिलती है। अपूर्वता और विलक्षणता की तलाश उसे नहीं है, फिर भी अपनी एक पहचान बनाने का प्रयास अवश्य है।

'प्रगतिशील खेमे' से अलग हुए एक सिद्धान्तनिष्ठ कवि की कट्टर कामरेड से उदार समतावादी के रूप में उसकी काव्य-यात्रा बीसवीं सदी के छठे दशक से अब तक की साहित्य के जरिए की गई एक राजनीतिक यात्रा भी है, जिसकी दिशा रही है—

बीस साल मैंने जन-सामान्य को साम्यवादी बनाने की कोशिश की।

अगने बीस साल मैं साम्यवादियों को जनवादी बनाने की कोशिश करना चाहता हूँ।

बुलन्द हौसलों का पत्रकार-सम्पादक साथी : मदन-मदिर

ता. 29 जून, 2013 को समाजवादी साथी मदन मदिर पहचहतर वर्ष के और 'अंगद' उनका सांध्यकालीन दैनिक अख़बार पचास वर्ष का हो रहा है। एक का अमृत-उत्सव और दूसरे की स्वर्ण-जयन्ती ता. 29 जून, 2013 को बूँदी में उनके पुत्र अभिनन्दन और परिवार 'पत्रकारिता का लोकोत्सव' के रूप में मना रहे हैं। (अभिनन्दन मदन, जीवेमि शरद्म शतम्, सौ शरद् जियो)

'अंगद' के साथ भाई मदनजी की पत्रकारिता के पचास वर्ष पूरे होते हैं। यह स्वाधीन भारत की पत्रकारिता के पचास वर्ष भी हैं। ये वर्ष अद्भुत स्वप्नों और यथार्थ के हैं। देश की पत्रकारिता भी इन्हीं सपनों और यथार्थ के साथ जुड़ी हैं। भारतीय संविधान इन सपनों को लोकतंत्र, सामाजिक न्याय, भाईचारा समाजवाद, पंथ-निरपेक्षता कहकर व्याख्यायित करता है, जिसका यथार्थ समता और स्वतंत्रता के ताने-बाने से बुनी सामाजिक-रचना है।

'अंगद' के सम्पादक मदन मदिर अपने समाचार-पत्र के लिए इन्हीं दो महान लक्ष्यों को चुनते हैं। एक पुराने सामन्तकालीन युग की निराशा, विलासिता प्रिय अर्थव्यवस्था और निरंकुश व्यक्तिवादिता में धँसे-फसे प्रदेश को समता और स्वतंत्रता की उर्वरा भूमि बनाना दरअसल एक कठिन और साहसिक सपना देखना ही था। फिर भी उन्होंने इस दुर्गम पथ पर चलने का संकल्प लिया और चलते रहे।

हाड़ौती की पत्रकारिता में लोकधर्मी 'अंगद' ही शायद पहला सांध्यकालीन दैनिक होगा जिसने पचास वर्षों की अकथ झंझटों से भरी यात्रा पूरी की। अब यह यात्रा और भी त्रासद और चुनौती भरी हो गई है क्योंकि अब वह 'धन्ना सेठों' के हाथों में चली गई है और लगातार उनके आर्थिक-साम्राज्य का विस्तार कर रही है। 'अंगद' अब विकट प्रतिस्पर्धी, चिकनी पत्रकारिता के दबाव में है जिसके पास विज्ञापन-विशेषताओं, चतुर सम्पादकों और समाचार इकट्ठा करने वालों और लिखने वालों की फौज है।

देखने की बात यह भी है कि 'धन्ना सेठों' के समाचार-पत्रों पर प्रदेश की सरकार उदारता और अनुग्रह की पुष्प वर्षा करती है और 'अंगद' जैसे लोक-धर्मी समाचार-पत्र एक अच्छे विज्ञापन के लिए तरसते रहते हैं। मेरे देखते-देखते राजस्थान की हरी-भरी लघु-पत्रकारिता की बेल सूख गई है। पाठक ज्यादा कागज़ वाले अख़बार खरीदते हैं, कुछ पैसा तो अख़बार की रद्दी बेचने से निकल आता है।

फिर भी मैं कहूँगा कि 'अंगद' और उसको सम्पादक साथी मदन मदिर बुलन्द हौसलों का पत्रकार-सम्पादक है जो इस बड़े बाजार की पत्रकारिता का खौफ़ नहीं खाते और अकेले जन-धर्मी पत्रकारिता की डगर पर निकलते हैं।

मेरी जानकारी में ऐसे सम्पादक नहीं हैं जो निरन्तर पिछले पचास वर्षों से अकेले अपने अख़बार का सम्पादकीय लिख रहा हो। यह निरन्तरता न एकरसता में बदलती है और न पुनरूक्तियों में। हर दिन मदन नया और ताजा विषय चुनते हैं जिसकी विशेषता यह होती है कि या तो वह अपने जन-पद हाड़ौती की व्यवस्था-जन्य परेशानियों से जुड़ा होता है या उन राजनीतिक दगाबाजियों से जो जनता को केवल दिलासा देने वाले होते हैं। लेकिन देखने की बात यह है कि ये सम्पादकीय, जो एक चतुष्पदी से शुरू होते हैं, वे कागद काले करने की चतुराई नहीं होते अपने जन-पद की ज़िन्दगी, गरीबी और विषमताओं की त्रासदी की पीड़ा कहते हैं। दरसल यह 'पीड़ा' ही मदन मदिर को हाड़ौती का सच्चा, ईमानदार, लोकधर्मी पत्रकार बनाती है। साथी मदन राजनीति की मत्सर और कुटिल वाचालता, दंभपूर्ण घोषणाओं का विरोध करते सम्पादक हैं। यही कारण है कि प्रदेश की दोनों पार्टियाँ 'अंगद' को अपना विश्वसनीय 'मित्र' मानती है। 'अगंद' के तीखे व्यंग्य सम्पादकीय लेखों पर भी किसी पार्टी ने कोई हिंसक वारदात की हो-ऐसा मैंने नहीं जाना।

भाई मदन के सम्पादकियों की दूसरी विशेषता उनकी भाषा का स्थानीय चरित्र है। वे अंग्रेज़ी में सोचे हुए विचारों का हिन्दी में अनुवाद नहीं करते। वे हिन्दी में ही सोचते हैं और हिन्दी में ही लिखते हैं। उनकी भाषा का देशी मिज़ाज उनके सम्पादकीय लेखों को हमेशा 'ऊष्मा और आत्मीयता' देता है।

'अंगद' के सम्पादकीय पढ़कर हम दुनिया को समझें-न-समझें लेकिन हाड़ौती के विकास के पेंच और मुख्य राजनीतिक दल कांग्रेस और भाजपा के बीच चलने वाली सियासती दुरभिसंधियाँ को ज़रूर समझ सकते हैं। 'अंगद' के सम्पादक पर विश्वास करने का कारण उनकी जनपक्षधरता और सन्तुलित विचार हैं।

'अंगद' ठिठके नहीं चले

समृद्धि और साधनों के अभाव में 'अंगद' ठिठका-ठिठका लगता है। उसे चलना चाहिए—

जो चलता है उसके साथ भाग्य चलता है
जो यात्रा से रुका भाग्य उसका ढलता है।

हाड़ौती जन-पद की विकास-यात्रा में 'अंगद' जैसे निर्भीक पत्र की ज़रूरत रहेगी तब उसका यह स्थापित, स्थिर रूप अपर्याप्त लगेगा। छलाँग लगाते, दौड़ते-कूदते समय का मिज़ाज 'अंगद' को समझ कर अपने विकास के नये रास्ते, साधन ढूँढने पड़ेंगे। समाजवाद चिरन्तन-बदलाव और आशा का रास्ता है।

न पढ़ने का सुख

जब मैं दसवीं क्लास में पढ़ता था हमारी हिन्दी की पाठ्य-पुस्तक में भारतेन्दु बाबू हरिश्चन्द्र का छोटा-सा नाटक था 'भारत दुर्दशा'। यह व्यंग्य-नाटक था। अब याद आता है उसमें एक पात्र पढ़ने-लिखने की हँसी उड़ाता है। कहता है : पढ़तव्यं सो मरतंव्यम्, अपढ़ तव्यम् सो मरतव्यम्, पुनि दाँत कटाकट किम् कर्तव्यम्।

अर्थात् जो पढ़ेगा वह भी मरेगा जो नहीं पढ़ेगा वह भी मरेगा फिर पढ़ कर दाँत कटा-कट क्यों?

लोहियाजी ने भारतीय मन के बारे में कहा कि लोगों के मन में 'अकर्म' का सिद्धान्त रमा है। कुछ करेंगे तो उसका फल भोगना पड़ेगा। राम का रचा तो होना ही है, उसमें तर्क करके न कोई कुछ घटा सकता है न बढ़ा सकता है।

प्रो। वी। वी। जॉन ने एक बार उदयपुर में हँसते हुए जो किस्सा सुनाया वह इसी भाव को व्यक्त करता था। जो कुछ करना-धरना है वह तो मंत्री ही को है। विभाग के आला सचिव अख़बारों में अपने-अपने विभागों के बारे में अच्छा-बुरा पढ़ कर क्या कर लेंगे? बहत्तर है पढ़ें ही नहीं।

आप शायद प्रो। वी। वी। जॉन के बारे में जानते हों न जानते हों, मैं कह नहीं सकता। शायद नहीं ही जानते होंगे? हमारे यहाँ राजा-महाराजाओं के सिवाय पंडितों, विद्वानों, कवियों, शिक्षकों को जानता ही कौन है?

सौभाग्य से मैं उन्हें उदयपुर आने के पहले से जानता था। वे प्रसिद्ध अंग्रेज़ी अख़बारों में शिक्षा के बारे में लिखते थे जो अमूमन ग़ैर परम्परावादी और प्रगतिशील विचारों के पक्ष के होते थे। उनमें सरकारी-शिक्षा नीतियों की तीव्र आलोचना होने के कारण मैं उन्हें पढ़ना नहीं भूलता था। मैं कभी-कभी ताज्जुब भी करता कि राजस्थान शिक्षा-विभाग में ऊंचे ओहदे पर रहते हुए ये उसी विभाग की ऐसी तीखी आलोचना कैसे कर सकते हैं? वे चेताये क्यों नहीं जाते या उन्हें सस्पेंड क्यों नहीं किया जाता? वी। वी। जॉन कॉलेजों के प्रिंसिपल हुआ करते थे। वे जोधपुर विश्वविद्यालय के उप कुलपति भी रहे।

जॉन लोकतंत्रात्मक मिज़ाज़ के अंग्रेज़ी के प्रोफेसर थे। वे पुस्तकानुरागी ओर रोमन केथोलिक सम्प्रदाय के सदस्य थे। उनका कुटुम्ब बड़ा था। विद्वता

और विनम्रता के साथ उनकी विनोद-वृत्ति ने उन्हें शिक्षकों में लोकप्रिय बना दिया था।

मेरी उनसे उदयपुर में ही मुलाक़ात हुई। 1962 में वे महाराणा भोपाल कॉलेज के प्रिंसिपल होकर आए। उन दिनों प्रकाश आतुर हिन्दी विभाग में प्राध्यापक और विभाग की सांस्कृतिक आयोजनों के प्रभारी थे। 14 सितम्बर हिन्दी दिवस के आयोजन में उन्होंने मुझे बुलाया था। प्रिंसिपल जॉन इस आयोजन के मुख्य वक्ता थे।

जहाँ तक मुझे याद है जॉन पहले दो-चार वाक्य हिन्दी में बोले फिर क्षमा माँग कर अंग्रेज़ी में बोलने लगे।

जॉन मूलतः केरल के थे। उन्होंने केम्ब्रिज से बी.ए. (ओनर्स) किया था। मझैले कद के जॉन श्यामल-रंग के थे। सिर के दोनों तरफ के बालों और हँसी ने उनकी मुखाकृति को मोहक बना दिया था। दक्षिण मूल के होते हुए भी वे गाते हुए अंग्रेज़ी नहीं बोलते थे। स्पष्ट आचरण के कारण उन्हें समझने में किसी को कठिनाई नहीं हुई।

उनका भाषण छोटा था लेकिन उसमें से उन्होंने एक बात कही वह मुझे आज तक याद है। उन्होंने उर्दू-बहुल हिन्दी पर एतराज उठाया। कहा प्रेमचन्द वाली हिन्दी हमें (दक्षिण के प्रसंग में) मार डालती है। उनके उपन्यासों से हमें उर्दू के शब्द लाने पड़ते हैं। संस्कृतनिष्ठ हिन्दी हमें कष्ट नहीं देती। हिन्दी में शब्दों की आवक कहाँ से हो? बहु प्रचलित शब्दों को बदलना हो तो कैसे बदलें? संस्कृत-निष्ठ हिन्दी भाषा के बहाव को रोक नहीं देगी...। इत्यादि बातें विचार आज भी विचारणीय हैं।

हिन्दी दिवस के इस औपचारिक आयोजन के बाद जॉन मुझे अपने साथ ले गये।

अवसर देख कर मैंने उनसे पूछा कि राज्य की शिक्षा-नीतियों के खिलाफ़ इतना तल्ख़ लिखने के बावजूद आप सरकार को कैसे स्वीकार हैं?

जॉन खूब जोर से हँसे और जो कारण खुलासा किया वह इस प्रकार था—

अभी कुछ समय पहले मेरा एक लेख 'इंडियन एक्सप्रेस' में छपा था वह शायद आपने पढ़ा होगा। मैंने उसे जान-बूझ कर तीखा और आलोचनात्मक बनाया था। मुझे पूरी उम्मीद थी कि शिक्षा सचिव पढ़ेंगे और जवाब-तलब करेंगे, इसका नतीजा 'सस्पेंशन' वगैराह भी हो सकता है। मैं सब आकस्मिकताओं के लिए तैयार था।

(हँस कर) दिन-पर-दिन गुज़रने लगे लेकिन शिक्षा-सचिव की तरफ से कुछ भी 'एक्शन' नहीं हुआ, किसी का फोन भी नहीं, कोई फुसफुसाहट भी नहीं।

उत्सुकतावश मैं जब सचिवालय गया तो शिक्षा-सचिव से मिला और इन्तज़ार करता रहा कि वे मेरे लेख की सरकारी हल्कों में होने वाली प्रतिक्रिया से अवगत कराएँगे लेकिन काफी देर तक गपशप के बाद भी जब उन्होंने उस लेख की चर्चा नहीं की तब मैंने ही किंचित विनोद से उनसे कहा कि मुझ पर अभी तक अनुशासनात्मक कार्यवाही नहीं हुई?

उन्होंने अचरज से जब मेरी तरफ देखा तो मैंने ही उस लेख के बारे में बताया जो 'इंडियन एक्सप्रेस' में छपा था।

सचिव ने थोड़ी लापरवाही से हँसते हुए कहा, 'वह मैंने नहीं पढ़ा है'।

विद्वानों का विनोद

जी। के। चेस्टरटन और जार्ज बनार्ड ए दोनों प्रसिद्ध लेखक घनिष्ठ मित्र थे। चेस्टरटन खूब मोटे-ताज़े और जार्ज पतले-दुबले, लम्बे। दोनों लेखक सुबह साथ घूमने निकलते।

एक चेस्टरन शॉ की तरफ देखा और कहा : देखो जार्ज अगर कोई देखे तो उसे लगेगा कि इंग्लैंड में अकाल है। हाज़िर जवाब शॉ ने मुट्ठले चेस्टरटन की ओर देखा और कहा कि अगर वह तुम्हारी तरफ देख ले तो तुरन्त समझ जाएगा कि उसका कारण क्या है?

प्रणाम, नरेन्द्रपाल सिंह चौधरी

एक सौ चार वर्ष के स्वतंत्रता-सेनानी समाजवादी नरेन्द्रपाल सिंह चौधरी का निधन 30 मई को श्रीनाथद्वार में हो गया। उन्होंने अपनी ज़िन्दगी को जिस उमंग और साहस के साथ जिया उससे अमूमन ऐसा लगता रहा कि उन्होंने अपनी जन्म-तिथि के साथ छेड़खानी की है। सचमुच नरेन्द्र जी जिस ऊर्जा, स्फूर्ति और धुन के साथ जिये उससे मुझे हमेश लगता रहा कि शायद आयु मन की होती है और नरेन्द्रजी का मन हमेशा तरूणा, उत्साहित और निर्भीक रहा शरीर का अतिक्रमण करता, यायावर मन।

उनका जन्म 20 मई, 1903 का है। नाथद्वार के पास गुंजोल गाँव में। वे मेवाड़ के चौधरी जाट हैं। गुंजोल नाथद्वार से दो किलोमीटर दूर बनास के किनारे बसा है। नरेन्द्रजी के बाबा श्रीनाथ जी के लिए बैलगाड़ियों से यमुना जल लाते थे। वृंदावन से जल लाने में गाड़ियों को छह छह महीने लग जाते। नरेन्द्रजी के पिता रामकिशन जी भी कुछ समय तक बैल, गाड़ियों से यमुना जल लाने में सहयोग देते रहे।

नरेन्द्रजी की शिक्षा किसी स्कूल या कॉलेज में नहीं हुई लेकिन उन्होंने इन्दर और विशारद की परीक्षाएँ पास की जो प्रयाग से संचालित होती थीं। पच्चीस के होते-हाते वे आजादी की उस दिशा में दौड़ने लगे जहाँ से पीछे मुड़कर नहीं देखना था किसी छाया या खुशबू, पद अथवा किसी प्रतिष्ठा के लिए। दौड़ते रहना था एक सौ चार वर्ष का हो जाने तक। आपको यह बतला दूँ कि अकेले नरेन्द्रपाल सिंह ही नहीं (भाई) राजेन्द्र सिंह चौधरी, (भाई) मदन मोहन सब अपना घर-बार छोड़कर नई समाज रचना के लिए अन्त तक दौड़ते रहे।

रामकिसन जी के लड़कों ने ताँगबे चलाते-चलाते ही स्वतंत्रता का अर्थ सीखा था। ताँगा वाले नारायण-नारू नरेन्द्रपाल सिंह चौधरी और 'रुल्लू' राजेन्द्रसिंह चौधरी हो गये। दोनों भाइयों के लिए 'स्वतंत्रता' एक अलौकिक शब्द, भावना बन गई। दोनों भाइयों ने उसे हवा, आकाश में तैरता हुआ देखा। देखा कि देशवासियों की रक्त-शिराओं में वह अग्नि बनकर दौड़ रही थी। दोनों भाइयों ने कभी उसका लौकिक अर्थ नहीं जाना। पहले उन्होंने कहा—स्वराज हमारा जन्म सिद्ध अधिकार है' फिर वे कहने लगे 'हमारे मंज़िल समाजवाद'। उनके लिए गांधी, जयप्रकाश,

लोहिया और दूसरे देशभक्त स्वतंत्रताके पर्याय बन गये। वे ही उनके सिद्धान्त, कर्म-व्याख्याकार, उनकी चेतना के पहरेदार थे। एक भक्त की तरह अपनी जीवन—नैया उन्हीं को सौंप दी थी। यह तथ्य उल्लेखनीय है कि चौधरी भाइयों ने इस तरफ बढ़ते हुए कभी भी जीवन का गणित-जोड़, बाकी-गुणा, भाग कुछ भी नहीं किया। उन जीवन-दानियों की जन्म-पत्रियों में सत्ता और सम्पदा-विरोध के सिवाय दूसरा कोई योग देखने को नहीं मिलता। उसके लिए उन्होंने कोई आकांक्षा, अकुलाहठ, कोई तृष्णा पैदा नहीं की। जब प्रान्त में काँग्रेस की सरकार बनी वे काँग्रेस छोड़कर समाजवादियों के साथ आ गये और फिर किसी अन्य पंथ की ओर मुड़ कर नहीं देखा। कबीर का लिखा दोहा याद आता है : स्वाति...। जल के लिए चातक का प्रण देखकर ज़रा सा भी धीरज नहीं रहता। मरते समय भी जल में था लेकिन चोंच नहीं डुबोई।

अपने द्वारा तैयार करे हुए जीवन-वृत्तान्त में नरेन्द्रजी ने 1928 में साबरमती आश्रम जाने का उल्लेख किया है। दरअसल 1928 से 1948 तक के बीस वर्ष अपने इलाके में सामन्ती जुल्मों के ख़िलाफ़ संघर्षों के वर्ष हैं। देखने की बात यह है कि यह टुकड़ों-टुकड़ों में या रूक-रूक कर हुआ संघर्ष नहीं है, मध्ययुगीन बर्बरता और साम्राज्यवादी कुटिलताओं के साथ चलने वाला लगा तो संघर्ष घोर संघर्ष है। लेकिन गांधी एक ही तरह का संघर्ष नहीं चलाते, वे एक और तरह का रचनात्मक संघर्ष भी चलाते हैं जो ग्राम-रचना का है। आख़िरी पड़ाव तो 'ग्राम-स्वराज' है, वहीं तो गांधी चिन्ता का आख़िरी आदमी रहता है। गाँव में सब कुछ सुन्दर नहीं है। वहाँ दारू है, बीमारियाँ हैं, निरक्षरता और अस्पृश्यता है, कुशिक्षा और कुसंस्कार है। सबसे अधिक विद्वोष फैलाने वाले मज़हब के पूर्वाग्रह हैं। इसलिए वे अपने स्वयंसेवकों को शराबबन्दी, अस्पृश्यता निवारण, स्कूल चलाना, कुटीर-उद्योग के छोटे-छोटे उपक्रम संचालित करना खादी बेचना आदि कामों में लगे रहने का आग्रह करते हैं। 1930 के नमक सत्याग्रह में शरीक हुए की सजा और जेल-यातना पाए हुए नरेन्द्रजी को भी बाद वाले वर्षों में दोनों मोर्चों पर संघर्ष करते देखते हैं। लेकिन गांधी या स्वतंत्रता से जुड़ा कोई आन्दोलन या रचनात्मक काम निरापद नहीं था, सच कहीं वह अंग्रेज़ी हुकूमत और सामन्तों के स्थापित आर्थिक स्वार्थों को मामूली आदमी और अदनीसी प्रजा को चुनौती था। स्वतंत्रता का यह आन्दोलन जिस नैतिक-चमक से दीपित था उसके सामने प्रभु-सत्ताओं की सारी साजिशें निष्प्रभ हो रही थीं। रचनात्मक कार्यों और राजनीतिक आन्दोलन के बीच कोई प्रतिद्वंद्विता या कि कोई प्रतिस्पर्धा नहीं थी लेकिन नरेन्द्रपाल सिंह चौधरी जैसे लोग ज्यादा जोखिम भरा, एक उग्र हलचल भरा, युवकोचित जीवन पसन्द करते थे इसलिए बार-बार जेल जाने की हँसी-हँसी में एक बार जुगाड़ में रहते थे। मैंने उनसे पूछा था—अबकी बार तो बहुत दिन हुए, भाई साहब! आप जेल ही नहीं गये! उन्होंने बिना किसी झिझक के कहा कि

कोई योग ही नहीं बन रहा है, चोबेजी! जो कि यह अंग्रेज़ी हुकूमत के दिन नहीं थे। चाहे यह मजाक ही हो लेकिन नरेन्द्रजी बार-बार जेल यात्रा के लिए उत्सुक रहते, एक मनोवैज्ञानिक उत्कटता के साथ। अपने जीवन-वृत्तान्त में जेल में काटे कुल दिनों का जोड़ बारह साल बजाया है। यह एक मेवाड़ के युवकों की साहस कथा है, गुंजोल गाँव के किसान बेटे की जहाँ लोग एक अदने सिपाही, या पटवारी की पदचाप से काँपते थे। ये जेलें काल-कोठरियाँ थीं और ये युवक-मंडली नरेन्द्रजी उनके भाई राजेन्द्र चौधरी, पुरुषोत्तम चौधरी, मास्टर किशनलाल आदि सरकार के दुश्मन। उन्हें कोई राजनीतिक बन्दियों का दर्जा प्राप्त नहीं था, वे निबल्ले, अपराधी, राज-द्रोही थे, उन्होंने महारानी विक्टोरिया का, उदयपुर के गुलाब बाग में मुँह काला किया था, उन्होंने प्रजामंडल में शामिल होकर महाराणा को उत्तरदायी शासन देने की घोषणा करने का अल्टीमेटम दिया था।

1938 से 1948 तक नरेन्द्रजी जेल और रचनात्मक कामों के बीच एक निष्ठावान काँग्रेसी की तरह हाजिर रहते हैं और प्रजामंडल के सक्रिय सदस्य की तरह मेवाड़ की राणाशाही के विरुद्ध खड़े होने की सारी सजाएँ और परेशानियाँ भुगतते हैं। प्रजामंडल एक ढीला ढाला राजनीतिक जन-संगठन था जिसमें न केवल पुरुष बल्कि स्त्रियाँ भी शामिल थीं। ये स्त्रियाँ सामान्य घरों की थी और स्वाधीनता का भावना-प्रधान अर्थ ही जानती थीं। किसी जनान्दोलन में शामिल होने का उनका यह पहला अनुभव था। प्रजामंडल का आन्दोलन स्थानीय जन-चेतना से प्रेरित था और वर्तमान की अमाननीय स्थितियों से मुकाबला करता था। इस राजनीतिक आन्दोलन का सबसे बड़ा लाभ यह हुआ कि लोगों में अनेक सामाजिक संकीर्णताओं को समझने का विवेक नज़र आने लगा। अपने इस सहज विकसित विवेक के कारण नरेन्द्रजी नाथद्वार के मन्दिर-प्रवेश के लिए बार-बार आन्दोलन करते हैं और जेल जाते हैं। राजस्थान के पूर्व मुख्यमंत्री मोहनलाल सुखाड़िया के जाति-तोड़ो विवाह में कट्टरपंथियों के विरोध की ज़रा सी परवाह न करते हुए सहयोगी होते हैं। दलितों के लिए विद्यालय चलाते हैं और लगातार तंग नज़रियों की ख़िलाफ़त करते हैं। ध्यान से देखें तो नरेन्द्रजी कहीं पहुँचकर विश्राम नहीं करना चाहते, हर शिखर पर पहुँचकर उन्हें दूसरे शिखर नज़र आने लगते हैं, जहाँ जाना है। मुझे यह मानने में कोई संकोच नहीं है कि नरेन्द्रजी कोई विचारक नहीं है, निश्चय करके चलने वाले, चलने से पहले कोई योजना बनाने वाले। वे सैनिक हैं जो खतरों से लड़ने के लिए तैयार रहते हैं, एक खन्दक से दूसरी खंदक में कूदते हैं लेकिन लगातार मुक्ति की तलाश में लगे रहते हैं।

1949 में नरेन्द्रपाल सिंह चौधरी-काँग्रेस छोड़ देते हैं, ठीक उस समय जब काँग्रेस अपने लोगों को पद-प्रतिष्ठा का प्रसाद बाँटने लगती है। काँग्रेस छोड़ने के कई कारण और मजबूरियाँ हो सकती हैं—सैद्धान्तिक और व्यक्तिगत लेकिन जाहिदा

तौर पर समाजवादी जो नारा देते थे वह था—'यह आजादी झूठी है, देश की जनता भूखी है'। यह शायद नरेन्द्रजी का भी नारा था। जिस आजादी का सपना देखा गया था वह धुँधला पड़ रहा था। राजस्थान के सामन्तों ने अपनी रियासतों को धीरे-धीरे एक राजस्थान में विलय करने का निश्चय लिया था।

1949 में मैंने पहली बार नरेन्द्रपाल सिंह चौधरी को देखा। वे कई साथियों के साथ कोटा आए थे जिनमें उनके भाई राजेन्द्र सिंह चौधरी, भाई भगवान, परमानंद त्रिपाठी की मुझे याद है। बाद में इन सबसे मेरी घनिष्ठ मित्रता हो गई थी। इन दिनों मैं कोटा में रहकर हिन्दी में एम.ए। कर रहा था, समाजवादी पार्टी का मेम्बर भी बन गया था। देखते ही प्रेम करने जैसा नरेन्द्रजी में कुछ नहीं था। उनका शरीर और माँस-पेशियाँ मजबूत और कसी हुई थीं। वे एकदम सीधे और विजेता सिपाही की तरह तन कर खड़े थे जिसे कई मोर्चे जीतने का अनुभव हो। खेतों में मेहनत करने वाले किसान की तरह उनका रंग तपे हुए ताँबे जैसा था। उनका भाषण उत्तेजनापूर्ण और उलझा हुआ गुस्सा भरा था। मैं ठीक से नहीं कह सकता कि इस सम्मेलन का प्रयोजन क्या था या वह महज 'परिचय सम्मेलन' था और कोटा में इसलिए आयोजित किया गया था क्योंकि यह शहर समाजवादियों का केन्द्र था। यहीं से 'जय हिन्द' साप्ताहिक प्रकाशित-सम्पादित होता था। इसके सम्पादक हीरालाल जैन थे।

1950 में मेरी नियुक्ति विद्याभवन टीचर्स ट्रेनिंग कॉलेज में प्राध्यापक पद पर हो गई। उन दिनों उदयपुर में समाजवादियों को काँग्रेस के विकल्प के रूप में देखा जाने लगा था। श्रमिक संगठनों में उन्हें प्रतिष्ठा के पद मिले हुए थे। उनकी पहचान ईमानदार और लड़ाकू कार्यकर्ता की तरह बनी हुई थी। निसन्देह नरेन्द्रपाल सिंह चौधरी और राजेन्द्रसिंह चौधरी जनता के बीच निष्कपट और साहसी नेता के रूप में पहचाने जाते थे। उदयपुर आते ही मैं उन दोनों भाइयों का विश्वासपात्र और स्नेह-भाजन बन गया। फिर जब तक सोशलिस्ट पार्टी चली मैं नरेन्द्रजी, राजेन्द्र जी के साथ पार्टी के उतसाह और अवसाद, उतार और चढ़ाव, प्रशंसा और फ़जीहत के दिनों को देखने के लिए मौजूद रहा। सोशलिस्ट पार्टी कई नाम और रूपाकार लेती रही सोशलिस्ट पार्टी, प्रजा-सोशलिस्ट पार्टी, संयुक्त सोशलिस्ट पार्टी। उसके अध्यक्ष, सचिव आदि बदलते रहे। पहले पार्टी 'केडर बेस्ड' थी फिर 'मास पार्टी' हो गई। लेकिन नरेन्द्र जी की आस्था 'समाजवाद' में थी। एक 'सम्भाव्य समतावादी' समाज में और मृत्यु तक उसी में बनी रही। सोशलिस्ट पार्टी से बनने-बिगड़ने के क्रम में हमने, लोहियाजी को अपना नेता मान लिया और उनके 'क्रान्ति' के सिद्धान्तों को हम प्रसारित करने लगे।

इन वर्षों में मैं नरेन्द्र जी को ध्यान से देखता रहा। उनको ज़िन्दगी और राजनीति का कोई मुक़ाम नहीं था। लगातार चलना, लगातार बदलाव, सतत प्रतिरोध, उनकी

मनोवैज्ञानिक ज़रूरत बन गया था। अपने अशान्त चित्र को व्यवस्थित करने के लिए वे बार-बार जेल गए हैं और राज्य-व्यवस्था की मखौल उड़ाई है। जेल उनकी प्रिय जगह है और वे इसे बार-बार दोहराते थे कि हर राजनीतिक कार्यकर्त्ता को एक बार जेल जाना चाहिए और पुलिस वाले की थप्पड़ खाना चाहिए। मुझे वे 'चिकना समाजवादी' कहकर हँसते थे क्योंकि मैं न तो जेल गया था, और न सिपाही को थप्पड़ खाई थी। लेकिन संस्कार से वे 'बौद्धिक' थे। दलितों, कृषकों, अल्पसंख्यकों और पिछड़ी जाति वालों को वे शिक्षित होने का बार-बार आग्रह करते थे। एक समय था जब उदयपुर की सोशलिस्ट पार्टी को स्थानीय एडवोकेटों, डॉक्टरों, कॉलेज के विद्वानों का समर्थन हासिल था और उसका प्रमुक्षकारण नरेन्द्रजी, राजेन्द्र जी की समतावादी राजनीति के लिए प्रतिबद्धता ही थी। उनकी यह प्रतिबद्धता वैकल्पिक राजनीति में तब्दील क्यों नहीं हुई इसके कई कारण हैं जिनकी विवेचना का यह अवसर नहीं है। लेकिन नरेन्द्रजी ने राजनीतिक आचरण की शुचिता और गरिमा को जिस ऊँचाई तक पहुँचाया नैतिकताविहीन राजनीति के इन दिनों में उसे अतिरिक्त मूल्य के साथ याद किया जाना चाहिए।

1961 से 1977 तक नरेन्द्र पाल सिंह चौधरी जाट बहुल इलाका मावली से विधान सभा का चुनाव लड़ते रहे। यह उनके लिए निराशा के कर्तव्य की तरह था। इस अवधि के एक भी चुनाव में वे नहीं जीते लेकिन उनका मन एक भी चुनाव नहीं हारा। हर चुनाव में अप्रविहन यौद्धा की तरह वे उपस्थित रहे और पूरे राजनीतिक विवेक के साथ सत्ता-पक्ष के प्रतिद्वन्द्वी का जन-विरोधी इतिहास उजागर करते रहे। लगभग इन सभी चुनावों में मैं नरेन्द्रजी के साथ रहा। दिन-दिन भर हम खटारा साइकिलों से गाँवों में जाते, भीतो पर गेरू (लाल मिट्टी) से नारे लिखते, और छोटी-छोटी जन-सभाओं में समाजवादी सिद्धान्तों की व्याख्या करने और खुशहाली के सपने दिखाते। कभी-कभार हमारे पास जीप होती तब हम उसे लाल झंडों से सजाते और एक कसक के साथ नरेन्द्र जी को लेकर किसी बड़े कस्बे में जाते। लेकिन प्रायः हमारी जीप उस चुटकले वाली होती जिसमें हार्न के सिवा सब कुछ बजता रहता। एक बार हमारी जीप मावलीसे फर्लांग-दो फर्लांग चली होगी कि अदाएँ दिखाने लगीं और अन्त में मटकती-मटकती खड्डे में जा गिरी। चोटें गम्भीर नहीं थी, तब भी दिनों तक मैं लगड़ाता रहा।

हमारे चुनाव अभावों के चलते तनाव-ग्रस्त होते। कोई बड़ा नेता प्रचार करने नहीं आता। गिने-चुने फंडे, पोस्टर, पेम्पलेट और सुविदित चुनाव-परिणाम। लेकिन नरेन्द्रजी कहते वह पार्टी के प्रचार के लिए सबसे अच्छा समय होता है। इन दिनों के पर-पीड़ा में आनन्द लेने लगते। दिन में दो-तीन बार चाय और मिर्जी वाले सेव चिलाते-खिलाते। शाम को मावली स्टेशन के हलवाई की दुकान पर तेल की पूरियों के साथ कोई तो भी दाल या भुजियों का झोल होता।

1978 में नरेन्द्र जी विधायक बने लेकिन सोशलिस्ट पार्टी के नहीं जनता पार्टी के। समाजवादी पार्टी का जनता दल में विलय हो गया। लेकिन जल्दी ही जनता पार्टी विखंडित हो गई और फिर सोशलिस्ट पार्टी का नाम किसी ने नहीं सुना।

1979 में नरेन्द्र जी कुछ समय के लिए राजस्थान जनता पार्टी के अध्यक्ष रहे। बाद वाले वर्षों में राजस्थान के सोशलिस्ट जनता पार्टी के साथ वफादारी निभाते रहे लेकिन जल्दी ही व्यक्तिवादिता और अवसरवाद के चलते जनता पार्टी खंडित होती रही। उसके महत्त्वाकांक्षी नेताओं ने क्षेत्रीय पार्टियाँ बना लीं लेकिन राजस्थान में फिर समाजवादियों का कोई संगठन नहीं बना। पुराने दिनों की सद्भावना और क्रान्तिकारिता का जब कभी सोशलिस्टों को पुण्य-लाभ मिलता रहा।

11 अक्टू। 2005 को उदयपुर में वे सम्मानित हुए। एक सौ चार वर्ष के नरेन्द्रजी ने कहा ग़ैर-बराबरी और सम्प्रदायवाद के विरुद्ध हमारी लड़ाई ख़त्म नहीं हुई है। मैं जब तक ज़िन्दा हूँ लड़ता रहूँगा। उन्होंने युवकों से कहा राज़नीति से भागो या डरो मत। देखना है कि तुम्हारे इरादे क्या हैं!

28 जून 2006 को साथी नरेन्द्रपाल सिंह चौधरी को नाथद्वार अस्पताल में देखने जाता हूँ। उनके पुत्र जोर से कान के नजदीक जाकर मेरा नाम पुकारते हैं। कोई पुराना स्मृति तार जुड़ जाता है। सूनी डूबती, तलाश करती, आँखें और दो आसूँ। पूरी ज़िन्दगी एक समाजवादी दुनिया बनाने वाले साथी को मैं प्रणाम करता हूँ और उदास मन लौट आता हूँ।

वे दिन, वे चुनाव—हमारी मंज़िल समाजवाद

हमारी पार्टी यानी समाजवादी पार्टी गरीबों की पार्टी थी। संसाधन विहीन। वह कांग्रेस विरोधी पार्टी थी इसीलिए आर्थिक मदद करते पूँजीपति डरते थे। वैसे भी सत्ता की छतरी के नीचे चलना किसे अच्छा नहीं लगता।

मैं कोई पूरे समय का राजनीतिक कार्यकर्ता नहीं था लेकिन जब कभी पार्टी किसी अन्याय के मुद्दे पर आन्दोलन करती, उसमें हिस्सा लेता। विशेषतया जब चुनाव आते में सक्रिय हो जाता। संस्था से छुट्टी लेकर चुनाव प्रचार में चला जाता। चुनाव वाले दिनों में खूब हलचल रहती। पार्टी दफ्तर कार्यकर्ताओं से भरा रहता। वे उदयपुर से चुनाव सामग्री लेने आते। जो लोग भाषण देने की कला में माहिर थे उनकी अहमियत बढ़ जाती। जोर जनसम्पर्क पर रहता। जैसे भी हो लोगों से मिलना उनको पुराने नए रिश्ते नातेदारी की याद दिलाना, कभी कोई चाय-पानी की पूछ लेता गदगद होकर जाते। विरोधी पार्टी की निन्दा करते तरह-तरह के लतीफे सुनाता। विनम्रता पूर्वक हाथ जोड़ना। वोटर से बात करते समय तरह-तरह के कुटुम्बिक सम्बोधनों को काम में लेना। मैं कह नहीं सकता। इससे हमें वोट मिले या नहीं लेकिन इससे हमें नुकसान कभी नहीं हुआ। सही में हम जितने के लिए चुनाव लड़े भी नहीं हम केवल इसीलिए चुनाव लड़े कि इससे हम पार्टी के सिद्धान्तों का प्रचार कर सकेंगे। हम भविष्य की ज़मीन तैयार कर रहे थे। हमारी प्रतिद्वंद्विता कांग्रेस से ही थी। कम्युनिस्ट पार्टी भी थी। वह भी कमज़ोर थी। उसकी प्रतिद्वंद्विता भी कांग्रेस से ही थी। हमारी पार्टी के कई नेता पहले कांग्रेस के साथ होने के कारण इस विभाजन को नहीं समझ पाए थे। वे समझ नहीं पाते थे कि सोशलिस्टों और कांग्रेसियों में बुनियादी तकरार क्या है? सोशलिस्ट और कम्युनिज्म में क्या फ़र्क़ है। आम धारणा थी कि हम कांग्रेस की बी टीम है। हमारी चुनावी सभाएँ हाथीपोल पर हुआ करती थी। इन दोनों जहाँ सनराइज बेकरी है उसी के पास मुखी गोवर्धनदास का ग्रीन होटल था॥ इस फैशनेबल होटल के सामने एक चबूतरे पर बैटरी से चलने वाला माइक लगा देते थे। जिस पर भीड़ इकट्ठा करने के लिए राष्ट्रभक्ति के गीत बजने लगते। गीतों के बजते ही आसपास के लड़के बच्चे उन फटी बेहद मैली-कुचली जाजमों, दरियों पर कबड्डी खेलने लगते जिन्हें हम श्रोताओं को बैठने के लिए बिछाते थे।

करीब 9.00 बजे सभा शुरू होती। करीब सो श्रोताओं के इकट्ठा होने पर हम बेहद खुश होते उसकी ख़बर एक बड़ी सभा के रूप में बनाकर अख़बारों में छपने के लिए देते। सुनने वालों में स्त्रियाँ कभी नहीं आई। पार्टी में बोलने वालों की कमी नहीं थी। फटी जाजमें और दरिया उठाने वाले ज़रूर कम थे। वक्ताओं में नगर के जाने-माने अधिवक्ता सर्व श्री तेज सिंह मेहता (प्रसिद्ध डॉक्टर फतेह सिंह मेहता के पिता), प्यारेलाल पारख, हिम्मत सिंह नागोरी प्रमुख थे। वे शुद्ध हिन्दी बोलते। सबसे सरल भाषण भाई भगवान का होता। वे मेवाड़ी में बोलते और विनोदपूर्ण उदाहरण देते। उखड़ती ऊबी सभा को वे जमा देते। राजेंद्र जी पार्टी के घोषणा पत्र की व्याख्या करते। मुझे लोग एक कवि वक़्त की तरह सुनते।

इन दिनों को देखते हुए यह समझ में आता है कि पार्टियों का नेतृत्व किस तरह व्यक्तिवादी और अलोकतंत्रात्मक हो रहा है। कांग्रेस सोनिया गांधी और भाजपा नरेन्द्र मोदी के कब्जे में हैं। वैसे ही दूसरी क्षेत्रीय पार्टियाँ क्षेत्र के अधीन है। राजनीति का जन सेवा कार्य पारिवारिक व्यवसाय में बदल गया है। उसका नतीजा यह हुआ है कि नीतिगत घोषणा-पत्र झूठों का पुलिंदा हो गये। राजनेताओं के सार्वजनिक भाषण राजनीति का कुपात्र हो गए हैं। तब हम संसद तथा विधानसभा के चुनावों के लिए जारी होने वाले घोषणा-पत्रों का इन्तज़ार करते थे। अब उनकी कोई ज़रूरत ही नहीं जबकि एक पार्टी के चुनिन्दा नेता दूसरी पार्टी के चुनिन्दा नेताओं के चरित्र हनन का जगह-जगह मेनिफेस्टो (घोषणा-पत्र) पढ़कर नफरत का बाजार चला रहे हैं। भाषा के साथ ऐसे दुर्व्यवहार का लोग आनन्द लेते हैं। एक हिंसक पाशविकता जो हर समय उनके मन में धधकती रहती है। उसे तृप्ति मिलती है। राजनीति में बड़े-बड़े नेताओं के शब्द पत्थरों की तरह प्रतिद्वंद्वियों पर फैंके जाते हैं। मीडिया इन कुटिल अशोभनीय बयानबाजिया का उत्सव मनाता है। अब हम देश, राजनीतिक सत्ता, आईडियोलॉजी इनफॉरमेशन, टेक्नोलॉजी सूचना प्रौद्योगिकी, समृद्धि, मार्केट के बारे में कुछ भी कहें, सोचे लेकिन हमारे विचारों के दायरे बेहद सिकुड़ गए हैं। और राजनीति की हिंसक और असहिष्णुता रुझाने फैलती जा रही है।

बहरहाल पुराने चुनाव और पार्टी की तरफ लौटें। समाजवादी पार्टी का संगठनात्मक ढाँचा सुगठित नहीं था। वह गरीबों के विरुद्ध संघर्ष करने वाली गरीब पार्टी थी। पार्टी के बड़े नेता प्रचार के लिए उदयपुर या मेवाड़ में शायद ही कभी आए हो। उन्हें क्षेत्र का दौरा कराने के लिए हमारे पास ना उपयुक्त साधन थे न सुविधाएँ। हमारे साथ आम आदमी की सहानुभूति थी और एक उम्मीद की ग़ैर-बराबरी सामाजिक अन्याय, शोषण करने वाला पूँजीवादी निजाम बदल कर रहेगा। इसी उत्साह के सहारे हम सस्ते से सस्ते साधन जुटा कर प्रचार और जनसम्पर्क करते। छुट्टी के दिन एक सस्ते से टांगे में बैटरी से चलने वाला माइक लेकर हाथीपोल से नुक्कड़ सभा करते रवाना होते। टांगे में साथी वृद्धिशंकर त्रिवेदी और

मैं एक साथ इस छोटे से शहर का चक्कर लगाते। हमारे पीछे-पीछे छोटे बच्चे पार्टी का नारा लगाते। दौड़ते रहते। हमसे पार्टी नेताओं के बिल्ले माँगने और झंडे देने पर पार्टी के ज़िन्दाबाद के नारे लगाते। न मिलने पर कांग्रेस ज़िन्दाबाद बोल-बोलकर हमें चिढाते। हम प्राय: अपने भाषणों में घोषणा-पत्र में छपे मुद्दों का बढ़ा चढ़ा कर उल्लेख करते, जिनमें कुछ ऐसे मुद्दे भी होते जिन्हें परम्परागत पुराने समाज में छेड़ना वोट कम करने का कारण हो सकते थे। हम महाराणाओं के महलों में अस्पताल, स्कूल खोलने की बात करते और सामन्तों की हवेलियों में सार्वजनिक कार्यालय दफ्तर चलाने का प्रस्ताव करते, गरीब-आमिर के भेद मिटाने का केन्द्रीय भाव हमारे भाषणों में बना रहता। व्यक्तिगत सम्पत्ति किसी के पास ना रहे, स्त्रियों को पुरुषों के बराबर का दर्जा मिले। सबको काम और गरिमापूर्ण जीवन बहाल हो, हम नुक्कड़ सभाओं में कहने सुनने वाले लोग हैं कि नहीं अमूमन आठ दस ही होते लेकिन हमारी दहाड़ यथावत रहती। हम तत्कालीन सरकार को टाटा बिडला की बात कर नारे लगाते।

टाटा बिडला की सरकार नहीं चलेगी नहीं चलेगी, रोजी-रोटी दे ना सके वह सरकार निकम्मी है, जो सरकार निकम्मी है वह सरकार बदलनी है। हमारी मंज़िल समाजवाद, मंज़िल तो दूर है पाना ज़रूर है। वगैरह-वगैरह। इस तरह छुट्टी का दिन बीत जाता। मैं तब 30 वर्ष का था। वृद्धिशंकर राजस्थानी की कविता सुनाते। रात को 11 बज ही जाते। उनकी फटी जाजम को समेटने रखने का काम में राजेंद्र जी की मदद करता। हमारे साथ बौहरा कम्युनिटी की शान्त संकोची स्वभाव के सैफुद्दीन आलम वाला भी होते। मेरा घर सबसे दूर था। सड़के खराब और अँधेरी थी। मुझे लूट लिए जाने और मारपीट का डर लगता था। रात देर घर पहुँचकर में खाना खाता और सोशलिस्ट पार्टी के भविष्य पर विचार करता हुआ सो जाता।

प्रोफेसर नंद चतुर्वेदी ने गति दोनों अपना इकरान वा जन्मदिवस मनाया। 9 दशकों के जीवन में लगभग 75 वर्ष के सार्वजनिक जीवन में योगदान करने वाले नंद बाबू आज भी सम्पूर्ण जागरूकता के साथ अपने समय के सवालों का सामना कर रहे हैं। उनकी अनेक रचनाएँ हाल के वर्षों में प्रकाशित हुई है। वर्तमान लोकसभा चुनाव में जो प्रवृत्तियाँ दिखाई दे रही है, उनसे व्यथित होकर नंद बाबू ने यह संस्मरणात्मक लेख लिखा है। नंद बाबू अगले कुछ अंकों में इन मुद्दों पर महावीर क्षमता सन्देश के लिए लिखेंगे। उन्हें बधाई व अभिनन्दन—सम्पादक

डायरी

छोटे लोगों की गायब होती छोटी दुनिया हमारी मंज़िल समाजवाद

चुनावों के पहले जीपें खरीदने का दौर शुरू हो जाता था जिन्हें चुनाव लड़ने वाले उम्मीदवार प्रचार के लिए पहले से ही तय कर लेते थे। पार्टी के कार्यकर्ता इन जीपों में चुनाव-प्रचार के लिये सुबह से ही निकल जाते थे। बड़े नेता कारों में आते। वे सफेद झक्क लम्बा घुटनों से नीचे तक कुर्ता और अलीगढ़ी पजामा पहने होते। इस सफेदी का कारण 'टिनोपाल' नाम की एक नील जो उन दिनों प्रचारित थी वह बताई जाती। मैले-कुचले कपड़े पहने जनता ने इन नेताओं का नाम ही 'टिनोपॉल नेता' रख दिया था।

समाजवादियों के पास किराये की साइकिलों के सिवा दूसरा कोई साधन नहीं था। ये साइकिलें चुनावों को दिनों ही निकाली जाती थीं, जिन्हें 'खटारा' कहने में भी शर्म आती थी। इनके पैडल थोड़ी दूर चलते ही निकलने लगते और चेन बार-बार उतरने लगती। चेन इतनी बार उतरती कि साइकिल पर बैठने के बजाय उसे हाथ में पकड़कर पैदल चलना अच्छा लगता। गाँवों तक पहुँचने के रास्ते 'गड़ारें' कहलाते थे जिन पर बैलगाड़ियाँ चलती थीं। साइकिलें चलाते समय पूरी सावधानी और 'गड़ार' के रास्ते पर ध्यान केन्द्रित रखना पड़ता। थोड़ी से असावधानी से साइकिल का बेलेन्स बिगड़ जाता और बैठने वाला हाथ-पैर तुड़ा लेता।

उन दिनों की राजनीति और चुनावों की याद करना एक पौराणिक-कथा के बीच से गुज़रने जैसा अद्भुत लगता है।

नरेन्द्रपाल सिंह चौधरी मावली निर्वाचन क्षेत्र से चुनाव लड़ रहे थे। उनकी चुनाव-सभा 'घासा-पलाना' में हो रही थी। वहाँ जाना था। तय हुआ कि शेफुद्दीन भालमवाला और मैं रेल से खेमली जाएँगे। नरेन्द्रजी ने वहाँ जीप भेज देने का आश्वासन दिया था। शेफुद्दीन को कतई विश्वास नहीं था। उसने कहा हम स्टेशन से साइकिलें ले लेंगे। खेमली आने के पहले मैंने अपनी नई शेरवानी पहन ली और मन-ही-मन सोचा कि स्टेशन पर ज्यादा नहीं दस-पाँच लोग तो माला-वाला लिये खड़े होंगे और लाल झंडों से सजी जीप खड़ी होगी। ज्यों-ज्यों स्टेशन करीब आता गया मेरी उत्सुकता बढ़ती गई।

स्टेशन आ गया। दो-चार सवारियों के साथ शेफुद्दीन और मैं चुपचाप उतर गये। शेफुद्दीन ने हँसकर कहा चलिए नेताजी! साइकिल वाले की दुकान तलाश करें। मैंने झेंप कर अपनी शेरवानी उतारी और झोले में रख ली। हमारी क़िस्मत अच्छी थी कि साइकिल वाले की दुकान खुली थी और वह नरेन्द्रजी को जानता था। उसने समाजवादियों को खुद करने जैसे दो-चार जुम्ले बोले। उसने जल्दी से दो साइकिलों की धूल झाड़ी और हमारे हवाले कर दी।

हमारी चुनावी सभाएँ पहले पलाना फिर घासा में रखी गई थी। पहले पलाना आता था। हमारी साइकिलें जो खेमली में चमकती नज़र आ रही थीं वे जल्दी ही अपनी असली शक्ल में प्रकट हो गई। रास्ता बेहद तकलीफ देने वाला था। वह 'गड़ार' थी। गाड़ियों के लिए रास्ता। बीच में उठी ज़मीन और दोनों तरफ धूल से अटी आधा फीट ऊँड़ी उतरी ज़मीन पट्टी। खेमली से फर्लांग-दो फर्लांग तक साइकिलें ठीक-ठाक चलती रही फिर उसका एक पेडल गिर गया। उसे लगाया, थोड़ी दूर चल कर दूसरा फिर चेन उतर गई। यह क्रम चलता रहा। कभी मेरी साइकिल का, कभी शेफुद्दीन की साइकिल का। जैसे जैसे 'पलाना' पहुँचे। वहाँ हमारे हमारे नेताओं के लिए, जो हमारे काम भी आ गया, एक स्वागत द्वार बनाया गया।

बहुत से कथन इतनी बार कहे-सुने जाते हैं कि न उनके कहने का कोई अर्थ रह जाता है, न सुनने का। तब भी वे कहे-सुने जाते हैं। लोग अपने स्वार्थ की बात ही गम्भीरता से सुनते-कहते हैं।

कही हुई बातों का करने से कोई ताल्लुक़ हो यह कतई ज़रूरी नहीं। कहने का एक अलग तरह का आनन्द होता है। वह आनन्द किस तरह का होता है? क्यों होता है? यह कहना कठिन है। मैंने एक नाटक पढ़ा था जिसमें एक नेता स्त्री-स्वतंत्रता पर शानदार तकरीरें करता है, लेकिन अपनी पत्नी का चेहरा सूर्य तक को भी नहीं देखने देता। तृष्णाओं के विरुद्ध बोलने वाले आशारामों की ज़िन्दगी कितनी निराशाजनक है। यह तथाकथित वीतरागियों की ज़िन्दगियाँ बताती है।

मैं कभी-कभी इस कथनी और करनी के अन्तर का कारण समझना चाहता हूँ। कथनी की बहादुरी और करनी की कायरता।

मैं सोचता हूँ कथनी में कुछ भी जोखिम नहीं उठानी पड़ती। कुछ भी दाँव पर लगाना नहीं पड़ता, हारना नहीं पड़ता। कहे के अनुसार किया न किया का यह अपयश किसी खातेबही में दर्ज नहीं होता। कृति कथनी की तरह आज़ाद नहीं होती। उसकी सामाजिक, राजनीतिक, सांस्कृतिक और दूसरी अनेक आयामी हैसियत दाँव पर लगी होती है। करनी लोक में घटित होती है, सुफल, कुफल से बँधी, स्तुति-निन्दा के दायरों में नज़र आती। कथनी की व्यक्ति-धर्मिता उसे दायित्वहीन बना देती है, कृति की समाज-धर्मिता भय, हिचक संशय के दायरे रचित है। जोखिम उठाने से डराती है। तब भी साहसी लोग अपनी कथनी की आबरू रखने के लिए विकल्प के रास्ते चुनते और चलते हैं।

* * *

अक्सर कठिन बातें ही करने के लिए कही जाती है। वे करने के लिए होती हैं या कहने के लिए? यह कहा जाता है कि सबको अपनी तरह समझो...ऐसी हज़ारों बातें। ऐसी बातों से अध्यात्म और दर्शन की महक फैलती है लेकिन वे आचरण में सहज ही समाहित नहीं होती।

दरअसल ज़िन्दगी का ज़्यादातर हिस्सा संघर्ष में ही बीतता है। मानव-सभ्यता की रचना प्रेम-कथा से नहीं—संघर्ष कथा से है। पहले प्रकृति से मनुष्य की भिड़न्त हुई है, तरह-तरह की भिड़न्त। प्रकृति की जो रस-कथाएँ कही गई हैं वे मोहक भी हैं और संघर्ष की भी। प्रकृति से मनुष्य ने आहार भी लिया है और शरण भी। विकासवादी सिद्धान्त में से जो सबसे समर्थ है, शक्तिशाली है, वही जीवित रहता है। इसका अर्थ यह है कि जीवन प्रतिस्पर्धा है अगर है तो जीतने के लिए मुक्केबाजी, भिड़न्त तकरार एक ज़रूरत है। एक ज़रूरत।

12.2.2014

'परिवर्तन' की प्रक्रिया को जानना बहुत कठिन होता है। परिवर्तन हो जाने पर उसे स्वीकार कर लेना और भी कठिन होता है। कम लोग ही परिवर्तन को अनुकूलता के साथ स्वीकार करते हैं। प्राय: लोग संशय-ग्रस्त रहते हैं। वे जो देखते आए थे, जो व्यवस्था, व्यवहार, तरतीब, काम-काज के ढंग सब बदलने लगते हैं। न केवल बदलने लगते हैं बल्कि 'पुराने' 'नये' में बाँट दिये जाते हैं। उनकी गुणवत्ता पर बहस होने लगती है। पुराना के साथ एक नया समय बोध टकराने लगता है एक क़िस्म की अनुपयोगिता का। परिवर्तन के साथ नई पीढ़ी खड़ी हो जाती है, एक पीढ़ी चली जाती है।

लेकिन परिवर्तन कपड़े बदलने की तरह नहीं होता, उतारा और फेंक दिया। मनुष्य समाज और जीवन का 'सम्पूर्ण' कभी नहीं बदलता। 'सम्पूर्ण' होने से बचा रहता है, वह परम्परा हो जाता है, परिवर्तन में मिल जाती है। परिवर्तन कभी अवरुद्ध नहीं होता क्यों नहीं? यही प्रश्न बना रहता है।

मनुष्य एक बार जो व्यवस्था बनाता है उसे ही क्यों बदलना चाहता है? क्या बदलाव की इच्छा निर्बाध है?

मनुष्य क्या बदलना चाहता है, क्यों बदलना चाहता है, निर्माण और ध्वंस क्या उसकी फितरत है।

10.03.2014

हितेश व्यास आए थे। घंटा-डेढ़ घंटा बैठे होंगे। मंजु ने उनका आतिथ्य किया चाय, बिस्कुट, पोहे से। उन्होंने रुचिपूर्वक नाश्ता किया।

आज उन्होंने अपने लेखन के बारे में बहुत-सी बातें बताई। बातों के बीच में उन्होंने बताया कि उनका जन्म जोधपुर का है और वे पुष्करणा ब्राह्मण हैं। वे श्रीमाली हैं और व्यास आदि शाखा के ब्राह्मणों के कुल पुरोहित हैं। उन्हें ब्राह्मण

होने का गर्व है। शायद सारे ब्राह्मणों को अपने श्रेष्ठत्व की बीमारी होती है। न कहें तो भी। दलितों में भी ऊँचे दलित, नीचे दलित होते हैं।

उन्होंने तीन कविता-पुस्तकें और एक कथा-पुस्तक छपाई है। वे साहित्यिक पत्रिकाएँ पढ़कर सम्पादकों को पत्र लिखते हैं। मैंने उनके छपे पत्र पढ़े हैं। हिन्दी के कम लेखक पढ़कर पत्र लिखते हैं। लेखक तो बहुत ही कम।

हितेश जब भी उदयपुर अपनी बेटी से मिलने आते हैं, मिलकर जाते हैं। खुले मन के हैं। कहा-सुने का बुरा नहीं मानते।

10.03.2014

अपराह्न लगभग 5 बजे अरुण ने इन्दु की मृत्यु के समाचार दिये। वह मेरी मौसी की बेटी थी। उसका जन्म सन् 1940 का है। वह मेरी सगी बहन ही नहीं थी लेकिन मेरी गोदी में हँसती-खेलती बड़ी हो गई। वह मुझे नन्द भैया कहती थी। भाई ही माना। इन्दु के दो वर्ष बाद 1942 में वसु हुई। मौसी के पुत्र नहीं हुआ। मुझे ही पुत्र माना।

इन्दु ने वर्षों गम्भीर बीमारियाँ भुगती लेकिन उचित उपचार से भयभीत होकर ऑपरेशन से बचती रही। मोतियाबिन्द जैसे सरल ऑपरेशन भी नहीं कराया। दृष्टिहीन होकर आयु के अन्तिम दो-तीन वर्ष गुजारे।

अभी तीन दिन पहले कूरियर से मैंने उसे जो बचा रहा पुस्तक भेजी जिसमें मौसाजी का व्यक्तित्व और बिन्दुत्व का वर्णन है। पुस्तक पहुँचने के पहले इन्दु 'कोमा' में चली गई और अपने पिता का यश-गान नहीं सुन सकी। मुझे अत्यन्त दु:ख है कि पुस्तक भेजने में मैंने विलम्ब क्यों कर दी?

मुझे इन्दु की स्नेहपूर्ण यादें हमेशा आती रहेंगी। अब मृत्यु ही मृत्यु के समाचार सुनने के दिन बचे हैं।

इन्दु का अवसादग्रस्त बेटा अकेला हो गया—शिवनन्दन जी भी।

मृत्यु का विषाद कितना दारुण दुखद सन्तापकारी होता है। मैं भी इसे भोग रहा हूँ।

13.03.2014

आज के दिन का कुछ समय अत्यन्त तनावग्रस्त तथा उद्वेककारी रहा। जब तनाव का कारण समाप्त हुआ तब ऐसा लगा जैसे ज्वर उतर गया हो निगत:-ज्वर:। जब स्वजन पर विपत्ति आती है तब अत्यन्त अमंगलकारी विचार पहले आता है। कालिदास कहते हैं, 'अति स्नेहे पापशंकी' अत्यन्त स्नेह में पाप की शंका सबसे पहले होती है।

17.03.2014

सोचना बुद्धि संगत हो सकता है, लेकिन करना सोचने का प्रतिफल नहीं होता। सोचने की क्रिया पवित्र होती है क्योंकि उसमें सामाजिक दखल नहीं होता। करना एकदम सामाजिक होता है। करना शुरू करते ही समाज दखल देता है। एक बाहरी शक्ति पूरे आवेग से सोचे हुए को तहस-नहस कर देती है।

रूसो ने कहा था, You are born free but you are every where in chains. तुम जन्म के बाद श्रृंखलाओं से जकड़े हुए हो। उसका इशारा सामाजिक बन्धनों की तरफ ही था।

समाज हित को परिभाषित करना कितना कठिन है। जो कृति आज समाज-हित की है वह कल धिक्कारी भी जा सकती है या जो आज धिक्कारी गई है वह कल सुकृत्य का दर्जा हासिल कर ले।

सोचे हुए को कर पाना दरअसल कठिन है।

* * *

होली के दोनों दिन आनन्द से गुजरे। लेकिन सामूहिकता बिखर गई है। मिलकर उत्सव मनाना, घर-घर जाना, ठिठोलियाँ करना लगभग समाप्त हुआ चाहता है। मध्यवर्गीय बड़प्पन प्रभाव दिखा रहा है। यह उत्सवों का प्राइवेटाइजेशन है, लोग कछुए की तरह सिमिटना तो सीख गये हैं लेकिन फैलना भूल रहे हैं।

18.03.2014

सुबह-सुबह यह सवैया लिखा—

उजले-उजले दिन बीत गये
यह कासों कहें चित धीर-धरैं
सब आपने जैसे पराये लगे
सब पाहुन जैसे रहें विहरें
हँस बोल के कासौं ठिठोली करैं
हम कौन सौं रार करैं झगरैं
तुम तो इत आत न जात लला
हम कौन सों नेह की बातें करैं

19.03.2014

कभी एक दोहा पढ़ा था—याद आता है।

जैसी हो भवितव्यता
तैसी मिले सहाय
आप न जावै ताहिपै
ताहि तहाँ ले जाए।

(जैसी होनी होती है वैसी ही सहायता भी मिलती जाती है। होनी उसके पास नहीं जाती वह ही होनी के पास चली जाती है।)

वकील रागिनी शर्मा का बेटा और उसका दोस्त दूसरे दोस्तों के साथ रंग खेलने के बाद फतहसागर पर नहाने जाते हैं। कार्तिकेय फतहसागर में छलाँग लगाता है उसे तैरना आता है। उसे देखकर उसका दोस्त हिमांशु भी छलाँग मारता है जिसे तैरना नहीं आता। दोनों डूब जाते हैं। दोनों की मृत्यु हो जाती है।

क्यों गये फतहसागर पर नहाने? क्या अनिवार्यता थी? कौन सा आकर्षण? विवशता! जिसे तैरना नहीं आता था वह क्यों कूदा? खुद कूदा। क्या मृत्यु ने धक्का दिया था? कैसे व्याख्यायित करें?

यहीं ईश्वर कारण बनता है।

इस सम्पूर्ण अचिन्त्य घटना-क्रम का आधार भाग्य, ईश्वर होनी होता है। न हो तो दुनिया विक्षिप्तों का विराट उपनिवेश बन जाए और हमारे पास धीरज बँधाने के लिए शब्द न मिलें।

20.03.2014

रवीन्द्रनाथ ने लिखा है, "जो दुनिया मैंने चाही थी वही मिली नहीं, जो मिली वह चाही नहीं थी।" अनचाही दुनिया का आभार वह हमें सदा स्फूर्तिवान रखती है।

21.03.2014

होली के साथ झालावाड़ की होली की नृशंस यादें जुड़ी हैं। हमारी होली लूटने दूसरे मुहल्ले के बलिष्ठ लड़के आते थे या हमारी तरफ के जाते थे—लठैत। वह एक तरह से दरिंदगी का दृश्य होता था। बुजुर्ग तक होली की रक्षा करने की तत्परता दिखाते थे।

होली की लूट हिंसक तैयारी के साथ होती थी। किशोर, युवा लट्ठ, पत्थर लेकर जाते थे। गालियाँ नारों के रूप में काम में ली जाती थीं। वे अक्सर स्त्रियों के

'जननांगों' को सम्बोधित होती थीं। एक व्यापक बेशर्मी के साथ छोटे-छोटे लड़के अपने बुज़ुर्गों के सामने उछल-उछलकर ये गालियाँ देते थे।

फिर रात के अँधेरे में ये गालियाँ स्त्री-पुरुषों के गुप्तांगों के साथ लिपे चुने शुभ्र दरवाज़ों पर नीली, काली स्याही में लिखी जाती थीं।

अब मैं सोचता हूँ कि शायद, यही भयंकर विकृत 'सेक्स एजुकेशन' किशोर आयु के लिए एक अभिशाप के रूप में स्त्री से 'पशुवत् व्यवहार' का कारण होती होगी।

धुलंडी के दिन तो असभ्यता, अश्लीलता की हद हो जाती थी। गालियाँ तो थी हीं उनके साथ जो फाग़ और रसिया गाये जाते थे उनमें रति कर्म का वर्जनाहीन वर्णन होता था। इस त्योहार की सारी संरचना ऐसे की जाती थी वह शूद्रों का त्योहार लगे।

कुछ मनोवैज्ञानिकों का कहना रहा कि वर्जनाओं से मुक्त होने के अवसर लिए राष्ट्र के सार्वजनिक जीवन में मिलने चाहिए। मोह-माया का भी वही महत्त्व है जितना वर्जनाओं का फ्रायड सभ्यता-जनित कुंठाओं को यौन विकृतियों का प्रमुख कारण मानते हैं।

जो भी हो मेरे लिए होली की विकृतियों, अश्लीलताओं को स्वीकार करना सम्भव नहीं है। पुराना हमेशा ही साधु नहीं होता लेकिन पुराने की प्रशंसा करना स्वभाव का हिस्सा हो जाता है।

होली के दिनों में मेरे छोटे भाई राम के सिर पर पत्थर से घाव हुआ कैसे-कैसे उपचार के बाद ठीक हुआ—वह हम ही जानते हैं।

पुरानी परम्पराएँ फटे चिथड़े की तरह भी हो जाती हैं।

27.03.2014

दु:खों और अँधेरों को बार-बार याद करके उनसे मुक्त नहीं हुआ जा सकता। वे आक्रामक होते हैं।

मृत्यु अनन्त अँधेरे की सुरंग है यह जानते हुए भी हम अद्भुत आशा की रोशनी में चलते हैं। इस रोशनी का सूत्र कहाँ हैं? और मृत्यु के अँधेरे का?

* * *

गोपाल की मृत्यु को तीन वर्ष हो गये। वह खुशमिज़ाज़ आदमी कैंसर के झपट्टे में आ जाएगा यह सोच ही नहीं था।

वह अदम्य उत्साह के साथ जिया। मेरे लिए कल का दिन निराशा का था।

गोविन्द का (एस.एम.एस.) आया : गोपाल भाई को विदा हुए तीन वर्ष हो गये।

यह संसार चहर की बाजी
साँझ पड़्याँ उठ जासी।

29.03.2014

अध्यापक की उपदेश वृत्ति कभी नहीं जाती जब उसका समय उसके ज़माने के नैतिक आग्रह धुँधले हो गये हों। यह प्रकारान्तर से एक क़िस्म का मोह ही होता है। इस मोह से हम अपने वर्तमान को जीवन-रस देते रहते हैं। 'रेलेवेंट' प्रासंगिक बने रहते हैं। अपने आपको अप्रासंगिक होते देखना बहुत कारुणिक होता है।

अध्यापक सोचता है कि शिक्षा से दुनिया पवित्र, निष्कपट बनाई जा सकती है। बहुत पवित्रता से दुनिया उदास तो बनाई जा सकती है लेकिन मजेदार नहीं।

कभी-कभी मैं सोचता हूँ किसी एक शहर में केवल मास्टर ही मास्टर रहते हों तो वह शहर कैसा होगा?

कल तक विशाल आँवला वृक्ष की जो डालियाँ पत्ते-रहित, विपन्न थीं, आज सहसा पूरी की पूरी छोटे हरे पत्तों से सुशोभित हो गई हैं। प्रकृति सहज दानी है।

रात रानी की डालियाँ अभी पल्लवित नहीं हुई है।

31.3.2014

ज़िन्दगी में किसी एक विशिष्टता से काम चलता नहीं है। कई तरह की छोटी-छोटी साधारण-साधारण गुणों से ज़िन्दगी बनती है और सराही जाती है।

एक गुण पर इतरा कर उसी से अपने घर, परिचितों में मान-सम्मान चाहने वाले चिड़चिड़े और बदमिज़ाज़ हो जाते हैं।

वृद्ध लोग अधीर हो जाते हैं और आशंकित। किसी भी प्रयत्न के परिणाम किसी के चाहने से नहीं निकल आते।

राजनेताओं में हजार दुर्गुण होते हों पर उनमें धैर्य और प्रतीक्षा करने की प्रशंसनीय क्षमता होती है।

अगर आप अपने आनन्द के लिए लिखते हैं तो फिर उसकी 'मार्केटिंग' कैसी? आनन्द को कैसे बेचा जा सकता है? पहले से तय कर लिया हो तो बात दूसरी है। नौकरी का वेतन तो तय होता है? मुझे अभी एक लेख के 500/—मिले। मैंने वह मूल्य तय कर लिया था।

03.04.2014

पुराना और नया तय करने के क्या प्रतिमान हैं? 'पुराने' में 'पुराना' होता है और नये में 'नया' होता है। यानी पुराने का 'बोध' या 'नये' का बोध कैसे हाता है? क्या उसका आधार 'समय' है? क्या सामाजिक-उपयोगिता है? क्या बदलती रुचियाँ हैं? क्या लोक-मत है? क्या बहुसंख्यकों की पसन्द है? ऊँचे तबके के लोगों की पसन्द ना पसन्द?

कभी-कभी मैं अपने लिखे को यह कहकर ख़ारिज कर देता हूँ कि ये पुरानी हैं। शब्द कैसे पुराने हो जाते हैं? क्या शब्दों में समय, समाज़, जीवन-मूल्यों की बोध कराने वाली शक्ति निहित होती है? क्या हम 'परिवर्तन' को 'नया' कहते हैं? बुद्ध ने यह कहकर जीवन के परिवर्तनवादी स्वभाव की प्रकृति से परिचित करा दिया था कि नदी में पुराना जल लौटकर नहीं आता। जे, कृष्णामूर्ति पुराने को भूल जाने का आग्रह करते हैं। क्यों?

पुराना भूलें तो स्मृतियों का लोप हो जाएगा। एक सामाजिक कंकाल बचा रहेगा। कितने प्रश्न हैं?

कितने प्रश्न कौन उत्तर दे?

यह किताब कोरी छलता है?

04.04.2014

सबसे कठिन तो अपनी निराशाओं से लड़ना है। इसलिए कि हम खुद नहीं जानते कि हम क्या चाहते हैं और क्यों?

07.04.2014

स्मृति

वे छोटे-छोटे हँसते दिन,
शरद साँझ की वे आभाएँ
धुले-धुले बरशा के बादल
वे वसन्त की केलि कथाएँ
किन ढलान पर हम आ बैठे
वे पलाश बन सब मुरझाए।

(पत्नी की मृत्यु-गीत का एक छंद। यह गीत पहले का लिखा है)

बुद्ध ने यह मर्म की बात कही है। नदी में बहा जल बार-बार नहीं आता।

08.04.2014

कवि मिल्टन ने अपने मित्र को 'लिसिडस' शीर्षक से जो शोकांजलि देते कविता लिखी है उसकी एक पंक्ति है—

Same is the last infirmity of noble mind अर्थात् प्रसिद्धि कामना महान पुरुषों की अन्तिम दुर्बलता है। शायद last शब्द का यहाँ 'बड़ी' दुर्बलता है।

क्या प्रसिद्धि 'अपयश' के रूप में? प्रसिद्धि सदा धवल-यशा, सुकृतियों के साथ ही रहेगी। उसके लक्षण मानवीय हित और नैतिक-प्रियता के ही होंगे।

महान पुरुष मनुष्य कोटि के स्त्री-पुरुषों में से ही आते हैं। उनके चुनाव के लिए कोई मतदान नहीं होता। लेकिन कुछ तो भी असाधारण होता है। अमानवीय असाधारणत्व नहीं या कि असहनीय असाधारणत्व नहीं? भोला-भोला सा असाधारणत्व।

लिसिडस Lysidas में मिल्टन ने निर्मल-सी आशा भरी पंक्ति लिखी है—

"Tomarrow to fresh woods and pastures new."

शैली ने लिखा थो—'ओड टु वेस्ट विन्ड' में शिशिर आया है तो क्या बसन्त नहीं आएगा?

कवियों का मन आशाओं के आइना सा चमकता रहता है।

16.4.2014

असाधारणत्व किसी साधना का प्रतिफल नहीं होता। साधना यानी अभ्यास से एक सीमा तक साधारणत्व कम हो जाता है लेकिन आत्म-विश्वास बढ़ता है। यह भी कम महत्त्व की उपलब्धि नहीं है। अभ्यास न करने पर दुलर्भता का आया क्षण भी व्यर्थ हो सकता है।

असाधारणत्व का अर्थ ऊल-जलूल पन भी नहीं है। हो सकता है कि सभ्यता-शिष्टाचार के जो प्रतिमान 'भद्र-समाज' ने तय कर रखे हैं उन्हें कोई वैज्ञानिक लेखक, संत मनीषी या इसी कोटि का व्यक्ति आडम्बरपूर्ण मान कर ध्वस्त कर दे और अपनी स्वेच्छा से जीने लगे लेकिन इस कोटि का जीवन जीने वाले को हम 'असाधारण' की कोटि में शामिलकरने का निर्णय नहीं ले सकते। उन्हें हम साहसी या अराजकतावादी कह सकते हैं।

महानता असाधारण की पर्यायवाची नहीं है। महानता प्राप्त की जा सकती है। अंग्रेज़ी की एक सूक्ति है जिसमें महानता के बारे में कहा गया है—'Some are born greal, some achieve greatness, on some the greatness thurst'। कुछ जन्म से ही महान होते हैं। कुछ महानता प्राप्त करते हैं, कुछ पर महानता थोप दी जाती है।

तब भी यह कैसे पहचानें कि ये जन्म से महान थे, इन्होंने प्रयत्नों और साधना से महानता प्राप्त की और इन पर महानता थोप दी गई है? अमूर्त गुणों पर कुछ भी कहना सदा कठिन होगा क्योंकि उसके निर्णय करने के प्रतिमान हमेशा अनिर्णयात्मक और बहुआयामी होंगे।

20.4.2014

दुख और उदासी की छायाएँ बहुत लम्बी और सघन होती है। बहुत कोशिश करने पर भी ज़िन्दगी को चारों तरफ से घेरे रहती हैं। दुख एक मानसिक स्थिति है जो अपनी असफलता के कारण होती है। क्या प्रत्येक सफलता सुख देती है? हिंसक और दुष्कृत्यों से मिली सफलता भी? बलात्कार से मिला सुख किस श्रेणी का सुख है?

क्या सुख-दुख के पार जाना सम्भव है? सुख-दुख समाचारेन् सामान्यतया नहीं। समझौता या समय। Time is a great heeler... ।

24.4.2014

निराशा भी आशा की तरह ज़िन्दगी का हिस्सा ही है। सावधानी यह रहे कि वह अकर्मण्यता में न बदल जाए। अकर्मण्यता का आक्रमण तुरन्त होता है। अकर्म के साथ कोई फलासक्ति दुख-सुख जुड़ा नहीं होता इसलिए वह जड़ता का भाव पैदा करता है। कर्म के साथ असफलता और उत्पन्न निराशा विवेक देती है। निराशा नये-नये रास्ते बनाती है। दुनिया के निराश लोगों ने बड़ी सफलताएँ पाई हैं।

आशा निराशा के प्रसंग में कविवर बिहारी के दो दोहे उल्लेखनीय हैं—

निराशा— *जिन दिन देखे वे कुसुम*
गई सु बीत बहार
अब अलि रही गुलाब में
अपत कटीली डार

आशा— *इहीं आस अटक्यो रहत*
अलि गुलाब के मूल
व्है हैं फेर बसंत रितु
इन डारन वे फूल।

25.04.2014

सुयश ने 'रॉयल ट्यूलिप' नाम के 'मल्टी कॉम्पलेक्स' में अपार्टमेंट लिया है। यह अहिंसापुरी से सागर दर्शन वाले अपार्टमेंट से कुछ ज़्यादा दूरी पर है। सन् 1950 से इसी परिसर में रहने के कारण 'सागर दर्शन' नज़दीक लगता था। सुयश का अपार्टमेंट मंजु ने इकीस लाख में ले लिया है।

आज सुयश के नये अपार्टमेंट प्रवेश उत्सव है। अनुराग-क्षमा भी मेरे 91वें जन्म दिवस पर यहाँ आ गये हैं। वे कल पाशु की शादी में चले जाएँगे। पाशु एक विधवा अध्यापिका से विवाह करेगा। एक-दो वर्ष का बच्चा है। मैं कामना करता हूँ वे प्रसन्न रहें।

जीवन में सब हमारा चाहा नहीं होता, जो होता है उसके कारण समझ में नहीं आते। बुद्धि एक सीमा तक ही दृष्टि देती मदद करती है। आकस्मिकताएँ असंख्य होती हैं।

अपनी तसल्ली के हम घटनाओं के कारण तलाश करते हैं, मिल जाते हैं। लेकिन कारण क्यों बना? आकस्मिकताएँ हमें निरीह बना देती हैं।

* * *

इतालवी तानाशाह मुसोलिनी ने एक बार इतराकर कहा था—People are like wives they love strong husbands.

जनता बीवियों की तरह होती है जो मजबूत मर्द पसन्द करती है। क्या यह सच है?

मैं यह नहीं मानता। वे तानाशाह आत्म-केन्द्रित, अहंकारों और इतिहास का कुपाठ करते होते हैं। हमारे देश में जब 'आपात-काल' था तब कुछ लोग खुश थे, उन्हें सब चीज़ें व्यवस्थित होती नज़र आ रही थीं। दफ्तरों में बाबू लोग समय पर पहुँच रहे थे। रेलें समय से चल रही थीं। अस्पताल स्कूल समय से खुल रहे थे। लेकिन इस व्यवस्था को चलाने वालों ने जिस नृंशसता का आनन्द लेना प्रारम्भ कर दिया उससे 'नादिरशाही' की सारी क्रूरताओं को पीछे छोड़ दिया था। थोड़े समय में आपातकाल ख़त्म कर देना पड़ा।

लोग सारी अव्यवस्थाओं के चलते आज़ादी को प्यार करते हैं जो पूरी तरह व्याख्यायित न होने पर भी महसूस की जाती रहती है।

28.04.2014

परिवार वाले 'पाशु' (चन्दा का छोटा बेटा) की शादी से लौट आए हैं। उसकी शादी में सबसे बड़ी कठिनाई उसकी बेहद कमज़ोर आर्थिक स्थिति थी। डॉक्टर सा. और चन्दा की मृत्यु के बाद वह लगभग अकेला अभिभावकविहीन हो गया था।

उसे आशा थी कि उसका 'डेंटल क्लीनिक' अच्छा चल जाएगा लेकिन प्रतिस्पर्धी मार्केट के कारण निराशा ही रही।

अब जो शादी हुई है वह एक डॉक्टर की विधवा पुत्री है, वे अध्यापिका हैं। पूर्व पति से एक पुत्र है। विवाह एक सामाजिक वर्जना के विरुद्ध हुआ है। लेकिन इधर जो सामाजिक परिवर्तन हुए हैं उनके चलते विवाह पर किसी ने न तो उग्र प्रतिक्रिया की है न किसी प्रकार की नाराज़गी दिखाई है। विवाह उसी प्रसन्नता, सहजता से सम्पन्न हुआ जैसे सामान्य विवाह होते हैं। देना-लेना, भोज, सप्तपदी इत्यादि यथावत्।

उनका जीवन खुशियों से भरा होगा यह आशा है, तनाव-रहित, सहज। पिता ने अपनी बेटी को आगरा में एक फ्लैट और कार दी है। वे भरतपुर में डॉक्टर हैं।

* * *

हमारी सदी के कई चीज़ें हासिल की हैं लेकिन धीरज खो दिया हैं। ऋतु आने पर ही फल आएँगे—ऋतु आयाँ फल होया। धैर्य-रहित सदी दुर्घटनाओं से कुचली जा रही है।

प्रतीक्षा का आनन्द लेने की उत्कंठा प्रेम का तत्त्व ही नहीं जीवन का भी है।

धीरे-धीरे रे मना, धीरे सब कछु होय
माली सींचे सो घड़ा, रितु आयाँ फल होय।

02.05.2014

जब ये चुनाव के दिन गुज़र जाएँगे तब तो राजनेताओं ने कहा-सुना वह सब भुला दिया जाएगा या वह बहुत दिनों तक बहुतों को आहत करता रहेगा? आदमी क्या शस्त्र से ही मरता है शब्द से नहीं मरता?

शब्दों का पारस्परिक संग्राम भयावह होता है। बार-बार बोला हुआ झूठ सच हो जाता है। शब्दों का सत्य बिकने लगता है। बिका हुआ शब्द पूरे समय पूरे समाज को सामर्थ्यहीन बना देता है।

शब्द का सत्य कर्म ही है। पंचतंत्र का शंख अपना आत्मखोखलापन ज़ाहिर करते कहता है—"मैं तो ढपोल शंख हूँ बोलता ही बोलता हूँ देता-वेता कुछ नहीं।"

मैं सोचता हूँ चुनाव के बाद भी चुनाव के समय के असहिष्णु शब्द आसानी से भूले नहीं जाते होंगे।

04.05.2014

रवीन्द्रनाथ की एक कविता का एक अंश। मूल बांग्ला से हिन्दी में अनुवाद हंसकुमार तिवारी ने किया है :

हे आर्य हे अनार्य आओ, आओ हिन्दू
आज आओ तुम अंग्रेज़ मुसलमान
ख्रिस्तान आओ
मन को पवित्र कर आओ ब्राह्मण
सबके हाथ पकड़ो
हे पतित आओ अपमान सब भार उतार दो
माँ के अभिषेक के लिए शीघ्र आओ
सबके स्पर्श से पवित्र किए हुए तीर्थ जल से
मंगल घट तो अभी भरा ही नहीं गया है
इस भारत के महामानव के सागर तट पर

मैं सोचता हूँ एक कवि का काम सब प्रकार की दीनता नष्ट करने का है। 'आत्म-हीनता' सहित। कहाँ-कहाँ छिपी रहती है दीनता? कभी-कभी जो अकड़ जैसी नज़र आती है वह दीनता ही होती है।

दूसरे को स्वीकार करना दीनता तोड़ने का पहला चरण है। 'बहुवचनता', बहुदृष्टियाँ तार्किकता बौद्धिक-दीनता दूर करती है। ज्ञान के जाने कितने असंख्य प्रवाह हैं। भर्तृहरि ने कहा जब मैं नहीं जानता था तब मदमस्त हाथी की तरह था, जब कुछ जानने लगा तो ऐसे लगा जैसे ज्वर उतर गया हो 'विगत: ज्वर:।' सुकरात ने बौद्धिक अहंकार की खिल्ली उड़ाते हुए अथेन्स के नागरिकों से कहा तुम मूर्ख हो क्योंकि तुम नहीं जानते कि तुम नहीं जानते और मैं बुद्धिमान हूँ क्योंकि मैं जानता हूँ कि मैं नहीं जानता।

05.05.2014

ईर्ष्या से और कुछ होता हो न होता है, यह तो होता ही है कि वह हमें एक टुच्चेपन के वीरान में ले जाकर छोड़ देती है। आत्म-संकुचन यदि सबसे विनाशकारी परिणाम माना जाए तो ईर्ष्या वहाँ तक पहुँचाती है। ईर्ष्यावश दूसरे का अभीष्ट सोचना आत्महीनता की पराकाष्ठा है।

06.05.2014

स्मृतिविभिन्ना श्रुतिरैव भिन्ना:
नेकोमुनिर्यास्व वच: प्रमाण:
धर्मस्य तत्त्वम् निहितम् गुहायाम्
महाजनों येन गतस्य स पन्था

स्मृतियाँ भिन्न-भिन्न हैं, श्रुतियाँ भी। अनेक मुनिगण हैं जिनके वचन (धर्म के बारे में) प्रमाण हैं। इस तरह धर्म का तत्त्व अत्यन्त रहस्यमय है। महान पुरुष जिस मार्ग का अनुसरण करें वही पथ है। लेकिन प्रश्न फिर वहीं 'महापुरुष कौन? कैसा?'

कहीं पढ़ा-जब तक सृष्टि-निर्माता ईश्वर है तब धर्म का वर्चस्व यथावत् रहेगा। धर्म-पुरुष ईश्वर को जानने का दावा करत हैं। अभी तक सृष्टि निर्माता का प्रामाणिक आधार अज्ञान है।

भय के कारण ही ईश्वर की ज़रूरत बनी रहती है। जिस दिन मनुष्य भय मुक्त हो जाएगा वह ईश्वर मुक्त हो जाएगा। मनुष्य लगातार भय-मुक्त होने के यत्न में है। जितनी भय की श्रेणियाँ कम होती हैं उतनी ईश्वर से छुट्टी मिलती है।

लेकिन ध्यान रहे ईश्वर दुनिया का सबसे बड़ा 'धंधा' है। लाखों तरह से वह खरीदा-बेचा जा रहा है। वह अपने दुश्मन, अपना प्रतिपक्ष बनाने में रुचि लेता है। वह इसमें रुचि लेता है कि उस पर बहस हो, गालियाँ दी जाए, कीचड़ उछले!

अन्त में स्त्रियाँ ईश्वर की सबसे बड़ी एजेंट हैं।

07.05.2014

सब प्रकार की सत्ताएँ मनुष्य को गुलाम बनाने के लिए एकजुट हो जाती है। रूसो ने कहा कि मनुष्य केवल जन्म के समय स्वतंत्र होता है; बाद में तो वह पराधीनता की बेड़ियों में जकड़ा रहता है। समाज और व्यक्ति के बीच वह घमासान चलता रहता है।

दरअसल स्वतंत्रता भी एक मनमौजी अवधारणा है। कौन स्वतंत्र है? कैसे स्वतंत्र है?

पंत ने एक कविता में लिखा :

तेरी मधुर मुक्ति ही बन्धन
गंधहीन तू गंध युक्त मन
तप रे मधुर मन (गुंजन)

ऐसा ही कहीं अंग्रेज़ी में पढ़ा—One who is most bound is most free.

कैसे बन्धन! कैसी हो मुक्ति!

08.05.2014

दक्षिण पंथी सोच वाले दलों के उग्रता, असहिष्णुता, हिंसा, हत्या के उत्साह का मेरी दृष्टि में सबसे बड़ा कारण असुरक्षा और वैचारिक अनुर्वरता का एहसास है। वे समय और मनुष्य के एक सनातन पक्ष को मजबूती से पकड़े रहने की कोशिश करते हैं।

लेकिन वे हार जाते हैं। हार जाने की खीज जिस मानसिक उद्विग्रता का कारण बनती है उसी का कर्म-पक्ष हिंसा है।

09.05.2014

आज सुबह से झालावाड़ की लगातार याद आती रही। बरसात के दिन आते ही झालावाड़ कई विपत्तियों और उत्सवों के बीच मुरझाता-खिलता था। झालावाड़ में इतना मोगरा कहाँ होता था? इतनी सुगंध से, इतने सस्ते में हमारा घर महक जाता था। आम-पाक और मोगरे की पुष्प-मालाएँ अब भी मन में बसी हैं। उदयपुर में मोगरा नहीं महकता।

सावन में अपार वर्षा से नागरिक प्रसन्न होते। गोठें होने लगती। भगवान सत्यनारायण रथ-यात्रा के लिए निकलते। भक्त उनके रथ के घोड़े होता। हमारा घर तबेला रोड पर था, जहाँ से थोड़े दूर पर खनिजों की पहाड़ियाँ थीं, जिन्हें कभी खोदा गया था। ये छोटे-छोटे जल-कूप बन गये थे। भगवान वन-विहार करने यहीं आते थे।

तबेला रोड पर रथ दंडीमार्च द्वारकालाल जी के द्वार पर रुकता था। दादाभाई धनवान सेठों में थे। वे माहेश्वरी महाजन थे। दादाभाई बुंदिल थे, सरल और एकदम देशज।

रथ के साथ दाजी धन्नाजी आगे-आगे चलते थे। वे चक्षुहीन थे लेकिन सुरीले गायक थे। हाथ की ताली बजाकर यथास्थान ताल देने वो रथ-यात्रा के साथ चलती निमुग्ध नृत्य करने लगतीं। आयु के ढलान पर दाजी रसीले मन के थे। जो गीत मैंने याद रखा उसका मुखड़ा था—'हम-नाकर रघुनाथ कुंवर के'। मेरे पिता भी इस गीत को जिस रस-मुग्धता से गाते थे उसका माधुर्य अब भी मेरे लिए अविस्मरणीय है। लेकिन दाजी धन्नाजी की तरह ताल देना न पिता को आता था न मुझे आया।

आज अनायास दाजी धन्नाजी का रथ-साथ गाया भजन, वह ताल, वह उनके साथ युवा बहुओं का नृत्य झालावाड़ के दिनों की याद के साथ आहत हो गया।

10.5.2014

संध्या को रूरल इंस्टीट्यूट के सिविल इंजीनियरिंग के पूर्व छात्रसंघ ने अपने वार्षिक सम्मेलन के अवसर पर सम्मानित किया। रूरल इंस्टीट्यूट की स्थापना के समय आर.एस.डी. (रूरल सर्विसेज डिपार्टमेंट और सिविल इंजीनियरिंग) एक संस्था के दो विभाग थे।

राधाकृष्णन कमीशन ने शिक्षा की दिशा में जिन मौलिक विचारों को आगे बढ़ाने के प्रस्ताव किये थे उनमें से एक रूरल यूनिवर्सिटी की स्थापना का भी था। लेकिन वह आर्थिक कठिनाइयों के कारण मूर्त रूप नहीं ले सका। लेकिन एक दूसरे रूप में अमेरिका के लेड ब्राट्स कॉलिज के पैटर्न पर देश भर में दस रूरल इंस्टीट्यूट स्थापित किए। उसमें से एक विद्याभवन सोसायटी को दिया।

रूरल इंस्टीट्यूट की स्थापना का मकसद 'ग्राम्य अभ्युदय' था। उसके पाठ्यक्रम में 'एक्सटेन्शन सर्विसेज' पर विशेष आग्रह था। उसके स्नातकों से 'ग्राम रचना' में जीवन-समर्पित करने का आग्रह था। सरकारी नौकरी करने के बजाए स्नातकों से उम्मीद की जाती थी कि वे 'विलेज लीड्र्स' बनें। पाठ्यक्रमों की रचना भी इस दृष्टि से ही की गई थी कि बौद्धिक उपलब्धियों की भावनात्मक उपलब्धियाँ न दब जाएँ। बुद्धि और श्रम का दोनों की ज़िन्दगी की ज़रूरत है।

इस दृष्टि से बने पाठ्यक्रमों में दोनों विभागों के बीच कुछ विषयों का पढ़ना आवश्यक था। उनके पास होना अनिवार्य था।

इस तरह की पढ़ाई का यह लाभ हुआ कि दोनों विभागों के अध्यापकों के बीच किसी तरह की खटास या मनोमालिन्य नहीं हुआ।

मैं सिविल इंजीनियरिंग में कुछ विषय पढ़ाने जाते रहा और सिविल के अध्यापक आर.एस.डी. में आते रहे।

मुझे सौभाग्य से 'मुख्य गृहपति' (चीफ वार्डन) भी नियुक्त किया गया।

'छात्रावास' में दोनों विभागों के विद्यार्थियों को एक साथ, एक ही कमरे में रहने का नियम बनाया। छात्रावास के प्रबन्धन में अधिकाधिक सहयोग छात्रों से लिया गया। इसके बहुत अच्छे नतीजे निकले। छात्रों के बीच कभी विभागीय द्वेष नहीं पनपा।

मुझे सिविल इंजीनियरिंग के छात्रों ने अपूर्व स्नेह, आदर दिया।

चौंतीस वर्ष बाद उन्होंने मुझे जिस निष्कपट भाव से सम्मानित किया वह मेरी आयु का एक आनन्दमय अनुभव है।

12.05.2014

यह अभिमान तो गवै हैं
ना गये हूँ प्रान
हम उनकी हैं
वह प्रीतम हमारे हैं

जगन्नाथ दास 'रत्नाकर'
उद्धव शतक

विश्व के प्रेम काव्यों में से 'उद्धव-गोपी' प्रेम-प्रसंग निकाल दिया जाए तो प्रेम का पड़ोस अत्यन्त सूना हो जाएगा।

'आधुनिकाएँ' इस प्रसंग को एम.ए. के पाठ्यक्रम में पढ़ना-पढ़ाना चाहेंगी या नहीं?

13.05.2014

शिक्षा के बारे में सोचते हुए उसकी स्कूल या कॉलिज तक हदबन्दी उचित नहीं लगती। हम न जाने कहाँ-कहाँ से शिक्षित होते रहते हैं। जो विषय हम स्कूल में पढ़ते हैं और पढ़ाये जाते हैं वे ज़िन्दगी के ज़्यादा काम में नहीं आते। जो आदर्श पुस्तकों में ज़िन्दगी की श्रेष्ठता के लिए निर्धारित होते हैं उनकी धज्जियाँ उड़ती रहती हैं।

कभी-कभी मैं आश्चर्य करता हूँ कि जो लोग किसी स्कूल में नहीं जाते वे कहाँ शिक्षित होते हैं? मैं कबीर के बारे में सोचता हूँ उसने वह काव्य-भाषा किस गुरु से किस मदरसे में पढ़ी? वह अध्यात्म का मर्म किस यूनिवर्सिटी में जाकर ग्रहण किया? वास्तविकता यह है कि ज़िन्दगी को शिक्षित करने वाली कई पाठशालाएँ हैं। वे लगातार शिक्षित करती रहती है—अच्छी-बुरी शिक्षा देती रहती हैं। समाज सबसे बड़ा स्कूल है। वह जो पढ़ाता है उल्टा-सीधा, नैतिक-अनैतिक, अच्छा-बुरा उसे ही भाषा जीवन-व्यवहार, सिद्धान्त, आचरण कहते हैं। समाज शिक्षा को आदेशित करता है। इसलिए यह उम्मीद करना कि किसी संवेदनाहीन, संयमरहित, अराजक होते समाज में शिक्षा कोई चमत्कार का दिखाएगी या तो हर दर्जे की मासूमियत है या मूर्खता।

फिर भी यह प्रश्न तो बना ही रहता है कि असाधु समाज में से साधु पुरुष का आविर्भाव कैसे होता है? आख़िर इसी समाज में से ही तो संत-असंत, कायर और बहादुर, सरल-कुटिल व्यक्ति एक साथ रहते हैं। एक ही व्यवस्था एक ही बाज़ार का अन्न-जल खाते-पीते हैं लेकिन भिन्न-भिन्न जीवन दृष्टियाँ।

कौन-सी शिक्षा? कौन-सा स्कूल? कौन-सी समाज-व्यवस्था? एक ही सामाजिक स्थितियों में भिन्नताओं वाले व्यक्ति बनाती है?

17.05.2014

एक बड़ा लेखक, कवि दार्शनिक वैज्ञानिक जीवन की पेचीदगियों, विभीषिकाओं, हादसों को जानता है, बताता है। यह बताना न घमंड भरा होता है, न डराने के लिए उपदेश के लिए भी नहीं, न अनुसरण के लिए। बस बताता है।

रहीम के बारे में मैं ज़्यादा नहीं जानता। दरअसल ज़्यादा क्या कुछ नहीं? उनके दोहे पाठ्य-पुस्तक में न होते तो उनका कवि होना भी न जानता। वे अकबर के दरबार में थे बड़े राजपुरुष मान-अपमान के सारे शिखर, ढलानों पर उतरे-चढ़े।

जीवन कैसा बेढब, कितना आँका-बाँका है इस कवि ने जाना, लिखा। एक दोहे में लिखा—

अब रहीम मुस्किल परी, गाठै दोऊ काम।
साँचे से तो जग नहीं, झूठे मिले न राम॥

(रहीम अब मुश्किल में पड़े हो। दो घोड़ों की सवारी है। सत्य है और झूठ की। सत्य से दुनिया नहीं सधेगी और झूठ से राम रूठ जाएँगे।)

20.05.2014

कभी-कभी मैं सोचता हूँ कि जब मनुष्य यह सोचता रहा होगा कि सुख-दुःख सब ईश्वर की इच्छा है, वह अधिक सुखी रहा होगा बनस्बित आज के जबकि वह सुख-दुःख का नियन्ता वह खुद को समझने लगा है। ईश्वर से मनुष्य की तकरार ने मनुष्य की जिम्मेदारियाँ बढ़ा दी है। मनुष्य को अपनी गोपन ऊर्जा का न एहसास था और न उसका वास्तविक आनन्द।

पहले सब कुछ देवाधीन या भाग्याधीन न था, अब इस विश्वास को किंचित उपेक्षा, लापरवाही के साथ देखा जाता है।

लेकिन अनहोनी या कि आकस्मिकताओं या मानवीय कुटिलताओं से ग्रस्त राज्य-व्यवस्थाओं के व्यापक उलट-फेरों के कारण अनायास आने वाली त्रासद स्थितियों ने जो असंख्य भय पैदा कर दिये है उसने लालची श्रद्धा का बेहिसाब फैलाव किया है। बाबा रामदेव, श्री श्री रविशंकर, आसाराम, धर्मेन्द्र ब्रह्मचारी, बालयोगी, चन्द्रास्वामी जैसे अविश्वसनीय साधुओं ने धर्म का गजब मार्केटिंग किया है।

अजब खेल यह है कि जो ईश्वर के अँधेरे विधानों से लड़ रहे हैं वैज्ञानिक, बुद्धिजीवी विद्वान, संशयवादी वे भी आकस्मिकताओं से डरे उन ज्योतिषियों, भविष्य बताने वाले पगले बाबाओं, चमत्कार पुरुषों के पास आना-जाना बन्द नहीं करते। जिन मन्दिरों में कल चमगादड़ चक्कर लगाते रहे; आज अज्ञान भय और अँधेरों से डरे श्रद्धालु की पंक्तियाँ दर्शन के लिए खड़ी नज़र आती हैं। विज्ञान की रोशनी में भी अन्धविश्वासों का दिया पूरी चमक पर है। राज्य शक्ति लम्पट धर्माचार्यों की रक्षार्थ तत्पर रहती है और धर्माचार्य कपटाचरण वाले नेताओं को अपने भक्तों के वोटों से झोली भर देते हैं।

28.5.2014

इस बायीं आँख का ऑपरेशन कराने के कारण डायरी नहीं लिख सका। कांग्रेस और प्रान्तीय क्षत्रपों को जनता ने अस्वीकार कर दिया। मायावती अपने पूरे जातीय रुतबे के चलते एक भी सीट नहीं जीत पाई। पश्चिम बंगाल के कम्यूनिस्ट कोई उल्लेखनीय जीत हासिल नहीं कर सके। दक्षिण भारत में भाजपा की दुंदभी नहीं बजी। अकेले उ.प्र. से 73 सीटें जीत कर भाजपा ने चमत्कार कर दिखाया। क्या यह रामजी की कृपा थी? क्या यह मोदी फिनोमिना था?

अगर था तो देशवासियों को महँगा पड़ेगा।

मोदी ने चतुराई से भाजपा की राजनीतिक शक्ति स्वयं में समाहित करती है। भाजपा किनारे लगा दी है। पुराने यौद्धा निस्तेज हो गये हैं। वृद्धों की तरह जब वे खीजते हैं मोदी उन्हें श्रद्धा भाव से मोहक शब्दों की, माला पहना आते हैं। राजनाथ सिंह मोदी के अनुचर हैं। भारतीय लोकतंत्र आर.एस.एस. के कब्जे में है।

जब जब सार्वजनिक समस्याएँ कठिन होंगी संघ देश-भक्ति के गीत गाने लगेगा।

गरीबों को भ्रमित करने के लिए धर्म प्रतिनिधि संसद में पहुँच गये हैं। बाहर रामदेव, रविशंकर, मुरारी बापू भीड़ जुटाए रहते हैं। रामदेव की तुलना जेटली गांधी से करते हैं।

भाषायी मीडिया बेहद सामन्ती प्रवृत्ति का प्रदर्शन करता है। वह राज पुरुषों की निर्लज्जतापूर्वक गुणगान करता है। अच्छे दिनों के लिए उम्मीद कम है।

29.05.2014

क्या बहुत उच्चतम आदर्श ज़िन्दगी को नीरस और संवेदना-रहित बनाते हैं? बहुत समय पहले किसी पुस्तक में गांधी जी की आदर्शवादिता के कुपरिणामों के बारे में

पढ़ा था जिसने उनके परिवारवालों की सहज ज़िन्दगी को कई प्रकार की मनोवैज्ञानिक अड़चनों में डाल दिया था।

ज़िन्दगी को आनन्ददायक बनाने का कोई एक 'फार्मूला' नहीं है। आनन्दमय स्थिति एक मन:स्थिति है। इस स्थिति की केवल कल्पना ही की जा सकती है। अच्छी ज़िन्दगी के बारे में भी कोई एक नमूना पेश कर यह नहीं कहा जा सकता है कि 'यह लो वह रही अच्छी ज़िन्दगी।' आनन्दमयी और अच्छी ज़िन्दगी का पर्याय अभाव रहित ज़िन्दगी हो सकता है। ज़िन्दगी को चलाने के लिए भौतिक वस्तुएँ हैं—रोटी, कपड़ा और मकान इसलिए इन तीनों के साथ जीवन आनन्द जुड़ गया है।

नि:सन्देह अस्तित्व बचाये रखने के लिए रोटी, कपड़ा, मकान जैसी भौतिक चीज़ें ज़रूरी है। अच्छी ज़िन्दगी आनन्दमयी ज़िन्दगी की अवधारणा ज़िन्दगी बचाकर है। कबीर जैसे सहज आत्म-ज्ञानी भी भूख को हल्की ही गाली देकर उसे शान्त करने का आग्रह करते हैं जिससे—

'कबीरा' क्षुधा कूकरी, करत भजन में भंग
या को टुकड़ा डालिके, भजन करो नि:संग

(कबीर कहते हैं क्षुधा रूपी कुतिया भजन में बाधा डालती रहती है, इसे पहले टुकड़ा डालकर मजे से बाद में ईश्वर स्मरण करो।) कबीर के आनन्दलोक में 'भजन' ही आनन्दमय जीवन का चरम शिखर है।

लेकिन हमारी दुनिया या हमारे समय की भौतिक वस्तुएँ के सिवा दूसरे प्रतिमान क्या हैं? भौतिक वस्तुओं की अन्तर्द्वंद्वता हमारे आनन्दमय जीवन की कल्पना को संकुचित करता है। हमें निराश भी करता है।

साधु जीवन को हारा हुआ माना जाने लगा है। आनन्दमय जीवन शायद अब दुर्लभ हो। अच्छी ज़िन्दगी वस्तुओं के असंख्य धागों से बँधी होंगी, जो ज़्यादा मजबूत नहीं होंगे? यह दिलचस्प है कि हम उस सुख को तलाश करते हैं जिसका ज़िक्र एक कवि ने इस प्रकार किया है—रूप-रेख, गुन, जाति-जुगति बिन, निरालम्ब मन चकृत धावे।

28.06.2014

गीता में फलासक्ति के बिना काम करने की बात 'अकर्म' की कुशिक्षा नहीं है। ठीक इसके उलट अनवरत कार्य की शिक्षा है। जैसा चाहते हैं वैसा न हो तब करते चलें। फलासक्ति कर्म-प्रवाह को बाधित करती है। निराश भी करती है।

निराशा भी जीवन का हिस्सा है अगर हम उसके गिरफ्त में न आए। निराशा यह संकेत देती है कि हमारा जीवन कई तरह के रंगों, स्थितियों, आकस्मिकताओं

से बना है। हमारे अनुमानों के विपरीत भी ज़िन्दगी मोड़ लेती है। निराशा हिम्मत और बुद्धि से छँटती है।

01.07.2014

दीर्घायु केवल जीवित रहने की तृष्णा है दुखद विकलांग अनुत्पादक। भर्तृहरि ने तृष्णा के बारे में लिखा—

सतृष्णा न जीर्ण वयमेव जीर्णा

चुनना, छाँटना, पसन्द करना तभी अर्थवान है जब विकल्प हो। जिनके पास विकल्प ही नहीं है वे क्या चुनें और क्या रहने दें। वे सब प्रभुवर्ग के चोंचले हैं।

4.7.2014

आज सुबह 'दैनिक भास्कर' के अन्तिम पृष्ठ पर पढ़ता हूँ, "शीला दीक्षित के घर में लगे थे 31 एसी, 15 कूलर और 25 हीटर। इसके अलावा 16 एयर प्यूरि फायर और 12 हीटर भी थे। एक गरीब दिल्ली के मुख्यमंत्री के लिए यह विलासिता लज्जाजनक और अमानवीय है। संस्कृत में एक मुहावरे के रूप में यह प्रचलित है—

है भाग्यम् फलति सर्वत्रः न च विद्या न च पौरुषम्

अर्थात् भाग्य ही फलता है न विद्या फलती है न पुरुषार्थ।

ज्यादा उदाहरण तो नहीं दे सकता लेकिन लोहियाजी ने नितान्त आवश्यक वस्तुओं के साथ जीवन का आनन्द लिया। पहली बार उन्हें 1948 में कोटा बुलाया था। पहली दृष्टि में वे सुदर्शन नहीं लगे। सोशलिस्टों के पास कोई आरामदायक जगह न होने के कारण उन्हें बना बुधसिंह बापना की हवेली में ठहराना निश्चित हुआ। बाद में इसकी आलोचना हुई।

लोहियाजी को 'स्टूडेंट्स यूनियन' के उद्घाटन के लिए आमंत्रित किया था। सुशील त्यागी यूनियन के अध्यक्ष चुने गये थे। वे समाजवादियों के साथ थे। युवा सुशील न्यायमूर्ति वेदपाल त्यागी के भतीजे थे। उन दिनों जैसी परिस्थितियाँ उनके चलते लोहियाजी को सभास्थल ले जाने के लिए कार का प्रबन्ध नहीं हो सका। वे सुशील की साइकिल के केरियर पर बैठ कर गये। यह प्रसंग आधी सदी गुज़र जाने के बाद भी मुझे जब-जब याद आता है मैं असहज हो जाता हूँ। भवभूति के 'उत्तर रामचरित' का एक प्रसंग याद आता है जिसमें लक्ष्मण विगत दिनों की याद करते कहते हैं, 'तेहि ने दिवसा गताः' वे हमारे दिन चले गये।

लोहिया 'संचय' के मामले में अत्यन्त उदासीन व्यक्तियों में रहे। उनके पास सर्दियों के लिए नेहरू जाकेट था उसको उलटकर पहना जा सकता था। बहुत थोड़े बस्तों में वे काम चलाते रहे।

बहुत थोड़े समय और थोड़ी दूर की यात्रा में मैंने देखा कि उनके पास एक पुराना-सा कपड़ों का बेग है जिसमें किताबें हैं। उस पर आचार्य नरेन्द्र देव का नाम लिखा है। जो पुस्तक वे पढ़ रहे थे वह टी.एस. इलियट की 'मर्डर इन टू केथिड्रल' उनकी पढ़ने की स्पीड तेज थी।

मृत्यु के बाद उनकी सम्पत्ति के बारे में मैंने जानने की बहुत कोशिश की पर कुछ हाथ नहीं लगा। कौन बताता?

गांधी, विनोबा ने भी वैसा वीतराग नहीं दिखाया जैसा लोहिया ने। उनका शव दाह इलेक्ट्रिकल क्रिमोटोरियन' ने कर दिया गया। उनकी स्मृति में न कोई शक्तिशिला है न छतरी, न शान्ति स्थल, न धाम सिर्फ वे जन-आन्दोलन हैं जो शोषण विहीन दुनिया बनाने के लिए हुए।

7.6.2014

धीरे-धीरे सब स्नेही-स्वजन, मित्र-साथी, पत्नी-प्रेमिकाएँ, शत्रु-साथी काल के अँधेरे में विलीन हो जाते हैं। उनकी स्मृतियाँ भी निस्तेज हो जाती हैं। जब कभी कौंधती हैं तब थोड़ी सी देर के लिए ज़िन्दगी चमक जाती है।

वैसे ज़िन्दगी के पास अपना कुछ नहीं है—गरीबी और बोझ के सिवा जो सम्पन्नता है वह दूसरों की दी हुई है। वे जब चले जाते हैं तब ये पगडंडियाँ निर्जन हो जाती हैं। तब यह मालूम पड़ता है वे सब कितने ज़रूरी थे।

उत्तर-जीवन, दीर्घायु, प्रायः यातना ही होती है। कई तरह की पराधीनताएँ स्वजनों की आकस्मिक, अकाल मृत्यु, ज़िन्दगी की असफलताएँ, असमर्थता, कितना अपंग दीन बना देती है। कुछ न कर पाने की लाचारी—दरसल दीर्घायु उसके अलावा कुछ नहीं होती है।

8.7.2014

राष्ट्रवासियों को अन्याय के प्रति गुस्सा ज़ाहिर करने का हक है। दुर्भाग्य से इन दिनों अन्याय, हत्या, शोषण को पार्टियाँ 'वोट' के हानि-लाभ के नज़रिए से देखने लगी हैं। अन्याय भी जातियों, धर्म-सम्प्रदायों, अमीर-गरीबों, कुल-वंश, शहर-गाँव इत्यादि की दृष्टि से देखा जाने लगा है। दंगों में मारे जाने वाले के सम्बन्ध में यह पूछ कर तसल्ली की जाती है कि वह हिन्दू था या मुसलमान? कांग्रेसी था या भाजपाई।

अख़बार दुष्कर्मी की ख़बर छापते समय पार्टी का नाम ज़रूर देती है। विरोधी पार्टी होने पर आन्दोलन होता है अपनी पार्टी का होने पर बचाव। कोई अन्याय सार्वजनिक नहीं होता, उसका एक राजनीतिक रंग होता है।

तब न गुस्सा सार्वजनिक होता है न आन्दोलन। गुस्से के बँटवारे से धक्का-गाड़ी चलती रहती है। अचानक चलता रहता है।

गरीब कहता है गरीबी के बारे में गरीबी ही लिखेगा, दलित कहता है दलित के बारे में दलित का लिखा ही 'जेनुइन', प्रामाणिक विश्वसनीय। स्त्री के बारे में पुरुष किस अधिकार से लिख सकता है। मुसलमानों के बारे में हिन्दू-लेखन पूर्वाग्रह पूर्ण होगा। मैं न गरीब हूँ, न दलित, न स्त्री, न मुसलमान मेरे लिए कौन-सी दुनिया बची है?

10.7.2014

तीन जगहों पर ही नौकरी की। अध्यापकी। एक वर्ष अजमेर में। दो या तीन वर्ष महाराष्ट्र-नसीराबाद (प्रधानाध्यापक) इकतीस वर्ष विद्याभवन, उदयपुर में। 1950-55 टीचर्स ट्रेनिंग कॉलिज। 1956-57 रूरल इंस्टीट्यूट, हिन्दी प्राध्यापक।

तीनों नौकरियाँ बिना किसी कोशिश के मिल गईं। तीसरी-दूसरी नौकरी के लिए मैंने (स्वयं ने) कोई एप्लीकेशन तक नहीं दी। दूसरी के लिए नौकरी देने वाले संस्थाधिकारी मुझ से ही आग्रह करने आए। पहली भी सहसा, सहज, संयोग से मिल गई। जैसे रास्ते में बैठी हो। अब मित्रों से कहता हूँ तो विश्वास नहीं करते।

पहली नौकरी डी.ए.वी. कॉलिज (हाई स्कूल) में लगी सन् 1943-44 में। मैं आगरा में कानून पढ़ने गया था एल.एल.बी. के लिए। बी.ए. मैंने गवर्नमेंट कॉलिज, अजमेर से किया था। लॉ की क्लासेज शाम को लगती थी। वे एकदम से अराजक होती। प्रोफेसर साहबान शहर के ख्यातनाम एडवोकेट थे जिन्हें ये क्लासेज लेना विश्वविद्यालय पर अनुग्रह करना लगता।

कुछ समय बाद जन्माष्टमी या रक्षा बन्धन जैसा कोई त्योहार आया। सूरज (सूरज करण ज़िन्दल) और मैंने अजमेर जाना तय किया। अजमेर में मेरे बड़ी संख्या में मित्र थे, उनमें एक सतीश चित्रे भी थे। सतीश चित्रकार और कवि था। वह गीत लिखता था। वह विवाहित था और मित्र हो गया था। सतीश हाथी भाटा में किराया के एक अच्छे से मकान में रहता था।

मैं सतीश से मिलकर लौट रहा था कि बाबूलाल सक्सेना ने मुझे देख लिया। आवाज़ देकर बुलाया। सक्सेना जी आर्य समाज के महामंत्री थे। उनके पुत्र जहाँ तक मुझे स्मरण है शारदा प्रसाद अजमेर के पहले आई.ए.एस. थे।

उन्हें आगरा का वृत्तान्त सुनाते मैं कुछ ज्यादा ही उदास और भावुक हो गया और मैंने चाहा कि अगर वे चाहें तो मुझे स्कूल में अध्यापक रख लें। सक्सेना जी तत्क्षण ही मेरी माँग स्वीकार कर ली उनके यही एक कागज़ लेकर मैंने प्रार्थना पत्र लिखा। वहीं उन्होंने मेरे सामने आदेश लिखकर पचास रुपये मासिक पर डी.ए.वी. कॉलिज में अध्यापक नियुक्त कर दिया। देखते-देखते मेरी ज़िन्दगी बदल गई। वकील बनते-बनते मैं अध्यापक बन गया। छोटी मौसी जिनकी स्नेह-छाया में रहकर मैंने बी.ए. किया था, सुनकर चकित रह गईं। उनकी अपार खुशी ने मुझे अपनी नई ज़िन्दगी शुरू करने की उमंगों से भर दिया।

मैं सूरज के पास जाकर यह कह आया कि वह चौबे हॉस्टल जाकर हिसाब-किताब कर आए और मेरा सामान, बक्सा सँभालकर ले आए।

मैं दूसरे दिन रामगंज में बन रहे डी.ए.वी. कॉलिज में जाकर पढ़ाने लगा। उस समय दत्तात्रय वाब्ले कॉलिज के प्रिंसीपल थे। मैं बीस वर्ष का था। कई विद्यार्थी मेरे बराबर की आयु के थे। मैं नवीं कक्षाओं को अंग्रेज़ी और सातवीं-आठवीं को हिन्दी पढ़ाने लगा। प्रिंसीपल दत्तात्रय की कोई उल्लेखनीय याद मुझे नहीं है। सतीश वहीं ड्राइंग के अध्यापक थे जिनके साथ मेरी मित्रता सघन होती गई। इस तरह पहली नौकरी मिल गई। न इंटरव्यू, न पूछताछ, न सिफारिश, न चर्चा कुचर्चा।

14.7.2014

दूसरी नौकरी महाराष्ट्र के एक सम्पन्न कस्बे नसीराबाद में लगी। नसीराबाद मुसावल-जलगाँव (खानदेश)के बीच एक सम्पन्न कस्बा है। भाडली (रेलवे स्टेशन) से नसीराबाद किलोमीटर-डेढ़ किलोमीटर की दूरी पर है। वहाँ मेरा ससुराल था। 1945 में मैंने बी.टी. कर ली। अपनी पत्नी को लिवा जाने के लिए नसीराबाद गया। उन्हीं दिनों वहाँ न्यू इंग्लिश हाई स्कूल प्रारम्भ होने वाला था। विलम्ब इसलिए हो रहा था कि प्रधानाध्यापक पद पर कोई ट्रेंड प्रधानाध्यापक नहीं मिल रहा था। ज्योंही उन्हें मेरे नसीराबाद में होने के समाचार मिले स्कूल की अधिकृतियों ने मेरे श्वसुर पर मुझे रोक लेने का दबाव डालना शुरू कर दिया। प्रधानाध्यापक का पद ललचाने वाला था और मेरे पास उस समय करने के लिए कुछ था भी नहीं। दरसल मैं नौकरी की तलाश में भी था। मैंने मन-ही-मन इस अप्रत्याशित अनायास आए इस प्रस्ताव का स्वागत किया। मेरे ससुराल पक्ष के लोगों ने इस प्रस्ताव को स्वीकार करने का दबाव बनाए रखा। उन्हें लगा मेरे एक प्रतिष्ठित पद पर नियुक्त होने से उनकी नागरिक स्थिति सुदृढ़ होगी और उन्हें सम्मान मिलेगा। मैं 23 वर्ष का था। मुझे 80 रुपये प्रतिमास वेतन मिलने लगा। अपने गृह नगर झालावाड़ से दूर आ गया था लेकिन नसीराबाद में चतुर्वेदियों का बड़ा समूह रहता था। मेरी

मौसी यहाँ ब्याही गई थीं। और मेरे मामा रामलाल सेठ का यश सार्वजनिक जीवन में चमकता था। वे नगर के धनाढ्य व्यक्तियों में थे। इस तरह अप्रत्याशित ही मुझे प्रधानाध्यापक का पद मुझे मिल गया। मैं तीन वर्षों तक वहाँ रहा। ये तीन वर्ष राजनैतिक उतार-चढ़ाव के तेज घटना क्रम के वर्ष के थे। गांधी हत्या के बाद नसीराबाद की नौकरी छोड़कर मैं अपने घर झालावाड़ आया। 1948 में मैंने कोटा में एम.ए. हिन्दी में दाख़िला ले लिया।

13.7.2014

तीसरी और अन्तिम नौकरी मिलने का वृत्तान्त रोचक है। मैं खुद कभी-कभी अचरज करता हूँ कि ऐसा भी होता है क्या?

उदय नारायण पारीक का विवाह हो चुका था। मैं उसी में शामिल होने गया था। 1950 की बात है। एम.ए. फाइनल की परीक्षा हो गई थी। अब मैं एम.ए.बी. टी. हो जाने वाला था। भविष्य का कोई प्रकाशमय रास्ता नज़र नहीं आता था। जल्दी विवाह होने के कारण तीन संतानें हो चुकी थीं। पिता सामान्य-सी पेंशन लेकर रिटायर हो गये थे। मैं जयपुर वाले विवाह में इसलिए भी गया था कि उदय पारीक से सलाह करूँगा। उदयनारायण पारीक बहुत गम्भीर, विवेकशील और यथार्थ को जानने वाला मित्र था। लेकिन उस मुलाक़ात में कुछ हासिल नहीं हो सका।

ताँगे में बैठ चुका था—झालावाड़ लौट रहा था कि उदय ने रोका। कहा अख़बार में विज्ञापन हैं। उदयपुर विद्याभवन टीचर्स ट्रेनिंग कॉलिज को हिन्दी प्राध्यापक की आवश्यकता है। तुम उस विज्ञापन की शर्तें पूरी करते हो। झालावाड़ जाकर प्रार्थना-पत्र भेज देना। मुझे उसमें कुछ ज्यादा नज़र नहीं आया। ऐसी बड़ी जगह लेक्चरर की मुझ जैसे अल्पायु को कौन बुलाएगा। मैंने उदय से कहा तुम ही मेरे हस्ताक्षर से मेरी एप्लीकेशन भेज देना। अभी तो मैं विधिवत एम.ए. भी नहीं हूँ। मैं फिर इस प्रसंग को भूल गया। झालावाड़ आकर भंगियों की हड़ताल कराने की योजना में लग गया।

अचानक मुझे विद्याभवन आर्गेनाइजिंग सेकेट्री की तरफ से तार मिलता है। जिसमें हिन्दी प्राध्यापक के पद के साक्षात्कार का बुलावा है। यह भी सूचना है कि चयन होने पर मुझे इंटर क्लास में आने-जाने का किराया देंगे। मेरे परिवार के सब चकित और प्रसन्न हैं। मैं असमंजस में हूँ कि मैंने न तो कोई अर्जी लगाई थी न कोई एप्लीकेशन फार्म लगाया था। लेकिन धीरे-धीरे जयपुर से उदय नारायण के विवाह के बाद लौटते समय हुई बातचीत याद आती है। उसने मेरी तरफ से अर्जी भेज दी थी। मेरा मन कृतज्ञता से भर जाता है। मुझे चुन लिए जाने की कोई उम्मीद नहीं है। मैंने पहले कभी कहीं कोई साक्षात्कार नहीं दिया है। कोई तैयारी नहीं है अनुभव भी नहीं। उदयपुर में किसी को जानता भी नहीं। कहाँ ठहरूँगा? इत्यादि।

इस सारे संकल्प-विकल्प के बीच एक बार मैंने 'इंटरव्यू' में शामिल न होने का मत बना लिया। असफलता की निराशा से आहत होने के बजाय उस अवसर को न आने देना ही ठीक है। फिर मेरे पास 'हड़ताल' का निमित्त है ही। लेकिन जल्दी ही मैं इस निष्फल विचार से मुक्ति ले ली।

मेरे पास पहनने के लिए अच्छे वस्त्र नहीं थे जल्दी में मैंने एक शेरवानी सिला दी। अब मुझे कभी-कभी विचार आता है कि मैं शेरवानी न सिला कर दूसरा कोई भी वस्त्र पहनता तब भी बुरा न दिखता। युवावस्था में सब विकृतियाँ विलुप्त रहती हैं। मैं दरसल सफलता की बहुत कम उम्मीद लेकर जा रहा था इसलिए निर्भय भी था। मैंने 15 अगस्त के सम्पादक के साथ ठहरने का निश्चय किया। मैं 15 अगस्त के लिए समय-समय पर लिखता रहता था।

चन्द्रेश भाई उर्दू मिश्रित हिन्दी का प्रयोग करते थे लेकिन मुझे लगता था कि वे कई बार सरल हिन्दी शब्दों के स्थान पर कठिन उर्दू के शब्दों को काम में ले रहे हैं जिससे भाषा का प्रभाव और रोचकता कम हो रही है। फिर भी मुझे पांडित्य पूर्ण हिन्दी से कहीं अधिक पठनीय लगती।

15 अगस्त के लिए उन्होंने अंग्रेज़ी साप्ताहिक ब्लिट्ज को अपना मॉडल चुना था। उसके सम्पादक 'करंजिया' थे। वे कम्यूनिस्ट खेमे के पत्रकार माने जाते थे। बाद वाले दिनों में उन्होंने पाला बदल लिया और वे दक्षिण पंथी विचारधारा की पत्रकारिता करने लगे।

उदयपुर उनके यहाँ पहुँचने पर उन्होंने मेरा पूरे स्नेह और आदर के साथ स्वागत किया। वे विद्याभवन में अध्यापन कर चुके थे। मुझे उन्होंने संचालकों के गुणावगुणों से परिचित कराया, राजनीति भी समझाई। दरसल मैं निरासक्त भाव से इंटरव्यू देने गया। ऐसे जैसे कि मैं जानता हूँ कि क्या परिणाम निकलने वाला है।

मैं उदयपुर से सर्वथा अनभिज्ञ नहीं था लेकिन विद्याभवन के यश-अपयश से अपरिचित था। चन्द्रेश भाई से जब मैंने अपनी दुविधा बताई तो वे हंसे और कहा तुम समझते हो मैं तुम्हें अकेले जाने दूँगा। मैं तुम्हें अपनी साइकिल पर ले चलूँगा।

आज से साठ वर्ष पहले का उदयपुर और उसकी टूटी-फूटी पगडंडीनुमा सड़क पर साइकिल के केरियर पर बैठा कर चन्द्रेश भाई दो तीन किलोमीटर तक खींच कर मुझे विद्याभवन ले गये। इंटरव्यू ट्रेनिंग कॉलिज में था। थोड़े समय मुझे आर्गेनाइजिंग सेकेट्री के कमरे में बैठा रहना पड़ा। शायद ज्यादा लोग बुलाए नहीं थे। ट्रेनिंग कॉलिज उदयपुर की सुरम्य झील फतहसागर के बहुत पास था। आषाढ़ के मेघ उदयपुर के आकाश पर छा गये थे। केशवचन्द्र शर्मा आर्गेनाइजिंग सेकेट्री मुझे बुला ले गये।

इंटरव्यू डॉ. श्रीमाली के कक्ष में था। वे प्रिंसीपल थे। डॉ. श्रीमाली के कक्ष न तो सुअलंकृत था न आतंकित करने वाला। वे खुद सामान्य से वस्त्र पहने थे।

इतने सामान्य कि मुझे अपनी सामान्य-सी शेरवानी और पायजामा पहनकर आने में लज्जित नहीं होना पड़ा। दूसरे साक्षात्कार कमेटी के मेम्बरानों में से मैं किसी को भी नहीं जानता था। थोड़ी अकुलाहट के बाद मैंने सहज होने की कोशिश की। इंटरव्यू अजीब सा था। बात साहित्य से शुरू न होकर समाजवाद से शुरू होकर उसी पर समाप्त हो गई।

आचार्य नरेन्द्र देव, जयप्रकाश नारायण समाजवादी पार्टी। शायद देवीलाल सामर ने कोई सवाल यशपाल के 'दिव्या' उपन्यास पर पूछा, जिसे संयोग से मैंने दो दिन पहले पढ़ा था। वातावरण तनाव रहित हो गया था। मैंने बता दिया था कि मेरा एम.ए. रिजल्ट अभी नहीं निकला है। केशवजी ने मुझे बाहर प्रतीक्षा करने को कहा।

ट्रेनिंग कॉलिज के शान्त-लम्बे कॉरीडोर में मुझे अधिक देर इन्तज़ार नहीं करना पड़ा। दक्षिण का आकाश सघन श्यामल मेघों से ढक गया था। सड़क के उस पार विद्याभवन का विशाल वटवृक्ष साँझ के धुधलके से घिरता जा रहा था। डॉ. श्रीमाली में कॉरीडॉर में मेरे साथ आकर खड़े रहे कि केशवजी ने मुझे नियुक्ति की बधाई दी। मैं प्रसन्नता से थोड़ा असहज हो गया। श्रीमाली जी ने खुशी ज़ाहिर की। दूसरे सदस्यों में विद्याभवन हाई स्कूल के प्रधानाध्यापक केसरीलाल बोर्दिया, प्रसिद्ध रंगकर्मी और हिन्दी प्राध्यापक देवीलाल सामर, प्रबन्ध मंत्री केशवचन्द्र शर्मा थे। साहित्यकार जनार्दन राय नागर नहीं आए थे लेकिन उन्होंने मेरे अनुकूल पत्र लिखकर मेरे पक्ष में सिफारिश की थी।

थोड़ी ही देर में मुझे नियुक्ति पत्र और आने-जाने का किराया दे दिया गया।

पूरे प्रदेश में अकेले ट्रेनिंग कॉलेज में सम्मानजनक वेतन पर प्राध्यापक पद मिलने से मैं अत्यन्त प्रसन्न था। मेरी प्रसन्नता का उस साँझ साझा करने वाले केवल चन्द्रेश व्यास थे। वे बहुत प्रसन्न थे। 15 अगस्त के आगामी अंक में उन्होंने मेरी नियुक्ति के समाचार महत्त्वपूर्ण स्थान पर प्रकाशित किए। मैंने 14 जुलाई, 1950 को ट्रेनिंग कॉलिज में हिन्दी प्राध्यापक की तरह अध्यापन शुरू किया। फिर कहीं कोई नौकरी तलाश नहीं की। 1956 तक ट्रेनिंग कॉलिज रहकर 1956 से रूरल इंस्टीट्यूट में नियुक्त हो गया। जहाँ से अप्रैल 30, 1981 से सेवामुक्त हो गया। मैं अब भी अयाचित, अप्रत्याशित, अचानक जबकि मैंने कोई अर्जी तक न दी हो, नौकरी मिलने को किंचित असमंजस की दृष्टि से देखता हूँ। एक गीत की पंक्ति याद करता हूँ—'कभी-कभी बादल बरसे हैं अनायास, औचक अनचीते।'

17.7.2014

सुबह के दस बजने वाले हैं। तीनों अख़बार पढ़ लिए हैं—पत्रिका, भास्कर, नवज्योति। भास्कर के मुखपृष्ठ पर किसी उप-सम्पादक ने सख्त शब्दों में आर.पी.एस.सी.

को धिक्कारा है। ऐसा प्रायः लिखा जाता है। कभी देश का सिर इस कारण से शर्म से झुक जाता है कभी उस कारण से। लिखने वाले और पढ़ने वाले आदतन लिखते-पढ़ते रहते हैं। शब्द भी बाँझ हो जाते हैं बेअसर, बिकाऊ। शब्दों की प्रेरणा 'कृति' है। आचरण। कृति शून्य शब्द प्रलाप होते हैं। कभी एक सवैया पढ़ा था उसका आधा हिस्सा याद रहा—

कायर जो रण खेत चढ़े तो कहाँ लगि चारणभट चढ़ावै
नाह नपुसंक आन मिलै तो कहाँ लगि नारि सिंगार सजावे।

नपुंसक शब्दों को 'कृति' ही ऊर्जावान बचा सकती है। एक लालची देश में शब्द बेपनाह हो जाते हैं।

* * *

अधिकार तो सब चाहते हैं लेकिन अधिकारी को कोई नहीं चाहता। यह जानते हुए भी हम अधिकारी होना चाहते हैं। शायद मनुष्य स्वभाव विरोधाभासी से भरा है।

18.7.2014

लेखक प्रायः इस अहंकार के साथ लिखता है कि वह दूसरों को रोशनी दे रहा है। लेखक इस अहंकार के कारण अपना अंधेरा नहीं देख पाता। कोई भी कृति या कविता स्वयं को रोशनी नहीं देती जो ज्ञान आत्म-ज्ञान नहीं बनता वह 'भटकन' ही होता है। कबीर ने एक दोहा लिखा है :

पंडित और मसालची दोनों सूझे ताहिं।
ओरन को करैं चानणा आप अँधेरे माँहि॥

लेखक ही अपनी कृति का पहला और विवेकपूर्ण आलोचक हो सकता है। शर्त यह है कि वह आत्म-मुग्ध न हो।

* * *

सुयश के यहाँ दिन के लगभग दो बजे बड़ी चोरी हो गई। कठिन परिश्रम और ईमानदारी से कमाये धन से बनाए स्वर्णाभूषण, कुछ ज्वैलरी और दस हजार रुपये ले गये। यह बड़ी और पूरे परिवार को आहत करने वाली दुर्घटना रही।

सुयश अभी-अभी सागर-दर्शन अपार्टमेंट से नये अपार्टमेंट में आया है। अपार्टमेंट प्रायः सुरक्षित समझे जाते हैं।

सुयश-सुमन परम ईश्वर भक्त, आस्तिक, धर्म-परायण हैं। ऐसे सज्जन-गृहस्थ को इतना क्लेश मिलने से ईश्वर के प्रति विश्वास को धक्का लगता है।

सुयश के प्रति राजू की सहृदयता और स्नेह मुझे प्रसन्न करता है।

मन की मजबूती ही साहस देती है।

19.7.2014

सुयश-सुमन के अपार्टमेंट की चोरी में जो स्वर्णाभूषण चुराये गये वे सुमन के ही थे। उन्होंने भैय्या और चुन्नू के विवाह की तैयारियाँ शुरू कर दी थीं। करीब पन्द्रह तोला सोना और चाँदी की चोरी हुई। इन दिनों चेन-स्नेचिंग की दुर्घटनाओं से सहम कर उन्होंने कान के टॉप्स तक उतार दिए। चोर वे भी ले गये। अब जब भी सम्पन्नता आए अभी तो विपत्ति और विषाद आ ही गया है। कैसी-कैसी आकस्मिकताएँ और दुख के दिल अचानक आ जाते हैं। जिस पर गाज गिरती है वही जानता है।

20.7.2014

बी.बाई. नारखेड़े 84 वर्ष के हैं। आज सुबह उनका फोन आया। गुरु-पूर्णिमा का नमस्कार करने के लिए। वे उस दिन भूल गए थे।

नारखेड़े नसीराबाद के निवासी हैं। जब वहाँ 1945 में न्यू इंग्लिश स्कूल खुला और मैं उसका हेडमास्टर हुआ वे उसके विद्यार्थी हो गये। वे तब अठारह वर्ष के रहे होंगे। मैं बाईस वर्ष का था। नारखेड़े से मेरा कोई विशेष लगाव नहीं था। नारखेड़े की स्मृति में एक भारतीय 'गुरु' की तरह कैसे स्थापित हुआ इसकी मुझे कोई याद नहीं। उसने अपनी तरह अपने संस्कारों से गुरु की कोई प्रतिमा निर्मित कर ली और उस पर मुझे स्थापित कर दिया।

सूचनाओं के अनुसार नारखेड़े रेलवे में नौकरी करने लगे। बम्बई आ गये। यहाँ आकर उन्होंने मुझे प्रत्येक गुरु-पूर्णिमा को पहले 25 रुपशे् का अब 51 रुपये का मनीआर्डर भेजना शुरू किया। जाने कितने वर्षों से। शायद पैंतीस-चालीस वर्ष से यह भोला शिष्य मुझे यह 'गुरु-दक्षिणा' भेजता है। एक ऐसे गुरु को जिसने उसे मुश्किल से दो या तीन महीने पढ़ाया था जो न खानदेश नसीराबाद का था न वहाँ रहा, जो न वहाँ की भाषा जानता था, न लोगों को।

कितनी बार मैंने नारखेड़े को मैंने कहा कि वह शास्त्र-वर्णित गुरु-पूर्णिमा को समझे और मेरी अपात्रता को।

सब कुछ के बावजूद नारखेड़े प्रति वर्ष 'गुरु-दक्षिणा' भेजता है। तर्क से बहुत सी बातें समझ में नहीं आतीं।

21.7.2014

शरीर का अन्त तो होना ही है किस तरह होगा इसी की चिन्ता है।

* * *

स्वतंत्रता संग्राम का समय बड़ा उर्वरा रहा, कर्म और विचार दोनों ही दृष्टियों से। आन्दोलन भी करते रहे लेखन भी। भावाकुल लेखन भी नहीं सुचिन्त्य, साक्ष्याधारित, विद्वजनोचित। ऐसा लेखन जो आज भी प्रासंगिक है और हमारी दु:श्चिन्ताओं का निवाकरण करता है।

आज का सार्वजनिक परिदृश्य थोड़ा निराशाजनक क्योंकि वह सब की चिन्ता नहीं करता है, केवल अपनी चिन्ता करता है, अपने सुख-समृद्धि को।

23.7.2014

जनवाद और कलावाद की तकरार कभी समाप्त नहीं होती। इसे दोनों खेमों के नायक जारी रखना चाहते हैं क्योंकि इससे वे चर्चित रहते हैं और एक महत्त्वपूर्ण साहित्यिक सिद्धान्त के अगुआ भी।

ध्यान से देखें तो न जनवाद कला से मुक्त हो सकता है न कला जन से मुक्त। श्रेष्ठ कलावादी कविता सामाजिक विषमताओं, अन्यायों से मुक्ति कामना करेगी और श्रेष्ठ जनवादी कविता कला-सम्मोहनों से आवेष्टित रहना चाहेगी।

कविता स्वयं एक स्वायत्तता बोध है। उसका एक अनुशासन है। कविता बाहर की दुनिया का आभ्यान्तरीकरण करती है आझ़ैर अपनी आन्तरिकता को दुनिया के हवाले करती है। कविता न दुनिया को अस्वीकार कर सकती है और न कवि को।

कवि को अमुक रंगत की, अमुक राजनीतिक पार्टी के पसन्द की, अमुक नेता को प्रसन्न, महिमा मंडित करने वाली कविताएँ लिखनी चाहिए या कि नहीं करनी चाहिए ऐसा हुक्म देने वाला हाकिम नामंजूर कर देना चाहिए। वह हाकिम चाहे कलावादी महकमे का हो या जनवादी महकमे का।

कवियों के बीच श्रेष्ठत्व की तुलना करना और पदभान निर्धारण करना अत्यन्त कठिन और जोखिम भरा काम है। ऐसी तुलना करने वाले के यानी आलोचक के अपने राग-विराग, अपनी कट्टर सामाजिक, आर्थिक, राजनीतिक, सांस्कृतिक अवधारणाएँ हो सकती हैं। प्राय: होती हैं। शुद्ध-बुद्धि आलोचक शायद ही होते हों।

कवि को कविता के जरिए क्या करना चाहिए और क्या नहीं इसकी तालिका बनाना व्यर्थ है। कविता का आधार मनोभाव हैं। समुद्र पर कितनी तरंगे उठती हैं जैसे यह गिनना कठिन है वैसे ही मनोभावों की गणना भी। कर्म की एक सामाजिक

मर्यादा है, एक सामाजिक 'स्पेस'। मनोभावों का आकाश अनन्त है। कविता की रचना किसी कर्म की 'गारंटी' नहीं है।

मेरी दृष्टि में कवि के लिए ही नहीं प्रत्येक व्यक्ति के लिए 'स्वतंत्रता' की आवश्यकता है। किसी भी समाज के जीवन में राजनीति का हस्तक्षेप मर्यादित सीमा तक ही रखना उचित होगा।

26.7.2014

वैभव और विलास की आकांक्षा स्वतंत्रता के मार्ग की सबसे बड़ी बाधा है। वैभव और विलास के आकांक्षी खरीदे जाते हैं वे दूसरों को खरीद कर अपनी हीनता पर विजय हासिल करता है।

व्यक्ति स्वयं स्वतंत्रता चाहता है लेकिन वह दूसरों की स्वतंत्रता को बरदाश्त नहीं करता। यह कैसा विरोधाभास है।

29.7.2014

मैं कई बार गुलाम रखने के बारे में सोचता हूँ। गुलाम रखने या बनाने के पीछे कौनसी आकांक्षा काम करती है? स्वामित्व की या श्रम मुक्त रहने की।

स्वामित्व की है। स्वामी होगा तो कोई भी आज्ञा देगा, कोई भी काम कराएगा, कोई दंड देगा। यह बात भी ध्यान देने जैसी है कि गुलामी या स्वामित्व बनाए रखने की इच्छा आनन्द देती है। दूसरों पर हुकूमत करना उन्हें अपने अधीन रखना, उन्हें प्रोपर्टी समझना क्यों सुख और तृप्ति देता है यह समझना कठिन है। यह प्रभुत्व-कामना दुनिया भर को जीतकर अपने अधीन करने का स्वप्न बनती है और अकल्पित नर-संहार का कारण बनता है। यह जानते हुए कि दूसरों को पराधीन रखकर भी इस तृष्णा का अन्त नहीं होता।

मैं सोचता हूँ दूसरों को गुलाम या पराधीन बनाने की इच्छा या कर्म क्रूरतम इच्छा या जघन्यतम अपराध है—रेयरेस्ट ऑफ रेयर।

कविता आज पूरी हुई जो;

आए मेघ उठो देखो तो
बैठ हवाओं के कंधों पर
पार किये वन, पर्वत सागर
रसवंती गागर भर-भर कर
लाए मेघ उठो देखो तो

इन्द्र धनुष की छतरी ताने
धरती के जाने-पहचाने
पीले, लाल, श्वेत, कजरारे
छाये मेघ उठो, देखो तो
कभी हंसाते बरस-बरस कर
कभी डराते गरज-गरज कर
कौतुक कर उड़ते-उड़ते से
भाये मेघ उठो देखो तो—

30.7.2014

लोक-स्वीकृति के बारे में सोच रहा था। लोक कैसे-कैसे स्वीकृति देता है, कोई आपत्ति नहीं करता, धड़ल्ले से मंजूरी देता है। कृष्ण के असली पिता तो वसुदेव थे मां देवकी। लोक में 'नन्दलाल, नन्दकिशोर, नन्दकुमार' को स्वीकृति दी। वसुदेव कुमार लाल या किशोर को नहीं। कवियों ने स्वीकृति दी। नारायण स्वामी ने निर्भीकता के साथ होली के पद में लिखा : 'अब क्यों जाए छिपेर्, भैय्या रे ढिंग् रे दोय बापन वारे'। किसी के सेंटीमेंट से आहत हुए? उद्धव नन्दगाँव ही आए पुत्र-बिछोह का सारा सन्ताप यशोदा के भाग्य में आया। 'धाय' के भाग में सूर ने लिखा, 'सन्देसौ देवकी सौं कहियो। हों तो धाय, तिहारे सुत की कृपा करत ही रहियो'। फिर वह सब जो पुत्र की चाहत होती थी 'माखन-मिसरी' इत्यादि।

अविवाहित और आसक्ति के मिथक से जाने गये राधा-कृष्ण को स्वीकृति देकर लोक ने उन्हें प्रेम का अप्रतिम युगल बना दिया। कृष्ण, राधावल्लभ, राधानाथ, राधा मोहन, राधारमण की तरह पहचाने गये। कहीं भी वे रुक्मणी, कृष्ण, सत्यमामा कृष्ण की नाम-रूप से प्रसिद्ध हुए?

रावण के दस सिरों की, गणेश के हाथी की सूँड की द्रौपदी के पाँच पतियों की लोक ने स्वीकृति दी। लोक-स्वीकृति न दे तो वैध परिस्थितियाँ भी अमान्य बनी रहती हैं। लोक-स्वीकृति के कारणों का अध्ययन और जानकारी उपयोगी और दिलचस्प होगी।

8.8.2014

कितने दिन हो गये डायरी में कुछ लिखे हुए। लेकिन एक लम्बा पत्र सत्येन्द्र जी को लिखा। मुझे लगता है लिखना सहज नहीं होता, कई बार लिखने के लिए 'जबरदस्ती' करनी पड़ती है, बुद्धि का आह्वान करना पड़ता है।

ऐसा करें तो भी क्या हर्ज है। एक बार मन लिखने के लिए तैयार हो जाए, शुरू कर दें तो लिखने की ऊर्जा के दरवाज़े खुल जाते हैं।

प्रतिभा के दरवाज़े मेरी दृष्टि में एकदम भड़भड़ा कर नहीं खुलते, लम्बा अभ्यास करना पड़ता है।

मैं कभी-कभी विचार करता हूँ कि संगीतज्ञ कितनी सघन साधना करते हैं जैसे 'नाद' को अपना कंठ-स्वर ही बना लेते हैं। उनकी परम्परा में 'रियाज़' या 'अभ्यास' को महिमा-मंडित किया जाता है। कवि-परम्परा में जैसा कहा जाता है कि 'ए पोयट इज बोर्न' वैसा उनके यहाँ शायद नहीं कहा जाता 'ए म्यूजिशियन इज़ बोर्न'।

14.8.2014

अनन्तकालीन उत्साह सम्भव नहीं है। बार-बार घटनाओं, उत्सवों, पर्वों, जयन्तियों के स्मृति दिवसों का आला थका देने वाला क्रम होता है। उनके प्रति उदासीनता का भाव नष्ट करने के लिए धर्म-भाव जैसा कुछ जोड़ना आवश्यक हो जाता है। हानि-लाभ की सम्भावना ग्रहण और त्याग के कारण होते हैं।

देश की पराधीनता से मुक्त होने का भाव अब एक दिन आता है। इधर सब शुभ संकल्पों का एक दिन निश्चित हो गया है। उस दिन गिने-चुने लोग भाषण देते हैं फिर वर्ष भर 'है वही दुनिया, वही सब त्रास'।

18.8.2014

कोई भी रास्ता सौ फीसदी सही होगा यह कौन कहेगा सिर्फ उस मूर्ख के जिसने दूसरी तरफ देखने की कसम ही न खा ली हो। सत्य या किसी भी चमकती हुई मंज़िल तक पहुँचने के अनेक रास्ते हैं। किसी एक रास्ते की पक्षधरता दूसरों के अन्वेषणों और अनुभवों का निरादर है। अन्वेषणा या अनुभव में परिपक्वता का अभाव हो सकता है लेकिन उसे हेय या हीनता की दृष्टि से देखना स्वयं की अपरिपक्वता है।

कोई भी रास्ता चुनना हमारी मनोवैज्ञानिक ज़रूरत भी होती है। हम उस रास्ते पर चल कर अपने स्वभाव की वह ज़रूरत, वह भूख पूरी करते हैं। धीरे-धीरे वह जाना-पहचाना पथ हमारा अहंकार, हमारा आग्रह, एक आस्था के आभिजत्य में बदल जाता है।

यह खेल व्यक्तिगत भी हो सकता है समूहगत भी। समूहगत होकर वह हिंसक भी हो सकता है। कई-कई पवित्र संज्ञाओं से समादृत जैसे आस्था, विश्वास, मान्यता इष्ट इत्यादि।

दृष्टि-बद्धता ज़िन्दगी को नीरस बना देती है।

19.8.2014

सच बोलने वालों से कहीं अधिक झूठ बोलने वाले हैं। इसका क्या कारण है? शायद यह कि सच बोलने के बाद बोलने का कोई कारण नहीं बचता। झूठ में बातचीत का जायका, स्वाद बढ़ता चला जाता है। सच में कल्पनाशीलता बन्द हो जाती है। कविगण अतिशयोक्ति अलंकार से कैसी मोहक सृष्टि बनाते हैं? बाद में आप इस सृष्टि का जो चाहे करें।

20.8.2014

ऐथेन्स के वासियों के सुकरात चिढ़ाने के लिए या शिक्षित करने के लिए सुकरात कहता था 'तुम मूर्ख हो क्योंकि तुम नहीं जानते कि तुम मूर्ख हो। जबकि मैं बुद्धिमान हूँ क्योंकि मैं जानता हूँ कि मैं नहीं जानता।"

एक ऐसा ही प्रसंग भर्तृहरि का है। उन्होंने लिखा है कि जब मैं कुछ नहीं जानता था तो मस्त हाथी की तरह इतराता था लेकिन जब कुछ जानने लगा तो मुझे प्रतीत होने लगा कि मेरा ज्वर उतर गया है—लिखा—'विगत: ज्वर:'। मूर्खता का अपना आवेश होता है और ज्ञान की अपनी विनम्रता, निराशा।

निराशा पराजय ही नहीं है। वह ज्ञान का एक आयाम एक 'डायमेन्शन' भी है।

22.8.2014

प्रकृति और बालक सदा आनन्दित करते हैं। वे मनुष्य के मित्र हैं, उनका साथ, उनका सान्निध्य कभी थकाता नहीं है। प्रकृति और बालक जीवन की आनन्ददायी शोभा का विस्तार है।

प्रकृति कविता की जन्मभूमि है। कवि वहीं से अपने प्रतीक बिम्ब, दृश्य छवियाँ, मौन, नाद, सहस्त्रों रस ग्रहण करता है।

प्रकृति मनुष्य की प्रतिस्पर्धी नहीं है, वह मनुष्य की मित्र है। अनायास वरदायिनी है।

27.8.2014

लिखने की इच्छा बनी रहती है। कई-कई प्रसंग इच्छा का हिस्सा ही बनकर रह जाते हैं। प्राय: दूसरा कुछ लिखने में समय और ऊर्जा चुक जाती है। कभी-कभी लिखना आत्म-सम्मोहन जैसा लगता है। कभी-कभी व्यर्थ, कभी अहंकार। कभी झंझट।

चार दिन पहले सुबह सदाशिव नाथद्वार से आए थे। बहुत दिनों, महीनों बाद। वे भी चतरसिंह मेहता की पत्नी की मृत्यु पर शोक व्यक्त करने के लिए आए थे। वे मेहता परिवार के पुराने मित्र हैं। इस बार अरुण और अनुराग ही उन्हें बातचीत में लगाये रहे। मैं अधिक बात नहीं कर सका। सुनना कम होने के कारण बोलना भी कम हो गया है। हियरिंग एड ज्यादा मदद नहीं करती। प्रकृति जो शक्ति देती है वह बाधित होने पर कृत्रिम उपकरण एक सीमा तक ही क्षतिपूर्ति कर सकते हैं।

कुछ समय बाद मेरे पुराने परिचित मित्र प्रकाश परिमल मिलने आए। उन्होंने उदयपुर आने की सूचना पहले ही दे दी थी। प्रकाशजी से मैं वर्षों पहले बीकानेर में मिला था। उनके सान्निध्य में कविता पाठ भी किया था।

फिर हेमन्त शेष के जवाहर कला केन्द्र के निदेशक हो जाने पर जयपुर में मिलना हुआ। वह अवसर किसी चित्र-प्रदर्शनी का था। प्रकाश, हेमन्त, अशोक आत्रेय साहित्य के और पेंटिंग के क्षेत्र में दखल रखते हैं लेकिन ख्याति उनकी साहित्य के हल्कों में ही है। यह भ्रम उस प्रदर्शनी के बाद टूट गया। मैंने उनके चित्र देखे, लेकिन न उनकी अन्तर्वस्तु और न उनके कौशल को समझ पाया। हेमन्त ने तो कला-समीक्षक की हैसियत से ख़ासी ख्याति अर्जित की। जब ओम थानवी 'इतवारी पत्रिका' साप्ताहिक सम्पादित कर रहे थे हेमन्त कला-समीक्षक की हैसियत से प्राय: लिखते थे। उन दिनों उनका कवि-रूप किंचित मन्द पड़ गया था। जिस पत्रिका का वे वर्षों सम्पादन करते रहे वह 'कला-प्रयोजन' ही थी। वह कला के विविध रूपों का प्रतिनिधित्व करती थी। हेमन्त न किसी शिविर के साथ हुए न अपनी प्रसिद्धि के लिए प्रयत्नशील हुए। यह बात दूसरी है कि वे कवि के रूप में यशस्वी हुए। एक युवा कवि के रूप में मैंने अपनी पत्रिका 'बिन्दु' में प्रकाशित किया जिसका उल्लेख वे स्नेह भाव से अब भी करते हैं।

वह 'कला-प्रयोजन' के प्रकाशन के प्रारम्भिक दिन जब हेमन्त भाई प्रकाश 'परिमल', अशोक आत्रेय और मुझे अपने साथ घर ले गये। यहाँ हेमन्त ने कला के किसी गूढ़ प्रसंग पर देर तक बात की। यह बातचीत 'कला-प्रयोजन' में छपी।

प्रकाशजी से मिलने के ज्यादा मौके नहीं आए और न मैं उनके लेखन सम्बन्धी उत्साह से परिचित हो सका। हमारे प्रदेश में साहित्यिक मैत्री का अभाव है और ऐसी संस्थाओं का भी अभाव है जो साहित्य के उत्कर्ष या अपकर्ष का 'नोटिस' ले। अच्छी बुरी पुस्तक की भी चर्चा नहीं होती।

प्रकाश परिमल स्वभाव से संकोची भी हैं इसलिए उनके लेखन की कभी कोई सूचना नहीं मिली। अभी जब वे किसी स्वजन के समारोह में उदयपुर आए, और मिले, चार कविता के संग्रह भी दिए तो मैं चकित (प्रसन्न) रह गया। इन पुस्तकों में एक ग़ज़ल-संग्रह भी है। इस संग्रह की ग़ज़लें जो कुछ मैंने जल्दी-जल्दी से पढ़ी

कवि की परिपक्व जीवन दृष्टि का मर्मस्पर्शी बोध था। एक पुराने मित्र से मिलने का आनन्द मैं अब तक नहीं भूला हूँ।

7.9.2014

कुछ दूसरा लेख-संस्मरण पूरा करने में डायरी नहीं लिख सका। 'चन्द्रयान' के सम्पादक भाई श्री हर्ष को लिख रहा पत्र भी अधूरा ही है। श्री हर्ष कलकत्ता रहकर बीकानेर आए हैं। लेकिन शायद उनके चित्र में कलकत्ता और सीपीआई (एम) ही हैं इसलिए 'चन्द्रयान' की अधिकांश सामग्री 'पार्टी लाइन' के बहुत नज़दीक-नज़दीक चलती है। यह कुछ अनुचित नहीं है। पत्रिका की एक दृष्टि, एक लक्ष्य बन जाता है लेकिन वह दृष्टि पाठकों की सहभागिता बाधित करती है। कहने को कुछ भी कहें लेकिन राजनीतिक पार्टियाँ दृष्टि-बाधित ही करती हैं।

ये लगभग साम्प्रदायिक-समूहों की तरह अपनी-अपनी वैचारिकी से प्रतिबद्ध हो जाती हैं। एक सी भूषा, एक सी अभिव्यक्ति, एक-सा आचरण, एक-सा समाज, एक-सी व्यवस्था, इत्यादि। साहित्य स्वभावतः नया रचता है जो एक तरह बगावत होती है। पार्टी प्रायः रूढ़ि-निर्माण करती है, एक तरह की निर्वैयक्तिकता। मुझे निर्वैयक्तिकता प्रायः थकान और ऊब का रास्ता लगती है।

'चन्द्रयान' में धनराज दफ्तरी ने 'हिन्दुत्व' के बारे में मुख्य लेख लिखा है। लेख की प्रकृति अकादमिक और दृष्टि मार्क्सवादी है।

मुझे लगता है 'हिन्दुत्व' की रचना में सामाजिक हस्तक्षेप के साथ-साथ भौगोलिक-संरचना ने भी काफी दखलन्दाजी की है। कृषि-कर्म की आकाशीय प्रकृति का अतार्किक हो जाना और आर्थिक-अनिश्चितताओं ने 'भगवान भरोसे' को जबरदस्त समर्थन दिया है। अकाल, मृत्यु, दरिद्रता के कारण घटती जीवन और इच्छा शक्ति ने अतार्किकता के कुछ विश्वास-केन्द्र बना लिए। ऐसे में ईश्वर, देवी-देवता, अंध-विश्वास, जादू-टोना, गृह-नक्षत्रों की गति आदि को अनुकर्म बनाए रखना ही बचाने वाली शक्तियाँ हो गये। ऐसे में ईश्वर ही एक डॉक्टर, वैद्य हो गई और उसकी पूजा-अर्चना एक थैरेपी।

11.9.2014

शब्द और उसके क्रियान्वयन में अवश्य अन्तर रहेगा। जैसा कहें वैसा करना चाहें तब भी वैसा नहीं हो सकेगा। शब्द के पास जैसा विस्तार के लिए आकाश और कल्पना होती है वैसी कर्म के पास नहीं होती। शब्द अमर्यादित 'स्पेस' में घूमता है। कर्म एक मर्यादित 'स्पेस' में ही संचरण करता है। शब्द का प्रभाव

सामाजिक व्यवहार पर उस तरह नहीं पड़ता जिस तरह कर्म का। कर्म का असर घटित होता नज़र आता है—अच्छे या बुरे, हानि या लाभ, जय या पराजय किसी न किसी रूप में। यह दूरी समझ में आने जैसी हो—अनन्त नहीं। शब्द और कर्म की अनन्त दूरी शब्द की मर्यादा की गरिमा का विनाश करती है और सामाजिक-रचना का उपहास।

13.9.2014

अंग्रेज़ी में एक कहावत है—कहावत क्या एक मान्यता है—God is god and Business is business... ।

इसके मैं कई सुपरिणाम देखता हूँ। एक तो यही कि ईश्वर और व्यापार के बीच की रिश्तेदारी साफ-साफ नज़र आती है। इसलिए दोनों के प्रति दृष्टि निर्मलता बनी रहती है। न बिजनेस ईश्वरीय वैचारिकी में बाधा डालता है और 'ईश्वर' बिजिनेस के मामलों में हस्तक्षेप करता है। यह साफ-साफ अवधारणा बनी रहती है कि 'बिजिनेस' का उद्‌देश्य क्या है और ईश्वराधना का क्या है? एक-दूसरे का कार्य-क्षेत्र साफ़-साफ़ नज़र आता है।

इस मान्यता से पश्चिम-नागरिकों का मन द्वंद्व रहित है। धन की जगह धन और धर्म की जगह धर्म। उसने दोनों की जमकर कमाई की है। भारतीय मन द्विधा मुक्त नहीं है। उसके लिए यह लोकोक्ति सारयुक्त है माया मिली न राम। इस द्विधा में विभक्त मन ने भारतीय को न 'बिजिनेस' करने दिया न राम में रमने दिया। अभी भी भारतीय मन डरपोक और द्विधा ग्रस्त है। इस समय का मध्यम वर्गीय भारतीय इस दुचितेपन का सबसे उपयुक्त उदाहरण है। लालच और मन्दिरों का विस्तार आकस्मिक नहीं है। वह उसी पुराने द्विधा ग्रस्त मन का विस्तार है।

दुखद है कि इस दुचित्तेपन के कारण धर्मस्थल अमर्यादित धन इकट्‌ठा करने के प्रमुख केन्द्र हो गये हैं। उनकी अमर्यादित सम्पदा का ब्योरा पाना श्रद्धालुओं को आहत करता है।

'बिजिनेस' और 'गॉड' को एक साथ नहीं साधा जा सकता है। कोशिश करने पर हाथ से दोनों छूट जाते हैं। गार्हस्थ और साधुत्व दोनों लंगड़े हो जाते हैं।

16.9.2014

यूजीन ऑ. नील का अंग्रेज़ी से अनुवादित सम्पूर्ण नाटक 'लम्बे दिन की यात्रा' रात में पढ़ कर समाप्त की। यह अस्तित्ववादी 'एग्सिसटेन्स्येलिस्ट' नाटक है। नाटक में चार पात्र हैं। वे एक ही कुटुम्ब के हैं—टेरियन, मेरी, जेरि, एडमंड।

एक परिवार में रहते हुए भी वे नितांत अकेले, आत्मकेन्द्रित और एक त्रासद ज़िन्दगी जीते हैं। वे किसी सामाजिक हलचल के हिस्से नहीं हैं। नाटक में ये चारों पात्र एक परिवार में रहते हुए अपनी उदास और समाज-विहीन, एक नशीली ज़िन्दगी जीते हैं। वे जैसे ज़िन्दगी को किसी स्थिति से संलग्न नहीं होना चाहते। संलग्नता ज़िन्दगी का कोई निख़ालिस हिस्सा नहीं है जिसके बीच से ज़िन्दगी नहीं गुजरती।

नाटक का अन्त किसी नाटकीय परम्परा के साथ नहीं होता—न किसी प्रश्न के साथ, न किसी जिज्ञासा के साथ, न किसी तत्त्व-बोध या कि किसी हड़बड़ा के साथ। बस जैसी एक स्थिति है—उसके बीच ही ज़िन्दगी का आदि और अन्त है।

नाटक में पर्याप्त लम्बे कथन हैं लेकिन वे ज़िन्दगी के बेसिक अस्तित्व के साथ जुड़े हैं ऐसे कि अभिव्यक्ति की अन्तर्ध्वनियाँ शब्दातीत होकर भी कितनी-कितनी बोलती है। यूजीन को इस नाटक के लिए 'नोबेल' मिला था।

नाटक के अनुवादक अजमेर के गोपाल माथुर हैं। नाटक का एक अनुवाद अंश (पृ. 195) 'मेरे नीचे समुद्र में झाग-ही-झाग बिखरे हुए थे। मेरे ऊपर मस्तक पर लगी प्रत्येक पल चाँदनी में नहाई हुई चादर-सी झिलमिला रही थी। मैं उस क्षण के सौन्दर्य और उसकी स्वर लहरी से मदहोश हो गया और कुछ देर के लिए मेरा अस्तित्व ही मानो कहीं खो गया। ऐसा आभास हुआ कि मानो मैं कहीं खो गया, ऐसा आभास हुआ मानो मैं जीवित ही नहीं हूँ, पूर्णतया मुक्त हो गया हूँ, मुक्त हो गया हूँ और समुद्र में घुल गया हूँ और सफेद फेन में बदल गया हूँ और बौछारों में बदल गया हूँ और खूबसूरती और संगीत की लय में बदल गया हूँ और चाँदनी बन गया हूँ और जहाज बन गया हूँ और जैसे झिलमिलाते तारों भरा आकाश बन गया हूँ...भूत और भविष्य से परे शान्ति और सम्पूर्ण अगाध आनन्द में बदल गया हूँ...। और बदल गया हूँ उस अनजान चीज में जो मेरे जीवन से बड़ी है या इनसान के जीवन से बड़ी है या स्वयं जीवन से बड़ी है।

...। जीवन में कई बार जब मैं सागर से दूर जब मैं कहीं दूर तैर रहा होता था या समुद्र तट पर अकेला लेट रहा होता था जब भी मुझे हमेशा ऐसा ही अनुभव हुआ...। जैसे मैं सूरज हो गया हूँ, तपती बालू रेत हो गया हूँ, चट्टानों पर उगी समुद्री घास हो गया हूँ, ज्वार भाटे में ऊपर-नीचे डोल रहा हूँ...। जैसे कोई तपस्वी परमानन्द का सपना देख रहा हो, जैसे कोई अदृश्य हाथ पर्दे के पीछे से रहस्मय चीजों को खींचे लिए जा रहा हो। क्षण भर में तुम उस रहस्य की झलक भर देख पाते हो और उस रहस्य की झलक पा लेने के बाद तुम उस रहस्य का हिस्सा बन जाते हो, क्षण भर की वजह चमक चीजों के अर्थ खोलने लगती है...। और फिर वह अदृश्य हाथ पर्दा गिरा देता है तब तुम सहसा

स्वयं को अकेला पाते हो...। अकेले और कोहर में (पृ. 196-197) खोए हुए, दिशाहीन भटकते हुए अकारण ही।

* * *

पिछले रविवार यानी 14 सितम्बर के 'जनसत्ता' स्तम्भ कभी-कभार में अशोक वाजपेयी ने संस्कृत पढ़ने-पढ़ाने को जिन कारणों से पक्षधरता की है उसका मैं समर्थन करता हूँ। उन्होंने लिखा : "आख़िरी बात। धीरे-धीरे हिन्दी अंचल अपने एक बहुत उजले उत्तराधिकार से दूर हो रहा है। उसके राजभाषायी रूप में भले ही तत्सम संस्कृत शब्दों की अबूझ भरमार हो, पर वह संस्कृत से दूर हट रहा है। उस संस्कृत से जिसमें अदम्य निर्भयता, अक्लान्त, उदात्तता और बहुत सारे ज्ञान और दृष्टियों की बहुलता रही है। संस्कृत धार्मिक अनुष्ठानों, संस्कारों के समय अनपढ़ ढंग से उच्चरित किए जाने तक महदूद हो रही है। दूसरी तरफ उसे वर्णाश्रम धर्म का पोषक मानकर उसके विरुद्ध दलित पूर्वग्रह फैलता जाता है। संस्कृत के कुछ पक्ष आज तिरस्करणीय ज़रूर हैं पर उसमें इसके अलावा बहुत कुछ और है जो हमारी जातीय स्मृति का अनिवार्य अंग है और हम उससे अज्ञानपूर्वक अपने को वंचित कर रहे हैं।"

अशोक भाई स्थान के अभाव में विस्तार से कुछ न लिख पाए हों लेकिन अनेक शताब्दियों पूर्व जीवन और जगत् की इतनी गहन चिन्ता करने वाली भाषा की अवमानना करना ज्ञान की श्रेष्ठ परम्पराओं की उपेक्षा करना ही है।

22.8.2014

आज अजमेर से आए एक सज्जन ने कृष्ण गोपाल विजयवर्गीय की मृत्यु के अत्यन्त दुखद समाचार दिए। कृष्ण गोपाल 52-53 में बी.एड. करने आए। मैं तब ट्रेनिंग कॉलिज में प्राध्यापक था। इस तरह एक वर्ष मेरा उनका सान्निध्य रहा जो पूरे जीवन भर एक मित्र एक स्वजन, एक स्नेही की तरह चलता रहा।

कृष्ण गोपाल अजमेर के थे। वहाँ से मैंने बी.ए. और बी.टी. की उपाधियाँ ली थीं। अजमेर में माध्यमिक शिक्षा बोर्ड होने के कारण मेरा वहाँ कई रूपों में आना जाना होता रहा। इस तरह कृष्ण गोपाल के साथ 'नेह के नाते' सघन और प्रगाढ़ होते गये। अपनी कर्तव्यनिष्ठा, योग्यता, कार्य-दक्षता, साधु-स्वभाव के कारण वे राज्य-शिक्षा विभाग में वरिष्ठ पदों पर स्थापित हुए। वे अपनी राज्य सेवा का यशस्वी कार्यकाल पूरा करने के लिए 'एसआईईआरटी' के डायरेक्टर होकर आ गये थे। ये दिन उनके सामीप्य और स्नेह के स्मरणीय दिन थे। उनकी राज्य सेवा निष्कलंक

अध्यापक, अफसर की तरह समाप्त हुई। हमने हमने दिल्ली एनसीईआरटी दिल्ली के कई शैक्षिक कार्यक्रमों में साथ-साथ साझेदारी की।

कृष्ण गोपाल का जहाँ-जहाँ और जब-जब साथ रहा मैंने समझा अब मैं 'सुरक्षित' हूँ जैसे कि मैं उदयपुर में ही हूँ या कि अपने भाई के साथ हूँ। दिल्ली में हम दोनों शाकाहारी भोजन ढूँढ़ते इस होटल से उस होटल तक भटकते। फिर देर रात एनसीईआरटी के विश्राम भवन में आते, उस कमरे में जो हमारी हँसी और बातों से आबाद हो जाता।

कृष्ण गोपाल परम वैष्णव थे। तीर्थ स्थलों के सतत अभिलाषी। निरभिमानी और विद्यानुरागी। उदयपुर से सेवानिवृत्ति के बाद वे अपने गृह नगर अजमेर के स्थायी निवासी हो गये। मेरा अजमेर आना-जाना लगभग समाप्त हो गया। कोई दो-ढाई वर्ष पहले अनन्त भटनागर ने विजयसिंह पथिक श्रमजीवी महाविद्यालय में 'साहित्यकार से मिलिए' कार्यक्रम में बुलाया था तब उनसे मिलने गया था। वे अर्से से बीमार होने के कारण कमज़ोर हो गये थे। वे मुझे देखकर भावुक हो गये। यह अन्तिम मुलाक़ात थी। अपनी ज़िन्दगी के जिन खुशनुमा दिनों की याद बची रही उनमें कृष्ण गोपाल के साथ वाले दिन शामिल हैं। वे अथाह स्नेह की रोशनी में चमकते रहेंगे।

24.8.2014

...। और अगर क्षुधा की बात लीजिए तो गांधारी ने भगवान श्री कृष्ण से कहा था—

वासुदेव ज़रा कष्टम कष्टं निर्धन जीवनम्।
पुत्रशोकं महाकष्टं कष्टातिकष्टं क्षुधा॥

कवि दिनकर द्वारा लिखित स्मरण डॉ. राममनोहर लोहिया और सतत् समाजवाद से उद्धृत पृष्ठ 98 से कन्हैया त्रिपाठी।

29.8.2014

देश में अरबपतियों की तादाद बढ़ने से खुश होने की कोई वजह नहीं है। ज्यों-ज्यों वे बढ़ेंगे गरीबों की तादाद भी बढ़ेगी। किसी न किसी की गरीबी से ही तो कोई-न-कोई अमीर होता है। कोई गरीब न हो तो कोई अमीर कैसे होगा?

अमीर होना निर्लज्जता की पराकाष्ठा है। दूसरों की लूट ही अमीरी है। दूसरों को लूट कर लज्जित होना ही चाहिए। लेकिन ऐसा नहीं होता। लूट की औचित्य के तरह-तरह के तर्क ढूँढ़ लिए जाते हैं।

30.8.2014

पढ़ाई का स्कूल के साथ कोई घनिष्ठ सम्बन्ध नहीं है। यह मान्यता एक तरह की रूढ़ि ही है कि हमारे स्कूल हमारे व्यक्तित्व का निर्माण करते हैं।

वास्तविकता तो यह है कि पूरी संस्कृति पूरा समाज ही हमारी पाठशाला है। यह विचारणीय है कि जिस पाठशाला का हम इतना महिमा मंडन करते हैं वहाँ ज़िन्दगी का कितना समय गुजारते हैं और यह समय कैसे गुजरता है? कितने आनन्द या कितनी मायूसी के साथ, कितनी स्वछंदता या कितनी विवशता के साथ। इत्यादि।

विचारणीय यह भी है कि पाठशाला के पास शिक्षित करने के साधन क्या हैं? साधन तो केवल 'पोथी' या पुस्तक है और साधना? उस पुस्तक को साधना। यानी कि उस पुस्तक के ज्ञान को 'चरम ज्ञान' मान कर परीक्षा देना और निर्धारित एक तिहाई अंक पा लेना।

इन पाठों और ज़िन्दगी में कोई ताल-मेल नहीं होता। वे जीवन व्यवहार में कोई मदद नहीं करते। ज़िन्दगी की पाठशाला दुनिया है। दुनिया ही उसे असली शिक्षा देती है। विद्यार्थी स्कूल की कामयाबी से ज्यादा दुनिया में अपनी कामयाबी चाहता है। दुनिया की पाठशाला उसे ज्यादा रंगीन, चुनौती भरी, विजय पाने जैसी लगती है। फकीरी की ज़िन्दगी में आनन्दरहित, अनुर्वरा ज़िन्दगी के सिवा कुछ नज़र नहीं आता।

5.9.2014

सब गुण कांचन में ही है—सर्वे गुणा कांचनमाश्रयन्ति—ऐसा कहा गया है। यह कांचन का वैभव है या उसे पाने का आग्रह है? जो भी हो लेकिन अमूमन जिस अभिप्राय से जन-साधारण इसका उपयोग करते हैं वह इस अर्थ में कि सब गुण कांचन के आश्रित हैं। सीधा सा अर्थ यह है कि जिसके पास कांचन है वह सब गुण सम्पन्न है, उसमें सब गुण हैं। एक छोटी-सी बुद्धिजीवियों, ज्ञानियों, भक्तों की दुनिया कांचन-विरोधी है। उनकी धारणा है कि कांचन मुक्ति ही परमकाम्य है।

कांचन मुक्ति और दीनता में अन्तर है। दीनता दुर्भाग्य और दुख है। वह विवशता है विकल्प रहित। जब कभी उसने विकल्प खोजे हैं वे सब अमानवीय, अनैतिक और आपराधिक कोटि के हैं। मुक्ति स्वैच्छिक विकल्प है। स्वयं का चाहा हुआ, स्वअर्जित। ऐसे सब विकल्प मनुष्य की इच्छा-शक्ति को दृढ़ बनाते हैं। स्वेच्छा से चुनी हुई काँचन मुक्ति समता की पक्षधरता है और अनावश्यक अति-संग्रहण का निषेध है।

हम प्रसन्न होकर कांचन-मुक्ति चाह सकते हैं लेकिन दीनता का आदर्श चुनना आत्म-पीड़न ही होगा।

21.10.2014

यदि अपने ही आनन्द के लिए कवि कविता लिखता है तो उसे यह उम्मीद क्यों करनी चाहिए कि दूसरे उसकी कविता पढ़ें। दूसरों को क्या ज़रूरत है? पढ़ना एक मनोवैज्ञानिक ज़रूरत है? किसी रचनाकार की यह चिन्ता क्या व्यर्थ है कि वह नहीं पढ़ा जाता।

पहले कोई नहीं पूछता था कि क्यों लिखते हो? अब हर कोई बार-बार। उनके उत्तर अजीब-अजीब होते हैं। प्रायः वे 'सोशल थिरेपी' या 'सोशियल इंजीनियरिंग' के सन्दर्भ में ही होते हैं। मैं खुद बड़े बनावटी उत्तर देता हूँ। वे गर्वोक्तियाँ होती हैं।

कवि की रचना उसके स्वयं की पुनर्रचना नहीं करती तब तक सारे उत्तर अपनी कविता की 'मार्केटिंग' जैसे होते हैं।

कवि खुद अपनी कविता सुनता या पढ़ता है कि नहीं?

मेरा ख़याल है कि अधिकांश कवि अपनी कविता की मर्म-ध्वनि खुद नहीं सुनते। मुख्य प्रश्न यह है कि कविता स्वयं कवि को बदलती है या नहीं!

22.10.2014

रवीन्द्रनाथ की कविता—

सांध्य रवि ने कहा
मेरा काम कौन लेगा
रह गया सुनकर
जगत् सारा निरुत्तर मौन
माटी के दिए ने
नम्रता के साथ कहा
जितना हो सकेगा
मैं करूँगा नाथ

इच्छा शक्ति की बात है।

5.11.2014

लिखने का क्रम एक बार छूटा कि फिर शुरू करने में कठिनाई आती है। क्या लिखना सचमुच मुश्किल होता है? लिखने के लिए एकाग्रता की आवश्यकता होती है और विषय की तैयारी फिर उसका संयोजन। लिखने का अभ्यास और श्रम। जो लिखते नहीं हैं उनके लिए यह अनुमान लगाना कठिन होता है कि लिखना कितना श्रम-साध्य होता है यह श्रम किसी को नज़र नहीं आता। शारीरिक श्रम नज़र आता है, उसका मूल्य भी लगाया जाता है। उचित-अनुचित नापने के पैमाने होते हैं—मार्केट प्राइस। लिखने को भारत में तो अमूमन कोई श्रम नहीं मानता। लेखक भी नहीं। भारतीय लेखक अधिकांशतः लेखन को अपनी आजीविका का साधन नहीं बना सकते। यह विडम्बना ही है।

11.11.2014

स्त्री को लेकर शहर और गाँव की नृशंसता में कोई फ़र्क़ नहीं है। गाँव के लोगों में यह नृशंसता पैशाचिक भाव तक पहुँचा नज़र आता है। स्त्री सबके सामने निर्वस्त्र करना, उसे उस तरह सारे गाँव में काला मुँह करके गधे पर बैठाकर घुमाना संवेदनहीनता की पराकाष्ठा है।

भारतीय पुरुष के मन में स्त्री-आसक्ति और अवमानना की ग्रंथि बेहद उलझी हुई है।

मृत पार्वती के देह को छह महीनों तक शिव अपने कंधों पर लेकर न जाने कहां-कहाँ लेकर गये? क्यों?

राम सीता के अपहरण का विषाद कैसे-कैसे व्यक्त करते रहे—

हे खग-भृग रे मधुकर श्रेनी
तुम देखी सीता-मृग नयनी

और वृषभानुजा—राधा और कृष्ण विरल प्रेम युगल की तरह जाने गये।

वहीं बेहिसाब अपमान के साथ स्त्री के लिए नृशंसता की ये निर्लज्ज घटनायें!

पूरा का पूरा गाँव स्त्री को निर्वस्त्र किया जाते देखता है। काला मुँह किये जाते देखता है, गधे पर बैठता है। घटना राजपूत स्त्री की है, दिन की है, कोई स्त्री, कोई युवक इसके ख़िलाफ़ नहीं बोलता, कोई आहत नहीं होता।

एक नंगी की स्त्री जाति की आबरू बचाने के लिए किसी का पुरुषार्थ किसी का खून नहीं खौलता?

राज्य-व्यवस्था इस तरह की अमानवीय दुर्घटनाओं को रोकने के लिए कितनी चिन्तित कितनी सजग होगी यह कहना मुश्किल है। लेकिन उसकी सजगता और

सख्ती के परिणाम निकलते हैं। राज्य-व्यवस्था की राजनीतिक निष्पक्षता, त्वरित दंड विधान अपराधों को कम करते हैं।

दुर्भाग्य से स्त्री के प्रति पुरुषों के अवचेतन में गहरी क्रूरता, गहरा संशय, यौन-शुचिता की प्रबल आकांक्षा और उसके सम्पूर्ण व्यक्तित्व के प्रति तुच्छता के भाव जम गये हैं। हम उसका प्रतिशोध लेना चाहते हैं, उसकी गरिमा, उसकी निजता, उसका शील, उसके उत्कर्ष की सारी सम्भावनाओं का सार्वजनिक अपमान करके उसे निर्वस्त्र करके। बाद में स्त्री अपनी ही आत्मा, अस्तित्व के इलाके में आयु भर निर्वस्त्र, अकेली भटकती रहती है।

उसे मुआवज़ा दिया जाता है। किस का मुआवजा? अपनी आबरू खो देने का मुआवजा? अपराधी सजा-वजा काट कर (शायद) इसी गाँव घर-गली लौट आएँगे। लेकिन इस स्त्री की सजा कब ख़त्म होगी?

15.11.2014

सब सुखी हों, ऐसी कल्पना करना सुखद लगता है लेकिन सहना नहीं। दूसरों का सुख सहन करने के लिए भी मन को तैयार करना पड़ता है। दूसरों की सफलता हमें अपनी असफलता लगती है। पूर्व जन्म के किये का दर्शन ऐसे मौके पर राहत देता है। दूसरे का सुख हममें जिस हीनता की भावना का संस्कार करता है उससे मुक्त होने के लिए हम जो क्षतिपूर्ति के रास्ते चुनते हैं वे कई बार अत्यन्त हास्यास्पद होते हैं लेकिन अनिवार्य होते हैं। कभी-कभी वे हमारी ज़िन्दगी को तहस-नहस कर देते हैं।

शेख चिल्ली ने एक अयथार्थ की दुनिया बनाकर वास्तविकता की गरीब दुनिया से निजात हासिल कर ली थी। दुनिया में अपने दुखों को और दूसरों के सुखों को सहना वाकई हिम्मत का काम है।

17.11.2014

मेरी सबसे बड़ी दिक्कत अपने लिखे से लगातार असन्तुष्ट रहना है। उस लिखे को जितनी बार पढ़ता हूँ उतनी ही बार बदल देने की इच्छा होती है। गद्य के साथ ही नहीं कविता के साथ भी। बहुत से कवि-लेखक कुछ नहीं बदलते, वे अपने एक बार के लिखे को अपरिवर्तनीय दृढ़ता के साथ उपयुक्त और अर्थवान मानते हैं। मैं कई बार अपनी वैचारिक-अवधारणा पर भी संशय करने लगता हूँ। शायद यह आत्म-विश्वास के अभाव में होता हो या एक सुरक्षित जीवन व्यतीत कर देने के कारण।

* * *

हमें कभी तो अपने विचारों के कचरे को साफ करते रहना चाहिए। बहुत सारी सूचनाएँ महज़ कचरा ही होती है। इस कचरे को बहुत से बौद्धिक ज्ञान का दर्जा देते हैं। यह समय ज्ञान संचय का नहीं सूचना संचय का है। जो जितनी निरर्थक सूचनाएँ संग्रह करता है वह आदर की दृष्टि से देखा जाता है लेकिन यह समझा जाना चाहिए कि अधिकांश सूचनाएँ 'बोझ' ही होती हैं महज कचरा कभी-कभी ऐसा समय भी आता है कि ज्ञान और कचरे का अन्तर विलुप्त हो जाता है।

19.11.2014

यह भारतीय राजनीति में निर्माण का समय नहीं निन्दा का समय है। भाषा का सौन्दर्य-शास्त्र निन्दात्मक भाषा की आविष्कृति में पढ़ा जा रहा है। यदि विनोदपूर्ण मुहावरे में कहा जाए तो 'टोपी उछाल' भाषा का सौन्दर्य-शास्त्र विकसित हो रहा है।

कांग्रेस की चुनावी हार की निराशा और भाजपा की जीत का अतिरेक उसके कारण हों लेकिन इसके दुष्परिणाम उस लोक-व्यवहार में नज़र आने लगेंगे जब व्यापक रूप से यह विद्वेषपूर्ण भाषा सामाजिक स्मृति का हिस्सा हो जाएगी।

दुर्भाग्य से मीडिया इस कड़वाहट और वैमनस्य को टी.आर.पी. बढ़ाने के लिए नायाब अवसर मानते हैं और उसे व्यापक प्रसारण के उपयुक्त मानते हैं। ऐसी कड़वाहट स्मृति का अविस्मरणीय हिस्सा बनकर शत्रुता में बदल जाती है। कई बार राजनीतिक लाभ की दृष्टि से राजनेता इसे पोषित करते रहते हैं।

देश का राजनीतिक परिदृश्य इस समय कड़वाहट और राजनीतिक विद्वेष से बोझिल हुआ जा रहा है और कुछ बदले न बदले लेकिन सामान्य सामाजिक शिष्टाचार, भाषा, व्यवहार, दृष्टियाँ तेजी से बदल रही हैं।

19.11.2014

राजनीति और राजनेताओं की कितनी भी निन्दा करें या कि उनके अहंकार, अवसरवादिता, सम्पत्ति-संचय या कि अन्याय-कुकृत्यों की निन्दा करें किन्तु जब तक वे किसी भी पद पर रहते हैं उनकी अनुकूलता हमें प्रसन्न करती है। शायद इसका कारण 'आरोपित प्रभुता' है अन्यथा ज्यों ही वह प्रभुता का काल समाप्त होता हम न उस राजा या राज-पुरुष की चिन्ता करते हैं न उसकी प्रसन्नता या नाराज़गी की। कई बार हमारे अपने व्यवहार के प्रति भी हमें आश्चर्य होता है। हम भी 'गिरगिट' की तरह रंग बदल लेते हैं। हमारा यह व्यवहार हमारे लिए कभी लज्जा का कारण नहीं होता? होना तो चाहिए!

20.11.2014

कभी एक व्यक्ति की समझदारी और सैकड़ों हजारों की मूर्खता पर अविश्वास और अचरज होता है। एक आसाराम, एक रामपाल, एक चन्द्रास्वामी, एक रामदेव जो सर्व समर्थ सरकारों को अपनी अंगुलियों पर नचाते रहते हैं और हजारों-हजार अनुयायियों के सम्मोहन में मूर्ख बनाए रहते हैं।

22.11.2014

किसी समस्या के पक्ष या विपक्ष में बहुमत ही नहीं सर्वानुमत का मिल जाना उस समस्या का उचित समाधान नहीं माना जा सकता।

उदाहरण के लिए थुराबड़ (राजसमन्द) गाँव के सब लोगों ने (पूरी पंचायत) नंगी कर काले मुँह के साथ एक स्त्री को गधे पर बैठा गाँव में घुमाने का निर्णय किया था। किन्तु यह निर्णय सर्वानुमति से लिए जाने के उपरान्त भी अनुचित और लज्जाजनक था। अनेक कारणों से लम्बे समय तक मतिभ्रम बना रहता है और यह लम्बा समय सनानतता का प्रमाण बन जाता है।

यह कुटिल सनातनता परम्परा का रूप लेकर चलती रहती है।

28.11.2014

नरेन्द्र मोदी जब प्रधानमंत्री होने के लिए अपना धुआँधार प्रचार कर रहे थे तब साहित्यकार यू.आर. अनन्तमूर्ति ने कहा कि यदि वे प्रधानमंत्री होते हैं तो वे (अनन्तमूर्ति) देश छोड़ देंगे। उन्होंने यह भी कहा था कि जब कोई सख्त शासक होता है तो जनता कायर हो जाती है। अनन्तमूर्ति ने ठीक ही कहा था।

इटली ने तानाशाही पर जनता की स्वीकृति को कुछ इस तरह ज़ाहिर किया था People are like wives their like strong husbands... ।

जनता बीवियों की तरह तगड़े खाविन्द पसन्द करती है। लेकिन इतिहास बताता है कि जालिम तानाशाहों की हुकूमतें जनता ज्यादा दिनों तक बरदाश्त नहीं करती।

अंग्रेज़ी में एक कथन है जिसका अनुवाद इस तरह किया जा सकता है, "सफलता के कई अभिभावक होते हैं, असफलता तो प्राय: अनाथ होती है।"

Success has many parents failure is often orphan... ।

एक शब्द प्रचलित हुआ है winnability जीतने की ताक़त या क्षमता। कैसे भी जीतो धन बल से, भुज बल से, नैतिकता-अनैतिकता से कैसे भी। जय जय कार जीतने वाले की ही होती है।

4.12.2014

इन दिनों केन्द्रीय राज्य मंत्री साध्वी निरंजन ज्योति के रामजादे-हरामजादे वाले वक्तव्य को लेकर संसदीय हल्कों में भारी नाराज़गी है। राज्य सभा का विपक्षी खेमा इस अशालीन वक्तव्य के कारण राज्य मंत्री को पद से हटाने के लिए अड़ा है और केन्द्र सरकार कह रही है कि मंत्री ने क्षमा माँग ली है। यह प्रसंग समाप्त हो।

राजनीतिक हल्कों में दिए जाने वाले बयान अपने विरोधियों को आहत करने के लिए ही होते हैं। उनकी बेधक शक्ति अनुमानित नहीं निश्चित होती है। उस समय जब उनके अनौचित्य पर विचार होने लगता है तब तक वे लक्ष्य बिद्ध कर चुके होते हैं।

फिर वे यदि किन्हीं कारणों से चर्चित होते हैं तो वक्ता (यदि संसद सदस्य हैं तो) क्षमा माँग लेता है और वह कहा सुनी क्षम्य हुई लगती है।

लेकिन वह कड़वाहट, वह आक्षेप, वह तिरस्कार या मलिनता जो वे शब्द स्मृति में डाल जाते हैं न जाने कब कलुष, प्रतिशोध, आक्रामकता में बदल जाएँ कौन जानता है?

एक कुत्सित बयान के लिए क्षमा माँगने का तब तक कोई अर्थ नहीं निकलता जब तक वक्ता का मन ग्लानि का अनुभव नहीं करता।

राजनीति करने वालों के मन शायद ही कभी अपने कथनों पर पुनर्विचार करते हों और कहें-सुने पकड़े जाने पर क्षमा माँग भी ले तो उसका क्या अर्थ? मन तो शत्रु-मान, अहंकार, कलुष रहित नहीं होता। पर-पीड़न का आनन्द अद्‌भुत होता है।

निरंजन ज्योति ने जिस राजनीतिक दुर्भाव से रामजादे-हरामजादे काव्यात्मक मुहावरे को काम में लिया उसे बीजेपी के अधिकांश पक्षधरों ने 'गाली' माना है, स्वयं साध्वी ने जिस तरह माफी माँगी उसी से स्पष्ट था कि वह दबाव के कारण था, न सहज मनोभाव के कारण, न किसी आन्तरिक ग्लानि के कारण। बीजेपी की वाग्शैली में इस प्रकार की शब्द-टकसाल नये-नये सिक्के ढालती ही रहती है।

8.12.2014

"है वही दुनिया, वही सब त्रास"

12.12.2014

कल श्रेय के विवाह के प्रारम्भिक कार्यक्रम का प्रथम चरण सम्पन्न करने के लिए कांकरोली गए। यह कार्यक्रम 'रोको' कहलाता है जिसमें लड़की वाले लड़के वालों

का सम्मान करते हैं और लड़के को 'रोक' लेते हैं। बाद में यथा समय विवाह सम्पन्न होता है।

विवाह सनाढ्य ब्राह्मणों में हो रहा है लड़की का नाम प्रतीक्षा है और आयु बाईस वर्ष है। श्रेय सत्ताईस का है।

'रोको' प्रथा चतुर्वेदियों में नहीं है। यह मेवाड़ की है।

30.09.08

सरसरी दृष्टि से देखें तो बाहरी बदलावों को सभ्यता कह सकते हैं। कई दबावों के कारण हल्की मनोवैज्ञानिक हलचल होती रहती है और बदलने की इच्छा भी। पुराने से मन थक जाता है, पुराना निरुपयोगी भी हो जाता है। रुचियाँ भी बदल जाती हैं। ये बदलाव महत्त्वपूर्ण होते हैं लेकिन ऊपरी-ऊपरी होते हैं। इसलिए ऊपर-ऊपर से सब कुछ बदलता नज़र आता है।

लेकिन अन्दर से बदलना मुश्किल होता है। अन्दर से जब बदलना शुरू हो सब संस्कृति बदल जाती है। बाहर अन्दर का बदलाव ही सभ्यता संस्कृति का भेद है। आचार्य नरेन्द्र देव ने 'संस्कृति' को चित्त भूमि की खेती कहा है। सभ्यता शरीर धर्म है। संस्कृति 'चित्त-धर्म' है।

बाहर से बहुत-सा बदला-बदला लगे, सुसंगत सौम्य और सुन्दर लेकिन तब भी अन्दर की असंगति कलुष, कुरूपता यथावत रह सकती है।

करुणा का व्याख्यान देने वाला और नये जमाने के कपड़े पहनने वाला पुराना खुर्रांट, क्रूर और पिशाच हो सकता है। कपड़े बदलने से चित्त नहीं बदलता। बन्दूक लिए फिरने वाला बहादुर नहीं होता। इसलिए कपड़े बदल कर आधुनिक बनने वालों से यह पूछना चाहिए कि चित्त बदला या नहीं?

1.10.08

कल केनेरा बैंक में हिन्दी सप्ताह के समापन अवसर पर कुछ कहने-भाषण करने के लिए गया था। सभा का कार्यक्रम शुरू होने के पहले कुछ समय प्रबन्धक के केबिन में बैठा। प्रबन्धक दक्षिण के हैं; हिन्दी बोलने में कठिनाई होती है। तब भी बोल लेते हैं। उन्हें जब मालूम हुआ कि मैं लेखक-कवि हूँ तब बहुत प्रसन्न हुए। उन्होंने आनन्द विभोर होते हुए कहा कि हमारे यहाँ कवि लेखक को अत्यन्त आदर और सम्मान की दृष्टि से देखा जाता है। राजपथ और नगर बस्तियों को विद्वानों के नाम से जाना जाता है। लोग उनकी पुस्तकें खरीद कर पढ़ते हैं।

दुर्भाग्य से हमारे यहाँ ऐसा नहीं है और भविष्य में भी ऐसी दृष्टि विकसित होने की सम्भावना नज़र नहीं आती तो एक भी राजपथ का या प्रसिद्ध भवन, विश्वविद्यालय या कि बस्ती का नाम किसी विद्वान अथवा कवि के नाम पर नहीं है। सब नाम धाम पार्टी पुरुषों को ही समर्पित हैं। आध्यात्मिक परम्परा पर गर्व करने वाले देश में राज पुरुषों के प्रति कैसी भी तो अनन्य आस्था विकसित हो रही है। नगर वासियों को इसका निषेध करना चाहिए।

ता. 16.03.93

ओमानन्द जी का भाषण श्रमजीवी महाविद्यालय में सुनने गया। मिथक काव्य पर उनकी अच्छी तैयारी थी। किन्तु वे बारे-बार श्रोताओं को मोहित करने की कोशिश करते थे। उन्होंने बीच-बीच में राजनीति के स्पर्श भी दिये। मेरी दृष्टि में वे अनावश्यक थे।

मुझे कल यह भी प्रतीत हुआ कि अब काव्य की विवेचना, प्रसंगानुकूलता, बौद्धिक मीमांसा ही कविता की समीक्षा है।

राजेन्द्र मुनि राजेश जैन साधु है। उन्होंने मुझे बुलाया। संध्या को उनके साथ घूमने गया। रात को उनके साथ बैठा। उन्होंने परामनोविज्ञान में डॉक्टरेट ली है।

मैंने उनसे पूछा कि दीक्षा लेने का कारण क्या था? गरीबी उन्होंने कहा।

शायद ज्यादातर साधु-साध्वियों इसी कारण दीक्षा लेती हों? कहते चाहे कुछ भी रहें।

राजेश के बहुत से विचार आधुनिक है। उनके शरीर से अच्छे साक्रन की सुगंध आ रही थी। शायद वे परम्यूस का इस्तेमाल भी करते हैं। वे आठ महीना दलाई लामा के साथ रहे।

आशापूर्ण देवी का उपन्यास 'लेखा-जोखा' पढ़ता रहा। कुछ चिट्ठियाँ भी लिखी।

ता. 17.03.93

संध्या को शहादत दिवस आयोजन समिति की मींटिग थी। अध्यक्षता की।

निश्चय शहीद भगतसिंह दिवस उत्साहपूर्व मनाया जाए और राष्ट्रीय एकता तथा साम्प्रदायिक सद्भाव को मजबूत करने वाला पर्चा छपाया जाए।

साथ में पर्चे का पूर्व रूप पढ़ा गया। राज को चुन्नू को तेज बुखार रहा। परनी को खाँसी चलती रही।

सूर्य प्रकाश माथुर के पिता को बैठाने गया। शव-यात्रा में शामिल नहीं हो सका।

ता. 18.03.93

संध्या को डॉ. अरुण बोर्दिया को देखने गया। उनका बम्बई में ऑपरेशन हुआ था। वे स्वस्थ नज़र आए। देर तक बातचीत हुई।

दादाभाई (केसरी लाल जी बोर्दिया) भी वहीं थे। वे एनजाईना से पीड़ित थे, तब भी प्रसन्न नज़र आ रहे थे। दादाभाई में जीवन्तता है। वे साहित्य और कविता प्रेमी है। उन्होंने 'यह समय मामूली नहीं' की कविताएँ पढ़ने की इच्छा ज़ाहिर की। एक प्रति भी माँगी। वे धार्मिक साहित्य के पक्षधर है, एक अर्थ में वे गांधीवादी है।

अरुण बोर्दिया का मकान बहुत बड़ा है। वह सुसज्जित है। बाहर बसंत के फूलों की लहर है।

बहुत देर तक बैठने के कारण मुझे लगा वे चाय वगैरा की पूछेंगे लेकिन उन्होंने नहीं पूछा। ऐसा शायद व्यावहारिक भी न हो। सुबह भी थी।

डॉ. बोर्दिया ने परनी की खाँसी के लिए दवा भी लिखी।

आशापूर्णा देवी का लेखा-जोखा उपन्यास पढ़ लिया। वह त्रिदिव सरकार की आत्म-कथा भी है और उपन्यास भी।

ता. 19.03.93

कुछ ख़ास नहीं

शैलेश डे (अनुवाद ममता खरे) का उपन्यास 'मैं सुभाष बोल रहा हूँ' पढ़ना शुरू किया वह तीन खंडों में है। प्रारम्भ बहुत अच्छा है। बाँधने वाला। किस प्रकार कलकत्ता से पेशावर पहुँचते हैं। स्वाधीनता एक बड़ा जीवन-मूल्य है। व्यवस्था बदलाव की सारी बातचीत स्वाधीनता के प्रसंग में ही समझी जा सकती है। अगर स्वाधीनता का कोई मूल्य नहीं है तो व्यवस्था क्यों बदले?

बहुत से व्याकरण है। नज़र आने वाले, न आने वाले? जगत के क्लेश नज़र आते हैं; लेकिन दूसरों पर राज करने की इच्छा, वश में रखने की इच्छा हुक्म चलाने की इच्छा नज़र नहीं आती। तब भी वह नज़र आती है, चारों तरफ, धधकती हुई ज्वाला की तरह। लोग प्रमाण दे देते हैं। दे देते हैं यानी पूरी तैयारी से। जीवन-मृत्यु के बीच तुलना करके। अच्छे-बुरे परित्याओं को तोलकर। एक बौद्धिक उल्लास के साथ।

सुभाष कलकत्ता से रवाना होते हैं—पढ़ाने देश में। ज़िन्दगी की बाजी लगाकर। यह असाधारण बात है। लेकिन स्वाधीनता के लिए यह हुआ है। यह ज़िंदगी की सार्थकता भी है।

ता. 20.03.93

कमर अभी मिलकर गये है। कल उनके यहाँ कबीर का गोष्ठी है।

थोड़ी देर बाद महेन्द्र भाणावत आए। उनसे काफी देर तक जैन मुनियों के सम्बन्ध में बातचीत होती रही।

किसी भी समय दुनिया से भाषण कठिन रहा होगा। यह सवाल भी है कि दुनिया से मनाना आवश्यक भी है? लेकिन दुनिया को समझने के लिए कुछ दूरी ज़रूरी होगी।

आधुनिक दुनिया बहुत तरह से हमारे पास आ गई है—साधु-संतों के पास आ गई है। हमारे चित्त में रम गई है। उसके आकर्षण अद्‌भुत है।

पर कुछ आश्चर्य की बात है कि संसार को छोड़कर जाने वाले साधुओं को लोग...फिर दुनिया में ले आते हैं। उनके चारों ओर घिरे रहते हैं। घेरे रहते हैं।

लेकिन उन्हें दुनियादारी नहीं करने देना चाहते।

मैं जैन साधुओं की बात क्यों कर रहा हूँ?

हिन्दू साधुओं का क्या हुआ?

वे चमकदम् नहीं है; उनकी पकड़ ढ़ीली पड़ गई है। वे राजनीति में आ गये हैं या पीछे बैठकर राजनीति की लगान सँभाल रहे हैं। उनकी बातचीत राजनीतिक सन्दर्भ में ही होती है। धर्म-संसद हिन्दू-साधुओं की संस्था है। वह प्राय: राजनीतिक विवादों में दखल देती है।

गरीब देशों में सामाजिक और राजनीतिक शक्तियों में अप्रत्यक्ष होड़ लगी होगी है। राजनीतिक शक्तियों, सामाजिक शक्तियों को निष्प्रभ करने में लगी रहती हैं। सामाजिक शक्तियाँ अपनी भूमिका को भूलती जाती है। वे राजनीतिक को प्रधान मानने लगती है। राजनीति को इतना प्रभावशाली नहीं बनने देना चाहिए कि नीतिकार, रचना करने वाले, डॉक्टर, इंजीनियर, अध्यापक, खेती करने वाले या हर कोई उन्हें अपनी राय मानने लगे।

ता. 21.03.93

राजसमन्द : डॉ. गोपीनाथ शर्मा, डॉ. आलम शाह खान, डॉ. महेन्द्र भाणावत, डॉ. विश्वम्भर व्यास, भगवतीलाल व्यास और मैं राजसमन्द पहुँचे। रास्ते भर खूब हँसते-हँसते रहे। इतने कि गोपीनाथ जी ने कहा मैं ज़िन्दगी में इतना कभी नहीं हँसा।

अणुव्रत विश्व भारती से राजसमन्द का विस्तार देखा जा सकता है। पूरा भरा न हो तो तालाब को देखना उदास करता है।

यहीं कबीर की प्रासंगिकता पर क़मर ने गोष्ठी आयोजित की थी। इसका उद्‌घाटन आलमशाह को करना था। जयपुर से वेदव्यास अध्यक्षता करने आए

थे। उनके साथ ओमेन्द्र मीराज और सूर्य प्रकाश जोशी आए थे। डॉ. गोपीनाथ शर्मा, देवेन्द्र भाई और मैं सम्मानित किए जाने वाले थे। उदयपुर के कमिश्नर धर्म सिंह सागर, कलेक्टर सुभाष गर्ग, जे.के. टायर्स के आनन्द प्रकाश भी सभा में आए थे।

माधत नागदा को कहानी-पुस्तक श्राप-मुक्ति, छलनी हुए शब्द और किशन कबीर का काव्य-संग्रह आलम शाह खान और मेरे द्वारा विमोचित हुआ।

गोष्ठी में सभी वक्ताओं ने इस तथा को देखा कि किया कि हमें कबीर की तरह भयरहित और अपने समय की रूढ़ियों तथा कर्मकांड़ को छोड़ने की कोशिश करनी चाहिए। हमें इस बात को भी समझना चाहिए कि धर्म बाहरी आडम्बरों से कितना अप्रासंगिक, क्रूर, व्यापक जैसा हो जाता है। आधुनिक सन्दर्भ में भी वक्ताओं ने धर्म की राजनीति का स्वरूप समझाने की चेष्टा की।

लेकिन मुझे प्राय: ऐसी गोष्ठियाँ वाग्मिता-प्रदर्शन जैसी लगती हैं। बोलने सुनने वाले पहले से तैयार होकर आते हैं। इससे एक तरह की उदासीनता का दृश्य सा रहता है।

विचारों का दंगल हमेशा रहा होगा। पर विचारों का स्वाभाविक धर्म है। पक्ष-प्रतिपक्ष संकल्प-विकल्प, थीसिस, एंटीथीसिस। लेकिन यह समय विचारों की शुद्धता, निर्विकल्पता, उनकी सत्यता, और गहरे सत्य की ओर जाने का नहीं है। सत्ता तक जाने का है, लोगों को राजनीतिक उपयोग का है। तब वैचारिक दंगल हिंसा में, उपद्रव में आतंक में, मसल पावर का भयावत रूप दिखाने में होता है। कोई भी राजनैतिक दल शुरू करे; दूसरे भी उस हथियार को काम में लेते हैं।

गोष्ठी दिन को तीन बजे ख़त्म हुई। भोजन में पूरी, श्रीखंड, भिंडी और एक सब्जी और थी।

लौटते हुए ब्रजभाषा परिसंवाद में पहुँचने की जल्दी रही।

आर.एम.वी. ब्रजभाषा परिसंवाद :

परिसंवाद दिन में हो चुका था। संध्या को पं. अक्षय कीर्ति व्यास का और मेरा सम्मान होना था। गोस्वामी धूमिल कुमार, जिन्होंने हमारा सम्मान किया था। मैंने ज्यादातर गुसाई बालकों और युवकों को स्त्रियों की तरह रहते लगते देखा है। वे ऐसे लगना कहते हैं। शायद इस तरह से स्त्रियों का मन जीतना कहते हों।

रासलीलाओं में पुरुष जब स्त्री बनता है तब वह स्त्रियों का मन आकृष्ट करता है। झालावाड़ की रासलीला को एक युवक-युवती बनकर नाचा करता था। वह एक विधवा को भगा ले जाने में कामयाब हुआ।

गुसाई जी ने स्वर्णभूषण पहन रखे थे और मेकअप भी कर रखा था। लेकिन उनका छोटा सा भाषण लालित्यपूर्ण था।

मैंने ब्रजभाषा की महान सर्जनात्मक शक्ति को रेखांकित किया और यह भी कहा कि उसे न बोलने वाले भी उसमें कविता सिखते रहे। भक्तिकाल में उसका सर्व शक्तिमान रूप देखा जा सकता है क्योंकि उसके यानि किसी भाषा आभिजात्य की स्थापना में नहीं लगे थे बल्कि देश की सांस्कृतिक ऊर्जा को पहचानने की कोशिश कर रहे थे। जब साधारण आदमी और किसी भी जाति, धर्म के लोगा सर्जनात्मक-साझे में सम्मिलित होते हैं तब भाषा एकदम अनोखा रूप ले लेती है। मैंने मुसलमान साथियों की भक्ति-रचनाओं को ओर ध्यान आकर्षित किया ख़ासतौर पर कवयित्री राज की कविता सुनाई—

श्यामला सलोना सिर ताज सिर कुल्ले दिये
तेरे नेह बाग़ में निदान ह्वै रहूँगी मैं।
नन्द के कुमार, कुरबान तोरी सूरत पर
हौ तो तुरकानी हिन्दुआनी ह्वै रहूँगी मैं।

यह एकदम आत्मीय कविता है और सारे साम्प्रदायिक तनावों से मुक्त करती है। मैंने इस और भी संकेत किया कि बादशाहों के शासन काल में ब्रजभाषा और भक्ति की रचनाओं का उत्कर्ष देखने को मिलता है।

लोहिया को उद्धृत करते हुए मैंने कहा कि हर हिन्दू को पन्द्रह प्रतिशत मुसलमान और हर मुसलमान को पचास फीसदी हिन्दू होना चाहिए।

यह बात चिन्ताजनक है कि गोष्ठियाँ प्राय: सूचनाओं का केन्द्र होकर रह जाती है।

संचालन कर्त्ता उबाऊ वक्तव्य देते हैं और एं-एँ करके बोलते रहते हैं।

गोष्ठियों में राजनीतिक रंगत नज़र आती है।

ता. 22.3.93

दोपहर को वेद व्यास, सुर्य कुमार जोशी, ओमेन्द्र मीणा आए।

वेद व्यास से प्रगतिशील लेखना संघ के बारे में लम्बी बातचीत रही। उन्होंने बताया कि वे लम्बे समय रचनाएँ नहीं लिख रहे हैं। उनकी इधर जो रचनाएँ छप रही हैं पुरानी है।

संगठन के कारण उन्हें एक क़िस्म की आक्रमकता अपनानी होती है जो ज्यादा उपयोगी नहीं होती। उन्होंने स्वीकार किया कि प्रगतिशील लेखन संघ को प्रान्त के रचना कार्य की समीक्षा भरवाने में ज्यादा दिलचस्पी लेनी चाहिए।

मैंने उनका ध्यान इस तरह आकर्षित किया कि अपनी टिप्पणियों में उन्होंने ग़ैर-साहित्यिक बातें लिखी हैं जिससे लेखक संगठन से अलग हुए हैं। मेरी दृष्टि से हमारे प्रान्त में समाजवादी/सामाजिक दृष्टियों वाले रचनाकारों ने हार

नहीं मानी। उन्होंने राजनीतिक उथल-पुथल के बावजूद भी अपनी रचनाओं को संकल्प रहित नहीं होने दिया। लेखक संगठनों को वह तथ्य उत्साहप्रद लगना चाहिए।

दरसल लेखक संगठनों को क्लिशे-नारों में बोलने की आवश्यकता का अनुभव नहीं होना चाहिए। नारा भाषा की घटती साहसिकता का सबूत होता है।

ता. 23.3.93

आज लोहिया-दिवस तथा शहीद दिवस की सभाओं में भाषण दिए। 'धर्म और राजनीति' का सम्बन्ध हो लोहिया की राजनीति को रचनात्मकता और नई वैचारिकी देता है। इसी सन्दर्भ में लोहिया ने राजनीति को अल्पकालीन धर्म और धर्म को दीर्घकालीन राजनीति कहा है। लेकिन यह मूल्यों के सन्दर्भ में ही; उसके कर्मकांड से सन्दर्भ नहीं। जब धर्म और राजनीति का मूल्यों से कोई सम्बन्ध न रहे तब न लोहिया, न धर्म और न राजनीति कुछ बचा पाएँगे।

सभा में अर्जुन दान देथा, सी.पी. जोशी, मदन खदड़िया ने भी अपने विचार व्यक्त किये। अर्जुन दान के भाषण 'धर्म की राजनीति' पर होते हैं लेकिन होते हैं तर्क संगत। वे मज़बूती लिये होते हैं। सी.पी. जोशी बहुत ज्यादा ज़मीन नहीं तोड़ते।

कविता की 'सार्थकता' के बारे में कितना भी संशय किया जाए (वैसे संशय किसके बारे में नहीं किया जा सकता है?) यह भी कि 'सार्थकता' किस प्राप्ति को कहा जाए?) इसके बावजूद वह ज़िन्दगी की महत्त्वपूर्ण आकांक्षा है। इस अर्थ में कि जो नज़र नहीं आती वह भाव रूप में नज़र आती, चकित करती दुनिया बनाने का बुलावा देते है।

कविता में अच्छी-बुरी दुनिया बनाने-बिगाड़ने का काम चलता रहता है।

सार्थकता स्वयं कोई निर्णायक अर्थ वाला शब्द नहीं है। क्या प्राप्त हो? किसे प्राप्त हो? जो प्राप्त हो वही सार्थक है? हमने जो 'सार्थक' कहा, वही सब सार्थक है। क्या सार्थकता के प्रतिमान बदलते नहीं हैं? इत्यादि।

इसलिए कविता सारे संशयों के बाद भी होती रहती है क्योंकि वह अपने स्वभाव में संशय रचती और संशय निरस्त करती है।

27.2.2014

कभी-कभी मैं, खुद, यह सोच कर चकिता होता हूँ कि कवियों से ही यह क्यों पूछा जाता है कि कविता क्यों लिखते हो? कवि-जन इसका उत्तर भी देते हैं, यद्यपि वे जानते हैं यह उत्तर आधा-अधूरा है। जो उत्तर वे दे रहे हैं वह शायद वह एक सम्भावना है और दूसरी ऐसी कई सम्भावनाएँ हो सकती हैं। सम्भावना इसलिए कहा कि वह अजीब तरह से सामाजिक और निजी, बेहद निजी काम है। इतना निजी कि जो उत्तर आप (लेखक या कवि) दे चुके हों उसे पूरी गम्भीरता से बदल दें।

क्यों लिखते हो कि सारे उत्तर लिख चुकने के बाद ही पूछे जाते हैं वे उत्तर सोच-विचार कर दिये जाते हैं, बनावटी। एक बनी चकी रचना का विश्वास करना, ऐसे कि जो रचनाएँ बन चुकी हैं और जो बनने वाली है वह एक ही पैटर्न पर हो और होगी—रचना के मौलिक-अस्तित्व का निषेध है। हर रचना यह जोखिम उठाती हुई दूसरा आसमान देखती है। एक संस्कृत कवि ने लिखा भी जिसका आशय यह

है कि अपार काव्य-संसार में कवि ही प्रजापति है उसे जो अच्छा लगता है उसे ही रचता है। तब क्यों लिखते हो-इसका ही उत्तर कैसे एक ही कैसे हो सकता है? अगर लेखक ईमानदार है तो कहे मैं नहीं जानता—लिखने के बाद भी कहना मुश्किल है क्यों लिखी?

देने के आनन्द के बारे में इससे बेहतर दूसरा दोहा नहीं पढ़ा।

ऋतु बसंत याचक भया, हरषि दिय दुम पात
ताते नव पल्लव भया, दिया दूर नहीं जात—

इस रचना के सौन्दर्य का केन्द्र कहाँ है? क्या इसका केन्द्र 'देने' का उपदेश है, क्या इस भाव का सम्प्रेषण है? कौशल, उदाहरण अलंकार से एक अमूर्त्त क्रिया को मूर्तन का आकृतिकरण? क्या शब्दों के उन्मेष के साथ कवि-दृष्टि। कुछ भी अलग-अलग न हो सकना ही कविता के श्रेष्ठत्व का प्रतिमान है। वस्तु और विन्यास का भेद केवल बुरी कविता में ही सम्भव है। सचमुच कविता पुराने जीवन, पुराने समय, पुराने भाव-दृश्यों को नया बनाती है।

दोहे में 'देने' के साथ 'हरिषि' शब्द को कैसे ग्रंथित किया है?

15.3.2014

किसी की पुस्तक का आमुख लिखना बहुत मुश्किल काम है। लिखने वाले के मनोभावों का यथार्थ आकलन शायद हो ही नहीं सकता। एक सम्भाव्य सीमा तक ही जाना जा सकता है।

शब्द का अर्थ कल्पना जन्य होता है। अर्थ की कई तरंगें होती हैं जो लेखक और आमुख लिखने वाले के संस्कारों से न मिलें तो कठिनाई बढ़ जाती है।

23.3.2014

पैसे के विरुद्ध सारे कथन, किस्से, कथानक, उपदेश, व्याख्यान, सन्देश, विमर्श, चर्चा, परिचर्चा, संत वाणी सिद्धान्त दिखावटी होते हैं। सफलताएँ पैसे के आसपास घूमती है।

संत-महंत जागीरें चाहते रहे। अभी के संत धनपति कुबेर हैं। उनके गुप्त धनकोषों के सामने राजनेताओं की सम्पदा तुच्छ है। समृद्धि की दुनिया ही हमारी चाहत की दुनिया है, इच्छा की दुनिया है।

21.4.2014

आयु का इक्यानवें (91) वर्ष पूर्ण हो गये। आज पूरे दिन एक बहुत पुरानी कविता शायद साठ-बासठ वर्ष पहले की याद आती रही।

लो तुम्हारी ज़िन्दगी का
एक पूरा वर्ष बीता।

उन लोगों की भी याद आती रही जिन्हें एक दूसरी कविता में इस प्रकार लिखकर याद किया था—

नावें जिन घाटों पर बाँधी,
वे डूबी आँधी अंधेड़ में
जिनके साथ गये मेले में
वे सब बिछुड़ गये भगदड़ में
हम कैसे बाज़ार आ गये
भ्रम में थे या थे भरमाये
ये कैसे कैसे दिन आए!

सायं भोज 'होराइज़न' हॉटल में आयोजित था जिसमें कुटुम्ब के स्वजनों के साथ साहित्यकार मित्र, विद्वदजन शामिल हुए। दिन में युगधारा के साहित्यकार मित्रों ने घर आकर अभिनन्दन किया।

दीर्घ जीवन का सम्पूर्ण आनन्द किसी किसी को मिलता है। आस-पास का संसार खंडित होता रहता है। स्वजनों की मृत्यु का क्लेश असहनीय है। स्वयं दुनिया के परिदृश्य से दूर होते जाते हैं। पेड़ से छिन्न पत्ते की तरह। मीरां ने जीवन-मरण के बारे में अद्‌भुत पंक्ति लिखी है—

बिरछ सूँ ज्यूँ पात टूटे बहुरि न लागे डार

मैं प्राय: उन उदास पत्तों को देखता हूँ जो 'बिरछ' से टूट कर हवा में कहाँ-कहाँ उड़ चले जाते हैं।

मृत्यु का यथार्थ तो सार्वकालिक, सार्वभौमिक है, लेकिन त्रासदायक है। क्या पुनर्जन्म का सिद्धान्त इस त्रास को किंचित हल्का करने के लिए ही है।

अन्यथा

Life is a tale Tolz by Idiot
...Full of Sounds and furies signifying nothing... ।

5.5.2014

आज 'द हिन्दू' पढ़ रहा था। आजकल पढ़ने के लिए मोदी, राहुल, केजरीवाल के एक दूसरे को लज्जित करने वाले बयानों के सिवा व्यवस्थित, विश्वास पैदा करने वाला कुछ नहीं होता।

'द हिन्दू' में आज एक बड़ी रपट अरविन्द केजरी के साथ एक दिन जैसी छपी है। इस वृत्तान्त के लेखक राहुल पंडिता हैं।

विदित हो कि केजरीवाल भाजपा उम्मीदवार नरेन्द्र मोदी के प्रतिद्वंद्वी हैं।

राहुल पंडिता की रपट के अनुसार केजरीवाल के साथ बीजेपी वालों ने जगह-जगह अत्यन्त असहिष्णुता का व्यवहार किया। अपना नामांकन पत्र दाख़िल करने गये केजरीवाल पर अंडे, टमाटर तो फेंके ही उन्हें गालियाँ भी दीं। बाद में जब-जब केजरीवाल मतदाता नागरिकों से मुखातिब होने गये उन्हें उग्र हिंसक, लोकतंत्रात्मक विरोध-भाषा का सामना करना पड़ा। अफसोस कि इस अभद्र आचरण और भाषा के लिए मोदी ने अपने उद्दंड, किशोर, अनुशासनहीन अनुयायियों को एक बार भी नहीं लताड़ा।

दरअसल सांस्कृतिक शील और संस्कारों की दुहाई देने वाले संगठन आरएसएस का मूल चरित्र अलोकतंत्रात्मक और हिंसक है। वे लोकतंत्र का लाभ उठाते हुए उसे लज्जित करने का कोई अवसर नहीं चूकते। वे अपने से भिन्न विचार रखने वालों को समुद्र में डूब मरने की सलाह देते हैं। वे उस किसी पार्टी की सभा को बिना बखेड़े चलने नहीं देते जो उसकी लद्दड़ विचारधारा के प्रतिकूल हो। वे गिरोह में आते हैं और सोची-समझी योजना के अनुसार सभा में अराजकता दहशत का वातावरण निर्मित करते हैं। रात में होने वाली विरोधी दल की सभाएँ हुड़दंग फैलाने के लिए मुफ़ीद होती हैं। अब सोशल मीडिया का विस्तार और प्रभावशालिता के कारण वैसी सभाएँ नहीं होतीं। जो होती हैं वे राष्ट्रीय नेताओं की होती हैं और सुरक्षा के कारण दिन में होती है। अब रोड शो होते हैं, जहाँ जूते, स्याही, तेजाब फेंके जाते हैं।

हिंसात्मक घटनाओं को मीडिया तुरन्त प्रसिद्धि देता है इसलिए निराशा और असुरक्षित समय असहिष्णुता ही कुप्रसिद्धि ही सही, चारों तरफ फैलाने में मदद करती है।

जो भी राहुल पंडिता लिखती हैं कि श्री केजरीवाल को इस शील और संस्कृति के नगर में जहाँ शंकराचार्य और मंडन मिश्र की पत्नी के बीच बहस हुई थी बीजेपी की कार्यकर्ता बोलने नहीं देते, उन्हें देखते ही नारे लगाते हैं और दिल्ली में अपनी हार का बदला वाराणसी में लेते हैं।

मैं अत्यन्त क्षुब्ध हूँ कि निरन्तर विचार और विमर्श की ज़मीन इतनी बाँझ क्यों होती जा रही है और अपने पुराने मन्दिरों, पुराने देवताओं के इतनी प्रगाढ़ता से क्यों पकड़े हुए हैं?

16.5.2014

लोकसभा की चुनाव-गणना में कांग्रेस की हार का कोई आश्चर्य नहीं है लेकिन वह इतनी दयनीय होगी यह आश्चर्यजनक रहा। चुनाव में हार-जीत के कई कारण होते हैं। कुछ बहुत ही स्पष्ट होते हैं—कांग्रेस राज के पिछले पाँच साल निराशाजनक थे। शासन के लिए जिस उन्मादपूर्ण इच्छा शक्ति की आवश्यकता चाहिए वह ठंडी पड़ गई थी। डॉ. मनमोहन सिंह विद्वान् अर्थशास्त्री तो थे लेकिन दबंग शासनकर्त्ता नहीं थे। श्रीमती गांधी 'बैकसीट ड्राइवर' थीं। वे दूसरी यूपीए की प्रधानमंत्री होती तो बेहतर था। वे छिपकर राज चला रही थीं। दूसरी बार का भ्रष्टाचार, घोटाले असहनीय थे। कांग्रेस ने उन्हें सांस्कृतिक वैधता प्रदान कर दी थी।

कांग्रेस ने जिस वैकल्पिक प्रधानमंत्री की तलाश की वे न विद्वान् थे न राजनीतिक अनुभवों की सुदीर्घ परम्पराओं और प्रताड़ताओं से गुजरे थे। उनके पास न कोई वैश्विक दृष्टि थी न विकसित होते विशाल देश के लिए सपनों का संसार। वे कभी सब्जी मार्केट गये या नहीं। उन्होंने राजकुमार का पद और प्रभुता भोगी। बूढ़ी होती माँ ने राहुल और प्रियंका से अलग या दूर भारत की स्त्रियों या बच्चों के साथ कोई स्नेह की दुनिया नहीं बनाई।

निःसन्देह कांग्रेस के साथ कोर्पोरेट जगत् और सोशल मीडिया ने दगा किया लेकिन ज्यादा दोनों प्रतिद्वंद्वी एक ही प्याऊ का पानी पी रहे थे। केजरीवाल कहते और पूछते रहे मोदी और राहुल को हेलीकॉप्टर कौन देता है? उनको अपनी यात्राओं का हिसाब देना चाहिए। कहते हैं अरबों-खरबों का आँकड़ा बनेगा। पहले जब समाजवादी पार्टी हुआ करती थी वह नारा लगाती थी 'टाटा बिड़ला' की सरकार नहीं चलेगी। अब सिर्फ नाम बदल दीजिए सरकार तो वे ही चला रहे हैं। बहरहाल एक सौ तीस बरस की कांग्रेस को अपनी तृष्णाओं की कठरियों के साथ हारना ही था लेकिन वो विकल्प में आँधी तरह आई भाजपा और मैं मैं करते श्री नरेन्द्र मोदी।

25.7.2014

मुझे ऐसा लगता है कि दुनिया की सारी हुकूमतें, सरकारें, संस्थाएँ, अधिकृतियाँ मनुष्य की स्वतंत्रता को बन्दी (क़ैदी) रखना चाहती है। वह उसे बदले में सारे सुख, सारी सुविधाएँ देने की प्रतिज्ञाएँ करती हैं देती हैं। वे उससे महँगे से महँगा सौदा करने से गुरेज़ नहीं करती। आत्म-निर्णय का अधिकार देना सबसे कठिन होता है।

पुस्तकें इसलिए अच्छी लगती हैं कि वे हमारे लिए सोचती हैं। जिन सवालों का जवाब हमें नहीं सूझता वे देती हैं। मनुष्य दरअसल इतना आलसी, इतना सुविधा

भोगी है कि वह अपनी स्वतंत्रता का सौदा (सोचने की) करेगा लेकिन सोचने की ज़िम्मेदारी नहीं लेगा।

क्या मनुष्य भी स्वतंत्र नहीं होना चाहता?

15.8.2015

आज प्रधानमंत्री ही 'दूल्हा-राजा' होता है। आज भाजपा के नरेन्द्र मोदी प्रधानमंत्री ही 'दूल्हा राजा' थे। दूरदर्शन पर उन्हें एक खूबसूरत रंग-बिरंगे साफे में देखा। भाषण के बाद मेरी राय बनी कि भाषण से कहीं अधिक चटकदार उनका साफ़ा था। उनका भाषण ऊर्जा रहित था। कुछ-कुछ अनिश्चय और संशय की स्थितियों से दबा-दबा। वह सार्वजनिक जीवन में किसी भी प्रकार की कार्य-सम्भावना जगाने वाला नहीं था। मेरा ख़याल है कि मोदी से नागरिकों से चुनाव के समय ऐसी ऊँची आवाज़ सुनी है कि अब उनसे ऊँची आवाज़ जब तक न दी जाए सब कुछ फीका फीका लगेगा।

राजनीतिक पार्टियाँ अब अपने पक्ष में मत चाहती है, उनकी रचनात्मक-ऊर्जा को बुझा कर नागरिकों के लिए सरकारी योजनाओं की घुमावदार पंगडंडियाँ होती हैं, जिन पर चल कर वे वहीं आ जाते हैं, जहाँ से चले थे।

प्रधानमंत्री से मैं देश के लोकतंत्रात्मक वसीयतनामे की साहसिक योजना के बारे में सुनना चाहता था। यह कि इस देश के मालिक हिन्दू ही नहीं हैं 'सब हैं' हिन्दू, मुसलमान, सिख, ईसाई, वंचित, दलित। आज का भाषण ज्यादा खोलता नहीं छिपाता था।

कट्टरता प्रायः छिप कर आती है। महायुद्धों की भूमिकाएँ भी 'जन-कल्याण' के नाम से औचित्यपूर्ण सिद्ध की जाती है। धर्म-कट्टरता धर्म की रक्षा करने का बहाना लेकर फैलती है। दक्षिण पंथी सरकारें विकास के नाम पर पूँजीपतियों के लिए लूट के दरवाज़े खोलती हैं जो उनकी पार्टियों का अंधा धुंध धन दे चुका होता है। सारा खेल छिपकर होता है। जब प्रकट होता है बहुत देर हो चुकी होती है।

25.8.2014

कभी-कभी मैं हिन्दी गद्य के बारे में सोचता हूँ और उसमें आ रहे सरसता के अभाव के बारे में। हिन्दी मुझे शिक्षकों की भाषा लगने लगती है। एक अलग-सी, महिमा-मंडित, टसक वाली। जब मैं कुछ समय के लिए समाजवादी पार्टी में शामिल हुआ और गाँवों में जाने लगा, भाषण देने लगा तो मुझे हिन्दी में बोलते हुए कुछ-कुछ झिझक-सी होती। मुझे लगता है कि मैं गाँव के घर-आंगन की भाषा नहीं बोल रहा

हूँ भाषण झाड़ रहा हूँ। मैं कई बार हाड़ौती में बोलने लगता, और अनुभव करता कि हिन्दी के भाषण से थके लोग राहत महसूस कर रहे हैं।

पार्टी में राजस्थान के बुजुर्ग नेता बाबा हरिश्चन्द्र ढूँढ़ाड़ी में जनसभाओं को सम्बोधित करने और जनता को हँसाना चाहते हंसाते और सरकार की लापरवाहियों के प्रति गुस्सा दिलाना चाहते तो वैसा होता। जनता देर तक उनका भाषण सुनती। इतनी मुग्धता के साथ कि हम सब वक्ताओं की निराशा देखने लायक होती। उदयपुर में भाई भगवान मेवाड़ी में बोलकर जनता को उत्फुल्ल रखते।

यह विचारणीय है कि बोली जाने वाली भाषा लिखी जाने वाली भाषा क्यों नहीं हुई। यह सवाल हिन्दी-भाषी प्रदेशों को अधिक व्याकुल रखता है।

जो हो, हिन्दी गद्य की नीरसता का कारण उसका टूटता जनाधार है। वह मध्यवर्गीय बौद्धिकों की भाषा होती जाती है। अपनी भाषा सम्पदा को वह ग्रामांचलों की बोलियों से समृद्ध नहीं करती बल्कि स्कूलों, कॉलिज में पढ़ाई जाने वाली पाठ्य-पुस्तकों की या कि अनुवादित हिन्दी से समृद्ध करती है।

भाषाएँ समाज से ही पोषण लेती हैं और जिस समाज की तरफ हम भाग रहे हैं वह स्वयं अकेला और मोबाइल कृत होता जा रहा है। लोग अभी अपने अवसाद ग्रस्त और चिड़चिड़ेपन के कारण नहीं जान रहे हैं लेकिन वे जल्दी ही जान जाएँगे कि उसका मुख्य कारण उनकी अपनी चाही आविष्कृत यह सिकुड़ती आत्म-केन्द्रित होती हुई समाज-रचना और नीरस जनाधार रहित भाषा है।

7.9.2014

6.9.2014 के अंग्रेज़ी अख़बार 'हिन्दू' में भाजपा में पुनः शामिल हुए सुब्रहमण्यम स्वामी ने मार्क्सवादी, मुस्लिम और पश्चिमी इतिहासकारों की पुस्तकें जला देने का आह्वान किया है। उनका कहना है कि नेहरू काल के इन इतिहासकारों ने अनेक राष्ट्रवादी हिन्दू राजाओं के अवदान की जान-बूझकर उपेक्षा की है।

स्वामी का ऐसा बयान उनकी हताशा का इज़हार है। वे राजनीतिक हल्कों में अविश्वसनीय और अप्रासंगिक होते जा रहे हैं—यह बयान उसी का सबूत है। ऐसे हिंसात्मक और असामाजिक बयानों से वे शायद अपनी रोमांचक उपस्थिति दर्ज करा देना चाहते हैं।

स्वामी लोकतंत्र और अभिव्यक्ति की स्वतंत्रता का महत्त्व न जानते हों ऐसा नहीं है। भारतीय इतिहास में हताशा के सामूहिक दौर आए हैं। बौद्धकाल में ब्राह्मण कट्टरपंथियों ने बौद्ध धर्म की पुस्तकें, पुस्तकालय जलाए हैं और अनेक प्रकार के उपद्रव किये हैं। असहमति की सामान्य-सी अभिव्यक्तियाँ हत्या और सार्वजनिक

सम्पदा के विनाश का लगातार कारण बनती है इन घोर लोकतांत्रिक दुर्घटनाओं से स्वामी अपरिचित हों ऐसा भी नहीं है। तब भी एक सेमीनार में अपने असहमति रखने वाली मुस्लिम मार्क्सवादी और पश्चिमी इतिहासकारों की पुस्तकें जला देने का बयान निन्दनीय और चिन्ताजनक है।

पुनश्च: स्वामी इस बात से अनभिज्ञ नहीं होंगे कि दक्षिणपंथी हिन्दू इतिहासकारों ने वामपंथी मार्क्सवादी तथा पश्चिम के साम्राज्यवादी इतिहासकारों का जम कर विरोध किया है। दोनों खेमों में दृष्टि भेद और तथ्य चयन में मतान्तर हो सकते हैं लेकिन इसलिए एक खेमा दूसरे खेमे की पुस्तकें जला दे पुस्तकालय फूंक दे या लेखिका सिर कलम करने फतवा दे और कातिल को पुरस्कृत करे। इसके औचित्य के पक्षधर स्वामी जैसे नेता हों तब लोकतंत्र की आबरू बनेगी क्या?

9.10.2014

जब फोन काम नहीं करता तब उसका मतलब उसकी सार्थकता, उसका महत्त्व समझ में आने लगता है। जल्दी से जल्दी उसके ठीक होकर काम में आने की कोशिश में लग जाता हूँ। यह जानते हुए भी कि फोन 'डेड' पड़ा है और उसे ठीक करने वाला नहीं आया—चोगा बार-बार उठाकर कान से लगाता हूँ 'डायल टोन' सुनना चाहता हूँ, ऐसा भ्रम होता है कि फोन ट्रिन-ट्रिन कर रहा है—बुला रहा है। नितांत भ्रम, वास्तविकता का भ्रम। जो नहीं है उसके होने की कल्पना को वास्तविक मान लेना ही भ्रम है।

क्या सम्भावना भी भ्रम है? सम्भावना भी तो कल्पना ही है—हो सकने की। सारी कल्पनाएँ क्या अवास्तविक होती है? मुझे लगता है कल्पनाएँ वास्तविकताओं का मनमौजी विस्तार होती है।

18.10.2014

गांधारी ने जब कृष्ण से कहा होगा पुत्रशोक 'महाकष्टम्' तब क्या महाभारत का युद्ध समाप्त हो गया था? क्या गांधारी के सब पुत्र युद्ध में मार दिए गए थे? मैं यह कल्पना भी नहीं कर पाता कि गांधारी ने अन्त में उस विषाद को किस साहस, किस धैर्य, किस तप के वरदान से सहन किया होगा।

'महाभारत' मृत्यु की विभीषिका की असहनीय दुखान्तिका है जो एक स्त्री के अपमान के कारण प्रतिफलित हुई। महाभारत की सारी स्त्रियाँ पुत्र-मृत्यु का 'महाकष्ट' सहन करती है। सुभद्रा का युवा पुत्र अभिमन्यु चक्रव्यूह में फँस जाता है—द्रौपदी के पुत्र नृंशसतापूर्वक जला दिये जाते हैं। गांधारी के पुत्र कुरुक्षेत्र के

युद्ध में मारे जाते हैं। द्वापर की यह शोकान्तिका मानवीय नियति की कैसा हृदय विदारक आख्यान है।

* * *

आज राम का मन गोपाल की याद में बहुत उदास था। बार-बार कहा कहीं मन लगता नहीं है अब मन लगाने के लिए बचा ही क्या है? एक बार गोपाल कैंसर मुक्त होकर अपनी सामान्य ज़िन्दगी में लौट आया था। इतना स्वस्थ कि एक ट्रेनिंग के लिए लंदन चला गया।

लौट कर पाया कि कैंसर relapse हो गया है। राम फिर उसे कैंसर-मुक्त करने के प्रयत्न में लग जाता। कुछ हाथ नहीं लगता। अपने पुत्र की अर्थी, शव-दाह, मृत्यु-कर्म-श्राद्ध राम ने सब किया मैंने सोचा शोक की नदी पार कर ली है। लेकिन अन्दर की टूटन कौन देख सकता है?

'महाभारत' में गांधारी धृतराष्ट्र के सौ पुत्र मर गये, किन-किन के कितने! अब तक कितने-कितने महिमा-मंडित नाम देकर पूरी दुनिया के लोगों ने अपने बेटों की मृत्यु का सन्ताप सहन किया है?

किस-किस तरह के युद्ध लड़े जा रहे हैं? किस-किस तरह की मृत्यु हमारे चारों तरफ घूमती है। किसी का कोई वश नहीं चलता। राम की आवाज़ कितनी उदास, कितने उँड़े से आ रही थी। अब यही आवाज़ बची है।

व्याख्यान

भूमण्डलीकरण और साहित्य का भविष्य

हमारी बातचीत का वो मुख्य विषय है, बाहे उसे हम वैश्वीकरण करें, बाहे हम उसे भूमण्डलीकरण कहें या चाहे उसे हम उदारीकरण कहें या और बहुत से नामों से जानें, लेकिन वह हमारी संस्कृति में बहुत नया आयाम ही है और मेरी हहि में कुछ चिन्ता करने जैसा भी है। दरअसल ये सारे शब्द हमने संस्कृति से नहीं उठाए हैं। हमारी संस्कृति के परिवेश में अगर हमने कभी विश्व की बात की है तो वह बहुत भित्र अर्थ में बात की है। हमने यह चाहा है कि विश्व एक हो, विश्व हमारी आत्मा बका नीड़ हो, हम संसार की चिन्ता करते हुए जीएँ, ऐसे कुछ मनोरम अर्थों के साथ हमने, विश्व को अपने मन में धारण किया है, एक दार्शनिक चिन्ता के साथ हमने विश्व को याद किया है। मैं एक हूँ और बहुत हो जाऊं या सारा विश्व मेरा घर हो, ऐसे कुछ उच्च मनोरथों के साथ हमने संसार के नागरिक होने की चिन्ता की है। लेकिन जिन अर्थों में इन दिनों वैश्वीकरण की बात की जा रही है, वैसे सन्दर्भ हमारी संस्कृति में है नहीं और जब कभी ऐसे छोटे, ऐसे संकुचित सन्दर्भ आए हैं तो हमने उनकी तरफ कुछ ज्यादा सम्मान की दृष्टि से नहीं, एक तिरस्कार की दहि से ही देखा है। जिस वैश्वीकरण की बात की जा रही है, यह शब्द अर्थशाख का शब्द है, अर्थशा से ही हमने ग्लोबलाइजेशन या लिबरलाइजेशन या और बहुत से आपके जाने-पहचाने शब्दों को उठाया है और चिन्ता की बात यह है कि अब उसमें हमने अपने मन को रमने दिया है, हमने अपने मन को उसके साथ बाँध लिया है। नो हमारे संस्कार का, संस्कृति का शब्द नहीं है उस शब्द पर हम लड्डू हो गए हैं। मुग्ध हो गए हैं। और अब बहुत सारे मित्रों का बहुत सारे विद्वानों का यह मन बन गया है कि साहब अब तो वह हमारी जिन्दगी का हिस्सा ही हो गया है, अब उससे मुक्ति पाना तो हमारे लिए संभव ही नहीं है। यदि हम सुक्ति पाने की कोशिश करेंगे तो अनिष्ट हो जाएगा और हम दुनिया से अलग-बलग पढ़ जाएँगे, इसलिए अब इसका प्रतिरोध करना धार के विरुद्ध चलना है। अब तो यह धार आ ही गई है, अब एकाध मछली कोई इसका विरोध करते हुए चले भी तो वह एक जोखिम का काम होगा। इसलिए हमें अधिक से अधिक यह करना चाहिए कि वैश्वीकरण या कण में जीते हुए भी हम कुछ इस प्रकार की संरचना करें, कुछ इस प्रकार के प्रयत्न करें

कि वैश्वीकरण उतना खतरनाक न हो जाए जितना खतरनाक हो जाने की उसकी सम्भावना है। यानी हम चौकले हों, यानी हम पहरेदार हो, बानी हम बौकीदार हो उस वैखीकरण और उदारीकरण के जिसकी मझधार में हम फंस गए हैं। यह एक दृष्टि है, यह एक इशारा किया जाने लगा है। लेकिन इस इशारे के बहुत सारे प्रसंग हैं, बहुत सारे पहलू जैसे एक बात आपके ध्यान में आई भी होगी, आप इस बात से परिचित भी होगे, मैं आपको केवल उसकी तरफ आकर्षित करना चाहता हूँ, आर पर आपका ध्यान खींचता हूँ कि यह बात आपको बार-बार सोचनी पड़ेगी कि अर्थ को या सम्पत्ति को जिन्दगी में कितना महत्व दिया जाए? क्योकि मुझे ऐसा प्रतीत होता है कि वैश्वीकरण के जितने भी शुभचिन्तक है, वैश्वीकरण के जितने भी प्रेमी और आशिक लोग हैं, उनके मन में अर्थ की जो वास्तविक शक्ति है उसकी पहचान नहीं है। इस समय और जो पिछले दस-बीस वर्षों में मनुष्य के साथ सबसे बड़ा मनोवैज्ञानिक परिवर्तन हुआ है, और सारी दुनिया में यह परिवर्तन हुआ है कि जो हमारा बल है, जो हमारी शक्ति है, हमारा जो पुरुषार्थ है वह पुरुषार्थ सम्पत्ति ही है, सम्पदा ही है। और दूसरी किसी भी प्रकार की बात करना निरर्षक है किसी के जीवन की सदाशयता की आशयता की, बड़प्पन की, प्रेम की, करुणा की दूसरी किसी भी प्रकार की बात करना एक तरह से समय का अपव्यय है। जीवन का सबसे बड़ा मूल्य, सबसे बड़ा अर्थ, सबसे बड़ा पुरुषार्थ वह सम्पति ही है और जब कभी आप इसके विरुद्ध कोई बात करते नजर आते हैं तो लोग बाग यही कहते हैं कि संत आदमी है। यानी यह जो बात कर रहा है और जीवन के पुरुषार्थ की बात कर रहा है, ऐसा प्रतीत होता है कि जिन्दगी की जो जटिलताएँ हैं, जिन्दगी का जो झगड़ा है, जिन्दगी की जो ऐसे आदमी के लिए एक विकार उत्पन्न हो गया है कि वह आदमी निरर्थक है जो जीवन में एक संतुलन की और इस बात की चर्चा करे कि आखिर सम्पत्ति का, सम्पदा का क्या महत्व है? जब गांधी ने एक बात कही ती कि मैं आपकी Need तो जनता हूँ लेकिन आपका Greed नहीं जानता। यह जो अनुप्रासात्मक है Need और Greed का, जो अन्त्यानुप्रास मिलाते हैं गांधी कि मैं तुम्हारी आवश्यकता को तो जानता हूँ लेकिन तुम्हारे लालच को नहीं जानता, तुम्हारे लोभ को नहीं जानता तब वे दरअसल अर्थशाख के संतुलन की सामाजिक आवश्यकता की बात करते हैं। अभी देखते देखते हुआ यह है कि पिछले दिनों जो सबसे बड़ी सामाजिक उथल-पुथल हुई है उससे एक चालाक मध्यवर्ग का जन्म हुआ है, जिसको हम एक मिडिल क्लास के नाम से संबोधित करते हैं। मिडिल क्लास के आदमी के सम्बन्ध में एक बहुत अच्छी पुस्तक इन दिनों प्रकाशित हुई है जिसके लेखक एक LAS. अधिकारी हैं पवन वर्मा, The Great Indian Middle Class. इस पुस्तक का सारा सरोकार भारत के पिछले आजादी के समय से लेकर अब तक मध्यवर्ग के चालाक आदमी की छलांगों का वर्णन करना है। मध्यमवर्ग

के आदमी की सबसे बड़ी बालाकी यह है कि यह आदर्श का व्याख्यायित की है, सबसे ज्यादा चिन्ता करता हुआ आदमी आपको इन दिनों आलोचना करने वाला, विवेचना करने वाला। अपने ही सन्दभों की निर्मम व्याख्या करने वाला आदमी अगर आपको मिलेगा तो मध्यवर्ग का आदमी होगा। अगर आप उससे कहें कि सम्पत्ति के विषय में एक व्याख्यान दीजिए तो वह ऐसा ललित और लच्छेदा व्याख्यान देगा कि आपको मालूम पड़ेगा कि यह आदमी सबसे बड़ा अर्थ का तिरस्कार करने वाला है, अर्थमुक्त आदमी है लेकिन आप उसके सांसारिक सम्बन्धों को टटोलें तो ऐसा आपको मालूम होगा कि सबसे अधिक जीवन के मूल्यों को धिक्कारने वाला, जीवन के मूल्यों की अवमानना करने वाला अन्दर से वही आदमी है जो राजपुरुषों की इतनी निंदा करता है और राजपुरुष के लिए यह इंतजार करता है कि अगर वह एक बार भी उसके कंधे पर हाथ रख दे तो बहुत दिनों तक वह अपने कंधे को नहलाएगा भी नहीं क्योंकि वह सोचेगा कि उस आदमी का मधुर स्पर्श इस कंधे पर हुआ है जो मेरी इच्छाओं के केन्द्र में है। इस मध्यवर्ग के आदमी का सबसे अधिक संख्या में भारत में आ जाना एक तरह से हमारे जीवन को उथल-पुथल में रख देता है। दरअसल तीसरे विश्व की सबसे बड़ी त्रासदी है कि उन्होंने अपना जो मॉडल चुना है, वह पश्चिम ही है- पश्चिम के अनुरूप होना, पश्चिम के समतुल्य होना, पश्चिम के बराबर होना, पश्चिम के लोग-बाग हमें बड़प्पन का सर्टिफिकेट दें। आपने देखा होगा बहुत दिनों तक हमारे देश में पश्चिम के लोग कग जब हमारे डवलपमेंट को, हमारे विकास के कर्णधारों को सर्टिफिकेट दे जाते थे और कहते थे कि दरअसल आपका देश पश्चिमी मुल्कों की तरह ही विकसित हो रहा है तो हमारे बड़े-बड़े देशभक्त राजनेता प्रसन्नता से उत्युद्ध हो जाते थे, क्योंकि पश्चिम का आदमी हमारी सराहना करता है। इस तरह हमारे मन में एक भाव, एक मनोवैज्ञानिक भाव, एक मनोवैज्ञानिक जटिलता यह समाई हुई है यदि पश्चिम के लोग हमारी सराहना करते हैं, पश्चिम के लोग हमारी जीवन शैलियों को शाबासी देते हैं तो हमारा जीवन, हमारा राजनय, हमारी राजनीति सफल है।

इन दिनों हमारे अपने देश में जो हमने किया है उसमें हमारा पुरुषार्थ कहीं नजर नहीं आता सबसे बड़ी दुर्घटना शिक्षा की हुई है। शिक्षा के लिए हम लोगों ने जी आदर्श चुने हैं वे हमारे अपने नहीं है। लगातार उनके आदेश, उनके लिए दिया जाने वाला पैसा, उनके लिए दान हमें पश्चिमी मुल्कों से मिल रहा है और वे हमें यह भी कह रहे हैं कि शिक्षा का लक्ष्य क्या हो? इन दिनों भारत की शिक्षा में जो सबसे बड़ी चिन्ता की जा रही है, वह जनसंख्या विस्तार की है। एकमात्र समस्या हमारे देश में यह प्रतीत होती है कि जनसंख्या बढ़ गई है। ऐसा लगता है कि जैसे इसके सिवाय शिक्षा के पवित्र लक्ष्यों का अनुसंधान करने के लिए किसी बात की आवश्यकता नहीं है। और मध्यवर्ग को इससे अधिक सुख का और क्या कारण हो

सकता है कि सारा का सारा दोष हम जनसंख्या पर ले जाकर रख दें और उन्होंने शिक्षा में जो थालमेल की है, शिक्षा का जो व्यापारीकरण किया है, उनकी तरफ किसी का ध्यान न जाय और कोई यह इशारा भी न करे कि शिक्षा में इस पातक, निष्प्राण और निष्तेजता के कारण तुम हो। अगर हम मराबा यह बात करते रहे कि जनसंख्या वृद्धि हो रही है तो हम उन गरीब लोगों की तरफ उन गाँव वाले लोगों की तरफ इशारा करते रहेंगे और उन्हीं को दोष देते रहेंगे और उन्हीं को यह कहते रहेंगे कि हमारा डवलपमेंट जी अभी तक नहीं हुआ है, वह तुम्हारे कारण है क्योंकि तुम जनसंख्या वृद्धि कर रहे हो।

हमारे शिक्षा के लक्ष्य अब किसी बड़े जीवन के लक्ष्य नहीं रह गए हैं और उनमें आप बालाकी देखें तो वही मध्यवर्ग समुदाय अपने बालकों को एक्जीक्यूटिला बनाने की होड़ में लगा है। अब शिक्षा का एकमात्र उद्देश्य नंबरों को पाना, प्रतिस्पर्धा में शामिल होन्स और अपने बेहतरीन जीवन के आनन्द को भूल जाना है। अब कोई भी माता-पिता अपने बच्चे के जीवन की शुरुआत का सपना पचीस हजार, पचास हजार, एक लाख के वेतन में समेटता है और अगर वह बालक इस प्रतिस्पर्धा में, इस दौड़ में, इस गले काट देने वाली संस्कृति में शामिल नहीं होता तो मध्यवर्ग का माँ-बाप अपने बच्चे के जीवन को धिक्कारता है और उसके जीवन को असफल भी मानता है। एक ब्रेण्डेण्ट, एक प्रकार का ब्रेण्ड एक छोटे जीवन की कल्पना में जैसे पूरा जीवन समेट दिया गया हो और चारों तरफ आप परिदृश्य देखें, वैश्वीकरण और उदारीकरण के, तो एक निठल्ला वर्ग उत्पन्न करना, एक चालाक वर्ग एक ऐसा वर्ग उत्पन्न करना—कौन बनेगा करोडपति। करते हैं, पूरे दिन जिन्दगी को देते हैं उसको चालीस रुपये मिलते हैं। चार प्रश्नों का उत्तर देने वाले लाख रुपये से देखते-देखते झोंक छह ऐसा लाख रुपये पर और एक मिनट बीतते रुपये पर और पचीस लाख जिन्दगी दिखाती है क्या? मनोरम ख्याब कि अभी-अभी आप यहाँ बैठे थे और एक लाख साठ हजार से तीन लाख बीस हजार पर आप पहुँच गए, छह लाख चालीस हजार पर और बार-बार वह लालच देता रहता है कि एक करोड़ से दो सवाल दूर हैं अब आप। यह चकित कर देने वाला एक षड्यंत्र है उदारीकरण के नाम पर वे लोग-बाग जो इस देश में मेहनत से करिश्मा करते थे, मेहनत का जादू जानते थे, अब वे सब मिलकर यह कहते हैं खुल जा सिमसिमा और ऐसे ही लोग याद रखते हैं नी बज गए क्या? क्योंकि तब उनका यह सपना पूरा होने वाला है, जो एक मनोवैज्ञानिक सपना है, करोड़पति हो जाने का। एक अध्यापक का जीवन, एक डॉक्टर का जीवन, एक काम करने का जीवन कठिन परिस्थितियों में से छलांग लगाने का जीवन अपने जीवन को बनाने के संकल्प, अब वे सब इस चालाक मध्यवर्ग के हाथ में आ गए हैं। और यह चालाक मध्यवर्ग, जब-जब आप जीवन के उच्चतर आदर्शों की बात करते हैं, आपको इस तरह तिरस्कृत करता

मालूम होता है कि यह तो संत है। यह तो साधु है, आप तो बा साहब उमर बोले हो। पुराना जमाना ऑपने देखा है, इसलिए आप ऐसी बातें कर रहे हैं, जो कभी आप ऐसी बातें करें।

जीवन की जो सारी संरचना है, उसके सम्बन्ध हैं और वैश्वीकरण जिस बात का दबाव बाल रहा है, वह यह है कि आप इस तरह जीवन के सम्बन्ध में न सोचे। जो सबसे बड़ा संकट मुझे मालूम हो रहा है वह यह है कि पश्चिम आपसे कह रहा है, आप जीवन के बारे में उनके नजरिए से सोचें, उनकी दृष्टि से सोचें, उनके चश्मे से इस जिन्दगी को देखें, उनके प्रतिमानों से अपने जीवन के विकास की कल्पना करें उनकी तरह से मुट्ठी भर लोगों को समृद्ध बनाएँ बाकी के जीवन को गारत हो जाने दें और बाकी के जीवन की चिन्ता करें। और अगर आप किन्हीं पुराने आदर्शों बगैरह की बात कर रहे हैं तो उनका यह भी कहना है कि पुरानी विचारधारा का, पुराने इतिहास का, पुराने आदशों का, पुराने संकल्पों का अंत हो गया है। और आप अब जिन्दगी को फिर से समझने की, फिर से जानने की कोशिश करें। फिर से जानने की कोशिश करें इसका क्या अर्थ है? इसका अर्थ यह है कि जैसे जिन्दयी युरोप जानता है, जैसी जिन्दगी पश्चिम जानता है, जो आदर्श पश्चिम के हैं और वह भी जो आदर्श अमरीका के है; वही जिन्दगी है। पश्चिम कहता है अपनी गरीबी के निवारण के लिए हम आपको पैसा देते हैं, धन देते हैं और इस धन को ले जाइए और इस धन से एक एक्जीक्यूटिव क्लास तैयार कीजिए, जो हमारी ही तरह से अपने जीवन के प्रतिमानों को स्थापित को। आपको यह निर्णय करना है कि आप किस तरह से अपने जीवन की रचना चाहते हैं? किस तरह से आप अपने जीवन को बनाना बाहते है? अब तो चाहे आप अपने घर में पर्दे डालिए, अपने घर में चाय पीजिए, अपने घर में दूध लाइए, अपने घर में और किसी चीज की आकांक्षा कीजिए, सबके मॉडल आपके लिए पहले से तैयार है। आपसे यही मनुहार की जाती है कि आप जो चाहें, हम उसके सम्बन्ध में आपके लिए सोचने को तैयार है, हम एक्सपर्ट हैं। हम पर विश्वास कीजिए। आजकल में एक पुस्तक पढ़ रहा हूँ, जो अमरीका के कुछ नाराज युवा लोगों ने लिखी है, उसका शीर्षक है Trust Us, We are experts किताब का नाम है ट्रस्ट आप हमारा विश्वास करो, वी.आर. एक्सपर्ट्स हम विशेषज्ञ हैं तो हम सलाह तो दे रहे हैं। यह कम्प्यूटर है तो। अब मेरे यहाँ और यहाँ भी शायद एक ऐसा कम्प्यूटर आ गया हो, साढ़े तीन सौ रुपया लेता है और बारबर की दूकान परा वह यह बताता है कि आपके मुँह पर कैसी मूँछें अच्छी लगेंगी। आप हमारे यहाँ आए हैं तो पहले कम्प्यूटर पर आपका एक फोटो ले लेते हैं, किस प्रकार के बाल आपकी मुखाकृति पर शोभित होगे, किस प्रकार की मूँछ। बाल कैसे काटे जाएँ, इस सबके लिए आपको कोई कह करने की आवश्यकता नहीं है। साढ़े तीन सी-चार सौ रुपये बाल कटाने के दीजिए और

आपकी मुखाकृति के अनुरूप आपकी मूँछें काट दी जाएँगी। केवल आपको पैसा इकट्ठा करने की आवश्यकता है, सोचने का जितनी भी काम है, चिन्तन कारने का जितना भी काम है हम हैं। तो ट्रस्ट अस, हम पर विश्वास कीजिए, वी.आर. एक्सपर्ट और हम विशेषज्ञ हैं। म्भीर वही विशेषज्ञ एक दिन कहते हैं कि सिगरेट पीने से यह नुक्सान होगा, उन्हीं विशेषज्ञों की अवधारणाओं को निरस्त करते हुए, दूसरी कम्पनी के विशेषज्ञ आपको यह परामर्श देते हैं कि सिगरेट पीने से आपका मस्तिष्क तेजोमय, तेजमान और अनेक प्रतिभाओं से समृद्ध हो सकता है। यह तो आप रोज ही सुन रहे हैं कि किस प्रकार की चाय पीने से आपको किस-किस प्रकार की ताजगी और किस-किस प्रकार का पुरुषार्थ प्रास होता है। अब पुरुषार्थ के लिए किसी प्रकार का दूसरा उपाय करने की आवश्यकता नहीं है। इसलिए सारी की सारी स्थितियाँ अर्थ केन्द्रित, रुपये में समाविष्ट हो गई है। एक बार किसी ने कहा था कि हमारे लिए यह सोचने का सवाल है कि हम रुपये की सवारी करते हैं या रुपया हमारी सवारी करे। एक समय में अर्थ की या रुपये की जो स्थिति भी वह यह थी कि हम उसके संचालक थे, नियामक थे, अब उलटा हुआ है और रुपबा हमारा नियामक है, वह हमारी सवारी करता है।

वैश्वीकरण के इन अभिप्रायों में जरा साहित्य के क्षेत्र में भी हम देखें कि साहित्य के क्षेत्र में क्या हुआ है? क्योंकि हमारा यह विमर्श, यह बातचीत तब तक पूरी नहीं होगी जब तक साहित्य के परिप्रेक्ष्य में भी हम इस बात को नहीं देख लेते।

एक तो साहित्य के सम्बन्ध में बहुत दिनों तक यह भ्रान्ति रही कि साहित्यकार इस दुनिया का आदमी नहीं होता। एक बार जब में आटा पिसाने जा रहा था, चक्की पर, तो एक सज्जन मुझे मिले और उन्होंने कहा कि ओ हो कविराज आपको भी आटा पिसाना पड़ता है। यानी आप जो चाँद और सितारों की और बादलों की और मनोरम समुद्रों की, नीले जल की, खूबसूरत औरतों की कल्पना करते हैं, उनको भी आटा पिसाना पड़ता है। यह इसलिए कि हमारे यहाँ साहित्यकारों का जो महत्त्व स्थापित किया गया है और जो साहित्य रचना का महत्त्व स्थापित किया गया वह कुछ आलौकिक-सा रहा। जैसे हम लोगों ने इस बात की बड़ी चर्चा की—शब्द ब्रह्म यानी साहित्य ब्रह्म के आनन्द जैसा सहोदर है। ऐसी आलौकिक कल्पना से साहित्यकार को स्वयं भी यह वहम होने लोक का आदमी नहीं है। लेकिन अन्त में जैसा मैंने कहा कि साहित्यकार को भी मामूली आदमी की तरह आखिर आटे की चक्की पर तो जाना ही पड़ता है। यह भ्रान्ति जब-जब निर्मूल होती है तब साहित्यकार बड़ी दुविधा में पड़ता है। इन दिनों युरोप की बात तो मैं नहीं करता लेकिन हमारे अपने जीवन में स्वयं साहित्यकार अन्दर से टुकड़ों में बँट गया है। एक बाहर की दुनिया है जो उसको परम्परा में मिली है। उदाहरण के लिए कए साहित्यकार एक अध्यापक है। उस अध्यापक का तबादला हो गया है, तबादला तब तक निरस्त नहीं होता जब तक

साहित्यकार इस या उस अधिकारी अथवा मंत्री से अपनी पहचान कायम नहीं कर लेता। एक दृष्टि यह है राजा या मंत्री या सत्ता के करीब होने का और सुख प्राप्त करने का। दूसरी तरफ साहित्यकार के मन में एक और बड़ा संकल्प है। वह संकल्प यह है कि उसके पूर्वजों ने मध्यकाल में, अष्टताप के वावि कुम्भनदास ने यह पद लिखा—

सन्तन को कहा सीकरी सो काम?
आवत जावत पनहिया टूटी, बिसरि गयो हरि नाम॥
जिनको मुख देखे दुख उपजत, तिनको करीबे परि सलामा।
कुम्भनदास लाल गिरिधर बिनु और सबै बेकाम॥

एक तरफ यह आदर्श कि सत्ता से कवि का साहित्यकार का क्या लेना-देना? जितना दूर रहे सत्ता से उतना ही साहित्यकार का जीवन धन्य है। एक यह संसार और एक यह जिन्दगी। एक अध्यापक, उसका तबादला, राजसत्ता के सहारे के बिना अब वह फिर वहाँ लौटकर नहीं आ सकता। आपको में एक बहुत हल्का उदाहरण देता हूँ, एक पुरस्कार बगैरह मुझे मिल गया था, उसकी एक मनोरंजक दास्तान सुनाता हूँ। जब पुरस्कार नहीं मिला था तो मुझसे प्रायः लोग बाग रिटायर होने के बाद यह प्रश्न करते थे कि कवि राज आप क्या करते हो? अब कविता करना कोई कहने जैसा काम तो है नहीं। अब भी मुझसे कई सारे लोग पूछते हैं कि चौबे जी, चतुर्वेदी भी समय कैसे गुजरता है? आखिर आप करते क्या हो? यह भी पूछते थे कि आप करते क्या हो? मैं केवल विनयवश यह कहता था कि कुछ नहीं करती हूँ भाई, कुछ लिख-विख लेता हूँ कभी। वे कहते कि यह तो ठीक है, मतलब यह कि लिखते-लिखाते ही यह तो ठीक है लेकिन दरअसल आप करते क्या हो? मेरे पूर्वज कवि से किसी ने भी यह सवाल नहीं किया होगा कि आप करते क्या हो? करने का ऐसा महत्वा तब भी मैंने यही कहा कि कुछ नहीं करता हूँ, ऐसे ही भाई कुछ...। उसने फिर सोचा कि निठल्ला आदमी है, इससे पूछने से क्या फायदा कि क्या करते हो। कुछ उत्तर इसके पास है नहीं ऐसे ही खड़ता फिरता है और क्या...!

थोड़े दिन बाद मेरे लिए एक पुरस्कार की घोषणा हो गई, फोटो-बोटों छप गए, लोगों को मालूम हो गया कि कविता की वजह से इस आदमी को लाख या पचास हजार रुपये मिल गए हैं। सहसा सड़क के ऊपर लोग-बाग कुछ सम्भ्रान्त दृष्टियों से मुझे देखने लगे, कुछ अच्छी दृष्टियों से मेरी तरफ उनकी निगाह जाने लगी। जो पहले मुझे निठल्ला और निकम्मा समझते थे, अब उन्होंने अपने घर जाकर लड़कों से कहा से कहा कि कुछ तुकबन्दियाँ करो और नंद चतुर्वेदी को दिखाओ, देखो उस निठल्ले आदमी को एक लाख रुपये का पुरस्कार मिल गया। सहसा मोहल्ले के कुछ लड़के मेरे पास आने लगे, कहने लगे कि हम भी साहब

कुछ तुकबन्दियाँ कर-कराके लाए हैं, आपको अभी बड़ा पुरस्कार मिला है। तब मेरे भी यह समझ में आया कि जिस दुनिया को मैं जानता नहीं था, पुरस्कार की दुनिया को, वहाँ पुरस्कार के कारण आपकी कुछ कद्र होने लगी। तो जब पूरे जीवन के सन्दर्भ बदलने लगते हों, तब आपको ऐसा प्रतीत होने लगता है कि आपके अपने जीवन में भी कुछ सालबल हो रही है। जब पूरी जिन्दगी के केन्द्र में पैसा आ जाए तब आप जाने-अनजाने, चाहे अनचाहे अपनी रचनाओं से भी पैसे की आशा करने लगते हैं। यह आशा कि यह कविता मुझे पैसा देगी, इस लेखन से मेरा दुनिया से संपर्क बनेगा, इस किताब से मुझे रॉयल्टी प्राप्त होगी, यह मेरी कविता पाठ्यपुस्तकों में लग जाएगी। जब सारे वातावरण में एक प्रकार की इच्छाओं का आक्रमण होता हो तब कवि और साहित्यकार के लिए भी उस आक्रमण से बचना कठिन होता है और कठिन होगा। आने वाले दिनों में जो साहित्य का काम है, वह काम कठिन होता हुआ चला जाएगा। तुलसीदास के समय में ये सारे कुछ कुछ प्रश्न तो थे, राजा के प्रश्न थे, राज्याश्रय के प्रश्न थे, लेकिन हर दिन की जिन्दगी में यह प्रश्न नहीं था, हर दिन के रचनाकर्म के साथ यह प्रश्न जुड़ा नहीं था, इसलिए साहित्यकार के लिए अब यह अग्रिपथ है, अब यह रास्ता अधिमय रास्ता है कि वह अपने साहित्य के किसी उच्चतर लक्ष्यों को प्राप्त करने की कोशिश करें या अपने साहित्य की प्रतिभा, प्रज्ञा को दुकानदारी में बदल दे। अब साहित्य की दुकानदारी भी थोड़े दिनों में संभव होगी, आप देखिए अगर आप किन्हीं पांच सितारा होटलों के विज्ञापन पढ़ें तो उन विज्ञापनों में आपको एक खूबसूरत कविता नजर आएगी, वे विज्ञापन कविता की शक्ल में हैं। यह विज्ञापन है या कविता यह कहना मुश्किल है। जब विज्ञापन और कविता एक जैसी लगने लगे तब एक कविता प्रेमी समाज को और एक कवि को यह कोशिश करनी पड़ेगी कि कविता और विज्ञापन के बुनियादी सरोकारों में अंतर रहे नहीं तो कविता विज्ञापन की बजन से चरमरा कर टूट जाएगी, यह भारतीय समाज से भी मैं कहता हूँ। भारतीय समाज की रचना बड़ी समन, बड़ी संकुल और बड़ी रसपूर्ण है। भारतीय समाज की आंतरिक रचना, इन दिनों की रचना की नहीं कह रहा, इन दिनों यह भी झगड़ा चल रहा है भारतीय समाज में कि अपनी आंतरिक रचना से बाहरी रचना को कैसे मिलाएँ, मिलाएँ कि न मिलाएँ, इसी को ट्रांजिशनल पीरियड कहते हैं। लेकिन जो रचना मैं समझता हूँ, जो पुराने साहित्य को पढ़ने से मुझे पता लगी है वह यह है कि भारतीय समाज की रचना मुख्यतया अर्थकेन्द्रित नहीं है, मुख्यतया उसके संस्कार धन से चिपटने के नहीं हैं, उसके संस्कार सम्पूर्ण जीवन की तलाश करने में है। इसीलिए आप देखते होंगे कि गाँव का निपट निरक्षर व्यक्ति भी अन्दर मन से संस्कारहीन नहीं है। पश्चिम के लोगों ने हमको यह जरूर बताया है कि यह ग्रामीण समाज निरक्षर होने के कारण मूर्ख समाज है, लेकिन हमने निरक्षरता की और बुद्धि को अलग-अलग

किया। हमने अपने समाज को कभी निर्बुद्धि नहीं माना, अपितु उसे एक बड़प्पन और एक आदर दिया है। इसीलिए मैंने आपसे कहा कि हमारे भारतीय समाज की रथना मुझे अत्यन्त संकुल, मंचन और रसपूर्ण लगती है और वह अर्थ को, सम्पत्ति को एक सीमा में ही सार्थक मानती है। इसके बाद यह अपने धन की मर्यादाहीनता को भी जानती है लेकिन फिर भी जब हमारे समाज पर बहुत से आक्रमण हो रहे हों तब साहित्यकार समाज कर निर्माण करना साहित्यकार का भी काम है लेकिन साहित्यकार के साहित्यिक कृतित्व को बचाने का काम भी साहित्यिक समाज का काम है। एक परस्पर सम्बन्ध है साहित्यकार और जिस समाज में साहित्यकार रहता है उसमें कि साहित्य की रचना को विज्ञापन न होने दे और वह साहित्य की रचना रहे। यह बताने के लिए, देखने के लिए, जो हमारा रसिक समुदाय है उसकी भी अपनी तैयारी करनी पड़ेगी और साहित्यकार को भी इस वहम से दूर रहना पड़ेगा कि वह कोई अलौकिक कर्म कर रहा है जब तक साहित्यकार भी जिन्दगी का, मामूली जिन्दगी का, आम आदमी की जिन्दगी का, सथ लोगों की जिन्दगी का एक हिस्सा नहीं होता, तब तक वह रचना का काम नहीं कर सकेगा। और उसके लिए हमें अपने देश को भी फिर से आगाह करना पड़ेगा कि वैश्वीकरण, उदारीकरण, भूमंडलीकरण की प्रतिस्पर्धात्मक आदर्श, गला घोंटने वाले आदर्श, पश्चिमी आदर्श हमारे लिए ज्यादा सार्थक और ज्यादा सफल आदर्श नहीं है। वे सार्थक भी नहीं है और वे सफल भी नहीं है क्योंकि वे जिन्दगी को जैसा हरबर्ट मार्केज ने कहा यूनिडाइमेंशनल बनाते हैं. एकायामी बनाते हैं, एक चरित्र देते हैं, एक कपड़ा पहनाते हैं, एक तरह का बर्रा बनाते हैं। अगर जिन्दगी का आनन्द लेना है तो उसको मल्टी डाइमेंशनल, उसको अनेक आयामी होना होगा, अनेक संस्कृतियों का पक्षधर होना पड़ेगा, अनेक लक्ष्यों की साधना करनी पड़ेगी।

[चित्तौड़गढ़ में दिया गया व्याख्यान]

पत्र

ओम थानवी

30, अहिंसा पुरी
उदयपुर
1 जन., 1990

प्रियवर ओम जी,

सस्नेह नमस्कार, यह एक अप्रत्याशित उपहार था। मैं समझता था कि आपको याद ही नहीं रह गई होगी लेकिन थोड़े दिन पहले नवल जी आए थे, शायद किसी सिलसिले में चंडीगढ़ आए होंगे वे बहुत देर तक आपकी याद करते रहे जो आत्मीयता और स्नेह आपने दिखाया उस सबकी।

मैं आपको खूब जानता हूँ। आपके आतिथ्य और स्नेहपूर्ण सत्कार का साक्षी हूँ। आप जब से गये हैं तब से एक भी बार राजस्थान पत्रिका के दफ्तर में जाने का मन नहीं हुआ है—नहीं गया हूँ। वहाँ अब न वैसी गर्मी है और न वह खुली हँसी और साहित्य में मिज़ाज और आयोजनों पर बहस। क्या लोगों को इन सबकी ज़रूरत नहीं है? क्या लोग जल्दी ही वस्तुओं के उतरते हुए मुलम्मों से थक नहीं जाएँगे? क्या वे फिर से खुले, स्नेह की धूप से जगमगाते मैदानों में नहीं लौट आएँगे?

मुझे विश्वास है कि कहीं भी किसी भी देश में या काल में सोने के हिरन दौड़ते रहे होंगे लेकिन वे प्यासे ही रहे होंगें। यह मैं किसी नव-अध्यात्म की बात नहीं कहता मनुष्य के ज़रूरत की बात कर रहा हूँ।

हमारी व्यवस्थाओं को जब तक उन गहरी और अतार्किक स्थितियों की आवश्यकताओं का एहसास नहीं होता तब तक वे कामयाब होकर भी एक आन्तरिक हताशा का अनुभव करेगी।

लेकिन मैं नहीं जानता कि हम फिर उसी उत्साह की स्थितियों तक कैसे पहुँचेंगे। हमारे रास्ते आत्म केन्द्रित होने के हैं।

चंडीगढ़ में रहना कैसा लगता है? भय तो नहीं लगता? आतंक और आतंकवादियों का मिज़ाज समझने लगे हैं? राजनीति का घटनाक्रम क्या बताता है?

मुझे दरअसल नववर्ष की शुभकामनाओं से शुरू करना था लेकिन वह तो हमेशा ही आपके लिए है—'कहने की ज़रूरत' का क्या अर्थ है?

श्रीमती ओम जी को मेरी याद है कि नहीं? बालक अब बहुत बड़े हुए होंगे?

'जनसत्ता' कैसा निकालते हैं? कविताएँ छापते हैं? कभी-कभी आपके सम्पादन-कौशल से साहित्य की जगह। भरते रहें—पत्र दें।

सस्नेह
नंद चतुर्वेदी

30, अहिंसा पुरी
उदयपुर
13.1.91

प्रिय ओम जी,

इतना ही सही; वर्ष में एक बार तो इधर की याद आती है। मुझे तो बार-बार आप के स्नेह-सम्मान की याद आती रहती है और हर बार एक अदृश्य मंगल कामना भी भेजता हूँ। आप खुश रहें और सत्य की रक्षा में तत्पर, जो आपका स्वभाव है।

मैं पिछले दिनों 'पत्रिका' के दफ्तर में गया था और देर तक आनन्द से बात करता रहा। बहुत सा समय तो आपके सम्बन्ध में व्यतीत करते बीता। कैसे आपने मेरी कविताएँ ली...कितने आग्रह से। किसी तरह फिर 'इतवारी' में कविता छापने का क्रम शुरू हुआ है। आनन्द ने कहा—चलिए आपसे शुरू करते है।

साहित्य के लिए ये कैसे दिन आ गये है? चलो साहित्य भी ले लेते है। बहुत सी चीजें है। यह भी सही। पूरी दृष्टि इस तरह बंध गई है। महत्त्वहीन राजनीतिज्ञों के यश-अपयश और अर्थहीन प्रलापों से पूरे देश के अख़बार भरे रहते हैं लेकिन कविता के लिए तिलभर जगह नहीं है।

अब आपसे मिलना मुश्किल ही बना रहेगा क्या?

आपकी पत्नी को मेरा नमस्कार कहें। उनके हाथ का बनाया हुआ भोजन कितनी ही बार किया है।

सस्नेह
नंद चतुर्वेदी

30, अहिंसा पुरी
उदयपुर
30.1.92

प्रिय ओम जी,

नमस्कार, कुछ समय पूर्व और ठीक समय पर आपका नववर्ष अभिनन्दन कार्ड मिला।

उसका उत्तर देते-देते भी बहुत विलम्ब हो गई। आपको बुरा भी लगा होगा?

मैं कामना करता हूँ कि एक अशान्त पंजाब में आप शान्त, सुस्थिर चित्त रहकर पत्रकारिता करें। ऊपर-ऊपर से चाहे न भी लगे लेकिन अन्दर-ही-अन्दर स्थितियाँ ज़िन्दगी के अनुकूल नहीं रह गई हैं। फिर भी हम सब अपनी रचनात्मक भूमिकाओं को बचा कर जी सकें—ऐसी इच्छा करना ही शुभ है।

पहले कभी जयपुर में मिलने की सम्भावना बनी रहती थी, अब सिर्फ चिट्ठी-पत्री ही मिलने का माध्यम रह गया है।

थोड़े दिन पहले जोधपुर में युवा कविता शिविर हुआ था। उसमें हरीश, नन्दकिशोर आचार्य, ताराप्रकाश जोशी से मिलना हुआ था।

आजकल कभी-कभी 'पत्रिका' में कविता भेज देता हूँ क्योंकि राजस्थान में अपनी पहचान बनाए रखने के लिए सिर्फ 'पत्रिका' ही समर्थ पत्र है।

आपकी श्रीमती जी, बच्चे स्वस्थ प्रसन्न होंगे।

अनुराग 'संडे ऑब्जर्वर' से निकल कर हिन्दी में एक नये प्रकाशित होने वाले 'महानगर' सांध्यकालीन दैनिक का सम्पादक हो गया है।

सस्नेहाधीन
नंद चतुर्वेदी

फोन—0294-2450332
30, अहिंसापुरी, उदयपुर
24.07.07

प्रिय ओम जी,

इस स्मृत्यालेख के पहुँचते-पहुँचते आप न्यूयॉर्क के आठवें हिन्दी विश्व सम्मेलन से लौट आए होंगे। छठे विश्व हिन्दी सम्मेलन में राजस्थान का प्रतिनिधि मंडल गया था। मैं और नन्द किशोर आचार्य भी उसमें शामिल थे। वह एक अच्छे रंगतदार मेले

की तरह होता है। आशा है आपके किसी लेख में इसे वैश्विक खर्चीले आयोजन की सफलता-विसफलता का ब्योरा पढ़ने को मिलेगा। हमारे प्रान्त के अख़बारों में सम्मेलन विषयक एक पंक्ति तक नहीं छपी है।

बहुत दिनों से 'जनसत्ता' में कुछ नहीं छपा इसलिए यह संस्मरण भेजकर हाजरी लगवा रहा हूँ। लम्बी गैरहाजरी के बाद नाम कट जाने का डर रहता है।

अनुराग का यात्रा वृत्तान्त विशद और उपयोगी था। स्वस्थ और प्रसन्न रहें।

शुभकामनाओं के साथ...

नंद चतुर्वेदी

फोन—0294-2450332
30, अहिंसापुरी, उदयपुर
19.08.2010

प्रिय ओम जी,

आपके स्वस्थ प्रसन्न जीवन की कामना करते हुए 'आशा बलवती है राजन' कविता जनसत्ता के रविवारीय अंक में छपने के लिए भेजता हूँ।

महाभारत के एक प्रसंग को लेकर लिखी जाने के कारण यह थोड़ी लम्बी हो गई है तब भी हमारे समय के नैतिक क्लेश और द्वंद्व को व्यक्त करती हैं।

आपका अज्ञेय सम्बन्धी स्मृत्यालेख पढ़ा। मेरे ख़याल से यह ज़रा ज्यादा ही 'गीला' हो गया है। इतनी भावुकता से लिखे लेखों में उनके पुरूषार्थ या आत्म-संघर्ष याकि चयनधर्मी अभिरुचियों का पता नही लगता।

मैंने एक बार नन्द किशोर जी से पूछा था कि वे अपना प्रेम या नाराज़गी कैसे बताते है? मसलन इला जी के साथ किसी वस्त्र भंडार पर जाते हैं तो कैसे बताते हैं कि कौन से रंग का वस्त्र उन्हें प्रीतिकर है? वे चाहेंगे कि इला जी लें? न लेने पर अपनी अप्रसन्नता कैसे जताते थे? बहुत सी छोटी जानकारियाँ उनके बड़े जीवन के रिक्त-स्थानों को भरते हैं। आशा है वो छोटे वृत्तान्त लिखे जाएँगे। उदयपुर में वो कपिला जी के साथ आए थे।

मैं अज्ञेय जी पर 'न डराया, न डरा' शीर्षक संस्मरण लिखने वाला हूँ।

इस वर्ष दिग्विजय जी दुखद मृत्यु का बड़ा घाटा हुआ।

आपका स्नेहकांक्षी

नंद चतुर्वेदी

30, अहिंसापुरी, उदयपुर
27.08.2010

प्रिय ओम जी,

इन दिनों आपके हाल-चाल की जानकारी न होने पर भी आशा है कि परम, प्रसन्न, स्वस्थ होंगे। राजधानी दिल्ली में रहकर तन-मन की तन्दुरुस्ती बहुत आवश्यक है।

कल आनन्द जोशी उदयपुर आए थे। पाठकों से संवाद करने। पत्रिका कार्यालय में वह सम्पन्न हुआ।

पिछले दिनों प्रसिद्ध चित्रकार परमानन्द चोयल का निधन हो गया। आपने उनका नाम अवश्य सुना होगा। वे रामगोपाल जी विजयवर्गीय के विद्यार्थी थे। मेरी उनके साथ मित्रता थी 1948 से। 'जनसत्ता' के लिए उन पर लिखा स्मृत्यालेख भेज रहा हूँ। उम्मीद है आप को प्रकाशित करने योग्य लगेगा।

स्नेहाधीन

नंद चतुर्वेदी

पुनश्चः— उनके फोटो और 'बरसात में भैंस' साथ में है।

30, अहिंसापुरी, उदयपुर
16.08.08

प्रिय ओम जी,

आपको कईं बार टी.वी. पर देख लेते हैं तो आपके सुन्दर स्वास्थ्य का पता चल जाता है। यह लिखने की ज़रूरत नहीं रहती कि 'आशा है कि आप स्वस्थ होंगे'।

जनसत्ता का रविवारीय बची खुची हिन्दी की साहित्यिक पत्रकारिता का चौकस अंक होता है। उसमें एक होशियार बँटवारा भी नज़र आता है—एक स्त्री, एक मुसलमान, एक शिक्षाविद्, एक धुर दक्षिणपंथी, एक फिल्मकार, एक अमूर्तन-कला(कंद) वादी कवि-चिन्तन। बाकी का खुदरा भारत खुले मंच पर उछल-कूद करता है। जैसा हिन्दी संसार है उसका प्रतिरूप। ऊपर के क्लासिफिकेशन में जो छूट गया है उसे इस तरह जोड़ ले—एक देशज गांधीवादी जिसे भरोसा है कि बाजारवाद का कलेजा फाड़ कर गांधीवाद निकल आएगा।

पिछले अंक में हिन्दी के सुप्रीमो पर रमेश दवे ने जो लिखा वह भयभीत लेखन था। सुप्रीमो का नाम लेकर लिखते बहादुर कहलाते। ऐसे में अनुमान के तीर ही

चलते हैं। मेरे ख़याल से साहित्य का रणक्षेत्र इतना अराजक है कि कोई कितनी भी सुप्रीमोशिप करे पीछे चलने वाली फौज नहीं होती है। रमेश दवे के कमांडर कौन है या वह केवल प्रेत-बाधा है।

इसी तरह डॉ. कृष्णदत्त पालीवाल भी आलोचना का घटाटोप रचते हैं और जैसा आलोचको का मिज़ाज होता है अपनी अध्यनशीलता से एक खूब-खूब परिचित कराता है। उत्तर आधुनिकता से परेशान खुद उत्तर-आधुनिक हो जाता है। केवल पछतावा करता है कि कैसी धुंध छाई है लेकिन कोई छाँटने का या छंटने का इशारा नही करता। शायद हिन्दी में आलोचकों के महाआख्यान का अन्त हो गया है और कृष्णदत्त जी अपने पढ़े पश्चिमी उत्तर-आधुनिक आलोचकों के नाम गिनाते बचे हों। भारतीय साहित्य शास्त्र को नाज ही क्यों करना चाहिए जब न भारत बचा हो न इसके लोगों की भाषा व साहित्य।

बहरहाल इन फिजूल की बातों पर ध्यान न दें। 'हिन्दी दिवस' के प्रसंग में छोटा सा आलेख तैयार किया है, वह जनसत्ता के लिए भेज रहा हूँ। मेरी दृष्टि में हिन्दी को नुकसान पहुँचाने वाली ये दोनों स्थितियाँ विरोधी लगती हुई भी एक लक्ष्य की तरफ एक साथ हैं।

कुछ जल्दी है इसलिए कि ठीक-ठाक जगह मिल सके। संजोग से 14 सितम्बर रविवार को है। इस तरह वह प्रासंगिक भी है।

मेरी कविताओं का अंग्रेज़ी अनुवाद Luminous Peaks (दीपित शिखर) शीर्षक पुस्तक के साथ प्रकाशित हुआ है। लगा कि आपको सूचना दूँ।

स्नेहाकांक्षी
नंद चतुर्वेदी

ओम थानवी—सुपरिचित लेखक और।
जनसत्ता के यशस्वी सम्पादक।

अम्बुज, राजेश्वरी

30, अहिंसापुरी, उदयपुर
30, अहिंसा पुरी
उदयपुर
1.5.84

प्रिय अम्बुज, राजेश्वरी

उस दिन स्टेशन पर कैसी भाग दौड़ रही, एक बार तो यात्रा लगभग स्थगित हो गई थी लेकिन गाड़ी में चढ़ जाने के बाद फिर कोई तकलीफ नहीं हुई। तेज रफ्तार से चलने वाली जम्मू-तवी सुपरफास्ट एक्सप्रेस ने 7:15 कोटा उतार दिया। उस रात मदनबाबू के यहाँ रहे फिर गोमतीबाई के यहाँ। गोविन्द कोटा से ही चला गया। हम दोनों झालावाड़ झालरापाटन होकर उदयपुर आए। झालावाड़ में मन्नू नहीं मिली। वह कॉपियाँ जाँचने जयपुर गई हुई थी। लक्की, बन्डु, जगदीश जी से मिलना हुआ। हम लोग श्याम के यहाँ ठहरे। ता. 25 को सुबह चलकर संध्या को उदयपुर आए।

झालावाड़ में प्रकाश बाबू ने फोन पर राम का पत्र पढ़कर सुनाया। उसमें दादी के बीमार होने के समाचार थे। बाद में भोपू के पत्र से जाना कि दो तार बम्बई भी पहुँचे।

राम बाबू पिछले सात-आठ दिनों से यहीं थे। दादी को जी घबराने, चक्कर आने और पेट में जलन की शिकायत रही। मंजु-राजू ने यथासम्भव सेवा की लेकिन जब दादी का मनोबल टूट गया तब उन्होंने राम को बुलाया। अब तबीयत बिलकुल ठीक है। चिन्ता की कोई बात नहीं। राम कुँवारिया चला गया है। पता नहीं तुम्हारी माँ और शोभा बांदीकुई हैं या कुँवारिया। उन्हे भी तार दिया था लेकिन वह आए नहीं।

इस बार बम्बई की यात्रा याद रखने जैसी रही। तुम्हारा घर देख सके और साथ रह सके। तुम्हारे आने के बाद बम्बई और भी अच्छी लगने लगी। अम्बुज ने हमारे लिये बार-बार आने जाने की तकलीफ उठाई-एलीफेंटा गये। अस्पताल आते रहे।

सोनू उनके साथ कितना प्रसन्ना रहता है। तुम्हारी मौसी अम्बुज की और तुम्हारी खूब याद करती है। मंजु, राजू तुम्हारे प्रेम की बातें करते ही रहते हैं। आज तुम्हारी मौसी की दाड़ निकलवाई है। छत के ऊपर सोते हैं—रात को मोगरा महकाता है। अपनी तरफ की सर्दियों का मजा खूब होता है।

अम्बुज का दिया कलमदान सबको आकर्षित करता है। उसकी घड़ी बन्द हो गई है—दिखाऊँगा।

तुम्हारी तबीयत अच्छी रखना। अब वहाँ धुँआधार वर्षा के दिन आने वाले हैं—मुझे वैसी वर्षा से भय लगता है।

पत्र देना। एक बार फिर बम्बई की यात्रा को सुखपूर्ण बनाने में अम्बुज का, तुम्हारा जो हाथ रहा, उसकी याद करता हूँ। अब इधर आने का कार्यक्रम बनाना।

सस्नेह तुम्हारा

नंद बाबू

नईम

फोन 0294-2450332
30, अहिंसापुरी, उदयपुर
30.5.07

प्रिय नईम भाई,

आपका दो कार्डों में लिखा ख़त मिला, इसके पहले का ख़त भी मिल गया था। उसका जवाब दूँ, दूँ उसमें इतने दिन निकल गये। शायद इस शैथिल्य का नाम ही बुढ़ापा है। इच्छाओं के घोड़ों को दौड़ाते रहना।

पहले वाले ख़त में भागीरथ की मौत का हवाला और विषाद था। ब्रेन ट्यूमर का मरीज़ बचेगा नहीं, यह बार-बार जानते हुए भी मौत की फाईनेलिटी बहुत तकलीफदेह होती है। एक मिनिट में ही सबकुछ बने बनाए को रिजेक्ट करना पड़ता है—एक अनल समुद्र में डूबते देखना, देखते रहना।

बीमारी के दिनों में, बीच के दिनों की कुछ ढीली पड़ी मैत्री फिर पुख़्ता और सघन हो गई थी। उन्होंने तीन बार ख़त लिखे, उन्हीं में एक लम्बी कविता भी थी—ज़िन्दगी के पक्ष की। लेकिन मृत्यु तो थी ही। प्रान्त के हिन्दी वालों ने, प्रगतिवादियों ने उन्हें जल्दी ही भूलने की कोशिश की। उनके अवदान को ज़िक्र के काबिल नहीं समझ गया। उन दिनों मैं आपके साथ अलवर कविता शिविर का वह थोड़ा-सा समय याद करता रहा जो भागीरथ के कारण सम्भव हुआ था। बाद में अपने एक पत्र में लिखा था कि आप उनके घर कुछ दिन मेहमान हुए थे। मैंने उनको श्रद्धांजलि देने एक 'राइट अप' लिखा था वह आपको भेज रहा हूँ। उत्तर रामचरित में भवभूति ने किसी एक जगह विषाद के साथ लिखा है, 'तेहि नो दिवसा गता:' अब वे हमारे दिन चले गए।

उनके पुत्र रजनी भार्गव डॉक्टर जीवन सिंह के मार्गदर्शन कविता पत्रिका का पन्द्रहवाँ और अन्तिम अंक उनके स्मृति अंक के रूप में प्रकाशित कर रहे हैं। उन्होंने बताया कि आप सूचित हुए हैं। मैं भी आपसे आग्रह करता हूँ कि इस अंक के लिए आपका लिखना ज़रूरी है।

यहाँ भी इन दिनों बेहद परेशान करने वाली गर्मी पड़ती रही। झालावाड़ के मेरे ब्रजभाषा कविता के गुरु कवीन्द्र हरनाथ ने रीतिकालीन अन्दाज़ में लिखा :

जीवन ने आवाज़, मसीनन की ब्यारें जऊ
सीनन में छूटत पसीनन की धारे हैं। सो हुआ।

नईम भाई जीवन में दुखों का हिसाब सम्भव नहीं है। सारे दरवाज़े, खिड़कियाँ खुली हैं। कभी भी कहीं से किसी जगह किसी वक़्त आना है।

बुद्ध ने कहा, 'Life is burning'

आपके खतों से स्नेह और आत्मीयता की जो खुशबू आती है, वही कुछ दिनों को महकाती रहती है।

अरुण, अनुराग देश में ही है। सब अनुकूल होने से स्वजनों की मृत्यु का एकान्त किस कदर कम होता कट जाता है।

आपका स्नेहाधीन
नंद चतुर्वेदी

उदयपुर
21.1.04

आदरणीय नईम भाई,

आपके सभी मेरी चिन्ता करते ख़त यथासमय मिलते गये। अरसे तक मैं कुछ समझ ही नहीं सका की सहसा क्या गुज़र गया है। ज़मीन कहां से हिल गई है, जिस मकान को इतने रोशनदानों और खिड़कियों से आजाद किया था एकदम इतनी विरानी और अंधेरी परछाइयाँ के बीच घिर गया है। मैंने सोचा था वह उत्सव इतनी जल्दी ख़त्म नहीं होगा, लेकिन अब इस महफिल में बचा हुआ ज्यादा नज़र नहीं आता।

कई तरह की ज़िन्दगियाँ एक ज़िन्दगी में शामिल है और सब तरह की ज़िन्दगी जीने की तैयारी और अभ्यास होना चाहिए लेकिन सामने आई ज़िन्दगी दायें-बायें देखने ही नहीं देती। बस दिन इसी तरह गुज़र जाते हैं, गुजरे भी।

लेकिन अब मैं वे सब दिन भूल जाना चाहता हूँ। यह प्रतीक्षा रहित समय है, अब कुछ भी होने वाला नहीं है, वैसा कुछ भी कि जिसकी आभा से मेरे सिवा कोई दूसरा मुझसे अधिक आशा और आनन्दमय हो जाए।

सब कुछ तो चलता है और चल ही गया है। चार महीने निकल ही गये और निकल ही गये—

कहैं रतनाकर न सुख के रहे जो दिन
तौ ये दुख द्वंद्व की न रातें रहि जाइँगी।
न कान्ह की कृपा तें इती
उधौ कहिबै कौं बस बातें रहि जाइँगी।

अभी तो कहीं आने-जाने का मन नहीं करता तब भी मन बहलाने की, लगाने की कोशिश करता हूँ। इसी कोशिश में अनुराग के बुलाने पर WSF के लिए बम्बई चला गया था। 14 जनवरी से 20 तक वहीं रहा। उनका संकल्प था 'दूसरी दुनिया सम्भव' है। क्यों नहीं? हर बार सम्भव हुई है। बार-बार मनुष्य ने दुख मुक्त दुनिया बनाने का इरादा किया है और किंचित दुख मुक्त दुनिया बनाई है। असहनीय दासता और नृशंस सामन्तवाद के ख़िलाफ़ भी दूसरी दुनिया संकल्पशील लोगों ने ही बनाई है। अब भी मानवीय शक्तियाँ अन्याय, ग़ैर-बराबरी ज़मीनी सच्चाई, उपभोक्तावाद के विरुद्ध संकल्प करती है तो सम्भावनाओं की चमक देखी जा सकती है।

इधर-उधर जाता आता रहता हूँ लेकिन पहले जब लौटता था तो बहुत देर लग गई, ऐसे प्रश्न का उत्तर देना पड़ता था अब कोई प्रश्न भी नहीं है, उत्तर भी किसी को नहीं देना है। कोई खुश करने वाला भी नहीं, होने वाला भी नहीं। कोई आग्रह भी नहीं ना कोई मनुहार। एक दीनता या लाचारी। अन्तर्मन। अस्सी वर्ष के बाद एक नई ज़िन्दगी बिलकुल अपरिचित ज़िन्दगी की शुरुआत।

आपके पास ही रहता हूँ—कब से? यह काल कामना वृथा है। उसका हिसाब लगाकर क्या करना है? हिसाब करना नहीं आया लेकिन इसका पछतावा नहीं। सब लोग खुश रखते हैं, रखना चाहते हैं। अरुण, रमा, सुयश, मंजू यही है। अनुराग वहीं होकर एक बार फोन पर बात करता है। दोस्त भी बार-बार कर संभल करते हैं। फिर आप हैं।

साम्प्रदायिक शक्तियों के इरादे मालूम नहीं थे लेकिन सत्ता में वे अधिक खूंखार और अमानवीय हो जाते हैं। अब वे सब जगह सत्ता, बाजार, व्यापार, शिक्षा स्वास्थ्य पर हाथियाना अंदाज में है। लेकिन लड़ने का मजा भी है।

15 फरवरी को जनसत्ता में एक कविता छपी है 'महाराज'। शायद देखी हो।

सस्नेह

नंद चतुर्वेदी

नईम—प्रसिद्ध रवि-गीतकार।

जीवन सिंह

(तारीख़ नहीं)
C/o अनुराग चतुर्वेदी
B/6/3 आचार्य निवास
केन्द्रीय विद्यालय परिसर
कोलाबा। नेवीनगर। बम्बई-5

प्रिय भाई जीवनसिंह जी,

मैं यहाँ 10 तारीख़ को आ गया था और लगातार उस आलेख को पूरा करने में लगा रहा जिसे उदयपुर में शुरू कर दिया था। धीरे-धीरे ही पूरा किया जा सका। जो कुछ हो सका वो आपको भेज रहा हूँ।

देर तो हो ही गई है और मुझे मालूम नहीं कितनी? लेकिन अच्छी पुस्तक तैयार करने में विलम्ब तो लगती ही है।

मुझे इस बात की खुशी है कि आप से जो वादा किया था वो निभाया।

इस आलेख को लिखने के बाद जब मैंने अनुराग के सामने पढ़ा तो उने अपने सांध्यकालीन दैनिक में प्रकाशित करना चाहा। 30 जनवरी भी थी जिस दिन गांधी की हत्या हुई थी। मैंने अनुचित नहीं समझा। यहाँ भी पाठक कोई मित्र है।

इन लेखों को दो दिन छापा गया है इसलिए शीर्षक बदल-बदल कर दिये है। आप 'गांधी—तीसरी व्यवस्था का संकल्प' यही दें। अगर आपको सुविधा हो तो इसे टाइप करवा करवालें जिससे सुविधा हो और कुछ रह न जाए। प्राय: लेखनी करवाने में से सामग्री छूट जाती है।

बम्बई में कोई चीज महत्त्वपूर्ण नहीं मालूम होती। इतने बड़े नगर में, इतने लोगों में हमारे शहर और लोग बम्बई में मुहल्लों में ही सिमट कर रह जाते हैं। वे बातें जो ठहाकों के बीच होती है वे विलुप्त सी हुई लगती है।

भूगोल पूरा परीदृश्य बदल देता है। राजस्थान कहीं का कहीं छूटा लगता है। ऋतुएँ सौन्दर्यहीन हो जाती है। आप यहाँ ठंड में ठिठुरते होंगे, हम पंखा चलाकर ठंडे पानी से स्नान करते हैं।

आजकल चुनाव की ख़बरों से अख़बार पटे हैं। अनुराग के यहाँ हिन्दी-अंग्रेज़ी के दस अख़बार आते हैं। मैं ता. 4 को कोटा जा रहा हूँ। वहाँ से उदयपुर। उदयपुर ही लिखें।

सस्नेह
नंद चतुर्वेदी

30, अहिंसापुरी
उदयपुर, 30.07.94

प्रियवर,

मुझे खुद से इस बात का मलाल रहा कि इस समय में आपसे कोई बातचीत नहीं हो सकी। बहुत सी बातें थी करने को जिसके लिए अब प्राय: अवसर कम होते जा रहे हैं।

आपके स्वास्थ के बारे में, घर परिवार के बारे में भी ज्यादा नहीं पूछ सका। आप थके-थके भी लगे लेकिन ये शायद यात्रा के कारण होगा।

बाद में विजेन्द्र के साथ रूका था। साहित्य के लिए इतनी गहरी चिन्ता करने वाले थोड़े लोगों में वे रह गये हैं। मैंने 'साहित्य और उपभोक्त संस्कृति के परिदृश्य पर 'श्रेष्ठ' का एक विशिष्ट अंक निकालने की बात की हैं।

मुझे पूरा विश्वास था आप 'ईमानदार दुनिया के लिए' पढेंगे। आप उस दुनिया के आदमी है।

सस्नेह
नंद चतुर्वेदी

30, अहिंसापुरी
उदयपुर, 07.10.81

प्रिय भाई,

आपके दोनो पत्र। मैंने सोचा था फिर मिलेंगे और कभी समाप्त न होने वाली साहित्य-चर्चा करेंगे, जो इन दिनों लगभग दुर्लभ हो गई है। अफसोस है कि वह मौका नहीं मिला। पैसे का मामला जहाँ होता है वहाँ इस देश में इतनी कठिनाइयाँ और ग्लानियाँ रहती है कि मेरा मन प्राय: ही संशयग्रस्त रहता है। मेरे पास तार आया था किन्तु तब पहुँचना व्यर्थ हो गया था।

बूँदी की गोष्ठी में मिलने के बाद मुझे विश्वास नहीं था कि दुबारा मिलेंगे और साहित्य के मूलाधारों पर विभिन्न दृष्टियों से बातचीत सम्भव होगी। उस समय बातचीत के संक्षिप्त नोट्स ले लिए जाते तो ठीक रहता, समय समय पर उनकी प्रासंगिकता जाँची जा सकती थी, मुझे ये ख़याल बाद में आया।

जिन पत्रिकाओं की आपने बात की है उनमें से मैंने 'पहल' में या सम्प्रेषण में आपके आलेख देखे हैं ये मुझे तर्क संगत लगे हैं। मार्क्सवादी आलेखों की विशेषता उनकी मार्मिकता होती है। इससे अधिक जीवन की अगम्य गहराईयों में उतरने की उनमें हिम्मत भी होती होगी तो शायद दिक्कत यह है कि उनके पास वचनावली नहीं है। उन्हे वह डर भी रहता है कि ये शब्द की 'रहस्य शक्ति' पर बात करते पकड़ न लिये जाएँ। जीवन और शब्द का जो एक तर्कमय रिश्ता है उस पर मार्क्सवादी आलोचना रोशनी डालती है।

किन्तु जो तर्कातीत शब्द शक्ति है उसे विवेचित करने का जब वह जोखिम उठाती है तब वह राजनैतिक आग्रहों से ग्रस्त रहती है। मार्क्सवादी आलोचक इसलिए 'आलोचना की स्वाधीनता' का मजा नहीं ले पाते और उनके आलेख आलोचना की उर्जा और रचनाशीलता के हासिए के इर्द-गिर्द रहते हैं। ग़ैर मार्क्सवादी आलोचकों का दुर्भाग्य भी कुछ इसी तरह का है। मुझे आप रचनाकार और समीक्षक के party affiliations बता दीजिये अैर मैं रचना और समीक्षा का रिश्ता कायम कर लूँगा।

मुझे यह आशा है कि आपकी पुस्तकीय समीक्षा और समीक्षा के सिद्धान्त एक वृहत्तर मानवीय संवेदनाओं के संसार की तलाश में लगे रहेंगे। कवियों काा रचना-संसार स्थूल शब्दों के जरिये सूक्ष्म जिज्ञासा-लोक तक फैला होता है। उसे एक दम फतवेबाजी की तरह समय में लेना ठीक नहीं है।

मैं यह कहने की धृष्टता करूँ कि आप जब तक 'खूंसट' नहीं हुए हैं तब तक समीक्षा के बेहद चालू मुहावरों से बच सकते हैं। प्राय: इस हुनर में चाहे तो नामावली को देख सकते हैं जो राजनीति का साहित्य तैयार करने के बजाए बिलकुल नयी तरह से चीजों को देखने का हौसला रखते हैं—एक पूरे मानवीय प्रसंग में साहित्य को देखना बहुत दूसरी तरह का आनन्द है।

मैंने आपकी समीक्षा दृष्टि पर एकदम दो टूक राय नहीं दी क्योंकि अभी आप 'समीक्षा की रचनाशीलता' से जुड़े नहीं हैं, जब वह होगा तब बहस खुद-ब-खुद खुल जाएगी और सारे कृतिमान अपने लिए आपको आवश्यक समझेंगे।

इत्यलम्। पत्र दें।

स्नेहाकांक्षी
नंद चतुर्वेदी

30, अहिंसापुरी
उदयपुर,
20.3.82

प्रिय भाई,

आपका कार्ड। प्रसन्न हूँ। किसी ने अन्दाज़ से, यह समझकर कि प्रकाश मेरे मित्र हैं : मधुमति के सम्पादन की बात की होगी। ऐसा कुछ नहीं है। इतनी जल्दी बदलाव की अपेक्षा नहीं करनी चाहिए। वैसे प्रकाश तब्दीली पसन्द आदमी हैं और कोशिश कर रहे हैं कि ब्रेक थ्रू हो लेकिन जिसे हम democracy quested interest कहते हैं वह तो है ही न। इतने समझौते हैं : खुश रखना है, स्थितियाँ हैं कि मनपसन्द चीजें ऐसा रूप ले लेती हैं कि बादम में पहचानी ही नहीं जाती।

पुस्तक का बड़ा मजा है। पहले पुस्तक की मैं उपेक्षा कर रहा था अब पुस्तक मेरी उपेक्षा कर रही है। राजकमल की व्यवसायिक राजनीति में मैं fellow traveller नहीं हूँ। अब भी वे अक्सर रघुवर दयाल को ललचा रहे हैं।

एक संयोग आया था आपसे इतने नजदीक होने का; अब देखिए कब होता है यह सुलभ। आशा है आप कविताएँ और ग्रंथादि का अवलोकन कर रहे होंगे। पत्र दें। मेरे योग्य सेवा लिखें।

स्नेहाकांक्षी
नंद चतुर्वेदी

30, अहिंसापुरी
उदयपुर,
15.3.83

प्रियवर,

किस तरह व्यक्त करना चाहिए किसी अनुभव को—एक शब्दमोह से बँधे हुए कवि के लिए यह कहना बहुत कठिन है, ऐसे आनन्दमय सार्थक क्षण मिलने के लिए सिर्फ कृतज्ञ हुआ जा सकता है। इन्हीं अनुभवों के बीच जीवन के विस्तार को देखा जाना सम्भव है।

स्टेशन छोड़कर आने के बाद हर्ष और मैं बार-बार और बहुत देर तक आपकी याद करते रहे, फिर दोनो मिलकर भी उतना नहीं हँस सके। यात्रा के दिन हँसी और रोशनी के बीच गुज़र गये। सैंकड़ों बातें, सैकड़ों बार हँसना—यही याद रह

गया है। क्रम से कुछ याद नहीं आता। क्रमहीनता से सब कुछ बिलकुल पास जैसे कल ही गुजरा नज़र आता है।

शाम को भरतपुर की हिन्दी साहित्य समिति में भाषण था। दरअसल ज्यादा कुछ कह नहीं सका। एक विचार शुरू हो जाता है तो अन्त तक चलता है। दरअसल हमारे समय की रचना इतनी जटिल है कि निर्णयात्मक तरीके से हम यह कहने में असमर्थ हैं कि मंज़िल आ गई है। दिन-ब-दिन डराने वाली स्थितियाँ पैदा होती हैं जिसमें आदमी निहायत असहाय हो जाता है। आदमी पर यह दबाव निरन्तर बढ़ते जा रहे हैं—सेठों और सैनिकों की भूमिका एक सी हो गई है। आदमी पर विश्वास होते हुए भी उसे व्यवस्था की सार्थक समझदारी हासिल नहीं है। ऐसा ही कुछ मैंने उस गोष्ठी में भाषण किया था; नरेन्द्र ने उस सभा की अध्यक्षता की थी। उनका भाषण संतुलित था, बातचीत भी हुई।

ब्रज अकादमी के विचार को राजनीतिक धरातल से सांस्कृतिक धरातल की ओर मोड़ना अच्छा रहेगा। अन्यथा यही पछतावा होगा—आन्दोलन हम खड़ा करेंगे और उसका फल धूर्त खा जाएँगे। यथासम्भव ऐसा न हो इसका ध्यान रहना चाहिए। रामसरणजी की चिट्ठी आई थी; प्रेम और आदर की। उनका साप्ताहिक भी। नामें के सिवा उसमें कोई विवरण नहीं था। यह होता है—साहित्य गोष्ठी की रिपोर्टिंग भी दूसरी गोष्ठियों से अलग नहीं होती। हम लोगों ने बहुत सी बातें कही थी, उनका किसी ने विवरण नहीं लिखा। स्थूल बातें छपी हैं। लेकिन अब भी मैं सोचता हूँ कि शहरी गोष्ठियों से ग्रामों की गोष्ठी हर तरह सराहनीय थी—कम-से-कम लोग विभ्रमित नहीं थे।

बाँसुरी या वेणु बहुत कलात्मक नाम है कहीं आप पर रूपवादी होने का लाँछन न लग जाए। वैसे 'परिपाटी' भी एक व्यापक नाम है। ब्रजगंधा की जगह 'रसगंधा' भी एक नाम हो सकता है। ख़ैर नाम कोई दें—काम शुरू हो और किसी स्थायित्व के साथ। नाकामयाब योजना मनोबल तोड़ती है।

अब आपके पास मेरी पाँच कविताएँ हैं। महान समीक्षक तो एक ही कविता से काम चला लेते हैं—पाँच बार उद्धृत करते है, खंड-खंड में—फिर आपकी तलाश तो मध्यवर्गीय सीमाओं से मुक्ति की है। केवल सुख यह है कि विजेन्द्र में आप उसे नहीं देखते-सब जगह देखते हुए। यही आपकी सीमा और उपलब्धि है। दरअसल विजेन्द्र की कविताएँ बहुत अधिक रूमानी, देहधर्मी और शिल्प वैशिष्टय की है। लेकिन ऋतुराज, मंगलेश डबराल में आप दूसरी तलाश करते हैं, विजेन्द्र में दूसरी। विजेन्द्र की इन कविताओं का वर्गीय चरित्र क्यों तलाश नहीं करते? यह मेरी इच्छा नहीं, आपकी विवेचना से उठता सवाल है। मुझमें भी यह देखना हो तो पाँच कविताएँ काफी नहीं है? वैसे भी मेरे सम्बन्ध में आप इतना जानते हैं कि एक आलेख लिख सकते हैं। कुछ और कविताएँ आपके पास हैं ही। फिर भी कहें तो भेज दूँगा।

ता. 20, 21, 22 को जयपुर रहूँगा। डॉ. उपाध्याय के विभाग में गोष्ठी है। शायद आप हों। प्रकाश आतुर, नीरज दोनो अस्पताल में हैं—दिल का दौरा हुआ है।

आपके साथ रहने के अवसर आते रहें इसी इच्छा के साथ।

नंद चतुर्वेदी

30, अहिंसापुरी
उदयपुर,
9.4.83

प्रियवर,

यह नुकसान मेरा रहा, उदयपुर में आप आए और मिलना नहीं हुआ। दु:ख इस बात का भी, किसी ने यह बताया तक नहीं। मोहन श्रोत्रिय घर आए, देर तक बातचीत हुई लेकिन जानकारी तक नहीं दी। मेरी नज़र में आन्दोलन जीवन के तनावों को प्रत्यक्ष करने की दृष्टि देता है, ख़ासतौर पर जब प्रोफेसरों का पुलिस से सामना होता है; लाठी घूमती है या उन्हें आन्दोलन के टूटने का, पराजय का एहसास होता है। तब ये कुछ समय तक क्रूरता के आपने-सामने होते हैं और उन्हे लगता है कि संघर्ष का समय कितना गंभीर, कितना Tense कितने लोगों की मदद का आकांक्षी होता है। पूरी सामाजिक रचना को समझने के अवसर हमारी ज़िन्दगी में कम आते हैं। यहाँ परीक्षाएँ हो रही हैं। विद्यार्थी परीक्षा देना चाहते हैं जो बहुत स्वाभाविक है। शायद राजस्थान के कॉलेजों में परीक्षा न हो पाये लेकिन विद्यार्थी इससे खुश नहीं होंगे। वर्षभर की प्रतीक्षा के बाद भी इम्तिहान टल जाए ंतो नाराज़गी बहुत स्वाभाविक है।

हाँ, डॉ. उपाध्याय ने भारत के (हिन्दी वाले) वामपंथी आलोचकों का समुदाय इकट्ठा किया था। मै। तो हर गोष्ठी में स्वयं को शिक्षित करता हूँ, कुछ खोता नहीं हूँ इसलिए पाने के आनन्द से आह्लादित रहता हूँ। मार्क्सवादी आलोचक तेज-तर्रार, तार्किक और विद्वान होते हैं लेकिन विनोद-प्रिय नहीं होते। प्राय: वे मार्क्सवाद को स्थापित करने के लिए आर्यसमाजी उपदेश के तेवर अख्तियार करते हैं। साहित्य रचना के जटिल समीकरणों को वे ज्यों-ज्यों मार्क्सवादी वस्त्र पहनाते हैं। उनकी तर्क-कसौटियाँ बहुत बार अवसरानुकूल होने का आभास देती हैं। वार करते समय बहादुर होते हैं लेकिन विपरीत स्थिति में खिसियाने और क्रुद्ध। ख़ैर ये वे चपरगट्टू अवसरवादियों से अधिक प्रतिबद्ध और सैद्धान्तिक

निष्ठा रखते हैं। वे जब अवसरवादी होते हैं तो मार्क्सवाद को रसातल पर ले जाते हैं लेकिन बहादुरी से लड़ते हैं। आजकल CPI वाले CPI(M) को अवसरवादी कह रहे हैं और CPI(M) वाले उन्हे आपातकाल के जासूस बता रहे हैं। CPI की स्थिति दयनीय है। पहली बार भैरवप्रसाद जी देखे, वे अपने लोगों से घिरे रहे। हमारा सुख यह था कि हम सिर्फ 'सेमीनारियन्स' थे। न घेरने वालों में, न घेरे जाने वालों में।

आपको मधुओं, मुद्‌गलों, लोहा-पीतलयाओं की नहीं, संस्कृति की रचनात्मक पक्षधरता लेनी है। उसी का मोर्चा बनाएँ। बहुत से लोग साथ होंगे।

अपनी आलोचना में सिर्फ मध्यवर्गीय सरोकारों की तलाश करेंगे तो आगे बढ़ना कठिन होगा। धरती पत्रिका मेरे पास नहीं; मैंने कहीं वह विशाल आलेख देखा था। ऋतुराज पर उम्दा लिखा है लेकिन मध्यवर्गीय तलाश वहाँ भी है, जमी है। लिखें—नंद चतुर्वेदी

डॉ. जीवनसिंह मानवी

0294-2450332
30, अहिंसापुरी
उदयपुर
30.9.09

प्रिय जीवनसिंह जी,

इन दिनों गहन चुप्पी। समाधिस्थ तो नहीं हो गये आप। तलाश करते-करते रमाकान्त जी द्वारा सम्पादित 'कृति ओर' टटोला तो वहाँ मिले—देख्यो पलोटन राधिकापायन', पूर्व पंक्ति यों बनाय दई बेठ्यो, दुर् यो 'कृति ओर के पृष्ठन'। अपरंच आगे समाचार यह है कि 'अतीत राज' की प्रति सबसे पहले भेजनी थी लेकिन प्रमोदवश विलम्ब हो गया।

आप इसे ख़ास पुस्तक न माने। मैंने सोचा भी नही था कि इन इधर-उधर छितरे-बिखरे स्मृत्यालेखों की कोई किताब होगी या छपेगी। अनुराग के आग्रह से इन आलेखों को मैंने समेटा, उसके प्रयत्नों से छपी।

इसके कई आलेख आपने पढ़े होंगे। शायद ऐसे आलेखों का ये फायदा हो जाता है कि उनसे कुछ विलुप्त हुई प्रतिभाओं का पता चल जाता है अन्यथा उन्हें कोई नहीं जानता जैसे झालावाड़ में आए अलवर के एक बहुत सुलझे हुए ब्रज भाषा के कवि वहीं के होकर रह गये। वे तैलंग ब्राह्मण थे—पूरा नाम था भट्ट गिरिधर तैलंग

'कवि किंकर'। उनके पुत्र का नाम गजाधर भट्ट है; वे रा. स्वयंसेवक संघ के कार्यकर्ता हैं। आपने उनका नाम सुन रखा होगा। कवि किंकर खूब लम्बे, ताम्रवर्ण, धीरे-धीरे कविता (सवैया) पढ़ते थे। 'सुकवि' में प्रायः छपते। अलवर, भरतपुर में तैलंगों का आना, बसना कैसे सम्भव हुआ? रांगेव राघव का कुल भी प्रतिष्ठित हुआ। उन्हे ज़मीन भी दी गई। क्या अलवर में अभी भी दक्षिण से आए तैलंग हैं? क्या उनमें से कोई साहित्यकार हुआ है या है? झालावाड़ के गिरिधर शर्मा नवरत्न गुजराती नागर ब्राह्मण थे।

'अतीत राग' में कुछ स्वतंत्र आलेख हैं जो भारतीय जीवन के कारुणिक पक्ष की व्यंजना करते हैं। यहाँ जल्दी से पढ़ ली जाएगी, ऐसी है।

इटावा से डॉ. उपाध्याय पर छपी दो पुस्तकें आपको भी मिली होंगी, मेरे पास आई हैं। एक में श्रद्धांजलियाँ हैं, राजस्थान से सिर्फ हेतु भारद्वाज की। लम्बा उत्तर-जीवन राजस्थान में व्यतीत करने वाले उपाध्यायजी पर राजस्थान का इतना सा, अकिंचन प्रतिनिधित्व! दूसरी पुस्तक उपाध्यायजी के कमला प्रसाद जी को लिखे पत्र। यह पुस्तक दरअसल, एक पहलवान साहित्यकार समीक्षक की है जो समय-समय पर प्र.ले.सं. के महासचिव को उनके दायित्व का कर्तव्य का बोध कराता रहता है। इन पत्रों में विजेन्द्र जी के लिए नाराज़गी और अवमानना का दो-तीन बार उल्लेख है। अपनी क्रांतिकारी भूमिका का दंभ-प्रदर्शन और कथन तो है ही। हिन्दी-साहित्य-पट्टी में इन दिनों 'प्रगतिशीलों' का घमासान चल रहा है—छल-छंद की धूल उड़ रही है, स्वस्थ रहें।

फोन पर पुस्तक पहुँचने की सूचना दे दें। पत्र यहाँ पहीने सवा महीने में पहुँच रहे हैं। सरकारें हर सामान्यजन की हर सुविधा चौपट करने पर तुली हुई हैं। सरकारी स्कूल, सरकारी अस्पताल, सरकारी डाक,संचार व्यवस्था और वे सब छोटी-मोटी व्यवस्थाएँ जो गरीबों के, भले भोले लोगों के पक्ष में हैं, सरकार के आँख के किरकिरी हैं। डॉ. रामगोपाल शर्मा का पोस्ट कार्ड 22 अक्टूबर को दिल्ली से चला, 26/9 को यानी चौंतीस दिनों में मिला है। अब पत्र, मुद्रित सामग्री, लेख, स्थानीय पोस्टकार्ड पाँच रुपये लगाकर पचीस-पचास रुपये में जा रही है।

प्रसन्न रहें। पारिवारिक लोगों को स्नेह स्मरण।

शुभेच्छु
नंद चतुर्वेदी

30, अहिंसापुरी
उदयपुर,
29.1.84

प्रिय भाई,

इन दिनों सहसा ही चिट्ठी पत्री का क्रम टूट गया तब फिर 'यह समय मामूली नहीं' को लेकर आपका लिखा कार्ड मिला, खुशी का और आत्मीयता का। बहुत अच्छा लगा। खुशी और आत्मीयता का गहरा रिश्ता होता है। आप से मैं इसी तरह बँधा हूँ दूसरी कोई चीज दरमियान नहीं है।

मैं उस आलेख के लिए भी अपनी खुशी ज़ाहिर करना चाहता हूँ जो आपने मुझ पर लिखा और 'मधुमती' में छपा।मैं चाहता हूँ कि आप आलोचना को रचनाशीलता के शिखर तक पहुँचाएँगे। मेरा ख़याल है कि उसके लिए शब्दों को पुनराविष्कृत करना पड़ेगा जैसे मध्यमवर्ग को लेकर जो सौन्दर्य-शास्त्र की काव्य-मीमांसा इधर चली है वह रुढ़ और निर्णयात्मक हो गई है जब कि पूरा हिन्दी का साहित्य कर्म इस वर्ग का उन्मेष है और उसी में जीने की बेचैन छटपटाहट और बदलने की इच्छा है। इसी तरह व्यक्ति के सोच के दायरे हैं। दरअसल मार्क्स की स्थापनाओं के बाद और उसकी दी हुई समझ के कारण और दूसरे कारणों से इतनी सूक्ष्म तब्दीलियाँ हुई हैं जिनकी पहचान ज़रूरी है और उसी के लिए नवाविष्कृत सौन्दर्य-शास्त्र भी चाहिए, शब्दावली भी।

आग्रह है कि इसे मेरे महत्त्वपूर्ण होने की इच्छा के साथ न जोड़ें—मेरे लिए यह बहुत दुर्भाग्यपूर्ण हो गया है कि लोग मेरी 'भंगिमा' की बात करने लगे हैं। यह कोई विशिष्ट होने की प्रक्रिया में नहीं है बल्कि साहित्यकार होने की प्रक्रिया में ऐसा हो गया है। अब मुक्ति नहीं—बहरहाल आप आलोचना के क्षेत्र में जाएँ।

अभी साहित्य और स्वाधीनता पर वि. विद्यालय में व्याख्यान देने गया था। मेरा भतीजा हर्ष भी साथ था तब पिछले वर्ष कामां में आपके साथ बिताये दिनों की स्मृति में मग्न हुए। मेरे साथ रहकर आपका मार्क्सवाद कभी-कभी कैसे संकट में पड़ जाता था; 'माधुर्य के साथ दुर्घटना' हुई है इसे सुनकर आप और नन्द भारद्वाज ने मुझे भरी सभा में लताड़ा था लेकिन मैं ढिठाई से प्रतिश्रुत नहीं हुआ इत्यादि।

आप मिलेंगे तब पुस्तक दूँगा ज़रूर तब तक कॉलिज में मँगवा लीजिये—दूसरों से कह सकें तो कह दीजिये।

सस्नेह
नंद चतुर्वेदी

30, अहिंसापुरी
उदयपुर,
31 मार्च 86

प्रिय भाई,

बहुत से दिन हो गये आपकी चिट्ठी भी नहीं आई और समाचार भी नहीं मिले। खुश हैं न! तन्दुरुस्त भी।

आपको याद होगा एक बार मैंने कहा था कि अपने आलोचनात्मक लेखों का संग्रह कर ले और उन्हें अकादमी की वित्तीय सहायता से छपवा लें। अकादमी तीन हजार की सहायता देती है। इस सहायता की रकम को किसी भी प्रकाशक को देकर पुस्तक निकल जाएगी। फिर उसे चाहेंगे तो आलोचना पुरस्कार के लिए भी दे देंगे।

अभी तीन महीने हैं। 150 टाइप पृष्ठों का संकलन फिलहाल उत्तम रहेगा। अकादमी की इस योजना का लाभ अवश्य लेना चाहिये। प्रकाशक तलाश करने में हेतु भारद्वाज की सहायता भी लेंगे।

ब्रज अकादमी के पत्र आते रहते हैं लेकिन वे ब्रजभाषा में लिखने की शर्त लगाते हैं आपका क्या कहना है?

घर के सब लोंगों को याद करें।

सस्नेह
नंद चतुर्वेदी

30, अहिंसापुरी
उदयपुर,
18 दिस. 87

प्रिय भाई,

पत्र मिला। आपके पास, आपके साथ होने की खुशी मेरी भी तो है। जितनी बार और जितने समय ये साथ होता है उतनी ही बार ज़िन्दगी की उमंग लौट आती है।

हमारी ज़िन्दगी में आस पास ज्यादा रमणीयता नहीं है और उत्साह भी कम है इसलिए हमें अपने आनन्द के लिए अपनी ही आत्मा का कुआँ खोदना पड़ता है। कभी-कभी ये हर्षोल्लास 'क्षति-पूर्ति' होता है, भयानक भी लग सकता है लेकिन ऐसा न करें तो परिस्थितियाँ हमें पीस ही दें। इसलिए रीझ-खीझकर खुशी के बीज डालने पड़ते है—उल्टे-सीधे उग जाएँ शायद।

अर्थ-समृद्धि की जितनी भी कोशिश हो, बुरी नही है। यह दूसरे नम्बर का पुरुषार्थ है। धर्म के बाद अर्थ ही आ जाता है। दु:ख इस बात का है बार बार इस कम्बल को संभालते-संभालते भी छेद पड़ जाते है और गर्मी नहीं रहती। यह हमें नंगा करने वाली व्यवस्था है।

आपने लिखा आप सौभाग्यशाली हैं कि इस सब के बीच संतुलन रख सके। अब आप से क्या छिपाना है :

या घर तै कबहूँ न गयो पिय
टूटो तवा अरु फूटी कसौटी।

लेकिन रोना नहीं आया। इसलिए सौभाग्य का भ्रम बना रहा। यह बुरा भी नहीं हुआ। अब बात-बात पर और कदम-कदम पर यह पूछ लेते हैं कितना दोगे, क्या दोगे? मन कितना कंगला हो गया है।

मैंने नहीं देखी रिर्पोटिंग। मैंने कहा न एक हद तक लापरवाह भी होना चाहिए। क्या कुछ लिखा गया है? कभी मिलने पर जानूंगा।

मैंने तो एक अच्छी रिर्पोट अकादमी को दी है-बड़ी और रचनात्मक। वह सम्पर्क में निकलेगी।

श्रीकान्त वर्मा की 'गरूड़ किसने देखा है' और प्रयाग शुक्ल की 'अधूरी चीजें तमाम'; दोनो काव्य-संकलन आए हैं। पढ़ रहा हूँ।

रेवतीरमण बाजी मार गए। हमारी भूमिका 'पंच हजारी है'- पहले सुधा गुप्ता को—अब रेवती को।

स्नेह सहित
नंद चतुर्वेदी

30, अहिंसापुरी
उदयपुर,
9.3.93

प्रिय भाई, जीवन सिंह जी,

पुरस्कार के अवसर पर आपका स्नेहपूर्ण बधाई पत्र मिला तभी से मैं सोचता रहा कि आपको किन शब्दों में, किस तरह सम्बोधित करूँ। आपकी याद मेरे मन में कितनी-कितनी तरह बसी है। कितनी हँसी, कितना विनोद, कितनी विदग्धता, कितना अनुराग। अब ये सब दुर्लभ बातें हैं। ज़िन्दादिली और

ज़िन्दगी को सुदृढ़ आधारों पर खड़े रखने के लिए तर्क-संगति, ये भी तो चिराग लेकर ढूंढे नहीं मिलते।

हम लोग कामाँ में मिले थे। यहीं से मैंने आपके ब्रजभाषानुराग का परिचय पाया—फिर तो लगातार मैं आपके स्नेह में बँधता ही गया।

साहित्य या कविता की तरफ देखता हूँ तो मैं पाता हूँ कि उसकी आंतरिक ताक़त मनुष्यों की मैत्री को ताक़तवर बनाना ही है। लेकिन वह कोई दवा नहीं है। दवा देने वाले में उपचारक का दंभ आ जाता है। सब लोगों को दंभ से बचाने वाला यदि दम्भी हो तो बात बनेगी नहीं।

मुझे लगता है कि आज के काफी साहित्यकारों में एक उपचारक बनने का 'रोग' लगा है। वे बहुत सी ऐसी बातें करते हैं जो साहित्य-दृष्टि को जड़ बनाती है। मनुष्यों के हित की दृष्टि को जड़ बनाने वाली नहीं होना चाहिए। इसका अर्थ कोई ढीलाढालापन नहीं है—साहित्य या कविता को बचाना है।

इस समय मैं फिर से उस ब्रजभाषा के सवैये को लिखूँगा जिसे मैंने लिखने की शुरुवात की थी और जिसकी सम्भावनाओं के प्रति मैं आश्वस्त हूँ।

नेह सों भीगे रहै सिगरे जन
प्रेम रसायन सौं उजलैं पल
दीपित प्राण रहैं तुम सों
अंखियान रहे नव-रूप को काजल
काल की देहरी लाँघ के लाल
वसौ नित ही-सुधि के ब्रजमंडल
लाते रहो रस-रंग के वे दिन
छाते रहो ज्यों गुलाल के बादल

आशा करता हूँ आप स्वस्थ हो रहे होंगे। प्रसन्न रहें

हमेशा आपका
नंद चतुर्वेदी

राम चतुर्वेदी

तबेला रोड
झालावाड़ (राज.)

...बाँध रही हो यह सपने...।

...शायद 22 को आने वाला...होगा। बंधू भी बड़े होने पर मेहमान की तरह आते हैं। मुझे भी गोपाल से मिले बहुत दिन हो गये। उनके पास समय नहीं है और हमें यात्राओं से डर लगने लगा है।

तुम सबको दीवाली पर अभिनन्दन। गोविन्द की भी याद आती है।

तबेला रोड
झालावाड़ (राज.)

...को है वही करूँगा।...और अनुराग आएँगे। तुम्हारा मन करे तो आ जाना।...आग्रह करना।...लगता है। सब भाई बहन भी वृद्ध और अशक्त हो रहे हैं। प्रकाश को दो तीन दिन पहले फोन आया था। मैं भी करता रहता हूँ। दिन में तीन चार घंटे अकेले रहता हूँ। कभी-कभी छोटू...

उदयपुर
17.09.04

प्रिय राम,

तुम्हारा पत्र। यहाँ वर्षा हुए अर्सा हुआ। कहानी में जैसा कहते रहे एक बार यहाँ साधु आए वैसे ही एक बार यहाँ बारिश हुई। फतह सागर में चुल्लू भर पानी

रह गया है। वह पाँच सात दिनों में सूख जाएगा। अख़बारों के मुताबिक बहत्तर घंटे में एक बार पानी मिलेगा। पानी की भी ऐसी चिन्ता करनी पड़ेगी, यह तो कभी सोचा ही नही था।

प्रकाश की पत्नी की तबियत ख़राब होने के समाचार मिले थी। मैं श्याम के यहाँ रोज फोन करता था और समाचार पूछता था। जबसे वे भवानीमंडी चले गये तब से समाचार नहीं।

मोतीलाल का देहांत हो गया।...और फँसी के...।

तबेला रोड
झालावाड़ (राज.)

...होनी अनहोनी से भय लगने लगा है। मृत्यु अत्यधिक अप्रत्याशित परिस्थितियाँ पैदा कर देती है। सब खुश रहें यही कामना करता हूँ। किसी को भी किंचित दुख न हो। कल तुम्हारी भाभी को ग्यारह महीने हुए। चन्दा को पाँच और डॉ. साहब को छह महीने हो गये। दिन गिनते रहता हूँ। वसन्त के अस्वस्थ होने से...अनुराग से मिले थे। चित्तौड़ में...।

30, अहिंसापुरी
उदयपुर
20.10.04

प्रिय राम,

तुम्हारा पोस्टकार्ड यथा समय मिल गया था। क्या लिखता? मेरे पास लिखने को रह ही गया है? यह आँसू ही हैं जिनसे रोज श्रद्धांजलि चढ़ा देता हूँ। बहुत कोशिश करता हूँ कि मनस्थिति सामान्य हो जाए। जन्म मृत्यु के बारे में भी सोचता हूँ लेकिन कुछ समझ नहीं आता। शायद मनुष्य को अपना दुख निपट अकेले ही भोगना पड़ता है। समय के साथ सारी यादें अराजक हवा की तरह घूमने लगती है।

पहली पुण्यतिथि 3 नवम्बर। राजेश्वरी का फोन आया था। लिख पढ़कर दिन निकाल देता हूँ।...के यहाँ सोने चला जाता हूँ। शोभा और बेटी को याद करना।

प्रिय राम,

तुम्हारा कविता वाला...। मिला। और जैसे दिन बहुत लम्बी व्यथा-सी रात, इस कविता को याद करते करते तीन महीने बीते लेकिन याद नहीं हुई।

कविता में कहीं कहीं कुछ अशुद्ध लिख गया है तुम्हारी डायरी में ठीक कर लेना।

दूर झीलों में गई है फैल कोमल धूप
और जैसे दिन बहुत लम्बी व्यथा-सी रात
कौन जाने सूर्य फिर.................लिखेगा नाम
अग्नि घाटों से बहकर ये ज़िन्दगी की नाव

तुम आए तो बहुत अच्छा लगा। शोभा, वसन्त, दिशा के आने से बहुत रौनक रही। मेरी इच्छा थी तुम एक दो दिन और रूकते—दरअसल जैसा इस कविता में है, 'नृवातुर' है। कहीं एक दूसरी कविता में एक पंक्ति—एक घूंट से नहीं बुझेगी प्यास युगों की...।

दो दिन के लिए दिल्ली जा रहा हूँ।..

डॉ. ....।
130, नसियाँ कॉलनी
गंगापुर सिटी

उदयपुर
8.7.97

प्रियवर,

आपका...लिफाफा

मेरी सूचना के अनुसार ललित जी की पत्नी की बाई पास सर्जरी दिल्ली के एस्कोर्टस में 5 जुलाई को होनी थी इसलिए उनसे जयपुर में मिलना कठिन है।

आप यदि स्थानान्तरण की राजनीति को गहराई से समझे तो उसकी पेचदगी को समझेंगे। मैं यहाँ कोई महत्त्वपूर्ण व्यक्ति नहीं हूँ। रिश्तेदारी का भी कोई अर्थ नहीं है और मैं लगातार याद दिलाने के लिए यहाँ नहीं हूँ। जब भी अवसर मिलेगा, मैं कहूँगा। मेरी चिन्ता न करें लेकिन आपको राजनीति की दृष्टि से ही किसी पार्टी-प्रभु को ही प्रसन्न करना पड़ेगा।

अब आलेख बढ़ाना अनावश्यक है। उसे कोई प्रकाशित नहीं करेगा। हम न बर्नाड शॉ हैं और न बर्ट्रेंड रसल। जो है उसे तुरन्त ठीक ठाक करके क़मर को भेज दीजिए।

प्रिय सर्वेश, यदि शम्भु कुशलगढ़ चले गये हों तो यह पत्र वहाँ भेज दीजिए। नमस्कार। प्रसन्न रहें।

नंद चतुर्वेदी

डॉ. शम्भु गुप्त
130, नसियाँ कॉलनी
गंगापुर सिटी

क़मर मेवाड़ी

30, अहिंसा पुरी
उदयपुर
अक्तूबर, 1984

प्रिय क़मर,

तुम्हारी पुस्तक और 'सम्बोधन' का अंक मिला। सम्पादकीय में जिस महत्त्व के साथ तुमने मेरी कविता का ज़िक्र किया है, उससे तुम्हारा बड़प्पन ज़ाहिर होता है। पहचान के लोगों को उद्धृत करना, उन्हे महत्त्वपूर्ण बनाना, सीमित दायरों से बाहर निकालना बड़ी बात करना है। तुम्हारी कविता पुस्तक से कुछ कविताएँ पढ़ीं, अब तुम्हारे ऊपर विस्तार के बात की जानी चाहिए। मैं समझता हूँ पिछले दो दशकों में राजस्थान के चार कवि पहचान बना पाए हैं—हेमन्त शेष, क़मर मेवाड़ी, भगवती व्यास और नन्द किशोर आचार्य। इनकी कविता पर विचार करना अनिवार्य है। वैसे तो इन वर्षों में सर्वाधिक पुस्तकें कविता की छपी हैं और उन सब पर विस्तार से लिखना अनिवार्य हो गया है लेकिन तुम जानते ही हो यहाँ—'इस अँधेरी रात में, दीपक जलाए कौन बैठा है'। आलोचनाकर्मी अध्यापक बड़े अहम् और छोटे मन वाले हैं। उनके लेखन का मिज़ाज हमारे अनुकूल नहीं है। मैं समझता था अकादमी इस दिशा में कोई बड़ा काम कराएगी लेकिन वे रूटीन में फँस गई है। मैंने एक बार प्रकाश जी से कहा था कि अकादमी को उनसे अच्छा अध्यक्ष कोई नहीं मिलेगा और जो वे नहीं कराएँगे कोई नहीं कराएगा लेकिन उन्होंने समझा मैं कोई औपचारिक बात कर रहा हूँ। मैंने जब उनसे ये कहा तो मैं यह समझता रहा कि उनका कार्यकाल 'अनोखी करतब गिरी' का होगा—यह आशा मन्द नहीं हुई है लेकिन उन्होंने अकादमी प्रकाशन ही बन्द कर दिया। अकादमी ने कोई बड़ी पुस्तक हाथ में नहीं ली। इतने समकालीन, सर्जनशील साहित्यकार अपनी समकालीनता पर कोई प्रामाणिक दस्तावेज शाया नही कर सके—यह मलाल बना है।

पिछली बार तुमने प्रकाश आतुर का निबन्ध संकलन वाला 'सम्बोधन' बताया लेकिन भेजा नहीं। दरअसल प्रकाश आतुर के गद्य पर हमें उसी तरह

बात करनी चाहिए जिस तरह तुम्हारे पद्य पर। कभी-कभी की बात छोड़ दो लेकिन अमुमन प्रकाश आतुर अपने लेखन के लिए बहुत सार्थक मुद्दे उठाते हैं और फिर बहुत सी दृष्टियों को मिलाकर एक उर्जस्वित भाषा में साहित्यिक दृष्टि को फैलाते हैं।

प्रकाश आतुर सार्थक गद्य लिख रहे हैं यह कहने में हमें इसलिए नहीं शरमाना चाहिए कि वे अकादमी के अध्यक्ष हैं और कोई हमें चाटुकार कहेगा। किसी भी साहित्यकार की स्थापना उसकी अपने समय में ही होनी चाहिए। मृत्यु के बाद का श्राद्ध-कर्म सिर्फ भूलने की कोशिश है।

मैं तुम्हारी दाद देता हूँ कि प्रकाश भाई का गद्य-संकलन प्रकाशित कर सके। 'सम्बोधन मंच' से उस पर एक गोष्ठी भी होनी चाहिए अकेले प्रकाश आतुर पर नहीं राजस्थान के गद्य लेखन पर या और किसी विषय पर।

तुम्हारा
नंद चतुर्वेदी

30, अहिंसा पुरी
उदयपुर
जून, 1997

प्रिय क़मर,

'सम्बोधन-96' मिल गया है। विष्णुचन्द्र शर्मा और डॉ. मनोहर प्रभाकर के लेख पढ़ लिए हैं। दोनों ही बहुत अच्छे लगे। पूरा अंक अभी पढ़ा नहीं है। रमेश उपाध्याय और रघुनन्दन त्रिवेदी का पत्राचार भी पढ़ा। 'सम्बोधन' हिन्दी की महत्त्वपूर्ण साहित्यिक हलचल की पत्रिका है। आपके लिए और 'सम्बोधन' के लिए मैं लम्बी उम्र और तेजस्विता की कामना करता हूँ। 'सम्बोधन' ने हमारे प्रान्त की प्रतिष्ठा बढ़ाई है। मेरी दृष्टि में वह हमारे प्रान्त में इस समय निकलने वाली पत्रिकाओं में सबसे अच्छी और सार्थक है।

तुम्हारा
नंद चतुर्वेदी

30, अहिंसा पुरी
उदयपुर
15 अगस्त, 2003

प्रिय क़मर,

आज दिन की शुरुआत तुमको ख़त लिखकर कर रहा हूँ। स्वतंत्रता दिवस मुबारक हो, स्वतंत्रता अमर रहे।

'सम्बोधन' का यह छोटा सा मुकम्मल अंक निकालकर ख़ान साहब की स्मृति को आपने नई अर्थवत्ता प्रदान की है। ऐसे ग्रंथ बड़े बड़े शोधग्रंथों से बेहतर होते है। मैंने अंक की कुछ सामग्री पढ़ी है, कुछ पहले की पढ़ी हुई थी। जो अभी पढ़ी है उसमें ख़ान साहब की शुरुआती ज़िन्दगी की दर्दनाक दास्तान है लेकिन मैं उस हिम्मत, उस सघर्ष को भी देखता हूँ जो उन्हे 'अजेय योद्धा' भी बनाती है। ज़िन्दगी ऐसे बेरहम, ऐसी सख्त परीक्षक रही तब भी वे पास हो गये। उनकी इ़स 'तल्ख़' शुरुआत में ही उनके गुस्से, उनकी यत्किंचित अराजकता का रहस्य छिपा है। तब भी उनका सन्तुलन, उनकी रचनाशीलता, उनकी उपलब्धियाँ बेमिसाल हैं।

तुम्हारा
नंद चतुर्वेदी

30, अहिंसा पुरी
उदयपुर
जुलाई, 2005

प्रिय क़मर,

'सम्बोधन' का अप्रैल-जून का अंक मिला। 'सम्बोधन' के अंक मुझे हमेशा मिलते रहते हैं। प्रायः सारी सामग्री पढ़ता हूँ। हमारी पत्रिका का मुख्य स्वर सर्जनात्मक है विवादी नहीं। वस्तुतः साहित्य का स्वर विवादी है ही नहीं। विवाद से उनकी रचना होती ही नहीं। शायद एक आन्तरिक लय जो ज़िन्दगी और साहित्य को मिलाती है वही रचना का स्वर है। इसका मतलब यह नहीं है कि हम ज़िन्दगी के विवाद को नहीं सुने या नहीं जाने, जानें और भिड़ें। लेकिन साहित्य की भिड़न्त सारे स्तरों पर चले। ख़ासतौर पर जिन्हें हम आस्था या विश्वास कहते हैं। साहित्य इसी स्तर पर विवाद करता है। यह स्थापित, सुरक्षित आस्थाओं से भिड़ता है। 'सम्बोधन' की

लंबी यात्रा का परिणाम और प्रभाव आज समझ में नहीं आएँगे लेकिन कल को भविष्य को जब हम समझेंगे तब 'सम्बोधन' के हवाले भी शामिल होंगे।

तुम्हारा
नंद चतुर्वेदी

30, अहिंसा पुरी
उदयपुर
जुलाई, 2007

प्रिय क़मर,

'सम्बोधन' पर स्वयं प्रकाश पर केन्द्रित अंक मिला। यह तुम्हारे अथक प्रयास का ही फल है कि हमारे प्रान्त को गर्व करने जैसी साहित्यिक पत्रिका पढ़ने का दुर्लभ अवसर मिला है। 'सम्बोधन' को तुमने किसी तुच्छ तृष्णा या हीन आकांक्षा का माध्यम नहीं बनाया। दूसरे की सर्जना को प्रकाशित करना और उनकी कीर्ति को चारों तरफ फैलने देना यह मुश्किल काम तुम चालीस और एक वर्ष तक करते रहे...। तुम्हारा अभिनन्दन।

तुम्हारा
नंद चतुर्वेदी

राजाराम भादू

21.11.93

प्रिय राजाराम,

तुम्हारा पत्र मिला। तुम्हारा मुकम्मिल पता न होने से मां की मृत्यु की सूचना तुम्हें न दे सका। ता. 29 अक्टूबर को उनका निधन हो गया। तब से कोशिश करने पर भी मैं शोक मुक्त नहीं हो सका।

परिचर्चा के सवाल कठिन किन्तु महत्त्वपूर्ण हैं। वे कविता के सम्पूर्ण आधुनिकीकरण की कोशिश को शामिल करते हैं। यह एक पुस्तक का रूप भी ले सकते हैं। परिचर्चा में सूत्रवत उनका जवाब मुश्किल है।

तब भी मैं कोशिश करूँगा। इस तरह सवालों के साथ मैंने कविता और उसके वैचारिक विस्तार के बारे में नहीं सोचा। थोड़ा वक़्त लगेगा। पहले मैं विजेन्द्र के लिए लिखूँगा। कविता के प्रयोजन के सम्बन्ध में। राजस्थान के नये लेखकों में तुम साहित्य के गम्भीर अध्येता और लेखक हो।

प्रसन्न रहना।
नंद चतुर्वेदी

19.1.94
सोमवार प्रातः

प्रिय राजाराम,

इस प्रात; काल की खुशी यह है कि मैं तुम्हारी परिचर्चा के लिए उत्तर लिख सका। इसमें लगातार दो-तीन दिन तक मेहनत करनी पड़ी।

तुम्हारा पत्र मिला। तुम कोटा आ सकते तो अच्छा रहता। शिवराम ने मेहनत के साथ समारोह आयोजित किया लेकिन शायद उनके मन में कोई उद्द्देश्य स्पष्ट नहीं था, इसलिए उत्साह तो ख़ूब नज़र आया मगर परिणाम देखने को नहीं मिला।

बहस भी उन गम्भीर सवालों पर नहीं हुई जिन पर अपेक्षा थी। लेखकों के समारोह भी सामान्य समारोहों से अलग नहीं होते। रचना की जैसे कोई समस्याएँ ही नहीं होतीं, सब समस्याएँ राजनीति से जुडने की ही होती हों।

इस आलेख की फोटोस्टेट कराओ तो एक प्रति मुझे भेज देना। लिखना कि कैसा रहा।

नववर्ष प्रसन्नता देने वाला हो। सस्नेह, नंद चतुर्वेदी

19 नवम्बर, 97

प्रिय राजाराम,

आज तुम्हारा पत्र मिला। इसके पहले भी, मेरे पत्र के उत्तर में जो मैं ने शायद उस टिप्पणी की प्रशंसा करते हुए लिखा था जो तुमने इतवारी पत्रिका में मेरे बाबत लिखी थी। तुम्हारे पत्र का उत्तर चाहकर भी न दे सका, दे देता तो तुम्हारे मन से यह आशंका पैदा नहीं होती जो तुमने अपने पत्र में व्यक्त की है। तुमने कुछ भी अप्रिय लिखा होता तो मेरे मन पर खरोंच लगी होती, लेकिन वह तो कहीं नज़र नहीं आती।

इधर जयपुर आना तो हुआ है लेकिन तुमसे मिलना नहीं हो सका। इस बार तो आजादी के पचास वर्ष पर आयोजित कवि सम्मेलन में ही आया था। फिर लोक जुम्बिश की कार्य समिति की बैठक में शामिल होने के लिए।

तुम्हें शायद जानकारी न हो कि मैं मानव संसाधन मंत्रालय की तरफ से उनकी कार्य समिति का मनोनीत सदस्य हुआ हूँ। उनकी कार्य समिति की मीटिंग हर तीन महीनों के बाद होती है, इस तरह जयपुर आने के ज्यादा अवसर आएँगे। अब की बार तुम्हें पहले से ही लिख दूँगा।

गोविन्द अब जयपुर छोड़ गया है। वह नौकरी उसके अनुकूल और लाभदायक नहीं थी। उसकी पत्नी कोटा और वह जयपुर, आर्थिक दृष्टि से भी आकर्षक नहीं थी। इसलिए चला गया।

मेरे लिए इससे अधिक खुशी की क्या बात होगी कि वागर्थ में मैं तुम्हारे आलेख के साथ छपूँ। तुम्हारे पास कविता की समझ और आत्मीयता है, बौद्धिकता और संवेदना का योग तुम्हें उल्लेखनीय समीक्षक बनाता है। इस बात पर हमें ज्यादा चिन्ता नहीं करनी चाहिए कि हमारा अभिमत किन विचारों, परिणामों या वैयक्तिक नाराज़गियों तक पहुँचाता है। यह सत्य के साथ दोस्ती होती है। प्रत्येक बौद्धिक कर्म सत्य का उद्घाटन और साक्षात्कार है। सत्य का उद्घाटन मुझे नाराज़ करता है तो चिन्ता मत करो, बस पूर्वाग्रह रहित रहो। पूरी तरह पूरा परिदृश्य किसी के सामने नहीं खुलता, चीजें किसी दृष्टिकोण से ही देखी जाती है।

मुझे डॉक्टर प्रभाकर श्रोत्रिय ने लिखा है—लेकिन मेरे पास अभी ज्यादा कविताएँ अप्रकाशित नहीं हैं। ज्यों ही एक—दो रचनाएँ लिखता हूँ कि किसी न किसी दबाव में किसी पत्र—पत्रिका को भेजनी पड़ती हैं। अब ध्यान से वागर्थ के लिए ही उन्हें रखूँगा।

...

एक रात दिल्ली से अशोक आत्रेय का फोन आया था। उन्होंने दिल्ली भास्कर कार्यालय में काम करना शुरू किया है।

मैंने इधर गद्य कुछ ज्यादा ही लिखा है—साक्षात्कार में आग्नेय जी ने बहुत सम्मान के साथ मेरे लिए सहचिन्तन नाम से स्तंभ आरम्भ किया है। आग्नेय फिर वाम—मन के लेखकों को जोड़ने का महत्त्वपूर्ण काम कर रहे है। उन्होंने साक्षात्कार में एक कविता और हिन्दी का एक दिन लिखवाया है।

पत्रिका में आजादी पर कविता छपी है।

दूरदर्शन पर कुछ केन्द्रों ने कविता—पाठ के लिए बुलाया—इत्यादि, इत्यादि।

'भारतीयता की तलाश' की प्रति भेजता हूँ। तुम आलेख के सम्बन्ध में बताना।

दीपावली की मंगल कामना के साथ!

आजकल किस काम में लगे हो?

तुम्हारा ही,
नंद चतुर्वेदी

6.03.2009

प्रिय राजाराम,

अन्तर्देशीय पत्र मिला होगा। आज डाक पहले जितनी विश्वसनीय नहीं रह गई है। अब छपी सामग्री बुक-पोस्ट करने की हिम्मत नहीं होती है। पहुँचे, न पहुँचे और न जाने कब पहुँचे।

Luminous peaks (दीपित शिखर) में हिन्दी कविताओं का रूपान्तरण है। ये कविताएँ उत्सव का निर्मम समय में हैं। यह संकलन भारतीय ज्ञानपीठ ने छापा था। कविताओं का अंग्रेज़ी अनुवाद अंग्रेज़ी के यूनिवर्सिटी अध्यापक डॉ. आशुतोष मोहन ने किया है। वे डॉ. ओमप्रकाश ग्रेवाल के छात्र रहे हैं। विद्वान वामपंथी हैं।

अन्तर्देशीय में बहुत-सी बातें लिखी हैं। मीमांसा को लेकर मैं काफी उत्साहित हूँ। लेकिन सरकारी स्कूल चौपट हो रहे हैं और सेठों के स्कूल फलफूल रहे हैं। कम फीस वाले और योग्य शिक्षकों के स्कूल की निन्दा और दुर्गति है और महँगे तथा कम योग्यता वाले शिक्षक-शिक्षिकाओं की विजय-दुंदभी बज रही है। यह लोकतंत्र की हार है। इस मुद्दे पर कभी मैंने अनिल सदगोपाल का सुविचारित लेख पढा

था। प्राइवेटाइजेशन का नारा गांधी और गाँव-विरोधी नारा है लेकिन बदक़िस्मती का यह आलम देखिये कि गाँवों में स्कूली शिक्षा सेठों और सम्प्रदायवादी-संन्यासियों के चंगुल में फँस गई है।

बहरहाल, ल्यूमिनस पीक्स की कविताएँ पढकर अच्छा लगेगा—इस आशा के साथ।

नंद चतुर्वेदी

4 सितम्बर, 2009

प्रिय राजाराम,

मीमांसा और तुम्हारा ख़त मिला। अतीत-राग की प्रति तुम्हें न भेज सकने का अफसोस है। भेज ही दूँगा ऐसा सोचते-सोचते इतने दिन निकल गये। कुछ संकोच भी रहा। मुझे लगने लगा कि जैसे मैं खुद से ही प्रचार में लग गया हूँ। वैसे तो कुछ भी लिखना, छपना-छपाना प्रचार-विज्ञापन ही है। यूँ कुछ मन ठंडा पड़ गया।

अतीत-राग में ज्यादातर छपा पहले छप चुका और पुराना है। पुस्तक बनाकर छपाने का कोई इरादा नहीं था। यह अनायास पुस्तक है। किसी ने डटकर कुछ नहीं लिखा। हिन्दी के बाजार में कितनी संकीर्णता है यह तुम जानते हो। फिर लिखना-बोलना तो दिल्ली वालों का है। प्रान्तीय हिन्दी लेखन-आलोचना कमज़ोर बच्चे की तरह है। निष्प्रभ आँखों और फूले पेट वाला। हमारे प्रान्त में लिखना तो दूर, पढ़ लें तो ही गनीमत है। यह पढ़ना भी निराशा के कर्तव्यों में शामिल है।

बहरहाल, तुम पढ़कर कुछ लिख सको तो लिखना। वह विश्वसनीय और ईमानदार होगा।

निराशा के कर्तव्य पर लिखने का तुमसे कबूल किया था लेकिन इस बीच में नईम पर संस्मरण लिखने में लग गया। वैसे भी लोहिया जी पर लिखना आसान नहीं है। वे अनेक विचारधाराओं का प्रतिनिधित्व करते हैं। अब तुम्हारे याद दिलाने पर शुरू करता हूँ। तुम्हारी दी हुई शर्त (आलेख बड़ा न हो) याद रहेगी। मीमांसा का स्वभाव और उसकी केन्द्रीय चिन्ता स्पष्ट होनी चाहिए। मैं पहले समझता था कि शिक्षा उसकी प्राथमिकता होगी लेकिन अब ऐसा नहीं लगता। हर जगह कोई भी तंबू कैसे लगा सकता है? मीमांसा को अपना पक्ष तो स्पष्ट करना ही पड़ता है। वैयक्तिक रुचियों की जगह भी निर्धारित करनी चाहिए—ऐसा मैं सोचता हूँ।

तुम्हारा—
नंद चतुर्वेदी

पुनश्चः ल्युमिनस पीक्स की कविताएँ 'उत्सव का निर्मम समय' से हैं। शायद यह संकलन मैंने तुम्हें भेजा है। बताना।

8 जनवरी 2010

शुभकामनाएँ!
किस तरह काटी अँधेरी रात हमसे क्या छिपा है
चाँद-सूरज रोशनी लाएँ तुम्हारी ज़िन्दगी में
इस तरह शुभकामनाएँ हों फलित चारों तरफ से
फूल से सुकुमार दिन आएँ तुम्हारी ज़िन्दगी में।
सस्नेह, नंद चतुर्वेदी

20.5.2011

प्रिय राजाराम

बहुत पहले यह पुस्तक भेजनी थी लेकिन प्रमादवश विलम्ब हो गया। फिर मुझे ही कुछ लगने लगा कि यह कोई ज़रूरी पुस्तक नहीं है—पाँच दशक पहले देखी गई स्वप्नगाथा है। अब तो मैं ही इन रचनाओं का अजनबी पाठक हो गया हूँ। कभी इस देश में बहुत से लोगों ने ऐसी समतावादी जीवन-रचना का सपना देखा था।

मुझे मीमांसा के दो अंक मिल गये। मैं किसी एक लय की तलाश कर रहा था लेकिन वह मिली नहीं। एक पैटर्न जिसकी अन्तर्वस्तु भविष्य-रचना हो। ज्यादातर लेख वैयक्तिक प्रतिभा और बहुत-सा नया पढ़ा—देखा की धाक जमाते नज़र आते हैं। विचारों के नयेपन से ज्यादा ज़रूरी उनकी ऊर्जा और विश्वसनीयता है। सार्वजनिक जीवन को चौंका दें या उसकी सामूहिक प्रतिमा को रुढ़ि-मुक्त चिन्तन के लिए तैयार करें। नये की तलाश भी कभी रूढि जैसी ही दुराग्रही हो सकती है।

हर्ष की स्मृति-सभा में तुम दिल्ली गये थे, यह सुयश ने बताया। इस मृत्यु के लिए मैं कतई तैयार नहीं था। वह धैर्य और विश्वासपूर्वक एक सम्भाव्य बराबरी की दुनिया का स्वप्न-दृष्टा था। दुनिया ऐसे भी अकेली हो जाती है।

शेष ठीक है।

तुम्हारा
नंद चतुर्वेदी

हेमन्त

Vidya Bhavan Rural Institute
Udaipur
4/9/1972

प्रिय हेमन्त,

तुम्हारा पत्र मिला। तुम अपनी चिठ्ठियों पर पता नहीं लिखते। तब दिक्कत हो जाती है। मैं कहाँ भेजता तुम्हें बिन्दु?

मैं तुम्हारे काव्य-लेखन से प्रसन्न हूँ, लेकिन मैं नहीं जानता तुम क्या करते हो? पढ़ते हो या क्या? तुम्हारे पत्रों से तो तुम एक परिपक्व तरुण लगते हो। लेकिन पढ़ते हो, तो तुम्हें थोड़ा सिकुड़ना चाहिए। फैलता हुआ 'यश' एक खतरा है। वह लुभाता है और कहीं का रहने नहीं देता!

ज्यादा नहीं लिखूँगा। मैं अध्यापक हूँ। तुम्हें यह सब अनर्गल लग सकता है। अपनी पढ़ाई-लिखाई से समय निकालकर कविताएँ लिखो तो ज़रूर भेजना। पढूँगा। वैसे तुम छपने तो लगे ही हो—तुम्हारे चित्र भी देखे हैं। सब पत्रिकाओं में उनके मिज़ाज़ की कविताएँ तो नहीं भेजते ना? अपना मिज़ाज़ अलग रखना!

'बिन्दु' भेजता हूँ। पत्र भेजते हो तो पता ज़रूर लिखा करना। जयपुर आऊँगा तो तुमसे मिलूँगा। लेकिन अभी कहीं जाना नहीं है। 'सृष्टि-चक्र' में आकंठ डूबा हूँ। कीचड़ में एकदम।

तुम्हारा
नंद चतुर्वेदी

30, अहिंसापुरी, उदयपुर
2 मई 1986

प्रिय हेमन्त,

तुम्हारा पत्र मिला। तुम्हारी याद हमेशा ही रहती है। अनौपचारिक शिक्षा के काम से जयपुर गया था तब मेरी तुमसे मिलने की तीव्र इच्छा थी किन्तु यह जाना कि तुम हो नहीं, तुम कहाँ हो ये कोई नहीं बता सका! मेरा ख़याल था, तुम जयपुर ही हो। अब फिर 9 जून से 15 या 16 जून, '86 तक मैं जयपुर रहूँगा। अगर इसी बीच तुम टोंक से जयपुर आ सको, तो बहुत सी बातें हों।

दरअसल हम सबको अपने प्रान्त के साहित्य के बारे में बात करते रहना चाहिए। ऐसा न करने पर बहुत-सी हानियाँ होती हैं। सिर्फ कविता लिखना और चुप हो जाना पूरी कविता लिखना नहीं है। हम लिखें और समीक्षक पढ़ें, हम न कुछ पढ़ें, और न ही समकालीनों पर कुछ लिखें, यह प्रमाद भी हो सकता है। चालाकी भी। दोनों बातें काव्याभ्यास के चक्र को पूरा होने पूर्व ही बाधा पहुँचाती हैं। तुम्हें भी अब कविता के लिए और समकालीनों के लिए कुछ न कुछ लिखना होगा। तुम समकालीन कविता के महत्त्वपूर्ण हिस्से हो।

तुम्हारी कविता और उसके शिल्प की आत्मीय बुनावट के लिए मेरे मन में बहुत कुछ कहने को है। मैंने किसी गोष्ठी में तुम्हारी कविता को defend किया था। बहुत से काव्याग्रह अधकचरे मार्क्सवादियों ने ऐसे फैलाए हैं कि अच्छी और बुरी कविता के discrimination की शक्ति क्षीण होती गई है। तुम खुद तो कुछ बोलते नहीं हो इसलिए हमारी चुप्पी उन्हें चलने देती है। इस प्रसंग पर तुम्हें कभी न कभी निर्णय लेना होगा। कविता के लिखने जैसा ही वह निर्णय है। लिखने का एक हिस्सा लिखे हुए को defend करना है और समानधर्मी लेखकों-कवियों को समर्थन देना है।

अकादमी ने इच्छा की है कि राजस्थान की हिन्दी कविता पर पर मैं एक ग्रन्थ लिखूँ। अभी कुछ शुरू नहीं किया है, करूँगा।

तुम्हारी पुस्तकें मेरे पास नहीं हैं। कोई भी नहीं। 'घर-बाहर' की रचनाएँ मैंने किसी दूसरे प्रसंग में पढ़ीं थीं। तुम्हारी पुस्तकें जो भी छपीं हैं, मुझे भेजोगे तो लिखने में सहायता मिलेगी।

टोंक में तुम्हारे रहने के कारण हमारा आना-जाना होना चाहिए और सिर्फ इच्छा से ही नहीं, लेकिन किसी पुख़्ता शुरुआत से संवाद का काम जारी होना चाहिए।

तुम्हारा स्नेहाकांक्षी
नंद चतुर्वेदी

प्रिय हेमन्त

नमस्कार! आपका पत्र मिला। तुम्हें दु:ख पहुँचाने के लिए बहुत शर्मिन्दा हूँ। दरअसल तुम मेरे प्रिय कवियों में हो क्योंकि तुम संसार और उसकी यातनाओं को ज्यादा गहरे, ज्यादा आकुल होकर और ज्यादा आलोचना से देखते हो!

मैंने जो कुछ लिखा था उस से तुम्हें ज्यादा प्रतिबद्ध करना था। मेरे मन में यह भाव था कि कलाओं के सम्बन्ध में तुम ज्यादा तन्मयता और समीक्षात्मक-विवेक के साथ लिखते हो, तो क्या तुम उसी सुबुद्धि, सुदृष्टि से कविताओं के प्रति यानी हिन्दी के कवियों के प्रति नहीं लिखोगे? लेकिन यह कहने के लिए मैंने बहुत भद्दी भाषा काम ली जिसका रंज मुझे सदा रहेगा। तुम जब तक माफी नहीं दोगे, मैं क्षोभ-विकल ही रहूँगा।

तुम्हारे कवि-कर्म के प्रति वह कोई टिप्पणी नहीं थी।

तुम्हारी कविताएँ मैं जिस तरह पढ़ता रहा हूँ, उसी तरह पढ़ूँगा और अवश्य ही उस पर लिखूँगा।

अब मैं आश्वस्त हो सकता हूँ कि मेरे पत्र से जो अनात्मीय-भाव तुम्हारे हृदय में आ गये हैं, वे नहीं रहेंगे। वे मेरे मन में कभी नहीं थे। किसी चिड़चिड़ाहट या तुम से ज्यादा अपेक्षा करते हुए पत्र में कुछ लिख दिया है तो अन्यथा न लें।

कल से यहाँ अकादमी द्वारा आयोज्य एक संगोष्ठी हो रही है।

जयपुर में किस विभाग में लगे हो?

शेष कुशल।

तुम्हारा सस्नेह
नंद चतुर्वेदी

प्रिय हेमन्त,

तुम्हारे इस छोटे से पत्र में मैं स्नेह की लम्बी से लम्बी इबारत पढ़ सकता हूँ। अब तुम्हारे जैसे अकारण स्नेह और सम्मान देने वाले बहुत कम रह गए हैं। सब जगह आत्महीनता और अनात्मीयता नज़र आती है।

कुछ दिनों पहले तुम्हारे जवाहर कला केन्द्र में आ जाने के समाचार पढ़े थे; तब से मैं तुम्हारे बारे में सोच रहा था। यह शायद तुम्हारे लिए सबसे अच्छी जगह है। तुम्हारे रहते इस केन्द्र को साहित्यिक-सांस्कृतिक स्वरूप मिल सकता है। कम-से-कम हमें यह तो पता लग ही सकता है कि वह कौन-सा आकार-स्वरूप ले रहा है! यह बहुत अजीब बात है कि इतने बड़े केन्द्र के सम्बन्ध में साहित्यिक-सांस्कृतिक कर्मियों को कुछ भी जानकारी नहीं है।

मैं जब भोपाल गया था तब अशोक वाजपेयी ने मुझसे ज़िक्र किया था और कहा था कि राजस्थान सरकार को अभी तक इस बात का कोई विवेक नहीं है कि इस केन्द्र को किस तरह विकसित करना चाहते हैं? शायद भारत-भवन की तरह कविता, संगीत, लोक-कलाओं का समन्वित केन्द्र। लेकिन जब किसी को कुछ पता ही नहीं है तब अँधेरे में खिचड़ी पकती रहेगी।

मैं ता. 18 को जयपुर आऊँगा। तब मैं सोचता हूँ उस संध्या को यानी 18 तारीख़ को तुमसे मिलने आऊँ। वैसे मैं 10.30 से 1.30 बजे तक विश्वविद्यालय में रहूँगा। वहाँ के एकेडेमिक स्टाफ कॉलेज जो कुलपति के सेक्रेटेरियेट में स्थित है, 'शिक्षा-संस्कृति' की एक सेमिनार में शामिल होऊँगा। वह तुम्हारे दफ्तर के करीब है। चाहो हो तुम वहाँ आ सकते हो।

अब विजेन्द्र भी जयपुर आ गए हैं, तुम्हें यह मालुम होगा।

सस्नेह
नंद चतुर्वेदी

अनुराग चतुर्वेदी

30, अहिंसापुरी
उदयपुर
14.09.80

प्रिय भोपू,

पिछले दिनों से तुम्हारा पत्र नहीं, प्रतीक्षा है। पत्र न आने पर चिन्ता हो जाती है तुम्हारी तबियत अच्छी न होने की। वैसे भी तुम्हारे पिछले पत्रों में और पिछली यात्राओं में बम्बई छोड़ देने की जो विकलता नज़र आती रही है वह भी मुझे विचलित किये हुए है। जब कोई दूसरा विकल्प न हो तो ये चिन्ता एक दूसरी ही तरह की उद्विग्नता उत्पन्न करती है। आशा है तुम मेरी तरह अभिभूत नहीं होंगे क्योंकि तुम्हारी आयु कम है, तुम्हारी आँखों की रोशनी अच्छी है, तुम दूर की मंज़िलें देख सकते हो और पढ़ भी सकते हो। चिन्ता आयु प्राप्त लोगों का स्वभाव होता है जिनके पास बहुत कम विकल्प होते हैं और जिनकी रोशनी की आँख कम हो जाती है। तुमसे यही कहना है कि कभी भी हिम्मत मत हारना और मन की असीम सामर्थ्य को चुकने मत देना। वहीं से आनन्द, सुख, उत्साह सब मिलता है। यह याद रखना।

ता. 8 सितम्बर को बरसी हो गई। प्रकाश, राम, बाई रामभाऊ, अरुण, रमेश जी, ज्ञानेश जी तथा स्त्रियाँ गोविन्द आए थे। उसी तारीख़ को मध्याह्न में दो सौ लोगों का भोजन था। वर्ष का सारा कामकाज अब समाप्त हो गया है। देखते ही देखते दाजी की मृत्यु को लगभग एक वर्ष हो गया। समय बहुत जल्दी गुज़र जाता है। कल बाई और रामभाऊ के चले जाने के साथ बरसी पर आए सारे मेहमान चले गये हैं।

अरुण के साथ छोटू अलवर गया है। वहाँ कुछ दिन ठहरकर वो प्रेस की बारीकियाँ सीखेगा। शर्मा ब्रदर्स ने भी हमारी तरह मामूली कार्य शुरू किया था। छोटू वहीं कुछ हुनर हासिल करेगा। यंत्र मँगाने के लिए ऑर्डर कर गया है। थोड़ी व्यवस्था होने के साथ ही तुम्हे बुला लेंगे तब तक आनन्द से रहना, उस यात्री की तरह जिसे ज्यादा दिन एक शहर में नहीं रहना होता है।

बहुत दिन पहले सुधीन्द्र भदौरिया का एक पत्र आया था। उसमें जयप्रकाश नारायण की पहली बरसी तारीख़ 8 अक्टूबर, '80 को एक सेमिनार आयोजित करने

की सूचना थी। वे जयप्रकाश अकादमी बना रहे हैं। शायद बना चुके हों क्योंकि निमंत्रण उन्ही के द्वारा था। शायद तुम्हें भी आमंत्रित किया है। मैं तो नहीं जा सकूँगा किन्तु तुम्हें बुलावें तो जाना।

मैं इन दिनों अपना कविता संग्रह तैयार कर रहा हूँ जिसे राजकमल वाले छापेंगे।

तुम दीवाली पर ज़रूर आना। गोपाल का स्थानान्तरण भरतपुर हुआ है। चन्दा को तारीख़ 2 सितम्बर को लड़का हुआ है। हरिवंश को स्नेह।

तुम्हारा
नंद

विश्वनाथ प्रसाद तिवारी

(1)

विद्या भवन रूरल इन्स्टीट्यूट
7.6.77

आदरणीय भाई,

आपकी सेवा में 'साहित्य के बुनियादी सरोकार'। परिचर्चा के लिए प्रारम्भिक वक्तव्य भेज रहा हूँ। यह परिचर्चा राजस्थान साहित्य अकादमी की पत्रिका 'मधुमती' के वास्ते है। इस परिचर्चा में पन्द्रह विद्वानों को आमंत्रित किया है।

इस परिचर्चा से सम्बन्धित वक्तव्य के लिए मानदेय के रूप में 70 रुपये (सत्तर रुपये) तक भेंट किये जाएँगे।

आपसे निवेदन करता हूँ कि अपना वक्तव्य इस महीने की 15 तारीख़ तक भेज दें इतने कम समय में आपको लिखने के लिए कहना अनुचित है लेकिन किन्हीं कारणों से यह आवश्यक हो गया है। आप मेरे लिए यह कष्ट करेंगे।

आपका
नंद चतुर्वेदी

(2)

प्रियवर,

आपका स्नेह-पत्र मिला। आपके साथ रहने का सुख हमारा भी है। आपने उस भाग-दौड़ में जो कुछ भी हो सका उसे इतना माना यह आपकी सहदयता है। गोष्ठी के लिए ज़रूर कुछ लिखा जाना चाहिए। कहीं नहीं तो युग विचार में तो ज़रूर। जल्दी भी, ताजा फल का स्वाद कुछ और ही होता है।

इस परिचर्चा की प्रेरणा आप से ही मिली है, इसलिए आपका शामिल होना बहुत आवश्यक है। आपके पास तो प्रारम्भिक रूप में लिखी हुई कुछ सामग्री है ही। उसे फिर से जाँच कर भेज दें। समय अधिक नहीं है फिर भी मेरे लिए कष्ट करें।

कविताएँ भेजूँगा। युग विचार को एक दम समय के साथ जोड़ना चाहिए। आप और भाई परमानन्द जी हो तो किस बात की कमी है। अभी तो आपकी पूरी दृष्टि प्राप्त नहीं है ऐसा लगता है। आप और परमानन्द जी मुझे पुस्तकें भेजने वाले थे। क्या हुआ? मैं भी फिर कोई छोटी-मोटी पत्रिका निकालने की सोचता हूँ।

आपके आने से उदयपुर में कुछ दिनों हलचल रही। लोग याद करते रहे। परिचर्चा में लिखना बहुत-बहुत आवश्यक है।

आपका
नंद चतुर्वेदी

(3)

30, अहिंसा पुरी
उदयपुर
9.8.79

प्रिय भाई विश्वनाथ जी,

'दस्तावेज' के अंक मुझे नियमित मिल रहे हैं। मुझे यह कहते हुए कोई संकोच नहीं है। कि इन अंकों ने साहित्यक-पत्रकारिता का उत्कृष्ट मानदंड स्थापित किया है। अकेले आदमी के द्वारा नियमित, श्रेष्ठ सामग्री युक्त और शुद्धतापूर्वक पत्रिका निकाल पाना सारे साहित्यकारों के लिए प्रसन्नता और गर्व की बात है।

चौथा अंक प्राप्त हुआ। यह अंक कविताओं से आक्रान्त हो गया है। ढेर सारी कविताएँ निकालेंगे तो 'अच्छी नहीं अच्छी' कविताओं का पता नहीं चलेगा।

मेरा यह भी विचार है कि साहित्य के साथ वैचारिकता का एक अटूट सिलसिला भी चलना चाहिए। विचार भी एक रचना ही है, एक अन्त:सलिला की तरह उसके तट यद्यपि अगम्य हैं फिर भी वे चिह्नित किये जा सकते हैं। अभी यह वैचारिक सिलसिला स्थापित किया जाना चाहिए। भविष्य में यह दस्तावेज को भविष्य का दस्तावेज बनाएगा।

मैं आपके उन सब पत्रों के प्रति कृतज्ञ हूँ जो अनन्य मानकर मुझे लिखे गये हैं लेकिन मैं सदैव इस बात से डरता हूँ कि मेरी साधारण-सी कविताओं के लिए किसी असाधारण पत्रिका का कागज जाया न हो। मैं इस मामले में हमेशा फिसड्डी हूँ। आप अन्यथा न लें बल्कि इसे सेवा ही मानें।

नवल जी मिलते रहते हैं। मैंने उनसे एक 'उपनिषद' के लिए (गोष्ठी के लिए) कहा था लेकिन वे इन दिनों कुछ खिन्न से हैं, कहते हैं उनकी पुस्तक पर आपने कुछ नहीं छापा। वे अपेक्षा रखते हैं कि छपना चाहिए था।

हमारे यहाँ कॉलिज खुले हैं। पत्रिका के कुछ ग्राहक बनाने का प्रयास प्रारम्भ करेंगे।

यहाँ वर्षा के कुछ सुखद दिन बीत रहे हैं।

आशा है आप प्रसन्न होंगे। आपकी पत्रिका और आपके लिए अनेक शुभकामनाओं के साथ।

सस्नेह
नंद चतुर्वेदी

(4)

17.7.2010

प्रिय भाई विश्वनाथ प्रसाद जी,

आप का कृपा-पत्र। अकादमी के इस महत्त्वपूर्ण कविता-संकलन में मैं आपके कारण शामिल हो सकूँगा इसे मैं स्नेहादर के साथ लक्षित करता हूँ। हिन्दी के ज्यादा लोग इतने सहृदय और जानकार नहीं है। आप हिन्दी सलाह मंडल के संयोजक हैं इसकी जानकारी मुझे जयपुर में आयोजित कविता-पाठ वाले कार्यक्रम से लगी थी, जिसमें मैं शामिल नहीं हो सका था।

आप से अनायास लन्दन में मुलाक़ात हो गई थी। उसके पहले आप, परमानन्दजी, विष्णुकान्त जी शास्त्री एक दिन के लिए उदयपुर आए थे। इसका ज़िक्र आपने 'दस्तावेज' में विष्णुकान्त जी केन्द्रित अंक में किया है।

तीन कविताएँ भेज रहा हूँ। दो एक श्रृंखला की हैं शायद तीन पृष्ठ इन्हीं दो में चुक जाएँ तब तीसरी कविता 'दस्तावेज' के लिए स्वीकार कर लीजिए।

इसके साथ 'दस्तावेज' के लिए लोहिया के एक संवाद/भाषण की प्रस्तुति (निराशा के कर्तव्य) भेज रहा हूँ। शायद आपको अच्छा लगे। लगे तो छापने का आग्रह करुँगा।

अभी-अभी प्रकाशित पुस्तक 'अतीत राग' की एक आपके अवलोकनार्थ भेज रहा हूँ। इसमें हिन्दी को समर्पित दो पुरोधा साहित्यकारों के बारे में स्मृत्यालेख हैं : जिन्हें हिन्दी साहित्य में शायद ही कोई जानता है। मैं आपका ध्यान इन दोनों हिन्दी सेवियों की कीर्ति-विस्तार की तरफ आकर्षित करना चाहूँगा। शायद केन्द्रीय-अकादमी कुछ कर सके।

मैं यह लिखना भूल गया कि गुट-सापेक्ष हिन्दी की साहित्यिक पत्रकारिता के दायरों में 'दस्तावेज' की चर्चा अपेक्षाकृत कम होती है लेकिन मैं आदर के साथ उसे मन लगाकर पढ़ता हूँ। हिन्दी की कई पत्रिकाएँ साहित्य के अकादमिक पक्ष की चाह

जितनी अवमानना करती हों लेकिन, 'दस्तावेज' में वह जिस तरह समादृत है, उसे मैं 'मूल्यवान ज़रूरत' समझता हूँ। साहित्य के रचनाकार साहित्य के अकादमिक पक्ष की उपेक्षा कर के केवल अपने अज्ञान पर ही आत्म-मुग्ध हो सकते हैं।

आपके सम्पादकीय साहसिकए सुतार्किक और मूर्ति भंजक होते हैं। आपने नामवरजी और राजेन्द्र यादव के विदुषत्व पर जिस आक्रामकता के साथ लिखा वह जितना प्रासंगिक था उतना ही ज़रूरी।

'दस्तावेज' ने साहित्यकारों के दुर्लभ पत्र छापकर साहित्य के प्रति उनके अनन्य अनुरागए उनकी चिन्ताएँ उनके गहरे सरोकारों को व्यक्त किया है।

'दस्तावेज' मेरे लिए एक ज़रूरी पत्रिका है।

आपको सस्नेहाकांक्षी
नंद चतुर्वेदी

विनोद भारद्वाज

27.06.08

प्रिय विनोद भाई,

आप से मोबाइल पर बात कर बहुत अच्छा लगा। लम्बे अर्से बाद यह सम्भव हुआ। विमर्श का सम्पादन भी आपके पास है यह भी प्रसन्नता का कारण है। वह पन्ना बौद्धिक-चेतना जगाने के काम आ सके तो हमारा मकसद कुछ-कुछ पूरा हुआ लगेगा। अभी भी पुराना राजस्थान हमारे चित्त का स्थायी भाव बना हुआ है। साम्प्रदायवादियों के निहित स्वार्थ उसकी चमक ज़रा भी कम नहीं होने देते। यह कठिन काम है। छोटी-मोटी बहसें अन्त में धर्मास्थाओं की अँधेरी सुरंग में विलीन हो जाती है।

आपको 'असाहित्यिक कीर्तिमान' के साथ 'उत्सव का निर्मम समय' न भेज सका। अब भेज रहा हूँ। इसके साथ 'चोरों का उत्सव' कविता भी है।

शुभकामनाओं के साथ।

आपका
नंद चतुर्वेदी

30, अहिंसापुरी, उदयपुर
18.08.2008

प्रिय भाई विनोद जी,

फोन पर आपको मैंने 'हिन्दी दिवस' पर लिखे आलेख के बारे में बताया था। वही भेज रहा हूँ। मुझे प्रसन्नता होगी यदि 'विमर्श' में आप उसे स्थान दें।

अकादमी पर जो बहस शुरू होने जा रही है, उसमें मैंने और नवलजी ने शामिल होना तय किया है। जल्दी ही अपनी प्रतिक्रिया आप तक पहुँचाएँगे। राजाराम थोड़ी

मेहनत करते तो अकादमी की कमज़ोर बुनियादी रचना और स्थितियों पर बेहतर टिप्पणी की जा सकती थी। शायद हम सबके मन में यह निराशा घर कर गई है कि लिखने-लिखाने से निहित स्वार्थ की जड़ें नहीं हिलती हैं। वोटों के बाजार में हमारी स्थिति प्रभावहीन है इसलिए उसको प्रभावित करने वाले संस्थान जीवित रहें या जर्जरित वे सब तरह से दंतहीन हैं।

कृष्णावल्लभ वाली बात आप भूल गये। प्रेमचन्द गोस्वामी से आप मेरी बात कराने वाले थे। कृष्णावल्लभ थोड़े से दिन ही साहित्य के साथ रहे लेकिन उन्होने उन दिनों को महत्त्वपूर्ण बना दिया। मैंने लम्बे समय तक उनकी स्नेहपूर्ण मैत्री का सौभाग्य हासिल किया है। इस स्मृतिविहीन समय में कृष्णावल्लभ (K.B. Sharma) को कौन याद करेगा?

सस्नेह
नंद चतुर्वेदी

विनोद पदरज

30, अहिंसापुरी
उदयपुर
15.5.89

प्रिय विनोद,

नमस्कार। तुम्हारी कविताओं का रजिस्टर्ड लिफ़ाफा मिला। तुम्हारा पूरा-पूरा अधिकार है। बल्कि मुझे खुशी है कि तुम्हारी पहली कविता पुस्तक भी लिखने का आह्लाद दायक अवसर मुझे मिल रहा है।

यह एक संयोग ही है कि इन दिनों मैं तुम्हें याद भी कर रहा था लेकिन तुम्हारा पता मुझे मालूम नहीं था और इसलिए लिखना सम्भव नहीं हो पा रहा था।

बात यह है कि कलकता से प्रकाशित होने वाले रविवार ने महीने में एक बार कविताएँ छापने का निर्णय लिया है और चयन की जिम्मेदारी मुझे दी है। मैं तुम्हारी दो एक कविताएँ चाहता था। अब इस संग्रह में से तुम्हारी दो रचनाएँ ले लूँगा।

भविष्य में भी जब कभी तुम कोई महत्त्वपूर्ण कविता लिखो तो मुझे भेज सकते हो।

जो रचनाएँ रविवार में प्रकाशित होंगी तुम्हें उनका मानदेय प्राप्त होगा।

आशा है इन कविताओं को लेने और 'रविवार' को भेज देने में तुम्हें कोई आपत्ति नहीं होगी।

नरेन्द्र आजकल अपने गाँव की तरफ गए हैं।

यहाँ आजकल गर्मी पड़ रही है।

फ्लैप के लिए सामग्री जल्दी ही भेज दूँगा। पत्र देना।

तुम्हारा
नंद चतुर्वेदी

0294.—2450532
30, अहिंसापुरी, उदयपुर

प्रिय विनोद,

ताज्जुब है कि इधर तुम्हारा कोई पत्र नहीं जब कि तुम्हारा काव्य संकलन मेरे पास है, जिस पर मुझे लिखना था।

मैंने कुछ लिखा नहीं, इसलिए कि पता नहीं तुम्हारा विचार बदल गया हो या मुझ से अच्छा कोई दूसरा लिखने वाला तैयार हो। मैं सोच रहा था कि देर हो रही है तो तुम ज़रूर तकाज़ा करोगे।

तुम्हें कई दिनों से लिखने की सोच रहा था। यह अच्छा ही हुआ कि आज रविवार से तुम्हारी कविताओं का पारिश्रमिक भी आ गया। चार सौ रुपये अच्छा पारिश्रमिक मानता हूँ। अफ़सोस यही कि अब दिवाली अंक के साथ 'रविवार' का प्रकाशन ही बन्द हो रहा है। मैंने पाँच महीनों तक चयन किया।

बाद वाले अंक भी तुमने देखे होंगे। तुम्हारा अंक भी मैंने यहीं से तुम्हारे पास भेजा था।

इस चेक की प्राप्ति का ख़त ज़रूर देना और कविताओं के लिए फ्लैप की सामग्री देना है या नहीं यह भी बताना।

यहाँ पिछली 21 सितम्बर को प्रकाश आतुर का दुखद निधन हो गया। वे साहित्यकारों के मित्र थे। क्या करें?

मैं भोपाल की यात्रा पर जा रहा हूँ। वहाँ से 19 ता. तक लौट आऊँगा।

आशा है तुम परिवार सहित सानन्द हो। नरेन्द्र निर्मोही अजमेर चले गए हैं।

सस्नेह

नंद चतुर्वेदी

30, अहिंसापुरी

उदयपुर

26 जनवरी 03

प्रिय विनोद,

तुम्हारी आकर्षक कविता पुस्तक देखकर मैं अत्यधिक प्रसन्न हूँ। तुम्हारी रचना की ताक़त को मैं जानता हूँ। यह हिन्दी समीक्षा की कृपणता ही है कि वह तुम्हारे जैसे कवि को महत्त्वपूर्ण नहीं बनाती और हमारे प्रान्त का भी दुर्भाग्य है कि हम तुम्हें नहीं पढ़ते, न तुम्हारे लिखे की यशोगाथा गाते है।

मैंने अभी प्रारम्भ की चार-पाँच कविताएँ ही पढ़ी हैं। शायद इनमें से दो या तीन कविताएँ इनमें जयपुर कविता शिविर में पढ़ी थीं। अभी मैं अकादमी

के स्थापना दिवस पर जयपुर जा रहा हूँ, लौटने पर पूरी पुस्तक पढ़ूँगा और 'जनसत्ता' में समीक्षा लिखूँगा। अशोक शास्त्री वहीं चले गए है। तुम्हें लिखा होगा। फिर लिखता हूँ।

तुम्हारा
नंद चतुर्वेदी

30, अहिंसापुरी
उदयपुर
29 नवम्बर 03

प्रिय विनोद,

तुम्हारा पत्र मिला। इस अप्रत्याशित, आकस्मिक मृत्यु के लिए मैं तैयार नहीं था। वर्षों से और कई तरह के रोगों को सहते हुए भी वे ज़रा भी शंकित नहीं थीं कि रोशनी इतनी हड़बड़ाहट में बुझ जाएगी। मैं तो कुछ भी अन्दाज़ नहीं लगा सका कि मृत्यु एक व्याघ्र की तरह आएगी और इतने वेग के साथ कि क्षण भर में केवल विध्वंस ही बचेगा।

मृत्यु को समझना और उसके आघात को सहना बहुत अलग-अलग अभ्यास हैं।

दुख के पार जाने की कोशिश करता रहूँगा।

तुम्हारी आत्मीयता के लिए आभार।

नंद चतुर्वेदी

30, अहिंसापुरी
उदयपुर
19.5.2011
0294-2450332

प्रिय विनोद,

कल संध्या को कुछ देर तुम से फोन पर बात हुई। अर्से बाद हुई तो अच्छा लगा। आने-जाने और मिलने के अवसर कम हो रहे हों तब जो भी सम्पर्क के साधन उपलब्ध हों, उनका अधिकाधिक उपयोग करें तो अच्छा रहेगा।

पुस्तक भेजता हूँ। आजादी के तुरन्त बाद की ये कविताएँ हैं। इनकी कमज़ोरियों से मैं वाकिफ हूँ लेकिन उनमें एक मनोरम स्वप्नगाथा है। देश वैसा नहीं बना। दरिद्रता और उसके सन्ताप अधिकांश लोगों के लिए वही हैं। एक संवेदनाहीन मध्यवर्ग और धन्नासेठों का उत्सव कायम है। ये कविताएँ इसी तरह किंचित प्रासंगिक हैं।

सवाई माधोपुर का स्टेशन मेरा सुपरिचित है। वहाँ की रबड़ी और दही-बड़े याद है। खस के पंखे वहीं से खरीद कर झालावाड़ ले जाता था।

कुछ समय के लिए जयसिंह 'नीरज' वहाँ के कालेज के प्रिंसिपल हो गये थे।

बहुत दिनों से मैंने तुम्हारी कविताएँ नहीं पढ़ी है।

आशा है तुम स्वस्थ और प्रसन्न हो।

सस्नेह
नंद चतुर्वेदी

पुस्तक पहुँचने की सूचना फोन से अवश्य दे देना। चिट्ठियाँ अत्यधिक विलम्ब से आती है। जब कभी भेजो 'कूरियर' से भेजना। —नंद

प्रिय विनोद,

तुम्हारा पत्र पा कर मैं अचरज करने लगा। मैंने सोचा तुम कहीं लापता, अदृश्य हो गये हो। वास्तव में यह कोई परा-मनो विज्ञान की गुन्थी ही थी जो हल हो गई कि मैं पिछले दिनों तुम्हें याद करता रहा जब कि तुम मुझे पत्र लिख रहे थे।

ये पढ़कर मुझे बुरा लगा कि उदयपुर आकर भी तुम बिना मिले चले गये। फिर भी मैंने बहुत जल्दी-जल्दी में तुम्हारे आवरण पृष्ठ के लिए कुछ लिख ही दिया है। समय मिलता तो मैं उसे और अधिक गम्भीर बना सकता था।

बहुत दिनों से कविता के परिदृश्य से तुम हट गये हो या जान-बूझकर अदृश्य हो गये हो?

यह पुस्तक अब निकल रही है? क्या मैंने इसके लिए पूर्व में कुछ नहीं लिख भेजा था?

आजकल शम्भु गुप्त भी तो वहीं हैं।

इस सामग्री की पहुँच लिखना।

तुम्हारा सस्नेह
नंद चतुर्वेदी

रात : 10:30 बजे 9/2/92

शम्भु गुप्त

30, अहिंसापुरी
उदयपुर
7.7.97

प्रिय शम्भु गुप्त,

आपको शायद क़मर ने ये पत्र दिया हो। निर्णय से सूचित हुए हों। हमारी आपकी बातचीत 'सम्बोधन' में प्रकाशित करने के लिए वे प्रसन्नतापूर्वक तैयार हैं। आप आलेख ज्यों ही तैयार कर लें, उन्हें भेज दें।

गर्मी की छुट्टियाँ अब समाप्त होने वाली हैं। मेरे पत्र के पहुँचते पहुँचते आप कुशलगढ़ आने की तैयारी करेंगे। तबादला भी तो नहीं हुआ दिखता है।

हमारे न चाहते हुए भी परेशानियों से ज़िन्दगी घिरी है। हिम्मत और उत्साह न रखें तो सबकुछ नष्ट हुआ लगता है। मनुष्य इसी उमंग और पराक्रम से जीवित है।

सर्वेश प्रसन्न होंगी और बच्चे भी।

सदर
नंद चतुर्वेदी

डॉ. शम्भु गुप्त
130, नसियाँ कॉलनी
गंगापुर सिटी

30, अहिंसापुरी
उदयपुर
29.5.97

प्रिय भाई,

आशा है आप सकुशल घर पहुँच गये होंगे, सर्वेश और दोनो बालक प्रसन्न होंगे।

आपने 'साक्षात्कार' वाले आलेख पर सचमुच बहुत मेहनत की है। यह हमारा संवाद ही है। यह एक सम्पूर्ण विषय है। छपने पर भी यह पंद्रह सोलह पृष्ठों का होगा।

मैं इसे बार बार पढ़ता हूँ तो बार बार 'रचना' बदल जाती है। ऐसा मैं कब तक करता रहूँगा? इसलिए अब स्थगित करता हूँ और जितना-जैसा बना सका, तुम्हें भेज रहा हूँ। तुम भी उसे फिर लिखोगे। यथासम्भव वाक्य पूरे हों ऐसा यत्न करें। इस आलेख में जगह जगह (..........) इस तरह के बिन्दु लगे हैं। सामान्यतया इसका अर्थ यह होता है कि कुछ छूट गया है लेकिन यदि कुछ छूटा नहीं है तो न लगाएँ।

बार बार सम्बोधन के प्रयोग से भी वाक्यों का सौन्दर्य कम हो रहा है और यही बात 'देखिए' के प्रयोग से हुई है। इसलिए इन्हें हटा देने से भी बात-चीत की सहजता और आत्मीयता में कोई कमी नहीं आने वाली है। इन्हे भी हटा दीजिए।

यह सामान्यतया अच्छा संवाद है यद्यपि किसी विरोध दृष्टि या दृष्टि प्रखरता तो इससे नहीं मिलती।

अब दुबारा लिखने की मेहनत तो करनी पड़ेगी।

आपका सस्नेह
नंद चतुर्वेदी

(कृपया पीछे देखें)

नाम पूरे न देकर श.गु., न.च. ऐसा रखें। प्रारम्भ में दो तीन पंक्तियाँ लिखकर इसको Introduct कर दें।

कल सवाई माधोपुर से विश्वयोगी का पत्र आया। अपने पुत्र को (आठवीं का विद्यार्थी) पढ़ा रहे थे। उस पुस्तक में मेरी कविता है—रोशनी का दिन। कहा होगा इस कवि को मैं जानता हूँ, आओ पत्र लिखें। पिता—पुत्र ने लिखा। बहुत अच्छा लगा।

आपके यहाँ बहुत गर्मी होगी। आप लिख चुके होंगे, तब क़मर से बात करूँगा या कथ्य रूप वालों से।

न.च.

डॉ. शम्भु गुप्त
130, नसियाँ कॉलनी
गंगापुर सिटी

30, अहिंसापुरी
उदयपुर
16.2.96

प्रिय भाई शम्भु गुप्त,

बहन के विवाह का निमंत्रण पत्र कल मिल। विवाह 24 को ही हो गया। अपनी शुभकामनाएँ भी समय पर नहीं पहुँचा सका। जब कभी भी उर्मिला आए या आप उससे मिले तो उसे मेरी याद दिलाएँ और शुभाशीर्वाद दें। मैं चाहता हूँ कि उनका वैवाहिक जीवन निर्विघ्न चले। आजकल मुझे बहुत डर लगने लगा है। इस लालची समाज में स्त्रियाँ ही दुख पाती हैं। उनकी ज़िन्दगी ही असुरक्षित होती जाती है।

विवाह भी जयपुर आकर ही करना पड़ा लेकिन जहाँ भी हो जिम्मेदारी तो थी ही और एक कर्तव्य भी। मैं आशा करता हूँ विवाह का काम सानन्द सम्पन्न हुआ होगा।

आपका जीवन भी आर्थिक दृष्टि से मजबूत हो गया होगा गोकि इस तरह तो नहीं जैसा बहुराष्ट्रीय कम्पनियों के 'एक्ज़ीक्यूटिव्ज' का होता है। बम्बई में अब युवजन एक लाख रुपया प्रति महीना पाने की प्रतिस्पर्धा में है। लेकिन इसका क्या अन्त है। अकेली ज़िन्दगी या अकेला रुपया, इस पर क्या बात हो सकती है। दोनो की एक साथ बात होनी चाहिए। अकेले में चीजें विकृत होती हैं।

आपके आलेख कभी-कभी पत्रिका में पढ़ने को मिलते हैं। मैं सोचता था आप समीक्षा को व्यापक स्वरूप देंगे लेकिन वैसा शायद आप करना न चाहते हों। अब साहित्य भी लिखने वालों में कारण नहीं; पढ़ने वालों की संख्या में कमी आने के कारण संकट में आ गया है। हिन्दी में कविता सबसे ज्यादा लिखी जा रही है और सबसे कम पढ़ी जा रही है।

पहले आपसे यहाँ वहाँ मिलना हो जाता था, वह भी अब सम्भव नहीं है। उस अकादमी का एक तरह से भाजपाईकरण हो गया है जिसके सम्बन्ध में एक उदासीनता या चुप्पी-सी नज़र आती है। प्रलेस या जलेस भी मूर्च्छित से ही हैं।

'यह समय मामूली नही' के बाद 'ईमानदार दुनिया के लिए' कविता संकलन छपा था। शायद आपकी दृष्टि से गुजरा हो।

अब 'वे सोये तो नहीं होंगे' वहीं पंचशील से छप रहा है। आपके परिवार में सब स्वस्थ और प्रसन्न होंगे।

आपका स्नेहाशील

आपका स्नेहाधीन
नंद चतुर्वेदी

पुनश्च: पत्नी अब ठीक हैं। ऑपरेशन के बाद वे पहला चेकअप बम्बई जाकर करा आई हैं। कैंसर-मुक्त है।

पत्र दें। बहुत पहले जब आप उदयपुर थे तब की कई बातें याद करता हूँ लेकिन तेहि नो दिवसाश्रत:। (वे हमारे दिन चले गये)

डॉ. शम्भु गुप्त
130, नसियाँ कॉलनी
गंगापुर सिटी
(राज.)

30, अहिंसापुरी
उदयपुर
2.11.95

प्रियवर,

मेरी पत्नी के स्वास्थय की चिन्ता करते हुए जो पत्र तुमने लिखा वह अत्यन्त आत्मीयतापूर्ण है और मुझे बहुत दिनों तक याद रहने वाला है।

हम लोग बहुत शक्तिशाली नहीं है लेकिन परेशानी के वक़्त इतने आत्म भाव से लिखे पत्र बहुत शक्तिशाली बनाते हैं।

पत्नी को वक्ष स्थल कैंसर हो गया था। उसका दाहिना वक्ष निकाल दिया है। मैं दो महीने बम्बई रहा। वे दिन चिन्ता और अवसाद के थे। पूरी ज़िन्दगी और मृत्यु के बारे में सोचने के, शरीर के बारे में सोचने से भी, जो धीरे-धीरे नष्ट होने की तरफ जाता है। जिसकी तरफ प्राय: ध्यान देने का समय नहीं मिलता।

वक्ष का कैंसर अब जानलेवा नहीं माना जाता। डॉक्टरों ने उस पर नियंत्रण कर लिया है। दरअसल डॉक्टरों के आत्मविश्वास को देखकर मैं चकित रह गया हूँ। एक अभिप्राय में उन्होंने मृत्यु को (स्थगित) कर दिया है? मृत्यु से मुकाबला या तो रोगी करता है या डॉक्टर। डॉक्टर और मृत्यु के बीच होड़ लगी रहती है। अविचलित भाव से डॉक्टर मृत्यु की अनिवार्यता के दर्शन के विरुद्ध डटा रहता है।

लेकिन हमारे लिए बचना मुश्किल होता है। रोग गरीबों के दरवाज़े ढूँढ़ता रहता है। इलाज उनके लिए नहीं होता। वह लाखों में होता है। मरीज डॉक्टर की दिलचस्पी और पैसा कमाने का जरिया होता है। दवाईयों में डॉक्टर का कमीशन होता है।

बम्बई अस्पताल में एक दिन का खर्च एक हजार रुपये होता है। अन्त होते होते उपचार का खर्च लाखों में होता है।

अनुराग अगर बम्बई में नहीं होता तो मैं जबरदस्त संकट में आ जाता। विज्ञान गरीबों के पक्ष में नहीं है। सारा सवाल तो उन्हीं को लेकर है।

इस समय पत्नी बिलकुल ठीक है—कैंसर मुक्त। उन्होंने बीमारी और उस बड़े ऑपरेशन के समय अपूर्व साहस का परिचय दिया। छोटे मोटे रोग के समय भी जिस तरह की नरवसनेस आती है वह उस बड़े ऑपरेशन के समय भी नही थी।

तुम्हारी यह आत्मीयता और स्नेह मुझे धैर्य और नया विश्वास देता है। फिर लिखूँगा। तुम्हारे परिवार में सब प्रसन्न होंगे। पत्र देना।

तुम्हारा
नंद चतुर्वेदी

डॉ. शम्भु गुप्त
130, नसियाँ कॉलनी
गंगापुर सिटी (राज.)

30, अहिंसापुरी
उदयपुर
26.6.97

प्रिय भाई,

आपका पत्र। आपको ये पूरा आलेख फिर से लिखना होगा। इस परेशानी को मैं जानता हूँ लेकिन संवाद का पूर्व रूप रखना मुश्किल था। वैसे भी वह ड्राफ्ट की तरह ही था। मेरे लिए यह तकलीफ उठा रहे हैं, इसे नहीं भूलता हूँ।

आपका पत्र आया उससे पहले मैं क़मर से बात कर रहा था। वे यहाँ 'भारतीयता, सांस्कृतिक मूल्य और सर्जनात्मकता' संगोष्ठी के अवसर पर आए थे जिसमे अशोक वाजपेयी उद्घाटन के दिन और नामवर जी समापन पर आए थे। विजेन्द्र, राधावल्लभ त्रिपाठी भी शामिल हुए थे। हेमन्त शेष समन्वयक थे।

क़मर ने सम्बोधन के साथ यह पुस्तक रूप में देना स्वीकार किया है। मैंने अनुमान लगाया है कि हमारी सामग्री दो फर्मों में छप जाएगी यानी सोलह पृष्ठों में।

फिर भी मैने पत्र लिखकर उनसे स्वीकृति चाही है। संगोष्ठी के समय शायद वो जल्दी जल्दी में हाँ कर गये हों। वे आपको भी अलग से लिखेंगे ही।

आपने स्थानान्तरण के लिए भी कोशिश की होगी। यहाँ इन दिनों ललित जी नहीं आए। जब मिलूँगा तब ज़रूर कहूँगा।

यहाँ वर्षा शुरू हो गई है। आज दिन भर वर्षा होती रही।

सर्वेश और बालकों को स्नेहशीर्वाद। प्रसन्न रहें।

प्रखरता की बात मैंने अपने ही सन्दर्भ में की थी। आप द्वारा उठाए गये प्रश्नों के उत्तरों में ज्यादा आवेश न होने के कारण संवाद शायद उतना जीवन्त न हो सका। बातचीत लेखन से सम्बन्धित ही रही। लेकिन और हो भी क्या सकता था? लेखकों की बात लेखन से ही तो सम्बन्धित होगी।

आपका सस्नेह
नंद चतुर्वेदी

डॉ. शम्भु गुप्त
पूरन सोनी भवन
निकट नगर पालिका
गंगापुर सिटी

30, अहिंसापुरी
उदयपुर
15.3.98

प्रिय शम्भु,

तुम्हारा पत्र यथासम्भव मिल गया था। कोशिश करने पर भी जल्दी उत्तर नहीं दे सका।

दरसल मेरे लिए उन सब मित्रों को धन्यवाद देना या आभार मानना कठिन तो है जिन्हें मैं सहजतापूर्वक और निर्विघ्न लिखता रहा हूँ।

हमारी ज़िन्दगी में धन ने बहुत कम हस्तक्षेप किया है। बस गाड़ी लुढ़कते-पुढ़कते चलती रही है। उसने अपनी इच्छा से मार्ग ग्रहण किया। लिखा है इसलिए जब कभी लाख-पचास रुपया आता-जाता नज़र आता है तो कुछ तो भी अस्वाभाविक लगने लगता है।

पुरस्कारों का स्वभाव असहज, अजनबी बना देने का ही है। पूँजीवाद का सारा स्वरूप ही यही है—वह हजारों तरह का आतंक पैदा करता है। क्रूरता और दयालुता का आतंक, अन्दर से टुकड़े-टुकड़े कर देने का आतंक, आकर्षण-अनाकर्षण का आतंक।

मुझे लगता है सम्पन्नों के आश्रय से भी यह कहीं अधिक यथावत् है। जब सवाईं राजा जयसिंह बिहारी को एक एक दोहे पर एक एक अशर्फी देते रहे होंगे

तब कवि और राजा के बीच गुण-ग्राहकता, सहृदयता, आनन्दित होने का भाव और प्रत्यक्ष-अप्रत्यक्ष संवाद का तार बजता रहा होगा। अब बिड़ला को कविता से, कवि से क्या लेना-देना। बिचौलिये (लेजों ऑफिसर) सब कुछ करते हैं—एक संवाद परम्परा का अन्त होता है। सब कुछ जादू जैसा लगता है।

अब यह मन:स्थिति मिलने के बाद का है, न मिलता तो? तो ज़रूर दुख होता, शायद Irritation भी। यह मन:स्थिति भी पूँजीवादी व्यवस्था की है।

मैं सोचता हूँ कि हर हालत में पुस्तकें ही बिकनी चाहिए। पुरस्कार नहीं दिए जाने चाहिए। पुरस्कारों में राजनीति भी होगी। पुरस्कार होंगे तो तिकड़म क्यों नहीं होगी?

खैर, तुम्हे लिख सकता हूँ इसलिए यह सब लिखा।

ज़रूर मैं तुम्हारी बार-बार याद करता रहूँगा। तुमने 'रविवार' में उसकी सूझ बूझ और सहृदय आत्मीयजन की तरह समीक्षा की थी।

मेरे मन में तुम्हारे लिए स्नेह और आदर सुरक्षित है। समारोह में ज़रूर आना, तारीख़ नहीं आई है।

विमलेश और बच्चे/बच्चों को स्नेह देना।

तुम्हारा
नंद चतुर्वेदी

ब्रजभूषण चतुर्वेदी

उदयपुर
30 अक्टू. 2010

सम्मान्य भाई ब्रजभूषण जी,

अमृत महोत्सव की अपार खुशियों के बीच शुभकामनाएँ। आपने हम सबके लिए प्रेरणादायक जीवन जियाँ। पचहत्तर पार का जीवन भी उत्साह और उमंगों से भरा रहे।

आपके जीवन को आनन्दमय बनाने वाली उमा, विजय-वसु, विराम-श्रीमति विराम, विजिया, विनीता प्रसन्न रहें, दीर्घायु हों।

शवायु हों।

सस्नेह
नंद चतुर्वेदी

शुभकामना चतुष्पदी

किस तरह काटी अँधेरी रात हम से क्या छिपा है
चाँद सूरज रोशनी लायें तुम्हारी ज़िन्दगी में
इस शुभकामनायें हो फलित चारों तरफ से
फूल से सुकुमार दिन आए तुम्हारी ज़िन्दगी में

स्नैनिल अजना को लख्यो
हमसे ऐसो सच
—नंद चतुर्वेदी

सारनाथ में आज है
ज्यों धमेख का स्तूप
—त्रिलोक

अम्बिकादत्त

सस्नेह नंद चतुर्वेदी
30, अहिंसापुरी
उदयपुर
14 जन., 87

प्रिय अम्बिकादत्त,

बीच में तुम्हारी चिट्ठी आई थी। अब शायद तुम्हारी कविताएँ छप चुकी होंगी। हो सकता है तुमने इन्तज़ार कर चुकने के बाद पुस्तक जिल्द तक बँधा ली है। बहरहाल मैं कुछ नहीं जानता। तुम्हारा कोई ख़त नहीं तो भी नहीं जानता कि मुक़ाम कहाँ है?

फिर भी एक उम्मीद में कि तुम मेरे आलेख के इन्तज़ार में हो यह आत्मीयतापूर्ण बयान भेज रहा हूँ।

आज मकर संक्राति है। आज यह काम करके प्रसन्न हूँ।

इसकी पहुँच...-, हो सके तो तार से, (कंजूसी मत करना) भेज देना।

तुम पहले इसे अपने हाथ से लिख लेना या टाइप करवा लेना जिससे वर्तनी की त्रुटियाँ न रहे।

सबको सस्नेह। यहाँ सब खुश हैं।

सस्नेह
नंद चतुर्वेदी

कवि रेवती रमण शर्मा

दिनांक 15.03.1993

प्रिय रेवती बाबू,

इतने दिनों बाद आपके तार का उत्तर देने में मुझे बहुत संकोच हो रहा है। ज्यादा ठीक तो 'शर्म' कहना ही होगा।

लेकिन एक तरह से यह अजीब भी लग रहा है। अपने आत्मीयजनों से प्राप्त आभार या कृतज्ञता व्यक्त करने वाला पत्र लिखना सारे शब्द औपचारिक से लगते रहते हैं।

तब भी मैं आपके स्नेहाधीन हूँ। दरअसल हम पुरस्कारों से बड़प्पन में बंध जाते हैं, स्वाधीनता का एक हिस्सा खो देते हैं। पूँजीपतियों के पुरस्कार ज्यादा ही अजनबीयत पैदा करते हैं। काव्य रसिक या मर्मज्ञ नहीं होते जैसे सामन्त हुआ करते थे।

बिहारी जब सवाई राजा जयसिंह की अपने दोहे सुनाते रहे होंगे तब राजा और कवि के बीच में एक संवाद साक्षात्कार परिचय की प्रगााढ़ता और सुहृदयता का तार बजता होगा। अब केवल एक तंत्र होता है। पंडित तंत्र, वह पुस्तक देखता है और अदृश्य हो जाता है। देने वाला, लेने वाला, मध्यस्थ और तंत्र सब अदृश्य हो जाते हैं।

पिछली बार जब मुझे मीराँ पुरस्कार मिला था तब की याद करता हूँ तो बहुत अच्छा लगता है। आपने मेरा साक्षात्कार लिया था जो इतवारी में छपा था। छपा तो इस बार भी खूब है लेकिन वैसा 'थ्रिल' अनुभव नहीं होता।

अभी भी बधाई पत्रों का अन्त नहीं हुआ है सत्कार आयोजित हो रहे हैं।

इस बीच भी आपकी याद बनी है। आपका मकान नं. याद नहीं रहा। चिट्ठी तो मिल ही जाएगी। बहन जी को बहुत-बहुत याद दें।

सस्नेह
नंद

दिनांक 18.02.2000

प्रिय रेवती बाबू

नई सदी और साल का अभिनन्दन करता आपका कार्ड। आभारी हूँ। इसी तरह आपके के नजदीक रहूँ, यह इच्छा है।

मैं आपके और आपके परिवार के लिए सुख और समृद्धि की कामना करता हूँ। बहुत दिन हुए आपसे मिले और जीवन जगत पर बात किए तब भी मैं अनुभव करता हूँ कि समय के सारे सुख-दुख को एक तीव्रता और तकलीफ से साथ सहन करते हम बहुत नजदीक हैं।

हमने गुजरी हुई सदी में 21वीं सदी की तैयारी गम्भीरता से नहीं की, कम-से-कम भारत में यह तैयारी अधूरी और कच्ची थी। परिवर्तन के बारे में हमारी जिज्ञासाएँ किताबी थी और वही बात हमारे जीवन के सम्बन्ध में थी। लोग गरीब और निरक्षर थे। दु:ख है कि वे अब भी हैं इसलिए समाज रचना में इनका हिस्सा उनका विमर्श बहुत कम था।

अब समाज परिवर्तन की आकांक्षा और भी अधिक क्षीण हो गई है जो कुछ भी है उसकी दिशा पश्चिम तय करता है। मन से हमने और तीसरी दुनिया के देशों ने उनका नेतृत्व स्वीकार कर लिया है उनके प्रतिमान भी। यह लगभग एक आयामी दुनिया बनाने की तैयारी है। इस दुनिया बनाने का उल्लास मध्य वर्ग ने अपने हिस्से में कर लिया है। आप देख ही रहे हैं पिछले दस वर्षों से हम किस तरह सामाजिक प्रतिबद्धताओं से विमुख हो गये हैं और पैसे वालों की ज़ुबान में बोलने लगे हैं दलाल आढ़तिये, शेयर ब्रोकर हमारे रहनुमा हो गए हैं।

साहित्य को प्रखर सामाजिक सरोकारों के साथ जोड़ते हमें डर लगता है। भारतीय समाज को बदलने का संकल्प अब बजरंग दलियों ने अपने हाथ में ले लिया है।

इन्हीं सब क्लेशों के बीच हम नई सदी के दरवाज़े पर खड़े है। हमारा भविष्य पश्चिम की प्रौद्योगिकी के हाथ में है।

अलवर के सभी मित्र प्रसन्न रहें आप अपने पूरे परिवार के साथ चुस्त-दुरुस्त।

अभी कुछ दिन पहले सुरेश पंडित आए थे—कुछ वक़्त निकाल कर परिवार के समाचार लिखें।

आपका सस्नेह
नंद चतुर्वेदी

पाशू

11.09.08

प्रिय पाशू,

तुम्हारा फोन मिला। आर.के. डेंटल क्लीनिक के शुभारम्भ पर तुम्हे अनेक शुभकामनाएँ, शुभाशीर्वाद। तुम अपने सेवाभावी और सज्जनतापूर्ण व्यवहार से लोकप्रिय डॉक्टर की तरह लोगों के मन में स्थान बना पाओगे यह आशा है। सब तुम्हे याद करते है। और सफलता की कामना करते हैं। परिवार के सब सदस्यों को नमस्कार।

सस्नेह तुम्हारा

दा।

चन्द्रभानु भारद्वाज

प्रिय भाई चन्द्रभानु जी,

'सम्प्रेषण' के दोनों अंक मिले।

पुराने सम्प्रेषण के अंक और उनकी साहित्यिक सामग्री की उत्कृष्टता को मैं अब भी नहीं भूलता। तब वे पत्रिकाएँ इतनी चिकनी और फिसलनी नहीं होती थी बल्कि जैसी ज़िन्दगी थी, जैसा संघर्ष था, उसकी प्रतिछवियाँ थी। अब भी ज़िन्दगी तो उसी तरह की है। शायद ज्यादा ही बेरहम, विभाजित, असहिष्णु और व्यावसायिक लेकिन अब हमारी सच्चाई देखने वाली आँखें उत्तर आधुनिक हो गई हैं।

आपने दुबारा सम्प्रेषण निकाल कर साहस का काम किया है। कभी भी हो, साहित्यिक पत्रिका का सम्पादन, प्रकाशन मजबूत मन वालों का काम है। कई तरह की मजबूती की ज़रूरत पड़ती है। सैद्धान्तिक मजबूती, चुनाव की मजबूती और उत्कृष्टता के लिए प्रतिबद्धता। आपके लिए ये सब सुविदित तथ्य है। शायद इस समय सामग्री जुटाने में ही सब से ज्यादा तकलीफें आएँ, साहित्य पढ़ने वालों की संख्या घटी नही है, लेकिन कैसा साहित्य? यह बहस सबसे महत्त्वपूर्ण है और अनिर्णयात्मक है। हजारों बल्कि लाखों तरह की अभिरुचियों के पाठक हैं और इन अभिरुचियों को पोषित करने वाले लेखक भी हैं। लेकिन हम अपनी तरह की ज़िन्दगी तलाश करते हैं, उसी के इर्द-गिर्द नज़र आते लेखकों, अपने यार दोस्तों को तलाश करते हैं, तब यह धैर्य रखना चाहिए कि हमारी दृष्टि से सहमत होते लोग हो सकता है कम हों। हो सकता है कि वे विरल हों, हो सकता है कि वे परख लिए गये हों—वगैरा-वगैरा। बहरहाल यह सब कुछ है लेकिन साहित्यिक पत्रकारिता के लिए व्यापक दृष्टि तो चाहिए ही—लेकिन लावण्यमयी भी। इन दिनों आप देख रहे होंगे कि भाषा का इस्तेमाल दूसरों के लिए हो रहा है; रूखी सूखी, उपदेशात्मक, आत्मीयतारहित, लावण्यहीन भाषा। क्या मृदुभाषाओं से लोगों का मन भर गया है? साहित्य क्योंकि भाषा का रहस्योद्घाटन और उद्वेलन है और उखड़े, उद्विग्न चित्रों का पुर्नवास है—यह सवाल उठाना आवश्यक है।

'सम्प्रेषण' के अंकों पर फिलहाल मेरी यह राय है कि हमें सामग्री की दृष्टि (संयोजन) से लगाकर कुछ वैविध्य बनाए रखने की कोशिश करनी चाहिए। दूसरे

अंक की उर्दू कहानी पुरानी होते हुए भी 'वर्गीय मनोविज्ञान' को समझाती है। हड़बड़ी में भी अन्त अच्छा हुआ है।

राजस्थान से किसी भी अच्छी पत्रिका का प्रकाशित होना मेरे लिए गर्व और उत्सव का मिला जुला अनुभव होता है। मैं सम्प्रेषण के लिए कुछ कर सकूँ तो यह अपनी खुशी ढूँढ़ने जैसा होगा।

नंद चतुर्वेदी

हेतू भारद्वाज

उदयपुर
11.06.09

प्रिय भाई,

'अतीत राग' के बारे में फोन पर बताया था। भेज रहा हूँ। पुस्तक के बारे में 'पहले कहे जाने जैसा में' कुछ कहा है। उसे सरसरी निगाह से देख लें। ये अपने ही लोगों की यादें हैं।

बन सके तो 'अक्सर' में दो शब्द लिख दें। नया अंक मिल गया है। अभी तो शिवरतन जी और आपके बीच हुआ पत्राचार ही पढ़ा है।

प्रसन्न रहें।
नंद चतुर्वेदी

अनुराग चतुर्वेदी

30, अहिंसापुरी
उदयपुर
...।
3.9.80 रात के दस बजे

प्रिय भोपू,

तुम्हारा पत्र मिला। मेरा पत्र भी तुम्हे मिल गया होगा।

प्रेस का कल ही आर्डर दिया है, अरुण का डेढ़ हजार रुपया आया तब। पहले के पत्र में लिखा था कि रुपया आया ही नहीं, अब कहीं जाकर आया। एक महीना मशीन को आते-आते लग जाएगा। टाइपिंग के लिए दस हजार का ऋण बैंक से लेने की कोशिश चल रही है। प्रेस को कुछ समय यहाँ जम जाने दो फिर तुम्हारे यहाँ आने में कोई दिक्कत नहीं होगी। अभी वहाँ किसी दूसरे कारणों से उद्विग्न हो रहे हो फिर यहाँ निष्क्रियता मार डालेगी। लेकिन तुम्हारे पत्रों से धीरे-धीरे मुझे यह अनिवार्यता तो प्रतीत होने ही लगी है कि बम्बई तुम्हारी रुचि की जगह न होने से जल्दी ही परिवर्तन की आवश्यकता है। अनिच्छापूर्वक करी जाने वाली नौकरी तन को निर्बल और मन को क्षीण बनाती है। बस यही सोचकर थोड़े से दिन उमंग से निकाल लो कि तबादला तो होने ही वाला है। दीवाली पर तुम आओगे तो तब सारी स्थिति पर बात कर लेंगे।

छोटू का कानौड़ से कोई बुलावा नहीं आया था। अर्जी के लिए किसी ने कहलवाया था। कानौड़ वैसे भी कोई आह्लादकारी जगह नहीं है। फिर छोटू की तबियत को लेकर मन चिन्ता से ग्रस्त रहता है। उसे इसलिए प्रेस खुलवाया। फिर भी प्रेस की सम्भावनाएँ हैं। चल निकलने के साथ ही उसे बड़ा बनाने के प्रयास करेंगे। अभी तो पैंतीस हजार का ऋण होगा। इसका अर्थ तुम्हे बम्बई रहने के लिए बाध्य करना नहीं है, कुछ इन्तज़ार करने की बात समझाना है।

शायद लम्बी वर्षा के कारण और जैसा किसी ने कहा था, कोठरी में (कमरे में) पानी भर जाने के कारण तुम उकता गये हो, तत्काल की बात कह रहा हूँ और हो

सकता है कि वीरेन्द्र मिश्र के यहाँ की बात टूट जाने का मन पर परिणाम हुआ हो (जो मेरे तो हुआ ही)। फिर भी तुम्हारे पत्र से हम लोग परेशान हैं। महानगर धीरे-धीरे सबको alienate कर देता है लेकिन तुम कुछ जल्दी ही संतप्त हो गये हो। तुम्हारे जैसे संवेदनशील व्यक्ति के लिए यह सब बहुत स्वाभाविक है। इस सबके उपरांत भी तुम समझो कि बम्बई में रहना मुश्किल है तो आ जाना। प्रेस हो या ना हो..., आत्महनन से कोई लाभ नहीं।

कल तारीख़ 2 को चन्दा को लड़का हुआ है। दादी की बरसी 8 तारीख़ (सितम्बर सोम) की तय हुई है। सब लोग आएँगे। तुम पहले नहीं आए तो अब आ सकते थे...

कल जन्माष्टमी थी। एक बार तुम जन्माष्टमी पर दिल्ली थे। उस रात मैंने तुम्हें एक भावुकतापूर्ण पत्र लिखा था। कल फिर तुम्हारी याद आती रही। तुम्हारे पत्र के सन्दर्भ में विशेष ही। हरिवंश को स्नेह। पत्र जल्दी देना।

तुम्हारा
नंद

चन्द्र प्रकाश

उदयपुर
7 जनवरी 97

प्रिय चन्द्र प्रकाश

नए साल का अभिनन्दन पाकर बहुत प्रसन्न हूँ। तुम्हारे लिए, तुम्हारे पूरे परिवार के लिए 97 का साल आनन्द से गुजरे; तुम्हारी वकालत चले। तुम अपराधियों को दंड दिल सको। भारतीय दंड व्यवस्था अपराधियों के पक्ष में ही है; अब पैसे से न्याय खरीदा जा सकता है—ऐसी धारणा मजबूत होती जाती है।

बहुत दिनों से मुलाकात ही नहीं हुई। पहले जिन 'फोरमस' के अन्तर्गत हम मिलते थे, वे अब ठंडे हो गए हैं या छिन्न-भिन्न हो गए हैं। जनता दल दिन प्रतिदिन कमजोर हो रहा है।

भागवत बाउजी के क्या हाल-चाल हैं। इन दिनों उनके फोन नहीं आया।

हमारी तरफ कुछ लोग 'जागरूक नागरिक मंच' बनाना चाहते हैं। वे अतिक्रमण के पक्षपात का विरोध करना चाहते हैं। प्रशासन ने दुकानों को ध्वस्त कर दिया, किन्तु फतेहपुरा की महाजन मंडली तगड़ी पड़ रही है।

हिम्मत सेठ यदा-कदा आ जाते हैं। तुम्हारी तो मेहरबानी होती ही नहीं। बहन दुर्गा जी को याद करना। परिवार में सबको स्नेह

तुम्हारा
नंद चतुर्वेदी

प्रिय सी. पी.

तुम्हारा नव वर्ष का शुभकामना पत्र पाकर में बहुत प्रसन्न हूँ। तुम्हारे लिए अपनी शुभकामनाएँ भेजता हूँ। मैं चाहता हूँ कि तुम्हारे नेतृत्व में समाजवादियों की जमात बढ़े। हमारे देश में विषमता को निरन्तर बनाए रखने के सिद्धान्त मौजूद हैं। सबसे बड़ा सिद्धान्त तो भाग्य का ही है। स्थितियाँ इतनी भयावह है कि भाग्य को ही स्वीकार करना पड़ता है।

उस दिन मामाजी की शोक सभा में शामिल होने के लिए नरेंद्र ने कहा था लेकिन मुझे आकाशवाणी का 'प्रसारण सम्मान' लेने जयपुर जाना था इसलिए नहीं आ सका।

मैं अब समाजवादी पार्टी के साथ हो गया हूँ लेकिन पिछले 50 वर्षों में हमारी पार्टी जनाधार बनाने में नाकामयाब रही है।

आशा है परिवार में सब प्रसन्न होंगे। दुर्गा बहन को प्रणाम।

तुम्हारा
नंद चतुर्वेदी

30 अहिंसा पुरी
उदयपुर
17.11.99

प्रिय चन्द्र प्रकाश

तुम्हारी दिवाली की शुभकामनाओं का कार्ड प्रकार अत्यन्त प्रसन्नता हुई। तुम्हारी दिवाली आनन्दपूर्वक सम्पन्न हुई होगी, यद्यपि उसे दिन उड़ीसा में हुए आकस्मिक प्रलय की याद करके यह रोशनी क्लेश देने वाली ही लगती रही। प्रकृति कई बार प्रतिशोध लेने वाली ही लगती रहती है।

हमारी पार्टी की गतिविधियाँ ठप सी ही हुई लगती है। नगर परिषद में भी हमने शायद अपनी कोई हाजिरी दर्ज नहीं कराई। अब परसजी तो चले ही गए हैं क्या अर्जुन दान जी और तुम भी?

कुछ तो करना ही चाहिए। आशा है सपरिवार स्वस्थ और प्रसन्न हो। मां को मेरा नमस्कार कहना।

तुम्हारा
नंद चतुर्वेदी

उदयपुर
7.1.2000

प्रिय चन्द्र प्रकाश

नई सदी की शुभकामनाओं का तुम्हारा पत्र। धन्यवाद और तुम्हें तथा तुम्हारे परिवार के लिए मेरी ओर से आशीर्वाद और मंगल कामनाएं।

मैं बार-बार अपने सुख की तलाश करता हूँ और सोचता हूँ कि वह कहाँ गायब हो गया है?

मनुष्य की यह सबसे पुरानी और कठिन तलाश है। सारी दुनिया इसी तलाश में है।

मैं नहीं जानता इसका सीधा सा रास्ता, सीधा सा उत्तर यह हो सकता है कि सबके साथ। अलग से अपना सुख नहीं है। हमारी सद् ने बहुत थोड़ी कोशिश की, कुछ सिद्धान्त भी प्रतिपादित किए लेकिन उतनी सी कोशिश काफी नहीं थी।

यहाँ फिर से प्रयास शुरू हों?

तुम्हारा

नंद चतुर्वेदी

रेवती रमण शर्मा

30 अहिंसापुरी,
उदयपुर

प्रिया रेवती बाबू,

आपका पत्र तथा कविताएँ मिली। बाद वाली कविताओं में ज्यादा दम नहीं है; आप उन्हें इस संकलन में न भी शामिल करें तब भी कोई नुकसान नहीं होगा।

अपनी धारणाओं के अनुरूप मैंने 'आइए, रेवती रमन की कविताओं से मिलें', शीर्षक देकर कुछ लिख दिया है। एक कवि के सम्बन्ध में बहुत कुछ कहा जा सकता है, उसे बहुत से लोग कहें तो अच्छा रहता है। एक ही आदमी सब कुछ न कहे, यही ठीक है इसीलिए मैंने बहुत-सी बातें दूसरों के लिए छोड़ दी है। आशा है आपको यह आलेख बुरा नहीं लगेगा।

मुझे पूरी उम्मीद है कि आपसे जयपुर मुलाकात होगी। मेरा टिकट लाये, उसे घर तक पहुँचाया—इस कष्ट के लिए आभारी हूँ। मुझे उम्मीद है आपकी किताब पूरी सजधज के निकलेगी। मेरा लिखा प्रायः कंपोजिटरों के समझ में नहीं आता इसीलिए थोड़ा ध्यान से पढ़ लें।

कविताएँ मैंने क्रम से नहीं जमायी है। आप ही यह काम कर लें।

प्रसन्न रहें, मिलने की उम्मीद के साथ

आपका
नंद चतुर्वेदी

अर्जुन सिंह

30, अहिंसापुरी,
फतहपुरा, उदयपुर
....
8 नव., 04

प्रतिष्ठा में
माननीय मंत्री जी
मानव संसाधन विकास मंत्रालय
शास्त्री भवन, नई दिल्ली

महोदय,

दो वर्ष पहले महात्मा गाँधी अन्तरराष्ट्रीय विश्वविद्यालय के कुलपति अशोक वाजपेयी द्वारा हिन्दी की ख्याति प्राप्त कवयित्री मीराँ की 'मीराँ संचयिता' तैयार करने का काम मुझे दिया गया था। मैंने वह संचयिता समय पर तैयार करके विश्वविद्यालय को भेज दी। मुझे आशा थी कि संचयिता यथासम्भव प्रकाशित हो जाएगी।

मुझे यह बताते हुए अत्यन्त क्लेश है कि यह संचयिता वर्तमान कुलपति जी ने प्रकाशित होने से रोक रखी है। यह सामान्य शिष्टाचार है कि किसी लेखक या सम्पादक की पुस्तक के साथ क्या व्यवहार हो रहा है वह उसकी जानकारी में रहे। मेरी सम्पादित 'मीराँ संचयिता' प्रकाशित क्यों नहीं हो रही है, कब तक होगी, या नहीं होगी यह मुझे बताना विश्वविद्यालय के अधिकृतियों का कर्तव्य है।

यदि किसी कारण से प्रकाशन योजना स्थगित हो रही है तो मेरी मेहनत से तैयार की गई पुस्तक मुझे लौटा दी जानी चाहिए। जो विलम्ब हो रहा है यह अनेक आशंकाएँ पैदा करता है। मैं आपसे हस्तक्षेप की माँग करता हूँ और आग्रह करता हूँ कि आप म.गां. अन्तरराष्ट्रीय विश्वविद्यालय को 'मीराँ संचयिता' प्रकाशित करने के लिए अन्यथा मेरी पांडुलिपि वापस करने के लिए बाधित करें।

आप शायद अवगत हों कि राजस्थान इस वर्ष 'मीराँ पंचशती समारोह' मना रहा है। यह विश्वविद्यालय के गौरव को बढ़ाएगा ही यदि वे इस समय इस क्रांतिकारी भक्त कवयित्री की यह संचयिता प्रकाशित करे। इससे इस प्रान्त के मेरे जैसे सामान्य कवि-लेखक को भी यत्किंचित प्रतिष्ठा मिलेगी।

आदर सहित

आपका
नंद चतुर्वेदी

पत्र-आलेख

कृति ओर,
अक्टू., दिस. 2005

प्रिय संजय,

आपकी भेजी कविताओं की पुस्तक मिली। कुछ जल्दी मिली होती तो शायद मैं किंचित विस्तार से लिख पाता। मुझे इसका भी दु:ख है कि राजेन्द्र भाई की कविताओं को मैं उनके साथ, उनके जीवित रहते नहीं पढ़ सका। दरअसल वे कवि की तरह अपनी पहचान बनाने से बचते रहे। यह कठिन होता है लेकिन वे इस प्रसिद्धि के लिये तत्पर नहीं रहे। बहुत पहले और आख़िरी बार मैंने उन्हें दूरदर्शन केन्द्र पर ही देखा था, लेकिन तब भी कवि-स्वभाव के अनूठेपन से बचते हुए।

डर और उसके विरुद्ध काव्य संग्रह की तमाम कविताएँ मैंने पढ़ ली हैं, इसमें मैं आपको अवगत कराना चाहता हूँ। इन कविताओं को पढ़कर मैं इस परिणाम पर पहुँचता हूँ कि राजेन्द्र बोहरा उस उत्कर्षशील भवष्यि के कवि थे, जहाँ से व्याकुल मनुष्य निकलकर बच्चों को और फूलों को रंगीन तितलियों को प्यार करेगा। उनकी सारी युद्ध विरोधी कविताएँ अद्भुत उत्साह और प्रफुल्लता से ज़िन्दगी और रोशनी का चन्द्रोत्सव मनाती हैं। संकलन की चौथी कविता, जो ज़रा लम्बी है, एक भय रहित ज़िन्दगी का स्पैक्ट्रम बनाती है।

मैं आग्रह के साथ यह कहना चाहता हूँ कि राजेन्द्र बोहरा हमारे समय के आवश्यक कवि हैं, क्योंकि वे कविता के फीके पड़ते व्यर्थ के सौन्दर्य को चमकाने की कोशिश नहीं करते। उसकी जगह मनुष्य की उस स्फूर्ति, उस ताक़त और उमंग को जीवित रखते हैं, उसे निराशा का कर्तव्य है। एक उदास, अधम समय और उसके नाद का सुखमय दिनों का रूपक 'जंगल मेरे भीतर' कविता में पढ़ा जा सकता है।

कविता में प्रकृति का सारा सौन्दर्य ज़िन्दगी के विदग्ध यथार्थ से टकराकर दरक जाने को है; एक बार तो कवि उसे दरक जाने देता है, लेकिन तभी ये पंक्तियां उसी प्रज्वलित यथार्थ से फूटती है :

घायल सन्नाटा
सब कुछ हर कहीं
खरोंचता देह
काली लम्बी रात की
इंतजार में
उस वासंती चोर की
जो आए लौट नहीं जाए

इसी तरह मिल्टन अपनी एक लम्बी कविता का अन्त करते हैं : Tomorrow to fesh woods and pastures new—

कल फिर एक प्रफुल्लित अरण्य
और नये वन प्रान्तर
की ओर चलो।

राजेन्द्र बोहरा की कविता की इस विशेषता को रेखांकित करना आवश्यक है कि वे 'ट्रेजेडी नीच' के समय भी मनुष्य की अपराजेय शक्ति में अपने विश्वास को किंचित भी कम नहीं होने देते।

'बदलेगा ज़रूर' कविता का संताप इस निष्कर्ष पर समाप्त होता है :

पर देखना बदलेगा ज़रूर
सब कुछ एक दिन
देखा मैंने दोनों की
चाल में
आ गई थी तेजी

इस आशा के स्त्रोत केवल कल्पना सुख में नहीं हैं। 'छीलो, गढ़ो और तराशो' कविता में 'एक पक्के इरादे' का आग्राह कवि ने किया है, जिसके साथ भविष्य की डोर बंधी है, लेकिन इस भविष्य को पाने के लिए शब्दों को कुल्हाड़ी, फावड़ा, रिक्शा, हल की सांस्कृति के साथ जोड़ने की शर्त है। ज़ाहिर है कि यह कर्म की संस्कृति का उच्चतर रूपान्तरण है। एक निट्ठले, बातूनी सौन्दर्य शास्त्र का मेहनत और श्रम के कठोर और नये सौन्दर्य बोध के बदले रूपान्तरण। यह कविता केवल

शब्दों में रखे जाने वाले मध्यकालीन सौन्दर्य बोध को धक्के देकार बाहर निकाल देती है और इसलिए पढ़ी जानी चाहिए।

यह अत्यंत दु:ख की बात है कि हमारे समय के एक ज़रूरी कवि को हम उसकी मृत्यु के बाद याद कर रहे हैं, लेकिन हमेशा उसकी कविता पढ़कर भी करेंगे, यह सुनिश्चित करें।

नंद चतुर्वेदी

18-10-05

सम्पादकीय

पुरखों के साहित्य की प्रासंगिकता

पं. गिरिधर शर्मा 'नवरत्न' का जन्म एक सौ चार वर्ष पहले हुआ था। वे विद्वानों की श्रेष्ठ परम्परा का प्रतिनिधित्व करते थे। उनका सृजन द्विवेदीकालीन जीवन मूल्यों की पहचान कराता है। और हिन्दी-हिन्दुस्तान के लिए अनोखे, मर मिटने जैसे भावों को जन्म देता है। वे बहुत-सी भाषाएँ जानते थे—संस्कृत, हिन्दी तो जानते ही थे—गुजराती, बंगला, फारसी, अंग्रेज़ी, उर्दू भी अच्छी तरह जानने का विश्वास दिलाते थे। रचना और अनुवाद की इच्छा उनमें एक साथ बलवती रहती थी। वे दूसरी भाषाओं के रचनाकारों को जानते थे और उनकी रचना तथा पुस्तकों का हिन्दी में भाषान्तर करते हैं। अंग्रेज़ी के बहुत-से कवियों, बंगाली, गुजराती के नाट्यकारों, जैन साधुओं, संस्कृत के प्रसिद्ध कवि माघ, रविबाबू की गीतांजलि, फिट्जराल्ड की रुबाइयों और सूफी कवियों की रचनाओं का हिन्दी में अनुवाद करके उन्होंने न केवल अनुवाद क्षमता का परिचय दिया बल्कि हिन्दी और दूसरी भारतीय भाषाओं को समीप लाने की कोशिश की थी। नवरत्न जी ने संस्कृत में अनेक ग्रंथ लिखे हैं और दूसरी भाषाओं की रचनाएँ संस्कृत में अनुवादित की हैं। ऐसा करते समय 'संस्कृत में सबकुछ है और नया कुछ नहीं चाहिए' इस ज़िद को तोड़ने की पहल की है।

आज से लगभग सौ वर्ष पूर्व के हिन्दी कृतिकारों और साहित्यिक-पत्रकारिता करने वाले सम्पादकों में भाषा-समृद्धि के लिए जो इच्छा रही वह नवरत्न जी में भी थी और उसे पूरी करने के लिये उन्होंने अनुवादादि की व्यावहारिक योजनाएँ बनाईं। यहाँ उनका मन अंग्रेज़ी-द्वेष से सन्तप्त नहीं रहा बल्कि एक गुग ग्राहक और विद्वान जैसी दृष्टि भाषायी संकीर्णताओं को लाँघती गई और वे हिन्दी को आधुनिक सोच की बड़ी भाषा बनाने के प्रयत्न में लगे रहे। यहाँ यह तथ्य रेखांकित किया जाना चाहिए कि द्विवेदी जी और उनके मित्र उस अंग्रेज़ी से लड़ रहे थे जो विदेशी हुकूमत और उपनिवेशवादी आतंक की भाषा थी। लेकिन उस भाषा में बहुत-सा ज्ञान-विज्ञान था और जो हिन्दू सोच की जड़ता को तोड़ रहा था, उससे किसी की दुश्मनी नहीं थी। उस ज्ञान को उन्होंने हिन्दी तक आने दिया। इस अधुनातन इतिहास-बोध, वैज्ञानिक सोच और समाज शास्त्रीय ज्ञान को हिन्दी तक लाने की उत्कट इच्छा को उस समय की 'सरस्वती' पत्रिका या समकालीन दूसरी पत्रिकाओं में जैसे 'सौरभ' जो झालावाड़ से

प्रकाशित हो रही थी, उनकी सम्पादकीय टिप्पणियों में देखा जा सकता है। आधुनिक ज्ञान से लैस होने की इस इच्छा को पं. गिरिधर शर्मा में भी देखा जा सकता है जो राजस्थान में द्विवेदी जी का काम कर रहे थे और राष्ट्रीय-सोच से जुड़े थे।

पं. गिरिधर शर्मा विद्वानों की उस परम्परा में नहीं थे जो सैद्धान्तिक चिन्तन में सबसे आगे किन्तु अकर्मण्य होते हैं। दरअस्ल किसी बड़े संघर्ष सिद्धान्त या परिवर्तन का पक्ष लेते हुए यह सम्भव नहीं होता कि उसे सोच और कर्म में बाँट दिया जाए। इसके लिए पूरे और साहसिक संघर्ष की आवश्यकता होती है और तब सोच और तदनुरूप कर्म एक-दूसरे के परिपूरक होते हैं। नवरत्न जी ने भी ऐसा ही समझा था इसलिए उन्हें यह समझाते हुए भी देर नहीं लगी कि हिन्दी के लिए भावावेशपूर्ण कविताएँ ही नहीं लिखनी है बल्कि ऐसे मंच और संस्थाओं की स्थापना करनी है जहाँ से हिन्दी प्रचार का काम निरन्तर और नियमित रूप से हो सके। अपनी योजना के अनुसार उन्होंने इन्दौर, भरतपुर और कोटा में हिन्दी समितियाँ प्रारम्भ की कि जिससे हिन्दी के कार्य में किसी की इच्छा-अनिच्छा का महत्त्व न रह जाए। इस तरह हिन्दी के लिए वैयक्तिक स्तर पर कविता करना किन्तु निरन्तरता देने के लिए संस्थाएँ बनाना तत्काल और दीर्घकाल की ज़रूरतों को मिलाना था। एक और दृष्टि से देखें तो इन संस्थाओं की स्थापना उस वैचारिकी का हिस्सा भी था कि जिसमें लम्बे संघर्ष की कल्पना की गई थी और आवश्यकता पड़ने पर इन्हें कलों की तरह काम लेने की रणनीति भी शामिल थी। दु:ख है कि ये हिन्दी संस्थान जो स्वतंत्रता संग्राम के अविच्छिन्न हिस्से थे अकर्मण्य हो गये हैं और हिन्दी का सवाल स्वाधीनता-संग्राम का हिस्सा न रहकर उस और शातिराना राजनीति का हिस्सा बनकर रह गया है।

हिन्दी के सिलसिले में मैं यह याद कर पाता हूँ कि 1937 के लगभग झालावाड़ के कवि ब्रजभाषा में कविताएँ लिख रहे थे और नवरत्नजी के परिवार वालों को छोड़कर कोई दूसरा नहीं था जो खड़ी बोली में कविता लिख रहा हो। ब्रजभाषा में कविताएँ लिखने वाले माधुर्य और छंद लय पर रीझे हुए थे और कवि सम्मेलनों में समस्यापूर्ति का बोलबाला था। इस माहौल में ईश्वर दादा, पंडित जी के पुत्र, हिन्दी में कविताएँ पढ़ते तो सभा में अपमानजनक सन्नाटा होता और ब्रजभाषा के रसिक श्रोता उनके काव्य-पाठ से जल्दी ही उकता जाते। लेकिन पंडितजी या ईश्वर दादा इससे न तो विचलित होते न हार मानते। अद्भुत आत्मविश्वास से वे लम्बी-लम्बी कविताएँ पढ़ते। वे दरअसल हिन्दी की ऊर्जा और रचना शक्ति को जानते थे और उन्हें यह विश्वास था कि वे नई कविता के अग्रदूत हैं। उस समय मैं यह नहीं जानता था कि इस छोटे-से राज्य में भाषा को लेकर कैसा विग्रह चला था। पुरानी साहित्य शैलियाँ कितने आग्रह से जमे रहने का प्रयत्न कर रही थीं लेकिन पंडित जी, ईश्वर दादा, शकुन्तला जीजी जानती थीं कि बड़ी कविता का चलन होने वाला है उसके लिए ब्रजभाषा उपयुक्त नहीं है, हिन्दी ही उपयुक्त है। वे हिन्दी को मजबूत बना रहे

थे। वे हिन्दी के बिना स्वतंत्रता की कल्पना ही नहीं करते थे और ऐसे मोर्चे पर डटे थे जहाँ से एक जनान्दोलन शुरू होता था जिसकी जड़ें ज़मीन में बहुत गहरी उतर रही थीं। मुझे आज यह प्रतीत होवा है कि हमने भारतीय भाषाओं की चिन्ता छोड़कर स्वतंत्रता की बुनियादी लड़ाई को शिथिल कर दिया है उसका परिणाम यह हुआ है कि हमारे कस्बों शहरों में संस्कारहीन अग्रेजी स्कूलों की संख्या सैकड़ों तक पहुँच गई है और हिन्दा के स्कूल गरीब और अनाथ बच्चों के स्कूल होकर रह गये हैं।

पंडित जी ने कविताएँ ही नहीं गद्य भी लिखा। दरअसल वे गद्य-भाषा को दो प्रयोजनों के लिए परिष्कृत कर रहे थे। एक प्रयोजन तो यह था कि गद्य-भाषा सर्जनात्मक कला-शैलियों और समीक्षा के लिए पुख़्ता हो जाए और दूसरा यह कि वह राज-काज, लोक-व्यवहार, शिक्षा-संस्कृति, बोल-चाल की प्रामाणिक और संस्कारशील भाषा की तरह पहचानी जा सके। उन्होंने आज से 85 वर्ष पहले 'विद्याभास्कर' नामक पत्र निकाला और तरह-तरह का गद्य लिखा। लेकिन द्विवेदी लेखक मंडली गद्य-भाषा को एक रूप देने में इतनी लगी रही कि पहला प्रयोजन सिद्ध नहीं हो सका यहाँ तक कि पद्य भी 'इतिवृत्तात्मकता' में सिमिट गया। पंडित जी ने हजारों पद्य-पंक्तियाँ इस शैली में लिखीं :

बजने लगा भड़ाभड़ बाज़ा, चढ़े ब्याह करने पर राजा
चार, जनों ने इन्हें उठाया, गली-गली में खूब घुमाया
देख-देख पुर के नर-नारी, खूब हँसे दे-दे कर तारी
वर राजा तोरन पर आए, बेटी ने टोडरमल गाये
जब देखा वर को कन्या ने, लगी रक्त के आँसू पीने
बोली "मैं न विवाह करूँगी, यों ही अपना जीवन दूँगी
मात-पिता भाई मतिमान, किसको देना कन्या दान?
इसका करिये नेक विचार, मत करिये यों अत्याचार।"

(वृद्ध विवाह)

या

जो हाथ पैर अपने, नहिं हैं हिलाते
खाना, बिना श्रम किये, डट कर उड़ाते
आलस्य में समय त्यों, अपना बिताते
वे मूढ़ कूच जग से, कर क्यों न जाते?
है काम एक जिन का, सबको सताना
विद्या विहीन रहना, बस माँग खाना
बोझा समाज पर भी, अपना बढ़ाना
अच्छा न जन्म उनका, जग बीच पाता।

लेकिन साथ ही उन्होंने एक दूसरी रचनात्मक दिशा में काम किया। यह काम अनुवाद का था। गद्य और पद्य दोनों में उन्होंने ऐसे कवियों की कृतियों का हिन्दी रूपान्तरण करना निश्चय किया जो अपनी रचनात्मकता के कारण विश्व विश्रुत थे जैसे रवीन्द्रनाथ ठाकुर, सूफी कवि बाबा ताहिर, अंग्रेज़ी कवि फिट्जराल्ड, गुजराती कवि न्हानालाल दलपतराम। गद्य में उन्होंने रविबाबू की 'चित्रांगदा' और कवि न्हानालाल के 'प्रेमकुंज' का अनुवाद किया। 'चित्रांगदा' सर्जनात्मक गद्य का अद्वितीय उदाहारण है और 'प्रेमकुंज' के सम्बन्ध में स्वयं न्हानालाल ने लिखा है : कोई विचारक या कोई उपहासशील फिर प्रश्न करेंगे कि हेरे-फेर कर फिर वह की वह प्रेमोन्मत्तता की कथाएँ? कवियों को कुछ धंदा भी है दूसरा? कुछ गाम्भीर्य कुछ संसार के महाप्रश्न। कुछ महत्त्वपूर्ण सत्वनय भोज्य यह तो कुछ भी नहीं और लौट फिर कर पीछे की पीछे वह की वह उन्मत्त बातें। इस तरह गिरिधर जी उस तथात्मक और उपदेशात्मक शैलियों से पैदा हुई अकुलाहट और ऊब कम करते हैं और गद्य के रचनात्मक प्रवाह को बंगला गुजराती से लाकर हिन्दी में मिला देते हैं। पंडितजी ने जार्ज ग्रेग की अंग्रेज़ी की पुस्तक का भी अनुवाद किया जिसे उन्होंने 'कठिनाइयों में विद्याभ्यास' नाम देकर प्रकाशित किया। वास्तव में नवरत्नजी आस्वाद के नये से नये धरातल तलाश करते रहे। खुद की तृप्ति के लिए और हिन्दी के उन पाठकों की तृप्ति के लिए भी जिनका द्विवेदी काल की इतिवृत्तात्मक और उपदेशपरक साहित्य शैलियों से थक जाना सम्भव था।

साहित्य के प्रयोजनों और उनकी मानवीय हिस्सेदारी से सम्बन्धित एक तथ्य को मैं द्विवेदी कालीन साहित्य से जोड़ना और रेखांकित करना चाहता हूँ। मैं यह मानता हूँ कि हमारे साहित्य इतिहास में यह पहली बार हुआ है कि कविता और साहित्य एक दम बाहर छिट कर समकालीनता और राजनीति के साथ जुड़ गया हो। उस समय के साहित्यकार कुछ भी लिख रहे हों, कह रहे हों उन्हें यह स्वीकार था कि वे देश की स्वाधीनता के लिए लिख रहे हैं और यदि यह राजनीति है तो वे राजनीति कर रहे हैं, उन्हें कोई भ्रम नहीं था कि वे शाश्वत रचनाएँ लिख रहे हैं और इनकी सिद्धि 'धर्म, अर्थ, काम, मोक्ष' इनमें से कोई एक या एकाधिक है। वे राजनीतिक स्वाधीनता के लिए दीवाने थे और उसे पाने के लिए कविता, जेल, मृत्यु या जो भी कुछ हो करने या होने देने के लिए तैयार थे। इस लोक के लिए लिखने का उन्होंने संकल्प लिया था और जनाकांक्षाओं को रचना-रूपों में बाँधकर वे सन्तुष्ट थे। ऐसा करते समय उन्हें कुछ दिखाना, पाना, सैद्धान्तिक दावे करना नापसन्द था। स्वाधीनता की रचना लिखते हुए वे किसी पार्टी के साहित्यकर्मी नहीं थे और न किसी 'पार्टी मैनिफेस्टो' की दलीलों की साहित्य-वृत्त में बाँध रहे थे। उन्होंने शाश्वत और सामयिक कविता के तर्क को व्यर्थ कर दिया था उन रचनाकारों की सामर्थ्य यह थी कि वे बड़ी और मानवीय राजनीति की कविता कर रहे थे या

साहित्य लिख रहे थे लेकिन उसके लिए व्याख्यान देने की उन्हें आवश्यकता नहीं थी। द्विवेदी काल के साहित्य से मेरी यह समझ बढ़ी है कि यदि हमारी राजनीति बड़े संकल्पों से जुड़ी है और हमारे सामाजिक सरोकार निष्करुणा, अन्याय तथा चालाकियों के नाना रूपों को पहचानते हैं तो हम महत्त्वपूर्ण और विश्वसनीय साहित्य लिखे सकते हैं।

पिछले दिनों 'साहित्य, राजनीति और पार्टी रिश्तों' को लेकर जितनी हलचल हुई है उससे साहित्य रचना में कोई ख़ास पैनापन आया नहीं लगता क्योंकि वह 'हलचल' एक ख़ास क़िस्म के लोगों द्वारा चलाई जाती है जिन्हें यह घमंड होता है कि वे 'दृष्टि' देते हैं। साहित्यकार के लिये आज का समय मामूली नहीं है और दूसरा कोई कारण भी नहीं है कि वह दुनिया से निश्चित और बेख़बर हो जाएँ लेकिन दु:ख यह है कि हमारी सारी चिन्ताएँ विभाजित और हमारे हित की चिन्ताएँ हैं। इन चिन्ताओं के चलते हम विपन्न लोगों के साथ कम और सम्पन्न लोगों के साथ प्राय: होते हैं। हमारी यह पहचान भी धुँधली होती जा रही है कि साहित्य लेखन की धुरी एक व्यापक संवेदनशीलता है।

द्विवेदी युग में इसी संवेदनशीलता की धुरी पर राष्ट्रीयता की सहस्रधारा वाली जाह्नवी नहीं है वह बहुत बड़े विशाल भूखंड को सींचती रही है। इसी क्रम में कभी सुधारवादी (जैसे नवरत्न जी ने पत्नी के लिये लिखी है : बड़े ही सवेरे उठ निर्मल होकर नित्य, पति को न्हिलाऊँ, न्हाऊँ, कुंकुम लगाऊँ मैं, पढ़े लिखे लोक-कार्य करें पति तब तक, बलारोग्यादायी स्वाद भोजन बनाऊँ मैं। भोजन सुरुचि करें पति के उपाय कुरूँ, सुनाऊँ मधुर बातें हिय हुलसाऊँ मैं। 'नवरत्न' प्राण प्यारे पति को एकान्त में, दे, रम्य कला कौशल की परीक्षा रिझाऊँ मैं।) कभी पुराने वर्णाश्रम की वापसी पर आधारित, कभी उथल-पुथल मचा देने वाली, कभी राम और कभी कृष्ण के जीवन चरितों पर केन्द्रित, कभी जासूसी और कभी सपनों में डुलती-रमती कथा कविताएँ लिखी गई हैं। तब हमारे लिए इस युग का यह अनुभव सार्थक है कि एक बार रचनात्मक ऊर्जा के विकीर्ण होने के साथ-साथ नाना-रूपों में लेखन विकसित होता है जिन्हें एक बहुत बड़ा जीवनानुभव ही जोड़े रख सकता है। क्या इस समय द्विवेदी काल जैसा बड़ा जीवनानुभव हमारे पास है? हाँ, है 'भूख और पराधीनता से मुक्ति' आज वह सहस्रों रचनाओं में व्यक्त है। वह किसी पार्टी का नहीं है, वह उन सब मनुष्यों का है जो बराबरी के पक्ष में है और सम्पत्ति के सामाजीकरण को चाहते हैं।

द्विवेदीयुग और नवरत्न जी के साहित्य में हम यह देखते हैं कि संवेदनशीलता के बड़े पक्ष पर आधारित होते हुए भी 'निजता रहित दीक्षागम्य' है और कुछ विषयों के आस-पास चक्कर काटता है। यह दरअसल साहित्य का सार्वकालिक सवाल है जिसका कुछ सम्बन्ध तत्काल से होता है, उस तत्काल से ज्यादा ही जो एक बड़े

मानवीय-दुःख से निवृत्त होना चाहता है और कुछ परम्परा से भी जिसके अन्तर्गत साहित्यकार जीवनानुभव चुनता है और कलाभ्यास से जुड़ जाता है। लेकिन यह अस्वीकार करने जैसी बात नहों है कि 'निजता' के अभाव में बहुत-सा श्रेष्ठ जीवनानुभव निरर्थक हो जाता है और कलाकृतियाँ वांछित प्रभाव से रहित होती नज़र आती हैं।

नवरत्न जी और उनके साथ राजस्थान की साहित्य-यात्रा का एक युग समाप्त हो गया है लेकिन यह मुहावरा ही है क्योंकि उनका युग हिन्दी के उस बड़े और विशाल साहित्यिक प्रयत्नों से जुड़ा है जिसमें राष्ट्र की स्वाधीनता के लिये मनुष्य बेझिझक प्राणोत्सर्ग के लिये खड़ा था और जिसके बदले में उसने कभी कुछ नहीं चाहा।

पं. गिरिधर शर्मा और दूसरे पुरोधाओं को, जिन्होंने देश और साहित्य के लिए साहस, तत्परता और निरन्तरतापूर्वक लिखा है। हमने धीरे-धीरे विस्मृत होने दिया है लेकिन उनकी प्रासंगिकता और पुनर्मूल्यांकण का काम छोड़कर हम अपनी लोक-परक साहित्यिक परम्पराओं को नहीं जान पाएँगे।

हमें यह आशा करना चाहिए कि देश की जागरूक साहित्यिक संस्थाएँ, विश्वविद्यालय भौर अकादमियो उन पुरखों के साहित्य पर शोध-खोज कराने में समर्थ होंगी क्योंकि उन्हें काल के अँधेरे में विलुप्त होने देना हानिकर होगा, ख़ासतौर पर उस समय जबकि हमारी साहित्यिक-यात्राएँ 'लोभ-लाभ' से जुड़ रही हों और हम 'साहित्य और सामाजिक रिश्तेदारी' की तलाश में गम्भीरता से लगे हों।

[राजस्थान साहित्य अकादमी, उदयपुर द्वारा प्रकाशित ग्रंथ 'पं. गिरिधर शर्मा 'नवरत्न : व्यक्तित्व और कृतित्व' की सम्पादकीय]

काल-साक्षात् से डरी हुई आँख

एक सवाल है काल-साक्षात् का, हिम्मत के अर्थ में नहीं, बल्कि एक दूसरे अर्थ में, उसे जीने के अर्थ में। काल-साक्षात् के लिये हिम्मत की ज़रूरत हो तो भी बहुत अधिक नहीं, क्योंकि वह अपनी पूरी सामर्थ्य के साथ उपस्थित है और लाचारी हो न हो उसे मेटना पड़ेगा। लेकिन काल को अपनी आत्म का आयाम बनाकर जीना बहुत दूसरी बात है, उसमें हिम्मत की ज़रूरत पड़ती है। आत्मा को जो आयाम नहीं मानते उनकी चर्चा नहीं करता हूँ लेकिन जिनके लिये आत्मा है, उनके लिये अपनी आत्मा को सारे समय के आयाम में फैला देना हिम्मत का काम है। अपने ही समय के आयाम में आत्मा को फैलाने वाला ग़ैर-मामूली तरीके से जिएगा जो अपने आप में कष्टकर होगा और सबसे अधिक कष्टकर यह होगा कि उसे कुछ करना पड़ेगा जो इस बात का प्रमाण होगा कि वह काल से आँख मिला कर जी रहा है।

मेरा ख़याल है कि समय के सारे सन्दर्भों की, उसकी अनन्तता की और उसके क्षण की उसके व्यवहार-धर्म की और अलौकिकता की चर्चा करने के उपरान्त भी हम काल साक्षात् से डरते रहे हैं और इसलिए हमारे सारे कथन और कर्म और कृतित्व होने के बावजूद भी न होने की स्थिति तक पहुँचते है और हम सब कुछ कर लेने के बाद बेहद टूटे हुए और निष्करुण होते है। दुनिया की बात कहना कठिन है लेकिन इस देश में जो एक विचित्र प्रकार की कृतघ्नता, निष्करुणा, आक्रोशहीनता और अस्वीकृति ने जन्म लिया है वह शायद इसीलिए कि हम अपनी आत्मा को समय के सम्पूर्ण आयाम तक नहीं फैला सके। काल साक्षात् से हमारा यह डर पुराना है क्योंकि इस काल के बाद भी हमारे पास काल है और इस जन्म के बाद भी हमारे पास जन्म-मरण है और उन जन्म-मरणों के सन्दर्भ में यह जन्म मरण इतना अर्थ-हीन और गया बीता है कि उसे न अपने लिये जीना ठीक है और न किसी के लिये। इस दर्शन को जान लेने का और जीने का अर्थ हुआ एक टोटल-अनास्था एक निष्करुणा जो खुद से शुरू हुई और सब जगह फैल गई।

लोग बहुत कहते है कि अब उन्होंने यह दार्शनिक अन्दाज़ बदल लिया है और वे 'क्षण, क्षण को' जी रहे हैं लेकिन मैं क्षण को जिया तब मानूँ जब मुझे लगे कि मनुष्य के चिन्तन में अपनी ही तरह की और अपने बेहद नज़दीक बहने वाली

और अपने ही लोगों की पूरी-की-पूरी ज़िन्दगी के लिए एक लगाव पैदा हो जिसका प्रतिफल हो कि ये जो मोटे-मोटे अख़बारी अन्याय है उन्हीं के प्रति नहीं लेकिन उन छिपे हुए हजारों जबरदस्त अन्यायों के प्रति भी रोष जागे जो मनुष्य की इच्छा के रूप में है। इसका एक प्रतिफल यह भी नज़र आना चाहिए कि मनुष्य यह रोष बड़े पैमाने पर और लम्बे समय तक जिये कि जिससे यह उसका स्वभाव हो जाए एक स्थिति सहज तनाव नहीं।

काल साक्षात् से डरे हुए लोगों की शक्ति निष्करुणा होती है और इस देश में उसकी कोई कमी नहीं है; जाति भेद के रूप में वह पहले से है और अब उसे नये विस्तार मिल गये हैं—राजनीति के और अर्थ के और सत्ता के। वह विश्वविद्यालयों में चली गई है जहाँ विद्वान् और व्यवहार विद् कुलपति, रेक्टर और प्राध्यापक एक असीम निष्करुणा और पुलिस दंड से प्रश्नों का उत्तर ढूँढ़ रहे हैं। वह छात्रों में एक-दूसरे प्रकार की निष्करुणा को जन्म दे रही है जो अकारण उद्विग्न होते हैं और कारणों के रहते हुए शान्त बैठ जाते हैं। हजारों-हजार बल्कि लाखों-लाख छात्रों को ठीक से मालूम नहीं है कि वे काल के इस आयाम से कैसे आँख मिलाएँ। उनका असन्तोष अनिश्चित कारणों से उभर आता है और वह इतना व्यापक होता है कि कुछ भी मिला हुआ काफी लगने लगता है। कभी-कभी कुछ नहीं मिलता केवल खंडित प्रतिज्ञाएँ और आश्वासन भर काफी होते हैं।

प्रबुद्ध जन केवल घटनाओं की प्रतीक्षा करते हैं और घटित के अर्थ लगाते हैं, उनकी अन्तर्दृष्टि काल के गर्भ में काल की इच्छाओं में छिपे हुए गन्तव्य को नहीं पढ़ पाती। वे किसी इच्छा को नहीं धारते और इसलिए उनका कर्म केवल समय के अधकचरे-अपूर्ण आयाम को समाविष्ट करता है। प्रजातंत्र और समाजवाद और बहुत-सी ऐसी बातें जो कर्म के अभाव में सार-हीन है दिन-रात दुहराई जाती है और किसी सुन्दर मुहावरे पर गिर पड़ती है। उनका आन्तरिक भास कुछ और होता है लेकिन पस्त-हिम्मती के कारण उसे ज़ुबान नहीं मिलती और यों एक विपुल जनसंख्या वाले लोग गूँगे, बहरे और दर्द के असहाय साक्षी बने हुए रहते हैं या व्यर्थ की उछल-कूद करते हैं जो अन्त में और अधिक अराजकता-असहायता को जन्म देती है।

और कृतिकार? कहते है कि वह न दिखाई देने वाले को पढ़ता है और समय के पूरे-के-पूरे रूप को अंकित करता है क्योंकि वह समय जो भोग रहा है उसे और जो भोगा जाएगा उस सबको एक साथ जानता है। लेकिन यह कृतिकार क्या सामान्य से कुछ अलग रह गया है? उसे पास अब काल की वकालत के सिवाय घटित की प्रतीक्षा करने के अतिरिक्त राजनीतिकारों की वाणी को अर्थ देने की मुद्रा के अलावा कुछ ज्यादा बचा नहीं है। हिन्दुस्तान का कृतिकार कुछ कहे और औरतों की नंगी जाँघ पर कुछ भी लिखता रहे, समय के सारे सन्दर्भों से, स्वयं से और

दूसरों से बेहद अलग हो गया है। उसकी असहायता का इससे बड़ा प्रमाण नया हो सकता है कि नितान्त वैयक्तिक क्षणों को वह मुक्त-क्षण कहता है और उसको वैचारिक क्रान्ति का नाम दे-देकर कठोरता का वरण कर रहा है।

समय की किस घटना ने छुआ है उसे? आख़िर ये बीस वर्ष काल की गणना के ही सही ये बीस वर्ष क्या अर्थ दे गये उसे! वर्जीनिया वुल्फ ने उसे एक वाक्य दिया 'यह महान प्रतिभाओं का युग नहीं, महान परिश्रम का युग है' लेकिन कहाँ है वह परिश्रम? छोटी-छोटी तिकड़मों को महान चमत्कार और नितान्त क्रम-हीन रचनाओं को काल की मार्मिक कृतियों की घोषणा के अतिरिक्त उनमें से क्या जन्मा?

किसी समय साधु कवि ने पूछ लिया 'सीकरी क्यों आए,' वह पुराना कवि था? आज तक पूछा किसी ने दिल्ली क्यों, न्यूयार्क क्यों, मास्को क्यों आए? काल की गहराई और क्रान्ति और विस्थापित उखड़े हुए कृतिकार क्या ढूँढ़ रहे हैं? उत्तर बेहूदा है लेकिन यश, अर्थ और औरत और पद और पदवियाँ ही तो नहीं। काल के अधकचरे द्रष्टा होने के कारण एक पूरी ज़िन्दगी के त्रास की वाणी देने में वे कितने असफल रहे। वे छिपाते रहे लेकिन निष्करुणा के अतिरिक्त उनके पास कुछ नहीं है जो अन्त में केवल संस्कार हीन त्रास के रूप में तथाकथित क्रान्ति का उद्घोष कर रही है। परिवेश सबको छू रहा है उत्तर को, दक्षिण को, पूर्व को, पश्चिम को—लेकिन इतनी अवरुद्ध और घिरी हुई वाणी, ऐसा मूर्च्छित कर्म और अवसरों की तलाश और बहादुरों का इतना छलाव पूर्ण प्रदर्शन बहुत कम देशों में देखने को मिलेगा। परिवेश मनुष्य नियति का अंग है और समय का एक मामूली सा पक्ष है, विज्ञान मनुष्य की इच्छा का एक रूप है, उस परिवेश और विज्ञान को मनुष्य के सम्पूर्ण भाग्य के केन्द्र में रखकर दोष मुक्त होने प्रक्रिया इच्छा शक्ति हीन देशों और जनता का एक बहाना भर हो सकता है।

तो आख़िर क्या हो? मैं सोचता हूँ कि और इस देश के प्रबुद्ध जनों के सामने इतना ही निवेदन करता हूँ कि वे एक तरफ काल के उस त्रास से न बचें जो इतना स्पष्ट और प्रकट है, उससे बचने का अर्थ यह है कि हम जिसे स्वीकार करते है, जिसके सान्निध्य में हमारा कष्ट एकदम साफ है उसे छिपाते है, घटनाओं का इन्तज़ार करते है और जब लिखने बोलने का मौका आता है तब वह बोलते हैं और लिखते हैं जो हमारे रक्त में बह नहीं रहा है बल्कि पोथियों में शोभित है। समय का यह त्रस्त क्षण हमारे भीतर से बोले और वास्तविकता प्रकट हो। इसी भीतर से बोलने वाले त्रास के माध्यम से हमन जो पाया नहीं है, लेकिन जो पा रहे है उससे अधिक सत्य है, वह जन्मेगा।

हमने इस डर से कि कहीं हमें कोई मसीहा न कहने लगे उस अन्तर्दृष्टि की धारणा करने से अस्वीकार कर दिया है जो हमारी विरासत है। एक अन्तर्दृष्टि हीन रचना मनुष्य के लिये वरण्य नहीं है। काल दोनों को समेटता है नज़र आने वाली

सृष्टि को, नज़रों से छिपी सृष्टि को भी। एक आँख खोलकर न सोचा जा सकता है, न लिखा जा सकता है, न बोला जा सकता है। दार्शनिक, कृतिकार, अध्यापक और सामान्य जन सब के लिये काल के साक्षात् की आवश्यकता है, उससे भयभीत आँख शरणहीन है।

कृतज्ञता

इस अंक से 'बिन्दु' को प्रारम्भ करने वाले नेमनारायण जोशी सम्पादन से मुक्त हो रहे है। 'बिन्दु' पर उनका जो ऋण है उसे शब्दों में व्यक्त करना महज औपचारिकता है। उनके सक्रिय सहयोग के अभाव में 'बिन्दु' काफी परेशानियों का सामना करेगा लेकिन मुझे विश्वास है उनका मैत्री पूर्ण हाथ इस पत्रिका के लिए बढ़ा रहेगा। जोशीजी ने अथक परिश्रम और अन्तर्दृष्टि देकर 'बिन्दु' को स्थापित किया। उनका यह श्रम हमें प्रेरणा देगा।

सृजन में परम्परा और आधुनिकता का संयोग

मैं आपसे क्षमा चाहूँगा कि यह आलेख परम्परा तथा आधुनिकता जैसे शब्दों की परिभाषा न देकर प्रारम्भ कर रहा हूँ यद्यपि वाल्टेयर ने कहा था कि चर्चा करने से पूर्व यह अच्छा हो कि हम शब्दों को परिभाषा दे दें। किन्तु परिभाषा का सबसे बड़ा संकट यह है कि वह शब्द के लचीले अर्थ-विस्तार को सीमित कर देती है और हमारा श्रम तथा आग्रह सन्दर्भों को समझने की अपेक्षा परिभाषा को सत्य प्रमाणित करने में लग जाता है। इसलिए मैं परिभाषा ने करके यह स्पष्ट करने का प्रयास करूँगा कि परम्परा तथा आधुनिकता जैसे महत्त्वपूर्ण शब्द किन-किन सन्दर्भों में प्रयुक्त होते हैं और उनसे हमें कौन-कौन सी उपलब्धियाँ हो सकती है।

सामान्यतया परम्परा और आधुनिकता जैसे शब्दों का प्रयोग अनेक सन्दर्भों में होता है। एक स्थूल सन्दर्भ काल का है : जब काल को विभाजित करने की चेष्टा में परम्परा को बहुत कुछ प्राचीन और आधुनिकता को वर्तमान के अर्थ में प्रयुक्त करते है। यह प्रयत्न कदाचित् काल के दीर्घ विस्तार को एक साथ न समेट पा सकने की कठिनाई के कारण होता है। ऐसा विभाजन काल को सुविधापूर्वक देखने में सहायक होता है। इतिहास में ऐसा काल-विभाजन मिलता है। अध्यापक इसी तरह काल की विभाजित करके विद्यार्थियों को पढ़ाते है। साहित्य का इतिहास इसी सुविधा के कारण काल खंडों में विभाजित है।

इन्हीं शब्दों को एक-दूसरे सन्दर्भ में भी प्रयुक्त किया जाता है जो अधिक सजगता और सार्थकता को लिए है। इस सन्दर्भ में जब परम्परा तथा आधुनिकता जैसे शब्दों का प्रयोग होता है तो प्रयोग करने वाला काल-विशिष्ट की मूल्य-गत विशेषताओं का बोध कराना चाहता है। इस प्रसंग में जो कोई परम्परा अथवा आधुनिकता जैसे शब्दों का प्रयोग करता है—साभिप्राय करता है। उसका अभिप्राय होता है कि वह इन शब्दों की सहायता से केवल काल की दृष्टि से ही नहीं बल्कि गुण की दृष्टि से भी चुके हुए तथा काल की दृष्टि से ही नहीं बल्कि गुण की दृष्टि से तरोताजा और एकदम जीवित सन्दर्भों की व्याख्या, विश्लेषण और शोध कर रहा है। आधुनिकता इस सन्दर्भ में एक विशेष मूल्य बन जाती है। उसे जीने वाला एक विशिष्टता का अनुभव करने लगता है। आधुनिकता की वह फिर आरोपित

सत्य नहीं मानता बल्कि उसी के साथ जीने लगता है। इतनी गहराई और आस्था से जीने के कारण आधुनिकता उसके लिए नैतिक मूल्य बन जाता है। उसे प्रतीत होने लगता है कि आज की त्वरा, आज का सशय, आज का विघटन, मूल्यों का संक्रमण ठीक उसके अस्तित्व के बीच से वह रहा है, वह उसका कल्पित सत्य नहीं, जीवित सत्य है। ऐसी स्थिति में परम्पराओं से उसकी आसक्ति छिन्न-भिन्न हो जाती है। परम्पराओं को वह झूठलाता और अस्वीकार करता है। आज को जीने के लिए, आज का प्रतिनिधित्व करने के लिए वह बहुत कुछ ऐसा करता है जो चौंका देने वाला, असंस्कार वाला, विकृत लग सकता है लेकिन उनको जो आधुनिकता को मूल्य की तरह स्वीकार नहीं करते।

तीसरे सन्दर्भ में 'परम्परा' और 'आधुनिकता' शब्द निन्दा और प्रशंसा के रूप में प्रयुक्त होते हैं। इस प्रसंग में परम्परा एक गतिहीन और स्थिर समय का बोध कराने वाली तेज हीन सी कोई वस्तु होती है तथा जिसके साथ जीने वाले मोहा विष्ट से जीते है, दृष्टि नहीं बदलते बल्कि अपना हानि-लाभ भी नहीं देखते। आधुनिकता का यहाँ अर्थ होता है वह सूझ-बूझ जो व्यक्ति को उपयोगी बनाए रखती है, कम-से-कम समय के साथ-साथ जीवन में कुछ फेर बदल लाने में सहायक होती है—स्पष्ट ही है कि यहाँ आधुनिकता शब्द का प्रयोग उपयोगिता और इसलिए लौकिक दृष्टि से प्रशंसा भाव के साथ जुड़ा है।

एक अन्य प्रसंग में आधुनिकता और परम्परा को आत्यन्तिकताओं के सन्दर्भ में देखना अनुचित माना जाता है। काल इस अर्थ में एक अविछिन्न प्रवाह है, एक ऐसी समग्रता जिसे खंडित नहीं किया जा सकता। काल जैसे अनेक कक्षों वाली इमारत है जिसके एक कक्ष का द्वार दूसरे कक्ष में खुलता है और फिर दूसरे का तीसरे में। परम्परा इस दृष्टि से गतिहीनता नहीं किन्तु गत्यात्मकता है; परम्परा और परम्परावादिता पर्यायवाची नहीं है। परम्परा को इतने व्यापक सन्दर्भ में काम लेने वाले व्यक्ति आधुनिकतावादियों की निन्दा करते है क्योंकि वे व्यर्थ ही बाल की खाल निकालते हैं।

सामाजिक सन्दर्भ में परम्परा और आधुनिकता को लेकर जो मतभेद और विशिष्ट आग्रह है वही साहित्यिक सन्दर्भ में है क्योंकि एक प्रकार से समाज और साहित्य दोनों जुड़े है। किन्तु साथ ही यह कहना अनुचित नहीं होगा कि सामाजिक सन्दर्भ में इन शब्दों को लेकर जो तनाव है वह इतना स्पष्ट, इतना उग्र और इतने प्रभावशाली रूप से प्रगट नहीं होता जितना साहित्य में क्योंकि वहाँ कृतियों के माध्यम से सब कुछ पढ़ लिया जाता है और सबको यह विदित है कि वह कितना प्रभावशाली होता है। यह प्रभावशालिता ही कदाचित् उग्र-विवादों और भय और संकट का कारण होती है। यह कहना विषयान्तर हो तो भी कहने की आज्ञा दीजिए कि यों साहित्यकार से कौन डरता है, और उसकी प्रभविष्णता स्वीकारता है लेकिन क्या वही सबसे अधिक

दृष्टि आकर्षित नहीं करता, क्या उसी के प्रभाव से लोग बचने-बचने की चेष्टा नहीं करते? वह चेष्टा और दृष्टि-आकर्षण इस बात का प्रमाण है कि सामाजिक सन्दर्भों में जो सत्य धीरे-धीरे संचरित होते है वे साहित्य के माध्यम से तुरन्त और प्रभावशाली रूप में दृष्टि बाँध लेते है। जो हो। मैं आपके समक्ष यह निवेदन कर रहा हूँ कि परम्परा और आधुनिकता को लेकर साहित्यकारों और साहित्यकारों के बीच, साहित्यकारों और शिक्षित पाठकों के बीच, साहित्यकारों और जनता के बीच तनावपूर्ण स्थितियाँ है। यह स्थितियाँ हमारे देश में भी है और अन्यत्र भी। सभी देश संक्रमण की स्थितियों में जी रहे है। काल के स्वभाव में संक्रमण है लेकिन जो त्वरा और साथ ही जो अनिश्चयता आज है सम्भवत: कभी नहीं थी। ऐसे काल में सब झकझोरे गए है लेकिन सब कृतिकार नहीं है इसलिए अव्यक्त, अप्रगट है, दायित्वमुक्त है किन्तु साहित्यकार झकझोरा गया है व्यक्त है इसलिए दायित्वशील है। इस दायित्व के कारण ही वह सभी समय और विशेष रूप से संक्रमण के संकट को सब से अधिक महसूस करता है। यों सभी काल में साहित्यकार से अनेक अपेक्षाएँ की गई है और उससे कहीं अधिक अपेक्षाएँ आज की जा रही है, किन्तु प्रतीत होता है कि साहित्यकार अब उन अगणित अपेक्षाओं को पूरी करने में स्वयं को असमर्थ पा रहा है। उसे यों लगता है कि सृजन को गढ़े-गढ़ाये मूल्यों के लिए अर्पित कर देने की अपेक्षा यही श्रेष्ठ है कि वह अपनी आत्मा के बीच बहने वाले मय, सन्ताप, आक्रोश, असमर्थता, निरर्थकता, निरादर या कि प्रेम, सम्न्नता और सुख को समर्पित हो। मैं इस विस्तार में नहीं जाना चाहता कि वह ऐसा अनुभव क्यों करने लगा है लेकिन मैं इतना अवश्य निवेदन करता हूँ कि दूसरों के या कि समूह के ढले-ढलाये और भोगे हुए सत्यों की अपेक्षा अपने अस्तित्व के बीच से बहने वाले, अनगढ़, बेडोल, और कदाचित आकृति लेते हुए सत्य को कृति में उतारना अधिक उचित है। इस दृष्टि से आधुनिकता आज के कवि के सृजन में अधिक सहायक होगी क्योंकि वही तो उसके सबसे अधिक समीप का फल है। कहते है कि तुरन्त तोड़े हुए फल का स्वाद विलक्षण होता है इसलिए यह जो समय का फल है जो सबसे समीप है उसका स्वाद विलक्षण होगा और वह सृजन की वैशिष्ट्य देगा।

सृजन में वैशिष्ट्य आना ही चाहिए। सृजन मूल्यवान ही तब माना जाता है जब वह अपने पूर्ववर्तियों और निकटस्थ पूर्ववर्तियों से विशिष्ट हो। सृजन में यह विशिष्टता तब ही आती है जब प्रवहमान सत्यों को अपने इर्द-गिर्द घिरी दर्प-दीनता के आस्था और अनास्थाओं के प्रसंगों को समाहित करने की सजगता, कृतिकार में हो। इस सन्दर्भ में परम्परा की हम कितनी ही लचीली व्याख्या क्यों न करें सृजन को मूल्यवान नहीं होने देती क्योंकि वह कृतिकार को एक उपकार के विशेष बोझ से दबाए रहती है और आग्रह करती है कि यात्रा के सब छोर पर खड़े होकर वह मुड़कर देख लें।

इस दृष्टि से यह प्रश्न उपस्थित होता है कि क्या परम्परा अथवा आधुनिकता रचना प्रक्रिया के आवश्यक अंग हैं? ऐसा प्रश्न मेरे मन में बार-बार उठा है और उसे मैंने मेरे अनेक मित्रों से बार-बार पूछा है। प्रश्न के उत्तर में अनेक बातें कही गई है लेकिन मुझे सबसे अधिक आश्वस्त करने वाली बात प्रो. आनन्द प्रकाश दीक्षित की लगी है जो उन्होंने मुझे प्रश्नाकुल सन्दर्भ कही थी और जिसके लिए मैं उनका कृतज्ञ हूँ। उन्होने कहा था कि सब कृतिकारों को रचना-प्रक्रिया अपनी-अपनी तरह की होती है। यदि यह कथन सत्य के समीप है और मैं मानता हूँ कि है तो कृतिकार अपनी आस्था, अपने विश्वास, अपनी प्रश्नाकुलता को अपने ही काल के सन्दर्भ में जिएगा, अप्रत्यक्ष रूप से ही आधुनिकता को अपनी रचना प्रक्रिया बना लेगा, इसी प्रकार जो कृतिकार अपने विश्वासों को पूर्वजों की, परम्परा के, स्थापित सत्यों के सन्दर्भ में जिएगा तो कुछ दूसरे मूल्यों को अप्रत्यक्ष रूप से अपनी रचना-प्रक्रिया को साथ जोड़ लेगा। यह कहना कि रचना प्रक्रिया कोई निरपेक्ष मूल्य है उचित प्रतीत नहीं होता। ऐसा कभी-कभी इसलिए कह दिया जाता है कि हम रचना-प्रक्रिया को एक रहस्यात्मक स्थिति देना चाहते है और उसे वैयक्तिक प्रयास मानने से डरते है। यदि सब कृतिकारों की रचना-प्रक्रिया एक सी नहीं होती तो आज की अनास्था, विकृति या कि आज के सत्य, आज की वास्तविकता को जीने का उपक्रम रचना-प्रक्रिया के साथ बाँधा जा सकता है और मुझे लगता है कि ऐसी रचना-प्रक्रिया से उद्भूत कृति महत्त्वहीन नहीं होगी।

दूसरा प्रश्न है कि नितान्त आज के प्रश्न, संशय-ग्रस्तता, निरन्तर गत्यात्मकता, विभक्त मन की प्रश्नाकुलता क्या समाजोपयोगी है? शायद यही प्रश्न है जो सबसे अधिक व्यक्तियों को सबसे अधिक व्याकुल करता है। काव्य को जनोपयोगी होना चाहिए और शायद इसीलिए मानवीय परम्पराओं के संरक्षण का दायित्व भी उसे ग्रहण करना चाहिए। आप यदि सुस्थिर मन से देखे तो 'जनोपयोगी' और 'मानवीय परम्पराओं के संरक्षण' जैसे शब्द और शब्द खंड आपको बड़े पेचीदा, बड़े लचीले और वैयक्तिक-रुचि के प्रसंग में काम लिए जाने वाले लगने लगेंगे। उनके साथ आपको राजनैतिक और आर्थिक अभिप्राय जुड़े नज़र आ जाएँगे। इसलिए एक तो यही कठिनाई है कि जिन जनोपयोगिता और 'जिन मानवीय परम्पराओं के संरक्षण' के लिए आप कवि से आग्रह कर रहे हैं वे है क्या? दूसरा प्रश्न यह कि क्या आधुनिक-सन्दर्भ को जीने वाला कृतिकार वस्तुत: जन-विरोधी है? मैं सोचना चाहता हूँ कि अधिक से अधिक कृतिकार का काम मन की और मन के बाहर फैली हुई आकृतिहीनता को हो सके तो थोड़ा उजागर कर देना है। आज की सबसे बड़ी जन सेवा यही है कि कृतिकार यह दृष्टि दे दे कि सबके प्रश्नों के उत्तर एक नहीं है, वे नये और अपने रास्ते खोजें।

अन्तिम प्रश्न यह कि आज की आधुनिकता क्या कृतिकार और पाठक के बीच खाई नहीं बनाती? आधुनिकता के नाम पर क्या कृति में जटिल, कठिन और

उटपटाँग तकनीकी प्रयोग नहीं हो रहे है? क्या कुछ फैशन-परस्ती नहीं आ गई है? इसके उत्तर में विनम्रता से इतना ही निवेदन है कि कठिनाई कवि भी पैदा कर सकता है और पाठक भी। पाठक कठिन कृतियाँ पढ़ने का अभ्यस्त हो जाए तो बुरा नहीं है क्योंकि कृति के रस को ग्रहण करने के मार्ग सरल नहीं है। मुझे यह भी कहने में संकोच नहीं है कि अब कृतियों के सरल होने की आशा कम है क्योंकि जीवन के सभी सन्दर्भ कठिन और पेचीदा हो रहे है।

फैशन-परस्ती का आक्षेप किसी सीमा तक उचित है। फैशन-परस्त कृति आधुनिक नहीं होगी क्योंकि तब वह आज के सत्य को मूल्य की तरह नहीं एक लबादे की तरह ओढ़े रहेगी। वैसी कृतियाँ छँट जाएँगी।

क्रूरता की तलाश

इधर कुछ वर्षों से इस देश में इस या उस निमित्त कुछ होता है जिसे हम जानते थे होना ही था। इस होने के बाद एक व्यर्थ को लम्बी बहस चलती या चलाई जाती है और फिर मौसम आने पर कोई-न-कोई निमित्त बन जाता है और फिर वही होता है जिसे हम जानते थे होना ही था। इस देश में कुछ हो जाए फिर हम जानते हैं कि वह होता ही रहेगा। मसलन हर वर्ष की परीक्षाएँ होती है हम जानते हैं यह मौसम अध्यापकों की हत्या का है और वे होती है। वर्ष के बाद वर्ष और सिलसिले वार हत्याओं का न टूटने वाला क्रम भी चलता रहता है और हम एक शौकिया तौर पर इस क्रूरता के कारणों की तलाश भी करते रहते हैं।

हिन्दुस्तान के बँटवारे के समय सम्पूर्ण मानवीय परम्परा को लज्जित करने वाली हत्या, रक्तपात, अग्निदाह की असंख्य घटनाएँ घटी थी : हम जानते थे यह क्रूरता को अन्तिम किश्त नहीं है। तेईस वर्ष में सारी रस्मी सदेच्छाओं और सद्भावनाओं के बावजूद हिन्दुस्तान भर में एक पुरानी निष्ठुरता, राजनैतिक षड़यंत्र, कु-शिक्षा, धर्मोन्माद, आर्थिक प्रतिस्पर्धाओं के जाने पहुचाने कारणों से टुच्ची और अमानवीय सम्प्रदायिक विध्वंस की किश्तें अदा होती रही। अहमदाबाद, जलगाँव, जबलपुर या रांची शहरों के नाम थे एक बर्बर और क्रूर जहनियत सब जगह मौजूद थी। इस वक़्त उसने एक राजनैतिक भंगिमा अख्तियार कर ली है और यह स्पष्ट हो गया है कि लाखों शान्ति-कामी नागरिकों की इच्छा के बावजूद किसी भी शहर में उत्पात शुरू हो सकता है और जाने हुए कारणों को जानने के लिए फिर बहस, चर्चा, एक बड़ी कॉन्फ्रेंस हो सकती है। इतिहास की गलत शिक्षा, माहौल के नये तनाव, पाकिस्तानी जासूसों के करतब, विदेशी शक्तियों की चालबाजी, अल्पसंख्यकों में असुरक्षा की भावना और बहु संख्यकों में संकीर्णता और दर्प की मिल-जुली इच्छा का उदय, और कुछ ऐसे ही कारणों की सूची में से किसी एक या दो कारणों को प्रमुखता देकर भविष्य में फिर एक और ट्रेजेडी का इन्तज़ार किया जा सकता है।

देश में इस समय एक और दिलचस्प और रूमानी क़िस्म की बहस चल ही रही है बंगाल के नक्सली युवकों की अराजकता को लेकर। वे हमारे विश्व विद्यालयों, पुस्तकालयों, अध्यापकों, अधिकारियों को नामंजूर कर रहे है। चिन्ता

का एक बड़ा कारण यह भी है कि वे जगह-जगह गांधी और रवीन्द्र के चित्रों को जला देते हैं। हम सब जानते हैं ऐसा क्यों हो रहा है? हम सब यह भी जानते हैं कि इन अराजकतावादी युवकों से कहीं अधिक हिन्दुस्तान के केन्द्र और प्रान्तों का शासन तंत्र चलाने वाली सभ्य और गांधीवादी सरकारें गोलियाँ चलाने में प्रवीण हो गई हैं और अपनी विलसिता और राज्य दर्प की कीमत अदा करने के लिए हिन्दुस्तान के असंख्य स्त्री-पुरुषों को गुण-हीन और पौष्टिक तत्त्वों से रहित भोजन देकर एक सभ्य और ढँकी हुई मृत्यु की तरफ धकेल रही है। हम परिचित है कि विश्व विद्यालयों की शिक्षा सत्वहीन हो गई है और उसके पाठ्यक्रम से किसी के लिए कोई भविष्य नहीं खुलता, वहाँ के अधिकांश वयस्क और प्रौढ़ अध्यापक एक स्थापित और यथास्थितिवादी राज-तंत्र के साथ गहरी दोस्ती जमाए हुए है और सामान्यतया प्रबुद्धता सेंध लगाने की क्षमता का दूसरा और जाना पहचाना नाम हो गया है। हम यह भी जानते हैं कि गांधी और रवीन्द्र की चर्चा क्यों होती है और उनकी प्रतिमाओं को अनावृत करने वाले व्यक्ति बहुत कुछ साफ तबयित के नहीं है। कष्ट यही है कि क्रूरता की एक सभ्य भंगिमा धारण किये हुए लोग क्रूरता की एक असभ्य भूमिका अदा करने वाले को भर्त्सना कर रहे हैं। सत्य यह है कि पूरे हिन्दुस्तान की आबो-हवा में बेमिसाल क्रूरता जन्म ले रही है। कही वह नज़र आती है और कहीं वह नज़र नहीं आती।

हिन्दुस्तान में जो कुछ अच्छे, प्रभावशाली और पढ़े लिखे लोग बचे हैं वे ज़रूर खुली और गोपनीय क्रूरता पर चिन्तित होंगे। क्रूरता कोई अच्छी चीज नहीं है, वह मनुष्य की अनिवार्य नियति तो है ही नहीं। कभी वह दैविक और आसुरी शक्ति थी किन्तु अब मनुष्य के मन की जाँच करने वाले सामाजिक अत: क्रियाओं के व्याख्याकार, और दृष्टिवान राजनीतिज्ञ तथा अर्थशास्त्री क्रूरता के सारे आयामों और आचरण की रहस्यमयता को जानते हैं। ऐसी स्थिति में कुछ जाने हुए कारणों को फिर जाँचने और जानने की बहसें और चर्चाएँ एक बड़ै छल या षड़यंत्र या कि मूर्खता के सिवा क्या हो सकती है? लेकिन महत्त्व की बात यही है कि क्रूरता के सारे दाव पेच जानने वाले, उसे काम में लेकर समर जीत आने वाले लोग शहर में आते ही एक दम अजनबी और असम्पृक्त बन जाते हैं और 'क्रूरता के आयाम और आचरण' की तलाश में लग जाते हैं।

पुराने हिन्दुस्तान में भी ऐसा होता था। भेद और क्रूरता को पैदा करने वाली शक्तियाँ निरन्तर काम करती रहती थी। एक ब्राह्मण दूसरे ब्राह्मण के प्रति क्रूर और अन्य जातियों के प्रति क्रूरतम होता था। स्त्रियाँ मूर्ख थीं। (पुरानी स्त्रियों के जो दस पाँच नाम है : सब जानते हैं—वे अवश्य पंडिताएँ रही होंगी)। राजा के लिए असंयत और स्वेच्छाचारी होने में कोई बाधा नहीं थी। जीवन का आनन्द, काव्य-शास्त्र विनोद, शास्त्रार्थ, बौद्धिक चर्चाएँ और ज़िन्दगी के आर-पार फैले हुए प्रश्नों

पर तेजस्वी संवाद थोड़े से लोगों के बीच मर्यादित था। हिन्दुस्तान में अच्छे दर्शन का अन्त बुरे कर्म में हो सकता था। अर्थ-हीन शब्द तेजस्वी कर्म के स्थानापन्न हो गये थे। इन परिस्थितियों के बीच क्रान्तिधर्मी लोग पैदा हुए उनका कुछ असर भी सामाजिक रचना पर हुआ लेकिन वे हिन्दुस्तान के 'अच्छे शब्दों के बावजूद बुरे कर्मों वाले' मिज़ाज को बहुत अधिक नहीं बदल सके।

इधर के हिन्दुस्तान का मिज़ाज और भी बदलता रहा। अंग्रेज़ी हुकूमत ने कट्टर जातियों के साथ एक दब्बू और अल्प-वित्तीय वर्ग की रचना की। वह शब्दों के इस्तेमाल में तेज-तर्रार होता गया और उसकी जहनियत अंग्रेज़ी हुकूमत की क्रूरता, दफ्तरी षड़यंत्र और शातिराना चाल में बराबर शामिल रही। अंग्रेज़ी हुकूमत की समाप्ति के बाद वह वर्ग या वह क्रूरता समाप्त हुई नहीं लगती।

देशी हुकूमत के तेईस वर्ष गहरे राजनैतिक षड़यंत्र के वर्ष है। साहसी और स्वाभिमान लोग इस राजनैतिक छल को समझकर भी कोई प्रभावशाली तब्दीली का रास्ता ढूँढ़ने में सफल नहीं हुए है। एक शहरी, वाचाल और लालची वर्ग काफी करामाती नज़र आने लगा है। राज्य सत्ता के खिलाड़ी अभी भी वयस्क लोग ही है। जातियों के सामाजिक दर्प की टूटन रूकी हुई है। नौकरी, ज़मीन, कल-कारखाने, पद और प्रतिष्ठा में ज्यादा लोगों की साझेदारी नहीं है। देशी मंत्री, राष्ट्रपति और दूसरे ओहदेदार विलासी और क्रूर है। इस सबके बीच कभी-कभी नये लोग, जवाब विद्यार्थी, कारखानों के मजदूर, बे-घर, बे-ज़मीन लोग लालची और यथास्थितिवादी वर्गों के ख़िलाफ़ कुछ शुरू करते हैं जो या तो क्रूरता में बदल जाता है या दिशाहीन हो जाता है।

एक चरित्रहीन हुकूमत और दब्बू जनता बारी बारी से क्रूरता को क्रान्ति के साथ गड्डमड्ड करती रहती है—इस बीच क्रूरता फैलती रहती है और क्रूर लोग अपनी नीयत की सफाई देने के लिए क्रूरता की तलाश करने-कराने का काम शौकिया-तौर पर करते रहते हैं।

लेकिन मैं सोचना चाहता हूँ कि पुराने हिन्दुस्तान के जमाने से लगाकर आज तक एक बड़ी संख्या में ऐसे लोग है जो दुनिया को बस चलते क्रूरता मुक्त देखना चाहते है। क्रूरता मुक्त दृष्टि कोई आध्यात्मिक आदर्श नहीं है बल्कि एक आदमी का आदर्श है। ऐसी सृष्टि के लिए देवता काम नहीं करते आदमी ही करते हैं।

मेरे जैसे अदने और मामूली आदमी की क्रूरता अच्छी नहीं लगती लेकिन स्वर्ग के रास्ते केवल सदेच्छाओं से नहीं बने है इसलिए मेरे ही जैसे आदमी को कम-से-कम क्रूरता के लिए अधिक काम करना पड़ता है। यह किसी प्रबुद्धता से मंडित प्रश्न नहीं है कि मैं इस तरह की दुनिया बनाने के लिए क्यों बेताब हूँ बल्कि एक बहुत मामूली सवाल है क्योंकि खुली और गोपनीय क्रूरता की शक्तियाँ अद्वितीय शक्ति इकट्ठी कर रही है। इसी सन्दर्भ में हिन्दुस्तान के लिए बदले हुए दर्शन,

साहित्य, शिक्षा और स्त्री-पुरुषों के कुंठा रहित सहज और ललित के सम्बन्धों की आवश्यकता है। इसी सन्दर्भ में क्रूर राजनीति और यांत्रिकी को मनुष्य के साथ जोड़ना ज़रूरी है। एक फैले हुए शहर और व्यक्तित्वहीन कारखाने को बदलने की ज़रूरत भी इसीलिए है।

मैं यह भी सोचना चाहता हूँ कि यदि मनुष्य यातना और क्रूरता को कम करने के दर्शन के जन्म और आचरण में कुछ समय लगता है तो बहुत सी बातें जो सभ्य जनता और उसकी सरकार को तुरन्त करनी चाहिए, की जाएँ। यदि ऐसा नहीं होता तो गोपन, सभ्य और शालीनतापूर्वक क्रूरता को फैलाने वाले लोगों के विरोध में खुली बर्बरता फैलाने वाले लोग मेरी सहानुभूति हासिल कर लेंगे।

शान्ति और शिक्षा

इतिहास की कोमल काया कई बार मथी गई है और उसके दर्दनाक स्वर आज भी सुनाई दे रहे है "मुझे शान्ति चाहिए मैं अपने प्राण सिपाहियों के नालदार बूंटों से खुंदवाते-खुंदवाते मृत हो चला हूँ मरे मुख पर मौत की मुर्दनी छा रही है, मेरे जीवन में प्रकाश और प्रसन्नता की आवश्यकता है" मुझे नहीं मालूम इतिहास की इन सकरुण स्वरों की ध्वनियाँ कितने दिलों में गूंज रही है। यह तो फिर मै देख रहा हूँ कि एशिया द्वीप की विशाल मानवता को युद्ध की अग्नि में झोंका जा रहा है और जन-जीवन की अपार गरिमा कौड़ी-माल भी नहीं रही। दुनिया की नब्ज युद्ध की हरारत से तड़क रही है और सारा वातावरण बारूद की गंध से घुटा हुआ है। आज आदर्श की बात करिये और आपके-मेरे चेहरे पर हजारों सिकुड़ने पड़ जाएगी, आज थोड़े जीवन-दर्शन की चर्चा हो कि आपका-मेरा मुँह तमतमा जाएगा। माननीय आदर्शों के प्रति लोक जीवन में एक साथ इतनी अनास्था, वितृष्णा और प्रतिहिंसा की भावना समा जाएगी ऐसी किसे उम्मीद थी। मानवीय ममता के समस्त झरने इस तरह सूख जाएँगे यह सोचने का किसे साहस था।

मैंने युद्ध के ख़िलाफ़ लिखी गई पुस्तकों को देखा है उनमें सम्पत्ति-विनाश के रोमांच-कारी आंकड़े हैं। दुनिया के दूसरे महायुद्ध में अकेले रूप में सात लाख इनसान मार दिये गये, लगभग इतने हो अंगहीन हुए और कई लाख घर जलाकर नष्ट कर दिये। सचमुच असंख्य जन-जीवन और अपार सम्पत्ति विनाश की ये घटनाएँ लज्जाजनक है पर इससे भी लज्जाजनक युद्ध के वे मनोवैज्ञानिक परिणाम है जो ज़िन्दगी के सांस्कृतिक मूल्यों को नष्ट कर देते हैं। दो युद्धों के बाद दुनिया की गतिविधि को जिन्होंने नजदीक से देखा है उन्हें मालूम है किस तरह अविश्वास, भरा और स्वार्थ लोक-जीवन में पता और कितना दम्भ, झूठ और पाखंड सचाई पर कालिख पोतने के लिये प्रचारित हुआ।

आज तो दुनिया में युद्ध के प्रति एक आसक्ति एक प्रकार की ममता जाग रही है और राष्ट्रों में उसके प्रचार की होड लगी हुई है। मनुष्य की हत्या से दिल नहीं दहलते, सेनाओं को प्रयाण गीत सुहाने लगते हैं और लूट, बलात्कार, रक्त-पात की

कहानियाँ मर्दमी से लिखी जाती हैं। जीवन मरुस्थल होता जा रहा है और गर्हित राजनीति की घुड़दौड़ से मनुष्यता मिटती चली है।

घृणा और दम्भ के इन सारे बादलों के बीच अभी भी कुछ बिजलियाँ कहीं चमक जाती है और पथ पर प्रकाश नज़र आने लगता है, कभी-कभी कुछ आस्थावान स्वर सुनाई देते रहते हैं और इसलिए कारवाँ बढ़ता चला है। ये प्रकाश के केन्द्र संसार की शिक्षण-संस्थाएँ हैं और सारे संसार की शान्ति चाहने वाले विचारक हैं। यह तो सचमुच कठिन है कि दुनिया क गतिविधि को हम किनारे पर खड़े रहकर देख सकें, किन्तु इसका यह अर्थ नहीं है कि हम सत्ता लोलुप राजनीतिकारों की फूँकों से बजने वाले शंख बन जाए। तटस्थ न रहने का अर्थ यही है कि हम सचेष्ट होकर यह प्रयत्न करें कि दुनिया में शान्ति की कामना करने वाले विचारकों और लोक-जीवन की जीत हो जाए। यहज सचमुच हमारा दुर्भाग्य है कि शान्ति चाहने वालों की फौजें हार रही हैं, साहित्य और विज्ञान मानवीय मूल्यों का सांस्कृतिक स्तर ऊँचा करने के बजाय युद्ध-खोरों को प्रोत्साहन दे रहा और हमारी शिक्षण संस्थाओं और विचारकों के द्वारा युद्ध और दल-बन्दी के फिवरिश गीत गाये जा रहे है। शिक्षण-संस्थाओं और विचारकों के मस्तिष्क पर धुआँ छाये जा रहा है और इसका अर्थ है कि बहुत जल्दी एक भयंकर सांस्कृतिक गतिरोध उत्पन्न हो जाए। सासें गिन-गिनकर जी लेने का नाम ज़िन्दगी नहीं है, जीवन की ऊष्मा वाणी-विचार और कर्म की पूर्ण स्वतंत्रता प्राप्त कर लेने में है। यह वाणी, विचार और कर्म की स्वतंत्रता साहित्य में अभिव्यक्ति पाकर एक सांस्कृतिक गरिमा का सृजन करती है और विज्ञान के द्वारा राष्ट्र को समृद्धिशाली बनाने में समर्थ हो जाती है। सम्पत्ति और संस्कृति में समान रूप से धनवान राष्ट्र समस्त लोकजीवन में शान्ति और समता की प्रतिष्ठा स्थापित करते है। आज तो यह भ्रम है कि विजयी देश सम्पत्ति और संस्कृति के आकांक्षित स्तर पर पहुँच जाता है। सचाई यह है कि युद्ध से उन्माद पैदा हो सकता है पर जिस गति से यह उन्माद उतरता है उससे विजयी राष्ट्रों की जनता असन्तुष्ट और आतुर होकर अपनी सरकारों के प्रति अविश्वास और अनास्था प्रदर्शित करती है। इसका परिणाम यही होता है कि युद्धरत देशों की आर्थिक परम्परा नष्ट होती रहती है और सारा संसार उनके उन्मादी मनोरथों को तृप्त करने के लिये परेशान रहता है।

इन युद्धों में सबसे बड़ी हानि भविष्य की प्रतिभावान संतानों को उठानी पड़ती है। इसलिए भी आज के शिक्षक और शिक्षण संस्थाओं की यह जिम्मेदारी हो जाती है कि वे शान्ति और समता के पक्ष में रचनात्मक कार्य करें।

थोड़े दिनों पहले अख़बारों में पढ़ा था कि मलाया, बर्मा और फारमोसा द्वीपों को कुछ शस्त्र अमेरिका द्वारा भेजे जा रहे थे, किन्तु मजदूरों ने उन्हें शान्ति के हित में बाधक समझा और उन्हें जहाजों पर लाद देना नामंजूर किया। यह एक बड़े मार्के की बात है। सारे संसार के अध्यापक यदि यह चाहें कि वे शिक्षा के पुनीत

माध्यम की युद्ध-आसक्त राजनीतिकारों के हाथ का शस्त्र नहीं होने देंगे तो शान्ति और समता का पक्ष सुरक्षित हो जाए। मई 1970 के जन शिक्षण में लोकतंत्र में ग़ैर-सरकारी स्कूल शीर्षक से विद्या भवन के प्रधानाचार्य कालूलाल श्रीमाली ने एक निबन्ध लिखा है। डॉ. श्रीमाली ने इस ख़तरे को बहुत अच्छी तरह पढ़ा है कि तानाशाही जब सफल होना चाहती है तो वह शिक्षा के क्षेत्र पर कब्जा कर लेती है। यह सच है कि शिक्षा की कमर पर बैठकर राजनीति जनता तक पहुँचती है पर इस बीच शिक्षा बिचारी की तो कमर टूट ही जाती है। टूटी हुई कमर की शिक्षा स्वस्थ प्रजातंत्र में विश्वास रखने वाले नागरिक उत्पन्न करने के स्थान पर मानसिक दास Mental-Slave. पैदा करती रहती है। टकसाली सिक्कों की तरह व्यक्तित्वहीन नागरिकों की आकांक्षाएँ पतित और दुर्द्धर्ष होती हैं। इन पतित आकांक्षाओं पर शिक्षा का अंकुश अनिवार्य है। सिकन्दर ने एक बार कहा था कि वह किसी की जेब से विजय नहीं चुराएगा। सिकन्दर का युग बीत गया है, आज शिक्षक का युग है और उसे दृढ़ विश्वास के साथ यह नारा लगाना है कि वह किसी की जेब से शान्ति नहीं चुराएगा और न किसी को चुराने देगा।

शिक्षक के पास सारी भविष्य की सेना है और उसके हाथ में सारे साधन है अगर वह उसके उपयोग करने का निश्चय करे। मैं इसे मानता हूँ कि उसका भयंकर शोषण हो रहा है और मैं यह भी मानता हूँ कि यह शोषण इसलिए हो रहा है कि शिक्षा से अधिक अर्थ जंगखोरों की शौकिया तबियतों के लिये खर्च हो रहा है। आज की स्थिति का यह तकाज़ा है कि युद्ध की जगह शान्ति स्थापित हो, शस्त्रागारों के स्थानों पर स्कूल और शफाखाने बनें। एक बार यह व्यवस्था रचने के लिये शिक्षक की अकथ परिश्रम करना पड़ेगा। शिक्षा और शिक्षक का महत्त्व तब तक स्थापित नहीं होगा जब तक निहित स्वार्थ वाले व्यक्ति युद्ध की क्षणोन्मेषी नारा लगा कर स्कूलों, कालेजों और विश्वविद्यालयों को बम्ब-फैक्ट्रियाँ बनाते रहेंगे।

वैसे तो सब विषय पढ़ाने वालों की सामूहिक जिम्मेदारी है कि वे मानव-रुचि का परिष्करण करें पर साहित्य और इतिहास के अध्यापकों को नितांत ईमानदारी के साथ शान्ति और समता का मोर्चा मजबूत करना चाहिए। इतिहास और साहित्य दोनों जीवन के अत्यन्त मृदु अंग है। दोनों मर्म को स्पर्श करते हैं और भावनाओं का उन्नयन। इतिहास बीते हुए जमाने की 'बुढ़िया पुराण' नहीं है और न साहित्य 'हिस्टेरिकल (Hysterical) प्रमाद है। दोनों जीवन को सींचने वाले झरने है। मैं यह विश्वास के साथ कह सकता हूँ कि यदि इतिहास और साहित्य के पढ़ाने वालों ने ईमानदारी बरती होती यदि उन्होंने स्थिर-स्वार्थ वाले राजा-महाराजा, तानाशाहों, और पूँजीपतियों की विरदावली न गा कर जंगखोरों के प्रति पर्याप्त घृणा की भावनाओं का प्रदर्शन किया होता तो आज फिर आकाश पर यह युद्ध के घटाटोप बादल न छाये होते। मार्क्स का यह कहना कितना सब है कि अब दुनिया की व्याख्या नहीं

करनी है दुनिया को बदलना है। इतिहास न अभी तक तो केवल व्याख्या ही की पर अब इतिहास के अध्यापक को दुनिया बदलने का काम करना पड़ेगा।

यह सत्य है कि आज का साहित्य भी शान्ति और प्रजातंत्र के उन्मुक्त गीत नहीं गा रहा है पर इतना निश्चित है कि अगर अध्यापक चाहें तो इन्हीं साहित्यकारों के प्रति अपने विद्यार्थियों में पर्याप्त घृणा जगा दें और इस माँग को बुलन्द करें कि लोक-जीवन में अनास्था और अविश्वास पैदा करने वाला साहित्य चिरंजीवी नहीं रहेगा।

शान्ति के इस युद्ध में भी मौत का मुकाबला है पर मैं मराठी साहित्यकार वी.स. खांडेकर की तरह कहना चाहता हूँ कि जब सारे संसार में इतना घना अन्धकार छा रहा हो तब क्या क्षण भर बिजली की तरह चमक कर लोक-पथ आलोकित करना पुण्य नहीं है?

युद्ध के पथ पर शान्ति की मशाल लेकर चलने वाले शिक्षक को किसी का भी भय क्यों हो?

स्कूल की सफलता

जन शिक्षण के जून मास के अंक में 'स्कूल की सफलता' शीर्षक से पन्नालालजी श्रीमाली ने एक विचारोत्तेजक टिप्पणी दी है। इस टिप्पणी में जो प्रश्न उभारा गया है वह एक दृष्टि से पुराना है और उसके अनेक उत्तर दिए गए हैं। किन्तु पुराने होने से ही प्रश्न निरर्थक नहीं होते बल्कि वास्तविकता तो यह है कि पुराने से पुराने प्रश्न नए सन्दर्भ में आत्म-निरीक्षण और उत्तर की अपेक्षा रखते हैं। श्रीमाली जी की टिप्पणी उठाया गया प्रश्न इसी प्रकृति का है जिसे बार-बार आत्म-निरीक्षण और फिर उत्तर की अपेक्षा है। यह प्रश्न शिक्षा के भाग्य के साथ जुड़ा है इसलिए सामान्य जन की अपेक्षा शिक्षक से इसका गहरा सबन्ध है। प्रश्न यही है कि शिक्षा का परम लक्ष्य क्या है और उसे कौन निर्धारित करे? श्रीमाली जी से बहस करने वाले अध्यापक की मान्यता यह है कि इस समय शिक्षा का लक्ष्य कुशाग्र बुद्धि तरुण और तरुणियाँ तैयार करना और सामान्य विद्यार्थी का बौद्धिक स्तर बढ़ाना होना चाहिए। श्रीमालीजी का आग्रह यह कि बुद्धि व्यक्तित्व का एक अंग है और उसका स्वतंत्र रूप से कोई अस्तित्व नहीं है। 'यदि शिक्षा के समग्र दृष्टिकोण को त्याग कर केवल बौद्धिक विकास तक ही हम सीमित रहें तो समाज रोगी ही बना रहेगा। इस प्रश्न पर कि शिक्षा का लक्ष्य कौन निर्धारित करे बहस में भाग लेने वाले अध्यापक का यह मत था कि 'समाज की आवश्यकता से पृथक मूल्य रखकर क्या कोई स्कूल चल सकता है?' इससे उनका यही अभिप्राय था कि स्कूल की सफलता का निश्चय समाज ही करता है। शिक्षा सामाजिक उपयोग की वस्तु अग्रगामी शिक्षा शास्त्री 'सुभाषित वाक्य' के रूप में कह गये हैं, अथवा जिन्हें हमने अपने प्रशिक्षण काल में मुखाग्र किया था, परन्तु जिसे क्रियान्वित कभी नहीं किया। हम ऐसी बात कहना चाहते हैं जिससे शिक्षाधिकारी रूष्ट न हो जाएँ। दुर्भाग्य से शिक्षा-जगत में ऐसी बातें करने का रिवाज सा बन गया है कि जो न अपनी समझ में आए, न सुनने वाले की और जिसका व्यावहारिक जीवन से सम्बन्ध होना तो अनावश्यक ही नहीं सर्वथा निरर्थक है। इन परिस्थितियों में मुझे लेखक द्वारा उल्लिखित प्रथम अध्यापक बंधु की बात में कटु यथार्थ दिखाई देता है। हमें यह स्वीकार करके चलना चाहिए

कि स्कूल की कुछ अपनी सीमाएँ है। सोचना यह है कि उन सीमाओं के अन्दर रह कर हम क्या कर सकते हैं। आदर्श एवं व्यवहार की यह बढ़ती हुई खाई हम लोगों के लिये एक चुनौती है और प्रतयेक शिक्षक को निर्भय होकर इस चुनौती का सामना करना है।

मेरी राय में बालक ने नैतिक विकास अथवा चारित्रिक विकास का माध्यम स्कूल की दृष्टि से 'ज्ञान' अथवा 'अभ्यास क्रम' ही हो सकता है। समाज की अन्य शक्तियाँ अन्य माध्यमों से इसी उद्देश्यों को सशक्त कर सकती हैं। हम स्कूल में पढ़ाये जाने वाले विषयों का अध्यापन इस प्रकार कर सकते है जिससे बालकों में चारित्रिक गुणों का विकास हो। मानसिक अनुशासन आचरण सम्बन्धी अनुशासन का सहायक बन सकता है। विद्यार्थी गणित पढ़ते समय उत्तरों की नकल नहीं करेगा, अपितु समस्या का हल ढूँढ़ने का ईमानदारी से प्रयास करेगा। नागरिक कर्तव्यों को केवल मुखाग्र कर लेने मात्र से हम छात्र को नागरिक शास्त्र में सफल नहीं घोषित करेंगे, अपितु उसके दैनन्दिन व्यवहार में इनको प्रयुक्त होता हुआ देखेंगे। परीक्षा में नकल करने वाला विद्यार्थी अक्षम्य होगा। साहित्य द्वारा जिन उदात्त गुणों का वर्णन किया जाता है, उन्हें हम छात्र के जीवन का अंग बनाना चाहेंगे। इन गुणों से युक्त विद्यार्थी वर्तमान परीक्षा प्रणाली में भी अधिक अच्छे अंक प्राप्त कर सकेगा। यदि आवश्यक हो तो परीक्षा प्रणाली में भी सुधार करना समीचीन होगा। कदाचित विभागीय अनुशासन के नियमों में आवश्यक संशोधन करना पड़ेगा।

नैतिक स्तर में कमी होने का एक प्रमुख कारण शैक्षिक स्तर की कमी है। जो बालक परीक्षा में स्वयं प्रश्न हल कर सकता है, वह नकल करेगा ही क्यों? खेल प्रतियोगिता, जिसका आदर्श प्रयोजन चरित्र विकास करना है, वह सबसे अधिक नैनिक दुर्बलताओं का कारण बन गया है। प्रथम आने की होड़ ने "खिलाड़ी है। श्रीमालीजी ने इस पर असहमति प्रगट करते हुए लिखा है कि 'स्कूल कोई ऐसी दुकान नहीं है जो उपभोक्ताओं की आवश्यकताओं पर ही अपनी दृष्टि रखे और उनकी पूर्ति मात्र करने का प्रयत्न करे।' इस बहस में गरमा-गरमी आई तो एक बहन जो वहाँ कदाचित तटस्थ श्रोता रही होंगी उन्होंने बुद्धिमत्तापूर्वक मध्य मार्ग निकाला। सामान्यतया मध्य मार्ग सुख के मार्ग होते है और दुराग्रहों से बचकर सभी विचारधाराओं का सार ले लेते हैं। उन्होंने जो कहा उसे मैं नए शब्द देकर यों कह सकता हूँ कि शिक्षा न तो केवल वर्तमान के तंग दायरों में घिरी रह सकती है और न वह सर्वथा काल मुक्त होकर आदर्शलोक की हाथी दाँत वाली मीनारों में विचरण कर सकती है। मनुष्य के पास विपुल सम्पदा है 'गरिमा, उत्कट और असह्य वेदना, प्रेम और एक अपराजित मस्तिष्क' और मनुष्य इन सबको जीना चाहता है इसलिए शिक्षा न तो भविष्य और आदर्श के

स्वप्नों को छोड़कर नंगी होगी और न भविष्य और आदर्श के इतने विशाल लबादे को धारण करेगी कि उस बिचारी की कोई आकृति, कोई प्रतिमा ही न रह जाए। किन्तु यह मध्यमार्ग दुर्भाग्य से चला नहीं जाता है। एक विशेष मत, विशेष पक्ष सामाजिक और शैक्षणिक मान्यताओं को आकृति देने का प्रयत्न करता ही रहता है। यह आज भी हो रहा है कि सम्पूर्ण शिक्षा कतिपय राजनैतिक, सामाजिक और वर्ग-विशेष की मान्यताओं को आकृति दे रही है। इसलिए यदि यह सैद्धान्तिक प्रश्न एक अध्यापक और दूसरे अध्यापक के बीच दृष्टि भेद अथवा सामान्य मतभेद का प्रश्न न होकर कल किसी एक विशेष पक्ष को चुन लेने का प्रश्न बनता है तो मैं श्रीमालीजी के पक्ष का समर्थन करूँगा। यह समर्थन इसलिए नहीं कि श्रीमालीजी ने जिस प्रकार की बात कही है वह दीर्घकाल से की जा रही है अथवा अध्यापक स्वभाव से ही हाथी दाँत की मीनारों का शौकीन होता है बल्कि इसलिए कि शिक्षा को किसी एक खंडित लक्ष्य सिद्धि के दायरे में बाँध देने का अर्थ जीवन के गहरे अभिप्रायों का निराट्टत करना है। शिक्षा के इतिहास में अनेक ऐसे प्रसंग पढ़ने को मिलते हैं जब शिक्षा ने एक मतवाद स्वीकार कर लिया और सम्पूर्ण समाज को यातना झेलनी पड़ी। पुराने समय में स्पार्ता के तरुणों को ऐसी शिक्षा दी जाती थी कि जिससे वे परम राज्य-भक्त, चुस्त-चालाक और हृष्ट-पुष्ट बन सकें। ऐसे ही आदर्श को नाजी जर्मनी ने फिर दुहराया और सम्पूर्ण जर्मनी में आर्यरक्त की पवित्रता और फौजी जीवन की मदान्ध आसक्ति ने स्कूलों के तरुणों का मन पकड़ लिया। सब जगह स्वस्तिक के झंडे लहराने लगे। स्पार्ता और जर्मनी को दिल-जान से अधिक प्यार करने वाले संकीर्ण मताग्रह दीक्षित तरुण आख़िर संसार को नाश के कगार तक ले गए। यों तेजस्वी शरीर और देशभक्ति शिक्षा के अपरिहार्य अंग है लेकिन वे शिक्षा के परम उद्‌देश्य नहीं है। शिक्षा का परम उद्‌देश्य अखंडित अविभाज्य, समग्र मनुष्य है। बौद्धिक स्तर को शिक्षा का परम लक्ष्य मानने वालों की दृष्टि भी खंडित है। बुद्धि सम्पूर्ण जीवन से बड़ी नहीं है। बुद्धि जीवन को समृद्धिवान बनाने का माध्यम है और उस माध्यम को विनय, विश्वास और आस्था के साथ दीक्षित करने की आवश्यकता है। अकेली बुद्धि पंगु और भयावह है। वह दुर्बल अहंकार को जन्म देती है और सत्य के अन्वेषण में बाधा पहुँचाती है। वस्तुतः आज जीवन का जो सबसे बड़ा संकट है उसका कारण उद्‌दंड बुद्धि है। शिक्षाविदों से यह छिपा नहीं है कि बीसवीं शताब्दी की संशय-ग्रस्त आत्माएँ अतिशय बौद्धिकता की ही चरम परिणति हैं जिसका प्रारम्भ 18वीं शताब्दी में वैज्ञानिक अन्वेषणों के साथ मानवीय आस्थाओं की चीर-फाड़ से हुआ था। उस समय से लेकर आज तक योरोप के लेखकों, कवियों और समाज शास्त्रियों ने बौद्धिक जागरूकता के साथ नैतिकता और मानवीय मूल्यों के समन्वय का

आग्रह किया किन्तु उनका स्वर न जाने किन खंदकों में विलीन हो गया। इस उद्दंड बुद्धिवादी शताब्दी की विवेचना में सोरोकिन ने लिखा है कि हम सबसे अधिक वैज्ञानिक, अधिकतम तकनीकी साधनों से सम्पन्न और अधिकाधिक शिक्षित शताब्दी के लोग है लेकिन यही शताब्दी पिछली पच्चीस शताब्दियों के मुकाबले में सबसे अधिक खूनी, उद्विग्न, अमानवीय और कदाचित् सबसे अधिक अपराध और अत्याचार करने वालों की शताब्दी है।[1] फ्रांस के एक शिक्षक ने व्यथापूर्वक लिखा है कि यह सब कुछ ऐसा है जैसे एक टूटा हुआ अध्यापक एक खंडित विद्यार्थी को किसी विषय का खंड मात्र पढ़ा रहा हो। सत्य तो यही है कि बौद्धिक प्रखरता आवश्यक होते हुए भी वह मानवात्मा के संकट को निवारण करने में असमर्थ है। ऐसी स्थिति में बौद्धिक प्रखरता को शिक्षा का परम उद्देश्य मानकर मनुष्य के भाग्य और भविष्य को इतनी निरीह स्थिति में नहीं छोड़ा जा सकता है।

मनुष्य की समस्त चेतना को प्रबुद्ध करने का लक्ष ही आज शिक्षा की सबसे बड़ी व्यवहारिक सफलता है क्योंकि प्रबुद्ध मानव-मन ही आज की संकट-ग्रस्त घड़ियों में शीश उठाकर खड़ा रह सकता है और इस पीढ़ी को आस्था दे सकता है। आज जो केवल शरीर अथवा मन अथवा आत्मा के एकान्त सन्दर्भ में सोचते हैं और आग्रह करते हैं कि इन्हें एक दूसरे के कंधे पर चढ़ा दिया जाए वे न तो व्यक्ति के संकट की गहराई जानते हैं और न समाज के आन्तरिक विघटन से परिचित हैं। वे शायद यह नहीं जानते कि मनुष्य का कोई एक क्षितिज नहीं है, वह इन्द्र धनुष की तरह सात रंगों से बना है। शिक्षा के उद्देश्य के सम्बन्ध में इतना अलम् है।

समाज और शिक्षा के सम्बन्ध में कोई शिक्षक यह नहीं कहेगा कि वे दो विरोधी ध्रुव हैं। वस्तुतः सदा ही शिक्षा ऊर्ध्वगामी समाज के प्रति निवेदित रही है, किन्तु उसका ऊर्ध्वगमन निश्चित होना चाहिए। इस सम्बन्ध में सबसे बड़ा भ्रम यही है कि जैसे सामाजिक मान्यताएँ कभी ह्रासोन्मुखी नहीं होती अथवा विशाल जन-समुदाय द्वारा स्वीकार हुए परम्परागत आदर्श अपनी चमक नहीं खोते। सचमुच श्रेष्ठ शिक्ष जो अन्तर्दृष्टि देती है उससे यह परखना कठिन नहीं होता कि श्रेष्ठ और गरिमा सम्पन्न क्या है? उसी दृष्टि की तेजस्विता से यह पहचानना भी कठिन नहीं होता कि किन सामाजिक मूल्यों का ह्रास हो गया है और जो ह्रासोन्मुखी मान्यताएँ जड़ें जमाए प्रतीत होती है वे कहाँ तक खोखली हो गई हैं। श्रेष्ठ शिक्षा समझौता वादी नहीं होती वह विद्रोही होती है और कभी कभी लम्बे समय तक श्रेष्ठ सामाजिक मान्यताओं की स्थापना के लिए वर्तमान के कलुष से लड़ाई

---

1. द्रष्टव्य, पावर एंड मोरेलिटी : सोरोकिन एंड लुण्डेन, पृ. 158-159

लड़ती है। शिक्षा का मूल उद्देश्य सद्गुणों की खोज है। मेरा आग्रह है कि शिक्षा का यह अन्वेषण-सामर्थ्य विलुप्त नहीं होना चाहिए। आज जब कि राज्य और समाज दोनों की प्रभविष्णुता बढ़ती जा रही है और उनके प्रचार के लिए शताधिक साधन उपलब्ध हैं ऐसे समय में शिक्षा को निर्लिप्त रखकर सत्यान्वेषण का साधन बनाना जितना कठिन है उतना ही मान्य है। सार यह कि शिक्षा के उद्देश्यों की स्वीकृति के लिए राज्य अथवा समाज कोई बड़ी विश्वस्त संस्थाएँ नहीं हैं और यदि कभी विषम परिस्थितियाँ घेर ही लें तो एक अच्छा शिक्षक समग्र व्यक्तित्व के विकास के लिए लम्बा संघर्ष लड़ना किसी भी खंडित आग्रह के प्रति समर्पित होने की अपेक्षा पसन्द करेगा।

किन्तु इस विवेचना का कोई अर्थ नहीं है यदि खंड-लक्ष्यों पर स्थापित और दृढ़ रहने वाले समाज को समग्रतावादी और अखंडित मान्यताओं के आधार पर स्थापित करने की चेष्टा न की जाए। यदि सम्पूर्ण समाज विग्रह, विश्लेषण और खंडित जीवन मान्यताओं के स्थान पर नई सभ्यता के मानववादी मूल्यों को स्वीकार करता है तो फिर शिक्षा सहज ही उस वातावरण में फूलेगी फलेगी। यदि यह न हुआ तो एक लम्बे संघर्ष के पश्चात् भी कदाचित् निराशा सी प्राप्त हो। आल्ड्स हक्सले ने शिक्षा और स्वतंत्रता के प्रसंग में विचार करते हुए लिखा है कि बाल-निकेतन और नर्सरी स्कूलों में स्वतंत्रता की शिक्षा देना निस्सार है यदि सम्पूर्ण योरोप एक फौजी बैरक हो और जहाँ युवकों को आयुभर कठिन अनुशासन में रहने के लाभ समझाये जाते हों। ठीक इसी तरह यदि सारी आयु का मुनाफा उसे ही मिले जो कुशाग्र बुद्धि और तीव्र स्मरणशक्ति के आधार पर जीता है तो मानववादी शिक्षा के मूल्य शक्ति-ग्रहण करते करते ही निश्शेष हो जाएँगे। अभी जीवन के सभी क्षेत्रों में मनुष्य को इकाइयों में विभक्त करने की परम्परा है। कहीं वह आर्थिक इकाई है, कहीं राजनैतिक इकाई है और कहीं वह आध्यात्मिक इकाई है पर वह मनुष्य नहीं है। विचार की यह परम्परा जब तक व्यापक रूप ग्रहण नहीं करती तब तक शायद हम भगवान को भगवान का नेवैद्य और सीजर को सीज़र का सामान देने में कामयाब नहीं होंगे। इन स्थितियों में यदि श्रीमालीजी के साथ चर्चा करने वाला अध्यापक स्थिति की अपरिहार्यता के सामने झुक कर केवल एक पश्चाताप पूर्ण वकतव्य दे रहा हो तो हमें उसका दर्द महसूस करना चाहिए और शैक्षणिक तथा सामाजिक मोर्चों पर मानववादी मूल्य और स्वतंत्रता की अखंड़ित मर्यादाओं की प्रतिष्ठित करना चाहिए।

अन्त में श्रीमालीजी की टिप्पणी के एक शब्द पर मुझे आपत्ति है जो उनके द्वारा उपयोग में लिया गया है। उन्होंने लिखा है वह शिक्षक जो अपने सद् असद् विवेक को छोड़कर दूसरों की माँग पूर्ति में शक्ति लगाता है शिक्षक

नहीं है, शूद्र है। मेरी आपत्ति 'शूद्र' शब्द पर है। यों शूद्रों ने मानव-संकट की घड़ियों में बड़ी आस्था से काम किया है और ब्राह्मण की अपेक्षा अनन्त दुख भोगकर भी विवेक को विसर्जित नहीं किया है। उसने दूसरों की माँग पूरी भी की है तो उनके अहंकार को तृप्ति देने के लिए। मैं समझता हूँ कि उन्हें इस शब्द की अपेक्षा 'क्षुद्र' शब्द काम में लेना चाहिए था तब यह वाक्य यों होता कि "जो सद्-असद् विवेक को छोड़कर दूसरों की माँग पूर्ति में शक्ति लगाता है शिक्षक नहीं है क्षुद्र है।"

व्यक्ति, समाज और शिक्षा

लिन युतांग चीन का यशस्वी चिन्तक है। उसने 'युनाइटेड एशिया' मासिक में चिन्ता-युक्त मन से आज के जीवन का विश्लेषण और व्याख्या की है। उसका ख़याल है कि आज के इनसान और उसकी ज़िन्दगी की सबसे बड़ी समस्या यदि है तो यह कि उसका जीवन अनास्थापूर्ण है और उसके कर्म के लिये कोई विश्वास-भूमि का निर्माण किया जाए। अक्सर यह ताना मारा जाता है कि परउपदेश कुशल बहुत है पर आचरण की आस्था किसी किसी में ही होती है। कर्म की कमी के कारण यदि ढूँढ़ निकाले जाएँ तो यह साफ हो जाएगा कि कर्म का अभाव विश्वासों के अभाव के कारण ही सम्भव होता है। एक बार यदि सम्पूर्ण व्यक्तित्व किसी मान्यता में आस्था और विश्वास स्थापित कर लेता है तो कर्म की जड़े खाद और पानी लेती रहती है और जीवन की गति खंडित नहीं होती।

आज जबकि सारी दुनिया का दर्शन इस तरह मथित हो रहा है कि सागर मन्थन की मर्यादा को भी मात मिले तो लिन युतांग के मन में उठा हुआ विचार बहुत कुछ सत्य के नजदीक आ जाता है। सागर-मन्थन से अमृत और जहर निकला था। अमृत के लिये करोड़ों कंठ प्यासे थे और कई आँखे उत्सुक थीं। जहर के लिये शिव की तलाश की गकई। दर्शन के इस सागर-मन्थन से अमृत और जहर दोनों निकलेंगे, तलाश इस बात की है कि जहर की जलती हुई घूंटों को पीकर दूसरों को अमृत बाँट देने की ताक़त और नैतिक बल किस में है? आख़िर यह बल किसी न किसी को तो पैदा करना ही पड़ेगा। निर्माण पथ पर किसी न किसी को तो कंकड़ों की तरह दुरमुट के नीचे चूर्ण हो ही जाना पड़ेगा। सवाल यही है कि पहले कौन होता है?

पहला आना सबको अच्छा लगता है और नई दुनिया, नया समाज और नया इनसान बहुत मन लुभावने शब्द है। नयापन समस्त मानवता के लिये रुचि प्रिय है। शास्त्रों को भी इस शब्द के प्रति ममता है। गीता में आत्मा जीर्ण-वस्त्रों को छोड़कर नवीन वस्त्रों को पहनती है। आत्मा को भी अभिनवत्व की कामना है। पर आत्मा को नये वस्त्र देने के लिये शरीर को कई बार मृत्यु के तंग और सँकड़े रास्तों से गुजरना पड़ता है। समाज की कायापलट करने के लिये और नई मानवता को जन्म

देने के लिये भी इस तरह कई ऊँची चोटियाँ चढ़नी पड़ती हैं और कई बार तंग रास्तों को साहस के साथ पार करना पड़ता है।

समाज को 'नया' बनाने के लिये पहले मुर्गी या पहले अंडा—की तरह हमेशा एक सवाल सामने आता रहता है। पहिले व्यक्ति या पहिले समाज! यह निश्चित है कि समाज का प्रवाह जबरदस्त ताक़त है और यह भी उतना ही जोरदार सत्य है कि इस प्रवाह की गति को मोड़ देने की सामर्थ्य व्यक्ति में निहित है। समाज की मान्यताओं के प्रति व्यक्ति का विरोध किसी अप्रिय घटना के लिये आगाह कर देता है और अगर समाज शिक्षित है तो जीवन धारा से नया जल लेने में नाक भौंह नहीं सिकोड़ता।

शिक्षा का सबसे बड़ा उपयोग ही यही है कि वह व्यक्ति और समाज की टक्कर को झेल लेती है और जीवन की अप्रिय कलह कालिमा को खुद पी जाती है। एक तरफ शिक्षा प्रयत्नवान और जागरुक कर्म होने के कारण व्यक्ति को अपनी जिम्मेदारी से पतित नहीं होने देती और यह स्मरण दिलाती रहती है कि उसे ब्याज के साथ लोक भूमि को अपना ऋण अदा करना है तो दूसरी तरफ समाज की मनमानी, रूढ़ियों की मान्यताओं को चुनौती देकर जीवन के लिये समझोते की शान्ति की भूमिका तैयार करनी है। इसलिए शिक्षा और शिक्षक के कर्म का मूल्य कभी भी कम नहीं आँका जा सकता। यह दुर्भाग्य है कि आज और आज से पहिले भी शिक्षा को सेना और सम्पत्ति के मुकाबले में कम अंक मिले हैं, पर यह तब स्पष्ट भी होता चला है कि इसके परिणाम कितने अशुभ और कितने अमंगलकारी हुए है। मनुष्य को पशु का बेटा कहा गया है—यह काफी अपमान की बात है और शायद इसी अपमान की पीड़ा से मुक्त होने के लिये मनुष्य ने सामाजिकता और शिक्षा की बुनियाद डाली है। जब कभी व्यक्तियों पर से यह सामाजिकता और शिक्षा का अंकुश हटा है उसके फिर से सींग निकल आए और उसके नाखून बड़े-बड़े हो गये हैं। आज भी मनुष्य पर बहुत विश्वास का कारण नहीं है क्योंकि कहते हैं उसकी शिक्षा पूरी नहीं हुई है। जब मनुष्य की शिक्षा सम्पूर्ण हो जाएगी—यानी जब मनुष्य प्रयत्नपूर्वक अपने पशुत्व पर विजय पा लेगा तब सेना की आवश्यकता ही नहीं रहेगी—ऐसा अराजकतावादियों का मत है। पर इसका अर्थ कभी-कभी बुद्धि व्यवसायी दूसरी तरह लगा लेते हैं—एक तरफ वे सेना के उन्मादी प्रयाण की तरफ आसक्ति बताते हैं और दूसरी तरफ स्कूल बन्द कर देते हैं और शिक्षा की लगाम अपने हाथ में लेकर कहते हैं कि "जब तक मनुष्य पूर्ण शिक्षित नहीं होगा—पशु बल रहेगा।" यह सबसे निकम्मी और कायरतापूर्ण बात है। शिक्षालय बन्द कर देना और सम्पूर्ण शिक्षा नहीं होने की बात करना—बेमतलब है। और इस बात की ज़रूरत महसूस होती है कि जीवन की सम्पूर्ण शिक्षा होने पर पाशविकता मिट चलेगी तो सरकारों और व्यक्तियों पर यह दायित्व आता है कि वे शिक्षा के अधिकतम प्रचार का नारा दें।

ये शिक्षा किसका हित करेगी—यह मसला काफी परेशानी पैदा करता है। अक्सर होता यही है कि शिक्षा शासकों के विचारों को वहन करने वाली हो जाती है, उस समय जो शिक्षा में आस्था रखते हैं उनका बहुत सा काम हो जाता है कि वे शासकों के इन इरादों से लोकमत को सजग कर दें। सच तो यह है कि शिक्षा समाज की सौंपी गई एक निधि है—जिसे शिक्षक को सुरक्षित रखनी है और यदि समाज के द्वारा उसका अपव्यय हो रहा है तो समाज को आगाह करना है और अगर व्यक्ति के द्वारा कुछ गड़बड़ होने की सम्भावना है तो उसे इस प्रकार के सामाजिक कर्म करने से रोक रखना है। किन्तु शिक्षा का कर्म केवल विघटनात्मक (Negative) ही नहीं है। उसका रचनात्मक पक्ष अधिक पूर्ण और पुष्ट है।

उसका रचनात्मक दर्शन जीवन के प्रति एक आनन्दमय दृष्टिकोण उत्पन्न करना है। आनन्द के ही दृष्टिकोण से आध्यात्मिक का कोई सम्बन्ध नहीं है, उससे अर्थ है व्यक्ति और समाज के विपुल और भावनापूर्ण सम्पर्कों की फिर से स्थापना। आज सब तरफ निगाहें भयभीत हैं और सबके पास शिकायत के बड़े-बड़े पोथे हैं। इन शिकायतों के पोथों में सबसे अरुचिकर बात तो यह है कि महसूस होता है कि इनसान अपने निर्माण की शक्ति को जैसे हमेशा के लिये भुला चला हो। शिक्षा की गति में क्योंकि प्रयत्न का सबसे बड़ा स्थान है इसलिए उसमें आत्मविश्वास पैदा करने की सबसे बड़ी ताक़त है। अगर आज यह आत्मविश्वास उत्पन्न कर दिया जाता है कि ज़िन्दगी की सबसे बड़ी शर्त आनन्द की साधना है तो फिर उपलब्ध तक पहुँचने के सारे रास्ते और सारी यात्रा आनन्दमयी ही होगी। इसलिए शिक्षा को सबसे पहला प्रश्न यह करना है कि व्यक्ति समाज की शिकायत करने के पहले यह जाने कि इस शिकायत में मौलिकता और जनहित निहित है या व्यक्ति स्वार्थ; व्यक्ति की उच्छ्रंखल आकांक्षाओं की तृप्ति। इसे हम 'व्यक्ति में सतत् जागरुकता उत्पन्न करने की शक्ति' नाम दे सकेंगे।

व्यक्ति में यह जागरुकता आ जाने के बाद शिक्षा उसमें यह विश्वास जगाएगी कि सत्यता मृत्युन्मुख नहीं है बल्कि ज़रूर सत्य पक्ष की जीत होती है। सत्य पक्ष में विश्वास करने वाला कभी मुँह नही लटकाएगा। वह समय आने पर सब तरह का कार्य करने के लिये मोर्चा तैयार करेगा। आनन्द की इस जीवन यात्रा में समाज और व्यक्ति दोनों को टूटने से बचाया। समाज और व्यक्ति के अत्यन्त स्नेह-सम्बन्धों को स्थिर रखेगा।

आज व्यक्ति से समाज और समाज से व्यक्ति का नाता कायम करने की चेष्टा हो रही है पर बीच की लड़ी को छोड़ दिया जा रहा है—स्वस्थ व्यक्ति और स्वस्थ समाज को मिलाने वाली कड़ी शिक्षा और उसे गति ने वाला शिक्षक है। नया इनसान—नया समाज और नई दुनिया तभी सम्भव है कि शिक्षा की प्रयत्नपूर्ण और योजना-युक्त शक्ति को फिर से सम्मानित किया जाए और उसका वयाप प्रचार करने की कोई साधना छोड़ी न जाए।

पीढ़ी से पीढ़ी का संवाद

'दिनमान' के गणतंत्र-दिवस विशेषांक में अज्ञेय जी ने उस मुद्दे को उठाया है जो इस समय ही में नहीं कदाचित् संचार भर में प्रबुद्ध और प्रौढ़ पीढ़ी की चिन्ता का कारण बना है। एक परोपकार की भावना से चालीस से ऊपर वाली पीढ़ी (जिसमें मैं भी सम्मिलित हूँ) यह चिन्ता करने लगती है कि हमसे कम आयु के लोग विशेषतया युवकजन-आकृतिहीन, अनास्थाशील और 'अस्ति-हीन' अस्तित्व लेकर जी रहे है। युवा-पीढ़ी के प्रति इस करुणापूर्ण मुद्रा के साथ-साथ हम एक और दम्भयुक्त मनः स्थिति में जीते है और सोचते हैं कि युवकों को जो आकृतिहीन व्यक्तित्व मिला है (हम ही कहते हैं कि यह आकृतिहीन है) इसका दायित्व हमी पर है और जैसे इस स्वीकृति के उपरान्त हम सब दायित्वों से मुक्त हो जाते हैं। अज्ञेय जी की टिप्पणी भाषा की सम्पूर्ण शालीनता के उपरान्त भी एक दर्प-स्फीत मुद्रा का बोझ उठाती है और यह कहकर समाप्त-सी हो जाती है...'और इसीलिए इस सच्चाई को भी हमें देखना है कि नई पीढ़ी इतनी क्लीव, इतनी अराजक, इतनी खोखली न हुई होती' यह भविष्य कथन और उदाराशयता हमारी पुरानी मुद्रा है जिसके पीछे सम्पूर्ण चेष्टा के उपरांत भी हमारी सामर्थ्यहीनता नहीं छिपती।

कुछ दिनों पूर्व एक और प्रबुद्ध व्यक्ति से परिचय हुआ था; वे एक संस्था में भाषण करने के लिये आमंत्रित किये गये थे और उन्होंने 'भारतीय प्रजातंत्र के विविध परिपार्श्व और प्रबुद्ध जन की भूमिका' विषय चुना था। उनका निष्कर्ष यह था कि हमारे बौद्धिक क्लैव्य का कारण वह दार्शनिक परम्परा है जो हमारी आस्था को इस लोक की चिन्ता के स्थान पर उस लोक की चिन्ता के साथ जोड़ती है। हम एक विचित्र प्रकार का भावुकतापूर्ण कष्ट भोगते हैं और लगभग एक डूबती नाव में बैठे है।

मैं इन दोनों टिप्पणियों पर साथ-साथ विचार करता हूँ और यह पूछना चाहता हूँ कि एक बार किसी चमत्कार से हम, जो कि लगभग डूबती नाव के यात्री है, यह अवसर पा लेते कि 'इस नाम, रूप और वदन हमारी दृष्टि में है जो इस आकृतिहीन तरुण को हम साहस और अकम्पित भाव से पहना देते? किस नियति के साथ उसे जोड़ते कि वह नियति-हीन सन्दर्भों से मुक्त हो जाता? ये प्रश्न कौतुकवश नहीं है

बल्कि इसलिए है कि हम में से किसी के पास भी कोई ऐसी आकृति है जो काल सन्दर्भों के आर-पार झांकती है, द्विधा-मुक्त है, अधुनातन साभ्यता के अन्तर्विरोध से उत्पन्न होने वाले वास से उबारती है; व्यक्ति और व्यक्ति, राष्ट्र और राष्ट्र, पुराने और नये के बीच चरमराते हुए पुलों को जोड़ती है तो यह चर्चित हो, उसकी सम्भावनाएँ खोजें और आवश्यकता पड़े तो कुछ जोखिम उठाने का साहस संचित करें अन्यथा यह कहने से विरत हों कि 'आओ तरुण! मैं तुम्हें चेहरा देता हूँ या कि मेरी पीढ़ी यदि तुम्हें घटिया और एकांगी शिक्षा दे पाई तो उसकी सौ फीसदी जिम्मेदारी मेरी है"। मेरा मत है कि इससे कहीं अच्छा यदि हम चालीस के आर पार खड़े लोग न तो किसी पाप को ढोते हुए और न किसी पुण्य के लालच में, अपना विश्लेषण करें तो शायद है कि इस उद्दंड और अराजक पीढ़ी की तुलना में एक क्लीव, नैतिक दायित्वों से जान-बूझकर भागने वाली और समझौतापरस्त पीढ़ी से हमारा साक्षात्कार हो जाए।

अज्ञेय जी की टिप्पणी से एक प्रश्न और उभरता है : क्यों चाहते हैं हम नई पीढ़ी से संवाद की स्थिति में रहना? नई पीढ़ी में हम से संवाद करने की एक बेताब इच्छा क्यों नहीं उभरती? संवाद करने के बाद क्या देंगे हम उस नई पीढ़ी को? किन प्रश्नों का उत्तर? उन्हीं प्रश्नों का किताबी उत्तर जिन्हें हमने नहीं जाना, नहीं जिया जिनके लिये हम बेचैन नहीं हुए, नहीं है जिनका उत्तर ढूँढ़ने की हमें कभी न आवश्यकता हुई और न अकुलाहट। जिनके लिये न हमें अराजक होना अच्छा लगेगा न उद्दंड। हाँ हम भी अपने प्रश्नों को जिये है और तब तक चालीसोत्तर लोग इसी चिन्ता, आत्मग्लानि, मसीहाई वक्तव्यों के बीच से गुजरकर संवाद की इच्छा लिये-लिये काल से असम्पृक्त हो गये। संवाद की इच्छा एक लालच है लेकिन वह त्रास की साझेदारी नहीं है। त्रास की साझीदार संवाद की स्थिति स्थापित करके किन्हीं निष्कर्षों तक नहीं पहुँचेगा और ऐसा पहुँचना लाभदायक भी नहीं होगा क्योंकि वह एक औपचारिकता और रस्मी समाजिकता होगी। त्रास का भोग ही एक शती के लोगों के बीच का प्रश्नोत्तरहीन संवाद है। उस बीच जो आकुलता या कि अकुलाहट जन्मी है, सब प्रश्नों का उत्तर है। त्रास के बीच जो कुछ जन्मता है और जो उसे साथ-साथ भोगते है वे निरन्तर संवाद की स्थितियों से जुड़े रहते हैं। उस मझधार में जो नहीं होते, सेतु बनने की कामना करते है। मेरी धारणा है कि नई पीढ़ी हमसे संवाद की बहुत इच्छुक नहीं है क्योंकि हमारे पास अपनी-अपनी सुरक्षा के लिये कवच और दुर्ग है, एक सुनिश्चित भविष्य है और ये निस्सार करुणा की मुद्राएँ हैं जो संवाद की सभी सम्भावनाओं को समाप्त कर देती है।

कुछ समय पूर्व तरुणों की अराजकता को लेकर एक गोष्ठी का आयोजन किया था जिसमें सम्मिलित होने का अवसर मुझे मिला था। इस गोष्ठी में एक विश्वविद्यालय के कुलपति भी उपस्थित थे। युवक जन में व्याप्त अराजकता का निवारण करने

के लिये उनका एक प्रस्ताव यह था कि हम उनकी समस्याओं पर विचार करने के लिये समय-समय पर गोष्ठियों का आयोजन करें किन्तु उन गोष्ठियों का संयोजन इस प्रकार हो कि वे पूर्व-निश्चित मन्तव्यों तक विद्यार्थियों को पहुँचा दें। दूसरे शब्दों में उनके कथन का यह तात्पर्य था कि उन्हें वाणी-स्वातंत्र्य तो दे लेकिन वरण की स्वतंत्रता नहीं। निर्णय हमारे हो, विवाद उनका। हमारी आकृतियों से मिलती-जुलती उनकी आकृति हो, हमारे मूल्य हों, हमारे व्यक्तित्व में उनका व्यक्तित्व विलीन हो जाए। व्यक्तित्व के विलय की यह चिन्ता एक विश्वविद्यालय के कुलपति की चिन्ता नहीं है, देशभर की चालीसोत्तर पीढ़ी की चिन्ता है और वह इसलिए गहरी होती जा रही है कि हम संक्रमण के हर एक क्रम में असुरक्षित अनुभव कर रहे है। पितृ-वात्सल्य से पीड़ित हमारी चालीसोत्तर पीढ़ी नये और उभरते युवक-जनों के बीच जिस दर्ज आसन पर बैठकर संवाद के लिये व्यग्र है, वहीं शायद उसका दौर्बल्य भी स्पष्ट है। मुझे ऐसा प्रतीत होता कि हम संवाद के अभाव की स्थिति को किसी गहरे स्थिति के संकट के साथ जोड़ रहे हों बल्कि ऐसा ही लगता है कि हम काल के एक और आयाम का स्वामित्व चाहते है। शायद हमें यह पीड़ा भी है कि हमारे देखते-देखते हमारे मूल्यों का खोखलापन प्रगट हो गया है, हमारे आदर्श किसी को प्रेरित नहीं करते है लेकिन फिर भी उनकी निस्सारता घोषित करके हम स्वत्व हीन नहीं हो जाना चाहते। विचारों की स्वतंत्रता का विरुद्ध गान किन्तु धर्म का बँधी-बँधायी लीक पर कट्टरता के साथ चलना हिन्दुस्तान की पुरानी मुद्रा है। नई पीढ़ी हमारे बीच जाने वाले इस आत्म-रति से आक्रान्त 'नारसीसस' को कुछ-कुछ पहचानने लगी है; वह इस तथ्य से धीरे-धीरे परिचित होती जा रही है कि हम सब जगह जिस आशीर्वाद की भंगिमा में बोलते हैं वे सब उन पर एक दर्प-मंडित छाप अंकित करने का प्रारम्भ है।

एक अन्य सन्दर्भ में भी यह तथ्य विचारणीय है कि संकीर्णता के इस संकट के बीच कोई सत्यान्वेषण सम्भव है। हिन्दुस्तान में बहुत पहले सत्यान्वेषण का ताप और ललक रही होगी लेकिन इधर पीढ़ी-दर-पीढ़ी हम मध्यमार्ग पर बैठे रहे और नये से नये सत्य को पुराने निकष पर कसते रहे और पुराने में मिलाते रहे। वैचारिक स्तर पर जो जिये, आचरित करते डरे, वैयक्तिक रूप से जिसे भोगा सामाजिक रूप से उसे झुठलाते रहे, परिवर्तन की तृष्णा दिखाकर यथास्थिति को स्वीकारते चले गये।

मैं समझता हूँ हम जो अपनी पीढ़ी से प्रश्न पूछने की बार-बार इच्छा करते हैं, निरर्थक है। इन प्रश्नों का उत्तर हम बहुत पहले दे चुके हैं, बहुत पहले ही हम उन्हें जी चुके हैं। हमें उन उत्तरों ने यश के शिखर दिये है, सुरक्षा दी है, एक सच्ची-झूठी सामाजिक स्थिति दी है। अब हम क्या प्रश्न करना चाहते है और किस उत्तर की उपेक्षा करते है? हमारा इतना सुरक्षित होना, कीर्तिवान होना और उच्च पद पर होना क्या सारे प्रश्नों का उत्तर नहीं है? अब हम शायद अपनी पीढ़ी को ललकार कर यह

प्रश्न पूछना चाहते है कि 'उन कारणों की व्याख्या करो जिसने एक विप्लवकारी, अराजक और आकृतिहीन पीढ़ी को जन्म दिया और इस पर प्रकाश डालो कि उसमें चालीस वर्ष की आयु से लेकर साठ वर्ष की आयु वाले व्यक्तियों ने कितनी दायित्व हीनता दिखाई। याकि यह कि हमने बहुत पहले ही यह चिन्ता क्यों नहीं की कि हमारे उत्तराधिकारी किस चेहरे, किस आस्था, किस अस्तित्व को स्वीकार करेंगे? फिर यह भी कि हम ऐसे और भविष्य को जन्म क्यों नहीं दे सके? अथवा कि क्या वह हमारो भी अपराध नहीं है कि एक नाम-रूप-हीन पीढ़ी जन्मी? मैं नहीं जानता इन प्रश्नों के उत्तर क्या होंगे? लेकिन मैं यह जानता हूँ कि वे केवल हमारे भोग दर्प के उत्तर होंगे जिन्हें हम न पढ़ना पसन्द करेंगे न वे जिनसे हम संवाद की स्थिति बनाए रखना चाहते हैं।

हम यह कर सकते है कि इस समय हम किसी की तरफ से चिन्तन न करें विशेषतया उस 'नाम, रूप और वदन-विहीन युवक की तरफ से बिलकुल नहीं क्योंकि वह सहसा वाष्प होकर उड़ने वाला नहीं है। क्या बुरा है यदि वह उस सबको भोगें जो उसने सिरजा है। दूसरे हम उसे धिक्कार न दें क्योंकि वह थोड़ा सा ही साहस दिखाकर जड़ गतानुगति से दूर होकर व्यक्ति-स्वातंत्र को जीने की चेष्टा में है। तीसरे हम इस शती के जन्म-मरण के सहयात्री बने उन सब सन्दर्भों को जिएँ जो काल को काल से और पीढ़ी को पीढ़ी से जोड़ता है।

शिक्षा और संस्कृति का रिश्ता

इस तथ्य को दुहराने की कोई आवश्यकता नहीं है कि भारतीय संस्कृति का कोई एक घोषणा पत्र नहीं है। हम कितनी भी कोशिश करें और आवश्यकता का अनुभव करें कि वह एक मूल, एक वंश या कि एक कुल से जुड़ी रहे, हम कठिनाई का अनुभव करेंगे। यह बात दूसरी है कि हम किसी चतुराई से कोई एक उत्स तलाश कर लें लेकिन वह उसे विकृत करने की कोशिश भी होगी। वास्तव में भारतीय संस्कृति किसी एक समूह की इच्छा परिणाम या कठोर कर्मकांड नहीं है। वह अनेक जन-समूहों के लगातार मिलने, उनके साथ-साथ रहने, जीवनानुभवों को बाँटने, परम्पराओं को विकसित करने का आनन्ददायक यत्न है। कवि रवीन्द्रनाथ जब भारत को 'मानवों का महासमुद्र' कहते हैं तब वे कविता ही नहीं करते एक वास्तविकता का वर्णन भी करते हैं।

शिक्षकों और संस्कृति कर्मियों के ध्यान में यह बात होगी कि भारतीय संस्कृति का कोई एक पूर्व निर्धारित ढाँचा या कोई बना बनाया रूप नहीं है। अभी भी बहुत से शिक्षकों और अभिभावकों की यह धारणा है कि भारतीय संस्कृति किसी पुराने लबादे की तरह है जिसे रफू करके पहना जा सकता है। इसी अभिप्राय से लोग प्राचीन संस्कृति की बात करते हैं और पछतावा करते हैं कि आधुनिक संस्कृति ने सब कुछ चौपट कर दिया है। ऐसे सज्जनों को मैं कवि कालिदास के उस श्लोक की याद दिलाना चाहता हूँ जिसमें उन्होंने लिखा था कि पुराना सब कुछ साधु और सुन्दर नहीं है और न नया ही सब तरह से निन्दनीय है। बुद्धिमान लोग हंस की तरह दूध और पानी को अलग कर लेते हैं। मूर्ख लोग ही दूसरों की कही बात पर विश्वास करते हैं।

दरअसल हम पुरानी स्मृतियों को 'संस्कृति' का रूप दिए बैठे हैं इसलिए जब कुछ बदलने लगता है या नया होता है तब हमारी स्मृतियों की पुरानी दुनिया वीरान होने लगती है और हम समझते हैं कि प्राचीन संस्कृति नष्ट हो रही है। जो देश जितने पुराने होते हैं वे उतने ही कठोर स्मृति-सम्मोहन से बँधे होते हैं। वहाँ के लोग उस सुरक्षा के घेरे से बाहर नहीं आना चाहते जो पुरानी व्यवस्था उन्हें देती है। किन्तु जो असुरक्षित होते है वे संघर्ष करते हैं और इस तरह सांस्कृतिक तनाव नज़र

आने लगते हैं। आचार्य नरेन्द्रदेव ने लिखा है : "हमको यह नहीं भूलना चाहिए कि जीवन के साथ-साथ संस्कृति भी जड़ और स्थिर नहीं है। समाज के आर्थिक और सामाजिक जीवन में परिवर्तन होते रहते हैं और साथ-साथ सांस्कृतिक जीवन भी बदलता रहता है।"

संस्कृति की अन्तर्वस्तु का ईश्वर या ईश्वरीय इच्छाओं से कोई घनिष्ठ या अटूट सम्बन्ध नहीं है। वह उस अध्यात्म से अवश्य प्रेरित होती है जो दुनिया और नज़र आने वाली वस्तुओं के गहरे अर्थ खोलती है। हम इसी तरह बौद्ध या जैन संस्कृति के महत्त्व को समझते हैं जो अनीश्वरवादी है लेकिन अध्यात्म को उस ऊँचे मनुष्य व्यवहार तक ले जाती है जो अहिंसा और करुणा के कई रूपों में प्रकट होता है। भारतीय संस्कृति इन्हीं अर्थों में धर्म संस्कृति बनती है। वह पूरी ज़िन्दगी को बचाती है। पूरी ज़िन्दगी को मूल्यवान बनाती है, वे गुण विकसित करती है जिनकी हर व्यक्ति को हर समय, हर स्थान पर ज़रूरत पड़ती है। इस धर्म-संस्कृति का बाहरी कोई एकरूप कर्मकांड नहीं है। वह नाना रूपों और रंगों को ग्रहण करती हुई निर्विशेष, सहज, लोक-मंगलकारी हो जाती है।

शिक्षा और संस्कृति का गहरा सम्बन्ध है। दोनो ही जड़ता को, ज़िद को तोड़ने का प्रयत्न करती है। दोनों ही सृष्टि की स्थितियों, आकारों, उनके अर्थों का घेरा तोड़ती हैं और विविधता को समझाती है। शिक्षकों को इस बात पर ज़ोर देना चाहिए कि शिक्षा संस्कृति की मूल्यवान परम्पराओं को बचाती है और मूल्यवान नई परम्पराये बनाती भी है। उनके प्रति आदर भाव पैदा करती है उनकी उपयोगिता को बताती है। उनकी बुद्धि संगत व्याख्या करती है।

प्राय: यह देखने में आता है कि शिक्षकों का एक समुदाय संस्कृति में 'बुद्धि-तत्त्व' को उपेक्षा अथवा उदासीनता के भाव से देखता है। वह आस्था का मोर्चा बनाकर अड़ा रहता है; नागरिक भी ऐसा करते है। इसके परिणाम अक्सर ऊल-जलूल निकलते हैं। मैंने एक समुदाय के स्कूलों को भूगोल पढ़ाते नहीं देखा क्योंकि इनका विश्वास था कि पृथ्वी, ब्रांह्मड, अग्नि, जल, वायु सब कुछ ईश्वर ने बनाए हैं। 'ग्रहण' के सम्बन्ध में अब भी कई शिक्षकों की मान्यता है राहु चन्द्रमा को ग्रस लेता है कभी पूरा का पूरा, कभी अधूरा। यह एक प्रकर से 'देवासुर' संग्राम है। हम अब भी स्कूलों में ऐसी प्रार्थनाएँ बोलते हैं जो 'पुरुषार्थहीन' बनाती हैं। हमारे देश में ही नहीं सारी दुनिया में आस्थावान लोग विज्ञान की पढ़ाई को ईश्वर विरोधी मान कर निन्दा करते रहे हैं। विज्ञान के 'आक्रमण' से बचने के लिए वे 'धर्म शिक्षा' पर जोर देते हैं।

दरअसल शिक्षा और संस्कृति का काम 'सत्य का अनुसन्धान' करना है। भारत में यह काम आदर के साथ हुआ है। इस बौद्धिक परम्परा के चलते दर्शन, उपनिषद, पुराण, महाकाव्यों की रचना हुई है। एक सहिष्णु बौद्धिकवाद के कारण

चर्चाओं की अफलातूनी और दुनियादारी की बातों को हमने 'अगम्भीर बकवास' नहीं कहा। सगुण-निर्गुण की कविता में दोनों पक्षों की तार्किकता को हमने ज्ञान की उपलब्धि माना। इसी सबसे यहाँ निर्भक लोकचरित्र का निर्माण हुआ। संतो-भक्तों ने जिस सहिष्णु समाज को बनाने का प्रयत्न किया वह व्यर्थ नहीं गया। उन सब ने मन को निर्ग्रंथ बनाने का जबरदस्त उपक्रम किया। पूरी वसुधा को अपना कुटुम्ब बनाना एक बड़े साझे में शामिल होना था यह साझा विश्व-संस्कृति की ओर ले जाता है।

अयं निजः परान्वेति गणना लघुचेतसाम्।
उदार चरितानां तु वसुधैव कुटुम्बकम्।

(यह मेरा है, यह पराया है; यह विचार छोटे मन वाले लोगों का है। जो बड़े मन के हैं वे पूरे जगत् को कुटुम्ब की तरह मानते हैं।)

किन्तु यह बात ध्यान देने जैसी है कि पिछले कई सौ वर्षों से भारत में बौद्धिक-परम्परा का ह्रास हुआ है और सत्य को जानने की इच्छा विलुप्त हो गई है। सत्य की उग्रता से बचने के लिए और विदेशी आक्रमणों से अपनी पहचान ख़त्म हो जाने के डर से हम बार-बार अतीत की तरफ मुड़े हैं। यह बात दूसरी है कि जिस अतीत की तरफ हमने बार-बार देखा है उसमें बचाने जैसी मूल्यवान वस्तु को परखने की दृष्टि और साहस हम में नहीं था। हमने वैचारिक यात्राएँ स्थगित कर दीं और धीरे-धीरे उस मुक़ाम पर आ गये जहाँ अपनी गति और कर्म के लिए पछतावा बचता है। अब हम दुनिया के सबसे गरीब और पिछड़े मुल्कों में शामिल है लेकिन दिखावे और दंभ की चादर में लिपटे हैं। अपनी संस्कृति में उन सब उपकरणों की तलाश कर रहे हैं जिनको हमने अनावश्यक माना था। कट्टरता के पक्ष में उस जीवन शैली को ढूँढ़ने में लगे हैं जिसे मध्य काल के विदेशी लुटेरो ने अपनाया था। लेकिन शिक्षकों को यह याद रखना होगा कि क्षमा और स्वाधीनता की शताब्दी और संस्कृति को बचाने की तुलना में हमें अपनी पहचान बचाने का लालच हमेशा छोटा लगना चाहिए।

शिक्षकों को इस बात पर भी गौर करना होगा कि हमारे 'सांस्कृतिक पूर्वाग्रह' हमें विविधता और बहुत्व प्रधान सामाजिक रचना से विमुख न करें और हम बालकों में ऐसे संस्कारों को विकसित रें जो बहुत से समुदायों की जीवन-शैलियों के प्रति उदार बनाएँ। यह बात याद रखने जैसी है कि विज्ञान, लोकतंत्र और राष्ट्रीयता ने नई संस्कृति की शुरुआत की है। इन्हीं के बीच से व्यक्ति और समान भविष्य के दर्शन और अध्यात्म, धर्म और अर्थ के बहुआयामी रिश्तों का विकास होने वाला है।

क्या हमारे स्कूल और कॉलेज यह बड़ा और आवश्यक काम कर सकेंगे? सत्य को दुर्घटनाग्रस्त होने से बचाने का कठिन काम शिक्षा और शिक्षक को करना पड़ता

है। विद्यार्थी को भविष्य के झटकों और उसकी सर्जनात्मक भूमिका के बीच तालमेल करने की दृष्टि देनी पड़ती है। अतियों और उन्माद के बीच रास्ते बनाने होते हैं।

कई बार यह सवाल उठता है कि क्या संस्कृति की शिक्षा सम्भव है। जैसे दूसरे विषय है; उनका पाठ्यक्रम है, पुस्तकें हैं, परीक्षा हैं, परिणाम है; सस्कृति भी एक विषय हो सकती है और उनका कर्मकांड भी। लेकिन यदि संस्कृति, जैसा आचार्य नरेन्द्रदेव लिखते हैं "चित्त भूमि की खेती होती है। चूँकि कर्म में मन या चित्त सुभावित है उसकी वाणी और उसकी शरीर चेष्टा भी सुसंस्कृत होगी" तब वह विशेष संस्कार हो जाती है। तब वह विषयातीत होकर सब विषयों का हिस्सा हो जाती है तब वह हवा की तरह बहती है; चन्दन से लिपटकर भी और विषाक्त; ज्वाला कीक तरह भी।

लेकिन तब भी हम कुछ विषयों को देश की संस्कृति के साथ जोड़ते है और यह आशा करते हैं कि वे मन को सोच और भावनाओं को बौद्धिक और नैतिक संस्पर्श देगे। वे हमारे स्वभाव और व्यवहार को कोमल बनाएँगे।

एक सरसरी दृष्टि से देखें तो शिक्षा की ताक़त ही यह है कि वह मनुष्य की सारी सौम्य और मानवोचित सम्भावनाओं के बन्द दरवाज़े खोले, उनमें भी इतिहास, कविता, संगीत, साहित्य, चित्रकला, भाषा, सामाजिक विज्ञान इत्यादि उन मुख्य विषयों में है जो सांस्कृतिक विरासत और चेतना को समृद्ध करते हैं। लेकिन इस बात को बार-बार दुहराने की आवश्यकता है कि इन विषयों की अन्तर्वस्तु लोकतांत्रिक और बहुत्व-प्रधान समाज के आधार सबूत करने वाली हो। हमारा समय अनेक रंगों का बना है और हजारों तरह के घटना चक्र हमें प्रभावित करते हैं। संकीर्ण इतिहास और परम्परा के झरोखों का रंग इतना खूबसूरत नहीं रह गया है। वैश्विक और राष्ट्रवादी संस्कृतियों को मैत्री प्रगाढ़ बनाने की आवश्यकता है। अब इतिहास हो या साहित्य या कि कविता या अन्य कलाएँ किसी की भी अन्तर्वस्तु, किसी पूर्वावेग, अहंकार, भावाकुलता से बनी नहीं हो सकती।

हमारी पाठ्य-पुस्तकों की सामग्री पर बाजार, व्यापार-संस्कृति, उपभोक्तावाद, नस्ल, जातीय-अहंकार, आत्म-मुग्धता और विज्ञापन आदि के प्रभावों का डर बढ़ गया है। जब हमारा शत्रु तलवार लेकर ही नहीं पुस्तक या विचार लेकर आता है। इसलिए पुराने समय की एक आयामी सहजता और सरलता की विश्वनीयता घट गई है।

इस बात पर भी गौर करना आवश्यक है कि हम 'अप संस्कृति' के तनावों से कैसे बचें? ज़ाहिर है कि हम संचार साधनों के बढ़ते प्रभावों से घिर गये हैं जो चकित करने वाले और अद्‌भुत रूप से मोहक हैं। उनकी तांकत यह है कि वे सच्चाई का सरलीकरण करते हैं और प्रायोजित रास्ता बताते हैं। वे पेशेवर लोगों की सेवाएँ खरीदते हैं। सरकारें उनका ग़ैर-वाज़िब इस्तेमाल करती हैं। पाठ्य-पुस्तकों का जादू, उनकी शक्ति, शिक्षक का रुतबा, अभिभावकों की सलाह का असर इनसे प्रभावित

हुआ है, घट भी गया है। इन दिनों अध्यात्म का प्रचार करने वाले भी विज्ञापनों की प्रतिस्पर्धी दुनिया में दौड़ रहे हैं। अख़बार और रेडियो, टी.वी. आध्यात्मिक संस्कृति का इस तरह प्रचार कर रही हैं जैसे वह साबुन की टिकिया हो।

हम स्कूल के नित्य कार्यों में क्या परिवर्तन करें कि वे सांस्कृतिक विरासत और बदलाव के सरोकारों से जुड़ जाएँ?

हमारे स्कूल का तंत्र एक सीमा तक अनुत्पादक हो गया है। अगर हम उसकी तुलना किसी कारखाने से करें तो उसे बुरे कारखाने की श्रेणी में रखेंगे। अच्छे-से-अच्छे स्कूल पश्चिम के बुरे स्कूलों की नकल हैं। अभिभावक मंहगे स्कूलों में बच्चों को पढ़ा कर नवधनाढ्य वर्ग में शामिल होना चाहते हैं। उन्हें इसकी फुर्सत नहीं है कि वे शिक्षा के मँहगे होते कर्मकांड पर विचार करें। ऐसी स्थिति में स्कूलों से ज्यादा उम्मीद नहीं कर सकते। दरअसल स्कूल और समाज का उपयोगी रिश्ता टूट गया है। टूटते हुए रिश्ते गहराते सांस्कृतिक संकट का संकेत देते हैं। हमारी त्रासदी यह भी है कि स्कूलों में राजनीतिक हस्तक्षेप बढ़ गया है और शिक्षकों को लगभग वे ही प्रश्न चिन्तित करते हैं जिन्हें राजनीतिक पार्टियाँ अपने मंच से उठाती हैं। जिन गहन सांस्कृतिक सवालों का जवाब शिक्षकों को तलाश करना है उन्हें राजनीतिज्ञ तलाश कर रहे हैं।

तब भी हम स्कूलों के नित्य कार्यक्रम में कुछ परिवर्तन कर सकते हैं। ये कोई मौलिक या एकदम अपरिचित बातें नहीं है लेकिन इनके सम्बन्ध में यह कहना आवश्यक है कि हम प्रतिबद्ध होकर इनसे कुछ परिणाम निकालें। हमारे लिए यह प्रतिबद्धता होकर इनसे कुछ परिणाम निकालें। हमारे लिए यह प्रतिबद्धता आवश्यक हो कि हमारी सांस्कृतिक दृष्टि भारत में रहने वाले बहुजन समाज के बीच एकता और अधिकाधिक रचनात्मक संवाद को बचाये रखे। हमारी दृष्टि यह हो कि स्कूल के कार्यक्रम 'धार्मिक अनुष्ठानों' की तरह न लगें। मिसाल के लिए हम 'वसन्तोत्सव' को पूजन के अनुष्ठान से मुक्त रखे। इसे कविता, संगीत, नृत्य, खेलकूद का पर्व बनाएँ।

स्कूल की शुरुआत प्राय: एक उदास प्रार्थना से होती है। दरअसल हमारी गरीबी इन स्कूलों में ही नज़र आती है; वे हमारे सांस्कृतिक दारिद्र्य को भी प्रगट करते हैं। हमारी प्रार्थनाएँ मेल-मिलाप, मैत्री-भाव दृढ़ करने वाली हों। लेकिन वे ऐसी नहीं होती। उनमें दीनता का भाव होता है। इसलिए सबसे पहले हम अपनी प्रार्थना की जगह 'जीवन-संगीत' से दिन शुरू करें।

मैंने विद्या भवन में साथ-साथ भोजन करने के चमत्कारिक परिणाम देखे हैं। यह कोई कठिन काम नहीं है लेकिन व्यवस्था और देख-रेख तो करनी ही पड़ती है। यदि रोज व्यवस्था करना कठिन हो तो सप्ताह या पन्द्रह दिनों में या जब कभी सम्भव हो हम सामूहिक भोज का आयोजन कर सकते हैं।

अब वे दिन पुराने लगते हैं जब स्कूल अपने नगर या गाँव के लिए सड़क, तालाब पर घाट या सफाई का काम करते थे। सोवियत संघ के लिए यह कहा जाता था कि जर्मनों से युद्ध के बाद उसे फिर से बनाने का काम विद्यार्थियों और युव-जनों ने किया था। मातृभूमि स्वर्ग के समान है वह गीत गाना कठिन काम नही है लेकिन अपनी मेहनत से, पसीने से, अना समय देकर मातृभूमि को स्वर्ग के समान बनाना कठिन काम है। इस सामूहिक काम से देश को अपना बनाने के लिए भाषण नहीं देने पड़ते। देश, नगर, गाँव, मोहल्ला, अपना होता जाता है। जब कभी और जितनी बार सम्भव हो विद्यार्थियों को मेहनत की ज़िन्दगी से जोड़ना चाहिए।

हमारा जीवन और दर्शन सामूहिक ज़िन्दगी की ओर नहीं ले जाता इसलिए हम बहुत्व प्रधान बात करते हुए भी उससे डरते हैं। हम जातियों में बँटे हैं। उन्हीं में भोजन और विवाह होते हैं, उन्हीं का आचरण, रहन-सहन हमारी सुरक्षा, हमारी मैत्री का दायरा है। हमारा चित्त हमारी जाति के बीच रमता है इसलिए भी हमारे स्कूलों में सामूहिक कार्यक्रमों पर जोर दिया जाना चाहिए।

स्कूलों के सांस्कृतिक कार्यक्रम सिनेमा की घटिया नकल हो गये हैं। उन्हीं की धुनों पर संगीत बजाया गाया जाता है। केसैट पर बच्चियाँ नाचती है। अश्लील अर्थ वाले चुटुकले सुनाए जाते हैं। अंग्रेज़ी स्कूलों के बच्चे महँगी पोशाकों में रटी-रटायी कविताएँ सुनाते हैं। भारतीय-संस्कृति के नाम पर सामन्ती विलास के दृश्य प्रदर्शित होते हैं। इन कार्यक्रमों में भी जब बच्चे-बच्चियाँ मिलकर गाते और नृत्य करते हैं तब जाति-धर्म की दीवारों को गिराना नहीं पड़ता वे अपने आप गिर जाती हैं।

स्कूल के किशोरवय विद्यार्थियों में हम जब तक अपने-पराये का भाव पैदा नहीं करते वे हमारे यानी भारतीय संस्कृति साझे में शामिल रहते हैं। यह हमारे पक्ष की बात है।

नव-मानवतावाद और शिक्षा

मन और मस्तिष्क के जिस अद्‌भुत द्वंद्व के बीच से यह काल गुज़र रहा है उसका वर्णन अंग्रेज़ कवि टी.एस. इलियट ने अपनी एक 'काव्य नाटिका' में किया है जिसका शीर्षक 'मर्डर इन दी केथेड्रल' है। इस कविता की कुछ पंक्तियाँ है :

"समय हमसे अलग जा पड़ा है और हमारा दिमाग प्याज के छिलकों की तरह उतर गया है क्योंकि हम एक अज्ञान भय से व्याकुल हैं जिससे हम आँख नहीं मिला सकते।" सचमुच ही जिस युग को हमने मुक्ति की अद्‌भुत कामनाओं से शृंगरित किया उसी युग में हम कितने विवश और निरुपाय हो गये है! यह भी कितना सत्य है कि हम अपनी सृष्टि के चारों तरफ चक्कर तो काट रहे हैं किन्तु यह नहीं जानते कि इस प्रदक्षिणा का आशय क्या है? यह भी कौन जानता था कि हम ऐसी रचना का आयोजन करेंगे कि जो इतनी विराट् होकर भी इतनी अकिंचन होगी।

सृष्टि के इस विलास और ऐसे विस्तार पर परिताप होना आवश्यक है क्योंकि मनुष्य नितान्त भाव-रहित अथवा चेतना-शून्य नहीं है। यदि वैसा होता तो सृष्टि का यह सत्वहीन विकास सह लिया जाता, किन्तु आनन्द की आकांक्षा से रची गई सृष्टि से इतना सन्ताप प्रकट हो तो हमें अपना लेखा-जोखा लेना होगा। हमें कहीं रूक कर अपनी इस यात्रा का हिसाब-किताब मिलाना होगा। जीवन के आनन्दमय समारोह में वेदना की इस गठरी को क्यों ढोया जाए।

जिन लोगों के पास इस 'आत्मदाह' को परखने की शक्ति नहीं है या जिन लोगों के लिये यह दहन सुख का मूल हो गया है उनका कहना है कि पीड़ा को भुगते बिना सृजन नहीं होता, पीड़ा का आनन्द उठा लेने के बाद ही सृजन का सुख प्राप्त होता है उनका आग्रह है कि नई समाज रचना के लिये यंत्रणाओं को सहना ही होगा। नई समाज रचना के साथ पीड़ा की अनिवार्यता की दलील देना बहुत कुछ भाव-शवलता ही है। इस दलील का लाभ उन महत्त्वाकांक्षी नेताओं को होता है जो जनता को ऐसी या इसी प्रकार की लालसा और लालचभरी बाते सुनाकर युद्ध और हिंसा की तरफ प्रवृत्त करते हैं। उनके निकट पीड़ा का अर्थ बिलकुल भौतिक होता है। उनका यह मन्तव्य होना हो कि नई समाज रचना तभी सम्भव हो सकती है जब थोड़ा नर-संहार, रक्तपात, युद्ध, हिंसा हो चुकी हो। इस फौजी

और पाशविक अर्थ को लेकर पोड़ा सहन करने का कारण एक राजनैतिक बेहोशी था जिसे 'थ्रिल' कहते हैं हो सकता है, किन्तु, तब 'आत्मोपलब्धि' के लिये नई समाज रचना का दावा कितना मिथ्या प्रतीत होता है। यह भी कितना दुर्भाग्य है कि हमारी इस अकांक्षा युक्त सृष्टि से धीरे-धीरे सभी 'थ्रिल' समाप्त होते चले जाएँ और केवल मात्र 'पीड़ा के पश्चात ही आनन्द की प्राप्ति' का यह नारा कितना वीभत्स और प्रवंचना पूर्ण लगता है।

इस नारे की एक दूसरी अप्रिय मर्यादा है—क्रान्ति के साथ हिंसा की अनिवार्यता। आज सहसा इस विश्वास को निर्मूल नहीं किया जा सकता है कि हिंसा न हो तो भी क्रान्ति हो सकती है। हमारे देश में इस समय भी ऐसे अनेक कुशाग्र बुद्धि लोग है कि जिन्हें देश की स्वतंत्रता इसीलिए अप्रिय लगती है कि उनकी पाशविक रुचि को तृप्त करने वाला रक्तपात नहीं हुआ। उनके मतानुसार क्रान्ति नहीं हुई है किन्तु, स्वतंत्रता प्राप्त हो गई। उनका अब भी यही आग्रह है कि वर्ग विहीन समाज रचना के लिए नर-संहार नहीं हुआ तो क्रान्ति सफल नहीं हो सकेगी। गत वर्ष मदुराई में साम्यवादी पार्टी के जलसे में जो विचार-विनिमय हुआ उससे स्पष्ट ध्वनित है कि उनकी चाही हुई शान्ति और जनतांत्रिक-सत्ता 'शान्तिमय तथा वैधानिक उपायों' से प्राप्त नहीं हो सकती है। साम्यवादी पार्टी की केन्द्रीय समिति द्वारा प्रकाशित पुस्तिका 'टेक्टीकल लाइन' इस तरफ सविस्तार प्रकाश डालती है; जिसमें अनेक प्रकार यह उद्घोषित किया गया है कि देश की वर्तमान सत्ता सशस्त्र विद्रोह द्वारा ही उल्टी जा सकती है। इस प्रकार के विद्रोह के लिये योजना-बद्ध चहुँमुखी तैयारी आवश्यक होगी पर उस सब तैयारी का अन्तिम लक्ष्य वही 'सशस्त्र विद्रोह' ही होगा। इसका यही अर्थ है कि साम्यवादी पार्टी उस असन्तोष को उभारना चाहती है कि जिससे तुरन्त ही गृह-युद्ध की सम्भावनाएँ प्रबल हो सकें। इस गृह-युद्ध की अनेकानेक यंत्रणाओं के पश्चात् ही उनकी रुचि-प्रिय वर्ग-विहीन समाज व्यवस्था स्थापित हो सकती है। इसलिए उनकी यह घोषणा है कि शान्ति और सुव्यवस्था के जन्म की अनिवार्य शर्त दारुण नर-संहार है। इसी आवश्यकता की कभी वे 'सशस्त्र विद्रोह' कभी-वर्ग-संघर्ष' और कभी 'प्रोलितारियत वर्ग की क्रान्ति' कहते हैं। मैंने जैसा अभी प्रस्तुत किया है कि यह उसी नारे का राजनैतिक संस्करण है कि पीड़ा के बिना सृजन सम्भव नहीं है। पीड़ा का यहाँ वह भावयुक्त अर्थ नहीं है, कि जो त्यागमयी जनता समझती है या जिस अर्थ में इस देश के साधु-सन्त, तत्त्वदर्शी-जन और लोक-कल्याण चाहने वाले नागरिक व्यवहार में लाते रहे हैं।

यह दुर्भाग्य हमारे देश ही का नहीं है बल्कि एक इस प्रकार का कुचक है जो मानवीय-सन्ताप, क्रूरता और पाशविकता को बढ़ावा देने के पक्ष में है। सारे संसार में इस तरह के दर्शन-शास्त्री, लेखक, वैज्ञानिक, मनोविज्ञानकार मिल जाएँगे कि जिन्हें मनुष्य की सृजनात्मक प्रवृत्ति से अधिक संहारक शक्तियों पर विश्वास

है। वह उनकी दलील नहीं है, उनकी आस्था है, उनका दर्शन है। इस दर्शन का अन्त एक अवश्यम्भावी भाग्यवाद और मनुष्य के नैतिक परिवर्तन में प्रकट होता है। यह है भी कितनी मजेदार बात कि कुछ कुत्सित समाज-शास्त्रियों ने मनुष्य को पशु कहना प्रारम्भ किया और आज अधिकतर मनुष्य इसमें गौरव अनुभव करते हैं कि वे पशु हो गये हैं। मेरा तात्पर्य यह नहीं समझा जाए कि मैं किसी रहस्यमयी आध्यात्मिकता की तरफ संकेत कर रहा हूँ; मेरा तो अभिप्राय यही है कि हम जिस सृष्टि का निर्माण कर रहे हैं वह कैसी मजेदार है और हमारे जीवन-मूल्य परिणामत: ख़तरे का सामना कर रहे हैं।

भय और हिंसावादी दर्शन का अशुभ परिणाम यह भी निकला है कि हम मनुष्य की सम्पूर्णता में विश्वास न कर उसकी विभक्तता में विश्वास करने लगे हैं। इस भयंकर विश्वास ने मानवीय मूल्यों की दिशा में अनेक द्विधाएँ खड़ी की और समग्रता के मूल्यों को खंडित कर दिया है। चार सौ वर्षों से यह जो मनुष्य को खंड-खंड कर देखने की क्रिया चली आई है, आज उसे अमान्यता प्राप्त होती जा रही है और नवीन-मानवता-वादियों का विश्वास पुन: मनुष्य की समग्रता के प्रति जम रहा है, जाग रहा है फिर भी अभी यह विश्वास सहज नहीं है कि मनुष्य की सम्पूर्णता की शक्ति है। विश्लेषण के युग में समग्रता की बात पर आसानी से विश्वास नहीं होता। नवीन-मानवतावाद की आकांक्षा को आन्द्रे रोसेक्स ने 'नवीन-मानवतावाद' की ओर एक निबन्ध में बड़े साहस के साथ घोषित किया है : 'इस तरह चार सौ वर्षों तक लगातार वस्तुओं को और स्वयं अपने व्यक्तित्व को खंड-खंड कर देख लेने की क्रिया से असन्तुष्ट मनुष्य आज फिर आत्मा की समग्रता की तरफ आकृष्ट है।...'नवीन मानवतीवाद' का सार यह है कि अभी तक जिस पाश्चात्य प्रतिमा ने जीवन की जिन भौतिक आवश्यकताओं पर आधिपत्य प्राप्त किया है अब वह प्रतिमा मानव-आत्मा के विस्तृत, किन्तु, विस्मृत दायरों को खोज निकालेगी।...इस बार मनुष्य सम्पूर्ण और समग्र होगा, शरीर और आत्मा को मिलाकर। एक और अकेला यही पथ है कि जिससे मनुष्य अपनी चेतना के समक्ष अपना रहस्य उद्‌घाटित कर सकेगा।' योरोप का यह नवीन-मानवतावाद नई स्थितियों पर कब्जा प्राप्त करने के लिए महान विचार-क्रान्ति है। इधर जो मनुष्य का विभक्तीकरण प्रारम्भ है उस आधार पर कभी मनुष्य सामाजिक तो कभी आर्थिक और कभी उसे विवेक-प्रधान इकाई में तोड़ दिया गया है। वह तोड़ा किसी भी इकाई में जाए और किसी भी इकाई को प्रधानता भी देखी जाए फिर भी मनुष्य की समग्रता सम्पूर्णता ही जीवन को अर्थ देती है। खंड-खंड होकर जीवन का कोई अस्तित्व नहीं है। समग्रतावादी दर्शन भौतिक के विरुद्ध अध्यात्म का दर्शन नहीं है। उसका केवल विरोध यही है कि अकेला खंड कुछ नहीं है, उस खंड की सार्थता, समग्र, सम्पूर्ण द्वारा ही अर्थ गम्य है। इसलिए मनुष्य न केवलमात्र विवेक है, न अर्थ-प्रधान है और न सर्वथा सामाकि। वह न

केवल शरीर है और न मात्र आत्मा। वह इस सबके ऊपर मनुष्य है स्वाधीन वेत्ता, स्वतंत्र। नव-मानवतावादी दर्शन के सामने विवेक या आधुनिक विज्ञान को छोड़कर जीवन से पलायन करने का सवाल नहीं आता—जैसा कि कभी-कभी अध्यात्मवादी दार्शनिकों द्वारा प्रतिपादित होता है—बल्कि उनका आग्रह यह होता है कि मनुष्य को विज्ञान ने जो जानने की शक्ति, शोध की लालसा, प्रकृति के रहस्यमय आवरण को चीरकर देखने की आतुर जिज्ञासा दी है कि वह क्यों न मनुष्य के मन, आत्मा की अंध गुफाओं में झाँकने का काम दें? वह लालसा जो भौतिक जगत् की समस्या की उपस्थित करते हुए लिखा है "आज की सबसे आवश्यक समस्या तो यह है कि हमें एक नये मानव-विज्ञान को जन्म देना होगा जो मनुष्य को केवल 'मनुष्य-पशु' समझने वाला विज्ञान नहीं होगा बल्कि जो सम्पूर्ण-समग्र मनुष्य को खोज निकालेगा और उसकी आध्यात्मिक सम्भावनाओं की व्यक्तिगत तथा सामाजिक मर्यादाओं का विश्लेषण कर सेगा। अभी तक मनुष्य का संघर्ष प्रकृति की भौतिक शक्तियों द्वारा संचालित सृष्टि तक ही तो सीमित है, किन्तु, यदि वह उसी उत्साह से जिनकी आध्यात्मिक शक्तियों को झकझोर कर अपनी चेतना को स्नेह और एकात्मभाव से अनुप्राणित नहीं करता है तो ये प्रकृति पर प्राप्त की हुई विजय मृत्यु और भय से विश्व को सन्तापित कर डालेगी और फिर मनुष्य-सृष्टि ही का अन्त हो जाएगा।"

मैंने अपने निबन्ध में जान-बूझकर ही विदेशी चिन्तकों के उद्धरण उपस्थित किये है क्योंकि भारतीय चिन्तकों की आस्था सदा से ही विज्ञान के विपक्ष में रही है। सृष्टि के भौतिक-विलास की कक्षा ने चाहे जिस तरह भी विस्तार किया हो, भारतीय चिन्तक के लिये वह सदा ही भर्त्सना का कारण बनी है इसलिए मैंने यही उचित समझा कि मैं उन दार्शनिकों का मत उपस्थित करूँ जो भौतिक ऐश्वर्यों के स्वर्ग में रह रहे हैं किन्तु, जो आत्मा की तृप्ति को सतत अनुभव कर रहे हैं। मैं इसी परम्परा में अरविन्द का मत उद्धृत कर रहा हूँ जो अंग्रेज़ी के वर्चस्वशाली लेखक हरबर्ट रीड ने अपने निबन्ध संग्रह 'अराजकता और व्यवस्था' (अनार्की एंड आर्डर) में प्रस्तुत किये हैं। उन्होंने लिखा है "आज के जीवन और उसके गत्यावरोध का जो वर्णन श्री अरविन्द ने किया है, मेरा अनुमान है कि उससे अधिक प्रभावशाली वर्णन अन्यत्र सुलभ नहीं होगा", अस्तु, उन्हीं के शब्दों में—"आज मनुष्य का समग्र जीवन एक विवशता के दौर से गुज़र रहा है; यह जीवन का गत्यावरोध विकासवादी दिशा को लेकर है क्योंकि अब समय आ गया है कि मनुष्य अपने अन्तिम लक्ष्य को निश्चित करले। सचमुच वह स्थिति आ गई है कि मनुष्य के मस्तिष्क ने एक तरफ तो अपार विस्तार कर लिया है, किन्तु, दूसरी तरफ उसकी समस्त गति कुंठित हो गई है और उसका मार्ग जैसे अवरुद्ध हो गया है।...मनुष्य ने एक ऐसी सभ्यता का निर्माण किया है कि जिसका नियंत्रण उसकी सीमित मानसिक शक्ति के वश में नहीं है। इससे भी अधिक सन्ताप तो यह है कि उसकी आध्यात्मिक तथा नैतिक

शक्तियाँ इतनी दुर्बल है कि वह इस सभ्यता का न तो उपयोग कर सकती है और न नियंत्रण ही, सचमुच यह सभ्यता का विश्वासघाती नौकर मनुष्य के अज्ञानी अहम् और उसकी अबूझ कामनाओं के साथ खेल ही तो रहा है। क्योंकि अभी तक मनुष्य के मन को अचिन्त्य गहराइयों के टोह लगाने की शक्ति कहाँ प्राप्त हुई है और उसकी बुद्धि को अजाने को जान लेने की अनुभूति कहाँ मिली है कि जिससे वह इस भौतिक परिपूर्णता को उस प्राप्ति की शर्त मान ले कि जो अभी तक अजानी है और समृद्धियों से महान है।" (दी लाइफ डिवाइन से)

इस प्रमुख समस्या पर एक बार पुनः ध्यान केन्द्रित करना आवश्यक है कि नव-मानवतावाद कहीं भी सृष्टि की इस विपुलता को, इस भौतिक शौर्य को कलुषित नहीं करता है, वह केवल भौतिक शक्तियों की सीमाओं की तरफ चिन्तकों का ध्यान आकर्षित करना चाहता है, उसका आग्रह यही है कि विकास के चरण इतने से, ऐसे बौने नहीं हैं, मनुष्य की गति यहीं तक बँधी नहीं है, विज्ञान ही सृष्टि की अन्तिम गति, अन्तिम साधना और अन्तिम शरण नहीं है बल्कि सत्य तो यह है कि वह सृष्टि के विकास की अनन्त सम्भावनाओं में से एक सम्भावना है और वह भी उस कोटि की नहीं कि मनुष्य की अचिन्त्य गहराइयों को अवगाहन कर से। मानवतावाद का यह निष्कर्ष ठीक ही है कि विज्ञान ने जिसे सभ्यता की रचना की है वह है ही क्या :

इश्तहारबाजी, नासूर और पायरिय! (एक अंग्रेज़ कवि)

विज्ञान से नव-मानवतावाद को किसी प्रकार की घृणा नहीं है जैसा कि नव-मानवतावाद के अर्थ-विधायक विनोबा ने लिखा है "तो आत्मज्ञान है आँख और विज्ञान है पाँव। अगर वह आत्मज्ञान का दर्शन मनुष्य को न हो तो यह अँधा कहाँ चला जाएगा कुछ पता नहीं होगा। अगर मनुष्य की आँख है लेकिन पाँव नहीं है तो इधर देखेगा उधर देखेगा लेकिन घर में बैठा रहना पड़ेगा। विज्ञान बिना संसार में कोई कार्य नहीं हो सकेगा। आत्मज्ञान के बिना विज्ञान को ठीक दिशा नहीं मिलेगी।" मूल में समस्या यही है कि विज्ञान और आत्मज्ञान का यह मणि-कांचन संयोग कैसे हो? उस भौतिक-सभ्यता के चंगुल से कैसे मुक्त हुआ जाए कि जिसने मनुष्य को ठीक यंत्र बना दिया है। यह कैसी अनहोनी घटना है कि मनुष्य की प्रकृति पर विजय की कथा इतनी शीघ्र उसके दासता को आख्यान बन सकेगी। क्या यह मानव-चेतना को चुनौती नहीं है?

मेरा अनुमान है कि सृष्टि की इस समस्या को सरल करने के लिए शिक्षा के पुन-निर्माण की अत्यन्त आवश्यकता है। इतने विपुल साधनों के रहते हुए भी मनुष्य की आत्मा का सन्ताप, उसकी सभ्यता का आकर्ष, उसकी आत्मा की दासता, सभी कुछ सम्भव होता चले तो यह सोचना ही होगा कि शिक्षा में कहीं कुछ शेष

रह गया है कि जिसे तुरन्त पूरा किया जाना चाहिए। नव-मानवतावाद का दर्शन एक तरफ पूँजीवादी सभ्यता तो दूसरी तरफ अधिनायकत्व के बीच अपना मार्ग बना ही रहा है तब उसे शिक्षकों की सहायता आवश्यक हो गई है क्योंकि उसके मूल्यों के परीक्षण की बड़ी ज़रूरत है और यह भी कि उसका यह दर्शन शिक्षा के लक्ष्यों की पुनर्स्थापना में कितना सहयोग दे सकता है? वह नव-मानवतावाद जो मनुष्य के खंडित व्यक्तित्व को जोड़कर उसकी समग्रता चाहता है, जो विज्ञान को मानव-सभ्यता की समृद्धि के उपयोग का आग्रह करते हुए भी उसकी दासता से मुक्त की कामना रता है, जो हिंसा के दर्शन के स्थान पर प्रेम और शानित के दर्शन का पक्ष-साधक है, जो भौतिक आध्यात्मिक जीवन के मूल्यों को साथ-साथ लेकर चलता है वह शिक्षा के दर्शन को किस सीमा तक सहायता पहुँचा सकता है? कहाँ तक वह मनुष्य के मन और व्यक्तित्व का निर्माण करने में योग देता है? किस सीमा तक व्यावहारिक और कहाँ तक काल्पनिक है? आज की सृष्टि में उसका क्या स्थान हो सकता है? क्या शिक्षा के लिये आज इन्हीं सब समस्याओं पर विचार करना आवश्यक नहीं हो गया है? क्या सृष्टि के सन्ताप का दार्शनिक स्तर पर विचार करना शिक्षा का लक्ष्य नहीं है?

नई संस्कृति की तलाश से गुजरते हुए

संस्कृति को नये सिरे से बनाने का काम तो बहुत कठिन है ही यहाँ तक कि उसके सम्बन्ध में नया कहने और सोचने का काम भी कठिन कुछ कम नहीं है। फिर जिन देशों को आयु लम्बी है, जैसे हिन्दुस्तान की जिसकी संस्कृति दो हजार वर्ष या इससे भी अधिक आयु वाली है और जहाँ विचारों की जाने कितनी असंख्य धाराएँ बहीं, मिली और पुराने को नया और नये को पुराना बनाती रही वहाँ सहसा कुछ भी नया कहते भय लगता है। एक तो उपहास का भय और दूसरा अपने कथन की पुष्टि में पीछे के इतिहास की कोई प्रामाणिक सामग्री न होने का भय। ऐसी रिक्तता में कोई प्रस्ताव रखना सरल नहीं है। लेकिन पुराने देशों की एक सम्पन्न विरासत भी होती है, वह भी एक भय है, जो धीरे-धीरे वंध्या होते हुए भी रहती है, जिसका वजन उठाना कठिन होता है लेकिन ललचाती है ठीक एक पुरानी प्रेमिका की तरह। वह न मृत होती है और न कुछ जन्मने देती है। एक सिलसिला कायम रखती है; एक मीठी सी कँप-कँपी पैदा करने वाला सिलसिला जो बार-बार अतीतोन्मुख बनाता है। हिन्दुस्तान में जो कुछ नया करना चाहते है—कोई एक दम नया नहीं बहुत थोड़ा सा नया—वे इस अतीतोन्मुख कर देने वाले सिलसिले की क्रूरता को भी जानते है क्योंकि उसका लक्ष्य एक जगह सिमिट जाने में और प्रवाह की शक्ल न ग्रहण करने में होता है। अन्त में यह संस्कृति निर्गुण हो जाती है और एक आभिजात्य तक सिमिट जाती है। अन्त में यह आभिजात्य घरानों में बँध जाता है—कविता, संगीत, चित्र, लोक-नाट्य के घरानों में और फिर इन पेशेवर आभिजात्य घरानों में केवल क्षुद्रता और अहंकार रह जाता है जो इनके अस्तित्व को व्यर्थ कर देता है। इस तरह संकीर्णता पुरानी संस्कृति का मिज़ाज बनती जाती है और उसकी रचनाशीलता सिकुड़ती रहती है।

इन दिनों अ—रचना के इन्हीं सन्दर्भों में 'संस्कृति की रचनाशीलता' और 'आम आदमी की साझेदारी' के प्रश्न उठे है जिनका उठना उचित है। एक लम्बे समय तक पूरे जनसमूह का 'सांस्कृतिक ग़ैर-बराबरी' की यातना उठाते रहने का अर्थ कुछ कम भयावह नहीं है क्योंकि वह रुग्ण सांस्कृतिक अभिजात्य और शेष लोगों में अपरिचय, अजनबीपन, अलगाव, ईर्ष्या और बाद में शायद हिंसा पैदा करती है

जो इन दिनों हिन्दुस्तान में शक्ल बदल-बदलकर पैदा हो रही है और फैलती जा रही है। इस देश में भद्र और ऊँचे लोग विलासी और कभी न घटने वाले विश्राम के अभ्यस्त हो गये हैं और दूसरे लोग अनवरत कर्म के, जो केवल थकाने वाला और चित्त को संवेदना रहित बनाने का उपाय है। दोनों तरफ के लोगों में जोड़ने वाला सुखी, और सम्पन्न बनाने वाला, एक दूसरे के बीच ममता और भाईचारा पैदा करने वाला कुछ नहीं है। भद्र वर्ग में सम्पूर्ण उदारता के आडम्बर के बावजूद केवल तबियत की कृपणता है और कटे हुए लोगों में ऊपरी दब्बूपन के बीच क्रोध, नाराज़गी, चिड़चिड़ापन, आक्रामकता और हिंसा फैली हुई है। उन सब लोगों से जो आस-पास की सृष्टि को जानते है यह छिपा नहीं है कि इधर की दुनिया, संचार के साधनों के फैले होने के उपरान्त भी, छोटे मन वालों की होती जा रही है और 'सांस्कृतिक ग़ैर-बराबरी' बनाए रखने वाली शक्तियाँ पुराने हिन्दुस्तान के मुकाबले संख्या और शक्ति में बढ़-चढ़ गई है। किशन पटनायक ने 'समता का दर्शन' पुस्तक में, जिसे गणेश मंत्री और विश्वनाथ जैसे दृष्टिवान तरुणों का सम्पादन मिला है, इन शक्तियों का कुछ अन्दाज़ा लगाया है और गहराई से विश्लेषण किया है। उनका कहना है कि हिन्दुस्तान नें ग़ैर-बराबरी को बनाए रखने वाली तीन शक्तियाँ है—जाति, सम्पत्ति और भाषा। मैं सोचता हूँ बहुत प्रयत्न के उपरान्त जाति शायद थोड़ी बहुत टूटे किन्तु सम्पत्ति और भाषा की जो जकड़ नई ताक़त से उठी है वे आने वाली शताब्दी तक न घटे। हिन्दुस्तान में जो नया धनाढ्य वर्ग बन रहा है उसमें सम्पत्ति हथियाने और उसके उद्दंड प्रदर्शन की अपार इच्छा है। हिन्दुस्तान की सत्ता गरीब होते हुए भी सम्पत्ति के सिलसिले में प्रदर्शनकामी है। उसका सम्पूर्ण आचरण लालची है और उसकी नीतियाँ सम्पत्ति हथियाने की इच्छा उभारता है। संस्कृति के पक्ष में जैसे दीनता आनन्द की तलाश में रमे रहने वाले चित्त को कुंठित करती है सम्पत्ति का लालच ठीक उसी तरह कृपणता और क्रूरता को फैलाता है। सम्पत्ति की उपयोगिता का दर्शन निकम्मा होता जा रहा है और उसके प्रदर्शन की इच्छा बढ़ती जा रही है। दोनों पक्ष, प्रदर्शन करने वाले और प्रदर्शन देखने वाले-तंग दिल, टुच्चापन और निर्दय हो गये है। गरीब और उठने वाले राष्ट्र सम्पत्ति-खाली होकर संस्कृति और शक्ति की क्षति-पूर्ति में लगे हैं।

भाषा का खेल बहुत संश्लिष्ट है। हिन्दुस्तान का भद्र-जन अंग्रेज़ी के जरिये अपने वैशिष्ट्य स्थापना में लगा है। ऊपर से झगड़ा शिक्षा के माध्यम को तलाश करने जैसे लगता है लेकिन अन्दर की अन्दर वह खेल हिन्दुस्तान के आदमी का मनोबल तोड़ने और रोजमर्रा की राजनीति और प्रशासन में उचित हस्तक्षेप को रोकने का है। इसी नीति के चलते दो प्रतिशत वाला छोटा आभिजात्य अट्ठानवें प्रतिशत वाले व्यापक जनसमूह से भिड़ रहा है, जीत रहा है, उच्च पदों पर बैठा है, राज कर रहा है। अकेली जाति ने ही हिन्दुस्तान का मन तोड़ दिया अब सम्पत्ति और भाषा तीनों

मिलकर उसे ध्वस्त कर दे रही है। इसलिए नये सिरे से संस्कृति की रचनाशीलता और आम आदमी की साझेदारी के प्रश्नों को उठाना ज़रूरी है।

हिन्दुस्तान का विलासिता और अनुपादेय और आनन्द रहित कर्म के बीच बँटा हुआ संसार मुरझाया और हारा हुआ संसार है। इसी तरह का उसका सृजन भी है; इसी मुरझाये, हारे प्रतिस्पर्धी, ईर्ष्यालु, क्रूर संसार का सृजन जिसे वह उद्‌घाटित करता है, ठोकता-पीटता है, नाराजी बताता है लेकिन बदल नहीं पाता। ऐसी ही हारी हुई, मुरझाई शिक्षा व्यवस्था है जिसका आत्म-मुग्ध शिक्षित नौकरशाही तब्दीली का ढिंढोरा पीटती चला रही है और शिक्षक जिसका लूला लंगड़ा अंग होकर रह गया है। इसी के अन्दर से विद्यार्थियों का आक्रोश जन्म ले रहा है जो कभी-कभी व्यापक तब्दीली के लिये संघर्ष करता है लेकिन अक्सर इस या उस राजनैतिक दल का दुमछल्ला बने रहने का आभास देता है।

इन कठिनाइयों के बीच एक कठिनाई यह पैदा हो गई है कि संस्कृति के सम्बन्ध में सोचने विचारने, उसके रूप-गुण का परखने और ज़रूरत हो तो परिवर्तन की आकांक्षा ज़ाहिर करने का अधिकार और जिम्मा किसका है? इसी सिलसिले में सामन्ती-तंत्र की याद करने में कुछ लोग आवश्यकता से अधिक भावुक हो जाते है जिन्होंने कभी-कभी कला-धर्मियों की उदारता पूर्वक सहायता की है और कभी-कभी कला मर्मज्ञता का परिचय भी दिया है। वैसे यह सवाल इन दिनों उन्नत देशों में कोई महत्त्व नहीं रखता जहाँ अपार संख्या में पुस्तकें बिकती है और अच्छे लेखकों की सम्पत्ति बढ़ने के दिन दूर नहीं है लेकिन हिन्दुस्तानी कला-धर्मी का मन तृष्णा में फँसा है। वह इन दिनों की सत्ता के स्वभाव को जानता है जो बाजार के लालची उपायों को काम में लेकर लम्बी मछलियाँ पकड़ने को जाल फेंकती है, वह इस तथ्य को भी स्वीकार करता है कि स्वतंत्र सृजन की बुनियादी आवश्यकता है लेकिन इससे राज्य के पद-पुरस्कारों के लिये उसके मन में कोई सैद्धान्तिक ग्लानि नहीं है बल्कि कहीं न कहीं एक दबा-छिपा आत्मसमर्पण का भाव है। यह माँग तो करीब-करीब हर जगह बनी हुई है कि राज्य साहित्यकार को सामाजिक प्रतिष्ठा दिलाने की पहल करे और अक्सर ऐसे अवसरों को बहुत महत्त्व का माना जाता है जब ऊँची हैसियत का राजनीति कर्मी किसी साहित्य कर्मी की साठवीं या इसके बाद वाली वर्ष गाँठ पर नम्रतापूर्वक नमस्कार करता है या अभिनन्दन ग्रंथ भेंट करता है। सब कोई अन्तरंग गोष्ठियों में इसकी निन्दा करते हैं, सब कोई बाहर इसे पसन्द करते है। यह द्वंद्व प्रजातंत्री सरकारों को स्पष्ट भूमिका न समझने के कारण भी हो सकता है जिसे स्वयं सरकारें स्पष्ट नहीं करतीं जिसे सरकारी नौकरशाही अस्पष्ट बनाए रहती है, जिसे अपने निहित स्वार्थों की भूमिका में रखकर स्वयं साहित्य कर्मी या अन्य कलाकार गड्डमड्ड करते रहते हैं। राज्य न सही तो हिन्दुस्तान की स्वायत्त संस्थाएँ क्या कोई भूमिका अदा कर सकती है? यहाँ अविश्वास ही नज़र

आता है; एक तो इसलिए कि स्वायत्त संस्थाओं का चरित्र और व्यवहार भ्रष्ट हो गया है और दूसरे वे सरकारी प्रभाव से मुक्त नहीं है तीसरे उन्हें स्वेच्छाचारिता के लिये काफी मुक्ति मिली हुई है। इसलिए व्यक्ति की स्वतंत्रता को सरकार द्वारा सम्पूर्णतया निगल लिये जाने का खतरा होते हुए भी यह श्रेष्ठ विकल्प माना जा रहा कि न केवल माध्यमिक शिक्षा संख्याओं को बल्कि महाविद्यालयों को भी व्यापक सरकारी संरक्षण प्राप्त हो। यह विकल्प से बुराइयों में से एक बुराई चुनने का है—जो गुणात्मक दृष्टि से कम बुरा है। मुझे इस राज्य की साहित्य अकादमी और विश्वविद्यालय की स्वायतता के स्वभाव, रूप और अच्छाई बुराई को निकट से देखने का अवसर आया है और यद्यपि यह कहना अच्छा नहीं लगता लेकिन यह सत्य है कि वहाँ स्वायत्तता का सबसे विकृत और अंधा रूप देख सकते है। वस्तुतः यह सम्पूर्ण छद्म है कि वे राज्य पुरुषों के प्रभाव से मुक्त है बल्कि सही यह है कि राज्य के प्रतिनिधि वहाँ कहीं अधिक दबंग होते है और वे अक्सर झगड़ों की बुनियाद होते हैं लेकिन टुच्चे झगड़ों को सुलझाने की हिकमत भी उनके पास है।

क्या संस्कृति को केवल समय और सन्दर्भातीत शक्तियों के हाथ में छोड़ा जा सकता है? केवल इस प्रतीक्षा में कि काल सब कुछ छाँट देगा; अच्छा बुरा। लोक शक्ति अन्त में चुन लेगी। लेकिन एक अभिप्राय में लोकशक्ति एक अमूर्त तत्त्व है और उसके पास किसी भी वस्तु को प्रतिष्ठित करने की व्यवस्था और साधन नहीं है।

संस्कृति को एक भय विज्ञान से भी है। विज्ञान से इसलिए कि वह राज्य को अपरिमित शक्ति देता है तथ्यों को फैलाने की जिसे राज्य अक्सर तोड़ मोड़ कर अपना काम बनाने के लिये फैलाता है। लेकिन अब विज्ञान से मुक्त होना सरल नहीं है बल्कि भयावह भी है क्योंकि उससे मनुष्य को अनेक सुख मिते हैं, मूर्खता और पागलपन से छुट्टी मिली है। मनुष्य को उन पुरानी अँधेरी और दासता की पाटियों में फिर से भटकने के लिये छोड़ देना अब असम्भव है। हमारे लिये यह कृतघ्नता भी होगी कि अनेक भौतिक सुविधाओं की इच्छा तृप्ति करने वाले विज्ञान की उपादेयता को हम अस्वीकार दे। लेकिन यह सही है कि विज्ञान के सुपुर्द संस्कृति के सवाल नहीं किये जा सकते है।

तब क्या विकल्प है? विकल्प पर खुली बहस का है। मैं सोचता हूँ हिन्दुस्तान में ऐय्याशी के तौर पर तो जाने दीजिये लेकिन आवश्यकता के तौर पर भी संस्कृति की पेचीदी किन्तु आनन्ददायक और कठिन समस्याओं पर बहस नहीं हुई है। शायद इसका कारण यह हो कि इस समय संस्कृति जैसे कमनीय किन्तु अनिवार्य विषय पर बहस की ज़रूरत न हो, बहस को फिजूल मान लिया गया हो या कि बहस को टाला जा रहा हो लेकिन इसलिए यह सोचना कि एक देश की सांस्कृतिक नियति बन ही नहीं रही है कदाचित् दुर्भाग्यपूर्ण होगा। कुछ-न-कुछ तो हो रहा है, अच्छा न हो बुरा हो। कोई-न-कोई आकृति तो बन ही रही है क्योंकि वह चीजों

का स्वभाव है। समय की शक्तियों को रोकना मुश्किल होता है और मैं यह नहीं कहता कि बहसें काल की शक्ति को रोकती है, लेकिन कभी-कभी चमत्कार हो जाए। राज्य के नृशंस ख़तरे को भी कुछ कम करने का उपाय एक खुली बहस ही तो है यद्यपि किसी खुली बहस ने राज्य की प्रकृति को बदला नहीं लेकिन उसकी नृशंसता कम हो सकती है।

मैं इस प्रसंग में एक अच्छी और उपयोगी बहस की याद कर सकता हूँ—जिसे फैलना चाहिए था लेकिन जो फैली नहीं। फैलाने की चिन्ता न की गई हो या ज़रूरत न समझी गई हो—जो शिमला में इंडियन इंस्टीट्यूट ऑफ एडवांसड् स्टडी द्वारा आयोजित की कयी थी। 'उच्च अध्ययन के राष्ट्रीय संस्थान' ने बहस के लिये जिन मुद्दों को चुना उन्हें प्रो. श्यामाचरण दुबे ने अपने भाषण में उठाया था और मुझे यह कहने में कोई हिचक नहीं है कि जितनी निर्भीकता और स्पष्टवादिता से प्रो. दुबे ने इन मुद्दों को उठाया उनका कोई उत्तर नीति—वक्तव्य में नहीं मिला जिसकी बहुत आशा थी। शायद इसका कारण यह मनोवैज्ञानिक भय रहा हो, जिसे बाद में कही व्यस्त भी किया गया था, (मेरा अभिप्राय पत्रों से है) कि सरकार को कोई संस्कृति के सम्बन्ध में महत्त्वाकांक्षी मानकर लांछित न करे। यों भी इस भय का कारण नहीं था क्योंकि जिन प्रबुद्धजनों की आमंत्रित किया गया था उनका व्यक्तित्व एकदम ही अविश्वासनीय नहीं था। नीति वक्तव्य को शायद सहमति वक्तव्य के बतौर काम में लिया गया और कुछ बातों को, जो अमूमन कही जाती है, छापा भी गया लेकिन यदि वह इतने विद्वानों के द्वारा तैयार किया है तो नाउम्मीदी का कारण ज़रूर है। यह आशा फिजूल नहीं आएगी कि प्रो. दुबे अपने प्रभाव से और अपनी संस्था के प्रभाव से भी बहस की ऐसी आबोहवा तैयार कर सकेंगे जिससे राज्य के साधनों का उपयोग होकर भी राज्य की नृशंस शक्ति और नौकरशाही की उद्ददंडता का प्रदर्शन नहीं होगा। यह उम्मीद भी है कि बहस के परिणाम जो निकले लेकिन इन्स्टीट्यूट जगह-जगह बहस को खोले। थोड़े लोगों के बीच हुई बहस डर बढ़ाती है। यह प्रस्ताव करना अनुचित नहीं होगा कि सभी भाषाओं में यह बहसें छापी जाएँ। अंग्रेज़ी में हुई बहस आतंकित करने वाली हो सकती है; उपयोगी नहीं। अंग्रेज़ी-दाँ लोगों को संस्कृति की ज्यादा आवश्यकता भी नहीं, जिन लोगों को ज़रूरत है उनकी मातृ भाषाएँ दूसरी है।

परिशिष्ट

अतीत राग की भूमिका : पहले कहे जाने जैसा

'अतीत राग' के इन आलेखों का कोई पूर्व इतिहास या कोई सिलसिला नहीं है। उन्हें किसी साहित्यिक-विधा की श्रेणी में नियोजित करना भी सम्भव नहीं है। लिखते समय या कि अब भी मैं इन्हें किसी विधा में रखने का आकांक्षी नहीं हूँ। ये सब आकस्मिक आलेख हैं और किसी-न-किसी की स्मृति के साथ जुड़े हैं, जिनके साथ मैं रहा या अभी भी हूँ। लेकिन यह 'रहना' भी किसी तरह से सघन या प्रगाढ़ नहीं है, किसी अन्तरंगता के साथ, प्रेम करते हुए, दुनिया रचते हुए, किसी अकथ यात्रा में निकले हुए। इसलिए कभी ये आलेख संस्मरण हैं, कभी श्रद्धांजलियाँ, कभी गुणानुवाद, कभी प्रशंसा, कभी समर्थन, कभी आभार, कभी वृत्तान्त। इस तरह बहुत-सी विधाओं की वर्णमालाएँ मिल गई हैं।

यह कहना ज़रूरी-सा लगता है कि ये वृत्तान्त किसी भी व्यक्ति के जीवन का विशद ब्योरा नहीं है; आदि से अन्त तक उसे जानने क़ा या उसके जीवन-आवेगों में रहस्यों को किसी मनोचिकित्सक की तरह देखने का। यह सिर्फ ज़िन्दगी के उस हिस्से को देखने की कोशिश है जो समाज से जुड़ी है और 'सामाजिकता' का बहुमूल्य हिस्सा है। मेरे ख़याल से यही वह हिस्सा या पक्ष है जो ज़िन्दगी के ऊल-जलूल बियावानों में चमकता है और मृत्यु के बाद भी आभार के साथ याद किया जाता है। 'आहार, निद्रा, भय,मैथुन' की सार्वजनिक सामान्यताओं को याद करने की ज़रूरत शायद इसलिए नहीं होती क्योंकि उनकी कोई 'ऊर्जस्वित सामाजिकता' नहीं होती। अधिक-से-अधिक कहें तो वे सभी के जीवन में तेज आंधी की तरह आकर गुज़र जाते हैं। उनके साथ हमारा संघर्ष प्राय: अकेले-अकेले चलता रहता है।

'अतीत राग' समान विचार वाले पड़ोसियों का इलाका है। इसके ज्यादातर पड़ोसी समाजवादी साथी और मित्र साहित्यकार हैं जो शोषण-मुक्त समाज-रचना के लिए प्रतिबद्ध हैं। 'भारतीय समाजवाद' आज़ादी के बाद वाले दिनों में अपनी थोड़ी-सी क्रान्तिकारी पहचान बनाकर विलुप्त हुआ काल-खंड है। बदलाव के इस काल-खंड में कोई विरल सिद्धान्तकार नहीं मिला; जो थे वे जयप्रकाश नारायण, डॉ. राममनोहर लोहिया, आचार्य नरेन्द्र देव, अशोक मेहता आदि थे। वे कांग्रेस की 'ढीली-चाल' और पूँजीपतियों के प्रति अनुकूल आचरण से सैद्धान्तिक मतभेद रखते

थे। लेकिन पार्टी के लिए जैसे संगठित नेतृत्व और बदलाव की दिशा चाहिए थी, उसका विश्वसनीय घोषणा-पत्र तैयार करने में वे कामयाब नहीं हुए। उनकी अपने अलग-अलग जीवनानुभवों के साथ बदलाव के वैश्विक-परिदृश्यों की अलग-अलग समझ थी। ब्रिटिश राज से मुक्ति के बाद की बदली हुई स्थितियों का गणित कठिन और उलझा था। यह बाद की बात है कि जब लोहियाजी ने कहा कि वैश्विक-व्यवस्था के दोनों 'मॉडल' विफल हो गये हैं—पूँजीवादी और साम्यवादी। इसलिए औपनिवेशिक दासता से मुक्त हुए देशों को अपना अलग रास्ता तलाश करना चाहिए। ऐसा उन समाजवादियों ने किया भी। अशोक मेहता ने 'एशियन सोशलिज्म' शीर्षक देकर एक पुस्तक लिखी। डॉ. लोहिया ने क्रान्ति के कई मोर्चों की तलाश करते हुए 'सप्तक्रान्ति' नाम देकर एक छोटी-सी पुस्तिका प्रकाशित की जो समाजवादियों के लिए 'विचार और कर्म' को सुनियोजित करने के लिए व्यापक-हस्तक्षेप का काम करती रही। हर बार जब विचार और कर्म की दिशाएँ धुँधलायीं समाजवादियों ने 'सप्तक्रान्ति' से मदद ली। समाजवादियों के बुनियादी सिद्धान्तों में 'समता' के विचार और कर्म को बीज रूप में स्थापित किया गया। बहुत से कारणों से बाद में समाजवादी पार्टी के मुख्य सिद्धान्तकार और कर्म को दिशा देने वाले लोहिया ही रह गये। उनकी मृत्यु के बाद समाजवादी अकेले पड़ गये।

एक अर्थ में समाजवादी पार्टी समाप्त हो गई थी लेकिन एक अदृश्य समाजवादी पार्टी मन में बनी थी, वह बनी रही और वे लोग जिनके साथ समता और स्वाधीनता के सपने देखे थे, वे जो सिर्फ़ पार्टी के उसूलों के लिए नहीं, ज़िन्दगी के गम्भीर उसूलों के लिए समर्पित थे, अडिग रहे, सब जैसे रिश्तेदार हो गये। वे बड़े लोग नहीं थे। कोई स्टेशन का कुली था, कोई सड़क के किनारे चाय बनाता था या शहर में पार्टी चलाता था, हीरालाल जैन थे या राजेन्द्रजी, नरेन्द्रजी थे या कि जयप्रकाश नारायण, या राममनोहर लोहिया थे; सब स्मृतियों में बस गये और उनकी 'करनी की चारुता' समृद्धि-सम्पदा की ललक को दोनों हाथों से उलीचकर फेंकने के साहस को, मैंने देखा। सब का देखना एक तरह का नहीं था, गुण-अवगुण, इच्छाएँ, प्रतिक्रियाएँ सब एक-सी नहीं थीं। मैं भी उन्हें अलग-अलग नज़रियों से,अलग-अलग समय के कोणों से देखता रहा। जो देखा उसमें से वही चुना जो 'लोकार्पित' था और जो लोक-रचना का भविष्य हो सकता था। वह विशेष जो उन्होंने जीवन से मृत्यु तक चुना। मैंने भी उनकी स्मृति में उसे ही रेखांकित किया है।

समाजवादी हों या साहित्यकार, अपवाद छोड़कर, वे राजस्थान के हैं। कुछ तो प्रान्त-मोह के कारण और कुछ उन असुविधाओं के कारण जो परिचय-क्षेत्र को सीमित करती हैं। साहित्यकारों पर लिखे 'स्मृत्यालेख' उनकी रचनाशीलता और हिन्दी-सेवा का गुणानुवाद है। हिन्दी साहित्य के इतिहास में इन्हें उल्लेखनीय स्थान नहीं मिला है। राजस्थान में वे 'लापता साहित्यकारों' की श्रेणी में हैं। हिन्दी-समाज

में साहित्यकारों का दखल पाठ्य-पुस्तकों के जरिये हुआ है, जिनका केन्द्रीय चरित सुविदित है। हिन्दी का पहला केन्द्र बनारस (काशी), फिर इलाहाबाद (प्रयाग) और अब दिल्ली है। यहीं साहित्यकारों के चेहरे चमकाये गये हैं और इन्हें बाज़ार में भेजा गया है। उसमें राजस्थान के हिन्दी-साहित्यकारों को बहुत थोड़ी जगह मिली है। हमारे हिन्दीसेवी, बहुभाषाविद कवि पं. गिरिधर शर्मा 'नवरत्न' और गद्यकार, 'सौरभ' पत्रिका के सम्पादक पं. राम निवास शर्मा को बहुत कम साहित्यकार जानते हैं। मैंने इन्हीं कुछ को श्रद्धांजलियाँ दी हैं और कुछ की धुँधलाती, सिमटती स्मृतियों को कृतज्ञता और आह्लाद के साथ अंकित किया है।

डॉ. महेन्द्र भाणावत और क़मर मेवाड़ी को उनकी दोस्ती और लेखन की उमंग के लिए शुभकामनाएँ दी हैं।

'विविधा' में 'माँ का गाँव' और दूसरे आवश्यकता और आकस्मिता के दबाव, आवेग में लिखे वृत्तान्त हैं।

कुल मिलाकर जो कुछ इनके बारे में कहा जा सकता है वह इतना ही है कि 'अतीत राग' के आलेख किंचित भावुकता के साथ लिखा उन लोगों का स्मरण है, जिनकी स्नेह-छाया में मैंने अपनी ज़िन्दगी को 'पुनर्वसित' करने की कोशिश की है और मैं आशा करता हूँ कि उनकी मूल्यवान ज़िन्दगियाँ हमारे बहुत से संशयों की निरर्थकता का उच्छेदन कर सकने में मददगार हो सकती हैं।

पत्नी आशा और बेटी चन्दा जो चले गये हैं। अरुण, मन्नू, सुयश, मंजु और आदर्श जो इन रचनाओं के सहृदय श्रोता हैं, उन्हें इस लेखन यात्रा में अपने साथ होने का अनुभव करना विरल सुख है और वही उन्हें स्नेहपूर्वक याद करने का कारण है।

अनुराग (मेरे पुत्र) ने मेहनत करके इन्हें संयोजित किया है और यह बताना आवश्यक है।

भाई अशोक महेश्वरी को भी धन्यवाद, जिन्होंने इस पुस्तक को प्रकाशित किया।

30, अहिंसापुरी
उदयपुर

—नंद चतुर्वेदी

साहित्य की व्यापक चिन्ताएँ : भूमिका

संवाद और बहस नंद चतुर्वेदी के सोच का मूल सार था। वे स्वतंत्रता और समता के पक्षधर थे और हमेशा इन चिरन्तन मूल्यों की रक्षा के लिए सार्वजनिक मंचों से भाषण, परिसंवादों, कवि सम्मेलनों और गोष्ठियों के जरिये अपनी बात करते थे। उन्हें 'संवाद-प्रेमी' भी कहा जाए तो कोई अतिशयोक्ति नहीं होगी।

साक्षात्कार ज्यादातर एक सवालों की परिधि में की गई बातचीत होती है। 'साहित्य की व्यापक चिन्ताएँ' और अन्य साक्षात्कार सामायिक विषयों पर गम्भीर चिन्ताएँ तो हैं ही साथ ही नंद चतुर्वेदी के साहित्यिक सोच की बयानी भी हैं। वे कविता की परम्परागत बुनावट के साथ-साथ उसकी सामाजिकता और उससे जुड़े सरोकारों को भी जानते-पहचानते थे। वे कविता को अँधेरे से मुक्त होने की छलाँग मानते थे। उनकी कविताएँ आसपास के परिवेश और संघर्षरत मानव से जुड़ी थीं।

इन साक्षात्कारों की यह भी विशेषता है कि ये समाज और साहित्य की व्यापक चिन्ताओं को बताते हैं। गांधी-लोहिया की विचारधारा को पूरे जीवन-भर मानने वाले नंद चतुर्वेदी अपने मित्र-समीक्षक नवल किशोर जी के द्वारा यह पूछे जाने पर कि 'आपकी कविताओं में प्रेम की कोमल अनुभूतियों की कविताएँ क्यों नहीं हैं? सारी कविताओं में बस समाज का दर्द, औरत का दर्द, पीड़ा...' वह कहते हैं, 'यदि रीतिकालीन कविता को आप प्रेम की कविता मानते हैं तो मैं नहीं जानता कि वह कितनी प्रेम की कविता है। यह भी एक विवेचना की बात है कि दरअसल प्रेम क्या चीज है और प्रेम की कविता कैसी होती है, लेकिन प्रेम करती हुई स्त्रियाँ नज़र ही नहीं आईं।'

नंद चतुर्वेदी कई मुद्दों पर साफगोई से राय रखते थे। शिक्षा, मीडिया, नया आर्थिक परिदृश्य, जिसमें निजीकरण और वैश्वीकरण शामिल हैं, उनकी व्यापक चिन्ताओं के हिस्सा थे। उनको एक दुःख यह भी था कि राजस्थान के हिन्दी लेखकों को वह सम्मान और प्रतिष्ठा नहीं मिली जिसके वे हक़दार थे। वे राजस्थान को उत्तर प्रदेश की मंडी बनाने के ख़िलाफ़ थे और बार-बार इस दुःख की बयानी इन साक्षात्कारों में करते हैं।

नंद चतुर्वेदी इन साक्षात्कारों में स्वयं से भी साक्षात्कार करते हैं और अपने जीवन को कविताओं से जोड़ते हैं। समाज में स्त्रियाँ लगातार कष्ट पाती रही हैं, चाहे वे मौसीमाँ हों, जैसे मेरी नानी है, 'कि तुम्हारी देह से जैसे बर्फ की धार ही निकल रही हो; या मैं तुम्हारी देह पर सो जाता और तुम कहतीं कि लो, नौ बज गए, वह जो रेल की सीढ़ी लगातार...वही कविता है।"

इन साक्षात्कारों में नंद चतुर्वेदी कविता में भाषा के साथ कैसा सरोकार रखते हैं, उसका जवाब भी देते हैं। नंद चतुर्वेदी समय को पहचानने वाले और समाज की विसंगतियों को जानने वाले कवि-चिन्तक थे।

सामाजिक यथार्थ और कविता विषय पर नंद भारद्वाज ने नंद चतुर्वेदी से लम्बी और सार्थक बातचीत की है। समाजवादी सोच और आन्दोलन की पृष्ठभूमि के बारे में नंद चतुर्वेदी कहते हैं : 'समाजवादी सोच से जुड़ने की पृष्ठभूमि कविता ही है। कोई भी लेखक-कवि यथास्थिति के साथ जुड़ नहीं सकता। वह परिवर्तन और बदलाव के मूल्यों की पदचाप सुनता है। कवि होने के नाते विषमता या भुखमरी या गरीबी को सहन करना और रस-विलास में डूबे रहना मुझे कभी भी सम्भव प्रतीत नहीं हुआ। चेतना के किसी भी स्तर पर यह कभी स्वीकार नहीं हुआ कि दुनिया की तरफ से आँख मूँद कर ऐसे संसार में डूबे रहें जो स्मृतियों का संसार है क्योंकि वे स्मृतियाँ भी सामाजिक व्यवस्था से टकराती रहती हैं। दरअसल एक क्रूर संसार में कोई भी मुलायम, कमनीय स्मृति जीवित नहीं रह सकती। यदि आपको कमनीय स्मृति भी जीवित रखती हो तो संसार की क्रूरता, विषमता, गरीबी, भुखमरी आदि से संघर्ष करना ही होगा। यह संघर्ष कविता से अलग नहीं है।'

इन साक्षात्कारों में उनकी कविता के विषय, उनके कविता लिखने का कारण और उनके काव्य-संसार के आन्तरिक रचना-संसार की विस्तृतता है। ये सम्पूर्ण रूप से नंद चतुर्वेदी की साहित्यिक चिन्ताओं और उनके सफल-असफल होने की कथा भी हैं।

नौ दशकों के लम्बे जीवनकाल में नंद जी ने कई सामाजिक कालखंडों में अपना जीवन जिया। झालावाड़-उदयपुर का सामन्ती-काल, आजादी की लड़ाई और देश-निर्माण के सपने, आजादी के बाद बराबरी का सपना भी टूटा और बहुत बाद के दिनों में उन्हें निजीकरण और वैश्वीकरण के सवालों के उत्तर भी खोजने पड़े।

नंद चतुर्वेदी मानते थे कि व्यक्ति की उसकी आयु से नहीं, बल्कि उसकी सृजनात्मक ऊर्जा से हमें खुश होना चाहिए। नंद चतुर्वेदी बताते हैं कि जब उन्होंने लिखना प्रारम्भ किया था तब वे रोमानी दृष्टि रखते थे पर यह दृष्टि बदलकर अब आवश्यक दृष्टि में बदल गई है जो मुझे अब आर्थिक, राजनीतिक, सांस्कृतिक प्रभाव लेती नज़र आ रही है (हिमांशु पंड्या और पल्लव से बातचीत)। जैसे मनुष्य

का स्वाधीन होना, क्योंकि स्वाधीन लोग ही समता की और समता के लोग ही स्वाधीनता की बात कर सकते हैं। सब सुखों के बीच भी स्वाधीनता अपना एक मूल रखती है और सारी स्वाधीनता के बावजूद समता न हुई तो एक दुखान्त पराधीनता की ओर ही जाएँगे।

नंद चतुर्वेदी न केवल कवि, आलोचक, शिक्षक थे बल्कि वे एक बेहतरीन अनुवादक भी थे। उन्होंने जीद, प्रीस्टल, कामू और रंगायन (सम्पादक : पीयूष दईया) सँभाली और ऊराँव भाषा की 50 कविताओं का अनुवाद किया। होल्डर लेन उनके प्रिय कवि थे। अनुवाद और संस्कृति विषय पर अमरीकन लेखिका केथरीन रसेल रिच के साथ संवाद करते हुए वे 'क्या अनुवाद कला है?' सवाल का जवाब यह कहकर देते हैं : 'यह एक व्यावसायिक दक्षता भी हो सकती है, पर जब यह कला होती है तो अनुवादक से इसकी माँग दो स्तरों पर होती है—भावनात्मक और व्यावसायिक स्तर पर। किसी सुन्दर अनुवाद के लिए अनुवादक को अनुवाद-प्रशिक्षित होना ज़रूरी है, किन्तु साथ ही उसके मन में उस भाषा, उस देश और उसकी सांस्कृतिक गरिमा के प्रति भी उतना ही भावनात्मक लगाव आवश्यक है।' इसी साक्षात्कार में नंद चतुर्वेदी हिन्दी में सूर्य-चन्द्रमा के कई पर्यायवाची शब्दों का ज़िक्र करते हैं और कहते हैं कि चन्द्रमा के लिए हमारे पास दस शब्द हैं और हर शब्द एक भिन्न प्रकार की मृदुता दर्शाता है। अंग्रेज़ी में आपके पास एक ही शब्द है—'मून'। मून और मून। आपके पास केवल 'सन' है। मेरे पास सूर्य है—इसका उच्चारण ही एक प्रगल्भता दर्शाता है और फिर उसके लिए सूरज, रवि, आदित्य और भास्कर जैसे अन्य कई शब्द हैं।

इस पुस्तक के कई साक्षात्कारकर्ता नंद चतुर्वेदी के साथी, सहयोगी कवि और प्रियजन रहे हैं। विदेश और देश के अन्य भागों से आए विद्वज्जनों ने भी उनसे बातचीत की है।

'आलोचना क्या सर्जनात्मक कर्म है?' डॉ. शम्भु गुप्त के इस सवाल पर नंद चतुर्वेदी कहते हैं : 'एक जिद न हो, एक दुराग्रह न हो, यदि यह मनःस्थिति बनती है तो किसी भी समय आलोचना एक सर्जनात्मक कर्म होती है और यह सर्जनात्मक कर्म अनेक तरह से आलोचना होगा। मेरी दृष्टि में यह स्थिति आनी चाहिए। अब यह नहीं आती है तो संकट उत्पन्न होता है और एक तरह से कहें तो 'मूढ़ाग्रह' भी उत्पन्न होता है।'

इन लम्बे साक्षात्कारों में नंद चतुर्वेदी अपने पढ़ने-लिखने, स्मृतियों और बचपन के दिनों की चर्चा भी करते हैं। वे सदाशिव श्रोत्रिय को बताते हैं कि जिस प्रकार कोई उपन्यास-प्रेमी उपन्यास पढ़ता है, उसी तरह वे वैचारिक निबन्ध पढ़ते हैं, विविध प्रकार का गद्य, जैसे—मनोविज्ञान, अर्थशास्त्र, शिक्षा, समीक्षा-आलोचना, समाजशास्त्र और समकालीन चिन्तन।

आलोचक ओम निश्चल के इस सवाल पर कि वे मृत्यु के बाद किस रूप में याद किया जाना पसन्द करेंगे, नंद चतुर्वेदी का उत्तर है : 'एक सामान्य हिन्दी कवि की तरह जो सामाजिक बराबरी के लिए और सत्ता के भयावह होते हुए वृत्तों के विरुद्ध लिखता रहा, मुक्ति के सपने देखता रहा।'

इस संकलन के साक्षात्कार समय-समय पर हिन्दी की कई पत्र-पत्रिकाओं में प्रकाशित हुए हैं। हम पत्र-पत्रिकाओं तथा मित्र सम्पादकों के आभारी हैं, जिन्होंने इन्हें प्रकाशित किया। साथ ही, साक्षात्कारकर्ता साहित्यकारों, आलोचकों और दृष्टिवान कवियों के भी हम आभारी हैं जिन्होंने हमें ये साक्षात्कार प्रकाशित करने की अनुमति दी। राजकमल प्रकाशन के भाई अशोक महेश्वरी को धन्यवाद देना महज औपचारिकता नहीं है। वे नंद जी के शुभाकांक्षी रहे हैं और साहित्यानुरागी तो हैं ही। इस पुस्तक में शामिल सभी साक्षात्कारों को नंद जी ने अपने जीवन के आख़िरी वर्षों में सम्पादित और चयनित किया था। यह प्रसन्नता की बात है कि उनके न रहने के बाद काव्य संकलन 'आशा बलवती है राजन्' (राजकमल से ही) और अब यह संकलन उनके शुभचिन्तकों के पास पहुँच रहा है।

मुम्बई

—अरुण चतुर्वेदी
अनुराग चतुर्वेदी

नंद चतुर्वेदी रचनावली

अनुवाद और साक्षात्कार

खंड : 4

नंद चतुर्वेदी रचनावली

अनुवाद और साक्षात्कार

खंड : 4

सम्पादक

पल्लव

राजकमल प्रकाशन

ISBN : 978-93-6086-922-9

मूल्य : ₹2500
(4 खंडों का सम्पूर्ण सेट)

पहला संस्करण : 2024

प्रकाशक : राजकमल प्रकाशन प्रा. लि.
1-बी, नेताजी सुभाष मार्ग, दरियागंज
नई दिल्ली-110 002

शाखाएँ : अशोक राजपथ, साइंस कॉलेज के सामने, पटना-800 006
पहली मंज़िल, दरबारी बिल्डिंग, महात्मा गांधी मार्ग, प्रयागराज-211 001
1, अनमोल सोराबजी सन्तुक लेन, धोबी तलाव, मरीन लाइंस, मुम्बई-400 002

वेबसाइट : www.rajkamalprakashan.com
ई-मेल : info@rajkamalprakashan.com

मुद्रक : बी.के. ऑफसेट
नवीन शाहदरा, दिल्ली-110 032

NAND CHATURVEDI RACHANAWALI (Vol. 4)
Edited by Pallav

नंद चतुर्वेदी

राजस्थान के मुख्यमंत्री हीरालाल देवपुरा और नंद चतुर्वेदी, साथ में
'जय राजस्थान' के सम्पादक चंद्रेश व्यास, वर्ष 1974

समाजवादी विचारक और नेता जॉर्ज फ़र्नांडीज़ और नंद चतुर्वेदी, मध्य में
डॉ. बेनीप्रसाद चतुर्वेदी (टोंक), वर्ष 1981 *(फोटो साभार : रामा स्टूडियो, उदयपुर)*

गोविंदराम सेक्सरिया टीचर्स ट्रेनिंग कॉलेज, उदयपुर में धर्मवीर भारती के नाटक 'नीली झील' के निर्देशन के बाद कलाकारों के साथ नंद चतुर्वेदी (दाएँ से दूसरे) साथ में हैं (बाएँ से तीसरे) पन्नलाल श्रीमाली, वर्ष 1952

बाएँ—नंद चतुर्वेदी, आशा चतुर्वेदी (पत्नी), अनुराग (पुत्र), आदर्श (पुत्र), वर्ष 1974

14-05-2012

~~[illegible]~~ मूर्ख बनाये रहते हैं।

22.11.2014

किसी समस्या के पक्ष या विपक्ष में बहुमत ही नहीं सर्वानुमत का मिल जाना उस समस्या का उचित समाधान नहीं माना जा सकता।

उदाहरण के लिए पुलवा (राजसमंद) गाँव के सब लोगों ने (पूरी पंचायत) नंगी कर काले मुँह के साथ, एक औरत को गधे पर बिठा गाँव में घुमाने का निर्णय किया था। किन्तु यह निर्णय सर्वानुमति से लिए जाने के उपरान्त भी अनुचित और लज्जाजनक था। अनेक कारणों से लम्बे समय तक सर्वानुमत बना रहता है और यह लम्बी समय सनातनता का प्रमाण बन जाता है।

यह कुटिल सनातनता परम्परा का रूप ले कर चलती रहती है।

28.11.2014 नरेन्द्र मोदी जब प्रधानमंत्री होने के लिए अपना धुँआधार प्रचार कर रहे थे तब साहित्यकार यू. आर. अनंतमूर्तीने कहा कि यदि वे प्रधान मंत्री होते हैं तो वे (अनंतमूर्ति) देश छोड़ देंगे। उन्होंने यह

MAY 2012	M	T	W	T	F	S	S	M	T	W	T	F	S	S	M	T	W	T	F	S	S	M	T	W	T	F	S	S	M	T	W	T	F	S	S
	•	1	2	3	4	5	6	7	8	9	10	11	12	13	14	15	16	17	18	19	20	21	22	23	24	25	26	27	28	29	30	31	•	•	•
	Week 18							Week 19							Week 20							Week 21							Week 22						

लेखक की हस्तलिपि (डायरी)

क्रम

दहेज पीड़ित महिलाएँ : एक अध्ययन

साक्षात्कार

अनुवाद का कर्म और सामाजिक प्रतिबद्धताएँ

नंद चतुर्वेदी प्रतिबद्ध कवि थे, उनकी प्रतिबद्धता किसी दल या विचारधारा के साथ न होकर मनुष्य मुक्ति के लिए थी। मुक्ति के इस संघर्ष में जो राजनैतिक दल या विचार नंद बाबू को उपयोगी लगते थे, उनका साथ देने में वे झिकझते नहीं थे। अपने सुदीर्घ रचना जीवन में उन्होंने अनुवाद और सम्पादन के अनेक काम किये तो इन कार्यों का आशय भी उनके इसी आग्रह में देखा जाना चाहिए। काव्यानुवाद बहुत मुश्किल साहित्य कर्म है क्योंकि अनुवादक ऐसा ही व्यक्ति होना चाहिए जो दोनों भाषाओं को ठीक से जानता हो। नंद बाबू ने लोककला मंडल, उदयपुर से निकलने वाली पत्रिका 'रंगायन' के सम्पादक पीयूष दईया के आग्रह पर काव्यानुवाद किये। ये काव्यानुवाद बहुत पुरानी प्राकृत की कविताओं के थे जो हाल कवि की गाथा सप्तशती से अंग्रेजी के रास्ते आए थे। ठीक इसी तरह कुछ संथाली कविताओं का अनुवाद भी उन्होंने किया जिन्हें अंग्रेजी में कवि सीताकांत महापात्र ने प्रस्तुत किया था। इन दोनों काव्यानुवादों में नंद बाबू की अपनी मेधा दिखाई देती है जो इन कविताओं की मूल संवदेना तक पाठकों को पहुँचाने में समर्थ है।

इससे पहले उन्होंने अपनी पत्रिका बिन्दु और उस दौर की अनेक पत्रिकाओं के लिए साहित्य शास्त्र तथा साहित्य के अन्य मौजूं विषयों पर प्रसिद्ध अंग्रेजी निबन्धों का अनुवाद भी किया। एक कवि को यह सब करने की क्या जरूरत थी? मुझे लगता है कि प्रतिबद्धता के साथ साथ रचनाकार अपने लिए नए रास्तों की ईमानदार तलाश में भी इस तरह के काम करता है। अगर नंद बाबू द्वारा अनुवादित निबन्धों के विषयों को देखा जाए तो मालूम होता है कि ये वे विषय हैं जिन पर एक कवि तथा नागरिक के रूप में वे सदैव विचार करते रहे। जे.बी. प्रीस्टले, काम्यू, आन्द्रे ज़ीद और यूजिन आयनैस्को के लेखन के कुछ विचारोत्तेजक अंशों को नंद बाबू ने अनुवाद के लिए चुना। यह एक कवि का अपने लिए सही दृष्टि की तलाश का उपक्रम भी कहा जा सकता है जिसके लिए उसे भाषा, संस्कृति या देश की सीमाओं का बन्धन स्वीकार नहीं है।

यूजीन आयनैस्को के लम्बे निबन्ध 'रचनाकार और उसकी समस्याएँ' के दो अंश उद्धृत करता हूँ जिनमें अनुवादक के रूप में नंद बाबू की छाप भी देखी जा सकती है—

> लिखना गत्यात्मक चिन्तन है, लिखना ढूँढ़ना है। समीक्षक की कृतिकार के यात्रा-स्थलों तक जाना होगा। अधिकांश बार कवि अंधकार या कि धुंधली रोशनी वाले रास्तों से आगे बढ़ता है। समीक्षक उन रास्तों तक प्रकाश ले जाता है, रास्ते चमक जाते हैं। मैंने कहा है कि कृति एक भवन होती है, उसकी रचना दृढ़ होनी चाहिए। समीक्षक का काम है कि वह देखे कि किसी छत से पानी तो नहीं गिर रहा है, सीढ़ियाँ गिरने जैसी तो नहीं है, द्वार जुड़े तो नहीं हैं कि जिससे कुछ कक्ष खुल ही न पाते हो, याकि ऐसी ही कुछ दूसरी विकृतियाँ तो नहीं है।

कृति में कृतिकार की अपनी उद्विग्नताएँ, उसका व्यक्तित्व विलीन हो जाता है, उसकी छोटी-छोटी कठिनाइयाँ महत्त्वहीन हो जाती है क्योंकि उसने वह प्राप्त किया, वह देखा जिसकी उसे प्रतीक्षा थी। एक सृष्टि ने अस्तित्व ग्रहण किया, किन्तु इस अस्तित्व के लिए उसे स्पन्दित होना था। कृतिकार को अचरज था और शायद नहीं था। उसे केवल यही प्रतीति हुई कि उसने अन्तरात्मा में धारण किया कि जिससे वे जन्में, बड़े हो और अपना जीवन जिए। अब तक कदाचित् वह स्पष्ट हो गया होगा कि जो कल्पनाजन्य कृतियाँ सत्य और असत्य की मर्यादाएँ लाँघ जाती हैं कम-से-कम उन कट्टरतापूर्ण परिभाषाओं से तो मुक्त हो ही जाती है जो कठमुल्ला नीतिज्ञ उन्हें देते है—उनकी जड़े वास्तविक यथार्थ में होती है जिसे हम जिन्दगी कहते हैं। वही कृति विद्यमान रहेगी, उसकी स्थिति सतत रूपान्तरित होती हुई परिस्थितियों के बीच सुदृढ़ रहेगी और उसका निर्माण पुख्ता आधार पर होगा क्योंकि भविष्य की बदली हुए संवेदनाओं और परिवर्तित जन रूप के उपरान्त भी वह अभेद्य, अखंड और अप्रतिहत होगी।

प्राकृत की जिन कविताओं का नंद बाबू ने अनुवाद के लिए चुना उनमें शृंगार के बिम्ब हैं तब भी लगभग बारहवीं शताब्दी की इन कविताओं को तकनीक के भयावह समय में पढ़ना कैसा समृद्ध और विशिष्ट अनुभव है, प्रस्तुत हैं दो कविताएँ—

दूरी प्रेम को नष्ट कर देती है
उसका अभाव भी
प्रवाद प्रेम को नष्ट कर देता है
और कभी-कभी

प्रेम को नष्ट करने के लिए
कुछ भी नहीं होता

अस्फुट स्वरों में
वे कहती हैं
निर्दयी, सुबह होते ही छोड़ कर
चला जाता है
रात तुम लम्बी और लम्बी होकर
कल को आने ही न दो

* * *

जैसा कि पाठक जानते हैं नंद बाबू को मनुष्य मुक्ति के लिए जिस राजनैतिक विचार से यत्किंचित आशा थी वह समाजवाद का विचार था। समाजवाद के जिस भारतीय संस्करण को आचार्य नरेन्द्र देव, राममनोहर लोहिया और जयप्रकाश नारायण ने तैयार किया था नंद बाबू अपने को उसके निकट पाते थे। ए अप्पादुराई की एक अत्यन्त विचारोत्तेजक और महत्त्वपूर्ण किताब को उन्होंने अंगरेजी से हिन्दी में अनुवाद के लिए चुना। लगभग सवा दो सौ पृष्ठों की इस किताब का नाम था 'भारतीय राजनीतिक चिन्तन' जिसका अनुवाद नंद बाबू ने रघुवर दयाल के साथ मिलकर किया। इसे साउथ एशियन पब्लिशर्स, नई दिल्ली ने 1990 में प्रकाशित किया था।

अप्पादुराई की यह पुस्तक भारत में लोकतंत्र के बनने की कहानी भी है और स्वाधीनता आंदोलन के दौरान विभिन्न राजनैतिक मतवादियों में चल रही प्राणवान बहसों का जीवंत दस्तावेज भी। अप्पादुराई की आस्था सर्वोदय में थी किन्तु उन्होंने इस किताब में लोकतंत्र के लिए संघर्षरत किसी भी अन्य विचारधारा के साथ पूरा बौद्धिक न्याय किया। नंद बाबू ने जिस सरल सहज भाषा में इसे अनुवादित किया उससे इस अध्ययन की उपादेयता निश्चित ही बढ़ी है।

दूसरी पुस्तक 'दहेज पीड़ित महिलाएँ : एक अध्ययन' लेखिका रंजना कुमारी की है जो भारत में महिला आन्दोलन में अग्रणी रही हैं। मुजफ्फरपुर (बिहार) से वर्ष 1991 में छपी इस छोटी-सी किताब में उस दौर में दहेज़ जैसी समस्या पर गम्भीरता से अध्ययन किया गया था। ये दोनों पुस्तकें हिन्दी अनुवाद के बाद और चर्चित हो गईं।

दोनों पुस्तकों के अविकल अनुवाद इस खंड में पढ़े जा सकते हैं।

* * *

नंद बाबू के अनेक लोगों ने साक्षात्कार लिए हैं। उनमें से अनेक महत्त्वपूर्ण साक्षात्कार अरुण चतुर्वेदी और अनुराग चतुर्वेदी ने चुनकर पुस्तकाकार प्रकाशित करवाए। नंद बाबू बहुत अच्छे वक्ता थे। उनका वाक् कौशल चर्चा का विषय होता था। वे सरल सहज हिन्दी बोलते थे और अनावश्यक बलाघातों के स्थान पर आवश्यक मुद्दों को ले आते थे भले वे मुद्दे किसी को पुराने लगें। राजनैतिक उथल पुथल के बावजूद उनके संकल्प कभी कमज़ोर नहीं पड़े और वे हमेशा उस आख़िरी आदमी की चिन्ता करते रहे जो लोकतंत्र का दायित्व है। दो साक्षात्कारों से छोटे छोटे अंश—

'लेखन को लेकर हमारी मुख्य चिन्ता एक तरह से सामन्तशाही के विरोध से ही शुरू होती है, जो राजस्थान में चाहे कहीं राजा थोड़ा उदार हो गया हो, चाहे थोड़ा कठोर हो गया हो, लेकिन मुझे यह लगता रहा कि राजा एक अधिकारी के रूप में, एक विरासत के रूप में प्राप्त हुई राजशाही, वह अन्त में जनोन्मुखी नहीं होती और उनसे लड़ना ही चाहिए या उनसे संघर्ष करना ही चाहिए। तो जब मैं करीब बी.ए. में आया, यानी करीब सन् 1942-43 के लगभग, जब स्वाधीनता का संघर्ष भी उग्र होता दिखाई देता है, उस वक़्त मेरी करीब 20 वर्ष की आयु रही होगी, आप देखिये कि मजेदार बात यह हुई कि जब मैं रीतिकालीन कविता पढ़ रहा था और रीतिकालीन छन्द भी, क्योंकि अभ्यास के दौर में मुझे यह लगा कि जब तक आप बड़े कवियों के कवित्त सवैया, छन्द इत्यादि याद नहीं करें, तब तक छन्द की जो विषमता है, और छन्द की जो लयात्मकता है, उससे आप परिचित नहीं हो सकते। जैसे रत्नाकर के छन्द हैं या और रीतिकालीन कवियों के छन्द हैं, उन्हें याद करते रहते थे, उस तरह के छन्द लिखे भी, एक आध शृंगार का भी लिखा, वय: सन्धि पर पहुँची नायिका का भी लिखा, लेकिन मैं स्वयं चकित हूँ कि यह विवेक कैसे उत्पन्न हुआ, यह तो सामाजिक वैषम्य का है, जिसमें उस समय मैंने यह कविता लिखी और हमारे काव्य-गुरु हरनाथ जी, जो झालावाड़ में थे, उनकी भी ऋतुओं की कविता याद करते या कि पद्माकर की शिशिर की, शरद की, हेमन्त की कविताएँ याद करते, जिसमें रतिशाला, रंगशाला का ज़िक्र होता था, उस समय मैंने एक छन्द लिखा, जिसकी अब तो एक-दो पंक्तियाँ ही मुझे याद रह गई हैं, जिसमें अन्त में ही यह आता है और उस समय वह मेरी पन्द्रह-सोलह वर्ष की आयु का ही छन्द होगा, जिस समय हम लोगों की दुनिया के खुलने का कोई प्रश्न ही नहीं था, क्योंकि एक छोटी-सी तो रियासत और उस छोटी रियासत में भी हम छोटे लोग, न कोई बाहर आना-जाना और वह भी ब्राह्मण परिवार में जो और भी संकीर्णतावादी में जकड़ा हुआ होता है, भारत के उत्तर के जो वर्ग हैं, दरअसल वे खुले यों ही नज़र आते हैं, अन्दर से वे बड़े गाँठ-गोभी की तरह होते हैं, तो उस वक़्त यह लिखना कि, 'दीजै रंगशाला, रतिशाला को हवालो कहा, बिलखत जे हैं

एक-एक ही निवाला को 'बिलखत जे हैं एक-एक ही निवाला को' इस भाव पर बाद में तो सैंकड़ों कविताएँ लिखीं और यही कविता आज तक लिखता रहा हूँ, दरअसल यह उसी कविता का विस्तार है।'

'प्रतिभा के विलक्षण क्षण को पकड़ने के लिए कवि को लगातार परिश्रम, अभ्यास करते रहना चाहिए। चाहे उसे लगे कि इसका कोई मूल्य नहीं है। या इसको कोई पढ़ेगा कि नहीं पढ़ेगा। अपनी चेतना को सजग रखने के लिए उसे ऐसा करना चाहिए। 'पोएट्स आर बोर्न एंड नोट मेड' जो यह प्रचलित कहावत है इसमें कुछ सत्य हो सकता है। कुछ ऐसी प्रतिभाएँ ज़रूर होती होंगी। मैं सोचता हूँ कि उनमें तुलसीदास या कालीदास, सूरदास इत्यादि लोग रहे होंगे कि जिनकी मानसिक ऊर्जा शोध लायक है। यह कि वह कौन-सा तत्त्व था उनकी स्मृति का, उनकी रचनात्मकता का कि जो इतने बड़े जीवन परिदृश्य को इतनी सहजता से और एकाग्रता से, 'इन्टिग्रीटि' से समझ सका। जैसे 'महाभारत' विलक्षण रचना है। लोग कहते हैं कि कई लोगों ने उसकी रचना की। तब भी उसमें जो प्रवाह और अनुभव साक्ष्य हैं वे काल का अतिक्रमण करते हैं। चकित होकर हम ऐसे ग्रंथों को कालजयी कहते हैं।'

* * *

नंद बाबू की रचनावली तैयार होने में पर्याप्त समय लगा है तब भी मुझे आशा है कि खोजते रहने पर उनकी कुछ और रचनाएँ भविष्य में मिलेंगी। एक ऐसा रचनाकार जिसने हिन्दी के गैर-पारम्परिक क्षेत्र से अपना काव्य संघर्ष जीवन-भर किया उसकी चिन्ताएँ केवल अपने रचनाकर्म तक सीमित नहीं थीं। नन्द बाबू ने न जाने कितने नये कवियों के संग्रहों की भूमिकाएँ लिखीं, कितने रचनाकारों की अन्य विधाओं की पुस्तकों का लोकार्पण करते हुए गहरी और गम्भीर बातें कहीं। और जाने कितने पाठकों को पत्र लिखे। वे सब धीरे-धीरे मिलेंगे ही।

इस खंड को तैयार करने में नरेश राव और मीनाक्षी जी ने अपना सारा काम छोड़कर टंकण पूरा किया, उनका आभार।

—पल्लव

प्राकृत प्रेम कविताएँ

मूल : गाथा-सप्तशती
रचयिता : हाल
अंग्रेजी में अनुवाद : अरविन्द कृष्ण मेहरोत्रा

(1)

मध्याह्न के प्रचंड आतप से डरी
तुम्हारी छाया तक
तुम्हारे पैरों से लिपटी रहती है
यात्री! छाया में ही विश्राम करो

(2)

रात को
प्रसन्नता से उसके लज्जारूण कपोल
मुझ से शताधिक और भिन्न-भिन्न
चेष्टाएँ कराते हैं
किन्तु सुबह लाज से ऊपर देखती तक नहीं
अविश्वसनीय हो गई है
रातवाली स्त्री।

(3)

मेरा परदेशी पति
लौटेगा जब

मैं उसे देखूँगी
वह देखेगा और मनाएगा
एक स्त्री के सपने
सच होते हैं
कभी-कभी ही

(4)

अपनी प्रथम प्रसव वेदना में
उसने अपनी सखियों से कहा
मैं अब की बार
देखना
उसे अपना स्पर्श तक नहीं करने दूँगी
हँसती हैं सखियाँ

(5)

आँखें मूँदे
पलंग पर लेटी
वह उसकी स्मृति में डूबी है
फिर अपनी भुजाओं में
जहाँ से कंगन शिथिल हो गए हैं
वह स्वयं को स्वयं के
आलिंगन में बाँध लेती है

(6)

दूरी प्रेम को नष्ट कर देती है
उसका अभाव भी
प्रवाद प्रेम को नष्ट कर देता है
और कभी-कभी
प्रेम को नष्ट करने के लिए
कुछ भी नहीं होता

(7)

दुख पाने पर भी
मैं उसके पास जाती हूँ
अग्नि सब कुछ भस्म कर देती है
तब भी हम अग्नि जलाते हैं
अपने उरोजों को
द्वार से सटाये
अपने पैरों के न दुखने तक
वह अपने पंजों पर खड़ी है (प्रतीक्षा में)
इससे अधिक
वह क्या कर सकती है?

(8)

आज रात
निपट अन्धकार में मुझे
अभिसार-स्थल पर जाना है
इसका अभ्यास करती
वह आँखें मूँद कर
अपने ही घर के बार-बार चक्कर लगाती है

(9)

'यह क्या है'
अपने उरोजों पर लगे
'नख-क्षतों' को वह
भोले भाव से देखती है
कभी धोती, कभी रगड़ती
कभी खुरचती

(10)

मेरे गुँथे हुए केश
अभी खुले भी नहीं हैं

(कि)
तुम फिर प्रस्थान की
बात करने लगे
वह अपने प्रेमी को
पति की तरफ धकेल कर कहती है
यह आदमी अभी-अभी
मेरे पीहर से आया है

(11)

सखि जब वे
परदेश होते हैं
मेरे कंगन ढीले हो जाते हैं
और मैं चिन्तित हो जाती हूँ
क्या प्राय: ऐसा होता है?

(12)

अस्फुट स्वरों में
वे कहती हैं
निर्दयी, सुबह होते ही छोड़कर
चला जाता है
रात तुम लम्बी और लम्बी होकर
कल को आने ही न दो

(13)

कल रात प्रिय के
निचले अधर की जिस लालिमा को
उसने पोंछ दिया था
वह सुबह उसकी उप-पत्नियों की
आँखों में प्रदीप्त थी

(14)

ज्यों-ज्यों यात्री
ऊपर देखता हुआ
अपनी अंजुरी की अँगुलियाँ
चौड़ी कर पानी
वह जाने देता है
वह जल धार
कम और कम करती जाती है।

(रंगायत में प्रकाशित)

संथाल-काव्य

अंग्रेजी से भाषान्तर : नंद चतुर्वेदी
संकलनकर्ता : सीताकान्त महापात्र

बाहा-गीत

एक

किस के आँगन में बजती है वेणु,
नगारे किस के घर में
विकल हुए वे बुला रहे
क्या इक-दूजे को वेणु-नगारा
जान रहे क्या वेणु-नगारा इक-दूजे को

दो

मादल बजती है, जैसे ही
किन्तु बाद में
उसके पहले ही
माझी की बेटी कैसी झूम रही है
जैसे पत्ता झूम रहा हो तेज हवा में
उसका कोमल तन ऐसा है
जैसे वक्ष कबूतर का हो
लाल अधर उसके पलाश से
अहा! जरा देखो कैसे वह लहराती है
जैसे पत्ता तेज हवा में

तीन

ले गागर अपनी बाहों में
मैं सखि! गई नदी जल भरने
भरती थी गागर मैं तट पर
तभी किसी ने वेणु बजाई
तन, मन की सारी सुध खो कर
खाली हाथ चली आई
मैं अपने घर पर

चार

पीपल, बरगद के पेड़ों पर
गाता चोंच मारता बैठा है
कठफोड़वा
पीपल की शाखा पर बैठी है
कबूतरी
भरती हुई उजासें लम्बी
शायद कुछ घटने वाला है
इस धरती पर
शायद लिखे बुरे दिन आएँ
इस किस्मत में
तभी उसासें भरती है
साई कबूतरी
और डालकर बैठा
गाता है कठफोड़वा

पाँच

कपड़े पहन लिए वृक्षों ने कितने सुन्दर
पत्ते हरे विविध रंगों के फूल मनोहर
मुझे सजाओं इन फूलों से प्यारी सखियों
महुल वृक्ष के नीचे खड़ा प्रतीक्षा में वह
नदी पार के पीपल से वह मुझे बुलाता

बैठ वहीं गाता कठफोड़वा
नया साल लग गया
अखाड़े में चलता है नाच रात-दिन

छह

कितनी सकड़ी सड़क
हमें चलना है बहुत सावधानी से
दायें-बाएँ लगी हुई काँटों की बाड़ें
अगर हुई थोड़ी असावधानी जो हम से
काँटे चुभ जाएँगे तो सारे शरीर में
कितने ताने मारेंगे लड़के पड़ोस के
हम को बहुत सावधानी से ही चलना है

प्रेम-गीत

एक

वह पहाड़ पर बजा रहा है वेणु,
मैं झरने पर भरती हूँ सखि!
अपनी गागर
कैसे छोड़ूँ अपनी गागर
जाऊँ उस तक कैसे?
कैसे उसका वेणु-निमंत्रण
भुला, रहूँ जल-भरती

दो

झूम रहे हैं मन्द हवा में
कोमल पत्ते शाल पेड़ के
दे दूँगा मैं प्राण
किन्तु उनको तोड़ूँगा

रहती वह जो, वहाँ,
गाँव की भोली गोरी
कैसे आकर्षक मुख वाली
रहती है वह वहीं
वहीं हिरती-फ़िरती है
है मेरे घरवाली, तो क्या
मुझ को पाना ही है उस को
मुझे बनाना उसको, अपनी प्राण संगिनी

तीन

शाल पेड़ की
फूल लदीं डालें लाया था
अपने केशों में न लगाया
उनको तुमने
उनके सारे फूल बिखरकर
है मुरझाए
स्वर सुनता हूँ
बँधी हुई पैरों की झुंपी का मैं
अब तक
रुन-झुन रुन-झुन
विकल तुम्हारे लिए
तुम्हारे लिए विकल मैं

चार

फूले कास
नदी फैली है उफन क्षितिज तक
लगी गूँथने हैं बालाएँ हार फूल के
हुआ तुम्हीं में लीन
गूँथता रहा तुम्हारी माला
जाने कब चुभ गया
फूल का कोई काँटा

देखों, रुकता नहीं
नहीं है रुकता अब यह रुधिर

पाँच

टिटीहिसी के फूल
पहाड़ी के ढलान पर खिले हुए हैं
टिटीहिसी के फूल दीखते
गायों की पूछें हों जैसे
फूलों का वैसा गुलदस्ता
लाया मैं तुम को देने को
तुम जाने हो, कहाँ
कहाँ छिप गई न जाने

छह

आरक्षित है घाट स्त्रियों के लिए
स्थान का
यहाँ चले आए
लज्जित क्या नहीं हुए तुम
चलो यहाँ से हटो, हटो, जाओ जल्दी से
कैसी लज्जा
जाऊँगा मैं नहीं तनिक भी लज्जित हो कर
तुम को ले कर ही जाऊँगा
सदा सदा के लिए
बना कर प्राण संगिनी

सात

सड़क छोर पर आम-कुंज में काएल गाती
प्राणवल्लभे! दिवस आ गये हैं गर्मी के
दहक चले हैं वन पलाश के

अग्नि-वर्ण रंगों से
मेरी प्रिय, तुम, किन्तु न जाने
कहाँ छिपी हो

आठ

खिले हुए हैं कमल
ताल के गहरे नीले जल में
आसमान की ओर देखते
जाते कहीं न जाने
आना तुम इस पार तैर कर
उन्हें इकट्ठे करना
लेना फिर अपने अधरों से
उनका चुम्बन

नौ

किस के पाले हुए
कबूतर आए
किन हाथों ने दिया प्यार
होगा दुलराया
अब केवल 'घुम-घुम' कर कोई गाते गाना
या एकान्त उदासी का यह आकुल स्वर है
कैसे चलते
'बोगाओं' के वश में हों
इनकी आत्माएँ

दस

चली गई ससुराल
सभी संगिनी-साथनियाँ
अपनी-अपनी घरवाली

ले आए हैं सब संगी-साथी
मुरझाए सब फूल
उदास पत्ते उड़ते
उद्विग्न हवा में
मैं ही अब रह गई अकेली
इस निर्जन में

ग्यारह

शाल मुहुल के खिले हुए फूलों से
लदी हुई वन घाटी
विवश बन्दिनी मैं हूँ उसमें
पहना गए अँगुलियों में
मुझको अँगुठियाँ
पैरों में झुंपी
अपने ही पीहर में
मैं हूँ विधवा बन्दिनी
तुम प्रिय जब भी
वेणु बजाते इस पथ निकलो
किसी गीत में मुझे निमंत्रण देते जाना

बारह

अब गाँव की गलियों में
नाच थम गया है
फूल कुम्हला गए हैं वृक्षों पर
तारे डूब चले हैं पश्चिम में
चन्द्रमा क्षीण और पीला होता जा रहा है
अब जाने दो
जाने दो मुझे प्रिय
अपने घर
तुम्हारे सपनों में जीने के लिए

तेरह

गुरुमहीसनी पहाड़ियों के
ढलान पर
वेणु बजाते हो जब भी तुम
नई ताल, जीवन से
सारा गाँव जाग उठता है
फिर मुरझाए फूल
नई सुषमा से खिल जाते हैं

चौदह

अगर कहोगे कुछ भी मुझ से
या पीछे भागोगे
मैं मछली बन कर कूदूँगी
गहरे सरिता-जल में
कभी नहीं मैं हाथ तुम्हारे
प्रिय! फिर आ पाऊँगी
मैं दूजी मछली बन कर
आऊँगा गहरे जल में
साथ तुम्हारे पास-पास
रह कर तैरूँगा

अगर नहीं मेरी मानोगे
मैं छोटी गुंडूरी बन कर
पत्तो झुरमुट में, खेतों में
छिप जाऊँगी
ढूँढ़े नहीं मिलूँगी तुम को

अगर करोगी तुम जो ऐसा
मैं बन कर के एक शिकारी
तुम्हें ढूँढ़ लूँगा वृक्षों, पत्तों, शाखों में
झुरमुट में या विकट घास में

खेतों में कपास, गेहूँ में
अपनी तुम्हें बना रखूँगा

पन्द्रह

वेणु तुम्हारी का स्वर आता कहीं दूर से
नदी पार से
या अनन्त के अनजाने से
लेता है वह खींच
छोर मेरे आँचल का
मेरे प्राण विकल फिरते हैं
मोहक धुन में

विवाह गीत

एक

लो बरात आई, दूलहे ही
लो बरात है आई
करती है विश्राम
बैठ बरगद के नीचे
आये है कितने बराती?
नहीं जानते हम इतनों की कर पाएँ ज्यौनार?
अच्छा है वे
तब तक खालें फल बरगद के

दो

ओ राईबर!
दुल्हन कितनी बड़ी हमारी
बहुत बड़ी भी नहीं
नहीं कुछ इतनी छोटी
पानी का गगरा लाती है अपने सिर पर
और कमर पर

तीन

बेटी! अब सारी सहेलियाँ, सब सम्बन्धी
आये हल्दी-तेल चढ़ाने
गाँव छोड़, पति-गृह जाओगी
कल संध्या तक
कल यह सारा गाँव
गाँव के वृक्ष, फूल सब
याद करेंगे तुम्हें
फूल यहीं कुम्हला जाएँगे
यहीं छूट जाएँगे प्रियजन
प्रेम-पगी बातें, सब यादें
यही रहेंगी
उन्हें बिसर मत जाना, बेटी, तब भी
बिसर उन्हें मत जाना
होती हैं कन्याएँ
दूजे घर जाने को
रख सकते माँ-बाप नहीं
उनको अपने घर

चार

कौन दिशा से हाथी-घोड़े आए?
झुंड-झुंड आए बराती
कौन दिशा से?
आये हैं पूरब से हाथी-घोड़े
पश्चिम से, आये बराती
इतनों को हम
कैसे दे पाएँगे खाना?
खिला-खिला हाथी घोड़ों को
पहले विदा करेंगे
फिर दुल्हन को सौपेंगे
बरात के हाथों
बिदा करेंगे सब को

पाँच

फागुन का चन्द्रमा बढ़ा जाता है ज्यों-ज्यों
आता है नजदीक तुम्हारा शादी का दिन
हल्दी-तेल लगाएँगी सब सखियों तेरे
कल संझा को विदा करेंगे तुम को घर से
रोओ मत बेटी
दुनिया की रीत यही है।

मृत्यु-गीत

एक

कितना-सा जीवन मनुष्य का
जैसे एक घड़े में पानी
छेद हुआ कोई छोटा-सा
लो, बह गया घड़े का पानी

दो

छोटे लड़के
लिए हाथ में धनुष बाण जो तुम हो
तो क्या
लिए हाथ में हसिया और कुलड़ी
तो क्या
इनसे डरती नहीं मृत्यु है किंचित
आ जाएगी किसी एक दिन सहसा

तीन

ये खुशियाँ आनन्द
बहुत थोड़े दिन के हैं
यह दूजों से प्रेम
बहुत थोड़े दिन का है
जाओगे जब बिदा माँग कर
इस दुनिया से
साथ नहीं आएगा कोई

चार

जब कुम्हलाते फूल
लगे रहते हैं फल वृक्षों पर
जब सूखे पत्ते गिरते हैं
नये-नये आते हैं
रहा भटकता एक गाँव से
दूजे तक मैं
पिता नहीं मिल पाए तमुझ को
किन्तु आज तक

पाँच

हुआ साँझ-आकाश प्रकाशित
चिता अग्नि से
राख हो गया अभी-अभी
उसका हँसता मुख
आज रात चमकेंगी फिर से उसकी आँखें
काले नभ में

ओराँग-गीत

सरहुल

एक

मृगसिर में तुमने
झुमके पहने हैं जो कानों में
उन्हें माँज कर
चमक बनाए रखना उनकी
क्योंकि बाद में तुम को मालूम हो जाएगा
क्या होने वाला है उनका

दो

रिमझिम में धीरे से
गिरते फूल धूल में

किसी सखा के लिए
उन्हें लड़की चुनती है
पास कुएँ के राह देखती है वह उसकी
जब बन जाते मित्र
खड़ी रहती आँगन में
रहती खड़ी, भीगती रहती है फुहार में
अन्दर आती नहीं

तीन

जस्सीपुर का तरुण
इकट्ठे करता दो कदम्ब तरुओं के
फूल मनोहर
पास कुएँ वाली लड़की को मित्र बनाने

चार

भला बुरा कहना हो, माँ,
तुम को यदि मुझ से
घर में ही कह लेना हाँ, माँ
कहना नहीं अखाड़े में कुछ
होंगे वहाँ अखाड़े में सब
संगी-साथी, मेरे जैसे
मुझ से माँ
कुछ भी मत कहना वहाँ

पाँच

जब पहाड़ियों पर लगती है आग
नज़र आती है सब को
नज़र नहीं आता
जलता दिल लेकिन
माता और पिता तक को भी नहीं

करमा

एक

प्यारे सिबा!
खड़े हुए हो यहीं नाच घर के समीप तुम
वह लड़की भी पास तुम्हारे खड़ी हुई है
कुछ ही समय बाद सूरज उगने वाला है
दर्शक-गण सब इन्तजार में खड़े हुए हैं
तुम क्यों गाते और नाचते नहीं?

दो

निकल रहा है इमली के पीछे से सूरज
निकल रहा है सूरज धीरे-धीरे
जीवन कोई कष्ट नहीं है, भाई
सिर्फ समय की पगडंडी
आहत करती है

तीन

बारा पेड़ तले जाती है
वह अनाथ लड़की फल खाने
आता है तूफान
फेंकता उसको नीचे
मेरी उस अनाथ लड़की के साथ
तुम्हें तूफान!
नहीं ऐसा करना था

जादुर

एक

भला-बुरा मत कहो मुझे माँ
जाऊँ तो भी कहाँ जरा सोचो तो

आने तो दो माघ-पूर्णिमा
जाऊँगी मैं निकल कहीं तो भी पूरब में
ढूँढूँगी कोई मजदूरी

दो

मेरे सब पड़ोसियों के घर
बजते ढोल-नगारे तुरही
मेरा ही घर डूब रहा है सन्नाटे में
मेरी इकलौती जवान बेटी
अपने ससुराल गई है

तीन

जिस दिन से तुम चले गए हो
राजा की बेठी में प्यारे भाई
नींद नहीं आती है भोजाई को
करने को 'बेगार' गए हो
जब से तुम राजा की
आधी रात गए तुम को
पुकारती है भोजाई
रात-रात भर नींद नहीं आती है, उसको

चार

लाल-लाल आँखों से मुझ को
क्यों घूरा करते हो
मैं इनको निकाल डालूँगी किसी एक दिन
सुबह शाम सारे दिन इन खूनी आँखों से
क्यों देखा करते हो मुझ को
मैं निकाल फेकूँगी इनको किसी एक दिन

पाँच

कदम तले अपने प्रेमी से
मिलती है धोबी की लड़की
कहती है तुम वेणु बजाओ
चाहो तो ले लो
सब सोना चाँदी
लेकिन लेता नहीं,
नहीं कुछ
और वेणु भी नहीं बजाता

जात्रा

एक

अम्मा! किस के कारण कर्जे में डूबी हो
अम्मा! किस के कारण दौलत घर में आई
ऋण में दिया धकेल बेटियों ने री, बहना!
बेटों ने घर-बार भरा, री, बहना! धन से

दो

पढ़ने जाओ स्कूल, किताबें पढ़ो
और विद्वान बनों तुम
फिर जाओ कलकत्ता
तहसीलदार बनो तुम
बाबू जैसे कपड़े पहन कचहरी जाना
हत्ते वाली कुर्सी पर फिर बैठ मजे से
समझ बूझ कर, सब कुछ सुन कर
हुकुम सुनाना

तीन

मरने जैसी माँ हो गई माघ-फागुन में
गये डॉक्टर को लाने सब बेच पिताजी

भटके कस्बों की शहरों की
सड़कें गली-गैल गलियारे
मिल बैदजी एक किसी कस्बे में जाकर

खेत के गीत

एक

तिल के खेतों में घुस आये तोते
खा-खा कर सब फूल
खेत बीरान किए हैं
अपने तीन कमान मुझे दो
मैं जा कर तोते मारूँगा

दो

वृन्दावन में पेड़
पेड़ लम्बे खजूर के
लेकिन नहीं फूलते, फलते
कभी-कभी जब भी फलते हों
मीठे नहीं कभी होते हैं

तीन

कहाँ गई तुम ओ, जी, ओ! मेरी घर वाली
देती जाओ जरा
एक लोटा पानी का
घरवाली तो गई मायके
तुम को दे अब कौन
एक लौटा पानी का

रसज्ञता

जे.बी. प्रीस्टले

(कविताएँ के जून अंक में 'रसज्ञता का वर्तमान स्तर और कविता' पर एक लिखित विचारगोष्ठी आयोजित की गई थी और इसी विषय से सम्बन्धित चर्चा की दूसरी किश्त सितम्बर के अंक में प्रकाशित हुई। जून अंक की विचारगोष्ठी में सम्मिलित होने का अवसर मुझे भी प्राप्त हुआ था। मैंने वक्तव्य में यह प्रकट किया था कि कृति का रसास्वादन सबके लिए सम्भव नहीं है। कृति का मर्म-बिद्ध कर उसके अतल तक जाने वाले थोड़े ही होते हैं। मुझे इस सम्बन्ध में रिचर्डस के उस मन्तव्य से बल मिला था जिसमें उन्होंने कहा था कि एक गणित के प्रश्न की तरह कविता को समझने और रस ग्रहण करने में काफी समय और शक्ति लग सकती है। यों यह विचार इन दिनों लगभग स्वीकार कर लिया गया है कि काव्य के रसास्वादन की क्षमता अपेक्षाकृत कम ही लोगों में होती है और यह भी कि इस क्षमता को निरन्तर सम्बन्धित करते रहना पड़ता है। गोष्ठी के इन वक्तव्य प्रकाशन के बाद मुझे प्रीस्टले का ग्रंथ 'लिटरेचर एंड वेस्ट मैन' पढ़ने का संयोग प्राप्त हुआ। प्रीस्टले ने इस ग्रन्थ में साहित्य-मूल्यांकन से सम्बन्धित अनेक मौलिक मान्यताओं की स्थापना की है। 1914 के महायुद्ध के पश्चात् लेखकों को यह प्रतीत होने लगा कि अब जीवन के मूल्य सुरक्षित रखने के लिये उन्हें भीड़ और जन रुचि दोनों को चिन्ता न कर मात्र प्रबुद्ध और संस्कारवान रसज्ञों के लिये सृजन का दायित्व ग्रहण करना चाहिए। किन्तु इससे कुछ दूसरे प्रकार की कठिनाइयाँ उपस्थित हो गई। प्रीस्टले ने एक स्थान पर इस सम्बन्ध की काफी विस्तार से चर्चा की है। वस्तुतः उनकी मान्यता तो यह है कि कृति अनेक स्तर के रसज्ञों तक पहुँचनी चाहिए। सीमित प्रबुद्ध जन और असीमित भीड़ इन दोनों के बीच सहस्त्रों जन 'जो न तो बुद्धिशून्य हैं और न विवेकरहित' उन सब की साहित्य के प्रति अनास्था सृजन के लिए घाटे का सौदा है। मुझे वस्तुतः प्रीस्टले के निष्कर्ष में विशेष दिलचस्पी नहीं थी, मेरी दिलचस्पी मात्र इसमें थी कि रसज्ञता के प्रश्न पर प्रीस्टले की तरह भी चिन्तन किया जा सकता है। यह दृष्टि विस्तार मेरे लिए अलम् था और इसी आशा से, कि

मेरी ही तरह 'रसज्ञता' के प्रश्न को सब तरफ से झांकने वालों की दृष्टि विस्तार के लिए यह चिन्तन कदाचित सहायक हो सके, मैंने 'लिटरेचर एंड वेस्ट्र्न मैन' से यह कुछ अनुवाद प्रस्तुत किया है।)

'रसज्ञता' का चर्चा करते हुए प्रीस्टले ने लिखा है :

1914 के महायुद्ध के बाद यह प्रश्न पूछा जाने लगा 'क्या इस लेखक ने साहित्य को कुछ दिया है?' इस प्रश्न को पूछने वाले कुछ तो ऐसे लगते थे कि वे कोई बदमिजाज चुंगी अधिकारी हों जो गर्मियों की दिन-भर की व्यस्तता के बाद चिड़चिड़ाकर पूछते हों 'जरा जल्दी, भाई! जरा जल्दी बताओ, कुछ साहित्य जैसी वस्तु तुम्हारे पास है?'

साहित्य विवेचना में इस नए निरपेक्ष चिन्तन को, जो देखने में अहंकार और असहिष्णुतापूर्ण प्रतीत होता है, समझने के लिए युद्ध का प्रभाव समझना आवश्यक है जिसने जीवन में कुछ भी स्थिर नहीं रहने दिया, बल्कि सब कुछ अस्थिर कर दिया। चार वर्ष युद्ध में चले गए और सहस्रों तरुण जो युद्ध में गए लौट कर नहीं आए।...इन तरुणों की मृत्यु से यूरोप की मेधा और कृतित्व शक्ति की फसल लगभग नष्ट हो गई और यूरोप में युद्ध के बाद कोई शक्तिशाली कृति वर्षों तक देखने को नहीं मिली। वस्तुतः इन दस लाख तरुणों की मृत्यु के साथ बहुत सा श्रेष्ठ साहित्य कब्रों में दफना दिया गया। इस तरह युद्ध में कृतित्ववान पुरुषों की एक पूरी की पूरी पीढ़ी खप गई।

इधर बीसवीं शताब्दी के आते-आते जिस नई पीढ़ी का उदय हुआ वह युद्ध के सम्बन्ध में तनिक भी सोचने के लिए उत्सुक नहीं थी और न उसकी दिलचस्पी उन कारणों के विश्लेषण में थी जिससे युद्ध की अग्नि धधकी थी। इन नए लोगों के मन में उस पुरानी पीढ़ी के प्रति कोई श्रद्धा नहीं थी जो युद्ध जैसे भीषण नरमेध के लिए जिम्मेदार थी। वस्तुतः अब वह खोखली जिन्दगी का प्रदर्शन मात्र थी। इस पुरानी पीढ़ी के पास जिन्दगी को देने के लिए कोई साहित्य नहीं था, इसलिए नई पीढ़ी के कृतिकार सोचते थे कि उन्हें साहित्य को जो कुछ देना है वह कुछ विशिष्ट ही देना है। पुराने कृतिकार, जो किसी समय कुछ माने जाते थे और जिनकी बुद्धि का दबदबा था, वे सब तो सत्वहीन हो ही गए, बल्कि वे सब ही प्रकाशरहित हो गए जो किसी समय साहित्यिक मसीहा और विद्रोही माने जाते थे। वास्तविकता तो यह थी कि युद्धोत्तर के बुद्धिजीवियों में पुराने खेमे का एक भी कृतिकार ऐसा नहीं बचा था जिसकी प्रतिष्ठा अक्षुण्य रह गई हो। नए लोग थोड़े थे किन्तु उन व्यक्तियों में से थे जो नई मान्यताएँ स्थापित कर रहे थे और जिनकी कीर्ति फैल रही थी। ये नये कृतिकार उस किस्म का साहित्य नहीं चाहते थे जो पाठशालाओं में साहित्य के नाम पर पढ़ाया जाता है या उन वयस्कों को प्रसन्न करता है जो युद्ध के लिए जिम्मेदार थे। वे वस्तुतः विशिष्ट 'साहित्य' की रचना करना चाहते थे।

यह साहित्य किसी शैलीगत विशिष्टता के लिए आग्रहशील नहीं था। सत्य तो यह है कि इस धारा के कृतिकारों की दिलचस्पी उन पुराने प्रश्नों में (खासतौर पर भाव और अभिव्यंजना के आत्यान्तिक विभाजन) कतई नहीं थी और वह भी निश्चित सा ही था कि यह साहित्य न तो जानी पहचानी विधाओं को ग्रहण करेगा और न पुराने रुढ़ि-जर्जर अभिव्यक्ति के माध्यम ही दुहराएगा। लेकिन प्रश्न रूप का या विधा का नहीं था। रूप कोई हो, मुख्य प्रश्न तो यह था कि इस सम्पूर्ण सृष्टि का कोई संस्कारवान, संवेदनशील, बुद्धिजीवी अनुभूति के क्षणों में कैसे जीता है? फिर वह अनुभूति चाहे उन्मादकारी प्रसन्नता और असम्भव कल्पनाओं की हो या किसी अत्यन्त अन्धकार और ग्लानिपूर्ण क्षण की। आग्रह मात्र इतना ही था कि यह अनुभूति आभ्यान्तरिक हो और सूक्ष्म-से-सूक्ष्म रहस्य को बिद्ध करने वाली हो। इसलिए यह नया कृतिकार सही या गलत ऐसे अनेक शब्दों को साग्रह और आत्मभाव से ग्रहण करने लगा जो नया वैज्ञानिक और मनोविश्लेषक काम में लाता है।

प्रारम्भ से नये कृतिकारों का यह आग्रह बना रहा कि उनकी कृति थोड़े से लोगों के लिए हो, क्योंकि इन्हें न तो यह कामना थी कि इन कृतियों को सामान्य जन पढ़े और न यही अपेक्षा थी कि उनकी सार्वजनिक प्रशंसा हो। हाँ, इसके पूर्व 1914 तक साहित्य-विवेचक श्रेष्ठ रचनाओं को उन सब तक पहुँचा देते थे जिन्हें थोड़ा बहुत पढ़ना आता था। किन्तु अब इस नए और गाम्भीर्यपूर्ण विवेचन ने (जिसका सम्बन्ध सृजन के मौलिक प्रश्नों से था) साहित्य को कूड़ा-करकट से छाँटने का दायित्व ग्रहण किया। वह अब जन-सामान्य को प्रकाशित करने की अपेक्षा दूर ही दूर रखने का प्रयत्न करने लगा और धीरे-धीरे यह चर्चा होने लगी कि साहित्य अल्प किन्तु तेजस्वी, संस्कार-सम्पन्न और प्रबुद्ध पाठकों के लिए ही हो। धीरे-धीरे यह प्रतीति भी व्याप्त होने लगो कि एक कलाधर्मी या कि कृतिकार को, जो लोगों के मन बहलाने वाला मसखरा नहीं है, क्लिष्ट और अगम्य होना चाए, केवल इसलिए नहीं कि वह शब्दों के माध्यम से मौलिक विचार और तरल भावनाएँ गूँथ रहा है (क्योंकि ऐसा तो सभी समय श्रेष्ठ कृतिकार करते रहे हैं) बल्कि इसलिए कि य दुरूहता बोदे, अल्प-शिक्षित, अरसर्रा और मनमौजी पाठक के लिए सशक्त अवरोध उत्पन्न कर सके। कृतिकार के इस रुख ने सृजन को उस उन्मेष और स्फूर्ति से वंचित कर दिया जो उसे लोक की प्रशंसा अथवा निन्दा, सम्मान तथा असम्मान और ऐसी ही अनेक प्रकार की प्रतिक्रियाओं से प्राप्त होती थी किन्तु फिर भी कृतिकार की जन-सामान्य के प्रति यह उदासीनता समझी जा सकती थी और किसी सीमा तक क्षम्य भी थी। हुआ यह था कि न केवल नए कृतिकार और विवेचक ही बल्कि 1914 के पूर्व भी श्रेष्ठ साहित्य-मनीषी असंख्य प्रेषण-साधनों, ढेर से पढ़े-लिखे लोगों, सामान्य-जन के घटते हुए नैतिक स्तर और सुविधाजनक जीवन-मूल्यों के कारण दिन-प्रति दिन ह्वासोन्मुखी परिस्थितियों की चुनौती स्वीकार

कर रहे थे, किन्तु यह अनुभूति अब इतनी तीव्र हो गई कि युद्धोत्तर लेखकों को यह गहराई के साथ अनुभव होने लगा कि उन्हें इस सामान्य और भीड़ के प्रवाह में अपनी ईमानदारी और आस्था बचानी होगी। इसलिए यदि नए कृतिकार साहित्य-चिन्तन में अधिक-से-अधिक सामाजिक निरपेक्षता से काम लेने लगे या कि वे साहित्य-कर्म में प्रति एकदम जागरूक हो गए या कि वे अहंकारी, असहिष्णु और सीमित नजर आने लगे तो इसलिए कि जीवन के मूल्य और उच्च स्तर भीड़ और सामान्य जन द्वारा घेर लिए गए थे। इन कृतिकारों की यह स्पष्ट और दृढ़ धारणा थी कि वे साहित्य को भीड़ के हाथों नहीं पड़ने देंगे और ऐसा कुछ सायास सृजन करेंगे जो सहजग्राह्य न हो (कभी-कभी तो ऐसा कि जिसे दिलचस्पी के साथ पढ़ा ही न जा सके)। यह प्रयत्न पूर्ववर्ती साहित्य-कर्मियों के विपरीत था जो विषय को जितना सहज और बुद्धिगम्य बनाया जा सके, बनाने के लिए प्रयत्नसाध्य रहते थे। इसलिए ये साहित्य-धर्मी लेखक जिन्होंने जन-सामान्य को अपने कृतित्व से वंचित रखने के लिए दुरूह और नीरस शैली का वरण किया था—जैसे काँच के टुकड़ों का मिला हुआ भोजन क्षम्य है क्योंकि उन्हें इसके बदले में अलोकप्रियता और सीमित बिक्री का घाटा उठाना पड़ा था।

इस सारी विवेचना के बावजूद सृजन के निरपेक्षवादी सिद्धान्तों, लेखक और पाठक का आभिजात्य तथा सर्वसामान्य के बीच वर्गीकरण, अधैर्यपूर्ण विभक्तता, कतिपय कृतिकारों को मौलिक साहित्य-सृष्टा और शेष सबको मसखरे, किराये के लेखक तथा छद्म कृतिकार की संज्ञा देकर अवमानना, साहित्य को श्रेष्ठ तथा कूड़ा कहकर विभाजन और इसी प्रकार पाठकों को प्रबुद्ध तथा बोदे कहकर श्रेणी भेद उत्पन्न करने वाली मान्यताओं से साहित्य का बेहद अमंगल हुआ।

यों इसके पूर्व मैं यह स्थापित कर चुका हूँ कि जो साहित्य भिन्न-भिन्न स्तर वाले पाठकों की रसज्ञता को तोष और प्रबुद्धता देता है वह महानता और श्रेष्ठत्व के शिखर छूता है। 'हेमलेट' जैसे त्रासद नाटक ने न केवल कृतित्व की दृष्टि से श्रेष्ठता प्राप्त की बल्कि वह अत्यन्त लोकप्रिय भी हुआ—इतना लोकप्रिय कि वह हजारों नाट्य-गृहों में अभिनीत हुआ। इसी प्रकार 'डान क्विक जोट' बालक और वयस्क पाठक को समान तृप्ति देता है। यह सत्य है कि शेक्सपियर या सरवांत्तीज प्रत्येक युग को प्राप्त नहीं होते, किन्तु, यह भी सत्य है कि प्रत्येक युग में कुछ-न-कुछ श्रेष्ठ रचनाएँ लिखी जाती है, जिसकी व्यापक संवेदना विभिन्न स्तर वाले रसज्ञों की रुचि, औत्सुक्य, उन्मेष और इसी प्रकार की अनेक मानवीय भावनाओं का स्पर्श करती है। किन्तु, यह बीसवीं शती और विशेषतया पश्चिमी यूरोप के कृतित्व के सन्दर्भ में सत्य नहीं है (इस वक्तव्य को अमेरिकी साहित्य-मूल्यांकरण के समय को संशोधित करना पड़ेगा। इसलिए नहीं कि वहाँ युद्ध की प्रतिक्रिया यूरोप के मुकाबले कम हुई बल्कि इसलिए कि वहाँ की साहित्यिक मान्यताएँ और

अभिरुचियाँ धीरे-धीरे परिवर्तित हुई) इस वस्तुस्थिति के परिपार्श्व में बीसवीं शती की कुछ बहु-चर्चित प्रभावशाली कृतियाँ लीजिए : प्रूस्ट के महान उपन्यास; जेम्स जोयस : यूलिसिस; टी.एस. इलियट : वेस्ट लेंड; वर्जीनियावूल्फ : मिसेज डोलवे; हेस : स्टिफिन वूल्फ, थॉमस मेन : मेजिक माउंटेन; काफका : दि केसल। निसन्देह इन कृतियों में विदग्धता और गहराई है किन्तु यह कहना अनौचित्यपूर्ण होगा कि इन कृतियों की संवेदना पुरानी कृतियों की तरह प्रत्येक स्तर वाले रसज्ञ को तुष्टि देती है। वस्तुत: जहाँ औसत पाठक की रसज्ञता चुकती प्रतीत होती है वहाँ नए कृतित्व का सौन्दर्य प्रकट होने लगता है। यदि पाठक कृतिकार की प्रबुद्धता का स्तर प्राप्त नहीं करता तो उसके लिए अपनी रसज्ञता के बूते पर कुछ भी प्राप्त करना सम्भव नहीं है, कई बार तो औसत पाठकों को यह प्रतीत होने लगता है कि उसने अभी जो कुछ पढ़ा है अर्थहीन है। मेरा मन्तव्य इन कृतियों की आलोचना करना नहीं है, क्योंकि इस प्रसंग की चर्चा मैंने अन्यत्र की है, अभी तो इतना कहना ही अलम् है कि साहित्य ने सामान्यता से दूर ही दूर रहने के आग्रह में उस स्फूर्ति को खो दिया जो भिन्न-भिन्न स्तर वाले रसज्ञ पाठकों की अन्तरात्मा को स्पर्श करती है। इस स्फूर्ति के समाप्त हो जाने के साथ जैसे साहित्य का युग-प्रतिनिधित्व और अनागत के शृंगार का दाता भी समाप्त हो गया।

वास्तविकता तो यह है कि जन-सामान्य के लिए ज्ञानार्जन के साधन चाहे विपुल और शक्तिशाली हो जाएँ या कि इससे जिन्दगी के उच्चतर मूल्यों के प्रति अनास्था हो उत्पन्न हो ले, फिर भी साहित्य के लिए समाज निरपेक्षता का दावा और अधैर्यपूर्ण आत्यन्तिकताएँ भ्रम में डालने वाली और अनौचित्यपूर्ण है। सामान्य जन को प्रबुद्ध और मूर्ख, संवेदनशील, शुष्क, कलाधर्मी और संस्कारहीन, रसज्ञ और अरसज्ञ, सौन्दर्यकामी और भीड़ और इसी प्रकार के अन्य विभाजन में केवल दूसरे वर्ग का ही अस्तित्व है तो भी इस वर्ग में अनेक ऐसे होगे जो प्रत्येक नई और दुरूह कृति को सम्पूर्णतया ग्रहण न कर सकें, फिर भी वे न तो बुद्धिशून्य है और न संवेदनरहित ही। प्रतीकात्मक काव्य-शैली के अभ्युदय का परिणाम भी ऐसा ही हुआ था कि काव्यानुरागियों और शिक्षित सुरुचिसम्पन्न कलाधर्मियों ने, जो पुराने साहित्य की खूब पढ़ते थे और कला की अन्य विधाओं के मर्मज्ञ थे, प्रतीक शैली की कविता में दिलचस्पी लेना ही छोड़ दिया। बीसवीं शताब्दी नये साहित्य से भी ऐसा ही परिणाम निकला। बुद्धिजीवियों तथा वे सब जो सामान्य है, कुशाग्र-फैशनपरस्त जो प्रत्येक नई कला पर आसक्त हो जाते हैं और मामूली लोग जो अपने स्तर के लेखन की माँग करते हैं, इन दोनों के बीच अधुनातन साहित्यलोक की आस्था से वंचित हो गया। यह अनास्था ऐसे समय उत्पन्न हुई जब छपे हुए शब्द-साहित्य की अत्यन्त शक्तिशाली साधनों की चुनौती स्वीकार करनी पड़ रही थी। दो महायुद्धों के बीच दृश्य-साधनों का प्राचुर्य सामान्य जन्य

का औत्सुक्य जगा रहा था और तृप्ति दे रहा था। इन साधनों में छवि-चित्र सबसे अधिक लोक का ध्यान आकृष्ट कर रहे थे। इन वर्षों में अनेक रसज्ञ अभिभावकों ने जो बाल्य-काल से ही साहित्य और शब्द के जादू को समर्पित थे, उन्हें सहसा हो ज्ञात हुआ कि नई पीढ़ी की उनकी सन्ताने उनके समान न तो साहित्य-रसिक हैं और न इस पुराने जादू के प्रति उनकी कोई उत्कटता है। उन्हें बस उतना ही आकृष्ट करता है जो आँख के लिए है। एक सौ वर्ष पूर्व एक पुस्तक के माध्यम से तरुणा और वयस्कों की पीढ़ी, आभिजात्य और सर्व सामान्य समान आनन्द की कामना से जुट जाया करते थे, लेकिन अब यह श्रेय किसी पुस्तक की प्राप्त न होकर चार्ली चैप्लिन की फिल्म को प्राप्त है...।

(जे.बी. प्रीस्टले की पुस्तक 'लिटरेचर एंड वेस्टर्न मेन' से साभार)

सृष्टा और समय

अलबर्ट काम्यू

[माम्यू फ्रांस के समर्थ लेखक और नोबल पुरस्कार विजेता हैं। इधर उनकी रचनाओं का अनुवाद अंग्रेजी में सुलभ होने के कारण उनकी तेजस्वी कृतित्व शक्ति से परिचित होना सहज हो गया है। कृतिकार प्रथम श्रेणी के चिन्तकों में से है जिन्होंने जीवन के अनेक प्रश्नों पर रूढ़ि मुक्त विचार दिए है और सृष्टि की सुख समृद्धि के लिए कर्म के नये और व्यापक आयामों की तरफ संकेत किया है सृष्टा काम्यू जन सामान्य ही की तरह संक्रमण युगीन सभी विराट चिन्ताओं से उद्विग्न है, किन्तु उनसे विरक्त होकर स्वप्न सृष्टि में अन्तर्धान् होने वालों में से वे नहीं है। सृष्टा और सैनिक-एक की करुणा और दूसरे का अदभ्य साहस-दोनों को धारणा करने में उनके व्यक्तित्व में अद्भुत बुलन्दगी आगई है। सामान्य जन की तरह साहित्य-कर्मी के समक्ष कई प्रश्न है और उनमें से कुछ संसार भर के साहित्य कर्मियों के लिए समान रूप से चिन्ता का कारण है। सृष्टा काम्यू ने उन पर निर्भीक चिन्तन किया है। उन्होंने पुस्तक 'दि मिथ ऑफ़ सिसिपस' में कृतिकार के समक्ष उपस्थित होने वाले आस्था और कृतित्व, कृतित्व और समय से सम्बन्धित अनेक मौलिक प्रश्नों पर संक्षित किन्तु मनस्विता पूर्ण चिन्तन किया है। उनके शब्दों में आज न्यायाधीश अपराधी और साक्षी को एक दूसरे से स्थान बदलते हुए कोई विलम्ब नहीं लगता। यदि ऐसे समय में आप मुझसे पूछें तो मैं, हमारे अनेक दार्शनिकों की तरह, न तो न्याय के आसन पर बैठकर फतवे दूँगा और न रिरियाता हुआ उनके फतवे सुनूँगा। जब न्यायाधीश, अपराधी और साक्षी क्षण-क्षण अपनी स्थिति बदल रहे हैं, ऐसे क्षण कृतिकार के संकल्प को बनाने में काम्यू का चिन्तन कदाचित् बल दे सके—इसीलिए यह अनुवाद उनका शक्तिशाली चिन्तन मुझसे तो क्या बँध पाएगा किन्तु किंचित प्राप्ति की सम्भावना से अवश्य आश्वस्त हूँ।]

क्या कृतिकार की हैसियत से आपने साक्षी धर्म स्वीकार किया है?

यह प्रश्न एक ऐसी मान्यता अथवा कर्म की स्वीकृति है, जिसका मुझमें अभाव है। मेरी व्यक्तिशः मान्यता यह है कि सृष्टि के संघर्ष में मैं मात्र साक्षी की तरह तटस्थ नहीं रह सकूँगा क्योंकि मैंने भी दूसरों की तरह एक कर्म चुन लिया है। एक मनुष्य की तरह मैं सुख पसन्द करता हूँ और कृतिकार की हैसियत से मैं अभी अनेक ऐसे पात्रों को रचना चाहता हूँ जिनका जन्म युद्ध और सैनिक न्यायालयों की उद्विग्नता में नहीं हुआ है। किन्तु आज तो मैं भी सब की तरह अपहृत हूँ। पुराने युग का कृतिकार अन्याय के समक्ष किसी तरह चुप रह सकता था, किन्तु अब अत्याचार की भुजाएँ लम्बी हो गई है इसलिए न तो मौन रहने की स्थिति है और न तटस्थ ही रहा जा सकता है यह निश्चय करने का क्षण है—अन्याय के साथ या उसके विरोध में? ऐसे क्षण मैं अन्याय के विरोध में खड़ा हूँ।

किन्तु आज किसी भी तरह तटस्थ साक्ष का निश्चित कर्म तो किया नहीं जा सकता। ऐसी साक्ष का अभिप्राय है अपने स्वार्थ को सिद्ध होने दीजिए और समय को व्यतीत होते देखते रहिए। आज न्यायाधीश, अपराधी और साक्षी को एक दूसरे से स्थान बदलते हुए कोई विलम्ब नहीं लगता। यदि ऐसे समय आप मुझसे पूछे तो मैं, हमारे अनेक दार्शनिकों की तरह, न तो न्याय के आसन पर बैठकर फतवे दूँगा और न रिरियाता हुआ उनके फतवे सुनूँगा। आज कर्म के लिए अनेक अवसर प्राप्त है। मैं सोचता हूँ मजदूर संगठनों (Trade Unions) में काम करना सर्वश्रेष्ठ और हितप्रद हो सकता है।

आपकी अधुनातन कृतियों का आलोच्य शेखचिल्लीपन ही क्या कृतिकार के कर्म की आदर्शवादी और रूमानी परिभाषा है?

शब्दों को चाहे जैसे तोड़ा मरोड़ा जाए पर वे सहसा ही अर्थशून्य नहीं होते। जहाँ तक रूमानियत का सम्बन्ध है, मैं इतना तो खूब अच्छी तरह समझता हूँ कि वह इतिहास के अविराम प्रवाह, महाकाव्य जैसी गरिमा और अचिन्त्य घटनाओं को पसन्द करती है, किन्तु इसके एकदम विपरीत, मैं तो इतिहास और मानवीय परम्परा में जो सहज और महत् है उसे ग्राह्य समझता हूँ। मैंने नित्य जीवन के सामान्य पर प्रकाश डाला है और मनुष्य के अपने और दूसरों के अध:पतन के विरोध में उठने वाले स्वर को वाणी दी है। क्या यह निकम्मे किस्म की आदर्शवादिता नहीं है कि सारे कर्म और सत्य को इतिहास की उस व्याख्या के साथ गूँथ दिया जाए जिसका सम्बन्ध वास्तविकता से नहीं है और जिसका लक्ष्य नितान्त रहस्यमय है? क्या यथार्थ का यही अर्थ है कि हम इतिहास के उस भविष्य को स्वीकार कर लें जिसका वर्तमान ही नहीं है और जिसकी प्रकृति के सम्बन्ध में कुछ भी जानना

असम्भव है। यहाँ भी मुझे ऐसा प्रतीत होता है कि अर्थहीन और निष्प्राण पौराणिक परम्पराओं के विपरीत मैं वास्तविक यथार्थ का पक्ष ग्रहण कर रहा हूँ। मैं इसी यथार्थ के लिए उस रूमानी वास्तविकता का भी विरोधी हूँ जिसे चाहे रूढ़िपंथियों का समर्थन प्राप्त हो रहा हो या कि तथाकथित क्रान्ति-धर्मियों का! सत्य तो यह है कि रूमानी-लेखकों के प्रतिकूल मैं व्यवस्था और विधि की आवश्यकता का समर्थक हूँ। इस सम्बन्ध में मेरा यही आग्रह है कि व्यवस्था के नाम पर किसी भी व्यवस्था को धकाना अनौचित्यपूर्ण है और यह अत्यन्त आश्चर्यमय होगा यदि एक अनियंत्रित समाज हमें व्यवस्था दे या वे कठमुल्ले सिद्धान्तवादी व्यवस्था धर्म की घोषणा करें जो स्वयं को सभी विधियों और आचरण की मान्यताओं से ऊपर अथवा मुक्त घोषित कर चुके हैं।

मार्क्सवादी और उनके अनुयायी भी अपने को मानववादी घोषित करते हैं किन्तु, उनका विश्वास है कि मानव-स्वभाव की रचना वर्ग-विहीन समाज की स्थापना के पश्चात् ही होगी।

इसका अभिप्राय यह है कि वे हमारे इस क्षण के अस्तित्व को अस्वीकार करते हैं या यों कहें कि ये मानववादी आज के मनुष्य पर अपराध का आरोप लगा रहे है। इसे स्वीकार करने में आश्चर्य नहीं होना चाहिए कि इन भावनाओं का जन्म सैनिक न्यायालयों के भयावह वातावरण में हुआ है। वे आज के मनुष्य को भविष्य के मनुष्य के लिए अस्तित्वहीन मान लेते हैं। यह भी रूढ़िग्रस्त धार्मिक मान्यता ही की तरह है। 'भविष्य के मनुष्य' की मार्क्सवादी मान्यता ठीक इसी तरह की है कि सम्पूर्ण सुखों का साम्राज्य स्वर्ग में है। सत्य तो यह है कि आज की परिस्थितियों के सन्दर्भ में इतिहास के किसी निष्कर्ष को अन्तिम सत्य घोषित नहीं किया जा सकता। यह बात दूसरी है कि इतिहास को रहस्यमय और अनिवर्चनीय मान लिया जाए, किन्तु इस रहस्यमंडन का अब उतना ही महत्त्व है जितना पुराने साम्राज्यवादी दमन का, जो सदा ही 'नेटिव्ज' के आत्मोद्धार के लिए आवश्यक समझा जाता रहा है।

क्या आपके और वामपक्षी बुद्धिजीवियों के बीच यही अन्तर है?

इसके आपका अभिप्राय यही है न कि उन बुद्धिजीवियों को वामपक्षी विचार धारा से अलग करने वाला मुद्दा यही है? वामपक्षी विचारक सदा से अन्याय, अस्पष्ट अन्धाचरण और दमन के विरोध में लड़ते रहे है। उनका यह विश्वास है कि तीनों शक्तियाँ अन्योन्याश्रित है। यह विश्वास तो अभी अभी पनपा है कि अस्पष्ट अन्धाचरण न्याय को और राष्ट्रवादिता स्वातंत्र्य को जन्म देने वाली शक्तियाँ हैं। सत्य यह है कि आज कुछ वामपक्षी बुद्धिजीवी (सौभाग्य से सब नहीं) शक्ति और

यांत्रिक व्यवस्था से उसी प्रकार अभिभूत है जैसे हमारे कुछ दक्षिणापंथी बुद्धिजीवी युद्ध के दौरान में और उसके बाद तक अभिभूत थे। यह सही है कि दोनों के दृष्टिकोण भिन्न-भिन्न हैं किन्तु संघर्ष से तटस्थ होने की भावना दोनों में एक ही है। वे सच्चे राष्ट्रवादी होना चाहते थे और ये सच्चे समाजवादी होना चाहते हैं। किन्तु एक ने राष्ट्रवाद के साथ और दूसरे ने समाजवाद के साथ छद्‌माचरण किया और यथार्थ के नाम पर अमूर्त सैद्धान्तिक और भ्रामक व्यवस्था तंत्र को स्वीकार कर लिया। यह प्रलोभन समझा जा सकता है किन्तु आजकी नई स्थिति में उनकी बात समझ में नहीं आती। जो अपने को वामपक्षी समझते हैं या घोषित करते हैं वे भी यदि विश्वास करते हैं कि कुछ अत्याचार तो निश्चित ही मानव मुक्ति और इतिहास के पक्ष में है। इसीलिए आज जो सब जगह अनधिकृत हैं वे ही कदाचित अधिकृत हत्यारे बन गये हैं। यही बात एक दूसरे सन्दर्भ में जोसप डी मेस्ट्री ने कही थी। जो हो, मैं इस मान्यता को सदा ही अस्वीकार करता रहूँगा। इस सम्बन्ध में मुझे पुरातनवादी दृष्टिकोण कहा जाता है, प्रस्तुत करने दीजिए कि सभी हत्यारे एक ही कुनबे के होते हैं।

कृतिकार आज के विश्व में क्या कर सकता है?

उसे न तो कोई सरकारी संस्थाओं पर लिखने को कहता है और न यही कि संसार के शोषितों के प्रति उदासीन बने रहो। किन्तु जब आपने मुझसे पूछा ही है तो मैं जैसा सोचता हूँ निवेदन के लिए प्रस्तुत हूँ। कृतिकार होने के नाते हमें कदाचित् संसार की घटनाओं से अनासक्त रहना चाहिए किन्तु मनुष्य होने के नाते कभी नहीं। खान में काम करने वाला, जिसका शोषण हुआ है या जिसके गोली दाग दी गई हो, गुलाम जो उपनिवेशों में है या केम्पों में, सारांश कि उन सब पीड़ितों और प्रताड़ितों को इन सबकी आवश्यकता है जो उनके दर्द से परिचित रहे और उनकी मूक यंत्रण का वाणी दे सके। यों मैंने भी रात दिन बैठकर कोई क्रान्तिकारी निबन्ध नहीं लिखे है और न जन-संघर्ष में भाग ही लिया है क्योंकि मेरी यह अदम्य आकांक्षा है कि संसार भर में यूनान की सुन्दर मूर्तियों और श्रेष्ठ कृतित्व का प्रसार हो। सौभाग्य से लेखक के साथ-साथ मुझमें वह मनुष्य भी विराजमान है जो ठीक ऐसा ही चाहता है किन्तु उसे अपने स्वप्नों को देह देने के लिए कुछ निष्ठा प्रदर्शित करनी होगी। किन्तु इतना नि: सन्देह है कि मेरी प्रथम रचना से लगाकर जो पुस्तक अभी-अभी प्रकाशित हुई है उन सबमें मैंने सर्व सामान्य पर इतना लिखा है और कदाचित् आवश्यकता से अधिक ही लिखा है और वह सब इसीलिए कि मेरे लिए सर्वे सामान्य से अनासक्त रहना सम्भव नहीं था, न उनके दायित्व से मुक्त होना सम्भव था जो निरादृत और पददलित है। वे विश्वास

चाहते हैं और इस क्षण उनका पक्ष शिथिल हो गया तो वे डूब जाएँगे और उनके साथ हम सब। यह विचार मेरे लिए असह्य है और जिसके लिए यह असहनीय हो वह अपने प्रासाद में सब कुछ देखता रहकर कैसे निश्चिन्त रह सकता है? यह कोई विशिष्ट सामाजिक गुण हो ऐसी मेरी मान्यता नहीं है। यह तो एक तरह का संस्कारजन्य रोष है, जो कुछ लोग धारण करते हैं और कुछ बिलकुल नहीं। सचमुच कुछ लोग ऐसे हैं जिन्हें इस रोष का भान ही नहीं होता किन्तु मुझे उनकी इस निश्चिन्त निद्रा से कोई ईर्ष्या नहीं है। इसका अभिप्राय यह नहीं है कि हम रचना के तत्त्व को विसर्जित कर दीक्षागम्य साहित्य की रचना करें। मैंने तो कहा है कि कृतिकार की किसी भी युग से अधिक आवश्यकता आज क्यों है? किन्तु यदि हम मनुष्यों की तरह सृष्टि के घटना क्रम में भाग लेते हैं तो वह अनुभूति हमारे भाषा शिल्प को प्रखर और प्रभावित करेगी। भाषा ही तो साहित्यकार के लिए प्राथमिक आवश्यकता है और यदि हम भाषा के प्रयोग में कोरे रहे तो साहित्यकार कैसे? क्रान्ति-धर्मी होने से जब हम रचनाओं में झगोड़े और स्वार्थी प्रेमियों की चर्चा करते हैं तो हमारी ईमानदारी रचना-शिल्प को विशिष्टता और ऐसी प्रखरता देती है कि प्रेमी और भगोड़ों के मन पर भी प्रभाव अंकित होता है। किन्तु मेरा अभिप्राय यह नहीं कि जब में नास्तिकता के क्षणों को परित्यक्त कर रहा हूँ तब सृजन के मूल्यों को सामाजिक मूल्यों के लिए या इसके विपरीत दूसरे प्रकार के अदल-बदल के लिए प्रस्तुत हूँ। वस्तुतः सृजन के मूल्य और सामाजिक मूल्य का किसी भी उत्कृष्ट कृति में विभाजन नहीं हो सकता। सचमुच एक कृतिकार की महानता इस पर भी निर्भर करती है कि वह इन दोनों मूल्यों को किस कौशल से सन्तुलित किए रहता है। आज घटनाओं का प्रभाव कुछ ऐसा है कि हमारी कुंठाएँ और सब तरह के तनाव हमारे जीवन में उतर गये है और उसीसे दबे-दबे कृतिकार या तो स्वप्नाविष्ट घूमते हैं या फिर सामाजिक गिरजाघरों में घुस जाते हैं। किन्तु दोनों ही पलायन की स्थितियाँ है। हमें सौन्दर्य और पीड़ा दोनों की अर्चना करना है। हमारा अपार धैर्य और अदम्य शक्ति ही नये मूल्यों के युग की प्रतिष्ठा कर सकेगी।

एक शब्द और। यह सब कर्म आपदा और कटुता रहित नहीं है। हमें सभी आपदाओं के लिए प्रस्तुत रहना है क्योंकि आराम कुर्सी पर टिके रहने वाले कृतिकार के दिन व्यतीत हो गये। फिर भी कटुता तो हमें विसर्जित करनी ही होगी। कृतिकार कभी-कभी इन भावना के प्रति मोहासक्त हो जाता है कि वह जैसा नितान्त अकेला है और कई बार एक निकम्मी आनन्द भावना के साथ उससे यह कहा भी जाता है। किन्तु यह असत्य है। कृतिकार भी सृष्टि के बीच खड़ा है। वह उन सबके साथ है जो संघर्षरत है। न वह उनसे ऊपर है, न वह उनसे नीचे है। दमन के समय उसका कर्म है, जेल के फाटक तोड़ देना और

सबके दुख-सुख की आवाज उभारना। कला-धर्म इसी तरह कलुष मढ़ने वालों को प्रदर्शित कर देता है कि उसके शत्रु कोई नहीं है। अकेली कला शायद न्याय और स्वातंत्र्य के युग की पूर्ण प्रतिष्ठा न कर सके किन्तु कला के बिना कोई युग आकृति ग्रहण नहीं कर सकेगा, अस्तु निरर्थक होगा। संस्कृति और सांस्कृतिक स्वतंत्रता के अभाव में समाज को पूर्णात्व की उपलब्धि भी हो जाए तो भी वह एक भयानक जंगल की तरह होगा। यही कारण है कि अधिकार पूर्ण कृतित्व भविष्य का स्थिर सुफल होगा।

(दि मिय ऑफ़ सिसिपस से)

(लहर, मार्च 1961 में प्रकाशित)

प्रभाव

आन्द्रे ज़ीद

आपके समक्ष 'प्रभावों' के पक्ष में कहने को उपस्थित हूँ। सामान्यतया यह स्वीकार किया जाता है कि प्रभाव अच्छे और बुरे दोनों किस्म के हो सकते हैं, किन्तु, मेरा अभिप्रेत इन दोनों का अन्तर स्पष्ट करना नहीं है। मेरा विचार सभी प्रकार के प्रभावों के सम्बन्ध में चर्चा करने का है।

— मेरा मत है कि कई प्रभाव श्रेष्ठ कोटि के होते हैं, किन्तु सब उन्हें वैसा स्वीकार नहीं करते।

— मेरा मत है कि अच्छे और बुरे प्रभाव की कोई निरपेक्ष सरणी नहीं होती। अच्छाई और बुराई अनुभव करनेवाले की मन:स्थिति पर निर्भर करती है।

— मेरा मत है कि विकृत स्वभाव वालों के लिए दुर्भाग्य सब कही प्रकट होता है और सब परिस्थितियाँ दुर्भाग्यपूर्ण हो जाती है, किन्तु ऐसे भी व्यक्ति है जिन्हें सब कहीं से पोषण मिलता है और जो पत्थरों को चपातियों में बदल लेते हैं। गेटे कहा करते थे, "मैंने वह प्रत्येक वस्तु निगल ली जो हर डर मुझे सिखाने की इच्छा करते।"

इस भाषण में मैं पहले प्रभाव के सम्बन्ध में और फिर प्रभावित करने वाले व्यक्ति के सम्बन्ध में विचार व्यक्त करूँगा।

गेटे ने अपने जीवन-वृत्तान्त में उस समय का अत्यन्त भावुकतापूर्ण उल्लेख किया है जब वे तरुण थे। तब वे प्रकृति को समर्पित थे और दुनिया-भर के प्रभावों को स्वीकार करने के लिए उन्होंने अपनी आत्मा के सब द्वार खोल दिये थे। "इसका परिणाम यह हुआ कि सृष्टि के सभी पदार्थों के साथ मेरी ऐसी अद्भुत संगति और तन्मयता स्थापित हो गई कि मुझे बदलती हुई ऋतु, बदलते हुए स्थान और बदलता हुआ समय अत्यन्त गहराई से स्पर्श करने लगे।" वे सम्भ्रम और उल्लास से उन चंचल प्रभावों के प्रति विसर्जित हो गए।

प्रभाव कई प्रकार के होते हैं और गेटे का वक्तव्य मैंने इसलिए उद्धृत किया है कि मुझे सब प्रकार के प्रभावों पर चर्चा करने का अवसर मिल सके, क्योंकि

प्रत्येक प्रभाव का महत्त्व और मूल्य है। पहले मैं उन प्रभावों पर टिप्पणी करूँगा जो रहस्यमय, स्वाभाविक अथवा प्राकृतिक है। व्यक्ति तथा उनके कृतित्व के प्रभाव पर अन्त में प्रकाश डालूँगा, क्योंकि इन पर विचार करना कठिन है, और इन्हीं को लेकर तीव्र विरोध, आक्रोश और प्रतिरोध की भावनाएँ प्रकट की जाती है। मैं जो इन प्रभावों के पक्ष में भी अपने सामर्थ्य के अनुसार, कुछ कहना चाहता हूँ, धीरे-धीरे अन्त तक ही कुछ कह सकने की स्थिति में आ सकूँगा।

मनुष्य के लिए प्रभाव मुक्त रहना असम्भव है। अपने को सावधानी और यत्नपूर्वक सुरक्षित रखने वाले व्यक्तियों पर भी किसी-न-किसी प्रकार के प्रभाव अंकित हो ही जाते है, और वे जितने कम होते हैं उतने ही तीव्र होते हैं। यदि बिगड़े हुए मौसम में आकृष्ट करने के लिए कुछ भी न हो तो वर्षा की हल्की-सी फुहार ही मन को उद्विग्न करने के लिए बहुत होती है।

किसी व्यक्ति के मानवीय तथा अन्य प्राकृतिक प्रभावों से मुक्त रहने की कल्पना कितनी कठिन होती है, इसका अनुमान इस प्रकार लगाया जा सकता है कि जिन महान् पुरुषों के प्रभाव सम्बन्धों को हम बाह्य सृष्टि से नहीं जोड़ पाते, अथवा जिनके विकास का रहस्य हमारे लिए अगम्य होता है या जिनका कृतित्व इतना साहसी, आकस्मिक और व्याख्यातीत होता है कि जैसे मनुष्य-सृष्टि का उन पर कोई प्रभाव ही न हो, तो हम उनकी सम्पूर्ण सफलता के लिए दैवी प्रभावों का उल्लेख करने लगते हैं। वस्तुतः मानवीय आचरण के पूर्णत्व, मौलिकतापूर्ण तथा परम व्युत्पन्न होने की सम्भावना हमारे लिए कितनी असहनीय होती है।

सामान्यतया यह कहा जा सकता है कि जिन पुरुषों की ख्याति अदृश्य शक्तियों के कारण हुई है, वे उन थोड़े व्यक्तियों में से है जिन पर सामान्य प्रभावों की अपेक्षा वैयक्तिक अथवा कुछ विशष्टि प्रकार के प्रभावों की प्रतिक्रिया होती है। सामान्य प्रभावों से मेरा अभिप्राय उन प्रभावों से है, जिनसे एक विशेष काल की अवधि में किसी राष्ट्र के अथवा किसी नगर के सब ही जन प्रभावित होते हैं।

इस प्रकार प्रभावों की दो सरणियाँ है। एक वे जो सर्व सामान्य है और दूसरे वे, जिन्हें विशिष्ट प्रकार के प्रभावों की सरणी में रख सकते हैं। सर्व सामान्य प्रभावों की प्रतिक्रिया काल के विशिष्ट चरण में सम्पूर्ण कुटुम्ब, समूह तथा राष्ट्र पर होती है, किन्तु विशिष्ट प्रभावों की प्रतिक्रिया कुटुम्ब, समूह तथा राष्ट्र के किसी एक जन तक ले आती है, किन्तु दूसरे प्रकार के प्रभाव से व्यक्ति सामान्य जन से दूर और असम्पृक्त हो जाता है। 'टेन' को पहली कोटि के प्रभाव प्रेरणा देते थे। उनकी संकल्प शक्ति को विशिष्ट कोटि के प्रभावों की अपेक्षा सामान्य प्रभाव कही अधिक उत्साहित करते थे।

किन्तु मनुष्य सर्वथा एकान्त, अकेला रहकर कुछ भी नवीन नहीं ढूँढ़ पाता, इसलिए वे विशिष्ट प्रभाव जो उसे कुटुम्ब और समाज से विलग कर देते है, वही

उन अपरिचितों से तथा सौहार्द भी स्थापित कर देते हैं। जो उनकी हो तरह कुछ विशिष्ट अनुभव करते हैं। इस तरह नये यूथ निर्मित होते है, दूर-दूर तक फैले हुए व्यक्ति नई कौटुम्बिकता का अनुभव करने लगते हैं। और गहरी आत्मीयता के नये सम्बन्ध जुड़ जाते हैं। एक मास्को का अपरिचित व्यक्ति और मैं एक मास्कों का अपरिचित व्यक्ति और मैं एक ही विचार के प्रति तीव्रता से आकृष्ट हो सकते हैं। शताब्दियों का अन्तराल पाट कर 'जेम्स वर्जिल' के साथ तादात्म्य का अनुभव कर सकते हैं या उस चीन के कवि तक पहुँच सकते हैं, जिसकी एक सुन्दर-सी सौम्य-सी, किन्तु हँसने जैसी कविता आपने कुछ दिनों पूर्व सुनी थी।

सामान्य प्रभाव अनिवार्यतः अधिक स्थूल शब्द सामान्य का पर्यायवाची बन गया है। किन्तु, मैं निवेदन करना चाहता हूँ कि प्रभाव जितने सूक्ष्म होंगे, उनकी प्रतिक्रिया उतनी ही तीव्र होगी। ये ऋतु और मौसम जो सामान्यतया सबको प्रभावित करते है, कुछ पर उनका प्रभाव दूसरे ही प्रकार का होता है। उन्हें वे कोमलता से स्पर्श करती है और न जाने कितने प्रकार की संवेदनाएँ जगाती है। किसी को गर्मी का मौसम श्लथ और निढाल कर देता है और किसी को नई ताजगी से भर जाता है। 'कीट्स' गर्मी के मौसम में ही काव्य रचना करते थे, किन्तु शैले पतझर में। 'डायड्रोट' कहते थे "जब हवा तेज होती है तो मेरी आत्मा जैसे उन्मादिनी हो जाती है और मैं केवल विक्षिप्त होकर रह जाता हूँ।" ऐसे बहुत से वक्तव्यों का उल्लेख किया जा सकता है किन्तु वे बहुत महत्त्वपूर्ण नहीं है। यों जब ऋतुओं का प्रभाव सामान्य नहीं रहता, तब उसकी अनुभूति विदेशी यात्रियों को होती है और तब यह प्रभाव विशिष्ट प्रकार का हो जाता है संयोग से हम उन्हीं प्रभावों की चर्चा तक आ गये हैं जो विशिष्ट प्रकार की प्रभाव-सरणी के अन्तर्गत आते है, और जो हमारे लिए अत्यन्त महत्त्व के है। मैं चाहता हूँ कि आपका ध्यान इन्हीं विशेष प्रभावों की तरफ आकृष्ट करूँ।

रोम में आकर गेटे का आवेशपूर्वक कहना "मैं दुबारा जन्मा हूँ" या कि पत्राचार में यह व्यक्त करना कि इटली में प्रवेश करके उन्होंने अपनी शक्ति, अपने अस्तित्व का अर्थ पहली बार समझा है, इस बात की साक्षी है कि दूसरे देश का प्रभाव कितना शक्तिशाली होता है। यह विशिष्ट प्रकार का प्रभाव है। इससे मेरा यह अभिप्राय है कि उन दुर्भाग्यपूर्ण यात्राओं को छोड़कर जो देश निष्कासन अथवा किन्हीं यातनाओं से सम्बन्धित होती है, हम उन्हीं देशों की यात्रा करते हैं जिनकी हम यात्रा करना चाहते हैं। हमारा किसी एक देश को चुनना उसके प्रभाव को व्यक्त करता है। इससे भी कहीं अधिक सत्य यह है कि हम उन्हीं जगहों को चुनते हैं, जिनमें हमें सर्वाधिक प्रभावित होने की आशा है। जब 'डिले-क्ररोक्स' मोरक्को गये थे तब उनका लक्ष्य एशियाई बनने का नहीं था। बल्कि अपनी आत्मा की कोमल प्राणवान और रहस्यमय संगीति से परिचित होना था। जिससे

वे अपनी आत्मा की सम्पूर्ण चिन्मयता से परिचित हो सकें। उस चित्रकार को जान सकें, जो वे थे।

'गेटे' द्वारा बार-बार दुहराये गये लेसिंग के उस वाक्य को संकोच सहित फिर दोहराने के लिए क्षमता चाहता हूँ कि ताड़ वृक्ष के नीचे कोई भी मुक्त भाव से नहीं चलता। इसका अभिप्राय यही है हम उसकी छाया छोड़कर आ सकते हैं, किन्तु हम पूर्ववत् फिर नहीं हो सकते।

मैं एक पुस्तक पढ़कर समाप्त कर देता हूँ और उसे बन्द कर पुस्तकालय की आलमारी में रख देता हूँ, किन्तु इस पुस्तक के कुछ शब्द मैं कभी नहीं भूल पाता। वे मेरी आत्मा की गहराइयों को इस प्रकार विद्ध कर देते हैं कि मैं उन्हें कभी स्वयं से अलग नहीं कर पाता हूँ। सत्य तो यह है कि मैं अब वह नहीं हूँ, जो इन शब्दों को जानने से पूर्व था। मैं वह पुस्तक भूल सकता हूँ जिसमें मैंने इन शब्दों को पढ़ा था, सम्भव है कि मैं यह भी भूल जाऊँ कि इन्हें कहीं पढ़ा भी था या कि मैं उन्हें अधूरा ही याद रख सकूँ, लेकिन मैं अब वह नहीं हूँ जो इन शब्दों को पढ़ने के पूर्व था। शब्दों की इस प्राणवत्ता की विवेचना कैसे की जाए?

कदाचित् इस शक्ति का यह रहस्य है कि इन शब्दों के माध्यम से मैंने आत्म-साक्षात्कार किया है। वह जो मुझमें है किन्तु जिसका होना मुझे मालूम नहीं है। यों ये शब्द व्याख्या है, किन्तु मेरे ही अस्तित्व की व्याख्या। मैं निवेदन कर चुका हूँ कि प्रभाव एकरूपता ढूँढ़ते हैं। वे ऐसे दर्पण है, जो हम है, उसे प्रकट नहीं करते किन्तु हम में जो अन्तर्निहित है, उसे प्रगट करते हैं। 'हेनेरी डी रेगनेयर' ने कहा है : "वह अन्तरस्थ बन्धु जो अभी तक तुम्हें अप्राप्य है"। मैं आत्मा को बिद्ध करने वाले इन पढ़े गए शब्दों की तुलना 'मेटरलिंक' के नाटक में उस राजकुमार से करता हूँ जिसके एक स्पर्श ने राज-कन्या को जगा दिया था। हमारी आत्मा भी ऐसी न जाने कितनी राज-कन्याएँ धारण किए हुए हैं जो एक शब्द, एक ध्वनि, एक स्पर्श की प्रतीक्षा में है। इन शब्दों की तुलना में वह सब कितना अकिंचन है, जिसे मैंने बड़े मनोयोगपूर्वक सीखा है और यत्नपूर्वक स्मरण किया है। यों ज्ञान के माध्यम से हम विद्या का कोष, अगहनीय सम्पदा, सौभाग्य और दुर्लभ उपकरण जुटा सकते हैं, लेकिन उन सबसे हम असम्पृक्त है। कृपण स्वर्ण मुद्राएँ थैली में रखता है किन्तु थैली का मुँह बन्द होने पर थैली रिक्त होने के बराबर नहीं है, तो क्या है? इस प्रकार के सर्वथा असम्पृक्त ज्ञान का उस अन्तरस्थ अनुभूति, उस प्रेम-पूर्ण-बोध, उस विलुप्त आत्मीयता के पुनः संस्कार कर देने वाली संवेदना से क्या साम्य हो सकता है?

रोम में मैंने जब 'कीट्स' की छोटी और एकान्त कब्र के समीप उसकी रचनाएँ पढ़ी, तो मैंने उस प्रभाव को अपनी आत्मा में रमने दिया, मेरी सम्पूर्ण चेतना को कोमलतापूर्वक स्पर्श करने दिया, प्राणों की गहराइयों में उतर ने दिया; मेरी अव्यक्त अनिश्चित भावनाओं के साथ मित्रता स्थापित करने दिया।

सच्चे अर्थ में ज्ञान की गहराई और व्यापकत्व यही है कि हम उन्हें जानें, जो हमारी आत्मा के निकटस्थ सम्बन्धी हैं।

मैं अनुभव करता हूँ कि अब हम एक नाजुक और कठिन मोड़ पर आ गए है, और मेरे लिए इस प्रसंग को आगे बढ़ाना कठिन हो रहा है, क्योंकि अब प्रश्न प्राकृतिक प्रभावों से सरक कर मानवीय प्रभावों की चर्चा तक आ गया है। वस्तुतः मैं यह नहीं समझ पा रहा हूँ कि इस तथ्य की विवेचना कैसे करूँ, कि वे प्रभाव जो अब तक व्यक्ति को समृद्धिवान बनाने वाले माने जाते थे, या कि ऐसा माध्यम समझे जाते थे जिनसे हम आत्मा की विलुप्त सम्पन्नता को पुनः प्राप्त कर सकें। अब उन्हीं प्रभाओं के सम्बन्ध में चर्चा करते हुए उग्र हो जाते है; प्रतिरक्षात्मक वक्तव्य देते है; डरते हैं और विश्वास नहीं करते। अब प्रभाव की विनाशकारी आत्मा की दबोच देने वाला घृणित आक्रमण और व्यक्तित्व को हनन करने वाला जघन्य अपराध मानते हैं।

इसका कारण यह है कि हम आज व्यक्तिवादिता की घोषणाएँ नहीं करते, लेकिन यह स्वीकार करते हैं कि हमारा विशिष्ट व्यक्तित्व है, और ज्यों ही हमारा यह व्यक्तित्व दुर्बल, अस्पष्ट, आस्थाहीन और क्षीण प्रतीत होने लगता है, तो हम उसकी सुरक्षा की चिन्ता करने लगते हैं। हम चिन्ता करने लगते हैं कि कहीं ऐसा न हो कि हमारा व्यक्तित्व विलीन हो जाए और हमारी सम्पूर्ण प्रसन्नता समाप्त हो जाए।

हाँ, व्यक्तित्व के विलीन हो जाने का भय!

हमने इस आनन्दमय साहित्य-जगत् में कई प्रकार के भय अनुभव किये है, और उनका प्रतिरोध किया है। नये का भय, पुराने का भय और इन दिनों विदेशी भाषाओं का भय, किन्तु इस सबसे मलिन सबसे अरुचिपूर्ण और उपहासात्मक भय, वस्तुतः व्यक्तित्व के विलीन हो जाने का है।

"मैं गेटे को नहीं पढ़ना चाहता हूँ", एक तरुण साहित्यकर्मी ने कहा, "साहब! मैं उसे इसलिए नहीं पढ़ूँगा—कि कहीं वह मुझे प्रभावित न कर दे।" क्या इस कथन से यह प्रतीत नहीं होता कि यह तरुण परिपक्वता की उस असाधारण स्थिति तक पहुँच गया है कि जैसे उसमें जो कुछ भी परिवर्तन होगा उसे श्रेष्ठत्व से गिरा देने वाला होगा।

कृतिकार का यह नाजुक, शिशु तुल्य व्यक्तित्व, जिसके विलीन हो जाने का उसे सदा भय रहता है इसलिए नहीं कि यह अत्यन्त मल्यवान है, बल्कि इसलिए कि वह भय है, प्रायः न कुछ करने तक ही सीमित रहता है। कुछ भिन्न प्रकार से उसे अभावात्मक व्यक्तित्व कह सकते हैं। उसके विलीन हो जाने का अर्थ है कि जैसे ऐसा कुछ घटित हो जाए, जिसके लिए वह संकल्प-बद्ध था कि वह नहीं होने देगा। दस वर्ष पूर्व एक कहानी-संग्रह प्रकाशित हुआ था, जिसको कहानीकार ने नाम दिया था 'कहानियाँ जिसमें किसी का 'और' 'किसको' का

प्रयोग नहीं हुआ है।' यह लेखक आश्वस्त हो गया था कि कहानियों में सर्वनाम का प्रयोग न करके उसने संग्रह को मौलिकता, एक विशिष्ट शैली दी है। क्या अनेक कृतिकारों का व्यक्तित्व इससे कुछ अधिक होता है? उनकी धारणा है कि कभी यदि ऐसा समय आ जाए, जब वे भी 'किसका और किसको' शब्दों का प्रयोग उसी प्रकार करने लगें, जैसे दूसरे व्यक्ति करते हैं तो उनका व्यक्तित्व अकिंचन हो जाएगा और वे भी उस भीड़ के सर्वसाधारण व्यक्तियों की तरह साधारण से व्यक्ति होकर रह जाएँगे।

यह स्वीकार करना चाहिए कि महान् पुरुषों का बोध सीमित होता है। ज्ञान की कतिपय दिशाओं में इन विशिष्टताओं के उभार के लिए ये प्रचंड सीमाएँ आवश्यक है। प्रत्येक महान् पुरुष अपने प्रभाव की एक विशेष, निश्चित और गहरी छाप अंकित करता है, अस्पष्ट या आकृतिहीन नहीं। यहाँ तक कहना औचित्यूर्ण होगा कि बोध की मर्यादा और जीवन की अनेक दिशाओं में असफलताएँ उनके यथार्थ रूप की विवेचना हैं।

'पिंडार' से साक्षात्कार करने पर 'वाल्टेयर' का जोर से हँसना क्या इस बात का प्रमाण नहीं है कि वे न तो 'होमर' को समझते थे और न 'बाइबल' को? क्या इससे 'वोल्टेयर' के बोध की सीमा स्पष्ट नहीं होती? जैसे कोई चित्रकार किसी की मुखाकृति बना दे और कहे कि 'तुम रंगों की इन्हीं सीमाओं में रहो।' कवि 'गेटे' का संगीतज्ञ 'बीथोवन' की गीत रचना न समझने के कारण नि:शब्द बैठे रहना और 'बीथोवन' का व्यथापूर्वक यह कहना, 'आह मास्टर! यदि आप ही मुझसे कुछ न कहेंगे तो फिर मुझे कौन समझेगा?' क्या दोनों कृतिकारों का व्यक्तित्व प्रकट नहीं करता?

बोध की इन सीमाओं का कारण जड़ता नहीं है, चकाचौंध है। उत्कट प्रेम में अनन्यता होती है। यह अनन्यता ही तो प्रेमी को अपनी प्रिया के लावण्य के अतिरिक्त सृष्टि भर में दूसरी किसी वस्तु को देखने नहीं देती। वाल्टेयर की प्रखर बुद्धि ने उनके लयात्मकता के बोध को विकसित नहीं होने दिया। यूनान के प्रति अनन्य भक्ति और मोजार्ट के प्रशस्त और प्रसन्न कोमलता के तीव्र आकर्षण ने गेटे को बीथोवन की आवेशमय रचना को सराहने नहीं दिया। उन्होंने गद्यकार 'मेंडेलहोन' से कहा 'मैं केवल विस्मित हूँ।'

कदाचित् वास्तविकता यह है कि कृतिकार जहाँ सवरण करता है, वहाँ अपनी आत्मा का इतना तीव्र प्रकाश विकीर्ण करता है, प्रभा को इतनी किरणें एक साथ फैलाता है कि दूसरा सब कुछ अन्धकार में डूब जाता है। क्या यह स्थिति उस नये-नये कानुरागी से ठीक विपरीत नहीं है, जो सब कुछ आत्मसात कर लेता है! क्योंकि उसे अनन्यतापूर्वक अथवा उत्कटतापूर्वक कुछ भी प्राप्त नहीं करना है।

किन्तु मैं सोचता हूँ कि मनुष्यों का व्यक्तित्व जब महानता के इस प्रकाश और अन्धकार के रहस्यमय सूत्रों से बना हुआ नहीं होता और जो प्रभावों से बचकर भिन्न-भिन्न अंशों से निर्मित और प्रतिबन्धित व्यक्तित्व को धारण किए रहते हैं, वे उस पेट की बीमारी से परेशान व्यक्ति की तरह है, जो कुछ हो वस्तुओं का भोजन में उपयोग करते हैं, (विशेषतया उन वस्तुओं का जिन्हें वे पचा लेते हैं)। जब मैं इन व्यक्तियों के सम्बन्ध में सोचता हूँ तब मुझे इनकी अपेक्षा वे नये-नये कलानुरागी कहीं श्रेष्ठ लगते हैं, जो रचना करने अथवा भाषण देने में चाहे असमर्थ हो, किन्तु जो अच्छे श्रोता होने का निश्चय करते हैं।

प्राय: व्यक्तियों को यह डर रहता है, कि वे सबकी तरह न लगने लगें, और इसी भय से वे अद्भुत, प्राय: अबुद्धिगम्य और अनोखे लगने की चेष्टा करते हैं। ये सब उन्हें इतने महत्त्वपूर्ण प्रतीत होने लगते हैं कि वे इन्हीं का अतिशयतापूर्ण प्रदर्शन करने लगते हैं। मैं एक ऐसे व्यक्ति को जानता हूँ जो 'इब्सन' को नहीं पढ़ता, क्योंकि उसे डर है कि कही वह उसे बहुत गहराई से न समझ ले (इतना कि प्रभावित हो जाए) एक दूसरे तरुण ने शपथ ली है कि वे दूसरी भाषा की कृति को नहीं पढ़ेगे, क्योंकि उन्हें डर है कि उनका अपनी मातृभाषा के प्रति प्रेमावेश शिथिल न पड़ जाए।

जो प्रभावों से डरते हैं और प्रभावित होने में लज्जा का अनुभव करते हैं, वे चुपचाप आत्मा की दरिद्रता स्वीकार करते हैं। वे अपने व्यक्तित्व में कुछ भी नहीं ढूँढ़ पाते, क्योंकि वे इस अन्वेषण में कोई सहयोग देने की तत्परता नहीं दिखाते। यदि वे अपने आत्म विस्तार के आयामों को ढूँढ़ने के प्रति उदासीन है, तो उसका कारण यह है कि वे भविष्य की कोई सम्भावना नहीं है।

महान् व्यक्ति को एक ही चिन्ता रहती है : अत्यधिक मानवीय, नितान्त साधारण बनने की। साधारण शेक्सपियर, गेटे, मोलियर, बालजाक, तालस्ताय। यह सामान्यता उन्हें सबके निकट ले आती है, सबका बना देती है। लेकिन वे जो जनसामान्य से डर कर अपने को रक्षित रखने के लिए भीड़ से दूर भागते हैं, वे केवल मसखरे और अधकचरे ही रह जाते हैं। बाइबल में लिखा है 'जो कोई जीवन को बचाने की चेष्टा करेगा, वह उसे खो देगा, जा कोई जीवन की खोयगा, उसे प्राप्त कर लेगा (यूनानी में 'अधिक प्राणवक्ता देगा')।

इसलिए महापुरुष प्रभावों से नहीं डरते, बल्कि उन्हें खोजते है; इतनी जिज्ञासा से खोजते हैं, जैसे वे अपनी आत्मा की अतल गहराइयों को खोज रहे हों।

गेटे ने कुछ भी अस्वीकार न करके कितनी महान् सम्पदा प्राप्त की? गेटे का जीवन प्रभावों का इतिहास है, गोट्ज पर राष्ट्रीयता का, फाउस्ट पर मध्यकाल का, इफं जिनाई पर यूनान का, टासो पर इटली का, ओर जीवन में अन्तिम चरण में दीवत पर पूर्व के हाफिज का। यह कैसा आश्चर्यजनक प्रभाव है, जिसने सत्तर वर्ष के गेटे को फारसी पढ़ने पर विवश किया और दीवान लिख गया।

जिज्ञासा का यह पागलपन 'गेटे' को इटली और 'दान्ते' को फ्रांस तक ले गया। दान्ते, जिसे इटली प्रभावित नहीं कर सकी तुरन्त पेरिस आकर विश्वविद्यालय के प्रभाव में डूब गया।

मैं यह भी निवेदन करता हूँ कि प्रभावित होने का भय अभी इन्हीं दिनों जन्मा है, और जो साहित्य और कला की चरम अराजकता का लक्ष्ण है। इसके पूर्व ऐसा भय नहीं था। प्रत्येक महान् यग में स्पष्ट इतने ही में सन्तुष्ट थे कि वे भी दूसरों की तरह एक व्यक्ति है और इसलिए प्रत्येक युग में कला-धर्मी व्यक्ति सामान्य भाव-भूमि पर सहज मिल जाते थे। उनका एक समूह था और वह भी उतना ही महत्त्वपूर्ण था, जितना महत्त्वपूर्ण उनमें से प्रत्येक का व्यक्तित्व था। क्या 'रेसीन' यह चिन्ता करता था कि उसे दूसरों से भिन्न लगना चाहिए? क्या उसकी फेड्री इसलिए कम महत्त्व की है कि उस पर 'जेनसिनिस्ट' का प्रभाव है? फ्रांस की 19वीं शताब्दी की गरिमा क्या इसलिए घट गई कि उस शताब्दी पर 'डेकार्ट' छाया रहा? क्या 'शेक्सपियर' 'प्लूटार्क' अथवा अपने पूर्वजों अथवा अपने, समकालीन नाट्यकार मित्रों के पात्रों को मंच पर उपस्थित करते हुए लज्जित हुआ?

एक बार मैंने एक तरुण व्यक्ति को एक विषय सुझाया। मेरा खयाल था कि उस विषय पर वह अधिकार पूर्वक लिखने की क्षमता रखता था। मुझे आश्चर्य हो रहा था कि उसका ध्यान अब तक इस विषय की ओर आकृष्ट क्यों नहीं हुआ? एक सप्ताह बाद मैं फिर उससे मिला तो वह खिन्न था। मैं सहसा उसकी खिन्नता का कारण नहीं सोच सका। मैं परेशान था कि उसने मुझसे कहा 'देखिए मैं आपको दोष नहीं देता। मुझे परामर्श देते समय आपके मन में मेरे लिए शुभकामना ही थी, लेकिन मैं निवेदन करता हूँ कि फिर मुझे कभी परामर्श देने का कष्ट न कीजिए। यों मैंने भी वही विषय ढूँढ़ निकाला है, जो आपने सुझाया था, किन्तु, आप ही बताइए कि अब विषय की क्या महत्ता है? मैं जिन्दगी भर यह विश्वास नहीं कर पाऊँगा कि यह विषय मैंने ही चुना है। मेरी आत्मा पर यह वजन बना ही रहेगा कि यह आपका सुझाया हुआ विषय है, मुझे उस तरुण की मन:स्थिति समझाने में कुछ समय लगा, किन्तु धीरे-धीरे मैं यह समझ गया कि वह उस विषय के साथ कभी आत्मीयता स्थापित नहीं कर सकेगा।

ऐसा ही कुछ एक बार 'पुश्किन' और 'गोगल' के बीच हुआ। पुश्किन ने गोगल से कहा 'मेरे दोस्त, एक कथानक है जो मेरे लिए अनुपयोगी है किन्तु तुम उसे उपयोग में ले सकते हो। मैं तुम्हारी रुचि जानता हूँ और इसलिए कहता हूँ कि तुम उसे कोई-न-कोई आकृति दे दोगे। इसी कथानक के आधार पर 'गोगल' ने 'डेड सोल्स' उपन्यास लिखा, जिससे वह संसार भर में प्रसिद्ध हो गया।

विश्व में कला के श्रेष्ठ तथा प्राणवान सर्जना के युग वहीं हैं, जो गहराई से प्रभावित हुए है। 'अगस्टस' का युग यूनानी विद्वानों द्वारा प्रभावित था। इंग्लैंड, इटली

और फ्रांस में विद्या और कला के पुनर्जागरण पर प्राचीन गरिमा की छाप थी। उन महान् युगों की उर्वरा शक्ति और कृतित्व की महानता का बोध आज हमें उद्विग्न बना देता है, वे महान् युग जिनमें कोई शताब्दियों पहले जो बोया और लगाया गया था, जो अंकुआ रहा था, और जिसकी मंजरियाँ महक रही थी, सहसा ही एक साथ विकसित हो गया और लहलहाने लगा। मैं समझता हूँ कि हमारे लिए यह उपयोगी है कि हम इस युग व्यापी अराजकता, जो ज्वरोत्साह क तरह क्षणिक है, किन्तु जिसे हम दिव्य प्रकाश की तरह स्वीकार करते है, के कारणों को खोज करते समय यह समझ सकें कि महान् युगों में वैभवशाली विभिन्नताओं के बीच भी, जो प्रभावशाली एकता थी, उसका कारण यह था कि सभी बुलन्द मन और मस्तिष्क वाले व्यक्ति एक हो स्रोत के समीप एकत्रित होते थे और वहीं का जल पीते थे। आज हम नहीं जानते हैं कि किस स्रोत से शीतल जल पिएँ। हम समझते हैं कि जितने अधिक झरने होंगे, उतना ही अधिक स्वास्थ्य देने वाला जल होगा। इसी अतृप्ति को लिए, एक व्यक्ति एक स्रोत के पास और दूसरा व्यक्ति दूसरे स्रोत के पास जाता है।

दूसरा सत्य यह है कि आज कहीं कोई आस्था का प्रचंड स्रोत नहीं है बल्कि इधर-उधर के कट-छँट कर धीरे-धीरे बहने वाली पानी की धारें जमीन में रिसती रहती हैं और जैसे एक जगह पानी इकट्ठा हो जाता है, ठीक वैसे ही साहित्य-भूमि भी एक दलदल घिरी जगह नज़र आने लग गई है।

अब कहीं कोई प्रचंड धारा नहीं है, कोई मार्ग नहीं है, कोई महान् और व्यापक प्रभाव नहीं है जो एक आस्था की भूमि पर, एक विचार के चतुदिक महान् विचारकों को जोड़ दे। कहीं कोई एक वैचारिक सरणी नहीं है बल्कि स्वयं को विशिष्ट बताने की चिन्ता, किसी की महानता के समक्ष समर्पित हो जाने का भय, अनिश्चितता, संशय, जटिलता और व्यक्ति की संकीर्ण आस्थाएँ छोटे-छोटे व्यक्तियों के अहंकार को उभारती रहती है। यदि कोई जिज्ञासातुर महान् कृतिकार किन्हीं महान् प्रभावों के लिए भटकते हैं तो उस का कारण यह है कि उन्हें अपनी आत्मा की समृद्धि पर विश्वास है, अन्तर्ज्ञान से उन के मन दीप्त है, विरासत में उन्हें छन्दहीन विपुलता मिली है और अब वे फिर नई बहार की प्रतीक्षा कर रहे हैं। किन्तु 'जिनकी आत्मा दरिद्र है, उन्हें बाइबल के इन शब्दों का डर जैसे घेरे रहता है, 'जिसके पास है, उसे मिलेगा, लेकिन जिसके पास नहीं है, उससे वह भी छीन लिया जाएगा।' यहाँ भी जिन्दगी दुर्बलों के लिए निष्करुण है। क्या यह कोई कारण है कि प्रत्येक प्रभाव से दूर ही दूर रहा जाए? नहीं। लेकिन यदि ऐसा है, तो उनकी रही सही मौलिकता भी चुक जाएगी...। लेकिन यह तो ठीक है। इसी से तो कोई 'स्कूल' अस्तित्वगत होता है।

कोई वैचारिक-सरणी (स्कूल) थोड़े प्रतिभा-सम्पन्न व्यक्तियों के नेतृत्व ही में अग्रसर करती है और वे जो अनुयायी है, उस समतल भूखंड की तरह होते हैं जिससे अनेक प्रतिभावान व्यक्तियों को उभार मिल सकें। एक विचारधारा के उदय के साथ

अनेक महान विचारक नये विचार देते हैं जिन्हें अनुयायी सत्य मान कर धारण करते हैं और प्रारम्भ में एक अधीनता या मौन, अजाना समर्पण दृष्टिगत होता है। महान् पुरुषों के साथ-साथ यात्रा करने वाले उनके चरण चिह्नों पर चलते हैं या नहीं, यह मेरे लिए महत्त्वपूर्ण नहीं है। मैं केवल इतना जानता हूँ कि महान् विचारकों के साथ वे वहाँ तक की यात्रा कर सकेंगे जहाँ तक पहुँचना उनके लिए सर्वथा असम्भव था। यह कहना कठिन है कि रुबेन्स नेतृत्व न करते तो जोरडेंस क्या होते? रुबेन्स का आभार कि जोरडेंस इतनी ऊँचाइयों तक पहुँचे कि उनकी गणना युग की महान् शक्तियों में होने लगी और आपको उनका उदाहरण अनुपयुक्त-सा प्रतीत हो रहा है। यदि मैं यही वेंडेको के सम्बन्ध में कहूँ तो क्या अनुपयुक्त है—वह वेंडेकी, जिसने इंगलिश स्कूल को जन्म दिया और उसका नेतृत्व किया।

एक तथ्य यह भी है कि अकेला व्यक्ति किसी महान् विचार को व्यापक रूप देने की सामर्थ्य नहीं रखता। एक व्यक्ति नहीं, अनेक व्यक्ति उस विचार के विस्तार के लिए प्रयत्न करते हैं। वस्तुतः पहले उस अपरिष्कृत विचार को स्वीकार करना पड़ता है, फिर दिशा देनी पड़ती है, तब कही जाकर उसका सौन्दर्य निखरता है। आज यह सही नहीं लगता किन्तु शेक्सपियर की महानता ने हमें लम्बे समय तक उनके मित्रों की महत्ता नहीं समझने दी। 'डच स्कूल' की प्रभविष्णुता स्थापित करने के लिए क्या अकेले 'टेरबोर्थ' या 'मत्सु' या 'पीटर दहूच' काफी थे? नहीं, नहीं, उनमें से प्रत्येक की आवश्यकता थी और अनेकानेक दूसरों की।

इस सम्बन्ध की अन्तिम बात यह है कि एक विचार को बढ़ाने में जैसे अनेक प्रतिभा-सम्पन्न व्यक्तियों की आवश्यकता है, उसी तरह उस विचार की शक्ति समाप्त करने के लिए, बल्कि निःशेष करने के लिए भी कुछ विचारकों की आवश्यकता होती है। मेरा अभिप्राय विरोधियों से न होकर, उनसे है जो विरोध से उस विचार को शक्ति देते हैं।

जो कृतिकार प्रभाव से डरते हैं या प्रभावित नहीं होना चाहते, वे कभी-कभी सहज दंडित हो जाते हैं, क्योंकि जब कभी कोई अनुकरण करने वाला पकड़ा जाता है, वह इन्हीं में से होता है। प्रभाव से डरने वाले महान् कलाकृतियों के समक्ष शालीनतापूर्ण आवरण प्रदर्शित नहीं कर पाते। उनका भय उन्हं सतह से अधिक गहराई में नहीं झाँकने देता। वे जैसे केवल ऊपर-ही-ऊपर से वस्तुओं को चख लेते हैं। उनकी दृष्टि में मात्र बाह्य-रूप यानी शिल्प ही कला का रहस्य है : वे नहीं जानते कि इस रूप का कृतिकार के अन्तरस्थ व्यक्तित्व के साथ कितना गहरा सम्बन्ध है। यह रूप ही तो उसके व्यक्तित्व से कभी न विच्छिन्न होने वाला उसका आत्मोपहार है। कला के अस्तित्व का गहरा प्रयोजन वे कभी नहीं समझ पाते। वे यह सोचते हैं कि एक मूर्ति को त्वचा में फूँक-भर कर एक नई कलाकृति तैयार की जा सकती है।

एक सच्चा कृतिकार, जो प्रभाव ग्रहण करने के लिए जिज्ञासातुर है, कलाकृति पर मुग्ध हो जाएगा और विभोर होकर उसके अतल तक झाँकने का प्रयत्न करेगा। वह सोचेगा कि प्रत्येक पूर्ण हुई कलाकृति एक मंजिल है, एक क्षितिज है और कहीं दूर की यात्रा करने के लिए या दूसरी दिशा में चलने के लिए हमें अपना लबादा बदलना पड़ेगा। सच्चा कृतिकार स व्यक्ति को ढूँढ़ता है, जो कृति का जन्मदाता है और उससे कुछ-न-कुछ सीखने की इच्छा करता है।

मुक्त अनुभूति और कुछ अपना और कुछ दूसरों का लेकर मिश्रित किये हुए लेखन में बड़ा अन्तर है। यह दूसरे प्रकार का लेखन गुप्त, अप्रकाश्य श्रम है। उन कारणों की विवेचना में मुझे पर्याप्त समय लग जाएगा, जनसे हमारा मन कुमार्ग की तरफ भटक गया है और हम अनुकरण करने में लज्जा का अनुभव करते हैं, किन्तु यदि आपने मेरे वक्तव्य को अभी तक ध्यानपूर्वक सुनने की कृपा की है, तो आप इस निष्कर्ष तक पहुँच जाएँगे कि महान् कृतिकारों को अनुकरण से कभी भय नहीं हुआ है।

'माइकेल एंजिलो' ने प्रारम्भ में इतनी तत्परता से प्राचीन यूनानी मूर्तियों की अनुकृतियाँ की, कि उसे स्वयं एक बार यह जानकर कुतूहल और आनन्द हुआ कि एक सोते हुए कामदेव की मूर्ति को वे बहुत दिनों तक प्राचीन शिल्पियों की मूर्ति मानकर ही भ्रम में पड़े रहे। एक दूसरी अनुकृति जो 'प्रेम' की थी, उन्होंने मिट्टी में दबा दी, किन्तु जब वह पृथ्वी से निकाली गई, तो वह यूनानी संगमरमर पर अंकित की गई प्राचीन कलाकृति लग रही थी।

प्राचीन साहित्य कर्मियों की रचनाओं की अनुकृति के आधार पर अपने लेखन अभ्यास की 'मोंटेग' ने मधु-मक्खियों से तुलना की है, 'जो फूलों से पराग संचित करती है, किन्तु उसे मधु में परिणत कर लेती है—वह मधु जो उन्हीं का है और अब जो न सुगन्ध देने वाला पौधा है और न पराग है। नहीं, वह अब 'मोंटेग' है और 'मोंटेग' है, यही सबसे बड़ा सौभाग्य है।

मैंने आपसे वायदा किया था कि प्रभावित होने वाले को चर्चा करने के उरान्त मैं आपसे प्रभावित करने वाले की चर्चा करूँगा। किन्तु मुझे वह विशेष उपयोगी नहीं लगता। प्रभावित करने वाले का पक्ष लेना क्या महान् व्यक्ति का पक्ष लेना नहीं है। प्रत्येक महान् व्यक्ति प्रभावित करता है। कृतिकार की हैसियत से उसका लेखन, उसका चित्रांकन उसके व्यापक कर्म के अंश होते हैं। उसका प्रभाव उसके कृतित्व की व्याख्या करता है। 'डेकार्ट' कुछ पुस्तकों का लेखक ही नहीं था, वह 'कार्टीसियन' पद्धति का संस्थापक भी था। कभी-कभी व्यक्ति का प्रभाव कृति से भी कहीं अधिक होता है। कभी-कभी यह प्रभाव कृतियों का लम्बे समय तक साथ छोड़ देता है और पुनः प्रकट होता है। अरस्तू का काव्य शास्त्र इसी प्रकार का था जिसने फ्रांस को सत्रहवीं शताब्दी में प्रभावित किया।

प्रभाव की अन्तिम सरणी में सुकरात और ईसा है जिनका प्रभाव ही उनकी यशस्वी कृति हैं।

महान् व्यक्तियों का दायित्व चर्चा का विषय होता है। ईसाई धर्म पर शहीद हो जाने के सम्बन्ध में ईसा की कभी इतनी निन्दा नहीं हुई, जितनी कि कुछ लेखकों की इसलिए हुई कि उनके लेखन से कुछ अवांछित विचारों ने जन्म लिया है। कुछ का कहना है कि 'बर्थेर' के अनुकरण में आत्महत्याओं का ताँता बँध गया। 'लरमोनटोव' की एक कविता के बाद भी यही हुआ। 'मेक्जिम्स' पुस्तक पर टिप्पणी करते हुए एक स्त्री ने कहा 'इस पुस्तक को पढ़ने के बाद, करने को यही रह जाता है कि या तो आत्महत्या करली जाए या ईसाई धर्म अंगीकार कर लिया जाए।' (उसका यह निश्चित विचार था कि मृत्यु की अपेक्षा धर्म परिवर्तन में किसी को कोई आपत्ति नहीं होगी।) मैं समझता हूँ साहित्य पढ़कर, जिन्होंने आत्महत्या की है वे शायद बहुत पहले ही अपनी आत्मा में मृत्यु कामना धारण किए हुए थे और जो ईसाई बने, वे बहुत पहले से ही ईसाई बनना चाह रहे होंगे। प्रभाव कुछ नया नहीं बनाता, आत्मा में जो अनाकृत है, उसे आकृति देता है, जो अप्रकट है उसे प्रकट करता है।

किन्तु इसका अर्थ यह नहीं है कि मैं लेखक को उसके दायित्व से मुक्त करने की बात कह रहा हूँ , बल्कि मैं यह कहना अधिक औचित्यपूर्ण समझता हूँ कि उन्हें अपने महान् यश के अनुपात में ही अपने दायित्व को महान् और विकट समझना चाहिए। मुझे स्मरण नहीं आ रहा है कि महान् लेखक इसे स्वीकार करने से कभी विमुख हुए हों। सत्य तो यह है कि उन्होंने सदा ही अधिकाधिक दायित्व स्वीकार किया है। हम चाहे सन्देह करें या न करें। लेकिन वे आसपास के जीवन का प्रचुर मात्रा में उपभोग करते हैं।

किन्तु इसका यह अभिप्राय नहीं है कि कृतिकार में प्रभूत्व-कामना होती है, उसे जो दूसरों का समर्पण प्राप्त हो हजाता है, उसके कारण दूसरे है। उन कारणों को संक्षेप में यों कहा जा सकता है कि कृतिकार स्वयं में पूर्ण नहीं है। यह अवगति कि उसके पास एक महान् विचार है उसे निरन्तर उद्विग्न रखती है। वह अनुभव करता है कि वही उसके प्रति दायित्वशील है। यह दायित्व से सर्वाधिक महत्त्व का प्रतीक होता है। लेकिन वह अकेला कर ही क्या सकता है? यह विवशता का अनुभव करता है। उसकी पाँच इन्द्रियाँ दुनिया के विस्तार तक नहीं पहुँच सकतीं। उसकी प्राप्त हुए चौबीस घंटे जीने, चिन्तन करने और अपने को अभिव्यक्त करने के लिए अपर्याप्त है। वह महसूस करता है कि उस महान् विचार के लिए वह अकेला पर्याप्त नहीं है। वह सहायक, प्रतिनिधि, सचिव चाहता है। नीत्शे ने कहा है कि महान् पुरुषों का मस्तिष्क अपना ही नहीं होता, मित्रों का भी होता है। प्रत्येक मित्र उसे अपनी बोधेन्द्रियाँ देता है, इतना ही नहीं सारी जिन्दगी देता है। वह केन्द्र है, वह सब वस्तुओं को देखता है और उपयोग में लाता है। वह प्रभावित करता है कि

जिससे दूसरे उस महान् विचार के लिए जिएँगे और उसके विचारों का प्रतिनिधित्व करेंगे, वे लेखक के स्थान पर उन विचारों के परीक्षण का खतरा उठाएँगे।

कभी-कभी महान् व्यक्तियों का पक्ष लेना कठिन होता है इसलिए मैं उनका पक्ष-समर्थन नहीं करूँगा। मैं इतना ही कहता हूँ कि असमर्थताएँ न हो, तो महानता नहीं होगी। यदि उसकी कृतियाँ ऐसी है जो प्रभावित नहीं करती, तो सबसे पहले वह अपने ज्ञान की दरिद्रता प्रकट करेगा। उसके विचार पंगु होंगे और ऐसे व्यक्ति में हमारी अभिरुचि नहीं होगी, क्योंकि हमारे लिए जो प्रभावित करता है, वहीं महत्त्वपूर्ण है। इसलिए मैंने प्रारम्भ में कहा था कि मैं प्रभावित होने वालों की चर्चा पहले करूँगा, क्योंकि अब मैं यह कहने का साहस कर सकता हूँ कि प्रभाव महान् पुरुषों के लिये अपरिहार्य है।

मैं आपके समक्ष जो कहना चाहता था, कह चुका हूँ। जो विचार मैंने आपके समक्ष रखे है, उनमें से कुछ आपको विरोधात्मक और मिथ्या लगेंगे। जो हो, मैं सन्तुष्ट हो जाऊँगा, यदि मैं आप में कुछ श्रेष्ठ और सुन्दर विचारों को जन्म देने में मेरा अभिप्राय है, जगाने में सहायक हो जाऊँगा। इसे हम प्रतिक्रियात्मक प्रभाव कह सकेंगे।

(लहर, मार्च 1964 में प्रकाशित)

रचनाकार और उसकी समस्याएँ

यूजीन आयनैस्को

लेखकों से प्रायः यह प्रश्न पूछा जाता है : "आप क्यों लिखते हैं?" प्रश्न के उत्तर में लेखक कह सकता है, "यह तो आपको विदित होना चाहिए क्योंकि आप रचनाओं को पढ़ते हैं और पढ़ेंगे। आप पढ़ते भी तो इसीलिए है कि आपको इन रचनाओं में कुछ औचित्यपूर्ण कुछ ताजगी देने वाला कुछ ऐसा प्राप्त होता है जो आपको आत्मा के लिये अनिवार्य है। मैं पूछूँ, आपको इस अनिवार्यता का अनुभव क्यों होता है? हमारी कृतियाँ आपको किस प्रकार की ताजगी देती है?" अब आप अनुभव कर सकते हैं कि आपकी जिज्ञासा का उत्तर आपके पास है। मेरे मत से किसी पुस्तक को पढ़ने अथवा नाट्यकृति को देखने के दो कारण हो सकते हैं—शिक्षा और अनुरंजन।

सामान्यता यही दो सम्भावित उत्तर होते हैं। शिक्षित होने की आकांक्षा से पढ़ने वाला यह तलाश करता है कि कृतिकार किन आदर्शों को मानता है और उनके सन्दर्भ में उसने क्या लिखा है? वह इस तथ्य को शालीनतापूर्वक यो भी प्रकट कर सकता है कि वह कृति में जीवन के प्रश्नों का उत्तर ढूँढ़ रहा है। अनुरंजन के लिए कृति को पढ़ने वाला जीवन की कड़वाहट को भूलकर इसमें डूब जाना चाहता है और उपदेश और नैतिकतापूर्ण वक्तव्यों को पढ़कर उबा देने के लिए लेखक को गालियाँ देता है। किन्तु, उपदेश के लिए साहित्य को पढ़ने वाला यह आरोप लगा सकता है कि जीवन के प्रश्नों का उत्तर देने के स्थान पर उसे केवल सस्ता मनोरंजन देकर छला गया है। ज्यों ही कोई लेखक एक सॉनेट, एक गीत, एक उपन्यास या कि एक दुखान्त नाटक लिख लेता है तो पत्रकार उसे घेर लेते हैं, "आप समाजवाद, पूँजीवाद, पाप और पुण्य, गणित और अन्तरिक्ष-यात्रा, क्वैंटम थ्योरी, प्यार, फुटबाल, पाक-विज्ञान और राज्य जैसे प्रमुख विषयों के सम्बन्ध में क्या सोचते हैं?"

एक बार मैं अपने दोनों हाथों में भारी-भरकम सूटकेस लेकर नाव से उतरा था कि दक्षिण अमेरिका के एक पत्रकार ने पूछा, "जीवन और मृत्यु के सम्बन्ध

में आपके क्या विचार हैं?" मैंने अपने वजनदार सूटकेस नीचे रखे, पसीना पोंछा और पत्रकार महोदय से कहा, "आपके प्रश्न का उत्तर देने के लिए मुझे बीस वर्ष चाहिएँ और तब भी आवश्यक नहीं है कि मैं आपके प्रश्न का ठीक-ठाक उत्तर दे सकूँ। मैं भी तो वर्षों से यही प्रश्न स्वयं से पूछ रहा हूँ और शायद इसी प्रश्न का उत्तर देने के लिए लिखता हूँ।" यह कहकर मैंने अपने सूटकेस उठाए और रवाना हुआ किन्तु मुझे यह अनुभव होता रहा कि मैंने पत्रकार को निराश किया है। वस्तुतः सृष्टि के सनातन प्रश्नों का उत्तर किसी की जेब में या सूटकेस में नहीं है।

यदि कोई सृष्टा मुझसे पूछे कि मैं कोई रचना क्यों पढ़ता हूँ या कि थिएटर क्यों जाता हूँ तो मैं यह कहूँगा कि उत्तर पाने के लिए नहीं बल्कि अधिकाधिक प्रश्नों की तलाश करने के लिए ज्ञानार्जन के लिए नहीं, बल्कि उस 'कुछ को' या किसी को ढूँढ़ने के लिए जो कृति में है। कुछ सीखने के लिए। विज्ञान काफी है, लेकिन जो जिज्ञासा मुझे थिएटर, कला-कक्ष और साहित्यिक-कृतियों तक ले जाती है वह दूसरी तरह की है। वहाँ जाने का प्रयोजन यह है कि मैं किसी की विशिष्टताओं और आन्तरिकता को जान सकूँ चाहे वे मुझे रुचें या न रुचें।

लेखक से जब प्रश्न पूछे जाते हैं तो वह इसलिए उद्विग्न हो जाता है कि ये वही तो प्रश्न है जिन्हें लेखक स्वयं से पूछता है और इसलिए भी कि वह जानता है कि ऐसे दूसरे अनेक प्रश्न है जिनका उत्तर देना तो कहीं रहा शायद स्वयं से कभी पूछ भी नहीं पायगा।

प्रत्येक व्यक्ति जिसमें लेखक भी शामिल है, जब कभी पत्रकारों और सेना में भर्ती करने वाले सार्जेंट की निगाहों से दूर होता है तो कैसी खुल कर श्वास लेता है। कभी-कभी वह श्वास लेने का कारण पूछता है और कभी-कभी नहीं। लेकिन, वह पूछे या न पूछे श्वास तो लेना ही है। लेखक न केवल श्वास लेगा बल्कि लेखक है—इसलिए लिखेगा भी किन्तु, लेखक-कर्म शुरू करने के बाद ही वह अपने कर्म के औचित्य और प्रयोजन पर प्रश्न करता है। वह पूछता है मैं क्यों लिखता हूँ? मेरा कर्म सृष्टि के अन्य कर्मों में किसके समीप किसके समकक्ष है? क्या मुझे दूसरे व्यक्तियों की अपेक्षा कुछ विशेष कहना है? क्या मैं अपने अस्तित्व की घोषणा करना चाहता हूँ? मेरा सृजन सृष्टि को उबारने के लिए है या कि आत्मरक्षा के लिए? क्या वह ईश्वर या सृष्टि का यशगान है? क्या वह आत्म-स्पष्टीकरण आत्मानुसन्धान, आत्मा को समझने की प्रक्रिया या कि आत्मा की व्याख्या है? क्या मैं लिखकर अकेलेन से मुक्ति और सबके साथ सौहार्द स्थापित करना चाहता हूँ? क्या इन कारणों में से सबके सब असत्य नहीं हो सकते? ऐसा नहीं हो सकता है कि कोई रहस्यमय कारण मुझे लिखने के लिए प्रेरित करता हो जिसका प्रत्यक्ष नजर नहीं आने वाले कारणों से कोई

सम्बन्ध न हो तो और जो कुछ प्रत्यक्ष नजर आ रहा है महज उस मुख्य कारण पर पड़ा हुआ झीना-सा आवरण हो? क्या लेखन कार्य का मूल प्रयोजन इसमें निहित है कि मैं सृष्टि को समझना चाहता हूँ और अपनी ही तृप्ति के लिए सही इस अनाकृतिवान सृष्टि को आकृति देना चाहता हूँ? क्या लेखन एक सहज प्रवृत्ति है, एक अतिरिक्त जागरूकता? क्या कल्पना, अनुसन्धान शोध, सृजन, श्वास ही की तरह सहज नहीं है? क्या वह क्रीड़ा की समानधर्मी क्रिया है? यदि ऐसा है तो इस क्रिया का क्या प्रयोजन है?

क्या लेखक जो कुछ करता है उसका प्रयोजन अच्छी तरह जानता है? मेरी धारणा है कि वह छला जाता है। निस्सन्देह उसकी कुछ धारणाएँ होती है और वह कई बार उन्हें सत्य प्रमाणित करने की दृष्टि से लिखता है और सोचता है कि वह जो कुछ प्रमाणित करना चाहता है वही कृति की आत्मा है, किन्तु तभी वह स्वयं या कि दूसरा कोई व्यक्ति इस परिणाम पर पहुँचता है कि जिस सत्य को प्रमाणित करने के लिए उसने लिखा उससे कही अधिक सत्य-कथा तत्त्व है। जिस तथ्य को वह सिद्ध करना चाहता है वह दिलचस्प नहीं होता, दिलचस्प होता है सिद्ध करने का कौशल, रचना-शैली। जैसे शिल्पकार भवन निर्माण की सामग्री से विविध प्रकार के शिल्पगत प्रयोग करता है। शायद ऐसा ही अभिप्राय कृतिकार का भी होता है जो कृति के माध्यम से साहित्य अथवा नाट्य-रचना के अमूर्त नियमों को मूर्त रूप देता है।

एक वीरान गिरजाघर, जहाँ अब प्रार्थनाएँ नहीं होती, अस्पताल भी हो सकता है और पुलिस चौकी भी। हो सकता है कि वह वीरान ही पड़ा रहे लेकिन वह एक भवन, एक वास्तुकला का नमूना तो रहता ही है चाहे चर्च रहे या न रहे। वस्तुतः वह चर्च कभी नहीं था, चर्च की तरह उपयोग में लाया जाता रहा है, जैसे कि एक काव्य अथवा नाट्यकृति जिसे प्रचार, शिक्षा अथवा राजनैतिक मतवाद के लिए काम में ले लिया जाता है। निहित-स्वार्थ वाली शक्तियाँ उसे जिस तरह चाहे काम ले वे उसे तेजस्वी रचना कौशल और ज्वलन्त कृतित्व का प्रमाण होने से कभी वंचित नहीं कर सकती। एक कृति में अनेक समस्याएँ, विचार तथा निष्कर्ष निहित हो सकते हैं और उसमें समाज की प्रखर आलोचना तथा मनुष्य के दुर्भाग्यपूर्ण वर्तमान की चर्चा हो सकती है। सम्भवत कृतिकार यह भी सोच ले कि उसकी कृति में व्यक्तिगत चर्चाएँ नहीं है और सम्भव है कि बहुत बाद में उसे लगे कि उसका व्यक्तित्व उसे पूरी तरह ढँके हुए है। वस्तुततः कृति की विशिष्टता उसमें निहित सहज आत्म स्वीकृतियाँ ही है। इन आत्म स्वीकृतियों, विविधतापूर्ण और विरोधात्मक मन्तव्यों के अर्थ निकाले जाते हैं, उन्हें झुठलाया जाता है। उनका कृतिकार के पक्ष या विपक्ष में दुरूपयोग किया जाता है—लेकिन यह अवान्तर प्रसंग है।

मुझे सब प्रकार की शक्तियाँ लिखने को प्रेरित करती है, वे जो विरोधी हैं, वे जो पूरक हैं : अहंकार, प्रभुत्व-कामना, लालसा, घृणा, आत्मशोध, प्रेम, उद्वेग, अभिलाषा, निराशा, आत्म-विश्वास की कमी, न्याय के पक्ष मे होने की निश्चिन्तता, अनिश्चितता, प्रसन्न होने और करने की इच्छा, मनोरंजन, शालीनता इत्यादि। मुझे ऐसा प्रतीत होता है कि यह सब कृतियों से इतना स्पष्ट हो जाता है जितना कृतिकार इस सम्बन्ध में बात करके स्पष्ट नहीं कर पाता।

कैसा हो यदि लिखा न जाए? किन्तु ऐसी सम्भावना एक दूसरा ही प्रश्न खड़ा कर देती है—कर्म का। हम कोई कर्म करें या नहीं, जीवित रहे या नहीं, कुछ करे या कुछ न करे क्योंकि लेखन भी तो एक प्रकार का कर्म है।

अब एक दूसरा प्रश्न-क्या मेरा लेखन अकेले व्यक्ति की वाणी है? क्या मैं जो सत्यान्वेषण, वर्णन, शोध करता हूँ या कि कर रहा हूँ मात्र निरंकुशता है? क्या मेरी और मेरे कृतित्व की दुनिया को जरूरत है? क्या दुनिया को किसी की जरूरत है? क्या मैं लिखकर किसी की आवश्यकता पूरी कर रहा हूँ? या कि महज दुनिया पर लदा हुआ हूँ? यदि मैं दुनिया पर लदा ही रहा हूँ तो मुझे ऐसा करने का क्या अधिकार है? यदि मेरी जगह दूसरा कोई होता?

यह स्पष्ट है कि एक लेखक जो कुछ लिखता है उसकी व्याख्या की जाती है, उसे स्वीकार या अस्वीकार किया जाता है। वस्तुत: एक कृतिकार की स्थिति संगीत-गोष्ठी के एक वादक-कलाकार की तरह की होती है जिसके अस्तित्व को स्वीकार करना ही पड़ता है चाहे ऐसा इसलिए किया जाए कि उसे हम झुठलाना चाहते हो। इसका अर्थ वह है कि उसका अस्तित्व है और उसे अस्वीकार करने का भी वही अर्थ है कि हम उसे थोड़ा बहुत स्वीकार कर चुके है। तब कृतिकार इस तरह सोचता है तो मैं दूसरों के साथ है और यदि मैं दूसरों के साथ हूँ तो इसका अर्थ यह है कि मैं व्यक्ति होने के साथ-साथ जन भी हूँ, कि जन मेरे द्वारा अभिव्यक्त होते हैं, कि मैं व्यक्ति से अधिक जन हूँ। लेकिन व्यक्ति के होने का क्या अर्थ है? क्या महज यह कि मैं अनेक मान्यताओं के मिलने या टूटने का केन्द्र हूँ, या कि मैं विलक्षण हूँ और इसी कारण से विस्मय उत्पन्न करता हूँ और ऐसे निर्वैयक्तिक निष्कर्षों तक पहुँचता हूँ, जो अनेक दिलचस्पियाँ पैदा करते हैं। क्या दोनों ही सम्भावनाएँ सत्य है? आखिर इस अपनी तरह के होने का क्या अर्थ है? क्या यह आत्मा जो अस्तित्ववान है सर्वथा निरपेक्ष है या कि सापेक्ष? यह 'मैं' जो चिन्तन करता है, मेरा परिचय-पत्र है, मैं ही उसकी व्याख्या नहीं कर सता? क्या हम में से हर एक परिपूर्ण है? उत्तर कुछ भी हो सकता है लेकिन उससे लेखक के अस्तित्व, उसके लिखने और कहने का अधिकार और औचित्य पर कोई उंगली नहीं उठा सकता। थोड़े से मनन से लेखक को अपने अस्तित्व के सम्बन्ध में अनुभव होने वाली दुविधा भी समाप्त हो जाती है। यदि लेखन या अन्य कोई

कर्म अहंकार का प्रदर्शन है तो न लिखकर दूसरे किसी काम में लगा रहना या कि दूसरा कुछ करना भी तो अहंकार का प्रतीक हो सकता है।

मुझे इस स्वीकार करने में संकोच नहीं है कि मैं दर्शन अथवा आध्यात्म विद्या की सहायता से अस्तित्व के अर्थ की पेचीदा गुत्थी सुलझाने में असमर्थ रहा हूँ। इन दोनों के अध्ययन उपरान्त भी मैं यह आस्था उत्पन्न नहीं कर पाया हूँ कि हम जिन्दगी को कोई नैतिक मोड़ देने के लिए प्रतिज्ञाबद्ध हैं या कि हम जिन्दगी को कोई अर्थ दे सकते हैं, हमें कोई अर्थ देना चाहिए। मुझे ऐसा लगता है कि मैं केवल इस दुनिया के लिए नहीं हूँ। मैं इसका उत्तर देने में भी असमर्थ हूँ कि यह दुनिया किसके लिए है लेकिन मैं यह अवश्य चाहता हूँ कि न तो यह दुनिया और न मैं किसी दूसरे के लिए जिये तथा समर्पित रहे। दुनिया में मुझे जो थोड़ा बहुत अच्छा लगता है वह इसलिए कि मैं यहाँ रहता हूँ और रहते-रहते अभ्यस्त हो गया हूँ। मेरा यह खयाल है कि मैं मात्र सृष्टि का नहीं हूँ किसी दूसरी जगह का भी हूँ। यदि यह जानता कि कहाँ का हूँ तो सब कुछ ठीक ही हो जाता लेकिन मैं नहीं जानता कि यह पेचीदा स्थिति कैसे सुलझाऊँ? मन में एक अजानी, अजनबी-सी उत्कंठा का होना इस बात का प्रमाण है कि इस सृष्टि के अतिरिक्त भी कुछ है। वह अतिरिक्त वह सृष्टि ही है यह स्वीकार करना मेरे लिए सम्भव नहीं है। शायद इस सबको यों कहना ठीक होगा कि जिसकी खोज में मैं हूँ इस सृष्टि में नहीं है। इस जटिल प्रश्न के कुछ व्यक्तियों ने उत्तर दिए है और कुछ व्यक्ति सोचते हैं कि वे उत्तर दे सकते हैं। मैं उनके लिए प्रसन्न हूँ, उन्हें बधाई देता हूँ अपने आप में यही कह सकता हूँ कि मैं—जिसको परिभाषा में बाँधना एकदम कठिन है—यहाँ हूँ और अपना विस्मय, अपनी उत्कठा, यह विस्मय मेरे साथ है कभी-कभी मुझे प्रतीत होता है कि मेरे पास कोई सन्दर्भ बिन्दु नहीं हैं लेकिन फिर लगता है कि है, फिर वे सब अस्थिर और बदलते हुए लगते हैं और फिर जैसे धीरे-धीरे यही खो जाते हैं।

आप देख रहे है कि मैं बहुत-सी असंगत बातें कह गया हूँ। क्या इस असंगति या इन असंगतियों का कारण यह है कि मैं किसी क्रम का अनुसरण नहीं कर पाया हूँ या कि मैं चेतना के ऐसे स्वरों पर जी रहा हूँ जो परस्पर विरोधी है। मेरी मान्यता है कि दोनों सम्भावनाएँ सत्य है। कई बार मैं सोचता हूँ कि मेरे कुछ विश्वास है, मेरी मान्यता है कि दोनों सम्भावनाएँ सत्य है। कई बार मैं सोचता हूँ, कि मेरे कुछ विश्वास है, मैं कुछ धारणाएँ बनाता हूँ, पक्ष लेता हूँ, कुछ चुनाव करता हूँ विश्वासों के लिए झगड़ता हूँ और जब मैं ऐसा करता हूँ मुझे प्रतीत होने लगता है कि जैसे मैं आविष्ट हूँ, विवश हूँ। लेकिन मेरी इन मोहाविष्ट, विवशता की मन स्थितियों के बीच मैं ऐसा अनुभव करने लगता हूँ कि मेरे पक्ष, मेरी उत्कटता और मेरी स्वीकृतियों का कोई निश्चित और अडिग आधार नहीं है और

मुझे उन सबसे मुक्त हो जाना चाहिए। वस्तुत: मेरे पास वह आवश्यक प्रबुद्धता नहीं है जिससे कि मैं अपनी इन अनास्थापूर्ण मन स्थितियों के साथ अपने कार्यों को जोड़ सकूँ। लेकिन मैं ये सारे प्रश्न क्यों उठा रहा हूँ? इसलिए कि प्रत्येक व्यक्ति आत्म-साक्षात्कार की स्थिति में ऐसे प्रश्न करता है और ऐसी ही चंचल मन:स्थितियों में लेखक लिखता है। रसज्ञों ने यह अनुभव किया होगा कि यह लिखने का दूसरा कारण है।

मैं एक दूसरे प्रश्न पर भी विचार करना चाहता हूँ। मैं न तो संशयवादी और न सत्यवादी होने का दावा करता हूँ। मैं मूल्यों की अपरिहार्यता और उनके चयन जैसे जटिल प्रश्नों पर राय व्यक्त नहीं कर रहा हूँ। कुछ व्यक्ति कह सकते हैं कि मेरी इस परम अनिश्चितता की ऐतिहासिक व्याख्या हो सकती है, कि मैं अमुक-अमुक वर्ग का हूँ, या कि मेरे मन की निश्चितता अथवा अनिश्चितता उत्पन्न करने वाली असंगतियों और परम्पराओं की द्वन्द्वात्मक भौतिकवादी आधारों पर व्याख्या की जा सकती है अथवा नहीं की सकती है। मैं फिर कहना चाहता हूँ कि ऐसे क्षण आते हैं जब मैं पक्ष चुनता हूँ, पक्ष लेता हूँ।

मैं जब यह स्पष्ट करता हूँ कि मेरे अन्तर में क्या होता है तब मैंस्वयं की व्याख्या से स्वयं को उद्घाटित करता हूँ। मैं भाववेगों के अधीन हो जाता हूँ या कि दूसरों के भावावेगों को अस्वीकार करने लगता हूँ। दूसरों ही की तरह मेरी भी वह आदत है कि जब कुछ भी दर्पोक्ति अथवा निश्चित घोषणा के रूप में आता है तो उसका विरोध करता हूँ। मैं कहता हूँ कि मुझे काला रंग अप्रिय और नीला रंग अच्छा लगता है। यह सम्भव है कि मैं उन कारणों का पता लगा लूँ जिनसे मुझे एक रंग आकर्षक और दूसरा अनाकर्षक लगता है लेकिन ऐसा करने में मुझे समय लगेगा, किन्तु जब मैं यह कहता हूँ कि बाल्जाक को इयूजिन से और शेक्सपियर की फेयडू से अधिक पसन्द करता हूँ तो मुझे कोई कठिनाई नहीं होती क्योंकि मेरे पास कुछ स्थापित मत हैं और वे साहित्यिक हैं।

व्यापक सन्दर्भ में से शेक्सपियर की फेयडू के स्थान पर इसलिए पसन्द करता हूँ कि शेक्सपियर की रचना सृष्टि अधिक सम्पन्न संश्लिष्ट, मानवीय, गहरी और सत्योन्मुखी लगती है। किन्तु, वह क्या है जो शेक्सपियर को फेयडू से अधिक महत्त्व देती है? संक्षेप में वह शेक्सपियर की उद्विग्नता, प्रश्नाकुलता है जो मुझे फ्रांस के इस सुखान्त नाट्य-कर्मी में नहीं मिलती। शेक्सपियर में मुझे प्रिय लगने वाले उत्तर नहीं है, मुक्त घटना प्रगट है। प्रश्न ही प्रश्न है जिनका अन्तिम उत्तर सम्भव नहीं है। इसलिए मैं कहता हूँ कि आत्मा को उत्तर न देकर निरन्तर प्रश्न पूछना प्रश्न न पूछने की अपेक्षा कहीं अधिक सार्थक है। मुझे जिन पुस्तकों को पढ़ने का संयोग हुआ है उनमें मुझे हमेशा लगा है कि हमारे प्रश्नों का एक भी उत्तर सही नहीं है या कि सभी पेचीदा समस्याओं के उत्तर कृत्रिम है। सारी अन्धमतवादिता अल्पायु

होती है, न केवल अल्पायु ही लेकिन मुझे ऐसा भी प्रतीत होता है कि जैसे यह सब चिन्तन का काल्पनिक क्रम है, कुछ ऐसी मान्यताएँ या दृष्टियों, तथ्यों को समझने की प्रक्रिया मात्र है। विशिष्ट सैद्धान्तिक मतवाद थोड़े से रूझान से ऐसे प्रतीत होने लगते हैं जैसे वे काफी वजनदार सत्यों पर स्थापित है जब कि वे ही मतवाद विपरीत रूझान होने से उतने ही तथ्यपूर्ण आधारों पर झूठला दिए जाते हैं। वास्तविकता तो यह है कि प्रत्येक व्यक्ति को अपनी आत्म-संहिता बनाना चाहिए। 'मैं हूँ,' किन्तु यह मैं कौन हूँ? मैं कह चुका हूँ कि यह कहना कठिन है, यह एक रूढ़िधर्मी प्रयोग है, किन्तु 'हम' या 'समूह' या 'जनता' आदि से कही अधिक सार्थक और स्पष्ट है।

जो हो, कुछ वस्तुएँ है जिन्हें काम में लाया जा सकता है। वे लेखन, सृजन और कर्म का माध्यम हो सकती है। वस्तुओं की सहायता से मैं लिखता हूँ काम करता हूँ। मकान बनते है, यंत्र हमें एक स्थान से दूसरे स्थान तक ले जाते हैं। मैं यह सब कुछ अधिक निश्चयात्मक रूप से कह सकता हूँ। हहम अनुमान लगा सकते हैं कि वस्तुओं की सहायता से चला जा सकता है स्थिर रहा जा सकता है। हम वस्तुओं को छू सकते हैं, उन्हें हाथ से पकड़ सकते हैं। मैं यह भी जानता हूँ कि प्रत्येक वस्तु जो है, या होगी, प्रत्येक वस्तु जो हमें अस्तित्ववान लगती है या कि लगती रही है वह आखिरकार नष्ट हो जाएगी। यह ताड़ का वृक्ष हो जाएगा—अस्तित्वहीन। वस्तु का रूप बदलने के साथ हमारे विचारों का रूप भी बदल जाता है। जब यह ताड़ वृक्ष नहीं रहेगा तब शायद कोई दावा नहीं कर सकेगा कि अभी कोई ताड़ वृक्ष था। मेरी तृष्णाएँ और इच्छाएँ है किन्तु मैं उनका कारण नहीं जानता हूँ, मेरा खयाल है कि यदि कोई उनके मूल स्रोत तक पहुँच जाए और उनके अस्तित्व के कारणों को जान ले तो हमारी इच्छा, भावावेग, तृष्णामय, प्रेम और घृणा सब कुछ रूपान्तरित हो जाएँ, अस्तित्वहीन लगने लगे।

मुझे लगता है कि किसी के पीछे कोई कारण नहीं है, केवल एक अगम्य शक्ति है। किसी का कोई कारण नहीं है। अपने आप में होना एक विवादास्पद बात है और वह जो कुछ बाह्य है, तथ्य हो या कि वस्तु, अखंडनीय है। जो अखंडनीय है उसके होने और न होने का कोई तर्क नहीं है।

कृतित्व के सम्बन्ध में मेरा स्पष्टीकरण अधूरा, मिथ्या या कि ढुलमुल होगा क्योंकि मैं जीवन के प्रयोजन से अनभिज्ञ हूँ इसलिए लेखन के प्रयोजन को भी ठीक से जानने का घमंड नहीं कर सकता। फिर भी मैं कृतिकार हूँ ठीक उसी तरह जैसे कि मैं जीवन के अभिप्राय को ढूँढ़ता हुआ जीवित हूँ मैं लिखने के लिए विवश हूँ, प्रश्नाकुल हूँ, चतुर्दिक देखता हूँ और वर्णन करता हूँ किन्तु जब मैं लिखता हूँ तो कुछ विकृत है उसे अग्राह्य समझना, उनकी निन्दा या कि आलोचना करना, लोगों के आचरण की खिल्ली उड़ाना, नैतिकता की लम्बी चौड़ी बातें करना नितान्त सीमित

सन्दर्भों में ही अर्थवान मानता हूँ। मैं जब कृतिकार की हैसियत से पक्ष लेता हूँ तो सोचता हूँ कि ऐसा क्यों कर रहा हूँ, मुझे ऐसा नहीं करना चाहिए। मेरे पूर्वाग्रहों और विश्वासों का आधार मेरे स्वतः स्फूर्त आवेग है जिनकी प्रामाणिकता स्थापित करना कठिन है। मैं यह सोचता हूँ कि हम उन आवेगों को ठीक-ठाक विचार-सरणियों में बाँध भी ले तो भी क्या यह सबसे अधिक दिलचस्प नहीं है कि मैं यह जान लूँ कि मैं जो कुछ सोच रहा हूँ वही क्यों सोच रहा हूँ? मेरा विश्वास है कि मेरी वही कृतियाँ सबसे अधिक मौलिक है जिनमें मेरा आश्चर्य, मेरे गहरी उदासी अभिव्यक्त होती है। जिन्दगी की जड़े इसी रहस्य, इसी आश्चर्य से फूटती है। मेरे अस्तित्व की अतल गहराइयों में मुझे या तो अन्धकार हो या फिर चकाचौंध उत्पन्न करने वाला प्रकाश दिखाई देता है।

किन्तु, हमारे सब प्रश्न जटिल और सरल, साधारण और सूक्ष्म केवल प्रारम्भिक बिन्दु होते हैं और शीघ्र ही अनुप्रयोगी हो जाते हैं। उन्हें लेकर यात्रा प्रारम्भ होती है, नई दिशा खोजी जाती है जहाँ यह कहना कठिन है कि क्या उपलब्ध होगा? उपदेशक कृतिकारों को अपनी यात्रा की दिशाएँ पहले से ही ज्ञान होती है, उन्हें कुछ ढूँढ़ना नहीं होता। उनके लिए सब यात्राएँ अनावश्यक है क्योंकि वे दूसरों की सम्पूर्ण की हुई यात्राएँ फिर-फिर चलते हैं। वे, जो कुछ पहले से जाना हुआ है, जो कुछ पहले से गढ़ा गढ़ाया है, उसी से जुड़े है। ऐसे कृतिकार साहित्य को कुछ नहीं देते, वे संख्या बढ़ाने वाले होते है, वे अनुभूति की सम्प्रेषित नहीं कर पाते क्योंकि उनके पास कोई अनुभूति नहीं होती। सामान्यतया यह होता है कि पहले प्रश्न उठते हैं और बाद में उनके उत्तर ढूँढ़े जाते हैं, किन्तु उपदेशक या कि राजनैतिक कृतिकार प्रश्न के पूर्व ही उसके उत्तर आरोपित कर देते हैं। वे नहीं जानते कि जीवित प्रश्नों के तरोताजा उत्तर ऐसे कहाँ मिलते हैं? यों प्रश्नों के उत्तर मिलें या न मिलें, साहित्य में उत्तर पाना न पाना महत्त्वपूर्ण नहीं है। जो कृति प्रश्न उठाती है और उत्तर देती है और वह जो प्रश्न उठाती है किन्तु उत्तर नहीं देती दोनों ही का समान रूप से अस्तित्व है। कृति एक जीवित व्यक्ति या कि जीवित सृष्टि है। यही जीवित होना, यही जीवित सृष्टि, उसका महत्त्वपूर्ण सत्य है। मैं इस प्रसंग पर अन्यत्र चर्चा करूँगा।

जो भी हो, कृति में व्यक्ति हुई उद्विग्नता या कि गम्भीरता, आश्चर्य या कि स्थिरता ही तो उसका जीवित तथा धड़कता हुआ प्राण तत्त्व है, ये ही तो इस सृष्टि के सदस्य हैं, उसके परम मूल्य हैं, कृति के सत्य हैं। एक कृति कोई प्रश्नोत्तर संहिता नहीं है। उसके उत्तर उसी में निहित हैं। कृति का प्रश्न और उत्तर कृति ही में निहित है, जैसे एक स्वर-संगीत अपना ही उत्तर है और एक चित्राकृति के रंग दूसरे रंगों का उत्तर है। वस्तुतः कृति के सब प्रश्नों का उत्तर कृति में ही है।

उपन्यास, कहानी, कविता, निबन्ध, नाटक आदि के लिए सबसे आवश्यक तत्त्व लेखक की निष्ठा, उसकी ईमानदारी है। निष्ठा का यह स्वर-कृति में इतना स्पष्ट होता है कि सहज ही सुना जा सकता है। दूसरे शब्दों में कहें तो निष्ठा का स्वर बुलन्द होता है, लेकिन स्वर सुने जाने का अभिप्राय यह नहीं है कि वह ध्यान आकृष्ट करेगा। कम-से-कम प्रारम्भ में तो वह अनसुना ही रहेगा। सामान्यतया कृतिकार जब नया सत्य उद्घाटित करता है, उसका अनुभूत सत्य, तो वह लम्बे समय तक अविश्वास रहता है, पाठक उस पर विश्वास नहीं करना चाहते, वह अनभिव्यक्त खोखला या कि उस युग के लोग उसे तब देखने से समर्थ न हो और किसी भविष्य के लिए छोड़ दे। जो कुछ भी प्रामाणिक सत्य होता है उसे असंगत, असम्भव कहकर टाल देने की प्रकृति होती है। यों सत्य होना भी असामान्य है, सामान्य तो असत्य होता है। कृतिकार का झूठा कहा जाना ही इस बात का प्रमाण है कि वह निष्ठावान है। वह ईमानदार है तभी तो सामान्यतया उसे लोग अविश्वस्त और मिथ्याभाषी कहते हैं।

कृति समूह के चिन्तन को झकझोर देती है, क्षत-विक्षत कर देती है। कल जो कुछ सत्य और बौद्धिक उपलब्धि थी आज अनावश्यक लगने लगती है। किन्तु, सामाजिक और मनोवैज्ञानिक चिन्तन की प्रक्रियाएँ ऐसी होती हैं कि उन सत्यों को भी शुष्क परम्पराओं के रूप में स्वीकारती चली जाती है जो अब केवल मृत्यु-धर्मी स्थापनाओं के रूप में है या कि जो मात्र सुविधाएँ और अन्धे तथा बहरेपन का लक्षण है। हम जानते हैं कि सहज तृष्टि मनुष्य की सामान्य सी मनःस्थिति है जो क्रान्तियों तक में परिलक्षित होती है।

यह निष्ठा और सत्यान्वेषण प्रशंसित होना चाहिए कि जिसके कारण लेखक दार्शनिक अथवा वैज्ञानिक ही की तरह सत्य को प्रस्तुत करता है—उस व्यक्तिपरक सत्य को जिससे वह स्वयं अपरिचित है, जो उस स्वयं के लिए रहस्योद्घाटन की तरह है। य सम्भव है कि वह रहस्योद्घाटन कम या कि अधिक महत्त्व का हो किन्तु वह होता अप्रत्याशित और कष्टदायक है। सामान्यजन की प्रारम्भिक प्रतिक्रिया उसे अस्वीकार करने, झुठलाने की होती है। क्यों प्रयत्न करें? जो कुछ है उसी से तुष्ट क्यों न रहें? व्याकुल क्यों हो? कुछ भी तो ऐसा नहीं है जिसके अभाव में काम न चल सके। किन्तु, धीरे-धीरे नया और उद्विग्न करने वाला सत्य स्वयं को घोषित करने लगता है और फिर सब उस सुनने, स्वीकार करने लगते हैं। कंधे उचका कर, मजाक बनाते हुए आप जो कुछ देते हैं वे उसमें रुचि लेने लगते हैं। वे आश्वस्त से प्रतीत होते हैं कि जिसे वे प्रारम्भ में झूठ मानकर अस्वीकृत कर रहे थे सत्य वही है। वे अनुभव करने लगते हैं कि कृतिकार यथार्थ को देखने की नई दृष्टि दे रहा है कि यथार्थ व्यापक और समृद्ध हो रहा है। कृतिकार सोचता था—कि जैसे वह कुछ कल्पना कर रहा था, वस्तुतः वह सत्यान्वेषण कर रहा

था। कदाचित् इसी अर्थ में कल्पना और अन्वेषण पर्यायवायी होते होगे। कृतिकार समझता है कि यह सत्य उसके अन्तर्मन से उसी के माध्यम से जन्म ले रहा है। वह निर्लिप्त यथार्थ जिसे जन सामान्य के लिए अधिक समय तक अस्वीकार करना सम्भव नहीं है और जब वे उसे स्वीकार करने लगते हैं तो उन्हें ऐसा लगता है कि जैसे वे उसे सत्य का जानते हैं और सदैव जानते रहे, वहीं जैसे सहज, स्वभाविक सत्य था। उस सत्य की विचित्रता धीरे-धीरे स्वभाविकता में परिवर्तित हो जाती है, अस्पष्टता स्पष्टता में बदल जाती है और फिर उसका असम्भव तत्त्व सम्भाव्य की तरह स्वीकार कर लिया जाता है।

इस प्रकार वह सृष्टि जो लेखक के द्वारा कल्पित होती है बार-बार सत्य हो जाती है। उसे अस्वीकार करना सम्भव नहीं होता। वह आत्मसात कर ली जाती है, सम्पूर्णतया समाहित हो जाती है। तब ऐसा प्रतीत होने लगता है कि जैसे हम इस नए सत्य को अब भूले हुए थे, जैसे हमने छिपी हुई सृष्टि को सहसा पा लिया हो।

फिर यह सृष्टि स्वाभाविक हो जाती है, सामान्य लगने लगती है। तक कृतिकार पर शोध, निबन्ध, टिप्पणियाँ, ग्रंथ प्रकाशित होते हैं, जिनमें उसकी उपलब्धियों पर विद्वत्तापूर्ण चर्चाएँ होती है। कृतिकार का विश्लेषण होता है, उसे अस्वीकार किया जाता है, उसे उसकी ही (कृतिकार की) कसौटी पर कसा होता है। कोई यह राय व्यक्त करता है कि कृतिकार अपने कथ्य को तर्कपूर्ण संगतियों तक नहीं ले गया है। वह कृतिकार को एक या दूसरी दिशा में चलने का आग्रह करता है जिसका आधार या तो समीक्षक की वैयक्तिक रुचि होती है या वे मन्तव्य जो कृति से शायद ने निकलते हो, किन्तु निकाल लिए गए हो। इस स्थिति में कृति से कही अधिक कृतिकार पर लिखा गया महत्त्वपूर्ण हो जाता है। मुझ पर अब तक लिखी टीकाएँ और टिप्पणियाँ इतनी अधिक हो गई हैं कि यदि मैं बुद्धिमान होता तो शायद अपने ही ऊपर एक शोधग्रन्थ तैयार कर लेता। शायद इससे अधिक दिलचस्प यह होता कि मैं अपने टीकाकारों का मनोवैज्ञानिक तथा समाजशास्त्रीय आधारों पर अध्ययन करता और एक शोध ग्रन्थ लिख डालता।

इस प्रकार कृति का अर्थ, आकृति सब कुछ बदल दिया जाता है। वह अनात्मीय और भूतकाल हो जाती है। वह वही लगने लगती है जो दूसरे उसके सम्बन्ध में कहते हैं। यो यदि आप मुझे आलोचक की सामाजिक पृष्ठभूमि बता दें, या कि यह बता दें कि वह किस मासिक या पाक्षिक के लिए लिखता है तो मैं पहले से ही आपकी बता दूँगा कि वह मेरी अभी-अभी प्रकाशित कृति के सम्बन्ध में क्या लिखेगा? इसी प्रकार यदि अपनी कृति पर लिखी गई एक समीक्षा या एक टिप्पणी पढ़ लूँ तो मेरे लिए, यह कहना असम्भव नहीं होगा कि मेरा आलोचक किन राजनैतिक अथवा सैद्धान्तिक मतवाद का पक्षधर है। इतने भर से मैं उसकी राजनीति और प्रबुद्धता का रेखाचित्र तैयार कर सकता हूँ।

वास्तविकता यह है कि कृति के नये होने से मूल्यांकन के आधार नये नहीं होते। मूल्यांकन की मान्यताएँ पूर्व निर्धारित और सख्त होती है। शायद ऐसा भी हो कि कृति इतनी नवीन ही न हो कि मूल्यांकन की प्रचलित सरणियों को बदल दें, कदाचित उसकी अभिनवता सक्षम न हो। कदाचित उसे (कृति को) गढ़े-गढ़ाए साँचे में ढाल लिया गया हो, या कि कृति को अपनी मौलिकता प्रकट करने में और स्वीकार कराने में कुछ समय लगे।

कृतिकार को कृति की प्रभावशालिता पर अचरज होता है, वह प्रसन्न होता है। प्रसन्न इसलिए कि अपनी सम्पूर्ण निष्ठा और आस्था के उपरान्त भी वह सोचता रहा है कि उसकी आस्था विशुद्ध तो है उसने कही लोगों को छला तो नहीं। मैं सोचता हूँ कि मैंने यह स्पष्ट कर दिया है कि नवीनता ही आस्था और सत्य का प्रतीक है। जो विलक्षण है वही सत्य है। जो दूसरों से मिलता-जुलता है वह झूठ है क्योंकि सामान्यत: निर्वैयक्तिक है, झूठ है। सत्य और निष्ठापूर्ण वही होता है जो दूसरों के द्वारा सिखाया गया नहीं होता। तोते का सम्बन्ध आस्था से नहीं जोड़ा जा सकता है। वह जो कुछ कहता है उसका सम्बन्ध उसकी आत्मा से नहीं होता, वह क्या कहता है खुद नहीं जानता।

नवीनता कृतिकार के बोध के लिए भी आवश्यक है। उसे यह दृष्टि मिलती है कि वह जो कुछ लिख रहा है वह कहाँ तक औचित्यपूर्ण है और वह जो कुछ लिख रहा है उस सब कुछ को लिखने और सामाजिक स्वीकृति प्राप्त करने का कहाँ तक अधिकारी है? साथ ही वह यह भी जिज्ञासा कर सकता है कि एक बार सामाजिक स्वीकृति मिल जाने पर क्या लोगों को वह सब कुछ कहने का अधिकार है जो वे कहते हैं? कृतिकार दूसरों में निष्ठा रख कर लिखता है, वह अप्रसन्न होता है कि उसे उनमें इतनी निष्ठा रखनी पड़ रही है, किन्तु वह केवल अप्रसन्न ही नहीं होता उनकी प्रतिक्रिया के लिए उत्सुक भी रहता है। कृतिकार की यह धारणा हो सकती है कि जो कुछ उसने लिखा है, कहा है, किया है गलत नहीं समझा गया है, तोड़ा-मरोड़ा गया है और यह उन लोगों द्वारा किया गया है जो कृति को अपने उद्देश्यों को सिद्धि तक ले जाना चाहते हैं और अपने धार्मिक, नैतिक तथा राजनैतिक विश्वासों के सन्दर्भ में उदाहरण की तरह प्रस्तुत करने में दिलचस्पी रखते हैं। कृति के मूल्यावान होने की साक्षी कृतिकार की ईमानदारी है यानी उसकी नवीनता, जिसका अभिप्राय है विशुद्धता। कृतिकार अपनी गहन वैयक्तिकता की स्थिति में निर्वैयक्तिक ही होता है। इस तरह वह एक साथ नया और पुराना होता है, मेरा अभिप्राय है इस तरह वह स्थायी, अपरिचित होकर भी स्वीकारने योग्य हो जाता है।

यही तथ्य कृति की आलोचना के सन्दर्भ में भी सत्य है। एक आलोचना का वहीं तक औचित्य है जहाँ तक वह सामान्य और प्रचलित बुद्धिजीवियों की

मान्यताओं पर आधारित नहीं होती। समीक्षक की उपयोगिता तब तक है जब तक वह कृति को ईमानदारी, निर्वैयक्तिकता और ताजगी के साथ देखता है। इसके लिए यह आवश्यक नहीं है कि वह अपनी मान्यताओं को छोड़ दे लेकिन इतना ही कि वह अपनी सैद्धान्तिक स्वीकृतियों के लिए प्रश्नाकुल, जिज्ञासु रहे। मैं सोचना चाहता हूँ कि क्या समीक्षक सर्वथा निर्वैयक्तिक और कृतिकार वैयक्तिक, एकदम निजी नहीं हो सकता है? बुरा आलोचक उद्दंड होता है जो कृति को आच्छादित कर देता है और गर्व-दृप्त दुख अपनाए रहता है। कृति के प्रति अध्यापकीय दुख अपनाने के स्थान पर समीक्षक को कृतिकार का शिष्यत्व ग्रहण करना चाहिए।

आत्मवान होना और न होना दोनों समान रूप से कठिन है। सिद्धान्तों और मूल्यों का होना कोई निर्वैयक्तिक का लक्षण नहीं है बल्कि सैद्धान्तिक सरणियों की विपुलता अधिकाधिक अव्यवस्था ही उत्पन्न करती है। मैं ऐसी समीक्षा की कल्पना कर सकता हूँ जो न तो पूर्व स्थापनाओं पर आधारित हो और न किन्हीं मूल्यों पर। समीक्षक के लिए इतना ही काफी होगा कि वह कृति का व्याख्याता हो। संक्षेप में, ऐसा व्याख्याता कृति का अनुसरण करेगा। समीक्षक तत्त्वद्रष्टा, नीतिज्ञ, मन:शास्त्री या समाजशास्त्र का विद्वान हो सकता है किन्तु कृति की नैतिकता, सामाजिकता और दार्शनिकता, जिसका उद्‌घाटन आवश्यक होता है, कुछ भिन्न प्रकार की होती है। उसे शास्त्रीय आधारों पर कसना समीक्षा नहीं कुछ दूसरी ही बात हो जाती। किन्तु समीक्षक कृति का अनुगमन करता है उसकी सूक्ष्मताओं को देखता है, कृति का मर्म-विद्ध कर पाता है। केवल इसी प्रकार यह कहना सम्भव होता है कि कृति—सृष्टि के बीच गति सम्भव है या नहीं, इसी प्रकार हम यह देख सकते हैं कि वह हमें कहाँ ले जाती है, वह हमें कही ले भी जाती है या नहीं? क्या वहाँ केवल अन्धी गलियाँ और भटकाव है या कि उसमें अन्तविरोधी और असंगतियों के आर-पार एक संगति, एक तारतम्य स्थापित है।

लिखना गत्यात्मक चिन्तन है, लिखना ढूँढ़ना है। समीक्षक को कृतिकार के यात्रा-स्थलों तक जाना होगा। अधिकांश बार कवि अन्धकार या कि धुंधली रोशनी वाले रास्तों से आगे बढ़ता है। समीक्षक उन रास्तों तक प्रकाश ले जाता है, रास्ते चमक जाते हैं। मैंने कहा है कि कृति एक भवन होती है, उसकी रचना दृढ़ होनी चाहिए। समीक्षक का काम है कि वह देखे कि किसी छत से पानी तो नहीं गिर रहा है, सीढ़ियाँ गिरने जैसी तो नहीं है, द्वार जुड़े तो नहीं हैं कि जिससे कुछ कक्ष खुल ही न पाते हो, याकि ऐसी ही कुछ दूसरी विकृतियाँ तो नहीं है।

कवि को रचना करते समय पूर्ववर्ती सभी कृतियों को एकदम भूल जाना चाहिए किन्तु समीक्षक को एक भी कृति नहीं भूलनी चाहिए जिससे कि वह तुरन्त बता सके कि कृति पुरानी नहीं है। पुरानी न होने का अभिप्राय यह नहीं है कि वह जाने

पहचाने सभी सीमान्तों से अलग-अलग, अपरिचित हो। उसका स्थान पहचाने हुए दायरों में होगा और फिर भी वह अपनी स्थिति विशेष के कारण एक अकुंठित स्वर होगी, एक विशिष्ट कृति। किन्तु क्या यह विशिष्टता निर्धारण वस्तुतः समीक्षा है। क्या यह साहित्य के इतिहास साहित्य के तुलनात्मक इतिहास जैसा कछ नहीं है? कृति का सूक्ष्म से सूक्ष्म अनुसरण (जो कि उसकी आत्मा है) करते हुए समीक्षक को न तो रुचि-अरुचि, पसन्दगी-नापसन्दगी व्यक्त करनी चाहिए और न यह कहना चाहिए कि आलोच्य कृति अमुक कृति की तुलना में श्रेष्ठ है कि नहीं है क्योंकि ऐसे निर्णय नितान्त वैयक्तिक होते हैं और यह सब जानते हैं कि आस्वादन कितना रुचि वैविध्यपूर्ण होता है। केवल विवरण प्रस्तुत करना ही समीक्षक का काम है। समीक्षा का अभिप्राय कृति के यथार्थ रूप की, उसी के बीच कहे, हुए सत्य को प्रकट करना है, औचित्य और यथार्थता प्रमाणित करना है।

मेरा मत है कृति के दोष समीक्षाकार के वर्णन से, निरूपण से उभर आयेगे। इस प्रकार का निरूपण मताभिव्यक्ति ही है। कृति के दोष रचना सम्बन्धित होते हैं। रचना शब्द कदाचित बहुत उपयुक्त नहीं है। शास्त्रीय अर्थ में तो कभी-कभी रचना-दीनता भी एक प्रकार से रचना मान ली जाती है। करना यो चाहिए कि कृति में दोष आने का मुख्य कारण अनुपयुक्तता है, अपूर्णता नहीं कहूँगा क्योंकि यह भ्रमक शब्द है; प्रश्न अप्रमाणिकता का है, मिलावट का है। कृति का मुख्य दोष वह है जो उसकी सम्रग्रता में बाधक हो, कृति जब अपने ही स्थापित रचना-नियमों का निर्वाह नीं कर पाए। जब रचना के नियमों की बात करता हूँ तो मेरा अभिप्राय कला के सर्व-सामान्य सिद्धान्त और स्थापनाओं से नहीं है क्योंकि कला के ये सिद्धान्त और स्थापनाएँ, कोई नहीं जानता और इसलिए भी कला के क्षेत्र में सब प्रकार के सिद्धान्त और स्थापनाएँ प्रचलित है। मेरा मतलब उन सिद्धान्त और स्थापनाओं से है जो प्रत्येक कृति की अपनी है। कोई कृति तभी मूल्यवान होती है जब उसकी समीक्षा के मानदंड उसी में से निकलें।

सौन्दर्यशास्त्र की सरणियाँ और स्थापनाएँ कृतियों में और कृतियों से उद्‌भूत होती है। एक कलाकृति अपने विचित्र आन्तरिक गठन और रचना-कौशल के कारण समीक्षाशास्त्र की सरणियाँ एक दूसरे से इतनी भिन्न असहमत सी दृष्टिगत होती है। कलाकृतियों में स्थूल और सतही समानताएँ अवान्तर है किन्तु ऐसा प्रतीत होता है कि कला सम्बन्धी प्रश्न और स्थापनाएँ इन्हीं अवान्तर प्रसंगों का विस्तार है। कला के कुछ मौलिक, निरपेक्ष और स्थायी नियम हो सकते हैं लेकिन उन्हें हशायदह किसी ने अब तक ढूँढ़ा नहीं है। कला की एक भी सर्वमान्य परिभाषा अब तक नहीं बनी है।

कृति के दोष तब स्पष्ट हो जाते हैं जब विश्लेषण से उसकी आन्तरिक असंगतियाँ प्रकट हो जाती है। वह कृति शक्तिहीन हो जाती है जिसमें विरोधाभास निहित होते

है, वे ही उसे प्राणवान सृजनात्मक कृति नहीं बनने देते। एक भ्रष्ट कृति का अपना कोई रूप नहीं होगा, वह विलक्षण नहीं होती, उसका प्रभाव उसका अस्तित्व अपना नहीं होगा। प्रश्न कृति के सुन्दर और सुचिन्तित होने का नहीं है बल्कि यह है कि वह सुनियोजित है या नहीं, सुन्दर है अथवा असुन्दर, वह अपरिवर्तनीय और अनोखी है, उसका स्थान दूसरी कृति नहीं ले सकती। कृति में अनावश्यक तत्त्व वे ही होते हैं, जो कृति से उद्‌भूत नहीं होते, कृति के नहीं होते।

वस्तुतः एक कृति सदैव सुनियोजित होती है इसका अभिप्राय यह है कि वह एक जीवित प्राणवान अन्विति होती है। इसी सन्दर्भ में एक कृति सत्य से अभिन्न बिलकुल सत्य ही होती है। यह सत्य आत्मगत, व्यक्तिनिष्ठ होता है क्योंकि ऐसा सत्य ही कृतिकार का सत्य होता है। इतनी गहरी अखंड वैयक्तिकता ही अन्त में निर्वैयक्तिकता तक पहुँचती है। कृतिकार को इसी गहरी वैयक्तिकता के बीच निर्वैयक्तिकता ढूँढ़नी चाहिए। सब कृतियाँ विशिष्ट मनः स्थितियाँ की अभिव्यक्ति होती है। यह मनः स्थिति धीरे-धीरे रूप ग्रहण करती है, व्यवस्थित होती है और एक जीवित अन्विति बन जाती है जिससे सारे विजातीय कथ्य मिलते हैं किन्तु उसकी मूल आन्तरिक एकता को खंडित नहीं करते। असंगतियाँ, तनाव और उत्तेजनाएँ जितनी जटिल जितनी अधिक होती है कृति उतना ही अधिक महत्त्व ग्रहण करती है और क्योंकि वह एक जीवित सत्य एक प्राणवान अन्विति होती है, वह आविष्कार और शोध का प्रतीक होती है, काल्पनिक और यथार्थ होती है, उपयोगी और अनुपयोगी होती है, आवश्यक और अनावश्यक होती है, वैयक्तिक और निर्वैयक्तिक होती है, साहित्य और सत्य होती है। वह एक विराट क्रीड़ा-धर्म की निष्कृति होती है जो असत्य से मुक्त होती है। किसी कृति को अस्वीकार किया जा सकता है, उसे हानिकारक कहा जा सकता है, जैसे किसी व्यक्ति की भर्त्सना की जा सकती है या हत्या की जा सकती है।

कृति पर किसी प्रकार का निर्णय देना समीक्षक का काम नहीं है। यह काम धर्माचार्य, सदाचार-मर्मज्ञ, समाजशास्त्री या कि जल्लाद का है। उसका काम यह भी नहीं है कि वह व्याख्या करे कि कृति विशेष दूसरों के लिए क्यों मूल्यवान है, वह जो कुछ है क्यों है या कि जनता ने उसको वह सब कुछ क्यों दिया है जो दिया है। मैं यह नहीं कहता कि यह काम अनुपयोगी अकल्याणकारी या कल्याणकारी है। मैं तो मात्र इतना ही कहता हूँ कि यह समीक्षा नहीं है, कुछ भिन्न प्रकार का काम है।

मुझे प्रतीत होता है कि मैं अब तक शायद कुछ विचारणीय सामग्री प्रस्तुत कर पाया हूँ। देखता हूँ कि कृतिकार की उत्तेजनाएँ, उसकी उन्मादकारी तरंगे और लेखन को प्रभावित करने वाले वे सब कारण या कि उनका अभाव कोई महत्त्व नहीं रखता या कि तिरोहित हो जाते हैं। कृति ही श्रेष्ठ कर्म के रूप में विद्यमान रह जाती है।

कृति का नियमन लेखक के सामर्थ्य के बाहर होता है, वह जो कुछ आकृति देना चाहता है वह उससे भिन्न आकृति ले लेती है। कृति नियममुक्त अन्विति है। उसमें लेखक के मनोरथों, मन्तव्यों को देखना कर्तव्यच्युति है। लेकिन कृति को कोई झुठलाना चाहे तो उसके लिए वैसा करना सम्भव नहीं होगा जैसे हमारे लिए किसी व्यक्ति को अस्तित्वहीन बनाना सम्भव नहीं होगा चाहे हम उसे पसन्द करे या न करें। वह जो कुछ है रहेगा। वह अस्तित्वहीन है। वह जहाँ है, है। उसे स्वीकार करना होगा। अधिकारी और समीक्षक एक व्यक्ति या कृति के जन्म को पत्रों में लिख लेते हैं, उसकी विशिष्टताएँ अंकित कर लेते है, प्रामाणिक कर देते हैं कि वह किसी अन्य की सन्तान नहीं है, वह मनुष्य है बिल्ली या मछली नहीं। उसका क्या किया जाए फिर दूसरा प्रश्न है।

समीक्षा कृति का असम्पृक्त दर्शन का लक्ष्य पहचानना और चुनना है। समीक्षाकार कहता है यह रही कृति, मैंने उसे आपके समक्ष प्रकट कर दिया है, मैंने उसकी आन्तरिक बुनावट स्पष्ट कर दी है, यह उसका एक्स-रे-चित्र रहा, उसका परिचय-पत्र। समीक्षा जब इस प्रकार का असम्पृक्त दर्शन होती है तो वह भिन्न प्रकार का कर्म हो जाती है। मैं यह कहना चाहता हूँ कि समीक्षक दर्शनशास्त्री, कला का तत्त्वद्रष्टा, मनोविज्ञानकार, नीतिज्ञ हो सकता है, वह साहित्य के इतिहास और तुलनात्मक साहित्य के इतिहास का अध्ययन कर सकता है लेकिन उसे यह सब कृति की असम्पृक्त समीक्षा के बाद करना है। दोनों के कार्य क्षेत्र भिन्न है और उन्हें एक दूसरे को अच्छांदित नहीं करना चाहिए।

यदि व्याख्या विस्तारपूर्वक और गहराई से हुई है तो उससे कृति के आन्तरिक किन्तु जीवित घटना स्पंदनों की संगठनात्मक एकता को समझने में सहायता मिलेगी। इस प्रकार की समीक्षा से कृति की गति, उसका कार्य-व्यापार समझ में आ आएगा, उससे कृति की सिद्धि उसकी सार्थकता सहज ही स्पष्ट हो जाएगी। यह सत्य है कि कृति की व्याख्या उसी की आन्तरिक रचना से जन्मनी चाहिए, किन्तु उसे प्रभावशाली रूप से यह भी प्रतिपादित करना चाहिए कि उसमें सार्वजनीन तत्त्व क्या है और वह सामान्य जीवन के किन शाश्वत मूल्यों से प्रेरणा और प्रामाणिकता ग्रहण करती है। प्रत्येक कृति विलक्षण होने के कारण एक विशेष प्रकार की दीप्ति धारण करती है फिर भी वह पहचान में तो आनी ही चाहिए।

वास्तविकता यह है कि सामान्य समीक्षा, जो सतही होती है कृति की विलक्षणता का उद्घाटन नहीं कर पाती। ऐसी समीक्षा एक कृति के लिए जो कुछ कहती है एक या अनेक कृतियों पर प्रयुक्त हो जाती है। किसी एक साहित्यिक कृति, नाटक या चित्र पर की गई एक टिप्णी को लीजिए और लेखक का नाम, शीर्षक और उद्धरण बदलते जाइए तो प्रतीत होगा कि वे टिप्पणियाँ बदले हुए सारे उद्धरणों के साथ भी उसी तरह मेल खा जाती है और सब बदले हुए प्रसंगों में उसी तरह प्रयुक्त हो जाती

है। कुछ भी बदल जाए किसी का ध्यान आकृष्ट नहीं करता। इसका कारण यह है कि समीक्षक कृति की विशिष्टता पर नहीं सर्वसामान्य स्थापनाओं पर ध्यान केन्द्रित करता है। कृति के साथ उसका गहरा सम्बन्ध नहीं है, उसने अनिर्दिष्ट व्यापक निष्कर्षों पर टिप्पणी कर दी है। समीक्षाकार ने कृति के पृष्ठ उलट लिए है और कुछ सामान्य से तत्त्व और स्थूल दार्शनिक तथा नैतिक मान्यतओं को उद्घाटित कर दिया है। उसके लिए कृति का यही महत्त्व है कि वह उसके विचारों को सिद्ध करने के लिए एक उदाहरण है जबकि कृति का आन्तरिक यथार्थ बिलकुल भिन्न है इतना भिन्न कि अनेक पुस्तकों में प्राप्त होने वाले विचारों में से उसमें एक भी प्राप्त नहीं है। एक योग्य समीक्षक कृति की व्याख्या करेगा, उसका आन्तरिक सत्य ढूँढ़ेगा। मर्म प्रकट करने के लिए उसका अनुवाद करेगा जैसा थिवुडे ने मैलार्म और वेलेरी के काव्यार्थ निर्णय के सन्दर्भ में किया था। हाँ, तो मैं यह कह रहा था कि समीक्षक की स्मरण शक्ति तीव्र होती है जो यह बता सकती है कि कृति नई है या पुरानी। यदि वह नई है तो विलक्षण है और उसका मूल्य उसको नवीनता है। कृति का सत्य कृतिकार की निष्ठा है। एक कृति का कम अथवा अधिक मूल्यवान होना इस बात पर निर्भर करता है कि उसने सृष्टि की कितनी सम्पन्नता आविष्कृत की है। कोई भी कृति अनेक पूर्ववर्ती कृतियों की परम्परा में जन्म लेती है। इसका अभिप्राय है कि प्रत्येक कृति की एक वंश-परम्परा होती है। वह पूर्वजों की सन्तान होती है लेकिन वह पूर्वज नहीं होती।

सत्य तो यह है कि वास्तविकता कुछ दूसरी ही होती है क्योंकि समीक्षा में सब तरफ से प्रारम्भ करके निर्वैयक्तिक हो जाता है और कृति अन्तर से जन्म कर बाह्य रूप ले लेती है, स्वतंत्र धारण कर लेती है। कृतिकार जो समझता है कि वह संयत है न जाने कैसे मुक्त मुखर हो जाता है। किन्तु उधर समीक्षक जो कि निर्वैयक्तिक होने का दावा करता है प्रायः वैयक्तिक रुचियाँ व्यक्त करता रहता है।

ऐसा कहा जाता है कि कृतिकार कुछ लिखता है, अभिनेता कुछ खेलते हैं और दर्शक कुछ देखते हैं। किन्तु वस्तुस्थिति इससे कहीं अधिक जटिल है। कृति का सत्य खंडित कर दिया जाता है और ये खंड सत्य एक दूसरे को इतना अधिक अस्वीकृत करते है, विरोध करते है, एक दूसरे को झुठलाते हैं कि कृति अपना अस्तित्व खोकर मात्र अनगिनत असंगत व्याख्याओं और अभिमतों के मिलने का केन्द्र हो जाती है। प्रतीत होने लगता है कि कृति के मूल अभिप्राय को बदल देने की कोई विशेष उत्तेजना या कि उत्तेजनाएँ हो। एक बार ये वक्र अभिमत, प्रत्याख्यान तथा अनेक विरोधी वक्तव्य बन्द हो जाते हैं तो कृति मर ही जाती है। एक बार कृति की व्याख्या और वर्गीकरण हुआ कि वह जैसे समाप्त हो जाती हो। उसे फिर से जीवित करने के लिए उसकी नई व्याख्या होती है। इसका यह अभिप्राय होता है कृति को ऐसा रूप देना जो पहले कभी नहीं था, जो वह कभी थी नहीं। एक कृति का अस्तित्व

वही रह जाता है जो दूसरे व्यक्ति उसे देते हैं। वह मात्र विकिरण का आधार रह जाती है। इसका कारण यह है कि समीक्षक सोचते हैं कि वे दूसरों के विचार व्यक्त कर रहे है जबकि वे अपने और अपने अहम् को घोषित करते रहते हैं। वे जो कुछ लिखते हैं वह कृतिकार को उद्‌घाटित करने के स्थान पर उनके अहम् की बुनावट व्यक्त करना है। हम कह सकते हैं कि कृति उसके रचियता का प्रतिबिम्ब होती है और समीक्षा समीक्षक का व्यवहार में समीक्षा-कृति अथवा कृतिकार से सम्बन्धित दस्तावेज न होकर समीक्षको का दस्तावेज होती है।

वस्तुत: समीक्षक स्वयं को कैदी बना लेते हैं। वे अपने विचार अपनी मन स्थिति अपने समय के चिन्तन के साथ प्रतिबद्ध हो जाते हैं जो उसकी उत्तेजनाओं और आग्रहों को एक ही दिशा देते रहते हैं। हमारे युग में सब समीक्षक पक्ष लेते हैं। उनकी दिलचस्पी इसमें रहती है कि कृति से उनकी मान्यताओं और विचारों के पक्ष में उदाहरण चुने जा सके, वे कृति को उसी अनुपात में स्वीकार या अस्वीकार करते हैं जिस अनुपात में वह उनके विचारों के अनुकूल या प्रतिकूल होती है। कृति जबकि समय की जीती-जागती अभिव्यक्ति होकर भी सार्वभौमिक और समयातीत हो जाती है समीक्षक तब भी नितान्त वैयक्तिक स्थानीय सामयिक और विशिष्ट की परिधि से घिरे रहते हैं। सारी की सारी समीक्षाएँ स्थानीय और मर्यादित वातावरण में जकड़ी बँधी रहती है। सारा समीक्षा कर्म अखबारनवीसी होता है। समीक्षा का आग्रहयुक्त और वैयक्तिक रुचि से आक्रान्त होना इस तथ्य की साक्षी है कि वह विकृत हो गई है।

इस प्रकार के मतवाद ने समीक्षा को निर्वैयक्तिक नहीं होने दिया। वह केवल सौन्दर्यशास्त्र, नैतिकता और दर्शन के मताग्रह में सीमित होकर रह गई। जब समीक्षक को कृति के प्रकाश में अपनी मूल्यांकन सम्बन्धी मान्यताओं को परिवर्तित करने की तत्परता दिखाना चाहिए वहाँ तो वास्तविकता यह है कि कृति को चुनौती दी जाती है और सैद्धान्तिक मतवादिता के सामने ग्रन्थ बौना रह जाता है।

प्रारम्भ में कृति और बाद में समीक्षा के सिद्धान्त बने है, किन्तु बाद में जैसे गतानुगति, उदासीनता और सुविधाओं के कारण समीक्षकों ने अपने सिद्धान्तों का पुन: परीक्षण ही छोड़ दिया। यह रुचि के अभाव में होने वाली भूल है। किन्तु अधिकांश बार स्थिति इससे बिलकुल भिन्न होती हैं जब समीक्षक किसी नैतिक धार्मिक अथवा राजनैतिक मतवाद का प्रचंड समर्थक हो जाता है तो बड़े गम्भीर परिणाम निकलते हैं। इन परिस्थितियों में कृति उतनी ही सार्थक अथवा निरर्थक मान ली जाती है जिस अनुपात मे वह उन सिद्धान्तों के समर्थन में उद्धृत की जा सकती है।

मेरे एक नाट्य-निर्देशक मित्र ने इस स्थिति को यों रखा था कि यदि मेरे पास एक मशीनगन है तो बिलकुल ठीक है और मेरे मित्रों पर वार करती है तो उसकी

इसलिए निन्दा नहीं की जा सकती है, क्योंकि वह मेरे मित्रों को दागती है लेकिन यदि मेरे पास एक निकम्मा यंत्र है जो हमेशा मेरे दुश्मनों पर वार करता है तो उसकी इसलिए प्रशंसा नहीं की जा सकती है कि उससे मेरे शत्रु दागे जा रहे है। यह निर्णय करना समीक्षक के हाथ में है कि मशीनगन किस पर कितने अच्छे वार कर रही है और किस पर नहीं और यह निर्णय करना कि किसके विरुद्ध दागी जाए सेना, राजनीतिकर्मी और समाजशास्त्री का काम है। अधिकांश बार समीक्षा समीक्षक के विद्धेष, कटुता, भय, ईर्ष्यालु मन स्थिति अथवा वैयक्तिक सहानुभूति या घृणा पर निर्भर करती है जो उस शहर के रहने वाले सामान्य लोगों ही की तरह होती है। यह मैत्रीपूर्ण अथवा अमैत्रीपूर्ण समीक्षा उसे शक्तिहीन बनाने के लिए काफी है। साहित्यकर्मियों, लेखकों तथा समीक्षकों का एक छोटा और सीमित सा वर्ग होता है। वह एक परिवार होता है और सभी परिवारों की तरह उसके सदस्य आपस में छोटे-मोटे कारणों और स्वार्थों से खिच जाते हैं। फिर वे उस तनाव उस मलिनता को परिवार तक ही सीमित न रखकर संसार भर के सामने ले जाते हैं और दुख तो इस बात का है कि इससे न केवल सामान्य जन (जो आपसी मन मुटाव के सम्बन्ध में कुछ नहीं जानते) बल्कि प्राध्यापक शोधकर्मी और आने वाले समीक्षक तक भ्रमित हो जाते हैं। वे जैसे समीक्षक को निर्लिप्त, तटस्थ मानते हैं, मानते ही रहते हैं वे उन तर्कों को दुहराते है, उन्हें स्पष्ट करते हैं क्योंकि व्याख्या कृति से भी कहीं अधिक महत्त्व की होती है। समीक्षक के इन तर्कों से विद्वान तक प्रभावित हो जाते हैं क्योंकि बहुत ही कम लोग दूसरों के वक्तव्यों की चिन्ता छोड़कर कृति का मुक्त आस्वाद लेते हैं। कृतियाँ पहले से ही व्याख्या, समीक्षा और क्रमहीन अर्थों से बोझिल और असंगत प्रशंसा तथा निन्दा में सज-धजकर पाठक तक पहुँचती हैं और इस प्रकार नया और मिथ्या मूल्यांकन का शास्त्र जन्मता है।

मैंने कहा है कि एक प्रामाणिक कृतिकार निष्ठावान होता है। वह सत्य का उद्घाटन करता है। लेकिन इस सत्य और निष्ठा का क्या रूप होता है? कृतिकार जो कथा कहता है कल्पनाजन्य होती है इसलिए असत्य होती है। किन्तु कथाकार ने कहानियों को केवल कल्पना से सिरजा है इसलिए वे मिथ्या नहीं होती क्योंकि कल्पना का अर्थ होता है निर्माण, सत्यान्वेषण। कृति कल्पित है इस कारण वह आविष्कृत और जीवित है और उसी तरह जीवित जैसे एक व्यक्ति हो। कृति का यथार्थ झुठलाया नहीं जा सकता। झूठ का अर्थ छलना और एक यथार्थ के स्थान पर दूसरे यथार्थ का रख देना होता है। धोखा देना होता है, घोषणाएँ, गर्वोक्तियाँ या कि प्रचार होता है जो अधम भी हो सकता है और नैतिक दृष्टि से उच्च भी। कृतिकार अपनी कल्पित या आविष्कृत कक्षा में पात्रों के माध्यम से स्वयं को पाता है। मिथ्याभाषी व्यक्ति की तरह वह एक वस्तु की स्थानपूर्ति दूसरी वस्तु से नहीं

करता। वह ऐसा ही कुछ बनाता है जो स्वयं पूर्ण है। सत्य की जड़ें कल्पना में होती है। वस्तुत: मैडम बाँवेरी फ्लावर्ट नहीं थी, वह उसकी सन्तान थी, जिसे उन्होंने जन्म तो दिया लेकिन जिस पर उनका कोई वश नहीं था।

एक प्रकार से जो लेखक अपनी मान्यता का पक्ष ग्रहण करता है, झूठा है। वह अपने पात्रों को अभीष्ट सिद्धि तक ले जाता है, उन्हें एक दिशा में संचालित करता है। उसे पूर्वाभास होता है कि उसे कैसा होना है, वह अपने पात्रों और अपनी रचना-प्रक्रिया का भविष्य जानता है। उसकी कला फिर अनुसन्धान नहीं रहती क्योंकि वह एक सुनिश्चित चिन्तन का फल होता है। उसके पात्र कठपुतलियाँ होते हैं। वह कृति कोई नया रहस्योद्घाटन नहीं करती मात्र उद्धरण, उदाहरण प्रस्तुत करती है। प्रारम्भ से ही सब कुछ निश्चित रहता है। अपनी मान्यता का पक्ष-समर्थक कृतिकार निष्ठा से काम नहीं लेता, वह ईमानदार नहीं होता। उसकी कृति, उसके पात्र चमत्कृत नहीं करते। कोई मान्यता निरपेक्ष, निर्वैयक्तिक नहीं होती, किन्तु, मान्यता को प्रमाणित करने में लगा हुआ लेखक अपनी मान्यताओं को सभी सत्यों से ऊपर मानता है। इसका अभिप्राय यह नहीं है कि मान्यताओं का पक्ष ग्रहण करने वाला लेखक प्रथम श्रेणी का कृतिकार हो न हो लेकिन ऐसा तब ही हो सकता है जब वह अपनी धारणाओं को कृति पर आरोपित न करे, पात्रों को अपने विवेक तथा बुद्धि के साथ जीने दे और अपनी सृजनात्मकशक्ति द्वारा संचालित हो। शायद अधिकांश लेखक प्रचार के लिये ही लिखना प्रारम्भ करते हैं किन्तु महान् लेखक प्रचारवादी नहीं होते। ऐसे ही लेखक अपने पात्रों को श्रेष्ठतम दे पाते हैं।

लम्बे समय से जन-नाट्य मंच की स्थापना का प्रसंग चल रहा है। मैं ठीक से इसका अर्थ ग्रहण नहीं कर पा रहा हूँ। क्या इसका अभिप्राय ऐसे किसी संघ की स्थापना से है जो मनुष्य की पुरातन संवेदनाओं या गहराइयों से जन्म लेगा? क्या यह 'जन' द्वारा लिखी गई नाटकों की कोई विशिष्ट शैली के प्रदर्शन का स्थान होगा? क्या यहाँ जनता के लिए लिखे गए विशिष्ट नाट्यशैली की कृतियाँ अभिनीत होगी? यदि ऐसा है तो हमें प्रचारवादी, किन्हीं विशिष्ट मान्यताओं के प्रति समर्पित मंच की स्थापना कर रहे है जिसकी सत्यता, ईमानदारी और महत्ता हम अस्वीकार कर चुके हैं। इस प्रकार के मंच राज्य की नीतियों, योजनओं और सत्ताधारियों की नृशंस प्रबुद्धता के साथ जुड़े होते हैं। मैंने राज्य योजना का उल्लेख साभिप्राय किया है क्योंकि मेरा मन्तव्य यह नहीं है कि कृति योजनाहीन हो या कि उसका कोई प्रयोजन न हो। लेकिन यह योजना कृति की होनी चाहिए। उसके अन्दर से उसे जन्मना चाहिए। वह उसका आच्छादन, आवरण न हो। आच्छादित योजना कृति को उसके मन्तव्य से भटकाकर उसके अर्थ को विकृति प्रदान करती है। वस्तुत: जन का अर्थ है आप, हम, मैं और हम सबको साहित्य में अभिव्यक्त होने का अधिकार

है। हम साहित्य में अभिव्यक्त होते हैं, हम एक दूसरे से अलग नहीं है, हम में से प्रत्येक दूसरे में जीवित है और कलाकृति के प्रभावशाली होने का भी यहीं कारण होता है। कृति मनुष्य को नया स्वर देती है, चकित करती है। वह अपरिचित होते हुए भी पहचाने हुए व्यक्ति जैसी लगती है।

संक्षेप में कृतिकार को वह क्या चाहता है क्या नहीं चाहता, क्या सिद्ध करता है क्या नहीं करता इन सब प्रश्नों और विशेषतया वैयक्तिक अभिरुचियों, महत्त्वकांक्षाओं और उद्विग्नताओं से मुक्त होकर सृजन-कर्म को ही वास्तविक प्रेरणा स्वीकार करनी चाहिए। ऐसी मन: स्थिति में वह अनुभव करेगा कि एक प्रत्याशित और अप्रत्याशित सृष्टि उसकी आश्चर्यमयी दृष्टि के सामने उभर रही है, उद्घाटित हो रही है। यह सृष्टि उतनी ही अचरज भरी है यदि हम जिन्दगी की भाग-दौड़, व्यस्तता के बीच कुछ विश्राम के क्षणों में नई और ताजा निगाहों से देखे। कृतिकार को यह सृष्टि अस्तित्व में आने देनी चाहिए, वह सृष्टि जो सत्य और सुकुमार है, उसे न तो बदला जाना चाहिए और न उसमें व्यवधान उपस्थित किया जाना चाहिए। वह देखी जानी चाहिए, उस पर अधिक गहराई से चिन्तन किया जाना चाहिए। कृतिकार को अनुभव करना चाहिए कि उस सृष्टि में उसके पात्रों को बोलने और घटनाओं को अबाधित रूप से घटने की स्वतंत्रता है। वह अपने वैयक्तिक अनुभवों का द्रष्टा और उनसे असम्पृक्त है। कृति के समाप्त होने के उरान्त यह भी उससे सम्बन्ध रखने वाले विचार व्यक्त कर सकता है क्योंकि उसे अपनी कृति का आलोचक अनी नैतिक मान्यताओं का विश्लेषण, अपने मूल्यों का तत्त्व-निरूपक, अपनी अनुभूतियों का तटस्थ भोक्ता होने का अधिकार है। किन्तु कुछ समय के लिए वह न जाने कि उसे क्या सोचना चाहिए, उसे कुछ सोचना भी नहीं चाहिए उसे केवल कृति का अस्तित्व स्वीकारना चाहिए। यदि कृतिकार सतर्क और तटस्थ दृष्टा है तो वह अनुभव करेगा कि वह अन्विति या कि सृष्टि जन्म की प्रतीक्षा कर रही थी जिसके अपने नियम, अपनी नियति थी, कृतिकार को चाहिए कि वह उसे उसी तरह प्रकट होने की स्वतंत्रता दे जैसी वह है, जैसी उसे होना चाहिए, जैसे वह होना चाहती है।

कृति में कृतिकार की अपनी उद्विग्नताएँ, उसका व्यक्तित्व विलीन हो जाता है, उसकी छोटी-छोटी कठिनाइयाँ महत्त्वहीन हो जाती है क्योंकि उसने वह प्राप्त किया, वह देखा जिसकी उसे प्रतीक्षा थी। एक सृष्टि ने अस्तित्व ग्रहण किया, किन्तु इस अस्तित्व के लिए उसे स्पन्दित होना था। कृतिकार को अचरज था और शायद नहीं था। उसे केवल यही प्रतीति हुई कि उसने अन्तरात्मा में धारण किया कि जिससे वे जन्में, बड़े हो और अपना जीवन जिये। अब तक कदाचित् वह स्पष्ट हो गया होगा कि जो कल्पनाजन्य कृतियाँ सत्य और असत्य की मर्यादाएँ लाँघ जाती हैं कम-से-कम उन कट्टरतापूर्ण परिभाषाओं से तो मुक्त हो ही जाती है जो

कठमुल्ला नीतिज्ञ उन्हें देते है—उनकी जड़े वास्तविक यथार्थ में होती है जिसे हम जिन्दगी कहते हैं। वही कृति विद्यमान रहेगी, उसकी स्थिति सतत रूपान्तरित होती हुई परिस्थितियों के बीच सुदृढ़ रहेगी और उसका निर्माण पुख्ता आधार पर होगा क्योंकि भविष्य की बदली हुए संवेदनाओं और परिवर्तित जन रूप के उपरान्त भी वह अभेद्य, अखंड और अप्रतिहत होगी।

इसी अभिप्राय में हम किसी सीमा तक कृति के शाश्वत्य की चर्चा कर सकते हैं जबकि सब वस्तुएँ बदल जाती है और पुरानी पड़ जाती है, सिद्धान्त और गृहीत सूत्र रख लिए जाते हैं और अस्वीकार कर दिए जाते हैं, अनुर्वरा चिन्तन का ह्रास और मृत्यु हो जाती है।

(कला प्रयोजन, अक्टू.-दिस. 1996 में प्रकाशित)

बीसवीं शताब्दी में भारतीय राजनीतिक चिन्तन

—ए. अप्पादुराई

प्रस्तावना

पुस्तक का विषय-क्षेत्र

इस पुस्तक का उद्द्देश्य 1857 से 1979 यानी भारत में अंग्रेजी राज्य के प्रारम्भ से जयप्रकाश नारायण की मृत्यु तक को रानीतिक चिन्तन का सर्वेक्षण करना है। दरअसल एक सौ वर्ष के पूर्व के इतिहास को पढ़कर किसी बुद्धिमान पाठक के मन में यह प्रश्न उठना स्वाभाविक है कि उस समय के भारत में, जबकि वह विदेशी हुकूमत के अन्तर्गत था, आर्थिक दृष्टि से पिछड़ा और अशिक्षित था, कोई राजनीतिक चिन्तन था भी या नहीं? राज्य की अवधारणा, राज्य और व्यक्ति के सम्बन्ध, राज्य की शक्ति, नागरिक अधिकार तथा अन्य विचार जैसे स्वाधीनता, समता, कानून का राज्य, प्रजातंत्र समाजवाद या राष्ट्रवाद का उदय एक विकसित नागरिक जीवन की प्रारम्भिक स्थितियाँ हैं जो भारत को देखने को नहीं मिलतीं। 1857 के सिपाही विद्रोह तथा उसके बाद वाले एक या दो दशकों की स्थितियों को देखकर इस प्रश्न का उत्तर दिया जाए तो वह प्राय: 'नहीं' में होगा।

1830 से 80 तक का राजनीतिक लेखन मूलत: समाज-सुधारकों ने किया है। ये लेखक ब्रह्म-समाज या आर्य-समाज से जुड़े थे जिनकी स्थापना क्रमश: 1828 और 1880 में हुई। 1880 तक के समाचार-पत्र राजनीतिक समाचारों की अपेक्षा सांस्कृतिक, शैक्षिक और आर्थिक समाचारों को ही महत्त्व देते रहे। 1835 में प्रकाशित मेकॉले मिनिट्स को देखने से यह तथ्य स्पष्ट हो जाता है कि वे ब्रिटिश हुकूमत से मुख्यत: यह अपेक्षा रखते थे कि भारतीयों में यूरोपीय साहित्य और विज्ञान का विस्तार हो तथा केवल अंग्रेजी शिक्षा पर ही धन खर्च किया जाए। इसका परिणाम था कि 1851 में मद्रास, बम्बई तथा कलकत्ता में विश्वविद्यालय खोले गये। जिन विद्यार्थियों ने इन विश्वविद्यालयों में उदार शिक्षा पाई और जॉन स्टूअर्ट मिल की 'ऑन रिप्रजेंटेटव गवर्नमेंट' और 'ऑन लिबर्टी' तथा अंग्रेजों की राजनीतिक क्लेसिक्स जैसी महत्त्वपूर्ण पुस्तकें पढ़ी वे राजनीतिक मुद्दों पर सोच विचार करने लगे। यह प्रवृत्ति 1885 में भारतीय राष्ट्रीय कांग्रेस की स्थापना के साथ बढ़ने लगी और राजनीतिक सार्वजनिक बहस के केन्द्र में आ गई।

रेल (1853) डाक (1853) तथा तार (1854) के कारण विकसित यातायात तथा संचार माध्यमों और प्रशासन में अधिक तालमेल के साथ ही समाज-सुधारकों, विचारकों तथा राजनीतिक कार्यकर्त्ताओं में विचारों के आदान-प्रदान की सुविधा हो गई। दरअसल विचार, जिनमें राजनीतिक विचार भी शामिल हैं बहस के खुले वातावरण में फूलते-फलते हैं यदि हमें उपर्युक्त सुविधाएँ सामाचार-पत्रों में तथा प्रेस की सहायता नहीं मिलती तो देश का राजनीतिक चिन्तन लम्बे समय तक अवरुद्ध रहता।

साम्राज्यवादी हुकूमत तथा पराधीन जनता—इसे अनिवार्यता ही माननी चाहिए कि 1947 के पहले जब तक कि अंग्रेजों ने सत्तान्तरण नहीं किया, हमारा सारा राजनीतिक चिन्तन पराधीन लोगों और साम्राज्यवादी शासकों के बीच सम्बन्धों तथा राजनीतिक स्वतंत्रता पाने के उपायों तक सीमित रहता।

1905 में बंग—विभाजन तथा 1919 के जलियाँवाले बाग कांड और बाद में इन दोनों दुर्घटनाओं का गांधीजी तथा अन्य नेताओं द्वारा रानीतिक जागरुकता फैलाने के लिए हुए उपयोग के पहले यह कहना कठिन है कि जनता ने कभी अपनी रानीतिक इच्छा इतनी स्पष्टता से प्रकट की हो या कि दूसरे देशों की तरह आभिजात्य ने कभी राजनीतिक मुद्दों पर कोई पुख्ता नेतृत्व प्रदान किया हों।

आखिरकार पराधीन लोग सम्राज्यवादी हुकूमत को किस तरह देखते है? इस प्रकार के हुकूमत की केवल आर्थिक हितों की दृष्टि से ही नहीं बल्कि नैतिक आस्थाओं के प्रसंग में क्या लाभ और हानियाँ होती है? साम्राज्यवादी शासकों का जनता के प्रति क्या कर्तव्य है? कुछ लोगों का सोचना था कि साम्राज्यवादी हुकूमत हमेशा के लिए नीही तो भी लम्बे समय तक रहेगी तब वे कौन से उपाय होंगे कि जिससे शासन व्यवस्थित रूप से चले।

क्या अंग्रेजों और भारतीयों के बीच घनिष्ठ सम्बन्धों की स्थापना से आपसी सौहार्द उत्पन्न हो सकेगा? समाज सुधारक कई दिशाओं में परिवर्तन की बात सोचते थे लेकिन वे यह निश्चित नहीं कर पा रहे थे कि एक विदेशी सरकार की सामाजिक-सुधारों में क्या भूमिका हो?

फिर यह सवाल भी था कि परतंत्रत लोगों को स्वशासन की माँग क्यों करनी चाहिए? 1916 में सुरेन्द्र नाथ बनर्जी ने कहा कि "हम उस राज्य के हित में स्वशासन चाहते हैं जिसके साथ रहने का हम गर्व कर सकते हैं। हम प्रशासन के हित और कार्यकुशलता के लिए स्वशासन चाहते हैं। हम उच्च राष्ट्रीय हितों तथा नैतिक और आध्यात्मिक उन्नयन के लिए स्वशासन की माँग करते हैं।"[1]

स्वशासन की माँग को बहुत आवश्यक मानते हुए भी यह स्पष्ट नहीं था कि इसे प्राप्त करने के लिए कौन-सा साधन काम में लिया जाए। संवैधानिक आन्दोलन, (जन-जागरण जन-शिक्षा करते हुए) आतंकवाद, असहयोग या

सिविल नाफरमानी। इन उपायों की वैचारिक पृष्ठभूमि क्या है? श्री अरविन्द तथा महात्मा गांधी उन चिन्तकों में से थे जिन्होंने असहयोग और अहिंसात्मक प्रतिरोध के सैद्धान्तिक पक्ष पर विचार किया। इस तथ्य की लोगों को ज्यादा जानकारी नहीं है कि अहिंसात्मक प्रतिरोध के कई आलोचक भी थे जिनमें गांधीजी के निकट मित्र श्री निवास शास्त्री, कांग्रेस-अध्यक्ष सी. विजयराघवचेरियर, प्रसिद्ध उदारवादी चिन्तक शिवस्वामी अय्यर तथा राजनीति शास्त्री रूथनस्वामी आदि के नाम प्रमुख हैं।

इन साधनों के सैद्धान्तिक पक्ष पर विचार करते समय राष्ट्रीयता के स्वरूप पर विचार करना भी प्रसंगिक था। उदाहरण के लिए असहयोग आन्दोलन की सफलता इस पर निर्भर करती थी कि जनता में एकता हो। क्या जनता के सर्वमान्य धार्मिक विश्वास राष्ट्रीयता के आधार हो सकते थे? क्या राष्ट्रीयता को एक राष्ट्र के बीच का अन्तर कहकर व्याख्यादित किया जा सकता है।

इन्हीं सब बिन्दुओं पर यानी साम्राज्यवादी हुकूमत के अन्तर्गत परतंत्र लोगों की हैसियत, अपने अधीनस्थ लोगों के प्रति शासकों के कर्तव्य, स्वशासन की माँग का औचित्य, स्वशासन प्राप्त करने के उपाय तथा राष्ट्रीयता के आधार पर 1 से 5 तक के अध्यायों में विचार किया गया है। यह एक तरह से एक अधीनस्थ देश के लोगों के राजनीतिक चिन्तन की 'केस-स्टडी' है। इसी तरह दूसरे अधीनस्थ देशों के लोगों का अध्ययन करके 'पराधीन लोग और साम्राज्यवादी हुकूमत' के सम्बन्ध में एक व्यापक सिद्धान्त पर विचार किया जा सकता है जो दरअसल राजनीतिक विज्ञान का महत्त्वपूर्ण पहलू है।

व्यक्ति, समाज और राज्य—

अब दूसरे प्रकार के विचारों की लें जिनका सम्बन्ध व्यक्ति, समाज ओर राज्य से है।

अच्छा समाज क्या है? सामाजिक परिवर्तन की प्रक्रिया क्या है? राज्य का लक्ष्य क्या हे? राज्य-शक्ति की मर्यादा क्या है? साध्य-साधन तथा व्यक्ति-नैतिकका और सार्वजनिक नैतिकता के बीच क्या पसन्द है? जैसा कि हम ने अन्यत्र कहा है कि हमने अरस्तू या रूसों की तरह कोई राज्य सम्बन्धी सिद्धान्त विकसित नहीं किया है फिर भी हम कम चकित करने वाला तथ्य नहीं है कि हमारे देश के लेखकों और वक्ताओं ने समाज दर्शन पर बात करते हुए राजनीतिक और सामाजिक समस्याओं पर पर्याप्त चिन्तन किया है। इस तरह गांधीजी ने उपयोगितावादी सिद्धान्त के जयादा से ज्यादा लोगों का ज्यादा से ज्यादा लाभ की तुलना में सबके कल्याण[2] का सिद्धान्त प्रतिपादित किया है। प्रखर चिन्तक चक्रवर्ती राजगोपालाचारी की मान्यता थी कि राज्य-शक्ति की मर्यादा निश्चित होनी चाहिए कि जिससे वह अधिनायकवादी आचरण न कर सके।

लेकिन यह सत्य है कि उस समय के लेखकों ने एक से अधिक दिशा में सोचा है। उदाहरण के लिए एक वर्ग उन लोगों का है जो राज्य के क्रिया-कलापों के विस्तार का समर्थन करता है कि जिससे सबकी स्वतंत्रता सुरक्षित रहे और थोड़े लोगों द्वारा बहु-संख्य गरीबी का शोषण न हो। दूसरी ओर वे लोग है तो राज्य-सत्ता के विस्तार और हस्तक्षेप का विरोध करते हैं

जनतंत्र, स्वतंत्रता, समानता, समाजवाद, साम्यवाद पर जबरदस्त बहस हुई है और पक्ष-विपक्ष के ज्यादातर तर्क वही हैं जो पश्चिमी राजनीतिक चिन्तकों के हैं तो भी उनका एक भारतीय परिवेश है जिसका आधार उन लेखकों-वक्ताओं का जाना-पहचाना वातावरण और विरासत में मिली परम्परा है।

इस तरह 6, 7, 8 अध्याय में व्यक्ति, समाज और राज्य के साथ-साथ प्रजातंत्र, समाजवाद, साम्यवाद सम्बन्धी विचारों पर प्रकाश डाला गया है।

धर्म और राजनीति—

धर्म सामाजिक प्रगति और राजनीति पर भारतीय राजनीति में बार-बार चर्चा हुई है। राष्ट्र पर विचार करते समय धर्म को हमने महत्त्वपूर्ण स्थान दिया हैं। गांधी जी का सम्पूर्ण सामाजिक-दर्शन ईश्वर में विश्वास और ईश्वर की मनुष्यों को मातृ-पथ दिखाता है इस आस्था पर केन्द्रित है। लेकिन एम.एन. राय धर्म निरपेक्ष, तर्क-संगत आधारों पर विश्वास करते हैं। नेहरू के राज्य सम्बन्धी सिद्धान्तों में धर्म-निरपेक्षता का प्रमुख स्थान है इसलिए वे धर्म और राजनीति को अलग-अलग रखने की आवश्यकता पर बल देते हैं। जिन्ना यह मानते हैं कि हिन्दू तथा इस्लाम धर्म दोनों ही सामाजिक जीवन के नियामक होने के कारण राजनीति और धर्म को अलग-अलग करना असम्भव है। 9वें अध्याय की विषय वस्तु यही है।

अन्तरराष्ट्रीयवाद और विश्ववाद—

10वें अध्याय में अन्तरराष्ट्रीयवाद तथा विश्ववाद पर प्रकाश डाला गया है तथा उस विचारधारा के प्रखर प्रवक्ता, अरविन्द, रवीन्द्रनाथ टैगोर तथा जवाहरलाल नेहरू के विचार प्रस्तुत किये गए हैं पश्चिम में विकसित राष्ट्रवाद की हानियों की रवीन्द्रनाथ ने गम्भीरता पूर्वक विश्लेषण किया। अरविन्द का विचार था कि आज के सामाजिक-राजनीतिक घटना-चक्र में विश्व एकता अन्तर्निहित है। नेहरू ने विश्व सरकार का समर्थन किया। इतना ही नहीं जब तक विश्व-सरकार का सपना अधूरा रहता है यह आवश्यक है कि राष्ट्रों के बीच समन्वय बना रहे। इस अध्याय में नेहरू के विचारों पर चर्चा की गई है और खासतौर पर उस विचार की जिस उन्होंने 'शक्ति की धार' कहा है। राजगोपालाचारी ने एक महत्त्वपूर्ण विचार रखते हुए कहा कि गांधीजी के अहिंसात्मक प्रतिरोध के सिद्धान्त का अन्तरराष्ट्रीय सम्बन्धों के क्षेत्र में परीक्षण होना चाहिए।

अतीत का वर्तमान पर असर—

इस सर्वेक्षण में वर्तमान पर अतीत के प्रभाव की जाँच की गई है। श्री अरविन्द ने अपनी पुस्तक 'दि स्पिरिट एंड फॉर्म ऑफ़ इंडियन पॉलिटी' में एक गम्भीर टिप्पणी करते हुए कहा है कि 'पुरानी पीढ़ी के भारतीय चिन्तकों ने पश्चिमी अवधारणाओं की बेहूदा नकल की है। उनके विचारों में बहुत कम मौलिक उद्भावनाओं का समावेश देखने को मिलता है। 11वें अध्याय में इस तथ्य का विश्लेषण किया गया है और साथ ही समकालीन राजनीतिक चिन्तन पर पम्परावादी विचारों के प्रभाव की जाँच की गई है। इस सम्बन्ध में शायद यह कहना अधिक युक्ति-संगत होग कि पिछले एक सौ वर्ष का भारतीय राजनीतिक चिन्तन भारतीय परम्परा, भारतीयों के अंग्रेजी राज्य के अनुभव, पश्चिमी राजनीतिक अनुभव और सोच का मिला जुला रूप है। श्री अरविन्द, राजगोपालाचारी और गांधी उन राजनीतिक विचारकों में प्रमुख है जो दुनिया के दूसरे भागों में प्रचलित विचारों में परिचित रहते हुए भी भारतीय परम्परा और अनुभव के आधार पर एक विशिष्ट विचार-धारा विकसित करते हैं।

इस तथ्य को रेखांकित करना होगा कि हमारे सर्वेक्षण का केन्द्रीय बिन्दु राजनीतिक चिन्तन है। भारत का राजनीतिक विकास, उस पर राजनीतिक विचारों का प्रभाव, बहुत आकर्षक विषय है लेकिन ये इस सर्वेक्षण के विषय:क्षेत्र के बाहर है। यहाँ यह कोशिश की गई है कि समय-समय पर राजनेताओं के भाषणों और आलेखों में जो राज्य सम्बन्धी प्रमुख विचारों का उल्लेख है उनका तथा व्यक्ति ओर राज्य के अन्त:सम्बन्धों का अध्ययन करें।

जैसा कि इस चर्चा से स्पष्ट है कि हमारे राजनीतिक चिन्तन का केन्द्र बिन्दु व्यक्ति नहीं विचार है। ऐसा करने के कारण भी स्पष्ट है। थोड़े ही विचारकों ने (दो या तीन उल्लेखनीय अपवादों को छोड़कर) राज्य सम्बन्धी किसी सिद्धान्त पर विचार किया हैं। दरअसल उनके विचार किन्हीं खास विषयों को लेकर ही हैं। इन विचारों के आधार पर उनके किसी खास राजनीतिक चिन्तन की चर्चा करने का अर्थ उन्हें वह श्रेय देना है जिसका संकेत उनके आलेखों में नहीं मिलता और जिसे ऐतिहासिक सर्वेक्षण में प्राय: नजर अन्दाज कर दिया जाता है।

इस पुस्तक को राजनीतिक चिन्तन तक सीमित कर देने की कठिनाई को लेखक जानता है। कठिनाई यह कि इस प्रक्रिया से बाद वाले समय में विचार के विकास और उससे जुड़े कर्म की जाँच सम्भव नहीं होती। दुविधा दरअसल यह है कि कहीं भारतीय राजनतिक चिन्तन कर्म से और कहीं महल विचार से जुड़ा है। उदाहरण के लिए गोखले और नौरोजी को उदारतावादी अंग्रेजी राज के सन्दर्भ में ही समझ सकते हैं जहाँ वे अंग्रेजों से स्वशासन से कुछ अधि की ही अपेक्षा कर रहे थे (द्रष्टव्य पृष्ठ 17-18)। प्रमुख तीराखें मूल ग्रंथ या जीवनी में दी गई है। कहीं राजनीतिक चिन्तन राजनीतिक कर्म से अलग हैं जैसे अरविन्द का विश्व एकता का आदर्श।

इस प्रकार के अध्ययन के लिए दस्तावेजों को चुनने में एक विशेष पद्धति का अनुसरण भी आवश्यक है। उन्हीं दस्तावेजों के अध्ययन की कोशिश की गई है। जिनमें उस समय के प्रमुख राजनीतिक विचार है। जहाँ क विचार या विचारों का एक से अधिक दस्तावेजों में उल्लेख हैं वहाँ सबसे महत्त्वपूर्ण दस्तावेज को चुना गया है। दस्तावेजों का चुनाव गांधी, नेहरू या अन्य प्रसिद्ध राजनीतिज्ञों के विचारों को ध्यान में रख कर ही नहीं किया गया हैं बल्कि कुछ कम प्रसिद्ध लोगों के उन विचारों को भी चुना गया है जो दरसअल विचार के योग्य है।

सामग्री-स्त्रोत

इस काल की राजनीतिक विचारधारा का यह प्रमुख लक्षण है कि दो या तीन अपवादों को छोड़कर (स्वामी दयानन्द, श्री अरविन्द और जे.पी.) किसी ने राज्य से सम्बन्धित सिद्धान्त का प्रतिपादन नहीं किया। लेखकों और वक्ताओं ने प्रायः किसी सामाजिक या राजनीतिक समस्या के प्रसंग में अपने विचार व्यक्त किये हैं दो उदाहरण लीजिए। 1880 में मलाबारी बाल-विवाह की समाप्ति चाहते थे, इसलिए उनका मुख्य राजनीतिक सरोकार यह रहा कि राज्य उनके इस काम में किस प्रकार सहायक हो सकता है। महात्मा गांधी ने 1907 से 1910 के बीच सत्याग्रह का सिद्धान्त इसलिए विकसित किया कि वे दक्षिण अफ्रीका में भारतीय मूल लोगों तथा गोरों के बीच के जातियतावादी भेदभाव और 1919 के जलियाँवाले बाग में हुए नर-संहार का मुकाबला कर सकें। किसी भी राजनीतिशास्त्र के विद्यार्थी को समाज-सुधारक, राजनीतिज्ञ तथा अकादमिशियनों के भाषणों तथा आलेखों की छानबीन का कठिन कार्य करना होगा जिससे सिद्धान्त की छँटनी की जा सके और उनमें सन्निहित सामाजिक-राजनीतिक दर्शन का विश्लेषण सम्भव हो सके।

यह सामग्री प्रचुर मात्रा में मिलती है। इसमें समाज-सुधारकों तथा राजनेताओं के भाषण मुख्य हे। इन भाषणों में साम्राज्यवादी शासन के प्रति उनके अधीनस्थ लोगों के विचार समझे जा सकते हैं। यह पढ़कर आश्चर्य होता है कि उनमें से कई ने अधीनस्थ लोगों की सहमति तथा सहयोग से राज्य को मजबूत और संगठित करने की सलाह दी है। जैसे राजा राममोहन राय ने 19 सितम्बर, 1831 को परामर्श देते हुए कहा कि बुद्धिमान और योग्य भारतीयों के प्रशासन में आने से देशवासी सरकार की नीतियों से जुड़ जाएँगे और इस प्रकार सरकार अपने ही लोगों के बीच अजनबी और केवल शक्ति के बल पर चलने वाली नहीं रह जाएगी। इंडियन नेशनल कांग्रेस के अध्यक्षीय भाषणों में कई वर्षों तक यह कहा जाता रहा है कि शक्ति नहीं सहमति ही राज्य का आधार होनी चाहिए। यह कोई नया विचार नहीं था लेकिन अधीनस्थ लोगों के द्वारा एक दबाव के रूप में मालिकों के सामने रखा जा रहा था। जबकि फिट्ज जेम्स स्टीफन ने 1853 में स्पष्ट रूप से कह दिया था कि ब्रिटिश राज का

आधार उसकी 'श्रेष्ठ शक्ति' है—यह अनिवार्य रूप से एक सम्पूर्ण सरकार है जो सहमति के आधार पर नहीं विजय के आधार पर बनी है।

इंडियन नेशनल कांग्रेस, मुस्लिम लीग, हिन्दू महासभा तथा दूसरी सामाजिक सभाओं, प्रान्तीय सभाओं या अन्य संगठनों द्वारा आयोजित उन तमाम जन-सभाओं में जिनसे उनके उद्देश्य सिद्ध होते थे राजनीतिक भाषण पहले सह ही लिखे होते थे या तत्काल दिये जाते थें विश्वविद्यालय, विद्वान परिषदें, राजनीतिक क्लब (नेशनल लिबरल क्लब) दि इम्पीरियल लेजिसलेटिक कौंसिल और बाद में इंडियन कॉन्स्टीट्वेंट एसेम्बली तथा संसद राजनीतिक सिद्धान्तों पर बसह तथा चर्चा के लिए प्रभावशाली मंच बन गई।

यदि वे भाषण जिनकी ऊपर चर्चा की है। उस समय के राजनीतिक चिन्तन को समझने का मुख्य आधार है तो उस समय का लेखन उनसे भी कहीं अधिक महत्त्वपूर्ण है क्योंकि उनमें लेखकों की सुचिन्त्य और दूरगामी विचार दृष्टियाँ होती है। इस प्रकार का लेख्न छह कोटियों में वर्गीकृत किया जा सकता है।

(i) **निबन्ध**—स्वामी दयानन्द के सत्यार्थ प्रकाश (1875-1887) का छठा अध्ययन जिसमें वे राजनीति के सिद्धान्त की व्याख्या करते है; रवीन्द्रनाथ का नेशनेलिज़्म (1920) और क्राइसिस इन सिविलिज़ेशन (1941), अरविन्द का दि आइडियल ऑफ़ वर्ल्ड यूनिटी (1950), अशोक मेहता का डेमोक्रेटिक सोशलिज़्म मिड् ट्वेंटिएथ सेंचुरी थीसिस (1951), एम.एन. राय का रीजन, रोमेंटिसिज़्म एंड रेवोल्यूशन (1955) जिसमें उन्होंने राज्य तथा समाज की भौतिकतावादी व्यवस्था प्रस्तुत की है और यह माना है कि मनुष्य के अतिरिक्त दूसरी कोई तर्क-संगत सत्ता नहीं है तथा जयप्रकाश नारायण का रिकंट्रक्शन ऑफ़ इंडियन पोलिटी (1959) जिसके सम्बन्ध में उन्होंने लिखा है : "इसमें राजतंत्र की वह रूपरेखा है जो मेरी दृष्टि से न केवल सर्वथा अनुकूल है बल्कि तर्क-संगत और वैज्ञानिक है और वह वक्तव्य भी है जिसके आधार पर मैनें उसे ऐसा माना है।

(ii) **आत्म कथाएँ**—इस सर्वेक्षण के लिए जिन आत्म-कथाओं को आधार बनाया हैं वे हैं सुरेन्द्रनाथ बनर्जी की 'ए मेकिंग' (1925), एम.के. गांधी की 'माई एक्सपेरिमेंटस विथ ट्रूथ' (1927,29) जवाहरलाल नेहरू की 'टु वड्र्ज फ्रीडम' (1942), मौलाना अब्दुल कलाम आज़ाद की 'इंडिया विन्स फ्रीडम' (1959), और राजेन्द्र बाबू की 'एट दि फीट ऑफ़ महात्मा गांधी' (1961), आत्म-कथाएँ लेखक के मन की गहराईयों तक पहुँचाती हैं क्योंकि वह अपने ही जीवन तथा चिन्तन की आत्मोलोचना करता है जो अन्यत्र दुर्लभ होती हे।

(iii) समकालीन महत्त्व के राजनीतिक मुद्दों पर पुस्तकें—इस श्रेणी में लाजपतराय की 'दि पोलिटीकल फ्यूचर ऑफ़ इंडिया' (1919); सुभाषचन्द्र बोस की 'स्वदेशी एंड बॉयकॉट' (1931); बी.आर. आम्बेडकर की 'थॉट्स ऑन पाकिस्तान' (1946) तथा राजेन्द्र प्रसाद की 'इंडिया डिवाइडेड' (41946) प्रमुख है। ये पुस्तकें राष्ट्र तथा राज्य की अवधारणाओं को स्पष्ट करती हैं तथा स्वदेशी और बायकॉट जैसे साधनों को उपयोग में लाने का महत्त्व बताती हैं।

(iv) मासिकों, साप्ताहिकों के लेख—जिन साप्ताहिकों, मासिकों में राजनीतिक निबन्ध छपते रहे उनमें इंडियन ओपीनियन, यंग इंडिया तथा हरिजन बहुत प्रसिद्ध थे। इनके माध्यम से गांधीजी ने सत्याग्रह का सिद्धान्त विकसित किया। श्री अरविन्द के प्रारम्भिक विचार 'वन्देमातरम्' में छपे। राजगोपालाचारी के निबन्ध 'स्वराज्य' में छपते रहे। इस शृंखला में 'मॉडर्न रिव्यू' का भी उल्लेख होना चाहिए। इन साप्ताहिकों तथा मासिकों में लिखा गया तथा मॉर्डन रिव्यू में छपा साक्षात्कार बहु-चर्चित रहा। यदा-कदा राजनेतनओं के साक्षात्कार पुस्तकाकार भी छपते रहे। इसका सबसे अच्छा उदाहरण आर.के. करंजिया की पुस्तक 'दि माइंड ऑफ़ मि. नेहरू-एन इंटरव्यू' (1960) है।

(v) विचार गोष्ठियाँ—इस श्रेणी की सामग्री में दो गोष्ठियों का उल्लेख किया जा सकता है। एक महात्मा गांधी : एम्ज एंड रिप्लेक्शंस ऑन हिज़ लाइफ वर्क (1919) तथा इंडिया एट दि क्रास रोड्ज है।

(vi) पत्र—लैटर्स ऑफ़ राइट आनरेबल श्री निवास शास्त्री (1944), गांधी जिन्ना टॉक्स : टैक्स्ट ऑफ़ कॉरस्पांडेंस एंड अदर रेलेक्ट मैटर्स (1944), जस्टिस ऑन ट्रायल (1955) यह संग्रह गोलवलकर तथा भारत सरकार के बीच हुए पत्राचार का है और ए बन्च ऑफ़ ओल्ड लैटर्स : रिटन मोस्टली टु जवाहरलाल नेहरू एंड सम रिटन बाइ हिम (1959)।

राजनीतिक पृष्ठभूमि

इसके पूर्व कि हम छोटी-सी प्रस्तावना समाप्त करें इस काल की संक्षिप्त राजनीतिक पृष्ठभूमि का परिचय देना उपयोगी रहेगा। इस तरह पाठक उस वातावरण को समझ सकेंगे जिसमें भारतीय विचारक तथा राजनेता अपने राजनीतिक विचारों और समझ को विकसित कर रहे थें

1933 में हाउस ऑफ़ कामन्स के चार्टर बिल पर बोलते हुए मेकॉले ने, जो उस समय के बोर्ड ऑफ़ कंट्रोल के सेक्रेटरी थे, (जो भारतीय राजकाज का निरीक्षण करने वाली सर्वोच्च अधिकृति थी) कहा : "हो सकता है कि भारतीय जनमनास हमारी

व्यवस्था और तंत्र के साथ रहते-रहते इतना समुन्नत हो जाए कि वह उस तंत्र को ही पीछे छोड़ दे। हो सकता है कि हमारी लोक कल्याणकारी सरकार में सुशिक्षित हुई जनता इसमें भी अधिक अच्छी सरकार के लिए तैयार हो जाए, हो सकता है कि यूरोपीय ज्ञान से शिक्षित होकर वह निकट भविष्य में वहाँ जैसी संस्थाओं की माँग करने लगे। ऐसा दिन कभी आएगा या नहीं मुझे नहीं मालूम। लेकिन मैं उस दिन का टालना या पीछे ढकेलना नहीं चाहूँगा। जब कभी भी वह दिन आएगा इंग्लिश इतिहास का वह सबसे गोरवशाली दिन होगा।" 1883 से 1947 के बीच भारत इस कथन पर एक प्रकार से टिप्पणी ही है।

पहले तीन या चार दशक तक देश में कोई राजनीतिक चेतना ही नहीं थी। अभिजात्य जन समाज सुधार के सार्वजनिक कार्यों में ही दिलचस्पी ले रहे थे। राजनीतिक चेतना का सारा रेय अंग्रेजी शिक्षा को ही देना चाहिए जिसे इंग्लैंड ने भेजा था और मेकॉले ने शुरू किया। 1857 में मद्रास, बम्बई और कलकत्ता में विश्वविद्यालय खोले गये जिनका धीरे-धीरे प्रभाव अनुभव किये जाने लगा। 1861 से देश के प्रशासन में भारतीयों का अधिकाधिक भागीदारी होने लगी।

भारतीय बुद्धिजीवी जिन्होंने अंग्रेजों के उदार-विचारों की उच्च शास्त्रीय पुस्तकें पढ़ी थी, अंग्रेजों के अधीन रह कर सहयोग देने के सिद्धान्त से असन्तुष्ट थे वे अंग्रेजी साम्राज्य के अन्तर्गत कनाडा जैसे देश में स्वायत्तशासी संस्थाओं का विकास ध्यान पूर्वक देख रहे थे। 1885 में इंडियन नेशनल कांग्रस की स्थापना राजनीतिक चेतना के विकास का प्रतीक हे। फिर भी यह तथ्य महत्त्वपूर्ण है कि शुरू के बीस वर्ष तक कांग्रेस की माँगे सामान्य-सी रही : जैसे विधान परिषदों को प्रतिनिधि संस्थाएँ बनाना, जूरी न्याय व्यवस्था करना, प्रीवी कौन्सिल में भारतीयों की नियुक्ति, तकनीकी शिक्षा का प्रसार, भारत तथा इंग्लैंड में भारतीय प्रशासनिक सेवा (इंडियन सिविल सर्विसेज) परीक्षा की समान सुविधाएँ, आर्म्स एक्ट में परिवर्तन तथा मिलिट्री कालिज की स्थापना। किरोजशाह मेहता, सुरेन्द्रनाथ बनर्जी तथा जी.के. गोखले के नेतृत्व वाली कांग्रेस ने समाचार-पत्रों में तथा सार्वजनिक मंचों से भारत तथा इंग्लैंड की सरकारों पर संवैधानिक दबाव बनाएँ रखने का कार्यक्रम जारी रखा।

राष्ट्रीय चेतना का तेजी से विकास होने लगा। जैसा कि हम पहले लिख चुके हैं कि रेल, डाक-तार तथा प्रेस के कारण विकसित हुए यातायात तथा संचार माध्यमों ने इस चेतना को उत्तरोत्तर बढ़ाने में मदद की। 1890 में बी.जी. तिलक के नेतृत्व में पहले जनान्दोलन की शुरुआत महाराष्ट्र से हुई। 1905 में बंग-भंग ने थपथपाया तथा उग्रतावादी आन्दोलन में बदल दिया। 1906 में दादाभाई नौरोजी ने नेशनल कांग्रेस के वार्षिक अधिवेशन में स्वराज्य या स्वशासी सरकार लेने का लक्ष्य निर्धारित किया।

अब प्रशासन में भारतीयों के सहयोग के स्थान पर स्वशासी सरकार की स्पष्ट माँग ही नहीं होने लगी बल्कि कांग्रेस उग्र और नरम पंथियों में बँट गई। उग्रवादी नरमपंथियों की संवैधानिक भागीदारी का विरोध और सीधी कार्यवाही* का आग्रह कर रहे थे। बम्बई में बी.जी. तिलक, बंगाल के बी.सी. पाल तथा अरविन्द ने सीधी कार्यवाही वाली विचारधारा का समर्थन किया जिसमें विदेशी वस्त्रों का बहिष्कार तथा असहयोग आन्दोलन शमिल था। 1907 की सूरत कांग्रेस में यह टूटन हुई। उग्रवादी 1916 के लखनऊ अधिवेशन में इकट्ठे हुए। उसी समय में कांग्रेस की बागडोर उग्रपंथियों के हाथ में आ गई। 1918 में नरमपंथियों की कॉन्फ्रेंस बम्बई में हुई।

शिक्षितों में ज्यों-ज्यों राजनीतिक चेतना बढ़ रही थी अधिकारी भी उस ओर ध्यान दे रहे थे। उन्हों 1892 और 1909 के सुधारों में विधान परिषदों के लिए चुनाव-प्रणाली की शुरुआत कीं 1909 में सुधारों की शुरुआत करने वाले मार्ले ने इस बात से इनकार किया है कि उनके प्रस्तावों में प्रत्यक्ष या निर्विवाद रूप से भारत में संसदीय प्रणाली का प्रारम्भ होता है। 1914-18 के विश्वयुद्ध ने शासकों और शासितों की विचारधारा को बहुत प्रभावित किया। भारत में समाज के हर स्तर पर राजनीतिक नेचता का उदय होता नजर आने लगा। श्रीमती एनी बीसेंट तथा तिलक के 'होमरूल' आन्दोलन ने जनता में पर्याप्त उत्साह जगा दिया। इंग्लैंड ने गहराई से अपनी नीतियों का निरीक्षण तथा पुनः मूल्यांकन किया जिसके परिणामस्वरूप 20 अगस्त, 1917 को ऐतिहासिक घोषणा की गई कि "सम्राट की सरकार इस नीति से पूरी तरह सहमत है (जिसे भारत सरकार की सहमति प्राप्त है) कि प्रशासन के प्रत्येक विभाग में भारतीयों का सहयोग लेना चाहिए कि वे ब्रिटिश राज के अविछिन्न हिस्से रहते हुए भारत की उत्तरदायी शासन की ओर उन्मुख कर सकें। मैं यह कहना आवश्यक समझता हूँ कि सीढ़ी-दर-सीढ़ी चढ़कर ही इस नीति को सफल बनाया जा सकता है। भारतीयों की प्रगति और कल्याण का काम अंग्रेज तथा भारत सरकार पर निर्भर करता है इसलिए वे ही अनुकूल समय और आगे बढ़ने की क्षमता का अनुमान लगा सकते हैं। उन्हें यह देखना होगा कि जो लोग भारतीय प्रशासनिक सेवा में कितना सहयोग दे रहे हैं और उन्हें अतिरिक्त जिम्मेदारी देते हुए कितना विश्वास किया जा सकता है।' भारत सरकार का 1919 का अधिनियम जो 1921 में व्यवहार में आने लगा वह इन्हीं उद्देश्यों को पूरा करने की दिशा में पहला कदम था।

---

* जब लोग अपने राजनीतिक उद्देश्य की प्राप्ति के लिए सरकार द्वारा गठित संवैधानिक संस्थाओं जैसे विधान-परिषद आदि में चुने जाते हैं तो उन्हें 'संवैधानिक उपाय' कहते हैं। जब वे प्रदर्शन सिविल नाफरमानी (नागरिक अवज्ञा) या अन्य आन्दोलनात्मक मार्ग ग्रहण करते हैं तो उसे 'सीधी कार्यवाही' कहा जाता है।

प्रारम्भ में 'सुधार प्रस्तावों' का स्वागत हआ। जब अमृतसर में यह सवाल इंडियन नेशनल कांग्रेस में आया तो गांधी जिन्होंने भारत की राजनीति में प्रवेश किया ही था, उग्रवादियों का विरोध करते हुए कहा : "अगर मुझे सड़ा और खट्टा भोजन मिले तो मैं नहीं लूँगा। लेकिन मुझे कम मिले और स्वादिष्ट न भी तब भी ले लूँगा। उसे काम में लाऊँगा, उसे स्वादिष्ट बना लूँगा, कुछ जरूर ले लूँगा। सम्राट ने हमारी और मैत्री का हाथ बढ़ाया है। मि. मांटेग्यू ने हमसे मैत्री चाही है। उनकी पेशगी को अस्वीकार मत कीजिए भारतीय संस्कृति विश्वास और सम्पूर्ण विश्वास चाहती हे। यदि आप में पुरुषार्थ है तो भविष्य से नहीं डरेंगे।" कांग्रेस ने एक प्रस्ताव पारित कर सहयोग का वचन दिया और सुधारों पर इस तरह अमल करने का भी कि जिससे उत्तरदारयी सरकार की जल्दी ही स्थापना हो। नरमपंथी राजनेताओं में पूरा जोश था। सुरेन्द्रनाथ बेनर्जी ने नरमपंथियों की पहली-अखिल भारतीय कॉन्फ्रेंस में ब्रिटेन द्वारा बढ़ाए गये मैत्री पूर्ण हाथ के सम्बन्ध में कहा : "हमें तत्परता और उत्साह के साथ उसे थाम लेना चाहिए और अंग्रेज राजनीतिज्ञों के साथ सहयोग करते हुए उच्च शिखरों की ओर अग्रसर होना चाहिए। वे भगवान की कृपा से हमारे लिए सुरक्षित है।" लेकिन यह जोश थोड़े समय में ही ठंडा हो गया। पंजाब की अशान्ति जो अन्त में जलियाँवाले बाग के हत्याकांड में परिणात हुई और तर्की के साथ हुई शान्ति-शर्त्तों के प्रकाशित होते ही चकित करने वाले और द्रुतगामी बदलाव नजर आने लगे।

1 जनवरी, 1921 को नये संविधान का शुभारंभ करते हुए ड्यूक ऑफ़ केनॉट ने कहा 'जो मित्र है और जिन्हें रहना चाहिए उनके बीच कड़वाहट और अलगाव देखा।' भारत के सुन्दर मुख पर अमृतसर त्रासदी की छाया लम्बी होती गई। पारस्परिक विश्वास और निष्ठा की जगह निराशाा ओर अविश्वास ने ले ली। गांधी जिन्होंने सुधार के लिये सहयोग की माँग की थी वे अब अनुभव करने लगे कि 'सुधारों से हृदय परिवर्तन करना तो दूर रहा उनसे भारत की सम्पदा का हरण किया जाकर दासत्व की अवधि लम्बी की जा रही है। सौहार्दपूर्ण सम्बन्धों को लेकर अंग्रेजों के प्रति हमारा अविश्वास भारत और ब्रिटेन के बीच जिन सहयोग पूर्ण सम्बन्धों की घोषणा की गई थी उनकी संवैधानिक प्रगति के सब अवसर खत्म हो चले थे।

गांधी ने पंजाब अशान्ति के बाद पारित हुए राउलेट अधिनियमों के विरोध में असहयोग आन्दोलन शुरू किया। यह ज्यादा लोगों को मालूम न हो कि गांधी जी के प्रतिष्ठित नेताओं के समर्थन के बावजूद उनके असहयोग आन्दोलन के बहुत से आलोचक थे जिनमें सी. विजयराघवाचेरियर, सुरेन्द्रनाथ बनर्जी, लाल लाजपतराय (सभी कांग्रेस अध्यक्ष) प्रमुख थे। उदारपंथी राजनेता बी.एस. श्री निवास भी उनमें से एक थे। हिंसक वारदातें शुरू हो जाने के कारण असहयोग आन्दोलन समेट लिया गया।

राष्ट्रवादियों के आन्दोलन की चुनौती तथा अंग्रेजी हुकूमत से स्वाधीन होने के उनके दावों ने भारत तथा ब्रिटिश सरकारों का ध्यान तुरन्त आकृष्ट किया। सी.आर.

दास के नेतृत्व में कुछ कांग्रेस के लोगों ने काउंसिलों के अन्दर ही तोड़-फोड़ की कार्यवाही शुरू कर दी। 1927 में साइमन कमीशन जो संवैधानिक प्रगति की जाँच करने तथा अन्य आवश्यक सुझावों के लिए नियुक्त किया था, का सम्पूर्ण बहिष्कार किया गया।

1928 में सर्वदलीय कॉन्फ्रेंस द्वारा 'भारत का भविष्य का विधान' पर पहली बार नेहरू रिपोर्ट पेश की गई। 'भविष्य के भारतीय संविधान' पर चर्चा करने के लिए 1929 में लन्दन में गोलमेज कॉन्फ्रेंस बुलाई गई। इस घटना चक्र से सम्पूर्ण स्वतंत्रता पाने की दिशा में राष्ट्रवादी आन्दोलनकारियों की जद्दोजहद तथा सरकार की प्रतिक्रिया की जानकारी होती हे। जब यह मालूम हुआ कि अक्टूबर 1929 की घोषित गोलमेज कॉन्फ्रेंस 'डोमीनियम कान्स्टीट्यूशन ऑफ़ इंडिया' के लिए संविधान सभा की तरह काम नहीं करेंगी तो गांधीजी के नेतृत्व वाली लाहौर कांग्रेस ने गोलमेज कॉन्फ्रेंस का बहिष्कार कर दिया और सम्पूर्ण स्वाधीनता की घोषणा कर दी। नमक-कानूनों को लेकर गांधीजी ने नागरिक अवज्ञा आन्दोलन शुरू कर दिया और कांग्रेस की बहिष्कार तथा असहयोग आन्दोलन के द्वारा सरकार को झुकाने के निर्देश दे दिये गये।

1931 में गांधी-इरविन समझौते के अन्तर्गत सविनय अवज्ञा आन्दोलन वापस ले लिया गया। गांधीजी ने गोलमेज कॉन्फ्रेंस में भाग लिया। कॉन्फ्रेंस को ज्यादा सफलता नहीं मिली। एक संयुक्त पार्लियामेंट्री रिपोर्ट के परिणामस्वरूप 1935 का गवर्नमेंट ऑफ़ इंडिया अधिनियम पारित हो गया। अधिनियम के अन्तर्गत कुछ प्रतिबन्धों के साथ प्रान्तों में उत्तरदायी सरकारें बनाने का निर्णय लिया गया। केन्द्र में प्रान्तों तथा रियासतों का महासंघ बनाना स्वीकृत हुआ। यह भी स्वीकार किया गया कि सुरक्षा, विदेश तथा धार्मिक मामलों के अतिरिक्त दूसरे सब विषयों को सार्वजनिक अधिकारों के क्षेत्र में ले आया जाएँ। 1937 से 47 तक प्रान्तों से सम्बन्धित सभी निर्णयों का पालन हुआ लेकिन कुछ साम्प्रदायिक अशान्ति और कुछ दूसरे विश्वयुद्ध के कारण प्रस्तावित महासंघ नहीं बन पाया। 1906 में स्थापित मुस्लिम लीग और कांग्रेस के बीच कई महत्त्वपूर्ण राजनीतिक मुद्दों को लेकर मतभेद हो गये। पृथक निर्वाचन क्षेत्र तथा विधान परिषदों में मुसलमानों का प्रतिनिधित्व उनमें अहम थे। 1917 के अधिनियम के अनुसार भारतीयों को सत्ता सौंपने और 1919-21 में आंशिक सत्ता हस्तान्तरण की पहल के कारण तीव्र दुर्भावनाएँ उत्पन्न हो गईं। कई प्रान्तों में 1939 तक बने कई कांग्रेस मंत्री-मंडलों के खिलाफ सच्चे-झूठे मनगढंत आरोप लगाए गये। जिन्ना भारत-विभाजन के तथा पाकिस्तान बनाने वाले नेता बन गये।

1941 दिसम्बर को पर्ल हारबर पर जापानियों का आक्रमण और तेज रफ्तार से बर्मा तक बढ़ जाने से युद्ध भारत के दरवाजे पर ही आ गया। अंग्रेज सरकार को यह अनुभव होने लगा कि परिस्थिति की गम्भीरता को देखते हुए युद्ध के पक्ष में भारत का समर्थन प्राप्त करने के सारे प्रयत्न किये जाने चाहिए। इस दृष्टि से सर

स्टेफोर्ड क्रिप्स, जो ब्रिटिश मंत्री मंडल में लार्ड प्रिवींसील थे, को भारतीय नेताओं से बातचीत करने के लिए भेजा गया।

बतचीच विफल हो गई। 8 अगस्त, 1942 को कांग्रेस ने 'भारत छोड़ो' प्रस्ताव पारित करते हुए अंग्रेज सरकार से तुरन्त सम्पूर्णतया और बिना शर्त के, परिणामों की कोई चिन्ता न करते हुए भारत छोड़ने का आह्वान किया। आन्दोलन दबाने के लिए आन्दोलनकारी नेताओं को जेल भेज दिया गया। जब तक युद्ध समाप्त नहीं हुआ राजनीतिक गतिरोध बना रहा। 1946 में लेबर सरकार ने भारतीय समस्याओं का हल खोजने के लिए 'केबीनेट मिशन' को भारत भेजा। ब्रिटिश सरकार ने घोषणा कि कि सत्ता हस्तान्तरण के मार्ग में आने वाली असुविधाओं के दूर होते ही वह भारत को स्वाधीन कर देगी। बहरहाल 'केबीनेट' कोई उपाय नहीं सुझा पाया। लार्ड माउंटबेटन के जो उस समय भारत के वायसराय थे, ने ही भारत को भारत पाकिस्तान में बाँट कर निर्णायात्मक समाधान निकाला।

1947 में इंडियन इंडिपेंडेंस एक्ट के अनुसार भारत को उत्तरदायी सरकार सौंपने का निर्णय सम्पन्न हुआ जिसकी वे 917 में घोषणा कर चुके थे लेकिन इस तरह या इन परिणामों के साथ नहीं जिसकी उस समय वे कल्पना भी नहीं कर पाए थे। रियायतों पर ब्रिटिश सरकार की सार्वभौमिक सत्ता समाप्त कर दी गई। उन्हें यह सलाह दी गई कि वे अपने हितों को ध्यान में रखते हुए भारत या पाकिस्तान में से किसी एक के साथ मिल जाएँ।

15 अगस्त, 1947 को आजाद हुए भारत के समकालीन इतिहास को संक्षेप में कहा जा सकता है। संसदीय प्रतिमानों को ध्यान में रखते हुए लोक-तंत्रात्मक संविधान का निर्माण देश की सर्वोच्च अधिकृति के रूप में राष्ट्रपति की पद स्थापना, उन्हें परामर्श देने के लिए ब्रिटिश-पद्धति पर मंत्री-परिषद का गठन। इन्हीं सब विशेषताओं से युक्त संविधान 21 जनवरी, 1950 से प्रभावी हुआ। इस के बाद आठ चुनाव हुए। कुल मिलाकर ये चुनाव राजनीतिक दबावों से मुक्त तथा मतदाता और प्रत्याशियों के अनुकूल रहे। डॉ. राजेन्द्र प्रसाद पहले राष्ट्रपति चुने गये। 1967 में डॉ. राधाकृष्णन, फिर जाकिर हुसैन, 1969 में वी.वी. गिरी, 1974 में फखरुद्दीन अली अहमद, 1977 में संजीव रेड्डी तथा 1982 में जैल सिंह राष्ट्रपति बने।

ज्वाहरलाल नेहरू 1947 से 64 (मृत्यु पूर्व तक) प्रधानमंत्री रहे। 1964 में लालबहादुर शास्त्री, 1966 में श्रीमती इन्दिरा गांधी प्रधानमंत्री बनी। 1984 में श्रीमती गांधी की हत्या के बाद राजीव गांधी ने प्रधानमंत्री के पद का दायित्व सँभाला। 1977 से 1979 के बीच जनतापार्टी का शासन रहा।

राजनीतिक चिन्तन की दृष्टि से निम्नलिखित प्रवृत्तियाँ उल्लेखनीय है : लोकतांत्रिक संविधान एक सीमा तक ठीक काम कर रहा है यद्यपि इसके चलते कई सामाजिक, आर्थिक, राजनीतिक सस्याएँ पैदा हो गई है। लोकतंत्रात्मक सरकार

की आदर्श मान्यताओं के विरुद्ध जो सामाजिक असमानताएँ हैं वे कम हुई हैं। चार पंचवर्षीय योजनाओं का लक्ष्य गरीबों का जीवन स्तर उठाने का रहा। योजना-आयोग ने कृषि के स्थान पर उद्योग में पूँजी विनियोजन को प्रोत्साहित किया। राजनीति की सबसे बड़ी समस्या यह है कि इतनी राजनीतिक पार्टियों तथा गुटों के चलते राजनीतिक स्थिरता कैसी लाई जाए। भारत में राजनीतिक संगठनों में कांग्रेस, कम्यूनिस्ट पार्टी, जनता पार्टी तथा लोकदल का उद्देश्य समाजवादी समाज बनाना है जो कि भारत के अन्तिम तथा भूतपूर्व गवर्नर जनरल श्री सी. राजगोपालाचारी समाजवाद के प्रबल आलोचक थे। उन्होंने स्वतंत्र पार्टी की स्थापना की जो बड़े ज़मींदारों और उद्योगपतियों के हितों की संरक्षक थी। इधर गैर समाजवादी पार्टियों में जनसंघ प्रभावशाली पार्टी के रूप में उभरा जिसे अब भारतीय जनता पार्टी कहते हैं।

1951 में गांधी जी के सहयोग विनोबा भावे ने भूदान आन्दोलन शुरू किया जिसका लक्ष्य भूमि का न्याय संगत वितरण था। जयप्रकाश नारायण की अगुआई में भूदान आन्दोलन से जुड़ा सर्वोदय आन्दोलन प्रारम्भ हुआ। इस आन्दोलन की विशेषताएँ थी—गांधीजी की विचार धारा के अनुसार राजनीतिक, सामाजिक पुनर्रचना, भौतिक इच्छाओं को सीमित करना, अहिंसा का पक्ष लेना, आर्थिक समता तथा विकेन्द्रीकरण की नितियों को अपनाना।

इन राजनीतिक विचारों को शक्ति और समर्थन देखने के लिए यह आवश्यक नहीं है कि हम उन राजनीतिक पार्टियों के पक्ष में गिरे मतों के आधार पर बनाये। जनता किसी पार्टी को उसके राजनीतिक विचारों से हटकर भी मत दे सकती है। समाजवाद वाम पक्षी राजनीति में सम्मान का प्रतीक है। समाजवाद जैसा सामान्य शब्द भारतीय सन्दर्भ में आम सन्दर्भों से हटकर कोई भी अर्थ ले सकता है। समाजवाद के समर्थन में दिये गये मतों से यह नहीं मान लिया जाना चाहिए कि वे किसी खास किस्म का समाज चाहते हैं। वे इस अनुभव के आधार पर किसी पार्टी को मत दे सकते हैं कि उसके साथ उनके आर्थिक, धार्मिक, जति या क्षेत्रीय या ये सब हित सुरक्षित हैं। इस तरह कोई एक पार्टी अपने सैद्धान्तिक वायदे पूरे करने में उसी अनुपात में छूट ले पाती है जिस अनुपात में उसके मतदाताओं से वह मत लेने की सामथ्र्य रखती है।

सन्दर्भ

1. स्पीचेज एंड राइटिंग्ज ऑफ़ आनरेबल सुरेन्द्रनाथ बनर्जी स्वयं के द्वारा संकलित, प्रथम संस्करण (मद्रास : जी.ए. नाटेसन एंड कम्पनी।
2. दि स्टोरी ऑफ़ माई एक्सपेरीमेंटस विथ ट्रूथ : लेखक एम. के. गांधी (प्रथम भाग, अहमदाबाद, नवजीवन प्रेस, 1929) भाग 2 पृ. 106-8, यन्ग इंडिया (1924-26) पृ. 56-57
3. ब्रॉडकास्टिग ऑन ब्रिटिश ब्रॉडकास्टिग सर्विसेज, लन्दन से 12-1-51
4. दि इंग्लिश वर्क्स ऑफ़ राजा राममोहन राय (कलकत्ता : साधारण ब्रह्म समाज, 1947) खंड 3 पृ. 37

1

पराधीन लोगों की साम्राज्यवादी शासन की अवधारणा

साम्राज्यवादी शासन के गुण व दोष

प्रमुख भारतीय बुद्धिजीवियों के विदेशी राज्य के लाभ और हानियों के सम्बन्ध में क्या विचार थे?

दादा भाई नौरोजी (1825-1917), गोपाल कृष्ण गोखले (1866-1915), रवीन्द्रनाथ टैगोर (1861-1941) और जवाहरलाल नेहरू (1889-1964) की गणना प्रभावशाली बुद्धिजीवियों में की जा सकती है। 1905 में गोखले ने कहा 'हमारे अपने ढाँचे की जगह पश्चिम का प्रशासनिक ढाँचा आ गया है। देश में शान्ति और व्यवस्था है। न्याय में हम होते हुए भी सुलभ है। एक भारतीय और दूसरे भारतीय के बीच में...। फिर आपने पश्चिमी शिक्षा का सूत्रपात किया है। लिखने और बोलने की आजादी दी है। ये सब बातें आपकी प्रतिष्ठा बढ़ाती है।[1] टुवड्‌र्ज फ्रीडम में नेहरू ने लिखा कि अंग्रेजों के इस दावे में सचाई है कि ब्रिटेन ने पश्चिमी अवधारणा की संसदीय सरकार और व्यक्ति-स्वातंत्र्य का सिद्धान्त दिया है। उन्होंने ब्रिटिश भारत को संगठित एकात्म राज्य का दर्जा देकर भारतीयों में राजनीतिक एकता का भाव जगाया तथा राष्ट्रीयता को जन्म दिया। इसके अतिरिक्त अंग्रेजों को यह श्रेय भी दिया जा सकता है कि उन्होंने भारत की खिड़की पश्चिम की ओर खोली और पश्चिम के उद्योगवाद तथा विज्ञान से परिचित कराया। उद्योग के अग्रदूतों से तात्पर्य है जैसे रेलों, टेलीग्राफ, टेलीफोन और बेतार का तार और इसी तरह की बहुत-सी चीजों से।[2] 1897 में इंडियन नेशनल कांग्रेस को सम्बोधित करते हुए सी. शंकर नायर ने अपने अध्यक्षीय भाषण में कहा कि एक विदेशी शासन के होते हुए भी ब्रिटिश सरकार ने भारत को धर्म निरपेक्ष शासन दिया है जिससे बहु-धर्म प्रधान भारतीय समाज में सामाजिक तथा धार्मिक-सुधारों की रक्षा करने में सच्ची निष्पक्षता आई है।[3]

विदेशी शासन की गुणवत्ता को स्वीकार करते हुए भी नेहरू ने एक पाद

टिप्पणी में कहा : "पिछली शताब्दी में विश्व भर में परिवर्तन हुए है चाहे वह पूर्व हो या पश्चिम भारत में हुए परिवर्तन उन्हीं का हिससा है। पश्चिम यूरोप और बाद में दुनिया-भर में फैले उद्योगवाद से मजबूत एकात्मक राज्य और राष्ट्रीयता का विकास हुआ।"[4] उन्होंने यह भी पूछा कि क्या यह सोचना कुतर्क होगा कि इस उद्योग प्रधान युग में भारत ने अंग्रेजी शासन के बावजूद भी कुछ ऐसी ही प्रगति की होती? नेहरू की दृष्टि मे जिन अंग्रेजों को भारत में उद्योग प्रारम्भ करने का श्रेय दिया जाता है वे ही बाद में ओद्यौगिक विकास में बाधक बन जाते हैं क्योंकि उनको निर्यात खतरे में पड़ता दिखाई देता है। गोखले के अनुसार आर्थिक क्षेत्र में अंग्रेजी शासन के भयावह परिणाम निकले क्योंकि 'बढ़ते हुए फौजी' तथा 'घरेलू खर्चों'* के कारण जनता के जीवन स्तर को उठाने की घारे उपेक्षा की गई।'[5]

दादा भाई नौरोजी का मत था कि "भारत की दरिद्रता और भौतिक विनाश का मुख्य कारण अंग्रेजों का वह अस्वाभाविक व्यवहार था जिसके कारण अनेक प्रकार के खर्चीले दबावों से भारत तथा इंग्लैंड का पहले से ही जर्जरित आर्थिक ढाँचा और ज्यादा चरमराने लगा था। यही कारणा था कि देश के बच्चे विस्थापित हो गये और उन्हें अपने प्राकृतिक अधिकारों तथा जीविकोपार्जन के साधनों से वंचित हो जाना पड़ा।"[6]

टेगौर और नेहरू के अनुसार आर्थिक विसंगतियों का मूल कारण अंग्रेजों की 'पुलिस राज' वाली आवधारणा थी जो वे भारत पर लागू भी कर रहे थे। क्राइसिस इन सिविलिजेशन (1941) में रवीन्द्रनाथ ने लिखा कि "भारत में अंग्रेजी राज्य की दुर्भाग्यपूर्ण वास्तविकता प्रतिदिन नजर आ रही है। वे न केवल जीवन की अल्पतम आवश्यकताओं—भोजन, कपड़ा, शिक्षा और औषधियों से वंचित किये गये है बल्कि एक और दुख:पूर्ण स्थिति यह है कि उनमें आपस में ही फूट डाल दी गई है।"[7] नेहरू ने कहा कि सरकार का काम राज्य की रक्षा करना है शेष काम दूसरे देखें। उसका रक्षा तथा प्रशासन व्यय भयावह रूप से बोझिल है और आमदनी का सबसे बड़ा हिस्सा हड़प लेता है। नागरिकों की आर्थिक तथा सांस्कृतिक आवश्यकताओं पर ध्यान नहीं जाता था : सार्वजनिक शिक्षा, जन-स्वास्थ्य, गरीबों की देख-रेख, बीमारी, श्रमिकों का बीमा, वृद्धावस्था तथा बेकारी।

---

* घरेलू खर्चों में ईस्ट इंडिया कम्पनी के स्टाक पर दिया जाने वाला लाभांश, घरेलू ऋण का ब्याज, अफसरों तथा प्रतिष्ठानों का वेतन, भातर सरकार के गृह-विभागों के भवनों का मूल्य, भारतीय फौज तथा प्रशासनिक सेवाओं के अफसरों का अवकाश तथा सेवा-निवृत्ति के बाद का वेतन, भारत में सेवारत ब्रिटिश-सैन्य दलों का सब प्रकार का खर्चा तथा ब्रिटिश सैन्य-दलों को लाने-ले जाने के खर्च का अंश शमिल है। (ब्रिटेन और फाइनेन्सियल रिलेशंसविथ इंडिया (लन्दन, 1859) पृष्ठ 56-64)

नैतिक पक्ष की सबसे बड़ी कमजोरी की ओर संकेत करते हुए गोखले ने कहा कि सत्ता की भागीदारी से अलग रखकर "राष्ट्र को निरन्तर बौना बनाया जा रहा है। उपयोग में न आने के कारण प्रकृति की दी हुई क्षमताएँ क्षीण होती जा रही है। मेरी दृष्टि में यह अवरोध सबसे बड़ी बुराई है।[8] इसके अतिरिक्त नौरोजी की दृष्टि में अंग्रेज भारत की जनता की उसकी अपेक्षा के अनुसार नेतृत्व नहीं दे पा रहे हैं, वे विदेशी हैं और सामाजिक दृष्टि से अपने आप को अलग-अलग अनुभव करते हैं। इसके अलावा स्वदेश चले जाने पर उनकी बुद्धि तथा अनुभव का देश को कोई लाभ नहीं होता। नौरोजी ने 1850 में अंडर सेक्रेटरी ऑफ़ स्टेट फॉर इंडिया को लिखा : "कि इसके जो भी विनाशकारी परिणाम हों राजनीति की दृष्टि से तो वे दुर्भाग्यपूर्ण हैं ही। अपने देश के बड़े नेताओं की बुद्धि तथा अनुभवों से वंचित रख कर युवा पीढ़ी को जो शिक्षा दी जा रही वह उन्हें दिशाहीन बनाएगी जो शासकों के लिए किसी भी तरह उपयोगी नहीं होगी बल्कि जैसा होगा या हो सतका है कि वह शासकों की ताकत होने की जगह सबसे बड़ी कमजोरी सिद्ध हो।"[9]

और अन्त में फिर से 1942 में नेहरू का कथन : "एक तानाशाही तंत्र और वह भी विदेशी, जरूर एक मुनाफे का मनोविज्ञान, सीमित समझ और दृष्टि देने के अतिरिक्त कुछ नहीं करेगा। वह युवकों में साहसिकता, जोखिम उठाने की भावना तथा मौलिकता की जगह टुटपुँजियापन संकीर्ण अनुरूपता, चापलूसी और मालिकों को खुश करने की भावना को बढ़ावा देगा।"[10]

राजनीति विज्ञान की दृष्टि से 1905 में न्यू रिफार्म क्लब लन्दन में गोखले द्वारा दिये गये भाषण का वह अंश महत्त्वपूर्ण हैं जिसमें उन्होंने नौकर-शाही को विदेशी शासन की सारी बुराइयों की जड़ माना है। उनके अनुसार नौकरशाही के तीन दोष है। इस वर्ग के एकदम सत्ता केन्द्रित होने तथा शीर्ष अधिकारियों के थोड़े समय बाद देश छोड़कर चले जाने के कारण लगातार देश की जनता के सम्पर्क में रहना कठिन होता है। दूसरा, शिक्षित भारतीय को सत्ता से अलग रखना असन्तोष का कारण होता है। तीसरा यह कि इस वर्ग के अधिकारी गण सारे सवालों को सत्ता-सुरक्षा की दृष्टि से देखते हैं। जनता के हित उनके अपने हितों के सामने गौण हो जाते हैं।

अध्यक्ष की हैसियत से मजूमदार ने 1961 में इंडियन नेशनल कांग्रेस को सम्बोधित करते हुए कहा कि नौकरशाही अपने अधिकारों के प्रति बहुत ईष्यालु और आलोचना के प्रति असहिष्णु होती है। "वह लोगों को प्रसन्न और सन्तुष्ट तो देखना चाहती है किन्तु उन्हें बढ़ते हुए नहीं देखना चाहती।"[11] (स्वशासी सरकार की ओर)। बुद्धिजीवियों की दृष्टि में अंग्रेजी राज्य का सबसे बड़ा दोष मेकॉले के इस सार पूर्ण वाक्य में निहित है—"सारे बोझों में विदेशी का बोझ ही सबसे ज्यादा भारी होता है।"[12] जब पराधीन लोग राजनीतिक चेतना से उत्पन्न होते हैं तब वे अपना राजकाज स्वयं चलाना चाहते है; हो सकता है कि उदार आशय विदेशी उन से कहीं ज्यादा अच्छा

प्रशासन चला रहे हो। अंग्रेजों का 1917 से भारतीयों को धीरे-धीरे स्वशासी सरकार सौंपने का प्रगतिशील विचार इसी धारणा के क्रियान्वयन का संकेत हे।

उपर्युक्त विचारों की ऐतिहासिक प्रामाणिकता की जाँच हमारे सर्वेक्षण का विषय नहीं है। यह कार्य राजनीतिक-आर्थिक इतिहास लेखकों का है। फिर भी यहाँ यह कहना प्रासंगिक होगा कि (1) नेहरू ने जैसा कहा कि सारे दोषों के लिए अंग्रेजों को जिम्मेदार मानना अनुचित है। "अपनी कमजोरियों के अनिवार्य दुष्परिणामों के लिए दूसरों को दोषी ठहराना अभद्रता है। आखिर हमें अपनी जिम्मेदारी उठानी होगी, उससे मुक्त होना सम्भव नहीं।"[13] (2) गोखले यह करने को तैयार नहीं थे कि ब्रिटिश राज्य के नुकसान फायदों को अपेक्षा कहीं अधिक थे।[14] (3) नौरोजी ने लिखा : "यह सही है कि ब्रिटिश राज भारत और ब्रिटिश दोनों के लिए बहुत लाभदायक होगा। मेरे लेखन का मुख्य उद्देश्य ब्रिटिश वासियों को यह बताना है कि ब्रिटिश इंडियन साम्राज्य के विनाशकारी विस्तार की अपेक्षा, जो कि इस समय ब्रिटिश साम्राज्य के स्वभाव के प्रतिकूल नीतिहीनता का परिणाम होने वाला है, ब्रिटेन और भारत के एक महान और शानदार भविष्य के लिए, जिसके लिए इस समय सोचना भी कठिन है, अंग्रेज अपने सहज स्वभाव के अनुसार न्याय और नीति संगत आचरण करें।"[15] (4) टैगोर ने लिखा कि यह उनका सौभाग्य है कि वे उदार मन वाले अंग्रेजों के सम्पर्क में आये है। "मैं नि:संकोच यह कह सकता हूँ कि उदारतापूर्वक स्वभाव की तुलना नहीं की जा सकती। ऐसी महान् आत्मा वाले लोग मुझे किसी अन्य देश में समुदाय में नहीं मिले हैं। इन जैसे लोगों को जन्म देने वाली प्रजाति में मैं कभी अविश्वास नहीं कर सकता।"[16]

विदेशी शासन को चलते रखने की इच्छा

यह महत्त्वपूर्ण तयि है कि उन्नीसवीं शताब्दी के अन्त तक बहुत से विचारवान् लोगों का मत था कि भारत और ब्रिटेन के बीच सम्बन्धों की स्थिरता भारत और इंग्लैंड के व्यापक हित में हैं। इसलिए वे इन सम्बन्धों को स्थायी बनाने के लिए विधियों और साधनों को तलाशने लगे। नौरोजी के अनुसार "इस शासन से भारत और इंग्लैंड को अपरिमित लाभ होंगे। कोई भी भारतवासी इन्हें हानि पहुँचाने की कभी सोचेगा तक नहीं।"[17] 1888 में सैयद अहमद ने मेरठ के मुसलमानों से यहाँ तक कह दिया कि अंग्रेज सरकार को यहाँ वर्षों तक राज करना चाहिए। वास्तव में सदैव ही।"[18]

इसके लिए शासितों की ओर से सबसे स्वाभाविक और महत्त्वपूर्ण सुझाव यही हो सकता था कि शक्ति नहीं जन-सन्तोष ही सरकार की नीति का आधार होना चाहिए। सन् 1883 में बम्बई के सुप्रसिद्ध जन-नेता फिरोजशाह मेहता ने जन-सन्तोष की नीति पर बल देने के तीन कारण बताएँ—(i) फौजी ताकत पर भारत का राज

करना बहुत खर्चीला होगा क्योंकि स्वयं इंग्लैंड यूरोपीय संकट में फँसा है। (ii) शक्ति के सिद्धान्त का मतलब होगा दिन-प्रतिदिन अधिकाधिक संख्या में फौजी सिपाही और तानाशाही तंत्र को चलाने में निपुण तथा निरंकुशता के पक्षधर अंग्रेज प्रशासक अपने देश में लौटेंगे जहाँ वे अपने ही देश के संवैधानिक स्वरूप को अनुदारता से देखने लगेंगे। (iii) शक्ति के सिद्धान्त का यह परिणाम होगा कि खर्चीली फौजों के रख-रखाव में भारत के सारे साधनों का इस्तेमाल हो जाएगा और इस तरह देश अपने प्राकृतिक संसाधनों का उपयोग करने से पहले ही गरीब हो गाएगा। दरिद्र और शक्तिहीन भारत में अंग्रेज व्यापारी अंग्रेज सिपाही, प्रशासक और उद्योग तथा व्यापार का, जिसे वह फौजी उद्योग से कहीं शानदार मानता है, एक उदासीन सेवक होगा जिसे अपने कार्य विस्तार के लिए अनुकूल क्षेत्र नहीं मिलेगा।"[19]

1898 में प्रशासनिक-सेवा से निवृत्त अधिकारी आर.सी. दत्त ने कहा फौजी अफसर अक्सर यह जोर देकर कहते हैं कि भारत को फौजों ने जीता है और वे ही उसे तलवार के बल पर कब्जे में रखेंगी लेकिन उनके मतानुसार भारत की अच्छी सरकार ने जीता है और अच्छाई ने ही उसे कब्जे में रखा है।"[20] पिछली शताब्दी में जब मुगल सल्तनत कमजोर हो गई थी और स्वेच्छाचारी लुटेरे पूरे देश में फैले हुए थे, जब एक राज्य दूसरे राज्य से और एक जाति दूसरी जाति से लड़ रही थी तभी अंग्रेजों का एक ऐसी शक्ति के रूप में उदय हुआ जो भारत को शान्ति, व्यवस्था, स्थिर सरकार और न्यायपूर्ण प्रशासन देने में समर्थ हुई। लोगों ने इसे अनुभव किया और सहज भाव से अपना समर्थन प्रदान कर दिया।

मदन मोहन मालवीय के शब्दों में विश्वास से विश्वास पैदा होगा और इसी से लोगों का प्रेम बढ़ेगा और इसी से साम्राज्य की जनता खुश हाल होगी, इंग्लैंड का यश फैलेगा।

सुरेन्द्रनाथ बनर्जी (1848-1825) ने 1858 में क्वीन विक्टोरिया की घोषणा के हवाले से कहा : "लोगों का सन्तोष ही सबसे बड़ी पूँजी है। साम्राज्य की शक्ति उसका प्रजा की सुख-शान्ति में निहित है।"[22]

ब्रिटिश शासन को स्थायी बनाने की दिशा में दो मुख्य सुझावों की चर्चा आवश्यक है। (i) किसानों से वसूल होने वाले भू-राजस्व का निश्चय और (ii) प्रेस की स्वतंत्रता।

साम्राज्यवादी शासन के विश्वास प्राप्त करने के लिए "भू-राजस्व से प्राप्त होने वाली आय को निश्चित करना होगा। मैं यह निश्चित रूप से कह सकता हूँ कि यदि 1793 के स्थयी बन्दोबस्त का उद्‌देश्य बंगाल में राजभक्त जमींदारों और सम्पन्न कृषक-वर्ग बनाने का था तो इस उद्‌देश्य को आशातीत सफलता मिली है।"[23]

विदेशी सरकार के स्थायित्व के लिए प्रेस को आजादी किस प्रकार सहायक होती है इस सम्बन्ध में हिन्दू पेट्रियट के क्रिस्तोदासपाल को उद्धृत करना काफी

होगा। 1875 में उन्होंने लिखा : "पूर्व में अंग्रेजी राज्य को सफलता आश्चर्यजनक है। यदि अंग्रेजों ने शुरू से ही भारतीयों के जीवन अनुभव, परामर्श और सहयोग का लाभ न उठाया होता तो सफलता पाना मुश्किल था। स्वदेशी प्रेस के संचालक सरकार और राष्ट्र के बीच अवैतनिक दुभाषिया का काम करते हैं। वे ईमानदारी और निष्ठा के साथ शासकों की बात शासितों और शासितों की बात शासकों तक पहुँचाते हैं। मैं विश्वास करता हूँ कि जिन गम्भीर और विवेकवान शासकों को अपने तक सीमित और छोटे-छोटे स्वार्थों की अपेक्षा अपने शासन में रहने वाले लाखों लोगों की कहीं अधिक चिन्ता है वे स्पष्टवादिता की जरूर प्रशंसा करेंगे।"[24] पाल यह भी कह सकते थे, यद्यपि उन्होंने कहा नहीं कि यदि भारतीय प्रेस से अंग्रेजों को कोई खतरा होता तो वे उसकी आजादी को बरदाश्त नहीं करते।

यहाँ कुछ समय बम्बई में एलफिंस्टटन कॉलेज में प्रिंसिपल रहे एफ. बोमनजी के अंग्रेजी राज्य को स्थिर करने के लिए मर्यादित संख्या में प्रवासी अंग्रेजों को भारत में बसाने के मौलिक विचारों की भी चर्चा की जा सकती है। यह विचार उनकी अल्पचर्चित पुस्तक 'लाइट्स एंड शेड्स ऑफ़ दि ईस्ट' (1863) पुस्तक में मिलते हैं। यदि थोड़ी संख्या में बुद्धिमान शक्तिशाली और धनी अंग्रेज भारत में स्थायी रूप से बसने के लिए प्रोत्साहित किये जाते हैं तो वे ऐसे मजबूत सिपाही सिद्ध होंगे जो पहले से ही यहाँ की जलवायु से परिचित है। धनी और आजाद लोगों की उपस्थिति से निरंकुश प्रशासन पर प्रतिबन्ध लगा रहेगा, वे अपने रहन-सहन से देशवासियों के सामने ज्ञान-हुनर और श्रम-युक्त जीवन के उदाहरण प्रस्तुत करेंगे। यदि इंग्लैंड को भारत पर एक धरोहर समझा कर शासन करना है—क्योंकि दूसरी कोई शक्ति नजर नहीं आती, रुस और फ्रांस हैं भी तो इंग्लैंड की तुलना में उन्हें पसन्द नहीं किया जा सकता, तो प्रवासी अंग्रेजों को ही देश के संसाधनों को बढ़ाने के लिए प्रोत्साहित करना होगा जिससे व्यापार की वृद्धि हो।

यदि बोमनजी का सद्भावनापूर्ण प्रस्ताव स्वीकार कर लिया जाता तो आज भारत के लिए भी वैसी ही अकल्पनीय और दुर्भाग्यपूर्ण परिस्थितियाँ बन जाती जैसी ब्रिटिश सरकार के समक्ष रोडेशिया की अवैध सरकार द्वारा स्वतन्ता की घोषणा के एकपक्षीय निर्णय से उत्पन्न हो गई तथा आगे चलकर अन्तरराष्ट्रीय कानून व सुरक्षा के लिए चुनौती बन गई।

विदेशी शासक के कर्तव्य

नौरोजी ने कहा कि अगर उन्नीसवीं शताब्दी में स्वदेशवासियों ने देश भक्ति के कारण अंग्रेजी राज्य की लम्बी अवधि चाही है तो वे ये भी जानते हैं कि सरकार के जनता के प्रति क्या-क्या कर्तव्य हैं?

उन्होंने 1858 में 'क्वीन प्रोक्लेमेशन' की उद्धृत किया जिसमें कहा गया है कि "जब ईश्वरीय आशीर्वाद से शान्ति स्थापित होगी तब हमारी हार्दिक कामना है कि हम सबके हित के लिए सरकार चलाएँ। उनकी शक्ति में ही हमारी समृद्धि हे। उनके सन्तोष में हमारी सुरक्षा है और उनकी कृतज्ञता हमारे लिए सबसे बड़ा पुरस्कार होगा। सर्व शक्तिमान प्रभु हमें और हमारे अधिकारियों को यह शक्ति दें कि वे इन्हें क्रियान्वित कर सकें और हमारी लोक-हित की शुभेच्छाएँ हमारी प्रजा तक पहुँच जाएँ।"[25]

'हमारी प्रजाओं का हित' किस में है? इस सम्बन्ध में दो प्रभावशाली व्यक्तियों की सम्मतियाँ दी जा रही हैं एक बोमनजी उन्होंने 1863 में दी और दूसरी सयानी की जो 1869 में इंडियन नेशनल कांग्रेस के अध्यक्ष थे। 'लाइट्स एंड शेड्स ऑफ़ दि ईस्ट' (1863) में बोमनजी ने लिखा : "सरकार के कर्तव्यों में हम बाहरी आक्रमणों से देश की रक्षा, आन्तरिक हिंसा का दमन, निष्पक्ष न्याय, राज्य-कोष में वृद्धि ने हो तो सन्तुलन, व्यापार-वृद्धि, प्राकृतिक संसाधनों का विकास, सड़के बनाना तथा दूसरे जनोपयोगी कार्यों का प्रारम्भ, लोगों का सामाजिक दर्जा बढ़ाने के साथ-साथ नैतिक तथा शैक्षिक सुधारों की आवश्यकता पर भी बल देंगें"[26]

सयानी ने लिखा : "इंग्लैंड का यह कर्तव्य है कि वह भारत के हित, खुशहाली और कल्याण की चिन्ता करें। देश का शासन चलाने में लोगों का सहयोग लें और सार्वजनिक पदों पर लगे सारे प्रतिबन्धों को हटाये।"[27]

शिक्षा को लोगों तक ले जाने की सरकारी जिम्मेदारी को गोखले प्रमुख रूप से और बार-बार दुहराते रहे। 1903 में इम्पीरियल लेजिस्लेटिव कौन्सिल में दिये गये भाषण में उन्होंने कहा कि यूरोप, अमेरिका, जापान, आस्ट्रेलिया में शिक्षा का अधिकाधिक फैलाव सरकार का सबसे प्रमुख कर्तव्य मान लिया गया है। इसका आधार नैतिकता ही नहीं है, आर्थिक भी है : "पॉपूलर एजूकेशन एंड नेशनल इकोनॉमिक डेवलपमेंट" निबन्ध में प्रोफेसर ट्यूज के मत को उद्धृत करते हुए उन्होंने लिखा—अज्ञानी और अशिक्षित राष्ट्र कभी कोई स्थायी प्रगति नहीं कर सकता और जिन्दगी की दौड़ में पीछे रह जाता है। प्रथमिक शिक्षा का विस्तार आवश्यक है। सार्वजनिक शिक्षा को व्यापक बनाने की दुनिया-भर में एक ही विधि है और वह है शिक्षा को अनिवार्य और निःशुल्क बनाना। इसका अर्थ यह नहीं है कि शिक्षा से सारी बुराइयाँ खत्म हो जाएगी और स्वर्ग तथा पृथ्वी नये बन जाएँगे। स्त्री-पुरुष अपनी अपूर्णताओं से लगातार जूझते रहेंगे। अशिक्षा के दूर होने से गरीबी नहीं मिट जाएगी। "लेकिन सार्वजनिक शिक्षा के विस्तार से देशवासियों को जीवन में अधिक अच्छे अवसर मिलेंगे। सार्वजनिक शिक्षा से हमारे सरकारी गैर सरकारी स्तर पर किये गये प्रयत्नों के सफल होने की ज्यादा सम्भावनाएँ अथवा बनेगी। लोगों के सामाजिक, नैतिक और आर्थिक स्तरों में सुधार होगा।"[28]

नौरोजी ने ईस्ट इंडिया एसोसिएशन के सदस्यों के सामने 1867 में सरकार के दूसरे कर्तव्यों की इस प्रकार गणना की है : "शिक्षित भारतीयों को प्रशासन में स्थान देना आम लोगों के प्रति सद्भावना और शिष्टाचार और उन्हें देश की सरकार चलाने में कुछ ज्यादा प्रतिनिधित्व।" दरअसल भारतीय विचारकों ने 1863 से ही यह संकेत दे दिया था कि विदेशी हुकूमत का यह कर्तव्य है कि वह उत्तरदायी सरकार की स्थापना करें। बाद में यदि माँगे राजनीतिक महत्त्व की बन गईं जिसकी चर्चा आगे के माध्यम से करेंगे। (देखे बोमनजी : इंग्लैंड भारत का संरक्षक है और उसे भारत का एक धरोहर के रूप में लालन-पालन करना है। जब वह स्वयं आत्मनिर्भर हो जाए तब व्यापार और ज्ञान-वृद्धि के क्षेत्र में एक दूसरे को सहयोग देते हुए उन्हें भारत को आज़ाद कर देना है।)[29]

अन्त में आर.सी. दत्त के सुझाव का उल्लेख करना आवश्यक है जो उन्होंने 1897 अगस्त के 'फार्टनाइटली' में दिया था। उन्होंने लिखा कि साम्राज्यवादी सरकार को अधीन राष्ट्र के फौजी खर्च का कुछ अंश अवश्य चुकाना चाहिए क्योंकि वहाँ फौजों को बनाए रखने में उनका भी स्वार्थ है। उनके विचार से यह अनुमान लगाना कठिन नहीं है कि भारत में अंग्रेजों को अपने हित की दृष्टि से तथा दूर-दराज अफ्रीका तथा एशिया पर आधिपत्य बनाएँ रखने के लिए फौजों का कितना खर्च हुआ है। उन्होंने अपने तर्क की पुष्टि में कहा कि जब भारत सीधा अंग्रेजों को सौंपा गया तब यह वचन दिया गया था कि भारत के बाहर लड़े जाने वालों का खर्च भारत पर नहीं लादा जाएगा। इसी तरह की साक्ष्य वायसराय की कौंसिल के मिलिट्री सदस्य सर हेनरी ब्रेकनवरी ने 1897 में रायल कमीशन ऑन एक्सपेंडीचर के सामने दी थी। "मुझे यह प्रतीत होता है कि भरत का ब्रिटेन का कब्जा सिर्फ भारत के लिए ही नहीं बल्कि ब्रिटेन के लिए है, इसलिए उसे फौजी खर्च की कुछ जिम्मेदारी लेनी ही चाहिए।"

शासक और शासितों के सामाजिक सम्बन्ध

नौरोजी की दृष्टि से विदेशी हुकूमत की जिन खामियों की पहले चर्चा की गई है उनमें से एक सामाजिक दूरी है। क्या शासक और शासितों के बीच अच्छे सम्बन्धों की स्थापना से प्रशासन को ज्यादा सफल बनाया जा सकता था?

उस समय इस प्रश्न पर दो तरह के विचार व्यक्त किये जा रहे थे। विधि-निर्माण, कर-निर्धारण और सरकार को सुचारू रूप से चलाने के लिए लोगों को बहुत नजदीक से जानना आवश्यक होता है। इसी तरह अच्छा प्रशासन चलाने के लिए सरकार को अधीनस्थ लोगों के भाव उनकी आदतें तथा संस्थाओं का गहरा ज्ञान होना चाहिए। सत्तिनाथन ने 'सोशियल इंटर-कोर्स बिटविन योरापियंस एंड इंडियंस' (1901) विषय पर पत्र वाचन करते हुए कहा कि "इस उद्देश्य की प्राप्ति के लिए यूरोपीय लोगों

और भारतीयों के बीच घनिष्ठ सम्बन्धों की स्थापना होना चाहिए। केवल क्लबों की स्थापना, जिनमें यूरोपीय लोगों और भारतीयों को सदस्यता दे दी जाती है, काफी नहीं है। दोनों और के सदस्यों द्वारा सामाजिक दुराग्रह मिटाकर खुले मन से मिलने और बातचीत-मंडलियों में शामिल होने की सामाजिक हैसियत मिलनी चाहिए। उन्हें उस छोटे तबके का नहीं मानना चाहिए। जिसकी भद्र समाज में गणना ही नहीं हो सकती। दूसरे लोगों की तरह उनमें भी कुछ खास बातें हो सकती है लेकिन मैत्रीपूर्ण संघर्ष और संवाद से ही भिन्नता के कोण घिस कर चमकाए जा सकते हैं। यह कहा जाता है कि घृणा से घृणा जन्म लेती है लेकिन ऐसे उदाहरणों की भी कमी नहीं है कि परिचय होने के कारण लोग अपने राष्ट्रीय वैमनस्यों को भूलकर एक दूसरे का आदर करने लगे है। शिक्षित देशवासियों को प्रिय तथा भद्रजनोचित आचरण के साथ ऐसा परिष्कृत और विनम्रतापूर्ण बोलने का ढंग अपनाना चाहिए जो यूरोप निवासियों को स्वीकार हो। उन्हें अंग्रेजों का उस सबके लिए आभारी होना चाहिए जो उन्होंने भारत के लिए किया है और करना चाहते हैं।"[30]

गोखले ने जुलाई 1911 में युनिवर्सल रेसेज कांग्रेस में 'ईस्ट एंड वेस्ट इन इंडिया' पर पत्र वाचन करते हुए उपर्युक्त सभी विचारों का समर्थन करते हुए भी यह संकेत दिया है कि शासक और शासितों के बीच के सम्बन्ध एक सीमा तक ही मैत्री पूर्ण हो सकते हैं क्योंकि जब तक राजनीतिक गैर-बराबरी के भाव हमारे मन में हैं सम्बन्धों को दूर तक खींचना सम्भव नहीं होता। "पारस्परिक सम्मान और सराहना ही सामाजिक मैत्री की आत्मा होती है जिसका गैर-बराबरी के साथ निर्वाह नहीं हो सकता। इसका अर्थ यह नहीं है कि जहाँ बराबरी नहीं हैं वहाँ सम्बन्ध अमैत्रीपूर्ण हो। यह कोई अनहोनी बात नहीं है कि अधीनस्थ लोगों की शासक पक्ष से घनिष्ठता हो। किन्तु यह तभी सम्भव है जब अधीनस्थ लोगों का आत्म-सम्मान विकसित हो और यह अनुभव करते हों कि वे अपने हितों के लिए अधीन रहना चाहते हैं जबकि दूसरा पक्ष इसका कोई अनुचित लाभ नहीं ले रहा है।"[31] संक्षेप में अंग्रेजों और भारतीयों के बीच अच्छे सामाजिक सम्बन्धों का लाभ प्रशासन को तभी हो सकता है जब भारतीय यह अनुभव करें कि अंग्रेजी राज उनकी प्रगति के लिए आवश्य है और दूसरी तरफ अंग्रेजी राज की नीतियों का उद्देश्य भारतीय जनता के हितों को देखने के अतिरिक्त अन्य कुछ न हो। इन पारस्परिक और सामूहिक हितों की पहचान से ही मैत्री पूर्ण सहयोग बढ़ेगा और उसका सरकारी प्रशासक पर उपयोगी प्रभाव पड़ेगा।

राज्य और सामाजिक सुधार

यह पहले कहा जा चुका है कि उन्नीसवीं सदी के अधिकांश समय में 1880 तक तो निश्चय ही, विचारक संवैधानिक परिवर्तन के बजाय सामाजिक, सांस्कृतिक सुधारों

की दिशा में सोचते रहे है। बहरहाल सामाजिक सुधारों के औचित्य-अनौचित्य-मसलन सती प्रथा का उन्मूलन, बाल-हत्या का विरोध—बाल विवाह तथा बहु-विवाह की समाप्ति, विधवा-विवाह तथा विदेश यात्रा का समर्थन हमारे सर्वेक्षण का विषय-क्षेत्र नहीं है। यह मानकर कि कुछ लोग इनका समर्थन कर रहे थे और कुछ इनका विरोध हमारा काम यह देखना है कि उस समय को ध्यान में रखते हुए राज्य को इन सुधारों के पक्ष या विपक्ष में कहाँ तक हस्तक्षेप करना चाहिए था?

जो लोग इन सुधारों के पक्ष में सामाजिक कानून लाने का विरोध कर रहे थे उनका संक्षेप में यह तर्क था कि प्रथाएँ बहुत समय से प्रचलित हैं और धार्मिक हैं इसलिए सरकार का और वह भी विदेशी सरकार का हस्तक्षेप अनुचित है। 1858 के 'क्वीन'स प्रोक्लेमेशन' को आधार बनाकर उनका कहना था कि अंग्रेज सरकार ने सामाजिक, धार्मिक मामलों में हस्तक्षेप न करने का वायदा किया है। समाज सुधार का काम केवल कानून बनाने से नहीं होता। जब लोग स्वयं प्रेरित होकर या अपने विश्वास के बल पर उसे करते हैं तभी वह मूल्यवान होता है। यदि परिवर्तन की आवश्यकता में लोगों का विश्वास न हो तो कानून स्वत: ही निष्प्राण हो जाता है।

भारत सरकार ने एक सीमा तक यथास्थितिवादी विचारकों की दलील स्वीकार कर ली थी, यह 1886 के प्रस्ताव से स्पष्ट हो जाता है। यदि किसी जाति या प्रथा द्वारा ऐसा नियम बनाया जाता है कि जिसकी पालना के लिए दीवानी अदालत बाध्य करती है किन्तु वह नैतिक मर्यादियों या सार्वजनिक नीति के विरुद्ध है तो राज्य इस आदेश की पालना नहीं करेगा। यदि कोई जाति या प्रथा कोई ऐसा नियम बनाती है कि जिसकी पालना व्यक्ति की इच्छा पर निर्भर करें और जिसे लिए दीवानी या फौजदारी अदालतों की सहायता की जरूरत नहीं हो तो राज्य का हस्तक्षेप न तो वांछनीय है और न औचित्यपूर्ण कानून का उद्देश्य कितनी ही शिक्षा-परक क्यों न हो लेकिन अकेली उपदेशात्मकता ही उसका कारण नहीं हो सकती। ऐसी स्थिति में जब कि एक कानून के प्रभाव और जाति अथवा प्रथा के बीच कोई विवाद पैदा हो जाए तो कानून की सफलता इसमें हैं कि उसके निर्माता अपनी सीमा न छोड़े और ऐसा नहीं होना चाहिए कि उन सीमाओं को लाँघकर वे सामाजिक समस्याओं के प्रसंग में जन-मत को विरोध में कर लें।

इसके पूर्व कि हम सामाजिक कानून बनाने के सम्बन्ध में प्रगतिशील विचारकों की भावनाएँ देखें हमे यह जान कर थोड़ा आश्चर्य होगा कि बाल-गंगाधर तिलक जैसे बड़े राष्ट्रीय नेता तक सामाजिक मामलों में कानून बनाने के विरुद्ध थे। उनके विरोध का मुख्य आधार यह था कि सामाजिक सुधारों में बल प्रयोग अवांछनीय है। स्वेच्छा से किये जाने वाले प्रयत्नों से ही वांछनीय सामाजिक सुधार किये जा सकते हैं।

15 फरवरी, 1891 के 'मराठा' में उन्होंने लिखा कि वे उस विशेष सुधार स्वीकृति का आयु सम्बन्धी अधिनियम" (The age of consent bill) के विरुद्ध नहीं है। हम तो

सरकार जो कुछ करना चाहती है उससे भी अधिक के पक्ष में हैं लेकिन हम अपनी राय कट्टर लोगों पर नहीं थोपना चाहते। "हमें विश्वास है कि समय के साथ वे अधिकांश सुधार मान्य हो जाएँगे जिनके प्रचार में हम आज लगे है।"[32] उनकी प्रमुख आपत्ति यह थी कि विदेशी शासन से मुक्ति चाहने वालों की अपनी सामाजिक समस्याओं के समाधान के लिए विदेशी ताकतों से मदद नहीं लेनी चाहिए। एक सामाजिक बुराई दूर करने के लिए उनसे कानून बनाने के लिए कहना नैतिक दृष्टि से अनुचित और सामाजिक दृष्टि से कमजोर बनाने वाला और अपमानजनक है : "सामाजिक बुराई को दूर करने का उचित उपाय कानून बनाना नहीं बल्कि शिक्षित करना है।"[33]

प्रगतिशील विचारकों ने उपर्युक्त सभी तर्कों का जम कर खंडन किया। हम यहाँ रानाडे का राजनीतिक विश्लेषण करेंगे जो विषय पर स्तरीय बहस उठाने की क्षमता रखता है। रानाडे कुछ वर्षों तक बम्बई उच्च न्यायालय के न्यायाधीश थे। उन्नीसवीं शताब्दी के अन्त में स्टेट लेजिशलेशन इन सोशियल मेटर्स एक निबन्ध में उन्होंने "एक सीमा तक ऐसे राज्य नियंत्रण का पक्ष लिया है जो अपने समय की सर्वोच्च बुद्धिमत्ता तथा निष्पक्षता का प्रतिनिधित्व करता हो और जो दूसरी प्रवृत्तियों को संगठित करता हो एवं लोकप्रिय बनाता हो।"[34]

यह पूछे जाने पर कि क्या राज्य सामाजिक प्रश्नों को नियंत्रित करे? रानाडे ने प्रश्न की गम्भीरता को समझते हुए उत्तर दिया कि "राज्य अपनी सामूहिक शक्ति के रूप में श्रेष्ठ नागरिकों की बल, बुद्धि, करुणा तथा दान का प्रतिनिधित्व करता है। एक व्यक्ति या व्यक्तियों का समूह स्वेच्छा से जो कुछ कर सकता है हो सकता है कि वह राज्य न कर सके। लेकिन यदि किसी बुराई को दूर करने में राज्य व्यक्ति या व्यक्ति-समूहों से ज्यादा प्रभावशाली और तुरन्त रोकने में जल्दी सफल हो सकता है तो उसे इस कर्तव्य पालन में नहीं झिझकना चाहिए। इन स्थितियों में नियंत्रित राज्य-कर्तव्यों की मर्यादा स्पष्ट है।[35] विवाह की आयु निश्चित करना और विधवाओं को संरक्षण देना दोनों ही स्पष्टतया राज्य के कर्तव्य हैं।

प्रश्नकर्त्ता ने पूछा कि क्या बाल-विवाह, वैधव्य और बहु-पत्नी प्रथा इतनी अमार्यादित है कि राज्य हस्तक्षेप करें? रानाडे ने सोचा कि प्रश्नकर्त्ता की आलोचना में दम हैं। उन्हें लगा कि मलबारी (1853-1912) की तरह उत्साही लोग स्थिति का बढ़ा-चढ़ाकर प्रस्तुत करते हैं। फिर भी ऐसी अनेक बुराइयाँ है जिनका निवारण नहीं हुआ है और जिन्हें राज्य की सहायता से जल्दी ही दूर किया जाना चाहिए। उन्होंने कहा : "जहाँ बहुत बड़ी संख्या में लोग असहनीय दुख उठाते हों वहाँ यह मान कर कि किसी एक व्यक्ति से राज्य के प्रयत्न अधिक सार्थक होंगे उसे अवश्य हस्तक्षेप करना चाहिए।"[36]

तीसरा मत यह था कि सामाजिक बुराइयों से पीड़ित व्यक्तियों के आपत्ति करने पर ही राज्य को हस्तक्षेप करना चाहिए। रानाडे के मत में यह तर्क ज्यादा वजनदार नहीं

था। एक तो विधवाएँ तथा बच्चों उपयुक्त व्यक्तियों में नहीं हैं जो अपने और समाज के प्रति हुए अन्याय को ठीक तरीके से कह सकें।[37] फिर भी यही है कि जो सहते हैं वे कहते नहीं हैं क्योंकि अन्याय का सबसे बुरा प्रभाव यह होता है कि अन्याय के कुचले हुए लोग अत्याचारी के तलवे चाटने लगते हैं। "गुलाम अपने उत्तरी मुक्तिदाताओं के विरुद्ध दक्षिणी बागान मालिकों के पक्ष में लड़े थे।"[38] यदि राज्य पीड़ित व्यक्तियों की इच्छा के विरुद्ध कोई कदम उठाए तो इस तर्क में कोई दम है : "लेकिन कोई भी बुद्धिमान व्यक्ति ऐसी किसी कार्यवाही के सम्बन्ध में सोच भी नहीं सकता।"[39]

तिलक के इस तर्क से रानाडे सहमत थे "कि सामाजिक समस्याओं को सुलझाने में सरकारी सहायता न ली जाए यदि सरकार के हित देशवासियों के हितों के विरुद्ध हों। लेकिन यदि विदेशियों का कोई स्वार्थ न हो और देशवासी आग्रह करें तक सरकारी सहायता के विरुद्ध यह आपत्ति करना कि इससे हम अपनी आजादी खो देंगे सार रहित है।"[40]

यदि विदेशी सरकार केवल अपने हित ही में सोचती हो तो वह देशवासियों को जैसा है वैसा ही रहने दे। अव्यवस्थित, नीतिविहीन, बौने और कुरूप और हमारे समाज के स्वस्थ क्रिा-कलापों और जीवन-शक्ति को "अभिशापों, मूर्खताओं और दुष्टताओं से लकवाग्रस्त हो जाने दे।"[41] रानाडे को लगता था कि सैद्धान्तिक दृष्टि से यह आपत्ति तब वैध हो सकती है जब देशवासी सामाजिक सुधारों के लिए पहल न करें। लेकिन यदि वे अगुवा होते हैं और विदेशी सरकार से यह अपेक्षा करते हैं कि वे समुदाय के इस विवेकपूर्ण विचार को कानून की स्वीकृति तथा शक्ति दें तब किसी को क्या आपत्ति हो सकती है।

यदि इस आपत्ति को मान लिया जाए कि सामाजिक प्रथाओं को बदलने में किसी विदेशी सरकार का सहयोग नहीं लेना चाहिए तो इसका अर्थ यह नहीं होगा कि जब तक विदेशी राज है तब तक समाज के किसी समुदाय को हानि पहुचाने वाली कुरीति भी चलती रहेगी?

सामाजिक कानून बनाने के सारे प्रश्न को देखने का ठीक नज़रिया यह होग कि ये कानून विदेशी सरकार द्वारा हिन्दूओं पर न थोपे जाएँ बल्कि वह उन प्राचीन सामाजिक प्रतिबन्धों की वापसी हो जो "कर विजेताओं की असहिष्णुता और उनके निरंकुश प्रभावों के कारण नष्ट हो चुके है।"[42]

अन्त में रानाडे ने मेनी के प्रसिद्ध विचारों के हवाले से कहा कि सामाजिक उदारता से होने वाली प्रगति प्रायः सामाजिकता के कानून के इकरारनामे के कानून की ओर होती है; वह परिवार, जाति और प्रथा के नियंत्रण से मुक्त होकर आत्म-नियंत्रण की ओर जाती है। इन प्रस्तावित परिवर्तनों से अन्धविश्वासों की गुलामी से मुक्त होने का ज़रा भी लाभ नहीं मिलेगा।"[43] इकरारनामे के कानून से होने वाले लाभों के परिणाम उस समय तक स्पष्ट नहीं थे।

रानाडे के जिन विचारों का ऊपर संक्षप्तीकरण किया गया है। सामाजिक कानून बनाने की दिशा में सभी बुद्धिजीवियों की राय थी। यहाँ मलबारी जैसे अनुभवी समाज-सुधारक के मध्यमगीं दृष्टिकोण को भी समझ लें। 'सोशियल रिफोर्मवेज एंड मीन्स' शीर्षक निबन्ध में उन्होंने लिखा है : "किसी भी समाज-सुधारक के लिए काम करने की तीन विधियाँ है : (1) जो आवश्यक हो खुद ही करे। (2) प्रारम्भ में ही कार्यपालिका से कहो कि वह आप के हाथ मजबूत करे और मार्ग दिखाये। या (3) विधायिक आपके मार्ग में आने वाली बाधाओं को दूर करे जैसा कि उसने इसके पूर्व भी किया है। सिद्धान्त की दृष्टि से पहली विधि सर्वोत्तम है। मेरा मन उसी ओर झुकता है। तीसरी विधि व्यवहार की दृष्टि से सबसे आसान है, मेरी बुद्धि उसे स्वीकार करती है। लेकिन दूसरी विधि सबसे अधिक सुरक्षित प्रतीत होती है। इस हृदय और बुद्धि के बीच का मध्यमार्ग है। इस विधि से व्यर्थ के संघर्ष से बचा जा सकता है और प्रतिक्रिया का खतरा भी नहीं उठाना पड़ता। इस प्रकार अपरिवर्तनीय कानून के शिकंजे से छुटकारा मिल जाता है।"[44]

मलवारी समाज-सुधार के लिए तीन प्रकार के सरकारी सहयोग की अपेक्षा रखते हैं : (i) सामाजिक संगठनों को यह अधिकार दे दिये जाए कि वे अपने सदस्यों से नियमों की परिपालना कराएँ और दंड दें जिन्होंने उस समाज-सुधार की परिपालना के पक्ष में स्वेच्छा से अनुमति दी है। किन्तु बाद में वचन-भंग के दोषी हैं। (ii) सार्वजनिक विभागों के नियुक्ति अधिकारी सरकारी नौकरी में अविवाहितों को विवाहितों से पहले स्थान दें (iii) जनता द्वारा चुनी गई स्थानीय स्वशासी संस्थाओं को विवाह की कम-से-कम आयु निश्चित करने का अधिकार हो।

से सुझाव इसलिए दिये गये कि इनके क्रियान्वयन से धीरे-धीरे जाति तथा समाज से बहिष्कृत करने की कठोरता कम होगी और वांछनीय सुधारों को बल मिलेगा। सुधारों की उपयुक्तता-अनुपयुक्तता पर बात करना हमारे विषय क्षेत्र के बाहर है लेकिन इन सुझावों का आना ही इस बात का प्रमाण है कि बुद्धिमान व्यक्ति, राज्य के हस्तक्षेप-चाहे वह विधायिका को हो या कार्यपालिका का उसके राजनीतिक परिणामों के प्रति सजग है।

सामाजिक मामलों में राज्य के हस्क्षेप को लेकर 1890 में ए.एस. अय्यर, कॉलिज लेक्चरर ने निम्नांकित सिद्धान्तों को निरुपण करते हुए इस विषय पर अकादमिक चर्चा उठायी है।

"सामाजिक मामलों मे केवल राज्य के हस्तक्षेप निम्न परिस्थितियों में ही उचित माना जा सकता है—

(i) (अ) सामाजिक बुराई सार्वजनिक होगी। किसी व्यक्ति के जीवन अथवा स्वाधीनता के लिए गम्भीरतापूर्ण होगी।

(आ) यदि वह सार्वजनिक नहीं हैं तो कई व्यक्तियों के जीवन पर उसका गम्भीर प्रभाव पड़ेगा चाहे वे व्यक्ति एक ही समुदाय के क्यों न हों।

(इ) गम्भीर न होने पर वह सार्वजनिक होगी, लेकिन इतनी प्रभावशाली कि जिससे राष्ट्र की दूसरी दिशाओं में प्रगति रूक जाए।

(ii) धर्म से उसका कोई सम्बन्ध नहीं होगा।

(iii) एक बड़े भारतीय शिक्षित वर्ग द्वारा हस्तक्षेप की माँग की जाएगी जिसे राष्ट्र का प्रतिनिधि प्रवक्ता कहा जा सकेगा।

(iv) इस सामाजिक बुराई का विस्तार तथा वास्तविकता का बौद्धिक एहसास निम्न वर्ग को भी होगा। दूसरे शब्दों में बुराई ऐसी होनी चाहिए कि जिसकी वास्तविकता और विस्तार अशिक्षितों की भी समझ में आ जाए। इनमें से किसी एक के अभाव से सरकारी हस्तक्षेप एक तरह से अपराध होगा।"[45]

इस शताब्दी के पूर्वार्द्ध में सामाजिक कानून बनाने की अपेक्षा राजनीतिक सत्ता प्राप्त करने तथा समाज को राजनीतिक दृष्टि से संगठित करने की विधियों की ओर आकृष्ट होने लगा। के.एम. पन्निकर ने 'हिन्दू सोसायटी एट दि क्रासरोड्ज' (1955) में यह लिखा है कि स्वाधीन भारत में सामाजिक कानून बनाना सामाजिक बदलाव लाने की प्रक्रिया मान लिया गया। स्वाधीन भारत में बालिग-मताधिकार के आधार पर संसद के चुनाव कराना एक तरह से यह स्वीकार करना है कि अब हिन्दू धर्म में सामाजिक बुराइयों को नहीं सहा जाएगा। संसद में सामाजिक कानून बना कर हिन्दू समाज को वैध तथा संवैधानिक परिवर्तनों की ओर ले जाया जा रहा है जिसके परिणाम दूरगामी तथा समग्रता में क्रान्तिकारी होंगे। मसलन धार्मिक निधियों पर सरकारी अथवा विधान सभा द्वारा चुनी हुई समितियों के स्वामित्व के दूरगामी सामाजिक परिणाम होंगे। इसी तरह सार्वजनिक मन्दिरों में बिना किसी भेदभाव के प्रवेश सम्बन्धी धार्मिक स्वीकृतियों के विभाजन के गम्भीर सामाजिक परिणाम हुए है; जैसे छोटे-छोटे भू-स्वामियों को जमीन मिल जाने से बड़े ज़मींदारों का दबदबा घट गया है।

भारत में राजनीतिक चिन्तन का झुकाव कानून तब्दीलियों के जरिये समाज की पुनर्रचना करते हुए राज्य की सकारात्मक अवधारणा की ओर होने के कारण स्पष्ट है : विदेशी दबावों से मुक्ति, लोकतंत्र की स्थापना तथा दुनिया भी की राजनीति में, आधुनिक विचारधाराओं का समावेश। पन्निकर ने ठीक लिखा है कि आधुनिक राज्य समाज के उद्‌देश्याधारित संगठन की बुनियाद पर टिका है। वह केवल प्रशासनिक इकाई नहीं है। "बुनियादी रूप में वह सम्पूर्ण राष्ट्र के जीवन का प्रतिनिधित्व करता है और इसलिए कायम है कि वह जटिल सामाजिक शक्तियों को सामयिक

आवश्यकताओं के अनुरूप ढाले, व्यवस्थित और संगठित करे—विशेषतया भारत में तो पिछले सात वर्षों से यह स्पष्ट नज़र आने लगा है कि राज्य सामाजिक तथा आर्थिक जीवन को अधिकाधिक नियंत्रित करेगा।"[46]

सन्दर्भ

1. स्पीचेज़ ऑफ़ गोपाल कृष्ण गोखले, तीसरा संस्करण (मद्रास : जी.ए. नटेसन एंड कम्पनी, 1920) पृष्ठ 942--45
2. टवर्ड फ्रीडम दि ओटोबॉयोग्राफी ऑफ जवाहरलाल नेहरू (न्यूयार्क, दि जॉनर्ड कम्पनी, 1942) पृष्ठ 269-75
3. कांग्रेस प्रेसीडेंशियल एड्रेसेज़ फ्राम दि फाउंडेशन टु दि सिलवर जुबली : पहली सिरीज (मद्रास : जी.ए. नटेसन एंड कम्पनी, 1901) पृष्ठ 324
4. देखें टिप्पणी 2, पृष्ठ 275-85
5. देखें टिप्पणी, 1
6. पॉवर्टी एंड अनब्रिटिश रूल इन इंडिया द्वारा दादाभाई नौरोजी (लन्दन : स्वान सोनेश्चियन एंड कम्पनी, 1901) पृष्ठ 203-207
7. क्राइसिस इन सिविलिजेशन द्वारा रवीन्द्रनाथ टैगोर (कलकत्ता : विश्व भारती, 1941), पृष्ठ 12-17
8. देखें टिप्पणी 1, पृष्ठ 942-45
9. देखें टिप्पणी 6, पृष्ठ 203-7
10. देखें टिप्पणी 2, पृष्ठ 275-84
11. देखें टिप्पणी 3, सिरिज 2, पृष्ठ 230-31
12. हाउस ऑफ़ कॉमन्स डिबेट्स 19.2.18
13. देखें टिप्पणी 2, पृष्ठ 275-84
14. देखें टिप्पणी 1, पृष्ठ 925-28
15. देखें टिप्पणी 6, पृष्ठ xii-xiii
16. देखें टिप्पणी 7, पृष्ठ 12-17
17. देखें टिप्पणी 6, पृष्ठ 203-207
18. दि प्रजेंट स्टेट ऑफ़ इंडियन पॉलिटिक्स द्वारा सर सैयद अहमद, कंसिसटिंग ऑफ़ स्पीचेज़ एंड लेटर्स रिप्रिनटैड फ्रॉम दि 'पायनियर' (इलाहाबाद : पायनियर प्रेस 1888) पृष्ठ 37-53
19. स्पीचेज़ ऑफ़ राइटिंग्ज़ ऑफ़ दि आनरेबल सर फिरोज़शाह एम. मेहता, के.सी.आई.ई. सम्पादित द्वारा सी.वाई. चिन्तामणि (इलाहाबाद : दि इंडियन प्रेस 1905) पृष्ठ 164-166
20. रमेश सी. दत्त, स्पीचेज़ एंड पेपर्स ऑन इंडियन क्वेश्चंस, 1897 से 1900 (कलकत्ता : एल्म प्रेस, 1902) पृष्ठ 28-30
21. दि ऑनरेवल पं. मदनमोहन मालवीय हिज लाइफ एंड स्पीचेज़ (मद्रास : गणेश एंड कम्पनी) पृष्ठ 300-2
22. स्पीचेज़ एंड राइटिग्स ऑफ़ आनरेबल सुरेन्द्रनाथ बनर्जी, स्वयं द्वारा सेलेक्टेड पहला संस्करण (मद्रास : जी.ए. नटेसन एंड कम्पनी) पृष्ठ 119
23. देखें टिप्पणी 6, पृष्ठ 640

24. इंडियन स्पीचेज़ एंड डॉक्यूमेंट्स ऑन ब्रिटिश रुल 1821-1918 जे.के. मजूमदार द्वारा सम्पादित (कलकत्ता : लोंगमेंस 1937) पृष्ठ 96-98, 127-28
25. देखें टिप्पणी 6, पृष्ठ 640
26. लाइट्स एंड शेड्ज ऑफ़ दि ईस्ट : ए स्टडी ऑफ़ दि लाइफ ऑफ़ बाबू हरिशचन्द्र एंड पासिंग थॉट ऑन इंडिया एंड इट्स पीपुल, देयर प्रजेंट एंड फ्यूचर द्वारा फ्रामजी बोमनजी (बम्बई : एलायंस प्रेस 1863) पृष्ठ 175-79, 280-81
27. देखें टिप्पणी 3, फर्स्ट सीरिज, पृष्ठ 272
28. देखें टिप्पणी 1, पृष्ठ 659
29. देखें टिप्पणी 26, पृष्ठ 287-298
30. इंडियन सोशियल रिफार्म एडिटेड द्वारा सी. यज्ञेश्वर चिन्तामणि (मद्रास : थॉमसन एंड कम्पनी एट दि 'मिनर्वा प्रेस' 1901 पार्ट I) पृष्ठ 245-248
31. देखें टिप्पणी I, पृष्ठ 1018-19
32. साइटेड् इंडियन नेशनेलिज्म एंड हिन्दू सोशिलय रिफार्म द्वारा सी.एच. हीमसथ (H.C. Heimsath) प्रिंटर्स युनिवर्सिटी प्रेस, (1964) पृष्ठ 164
33. वही।
34. रिलीजियस एंड सोशियल रिफार्म—ए कलेक्शन ऑफ़ एसेज एंड स्पीचेज द्वारा महादेव गोविन्द रानाडे चयनित तथा सम्पादित द्वारा एम.बी. कोलस्कर (बॉम्बे : गोपाल नारायण एंड कं. 1902, पृष्ठ 100-14
35. वही।
36. वही।
37. वही।
38. वही।
39. वही।
40. वही।
41. वही।
42. वही।
43. वही।
44. दि लाइफ एंड वर्क ऑफ़ बहरामजी एम. मलाबारी द्वारा दयाराम गोडूमल (बॉम्बे : एजूकेशन सोसायटीज़ प्रेस, वायकूला 1888) पृष्ठ 86-88
45. ए लेक्चर ऑन स्टेट इंटरफियरेंस इन सोशियल मैटर्स इन इंडिया (12 दिसम्बर, 1890) द्वारा ए. सुब्रहमण्यम् अय्यर (मद्रास : श्री निवास वरदाचारी एंड कं. 1891) पृष्ठ 3-101
46. हिन्दू सोसायटी एट क्रास रोड्ज द्वारा के.एम. पन्निकर (बम्बई : पब्लिशिंग हाउस, 1955) पृष्ठ 55-62

2

जनता के लिए स्वशासी सरकार जरूरी है

स्वशासी सरकार क्यों?

इंडियन नेशनल कांग्रेस के स्थापना वर्ष 1885 से 1947 तक, जब ब्रिटेन ने भारतीय जनता को सत्ता हस्तान्तरित की, इस देश का राजनीतिक चिन्तन सामाजिक सुधारों के प्रति जागरूकता के साथ-साथ स्वशासी सरकार तथा उसे प्राप्त करने के उपायों के प्रति भी केन्द्रित रहा है भारतीयों की जिस पीढ़ी ने जे.एस. मिल की पुस्तक 'रिप्रजेंटेटिव गवर्नमेंट' तथा अन्य राजनीतिक 'क्लैसिक्स' की पढ़ाई को व्यर्थ नहीं जाने दिया उसी ने यदि उन ग्रंथों में उल्लिखित विचारों को अपनी राजनीतिक स्थितियों से मिलाकर देखा हो तो यह अस्वाभाविक नहीं था। 1885 में दादाभाई नौरोजी ने इंडियन नेशनल कांग्रेस को सम्बोधित करते हुए कहा कि "हमें यदि ब्रिटिश प्रजा होने का गर्व है और यदि हमारे मन में पुरानी शासन व्यवस्थाओं से भी कहीं अधिक गहरी राज्य भक्ति विदेशी व्यवस्था के प्रति है तो इसलिए ब्रिटेन आज़ादी और प्रतिनिधि सरकार का उद्गम है और हम उसकी प्रजा और बालक होने के कारण आज़ादी तथा प्रतिनिधित्व के लिए आशीर्वाद प्राप्त करने के उत्तराधिकारी है।"[1]

नौरोजी ने कहा प्रतिनिधित्व और कर-निर्धारण साथ-साथ चलना चाहिए। उन्होंने कहा, "हमारे शासकों को धन्यवाद कि जिनके कारण हम प्रतिनिधित्व के महत्त्व को जानने योग्य हुए और इस आवश्यकता का महत्त्व भी समझने लगे कि करों की वसूली और प्रतिनिधित्व का सिद्धान्त साथ-साथ चलते हैं। हम यह भी समझने लगे कि कर-निर्धारण करते समय कर-दाताओं की राय ली जानी चाहिए।"[2]

बी.जी. तिलक (1856-1920) ने स्वशासी सरकार की माँग को जन्माधिकार से जोड़कर उचित सिद्ध किया। उन्होंने कहा : "स्वराज्य मेरा जन्म सिद्ध अधिकार है और मैं इसे प्राप्त करके रहूँगा।"[3]

श्री अरविन्द (1872-1950) तथा सुरेन्द्रनाथ बनर्जी (1848-1925) ने तर्कों के आधार पर यह सिद्ध कर दिया कि किसी भी राष्ट्र की सरकार को अपनी फौजी, राजनीतिक श्रेष्ठता तथा सक्रियता विकसित करनी चाहिए। बौद्धिकता तथा

कलात्मक श्रेष्ठता एवं सक्रियता विकसित करनी चाहिए, व्यापारिक तथा सक्रियता के साथ ही नैतिक सुद्बुद्धि तथा शक्ति विकसित करन चाहिए।' श्री अरविन्द (जिन्हें उस समय अरविन्द घोष कहा जाता था) ने 1970 के 'वन्देमातरम्' में लिखा कि राष्ट्र-रूपी शरीर का यदि इनमें से कुछ भी नष्ट हो जाता है तो उसका जीवन-संघर्ष में असफल होगा और अन्त में सुसंगठित राष्ट्रों के अधीन हो जाना सुनिश्चि है। "विदेशी शासन अपने ही कारणों से अधीन राष्ट्र के लिए अप्राकृतिक और घातक हो जाता है क्योंकि वह इन्हीं क्रिया-कलापों को अपने अस्तित्व के लिए विकसित करता हुआ दूसरे राष्ट्र को कुचल देता है। उग्र हिंसा के बल पर न भी कुचले तब भी उसकी उपस्थिति विकास को अवरुद्ध कर देती है। अधीन राष्ट्र आश्रित और अव्यवस्थित हो जाता है और उसकी शक्ति क्षय हो जाती है। इसलिए राष्ट्रीय विकास के लिए स्वतंत्रता नितान्त आवश्यक है राष्ट्रीय विकास राष्ट्रीय स्वतंत्रता के बिना असम्भव है।"[4]

पुनः अरविन्द का तर्क था कि कोई भी विदेशी सरकार अपने स्वभाव से ही किसी व्यक्ति को आत्माभिव्यक्ति की आजादी नहीं दे सकती और तब आजादी को अवरुद्ध करने वाली शक्तियों के लिए अनेक प्रकार की परेशानियाँ पैदा हो जाती है। यह बात दूसरी है कि सरकार को ऐसे मुट्ठी-भर लोग मिल जाए जिन्हें पदवियाँ, नौकरियाँ या अन्य लाभों की रिश्वत देकर सहयोग और सहमति के लिए तैयार कर लिया जाए। विकास महत्त्वाकांक्षाओं को जगाता है और किसी भी सरकार के लिए इससे अधिक घातक कुछ नहीं होगा किवह जनता में ऐसी महत्त्वाकांक्षाएँ जगा दे जिन्हें पूरी करना उसके वश में न हो। किन्तु आत्माभिव्यक्ति की वैयक्ति आज़ादी जनतांत्रिक तथा राष्ट्रीय संस्थाओं के विकास के लिए जरूरी है। जिस सीमा तक विदेशी सरकार वाणी तथा कार्य को स्वतंत्रता को रोकने की कोशिश करेगी और इनके विकास में रुकावटें डालेगी, इन्हें नियंत्रित करेगी उतनी ही वह स्वदेशीपन के विकसित होने में बाधक होगी।

अन्तिम कारण यह है कि स्वदेशी सरकार व्यक्ति के विकास के लिए जरूरी नहीं हैं बल्कि राष्ट्र शक्ति की सम्पूर्णता तथा पूर्ण विकास के लिए जरूरी है। "यदि कुछ वर्ग प्रबल हों और कुछ दबे हुए तो परिणाम यह होगा कि दबे हुए वर्ग की इतनी मूल्यवान शक्ति निष्क्रिय होकर राष्ट्र के लिए अनुपयोगी हो जाएगी। शक्तिशाली वर्ग निःसन्देह शानदार विकास का प्रदर्शन कर सकते हैं, वे इतिहास में राष्ट्र की यथाशक्ति विशेषाधिकार सम्पन्न लोगों की शक्ति ही मानी जाएगी। बतीत में भारत की सबसे बड़ी कमजोरी उसकी राजनीतिक उदासीनता और बहु-संख्यक लोगों की अवमानना है।"[5] एक विदेशी सरकार अवश्य ही एक विशेषाधिकार सम्पन्न-वर्ग को पनपाती है जो विदेशी भाषा में प्रवीण होते हैं और उसक हितों को अच्छी तरह समझते हैं लेकिन अधिसंख्य लोगों का विकास

उपेक्षित रह जाता है। यह मानना सर्वथा अविश्वसनीय है कि विदेशी सरकार सारी जनता में राजनीतिक चेतना विकसित करने का प्रयास करेगी जबकि स्वशासी सरकार का भारत में यही प्रयत्न होगा।

सुरेन्द्रनाथ बनर्जी ने स्वशासी सरकार की आवश्यकता के सम्बन्ध में तीन तर्क दिए है। पहला, स्वशासी सरकार के साथ प्रशासनिक दक्षता में वृद्धि होगी। उनकी सामाजिक दृष्टि से उन्नत समुदायों के लिए स्वशासी सरकार ही अच्छी सरकार चलाने की गारंटी दे सकती है। सर हेनरी केम्पबेल बेनरमेंस की यह प्रसिद्ध उक्ति कि स्वशासी सरकार अच्छी सरकार की स्थानापन्न नहीं हो सकती- अधूरी सचाई है। उनके खयाल से इसमें निहितार्थ यह था कि कि जरूरी नहीं हैं कि स्वशासी सरकार अच्छी सरकार भी हो। उन्होंने कहा कि मैं मानता हूँ कि "स्वशासी सरकार अच्छी सरकार की स्थानापन्न नहीं हो सकती लेकिन अच्छी सरकार के लिए स्वशासी सरकार जरूरी है और हम उसी अच्छी सरकार के लिए स्वशासी सरकार चाहते हैं।"[6]

स्वशसी सरकार के लिए दिया हुआ दूसरा तर्क विवादास्पद है। हम सारी मानव जाति के आध्यात्मिक मार्ग-दर्शक होना चाहते हैं लेकिन "हमारा यह उद्‌देश्य तब तक कैसे पूरा हो सकता है जब तक हम स्वयं मुक्त और आज़ाद नहीं हो जाते?"[7] यह विवादस्पद है कि क्या एक राष्ट्र के लिए दूसरे राष्ट्र के आध्यात्मिक मार्गदर्शन की निश्चयात्मक आवश्यकता है।

बनर्जी द्वारा दिये जाने वाले तर्कों में से अन्तिम और सबसे वजनदार तर्क यह था कि स्वशासित और सन्तुष्ट भरत अंग्रेजी-साम्राज्य को जोड़ने वाला पुख्ता सीमेंट होगा। साम्राज्य के शक्तिशाली शत्रुओं के विरुद्ध भारत की जन शक्ति प्रतिरक्षात्मक कार्यों के लिए उपलब्ध होगी। पीछे लौटकर यह सोचना दिलचस्प लगता है कि 1961 में स्वशासी सरकार के विचार को यह कहकर ही उचित ठहराया गया था कि "हम उस सरकार के हित में ही स्वशासी सरकार चाहते हैं जिसके एक भाग होने का हमें गर्व है।"[8] 1939-42 में राजनीतिक परिस्थितियों में फेर-बदल हो जाने के कारण गांधी और जवाहरलाल नेहरू साम्राज्य की रक्षा करने के सम्बन्ध में सहयोग का वचन देने से तब तक सावधान रहे जब तक कि भारत को स्वतंत्रता देने का विचार सिद्धान्ततः स्वीकार नहीं कर लिया गया।

इस अंश को समाप्त करने से पूर्व एक दृष्टि अल्प-संख्यक वर्ग के मत पर भी डाल लें जिसके मुख्य प्रवक्ता सर सैयह अहमद का कहना था कि स्वशासी सरकार यानी भारत की सरकार एक अर्थ में भारतीयों के लिए भारतीयों की सरकार सर्वथा अवांछनीय है। "यह आवश्यक है कि भारत की शान्ति के लिए और भारत की हर चीज़ की तरक्की के लिए अंग्रेज सरकार को यहाँ कई वर्षों तक रहना चाहिए—सच तो यह है कि सदैव रहना चाहिए।"[9] यह राजनीतिक विचार इस सिद्धान्त से जुड़ा

हुआ था कि हिन्दू और मुसलान दो जातियाँ है और अल्पसंख्यों को बहु-संख्यक समुदाय से न्याय-सम्मत विचारों की कोई आशा नहीं है। इन विचारों की 'राष्ट्र क्या है?' शीर्षक अध्याय में फिर से चर्चा की जाएगी।

क्या सामाजिक सुधार राजनीतिक सुधारों से पहले हों?

यह पहले कहा जा चुका है कि लगभग 1885 से उन्नति के लिए सामाजिक सुधार की आवश्यकता को स्वीकार कर लिया गया था और राजनीतिक चिन्तन स्वशासी सरकार, उसे प्राप्त करने के उपायों की तरफ मुड़ गया था।

इस विषय पर बम्बई हाइकोर्ट के न्यायाधीश के.टी. तैलंग (1853-93) ने सबसे अधिक सन्तुलित विचार प्रकट किये हैं। बम्बई की स्टूडेंट्स लिटरेरी एंड साइंटिफिक सोसायटी के समक्ष बालते हुए उन्होंने 1886 में कहा कि राजनीतिक और सामाजिक सवाल एक-दूसरे से इस तरह उलझे हुए हैं कि उनके बीच कोई सुनिश्चित अन्तर बता सकने वाली रेखा नहीं खींची जा सकती और यदि हम यह भी चाहें कि सामाजिक सुधारों को राजनीतिक सुधारों से अधिक महत्त्व दें तब भी व्यवहार में ऐसा करना सम्भव नहीं होगा। उदाहरण के लिए शिक्षा, सामाजिक तथा राजनीतिक दोनों क्षेत्रों में सुधार का महत्त्वपूर्ण माध्यम (एजेन्सी) है। बाल-विवाह यद्यपि एक सामाजिक कुरीति है लेकिन उसे परिवर्तित करने के लिये सुझाए गए उपायों से बहुत से राजनीतिक मुद्दे उठ खड़े होते हैं जो एक तरफ सामाजिक कानून बनाने तथा दूसरी तरफ सरकार के हस्तक्षेप करने की सीमा का स्पर्श करते हैं।

सामाजिक मामलों को राजनीति मामलों से श्रेष्ठ मान भी लें तब भी यह प्रश्न बना रहता हैं कि जिन आधारों पर यह श्रेष्ठता निर्धारित की है क्या वे प्रामाणिक हैं?

सामाजिक सुधारों को राजनीतिक सुधारों की अपेक्षा प्राथमिकता देने के दो मुख्य आधार हैं—

(i) घर की दासता* तथा व्यक्ति के विचार, उसकी अभिव्यक्ति और परम्परा तथा प्रथा से मुकत होकर कार्य करने की मौलिक आज़ादी के विपरीत है।

(ii) कुछ सामाजिक प्रथाएँ जो समाज के कुछ समुदायों के लिए अन्याय होती हैं वे राजनीतिक अभिव्यक्ति में बाधक बनती हैं और इस तरह सामाजिक संस्थाओं के विकास को रोक देती है।

---

* इस प्रकार की दासता बाल-विवाह, विधवा-विवाह निषेध तथा पति की आज्ञा-पालन करने को विवशता से पैदा होती है।

तैलंग के मतानुसार सिद्धान्ततः यह ठीक है कि घर की दासता और स्वाधीनता (जैसे व्यक्ति के सोचने और अभिव्यक्त करने की आज़ादी तथा परम्परा और प्रथा से मुक्त होकर कार्य करने की स्वतंत्रता) एक दूसरे के विपरीत हैं लेकिन इस सिद्धान्त की व्यवहार में जाँच करने के लिए "एक तरफ जान-बूझकर की गई क्रूरता और दूसरी तरफ दासता का दासता की तरह अनुभव होना चाहिए। दोनों तरफ इस चेतना के अभाव में, मेरी राय है कि यह सिद्धान्त गलत है।"[10] भारतीय वातावरण को ध्यान में रखते हुए "क्या यह सत्य है कि हम जान-बूझकर क्रूरता कर रहे हैं और दूसरे पक्ष को क्या वास्तव में दासता का अनुभव हो रहा है? मैं विश्वास के साथ कह सकता हूँ कि 'नहीं'। मैं कहता हूँ "कि इस स्थिति में जहाँ तक क्रूरता और दासता का प्रश्न है वह पुराने समय से चली आ रही क्रूरता है वर्तमान तो उसे सिर्फ बरदाशत कर रहा है। यह कोई क्रूर पुरुषों और दास स्त्रियों के बीच का मामला नहीं है।"[11] बाल-विवाह या वैधव्य के प्रसंग में जहाँ यह समझा जाता रहा है कि स्त्रियाँ पुरुषों की दास हैं वास्तविकता तो यह है कि वे तरह से उनकी मालिक है। आप उन्हें बेड़ियों से मुक्त होने के कर्तव्य की याद दिलाते हैं लेकिन वे इन से मुक्त होना नहीं चाहती। एक सीमा तक वे इन्हें बन्धन नहीं मानतीं और न यह चाहती हैं कि आप उन्हें मुक्त कर दें। ये इस प्रकार की मुक्ति को वे अपनी प्राचीन और पवित्र परम्पराओं में हस्तक्षेप मानती हैं और उसका प्रतिवाद करती हैं। इसलिए मेरी राय में इस विवाद के सन्दर्भ में 'घरेलू दासता' जैसे मुहावरे का प्रयोग असंगत होगा।[12] तैलंग इस बात से सहमत नहीं हैं कि किसी राष्ट्र की अविवेकपूर्ण प्रथाओं के कारण वह राजनीतिक मामलों में वैचारिक अभिव्यक्ति के लिए संगठित नहीं हो सकता। उनके अनुसार इसे सिद्ध करने का कोई ऐतिहासिक प्रमाण नहीं है।

वे उन्नीसवदीं शताब्दी के इंग्लैंड का उदाहरण देते हुए कहते हैं कि यद्यपि वहाँ सामाजिक कुरीतियाँ थी, गम्भीर और बड़ी-बड़ी सामाजिक कुरीतियों में सुधार अपेक्षित था फिर भी वहाँ उल्लेखनीय सामाजिक प्रगति हुई। उदाहरण के लिए 1832 और 1861 के सुधार अधिनियमों (Reform Acts) द्वारा चुनावों का क्षेत्र विस्तृत कर दिया गया, सामाजिक सुधारों पर इतना ध्यान नहीं दिया गया। तैलंग का यह विचार उपयुक्त है कि सामाजिक बुराई के चलते सरकार के लोकतंत्रीकरण की ओई कोई राजनीतिक कदम नहीं बढ़ाया जा सकता है, इतिहास समर्थित नहीं है।

इस विषय पर तैलंग का अपना योगदान यह था कि उन्होंने एक व्यावहारिक सिद्धान्त प्रस्तुत किया "कम-से-कम प्रतिरोध के सिद्धान्त पर सुधार सम्भव होना चाहिए। जिस सुधार को प्राप्त करने में सबसे कम कठिनाई हो उसे सबसे पहले प्राप्त करें। फिर उन सबकी ओर अपनी शक्ति लगाए जहाँ ज्यादा कठिनाइयों से सामना होने वाला हो।"[13] 'स्पेन्सर' के[14] के विचार के अनुसार कि जो शक्ति शासकों की नागरिक या आध्यात्मिक तानाशाही के विरुद्ध खड़ा करती है वही विश्व मत के

दबाव में भी न आने के लिए प्रेरित करती है, तैलंग सोचते हैं कि स्वशासी सरकार के पक्ष में आन्दोलन की ताकत तब नजर आने लगेगी जब हम विशेष मुद्दों को लेकर सामाजिक प्रथाओं में परिवर्तन की माँग करें। सुधारों में मिली इन सफलताओं का उत्साह स्वशासी सरकार की माँग करने वालों में हर तरफ सफलता पाने का उत्साह भर देगा।

यदि 'सबसे कम प्रतिरोध' के सिद्धान्त को मान लेते हैं तब हमें यह देखना होगा कि सामाजिक सुधारों और राजनीतिक सुधारों की प्राथमिकता को लेकर किन शक्तियों के बीच टकराहट है और यह विचार करना होगा कि भारत में इस सिद्धान्त का व्यावहारिक रूप हो सकता है?

कौन-सी शक्तियाँ हमारा विरोध करती हैं यदि मैं इस संक्षिप्त से कथन से प्रारम्भ करुँ?

एक तरफ प्रगतिशील राष्ट्र की सरकार है जो स्वाधीन राष्ट्रों में 'उदार माँ' की तरह पहचानी जाती हैं और जिसने अपनी संवैधानिक अधिकृतियों के द्वारा बार-बार और गम्भीरतापूर्वक यह घोषणा की है और किसी सीमा तक अपनी घोषणा पर ईमानदारी से टिकी भी रही है, वह हमें सारे राजनीतिक अधिकार देने को तैयार है यदि हम यह प्रमाणित कर देते हैं कि हम सक्षम हैं और उनका सदुपयोग करेंगे। दूसरी तरफ एक पुराना देश है, अनेक पूर्वाग्रहों से युक्त देश, वर्तमान परिस्थितियों के प्रति असंवेदनशील, और अपनी धार्मिक आस्थाओं से बुद्धिमत्ता से नहीं लेकिन पूरी तरह चिपका हुआ। उसी के साथ इमारे सामाजिक सुधार गहराई, आन्तरिक और अनेक तरह से सुलझे हुए है। अपनी इन विशुद्ध और पुरानी परम्पराओं को चाहते हुए और कुछ आधुनिक परम्पराओं को पुरानी मानते हुए वह प्राय: दोनों परम्पराओं के वास्तविक महत्त्व और अर्थ को समझने में असफल होता जा रहा हैं। इन दोनों को जिन्हें मैंने सुविधा के लिए विरोधी ताकतें कहा है क्या यह चुनने में कोई कठिनाई है कि दोनों में से सबसे कम प्रतिरोध करने वाली ताकत कौन सी हैं?

यदि हम सरकार और हिन्दू जनसंख्या की तुलना दो किलों से करें जो सुधार रूपी सेना का मुकाबला कर रहे हैं तो क्या इसमें कोई सन्देह है कि उस सेना के लिए सबसे अधिक बुद्धिमानी का रास्ता यह होगा कि वह पहले सरकारी किले की तरफ अपनी सारी शक्ति लगा दें, जहाँ की सेना में पहले से ही हमारे कई बहादुर मित्र है और यह परीक्षा करना चाहते हैं क्या हम उनके द्वारा दी गई शक्तियों का उचित उपयोग करने में समर्थ हैं? जहाँ तक दूसरे किले का प्रश्न है स्थिति ऐसी नहीं है कि गये, देखा ओर जीता। पुरोने किले के लोग कुछ भी छोड़ने के लिए तैयार नहीं हैं और हालात तो यह है कि उन से लड़ने के लिए हमें उपयोगी शस्त्र बनाना और उन्हें चलाने की विधि भी सीखनी है।[15]

इस विश्लेषण से यह परिणाम निकलता है कि इन परिस्थितियों में हमारी शक्ति सामाजिक सुधारों की अपेक्षा राजनीतिक सुधारों में लगनी चाहिए। यह परिणाम वर्तमान में और भी अधिक अनुकूल प्रतीत होता है जब कि राजनीतिक प्रश्नों पर हिन्दू-मूसलमान-पारसी और भारत के पूर्व, पश्चिमी तथा उत्तरी भाग के लोगों में मतैक्य है। सामाजिक सुधारों की दिशा में ऐसी एकता अकल्पनीय है। सामाजिक कुरीतियाँ एक समुदाय से दूसरे समुदाय और एक क्षेत्र से दूसरे क्षेत्र में भिन्न-भिन्न है और इसलिए उन्हें दूर करने के प्रस्तावित उपाय भी भिन्न-भिन्न होना स्वाभाविक है। तैलंग पूछते हैं कि क्या राजनीतिक क्षेत्र में परिवर्तन की पहल करना उचित नहीं हैं जहाँ व्यापक सहयोग की सम्भावना हो और इस तरह के भाई-चारे से उत्पन्न उत्साह को दूसरी सामाजिक कुरीतियाँ दूर करने के लिए उपयोग बनाया जा सके?

इस चर्चा से जो परिणाम निकलते हैं उन्हें तैलंग के शब्दों में इस प्रकार कह सकते हैं कि "राजनीतिक सुधारों को सामाजिक सुधारों से एकदम पृथक नहीं किया जा सकता है। दोनों को साथ-साथ चलाना है। हमें अपनी अधिकांश शक्ति राजनीतिक सुधारों की ओर लगानी होगी लेकिन इस तरह कि सामाजिक सुधारों के लिए हमारी सहानुभूति बनी रहे।"[16]

तैलंग के व्याख्यान के बाईस वर्ष बाद भी अरविन्द विश्लेषण से भी आगे जाते हैं और तर्क देते हुए कहते हैं कि एक देश में जहाँ विदेशी हुकूमत हो वहाँ सामाजिक शैक्षिक, आर्थिक विकास की दिशा में कोई प्रभावशाली सुधार सम्भव नहीं होगा जब तक कि वहाँ स्वशासन और जनता की सरकार स्थापित न हो। अरविन्द के अनुसार परतंत्र जनता की सबसे पहली जरूरत राजनीतिक सत्ता है जिसके अभाव में न तो मौलिक चिन्तन ही हो सकता है और न समाज अवांछनीय प्रथाओं (जैसे दासता, बाल-विवाह, अस्पृश्यता) से मुक्त हो पाता है। 'वन्दे मातरम्' (1908) में प्रकाशित निबन्ध 'दि वन थिंग नीउफुल' में तैलंग ने अपने तर्क देते हुए कहा है कि समाज का जीवन उसके अंग-उपांगों के सन्तुलन से चलता है जिसका आधार वह केन्द्रीय शक्ति है जिस राज्य कहते हैं। यदि राज्य रूग्ण है तो समुदाय स्वस्थ नहीं हो सकता। यदि राज्य शत्रु है तो समुदाय का सर्वनाश हो जाता है। यदि राज्य विदेशी और अव्यवस्थित है तो समुदाय जीवन्त नहीं रह सकता। वह समुदाय कोई बड़ा काम नहीं कर सकता जहाँ केन्द्र शक्तिहीन हो या जहाँ केन्द्र हो ही नहीं। "राजनीतिक सुधार के अभाव में किसी सामाजिक सुधार की आशा दुराशा मात्र है जो सामाजिक जीवन और उसके कल्याण को शर्तों की उपेक्षा करती है। स्वतंत्रता के बिना नैतिक अभ्युत्थान एक सपना है। पहले स्वतंत्रता फिर अभ्युत्थान।"[17]

श्री अरविन्द ने सामाजिक सुधारों के पहले राजनीतिक सुधारों के पक्ष में दो तर्क दिये है। एक नकारात्मक दृष्टि से किसी सामाजिक सुधार के सफल होने की आशा नहीं की जा सकती क्योंकि उससे पुराने और नये की वहीं पुरानी ओर कटु

बहस फिर उभर आती है। सकारात्मक दृष्टि से राजनीतिक पुनरुत्थान से ही वह भावात्मक परिवर्तन आता है जो राष्ट्र के सारे वातावरण को बदल कर सामाजिक पुनरुत्थान को शुरू करता है।

प्रसिद्ध दलित नेता तथा आज़ाद भारत के प्रथम कानून मंत्री (जिन्होंने विधान निर्मात्री सभा में भारतीय संविधान प्रस्तुत किया था।) बी.आर. आम्बेडकर ने एक दम विरोधी विचार प्रकट किये हैं। कानून मंत्री होने के पूर्व 18 जनवरी, 194 में एक व्याख्यान देते हुए समाज सुधारकों और राजनीतिज्ञों के बीच चलने वाली वैचारिक बहस को उन्होंने दो विरोधी दृष्टियों का विचार ठहराया जो इस मुद्दे पर केन्द्रित हो गया था कि राष्ट्र के जीवन के लिए राजनीतिक सुधार या नैतिक-संरचना दोनों में से कौन-सी वस्तु जरूरी है? उन्होंने रानाडे का समर्थन करते हुए कहा कि नैतिक शक्ति राजनीतिक शक्ति से कहीं अधिक महत्त्वपूर्ण है। इच्छा, शक्ति तथा साहस के बिना नई नीतियों के क्रियान्वयन में रूकावट डालने वाली सामाजिक प्रथाओं के सुधार या बदलाव से सामाजिक बराबरी के आधार पर राष्ट्र को राजनीतिक आज़ादी मिलना सम्भव नहीं है। जो सामाजिक स्वाधीनता के अभाव में राजनीतिक सुधारों का पक्ष लेते हुए लोकतंत्रात्मक सरकार की स्थापना पर बल देते हैं, क्या उन्हें लोकतंत्रात्मक समाज-व्यवस्था के बिना लोकतंत्रात्मक सरकार की स्थापना सम्भव नजर आती थी? "एक लोकतंत्रात्मक सरकार के लिए एकता समान उद्देश्यों वाला समाज, जनता कि प्रति अटूट निष्ठा या संवेदनशीलता की काँट-छाँट जरूरी न हो लेकिन दो तथ्यों से परिचित होना तो जरूरी है ही। पहला यह कि अपने देशवासियों के प्रति आदर तथा बराबरी की भावना, एक मानसिक झुकाव। दूसरा कट्टरता तथा सामाजिक प्रतिबन्धों से मुक्त सामाजिक संगठन। लोकतंत्र और अलगाववाद या कि अपने तक कि सीमित रहने का सिद्धान्त अन्तर्विरोधी और एक दूसरे के विपरीत है। इस तरह विशेषाधिकार सम्पन्न तथा वंचितों के दो वर्ग तैयार होता है।"[18] राजनीतिक सुधारों के पहले सामाजिक सुधारों के लिए विधि संहिता तैया करना इसलिए आवश्यक है कि तभी उन अधिकारों की स्थापना हो सकेगी जिन्हें हिन्दू समाज आदर देगा और तभी राजनीतिक प्रगति तथा लोकतंत्र स्थायी और मूल्यवान होंगे।

1950 के बाद के भारत की लोकतंत्रात्मक गतिविधियों को निष्पक्षता से देखने वाला कोई भी व्यक्ति इस तथ्य से इनकार नहीं करेगा कि आम्बेडकर ने मूलत: सही बात कहीं थी लेकिन वे इस तथ्य को कम महत्त्व देते रहे कि लोकतंत्रा में विधि संहिता का निर्माण यानी न्यायोचित अधिकारों को वैधानिक रूप देने से जनमत तैयार होता है और बहुमत तो नागरिक अधिकारों के विषय क्षेत्र की शिक्षा मिलती है। भारतीय लोकतंत्र में धीर-धीरे यह सम्भव हो रहा है इसे कोई तटस्थ द्रष्टा अस्वीकार नहीं करेगा।

सन्दर्भ

1. ऐसेज, स्पीचेज, एड्रेसेज एंड राइटिंग्ज़ (ऑन इंडियन पोलिटिक्स) ऑफ़ दि आनरेबल दादाभाई नौरोजी, सम्पादित द्वारा चुन्नीलाल बालू भाई पारिक (बम्बई) केक्सटन प्रिंटिंग वर्क्स, पृ. 320-21
2. वही।
3. लोकमान्य तिलक द्वारा रामगोपाल (बोम्बे : एशिया पब्लिकशिंग हाउस, 1956), पृ. 283
4. श्री अरविन्द एंड दि न्यू थॉट इन इंडियन पोलिटिक्स द्वारा हरीदास मुखर्जी तथा उमा मुखर्जी (कलकत्ता : फिर्मा के.एल. मुखोपाध्याय, 1964), पृ. 22-27
5. वही।
6. स्पीचेज एंड राइटिग्ज ऑफ़ आनरेबल सुरेन्द्रनाथ बनर्जी, स्वयं सम्पादित पहला संस्करण (मद्रास : जी.ए. नाटेसन एंड कम्पनी), पृ. 136-41
7. वही।
8. वही।
9. दि प्रजेंट ऑफ़ इंडियन पॉलिटिक्स द्वारा सर सैयद, कंसिस्टिग ऑफ़ स्पीचेज एंड लेटर्स, रिप्रिंटेड फ्राम दि 'पायनियर' (इलाहाबाद : पायनियर प्रेस, 1888), पृ. 37-53
10. सेलेक्टेड राइटिग्ज एंड स्पीचेज द्वारा के.टी. तैलंग भाग 1 (बोम्बे : गौड सारस्वत ब्राह्मण मित्र मंडल, बोम्बे), पृ. 259-99
11. वही।
12. वही।
13. वही।
14. वही, पृ. सं. 256-57
15. वही, पृ. सं. 259-99
16. वही।
17. देखें टिप्पणी 5, पृ. 379-80
18. रानाडे, गांधी एंड जिन्ना द्वारा बी. आर. आम्बेडकर (बोम्बे : थिंकर एंड कम्पनी लि. 1943), पृ. 32-39

3

राजनीतिक उपाय

यहाँ जिन चिन्तकों की चर्चा की गई है उन सबका यही विश्वास था कि भारत की जनता के लिए स्वशासी सरकार अत्यावश्यक है। किन्तु स्वशासी सरकार को कैसे और किन उपायों से प्राप्त किया जाए? उन्नीसवीं शति के पूर्वार्द्ध के राजनीतिक चिन्तक की सबसे महत्त्वपूर्ण समस्या यही थी। कई चिन्तकों ने संवैधानिक आन्दोलन तथा स्वैच्छिक प्रयत्न, आतंकवाद और सत्याग्रह सम्बन्धी विचारों का विश्लेषण किया, विशेषतया महात्मा गांधी (1869-1948) ने सत्याग्रह पर विस्तारपूर्वक लिखा। हम इन उपायों की वैचारिक पृष्ठभूमि का विश्लेषण करेंगे और यह चर्चा करेंगे कि उन्होंने राजनीतिक चिन्तन को समृद्ध किया या नहीं?

संवैधानिक आन्दोलन और स्वैच्छिक प्रयत्न

हम जी.के. गोखले द्वारा समर्थित संवैधानिक आन्दोलन से शुरू करते हैं। 4 फरवरी, 1907 को इलाहाबाद में गोखले ने एक भाषण देते हुए संवैधानिक आन्दोलन को एक ऐसा आन्दोलन कहकर परिभाषित किया कि जिसमें जनता उन सब विधियों को काम में लेती हैं जिससे वह संवैधानिक अधिकृतियों को अपने इच्छित परिवर्तनों के लिए कार्य-रत कर सके। इस तरह परिभाषित हुआ संवैधानिक आन्दोलन अपने राजनीतिक उद्देश्यों को प्राप्त करने के लिए शक्ति के दुरूपयोग, क्रान्तिकारी गतिविधियों, विदेशी आक्रमण को भड़काने वाली या सहयोग देने वाली कार्यवाही तथा अन्य किसी प्रकार के अपराध-कर्म को असंवैधानिक मानता है। इनके अतिरिक्त दूसरे सभी उपाय संवैधानिक है। याचिकाएँ और न्याय अपीलें चुनी हुई विधान सभाओं द्वारा प्रस्ताव पारित कराना यहाँ तक की कर न देना भी संवैधानिक हैं यद्यपि यह हो सकता है इनमें से कुछ कार्यवाहियाँ विवेक संगत या उपयुक्त न हों।

दूसरे यह कि ये सुविधाएँ संवैधानिक अधिकृतियों द्वारा प्राप्त करनी है इसलिए सारी निराशाओं के बावजूद उन पर दबाव बनाएँ रखना आवश्यक होगा। यह दबाव उसी मात्रा में उसे के पीछ जन-शक्ति तथा मजबूत जनमत होगा। इससे यह निष्कर्ष

निकलता है कि जन-शक्ति और दृढ़ निश्चय ही सर्वोपरि आवश्यकता हे। इसलिए नरम दल के नेता श्री निवास शास्त्री (1869-1946) ने जनमत की तैयारी को ही संवैधानिक आन्दोलन की आधार भूमि माना है। उन्होंने कहा कि अपने थोड़े से अनुभवों में से एक बार की मुझे खूब अच्छी तरह याद है जब एक बड़े अधिकारी ने मुझसे कहा कि वह मेरे प्रस्ताव से सहमत हैं किन्तु उसे स्वीकार करने के लिए जन-मत का ऐसा दबाव आवश्यक है कि उसके पास कोई दूसरा विकल्प न रह जाए।

नरम दल ने दो कारणों से संवैधानिक आन्दोलन की आवश्यकता पर बल दिया। सिद्धान्त पर किसी तरह का समझौता न करते हुए, यदि एक बार सिद्धान्त स्वीकार कर लिया जाता है तो उसे धीरे-धीरे क्रियान्वित होने देना वांछनीय है : "क्योंकि आप जानते हैं कि विरोधी इससे अधिक कुछ देने वाला नहीं है।"[2] संक्षेप में जैसा रानाडे और आम्बेडर सोचते थे कि राजनीतिक बातचीत इससे नियंत्रित होनी चाहिए कि सरकार से कितना प्राप्त करना सम्भव है।"

सी.वाई. चिन्तामणि (1880-1941) का जोर दूसरे कारण पर था यानी साहसपूर्ण राजनीति कार्यवाही शुरू करने के पूर्व की तैयारी। 'इंडियन पोलिटिक्स सिनस म्युटिनी' पुस्तक में उन्होंने लिखा कि सीधी प्रभावशाली राजनीतिक कार्यवाही शुरू करने के पूर्व ऐसी सामाजिक बाधाएँ, जैसे लोगों के बीच भेदभाव, फिरकापरस्ती और जातिवाद, नष्ट कर दिया जाना चाहिए। 'वे जब देश की हालत देखते हैं, देखते कि देश में भयंकर टूटन है, अनेक समुदाय है, अल्पसंख्यक बहु-संख्यकों का निर्णय मानने को तैयार नहीं हैं, वे समुदाय जिन्हें मिल जुलकर राष्ट्रीय काम करते हुए स्वराज्य प्राप्त करना चाहिए अपनी शक्ति साम्प्रदायिक तथा संकीर्णतावादी झगड़ों में ला रहे हैं। वे हमें राष्ट्र की रक्षा में नितान्त असमर्थ पाते हैं (उन्हीं की दोषपूर्ण नीतियों के कारण)। हमारे यहाँ वे प्रथाएँ और संस्थाएँ अब भी मौजूद हैं जो कार्य दक्षता और राष्ट्रीय एकता के सर्वथा विपरीत है। इन परिस्थितियों में नरम दल वाले इस विचार से अभिभूत होते हैं किसी भी सीधी और साहसिक राजनीतिक कार्यवाही के पहले हमें पुख्ता तैयारी करनी चाहिए क्योंकि हमारी कार्यवाही के जवाब में जबरदस्त बदले की कार्रवाई की जाएगी।'[3]

संवैधानिक आन्दोलन की प्रकृति तथा उपयोगिता के सम्बन्ध में तिलक तथा नेहरू के दूसरे ही विचार थे। 12 फरवरी, 1907 के 'केसरी' में तिलक ने गोखले की तीखी आलोचना करते हुए लिखा कि भारतीय नेताओं ने "संवैधानिक" शब्द की उत्पत्ति और व्यवहार को समझने में भयंकर भूल की है। उन्होंने अंग्रेजी राजनीति का अंधानुकरण करते हुए इस शब्द की उपयुक्तता तथा व्यावहारिक अर्थ को समझा है जबकि भारतीय परिस्थितियों में यह एक दम अनुपयुक्त है।

इंग्लैंड में सत्ताधारी सरकार को कोई अलोकप्रिय अधिनियम जनता के मत से रद्द किया जा सकता है। जनता के पास सरकार बदलने के लोकतंत्रात्मक उपाय

है। सरकार देश की जनता के प्रति उत्तरदायी है। यदि वह मतदाताओं को विश्वास में नहीं लेती तो वह निन्दित होती है और बदल दी जाती है। क्या भारत में यह सम्भव है? क्या गोखले या उनके नरमदल वाले हमें भारतीय संविधान मे ऐसा कोई अधिकार दिखा सकते हैं?

भारत सरकार ब्रिटिश संसद की बनाई हुई है। सिद्धान्तः वह भारतीय जनता के प्रति नहीं ब्रिटिश संसद के प्रति उत्तरदायी है। भारतीय परिस्थिति में यह खुला सत्य है कि कोई भी उसका विरोध करेगा उसे दंड देने का अधिकार सरकार के पास सुरक्षित है और तत्सम्बन्धी कायदे-कानून भारतीय दंड संहिता में मौजूद है। किसी के भी यह बात समझ में आ सकती है कि गोखले जिसे भारतीय संविधान कहते हैं वह वास्तव में भारतीय दंड संहिता है। तब भी वे अपने नरमदल के साथियों से यह कहते हैं कि उनका आन्दोलन भारतीय दंड संहिता की सीमा में होना चाहिए। तो हम उनके तर्क की प्रशंसा करेंगे और पूरी तरह यह समझ जाएँगे वह न्यास-संगत तथा वैधानिक है।[4]

तिलक के अनुसार उसे संवैधानिक कहना भ्रामक तथा अर्थहीन है।

तिलक की अपनी दृष्टि यह थी कि भारत सरकार ब्रिटिश पार्लियामेंट के कानूनों से बनी हैं इसलिए भारत की जनता के प्रति उत्तरदायी नहीं है इसलिए यह सोचा ही नहीं जा सकता है कि उसके अधिकारियों द्वारा कोई संवैधानिक परिवर्तन किया जा सकता है। दूसरे यह कि कानून बनाने तथा उसे भंग करने के सारे अधिकार सरकारी अधिकारियों को है इसलिए अगर वे चाहे तो ऐसे कानून बना सकते हैं कि जिससे सारी राजनीतिक गतिवधियाँ दंडनीय करार दे दी जाए और संवैधानिक आन्दोलन ठप्प हो जाए। तिलक का कहना था कि आन्दोलन का आधार कानून नहीं न्याय, नैतिकता, ऐतिहासिक परम्परा तथा प्रगति होना चाहिएँ एक विदेशी नौकरशाही जिसके पास असीम और निरंकुश शक्ति है उसके विरोध में संवैधाकि, विधि-सम्मत आन्दोलन करना आत्महत्या करने के सिवा कुछ नहीं है

1936 में नेहरू ने लार्ड लोथियन को लिखे पत्र में कुछ इसी तरह के विचार व्यक्त किये थे। "मैं एक लोकतंत्रात्मक सरकार में संवैधानिक आन्दोलन का अर्थ समझ सकता हूँ लेकिन जहाँ यह सब कुछ नहीं हैं वहाँ संवैधानिक उपायों का कोई अर्थ नहीं है।"[5] तब संविधान का अर्थ सिर्फ 'कानूनी' है और कानून होने का मतलब वह सब कुछ है जो निरंकुश कार्यपालिका के इच्छानुकूल हो तथा जो जनमत को बिना चिन्ता किए कानून बनाती है, फैसला देती है और अध्यादेश लागू करती हैं।

तिलक की तरह यह समझना गलत होगा कि गोखले 'संवैधानिक' और कानूनी उपायों के बीच अन्तर नहीं समझते थे। यह कहना ज्यादा ठीक होग कि विदेशी सत्ता से राजनीतिक-सुधार प्राप्त करने के प्रश्न पर दो भिन्न मत थे : एक नरमदल

वालों का और दूसरा गरमदल वालों का और यह नहीं कहा जा सकता था कि नरम दल वालों का दृष्टिकोण हर हालत में गलत था।

जब परतंत्र जनता एक हो जाए और काफी शक्तिशाली जन मत बना ले—जो कि अहिंसात्मक प्रतिकार जैसे आन्दोलन के लिए आवश्यक है—और जब शासन सुधारों की किशतों में बहाज करने की तैयार हो तब कोई कारण नहीं है कि नरमदल वालों का आन्दोलन, चाहे उसे संवैधानिक कहा जाए या कानूनी, सफल न हो। यह परिस्थितियों पर निर्भर करताहै। फिर भी तिलक और नेहरू द्वारा नरमदल वालों की आलोचना से यह संकेत तो मिलता ही है कि 'ओजस्वी राजनीतिक पद्धति'[6] पर चालए जाने वाले आन्दोजनों, जिनमें भावना तथा व्यक्ति-पूजा निश्चय ही तर्क के स्थान पर महत्त्वपूर्ण भूमिका अदा करते हैं कि अपेक्षा जनमत बनाकर लोगों को एक करना मुश्किल होता है—जबकि संवैधानिक आन्दोलन के लिए ऐसा करना बहुत आवश्यक है।

स्वैच्छिक प्रयत्न

संवैधानिक आन्दोलन से पराधीन लोग शासकों को राजनीतिक सुधारों के अनुकूल बनाते हैं किन्तु स्वैच्छिक प्रयत्न से वे स्वयं को सामाजिक दृष्टि से उपयोगी आर्थिक दृष्टि से आत्मनिर्भर तथा संवैधानिक दृष्टि से प्रभावशाली जनमत बनाने में उपयोगी सिद्ध होते हैं।

लखनऊ में 1908 में दूसरी यूनाईटेड कॉन्फ्रेंस को सम्बोधित करते हुए मदमोहन मालवीय ने कहा कि ऐसा बहुत-सा कार्य है जो हम बिना सरकारी सहायता के अपने ही प्रयत्नों से कर सकते हैं। मैं आप से निवेदन करता हूँ कि पहले आपने जो कुछ किया है[7] उससे कहीं अधिक करने के लिए तैयार हों। स्वैच्छिक कार्यों को गिनाते हुए मालवीयजी ने कहा कि आप गरीब लोगों पर चलाए जाने वाले झूठे मुकदमों के खिलाफ पैरवी कर सकते हैं, स्वच्छता सम्बन्धी सही विचारों का प्रचार कर सकते हैं, बालकों के लिए अच्छी-शिक्षा देने वाले निजी स्कूल खोल सकते हैं, उद्योग-धंधों को बढ़ावा देने के साथ-साथ सहकारिता तथा सहकारी भंडार चलाने का ज्ञान दे सकते हैं। आप पंचायत-न्यायालय स्थापित करते, राजनीतिक मुद्दों पर जनमत तैयार करने तथा स्वदेशी को बढ़ावा दे के कार्य में सहायक हो सकते हैं।

श्री अरविन्द ने भी स्वावलम्बन पर बल दिया। 1990 की जुलाई में जारी किये गये 'एन ओपन लैटर टु माई कंट्रीमेन' में उन्होंने लिखा : 'अपने उद्योग चलाने की क्षमता दिखाने के लिए एक ओर संगठित रहना, औद्योगिक विवादों का समाधान खोजना, सार्वजनिक अवसरों पर शाति और व्यवस्था बनाएँ रखना, स्वच्छ रहना, रोगियों और दुखियों की मदद करना, अकाल पीड़ितों को सहायता पहुँचाना, बौद्धिक,

तकनीकी तथा शारीरिक शिक्षा की और ध्यान देना, अपनी आन्तरिक समस्याओं को सुलझाने के लिए अपनी ही सरकार बनाना जो न तो कानून की अवज्ञा करती हो और न नौकरशाही प्रशासन की वैधता पर प्रश्न-चिह्न लगाए।[8] इस तरह जनता में साहस और आत्म-विश्वास जगाना सम्भव होगा।

मालवीयजी ने स्वैच्छिक कार्यों की गिनती कराते हुए जिस स्वदेशी पर अन्त ही अन्त में बल दिया था उस पर गांधीजी तथा सुभाषचन्द्र बोस (1897-1945) के विचार रेखांकित करने योग्य है।

14 फरवरी, 1916 में मिसनरी कॉन्फ्रेंस को मद्रास में सम्बोधित करते हुए गांधीजी ने जो स्वदेशी की परिभाषा की वह इस प्रकार है 'स्वदेशी वह भावना है जो हमें विदेशी वस्तुओं के उपयोग और व्यवहार से अलग करती है तथा आस-पास की वस्तुओं के उपयोग और व्यवाहर से जोड़ती है।[9] इसके लिए उन्होंने तीन कार्यक्षेत्र बताएँ धर्म, राजनीति और अर्थशास्त्र। धर्म के क्षेत्र में स्वदेशी का यह अर्थ होगा कि हिन्दू-धर्म और दूसरे महान धर्मों में विश्वास करने वाले धर्म-परिवर्तन न करें इसलिए नहीं कि उनके धर्म में कोई अवगुण नहीं है बल्कि इसलिए कि उन धर्मों में सुधार हो सकता है। गांधीजी ने बड़ी हिम्मत के साथ पादरियों से कहा था कि ईसाइयत की महान सेवा करेंगे यदि वे जन-सेवा का कार्य करते हुए दूसरों से अपना धर्म छुड़वाने का उद्देश्य छोड़ दे।"[10] राजनीति में स्वदेशी की भावना देशी-संस्थाओं, जैसे गाँव-पंचायत तथ जाति-पंचायत में विश्वास प्रकट करने तथा उनके पुनर्जागरण में व्यक्त होनी चाहिए।

आर्थिक और औद्योगिक क्षेत्र में स्वदेशी के आदर्श से अपनी आवश्यकता की प्रत्येक वस्तु को अपने ही क्षेत्र में उत्पनन करने की प्रेरणा मिलनी चाहिए। यदि हम स्वदेशी के सिद्धान्त को मानते हैं तो आपका और मेरा कर्तव्य होगा कि हम उन पड़ोसियों की तलाश करे जो हमारी आवश्यकताओं की पूर्ति कर सके। यदि उन्हें ऐसा काम नहीं आता तो यह मानकर सिखाये की हमारे पड़ोसियों को स्वस्थ धंधों की आवश्यकता हैं। तब भारत का प्रत्येक गाँव आत्मनिर्भर और स्वावलम्बी इकाई हो जाएगा और उन्हीं गाँवों के बीच वस्तुओं का आदान-प्रदान होगा जहाँ वे पैदा नहीं होती।"[11] इस विचार को नेहरू ने एक तरह से अमान्य कर दिया जब उन्होंने बड़े पैमाने पर शहरी उद्योगों के प्राथमिकता देकर ग्रामीण उद्योगों पर पूँजी लगाना ही बन्द कर दिया जिससे गाँवों की आत्मनिर्भरता और गाँव वालों का जीवन स्तर बढ़ सकता था।

यह विचार आकर्षक लगता है कि मालवीय, गांधी बौर बोस, बोस जिन्होंने अपनी 'स्वदेशी और बॉयकाट' पुस्तक में स्वदेशी आन्दोलन के धार्मिक पक्ष पर जोर दिया है। गांधी लिखते हैं : "मैं इसे ऐसा धार्मिक सिद्धान्त मानता हूँ कि जिसकी अनुपालना सबको करनी चाहिए।"[12] मालवीय : 'मैं इसे अपने देशवासियों के प्रति

एक धार्मिक-कर्तव्य मानता हूँ। जब आपके चारों ओर कष्ट घिरे हों। जब लोगों का इतना खर्च और इतनी कम आमदनी हो, आय के स्रोत सीमित हो, तो मैं कहता हूँ कि यह किसी स्वस्थ भावनाशील नागरिक का कर्तव्य है कि वह भारतीय निर्माताओं के उत्पादन को वरीयता दे और विदेशी माल की तुलना में कुछ हानि उठाते हुए भी देशी माल को खरीद कर उन्हें उत्साहित करें।'[13]

बोस ने लिखा यह आन्दोलन नितान्त राजनीतिक नहीं है। इसका उच्च और नैतिक ध्येय है...बहुत से भारतीय सोचते हैं कि वे देश के लिए सर्वोच्च बलिदान नहीं कर सकते। बहुत से ऐसे भी है जो सोचते हैं कि निरंकुश "कानून का प्रतिकार" असंवैधानिक है और सुव्यवस्थित सरकार का अहित करने वाला है। कुछ लोग ऐसे भी है जो सोचते हैं कि किसी देश विदेश से आने वाले समान के प्रति उपेक्षा दिखाने से घृणा जन्मती है जिसका दमन किया जाना चाहिए। लेकिन वे सब देश के लिए कुछ-न-कुछ त्याग करना चाहते हैं। वे स्वदेशी को धार्मिक भावना से अपना कर त्याग का परिचय दे सकते हैं। जब कोई निम्न स्तरीय देशी माल खरीदता है या विदेशी माल से ऊँचे दामों पर देशी वस्तु लेता है तब वह देश के हित में ऐसा करता है।[14]

अन्त में यह भी रेखांकित करना चाहिए कि बोस ने बहुत से राष्ट्रवादी भारतीयों के सामने यह विचार भी रखा था कि देशी उद्योगों के समुचित विकास की दृष्टि से स्वदेशी आन्दोलन संरक्षण-नीति की तुलना में अधिक वांछनीय है। संरक्षण से कार्य-दक्षता और आर्थिक-संयोजन को उतनी प्रेरणा नहीं मिलती जितनी कि स्वदेशी को आपसी स्पर्धा से मिलने की सम्भावना है। स्पष्ट है कि स्वदेशी के जरिये भारतीय उपभोक्ता यह जानेंगे और अनुभव करेंगे कि उन्होंने देश के हित में कुछ-न-कुछ बलिदान किया है?

हिंसात्मक तथा आतंकवादी कार्यवाहियाँ

आतंकवादी कार्यों के जरिये राजनीतिक उद्‌देश्यों की प्राप्ति के सम्बन्ध में आन्दोलन की प्रकृति के कारण, बहुत कम लिखित साहित्य उपलब्ध हे। आतंकवादी क्रान्तिकारी आन्दोलन का (जो उन्नीसवीं शताब्दी के शुरू में बंगाल और पंजाब में फैला) प्रमुख ध्येय ताकत के जरिये ब्रिटिश सरकार का तख्ता उलट देना था। गोपनीयता उसका सार-तत्त्व था। क्रान्तिकारी की रूचि सिद्धान्त में नहीं कर्म में थी। 1918 में प्रकाशित राऊलेट कमेटी रिपोर्ट में 'मुक्ति कौन पाए' (मुक्ति का क्या मार्ग है) दस्तावेज का संक्षेप प्राप्त है। उस में आतंकवाद के लिए जो सिद्धान्त विकसित किया गया था वह इस प्रकार है :

"यूरोपियों को गोली मार देने में ज्यादा शरीरिक बल की आवश्यकता नहीं है। इरादा पक्का हो तो हथियार मिल जाते हैं। किसी निर्जन स्थान पर चुपचाप बनाएँ

जा सकते हैं; भारतीयों को विदेश भेजकर हथियार बनाना सिखाया जा सकता है; विदेशों से हथियारों की सहायता मिल सकती है। उन पर आने वाला खर्च चन्दा इकट्ठा करके किया जा सकता है। यदि चन्दे से आवश्यक रुपया इकट्ठा नहीं होता तो वह समाज से जोर-जबरदस्ती वसूल किया जा सकता हैं। यदि क्रान्ति समाज के हित में है तो समाज से रुपया इकट्ठा करना न्याय संगत है। यह ठीक है कि चोरी और डकैती जुर्म है क्योंकि उसे समय समाज की मर्यादा टूटती है लेकिन राजनीतिक डाकू का उद्देश्य समाज का हित है। इसलिए बड़े हित के लिए छोटे हित का बलिदान कर देना पाप नहीं पुण्य हैं। क्रान्तिकारी यदि कंजूसों से या समाज से विलासी वर्ग से जोर-जबरदस्ती रुपया वसूल करता है तो उनका यह कार्य न्याय पूर्ण है।"[15] भारतीय सैनिकों से अवश्य सहायता लेनी चाहिए। उनहें क्रान्तिकारियों को उन हथियारों से लैस करने के लिए कहा जाना चाहिए जो उन्हें सरकार देती है। रेवोल्यूशनरी पार्टी के विचारों पर चर्चा उठाते हुए लाला लाजपतराय (1865-1928) ने आतंकवाद के कारण और उनके निराकरण पर प्रकाश पर प्रकाश डाला है। युवकों की आर्थिक-लाचारी, अवमानना तथा बेइज्जती ही उन्हें आतंकवादी बनने के लिए विवश करती है। आतंकवाद निर्मूलन के तीन उपाय है। शिक्षा को काम से जोड़ना। उद्योगों को बढ़ावा देना। देश के लोगों के लिए सरकारी नौकरी में किसी तरह का कोई प्रतिबन्ध न लगाना। फौजी और नागरिक सेवाओं के खर्च में कटौती करना। देश के लोगों की अर्थ-नीति निर्धारण में सहायता लेना। आतंकवाद को कमज़ोर करने का पहला उपाय तो यही है।"[16]

दूसरे इतिहास से यह स्पष्ट हो जाता है कि लोगों को हिंसा की तरफ जाने से रोकने के लिए उती ही शक्ति काम में ली जाए जो शान्ति और व्यवस्था के लिए आवश्यक हो।

तीसरा, क्रान्ति की भावना अकेले और अलग-थलग रह कर विकसित होती है। गोपनीयता उसकी सबसे ज्यादा सहायता करती है। जवान पीढ़ी के लोग, विचारक और सार्वजनिक कार्यकर्त्ताओं को एक जगह मिलना नहीं होता क्योंकि इससे खुफिया पुलिस का ध्यान आकृष्ट होता है। क्रान्तिकारी भावना के फैलाव को रोकने का उपाय है राजनीतिक मुद्दों पर युवा-पीढ़ी के साथ यह मानकर खुला संवाद कि वे अभी युवा और अपरिपक्व बुद्धि के हैं। राजनीतिक इतिहास का स्कूल और कॉलेजों में व्यवस्थित अध्ययन-अध्यापन जरूरी है।

इस शर्त पर अध्यापकों और विद्यार्थियों के बीच खुली बातचीत भी होनी चाहिए कि उसका व्यक्तिगत अथवा सार्वजनिक रूप से दुरुपयोग नहीं किया जाएगा और इसी तरह प्रबुद्धों, देश के नेताओं से उनकी खुली व अन्तरंग बातचीत हो सकेगी। यदि सरकार यह चाहती है कि क्रान्तिकारी प्रकार का असरदार तरीके से मुकाबला हो तो उसे बातचीत के इस सिलसिले से खुफिया विभाग की नज़रों से दूर रखना होगा।[17]

नेहरू ने 1934-35 में 'टु वर्ड्ज फ्रीडम' में लिखा कि आतंकवाद एक घिसी-पीटी और घाटे की कार्यवाही है। वह प्राय: क्रान्तिकारी इच्छा का शिशु-काल होता है। ज्योंकि वह समय गुजर जाता हैं आतंकवाद को महत्त्वपूर्ण कार्य मानने की स्थिति भी गुजर जाती है।"[18] इन विचारों को व्यक्त करने का कारण हमारी समझ में तब जल्दी ही आ जाता है जब हम यह देखते हैं कि गांधी इससे पूर्व के पन्द्रह वर्षों में लगातार अहिंसा पर बल देते आ रहे है।

1951 के आते-आते राजनीतिक उद्देश्य हासिल करने के लिए आतंकवाद का कोई महत्त्व नहीं रह गया था। जे.बी. कृपलानी ने 'गांधी दि स्टेट्समैन' पुस्तक में लिखा : यह अच्छी तरह समझ में आ गया था कि क्रान्तिकारी स्थितियों का समाधान व्यक्ति की आतंकवादी कार्यवाहियों से नहीं हो सकता। ऐसी कार्यवाही से कृपलानी जी ने लिखा 'आतंकवादियों के दमन का सिलसिला शुरू हो जाता है जिससे लम्बे समय तक राजनीति में उदासी का दौर बना रहता है। इसके अतिरिक्त बहुत-सी ऐसी जन-शक्ति का नाश हो जाता है जो भविष्य में किसी अच्छे काम के उपयोग में आ सकती है। आतंकवादी कार्यवाही के सफल हो जाने पर भी सर्वमान्य है कि उससे तानाशाही की स्थापना होती है या फिर क्रान्ति प्रतिक्रान्ति में बदल जाती है। इससे समस्या का समाधान नहीं होता।"[19]

सन्दर्भ

1. स्पीचेज एंड राइटिंग्ज ऑफ़ दि आनरेबुल वी.एस. श्रीनिवास शास्त्री पी.सी. प्रथम संस्करण (मद्रास : जे.ए. नटेस एंड कम्पनी) पृ. 102-3
2. रानाडे, गांधी, एंड जिन्ना द्वारा बी. आर. आम्बेडर (बम्बई : थेकर एंड कम्पनी लि. 1943) पृ. 56-55
3. इंडियन पोलिटिक्स सिन्स दि म्यूटिनी द्वारा सर. सी. यज्ञेश्वर चिन्तामणि (इलाहाबाद : किताबिस्तान, 1937) पृ. 221-22
4. लोकमान्य तिलक द्वारा डी.बी. ताम्हाणेकर (लन्दन : जॉन मरे, 1956) पृ. 128-30, लोकमान्य तिलक ए वॉयग्राफी द्वारा जी.पी. प्रधान व ए.के. भगवती (बोम्बे : जेयको पब्लिलिशिंग हाउस) पृ. 181
5. ए बेन्च ओल्ड लैटर्स रिटन मोस्टली टु जवाहरलाल नेहरू एंड रिटन बाई हिम (बोम्बे : एशिया पब्लिशिंग हाउस, 1958) पृ. 142
6. देखें टिप्पणी 3, पृ. 221
7. दि आनरेबल पं. मदनमोहन मालवीय हिज़ लाइफ एंड स्पीचेज (मद्रास : गनेस एंड कं.) पृ. 144-57
8. श्री अरविन्द स्पीचेज, तीसरा संस्करण (पॉडेचेरी : श्री अरविन्द आश्रम) (1952) पृ. 141-45
9. स्पीचेज, एंड राइटिंग्ज ऑफ़ एम. के गांधी, चौथा संस्करण (मद्रास : जी.ए. नटेसन एंड कम्पनी) पृ. 242-47

10. वही।
11. वही।
12. वही।
13. देखें टिप्पणी 7, पृ. 579-83
14. स्वदेशी एंड बॉयकोट, सम्पादित सुभाषचन्द्र बोस (कलकत्ता : लिबरटी न्यूजपेपर लि. 191) पृ. 34-35
15. दि पोलिटिकलफ्यूचर ऑफ़ इंडिया, द्वारा लाजपत राय (न्यूयार्क : बी.डब्लू.ह्मू. वश 1919) 156-63,181-89
16. वही।
17. वही।
18. टु वर्डज फ्रीडम: दि ऑटोग्राफी ऑफ़ जवाहरलाल नेहरू (न्यूयार्क : दि जॉन डे कम्पनी 1942) पृ. 133-34
19. गांधी दि स्टेट्समैन द्वारा जी.बी. कृपलानी (दिल्ली : रनजीत प्रिंटर्स एंड पब्लिशर्स, 1951) पृ. 18

4

राजनीतिक उपाय-II

सत्याग्रह पर गांधी के विचार

प्रस्तावना—पिछले अध्याय में जिन राजनीतिक उपायों की चर्चा की गई हैं व या तो तर्क-केन्द्रित हैं (जैसे संवैधानिक उपाय) या शक्ति-साधनों को महत्त्व देते हैं (जैसे आतंकवाद) लेकिन गांधीजी के सत्याग्रह का बल कष्ट सहने पर है, वह मनुष्य को भावनाओं की छूता है। 1931 में उन्होंने 'यंग इंडिया' में लिखा कि 'मेरा यह विश्वास बढ़ता जा रहा है कि तात्त्विक महत्त्व की बातें तर्क से नहीं समझी जा सकती है। वे कष्ट सहकर ही समझी जा सकती है। तर्क मस्तिष्क को झकझोरता है लेकिन हृदय तो कष्ट सहकर ही जीता जाता है। कष्ट मनुष्य की सूक्ष्म बुद्धि के द्वार खोल देता है।"[1] अपने विचारों को व्यक्त करने के लिए गांधी पाँच शब्दों का प्रयोग बार-बार करते हैं। सत्याग्रह, अहिंसा, असहयोग, निष्कर्ष प्रतिरोध, सविनय अवज्ञा।

इन शब्दों पर उन्होंने अनेक निबन्ध, टिप्पणियों तथा 'एक्सपेरीमेंट्स विथ ट्रूथ' तथा 'सत्याग्रह इन साउथ अफ्रीका' में विस्तार से विचार किया है। शायद सबसे महत्त्वपूर्ण लेख उन्होंने 'हरिजन' तथा 'यंग इंडिया' में उने संवाददाताओं के लिए लिखे हैं जो उन्हें इन बुनियादी विचारों को स्पष्ट करने के आग्रह के साथ लिखा करते थे। गांधीजी की राय में ये पाँचों शब्द एक दूसरे के साथ ऐसे अन्तग्रंथित हैं कि उन्हें एक दूसरे से अलग करना या सुलझाना असम्भव है।"[2] अहिंसा साधन और सत्य साध्य है। "असहयोग राज्य को दिये यजाने वाले सहयोग को वापस लेने की क्रिया है क्योंकि सहयोगी की दृष्टि में राज्य भ्रष्ट हो चुका होता है।"[3] प्रत्येक राष्ट्र और प्रत्येक व्यक्ति का यह "अधिकार है और उनका यह कर्तव्य हो जाता है कि वह असहनीय बुराई के विरुद्ध खड़े हों"[4] उदाहरण के लिए 'सविनय प्रतिरोध' (निष्क्रिय प्रतिरोध तथा सविनय अवज्ञा)। सविनय प्रतिरोध की तरह असहयोग भी 'सत्याग्रह की शाखा है"[5] सत्याग्रह, अहिंसा, असहयोग सविनय प्रतिरोध के चारों ही "दुख पाने के नये कानूनी नाम है।"[6]

गांधीजी के सत्याग्रह सम्बन्धी आधारभूत विचार जीसस क्राइस्ट के उपदेश, थोरो, (1817-62) टॉल्स्टॉय (1828-1910) की कृतियों के साथ-साथ भारतीय परम्परा के सूक्ष्म अध्ययन और अंशत: दक्षिण अफ्रीका में भारतीयों द्वारा अल्पसंख्यकों के जातीय भेदभाव के विरुद्ध लड़े जाने वाले संघर्ष तथा अंग्रेजों के खिलाफ असहयोग तथा सविनय प्रतिरोध आन्दोलन के दौरान विकसित हुए थे।

सत्याग्रह मुख्यत: चार विचारों पर जोर देता है (अ) वह मुख्यत: आत्मबल का उपयोग है। (आ) सत्याग्रही का दुख सहन करना, हृदय को स्पर्श करता है और इस तरह अत्याचारी में बदलाव आता है। दुख सहने के सम्बन्ध में हमारे पास त्रावणकोर के उस सत्याग्रही का उदाहरण है जो 'वायकोम' (Viacom) स्थित एक मन्दिर को जो अभी तक सर्वेक्षण के लिए खुला था तमाम हिन्दूओं के लिए खुलवा दनो चाहता था। जब वह मन्दिर की ओर जा रहा था तब उसे रोक दिया गया और उसे विवश होकर दिन-भर चिल चिलाती धूप में बैठा रहना पड़ा। एक दूसरे उदाहरण में सत्याग्रही नमक को टैक्स-मुक्त करने के सिलसिले में नमक कानून की अवज्ञा करता है और व्यक्ति-स्वातंत्र्य की चिन्ता न करता हुआ जेल में चला जाना चाहता है। (इ) शारीरिक बल का प्रयोग नहीं होता "क्योंकि मनुष्य पूर्ण सत्य जानने में असमर्थ है इसलिए दंड देने का अधिकारी नहीं है।"[7] इसलिए भी कि प्रत्येक व्यक्ति ईश्वरीय अंश हैं। कोई व्यक्ति चाहे वह कितना भी पतित क्यों न हो ईश्वरीय अंश होता है और उसके विकास की अनन्त सम्भावनाएँ होती हैं। उसे मृदुता तथा उदारता से अनुकूल बनाया जा सकता है। (ई) साधन और साध्य एक दूसरे में परिवर्तित किये जा सकते हैं। "जैसे साधन वैसे साध्य।"[8] अच्छे परिणाम अच्छे साधनों से ही प्राप्त किये जा सकते हैं। सत्य केवल अहिंसा से ही पाया जा सकता है।

इन चारों विचारों से कुछ निष्कर्ष निकलते हैं। सत्याग्रही अन्यायी को कभी परेशान करने का विचार नहीं करता और न उसे भयभीत करता है। सत्याग्रही स्वाधीन होने का आनन्द लेता है जो दूसरे नहीं ले सकते। क्योंकि वह कष्ट उठाने के लिए हमेशा तैयार रहता है वह न्याय-संगत बात के लिए प्राण तक दे देता है। सत्याग्रह का मूल उद्देश्य अन्यायी का मन बदलना ओर न्याय का बोध कराना है। उसे यह भी बता देना है कि जब तक अन्याय सहने वाला प्रत्यक्ष या अप्रत्यक्ष रूप से अन्यायी को सहयोग नहीं देता अन्याय नहीं हो सकता। फौजी ताकत और आत्म-बल दो असंगत चीजें हैं। निर्बल के शोषण और अनैतिक लाभ का आत्म-बल से कोई सम्बन्ध नहीं है। सत्याग्रही आत्म-रक्षा के अधिकार का परित्याग करता है। "सत्याग्रही को न केवल गोली खाने के लिए निधड़क आगे आना चाहिए बल्कि अपनी प्राण-रक्षा तक के लिए अंगुली नहीं उठानी चाहिए।"[9] निडर होते ही सत्याग्रही अपने शत्रु पर विश्वास करने लगता है। शत्रु यदि बीस बार विश्वासघात करे तब

भी इक्कीसवीं बार वह उसे पर विश्वास करने को तैयार रहता है क्योंकि मनुष्य के प्रति अदम्य विश्वास ही उसी के मत का सार तत्त्व है।

सत्याग्रही अपने विवेक पर पूरी निष्ठा से विश्वास करता है। सत्याग्रह सीधी कार्यवाही में सबसे प्रभावी शस्त्र होने के करण सत्याग्रही उसे काम में लेने से पूर्व दूसरे सभी उपाय काम में ले चुका होता है। इसी कारण वह अधिकारी से बार-बार और निरन्तर सम्पर्क करता है, जन-मत जगाता है, जो कोई भी उसकी बात सुनने को तैयार होता है उसके सामने वह स्पष्टतयापूर्वक और शान्त भाव से अपने विचार रखता है। इन सबका कोई परिणाम न निकलने पर ही वह सत्याग्रह का मार्ग अपनाता है।

गलती का पता लगने पर सत्याग्रही पश्चाताप करने में संकोच नहीं करता। सत्याग्रही सम्मानजनक शर्तों पर समझौता करने का कोई अवसर नहीं खोता। वह यह मानता है कि यदि समझौता नाकामयाब होता हैं तो वह फिर अहिंसात्मक संघर्ष करते हुए कष्ट उठाने का सिलसिला जारी रख सकता है।

सत्याग्रही को निरासक्त रहना चाहिए "हमें विरोधी की जगह खड़े होकर उसकी मानसिकता को समझना चाहिए।"[10] सत्याग्रह का रास्ता व्यक्ति-हित के लिए नहीं सार्वजनिक हित के लिए है। सत्याग्रही चाहे मुक्त हो या बन्दी सदा विजयी होता है क्योंकि वह जो नीति-सम्मत समझता है वहीं करता है। वह जब सत्य और अहिंसा का मार्ग छोड़ देता है तभी हारता है। इसका अर्थ है कि सत्याग्रह में झूठ और छल के लिए स्थान नहीं है। सत्याग्रही विनम्र होता है, वह दूसरों को आहत नहीं करता। सत्याग्रह धीरे-धीरे और चुपचाप असर करता जनर आता है क्योंकि उससे अन्यायों का मन बदलना है। 'वास्तव में तो' गांधीजी कहते हैं कि "सत्याग्रह से बढ़कर दुनियाँ में कोई दूसरी ताकत नहीं है जो इतनी सीधी और इतनी जल्दी असर करती हो।"[11]

"सत्याग्रह इन साउथ अफ्रीका" पुस्तक के एक प्रसिद्ध अनुच्छेद में गांधी जी ने इस विचार पर विस्तार पूर्वक प्रकाश डाला है कि सत्याग्रह की मूल भावना प्रगतिगामी है। 'मेरा अनुभव कहता है कि किसी भी नैतिक संघर्ष में यह भावना (प्रगतिगामी) निहित होती है। सत्याग्रह में तो वह स्वतः सिद्ध प्रमाण की तरह होती है। जैसे गंगा नदी ज्यों-ज्यों आगे बड़ती है दूसरी नदियाँ उसमें आ-आकर मिलती जाती हैं इसलिए मुहाने पर वह इतनी चौड़ी हो जाती है कि न तो कोई किनारा नजर आता है और न नदी पर यात्रा करते व्यक्ति को यह मालूम होता कि नदी कहाँ पर समाप्त होकर समुद्र कहाँ से शुरू हो जाता है इस तरह जब सत्याग्रह शुरू हो जाता है और आगे बढ़ता है तो उसमें दूसरे तत्त्व मिलकर उसे बड़ा बनाते जाते हैं और परिणाम तक पहुँचत-पहुँचते भी उसका निरन्तर विकास होता रहता है। ऐसा होना अनिवार्य है। यह सत्याग्रह के मूल-भूत सिद्धान्तों में से एक है। सत्याग्रह में

कम-से-कम भी अधिक है और क्योंकि वह कम-से-कम है इसलिए उससे कम का कोई सवाल नहीं है। बढ़ना तो आगे ही होगा।"[12]

इससे यह स्पष्ट होता है कि सत्याग्रह और ताकत का उपयोग दो विरोधी बातें है। सत्याग्रह में सत्य का बेझिझक अनुसरण है। सत्याग्रही अपने शत्रु को आत्म-बल से जीतता है जो प्रेम है। गांधी कहते हैं कि इसकी उपयोगिता में किसी को सन्देह नहीं होना चाहिए। आत्मबल से जलाई गई लौ के सामने पत्थर भी पिघल सकता है। "यह अतिशयोक्ति नहीं है, बीज-गणित के समीकरण की तरह सच है।"[13] लेकिन पाशविक शक्ति को काम में लेने वाला कार्य सिद्ध करने वाले सब उपायों को काम में लेता है। सत्याग्रही तो असत्य के सम्बन्ध में सोच भी नहीं सकता। सत्याग्रह उदारता, प्रेम और सत्य है। पाशविक शक्ति घृणा घधकाती है। "पाशविक शक्ति में विश्वास करने वाला व्यक्ति अधीर हो जाता है और कहता है कि उसका तथाकथित शत्रु मर जाए। इसका एक ही परिणाम निकलता है—घृणा की वृद्धि। हारा हुआ पक्ष बदला लेने की प्रतिज्ञा करता है और समय की इन्तजार करता है।"[14] अन्त में पशु हुआ मनुष्य के बैल की तरह चक्कर काटता है। वह गति तो है लेकिन प्रगति नहीं। सत्य का पक्षधर हमेशा आगे बढ़ता है।

सत्याग्रह पाशविक शक्ति से श्रेष्ठ है लेकिन तभी जब सत्याग्रही कुछ अनिवार्य शर्तों का पालन करे। वह किसी भी कठिनाई, यहाँ तक कि जेल जाने की स्थिति का भी मुकाबला करने को तैयार रहे। वह सेवा-भाव और प्रेम में डूबा रहे तथा समाज-सेवा के किसी-न-किसी रचनात्मक कार्य में शिक्षित होता हुआ एकता, अस्पृष्यता-निवारण, मद्य-निषेध आदि मुख्य हैं। क्रोध, घमंड और वासना खतरनाक चीजें है। जिनसे सत्याग्रही को बचना चाहिए। सत्याग्रही में अन्याय से जूझने की शक्ति होनी चाहिए, कोई भी दुर्बलता सत्याग्रह के लिए घातक हो सकती है। धैर्य और आत्म-शुद्धि पहले से ही निहित हैं। सत्याग्रही का अच्छाई से बुराई, प्रेम से क्रोध, सत्य से असत्य और अहिंसा से हिंसा को जीतना है। उसे विनयपूर्ण आत्म-विश्लेषण और आत्मावलोकन द्वारा यह निर्णय करना है कि वह स्वयं क्रोध, मनोमालिन्य तथा अन्य मानवीय दुर्बलताओं से मुक्त है, कि कहीं वह स्वयं उन कमजोरियों से ग्रस्त तो नहीं है जिनसे वह दूसरों को मुक्त करना चाहता है। सत्याग्रह को बुराई और बुरे व्यक्ति के बीच भेद करना होगा। उसके मन में बुरे व्यक्ति के लिए दुर्भावना नहीं होगी।

अन्त में सत्याग्रही आत्मा के अस्तित्व और परमात्मा में आस्था रखते हुए बुराई और घृणा को भलाई और प्रेम से जीतेगा।

अहिंसा—हम पहले ही संकेत कर चुके है कि गांधी के लिए सत्य साध्य और अहिंसा साधन है। दोनों एक दूसरे से ऐसे अन्तर्ग्रथित हैं कि उन्हें सुलझाना या अलग करना असम्भव है। "वे एक सिक्के के दो पहलू हैं, ये चिकनी, चमकती धातु की दो परत है। कौन कह सकता है कि कौन-सा भाग सीधा है और कौन सा उल्टा।"[15]

जब अहिंसा के अर्थ और व्यापक अभिप्रायों पर विस्तार से विचार करें।

हिंसा किसी जीवन को क्रोध, स्वार्थ या हानि पहुँचाने के विचार से दुख देना या प्राण ले लेने वाला कर्म है। शारीरिक या मानसिक रूप से ऐसे कर्म से बचना अहिंसा है। इसलिए 'अहिंसा का उपासक न तो किसी निन्दनीय कार्य करने वाले को हानि पहुँचाएगा या उसके प्रति बुरे विचार रखेगा कि जिससे उसे मानसिक आघात पहुँचे।' इस कथन में गांधीजी कहते हैं कि वे यातनाएँ सम्मिलित नहीं हैं जो एक कुकृत्य करने वाले के प्रति किसी असद्‌भावना से नहीं किन्तु स्वभाव जन्य क्रियाओं के कारण होती है...। उदाहरण के लिये 'अत्याचारी के सामने से मैं उसे बच्चे को खींच लूँगा जिस पर हम कल्पना करते हैं कि वह अभी वार करेगा। वास्तव में यदि मैं अहिंसा का पालन करता हूँ तो अत्याचारी के सामने से उस बच्चे को ऐसे ही खींच लूँगा जैसे कि मैं उसका संरक्षक ही हूँ।"[16]

अपने सकारात्मक रूप में अहिंसा सर्वोत्कृष्ट प्रेम और श्रेष्ठ दान का रूप है। "यदि मैं अहिंसा का पुजारी हूँ तो मुझे अपने शत्रु से प्रेम करना ही चाहिए। मुझे अपने शत्रु अत्याचारी पर उन्हीं नियमों के अन्तर्गत व्यवहार करना चाहिए जिनके अन्तर्गत मैं अपने अत्याचारी पिता या पुत्र के साथ व्यवहार करूँगा।"

अहिंसा की इस व्यवस्था से यह अर्थ निकलता है कि अहिंसा के उपासक की स्वार्थ-रहित और शरीर के प्रति अनासक्त होना चाहिए तभी वह दूसरों को भय-मुक्ति का अनुभव करा सकेगा। उसे पूरी तरह निर्भीक होना चाहिए। कोई कायर व्यक्ति अहिंसा की पालना नहीं कर सकता। अहिंसा अपने प्रगतिशील अर्थ में सायास (जान-बूझकर) कष्ट झेलना है। अहिंसात्मक प्रतिकार करने वाले को कलुष रहित मन से अत्याचारी के द्वारा किये जाने वाले हर प्रकार के शारीरिक अथवा मानसिक आघात के लिए तैयार रहना चाहिए। यह भी स्पष्ट है कि अहिंसा केवल शारीरिक हिंसा का ही नहीं मानसिक हिंसा का भी निषेध हैं क्योंकि यदि मस्तिष्क साथ नहीं है तो मन में घृणा रह सकती है। वास्तव में हिंसा की सही और अन्तिम परीक्षा यही हैं कि द्वेष रहित और हमारा मित्र हो जाए।

अहिंसा के अर्थ और आशयों को विस्तार से समझते हुए गांधी जी ने कमजोर की नहीं शक्तिशाली की अहिंसा पर बल दिया है। अहिंसा यह मानकर चलती है कि आपके पास अपने अधिकारी कर रक्षा के लिए शारीरिक अथवा भौतिक शक्ति के उपयोग की क्षमता होते हुए भी अहिंसा के उपासक होने के कारण आप विवेकपूर्ण संयम रखते हैं और अत्याचारी के विरुद्ध आत्म बल का प्रयोग करते हैं। "लेकिन यदि कायरता और हिंसा के बीच किसी एक को चुनना हो तो मैं हिंसा का चुनूँगा। मैं चाहूँगा कि भारत कायरतापूर्वक अपमान का साक्षी रहने के बजाय शस्त्र उठाकर अपने सम्मान की रक्षा करे।"[18] अहिंसा की बहादुरी को कायरता से अलग करना आश्यक है। "आदमी शरीर से चाहे जितना कमजोर हो लेकिन यदि भागना कायरता

हो तो वह मोर्चे पर खेड़ रह कर प्राण दे देगा। यह अहिंसा और बहादुरी होगी। वह कितना भी कमजोर क्यों न हो लेकिन अपनी शक्ति के अनुसार शत्रु पर वार करता हुआ प्राण दे देता है तो वह बहादुरी है, अहिंसा नहीं। यदि उसका काम खतरे का सामना करना हो लेकिन वह भाग जाता हैं, यह कायरता है।"[19]

अहिंसा कैसे काम करती है? परिभाषा के अनुसार शारीरिक-शक्ति का प्रयोग वर्जित होते हुए भी क्या वह अत्याचारी का हृदय परिवर्तन कर देती हैं?

गांधीजी क्या कहते हैं? 'मैं सोचता हूँ कि अनैतिकता के लिए एक वैचारिक इसलिए नैतिक विरोध होता है। मैं अत्याचारी की तलवार को उससे अधिक धारदार तलवार चलाकर भोथरी नहीं करना चाहता बल्कि उसे निराश कर के कि मैनें उसके विरुद्ध शारीरिक शक्ति का उपयोग नहीं किया। तलवार की जगह मुझे आत्मबल का प्रयोग करके उसे हतप्रभ कर देना चाहिए। पहले तो वह चकित होगा लेकिन अन्त में वह इस शक्ति को स्वीकार करने के लिए विवश हो जाएगा। यह स्वीकृति उसे लज्जित नहीं करेगी बल्कि उसको आत्मबल प्रदान करेगी।"[20] अहिंसा जिस सीमा तक मनुष्य के स्वभाव को पाशविक होने से बचाती है वह हिंसा से श्रेष्ठ साबित होती है। वह ईश्वर और आत्मा के अस्तित्व पर विश्वास करती है और इस पर भी कि "हम सब एक ईश्वर की सन्तान और उसी तत्त्व के अंश है।"[21]

गांधी के लिए अहिंसा हिंसा से अपरिमित रूप से श्रेष्ठ है। शक्ति शारीरिक बल से प्राप्त नहीं होती, वह अदम्य इच्छा से उत्पन्न होती है। एक निर्दोष व्यक्ति का आत्म बलिदान उन लाखों व्यक्तियों की मृत्यु से लाख गुना शक्तिशाली है जो दूसरों को मारते हुए मर गए है।

क्या इतिहास यह सबूत देता है कि मनुष्य अहिंसा की ओर बढ़ा है? गांधी के अनुसार वह बढ़ा है। हमारे पुरखा नर-भक्षी थे लेकिन वे जीवनयापन के लिए नर-भक्षण छोंड़कर शिकार की तरफ प्रवृत्त हुए है। बाद में उसे भी छोड़कर खेती करने लगे उन्होंने एक सभ्य जीवन स्वीकार किया, गाँव, शहर, राष्ट्र स्थापित किए। मसीहाओं ने हिंसा का नहीं अहिंसा का उपदेश दिया। दंड-प्रक्रिया भी अब कम पाशविक है। कुछ समाजों ने मृत्यु-दंड खत्म कर दिया है। किन्तु अभी भी मनुष्य को अपनी पाशविकता पर विजय पाकर मनुष्य बनने के लिए कई प्रयत्न करने हैं

अहिंसा का उपयोग केवल व्यक्तियों तक ही सीमित नहीं है, उसे समूह और राष्ट्र पारस्परिक सम्बन्धों को मजबूत करने के लिए भी उपयोग में ला सकते हैं। 'मुझे बचपन से यह पढ़ाया गया है' गांधीजी ने 'हरिजन' में लिखा है : "और मैंने इस सत्य की अनुभव से परीक्षा की है कि पतित से पतित जातियों में भी मानव-जाति की बुनियादी अच्छाइयाँ विकसित की जा सकती है। यही असन्दिग्ध सार्वजनिक सम्भावना मनुष्य जाति को दूसरी ईश्वरीय रचना से अलग से अलग करती है।"[22] यह आवश्यक है कि राष्ट्र हिंसा से बचे। "हजारों वर्षों से पाशविक

शक्ति दुनिया पर हुकूमत करती रही है और मानव जाति उसके दुष्परिणामों की फसल काटती रही है। भविष्य में इससे किन्हीं अच्छे परिणामों की आशा करना व्यर्थ हे यदि अन्धकार से रोशनी आ सकती है तो घृणा से प्रेम उत्पन्न हो सकता है।"[23] यदि शस्त्रास्त्रों की यह पागल दौड़ शुरू रहती है तो उसके परिणामस्वरूप ऐसा नर-संहार होगा जिसकी कोई मिसाल नहीं मिलेगी। यदि कोई विजेता जीवित रह जाएगा तो वह विजय भी विजय राष्ट्र के लिए जीवित मृत्यु होगी। अहिंसा को निर्भीक मन और बिना शर्त स्वीकार करने पर ही दुनिया को इस आसन्न संकट से मुक्ति मिल सकती है।"[24]

असहयोग— सत्याग्रह के अभिन्न अंग असहयोग के सिद्धान्त को इस प्रकार व्याख्यादित किया जा सकता है :

राज्य के अस्तित्व का एक मात्र औचित्य यह है कि वह जन-कल्याण को बढ़ावा दे। इसी आधार पर राज्य अपनी प्रजा से राज्य-भक्ति का अधिकार प्राप्त करता है। यदि राज्य इस कर्तव्य को पूरा नहीं करता या ऐसे आदेश देता है अथवा कानून बनाता है जो जनेच्छाओं और हितों के विरुद्ध होते हैं तो वह राज्य-भक्ति के अधिकार भी खो देता है। ऐसे अवसरों पर यह जरूरी ही नहीं धार्मिक कर्तव्य भी हो जाता हैं कि जब उनका विवेक कहे वे राज्य को अपना समर्थन देना बन्द कर दें।

नाराज़गी प्रकट करने का एक तरीका हिंसात्मक प्रतिकार हो सकता है लेकिन बुराई को नहीं जीता जा सकता है इसलिए यह कोई उपचार नहीं है। इसकी जगह लोग आत्म-शुद्धि करें और राज्य की अनीतियों में अपनी प्रत्यक्ष या अप्रत्यक्ष हिस्सेदारी समाप्त कर दें। राज्य अपने आप सुधर जाएगा।

राज्य किन-किन तरीकों से लोगों पर अपना आधिपत्य रखता है। न्यायालय उन लोगों को दंड देता है जो कानून नहीं मानते। उपाधियों और सम्मान के लालच से लोग राज्य का समर्थन करते हैं। राज्य द्वारा नियंत्रित तथा अनुदान प्राप्त स्कूलों का उपयोग उन विचारों की शिक्षा देने के लिए किया जाता है जो राजाज्ञा-पालन की भावना को दृढ़ करें। फौजें राज्य की रक्षा करती हैं और चुनौती-पूर्ण समय में राज्य की प्रभुसत्ता को कानूनी सीमाओं में सुरक्षा प्रदान करती है। कर राज्य की आय के प्रमुख स्रोत होते हैं। जनता को चाहिए कि वह धीरे-धीरे इन सब संस्थाओं से सहयोग करना छोड़ दे। वकील अदालतों में न जाए, विद्यार्थी स्कूल-कॉलेजों में जाना बन्द कर दे, नागरिक उपाधियों ने लें, लोग फौज-पुलिस में भर्ती न हों तथा कर देना बन्द कर दें।

इसे दुहराने की आवश्यकता नहीं है कि लोग ईमानदारी से शब्द, कर्म और विचार तक में हिंसा से घृणा करेंगे। हिंसा की थोड़ी सी भी कोशिश हमारे उद्देश्य को हानि पहुँचाने वाली सिद्ध होगी क्योंकि तब सरकार अपनी पूरी ताकत से बदले की कार्यवाही कि लिए तैयार होगी।

गांधी द्वारा विकसित इस सिद्धान्त की दो और बातें हमारा ध्यान आकृष्ट करती हैं। पहली बात यह है कि असहयोग व्यवस्था के किसी अंग से नहीं होता, पूरी व्यवस्था से होता है। फौज़ में भर्ती न होना असहयोग है लेकिन क्या वह काफी है? 1931 में जेनेवा की एक सभा में गांधी ने कहा कि जो फौज की सेवा में नहीं हैं लेकिन कर चुका कर राज्य की सेवा कर रहे हैं वे दूसरों की तरह ही गुनहगार है। "राजा का समर्थन करने वाली पूरी व्यवस्था से असहयोग करने की तुलना में फौज में भर्ती न होना बहुत मामूली बात है।"[25]

दूसरी बात यह है कि असहयोग का मूल आधार प्रेम है, घृणा नहीं। इसलिए जो लोग असहयोग में विश्वास नहीं करते उनका बहिष्कार (अन्न-जल की आपूर्ति रोक देना) अनुचित है। असहयोग आन्दोलन 'प्रत्यक्ष या अप्रत्यक्ष रूप से हिंसा के जरिये आज्ञा पालन के लिए विवश नहीं करता। हमें शान्तिपूर्वक अपने प्रतिपक्षी का मन बदलना चाहिए। हम सरकारी गुलामी को असहयोगियों की गुलामी से नहीं बदल रहे है।"[26]

आखरी बात यह है कि असहयोग का मतलब अराजकता या व्यवस्था हीनता नहीं है। सरकार से असहयोग का अर्थ जनता के बीच घनिष्ठ सहयोग है, जनता का जनता के बच्चों के लिए स्कूल खोलना, जन-न्यायालय स्थापित करना आदि। इस तरह वह सतत् विकास की प्रक्रिया है। कोई कारण नहीं है कि ऐसे स्वैच्छिक प्रयत्नों से केवल व्यवस्था को ही सुरक्षित रखा जा सके बल्कि सामाजिक आवश्यकताओं को पूरा करने वाली आवश्यक संस्थाएँ भी चलती रहें।

सविनय प्रतिरोध— (सविनय अवज्ञा, निष्क्रिय प्रतिरोध)—सविनय प्रतिरोध और असहयोग में यह अन्तर हैं कि वह अन्याय मूलक कानून की अवज्ञा (अहिंसात्मक तरीके से) करता है, उदाहरण के लिए 1930 में गांधी जी ने नमक कानून तोड़ा था। वह कानून तोड़ने की सजा भी मंजूर करता है किन्तु असहयोग में कानून की अवज्ञा करना आवश्यक नहीं है। (आप के लिए जब तक अनिवार्य शिक्षा का कानून नहीं है बालकों को स्कूल भेजना अनिवार्य नहीं है। इसी तरह अदालत में मुकद्दमे ले जाना या उपाधियाँ स्वीकार करने का भी कोई कानून नहीं है।) लेकिन असहयोग के कुछ रूपों में, जैसे कर न देने से, सविनय प्रतिरोध आ ही जाता है। यह व्यक्तिश: कष्ट उठा कर अधिकार सुरक्षित रखने का तरीका है।

कोई कैस निश्चय करके कि अमुक कानून न्याय-संगत नहीं है? 'कोई भी व्यक्ति' गांधी कहते हैं 'यह नहीं कह सकता कि वह एक दम सही है या अमूक तथ्य एक दम गलत है क्योंकि वह ऐसा सोचते हैं। लेकिन कोई भी बात उसके लिए तब तक गलत ही रहेगी जब तक उसका निश्चित मत है कि वह गलत है। इसलिए यह उचित है कि वह जिसे अनुचित समझता है उसे न माने और इसके जो भी परिणाम निकले सहन करे।[27] सविनय प्रतिरोध की प्रकृति समझने में यह बात मुख्य हैं।

गांधी जी दूसरे कारणों से भी सविनय प्रतिरोध को उचित मानते हैं। कानून बनाने वाली सरकार कभी यह नहीं कहती कि हमें कानून की सारी बातों की हर हालत में अनुपालना करना है। "वे यह नहीं कहते कि आपको यह तो करना ही है। लेकिन कहते हैं कि 'यह नहीं करोगे तो सजा होगी।' हम डर जाते हैं और सोचने लगते हैं कि जो कुछ कानून मे लिखा है उसकी अनुपालना हमारा कर्तव्य और धर्म हैं। यदि मनुष्य सोच ले कि अन्यायपूर्ण कानून की पालना कायरता है तो किसी भी व्यक्ति की क्रूरता उसे गुलाम नहीं बना सकती।"[28]

सविनय अवज्ञा और हिंसात्मक अवज्ञा में अन्तर करना चाहिए। फौजदारी कानून भंग करने वाला ऐसा चोरी से करता है, हिंसा भी करता है और सजा से बचना चाहता है। इसके ठीक विपरीत सविनय असहयोग में सार्वजनिक रूप से और शिष्टतापूर्वक कानून तोड़ा जाता है। और वह भी तब जब कि वह नैतिक दृष्टि से असहनीय हो जाता है और उसे बदलने के हर सम्भव उपाय नाकामयाब हो जाते हैं। वह अवज्ञा करने के दंड को चुपचाप सहता है। सचमुच सविनय अवज्ञा करने की पात्रता उन्हीं में होती है जो हिंसात्मक अवज्ञा या हिंसा नहीं कर सकते। सविनय अवज्ञा की क्षमता तभी आती है जब व्यक्ति देश के कानून को स्वेच्छा तथा सम्पूर्णता से पालन करने के लिए अनुशासित हो जाता है। जब व्यक्ति समाज के सारे नियमों की निष्ठापूर्वक अनुपालन करता है तभी वह इस निर्णय पर पहुँचता है कि कौन से नियम न्याय-संगत और उपयोगी, तथा कौन से अनुपयोगी और अन्याय पूर्ण है। तभी उसे सुव्याख्यायित परिस्थितियों में कुछ कानूनों की अवज्ञा करने का अधिकार प्राप्त होता है।[29]

यह कहना आवश्यक है कि कोई व्यक्ति सविनय और हिंसात्मक अवज्ञा एक साथ नहीं कर सकता जैसे वह एक ही साथ क्रोध और संयम का आचरण नहीं कर सकता।

पूर्ण सविनय अवज्ञा हिंसा रहित विद्रोह है।

निष्क्रिय प्रतिरोध— इससे पूर्व कि हम सत्याग्रह तथा तत्सम्बन्धी शब्दों को स्पष्ट करते हुए आग बढ़ें हमे निष्क्रिय प्रतिरोध तथा सत्याग्रह के अन्तर को जरूर समझ लेना चाहिए विशेषतया उस अवधारणा को ध्यान में रखते हुए जिसके अन्तर्गत इंग्लैंड के मतदाताओं ने निष्क्रिय प्रतिरोध प्रारम्भ किया था। निष्क्रिय प्रतिरोध एक तरह से सविनय अवज्ञा ही है और इस तरह सत्याग्रह का एक अंग है, वह सत्याग्रह ही की तरह कष्ट उठाने का दूसरा नाम है। लेकिन 'सत्याग्रह इन साउथ अफ्रीका' में गांधी जी ने लिखा 'दोनों के बीच एक बड़ा और तात्त्विक अन्तर है।

'निष्क्रिय प्रतिरोध में प्रेम के लिए कोई स्थान नहीं है लेकिन सत्याग्रह में न केवल घृणा के लिए कोई स्थान है बल्कि वह उसके मूलभूत सिद्धान्त का अतिक्रमण है। उचित अवसर आने पर निष्क्रिय प्रतिरोध में शक्ति का प्रयोग वर्जित नहीं है किन्तु

सत्याग्रह में सर्वथा अनुकूल परिस्थितियों में शक्ति का प्रयोग नहीं किया जा सकता निष्क्रिय प्रतिरोध को शक्ति बल काम में लेने की पूर्व भूमिका माना जा सकता है लेकिन सत्याग्रह का उपयोग इस तरह कभी नहीं किया जा सकता। निष्क्रिय प्रतिरोध और शस्त्र दोनों को एक साथ काम में लिया जा सकता है लेकिन सत्याग्रह और शस्त्र-बल एक दूसरे का अस्वीकार होने के कारण कभी साथ-साथ काम में नहीं लिए जा सकते।

निष्क्रिय प्रतिरोध में प्रतिपक्ष को कष्ट में डालने की तैयारी और साथ ही ऐसी कार्रवाई से पैदा होने वाली किसी भी कठिनाई को सहने की तत्परता रहती है किन्तु सत्याग्रह में विरोधी को आघात पहुँचाने का विचार तक नहीं आता। सत्याग्रह में सत्याग्रही का स्वयं कष्ट झेलते हुए जीतने का निश्चय रहता है।"[30]

धरना और उपवास— इस तरह के संक्षिप्त सर्वेक्षण में उन दो तकनकों-धरना और उपवास का उल्लेख किया जाना चाहिए जिनका सत्याग्रह के सिलसिले में प्राय: जिक्र होता है।

धरना ऐसे लोगों को पक्ष में करने की तकनीक है जो असहनीय अन्याय के विरुद्ध संघर्ष करने वाले सविनय अवज्ञाकारियों का साथ नहीं देते। उदाहरण के लिए दक्षिणी अफ्रीका के भारतीय समुदाय ने 1907 में उस ट्रान्स-वाल एशियाटिक रजिस्ट्रेशन एक्ट का, जिसके अन्तर्गत समुदाय के सदस्यों को पंजीकरण सर्टिफिकेट लेना जरूरी था, सर्टिफिकेट न लेकर प्रतिरोध किया। उन में से कुछ लोगों ने अज्ञान या स्वार्थवश पंजीकरण सर्टिफिकेट के लिए प्रार्थना-पत्र ने देने का आग्रह किया क्योंकि वह समुदाय के बहु-संख्य लोगों के हित में नहीं था।

क्या ऐसा धरना वैध था? गांधी का मत था कि धरना नैतिक-आग्रह-वैध था उस सीमा तक जब तक कि विरोधियों को शक्ति प्रयोग धमकियों से डराया नहीं जाता। "गांधी ने लिखा हमने भारतीय स्वयं सेवकों को जल्दबाजी अथवा गुस्सा दिखाने की सख्त मनाई कर दी। शारीरिक बल का प्रयोग सर्वथा वर्जित है, और इसी तरह उग्र भाषा भी काम में नहीं ली जा सकती। जो लोगों को ऐशियाटिक एक्ट के जूड़े से मुक्त रखना चाहते हैं उन्हें इस बात के लिए भी चिन्तित रहना चाहिए कि वे उन पर कहीं पहले से भी ज्यादा वजन वाला धमकियों और डर का जूड़ा न डाल दें। यदि भारतीय इस तथ्य से सन्तुष्ट है कि यह एक्ट उन्हें पतनशील और साहसहीन बनाता है। तो उन्हें चाहिए कि वे दृष्टिकोण उनके सामने रखें जो उसे नहीं जानते हैं एक बार यदि वे यह कर देते हैं तो उनका कर्तव्य समाप्त हो जाता है। फिर उन्हें सब प्रार्थना पत्र देने वालों को इच्छानुसार काम करने के लिए मुक्त कर देना चाहिए।"[31]

गांधी के अनुसार उपवास के अर्थ 'बुराई, हानिकारक विचारों, कर्म तथा भोजन से बचना हैं' ।[32] वह प्रार्थना से जुड़ा है। जो उपवास प्रार्थना का अभिन्न हिस्सा नहीं है

वह केवल शारीरिक यातना है। सत्याग्रही उस सरकार या दुराग्रही समुदाय के लिए धरना देने, भूखे रहने या आमरण अनशन करने तक के लिए तैयार रहता है जिन से वह उच्चतर जीवन-शैलियों को व्यवहार में लाने का आग्रह कर चुका है। (1947 में गांधी जी का उपवास जो हिन्दू मुसलमानों से साम्प्रदायिक हिंसा प्राप्त कर एक साथा शान्ति-पूर्वक रहने की अपील की उन्हें तर्क या मान-मनुहार से सफलता की आशा नहीं थी। वे चेतना के गहन स्तर पर डर, लज्जा, पश्चाताप, सहानुभूति और मानवता तथा दूसरे अनेक भावों को जगाना चाहते थे जिनका सामूहिक प्रभाव तर्क या मान-मनुहार से ही कहीं अधिक असरदार होता है)।

गांधी जी के मतानुसार उपवास सत्याग्रही के तरकश में सर्वोत्तम शस्त्र है क्योंकि उपयुक्त परिस्थितियों में उपवास के दौरान सही गई शक्ति यातना बुराई करने वाले की प्रकृति को ऊँचा उठाने की अपील है। "वह बुराई करने वाले शारीरिक या सम्पत्ति-नाश करने का विचार तक न करने वाली सबसे बड़ी शक्ति है।"[33] आमरण अनशन सत्याग्रही की बुराई करने वाले के हृदय-परिवर्तन की उत्कृष्ट इच्छा का प्रमाण है।

क्या उपवास जोर-जबरदस्ती है? उपवास के आलोचकों तक तर्क है कि यद्यपि उपवास आत्म-शुद्धि और धैर्य जैसे नितान्त व्यक्तिगत प्रयोजन के लिए किया जाता है। राजनीतिक या सामाजिक परिवर्तन के लिए किए जाने वाले उपवास किसी प्रकार के दबाव के उद्देश्य से नहीं किये जाते फिर भी उनका प्रभाव दबाव के रूप में होता है। इस दबाव का परिणाम कई बार ऐसे कष्टपूर्ण आचरण के रूप में मिलता है। कि जो यदि दबाव न डाला जाता तो कभी न निकलता अत: ऐसा दबाव सर्व हितकारी आचरण और स्थायी परिवर्तन का कारण नहीं हो सकता।

गांधी ने इस महत्त्वपूर्ण प्रश्न का उत्तर इस प्रकार दिया है : सुपात्र व्यक्ति (प्रेम, अहिंसा और ईश्वर में विश्वास रखने वाला) द्वारा सुविचारित उपवास (जो स्वार्थ-साधना के लिए नहीं किया गया है) का उद्गम प्रेम होना चाहिए। "यदि बच्चों के प्रति माता-पिता का प्रेम या पति का पत्नी के प्रति या पत्नी का पति के प्रति प्रेम या एक व्यापक उदाहरण के अन्तर्गत ईसा का अपने अनुयायियों के प्रति प्रेम यदि दबाव कहें तो यह भी दबाव है।"[34] क्या ईसा का वह प्रेम जो लाखों ईसाईयों को शक्ति देता है और जिससे उनकी भावना और तर्क-बुद्धि संचालित होती है दबाव है? यह सम्भव है कि लोग उपवास के दबाव में वह सब करें जो वे उपवास के बिना नहीं करते और सम्भव है कि ऐसे दबाव का परिणाम 'कपटाचरण' हो जो प्राय: होता भी है। किन्तु गांधी के अनुसार किसी भी नैतिक आचरण की जाँच का आधार व्यक्ति का इरादा है। यदि उपवास करने का उद्देश्य दबाव नहीं है यानी जब तक दृढ़-विश्वास न हो तब तक सहमति प्रदान न करना, तब उपवास को दबाव नहीं कह सकते। "किसी भी व्यक्ति को हम सन्मार्ग से सिर्फ इसलिए विचलित नहीं कर सकते कि कुछ अनचाहे परिणाम निकल सकते

हैं। यदि इस तरह व्यक्ति को निरन्तर रोका जाए तब तो कभी भी किसी बड़े काम की शुरुआत नहीं होगी।"[35]

पंच-फैसला सत्याग्रह पूर्व का कदम

इस से पूर्व कि सत्याग्रह के सम्बन्ध में दूसरे लेखकों के विचार जाने हम देखते हैं कि गांधी जी कि सीधी अहिंसात्मक कार्यवाही के समर्थक थे, पंच फैसले को झगड़ा सुलझाने का शान्तिपूर्ण सरल उपाय मानते हैं। 1942 के 24 मई के 'हरिजन' में उन्होंने लिखा : "मैं किसी भी दिन भारत-ब्रिटिश समस्या को सुलझाने के लिए पंच-फैसले का सुझाव दे सकता हूँ। मैंने बहुत पहले यह सुझाव दिया था कि इस प्रश्न पर पंच-फैसले से निर्णय हो सकता है।"[36] उन्होंने साम्प्रदायिक मत-मतान्तरों को पंच-फैसले से सुलझाने की बात कहीं है। इन मसलों को लेकर बहुत से लोग अदालतों में नहीं जाना चाहते क्योंकि कानून की जो प्रक्रिया उन पर लादी गई है वह पारम्परिक न्याय धारणा के अनुकूल नहीं है। दोनों समुदाय के लोगों के लिए यह समान रूप से लाभदायक होगा कि वे कानून को अपने हाथ मे लेने की अपेक्षा झगड़ों के तमाम मुद्दों को जब कभी भी और जहाँ कहीं भी उठे, चाहे पंच-फैसलों से या अदालत की मदद से सुलझाये।"[37] "मतभेद तो हमेशा रहेंगे। वे चाहे धार्मिक हों या दूसरे, हमें उन्हें पंच-फैसले से सुलझाना सीखना चाहिए।"[38] एक दूसरे सन्दर्भ मे जब 1939 में दूसरे विश्व युद्ध की घोषणा का तार लन्दन से गांधीजी को मिला तब उन्होंने हर्र हिलटर से यह इच्छा व्यक्त की कि वे संयुक्त राष्ट्र के अध्यक्ष की अपील पर ध्यान दें और अपने दावों की पंचों को छानबीन करने दें। इन पंचों को चुनने का उनको भी दूसरे पक्ष ही के समान हक होगा।"[39]

गांधी जी के लिए पंच-फैसले अहिंसा का ही व्यावहारिक रूप थे जिस के साथ वे अभिन्न रूप में सम्बद्ध थे। आर.जे. सोमन ने लिखा है 'अहिंसा कई रूपों में अभिव्यक्त हो सकती है। राजनीति में उसका आग्रह सहमति के बिन्दुओं पर आपसी परामर्श (यानी बातचीत) करने पर हो सकता है। अर्थशास्त्र में अहिंसा की अभिव्यक्ति सारे न्याय-संगत हितों की रक्षा करने के पक्ष मे हो सकती है। जब बातचीत असफल हो जाती है तो उसे पंच फैसले के लिए छोड़ दिया जाता है। यदि पंच फैसला अमान्य होता है तो सत्याग्रह का मार्ग अपनाया जाता है जो एक तरह से अहिंसा की आक्रामक अभिव्यक्ति है। इस तरह आपसी बातचीत पंच फैसले के पूर्व की और पंच-फैसला सत्याग्रह पूर्व की स्थितियाँ है। तीनों ही मतभेद समाप्त करने के शान्तिपूर्ण तथा अहिंसात्मक उपाय है।

शायद आपसी बातचीत को राजनीतिक उपाय की तरह काम में लेने की एक सीमा यह है कि उसमें दोनों पक्षों को समान दर्जा मिला होता है गांधी की राय

में पंच-फैसलें का स्थान सत्याग्रह से पहले है लेकिन जहाँ पंच फैसले की कोई गुंजाइश न हो वहाँ सत्याग्रह ही अन्तिम उपाय है। परिभाषा के अनुसार सत्याग्रह में हिंसा का कोई स्थान नहीं है।

नेहरू, भावे, प्रसाद तथा अन्य सत्याग्रह समर्थक

जिन विचारकों ने सत्याग्रह-दर्शन को स्वीकार करते हुए उसे विकसित करने में योगदान दिया है वे हैं—लाला लाजपतराय (1865-1928), सी.आर. दास (1870-1925), मोहम्मद अली (1878-1931), जे.बी. कृपलानी (1888-1978), विनोबा भावे (1895-1982), जवाहरलाल नेहरू (1889-1964) और राजेन्द्र प्रसाद (1884-1963)। यहाँ हम अन्तिम तीन विचारकों की चर्चा करेंगे। 1920 में कलकत्ता अधिवेशन में समर्थित असहयोग आन्दोलन में गम्भीर संकट उत्पन्न होने के बाद नेहरू ने 1923 में बनारस में भाषण देते हुए कहा, 'मेरा विश्वास है कि न केवल भारत की बल्कि सारे संसार की मुक्ति अहिंसात्मक आन्दोलन से ही होगी। लेकिन उनकी राय में असहयोग का सफल आचरण बहु-संख्यक जनता द्वारा नहीं चुने हुए लोगों द्वारा ही सम्भव है। उन्होंने खेद व्यक्त किया कि उच्च आदर्शों तथा कष्ट सहने के सिद्धान्तों पर विकसित होने वाला आन्दोलन अब दो घड़ों में विभक्त हो गया है ओर दोनों पैसा तथा शक्ति लगाकर ऐसे प्रतिनिधियों को जुटाने की कोशिश कर रहे है जो अपने-अपने लीडरों के आह्वान पर उनके पक्ष में हाथ खड़े कर दें।'[40] यदि 1920 में कलकत्ता के विशेष अधिवेशन मे असहयोग कार्यक्रम स्वीकृत न कर लिया होता तो वह कुछ चुने हुए लोगों तक ही सीमित रहता जो अपनी आस्था और अनुशासन से उसकी शुद्धता की रक्षा कर लेते।

"असहयोग का आधार सीधी कार्यवाही है जिसमें निरन्तर कष्ट सहना शामिल है। बहु-संख्यक लोगों से निरन्तर कष्ट सहने की अपेक्षा नहीं की जा सकती। चुने हुए लोग ही ऐसा कर सकते हैं, बहु-संख्यक लोग कुछ समय के लिए उनसे सहानुभूति रख सकते हैं।"[41] चुने हुए लोगों के द्वारा मार्ग दर्शन के उपरान्त ही जनता से उचित समय पर अनुसरण करने की अपील की जा सकती है।

विनोबा भावे ने यह अनुभव कर लिया था कि संघर्षरत दुनिया की समस्याओं से छुटकारा पाने की पूर्व शर्त यह है कि लोग अहिंसात्मक जीवन शैली स्वीकार कर लें। 17 मई, 1954 को बुद्ध जयन्ती के अपने सन्देश में उन्होंने कहा था कि घृणा का उन्मूलन होना तब तक सम्भव नहीं है जब तक उसे उत्तेजित करने वाले तत्त्व मौजूद है। दुनिया घृणा के पीछे नहीं भाग रही है उन्होंने कहा, 'वह घृणा को घृणा के लिए प्यार नहीं करती। उसकी कुछ समस्याएँ हैं जिन्हें वह सुलझाना चाहती है। लोगों से यह आशा करना व्यर्थ है कि वे उनका समाधान खोजे बिना शान्त हो

जाएँगे। हमें ऐसे उपाय ढूँढ़ने चाहिए कि जिससे शान्ति समस्याओं का समाधान खोजने में समर्थ हो जाए और अन्त में अबाध शान्ति रहे। तब तक ऐसा नहीं होता लोग अहिंसा में विश्वास नहीं करेंगे।'[42]

राजन्द्र प्रसाद ने अपनी पुस्तक 'एट दि फीट ऑफ़ महात्मा गांधी' में गांधी जी से भी कहीं अधिक स्पष्टतापूर्वक सत्याग्रह तथा अहिंसा का सम्बन्ध बताया है। सत्याग्रह का अर्थ है सत्य का आग्रह। सत्य जिसकी अनुपालना विचार, शब्द और कर्म में होनी चाहिए। एक मनुष्य तब भी सत्य की अनुपालना करता होता है जब वह स्वयं तो सत्य की अनुपालना करता ही है बल्कि दूसरों की भी सत्यानुपालना में मदद करता है। दूसरे शब्दों में जब दूसरे सत्य की अनुपालना करना चाहते हैं वह बाधक नहीं बनता। यह तभी हो सकता है जब वह वैसा आचारण करते हुए दूसरों से भी उसी प्रकार की आशा करता है। उन्हें डराने या धमकाने की सोचता तक नहीं। जिस बात से हमें आघात लगता है उससे दूसरों को भी लगेगा यह सोचकर हमें आघात पहुँचाने वाली बात नहीं करनी चाहिए। यही अहिंसा का धर्म है। अहिंसा के बिना सत्याचरण सम्भव नहीं है।[43]

श्री अरविन्द तथा तिलक के निष्क्रिय प्रतिशोध तथा असहयोग पर विचार

वर्ग विभाजन को रद्द न करा सकने के कारण संवैधानिक आन्दोलन की विफलता और सीधी कार्यवाही (जैसे निष्क्रिय प्रतिरोध) आरम्भ करने की सम्भावनाओं को लेकर गम्भीर चिन्तन शुरू हुआ। श्री अरविन्द ने "पैसिव रिजिसटेंस" (1907) पुस्तक में असहयोगात्मक सविनय प्रतिरोध के उद्देश्य तथा तरीकों की जिसे वे प्रतिरोध भी कहते हैं, निम्न रूप-रेखा दी है।

अपने सिद्धान्त को व्याख्यायित कहते हुए वे कहते हैं कि विदेशी सरकार के विरुद्ध राष्ट्रीय प्रतिरोध संगठित करने के तीन तरीके है : निष्क्रिय विद्रोह। उनका कहना है कि स्वाधीनता प्राप्त करने के लिए कोई राष्ट्र कौन-सा मार्ग चुनता है यह उसके दासत्व की परिस्थितियों पर निर्भर करता है। इन में से किसी को भी सब परिस्थितियों में अवैध या आपराधिक कहकर निन्दा नहीं की जा सकती है। इस वक्तव्य से यह स्पष्ट हो जाता है कि अरविन्द के निष्क्रिय प्रतिरोध के सिद्धान्त का आधार अहिंसा नहीं है। यदि भारत की परिस्थितियों में निष्क्रिय प्रतिरोध अधिक सार्थक है उसे ग्रहण किया जाए। वह लाभदायक भी है। सशस्त्र विरोध में थोड़े से साहसिक लोग अपने प्राण दे कर लाखों लोगों के लिए स्वतंत्रता प्राप्त करते हैं किन्तु, निष्क्रिय प्रतिरोध में ठीक इसके विपरीत, "सब संघर्ष करत हैं और सब यातना सहते हैं।"[44] इस संघर्ष में स्व-शासन के लिए आवश्यक एकता और साहसिकता जैसे नैतिक गुण विकसित होंगें। इस तरह हम विदेशी शासकों से मुक्त होने का अपना दृढ़ संकल्प भी दिखा सकेंगे।

निष्क्रिय (प्रतिरक्षात्मक) तथा सक्रिय (आक्रमक) प्रतिरोध में यह अन्तर है कि आक्रामक प्रतिरोधी कुछ न कुछ ऐसा करना चाहता है कि जिससे सरकार का नुकसान हो किन्तु निष्क्रिय प्रतिरोधी ऐसा कुछ भी नहीं करना चाहता जिससे सरकार की मदद हो जैसे विदेशी वस्त्रों की खरीद, सरकार अथवा सरकारी सहायता प्राप्त स्कूलों में बच्चों को भेजना, अदालतों में मुकदमे लड़ना या प्रशासन से किसी भी तरह की मदद लेना, परामर्श या शरण माँगना। श्री अरविन्द की राय में उन नागरिकों का सामाजिक बहिष्कार या सामाजिक निष्कासन जरूरी है जो नौकरशाही के साथ सहयोग करके एवक तरह का समझौता करते हैं यानी उनका जो विदेशी वस्त्र खरीदते हैं या बच्चों को स्कूल भेजते हैं, अदालतों का उपयोग करते हैं या प्रशासन को सहयोग देते हैं। "विद्रोह में इस प्रकार की धोखाधड़ी ज्यादा आर्थ नहीं रखती क्योंकि अन्त में ताकतवर शक्तियाँ जीत जाती हैं तो भयंकर दुष्परिणाम निकलते हैं। तब ऐसे आन्दोलन के लिए आवश्यक उत्साहपूर्ण मन:स्थिति तथा सघन एकता सदा के लिए समाप्त हो सकती है। समूह में आदमी बहादुर होता है और चमत्कार पूर्ण साहसिक और अदम्य गति का परिचय देता है लेकिन औसत व्यक्ति कमजोर और स्वार्थी होता है इसलिए जब तक समूह की कर्तव्य-निष्ठता न देख ले और यह न देख ले कि एक भी व्यक्ति का विश्वासघात असहनीय है, हो सकता है कि वह प्रारम्भिक उत्साह दिखाकर समूह को हानि पहुँचाने वाली स्वार्थमयता और शिथिलता में डूब जाए।"[45]

जिन देशों की सरकार का प्रशासन अपनी निरन्तरता के लिए स्वैच्छिक सहायता और जनता की सहमति पर निर्भर करता है वहाँ निष्क्रिय प्रतिरोध उपयुक्त रहता है। "नौकरशाही अपने प्रशासन की सफलता के लिए थोड़े लोगों की मदद और बहुमत की सहमति पर निर्भर करती है। यदि थोड़े लोग मदद न दें, यदि भारतीय सरकारी स्कूलों में न पढ़ाए, दफ्तर में काम करना बन्द कर दें या विदेशी पुलिस में भर्ती न हों तो प्रशासन एक भी दिन नहीं चलेगा।"

यदि निष्क्रिय प्रतिरोध चलता है तो प्रत्येक नागरिक का यह कर्तव्य हो जाता है कि वह जबरदस्ती लादे गए कानून न माने और न उनको क्रियान्वित करे और भंग करने की सज़ा चुपचाप स्वीकार कर ले। कर न देना निष्क्रिय प्रतिरोध का अन्तिम और सबसे ज्यादा असरदार तरीका है। लेकिन निष्क्रिय प्रतिरोध की एक सीमा है। "जब तक कार्यपालिका अपना काम शान्ति-पूर्वक और कानून की मर्यादा में सम्पादित करती है" अरविन्द लिखते हैं "तब तक निष्क्रिय प्रतिरोधी को पूरी ईमानदारी से अपना रूख शान्तिपूर्ण रखना है। लेकिन इस से ज्यादा उसे एक क्षण के लिए भी कुछ नहीं करना है। बल प्रयोग के अवैध और उग्र तरीकों के सामने झुकना या वैधानिक कार्यवाही के अन्तर्गत बलात्कार और गुंडागर्दी को सहन करना कायरतापूर्ण पाप है और इस प्रकार राष्ट्रीय पौरुष को बौना बनाना ईश्वत्र्व और मातृभूमि की अलौकिकता के

प्रति जघन्य अपराध है। ज्यों ही बल-प्रयोग की कोशिश हो त्यों ही निष्क्रिय प्रतिरोध समाप्त कर आक्रमण प्रतिरोध शुरू करना हमारा कर्तव्य हो जाता है।"[47]

राजनीतिक उपाय की दृष्टि से गांधी के सत्याग्रह औ श्री अरविन्द के निष्क्रिय प्रतिरोध की समानता पर काफी प्रकाश डाला जा चुका है। दोनों में ही असहयोग और सविनय अवज्ञा पर समान रूप से बल दिया गया है लेकिन दोनों में बुनियादी फर्क यह है कि गांधी का आधार अहिंसा है किन्तु अरविन्द का आधार सामयिक औचित्य हैं क्योंकि जरूरत पड़ने पर निष्क्रिय प्रतिरोधी हिंसा को भी काम में ले सकता है।

बाल गंगाधार तिलक (1856-1920) ने भी निष्क्रिय प्रतिरोध का समर्थन किया जिसे उन्होंने 'बहिष्कार' या 'बॉयकाट' भी कहा है। वे इसे सम्पूर्णतया संवैधानिक मानते हैं। उन्होंने 2 जनवरी, 1901 में कलकत्ता में हुई एक सभा में यह प्रश्न उठाते हुए पूछा कि "यदि आप में सक्रिय प्रतिरोध की शक्ति नहीं है तो क्या इतना आत्म-त्याग और आत्म-संयम की शक्ति भी नहीं है कि सरकार को शासन करने में मदद न दें? यही बहिष्कार है और जब हम यह कहते हैं कि बहिष्कार एक राजनीतिक शस्त्र है तब हमारा यही मतलब होता है। हम उन्हें मालगुजारी वसूल करने में मदद नहीं देंगे, शान्त रहेंगे। हम उन्हें अपनी सीमाओं से अन्यत्र या भारत के बाहर लड़ने में भारतीय खून और धन की सहायता नहीं करेंगे। हम उन्हें अदालत चलाने में सहयोग नहीं देंगे। हम अपनी अदालते चलाएँगे और समय आने पर कर नहीं देंगे।"[48]

1917 अक्टूबर में इलाहाबाद की एक सभा को सम्बोधित करते हुए उन्होंने कहा कि जनता को निष्क्रिय प्रतिरोध का अर्थ स्पष्टतया समझ लेना चाहिए। वह हर तरह का बलिदान दे कर लक्ष्य प्राप्त करने का संकल्प है। "यदि वे अपने लक्ष्य तक पहुँचना चाहते हैं और इस बीच कोई बनावटी और अन्यायपूर्ण कानून तथा अनीतिपूर्ण परिस्थितियाँ बाधा पहुँचाती है तो जनता का कर्तव्य है कि उनसे डटकर संघर्ष करे। यदि वे 'निष्क्रिय प्रतिरोध' जैसा शब्द काम में नहीं लेना चाहते तो 'सम्पूर्ण बलिदान दे कर' ऐसा वाक्यांश काम में ले सकते हैं लेकिन अपने द्वारा स्पष्ट किए गए आशय के अन्तर्गत वे दोनों ही वाक्यांश काम में लेंगे।"[49] वास्तव में तिलक और श्री अरविन्द के विचार एक समान थे।

अहिंसात्मक गुरिल्ला युद्ध पर बोस

गांधी की दृष्टि में सत्य और अहिंसा अभिन्न हैं। उन्होंने इन्हें सिक्के के दो पहलू माने हैं—सीधा और उल्टा। सुभाष बोस (1897-1945) ने अहिंसा को दूसरी ही दृष्टि से देखा। बोस, जैसा कि विदित है, धुरी देशों से सहायता प्राप्त करने के लिए जर्मनी भाग गये थे। 31 अगस्त, 1942 को आज़ाद हिन्द रेडियो (जर्मनी) के एक प्रसारण में उन्होंने अहिंसक गुरिल्ला युद्ध का विचार विकसित किया था। संक्षेप में गुरिल्ला

युद्ध के दो उद्‌देश्य हैं : एक भारत में युद्ध-सामग्री का उत्पादन न होने देना और दो, अंग्रेजी प्रशासन को ठप्प कर देना। उन्होंने हर वर्ग के व्यक्ति से इस संघर्ष में शामिल होने का आह्वान किया। कर देना बन्द किया जाना चाहिए, मजदूरों को कारखानों में 'धीरे काम करो' आन्दोलन चला कर युद्ध-सामग्री उत्पादन का काम शिथिल कर देना चाहिए। उन्हें तोड़-फोड़ की कार्यवाही चलानी चाहिए, मसलन उत्पादन के काम को रोकने के लिए 'नट-बोल्ट' खोल देना, तोड़-फोड़ करने के लिए विद्यार्थियों को गुप्त रूप से गुरिल्ला दस्ते संगठित करने के लिए प्रोत्साहित करना। छात्राओं को भूमिगत होकर सब तरह के काम करना चाहिए, विशेषतया गुप्त सन्देश-वाहक बनना चाहिए। सरकारी अधिकारियों को दफ्तर से प्राप्त गुप्त सूचनाओं को आन्दोलनकारियों तक पहुँचाना चाहिए और दक्षता घटाकर युद्ध सामग्री के उत्पादन में रूकावट पैदा करनी चाहिए। जनता को दूसरी बातें करने के साथ-साथ अंग्रेजी-दुकानें और वस्तु-भंडार जला देना चाहिए, गुप्त बुलेटिन निकालना चाहिए तथा गुप्त रेडिया-केन्द्र स्थापित करना चाहिए। युद्ध-सामग्री-उत्पादन करने वाले कारखानों तथा दफ्तरों में आग लगा देनी चाहिए तथा थानों और रेल-स्टेशनों को नष्ट कर देना चाहिए।

यहाँ हमारा उद्‌देश्य इन उपायों की वांछनीयता और सम्भाव्यता पर विचार करना नहीं है। हमारे लिए इस चर्चा की प्रासंगिकता यह रेखांकित करने में है, कि बोस की अहिंसा का गांधी की अहिंसा से कोई सम्बन्ध नहीं है। गुप्त तरीकों और पुलिस-स्टेशन, रेलव स्टेशन तथा दफ्तरों को जला देने की वकालत करना गुरिल्ला-युद्ध और आज़ादी के संग्राम की सफलता के सन्दर्भ में चाहे जितना प्रासंगिक हो लेकिन वह सत्य विपक्षी से प्रेम तथा खुलेपन का व्यवहार करने वाली अहिंसा से एकदम विपरीत है। बोस की अहिंसात्मक गुरिल्ला-कार्यवाही अन्तर्विरोधी शब्दावली है। इस अहिंसा की व्याख्या से यह स्पष्ट हो जाता है कि विचारक और राजनेता एक ही विचार की अनेक व्याख्याएँ कर के जनता को किस तरह भ्रमित कर देते हैं।

सत्याग्रह के आलोचक

जिन व्यक्तियों ने सत्याग्रह की आलोचना की (विशेषतया असहयोग तथा सविनय अवज्ञा के पक्षों की) वे हैं : गोखले (1886-1915), विजयराघव चेरियर, अध्यक्ष इंडियन नेशनल कांग्रेस (1920), श्री निवास शास्त्री (1869-1946), सुरेन्द्र नाथ बनर्जी (1848-1925), शिवस्वामी अय्यर (1864-1946), और एम. रूथनस्वामी (1885-1978)।

1907 में इलाहाबाद में भाषण देते हुए गोखले ने कहा कि किसी का भी यह सोचना असंगत है कि "देश की वर्तमान परिस्थितियों में असहयोग आन्दोलन सम्भव है।"[50] उदाहरण के लिए सरकारी नौकरियों का बहिष्कार करें। सरकार पर इसका असर तभी हागता जब उसे बड़ी तादाद में काम करने वाले लोगों की कमी अनुभव

होगी इसलिए असहयोग अव्यावहारिक होगा। स्कूल बहिष्कार के सम्बन्ध में भी यह बात विचारणीय है कि सरकारी स्कूलों के स्थान पर राष्ट्रीय स्कूल खुलने में कई वर्ष लग जाएँगे। दूसरे इस कार्य में बहुत परिश्रम और बलिदान की आवश्यकता होगी जिसकी लोगों से अपेक्षा करना मुश्किल है।

विजयराघव चेरियर ने असहयोग को, उदाहरण के लिए, स्कूलों और अदालतों का बहिष्कार न केवल अव्यावहारिक बल्कि अवांछनीय माना है। 1920 में इंडियन नेशनल कांग्रेस के अध्यक्षीय पद से दिए गए भाषण में उन्होंने कहा कि उनके समय का यह मान्य राजनीतिक सिद्धान्त है कि विद्यार्थियों को शान्त वातावरण में अध्ययन करने दिया जाए, इस तर्क सिद्धान्त को छोड़कर उन्हें राजनीति के अत्यन्त उत्तेजक भँवरजाल में फँसना राष्ट्र के लिए अत्यन्त हानिकारक होगा। इसके कारण परिवार विघटित होंगे क्योंकि विद्यार्थी अपने माता-पिता, बड़े भाई-बहनों से अलग हो जाएँगे। नियमित अदालतों की जगह पंच-न्यायालय की स्थापना के साथ ही यह प्रश्न उठता है कि क्या सामान्य नागरिकों द्वारा चलाए जाने वाले पंच-न्यायालय उलझी हुई कानून की समस्याओं को सुलझा सकेंगे—उदाहरण के लिए इकारारनामों के ठीक या गलत होने सम्बन्धी पेचीदा प्रश्न। उनकी पुष्टि से कानून के कई पक्षों को जाँचने के लिए विशेष दक्षता और अनुभव की आवश्यकता होती है जो इन न्यायालयों को सुलभ नहीं होगी। इसके अतिरिक्त अदालतों तथा विधि व्यवसाय के समाप्त हो जाने से अपराध तथा फौजदारी दुर्घटनाओं की वृद्धि होगी तथा कानून की साख घट जाएगी। हम जिस लोकतंत्रात्मक सरकार की स्थापना करना चाहते हैं उसकी तैयारी की यह बुरी शुरुआत होगी।

1921-22 में असहयोग आन्दोलन की कार्य-प्रणाली का विश्लेषण करते हुए श्री निवास शास्त्री ने कहा कि असहयोग 'नकार' का सिद्धान्त है। 7 मई, 1922 को फर्स्ट प्रोविन्शियल लिबरल कॉन्फ्रेंस के अध्यक्ष पद से बोलते हुए उन्होंने कहा कि असहयोग ने विचित्र मानसिकता पैदा कर दी है : "जवान और बूढ़े, स्त्री और पुरुष, ग्रामीण और शहरियों को यह बुरी आदत से गुजरते हैं। जब कभी उन्हें असन्तोष जाहिर करना होता है वे यह कहते हैं कि उन्हें बहिष्कार करना चाहिए, उन्हें असहयोग करना चाहिए, उन्हें कुछ नहीं करना चाहिए, उन्हें हट जाना चाहिए। इसे वास्तव में हम बुद्ध के नकारात्मक दर्शन की राजनीतिक परिणति के सिवाय कुछ नहीं कह सकते, कम-से-कम कर्म करते हुए जीवन से स्वयं को अलग कर लेना, कुछ न करना और कर्म से निरन्तर दूर-दूर हटते जाना।"[51] असहयोग से विद्रोह की भावना भी फैली है और कानून तथा व्यवस्था के नियमों की अवज्ञा करने के कारण समाज की बुनियाद कमज़ोर हुई है। इस से कथनी और करनी में चालाकी आई है : "जो यदा कदा राजनीतिक मामलों में नज़र आती है लेकिन जो पहली बार असहयोग आन्दोलन में भी नज़र आई"[52] जब हजारों लोगों ने स्कूलों तथा अदालतों के बहिष्कार को सबसे अधिक उचित तो माना लेकिन बहुत कम लोगों ने स्कूल तथा अदालतों का बहिष्कार किया।

'ए नेशन इन मेकिंग' में सुरेन्द्रनाथ बनर्जी ने असहयोग आन्दोलन की एक दूसरी कमजोरी की ओर संकेत किया है। असहयोग करने वाली जनता (बड़े राजनेता नहीं) के मन में विदेशी शासकों और अफ़सरों के प्रति तीव्र घृणा होती है और जब जनता के मन में कोई भाव दृढ़तापूर्वक बैठ जाता है तो वह विकसित होता और फैलता है। विदेशी सरकार और अफ़सरों के प्रति व्याप्त यह घृणा राजनीतिक तथा धार्मिक दृष्टि से विरोध करने वाली, जातियों और सम्प्रदायों तक फैल जाती है। बनर्जी ने गांधी को उद्‌घृत करते हुए लिखा है कि वे अपने बीच ही असहयोग कर रहे हैं तथा घृणा और अहिंसा का कार्यक्रम चला रहे है। उन्होंने आगे लिखा है : "जनता में यह घृणा भाव जो पहले ब्रिटिश सरकार के लिए होता है स्वाभाविक स्थलों में जाते हैं और अन्त में जाति तथा साम्प्रदायिक दंगों का रूप ले लेता है जिनसे हमारे आज का इतिहास कलंकित हो रहा है।"[53]

'इंडियन रिव्यू' में 1930 में अय्यर ने एक आलेख में इस तथ्य पर बहस की है कि किसी कानून की अवज्ञा करने का किसी को कोई वैध अधिकार नहीं है यहाँ तक कि एक विवेकवान आक्षेपकर्त्ता भी केवल यही दावा कर सकता है कि वह नैतिक रूप से किसी भी ऐसे कानून की अवज्ञा करने का अधिकारी है जिसे वह अन्याय पूर्ण मानता है। अय्यर स्वीकार करते हैं कि यह निस्सन्देह देश के इतिहास में ऐसे कई अवसर आते हैं जब एक नागरिक का यह नैतिक कर्तव्य हो जाता है कि वह भ्रष्ट कानून की अवज्ञा करके उसके प्रति अपनी अस्वीकृति जाहिर करें। लेकिन प्रश्न यह है कि ऐसा नैतिक अधिकार किन परिस्थितियों में प्राप्त होता है? यह स्मरण रहे कि किसी को कोई कानून पसन्द न आने पर आत्मा की आवाज़ को कानून के ऊपर महत्त्व देने से अराजकता की स्थिति उत्पन्न हो जाएगी जो समाज को अस्त-व्यस्त कर देगी। अय्यर ने चेतावनी दी है कि लोगों को चाहिए संविधान बदलने के लिए पहले वे सरकार को हस सम्भव प्रयत्न से अनुकूल बनाने का प्रयत्न करें और सरकार की प्रभुसत्ता बदलने के बजाय शन्तिपूर्ण उपायों से काम लें। सब उपाय असफल हो जाने के पर ही अन्त में लोगों द्वारा कानून की अवज्ञा और अपमानना को उचित ठहराया जा सकेगा। एक उत्तरदायी सरकार व्यवस्था के अन्तर्गत ऐसे अवसर नहीं आ सकते। अनुत्तरदायी सरकार व्यवस्था के अन्तर्गत ऐसे अवसर आ सकते हैं। अनुत्तरदायी शासन व्यवस्था में अवश्य ही ऐसे अवसर आ सकते हैं जों जबकि एक राष्ट्र दूसरे राष्ट्र के नागरिकों के अधिकार और स्वतंत्रता को कुचल दें और कानून कष्ट निवारण करने में असफल हो जाए। सविनय अवज्ञा के पक्षधरों को यह याद रखना चाहिए कि (i) एक बार जाग्रत हुई अराजकता या कानून भंग करने की भावना उस अवसर विशेष के निकल जाने पर भी मुश्किल से शान्त होती है इसलिए इस भावना को उत्तेजित करने से पूर्व पूरी सावधानी की आवश्यकता है (ii) किसी सरकार को बिलकुल अपंग करने के लिए उसकी सत्ता या कानून के विरुद्ध बगावत करना सशस्त्र विद्रोह है

और क्योंकि कानून और व्यवस्था के अभाव में किसी समाज का अस्तित्व रह नहीं जाता इसलिए सरकार को कानून तथा व्यवस्था की स्थिति बनाएँ रखने के लिए ऐसे विद्रोह को कुचल देना न्यायोचित होगा। लेकिन इस कथन से यह भी अर्थ निकाला जाना चाहिए कि सरकार इस आन्दोलन को ध्वस्त करने का अधिकार तभी प्राप्त कर सकेगी जब (i) देश का कोई न्यायालय इस क्रान्तिकारी आन्दोलन को कानून के लिए चुनौती भरा तथा व्यवस्था भंग करने वाला घोषित करे। (ii) क्रान्तिकारी माँगों को स्वीकार करने अथवा समझौते को योग्य न माने अथवा (iii) देश में प्रचलित कानून और व्यवस्था को (अ) अप्रतिनिधित्व प्राप्त अल्प-संख्यक जनता ने बनाया हो या (ब) अन्तरराष्ट्रीय मान्यता प्राप्त न्याय संहिता का उल्लंघन होता है।

एम. रूथनस्वामी (1885-1978) ने अपनी 'पोलिटिकल फिलोसॉफी ऑफ़ मि. गांधी' में अहिंसात्मक असहयोग में निहित राजनीतिक विचारों की गम्भीर विवेचना की है। यह ठीक है कि निषेधात्मक निष्क्रिय प्रतिरोध और असहयोग भारतीय परम्परा के अंग है किन्तु क्या वह व्यवस्था जो एक पुराने ग्राम्य-समाज के अनुकूल थी अब भी एक मिली जुली संश्लिष्ट समाज-रचना के लिए उचित है?*[3] उनका मत था कि नहीं है। प्राचीन भारत जैसे सरल और एक रूप समाज में असहयोग व्यावहारिक था और उस समय के राज्य की राजनैतिक आलोचना करने का एक उपयोगी साधन था। तब भारत अलग-अलग बसे हुए और छोटे-छोटे गाँवों का देश था। ऐसे देश में असहयोग से केवल एक ही गाँव की समाज व्यवस्था अस्त-व्यस्त होती थी और राज्य के स्थायित्व पर कोई असर नहीं पड़ता था। इसके अतिरिक्त जिन कारणों से असहयोग किया जाता था वे आसानी से सबके समझ में आ जाते थे। क्योंकि वे वास्तविक तथा व्यक्तिगत अनुभवों पर आधारित होते थे, उदाहरण के लिए ग्राम अधिकारियों द्वारा अधिक लगान की वसूली प्राय: असहयोग का कारण होती थी। संक्षेप में उन दिनों असहयोग इसलिए सफल हो जाता था क्योंकि उसका एक ऐसे समाज में उपयोग होता था जो जटिल नहीं था, लोग एक रूप थे और असहयोग के कारण वास्तविक तथा तात्कालिक होते थे। इसके विपरीत आधुनिक भारत की राजनीतिक तथा सामाजिक परिस्थितयाँ बहुत भिन्न है। अब राज्य की संरचना जटिल हो गई है। आज गाँव और शहर राजनीतिक तथा आर्थिक दृष्टि से आपस मे जुड़े है। आज का भारतीय समाज एक रूप नहीं है। आज की जनसंख्या में हिन्दू, मुसलमान, ईसाई शामिल है। अब असहयोग के लिए आवश्यक सहमति प्राप्त करना कठिन है। एक विभाजित, बहु-संख्य, आधुनिक भारत के लिए बहुत साधारण, एक दम सरल तथा कम धारवाला शस्त्र है।

---

* [3]प्राचीन भारत में जाति ही सर्वश्रेष्ठ राजनीतिक सामाजिक संगठन था। उस संगठन को मान्यता दिलाने वाली तथा संगठित रखने वाली शक्ति 'बहिष्कार' थी। जाति के सदस्य उस किसी भी सदस्य के साथ असहयोग करते थे जो नियमों का उल्लंघन करता था। सामाजिक बहिष्कृति या बहिष्कार असहयोग का ही एक रूप था।'[54]

फिर सविनय अवज्ञा की भावना के दूरगामी परिणाम हानिकारक हो सकते हैं। इसें कोई सन्देह नहीं है कि संवैधानिक सरकार में अवज्ञा का अधिकार सबसे अधिक शक्तिशाली और मान्य है लेकिन जैसा कि वर्क ने कहा है उसे संविधान के लिए दवा की तरह होना चाहिए न कि नित्य की रोटी। सरकार के प्रति सविनय अवज्ञा का भाव यदि बहु-संख्य लोगों में उत्पन्न कर दिया जाता है तो उसके दूरगामी परिणाम राज्य को अस्थिर करने वाले होंगे। वे ब्रिटिश हुकूमत को उखाड़ फेंकने में सहायक हो सकते हैं लेकिन क्या उसका उपयोग राजस्व के बाद भी भारत में उसी प्रकार किया जा सकेगा?"[55]

रूथनस्वामी का मत था कि गांधी के असहयोग आन्दोलन की बुनियाद गलत राजनीतिक जमीन पर रखी गई थी यानी सरकारों का अस्तित्व प्रजा के सहयोग पर निर्भर है। यह सही है कि सरकारें तभी तक चलती हैं जब तक शासित लोग उसे स्वीकार करते हैं लेकिन आज्ञाकारिता का ज्यादा हिस्सा निष्क्रिय और अस्वीकारात्मक होता है। असहयोग तभी सफल होगा यदि सरकार के साथ लोगों के सक्रिय और निरन्तर सहयोग की प्रक्रिया सामान्य है लेकिन ऐसा है नहीं क्योंकि राजनीतिक आज्ञापालन प्राय: निष्क्रिय सहमति के रूप में विद्यमान है।

गांधी की बुनियादी गलती रूथनस्वामी की दृष्टि में यह है कि वे मानव स्वभाव को अत्यन्त आशावादी दृष्टि से देखते हैं, कि मनुष्य स्वभाव से साधु और शान्तिप्रिय होता है। वे इस विचार की वैज्ञानिकता पर प्रश्न करते हुए कहते हैं कि मनुष्य जीवन का सबसे बड़ा नाटक अपने बुरे से बुरे स्वभाव के विरुद्ध संघर्ष करना है। मनुष्य को सज्जन एवं शान्तिप्रिय स्वभाव का बनने मे समय लगता है। कर्म की दुनिया वैचारिक दुनिया की तरह गति और घर्षण से मुक्ति नहीं होती। "गांधी अधिकांश आदर्शवादियों की तरह समय के अस्तित्व को भूलकर चलते हैं।"[56] लेकिन सभ्य व्यक्ति और राष्ट्र के लिये एक बेहतर जिन्दगी बनाने की आवश्यक शर्त है।

सत्याग्रह: एक राजनीतिक उपाय के रूप में— अब हम सत्याग्रह का महत्त्व एक राजनीतिक उपाय के रूप में देख सकते हैं। हमने देखा है कि सत्याग्रह का मुख्य तत्त्व यह है कि सत्याग्रही सत्य को जैसा वह समझता है उद्घाटित करने के लिए किसी भी सीमा तक शारीरिक तथा मानसिक यातना सहने के लिए तैयार रहता है। इस तरह वह शारीरिक बल का प्रयोग न करते हुए शिष्टाचारपूर्वक एक अनैतिक कानून, कार्यपालिका का निर्देश और सामाजिक कुरीति का प्रतिरोध तब तक करता है जब तक या तो उन्हें बदल नहीं दिया जाता या उसकी मृत्यु नहीं हो जाती। उसका यह विश्वास होता है कि आत्म-बल, सत्य-बल, प्रेम के बल से, आत्म-बलिदान और आत्म-यातना भोगते हुए बुराई को जीता जा सकता है। 'सत्याग्रह इन साउथ अफ्रीका' पुस्तक में गांधी ने सत्याग्रह सिद्धान्त की इस तरह व्याख्या की है :

"सत्य पर दुनिया टिकी है। असत्य का 'जो नहीं है' यह भी अर्थ होता है, और सत्य का अर्थ होता है 'जो है'। यदि असत्य का अस्तित्व है ही नहीं तो उसके

जीतने का प्रश्न ही नहीं उठता और सत्य जो कि है कभी नष्ट नहीं होता। सार रूप् में यही सत्याग्रह का सिद्धान्त है।"[57]

क्या व्यक्ति, व्यक्ति-समूहों तथा अन्तरराष्ट्रीय विवादों को प्रेम और सत्य की शक्ति से यानी अहिंसात्मक उपाय से निपटाया जा सकता है? सत्याग्रह की राजनीतिक उपयोगिता का मूल्यांकन करते समय यह बुनियादी सवाल उठता है। गांधी के अनुसार "सत्याग्रह का विज्ञान अभी किशोरावस्था में है।" उन्होंने लिखा : "मेरे पास कोई गढ़ा-गढ़ाया सिद्धान्त नहीं है।"[58] मैंने सत्याग्रह के विज्ञान की सम्पूर्णता के साथ जाँच-परख नहीं की है।[59] सत्याग्रह का 'सिद्धान्त बनने की प्रक्रिया में है।"[60] दूसरे शब्दों मे इस सिद्धान्त की कुछ कमजोरियाँ हैं लेकिन हम स्मट्स के साथ सहमत होते हुए यह सोच सकते हैं कि दूसरों की सहानुभूति और समर्थन प्राप्त करने के सारे उपाय, तर्क और आग्रह काम न करें तब गांधी का यह सिद्धान्त "राजनीतिक विधि को अनूठी देन माना जाएगा।'[61] सत्याग्रह को अब हम 'व्यक्ति सत्याग्रह और समूह सत्याग्रह' इन दो विधियों से सोच सकते हैं।

व्यक्ति-सत्याग्रह—पाशविक बल से विवादों को निर्णीत करने की विधि शताब्दियों से आजमाई जा रही थी लेकिन यह अपूर्ण है। क्योंकि बल-प्रयोग का अधिकार हमेशा ही औचित्यपूर्ण नहीं ठहराया जा सकता है और न उस से विवाद का निर्णय ही होता है। अस्थायी रूप से विवाद समाप्त हुआ लगता है लेकिन शारीरिक बल प्रयोग के कारण उत्पन्न हिंसा बदले की भावना का रूप ले सकती है और ज्यों ही हारी हुई पार्टी ताकतवर होती है, त्यों ही विवाद फिर शुरू हो जाता है। विकल्प के रूप में आत्म-बल का प्रयोग ज्यादा नैतिक तथा विधि संगत होता है क्योंकि उसका सफल प्रयोग पाशविक बल पर निर्भर नहीं करता और दूसरे यह कि आत्म-बल का उपयोग करने वाले अपने न्यायोचित संकल्प के लिए कष्ट उठाने को तैयार रहते हैं। वे लोग यह विश्वास करते है, कि वे दूसरों की अपेक्षा 'कहीं ज्यादा' न्याय-पक्ष के हैं। 'कहीं ज्यादा शब्द को हम जान-बुझकर काम में ले रहे हैं क्योंकि इस बात का कोई दावा नहीं है कि सत्याग्रही का विवेक जिसे न्याय संगत कहता है वह उसकी न्याय-धारणाओं से एक दम मेल खाता हो और न यही आवश्यक है कि वह दूसरे व्यक्ति या व्यक्ति-समूहों द्वारा अपने या दूसरे समाजों में मान्य हो। वह स्वयं को भी भ्रमित कर सकता है। यहाँ एक नैतिक उत्तरदायित्व की समस्या भी आती है। आत्म-बल का प्रयोग उन्हीं परिस्थितियों तक सीमित है जहाँ तक हम उस सिद्धान्त को विरोधी से स्वीकार करा लेने में सफल होते हैं जिसे वह कभी मानने को तैयार नहीं था। गांधी इस सिद्धान्त की कमजोरी को जानते थे। वे जानते थे कि कोई व्यक्ति यह दावा नहीं कर सकता कि उसके विश्वास और का एक निरपेक्ष अर्थ में उचित और न्याय संगत है क्योंकि ऐसे निष्कर्ष हमेशा व्यक्ति सापेक्ष या जिस समूह में वह रहता है उसकी मान्यताओं से संचालित होते हैं। गांधी

यह सोचते थे यदि व्यक्ति अपने कार्यों को न्यायोचित कर्म की धारणा पर निरन्तर परखता रहे तो वह गलत काम भी पहचान सकता है। विवाद का कोई पक्ष यह दृढ़तापूर्वक दावा नहीं कर सकता कि उसका उठाया हुआ कदम निरपेक्ष रूप में न्याय संगत है। न्याय के लिए एक पत्र न्यायालय संहिता बना कर सबको स्वीकार करनी पड़ेगी और यह भी स्वीकार करना पड़ेगा कि वह अन्तरराष्ट्रीय स्तर का निरपेक्ष न्याय प्रदान कर सकती है। यह करने के लिए हमें उस संहिता को प्रत्येक स्थिति और विवरण तक जाने के लिए समर्थ बनाना पड़ेगा। यह सोचने की बात है कि यह सब कुछ हो भी सकेगा या नहीं?

यहाँ श्री निवास शास्त्री द्वारा गांधी के आमरण अनशन की आलोचना युक्ति-संगत मानी जा सकती है। उन्होंने 7 मई, 1933 को गांधी को लिखा है कि "आपके पास यह समझने के लिए पर्याप्त दार्शनिकता है कि किसी आचरण के लिए ईश्वरीय-अनुमति का दावा करना उसे विचार-विमर्श के क्षेत्र से बाहर करना है और उसे दूसरों की बुद्धि से कहीं ऊपर साबित कर देना है।"[62] दूसरे शब्दों में इस बात की खोज आवश्यक है कि क्या वह विधि जिसे सत्याग्रही अपने समुदाय के लिए उपयोगी समझ रहा है दूसरे भी उसे वैसा ही समझ रहे हैं या क्या सार्वजनिक उपयोगिता को नापने का उसके पास कोई ऐसा सर्वमान्य मापदंड है जैसा कि एक देश की विधि-संहिता के पास सामाजिक दृष्टि से मान्य आचरण नापने का होता है।

समूह-सत्याग्रह—समूह सत्याग्रह के क्षेत्र में भी गांधी का सिद्धान्त अत्यन्त आदर्शवादी है। उनके अनुसार प्रत्येक व्यक्ति के पास प्रेम, दूसरे के दृष्टिकोण को समझना, अहिंसा और जिस तथ्य को वह न्यायोचित समझता है उसके लिए यातना सहना जैसे प्राथमिक गुणों को सराहना और व्यवहार में लाने की शक्ति है। गांधी ने सत्याग्रह के लिए कुछ शर्तें रखी थी और सत्याग्रही के लिए ऐसे प्रशिक्षण की व्यवस्था भी की थी जिससे उसमें सत्य और अहिंसा जैसे आवश्यक गुण विकसित हों। समूह सत्याग्रह में जब तक व्यक्ति अनुशासित और आज्ञाकारी है यह आवश्यक नहीं है कि वह सब तरह सम्पूर्ण हो। जैसे युद्ध में सामान्य जन सेनापति, सिपाही की आज्ञा मानते हैं उसी तरह यदि चुने हुए प्रशिक्षित नेता हों तो उनके साथी कार्यकर्त्ता उनके आदेश का पालन करेंगे। फिर भी यह प्रतीत होता है कि समूह सत्याग्रह की खामियों को दूर करने के लिए दो दिशाओं में खोजपूर्ण काम करना लाभप्रद होगा। जिन आलोचकों की हमने पूर्व सन्दर्भ में बात की है—गोखले, विजयराघव चेरियर; शास्त्री, बनर्जी, रूथनस्वामी-उनका सार यह है कि यह विश्वास करना कठिन है कि जन-समूह में वह अनुशासन है जो सत्याग्रह का आधार और मूल-तत्त्व है; जहाँ इसकी कमी है वहीं वैयक्तिक और सामाजिक विघटन शुरू होकर हिंसा प्रारम्भ हो सकती है।

गांधी का खयाल था कि जैसे परिवार का प्रत्येक सदस्य दूसरे सदस्यों से प्रेम करना सीख जाता है उसी तरह समाज का प्रत्येक सदस्य समाज के दूसरे सदस्यों से प्रेम करना सीख लेता है। 'हरिजन' में उन्होंने लिखा : "आजकल यह कहने का शौक हो गया है कि समाज अहिंसा के आधार पर नहीं चलाया जा सकता। मैं इस विषय पर बात कर सकता हूँ। एक परिवार में जब पिता दोषी बच्चे के तमाचा मारता है तो बच्चा बदला लेने की नहीं सोचता। वह पिता की आज्ञा आत्म-सुधार के लिए नहीं बल्कि उस प्रेम के लिए मानता है जिसे वह अनुभव करता है कि उसने आघात पहुँचाया है। समाज किस तरह शासित होता है या होना चाहिए इस सम्बन्ध में मेरी यही आधारभूत राय है। जो परिवार के लिए सत्य है उसे समाज के लिए भी सत्य होना चाहिए क्योंकि वह भी एक तरह से हमारा बड़ा परिवार है।[63]

क्या दोनों में इस तरह की तुलना हो सकती है? परिवार जैसी छोटी संस्थाओं में सदस्यों की घनिष्टता का कारण उनका पारस्परिक प्रेम है। क्या एक बड़े समाज में उसके विस्तार और आकार को देखते हुए प्रेम का फैलाव, जो अहिंसा के लिए आवश्यक है, कठिन नहीं होगा? दूसरी बात यह है कि आधुनिक सामाजिक मनोविज्ञान की खोज ने यह बताया है कि भीड़ में भय, अनुकरण अविश्वास से ऐसे चिह्न नजर आते हैं जो अकेले आदमी में कभी देखने को नहीं मिलते। तब समूह सत्याग्रह मे हम सामान्य आदमी में अपेक्षित गुणों को कैसे प्राप्त करेंगे?

गांधी अपने समय से आगे चलने वाले आदर्शवादी थे। यदि कमज़ोर और अपूर्ण आदमी द्वारा शुद्ध अहिंसा का सिद्धान्त न भी अपनाया जा सके फिर भी निशस्त्रीकरण का दिन-प्रतिदिन बढ़ता हुआ महत्त्व और विवादों का शान्तिपूर्ण उपायों से (बातचीत, समझौता और पंच फैसला) निपटारा करने का आग्रह यह तो संकेत करता ही है कि मनुष्य सत्याग्रह के सिद्धान्त से मानवीय मूल्यों के बुनियादी सरोकारों के सम्बन्ध में कुछ-न-कुछ तो सीख ही सकता है। "हमारे सारे विश्व-संगठन ना-कामयाब हो जाएँगे यदि वे इस सत्य से प्रेरित नहीं होंगे कि प्रेम घृणा से शक्तिशाली है।"[64]

सन्दर्भ

1. यंग इंडिया, 5 नवम्बर 1931
2. फ्राम यशवदा मन्दिर द्वारा एम.के. गांधी मूल गुजराती से अनुवाद बलजी गोविन्द जी देसाई द्वारा तीसरा संस्करण (अहमदाबाद नवजीवन प्रेस, 1945), पृ. 8-9
3. यंग इंडिया, (कलेक्टेड इश्यूज ऑफ़ 1919-22), पृ. 222
4. यंग इंडिया, 9 जून 1920
5. देखें टिप्पणी 3, पृ. 223
6. यंग इंडिया, 14 अगस्त 1920
7. यंग इंडिया, 23 मार्च 1921

8. यंग इंडिया, 17 जुलाई 1924
9. हरिजन, 9 जुलाई 1938
10. यंग इंडिया, 19 मार्च 1925
11. यंग इंडिया, 4 जून 1925
12. सत्याग्रह इन साउथ अफ्रीका द्वारा एम.के. गांधी मूल गुजराती से अनुवाद बलजी गोविन्द जी देसाई द्वारा, रिवाइज़्ड एडीशन (अहमदाबाद : नवजीवन पब्लिशिंग हाउस 1950), पृ. 208-10
13. स्पीचेज एंड राइटिंग्ज ऑफ़ एम.के. गांधी, चौथा संस्करण (मद्रास : जी.ए. नटेसन एंड कम्पनी), पृ. 361-64
14. वही।
15. देखें टिप्पणी 2, पृ. 8-9
16. देखें टिप्पणी 13, पृ. 251-52
17. वही।
18. यंग इंडिया, 11 अगस्त 1920
19. हरिजन, 17 अगस्त 1935
20. यंग इंडिया, 8 अक्टूबर 1925
21. यंग इंडिया, 29 अक्टूबर 1931
22. हरिजन, 16 मई 1936
23. देखें टिप्पणी 12, पृ. 182-83, 187-88
24. हरिजन, 12 नवम्बर 1938।
25. यंग इंडिया, 31दिसम्बर 1931
26. देखें टिप्पणी 3, (1919-22), पृ. 297-99
27. गांधी हिज ऑन स्टोरी सी.एफ. एंडूज (लन्दन : एलन एंड अनविन 1930), पृ. 121-135
28. वही।
29. स्टोरी ऑफ़ माई एक्सपेरिमेंटस विथ टूथ द्वारा एम.के. गांधी (अहमदाबाद : नवजीवन प्रेस 1929), पृ. 509-13
30. देखें टिप्पणी 12, पृ. 113-115
31. दि कलेक्टेड वर्क्स ऑफ़ महात्मा गांधी (दिल्ली : दि पब्लिकेशन डिवीजन) भाग 7, पृ. 255-256
32. हरिजन, 10 अप्रैल 1937
33. हरिजन 26 जुलाई 1942
34. हरिजन 11 फरवरी 1933
35. हरिजन 9 सितम्बर 1933
36. कम्यूनल यूनिटी द्वारा एम.के. गांधी (अहमदाबाद : नवजीवन पब्लिशिंग हाउस 1949), पृ. 47-49
37. वही।
38. वही, पृ. 142-43
39. हरिजन, 2 सितम्बर 1939

40. बिफोर एंड ऑफ्टर इंडिपेंडेंस : ए कलेक्शन ऑफ़ दि मोस्ट इम्पोरटेंट एंड सोलस्टरिंग स्पीचेज डेलिवर्ड बाइ जवाहरलाला नेहरू 1922-50 सम्पादित द्वारा जे.एस. ब्राइट भाग I व II (न्यू दिल्ली : दि इंडियन प्रिंटिंग वर्क्स), पृ. 37-38
41. वही।
42. हरिजन, 3 जुलाई 1954
43. एट दि फीट ऑफ़ महात्मा गांधी द्वारा राजेन्द्रप्रसाद (बोम्बे : एशिया पब्लिशिंग हाउस 1961), पृ. 326-27
44. दि डाक्टरिन ऑफ़ पैसिव रिजिसटेंस द्वारा श्री अरविन्द द्वारा संस्करण (पांडेचरी : श्री अरविन्द आश्रम 1952), पृ. 64-65
45. वही।
46. वही।
47. वही।
48. बाल गंगाधर तिलक हिज़ राइटिंग्ज़ एंड स्पीचेज, तीसरा संस्करण (मद्रास : गणेश एंड कम्पनी 1922), पृ. 64-65
49. वही, पृ. 216-63
50. स्पीचेज ऑफ़ गोपलाकृष्ण गोखले, तीसरा संस्करण (मद्रास : जी.ए. नटेसन एंड कम्पनी 1920), पृ. 954-56
51. स्पीचेज एंड राइटिंग्ज़ ऑफ़ दि राइट आनरेबुल बी.एस. श्री निवास शास्त्री पी.सी. फर्स्ट एडीशन (मद्रास : जी.ए. नटेसन एंड कम्पनी N.D.), पृ. 210-15
52. दि पोलिटिकल फिलॉसफी ऑफ़ मि. गांधी द्वारा एम रूथनस्वामी (मद्रास : टैगोर एंड कम्पनी 1922), पृ. 47
53. ए नेशन इन मेकिंग, बोइंग दि रेमेनिसेन्सेज ऑफ़ फिफ्टी इयर्स ऑफ़ पब्लिक लाइफ द्वारा श्री सुरेन्द्रनाथ बनर्जी, (बोम्बे : युनिवर्सिटी प्रेस 1925), पृ. 302
54. देखें टिप्पणी 52, पृ. 47
55. वही, पृ. 52
56. वही, पृ. 59
57. देखें टिप्पणी, 12, पृ. 285
58. हरिजन, 23 अक्टूबर 1937
59. हरिजन, 24 सितम्बर 1938
60. हरिजन, 27 मई 1939
61. महात्मा गांधी : ऐसेज एंड रिफलेक्शंस ऑफ़ हिज़ लाइफ, सम्पादित द्वारा एस. राधाकृष्णन : इन्स्लूड्ज एन. ऐसे बॉय जे. एमट्स (लन्दन : एलन एंड अनविन 2/e 1949)
62. देखें टिप्पणी, 51, पृ. 97-98
63. हरिजन, 3 दिसम्बर, 1939
64. दि रिलीजन बी नीड द्वारा एस. राधाकृष्णन : दूसरा संस्करण (वाराणसी : बनारस हिन्दू युनिवर्सिटी प्रेस 1963), पृ. 352

5

राष्ट्र क्या है?

राष्ट्र और राष्ट्रीयता

इस शताब्दी के पूर्वार्द्ध में, खासतौर पर 1917 से 1947 तक यानी ब्रिटिश संसद में भारत को धीरे-धीरे स्वशासी सरकार देने की ब्रिटिश नीति की घोषणा के बाद से भारत के स्वतंत्रता प्राप्त करने तक, राष्ट्र, राष्ट्रीयता और राज्य जैसे शब्दों की बुनियादी अवधारणाओं को लेकर अनेक धारणाएँ चलती रहीं। मुसलमान भारत की जनसंख्या का बड़ा हिस्सा थे। उनके मन में यह आशंका थी कि भारतीय सरकार उनके हितों की रक्षा नहीं करेगी क्योंकि उसका नियंत्रण स्थायी हिन्दू बहु-संख्यक करेंगे। इसलिए एक कदम आगे बढ़कर वे यह दावा करने लगे कि वे मात्र एक समूह नहीं है एक कौम है। वे राजनीतिक सिद्धान्त और इतिहास के परिप्रेक्ष्य में अपने कौमियत के दावे की सिलसिले बार जाँच की कोशिश करने लगे। इधर हिन्दू तथा गैर साम्प्रदायिक संगठन जैसे भारतीय राष्ट्रीयता कांग्रेस आदि भी राष्ट्रीयता, राष्ट्रवाद, राज्य तथा इसी से सम्बन्धित दूसरी अवधारणाओं को स्पष्ट करने की ओर ध्यान देने लगे।

स्वाभाविक ही था कि यहाँ के विचारक पश्चिम के सुप्रसिद्ध लेखक जैसे एच. सिडविक, जे. ब्रायस, सी.ए. मकार्टन; जे. स्टालीन, डब्लू फ्रीडमान तथा ए. कोबान को आधार बनाते। हमें उनसे ग्रहण किए गए विचारों की चर्चा नहीं करनी है। हमारे लिए इतना ही प्रासंगिक है कि हम 'कौमियत' सम्बन्धी सिर्फ उन भारतीय विचारों की पड़ताल करें जिनका मूल आधार भारतीय अनुभव और परिवेश था।

हम यह परीक्षा बी. आर. आम्बेडकर के इस विषय पर व्यक्त किए उन आपत्तिरहित विचारों से शुरू करें जिनकी वैधता से उस समय के किसी भी चिन्तक का मतभेद नहीं हो सकता था। 'राष्ट्रीयता', आम्बेडकर ने 'थॉट्स ऑन पाकिस्तान' (1941) में लिखा, 'वैयक्तिक मनोवैज्ञानिक' भाव है। वह एकात्मकता का ऐसा संगठित भाव है कि उससे प्रेरित हुए लोग ऐसा अनुभव करते हैं कि जैसे वे सगे-सम्बन्धी है। यह राष्ट्रीय भाव दुधारा है। एक तरफ वह अपने लोगों के प्रति मैत्री

भाव है तो दूसरी तरफ उन लोगों के प्रति अमैत्री भाव जो अपने नहीं हैं। वह एक ऐसा चेतन भाव है कि जिसके कारण वे सारे लोग आर्थिक, सामाजिक भेद-भावों को भूलकर दृढ़तापूर्वक एक साथ हो जाते हैं जो एक तरह का अनुभव करते हैं तथा वे सब अलग हो जाते हैं जो वैसा अनुभव नहीं करते। वह अपने समूह वालों के साथ एक होने की कामना है और यह कामना भी है कि किसी दूसरे समूह के साथ न हों। वी. डी. सावरकर भी इन्हीं विचारों के हैं कि एक सुव्यवस्थित राष्ट्र है। उनमें भिन्नता हो सकती है लेकिन वे "राष्ट्रीय इकाई के रूप में आपस में भिन्न लगने की अपेक्षा दूसरों से ज्यादा भिन्न लगते हैं।"[1]

एक विचारक और दूसरे विचारक के बीच में तब मतभेद पैदा होता है जब वे (अ) उन महत्त्वपूर्ण तत्त्वों पर विचार करने लगते हैं जिनके कारण 'सामूहिक भाव' बनता है। (आ) जब वे यह विचार करने लगते हैं कि हिन्दू और मुसलमान एक जाति हैं या दो। हम दूसरे मुद्दे पर विचार नहीं करेंगे क्योंकि वह राजनीतिक, सामाजिक इतिहास का हिस्सा है। पहले मुद्दे पर कुछ विचार करेंगे।

1908 में प्रकाशित भाषण में श्री अरविन्द यह तर्क देते हैं कि "राष्ट्रीयता धर्म है जिसके द्वारा हम अपने राष्ट्र, अपने देशवासियों में ईश्वर की उपस्थिति को पहचानने का यत्न करते हैं। हम अपने स्वार्थों के लिए जीने की कोशिश नहीं करते बल्कि दूसरों के लिए काम करते, बलिदान करते व जीवित रहते हैं। जब एक बंगाली तरुण को जेल जाना पड़ता है और दुख उठाना होता तब उसे कोई कष्ट नहीं होता, वह दुख से नहीं डरता।"[2] क्यों? "यह अपने अस्तित्व को अलग मानने के विचार का अस्वीकार है। यह अपने उच्च और शाश्वत अस्तित्त्व को तीस करोड़ लोगों में पाना है जिनमें भावना का निवास है।" यह अद्वैतवादी विचार की अभिव्यक्ति है जहाँ ब्रह्म और आत्मन् एक हो जाते हैं। यह स्मरण रहे कि अद्धैत में ब्रह्म के विश्वास रूप को स्वयं सिद्ध माना है; भिन्न-भिन्न आत्मरूप उसी ईश्वरीय सत्ता के अंश है। श्री अरविन्द का राष्ट्रीयता के विचारों को बौद्धिक तथा धार्मिक रूप देने के पीछे कार्यकर्त्ता को उत्साहित करने का भाव निहित है जिसे विदेशी शासन से मुक्त होने के लिए सब तरह के कष्ट सहने हैं। जब तुम ईश्वर में विश्वास करते हो, जब तुम विश्वास करते हो कि ईश्वर तुम्हारा मार्ग दर्शन कर रहा है; विश्वास करो कि ईश्वर ही सब कुछ कर रहा है और तुम कुछ नहीं कर रहे हो तब क्या भय है? वह तुम नहीं हो, तुम्हारी आत्मा है। ये सब न्यायालय, ये सारी दुनिया की ताकतें उस अजन्मे, अविनाशी अज़र, अमर का क्या बिगाड़ सकती हैं जो तुम्हारे अन्दर है। उसके न तलवार टुकड़े कर सकती है; न अग्नि जला सकती है; न जल डुबा सकता है। न उसे जेल में बन्द किया जा सकता है; न फाँसी से उसका अन्त किया जा सकता है।

श्री अरविन्द के मन में यह स्पष्ट था कि किसी राष्ट्र के लोगों के मन में राष्ट्र के प्रति अपनत्व की भावना वाला और उसके कल्याण के लिए कार्य करने की

प्रेरणा देने वाला यही विश्वास हो सकता है कि राष्ट्र का प्रत्येक व्यक्ति एक ही ईश्वरीय शक्ति का अंश है।

विपिनचन्द्र पाल (1858-1932) श्री अरविन्द से सहमत होते हुए अपने निबन्धों तथा भाषणों के संग्रह (1907) की भूमिका में लिखते हैं कि "भारत का राष्ट्रीय आन्दोलन मूलतः आध्यात्मिक आन्दोलन' था। उसका दर्शन अनन्त का, परम ब्रह्म का दर्शन था जिसे हमने आर्थिक, सामाजिक जिन्दगी के अनुरूप ढाल लिया था। वह मनुष्य को ईश्वर के रूप में देखता है और सामाजिक, नागरिक संस्थानाओं को ईश्वर प्राप्ति तथा उसकी दिव्य चेतना की अभिव्यक्ति के साधन तथा उपकरण मानता है।"[4]

एकात्म भाव उत्पन्न करने की दिशा में भारतीय समाज की बुनियादी कमजोरियों को जानते हुए टैगोर ने 'नेशनेलिज्म' निबन्ध में एक महत्त्वपूर्ण संकेत करते हुए लिखा है : "हम अपने समाज में जिस कमजोरी का पोषण करेंगे वहीं राजनीति में खतरे का कारण बन जाएगी।...संकीर्णता की भावनाओं से जुड़कर यदि हम मानव-समुदाय के बड़े हिस्से पर अपना प्रभाव जमा लेते हैं तो वे हमारी राजनीति में हीनता के रूप में उभर कर अन्याय और क्रूरता का कारण बनती है।"[5]

1917 में टैगोर ने जब "भारतीयता" पर एक सामाजिक निबन्ध लिखा तभी उनके मन में यह स्पष्ट था कि भारत में राष्ट्रीयता जिस समाज का आधार होती है वहाँ गतिशीलता के साथ समाज के विभिन्न वर्गों में अन्तःक्रिया होती है और अन्तर्जातीय विवाह वर्जित नहीं होते। अलग-अलग जातियों और उनके बीच में विवाह का निषेध उस एकता के लिए बाधक है जो राष्ट्रीयता का आवश्यक तत्त्व है। वे पूछते हैं कि "क्या दुनिया में एक भी ऐसा उदाहरण है जहाँ के लोगों के दूसरे लोगों के साथ रक्त-मिश्रण नहीं होता यदि होता है तो जोर-जबरदस्ती या फिर पैसे के लिए? क्या हम आशा करें कि राष्ट्रीय ऐक्ट के विरुद्ध लगी ये वर्जनाएँ हमारी राजनीतिक एकता में बाधक नहीं होंगी?"[6]

राष्ट्रीयता सम्बन्धी धार्मिक तथा सामाजिक चिन्तन, जिसका जिक्र श्री अरविन्द, पाल तथा टैगोर ने किया है, से अलग एक तीसरा और बिलकुल भिन्न भारतीय चिन्तन है जिसका आधार 'मातृभूमि' है। इस धारणा का गोलवलकर ने (1906-73) 'नॉट सोशलिज्म वट हिन्दू राष्ट्र' (1964) में उल्लेख किया है। गोलवलकर कहते हैं कि यदि एक विशेष भू-भाग में ऐसे लोग हों जो उस भू-खंड को मातृ-तुल्य समझते हों, वैसी ही श्रद्धा रखते हो, समान पितृ-परम्परा वाले हों, जिनके जीवन के समान लक्ष्य हों, समान संस्कृति हो, दुनिया के दूसरे लोगों के प्रति मित्र अथवा शत्रु होने की समान धारणा हो, अतीत के समान सुखद अवथा दुखद अनुभव हों तथा समान हित हों ऐसे भू-भाग के लोग एक राष्ट्र के कहलाते हैं। उदाहरण के लिए "यह हमारा महान् देश है जिसके उत्तर, दक्षिण, पूर्व, पश्चिम में हिमालय की शाखाएँ फैली हैं,

जिसकों राज्य सीमाएँ उत्तरी सागर तक चली गई है। इसी एक विशाल भू-खंड में हम बालकों की तरह आ रहे हैं।"[7] उन्होंने इस तथ्य पर भी प्रकाश डाला है कि राजनीतिक परिवर्तनों के साथ सीमाएँ भी परिवर्तित हुई है लेकिन यह कहना सही नहीं है कि जो भूमि चली गई है वह हमारी नहीं है।[8] किसी देश की सीमाएँ चंचल राजनीतिक स्थितियों द्वारा निर्णीत नहीं होती। किसी भी राष्ट्र के लोगों के लिए वहाँ की भूमि पवित्र होती है। प्रत्येक रजकण, प्रत्येक वस्तु जड़-चेतनन, सजीव-निर्जीव, प्रत्येक नदी, जलाशय पवित्र होता है। मातृभूमि के प्रति प्रेम बालक का माँ के प्रति प्रेम की तरह होता है। प्रत्येक नागरिक को अपने प्राण, अपना रक्त देकर मातृभूमि की चप्पा-चप्पा भूमि को बचाना चाहिए।

राष्ट्रीयता का आधार धर्म

उस समय यह विचारधारा भी प्रचलित थी कि धर्म ही राष्ट्रीयता का आधार है। ऐसा मानने वाले दो मुस्लिम लेखक रहे हैं एक जे. अहमद और दूसरे कोई अज्ञात लेखक 'एम.आर.टी.'। अहमद कहते हैं कि 'राष्ट्र' निर्धारण न तो 'कौम' से होता है न किसी विशेष 'भू-खंड' के साथ जुड़ाव से। 'राष्ट्रीयता' का अस्तित्व धर्माधारित संस्कृति होती है।

मुसलमानों को इस देश पर आठ सौ वर्षों तक राज्य करने के बाद यह अनुभव होने लगा कि वे सब कौमों से अलग एक कौम है। उनमें वे सब विशेषताएँ हैं जो एक 'कौम' में होनी चाहिए। उनकी 'कौमियता' का आधार किसी जातीयता, समान आर्थिक हितों या राज्यविशेष की भौगोलिक सीमाओं के साथ होने के कारण नहीं है बल्कि एक विशेष जीवन दृष्टि तथा सामाजिक रीति की समानता पर आधारित है। इस्लाम अनेक धर्मों में सिर्फ एक धर्म ही नहीं है, न इस जीवन के बाद मोक्ष प्राप्त करने की योजना है और न ही व्यक्ति और ईश्वर के बीच कोई आपसी सम्बन्धों की स्थिति है। इस्लाम एक सामाजिक नीति और कौम का भाव है जिसे एक व्यवस्थित तथा संगठित समाज के अभाव में प्राप्त करना सम्भव नहीं है। इसी आधार पर मुसलमान उसे एक अलग सामाजिक और राजनीतिक इकाई मानने की बात करत हैं। वे अपनी सर्वथा अलग सांस्कृतिक विशेषताओं के प्रति पूरी तरह सजग हैं जो उन्हें सर्वव्यापी धर्म और सम्पूर्ण जीवन को नियंत्रित करने वाले नैतिक सिद्धान्तों से प्राप्त हुई है। इन्हीं भिन्न सांस्कृति विशेषताओं के कारण ही वे अपने लिए एक अलग राष्ट्र के दावेदार बनते है' (जे. अहमद, इज़ इंडिया वन नेशन? 1941)[9]

एम.आर.टी. का यह मत है कि भारत में राष्ट्रीयता सम्बन्धी भ्रामक अवधारणाओं का कारण पश्चिम से उधार ली हुई अविवेक पूर्ण समझ है। भारतीय विचारक और नेता यह भूल जाते हैं पश्चिम छाप की राष्ट्रीयता एक विशेष प्रकार की परिस्थितियों

की उपज है जो एक देश में लोगों की एक रूपता को मानकर चलती है। ये परिस्थितियाँ वे हैं जिनके कारण पश्चिमी राष्ट्र एक धर्म 'ईसाइयत' से जुड़ गये है; वहाँ अब धार्मिक संघर्ष नहीं हैं। लेकिन वहाँ भी एक समय धर्म ही निर्णायक शक्ति थी। बाल्कन निवासियों तथा उत्तरी-रूसियों का इतिहास इस बात का प्रमाण है कि ईसाई तथा मुसलमान कभी साथ-साथ नहीं रह सके। संघर्ष तभी समाप्त हुआ जब या तो ईसाइयों ने मुसलमानों को खदेड़ दिया या वे उन पर हावी हो गये। इस तरह वे यह निष्कर्ष निकालते हैं कि धर्म ही राष्ट्र-विचार के विकास में निर्णायक तत्त्व है।

केवल धर्म ही राष्ट्रीय तत्त्वों को जोड़ने वाली शक्ति है। जिन देशों में देश-प्रेम धर्म के कारण बँटा हुआ है। वहाँ एक राष्ट्रीयता का विचार विकसित नहीं हो सका। जर्मनी में ईसाई और यहूदी हजारों वर्षों तक साथ-साथ रहे लेकिन वे एक राष्ट्र नहीं बना पाए। नाजियों ने अन्त में यहूदियों को पोलैंड के मध्य में बसाकर एक मातृ-देश दे दिया।

मुसलमान और ईसाई आठ सौ वर्ष तक स्पेन में साथ-साथ रहे लेकिन उनमें राष्ट्रीयता की भावना विकसित नहीं हुई। स्पेन तभी एक राष्ट्रीयता का रूप ले सका जब मुसलमानों को देश से बाहर खदेड़ दिया गया या उन्हें ईसाई बना लिया।

कई बार एक ही धर्मावलम्बियों के दृष्टिकोण में तीव्र मतभेद होने से भी राष्ट्र दो या तीन भागों में बँट जाता है। आयरलैंड में प्रोटेस्टेंट अलसटर के निवासी तथा केथौलिक आयरिश कभी एक राष्ट्र बनाने के पक्ष में नहीं हुए। डच और बेलजियम की जनसंख्या इतनी कम थी कि वे आसानी से एक राष्ट्र का रूप ले सकते थे लेकिन धार्मिक मतभेदों के कारण वे दो राष्ट्रों में बँट कर ही रहे। बेलजियम में रहने वाले रोमन केथौलिक हैं और डच निवासी प्रोटेस्टेंटस। यूरोप में राष्ट्रीयता की प्रचलित अवधारणा का आधार ईसाई धर्म है। यूरोप के राष्ट्र ईसाई धर्म को मानने वाले हैं।

यूरोप ने ईसाई धर्म को मानने वाली सरकारों के अतिरिक्त किन्हीं दूसरी सरकारों को स्वीकार नहीं किया है। इस्लाम यूरोप के ईसाईयों से कई जगह सम्पर्क में आया और स्पेन, उत्तरी इटली, सिसली, बाल्कन पेनन्सुला तथा उत्तरी रूस में सफलतापूर्वक सरकारें चलाई। जब तक उग्र ईसाई राष्ट्रवाद की लहर दबी रही, मुसलमानों की धर्म और संस्कृति सुरक्षित रही लेकिन सोलहवी शताब्दी के यूरोपीय पुनर्जागरण के बाद यूरोप के तमाम हिस्सों में मुसलमानों के विरुद्ध जिहाद (धर्मयुद्ध) शुरु हो गया। रोमन केथौलिक चर्च के अधिष्ठाता के रूप में पोप ने 'स्पेनिश इंक्यूजीशन' तथा मुसलमान प्रभाव के उन्मूलन की सारी कार्यवाहियों का समर्थन किया जब कि रूस के जारों ने यूनानी केथौलिक चर्च के अधिष्ठाता के रूप में मुसलमानों को दक्षिणी प्रान्तों से खदेड़ दिया और जो रूसी शासन में रह गये थे उन पर कहर ढा दिया गया। वास्तविकता तो यह थी कि मुसलमानों को कभी भी ईसाइयों के

बराबर दर्जा नहीं दिया गया और उन्हें नागरिकता के हकों से हमेशा वंचित रखा गया। (एम.आर.टी. 'वन नेशन मिथ एक्सपोंड' ईस्टर्न टाइम्स 12 अप्रैल, 1940)[10]

संक्षेप में यूरोप के इतिहास में ऐसे किसी भी ईसाई राष्ट्र का उदाहरण नहीं मिलता जिसने मुसलमानों को ईसाइयों के बराबर राजनीतिक अधिकार देने की कोशिश की हो; जब कि दोनों का मूल और वंश एक ही है। एम.आर.टी. ने लिखा है कि "हम ऐतिहासिक परम्परा अथवा जातीयता के आधार पर राष्ट्रीयता से परिचित होते रहे हैं और इसलिए धर्म की राष्ट्र निर्मात्री शक्ति के रूप में उपेक्षा करते रहे हैं।"[11]

राष्ट्र तथा राज्य

पूर्वापर विचारों से मतभेद व्यक्त करते हुए राजेन्द्र प्रसाद (जो बाद में भारतीय गणराज्य के प्रथम राष्ट्रपति बने) ने 1946 में प्रकाशित 'इंडिया डिवाइडेड' में लिखा कि व्यक्ति-राष्ट्रीयता और राजनीतिक राष्ट्रीयता का अन्तर समझा जाना चाहिए। व्यक्ति-राष्ट्रीयता व्यक्ति-विशेषताओं पर आधारित होती है जो उसे विरासत में मिलती है और प्रायः वस्तुनिष्ठ होती हैं। व्यक्ति की ये विशेषताएँ स्थानादि से प्रभावित नहीं है। इस बात से भी नहीं कि बहु-संख्य लोगों में वे विशेषताएँ हैं या नहीं। वे स्वतंत्र रूप से विकसित होते हैं। शासन की राजनीति का उस पर कोई प्रभाव नहीं होता; चाहे शासनाधिकारियों में वे विशेषताएँ हो या नहीं। जिन लोगों में ये विशेषताएँ होती हैं—जाति, भाषा, धर्म आदि की समानता, वे एक राष्ट्र बनाते हैं। इन विशेषताओं का कोई राजनीतिक महत्त्व नहीं होता। आस्ट्रिया, चेकोस्लोवाकिया, ब्राजील और होनोलूलू का एक जर्मन बर्लिन के नागरिक की तरह ही जर्मन होता है।

राजनीतिक राष्ट्रीयता एक राज्य की सदस्यता है। राजेन्द्र प्रसाद कहते हैं कि यह आवश्यक नहीं है कि राज्य को राष्ट्रीयता से जोड़ दिया जाए। उनके अनुसार राष्ट्र-राज्यों की स्थापना के प्रयत्न नाकामयाब हुए है। उनमें कई जातीय, भाषायी और धार्मिक अल्पसंख्यकों जैसी कई समस्याएँ पैदा हुई है। लीग ऑफ़ नेशंस 'अल्पसंख्यक संधि' से जातीय, धार्मिक तथा भाषायी अल्पसंख्यकों के अधिकारों को सुरक्षित रखने में असफल हुई हैं। राजेन्द्र प्रसाद के मत में अल्पसंख्यकों की सुरक्षा का समाधान राष्ट्रराज्यों की स्थापना करने में नहीं है। क्योंकि एक रूप राष्ट्र-राज्यों से विभिन्न जातियों के अल्पसंख्यकों को निर्मूल करना सम्भव नहीं है। समाधान यह है कि हम बहुजातीय राज्य बनाएँ और उसमें प्रत्येक जाति के अल्पसंख्यकों को अपनी अपनी विशेषताएँ विकसित करने के अवसर दें। इसके समर्थन में वे चार बहुजातीय राष्ट्रों के उदाहरण देते हैं (i) कनाडा के अंग्रेज और फ्रांसीसी दो विभिन्न जातियों के होते हुए भी एक राज्य के है। (ii) अंग्रेजों और बोअर लोगों ने खूनी युद्ध के बाद एक राज्य बनाया। (iii) सोवियत संघ जिसमें कई

जातियाँ हैं और सबको अपनी-अपनी जातीय विशेषताओं को सुरक्षित रखनने की पर्याप्त प्रशासकीय स्वतंत्रता मिली हुई है। (iv) स्विश लोग इसके श्रेष्ठ उदाहरण है। वे फ्रांसीसी, जर्मन और इतावली जातियों के तीन विभिन्न समुदायों के होते हुए भी एक राज्य में रहते हैं।

राजेन्द्र प्रसाद के विचारों का सारांश यह है कि जातीयता राष्ट्र-निर्माण का एक महत्त्वपूर्ण तत्त्व होते हुए भी एक मात्र अथवा तत्त्व नहीं है। दूसरी तरफ यह भी स्वीकार करना होगा कि केवल राजनीतिक रिश्तों से भी राष्ट्र नहीं बनता यद्यपि महत्त्व से इनकार नहीं किया जा सकता।

आलोचना

पहले के तीन खंडों में चर्चित विचारों की विविधता को प्रत्येक विचारक की उस आवश्यकता के आधार पर समझा जा सकता है जिसे वे एक विशेष परिस्थिति में रेखांकित करना चाहते थे। उदाहरण के लिए अरविन्द तथा बी. पाल विदेशी सत्ता का देश की जनता के हाथों में सत्तान्तरण चाहते थे, गोलवलकर हिन्दूओं के भारत भूमि पर नियंत्रण की जरूरत का अनुभव कर रहे थे, जे. अहमद तथा एम.आर.टी. की आवश्यकता मुसलमानों के लिए अलग राज्य बनाने की थी और राजेन्द्र प्रसाद भारत विभाजन नहीं चाहते थे। राजनीति का विद्यार्थी स्वयं से यह प्रश्न करता है कि इन विविधतापूर्ण विचारों के बीच क्या कोई ऐसा स्थायी विचार है जो राष्ट्र तथा राज्य सम्बन्धी अवधारणाओं को अधिकाधिक स्पष्ट और समृद्ध करे।

श्री अरविन्द का यह विचार था कि राष्ट्रीयता एक धर्म है और राष्ट्र का प्रत्येक व्यक्ति अलौकिक सत्ता का अंश है तथा उसका राष्ट्र के लिए उत्सर्ग करना कर्तव्य है; ये विचार उस स्थिति में महत्त्वपूर्ण मालूम होते हैं जहाँ लोगों का धर्म तथा उसके अद्वैतवादी रूप में विश्वास हो। लेकिन प्रश्न यह है कि क्या ऐसा करना उन लोगों के लिए भी जरूरी है जिनका अद्वैत में विश्वास न हो?

गोलवलकर का राज्य-क्षेत्र को राष्ट्र का अविच्छिन्न तत्त्व मानना ज्यादा प्रामाणिक नहीं है क्योंकि इतिहास में ऐसे सैकड़ों उदाहरण हैं जब एक राज्य की भूमि दूसरे राज्य में चली गई है। एम.आर.टी. के इस तर्क को कि धर्म राष्ट्रीयता का बुनियादी आधार है विश्वसनीय नहीं कहा जा सकता क्योंकि दूसरे मुस्लिम लेखक इतिहास और राजनीति की उस तरह व्याख्या नहीं करते जैसी एम.आर.टी. करते हैं। दो लेखक ऐसे हैं जो एम.आर.टी. से भिन्न दृष्टिकोण रखते हैं। ए. मऊदूदी अपने निबन्ध 'नेशनेलिज्म एंड इंडिया' में राजनीतिक राष्ट्रीयता और सांस्कृतिक राष्ट्रीयता में अन्तर करते हैं। राजनीतिक राष्ट्रीयता का रूप वहाँ देखा जा सकता है जहाँ लोग एक व्यवस्था द्वारा शासित होते हैं और इस राजनीतिक एकता के कारण

एक राष्ट्र के रूप में देखे जाते हैं। दूसरा रूप वहाँ देखा जा सकता है जहाँ लोगों का धर्म एक है और इसलिए उनके विचारों, भावों तथा भावनाओं में समरूपता होती है। दूसरे शब्दों में धर्म राष्ट्रीयता का आधार नहीं कहा जा सकता। मऊदूदी का यह भी विचार था कि इस्लाम का अन्तिम लक्ष्य विश्व राज्य है जब जातियों के दावे, राष्ट्रों के पूर्वाग्रह खत्म होकर सम्पूर्ण मनुष्य जाति एक राजनीतिक इकाई में बँध जाएगी। 'इस्लाम राष्ट्रीयता की गोद में' नहीं पल सकता और राष्ट्रीयता इस्लाम के दायरे में सिकुड़कर नहीं रह सकती।"[12]

दूसरे लेखक जो एम.आर.टी. के विचारों से असहमत थे वे मौलाना आज़ाद (भारत के शिक्षा मंत्री 1947-1958) थे। उन्होंने 'इंडिया विन्स फ्रीडम' में लिखा 'वह सबसे बड़ा झाँसा है कि धार्मिक सौहार्द से भिन्न-भिन्न भौगोलिक, आर्थिक, भाषायी तथा सांस्कृतिक इकाइयाँ जुड़ जाती है। यह सही है कि इस्लाम ने एक ऐसा समाज बनाने का प्रयत्न किया है, जो जातीय, भाषायी, आर्थिक तथा राजनीतिक सीमाओं को लाँघ सके। लेकिन इतिहास ने कुछ ही दशकों या ज्यादा-से-ज्यादा एक शताब्दी के बाद यह सिद्ध कर दिया कि इस्लाम सिर्फ इस्लाम के बल पर मुस्लिम राष्ट्रों की एकता में नहीं बाँध सकता।"[13]

हम एम.आर.टी. के विचार को कि धर्म राष्ट्र का आधार होता हैं अस्वीकार कर सकते हैं लेकिन राजनीतिक विचारों की इस श्रृंखला में उनके इस योगदान की उपेक्षा नहीं की जा सकती कि जब धर्मों की टक्कर होती है और जिस किसी भी स्थान विशेष पर एक धर्म के बहु-संख्य लोग होते हैं वहाँ धार्मिक राष्ट्रीयता की माँग उठती है और कभी-कभी वह अदम्य हो सकती है। आयरलैंड और भारत विभाजन इसके प्रमाण है।

राजनीति का आधुकि सुझाव राजेन्द्र प्रसाद की विचारधारा की ओर है। वैयक्तिक राष्ट्रीयता और राजनीतिक राष्ट्रीयता में अन्तर है और राजनीति में यह जरूरी नहीं है कि राज्य को राष्ट्र का समतुल्य माना जाए। दोनों न तो समतुल्य है, न समानान्तर, न सम्बन्धित। वैयक्तिक राष्ट्रीयता एक समूह के लोगों के बीच का आत्मीय भाव है, जो आवश्यक नहीं है कि एक ही राज्य के लोगों के बीच हो, जिन्हें समान भाषा, धर्म परम्परा जोड़ती है। राजनीतिक राष्ट्रीयता एक राज्य की सदस्यता है। 1918 के बाद एक राष्ट्र, एक राज्य का सिद्धान्त विकसित हुआ लेकिन अनुभव से इसके क्रियान्वयन के खतरे भी सामने आये। वैयक्तिक राष्ट्रीयता के आधार पर दुनिया एक रूप राष्ट्रों में नहीं बँट सकती। यदि ऐसा होता है तो अल्पसंख्यक जाति, भाषा तथा धर्म के लोगों को शिकायत रहेगी और वे असुरक्षा का अनुभव करते रहेंगे।

यह स्वीकार किया जाना चाहिए कि एक जातीय राज्य की तुलना में बहु-जातीय राज्य के कुछ स्पष्ट लाभ हैं। ऐसे राज्यों में आपसी सामंजस्य की सुविधा होती हैं तथा लोगों के बीच सहनशीलता और समझौते की भावना पैदा होती है जिससे

लोकतंत्रात्मक संस्थानों को गति देने का काम अपेक्षाकृत सुविधाजनक हो जाता है। इसलिए जे.एस. मिल ने इस पर जोर देते हुए कहा है कि यह लोकतांत्रिक संस्थानों की सामान्य आवश्यक शर्त है कि उनकी सरकार सीमाएँ राष्ट्रीयता की सीमाओं का स्पर्श करती रहें: आत्मीयता से वह तत्परता उत्पन्न होती है कि जिससे राज्य के लोगों के आपसी मतभेद सामूहिक कल्याण में विलीन हो जाते हैं।

इस प्रक्रिया के एक खतरे से लार्ड एक्टन ने सावधान किया है। वे लिखते हैं : कि "इन स्थितियों में बहु-संख्यक अपने राजनीतिक नियंत्रण को बढ़ाने के लिए ललचा सकते हैं और तानाशाही से मिलता-जुलता आचरण कर सकते हैं। एक राज्य की विविधता ही राजनीतिक सीमा से बाहर जाकर सरकारी आचरण के विरुद्ध एक जबरदस्त रूकावट हो सकती है जब कि यह सभी सरकारों का सामान्य स्वभाव होता है कि वे उन सामाजिक क्षेत्रों में जाकर दखलअन्दाजी करें जहाँ उन पर कोई वैधानिक प्रतिबन्ध नहीं होते।"[14] एक्टन कहते हैं कि किसी भी राज्य में जातियों का मिलना सभ्य जीवन की उसी तरह शर्त होती है जिस तरह विभिन्न व्यक्तियाँ का मिलकर समाज बनाना। राजनीतिक एकता के वातावरण में छोटी जातियाँ ऊँची जातियों के साथ मिलकर तरक्की करती हैं। थकी और पतनोन्मुखी जातियाँ अपने से कहीं युवा किन्तु स्फूर्ति सम्पन्न जातियों के सम्पर्क में आकर नया जीवन पाती है। जिन जातियों की तानाशाही के विकृत प्रभावों के कारण या प्रजातंत्र के विघटन कारी कार्यों के कारण राज्य-संचालन को शक्ति समाप्त हो गई हैं वे अनुशासनबद्ध और अपेक्षाकृत कम भ्रष्ट जातियों के सम्पर्क में आकर पुनर्जीवित और शिक्षित हुई हैं। नई रचनाशीलता और उर्वरता एक सरकार के अधीन रहकर ही प्राप्त होती है। बहु-जातीयता के आधार पर बने राज्य इस स्वस्थ दृष्टिकोण की ओर हमारा ध्यान आकृष्ट करते हैं कि हर जाति के पास राज्य बनाने और चलाने की क्षमता नहीं होती। राजनीतिक दृष्टि, पौरुष, समझ और साहस तथा आत्म-रक्षा कर सकने वाले लोग ही एक स्वतंत्र राज्य की स्थापन करने में समर्थ होत हैं। 1939 के बाद की घटनाएँ इसका समर्थन करती हैं। राज्य को राष्ट्रीयता से अलग करके ही विश्व की अशान्ति और हताशा को दूर किया जा सकता है तथा अन्तरराष्ट्रीय शान्ति स्थापित हो सकती है।

अन्त में हम यह कहना चाहते हैं कि टैगोर की राष्ट्र की अवधारणा महत्त्वपूर्ण देन है।

उन्होंने कहा कि जब ऐसी सामाजितक स्थितियाँ नहीं बनती जिसमें अन्तर्जातीय विवाह तथा सामाजिक, व्यावसायिक क्रिया-कलापों के द्वारा आपस का मेल-जोल सहज और उन्मुक्त हीं होता तब तक एकता के लिए परमावश्यक आत्मीयता उत्पन्न नहीं की जा सकती। टैगोर ने 1917 में लिखा कि जो प्रसाद हमारी सामाजिक संस्थाओं में मृत अतीत की पूजा का भाव पैदा कर रहा है : "वही राजनीति में भी कभी न हिलने वाली दीवारों को कैदखाने में बना रहा है।"[15] एक सुगठित राष्ट्र सामाजिक

गुलामी की रेत पर खड़ा नहीं रह सकता टैगोर ने जोर देकर कहा वह सत्य समय की कसौटी पर परखा जाएगा।

सन्दर्भ

1. समग्र सावरकर वाड्मय द्वारा वी.डी. सावरकर; भाग VI : हिन्दू राष्ट्र दर्शन (पूना : महाराष्ट्र प्रानलिक हिन्दू सभा, 1954) पृ. 317-20
2. श्री अरविन्द, स्पीचेज, तीसरा संस्करण (पांडेचेरी : श्री अरविन्द आश्रम, 1952) पृ. 6, 121-25
3. वही।
4. दि न्यू स्पिरिट : ए सलेक्शन फ्राम दि राइटिंग्ज एंड स्पीचेज ऑफ़ विपिनचन्द्र पाल (कलकत्ता : सिन्हा सर्वाधिकारी एंड कम्पी 1907) पृ. III
5. नेशनलिज्म द्वारा रवीन्द्रनाथ टैगोर (लन्दन : मेकमिलन, 1920) पृ. 123
6. वही।
7. नॉट सोशलिस्ट बट हिन्दूराष्ट्र (बंगलौर, राष्ट्रीय स्वयं सेवक संघ कर्नाटक 1964) पृ. 24-23
8. वही।
9. इंडियाज प्राब्लम ऑफ़ फ्यूचर कॉन्स्टिट्यूशन : बीइंए ए कनेक्शन ऑफ़ एसेज बाइ बेरिक्स आर्थर्स (बोम्बे : एम.एच. सईद, मलावार हिल) पृ. 131-34
10. वही, पृष्ठ 51-56
11. वही, पृष्ठ 42-49
12. नेशनेलिज्म एंड इंडिया सैय्यद अब्दुल्ला मऊदूदी (ट्रान्सलेशन : महीहाबाद, यू.पी., मकतब-ए-जमा 'एट ए-इस्लामी' (हिन्द) 1948) पृ. 9-11
13. इंडिया विन्स फ्रीडम द्वारा मौलाना अब्दुल कलाम आज़ाद (बोम्बे : ऑरिएंट लॉगमेंस, 1959) पृ. 297
14. दि हिस्ट्री ऑफ़ फ्रीडम एंड अदर एसेज द्वारा लार्ड एक्टन (लन्दन : मेकमिलन, 1907) पृ. 289-90
15. देखें टिप्पणी 5, पृ. 122-26

6

व्यक्ति, समाज और राज्य

प्रस्तावना

प्रारम्भ के पाँच अध्यायों के सर्वेक्षण से यह जानकारी मिलती है कि उन्नीसवीं शताब्दी के उत्तरार्द्ध और बीसवीं शताब्दी के पूर्वार्द्ध में हमारे प्रमुख चिन्तकों का ध्यान परतंत्र लोगों की दृष्टि से साम्राज्यावदी शासन की अवधारणा, स्व-शासन का औचित्य, स्वतंत्रता प्राप्त करने के राजनीतिक उपाय तथा राष्ट्रीयता, राष्ट्र तथा राज्य की व्याख्या में लगा हुआ था। इन प्रश्नों की ओर उनका ध्यान आकृष्ट होना स्वाभाविक भी था क्योंकि उन्हें पराधीन लोगों का दर्जा मिला हुआ था और वे उस जुए को फेंक कर स्वाधीनता प्राप्त करना चाहते थे। यह दिलचस्प बात है कि स्वतंत्रता हासिल करने के पहले से ही समाज तथा राज्य सम्बन्धी कुछ बुनियादी प्रश्नों की ओर विचारकों का ध्यान आकृष्ट हो चुका था। क्योंकि उन्हें यह आशा तो थी ही कि देर सवेर स्वतंत्रता तो मिल कर ही रहेगी। 1947 के बाद तो इन बुनियादी समस्याओं की ओर ज्यादा और सोद्देश्य ध्यान जाना बहुत स्वाभाविक था। इन और बाद के तीन अध्यायों में हम न्यायपूर्ण सामाजिक व्यवस्था, समाजवाद और साम्यवाद तथा राजनीति में धर्म की भूमिका आदि के सम्बन्ध में प्रकट किए गए विचारों की विवेचना करेंगे।

अच्छा समाज

न्यायपूर्ण सामाजिक व्यवस्था क्या है? इस विषय पर जिन अधिकारी विद्वानों ने न्यायपूर्ण सामाजिक व्यवस्था के तत्त्वों का अपनी-अपनी तरह और विशिष्टतापूर्वक विश्लेषण किया है उनमें महात्मा गांधी, विनोबा भावे, जवाहरलाल नेहरू, एम.एन. राय तथा जयप्रकाश नारायण प्रमुख है। उन्होंने अपने लेखन मे जिन विचारों का उल्लेख किया हैं उन्हें पाँच भागों में बाँटा जा सकता है : (i) व्यक्ति-स्वातंत्र्य (ii) आर्थिक समता तथा न्यासीकरण (ट्रस्टीशिप) (iii) मानवीय सम्बन्धों का विकास (iv) साध्य और साधन का समीकरण (v) समाज में महिलाओं का स्थान।

व्यक्ति स्वांतत्र्य— जवाहरलाल नेहरू (1889-1964) भारत के पहले प्रधानमंत्री का यह स्पष्ट विचार था कि समाज के कल्याण के लिए व्यक्ति स्वातंत्र्य का विकास बहुत आवश्यक है। अपने 'बेसिक एप्रोच' (1958) निबन्ध में उन्होंने लिखा है कि व्यक्ति और राष्ट्र को जीने और आवश्यकता पड़ने पर मरने के लिए किसी-न-किसी प्रेरणादायी जीवन-दर्शन की आवश्यकता रहती ही है : "हम समाज के कल्याण से कोई अलग या बढ़कर चीज़ है? यदि समाज के कल्याण के लिए व्यक्ति की अपेक्षा की जाती है या उसके हितों का बलिदान किया जाता है तो क्या यह उद्देश्य वांछनीय है?"[1] उनका उत्तर है कि व्यक्ति का बलिदान नहीं किया जाना चाहिए... और वास्तविक सामाजिक उन्नति तभी होगी जब उस व्यक्ति को विकास के मौके मिलेंगे जो किसी विशेष समुदाय का नहीं बल्कि पूरे राष्ट्र का प्रतिनिधि है। इसलिए कसौटी यह होनी चाहिए कि कोई राजनीतिक या सामाजिक सिद्धान्त किसी व्यक्ति को तमाम लोगों के हित में सोचने की कितनी ताकत देता हैं?

एम.एन. राय (1887-1954) इस मान्यता से शुरू करते हैं कि नैतिक व्यक्तियों के बिना कोई समाज नैतिक नहीं हो सकता है। इस विचार को आगे बढ़ाते हुए वे कहते हैं—कि स्वतंत्रता की खोज ही मनुष्य को निरन्तर खोज करने की प्रेरणा प्रदान करती हैं और इसी से वह धीरे-धीरे प्राकृतिक घटना चक्र, भौतिक और सामाजिक वातावरण की क्रूरताओं से मुक्त होने के प्रयत्नों में लगता है। यह एक तरह से जैविक-संघर्ष को ही निरन्तरता प्रदान करना है। आधुनिक समाज में किसी व्यक्ति को स्वतंत्र होने के लिए आर्थिक सुरक्षा और पर्याप्तता ही काफी नहीं है बल्कि उसे एक ऐसे मनोवैज्ञानिक वातावरण की उपलब्धि भी कराना है जो सांस्कृतिक सैनिकवाद से मुक्त हो तथा उसकी बौद्धिक एवं मानवीय शक्तियों को विकसित करने में सहायक हो। "समाज को बनाने वाले व्यक्तियों के किसी प्रगतिशील सामाजिक संगठन की उपयोगिता का मानदंड ही यह है कि वह अपने व्यक्तियों को स्वाधीनता प्राप्त करने के उच्च लक्ष्यों की ओर अग्रसर करे। एक पुराने अनुभव पर आधारित इस कहावत के अनुसार कि मनुष्य ही सब चीजों का मापदंड है; मनुष्य का भविष्य बनाने वाले दर्शन को यह घोषित करना चाहिए कि किसी भी सामाजिक संगठन अथवा राजनीतिक संस्था की उपयोगिता का वास्तविक मापदंड ही यह होगा कि वह व्यक्ति को स्वतंत्रता प्राप्त करने के उपाय या अवसर प्रदान करता है।"[2]

महात्मा गांधी के अनुसार व्यक्ति ही सर्वोच्च लक्ष्य है और राज्य व्यक्तित्व विकसित करने का माध्यम है : "जो कि सारी प्रगति का मूल आधार है"।[3] इस समय के चिन्तन में उन परिस्थितियों पर भी विचार हुआ है कि जिनसे व्यक्ति की स्वतंत्रता विकसित और सुरक्षित होती है। हम यह भी देखते हैं कि विचारक उन सामाजिक निषेधों की भी उपेक्षा नहीं कर रह थे जो सामाजिक हित की दृष्टि से

आवश्यक थे। इस तरह नेहरू अपने उस वक्तव्य में (जिसका हवाला हमने दिया है) यह संकेत करने में नहीं चूके हैं कि व्यक्ति स्वातंत्र्य का सब हित के साथ ताल-मेल बैठना चाहिए। गांधी ने भी इस बात पर बल दिया है कि "व्यक्ति को सामाजिक प्रगति के साथ अपने व्यक्तित्व के विकास का तालमेल बैठाना सीखना चाहिए।"[4]

आर्थिक बराबरी और न्यासीकरण (ट्रस्टी-शिप)—समकालीन विश्व का यह जाना-पहचाना विचार है कि आर्थिक समता एक अच्छे समाज की आवश्यक शर्त है इसलिए एक तरह से यह स्वीकार कर लिया गया था कि वह हमारे राजनीतिक विचार का एक महत्त्वपूर्ण हिस्सा है। इस प्रसंग में महत्त्वपूर्ण यह है—कि इसे हमने उस समय के भारतीय चिन्तन से कैसे जोड़ा। खास-तौर पर भारत की प्राचीन वैराग्यवादी धारणा से उसका सम्बन्ध किस तरह स्थापित किया यानी उस विचार में कि हमें अपनी आध्यात्मिक आवश्यकताओं के लिए भौतिक सम्पदा का त्याग कर देना चाहिए।

गांधी और विनोबा निस्सन्देह इस विचार के सबसे बड़े प्रवक्ता थे। व्यक्ति-सम्पदा का त्याग, काम के बदले अन्न और समान मजदूरी यह आर्थिक-समता के सोच को आगे बढ़ाने वाले आदर्श थे।

उनका विचार था कि आवश्यकताओं की वृद्धि से नहीं उनके नियंत्रण से ही सन्तुष्ट सन्तुलित समाज बन सकता है। प्रकृति का यही सनातन नियम है। वह उतना ही देती है जितना हमारे दैनिक जीवन के लिए नितान्त आवश्यक है। इसलिए यदि व्यक्ति अपनी आवश्यकताओं को पूरा करके जितना ही लेता है, उससे ज्यादा नहीं, तब दुनिया में कोई भूख से नहीं मरेगा। जो कम-से-कम उससे ज्यादा लेता है वह चोरी का अपराधी है। आवश्यकता से ज्यादा लेना या अनावश्यक लेना प्रकृति के नियम का उल्लंघन है। सम्पदा त्याग के आदर्श का पूरी तरह तभी पालन हो सकता है जब मनुष्य भी चिड़ियाओं की तरह आने वाले कल की चिन्ता न करे। विनोबा के अनुसार आदर्श स्थिति यह है कि जो कुछ भी हम खेत या कारखाने में पैदा करें उसके लिए यह कह सकें कि यह "कौम के लिए है, यह राष्ट्र के लिए है, यह मेरे लिए नहीं है"।[5] हमें सब कुछ समाज के लिए अर्पित कर देना चाहिए जब अपनी आवश्यकतानुसार हम समाज से लेंगे तभी वह हमें शक्ति देने वाला होगा।

गांधी के मतानुसार श्रम से जीविकोपार्जन करना ईश्वरीय नियम है। इस नियम का सार यह है कि प्रत्येक स्वस्थ व्यक्ति को अपना भोजन अर्जित करने के लिए पर्याप्त श्रम करना चाहिए और उसे अपनी बौद्धिक क्षमता का उपयोग सम्पत्ति एकत्रित करने में नहीं मनुष्य जाति की सेवा में करना चाहिए। मनुष्य की आवश्यक जरूरतों के उत्पादन (कृषि, कताई, बुनाई, बढ़ईगिरी, लुहारी) तथा तमाम आवश्यक व्यवसायों में श्रम (मल-मूत्र उठाना, सड़कों की सफ़ाई, कुएँ तालाब साफ़ करना) को 'काम के बदले अन्न' कार्यक्रम में शामिल किया जा सकता है।

रस्किन की पुस्तक 'अन टू दिस लास्ट' तथा रशियन लेखक टी.एम. बोंडरेफ का आभार मानते हुए गांधी ने अपने तीन महत्त्वपूर्ण निबन्धों (1935-47) में यह दलील दी है कि यदि सब अपने नित्य के भोजन के लिए, उससे ज्यादा के लिए नहीं, श्रम करें तो सबको पर्याप्त अन्न और आराम मिल सकेगा। "तब न जनसंख्या बढ़ने की चीख-पुकार होगी, न रोग, न संताप जो हमें आज चारों तरफ से घेरे हुए है। मनुष्य अपने शरीर से मस्तिष्क से बहुत से दूसरे काम करेंगे लेकिन ये सब समुदाय के हित के लिए प्रेम का श्रम होगा। इसमें न कोई अमीर होगा न गरीब, न ऊँच नीच"[6] बौद्धिक काम की आवश्यकता है : "लेकिन मैं शारीरिक श्रम की आवश्यकता पर जोर देता हूँ। किसी को भी शारीरिक श्रम से मुक्ति नहीं मिलनी चाहिए। इससे बौद्धिक कर्म का स्तर भी बढ़ेगा।"[7]

आर्थिक बराबरी का अर्थ है एक दिन के काम की समान मजदूरी, चाहे वह वकील की हो, डॉक्टर की हो, अध्यापक की हो या भंगी की।

तीन आदर्श लक्ष्य हैं अपरिग्रह, काम के बदले अन्न व समान मजदूरी। गांधी और भावे जानते थे कि मनुष्य हमेशा अपूर्ण रहेगा और सम्पूर्ण अपरिग्रह सार्वजनिक काम के बदले अन्न और पूर्ण समता हमेशा अप्राप्त आदर्श रहेंगे। आर्थिक समता को व्यावहारिक रूप देने के लिए समान वितरण की नीति अपनाना परमावश्यक है। इससे समाजिक स्तर पर विद्यमान अन्तर के अनुरूप परिवर्तन भी सम्भव होगा। एक व्यक्तिगत उदाहरण देते हुए गांधी बताते हैं कि 1946 में कैसे एक वृद्ध आदमी होने के कारण भोजन तथा गर्म कपड़ों के कारण उनकी आवश्यकताएँ अपने पौत्र कनु की आवश्यकताओं से भिन्न थीं: जो उन्हीं के साथ रहता था और पुत्रवत् था। "उनके भोजन का मासिक खर्च कनु के भोजन से कहीं ज्यादा था लेकिन इसका मतलब यह नहीं था कि उनमें आर्थिक असमानता थी।"[8] मनुष्यों की जरूरतों के अन्तर का ठीक से अनुमान लगाना कठिन है इसलिए यही सम्भव है कि अमीरों और गरीबों के बीच का अन्तर कम हो। "इसका मतलब है चन्द अमीर आदमियों को जिनके पास राष्ट्र की सम्पत्ति जमा है, नीचे लाना और अधनंगे भूखे लाखों लोगों को उनके बराबर करना।"[9] प्रत्येक आदमी को सन्तुलित आहार, रहने के लिए अच्छा घर, पहनने के लिए पर्याप्त कपड़े, शिक्षा की सुविधा और उपचार की व्यवस्था का विश्वास दिलाया जाना चाहिए। समान वितरण का वास्तविक अर्थ यह है कि प्रत्येक व्यक्ति के पास अपनी आवश्यकताएँ पूरी करने के अतिरिक्त कुछ नहीं होगा।"[10] यही मार्क्स का सूत्र भी है 'प्रत्येक को अपनी आवश्यकता के अनुसार' केवल इस परिवर्तन के साथ कि प्राकृतिक और आवश्यक जरूरतों को ही पूरा किया जाना चाहिए।

किन्तु क्या जो ज्यादा क्षमतावान और बुद्धिमान हैं उन्हें कम क्षमता और बुद्धि वालों से अधिक उपार्जन न करने दिया जाए और क्या सम्पत्तिवानों को सम्पत्ति से वंचित कर दिया जाए? गांधी का उत्तर है 'नहीं'। क्षमतावान और बुद्धिवालों को अधिक उपार्जन

न करने देना समाज को प्रगति के लिए घातक होगा क्योंकि इस तरह समाज 'उस आदमी की प्रतिभा का लाभ उठाने से वंचित रह जाएगा जो अपने लिए धन इकट्ठा करने का हुनर जानता है।"[11] फिर उस हिंसा से भी समाज को कोई लाभ नहीं होगा जो सम्पत्तिवान को सम्पत्तिविहीन करके के काम में ली जाएगी। तब उपाय क्या है?

सी. राजगोपालाचारी के अनुसार गांधी जी का न्यासीकरण का सिद्धान्त सामाजिक-दर्शन की नई खोज की दिशा में महत्त्वपूर्ण योगदान है। जरूरतों पर उचित और आवश्यकतानुसा खर्च करेगा तथा शेष जो है वह समाज-हित के उपयोग में लाई जाएगी, उसकी न्यासी की तरह देख-भाल करेगा। 'ज्योंहि मनुष्य अपने आपको समाज का सेवक मानकर उसी के लिए उपार्जन करता है, उसी के हित में खर्च करता है तब उसका उपार्जन पवित्र हो जाता है और उसका यह जोखिम भरा काम अहिंसा युक्त माना जाने लगता है। यदि मनुष्य का विवेक इस जीवन शैली को स्वीकार कर लेता है तो समाज में शान्तिमय क्रान्ति हो जाएगी।"[12]

सी. राजगोपालाचारी ने न्यासीकरण के सिद्धान्त को 1959 में विश्लेषण करते हुए उनके अर्थ को गांधी से भी अधिक व्यापक बना दिया : कि जो कोई भी किसी पद पर है। या जिसके पास भी सम्पदा है उन्हें स्वयं को अपने सम्पर्क में आने वाले लोगों तथा समुदायों के साथ न्यासी की तरह व्यवहार करना चाहिए। यदि आप व्यापारी हैं तो खरीददार के लिए स्वयं को न्यासी समझे, यदि आपके पास जमीन है तो आप अपने तथा अपने आसामी के कुटुम्ब के लिए न्यासी हैं। दूसरी स्थितियों में स्वयं को इसी तरह समझे। राजगोपालाचारी के मत में आज की संश्लिष्ट समाज रचना मे न्यासीकरण का सामाजिक सिद्धान्त बहुत प्रासंगिक है क्योंकि आज इस सिद्धान्त से नियंत्रित होने वाली स्थितियों की संख्या बहुत बढ़ गई है। "प्रत्येक मानवीय कार्य चाहे वह कितना ही वैयक्तिक आत्मीय क्यों न हो किसी-न-किसी तरह सार्वजनिक हितों से सम्बद्ध है इसलिए न्यासीकरण के सिद्धान्त से जुड़ा है। उदार स्वार्थवाद के पुराने और हठीले सिद्धान्त की जगह विश्व न्यासीकरण के सिद्धान्त को लेनी चाहिए।"[13]

यह दिलचस्प बात है कि गांधी और राजगोपालाचारी जिस न्यासीकरण के सिद्धान्त की सामाजिक सन्तुलन तथा उन्नति के लिए प्रशंसा करते हैं नेहरू उसे महत्त्व नहीं देते। वे सीधे प्रश्न करते हुए विषय की जड़ तक जाते हैं। वे पूछते हैं कि न्यासीकरण के सिद्धान्त में विश्वास करना तर्क-संगत है : किसी एक व्यक्ति को अपार सम्पत्ति तथा उसके उपयोग के अनियंत्रित अधिकार देना और यह आशा करना कि वह उसे सार्वजनिक उपयोग में लाएगा?

क्या हम में से श्रेष्ठ लोग भी इतने विश्वसनीय हैं कि उन पर भरोसा किया जा सके? 'प्लेटो के दार्शनिक बादशाह तक भी इस भार को मुश्किल से उठा सकेंगे। क्या दूसरे लोगों पर इन 'श्रेष्ठ उदार पुरुषों' को स्थापित कर देना उचित होगा? लेकिन न तो कोई पूर्ण पुरुष है और न कोई दार्शनिक बादशाह, कुछ कमजोर लोग

अवश्य हैं जो यह समझते हैं कि अपने व्यक्तिगत हितों या विचारों को आगे बढ़ाना ही लोक-कल्याण का पर्याय है। जाति, पद तथा आर्थिक-शक्ति ढकोसलों को ही बरकरार बनाएँ रखा जाता है जिसके घातक परिणाम होते हैं।"[14]

नेहरू गांधी जी के अपरिग्रह मर्यादित आवश्यकता तथा न्यासवादी सिद्धान्त से असहमत थे। 'टुवर्ड फ्रीडम' में उन्होंने लिखा : "गांधी निरन्तर बढ़ती हुई आराम तथा विश्राम की सुविधाओं को लोगों का आदर्श नहीं बनाना चाहते; वे चाहते हैं कि लोग नैतिक जीवन के सम्बन्ध में सोचें, अपनी बुरी आदते छोड़ें; उनमें कम-से-कम आसक्ति रखें और इस तरह स्वयं को व्यक्तिगत तथा आध्यात्मिक रूप से विकसित करें। जो जनता की सेवा करना चाहते हैं उन्हें धन-सम्पन्न होने की इतनी आवश्यकता नहीं है जितनी कि इन्हीं के स्तर तक जा कर उनसे मिलने की। इस तरह वे उनका स्तर ऊपर उठाने में मदद करेंगे।"[15]

नेहरू की दृष्टि में 'यह एकदम गलत और हानिकर सिद्धान्त था।' 'व्यक्तिगत रूप से' उनका कहना हैं मैं गरीबी और दुख की प्रशंसा पसन्द नहीं करता। मैं उन्हें वांछनीय नहीं मानता, उन्हें समाप्त किया जाना चाहिए। मैं तपस्या की जिन्दगी का सामाजिक आदर्श के रूप में प्रशंसक नहीं हूँ, हो सकता है कि कुछ व्यक्तियों के लिए वह अनुकूल हो। मैं सादगी, बराबरी, आत्म-संयम के महत्त्व को समझता हूँ और उनकी प्रशंसा करता हूँ लेकिन मैं इच्छाओं के दमन के पक्ष में नहीं हूँ।"[16] वाँछनीय होते हुए भी तपस्या का आदर्श और इच्छाओं के स्वेच्छापूर्वक दमन की मैं जनता के लिए अव्यावहारिक मानता हूँ। उनके विचार से इस सबके बजाय विज्ञान और औद्योगिकी के विकास का लाभ उठाकर जीवन को ऊँचा उठाना चाहिए।

यह कहना उचित होगा कि राजेन्द्रप्रसाद ने गांधी के सामाजिक सिद्धान्त के सार-तत्त्व को अधिक गहराई से समझा। 17 जनवरी, 1953 को गांधी विचार-गोष्ठी में भाषण करते हुए उन्होंने कहा कि गांधी के अनुसार जीवन स्तर को "अव्याख्यायित, अनिश्चित, अमर्यादित रूप से ऊँचे उठाने।"[17] की इच्छा ही सामाजिक संघर्ष की जड़ है। जो समाज जरूरतों के बढ़ाने और फैलाने की इच्छा पर टिका है : "वहाँ हिंसा नहीं टाली जा सकती। एक सीमा पर आकर हमें अपनी इच्छाएँ सीमित करनी होंगी। एक स्थिति वह आ जाएगी कि हमें न केवल अपनी-अपनी इच्छाओं को ही सीमित करना होगा बल्कि दूसरों को हम क्या देना चाहते हैं इसे भी मर्यादित करना होगा। वास्तव में यही इच्छा है जो सारे संघर्षों की जड़ में है और इसी से हिंसा का बीजरोपण होता है।"[18]

मानवीय सम्बन्ध— गांधी और विनोबा भावे ने यह विचार दृढ़तापूर्वक रखा कि अपरिग्रह (जिसके लिए हर प्रयत्न करना चाहिए) का लक्ष्य यद्यपि अप्राप्य है लेकिन वह निश्चित रूप से वांछनीय है और अव्यावहारिक भी नहीं है कि जिसके पास सम्पत्ति है वह उसका व्यक्तिगत खुशियों के लिए मनमौजीपन से दुरूपयोग नहीं

करेगा। क्षमता और बुद्धि वाले लोग धन इकट्ठा कर सकते हैं लेकिन उन्हें अपनी प्राकृतिक तथा आवश्यक जरूरतों के बाद बचे हुए धन को सामाजिक हितों पर ही खर्च करना चाहिए। टैगोर गांधी की तरह धन एकत्रित करने वालों पर नाराज़ नहीं हैं और न उस ताकत से ही नाराज़ हैं जो सम्पत्तिवान को प्राप्त होती है। वे 'विशाल पैशाचिक सम्पत्ति' एकत्रित करने के लाभ भी देखते हैं लेकिन उनकी दिलचस्पी इस बात को समझने में हैं कि सम्पत्ति और मनुष्य का वास्तविक सुख से क्या सम्बन्ध हैं? अमरीका और यूरोप से लौटने के बाद 1931 में शान्ति निकेतन के भाषण में उन्होंने दो प्रश्न उठाए थे : (i) पश्चिम में, जहाँ यंत्रों से मनुष्य ने इतना धन इकट्ठा किया है, आन्तरिक अशान्ति क्यों है और (ii) आखिर सुख का मूल कहाँ है?

पश्चिम के पास जो सम्पदा है वह विशाल और अपार शक्तिशाली यंत्रों के जरिये इकट्ठी की गई है। उससे ज़िन्दगी आसान हो गई है। वहाँ सम्पत्ति का वाहन यंत्र है और यंत्रों का वाहन मनुष्य है। उन्होंने सम्पत्ति को अलग रखने के लिए पूजास्थल के रूप में महानगर बना लिए है। लेकिन यह याद रखना है कि महानगरों में मनुष्यों के वैसे कोई आत्मीय रिश्ते नहीं होते जैसे गाँव में होते हैं। सामाजिकता मानव-प्रकृति का स्वाभाविक संस्कार है। समाज में मनुष्य मित्रता के कारण ही आश्रय पाता है। "जब पड़ोसियों के साथ मनुष्य की प्रगाद आत्मीयता होती है, जब घर से लगा कर पूरी दुनिया के साथ उसके सम्बन्ध बनते हैं; तब ही उसे सुख मिलता है। इम तभी परम सन्तोष पाते हैं जब हमारे सम्बन्ध औपचारिकता, सुविधा या व्यापारिकता के कारण नहीं होते, किन्तु स्वार्थों के घेरों को तोड़ कर मैत्री के होते हैं। तब आदमी चाहे सब कुछ से वंचित हो जाए लेकिन उसे अपने मन में आधार सन्तोष का अनुभव होता है।"[19]

यंत्रों और महानगरों की सभ्यता स्वाभाविक, सामाजिक तथा मानवीय सम्बन्धों को प्रोत्साहित नहीं करती। "हमें ज्यादा दूर जाने की जरूरत नहीं हैं। यही हमारे कलकत्ता नगर में जहाँ हम रहते हैं पड़ोसियों की हर्ष-विषाद में साझेदारी नहीं है। हम एक-दूसरे के नाम तक नहीं जानते।"[20] मानवीय सम्बन्धों को प्रगाढ़ बनाने वाले कार्यक्षेत्र सिकुड़ते जाते है; धन की ताकत मनुष्य की मृत्यु का कारण बन जाती है। "...उसे मारने का शस्त्र बन जाती है; क्रूरता फैलाती है और विष-वृक्ष के बीज बोती है। ऐसा होना स्वाभाविक भी है। जब सहानुभूति समाप्त हो जाती है; जब वह लाखों लोगों को सस्ता कपड़ा, अन्न तथा आराम की वस्तुएँ पैदा करने वाली सस्ती मशीनी के रूप में समझता है; तब वह उन्हें मनुष्य नहीं मशीनें मान लेता है।"[21] जब स्वाभाविक स्वार्थरहित मानवीय रिश्ते समाप्त हो जाते हैं, जब दुख ऐसे ही आता है जैसे दिन के बाद रात आती हैं।

साधन और साध्य— हिंसात्मक साधनों से हिंसामय स्वराज्य ही बनेगा जो विश्व की और भारत की अपनी स्थिरता के लिए एक खतरा होगा। साधन बीज

और साध्य वृक्ष है और उनके बीच वही सम्बन्ध है जो बीज और वृक्ष के बीच होता है। गांधी जी की दृष्टि से साध्य और साधन एक-दूसरे के पर्याय हैं, एक सिक्के के दो पहलू हैं। गांधी जी का सत्याग्रह इसी सिद्धान्त पर आधारित था जिस पर हम पहले के अध्यायों में चर्चा कर चुके हैं और जिस पर फिर चर्चा करने की आवश्यकता नहीं है। गांधी जी ने सत्य और अहिंसा पर समाज बनाने का मार्ग प्रशस्त किया। उनका विश्वास था कि प्रत्येक व्यक्ति इन गुणों को व्यवहार मे ला सकता हैं। यदि समाज इस आधार पर बनता है तो वह सन्तुलित एवं सुगठित होगा।

जयप्रकाश नारायण (1902-1979) ने भी इन्हीं विचारों का समर्थन किया है। "एंडस एंड मीन्स' में उन्होंने लिखा है : "महात्मा गांधी ने हमें बहुत-सी बातें सिखाई हैं उनमे सबसे महत्त्वपूर्ण बात यह है कि साधन ही साध्य है, कि बुरे साधनों से महान् साध्यों तक नहीं पहुँचा जा सकता और अच्छे साध्यों के लिए अच्छे साधनों की आवश्यकता है। हम में से कुछ लोगों के मन में इस सत्य को स्वीकार करने में हिचकिचाहट हो सकती है लेकिन दुनिया और देश में घटित होने वाले आधुनिक घटना-चक्र से मुझे यह विश्वास हो गया है कि केवल अच्छे साधनों से ही हम अच्छे समाज बनाने के लक्ष्य को प्राप्त कर सकते हैं।"[22] उन्होंने इस आवश्यकता पर भी बल दिया कि हम राजनीति में नैतिक मूल्यों पर बल दें, जब तानाशाही के दौर में फासीवाद, नज़ीवाद और स्टालिनवाद के उदय के बाद राजनीति में बड़े पैमाने पर नैतिक आधारों के प्रति उदासीनता फैल गई हैं और प्रत्येक व्यक्ति जिससे प्रभावित नज़र आता है। इससे सामाजिक जीवन में नैतिक मूल्यों में ऐसी गिरावट जा गई है कि न केवल राजनीतिक क्षेत्र बल्कि जीवन की हर दिशा यहाँ तक कि पारिवारिक जीवन भी कलुषित हो गया है।"[23] इस समय यह तथ्य रेखांकित किया जाना चाहिए कि मानवीय मूल्यों और आचरण के उच्च स्तर स्थापित किए बिना किसी अच्छे समाज की स्थापना नहीं हो सकती।

इस सन्दर्भ में राजेन्द्रप्रसाद तथा जवाहरलाल नेहरू के विचारों का भी उल्लेख किया जाना चाहिए। 'एट दि फ़ीट ऑफ़ महात्मा गांधी' में (1961) डॉ. राजेन्द्रप्रसाद ने असन्दिग्ध शब्दों मे अपना मत व्यक्त करते हुए कहा है कि एक व्यक्ति के लिए जो वर्जित या हानिकारक हैं वह उसके लिए तो वैसा है ही बल्कि पूरे राष्ट्र या समाज के लिए भी वह वैसा ही है।

"यदि हम यह मानते हैं कि हमारे-जीवन और हमारी उन्नति के लिए असत्य हानिकारक हैं तो इससे यह निष्कर्ष भी निकलता है कि असत्य आचरण से समाज और राष्ट्र का भी हित नहीं हो सकता।"[24] यदि हम व्यक्तिगत जीवन में 'कहना कुछ' और 'करना कुछ' को निन्दनीय मानते हैं तो हमें राष्ट्रीय मामलों में भी ऐसे आचरण को निन्दनीय मानना चाहिए।

नेहरू एक महत्त्वपूर्ण अन्तर के साथ, गांधी, जयप्रकाश और प्रसाद के विचारों से व्यापक रूप में सहमत थे। 17 अक्टूबर, 1949 को कोलम्बिया विश्वविद्यालय में व्याख्यान देते हुए उन्होंने कहा : "मैं यह अनुभव करता हूँ कि सार्वजनिक काम-काज से सम्बन्ध रखने वाला राजनीतिज्ञ या कि कोई दूसरा व्यक्ति वास्तविकताओं की उपेक्षा करता हुआ अपूर्त सत्यों के पीछे नहीं भाग सकता। उसकी सक्रियता इस पर निर्भर करेगी कि उसके साथी उसके विचारों के साथ कितनी दूर चल सकते हैं। तभी बुनियादी सत्य तो रहेगा ही; उस तरफ हमारा ध्यान रहना चाहिए और यथा सम्भव उसी से हमारे काम-काज प्रेरित भी होना चाहिए। ऐसा न होने से ही हम दुष्चक्र में फँस जाते हैं और एक दुष्कृत्य हमें दूसरे दुष्कृत्य की ओर धकेलता जाता है।"[25]

इस तरह गांधी जी के मत से काफ़ी हद तर असहमत होते हुए वे इस प्रश्न को विवाद की सीमा तक ले आते हैं कि व्यक्ति नैतिकता और सार्वजनिक नैतिकता में भेद है या नहीं?

मैकेवली और कौटिल्य ने इस भेद को स्वीकार किया है। इस सन्दर्भ में नेहरू का वैचारिक योगदान इस सिद्धान्त को स्थापित करने में है कि एक राजनेता जब तक अपनी जनता को साथ ले सके तभी तक वह उसे से अपने व्यक्तिगत विश्वासों पर चलने को कह सकता है। वास्तव में वह एक न्यासी (ट्रस्टी) है वह ऐसा स्वतंत्र व्यक्ति नहीं है कि अपनी जिन्दगी को उन आदर्शों के लिए समर्पित कर दे जिसे वह उचित समझता है। एक न्यासी के हित अपने संरक्षित व्यक्ति के हित से जुड़े है। वास्तविक कठिनाई यह है कि एक प्रजातांत्रिक राज्य में किसी भी राजनेता के लिए यह जानना आसान नहीं है कि प्रत्येक प्रश्न पर लोगों के क्या विचार हैं? इसके अलावा यह भी तो हो सकता है कि एक वर्ग के हित दूसरे वर्ग के हितों से भिन्न हों। इसलिए इस मसले पर नेहरू का यह सावधानीपूर्वक दिया हुआ वक्तव्य महत्त्वपूर्ण हो जाता है।

समाज में स्त्री का महत्त्व—'अच्छे समाज' के सिलसिले में गांधी का 'समाज में स्त्री की भूमिका' पर लिख हुआ सिर्फ़ एक प्रभावशाली निबन्ध ही उस समय के साहित्य में देखने को मिलता है। इस ओर गांधी का दृष्टिकोण अनुदारवादी रहा। उनकी दृष्टि से स्त्री-पुरुष के कार्यक्षेत्र में प्रकृति ने ही विभाजन कर दिया है। बहु-संख्य महिलाओं को जो माँ के कर्तव्यों का पालन करना चाहती हैं, जिन गुणों की आवश्यकता होगी वे पुरुषों के लिए अनावश्यक होंगे। वे शान्त होती है, मनुष्य सक्रिय। वह गृह स्वामिनी होती है। मनुष्य जीविकोपार्जन करता है। वे घर की देख-रेख करने वाली और सबको भोजन देने वाली होती है। वे संरक्षिका होती है। भविष्य के नागरिकों का लालन-पालन करना उनका विशेष और सिर्फ़ उन्हीं पर विशेषाधिकार होता है। उनके संरक्षण के बिना जातियाँ विलुप्त हो जाएगी।

'हरिजन' (1940) में लिखे गए एक लेख में गांधी ने लिखा है मेरी राय में स्त्री और पुरुष दोनों के लिए यह बहुत अपामनजनक है कि स्त्री को चूल्हा छोड़ने के

लिए कहा या फुसलाया जाए और चूल्हा जाने के बजाय कन्धे पर रायफल रखने की सलाह दी जाए। यह बर्बरता की तरफ लौटना और अन्त का प्रारम्भ है। पुरुष जिस घोड़े पर सवारी करता है उसी पर स्त्री का सवारी करने के लिए कहना स्त्री और पुरुष दोनों का अपमान है। यदि मनुष्य अपने जीवन साथी को अपना विशेष कर्तव्य छोड़ने के लिए ललचाता है या मजबूर करता हैं तो यह कलंक का टीका उसी के ललाट पर लगेगा। अपने घर को सुचारू और व्यवस्थित रूप से रखना उतना ही पराक्रम पूर्ण हैं जितना उसे बाहरी आक्रमण से बचाना।

'स्त्री-पुरुष के लिए बराबरी का दर्जा किन्तु अलग-अलग काम' इस विषय पर यह गांधी जी की राय का सारांश है। अच्छा होता उनकी राय से ज्यदा लोग परिचित होते।

सामाजिक परिवर्तन

किसी समाज की कैसी भी संरचना क्यों न हो लेकिन वह वातावरण बदलाव के साथ ही कोई-न-कोई प्रतिक्रिया अवश्य करता है। हमारे विचारकों ने भी इस बदलाव पर, विकास और क्रान्ति की दोनों स्थितियों में विचार किया है।

सुभाषचन्द्र बोस ने अपनी पुस्तक 'मिशन ऑफ़ लाइफ' (1953) में लिखा है कि विकास और क्रान्ति में कोई भेद नहीं है। क्रान्ति थोड़े समय में घटित होने वाला विकास है जबकि विकास दीर्घकालीन में फैली हुई क्रान्ति है। बदलाव अथवा एक वस्तु की जगह दूसरी वस्तु को रख दिए जाने का भाव ही दोनों प्रक्रियाओं के मूल में हैं।

शायद यह सतही विश्लेषण है क्योंकि यह समस्या की गहराई तक नहीं जाता? क्रान्ति अपेक्षाकृत कम समय में होने वाला विकास कैसे है?

'ग्लिम्पसेज़ ऑफ़ वर्ल्ड हिस्ट्री' (1928) में नेहरू ऐतिहासिक परिप्रेक्ष्य और विशेषतया फ्रांस तथा औद्योगिक क्रान्ति को ध्यान में रखते हुए सामाजिक बदलाव के कारणों की चर्चा करते हैं। संक्षेप में उनका विचार यह है कि जब कभी उचित समय आता है तब विवेकवान समाज आवश्यक परिवर्तन कर लेते हैं और इस तरह परिवर्तित परिस्थितियों का आवश्यक लाभ उठाते हैं। लेकिन समाज विवेकवान नहीं होते और समाज के सब लोग सोचते भी नहीं है। व्यक्ति अपने और अपने हितों के सम्बन्ध में ही सोचते हैं। समान हितवाले सामाजिक वर्ग भी ऐसा ही करते हैं। यदि किसी समाज का एक वर्ग प्रभुत्व सम्पन्न हैं तो वह वहीं रहकर अपने से नीचे का शोषण करते हुए लाभ उठाता रहेगा। "विवेक और अन्तर्दृष्टि से यह समझा जा सकता है कि अपने हित सम्पन्न करने का सबसे अच्छा उपाय समाज का हित सम्पन्न करना है। लेकिन प्रत्येक व्यक्ति का वर्ग, जो कुछ उसके पास है उसी सी चिपका रहना चाहता है।"[27]

लेकिन सामाजिक और आर्थिक परिवर्तन विवेकहीन और आत्म-तृप्त समाज के संकेतों की प्रतीक्षा नहीं करते। यद्यपि लोगों के विचार वैसे ही रहते हैं परिवर्तन होते जाते हैं। इन पुराने विचारों और वास्तविकताओं के बीच अन्तराल बढ़ता जाता है और इसे पाटने की कोशिश नहीं होती तो व्यवस्था चरमरा जाती है और संकट आ जाता है। नेहरू के अनुसार इसी से सामाजिक क्रान्ति घटित होती है। उनके विचार से बहु-संख्य जनता यदि यह सोचने की मूर्खतापूर्ण गलती न करे कि सामाजिक व्यवस्था अपरिवर्तनीय है, बल्कि परिवर्तित परिस्थितियों को स्वीकार ले तो सामाजिक क्रान्ति की सम्भावना टल जाए, तब निरन्तर विकास सम्भव है।

सामाजिक परिवर्तन का जो दूसरा पक्ष इस साहित्य में विचारणीय हुआ वह था कि क्या प्रगतिशील समाज बनाने के लिए आवश्यक सामाजिक परिवर्तन ही काफी है? इस प्रश्न को लेकर गांधी-नेहरू के बीच हुई बहस विचारणीय है। गांधी जी द्वारा प्रतिपादित न्यासीकरण के सिद्धान्त, जिस पर हम पहले विचार कर चुके हैं, का आधार ही यह है कि यदि व्यक्ति को 'उचित' का ज्ञान हो जाए तो वह वैसा ही आचरण करेगा। नेहरू इस विचार से सहमत नहीं थे।

नेहरू ने लिखा : "गांधी व्यक्ति को अन्दर से नैतिक और आध्यात्मिक रूप से बदल कर बाहरी परीवेश बदलना चाहते थे। वे चाहते थे—कि लोग बुरी आदतें, व्यसन छोड़ दे और शुद्धता पूर्ण जीवन जियें। वे ब्रह्चर्य पर जोर देते थे। उनका आग्रह मद्य तथा धुम्रपान निषेध पर था। इन व्यसनों के कारण लगने वाले पापों के सम्बन्ध में भिन्न-भिन्न राएँ हो सकती हैं लेकिन इस में क्या किसी को सन्देह हो सकता है कि न केवल व्यक्ति की दृष्टि से बल्कि सामाजिक दृष्टि से भी ये व्यक्तिगत असफलताएँ लालच, स्वार्थ, धन-संचय, व्यक्तिगत स्वार्थों की भयावह प्रतिस्पर्धा, समुदायों और वर्गों के बीच क्रूरता पूर्ण संघर्ष, एक समुदाय का दूसरे समुदाय को कुचलना तथा उसका शोषण और राष्ट्रों के बीच होने वाले युद्ध कही अधिक हानिकारक है?"[28] नहीं। नेहरू के विचार में ये बुराइयाँ इस लालची समाज-व्यवस्था में निहित है और जो राजनीतिक-सामाजिक संस्थाएँ इस लालची समाज को बचाती हैं उनमें क्रान्तिकारी परिवर्तन करना चाहिए। मेरा झगड़ा, व्यक्तियों से नहीं, व्यवस्था से है। यह व्यवस्था जरूर एक बड़ी सीमा तक व्यक्तियों तथा समुदायों में सन्निहित है। इन्हीं व्यक्तियों तथा समुदायों को बदलना है या कि इन्हीं से संघर्ष करना है। लेकिन यदि यह व्यवस्था मूल्यहीन या कि एक मछली पकड़ने का जाल है तब उसे समाप्त करना होगा और जो वर्ग तथा समुदाय इस से चिपके है उन्हें बदलना पड़ेगा।"[29]

अन्त में यह कहना दिलचस्प होगा कि दोनों नेताओं के बीच सामाजिक बदलाव के मुद्दे पर मतभेद होते हुए भी दोनों इस पर सहमत थे कि बदलाव लाने के लिए शान्ति पूर्ण तथा अहिंसात्मक तरीके ही काम में लाने चाहिए। गांधी चाहते हैं वे क्रान्तिकारी नहीं है, वे यथास्थितिवादी हैं। 1951 के हरिजन में उन्होंने लिखा

हैं "उनके (रक्त क्रान्ति चाहने वालों के) सामने लक्ष्य क्रान्ति करने का नहीं बल्कि वर्तमान के खुश और नाखुश व्यक्तियों की जगह बदल देने का है। क्या यह क्रान्ति है? क्या परिवर्तन हुआ है इसमें सिवा इसके कि जो खुश हैं वे नाखुश हो गये हैं और जो नाखुश हैं वे खुश हुए है।"[30] क्रान्ति से पूरे राष्ट्र के लोगों को सन्तोष मिलना चाहिए, बदलवा कम-से-कम उत्पीड़न के जरिये आना चाहिए, इस विचार से नेहरू भी सहमत थे, जैसे मधुमक्खियाँ फूलों को बिना नुकसान पहुँचाए शहद इकट्ठा करती है। भावे अपने इस निबन्ध को ठीक ही शीर्षक देते हैं 'नई क्रान्ति'।

राज्य का लक्ष्य और प्रकृति

उस समय के दस्तावेजों में राज्य के लक्ष्य और प्रकृति के सम्बन्ध में कोई सुव्यवस्थित विचार पढ़ने को नहीं मिलते। लेकिन दो उल्लेखनीय बिन्दुओं की तरफ संक्षेप में संकेत किया जा सकता है। एक, 'बहुजन हिताय बहुजन सुखाय' सूत्र की अवलोचना और दो धर्म निरपेक्ष राज्य के सिद्धान्त।

बहुजन हिताय बहुजन सुखाय सूत्र पर तिलक के विचार—स्मरण रहे कि अंग्रेज समाज-दर्शन शास्त्री वेन्थम ने (1748-1832) उपयोगितावाद के सिद्धान्त विकसित किया जिसके अनुसार विधि निर्माण का उद्देश्य प्रमुख रूप से बहुजन हिताया बहुजन सुखाय था। "उसने कहा कि प्रकृति ने हमें दो स्वामियों की सेवा में रखा है सुख और दुख। यह बताना उन्हीं का काम है कि हमें क्या करना चाहिए या कि यह निश्चय करना कि हम क्या करेंगे? सारे विचारों के मूल में ये (सुख-दुख) ही है, हम अपने जीवन के सारे-निर्णय और निश्चय इन्हीं को ध्यान में रख कर करते हैं।"[31] विधायकों का काम निश्चय मनुष्य जीवन के वैयक्तिक तथा सामाजिक सुख का बढ़ाना है। सुख की आन्तरिक रचना में प्रत्येक व्यक्ति 'एक' है, कोई भी एक से ज्यादा नहीं। समूह का हिसाब लगाते समय यह देखना होगा कि कितने व्यक्ति प्रभावित हो रहे है। इस तरह यह सुखवाद की रचना है, सुख दुख का गणित, प्रभावित होने वाले लोगों की संख्या जोड़ना और यह देखना कि उपयोग में आने वाला कानून बहुजन हिताय बहुजन सुखाय है या नहीं?

बाल गंगाधर तिलक ने गीता रहज्ञय में इस सिद्धान्त पर चार आक्षेप लगाए हैं :

(i) क्या संख्यात्मक कसौटी काफी है? वह कभी-कभी भ्रमात्मक हो सकती है। तिलक इसका एक उदाहरण देते हैं। कौरव पांडवों के बीच हुए महाभारत युद्ध में पांडवों के साथ सात अक्षौहिणियाँ (सैनिकों की गणना करने की संख्यात्मक इकाई) थी लेकिन कौरवो के साथ ग्यारह। "क्या इस आधार पर यह तर्क उचित होगा कि पांडव कुमार्ग पर थे क्योंकि यदि पांडव हार जाते तो कौरवों की ग्यारह अक्षौहिणियों को प्रसन्नता

होती? चाहे कितने ही अवसर आएँ नैतिक प्रश्नों का संख्या के आधार पर निर्णय करना अनुचित होगा।"[32]

(ii) यह बात ध्यान में रहनी चाहिए कि जिसे हम सामान्यतया सब लोगों के लिए उपोगी समझते हैं उसे विवेकवान व्यक्ति सबके लिए हानिकारक समझ सकत है। "उदाहरण के लिए सुकरात और ईसा मसीह को ही लें। दोनों अपने देशवासियों को उन सिद्धान्तों का उपदेश दे रहे थे जो उनकी दृष्टि में अन्नत: लाभदायक थे। लेकिन उनके देशवासियों ने उन्हें 'समाज का शत्रु' ठहराया और मृत्यु-दंड दिया।"[33] हम आज यह नहीं कह सकते कि सामान्य लोगों तथा उनके मार्ग दर्शकों ने जो कुछ किया वह उचित था। इससे यह संकेत मिलता है कि नैतिक गणित में इस प्रश्न का उत्तर पाना कठिन है कि 'जो लाखों लोगों को प्रसन्नता दे उसका निर्णय कैसे करें और कौन करें?'[34]

(iii) यह सिद्धान्त यांत्रिक है और मनुष्य की प्रेरक शक्यिों पर विचार नहीं करता। "हम बाहरी प्रभाव या परिणाम देख कर किसी ऐसे निर्णय पर नहीं पहुँच सकते कि अमुक कार्य न्यायोचित है या अन्यायपूर्ण, नैतिक है या अनैतिक यानी यह सोच कर इसका परिणाम बहुजन सुखाय, बहुजन हिताय होगा या नहीं? किसी कार्य के सम्बन्ध में सोचते हुए हमें उसके करने वाले की इच्छा या कारण पर भी विचार करना होता है।"[35] तिलक एक उदाहरण देते हैं। एक बार अमेरीकी शहर में यहाँ के नगरवासियों की सुख-सुविधा के लिए एक ट्रामा-रास्ता बनाने का अवसर दिया। लेकिन अधिकारियों से आवश्यक स्वीकृति पाने में देर होने लगी। इस पर ट्रामा-रास्ता बनाने वाली कम्पनी के डायरेक्टरों ने अधिकारियों से स्वीकृति पाने के लिए उन्हें रिश्वत दी जिससे शीघ्र ही स्वीकृति प्राप्त हो गई। बाद में जल्दी ही ट्रामा-रास्ता बन कर पूरा हो गया। इस तरह शहर के लोगों को बहुत फायदा हुआ।

इसके कुछ समय बाद रिश्वत का मामला पकड़ा गया, ट्रामा मैनेजर पर मुकदमा चला और उसे सजा हो गई। "ऐसे मामलों में बहुजन हिताय बहुजन सुखाय का सिद्धान्त अपने आप ही व्यर्थ लगने लगता है। रिश्वत का दिखता असर तो यह था कि ट्रामा-रास्ता बन गया जो कि बहुजन के सुख और हित का कारण हुआ। किन्तु तथ्य यह था कि रिश्वत के कारण उसे वैधता नहीं मिली।"[36]

(iv) इस सिद्धान्त पर तिलक का चौथा आक्षेप यह था कि इससे इस बात का उत्तर नहीं मिलता कि 'व्यष्टिवाद से समष्टिवाद' श्रेष्ठ क्यों है? तिलक के अनुसार इस सिद्धान्त के कारण उदार स्वार्थवाद को आगे बढ़ने का

मौका मिलता हैं क्योंकि आत्म-हित के सामने पर-हित को कोई सैद्धान्तिक प्रमाणिकता नहीं मिलती। "यदि आत्म-हित और पर-हित दोनों का कारण मनुष्य है तो बहुजन हिताय, बहुजन सुखाय का सिद्धान्त व्यक्ति-सुख से अधिक महत्त्व का क्यों माने? इसके उत्तर में यह कहना कि इसका कारण बहुजन हिताय, बहुजन सुखाय है सन्तोषजनक नहीं है क्योंकि प्रश्न तो यही है कि मैं ही बहुजन हिताय, बहुजन सुखाय की चिन्ता क्यों करूँ?"[37]

तिलक का विचार यह है कि नैतिक दृष्टिसे भौतिकवादी स्पष्टीकरण काफी नहीं है। भौतिक वस्तुएँ शरीर की सुरक्षा के लिए आवश्यक है किन्तु जो सुख महान कामों से या शुद्ध विवेक तथा शुद्ध मन की अवस्थाओं से प्राप्त होता है वही मनुष्य के लिए आदर्श सुख की स्थिति है। 'भौतिक सुख जो इन्द्रियों से या इन्द्रियगोचर पदार्थों से प्राप्त होता है'[38] वह सुख की निम्न स्थिति है।

सर्वोदय पर गांधी के विचार— गांधी ने उपयोगितावादी सूत्र के स्थान पर 'सर्वोदय' (सब का कल्याण) के सिद्धान्त को महत्त्व दिया। उन्होंने 'बहुजन हिताय, बहुजन सुखाय' सूत्र की तीन कमियों की ओर संकेत किया है। 1. उपयोगितावाद के लिए सुख का अर्थ केवल भौतिक सुख है यानी आर्थिक समृद्धि। यदि इस सुख की दौड़ में नैतिक मूल्यों का नाश होता है तो उपयोगितावाद इसकी कोई चिन्ता नहीं करता। 2. अहिंसा का समर्थक उपयोगितावाद का समर्थक नहीं हो सकता। वह सबके अधिक-से-अधिक सुख के लिए प्रयत्नशील होता है और इस आदर्श की प्राप्ति के प्रयत्न में मरना पसन्द करता है। दूसरे जीवित रहे इसलिए वह मरना चाहता है। किन्तु, उपयोगितावादी को उसका सिद्धान्त अपने विश्वासों को छोड़ने नहीं देगा जिसके कारण बहुजन हिताय बहुजन सुखाय सम्भव है। इसी सिद्धान्त के चलते पश्चिमी देशों के लोग अल्पसंख्यकों की कीमत पर भी बहुजन के भौतिक और शारीरिक सुख का कोई औचित्य नहीं है। हमारा लक्ष्य सबका कल्याण है; केवल बहुजनों का नहीं।

धर्म-निरपेक्षता— धर्म-निरपेक्षता का अर्थ सरकार का किन्हीं भी धर्मावलम्बियों के प्रति पूर्वाग्रह रहित दृष्टिकोण है। 1948 में अलीगढ़ विश्वविद्यालय में भाषण करते हुए नेहरू ने कहा धर्म-निरपेक्षता के सिद्धान्त का भारत जैसे देश में समर्थन करना स्वत: सिद्ध है, जहाँ सब धर्म और सम्प्रदाय के लोग रहते हैं। धर्म के आधार पर राज्य की कल्पना करना जो दूसरे धर्मावलम्बियों को अपने संरक्षण से बाहर समझता है; न केवल रूढ़िवादिता हैं बल्कि अव्यावहारिक भी है जिसे दुनिया शताब्दियों पहले छोड़ चुकी है।

सी. राजागोपालाचारी इस विचार से पूरी तरह सहमत थे। 1957 में उन्होंने एक लेख लिखकर इतना और जोड़ दिया कि धर्म-निरपेक्षता का अर्थ धर्म का अस्वीकार या धर्म के प्रति उदासीनता नहीं है बल्कि सब धर्मों, धार्मिक जीवन और धार्मिक क्रिया-कलापों को धर्म-निरपेक्ष दृष्टिकोण से प्रोत्साहन देना है। यह सिद्धान्त कि राष्ट्रों

के विकास में धर्मों की प्रभावशाली भूमिका रही है या कि राज्य को दूसरे धर्मों की अपेक्षा एक ही धर्म को अंगीकृत करना चाहिए। यह धर्म निरपेक्षता की सभी व्याख्याओं में अस्वीकृत कर दिया है। जैसा कि एस.ए. हुसेन ने अपनी पुस्तक 'दि डेस्टनी ऑफ़ इंडियन मुस्लिम' (1965) में कहा है कि बहुत से व्यक्ति जो धार्मिक निरपेक्षता के वैज्ञानिक राजनीतिक पक्ष का समर्थन करते हैं उन्होंने भी अपने जीवन में धार्मिक मूल्यों के योगदान को आधार सहित स्वीकार किया है। धर्म-निरपेक्षता के सिद्धान्त में सब धर्मों के विश्वासों के प्रति आदर, सहिष्णुता और उदार प्रशंसा भाव निहित है।

सी. राजगोपालाचारी के स्पष्टीकरण से किसी की असहमति नहीं होगी। इस सन्दर्भ में धार्मिक-निरपेक्षता अथवा धार्मिकता के कारण पड़ने वाले प्रभावों का वर्णन करना आवश्यक है।

सत्ता की मर्यादा

राजनीति के इस बुनियादी सवाल पर कि व्यक्ति पर सत्ता दबाव की और सामान्यतया कानून बनाने की क्या सीमाएँ हैं, विचारकों में, जैसी कि आशा की जानी चाहिए, बहुत मतभेद हैं। गांधी, भावे, टैगोर, आर.पी. परांजपे तथा के.जी. मशरूवाला दूसरे कई चिन्तकों के साथ यह राय रखते हैं कि वह सरकार श्रेष्ठ है जो कम-से-कम शासन करे, जबकि समावाजवादी विचारकों का मत है कि लोक-कल्याण के लिए राज्य के दायित्व की सीमा बढ़नी चाहिए।

यह दिलचस्प बात है कि 1901 में डी.ई. वाचा ने (इंडियन नेशनल कांग्रेस के अध्यक्षीय भाषण) इसी तरह के विचार प्रकट किए थे। उन्होंने कहा कि वैधानिक उपाय रोग से भी ज्यादा भयानक साबित हुए है। उन्होंने तीस वर्ष की अवधि में ढेर सारे कृषि-कानूनों का हवाला देत हुए कहा कि वे कृषि-सम्बन्धी विसंगतियों को दूर करने में नाकामयाब साबित हुए हैं। 1904 में प्रकाशित एक निबन्ध 'स्टेट एंड सोसायटी' में टैगोर ने उन पुराने भारतीय विचार की सराहना की है जिसके अनुसार सरकार पर बहुत अधिक आश्रित रहने को सामाजिक उपयोगिता की दृष्टि से अनुपयोगी माना है। समाज में वह आत्म-विश्वास उत्पन्न करना चाहिए जिससे हम बहुत-सी सामाजिक आवश्यकताओं पर सामाजिक प्रेरणा, उपायों तथा साधनों से काबू पा लें।

1925 के 'यंग इंडिया' में गांधी ने लिखा कि स्वराज सरकार के लिए यह दुख की बात होगी कि लोग छोटी-से-छोटी बात के लिए उसकी तरफ देखें। "स्वशासन का अर्थ है लगातार सरकार के नियंत्रण से मुक्त होने की कोशिश चाहे वह राष्ट्रीय सरकार हो या विदेशी।"[40] गांधी के अनुसार एक आदर्श समाज कुछ-कुछ अराजकतावादी होगा और प्रत्येक व्यक्ति स्वयं को शासित करेगा। वह स्वयं को इस प्रकार अनुशासित करेगा कि पड़ोसी के कार्य में बाधा नहीं आए। लेकिन

यह विचार क्योंकि व्यवहार में नहीं आया है वे थोरो (Thoreau) के इस सूत्र से ही सन्तुष्ट रहेंगे कि वही सरकार श्रेष्ठ है जो अल्पमत शासन करे।

इन चिन्तकों के अनुसार निम्न कारणों में राज्य का हस्तक्षेप कम होना चाहिए। पहला कारण तो यह कि राज्य के अत्यधिक हस्तक्षेप से व्यक्तिगत और सामाजिक पहल में कमी आ जाती है जो सामाजिक प्रगति का मूलाधार है। 1954 में विनोबा भावे ने कहा कि सरकार जितनी अधिक पहल करेगी व्यक्ति की पहल उतनी ही कम होती जाएगी। दूसरा कारण जैसा कि गांधी बताते हैं कि राज्य व्यवस्थित और एकीकृत हिंसा का प्रतिनिधित्व करता है क्योंकि उसी के पास शक्ति के उपयोग का एकाधिकार है। गांधी के अनुसार हिंसा जितनी कम हो उतना ही अच्छा है। तीसरा कारण जैसा कि तर्कवादी आर.पी. परांजपे (1876-1966) ने कारण विशेष पर बल देते हुए कहा कि सत्त अपनी प्रकृति से ही गतिहीनता का पक्ष लेती है। "सत्ता ऐसे नियम बनाती है कि जो या तो पुराने होते हैं या बाहरी एजेन्सी के बनाए हुए होते हैं इसलिए विकास या नई परिस्थितियों के अनुकूल परिवर्तन की शक्ति पूरी तरह न भी रूकती हो तब भी बाधित अवश्य हो जाती है।"[41] चौथी बात यह कि अत्यधिक नियंत्रण से अकुशलता और भ्रष्टाचार फैलता है। जैसा कि एक संवाददाता ने पत्र द्वारा के.जी. मशरूवाला, 'हरिजन' सम्पादक को 24 दिसम्बर, 1948 को लिखा : "लाल फीताशाही, समस्या को सुलझाने के नौकरशाही के तरीके, नियंत्रित वस्तुओं के सम्बन्ध में व्यावहारिक ज्ञान का अभाव, अत्यधिक विलम्ब, भ्रष्टाचार जो सरकारी तंत्र के पर्याप्त हो गये है वह नियंत्रण को उतना घृणास्पद बनाए दे रहा है जैसा वह पहले कभी था।"[42] पाँचवीं बात यह कि नियंत्रण के सुव्यवस्थित संचालन के लिए नागरिकों मे भाईचारा तथा नागरिकता के गुण चाहिए। वहाँ यदि जनसंख्या का एक बड़ा भाग कालाबाजारी में लगा हो तो कोई नियंत्रण-प्रणाली कुशलतापूर्वक काम नहीं कर सकेगी और अनीतिपूर्ण आचरण जिसका अनिवार्य परिणाम होगा।

इस बहस के प्रसंग में सी. राजगोपालाचारी का उल्लेख आवश्यक है। समकालीन भारत के किसी भी विचारक ने व्यक्ति जीवन में अल्पमत राजनैतिक हस्तक्षेप के पक्ष में उनके जैसे तर्क-संगत तथा सुसंगत विचार प्रकट नहीं किए होंगे। 'सत्यमेव जयते' (1961) के एक निबन्ध-संग्रह में उन्होंने तर्क देते हुए यह कहा कि आधुनिक पीढ़ी की यह बुद्धिमानी होगी कि वह सरकारी काम-काज को कर-वसूली तथा अपराध, हिंसा, ठगी और शोषण को रोकने तक ही रहने दे। इसके लिए उन्होंने चार कारण दिए हैं :

(i) अपने कार्य क्षेत्र से बाहर जाकर उत्पादन को पद्धतियों का नियंत्रण करने के प्रयत्न मे राज्य उस काम को कर रहा है जो वह कुशलतापूर्वक नहीं कर सकता। "जो सरकारी तंत्र तथा राजनैतिक दल उसका नियंत्रण करता है वह ऐसे लोगों का बना है जो न तो उत्पादन करता है और न

जिन्हें उत्पादन की प्रक्रिया का अनुभव अथवा वास्तविक ज्ञान है। यह भुला दिया गया है कि राष्ट्रीय उत्पादन व्यक्ति-उत्पादन से जुड़ा है जो उसके ज्ञान तथा सही निर्णय से ही प्रगति करता है और जिनके मूल में व्यक्ति लाभ होता है। राज्य का काम आपसी झगड़े और हिंसा को रोकने का है; व्यक्ति की जगह खुद को आरोपित करने का नहीं है।"[43]

(ii) प्रगति का अर्थ वांछनीय तथा प्रशंसनीय दिशा की ओर बढ़ना है। "मानवीय गरिमा तथा व्यक्ति स्वातंत्र्य का अपहरण प्रगति की वास्तविक प्रकृति को धूमिल करते हैं। स्वतंत्रता खोकर भी राज्य को धीरे-धीरे देते-देते सब कुछ दे देना प्रगति नहीं है।"[44]

(iii) स्वशासन का वास्तविक अर्थ आत्म-विश्वास, आत्म-संयम, आत्मानुशासन, अपरिग्रह तथा स्वतंत्रता है जिसका अर्थ सरकार तथा उसके अधिकारियों को हाथ में अमर्यादित अधिकार देने का विरोध है क्योंकि वे व्यक्ति को रोकने, नियंत्रित करने दिशा-निर्देश देने और इस तरह गुलाम बनाने तथा विचार-दीक्षा देने का काम करते हैं।

(iv) जब तक व्यक्ति के नागरिक तथा मूलभूत अधिकार यथा काम करना, कमाना, अपनी आय को विवेकानुसार उपयोगी व्यवसाय में लगाना तथा लाभ कमाने की स्वातंत्रता नहीं मिलती तब तक न तो प्रजातंत्र का औचित्य सिद्ध किया जा सकता है और न राष्ट्रीय सम्पदा ही बढ़ाई जा सकती है।

व्यक्ति समुदाय तथा मानव-जाति

इस अध्याय का अन्तिम खंड व्यक्ति तथा समाज के सम्बन्ध में श्री अरविन्द के विचारों के लिए रख लिया हैं क्योंकि इस सम्बन्ध में उन्हीं के विचार सबसे अधिक सन्तुलित और व्यवस्थित हैं, इसलिए बहस को समेटने में भी सक्षम हैं। अपने दो आलेखों में 'दि इनडिविजुअल एंड कम्यूनिटी' (1914-21) तथा 'सोशियल इवेल्युएशन' (1915-18)[45] में श्री अरविन्द अपने विचारों को इस तरह समेटते हैं :

"यह व्यक्ति की जिम्मेदारी है कि वह अपने व्यक्तित्व को अनवरत आन्तरिक विकास के द्वारा पूर्णत्व की ओर ले जाए और दूसरों के विकास का आदर करते हुए, उसमें सहायक होते हुए स्वयं की सहायता करे। उसे सामुदायिक जीवन के साथ सन्तुलन स्थापित करना है और पूर्णत्व को प्राप्त करने के लिए स्वयं को विविध रूपों में अभिव्यक्त करते रहना है। समुदाय या जाति के लिए भी वही नियम है अपने जीवन का मुक्त आन्तरिक विकास करना; व्यक्ति विकास में सहायक होना तथा उसका लाभ उठाना तथा दूसरे समुदायों तथा जातियों के विकास का आदर करते हुए, उसमें सहायक होते हुए, स्वयं की सहायता करना। यह नियम जिन्दगी

को विश्व समुदाय के साथ तदाकार करना है तथा उसे एक साधन मानते हुए विश्व समुदाय के विकास तथा पूर्णत्व के लिए अर्पित कर देना है। विश्व समुदाय के लिए यह नियम है कि वह मानव मात्रा में ईश्वरत्व को खोज तथा आत्माभिव्यक्ति के लिए उत्तरोत्तर विकसित हो। इस कार्य में व्यक्तियों, जातियों तथा मानव-समुदाय की उपलब्धियों तथा मुक्त विकास की सहायता लेते हुए ऐसा प्रयत्न करना है कि सम्पूर्ण मानवजाति आदर्श रूप में नहीं वास्तव में एक 'ईश्वरीय परिवार' हो जाए। स्वयं को इस तरह संगठित करते हुए उसे व्यक्तियों तथा समुदायों के मुक्त विकास क्रम का आदर करते हुए सहायता करते हुए स्वयं के विकास में सहायता करनी है।

विधि तथा स्वतंत्रता के सम्बन्ध में नियमों की इस परिधि में देखना चाहिए। प्रकृति किसी बाहर के नियम या नमूने को आरोपित नहीं होने देती, वह अन्दरूनी जिन्दगी को विकसित करने की दिशा में प्रवृत्त रहती है। वह अपने नियमों तथा विकास-क्रम पर तब तक आग्रह करती रहती है जब तक वातावरण की चुनौतियों से भिड़ने के लिए बदलाव की जरूरत नहीं हो जाती। व्यक्तिगत, राष्ट्रीय, धार्मिक तथा नैतिक और सभी स्वतंत्रताओं का आधार यही मौलिक जीवनेच्छा है। स्वतंत्रता का अभिप्राय अस्तित्व के नियम की अनुपालना करते हुए प्राकृतिक वातावरण के अनुसार विकसित होना है। इन स्वतंत्रता के खतरे, नुकसान, बिखराव, संघर्ष, व्यर्थताबोध तथा अव्यस्था का कारण एक व्यक्ति के दूसरे व्यक्ति तथा एक समुदाय का दूसरे समुदाय के बीच एकता के अभाव में निहित है। प्रत्येक व्यक्ति दूसरे की मदद करते हुए, उसकी समीपता से विकसित होने की बजाय उसकी कीमत पर आगे आना चाहता है। प्रत्येक व्यक्ति दूसरे की स्वतंत्रता छीन कर अपनी स्वतंत्रता घोषित करता है। यदि वास्तविक आध्यात्मिक तथा मनोवैज्ञानिक एकता प्राप्त होती है तो स्वतंत्रता के कारण अपने विचारों को दूसरे के विचारों से समन्वित कर देता है, वह यह कभी अनुभव नहीं करता कि दूसरों के सहयोग के अभाव में वह विकास की इस चरमावस्था तक पहुँच सकता था। मानवीय अपूर्णता तथा मन-मस्तिष्क की अपरिपक्वता के कारण ही हम लोगों को संयत तथा विवश करने के लिए कानून तथा सैनिकवाद का सहारा लेते हैं। जोर-जबरदस्ती के बल पर मजबूर करने वाले राज्य-कानून के लाभ स्पष्ट हैं लेकिन उसके नुकसान भी उतने ही है। जिस बाहरी एकरूपता को बनाने की वे कोशिश करते हैं वह यांत्रिक होती है और जो व्यवस्था वे स्थापित करते हैं वह जुड़े के ढीले पड़ते ही या नियंत्रण के हटते ही अवास्तविक और टूट जाने वाली साबित होती है एक आरोपित व्यवस्था यदि लम्बे समय तक चलती है तो जिन्दगी को चलाने वाला स्वाभाविक विकासक्रम टूट जाता है और हो सकता है कि उसके चलते वास्तविक विकास से शक्ति ही नष्ट हो जाए। हम अपना ही नुकसान कर के जिन्दगी का दमन

और अतिस्तरीकरण कर रहे हैं तथा दीक्षाग्रस्त से हम उसके स्वाभाविक उल्लास तथा स्वत: स्फूर्त आत्मानुकूलन की प्रक्रिया को नष्ट कर दे रहे है।

बौना और लचीलेपन के अभाव के कारण निस्तेज व्यक्तित्व ऊपर से चाहे सन्तुलित लगे लेकिन अन्दर से वह बिखरता जाता है। जो कानून हमारा नहीं है या कि जो हमारी प्रकृति के अनुरूप नहीं है उससे अराजकतावाद कहीं बेहतर है। एक सर्वदमनकारी अथवा निरोधक कानून केवल तात्कालिकता है या उस अनुशासन का स्थानापन्न है जिसे व्यक्ति की आज़ादी अकुँठित रखते हुए अन्दर से आना चाहिए तथा जिसे उसकी प्रत्येक छवि और अभिव्यक्ति में प्रत्यक्ष नजर आना चाहिए। वास्तव में मानव समाज अपनी सम्पूर्ण ऊर्जा के साथ उसी अनुपात में प्रगति करता है जिस अनुपात में कानून स्वाधीनता का शिशु होता है। वह तभी तक पहुँचेगा जब मनुष्य अपने साथी मनुष्यों को आध्यात्मिक रूप से जानने-पहचानने लगेगा।

सन्दर्भ

1. ए.आई.सी.सी. इकोनॉमिक रिव्यू, न्यू दिल्ली, 15 अगस्त, 1958 पृ. 3-6
2. रीजन, रोमेंटिज़्म एंड रिवोल्यूशन : एम.एन.राय, (कलकत्ता : रेनेसाँ पब्लिशर्स) भाग II पृ. 3-6
3. 'एन इंटरव्यू विथ महात्मा गांधी' : निर्मल कुमार बोस, माडर्न रिव्यू, जून-दिसम्बर, 1935, पृ. 412
4. सर्वोदय (दि वेलफेयर ऑफ़ आल) एम.के. गांधी; सम्पादित द्वारा भारतन कुमारप्पा रिप्रिंट (अहमदाबाद : नवजीवन पब्लिशिंग हाउस, 1958) पृ. 52
5. भूदान-यज्ञ : विनोबा भावे (अहमदाबाद : नवजीवन पब्लिशिंग हाउस, 1953 पृ. 66-69
6. हरिजन, 29 जून, 1935
7. हरिजन, 23 फरवरी, 1947
8. हरिजन, 31 मार्च, 1946
9. कंस्ट्रक्टिव प्रोग्राम : इट्सांमीनिंग एंड प्ली द्वारा एम. के. गांधी दूसरा संस्करण (अहमदाबाद, नवजीवन पब्लिशिंग हाउस, 1945) पृ. 20-21
10. हरिजन, 25 अगस्त, 1940
11. वही।
12. वही।
13. सत्यमेव जयते : ए कलेक्शन ऑफ़ आर्टिकल्स कंट्रीब्यूटेड टू स्वराज्य एंड अदर जनरल्स फ्रॉम 1956 टु 1961 द्वाराा सी. राजगोपालाचारी (मद्रास : भारतन पब्लिकेशन) भाग I पृ. 264-65
14. टुवर्ड फ्रीडम, दि ऑटोबायग्राफी ऑफ़ जवाहरलाल नेहरू (न्यूयार्क : दि जॉन डे कम्पनी, 1942) पृ. 137-4
15. वही।
16. वही।

17. हरिजन, 4 अप्रैल 1953
18. वही।
19. लैटर्स फ्राम रशिया रवीन्द्रनाथ टैगोर (कलकत्ता : विश्वभारती 1960) पृ. 137-40
20. वही।
21. वही।
22. सोशलिज़्म, सर्वोदय एंड डिमोक्रेसी, सेलेक्टेड वर्क्स ऑफ़ जयप्रकाश नारायण, सम्पादित द्वारा बिमल प्रसाद (बोम्बे : एशीय पब्लिशिंग हाउस, 1964) पृ. 59-62
23. वही।
24. एट दि फीट ऑफ़ महात्मा गांधी द्वारा राजेन्द्रप्रसाद (बोम्बे : एशीया पब्लिशिंग हाउस 1961) पृ. 328
25. जवाहरलाल नेहरू, विजिट टू अमेरिका (न्यूयार्क : दि जॉन डे कम्पनी 1950) पृ. 26-69
26. हरिजन, 24 फरवरी 1940, देखें टिप्पणी 4, पृ. 59-61
27. ग्लिप्सेज़ ऑफ़ वर्ल्ड हिस्ट्री द्वारा जवाहरलाल नेहरू (लन्दन : लिंडसे ड्रमंड 1949) पृ. 502-4
28. देखें टिप्पणी 14, पृ. 314-26
29. वही।
30. हरिजन, 15 दिसम्बर 1951, पृ. 357
31. रीज़न एंड रिबेलियन द्वारा डी.ए. जोल (न्यूयार्क : प्रिंटस हॉल 1963) पृ. 253
32. श्रीमद् भगवद्गीता रहस्य और कर्म-योग शास्त्र द्वारा बाल गंगाधर तिलक ट्रांसलेटेड बॉय मालचन्द्र सीतराम सुकंथकर (पूना : तिलक ब्रदर्स, 1935) वॉल्यूम I, पृ. 114-25
33. वही।
34. देखें टिप्पणी 32, भाग I, पृ. 114-35
35. वही।
36. वही।
37. वही।
38. देखें टिप्पणी 32, वॉल्यूम I, पृ. 114-28
39. देखें टिप्पणी 13, वॉल्यूम I, पृ. 66-67
40. यंग इंडिया, 6 अगस्त 1926
41. दि क्रक्स ऑफ़ दि इंडियन प्रॉब्लम द्वारा आर.सी. परांजपे (लन्दन : वाट्स एंड कम्पनी 1931) पृ. 1-116
42. हरिजन, 9 जनवरी 1948
43. देखें टिप्पणी 13, भाग I, पृ. 488-90
44. देखें टिप्पणी 13, भाग I, पृ. 549-51
45. श्री अरविन्द ऑन सोशियल साइनसेज एंड ह्यूमेनिटीज-एन्थोलॉजी द्वारा केवर मोटवानी (बोम्बे : ओरिएंट लॉंगमेंस, 1962) पृ. 107-13, 119-25

7

जनतंत्र स्वाधीनता और समता

1. जनतंत्र के सफलता पूर्वक काम करने की शर्तें

जिस काल के राजनीतिक सोच का हम सर्वेक्षण कर रहे हैं उसकी सबसे बड़ी विशेषता यह है कि तब जनतंत्रवादी राजनीतिक पद्धति को सारी पद्धतियों से श्रेष्ठ मान लिया गया था। आंशिक रूप से इसका कारण भारत-ब्रिटेन के दीर्घकालीन सम्पर्क थे जिसके परिणाम स्वरूप भारतीय विचारकों को ब्रिटेन की राजनीतिक संस्थाओं तथा प्राचीन ग्रंथों को देखने और अध्ययन करने के अवसर प्राप्त हुए। लेकिन यह सब होते हुए भी देखने की बात यह है कि हमारें चिन्तकों में जनतंत्र की परिभाषा को लेकर कोई मतैक्य नहीं है। गांधी के लिए जनतंत्र का अर्थ था 'जनता के तमाम वर्गों के भौतिक, आर्थिक तथा आध्यात्मिक संसाधनों का सार्वजनिक हित में उपयोग' (1939)।[1] प्रसिद्ध दार्शनिक राधाकृष्णन का विचार है कि "यह एक राजनीतिक व्यवस्था (वयस्क मतदान), एक आर्थिक दृष्टि (समान अवसरों की उपलब्धि) और नैतिक (तर्क संगत) मूल्यों पर आधारित जीवन पद्धति है।" (1960)। 1956 में नेहरू ने कहा कि "जनतंत्र शान्तिपूर्ण उपायों से समस्याओं का समाधान है"[2] रूथनस्वामी ने इस लेखक की पुस्तक 'रिवीजन ऑफ़ डेमोक्रेसी' (1940) की भूमिका में कहा है कि जनतंत्र जनता के द्वारा चलाई जाने वाली न्यायपूर्ण सरकार है। उन्होंने लिखा है अरस्तू और यूनानी राज्य व्यवस्था से लगाकर लिंकन तथा डी. टेक्यावली और आधुनिक अनुभवों का निष्कर्ष यही है कि "जनतंत्र जनता द्वारा चलाई जाने वाली न्यायपूर्ण सरकार है इससे कम नहीं लेकिन इसस ज्यादा कुछ नहीं।"[3] इस लेखक की भी यह मान्यता है कि तकनीकी दृष्टि से रूथनस्वामी सही है। लेकिन रूथनस्वामी से मतभेद रखने वालों के सम्बन्ध में भी यह कहना उचित होगा कि जिस बात पर सब सहमत है वह यह है कि जनतंत्र को जता द्वारा चलाई जाने वाली सरकार को मानना ही चाहिए। विचारकों के बीच मतभेद होने के कारण यह है कि कुछ लोगों में यह पहचानने की क्षमता नहीं है या कि इच्छा नहीं है कि वे जनतंत्र के

बुनियादी तत्त्व को जनतंत्र को सफल बनाने वाली स्थितियों से अलग कर देख सकें। अब हम उन्हीं के विचार करते हैं।

सामुदायिक जनतंत्र; विकेन्द्रीकरण— जयप्रकाश नारायण उन कुछ महत्त्वपूर्ण चिन्तकों में हैं जिन्होंने जनतंत्र को सफलतापूर्वक कार्य करने की स्थितियों का विधिवत अध्ययन किया है। 1959 में उन्होंने 'रिकंसट्रक्शन ऑफ़ इंडियन पोलिटी' पर एक आलेख प्रकाशित किया। उन्होंने लिखा : "मैं इस आलेख में राजतंत्र से सम्बन्धित एक रूपरेखा प्रस्तावित करता हूँ जो मेरी दृष्टि में न केवल हमारे लिए सबसे ज्यादा उपयुक्त है बल्कि सर्वाधिक तर्क संगत और वैज्ञाकिन भी है। इसके साथ ही मैं उन कारणों का संक्षेप में उल्लेख भी करूँगा जो मेरी इन मान्यताओं को पुष्ट करते हैं।"[4]

जनतंत्र जयप्रकाश नारायण के लिए सर्वाधिक तर्क संगत और वैज्ञानिक राजतंत्र है लेकिन उसका पुनर्संयोजन आवश्यक है। उसका मूल आधार सामुदायिकता होनी चाहिए। इसके लिए सबसे पहली जरूरत विकेन्द्रीकरण की है। वे इसके लिए दो कारणों का उल्लेख करते हैं। वे लिखते हैं कि पश्चिम का जनतंत्र मूलतः चुनाव हुआ अल्पतंत्र है इसलिए उसे जनतंत्र न कहकर 'जनतांत्रिक अल्पतंत्र' कहना चाहिए। इसलिए पश्चिम की राज्य व्यवस्था में सामान्य आदमी की हिस्सेदारी नगण्य है। पश्चिमी जनतंत्र का दूसरा गम्भीर दोष यह है कि उसका आधार आशाविक समाज है। आधुनिक पश्चिमी जनतंत्र मनुष्य की 'सामाजिकता' को अस्वीकार करता है जो कि उसकी वास्तविक प्रकृति हैं। यह जनतंत्र को अलग-अलग व्यक्तियों का एक अजैविक समूह माननता है। वर्तमान में जनतंत्र भवन व्यक्ति मतदाता की नींव पर टिका है इसलिए सारी जनतांत्रिक प्रक्रिया मत प्राप्त करने की राजनीति पर टिकी हैं हर मतदाता अपना मत समाज की एक जीवित, स्पंदित और दूसरी इकाइयों के हिस्से की तरह नहीं बल्कि एक निर्जीव अणु की तरह देता है। जनतंत्र से जुड़ी हुई सारी पद्धतियाँ और प्रकियाएँ एक अलग-थलग हुए व्यक्ति का प्रतिनिधित्व करती है; उस व्यक्ति का नहीं जो एक समुदाय में एक-सी सामाजिक जिन्दगी का हकदार है।

क्या करें?

प्राचीन भारतीय समाज-रचना के ग्रामों और व्यवस्थाओं को उदाहरण मानते हुए वे प्रस्तावित करते हैं कि (i) हमारी नीति मजबूत विकेन्द्रीकरण पर आधारित होनी चाहिए। आधुनिक राज्य अत्यधिक केन्द्रीकृत है जो अवांछनीय है और (ii) समाज-व्यवस्था की ऐसी पुनर्रचना करनी चाहिए कि जिससे सामाजिक एकता और व्यक्ति को साझेदारी का भाव परिलक्षित हो। "एक जीवित समुदाय में बंधुत्व होता है यानी साझेदारी, शामिल होने की भावना, मैत्री...वहाँ समान हित होते हैं, अनेकता में एकता होती है, मान्य सामाजिक जिम्मेदारियों के बीच स्वाधीनता का

अनुभव होता है; सारे कार्य सामुदायिक हित के लक्ष्य से बंधे होते हैं। जाति, वर्ग नस्ल, धर्म, राजनीति सब आदमी को अलग-अलग करते हैं और प्राय: प्रतिस्पर्धा समूहों में बाँटते हैं। समुदाय उन्हें बाँधता है, जोड़ता है और उनके हितों को एकरूपता देता है। एक समुदाय के सारे सदस्यों में सामुदायिक काम-काज में व्यापक हिस्सेदारी की एक समझ होती है। अपने आन्तरिक निर्णयों में समुदाय आत्म नियंत्रित और आत्म-निर्णायक होता है।"[5]

इन आधारों से शुरू करते हुए जयप्रकाश एक पिरेमिड की तरह समाज-रचना की कल्पना करते हैं। ग्राम समुदाय की नींव पर क्षेत्रीय, जिला, प्रान्त और राष्ट्र समुदाय स्थित होंगे। प्रत्येक इकाई उन सामुदायिक जीवन और दृष्टि को विकसित करेगी जो एक पूरे समुदाय द्वारा आवश्यक अनुभव किए जाने वाले कर्म का प्रतिफल होगी और इस तरह सबके जीवन में एकता और साझे के भावों को प्रेरित करेगी। जयप्रकाश कहते हैं—कि (i) ज्यो-ज्यों हम सामुदायिक जिन्दगी और व्यवस्था के अन्दरूनी वृत्तों से बाहरी वृत्तों की ओर आते हैं तो हमें मालूम होता है कि बाहरी समुदायों के पास करने के लिए कुछ ज्यादा नहीं है; इस तरह जब हम राष्ट्र-समुदाय तक जाते हैं तो उसके पर रक्षा, वैदेशिक सम्बन्ध, मुद्रा अन्त: राज्य सम्बन्धों का ताल-मेल और विधि जैसे विषयों को छोड़कर कुछ नहीं है और तब (ii) ऐसा सामाजिक संगठन उन लोगों को विकास के पर्याप्त अवसर देता है जो अब केवल अमूर्त समुदाय नहीं रह गए हैं बल्कि आत्म-नियंत्रित समुदायों के रूप में इस तरह व्यवस्थित हो गए है कि स्वयं को शासित कर सके। "सामुदायिक राजतंत्र ही साझे के जनतंत्र की गारंटी है और यही हमारी मंजिल होनी चाहिए। वह एक ऐसे समाज में ही सम्भव है जहाँ व्यक्ति स्वयं को यंत्र-मानव होने के दुर्भाग्य से बचा सके, जहाँ वह आज की सभ्यता के साथ यही बनने के लिए अभिशप्त है तथा जहाँ वह एक समुदाय के सदस्य की हैसियत से स्वाधीनता और स्वाभिमान प्राप्त कर सके।"[6]

नैतिक वातावरण— जयप्रकाश नारायण जनतंत्र के लिए निम्नांकित आवश्यक गुणों तथा मानसिक रूझानों की आवश्यकता पर बल देते हैं :

(i) सत्य की चिन्ता
(ii) हिंसा से घृणा
(iii) स्वाधीता की चाह तथा दमन और क्रूरता से प्रतिरोध की हिम्मत
(iv) सहयोग की भावना
(v) दूसरों के विचार तथा सम्मितियों के प्रति आदर तथा सहिष्णुत का भाव
(vi) सामाजिक हितों के साथ व्यक्ति हितों को सन्तुलित करने की क्षमता
(vii) जिम्मेदारी ग्रहण करने की तत्परता
(viii) मनुष्य की समता में अटूट विश्वास
(ix) मानव प्रकृति के प्रशिक्षण में आस्था

जयप्रकाश की दृष्टि से आधुनिक समाज में जनतंत्र की सफलता के लिए नैतिकता की सर्वोपरि आवश्यकता है। वे लिखते है—"कि आधुनिक उद्योगवाद, पूँजीवाद, समाजवाद या साम्यवाद से पैदा की गई भौतिक समृद्धि को निरन्तर बढ़ती हुई घृणा और जनतंत्र का सह-अस्तित्व सम्भव नहीं है। मेरा विश्वास है कि स्वाधीनता तथा आज़ादी का आनन्द लेने तथा स्व-शासन चलाने के लिए इच्छाओं को स्वेच्छापूर्वक मर्यादित करना आवश्यक है। यदि ऐसा नहीं होता तो अधिक और अधिक और अधिक का लालच, आपसी कलह, दबाव, धमकियाँ, लूट, युद्ध, तथा ऐसी उत्पादन प्रणाली की ओर धकेल देगा कि जनतंत्र को हम हाथ पाँव बांधकर एक अल्पतांत्रिक नौकरशाही के हवाले कर देंगे।"[7] यह स्पष्ट है कि अपनी आवश्यकताओं को मर्यादित करने को जनतंत्र की जरूरी शर्त मानते हुए जयप्रकाश गांधी परम्परा के साथ होते हैं किजसका संकेत हम पहले कर चुके है।

जन की एकरूपता— जनतंत्र का एक कार्यकारी सिद्धान्त बहुमत की सरकार है। अल्प संख्यकों से यह अपेक्षा की जाती है कि वे बहुमत के निर्णय से सहमत होंगे। लेकिन यह बात भी तय है कि अल्प संख्यक उन्हीं निर्णयों से सहमत होंगे जिनमें उनके दृष्टिकोण को समझ लिया गया होगा और उनकी माँग पूरी हो रही होगी। 1921 में गांधी जी ने कहा—कि "यह देखना बहु-संख्यकों का कर्तव्य है कि अल्पसंख्यकों की बात सुनी जाती है" और "बहु-संख्यकों के मन में उनकी राय और कामों के प्रति सहिष्णुता और आदर है।"[8] इसमें एक तरह से आदान-प्रदान की आवश्यकता होती है, हितों का सन्तुल करना होता है।

भिन्न-भिन्न सामाजिक समूहों के बीच जहाँ सांस्कृतिक दृष्टियों में जबरदस्त अन्तर होता है और भिन्न-भिन्न स्तरों के लोगों के बीच जिन्दगी के सामान्य आदर्शों का साझा नहीं होता वहाँ ऐसा (मैत्रीपूर्ण) वातावरण बनाना कठिन होता है। सर सैयद अहमद खाँ, एम.ए. जिन्ना, बी.आर. आम्बेडकर की आलोचना का यही मुख्य बिन्दु है। इसी आधार पर सर सैयद ने गवर्नर जनरल की कौंसिल में स्थानीय स्व-शासन बिल का उस धारा का समर्थन किया था जिसमें सरकार ने 1/3 स्थानीय मंडलों और जिला परिषदों में सदस्यों की नियुक्ति का अधिकार अपने पास सुरक्षित रखा था। उन्होंने कहा : "भारत जैसे देश में जहाँ जाति-भेद अब भी मौजूद है, जहाँ अब भी प्रजातियों का सम्मिलिकरण नहीं हुआ है। जहाँ उग्र धार्मिक मतवाद हैं वहाँ मुझसे भय है कि में विभिन्न समुदायों का प्रतिनिधित्व आर्थिक कारणों के साथ-साथ दूसरी कई गम्भीर बुराइयों को जन्म देगा। बहु-संख्य समुदाय अल्प संख्यकों के हितों पर हावी हो जाएँगे।"[9]

मुस्लिम विश्वविद्यालय यूनियन आलीगढ़ के समक्ष 5 फरवरी, 1938 को भाषण करते हुए एम.ए. जिन्ना ने कहा कि इस देश और ब्रिटेन की राजनैतिक संरचना में बुनियादी अन्तर है। ब्रिटेन में बहु-संख्यक और अल्पसंख्यक राजनीतिक

पार्टियों में फेर बदल हो सकता है। उनकी रचना और संख्या में परिवर्तन सम्भव है। लेकिन भारत की स्थिति ऐसी नहीं है। भारत में एक स्थायी हिन्दू बहु-संख्या है और शेष सब अल्प-संख्यक हैं जो कभी भी बहु-संख्यक नहीं हो सकते हैं।"[10] बी.आर. आम्बेडकर इसी बात को अपनी पुस्तक 'मि. गांधी एंड दि इमेंसिपेशन ऑफ़ अनटचेब्लस' 1941 में ज्यादा स्पष्टतापूर्वक कहते हैं : "यह मानना गलत हैं कि बहु-संख्यक लोग हमेशा एक क्षेत्र के सभी वर्गों की इच्छा का प्रतिनिधित्व करेंगे। दरअसल वे एक सीमा तक ऐसा कर ही नहीं सकते। ज्यादा से ज्यादा यह हो सकता है कि सर्वसाधारण की इच्छा का धुँधला-सा आभास करा दें। यह धुँधला सा आभास भी इस पर निर्भर करेगा कि उस क्षेत्र के भिन्न-भिन्न लोगों के कितने और कितने प्रकार के हितों में चेतनापूर्ण साझा है और उनके जीवन के अन्त: सम्बन्ध किस सीमा तक तनावमुक्त और खुलापन लिए है। भारत में तो यह स्पष्ट है कि यहाँ आपसी हितों में न तो साझा है और न आपसी सम्बन्ध तनाव-मुक्त और खुले हैं। विभिन्न समुदायों के बीच साझेदारी की कोई सर्वमान्य प्रक्रियाएँ भी नहीं है इसलिए कोई एक वर्ग चाहे वह बड़ा हो या छोटा सबका प्रतिनिधित्व कर ही नहीं सकता।"[11]

यदि हम 1953 में विनोबा जी द्वारा व्यक्त किए विचारों से सहमत हो जाएँ तो ये तर्क हमें ज्यादा सार्थक लगने लगते हैं। विनोबाजी ने कहा था कि सर्वानुमति बहुमत से ज्यादा वांछनीय है। भारत के राजनीतिक अनुभवों का सार पंचायत-व्यवस्था में देखा जा सकता है जिसका आधार पंचों का यानी परिषद के सब सदस्यों का 'एकमत' होना था। किन्तु आज के जनतंत्र में बहुमत से निर्णय होता है और इस तरह अल्पसंख्यकों की समस्या पैदा हो जाती है। यह समस्या तब तक नहीं सुलझा सकते जब तक हम सब ईमानदार और सदाशयताशील व्यक्तियों के "सर्वानुमति के सिद्धान्त को स्वीकृत हीं कर लेते।"[12] विनोबा का यह विचार है कि कहीं-न-कहीं हम में सहमति का बुयिादी तत्त्व होता हैं जो किसी भी कार्यक्रम को सर्वाननुमोदित बनाने की क्षमता रखता है। मतभेदों पर हमें "बहस और बातचीत करनी चाहिए लेकिन उन्हें जन-कल्याण के कार्यक्रमों का हिस्सा नहीं बनाना चाहिए।"[13]

अहिंसा— अहिंसात्मक समाज के निर्माण को अपना लक्ष्य बनाने वाले गांधी ने 1932 में दृढ़तापूर्वक कहा था कि "मेरी कल्पना के जनतंत्र में हिंसा के जरिये अपनी राय को थोपना सर्वथा अप्रासंगिक है।"[14] 1939 में लिखे एक लेख में उन्होंने इसके कारण दिए हैं। उन्होंने लिखा है कि वास्तविक जनतंत्र असत्य और हिंसा से स्थापित नहीं किया जा सकता क्योंकि उसकी उपपत्ति यह होगी कि विरोध को जबरदस्ती दबा दिया जाए या विरोधियों का सर्वनाश कर दिया जाए। 'इससे व्यक्ति-स्वातंत्र्य भी प्राप्त नहीं हो सकती। व्यक्ति-स्वातंत्र्य का सम्पूर्ण विकास खालिस अहिंसात्मक शासन में ही सम्भव है।"[15]

नागरिकों में विचार-स्वातंत्र्य सी. राजगोपालाचारी ने नागरिकों के विचार-स्वातंत्र्य पर जोर दिया है। 1958 में लिखे एक लेख में उन्होंने कहा कि "मैं नागरिकों में विचार स्वातंत्र्य का पक्षधर हूँ। इस आवश्यक संगति के बिना जनतंत्रवादी स्वदेशी सरकार ताश के पत्तों का घर होगी।"[16] उन्होंने लिखा कि शासक और शासित में स्वतंत्र रूप से सोचने की आदत का विकसित होना आवश्यक है। "आलोचना, उसका उत्तर और प्रतिउत्तर स्वस्थ वातावरण का निर्माण करते हैं। ऐसे वातावरण में भ्रष्टाचार और षडयंत्र की बीमारी अपने आप नष्ट हो जाती है।"[17] इस विचार की गुणवत्ता पर कुछ भी कहना अनावश्यक है।

कुशल नेतृत्व— जनतंत्र के सम्बन्ध में सोचने वाले दूसरे विचारकों में लाजपतराय, राजेन्द्रप्रसाद, सी. राजगोपालाचारी प्रमुख है। 'कॉल टु इंडिया' (1920) में लाजपतराय ने एक लेख में पूछा है कि 'नेता की जनता को नेतृत्व करना चाहिए या जनता के नेतृत्व में चलना चाहिए।' उत्तर में उन्होंने जो कुछ कहा है वह शायद बहुतों को सन्तुष्ट करेगा—हमें यह याद रखना चाहिए कि हम कोई भी कार्यक्रम बनाएँ तो उसे जनता का समर्थन मिलना चाहिए। "हमारे लिए यह अनुचित होगा कि जनता हमारे विवेकपूर्ण निर्णय पर हावी हो जाए लेकिन उनकी उपेक्षा करना भी उतना ही अहितकार शायद मारक होगा।"[18] सामान्यतया अच्छे नेतृत्व का लक्षण चलकर या लड़खड़ाते हुए पीछे चलकर उनका नेतृत्व खोना नहीं है। लेकिन कभी-ऐसा समय आता है कि बहुमत हो या न हो हमें आत्मका की आवाज सुननी होती है।

'स्वराज्य' (1962) में लिखे एक आलेख में राजगोपालाचारी ने स्पष्ट लिखा है कि नेता को जनता का नेतृत्व करना चाहिए, अनुगमन नहीं। उनके मतानुसार जनतंत्र और सभ्यता तब संकट में पड़ जाती है जब नेतृत्व करने वाले नेतृत्व करने के बजाय जनमत के अनुसार स्वयं को ढालने लगते हैं। यदि हम इस पतनशीलता को 'सत्य का जनतांत्रीकरण'[19] जैसा नाम दें तो मेरा आग्रह है कि इसे रोका जाना चाहिए। आज सार्वजनिक जीवन में ऐसे लोगों की बहुत आवश्यकता है कि जो परिणामों की बिना चिन्ता किए जैसा देखें उसे सचाई के साथ कह सकें।

डॉ. राजेन्द्रप्रसाद ने 1951 में अजमेर में एक भाषण के दौरान नेतृत्व के उस पक्ष पर जोर दिया था जो प्रायः अछूता रह जाता है। उन्होंने कहा था 'वास्तविक नेतृत्व वह है जो मानवता के हित और मानव मात्र की सेवा के लिए समर्पित हो'[20] उसे 'नेतृत्व नहीं कहा जा सकता जो दीन-दुर्बलों के समय और शक्ति का दुरुपयोग करता रहे और अपने स्वार्थों के लिए अपने साथियों का शोषण करे।"[21] यह नेताओं को स्वार्थपरता और संकीर्ण राष्ट्रीय विचारों से दूर रहने का आह्वान था।

स्वैच्छिक संस्थाओं का रचनात्मक सहयोग— जयप्रकाश नारायण, जिनके महत्त्वपूर्ण योगदान की हम पहले भी चर्चा कर चुके हैं, ने जनतंत्र के काम-काज में स्वैच्छिक संस्थाओं में महत्त्व पर जोर दिया है। जिस आलेख में हम पहले चर्चा

कर चुके हैं उसी में एक स्थान पर उन्होंने लिखा है कि यह याद रखना चाहिए कि जनतंत्र केवल औपचारिक संस्थाओं में जीवित नहीं रहता वह वास्तव में लोगों की जिन्दगी में रहता है जनतंत्र का काम-काज प्रतिनिधि-विधान सभाओं और चुनी हुई सरकारों से ही नहीं चलता बल्कि उन स्वैच्छिक संगठनों और नागरिकों के काम काज से चलता है जो वे अपनी समस्याओं के समाधान और हितों को सुरक्षित रखने के लिए करते हैं। जयप्रकाश का यह कहना लास्की के उन विचारों पर जोर देना है जिनमें वे स्वैच्छा से आयोजित व्यापक रचनात्मक कार्यों को जनतंत्र की कसौटी मानते हैं।

आर्थिक विषमता—सभी विचारक इस बात पर सहमत है कि आर्थिक-विषमताओं के रहते जनतंत्र प्रभावशाली रूप से काम नहीं कर सकता। इस दिशा में नेहरू के विचार सभी का प्रतिनिधित्व करते प्रतीत होते हैं। 1952 में संसद में भाषण करते हुए उन्होंने कहा : "जनतांत्रिक विचार का उद्देश्य ध्यान में रखते हुए यह काफ़ी नहीं होगा कि वोट देकर निश्चित हो जाएँ और सोच लें कि बाद में जो कुछ भी होना है होता रहेगा। हमारा अन्तिम लक्ष्य आर्थिक जनतंत्र है। हमारा अन्तिम लक्ष्य है गरीब और अमीर तथा जिनके पास अवसर है और जिनके पास बहुत कम या नहीं के बराबर है, उनके भेद को मिटाना।[22] 1962 में बंगलूरु में उन्होंने कहा 'नि:सन्देह व्यक्तियों की योग्यता, आगे आने की क्षमता, कार्य-दक्षता समान नहीं होती लेकिन इस तर्क के आधार पर उनके बीच आर्थिक-गैरबराबरी को कायम रखने का कोई औचित्य नहीं है। मोटे तौर पर हम समाजवादी नमूने का कल्याणकारी राज बनाना चाहते हैं जिससे आर्थिक समता हो, विषमताएँ न हो और विकास के समान अवसर हों।'[23]

पार्टियाँ और पार्टी आधारित सरकार की विकृतियाँ

सरकार से सम्बद्ध जनतंत्र की विकृतियाँ सर्वविदित है और हमारे विचारकों से वे छिपी नहीं हे। जयप्रकाश ने उन्हें इस प्रकार वर्णित किया है : पार्टी प्रतिस्पर्धा जनोत्तेजना फैलाती है, राजनीतिक नैतिकता का अवमूल्यन करती है तथा अविवेक और साजिशों की मनोवृत्ति को पुरस्कृत करती है। जहाँ एकता की आवश्यकता है वहाँ फूट डालती है। जहाँ मतभेदों को कम करने की जरूरत होती है वहाँ उन्हें बढ़ा-चढ़ाकर बताती है। पार्टियाँ अपने हितों को राष्ट्रीय हितों से अधिक महत्त्व देती है। सत्ता के केन्द्रीकृत होने के कारण नागरिकों की उसमें पर्याप्त हिस्सेदारी नहीं होती इसलिए राजनीतिज्ञों के छोटे-छोटे गिरोह जनता के नाम पर राजनीति करते हैं और जनतंत्र तथा सरकार चलाने की भ्रांति उत्पन्न करते हैं। क्या उपाय है—जैसा कि पहले बताया जा चुका है जयप्रकाश नारायण के अनुसार इसका उपाय सामुदायिक

जनतंत्र है। "सामुदायिक जनतंत्र में पार्टियाँ हो सकती हैं लेकिन उनका स्वरूप स्थानीय दलों की तरह होगा। राज्य स्तर पर किसी भी हालत में उनकी भूमिका इतनी प्रभावशाली नहीं होगी जितनी संसदीय प्रणाली में पाटियों की होती है।"[24]

चक्रवर्ती राजगोपालाचारी ने जो उपाय बताया है वह नया तथा विचारणीय है। 1961 में लिखे गए एक निबन्ध में उन्होंने लिखा है कि पार्टी सरकारों में बुराइयाँ होती है लेकिन पार्टी सरकार एक अनिवार्य बुराई है। अनिवार्य इसलिए कि राजनीतिक पार्टियाँ एक-दूसरे का विरोध करती हुई निगरानी रखती है और आलोचना करती है जिससे सरकार चुस्त रहे और बुद्धिमत्ता पूर्ण निर्णय लेती रहे। वे इसके लिए दो उपाय सुझाते हैं : पहला यह कि सरकार की कार्य-शक्ति मर्यादित कर दी जाए जिससे उसका प्रभाव क्षेत्र सीमित हो और इस तरह भ्रष्टाचार और पक्षपात के दायरे सिकुड़ जाएँ। दूसरा यह कि विभिन्न पार्टियाँ, पार्टी के बनुयादी सिद्धान्त के अलावा किसी भी अन्य विषय पर अपने सदस्यों को मतदान करने की स्वाधीनता प्रदान करें। स्वतंत्र पार्टी के गठन के बुनियादी आधार भारतीय संविधान में दिए गए मूलभूत अधिकार हैं। (जैसे—नागरिक को अपना व्यवसाय चुनने की स्वतंत्रता, प्रतिस्पर्धा के अवसर जो व्यक्ति को एकाग्रतापूर्वक काम करने के लिए उत्साहित करते हैं तथा न्यायपूर्वक उपार्जित सम्पदा पर नागरिक का स्वामित्व)। पार्टियों द्वारा अपने सदस्यों को पार्टी की बुनियादी रीति-नीति के प्रश्नों को छोड़कर दूसरे मामलों पर इच्छानुसार मत देने की स्वाधीनता देने से अल्प-संख्यकों की समस्याओं की उपेक्षा नहीं होगी और उन्हें गुणा व गुण के आधार पर स्वीकृति मिल सकेगी। अधिकांश मसलों पर निर्णय की प्रक्रिया प्रशासन और पार्टी सचेतकों और पार्टी के अन्दर लिए जाने वाले बहुमत पर नहीं बल्कि विधान-सभाओं और संसद के सदस्यों की इच्छानुसार दिए गए मत पर आधारित होगी। विचार-विमर्श में निडरता, खुलापन और आज़ादी होगी जिससे सदस्यों को विवेक संगत नतीजों पर पहुँचने का अवसर मिलेगा। वे पूर्व निर्धारित परिणामों पर पहुँचने वाले रस्मी भाषण नहीं देंगे जो पूर्वाग्रह पर पूर्ण और कहीं पहुँचने वाले नहीं होते :

अशोक मेहता (1911-1984) ने इस प्रवृत्ति का उल्लेख किया है कि राजनीतिक पार्टियाँ अपना वर्चस्व बढ़ाने के लिए दूसरे क्षेत्रों और संगठनों मे अधिकाधिक दखलअन्दाजी कर रही हैं, जैसे खेल, ट्रेड-यूनियनें, विद्यार्थी-संगठन, सहकारी संस्थाएँ तथा सांस्कृतिक क्षेत्र। इन्हें अपने राजनीतिक उद्देश्यों को पूरा करने के लिए काम में भी ले रही हैं। इस प्रकार न तो राजनीतिक पाटियों की और न ही संगठनों की ताकत बढ़ती है। पार्टी प्रतिस्पर्धा रचनात्मक कार्यों के प्रति उत्साह घटाती है सामूहिक प्रयत्नों को मजबूती नहीं देती और जोश ठंडा करती है।

इसके अलावा जब राजनीतिक पार्टियाँ रचनात्मक कार्यों को जैसे युवा-संगठनों का आयोजन या ट्रेड-यूनियनों का गठन, अपने हाथों में ले लेती हैं तब उनके लिए यह दोयम दर्जे का काम हो जाता है। वे उस तरफ जितना ध्यान दिया जाना

चाहिए नहीं देती। राजनीतिक मतभेद उग्र हो जाते हैं और निष्ठाओं का कठोर रूप प्रगट होता है। पोलिटिक्स ऑफ़-प्लांड इकॉनामी (1953) में अशोक मेहता प्रत्येक राजनीतिक पार्टी के लिए अपने निर्धारित कार्यक्षेत्र यानी राजनीति तक सीमित रहने तथा स्वैच्छिक संस्थाओं के रचनात्मक कार्यों के दायरें में हस्तक्षेप न करने की घोषण का प्रस्ताव करते हैं।

जाति और जनतंत्र

क्या जाति (भारत की एक विशेष संस्था) और जनतंत्र की संगति सम्भव हैं?

के.एम. पन्निकर (1895-196) ने 'कास्ट एंड डिमोक्रेसी' (1993) में इस प्रश्न का स्पष्टतापूर्वक निषेधात्मक उत्तर दिया है। पन्निकर इस संस्था का विश्लेषण करते हुए जाति की तीन संकल्पनाओं को रेखंकित करते हैं। जन्म के आधार पर गैर-बराबरी, व्यवसाय का निर्धारण और समूह के बाहर विवाह का निषेध। किन्तु जनतंत्र की विवेचना करते हुए वे कहते हैं कि यह एक ऐसा संगठन है जिसकी राजनीतिक शक्ति पूरे समूह में अन्तर्निहित होती है। उसकी संकल्पनाओं में राजनीतिक बराबरी (जिसमें जन्य या सम्पत्ति के आधार पर कोई भेद नहीं किया जाता) और समान अवसर मुख्य है। उसका प्रमुख सामाजिक झुकाव समूहों की संकीर्णताओं को तोड़ना और उन्हें बड़े तथा प्रगतिशील संगठनों में बदलने की ओर होता है।

इस विश्लेषण से पन्निकर यह निष्कर्ष निकालते हैं कि जनतंत्र और जाति एक-दूसरे का निषेध है। एक की बुनियाद बराबरी की स्थापना है और दूसरी की जन्म से उत्पन्न हुई गैर-बराबरी को बनाए रखना। एक का सिद्धान्त सामाजिक संगठन है और दूसरी का सामाजिक विघटन। जनतंत्र वर्ग की दीवारें तोड़ता है जाति उसे स्थायी रखती है।

बी.आर. आम्बेडकर 'थॉट्स ऑन लिंग्विस्टिक स्टेट्स' (1953) में जाति प्रथा की भर्त्सना करने में पन्निकर का अनुसरण करते हैं। वे कहते हैं कि जातिवाद से लचीले राजनीतिक बहुमत से एक दम अलग जातीय आधार पर बहुमत बनता है। राजनीतिक बहुमत का वर्गीय चरित्र बदल सकता है। राजनीतिक पर्टियों की सदस्यता और प्रभाव घट-बढ़ सकता है लेकिन जन्म के आधार पर बने जातीय-संगठन लगभग एक-से रहते हैं। कोई भी सदस्य राजनीतिक बहुत का चरित्र अपे राजनीतिक कर्म से प्रभावित कर सकता हैं लेकिन जाति आधार पर बहुमत केवल उन्हीं लोगों से प्रभावित होता है जो इस जाति में जन्मते हैं।

श्री अरविन्द के विचार इससे भिन्न है। उनका आधार वह पतनशील जातिवाद नहीं है जिसकी पन्निकर ने कठोर आलोचना की है बल्कि वह लचीला जातिवाद है जिसका संकल्पना प्राचीन हिन्दूओं ने की थी। 1907 के 'वन्देमातरम्' के एक

लेख में उन्होंने कहा कि जाति-व्यवस्था मूलत: समाज में कर्म का सुव्यवस्थित विभाजन है जिसका आधार आध्यात्मिक और नैतिक है। "एक मनुष्य की जाति, उसके धर्म, उसके आध्यात्मिक, नैतिक तथा सामाजिक कर्मों पर आधारित थी और उसके धर्म का आधार उसका स्वभाव, उसकी प्रकृति, उसकी जन्मना प्रवृत्तियाँ थीं। ब्राह्मण कुल में जन्म लेने से ही कोई ब्राह्मण नहीं होता बल्कि इसलिए होता है कि वह जातीयता के उच्चे बौद्धिक और आध्यात्मिक स्तर की रक्षा करता है। इसके लिए उसे 37 आध्यात्मिक गुणों का विकास करना पड़ता है और ऐसा प्रशिक्षण लेना पड़ता है जो ब्राह्मणत्व के योग्य बनाता है। योद्धाओं और राजाओं की सन्तान होने के कारण कोई क्षत्रिय नहीं हो जाता बल्कि उसे देश-रक्षा का महान् कर्तव्य और जाति के पुरुषार्थ तथा पराक्रम को बचाने का दायित्व निभाना पड़ता है। उसे राजपुरुषोचित गुण विकसित करने होते हैं और युद्ध की दीक्षा लेनी पड़ती है जिसके कारण वह सच्चा क्षत्रिय कहला सकने योग्य होता है। यही बात वैश्य और शूद्र के सम्बन्ध में भी कहीं जा सकती है। वैश्य जाति की रक्षा के लिए धन संचित करता है और शूद्र उन निम्न श्रेणी के कार्यों को करता है जिनके न करने से दूसरी जाति के लोग सार्वजनिक हित के अन्य कार्य कर ही नहीं सकते। जब हम यह कहते हैं कि जाति एक समाजवादी संस्था है तब हमारा अर्थ इसी कार्य-विभाजन से होता है।"[25]

संक्षेप में जाति संस्था न तो जन्म पर आधारित होती है और न सामाजिक तिरस्कार पर। श्री अरविन्द ऐसे उदाहरण देते हैं जहाँ निम्न जाति के लोग उच्च जाति के लोगों के शिक्षक होते थे। 'चांडाल शंकराचार्य का शिक्षक था'। जातियों में आनुवांशिकता का स्थान है लेकिन गौण रूप से। मूलत: गतिशीलता और समूह का एक भाग केवल 'आत्म हित के लिए नहीं सबके हित के लिए' यह विचार जाति-संगठन का मूलाधार था। यह संस्था इतनी अलोकतांत्रिक और पतनोन्मुखी नहीं थी, जितनी बाद में हो गई।

अरविन्द के मतानुसार जाति प्रथा को बदलने की आवश्यकता है। जो भी प्रतिभाशाली व्यक्ति उसके मूल नैतिक और आध्यात्मिक उद्देश्य तथा गत्यात्मकता की रक्षा करते हुए आधुनिक परिस्थितियों के अनुसार बदल सकेगा वह समाज की बहुत बड़ी सेवा करेगा।

स्वाधीनता

इस सर्वेक्षण के पूर्व भाग (अध्याय VI) में हमे स्वाधीनता के सामान्य लक्षणों की चर्चा की है।

हमने महात्मा गांधी के उस मत का उल्लेख किया है जिसके अनुसार वही सरकार श्रेष्ठ है जो कम-से-कम शासन करें। जनतंत्र के सम्बन्ध में उन्होंने यह

और कहा कि अच्छे जनतंत्र की यही कसौटी है कि राज्य सरकार का हस्तक्षेप कम-से-कम हो जाए। 1935 में लिखे एक आलेख में उन्होंने लिखा : "कि जिस राष्ट्र में राज-काज सरकार के कम-से-कम हस्तक्षेप से चलता है वहीं राज्य वास्तव में जनतंत्रात्मक है। जहाँ इस शर्त की पालना नहीं होती वहाँ जनतंत्र केवल नाम भर को रह जाता है।"[26]

क्या जनतंत्र में व्यक्ति को सत्याग्रह का अधिकार है यानी क्या व्यक्ति किसी कानून या राजाज्ञा के विरुद्ध अहिंसात्मक प्रतिकार का कदम उठा सकता है?

1939 'यंग इंडिया' में अपने विचार व्यक्त करते हुए गांधी ने लिखा : "उस व्यक्ति के लिए जनतंत्र सहज स्वीकार्य होता है जो ईश्वरीय या मानवीय कानूनों को स्वभावत: शिरोधार्य करता है लेकि अहिंसात्मक प्रतिकार का अन्तिम हथियार व्यक्ति से नहीं छीना जा सकता है' शर्त यह है कि 'आप अपने या पार्टी के हित में नहीं सिर्फ जनतंत्र के हितों में सोचें 'साथ ही' आपकी राय आपके आत्मा की आन्तरिक आवाज़ हो।"[27] गांधी के बाद के विचार, (17 सितम्बर, 1947) जिन पर अपेक्षाकृत कम ध्यान दिया गया, दूसरे जनतंत्रवादी देशों में प्रचलित परिपाटी पर ही बल देते हैं। यहाँ वे चाहते हुए भी अहिंसा की अपनी अवधारणाओं पर आग्रह नहीं करते। वे जानते थे कि उनकी पारी खत्म हो गई है। उन्होंने वही मार्ग अपनाने की सलाह दी जो सारे जनतंत्रवादी देश अपना रहे थे।

"जनतंत्र में व्यक्ति को इच्छा पर सामाजिक इच्छा का नियंत्रण रहता था जिसे राज्य कहा जाता था और जो जनतंत्र के जरिये, जनतंत्र के लिए शासन करता था यदि प्रत्येक व्यक्ति कानून को अपने हाथ में ले ले तो राज्य रहेगा ही नहीं अराजकता हो जाएगी यानी सामाजिक कानून और राज्य गायब हो जाएँगे। वह स्वाधीनता के सर्वनाश का मार्ग था। इसलिए लोगों को क्रोध का दमन करना चाहिए और राज्य को न्याय पूर्वक काम-काज चलाने में मदद देनी चाहिए।"[28]

बी.आर. आम्बेडकर ने इंडियनन कॉन्स्टीट्यूट असेम्बली में एक भाषण के दौरान कहा कि जतंत्र में सिविल नाफरमानी असहायोग या सत्याग्रह के लिए कोई स्थान नहीं है। विदेशी शासन के समय हो सकता है कि उनका कोई उपयोग हो जब संवैधानिक रूप से सामाजिक या आर्थिक न्याय पाने को काई उपाय नहीं था। लेकिन जब संवैधानिक मार्ग खुले हों तब इन विधियों को काम में लेने का कोई औचित्य नहीं है। ये तरीके अराजकता का पाठ पढ़ाने के सिवा कुछ नहीं करते जितनी जल्दी इसे छुट्‌टी पा ली जाए उतना ही अच्छा।

सी. राजगोपालाचारी ने भी 1948 में बनारस के दीक्षान्त भाषण में कहा असहयोग आन्दोलन ने उस कानून और राज्य सत्ता की अवज्ञा करने को प्रेरित किया जो विदेशियों द्वारा हम पर थोपी गई थी लेकिन उससे हमारी आदतें बिगड़ गई। हमें उन आदतों से मुक्ति प्राप्त करने के लिए पुख्ता और सख्त कदम उठाने पड़ेंगे। हमें अपने पूर्वजों

के दिखाए हुए मार्ग पर चलकर राज्य सरकार के लिए अन्तिम आदर व्यक्त करना चाहिए।[29] कांग्रेस के एक पूर्व अध्यक्ष यू.एन. ढेबर की दृष्टि में जब लोगों के पास क्रूर और अकुशल सरकार का तख्ता पलटने के अधिकार हो तब सत्याग्रह करना व्यर्थ हो जाता है। 1955 में उन्होंने टाइम्स ऑफ़ इंडिया में लिखा : "जनतंत्र या जनतंत्रात्मक तरीकों से चलाये जाने वाली संस्थाओं में सत्याग्रह के लिए लगभग कोई स्थान नहीं है। यदि लोग अपने विरोधियों का मत नहीं बदल पाते तो चुनाव ही उपाय हैं। चुनाव अन्त में, संगठों के सही और गलत होने का फैसला कर ही देते हैं।"[30]

के.सी. मशरूवाला (1949), एम.सी. देसाई (1956) और जे.बी. कृपलानी (1954) ने इस विचारधारा को अस्वीकार किया। उन्होंने कहा : "कि 'राज्य सत्ता का दबाव निरन्तर बढ़ रहा है और सत्ताधीश हमेशा ही बुद्धिमान और सही नहीं होते' इसलिए सत्याग्रह का निषेध करने का अर्थ होगा क्रूर शासन के सामने लम्बे समय तक घुटने टेक देना।"[31] भारत में प्रायः पाँच वर्ष के अन्तराल से ही चुनाव होते हैं।

शायद गोविन्द वल्लभ पन्त के 1952 के हरिजन में लिखे एक लेख पर सब की सहमति हो सकती है कि किसी भी व्यक्ति के सामने यदि मुद्दे स्पष्ट हों और सरकार का रवैया सर्वथा अमान्य हो, सत्याग्रह करने के पहले उसके पक्ष तथा विरोध में तटस्थापूर्वक, निर्वैयक्तिक तथा निष्पक्ष तरीके से विचार कर लिया गया हो और जब दूसरा कोई उपाय बन्द नहीं किया गया हो तब भी सत्याग्रह करने न करने का निर्णय व्यक्ति के 'स्व-विवेक' पर ही निर्भर करेगा। लेकिन वे यह चेतावनी देते हैं कि आज की राजनीतिक पक्षधरता के माहौल में ऐसे बहुत कम व्यक्ति होंगे जिनमें सत्याग्रही के वांछित गुण होंगे। फिर भी सिद्धान्तः सत्याग्रह का अधिकार किसी से छीना नहीं जा सकता। व्यावहारिक रूप में सब स्थितियों पर विचार करते हुए यह अनुचित प्रतीत होता है कि "उन सार्वजनिक मुद्दों पर जिनमें सत्य, असत्य अथवा विवेक जैसे नाज़ुक मुद्दे शामिल हों कानून की सम्प्रभुता को चुनौती दी जाए।"[32] गांधी जैसे विलक्षण पुरुष कानून को चुनौती दे सकते हैं किन्तु सामान्य मनुष्यों के लिए यह ठीक है कि वे अपने इस अधिकार का कभी-कभार ही उपयोग करें। इस स्थिति में वर्क का यह कथन ही सबसे अधिक उपयुक्त है कि प्रतिकार करने का अधिकार संविधा में बताई गई औषधि है, यह नित्य का भोजन नहीं हे।

समता की धारणा

अब हम उन विचारकों के योगदान पर विचार कर सकते हैं। जिन्होंने समता की धारणा (आर्थिक समता के विचारों को छोड़कर जिन पर हम इस सर्वेक्षण में अध्ययन चर्चा कर चुके है) को विकसित किया क्योंकि समता तथा स्वाधीनता की धारणा ही जनतंत्र की नींव है।

राममोहन लोहिया (1910-1969) अपने निबन्ध 'दि मीनिंग ऑफ़ इक्वेलिटी' (1956) की शुरुआत इस तरह करते हैं 'समता पक्ष' शायद इसके पूर्व कभी इतने विस्तार के साथ नहीं रखा गया। दूसरे शब्दों में समता का पूर्ण अर्थ कभी व्यवस्थित रूप से नहीं तलाशा गया। समता का विश्लेषण करते हुए वे "उसके बाह्य और आन्तरिक, आध्यात्मिक और सांसारिक पहलुओं पर विचार करते है"। "समता को उसके चारों अर्थों में समझना चाहिए। भौतिक समता का अर्थ है राष्ट्रों के बीच की बाह्य समीपता तथा किसी राष्ट्र के नागरिकों के बीच की समीपता। आध्यात्मिक समता का अर्थ होगा बाहरी रिश्तेदारी के साथ आन्तरिक समचित्तता। राष्ट्र तथा राष्ट्रों के बीच समचित्तता, मानवीय रिश्तेदारी और भौतिक समता की समन्वित अवधारणा ही जीवन का महान् उद्देश्य हो सकती है"[33]। राष्ट्र और राष्ट्रों के बीच भौतिक समता की अवधारणा इतनी सामान्य है कि उस पर लोहिया के विचारों की विस्तार से चर्चा करना आवश्यक है। लेखक की दृष्टि से लोहिया के समता सम्बन्धी सामाय विश्लेषण तीन दृष्टियों से महत्त्वपूर्ण है।

(i) लोहिया 'मूर्त और अमूर्त समता' के एकीकृत रूप से ज्यादा जोर देते हैं। एक अमूर्त और सरलीकृत समता का अर्थ है एक वातावरण, एक भावना और यह इच्छा, कि तमाम राजनीतिक, सामाजिक, आर्थिक स्थितियाँ (एक व्यक्ति और दूसरे व्यकित के बीच) समान हों। जिनका प्रत्यक्ष और मूर्त रूप हो कानूनी समता, खाद्य पदार्थों पर प्राप्त होने वाले अुदान में समता, नौकरों को मकान, बालकों को भत्ता, बेराजगारी भत्ता, वृद्धों को पेन्शन और वे सब सुविधाएँ जिनका व्यक्ति और समाज के लिए कोई अर्थ हो। जब तक समता के सम्बन्ध में सामान्य रूप से की जाने वाली बातों को कोई मूर्त रूप नहीं दिया जाता तब तक समता या तो छलावा रहेगी या पागलों की बाते।"[35]

(ii) यदि समता का विचार सम्भव बनाना हो तो प्रत्येक व्यक्ति की दूसरे व्यक्ति से आध्यात्मिक और भावनात्मक रिश्तेदारी तथा विश्व के साथ आत्मीयता से जुड़े होने के आनन्द की अनुभूति आवश्यक है। लेकिन जैसे पारिवारिक आत्मीयता का अनुभव कुटुम्बियों को मिलने वाली समान भौतिक सुविधाएँ होती हैं (उदाहरण के लिए कुटुम्ब के प्रत्येक व्यक्ति की भोजन और वस्त्रों में अपनी-अपनी आवश्यकतानुसार हिस्सेदारी होती है) इसी तरह दुनिया-भर के राष्ट्रों में प्रत्यक्ष नज़र ओ वाले जीवन-स्तरों के बीच को गैर-बराबरी को खत्म करने के कदम उठाए जाने चाहिए। "दुनिया के पिछड़े हुए राष्ट्रों में फैले हुए दारिद्रय और दुख के बीच कोई भी विश्व आत्मीयता के दबावों को जीने का आनन्दानुभव नहीं कर सकेगा।"[36]

(iii) "मनुष्य को यह प्रयत्न करना चाहिए कि वह सुख-दुख, में शीत-उष्ण, जय-पराजय की विपरीत मन-स्थितियों में आन्तरिक समभाव का अनुभव कर सके।"[37] यहाँ लोहिया के विचारों पर प्राचीन भारतीय परम्परा का प्रभाव स्पष्टतापूर्ण नज़र आया है। लोहिया लिखते हैं कि "भारत के प्राचीन लोगों ने यह अनुभव कर लिया था कि आन्तरिक समभाव और बाह्र समता एक ही सिक्के के दो पहलू है।"[38]

यहाँ हमें विनोबा भावे के विचारों का भी उल्लेख करना चाहिए जिन्होंने अपने व्याख्यान और लेखों में सामान्य मनुष्य के अनाभिव्यक्त रहने वाले विचारों को अभिव्यक्त किया है। 1951 में मथुरा की एक सभा में उन्होंने कहा : "मैं मनुष्य की अंक शास्त्रीय बराबरी नहीं चाहता लेकिन मैं उस तरह की बराबरी या समानता जरूर चाहता हूँ जो हाथ की पाँचों अंगुलियों में होती है।"[39] ये पाँचों अंगुलियों लम्बाई में बराबर नहीं होती लेकिन जो एक साथ मिलकर असंख्य काम करती है। 'उनकी लम्बाई में अनुपातहीन अन्तर भी नहीं होता। ऐसा नहीं होता कि सबसे छोटी अंगुली एक इंच लम्बी हो जबकि सबसे बड़ी एक फुट। सारांश यह कि यद्यपि आदर्श समता सम्भव न भी हो तब भी अनुपातहीन समानता होनी चाहिए"।[40] अंक शास्त्रीय समता को विनोबा ने एक जगह भेद-पूर्ण समता कहा है यानी समानता भेदों से छेद देना। "माँ अपने बेटों को अंक शास्त्रीय समता के आधार पर भोजन नहीं देती। सबसे छोटे को सिर्फ दूध देती है, दूसरे को थोड़ा दूध थोड़ी रोटी और बड़ों को रिर्फ रोटी। इसी तरह समाज में भी हमें भेद करना पड़ेगा और प्रत्येक की तीव्र भूख और पाचन शक्ति को ध्यान में रखना होगा। जहाँ बलपूर्वक समता इस प्रकार के फौजीकरण के सर्वथा विरुद्ध हैं। इस भेद-आधारित आध्यात्मिक-समता को आधार बनाना चाहते हैं।"[41]

सन्दर्भ

1. हरिजन, 27 मई 1939
2. जवाहरलाल नेहरू स्पीचेज (दिल्ली : पब्लिकेशन डिवीजन, गवर्नमेनट ऑफ़ इंडिया 1966) III खंड, पृ. 139-44
3. रिविज ऑफ़ डेमोक्रेसी द्वारा ए. अप्पादुराई (बोम्बे : ऑक्सफोर्ड युनिवर्सिटी प्रेस 1940) पृ. ट
4. सोश्यलिज़्म, सर्वोदय एंड डेमोक्रेसी : सेलेक्टेड वर्क्स ऑफ़ जयप्रकाश नारायण, सम्पादित द्वारा बिमल प्रसाद (बोम्बे : एशिया पब्लिशिंग हाउस 1964) पृ. 192-93
5. वही, पृ. 194-224
6. वही।
7. वही।
8. यंग इंडिया, 2 दिसम्बर, 1921

9. काउंसिल ऑफ़ दि गवर्नर जनरल ऑफ़ इंडिया की कार्यवाही के संक्षेप। 1883 के 'लॉज तथा रेग्यूलेशंस' बनाने के लिए परिशिष्ट सहित संग्रहित। (कलकत्ता : ऑफ़िस ऑफ़ दि सुपरिटेडेंट ऑफ़ गवर्नमेंट प्रिंटिंग इंडिया; 1884) खंड XXII; पृ. 20
10. सम रीसेंट एंड डाइटिंग्ज़ ऑफ़ मि. जिन्ना; कलेक्टेड एंड एडिटेड द्वारा ज़ीमल उद्दीन अहमद : II एडीशन (लाहौर: शेख मुहम्मद अशरफ, 1942) पृ. 41
11. मि. गांधी एंड दि इमेंसिपेशन ऑफ़ दि अनटचेबल्स द्वारा ओनरेबल डॉ. बी.आर. आम्बेडकर (बोम्बे : थेकर एंड कम्पनी लि. 1943) पृ. 24-30
12. हरिजन, 23 मई 1953, पृ. 94
13. वही।
14. दि एपिक फास्ट द्वारा प्यारेलाल (अहमदाबाद, मोहनलाल मगनलाल भट्ट, 1932) पृ. 102
15 हरिजन, 27 मई 1939
16. सत्यमेव जयते : 1956 से 1961 तक के आलखों का संकलन जो सी. राजगोपालाचारी द्वारा 'स्वराज्य' के लिए लिखे गएँ दो खंड, (मद्रास : भारत पब्लिकेशन 1961) I खंड, पृ. 14-45
17. वही।
18. दि कॉल टू यंग इंडिया द्वारा लाजपत राय (मद्रास : एस. गणेशन एंड कम्पनी 1920) पृ. 337-39
19. स्वराज्य (मद्रास से प्रकाशित होने वाला एक साप्ताहिक। वह 1950 के लगभग प्रसिद्ध साप्ताहिकों मे माना जाने लगा क्योंकि उसमें वरिष्ठ विचारक सी. राजगोपाचारी के लेख प्रकाशित हो रहे थे) 21 जुलाई 1967, पृ. 1
20. स्पीचेज ऑफ़ राजेन्द्र प्रसाद (दिल्ली : पब्लिकेशन डिवीजन, गवर्नमेनट ऑफ़ इंडिया, 1955) पृ. 141-42
21. वही।
22. देखे टिप्पणी 2, 1949-53, पृ. 95
23. देखे टिप्पणी 4, पृ. 194-224
24. देखे टिप्पणी 16, खंड 2, पृ. 816-20
25. श्री अरविन्द एंड दि न्यू थॉट इन इंडियन पॉलिटिक्स द्वारा हरीदास मुखर्जी एंड उमा मुखर्जी (कलकत्ता : फर्मा के. एल. मुखोपाध्याय, 1964) पृ. 156-59
26. हरिजन, 11 जनवरी 1936
27. हरिजन, 27 मई 1939
28. दिल्ली डायरी द्वारा एम.के. गांधी, प्रथम संस्करण (अहमदाबाद: नवजीवन पब्लिशिंग हाउस, 1948) पृ. 18
29. राजाजी'ज स्पीचेज (बोम्बे, भारतीय विद्या भवन, 1958) खंड I, पृ. 189-91
30. ए. आदिल द्वारा 'इकोनॉमिक रिव्यू' में उद्धृत, नई दिल्ली, 15 फरवरी, 1958 पृ. 34-38
31. हरिजन, 6 फरवरी 1954

32. हरिजन, 20 सितम्बर, 1952
33. मार्क्स, गांधी एंड सोश्लिज़्म द्वारा राममोहन लोहिया (हैदराबाद : नवहिन्द,1953) पृ. 222-41
34. वही।
35. वही।
36. वही।
37. वही।
38. वही।
39. हरिजन, 26 जनवरी, 1952
40. वही।
41. हरिजन, 20 दिसम्बर, 1952

8

समाजवाद, साम्यवाद और सर्वोदय

प्रस्तावना

उल्लेखनीय यह है कि समाजवाद के वास्तविक अर्थ के सम्बन्ध में हमारे किन्हीं भी दो विचारकों में मतैक्य नहीं है। सुभाषचन्द्र बोस समाजवाद के सारतत्त्व में न्याय, समानता, स्वतंत्रता, अनुशासनन व प्रेम को अन्तर्निहित स्वीकार करते हैं (1931)। गांधी जी सामाजवाद का सारतत्त्व समानता मानते हैं। उन्होंने लिखा (1947) कि समाजवाद एक सुन्दर शब्द है। जहाँ तक मैं समझा हूँ समाजवाद में समाज के सभी सदस्य समान होते हैं कोई भी ऊँचा या नीचा नहीं। शरीर में सिर इसलिए ऊँचा नहीं होता कि वह शरीर का सबसे ऊपरी अंग है और पैर के तलुवे इसलिए नीचे नहीं होते कि वे जमीन का स्पर्श करते हैं। जैसे शरीर के सभी अंग बराबर है उसी प्रकार समाज के सभी सदस्य समान है। यही समाजवाद है।[1] जयप्रकाश नारायण समाजवाद का मूलतत्त्व समाज के व्यापक हितों के प्रति व्यक्ति के निजी हितों की स्वैच्छिक अधीनता को मानते हैं। उन्होंने लिखा (1950) कि मैं समाजवादी समाज की व्यवस्था ऐसी व्यवस्था के रूप में करना चाहूँगा जहाँ व्यक्ति निज के हित को समाज के वृहत्तर हित के अधीन स्वेच्छा से करने को प्रस्तुत हो।[2] नेहरू सटीक शब्दों में समाजवाद की व्याख्या करना पसन्द नहीं करते थे। अखिल भारतीय कांग्रेस महासमिति (1957) में उन्होंने कहा कि सभी मनुष्यों को जन्म से ही विकास तथा स्वयं की समतानुसार काम करने के समान अवसर मिलने चाहिए।[3]

समाजवाद जैसी बुनियादी अवधारणा की अतर्वस्तु के बारे में विचारों की इस आश्चर्यजनक भिन्नता की व्याख्या दो कारणों के जरिये की जा सकती है : सारे विश्व में समाजवाद की प्रसिद्धि उस टोप के रूप में है जो अनेक व्यक्तियों के पहनने के कारण मूल आकार खो बैठता है। क्या अशोक मेहता ने 1959 में यह नहीं कहाँ था कि समाजवाद को बहुत भक्तों वाला आवास गृह समझना चाहिए। यह सम्भव है कि मनुष्य अपनी रुचि और स्वभाव के अनुसार अलग-अलग भवनों को चुनेंगे।[4] दूसरे पराधीन भारत में विचारशील अभिजात वर्ग (बुद्धिजीवी वर्ग) ने

स्वतंत्रता व लोकतंत्र को अत्यधिक महत्त्व प्रदान कर दिया परन्तु समाजवाद पर अपेक्षित ध्यान नहीं दिया गया। लाला लाजपतराय ने अपनी पुस्तक 'कॉल टू यंग इंडिया' (1920) में लिखा है : "हम समाजवाद को नहीं समझते हैं। न ही कभी हमने इसका अध्ययन किया है। हम सिद्धान्त और वादों के अनुसार आचरण ही करते हैं।"[5] नेहरू ने 'टूवर्डस फ्रीडम' में कहा है—'दिसम्बर 1927 में जब मैं यूरोप से लौटा तो एक अस्पष्ट और भ्रान्त समाजवाद पहले ही भारत के वातावरण में फैल चुका था।...अधिकांश लोग यूटोपियाई (काल्पनिक) ढंग से सोचते थे।"[6] यह दिलचस्प, किन्तु स्वाभाविक है कि भारतीय स्वतंत्रता के पूर्व और 1947 के बाद आज़ादी मिलने पर वैज्ञानिक समाजवाद पर अधिक ध्यान दिया जाने लगा। स्वतंत्र समाज के लिए अपने सामाजिक कार्यों को दिशा व गति प्रदान करने के लिए एक आकर्षक आर्थिक-राजनीतिक दर्शन की जरूरत होती है। यह आकस्मिक नहीं है कि भारतीय विचारकों के तीन ग्रंथ प्रकाशित हुए—आचार्य नरेन्द्र देव लिखित 'सोशलिज़्म एंड दि नेशनल रिवोल्यूशन' (1946), राम मनोहर लोहिया कृत 'दि डाक्ट्रीनल फाउंडेशन ऑफ़ सोशलिज़्म' (1952), तथा जय प्रकाश नारायण की पुस्तक 'दि आइडियोलोजीकल प्रॉब्लम ऑफ़ सोशलिज़्म' (1953)। सबसे पहले यहाँ हम समाजवाद के सिद्धान्त के सम्बन्ध में लोहिया के विचारों का विश्लेषण करेंगे, जय प्रकाश नारायण, नेहरू और पी.बी. गजेन्द्र गडकर के विचारों की चर्चा करेंगे, गांधी, विनोबा व सी. राजगोपालाचारी द्वारा समाजवाद और साम्यवाद की की गई आलोचना की रूपरेखा प्रस्तुत करेंगे, तथा अन्त में सर्वोदय (विनोबा भावे तथा उनके मत को मानने वालों द्वारा न्यायोचित समाज-व्यवस्था के बारे में विकसित विचारधारा) के प्रमुख बिन्दुओं पर चर्चा करेंगे।

समाजवाद की सैद्धान्तिक आधार भूमि

अपने विचारोत्तेजक निबन्ध 'दि डाक्ट्रीनल फाउंडेशन ऑफ़ सोशलिज़्म' (1952) में लोहिया ने यह विचार प्रस्तुत किया है कि समाजवाद की धारणा बहुत ज्यादा समय से "पूँजीवाद अथवा साम्यवाद के दस्तों के पीछे' चलती रही है और 'उधार की साँसों पर' जीवित रही हैं। जिससे समाजवादियों के कार्यों में हिचक का भाव पैदा हो गया है। यदि इसे प्रभावशाली बनना है तो इसका विकास अन्य विचार धाराओं से स्वाधीन सिद्धान्त के रूप में अवश्य किया जाना चाहिए। इसने साम्यवाद से आर्थिक उद्देश्य (उत्पादन के वर्तमान साधनों पर सामाजिक स्वामित्व की स्थापना, उनका आगे और ज्यादा विकास एवं व्यापक उत्पादन तथा किसी-न-किसी रूप में नियोजित अर्थ व्यवस्था) उधार लिए हैं और पूँजीवाद से गैर-आर्थिक तथा सामान्य उद्देश्य (राष्ट्रीय स्वाधीनता, प्रजातंत्र तथा मानव-अधिकारों की सुरक्षा और शान्ति की प्राप्ति)। लोहिया

कहते हैं "सुसंगत-तर्क की ऐसी समुचित सैद्धान्तिक आधार भूमि आवश्यक है जो समाजवाद को विचार तथा कर्म के क्षेत्र में स्वायत्त-दिशा प्रदान कर सके।" उनके अनुसार समाजवादी सिद्धान्त का तत्कालिक उद्यम समाज के सामान्य तथा आर्थिक उद्‌देश्यों की एक बार फिर खोज और उन्हें सुव्यवस्थित तरीके से संगठित करना चाहिए।

स्वायत्त समाजवादी सिद्धान्त के बारे में लोहिया का अपना सोच क्या है? जिसके मुख्य लक्षण गतिशील प्रौद्योगिकी के माध्यम से ऊँचे जीवन-स्तरों को पो की भूख और बड़े पैमाने पर उत्पादन है। यहाँ प्रौद्योगिकी विश्व की दो-तिहाई आबादी की भयावह गरीबी और उससे उत्पन्न स्थायी तनाव, भय तथा घृणा (जिनके साथ शस्त्र-होड़ भी जुड़ी हुई है) के बीच झूल रही है। पूँजीवाद निरन्तर बढ़ते जीवन-स्तरों के लिए स्वतंत्र-उद्यमों की अर्थव्यवस्था पर निर्भर है और साम्यवाद उत्पाद के साधनों के सामाजिक स्वामित्व पर।

किन्तु ये दोनों इस रूप से समान हैं कि बड़े पैमाने पर उत्पादन के लिए प्रौद्योगिकी का प्रयोग और बढ़ते जीवन-स्तरों की भूख दोनों ही की प्रेरक-शक्तियाँ हैं। अन्तर सिर्फ यह है कि साम्यवाद उत्पादन की प्रक्रिया से मालिक तथा मजदूरों के सम्बन्ध को बदल देता है। समाजवाद का सिद्धान्त 'इस पूर्व-धारणा से संचालित होता है कि नियोजन तथा व्यापक उत्पादन के आर्थिक जीवन तथा बढ़ते जीवन-स्तरों पर इच्छा शक्ति प्रयत्नों के माध्यम से समाज के सामान्य उद्‌देश्यों का उपरोपण किया जा सकता है और इसके लिए सिर्फ मानव-अधिकारों के घोषणा-पत्र, जनतांत्रिक प्रतिनिधित्व, श्रमिकों का नियंत्रण तथा मानव-व्यक्तित्व के महत्त्व को सामान्य रूप में स्वीकृत करना (अर्थात् शीघ्र-परिणामों की उपलब्धि को लागू करना) पर्याप्त है।"[7]

लोहिया के विचारानुसार अल्प विकसित देशों के लिए समाजवाद के एक ठीक-ठाक सिद्धान्त की स्थापना के लिए पूँजीवाद तथा साम्यवाद दोनों के ही आर्थिक तथा सामान्य उद्‌देश्य समान रूप से अप्रासंगिक हैं। इससे वे 'समान-अप्रासंगिकता' के अपने सिद्धान्त का विकास करते हैं। एक, पूँजीवाद और साम्यवाद दोनों ने 'व्यापक' उत्पादन की जिस व्यवस्था को अपनाया है, उसकी नकल के लिए जितनी पूँजी की आवश्यकता है, विश्व के अल्प-विकसित देश उसका प्रबन्ध नहीं कर सकते। लोहिया के द्वारा की गई गणना के अनुसार इस के लिए अनुमानतः 3,00,000 करोड़ रुपये (43,00,000 लाख डालर) की पूँजी का नियोजनकारी होगा, जिसके बारे में सोचना भी उनके अनुसार, व्यर्थ है। दूसरे, न तो पूँजीवाद और न साम्यवाद ही निरन्तर बढ़ते जीवन-स्तर के आर्थिक उद्‌देश्य के साथ स्वतंत्रता और शान्ति के सामान्य उद्‌देश्यों को संगठित करने में समर्थ हुआ है। लोहिया को ये दोनों ही उन अल्प-विकसित देशों के लिए समान रूप से अप्रासंगिक नजर आते हैं जहाँ औसत जीवन-स्तर इतने नीचे थे तथा उन्हें उन्नत करने के अवसर इतने थोड़े थे कि 'निरन्तर बढ़ते जीवन-स्तरों' की धारणा का अर्थ ही इन देशों के निवासियों के लिए समझ से बाहर था।

सकारात्मक रूप से लोहिया सुझाव देते हैं कि वैज्ञानिक पुनर्गठन की एक नई पद्धति की खोज आवश्यक है। "बिजली अथवा तेल से संचालित छोटी इकाई की मशीन ही इसका उत्तर है" यह मशीन शहर के साथ कस्बों तथा झोंपड़ी वालों को भी उपलब्ध होगी। यह सारे काम करने वाली अथवा यथासम्भव विविध रूप वाली हो सकती है। यह संचालन तथा उत्पादन में तात्कालिकता के सिद्धान्त के आधार पर निर्मित होगी और इसे पूँजी के बड़े निवेश की जरूरत नहीं होगी। ऐसी मशीन काल और परिवेश में विकेन्द्रीकरण के सम्पूर्ण सिद्धान्त का मूर्त-रूप है और जटिलता से बचाने वाली तथा तात्कालिकता को उपलब्ध कराने वाली है। यह मशीन अल्प-विकसित दुनिया की आर्थिक समस्याओं का ही समाधान नहीं करेगी, यह समाज के सामान्य उद्देश्यों की प्राप्ति और नई खोज को भी सम्भव बनाएगी। इसका मतलब इस्पात या दियों को बाँधने की योजनाओं में भारी मशीनों के कार्यों से पूरी तरह इनकार करना नहीं है किन्तु जोर छोटी इकाई-मशीन पर ही होना चाहिए।"[8]

विज्ञान और नियोजन मे इस "तात्कालिकता' के साथ उत्पादन ह्रास राजनैतिक नियंत्रण की 'तात्कालिकता' का योग भी होना जरूरी है। निजी सम्पत्ति उस क्षेत्र के अलावा सब जगह समाप्त हो जानी चाहिए जहाँ उसे एक मनुष्य द्वारा दूसरे मनुष्य को नौकर रखना जरूरी नहीं हो। जब सारी सम्पत्ति का राष्ट्रीयकरण हो जाएगा तब राज्य बड़े पैमाने पर उत्पाद का सहारा लेगा। चूँकि बहुत सम्भव है राजकीय प्रबन्धक बहुत कुशल न हो, इसका परिणाम उत्पादन में ह्रास होगा। राजनीय नियंत्रण उत्पादकों की आज़ादी को कम कर सकता है। कुछ प्रकार की सम्पत्ति का स्वामित्व केन्द्र तथा सहकारी समितियों के साथ-साथ गाँव तथा प्रदेश के पास भी रहना आवश्यक है। समाजवाद को विकेन्द्रित होना जरूरी है और उसका विकास प्रौद्योगिकी के प्रयोग तथा स्थानीय परिस्थितियों के अनुकूल राज सत्ता के उपयोग के माध्यम से प्रादेशिक स्तर पर होना चाहिए। यही वह स्वायत्त दिशा है, लोहिया के अनुसार, जिस ओर समाजवाद का विकास आवश्यक हैं। अपने 'आस्पेक्ट्स ऑफ़ सोशल पॉलिसी'[9] ग्रंथ में लोहिया ने ऐसे चौखम्बा राज्य की बात कही है जिसमें गाँव, जिला, प्रदेश और केन्द्र के सुपरिभाषित प्रकार्य होंगे और जो सब गांधीवादी परम्परा में 'कार्यशील संघवाद' की प्रणाली में संगठित होंगे। लोहिया का सोच है कि समाजवाद के सिद्धान्त में रोटी व्यवस्था (आर्थिक उद्देश्य) और स्वतंत्रता की प्राप्ति (सामान्य उद्देश्य) दोनों सम्भव हो पाएँगे।

उपयुक्त निबन्ध में लोहिया ने कार्रवाई के उन उपयुक्त रूपों पर भी कुछ ध्यान दिया है जिनके द्वारा इस सिद्धान्त का क्रियान्वयन किया जा सकता है। अन्याय के खिलाफ शान्तिपूर्ण प्रतिरोध के साथ रचनात्मक कार्रवाई ही उनके द्वारा सुझाया गया कार्रवाई का उपयुक्त रूप है। सार्विकवयस्क मताधिकार पर अधारित मतपत्र निर्वाचन के लिए आवश्यक उपकरण है, किन्तु समाजवादी की उद्देश्यों की प्राप्ति के सिर्फ इसका ही होना अपर्याप्त है।

जनता की इच्छा संगठन प्राथमिक महत्त्व का है, मतदा या विद्रोह या अन्य उपयुक्त रूपों द्वारा उसकी अभिव्यक्ति का प्रश्न गौण है जिसकी कोई टिकाऊ अहमियत नहीं है। समाजवादी दल की इतनी शक्ति और संघटन होना चाहिए कि वह किसी क्षण उपयुक्त कार्य के लिए उनका प्रयोग कर सके। ऐसी शक्ति और संगठन बनाने के लिए समाजवादी दल का जनता का प्रवक्ता, उनकी राय का संगठक, अन्याय का प्रतिरोधी और पुनर्निमाण का निपुण संचालक बनने के लिए निरन्तर प्रयास करना चाहिए। उसे रचनात्मक-कार्य में भाग लेने, लोक मत को प्रशिक्षित करने तथा स्वयं उससे शिक्षित होने और अन्याय का प्रतिरोध करने के लिए सदैव तैयार रहना चाहिए। कुदाल, मताधिकार और जेल इन तीन प्रकार के कार्यों के प्रतीक है। शान्तिपूर्ण तरीकों अर्थात् सत्याग्रह के द्वारा अन्याय का प्रतिरोध आवश्यक हैं। समाजवाद को हिंसक के संगठन तथा उसके समर्थन की सदैव निन्दा करनी चाहिए, यद्यपि पुराने की यंत्रणा समाप्त करने तथा नये को जन्म देने के लिए जनता अन्तिम उपाय के रूप में अपनी शाही शक्ति के उपयोग को चुन सकती है। यह शक्ति सिर्फ कुछ क्षणों के लिए प्रदर्शित जनता की स्वतः स्फूर्त हिंसा होगी।[10]

जनतांत्रिक समाजवाद

समाजवादी की अनिवार्यताओं के सम्बन्ध में जयप्रकाश नारायण के विचार— अब तक जो लिखा गया है उससे यह स्पष्ट है कि लोहिया ने क्रान्तिकारी समाजवाद से भिन्न जनतांत्रिक समाजवाद की मौलिक सैद्धान्तिक आधारभूमि प्रस्तुत करने का प्रयत्न किया है। अपने ग्रंथ 'डैमोक्रेटिक सोशलिज़्म : दी आइडल एंड दी मैथड' (1950 ई.), 'दी आइडियोलोजिकल प्रोब्लम्स ऑफ़ सोशलिज़्म' (1953) और 'न्यू डाइनमिक्स ऑफ़ सोशल चेंज' (1956)[11] में जे.पी. यह तर्क देते हैं कि मार्क्स ने जब क्रान्तिकारी समाजवाद के अपने सिद्धान्त का विकास किया था तब वे जनतंत्र की शक्तियाँ काफ़ी मज़बूत हो गई है; वास्तव में स्वयं मार्क्स ने हेग में अपे प्रसिद्ध भाषण (1872 ई.) में अनुकूल परिस्थितियों में समाजवाद में शान्तिपूर्ण संक्रमण की सम्भावनाओं को स्वीकार किया था। यह विचार ग्रहण करके ही क्रान्तिकारी समाजवाद की तुलना में जनतांत्रिक समाजवाद अधिक वरणीय है, जे.पी. समाजवादी उपायों से समाज की मूलभूत समस्याओं का समाधान करने के लिए बहुत से सुझाव प्रस्तुत करते हैं।

(i) समाजवादी राज्य को कुछ आधारभूत मूल्यों की आकांक्षा अवश्य रखनी चाहिए और नैतिक विहीनता से बचना चाहिए। जे.पी. तर्क देते हैं कि यदि हमारा वर्तमान कार्यों का हमारे समाने प्रस्तुत आदर्शों के साथ सामंजस्य है तो यह शक करने का कोई कारण नहीं है कि हम अन्त में स्वयं को कहाँ

पहुँचाएँगे। यह मानने के लिए तर्कपूर्ण आधार है कि यदि हमारे वर्तमान कार्य हमारे सामने प्रस्तुत उच्चे आदर्शों के अनुकूल हैं तो अन्त में हम वहाँ पहुँचेंगे ही। दूसरी ओर, यदि हम ऐसे कार्यों में लिप्त हो जाते हैं तो उन आदर्शों, उन मूल्यों के विरोधी हैं, जिन पर नया समाज अन्ततोगत्वा आधारित होगा तो यह अनुमान करने के लिए तर्कपूर्ण आधार नहीं है कि हम अन्त में किसी द्वन्द्वात्मक युक्ति से लक्ष्य पर पहुँच जाएँगे।

(ii) राजनैतिक दृष्टि से समाजवाद को वास्तविक बनाने के लिए विकेन्द्रित राज्य आवश्यक है : यह 'निम्नतर स्तर पर समाजवाद को जनता का राज्य बनाने का एकमात्र सम्भव उपाय है'[12]। विकेन्द्रित राज्य के सम्बन्ध में जे.पी. के विचारों की अध्याय सात में चर्चा की जा चुकी हैं।

(iii) जहाँ तक समाजवादी समाज की आर्थिक संरचना उद्योगों के राष्ट्रीयकरण मात्र से वेतनों की समानता और मजदूरों के नियंत्रण की प्राप्ति नहीं होती है जैसा कि समाजवाद मानता है, जे.पी. कहते हैं, अनुभव यह बताता है कि राष्ट्रीयकरण से नौकरशाहीकरण का जन्म होता है। अधिकांश एशियाई देशों में समाजवादी अर्थव्यवस्था की संरचना छितराई हुई संरचना ही हो सकती है, संकेन्द्रित व्यापक-उत्पाद पर आधारित नहीं बल्कि सारे देश में घरों और छोटे कस्बों में फैली हुई निर्माण पर आधारित संरचना छितराव का सिद्धान्त आर्थिक संरचना पर नहीं, स्वामित्व पर भी लागू होना चाहिए—'केन्द्रीय सरकार के हाथों में संकेन्द्रित स्वामित्व के बजाय सहकारी समितियों, ग्रामीण-संगठन या नगर निगमों तक विभिन्न स्तरों पर फैला हुआ स्वामित्व।[13] आर्थिक शक्ति के विकेन्द्रीकरण पर जे. पी. के सुझाव (लोहिया के विचारों का स्मरण करते हुए) यह गारंटी देते हैं कि आर्थिक शक्ति कुछ आदमियों के एक छोटे से समूह के हाथों में केन्द्रित नहीं होगी और ये सुझाव यह भी सुनिश्चित करते हैं कि समाजवादी समाज पर किसी आर्थिक तानाशाही का नियंत्रण नहीं होगा।

(iv) इसमें सन्देह नहीं है कि समाजवादी समाज के लक्ष्य को प्राप्त करने के लिए शान्तिपूर्ण जनतांत्रिक उपायों का ही प्रयोग किया जाना चाहिए। जे. पी. कहते हैं "जब मैं जनतांत्रिक तरीकों की बात करता हूँ, मैं यह स्पष्ट करना चाहता हूँ, तो मैं सिर्फ संसदीय तरीकों और संवैधानिक तरीकों की ही बात नहीं करता हूँ। मैं शक्तिशाली, विशाल, व्यापक आन्दोलन, अहिंसक चरित्र वाली जनता की कार्यवाहियों की भी बात सोचता हूँ, जो असंवैधानिक होते हुए भी शान्तिपूर्ण होंगी। यदि हम अपने पीछे जनता की शक्ति के साथ काम करते हैं, यदि हम जनता के दिलों से अपना सम्बन्ध जोड़ लेते हैं, यदि हमें उसका समर्थन हासिल है तो ऐसा कोई कारण नहीं

है कि जनता को ऐसी शान्तिपूर्ण गति-विधियों में सक्रिय करना हमारे लिए सम्भव नहीं।"[14] कुछ लोगों के दिमागों मे छुपे हुए इस सन्देह को दूर किया जाना बहुत जरूरी है कि "जनतांत्रिक तरीके हमें कुछ खास दूरी तक आगे ले जा सकते हैं, किन्तु अन्तिम अवस्था में हिंसा आवश्यक होगी क्योंकि हिंसा के बिना समाजवादी क्रान्ति पूर्ण नहीं होगी।"[15] (यह स्पष्ट ही लोहिया के विचारों की ओर संकेत है।)[16] क्या गांधी ने हमें यह नहीं सिखाया हैं कि अनुचित साधनों से इच्छित उद्देश्यों की प्राप्ति सम्भव नहीं है।

(v) अन्त में, समाजवाद की सफलता की एक महत्त्वपूर्ण शर्त यह है कि व्यक्ति को अपनी इच्छाओं को सीमित रखना आवश्य सीखना चाहिए। जब तक व्यक्ति अपने साथी मनुष्यों के हित में अपनी और भौतिक जरूरतों को स्वेच्छा से सीमित करने के लिए तैयार नहीं होगा समानता, स्वतंत्रता और साथीपने की भावना कभी भी हकीकत नहीं बनेगी। यदि हरेक व्यक्ति अपने लिए अधिक-से-अधिक माँग करता रहेगा और उसके लिए लालयित बना रहेगा तो समाजवादी समाज की रचना कदापि नहीं हो पाएगी। जब तक व्यक्ति आत्म-नियंत्रण का पाठ नहीं सीखेगा और ऐसे नियंत्रण पर आधारित जीवन-पद्धति को स्वीकार नहीं करेगा तब तक मनुष्य और मनुष्य, समूहों, वर्गों तथा राष्ट्रों के बीच संघर्ष अवश्य चलता रहेगा।

नेहरू का व्यावहारिकतावाद— भारत की गरीबी से गहरे रूप में प्रभावित होकर और विज्ञान एवं प्रौद्योगिकी के साधनों को उत्पादन के काम में प्रयुक्त होकर उसे दूर कर देने की सम्भावनाओं के प्रति पूरी तरह जागरूक होकर नेहरू ने समाजवाद को जीवन-दर्शन के रूप में अपनाया तथा भारतीय संसद से समाजवादी ढंग के समाज की रचना को भारत के आदर्श के रूप में स्वीकृत कराया। यह जानना दिलचस्प है कि तीस के दशक में नेहरू वैज्ञानिक समाजवाद में विश्वास करते थे; किन्तु बाद में जब प्रधानमंत्री के रूप में उन्होंने प्रशासन की व्यावहारिक समस्याओं को समझा तो वे व्यावहारिकतावादी हो गये। उन्होंने किसी विचार-व्यवस्था को उनके तार्किक-परिणामों तक बलपूर्वक लागू करने से इनकार कर दिया। नई दिल्ली में भारतीय रसायन-निर्माताओं के संघ में 26 दिसम्बर, 1950 ई. को भाषण देते हुए उन्होंने कहा—"विश्व में विभिन्न नीतियाँ, सिद्धान्त और विचारधाराएँ है। मैं यह समझता हूँ कि उनमें से हरेक में कुछ सचाई है। मेरा अपना निजी विचार यह है कि यद्यपि हमारे विचार के तार्किक-आधार के रूप में किसी सिद्धान्त को स्वीकार करना बहुत महत्त्वपूर्ण है किन्तु सब परिस्थितियों में उसे बलपूर्वक लागू करना उचित नहीं है। हम किसी सिद्धान्त का तर्क के उद्देश्य से और उसकी वैधता को जाँचने के लिए उपयोग कर सकते हैं, किन्तु व्यवहार में आपको परिस्थिति के तथ्यों पर ध्यान देना होगा और स्वयं को या अपने सिद्धान्त को उनके अनुसार ढालना पड़ेगा।"[17]

नेहरू का व्यावहारिक रूख और जनतांत्रिक समाजवाद की उनकी धारणा उनके दो भाषणों में पूरी तरह प्रकट है—पहला भाषण 4 मार्च, 1949 ई. को व्यापारिक समुदाय के सामने और दूसरा 4 जनवरी, 1957 ई. को अखिल भारतीय कांग्रेस महासमिति में उन्होंने कहा कि वह पद्धति जो सफलता से कार्य करती है तथा जन समूह को सन्तोष देती है, स्वयं को उचित सिद्ध कर देगी। विश्व के बहुत से देशों में पुरानी शैली के पूँजीवाद को जनतांत्रिक समाजवाद की दिशा में संशोधित किया जा रहा है। समाजवाद की किसी कठोर परिभाषा की आवश्यकता नहीं है, उनकी राय में जनतांत्रिक समाजवाद में कम-से-कम तीन बातें होती है—संग्रहणशीलता के स्थान पर सहयोग, प्रत्येक को अपने व्यक्तित्व के विकास के लिए समान अवसर और उद्देश्यों को प्राप्त करने के लिए वैधाकि एवं शान्तिपूर्ण उपायों की जनतांत्रिक प्रक्रिया। उन्होंने कहा है—"मैं इन 'वादों' से मोहग्रस्त नहीं हूँ, मेरा नज़रिया समस्याओं को समझने का व्यावहारिक नज़रिया है और मैं इनमें जुड़े 'वादों' को भुला देना चाहता हूँ। मैं कहना चाहूँगा कि देश का नज़रिया भी यही होना चाहिए। हमारी आज की समस्या जनता का जीवन-स्तर उत्पन्न करना, उसकी जरूरतों को पूरा करना, एक बेहतर जीवन बिताने के लिए उसे साधन मुख्य कराना और जीवन में आगे बढ़ने तथा उन्नति करने में सहायता देना है...मैं उसे सही रास्ते पर बढ़ना चाहता हूँ और यदि मैं ऐसा कर सकूँ तो मैं इसकी चिन्ता नहीं करूँगा कि यह कार्य करने में मुझे कौन सा 'वाद' सहायता देता है।"[18]

जनतांत्रिक समाजवाद और आधुनिक उदारवाद— यह जानना दिलचस्प है कि गजेन्द्र गडकर, जो 1964 तक भारत के मुख्य न्यायाधीश रहे, के अनुसार जनतांत्रिक समाजवाद "जो स्टीक रूप से एवं सारत: जनतांत्रिक कल्याणकारी राज्य की धारणा को सामाजिक-आर्थिक अन्तर्वस्तु की अभिव्यक्ति करता है, उस सामाजिक-दर्शन पर आधारित है जिसका ठीक रूप से आधुनिक उदारवाद के रूप में वर्णन किया जा सकता है।"[19] आधुनिक उदारवाद का यह सिद्धान्त पूरी तरह या आँख बन्द करके आर्थिक-संरचना और गरीबी की आवश्यक समस्याओं पर, जो समकालीन सामाजिक-संरचना में प्रत्यक्ष रूप में मौजूद हैं, अपना ध्यान केन्द्रित नहीं करता है। इसकी मुख्य मान्यता यह है कि व्यक्ति को अपने सामाजिक-कर्तव्यों को वरीयता देनी चाहिए।

इसके अलावा यह व्यक्ति-नागरिक के मस्तिष्क को तानाशाही और कट्टरपन के बन्धनों से मुक्त करना चाहता है। यह तर्क में विश्वास करता है और उसके साथ बौद्धिक-संवाद (बहस) करने के लिए तैयार रहता है जो इसके साधन और पद्धतियों के विरोधी है। माननव जाति की प्रगति में विश्वास रखते हुए, में वह इसके प्रति भी सचेत है कि सामाजिक-आर्थिक न्याय का आदर्श तभी प्राप्त किया जा सकता है जब उसके लिए, विशेष रूप से योजना बनाकर अनवरत तथा समर्पित भाव से प्रयास किया जाए। "सामाजिक सत्य की निरन्तर खोज और व्यक्ति की स्वाधीनता

के साथ सामाजिक-आर्थिक न्याय को प्राप्त करने के लिए उपयुक्त साधन एवं पद्धतियों को अपनो के लिए अनवरत प्रयास ही वे प्रमुख सिद्धान्त है जो आधुनिक उदारवाद को निर्देशित करते हैं।"[20] गजेन्द्र गडकर ने आधुनिक उदारवाद तथा जनतांत्रिक समाजवाद के बीच सम्बन्ध जोड़कर सामाजिक न्याय, जिसे समाजवाद प्राप्त करना चाहता है, को प्राप्त करने के लिए शान्तिपूर्ण तथा विश्वास उत्पन्न करने वाले उपायों पर बल दिया है। हम भी इन पर बल देना जरूरी समझते हैं।

साम्यवाद

साम्यवाद के बारे में क्या कोई भारतीय चिन्तन है? इसका उत्तर नकारात्मक ही हो सकता है। 1920 ई. में भारत की कम्युनिस्ट पार्टी की स्थापना के बाद इसके नेताओं ने साम्यवाद विचारधारा और रणनीति बनाने के लिए अन्तरराष्ट्रीय साम्यवादी नीति का ही अनुसरण किया है। इस विषय के दो प्रमुख अधिकृत विद्वानों की इस सम्बन्ध में स्पष्ट राय है। जी.डी. ओवरस्ट्रीट और एम. विडमिलर ने अपने अति-उत्तम ग्रंथ 'कम्युनिस्ट इन इंडिया (1959 ई.)' में स्पष्ट लिखा है : "भारतीय साम्यवाद के लक्ष्य सदैव अन्तरराष्ट्रीय साम्यवादी आन्दोलन के लक्ष्यों से प्रभावित रहे हैं।" ज.एच. कॉटस्की ने अपने अधिकृत ग्रंथ "मास्को एंड दी कम्युनिस्ट पार्टी ऑफ़ इंडिया' (1956 ई.) में लिखा है, " भारत की कम्युनिस्ट पार्टी की रणनीति का विकास, जैसा हमने उसे दर्शाया है, बिना शक-शुबहे के यह प्रकट करता है कि युद्ध बाद के वर्षों में (और जैसा युद्ध से पहले भी था) पार्टी की नीति अन्तिम रूप में मास्को की इच्छानुसार निर्धारित हुई है।"

यह स्मरणीय है कि कम्युनिस्ट घोषणा-पत्र (1848 ई.) में प्रस्तुत मूल मार्क्सवादी विचारधारा में यह आधारभूत सिद्धान्त था कि शोषक वर्गों का उन्मूलन हिंसक संघर्ष के द्वारा ही हो सकता है। भारतीय कम्युनिस्ट पार्टी ने दिसम्बर 1930 ई. के अपने नीति-घोषणा-पत्र में इसे स्वीकृत दिया है—"कम्युनिस्ट पार्टी यह घोषणा करती है कि विजय की यह व्यक्तिवादी आतंक की पद्धति ही है, बल्कि भारत की कम्युनिस्ट पार्टी के नेतृत्व में और उसके झंडे के नीचे मजदूर वर्ग, किसान कस्बों के गरीब तथा सैनिकों के व्यापक समूहों का संघर्ष एवं क्रान्तिकारी सशस्त्र विद्रोह ही विजय का रास्ता है।"[21] पार्टी का 1951 ई. का नीति वक्तव्य यह घोषित करता है : "मुख्य सवाल यह है कि सशस्त्र संघर्ष होगा या नहीं, हिंसक या अहिंसक होना भी मुख्य सवाल नहीं है। प्रतिक्रियावादी सत्ताधारी वर्ग जो जनसमूहों के विरुद्ध हिंसा और ताक़त का सहारा लेते हैं, वे ही हमारे समो यह सवाल खड़ा करते हैं कि हमारा सिद्धान्त हिंसा है या अहिंसा...मार्क्सवाद तथा इतिहास ने पार्टी और प्रत्येक देश के जनसमूहों के लिए बहुत पहले ही इस सवाल का सदैव के लिए उत्तर निश्चित कर दिया है।

अपने हितों की रक्षा और अपनी मुक्ति के लिए जनसमूहों द्वारा किये गये सभी कार्य परम पवित्र हैं। प्रगति और स्वतंत्रता की राह से प्रतिक्रिया का अध: पतन के काठ-कवाड़ को हटाने के लिए जनसमूह जो भी कार्य करने का निश्चय करते हैं, इतिहास उस सबकी अनुमति देता है। (भारत की कम्युनिस्ट पार्टी का नीति वक्तव्य, 1951, पृष्ठ 7)

सेवियन-संघ की कम्युनिस्ट पार्टी की बीसवीं कांग्रेस (1950) द्वारा यह घोषणा किये जाने, कि समाजवाद शान्तिपूर्ण तरीकों से भी प्राप्त किया जा सकता है, के दो वर्ष बाद 1958 ई. में स्वीकृत संशोधित पार्टी-संविधान में कहा गया हैं कि भारतीय कम्युनिस्ट पार्टी "पूर्ण जनतंत्र तथा समाजवाद को शान्तिपूर्ण तरीकों से प्राप्त करने का प्रयत्न करती है।" न्यू एज (पार्टी का मुख पत्र) के जनवरी 1958 ई. में अंक में सम्पादकीय कहा गया है—"अन्तरराष्ट्रीय क्षेत्र में शक्ति-सन्तुलन में हुए निर्णायक परिवर्तन और सारे संसार में प्रगतिशील वर्गों तथा मेहनतकश जनता के बीच समाजवादी विचारों के शक्तिशाली विकास ने बहुत से देशों में शान्तिपूर्ण तरीकों से, जो भूतकाल में अपनाए गये तरीकों से अनेक तरह भिन्न है, समाजवाद की विजय के लिए अनुकूल परिस्थितियाँ तथा भारी सम्भावनाएँ उत्पन्न कर दी हैं।'[22] हमने जो पहले लिखा है कि साम्यवाद के सम्बन्ध में मुश्किल से ही कोई भारतीय चिन्तन हुआ है, यह उस वक्तव्य को प्रभावित करने के लिए प्राप्त सबूत है। 1953 ई. में विनोबा से किये गये एक प्रश्न का सारगर्भित उत्तर इस बिन्दु को प्रशंसनीय रूप मे स्पष्ट करता है—

प्रश्न— भारतीय कम्युनिस्ट पार्टी के बार में आप क्या सोचते हैं?

उत्तर— उन्हें कम्युनिस्ट कहना पूरी तरह मिथ्या-नामकरण है। भारत के कम्युनिस्ट सिर्फ़ प्रचारक हैं। यदि रूस अपनी कार्य नीति बदलता है, तो वे भी ऐसा ही करते हैं। उनके पास अपनी स्वतंत्र बुद्धि नहीं है।[23]

सम्भवतया इसा एक मात्र अपवाद आचार्य नरेन्द्र देव (1889-1950 ई.) जो कम्युनिस्ट नहीं थे, द्वारा मार्क्स की इतिहास की भौतिकवादी धारणा की पुनर्व्याख्या (जिसकी वैधता सन्दिग्ध है) का प्रयत्न है। अखिल भारतीय कांग्रेस समाजवादी कॉन्फ्रेंस के पहले अधिवेशन (1943 ई.) में अपने अध्यक्षीय भाषण में उन्होंने कहा था—

"इतिहास की भौतिकवादी धारणा को, जो मार्क्स का बहुत महत्त्वपूर्ण योगदान है, गलत समझा गया है। इस अभिव्यक्ति में 'भौतिकवादी' शब्द के प्रयोग के कारण प्राय: यह समझा गया है कि मार्क्स द्वारा प्रतिपादित वैज्ञानिक समाजवाद आवश्यक रूप में भौतिकवादी सिद्धान्त है। लोग कहते हैं कि मार्क्स ने चेतना के अस्तित्व से इनकार किया है, वे आत्मिक मूल्यों का आदर नहीं करते थे और विचारों की शक्ति को मान्यता नहीं देते थे। यह कहा जाता है कि मार्क्स ने सिर्फ़ पदार्थ की सर्वोच्चता को मान्यता दी है और वे उसे इतिहास के विकास का एम मात्र कारक मानते थे। ये सारे वक्तव्य गलत है। मार्क्स ने मस्तिष्क (चेतना) और पदार्थ दोनों को इतिहास की निर्माणकारी शक्तियों के रूप में मान्यता दी है। वे

मनुष्य को सक्रिय अभिकर्त्ता मानते हैं जो सचेतन रूप से इतिहास को बनाता है। उनकी विचार-व्यवस्था में मानव की निर्णायक शक्ति को पूरी तरह मान्यता दी गई है किन्तु उनके अनुसार मनुष्य की चेतना एक निश्चित वस्तुपरक परिस्थितियों में कार्य करती है जो चेतना के कार्य करने की सीमाओं का निर्धारण करती है। आर्थिक हेतु इतिहास में प्रमुख प्रभावकारी भूमिका अदा करते हैं, किन्तु इसका अर्थ यह नहीं है कि कोई अन्य कारण काम नहीं करते हैं। मार्क्स सिर्फ यह कहना चाहते हैं कि एक विचार इतिहास की गति को तभी प्रभावित कर सकता है जब वह स्वयं को तथ्य के रूप में परिणत कर लेता है और एक वस्तु बन जाता है। उन्होंने चेतना तथा पदार्थ के सापेक्षिक महत्त्व के प्रश्न पर कहीं भी विचार नहीं किया हैं। दोनों समान रूप से महत्त्वपूर्ण है। मानव वस्तुगत परिस्थितियों से स्वतंत्र होकर किसी चीज़ की रचना नहीं कर सकता और न ही वस्तुगत परिस्थिति बिना मानव की सक्रिय भागीदारी के मनुष्य द्वारा इच्छित परिणामों को स्वयं उत्पन्न कर सकती है। उन्होंने हेगेल, जो अनुभव के संसार की वास्तविकता से इनकार करते थे तथा सिर्फ़ एक 'परम विचार की मान्यता देते थे' के भाववाद से अपनी पद्धति को भिन्न बतलाने के लिए ही भौतिकवाद शब्द का प्रयोग किया था।

'मार्क्स यह मानते थे कि इतिहास के विकास में बहुत से कारण काम करते हैं। कानूनी तथा राजैतिक व्यवस्थाएँ, यद्यपि वे उत्पादन के साधनों से व्युत्पन्न होती हैं, बाद में स्वयं, इतिहास की गति को प्रभावित करने वाली ताकत के साथ स्वतंत्र शक्तियाँ बन जाती है। मार्क्स ने सदैव यह माना है कि जो आरम्भ मे व्युत्पन्न होता है, उसमें स्वयं स्वतंत्र-हेतु बन जाने की शक्ति भी होती है। इसलिए यह कहना गलत है कि मार्क्स ने ऐतिहासिक-विकास के सिर्फ़ एक ही हेतु को मान्यता दी है।"[24]

इस संक्षिप्त सर्वेक्षण मे इस पुर्नव्याख्या की परीक्षा करने का अवसर नहीं है। यह कहना पर्याप्त है कि इसे सार्वभौम मान्यता नहीं मिली।

समाजवाद और साम्यवाद के आलोचक

समाजवाद और साम्यवाद की भारतीय विचारकों द्वारा की गई आलोचनाएँ अनिवार्य बातों में विश्व के दूसरे भागों के विचारकों की आलोचनाओं से बहुत ज्यादा भिन्न नहीं है, यद्यपि यत्र-तत्र बलाघात का अन्तर हो सकता है और भारतीय परम्परओं तथा पिछले वर्षों में सरकार द्वारा लागू किये गये समाजवादी उपायों के भारतीय अनुभव का सन्दर्भ देकर उसे कभी-कभी भारतीय रूप भी दिया गया है। ये सिद्धान्त वहाँ दशकों से मौजूद रहे हैं अत: कोई नई जमीन तोड़ पाना कठिन है।

गांधी जी के अनुसार पश्चिमी समाजवाद और साम्यवाद मानव-प्रकृति की अनिवार्य स्वार्थपरता के विश्वास पर निर्भर है। जैसा हमने पहले लिखा है, गांधीजी

इस मत को स्वीकार नहीं करते हैं। समाज के सम्बन्ध में अपने सामान्य विचारों, उदाहरण के लिए यह कि सत्य और अहिंसा अच्छे समाज के आधार स्तम्भ हैं, के कारण गांधी जी स्वाभाविक रूप से साम्यवाद के सिद्धान्त के अन्तर्निहित हिंसा के प्रयोग से सहमत नहीं हो सके। हिंसा के आधार पर कोई टिकाऊ व्यवस्था नहीं बन सकती इसलिए साम्यवाद को नहीं अपनाया जा सकता। नेहरू जी भी इस मत से सहमत थे। 'बेसिक एप्रोच' (1958 ई.) शीर्षक अपने निबन्ध में वे कहते हैं "साम्यवाद हिंसा की अनिवार्यता से बहुत अधिक जुड़ गया है और जो विचार इसे विश्व के सामाने रखा वह विकृत हो गया है। साधनों ने साध्यों को विकृत कर दिया है।"[25] इसके अलावा गांधी जी वर्ग-संघर्ष के इसके मूल विचार को ठीक नहीं मानते। 1945 ई. में एक संवाददाता को उत्तर देते हुए गांधी जी ने वर्ग संघर्ष के सम्बन्ध में अपने विचारों को इस प्रकार स्पष्ट किया। वे जानते थे कि वर्ग-संघर्ष का अस्तित्व है। उन्होंने कहा : "मैं इसे बनाएँ रखने और इसे तेज़ करने की आवश्यकता में विश्वास नहीं करता हूँ। मेरा यह विश्वास बढ़ता जा रहा है कि इससे बच सकना पूरी तरह सम्भव है।"[26] यदि ट्रस्टीशिप के सिद्धान्त, पिछले पृष्ठों में जिसका पहले विवेचन किया जा चुका है, को स्वीकार कर लिया जाता है और उसे क्रियान्वित कर दिया जाता है तो वर्ग-संघर्ष अनिवार्य नहीं रह जाएगा। इसके अलावा साम्यवाद व्यक्तित्व का ह्रास भी करता है। नेहरू साम्यवाद की इस आलोचना से सहमत थे और साम्यवाद के अन्तर्गत व्यक्तिगत स्वाधीनता के दमन[27] को ठीक नहीं मानते थे।

हम पहले असंचय, रोटी, श्रम और समानता के सम्बन्ध में गांधी जी के विचारों का विवेचन कर चुके हैं। यह जोड़ने की आवश्यकता नहीं है कि गांधी जी को वर्गहीन समाज के आदर्श से, जिसे साम्यवाद प्रचारित करता है, पूरी सहमति थी। 1937 ई. में उन्होंने 'हरिजन' में लिखा—"अन्तिम विश्लेषण में साम्यवाद का अर्थ है—वर्गहीन समाज। यह ऐसा आदर्श है जिसके लिए प्रयास करने के लिए साम्यवाद द्वारा सुझाये गये साधनों से, जैसा पहले बतलाया गया है, सहमत नहीं थे। गांधी जी का अपनी तरीका दबाव हीं, मन-परिवर्तन था।

यदि गांधी जी स्पष्ट रूप में साम्यवाद के विरुद्ध थे तो क्या वे जनतांत्रिक समाजवाद के पक्ष में थे? यहाँ भी उत्तर अनिवार्य रूप से नकारात्मक ही होगा। उनके दो वक्तव्य इसे निर्विवाद रूप से स्पष्ट कर देते हैं। 1929 ई. में उन्होंने 'यंग इंडिया' में लिखा—"मैं जो प्राप्त करना चाहता हूँ वह निजी स्वामियों की सम्पत्ति की लूटपाट करना नहीं है बल्कि उसके आनन्द भोग को सीमित करना है जिससे सारी कंगाली, उससे उत्पन्न असन्तोष और घृणित तथा गन्दी विषमता से बचा जा सके जो आज गरीब एवं अमीरों के जिन्दगी व परिवेश के बीच मौज़ूद है।"[29] एक सवाल के उत्तर में 1946 ई. में उन्होंने फिर कहा : "समाजवादी और साम्यवादी

कहते हैं कि आर्थिक-समानता लाने लिए आज वे कुछ भी नहीं कर सकते हैं। वे... घृणा पैदा करने और उसे तेज़ करने के विश्वास करते हैं। वे कहते हैं कि वे जब राज्य की अस्तित्व जनता की इच्छा पूरी करने के लिए होगा, उससे अपनी इच्छा मनवाने या उस पर अपनी इच्छा लादने के लिए नहीं। मैं अहिंसा द्वारा जनता को अपने विचार के पक्ष में ढालते हुए और घृणा के विरुद्ध प्रेम की शक्ति का उपयोग करते हुए आर्थिक समानता लाऊँगा।"[30]

समाजवाद के आलोचकों में, अपनी तर्क शक्ति स्पष्टता के लिए राजगोपालाचारी को अवश्य ही ऊँचा स्थान दिया जाना चाहिए। एक लेखमाला में (1958-62 ई.) और इससे पहले बनारस हिन्दू विश्वविद्यालय में अपने भाषण (1948) में उन्होंने समाजवाद के मूल दोषों को जैसा वे मानते थे, इस प्रकार बतलाया।

(i) वर्ग-संघर्ष, जो समाजवादी विश्लेषण का मूलाधार है, अनुचित वितरण का समाधान नहीं हैं क्योंकि "वर्ग-संघर्ष का अर्थ घृणा, वातावरण को दूषित करना, सबके लिए नाखुशी और अन्त में क्रूरतम तानाशाही के सामने समर्पण है।"[31]

(ii) आत्म-निर्वास अर्थात् राज्य के सामने मनुष्य द्वारा स्वयं का विक्रय समाजवाद का एक बड़ा सम्भावित खतरा है।

(iii) समाजवादी देशों में, जो सत्तासीन अल्पमत के तानाशाही शासन से सहमत हैं, उनके अलावा किसी को कोई अधिकार नहीं हैं।

(iv) राज्य अधिकारियों द्वारा व्यापार का प्रबन्ध कुख्यात रूप से अकुशल होता है।

(v) ऐसी परिस्थितियों में भ्रष्टाचार और भाई-भतीजावाद फलता-फूलता है जैसे कि समाजवादी ढंग से समाज-रचना के घोषित उद्देश्य वाले कांग्रेसी शासन में बढ़ा है।

(vi) हम निजी हित से उत्पन्न सतर्कता को उदासीनता से बदल लेंगे और निजी स्वामित्व, प्रतियोगिता तथा लाभ की प्रेरणा से जुड़ी उत्सुक दिलचस्पी को उत्तरदायित्वहीन एकाधिकार में बदल लेंगे। "समाजवाद की सम्पूर्ण विचारधारा इसे बड़े भारी भ्रम पर आधारित है कि रचनात्मक शक्ति को निज हित से अलग किया जा सकता है।"[32]

(vii) यदि जनसमूह तथा उसमें शामिल प्रत्येक व्यक्ति का आर्थिक जीवन पूर्ण-नियमन के अधीन हो जाएगा तो शासक सहजता से यह प्रबन्ध कर लेंगे कि ऐसे नियमन का इच्छा पूर्वक पालन आवश्यक किया जाए। यह स्थिति ऐसे राज्य में, जो नागरिकों के आर्थिक-जीवन पर पूर्ण-नियंत्रण के सिद्धान्त पर कार्य करता है, विचार की स्वतंत्रता या संस्कृति पर तानाशाही को जन्म देगी।

सी. राजगोपालाचारी का समाधान उत्पादन के कार्य को निजी-स्वामित्व में रखना है, क्योंकि अनुभव ने यह दिखाया है कि उत्पाद तथा कार्य बढ़ावा देने के लिए निजी स्वामित्व से अधिक बड़ा उत्प्रेरक कोई नहीं है। शोषण रोकने के लिए राज्य को चौकसी, नियंत्रण तथा नियमन करना चाहिए। व्यापार में शामिल होकर वह स्वयं को शासकीय-कार्यों से वंचित कर लेगा।

विनोबा भावे का विचार है कि साम्यवाद भारतीय परम्परा से जुड़ा हुआ नहीं है। गरीबी को दूर करना साम्यवाद का सर्वोत्तम प्रतिकार है। संघर्ष से अधिक संघर्ष जन्म लेता है। अन्तिम रूप में जनसंख्या के एक बड़े भाग का हृदय परिवर्तन ही सम्पदा के पुनर्वितरण में स्थायी परिवर्तन ला सकता है।

सर्वोदय

हमारे सर्वेक्षण में अधिकतम संख्या को अधिकतम सुख की उपयोगितावादी धारणा के जरिये सामाजिक लक्ष्य के रूप में सर्वोदय (सबका कल्याण) के सम्बन्ध में कुछ लिखे का अवसर हमें मिला हैं। यह जानना दिलचस्प है कि हाल की बहसों में सर्वोदय की धारणा का प्रयोग, विशेष रूप से जे.पी. और विनोबा भावे द्वारा, एक सामाजिक दर्शन तथा एक आदर्श समाज व्यवस्था*, जो 'सबके कल्याण, को प्राप्त कर लेगी, का वर्णन करने के लिए भी किया गया है।

जे.पी. ने सर्वोदय की व्यवस्था जनता का समाजवाद के रूप में की है। जे.पी. के अनुसार सामाजिक बुराइयों का इलाज "जनता का स्वैच्छिक प्रयत्नों द्वारा समाजवादी जीवन के रूपों की रचा और विकास करना है, न कि राज्य-सत्ता के प्रयोग द्वारा समाजवाद की स्थापना करने का प्रयत्न करना।"[33] इस सामाजिक-दर्शन के सभी तत्त्व अभी स्पष्ट नहीं है क्योंकि यह अभी विकासमान धारणा है। फिर भी छह तत्त्वों को स्पष्टता से और अच्छी तरह अलग पहचाना जा सकता है—

---

* उदाहरण के लिए जे.पी. ने अपनी पुस्तिका का शीर्षक 'ए पिक्चर ऑफ सर्वोदय सोशल ऑर्डर' (अखिल भारत सर्वे सेवा संघ, तंजौर 1955 ई.) रखा है। 1954 ई. में जे.पी. ने राजनैतिक दल तथा सत्ता की राजनीति से अलग होकर स्वयं को सर्वोदय के कार्य के लिए समर्पित करने का निर्णय किया था।

हमें यह भी जोड़ना चाहिए कि 1948 ई० में गांधी जी की मृत्यु के बाद उनके निकट साथी तथा शिष्यों ने सर्व-संघ (जनता की सेवा के लिए सर्पित संघ) बनाया और एक कार्यक्रम स्वीकार किया ज़ो 30 जनवरी को 'सर्वोदय-योजना' के रूप में प्रकाशित हुआ। इसके सदस्यों से राजनैतिक-सत्ता का कोई पद, जैसे मंत्री या विधानसभा की सदस्यता, नहीं लेने, बल्कि गांधीवादी ढंग से रचनात्मक कार्यों द्वारा जनता की सेवा में स्वयं को सर्पित करने की प्रतिज्ञा करायी जाती है।

(i) सामाजिक जीवन का आधार घृणा नहीं प्रेम है। मानव-प्रकृति प्रेम करने में समर्थ है और जो सारी घृणा मौजूद है वह उस सामाजिक वातावरण की उपज है जिसमें मनुष्य रहता है तथा काम करता है। इसलिए वर्ग-संघर्ष के सिद्धान्त को, समाजवाद का मूलाधार है, स्वीकार नहीं किया जा सकता। जनता के प्रयत्नों से सामाजिक वातावरण को मूल रूप में बदला जा सकता और संघर्ष के स्थान पर सहयोग को स्थापित किया जा सकता है।

(ii) अहिंसा इस लक्ष्य को पाने का साधन हैं। गांधी जी के विचारों की प्रेरणा इस तथा पहले तत्त्व में देखी जा सकती है। शिक्षा तथा समर्पित कार्यकर्त्ताओं के उदाहरण द्वारा व्यक्ति को स्वार्थहीन जीवन पद्धति, जिसमें उसकी इच्छाएँ, सीमित होगी और समानता को जीवन-पद्धति के रूप में स्वीकार किया जाएगा, की ओर परिवर्तित करने की सम्भावना सर्वोदय में अन्तर्निहित है।

(iii) राज्य को व्यक्तियों के जीवन में कम-से-कम हस्तक्षेप करना चाहिए। जे.पी. ने अपने निबन्ध 'फ्राम सोशलिज़्म टू सर्वोदय' (1957 ई.) में लिखा है—"मुझे इसका यकीन नहीं था और नहीं है कि राज्य पूरी तरह लोप हो जाएगा। लेकिन मुझे इसका यकीन है कि सामाजिक प्रयत्न का श्रेष्ठतम उद्देश्य यह निश्चित करना है कि राज्य की सत्ता, कार्य और क्षेत्र अधिक-से-अधिक कम हो जाए।"[34] गांधी जी के साथ जे.पी. और विनोबा भी यह मानते हैं कि वही सरकार सर्वोत्तम है जो कम-से-कम शासन करती है। राज्य पर अविश्वास करने का मूलभूत कारण यह है कि राज्य सामाजिक सुधार करने के लिए, अन्तिम रूप में, बल प्रयोग के अपने अधिकार पर निर्भर रहती है। वे यह विश्वास करते हैं कि सामाजिक-सुधार को बलपूर्वक लागू करने से स्थायी मूल्य को कोई परिणाम प्राप्त नहीं हो सकता है। ऐसी स्वार्थहीन एवं अनु-शासित जीवन पद्धति, जिसमें व्यक्ति विश्वास करता है और उसके अनुरूप आचरण करता है, से ही सामाजिक-सामंजस्य की प्राप्ति हो सकती है। राज्य के दबाव से इससे प्राप्त नहीं किया जा सकता। जनता को आत्मावलम्बी बन सकने के लिए 'जन शक्ति' (जन समूह की शक्ति) का विकास किया जाना चाहिए। स्पष्ट है कि यह मत समाजवादियों तथा साम्यवादियों, जिनके सामने यह स्पष्ट होता है कि सामाजिक-आर्थिक रूपान्तरण के लिए संघर्ष राजनैतिक सत्ता का अनिवार्य कारक है के विचारों से पूरी तरह विपरीत है। वे यह विश्वास करते हैं कि ज़मींदार, पूँजीपति तथा अन्य शोषक वर्ग वांछित सामाजिक रूपान्तरण के लिए एक वर्ग के रूप में स्वयं को स्वेच्छा से समर्पित नहीं करेंगे। साम्यवादियों तथा

समाजवादियों के लिए ऐसा परिवर्तन राजनैतिक-सत्ता के संघर्ष के लिए उनके द्वारा सर्वोच्चता प्राप्त करने पर निर्भर है जब कि सर्वोदय की प्राप्ति जनता की इच्छा की उन्मुक्ता और सकारात्मक अभिव्यक्ति पर निर्भर है। "जनशक्ति के विकास के लिए ऐसे नि:स्वार्थ कार्यकर्त्ताओं के दल की आवश्यकता है जो जनता के बीच रहने तथा कार्य करने और उन्हें आत्मशासन एवं आत्मावलम्बन के आधार पर जीवन को पुनर्गठित करने में सहायता दे सके।"[35] भूदान आन्दोलन के दिनों में विनोबा भावे के प्रसिद्ध प्रयत्न, भूमिहिनों के लिए दान में भूमि प्राप्त करने के लिए गाँव-गाँव की यात्रा—जिसके परिणाम-स्वरूप लगभग एक करोड़ हेक्टेयर भूमि दान में प्राप्त हुई, समर्पित कार्य क्या कर सकता है, इसका व्यावहारिक उदाहरण है। स्वराज्य का अर्थ है व्यक्ति का स्वयं उस पर शासन। व्यक्ति पर तथा राष्ट्रीय स्तर पर स्वशासन के लिए सर्वोदय लोक-इच्छा को आवश्यक मानता है। गांधी जी ने 1942 ई. में लिखा है : "जिसकी मैं कल्पना करता हूँ उस जनतंत्र में अहिंसा द्वारा स्थापित जनतंत्र में सबके लिए समान स्वतंत्रता होगी। प्रत्येक व्यक्ति स्वयं अपना स्वामी होगा।"[36]

(iv) **विकेन्द्रीकरण—** सर्वोदय अन्तर्गत आर्थिक-राजनैतिक जीव का आधार आत्मनिर्भर व स्वशासित ग्राम समुदाय होंगे। विनोबा भावे अपने निबन्ध 'आउट लाइन ऑफ़ सर्वोदय' (1952) में लिखते हैं "भारत के गाँवों को अवश्य ही आत्मनिर्भर होना चाहिए। उन्हें वह सभी तैयार माल बनाना चाहिए जिसकी उन्हें अपने गाँव में जरूरत होती है। सबको भोजन मिलना चाहिए और सबको काम करना चाहिए। देश की अर्थव्यवस्था संयुक्त-परिवार की राह पर बननी चाहिए।"[37] ग्राम-समुदाय स्वयं अपना शासन भी करेंगे। आर्थिक एवं राजनैतिक, दोनों स्तरों पर विकेन्द्रीकरण जनता को अपने कार्यों का प्रबन्ध तथा नियंत्रण करने के लिए प्रशिक्षित एवं अनुशासित करेगा। "केन्द्रीय सत्ता, जब तक वह बनी रहेगी, रेल में लगी खतरे की जँजीर की तरह होगी। सवारियाँ सदैव इस जंजीर पर ध्यान केन्द्रित नहीं रखती हैं बल्कि खतरे के समय इसका उपयोग करती है।"

(v) बहुमत के निर्णय की अपेक्षा आम-सहमति वांछित है। सर्वोंदय का सिद्धान्त स्वाभाविक रूप में यह मानता है कि सभी निर्वाचित प्रतिनिधियों द्वारा निर्णय लिया जाना चाहिए। विनोबा का विचार है कि जब किसी कार्यक्रम के सम्बन्ध में प्रकट मत-भिन्नता हो तो उसे तब तक के लिए छोड़ देना ठीक है जब तक सब उससे सहमत न हो जाए।

(vi) **समानता के आधार पर भागीदारी की प्राप्ति—** गांधीजी के समानता के सिद्धान्त, जिससे सर्वोदय प्रेरणा ग्रहण करता है, की व्याख्या इस सर्वेक्षण में पहले की गई है। इस बिन्दु को और अधिक स्पष्ट करने के लिए के.जी. मशरूवाला के निबन्ध 'दी प्रिंसिपल आफ़ शेयरिंग' से एक उदाहरण देना काफी होगा। "एक संयुक्त हिन्दू परिवार का उद्यमी के अन्य सदस्यों के साथ बाँटना होगा जैसे कि उसे, उसकी अनुपस्थिति में घर में कमाये गये धन में हिस्सा मिलेगा। क्यों नहीं परिवार की सीमाओं का बढ़ा दिया जाए और बटाइदारों तथा मज़दूरों को ही नहीं वास्तव में सारे गाँव को उसमें शामिल कर लिया जाए। तब ईर्ष्या के लिए कोई कारण नहीं रहेगा।"[38]

राजनैतिक सिद्धान्त में सर्वोदय का स्थान

सर्वोदय की धारणा, राजनैतिक चिन्तन में भारतीय योगदान का सर्वाधिक मौलिक समकालीन प्रयास है। महात्मा गांधी ने इसे जन्म दिया और विनोबा भावे तथा जे. पी. ने इसका विकास किया। यह मानता है कि स्वशासित ग्राम-समुदायों का विकास, स्थानीय मामलों का आम-सहमति या लगभग सर्व-सहमति से निर्णय, आवश्कताओं को कम करना, और जनता में सरकार के न्यूनतम नियंत्रण तथा सहायता के साथ अपने कार्य करने वाली योग्यता के विकास से सामाजिक सामंजस्य एवं सबके कल्याण का विकास होगा। यह मानता है कि मानव-प्रकृति मूलतः अच्छी है। यदि सामाजिक वातावरण परिवर्तित हो जाता है, विशेष रूप से वैयक्तिक इच्छाओं को कम करके, तो तीव्र असमानताएँ मिट जाएँगी। आर. एच. टॉनी ने जिसे ठीक ही संग्रहणशील समाज कहा है, उसकी बुराइयाँ भी कम हो जाएगी, विशाल शहरी-क्षेत्रों का विकास शान्ति का शत्रु है। जे.पी. कहते हैं—"कस्बे और शहर मनुष्यों के जंगल है, जहाँ व्यक्ति के जीवन का नियंत्रण निर्वैयक्तिक सम्बन्ध करते हैं।"[39] निजी आवश्यकताओं को सन्तुष्ट करने के लिए, दूसरों के हितों की चिन्ता न करते हुए, अधिक छीनना ही वहाँ जीवन का नियम बन जाता है। जिसके फलस्वरूप सामाजिक विषमता और असंगतियाँ अनिवार्य रूप से बढ़ती हैं। यदि स्वयंसेवी कार्यकर्त्ताओं, जो सर्वोदय में विश्वास करते है, के निःस्वार्थ कार्यों के माध्यम से आत्मनिर्भर ग्राम-समुदायों के विकास की ओर ध्यान केन्द्रित किया जा सके तो सामाजिक असंगतियों के मूल कारणों का इलाज हो सकता है। गाँव के निवासी एक दूसरे को जानते हैं कि उन्हें एक दूसरे के साथ रहना और काम करना होगा। मानवीय सम्बन्धों के विकास से ऐसा वातावरण बनेगा जिसमें लोभ न्यूनतम होगा, सामाजिक चेतना बढ़ेगी और सच्चा जनतंत्र फलेगा-फूलेगा। राज्य की शक्तियों का विकेन्द्रीकरण करने और जीवन एवं सम्पत्ति को रक्षा-कार्य तक उन्हें सीमित करने

से सच्चे स्वराज्य की प्रतिष्ठा होगी जिसमें-प्रत्येक व्यक्ति का नियंत्रण खुद पर ही होगा। भौतिक सुविधाओं की थोड़ी सी मात्रा से सन्तोष की परम्परा संग्रहणशीलता से बिलकुल भिन्न है और वह उच्चतम सुख की ओर ले जाती है।

यह सिद्धान्त सरसरी तौर से आकर्षक हैं। स्वतंत्रता, समाता तथा भाई-चारे के सिद्धान्त, जिन्होंने फ्रांसीसी क्रान्ति द्वारा उनके प्रचार के बाद आधुनिक विश्व का ध्यान आकृष्ट कर लिया है, की प्राप्ति सर्वोदय-समाज मे सम्भव दिखाई देती है। इसके अलावा यह भारतीय परम्परा के भी अनुकूल है जिसने उच्चतम सुख पाने की राह के रूप में संग्रहणशीलता से भिन्न सदैव सन्तोष पर बल दिया है। किन्तु इसके तत्त्वों पर ध्यान से विचार करने पर ज्ञात होता है कि इस सिद्धान्त को स्वीकार करने से पहले तीन प्रश्नों के समाधान होना जरूरी है।

एक; यह मान्य है कि मानव-प्रकृति श्रेष्ठतम को प्राप्त करने में समर्थ है, किन्तु जब तक समुदाय का अधिकांश भाग इस श्रेष्ठता तक नहीं पहुँच जाएगा, जिसके लिए समय तथा शिक्षा की आवश्यकता होगी, तब तक सर्वोदय कैसे सफल होगा? क्या यह सिद्धान्त एक ऐसी शर्त सर्वोदय की ओर विकास करने में मानव जाति की उपयुक्तता, की अवधारणा नहीं करता है, जिसकी रचना अकेला सर्वोदय नहीं कर सकता?

दो; सारे विश्व में आधुकि प्रवृत्ति राज्य-हस्तक्षेप के क्षेत्र के विस्तार की ओर है। 'न्यूनतम शासन ही श्रेष्ठतम शासन है' के सिद्धान्त का समर्थन करते हुए क्या उपर्युक्त प्रवृत्ति के कारणों, आधुनिक जीवन की बढ़ती हुई जटिलता, जनसंख्या-वृद्धि, गरीबी और बेरोजगारी की बढ़ती चेतना, और व्यक्तियों तथा समूहों द्वारा अन्य व्यक्तियों का शोषण, की उपेक्षा सम्भव है?

अन्त में यह स्वीकार करते हुए कि सीमित जरूरतों तथा आर्थिक-समानता के साथ आत्मनिर्भर ग्राम-समुदाय एक वांछित आदर्श है; ऐसी परिस्थितियों में रहने वाली जनता के मनोविज्ञान पर, समृद्ध-समाजों की ओर से आने वाली परिवर्तन की हवाओं को विपरीत प्रभाव डालने से कैसे रोका जा सकेगा?

काल्पनिक आदर्श रहे हैं और रहेंगे और सर्वोदय भी काल्पनिक आदर्श है। यद्यपि एक काल्पनिक आदर्श, अप्राप्य हो सकता है फिर भी वह उपयोगी है क्योंकि वह वर्तमान दोषों की ओर ध्यान आकृष्ट करता है तथा उनको दूर करने के ऐसे उपाय सुझाता है जिन्हें आंशिक रूप से स्वीकार किया जा सकता है। सर्वोदय वर्तमान-समाज की अतियों की ओर हमारा ध्यान आकृष्ट करता है—धन-सम्पत्ति की पूजा, व्यक्ति के ऊपर राज्य की उच्चता प्रतिष्ठा, व्यक्ति तथा राष्ट्रों के बीच आर्थिक असमानताएँ और प्रजातंत्र का विखंडन। यदि सर्वोदय की योजना पूरे रूप में स्वीकृति के योग्य नहीं है तो भी यह कम-से-कम विवेकशील मस्तिष्कों को सामाजिक व राजनैतिक संगठन के मामलों में मध्य-मार्ग अपनाने की वांछनीयता की सलाह देता है। संग्रह की प्रवृत्ति को रोका जाना चाहिए, अधिक विकेन्द्रीकरण

को अपनाना चाहिए, आर्थिक विषमताओं को कम करना चाहिए और सरकार मं व्यक्ति की भागीदारी अधिक बढ़नी चाहिए। मध्य-मार्ग का सिद्धान्त सबसे अधिक सुरक्षित है, समाज में अव्यवस्था तभी नहीं होती है जब स्वतंत्रता और समानता का अभाव होता है, बल्कि तब भी होती है जब नागरिक इनका बहुत अधिक उपयोग करने लगते हैं। जार्ज इलियत के उपन्यास 'सिलास मार्नर' में 'दी रेनबो' का स्वामी सचाई को पूरी तरह तभी ग्रहण करता है जब, हजारों राजनैतिक वाद-विवाद सुनने के बाद वह अपना यह सूत्र बताता है—'सचाई तुम दोनों के मध्य में हैं। जैसा मैं हमेशा कहता हूँ तुम दोनों सही हो और तुम दोनों गलत हो'।

सर्वोदय, सजावाद और साम्यवाद के बीच अन्तर उपर्युक्त अनुच्छेदों में स्पष्ट कर दिया गया है। संक्षेप में, समाजवाद और साम्यवाद वर्ग-संघर्ष के सिद्धान्त पर आधारित है। साम्यवाद और जनतांत्रिक समाजवाद समान रूप में समाजवाद की प्राप्ति के लिए उच्चतम राजनैतिक सत्ता को अपने पास रखना चाहते हैं तथा केन्द्रीकृत राज्य को वांछित सामाजिक-आर्थिक परिवर्तन लाने के माध्यम के रूप में बनाए रखना चाहते हैं (यद्यपि साम्यवाद यह मानता है कि अन्त में राज्य का लोप हो जाएगा)। सर्वोदय सफलता के लिए राज्य सत्ता के स्थान पर जनशक्ति पर निर्भर है। यह आर्थिक एवं राजनैतिक विकेन्द्रीकरण पर बल देता है और सबसे अधिक, अपने सारे दर्शन को घृणा, वर्ग-युद्ध तथा संघर्ष के स्थान पर प्रेम, अहिंसा तथा सामाजिक-सामंजस्य पर आधारित करता है।

सन्दर्भ

1. हरिज, 13 जुलाई 1947
2. सोशलिज़्म, सर्वोदय एंड डेमोक्रेसी-जयप्रकाश नारायण की चुनी हुई रचनाएँ (सं. विमल प्रसाद), बम्बई, एशिया पब्लिशिंग हाउस, 1964 ई.। पृ. 132 और 134-36
3. जवाहरलाल नेहरू स्पीचेज, जिल्द-36, दिल्ली, प्रकाशन विभाग, भारत सरकार, 1958 ई.। पृ. 52-54
4. स्टडीज इन एशिय सोशलिज़्म—अशोक मेहता; बम्बई, भारतीय विद्याभवन,1959 ई.। पृ. 51
5. दी कॉल टू यंग इंडिया—लाजपतराय; मद्रास, एस. गणेशन एंड कं., 1920 ई.। पृ. 320-22
6. टूवर्डस् फ्रीडम—जवाहरलाल नेहरू कृत आत्मकथा (न्यूयार्क), जॉन डे कम्पनी, 1942 ई.। पृ. 139
7. मार्क्स, गांधी एंड सोशलिज़्म—राममनोहर लोहिया, हैदराबाद नवहिन्द, 1953 ई.। पृ. 320-22
8. उपर्युक्त।
9. आस्पेक्टस् ऑफ सोशल पालिसी-राममनोहर लोहिया; बम्बई, समाजवादी दल 1952 ई.। पृ. 80
10. क्रमांक सात देखिए। पृ. 320-89
11. क्रमांक दो देखिए।

12. क्रमांक दो, पृ. 108
13. क्रमांक दो, पृ. 100-18
14. उपर्युक्त।
15. क्रमांक दो, पृ. 113
16. क्रमांक सात देखिए, पृ. 320-49
17. क्रमांक तीन, जिल्द-2 पृ. 13-18
18. क्रमांक तीन, जिल्द-1 पृ. 140-43
19. लॉ, लिबर्टी एंड सोशल जस्टिस—पी.बी. गजेन्द्र गडकर (बम्बई), एशिया पब्लिशिंगा हाउस, 1965, पृ. 145-47
20. उपर्युक्त।
21. इंडियन कम्युस्टि पार्टी डाक्यूमेंट्स 1930-56, डेमोक्रेटिक रिसर्च सर्विस के शोध कार्यकर्त्ताओं द्वारा संकलित, वी. बी. कार्निक को प्रस्तावना सहित; बम्बई, दी डेमोक्रेटिक रिसर्च सर्विस, 1957 ई.। पृ. 5-20
22. न्यू एज, भारतीय कम्युनिस्ट पार्टी का राजनैतिक मासिक, जिल्द vii; पृ. 5-6
23. हरिजन, 1 अगस्त 1953
24. सोशलिज़्म एंड दी नेशनल रिवोल्युशन—आचार्य नरेन्द्रदेव; सं. यूसफ मेहराली; बम्बई, पद्मा पब्लिकेशंस 1946 ई.। पृ. 20-21
25. ए.आई.सी.सी.—इकोनैमिक रिव्यू; नई दिल्ली, 15 अगस्त 1958। पृ. 5-6
26. इरिजन, 16 अक्टूबर 1945
27. क्रमांक 25 देखिए। पृ. 3-6
28. हरिजन, 13 मार्च 137 ई.।
29. बंग इंडिया, 21 नवम्बर 1929 ई.।
30. सर्वोदय एंड कम्युनिज़्म—विनोबा भावे; तंजोर, सर्वोदय प्रचारालय, 1958 ई.। पृ. 37-38
31. राजाजीज स्पीचेज; बम्बई, भारतीय विद्याभवन, जिल्द एक। पृ. 192-93
32. सत्यमेव जयते—राजगोपालाचार्य के स्वराज्य तथा अन्य पत्रिकाओं में 156-61, ई. में प्रकाशित लेखों का संकलन: मद्रास, भारतन पब्लिकेशन, 1961 ई.। जिल्द-दो, पृ. 192-94
33. क्रमांक दो देखिए। पृ. 161
34. क्रमांक दो देखिए। पृ. 160
35. क्रमांक दो देखिए। पृ. 161
36. गांधीजीज कारस्पोंडेस विद दी गवर्नमेंट—1942-44, दूसरा संस्करण; अहमदाबाद, नवजीवन पब्लिशिंग हाउस, 1945 ई.। पृ. 173
37. सर्वोदय—महात्मा गांधी, सं. भारतन कुमारप्पा; अहमदाबाद, नवजीवन पब्लिशिंग हाउस, 1958, पृ. 190-91
38. उपर्युक्त।
39. देखिए टिप्पणी-दो, पृ. 188

9

धर्म, राजनीति और सामाजिक प्रगति

क्या राजनीति को धर्म से अलग किया जा सकता है?

प्रस्तुत सर्वेक्षण में हम पहले (अध्याय V, खंड 1 व 2 और अध्याय VI, खंड 3) देख चुके है कि धर्म राजनैतिक चिन्तन से किस प्रकार टकराता है, उदाहरण के लिए श्री अरविन्द (यह विश्वास कि प्रत्येक सदस्य दैवी-सारतत्व का अंश है, सम्बद्धता के भाव को मजबूत करता है जो राष्ट्रत्व के विचार के लिए बहुत जरूरी है) और जे. अहमद तथा एम.आर.टी. के विचारों में (समान धार्मिक विश्वास से व्युत्पन्न संस्कृति राष्ट्रीयता के भाव अथवा राष्ट्र के सम्बद्ध होने के भाव की वृद्धि में योगदान करती है)। धार्मिक-एकता के माध्यम से राष्ट्रीयता अधिक सुसम्बद्ध शक्ति हो जाती है। दूसरी ओर नेहरू यह सोचते थे कि भारत जैसे राज्य में, जहाँ सभी धर्मों, जातियों वर्गों और विचार वाले मनुष्यों के अधिकारों का आदर किया जाता है, धर्म-निरपेक्षता का समर्थन स्वत: सिद्ध बात है और जैसा कि राजगोपालाचारी (अध्याय VI, खंड-3) ने कहा था, धर्म, निरपेक्षता के समर्थक इस सिद्धान्त से इनकार करते हैं कि विभिन्न राष्ट्रों के विकास में विभिन्न धर्म प्रमुख रूप से प्रभावशाली थे। स्पष्ट रूप से, धर्म और राजनीति के सम्बन्धों पर, हमारे विचारकों ने जैसा इस पर विचार किया है, अधिक ध्यान देना आवश्यक है।

श्री अरविन्द ने 1907 ई. में लिखते हुए इस भारतीय परम्परा का उल्लेख किया है कि राजा का मुख्य कर्तव्य आध्यात्मिक बुद्धि वाले मनुष्यों हेतु धार्मिक उद्देश्यों के लिए कार्य करने की स्वतंत्रता को सुनिश्चित करना था। राजा देश की आध्यात्मिक सम्पदा का संरक्षक था। अरविन्द के अनुसार 'धर्म तथा राजनीति को परस्पर असम्बद्ध मानवीय क्रिया कलाप मानना और इस परम्परा की प्रमुखता अस्वीकार करना हँसी उत्पन्न करता है। भारत में हर उस वस्तु के पीछे धर्म की स्वीकृति जरूरी है जो जनता का ध्यान आकृष्ट करने का दावा करती है। धर्म राजनीति से जितना निकट सम्बन्ध रखता है, उतना अन्य किसी विषय से नहीं रखता।'[1] यदि धार्मिक मनुष्य के उद्देश्य आत्म-ज्ञान तथा आत्म-सिद्धि हैं और यदि आध्यात्मिक विकास देह की सुरक्षा पर

निर्भर है। तो यह स्पष्ट है कि राष्ट्र को अपनी प्रतिभा के अनुसार विकास करने के लिए विदेशी नियंत्रण से मुक्त रहना होगा। "जो अपनी देह पर दूसरों को अधिकार करने की अनुमति देते हैं वे अधिक समय तक अपनी आत्मा के स्वामी नहीं रह सकते।"[2]

गांधी जी की भी इसी तरह स्पष्ट राय है कि धर्म को राजनीति से अलग नहीं किया जा सकता। उनके विचार से जो यह कहते हैं कि धर्म का राजनीति से कोई सम्बन्ध नहीं है, वे धर्म का अर्थ नहीं जाते हैं। गांधी जी के अनुसार धर्म का अर्थ है : "मानव-प्रकृति का वह शाश्वत तत्त्व जो पूर्ण आत्माभिव्यक्ति पाने लिए लिए किसी चुकाए जाने वाले मूल्य को बहुत अधिक नहीं मानता है और जो आत्मा को पूरी तरह बेचैन बना देता है तब कि कि वह आत्म-ज्ञान को पाने, अपने सर्जक को पहचाने और अपे तथा सर्जक के बीच के सच्चे सम्बन्ध को जानने में सफल नहीं हो जाती है।"[3] हिन्दूत्व, इस्लाम और ईसाई धर्म अलग-अलग मार्ग हैं जो एक बिन्दु पर जाकर परस्पर मिल जाते हैं। जैसे पेड़ का तना तो एक होता है और शाखाएँ तथा पत्ते बहुत होते हैं, उसी तरह सच्चा एवं पूर्ण धर्म तो एक ही है किन्तु मनुष्य रूपी माध्यम से गुजर कर उसके अनेक रूप हो जाते हैं। मुसलमानों का 'अल्लाह' वही है जो ईसाईयों का 'गॉड' या हिन्दूओं का 'ईश्वर' है। इस 'गॉड' में सच्चे विश्वास का अर्थ मानव जाति के भ्रातत्व के विचार को स्वीकार करना है। इसका धर्म सब धर्मों के लिए समान आदर भी है। गांधी जी कहते हैं "लम्बे अध्ययन तथा अनुभव के बाद मैं इस निष्कर्ष पर पहुँचा हूँ कि (i) सब धर्म सच्चे हैं और (ii) सब धर्मों में दोष है।"[4] सब धर्मों में सत्य का प्रकाश है किन्तु सब धर्म अपूर्ण हैं और उनसे गलती हो सकती है। इसलिए सहिष्णुता की आवश्यकता है, जिसका अर्थ अपने विश्वास के प्रति उदासीनता नहीं है, बल्कि उसके लिए अधिक शुद्ध तथा बुद्धिमत्तापूर्ण प्रेम है। सहिष्णुता हमें आध्यात्मिक अन्तर्दृष्टि देती है जो मतान्धता से उतनी दूर है जितना उत्तरी ध्रुव से दक्षिणी ध्रुव। धर्म का सच्चा ज्ञान विभिन्न विश्वासों के बीच की बाधाओं को हटा देता है गांधी जी इस निष्कर्ष पर पहुँचते हैं कि वास्तव में जितने व्यक्ति हैं, उतने ही धर्म हैं और इसलिए धर्म अनिवार्यत: एक निजी विषय है। यदि वह इसे निजी स्तर तक की सीमित रखने में सफल हो जाते हैं तो हमारे राजनैतिक-जीवन से अनावश्यक संघर्ष दूर हो जाएँगे।

हमने पहले गांधीजी के इस कथन को पढ़ा है कि जो यह कहते हैं कि धर्म का राजनीति से कोई सम्बन्ध नहीं है, वे धर्म का अर्थ नहीं जानते हैं तब क्या गांधी जी स्वयं का ही खंडन नहीं करते हैं? यदि यह स्मरण रखा जाए कि गांधीजी 'धर्म' और धर्मों में अन्तर करते हैं तो वह बाहरी अन्तर्विरोध दूर हो जाता है। जब वे कहते हैं कि धर्म को राजनीति से अलग नहीं किया जा सकता जब उनका अर्थ होता है 'सच्चा धर्म' अर्थात् सब धर्मों में अन्तर्निहित सत्य। इस अर्थ में, उनकी स्पष्ट राय है कि हमारे सभी कामों में धर्म को व्याप्त होना चाहिए। वे कहते हैं : "धर्म का

अर्थ संकीर्णता नहीं है। इसका अर्थ विश्व का सुव्यवस्थित नैतिक शासन। यदि यह शासन अदृश्य है तो इससे यह कम सत्य नहीं हो जाता है। यह धर्म, हिन्दू-धर्म, इस्लाम, ईसाई धर्म आदि से बड़ा है। यह अन्य धर्मों को हटाता नहीं है, उनमें सामंजस्य करता है और उन्हें सचाई प्रदान करता है।"[5]

गांधी जी के राजनैतिक चिन्तन पर विचार के गम्भीर परिणाम होते हैं। एक, जैसा हमने अध्याय VI खंड एक में देखा है, वे साधन और उद्‌देश्यों को परस्पर परिवर्तनीय मानते हैं। जो नैतिक-आचरण व्यक्ति पर लागू होता है वही राज्य पर भी लागू होना चाहिए।

दो, मनुष्य की वफ़ादारी अपने देश तक ही सीमित नहीं होनी चाहिए, बल्कि उसका विस्तार सारी मानवता तक होना चाहिए। गांधी जी लिखते हैं "मेरे लिए मुक्ति का मार्ग अपने देश और मानवता की सेवा करनेक लिए निरन्तर परिश्रम करने में निहित है। मैं जीवन के सभी रूपों से स्वयं का तादात्म्य करना चाहता हूँ।"[6] उन्होंने एक बार मि. मोंटेग्यू से कहा था "जब तक मैं सारी मानव-जाति से अपा तादात्म्य नहीं कर लूँगा मैं एक धार्मिक जीवन नहीं बिता पाऊँगा और मैं यह तब तक नहीं कर सकता हूँ जब तक राजनीति में भाग नहीं लूँ। आज मनुष्य की सारी गतिविधियों का स्वर-सप्तक एक अविभाज्य समग्र इकाई है। आप सामाजिक, राजनैतिक, आर्थिक और शुद्ध धार्मिक कार्य को अलग-अलग बने खानों में नहीं बाँट सकते। मैं मानव क्रिया-कलाप से अलग किसी धर्म को नहीं जानता। धर्म अन्न गतिविधियों को नैतिक आधार प्रदान करता है, अन्यथा उसका उनमें अभाव रहेगा।"[7]

तीसरा, चूँकि सारे धर्म समान रूप से सच हैं और धर्म विशुद्ध रूप में नैतिक विषय है, इसलिए गांधी जी राजकीय धर्म की धारणा में विश्वास नहीं करते हैं। "चाहे सारे समुदाय का एक धर्म हो।"[8] गांधी जी धार्मिक संस्थाओं को सरकारी सहायता चाहे पूरी हो या आंशिक के विरुद्ध हैं। धार्मिक शिक्षा पूरी तरह धार्मिक-संघों की चिन्ता का विषय होना चाहिए। "जो समाज या समूह अपने धर्म के अस्तित्व के लिए पूरी तरह या या आंशिक रूप में राज्य की सहायता पर निर्भर करता है, वह किसी अच्छे धर्म के योग्य नहीं है, ज्यादा ठीक शब्दों में उसके पास कोई अच्छा धर्म हो ही नहीं सकता।"[9]

यह जानना दिलचस्पी है कि गांधी जी के मत, कि आप सामाजिक, आर्थिक, राजनैतिक और विशुद्ध धार्मिक कार्यों को अलग-अलग बने खानों में नहीं बाँट सकते, से प्रसिद्ध मुस्लिम विद्वान मोहम्मद इकबाल (1877-1938) भी सहमत हैं। इकबाल के अनुसार इस्लाम जीवन का एक सम्पूर्ण दर्शन है और राजनैतिक जीवन इसका एक अनिवार्य तथा अपरिहार्य भाग है। राजनीति की गहरी जड़ मनुष्य के आध्यात्मिक जीवन में है। धर्म से राजनीति का अलगाव मनुष्य का सबसे बड़ा दुर्भाग्य है और दोनों के बीच का अलगाव सभ्यता के सारे ऊपरी ढाँचे को नष्ट कर

रहा है। इकबाल का यह मत, कि इस्लाम में धर्म सारे कार्यों की प्रेरणा है, गांधी जी के मत के समान दिखाई देता है, किन्तु कुशाग्र बुद्धि वाले पाठकों ने यह निष्कर्ष निकाल ही लिया होगा कि एम.ए. जिन्ना, जे. अहमद और एम.आर.टी. ने इस मत से जो राजनैतिक निष्कर्श निकाले है, गांधी जी उनसे सहमत नहीं होंगे। जैसा इमने पहले देखा है, गांधी जी के लिए धर्म एक निजी विषय है और जितना अधिक यह निजी स्तर तक सीमित रहेगा उनता ही राज्य सरकार के लिए अच्छा होगा।

उदाहरण के लिए एम.आर.टी. ने इस विचार से, कि इस्लाम में धर्म जीवन के सारे कार्यों मे आगे बढ़ने वाली प्रेरणा है, जो राजनैतिक परिणाम निकाले हैं वे दूरगामी हैं—

एम.आर.टी. ने लिखा है (ईस्टर्न टाइम्स 12 अप्रैल 1940 ई. में) "मि. गांधी को यह जानना चाहिए कि राज्य तथा धर्म के प्रति कर्तव्य के मामले में द्वन्द्ध के समय मुसलमान सदैव इस्लाम के व्यापक हित को ध्यान में रखते हुए ही राष्ट्रवादी की भूमिका अपनाएगा। मुलसमान 'एक राष्ट्र' के ऐसे सिद्धान्त के साथ अपनी निष्ठा का स्थायी रूप से सामंजस्य नहीं बिठा सकता जहाँ उसे अपना अलग अस्तित्व विलीन करना पड़े और प्रभावकारी शक्ति के रूप में धर्म से या विश्व के अन्य भागों से मुसलमानों के साथ सम्पर्क को खोना पड़ा।"[10]

क्या एक राज्य, शत प्रतिशत मुसलमान जनसंख्या के साथ अथवा मुसलमानों के बहुमत या अलपमत के साथ, ऊपर बताएँ गये निष्कर्षों को स्वीकार करने के बाद एक स्थायी राज्य बना रह सकता है? राजनैतिक सिद्धान्त के लिए इस प्रश्न का उत्तर देना बहुत कठिन होगा।

साम्प्रदायिकता— अपने धर्म तथा राष्ट्र, जिसका वह नागरिक है, के प्रति एक मुसलमानों के कर्तव्यों के बीच सम्भावित द्वन्द्ध के सम्बन्ध में एम.आर.टी. की धारणा उन खतरों को दर्शाती है जो धर्म और राजननीति के सह सम्बन्धों से सम्प्रदायवाद के रूप में (जिसके विरुद्ध गांधी जी ने चेतावनी दी थी) उत्पन्न हो सकते हैं। सम्प्रदायवाद इस अर्थ धार्मिक नामकरण (हिन्दू, मुसलमान, सिक्ख) या जाति (ब्राह्मण, गैर ब्राह्मण) पर आधारित गुटों की राजनैतिक स्वीकृति है। ऐसी स्वीकृति का परिणाम साम्प्रदायिक दलों द्वारा चुनाव लड़ना, समुदायों की ओर से अलग चुनाव क्षेत्र तथा विधान सभाओं में स्थान और अपने सदस्यों के लिए प्रशासनिक पदों के कुछ प्रतिशत को आरक्षित करने की माँग हो सकता है। किन्तु, जैसा कि मोहम्मद इकबाल ने 1930 ई. में कहा था, तरह तरह की साम्प्रदायिकता है। यह सिद्धान्त सार्वभौमिक रूप से स्वीकार कर लिया गया है कि धार्मिक नामकरण या जाति पर आधारित प्रत्येक समूह अपने मार्ग पर स्वतंत्र विकास करने का अधिकारी है। सबके द्वारा यह भी स्वीकृत है कि किसी एक समुदाय को एक दूसरे समुदायों के प्रति दुर्भाव फैलाने का अधिकार नहीं है। मतभेद वास्त में तब उत्पन्न होते हैं

जब आप यह विचार करते हैं कि एक समुदाय के 'स्वतंत्र-विकास' का ठीक-ठीक अर्थ क्या है और क्या नहीं है।

अप्रैल 1948 ई. में जवाहरलाल नेहरू द्वारा समर्थित और संविधान-सभा द्वारा स्वीकृत प्रस्ताव इस बात का एक उदाहरण है—

"जब कि प्रजातंत्र की समुचित कार्यशीलता और राष्ट्रीय एकता तथा एक जुटता के विकास के लिए यह अनिवार्य है कि भारतीय जीवन में सांप्रदायिकता का उन्मूलन कर दिया जाना चाहिए, इस सभा का यह विचार है कि किसी भी साम्प्रदायिक संगठन को (जो अपने संविधान या अपने अधिकारियों अथवा घटकों में निहित विवेकाधिकार के प्रयोग द्वारा धर्म, जाति, वर्ग अथवा सदस्यता से बाहर रखता है) अपने समुदाय की वास्तविक धार्मिक, सांस्कृतिक, सामाजिक और शैक्षणिक जरूरतों के लिए अनिवार्य गतिविधियों के अलावा अन्य गतिविधियों में भाग लेने की अनुमति नहीं होनी चाहिए और ऐसी गतिविधियों को रोकने के लिए जरूरी सभी कदम, कानूनी एवं प्रशासनिक, उठाए जाने चाहिए।"[11]

प्रस्ताव का समर्थन करते हुए नेहरू ने कहा कि धर्म और राजनीति का संयोजन, जो संकीर्णतम अर्थों में साम्प्रदायिक राजनीति में बदल जाता है, एक बेहद खतरनाक संयोजन है। यह समग्र रूप में देश के लिए भी बेहद खतरनाक है और शायद उस अल्पमत के लिए भी बेहद खतरनाक है जो कि उकनके लिए इससे कुछ लाभ पाना चाहता है क्योंकि यह उनके तथा अन्यों के बीच रूकावट खड़ी कर देता है। इस दशा में वह (अल्पमत) उस प्रभाव का वास्तव मे कभी उपयोग नहीं कर पाता जिसका वैध रूप में, यदि बीच में कोई बाधाएँ न हों तो, उसे प्रयोग करना चाहिए।

दूसरे मत के प्रतिनिधि सी. राजगोपालाचारी हैं। 1961 ई. में 'स्वराज्य', में एक चिन्तन-प्रधान लेख में उन्होंने तर्क दिया कि साम्प्रदायिकता, जिस पर किसी को भी सही रूप में आपत्ति होनी चाहिए, जाति या धार्मिक नामकरण पर आधारित संकीर्ण-मनोवृत्ति का एक रूप है जो अन्याय, क्रूरता, और भाई-भतीजावाद को जन्म देता है। किन्तु यदि कोई धार्मिक अल्पमत, जो वास्तविक या अनुमानिक शिकायतों के कारण पीड़ित है, आत्म-रक्षा और प्रगति के लिए अपने को संगठित करता है तो क्या यह अपराध होगा? राजगोपालाचारी तर्क देते हैं कि प्रजातंत्र में संघ बनाने तथा राजनैतिक कार्य करने की स्वतंत्रता से किसी को वंचित नहीं किया जा सकता। उनकी राय में साम्प्रदायिक दलों पर प्रतिबन्ध लगाना अप्रजातांत्रिक होगा।

धर्म और सामाजिक प्रगति

गांधी जी जैसे विचार अपनाते हुए,—कि विभिन्न धर्म वे खिड़कियाँ है जिनसे मनुष्य की आत्मा में भगवान का प्रकाश आता है, और विभिन्न धर्मों के अनुयायी

आध्यात्मिक जीवन के लक्ष्यों को पाने के लिए विभिन्न मार्गों पर चलते हुए एक ही आध्यात्मिक खोज में भागीदार है, राधाकृष्णन ने 1954 ई. में कहा है कि भगवान के प्रति प्रेम तथा पड़ोसी से प्रेम सच्ची धार्मिक आत्मा के दो-भीतरी एवं बाहरी पक्ष हैं। यदि हम वास्तव में धार्मिक हैं तो हमें विश्व की भलाई के लिए अवश्य काम करना चाहिए। यह हमारा धार्मिक कर्तव्य है, उदाहरण के लिए परमाणु युग में युद्ध को रोकने के लिए हमें हर सम्भव उपाय करने चाहिए क्योंकि हम यह जानते हैं कि इस युग में युद्ध भयानक होगा।

यदि हमारे युग की समस्याओं से धर्मों के सन्देश को जोड़ना है तो हमें यह विचार छोड़ देना चाहिए कि किसी धर्म में पूर्ण, अन्तिम और समग्र सत्य हैं तथा पूर्वी दृष्टिकोण स्वीकार कर लेना चाहिए कि धार्मिक-विश्वास ऐतिहासिक प्रतिरूपों में प्राप्त होते हैं और किसी एक विश्वास को सबके लिए एकमात्र सत्य नहीं मानना चाहिए। "हमें सत्य के शत्रुओं, मान्यताओं तथा जड़ विचार वाले मनुष्यों से सावधान रहना चाहिए।"[12]

'दी रिलीजन वी नीड' 1963 ग्रंथ में राधाकृष्णन अपने भाषा एवं लेखों की प्रिय-वस्तु की ओर वापस आते हैं कि धर्म सिर्फ व्यक्ति की तरल मानसिक-स्थिति नहीं हैं, बल्कि मनुष्यों के बीच दैवी नियम का क्रियात्मक रूप है। धार्मिक आत्मा को स्वर्ग में ही नहीं, धरती पर भी दैवी पूर्णता की खोज करनी चाहिए। जाति तथा राष्ट्रीयता के भेद भाव के बिना सब मनुष्यों का भ्रातृत्व ही आदर्श लक्ष्य है। इतिहास उन स्थितियों की व्याख्या करता है जिनके कारण, संयोग एवं वातावरण के सहयोग से मानवता उस असंख्य जातियों में विभाजित हो गई जिनमें से हरेक की अपनी अलगभाषा, अलग जातीय व्यक्तिव और अलग भौतिक विशेषताएँ है। भिन्न-भिन्न जातियों तथा राष्ट्रों कें घृणा के बीज बोना और उन्हें "भ्रातृघातक संघर्ष में एक दूसरे का गला काटने के लिए"[13] उकसाना अधार्मिक होगा। घृणा और अन्याय पर आधारित सभ्यता दीर्घजीवी नहीं हो सकती। भगवा में विश्वास रखने वाले को अपने पड़ोसी से उतना ही प्रेम करना चाहिए जितना वह स्वयं से करता है, आत्म-त्याग और मुक्तिदायक सेवा के द्वारा उनकी भलाई के लिए वैसे ही प्रयत्न करने चाहिए जैसे अपनी भलाई के लिए करता हैं। संक्षेप में राधाकृष्णन की राय में धर्म को, सच्चे धार्मिक मनुष्यों के आत्म-त्याग पूर्ण प्रयत्नों के माध्यम से सामाजिक प्रगति तथा सार्वभौम भ्रातृत्व की भावना को बढ़ाने वाला शक्तिशाली उत्प्रेरक होना चाहिए।

सन्दर्भ

1. श्री अरविन्द एंड दि न्यू थॉट इन इंडियन पॉलिटिक्स-हरिदास मुखर्जी तथा उमा मुखर्जी (कलकत्ता : फिर्मा के.एल. मुखोपाध्याय, 1964), पृ. 128-130
2. वही।

3. यंग इंडिया, 12 मई, 1920
4. साबरमती 1928 पृ. 17-19 सलेक्शन फ्राम गांधी में उद्धृत द्वारा निर्मलकुमार बोस (अहमदाबाद : नवजीवन पब्लिशिंग हाउस, 1948), पृ. 226-27
5. हरिजन, 10 फरवरी, 1940
6. गांधी, हिज़ ऑन स्टोरी द्वारा सी.एफ. एंड्रूज (लन्दन : एलिन एंड अनबिन 1930), पृ. 338
7. हरिजन, 24 दिसम्बर, 1938
8. हरिजन, 16 मार्च, 1947
9. हरिजन, 23 मार्च, 1947
10. इंडियाज़ प्राब्लम ऑफ़ हर फ्यूचर कान्सटीट्शन, ए कनेक्शन ऑफ़ एस्सेज़ द्वारा विभिन्न लेखकों (बम्वब : एम.एच. सईद, मालबार हिल्स), पृ. 51-56
11. जवाहरलाल नेहरूज़ स्पीचेज ज़िल्द प्रथम, सितम्बर, 1946 से मई 1949, द्वितीय संस्करण (दिल्ली : दि पब्लिकेशंस डिवीजन, भारत सरकार, 1958), पृ. 73-78
12. ऑकेजनल स्पीचेज एंड राइटिगज (1952-56) द्वारा एस. राधाकृष्णन् (दिल्ली, पब्लिकेशंस डिवीजन, भारत सरकार, 1956), पृ. 282-86
13. दि रिलीज बी नीड, द्वारा एस. राधाकृष्णन्, द्वितीय संस्करण (वाराणसी : बनारस हिन्दू विश्वविद्यालय, प्रेस 1963), पृ. 23-25

10

अन्तरराष्ट्रीयतावाद और सार्विकतावाद

राष्ट्रवाद और अन्तरराष्ट्रीयतावाद

हमारे देश के विचारकों ने राष्ट्रवाद के सम्बन्ध में अपने विचार, समय-समय पर अपने भाषणों तथा लेखों के माध्यम से व्यक्त किए हैं। इनमें व्यक्त विचारों का सुचारू रूप से अध्ययन करने पर पता चलता है कि कुछ समय से राष्ट्रवाद के गुण-दोषों के बारे में जो सामान्य बातें कही जाती हैं, उनमें अधिक कोई नया प्रकाश इनके विचारों से इस विषय पर नहीं पड़ता; तथापि हमारे विचारकों द्वारा अन्तरराष्ट्रीयवाद और सार्विकतावाद के सन्दर्भ में व्यक्त किए गए विचारों के मूल्यांकन हेतु, प्रस्तावना के रूप में इनका संक्षेप में उल्लेख करना आवश्यक है।

पश्चिम में सोलहवीं शताब्दी से 1914-18 के विश्वयुद्ध तक राष्ट्रवाद का जो स्वरूप विकसित हुआ, टैगोर उसके सुपरिचित एवं प्रबल आलोचक रहे हैं। उन्होंने अपनने एक निबन्ध 'पश्चिम में राष्ट्रवाद' (1917) में कहा है कि जनगण के राजनीतिक एवं आर्थिक संघ के अर्थ में राष्ट्र का तात्पर्य एक ऐसी जनसंख्या से है जो एक यांत्रिक उद्देश्य के लिए समूहबद्ध रहती हैं यानी जिसमें मानवीय ऊर्जा के उपयोग को न्यूनतम करते हुए मशीनों के उपयोग से उत्पादन को बढ़ाना, उद्देश्य होता है। आत्मरक्षण के लिए राजनीतिक सत्ता जरूरी है, किन्तु राष्ट्र सम्बधी विचार, विज्ञान और संगठनों के प्रतिमान के विकास से यह सत्ता राष्ट्र की सम्पदा को बढ़ाने से उपयोग की जा सकती है। इस वजह से यह दृष्टि अपने पड़ोसी समाजों की आर्थिक समृद्धि को ललचायी निगाह से देखती है और पारस्परिक ईर्ष्या को जन्म देती है तथा आपसी समृद्धि के डर के फलस्वरूप सत्ता-दप की आकांक्षिणी बन जाती है। 'ऐसा समय आता है जबकि यह जल्दी नहीं रूकती, प्रतिस्पर्द्धा और बढ़ जाती है, संगठन बढ़ते जाते हैं और स्वार्थ का स्थान सर्वोच्च हो जाता है। भय और लालच का यह संयोग समाज में व्यापक रूप से फैलने लगता है और अन्ततः इसकी संचालक शक्ति बन जाता है।'[1] संक्षेप में, टैगोर ने राष्ट्र के विचार को बहुत बड़ी बुराई माना है; उनके विचार से जनगण का संगठित निजी-हित 'मानवता और आध्यात्मिक दृष्टि से सर्वाधिक कमज़ोर होता

है।'[2] राष्ट्र के अभ्युदय से एक उच्च स्तर की जटिल सत्ता-संरचना कायम हो जाती है और इसके सदस्यों में दूसरों पर प्रभुत्व स्थापित करने की भावना, प्रेरक शक्ति के रूप में रहती है, जिसकी वजह से संघर्ष करने तथा उन पर विजय प्राप्त करने की इच्छा बलवती हो उठती है। उनमें शेष विश्व की उदासीनता या कमजोरियों से लाभ उठाने की इच्छा जाग्रत हो जाती है। टैगोर ने चेतावनी के स्वर में कहा कि "लेकिन स्वार्थ-भावना के दैवीकरण से, राष्ट्र के विचार से उत्पन्न घृणा और लालच, भय और पाखंड, सन्देह और अत्याचार, का स्वयमेव अन्त कभी नहीं हो सकता। ये दानवी वृत्तियाँ विराट काव्य तो हो सकती हैं, पर इनसे कभी सामंजस्य नहीं हो सकता। यह राष्ट्र-भावना अकल्पनीय रूप में स्थूल हो सकता है। इसकी स्थूलता जीवित मानव-शरीर के रूप में न होकर इस्पात और भाप तथा कार्यालय-भवनों के रूप में होती है। इसकी वृद्धि उस समय तक हो सकती है जब तक कि इसका रूप स्थूलता के रूप में विकृत होकर जर्जरित न हो जाए, आग बौर विषैली गैसों के बीच दम घुट-घुटकर न मर जाए और तोपों की गर्जना उसे मृत्यु शय्या पर न सुला दे। इस युद्ध में,* एक तरह से यह मृत्यु-यातना शुरू हो चुकी है।"[3]

सी.आर. दास (1870-1925) टैगोर की तुलना में कम निराशावादी हैं। बंगाल प्रान्तीय कांग्रेस (1917) के अध्यक्षीय भाषण में उन्होंने भी इस बात को माना कि राष्ट्रों की स्वार्थपरता संघर्ष को जन्म देती है लेकिन यह प्रश्न भी किया कि क्या हमें राष्ट्रों के पारस्परिक युद्धरत होने के भय से राष्ट्रीयता को समाप्त कर देना चाहिए? उन्होंने इस तर्क के आधार पर आगे यह सवाल भी किया कि व्यक्तियों के बीच चलने वाले शाश्वत कलह और लड़ाई-झगड़े को देखते हुए क्या हमें अपना व्यक्तिगत अस्तित्व खत्म कर लेना चाहिए? ऐसे तर्क मूर्खतापूर्ण हैं। मनुष्य अपनी विकास-यात्रा मे मतभेदों और संघर्षों के बावजूद मानवता का विकास करेगा और सौहार्द एवं सामंजस्य के रास्ते का पता लगाएगा। राष्ट्रों के प्रकरण में भी सचाई का रूप यही है।'[4] आज के शताधिक संघर्षों के भीतर से ही संसार के राष्ट्र 'मानवता के परिसंघ' जैसी मंजिल की ओर आगे बढ़ेंगे। आज कुछ धुँधलेपन के बावजूद 'मानवता का परिसंघ' विश्व में स्थापित हो जाता है, तो यह इसलिए सम्भव हो पाएगा क्योंकि पृथ्वी के विभिन्न राष्ट्र अपनी विशिष्टताओं से सम्बन्धित चेतना तथा दूसरों के प्रति सहिष्णुता की भावना का विकास कर चुके होंगे।

वस्तुतः दास, संसार की एकता स्थापित करने पर जोर देते हैं। यह जरूरी है कि प्रत्येक राष्ट्रीयता अपनी परम्परा के अनुसार आगे बढ़े और आत्माभिव्यक्ति तथा आत्मसिद्धि के सन्तोष को प्राप्त करे। सच्चे राष्ट्रवाद को यूरोप के इस राष्ट्रवाद से मिलाकर भ्रान्ति का शिकार नहीं होना चाहिए, जिसमें 'राष्ट्रवाद की आक्रामकता, स्वार्थपरता और लाभ-हानि की व्यावसायिक मनोवृत्ति अन्तर्निहित है।[3] उन्होंने आगे

* 1914-18

कहा कि 'मैं दृढ़तापूर्वक कहना चाहता हूँ कि प्रत्येक राष्ट्रीयता महान एकता की एक खास-भावना का निर्माण करती है, लेकिन कोई भी राष्ट्र उस समय तक इसे पूर्णता प्रदान नहीं कर सकता जब तक कि इसका सम्बन्ध मानवता से स्थापित न हो। अतः राष्ट्रवाद की सारी समस्या उस भावना तक पहुँचने तथा उस निर्यात से मुखातिब होने की है।'[6]

महात्मा गांधी ने अपने एक लेख 'राष्ट्रवाद बनाम अन्तरराष्ट्रीयवाद' (1925) में इस विचार से सहमति जताई है। उनका कहना है कि यह असम्भव है कि कोई राष्ट्रवादी हुए और बगैर अन्तरराष्ट्रीयतावादी हो जाए। अन्तरराष्ट्रीयतावाद केवल तभी सम्भव है जबकि राष्ट्रवाद एक वास्तविकता बन जाए अर्थात् जब विभिन्न देशों के जनगण स्वयं को संगठित कर लें और वे एक आदमी की तरह काम करने में सक्षम हों। जिसमें दूसरों की कीमत पर और दूसरों के जीवन को नष्ट-भ्रष्ट करके केवल अपने लाभ और उत्थान की भावना निहित होती है, वह राष्ट्रवाद न होकर बहुत बड़ा अभिशाप है, यह संकीर्णता है, अनन्यता की यह भावना आधुनिक राष्ट्रों की बर्बादी का कारण है। दूसरी ओर, सच्चा राष्ट्रवाद मानवता की सेवा तथा हित के लिए स्वयं को संगठित करता है तथा सम्पूर्ण आत्माभिव्यक्ति को प्राप्त करता है।

उपर्युक्त विवेचन में ए. मौदूदी ने अपने निबन्ध 'राष्ट्रवाद और भारत' (1948) के जरिये एक महत्त्वपूर्ण बात जोड़ी है : एक सीमा से आगे जब किसी राष्ट्र के सदस्यों में 'मेरा देश चाहे, चाहे गलत है या सही है,' यह भावना घर कर जाती है तो बात मानव-सभ्यता के लिए अभिशाप बन जाती है।

क्या युद्ध का अन्त सम्भव है?

श्री अरविन्द ने अपने एक निबन्ध 'युद्ध का अन्त' (1916-20) में लिखा है कि युद्ध जैसी परिघटना की समाप्ति तभी सम्भव है जबकि मनुष्य में अपने सहचरों के प्रति एकता की भावना का विकास हो जाए तथा वह सार्वभौम मूल्यों की महत्तर चेतना में रहना सीख ले। एक ऐसा भी समय था जब कि मनुष्य को यह भ्रम था कि वाणिज्य के विस्तार से युद्ध का विस्तार होगा क्योंकि यह माना जाता था सुवर्ण के प्रति बढ़ती लालसा और आराम से रहने की आदत तथा उत्पादन-वृद्धि से बढ़ती आवश्यकताएँ और पेचीदगियों से भरा आदान-प्रदान वाणिज्यवाद को जन्म देगा तथा सत्ता, प्रभुत्व, यश और शुद्ध की कामना को ला खड़ा करेगा। वाणिज्यवाद की इस प्रभुता, उत्पादन और आदान-प्रदान की वृद्धि, उपभोग-वस्तुओं और बाज़ार की इस आकांक्षा और अनावश्यक जरूरतों के भीषण बोझ ने युद्धों को जन्म दिया किन्तु ये मानव-जाति की उत्पीड़ित करने वाले सभी युद्धों का कारण न होकर आधे युद्धों का कारण थे, अतः यह तथ्य भ्रामक सिद्ध हुआ।

एक अन्य भ्रम यह था कि लोकतंत्र के विकास से शान्ति-प्रयासों की वृद्धि होगी और इससे युद्ध का अन्त हो जाएगा, क्योंकि यह मान लिया गया था कि युद्ध का

कारण राजतंत्र तथा अभिजाततंत्र रहा है; 'लालची राजा और जागीरदार, सामन्त ये सभी जमीन के भूखे है, इसी वजह से वे युद्ध के भी भूखे हैं। ये कूटनीतिज्ञ आदमी के जीवन और राष्ट्रों के भाग्य से शतरंज की तरह खेल रहे हैं। ये लोग युद्ध के अपराधी हैं जो दुर्भाग्य में फँसी जनता को भेड़ों की तरह युद्ध-भूमि की ओर धकेल देते हैं।'[8] एथेन्स जैसे पुरातन प्रजातंत्रों के इतिहासों का ज्ञान ऐसे भ्रमों को दूर कर सकता था; किन्तु मनुष्य ने कदाचित ही इतिहास से कुछ सीखा है।

तीसरा भ्रम यह था कि 1907 में हेग कॉन्फ्रेंस में स्थापित 'कोर्ट्स ऑफ़ आर्विट्रेशन' (पंच न्यायालय) और 'कंसर्ट ऑफ़ यूरोप' (यूरोप का मुख्य राष्ट्र संघ जो 1815 के बाद से कार्य करता रहा है) युद्ध को रोक देंगे। यह विडम्बना ही है कि इनकी स्थापना के तुरन्त बाद घटनाओं ने ऐसा मोड़ लिया कि युद्धों की एक शृंखला ही आरम्भ हो गई। जिनकी शुरुआत करने के लिए यूरोप की त्रासद युद्ध-मनोवृत्ति व आततायी सम्राट (रूस का जार) की लोभ व आक्रामक प्रवृत्ति जिम्मेदार थी।

ऐसे भ्रमों की व्यवस्था मात्र एक इस कारक के आधार पर की जा सकती है कि जिन लोगों को ऐसे भ्रम हैं वे मानव-प्रकृति से अनभिज्ञ है। अरविन्द का अपना निष्कर्ष यही है कि जब तक युद्ध मनोवैज्ञानिक रूप से असम्भव नहीं हो जाते तब तक ये रहेंगे और यदि कुछ समय के लिए समाप्त हो जाएँगे तो वापस आरम्भ ही जाएँगे। युद्धों की समाप्ति तभी सम्भव हो सकेगी, जबकि मनुष्य, दूसरे मनुष्यों के प्रति मात्र भाईचारे के व्यवाहर से ही सन्तुष्ट नहीं होगा बल्कि उसे अपना ही अभिन्न अंग मानेगा तथा जब वह सार्विक मूल्यों की वृहत्तर चेतना से निर्मित संसार में रहना सीख लेगा।

नेहरू के कोलम्बया विश्वविद्यालय (17 अक्टूबर, 1949) में एक भाषण में युद्ध के मूल कारणों पर प्रकाश डालते हुए निष्कर्ष निकाला, जो कि आम-तौर पर स्वीकार्य था, कि युद्ध के तीन मूल कारणों को समाप्त कर देने पर ही युद्ध समाप्त हो सकता है। ये कारण है—साम्राज्यवाद के परिणामस्वरूप राजनीतिक पराधीनता, नस्लीय एवं आर्थिक विषमता तथा दरिद्रता। "यदि हमारे पास इनका कोई उपचार नहीं है तो दूसरे संकट तथा नारे जनता के मानस को प्रभावित करते हैं।"[9]

युद्ध के विषय में विनोबा भावे द्वारा अभिव्यक्त विचार बहुत विस्मयकारी है, जिनके सामाजिक सिद्धान्त के प्रति उल्लेखनीय अवदान को हम अपने सर्वेक्षण के क्रम में बता चुके है। उन्होंने कहा है कि "मैं विश्व युद्धों से नहीं डरता। मुझे इनकी तुलना में छोटे युद्धों और झगड़े-फ़सादों से डर लगता है।"[10] उन्होंने इसके अभिप्राय की व्याख्या इस तरह से की है; विश्वयुद्ध के परिणामों को देखते हुए वह अहिंसा के बहुत समीप आ जाता है क्योंकि जब विश्व युद्ध लड़े जाते हैं तो आदमी उससे हुए भीषण विनाश के बारे में सोचकर उत्तेजित होता है और युद्ध-समाप्ति के साधनों और तरीकों के बारे में सोचने लगता है। विश्वयुद्धों से मनुष्य का मस्तिष्क संकीर्णताओं से मुक्त हो जाता है और निश्चित दायरों में सोचना छोड़कर सम्पूर्ण मानवता के हित

में सोचने लगता है। 'यह अहिंसा की ओर बढ़ा हुआ एक बड़ा कदम होता है।"[11] परन्तु छोटे युद्धों के सन्दर्भ में यह सच नहीं है। उनके परिणाम 'अहिंसा' तक ले लाने वाले नहीं होते वरन् उसमें भिन्न होते है; 'अहिंसा' को और दूर खिसकाया जाना जारी रहता है। जो हिंसा में विश्वास करते हैं, वे इस बात से अपरिचित नहीं है। अतः उनकी कोशिश, जहाँ तक सम्भव हो, बड़े युद्धों को रोकने की होती है और छोटे युद्धों को चालू रखने की होती है।"[12] 1945 में द्वितीय विश्व युद्ध की समाप्ति से बाद के अन्तरराष्ट्रीय तनावों का इतिहास भावे की धारणा को पुष्ट करता है।

महात्मा गांधी ने राज्यों के पारस्परिक सम्बन्धों में अहिंसा की वकालत की थी, जिसका उल्लेख हम इस सर्वेक्षण में पहले कर चुके हैं। जिसके विस्तृत विवेचन की यहाँ आवश्यकता नहीं है।

शान्ति की आधारशिला

नेहरू के विचार में शान्ति के दो समान्तर रास्ते हैं : एक में संघर्ष के राजनीतिक, सामाजिक और आर्थिक कारण आते हैं, जिनका पहले उल्लेख किया जा चुका है, दूसरा रास्ता आसन्न संघर्ष (युद्ध) को अहिंसक तरीके से समाप्त करने का है, जिससे संघर्ष उत्पनन अन्तरराष्ट्रीय तनावों में कमी सम्भव हो सके। भले ही, स्वयं संघर्ष समाप्त न हो सका हो।

उपनिवेशवाद और नस्लवाद का अन्त, अल्पविकसित देशों मे जनता के जीवन-स्तर का उन्नयन तथा यथा सम्भव व्यापक क्षेत्रों में शान्ति की मानसिकता का विस्तार ऐसे उपाय है, जो संघर्ष के कारणों की समाप्ति में सहायक होंगे। निरस्त्रीकरण तथा एक-दूसरे की सम्प्रभुता, स्वाधीनता एवं अखंडता की स्वीकृति या एक-दूसरे या दूसरे देशों के घरेलू कामों में अहस्तक्षेप तथा शान्तिपूर्ण सह-अस्तित्व की परिस्थितियों एवं व्यवहार से शान्ति की मनोदशा को प्रोत्साहित करने में मदद मिलेगी।'[13] युद्ध मनुष्य के मस्तिष्क से उत्पन्न होते हैं और शान्ति की मानसिकता को प्रोत्साहन से शान्ति का वातावरण निर्मित करने में सहायता मिलेगी।

नेहरू जानते थे कि यह एक लम्बी प्रक्रिया है। नेहरू के विचार में संघर्षों की समाप्ति घृणा और प्रतिशोध से न होकर मित्रता से ही सम्भव है, इसका तरीका शान्तिपूर्ण ही होना चाहिए। नेहरू के शब्दों में :

समस्याएँ चाहे कठिन हों या सरल, इनके प्रति हमारे दृष्टिकोण में अन्तर होगा। और आप जानते हैं कि यदि इसके दृष्टिकोण में क्रोध, घृणा तथा हिंसा की भावना का रास्ता अपनाया गया तो समस्याएँ और ज्यादा जटिल हो जाएँगी तथा समाधान की सम्भावना कम हो जाएगी।

अतः भारतीय दृष्टिकोण यह है कि जिसे हम सही समझें, उसे दृढ़ता और निर्भीकता से स्वीकार करें और अपने विरोधियों के सम्बन्ध में ऐसी कोई बात नहीं

कहें कि स्थिति पहले से और ज्यादा बिगड़ जाए, भले ही इसे आप अन्यमनस्क भाव से या गलत रूप से स्वीकार करें। दरअसल, यह सब इस बात का परिणाम है कि पहले तो हम अपने क्रिया-कलापों तथा शब्दों को नियंत्रित करते हैं। और कभी-कभी तो यहाँ तक होता है कि हम अपनी चेतना को भी एक सीमा तक, शीतयुद्ध की धारणा की आशंका से स्वयं को कमज़ोर तक बना लेते हैं। 'यह कहा जा सकता है कि यह विश्व की समस्याओं के समाधान का आदर्शवादी रास्ता है... इसके बावजूद आज के विश्व की परिस्थितियों में यह एक आदर्शवादी रास्ता ही नहीं है बल्कि मैं इसे ही एकमात्र व्यावहारिक रास्ता मानता हूँ और व्यावहारिक दृष्टिकोण से इस पर बल देता हूँ। और यही वजह है कि दूसरे देशों के नेतागण, जो हमारे इस दर्शन को व्यावहारिक तौर पर स्वीकार नहीं करते हैं भी इसी राह पर या इसके इर्द-गिर्द चलने वाले और काम करने वालों की तरह ही दिखाई पड़ रहे है।'

नेहरू का रास्ता इस सम्भावना को मानकर चलता है कि ताकत के प्रदर्शन से शान्ति का वातावरण नहीं बन सकता; इसके विपरीत, ताकत की रचना से शान्ति के संसार में विचलन होता है, शान्ति के लिए ताकत धमकी की तरह है क्योंकि ताकत की रचना की स्थिति में प्रत्येक दल अपनी अपनी ताकत में वृद्धि करने का प्रयास करता है और इससे शक्ति प्राप्त करने की होड़ जन्म लेती है। परमाणु-युग में ये कदम आत्मघाती हैं। सैन्य सन्धियों में हिस्सेदारी तथा विदेशी भूमि पर सैनिक अड्डों की स्थापना से लड़ाई को बल मिलता है तथा युद्ध की सम्भावना बढ़ती है। आज शक्ति-सन्तुलन के पारस्परिक तरीके कारगर नहीं हो सकते, भले ही पूर्व-परमाणु युग में से शान्ति करने में सफल हुए हो या असफल रहे हों शान्ति कायम करने का यथार्थ वादी एवं समकालीन तरीकों बातचीत की सम्भावनाओं तथा संघर्षों के शान्तिपूर्ण समाधान के दूसरे साधनों और राज्यों के बीच सक्रिय एवं शान्तिपूर्ण सहकार को प्रोत्साहित कर उनका मंथन करना है। सम्भवत: यह तरीका पहले की तुलना में आज अधिक कारगर भी है और जरूरी भी। इस तरह के तरीके से शान्ति की कोई गारंटी तो नहीं है किन्तु जब तक दूसरा कोई उपाय नहीं तब तक इसे आजमाया जा सकता है। हिंसक तरीकों की दृढ़तापूर्वक उपेक्षा शान्तिकारी उपायों की पद्धति का सारतत्त्व है। हिंसा से समस्याओं के समाधान की बजाय और समस्याएँ उलझती ही है। वस्तुतः शान्ति-प्रयास किसी भी हालत में विध्वंसकारी हीं हो सकते। इसलिए आपसी विचार-विमर्श, समझौता-वार्ताएँ, सहकार आदि मतभेदों को सुलझाने के एकमात्र तरीके हैं।

राजगोपालाचारी ने शान्ति-स्थापना के पाँच विचारपूर्ण सुझाव अपनी एक लेख-श्रृंखला (1959-1962) में दिए हैं। भारत में राजनीतिक चिन्तन के इतिहास में ये उल्लेखनीय हैं।

(i) आज के समस्त प्रभुता सम्पन राज्यों का केन्द्रीय उद्वेग यही हैं कि उनका देश हर दिशा और हर क्षण पूर्णतः सुरक्षित हो, इस कारण हर देश पूर्ण

सुरक्षा की खोज में लगा रहता है, जो जितनी निरर्थक है उतनी ही गलत भी। पूर्ण सुरक्षा प्राप्त करने की यही खोज अन्ततः शक्ति की खोज में परिवर्तित हो जाती है, जिसे प्राप्त करते हुए हरेक प्रभुता सम्पन्न राज्य दूसरे राष्ट्र से सुरक्षा की आशा करता है और यह दूसरे राष्ट्र के विरुद्ध एकल या संयुक्त रूप में होता हैं। शक्ति की ऐसी खोज, उदान्त अथवा प्राप्त किये जो वाले आदर्श के रूप में अस्वीकार्य है। इसके विपरीत, व्यक्ति और राष्ट्र को शान्त एवं निर्विकार रहना सीखना चाहिए तथा दूसरों में भय उत्पन्न करने से बचे रहकर स्वयं भी भयमुक्त हो जान चाहिए।

(ii) शीतयुद्ध के मूल में पैदा हई पारस्परिक अविश्वास की भावना केवल तभी समाप्त हो सकती है जबकि परमाणु निरस्त्रीकरण के इकतरफा काम की शुरुआत हो। इसके लिए बड़े साहस की आवश्यकता है लेकिन यही तरीका सबसे ज्यादा उचित एवं सुकर है क्योंकि यह मानव-स्वभाव के इस अनुमान पर आधारित है कि एक समूह द्वारा उठाया गया अग्रिम कदम, जिसमें दूसरे पक्ष की ओर से कोई गारंटी भी नहीं दी गई है, दूसरे समूह के मन में अनिवार्यतः प्रतिक्रिया को जन्म देता है। यह पक्ष मनुष्य के अच्छे पक्ष के प्रति विश्वस्त होता है और यह मानकर चलता है कि मूलतः मनुष्य-स्वभाव अच्छाई पर आधारित है।

(iii) जब तक मनुष्य धार्मिक शिक्षाओं का पूर्ण एवं शर्त मुक्त सम्मान नहीं करेंगे, तब तक हम पृथ्वी पर अमन-चैन की आशा नहीं कर सकते। हम तभी राष्ट्रवाद से उत्पन्न अहम्मन्यता की समाप्ति और आक्रामकता के विचार के परिशमन की आशा कर सकते हैं जबकि धार्मिक शिक्षाओं का पूरा परिपालन करें, उन्हें आचरण में उतारे।

(iv) पड़ोसी देशों के सारे मतभेद पंचनिर्णय और बातचीत से दूर किए जाने चाहिए।

(v) और, अन्त में, राजगोपालाचारी ने सरकारों को पारस्परिक युद्ध के तरीकों के स्थान पर शान्तिपूर्ण अहिंसात्मक प्रतिरोध को अपनाने के लिए कहा है। उनका यह सुझाव सी. राजगोपालाचारी और नेहरू के बीच अप्रैल-मई 1962 में हुए पत्र-व्यवहार में है, जो बर्ट्रंड रसेल के उस प्रस्ताव पर है जिसमें निर्गुट राष्ट्रों से कहा गया है कि वे उस स्थान पर अपने युद्धपोत और जहाज भेज सकते हैं, जहाँ संयुक्त राज्य अमेरीका ने हाइड्रोजन बम के परीक्षण का प्रस्ताव किया है। राजगोपालाचारी ने नेहरू के 'क्रिसमस द्वीप' पर स्वयं को एक अहिंसात्मक प्रतिरोधी के रूप में प्रस्तुत करते हुए एक जहाज भेजने के लिए कहा था। नेहरू ने इस सुझाव को स्वीकार नहीं किया।

विश्व एकता और विश्व सरकार

हमारे कुछ चिन्तकों, मसलन श्री अरविन्द, नेहरू और राजगोपालाचारी ने यह विचार दिया कि शान्ति स्थापना के लिए विश्व सरकार ही आदर्श संस्थान होगी। यद्यपि अभी यह दूर की कौड़ी है; परन्तु इसी तरह के आदर्श आज के सामाजिक एवं राजनीतिक संस्थानों को नया रूप प्रदान करने में उपयोगी होंगे।

श्री अरविन्द ने अपने एक निबन्ध 'विश्व-एकता का आदर्श' (1915-18) में इस विचार को प्रस्तुत किया है कि विश्व में बहुत क्षुब्धकारी एवं खतरनाक परिस्थितियाँ जैसे—विचारधारात्मक विभाजन और शीतयुद्ध हथियारों की दौड़ और परमाणु प्रतिस्पर्धा, विद्यमान है तथापि किसी भी तरह के विश्व-मंच का विकास अपरिहार्य है। उन्होंने इसे 'प्रकृति-प्रदत्त, परिस्थिति का दबाव तथा मानवता के लिए मौजूदा समय और भविष्य की आवश्यकता बतलाया।

ये दो कारकों के संयोग से उत्पन्न होती है। पहला कारक है—सामान्य हितों की निकटता में बढ़ोतरी या कम-से-कम वृहत्तर क्षेत्र में हितों का अन्तर्ग्रन्थन तथा अन्तः सम्बन्ध होना जो कि पुराने विभाजनों को बाधक तथा कमजोर करता है। इस रूप में राष्ट्र-राज्य और राष्ट्रीय साम्राज्य विकसित होते हैं। दूसरा कारक है : एकत्व की सामान्य अनुभूति का दबाव बनाने में बाहरी आक्रमण के विरुद्ध सुरक्षा की जरूरत अनुभव कराने वाली बाहरी परिस्थितियाँ भी अक्सर इस काम में सहायता करती हैं। इस तरह परिसंघ (फ़ेडरेशन) का विकास होता है।

सामान्य हितों के विकास तथा भावना के लिए शान्ति स्थापना हेतु समर्पित एक अतर्राष्ट्रीय विश्व संगठन की आवश्यकता होती है। इस परमाणु युग में ऐसे हितों की पुष्टि से सबसे पहली जरूरत सुरक्षा की है, जिससे विश्व-युद्ध की सम्भावना को रोका जा सके तथा पूरे संसार में मानव-समाज का जीवन-स्तर उठाने के लिए विज्ञान तथा तकनीक का अनुकूलतम एवं अधिकतम उपयोग करने की आवश्यकता है। जीवन की मानवतावादी पद्धति इस युग की सामान्य अनुभूति है, जो सारे संसार को एकता के सूत्र में पिरोती है, यह भावना अठारहवीं सदी से निरन्तर बढ़ रही है, जब से स्वतंत्रता, समाता और भ्रातृत्व मानवीय आदर्श के रूप में माने गए हैं, यद्यपि अभी इस भावना का विकास और व्यवहार अपर्याप्त है। पारस्परिक धर्म के स्थान पर इसका सार-तत्त्व यही है कि मनुष्य को नस्ल, विचारधारा, रंग, राष्ट्रीयता, पद-प्रतिष्ठा राजनीतिक या सामाजिक अग्रगामिता का कोई भेद किये बिना सहिष्णु और मानव-हितों का रक्षक होना चाहिए।

मानव-शरीर का आदर किया जाना चाहिए, इसे हिंसा और उत्पीड़न के खिलाफ़ शक्तिसम्पन्न बनाया जाना चाहिए और विज्ञान के द्वारा बीमारी और मृत्यु को रोकने के लिए इसे पुष्ट किया जाना चाहिए। हमें मनुष्य-जीवन की पवित्रता को बनाए

रखना है, इसे सुरक्षित रखना है, शक्तिसम्पन्न बनाना है। इतना ही नहीं, मनुष्य के हृदय को भी पवित्र बनाना है, उसे आत्म अभिव्यक्ति का क्षेत्र प्रदान करना है, हिंसा से रोकना है, उत्पीड़न खत्म करना है, यांत्रिकता से बचक्रना है और संकीर्णता पैदा करने वाले प्रभावों से मुक्त करना है। मनुष्य के मस्तिष्क को हर तरह के बन्धनों से मुक्त करना है, इसे आज़ादी और आत्मविकास के साधन सुलभ कराने है, और इसकी शक्तियों को मानवता की सेवा में समर्पित करना है और यह सब किसी अमूर्त रूप में या मात्र सदिच्छा तक सीमित नहीं रखना है वरन् इसे मनुष्य के कार्यों, राष्ट्रों और मानवता के व्यवहार में स्वीकृति एवं पूर्णता प्रदान करना है।

बहुत अधिक खतरों और मुश्किलों की सम्भावनाओं के बावजूद सामान्य हित और सामान्य भावना विश्व-राज्य की रचना, निश्चित समय क्रम में, से बँधे हुए हैं। इसके लिए निर्माणकारी जिज्ञासा की आवश्यकता है तथा मनुष्य की आत्म-रक्षा के नियम की भी उपेक्षा नहीं होनी चाहिए।

श्री अरविन्द के अनुसार विश्वराज्य का श्रेष्ठ वांछनीय रूप स्वतंत्र राष्ट्रीयताओं के महासंघ के रूप में होगा, जिसमें एक दूसरे की बलात् विषमता या अधीनस्थता नहीं होगी, सभी का समान स्थान और प्रतिष्ठा होगी, यद्यपि इसमें कुछ राष्ट्रों का प्रभाव प्रकृतिशः ज्यादा भी रहेगा, तथापि विश्वराज्य की स्थापना करने वाले राष्ट्रों को राज्यसंघ सर्वाधिक स्वतंत्रता प्रदान करेगा परन्तु इससे विखंडन को पैदा करने वाली या केन्द्रापसारी प्रवृत्तियों के उत्पन्न होने की सम्भावना बनती है, अतः संघात्मक व्यवस्था का होना बहुत जरूरी है।

नेहरू 1934 में ही बौद्धिक दृष्टि से विश्व सरकार की आवश्यकताओं के विचार से सहमत थे। उन्होंने अपनी पुस्तक 'टुवर्ड फ्रीडम' में लिखा था 'यदि विश्व महासंघ बनता है तो वह स्वागत योग्य होगा' जैसे ही वे अन्तरराष्ट्रीय समस्याओं की परिधि में आए यानी 1946-47 में जब वे प्रधानमंत्री हो गए, तब उनके सामने यह और साफ़ हो गया कि विश्व सरकार, विश्वशान्ति की कूँजी है। यह बात 1949 में 'हेरल्ड ट्रिब्यून फ़ोरम' को भेजे उनके सन्देश में बहुत स्पष्ट है : 'निस्सन्देह, कुछ समय में विश्वसरकार बननी चाहिए। इसके अभाव का मतलब है विश्व का आत्मघाती रास्ते पर चलना।'[15] इस ध्येय तक पहुँचने और स्वीकार करने में कुछ समय लग सकता है क्योंकि मनुष्य के मस्तिष्क इस तरह की बातों के अभ्यस्त नहीं हैं। नेहरू ने इस बात पर खेद प्रकट किया कि ऐसा वातावरण बनाने की गति धीमी है, जिससे कि लोगों के मस्तिष्क बदलते वातावरण के अनुकूल बनाए जा सकें। विश्व तो प्रतिदिन बदलता है और हमारे मस्तिष्क हैं कि आश्चर्यजनक रूप से स्थिर हैं और इस कल्पना पर आश्रित हैं कि आज का दिन भी वैसा ही है, जैसा कि कल का था और आगामी कल में भी कोई खास अन्तर नहीं होगा। हमारे मस्तिष्क और वास्तविकता के बीच का यह पिछड़ापन दूर होगा, उतनी ही अच्छी सम्भावनाएँ विश्वशान्ति की होंगी।

राजगोपालाचारी का सामाजिक सिद्धान्त के क्षेत्र में बहुत योगदान रहा है, जिसका उल्लेख हमने इस सर्वेक्षण में अनेक बार किया है। उन्होंने भी विश्व सरकार की आवश्यकता के बारे में बहुत स्पष्ट कहा है। 1960 में लिखे एक लेख में उन्होंने साफ़-साफ़ कहने की अपनी आदत के अनुसार कहा है : वस्तुतः इस तरह का विश्व महासंघ विश्वशान्ति कायम के लिए बहुत कारगर तरीका है, इससे शीतयुद्ध समाप्त हो जाएगा और असल युद्ध रूक जाएगा। इसमें युद्ध के सभी तरह के राष्ट्रीय उपकरणों का समाप्त हो जाना निहित है यहाँ तक कि सभी राष्ट्रों को सेनाओं की भी आवश्यकता हीं रहेगी। केवल अपवाद के तौर पर उतनी ही सेना की आवश्यकता रह जाएगी जो घरेलू नीति के अनुसार जरूरत की पूर्ति कर सके तथा एक ऐसी सो का निर्माण की आवश्यकता शेष रह जाएगी जो प्रभावी तरीके से उस किसी भी विद्रोह को दबा सके, जो इस तरह के विश्व महासंघ और इसके अधिकारियों के विरुद्ध सम्भावित हो। अन्तरराष्ट्रीय प्रकृति के विवादों के समाधान के लिए ऐसे विश्व न्यायालयों की स्थापना होनी चाहिए, जो विवादों के न्यायिक पहलुओं या ऐसे वर्ग के विवादों की जाँच कर जिनके लिए अन्तरराष्ट्रीय हस्तक्षेप की आवश्यकता समझी जाए बाध्यकारी निर्णय कर सके।

हम सोचते हैं कि श्री अरविन्द, नेहरू और राजगोपालाचारी विश्व राज्य के आदर्श के क्रम में, विश्व में प्रगतिशील परम्परा के चिन्तकों में से है। श्री अरविन्द का विचार है कि विश्व राज्य का उद्भव स्वाभाविक रूप से होगा; परन्तु सामान्य हितों की स्वीकृति और सामान्य भावना की वृद्धि एकमात्र आधार होंगे, जो इसे स्थापित करने में सहयोगी होंगे। हमें लॉर्ड ब्राइस के एक वक्तव्य का स्मरण हो जाता है कि "एक संस्थान का स्थायित्व मात्र उसके भौतिक पक्ष पर निर्भर नहीं होता वरन् उन मनुष्यों के मन में गहरे में जमी भावनाओं की दृढ़ता से होता है, जिनके लिए वे संस्थान बनाए जाते हैं। श्री अरविन्द की तरह कोई भी यह आशा कर सकता है कि मानवता का धर्म, कम-से-कम 1789 की फ्रांस की क्रान्ति के बाद से प्रचारित सिद्धान्त, मनुष्यों के भीतर अपनी जड़ें जमाएगा और उन्हें एक करने में सहायक होगा। श्री अरविन्द का विचार है कि आदमी में अपनी अन्य प्रजातियों के साथ एकत्व की आकांक्षा विद्यमान है जो मनुष्यों के मन में विश्व-राज्य की उद्भावना की आकांक्षा पैदा करती है। मनुष्य के प्रति मनुष्य की सहिष्णुता का विचार, बिना किसी नस्ल, विचारधारा, रंग, राष्ट्रीयता और राजनीतिक एवं सामाजिक अग्रगामिता का भेद किए निरन्तर विकसित हो रहा हैं। परन्तु यह बात भी उतनी ही सच है कि सहिष्णुता की धारणा का जितनी द्रुतगति से वृद्धि होनी चाहिए, उतनी नहीं हो रही है। इस सन्दर्भ में क्लार्क और सॉन के 'विश्व कानून के माध्यम से विश्व शान्ति' (1962) में दिए गए प्रस्तावों को प्रस्तुत किया जा सकता है, जिसमें 'संयुक्त राष्ट्र' को 'सुपर स्टेट' में परिवर्तित करते हुए उसका एक ही कार्य निर्धारित किया गया

है कि वह युद्ध को रोकने का काम करे। इन सबसे ज्यादा महत्त्वपूर्ण विचार श्री अरविन्द का है, जो उन्होंने 'विश्व एकता के आदर्श' में लिखा था कि इस बात के लिए प्रौद्योगिक विकास खासकर परिवहन और संचार साधनों में, का साधुवाद किया जाना चाहिए कि उसने 'विश्वराज' को प्रौद्योगिक रूप से साकार कर दिया है। इसके माध्यम से एक 'विश्व सरकार' अपने निर्णयों को विश्व के दूसरे हिस्सों में तुरन्त सम्प्रेषित कर पाने में सक्षम होनी चाहिए और इसी से वह अपने निर्णयों को क्रियान्वित करा सकेगी, यदि जरूरी हुआ तो बल प्रयोग भी कर सकेगी। वायुयान, तार और रेडियो नेटवर्क ने इस सबको सम्भव कर दिखाया है। आज विभिन्न राष्ट्रों में राजनीतिक प्रतिस्पर्धा जारी है और राष्ट्रीय सम्प्रभुता पर बलाघात भी पहले से कम नहीं हुआ है। इससे यही मालूम होता है कि श्री अरविन्द द्वारा बतलाए गए आदर्श की स्वीकृति में अभी समय लगेगा; लेकिन 'विश्व एकता के आदर्श' पुस्तक में उल्लिखित आदर्श, राजनीतिक चिन्तन के क्षेत्र में उनका बहुमूल्य योगदान है।

सन्दर्भ

1. राष्ट्रवाद : रवीन्द्रनाथ टैगोर (लन्दन : मेकमिलन, 1920) पृ. 3-46
2. वही।
3. वही।
4. देशबंधु चितरंजन, जीवन और कार्य का संक्षिप्त सर्वेक्षण, प्रान्तीय सम्मेलन के भाषण, कांग्रेस व्याख्यान (कलकत्ता : रंजन सेन बी.ए. 1927) पृ. 18-23
5. वही।
6. देखिए टिप्पणी-4, पृ. 189-90
7. युद्ध और आत्मनिर्णय, श्री अरविन्द, तीसरा संस्करण (पॉडिचेरी : श्री अरविन्द आश्रम 1957) पृ. 11-18
8. वही।
9. जवाहरलाल नेहरू, विजिट टू अमेरिका (न्यूयार्क : दि जॉन डे कम्पनी, 1950) पृ. 31-33
10. हरिजन, 8 फरवरी, 1950
11. वही।
12. वही।
13. भारत सरकार का प्रेस सूचना ब्यूरो, 23 दिसम्बर, 1954
14. विश्व मामलों की भारतीय परिषद् को सम्बोधन, 5 अप्रैल, 1960
15. देखिए, टिप्पणी 9, पृ. 87-88
16. मानव एकता के आदर्श : श्री अरविन्द, दूसरा संस्करण (पांडिचेरी : श्री अरविन्द आश्रम, 1950) पृ. 21-30

11

सम्पूर्ण क्रान्ति

परिचय

इस बात का श्रेय जयप्रकाश नारायण (जे.पी.) को जाता है कि नेहरू के बाद के भारत में हम 'सम्पूर्ण क्रान्ति' शताब्दी के व्यापक अर्थों में उपयोग के साक्षी रहे हैं। 5 जून, 1974 के दिन पटना की एक विराट जनसभा में बिहार की 'छात्र संघर्ष समिति' की ओर से अपनी संघर्ष-योजना को उद्घाटित करते हुए उन्होंने घोषणा की थी कि यह संघर्ष, विद्यार्थियों की माँगें मनवाने, मंत्रिमंडल का त्यागपत्र दिलवाने और बिहार की विधासभा भंग करवाने तक सीमित नहीं है वरन् इसका लक्ष्य 'सम्पूर्ण क्रान्ति' लाना है। एकमात्र इसी से देश की समस्याओं का समाधान हो सकेगा और यह नई समाज-व्यवस्था की अग्रदूत होगी। तुमुल करतलध्वनि के बीच इस शब्दावली ने देश में भाषणों में इसका उल्लेख किया और इस बात पर बल दिया कि इस संज्ञा के अन्तर्गत व्यापक सामाजिक क्रान्ति का अर्थ बोध है। विद्यार्थियों ने जे.पी. का स्वागत करते हुए या उनके भाषण सुनते हुए एक नए नारे के रूप में गीत आरम्भ किया—'सम्पूर्ण क्रान्ति अब नारा है : भावी इतिहास हमारा है।' प्रेस मं अनेक लेख सम्पूर्ण क्रान्ति की अवधारणा की प्रशंसा और विपक्ष में प्रकाशित हुए। जे.पी. से अनेक बार इसके सही अर्थ को स्पष्ट करने को कहा गया।

इन लेखों में प्रशंसक पक्ष वाले या विरोधी दोनों ही यह सोचते थे कि जे.पी. ने पहली बार इस शब्दावली का प्रयोग किया है। बहुत से लोग-आज भी यही मानते हैं और इसी ढंग से लिखते हैं। वस्तुतः इस शब्दावली का पहली बार प्रयोग लगभग 125 वर्ष पहले कार्ल मार्क्स ने किया, जे.पी. ने बाद में इसको लोकप्रचलित किया। कार्ल मार्क्स ने अपनी पुस्तक 'दर्शन की दरिद्रता' (1847) में लिखा है : 'सर्वहारा और बुर्जुआ (पूँजीपति) वर्ग के बीच का विरोध एक वर्ग के विरुद्ध वर्ग का संघर्ष है। यह एक ऐसा संघर्ष है जो इसे अपनी उच्चतम अभिव्यक्ति 'सम्पूर्ण क्रान्ति' तक पहुँचाता है।"[1]

इससे भिन्न अर्थ में यानी केवल हमारी भौतिक परिस्थितियों में मूलभूत रूपान्तरण के साथ-साथ बल्कि व्यक्ति के नैतिक एवं चरित्रोत्थान की दृष्टि से गांधी के अनेक

लेखों और भाषणों में सम्पूर्ण क्रान्ति का विचार सन्निहित था।[2] विनोबा ने आगे चलकर इस विचार का विस्तार किया। 1951 से पहले उन्होंने घोषणा की : 'मेरा उद्देश्य तिहरी क्रान्ति लाना है। एक मैं लोगों के दिलों में परिवर्तन चाहता हूँ; दो, मैं उनके जीवन में परिवर्तन को रचा करना चाहता हूँ; और तीन, मैं सामाजिक संरचना में बदलाव लाना चाहता हूँ।[3] साठ के दशक में इसी ढंग से वे लोगों के चिन्तन को प्रभावित करते रहे। इन भाषणों का उल्लेख 1968 में प्रकाशित उनकी 'सम्पूर्ण क्रान्ति की ओर' पुस्तक में हैं।[4] एक बार उन्होंने 'सम्पूर्ण क्रान्ति' शब्दावली का भी उपयोग किया।[5] अभी एक ताजा अध्ययन में यह ठीक ही बताया गया है कि 'सम्पूर्ण क्रान्ति' के लिए चलाया जाने वाला जे.पी. का आन्दोलन 'अहिंसक क्रान्ति के रूप में चलाया जाने वाले भूदान, और ग्रामदान नामक पूर्ववर्ती आन्दोलन की परम्परा में था?[6] वस्तुतः, एक अवसर पर जे.पी. ने इसका औचित्य बतलाते हुए कहा, "सर्वोदय और सम्पूर्ण क्रान्ति में मुश्किल से ही कोई अन्तर है। यदि कोई है तो यही है कि सर्वोदय साध्य है और सम्पूर्ण क्रान्ति साधन। जीवन के समस्त क्षेत्रों में बुयिादी परिवर्तन का नाम सम्पूर्ण क्रान्ति है। इसके बिना सर्वोदय नहीं हो सकता है।"[7]

जे.पी. चालीस के दशक के मध्य से 'सम्पूर्ण क्रान्ति' शब्दावली का प्रयोग न करते हुए भी इस बात पर जोर देते आ रहे थे कि ऐसी सामाजिक क्रान्ति की आवश्यकता है, जिससे मात्र सामाज-व्यवस्था की संरचना में परिवर्तन नहीं लाया जाए बल्कि वैयक्तिक चरित्र में भी सुधार किया जा सके।[8] पचास के दशक में वे भूदान आन्दोलन में सम्मिलित हुए, इसके बाद इन्होंने इस बात पर विशेष जोर दिया। 1969 में एक में एक प्रकाशित लेख में, भारत में सर्वोदय आन्दोलन के उद्देश्य वर्णित करते हुए 'सम्पूर्ण क्रान्ति' शब्दावली का प्रयोग किया। भूदान और ग्रामदान कार्यक्रमों का उल्लेख करते हुए उन्होंने बताया गांधी जी की अहिंसा मात्र कानून और व्यवस्था का तर्क नहीं था, या यथास्थितिवाद का आवरण नहीं था बल्कि वह एक क्रान्तिकारी दर्शन था। इसके अन्तर्गत व्यक्तिगत और सामाजिक नैतिकता का समावेश था। इसमें आर्थिक, राजनीतिक और सामाजिक संस्थाओं और प्रक्रियाओं जितना समावेश था, उनता ही जीवन मूल्यों का।"[9] परन्तु इस तथ्य को नहीं भूलना चाहिए कि जे.पी. के लेखों और भाषणों की अन्तर्वस्तु के रूप में 'सम्पूर्ण क्रान्ति' शब्दावली 1974 में ही प्रस्तुत हई और तभी से इसने भारतीय राजनीति शब्दावली के अन्तर्गत अपना स्थान बनाया।

सम्पूर्ण क्रान्ति का अर्थ

'सम्पूर्ण क्रान्ति' से जे.पी. का सही-सही अभिप्राय क्या था? स्वतंत्र भारत में सार्वजनिक जीवन के लगभग शताब्दी से अधिक अनुभव ने, पहले समाजवादी और बाद में सर्वोदय नेता के रूप में उन्हें सिखाया कि स्वतंत्रता के बाद वाले भारत की सामाजिक-आर्थिक

और राजनीतिक व्यवस्था ने छोटे-छोटे सुधारात्मक उपायों के द्वारा भारत की जनता के जीवन में उल्लेखनीय परिवर्तन करवाना सम्भव नहीं है। इसके लिए सम्पूर्ण व्यवस्था में मूलगामी रूपान्तरण की आवश्यकता है। उनके अनुसार, ऐसा बुनियादी परिवर्तन स्वाधीनता के बाद से नहीं हुआ है। उन्होंने स्वीकार किया कि यद्यपि ज़मींदारी खत्म हो गई है, विभिन्न विधायिकाओं द्वारा भूमि सुधारों को अपनना लिया गया है और कानून द्वारा अछूत प्रथा का उन्मूलन भी कर दिया गया है तथापि भारत के अधिकांश गाँव आज भी ऐसे हैं जो बड़े और मध्यम दर्जे के भूस्वामियों के कब्ज़े में हैं, जिनका सम्बन्ध सामान्यत: उच्च जातियों से है। भारत के लगभग सभी गाँवों में बहु-संख्यक लोग छोटे और सीमान्त किसान की हैसियत में हैं, जिनका सम्बन्ध हरिजनों और पिछड़ी हुई जातियों के दूसरे लोगों से है। वे बहुत त्रासद स्थिति में हैं। हरिजन आज भी जिन्दा जलाए जाते हैं। आदिवासियों की स्थिति की लगभग ऐसी ही है, उनका सूदखोरों द्वारा निर्दयतापूर्वत शोषण किया जाता है और उन्हें ठगा जाता है।

शहरी निर्धनों की स्थिति भी शायद ही अच्छी हो। यह सच है कि कुछ उद्योगों, बैंकों और जीवन-बीमा का राष्ट्रीयकरण कर दिया गया है। रेलवे का राष्ट्रीयकरण तो बहुत पहले ब्रिटिश शासन के समय ही हो चुका था। सार्वजनिक क्षेत्र में भी कुछ बड़े उद्योग स्थापित हुए, वे उद्योग पूँजीपतियों के नियंत्रण से बाहर थे तथा इनका स्वामित्व और नियंत्रण राज्य के अन्तर्गत था। लेकिन इन सबने एक ऐसे राज्य-पूँजीवाद को जन्म दिया, जिसमें कार्य-कुशलता की कमी, फिजूलखर्चों तथा भ्रष्टाचार का बोलबाला रहा। सार्वजनिक उद्यमों में सामान्य जनता की भूमिका श्रमिक और उपभोक्ता के अलावा और कुछ नहीं रही। यह समाजवाद नहीं था। समाजवाद की समकक्षता राष्ट्रीयकरण से नहीं हो सकती।

शिक्षा-व्यवस्था का अध्ययन करने पर जे.पी. को पता चला कि इस क्षेत्र में कुछ समितियों और आयोगों के गठन के बावजूद जो कुछ है वह ब्रिटिश शासन जैसा ही है; 'यह वर्ग शिक्षा इस तरह है कि शिखर तक पहुँचने के लिए चल सोपान का काम करे।' इस शिक्षा से जनता के अन्धविश्वासों, मान्यताओं, रीतियों और प्रथाओं में भी कोई परिवर्तन नहीं हुआ। इस क्षेत्र में कुछ उल्लेखनीय परिवर्तन अभिजात वर्ग में हुआ लेकि वह भी कुल मिलाकर सतही था।

सामाजिक और आर्थिक-विकास दृष्टि से तो तस्वीर और भी भयावह है। जनसंख्या की निरन्तर वृद्धि हो रही है, जिसका परिणाम दरिद्रता है। चालीस प्रतिशत से भी अधिक जनता दरिद्रता की रेखा से नीचे जीवन व्यतीत करती है। उसको जीवन की बुनियादी जरूरतें जैसे पीने का पानी, भोजन, वस्त्र, आवास, शिक्षा और चिकित्सा तक सुलभ नहीं है।

सवाल उठता है कि क्या इस धुंधली तस्वीर में मूलभूत परिवर्तन एक सरकार में परिवर्तन करके किया जा सकता है या सम्बन्धित विधायिकाओं द्वारा कुछ कानून

बनाकर स्थिति को बुनियादी तौर पर बदला जा सकता है। इस प्रश्न का जे. पी. का उत्तर पूर्णतः 'नहीं' था। जे.पी. के इस नकारात्मक उत्तर का आधार स्वाधीन भारत की आर्थिक एवं सामाजिक विकास की समझ थी। विधायिकाओं ने सामाजिक-आर्थिक क्षेत्र में कुछ प्रगतिशील कदम उठाए किन्तु वे कागजी कदम ही रह गये। इस तरह के उपायों के उदाहरण के रूप में भूमि सीमा-निर्धारण कानून और भूमिहीन श्रमिकों की निवास भूमि की सुरक्षा सम्बन्धी कानूनों को लिया जा सकता है। दहेज-विरोध और प्रशासन में भ्रष्टाचार के विरुद्ध भी ऐसे ही उपाय किए गए, जो 'ज्यों-ज्यों दवा की त्यों-त्यों मर्ज़ बढ़ता गया' की तर्ज पर बढ़ते चले गए। अतः समाज में 'सुचिन्तित परिवर्तन' या 'समाज-व्यवस्था के प्रत्येक पहलू और क्षेत्र में क्रान्ति' के माध्यम से ही स्थिति में बुनियादी परिवर्तन लाया जा सकता है। दूसरे शब्दों में यही 'सम्पूर्ण क्रान्ति' है।

सामाजिक परिवर्तन के लिए जन-संघर्ष

यह व्यवस्थागत परिवर्तन न तो विधायिकाओं द्वारा लाया जा सकता है और न ही ऊपर से बल प्रयोग के द्वारा। यह परिवर्तन लोक शिक्षा और निम्न वर्ग की जनता के संघर्ष से ही सम्भव है। जिन देशों में हिंसा या शक्ति से क्रान्तियाँ सम्पन्न हुई, वहाँ सारी सत्ता एक गुट के हाथों में आ गई और सरकार पर जननता का नियंत्रण नहीं रहा। जे.पी. ने इस तरह की क्रान्तियों के प्रति भारतीय जनता को निरन्तर सावधान किया। उन्होंने 1969 में बतलाया कि "हिंसक क्रान्ति का अध्ययन करने के बाद में इस निष्कर्ष पर पहुँचा हूँ कि हिंसक क्रान्ति केवल इस अर्थ में क्रान्ति है कि ये प्राचीन समाज व्यवस्था को जड़ से उखाड़ फेंकती हैं और उसे उसकी बुनियाद से नष्ट कर देती है। किन्तु, ये क्रान्तियाँ जिन उद्‌देश्यों की प्राप्ति के लिए होती हैं, उन्हें प्राप्त करने में असफल रही हैं।"[11] इसी वर्ष उन्होंने एक लेख में क्रम से क्रान्ति की अवधारणा को स्पष्ट करते हुए इस बात पर बल दिया कि "एक बार जब क्रान्तिकारी सत्ता छीन लेते हैं तो जनता अनिवार्यतः पार्टी के जगन्नाथ और राज्य के अधीन हो जाती है।"[12] ऐसा क्यों हो जाता है, इसका उत्तर देते हुए उन्होंने आगे लिखा है : 'इसका मतलब यह नहीं है कि हिंसक क्रान्तिकारी धोखा देते हैं या गद्‌दारी करते हैं : यह उग्रता की कार्यप्रणाली की ही तर्क-परिणति है, इसका कोई दूसरा रूप नहीं हो सकता।"[13] एक सफल हिंसक क्रान्ति में व्यापक क्रान्तिकारी हिंसा होती है, जो पुरानी व्यवस्था को समूल नष्ट करने में सफल होती है। परन्तु इस कार्य की पूर्ति के पश्चात् यह जरूरी हो जाता है कि भावी हिंसा को रोकने के लिए शक्ति-संगठित की जाए, जिससे क्रान्ति की रक्षा की जा सके और क्रान्ति की उपलब्धियों को एकत्र किया जा सके। जो इस सत्ता और शक्ति का नियंत्रक होता है, वहीं सर्वोच्च सत्ता का अधिकारी बन बैठता है। इस प्रकार, सारी सत्ता, जनता के हाथों से निकलकर

एक गुट के हाथ में आ जाती है, जो क्रान्ति के नाम से शासन करता है और जनता को सत्ता से दूर रखता है।[14] यदि क्रान्ति अहिंसक तरीकों से हो तो इस तरह की सम्भावना को खत्म किया जा सकता है। इस तरीके के स्वराज्य का वर्णन करते हुए जे.पी. ने बतलाया है :

इस तरीके का सबसे महत्त्वपूर्ण लक्षण है कि इसके साध्य और साधन में एकरूपता होनी चाहिए। यदि साध्य अहिंसक समाज-व्यवस्था के निर्माण का है तो साध भी अहिंसक होने चाहिए; यदि मानव्ऋ स्वाधीनता साध्य है तो अवपीड़क साधनों (नैतिक दबाव को छोड़कर) को त्याज्य समझा जाना चाहिए; यदि स्वयं मनुष्य साध्य है तो उनका साधन के रूप में इस्तेमाल नहीं हो सकता; यदि नव-जीवन का आधार सत्य है तो असत्य साधन अस्वीकार्य होने चाहिए; यदि साध्य, सत्ता का विकेन्द्रीकरण करना है तो केन्द्रीकृत सत्ता के माध्यम से इस साध्य की प्राप्ति नहीं हो सकती।[15]

1974-75 में जब जे.पी. अपने भाषणों और लेखों के क्रम में 'सम्पूर्ण क्रान्ति' का उल्लेख करते थे, तो इस बात पर निरन्तर ज़ोर देते थे कि इस तरह की क्रान्ति अहिंसक तरीक़े से ही लायी जाएगी और इस बात में सावधानी बरती जानी चाहिए कि राज्य की जनतांत्रिक संरचना सुरक्षित रहे। वस्तुतः 'सम्पूर्ण क्रान्ति' का एक उद्‌देश्य लोकतंत्र को शक्तिशाली बनाना था और जहाँ तक सम्भव हो वहाँ तक सरकार के काम में जनता की प्रत्यक्ष भागीदारी कायम करना था। जब जे.पी. जेल में थे, तब 23 अगस्त, 1975 को उन्होंने अपनी टिप्पणियों में लिखा : 'सम्पूर्ण क्रान्ति ऐसी शान्तिपूर्ण एवं अहिंसक तरीके से लानी है, जिससे कि हमारी समाज-व्यवस्था की जनतांत्रिक संरचना को कोई नुकसान नहीं हो और दूसरी तरफ यह जनता की जनतांत्रिक जीवन-पद्धति को सुदृढ़ बनाए।"[16] वास्तविकता यह है कि उन्होंने इस बात को भी महसूस किया कि इससे बुनियादी परिवर्तनों के क्रम में थोड़ी रूकावट आएगी, जैसा कि हिंसक क्रान्ति से बुनियादी परिवर्तन में क्षिप्रता आती है। उन्होंने यह भी अनुभव किया कि इससे सामाजिक परिवर्तन की प्रक्रिया में विलम्ब भी होगा। इसके बावजूद उन्होंने क्रान्ति की धीमी प्रक्रिया को ही प्रमुखता प्रदान की, क्योंकि कि इससे हिंसा नहीं होती और परिणामों में ज्यादा स्वामित्व आता है। वस्तुतः उन्होंने यह भी अनुभव किया कि क्रान्तिकारी समय में कालावधि भी कम हो जाती है लेकिन बिलकुल उस रूप में नहीं, जैसी कि हिंसा द्वारा सम्पन्न हुई क्रान्तियों में होता है। जैसा कि उन्होंने अपनी 1975 की जेल डायरी में लिखा है : 'शान्तिपूर्ण क्रान्ति का मतलब यह नहीं कि वह आकस्मिक रूप से और बहुत आसानी से घटित हो जाएगी। यह भी समय लेगी, लेकिन चूँकि ज़माना क्रान्तिकारी है अतः यह अवधि लम्बी नहीं होगी सम्भवतः यह समयावधि एक या दो दशक की होगी।"[17] कुल मिलाकर बात यह है कि यह चिन्तन गांधी और विनोबा के चिन्तन से बहुत भिन्न नहीं है, जिन्होंने अहिंसक साधनों से सामाजिक क्रान्ति का सपना देखा था।[18]

इसके बावजूद, जे.पी. का चिन्तन विनोबा के चिन्तन जैसा नहीं था। मसलन, विनोबा से उनकी असहमति व्यवस्थागत परिवर्तन की प्राथमिकता और व्यक्तिगत व्यवहार-पद्धति से सम्बन्ध चिन्तन को लेकर था। वास्तविकता यह है कि इनसे जे.पी. का विशेष बल व्यक्तिगत व्यवहार-पद्धति पर चालीस के दशक के मध्य से ही रहा और आंशिक रूप से यह बात भी इस बात के लिए उत्तरदायी है कि वे समाजवाद से सर्वोदय की ओर मुड़े। लेकिन, उनके चिन्तन में मार्क्सवादी चिन्तन के कुछ सूत्र हमेशा रहे और उन्होंने अनुभव किया कि यद्यपि व्यक्ति को समाज के साथ बदलने का काम निरन्तर होना चाहिए तथापि समाज में व्यवस्थित परिवर्तनों को प्राथमिकता के अनुरूप होना चाहिए। उनके विचार में अहिंसक क्रान्ति में समय ज्यादा लगता है। इस सम्बन्ध में उनकी मान्यता थी कि "पहले व्यवस्थागत बुनियादी परिवर्तन होंगे और उनकी व्यक्तिगत, सामूहिक और खासकर मनोवैज्ञानिक स्वीकृति बाद में होगी।"[19] विनोबा की क्रान्ति सम्बन्धी धारणा इससे भिन्न थी। उनका मानना था कि 'मात्र एक बड़ा परिवर्तन क्रान्ति नहीं है। जब तक आन्तरिक क्रान्ति नहीं होगी तब तक बाहरी क्रान्ति भी नहीं हो सकती। मानसिक दृष्टिकोण में परिवर्तन का नाम ही क्रान्ति है।'[20] उनके अनुसार 'पहले व्यक्तियों में परिवर्तन होता है और ये लोग ही व्यवस्थागत परिवर्तन के लिए नेतृत्व करते हैं। वैयक्तिक क्रान्ति की तुलना में सामाजिक क्रान्ति गौण है। सामाजिक क्रान्ति तो वैयक्तिक क्रान्ति का ही 'महायोग' है।'[21] जे.पी. और विनोबा के बीच के इस अन्तर की पृष्ठभूमि में, समाज में राज-सत्ता की भूमिका का अलग-अलग बोध अन्तर्निहित है। जे.पी. के चिन्तन में चूँकि मार्क्सवादी चिन्तन के सूत्र विद्यमान हैं, ये सूत्र राजसत्ता के समक्ष जनसत्ता के महत्त्व पर बराबर जोर देने वाले चिन्तन में 1954 से लगाकर आगे तक रहे। इस वजह से उनका चिन्तन वास्तविकता के ज्यादा समीप बना रहा।[22] जीवन की वास्तविकता की यह धारणा, एक ओर तो उके समय और शक्ति को, 1973 से 1977 के मध्य, भारत में एकाधिकारवाद और निरंकुशता के उभरते खतरे के विरुद्ध जनसंघर्षों में लगाती तथा दूसरी ओर वे 'सम्पूर्ण क्रान्ति' आन्दोलन के अन्तर्गत निश्चित परिस्थितियों में है राज्य की सकारात्मक भूमिका को भी भाँप लेते हैं।

इसके बावजूद जे.पी. ने भी निरन्तर इस बात पर बल दिया कि इस तरह के आन्दोलन का भविष्य बुनियादी तौर पर राज्य की कर्मण्यता या अकर्मण्यता पर निर्भर न होकर जनता की कर्मण्यता पर ही निर्भर है। उनके अनुसार, 'सम्पूर्ण क्रान्ति' आन्दोलन के अनुयायियों को अपना सबसे ज्यादा ध्यान जनता के बीच काम करने में लगाना होगा। इसके लिए मात्र क्रान्ति-चर्चा और रचनात्मक काम ही पर्याप्त नहीं है वरन् अन्याय के विरुद्ध असहयोग और नागरिक अवज्ञा के रूप में संघर्ष भी चलाने होंगे। इस तरह के संघर्ष हमेशा आवश्यक नहीं है। 1974 में उनके भाषणों

में जे.पी. ने एक से अधिक बार इस बात का उल्लेख किया कि 'सम्पूर्ण क्रान्ति' आन्दोलन के लिए हर समय यह जरूरी नहीं है कि मौजूदा सरकार के खिलाफ़ लड़ाई ही चलती रहे। इस तरह की क्रान्ति के लिए सरकार की सहानुभूति की भी जरूरत होती है। लेकिन आगे चलकर यह महसूस हुआ कि ऐसा सोचना ठीक नहीं है। वस्तुतः, उन्होंने संघर्ष का स्वागत किया क्योंकि वे सोचते थे कि संघर्ष-काल में क्रान्ति का सन्देश जनता में व्यापक स्तर पर फैल जाता है और उनकी जागरूकता के अनुरूप अपना योगदान करता है। जे.पी. ने सावधान करते हुए कहा कि संघर्ष भावना या सदिच्छामात्र से नहीं किए जा सकते। संघर्ष का आरम्भ तभी हो सकता है जब कि जनता में असन्तोष हो। 'एक क्रान्तिकारी आन्दोलन और क्रान्तिकारी परिस्थिति पैदा करने के लिए' नेतृत्व और संगठन की भी बहुत बड़ी भूमिका होती है। उचित नेतृत्व और संगठन के अभाव में इस तरह की स्थिति का अन्त अव्यवस्था या तानाशाही की स्थापना में हो सकता है। ऐसी परिस्थितियों में उन राजनीतिक दलों से सहायता ली जा सकती है जो 'सम्पूर्ण क्रान्ति' संघर्ष का समर्थन करने के लिए पहल करती हैं। तब ऐसे कार्यकर्त्ताओं का संगठन बनाना चाहिए, जो कि क्रान्ति के लिए पूरी तरह समर्पित हों, और इसकी सक्रियता में उन्हें प्रशिक्षित करना चाहिए। जे.पी. ने खासतौर से अपनी आस्था युवावर्ग में दिखलाई। बिहार आन्दोलन (1974-75) में उन्होंने 'सम्पूर्ण क्रान्ति' के लिए समर्पित युवाओं का प्रशिक्षित संगठन की दृष्टि से—'छात्र-युवा संघर्ष वाहिनी' का गठन किया। उन्होंने इस काम के लिए विभिन्न स्तरों पर 'जन-संघर्ष समितियों' का गठन किया और जनता में क्रान्ति-विचार फैलाने की दृष्टि से गाँवों में 'जनता-सरकारों' की स्थापना की। दरअसल, इनके संगठित काम को देखकर जून 1975 में बहुत निर्ममता से आपातस्थिति थोप दी गई। 1977 में जब आपातस्थिति का अन्त हुआ, तब तक जे.पी. का स्वास्थ्य इतना खराब हो चुका था कि वे उनकी पुनर्स्थापना में बहुत प्रभावी ढंग से काम नहीं कर सके। इसके बावजूद, उन्होंने देश के सभी भागों में 'जन समितियों' के निर्माण का आह्वान किया और 'छात्र-युवा संघर्ष वाहिनी' को नव-जीवन प्रदान करने के लिए जो कुछ किया जा सकता था, वह सब किया।

कुछ निश्चित परिस्थितियों में संघर्ष की आवश्यकता की इस स्वीकृति के सन्दर्भ में जे.पी. की अहिंसक क्रान्ति की अवधारणा जे.पी. को विनोबा से अलग कर देती है। विनोबा ने सरकार के विरुद्ध कभी संघर्ष की आवश्यकता अनुभव नहीं किया। विनोबा का विचार था कि स्वाधीन भारत की परिस्थितियों में विचार की सत्ता के माध्यम से जन-चेतना में परिवर्तन करके सामाजिक क्रान्ति की जा सकती है।[23] दिसम्बर 1973 में 'सर्व सेवा संघ' की एक सभा को सम्बोधित करते हुए उन्होंने दिखलाया : 'गांधी के दिनों में विचार और अभिव्यक्ति की स्वतंत्रता नहीं थी... परन्तु आज भारत में हम विश्व की सर्वोत्तम स्वतंत्रता का आनन्द भोग रहे हैं।...

यह प्रतिदिन की बात है कि अखबार रोजाना सरकार पर अभियोग लगाते हैं...अत: आज के भारत में गांधी जैसा सत्याग्रह अप्रासंगिक हो गया है।'[24]

जे.पी. ने मात्र यही महसूस नहीं किया कि तत्कालीन सरकार के विरुद्ध निश्चित परिस्थितियों में अहिंसक संघर्ष में सम्पूर्ण क्रान्ति, हो सकती है वरन् उन्होंने अपने जीवन के अन्तिम दिनों में एक अहिंसक वर्ग-संघर्ष की भी वकालत की। उन्होंने 'सम्पूर्ण-क्रान्ति' की प्रहरी 'छात्र युवा संघर्ष वाहिनी' के कार्यक्रम को विस्तार से समझाते हुए 1977 में इस पुस्तक के लेखक को दिए एक साक्षात्कार में बतलाया :

मैं चाहता हूँ कि ये लोग गाँव वार्ड सभा या जनसमितियों के निकट सम्पर्क में रहकर अपना काम करें, इन जनसमितियों में विभिन्न क्षेत्रों में सभी नागरिक हों और ये हर तरह के अन्याय एवं उत्पीड़न के खिलाफ संघर्ष करें। विशेषकर, उन्हें हरिजनों और समाज के दूसरे कमजोर वर्गों को संगठित करने में स्वयं को समर्पित करना होगा। इसके अलावा उनसे यह अपेक्षा की जाती है कि वे सामाजिक परिवर्तन को गति प्रदान करने तथा जनता के आर्थिक जीवन में आवश्यक संरचनात्मक सुधार आरम्भ करने के लिए काम करेंगे। जब अन्याय, उत्पीड़न के विरुद्ध स्थानीय, क्षेत्रीय या राष्ट्रीय स्तर पर संघर्ष करने की जरूरत हो या नई सामाजिक व्यवस्था के निर्माण की आवश्यकता हो तब वे इन कामों में नेतृत्वकारी भूमिका निभाएँ। मुझे यह बात बहुत स्पष्ट कर देनी चाहिए कि लम्बी अवधि के संघर्ष और इस तरह के संघर्ष में जनता की व्यापक हिस्सेदारी के बिना 'सम्पूर्ण क्रान्ति' का कोई भविष्य मुझे दिखाई नहीं देता।[25]

1978 में जे.पी. और आगे बढ़े और शोषक वर्ग के विरुद्ध समाज के शोषित-पीड़ित और पिछड़े वर्गों के संघर्ष में उन्होंने शोषित-पीड़ित वर्ग का खुला समर्थन किया। उन्होंने अपनी बात को स्पष्ट करते हुए कहा कि 'लोग मुझसे पूछते हैं कि क्या इससे वर्ग-संघर्ष जन्म नहीं लेगा। मैं कहता हूँ कि वर्ग-संघर्ष-अपरिहार्य है...परिवर्तन में संघर्ष की भूमिका निर्विवाद है...हमें केवल यह निश्चित कर लेना चाहिए कि इस संघर्ष में शोषित-पीड़ित विजयी होंगे, पिछड़े हुए लोग अपना विकास करेंगे।[26] ये विचार जे.पी. और विनोब के विचारों की दूरी को और बढ़ाते हैं। विनोबा के लिए वर्ग संघर्ष की अवधारणा निरर्थक है और वस्तुत: भारत के सन्दर्भ में इस विचार को वे विजातीय एवं विध्वंसात्मक मानते थे।[27]

अहिंसक संघर्ष

यह कहने की जरूरत नहीं कि 'सम्पूर्ण क्रान्ति' लाने की पद्धति के बारे में जे.पी. और विनोबा के विचारों का अन्तर बहुत स्पष्ट है। जे.पी. के विचारों में मार्क्सवादी विचारधारा के सूत्र सर्वत्र विद्यमान है, लेकिन इतने पर भी उहें एक अगांधीवादी

चिन्तक की कोटि में नहीं रखा जा सकता है। वे गांधीवाद की परिधि में ही ऐसा सोचते हैं। निश्चय ही गांधी की स्थिति ऐसी नहीं थी कि स्वाधीनता-प्राप्ति के बाद सरकार के विरुद्ध संघर्ष के आह्वान की स्थिति उत्पन्न हो सके। उन्होंने 1930 में बतलाया था : 'मेरी अहिंसा मुझे उन अनेक प्रश्नों पर अपने देश के नागरिकों से लड़ने से (नहीं) रोकेगी, जो कि भारत के स्वतंत्रत होने पर उठेंगे।" उन्होंने आगे कहा था : "मैं जानता हूँ कि यदि मैं स्वतंत्रता-संघर्ष के बाद जीवित रहता हूँ तो मुझे अपनी अहिंसा की लड़ाई अपने देशवासियों को देनी होगी, जो उतनी ही अटल होगी, जितनी कि आज है।"[28] दरअसल, यह तथ्य है कि 1946-47 में गांधी जी ने अनेक अवसरों पर लोकतंत्र पर टिकी स्वतंत्र भारत की सरकार के विरुद्ध राष्ट्रीय स्तर पर नागरिक अवज्ञा आन्दोलन छिड़ जाने के प्रति सरकार को आगाह किया। इसके अलावा एक सक्षम अधिकारी द्वारा इस बात की ओर ठीक संकेत किया गया था कि व्यावहारिक कार्यों के लिए लोकतंत्र में 'सत्याग्रह' की समाप्ति और मात्र चेतावनी देने की बात को गांधी के विचारों के सन्दर्भ में प्रस्तुत करना गांधी की स्थिति को गलत रूप में समझना होगा, यानी गांधी ने सारे व्यावहारिक उद्देश्यों के लिए सत्याग्रह को खत्म नहीं किया था।'[29] यद्यपि, लोकतंत्र में जे.पी. के अहिंसक पद्धति वाले जनसंघर्ष की धारा को पूर्णत: गांधी की विचार पद्धति के अनुकूल नहीं कहा जा सकता तथापि यह निश्चित रूप से कहा जा सकता है कि 'सत्याग्रह' पर जे.पी. की धारा गांधी के विचारों का ही स्वाभाविक विस्तार एवं विकास है। इस बात को गांधी जी के स्वाधीनता-प्राप्ति के समय के कुछ अनुभवों के सन्दर्भ से प्रमाणित किया जा सकता है। उन्होंने जुलाई 1947 में बहुत दृढ़ता के साथ कहा था :

इस बात पर कोई अधिकार जताने की स्थिति में मैं नहीं हूँ कि मैने सत्याग्रह सम्बन्धी सारे नियमों को प्रतिपादित कर दिया है। मैं स्वयं यह नहीं कह सकता हूँ कि मैं स्वयं समस्त नियमों को जानता हूँ। मैं यह भी नहीं मानता हूँ कि हरेक अच्छा उद्देश्य सत्याग्रह के माध्यम से प्राप्त किया जा सकता है। लेकिन इतना अवश्य है कि यह सर्वोत्तम एवं शक्तिशाली साधन है और सर्वाधिक असरदार हथियार है। मैं इस बात से सहमत हूँ कि किसी अन्य साधन में समाजवाद तक नहीं पहुँच पाएँगे।

सत्याग्रह में वह शक्ति है 'कि यह पूरे समाज को हर तरह की राजनीतिक आर्थिक और नैतिक बुराइयों से मुक्ति दिला सकता है।'[30]

हमारे समाज में शोषित और पिछड़े वर्गों के द्वारा शोषक वर्गों के विरुद्ध किए जाने वाले संघर्षों को समर्थन दिए जो की आवश्यकता जे.पी. ने भी बतलाई है। इस दृष्टि से जे.पी. के विचार गांधी जी के उपुर्यक्त विचारों से पूरी तरह मिलते हैं। वास्तव में, गांधी जी इस बात से बहुत प्रसन्न होते यदि धनिक वर्ग द्वारा निर्धनों का किया जाने वाला शोषण बिना किसी संघर्ष के खत्म हो जाता। लेकिन, यदि संघर्ष होता है, जैसा कि उन्होंने जान लिया था कि यह होगा, तो किसी को इस बात पर

सन्देह नहीं होना चाहिए कि उनकी सहानुभूति किस वर्ग के साथ रहेगी। लन्दन में 1931 के 'गोलमेज सम्मेलन' में उनकी मान्यता थी कि भारत का हरेक हित 'करोड़ों मूकों' के हितों की हिफ़ाजत से जुड़ा हुआ है और 'कांग्रेस' जिनकी सेवा के लिए वचनबद्ध है। उन्होंने आगे कहा 'कि यदि शोषित और शोषक वर्ग की बीच संघर्ष होता है तो इस बात में कोई सन्देह नहीं रहना चाहिए कि 'कांग्रेस' इन 'करोड़ों' मूकों' के हित में किसी भी तरह का बलिदान करने से नहीं हिचकिचाएगी।'[31] वर्ग युद्ध की गांधी जी की इस खिलाफ़त और ट्रस्टीशिप के सिद्धान्त का काफ़ी हौवा खड़ा किया गया। यदि इस विषय से सम्बन्धित उनके लेखन का ध्यानपूर्वक अध्ययन किया जाए तो निष्कर्ष रूप में अनिवार्यत: यही बात प्रकट होगी कि वे वर्ग-युद्ध के विरोधी थे क्योंकि वे इस बात को मानते थे कि वर्ग-युद्ध के विचार के साथ हिंसा जुड़ी हुई है। इसका मतलब यह कदापि नहीं था कि वे गरीबों को संगठित करना नहीं चाहते थे या धनिकों के विरुद्ध उनके न्यायप्रिय के संघर्ष में वे निर्धनों की सहायता नहीं करना चाहते थे। वास्तविकता यह है कि उन्होंने स्वयं शोषितों का पक्ष लिया, जो कि उनकी अहिंसक वर्ग-संघर्ष की अवधारणा में तर्कसंगत रूप में वर्णित हैं। जिसके लिए वे बार-बार इस बात तैयार बल देते थे कि यदि धनिकों को दृष्टियों की तरह आचरण करने के लिए तैयार करने की तमाम कोशिशें विफल हो जाती हैं तो गरीबों के पास एकमात्र रास्ता शेष रह जाता है कि वे अपने न्यायिक गधिकारों की प्राप्ति के लिए असहयोग और नागरिक आन्दोलन को अपनाएं। 25 अगस्त, 1940 के 'हरिजन' में उन्होंने लिखा :

यदि सारे प्रयासों के बाद भी धनी-वर्ग सच्चे अर्थ में गरीबों का संरक्षक न बनें और गरीब वर्ग का ज्यादा-से-ज्यादा दमन हो तथा वह भूख से मरने लगे तो क्या किया जाना चाहिए? इस पहेली का हल खोजने के प्रयास में, मैंने अहिंसक असहयोग और सविनय अवज्ञा को उनके अधिकार और अमोघ हथियार के रूप में देखा है।[32]

परिवर्तन की प्रकृति

'सम्पूर्ण क्रान्ति' की अन्तर्वस्तु से क्या अभिप्राय है? दूसरे शब्दों में, 'सम्पूर्ण क्रान्ति' द्वारा लाए जाने वाले परिवर्तन की प्रकृति क्या है? जैसा कि पहले कहा जा चुका है, इस तरह की क्रान्ति मे सब कुछ समाविष्ट होता है और इसमें जीवन के सभी पहलू समाविष्ट होते हैं। जे.पी. के अनुसार यह सात क्रान्तियों का समुचच्य है—जो सामाजिक, आर्थिक, राजनीतिक, सांस्कृतिक, विचारधारात्मक या बौद्धिक, शैक्षिक और आध्यात्मिक से बना है।[33] यह संख्या भी उल्लेखनीय नहीं है, इसे पुनर्समूहीकृत करते हुए या इसका क्षेत्र-परिवर्तन करते हुए घटाया बढ़ाया जा सकता है। इसमें जो बात महत्त्वपूर्ण है, वह जीवन के समस्त क्षेत्रों में गहरी एवं निरन्तर परिवर्तन

की प्रक्रिया पर बल देना हैं। जे.पी. ने इसकी विस्तृत विवेचना तो नहीं की केवल इस बात का बार-बार संकेत किया कि भारत की समस्याओं का समाधान और एक नए समाज का निर्माण शासक वर्ग या सरकारी व्यवस्था में परिवर्तन कर देने मात्र में सम्भव नहीं है वरन् यह जीवन के समस्त पहलुओं में मूलभूत रूपान्तरण से ही सम्भव हो सकता है। इसके बावजूद, वे जिस तरह की समाज-व्यवस्था चाहते थे, उसकी एक तस्वीर उनकी उन पुस्तिकाओं में मिल जाती है जो उन्होंने पचास के दशक के अन्त में साठ के दशक के आरम्भ में लिखी थीं। इन पुस्तिकाओं में 'भारतीय राज्यव्यवस्था की पुनर्रचना का तर्क' (1959) और 'जनता के लिए स्वराज्य' (1961) पुस्तिकाएँ उल्लेखनीय हैं।[34] 'सम्पूर्ण क्रान्ति' के सम्बन्ध में अभी बातचीत से यह प्रमाणित हो जाता है कि 1974 में जेल में जो टिप्पणियाँ उन्होंने नई सामाजिक व्यवस्था की प्रकृति के बारे में अपने विचारों की रूपरेखा प्रस्तुत करते हुए लिखी थी, वे पर्याप्त नहीं थी, और कुछ ऐसे बिन्दु भी उस समय ऐसे रह गए थे, जिनके बारे में लिखा नहीं था।[35] 1977 में उन्होंने एक साक्षात्कार के क्रम में इस लेखक को बताया था कि नई सामाजिक व्यवस्था के बारें में उनका नकशा-व्यापक तौर पर वही है जो कि इन उपर्युक्त दो पुस्तिकाओं में खींचा गया है।[36] बाद वाली दूसरी पुस्तिका 'सम्पूर्ण क्रान्ति' की अन्तर्वस्तु के बारे में सर्वश्रेष्ठ निर्देश-पुस्तिका है।

'भारतीय राज्य व्यवस्था की पुनर्रचना का तर्क'—पुस्तिका में जे.पी. ने पश्चिमी लोकतंत्र के मॉडल को इस आधार पर अस्वीकृत कर दिया है कि इसमें जनता को अपने ही प्रबंध और व्यवस्था सम्बन्धी मामलों में पूरी भागीदारी का अवसर नहीं मिलता और यह समाज की अणुओं में परिणत-दृष्टि पर आधारित है, जिसमें राज्य, व्यक्तियों के अवयव-रहित योग जैसा होता है। इसके स्थान पर उन्होंने लोकतंत्र के एक मॉडल की वकालत की है, जो समाज की एकीकृत अवधारणा पर आधारित है और जिसमें व्यक्तियों को बिना किसी राजनीतिक दल की मध्यस्थता के स्वयं अपने मामलों से सम्बन्धित प्रबंध-व्यवस्था में भागीदारी करने का पूरा अवसर सुलभ होता है। जे.पी. के अनुसार, बाद के काम पर यदि जनता का नियंत्रण या अपने सदस्यों तक का नियंत्रण नहीं रहता तो अनेक बुराइयाँ पैदा हो जाती हैं। उनका सत्ता के लिए आपसी द्वन्द्व 'छद्म-लोकतंत्र, नीतिविहीन राजनीति, अनैतिकता, चरित्रहीनता, बेईमानी, हेराफेरी और कुचक्र को जन्म देता है।' इसके लिए वह राजनीतिक दल-व्यवस्था दोषी है जो संसदीय लोकतंत्र का अभिन्न अंग है। संसदीय लोकतंत्र का काम राजनीतिक दलों के बिना नहीं चल सकता। अत: जे.पी. के आदर्श समाज में संसदीय लोकतंत्र के स्थान पर एक नए तरह की राज व्यवस्था होगी जिसका वर्णन उन्होंने सामुदायिकता या दलविहीन लोकतंत्र के रूप में किया है।

एक नई राजव्यस्था के आविष्कार की समस्या सामाजिक पुनर्निर्माण की वृहत्तर समस्या का अंग है। आधुनिक उद्योगवाद ने मानव-समाज में बिखराव और विघटन

पैदा किया है और मनुष्य को अपने साथी मनुष्यों के बीच अजनबी बना दिया है। समस्या है कि इस स्थिति से मुक्ति कैसे मिले और 'एक मनुष्य को दूसरो मनुष्य के प्रति रागात्मक कैसे बनाया जाए, जिससे की वे सार्थक, समझदारी से पूर्ण, अनुशासित सम्बन्ध भावना वाला जीवन व्यतीत कर सकें। संक्षेप में, मानव समुदाय की पुर्नरचना करना ही समस्या है।' एक सच्चे समुदाय की विशेषता है—सहभागिता और सहचरत्व। नई सामाजिक-राजनीतिक व्यवस्था इस तरह की युक्ति निकालने वाली हो कि इन विशेषताओं के पोषण हेतु अनुकूल वातावरण बन सके।

नवीन सामाजिक संघटन का आधार स्थानीय होगा या प्राथमिक समुदाय होगा। यह समुदाय न तो इतना छोटा होगा कि सामुदायिक जीवन और संस्कृति का सन्तुलित विकास करना कठिन हो जाए और न ही इतना बड़ा होगा कि उनके भीतर का जीवन निर्वैयक्तिक हो जाए। ये समुदाय न तो ग्रामीण होंगे और न ही शहरी, वरन् कृषि-औद्योगिक समुदाय होंगे, जिनमें कृषि और उद्योग के बीच सन्तुलन रहेगा। वर्तमान में मौजूदा बड़ शहरों का पुनर्गठित किया जाएगा और उन्हें छोटे आकार के समुदायों का महासंघ बनाया जाएगा। जहाँ यह करना सम्भव नहीं हैं, वहाँ इस बात के लिए प्रयास किया जाएगा कि वे और अधिक बड़े आकार के न हो जाएँ और न ही कोई नया बड़ा शहर बने। प्राथमिक समुदाय के स्तर पर कुछ परिवार हों, जो सामान्य जीवन की सामुदायिक रचना करें। इसी तरह प्राथमिक समुदाय एक दूसरे के नजदीक आकर और सहकार करके अपनी समस्याओं का समाधान करें तथा ये ही क्षेत्रीय समुदाय का गठन करें। कुछ क्षेत्रीय समुदायों को मिलाकर जिला समुदाय गठित किया जाए। जिला समुदायों से मिलाकर प्रान्तीय समुदाय निर्मित हों और प्रान्तीय समुदायों से राष्ट्रीय समुदाय बने। जैसे हम नीचे के आधार से ऊपर की ओर चलेंगे, तो ऊपर के बड़े समुदायों को कम-से-कम काम रहेगा और जब हम राष्ट्रीय समुदाय के कार्य-क्षेत्र का निर्धारण करेंगे तो रक्षा, विदेश-सम्बन्ध, मुद्रा और अन्तर्राज्कीय समन्वय का काम ही उसके पास रहेगा।

समुदाय की राजनीतिक संरचना उसकी सामाजिक संरचना के अनुरूप होगी और नींव से ऊपरी मंजिलों की ओर जाएगी, जिसमें 'स्वयं-शासित, स्वयं-तुष्ट, कृषि-उद्योग, नगर-ग्राम स्थानीय समुदाय होंगे' यदि इस तरह के समुदायों के रूप में परिवर्तित किए जा सकते हैं। लेकिन राजनीतिक संरचना के विकास की उस समय तक इन्तज़ार करने की आवश्यकता नहीं है, जब तक कि यह काम पूरा हो। सभी स्तरों पर समानान्तर रूप से काम करना आरम्भ करना होगा अन्यथा हमें किसी भी स्तर पर सफलता प्राप्त नहीं होगी। स्थानीय समुदाय की सबसे महत्त्वपूर्ण राजनीतिक संस्था 'ग्राम सभा' होनी चाहिए, जिसमें समुदाय के सभी वयस्क, सदस्य के रूप में होंगे। पंचायत यानी कार्यकारिणी का चयन सभा की आम सहमति से होना चाहिए, इसमें कोई भी किसी भी पद के लिए खड़ा न हो। सभा और पंचायत

को वस्तुओं के प्रबंध की जिम्मेदारी दी जानी चाहिए। मसलन यह निश्चित करना उनका कर्तव्य होना चाहिए कि गाँव के किसी भी व्यक्ति के पास रोटी, कपड़ा और मकान का अभाव न हो, प्रत्येक बच्चे को प्राथमिक शिक्षा मिले और हरेक को प्राथमिक चिकित्सा सहायता उपलब्ध हो। इसके बाद राजनीतिक संरचना का दूसरा स्तरी क्षेत्रीय समुदाय होगा, जिसमें ग्रामपंचायतों को पंचायत समिति के रूप में सूत्रबद्ध किया जाएगा। इसी तरह एक जिले की पंचायत समितियाँ, जिला परिषद' में, 'जिला परिषद' 'राज्य सभा' में और 'राज्य सभाएँ' 'राष्ट्रीय संसद' में सूत्रबद्ध होंगी। इनमें प्रत्यक्ष चुनाव की बजाय अप्रत्यक्ष चुनाव होंगे।

परन्तु, यह मामला स्वायत्तशासी शासन को शक्तिशाली बनाने का अप्रत्यक्ष चुनावों की प्रणाली शुरू करने मात्र तक सीमित नहीं है। जे.पी. ने चेतावनी देते हुए कहा 'यह मान लेना गलत होगा' कि 'स्थानीय संस्थाओं' को अधिक शक्तिसम्पन्न बना देने और प्रत्यक्ष चुनाव व्यवस्था के स्थान पर अप्रत्यक्ष चुनाव व्यवस्था आरम्भ कर देने तथा शेष सामाजिक संगठन को ज्यों का त्यों बना रहने देने से उस तरह की राज्य व्यवस्था बन जाएगी, जिसका कि पक्ष यहाँ लिया जा रहा है। जिस राज्य व्यवस्था की बात यहाँ कही गई है, उसका मतलब मौजूदा व्यवस्था में बुनियादी रूपान्तरण का आवयविक हिस्सा होगी।' इस तरह की राज्यव्यवस्था एक दिन मे खड़ी नहीं की जा सकती, इसके लिए संक्रमण-काल की आवश्यकता होगी। आरम्भ के बतौर, चुनाव इस तरह कराए जाने चाहिए कि जिले स्तर पर राजनीतिक दलों की कोई भूमिका न हो। इसके साथ ही राज्य और राष्ट्रीय स्तरों पर प्रत्याशियों का चयन राजनीतिक दलों द्वारा न किया जाकर स्वयं जनता द्वारा किया जाना चाहिए, जिसे संक्रमण-काल में, जनता द्वारा चुने जाने के बाद अन्य किसी के समर्थन की अनुमति दी जा सकती है। इस तरह, हमारी राजनीतिक प्रक्रिया की भागीदारी बढ़ती जाएगी, जो सामुदायिक समाज की स्थापना या दलविहीन लोकतंत्र की सर्जक होगी।

पुरानी राज्यव्यवस्था से नई राज्यव्यवस्था में संक्रमण की समस्याओं का उल्लेख अधिक पूर्णता के साथ 'जनता के लिए स्वराज' पुस्तिका में किया गया है।

किसी तरीके से पंचायत राज का विस्तार उच्चतर स्तरों तक किया जाना चाहिए? इस पुस्तिका मे जो प्रक्रिया सुझाई गई है, वह दो साल पहले लिखी 'भारतीय राज्य-व्यवस्था की पुनर्रचना' पुस्तिका में सुझाई गई प्रक्रिया से थोड़ी-सी भिन्न है। 'जनता के लिए स्वराज्य' पुस्तिका में उन्होंने सुझाव दिया है कि नीचे के हरेक स्तर को अप्रत्यक्ष चुनाव व्यवस्था द्वारा तुरन्त उच्चत्तर स्तर का चुनाव करना चाहिए। लेकिन, दूसरे ही क्षण उन्होंने इस विचार को बदल दिया हैं। उन्होंने कहा है कि अप्रत्यक्ष चुनाव संकीर्णता को प्रोत्साहित कर सकते हैं। और समस्त नागरिकों में राष्ट्रीय दृष्टिकोण के विकास में बाधक बन सकते हैं। इसके साथ ही, इस व्यवस्था निचले स्तर को छोड़कर अन्य स्तरों पर पूँजी द्वारा भ्रष्ट होकर

उन्हीं के प्रति उत्तरदायी रह सकती है, क्योंकि निर्वाचिकों की संख्या कम होगी। इसलिए, उन्होंने प्रत्यक्ष चुनाव पद्धति की रूपरेखा तैयार की, जो कि प्रत्यक्ष स्तर पर एक निश्चित भूमिका के रूप में 'पंचायती राज' की संस्थाएँ कायम कर सके। इस तरह नईं राज्य व्यवस्था की आवयविक प्रकृति की प्रभावित किए बिना प्रत्यक्ष चुनाव पद्धति का लाभ लेना सम्भव होगा। जहाँ तक सम्भव हो, इस प्रक्रिया में राजनीतिक दलों की भूमिका कम-से-कम होनी चाहिए और जनता उचित रूप से बनी 'निर्वाचक परिषदों' के माध्यम से चुनाव के लिए अपने प्रत्याशियों का चयन करने में समर्थ होनी चाहिए। प्रत्येक संवैधानिक एवं शैक्षिक उपाय द्वारा इन परिषदों को इस तरह प्रोत्साहित किया जाए कि एक स्थान के लिए एक ही प्रत्याशी खड़ा हो और संघर्ष को टाला जाए। लोकतंत्र के लिए यह जरूरी है—उसका रूप कोई भी क्यों न हो—और इसकी प्रक्रियाएँ 'जितना सम्भव हो कम-से-कम विभाजक हों या इसे इस तरह रखा जाए कि संसक्ति और एकता बनी रहे।'

आर्थिक संरचना

ऊपर बताई गई राजनीतिक संरचना को इसके आधार रूप में एक नए तरह की आर्थिक संरचना की जरूरत होगी। जब मनुष्य की भौतिक आवश्यकताओं की सन्तुष्टि इसका लक्ष्य होगा तो वह अतोषणीय भूख शान्त नहीं होगी, जिसे कि आधुनिक उद्योगवाद-पूँजीवाद, समाजवाद और साम्यवाद-ने ज्यादा से ज्यादा बढ़ाया है। जे.पी. ने अपनी पुस्तिका 'भारतीय राज्य-व्यवस्था की पुनर्रचना का तर्क' में इस विचार के पक्ष में दृढ़तापूर्वक कहा है। उन्होंने बतलाया है कि 'मेरा विश्वास है कि मनुष्य को स्वतंत्रता और स्वाधीनता का आनन्द उठाने के लिए और स्व-शासन के लिए अपनी आवश्यकताओं को स्वेच्छा से सीमित करना चाहिए। अन्यथा, ज्यादा से ज्यादा प्राप्ति का लालच पारस्परिक संघर्ष, उत्पीड़न, लूटमार और युद्ध की ओर धकेलता है; और उत्पादन की व्यवस्था की इतनी जटिल हो जाती है कि वह लोकतंत्र के हाथ-पैर बांधकर नौकरशाहों के अल्पतंत्र को जन्म देती है।' यदि अर्थशास्त्र का वर्तमान विज्ञान, स्वेच्छा से अपनी आवश्यकताओं को सीमित करने वाली अर्थव्यवस्था का विकास करता है तो अर्थशास्त्र का एक ऐसा नया विज्ञान पैदा हो सकता है, जिसमें नियोजन की नई पद्धतियाँ और औद्योगिक संगठन की नई तकनीकें होंगी।

'जनता के लिए स्वराज्य' पुस्तिका में इन नई पद्धतियों और तकनीकों की विस्तार से चर्चा की गई है। यहाँ जे.पी. ने अपने विचारों को दुहराते हुए कहा है कि समाजवादियों का यह पुराना विश्वास कि उत्पादन के साधनों, वितरण और विनिमय का राष्ट्रीयकरण स्वतः ही आर्थिक लोकतंत्र का स्थापक होता है, ठीक नहीं है।

तथ्य यह है कि साम्यवादी देशों का अनुभव यह बतलाता है कि इन साधनों का पूर्ण राष्ट्रीयकरण भी आर्थिक लोकतंत्र की स्थापना नहीं कर पाता बल्कि वह बहुत खराब आर्थिक निरंकुशता के रूप में प्रकट होकर आर्थिक शोषण और विषमता के नए रूपों को जन्म देता है। इसका एक मात्र रास्ता आर्थिक विकेन्द्रीकरण है। भारत में विकेन्द्रीकृत अर्थ-व्यवस्था की विशेषताएँ क्या रहेंगी, उसका स्वरूप कैसा होगा? जे.पी. के अनुसार, ऐसी अर्थव्यवस्था छोटी मशीनों और श्रमिक-आधारित अर्थव्यवस्था होगी। इस व्यवस्था में इस बात की सावधानी बरतनी होगी कि इन छोटी मशीनों की कीमत में वृद्धि किए बिना इनकी कार्यकुशलता और उत्पादकता निरन्तर बढ़ाया जाए। दूसरी बात यह है कि क्षेत्रीय सम्भावनाओं का सर्वेक्षण एवं नियोजन हो ताकि उस क्षेत्र के संसाधनों का उसकी आवश्यकताओं के अनुरूप पूरा उपयोग किया जा सके, और एक क्षेत्र के अतिरिक्त उत्पादन को दूसरे क्षेत्रों के काम में लगाकर हर क्षेत्र के उत्पाद का विनियम किया ज सके। तीसरी बात यह है कि हमें ग्रामीण-औद्योगीकरण को आरम्भ करना होगा ताकि हरेक गाँव या कम-से-कम इतना होग कि गाँवों के एक छोटे समूह का कृषि-औद्योगिक समुदाय के रूप में विकास हो जाए, जो कृषि और उद्योग को मिलाकर बनाए गए रूप पर आधारित हो। चौथी बात यह है कि इस तरह की अर्थव्यवस्था के विकास में 'पंचायती राज' संस्थानों को महत्त्वपूर्ण भूमिका अदा करनी चाहिए।

जे.पी. ने यह साफ़ बतला दिया है कि ऐसी व्यवस्था में उनका उद्‌देश्य उत्पादन की पारम्परिक पद्धतियों को बनाए रखना नहीं है। इसके विपरीत, तथ्य यह है कि वे इस रूप में एक ऐसी अत्याधुनिक अर्थव्यवस्था का विचार लिए एक नई मशीन तकनीक तथा नई सामाजिक-आर्थिक तकनीक की आवश्यकता है। इस बात पर वे इस कारण भी ज्यादा जोर देते हैं कि वे इनमें न केवल एक विकेन्द्रीकृत अर्थव्यवस्था के पक्ष में हैं क्योंकि यह लोकतांत्रिक अर्थ-व्यवस्था होगी बल्कि इससे व्यापक पैमाने पर जनता की बेरोजगारी दूर होगी और धन का उत्पादन इस रूप में होगा, जो इसके वितरण को व्यापक पैमाने पर सुनिश्चित करेगा और सामान्य उपभोक्ताओं को 'उपभोक्ता सामान' की कोई कमी नहीं रहेगी।

1974-79 के बीच जे.पी. ने 'सम्पूर्ण क्रान्ति' शब्दावली का निरन्तर प्रयोग किया। इस बीच उन्होंने इसमें दो या तीन महत्त्वपूर्ण संशोधन किए। पहले संशोधन के रूप में उन्होंने इस बात पर बार-बार जोर दिया कि राजनीतिक और आर्थिक व्यवस्था मे परिवर्तन के साथ-साथ हमारी सामाजिक प्रथाओं और संसाधनों मे भी बुनियादी रूपान्तरण की आवश्यकता है। उन्होंने जातिप्रथा के उन्मूलन और विवाह में दहेज-प्रथा के उन्मूलन पर विशेष बल दिया। इसके अतिरिक्त उन्होंने शिक्षा-व्यवस्था के बुनियादी रूपान्तरण पर विशेष जोर देते हुए कहा कि शिक्षा-व्यवस्था इस तरह की हो कि जिसमें आम-जनता से दूरी न हो, जो आमजनता को अपनी परिधि में

समेटे तथा वह जनता की वास्तविक जरूरतों से सम्बन्धित हो-खासकर उन लोगों से जो कि ग्रामीण अंचलों में रहते हैं। उन्होंने सांस्कृतिक क्रान्ति की आवश्यकता पर भी बल दिया, जिससे जनता की जीवन-शैली को बदला जा सके।

जे.पी. ने इन वर्षों में कुछ महत्त्वपूर्ण बिन्दुओं का खुलासा भी किया। जब 1959 में उन्होंने राजनीतिक दल-व्यवस्था के उन्मूलन की वकालत की थी और संसदीय लोकतंत्र के स्थान पर दलविहीन लोकतंत्र का विचार प्रस्तुत कि था, तब बहुत से लोगों ने यह मान लिया था कि ऐसा वे तुरन्त चाहते हैं कि संसदीय लोकतंत्र के स्थान पर दल-विहीन लोकतंत्र स्थापित हो। जब उन्होंने बिहार में विद्यार्थी-आन्दोलन का नेतृत्व करना और 1974 में 'सम्पूर्ण क्रान्ति' की बातें करना आरम्भ किया तब भी बहुत लोगों ने यह सोचा था कि-जे.पी. दलविहीन लोकतंत्र की स्थापना अभी करना चाहते हैं। यह विचार जे.पी. द्वारा निर्मित इस पृष्ठभूमि के विरुद्ध था जिसे कि उन्होंने 'सम्पूर्ण क्रान्ति' के बारे में चर्चा करते हुए स्पष्ट कर दियाथा। जे.पी. ने महसूस किया था कि इस कार्यक्रम के सारे घटक तुरन्त लागू नहीं किए जा सकते। भविष्य में दलविहीन लोकतंत्र की स्थापना होगी, जो कि वर्तमान से बहुत दूर है और बिहार-आन्दोलन अभी इस सम्बन्ध में कुछ भी करने नहीं जा रहा है।[37] वास्तविकता यह है कि इस सन्दर्भ में जे.पी. को इतने आगे जाना पड़ा कि आपात् स्थिति में उत्पन्न परिस्थितियों में स्वयं उन्हीं को एक राजनीतिक दल-जनता पार्टी-का निर्माण करना पड़ा तथा इसका सदस्य हुए बिना भी 1977 के आम चुनाव में इस दल के प्रत्याशियों का सक्रिय समर्थन करते हुए चुनाव प्रचार किया।

अन्तिम रूप से, जे.पी. ने इस बात पर विशेष जोर दिया कि 'सम्पूर्ण क्रान्ति' के लक्ष्य समय के अनुसार परिवर्तित होते रहेंगे। कुछ काम समय के अनुसार तुरन्त प्रभाव से करने वाले होंगे। लेकिन, जब वे पूर्ण हो जाएँगे, तो 'सम्पूर्ण क्रान्ति' के पक्षधर नए कामों में लगेंगे। जैसा कि 1976 उन्होंने कहा : 'सम्पूर्ण क्रान्ति' स्थायी क्रान्ति है। यह हमेशा रहेगी और हमारी व्यक्तिगत तथा सामाजिक ज़िन्दगी को बदलती रहेगी। इस क्रान्ति में स्थगन, विराम और अर्द्ध-विराम को कोई स्थान नहीं है। इस भाषा को यह क्रान्ति नहीं जानती।[38]

सम्पूर्ण क्रान्ति का प्रभाव

सारांश यह है कि अवधारणा के रूप में 'सम्पूर्ण क्रान्ति' की उद्भावना मार्क्सवाद और गांधीवाद से सम्बद्ध है और सामाजिक क्रान्ति की धारणा जितनी पुरानी है। जे.पी. ने इसका विकास करते हुए इसे जीवन के समस्त पहलुओं से सम्बद्ध किया और यह तथ्य है कि इस शब्दावली का जे.पी. ने जिस अर्थ में प्रयोग किया, उसने इसे भारतीय राजनीति की पारिभाषिक शब्दावली का अंग बना दिया।

जे.पी. ने अपनी 'सम्पूर्ण क्रान्ति' सम्बन्धी अवधारणा का विकास न केवल मार्क्सवाद और गांधीवाद की सामाजिक क्रान्ति के विचार—संश्लेष से किया वरन् उनमें पश्चिमी लोकतंत्र के सिद्धान्तों का भी समावेश किया। वे यह देखने के बहुत इच्छुक थे कि 'सम्पूर्ण क्रान्ति' के लिए किया जाने वाला संघर्ष देश में स्थापित लोकतांत्रिक संस्थाओं की कार्यप्रणाली को कोई नुकसान नहीं पहुँचाए। वस्तुतः उनके मस्तिष्क में लोकतंत्र की अपनी परिकल्पना थी और वे सामुदायिक या दलविहीन लोकतंत्रों को प्रमुखता देते थे। परन्तु, उन्होंने यह भी अनुभव किया कि अभी यह लक्ष्य बहुत दूर है और इसके लिए कोई छलांग लगाना न तो व्यावहारिक ही है और न ही वांछनीय। जैसा कि दल-विहीन लोकतंत्र के साथ है वैसी ही बात 'सम्पूर्ण क्रान्ति' के दूसरे लक्ष्यों को प्राप्त करने के साथ भी है। मसलन जाति व्यवस्था का उन्मूलन और धनिक वर्ग द्वारा निर्धन वर्ग की शोषण समाप्ति आदि ऐसे पहलू हैं कि 'सम्पूर्ण क्रान्ति' का संघर्ष एक लम्बी प्रक्रिया है। अन्तिम लक्ष्य कभी प्राप्त नहीं हो सकता। वास्तविकता तो यह है कि अन्तिम लक्ष्य जैसा कुछ भी नहीं है। जे.पी. की 'सम्पूर्ण क्रान्ति' की अवधारणा एक स्थायी क्रान्ति की अवधारणा है और उच्च से उच्चतर एवं उच्चतम लक्ष्यों तक आगे बढ़ते जाने की परिकल्पना है।

इन लक्ष्यों के लिए यूटोपिया शब्द का प्रयोग उचित होगा। परन्तु यह सच है कि दुनिया में तमाम क्रान्तिकारियों और पथ-अन्वेषकों ने ऐसे आदर्शों कों संजोया है। यदि दलविहीन लोकतंत्र यूटोपिया है तो क्या मार्क्स और गांधी की राज्यविहीन समाज की कल्पना को और कुछ कहा जा सकता है? जैसा कि गांधी ने एक बार कहा था कि इस बात में कोई हानि नहीं है, कि आदर्शवाद में हर अच्छाई विद्यमान है। उस आदर्श मानवता को प्राप्त करने का प्रयास अपनी इस यात्रा को पूर्ण किए बिना भी पारस्परिक निकटता को पैदा करता है। यही बात जे.पी. की 'सम्पूर्ण क्रान्ति' की अवधारणा के सम्बन्ध में कही नहीं जा सकती तथापि यह बात सभी के लिए हितकारी होगी कि वे हर समय अपनी दलगत नीतियों से प्रभावित होकर नहीं चलें और देश की तात्कालिक एवं मूलभूत समस्याओं के समाधान के लिए पारस्परिक निकटता स्थापित करें। इसके अलावा, वास्तविक लोकतंत्र के लिए यह जरूरी है कि जनता के हाथ में मात्र मत देने का ही अधिकार नहीं हो बल्कि चुनाव के लिए प्रत्याशियों के चयन का अधिकार भी हो। हमारे देश की वर्तमान स्थिति में राज्यविधान सभाओं तक के लिए, विभिन्न राजनीतिक दलों का केन्द्रीय नेतृत्व प्रत्याशियों का चयन करता है जिसे बहुत संतोषजनक तथा लोकतांत्रिक नहीं माना जा सकता। यदि जनता को चुनाव हेतु अपने प्रत्याशियों के चयन करने का अधिकार हो तो इसके लिए 'जनता के लिए स्वराज्य' पुस्तिका में जे.पी. ने जो मार्ग सुझाया है उस पर चलने से जनता को 'पंचायती राज' संस्थान द्वारा अपने

मामलों को स्वयं निपटाने का अवसर सुलभ होगा और इस प्रकार हमारे वर्तान प्रतिनिधि वाले लोकतंत्र को जनता की सीधी भागीदारी वाले लोकतंत्र में रूपान्तरित करने में सहायता मिलेगी। यह इस बात में भी सहायक होगा, कि राजनीतिक दल 'पंचायती राज' संस्थान से स्वयं को अलग रख सकेंगे तथा वे उनको विचलित करने वाले किसी राजनीतिक दल से अपनी सम्बद्धता नहीं रखेंगे। नेहरू-युग में उद्भुत हमारी आर्थिक व्यवस्था में भारी उद्योग के मजबूत आधार को यद्यपि पुष्ट करते रहना होगा तथापि इस बात में कोई सन्देह नहीं है कि अब छोटी मशीन और ग्रामीण औद्योगीकरण की आवश्यकता है जिससे बेरोजगारी दूर हो और सन्तुलित विकास को प्रोत्साहित किया जा सके। यही बात जे.पी. के उन विचारों के विषय में कही जा सकती है, जिनमें वे अप्रासंगिक एवं जर्जर सामाजिक मान्यताओं को छोड़ देने की बात कहते हैं और हमारी शिक्षा-व्यवस्था में आमूलचूल परिवर्तन के विचार प्रस्तुत करते हैं। इस सबके पीछे स्वतंत्रता, समानता और भ्रातृत्व पर आधारित एक नई सामाजिक व्यवस्था के अन्वेषण की भावना है।

जे.पी. की 'सम्पूर्ण क्रान्ति' की अवधारणा का अहिंसक सामाजिक क्रान्ति के पद्धति विज्ञान को भी उल्लेखनीय योगदान है। गांधी ने इस तरह की क्रान्ति के सम्बन्ध में सबसे पहले सोचा था कि उन्होंने रचनात्मक कार्य संगठन तथा संघर्ष पर समान रूप से बल दिया था। विनोबा ने इस धारणा का विकास किया और उन्होंने भी 'भूदान' और 'ग्रामदान' की शक्ल में रचनात्मक कार्य के नए रूप विकसित किए। उन्होंने जनता में एक न्यायपूर्ण सामाजिक व्यवस्था के बुनियादी सिद्धान्तों का प्रचार-प्रसार करने की आवश्यकता पर विशेष बल दिया। परन्तु, उन्होंने संघर्ष की ओर से पूरी तरह मुंह मोड़ लिया और अपनी आस्था जन-प्रोत्साहन में जताई, जिसे उन्होंने सकारात्मक सत्याग्रह नाम दिया, जबकि संघर्ष को नकारात्मक कहा। विनोबा के साथ लगभग बीस वर्ष तक काम करने के बाद जे.पी. ने महसूस किया कि अहिंसक सामाजिक क्रान्ति तक भी बिना संघर्ष के नहीं लाई जा सकती। उन्होंने तो समाज के शोषित और उत्पीड़ित वर्गों की तरफ़ से वर्ग-संघर्षों में भागीदारी करने की आवश्यकता भी समझी।

लेकिन जे.पी. 'सम्पूर्ण क्रान्ति' के लिए संघर्ष का कोई मॉडल अपने पीछे नहीं छोड़ सके। यद्यपि 1974-77 के बीच, हमारे देश में लोकतंत्र की रक्षा के विचार से किए गए उनके संघर्ष का महान ऐतिहासिक महत्त्व है। जिसे उन्होंने 'सम्पूर्ण क्रान्ति' के लिए कहा था। लेकिन वास्तविकता में यह संघर्ष भी विभिन्न राजनीतिक दलों और उनके नेताओं द्वारा किए जाने वाले सत्ता-संघर्ष से अलग पहचान नहीं बना सका, जो 1975 के मध्य से खासतौर से आरम्भ हुआ। इन राजनीतिक दलों के नेताओं को न जे.पी. में कोई रुचि थी और न ही उनकी 'सम्पूर्ण क्रान्ति' की अवधारणा में। वे अपना लक्ष्य प्राप्त करते ही इन लोगों को पूरी तरह भूल गए।

जे.पी. का यह अनुभव आकस्मिक नहीं था अपितु उनकी 'सम्पूर्ण क्रान्ति' की अवधारणा मे एक बड़े अन्तराल का अपरिहार्य परिणाम था। जिस विषय के लिए क्या बुनियादी तौर पर गम्भीर विचार-विमर्श की आवश्यकता होती है क्या ऐसे विषय पर यानी 'सम्पूर्ण क्रान्ति' जैसे सवाल पर बिना किसी आधारभूत और व्यापक संगठन और जनता की पर्याप्त विचारधारात्मक तैयारी के बिना राष्ट्रव्यापी संघर्ष छोड़ा जा सकता है? देश के निश्चित भागों में विश्वविद्यालय के विद्यार्थियों में असन्तोष की लहर, जो कि 'सम्पूर्ण क्रान्ति' के कार्यक्रम से असम्बद्ध थी, और इस तरह की क्रान्ति में कोई खास रुचि नहीं रखने वाले राजनीतिक दलों और नेताओं की सहायता से क्या 'सम्पूर्ण क्रान्ति' के लिए राष्ट्रव्यापी संघर्ष छोड़ा जा सकता है? इसके साथ ही यह बात भी जुड़ी हुई है कि क्या 'सम्पूर्ण क्रान्ति' के लिए किए जाने वाले संघर्ष या आन्दोलन को सफलतापूर्वक इसकी तार्किक परिणति तक पहुँचाया जा सकता है? जब 'सम्पूर्ण क्रान्ति' के कार्यक्रम को लागू करने का अवसर सुलभ हो। तब उसके क्रियान्वयन के लिए सत्ता ग्रहण करने वाली मशीनरी के अभाव में क्या 'सम्पूर्ण क्रान्ति' सम्भव हैं? गांधीजी के 'लोक सेवा संघ' की अवधारणा और बाहर से सरकार को प्रभावित करते रहने के लिए प्रतिबद्ध संगठन की तरह 'सम्पूर्ण क्रान्ति' के उद्देश्य को पूरा किया जा सकता है किन्तु इस स्थिति में एक ऐसे संगठन की आवश्यकता है जो इस तरह की क्रान्ति के लिए जनता की विचाराधारात्मक तैयारी के लिए समर्पित हो, इन विचारों को जनता में फैलाए, रचनात्मक काम मे संलग्न रहे और अन्याय के विरुद्ध स्थानीय संघर्षों में भागीदारी करे। यह संगठन धैर्यपूर्वक इस बात की प्रतीक्षा करे कि उसने जो काम जनता में किए हैं वे कोई-न-कोई परिणाम अवश्य लाएँगे। जनता की चेतना में परिवर्तन करके ही ये काम सम्पन्न होंगे, ये काम उनको भी प्रभावित करेंगे, जो सत्ता में होंगे, बहुत धैर्य से इस कठिन परीक्षा से गुजरना होगा। परन्तु यह बिन्दु अभी विवादास्पद ही है कि 'सम्पूर्ण क्रान्ति' के लिए अमुख रास्ता बससे ज्यादा असरदार होगा। इन विषयों का समाधान आसान नहीं है किन्तु हमें इन सवालों से आमना-सामना करना होगा। यदि 'सम्पूर्ण क्रान्ति' की आवधारणा को सामाजिक संगतिपूर्ण मान्य और विश्वसनीय बनाना हैं तो इन विषयों पर गम्भीर विचार-विमर्श जरूरी हैं।

सन्दर्भ

1. कार्ल मार्क्स, एफ. एंगेल्स, एंड वी. लेनिन : ऐतिहासिक भौतिकवाद (मास्को : 1972) पृ. 83
2. विहंगावलोकन के लिए देखिए : बी.उन. गांगुलि, गांधी का सामाजिक दर्शन (दिल्ली : 1973), पृ. 145-26
3. विश्वनाथ टंडन : विनोबा से चयन (वाराणसी : 1981), पृ. 91
4. सुरेश राम : सम्पूर्ण क्रान्ति की ओर (वाराणसी : 1981)।

5. जयप्रकाश नारायण : सम्पूर्ण क्रान्ति की ओर, ब्रह्मानन्द चौथा संस्करण (बम्बई, 1978), पृ. 115
6. ज्याफ्रे आस्तरगार्ड, भारत में अहिंसक क्रान्ति, (नई दिल्ली, 1985), पृ. 207
7. वही, पृ. 404
8. बिमल प्रसाद : एक क्रान्तिकारी की खोज : जयप्रकाश नारायण की संकलित रचनाएँ (नई दिल्ली, 1980), पृ. 115-18
9. द टाइम्स (लन्दन) 13 अक्टूबर, 1969
10. जयप्रकाश नारायण : जेल डायरी (बम्बई, 1977), पृ. 31-34
11. प्रसाद, नं. 8, पृ. 285-86
12. वही, पृ. 290
13. वही, पृ. 294
14. वही।
15. वही, पृ. 295
16. नारायण, नं. 10, पृ. 33
17. वही, पृ. 21
18. 'धीमे सामाजिक परिवर्तन' वाली गांधी की दृष्टि से भिन्न, जे.पी. की सम्पूर्ण क्रान्ति की अवधारणा को न समझ पाने की वहज से उनकी विचारधारा को लोकतंत्र के सिद्धान्त और व्यवहार का विरोधी बताया गया—देखिए अमृतानन्द दास 'लोकतंत्र और क्रान्ति' : जे.पी. संश्लेषण। एस. दास गुप्ता के 'सम्पूर्ण क्रान्ति' : एक सिम्पोजियम' (कलकता, 1978), पृ. 68-84
19. नारायण, नं. 10, पृ. 21
20. टंडन, नं. 3, पृ. 91
21. ऑस्तरगार्ड, नं. 6, पृ. 389, 'जनता के कार्य' भी देखिए, जून 1973
22. ज्याफ्रे ऑस्तरगार्ड, 'विनोबा का 'ग्रेज्युलिस्ट' बनाम पश्चिमी 'इमिडएटिस्ट' अराजकतावाद। आर.आर. दिवाकर और महेन्द्र अग्रवाल के संस्करण में : विनोबा, एक आध्यात्मिक क्रान्तिकारी (नई दिल्ली), पृ. 94-95
23. देखिए, टंडन, नं. 3, पृ. 95
24. आस्तरगाई में उल्लिखित, नं. 6, पृ. 63
25. प्रसाद, नं. 8, पृ. 388
26. गांधी मार्ग (हिन्दी) अप्रैल 1978, अनुवादक एस.आर. गुप्ता।
27. देखिए, टंडन, नं. 3, पृ. 101
28. यंग इंडिया, 30 जनवरी, 1930, (पहले वाक्य तथा कनेक्टेड वर्क्स ऑफ़ महात्मा गांधी, 32 नई दिल्ली, 1972 में 'नहीं' शब्द छूट गया है) पृ. 436। फिर भी यदि हम देखेंगे तो पाएँगे कि पहले तथा उसके तुरन्त बाद उस पैरा में ऐसा प्रतीत होता है कि मुद्रण की भूल है।
29. राघवन, एन. अय्यर, दि मॉरल एंड पॉलिटिकल थॉट ऑफ़ महात्मा गांधी (ऑक्सफोर्ड, 1973, पृ. 321) तथा देखिए बुद्धदेव भट्टाचार्य, इवोल्यूशन ऑफ़ दि पॉलिटिकल फिलासफी ऑफ़ महात्मा गांधी (कलकता, 1969), पृ. 340-41

30. दि कलेक्टेड वर्क्स ऑफ़ महात्मा गांधी, जिल्द 58 (नई दिल्ली,1971), पृ. 16
31. फिर वही।
32. देखिए निर्मल कुमार बोस, स्टडीज इन गांधीज़्म (कलकत्ता, 1962), पृ. 50-51
33. नारायण, टिप्पणी, 10 पृ. 87
34. देखिए, पाठ के लिए प्रसाद टिप्पणी, 8, पृ. 209-71
35. देखिए, नारायण, टिप्पणी, 10, पृ. 61-64, 88, 95-96
36. देखिए, प्रसाद, टिप्पणी, 8, पृ. 386
37. फिर वही, पृ. 338
38. फिर वही, पृ. 369

12

विगत और वर्तमान

अभी हमने जिस लेखन पर विचार किया है क्या उसमें भारतीय राजनीतिक मूल्यों का मौलिक रूप देखने को मिलता है? श्री अरविन्द के मत में जिसका उल्लेख उन्होंने 'दि स्पिरिट एंड फार्म ऑफ़ इंडियन पॉलिटी' (1918-21) मे किया है; लिखा है : "पिछली पीढ़ी ने दासों जैसी निष्ठा के साथ परिचय के राजनीतिक आदर्शों और संस्था—रूपों को अनुसरण करने और उन्हीं को व्याख्यायित्त करने की कोशिश की है। आवश्यकता इस बात की है कि धार्मिक धारणाओं में व्यक्त हुए भारतीय जीवन-मूल्यों को फिर से प्रतिष्ठित किया जाए।"[1] यह टिप्पणी जो 1890 से 1915 तक के लेखकों के लिए थी अवश्य ही टैगोर के सम्बन्ध में नहीं थी (देखें पृष्ठ 99) जिन्होंने समाज और राज्य के सम्बन्धों की प्राचीन भारतीय आदर्शों के अनुसार व्याख्या की थी: तब समाज आत्मनिर्भर था और राज्य पर कम आश्रित था। यह टिप्पणी गांधी के लिए भी नहीं थी, क्योंकि उनके मूल विचारों का आधार भारतीय परम्पराओं में निहित था। यह आलोचना विनोबा भावे और जयप्रकाश नारायण के सम्बन्ध में भी उपयुक्त नहीं थी जिन्होंने अरविन्द के बाद अपने विचारों को व्यक्त किया। श्री अरविन्द को इसका खेद रहा कि प्राचीन विचारों के अनुसार शासक को धर्म का संरक्षक बनाने की अवधारणा को आधुनिक स्थितियों के अनुकूल नहीं बनाया गया। उस निबन्ध में जिसका उल्लेख ऊपर किया गया हैं उन्होंने लिखा है कि "धर्म ही नैतिक, सामाजिक, राजनीतिक, न्यायिक परम्परा तथा प्रथा—नियामक और जन जीवन का नियंत्रक था।"[2] धर्म-सत्ता की जिस रूप में कल्पना की गई थी उसे पवित्र और सनातन माना जाता था। धर्म में सारे विकासोन्मुख परिवर्तन समाविष्ट हो गए और तदनुसार उसके नियमों में परिवर्तन कर दिया गया। किसी भी धर्म-निरपेक्ष सत्ता को धार्मिक-मामलों में निरंकुशता पूर्वक हस्तक्षेप का अधिकार नहीं था। स्वयं ब्राह्मण (पुरोहित वर्ग) धर्म के व्याख्याता तथा भाष्यकार थे। उन्हें धर्म-संहिताओं में इच्छानुकूल परिवर्तन करने का अधिकार नहीं था : यद्यपि यह सर्व विदित है उन्होंने समय-समय पर इस या उस धर्म-सिद्धान्त के व्यवहार-पक्ष को बदलने या न बदलने के सम्बन्ध में पक्षपता या विरोध प्रकट किया है। राजा ही धर्म का संरक्षक, निष्पादक

तथा सेवक था। वहीं धर्म की अनुपालना कराता था, वहीं धर्म के विरुद्ध होने वाले अपराधों, अनियमितताओं और नियमोल्लंघन करने वालों की देखता था। वह स्वयं धर्मानुशासन को मानता था और धर्म-नियमों की व्यक्तिगत-जीवन राजकाज और अपने अधिकार तथा कर्तव्य के क्षेत्र में कठोरता पूर्वक पालन करता था।

विदेशी-आक्रमणों ने धर्माचरण को अस्त-व्यस्त कर दिया। सामाजिक और आर्थिक परिवर्तन हुए। श्री अरविन्द कहते हैं कि प्रत्येक व्यक्ति यह चाहेगा कि हमने पश्चिम का अनुसरण करे और उनकी सफलता-असफलता के चक्र को दुहराने के बजाय 'धर्म के अर्थ और उसके व्यापक रूपों'[3] को बदलते हुए परिवेश में क्रियान्वित किया होता।

इस सन्दर्भ में दयानन्द (1824-1883) के विचार भी हमारा ध्यान आकृष्ट करते हैं। स्वामी जी ने हिन्दू सुधारवादी आन्दोलन का सूत्रपात किया तथा आर्य समाज की स्थापना की। आधुनिक भारत के शायद सबसे विलक्षण चिन्तक स्वामी दयानन्द ने अपनी पुस्तक 'दि लाइट ऑफ़ ट्रूथ' में छठे अध्याय के रूप में एक निबन्ध लिखा है 'दि साइन्स ऑफ़ गवर्नमेंट'। यह द्रष्टव्य है कि उनके निष्कर्ष प्राचीन हिन्दू-ग्रंथ वेद तथा मनु के धर्म शास्त्र पर आधारित है। यहाँ उन्नीसवीं सदी के उत्तर राजनीतिक चिन्तन पर प्राचीनता की स्पष्ट छाप देखी जा सकती है।

'साइन्स ऑफ़ गवर्नमेंट' में उल्लिखित प्रमुख विचार इस प्रकार है :

शासक और शासित के हित में तीन सभाओं का गठन किया जाना चाहिए—धर्म-सभा, विधान-सभा, शिक्षा-सभा। प्रत्येक सभा को अपने कार्य-क्षेत्र से सम्बन्धित विषयों पर विचार-विमर्श करना चाहिए और निर्णय लेना चाहिए। सभाओं सैन्य-परिषदों के मिल जुल कर देश की सरकार चलाना चाहिए। सभाओं के सर्वोच्च नेता राजा को सभा द्वारा पारित नियमों की अनुपालना करनी चाहिए और इसी प्रकार सत्रासदों को भी आचरण करना चाहिए।

इस 'सब का आशय यह है कि किसी भी एक व्यक्ति को सर्वसत्ता-सम्पन्न नहीं होना चाहिए। समाध्यक्ष राजा और सभा-सदस्यों को एक-दूसरे का यहयोगी होना चाहिए। इन दोनों पर जनता का नियंत्रण रहे और जनता पर सभाओं का।'[4] उन्नीसवीं सदी के उत्तरार्द्ध की एक राजनीतिक पुस्तक में नियंत्रण और सन्तुलन के सिद्धान्त का उल्लेख वास्तव में बहुत ही दिलचस्प हैं।

यदि इस व्यवस्था का अनुसरण नहीं किया गया और राजा को जन-नियंत्रण से मुक्त रखा गया तो वह निरंकुश और मगरूर होकर "जनता को शक्ति-हीन बना देगा ओर उनका दमन करने लगेगा।"[5] एक निरंकुश शासक किसी को शक्तिशाली नहीं होने देता। वह धनवालों को लूटता है उनकी सम्पत्ति को अन्यायपूर्वक जब्त कर लेता है और अपनी स्वार्थ-सिद्धि करता है। इसलिए किसी एक व्यक्ति के पास इतनी शक्ति नहीं होनी चाहिए कि वह निरंकुश हो जाए।

स्वामी दयानन्द द्वारा प्रतिपादित दूसरे सिद्धान्तों का भी उल्लेख आवश्यक है। स्वामी जी के मत में राज्य की रक्षा के लिए सैनिक तैयारियाँ हमेशा आवश्यक है। राजनीतिक दृष्टि से मनुष्य तब तक महत्त्वपूर्ण रहते हैं जब तक वे ईमानदार, न्यायप्रिय और सम्मानित हों। जब वे दुष्ट और अन्यायी हो जाते हैं तो उनका स्वत: ही पतन हो जाता है। सर्व साधारण के हित में बनाए हुए नियमों का पालन करना सबका कर्तव्य होना चाहिए किन्तु व्यक्ति-हित के काम में उन्हें इच्छानुकूल आचरण की स्वाधीनता होनी चाहिए। न्याय और सार्वजनिक अनुशासन की अनुपालना के लिए विधि (नियम) की सत्ता ही सर्वोपरि है। जब विधि की न्यायपूर्ण अनुपालना होती है तो 'सब लोग आनन्दित' रहते हैं लेकिन जब उसका उपयोग अनुचित रीति से किया जाता है यानी न्याय की आवश्यकताओं को ध्यान में नहीं रखा जाता तो वे राजा का नष्ट कर देती है। अपराधी को पर्याप्त और अविलम्ब दंड मिलना चाहिए। "जो राजा और राज्याधिकारी अपने राज्य की समृद्धि और उन्नति चाहते हैं, जो न्यायप्रिय और ईमानदार हैं उन्हें जघन्य हिंसा जैसे लूट-पाट, चोरी, डकैती करने वालों को दंड देने में एक क्षण का भी विलम्ब नहीं करना चाहिए।"[6] अपराधी होने पर सजा की भी अघमातम व्यक्ति की तरह जाँच होनी चाहिए और 'उसे समान्य आदमी से भी कहीं अधिक तथा निर्भयता-पूर्वक दंड दिया जाना चाहिए।"[7]

राजनीतिक चक्रों का सिद्धान्त

विगत का वर्तमान पर प्रभाव तथा वर्तमान भारत की ही नहीं विश्व-इतिहास को विगत के आधार पर व्याख्यायित करने वालों में स्वामी विवेकानन्द (1863-1902) अग्रणी कहे जाएँगे। स्वामी श्री रामकृष्ण के प्रमुख शिष्य, धर्म-गुरु तथा श्री रामकृष्ण मठ तथा मिशन के संस्थापक है। उन्होंने 'माडर्न इंडिया' (1899) में 'राजनीतिक चक्रों के सिद्धान्त का विकास किया जिसमें भारतीय महाकाव्य महाभारत में वर्णित राजनीतिक चक्रों की पुनरावृत्ति दिखाई पड़ती है जो हर्बर्ट स्पेन्सर तथा काम्टे द्वारा प्रतिपादित पश्चिमी समाज-दर्शन से मिलता-जुलता है।

सिद्धान्त सूत्र इस प्रकार है : सारे मनुष्यों में सत्त्व (गम्भीर) रजस् (क्रियाशील) तथा तमस् (अज्ञान) तत्त्व ज्यादा या कम किन्तु किसी-न-किसी मात्रा में मौजूद रहते हैं उसी के अनुसार ब्राह्मण, क्षत्रिय, वैश्य तथा शूद्र सारे सभ्य राष्ट्रों में सब समय विद्यमान रहते हैं। उनकी संख्या और शक्ति भिन्न-भिन्न देशों में भिन्न-भिन्न समय पर घटती-बढ़ती रहती है। "कुछ देशों में इनमें से किसी एक जाति की संख्या और प्रभाव दूसरी जातियों से कम-ज्यादा होता रहा है। कभी इनमें से कोई एक जाति दूसरी जाति से शक्तिशाली हो गई है। किन्तु विश्व इतिहास को ध्यान पूर्वक देखने से यह विदित होता है कि प्रकृति के नियमानुसार ब्राह्मण, क्षत्रिय, वैश्य तथा

शूद्रों ने विश्व पर एक-के बाद एक ने राज्य किया है।"[8] यह चीनी, सुमेरियन, बेबीलीनियन, मिश्री, आर्य, ईरानियन, यहूदियों और अरबों के सम्बन्ध में निश्चय पूर्वक कहा जा सकता है।

स्वामी कहते हैं कि जिन जातियों का अभी उल्लेख किया गया है : "उनमें इतिहास के प्रथम चरण में समाज के मार्ग-दर्शन की सर्वोच्च शक्ति ब्राह्मण अथवा पुरोहितों में पास रही है। दूसरे चरण में राज्य-शक्ति क्षत्रियों के पास आ गई यानी सर्वशक्तिशाली राजतंत्र या चुने हुए लोगों की अल्पंत्री सरकार इन दिनों आधुनिक पश्चिमी राष्ट्रों की सरकारें, जिनमें इंग्लैंड सबसे आगे है, व्यापार के कारण धनवान हुए वैश्य या व्यापारी समुदाय चला रहे है।"[9]

लेकिन इन जातियों के उत्थान-पतन के चक्र को किस तरह व्याख्यायित किया जाए?

पुरोहितों का शक्ति-निवेश बुद्धि है, शस्त्र-बल या बाहु बल नहीं। उनके पास पर्याप्त सयम होने के कारण अध्यात्म ज्ञान और क्षमता सम्पन्न हो जाते हैं। "सर्वमंगल तथा कल्याण की इच्छा के अंकुर उनमें आध्यात्मिक शक्ति, ज्ञान, विवेक प्रति निष्ठा तथा वैराग्य के कारण उत्पन्न होते हैं।"[10] यह आश्चर्य की बात नहीं है कि "जिस ब्राह्मण के पास न जन-शक्ति है न धन-शक्ति उसका एक शब्द आध्यात्मिक शक्ति के कारण राजा की निरंकुश इच्छा को ऐसे ही शान्त कर देते हैं जैसे अग्नि को जल शान्त कर देता है।"[11]

पुरोहितों की शक्ति दो कारणों से क्षीण हो गई। पहला कारण तो यह है कि पुरोहितों की शक्ति का प्रभाव का केन्द्र मुख्यत: बौद्धिक और देवताओं के साथ संवाद करने की क्षमता में निहित है जिन्हें वे कुछ शब्दों के उच्चारण, ध्वनियों की आवृत्ति तथा क्रियाओं से प्राप्त करते हैं किन्तु जिन्हें वे गोपनीय रखते हैं। धीरे-धीरे उनकी आस्था विचलित हो गई।

दूसरा यह कि परिस्थितियों के कुचक्र में फँसकर और अपनी वैचारिक सम्पदा को अपने तक सीमित रखने के कारण उनका स्वभाव लालची और प्रपंचपूर्ण हो जाता है। ऐसा होना इन गोपनीयता की परिस्थितियों में स्वाभाविक होता हैं। यदि ज्ञान इसी प्रकार गोपनीय रहता है तो उसकी तर्क-संगत व्याख्या दुनिया से छिपाई जाती है और उसे यह समझा जाता है कि यह सब दैविक-शक्ति का चमत्कार है। इसलिए उसे मौलिक विवेक से चमकाने और वैज्ञानिक ज्ञान की प्राप्ति के स्थान पर उन प्राचीन और भ्रष्ट विचारों के खँडहरों को स्वच्छ करने के प्रयत्नों तक को निरर्थक माना जाने लगता है। "इस तरह पुराने ज्ञान को खोकर वह पुरोहित जो आत्म-विश्वास की अविजित शक्ति माना जाता है अब व्यर्थ ही अपने पूर्वजों के नाम पर स्वयं को महिमा-मंडित करता हुआ यश, अधिकार सम्मान तथा श्रेष्ठता के लिए संघर्ष कर रहा है।"[12] परिणाम यह हुआ है कि वह दूसरी जातियों के साथ

विकट संघर्ष में आ गया है। समाज विकास के सिलसिले में पुरोहित एक सामान्य से तथ्य को भूल गया है। "सामाजिक हित के लिए कभी-कभी यह नितान्त आवश्यक होता है कि ज्ञान और शक्ति को दूसरों से बचा कर कुछ परिवार और जातियों तक सीमित रख लिया जाए लेकिन सीमित रखने का प्रयोजन यही होना चाहिए कि बाद में उसे उदारता पूर्वक सारे समाज के वितरित कर दिया जाए। यदि वितरण नहीं होता है जो उस समाज का निकट भविष्य में नाश सुनिश्चित है।"[13]

क्षत्रियों में अम्युदय काल में यही गलती हुई। "जिस प्रकार पुरोहित सारा ज्ञान और शिक्षा स्वयं तक सीमित करने में लगा रहा इसी तरह राजा भी सारी पृथ्वी का ऐश्वर्य और बल अपने ही लिए एकत्रित करने में लग गया।"[14] राजा जो कि प्रजा की शक्ति का पुँज होता था (राजा अपनी प्रजा की शक्ति का प्रतीक माना जाता है) यह भूल ही गया कि उसे वह शक्ति सहस्त्र-गनी बनाकर उन्हीं को लौटा देना है जिससे कि पूरे समुदाय के लिए कल्याणकारी हो। लेकिन संरक्षण का स्थान दमन ने ले लिया। राजा-प्रजा के बीच विकट संघर्ष शुरू हो गया। "सिंहासन और राजसी ठाट-बाट अजायबघर में इकट्ठी की हुई अतीत की दिलचस्प सामग्री हो गए।"[15]

इसी संघर्ष या प्रतिक्रिया स्वरूप वैश्य अपनी प्रचंड शक्ति के साथ उभर आए। जैसे ज्ञान ब्राह्मण को और शस्त्र बल क्षत्रिय को शक्तिशाली बनाता है उसी तरह धन वैश्य को पराक्रम शील बना देता है। जिस तरह ब्राह्मणों और क्षत्रियों के अभ्युदय काल में "ज्ञान और सभ्यता का विकास होता है उसी तरह वैश्य काल में धन का अटूट संचय होने लगता हैं और ब्राह्मण तथा क्षत्रिय कालीन विवेक, सभ्यता और कला व्यापार की सहस्त्रों शिक्षाओं के माध्यम से चारों तरफ फैलाई जाने लगती है।"[16]

अन्त में स्वामी विवेकानन्द के अनुसार "एक समय आएगा जब शूद्रों का अभ्युदय होगा...जब सारे देशों के शूद्र वैश्यों या क्षत्रियों के स्वभाव का अनुकरण करके नहीं बल्कि अपने स्वभाव और वृत्तियों से शूद्र रहते हुए देश में वर्चस्व प्राप्त करेंगे।"[17] समाजवाद, अराजकतावाद, नास्तिकवाद और इसी प्रकार के अन्य मतवाद भविष्य की सामाजिक क्रान्ति के अग्रदूत होंगे।

स्वामीजी के विचारों को अधिक विस्तार से चर्चा करना आवश्यक है। उनके 'राजनीतिक-चक्र' सिद्धान्त का संकेत देने के लिए इतना ही काफ़ी है। इससे यह स्पष्ट हो जाता है कि 19वीं शताब्दी में अन्त में प्राचीन विचारों का हमारे राजनीतिक चिन्तन पर कितना प्रभाव था।

भारतीय राजनीतिक चिन्तन की खामियाँ

एक प्रश्न जिसका हमें निर्णयक रूप में उत्तर देना है वह यह है कि क्या भारतीय चिन्तन ने समग्र राजनीतिक चिन्तन को समृध्द करने में योगदान दिया है।

इसका उत्तर इस बात पर निर्भर करेगा कि भारतीय चिन्तकों ने राजनीति में भारतीय जीवन मूल्यों तथा अनुभवों का किस सीमा तक समावेश किया है? श्री अरविन्द ने 1915-18 में जो कहा था कि "पिछली पीढ़ी ने दासों जैसी निष्ठा के साथ पश्चिमी राजनीतिक आदर्शों तथा रूपों का अनुकरण और उन्हीं को व्याख्यायित करने की कोशिश की है।"[18] वह आंशिक सत्य है। शायद ज्यादा सन्तुलित दृष्टि यह होगी कि भारतीय चिन्तन के पिछले सौ वर्ष भारतीय परम्परा और अनुभव के साथ पश्चिमी अनुभव और विचारों को मिलाने के रहे हैं।

भारतीय जीवन मूल्यों और अनुभवों से सम्बन्धित कुछ उपयोगी विचार इस प्रकार हैं : एक पराधीन राष्ट्र की सरकार शक्ति से नहीं सहमति से चलनी चाहिए, अच्छी सरकार से स्व-शासन न केवल बेहतर है बल्कि एक अच्छी सरकार के लिए आवश्यक भी है; उचित साध्यों की प्राप्ति के लिए उचित साधनों की तलाश और उनका उपयोग होना चाहिए; समाज का लक्ष्य बहुजन सुखाय बहुजन हिताय न होकर सर्वजन सुखाय सर्वजन हिताय होना चाहिए। इस लक्ष्य को प्राप्त करने के लिए इच्छाओं को अमर्यादित, असंख्य करने के स्थान पर सीमित करना उचित विनियोग के लिए न्यासियों की नियुक्ति करे। जब तर्क तथा दूसरे उपायों से राजनीतिक उद्देश्यों की प्राप्ति सम्भव न हो तो व्यक्तिगत दुख सहने से सहानुभूति प्राप्त की जा सकती है और समर्थन मिल सकता है। अन्त में साम्यवाद या पूँजीवाद से सामाजिक प्रगति के लक्ष्य उधार लेने के बजाय राजनीतिक तथा आर्थिक विकेन्द्रीकरण का स्वतंत्र समाजवादी मार्ग अपनाने की दिशा में प्रयत्नशील होना चाहिए।

इनमें से कई विचार महत्त्वपूर्ण हैं लेकिन उन्हें राजनीतिक अहमियत देने के पूर्व उन पर कुछ और चिन्तन आवश्यक है। यह सब मानते हैं कि पराधीन राष्ट्र की सरकार शक्ति के आधार पर नहीं सहमति के आधार पर चलनी चाहिए। लेकिन सहमति केसे हासिल की जाए? सर सैयद अहमद के कथनानुसार "इसलिए यह आवश्यक है कि भारत की शान्ति और प्रगति के लिए यहाँ अंग्रेजों को न केवल कई वर्षों तक रहना चाहिए बल्कि हमेशा के लिए रहना चाहिए।..."[19] यह भी एक प्रश्न है कि भारत जैसे देश में जहाँ गहरे सामाजिक कटाव हैं वहाँ राज्य को अपना दायित्व किस प्रकार निभाना चाहिए? एक अच्छी सरकार के लिए स्वशासन एक आवश्यक उपादान है लेकिन उसके लिए वे कौन से संस्थानिक परिवर्तन आवश्यक होंगे कि जिससे अच्छी सरकार को रूपाकार मिल सके। साध्य साधन के समीकरण के सम्बन्ध में हमने यह प्रश्न उठाया है क्या व्यक्ति की तरह राज्य किसी आचार संहिता का पालन कर सकता है? नेहरू के उस कथन की याद करें जिसमे उन्होंने कहा था कि राजनेता जिस सीमा तक लोगों को अपने साथ ले जा सके उसे सामान्य नागरिक की तरह आचार संहिता का पालना करना चाहिए। हमारी दृष्टि में नेहरू का कथन सही है। उनके कहने का यह अभिप्राय है कि राज्य एक शक्ति नहीं है

वह ट्रस्टी है ट्रस्टी को अपने संरक्षित के हित देखने पड़ते हैं। लेकिन यहाँ भी यह सवाल उठता है कि राजनेता यह कैसे निश्चय करे कि किसी खास मुद्दे पर उसे लोगों का समर्थन मिल रहा है? जहाँ तक महात्मा गांधी के ट्रस्टीशिप के सिद्धान्त का प्रश्न है नेहरू की इस शंका का निवारण करना पड़ेगा—कि क्या धनवान अपने अतिरिक्त धन को सामान्य जन के उपयोग में लाएँगे? क्या एक लालची समाज की विकृतियों का परिष्कार सर्वहारा वर्ग के शोषण को रोकने के संस्थागत उपायों के बिना सम्भव हैं?

सत्याग्रह के सम्बन्ध में हम यह प्रश्न पहले ही उठा चुके हैं कि यह निश्चय करना कैसे सम्भव है कि जो उपाय सत्याग्रही के विवेक को सामाजिक दृष्टि से उचित लग रहा है वह दूसरों को भी उचित और उपयोगी लगेगा? लोकतंत्रात्मक समाजवाद में सिद्धान्ततः आर्थिक तथा राजनीतिक विकेन्द्रीकरण पर जोर दिया जाता है किन्तु विकेन्द्रीकरण को उस आधुनिक सुरक्षा तंत्र तथा आर्थिक विकास की जरूरतों से कैसे जोड़ा जाएगा जिसके लिए केन्द्रीकरण नितान्त आवश्यक है।

आधुनिक भारत के राजनीतिक चिन्तन पर विचार करने वाले के मन में यह कुछ महत्त्वपूर्ण प्रश्न उठते हैं। इस तरह के कुछ और महत्त्वपूर्ण प्रश्न होंगे। यह आशा की जाती है कि यह सर्वेक्षण भारत के राजनीतिक चिन्तन से जुड़ी समस्याओं पर विचार और शोध को उत्तेजित करेंगी और उस क्षेत्र को समृद्ध करेगी जिसकी तरफ़ अब तक ध्यान नहीं गया है।

सन्दर्भ

1. दि स्पिरिट एंड फार्म ऑफ़ इंडियन पॉलिटी; प्रथम संस्करण, श्री अरविन्द (कलकत्ता : आर्य पब्लिशिंग हाउस, 1947), पृ. 11-14, 85-91
2. वही, पृ. 11-14
3. वही, पृ. 11-14, 85-91
4. लाइट ऑफ़ ट्रूथ या सत्यार्थ प्रकाश का अंग्रेजी अनुवाद स्वामी दयानन्द की प्रसिद्ध पुस्तक डॉ. चिरंजीव भारद्वाज द्वारा : पब्लिश्ड बाइ दि आर्य प्रतिनिधि सभा, युनाइटेड प्राविन्सेज ऑफ़ एंड अवध (इंडिया), 1915, पृ. 161-202
5. वही।
6. वही।
7. वही।
8. माडर्न इंडिया द्वारा स्वामी विवेकानन्द, 5वाँ संस्करण (अल्मोडा : अद्वैत आश्रम, 1956) पृ. 21-75
9. वही।
10. वही।
11. वही।

12. वही।
13. वही।
14. वही।
15. वही।
16. वही।
17. वही।
18. देखें सं. I, पृ. 11-14, 85-91
19. दि प्रजेंट स्टेट ऑफ़ इंडियन पॉलिटिक्स द्वारा सर सैयद अहमद : कान्सिस्टिंग ऑफ़ स्पीचेज एंड लैटर्स फ्राम दि 'पॉयनियर' (इलाहाबाद : पायनियर प्रेस, 1888), पृ. 37-53

जीवन परिचयात्मक टिप्पणियाँ

आम्बेडकर भीमराव रामजी (1893-1956) इतिहास में लब्धप्रतिष्ठ हरिजन प्रतिनिधि, (गांधी द्वारा गढ़े हरिजन शब्द से पूर्व उन्हें दलितवर्ग कहा जाता था) जिसने हरिजनों की सामाजिक व राजनीतिक हैसियत के उत्थान के लिए विशेष प्रयास किए। प्रकृति प्रदत्त प्रतिभा के धनी, व्यवसाय से वकील, अनेक वर्षों तक न्यायशास्त्र व संवैधानिक विधि के प्रोफ़ेसर, तथा गवर्नर जनरल की एक्ज़ीक्यूटिव के सदस्य (1942-1946)। नेहरू के प्रथम मंत्री मंडल में वर्तमान भारतीय संविधान के प्रारूपकार व पथ प्रदर्शी।

उल्लेखनीय कृतित्व है : 'थॉट्स ऑन पाकिस्तान' (1941), रानाडे, गांधी एंड जिन्ना' (1943), मि. गांधी एंड इमैनसिपेशन ऑफ़ दि अनटचेबिल्स' (1943) तथा 'थॉट्स ऑन लिंग्विस्टिक स्टेट्स' (1955)।

अय्यर, ए. सुब्रामण्यम—'स्टेट इंटरफियरेंस इन सोशल मैटर्स इन इंडिया' (12 दिसम्बर, 1890)। शिक्षा बी.ए.एल.टी. सहायक प्राध्यापक, राजमुन्दरी कॉलेज, राजमुन्दरी, जो अब आंध्र प्रदेश में है।

अरविन्द श्री (1872-1950) अरविन्द घोष (जिन्हें उस समय इसी नाम से जाना जाता था) उन्नीसवीं शताब्दी के उतार पर सार्वजनिक जीवन में तब विशेष चर्चित हुए जबकि उन्होंने 'इन्दु प्रकाश' के स्तम्भों में भारत के स्वाधीनता प्राप्त करने हेतु की गई विनती और निवेदन पत्रों जैसे तरीकों की निन्दा की और स्व-सहायता की हिमायत। उन्होंने बीसवीं शती के पहले दशक में 'वन्दे मातरम' (बंगाली साप्ताहिक) का सम्पादन किया और इसी माध्यम से राष्ट्रीयता पर अपने विचारों को प्रकट किया। साथ उन तरीकों को भी स्पष्ट किया जिसने स्वतंत्रता प्राप्त की जा सकती हैं, इनमें 'निष्क्रिय प्रतिरोध' भी शामिल था। 1908 में राजद्रोह के लिए अलीपुर (बंगाल) कारागर में बन्द रहे, प्रसिद्ध अलीपुर केस में दोषमुक्त करार दिए जाने पर 1909 में रिहा हुए।

जेल में लगभग एक वर्ष के दौरान अरविन्द के चिन्तन-मनन ने उनका काया पलट कर दिया। एक राजनीतिक क्रान्तिकारी से दार्शनिक रूप में उभरे और पांडेचेरी (जो तब फ्रेंच आधिपत्य में था) चले गये ताकि शेष जीवन को चिन्तन तथा आध्यात्मिक जीवन को समर्पित कर सकें।

उनके राजनीतिक विचारों को जानने की दृष्टि से महत्त्वपूर्ण प्रकाशन है : 'दि ह्यूमन साइकिल' (1949), दि आयडिअल ऑफ़ ह्यूमन यूनिटी' (1959) तथा 'दि डॉक्टरिन ऑफ़ पैसिव रिजिसटेंस' (1952)।

आजाद, मौलाना अब्दुल कलाम (1888-1958) गांधी के नेतृत्व में असहयोग आन्दोजन में भाग जिया और अनेक बार जेल गए; अध्यक्ष, भारतीय राष्ट्रीय कांग्रेस 1923 तथा पुन: 1939-46; जवाहरलाल नेहरू के मंत्रीमंडल में मंत्री 1947-58।

प्रकाशित कृतियों में 'इंडिया विंस फ्रीडम' (1959) उल्लेखनीय है।

बैनर्जी सुरेन्द्रनाथ (1848-1925)—कुछ समय इंडियन सिविल सर्विस में रहे, प्रोफेसर, सम्पादक व मंत्री, सुरेन्द्रनाथ बैनर्जी भारत में स्वतंत्रता के लिए समर्पित कार्यकर्त्ता के रूप में सुपरिचित है। भारत के लिए स्व-शासन व सम्बद्ध विषयों पर आपने निरन्तर बोला और लिखा; उनकी सुविख्यात कृति है 'ए नेशन इन मेकिंग' (1925), मूलतः यह आत्मकथात्मक रचना है। भारतीय राष्ट्रीय कांग्रेस के पूना (1895) व अहमदाबार (1902) अधिवेशनों की अध्यक्षता की। उनके राजनीतिक विचारों के अध्ययन के लिए 'ए नेशन इन मेकिंग' के अलावा 'दि स्पीचेज एंड राइटिंग्स ऑफ आनरेबुल सेरन्द्रनाथ बैनर्जी' सम्पादित स्वयं के द्वारा (मद्रास, जी.ए. नटेसन-एंड कम्पनी) की सहायता ली जा सकती है।

अहमद, जमीलुद्दीन—एम.ए. मुस्लिम विश्वविद्यालय, अलीगढ़; 'इंडियाज़ प्राब्लम ऑफ़ हर फ्युचर कान्सटिट्यूशन' निबन्ध संकलन में संकलित 'इज इंडिया वन नेशन' के लेखक (बम्बई, एम.एच. साईद, माउंट प्लेजेंट रोड, 1940)।

अहमद, सर सैयद (1817-1898) प्रारम्भिक वर्षों में ईस्ट-इंडिया कम्पनी की मातहती की, पब्लिक सर्विस कमीशन के सदस्य; इंग्लैंड भ्रमण (1868-70); वायसराय की कौंसिल के सदस्य (1878-82), भारतीय राजनीति में चुनावी तत्त्व के प्रवेश के विरोधी; 1875 में अलीगढ़ में स्कूल की स्थापना की जो 1877 में मोहम्मद एँगलोओरियंटल कालेज बन गया; मुसलमानों में अंग्रेजी शिक्षा के प्रेरक। प्रकाशित रचनाएँ हैं : 'दि कॉजे ऑफ़ दि इंडियन रिवोल्ट' (1858) तथा 'दि प्रजेंट स्टेज ऑफ़ इंडियन पालिटिक्स' (1888)।

अय्यर, पी.एस. शिवास्वामी (1864-1946) प्रख्यात शिक्षा-विद, वकील तथा पत्रकार, सार्वजनिक जीवन में महत्त्वपूर्ण स्थान प्राप्त व्यक्ति; एडवोकेट जनरल, मद्रास (1907-1912); सदस्य एक्जीक्यूटिव कौंसिल, मद्रास (1912-1917); तथा भारतीय संविधान सभा के सदस्य (1912-1926)। राजनीति में उदारवादी विचारधारा के पोषक। सुरक्षा व मिलिटरी मामलात में गहन रुचिशील तथा इन दोनों में सम्बद्ध विभिन्न समितियों के सदस्य।

इकबाल, सर मोहम्मद (1877-1938)—मुस्लिक शायर और चिन्तक। 1930 भारतीय मुस्लिम लीग के अध्यक्ष।

प्रकाशनों में सिक्स लैक्चरर्स आन दि रिकंस्ट्रक्शन ऑफ़ रिलिजियस—थॉट ऑन इस्लाम (1939) भी सम्मिलित है।

एम.आर.टी.—इन्होंने 194 में कलकत्ता के इस्टर्न टाइम्स में लेख लिखे। छद्म नाम है। लेखक की पहचान अपरिचित ही रही।

कुंजरू, पंडित हृदयनाथ (1887-1978)—1936 से सर्वेंट्स ऑफ़ इंडिया सोसायटी के अध्यक्ष : 1952 से 62 तक सदस्य राज्य सभा; 1948 से इंडियन काउंसिल फॉर वर्ल्ड अफेयर्स के अध्यक्ष।

कृपलानी, आचार्य जे.बी. (1888-1982)—1934-36 तक भारतीय राष्ट्रीय कांग्रेस में महामंत्री, 1946 में इसके अध्यक्ष चुन गए और नवम्बर 1947 में त्यागपत्र दे दिया; दिसम्बर 1954 तक कुछ वर्षों के लिए प्रजा-सोशलिस्ट पार्टी के अध्यक्ष।

उनके प्रकाशनों में 'गांधी दि स्टेट्समैन' (1951) है। कांग्रेस अध्यक्ष की हैसियत से दिए गए उनके भाषणों व लेखों में संकलन जो 'फेटफुल ईयर्स' (1948) के नाम से प्रकाशित हैं, भी देखा जा सकता है।

गोखले, जी.के. (1866-1915)—भारत में सर्वेंट्स ऑफ़ इंडिया सोसायटी (1905) के संस्थापक के रूप में ख्यातिलब्ध व्यक्तित्व, इस सोसायटी के सदस्य देश की सेवा के लिए समर्पित थे। 18 की आयु में स्नातक और 20 की आयु में प्रोफ़ेसर, सार्वजनिक जीवन में महत्त्वपूर्ण स्थान प्राप्त, 25 की आयु में बम्बई प्रान्तीय सभा के सचिव, 34 की आयु में भारतीय राष्ट्रीय

कांग्रेस के सचिव, 36 की आयु में इम्पीरियल लेजिस्लेटिव कांउसिल के सदस्य तथा 39 की आयु में भारतीय राष्ट्रीय कांग्रेस के अध्यक्ष।

गोखले के राजनीतिक विचार उनके द्वारा इम्पीरियल 'लेजिस्लेटिव कांउसिल तथा प्रान्तीय व राष्ट्रीय स्तर के अनेक अधिवेशन में दिए गए भाषणों में अभिव्यक्त हुए है। न्यू रिफॉर्म क्लब, लन्दन जैसी संस्थाओं में सामाजिक और राजनीतिक समस्याओं पर किए गए पत्रवाचन उनके विचारों को समझने के लिए महत्त्वपूर्ण सामग्री है। उनके संकलित कार्यों में महत्त्वपूर्ण है : स्पीचेज ऑफ़ गोपालकृष्ण गोखले (1920) तथा उनके भाषणों और लेखों को दो जिल्द (एशिया पब्लिशिंग हाउस 1962 व 1966)

गांधी, एम.के. (1869-1948)—स्नेह से जिन्हें महात्मा और राष्ट्रपिता कहा जाता है, दक्षिणी अफ्रीका में सत्याग्रह आन्दोलन चलाया, 1920-21 में भारत में असहयोग आन्दोलन का प्रारम्भ व नेतृतव किया, 1920-21 में ही खिलाफत-आन्दोलन से जुड़े रहे, 1924 में भारतीय राष्ट्रीय कांग्रेस के अध्यक्ष, 1930 में नमक के कानून की तोड़ने के अभियान का उद्घाटन किया, 1931 में लन्दन में होने वाली राउंड टेबुल कॉन्फ्रेंस के प्रतिनिधि सदस्य, 1932-33 तथा 1942-44 में जेल गये, अनुसूचित जातियों के लिए पृथक् निर्वाचन मंडल के गठन को रूकवाने तथा हिन्दू-मुस्लिम एकता को बढ़ावा देने के लिए कई बार उपवास रखा, 30 जरवरी 1948 को हत्या कर दी गई।

उनकी बहुपरिचित कृतियाँ हैं : 'दि स्टोरी ऑफ़ माइ एक्सपेरिमेंट्स विथ ट्रूथ' (1927-29), 'हिन्द स्वराज' (1939), तथा 'सत्याग्रह इन साउथ अफ्रीका' (1950)। गांधी ने सत्याग्रह पर अपने विचारों को तीन प्रसिद्ध पत्रों के माध्यम से अभिव्यक्त किया, यंग इंडिया, 'हरिजन' तथा 'नव-जीवन'। 'क्लेक्टेड वर्क्स ऑफ़ महात्मा गांधी' उनके कृतित्व का आधिकारिक संस्करण है।

गोलवलकर, एम.एस. (1906-1973)—राष्ट्रीय स्वयं सेवक संघ के मुख्य संगठन कर्त्ता के रूप में प्रमुख रूप से प्रसिद्ध।

उनके प्रकाशनों में 'वी ऑर आवर नेशनहुड डिफाइंड', तथा 'स्पीचेज ऑफ़ स्वामी विवेकानन्द एअ दि शिकागो कॉन्फ्रेंस' सम्मिलित हैं। उनके भाषणों के संग्रह 'नॉट सोशलिज़्म बाई हिन्दू राष्ट्र' तथा 1945-49 की अवधि में उनके और सरकार के बीच हुए पत्रव्यवहार के संकलन 'जस्टिस आन ट्रायल' (1958) में गोलवलकर के राजनीतिक विचार समाहित है।

जिन्ना, मोहम्मद अली (1876-1948)—मुसलमानों के उत्कृट नेता और पाकिस्तान के संस्थापक। भारतीय मुस्लिम लीग के अध्यक्ष, 1916-20 तथा 1934-47। इंडियन राउंड टेबल कॉन्फ्रेंस के प्रतिनिधि मंडल के सदस्य 1930-32। 'सम स्पीचेज एंड राइटिंग्स ऑफ़ मि. जिन्ना' (1942) में ही वह सामग्री है जिस पर उनका राजनीतिक चिन्तन आधारित है।

टैगोर, रवीन्द्रनाथ (1861-1941)—बंगाल के ऐसे परिवार में जन्मे जो दो पीढ़ियों से सामाजिक सांस्कृतिक मामलों में मान्य नेतृत्व प्रदान कर रहे थे। टैगोर ने भारतीय चिन्तन व साहित्य के नव जागरण में उल्लेखनीय भूमिका अदा की; उन्होंने बचपन में ही लेखन कार्य प्रारम्भ कर दिया था—उन्होंने 25 काव्य संकलन,5 उपन्यास, 15 नाटक और 5 निबन्ध संग्रहों की रचना की; 'गीतांजली' पर 1913 में साहित्य का नोबल पुरस्कार मिला; विश्व भारती विश्व विद्यालय के संस्थापक।

यद्यपि प्रमुख रूप से वे कवि के ही रूप में माने जाते हैं, तथापि उनके राजनीतिक लेखन में भी लोगों का ध्यान आकृष्ट किया है; जिसमें उल्लेखनीय है 'नेशनलिज़्म' (1920), 'लैटर्स फ्राम रूस' (1960) तथा 'टू बर्डस यूनिवर्सल मैन' (1961)।

ढेबर, यू.एन. (1905-1917)—कांग्रेस के सक्रिय कार्यकर्त्ता तथा सत्याग्रह आन्दोलन के सिपाही, 1936-39 तक तीन बार जेल यात्राएँ; सौराष्ट्र के मुख्य मंत्री, 1948-1954, भारतीय राष्ट्रीय कांग्रेस के अध्यक्ष 1957-59।

तैलंग, काशीनाथ त्रयम्बक (1953-1993)—बम्बई के प्रख्यात नेता, ईस्ट-इंडिया एसोशिएसन की बम्बई शाखा के कुछ समय तक सचिव, बाद में बम्बई प्रेसीडेंसी एसोसियेशन में भी रहे; सरकार को महत्त्वपूर्ण आर्थिक व राजनीतिक प्रश्नों यथा : मुक्त व्यापार व सुरक्षा, इलबर्ट बिल इत्यादि पर स्मरणपत्र भेजने मे गहन रुचि ली, सदस्य शिक्षा आयोग 1883-84। कुछ समय बम्बई विश्वविद्यालय के कुलपति रहे तथा बम्बई लेजिस्लेटिव काउंसिल के सदस्य भी, बम्बई उच्च न्यायालय के न्यायाधीश 1889-1893।

तैलंग के सामाजिक व राजनीतिक चिन्तन को 'सिलेक्टेड राइटिंग्ज एंड स्पीचेज' द्वारा के.टी. तैलंग, 2 भाग (तिथि नहीं) से भली प्रकार जाना जा सकता है।

तिलक, बाल गंगाधर (1856-1920)—भारत के महान राजनेता, विद्वान तथा लेखक, सामान्यतया 'लोकमान्य' के रूप में विख्यात, 'दकन एजूकेशन सोसायटी पूना, प्रभावी पत्र 'केसरी' और 'मराठा' के संस्थापकों में से एक, 'केसरी' में छपे सरकार के खिलाफ एक आलोचनात्मक लेख की वजह से 6 वर्ष का निर्वासन, भारतीय राष्ट्रीय कांग्रेस मे 'गरम दल' के अगुआ, सूरत विभाजन के बाद (नरम दल के साथ); 1916 में पुनः भारतीय राष्ट्रीय कांग्रेस में शामिल, होम रूल लीग के संस्थापक तथा लखनऊ के हिन्दू मुस्लिम समझौता कराने में प्रमुख भूमिका; गवर्नमेंट ऑफ़ इंडिया एक्ट, 1919 के प्रति भारतीय प्रतिक्रिया के सम्बन्ध में ब्रिटेन के जनमत को शिक्षित करने गए कांग्रेस प्रतिनिधि मंडल के सदस्य, 'गीता रहस्य' के कृति लेखक, अन्य प्रकाशन है : 'ओरियन' व 'दि आर्कटिक होम इन वेदाज' आदि।

तिलक के सामाजिक व राजनीतिक विचारों की अभिव्यक्ति 'केसरी' तथा 'मराठा' पत्रों में प्रकाशित उनके लेखों तथा 'बाल गंगाधर तिलक 'हिज राइटिंग्ज एंड स्पीचेज' (1922) से भली प्रकार जानी जा सकती है।

दत्त, रोमेशचन्द्र (1848-1909)—आर.सी. दत्ता भारतीय प्रशासकों के उस छोटे समूह में से एक हैं जो न केवल पूर्ण ईमानदारी से अपने कर्तव्यों का ही निर्वाह करते थे वरन्, साहित्य, समाज और आर्थिक सुधारों में भी गहन रुचि रखते थे तथा सेवा निवृत के स्वशासन के राजनीतिक आन्दोलन से जुड़े। इंडियन सिविल सर्विस के सदस्य से वे सम्भागीय आयुक्त के ओहदे तक पहुँचे जो उस समय किसी भी भारतीय के लिए दुर्लभ वैशिष्ट्य माना जाता था। जैसे उन्होंने पेंशन प्राप्ति के लिए कम-से-कम निर्धारित अवधि पूरी की वैसे ही नौकरी से त्याग-पत्र दे शेष जीवन जन सेवा को अर्पित कर दिया। नौकरी मे रहते हुए और बाद में भी उनकी विशेष रुचि कृषकों की दशा व कृषि सुधारों में रही 1898 में लखनऊ भारतीय राष्ट्रीय कांग्रेस के अध्यक्ष रहे।

उनके प्रकाशित ग्रन्थों में 'दि हिस्ट्री ऑफ़ सिवलाइजेशन इन एन्सीयेंट इंडिया' (1889)' तथा 'हिस्ट्री ऑफ़ इंडिया' (2 जिल्द, 1901, 1903) प्रसिद्ध है। 'स्पीचेज एंड पैपर्स आन इंडियन क्यूश्चंस' 1897 में से 1900 (1902) से उनके राजनीतिक विचारों की जानकारी मिलती है।

दयानन्द, स्वामी (1824-1883)—स्वामी दयानन्द (संन्यासी बनने से पूर्व बचपन का नाम मूलशंकर, बाद में दयानन्द, स्वामी आदर का प्रतीक है) हिन्दू पुनरुत्थानवादी आन्दोलन, जिसे आर्य समाज के नाम से जाना जाता है के संस्थापक (1875)। 1924 में गुजरात में जन्मे, बचपन की शुरुआत में ही मूर्ति-पूजा की प्रभावोत्पादकता तथा हिन्दूओं की अनेक धार्मिक परम्पराओं

पर सन्देह दृष्टि, अतः सत्य-सन्धान के प्रति समर्पित। गुरुओं के चरणों में बैठकर वर्षों तक हिन्दू धर्म ग्रन्थों का परायण करने के बाद आर्य समाज की स्थापना की ताकि असंगत रूढ़ियों ओर अन्धविश्वास से सामाजिक विमुक्ति हो सके।

उनका प्रमुख ग्रन्थ है 'सत्यार्थ प्रकाश' (दि लाइट ऑफ़ ट्रूथ) जिसका छटा अध्याय राज-धर्म या राज-विज्ञान की विवेचना करता है।

देव, आचार्य नरेन्द्र—भारत में समाजवादी आन्दोलन के अग्रणी निर्माता, समाजवादी दल के गठन में सहायक जयप्रकाश नारायण तथा राममनोहर लोहिया के साथ (इस दल का नया नाम बाद में प्रजा सोशलिस्ट पार्टी हुआ) लोकतांत्रिक समाजवाद के प्रबल पक्षधर।

उनके राजनीतिक विचारों को 'सोशलिज़्म एंड दि नेशनल रेवोल्यूशन' (1946) पुस्तक से भलीभाँति समझा जा सकता है।

नम्बूदरीपाद, ई.एम.एस. (जन्म 1909)—केरल के मुख्य मंत्री 1957-59 तथा पुनः 1967-69, कार्यवाहक महामंत्री, इंडियन कम्यूनिस्ट पार्टी, 1921 इनके प्रकाशनों में 'दि नेशनल क्यूश्चन इन केरल' तथा 'महात्मा एंड दि इज्म' है।

नायर, सी. संकरन (1857-1934)—अमरावती में 1897 में आयोजित भारतीय राष्ट्रीय कांग्रेस के अध्यक्ष।

नारौजी, दादा भाई (1825-1917)—पुरोगामी भारतीय राजनेता, जिन्हें अक्सर भारत का 'शानदार बुजुर्ग' कहा जाता था। तीन बार क्रमशः 1886, 1893 तथा 1906 में भारतीय राष्ट्रीय कांग्रेस के अधिवेशनों की सदारत की। कांग्रेस का लक्ष्य स्वराज्य या स्वतंत्रता की सर्वप्रथम उद्घोषणा करने वाले। संसद सदस्य की हैसियत से, लन्दन में कांग्रेस की ब्रिटिश कमेटी के प्रतिनिधि सदस्य के रूप में भारत के हित और दक्षिणी अफ्रीका में भारतीय मूल के लोगों की गाढ़े में सहायता की।

नौरोजी के राजनीतिक विचार व्यक्त करने वाले प्रकाशन है, उनकी 'पावर्टी एंड अनब्रिटिश रूल इन इंडिया' (1901), 'एक्सेज, स्पीचेज एड्रेसेज एंड राइटिंग्ज (ऑन इंडियन पालिटिक्स) ऑफ़ दि आनरेबुल दादा भाई नौरोजी (1887) तथा 'दादा भाई नौरोजी स्पीचेज एंड राइटिंग्स' (1917)।

नारायण, जयप्रकाश (1902-1979)—जे.पी., जैसे कि जय प्रकाश नारायण जाने जाते थे, ने अपने सम्पूर्ण जीवन सार्वजनिक कार्यों के लिए समर्पित कर दिया था। 1921 में महात्मा गांधी के नेतृत्व में स्वतंत्रता सेनानियों में शरीक हुए तथा 1932 में भारतीय राष्ट्रीय कांग्रेस के कार्यवाहक महामंत्री बन गए; कुछ महीनों की जेल काटी 1934 में, आचार्य नरेन्द्र देव तथा अन्य उन लोगों के सहयोग से जो उनसे सहमत थे, कांग्रेस सोशलिस्ट पार्टी का गठन किया और उनके महामंत्री बने। तभी से, विशेष रूप से सर्वोदय के माध्यम से, वे कर्मरत रहे सबके हितार्थ जैसा कि सर्वोदय नाम से ही ध्वनित होता है।

जे.पी. का सभी महत्त्वपूर्ण लेखन बिमल प्रसाद द्वारा 'सोशलिज़्म सर्वोदय एंड डेमोक्रेसी' शीर्षक से एक जिल्द में सम्पादित कर दिया गया है (बम्बई, एशिया पब्लिशिंग हाउस, 1964)।

नेहरू जवाहरलाल (1889-1964)—कैम्ब्रिज के हैरो तथा ट्रिंटी कालेज में शिक्षित, बैरिस्टर एट लॉ, मंत्री होमरूल लीग, श्रमिक तथा राष्ट्रवादी आन्दोलन के सम्बद्ध, क्रमशः 1929, 1936, 1937, 1946 तथा 1951 में भारतीय राष्ट्रीय कांग्रेस के अध्यक्ष; अध्यक्ष आल इंडिया पीपुल्स कांग्रेस; उपाध्यक्ष, अन्तरिम सरकार तथा सदस्य विदेशी मामलात 1946; प्रधानमंत्री तथा मंत्री विदेश विभाग 1947-1964, रक्षा मंत्री 1953-54 तथा 1962; वित्तमंत्री 1962।

उनका उल्लेखनीय कृतित्व है : 'आटो बायोग्रॉफी, (1936), 'ग्लिम्पसिज ऑफ़ वर्ल्ड

हिस्ट्री, (1939) तथा 'डिस्कवरी ऑफ़ इंडिया' (1946)। अनेक प्रकाशकों ने उनके भाषणों और लेखों को प्रकाशित कर दिया है। इनमें 'नेहरू दि फर्स्ट सिक्सटी ईयर्स' उल्लेख के योग्य हैं।

पन्त, गोविन्द वल्लभ (1887-1961)—यूनाइटेड प्राविसिन्ज लैजिस्लेटिव कांउसिल में दल के उपनेता; मुख्यमंत्री यूनाइटेड प्राविन्सिज 1938-39 तथा पुन 1946। अखिल भारतीय कांग्रेस की कार्य समिति के सदस्य 1931 से, गृह मंत्री भारत सरकार 1955-61।

पनिक्कर, कवलम माधव (1895-1963)—चैम्बर ऑफ दि प्रिंस के चांसलर से सचिव, पटियाला के विदेश मंत्री, 1947 में संयुक्त राष्ट्र महासभा के लिए भारतीय प्रतिनिधि मंडल के सदस्य, 1948 से 1952 तक चीन में राजदूत, सदस्य, राज्यों के पुनर्गठन आयोग 1954-56।

उनके प्रकाशन है : 'कास्ट एंड डेमोक्रेसी' (1993) तथा एशिया एंड वेस्टर्न डोंमीनेंस (1953)।

प्यारे लाल (1899-1982)—अनेक वर्षों तक महात्मा गांधी के निजी सचिव 'यंग इंडिया' 1932 तथा 'हरिजन' 1946-48 के सम्पादक।

उनके ग्रन्थ है : 'एपिक फास्ट' (1932), 'पिलग्रिमिज फॉर पीस' (1950) तथा 'महात्मा गांधी : लास्ट फेज़'।

परांजपे, आर.पी. (1876-1966)—प्राचार्य एवं आचार्य गणित, फर्ग्यूसन कालेज पूना, 1916-20 तथा बाद में लखनऊ विश्वविद्यालय 1932-38, मंत्री, बम्बई सरकार, 1921-23, 1927। 'गोपाल कृष्ण गोखले' (पूना दि आर्य भूषण प्रेस, 1918) तथा 'दि क्रक्स ऑफ़ दि इंडियन प्रॉब्लम' (लन्दन, वाट्स एंड को. 1931) के लेखक।

पॉल, विपिन चन्द्र (1858-1932)—पेशे से पत्रकार, बी.सी. पाल अनेक पत्रों से सम्पादक के रूप में जुड़े रहे जिनमें सर्वाधिक महत्त्वपूर्ण था 'न्यू इंडिया' जो उन्होंने 1901 में शुरू किया 'इंगलिश मैन' तथा 'स्टेट्समैन' जैसे प्रमुख पत्रों में भी वे लिखते रहे। इन पत्रों तथा सुप्रसिद्ध 'माडर्न रिव्यू' आदि में लिखने के साथ-साथ उन्होंने दिन प्रतिदिन की समस्याओं तथा विदेशी शासन से स्वशासन की माँग तक पर अपनी वक्तव्य शक्ति का उपयोग कर जन शिक्षण का महत्त्वपूर्ण कार्य किया। उन्होंने भारतीय राष्ट्रीय कांग्रेस के अनेक अधिवेशनों में भाग लिया। और इस माध्यम से भारतीय राष्ट्रवाद के विकास में योग दिया।

उनके अभिलेखों व वक्तृताओं का संकलन 'दि न्यू स्पिरिट' नाम से 1907 में प्रकाशित हुआ है।

पाल, क्रिस्टोदास (1839-1884)—कलकत्ता से प्रकाशित 'हिन्दू पेट्रिअट'—के सम्पादक, जो अपने समय का उच्चकोटि का सर्वश्रेष्ठ पत्र स्वीकार किया गया।

उनके द्वारा 1875 में कलकत्ता ट्रेड्स डिननर व सार्वजनिक सभाओं में दिए गए भाषण 'इंडियन स्पीचेज एंड डॉक्यूमेंट्स ऑन ब्रिटिश रूल' 1918-1921 (1937) में उपलब्ध हैं।

प्रसाद, डॉ. राजेन्द्र (1884-1963)—अध्यक्ष, भारतीय कांग्रेस 1934, 1939 तथा 1947, मंत्री खाद्य एवं कृषि 1946-48, भारत के राष्ट्रपति 1952-62।

उनकी कृतियाँ हैं : 'इंडिया डिवाइडिड' (1946) तथा 'एट दि फीट-ऑफ़ महात्मा गांधी' (1961)।

बोमन जी, फ्राम जी—एलफिस्टन कालेज के प्राचार्य और 'लाइट्स-एंड शेड्स ऑफ़ दि ईस्ट' (1863) के लेखक।

बोस, सुभाषचन्द्र (1897-1945)—सुभाषचन्द्र बोस देश में और दूर-दूर तक महान राजनेता और आई.एन.ए. (दि इंडियन नेशनल पार्टी) के नेता के रूप में सुविख्यात है। उन्होंने भारतीय

राजनीति में महत्त्वपूर्ण भूमिका अदा की (इंडियन सिविल सर्विस से 1921 में त्यागपत्र देकर), कई अधिवेशनों की सदारत की और भाषण दिए। 1938 में भारतीय राष्ट्रीय कांग्रेस के इक्यानवें अधिवेशन की अध्यक्षता की और त्रिपुरा में 1939 में होने वाले अधिवेशन के लिए अध्यक्ष चुने गए, लेकिन कांग्रेस वर्किंग कमेटी के साथ मताभिन्नता के कारण अध्यक्षता से त्यागपत्र दे दिया।

अनेक प्रकाशनों द्वारा उनमें भाषण और लेखों का संग्रह और प्रकाशन किया गया है; लेकिन सर्वाधिक अधिकारिक है 'सिलेक्टेड स्पीचेज ऑफ सुभाषचन्द्र बोस (दिल्ली पब्लिकेशन-डिवीजन, गवर्नमेंट ऑफ़ इंडिया, 1962)।

चिन्तामणि, चिर्रादूरी यज्ञेश्वर (1880-1941)—महामंत्री, नेशनल-लिबरल फेडरेशन 1918-20, 1923-1929,, उ.प्र. सरकार में शिक्षा और उद्योगमंत्री 1921-1923।

प्रकाशित कृतियाँ हैं—इंडियन सोशल रिफॉर्म (1901), तथा 'स्पीचेज एंड राइटिंग्स ऑफ़ सर फिरोजशाह मेहता' (1904)।

दास, चितरंजन (1870-1925)—पेशे से वकील, चितरंजनदास ने 1917 में राजनीति में प्रवेश किया और 1925 तक मृत्यु पर्यन्त इसमें रुचि लेते रहे। 1917 में बंगाल के प्रान्तीय अधिवेशन की अध्यक्षता की तथा इसी वर्ष भारतीय राष्ट्रीय कांग्रेस के कलकत्ता अधिवेशन में भाग लिया। 1920 में राष्ट्रीय कांग्रेस द्वारा गांधी के असहयोग आन्दोलन कार्यक्रम को अंगीकार कर लेने पर दास ने न्यायालयों का बहिष्कार किया। तत्पश्चात् सरकार के आदेशों की अवज्ञा करने पर उन्हें कुछ महीनों की सज़ा हुई। अहमदाबाद में 1921 में राष्ट्रीय कांग्रेस के अध्यक्ष चुने गए, लेकिन जेल में कैद होने की वजह से अध्यक्षता न कर सके। जेल से रिहा होकर दास ने अन्दर ही असहयोग आन्दोलन का समर्थन किया। इसका उद्देश्य था कि विधान परिषदों में रहकर सरकार से लड़ा जाए, क्योंकि परिषदों का बहिष्कार समाप्त कर दिया गया था। आगे चलकर यही स्वराजपार्टी के गठन का कारण बना और आजीवन 1925 तक बंगाल में दास के अध्यक्ष रहे।

दास की राजनीतिक चिन्तन राष्ट्रीय कांग्रेस व बंगाल प्रान्तीय अधिवेशनों के अवसर पर दिए गए अभिभाषणों में अभिव्यक्त हुआ है। इन्हें 'देश-बंधु दास चितरंजन, बीइंग सर्वे ऑफ लाइफ एंड वर्क, प्राविसियल कॉन्फ्रेंस स्पीचेज, कांग्रेस स्पीचेज, कांग्रेस स्पीचेज' (1927) नामक जिल्द में संकलित कर दिया गया है।

भावे, आचार्य विनोबा (1895-1985)—सामाजिक कार्यकर्त्ता, महात्मा गांधी के सहायक के रूप में प्रसिद्ध, ब्रिटिश इंडियन गवर्नमेंट द्वारा भारत की 1940 के महायुद्ध में शामिल करने की नीति के खिलाफ़ वैयक्तिक सिविल नाफरमानी के सत्याग्रह में गांधी द्वारा नामजद पहले प्रतिनिधि : भूदान आन्दोलन के जनक। प्रकाशित कृतियों में उल्लेखनीय है 'भूदान यज्ञ' (1953)।

मालाबारी, बेहरामजी एम. (1853-1912)—1853 में बड़ौदा में जन्में मालाबारी बचपन से ही प्रकृति प्रदत्त प्रतिभा के स्वामी थे जिसका परिचयन उन्होंने रचना में दिया और बाद में पत्रकारिता में नाम रोशन किया। उस वक्त के हिन्दू समाज को (वे स्वयं पारसी थे) दो कुरीतियों से, जिनसे वह ग्रस्त था : बाल विवाह व युवा विधवाओं की दुर्दशा, के बारे में स्मरण दिलाने के सराहनीय कार्य के कारण इतिहास में उनका महत्त्वपूर्ण स्थान है। यह कार्य उन्होंने अपने साप्ताहिक पत्रादि इंडियन स्पैक्टेटर' द्वारा किया जिसे देश के राजपुरुषों ने भारत का सर्वोत्तम समाचार-पत्र कहा।

दयाराम गिडमल द्वारा संगृहीत 'दि लाइफ एंड लाइफ-वर्क ऑफ़ बेहरामजी एम. मालाबारी' (1888) उनके सारगर्भित लेखन ओर जीवन का श्रेष्ठ रेखाचित्र प्रस्तुत करता है।

मालवीय, पं. मदन मोहन (1861-1946)—सदस्य, यूनाइटेड प्रॉविन्सिज लेजिस्लेटिब-कांउसिल 1909-12; इम्पीरियल, लेजिस्लेटिव कांउसिल 1910-19; कुलपति, बनारस हिन्दू विश्वविद्यालय, 1919-39; सदस्य, इंडियन लेजिस्लेटिव असेम्बली 1924-30; अध्यक्ष भारतीय राष्ट्रीय कांग्रेस, 1901, 1918 व 1933; अध्यक्ष हिन्दू महासभा, 1923-1924 व 1936।

उनके राजनीतिक विचारों के अध्ययन के लिए 'दि ऑनरेबुल पं. मदन मोहन मालवीय हिज़ लाइफ एंड स्पीचेज, (तिथि नहीं) की सहायता ली गई है।

मशरूवाला, के.जी. (1890-1952)—कुछ समय तक 'हरिजन' के सम्पादक; 1948 और 1950 में इस पत्र में पर्याप्त लेख लिखे।

मेहता, अशोक (1911-1984)—अर्थशास्त्री तथा राजनीतिज्ञ; अध्यक्ष प्रजा सोशलिस्ट पार्टी 1959-1960; उपाध्यक्ष, योजना आयोग, 1960-66 तथा योजना मंत्री 1961। उनकी कृतियाँ हैं—'डेमोक्रेटिक सोशलिज़्म' (1951) तथा 'पॉलिटिक्स ऑफ़ प्लांड इकॉनामी' 1953।

मेहता, फिरोजशाह (1845-1915)—जन्मजात नेता, फिरोजशाह मेहता ने वकील के रूप में अपनी विशेष पहचान बनाई तथा वे एक श्रेष्ठ वक्ता और सामाजिक कार्यकर्त्ता भी थे। बम्बई म्युनिसिपल कारपोरेशन के सदस्य व तीन बार चेयरमेन रहे, बम्बई सेलिस्लेटिव काउंसिल व वायसराय की लेजिस्लेटिव कांउसिल के सदस्य रहे। सार्वजनिक हित के मुद्दों यथा; शिक्षा राजस्व, अन्य आर्थिक प्रश्नों पर, म्युनिसपल सुधारों, प्रेस की सेंसर व्यवस्था तथा कृषकों की स्थिति पर आपका रचनात्मक अवदान रहा। वे भारतीय राष्ट्रीय कांग्रेस से निकट से जुड़े रहे ओर 1890 तथा 1909 में इसके अध्यक्ष चुने गए। उनके भाषणों ओर लेखों को दो जिल्दों में प्रकाशित किया गया है 'स्पीचेज एंड राइटिंग्ज ऑफ़ दि आनरेबुल पर फिरोजशाह मेहता, के.सी.आई.ई., (1905) तथा 'सम अनपब्लिश्ड लेटर, स्पीचेज एंड राइटिंग्ज ऑफ़ दि आनरेबुल सर फिरोजशाह मेहता' (1918)।

मोहम्मद अली (1978-1931)—अध्यक्ष भारतीय राष्ट्रीय कांग्रेस 1923; 1920 के खिलाफत आन्दोलन के पक्षधर के रूप में समकालीन इतिहास में याद किए जाएँगे; 1920 के ही महात्मा गांधी द्वारा प्रारम्भ किए गए असहयोग आन्दोलन में भी शिरकत की।

राधाकृष्णन, सर्वपल्ली (1888-1977)—प्रख्यात दार्शनिक प्रोफ़ेसर राधाकृष्णन जैसा कि उनके लेखन से स्पष्ट है दर्शन में व्यावहारिक आचरण में रुचि रखते थे। भारत के विभिन्न विश्वविद्यालयों दर्शन के आचार्य और कुलपति पद पर आसीन रहने के बाद कुछ समय के लिए ऑक्सफोर्ड में तुलनात्मक दर्शन तथा नीतिशास्त्र के आचार्य हो गए। भारत के आज़ाद होने पर, राजनीतिक क्षेत्र में उनकी सेवाओं की अपेक्षा अनुभव की गई है। कुछ समय वे मास्को मे राजदूत रहे (1940-52) तथा 1952-62 तक देश उपराष्ट्रपति और 1962 से 67 तक देश के राष्ट्रपति।

उनके प्रमुख ग्रंथ है : 'इंडियन फिलासफी' (लन्दन एल्लन एंड अनाबिन, 1941), 'दि हिन्दू ऑफ़ लाइफ' (वहीं 1957) तथा 'रिलीजन वी नीड' (1928)।

राजगोपालाचारी, चक्रवर्ती (1879-1976)—सी.आर., क्योंकि राजगोपालाचारी इसी नाम से प्रसिद्ध थे, ने महात्मा गांधी के असहयोग के आह्वान पर वकालत के पेशे का परित्याग कर दिया तथा प्रथम सत्याग्रह आन्दोलन में उल्लेखनीय भूमिका अदा की। गांधी के निकट सहचर, होते हुए भी उनसे मतभिन्नता होने पर कोई संकोच नहीं किया। यह सब गांधी के सत्य के सिद्धान्त के ही अनुरूप था जिसमें उनकी अडिग आस्था थी। मुख्यमंत्री मद्रास 1937-39, तथा भारत के गवर्नर 1948-50, बाद के वर्षों में नेहरू सरकार के कटु आलोचक रहे और विरोध स्वरूप स्वतंत्र पार्टी की स्थापना की।

उनके सामाजिक और राजनीतिक विषयों से सम्बद्ध लेखन को 'सत्यमेव जयते' (1961) तथा भाषणों को 'राजाजीज़ स्पीचेज' (1958) शीर्षक ग्रंथों में संकलित कर दिया गया हे।

राजेन्द्र गडकर, पी.बी. (जन्म 1901)—भारत के मुख्य न्यायाधीश 1964-66, 'लॉ लिबर्टी एंड जस्टिस' (1965) के लेखक।

रानाडे, महादेव गोविन्द (1842-1901)—धार्मिक ओर समाज सुधारक, इतिहास विद् तथा प्रख्यात सार्वजनिक कार्यकर्त्ता, 1893 में बम्बई उच्च न्यायालय के न्यायाधीश बने; दादा भाई नौरोजी, ह्यूम वे वेडरबर्न के साथ भारतीय राष्ट्रीय कांग्रेस की स्थापना करने में प्रमुख भूमिका रही। उनके प्रकाशन है : 'राइज ऑफ़ दि मराठा पॉवर' (1901), 'रिलीजियस एंड सोशल रिफॉर्म; ए कलेक्शन ऑफ़ एस्सेज़ एंड स्पीचेज' (1902)।

राय, राजा राम मोहन (1772-1833)—आधुनिक भारत के नवजागरण के जनक के रूप में विख्यात, राममोहन राय इतिहास में दो सुधारकों से सक्रिय रूप में जुड़े रहने के कारण स्मरण किए जाएँगे, वे है—सती प्रथा की समाप्ति तथा अंग्रेजी या पाश्चात्य शिक्षा का देश में प्रवेश 1772 में जन्मे (कुछ के अनुसार 1774) राय ने बचपन में ही बौद्धिक प्रतिभा से आश्वस्त किया। बंगाली के अतिरिक्त संस्कृत, अरबी और फारसी का अध्ययन किया और इस भाषा ज्ञान का प्रयोग धर्मों के तुलनात्मक अध्ययन के लिए किया। इस अध्ययन ने सभी धर्मों की मूलभूत एकता का सन्धान किया कि ईश्वर एक है। राय ने ब्रह्मो समाज की स्थापना की जिसके द्वारा एक ईश्वर की आराधना की ओर ध्यान आर्पित किया गया।

राममोहन राय के आलेखों के संकलन हैं : 'दि इंगलिश वर्क्स ऑफ राममोहन राय' (कलकत्ता, हरन ब्रह्मो समाज, 1934), तथा 'राजा राममोहन राय एंड प्रोग्रेसिव मूवमेंट्स इन इंडिया : ए कलेक्शन फ्राम रिकार्ड्स 1775-1845, सम्पादक जे.के. मजूमदार (कलकत्ता, आर्ट, प्रेस 1941)।

राव, वैंकट 1963 में 'स्वराज' के लेखक।

रूथनस्वामी, मरियादास (1885-1977)—प्रोफ़ेसर तथा शिक्षाविद्; राज्यसभा सदस्य 1962-1977। प्रकाशित कृतित्व है 'पॉलिटिकल फिलासफी ऑफ गांधी' (1923) तथा 'दि मेकिंग ऑफ दि स्टेट' (1932)।

लाजपत राय (1865-1928)—एक उत्कट् समाज व धार्मिक सुधारक लाजपतराय ने शीघ्र ही यह महसूस कर लिया कि राजनीतिक स्वतंत्रता के अभाव में, जिन सुधारों में उनकी रुचि थी, पूरे नहीं किए जा सकते। इसलिए उन्होंने भारतीय राष्ट्रीय कांग्रेस द्वारा संचालित राष्ट्रीय आन्दोलनों में हिस्सा लिया। 1920 में कलकत्ता में गांधी द्वारा प्रस्तावित असहयोग आन्दोलन पर विचारार्थ विशेष कांग्रेस अधिवेशन की अध्यक्षता। सामाजिक व धार्मिक मोर्चे पर आर्य समाज आन्दोलन से सन्निकटता।

लाला लाजपतराय के भाषण और लेखों पर वी.सी. जोशी द्वारा सम्पादित 'लाजपतराय ऑटोबायोग्राफिकल राइटिंग्ज' (दिल्ली यूनिवर्सिटी पब्लिशर्स, 1966) तथा 'लाला लाजपतराय राइटिंग्स एंड स्पीचेज' दो जिल्द उपलब्ध श्रेष्ठ सामग्री है।

लोहिया, राममनोहर (1910-1969)—1934 में कांग्रेस सोशलिस्ट पार्टी के स्थापना में सहयोगी, 1954 में प्रजा सोयालिस्ट पार्टी के महामंत्री; 1956 में सोशलिस्ट पार्टी के अध्यक्ष।

'मार्क्स, गांधी एंड सोशलिज़्म' (1963) उनके प्रकाशनों में से एक है। विजय राघव चेरियर, सी—नागपुर में 1920 में आयोजित्त भारतीय राष्ट्रीय कांग्रेस के अध्यक्ष।

विवेकानन्द, स्वामी (1863-1902)—1893 में पार्लियामेंट ऑफ रिलीजंस, शिकागो ने किए गए सम्बोधनों ने विवेकानन्द को संसार ने जाना, हिन्दू संस्कृति के व्याख्याता के रूप में थे

बेजोड़ हैं; श्री रामकृष्ण के परमभक्त; उन्होंने ऐसी समाज-व्यवस्था का समर्थन किया जिसमें भारतीय संस्कृति और पश्चिम की धर्मनिरपेक्ष प्रगति का सम्मिश्रण ही 1897 में रामकृष्ण मिशन की स्थापना द्वारा भारत में समाज सेवा के क्षेत्र में उन्होंने बहुत बड़ा कार्य किया। स्वामीजी के लेखन की रामकृष्ण मिशन ने आठवीं, 'दि कम्पलीट वर्क्स ऑफ स्वामी विवेकानन्द (1950-51) में प्रकाशित किया है।

शास्त्री, दि राइट आनरैबुल वी.एम. श्रीनिवास (1869-1946)—अध्यक्ष सर्वेंट्स ऑफ इंडिया सोसायटी 1915-1927; सदस्य इम्पीरियललेजिस्लेटिव काउंसिल 1916-20; 'दि राइट्स एंड ड्यूटीज ऑफ इंडियन सिटीजनशिप' पर कलकत्ता विश्वविद्यालय में कमला व्याख्यानमाला दी, जो पुस्तकाकार प्रकाशित हैं; दक्षिणी अफ्रीका में भारत के उच्चायुक्त 1927-291

शास्त्री के राजनीतिक विचारों को समझने के लिए स्पीचेज एंड राइटिंग्स ऑफ दि राइट आनरेबुल वी.एस. श्रीनिवास शास्त्री (तिथि नहीं) तथा 'लैटर्स आफ राइट आनरेबुल वी.एस. श्रीनिवास यास्त्री (1944) संकलनों की सामग्री बहुत उपयोगी है।

सिन्हा, सर एस.पी. (1864-1928)—अध्यक्ष, भारतीय राष्ट्रीय कांग्रेस, 19151

सोगन, आर.जे.—1950 में 'हरिजन' के लेखक।

सथियनाथन, एस.—दर्शन शास्त्र के प्रोफेसर, प्रिजीडेंसी कालेज, मद्रास। 'इंडियन सोशल रिफॉर्म' (1901) निबन्धों, सम्बोधनों और वक्तृताओं के संकलन में 'सोपान इंटरकोर्स बिटवीन यूरोपियंस एंड इंडियंस' लेख लिखा।

सयानी, रहमतुल्लाह मुहम्मद (1847-1902) सदस्य, बम्बई लेजिस्लेटिव काउंसिल तथा गवर्नर जनरल कांउसिल; कलकत्ता में 1896 में आयोजित भारतीय राष्ट्रीय कांग्रेस के अध्यक्ष।

सावरकर, विनायक दामोदर (1863-1966)—ब्रिटिश हुकूमत से भारत की स्वतंत्रता के लिए संघर्ष करने वाले के रूप में सुपरिचित तथा हिन्दू महासभा के अध्यक्ष; लन्दन में 'फ्री इंडिया सोसायटी' प्रारम्भ की जब यही विद्यार्थी थे तभी; 'दि फर्स्ट वॉर ऑफ दि इंडिपेंडेंस 1857' के लेखक 1910 में इंग्लैंड में बन्दी बना लिये गये; बाद में वे भाग निकले, 1910 में ही।

भारत में पूना के कलक्टर की हत्या की सहअपराधिता में आजीवन कालेपानी की सजा हुई; 1924 में रिहा हुए लेकिन 1937 तक रत्नगिरि जिले में नजरबन्द रहे; अनेक वर्षों तक हिन्दू महासभा के अध्यक्ष।

'समग्र सावरकर वाङ्मय हिन्दू राष्ट्र दर्शन', भाग 6 (1964) से उनके राजनीतिक चिन्तन को भली प्रकार समझा जा सकता है।

हुसैन, सईद आबिद (जन्म 1896)—प्रोफ़ेसर, जामिया मिलिया, नई दिल्ली। अनेक पुस्तकों के लेखक जिनमें 'दि वे ऑफ गांधीजी एंड नेहरू' (1959) तथा 'दि डेस्टीनी ऑफ इंडियन मुस्लिमस' (1956) मी शामिल हैं।

शब्दार्थ सूची

अधिकार शक्ति (अथॉरिटी)—आज्ञा पालन करने वाली अधिकार शक्ति; व्यक्ति या समूह जिसमें यह अधिकार शक्ति निहित है।

अच्छा समाज—ऐसा समाज जिसमें प्रत्येक व्यक्ति को अपने अधिकतम विकास के अवसर मिले; एक आदर्श सामाजिक रचना जैसी की प्लाटों ने 'रिपब्लिक' में और उससे भी अच्छी तरह से 'यूटोपिया' में वर्णित की है।

आत्म-शक्ति—शरीर बल से सर्वथा भिन्न, मनुष्य की वह आत्म-शक्ति जिसमें दूसरे मनुष्यों के आचरण को प्रभावित करने की ताकत है।

अद्वैत—व्यक्ति तथा ईश्वर के सम्बन्ध को अद्वैतमूलक बताने वाला सिद्धान्त, जिस व्यक्ति ब्रह्म की स्थिति प्राप्त करके प्रचलित कर सकता है।

असहयोग—सरकार के साथ सहयोग न करने की नीति (जैसे टैक्स न देना) या कचहरियों, विधानसभाओं और स्कूलों का बहिष्कार।

अहिंसा—हिंसा का निषेध, दूसरों को हानि न पहुँचना या की दूसरों की जिन्दगी ना लेना।

अहिंसात्मक प्रतिरोध—सिविल नाफरमानी; अहिंसा, अहिंसात्मक प्रतिरोध (विदेशी सरकार या विजेता के प्रति) या सक्रिय विरोध। टैक्स न देना अहिंसात्मक प्रतिरोध करने का एक उदाहरण है।

कम्यूनिज्म अथवा समाजवाद—सम्पत्ति के समाजीकरण का सिद्धान्त, जिसके अनुसार प्रत्येक व्यक्ति अपनी क्षमता के अनुसार काम करें और आवश्यकतानुसार प्राप्त करें।

धर्म—धार्मिक, नैतिक, सामाजिक, राजनीतिक और प्रथम अनुसार जनजीवन का नियमन करने वाली विधि-शास्त्र।

धर्मनिरपेक्षता—सब धर्म, धार्मिक जीवन तथा धर्म कार्यों को निष्पक्षतापूर्वक बढ़ावा देना। धर्मनिरपेक्षता राज्य के धार्मिक आधार का विरोध करती है। इस सिद्धान्त में विश्वास करना कि राज्य को कोई एक धर्म दूसरे से अधिक प्रिय नहीं है।

जनशक्ति—जनता की शक्ति।

दिव्य तत्त्व—'ईश्वरीय प्रकृति'।

दिव्य स्फुलिंग—ईश्वरीय अनुकम्पा से आलोकित जीवन-शैली का एक अंश।

नैतिक सुधार—व्यक्ति आचरण में ऐसा बदलाव जो किन्हीं नैतिक मूल्यों को मानने वालों की दृष्टि में श्रेष्ठकर हो अथवा किसी भी व्यक्ति के चरित्र में ऐसा वांछनीय बदलाव जो समाज द्वारा नैतिकता के नियमों के अनुरूप हो।

नैतिक हानि—(राष्ट्र की दृष्टि से) व्यक्तियों के आचरण में ऐसा बदलाव जिसके परिणाम-स्वरूप प्रचलित मान्यताओं में उनका विश्वास घटने लगे। यह बदलाव मान्यताओं में

आस्था रखने वाले व्यक्तियों की दृष्टि में एक प्रकार का भटकाव होगा और तदन्तर एक राष्ट्रीय हानि।

न्याय—किसी कार्य को सामाजिक आचरण के सन्दर्भ में रखकर निर्णय करने का सिद्धान्त, जिसका कानून में उल्लेख है।

निरपेक्ष न्याय—किसी कर्म का ईश्वरीय नियम अथवा विश्व समाजों द्वारा सर्वमान्य नियमों के आधार पर निर्णय करने का सिद्धान्त। अधिकार की रक्षा के लिए सत्ता का उपयोग तथा किसी प्रकार की शर्त अथवा मानसिक आग्रह से मुक्त, ईश्वरीय विभूतियों में विश्वास अथवा प्रत्येक मानव समाज में आदर्श रूप में स्वीकृत—इस सिद्धान्त की उत्पत्ति का आधार है।

पुलिस राज्य की अवधारणा—राज्य सम्बन्धी एक अवधारणा जिसके अनुसार राज्य का मुख्य कार्य पुलिस, सेना और न्यायपालिका की सेवाओं के जरिये कानून व्यवस्था को बनाए रखने तथा बाहरी आक्रमण के समय देश को सुरक्षा प्रदान करना है।

बॉयकॉट—ऐसा आचरण जिससे व्यक्तियों, वर्गों, रसों के साथ व्यवस्थित ढंग से सामाजिक अथवा व्यापारिक सम्बन्ध समाप्त कर उन्हें दंडित किया जा सके या डराया जा सके।

भूदान—न्याय पूर्ण भूमि वितरण सम्बन्धी आन्दोलन।

राजनीतिक चेतना—यह नागरिक चेतना कि राज्य के सदस्य होने के कारण उनके कुछ अधिकार तथा कर्तव्य हैं।

राज्य—एक संगठित राजनीतिक जनसमुदाय, जिसे लोकमान्यता प्राप्त सरकार मिली हो, जिसके पास बल प्रयोग के समुचित साधन हों।

राष्ट्रीयता—राष्ट्रीय प्रेम की भावना, राष्ट्र के प्रति समर्पण और निष्ठा की भावना, राष्ट्र को परितंत्रता से मुक्ति दिलाने वाली नीति।

लोकतंत्र—जनता की सरकार, प्रत्यक्ष अथवा प्रतिनिधियों द्वारा चुनी हुई व्यक्ति का नैतिक-बोध—व्यक्ति द्वारा अपनी आस्थाओं के अनुरूप किए हुए कार्य का मूल्यांकन करने की कसौटी।

सत्ता का धर्म—निरपेक्ष तार्किक आधार—(एम.एन. रॉय द्वारा प्रतिपादित) इस विचार पर बल देने वाली दृष्टि कि समाज को नियंत्रित करने वाली शक्ति, चाहे वह सरकार की हो, पारिवारिक मुखिया की या व्यक्ति की, का आधार वर्तमान जिन्दगी को समृद्ध और सामाजिक उत्कर्ष को महत्त्व देने वाली होनी चाहिए। उनका आधार धार्मिक नहीं होना चाहिए।

सत्याग्रह—सत्य पर विश्वास, सामाजिक तथा राजनीतिक सुधारों और सहिष्णुता और सक्रिय स्वेच्छा के साथ-साथ अपने लक्ष्य को अहिंसा, अहिंसात्मक प्रतिरोध तथा असहयोग के जरिये प्राप्त करने का गांधीवादी तरीका।

सामाजिक कुरीतियाँ—ऐसी प्रथाएँ, जिनका औचित्य तर्क द्वारा प्रमाणित नहीं किया जा सके।

समाजवाद—भिन्न-भिन्न अर्थों में समझी जाने वाली अवधारणा। कई विचारकों से इसकी व्याख्या करते हुए समाज की ऐसी व्यवस्था कहा है जहाँ राज्य का स्वामित्व हो तथा राज्य द्वारा उत्पादन, वितरण और विनिमय नियंत्रित होता है। गांधी जी ने समता को समाजवाद की धुरी कहा है। नेहरू के अनुसार विकास के भरपूर अवसर और समतानुसार काम के लिए समान अवसर ही समाजवाद का आधार बिन्दु है।

समता—वास्तविक अर्थ है बराबर होने की स्थिति, नागरिक समता का अर्थ है कानूनी समता; राजनीतिक समता का अर्थ है किसी राज्य के नागरिक का राजकाज में समान हिस्सा; उदाहरण के लिए वयस्क मतदान; आर्थिक समता से अभिप्राय है सबके लिए समान अवसर (उदाहरण के लिए सबको काम का अधिकार, उचित मेहनताना, श्रम और विश्राम के समुचित घंटे) तथा

प्रत्येक व्यक्ति को जिन्दगी शुरू करने के अनुकूल अवसर और अपनी समता के विकसित करने के श्रेष्ठ उपाय की प्राप्ति।

सम्पूर्ण एकात्मता—ऐसी सामाजिक स्थिति प्रत्येक स्वतंत्र व्यक्ति सम्पूर्णतया तथा स्वेच्छा से दूसरे नागरिकों के अनुकूल होना सीख लेता है।

समाज का नैतिक बोध—सामान्य आस्थाओं से जुड़े तथा समाज का प्रतिनिधित्व करने वाले जन समुदाय के आचरण को जाँचने की कसौटी।

स्वशासन—राष्ट्र के कामकाज पर राष्ट्र का नियंत्रण।

स्वतंत्रता—व्यक्ति स्वातंत्र्य।

स्वदेशी—विदेशी माल का बहिष्कार तथा स्वदेशी वस्तुओं के उत्पादन तथा उपयोग को बढ़ावा देने वाले स्वतंत्रता प्राप्ति के समय का एक आन्दोलन।

सर्वोदय—सबका कल्याण।

स्वराज—राजनीतिक आजादी।

सिविल नाफरमानी—सरकार की माँगों अथवा आज्ञाओं की अवज्ञा। सरकार को रियायतें देने के लिए विवश करने वाला सामूहिक अहिंसात्मक उपाय।

दहेज पीड़ित महिलाएँ : एक अध्ययन

—रंजना कुमारी

आभार

तमाम सारे व्यक्तियों और संस्थानों की सहायता के बगैर यह अध्ययन सम्भव नहीं हो पाता। यह अध्ययन करने के लिए मानव संसाधन विकास मंत्रालय, महिला और बाल-विकास विभाग, भारत सरकार ने जो सहयोग दिया उसके लिए मैं उनके प्रति आभार व्यक्त करना चाहती हूँ। इस अध्ययन को सफलतापूर्वक पूरा करने के लिए महिला और बाल-विकास विभाग की सचिव सी. पी. सुजाया ने मुझे जो प्रोत्साहन दिया उसके लिए मैं उन्हें हृदय से धन्यवाद देना चाहती हूँ। खासतौर पर डॉ. आनन्द कुमार और डॉ. टी. एन. झा को धन्यवाद देना चाहती हूँ जिन्होंने शोध कार्य में सहायता की और पूरा ड्राफ्ट पढ़कर महत्त्वपूर्ण सुझाव दिए। यह अध्ययन करने के लिए श्रीमती प्रमिला दंडवते और श्रीमती सुमन कृष्णकान्त महिला दक्षता समीति की अध्यक्षा और सचिव ने मुझे प्रोत्साहन दिया उनके लिए मैं उनको धन्यवाद देना चाहती हूँ।

ड्राफ्ट पढ़ने और उस पर सुझाव देने के लिए श्रीमती अंजु दुबे के प्रति भी कृतज्ञता व्यक्त करना चाहती हूँ। इस अध्ययन के फील्ड कार्य के दौरान श्रीमती राज चन्द्रा (शोध सहायक) श्री सतीश अटल, श्रीमती तारा हबीब, और श्रीराम कृष्ण साह का जो सहयोग मुझे मिला वह सराहनीय है।

इस अध्ययन के दौरान हम सबने सभी तरह के अनुभव और आवश्यक कार्यों को मिल-जुल कर पूरा किया। कार्यकर्त्ताओं के मन में महिलाओं के उद्देश्य के प्रति चिन्ता और प्रतिबद्धता के कारण आवश्यक आँकड़े और सूचना मिलने में सहायता मिली। हमारे शोधकर्त्ता दल की अन्तर्दृष्टि और क्षमता के कारण दहेज-पीड़ितों के सम्बन्ध स्थापित करने में सहायता मिली—जिसके कारण हम समस्याओं के सभी पक्षों का अध्ययन कर सके।

फील्ड कार्य के दौरान मंजुला राठौर, श्रीमती वीना और गीता नायर ने जो सहायता की उसके लिए मैं उनकी कृतज्ञ हूँ। सेंटर फॉर सोशल सिसर्च के कार्यकर्त्ता दल को विशेष धन्यवाद जो कि इस अध्ययन के दौरान साहस और प्रेरणा का स्रोत नीदरलैंड के दूतावास की लघु योजना द्वारा हमें जो प्रकाशन अनुदान मिला उसके प्रति मैं आभार व्यक्त करना चाहती हूँ। मैं नीदरलैंड दूतावास की प्रथम

सचिव श्रीमती हानके कूपमैन को उनकी सहायता और सहयोग के लिए धन्यवाद देना चाहती हूँ।

इस अध्ययन के दौरान मेरे पति श्री सुधीन्द्र भदौरिया और मेरे पुत्र राहुल ने मेरी मन:स्थिति को जिस धैर्य से सहा उसके लिए मैं उनका धन्यवाद करती हूँ।

यह रिपोर्ट टाइप करने में श्री बालकृष्णन ने जिस धैर्य और आग्रह का परिचय दिया उसके लिए मैं उनका धन्यवाद करना चाहती हूँ।

—रंजना कुमारी

1

दहेज : समस्याएँ और मुद्दे

हमारे जैसे पुरुष-प्रधान समाज में दहेज जैसी सामाजिक प्रथा पिछले कुछ दशकों में इतनी भयावह हो गई है कि उसके कुपरिणामों ने स्त्रियों के दुख को बेइन्तहा बढ़ा दिया है। कोई दिन ऐसा नहीं जाता कि हम जन-संचार माध्यमों के जरिये दहेज-पीड़ित स्त्रियों का आर्त्तनाद न सुनते हों। एक दिन हम पढ़ते हैं कि मन-पसन्द अपेक्षित दहेज न लाने के कारण बहू को जलाकर मार दिया गया। दूसरे दिन हमें यह सूचना मिलती है कि बहू को घुमाने के बहाने बाहर ले जाकर पहाड़ से ढकेल दिया गया या भरी-पूरी नदी में फेंक दिया गया। कुछ मामलों की सूचना तो हमें जन-माध्यमों से मिल जाती है लेकिन ऐसी हजारों आहें हैं जो जन-संचार माध्यमों तक पहुँच पाती है, न पुलिस तक और न महिला संगठनों तक। इन मामलों के अलावा ऐसे मामले भी हैं जहाँ पर्याप्त दहेज न लाने के कारण बहुओं को लगातार शारीरिक और मानसिक यातनाएँ दी जाती है।

ज़्यादा-से-ज़्यादा दहेज पाने की इच्छा से बहुओं को जलाने की या उन्हें शारीरिक कष्ट पहुँचाने की घटनाएँ किसी जाति, समूह या क्षेत्र विशेष तक ही सीमित नहीं है। ये दुर्घटनाएँ जैसे ऊँची जातियों में होती हैं वैसे ही बीच की और नीची जातियों में भी होती है। यह समस्या उत्तरी भारत में जितनी तीव्र है उतनी ही दक्षिणी भारत में।

दहेज का मतलब है शादी के अवसर पर जमाई या उसके माता-पिता द्वारा माँगा गया नकद रुपया या वस्तुएँ। स्त्री की सामाजिक हैसियत की दृष्टि से दहेज में निम्न वस्तुएँ शामिल होती है—(i) सबके सामने या समझदारी से विवाह के पूर्व बहू के लिए निश्चित किए गए उपहार। ये उपहार यद्यपि दिए तो बहू को जाते हैं लेकिन आवश्यक नहीं है कि वे उस अकेली की ही सम्पत्ति मान लिये जाएँ। (ii) वह सब जो दूल्हे कि विवाह के पूर्व और विवाह के समय दिया जाता है। (iii) वह सब जो लड़की की ससुराल वालों को प्राप्त होता है। बरात के आने-जाने का खर्चा तथा स्वागत मे होने वाले भारी खर्च की भी बातचीत पहले ही हो जाती

है।[1] वास्तविकता तो यह है कि विवाह के प्रारम्भिक कुछ वर्षों तक विवाह से जुड़े अनेक अवसरों पर उपहार देने का सिलसिला निरन्तर जारी रहता है।

दहेज देने की प्रथा इसलिए प्रचलित थी ताकि नव-दम्पत्ति को अपनी नई जिन्दगी की शुरुआत सुविधापूर्वक करने में मदद मिले। किन्तु अब वह व्यापारिक सौदों के समकक्ष हो गया है, जिसमें दुल्हन के गुणों को नहीं बल्कि आर्थिक हितों को प्राथमिकता दी जाती है। आज से पहले दहेज की माँग कभी इतने आग्रह के साथ, इतने बड़े पैमाने पर और इतने बड़े अनुपात में नहीं की गई। इतना ही नहीं विवाह के बाद भी बहू के अभिभावकों से भिन्न-भिन्न अवसरों, जैसे त्योहार, सामाजिक समारोह आदि पर निरन्तर कुछ-न-कुछ लेने का सिलसिला लगातार चलता रहता है।

दहेज-प्रथा के समर्थक इसे उचित ठहराते हुए यह तर्क देते हैं कि यह एक तरह से लड़की की पैतृक-सम्पदा में हिस्सेदारी हैं। हिन्दू न्याय शास्त्र अपने वर्तमान स्वरूप में स्त्री को पारिवारिक आय, सम्पदा और जायदाद में हिस्सेदारी और स्वामित्व के उचित और वैध अधिकार नहीं देता। हिन्दू उत्तराधिकार अधिनियम स्त्री को पारिवारिक जायदाद में बराबरी का हक देता है, लेकिन हमारे देश में अभी भी एक मजबूत परम्परा है कि अधिकांश मामलों में पुत्र अथवा परिवार के पुरुष को ही सम्पदा दी जाती है, आम तौर पर जिसका विरोध स्त्रियाँ भी नहीं करतीं। इसलिए गैर-कानूनी तौर पर दहेज-प्रथा से स्त्री को उसके पिता की सम्पत्ति में मुनासिब हिस्सा मिल जाता है। इस तर्क ने, कि संकट के समय का सामना करने के लिए स्त्री के पास कुछ आर्थिक साधन होने चाहिए, दहेज-प्रथा को नई ताकत दी। इससे दहेज में जवाहरात और सोना देने की बात भी समझ में आती है, क्योंकि दोनों का ही तुरन्त नकद रुपया मिल जाता है।

दहेज माँगने वाले अभिभावक कई दलीलें देते हैं। पहली यह कि उन्हें जब लड़कियों के लिए दहेज देना पड़ता है ते लड़कों का दहेज क्यों न लें? दूसरी बात यह कि लड़के की शिक्षा पर खर्च हुआ रुपया पिता वापस प्राप्त करना चाहता है। तर्क की चरम सीमा पर वे कहते हैं कि लड़के को नई गृहस्थी बसाने में अब कुछ ज्यादा ही खर्च करना पड़ता है जिसे वह बरदाश्त नहीं कर सकता, दहेज से कुछ मदद मिल जाती है।

आज लड़की के पिता की आया और जायदाद से निरपेक्ष होकर दहेज माँगा और दिया जाता है। तुरन्त सम्पत्तिवान होने तथा सुख-सुविधापूर्ण जीवन की इच्छा प्रबल हो जाने के कारण दहेज की माँग मध्य वर्ग तक ही सीमित न रहकर निचले वर्गों तक के मन में आ गई है। लड़की के अभिभावकों द्वारा इन माँगों को पूरा न किए जाने पर युवा पत्नियों के साथ दुर्व्यहार शुरू हो जाता है जिसका परिणाम प्रायः आत्महत्या होता है या कई बार लड़कियों की हत्या तक कर दी जाती है। इन

मौतों को प्राय: आकस्मिक कहकर दर्ज किया जाता है—जैसे रसोईघर मे केरोसिन तेल का स्टॉव फट जाने के कारण या ऐसे ही कुछ। रिपोर्ट है कि "अब केवल दिल्ली मे हर बारह घंटों में एक औरत की जलकर मृत्यु हो जाती है।"[2] यह संख्या लगातार बढ़ रही है। 1980-81 मे जहाँ यह संख्या 421 थी, वहीं 1983-84 में 690 हो गई। राजधानी की स्थिति से कोई भी व्यक्ति सारे देश में दहेज के भयावह विस्तार की कल्पना कर सकता है। यदि इसमें यातनाओं को भी शामिल कर लिया जाए तो दहेज की विभीषिका हमारी कल्पना के बाहर चली जाएगी।

दहेज की अवधारणा तथा परिभाषा

दहेज का अर्थ और उसके अन्तर्गत आने वाली सामग्री के सम्बन्ध में समाज-शास्त्रियों के मत अलग-अलग है। उनकी परिभाषाओं में उन्हीं समाजों की विशेषताओं का उल्लेख है जिनका उन्होंने अध्ययन किया है। इन विविध व्याख्याओं में से कोई एक सर्वसम्मत परिभाषा ढूँढ़ पाना कठिन है। जिन समाज-शास्त्रियों ने दक्षिण भारत का अध्ययन किया है उन्होंने दहेज को 'स्त्री उत्तराधिकार' कहकर परिभाषित किया है क्योंकि दक्षिण भारत में दहेज को 'सिध्धनम्' (स्त्री धनम्) कहा जाता है। जिन लोगों ने उत्तरी भारत में दहेज का अध्ययन किया है वे दहेज को 'दान' या 'उपहार'-पक्ष पर जोर देते हैं, क्योंकि पश्चिम-उत्तर प्रदेश में दहेज को 'दान' 'दहेज', तथा अवध क्षेत्र में 'दायाज' कहा जाता है। वे इसे कुलीनों में विवाह करने की क्षतिपूर्ति भी मानते हैं। दहेज से सम्बन्ध में और भी बहुत-सी व्याख्याएँ हैं लेकिन समाजशास्त्रीय साहित्य में निम्न तीन व्याख्याओं पर विशेष बल दिया गया है :

(i) दहेज उपहार के रूप में
(ii) दहेज मृत्यु पूर्व उत्तराधिकार के रूप में तथा
(iii) दहेज मुआवजे के रूप में।

दहेज उपहार के रूप में

आदिमकालीन समुदायों में आदान-प्रदान के रूप में उपहार विषय पर सबसे पहला व्यवस्थित अध्ययन मार्सल मॉस ने किया। उन्होंने इस पद्धति को 'पूर्णत: सामाजिक तथ्यों' पर अधारित माना है। उनके अध्ययन 'उपहार'[3] की मुख्य परिकल्पना यह है कि उपहार "आदान-प्रदान का पुरातन रूप है, जिसकी तीन शर्तें हैं : देना, लेना और चुकाना। यह सब समाजों में प्रचलित है तथा सामाजिक रिश्तों को मजबूत करता है। किसी भी प्रकार के उपहार के आदान-प्रदान को तात्कालिक, धार्मिक, कानूनी, नैतिक, आर्थिक, सुरुचिपूर्ण, वंशानुकूल तथा मिथकीय महत्त्व का माना जाता है।"

उपहार के लिए मॉस से मिलता-जुलता एक धार्मिक-आध्यात्मिक सिद्धान्त ड्यूमाँ[3] ने भी प्रतिपादित किया है। वे दहेज को 'दक्षिणा' मानते हैं जो 'कन्यादान' (कुमारी का उपहार) के श्रेष्ठतम उपहार के बाद प्राप्त होता है। ड्यूमाँ एक बहुत दिलचस्प स्थिति का विश्लेषण करते हैं। वे पूछते हैं कि आखिर ऐसा क्यों होता है कि विवाह के अवसर पर हिन्दू आर्थिक पक्ष पर इतना ध्यान नहीं देते? उनके अनुसार इसका उत्तर पारम्परिक सामाजिक संगठनों और विवाह-सम्बन्धों के विश्लेषण से मिलता है। उनके विचार से दक्षिणा के बिना हिन्दुओं का दान परिपूर्ण नहीं होता। वे वर्तमान दहेज-प्रथा को उस प्राचीन परम्परा से निकाली हुई मानते हैं जब लोगों के कन्यादान जैस प्रशंसनीय धार्मिक कृत्य द्वारा अपनी भौतिक सम्पदा को आध्यात्मिक सम्पदा में बदलने का प्रयत्न किया। हमें मालूम है कि हमारे पास चाहे जितनी सम्पदा हो उसे हम तुरन्त सामाजिक हैसियत में नहीं बदल सकते। यदि मैं नीची हैसियत का हूँ तो सम्पत्ति के कारण वह नहीं बदलेगी। हैसियत धार्मिक मानदंडों के आधार पर सामूहिक रूप में मिलती है जबकि व्यक्ति की आर्थिक उपलब्धियाँ दूसरी ही बात हैं लेकिन दान ही वह सूत्र है जिससे बिखरी हुई आध्यात्मिक शक्ति को आध्यात्मिक श्रेष्ठता में बदला जा सकता है। धार्मिक पात्रता और सामाजिक वस्तुएँ भिन्न-भिन्न होते हुए भी लगभग समान ही है।[4]

बटुक और बटुक ने मॉस के उपहार सिद्धान्त का ही प्रतिपादन किया है, विशेषतया उपहार सम्बन्धी हिन्दू विचार का। उन्होंने इसी दृष्टि से पष्चिमी उत्तर प्रदेश के ग्रामीण अंचल के विवाह-उपहारों का विश्लेषण किया है।[5]

उन्होंने विवाह में भेंटस्वरूप दी जाने वाली वस्तुओं की असमानता पर बल दिया हैं। बटुक के अनुसार प्राचीन काल में भारत में विवाह के अवसर पर भेंट दी जाने वाली वस्तुएँ शुद्ध उपहार के रूप में रही होंगी (कन्यादान के प्रसंग में) लेकिन यह आज के सन्दर्भ में सही नहीं है। 'दान-दहेज' जिसे आज हम दहेज कहते हैं, 'पारस्परिक उपहारों के 'लेन-देन'[6] के रूप में होता था। भारतीय दहेज-प्रथा में पहली बात तो यह नज़र आती है कि वहाँ 'पारस्परिक उपहारों के लेन-देन का अभाव है,' उन जगहों को छोड़कर जहाँ दहेज के जरिये सामाजिक हैसियत की सीढ़ियाँ चढ़ी जाती हैं, जैसे राजपूतों में। अन्यथा पत्नी देने वाले (दहेज देने वाले) छोटी हैसियत के माने जाते हैं

वेंडरवीन ने भारतीय दहेज में पारस्परिकता के अभाव की चर्चा करते हुए लिखा है कि दहेज देना ही हैसियत बढ़ाना होता है। इनकी दृष्टि में इसका कारण यह है कि यह केवल देने से जुड़ा है जिसमें प्राप्त करने की कोई अपेक्षा नहीं है। इसे हम पारस्परिकता के सिद्धान्त की अस्वीकृति भी कह सकते हैं।

इस विचार के अनुसार भारत में दहेज-प्रथा का प्रारम्भ या उपहार की किसी अवधारणा के कारण हुआ हो लेकिन मध्यकाल की विकृतियों तथा बदलावों को हम उस पुराने विचार के सन्दर्भ में व्याख्यायित नहीं कर सकते। दहेज-प्रथा को

धर्म-ग्रंथों में भी समर्थन मिला हो लेकिन यह नहीं कहा जा सकता कि दहेज उपहार के हिन्दू सिद्धान्त के आधार पर विकसित हुआ है। (यह स्पष्टीकरण आंशिक रूप में भारत में प्रचलित दहेज-प्रथा की व्याख्या करता है।)

दहेज : स्त्री के मृत्यु-पूर्व उत्तराधिकार के रूप में

यह विचार दहेज की व्यावहारिक परिभाषा प्रदान करता है। इस विचार के अनुसार दहेज वास्तव में लड़की को उस पैतृक सम्पदा का हिस्सा देना है जिससे वह प्राय: वंचित रहती है। इस प्रकार के विश्लेषण को ताम्बीह और गुड्डी[7] ने आगे बढ़ाया। गुड्डी का कहना है कि "इस तरह दहेज को दुल्हन का मृत्यु-पूर्व उत्तराधिकार कर सकते हैं। ताम्बीह कहते हैं -मेरी मान्यता है कि दहेज पुत्री को दिया हुआ धन है जिसको आधार बनाकर दम्पत्ति अपना वैवाहिक जीवन आरम्भ कर सकते हैं।"—व्यापक रूप से हम कह सकते हैं कि भारत ओर सीलोन में दहेज एक प्रकार से 'स्त्रीधन' (स्त्रीधनम्) ही है। सैद्धान्तिक रूप से यह उसकी सम्पदा है जिसका वही नियंत्रण करती है यद्यपि आम तौर पर उसकी व्यवस्था तथा प्रबंध पक्ष का अधिकार पति का होता है।

ताम्बीह इस विचार के समर्थन में 'पुत्रिका-पुत्रम्' तथा 'घरजँवाई' जैसी प्रथाओं का उल्लेख करते हैं जहाँ, बेटी उत्तराधिकारिणी और पैतृक-सम्पदा का हस्तान्तरण करने वाली हैं। इस प्रकार लेखक यह कहना चाहता है कि बेटियाँ पैतृक सम्पदा के अधिकार से पूर्णतया वंचित नहीं थीं। लेकिन यहाँ लेखक एक आकस्मिक और उपचरात्मक पक्ष को सामान्य स्थिति बताने की कोशिश कर रहे हैं जबकि सामान्यतया ऐसा नहीं होता"। ऐसी भूल स्त्रीधन को दहेज को एक मानने के कारण भी हो जाती है जबकि स्त्रीधन एक सीमित अर्थ में ही स्त्री-सम्पदा है यद्यपि यह भी एक विवादस्पद प्रश्न है। स्त्रीधन पर सम्पूर्णतया स्त्रियों का ही अधिकार नहीं होता जैसाकि दूसरे प्रकार की सम्पदा पर उत्तर-भारत में पुरुषों और दक्षिण भारत में स्त्रियों को होता है। इस प्रसंग को पैतृक सम्पदा पर स्त्री अधिकार के प्रमाण स्वरूप प्रस्तुत करना एक तरह से गम्भीर भूल होगी।

पार्ल हर्शमैन[8] ने दहेज की इस मान्यता का तथ्यों के आधार पर खंडन किया है। उन्होंने विस्तारपूर्वक हूजा को उद्धृत करते हुए यह बताया है कि हूजा गुड्डी और ताम्बीह का किन कारणों से खंडन करते हैं। उनका मानना है कि गुड्डी और ताम्बीह दहेज-उपहारों के सिलसिले में 'स्त्रीधन' को कुछ अधिक ही महत्त्व देते हैं तथा इस तथ्य को नज़रअन्दाज़ कर देते हैं कि बहुत से औपचारिक उपहार तो सीधे वधू-पक्ष की ओर से वर-पक्ष को दिए जाते हैं। उनकी मान्यता है कि उत्तरी भारत में वास्तविक स्थिति जो कुछ ताम्बीह कहते हैं, उससे एकदम उल्टी है।

कश्मीरी ब्राह्मणों पर शोध करते हुए मदान[9] की भी यह राय बनती है कि भारत में पुरुषों की तुलना में स्त्रियों के उत्तराधिकार सम्बन्धी कोई हक नहीं होते। उन्हें केवल जीवन-निर्वाह के लिए भत्ता प्राप्त करने का अधिकार है। जब पुत्री पिता के घर पर ही रहती है और जँवाई भी वहीं रहने आ जाता है तब वह पुत्र ही उत्तराधिकारिणी मानी जाने लगती है। विदेश में रहते हुए भी पुत्र पिता की सम्पत्ति को बेचने या पैतृक-सम्पत्ति से होने वाले लाभ को उपयुक्त कारोबार में लगा सकता हैं। लेकिन एक स्त्री को 'स्त्रीधन' की स्वामिनी होते हुए भी कोई अंश बेचने का अधिकार नहीं है।[10]

मदान गुड्डी और ताम्बीह के विचारों को निम्न मुद्दों पर वास्तविकता के विपरीत पाते हैं :

(अ) धार्मिक सिद्धान्त के अनुसार, दुल्हन और जो कुछ भी वह अपने पति के यहाँ लाती है, वह सब उसके पति और उसके परिवार का होता है क्योंकि वह उसे (पति को) उपहार के रूप में मिलता है। कन्यादान एक व्यापक शब्द है; उसमें कन्या सहित उसे प्राप्त हाने वाला सब कुछ सम्मिलित है।

(आ) वधू जो दहेज अपने साथ लाती है वे वस्तुएँ मात्र उसी के लिए नहीं होतीं बल्कि पति के घर वालों तथा सम्बन्धियों के लिए भी होती हैं।

(इ) इससे महत्त्वपूर्ण बात यह है कि विवाह के समय प्राप्त होने वाला धन लड़की के पिता की आर्थिक स्थिति का निर्णायक होता है जिसके कारण यह विवाह सम्भव हुआ।

(ई) चौथी बात यह है कि स्त्री की सम्पदा से इस निर्णय पर पहुँचना सम्भव नहीं है कि वह उसे उत्तराधिकार में मिली है क्योंकि उसमें वे सब उपहार भी शामिल होते हैं जो एक स्त्री अपने पति, ससुराल पक्ष तथा माँ के स्त्री धन से प्राप्त करती है।

मदान स्वयं यह मातने हैं कि ये उपहार (दहेज) एक तरह से पैतृक सम्पदा में हिस्सेदारी न होने के एवज में तथा ससुराल में उसकी सुरक्षा के लिए होते हैं।

क्षतिपूर्ति के रूप में दहेज

दहेज के रूप में क्षतिपूर्ति करने का सिद्धान्त मदान के क्षतिपूर्ति के सिद्धान्त से बिलकुल विपरीत है। यहाँ दहेज की तुलना कन्या-शुल्क से करके दहेज का अर्थ बताने की कोशिश की गई है। इस विचार के अनुसार कन्या-शुल्क का आधार एक उत्पादक इकाई से जुड़ा हुआ है। एक लड़की परिवार की आर्थिक आमदनी बढ़ाने में सहायक होती है किन्तु विवाह के बाद परिवार उससे वंचित हो जाता है।

कन्या-शुल्क देकर इस नुकसान को पूरा किया जाता हैं। यह बा छोटी जातियों के लिए सही है लेकिन ऊँची और बीच की जातियों में स्त्रियाँ खेत में काम नहीं करतीं इसलिए उत्पादन-प्रक्रिया में उनका योगदान लगभग नहीं के बराबर होता है और वे माँ-बाप पर आर्थिक भार होती है। विवाह के बाद यह वजन ससुराल वालों को ढोना पड़ता हैं। इसलिए लड़की के माँ-बाप लड़के वालों को दहेज में रूप या ओर मूल्यावान वस्तुएँ देकर क्षतिपूर्ति करते हैं।[11]

यह पूर्वानुमानित और घुमावदार स्पष्टीकरण है। प्रो. श्रीनिवास[12] के अनुसार "यह प्रमाणित करने के लिए पर्याप्त तथ्य नहीं हैं कि आज जिस रूप में दहेज प्रथा का फैलाव हुआ है उसका कारण उत्पादक श्रम में स्त्रियों की कम साझेदारी है।" दहेज और स्त्रियों की आर्थिक साझेदारी को लेकर इस प्रकार की सामान्यीकृत दलीलें न तो कन्या-शुल्क और न ही दहेज के सम्बन्ध में ही ज्यादा कुछ बता पाती है। यह महज आर्थिक भाग्यवाद है जिसकी तार्किक परिणति दहेज उन्मूलन में नहीं 'घर जँवाई' रखने में होगी।

दहेज और धार्मिक स्वीकृतियाँ

दहेज-प्रथा का धीरे-धीरे विकसित होकर विवाह का अभिन्न अंग होना और उसका आधुनिक रूप विरासत में मिली पुरानी सामाजिक संरचना का प्रतिफल है। ऐतिहासिक दृष्टि से देखने पर हमें कुछ प्रश्नों का उत्तर मिल जाता है कि वे कौन से सामाजिक, आर्थिक, सांस्कृतिक, राजनीतिक और बौद्धिक दबाव रहे होंगे जिनके कारण दहेज एक प्रतिमान या सामाजिक आदत और आवश्यकता हो गया तथा उसका प्रारम्भ और विकास कैसे हुआ।

वैदिक काल से पूर्व हुए विवाहों के सम्बन्ध में ज्यादा जानकारी नहीं है। लेकिन ऋग्वेद तथा अथर्ववेद की ऋचाओं से विवाह सम्बन्धी कुछ सूचनाएँ मिलती है। अथर्ववेद के स्रोत सूर्य-पुत्री-सूर्या तथा चन्द्रमा के विवाह उपाख्यान से प्रारम्भ होते हैं। दुल्हन ने एक चँदोवा से सुसज्जित रथ पर बैठकर सखियों के साथ अपने स्वामी के गृह की ओर प्रस्थान किया। दहेज सहित उसका कोष उसके रथ में रख दिया गया। समृद्ध और राजसी परिवारों में जँवाइयों को कुछ उपहार प्राय: दिए जाते थे। अथर्ववेद में राजकन्याओं को अपने साथ सौ गायों का दहेज रूप में लाने का उल्लेख है। द्रौपदी, सुभद्रा और उत्तरा विवाहोपरान्त पिता के घर से जाते समय बहुमूल्य घोड़े, हाथी तथा रत्नादि उपहार स्वरूप ले गई थीं। वैवाहिक ऋचाओं में 'वहातु' या दहेज का उल्लेख है।

एस.एल. हूजा[13] के अनुसार दहेज का अर्थ उस उपहार से होता था जो स्वेच्छा और स्नेहवश विवाह के समय या विवाहोपरान्त दिया जाता था। विवाह के समय

दूल्हे को उपहार केवल राजाओं अथवा ऐश्वर्यशाली परिवारों में ही प्राप्त होता था। इन परिवरों में भी विवाह निश्चय करने के लिए कोई अग्रिम राशि देने का उल्लेख नहीं है। यदि ऐसी कोई प्रथा प्रचलित होती तो स्मृतिकारों ने इस प्रथा की भी इसी तीव्रता के साथ भर्त्सना की होती जैसी उन्होंने 'कन्या-शुल्क' की की है। हमें इस प्रकार की भर्त्सना कहीं पढ़ने को भी नहीं मिलती। स्मृतियों में इसका उल्लेख तो है कि विवाह में कन्या को उपयुक्त आभूषण दिए जाएँ लेकिन उनकी संख्या और मूल्य सर्वथा पिता की इच्छा और सामर्थ्य पर छोड़ दिया गया है। विवाह पूर्व किसी प्रकार की अग्रिम राशि देने की बात न तो सोची गई है और न उसके सम्बन्ध में कोई तर्क ही दिया गया है।

दहेज विवाह की धार्मिक अवधारणा दान या उपहार[14] के साथ जुड़ा है। विवाह में मुख्य उपहार कन्या थी, दहेज उसी के साथ एक तरह से दक्षिणा थी जो स्वेच्छा से दी जाती थी। कन्या का उपहार कन्यादान एक धार्मिक उपहार था। वस्तु रूप में दिए गए इस धार्मिक उपहार के साथ प्रायः कुछ नकद या सोना या बहुमूल्य वस्तु भी होती ही थीं।

वैदिक साहित्य में पत्नियों के सम्पत्ति-अधिकार के सम्बन्ध में बहुत कम कहा गया है। वे सम्पत्ति की अधिकारिणी होने के योग्य नहीं थी। इसका निषेध उपनिषद् के याज्ञवल्क्य उपाख्यान से हो जाता है जहाँ वे अपनी दोनों पत्नियों में अपना धन बराबर बाँट देते हैं। इसके पूर्व भी ऋग्वेद की एक ऋचा में परिणय का सन्दर्भ आता है जो कि तैत्तिरीय संहिता के अनुसार पिता की ओर से वधू को दिए जाने वाले उपहार होते हैं जो उसी की सम्पत्ति होते हैं।

हमें कई स्मृतियों में स्त्रीधन के कई रूपों का उल्लेख मिलता है। इस तरह विष्णु स्मृति में निम्न प्रकार के उपहारों को स्त्री धन के अन्तर्गत गिनाया गया है।

(क) पिता, माता, पुत्र तथा भाई द्वारा दिए गए उपहार।
(ख) अध्याग्नि : यज्ञाग्नि के सामने दिए गए उपहार।
(ग) उपागता : जो कुछ बाद में प्राप्त हुआ हो।
(घ) बंधुओं द्वारा दिए गए उपहार।
(ङ) कन्या-शुल्क।
(च) अधिवेद् म्का : दूसरे विवाह के अवसर पर दिए गए उपहार।
(छ) अनुवध्यका : विवाहोपरान्त दिए गए उपहार।

मनु भी इससे मिलती-जुलती गणना करते हैं। 'स्त्री धन' के सिद्धान्त का विकास यह बताता है कि प्रारम्भ में स्त्रियों के लिए कोई अलग से सम्पदा का निर्धारण नहीं किया गया था। स्त्रीधन की अवधारणा का विकास इस तरह धीमी गति से हुआ।

हिन्दूओं ने ही सबसे पहले स्त्रियों को सम्पत्ति अधिकार दिए जो दूसरों ने नहीं दिए। विष्णु लड़कियों को तीन भाइयों के बराबर धन देने को कहता है।

स्त्रीधन के रूप में की गई सम्पदा और दहेज में प्राप्त की गई सम्पदा में अन्तर करना चाहिए। स्त्रीधन स्वेच्छा से दिया जाता है और उस पर विवाहादि को कोई प्रतिबन्ध नहीं होता लेकिन दहेज विवाह के प्रसंग में अनिवार्यत: लिया जाता है। यहीं से भ्रम की शुरुआत होती है। बहुत से लोग दहेज को ही स्त्रीधन समझते हैं। मिताक्षर स्मृतियों की एक टीकाकार के अनुसार स्त्रीधन में भूमि, रत्न-रत्नादि या नकद (सम्पत्ति) होता है जो लड़की को स्वेच्छापूर्वक दिया जाता है और जिसका विवाह के अवसर पर दिया जाना आवश्यक नहीं है। 'दौई' (बेटी) इस सम्पदा को बेच सकती है। भारतीय न्यायालयों को मिताक्षर की यह व्याख्या मान्य है।

मध्यकालीन भारत में दहेज

मध्यकाल में दहेज-प्रथा भयावहता की चरम-सीमा तक पहुँच गई। 13वीं या 14वीं शताब्दी के लगभग मुगल साम्राज्य का विस्तार होने लगा और हिन्दू धर्म के लिए स्थितियाँ खतरनाक बनने लगीं। इसलिए हिन्दू अपने धर्म के प्रति सजग होने लगे, वे अधिकाधिक जातिवादी होने लगे। नियमों की कठोरतापूर्वक पालना की जाने लगी।[15] इसका यह परिणाम हुआ कि सारी जातियों और उप-जातियों में पूरी तरह सजातीय विवाह होने लगे। मुसलमानों के आक्रमणों के कारण हिन्दू समाज की आर्थिक हालत भी बिगड़ गई। लड़कियाँ प्राय: अशिक्षित होती थीं। इन परिस्थितियों में अविवाहित लड़कियाँ असुरक्षित समझी जाती थीं। अब विवाह के प्रस्ताव लड़कों के माता-पिता की तरफ से आने के बजाय लड़कियों के माता-पिता की तरफ से होने लगे। कन्याओं के लिए अच्छे खानदान और सम्पन्न परिवार का लड़का मिलना मुश्किल हो रहा था इसलिए वे जल्दी-से-जल्दी अपनी कन्याओं के लिए सुयोग्य वर ढूँढ़ने लगे जिससे अनमेल विवाह का खतरा टल जाए। एक सीमित क्षेत्र में वर को खोजने के कारण भी लड़कों का अभाव होने लगा और इस तरह दहेज-प्रथा की शुरुआत हुई लगती है। यदि लड़की के माँ-बाप अपेक्षित दहेज होने में असमर्थ होते तो विवाह असम्भव हो जाता। तब विवाह के लिए जाति भी हैसियत के सिवा सब कुछ था। इसके परिणामस्वरूप बहु-विवाह गौण हो गया। जाति श्रेष्ठता का प्रतीक बन गया और समाज में सराहा जाने लगा। इन प्रथाओं के कारण विधवाओं, बाल-विधवाओं तथा दहेज की समस्याएँ उभरने लगीं। विवाह निश्चित करने में दहेज की भूमिका प्रमुख हो गई।

राजपूत राजाओं को अपमानजनक पराजयों से बचने के लिए अपनी लड़कियाँ मुसलमानों को देने के लिए विवश होना पड़ा। उदाहरण के लिए अकबर ने जब

अपने पुत्र का विवाह भगवानदास की कन्या से किया तब उसने भगवानदास से भारी दहेज माँगा।

इसी तरह जब साहबजादा मुहम्मद का विवाह गोलकुंडा की राजकुमारी से हुआ तो औरंगजेब के राजा से दहेज में रामगिरि दुर्ग की माँग की जो हैदराबाद के उत्तर-पूर्व में 113 मील की दूरी पर था। बदाऊँनी भी कश्मीर नरेश की कन्या के विवाह में दहेज माँगे जाने का जिक्र करते हैं।

दहेज-प्रथा ने इस तरह नया रूप ले लिया। स्वेच्छा की जगह माँग ले ली। फिर भी मध्यकाल में यह प्रथ ऊँची जातियों तक सीमित थी। वह ज्यादातर राजपूत राजाओं में प्रचलित थी। ब्राह्मणों में वह इतनी लोकप्रिय नहीं थी।[16] बाद में वह छोटी जातियों और वर्गों तक पहुँचकर एक गम्भीर समस्या बन गई। महाराष्ट्र के संत तुकाराम की कन्या का विवाह भी गाँव वालों के चन्दा जमा करने पर ही सम्भव हुआ।[17]

18वीं शताब्दी में स्थिति और भी चिन्ताजनक हो गई। परिणामत: दहेज का दबाव कम करने के प्रयत्न होने लगे। यह तथ्य 7 जनवरी, 1986[18] को सिन्ध कमीशन द्वारा बम्बई सरकार को भेजी गई एक सूचना से विदित होता है। इस सूचना मे सिन्ध के हिन्दू सोशल रिफार्मर्स एसोसिएशन के एक ज्ञापन की चर्चा की गई है। ज्ञापन देने वालों ने यह प्रतिज्ञा की कि वे अपने पुत्रों की शादी 18 वर्ष की आयु के पहले नहीं करेंगे। लड़की के माता-पिता सम्बन्धियों से पंचायत द्वारा निश्चित की गई पुरानी दरों से अधिक धनराशि, दहेज या उपहार के रूप में नहीं लेंगे और लड़कियों को शिक्षित करने की भरसक कोशिश करेंगे। ज्ञापन देने वाले इस पर भी सहमत थे कि यदि वे प्रतिज्ञा भंग करने के दोषी पाए जाएँ तो पंचायत को दंडस्वरूप 50 रुपये दें। देश के दूसरे भागों में भी इस तरह के सुधारों का सिलसिला शुरू हुआ। 1888 में राजपूत श्री दास और चराइरा कमेटी ने यह प्रस्ताव पारित किया : "पिता के द्वारा दी जाने वाली दहेज की रकम के सम्बन्ध में यह आदेश दिया जाता है कि जो कुछ दिया जाए उसे स्वीकार करने में कोई संकोच नहीं होना चाहिए। वर पक्ष को इसमें न तो कोई आपत्ति करनी चाहिए और न दहेज बढ़वाने की कोशिश करनी चाहिए कि जिससे विवाह का सर्व-स्वीकृत खर्च बढ़ जाए। कमेटी ने यह भी प्रस्ताव पारित किया कि विवाह में आमदनी के अनुपात में खर्च की तालिका जल्दी ही तैयार की जानी चाहिए। यद्यपि सुधार समिति ने दहेज-प्रथा को उदार बनाने की कोशिश की लेकिन इस प्रथा के चलते अनेक दुर्घटनाएँ हुई। राजपूतों में कन्याओं के जन्मते ही उन्हें मार डालने का सिलसिला चलता रहा और बंगाल में विवाह की आयु पर पहुँची हुई कई लड़कियों ने आत्महत्या कर ली। इस तरह बंगाल और राजपूताने में दहेज-प्रथा ने अनिष्ट का रूप धारण कर लिया।

इस समय वैवाहिक सम्बन्धों की पवित्रता की चर्चा करना तो दूर रहा, हिन्दू विवाह अपने प्राचीन आदर्शों के अनुकूल भी नह सके। इन सब बुराइयों का विवाह-

प्रथा पर तो कुप्रभाव हुआ ही, इससे बहुत-सी सामाजिक-आर्थिक बुराइयाँ भी पनप गईं। भारत ब्रिटिश काल के प्रारम्भ से ही सामाजिक-आर्थिक विघटन से गुजर रहा था। सामाजिक मान और मूल्य अच्छी तरह परिभाषित नहीं थे। पूरी कठोरता के साथ प्रचलित जाति-प्रथा के परिणाम अच्छे नहीं निकल रहे थे।

दहेज के खिलाफ धर्म-युद्ध

ज्ञान के बढ़ते हुए दायरों और राष्ट्रीय सुधार के युग में दहेज-प्रथा के कुप्रभाव अनदेखे नहीं रहे। भारतीय विचारकों, विद्वानों तथा राष्ट्रीय आन्दोलन के नेता राजा राममोहन राय, केशवचन्द्र सेन, पंडिता रमा बाई, करामत हुरसई, ज्योतिबा फुले, ईश्वरचन्द्र विद्यासागर, महात्मा गांधी तथा नेहरू ने सामाजिक-धार्मिक मूल्यों का पुन: परीक्षण किया तथा तरुण पीढ़ी में जागरूकता पैदा करने के लिए सुधारवादी आन्दोलन की शुरुआत की।

अपने समकालीनों मे राजा राममोहन राय ने स्त्रियों की समस्यओं को बिना किसी समझौते के उठाने की प्रतिज्ञा की। उन्होंने अन्धविश्वासों के गढ़ पर हमल बोलते हुए विधवा-दहन, सती-प्रथा को समाप्त करने का आह्वान किया। राम मोहन राय ने सबसे पहले स्त्री को सब तरह से पुरुष के बराबर माना। उन्होंने दूसरी बात यह कही कि स्त्रियों को शिक्षा प्राप्त करने के अवसर और किसी भी हुनर का प्रशिक्षण मिलना चाहिए जिससे वे पुरुष के बराबर खड़ी हो सकें। तीसरी बात यह कि स्त्रियाँ सार्वजनिक कामों में भाग लें। और चौथी बात, उन्होंने यह भी कहा कि यदि स्त्रियाँ वैवाहिक जीन को असहनीय समझे तो वे तलाक लेकर अपनी ज़िन्दगी इच्छानुसार व्यतीत करने के लिए स्वाधीन हों। संक्षेप में, किसी भी सामाजिक संस्था को स्त्री-स्वाधीनता सीमित करने का अधिकार नहीं दिया जा सकता। हमारे सामने सबसे बड़ा सवाल तो यह है कि सन् 1820 ही की तरह यदि आज भी स्त्रियाँ आत्म-दाह करती हैं तो अपराधियों को भस्म करने के लिए हमारे पास क्रोधाग्नि कहाँ है?[19]

विधवा-विवाह के जबरदस्त समर्थक ईश्वरचन्द्र विद्यासागर ने दहेज-प्रथा का डटकर विरोध किया। उन्होंने उन बंगाली ब्राह्मणों के विरुद्ध आन्दोलन छेड़ा जो दहेज के लालच में मनचाहे कितनी ही बार विवाह कर रहे थे।

19वीं शताब्दी के उत्तरार्द्ध में बम्बई में जबरदस्त दहेज-विरोधी आन्दोलन शुरू हुआ। करसनदास मूल जी (1832-79) ने अपने पत्र 'सत्य प्रकाश' में दहेज-विरोधी अभियान शुरू किया और सस्ते विवाहों का पक्ष लिया। महात्मा गांधी के भाषणों तथा पुस्तकों के दो उद्धरणों से उनके दहेजविरोधी जिहाद के महत्त्व को समझा जा सकता है। गांधी ने दहेज-प्रथा का तीव्र विरोध किया। उन्होंने कहा, 'यह लड़की की बिक्री के सिवा कुछ नहीं।[20]

उन्होंने लिखा : 'माता-पिता का रुपया देकर विवाह करना बन्द हो जाना चाहिए। यह प्रथा मूलतः जाति से जुड़ी है। यदि इस कुरीति को समाप्त करना है तो लड़कों या लड़कियों या उनके अभिभावकों को जाति-सम्बन्ध तोड़ने होंगे। तब विवाह की आयु बढ़ानी होगी। हो सकता है कि लड़कियों को उपयुक्त वर न मिलने पर कुवारी रह जाना पड़े। इसका मतलब चरित्र की शिक्षा है जो देश-भर के युवकों की मानसिकता में क्रान्तिकारी परिवर्तन ले आए।[21]

दहेह जैसी पतनशील प्रथा की भर्त्सना के लिए एक प्रभावशाली जनमत बनाया जाना चाहिए और उन नवयुवकों को समाज से बहिष्कृत कर देना चाहिए जिनके हाथ ऐसे अवांछित सोने को प्राप्त करने में लिप्त हों।[22]

सन्दर्भ सूची

1. टुवडर्स इक्वेलिटी : स्टेटस ऑफ़ वीमन इन इंडिया कमेटी की रिपोर्ट, भारत सरकार, शिक्षा तथा समाज कल्याण मंत्रालय, नई दिल्ली, 1974, पृ. 71
2. टाइम्स ऑफ़ इंडिया : 27 मार्च, 1984
3. मार्सन मॉस : दि गिफ्ट फ़ॉर्म्स एंड फ्रेंक्शंस ऑफ़ एक्सचेंज इन आर्चिक सोसायइटीज।
4. लुई ड्यूमाँ : 'डावरी इन हिन्दू मैरिज : ऐज़ ए सोशल साइंटिस्ट सीज इट', अप्रैल 11, 1959 इकॉनोमिक वीकली, पृ. 219-20
5. वही।
6. देखें, एम. डॉ.; साहसिब, आन सोशियोलॉजी ऑफ़ प्रिमिटिव एक्सचेंज', एंड नेक्टान (स.) दि रिलेवेंस ऑफ़ मॉडल फॉर सोषल एन्थ्रोलाूजी, लन्दन।
7. वेंडरवीन क्लास 'मैरिज एंड हायरारकी अमंग द अनविल ब्राह्मिंस ऑफ़ साउथ गुजरात, कंट्रीब्यूशन टू इंडियन सोयोलॉजी पृ. 36-52
8. पॉल हर्शमैन : पंजाबी किनशिप एंड मैरिज, दिल्ली, पृ. 242-47
9. टी.एन. मदान, स्ट्रक्चरल इम्पलीकेशंस ऑफ़ मैरिज़ेज इन नार्थ इंडिया : वाइफ ग्रिर्व्स एंड वाइ टेकर्स अमग दि पंडित्स ऑफ़ कश्मीर', कंट्रीब्यूशन टू इंडियन सोशियालॉजी, भाग पृ. 2
10. 'स्टेट्स ऑफ़ बीमेन' पर आई.सी.एस.एस.आर. की रिपोर्ट, देहली 1975, पृ. 452। उत्तरदाताओं ने कहा कि उनका विवाह के समय वे जो दहेज तथा जवाहरात अपने साथ लाई थी, उस पर उनका कोई नियंत्रण नहीं था।
11. इन्दिरा राजारमण : इकोनोमिक्स ऑफ़ ब्राइड एंड डावरी, इका. एंड पोलि. वीकली, 19 फरवरी वर्ष 18, अंक 8, 275-279
12. एम.एन. श्रीनिवास, रिफलेक्शंस ऑफ़ डावरी, तीन मूर्ति भवन, नई दिल्ली में दिया गया भाषण (10 नवम्बर, 1983)
13. एस.एल. हुजा, डायरी सिस्टम इन इंडिया-ए केस स्टडी।
14. टी.एस. दिवादास, हिन्दू फैमिली एंड मैरिज, युनिवर्सिटी ऑफ़ मद्रास, 1979
15. द्रष्टव्य : आभा अवस्थी, हिन्दू मैरिजेज इन कंटीन्यूटी एंड चेंज

16. इला मुखर्जी द्वारा उद्धृत : सोशल स्टेट्स ऑफ़ नार्थ इंडियन वीमेन 1526-1707, अगारा, 1972, पृ. 23
17. इला मुखर्जी द्वारा उद्धृत : सोशल स्टेट्स ऑफ़ नार्थ इंडियन वीमेन 1526-1707, अगारा, 1972, पृ. 23
18. इला मुखर्जी द्वारा उद्धृत : सोशल स्टेट्स ऑफ़ नार्थ इंडियन वीमेन 1526-1707, अगारा, 1972, पृ. 23
19. अनिरूद्ध गुप्ता, राजा राममोहन राय एंड राइट्स ऑफ़ वीमेन, मनेस्ट्रीम : अगस्त 1985
20. एम.के. गांधी : वीमेन एंड सोशल जस्टिस, 1958, पृ. 29
21. हरिजन, 25 मार्च, 1936
22. यंग इंडिया, 21 मई, 1931

2

अध्ययन के उद्देश्य तथा पद्धतियाँ

आशा के विपरीत, स्वतंत्रता-प्राप्ति के बाद ज्यों-ज्यों शिक्षा का विस्तार तथा विकासशील प्रवृत्तियों का फैलाव होता गया, त्यों-त्यों दहेज ने महामारी का रूप लेना शुरू कर दिया। शिक्षित हो चाहे अशिक्षित, गरीब हो या अमीर, शहरी हो या ग्रामीण-सब-के-सब दहेज की ओर ज्यादा-से-ज्यादा आकृष्ट होते जा रहे हैं। दहेज माँगने का लोभ विवाह के साथ ही समाप्त नहीं हो जाता बल्कि यह देखने में आ रहा है कि नकद या उपभोग की स्थायी सामग्री की माँग विवाह के बाद नये सिरे से उठने लगती है। यदि नकद या उपभोग की वस्तुएँ नहीं मिलतीं तो युवा-वधुओं के साथ दुर्व्यवहार शुरू हो जाता है जो पति के कुटुम्बियों द्वारा मारपीट तक पहुँचा दिया जाता है। बहुत से मामलों में कत्ल तक कर दिया जाता है लेकिन इन घटनाओं को केरोसीन का स्टोव फूट जाने जैसी मामूली दुर्घटना के रूप में दर्ज किया जाता है। दूल्हे के परिवार वालों के दुर्व्यवहार से परेशान होकर कई पत्नियों ने आत्महत्या तक कर ली है।

एक कमजोर और अस्पष्ट कानून तथा अपर्याप्त और सुसज्जित पुलिस के चलते दहेज-पीड़ित वधुएँ प्राय: असुरक्षित होती हैं। दहेज की अस्पष्ट परिभाषा से लगाकर साक्षी जुटाने की कानूनी हड़बड़ाहट और अनिश्चिय अपराधी को सजा दिलाने में कठिनाइयाँ उत्पन्न करते हैं। यह इसी तथ्य से स्पष्ट हो जाता है कि दहेज-निरोधक अधिनियम 1961 उपबन्धों के अन्तर्गत 14 वर्ष तक एक भी अभियोग नहीं चलाया जा सका।

ऐसी मौतों तथा दिन-प्रतिदिन इनकी बढ़ती हुई संख्या के कारण 1961 के उस दहेज-निरोधक कानून को बदलने की माँग उठने लगी जिसका बार-बार उल्लंघन हुआ और जिसमें अनेक खामियाँ होने के कारण उसे बार-बार व्याख्यायित करना पड़ा। दहेज-प्रथा तथा उसकी विकृतियों के उन्मूलन की आवश्यकता समझते हुए कई नारी-संस्थाओं ने जन-मत जाग्रत करने तथा राष्ट्रीय-चेतना को उभारने का काम शुरू किया। निस्सन्देह हमारे समाज में स्त्रियों की दुर्दशा तथा उनके प्रति व्यवहार में आने वाले भेदभावों को मिटाना तथा स्त्रियों की हैसियत को उठाना इन संस्थाओं का मुख्य काम है किन्तु फिलहाल माता-पिता द्वारा दहेज की अनेक

प्रकार की माँगे पूरी न किए जा सकने के जो दुष्परिणाम सामने आए है उसे देखते हुए दहेज-उन्मूलन के काम को ही प्राथमिकता दी गई है।

इन दबावपूर्ण वास्तविकताओं के कारण 1984 में दहेज-विरोधी संशोधित बिल संसद में पारित हुआ। 2 अक्टूबर, 1985 से यह बिल देश का कानून बन गया। भारत सरकार के गृह मंत्रालय के अनुसार देश भर में यह कानून सख्ती से लागू कर दिया गया है। जो भी हो, 1985 में केन्द्र-शासित दिल्ली प्रदेश में ही अब तक आत्मदाह की 625 दुर्घटनाएँ हुई हैं। लोकनायक जयप्रकाश नारायण अस्पताल में ही 381 भर्ती हुए रोगियों में से 88 प्रतिशत बुरी तरह जली हुई स्त्रियाँ थीं। इनमें 90 प्रतिशत स्त्रियाँ 16-30 के आयु-वर्ग में थीं। ये मामले चिकित्सा-कानून संहिता के अन्तर्गत हैं। इन मामालों में कितने प्रतिशत मृत्यु दहेज के कारण है, यह निश्चय करना कठिन है क्योंकि इन्हें पुलिस या अस्पताल के रिकार्डों में 'दुर्घटना' बताकर दर्ज किया गया है। इन्हें आग की दुर्घटनाएँ मानना महज़ भोलापन होगा। इस तथ्य की गहराई से जाँच करनी चाहिए कि 16-30 आयु-वर्ग के अन्तर्गत ही इतने चिकित्सा-कानून संहिता के मामले क्यों बने हैं? इन दुर्घटनाओं में स्त्रियाँ बुरी तरह से क्यों झुलसी हैं जब कि ज़्यादातर संयुक्त या बड़े परिवार हैं और लोग सहायता के लिए जल्दी से दौड़ सकते हैं। यह कैसे हुआ है कि साक्षी अधिनियम की धारा 113-A के अन्तर्गत यह साबित करने का उत्तरदायित्व जब से पति पर आ गया है कि मृत्यु का कारण प्रपीड़न नहीं है, आत्मदाह के ज़्यादा-से-ज़्यादा मामले दुर्घटनाओं के अन्तर्गत दर्ज कर लिये गए हैं। सरकारी आँकड़ों के अनुसार कुल पीड़ितों में 10 प्रतिशत से भी कम मामले हत्या के हैं। किन्तु ठीक इसके विपरीत आत्महत्या का अनुपात 41 प्रतिशत तथा दुर्घटनाओं का 31 प्रतिशत है। (1979 की भारत सरकार की रपट)। क्या सारी विवाहित स्त्रियों की अप्राकृतिक मृत्यु दहेज से जुड़ी है? यह तो बर्फ की चट्टान का नज़र आने वाला भाग है। शारीरिक तथा मानसिक रूप से दी जाने वाली यंत्रणा जो प्रकाश में नहीं आयी है वह तो हमारी कल्पना से परे है।

अध्ययन के उद्देश्य

दहेज-समस्या से जुड़े दूसरे सवालों तथा पक्षां को समेटते हुए इस अध्ययन के निम्नलिखित उद्देश्य हैं :

1. दहेज-पीड़ितों के मामलों की पड़ताल, उसके प्रकार तथा रूप।
2. दहेज-प्रथा के पालन करने तथा न पालन करने के परिणाम, यंत्रणा तथा शोषण की जानकारी।
3. दहेज-पीड़ितों की आर्थिक, सामाजिक पृष्ठभूमि का निर्धारण।
4. 1984 के दहेज-विरोधी (संशोधित) अधिनियम के प्रभाव का मूल्यांकन।

5. दहेज-उन्मूलन के लिए तर्कसंगत जागरूकता पैदा करने वाले सुझाव तथा प्रस्ताव।

अध्ययन के क्षेत्र

समाचार-पत्रों की सुर्खियाँ, चौंका देने वाली दहेज-पीड़ितों की स्थितियाँ और यातनाएँ, दिल्ली का शर्मनाक औसत-पहला, दो सप्ताह में एक दहेज-मृत्यु और दूसरा, प्रति बारह घंटे में एक (स्टेट्समैन, 27 अक्टूबर, 1986)—आदि समाचारों से आकृष्ट होकर हमने अपना अध्ययन दिल्ली तक सीमित रखा।

वैसे भी दहेज-दुर्घटनाओं की सबसे ज़्यादा शिकायतें दिल्ली में ही है। दिल्ली तक सीमित रहने का दूसरा कारण यह है कि यहाँ से दहेज-विरोधी प्रकोष्ठ के काम-काज तथा प्रभावशालिता की समीक्षा की जा सकती है और उन कानूनी सहायता तथा परामर्श देने वाले केन्द्रों की भूमिका को समझा जा सकता है जो दिल्ली में खासतौर पर दहेज के आतंक को निर्मूल करने के लिए बनाए गए हैं और जिनमें यह अपेक्षा की गई है कि वे पूरे देश के लिए आदर्श होंगे। इसमें हमें दिल्ली महिला संगठनों की भूमिका को रेखांकित करने में भी मदद मिलेगी जो स्त्रियों को घेरे रहने वाली बुराइयों से निरन्तर संघर्ष करने में जुटी हैं।

तथ्यों के आधार

निश्चित उद्देश्यों का विधिवत् अध्ययन करने के लिए 1986 के सितम्बर से लगाकर दिसम्बर तक दहेज-पीड़ितों के क्षेत्र का सर्वेक्षण किया गया। इसके अतिरिक्त हमने महिला संगठनों के कुछ व्यवस्थापकों दहेज-निरोधक प्रकोष्ठ के पुलिस अफ़सरों तथा प्रसिद्ध विधिवेत्ताओं से साक्षात्कार लेकर यह जानने की कोशिश भी कि दहेज की समस्याओं तथा मुद्दों को लेकर उनके क्या विचार या धारणाएँ हैं।

दहेज-पीड़ितों का चयन

हमने उसे दहेज-पीड़ित माना है जिसके विवाह में माँगी गई नकद राशि, वस्तुएँ अथवा दोनों के प्राप्त न होने के कारण शारीरिक अथवा मानसिक यंत्रणा दी गई हो। इस श्रृंखला में वे स्त्रियाँ भी हैं जिनको दहेज न दे सकने के कारण आत्महत्या करनी पड़ी है या जिन्हें कत्ल कर दिया गया है या जिन्हें पतियों ने छोड़ दिया है। ऐसे बहुत से मामले हैं जिनमें सामाजिक प्रतिष्ठा के कारण कई लड़कियों के अभिभावकों ने त तो पुलिस को सूचना दी और न ही किसी कानून-व्यवस्था स्थापित करने वाली अन्य संस्था को विशेषतया उन मामलों की जिसमें लड़कियों को शारीरिक अथवा मानसिक यातनाएँ दी गईं। इन सूचनाओं के अभाव में ऐसे

मामलों को दहेज-पीड़ितों के साथ जोड़ना मुश्किल था। इसलिए हमने अपने सर्वेक्षण को उन्हीं तक सीमित रखा है जिन्होंने 1985 में पुलिस, दहेज-निरोधक प्रकोष्ठ, महिला संगठन या समाचार-पत्रों में सहायता या अन्य कानूनी कार्यवाही के लिए रिपोर्ट दर्ज कराई है। हमने चिकित्सा कानून से जुड़े हुए उन मामलों को भी अपने अध्ययन में शामिल किया है जिन्होंने अस्पतालों मे अपनी रिपोर्ट दर्ज कराई है। मृत अथवा जीवित दहेत-पीड़ितों की पहचान के लिए हमने इन स्त्रोतों से प्राप्त हो सकने वाली सामग्री का निरीक्षण किया है। हमें पुलिस और दहेज-विरोधी प्रकोष्ठ से दहेज-पीड़ितों की कोई सूची प्राप्त नहीं हो सकती क्योंकि वे दहेज-पीड़ितों के नाम और पता बताने में असमर्थ या गोपनीयता से बँधे हुए थे और उन कठिनाइयों से बचना चाहते थे जो प्रायः न्यायालयों में चलने वाले मामलों सम्बन्ध में उठा दी जाती है। वैसे भी पुलिस थानों में दर्ज हुए मामले दहेज ही के नहीं होते, वे स्त्रियों के साथ होने वाले सब तरह के जुल्मों से सम्बन्धित होते हैं। उन्होंने उन्हीं दहेज-पीड़ितों के नाम और पते बताए हैं जो पहले ही अखबारों तथा महिला-संगठनों का ध्यान आकृष्ट कर चुके थे। हमने अपने अध्ययन में उन 27 मामलों को शामिल कर लिया है जिन्हें पुलिस द्वारा दहेज-निरोधक प्रकोष्ठ ने बता दिया था।

दहेज की ज्यादातर मौतें जलने के कारण हुई हैं। यह वांछनीय समझा गया कि ऐसे मामलों की जानकारी इकट्ठी की जाए। ऐसे मामलों को विश्वसनीय बनाने के लिए हमने पहले दिल्ली के अस्पतालों में जलने के कारण दाखिल हुई महिलाओं की सूची बनाई। हमने तीन बड़े अस्पतालों—लोकनायक जयप्रकाश नारायण अस्पताल, सफदरजंग तथा राममनोहर लोहिया अस्पताल से सम्पर्क किया। सफदरजंग तथा राममनोहर लोहिया अस्पतालों ने जले हुए रोगियों के सम्बन्ध में किसी भी प्रकार की जानकारी देने से इनकार कर दिया। केवल लोकनायक जयप्रकाश नारायण अस्पताल ने आवश्यक जानकारी दी। 1985 में आग लगाकर जलने वाली स्त्रियों की कुल संख्या 381 थी। इनमें से 88 प्रतिशत स्त्रियाँ गम्भीर रूप से जल गई थीं। वे 16-30 आयु वर्ग की विवाहिता स्त्रियाँ थी।

अस्पताल के विवरणों से यह जानना कठिन था कि ये स्त्रियाँ दहेज-पीड़िताएँ थीं या इन्होंने आत्महत्या करनी चाही थीं या कि वे महज दुर्घटनाएँ थीं अथवा इनकी हत्या करने की कोशिश की गई थी। इन दुर्घटनाग्रस्त रोगियों में से हमने 15 स्त्रियों को अपने अध्ययन के लिए चुना जो 16-30 आयु वर्ग की थी। इन स्त्रियों को चुनते समय हमने यह ध्यान रखा कि इनमें कहीं वे ही दहेज-पीड़िताएँ न आ जाएँ जिन्हें पुलिस तथा दहेज-निरोधक प्रकोष्ठ पहले ही बता चुका है।

पिछले कुछ वर्षों से दिल्ली के महिला संगठनों ने दहेज-पीड़िताओं के मामले उठाने, उन्हें परामर्श देने और सब प्रकार की सहायता करने में काफी सक्रियता दिखाई है। वे दहेज-पीड़ितों के मुकदमें भी लड़ती है। उनके द्वारा की गई सेवा के

कारण दहेज-पीड़ितों का आत्म-विश्वास बढ़ा है और इन संगठनों के पास ज्यादा-से-ज्यादा दहेज-पीड़िताएँ, शारीरिक-मानसिक रूप से सताई जाने वाली तथा पतियों द्वारा छोड़ दी गई महिलाएँ पहुँच रही हैं। दिल्ली के इन पाँच महिला-संगठनों द्वारा पंजीकृत दहेज-पीड़ितों के मामलों में से हमने 108 मामले चुने। यह सावधानी रखी गई कि किसी प्रकार की पुनरावृत्ति न हो।

अखबारों में छपने वाले दहेज-पीड़िताओं के समाचारों का आधार पुलिस तथा महिला संगठनों द्वारा दी गई सूचनाएँ थीं। उनमें भी उनके पते नहीं थे। सिर्फ़ उन्हीं जगहों का हवाला दिया गया था जहाँ वे रह रही थी। इस आधार पर उनका पता लगाना मुश्किल था। दरअसल इनमें से बहुत से वही मामले थे जिनकी सूचना पुलिस से मिल चुकी थी। फिर समय की जो सीमा थी उसमें भी यह मुमकिन नहीं था कि हम अखबारों की सूचना के आधार पर यहाँ-वहाँ रहने वाली दहेज-पीड़िताओं को अपने अध्ययन में शरीक कर पाते। इसलिए अपने अध्ययन के लिए हमने अखबारों में छपी दहेज दुर्घटनाओं का भी उपयोग नहीं किया।

पुलिस, दहेज-निरोधक प्रकोष्ठ, महिला संगठनों तथा जयप्रकाश नारायण अस्पताल के चिकित्सा-कानून के अन्तर्गत दर्ज किए मामलों में से 150 का विवरण देने वाली सारणी इस प्रकार है :

स्रोत	**मृत**	**जीवित**	**कुल**
पुलिस	04	10	14
दहेज-निरोधक प्रकोष्ठ	05	08	13
महिला-संगठन	17	91	108
जे.पी. अस्पताल	12	03	15
	38	**112**	**150**

इन 150 मामलों में से हमने 5 दहेज-पीड़िताओं का गहन अध्ययन किया जिसमें मृत्यु, शारीरिक यातना तथा पति द्वारा छोड़ी गई स्त्रियों का प्रतिनिधित्व मिलता है।

तथ्य संचयन की तकनीक

क्षेत्रीय कार्य के लिए ऐसी प्रक्रिया का निर्धारण किया गया जिससे दहेज-पीड़ितों के सम्बन्ध में संख्यात्मक तथा गुणात्मक सूचनाएँ संकलित की जा सकें। आवश्यक तथ्य निम्न प्रकार की विधियों से एकत्रित किए गए—

(i) औपचारिक संरचनात्मक तालिका
(ii) अनौपचारिक संरचनात्मक साक्षात्कार
(iii) सामूहिक चर्चा।

यद्यपि साक्षात्कार और प्रश्नावली दोनों ही मौखिक सूचनाओं की वैधता पर बहुत अधिक विश्वास करती हैं लेकिन दोनों ही विधियों में एक महत्त्वपूर्ण अन्तर है। संरचनात्मक तालिका का उपयोग परिवार तथा व्यक्ति की सामाजिक-आर्थिक परिस्थितियों के सम्बन्ध में गुणात्मक सूचनाएँ प्राप्त करने के लिए किया गया। यहाँ हमें मानकीकृत (Standarised) सूचनाओं की आवश्यकता थी जिनके आधार पर फिर अलग-अलग उपयुक्त प्रमापक बनाकर आर्थिक, शैक्षिक, जाति/वर्ग तथा व्यावसायिक हैसियत को नापा जा सके।

लेकिन कुछ गुणात्मक तथ्यों को प्राप्त करने के लिए संरचनात्मक तालिका के 'स्थिर-विकल्पों' के प्रश्न अनुपयोगी रहे। एक उत्तरदाता की परिस्थिति और सन्दर्भ दूसरे उत्तरदाता से भिन्न थे। इसलिए 'विकल्प-मुक्त' प्रश्न पूछे गए जिससे उत्तरदाता 'मुक्त उत्तर' दे सकें। इस तकनीक से जटिल तथा भावनापूर्ण विषयों पर जानकारी प्राप्त करने में मदद मिली तथा विवादग्रस्त मुद्दों पर व्यक्ति की राय की गहराई का पता चल सका। इससे भी ज्यादा महत्त्वपूर्ण यह रहा कि इस विधि से हम व्यक्तिगत तथा सामाजिक सन्दर्भों में उत्तरदाताओं के विश्वासों तथा संवेदनाओ की जानकारी पा सके। प्रत्येक पूछे गए प्रश्न की विषय-वस्तु अलग-अलग थी। उनका उद्देश्य था :

(अ) एक सामाजिक परिवेश में उचित व्यक्ति-व्यवहार की परिभाषा की खोज।
(आ) उत्तरदाता के संवेगों, विश्वासों, नीतियों अथवा आचरण की जानकारी।
(इ) उचित आचरण की परिभाषा जानना। उदहारण के लिए क्या करना चाहित तथा क्या किया जाना सम्भव है, इस सम्बन्ध में व्यावहारिक सुझाव।

शोध इकाई

दहेज-पीड़ितों के जीवित होने की स्थिति में उनसे साक्षात्कार किया गया। इसके अलावा उनके पति तथा माता-पिता से मिलकर जानकारी प्राप्त की गई। मृत दहेज-पीड़ितों के मामलों में उनके पतियों तथा माता-पिता द्वारा दी गई सूचनाओं पर विश्वास करने के सिवा कोई विकल्प नहीं था। पाँच स्त्रियों का अध्ययन करते समय यदि वे जीवित थीं तो खुद उनसे अन्यथा उनके माता-पिता पति, और उनके सास-ससुर तथा पड़ोसियों से भी मिले।

3

दहेज-पीड़ितों की समस्याएँ तथा दहेज यातना पर सामाजिक-आर्थिक संस्थाओं का प्रभाव

इस शताब्दी में दहेज-प्रथा का जिस तरह विस्तार हुआ है वह वधू के सम्बन्धियों पर अनावश्यक बोझ है। शादी के समय बड़े पैमाने पर सारे आय के स्रोतों का उपभोग कर लिया जाता है। माता-पिता दरिद्रता की सीमा तक पहुँच जाते हैं फिर भी वे लड़की की जिन्दगी को सुरक्षित बनाने में समर्थ नहीं होते। इसलिए सामान्यतया वधू के सम्बन्धी ही दहेज पीड़ितों में गिने जाने चाहिए। फिर भी दहेज के सौदे ससुराल मे लड़की की सुरक्षा खरीदने के लिए ही होते हैं और किसी मात्रा में दहेज देकर भी लड़की का आत्म-सम्मान और सुरक्षा की कोई गारंटी नहीं मिलती है। इसलिए हिन्दुस्तान मे लड़की ही दहेज-पीड़ित है। वे लड़कियाँ जो आज सन्तोषजनक दहेज के कारण आत्म-सम्मान से जी रही है उनके लिए यह मानने का कोई कारण नहीं है कि वे दहेज-प्रथा की शिकार नहीं हैं। इसका सरल-सा तर्क यह है कि उन्हें मिला हुआ सम्मान सशर्त है और उस दहेज के अनुपात में है जो या तो दे दिया गया है या भविष्य में दिया जाने वाला है।

दहेज-पीड़ितों के प्रकार

दहेज-पीड़ित वह है जो सतायी जाती है, पीटी जाती है या जो ससुराल वालों अथवा पति की माँग हुई दहेज-राशि या उससे अधिक न दिए जाने पर मानसिक यंत्रणाएँ भोगती है या परेशान किए जाने के बाद पति द्वारा छोड़ दी जाती है या जिसे जलाकर मार दिया जाता है या जो अत्यधिक दुख के कारण आत्महत्या कर लेती है।

दहेज-पीड़ित मलिाओं का अध्ययन करने पर हमें पाँच प्रकार की दहेज-पीड़ितों की श्रेणियाँ देखने को मिली हैं—

1. जलकर मर जाने वाली।
2. शारीरिक अथवा मानसिक यातना से पीड़ित।

3. परित्यक्ताएँ।
4. पति अथवा ससुराल वालों की माँग पूरी कर देने के कारण लौट आईं।
5. असहनीय यंत्रणा के कारण अपनी स्वेच्छा से पतियों का घर छोड़कर चली जाने वाली।

निम्न सारणी में दहेज-पीड़ितों का विभिन्न श्रेणियों में विभाजन देखा जा सकता है :

सारणी संख्या : 1

दहेज-पीड़ितों के विभिन्न प्रकार

कारण	संख्या	प्रतिशत
मृत्यु	38	25.3
यातना (शारीरिक या मानसिक)	05	3.4
छोड़ देना	92	61.3
माँगें पूरी कर देने के कारण वापस लौटीं	12	8.00
स्वेच्छा से पिता के घर चली गईं	03	200
	150	**100**

इन आँकड़ों को देखने से यह आश्चर्य होता है कि केवल तीन स्त्रियों ने ही पति का घर छोड़ने का निर्णय क्यों लिया? लेकिन इसका यह अर्थ नहीं है कि 92 परित्यक्ताओं की सहन-शक्ति ने जवाब दे दिया था। वे शारीरिक तथा मानसिक यंत्रणाओं को जब तक सहन कर सकती थीं, करती रहीं। इसका उत्तर तो उन धार्मिक-ऐतिहासिक परिस्थितियों में ही मिल सकता है जिनके चलते स्त्री हमेशा पराधीन बनी रहती है—अविवाहित रहते पिता विवाह के बाद पति और विधवा होने पर पुत्र के आश्रित रहती है। इस सिद्धान्त के प्रतिपादक प्रो. श्रीनिवास के अनुसार 'पुरुष सत्ता के प्रमुख समर्थक तथा कठोर अभिवक्ता मनु थे।' स्त्री को त्याग की मूर्ति माना जाता है और उसमें यह सच्चरित्रता इतनी गहराई से अंकित की जाती है कि वह कभी-कभी ही अपने पति को छोड़ने की स्वाधीनता ले पाती है। प्राय: तो वह वहीं रहकर उत्पीड़न सहती है। कैसी भी असहनीय स्थितियाँ क्यों न हों किन्तु सामाजिक लांछन का भय उसे एक स्वतंत्र जिन्दगी ती तलाश नहीं करने देता। यही कारण है कि हमें स्त्रियाँ यानी 3.4 प्रतिशत भयंकर शारीरिक यातना तथा मानसिक यंत्रणा सहती हुई भी अपने ससुराल वालों या पति के साथ रहने वाली मिलीं। वास्तव में सामाजिक लांछन तथा अधिक यातना दिए जाने के भय से ऐसे मामलों में कोई हस्तक्षेप नहीं करता।

150 में से 12 दहेज-पीड़िताएँ यानी 8 प्रतिशत वे हैं जिन्होंने कठिन और यातनादायक परिस्थितियों के बावजूद, दुबारा दहेज की माँगों को पूरा कर पति के यहाँ रहना ही उचित समझा। वे यहाँ यह जानते हुए वापस आ गई हैं कि उसका यहाँ रहना अभी भी उतना ही असुरक्षित है जितना पहले था।

एक बहुत बड़ी संख्या (92 यानी 61.35) को दहेज की माँगे पूरी न कर सकने के कारण पतियों तथा ससुराल वालों ने छोड़ दिया है। वे अपने पीहर में रह रही है। 58 यानी 63 प्रतिशत मामलों में महिला संगठनों तथा दहेज-विरोधी प्रकोष्ठ के सक्रिय हस्तक्षेप तथा प्रयत्नों से समझौता वार्ता चल रही है। शेष 34 यानी 37 प्रतिशत ने तलाक माँगा है।

हमारे अध्ययन में दहेज-मृत्यु की संख्या काफी बड़ी है। 150 में से 38 यानी 25.3 प्रतिशत यह संख्या किसी भी प्रकार से कम नहीं है। पुलिस तथा अस्पताल के विवरणों में केवल 8 मामले धारा 302 के अन्तर्गत हैं यानी ये हत्या के मामले हैं। शेष 29 मामले धारा 306 के अन्तर्गत यानी आत्महत्या के हैं और एक 307 के यानी आत्महत्या के लिए उकसाये जाने वाली धारा के अन्तर्गत है। हमारे सर्वेक्षण के परिणामों से जो कि माँ-बाप के विवरणों पर आधारित है, यह जाना जा सकता है कि दहेज-मृत्य दरअसल हत्या थी या आत्महत्या के लिए उकसाया जाना था। वे सब-की-सब जलाकर मार डाली गईं।

1980 से दिल्ली शहर में जलकर मर जाने की दुर्घटनाएँ यह प्रमाणित करती हैं कि इस समस्या का कितना विस्तार हो चुका है। निम्न सारणी दिल्ली में हर साल हुई दहेज-मृत्यु का ब्योरा देती है।[1]

सारणी संख्या : 2

दिल्ली में जलने के कारण हुई मृत्यु

वर्ष	मृत्यु संख्या
1980-81	421
1981-82	568
1982-83	610
1983-84	690
1984-85	558

दहेज-पीड़ितों की सामाजिक तथा जनसंख्यात्मक पृष्ठभूमि

हमारे उत्तरदाताओं की सामाजिक जनसंख्यात्मक पृष्ठभूमि का जानना आवश्यक था क्योंकि इस तरह से यह जाना जा सकता था कि उसका किस सीमा तक

समाजीकरण हो सका। इससे उसकी सामाजिक संरचना तथा उसकी आधार-भूत आवश्यकताओं का पता चलता है।

किसी भी व्यक्ति की सामाजिक पृष्ठभूमि दो चीजों से निर्मित होती है। एक, उसका व्यक्तिगत जीवन जिसमें उसकी आयु, धर्म, जाति, व्यावसायिक हैसियत, शिक्षा आदि सम्मिलित होती है। दूसरे से उसकी कौटुम्बिक स्थिति, कुटुम्ब, व्यवसाय तथा आमदनी का पता लगता है। यहाँ हम सर्वेक्षण के आधार पर मिली दहेज-पीड़ितों के कुछ विशेष लक्षणों की जानकारी दे रहे हैं।

निम्न सारणी में हम विवाह के समय तथा सन्दर्भ की आयु का विवरण दे रहे हैं—

सारणी संख्या : 3

विवाह तथा सन्दर्भ वर्ष के समय दहेज-पीड़िताओं का आयु वर्ग

आयु वर्ग	विवाह के समय आयु		1985 सन्दर्भ वर्ष	
	आवृत्ति	प्रतिशत	आवृत्ति	प्रतिशत
14-17	24	16	—	—
18-20	48	32	16	11
21-25	72	48	86	57
26-35	6	4	34	23
36-45	—	—	14	9
	150	**100**	**150**	**100**

इस सारणी से यह स्पष्ट होता है कि 24 लड़कियों का विवाह सरकार द्वारा निश्चित तथा वैध आयु 18 वर्ष के पहले ही हो गया। उनमें से कुछ ने विवाह के समय अपनी असली आयु कुछ ज्यादा ही बता दी होगी। इसके अतिरिक्त इससे यह भी पता चलता है कि 80 प्रतिशत दहेज-पीड़िताएँ 21 से 35 वर्ष के आयु वर्ग में थीं। विवाह के समय की आयु और 1985 के साल की आयु की तुलना में यह पता लगता है कि विवाह के तुरन्त बाद से ही यातना देने का सिलसिला शुरू हो जाता है। इससे यह भी पता चलता है कि स्त्रियाँ घरेलू हिंसा तथा मानसिक यंत्रणाओं के आघात लगभग दस वर्ष पहले से ही रही थीं जिसके बाद उन्हें लगने लगा कि कुछ होने वाला नहीं है और उन्होंने महिला संगठनों से सम्पर्क किया या कि ससुराल वालों ने उन्हें निकाल दिया या जलाकर मार दिया।

दहेज-पीड़ितों का शैक्षिक स्तर

व्यक्तित्व की विशेषताओं को विकसित करने के लिए शिक्षा आवश्यक पूँजी है। शिक्षा के प्रसार के साथ बहुत-सी पुरानी मान्यताओं तथा सामाजिक रूढ़ियों के टूटने की उम्मीद की जा सकती है। शिक्षा से स्त्रियों के आत्म-विश्वास बढ़ने की अपेक्षा की जाती है। किन्तु निम्न सारणी देखने से यह पता चलता है कि शिक्षा का स्त्रियों पर ज्यादा असर नहीं हुआ।

सारणी संख्या : 4

दहेज-पीड़िताओं का शिक्षा के स्तरानुसार विभाजन

शिक्षा का स्तर	आवृत्ति	प्रतिशत
अशिक्षित	14	09
प्राथमिक शिक्षा	12	08
माध्यमिक शिक्षा	28	19
दसवीं कक्षा तक	27	18
इंटरमीडिएट	24	16
स्नातक (बी.ए.)	39	26
स्नातकोत्तर (एम.ए.)	06	04
	150	**100**

इस सारणी को देखने से यह मालूम होता है कि दहेज-पीड़िताओं में अशिक्षित निरक्षर स्त्रियों का प्रतिशत बहुत कम, केवल 9 प्रतिशत था। शिक्षिताओं में अधिकतर इंटरमीडिएट (16 प्रतिशत), बी.ए. (26 प्रतिशत) तथा एम.ए. (4 प्रतिशत) परीक्षा उत्तीर्ण थीं। शिक्षित होने पर भी वे पतियों तथा ससुराल वालों के जुल्म सहती रहीं। दो बातें और मालूम होती हैं : एक, पतियों के मन में शिक्षा के प्रति कोई आदर नहीं होता जब कि नौकरी करने की इज़ाज़त मिलने पर स्त्रियाँ नौकरी करके परिवार की आमदनी भी बढ़ा सकती है। दूसरी यह कि शिक्षित होने पर भी महिलाएँ चुनौती का मुकाबला करने में समर्थ नहीं होती। इसलिए यदि लड़कियाँ चाही गई दहेज राशि नहीं लातीं तो लड़कों के लिए शिक्षित या अशिक्षित होने का कोई खास महत्त्व नहीं है।

दहेज-पीड़ितों व्यावसायिक स्तर

हमारे समाज में काम करने वाली महिलाओं की संख्या अभी भी बहुत कम है। मध्यवर्गीय परिवारों में आर्थिक तंगी और तकलीफ़ों के बावजूद अभी तक स्त्री के

सम्बन्ध में यह पारम्परिक धारणा बनी हुई है कि उसके कमाऊ पति या परिवार के रहते घर से बाहर पैर नहीं रखना चाहिए। कामकाजी महिला कहते ही हमारे मन में उसके सारे निन्दात्मक रूप उभर आते हैं। यदि एक पत्नी घर से बाहर काम करने को तैयार हो जाए तो सबसे पहले उसका पति ही यह अनुभव करने लगेगा कि उसकी सामाजिक हैसियत कम हो रही है।

शिक्षित युवक को यदि आज अच्छा दहेज मिल जाता है तो इसलिए कि लड़की के माता-पिता अच्छी तनख्वाह वाला लड़का चाहते हैं।

इस प्रसंग में हमारे लिए स्त्री की आर्थिक भागीदारी तथा दहेज के आपसी सम्बन्धों का विश्लेषण आवश्यक है। जन-गणना के आँकड़ों से पता चलता है कि 1921 के मुकाबले स्त्रियों की आर्थिक भागीदारी, उनकी कुल संख्या और श्रमिक स्त्रियों की तादाद, दोनों दृष्टियों से कम हुई है। 1911 में काम करने वाली स्त्रियों का आँकड़ा 41.8 लाख था जो 1971 में घट कर 31.2 लाख रह गया, जब कि कामकाजी स्त्रियों की कुल संख्या का प्रतिशत 1911 के 33.73 से घटकर 1971 में 11.86 प्रतिशत हो गया था। यह गिरावट पिछले वर्षों में और भी बढ़ी है। 1961-71 में पुरुष तथा स्त्रियों की संख्या में 20 प्रतिशत तथा 21 प्रतिशत की क्रमशः वृद्धि हुई है वहीं काम करने वाले पुरुषों में 15.2 प्रतिशत बढ़े हैं जबकि काम करने वाली महिलाओं में 41.4 प्रतिशत की कमी आ गई है। 'भारत में स्त्री की हैसियत' (स्टेटस ऑफ़ वीमन इन इंडिया) सम्बन्धी अखिल भारतीय कमेटी के विवरण में इसको कारण और परिणाम कहते हुए लिखा है—

कन्या शुल्क देने के बजाय दहेज लेना एक तरह से पारिवारिक या वर्ग-हैसियत बढ़ाना है क्योंकि दहेज का सम्बन्ध उच्च सामाजिक वर्गों से है। यह परिवर्तन विभिन्न धार्मिक समूहों में हुआ है और इस तरह अपने पिता के घर में ही लड़की की हैसियत कम हो गई है। वह लाभ की जगह ऋण हो गई है। इसकी वजह निश्चित रूप से उसका उत्पादन-श्रम से अलग-थलग हो जाना तथा उत्पादन कौशल को खो देना है। (पृ. 24)

स्त्रियों के उत्पादन कार्यों में भागीदारी का घटना और दहेज राशि के बढ़ने को कारण तथा परिणाम मानकर जोड़ देने से कमेटी ने एक उग्र निष्कर्ष निकाल लिया है। दरअसल दहेज जैसे सामाजिक-सांस्कृतिक मुद्दे को एकदम आर्थिक मानकर विश्लेषण करने का औचित्य ही अत्यन्त विवादास्पद है। थोड़ा-सा विचार करने पर यह स्पष्ट हो जाता हैं कि स्त्रियों का काम करके अपना खर्च निकाल लेना और इस तरह परिवार की आर्थिक समृद्धि में योग देना न तो कन्या शुल्क और न दहेज की गुत्थी सुलझाता है और न यह स्पष्ट करता है कि कन्या शुल्क लेने-देने के स्थान पर दहेज-प्रथा का प्रचलन क्यों हुआ। उदाहरण के लिए अब यह असम्भव है कि कामकाजी लड़की के लिए कोई धन देकर विवाह करने के लिए तैयार हो जाएगा। इसके विपरीत दहेज की आशा की जाएगी।

सारणी संख्या : 5

विवाह के पहले और बाद में कामकाज करने वाली महिलाओं के प्रतिशत का विभाजन

व्यावसायिक स्तर	पहले		बाद में	
	आवृत्ति	प्रतिशत	आवृत्ति	प्रतिशत
काम-काज करने वाली	34	23	30	28
नहीं करने वाली	116	77	120	80
	150	**100**	**150**	**100**

विवाह के पहले और बाद के व्यावसायिक स्तर के आँकड़ों को ध्यान में रखते हुए यह देख सकते हैं कि विवाह के पूर्व और बाद के प्रतिशत में कोई महत्त्वपूर्ण अन्तर (विवाह के बाद 3-स्त्रियों का काम छोड़ देना) नहीं है। 77-स्त्रियाँ विवाह पूर्व कोई काम नहीं कर रही थीं और 23-काम-काज में लगी थीं। विवाह के बाद वह प्रतिशत 80 तथा 20 हो गया। हम दरअसल इस मुद्दे पर जोर देना चाहते हैं कि (अ) एक जाति की सभी वधुओं के लिए दहेज एक सार्वजनिक समस्या है। यह काम-काज न करने वाली स्त्रियों तक ही सीमित नहीं है। (ब) यदि उन 23—काम-काजी महिलाओं और दहेज में सीधा सम्बन्ध होता तो इनके माता-पिता अवश्य धन माँगते और उन्हें मिलता।

सारणी संख्या : 6

दहेज-पीड़ित काम-काजी महिलाओं का आय-विभाजन

आय वर्ग	विवाह के पहले		विवाह के बाद	
	आवृत्ति	प्रतिशत	आवृत्ति	प्रतिशत
<50	12	52.1	09	45
500-1000	05	21.7	05	25
1100-1500	03	13.3	04	20
1600-2000	02	8.4	01	05
2000>	01	4.3	01	05
	23	**100**	**20**	**100**

नौकरी करने वाली दहेज-पीड़िताएँ केवल 20 प्रतिशत हैं। ये महिलाएँ क्लर्क, टाइपिस्ट, स्वागत करने वाली, स्कूल अध्यापिकाएँ, भोजन बनाने वाली हैं या छोटा-मोटा उद्योग चलाती है। ज्यादातर महिलाएँ इसी प्रकार की नौकरियाँ करती

है। वे सरकारी दफ्तरों तथा राष्ट्रीयकृत बैंकों में भी काम करती है। स्त्री अफसरों की संख्या पुरुषों की अपेक्षा अभी भी कम है।

भारत में स्त्रियों के उच्च तथा महत्त्वपूर्ण पदों तक पहुँचने की इच्छा अब स्पष्ट नज़र आने लगी है और यह भी महत्त्वपूर्ण है कि समाज ने बाध्य होकर स्त्रियों की इस नई भूमिका को स्वीकार कर लिया है। वैसे अभी भी अनुपात में शिक्षित कामकाजी महिलाओं की संख्या कम है। शहर की 40 प्रतिशत स्त्रियाँ शिक्षित हैं लेकिन उनमें से केवल 1 प्रतिशत ने स्नातक या स्नातकोत्तर परीक्षा उत्तीर्ण की है। देश में 9,00,000 शिक्षित महिलाओं में से 5 प्रतिशत प्राइमरी स्कूल की अध्यापिकाएँ और प्रशासक हैं।

स्त्रियों के लिए घर से बाहर निकलकर नये दायित्व सँभालना या नौकरियाँ करना अंशतः अपने 'सामाजिक समूहों' से बाहर निकल आना है। किन्तु दिल्ली जैसे महानगरों में ही 'बाहर निकल आना' सम्भव है। उन छोटे नगरों में जहाँ कोई उद्योग-धंधे नहीं है और जहाँ सांस्कृतिक एकरूपता है वहाँ स्त्रियों को चारदीवारी से निकलकर काम करना शत्रु भाव से ही देखा जाता है। आज भी दिल्ली के उन क्षेत्रों में-जहाँ ऐसी कुटुम्बियाँ जातियों के लोग रहते हैं, जो अपने रूढ़िवादी विचारों के लिए प्रसिद्ध हैं—ऐसी भूमिका ग्रहण करने की इच्छा रखने वाली स्त्रियों के प्रति वातावरण अनुकूल नहीं है।

हमारे पास जो आँकड़े हैं उनमें भी यह स्पष्ट हो जाता है। 26 प्रतिशत स्नातक तथा 4 प्रतिशत स्नातकोत्तर परीक्षा उत्तीर्ण करने वाली महिलाओं में से केवल 10 प्रतिशत ही काम कर रही है। यह केवल स्त्री और पुरुष की एक-सी शिक्षा-पद्धति होने के कारण ही नहीं बल्कि स्त्री-शिक्षा, विवाह और जाति के बीच गहरा ताल्लुक है। किसी भी लड़की का शिक्षा स्तर उस जाति के पुरुषों की शिक्षा के स्तर से जुड़ा रहता है। यही कारण है लड़कियों के स्कूल छोड़ देने की दर कहीं अधिक है। अभिभावक अपनी लड़कियों को उतनी ही शिक्षा देना चाहते हैं जिससे विवाह के बाजार में उसे ज्यादा-से-ज्यादा फायदा हो। इसलिए अब कभी-कभी लड़कियाँ नौकरी के लिए ज्यादा पढ़ाई कर लेती हैं क्योंकि अब ज़्यादातर मध्यवर्गीय युव-जन नौकरी करती लड़कियों से विवाह करना चाहते हैं।

दहेज-पीड़न तथा सामाजिक-आर्थिक संरचना का अन्तः सम्बन्ध

धर्म और दहेज प्रथा

सारणी संख्या : 7 से पता लगता है समाज के हर धर्म-समूह में दहेज-प्रथा का प्रचलन है तथा अपेक्षित दहेज न लाने पर बहू-पीड़न के वृत्तान्त सुनने को मिलते हैं। इस तरह दहेज-प्रथा सब कहीं प्रचलित हैं चाहे धर्म की स्वीकृति हो या न हो। पंडित, मुल्लों तथा धर्मगुरु उसकी आधुनिक व्याख्या करके उसके प्रचलन को सिद्ध कर रहे हैं क्योंकि कोई भी प्रतिकूल अथवा अनुकूल सामाजिक व्यवहार तभी

स्वीकृति पाता है जब वह धार्मिक दृष्टि से वैध करार दे दिया जाता है। धर्म-सम्मत होने पर नये समाज में जस-का-तस स्वीकार कर लिया जाता है। मुस्लिम शरीअत में 'दहेज' भारतीय शादियों में दिए जाने वाले दहेज का पर्यायवाची है। दहेज में रुपये के अलावा नव-दम्पत्ति के काम में आने वाली सब चीज़े होती हैं। इससे सामाजिक-रहन-सहन और विवाह-प्रथा का अन्त:सम्बन्ध देखा जा सकता है।

सारणी संख्या : 7

धर्म की दृष्टि से उत्तरदाताओं का विभाजन

धर्म	आवृत्ति	प्रतिशत
हिन्दू	102	68
मुस्लिम	25	17
सिख	23	15
	150	**100**

जाति तथा दहेज-पीड़िताएँ

हिन्दूओं में दहेज-पीड़न किसी जाति विशेष तक सीमित नहीं है। इसका प्रभाव ब्राह्मणों, ठाकुरों, खत्रियों, जैनों, अरोराओं, हरिजनों तथा दूसरी जातियों पर भी समान रूप में दिखाई देता है। यह तथ्य निम्न सारणी से स्पष्ट है :

सारणी संख्या : 8

हिन्दूओं में जातियों के आधार पर दहेज-पीड़िताओं का विभाजन

जातियाँ	आवृत्ति	प्रतिशत
ब्राह्मण	19	18.7
श्राजपूत	24	23.5
वैष्णव	05	4.5
खत्री	18	17.6
जैन	03	2.9
अरोरा	12	11.8
सुनार	03	2.9
कोहली	12	11.8
हरिजन	06	5.9
	102	100

वधू-परिवार की आर्थिक हैसियत

कुछ समय पहले धनाढ्य तथा उच्च वर्गीय लोग दहेज की बड़ी-बड़ी रकमें देकर योग्य तथा मनपसन्द वरों को ढूँढ़ लेते थे किन्तु गरीब तथा छोटी जातियों के लोगों को कन्या शुल्क या 'प्रत्यक्ष अथवा अप्रत्यक्ष' बदला देकर विवाह करना पड़ता था। लेकिन नीचे दी हुई सारणी से पता चलता है कि दहेज अब धनाढ्यों तक ही सीमित नहीं है। सारणी से यह पता चलता है कि उत्पीड़न केवल निम्न वर्ग तक ही नहीं है; जो बार-बार दहेज माँगते हैं क्योंकि उनके लिए वे सब वस्तुएँ प्राप्त करना कभी सम्भव नहीं है जो दहेज के कारण एक रात में ही मिल जाती हैं। यह लालच उच्च तथ मध्यम आय के लोगों में भी इस तरह देखने को मिलता है और वे भी मुह-माँगा दहेज न मिलने पर अपनी बहुओं को उत्पीड़ित करते हैं।

सारणी संख्या : 9

वधू-परिवारों का आय वर्गों के अलुसार विभाजन

आय वर्ग	आवृत्ति	प्रतिशत
500 से कम	03	02
500 से 1000	49	33
		—35 (निम्न आय वर्ग)
1100 से 2000	62	41
2100 से 3000	13	09
		—50 (मध्य आय वर्ग)
3000 से ज्यादा	23	15
		—15
	150	**100**

निम्न तथा मध्य आय वर्ग की दहेज के पीछे मुख्य बात यह है कि निम्न आय के लोग अब उच्च आय वालों से प्रतिस्पर्धा करने लगे हैं। इसका कारण शिक्षा तथा नौकरी की सुविधा के साथ-साथ यह भी है कि अब प्रमुख सम्पन्न वर्ग के पास नैतिक साहस भी नहीं है जिससे वे निम्न वर्ग के लोगों को अपने से अधिक समृद्ध लोगों की प्रतिस्पर्धा से रोक सकें।

आगे दी गई सारणी हमारे इस विचार को पुष्ट करती है कि आधुनिक दहेज और बिरादरी के लोगों का सरकारी तथा सार्वजनिक क्षेत्रों में नौकरी पाने के अवसरों से सीधा-सीधा सम्बन्ध है। इन क्षेत्रों में नौकरी पाना भी अपने आप में

सामाजिक हैसियत का प्रतीक है। इसमें परिवार की हैसियत का ध्यान रखना ही सबसे आवश्यक होता है क्योंकि इसी से दहेज की मात्रा का लेन-देन निश्चित होता है। इतना ही नहीं कि हैसियत से दहेज निश्चित होता है बल्कि दहेज ही हैसियत को निश्चित करता है।

सारणी संख्या : 10

दहेज-पीड़िताओं के माँ-बाप तथा सास-ससुर की व्यावसायिक हैसियत

व्यवसाय	माँ-बाप	सास-ससुर
व्यापार	36.6	36.6
सरकारी नौकरी (प्रशिक्षित वर्ग)	16.7	10.0
सरकारी नौकरी (अप्रशिक्षित वर्ग)	30.0	23.4
असंगठित क्षेत्र	13.4	3.3
व्यावसायिकता	3.3	6.7
	100	**100**

इसके साथ ही यह तथ्य जुड़ा है कि पिछले दस वर्षों में व्यापारी वर्ग को खूब लाभ हुआ है। इस तरह 'तुरन्त धन' ने नव-धनाढ्य वर्ग में शामिल होने की मानसिकता को जन्म दिया है या यह कहना ज्यादा उपयुक्त होगा कि एक कभी न समाप्त होने वाले ऐसे लालच को जन्म दिया है जो व्यापार की अनिश्चित प्रकृति के साथ बढ़ता जाता है। हमारी दृष्टि में सब वर्गों, जातियों, शिक्षितों तथा नौकरी करने वालों की सीमा पार करती हुई जो दहेज-प्रथा फैली है उसके पीछे सबसे प्रधान कारण प्रौद्योगिकी तथा व्यापारिक मुनाफे का तर्क या कि उपभोक्तावाद है जो आज के लालची मनुष्य के स्वभाव का हिस्सा हो गया है।

आय-स्तर और दहेज-उत्पीड़न

आगे दी गई सारणी से यह स्पष्ट है कि मध्यम आय वाले वर्ग में दहेज-मृत्यु की संख्या सबसे अधिक है। हमारी राय में इसका मुख्य कारण उच्च आय वाले वर्ग की जीवन-शैली से प्रतिस्पर्धा है जो दहेज के धन से तुरत पूरी की जा सकती है। यह इच्छा इतनी प्रचंड और आमानवीय होती है कि जब लड़की के सम्बन्धी दहेज की नई माँगों को पूरा करने में असमर्थ होते हैं तो वे बहू को मार डालते हैं और नये

तथा आकर्षक दहेज के लिए दूसरा विवाह कर लेते हैं। पहले से सम्बन्धित दूसरा कारण यह है कि मध्यवर्ग के परिवार उपभोक्तावाद के 'आदर्श शिकार' हैं। इसलिए क्योंकि निर्जीव चीजें-टी.वी., मारुति, स्कूटर आदि—समाज में प्रतिष्ठा और हैसियत की प्रतीक मानी जाती हैं। इसी समीकरण से बहुत सारे आडम्बरों का सिलसिला शुरू होता है। विवाह-समारोह तथा दहेज इसके उदाहरण है।

सारणी संख्या : 11

विभिन्न आय-वर्गों के बीच आय तथा उत्पीड़न के सह-सम्बन्धों का विभाजन

आय-वर्ग	छोड़ना	मृत्यु	उत्पीड़न
500-1000	5.5%	12.5%	16.7%
1100-2000	50.0%	43.75%	16.7%
2100-3000	16.7%	31.25%	25.0%
3000	27.8%	12.5%	41.6%
	100.00	**100.00**	**100.00**

यह देखा जा सकता है कि मध्यम आय वाले वर्ग में ही पत्नियों को छोड़ने की संख्या सबसे ज्यादा है। वधू ही अनुपार्जित अतिरिक्त द्रव्य का सनातन स्रोत है जिसका समय-समय पर दोहन करना चाहिए और जब लड़की वाले वर पक्ष के लोगों को सन्तुष्ट नहीं कर सकें तभी लड़की को छोड़ देने की धमकी देनी चाहिए जिससे दबाव बना रहे। इसका साधारण-सा तरीका है लड़की को पीहर भेज दो और उसे तभी स्वीकार करो जब वह चाही गई वस्तुएँ लेकर लौटे। वे यह बात अच्छी तरह जानते हैं कि लड़की जब घर से निकाल दी जाती है जब उसे सब कहीं अनादर की दृष्टि से देखा जाता है, न तो उसे परिवार वाले सहायता देते हैं और न बिरादरी वाले।

हमारे कहने का यह अर्थ नहीं है कि दहेज की बीमारी केवल मध्य आय वाले वर्ग तक ही फैली हुई है। उच्च आय वाले भी स्त्री-उत्पीड़न में शामिल हैं। ये आर्थिक दृष्टि से मजबूत है। यहाँ दहेज का कारण लालच है, एक अन्तहीन लालच। मध्य तथा निम्न आय वाले वर्गों में पति था ससुराल पक्ष का निर्लज्जतापूर्ण लालच कभी शान्त नहीं किया जा सकता जब कि धनी परिवार के पास लालच शान्त करने के लिए पर्याप्त धन होता है। यही कारण है कि मध्यम आय वाले वर्गों में, एक बड़ी संख्या में लड़कियाँ दहेज की माँग पूरी न कर सकते के कारण

एकदम असहाय और निराश हो जाती हैं जबकि उच्च आय वाले वर्ग में उनका एक बड़ा प्रतिशत सम्बन्धियों द्वारा दहेज की माँग पूरी हो जाने पर ससुराल में स्वीकार कर लिया जाता है।

बदली हुई पारिवारिक संरचना और दहेज-उत्पीड़न

सारणी संख्या : 12

वधू के पीहर तथा ससुराल के परिवारों की संरचना का विभाजन

	आवृत्ति				
	एकल	प्रतिशत	संयुक्त	प्रतिशत	योग
पीहर	72	48.0	78	52.0	150
ससुराल	42	28.8	108	72.0	150

इस सारणी से यह निष्कर्ष निकाला जा सकता है कि आज भी मध्यम तथा निम्न आय वाले वर्गों में संयुक्त परिवारों की संख्या ज्यादा है। हमारी सारणी से यह भी स्पष्ट होता है कि केवल 18 लड़कियाँ यानी 12 प्रतिशत संयुक्त परिवार की थीं जिन्होंने विवाह के बाद एकल परिवार बना लिया। इन परिवारों में किसी की दहेज मृत्यु या जलकर मर जाने का समाचार नहीं मिला। इस विश्लेषण से यह भ्रम टूटता है कि संयुक्त परिवार में अनौपचारिक रूप से सबकी मदद की जाती है। दहेज-उत्पीड़न के मामलों से यह सिद्धान्त मजबूत होता है कि संयुक्त परिवार में जितने अधिक सदस्य होंगे उतने उत्पीड़न भी होंगे। इससे यह तर्क पुष्ट होता है कि जितने अधिक सदस्य, उतना अधिक उत्पीड़न।

इस विश्लेषण की रोशनी में यह तथ्य फिर से जाँचना चाहिए कि क्या संयुक्त परिवारों के एकल परिवारों में बँट जाने से समाज असन्तुलित हो गया है और इस असन्तुलन का एक सबूत दहेज समस्या है?

इसीलिए भारतीय संयुक्त परिवारों में माँ-बेटी की भूमिका असीमित महत्त्व ग्रहण कर लेती है क्योंकि विवाह के पूर्व सारे यौन-व्यवहार एकदम सीमित होते हैं। पति-पत्नी का सम्बन्ध प्रायः कार्यात्मक होता है। इस कार्यात्मकता को इस तरह मर्यादित किया जाता है कि जिससे संभोग भी बहुत से कामों में से एक काम हो जाता है। इस तरह माँ भारतीय पुरुषों के जीवन में अकेली महत्त्वपूर्ण स्त्री बनी रहती है, जिसका बहू के आते ही बहू के साथ अधिकतर पद तथा प्रेम

के स्तरों पर सूक्ष्म संघर्ष शुरू हो जाता है। इस तरह दहेज-उत्पीड़न के मामलों में सास की भूमिका को उसके व्यक्तिगत जीवन की रिक्तता तथा स्वाभिमान की रक्षा के लिए बेटे पर आश्रित हो जाने की विवशता की रोशनी में देखा जा सकता है। पत्नी को पीछे धकेल दिया जाता है। सम्बन्धीगण नैतिक रूप से माँ-बेटे के सम्बन्ध को ही सबसे अधिक पवित्र और आत्मीय समझते हैं। युवा वधू एक उपेक्षणीय चीज समझी जाती है जिसकी क्षति-पूर्ति दूसरा विवाह करके की जा सकती है। जब ससुराल पक्ष के सारे लोग हाथ खींच लेते हैं और बहू की हिम्मत पूरी टूट जाती है तब उसके पास आत्महत्या करने के सिवाल दूसरा कोई विकल्प नहीं रहता।

इस तर्क के समर्थन में उन छोड़ी हुई बारह में से नौ महिलाओं का उदाहरण दिया जा सकता है जिन्होंने दुबारा दहेज के साथ पतियों के घर लौटकर अपने एकल परिवार बसा लिये। संयुक्त परिवार की बहुएँ भी एकल परिवार के पक्ष में ही हैं।

विवाह के रूप

सारणी संख्या : 13

विवाह की मध्यस्थता करने वाली संस्थाओं का विभाजन

माध्यम	आवृत्ति	प्रतिशत
स्वयंसेवी संस्थाओं के विवाह प्रकोष्ठ	07	5
सम्बन्धी तथा मित्र	122	81
विज्ञापन	05	3
माता-पिता	16	11
	150	**100**

ज्यादातर विवाह की बातचीत सम्बन्धी, मित्र या मध्यस्थ लोग ही करते हैं। इसलिए लड़के और उसके परिवार के सम्बन्ध में हमारा ज्ञान नहीं के बराबर होता है। अखबारों में वैवाहिक विज्ञापन निकालकर निष्पक्ष रूप से वर चुनने का हमारा मन अभी बना नहीं है। ऐसा अभी समाज के सम्पन्न लोग ही करते हैं। निम्न अथवा मध्यम आय-वर्ग के लोग परम्परावादी हैं इसलिए मध्यस्थों के जरिये ही विवाह निश्चित करते हैं। इन मध्यस्थों की सबसे बड़ी कमी यह है कि वे पहले के मध्यस्थों की तरह न तो किसी से व्यक्तिगत सम्बन्ध रखते हैं और न जिम्मेदारी का अनुभव करते हैं।

दहेज का इतना जबरदस्त दबाव रहता है कि सबसे कम बोली लगाने वाल ही विवाह का हकदार होता है। यह कुछ इस तरह लगता है कि जैसे किसी ठेके के लिए निविदा दी जाती है और सबसे कम दर लगाने वाला उसे प्राप्त कर लेता है।

दूसरे जब महत्त्वपूर्ण गुण जैसे अर्थहीन हो जाते हैं। शायद परिवार की नज़र बाने वाली हैसियत या लड़के की वर्तमान आय दूसरे नम्बर की कसौटियाँ होती है। लेकिन यहाँ भी लड़की के माँ-बाप जाल में फँस जाते हैं। इन कसौटियों की जाँच करने का कोई उपाय पास नहीं होता।

सारणी संख्या : 14

विवाह का रूपों के अनुसार विभाजन

रूप	प्रतिशत
लड़की की अनुमति से हुए विवाह	88
लड़की की अनुमति न लेकर हुए विवाह	07
माता-पिता की स्वीकृति से हुए प्रेम-विवाह	05
माता-पिता की स्वीकृति से बिना हुए प्रेम-विवाह	0
	100

जैसा कि इस सारणी से स्पष्ट है कि भारतीय परम्परा के अनुसार होने वाले विवाह एक प्रकार से सौदे ही होता है जहाँ मनुष्य की हैसियत उसकी आय और भविष्य की सम्भावना से आँकी जाती है। इनसे अधिक प्रमुखता इसको दी जाती है कि लड़की का परिवार माँगा हुआ दहेज देने में समर्थ है या नहीं तथा लड़की की सूरत-शक्ल और चाल-चलन कैसा है? यह भी देखा गया है कि 88 लड़कियों ने माँ-बाप और सगे-सम्बन्धियों द्वारा पसन्द किए गए लड़कों से विवाह करना स्वीकार कर लिया। लड़की ने यह स्वीकृति कहाँ तक और कितने प्रस्तावों में स्वेच्छा से दी थी, यह केवल कल्पना के आधारपर ही निश्चित किया जा सकता है। केवल 7 प्रतिशत मामलों में लड़कियों से पूर्व स्वीकृति नहीं ली गई। ऐसे विवाह भी हैं जो लड़कियों को अपनी इच्छा के विरुद्ध, जबरदस्ती करने पड़े। प्रेम-विवाह का प्रतिशत केवल 5 है। इनमें भी माता-पिता की पूर्व स्वीकृति ले ली गई थी।

विवाह का आधार के रूप में प्रेम को न केवल अस्वीकार कर दिया गया है, जैसा कि कुल में से 5 प्रतिशत विवाहों से स्पष्ट होता है, बल्कि स्त्री-पुरुषों का विवाह से पहले मिलना भी वर्जित है। इसे लड़की की दैहिक-पवित्रता के लिए बुरा समझा जाता है।

सारणी संख्या : 15

सजातीय तथा अन्तर्जातीय विवाहों का विभाजन

प्रकार	आवृत्ति	प्रतिशत
सजातीय	133	89
अन्तर्जातीय	17	11
	150	100

समाजशास्त्रियों ने 'बन्द' और 'खुली' विवाह प्रथा के बीच अन्तर किया है। निकट सम्बन्धी के व्यभिचार निषेध के सिवा खुले विवाह में मंगेतर को चुनने में कोई बन्धन या निषेध नहीं होता। इस प्रथा की विशेषता अपने साथी को चुनने और पसन्द करने की आज़ादी में है। यह पश्चिमी समाजों में प्रचलित है। बन्द विवाह प्रथा में जीवन साथी का चुनाव निर्वैयक्तिक मानदंडों से होता है। एक ही सामाजिक व्यवस्था में व्यक्ति की पसन्द उसके कुल-गोत्रादि के बन्धन तथा निषेधों से संचालित होती है।

जो सारे भारत में है वही दिल्ली में भी है; प्राय: जाति-बिरादी के लागों में ही वर-वधू का चुनाव होता है। हमारे अध्ययन में 11 प्रतिशत अन्तर्जातीय विवाहों के बावजूद जाति-विवाह का नियम अभी भी कठोर है।

पहले प्रत्येक जाति की एक आचरण पद्धति, एक प्रकार के सामाजिक सांस्कृतिक मान तथा पहचान होती थी। इसलिए सांस्कृतिक असन्तुलन को रोकने के लिए सजातीय विवाह आवश्यक थे। परिवार की आर्थिक हैसियत कैसी भी हो किन्तु इस नियम की कड़ाई के साथ परिकल्पना होती थी। आज की जिन्दगी में हम यह देखते हैं कि कौन-सा परिवार किस वर्ग का है। शहरों में तो यह एक सचाई ही है। इसलिए दिल्ली जैसे महानगर में जाति एक प्रकार से मनोवैज्ञानिक सुरक्षा प्रदान करती है। इसी मनोवैज्ञानिक सुरक्षा के साथ जुड़कर सजातीय विवाह सामाजिक आवश्यकता हो जाते हैं। परम्परा तोड़ने के कारण अन्तर्जातीय विवाह घृणा की दृष्टि से देखे जाते हैं। आज जातियों से चिपके रहने के कोई तर्क नहीं है क्योंकि वे विभिन्न कुल गोत्रों से बनी हैं तथा सामाजिक संरचना की सहायक आधार नहीं है।

विवाह में जाति ही प्रमुख आधार हो जाने के लड़के की शिक्षा, स्वभाव, नौकरी आदि विशेषताओं पर विचार नहीं किया जाता। इसलिए वर का चुनाव जाति के लड़कों तक ही सीमित रह जाता है। इस सीमित पसन्द और दूसरे गुणों की उपेक्षा के कारण विवाह केवल एक आर्थिक सौदा हो जाता है जहाँ वर तथा वर-पक्ष के लोग कीमत माँगने और ठहराने लगते हैं। इन स्थितियों में दो परिवारों के बीच के

स्थायी और आत्मीय सम्बन्ध अधिकार के सम्बन्धों में बदल जाते हैं। तब वर-पक्ष के अधिकारों और वधू पक्ष के कर्तव्यों की व्याख्या होने लगती है।

कुलीनता और उत्पीड़न

नृ-वंश शास्त्रियों ने जाति के कुछ उल्लेखनीय आधार माने हैं जैसे कुलीनता। जातियाँ कोई एक समान हैसियत वाले समूहों में नहीं बँटी हैं। वे कमोबेश स्तरीकृत हैं। कुलीनता का अर्थ अपनी ही जाति में ऊँचे वंश या स्तर के व्यक्ति से विवाह करना है। यह ऊँचा स्तर या वंश परिभाषित नहीं होता लेकिन यह सर्वमान्य धारणा है कि लड़की का विवाह उच्च स्तर वाले पुरुष से होना चाहिए। इसके पीछे मुख्य धारणा यह है कि लड़की ऊँचे कुल में ही ब्याही जानी चाहिए; अपने से नीच कुल या परिवार में तो किसी भी परिस्थिति में नहीं।

दहेज इस कुलीनता के साथ जुड़ा होता है। जब उसी जाति की निम्न स्तर वाली लड़की का विवाह उच्च स्तरीय लड़के से होता है, तो लड़के या उसके परिवार वालों को एक निम्न परिवार के साथ सम्बन्ध करने के लिए क्षतिपूर्ति के रूप में दहेज दिया जाता है। इस व्याख्या के अनुसार यह मान लिया जाता है कि दहेज देने वालों का सामाजिक-आर्थिक स्तर समरूप नहीं है इसलिए यह जरूरी है कि सामाजिक दृष्टि से श्रेष्ठ लोगों को उपहारादि भेंट में दिए जाएँ। इन्हीं उपहारों के कारण लड़की के पारिवारिक-जन सामाजिक सम्मान पाते हैं और लड़की को उच्च कुल में स्थान प्राप्त होता है।

पहले ब्राह्मण या राजपूतों की तरह 'अनिवार्यतः कुलीन' जन बहुत कम थे जिन्हें पहले ही वरीयता प्राप्त थी। ये स्वैच्छिक कुलीन समूह थे। बाद में कुलीनता ने वरीयता का रूप ले लिया। शायद कुछ शताब्दियों पूर्व इन कुलीन परिवारों को देने-लेने का कोई विचार हुआ हो लेकिन दहेज देकर विवाह-सम्बन्ध निश्चित करने के प्रसंग में कोई महत्त्वपूर्ण प्रमाण नहीं मिलते।

सारणी संख्या : 16

विवाह करने वालों के बीच समान/असमान स्तरों का विभाजन

स्तर	आवृत्ति	प्रतिशत
ऊँचा	57	38
नीचा	21	14
बराबर	72	48
	150	**100**

हमारे अध्ययन में 48 प्रतिशत विवाह बराबर के स्तरों वालों में, 38 प्रतिशत विवाह ऊँचे स्तर वालों के बीच तथा 14 प्रतिशत विवाह नीचे स्तर वालों के साथ हुए हैं। इससे यह स्पष्ट होता है कि नीचे स्तर वाले दहेज कुलीनों से विवाह-सम्बन्ध करते हैं। लेकिन इन लड़कियों का कुलीन में विवाह करने का अर्थ है वर के परिवार वालों में अधिक दहेज पाने की इच्छा पैदा करना जिसको पूरी करने की जिम्मेदारी कन्या-पक्ष वालों की है। यदि ये इच्छाएँ पूरी नहीं होतीं तो तनाव और उत्पीड़न का सिलसिला शुरू हो जाता है। उन्होंने अनुभव किया है कि बराबरी के या अपने नीचे लोगों में विवाह करके वधू को चाहे और कुछ न मिले आदर का स्थान तो मिलता ही है। हमारे सर्वेक्षण से यह परिणाम भी निकलता है कि कुलीनों के विवाह में वर तथा वर-पक्ष के सम्बन्धियों की दहेज तय करने की स्थिति सुदृढ़ रहती है। जिन परिवारों ने इन दोनों के बीच के सम्बन्धों को समझ लिया है वे अपनी लड़की को उच्च वर्ग में स्थान दिलाने की अपेक्षा उसकी खुशी, जिन्दगी और सुरक्षा की ज्यादा चिन्ता कर रहे हैं। कुछ लोगों ने टिप्पणी करते हुए कहा है कि :

"हम अपनी बेटियों के लिए अच्छा पति चाहते थे। हमारी भूल यह हुई कि हमने ऊँची सामाजिक हैसियत पर जोर दिया। अब हम अनुभव करते हैं कि विवाह बराबरी या अपने से नीची हैसियत वालों में करना चाहिए। लेकिन यह भी कोई अच्छा वर मिलने की गारंटी नहीं है।"

लड़की छोटी हैसियत वाले परिवारों में अधिक सुरक्षित रहती है।

सन्दर्भ सूची

1. संसद में दिया गया विवरण।

4

दहेज के रूप तथा प्रदर्शन

उत्तरदाताओं से कहा गया कि वे विवाह निश्चित करने की बातचीत से लगाकर विवाह के तय होने, सामारोह, विवाह के पूर्व तथा बाद में वर तथा वर-पक्ष द्वारा की गई दहेज की माँगों तक का वर्णन करें। उनसे यह भी पूछा गया कि वे विवाह, विवाह से पूर्व तथा बाद में समय-समय पर होने वाले खर्चे का ब्योरा दे। इन ब्योरों से प्राप्त सूचनाओं के आधार पर भिन्न-भिन्न प्रकार से चुकाई गई रकमों के रूप, समय, स्थान, राशि, उद्देश्य तथा अभिप्राय का-विश्लेषण किया गया है।

रकमों और उपहारों का देना उसी समय से शुरू हो जाता है, जब लड़का-लड़की एक-दूसरे को देख लेते हैं और विवाह करने के लिए अपनी स्वीकृति देते हैं। लड़के की चाह और तलाश होने के कारण कन्या पक्ष की तरफ से 15001 लगाकर या हैसियत के अनुसार इससे भी ज्यादा बड़ी भेंट देकर लड़का रोक लिया जाता है। सगाई से ही उपहारों का क्रम शुरू हो जाता है। फिर पूरी शान-शौकत और दिखावे के साथ विवाह सम्पन्न होता हैं, और दहेज में दिए गए उपहारों की प्रदर्शनी लगाई जाती है।

इस इकतरफा उपहारों और नकद रुपयों की भेंट का नाता विवाह समाप्त होने के साथ ही नहीं रुकता। युवा वधु ज़्यादा-से-ज़्यादा और जब कभी जरूरत हो तभी मालझपटने का साधन बन जाती है। यदि वह प्रत्यक्ष रूप में नहीं माँगा जाता तो अप्रत्यक्ष रूप से जाति की प्रथा और रिवाजों के रूप में वसूल कर लिया जाता है। इस तरह लड़की जब विवाह के बाद पहली बार पीहर से लौटती है, जब बेटी गर्भवती होती है, जब बच्चे का जन्म होता है, बच्चे का नामकरण होता है, जब बच्चे को नाना-नानी देखते हैं, जब प्राशन या मुंडन होता है तो दुबारा उपहारों की झड़ी लग जाती है, जब दूसरा बच्चा जन्मता है तो देने की वही चक्र, नये वेग और उत्साह से शुरू हो जाता है। जिस मात्रा में भेंट तथा उपहार दिए जाते हैं वह लड़की के ससुराज पक्ष की बड़े हैसियत का प्रमाण होते हैं। ये उपहार लड़की के सम्मान की सार्वजनिक स्वीकृति के रूप में भेंट किए जाते हैं। इन रीति-रिवाजों का पालन न करना एक अक्षम्य और जान-बूझकर किया जाने वाला अपराध माना जाता है।

मधु किश्वर के अनुसार 'ऐसे किसी भी वास्तविक या काल्पनिक अवसर पर लड़की के परिवारों की तरफ से उचित उपहार न आना लड़के के परिवार वालों का तथा उस व्यक्ति (दामाद) का अपमान समझा जाता है जिसे हमेशा सम्मान मिलना चाहिए। ऐसे मौकों पर आर्थिक हानि की नहीं बल्कि आत्म-सम्मान वाले पक्ष को उभारा जाता है।[1] किश्वर कहती है—कि इस तरह नियमित रूप से उपहारों के आने का सामाजिक लाभ होता है—कि लड़की वालों की छोटी तथा लड़के वालों की बड़ी हैसियत होती रहती है। वही पिता यदि उसके लड़का का है, तो बड़ी हैसियत का हो जाता है। इस प्रकार से समाज में उसकी भूमिका बदलती रहती है। एक लड़की का पिता होने के कारण वह विनीत होता है।" लेकिन लड़की की भूमिका एक ही होती है—हमेशा विनयपूर्ण। वह अपने आप में लघु और अकिंचन होती है।

विवाह पूर्व दहेज सम्बन्धी माँगों का रूप

सारणी संख्या : 17

विवाह पूर्व दहेज माँगे जाने वाले मामलों की संख्या

क्र. सं.	प्रकार	आवृत्ति	प्रतिशत
(क)	प्रत्यक्ष माँगा गया दहेज	55	37
(ख)	अप्रत्यक्ष माँगा गया दहेज	05	03
(ग)	नहीं माँगा गया	10	60
		150	**100**

37 प्रतिशत मामलों में दहेज प्रत्यक्ष रूप से माँगा गया आर 3 प्रतिशत में अप्रत्यक्ष रूप से। 60 प्रतिशत मामलों में दहेज विवाह पूर्व नहीं माँगा गया। 55 में से भी 37 में विवाह की बातचीत पक्की समय दहेज की कोई बातचीत नहीं हुई। जब सब कुछ तय हो गया तब विवाह होने की तिथि या तारीख से एक सप्ताह पहले या विवाह सम्पन्न होने के कुछ घंटों पूर्व कुछ शर्तें रख गई जिनको पूरा न करने पर विवाह रद्द समझे जाने के लिए कहला दिया गया।

विवाह न करने या सम्बन्ध तोड़े जोने वाली दबावों की तकनीक से हम खूब अच्छी तरह परिचित हैं। विवाह सम्बन्ध टूटते ही अनुमान शुरू हो जाते हैं। लड़की के चरित्र पर सन्देह से लगाकर माता-पिता और सम्बन्धियों पर दहेज न देने के अपराध लगाए जाते हैं। लड़की वालों के साथ बहुत कम सहानुभूति होती है। लोग यह नहीं सोचते कि ये माँगे कितनी ग़ैर-वाजिब और असमय लगाई गई हैं। यदि

माँ-बाप माँगें पूरी नहीं करते तो यह माना जाता है कि वे कर्तव्य-पालन नहीं कर रहे हैं, क्योंकि समाज यह मानता है कि लड़की वाले जन्मजात देनदार है। दूसरी बात यह कि इससे बाद लड़की के लिए दूसरा लड़का मिलना लगभग नामुमकिन होता है।

दूसरी ताज्जुब की बात यह है कि इतने शोर-गुल के बाद भी 37 प्रतिशत लोगों ने ही विवाह के पहले दहेज की माँग की। लेकिन जिन्होंने विवाह पूर्व दहेज नहीं माँगा था उन्होंने लड़की के सुसराल पहुँचते ही दहेज माँगना शुरू कर दिया। विवादास्पद मुद्दा यह है कि 60 प्रतिशत दहेज-पीड़िताएँ होते हुए भी दहेज विवाह के पूर्व नहीं, बाद में क्यों माँगा गया? क्या इन 60 प्रतिशत मामलों में सब पर एक साथ आर्थिक संकट आ गया था जिससे वे दहेज लेकर मुक्त हो सकते थे? इनमें से 89 प्रतिशत मामलों में ही आर्थिक संकट की सूचना मिली।

89 प्रतिशत मामलों में दूसरे प्रकार का तर्क काम कर रहा था। इन लोगों को यह अच्छी तरह मालूम है कि 1961 के संशोधित अधिनियम में दहेज माँगने का खतरा भी उठाएँ और दहेज की माँगें पूरी होने से पहले उन्हें सज़ा हो जाए। इसलिए वे पहले विवाह करते हैं, क्योंकि वह सबसे अधिक सुरक्षित और अपरिवर्तनीय रिश्ता है, फिर वे दहेज माँगने लगते हैं। इसलिए 60 प्रतिशत मामलों में विवाह के बाद दहेज माँगने का मतलब ऐसे भुगतान से है जो पति को सबसे 'आसानी से छोड़ी जा सकने वाली' और अत्यधिक 'उपेक्षणीय पत्नी' के लिए दिया जा रहा है।

स्वेच्छापूर्वक दिया गया दहेज

सारणी संख्या : 18

दबाव अथवा स्वेच्छा से दिए गए दहेज का विभाजन

प्रकृति	आवृत्ति	प्रतिशत
स्वेच्छा से	118	79
दबाव से	23	15
आंशिक रूप से दोनों	09	06
	150	**100**

पहले की सारणी में हम यह देख चुके हैं कि 37 प्रतिशत मामलों में दहेज प्रत्यक्ष रूप में माँगा गया और 60 प्रतिशत में विवाह के बाद। माँग की बात न करें तब भी हम देखते हैं कि 85 प्रतिशत मामलों में माँ-बाप स्वेच्छा से दहेज की माँगे पूरी करने के लिए तैयार थे। केवल 15 प्रतिशत मामलों में माँगे पूरी करने के लिए दबाव डाला गया। लड़की वालों और लड़के वालों के बीच देन-लेन का यह असमान सम्बन्ध

विवाह का ऐसा आन्तरिक हिस्सा हो गया है कि लड़की वाले तक इससे नहीं बचना चाहते। यह समझना दरअसल बहुत आवश्यक है कि दहेज सम्बन्धी कल्पनाएँ तथा मान्यताएँ वर-पक्ष की ओर से ही नहीं हैं कन्या-पक्ष की ओर से भी हैं।

यह तथ्य दहेज पीड़िताओं के माँ-बाप से पूछे इस प्रश्न से कि, वे दहेज क्यों देते हैं, के उत्तरों से स्पष्ट होता है। इन उत्तरों का विभाजन निम्न सारणी में देखें :

सारणी संख्या : 19

'दहेज क्यों देते हैं? प्रश्न के उत्तरों का विभाजन

क्र.सं.	कारण	आवृत्ति	प्रतिशत
(क)	लड़की की प्रसन्नता के लिए	52	35
(ख)	हैसियत के लिए	18	12
(ग)	लड़की का सम्पत्ति में हिस्सा	05	03
(घ)	सहायता	28	19
(ङ)	सामाजिक दबाव	33	22
(च)	मालूम नहीं	14	09
		150	**100**

थोड़े लोग यह मानने को तैयार होते हैं कि विवाह समारोह और उपहारों का लेन-देन दिखावा है। वे अपनी लड़की की खुशी के लिए या मदद के लिए दहेज देने का औचित्य सिद्ध करते हैं। कुछ लोग (अध्ययन के 22 प्रतिशत) यह मानते हैं कि समाज में दबाव के कारण व लड़की के जन्मते ही दूसरे सब प्रकार के खर्चों को काटकर बचना शुरू कर देते हैं।

हिन्दू उत्तराधिकार अधिनियम के बावजूद जिसमें कि पुत्र-पुत्रियों के समान अधिकार का उल्लेख नहीं है, यह सामान्य राय है कि लड़की का पारिवारिक सम्पत्ति में कोई हिस्सा नहीं होना चाहिए। इस सिद्धान्त की पुष्टि के लिए कि क्या दहेज मृत्यु के पूर्व ही दे दी गई पारिवारिक सम्पत्ति का हिस्सा है—हमने लड़की के माता-पिता से पूछा कि क्या दहेज को वे पारिवारिक सम्पत्ति का एक हिस्सा मानते हैं? उनकी प्रतिक्रिया प्रश्न में फेर-बदल करने से लगाकर इस विचार के प्रति ही नाराजी जाहिर करने तक थी। उनका तर्क था कि स्त्री होने के कारण वैसे ही लड़कियाँ उत्तराधिकार से वंचित हैं तब शादी के समय जो कुछ उन्हें मिल रहा है उसे वे क्यों छोड़ें—यद्यपि यह लड़कों को उत्तराधिकार में प्राप्त होने वाले धन से बहुत कम है। उनमें से कुछ के अनुसार यह विचार ही लड़कियों को दहेज के

लिए आकृष्ट करता है और वे दहेज में मिलने वाले जवाहरात, नकद तथा दूसरे सामान का हिसाब लगाने लगती है।

स्वेच्छा से दहेज देने के सम्बन्ध में सबसे अधिक दबाव डालने वाला कारण यह है कि कई बिरादरियों में विवाह इतना व्यापक और आवश्यक है कि उसके बिना एक स्त्री की जिन्दगी पाला मारे पौधे की तरह होती है। माता-पिता यह अपना कर्तव्य समझते हैं कि वे लड़की का विवाह योजनापूर्वक, यथासमय तथा यथाविधि कर दें। लड़की की शैक्षिक योग्यता अथवा नौकरी की सम्भावनाएँ दहेज के भार को किसी तरह कम नहीं करती क्योंकि दहेज का हिसाब भविष्य में होने वाले दामाद के बाजार भाव से लगाया जाता है। इन स्थितियों में जैसा कि 79 प्रतिशत उत्तरदाताओं ने कहा 'स्वैच्छिक' या जितना चाहे दें, का प्रश्न ही नहीं उठता। यह आवश्यक नहीं है कि दहेज माँगा ही जाए क्योंकि उसे सुनिश्चित करने का दूसरा तंत्र है। विवाह के सम्बन्ध में बातचीत करने के लिए दोनों पक्षों की आर्थिक-सामाजिक हैसियत महत्त्वपूर्ण होती है। दोनों पक्षों की हैसियत का वर्णन विशेष रूप से प्राप्त होने वाली दहेज की रकम को प्रभावित करता है। यद्यपि कई परिवारों में दहेज एक सीमा तक उन कुलों में पहले दिए गए दहेज से निश्चित होता है। इस तरह एक 'शालीन' परिवार की लड़की 'शालीन' दहेज की गारंटी होती है। दहेज माँगा जाना जरूरी नहीं है। परिवार की हैसियत से ही वह तय और सुनिश्चित हो जाता है।

दहेज पीडित लड़कियों से हमने पूछा कि दहेज चाहती हो या माता-पिता की सम्पत्ति का हिस्सा? उन्होंने चकित करने वाले उत्तर दिए। उनमें से अधिकांश (80 प्रतिशत जीवित लड़कियों) ने कहा कि व्यक्तिगत रूप में दहेज उनके लिए उपयोगी नहीं है क्योंकि वह उनके पति तथा सास-ससुर ले लेते हैं इसलिए वे माता-पिता की सम्पत्ति में हिस्सा चाहती हैं, वे चाहती हैं कि वह उनके नाम से हो। उनमें से 20 प्रतिशत दहेज के मक्ष में थीं क्योंकि उनकी दृष्टि में इस तरह माँ-बाप की सम्पत्ति में से उन्हें थोड़ा-बहुत प्राप्त हो सकता है। उनका तर्क था कि अगर उनकी बड़ी बहनों को काफी दहेज मिला है तो उन्हें क्यों नहीं मिलना चाहिए?

उपहार के रूप

इस अध्याय के अन्त में हमने तीन व्यक्तियों के विवरण देकर यह बताया है कि विवाह में कैसे और कितनी रकम खर्च की गई? इससे यह भी अनुमान लग सकता है कि साधारणतया विवाहों में किस तरह के भेंट उपहार दिए जाते हैं। इसमें वस्त्र, साड़ियाँ, टी.वी., ट्रान्जिस्टर, रेफ्रीजरेटर्स, साइकिल, स्कूटर कभी-कभी कार और फर्नीचर आदि होते हैं। इसमें समारोह पर खर्च किया रुपया और सम्बन्धियों द्वारा किए जाने वाले उपहार शामिल नहीं है।

हमारे अध्याय के उत्तरदाताओं के अनुसार उपहारों, नकद तथा विवाह समारोह पर खर्च हुए रुपयों का विभाजन निम्न सारणी के अनुसार था :

सारणी संख्या : 20

उत्तरदाताओं के अनुसार विवाह खर्च का विभाजन

000 में खर्च	आवृत्ति	प्रतिशत
< 10	05	03
10-25	23	15
25-50	30	20
50-100	67	45
1007 >	25	17
	150	**100**

सारणी संख्या : 21

उत्तरदाताओं का आर्य-वर्ग तथा लड़की के विवाह में दिए दहेज का विभाजन

पीहर के परिवार का मासिक आय-स्तर	दहेज में दी गई रकम			'000 में		
	< 10	10-25	25-50	50-100	1000	योग
< 500	1	-	1	-	-	2
600-1000	2	15	5	11	-	33
1100-2000	-	-	12	26	3	41
2100-3000	-	-	2	4	3	9
> 3000	-	-	-	4	11	15
	3	**15**	**20**	**45**	**17**	**100**

जैसा कि ऊपर की सारणी से मालूम होता है कि हैसियत ही एक तरह से दहेज की एक खास रकम निश्चित कर देती है और गारंटी भी होती है। यही नहीं, इस बात की गारंटी भी होती है कि विवाह ही में नहीं, भविष्य में भी उपहारों और नकद के नियमित और निरन्तर मिलने की सम्भावना है। तीन मामलों में तो दहेज क्रमशः 20, 12 और 10 साल के अन्तराल से माँगा गया है। इस लेन-देन की निरन्तरता

से, माता-पिता के अनुसार लड़की की प्रसन्नता सुरक्षित रहती है। आम धारणा यही है कि लड़की की प्रसन्नता लचीला सौदा है जो दहेज के आधार बिन्दु पर टिका है। इस तरह विवाह के बाद कभी-कभी कुछ देते रहने की प्रथा विकसित हुई जिसने बाद में भ्रष्ट होते-होते चुकाए जाने वाले कर का रूप ले लिया। जिसके न चुकाए जाने का अर्थ है लड़की के साथ दुर्व्यवहार, यातना और बहुत से मामलों में मृत्यु।

विवाह बाद की माँगे और उनकी प्रकृति

नीचे की सारणी में उत्तरों का विभाजन इस आधार पर किया गया है कि दहेज में क्या माँगा गया? (उत्तरों के क्रम में एक कोटि में 15 उत्तर भी एक साथ नहीं जुड़ते क्योंकि माँगें एक से अधिक वस्तुओं के लिए हैं)

सारणी संख्या : 22

विवाह के बाद दूल्हा द्वारा माँगी जाने वाली वस्तुएँ

माँगी जाने वाली वस्तुएँ	आवृत्ति	प्रतिशत
जवाहरात/कपड़े	21	14.0
काम में आने वाली वस्तुएँ (प्रमुखत: बिजली का सामान)	66	44.0
नकद	77	51.4
सम्पत्ति	21	14.0
मालूम नहीं	16	10.6

इस सारणी से यह स्पष्ट है कि विवाह के बाद की माँगों में 'काम आने वाली वस्तुओं की या नकद की माँग ही सबसे ज्यादा है।' आँकड़ों के देखने से यह पता चलता है कि दहेज का परिदृश्य भी आधुनिक होते हुए सम्पत्ति आधारित समाज रचना की तार्किक परिणति है। आज लड़की के विवाह के लिए बैंक ऋण देता है और आदर्श दहेज के रूप में (उपभोक्ता) काम आने वाली वस्तुओं के विज्ञापन छपते हैं।

कुछ पतियों और ससुराल के लोगों ने पिता की सम्पत्ति मे लड़की का हिस्सा माँगा। यह एक तरह से लड़की पर अपने माता-पिता की सम्पत्ति से हिस्सा लेकर अपने पति के नाम कर देने का दबाव था। यह दरअसल एक दिलचस्प स्थिति है। एक तरफ यह मान्यता है और पुरानी परम्परा है कि बेटी को पारिवारिक सम्पदा मे कोई हिस्सा नहीं मिलता। इसलिए हमारे यहाँ इस विचारधारा के लोग भी हैं जो दहेज को मृत्यु पूर्व दे दिया गया पारिवारिक सम्पत्ति का हिस्सा मानते हैं, दूसरी तरफ कुछ पति

और सास-ससुर ऐसे भी है जो अपनी पत्नियों और पुत्र-वधुओं के लिए इस परम्परा को तोड़ देना चाहते हैं। यह बात दूसरी है कि जब उनकी बहिनों या बेटियों की बात आती है तो वे पुरानी परम्परा का पूरी पवित्रता और निष्ठापूर्वक पालन करने पर बल देते हैं। इस तरह समाज में लड़कियों के माता-पिता पर दुहरा दबाव बना रहता है।

कुछ उदाहरण ऐसे भी हैं, जैसा कि 8.2 प्रतिशत से जाहिर है; जिन्हें यह नहीं मालूम कि वे क्या चाहते हैं? बहुओं को जो ताने दिए जाते हैं उनका सम्बन्ध न तो नकद रुपयों से होता है, न वीडियो से या स्कूटर से लेकिनन संख्या में कम और हल्की साड़ियों, भारी या हल्के जवाहरात, पर्व या त्योहारों पर दिए गए उपहार और बरात को दिए गए भोजन को लेकर छेड़छाड़ होती है। हमने बहुओं से पतियों तथा ससुराल वालों की इन बड़ी-चढ़ी माँगों के सम्बन्ध में पूछा लेकिन उनके उत्तर अनिश्चित और भिन्न-भिन्न थे। हमने इन उत्तरों तथा कारणों को भिन्न-भिन्न श्रेणियों में बाँटने की कोशिश की है। इन्होंने भी कहीं-कहीं दो या दो से अधिक कारण दिए हैं। इसलिए कारणों को जोड़ उत्तरदाताओं के जोड़ से अधिक हो गया है।

सारणी संख्या : 23

दहेज पीड़ितों द्वारा विवाह के बाद दहेज माँगने के कारणों का विभाजन (38 दहेज के कारण मरी स्त्रियाँ शामिल हैं)

	कारण	आवृत्ति	प्रतिशत
(अ)	लालच	60	53.6
(आ)	हैसियत/प्रतिष्ठा वृद्धि	53	47.3
(इ)	ससुराल में आर्थिक संकट	23	20.5
(ई)	एकल परिवार बसाने के लिए नया घर लेना	15	13.4
(उ)	व्यापार में लगाने के लिए	35	31.3
(ऊ)	ननद के विवाह के लिए	18	16.1
(ए)	मालूम नहीं	12	10.7
		216	-

लालच और प्रतिष्ठा में वृद्धि इन दो कारणों का उत्तरदाताओं ने सबसे अधिक उल्लेख किया। लालच का सम्बन्ध उपभोक्तावादी पश्चिमी-संस्कृति से हैं जहाँ अधिक-से-अधिक उपभोग्य वस्तुएँ तथा बिजली से चलाई जाने वाली मशीनें प्रतिष्ठा-सूचक मानी जाती है। विवाह में ही इन आडम्बरपूर्ण कीमती वस्तुओं को आसानी से प्राप्त किया जा सकता है जबकि आपके पास अपने पुत्र के विवाह

करने के लिए पैसा तक न हो और आप केवल उपहारों को लेने-ही-लेने वाले हों; इस शर्त पर कि आप बहू को सन्तुष्ट और प्रसन्न रखेंगे।

(इ) के अन्तर्गत आए उत्तर यह बताते हैं कि चौपट होते उद्योग या आर्थिक संकट से उबरने के लिए लड़की के ससुराल से नकद माँगकर स्थिति को सुधारने के बीच गहरा सम्बन्ध है।

(ई) वर्ग के अन्तर्गत आए उत्तर यह बताते हैं कि लड़का अपनी पत्नी को पिता के यहाँ रखना चाहता है लेकिन उसके पिता लड़की से असन्तुष्ट रहते हैं, दुर्व्यवहार करते हैं और बेटे को अलग कर देना चाहते हैं। इसलिए वे मकान की माँग करते हैं। इन हालातों में माँ के अपने पुत्र पर प्रेम पूर्ण अधिकार जमाए रखने की विशेष स्थितियाँ बनती है। यहीं सास और बहू में बेटे को लेकर प्रेम और प्राथमिकता की खींच-तान शुरू होती है।

(ऊ) वर्ग में वह स्थिति होती है जब बहू का दहेज पूरी तरह या आंशिक रूप से लड़की के विवाह में देने के लिए अलग से सुरक्षित रख दिया जाता है।

(ए) वर्ग में वे स्थितियाँ हैं जहाँ कोई खास माँग नहीं है। लड़की यह तक नहीं जानती कि उसे परेशान करने के क्या कारण हैं? उसे रोज-रोज सिर्फ़ इसलिए दुख दिया जाता है कि वह टूट जाए। इस मनोवैज्ञानिक कलह का यह प्रयोजन होता है कि लड़की ससुराल में नम्बर दो की स्थिति स्वीकार ले, इस परिवार द्वारा स्वीकार लिये जाने के प्रति कृतज्ञ हो और हर मामले में अपने को अपराधी मानती रहे।

दहेज नियंत्रण

1985 में उच्चतम न्यायालय के दो फैसलों/आदेशों में यह निर्णय दिया गया है कि जो उपहार की वस्तुएँ दहेज के समय वधू को मिलती हैं वह बाद में भी उसी की होती है। यह पति-पत्नी या पति के परिवार की संयुक्त सम्पत्ति नहीं होती। ये वस्तुएँ कानून की दृष्टि से स्त्री-धन हैं। इनमें वे उपहार-जो विवाह के समय अग्नि की साक्षी में दिए जाते हैं, वे जो दुल्हन को विदा के समय दिए जाते हैं, जो स्नेहवश सास या ससुर देते हैं, जो वयोवृद्ध के चरण स्पर्श करते समय प्राप्त होते हैं या बहू को अपने पिता, माता, भाई द्वारा मिलते हैं—सब शामिल हैं।

बहू की इस सम्पत्ति पर पति या उसके परिवार वाले ट्रस्टियों की तरह देख-रेख कर सकते हैं। लेकिन यदि ऐसा वे उसकी अनुमति के बिना करते हैं और उसके माँगने पर सम्पत्ति लौटाते नहीं हैं तो पति और उसके परिवार वालों पर भारतीय दंड संहिता के अन्तर्गत मुकदमा दायर किया जा सकता है।

विवाह के समय सम्पत्ति के रूप में हस्तान्तरित दहेज एक सुपात्र वर प्राप्त करने में सहायक होता हैं और विश्वास दिलाता है कि वह उत्कृष्ट जीवन जी सकेगी। यह एक अलिखित नियम-सा है कि लड़कियाँ दहेज और लड़के पैतृक-सम्पदा के हिस्सेदार हैं।

दहेज को पैतृक-सम्पत्ति में से एक हिस्से का हस्तान्तरण कहकर स्त्री को ठगा नहीं जाता बल्कि अन्त में स्त्री-धन से भी उसे वंचित कर दिया जाता है। दहेज लेकर लड़की पैतृक-सम्पदा को कोई उचित हिस्सा प्राप्त नहीं करती और इससे उसके उत्तराधिकार में प्राप्त होने वाले धन की ही क्षतिपूर्ति होती है। एक स्त्री को ही यह निर्णय करने का अधिकार नहीं होता कि कितना रुपया दहेज में दिया जाए और विवाह-समारोह पर कितना खर्च किया जाए। उसे दरअसल किस पर कितना रुपया खर्च किया जाए यह बताने का भी अधिकार नहीं होता। ज्यादा-तर खर्च उपहारों, दावतों, सजावट तथा विवाह समारोह पर होता है जो उसके स्त्री-धन का हिस्सा नहीं होता और न उससे उसका कोई लाभ होता है। जब दहेज के रूप में कोई बड़ी रकम दी जाती है तो वह हमेशा दामाद को या उसके पिता या परिवार के बड़े लोगों को ही दी जाती है। अपने लिए तो नकद रुपया लड़की को शायद ही कभी मिलता हो। जो चीज उसके उपयोग की होती है वह उस कुल-परम्परा के अनुसार सारे परिवार के काम में आती हैं लेकिन उसकी ज़रूरतों का कोई खयाल नहीं रखता। लीला दुबे कहती हैं कि "विवाह व्यक्तिगत रूप से स्त्री-अधिकारों की प्राप्ति है। किन्तु इन अधिकारों के प्राप्त कर लेने से कोई यह सोच भी नहीं सकता कि उसके उपहारों पर उसी का एकाधिपत्य है।"[2]

लड़की की सहूलियत को पहला तो क्या दूसरा स्थान भी कभी-कभार मिलता है। सामान का स्थानान्तरण दो परिवार के बीच की क्रिया है, बहू उसे एक स्थान से दूसरे स्थान तक पहुँचाने वाला वाहन है। वास्तव में तो लड़की के काम में आने वाली वस्तुओं पर उसका कोई अधिकार नहीं होता। निम्न आँकड़ों से पता चलता है कि दहेज के ऊपर वास्तविक स्वामित्व किसका हैं?

सारणी संख्या : 24

दहेज पर वधू के ससुराल के आधिपत्य का विभाजन

नियंत्रण	**आवृत्ति**	**प्रतिशत**
केवल सास का	97	65
केवल पति का	14	09
पति और ससुराल वालों का	30	20
लड़की का	09	06
	150	**100**

यदि हम एक बार यह भी मान लें कि हिन्दू परम्परा में स्त्री उत्तराधिकार की व्यवस्था नहीं है तो भी आज की दहेज-प्रथा हमारी उस प्राचीन धारणा को दूषित करती है जिसके अनुसार दहेज लड़की के मृत्यु-पूर्व का उत्तराधिकार माना जाता था। कन्यादान के समय दिया जाने वाला स्त्री-धन, स्त्री का व्यक्तिगत धन था। लेकिन अब 'स्त्री-धन' की धारणा भी पवित्र नहीं रह गई है। स्त्री की सम्पत्ति उसकी नहीं रहती, इतना ही नहीं बल्कि इस हेरा-फेरी के कारण यह सौदे का रूप धारण कर लेती है।

अपनी आय पर अपना ही नियंत्रण न रख पाना इस बात का द्योतक है कि स्त्री-पुरुष की सतत ज़िम्मेदारी है ओर इससे स्त्री की हैसियत नीची बनी रहती है। ऐसे उदाहरण हैं कि स्त्रियों ने अपने दहेज की सामग्री को सुरक्षित रखा है लेकिन उसका लाभ उन्हें नहीं मिला। कपड़े, जवाहरात, फ्रिज, टी.वी. जैसी वस्तुएँ ननद के विवाह में उपहारस्वरूप दे दी गई।

6 प्रतिशत स्त्रियाँ जो अपने दहेज का अंशत: नियंत्रण करती हैं और वे पारिवारिक-सम्पत्ति की संरक्षिका की तरह होती है, अपनी सम्पत्ति की मालकिन नहीं। यह केवल प्रतीकात्मक नियंत्रण होता है लेकिन वह भी प्राय: नहीं होता। कई स्त्रियों ने शिकायत की कि विवाह के कई वर्षों तक उन्हें मनपसन्द कपड़े पहनने तक की आज़ादी नहीं थी, हर सुबह उन्हें पहनने के लिए एक जोड़ी कपड़ा निकालकर दे दिया जाता था। जवाहरात सास या पति के कब्जे में थे। यदि उसके साथ दुर्व्यवहार हो, उसे पति छोड़ दे या वह विधवा हो जाए तो ये सामान उसे कोई सुरक्षा नहीं देते, हो सकता है कि ऐसे मौके पर आपके पास एक पैसा तक न हो।

ऐसी परिस्थिति में जब स्त्री को जोर-जबरदस्ती या स्वेच्छापूर्वक पति का घर छोड़ना पड़े तब स्त्री-धन पर अपना अधिकार माँगना नुकसानदेह होगा। होना यह चाहिए कि विवाह के समय रजिस्ट्रार को बुलाकर उपहारों की सूची तैयार करा ली जाए।

इस व्यवस्था का ज्ञान न होने या इसकी आवश्यकता न समझी जाने के कारण माता-पिता ऐसी सूची नहीं बनाते। हमारे अध्ययन के अनुसार केवल 2 प्रतिशत मामलों में ही सूची बनाई गई थी, शेष जो अभी स्त्री-धन पर अपना हक चाहते हैं उन्हें असंख्य कठिनाईयों का सामना करना पड़ रहा है। ज्यादातर लोगों का यह साबित करना पड़ रहा है कि वे अपनी चीज़ें वापस नहीं ले गए हैं।

इस अध्ययन के अनुसार जिस 20 प्रतिशत स्त्रियों ने दहेज-विरोधी प्रकोष्ठ में मुकदमें दायर किए हैं उन्हें आंशिक स्त्री-धन मिला है। शेष के लिए स्त्रीधन प्राप्त करने की प्रक्रिया इतनी जटिल है कि वे केवल आधे मन से ही कोशिश करती हैं। उन्होंने मान लिया है कि उनका माल डूब गया है।

सन्दर्भ सूची

1. किश्वर मधु 'डवरी : टू इन्श्योर हर हैपीनेस फॉर द डिमइनहेरिटर' संख्या 34, 1986
2. लीला दुबे : विक्टिम्स ऑफ किनशिप मोरेकिटी 'इन इकॉनोमिक टाइमस, 27 मार्च, 83

परिशिष्ट-1
शादी के समय मध्यम-वर्गीय परिवार के खर्च का अनुमानित ब्योरा

सगाई-दस्तूर (दूल्हा तथा उसके सगे-सम्बन्धियों के लिए भेंट-उपहार)	5000	
विवाह के समय दिया गया भोज	10000	
फर्नीचर, क्राकरी, रसोई के बर्तन (जो लड़की अपने साथ ले जाती है)	10000	
रेफ्रीजरेटर, टी.वी. तथा अन्य बिजली के उपकरण	15000	
जवाहरात	20000	
कपड़े (दुल्हन के)	10000	
नकद तथा दामाद के सम्बन्धियों को दिए जाने वाले उपहार	15000	(यह इस पर निर्भर करता है कि कितना नकद रुपया माँगा जाता है।)
	100000	

परिशिष्ट-2
इस परिवार की 1200/- रु. प्रति मास आमदनी है।
विवाह की तारीख 15.2.1980 (रविवार)

1. आयोजन-व्यवस्था	101.00
2. मिठाई के पाँच डिब्बे	250.00
3. लड़की माँ-बाप को 51/-51/-	102.00
4. सम्बन्धियों को 11/- प्रत्येक को	221.00
शकुन समारोह	
1. लड़के के लिए एच.एम.टी. (घड़ी)	425.00
2. पाँच टोकरे फल, 11 डिब्बे मिठाई	600.00
3. लड़के के लिए 1 सफारी सूट	500.00
4. सम्बन्धियों को भेंट (11 सम्बन्धी प्रत्येक 21/- रुपया)	231.00
5. लड़के को नकद	500.00

विवाह समारोह	
1. लड़की के लिए 6 साड़ियाँ तथा 5 सूट	6600.00
2. दो ऊनी शाल	500.00
3. दो ऊनी स्वेटर	250.00
4. दामाद के लिए दो सूट के कपड़े, एक ऊनी	1100.00
5. एक बड़ा बॉक्स	600.00
6. सोफा, डबल बेड, सेंटर टेबल, ड्रेसिंग टेबल और स्टूल	5500.00
7. एक सोने का सेट (30 ग्राम)	1500.00
8. एक चाँदी का सेट	450.00
9. एक सोने की अँगूठी 6 ग्राम	1050.00
10. एक ट्रांजिस्टर	430.00
11. टेबल फेन	435.00
12. दो बिस्तर (एक ऊन का)	2500.00
13. पीतल तथा स्टील के बर्तन	800.00
14. एक प्रेशर कुकर	140.00
15. एक स्टोव	100.00
16. बरात का शाम का खाना	4500.00
17. बरात का प्रातः का भोजन	1500.00
18. पायल (100 ग्राम)	340.00
19. चुन्नी समारोह	800.00
20. लड़की के रिश्तेदारों की ओर से	1000.00
	33,055.00
बहू को ससुराल वालों की ओर से दिए गए उपहार	
1. एक सोने का सेट (50 ग्राम)	
2. शकुन समारोह पर एक सोने की अँगूठी	
3. ग्यारह साड़ियाँ और पाँच सूट	
4. दुल्हन के लिए एक घड़ी	
5. एक जोड़ी कान के बाले	

परिशिष्ट-3

(परिवार की आमदनी 1500/-प्रति माह है)

मेरे पति के घर पर जो सूची रखी है उसके अनुसार 21.7.85 को मेरे विवाह पर निम्नांकित सामान मुझे दिया गया—

क्र. सं.	वस्तुएँ	मात्रा/ संख्या	विवरण	मूल्य
1.	सेने का सेट	01	विशेष नक्कासी	6,000.00
2.	सोने की अँगूठी	01	मर्दानी	2,000.00
3.	सोने की अँगूठियाँ	02	जनानी	3,000.00
4.	सोने की चूड़ियाँ	04	-	10,000.00
5.	एक सोने का सेट	01	(हार, झुमका, सिंगार पल्टी नथ, अँगुलियों का सेट)	20,000.00
6.	सोने की चेन	01	-	4000.00
7.	विवाही की साड़ी	01	तन्सुई जरी	3000.00
8.	दक्षिणी सिल्क की साड़ी (लाल और मरून)	01	सब तरफ जरी	2000.00
9.	सिल्क की साड़ी (नीली)	01	-	1500.00
10.	सिल्क की साड़ी (कोका कोला)	01	-	1500.00
11.	सिल्क की साड़ी (हरी)	02	गुलाबी और सफेद किनारी	8000.00
12.	सिल्क की साड़ी (क्रीम)	12	अलग-अलग रंग	400000
13.	सिल्क सूट	05	पिंक, नेवी ब्लू	1500.00
14.	सूट	01	कश्मीरी	300.00
15.	नाइटी	02	गुलाबी, लाल	500.00
16.	रूमाल	02 दर्जन	उत्तम कपड़ा	200.00
17.	टावल	02	उत्तम कपड़ा	120.00
18.	बेड सीट	03 जोड़े	उत्तम कपड़ा	
19.	चाँदी का कड़ा	01	-	150.00
20.	घड़ी	01	मर्दाना	650.00
21.	शृंगार प्रसाधन तथा अन्य	-		1900.00
22.	वीडियो टेप	-	विवाह के रंगीन चित्र	1000.00
				64,880.00
23.	एलबम 1, 24, पास पोर्ट 1, 25. डायरी 1; कम्पटीशन रिव्यू।			

5

दहेज-पीड़ितों की यातना तथा यंत्रणा का प्रदर्शन

यह बार-बार कहा जाता है कि भारतीय समाज की प्रकृति दूसरे विकसित और विकासशील देशों के मुकाबले में कहीं अधिक आध्यात्मिक है। लोग परम्पराओं से जुड़े है और सांस्कृतिक विरासत के प्रति सजग हैं। लेकिन इस प्रसंग में दहेज-उत्पीड़न और घरों में फैली हुई हिंसा जो सवाल पैदा करती है उनका उत्तर मिलना कठिन है।

जिन 150 महिलाओं का अध्ययन किया गया है, वे सब दहेज-पीड़िताएँ हैं और उनके मामले धारा 498A भा.दं.सं. के अन्तर्गत दर्ज हैं। इस अध्याय में उन अनेक प्रकार की यातनाओं का विश्लेषण किया गया है जो दहेज के सिलसिले में दी जाती है। ये केवल शारीरिक यातनाएँ ही नहीं हैं : मानसिक भी हैं जो मन को तोड़ती हैं, और कमजोर बनाती हैं। यहाँ हम उन कारणों के विविध पक्षों पर भी विचार करेंगे जो इसके मूल में हैं।

दहेज-पूर्ति की सीमा : यदि माता-पिता की आर्थिक स्थिति ठीक है और वे साधन-सम्पन्न है तो दामाद और उसके परिवार वालों की सारी माँगें पूरी करने के लिए वे सदैव तत्पर रहेंगे, यदि वे उनकी लड़क को ससुराल में रहने दें। होता यह है कि ज्योंहि पति लड़की के साथ दुर्व्यवहार शुरू करता है कि माता-पिता लड़कों को वहाँ से हटाने के बजाय एक निराशा की हद तक इस बात की कोशिश करते हैं कि जहाँ कहीं से हो, वे दामाद को प्रसन्न करने के लिए रुपया इकट्ठा कर लें। जिन मामलों मे लड़की के माता-पिता स्थिति को किसी भी प्रकार संभालने में कामयाब नहीं होते। वे नितान्त-हताश होकर लड़की को घर पर रखते हैं। निम्न सारणी से यह पता चलता है कि हमारे अध्ययन के 141 (9 लड़कियों ने माता-पिता, पति तथा ससुराल वालों के असन्तोष का पता लगने से पहले ही जीवित जलकर अपने प्राण दे दिए थे) मामलों में लड़कियों के माता-पिता ने विवाह के बाद दहेज की माँग किस सीमा तकर पूरी की। कुछ भी हो, लेकिन इन सब स्थितियों में एक भी लड़की खाली हाथ नहीं लौटी और न इतना कम दहेज लाई कि जो पति के परिवार वालों की हैसियत से किसी प्रकार कम है।

सारणी संख्या : 25
विवाह के बाद दहेज की माँग पूरी करने की सीमाएँ

	सीमा	आवृत्ति	प्रतिशत
(i)	पूरी तरह	15	10.6
(ii)	आंशिक	44	31.2
(iii)	देने का वचन	28	19.8
(iv)	न देने की स्थिति	54	38.4
		141	**100.0**

इस सारणी से यह स्पष्ट होता है—कि 10.6 प्रतिशत अभिभावकों ने सारी माँगें पूरी कीं, 31.2 प्रतिशत ने आंशिक माँगे पूरी कीं और 19.8 प्रतिशत ने पूरी करने का वचन दिया। इन सब स्थितियों से यह पता लगता है कि इस सबने लड़के तथा उसके परिवार वालों को सन्तुष्ट करने के अथक प्रयत्न किये ताकि इनकी लड़की किसी भी दशा में ससुराल से निकाली न जाए। 38.4 प्रतिशत माता-पिता माँगें पूरी करने में असमर्थ रहे। यह इस तथ्य को बताता है कि मध्यवर्गीय माता-पिता एक सीमा तक ही अपने साधनों का उपयोग में ला सकते हैं और इन अवसरों की तलाश में लगे रहते हें जिससे समस्याओं का निराकरण हो सके और बातचीत के वे आधार मिल जाएँ जो अपेक्षाकृत कम खचीले हों।

माता-पिता की इस प्रकार प्रतिक्रिया करने का क्या परिणाम होता है? यानी दहेज की नई माँगों को पूरा न करने के क्या नतीजे होते हैं? क्या ससुराल में लड़की के साथ अच्छे व्यवहार की शर्त अच्छा दहेज है? असली मुद्दा यह है कि ससुराल में अनाप-शनाप धन ले जाने के बावजूद लड़कियों के साथ दुर्व्यवहार होता है। जिस रूप में दहेज दिया जाता है, व स्त्री की असहायता का निवारण करने में अक्षम होता है। निम्न सारणी से माँगों की पूर्ति और यातनाओं के घटते-बढ़ते क्रम तथा लड़कियों को छोड़ देने या स्वीकार करने के अन्त:सम्बन्धों का पता लगता है।

सारणी संख्या : 26
माँगों की पूर्ति तथा लड़कियों को छोड़ देने या स्वीकार करने के अन्तः सम्बन्ध

माँग पूर्ति की सीमा	आवृति		छोड़ दी गई		रख ली गई		मार दी गई	
	सं.	प्रतिशत	सं.	प्रतिशत	सं.	प्रतिशत	सं.	प्रतिशत
(क) पूर्णत:	15	10.6	0	-	14	10.6	-	-
(ख) आंशिक	44	31.2	36	25.6	3	2.1	5	3.5
(ग) वायदा	28	19.8	25	17.7	-	-	3	2.1
(घ) इनकार	54	38.4	51	36.3	-	-	3	2.1
	141	**100**	**112**	**79.6**	**17**	**12.7**	**11**	**7.7**

इन आँकड़ों में उन 9 लड़कियों को छोड़ दिया गया है, जिनके माता-पिता को ससुराल वालों के असन्तोष के सम्बन्ध में कुछ भी मालूम नहीं हो सका था।

जिन 10.6 प्रतिशत मामलों में दहेज की नई माँगे पूरी कर दी गईं, उन लड़कियों को, पतियों ने स्वीकार कर लिया। यह इन लड़कियों की शर्त सहित वापसी थी। इन्होंने अपने घरों में ही अपनी प्रतिष्ठा खरीदी थी। 31.2 प्रतिशत मामले ऐसे थे, जहाँ विवाह के समय दिए गए दहेज के बाद भी कुछ और माँगा जा रहा था किन्तु माता-पिता माँगों को आंशिक पूर्ति करने में समर्थ थे। उस आधार पर लड़कियों की वापसी नहीं हो सकी। आंशिक दहेज की पूर्ति के उपरान्त भी दो लड़कियाँ ही ससुराल लौट सकीं। 36 (25.6 प्रतिशत) लड़कियों को पीहर भेज कर कह दिया गया कि वे कुछ और लेकर आयें। 5 यानी 3.5 प्रतिशत को मार डाला गया।

पहली बात तो यह थी कि 38.4 प्रतिशत अभिभावक विवाह में ही अपनी हैसियत से इतना अधिक खर्च कर चुके थे कि वे आर्थिक दृष्टि से बरबाद हो गये थे। इससे अधिक जो उनसे फिर नये सिरे से माँगा जा रहा था इसका वे मामूली अंश तक देने में असमर्थ थे। माँगा हुआ दहेज न लाने की स्थिति में 54 में से 51 स्त्रियों को छोड़ दिया गया और 3 को या तो मार डाला गया या आत्महत्या के लिए विवश होना पड़ा। पतियों द्वारा छोड़ी हुई लड़कियों को माँ-बाप अनिच्छा-पूर्वक अपने घर रखते हैं, क्योंकि उनकी दूसरी ज़िम्मेदारियाँ होती हैं। 19.8 प्रतिशत मामलों में माँगें पूरी करने के वायदों पर भी लड़कियाँ ससुराल में नहीं रह सकीं। सामाजिक दबावों के कारण माँ-बाप लड़कियों को ससुराल भेजना चाहते हैं। वे इस सीमा तक विचलित हो जाते हैं कि दहेज की माँग पूरी करने के लिए वे माँगने, चोरी करने या उधार लेने की सीमा तक जा सकते हैं। लेकिन लड़के वालों की माँगे पूरी होने का भरोसा नहीं होता इसलिए 28 में से 25 लड़कियों को पतियों ने छोड़ दिया और 3 को या तो मार डाला गया या आत्महत्या के लिए मजबूर होना पड़ा।

इससे यह स्पष्ट है कि दहेज की नई-नई और निरन्तर होने वाली माँगों से लड़की और उसके माता-पिता की मुक्ति नहीं है। अनाप-शनाप दहेज ले जाने पर भी स्त्रियों के साथ दुर्व्यवहार हो रहा है। ससुराल वाले पीहर के लोगों को अपनी लड़की वापिस ले जाने की धमकियाँ देते हैं जिससे वे लड़की को बदनाम करके ज्यादा-से-ज्यादा रुपया वसूल कर सकें। लड़की सोने का अंडा देने वाली मुर्गी है। नीचे दी गई सारणी से यह तथ्य प्रमाणित होता है, कि बहुत कम मामलों में दहेज की माँगें पूरी तरह या आंशिक रूप से पूरी कर देने पर लड़की को दुख देना बन्द या कम कर दिया गया।

सारणी संख्या : 27
दहेज की माँगें पूर्णतः अथवा आंशिक रूप से पूरी कर देने पर यातनाओं की स्थिति

सीमा	आवृत्ति	प्रतिशत
बढ़ गई	22	37.3
घट गई	02	3.4
कुछ नहीं माँगा	31	52.5
मार डाला	04	6.8
	59	**100**

यह महत्त्वपूर्ण तथ्य है कि 37.3 प्रतिशत मामलों में जहाँ माता-पिता ने दहेज की नई माँगों को पूर्णतः या आंशिक रूप में पूरा कर दिया था तब भी दहेज की माँगों का सिलसिला जारी रहा। माँगे पूरी करने पर भी 6.8 प्रतिशत स्त्रियाँ मार डाली गई या आत्महत्या के लिए मजबूर हुईं। 52.5 प्रतिशत ने दुबारा कुछ नहीं माँगा।

अपने आप में रुपया या उपहारों का लेना-देना दुर्व्यवहार का कारण नहीं होना चाहिए। जो कुछ मिला है उसमें दाम्पत्य-जीवन सुखपूर्वक चलना चाहिए। लेकिन भारत में दहेज के लेन-देन का रूप विवेकपूर्ण आचरण की सारी सीमाएँ लाँघ गया है। यहाँ यह तर्क काम नहीं करता कि दूल्हा और ससुराल वालों का जितना अधिक रुपया या जितने अधिक उपहार दिए जाएँगे, वे लड़की की उतनी ही अधिक चिन्ता करेंगे। यहाँ इसका उल्टा ही होता है। इतना उल्टा कि दुल्हन ले जाने वाले दिया गया सारा सामान बटोरने की चिन्ता पहले करेंगे, दुल्हन की नहीं उन्होंने एक ऐसा तंत्र स्थापित कर लिया है जिससे यह क्रम निरन्तर बना रहे। यह क्रम हमारी उस व्यवस्था का अभिन्न अंग है, जिसमें स्त्री को अपमानित करने का सिलसिला जारी रहता है। इस सीमा तक जारी रहता है कि अपमान और आघात सहना उसके स्वभाव की विशेषता बन जाती है और जिसके चलते वह ससुराल में विशेषतया और साधारणतया समाज में किन्हीं भी शर्तों पर अपनी वापसी के लिए छटपटाने लगती है। इसे लड़की की संस्कारशीलता मानी जाती है कि वह पीहर से ससुराल आते-आते पूरी तरह आज्ञाकारी बन जाए।

दहेज-तनावों के बदले हुए नाम

दहेज-मृत्यु, आत्महत्याओं तथ यंत्रणाओं में दो मिले-जुले प्रकार देखने को मिलते हैं : (अ) युवा पत्नियों को दहेज के लिए जान-बूझकर दी जाने वाली यातनाएँ तथा (आ) पतियों तथा ससुराल वालों द्वारा पत्नियों को अपर्याप्त दहेज के कारण दूसर जटिल पारिवारिक तनावों के बहाने दी जाने वाली यातनाएँ।

दोनों का सही अनुपात बताना तो मुश्किल हैं क्योंकि ज्यादातर पत्नियों को यह मालूम ही नहीं होता कि इर्द-गिर्द, क्या हो रहा है या उनके साथ क्यों दुर्व्यवहार किया जा रहा है? वे इस दुर्व्यवहार को पति के नैतिक अधिकारों का हिस्सा मानकर स्वीकार करती रहती हैं।

निम्न तालिका में उत्तरदाताओं ने दहेज के अतिरिक्त दूसरे विशेष तनावों का उल्लेख किया है :

सारणी संख्या : 28

दहेज के अतिरिक्त दूसरे तनावों का विभाजन

तनाव	जीवित		मृत	
	आवृत्ति	प्रतिशत	आवृत्ति	प्रतिशत
पुरुष की नपुंसकता	11	9.8	-	-
पुरुष के विवाहेतर यौन-सम्बघ	08	7.1	8	21.11
शराब तथ नशीली दवाईयाँ	22	19.7	-	-
ससुर, जेठ, देवर या अन्य सम्बन्धियों द्वारा अनैतिक सम्बन्धों के लिए प्रयत्न	08	7.1	-	-
केवल दहेज	57	50.9	7	18.4
	112	**100**	**38**	**100**

यह उल्लेखनीय है कि 50 प्रतिशत दहेज-पीड़ित, जो जीवित है, उनके विवाहित जीवन में कलह का कारण दहेज नहीं बल्कि दूसरे पारिवारिक तनाव बनाए जाते हैं। हनमें से 9.8 प्रतिशत पत्नियों ने अपने पति पर नपुंसकता का आरोप लगया है। 7.1 प्रतिशत पत्नियों ने अपने पति पर दूसरी स्त्रियों के साथ अवैध सम्बन्ध का आरोप लगाया।

यह अत्यन्त खेदजनक है कि दहेज-पीड़िताओं में 7.1 प्रतिशत का कहना है कई मौकों पर उनके ससुर, जेठ या देवर या कि चचिया-ससुर के अवैध सम्बन्धो के प्रस्तावों को ठुकरा दिए जाने के कारण उन्हें सब प्रकार की क्रूरताएँ सहनी पड़ी है। 15.4 प्रतिशत मामलों में पतियों तथा ससुराल पक्ष की ओर से यह आरोप था कि विवाहोपरान्त भी लड़कियों के पुराने प्रेमियों से सम्बन्ध बने हुए थे। 19.7 प्रतिशत पति नरेबाज और नशीली वस्तुओं का सेवन करने वाले थे और जब-जब पत्नियाँ उन्हें नशा करने से रोकती थीं, तब परिवार में उग्र तनावों का दौर शुरू हो जाता था।

मृत-पीड़ितों के पीहर तथा ससुराल पक्ष के उत्तरदाताओं की प्रतिक्रिया रोमांचित करने वाली है। 20 (52.6 प्रतिशत) मृत स्त्रियों के पतियों तथा ससुराल पक्ष को लोगों

ने यह आरोप लगाया है कि विवाहों के बाद भी इन लड़कियों के पर-पुरुषों से सम्बन्ध थें। 8 (21.1 प्रतिशत) मृत लड़कियों के माता-पिता ने बताया कि लड़कों के दूसरी स्त्रियों से सम्बन्ध थे, लड़कियों द्वारा प्रतिरोध होने पर उन्हें मार डाला गया। 19.1 प्रतिशत मामलों में उनका कहना था कि जब लड़कियों ने ससुर, चाचा, जेठ, देवर आदि से अवैध सम्बन्ध के लिए इनकार कर दिया तो उनकी हत्या कर दी गई। 18.4 प्रतिशत ने यह बताया कि उनकी लड़कियों को इसलिए मार दिया गया या वे आत्महत्या करने के लिए विवश हुई क्योंकि वे उनके लोभ-लालच को शान्त नहीं कर सके।

यंत्रणाओं के रूप

हम, यंत्रणा क्या है और क्रूरता किसे कहते हैं, इसकी व्याख्या नहीं करेंगे। ये नजर आने वाली या नापी जाने वाली चीजों की श्रेणी में नहीं आतीं। हम उन्हें दहेज-मृत्यु अथवा शारीरिक चोटों के रूप में देख सकते हैं। इन भयावह स्थितियों में व्यक्ति किन परिवर्तनों से गुजरता है, यह नापना या अनुभव करना भी आसान नहीं है। तब मानसिक यातना या पीड़ा की व्याख्या अनावश्यक हो जाती है। जरूरी यह है कि वे पहचान ली जाएँ।

ससुराल में यंत्रणा के जो सामान्य रूप नज़र आते हैं वे हैं बहुओं के साथ तानाकशी, गालियाँ, धमकियाँ जो बढ़ते-बढ़ते मारपीट, आत्महत्या या हत्या का रूप ले लेती है। लेकिन दहेज की अपर्याप्तता या किन्हीं दूसरे कारणों को लेकर स्त्री का पिटना हम किसी को नहीं दिखा सकते। पुलिस इसे घरेलू मार-पीट की सामान्य घटना के रूप में देखती है और समाज की नजरों में यह पति-पत्नी का अन्तरंगता सूचक सामान्य व्यवहार होता है। पारिवारिक बड़पप्पन तथा गोपनीयाता के विचारों से जकड़ी तथा अपनी ही कमजोरियों की जकड़ से अहसमत हुई स्त्रियाँ न तो बन्धनों से आजाद होना चाहती है और न कभी इनकी शिकायत करती है। यही कारण है कि पत्नियों का पीटा जाना सबसे कम प्रकाश में आने वाले जुर्मों में से एक है।

हमारे अध्ययन से पता चलता है कि 78 प्रतिशत मामलों में बहुओं तथा पत्नियों को निरन्तर शारीरिक यातना दी जाती है तथा हर दूसरे दिन पीटा जाता है। कुछ समय के लिए दिनों, महिनों, वर्षों तक स्त्रियाँ, जुल्म और हिंसा के शिकंजे में फँसी रहती है। उनके लिए यह भविष्यवाणी करना कठिन होता है कि ये जुल्म कब और कितने बढ़ जाएँगे। हिंसा अैर जुल्मों के बावजूद आर्थिक कारणों और आश्रय के लिए उन्हें अपने ससुराल में अच्छे सम्बन्ध बनाएँ रखने पड़ते हैं क्योंकि सम्बन्धों को तोड़ना भी उतना ही मुश्किल होता है जितना उन्हें बनाएँ रखना। एलिजाबेथ ए. स्टेंक ने लिखा है 'एक पुरुष केन्द्रित संसार में अपने जीवन की वास्तविकता के कारण, स्त्रियाँ इन्हीं स्थितियों के बीच रहती है। घर के बाहर की दुनिया में

पुरुषों की प्रतिहिंसा उतना ही भयावह यथार्थ है जो वे घर में भी सहन करती है।"[1]

उन्हें रोज मार दिए जाने तथा छोड़ दिए जाने की घमकियों के बीच जीना पड़ता है। 57 प्रतिशत स्त्रीयाँ मार दिए जाने तथा 51 प्रतिशत छोड़ दिए जाने की धमकियों के बीच जीती हैं।

ससुराल में एक भी व्यक्ति उनके साथ सहानुभूति नहीं रखता। सास का आतंक आज भी वैसा ही है। सास का बहू के प्रति इतना जबरदस्त क्रोध न जाने क्यों होता है (इस सारे घटनाचक्र को हम मां की पुत्र को कब्जे में रखने की इच्छा कहकर व्याख्यायित नहीं कर सकते) कि वह उसे अथाह यातना देने के लिए सारी मर्यादाएँ लाँघ जाती है। पति कोई विरोध नहीं करता बल्कि हमारे सर्वेक्षण के अनुसार 38 प्रतिशत मामलों में वह सक्रिय रूप से सहायक हुआ है। विवाहित बहनें भी पीहर जाकर भाई की बहू को दुख देने में माँ की मदद करती है। जेठ अवश्य इस विनाशकारी घटना चक्र में शामिल नहीं होता।

वस्तुओं का लालच प्रायः कोई भावनात्मक तनावों के साथ गुँथा रहता है जो शायद उसे समाज में अधिक प्रतिहिंसात्मक हो जाता है जहाँ मनोवैज्ञानिक अन्तर्दृष्टि का अभाव होता है। माँ बेटों के सम्बन्ध में जैसी घनिष्ठ होती है वैसी घनिष्ठता भारतीय दाम्पत्य सम्बन्धों में नहीं होती। सास प्रायः अपनी बहुओं का यातना देने के लिए बेटों को ही एजेंट बनाती है। दहेज की वास्तविक या काल्पनिक कभी तो बहाना मात्र होती है।

छोटे-से-छोटा बहाना बनाकर अपर्याप्त दहेज को पूरा करने के जिए बहू हो पीहर भेज दिया जाता है। बहू जो कुछ पीहज से लाती है उसकी मात्रा ओर श्रेष्ठता बाद में यातना के कारण बन जाते हैं।

दूसरी ओर कुछ ऐसे परिवार होते हैं जो लड़की को पीहर जाने ही नहीं देते। लड़की का पीहर से अलगाव होते ही वह सब तरफ से कट जाती है। यदि उसके साथ दुर्व्यवाहर होता है तो कोई उसकी ममद करने नहीं आता। यदि उसकी हतया भी हो जाती है तो सबूत आसानी से नहीं मिलते क्योंकि कोई भी व्यक्ति अपने परिवालों के खिलाफ़ गवाही देने को तैयार नहीं होगा।

ऐस भी उदाहरण मिल जाएँगे जहाँ सास बहू को पहनने के लिए कपड़े तक निकालकर देती है। जहाँ एक जोड़ी 'स्लीपर' या 'रूमाल' खरीदे के लिए उसे पैसा नहीं दिया गया बल्कि यह कहा गया कि अपने लखपति माँ-बाप के यहाँ जाकर ले आए। जब कभी वह पीहर गई, उसे स्कूटर भाड़ा तक नहीं दिया गया, कहा गया कि पीहर वालों से ही ले ले, जहाँ लड़की को पीट-पीटकर उसकी अँगुली ही तोड़ दी गई, जहाँ एक 17 वर्ष की लड़की ने आत्महत्या की कोशिश की क्योंकि वह असहाय थी और गर्भपात हुआ था, जहाँ एक वर्ष तक पत्नी को न तो पति से बात करने दिया गया और न उसके साथ सोने दिया गया; जहाँ स्त्री को रस्सी से

बाँधकर इतना पीटा गया कि उसक दाँत टूट गये, हड्डियाँ तक टूट गईं, बाद में उसे जला दिया गया; जहाँ एक स्त्री को विवाह के एक सप्ताह बाद ही जला दिया गया और जहाँ एक लड़की को पागल करार देकर छोड़ दिया गया।

यह स्थिति है जहाँ एक स्त्री से उसके जीवित रहने तथा सम्मानपूर्ण जीवन व्यतीत करने के अधिकार छीन लिये जाते हैं। जहाँ दाम्पत्य जीवन प्रेम और स्नेह पर नहीं बल्कि तानाशाही, क्रूरता और धमकियों पर आधारित होता है। फिर भी स्त्री चुपचाप रहती है। इस रिश्ते के चुनाव में उसकी कोई भूमिका नहीं होती। यह उसे दिया जाता हे इसलिए उसे तोड़ते हुए वह डरती है। निम्न सारणी में दिए हुए आँकड़ों से यह तथ्य आंशिक रूप से प्रमाणित होता है।

सारणी संख्या : 29

दहेज उत्पीड़न से वैवाहिक जीवन पर पड़ने वाले प्रभावों के आधार पर उत्तरदाताओं का विभाजन

सन्दर्भ	आवृत्ति	वैवाहिक जीवन पर पड़ने वाले प्रभाव				
		अ	आ	इ	ई	उ
जो स्त्रियाँ पीहर भेज दी गईं यानी घर से बाहर कर दी गईं	114	-	81	21	12	-
जो स्वत: ही पीहर चली गईं	16	03	11	02	-	-
बन्द कर दी गईं, कभी गई ही नहीं	20	-	15	05	-	-
	150	**03**	**107**	**28**	**12**	**-**

इनकी अलग से व्याख्या की गई है।

ऊपर की सारणी में वैवाहिक जीवन पर पड़ने वाले प्रभावों का स्पष्टीकरण इस प्रकार है—

(अ) ससुराल में नहीं आईं। पीहर में ही रहीं।

(आ) वापिस आई लेकिन अन्त में हमेशा के लिए छोड़ दी गई।

(इ) मार डाली गई या आत्महत्या के लिए विवश हुई।

(ई) पति के परिवार में सम्मानजनक स्थान पाने के लिए दुबारा दहेज लाईं, पति के साथ रहती है।

(उ) पति के साथ सारी यातनाएँ सहती हुई रह रही है।

ऊपर की सारणी से यह स्पष्ट है कि हमारे अध्ययन में उत्तरदाताओं में से 70 प्रतिशत को पतियों अथवा ससुराल वालों ने निकाल दिया। 10.0 प्रतिशत ने स्वेच्छा से पतियों अथवा ससुराल वालों को छोड़ दिया ओर 13.3 प्रतिशत को

रोककर रखा गया तथा अपने माता-पिता या कि किसी भी पीहर वाले से मिलने नहीं दिया गया। इनमें से अधिकांश को (20 में से 15) मार डाला गयाँ जिनको निकाला गया उनमें से 71 प्रतिशत को छोड़ दिया गया। 18.6 प्रतिशत को या तो मार डाला गया या आत्महत्या के लिए विवश होना पड़ा। 10.5 प्रतिशत चाही गई रकम ले आने पर ससुराल में रहने लगीं। यह भी पता चलता है कि 33 स्त्रियाँ यानी 29 प्रतिशत यातना ओर अपमान के बाद भी पतियों तथा ससुराल वालों के पास लौट गईं। बहुत से प्रसंगों में (18.4) दुबारा दहेज नहीं माँगा गया। परिणाम मालूम होते हुए भी कई पीहर वालों ने लड़कियों को स्थितियों से मुकाबला करने के लिए सुसराल में वापस धकेल दिया।

यह जानना थोड़ा आश्चर्यजनक है कि 150 स्त्रियों में से केवल 16 ने ही असहनीय स्थितियों के कारण स्वेच्छा से ससुराल छोड़ा। इनमें 3 ने यानी 2 प्रतिशत ने पतियों के पास कभी न जाने का निर्णय किया; 13 ने दुबारा पतियों के साथ रहना तय किया जिसमें से 2 को मार डाला गया और 11 को फिर से ससुराल छोड़ देनी पड़ी।

इस विश्लेषण से यह प्रश्न पैदा होता है कि असहनीय यातना झेलने के बाद भी लड़कियाँ ससुराल क्यों लौट आती हैं? पहला कारण तो लड़की का मन ही है जो पति के अतिरिक्त कहीं सम्मानजनक ज़िन्दगी नहीं देखता। ससुराल की क्रूरता सहने के कारण उसे समाज सम्मानजनक पत्नी और बहू का दर्जा देता है। स्त्री आत्मनिर्भर होने से डरती है इसलिए आत्म-विश्वास का अभाव ही उसे एक क्रूर और जालिम घर में बाँधे रखता है।

बेटी के सामाजिक-स्तर बदलने तथा उसके एक परिवार से दूसरे परिवार में जाने के पीछे सांस्कृतिक स्वीकृति रहती है। ऐसा कहा जाता है कि विवाह के समय लड़की मरकर पुनर्जन्म लेती है। उसे जो औपचारिक उपदेश दिया जाता है वह यही कि जिस घर पर वह जा रही हैं उसे जीते जी न छोड़े। यातना सहती हुई लड़की के पिता के घर आ जाने की प्रार्थना माता-पिता तक नहीं सुनते। वे उससे यही कहते हैं, उस पर दबाव डालते हैं, यहाँ तक कि मज़बूर करते हैं कि वह अपने असली घर को समझे और वहाँ अनुकूल स्थितियाँ बनाने की कोशिश करे। वे विवाहिता बिटिया का 'ससुराल छोड़कर पीहर आ जाने' को लांछन समझते हैं। वे दुर्व्यवहार सहन करने का लगातार उपदेश देते हैं। वे यही तर्क देते हैं कि यह कोई अनहोनी या असहनीय बात नहीं है; हजारों स्त्रियाँ हैं जो इस तरह जी रही है। बहुत से कत्ल, आत्महत्या, दुर्व्यवहार के मामलों में स्त्रियाँ अपने विवाह में माता-पिता द्वारा खर्च की गई धन-राशि से इतनी दबी रहती हैं कि बाद में वे एक साहसिक और सब कुछ चुपचाप सही हुई स्त्री की छवि प्रस्तुत करना ही अपना कर्तव्य समझती हैं।

कई बार माता-पिता नई माँगों के सामने झुकते हुए यह तर्क देते हे कि वे यह सब लड़की की खुशी के लिए कर रहे हैं—प्रसन्नता का उनका अपनी यही मापदंड

है कि बेटी आत्मनिर्भर बनने के बजाय, यातना सहती हुई पति के घर पर बनी रहे। ज्यादातर स्त्रियाँ भी यही पसन्द करती हैं क्योंकि जिस समाज और परिवेश में वे बड़ी हुई है उसमें उनकी ऐसी ही दृष्टि, ऐसे ही विचार पुष्ट हुए है। धर्म, संस्कृति, रस्म-रिवाज हमारी सामाजिक संरचना के लक्षणों को ही समर्थन करते हैं तथा उन्हें मजबूत बनाते चलते हैं।

तलाक लेकर जिन्दगी को फिर से शुरू करना यह स्त्री स्वभाव के एकदम प्रतिकूल है। हमारे अध्ययन में केवल 10 प्रतिशत स्त्रियों ने तलाक लिया है और 12 प्रतिशत ने तलाके के लिए अर्जियाँ दे रखी है। 37 प्रतिशत ने तलाक लेने की चिन्ता नहीं की और 25 प्रतिशत के लिए तलाक के सम्बन्ध में सोच पाना ही असम्भव है।

इन्हीं बन्धनों को पुरुष प्रधान समाज ने स्थापित किया है और स्थायी बनाया है। स्त्रियों के लिए जिन्दगी भर की पराधीनता को घोषित करते हुए मनु स्मृति में लिखा हैं : स्त्रियाँ स्वाधीन होने के योग्य नहीं है। उसे पुरुष के अधीन रहना चाहिए, वह पिता हो पति हो, पुत्र हो। इसी से तलाक यानी स्वतंत्र होने की इच्छा समाज में एक अवांछनीय शब्द होकर रह गया है।

दूसरे विवाह की सम्भावना के बारे में पूछने पर अलग-अलग उत्तर मिले जो इस सारणी से स्पष्ट होते हैं।

सारणी संख्या : 30

दूसरे विवाह की सम्भावना पर दहेज-पीड़ितों के उत्तर

उत्तर	आवृत्तियाँ	प्रतिशत
हाँ	28	18.7
नहीं	42	28.0
कह नहीं सकती	10	06.7
पति के पास लौटने की इच्छा	29	19.3
मर गई या पति के पास चली गई	41	27.3
	150	**100**

150 में से 42 स्त्रियों ने यानी 28 प्रतिशत स्त्रियों ने दूसरे विवाह के लिए स्पष्ट न की है यानी उन्होंने वैवाहिक जीवन से मुक्त रहने की इच्छा ज़ाहिर की है। हो सकता है कि यह इच्छा परिस्थितिवश हो, किसी पुख्ता सोच की वजह से न हो। 28 यानी 18.7 प्रतिशत फिर विवाह करना चाहती हैं। यह भी महत्त्वपूर्ण तथ्य है कि 19 यानी 12.6 प्रतिशत उन्हीं पतियों के पास लौट जाना चाहती है जिन्होंने घर से निकाल दिया है। 12 स्त्रियाँ यानी 8 प्रतिशत अपने पतियों के पास चली गईं हैं। ऐसा शायद

इसलिए हुआ हो कि पीहर में इन स्त्रियों का जीवन पहले भी और अभी भी पराधीन ही रहा है। वहाँ वह विवशता से रही हैं, उस अधिकार से नहीं जिससे पुत्र रहता है।

ससुराल और पति की तलाश दरअसल समाज में एक स्थान पा लेने के अधिकार की तलाश है जो विवाह के बाद पति के साथ रहने पर ही पूरी होती है। स्त्री के लिए वही घर है जो पति देता है। यह माता-पिता का, स्त्रियों का और पूरे भातीय समाज का विचार है। एक लड़की के पिता ने कहा कि हमारी संस्कृति में तलाक और वैधव्य मृत्यु से भी भयंकर है।

यहाँ पतियों की पहली पत्नी छोड़ने और दूसरे विवाह करने की इच्छा के बीच के तालमेल की विवेचना करना तर्क-संगत होगा। जब हमने तलाकशुद औरतों से उनके पतियों के दूसरे विवाह के सम्बन्ध में पूछा तो उन्होंने (95 में से 42) कहा कि सम्भव है कि वे दहेज के लिए दुबारा शादी करें। यह तथ्य निम्न सारणी से भी प्रकट होता है।

सारणी संख्या : 31

पति की दूसरी शादी की इच्छा को बताने वाला ब्योरा

उत्तर	आवृत्ति	प्रतिशत
हाँ	16	16.8
नहीं	33	34.7
सम्भव है	26	27.4
कुछ पता नहीं	20	21.1
	95	**100**

हमें मालूम है कि 10 प्रतिशत मामलों में तलाक मिल गया है। इन सब पुरुषों ने दहेज लेकर विवाह कर लिया है। लेकिन एक भी स्त्री ने विवाह नहीं किया। इससे यह जाहिर होता है कि दहेज लेकर दुबारा विवाह करना कोई असम्भव बात नहीं है। ऐसे प्रसंगों में तर्क की प्राय: कोई असरदार भूमिका नहीं होती।

दहेज दुर्घटनाओं का विषेष अध्ययन

दहेज-पीड़ितों की यातनाओं को समझना तब तक सम्भव नहीं है जब तक हम कुछ दुर्घटनाओं का अध्ययन न करें। इस खंड में इसलिए हम कुछ दुर्घटनाओं का अध्ययन करेंगे। शेष पाठकों के ऊपर छोड़ देते हैं जिससे वे समस्या की गम्भीरता को समझ लें।

पहली दुर्घटना

(घटनाओं में सभी नाम काल्पनिक हैं।)

बॉबी देवी[2], जून 21, 1986 : स्टेट्समैन : पत्नी को आत्महत्या के लिए उकसाने की जमानत नहीं हुई।

विवाह के एक वर्ष बाद ही अपनी युवा पत्नी को आत्महत्या करने के लिए उकसाने वाले आदमी की दिल्ली सेशंस कोर्ट ने जमानत मंजूर नहीं की। अपराधी राज (दरीबाँ कला, पुरानी दिल्ली) और उसके परिवार के लोगों पर यह आरोप है कि उसने तथा उसके परिवार वालों ने अपर्याप्त दहेज न लाने के कारण श्रीमती बॉबी देवी को ताने दिए। पीड़िता ने 13 जून को आत्महत्या कर ली।

प्रार्थी ने जमानत माँगते हुए यह तर्क दिया कि लड़की के माँ-बाप विवाह पूर्व ही उसका मानसिक तथा यौन-सम्बन्धों के लिए शारीरिक शोषण कर चुके थे। लड़की अपने इस अन्धकारपूर्ण अतीत को नहीं भूली।

बॉबी का विवाह 27.6.85 को हुआ तब वह 17 वर्ष की थी। उसने आत्महत्या नहीं की, उसे अपर्याप्त दहेज लाने के कारण 14.6.86 को जलाकर मार डाला गया। बॉबी ब्राह्मण परिवार की थी। दो टूटे-फूटे कमरों वाले मकान में वह अपने माता-पिता के साथ मालीवाड़ा में रहती थी। उसका एक विवाहित भाई और विवाहित बहन परिवार से अलग हो गए थे। पिता बीमार थे। माँ पाँच-पाँच घरों में खाना बनाकर जीविकोपार्जन करती थी। उसकी मासिक आय 350/- थी। माँ जिन पाँच परिवारों में काम करती थी उसमें से ही एक ने यह विवाह तय करवाया था। जब विवाह की बात चल रही थी तब दहेज की कोई माँग नहीं थी। लड़के का सिर्फ यही आग्रह था कि विवाह होटल में हो। यह स्त्री, जो 350/- महीना कमाती थी, उसने मोती महल में विवाह का आयोजन किया जिसका खर्च 12.000 रुपये आया।

ठीक विवाह यानी फेरों के पहले शराबी पति राजा ने दुर्व्यवहार शुरू कर दिया और दस हजार रुपये माँगे। बॉबी की माँ अपनी लड़की और राजू को यथा शक्ति जवाहरात, उपहार, 75 बर्तन और 85 साड़ियों दे चुकी थी। वह होटल रस्मों को अधूरी ही छोड़कर लड़की को टैक्सी से लेकर चले गए। विवाह के बाद यह मालूम हुआ कि लड़का न तो कहीं नौकरी करता है और न 1500/- महीना मिलता हैं। वह बी.ए. पास भी नहीं था। लड़का व्यवसाय शुरू करना चाहता था और बॉबी के परिवार वालों से दस हजार की माँग कर रहा था। जब उससे यह कहा गया कि बॉबी के परिवार वाले इतने रुपये का प्रबन्ध नहीं कर सकते तो राजू ने कहा कि वे मकान बेचकर इन्तजाम कर दें।

विवाह के बॉबी एक वर्ष तक जिन्दा रही लेकिन इस एक वर्ष में उसे एक भी बार अकेला नहीं छोड़ा गया, या तो उसके पास राजा का भाई रहा या कि उसकी भाभी या बच्चे या खुद राजू। यदि तीन-चार बार वह पीहर आती तो आधे घंटे के लिए।

पीहर आकर 10000/- माँगने के लिए वह समय काफी समझा गया। बॉबी की माँ ने बताया कि उसने अपनी बिटिया को एक भी बार आभूषण पहने नहीं देखा जो उसे विवाह के समय दिए थे। बॉबी को अपनी माँ या मित्रों से एक बार भी उन दुखों या क्रूरताओं को कहने का मौका नहीं मिला जो वह सह रही थी। 4 जून, '86 को बॉबी को रस्से से बाँधकर आँगन में डाल दिया गया और अन्त में आग लगाकर उसे जला दिया गया। पड़ोसी उसकी चीख-पुकार सुनते रहे। ये सब इसके गवाह थे। किन्तु विरोध के बदले मिलने वाले क्रूर व्यवहार ने उन्हें गूँगा और कायर बना दिया था।

प्रातः 10 बजे बॉबी मर गई लेकिन शाम के 4 बजे माता-पिता को समाचार दिया गया। उसकी माँ को पुलिस और डॉक्टरों ने उसका मृत शरीर नहीं देखने दिया। आज तक उसे मृत लड़की के शरीर की झलक देखने को नहीं मिली। 6 महीने गुजरने पर भी कोई कार्रवाई नहीं हुई। एक महिला संगठन को यह मामला सौंपा गया है लेकिन वहाँ से भी कोई जवाब नहीं आया। इस क्रूर घटना का कोई कानूनी गवाह नहीं है। माँ को बताया गया कि अभियोग आत्महत्या के लिए उकसाए जाने वाली धारा के अन्तर्गत है। समाचार-पत्रों में छपी खबर के अनुसार जमानत नहीं मिली है। तीन दिन की गिरफ्तारी के बाद राजा और उसके परिवार वाले निर्विघ्न और सामान्य तरीके से रहने लगे हैं। सचाई तो यह है कि राजा ने दुबारा विवाह कर लिया है। बॉबी का पिता, जो बीमार था, इस आघात को नहीं सह सका। उसका निधन हो गया। अकेली बॉबी की माँ ही न्याय की उम्मीद लगाए बैठी है।

दूसरी दुर्घटना

जमुनी का विवाह 16 वर्ष की आयु में हुआ। वह अब 18 वर्ष की है। विवाह के एक वर्ष बाद उसने अपने ऊपर केरोसिन छिड़ककर आत्महत्या की कोशिश की। उसके पिता कुश्ती-कोच हैं और रेल-डाक-सेवा में नौकरी करते हैं। उन्होंने जमुनी के विवाह पर 45,000 रुपये खर्च किए।

विवाह के समय जमुनी जो दहेज लायी, उससे पति और ससुराल वाले दोनों सन्तुष्ट थे। लेकिन विवाह के समय से ही पति-पत्नी के बीच तनाव शुरू हो गया। पति शराबी था और दहेज का बहाना बनाकर उसे नशे की हालत में पीटता था। वह स्कूटर माँगता था। जब जमुनी गर्भवती हो गई तो उसकी सास और जीजा उसे सताने लगे। उसक शब्दों में "मुझे सातवाँ महीना था। मुझे मेरे पति चमड़े के पट्टे से मारते, फिर बैंत से। उसके बड़े भाई मुझे धक्का देकर जमीन पर गिरा देते और मेरा पति छाती पर बैठ जाता और बेरहमी से पीटता। ननद चिल्लाती 'मार डालो' इसे खत्म कर दो। हम तुम्हारा दूसरा विवाह कर देंगे और दहेज में बड़ी और सुन्दर वस्तुएँ लाएँगे। यह कंगाल, भिखमंगे की बेटी है।'

"उसका यह नतीजा निकला कि मेरे दर्द शुरू हो गये। मेरी चीख-पुकार, रोने-धोने का कोई असर नहीं हुआ। जब दर्द असहनीय हो गया तो मुझे अस्पताल ले गये जहाँ 16.8.85 को 8:15 पर अधूरा, पूरी तरह पक्षाघात से विकलांग बच्चा हुआ। डॉक्टरों की पूरी कोशिश के बावजूद लड़का नहीं बचा। लड़का 17.6.85 को 9 बजे मर गया। उन्होंने मेरे माता-पिता को इसकी खबर नहीं दीं 18.6.85 को जब अस्पताल से बच्चे की लाश मिली तब उन्होंने मेरे माता-पिता के पास खबर पहुँचाई। वहाँ से मैं अपने पीहर आ गई और 6.7.85 तक उन्हीं के पास रही।

तीसरी दुर्घटना

बाईस वर्षीय शशि 6 जून, 1986 को मर गई। राकेश के साथ विवाह के ठीक चार महीने बाद। शशि शिकारी लाल की इकलौटी बेटी थी। वे फौज से रिटायर हुए थे और किराने की दूकान खोल जी थी। शशि के माता-पिता ब्राह्मण थे। वे शशि का राकेश के साथ विवाह करने के प्रस्ताव से प्रसन्न नहीं थे जो उनके पड़ोसियों के यहाँ अक्सर आता-जाता था। इसका एक मुख्य कारण यह था कि राकेश अरोरा जाति का था—मूलतः एक साधारण जाति के परिवार में से था। लेकिन उन्होंने अपनी एकमात्र सन्तान के आग्रह को मानकर स्वीकृति दे दी। उनका 3 फरवरी, 1986 को विवाह हो गया।

राकेश ने होटल में विवाह करने का बहुत आग्रह किया लेकिन विवाह शिकारी लाल के घर में ही हुआ। दूकान से होने वाली आमदनी कम थी। शिकारी लाल ने साामाजिक अपेक्षाओं के अनुकूल शानदार विवाह किया ओर शशि को वह सब कुछ दिया जिसे अच्छा दहेज कहा जा सकता है—डबल बेड, डाइनिंग टेबल, सोफा, ड्रेसिंग टेबल, अलमीरा, जवाहरात आदि। दहेज में कोई खास चीज तो नहीं माँगी गई थी लेकिन शिकारी लाल से क्या अपेक्षाएँ थीं, यह साफ बता दिया गया था।

राकेश धनी परिवार का लड़का था। शायद शशि के पिता ने राकेश के साथ विवाह का प्रस्ताव इसलिए भी स्वीकार कर लिया हो। राकेश के परिवार वाले परिवार में रहता था, माता-पिता, तीन भाई, उनकी पत्नियाँ। विवाह के बाद राकेश अपनी पत्नी के साथ गोविन्दपुरी के डी.डी.ए. फ्लेट्स में चला गया। यह मकान उसने खरीद लिया था। इसका स्वामित्व राकेश और शशि दोनों के नाम पर था। वे अपने संयुक्त परिवार वाले मकाने पर ही भोजन करते थे।

कोई भी यह सोचेगा कि उन दोनों का प्रेम-विवाह होने के कारण तथा लड़की का अपने पति से घनिष्ठ परिचय और प्रेम होने से उनका जीवन आनन्द से चल रहा होगा लेकिन प्रारम्भ से ही शशि को एक असुरक्षित पत्नी के दुखद जीवनानुभवों से गुजरना पड़ा। अपर्याप्त कपड़े तथा जवाहरात के लिए उसे अपमान तथा व्यंग्य

सहने पड़े। यहाँ तक कि विवाह के सारे नये कपड़े जब्त कर लिये गए और अपने पुराने कपड़ों के लिए पीहर भेजा गया।

उन चार महीनों में, जब तक शशि अपने पति के साथ रही, उसे अकेले अपने माता-पिता से मिलने का शायद ही कोई अवसर मिला हो। जो कुछ उसके माता-पिता जान सके वह यही था कि उनकी लड़की को असहनीय शारीरिक तथा मानसिक यंत्रणा दी जा रही है। लेकिन राकेश की क्या माँगे हैं, यह कभी स्पष्ट नहीं किया गया। शशि को किसी भी मुद्दे पर यातना दी जा सकती थी। 4.4.86 को शशि ने गोविन्दुरी फ्लैट्स में स्वयं को जला लिया, यह पुलिस रपट में कहा गया है। ऐसा मालूम होता है कि उसने स्वयं को स्नान घर में बद कर लिया और आग लगा ली। अस्पताल में दाखिल करते वक्त वह बुरी तरह झुलस गई थी। 6.6.86 को उसकी मृत्यु हो गई।

पहला बयान जो डॉक्टर ने लिखा था उसमें कहा गया कि खाना बनाते समय वह आकस्मिक रूप से जल गई। दूसरा बयान जो डिस्ट्रिक्ट मजिस्ट्रेट के सामने लिखा गया उसमें दर्ज है कि शशि ने केरोसिन छिड़ककर आत्महत्या की। तीसरा बयान जो पड़ोसियों के सामने दिया गया उसमें शशि ने मंजूर किया था कि उसे जलाया गया है और यह धमकी दी गई है कि सत्य कहने पर उसके पिता की हत्या कर दी जाएगी। कालकाजी पुलिस की पूछताछ के अनुसार दुर्घटना स्नान घर में हुई। इस तथ्य से डॉक्टर का बयान सही नहीं ठहरता क्योंकि स्नान घर में कोई खाना नहीं बनता। दूसरे यह भी पाया गया कि मृत्यु के दिन भी पूरे परिवार ने एक साथ भोजन किया था। यों भी उनके घर पर खाना कभी-कभी बनता था। यदि शशि ने आत्महत्या की होती तो तीनों बयान एक-दूसरे को काटते हुए और विपरीत नहीं होते। इन तथ्यों को ध्यान में रखते हुए शशि का आत्महत्या करना नामुमकिन लगता है। पुलिस ने 'आत्महत्या के लिए उकसाना' धारा के अन्तर्गत मुकदमा दाया किया है।

इस सम्बन्ध में दूसरे महत्त्वपूर्ण तथ्य भी है : भारतीय दंड संहिता (अपराध) लेकिन इस मामले में न केवल जमानत ही हुई है बल्कि राकेश और उसके परिवार की 'अग्रिम जमानत' भी मंजूर की गई है। यहाँ तक कि औपचारिकताएँ पूरी करने के लिए भी उन्हें गिरफ्तार नहीं किया गया। दूसरी अहम बात यह है कि उन्होंने अग्रिम जमानत किस लिए ली? इसका मतलब क्या यह नहीं कि सब कुद योजनाबद्ध था। शिकारी लाल किसके पास जाएँ? न्याय की मर्यादाओं को सुरक्षित रखने वाली सेशंस कोर्ट तथा पुलिस द्वारा भारतीय नागरिकों के प्रति किया गया यह सबसे बड़ा अन्याय है। शशि के पिता ने निश्चय किया है कि न्याय पाने के लिए वह कोई कसर नहीं छोड़ेंगे। उन्होंने गृह तथा विधि मंत्रालयों को व्यक्तिगत पत्र लिखे हैं जिनका उन्हें कोई उत्तर नहीं मिला है। अभी मुकद्दमे की सुनवाई शुरू नहीं हुई है।

चौथी दुर्घटना

सोनी अब अपने माता-पिता के साथ ग्रेटर कैलाश में रहती है। उसने दिल्ली विश्वविद्यालय से इतिहास में बी.ए. पास किया है। वह सुन्दर, घरेलू, सुसंस्कृत, कान्वेंट में पढ़ी, उस प्रकार की लड़की है जैसी वैवाहिक विज्ञापनों में होती है। उसके पिता का अच्छा कारोबार है इसलिए लड़की के विवाह में रुपया कभी बाधक नहीं हुआ। सोनी का विवाह भी उसे के बराबर शिक्षित तथा धनी लड़के से हुआ। विवाह जनवरी 1985 में एक पाँच सितारा होटल में सम्पन्न हुआ। सोनी को उसकी पारिवारिक हैसियत के अनुरूप ही दहेज दिया गया। (दहेज का रूप नहीं बताया गया क्यों स्त्री धन की वापसी का मुकद्दमा दहेज-विरोधी प्रकोष्ठ में चल रहा है। इसलिए उसके पिता बताते हुए झिझक रहे थे)।

पढ़ी-लिखी होने के उपरान्त भी सोनी के जवाहरात और कपड़ों पर उसकी सास ने कब्जा कर लिया। हनीमून से लौटी सोनी के साथ सास का अपमानजनक और झगड़ालू व्यवहार रहने लगा। सोनी के अनुसार ससुराल वालों के व्यापार मे घाटा चल रहा था। फैक्ट्री में 'लॉक आउट' था। यह घाटा ननद के खर्चीले विवाह के कारण और भी अधिक हो गया था।

इस घाटे को पूरा करना जरूरी था। धंधे को फिर से आत्मनिर्भर बनाना था। सोनी ही वह स्रोत थी जहाँ से बिना ब्याज और कभी न लौटाए जाने वाला रुपया मिल सकता था। 25000 रुपये माँगे गये। सोनी से कहा गया कि तुम्हें पैतृक-सम्पदा का न्यायपूर्ण हिस्सा नहीं मिला है। उसे यह सलाह दी गई कि वह पैतृक-सम्पदा के इस हिस्से को अपने नाम कराए। सबसे नया तरीका यह निकाला गया कि सोनी अपने माँ-बाप से कहकर बीमा कराए। इससे यह समझा जा सकता है कि हत्यारे क्या करने की सोच रहे थे। सोनी ससुराल में कैद थी। पति इसमें सक्रिय साझेदार था। सोनी को रोज पीटा जाता, गालियाँ दी जाती और हमेशा के लिए छोड़ दिए जाने की धमकियाँ मिलतीं। उसने अपने माता-पिता से सहायता माँगी। वे महिला संगठनों के पास गए। पुलिस से उन्होंने मदद नहीं माँगी क्योंकि वे विवाह-विच्छेद नहीं चाहते थे। उन्हें भय था कि पुलिस का हस्तक्षेप एक कठोर कार्रवाई होगी और इससे मामला गम्भीर हो जाएगा। किन्तु उसके निजी प्रयत्न असफल रहे। एक वर्ष बाद सोनी को घर से निकाल दिया गया। उस समय उसके पास एक पैसा नहीं था।

सोनी के पास जो जवाहरात के आभूषण थे, वे उसकी सास ने अपने कब्जे में ले लिये। लेकिन उसके पति और सास-ससुर का कहना है कि सोनी अपने कपड़े और आभूषण अपने पीहर ले गई। सोनी का कहना है कि वह नहीं ले गई, ले आना मुमकिन ही नहीं था। घर से निकाले जाने के पहले वह अमृतसर गई थी। वहाँ ही आतंकारी परिस्थितियों के कारण उसके ससुर ने सोने के कड़े ओर जंजीर

सुरक्षा की दृष्टि से घर पर ही छोड़ जाने को कहा था। सोनी ने उसकी बात मान ली। लौटने पर तो उसे ससुराल से निकाल ही दिया।

सोनी और उसके पीहर वालों की यह शिकायत है कि पुलिस सबूत माँगती है। यह साबित करने का काम पीहर वालों का है कि उनके पास जवाहरात नहीं हैं, पति और ससुराल वालों का नहीं। दहेज विरोधी-प्रकोष्ठ बहुत समय लेता है और उसके पास कोई अधिकार नहीं है।

सोनी की आयु अभी कम है। इन सारे बुरे अनुभवों के बाद भी वह दुबारा शादी करना चाहती है। वह आर्थिक आत्मनिर्भरता नहीं चाहती। यह पूछने पर कि माता-पिता को विवाह के समय लड़की को क्या देना चाहिए, उसने उत्तर दिया—जो कुछ उनसे बन सके। वह माता-पिता के दे सकने और न दे सकने के बीच की सीमा-रेखा को नहीं जानती है।

पाँचवीं दुर्घटना

विवाह के एक सप्ताह बाद ही सुभद्रा मर गई। तेईस वर्षीय सुभद्रा बी.ए. पास थी और 6 वर्ष से सरकारी नौकरी में थी। उसके पास सरकारी मकान था और कुछ रुपया बैंक में जमा था। उसमें आत्मविश्वास था और पढ़ी-लिखी लड़की की हैसियत से अपनी उन्नति के सम्बन्ध में वह सब कुछ जानती थी। 20.4.1985 की सुबह सुभद्रा को सम्बन्धियों तथा मित्रों ने प्रेमपूर्ण विदाई दी। उसकी विधवा माँ ने ससुराल वालों के आग्रह पर सभी खर्चीले रस्म-रिवाज पूरे किए। विवाह पर 80000/- खर्च हुए। इसमें से 60000/- के उपहार जवाहरात, फर्नीचर, बर्तन तथा दूसरा घरेलू सामान था। शेष 20000/- सम्बन्धियों के लेन-देन, ससुराज वालों को नकद भेंट और बरात के स्वागत में खर्च हुए। उसके पति से बातचीत करते हुए हमने जाना कि वे 30.4.85 को अजमेर गए थे। 1.5.85 को जब हम एक ट्रक से दिल्ली लौट रहे थे तो राजस्थान-हरियाणा सीमा पर स्थित शाहजहाँपुर के पास ट्रक दुर्घटनाग्रस्त हो गया। पति के अनुसार ट्रक उलट गया। वह इसके सिवा कुद बताने को तैयार नहीं हुआ। यह भी नहीं कि वह अपनी मृत पत्नी के शव को दिल्ली किस प्रकार लाया। पत्नी और उसके बीच के ताल्लुकातों को लेकर वह चुप था। क्या वह उसके साथ विवाह करना चाहता था? क्या वह विवाह से प्रसन्न था? क्या उसकी आकांक्षाएँ पूरी हुई? क्या पत्नी के उससे तालमेल की कोई समस्याएँ थीं? गिरीश ने इनमें से किसी सवाल का उत्तर नहीं दिया। उवह इनमें से किसी प्रश्न का उत्तर नहीं देना चाहता था।

लेकिन अजमेर जाने की पूर्व संध्या को वह 15 मिनट के लिए माँ से मिलने गई थी। उसने माँ से कहा कि वह कुएँ में डाल दी गई है। गिरीश से पूछने पर उसने कुछ नहीं कहा। प्रारम्भ में तो उससे बात करना ही मुश्किल था। वह हम से

बहुत कष्ट था। वह हमें स्त्री-संगठन का प्रतिनिधि समझता था जिसने सुभद्रा की माँ को दिल्ली पुलिस में मुकद्दमा दायर कराने में मदद की थी।

माँ इसे साजिश का हिस्सा और जान-बूझकर किया गया अपराध समझती है जो उसके पति तथा परिवार वालों ने मिलकर किया है। वे एस.एच.ओ. तथा आई.ओ. के साथ दुर्घनास्थल पर शाहजहाँपुर गई थीं। उनका कहना है कि जहाँ दुर्घटना हुई, कहते हैं वहाँ कोई ट्रक नहीं है। दुर्घटना की किसी पुलिस-स्टेशन पर रपट नहीं है। सुभद्रा के पति कहते हैं कि उस ट्रक में 8 आदमी बैठे थे लेकिन क्या एक भी आदमी को चोट नहीं आई? ड्राइवर, ट्रक के मालिक, किसी सवारी या राहगीर ने भी अब तक दुर्घटना की रपट नहीं लिखवाई? उसका पति उसे किसी पास के अस्पताल में न ले जाकर दिल्ली के ऑल इंडिया इन्स्टीट्यूट ऑफ़ मेडिकल साइन्सेज में ही लाया। उनका मानना है कि दुर्घटना वाली बात में रत्ती भर भी सचाई नहीं है।

पड़ोसियों ने कुछ नहीं बताया। वे गिरीश के पारिवारिक मामले में हस्तक्षेप नहीं करना चाहते। बहुत खोज-बीन करने के बाद यह पता लगा कि गिरीश के किसी दूसरी स्त्री से अवैध सम्बन्ध थे। लेकिन कोई भी अपना नाम नहीं बताना चाहता था। हमें यह भी मालूम हुआ कि विवाह सम्बन्ध निश्चित करने के पूर्व सुभद्रा से स्वीकृति नहीं ली गई।

विवाह के एक सप्ताह बाद ही सुभद्रा मार दी गई। उसकी विधवा माँ, जो दिल्ली म्युनिसिपल कॉरपोरेशन के मैटरनिटी विभाग में स्त्री-स्वास्थ्य निरीक्षिका के पद पर हैं, ने अपनी लड़की की प्रसन्नता और पति प्राप्त करने के लिए 80,000/- खर्च किए। लेकिन सुभद्रा की मृत्यु रहस्यमयपूर्ण, अप्राकृतिक तथा व्याख्या न हो सकने जैसी परिस्थितियों में हुई।

सन्दर्भ सूची

1. एलिजाबेथ ए स्टेनफ - इन्टीमेट इन्ट्रूजन्स : वीमेन्स एक्स पीरियन्स ऑफ मेल बायलेन्स
2. घटनाओं में दिए गए सब नाम काल्पनिक है।

6

दहेज और कानून

दहेज के बढ़ते आतंक को रोकने के लिए कानूनी प्रावधान 1939 के सिन्द लेटी-डेटी अधिनियम से लागू है। 1961 में दहेज प्रथा को रोकने के लिए जो पहला विधिवत् कानून बनाया गया वह 'दहेज-निरोधक अधिनियम' था। यह अधिनियम कितना प्रभावकारी था, इसका अनुमान इसी से लगाया जा सकता है कि अधिनियम के पारित होने के 24 वर्षों बाद तक इसके अन्तर्गत 1 प्रतिशत से भी कम अपराधियों को सजा हुई जब कि राजधानी में दहेज-मृत्यु और योजनाओं की इन वर्षों में बेशुमारी वृद्धि हुई। इन वर्षों में स्त्रियों ने किसी प्रभावशाली कानून के अभाव में इस घृणित जुल्म को चुपचाप सहन किया। 'दहेज निरोधक अधिनियम' में कई खामियाँ और कमज़ोरियाँ होने के कारण वह प्रभावी नहीं हुआ। इस शाकाहारी अधिनियम को बदलने के लिए स्त्रियों ने देश भर में ज़बरदस्त आन्दोलन किया। दहेज-निरोधक अधिनियम की कमियों को दूर करने के लिए 13 जून, 1981 को संसद में एक व्यक्तिगत विधयेक पेश किया गया। विधेयक पर विचार करने के बाद इसकी कार्य-क्षमता की जाँच करने के लिए इसे दोनों सदनों की एक संयुक्त कमेटी के सुपूर्द कर दिया गया।

संसदीय संयुक्त कमेटी की नियुक्ति

अधिनिमय की कमियों को समझने तथा उसके अप्रभावी होने के कारणों को जानने के लिए संसदीय संयुक्त कमेटी ने महिला-संस्थाओं तथा समाज-कल्याण के क्षेत्र में काम करने वाले प्रतिनिधियों के विचार सुने। यह तथ्य ध्यान देने योग्य है कि इस कमेटी ने, जिसकी 1981 में नियुक्ति हुई थी, अपनी रिपोर्ट तैयार करने में पाँच उपयोगी वर्ष लगा दिए।

कमेटी के निष्कर्ष

कमेटी की राय में अधिनियम के अप्रभावी होने के तीन कारण थे :

1. दहेज निरोधक अधिनियम के अनुभाग 2 में दहेज की परिभाषा बहुत सीमित तथा अस्पष्ट है।

2. अधिनियम सख्ती से लागू नहीं किया गया।
3. जिस न्यायालय को इस अधिनियम की धारा 7(a) के अन्तर्गत मुकद्दमे की सुनवाई का अधिकार है, वह ऐसे किसी मुकद्दमे की सुनवाई नहीं कर सकता, जिसकी रपट अपराध होने की तारीख के एक वर्ष के अन्दर-अन्दर न कर दी गई हो।

कमेटी की दृष्टि से दहेज के मुकद्दमे की सुनवाई तथा निर्णय में यही सबसे प्रमुख बाधा रही। रिपोर्ट में देश के अनेक व्यक्तियों तथा समूहों के सर्व सामान्य अनुभव और साक्षियाँ अंकित हैं। यहाँ रिपोर्ट के एक उद्धरण को विस्तार सहित प्रस्तुत किया जा रहा है।

कमेटी की जानकारी के अनुसार समूचे भारत में दहेज-प्रथा उत्तरोत्तर बढ़ती जा रही है और उन विभिन्न समूहों तथा धार्मिक आस्थाओं के लोगों में प्रवेश कर गई है जहाँ किसी समय इसका नामो-निशान नहीं था। दहेज के सम्बन्ध में सबसे चिन्ताजनक बात उसकी अनिवार्यता का एहसास और विवाह के समय होने वाली सौदेबाजी है।

कमेटी की जानकारी में विवाह के प्रारम्भिक वर्षों में दामाद को विशेष मौकों पर लगातार उपहार दिए जाते हैं, जैसे त्योहार तथा विवाह की वर्षगाँठ, बालक का जन्म, नामकरण आदि अवसरों पर। ससुराल में लड़की के साथ होने वाला व्यवाहार भी इन उपहारों के साथ जुड़ा है। इस तरह दहेज कोई एक बार में किया जाने वाला भुगतान नहीं है बल्कि विवाह के पहले से लगाकर बाद तक लगातार दिए जाने वाले उपहारों की शृंखला है।

कमेटी ने अधिनियम के व्यापक संशोधन की माँग की जिससे वह प्रभावी और अधिक उपयोगी बनाया जा सके।

कमेटी की सिफारिशें

कमेटी का सुझाव था कि दहेज की परिभाषा में से 'विवाह के सम्बन्ध में विचार करते समय' ये शब्द निकाल दिए जाएँ। कमेटी का यह मानना सर्वथा उपयुक्त था कि आगे चलकर इसके सम्बन्ध में जो स्पष्टीकरण दिया गया है उससे तो अधिनियम को उद्देश्य ही समाप्त हो जाता है। स्पष्टीकरण में उपहारों को दहेज की परिभाषा में शामिल ही नहीं किया है। विवाह के बाद दी गई वस्तुएँ तभी दहेज मानी जाएँगी जब उन्हें 'विवाह के सम्बन्ध में विचार करते समय' देने का वादा किया गया हो या देना तय हुआ हो। कमेटी की दृष्टि से यह उचित नहीं थे कि उपहारों तथा विवाहोत्सवों पर खर्च की एक सीमा निश्चित हो।

कमेटी की दूसरी सिफारिश यह थी कि दुल्हन के उपहारों की सूची बनाकर उसे दुल्हन के नाम कर दिया जाए। यदि दुल्हन की मृत्यु हो जाती है, तो इसके

उपहार माता-पिता को लौटा दिए जाएँ। यदि तलाक हो जाता है तो लड़की को दे दिया जाना चाहिए। इन उपहारों को पत्नी की अर्जी और 'परिवार न्यायालय' (फेमिली कोर्ट) की स्वीकृति के बिना विवाह की तारीख के बाद वाले पाँच वर्षों तक न तो हस्तान्तरित किया जा सकेगा और न बेचा जा सकेगा। कमेटी की राय में इन प्रावधानों से उपहारों की उपयोगिता लड़की के लिए सुरक्षित हो जाएगी।

कमेटी ने अधिनियम कि सखती से क्रियान्विति के लिए एक अलग से खंड जोड़ा। कमेटी ने कहा कि राज्य-सरकार को इलाके बनाकर दहेज-निरोधक अधिकारी नियुक्त करना चाहिए। इन अधिकारियों के साथ उस क्षेत्र में कार्य करने वाली महिलाओं की एक सार्वजनिक परामर्शदात्री समिति बनानी चाहिए, जिससे उसे अपना काम-काज अच्छी तरह चलाने में उचित परामर्श तथा सहायता मिलती रहे।

कमेटी ने अपनी वह रिपोर्ट संसद में पेश की। अन्त में दहेज-निरोधक (संशोधक) विधेयक 1982 में प्रस्तुत किया गया। दुर्भाग्य से कमेटी द्वारा प्रस्तावित बहुत-सी उपयोगी सिर्फारिशों को विधेयक में शामिल नहीं किया गया। महिला संस्थाओं के लगातार दबाव के कारण 1984 में दहेज-निरोधक (संशोधन) विधेयक पारित कर दिया गया। 2 अक्टूबर, 1985 से अधिनियम की क्रियान्विति प्रारम्भ हो गई।

1961 के अधिनियम में दहेज की परिभाषा : अनुभाग 2 में दहेज को परिभाषित करते हुए कहा है कि दहेज का अर्थ उस सम्पत्ति अथवा मूल्यवान सम्पदा से है जो एक पक्ष द्वारा दूसरे पक्ष को या दोनों में से किसी पक्ष के माता-पिता द्वारा या दोनों पक्षों में से किसी भी पक्ष के व्यक्ति द्वारा विवाह के साथ विवाह के पहले या विवाह के बाद प्रत्यक्ष अथवा अप्रत्यक्ष रूप से 'विवाह के सम्बन्ध मे' दी जाती है या देने का वादा किया जाता है लेकिन जिसमें 'महर' शामिल नहीं होता।

अनुभाग का स्पष्टीकरण देते हुए कहा गया है, कि जो भेंट नकद या आभूषण या कपड़ों के रूप में दी जाएगी तब तक दहेज में शामिल नहीं माना जाएगा। जब तक वह 'विवाह के लिए' नहीं है।

1984 में संशोधित अधिनियम

(1) 1984 के संशोधित अधिनियम में 'विवाह का विचार करते समय' शब्दों की जगह 'विवाह के सम्बन्ध में' शब्दों का समावेश किया गया।

(2) स्पष्टीकरण हटा दिया गया है।

टिप्पणी : जैसा कि 1961 के अधिनियम का स्वरूप हैं, दहेज के मुकद्दमे में न केवल दहेज का देना ही सिद्ध करना होता है बल्कि यह भी सिद्ध करना होता है

कि दहेज विवाह का विचार करते समय दिया गया। इसका अर्थ यह है कि यह सिद्ध करना होगा कि पति ने दहेज दिए जाने पर ही विवाह करने का वादा किया। दूसरे शब्दों में दहेज वह कीमत थी जो पति ने पत्नी से विवाह के लिए ली। यह तर्क भी हो सकताथा कि दहेज प्रेम या स्नेहवश दिया गया। यह सिद्ध करना एकदम असम्भव होता है कि लड़की के माँ-बाप ने विवाह के लिए ऐसा कोई वायदा किया था।

इस संशोधन का 'विवाह के सम्बन्ध' में यह प्रमाण होगा कि अब यह साबित करना आसान हो जाएगा, कि नकद या उपहारों का लेना-देना विवाह के प्रसंग में ही था।

हो सकता है कि इस संशोधन से काम न चले। यह सम्भव है कि 'विवाह के सम्बन्ध में' शब्दों का निश्चित अर्थ तलाश करने में मुकद्दमे वर्षों तक चलते रहे। ईमानदार न्यायाधीश और वकील यह विचार करने में वर्षों लगा दें कि ये शब्द किन-किन स्थितियों का बोध कराने में सक्षम हैं।

यह अनुभाग भी पहले वाले ही की तरह दहेज-निरोधक कानूनों को लागू करने में बाधक हो क्योंकि इसमें भी भेंट स्वरूप दिए गए उपहार दहेज में शामिल नहीं है जब तक यह साबित न कर दिया जाए कि उपहार 'विवाह के सम्बन्ध में' दिए या लिए गए हैं। इस समय दहेज की जो परिभाषा है उसके चलते यह तथ्य पकड़ में नहीं आता कि अधिकांश मामलों में दहेज सम्बन्धी सौदेबाजी गुप्त रूप में है। दोनों पक्षों के बीच एक अलिखित समझौता होता है। इन सौदों का न तो कहीं लिखित ब्योरा मिलता है और न यह 'विवाह के सम्बन्ध में' दी जाने वाली राशि की कानूनी परिभाषा में आ पाता है। वधू के माता-पिता सामाजिक दबावों और अपनी लड़की के कुँआरे रह जाने के भय से उपहार देते हैं : 'विवाह के सम्बन्ध में" नहीं देते। हो सकता है कि किसी की भी तरफ से कोई बात न की गई हो। यह बात कमेटी ने बार-बार उठाई है लेकिन अधिनियम की रूप-रेखा बनाने वालों ने इसे एकदम नज़र अन्दाज़ कर दिया है।

दूसरी कठिनाई जो दहेज की परिभाषा के कारण आती है वह यह कि वधू को दिए गए उपहारों का खर्च केवल विवाह के समय ही नहीं होता बल्कि निरन्तर और विवाह के बाद भी वर्षों तक होता रहता है। आज जो दहेज की परिभाषा है वह इस तथ्य को अनदेखा करती है। कमेटी ने यह प्रस्ताव किया है कि वर-वधू को असीमित हो सकता है तथा यदि वे अनुभाग—2 की परिभाषा में आते हैं तो उन्हें दहेज नहीं समझा जाए।

अनुभाग-3 दहेज निरोधक अधिनियम 1961 दहेज देने या लेने पर 6 महीने की कैद की सज़ा हो सकती है।

1984 का संशोधन और अनुभाग-3 संशोधित अधिनियम के तीसरे अनुभाग में दहेज लेने-देने की स्थिति में अधिक कठोर दंड की व्यवस्था की गई है। दहेज

देने या लेने अथवा प्रेरित करने वाले किसी भी व्यक्ति को कम-से-कम 6 महीने की कैद की सजा से लगाकर दो वर्ष तक के कैद की सजा दी जा सकती है और 10000/- तक या दहेज की कीमत (जो भी ज़्यादा हो) तक का जुर्माना किया जा सकता है।

इस अनुभाग में यह भी संशोधन किया गया है कि बहू को दिए गए उपहार या वे जो नियमानुसार सूची में दर्ज कर लिये गए हैं, इस अनुभाग के क्षेत्र में नहीं आएँगे। ये उपहार प्रथानुसार होंगे तथा माता-पिता की आर्थिक स्थिति को देखते हुए अधिक मूल्य के नहीं होंगे।

टिप्पणी : मूल दहेज निरोधक अधिनियम के अप्रभावी होने का कारण यह था कि दहेज देने और लेने वाले दोनों दंडनीय थे। "इन परिस्थितियों में दहेज देने वाले माता-पिता, सम्बन्धी, जो कि उत्पीड़ित और देने वाले थे, दंडित होने के डर से परट लिखाते हिचकिचाएँगे। संशोधन से हय बड़ी खामी दूर नहीं होगी; यद्यपि कमेटी ने यह प्रस्ताव किया था कि लेने वाला ही दंडित किया जाना चाहिए। देने वाला प्रसन्न होकर नहीं 'दबाव मे ही दहेज दे रहा है' इसलिए उसे समान रूप से अपराधी नहीं माना जा सकता।

सूची : यद्यपि अनुभाग-2 में दहेज के अन्तर्गत उपहार सम्मिलित किए गए हैं। किन्तु यह अनुभाग के प्रभाव को एक सीमा तक समाप्त ही कर देता है। निम्नांकित सावधानियाँ रखते हुए वधू को अब भी उपहार दिए जा सकते हैं :

(क) उस सूची में शामिल हों जिसकी घोषणा 19 अगस्त, 1985 के भारतीय गजट असाधारण में अधिनियम के नियमों में अन्तर्गत हुई है।

(ख) जो माता-पिता की आर्थिक स्थिति को देखते हुए अधिक मूल्य के न हों।

उपहार बिना माँगे दिए गए हों। इनसे यह अनुमान लगाना सरल है कि उपहार देते समय देने वाला दी जाने वाली वस्तुओं को बहुत ध्यानपूर्वक लिखेगा।

नियमानुसार यह भी आवश्यक है कि वर या वधू में से कोई भी विवाह के समय या तुरन्त उसके बाद सूची बनाएगा। लेकिन यह एक फ़िजूल की आवश्यकता हैं क्योंकि झगड़ा शुरू होने पर कोई भी सूची कोई भी तारीख लगाकर बनाई जा सकती है। सूची 'रजिस्ट्रार ऑफ़ मैरिज' के यहाँ रहनी चाहिए और विवाह के समय ही तैयार की हुई होनी चाहिए।

स्थिति को और भी अधिक अस्पष्ट करने के लिए प्रावधानों में यह कहा गया है कि उपहार प्रथानुसार हो और माता-पिता की आर्थिक स्थिति को देखते हुए अधिक मूल्य के न हों। इस तरह पति और उसके सम्बन्धियों को अधिनियम की सीमा से बाहर रहने के लिए केवल यही साबित करना होगा कि वे प्रथानुसार है। उपहारों के लिए यह शर्त रखी गई है कि वे अधिक मूल्य के न हों लेकिन कौन-सी वस्तु

अधिक मूल्य की है और कौन-सी नहीं, यह सीमा-रेखा कहीं अंकित नहीं है। साथ ही यह निर्णय करना भी कठिन है कि उपहार प्रथानुसार है या नहीं है।

इस अनुभाग के रहते उपहारों के रूप में दहेज का लेन-देन होता रहेगा और क्योंकि विवाह का खर्च व्यक्ति की आर्थिक हैसियत के अनुपात में होना चाहिए इसलिए आर्थिक हैसियत पाने और सामाजिक श्रेष्ठता की एक और सीढ़ी चढ़ने के लिए व्यक्ति विवाह-समारोह, भेंट, उपहार आदि में दिल खोलकर खर्च करना चाहेगा।

अनुभाग-4 : दहेज अधिनियम 1961-दहेज माँगना अपराध है। अनुभाग-4 के अनुसार अभियोग चलाने के पहले सरकार से अनुमति लेनी होगी।

1984 के अधिनियम द्वारा अनुभाग 4 में संशोधन : (अ) दहेज माँगने के अपराध में अब कम-स-कम 6 महीने से लगाकर 2 वर्ष तक की क़ैद और 10000 जुर्माना है। (आ) अभियोग चलाने से पहले सरकार से पूर्वानुमति लेने का प्रावधान समाप्त कर दिया गया है।

टिप्पणी : संशोधित अधिनियम द्वारा अभियोग चलाने की पूर्वानुमति को समाप्त कर देना एक महत्त्वपूर्ण कदम है। इस अधिनियम के अनुसार कोई भी दहेज-उत्पीड़ित अपनी अर्जी लगा सकता है। दहेज माँगने का दंड संशोधित अधिनियम के अनुभाग-3 के अनुसार ही है। अधिनियम के उद्‌देश्य को ध्यान में रखते हुए आवश्यकता पड़ने पर दहेज अपराध को अनुभाग दो के अन्तर्गत भी माना जा सकता है।

अनुभाग-6 दहेज का हस्तान्तरण— 1984 के अन्तर्गत संशोधित : अनुभाग 6 के अन्तर्गत यह उल्लेख है कि यदि दहेज स्त्री के अतिरिक्त किसी दूसरे व्यक्ति ने लिया है तो उसे रिपोर्ट करने की तारीख से तीन महीने के भीतर-भीतर उस स्त्री को लौटा देना होगा। यदि दहेज की वापसी के पहले ही स्त्री की मृत्यु हो जाती है तो वह उसके वारिसों को लौटाना होगा। दहेज के न लौटाने पर 6 महीने से 2 वर्ष तक की कैद हो सकती हैं या 10000 का जुर्माना किया जा सकता है या दोनों की सजाएँ दी जा सकती है।

टिप्पणी : वर्तमान संशोधन से दहेज लौटाने की अवधि 1 वर्ष से घटाकर तीन महीने कर दी गई है। यह समय बहुत से मामलों में स्त्री के प्रतिकूल होगा। बहुत से मुकद्‌दमे इसीलिए खारिज कर दिए जाएँगे कि अवधि समाप्त हो गई है।

अनुभाग-6 की उपधारा 3 के अन्तर्गत यदि स्त्री उस सम्पत्ति को प्राप्त करने के पहले ही मर जाती है, जिसकी वह अधिकारणी है, तो उसके वारिस उस व्यक्ति से उसे प्राप्त करने के अधिकारी होंगे। उपधारा (3-A) अनुभाग-6 के अन्तर्गत जोड़ी गई है। यह एक महत्त्वपूर्ण समावेश है। इसके तहत न्यायालय स्वयं ही अपराधी पति के विरुद्ध कार्यवाही कर सकता है।

संशोधन 1984 अनुभाग-7 (एक वर्ष की अवधि समाप्त) के अन्तर्गत एक वर्ष तक शिकायत करने की अवधि समाप्त कर दी गई है। अब शिकायत करने की कोई अवधि नहीं है। 7वीं धारा के अन्तर्गत पीड़ित व्यक्ति ही नहीं, उसके माता-पिता, सम्बन्धी या कोई भी पंजीकृत समाज-कल्याण संस्था या संगठन शिकायत कर सकता है।

यह सर्वविदित है कि अधिनियम के अप्रभावी रहने का मूल कारण दहेज सम्बन्धी मुकदमा चलाने के पहले राज्य सरकार से अनुमति लेने की अनिवार्यता थी। दूसरा कारण यह था कि पीड़ित व्यक्ति तथा माता-पिता शिकायत करने से डरते थे कि कहीं जाति के लोग बदला न लें। लेकिन अब शिकायत करने का अधिकार समाज-कल्याणकारी संस्था को भी मिल गया है। यह अपराधी को दंड दिलाने की दिशा में एक महत्त्वपूर्ण कदम है।

अधिनियम के अन्तर्गत अब अपराध का न्यायिक क्षेत्र मेट्रोपोलियन मेजिस्ट्रेट या प्रथम श्रेणी के जुडीशियल मजिस्ट्रेट का न्यायालय हो गया है।

अनुभाग-8 : संशोधित अधिनियम की धारा 8 के अन्तर्गत दहेज अपराध पुलिस-हस्तक्षेप के योग्य, आपसी समझौते की सीमा के बाहर है। अपराध अभी भी जमानत की श्रेणी में है।

टिप्पणी : 1984 के संशोधित अधिनियम में, अधिनियम के अन्तर्गत दहेज अपराध पुलिस हस्तक्षेप के योग्य मान लिये गए हैं यद्यपि अब भी वे जमानती अपराधों की श्रेणी में है।

फ़ौजदारी कानून (दूसरा संशोधन) अधिनिमय, 1983 : फौजदारी कानून (संशोधन) अधिनियम 1983 के अन्तर्गत जो भारतीय दंड संहिता, फौजदारी कानून, और साक्षी अधिनियम में परिवर्तित हुए हैं वे स्त्री क्रूरता के विरुद्ध महत्त्वपूर्ण कानूनी पहल है।

अनुभाग 498-A भा.दं.सं. (क्रूरता) : "विवाहिता स्त्री के साथ किसी भी प्रकार की जबरदस्ती की किसी अवैध माँग को क्रूरता माना जाएगा जिसके लिए दस वर्ष की कैद तथा जुर्माने की सजा दी जा सकेगी।

अनुभाग-74 भा.दं.सं. (7 वर्षों की अवधि में मृत्यु) के अन्तर्गत यदि कोई स्त्री विवाह के बाद 7 वर्षों के भीतर आत्महत्या करती है तो मृत्यु पश्चात् उसका 'पोस्ट-मार्टम' करना कानूनन अनिवार्य होगा।

198-A के अनुसार 498-क भा.दं.सं. के अन्तर्गत कोई अभियोग तभी लगाया जा सकेगा जब पुलिस उसकी रिपोर्ट करेगी या उसकी पीड़ित व्यक्ति/उसके माता-पिता/भाई/बहन या न्यायालय द्वारा अनुमति दिए जाने पर उसके वंश, विवाह या गोद लिए जाने के कारण कोई सम्बन्धित व्यक्ति लिखित शिकायत करेगा।

अनुभाग 498 के अन्तर्गत कोई भी अपराध पुलिस द्वारा हस्तक्षेप के योग्य तथा गैर-जमानती होगा। (सबूत) 113-क को साक्ष्य कानून में शामिल कर दिया गया है जिसके अनुसार यदि मृत्यु विवाह के सात वर्ष के भीतर हो जाती है तो यह साबित करने की जिम्मेदारी पति तथा ससुराल पक्ष की होगी कि मृत्यु का कारण कोई उत्पीड़न नहीं था।

टिप्पणी : उक्त अधिनियम का संशोधन एवं समावेश इसी दृष्टि से किया गया है जिससे विवाहित स्त्रियों पर उनके पतियों तथा ससुराल पक्ष के लोगों द्वारा की गई क्रूरता खत्म की जा सके। यद्यपि यह पहली बार हुआ है कि पत्नी पर पति अथवा उसके सम्बन्धियों द्वारा सम्पत्ति की किसी माँग को लेकर की गई जबरदस्ती और क्रूरता को फौज़दारी अपराध की श्रेणी में रखा गया है फिर भी वह अधिनियम 'क्रूरता' की परिभाषा करने में 'अपर्याप्त' है।

'क्रूरता' को अनुभाग 498 क इस प्रकार परिभाषित करता है :

(अ) कोई भी जान-बूझकर किया गया ऐसा आचरण जो स्त्री के लिए आत्महत्या या गम्भीर चोट या जीवन अथवा शरीर के किसी हिस्से अथवा स्वास्थ्य (शारीरिक या मानसिक) के लिए खतरे का कारण हो, या

(ब) स्त्री-यातना : स्त्री या उसके सम्बन्धियों पर कोई सम्पत्ति या मूल्यवान सुरक्षित सम्पदा की गैर-कानूनी माँग के सिलसिले में ज़ोर-ज़बरदस्ती करना तथा उसके या उसके सम्बन्धियों द्वारा माँग पूरी न कर पाने के कारण यातना देना।

यद्यपि 498-क भा.दं.सं. के अन्तर्गत स्त्री पर क्रूरता करने वाले पति तथा पति के सम्बन्धियों को दंडित करने का प्रावधान हैं लेकिन प्रश्न यह है कि न्यायालय 'क्रूरता' को कैसे परिभाषित करता है? यहीं कई सवाल पैदा होते हैं।

'क्रूरता' यानी क्या? क्या क्रूरता में वहीं प्रकार सम्मिलित होंगे जो एकदम हिंसात्मक और प्रत्यक्ष रूप में साबित किया जा सकता है या वे प्रकार भी शामिल होंगे जो सूक्ष्म हैं? चूँकि दंड सम्बन्धी कानूनों की सख्ती के साथ व्याख्या की जाती है इसलिए जाँच अधिकारी उन प्रत्यक्ष परिस्थितिजन्य सबूतों की तलाश करते हैं जो जाँच की दृष्टि से प्रमाण के रूप में मूल्यवान हों जैसे घाव या खरोंच।[1] इस तरह बाहरी और नजर आने वाले हिंसात्मक चिह्नों के अभाव में अपराधी छूट जाते हैं।

हिंसात्मक तरीकों की संख्या निश्चित करना बहुत मुश्किल हैं। अनुभाग 498 क के अन्तर्गत साबित होने वाली क्रूरता पुलिस हस्तक्षेप के योग्य मानी गई है लेकिन प्रश्न यह है कि वह कौन-सी कसौटी है जिससे मानसिक यातना के विस्तार को देखा या नापा जा सके। यह प्रश्न दिमागी और मनोवैज्ञानिक यातना के सम्बन्ध में ही नहीं बल्कि नित्य की छोटी-मोटी घरेलू हिंसा के सम्बन्ध में भी उठता है। पत्नी को पीटना अभी भी 498 क भा.दं.सं. के क्षेत्र के बाहर है। पुलिस अभी भी इन

मामलों मे हस्तक्षेप नहीं कर सकती। ये मामूली घरेलू झगड़ों की श्रेणी में आते हैं। इसलिए स्त्री को पीटने तथा यातना देने सम्बन्धी झगड़ों को दहेज और सम्पत्ति के झगड़ों के साथ मिला देना सुविधाजनक होता है जिससे इन अभियोगों को वैधता प्राप्त हो सके। यह भी एक कारण है जिससे घरेलू हिंसा की वारदातों को दहेज की माँगों के साथ मिला दिया जाता है।

यह एक कारण है कि मामूली मार-पीट की घटनाओं को दहेज की घटना के साथ मिला दिया जाता है क्योंकि सम्पत्ति से न जुड़ी हुई घरेलू हिंसा पर अभी भी किसी कानून के अन्तर्गत होना नामुमकिन है। इस प्रकार के कुप्रभावों से कानून को बचाने के लिए हमें दहेज और दहेज-सम्बन्धी यातना था घरेलू मार-पीट तथा हिंसा, जिसका सम्बन्ध सम्पत्ति तथा दहेज से न हो, के मामलों को एकदम अलग-अलग कर देखना होगा।

कानूनों का लागू किया जाना

भारत के संविधान में राज्य को यह निर्देश दिया गया है कि पुरुष और स्त्रियों के न केवल बराबर के अधिकार और विशेषाधिकार होंगे बल्कि राज्य स्त्री के विशेष तथा सामाजिक-कल्याण की विशेष व्यवस्था करेगी। दीर्घकालीन सामाजिक विकृतियों को केवल कानू से नहीं मिटाया जा सकता लेकिन सामाजिक समस्यओं के इस दुष्चक्र को कहीं-न-कहीं तो तोड़ना होगा। सामाजिक व्यवस्था में बड़ी तब्दीलियाँ लानी होंगी। यदि व्यवस्था अन्दर से खोखली और पतनोन्मुखी हो गई है तो उसे बाहरी शक्तियों (कानून आदि) से बदलना पड़ेगा। दरअसल कानूनी व्यवस्था में ऐसी कई विकृतियाँ हैं जो दहेज को नये-नये तरीकों से वैध बनाने के लिए प्रयत्नशील हैं तथा लगातार कोशिशों के बावजूद दहेज समस्या को हम जल्दी होता नज़र नहीं आता तब हमें कानून पर ही विश्वास करना पड़ता है। सर्वेक्षण करते समय हमारी यह राय बनी है कि दहेज की समस्या का कारण कानूनी खामियाँ नहीं बल्कि कानून लागू कराने वाली संस्थाओं की कमजोरी हैं। इन संस्थाओं को मजबूत बनाना चाहिए।

जड़ नौकरशाही इस संवेदनशील काम को सँभालने में एकदम अक्षम है पीड़ितों के पक्ष में कानून बनाना एक बात है और ऐसी स्थितियाँ बना देना बिलकुल दूसरी बात है जिसमें वे वास्तविकता में परिवर्तित की जा सकें। ऐसी स्थितियों को बनानो के लिए कानून बनाने वालों, पारित करने वालों तथा उसको लागू कराने वलों को किसी एक बुनियादी आधार की तलाश करनी होगी। दहेज को एक अलग घटना मानना तथा उसे समाज की सम्पूर्ण समस्याओं से काटकर देखने की संवेदनहीनता दिखाने से प्रगति की ओर बढ़ना सम्भव नहीं होगा। यदि दहेज के कानून में परिवर्तन होता है तो विवाह, तलाक, गर्भपात, जीवनयापन भत्ता, वसीयत, पति-सम्पदा आदि

कानूनों को भी बदलना तथा मजबूत बनाना होगा। फौजदारी कानून के स्त्री सुरक्षा के लिए 83-84 में हुए संशोधन तथा सुधारों की प्रगति तथा 1961 के दहेज निरोधक अधिनियम में 113 को लागू कराने के लिए पर्याप्त इच्छा शक्ति न होने का कारण ये बेअसर साबित हुए हैं। आखिर दहेज के पक्ष तथा विपक्ष में कौन-कौन-सी प्रगतिशील तथा प्रतिगामी स्थितियाँ हैं तथा कौन उनके पक्षधर हैं, हमें यह पहचानना होगा।

पुलिस की भूमिका

दहेज के मामलों में कानून सामान्य आदमी की दृष्टि में महत्त्वपूर्ण बना रहे और उसकी प्रभावपूर्ण परिपालना हो इनको लेकर पुलिस कार्यवाही के सम्बन्ध में हमारी चिन्ता दूसरों से भिन्न नहीं है। यह नितान्त आवश्यक है कि पुलिस कानून का दुरूपयोग न करे, मुद्दों के प्रति गहरी सूझ-बूझ और संवेदनशीलता से काम ले तथा कानून के दुरूपयोग में दूसरी शक्तियों की साझीदार न बने। हम यहाँ पुलिस का बदनाम करके अपनी जिम्मेदार से मुक्त नहीं हो रहे हैं। लेकिन दहेज-पीड़ितों के जो अपने अनुभव हैं वे यह विश्वास दिलाते हैं कि पहले उन्हें पतियों ने और बाद में पुलिस वालों ने परेशान किया। उन्हीं की शिकायतों और आरोपों के आधार पर हमें कुछ कठिनाइयों को रेखांकित करने की कोशिश की है।

केन्द्रीय गृह मंत्रालय के निर्देश हैं कि सभी अप्राकृतिक मृत्यु सम्बन्धी जाँच डिप्टी सुपरिंटेंडेंट पुलिस अथवा वरिष्ठ अधिकारी से नीचे के व्यक्ति को सौंपी जाए लेकिन इसके बावजूद दहेज-मृत्यु की जाँच सब-इंस्पेक्टरों ने की है।

गृह मंत्रालय के इस प्रमुख निर्देश से जहाँ दहेज समस्या को गहरी संवेदशीलता से देखने की दृष्टि उत्पन्न होनी चाहिए थी वहाँ जैसे-तैसे समाप्त करने वाले दृष्टिकोण से एक तो यह बात स्पष्ट होती है कि गृह मंत्रालय में अपने निर्देश की अनुपालना कराने की क्षमता का अभाव है। दूसरी यह कि उच्च अधिकारी तक इसे उदासीनता की दृष्टि से देखते हैं और इसीलिए इसकी जाँच का जिम्मा कनिष्ठ अधिकारियों को सौंप देते हैं। दहेज अभियोगों के प्रति उनकी दृष्टि बहुत अच्छी होकर भी आकस्मिक ही होती है और यदि बुरी हुई तो भावनाशून्य, जान-बूझकर परेशान करने वाली तथा अपराधियों के साथ साँठ-गाँठ मे उलझी हुई होगी।

जाँच-प्रक्रिया

जाँच की कार्रवाई एकदम आकस्मिक ओर अवैज्ञानिक तरीकों पर चलती रहती है। पुलिस द्वारा दर्ज की गई 'प्रथम सूचना रिपोर्ट' से यह जान सकते हैं कि सूचनाएँ

किस कदर अपूर्ण और अधूरी होती हैं। गृह मंत्रालय के निर्देश के बाद भी 'पोस्ट-मार्टम' नहीं होता और हो तो भी रिपोर्ट में काट-छाँट हो जाना कोई मुश्किल बात नहीं होती। घटना की परिस्थितियों को जाँचने और पक्ष-विपक्ष की साक्षियों को इकट्ठी करने की जगह पुलिस सम्बन्धियों, पड़ोसियों और लड़की के मृत्यु पूर्व दिए गए सन्दिग्ध बयानों को ही जाँच का आधार बनाती है।

जहाँ पुलिस तक को बेईमानी का सन्देह होता है वहाँ भी आरोप-पत्र देते-देते महीने नहीं वर्ष बीत जाते हैं तब तक गवाह कहीं-के-कहीं चले जाते हैं। गवाह या तो कुछ याद नहीं रख पाते या उन्हें अपराधी धमकियाँ दे जाते हैं। इन हालातों में वे गवाही न देना ही ठीक समझते हैं। इन अभियोगों की सफलता में जो सबसे बड़ी बाधा है वह पुलिस जाँच की धीमी गति है जिसके चलते गवाह तोड़ लिये जाते हैं या वे मिलते ही नहीं हैं।

कोई भी कारण हो-चाहे आरोप-पत्र बनाते समय की लापरवाही हो या अपराधियों तक आरोप-पत्र का न पहुँचना हो या कि 'दफ्तरी दबाव' हो जाँच अधूरे मन और धीमी गति से होती है।

दिल्ली पुलिस और अभियोजना कार्यालय पिछले पाँच वर्षों में धारा 302, 306, 307, 309, 174 भा.दं.सं. तथा 498 क के अन्तर्गत अपराधियों को दंडित कराने में बुरी तरह विफल रहा है।

दिल्ली में 1982-86 के बीच दहेज सम्बन्धी अभियोगों में दंडित होने वाले व्यक्तियों की संख्या निम्नांकित है—

सारणी संख्या : 32

अनेक आरोपों के अन्तर्गत दोषी अपराधियों में दंडितों की संख्या

आरोप	**अभियोगों की संख्या**	**दंडित संख्या**	**प्रतिशत**
302	44	02	4-5
306	144	01	0-7
307	-	-	-
309	-	-	-
174 भा-द-सं-	01	-	-
498	214	-	-
योग	**403**	**03**	**5.2**

इस सारणी से एक ओर तो यह स्पष्ट हो जाता है कि दर्ज कराए गए मामले कानूनी निर्णय तक नहीं पहुँचे तो दूसरी ओर यह देखने को मिल रहा है कि सन् 1980 से भिन्न-भिन्न जुर्मों के अन्तर्गत दर्ज कराए जाने वाले अभियोगों की संख्या बढ़ती जा रही है। इस तथ्य को दिल्ली पुलिस के 'स्त्री-विरोधी अपराध प्रकोष्ठ' के प्रोफ़ार्मा में देखा जा सकता है।

पंजीकरण (रजिस्ट्रेशन) की प्रक्रिया

राजधानी के आँकड़ों से एक तरफ यह जानकारी मिलती है कि पिछले कुछ वर्षों से दहेज की शिकायतों में भारी वृद्धि हुई है लकिन दूसरी तरफ भिन्न-भिन्न अपराधों के अन्तर्गत दर्ज किए आँकड़ों से ऐसा बताया जाता है कि जैसे स्थितियाँ सामान्य हों। पुलिस के कागज-पत्रों को देखने से यह जरूर मालूम पड़ता है कि स्त्रियों के प्रति हुए दूसरे अपराधों में वृद्धि हुई है। इस सन्दर्भ में निम्न आँकड़े देखे जा सकते हैं—

1982	37
1983	41
1984	40
1985	45
1986	28 (मई तक)

संसद द्वारा जारी किए दहेज-मृत्यु के आँकड़े भिन्न-भिन्न हैं—

1982	421
1983	610
1984	690
1985	558
1986	55 (अक्टूबर तक)

यदि संसद और पुलिस के आँकड़ों का अन्तर धारा 498 क के अन्तर्गत दर्ज किए गए मामलों को लेकर होता तो बात फिर भी समझ में आ सकती थी। लेकिन इन आँकड़ों को देखते हुए यह दावा किया जा सकता है कि पुलिस ने दहेज यातना के सारे मामले दर्ज नहीं किए। यह सही है कि अप्राकृतिक परिस्थितियों में हुई मृत्यु पुलिस के विवरणों में दर्ज होती है लेकि यह व्याख्या करना पुलिस को काम है कि (अ) यह मामला हत्या, आत्महत्या के लिए उकसाये जाने का है या कि यह मामला भारतीय दंड संहिता की धारा 174 के अन्तर्गत दर्ज करने योग्य है जबकि कोई आकस्मिक या अप्राकृतिक मृत्यु किन्हीं सन्देहों को जन्म देती है और जिन्हें जाँच के जरिये साबित करना होता है (आ) यह मामला दहेज से सम्बन्धित भी है या नहीं।

सारणी संख्या : 33

दिल्ली पुलिस द्वारा विभिन्न धाराओं के अन्तर्गत दर्ज हुए अपराध

	1982		83		84		85		86	
अपराध	कुल	दहेज	कुल	दहेज	कुल	दहेज	कुल	दहेज	कुल	दहेज
302	57	07	72	12	56	06	69	08	42	11
306	60	30	61	29	65	34	63	34	34	17
307	18	.	25	01	28	.	13	01	08	.
309 (जीवित)	31	.	36	.	62	.	58	.	33	.
309 (मृत्यु)	61	.	68	.	113	.	112	.	27	.
174 भा.दं.सं.	660	.	625	.	584	.	625	71	312	.
498क	.	.	.	.	127	68	252	146	125	75

जैसा कि पहले कहा जा चुका है कि राजधानी के आँकड़े यह बताते हैं कि पिछले कुछ वर्षों से दहेज के मामलों की शिकायतों में काफी वृद्धि हुई है। लेकिन पुलिस का विवरण ठीक इसके विपरीत है। दहेज सम्बन्धी मामलों का प्रतिशत स्त्रियों के प्रति हुए दूसरे अपराधों की तुलना में एकदम नगण्य है। यदि हम दहेज के मामलों में पुलिस के विवरणों पर विश्वास करें तो राजधानी में पिछले 5-6 वर्षों में दहेज को लेकर हुए उग्र आन्दोलन बेमतलब लगेंगे।

पुलिस विवरण के अनुसार साढ़े चार वर्षों में 188 मौतें दहेज के कारण हुई है। इसके अलावा इन्हीं वर्षों में 2806 मामले आकस्मिक रूप से जलने के हैं जिनमें से केवल एक का सम्बन्ध दहेज से है। इसके अतिरिक्त यह भी देखने योग्य है कि:

— 92 मृत्यु के प्रयत्नों में से पुलिस विवरण के अनुसार दो स्त्रियों की मृत्यु का सम्बन्ध दहेज से है।

— 220 ने आत्महत्या की कोशिश की उनमें से पुलिस के अनुसार एक का सम्बन्ध दहेज से नहीं था।

— 380 मामले आत्महत्या के थे जिनमें से एक का भी सम्बन्ध दहेज यातना से नहीं था।

— 273 मामलें आत्महत्या के लिए उकसाए जाने से सम्बन्धित थे जिसमें से 144 दहेज से सम्बन्धित हैं।

— 290 मामले स्त्री-हत्या के हैं, इनमें से 44 दहेज के कारण हैं।

यदि कोई स्त्रियों की मृत्यु के कुल आँकड़े और इनमें से दहेज के कारा हुई मृत्यु के आँकड़ों का सह-सम्बन्ध देते तो दो सम्भावनाएँ नजर आती हैं :

(अ) पुलिस की जाँच विधि-निर्दोष है। उसका आधार अपराधी पीड़ित तथा पड़ोसियों के बयान नहीं हैं। गवाहियों के आधार पर दहेज से सम्बन्धित और असम्बित मामलों को दो स्पष्ट भागों में विभाजित किया जा सकता है।

(अ) दूसरी सम्भावना यह है कि पुलिस जिस प्रक्रिया से इस परिणाम तक पहुँचती है कि यह मामला दहेज से सम्बन्धित है या नहीं, वह अनिश्चियात्मक और पूर्व विचारित होती है। वह नकारात्मक तर्क पर आधारित है। अपराध और दहेज के बीच सम्बन्ध स्थापित करने वाली कोई गवाही न होने के कारण मामला ही खारिज हो जाता है।

यदि (अ) का होना सम्भव है तो यह मानना होगा कि दहेज स्त्रियों के विरुद्ध अपराध का कोई बड़ा कारण नहीं है। कई कारणों में यह भी एक कारण है लेकिन मुख्य कारण नहीं, प्राय: कोई कारण नहीं। इससे यह निष्कर्ष भी निकलता है कि इस मुद्‌दे को स्वैच्छिक संस्थाओं तथा समाचार-पत्रों ने अनुपात से कहीं अधिक महत्त्वपूर्ण बना दिया है। यदि यह सत्य है तो अनेक स्त्रियों, स्वैच्छिक संस्थाओं तथा सक्रिय कार्यकर्त्ताओं के अनुभव नकार दिए जाने योग्य हैं। उन्हें अब स्त्रियों के प्रति किए जाने वाले जूल्मों के दूसरे महत्त्वपूर्ण कारणों की तलाश करनी चाहिए।

इस प्रकार की व्याख्या के बहुत भ्रामक परिणाम निकल सकते हैं। हम अपने सर्वेक्षण के दौरान इस परिणाम तक पहुँचे हैं कि 75 प्रतिशत मामलों की जाँच दुर्घटना मानकर की गई और उन्हें खारिज कर दिया गया। पिछले साढ़े चार वर्षों में दर्ज किए गए दो हजार से अधिक मुकदमे जिन्हें 174 भा.दं.सं. के तहत दर्ज किया गया था उनमें से एक को भी दंडनीय नहीं समझा गया।

पुलिस की संवदेनहीनता ने लोगों में जबरदस्त अविश्वास पैदा कर दिया हैं इस तथ्य में कि पुलिस कानून की रक्षक है, अब न किसी की आस्था है न विश्वास। पुलिस पर जो आरोप प्राय: लगाए जाते हैं उसमें अपराधियों के साथ मेल-जोल और गवाहों के बयानों में फेर-बदल मुख्य हैं। जिन कुछ दहेज के मामलों की 1981 में न्यायालय में चुनौती दी गई थी, उनका कोई फैसला नहीं हुआ है या उनके गवाहों को तोड़ दिए जाने की सम्भावना है। न्याय मिलने में इतनी देर लग जाती है कि न्यायिक प्रशासन में 'कानूनी विलम्ब' अपवाद न रहकर एक सामान्य बात हो गई है।

न्यायपालिका की प्रवृत्ति : पिछले कुछ वर्षों में दहेज के जो मामले न्यायालय के सामने पेष हुए उनमें दो प्रवृत्तियाँ साफ़-साफ़ देखने को मिलती हैं।

(i) नीचे के न्यायालय ने अपर्याप्त साक्षियों के कारण, जो पुलिस की उदासीनता के कारण पेश नहीं हो सकी, मुकद्‌दमों को खारिज कर दिया। न्यायाधीश चाहते हैं कि गवाही एकदम स्पष्ट और अकाट्य हो, जो कि होती नहीं है, क्योंकि धीरे-धीरे चलने वाली जाँच के दौराने गवाहियाँ कहीं-की-कहीं चली जाती हैं और जाँच एक खानापूर्ति होकर रह जाती है।

(ii) नारी आन्दोलनों को देखते हुए दूसरी बात यह देखने को मिलती है कि न्यायाधीश की भूमिका को अब समय के सन्दर्भ में देखा जाने लगा है : सिर्फ कानूनी भाषा और औपचारिकताओं के व्याख्याकार के रूप में नहीं।

श्री एम.एम. अग्रवाल अतिरिक्त सेशंस जज ने सुधा गोयल के मुददद्मे का फैसले देते हुए लिखा (जिस फैसले को बाद में दिल्ली उच्च न्यायालय ने बदल दिया) स्त्रियों के विरुद्ध होने वाले अपराधों को अवहेलना की दृष्टि से देखा जाता है जिनमें दहेज, पत्नी-दाह, पिटाई, अवैध सम्बन्धों के आरोप तथा दूसरे जुर्म शामिल है। ऐसे अपराध घरों में होते हैं जिनके लिए गवाहियाँ नहीं मिलतीं। इसलिए परिस्थितिजन्य साक्ष्य को ज्यादा महत्त्व दिया जाना चाहिए। परिस्थितियाँ स्वयं बोलती है। आप परिस्थितियों को नज़रअन्दाज नहीं कर सकते। न्यायाधीशों को अपनी सामाजिक भूमिका के प्रति सजग रहना चाहिए तथा अपने क्षेत्र में सामाजिक मूल्यों के निर्माण में प्रबुद्धतापूर्ण नेतृत्व प्रदान करना चाहिए। इसलिए जब कभी बहू को जलाने जैसे सामाजिक अपराध सामने आएँ तब उन्हें सारी स्थिति को इस तरह देखना चाहिए जिससे सामाजिक न्याय की गति तेज हो।

दहेज विरोधी प्रकोष्ठ

दिल्ली प्रशासन समाज-कल्याण निदेशालय (दिल्ली एडमिनिस्ट्रेशन डायरेक्टरेट ऑफ़ सोशल वेलफेयर) ने समझौता तथा निर्देश ब्यूरो (रिकंसिलिएशन कम गाइडेंस ब्यूरो) और दहेज-विरोधी प्रकोष्ठ (एंटी डॉवरी सेल) की स्थापना की तथा दहेज-पीड़ितों को निर्देशन देना शुरू किया। इसके अतिरिक्त चार क्षेत्रीय प्रकोष्ठ स्थापित किए हैं जो परामर्श तथा निर्देशन देकर समस्या का हल निकालने में सहायता करते हैं और अपराध हो जाने पर पुलिस को सूचित करते हैं। आर्थिक दृष्टि से कमजोर और पीड़ित महिलाओं को प्रकोष्ठ मुफ्त कानूनी सलाह देने की व्यवस्था करता है।

दहेजी विरोधी प्रकोष्ठ के सम्बन्ध में पीड़ित मलिाओं तथा उनके सम्बन्धियों की राय प्रशंसनीय नहीं है। महीनों तक शिकायतों की तरफ कोई ध्यान नहीं देता। प्रकोष्ठ के पास जो कानूनी अधिकार हैं उनके जरिये पति के पास चले गए 'स्त्रीधन' को वह कभी स्त्री को नहीं दिला सकता। सामान की सूची का विवाह के समय ही पंजीकरण (रजिस्ट्रेशन) कराने के नियम का सख्ती से पालन नहीं होता इसलिए लड़की के परिवार वालों को कभी-कभी झूठी सूची बनाने में कोई संकोच नहीं होता।

दोनों ही प्रक्रियाएँ देखने को मिलती हैं—पति स्त्री को सम्पत्ति देने से यह कहकर इनकार कर देता है कि वह अपना सामान ले गई है तो दूसरी ओर लड़की वाले भी बढ़ा-चढ़ाकर सामान की सूची बना लेते हैं। इन स्थितियों में कुछ भी साबित करना मुश्किल होता है। प्रत्येक अभियोग की उपुयक्तता-अनुपयुक्तता बयानों पर ही आकर टिक जाती है।

हमारी सामाजिक नीतियाँ भी गलत दिशा में मोड़ दी गई हैं। दहेज-विरोधी प्रकोष्ठ केवल परामर्श देता है और पति-पत्नी के बीच समझौता करने के प्रयत्न करता है।

हमारी जड़ नौकरशाही इस नाजुक समस्या को समझने-सुलझाने में असमर्थ हैं क्योंकि वहाँ न तो कोई बात छिपी रहती है और न कोई बात निरन्तर चलती है। दहेज-विरोधी प्रकोष्ठ के व्यवस्थापकों के पास दम्पत्ति को परामर्श देने के लिए अलग से कारण तक नहीं है। इस समस्या को हल करने के लिए व्यावहारिक कार्यक्रम की आवश्यकता है जैसे रोजगार, कानूनी मदद, रहने का स्थान और प्रशिक्षण जिससे स्त्रियों के लिए अपनी जीविकोपार्जन के वैकल्पिक साधन प्राप्त हो सकें। परामर्श देने का काम स्वैच्छिक संस्थाओं पर छोड़ देना चाहिए।

स्वैच्छिक संस्थाएँ

आज महिला संगठन स्त्रियों के लिए घातक और दुखपूर्ण दहेज-प्रथा के विरुद्ध महत्त्वपूर्ण काम कर रहे है। उन्होंने जनमत तैयार किया है, पुलिस और उदासीन कानून व्यवस्था पर दबाव डाला है और कुछ मामलों में लालची और बर्बर ससुराल वालों से दहेज वापस करवाया है। इनमें से कुछ महिला संगठनों को दिल्ली प्रशासन ने यह अधिकार दिया है कि वे दहेज सम्बन्धी शिकायतें पुलिस में दर्ज करा सकती हैं और दहेज-पीड़ितों की तरफ़ से दहेज-अपराधों की प्रथम सूचना पुलिस को दे सकती हैं।

दहेज-पीड़ितों को कानूनी सहायता

1961 के दहेज-विरोधी अधिनियम को सब एकदम प्रभावहीन कानून मानते हैं। 1984 के संशोधन से भी स्थित में ज्यादा परिवर्तन नहीं आया है। इसकी बहुत-सी खामियों ने उस कानून को एक 'क़ानूनी बकवास' बना दिया है। जो भी हो, दहेज विरोधी अधिनियम की कमियों और उसके अमल में रूकावटें पैदा करने वाली बातों की ज्यादा अहमियत नहीं है। महत्त्वपूर्ण बात तो कानून का मामूली आदमी तक पहुँचना है। विशेष प्रकोष्ठ और स्वैच्छिक संगठन काफ़ी नहीं हैं। मामूली आदमी का कानूनी ज्ञान नहीं के बराबर है। दहेज के सम्बन्ध में वह इतना ही जानता है कि दहेज देना ओर लेना कानून की दृष्टि से अपराध है लेकिन दूसरी बारीकियों की उसे जानकारी नहीं है। रेडियो पर दहेज के विरुद्ध कुछ निर्वैयक्तिक किस्म की झनझनाहटें या अखबारों मे निष्प्राण विज्ञापन या दूरदर्शन की नाटिकाएँ उसे यह नहीं बतातीं कि कानून के लाभ कैसे उठाएँ? एक अमूर्त्त किस्म की यह सूचना कि अमुक-अमुक किस्म का काम नहीं होना चाहिए, तब तक अर्थहीन है जब तक लोगों को उस प्रक्रिया की जानकारी न हो जिसके चलते ऐसे अपराध पुलिस हस्तक्षेप के योग्य मान लिये जाते हैं। श्रीमती देवस के शब्दों में इसका परिणाम यह होता है, जो उन्होंने 'स्टेट्समैन' को बतलाया था, कि ज्यादातर लोग वकीलों, पुलिसवालों और स्वैच्छिक संगठनों के पदाधिकारियों द्वारा भरमाये जाते हैं।

निम्न सारणी से पता चलता है कि कितने उत्तरदाताओं को अधिनियम सम्बन्धी ज्ञान है।

सारणी संख्या : 34

उत्तरदाताओं को कानून सम्बन्धी ज्ञान

ज्ञान की सीमा	आवृत्ति	प्रतिशत
पूरा	10	21.4
आंशिक	52	61.9
नहीं	14	16.7

जिन उत्तरदाताओं को अधिनियम की अच्छी जानकारी थी वे सुशिक्षित थे और संचार-साधनों से सामान्यतया जुड़े थे। जिन्हें आंशिक ज्ञान था वे संचार-साधनों से सामान्यतया जुड़े थे। जिन्हें बिलकुल ज्ञान नहीं था वे अशिक्षित थे। यह स्पष्टतया देखा जा सकता है कि शिक्षा, संचार-साधनों औ जागरूकता के बीच घनिष्ठ सम्बन्ध है यद्यपि जागरूकता से दहेज के प्रति दृष्टिकोण बदलता नहीं हैं। जब तक स्थिति उनकी समझ मे आये तब तक वे दहेज दे चुके होते हैं।

61 प्रतिशत लोगों ने अधिनियम की आंशिक, 11 प्रतिशत ने पूरी तथा 28 प्रतिशत ने कोई पालन नहीं किया। ऐसा प्रतीत होता है कि पुलिसवालों में विश्वास की कमी, राज्य द्वारा दंड की व्यवस्था न करना और सामाजिक निन्दा के भय के कारण लोग कानून के प्रति उदासीनता तथा नासमझी का रवैया अपनाते हैं। इसलिए 21.4 प्रतिशत उत्तरदाताओं को कानून का पूरा ज्ञान होते हुए भी 11 प्रतिशत ने ही कानून का पालन किया 16.7 प्रतिशत ही तो अज्ञानी थे लेकिन कानून का पालन तो 28 प्रतिशत ने नहीं किया। इससे स्पष्ट होता है कि लोगों के व्यवहार पर कानून की जानकारी का कोई असर नहीं होता।

जागरूकता और कानून को स्वीकार करने के बीच हमारे मन में जो संशय और अलगाव चलता रहता है उसके दो कारण हैं :

(अ) हमारी आचरण सम्बन्धी सामाजिक मान्यताएँ तथा

(ब) वे संसाधन हैं जो कानून को व्यावहारिक रूप देते हैं जैसे दहेज-विरोधी प्रकोष्ठ, स्वैच्छिक संगठन, पुलिस, न्यायालय तथा वकील आदि है।

सन्दर्भ

1. लायर्स कलेक्टिव, जनवरी 1986

7

अध्ययन से प्राप्त महत्त्वपूर्ण जानकारी

1. दहेज पीड़ितों की संख्या पुलिस रिपोर्ट में बताई गई संख्या से आश्चर्यजनक रूप से ज्यादा है। यह इस तथ्य से साबित होता है कि दिल्ली पुलिस ने 1982 से मई 1986 तक पिछले 5 वर्षों में दहेज पीड़ितों के 403 मामले दर्ज किए जबकि एक अस्पताल में केवल 1985 में 19 से 30 वर्ष के आयु वर्ग के गम्भीर रूप से जलने वाली स्त्री मरीजों की संख्या 381 थी। इसी वर्ष एक महिला संगठन ने दहेज विरोधी 360 अपराध पंजीकृत किए।
2. जनसंचार साधनों द्वारा दहेज सम्बन्धी कठोर कानून के प्रचार के बावजूद दहेज अपराध, दहेज मृत्यु के आँकड़े वृद्धि पर हैं।
3. दहेज न मिलने के कारण 61.3 प्रतिशत स्त्रियाँ छोड़ दी गईं। 25 प्रतिशत स्त्रियों की हत्या कर दी गई या आत्महत्या के लिए मजबूर कर दिया गया तथा 3.4 प्रतिशत स्त्रियों को शारीरिक या मानसिक यातनाएँ झेलनी पड़ी।
4. दहेज के लिए हुई हत्याओं के दो मिले-जुले रूप हैं। 18.4 प्रतिशत हत्याएँ दहेज अपर्याप्त दहेज की वजह से की गई, 52.6 प्रतिशत इसलिए कि लड़की के अवैध सम्बन्ध थे। 21 प्रतिशत इसलिए कि पति के अवैध सम्बन्ध थे, और 7.9 प्रतिशत मामलों में सास तथा ससुर ने कोशिश की।
5. पतियों और ससुराल वालों के निर्दयतापूर्ण व्यवहार की जानकारी के बावजूद माँ-बाप बेटियों को ससुराल भेज देते हैं। लड़कियों को यह विश्वास हो जाता था कि पतियों का दुर्व्यवहार सहने के सिवाय कोई दूसरा रास्ता नहीं है।
6. दहेज सभी जातियों, क्षेत्रों तथा प्राय: सभी आय वाले वर्गों में लिया-दिया जाता था। माँ-बाप सुरक्षा के लिए दहेज देकर और अपनी लड़की की

खुशियाँ खरीदते थे। लेकिन वह पारिवारिक सम्पत्ति में लड़कियों की हिस्सेदारी नहीं चाहते। लड़कियाँ पारिवारिक सम्पत्ति में हिस्सा चाहती हैं। वे यह तीव्रतापूर्वक अनुभव करती है कि दहेज देना एकदम बन्द कर दिया जाना चाहिए।

7. लेकिन भारी मात्रा में दहेज देकर भी वे अपनी बेटियों की खुशियाँ, जैसा कि उन्होंने चाहा था, सुरक्षित नहीं रख सके। प्रत्येक किस्त के साथ लालच बढ़ता गया।
8. यह उम्मीद की गई थी कि शिक्षा से लड़की का मनोबल बढ़ेगा किन्तु ऐसा नहीं हुआ। पब्लिक स्कूल में पढ़ी हुई लड़कियाँ भी अपने आप को दहेज उत्पीड़न से नहीं बचा सकी।
9. एक परिवार से संयुक्त परिवार या ऊँची जाति से नीची जाति या कि नीचे सामाजिक वर्ग से ऊँचे सामाजिक वर्ग के नये परिवार में सम्मिलित होने पर लड़की के मन पर असर होता है। उसके व्यवहार में असन्तुलन नजर आने लगता है।
10. सगाई का दस्तूर होते ही दहेज की माँगें शुरू हो जाती है और विवाह होने के बाद तक उनका एक अन्तहीन सिलसिला जारी रहता है।
11. आश्चर्य है कि अधिकांश मामलों में दहेज विवाह सम्बन्ध निश्चय करते समय नहीं माँगा जाता बल्कि विवाह की तारीख के कुछ घंटों या दिनों पहले अथवा विवाह होने के बाद से माँगना शुरू कर दिया जाता है।
12. दहेज पर होने वाला खर्च पारिवारिक आय के अनुपात से कहीं अधिक होता है।
13. स्त्री धन या तो पति या फिर ससुराल वालों के नियंत्रण में होता है या उस पर उन्हीं का अधिकार होता है।
14. कानूनी कार्यवाही लम्बी, बोझिल और खर्चीली होती है। न्याय पाने में अनुचित विलम्ब लगता है।
15. पुलिस बहुत से दहेज यातना के मामले दर्ज नहीं करती। वह इन शिकायतों को घरेलू समस्याएँ समझती हैं। जिस जाँच प्रतिक्रिया को वह प्राय: अपनाती है उसमें परिस्थितियों की पड़ताल करने के स्थान पर साक्षियाँ जुटाने का काम ही मुख्य होता है।

उपसंहार और सिफारिशें

दहेज की विभीषिका पर हम ज्यों-ज्यों गहराई से विचार करते हैं त्यों-त्यों सामान्य और सर्वसाधारण सिद्धान्तों तक पहुँचना मुश्किल होता जाता है। यहाँ तक हुआ है

कि जब हम दहेज पीड़ितों के सम्बन्ध में आँकड़ें इकट्ठे करने गए तो हमें अपनी बुनियादी धारणाएँ और पूर्व अनुमानित संकल्पनाएँ ही बदलनी पड़ी। जैसे ही किसी घटना की विशेषताएँ हमारे सामने आतीं तो लगने लगता है कि इसमें सामाजिक वास्तविकताओं से काटकर एक खास और अकेली घटना के रूप में विश्लेषित नहीं किया जा सकता। दरअसल स्त्री की सामाजिक हैसियत से जुड़ा हुआ एक अविछिन्न चिह्न और अन्त:सम्बन्धित सवाल है। दहेज जैसी जबरदस्त सामाजिक स्वीकृति प्राप्त प्रथा को प्रगतिशील कानून और विधानों के चलते हुए भी न तो समाप्त किया जा सका है और न ही कम किया जा सका है। फिर भी दहेज प्रथा को हमेशा के लिए खत्म करने की प्रभावशाली सिफारिशों पर विचार करने के पहले हमारे अध्ययन से प्राप्त कुछ महत्त्वपूर्ण निष्कर्षों का उल्लेख आवश्यक है।

अध्ययन से प्राप्त महत्त्वपूर्ण निष्कर्ष

1. दहेज पीड़ितों की समस्या पुलिस रिकॉर्ड से मिली जानकारी से कई गुना ज्यादा और गम्भीर है। यह तथ्य तब एकदम स्पष्ट हो जाता है जब हम 16 से 30 वर्ष के आयु समूह में आत्मदहन करने वाली स्त्रियों के मामलों की तुलना दिल्ली पुलिस की स्त्री अपराध शाखा के प्रकोष्ठ में पंजीकृत मामलों से करें। यदि इसमें शारीरिक और मानसिक रूप से यातना पाने वाली भी शामिल कर लें तब तो दहेज के कारण सताई जाने वाली स्त्रियाँ एक अमानवीय और बीमार समाज की क्रूरता को पूरी तरह प्रकट कर देगी। पुलिस ने 1982 से मई 1986 तक के पिछले 5 वर्षों में दहेज अपराध से सम्बन्धित 403 मामले पंजीकृत किए जबकि 1985 के दौरान बहुत से स्त्री संस्थानों में से केवल एक ने 360 दहेज अपराधों के मामले दर्ज किए। अकेले जे. पी. अस्पताल में 16 से 30 आयु वर्ग की 38 विवाहित स्त्रियों को गम्भीर रूप से जलाए जाने के सिलसिले में भर्ती किया गया। इसके अलावा एक राष्ट्रीय दैनिक पत्र ने 182 दहेज पीड़ितों के मामलों का उल्लेख किया है।
2. दहेज की माँग पूरी न होने पर स्त्रियों को हर तरह की यातना दी जाती है, या तानाकशी से लगाकर पीटना, हत्या करना या आत्महत्या के लिए उकसाने तक में से कुछ भी हो सकती है। हमारे अध्ययन से पता चलता है कि डेढ़ सौ दहेज पीड़ितों में से 1/4 औरतों की हत्या कर दी गई या आत्महत्या के लिए मजबूर किया गया। आधी से अधिक यानी 61.3 प्रतिशत को लम्बी यातना और परेशानियों के बाद पतियों ने घरों से निकल बाहर किया।

3. दहेज हत्याओं में दो रूपों की पुनरावृत्ति देखी जा सकती है। पहले में जब माँ-बाप उपहार के बहाने माँगा गया दहेज देने से इनकार कर देते हैं तो जवान बहू की जान-बूझकर हत्या कर दी जाती है यह आत्महत्या के लिए (18.4 प्रतिशत मरी हुई दहेज पीड़िताओं में) विवश किया जाता है। दूसरे में भी पति और ससुराल पक्ष के लोग अपर्याप्त दहेज के कारण को छिपाते हुए परिवार के उलझे हुए रिश्तों का बहाना बनाकर लड़कियों की हत्या कर देते हैं। उलझे हुए पारिवारिक रिश्तो में लड़की को विवाहेतर यौन-सम्बन्धों के लिए अपराधी करार दिया जाता है। हमारे अध्ययन में 52.6 प्रतिशत दहेज मृतकों पर यही अपराध लगाया गया था। अध्ययन के सिलसिले में यह दुखद तथ्य भी सामने आया कि जीवित और मृत दोनों ही प्रकार के दहेज उत्पीड़ितों ने ससुर, काकिया ससुर या देवर की यौन इच्छाओं का शिकार होने से इनकार कर दिया तो घर का वातावरण अशान्त और तनावपूर्ण हो गया। ऐसे मामले भी हैं जिनमें पत्नियों ने पतियों पर नपुंसक होने के आरोप लगाए।
4. माता-पिता प्राय: लड़कियों को क्रूर पतियों को छोड़ने के लिए प्रोत्साहित नहीं करते। उन 70.3 प्रतिशत मामलों में लड़की की सारी परेशानियों को जानते हुए भी माता-पिता ने उसे वापस ससुराल भेज दिया। इनमें से 77.9 प्रतिशत को पतियों ने छोड़ दिया और 11.5 की हत्या कर दी गई। ज्यादातर मामलों में (72 प्रतिशत) माता-पिता जिस आदमी के हाथ पर दहेज के हजारों रुपये रखने को तैयार होते हैं वही उनकी लड़की को यातना देता है। वह उसे दहेज की रकम का स्वल्पांश (10 प्रतिशत) लड़की को आत्मनिर्भर बनाने के लिए खर्च नहीं करते क्योंकि वह स्त्री के लिए आत्मनिर्भर होकर जीने को सम्मानजनक नहीं मानते।
5. दहेज का लेन-देन सभी जातियों, धर्मों तथा आय वर्ग के लोगों में सार्वजनिक रूप से प्रचलित था। सब स्थितियों में दूल्हे या ससुराल पक्ष को दी गई दहेज की रकम अभिभावकों के आए साधनों से कहीं अधिक थी। एक अभिभावक जिसकी मासिक आय केवल 1500/—है वह रोज काम में आने वाली 64000/—के मूल्य की वस्तुएँ उपहार स्वरूप भेंट करता है। विवाह, दावत, सजावट का खर्च और बरात के आने जाने का किराया इसके अतिरिक्त होता है।

इस प्रश्न के उत्तर में कि वे (अभिभावक) दहेज क्यों देते हैं—54 प्रतिशत अभिभावकों ने बताया कि वे दहेज सुरक्षा उपहार के रूप में देते हैं, जिससे उनकी लड़कियाँ प्रसन्न रहें और उनकी थोड़ी बहुत मदद हो सके। 22 प्रतिशत अभिभावकों ने सामाजिक दबाव के कारण दहेज दिया और 12 प्रतिशत के अनुसार यह उनकी

प्रतिष्ठा का सूचक था। दुख है कि केवल तीन प्रतिशत अभिभावकों ने ही दहेज को पैतृक सम्पत्ति का हिस्सा माना और लड़कियों को इसी रूप में दिया। इस सर्वेक्षण से यह भी पता चलता है कि बेटियों को दहेज और बेटों में पैतृक सम्पत्ति का विभाजन एक अलिखित नियम के रूप में प्रचलित है।

अध्ययन के दौरान यह भी स्पष्ट होता है कि जहाँ बेटों को विरासत में हिस्सा मिलने का कानून है नहीं दहेज मृत्यु पूर्व विरासत का कोई हिस्सा नहीं है। पैतृक सम्पदा में लड़कियों के हिस्से की बात ही अभिभावकों को अरुचि पूर्ण लगती है। दहेज पीड़ितों की दृष्टि में दहेज प्रथा समाप्त हो जानी चाहिए। यदि कोई उपहार दिया जाता है तो वह लड़की के नाम से दिया जाना चाहिए। कुछ की यह धारणा थी कि उन्हें दहेज की जगह पैतृक सम्पदा में हिस्सा मिलना चाहिए।

6. दहेज पीड़ितों की सामाजिक आर्थिक तथा जन्म मृत्यु गणना के सर्वेक्षण से यह पाया गया कि :

(अ) दहेज की विभीषिका किसी धर्म या जाति समुदायों तक सीमित नहीं है। मसलन कल 150 पीड़ितों में 68 प्रतिशत हिन्दू थी, 17 प्रतिशत मुसलमान और 15 प्रतिशत सिख। जातियों के हिसाब से दहेज यातना की संख्या राजपूतों में आश्चर्यजनक रूप से सबसे ज्यादा थी (23.5प्रतिशत) ब्राह्मणों में (18.7प्रतिशत) तथा खत्रियों में (17.6प्रतिशत) जबकि अनुसूचित जातियों में यह प्रतिशत केवल 5.9 था।

(आ) ज्यादातर पीड़िताएँ (80प्रतिशत) 21 से 35 आयु वर्ग की थी।

(इ) शिक्षा से दहेज यातना के विरुद्ध लड़ने की क्षमता और हिम्मत नहीं आती। हमारे अध्ययन में 9 प्रतिशत दहेज पीड़िताएँ शिक्षित थी। 30 प्रतिशत स्नातक तथा स्नातकोत्तर परीक्षाएँ उत्तीर्ण थीं। जो महिलाएँ पब्लिक स्कूलों में शिक्षित हुई हैं वे भी दहेज का प्रतिकार करने में असमर्थ रहीं; वे चुपचाप यातनाएँ सहती रहीं।

(ई) अभिभावकों द्वारा दहेज पीड़ितों की पारिवारिक आय में 20 प्रतिशत वृद्धि कर दिए जाने पर भी दहेज दुर्घटनाओं को नहीं रोका जा सका।

(उ) दहेज के लालच में गरीब और मीर दोनों वर्गों की दुल्हनें समान रूप से सताई गईं। यह तथ्य इसे प्रमाणित होता है कि निम्न आय वर्ग में 35 प्रतिशत, मध्यम आय वर्ग में 50 प्रतिशत तथा उच्च आय वर्ग में 15 प्रतिशत दुर्घटनाएँ हुईं।

(ए) बहुओं को सताने के तरीके भिन्न-भिन्न वर्गों में भिन्न-भिन्न थे। उच्च आय वर्ग में पत्नियों को छोड़ने तथा यातना देने के मामलों

का प्रतिशत क्रमशः 44 तथा 67 था जबकि मध्यम आय वर्ग में मृत्यु का प्रतिशत (44) ज्यादा था।

(ऐ) पीहर के छोटे परिवारों से ससुराल के संयुक्त परिवार में आने वाली बहुओं के व्यवहार में असन्तुलन के चिह्न स्पष्ट नजर आते हैं।

(ओ) दहेज पीड़ितों में केवल पाँच प्रतिशत प्रेम विवाह थे, गोया कि यह भी अभिभावकों की स्वीकृति से हुए थे। इसके अतिरिक्त 11 प्रतिशत विवाह अन्तर्जातीय थे। शेष के विवाह प्रचलित सामाजिक रीति रिवाज के अनुसार ही हुए थे।

(औ) 38 प्रतिशत विवाह दहेज देकर अपने से ऊँचे वर्ग वाले समुदाय से किए गए थे।

7. दहेज की माँग सगाई का दस्तूर होते ही शुरू हो जाती है और विवाह के बाद तक जिन्दगी भर चलती रहती है आश्चर्य की बात तो यह है कि 60 प्रतिशत मामलों में दहेज की बातचीत विवाह सम्बन्धित तय करते समय नहीं होती। लग्न के समय या लग्न के कुछ घंटों या दिनों पहले शुरू होती है।

8. दहेज उपहार में प्राय स्थाई किन्तु महंगी उपभोक्ता वस्तुएँ होती हैं—जैसे रंगीन टीवी, रेफ्रिजरेटर, वीडियो, स्कूटर और 5000 से लेकर 100000 या इससे अधिक नकद रुपया। इसमें तौलिए या रुमाल जैसी छोटी-छोटी चीजें भी होती हैं। जहाँ इन चीजों की माँग विवाह के समय पूरी नहीं की जाती वहाँ विवाह के बाद तक पूरी करने का दबाव बना रहता है। आश्चर्य की बात तो यह है कि कुछ मामलों में पति या पति के अभिभावकों का व्यापार घाटा तक नकद रूपों के रूप में विवाह बाद की दहेज माँगों में शामिल रहता है।

9. दहेज नियंत्रण के विश्लेषण से यह मालूम होता है कि 65 प्रतिशत मामलों में स्त्री धन यानी ज़वाहरात या साड़ियाँ साँस के कब्जे में, 14 प्रतिशत मामलों में पति या ससुराल वालों के सम्मिलित कब्जे में तथा 20 प्रतिशत मामलों में पति के कब्जे में रहती है। केवल 6 प्रतिशत मामलों में ही स्त्री धन लड़कियों के अधिकार में रहता है। एक तरह से जो लड़की को दिया जाता है वह लड़की का नहीं होता।

10. दहेज की माँगें दुल्हन के अभिभावकों के आर्थिक साधनों से इतनी असमानुपातिक थी कि केवल 10.6 प्रतिशत मामलों में ही वे सम्पूर्ण रूप से पूरी की जा सके। शेष 89.4 प्रतिशत मामलों में आंशिक पूर्ति हुई। कुछ ने भविष्य में देने का वायदा किया। दहेज की माँगें पूरी

कर देने पर नई माँगें होने लगीं। इस तरह उनकी परेशानियाँ निरन्तर बढ़ती गईं। इससे यह मालूम होता है कि लालची पति और ससुराल पक्ष की दहेज सम्बन्धी माँगों का कोई अन्त नहीं होता। अभिभावक कुछ भी देकर अपनी बिटिया को सुरक्षित और प्रसन्न नहीं रख सके। (अध्याय 5)

11. 1984 के दहेज निरोधक (संशोधित) अधिनियम में दहेज विभीषिका को कम करने के लिए कठोर उपाय शामिल किए गए हैं। दहेज को पुलिस हस्तक्षेप के योग्य अपराध बना दिए जाने पर भी दहेज का लेन-देन अपूर्व उत्साह से चल रहा है। बल्कि दहेज मृत्यु की संख्या में वृद्धि हुई है।

    इसका कारण यह है कि संशोधित अधिनियम में दहेज शब्द की अभी तक कोई स्पष्ट परिभाषा नहीं की गई है। बहुत सा भ्रम तो संशोधित अधिनियम की परिभाषा के 'विवाह के सम्बन्ध में' शब्दों ने उत्पन्न किया है। इसका यह असर तो स्पष्ट दिखाई देता है कि ज्यादातर लोग (अध्ययन के साथ प्रतिशत) विवाह के समय दहेज माँगते ही नहीं हैं। लेकिन ज्यों ही विवाह हो जाता है वह अभिभावकों पर आभूषण और दूसरी प्रकार की सम्पत्ति देने का दबाव डालना शुरू कर देते हैं। इससे यह साबित होता है कि लोग वर्तमान कानून से इस सीमा तक बचते हैं जिसमें विवाह के बाद की जाने वाली दहेज की माँगें शामिल नहीं होती। दूसरे इस संशोधित अधिनियम में विवाह की दावतों और महंगी सजावटों पर होने वाली फिजूल खर्ची शामिल नहीं है। यह बात भी देखने को मिली है कि 90 प्रतिशत मामलों में अभिभावकों ने उपहार में दी जाने वाली वस्तुओं की कोई सूची अपने पास नहीं रखी।

12. कानून की वांछित प्रक्रिया लम्बी, बोझिल और खर्चीली है। दहेज के मामलों को पुलिस, दहेज विरोधी प्रकोष्ठ या अधिकृत चार महिला सेवी संगठन पंजीकृत करते हैं। पुलिस की उपेक्षा और संवेदनहीनता के कारण दहेज पीड़िताएँ या तो उनके अभिभावक 'दहेज विरोधी प्रकोष्ठ' अथवा महिला संगठनों के पास जाते हैं। यहाँ भी बोझिल प्रक्रिया के कारण पीड़ित महिलाओं को कई कठिनाइयों का सामना करना पड़ता है। देर होने के निम्न कारण होते हैं—
    (क) दहेज विरोधी प्रकोष्ठ अथवा महिला संगठन इन मामलों को लोक अदालत के पास भेजते हैं।
    (ख) लोक अदालत के स्तर पर पेशी की तारीख दी जाती है (ढेरों मामले पहले से ही पड़े हैं)।

(ग) अपराधी के स्तर पर 'सगन' लेने में टाल-मटोल इस तरह सुनवाई की दूसरी तारीख पड़ती है।

कई मामले इन्हीं स्तरों पर दो-दो वर्ष से अटके पड़े हैं और इस तरह जो महिलाएँ पुनर्विवाह करना चाहती हैं वे कठिनाइयों में पड़ गई हैं। दुर्भाग्य से दहेज विरोधी प्रकोष्ठ तक में दहेज मृत्यु की साफ-साफ दुर्घटनाएँ आत्महत्या या अन्य किसी दुर्घटना के नाम पर दर्ज है। पुलिस की झूठी गवाही पेश कर देने पर सेशन कोर्ट से अग्रिम जमानत मिल जाती है यद्यपि मुकदमा गैर जमानती होता है (आत्महत्या के लिए उकसाना)।

13. विलम्ब के कारण मुकदमा कमजोर होता जाता है और सारी कार्यवाही, खासतौर पर दहेज मृत्यु के मामलों की कार्यवाही, पुलिस की साजिश से विकृत हो जाती है। इस अध्ययन में दी गई सामग्री से यह जाना जा सकता है कि पुलिस किस तरह विलम्ब करके तथा अपर्याप्त साक्षियाँ देकर मुकदमे को विकृत कर देती है।
14. दहेज के लिए की जाने वाली मारपीट या सिगरेट के जलते ठुड्डे से दी जाने वाली यातना को पुलिस घरेलू समस्या कहकर दर्ज नहीं करती। यहाँ तक की घरेलू हिंसा और बार-बार की मारपीट को पुलिस घरेलू समस्या ही कहती रहती हैं।

    गृह मंत्रालय के सख्त आदेशों के बावजूद कि सारे प्राकृतिक मृत्यु सम्बन्धी मामलों की तफ्तीश डीएसपी से नीचे के अफसर द्वारा नहीं की जानी चाहिए, ये मामले छोटे अफसर को जाँच के लिए सौंप दिए जाते हैं।

    जाँच की प्रक्रिया इस तरह की जाती है कि वहाँ परिस्थितियों को देखने के बजाय साक्षियाँ इकट्ठी करने पर बोल दिया जाता है।

सिफारिशें

नीति स्तर पर लिए जाने वाले निर्णय

1. दहेज विरोधी प्रकोष्ठ को कार्यवाही करने के ज्यादा अधिकार दिए जाने चाहिए। अभी वह सलाह देने वाले तथा समझौता करने वाले संगठन के रूप में काम कर रहा है।
2. दहेज विरोधी प्रकोष्ठों के साथ उनका स्वैच्छिक कार्य क्षेत्र निर्धारित कर देना चाहिए।

3. दहेज पीड़ित स्त्रियों के लिए नौकरी, कानूनी सलाह, घर तथा किसी एक हुनर का प्रशिक्षण जरूरी है जिससे उनके पास जीवनयापन के वैकल्पिक साधन उपलब्ध रहें।
4. दहेज समाप्ति का तब तक कोई अर्थ नहीं होगा जब तक उसे स्त्री की सम्पूर्ण हैसियत बदलने वाले क्रान्तिकारी कानूनी सुधार का हिस्सा नहीं बनाया जाता। स्त्री का पैतृक सम्पत्ति के बराबर का हिस्सा और स्त्री पुरुष के समान मेहनताने पर जोर दिया जाना चाहिए।
5. स्त्री को पैतृक सम्पत्ति पर संयुक्त उत्तराधिकार मिलना चाहिए।
6. नए कानून का अमल एक समस्या बना हुआ है। दो बातें देखने को मिलती हैं :
   (i) पुरुष पुलिसकर्मियों की संवेदनहीनता और
   (ii) आरोप पत्र (चार्ज-शीट) बनाते तथा जाँच करते समय की उदासीनता तथा भ्रष्टाचार : हम सिफारिश करते हैं कि
      (1) स्त्री पुलिसकर्मियों की संख्या बढ़ाई जाए तथा
      (2) पुलिस की जिम्मेदारी निश्चित की जाए।
7. जाँच में अधिक समय लगता है और इस कारण गवाहियाँ इधर-उधर हो जाती है। जाँच के काम में तेजी आनी चाहिए।
8. दहेज की मुकदमों को जल्दी निपटाने के लिए लोक-अदालतें बनाई गई थी। लेकिन अब भी दहेज पीड़ितों के मामलों में अनावश्यक विलम्ब होता है। हर मुकदमे की अवधि निश्चित होनी चाहिए।
9. स्त्रियों के विरुद्ध अपराधों की जाँच के लिए परिवार-अदालतें बनाने का कानून पारित हो जाने पर भी उनका क्रियान्वयन नहीं हुआ है। परिवार-अदालतें बनाने की दिशा में तेजी से कोशिश की जानी चाहिए।
10. संचार साधनों के जरिये दहेज विरोधी प्रचार शिक्षित करने वाला और भावनापूर्ण होना चाहिए। इस तथ्य पर जोर दिया जाना चाहिए कि दहेज देकर लड़की की सुरक्षा नहीं खरीदी जा सकती।
11. संचार साधनों के जरिये 'अपने कानूनी अधिकारों को जानो' आन्दोलन चलाया जाना चाहिए।

इस अध्ययन से यह स्पष्ट उभर कर आ गया है कि हमने जिस किसी से बात की—माता-पिता से, दहेज पीड़ितों से, ससुराल वालों से, महिला वर्ग से, पुलिसकर्मियों से, वकीलों से—सब ने दहेज प्रथा की भर्त्सना की और उसे एक सामाजिक कुरीति बताया जबकि सब इससे बुरी तरह चिपटे हुए हैं।

कानून के स्तर पर

1. दहेज निरोधक (संशोधित) अधिनियम में दहेज को स्पष्ट रूप से परिभाषित किया जाना चाहिए। विवाह के बाद माँगा जाने वाला दहेज भी कानून की परिसीमा में आना चाहिए।
2. विवाह समारोह के खर्चे पर प्रस्तावित मूल सिफारिश को अधिनियम में सम्मिलित करना चाहिए। यह सिफारिश थी कि विवाह में अभिभावक की वार्षिक आमदनी का 20 प्रतिशत या 10,000 (जो भी कम हो) से अधिक खर्च नहीं किया जाना चाहिए।
3. भारतीय दंड संहिता की धारा 498 ए के अन्तर्गत आने वाली घरेलू हिंसा को सम्पत्ति की माँग से एकदम और स्पष्ट रूप से अलग कर देना चाहिए। सम्पत्ति की माँग और उससे सम्बन्धित अत्याचारों के लिए एक अलग अधिनियम होना चाहिए।
4. विवाह और उपहारों की सूची का पंजीयन अनिवार्य किया जाना चाहिए। यह भी प्रावधान होना चाहिए कि विवाह के बाद मिलने वाले उपहार को भी इस सूची में बाद की तारीखों में दर्ज किया जा सकें।
5. दहेज निरोधक अधिनियम में दहेज देने और लेने वाले को अलग-अलग परिभाषित करते हुए इनके साथ अलग व्यवहार करना चाहिए।
6. पुत्रियों को अपनी सम्पत्ति भाइयों, पतियों अथवा दूसरे सम्बन्धियों के नाम करने का अधिकार नहीं होना चाहिए। ऐसा कोई भी लेन-देन वैध नहीं माना जाना चाहिए।
7. पुत्री को दी जाने वाली सम्पत्ति पैतृक सम्पत्ति का हिस्सा होना चाहिए। वह सम्पत्ति, सम्पत्ति की वृद्धि करने वाली सम्पत्ति होनी चाहिए जैसे दुकानें, मशीन इत्यादि। यह सम्पत्ति फिर लड़की के नाम कर दी जानी चाहिए।
8. विवाह के समय दिया जाने वाला रुपया 'स्थायी निधि' में जमा किया जाना चाहिए। पति अथवा ससुराल वालों द्वारा 'स्त्री-धन' में हस्तक्षेप अपराध करार दिया जाना चाहिए।
9. दहेज सम्बन्धी मुकदमों के फैसलों में विलम्ब रोकने के लिए न्यायालय के हर स्तर पर सुनवाई करने वाली विशेष न्यायपीठ (Special Benches) गठित की जानी चाहिए।
10. पत्नी को पीटना अभी भी पुलिस के हस्तक्षेप करने योग्य अपराध न माना जाकर साधारण अपराध माना जाता है। संशोधित अधिनियम के अनुसार यह क्रूरता दहेज के सिलसिले में माँगी जाने वाली रकम से

जुड़नी चाहिए। दूसरी क्रूरताएँ धारा 498 ए की परिभाषा के अन्तर्गत नहीं आतीं इसीलिए इस धारा के अन्तर्गत अपराध नहीं मानी जाएगी। सब तरह की शारीरिक या मानसिक यंत्रणाएँ, वैवाहिक झगड़ा, नपुंसकता से जुड़े मानसिक तनाव, विवाहेतर यौन सम्बन्ध, एक कानून के अन्तर्गत शामिल किए जाने चाहिए, जो महत्त्वपूर्ण होते हुए भी दहेज की माँग के मुकाबले गौण माने जाएँ।

इस कानून में (अ) को क्रूरता को पुनः परिभाषित किया जाना चाहिए। (ब) तलाक का कानून सरल होना चाहिए। जिससे दहेज ही तलाक लेने का एकमात्र बहाना न बन जाए क्योंकि दहेज लेना पुलिस हस्तक्षेप के योग्य अपराध हैं लेकिन अवैध यौन सम्बन्ध रखना नहीं। इसी तरह तलाक लेने का मुख्य कारण चाहे विवाहेत्तर सम्बन्ध ही हो तब भी पति पर मुकदमा चलाया जा सके।

सामाजिक स्तर पर

1. माता-पिता को लड़कियों पर ऐसे प्रतिबन्ध नहीं लगना चाहिए जिससे वे स्वतंत्रतापूर्वक ना तो कुछ सोच सकें, ना कुछ कर सकें।
2. आडम्बरपूर्ण विवाहों की सार्वजनिक भर्त्सना की जानी चाहिए। राजनेताओं तथा सामाजिक कार्यकर्ताओं को ऐसे विवाहों को निन्दा करते हुए वक्तव्य देना चाहिए।
3. गाँव तथा मोहल्ला स्तर पर ऐसी नागरिक कमेटियाँ बनाई जानी चाहिए जो दहेज लेने या देने पर कड़ी निगरानी रखें।
4. सब राजनीतिक, धार्मिक, सामाजिक संगठनों को अपने सदस्यों पर यह शर्त लगानी चाहिए कि यदि उन्हें दहेज लेते या देते पाया जाएगा तो संगठन से उनकी सदस्यता समाप्त कर दी जाएगी।
5. जो लोग स्त्रियों को सताते, यातना देते, बार-बार मारपीट करते, हत्या करते या उनको आत्महत्या के लिए उकसाते हैं उनकी सार्वजनिक भर्त्सना की जानी चाहिए तथा उन्हें समाज बहिष्कृत कर देना चाहिए। जाति संगठन और सभाएँ ऐसे लोगों से 'रोटी-बेटी' का व्यवहार तोड़कर महत्त्वपूर्ण भूमिका निभा सकती हैं।
6. महिला संगठनों को दहेज न देने के कारण दुल्हनों तथा पत्नियों को सताने वाले व्यक्तियों के खिलाफ उनके घर के सामने प्रदर्शन करना चाहिए।

7. जो राज्य कर्मचारी दहेज लें या दें या दहेज के लिए बहू को सताते हुए पाए जाएँ उन्हें नौकरी से निकाल दिया जाना चाहिए।
8. सब क्षेत्र के प्रमुख नेताओं को आडम्बरपूर्ण शादियों का बहिष्कार करना चाहिए तथा दहेज न लेने देने के सिलसिले में पहल करनी चाहिए। इस तरह हम स्त्रियों के साथ होने वाले ऐसे जघन्य अपराधों को रोक सकेंगे। जिनके सम्बन्ध में मानवता ने पहले कभी सोचा या सुना ही नहीं है।

सन्दर्भ साहित्य

अल्टेकर, ए.एस., दि पोज़िशन ऑफ़ वूमैन इन हिन्दू सिविलाइजेशन : प्रिहिसटोरिक टाइम्स टू प्रैजेंट डे, दिल्ली, 1962

बम्बावाले, उषा, इंटर-रिलिजियस मैरिज पुणे, 1982

बैनर्जी, गुरुदास, दि हिन्दू लॉ ऑफ़ मैरिज एंड स्त्री-धन, कलकत्ता, 1879

बोसरूप, ई., वूमैन्स रोल इन इकोनॉमिक डवलपमेंट, लन्दन, 1970

डैरेट, जे.डी.एम., इंट्रोडैक्शन टू मॉडर्न हिन्दू लॉ, लन्दन, 1980

देवदास, टी.एस., हिन्दू फैमिली एंड मैरिज, यूनिवर्सिटी ऑफ़ मद्रास, 1979

दूबे, एस.सी., इंडियन विलेज, बॉम्बे, 1967

डूमॉट, लुई, हाहरैरकी एंड मैरिज एलाइन्स इन साउथ इंडियन किंशिप, लन्दन, 1957

घोष, एम.एस., अरबनाइजेशन एंड मैरिज, दिल्ली, 1981

हर्षमन, पॉल, पंजाबी किंशिप एंड मैरिज, दिल्ली 1981

हीरामनी, ए.बी., सोशियल चेंज इन रूरल इंडिया, ए स्टडी ऑफ़ टू विलेजस इन महाराष्ट्र।

कृष्णामूर्ति, एस., दी डावरी प्रोबलम: लीगल एंड सोशल परस्पैक्टिव बंगलोर, 1981

कापडिया, के.एम., (1954-55) "चेंजिंग पैटर्न्स ऑफ़ हिन्दू मैरिज एंड फैमिली" सोशियालोजिकल बुलेटिन खंड III अंक I

लेविस, ऑस्कर, विपेज लाइफ इन नार्थ इंडिया : स्टडीज इन ए दिल्ली विलेज, न्यूयार्क, 1958।

मैक, डेविड एंड वेरा, मैरिज इन ईस्ट एंड वैस्ट, गार्डन सिटी, 1960

मंडेलबॉन डैविड, जी. सोसायटी इन इंडिया, 2 खंड, वर्कले, 1972

मैरियट, मेकिम, (सं.) विलेज इंडिया, शिकागो, 1967

माउस, मारसॅल, द गिफ्ट, फॉर्मस एंड फंक्शंस ऑफ़ एक्सचेंज इन आरकाइक सोसायटीज, लन्दन 1954

मैने, जे.डी., ए ट्रिटीज ऑन हिन्दू लॉ एंड यूजेज, मद्रास, 1962

मिश्रा, रेखा, वूमैन इन मुगल इंडिया, 1526-1746 एडी, दिल्ली, 1967

नायर पी.टी., मैरिज एंड डावरी इन इंडिया, कलकत्ता, 1979

पाँडे राज बली, हिन्दू संस्कार्स : सोशियो रिलीजिसय स्टैडी ऑफ़ हिन्दू सकरामेंट्स, दिल्ली, 1969

पॉल एम.सी. डावरी एंड दि पोजीशन ऑफ़ वूमैन इन इंडिया, दिल्ली 1986

प्रभु., पी.एच., हिन्दू सोशल ओरगेनाइजेशन, ए स्टेडी ऑफ़ सोशियो-फिजियो-लोजिकल एंड आइडियोलोजिकल फाउंडेशन, बॉम्बे, 1971

राव प्रकाश, वी.वी. एंड नन्दिनी, मैरिज : दि फैमिली वूमैन इन इंडिया, न्यू दिल्ली, 1982
सम्पूर्णानन्द, हिन्दू विवाह में कन्यादान का स्थान, भारतीय ज्ञानपीठ, वाराणसी, 1956
सक्सेना के.पी., "सोशियोलोजी इन इंडिया, इन सोशल एंड इकोनॉमिक चेंज" इन बलजीत सिंह एंड वी. बी. सिंह (सं.), न्यू दिल्ली।
शर्मा, राधाकृष्णा, नेशनलीज़म, सोशल रिफार्म एंड इंडियन वूमैन (1921-37) पटना, 1981
सोशल लैजिसलेशन, इट्स रोल इन सोशल वैलफेयर, भारत सरकार, दिल्ली, 1938
श्रीनिवास एम. एन., मैरिज एंड फैमिली इन मैसूर-बॉम्बे, 1942
—सम रिफलेक्शन ऑफ़ डावरी लैक्चर्स डीलिवर्ड एट तीन मूर्ति भवन वैस्ट मार्क, एडवर, हिस्ट्री ऑफ़ ह्यूमन मैरिज, वाल्यूम 3 न्यूयार्क, 1971
वटुक, वेद प्रकाश एंड सिल्विया, "द सोशल कंटैक्स्ट ऑफ़ गिफ्ट एक्सचेंज इन नोर्थ इंडिया"
—गिरिराज गुप्त (सं.) फैमिली एंड सोशल चेंज इन इंडिया।
वैंकटरामा शास्त्री, जे. आर., सिविलैरिटीज : देयर आउटलुक एंड आइडियल इन कल्चरल हैरिटेज़ ऑफ़ इंडिया, 1962, न्यू दिल्ली।

साक्षात्कार

अँधेरे से मुक्त होने की छलाँग है कविता

डॉ. इन्दुशेखर 'तत्पुरुष' की बातचीत

इन्दुशेखर : सर्वप्रथम आज की परिस्थितियों में जीवन में कविता की ज़रूरत को आप किस तरह आँकते हैं?

नंद चतुर्वेदी : मेरा ख़याल है कि कविता की शायद इसी समय ज्यादा ज़रूरत है। जब जीवन सूखता जा रहा हो और खंडों-खंडों में विभाजित होता जा रहा हो और लोगों की आर्थिक तृष्णाएँ भी बढ़ रही हों, तब कोई भी कवि वह चाहे छोटा हो, बड़ा हो, जीवन को सन्तुलित, संवेदनशील और रसमय बनाने का यत्न करेगा।

एक और महत्त्वपूर्ण बात है कि सम्पूर्ण साहित्य का काम जीवन को 'इन्क्लूसिव' बनाना है, 'एक्सक्लूसिव' नहीं। जीवन को एकीकृत करना है। यदि हम इस दृष्टि से देखें तो आपके प्रश्न का यही उत्तर हो सकता है। कुछ लोग कहते हैं कि कविता पढ़ी ही नहीं जा रही और कविता का अन्त होता जा रहा है, किन्तु वैसा मुझे नहीं लगता। मुझे नहीं लगता कि भारतीय परिदृश्य से कविता जल्दी ही गायब हो जाने वाली है। मैंने एक जगह लिखा भी है कि भारत का स्वभाव कवित्वमय और संगीतमय है। उसमें बुनियादी तौर पर भावात्मक उत्तेजना विद्यमान रहती है। अत: इस शताब्दी में और आने वाली शताब्दी में भी कविता एक बड़ी आवश्यकता रहेगी। यदि उसे विलुप्त किए जाने के प्रयास किए जाते हैं तो वह दुर्भाग्यपूर्ण होगा।

वे कौन-सी मूल चिन्ताएँ अथवा चुनौतियाँ हैं जो आपको कविता लिखने के लिए प्रेरित करती हैं?

शायद आपके इस प्रश्न का मूल आशय जो है, वह यही है कि मैं कविता क्यों लिख रहा हूँ? इसका उत्तर थोड़ा मुश्किल है।

इसको आप थोड़ा देखिए कि जो पहले यथार्थ का रूप था, आपको ऐसा प्रतीत होता था कि वह समाज का निश्चित रूप है जिसको बहुत सारे

आलोचकों ने 'एकायामी यथार्थ' कहा, जो हमारी आजादी के पश्चात् हमारी कविता का पहला चरण था, वह 'एक आयामी' था। इधर थोड़ी कठिनाई यह हो गई कि हमारे जीवन का वह यथार्थ 'बहुआयामी' हो गया है। आप सामाजिक जीवन में देखें; चाहे वे हमारे सामाजिक सम्बन्ध हों, सांस्कृतिक संवाद हों, एक संशय, अंग्रेज़ी का शब्द 'सिनिसिज्म' काम में लें तो एक 'सिनिकल', 'सिनिसिज्म', 'संशयग्रस्तता' जैसी नज़र आने लगी है। पहले जैसे कोई थोड़ा भी कवियों से प्रश्न करता था कि वे कविता क्यों लिखते हैं तो उनका उत्तर एकायामी यथार्थ होने के कारण सरल होता था। जैसे तुलसी ने कहा, 'स्वान्त: सुखाय तुलसी रघुनाथगाथा भाषा निबन्धमतिमंजुलमातनोति', उन्होंने कह दिया कि यह स्वान्त: सुखाय है। रीतिकाल के कवि से पूछा तो उसने कहा कि 'आगे के सुकवि रींझे तो कविताई, न तो राधिका कन्हाई के सुमिरन को बहानो है।' बाद में सामाजिक यथार्थ की बातें होने लगीं। फिर और अगर नजदीक से आप देखें तो जैसे स्त्रियों ने कहा कि हम स्त्रियों के लिए लिख रही हैं, दलितों ने कहा कि हम दलितों के लिए लिख रहे हैं, फिर अल्पसंख्यकों ने कहा कि हम अल्पसंख्यकों के लिए लिख रहे हैं, तो इस तरह अब आप देखें तो कई तरह के उत्तर हैं।

जैसे मैं ही पहले अपनी कविताओं के सम्बन्ध में विचार करता हुआ अपने-आपको समाजवादी कवि, सामाजिक आवश्यकताओं का कवि घोषित करता रहा हूँ। लेकिन अब उस तरह की एकनिष्ठता संशयशील हो गई है। क्योंकि स्वयं कवि का व्यक्तित्व विभाजित हो गया है। वह स्वयं यह निश्चित करने की स्थिति में नहीं है कि यही एकमात्र सामाजिक अथवा जीवन की सच्चाई है अथवा यही बुनियादी सच्चाई है। इस तरह से हम देखें तब भी आपको एक कविता की निश्चित धारा तो नज़र आती है थोड़े भिन्न-भिन्न रूपों में। अब भी एक ग़ैर-बराबरी का समाज है, शोषण आधारित या वंचितों-विपन्नों का समाज है, उसके प्रति अपनी नाराज़गी व्यक्त करना और समाज रचना के अमानवीय रूप को देखना मेरे साहित्य लेखन का प्रयोजन बना हुआ है।

कविता में आपकी चिन्ताएँ साधारण आदमी की चिन्ताएँ हैं। आम आदमी का संताप और संघर्ष, आशा और निराशा उनमें बोलती है। लेकिन वे एक प्रबुद्ध वर्ग, एक सुशिक्षित व्यक्ति को समझ में आने वाली और पसन्द आने वाली कविताएँ हैं न कि साधारण आदमी के। कविताओं का इस तरह रचाव आपके द्वारा सायास हुआ या कि अनायास?

मैं इसका कोई बहुत सुनिश्चित उत्तर तो नहीं दे पाऊँगा लेकिन मैं समझता हूँ कि मेरा जो रचना संसार है, जहाँ से मैं शब्दचयन करता हूँ, वह मध्यवर्गीय व्यक्ति

का ही है। मूलत: जो मेरी संवेदनाएँ हैं, लिखने की प्रेरणाएँ जहाँ से मिलती हैं, वे उस वर्ग का ही प्रतिनिधित्व करती हैं। आप देख ही रहे हैं कि उस वर्ग का विस्तार भी होता चला जा रहा है, जिन लोगों के साथ आपका जीवन-व्यवहार है, उन सामाजिक स्थितियों का आपकी कविता पर भी प्रभाव पड़ रहा है। जैसे आप पुरानी संस्कृत कविता को लें, तो देखेंगे कि उन कविताओं में सामन्ती आभिजात्य प्रमुख है, जो इस बात का प्रमाण है कि कवि का वर्गीय चरित्र कविता में किस तरह हस्तक्षेप करता है।

यह भी लक्षित किया जाना चाहिए कि अभिव्यक्ति के माध्यम किस तरह का हस्तक्षेप करते हैं। पहले रेडियो आया, उसने भिन्न प्रकार की साहित्यिक आवश्यकताओं को बदला। फिर टीवी आया, उसने देखने की दृष्टि बदल दी, रंगों के आयाम बदल दिये। देखें कि अब हिन्दी में एक नए प्रकार का भाषाबोध रचे जाने का प्रयास किया जा रहा है। एक नए प्रकार की भाषा—एक नई भाषा बन रही है और ख़ास कर जो आई.आई.टी. इंस्टीट्यूट हैं, वे तो एक नई भाषा की तलाश ही कर रहे हैं। अभी हैदराबाद में एक गोष्ठी हुई जिसके समाचार मेरे पास आए हैं, जिसका मूल यह था कि भाषा को बाजार विकसित करने का साधन कैसे बनाया जाए? यानी भाषा की शुद्धता, सृजनशीलता की रक्षा करना अब थोड़ा कठिन-सा हो रहा है। जो आपने प्रश्न किया था कि हमारी कविता की भाषा प्रबुद्धवर्ग की है जबकि हम कहते यह हैं कि हम आम आदमी के लिए कविता लिख रहे हैं। अब तो आम आदमी भी बदल रहा है। मध्य वर्ग का त्वरित विस्तार हो रहा है। यदि मेरी कविता में उसका दखल बढ़ रहा है तो वह स्वाभाविक है। मैं उसी वर्ग का हूँ। मेरा आम आदमी वही है।

भाषा का प्रश्न सबसे महत्त्वपूर्ण प्रश्न है किन्तु चिन्ता की बात यह है कि भाषा ही क्यों, आज जीवन के दूसरे हिस्सों को देखें, भवन को देखें, भूषा को देखें, वे सब बदल रहे हैं। अब 'पिज्जा' भोजन हो गया है, 'बर्गर' नाश्ता हो गया है। भवनों में तो आमूलचूल परिवर्तन आप देख ही रहे हैं। जब भाषा, भूषा, भोजन, भवन—सब बदलाव के चक्र में हों तो मुझे सबसे बड़ी चिन्ता यह है कि कविता की भाषा ही कौन-सी रह जाने वाली है! अब जैसे अंग्रेज़ी में 'तुम' के लिए 'यू' है तो अल्फाबेट का बना देते हैं। मैंने कई ऐसे विज्ञापन देखे हैं जिनमें FOR की जगह 4 लिखा हुआ है। इधर आविष्कारों ने भी बड़ा दखल दिया है। अब कम्प्यूटर के साथ नए शब्द भी आ गए हैं। हिन्दी के कवि तो प्राय: अध्यापक कवि ही हैं।

उनकी वर्गीय निष्ठाओं और सामाजिक परिवेश को देखते हुए यह कहा जाना चाहिए कि उनकी कविताएँ और साहित्य पढ़े-लिखे बौद्धिक वर्ग के लिए हैं।

राजस्थान की अपनी विशिष्ट परम्परा, लोकमान्यताएँ और रूढ़ियाँ रही हैं। ये आज भी प्रचलित हैं। इनमें संवाद करने अथवा संघर्ष करने में एक कवि की किस तरह की भूमिका होनी चाहिए?

इसे आप दो हिस्सों में बाँटकर देख सकते हैं। एक आजादी के पूर्व का काल रहा, इसमें कवि की जो विवशताएँ रहीं, उनमें हम देखते हैं कि वह सामन्ती समाज का ही हिस्सा रहा और वह उन रूढ़ियों और अन्धविश्वासों का समर्थन करता रहा जो सामन्तों को प्रिय थे। लेकिन आजादी के बाद वाला जो कवि-समाज बना, वह लोकतांत्रिक परम्पराओं का समाज बना और जो उसमें संवैधानिक प्रतिबद्धताएँ थीं, जिसमें धर्मनिरपेक्षता, लोकतंत्र, समाजवाद का प्रबल आग्रह रहा, उसने जीवन-दृष्टि को बदलने में बड़ी सहायता की और विवेकसम्मत तथा समतामूलक समाज रचना के प्रति आग्रह बढ़ाया। मेरी दृष्टि में प्रान्त के कवियों में शिक्षा के कारण, एक बदलती समाज रचना के कारण, वैश्विक साहित्य के सम्पर्क में आने के कारण और वैज्ञानिक आविष्कारों में कार्यकारण भाव ढूँढ़ने के कारण शक्ति और सामाजिक विवेक उत्पन्न हुआ। इससे नए मानवीय पक्ष और सौन्दर्यशास्त्र की रचना हुई। देखें कि इन बदली दृष्टियों के कारण कविता की संवेदनशीलता घटी नहीं बल्कि वे एक विवेकसम्मत समाज-रचना में मदद करने लगीं, जिसकी राजस्थान को अभी भी बड़ी आवश्यकता है। राजस्थान में अभी सामन्तकालीन मूल्यों का प्रबल विरोध नज़र नहीं आता। यहाँ मेरी दृष्टि में पुनर्जागरण की आवश्यकता है। इसके लिए विवेकसम्मत जीवन-मूल्यों की शिक्षा, वैसा राजनीतिक व्यवहार और नया सामाजिक संगठन आवश्यक है।

एक अच्छी कविता, एक सार्थक कविता आप किसे कहेंगे?

प्रिय भाई, आपने सबसे कठिन प्रश्न पूछा है। मैं स्वयं पचास-साठ वर्षों से इसी के उत्तर की तलाश कर रहा हूँ कि अच्छी कविता के प्रतिमान क्या हैं? जैसे आप पूछें कि एक अच्छे जीवन के प्रतिमान क्या हैं? इसका उत्तर देना जैसे आसान नहीं है, उसी तरह अच्छी कविता की परीक्षा के प्रतिमान निर्धारित करने का काम भी कठिन है। मुझे कई बार तो लगता है कि यह व्यक्तिगत रुचियों पर ही तो निर्भर नहीं करता और यह फिर से वहीं ले जाता है कि एक अच्छी कविता का निर्णय कैसे हो या कैसे हुआ? कई तरह की कविताएँ लिखी गई हैं और एक रसिक व्यक्ति कई तरह की कविताएँ पसन्द करने के लिए स्वतंत्र है। आप मुझसे पूछें तो मैं उन धार्मिक कविताओं को भी पसन्द करता हूँ जो प्राचीन कवियों ने लिखी हैं। मैं उन शृंगार रस की कविताओं को भी पसन्द करता हूँ जिन्हें मध्यकालीन कवियों ने लिखा। मैं उन समाजवादी कविताओं को भी प्रिय समझता हूँ जो आधुनिक कविता का

चरित्र हैं। मुझे उनकी प्रशंसा करने के अलग-अलग कारणों से कोई संकोच नहीं होता। जैसे मध्यकालीन कविता में, जो कवियों की चाराता है, अलंकारों की नाना छवियाँ हैं, वे मुझे प्रसन्न करती हैं। इसी प्रकार से आधुनिक कविता में जो वर्ण्य विषयों की वृहद् सूचियाँ हैं और मनोवैज्ञानिक सूक्ष्मताएँ हैं और भी कई प्रकार के काव्यचातुर्य के और कविता विस्तार के सुपरिचित लक्षण हैं, उन्हें मैं सराहना की दृष्टि से देखता हूँ। कवि को या एक पाठक को अच्छी या बुरी कविता का निर्धारण करने की अपेक्षा अपने जीवन के रसपूर्ण स्वादों को सजग बनाए रखना चाहिए।

बिहारी पुरस्कार से सम्मानित किए जाने के अवसर पर दिये गए आपके वक्तव्य का एक वाक्य सुभाषित की सी तरह महत्त्वपूर्ण है। आपने कहा था कि 'कविता अँधेरे में छलाँग लगाना नहीं है। अँधेरे से मुक्त होने की छलाँग लगाना है।' इसे थोड़ा स्पष्ट करें।

अगर मैं बहुत ईमानदारी व्यक्त करूँ तो इस आशय का वाक्य टी.एस. इलियट ने कहा है। इलियट ने कहा है कि 'पोइट्री इज नॉट एस्केप फ्रॉम इमोशन बट इज एन एस्केप इन्टू इमोशन।' दरअसल उस समय बौद्धिकों और काव्यालोचकों का एक समूह अभिव्यक्ति को भावुकता से अलग करने की चेष्टा कर रहा था और यह जो मेरा कथन है कि 'अँधेरे में छलाँग नहीं है बल्कि अँधेरे से मुक्त होने की छलाँग है', वह कविता के नए परिवर्तनशील स्वभाव को रेखांकित करने का प्रयत्न है। यह मूढ़ भावप्रवणता से कविता को बचाकर एक विवेकयुक्त मानवीय समाज का प्रयास है।

मेरा यह ख़याल है कि इस समय भी एक लेखक को, कवि को, साहित्यकार को घबराकर अँधेरे में छलाँग के बजाय अँधेरे से मुक्त होने की ही छलाँग लगानी चाहिए। हालाँकि आज यह बहुत कठिन हो गया है क्योंकि आज का अँधेरा अनेक कारणों से उजालों की तरह नज़र आ रहा है। अभी-अभी मैंने एक लेख लिखा है, जिसका शीर्षक है—'अँधेरे में डूबते उजाले के शहर।' इसी तरह आज बहुत-से उजालों का भ्रम पैदा किया जा रहा है, जबकि वे अँधेरे के विस्तृत होते लालची आयाम हैं।

('सुजस' के सौजन्य से)

अनुवाद और संस्कृति

अमरीकन लेखिका केथरीन रसेल रिच से बातचीत

60 और 70 के दशक में जब नंद चतुर्वेदी का लेखन भारत में प्रकाशित होने लगा तब तीखी सामाजिक आलोचना और स्पष्टतया आधुनिक स्तर के कारण वह पाठकों को चौंकाने वाला लगा। लेखक और साहित्य सम्पादक पीयूष दईया के कथनानुसार तब "नंद बाबू अपने लेखन में एक नवजात क़िस्म की हिन्दी का प्रयोग कर रहे थे।" चतुर्वेदी, जो राजस्थान के उदयपुर नगर में रहते हैं, एक समाजवादी ब्राह्मण हैं और 78 वर्ष की अपनी वर्तमान अवस्था में हिन्दी के सर्वाधिक सम्मानित कवियों में से एक हैं। 1996 के उनके एक काव्य संग्रह 'यह समय मामूली नहीं' पर उन्हें बहु प्रतिष्ठित 'बिड़ला फाउंडेशन बिहारी पुरस्कार' से सम्मानित किया गया था। राजस्थान साहित्य अकादमी की मासिका पत्रिका 'मधुमती' ने एक पूरे अंक में उनसे सम्बन्धित सामग्री प्रकाशित की थी और भारतीय भाषाओं के एक अखिल भारतीय कवि-सम्मेलन में वे हिन्दी भाषा के प्रतिनिधि कवि थे। पिछले कई सप्ताहों में उनके घर के सामने वाले उद्यान में लगभग 300 भाषाओं और उससे भी तीन गुना अधिक बोलियों वाले भारत जैसे देश में अनुवाद और उसकी विचित्र ज़रूरतों के बारे में बात की।

अपनी चातुर्यपूर्ण और बेचैन करने वाली दृष्टि के लिए जानी जाने वाली कविताएँ लिखने के अलावा आपने बहुत-से दूसरे लेखकों का अनुवाद भी हिन्दी में किया है—जींद, प्रीस्टल, कामू, अन्य भारतीय भाषाओं के कवियों आदि का। किस विधा का अनुवाद आपको अधिक कठिन लगता है—गद्य या पद्य का?

पद्य का, क्योंकि पद्य स्वयं संस्कृति के अनुवाद का एक माध्यम है। किसी कविता के शब्द केवल शब्द नहीं होते : वे सांस्कृतिक स्मृतियाँ होते हैं—सामूहिक चेतना का एक हिस्सा। उनके अस्तित्व का फैलाव उनके बाहर तक होता है। आप जब एक कविता पढ़ते हैं तब आप देश, काल और व्यक्ति को भूल जाते हैं। केवल

एक चेतना रह जाती है। सभी चीजें जैसे गड्डमड्ड हो जाती हैं—काव्य बिम्ब, लोगों के सपने और उनकी कल्पनाएँ। कविता का अनुवाद बहुत कठिन होता है।

गद्य की तुलना में अधिक कठिन?

निश्चय ही अधिक कठिन। किसी कविता का अनुवाद गद्य की भाँति पूरी तरह कर पाना सम्भव नहीं है। कविता की भाषा में आदेश और सांद्रता अधिक होती है। अनुवादकर्ता केवल शब्द की जगह शब्द ही रख सकता है और इसीलिए बहुत-सा अर्थ सम्प्रेषित नहीं हो पाता। विस्तार, अवकाश और मूर्त विचारों के कारण गद्य का अनुवाद अपेक्षाकृत सरल होता है। कविता व्यक्तिपरक होती है और उसमें एक महासागरीय गुण होता है। कवि अपनी आन्तरिक दुनिया को शब्दों में बदलने और साथ ही बाह्य दुनिया से एक निजी अनुभव का सृजन करने के लिए प्रशिक्षित होता है। यह एक दोतरफा प्रक्रिया है।

क्या लोगों की आन्तरिक दुनिया का कोई राष्ट्रीय चरित्र भी होता है? क्या आप ऐसा कह सकते हैं कि एक भारतीय की भीतरी दुनिया एक अमरीकन की भीतरी दुनिया से भिन्न होती है?

निश्चय ही, कुछ हद तक। भारतीय स्वभाव में अधिक कवित्व, अधिक कल्पनाशीलता है। वह सांसारिक समय की परवाह नहीं करता—भारत में हम अस्थायी स्थितियों से अप्रभावित रहते हैं। यह आतंकवाद, यहाँ मात्र एक राजनीतिक शब्द है। लोग कहते हैं, 'ठीक है, यह भी बीत जाएगा।' हमने बहुत से उतार-चढ़ाव देखे हैं, हमें इस चलते चक्र के बारे में पता है। हमारी संस्कृति पुरानी है।

पुरानी संस्कृतियों की सामूहिक स्मृति में बहुत-सी दुर्घटनाएँ-घटनाएँ रहती हैं जिनको तर्क-संगति देने के लिए वे युक्तीकरण का एक मनोविज्ञान विकसित कर लेती हैं। वे चीजों के बारे में युक्तिपूर्ण तर्क ढूँढ़ लेती हैं क्योंकि यदि प्रकृति अप्रसन्न हो और यदि अकाल मृत्यु और महामारियाँ बार-बार आती रहें तो आप अन्ततः कहने लगते हैं कि 'चलो, ठीक है, यही ईश्वर इच्छा है। हम इनका मुकाबला करते हैं पर हमारे अच्छे दिन भी आएँगे।' संस्कृत में वे कहते हैं—'चक्रवत-चक्र जैसा है यह।' नए राष्ट्र बुरी परिस्थितियों से डर जाते हैं—ख़ासतौर से यदि उन्होंने समृद्धि का समय ही देखा हो। अमरीका बुरे दिनों के मुकाबले से बहुत डरता है।

यदि आप किसी दूसरे देश की स्मृति में भागीदारी नहीं कर सकते तो आप कोई भाषा कैसे सीख सकते हैं?

यह तभी सम्भव है जब आप उस संस्कृति का एक जीवन्त भाग बनने का प्रयास करें और उसके सुख-दुख को समझने की चेष्टा करें, अन्यथा आप भाषा को केवल

ऊपर-ऊपर से पढ़ पाएँगे। सम्भव है, आप अन्तत: उसका केवल पर्यवेक्षण करने लगें। हमारे यहाँ विदेशी पर्यवेक्षण का भी एक इतिहास है। पर्यवेक्षक आन्तरिक अर्थ नहीं समझ पाते या नहीं समझना चाहते। वे किसी देश के बारे में जानकारी दे सकते हैं पर वे कभी कविता नहीं लिख पाएँगे।

आइए, हम भिन्न संस्कृतियों की आन्तरिक दुनिया के अनुवाद में आने वाली कठिनाइयों की बात करें और इसका आरम्भ शब्दावली की सीमाओं से करें। किसी भाषा-पाठ्यक्रम को पूरा करने वाले व्यक्ति को सबसे पहले अनुपलब्ध शब्दों की समस्या का सामना करना पड़ता है, उन शब्दों की अनुपलब्धता का, जो दूसरी भाषा में नहीं होते। यह अनुपलब्धता बड़ी विकट होती है। उदाहरणार्थ—हिन्दी में 'प्राइवेसी' के लिए कोई शब्द नहीं है।

हाँ (हँसते हुए), लेकिन चन्द्रमा के लिए हमारे पास दस शब्द हैं और हर शब्द एक भिन्न प्रकार की मृदुता दर्शाता है। अंग्रेज़ी में आपके पास एक ही शब्द है—मून, मून और मून। आपके पास केवल 'सन' है। मेरे पास 'सूर्य' है—इसका उच्चारण ही एक प्रगल्भता दर्शाता है—और फिर उसके लिए सूरज, रवि, आदित्य और भास्कर जैसे अन्य कई शब्द हैं।

हिन्दी संस्कृत से आई है और संस्कृत भाषाकाल में लोग प्रकृति के सान्निध्य में रहते थे। प्रकृति के विभिन्न रूपों को देख-समझकर, उसकी क्रूरताओं और उदारताओं को लक्ष्य करके, संस्कृत कवियों ने मानवीय मनोभावों को व्यक्त करने में जबरदस्त दक्षता हासिल कर ली। वे मनुष्य की गहनतम लालसाओं को व्यक्त करने में भी समर्थ रहे हैं।

हर भाषा के भिन्न-भिन्न उद्‌गम-स्थल और भिन्न-भिन्न ज़रूरतें होती हैं अत: हर भाषा की शब्दावली सम्बन्धी सीमाएँ होती हैं और अपनी विशिष्ट ताक़तें भी होती हैं।

किन्तु एक अनुवादक के रूप में आप उन सीमाओं का क्या करते हैं?

अन्तत: आपको यह तथ्य स्वीकार करना होता है कि बहुत-से ऐसे शब्द व अवधारणाएँ हैं जिनका केवल मोटा-मोटा अर्थ ही किया जा सकता है। सम्पूर्ण अनुवाद न तो सम्भव है और न ही वह अभीष्ट भी होता है। आप दाँत के बदले दाँत, कील के बदले कील या मक्खी के बदले मक्खी नहीं बिठा सकते। आपको अपनी शब्दावली से सन्तुष्ट होना पड़ता है क्योंकि यह सच है कि आपकी शब्दावली किसी दूसरी भाषा की शब्दावली जैसी नहीं हो सकती। इस तरह एक अनुवादक का कुछ दूर रह जाना सम्भव है।

हर संस्कृति की अपनी विशिष्ट पहचान होती है, ऐसे में कोई चीज अनुवाद में कैसे बची रह सकती है?

आप व्यापक अनुभवों से इन अवरोधों को हटाने की कोशिश करते हैं। उदाहरणार्थ—हमने शेक्सपियर का हिन्दी अनुवाद किया है। 'मर्चेन्ट ऑफ वेनिस' में लालच का चित्रण इतना प्रभावी है कि आप उसे किसी भी भाषा में जान लेते हैं। लालच एक सहजात वृत्ति है। वह सांस्कृतिक सीमाओं से ऊपर उठ जाता है। प्रेम भी एक तरह की सहजात वृत्ति है। यही कारण है कि प्रेम की कुछ खुशियाँ और कुछ पीड़ाएँ सभी जगह एक-सी होती हैं।

अभी एक दिन मैं टॉल्स्टॉय की एक कहानी पढ़ रहा था जिसमें एक राजकुमार किसी काउंटेस के प्रेम में पड़ जाता है। जब वह काउंटेस उसे सम्राट के साथ उसके यौन अनुभव के बारे में बताती है तो उसे इतना धक्का लगता है कि वह साधु बन जाता है, किन्तु कई वर्षों बाद उसके सम्मुख वैसा ही प्रलोभन उपस्थित होने पर वह स्वयं उसका शिकार हो जाता है। जिस समय मैंने इस कहानी को पढ़ा, वह रूसी से अंग्रेज़ी में और अंग्रेज़ी से हिन्दी में अनुवाद की जा चुकी थी। उसका हर अनुवाद, मेरा ख़याल है, क़ाफी सशक्त था, क्योंकि कामासक्ति और एक उच्चतर जीवन की चाह के बीच संघर्ष मानव जीवन में सदैव रहा है। ये दो धुरव सदा उपस्थित रहे हैं।

सैद्धान्तिक रूप से क्या मनोभावों का अनुवाद आसान नहीं होता, क्योंकि हम सभी के मनोभाव एक-से होते हैं?

मनोभावों की भागीदारी आसान है पर अनुवाद कठिन है। हमने इन मनोभावों को सदियों से साथ-साथ जिया है, अत: उनकी अदला-बदली सरल है। जब गेटे ने कालिदास का प्रसिद्ध नाटक 'अभिज्ञान शांकुतलम्' पढ़ा तब वह खुशी से नाचने लगा क्योंकि उसकी करुणा इतनी मार्मिक है। मैं जो कहना चाहता हूँ, वह यह है कि एक जर्मन कवि भी एक भारतीय मनोभावों की तीव्रता महसूस कर सकता है। पर मैं साथ ही इस बात पर भी बल देना चाहूँगा कि किसी अनुवादक के लिए उसे अनुवाद में ला पाना कितना कठिन है! वह कितना मुश्किल है!

क्या अनुवाद एक कला है?

हाँ, हालाँकि यह एक व्यावसायिक दक्षता भी हो सकती है। पर जब यह एक कला होती है तो अनुवादक से इसकी माँग दो स्तरों पर होती है—भावनात्मक और व्यावसायिक। आप व्यावसायिक रूप से चाहें जितने दक्ष हों, भावनात्मक रूप से यदि आप उस भाषा के विरोधी हैं, यदि आप उस भाषा वाले देश को नापसन्द करते हैं तो उसका प्रभाव आपके अनुवाद में भी नज़र आएगा। किसी सुन्दर अनुवाद के लिए अनुवादक को अनुवाद-प्रशिक्षित होना ज़रूरी है किन्तु साथ ही उसके मन में

उस भाषा, उस देश और उसकी सांस्कृतिक गरिमा के प्रति भी उतना ही भावनात्मक लगाव आवश्यक है।

मैं एक बार एक ऐसे अनुवादक से मिली जिसे 27 भाषाएँ आती थीं। क्या किसी व्यक्ति का लगाव 27 संस्कृतियों से हो सकता है?

तब वह व्यावसायिक दक्षता ही होगी।

आपने कहा, 'भारत में हम लोग वाग्विलास में रुचि लेते हैं। भाषा लोगों के लिए एक बड़ा केन्द्रक है। वह हमें लोगों को, उनके सपनों को, उनकी दृष्टि को समझने में बड़ी मदद करती है। जिस देश में संवैधानिक रूप से स्वीकृत अठारह भाषाएँ हों और कई सौ अन्य ग़ैर-सरकारी भाषाएँ हों, उसमें कोई यह भी मान सकता है कि भाषा वहाँ एक केन्द्रक होने के बजाय विखंडन का काम करेगी। आप इस बारे में कुछ कहेंगे?'

मैं कह रहा था कि हमारे यहाँ किस तरह की एक वाचिक परम्परा रही है जबकि यूरोपियन देशों में लिखित परम्पराएँ रही हैं। हमारे यहाँ गुरु से शिष्य तक विचार सुलेख या किसी संकेत लिपि से नहीं पहुँचते थे, वे बोलकर, मौखिक अभिव्यक्ति द्वारा सम्प्रेषित होते थे। हमारा बल अब भी मौखिक भाषा पर है जो एक व्यवस्थित लिखित परम्परा के रूप में यूरोप की तुलना में बाद में विकसित हुई। शिक्षक ही ज्ञान का प्रमुख स्रोत रहा और इसीलिए बहुत-सा लेखन काव्य रूप में हुआ क्योंकि कविता को जल्दी से और रोचक ढंग से सीखा जा सकता है। वह गद्य जैसी नहीं है। हमारे यहाँ ज्योतिष और चिकित्साशास्त्र की पुस्तकें भी काव्य रूप में लिखी गईं—श्लोकों में, छन्द में। वे मंत्र होते थे। उनमें संगीत होता था।

और लिखित परम्परा का होना भाषा को कैसा रूप देता है?

अंग्रेज़ी में, उदाहरणार्थ, एक लिखित परम्परा है और उस परम्परा से विश्वकोशीय ज्ञान आया है। अंग्रेज़ी की प्रकृति सूचनात्मक है। दूसरी भाषाएँ विश्व को अधिक दैवी तरीकों से व्याख्यायित करती हैं।

बहुत-सी भारतीय भाषाओं के साथ-साथ यहाँ बहुत-से अच्छे लेखक हैं जो अपनी स्थानीय बोली में लिखने के कारण मोटे तौर पर अज्ञात रहते हैं। भारतीय उपन्यासों की अन्तर्राष्ट्रीय प्रसिद्धि केवल अंग्रेज़ी में लिखी पुस्तकों तक सीमित रही। आप भारतीय मूल के विदेशी लेखकों के बारे में क्या सोचते हैं?

मुझे उनमें से बहुतों के बारे में अधिक जानकारी नहीं है, मुझे मुख्यत: उनकी बड़ी रॉयल्टी के बारे में ही पता है। उनके पैसे के बारे में अक्सर चर्चा होती है और उसने

हिन्दी और दूसरी भारतीय भाषाओं के लेखकों में कुंठा भाव भी पैदा किया है। वे भी विक्रम सेठ या झुम्पा लाहिड़ी या अरुन्धति रॉय जैसे मालदार हो जाना चाहते हैं। लेखन अब उतना सरल और गरिमापूर्ण नहीं रह गया है जितना कि वह अभी कुछ समय पहले तक था। लेखक से सामाजिक बुराइयों के विरुद्ध धर्मयुद्ध करने वाले योद्धा होने की उम्मीद की जाती है पर मैं देखता हूँ कि आजकल लेखक धर्मयुद्ध के साथ-साथ व्यापार भी करना चाहते हैं।

मैं एक समृद्ध पड़ोसी को देखता हूँ, एक फलते-फूलते बाजार को देखता हूँ, एक ऐश्वर्यपूर्ण जीवन को देखता हूँ—तब मैं कितना बड़ा धर्मयोद्धा हो सकता हूँ? लेखक भी तो उसी समाज की महत्त्वाकांक्षाओं का एक हिस्सा होते हैं जिसमें कि वे जीते हैं।

अमरीका में आने वाली पुस्तकों के माध्यम से जिस भारत का अनुवाद किया जा रहा है, वह क्या अमरीकन रुचियों के मुताबिक गढ़ा गया भारत है?

एशिया के देशों को चित्रित करने का प्रकाशकों का अपना एक तरीका है। वे हमारी गरीबी, हमारी बीमारियाँ, हमारी कुरूपताएँ, हमारे नंगे बच्चे और हमारी कंगाल लड़कियों को दिखाना चाहते हैं। यह केवल विपणन है। अध्यात्म भी बेचा जाता है। जब मैं अमरीकनों से बात करता हूँ तो मुझे लगता है, वे अब भी भारत को एक साधु-सन्तों के देश के रूप में देखते हैं। यह ठीक है कि आध्यात्मिकता के मामले में हम अधिक सम्पन्न हैं, पर हमारे यहाँ एक कठोर जाति-व्यवस्था भी है जो धार्मिक आधार पर ग़ैर-बराबरी को उचित ठहराती है।

उपन्यासकार अमिताव घोष ने अमरीकन प्रकाशकों से कहा है कि वे भारत के श्रेष्ठ प्रादेशिक लेखकों को खोजकर उनके लेखन का अनुवाद करवाएँ; किन्तु अभी भारत में ही प्रादेशिक लेखन के लिए कोई फलता-फूलता बाजार नहीं है।

हिन्दी साहित्यिक पत्रिकाओं ने (इससे सम्बन्धित) एक बड़ा आन्दोलन छेड़ रखा है किन्तु इन पत्रिकाओं का पठन-पाठन केवल लेखकों तक सीमित है। प्रादेशिक लेखकों का अनुवाद होता है किन्तु बहुत कम, क्योंकि उनकी किताबें खरीदेगा कौन? इसमें कई तरह के अवरोध हैं। इतनी निरक्षरता है, और गाँवों में, जहाँ अधिकांश जनसंख्या बसती है, लोगों के पास खाने तक को नहीं है—वे कोई किताब कैसे खरीदेंगे? बुद्धिजीवी और पढ़े-लिखे लोग भी किताबों पर पैसा खर्च नहीं करना चाहते। यदि आप किसी शिक्षक के घर जाएँ तो आपको उसके यहाँ मुश्किल से दस किताबें मिलेंगी। दरिद्रता एक बड़ा अभिशाप है। वह बहुत-सी सुन्दर कामनाओं को नष्ट कर देती है।

इसके अलावा हम अपनी भाषाओं को परस्पर जोड़ नहीं पाए हैं। जब हम अपनी कविताओं का अनुवाद करना चाहते हैं तब हमें पहले अंग्रेज़ी में उनका अनुवाद करना पड़ता है और तब उनका अनुवाद अन्य भाषाओं में होता है।

तो अंग्रेज़ी सेतु का काम करती है?

हाँ, यदि मैं अपनी कविता का अनुवाद तमिल में चाहता हूँ, मैं पहले अंग्रेज़ी में उसका अनुवाद करूँगा। इसके बाद कोई तमिल कवि हिन्दी से आई इस कविता को देखकर उसका तमिल में अनुवाद करेगा। वास्तव में देखा जाए तो इस भाषा में आते उसका नयापन समाप्त हो चुका होगा। उसका आधा भाग अंग्रेज़ी की भेंट चढ़ जाएगा। इस दोहरे नुकसान में पहला शिकार इसकी भाषा का संगीत होगा। जब आप इस तरह अनुवाद करते हैं तो आपके हाथ में केवल कुछ सामान्य बातें रह जाती हैं—केवल उसका कंकाल। तब आप उसके संगीत को, उसके अर्थ की समृद्धि को बचा नहीं पाते। दूसरों के लिए भी अंग्रेज़ी एक ऐसी विदेशी भाषा है जो कभी एक आदर्श उत्प्रेरक का काम नहीं कर सकती। कम-से-कम यह सारी प्रक्रिया ही आपको बेदम लगेगी।

हाँ, यह समस्या तो है, पर इसके अलावा किया भी क्या जा सकता है?

किन्तु हिन्दी राष्ट्रभाषा है, फिर माध्यम वह क्यों नहीं है?

अरे नहीं, वस्तुत: हिन्दी के सीमित संचार के कारण उससे काम चल नहीं पाता। हिन्दी कभी विश्वभाषा नहीं बन पाई। इसके तरफदारों ने जब भी इसका दायरा बढ़ाना चाहा, उन्हें राष्ट्रीय समस्याओं का सामना करना पड़ा। अन्य भाषा-भाषियों ने उनकी अपनी भाषा की श्रेष्ठता का दावा करना शुरू कर दिया। वे कहने लगे, 'हमारे पास बेहतर लेखक हैं, बेहतर कवि हैं। हमारे पास जीवन के अधिक गहरे अनुभव हैं।' जब संविधान में हिन्दी को राष्ट्रभाषा बनाने के बारे में मतदान द्वारा फैसला हुआ तो दक्षिण में दंगे शुरू हो गए। लोगों ने इसके विरोध में आत्मदाह कर लिया। भाषायी श्रेष्ठता के इस संघर्ष ने राजनीतिक युद्ध का रूप ले लिया।

तो वे यह तथाकथित भाषायी साम्राज्यवाद कायम करने के बजाय पीछे हट गए?

हाँ, किन्तु अंग्रेज़ी की पकड़ इतनी सफल रही है कि लोग उसके साम्राज्यवाद को पहचान कर भी उससे चिपटे रहने को तैयार हैं। यह एक गम्भीर भारतीय समस्या है : हम जानते हैं कि अंग्रेज़ी से हमारा काम नहीं चलेगा, पर हम यह भी मानते हैं कि अंग्रेज़ी के बिना हमारा काम नहीं चलेगा।

उदाहरणार्थ, मैं एक हिन्दी का प्रोफेसर हूँ, पर मैं अपने पुत्र-पौत्रों को अंग्रेज़ी स्कूल में पढ़ाता हूँ हालाँकि मैं जानता हूँ कि अंग्रेज़ी में पढ़ना उनके मानसिक विकास के लिए हानिकारक साबित होगा। साथ ही साथ मुझे इस बात का बोध है, और हर एक को है कि यदि उन्होंने अपनी शिक्षा अंग्रेज़ी में नहीं ली तो वे जीवन में सफल नहीं हो पाएँगे। हम दो सौ सालों से इस बात पर बहस कर रहे हैं, 'जब से ईस्ट इंडिया कम्पनी ने इस देश पर कब्जा किया, तब से।'

मानसिक विकास के लिए हानिकारक से आपका क्या तात्पर्य है?

यदि कुछ अपवादों को छोड़ दिया जाए तो कोई भी सृजनात्मकता किसी विदेशी भाषा में नहीं फल-फूल सकती। हमारी सृजनात्मकता बाधित हो गई है। हम अपनी स्वयं की कोई भाषा विकसित करने में असफल रहे हैं। हम सहज रूप से अपनी आन्तरिक इच्छाओं का अन्वेषण नहीं करते। हमारे विद्यार्थियों को अपनी परम्पराओं से अधिक ज्ञान अंग्रेज़ी परम्पराओं के बारे में है। मैं अन्ध राष्ट्रीयतावादी नहीं हूँ किन्तु हमें उस सौन्दर्य के बारे में पढ़ाया जाना चाहिए जो हमारी भाषा में है। हमें अपनी परम्पराओं की महानता के बारे में पता होना चाहिए। हमें चुपचाप अंग्रेज़ी की श्रेष्ठता और हिन्दी की हीनता को स्वीकार नहीं कर लेना चाहिए।

आपको कई बार अपनी कही बातों का अनुवाद स्वयं करना पड़ता है। भाषा का यह बदलाव क्या आपमें भी परिवर्तन ला देता है?

हाँ! जब अंग्रेज़ यहाँ आए तो इस बात को लेकर बड़ी बहस हुई कि भारतीय स्कूलों में अंग्रेज़ी चलाने से क्या उन्हें कोई फायदा होगा? उन्होंने यह निष्कर्ष निकाला कि यदि भारतीयों को अंग्रेज़ी पढ़ाई जाए तो अंग्रेज़ी आदतें, अंग्रेज़ी शैली, अंग्रेज़ी रहन-सहन सीख जाएँगे और वही हुआ है। लॉर्ड मैकाले की यह सोच दूरदर्शितापूर्ण थी कि यदि आपको अपना साम्राज्य कायम करना है तो पहले एक भाषा का साम्राज्य कायम करो; या जैसा एक इतिहासकार ने कई सौ वर्षों बाद कहा, 'मुगलों ने लड़ाई के लिए तलवारों का इस्तेमाल किया और अंग्रेज़ों ने भाषा का।'

अनुवाद : डॉ. सदाशिव श्रोत्रिय

(लेखिका का मूल लेख 'वाशिंगटन पोस्ट' में प्रकाशित हुआ था—साभार)

समतामूलक समाज की पक्षधरता

डॉ. ओम निश्चल की एक विशिष्ट बातचीत

राजस्थान के कवियों में जिस कवि का व्यक्तित्व सर्वाधिक आलोकित और हतप्रभ कर देने वाला है और जिसकी कविताओं में कवि के निजी जीवन की ईमानदारी का ताप सर्वाधिक प्रखरता से मौजूद है, वे नंद चतुर्वेदी हैं। ब्रजभाषा के कवियों के गहरे सान्निध्य में रहे नंद चतुर्वेदी ने जिस दौर में कविता की देहरी पर अपने कदम रखे, वह समस्यापूर्तियों का दौर था किन्तु कवित्त, दोहे, सवैये और पद रचना में अभ्यस्त नंदजी को विशेष ख्याति खड़ी बोली की कविताओं से मिली। उन्होंने 'जय हिन्द', 'जन शिक्षण' एवं 'जनमत' का सम्पादन किया तथा थोड़े समय तक 'मधुमती' का भी। किन्तु उनके द्वारा सम्पादित 'बिन्दु' को साहित्यिक पत्रकारिता में एक अलग दृष्टि से देखा जाता है। बेशक उसे अल्पवय मिली, किन्तु सामाजिक सरोकारों की दृष्टि से उसकी सर्जनात्मक चिन्ताएँ गहरी थीं। नंदजी ने सदैव यह कोशिश जारी रखी कि कविता की सामाजिक प्रासंगिकता गायब न हो जाए और न ही भाषा के सर्जनात्मक उत्स सूखने पाएँ। तभी तो वे एक गीत में कहते हैं—"यह धुआँ, निर्लिप्तता पाखंड/जल रहे चारों तरफ भूखंड/भूख के मारे हुए हैं लोग/देख कुछ इतिहास कुछ भूगोल।" और उनकी कविता बताती है कि "एक समय ऐसा आता है देशवासियों/जब लोग शपथ लेते-खाते देश को डुबा आते हैं समुद्र में/आस्था, व्याख्या, कारण, लालच, नीति वचन, पछतावा और गप्पें/इस तरह भी पहचाने जाते हैं देश और षड्यंत्र।"

विचारधारा से समाजवादी नंद चतुर्वेदी इसी 21 अप्रैल को अपनी उम्र की अस्सीवें वर्ष में प्रवेश कर रहे हैं। अब तक उनके चार कविता संग्रह आ चुके हैं, 'यह समय मामूली नहीं', 'ईमानदार दुनिया के लिए', 'वे सोये तो नहीं होंगे' तथा 'भारतीय ज्ञानपीठ' से अभी-अभी आया संग्रह 'उत्सव का निर्मम समय'। इसके अलावा उनके वैचारिक निबन्धों का संकलन 'शब्द संसार की यायावरी' प्रकाशित है। हिन्दी कविता की दोषपूर्ण मूल्यांकन प्रविधि के चलते नंद चतुर्वेदी जैसे वरिष्ठ कवि का मूल्यांकन होना वस्तुतः अभी शेष है। फिर भी आज की हिन्दी कविता

में नंदजी का कद बहुत ऊँचा है। 'मधुमती' ने हाल ही में उन पर एक अत्यन्त समावेशी अंक केन्द्रित कर उन्हें बहुमान दिया है। उनकी आवाज़ हिन्दुस्तान के उस कोने, उस मरूभूमि से आती हुई आवाज़ है जिसमें सच्चाई मनुष्य की सामाजिक, आर्थिक नियति और दुरावस्था तथा इतिहास और अतीत की प्रतिध्वनियाँ कविता के मानवीय सरोकारों की परिधि को किंचित वृहत्तर बनाती हैं। राजस्थान के सुपरिचित कवियों विजेन्द्र, ऋतुराज, नंद किशोर आचार्य, हेमन्त शेष, नंद भारद्वाज, हरीश भादानी तथा युवा कवि अनिल गंगल के मध्य नंद चतुर्वेदी का स्वर सबसे अलग है। राजस्थान साहित्य अकादमी के मीरा पुरस्कार और बिड़ला फाउंडेशन के बिहारी पुरस्कार से सम्मानित नंदजी के साथ बातचीत करने का भी सुख है क्योंकि कविता के साथ-साथ वे बतरस में भी उतने ही मनोयोग से दिलचस्पी लेने वाले इंसान हैं और इस कदर भावप्रवण भी कि आप उनकी बातों में बंधे-बिंधे बिना नहीं रह सकते। नंद चतुर्वेदी जी से यह बातचीत जिन दिनों हुई वे जाड़े के पहले के गुनगुनी धूप के दिन थे। ढलती हुई साँझ के समय हमारे समय के वरिष्ठ कवि नंद चतुर्वेदी से यह बातचीत सचमुच रोमांचक थी।

उदयपुर की खुली जगह पर बसी जिस अहिंसापुरी कॉलोनी में कवि का निवास है, वहाँ प्रकृति का छोर, खुले आसमान की उजास और गँवई मन को तोष देती हरियाली रची-बसी है। यों तो उदयपुर की झीलें, पहाड़ियां, सड़कें सब एक लुभावने स्थापत्य का हिस्सा है, जहाँ पहुँचकर मन यों ही ठहर-सा जाता है, उस पर अपने समय को शब्द की यायावरी में बिता देने का संकल्प साधे नंद बाबू से मिलना एक ऐसे विरल व्यक्तित्व से मिलना है, जिसके जीवन और कर्म में कोई फांक नहीं दिखाई देती। बल्कि जहाँ पहुँचकर ही यह जाना जा सकता है कि विचारधारा राजनीतिकों की शब्द-स्फीति में नहीं, नंदजी जैसे कवियों की सर्जनात्मक दिनचर्या और निष्कंप साहसिकता में चरितार्थ होती है।

ओम निश्चल : आपकी विनोदी शख्सियत और प्रखर वक़्तृता को देखकर ऐसा लगता है कि कहीं यह चतुर्वेदियों का जातीय स्वभाव तो नहीं है? चतुर्वेदियों में भी मथुरा के चतुर्वेदियों का कहना ही क्या! ज़ाहिर है कि आपके पूर्वज भी कभी उत्तर प्रदेश से ही यहाँ आ बसे होंगे। राजस्थान की मरुभूमि में आपका कैसे और कब आना हुआ?

नंद चतुर्वेदी : हम हैं तो उत्तर प्रदेश के ही, पर सैकड़ों साल से हमारे पुरखे राजस्थान में आ बसे हैं। झालावाड़ रियासत थी पहले जो कि पितृगृह है। वह हाड़ौती अंचल कहलाता है। काफी समय से यहाँ रहने के कारण राजस्थान के संस्कार हम लोगों में रच-बस गए हैं, फिर भी उत्तर प्रदेश का संस्कार हममें जीवन्त है। मेवाड़ में मेरी ननसाल है। कहा जाता है कि महाराणा उदयसिंह के समय में एक बार महाराणा को

प्यास लगी। सेनापति ने चारों ओर जल तलाश किया, परन्तु जल कहीं मिलने की आशा न थी। उसी समय उत्तर प्रदेश से एक चतुर्वेदी आ रहे थे—बाबा डूँगरजी। बाबा डूँगरजी के पास जल से भरी लुटिया थी। सेनापति ने उनसे जल पिलाने का आग्रह किया। बाबा डूँगरजी ने महाराणा और सैनिकों को जल पिलाया। विस्मित कर देने वाली बात यह भी कि पात्र खाली होकर फिर से भर जाता। सभी ने छक कर पानी पिया। इससे महाराणा प्रसन्न हो गए तथा बाबा डूँगरजी को अपने साथ ले आए। बेड़च के तट पर बसा उन्हें 'मिश्रों की पीपली' नामक गाँव दान में दिया। तभी से चतुर्वेदियों के परिवार यहाँ हैं। वैसे चतुर्वेदियों के परिवार मेवाड़, कोटा, बूँदी, झालावाड़, जयपुर, भरतपुर आदि नगरों में बस गए हैं। कुछ महाराष्ट्र चले गए। बाबा डूँगर जी वाली घटना मुगल आक्रमण के दिनों की है।

आपके भीतर साहित्यिक प्रवृत्तियों का उन्मेष कब हुआ और रचना की प्रेरणा किन-किन से पाई?

आगरा में बलवन्त राजपूत कॉलेज के प्रिंसिपल डॉ. सिंह थे। उन्होंने एक बार मेरा परिचय पूछा। मैंने कहा, 'मैं नंद चतुर्वेदी हूँ और कवि हूँ।' उन्होंने कहा कि भाई, दो-दो परिचय एक साथ न दिया करें। चतुर्वेदी कह देना ही काफी है। ज़ाहिर है कि चतुर्वेदी हैं तो पहला तो यह कि वर्ण गौर होगा, दूसरा यह कि वे कवि होंगे ही। तो मैं समझता हूँ कि मेरे भीतर साहित्यिक प्रवृत्तियों का उन्मेष पारम्परिक चेतना का ही परिणाम है। यह शायद जातीय वैशिष्ट्य ही है कि लीक से अलग-सा दिखने की प्रवृत्ति मेरे भीतर शुरू से ही मौजूद रही है। वैसे भी चतुर्वेदियों की पहचान कुछ अलग ही दिखती है। किसी ने कहा भी है : 'चंचल नारि के नैन छिपैं, पर चौबे को छैल छिपै न छिपाए।' (हँसी)

जहाँ तक लेखन की शुरुआत का प्रश्न है, मैंने ब्रजभाषा में कवित्त और सवैयों के लेखन से की। तब राजस्थान के बहुतेरे कवि ब्रजभाषा में ही लिखते थे। झालावाड़ के महाराजा राजेन्द्र सिंह 'सुधाकर' स्वयं एक सुधी कवि थे। उनके दरबार में ब्रजभाषा के अनेक कवि आते-जाते थे। ब्रजभाषा में लिखे छन्दों का पाठ मुझे भाता था। उन दिनों कवि-सम्मेलन में द्विवेदीकाल के रससिद्ध कवि गिरिधर शर्मा 'नवरत्न' भी जीवित थे। वे झालरापाटन के ही थे। वे खड़ी बोली और ब्रजभाषा दोनों में कविता करते थे। गयाप्रसाद शुक्ल 'सनेही', अनूप शर्मा जैसे कवि भी आते रहते थे। उन्हें सुनने का सौभाग्य मुझे मिला और सच कहूँ तो हिन्दी और ब्रजभाषा दोनों में लिखी जाने वाली रचनाओं ने मुझे गहराई से प्रभावित किया। दरअसल वह दौर ही ब्रजभाषा की कविता का था। लोग समस्यापूर्तियों को अपने काव्याभ्यास के लिए आवश्यक मानते थे। मैंने भी काफी समस्यापूर्तियाँ की हैं। सातवीं कक्षा में जब मैं था तो समस्यापूर्ति के लिए दी गई एक पदावली 'हमारे हैं' को एक भावपूर्ण कवित्त

में प्रस्तुत किया था। मेरी समस्यापूर्तियाँ उन दिनों की प्रतिष्ठित पत्रिका 'सुकवि' में छपती थीं। बी.ए. तक मेरी शिक्षा क्रमश: झालावाड़, कोटा तथा अजमेर में हुई। फिर झालावाड़ वापस आ गया। तब तक खड़ी बोली की कविता की ओर मेरा रुझान बनने लगा था और कविताएँ कुछ इस तरह की होती थीं :

मधु के प्यालों में पलते हो
वैभव के मादक दीवानो।
अरे! तुम्हारे कुत्ते-बिल्ली
दूध जलेबी पीते खाते
मुर्गे-मुर्गी महलों के शोभा के
साधन समझे जाते।
उधर कहीं जो खुली सड़क पर
एक दूध मटकी फट जाती,
लाखों बहनें वस्त्र भिगो कर
दूध बाल मुख में चुचुवातीं।
ऐ, जननी के भामाशाहो!
जननी की कसकें पहचानो।

समाजवादी विचारधारा से आपका जुड़ाव कब हुआ?

जिन दिनों मैंने कोटा से एम.ए. किया यानी सन् 1948 से। तभी से मेरा वैचारिक रुझान समाजवादी विचारधारा की ओर हुआ। कोटा उन दिनों समाजवादियों का केन्द्र हुआ करता था। उन्हीं दिनों मैं नई अतुकान्त कविता की शैली के प्रति भी आकृष्ट हुआ। याद आता है कि मैंने उन्हीं दिनों एक कविता लिखी थी—'जी हाँ, यह धन का अजगर है'। तब मन में राजस्थान को एक करने का राजनीतिक भाव भी था। सामाजिक स्तर पर बदलाव लाने का एक स्वप्न मन में था। वे उम्मीदों से चमकते दिन थे। मेरे मन में एक संकल्प था और एक सपना भी और यह आशा कि जल्दी ही हमारा प्रान्त सामन्ती यातनाओं से मुक्त हो जाएगा। मैं नसीराबाद (महाराष्ट्र) से नौकरी छोड़कर आया था और समाजवादी पार्टी का विधिवत् सदस्य हो गया था। कोटा से तब समाजवादी पार्टी का मुख पत्र 'जयहिन्द' निकलता था। मैं उसके सम्पादक मंडल में शामिल कर लिया गया। उस समय की कविताओं पर पार्टी के सिद्धान्तों का दबाव स्वाभाविक था। उन रचनाओं की भाषा आवेशपूर्ण होती थी। नया जमाना, लाल सूरज, नई मशाल, रोशनी, शोषण की दुनिया का अन्त, झोंपड़ी को बचा लेने की प्रतिज्ञाएँ उन कविताओं की अन्तर्वस्तु जैसी होती थीं। कविताएँ गा-गाकर पढ़ता था। उस समय के एक लोकप्रिय गीत की पंक्तियाँ इस प्रकार थीं—'नए गान होंगे नई वन्दना में/सितारो, तुम्हारी चमक जा रही है/नए चाँद की

रोशनी आ रही है/अंधेर जगत से चला आ रहा जो/धरा धूल पर फैलता जा रहा जो/ इसी को चढ़ेंगे नए गीत मेरे/नए पुष्प होंगे नई अर्चना में'। (1948)

उन दिनों ही मैंने जयप्रकाश जी और डॉ. राममनोहर लोहिया को देखा। जे.पी. सुदर्शन और सुरुचिवान थे। बाद में कांग्रेस से अपनी अलग पहचान बनाने के लिए जे.पी. ने लाल टोपी पहनना शुरू कर दिया था। डॉ. लोहिया ने 'ब्रांडेड समाजवादिता' का समर्थन नहीं किया। उन्होंने समाजवादियों को ग़ैर-परम्परावादी सोच और भाषा-मुहावरों से समृद्ध किया।

क्या वैसा बदलाव सम्भव हुआ? समाजवादियों के साथ आपके अनुभव कैसे रहे?

नंद चतुर्वेदी : मैं नहीं समझता कि ऐसा कोई वृहत्तर सामाजिक-राजनीतिक बदलाव प्रदेश या कि देश में सम्भव हुआ है जो समाजवादियों को काम्य था। वास्तव में गरीब राष्ट्रों की राजनीति, उन पर दबाव समृद्ध देशों की राजनीति से अलग होते हैं—भारत जैसे देश में अनेक तरह की स्थितियाँ और स्वार्थों के चलते बहुत-सी पेचीदगियाँ थीं। जो स्वतंत्रता मिली थी, उसमें विभाजन की त्रासदी शामिल थी जिससे साम्प्रदायिक उन्माद का प्रचंड दौर शुरू हो गया था। रियासतों के एकीकरण का काम सामन्तों के असहयोगी रुख के कारण अत्यन्त दुरूह और चिन्ताजनक हो गया था। समाजवादियों ने सामन्तों के साथ सामान्य नागरिकों की तरह आचरण करने को कहा था। महलों को स्कूल और अस्पताल बनाने की माँग की थी। सम्पत्ति के सार्वजनीकरण का आग्रह करते हुए आन्दोलन भी किए थे लेकिन सामन्तों का भी एक पक्ष था, वे अपनी सम्पत्ति और सम्पदा बचाने के लिए एकजुट हो गए थे। हजारों वर्ष से जिस सम्पत्ति और सम्पदा पर उनका मालिकाना हक था, वह उनसे ली जा रही थी। इसे सामन्ती पक्ष ने असहनीय अन्याय की तरह चित्रित करना शुरू कर दिया था और तगड़ा मुआवजा और पदनाम 'डेजिग्नेशन' माँगे थे। राजस्थान में महाराज प्रमुख (उदयपुर के सामन्त को) और राजप्रमुख (जयपुर के सामन्त को) पदनाम सृजित किए गए। उनके प्रीवीपर्स निर्धारित किए गए, मुआवजे के रूप में बड़ी धनराशि दी गई और व्यक्तिगत सम्पदा और हवेलियाँ उनकी थीं, उन्हीं की रहीं। इतना ही नहीं, उनको महिमामंडित करने की कोशिश में कांग्रेस ने उन्हें अनेक सुविधाएँ दीं, लम्बे समय तक वे सांसद विधायक चुने जाते रहे। जनसंघ (भाजपा) पर सामन्तों, कुलीनों का कब्जा ही है। राजस्थान में गरीब से गरीब राजपूत दूसरे गरीबों से अलग, ठसकदार, रुतबेवाला सूर्यवंशी या चन्द्रवंशी हैं, मानववंशी नहीं। थोड़े समय पहले ही सती हुई स्त्री की विभूतिमयता को एक बड़े समाचार-पत्र ने (जिसकी भाजपाई पक्षधरता प्रकट थी) अध्यात्मवादी तर्कसंगति देकर रंगीन फोटोग्राफी के साथ पेश किया था। समता के पक्ष में अब विचार तक स्थगित होने

के दिन आ गए हैं। बदलाव के पक्ष की सारी सम्भावनाएँ नए पूँजीवादी, नवधनाढ्य वर्गों के पक्ष में चली गई हैं।

मेरा सम्बन्ध राजस्थान के समाजवादियों तक ही सीमित रहा। पार्टी साठ के दशक तक ही असरदार रही। आपातकाल के बाद उसका जनता पार्टी में विलय हो गया, तब से समाजवादी पार्टी के साथी भटकाव की मन:स्थिति में रहे। पुरानी समाजवादी पार्टी के साथियों के साथ मेरे सम्बन्ध तनावरहित थे। मैं राजनीतिक दृष्टि से नहीं, वृहत्तर सामाजिक मूल्यों और बदलाव के कारण पार्टी का सदस्य बना था, वह आकांक्षा मुझे अभी भी समता पक्ष का रचनाकार बने रहने का उत्साह देती है।

अपने जीवन में लोहिया जी से आप कदाचित दो-तीन बार मिले हैं। दूसरे समाजवादी चिन्तकों—जयप्रकाश नारायण, आचार्य नरेन्द्रदेव और अच्युत पटवर्धन आदि से भी मिलने का सौभाग्य मिला होगा। इन समाजवादियों से लोहिया जी कितने भिन्न थे? समाजवादियों की यह पौध असमय सूख नहीं गई होती तो क्या हमारे देश का राजनीतिक-आर्थिक परिदृश्य कुछ अलग होता?

जयप्रकाश जी और लोहिया जी के सिवा मैं किसी बड़े समाजवादी को नहीं जान सका। आचार्य नरेन्द्रदेव की पुस्तक 'भारतीय समाजवाद' बाद में पढ़ी। अच्युत पटवर्धन की एक भी पुस्तक नहीं पढ़ी। लोहिया जी से संयोगवश दो बार मिलना हुआ। एक बार तो वे मुझे रतलाम से खंडवा तक फर्स्ट क्लास में ले गए। उनका बड़ा बैग पुस्तकों से भरा था। उस पर आचार्य नरेन्द्रदेव का नाम लिखा था। जो पुस्तक वे पढ़ रहे थे, वह कवि टी.एस. इलियट की 'मर्डर इन द किथिड्रल' थी। तब तक मैं इस कवि से अपरिचित था।

जयप्रकाश जी से लोहिया अधिक सरल और सहज नेता थे। उनका गद्य अत्यन्त स्फूर्तिदायक और अभिधा के अनोखे मुहावरों से बनता था और अनेक स्तरों पर संवाद करता था। जयप्रकाश जी चुनावों से बचते रहे, सम्भवत: वे सर्वानुमति के नेता होना चाहते रहे हों! लोहिया चुनाव लड़े, जीते-हारे। वे भारतीय समाज और राजनीति के विवादास्पद प्रश्नों से लगातार जूझते, टकराते रहे। वर्ण, नारी और भारतीय भाषाओं के सवालों पर बौद्धिक विमर्श से लेकर आन्दोलनकारी योद्धा की तरह उनका हस्तक्षेप जाना जाता रहा। मेरी दृष्टि से लोहिया जी के निधन के बाद 'लोकतांत्रिक समाजवाद' की व्याख्या और सैद्धान्तिक विमर्श कमज़ोर पड़ गया। वे समाजवादी पार्टी और उसके सिद्धान्तकार भी रहते तब भी राजनीति का रुख शायद नहीं बदलता। विश्व-व्यवस्था में जो उथल-पुथल हुई है, उससे समतावादी शक्तियों का मनोबल गिरा है। भारत की राजनीति पश्चिमोन्मुखी है। उसका आर्थिक ढाँचा पश्चिमी मॉडल पर बना है, इसलिए 'लोकतांत्रिक समाजवादी' जो गांधी वैचारिकी के समर्थक थे, अपने लिए जगह

बनाने में सफल नहीं होते। गांधी नीतियाँ प्रभावहीन हो गई थीं, इतनी कि, गांधी ने खुद कहा, 'मैं खोटा सिक्का हो गया हूँ।' गांधीवादी हाशिए पर आ गए थे। विकास के पश्चिमी मॉडल की नियति आज की उपभोक्तावादी, व्यक्तिवादी नियति से भिन्न नहीं हो सकती थी।

नेहरू की नीतियों ने राजनीति को किस हद तक प्रभावित किया तथा एक समाजवादी के रूप में देश के विकास के लिए नेहरू जी के मॉडल को आप लोग किस रूप में देखते थे?

नेहरू की नीतियाँ ही राजनीति की अन्तर्वस्तु और रचना-शिल्पी थीं। उनकी इच्छा के बिना राजनीति में पत्ता तक नहीं हिलता था। व्यापक और सूक्ष्म दृष्टियों के भेद के बावजूद गांधीजी ने जवाहरलाल जी को राजनीतिक वारिस चुना था। मेरे लिए यह हमेशा उलझन-भरा प्रश्न बना रहा। यह कि गांधीजी ने इतने बुनियादी मतभेदों के बावजूद अपना राजनीतिक वारिस उन्हें क्यों चुना?

नेहरू का प्रतिविश्व पश्चिम ही था। वे मेरी दृष्टि में भारत को पश्चिम में ही खोज रहे थे। पश्चिम का व्यक्ति-स्वातंत्र्य, खुलापन, लचीला सोच, तर्कसंगति आदि उनकी मनोवैज्ञानिक और सामाजिक आवश्यकताएँ थीं। रूस के समाजवादी मॉडल से वे राजशाही और गरीबी दोनों से टकराए और साथ ही अपने सांस्कृतिक उदारतावाद के पक्षधर भी बने रहे। इंग्लैंड की संसद और रूस का समाजवाद भारत को नई दुनिया में ले गया। विकास के अर्थशास्त्र और भारतीय सामाजिक संरचना की गहन समीक्षा न कर सकने के कारण 'नेहरूवियन मॉडल' एक तरफ झूल गया। उसने शहर, मध्यवर्ग और नौकरशाहों का मनोबल बढ़ाया। नेहरू केन्द्र पुरुष हो गए और व्यवस्था का स्वभाव भी केन्द्रीयकरण की ओर बढ़ता गया। राज्य शक्ति व्यवस्था-संचालन में रस लेने लगी और बड़ी चीजें बड़ी और

महत्त्वपूर्ण हो गईं। 'लोक शक्ति' के अभ्युदय की चिन्ता प्राथमिक चिन्ताओं में शामिल नहीं रही।

लोकतांत्रिक समाजवादी उन दिनों युगोस्लाविया के समाजवादी प्रयोग में गहरी दिलचस्पी दिखा रहे थे और मेलविन डिजिलास की 'मैनेजीरियल सोसायटी' पुस्तक को बार-बार उद्धृत करते थे। यह राज्य-शक्ति और लोकशक्ति, दोनों में से किसी एक की प्राथमिकता देने का मुद्दा था। नेहरू राज्य-शक्ति के प्रतीक पुरुष बन गए थे। रूस का विकास-मॉडल लोकतंत्र और समाजवाद दोनों के साथ-साथ चलने की सम्भावना से इनकार करता था। समाजवादियों को भय था कि नेहरू अन्त में एक बड़े तानाशाह के रूप में स्थापित होंगे और उनके 'चौखम्भा राज्य' की कल्पना को कमज़ोर कर देंगे। गांधी ने जिस 'ग्राम स्वराज' को भारतीय राज्य-व्यवस्था की

धुरी माना था और जिसे लोकतांत्रिक समाजवादी लोक-शक्ति की बुनियाद मानते थे, नेहरू के राजनीतिक विमर्श में बहुत अहम् मुद्दा नहीं था। लोहिया ने अन्त में 'ग़ैर-कांग्रेसवाद' को अपनी रणनीति का हिस्सा ही बना लिया था।

गौरतलब है कि आपातकाल में कांग्रेस का सर्वसत्तावादी रूप राज्य-शक्ति की भयावहता और विद्रूप का निर्लज्ज प्रदर्शन था और जयप्रकाश का सम्पूर्ण क्रान्ति के लिए बुलावा लोक-शक्ति के पीछे छूटी लड़ाई का एक हिस्सा था। कांग्रेस के अध्यक्ष उस समय 'इंडिया इज इन्दिरा एंड इन्दिरा इज इंडिया' कह रहे थे। नेहरू के वंशवादी आचरण को समाजवादी सन्देह की दृष्टि से देखते थे। समाजवादी नेहरू की नीतियों को अंग्रेज़ और अंग्रेज़ी-परस्त मानते थे। लोहिया ने संसद में उन पर और उनके छद्म समाजवाद पर तीव्र आक्रमण किया था।

क्या आज समाजवादी आन्दोलनों का पुनर्भव सम्भव है? साहित्य के प्रति आपके अपने आग्रह क्या हैं?

आज की राजनीति लगातार मूल्य निषेध की ओर अग्रसर है। लेकिन समाजवादी राजनीति, इसके बरक्स, मूल्यों का मानवीय हितों में स्वीकार है। बराबरी की समाज-रचना के आग्रह व्यक्ति और समाज की खींचतान और प्रतिस्पर्धा के बीच पूरे नहीं हो सकते जो पूँजीवादी व्यवस्था की संरचना में ही निहित हैं। हमारे देश में समाजवाद के अभिप्रायों को, उसके उच्चतर मानवीय सन्दर्भों को निष्प्रभ करने के अनेक प्रयत्नों में हमारी जाति-प्रधान व्यवस्था और औपनिवेशिक राजनीति की गहरी साजिश है। अब राजनीति विश्व-व्यापार संगठन चला रहा है जिसकी समाजवादी राजनीति से शत्रुता है। तब भी मनुष्य के विचार में जो बराबरी के लिए एक अदृश्य चिन्ता और जगह है, उससे अनेक रास्ते खुलते-बनते नज़र आते हैं। ये रास्ते पुरानी समाजवादी पार्टियों के रास्तों से ज़रूर भिन्न होंगे लेकिन वे ग़ैर-बराबरी और एकाधिपत्य कायम करने वाले इरादों का प्रतिकार करेंगे। ऐसे प्रयत्नों को हम पूरी दुनिया में देख सकते हैं जो विश्व पूँजीवाद की मुखालफत करने के लिए इकट्ठे होते हैं। मेरी दृष्टि में ग़ैर-बराबरी और समाजवाद के लिए भारतसहित सारे विश्व में किसी-न-किसी तरह के आन्दोलनों की सम्भावना खुली है।

कविता के प्रति मेरे अपने आग्रह हैं परन्तु मैं दूसरों के काव्याग्रहों को भी उतना ही आदर देता हूँ। साहित्य में भी जो वयस्क मतभेद हैं, उन्हें भी आदर की दृष्टि से देखता हूँ। मैं लिखते हुए मनुष्य की विपत्तियों से, दुख से, भौतिक त्रास से द्रवित होता हूँ तथा उन्हें सदैव अपनी कविता के केन्द्र में रखना चाहता हूँ। मैं उन्हें भी समादर देता हूँ जो मेरे से भिन्न कविताएँ लिखते हैं। वस्तुत: मैं मनुष्य की जीवन-स्थितियों में ही कविता पाता हूँ। साहित्य में किसी तरह की जिद या कला

रूप का पूर्वग्रह काम नहीं देता। जैसे ज़िन्दगी है, जो सारे समीकरणों को व्यर्थ करती है, वैसा ही साहित्य है।

'साम्य' के 'शताब्दी अंक' में पहचान के संकट के सन्दर्भ में हिन्दुत्व को बचाने की कोशिशों को आपने धर्म और राजनीति की साझा रणनीति के रूप में देखा है। इसी तरह संस्कृति की जड़ीभूत अवधारणा को परिवर्तनशीलता के विरुद्ध मानते हुए आपका कहना है कि संस्कृति का प्रवाह सनातन अवश्य होता है लेकिन एक-दूसरे अर्थ में, जैसा बुद्ध कहते हैं, 'नदी में वही जल दुबारा नहीं आता।' क्या धर्म और संस्कृति की विरासत इतनी अल्पप्राण है कि उसे बचाने के लिए किसी राजनीतिक हाँक या धार्मिक अनुषंग के अभियान की वाकई ज़रूरत हो?

यह एक महत्त्वपूर्ण सवाल है। इसका उत्तर कठिन भी है क्योंकि इसका सम्बन्ध राज्य के कर्तव्य-निर्धारण से जुड़ा है। राजनीति कितनी फैले और कहाँ सिकुड़ जाए, धर्म और संस्कृति के प्रति दृष्टियाँ बनाने में मदद करे या न करे, शिक्षा प्रबन्धन का जिम्मा ले या नहीं ले, अभिव्यक्ति की मर्यादा निश्चित करने का जिम्मा किसका, धर्म और संस्कृति के विवादास्पद मुद्दों की निगहबानी कौन करे, अधार्मिक और संस्कृतिविहीन दृष्टियों को धर्म और सांस्कृतिक शील की तरह उठाने पर असामाजिक तत्त्वों को कौन दंडित करे—मेरी दृष्टि में पुराने इस कथन से कि वही सरकार सबसे अच्छी है जो सबसे कम शासन करे। काम चलता नज़र नहीं आता। जब धर्म और संस्कृति को व्यापारी लोग खरीदने लगे, तब जनोन्मुखी राजनीति के लिए धर्म, संस्कृति, शिक्षा, स्वास्थ्य और अच्छी ज़िन्दगी बचाने के लिए कोई तो उपाय करने ही पड़ेंगे। राजनीति का काम केवल विकास की घोषणाएँ करना नहीं है बल्कि उसकी प्राथमिकताएँ तय करना भी है और जब धर्म और संस्कृति अपनी प्राथमिकताओं से भटकने लगे, हिंसा और सम्प्रदायवाद सामान्य स्थितियों की तरह देखे जाने लगें तब राजनीति के हस्तक्षेप से और जन पक्ष के दबाव वाले अभियानों से धर्म और संस्कृति की मानवीय विरासत बचाना आवश्यक हस्तक्षेप होगा।

'शब्द संसार की यायावरी' में आपने लिखा है कि लिखने वालों को बार-बार यह समझना होगा कि शब्द की ताक़त कहाँ है और वह कब-कब विलुप्त हो जाती है। क्या आज भी 'शब्द की सत्ता' उतनी ही ताक़तवर रह गई है?

शब्द की सत्ता निरपेक्ष नहीं है इसलिए उसकी ताक़त उसी में नहीं है। शब्द की ताक़त वास्तव में समाज की ताक़त है। इसलिए शब्द किसी भी समय सामाजिक ताक़त को ही बताएँगे। आज यदि शब्दों का अवमूल्यन हो रहा है

तो उसे सामाजिक सन्दर्भों में ही समझना चाहिए। यह समझा जाना चाहिए कि सामाजिक निष्ठाओं से विचलित समाज में शब्द की श्रेष्ठता का दावा करना कठिन होगा।

कभी-कभी यह भी होता है कि शब्द अपनी ताक़त किन्हीं दूसरे सन्दर्भों में दिखाने लगे लेकिन ऐसा भी सामाजिक निष्ठाओं की प्राथमिकताएँ बदलने के कारण ही होगा। उदाहरण के लिए विज्ञापन की संरचना में हम लय-प्रधान शब्दों की संयोजना को देखें जो कविता की तरह लगती है। विज्ञापन में दरअसल कविता जैसी ताक़त नज़र आना या कि हमाम साबुन में ईमानदारी जैसे पवित्र शब्द की ताक़त को भर देना काव्यात्मक और आध्यात्मिक निष्ठाओं के अवमूल्यन और वस्तु बिक्री की प्राथमिकता का ही परिणाम है। आज शब्द की सत्ता, उसकी प्रामाणिकता सन्दिग्ध हो गई है क्योंकि हम खंडित सामाजिक प्रतिबद्धताओं और दुहरे-तिहरे मानदंडों वाली ज़िन्दगी जी रहे हैं। अपने लिए एक तरह की, दूसरों के लिए दूसरे तरह की।

अकविता और उसके बाद के कवियों अर्थात् आठवें-नवें दशक तक के कवियों के कृतित्व को आप किस रूप में देखते हैं। आप देखे, हिन्दी कविता का आकाश कितना व्यापक-वृहत्तर हुआ है?

निश्चय ही कविता का आकाश व्यापक और वृहत्तर हुआ है लेकिन उस पर मध्यवर्गीय भाषा और अन्तर्वस्तु संयोजन का गहरा प्रभाव है। इस तरह वह ज्यादा निजी होती जा रही है। लोकोन्मुख होती कविता ठहर गई है और वह केवल सीमित प्रशंसकों के बीच पढ़ी जाने लगी है।

अभिव्यक्ति की रूढ़ियाँ ज़रूर टूटी हैं और कविता-भाषा अभिधात्मक भाषा-प्रयोग के कारण सरल भी हुई लगती है किन्तु वह जीवन के जाने-पहचाने हर्ष-विषाद से अलग होकर अनुभवों की आकस्मिकता और छोटी-छोटी व्याकुलताओं में रची जाने लगी है। थोड़े समय पहले की संघर्षशील कविताएँ जैसी नज़र न आएँ, इस मनोवैज्ञानिक दबाव में अप्रत्याशित अनुभवों को कुछ करुणा, कुछ आत्मालोचन, कुछ निराशा के साथ अभिव्यक्त करती है।

समाजवादी कवियों में विजयदेव नारायण साही का स्वर आपको कैसा लगता है?

मुझे दुख है कि मैंने उनकी कविताओं को अधिक नहीं पढ़ा, समाजवादी दृष्टिकोण से तो एकदम नहीं। दरअसल साहित्य पढ़ते समय उसे किसी पार्टी के नज़रिये से पढ़ने की तमीज मैं आज तक भी हासिल नहीं कर सका। मैं अब तक भी कविता में अलंकार वैभव से प्रसन्न होता हूँ और ईश्वरोपासना के छन्दों में कविता ढूँढ़ता हूँ।

समकालीन आलोचना का मिज़ाज आपको कैसा लगता है। क्या आपकी दृष्टि में आज की आलोचना निजी पसन्द और वैचारिक मताग्रहों से परिचालित लगती है?

देखिए, यदि रचना वैचारिक आग्रहों से परखी जाती है तो उससे सच्चे रचनात्मक मूल्यों का रेखांकन सम्भव नहीं हो सकता। आज आलोचना में एक प्रकार की शिविरबद्धता है। हमारे समय के बड़े आलोचकों को देखें, रामविलास शर्मा, नामवर सिंह, चन्द्रबली सिंह आदि; तो वे बड़े सिद्धान्तकार नज़र नहीं आते, साहित्य का मार्क्सवादी पाठ करते नज़र आते हैं। लेकिन साहित्य के स्वायत्ततावादी भी अपनी बाड़ में बन्द हैं, खुलेपन का या शिविरमुक्त होने का आग्रह उनका दूसरों के लिए है। उन्हें व्यक्ति-सत्य तो नज़र आता है लेकिन मानवीय सत्य देखने से उन्हें परहेज है। कविता और आलोचना का इस तरह उन्होंने निजीकरण कर लिया है। बहरहाल, साहित्यिक आलोचना का अनुदार चेहरा, शिविरबद्धता और निजीकरण हमारी आलोचना के दुर्गुण हैं।

आशा यही थी कि हिन्दी के रचनात्मक विस्तार के साथ पढ़े-लिखे लोगों के मध्य एक समीक्षात्मक संस्कृति विकसित होगी, किन्तु ऐसा नहीं हुआ। आलोचना में वस्तुनिष्ठता की अनदेखी कर बहुधा निजी पसन्द या वैचारिक खेमेबन्दी के अनुसार ही लोगों को रेखांकित किया जाता है। आज आलोचकों की स्थिति यह है कि वे अज्ञेय की चर्चा करते हैं तो उनका सबसे खराब मॉडल देते हैं, जबकि नागार्जुन का मूल्यांकन करते वक़्त वे उनका सर्वोत्तम मॉडल लेते हैं। यह दृष्टि हिन्दी आलोचना के विकास में बाधक है। जिस आलोचना को रचना के लिए मशाल बनना चाहिए था, उसने अपने महत्त्व को भुला दिया है तथा वह केवल कुछ लोगों की प्रायोजक या प्रमोटर भर बन कर रह गई है।

क्या राजस्थान के विश्वविद्यालयों में नए साहित्य के प्रति चेतना है? यहाँ हिन्दी के पठन-पाठन का कैसा वातावरण है?

लगभग नहीं। गुरुओं ने ही जब नए साहित्य के प्रति दूरी बना रखी हो तो नई पौध में यह चेतना कहाँ से पैदा होगी? हिन्दी के पठन-पाठन का आधार तब बनता है, जब उसका कोई यथोचित जीविका उपार्जन से सम्बन्ध हो। हिन्दी का व्यावसायिक आधार दिनोंदिन क्षीण हो रहा है। ऐसी स्थिति में हिन्दी के पक्ष में कोई अनुकूल वातावरण कैसे बन सकता है? वह गरीबी की भाषा है।

यहाँ के रचनाकार जगत को लेकर आपकी प्रत्याशाएँ?

हमारे प्रान्त में कविताओं की बहुलता है, दूसरी विधाओं का लेखन अपेक्षाकृत कम है। इस कविता-लेखन का मूल्यांकन भी नहीं हुआ है। प्रान्त के साहित्य पर

आलोच्य कृतियाँ लगभग नहीं हैं। एक तरह से वैचारिक साहित्य या कि साहित्येत्तर चिन्तनधर्मी गद्य लिखने का अवकाश साहित्यकार मित्रों के पास नहीं है। साम्प्रदायिक शक्तियों का प्रतिरोध लगभग नहीं के बराबर है। ज्यादातर साहित्यकार मध्यवर्ग के हैं। वे उपभोक्ता संस्कृति के रू-ब-रू हैं। इस समय लेखक मित्रों से अपने प्रान्त की सामन्ती, साम्प्रदायवादी ताक़तों को निष्प्रभ करने के लिए लिखने की, ख़ासतौर पर गद्य लेखन करने की उम्मीद करना आवश्यक हो गया है। साथ ही, उन शक्तियों के साथ काम करना भी ज़रूरी लगता है जो पहले से ही इस तरफ काम कर रही हैं।

आलोचना में राजस्थान के कवियों का अभी भी मुख्य धारा के कवियों जैसा प्रवेश नहीं हुआ है। इसकी वजह क्या है?

इसके बहुत-से कारण हैं। प्रमुख कारण तो शैक्षिक, साहित्यिक, सांस्कृतिक पिछड़ापन है। एक और बात भी ध्यान से देखने पर नज़र आती है और वह हिन्दी के उद्‌भव से जुड़ी है। हिन्दी का उद्‌भव गंगा-यमुना के इलाके से यानी उत्तरप्रदेश से जुड़ा है, इसलिए उत्तर प्रदेश हिन्दी का केन्द्र है। दूसरे प्रान्त इस केन्द्र के वर्चस्व को शोभित करने वाले, इस केन्द्र के साहित्यिक वैभव को वहन करने वाले, प्रचारित करने वाले हैं। व्यापार शब्दावली में मंडियाँ हैं। मैंने 'बिन्दु' के एक सम्पादकीय में लिखा था—हम उत्तरप्रदेश की मंडियाँ नहीं हैं। यह नाराज़गी, आप समझ ही गए होंगे, उस केन्द्रीय वृत्ति के विरोध में है जिसके चलते हिन्दी की साहित्यिक पत्रकारिता हो या रचनाशीलता, उपेक्षित रही। आज भी हिन्दी प्रान्तों का बेहतरीन साहित्य, साहित्य की इतिहास पुस्तकों, पाठ्य-पुस्तकों में सहज स्थान नहीं पाता, न चर्चित होता है, एक व्यापारिक हित के अन्तर्गत चर्चित होने भी नहीं दिया जाता। यह दुष्चक्र है। हम मुख्यधारा में नहीं हैं, इसलिए चर्चित नहीं हैं और चर्चित नहीं हैं क्योंकि मुख्यधारा में नहीं हैं। हो सकता है कि अभी हमें और मेहनत, अभ्यास की ज़रूरत हो या हममें उन निपुणताओं की कमी हो जो समीक्षकों का ध्यान आकृष्ट करती हैं, या स्थान और अनुकूल अवसर न मिले हों!

मार्क्सवादी विचारधारा और व्यवस्था को लेकर आप क्या सोचते हैं?

मेरी दृष्टि में भारत जैसे देश में मार्क्सवादी विचारधारा और व्यवस्था के फैलाव की फिलहाल कोई सम्भावना नहीं है, उसके अनेक कारण हैं। अभी मार्क्सवादी भी अपनी विचारधारा की पवित्रता में अटूट विश्वास रखते हैं। उनके विश्वास की दृढ़ता एक प्रकार की धार्मिक कोटि में आती है। किसी भी देश में बदलाव की अवधारणा और लक्ष्यों को वहाँ की परिस्थितियों और परम्पराओं का बल मिलना

चाहिए लेकिन मार्क्सवादी विचारधारा और व्यवस्था राजनीतिक दृष्टि से पश्चिम बंगाल और केरल तक सीमित हुई नज़र आती है। चुनावों में उनका जनाधार बढ़ा नहीं है। कुछ विद्वानों का आग्रह है कि गांधी और मार्क्स का समीकरण देश की व्यवस्था में प्रभावशाली हस्तक्षेप कर सकता है लेकिन दोनों की सैद्धान्तिक दृष्टियाँ बुनियादी तौर पर अलग-अलग हैं।

अख़बारों में साहित्य-चर्चा दिनोंदिन विरल होती जा रही है। इसकी क्या वजह है?

साहित्य के प्रति अख़बारों का रवैया कुल मिलाकर नकारात्मक है। दिनोंदिन समाज में उपभोक्तावादी प्रवृत्ति बढ़ रही है। सारे के सारे अख़बार एवं सूचना माध्यम उपभोक्तावाद को ही बढ़ावा देने में लगे हैं। बेशक पत्रकारिता में साहित्यिक रुचि-सम्पन्न लोग भी होते हैं, आज भी हैं, पहले भी बड़े-बड़े साहित्यकार अख़बारों से जुड़े रहे हैं। किन्तु आज इनकी दृष्टि में मालिकों का हित ही सर्वोपरि है। जनरुचि को साहित्य से संस्कारित करने के बजाय ये उपभोक्तावादी रुचियों के ही प्रचार-प्रसार में संलग्न हैं। वस्तुत: हम चाटुकार दृष्टि वाले, होशियार, चालाक मध्यवर्गीय लोग हैं, इसलिए इस वर्ग से तब्दीली की कोई आशा नहीं रखनी चाहिए। हम जिस उपभोक्तावादी समाज की ओर अग्रसर हो रहे हैं, उसमें अचरज नहीं कि साहित्यिक प्रवृत्तियों के लिए भविष्य में कोई जगह ही न रहे। अख़बारों के मिज़ाज पर ज्यादा भरोसा नहीं किया जा सकता। वे विज्ञापनों पर नज़र रखते हैं, जीवन-दृष्टियों पर नहीं।

आप एक अच्छे निबन्धकार भी हैं। शब्द संसार की यायावरी और उसके बाद यत्र-तत्र प्रकाशित आपके निबन्धों में एक सर्जनात्मक स्पर्श झलकता है। आपकी दृष्टि में अच्छे गद्य की पहचान क्या है?

आप शायद साहित्यिक गद्य या ललित गद्य की पहचान की ही बात कर रहे हैं। पुराना यह कथन कि गद्य लेखन ही कवि की कसौटी है, ललित गद्य के प्रसंग में ही है। अच्छे गद्य की पहचान उसकी अन्तर्वस्तु की प्रासंगिकता और शैली की गरमाहट (ऊर्जा या स्फूर्ति) है। यह गरमाहट या उत्तेजना हमेशा प्रश्नों की तलाश की आकांक्षा में निहित होगी। स्थापनाओं की नीयत विमर्श या बहस को बन्द कर देगी। अच्छा गद्य हमेशा बोलने के लिए उत्प्रेरित करेगा। बेकन ने गद्य पढ़ने-लिखने के बारे में कहा, 'रीडिंग मेकेथ अ मैन वाइड, राइटिंग मेकेथ अ मैन इक्जैक्ट।' अच्छे गद्य में, ललित गद्य में भी, युक्तिसंगतता (रेशनलिटी) महत्त्वपूर्ण गुण है। अच्छा गद्य 'अप्रतिहत वाग्मिता' (अनएंडिंग नैरेशन) है।

साहित्य के अलावा संगीत और कला की किन विधाओं में आपकी दिलचस्पी है?

शास्त्रीय संगीत में—पं. ओंकारनाथ ठाकुर, पंडित जसराज, कुमार गंधर्व और भीमसेन जोशी विशेष पसन्द हैं। रविशंकर के सितारवादन तथा अमजद अली खाँ के सरोद वादन को भी मैं ध्यान से सुनता हूँ। मुझे वायलन तथा गिटार भी पसन्द हैं। नृत्य में स्वप्न सुन्दरी व इन्द्राणी रहमान भाती हैं। तीजनबाई के ओजपूर्ण पंडवानी नृत्य में मुझे लोक शिक्षण की भूमिका नज़र आती है। कला व संगीत में लम्बे अभ्यास को मैं महत्त्व देता हूँ। अपने शब्द-संयोजन व काव्याभ्यास को भी मैं इन कला-साधकों की तरह ही साधना से सहेजना चाहता हूँ।

राजस्थान के लोकसंगीत की विशेषताएँ क्या हैं? इस पर आपकी टिप्पणी?

मेरी दृष्टि में हमारा लोकसंगीत परम्परा से बँधा है। वह अब केवल समारोहमूलक है—विशेष अवसरों पर गाया जाने वाला। देवरों में भोपों का भक्ति-गायन इकहरी रागों में है। बहुत-सा संगीत राजमहलों की सम्पदा होने के कारण ख़ासतौर की अपील और विलासिता से प्रेरित है। लेकिन गाँवों में यह विविधतापूर्ण होने से अब भी आनन्द और उमंग जगाता है। हमारा जीवन जिस तरह शहरों की तरफ लौट रहा है और जिस तरह वैविध्य, सरलता, सामाजिक ज़िन्दगी ख़त्म हो रही है, लोकसंगीत की जगह कम होती जा रही है।

आप लगभग अस्सी वर्ष के होने वाले हैं। साहित्यिक दुनिया में रमे हुए एक जमाना बीत गया। क्या कुछ ऐसा रह गया है, जिसे अब तक नहीं लिख पाए हैं?

ज़िन्दगी जैसे बदलती, बढ़ती जाती है, त्यों-त्यों उसको समझने, जानने की इच्छा भी प्रबल हो जाती है—उन जटिलताओं पर उलझनों, संशयों और आशंकाओं पर लिखने की इच्छा, जो सामाजिक-सांस्कृतिक प्रक्रियाओं का नतीजा है। उत्पादन की प्रक्रिया, उसके साधन और उसके प्रभाव जो रचनात्मकता पर असर डालते हैं, उन पर भी लिखने की इच्छा अपूर्ण रही। 'द्रौपदी' पर एक 'खंड काव्य' जैसा और गांधी तथा जयप्रकाश, लोहिया काल पर वैचारिक गद्य लिखना चाहा था, जो नहीं हो सका।

इन दिनों आपकी लेखनी क्या बुन रही है?

ज्यादा कुछ नहीं, कभी कुछ कविताएँ और कुछ गद्य अपनी उलझनों के बारे में। हमारे देखते-देखते दुनिया बदलती जाती है, केवल चौंक कर हम उसका अहसास करते हैं। कुछ समय पहले हमारे नगर में कारें थीं दस-बीस, अब ठसाठस हर घर के सामने कार और कार की आकांक्षा। लेकिन अब भी वही उलझन, असली मालिक कौन हैं दुनिया के—कार वाले या बे-कार वाले?

आयु के साथ शरीर को बचाने की चिन्ता भी लेखन को बाधित करती है। शरीर के पुर्जे घिसते जाते हैं, शरीर से मन को अलग कर पाना बहुत कठिन होता है।

अभी करीब पचास संथाल कविताओं का, जो प्रसिद्ध कवि सीताकान्त महापात्र ने संकलित और भाषान्तरित की है, हिन्दी में अनुवाद किया है। ये कविताएँ एक पत्रिका में छपी हैं।

हिन्दी का मौजूदा साहित्यिक परिदृश्य आपको कैसा लगता है?

जैसे बाजार मध्य वर्ग के हाथ में है, उसी तरह हिन्दी की रचनात्मकता का परिदृश्य भी मध्य वर्ग के बीच सिकुड़-सिमटकर रह गया है। भाषा भी एक रंगतवाली, एक मिज़ाज की और अन्तर्वस्तु भी। साहित्य लेखन में लगे लोग भाषा के इस इकहरेपन से उद्विग्न नज़र नहीं आते। लोक के पास जो कई रंगते हैं भाषा की—और जीवन-रंगों की, उनसे मध्य वर्ग का लेखक भयभीत रहता है। लेखन में अब एक क़िस्म का 'प्राइवेटाइजेशन' का महिमामंडन है, इसलिए ऐसा लगता है, जैसे लेखक लेखक के लिए ही लिख रहा है। पाठकों को दूसरे विकल्प भी मिल गए हैं।

नंद जी, आख़िरी सवाल! मरणोपरान्त किस रूप में याद किया जाना पसन्द करेंगे?

एक सामान्य हिन्दी कवि की तरह, जो सामाजिक बराबरी के लिए और सत्ता के भयावह होते हुए वृत्तों के विरुद्ध लिखता रहा, मुक्ति के सपने देखता रहा।

आलोचना के सन्दर्भ

डॉ. शम्भु गुप्त से साक्षात्कार

शम्भु गुप्त : नंद बाबू, आज मैं आपसे आलोचना की स्थिति पर कुछ बात करना चाहता हूँ तो सबसे पहले तो यही है कि आज आलोचना का जो परिदृश्य है, वह किस स्थिति से गुज़र रहा है और उसके सामने क्या-क्या सर्जनात्मक संकट विद्यमान है?

नंद चतुर्वेदी : मेरे सामने सबसे बड़ा आलोचना का संकट यह है कि आलोचना को हम सर्जनात्मक कर्म मानें या कि नहीं, क्योंकि कुछ लोग तो यह कहते हैं कि साहित्य है तो आलोचना है और कुछ ऐसा भी अनुभव होता है कि यदि स्वस्थ आलोचना हो तो साहित्य-सर्जन के लिए भी वह प्रेरणादायी होती है। अब प्रश्न यह उत्पन्न होता है कि हम कैसे निर्णय करें कि आलोचना स्वस्थ है कि नहीं? क्योंकि जो लिखता है, वह प्राय: ही आश्वस्त होता है कि जो वह लिख रहा है, वह श्रेष्ठ है और अब उसमें आलोचक या पाठक किसी तरह का हस्तक्षेप करता है, दखलअन्दाज़ी करता है तो एक आत्ममोह उत्पन्न होता है और लेखक चेष्टा करता है कि आलोचक या पाठक को ही दोषी करार दे। इस तरह से कि पाठक समझता नहीं है। आलोचक निहित स्वार्थों से ग्रस्त होता है और वह अपनी विचारधारा की कसौटी पर रचना को कसता रहता है। रचना में जो विचार हैं, उनको देखने की वह चेष्टा नहीं करता। इस प्रकार हमारा बचाव-पक्ष होता है और एक तरह से मोह भी होता है—अपनी रचना के साथ...।

लेकिन फिर इसका फैसला कौन करेगा कि पक्ष किसका ठीक है? मान लीजिए कि मेरी अमुक विचारधारा है और मेरा मानना है कि वह ठीक है, स्वस्थ है और मैं किसी की आलोचना करता हूँ और लेखक नाराज़ हो जाता है तो इस पूरी, एक तरह से जो लड़ाई है, इसका फैसला कौन करेगा?

ऐसी स्थिति में तो अवश्य ही असन्तुलन होगा। एक ऐसी शिक्षा, मेरे अनुभव से हो सकती है कि जिसमें आलोचक भी एक सीमा तक लेखक को समझने

की चेष्टा करे और लेखक भी एक सीमा तक यह मानने को तत्पर हो कि वह दोषमुक्त नहीं है और उसकी रचना में जो दोष दिखाया जा रहा है, वह किसी कुटिल दृष्टि के कारण नहीं बल्कि उस रचनाकार को सहायता देने के लिए है। इस भाव से कि भविष्य में उसके लेखन-कर्म में जो आलोचक ने दोष बताए हैं या उस पर जो टिप्पणी की है, वह काम आए। लेकिन यह तैयारी दोनों तरफ से होनी चाहिए और जो मताग्रह हैं, चाहे वे रचनाकार के हों या आलोचक के हों, वे नरम हों। एक जिद न हो। एक दुराग्रह न हो। यदि यह मन:स्थिति बनती है तो किसी भी समय आलोचना एक सर्जनात्मक कर्म होगी और यह सर्जनात्मक कर्म अनेक तरह से आलोचना होगा। मेरी दृष्टि में यह स्थिति आनी चाहिए। अब यह नहीं आती है तो संकट उत्पन्न होता है और एक तरह से कहिए तो 'मूढ़ाग्रह' भी उत्पन्न होता है।

आग्रहों की जहाँ तक बात है तो कृति में यदि अपनी 'जेनुइननेस' है तो कोई भी आलोचक उसे इग्नोर नहीं कर सकता। लेकिन यहाँ एक और सवाल भी है। मान लीजिए कि अस्तित्ववादी या 'आत्मवादी' विचारधारा की कोई कविता है, जैसे हम श्रीकान्त वर्मा की ही कविता को लें...। श्रीकान्त वर्मा का जो कथ्य है, वह एक क्षोभ पैदा करता है और वह आशा की किरण को नहीं जगाता। तो मान लीजिए, एक व्यक्ति जो साहित्य को समाज-परिवर्तन की भूमिका के रूप में मानता है या लेता है, जिसे हम प्रगतिशीलता कहते हैं, तो वह आलोचक उसकी समीक्षा कैसे करेगा? क्या वहाँ लेखन और आलोचना में एक तनाव पैदा नहीं हो जाएगा? या तो वह उसको बिलकुल 'रिजेक्ट' कर देगा; या...वह उसके साथ क्या सलूक करेगा या क्या उसे करना चाहिए?

अब यह जो कविता की जटिल बुनावट है, तो उस कविता की जटिल बुनावाट के साथ इस बात को देखना चाहिए कि क्षोभ के नाम से ही वह उसको न तो रद्द करे, न समाप्त कर दे। यदि उस कविता की बुनावट में व्यक्तिगत क्षोभ इस प्रकार का होता है कि जिससे आप कुछ सीखते हैं या जिससे आप स्वयं की हताशा को भी समझते हैं और समझकर फिर से नया शुरू करने के लिए संकल्पबद्ध होते हैं तो वह क्षोभ निन्दनीय नहीं है—यदि उस क्षोभ में बदलने की ताक़त नहीं है और समाज को भी संघर्ष करने के लिए प्रेरित नहीं करता है, जैसा कि श्रीकान्त वर्मा में प्रतीत होता है, तो...! क्योंकि श्रीकान्त जब हताशा की या विफलता की कविता लिखते हैं तब वे एक प्रकार का 'रेशनलाइजेशन' भी करते हैं जो एक प्रकार से धीरज देने वाली तर्कसंगति होती है। अपनी विफलता को इस तरह 'जस्टीफाई' करते हैं। तब उसका कोई विशेष परिणाम नहीं निकलता। क्योंकि मान लीजिए कि उन्हें राजनीतिक

विफलता प्राप्त हुई तो वे उसके कारण को भी समझ गए थे। जैसा कि मैं समझता हूँ कि वे समझ गए थे। क्योंकि वे कोई सामान्य बुद्धि के नहीं बल्कि एक तेजस्वी व्यक्ति थे, प्रखर व्यक्ति थे। वे समझ गए थे कि क्या अवरोध हैं। लेकिन वे उन अवरोधों पर आक्रमण करने के बजाय करुणालिप्त रचना-कर्म से सन्तुष्ट हो जाते हैं। किसी प्रकार से मोहभंग नहीं होता। कारण कि जिस राजनीति के साथ वे वर्षों तक जुड़े हुए थे, उसे एकदम रद्द नहीं करते। उससे फिर भी उनको आशा बनी रहती है। इस तरह देखें तो जब आशा के कुछ क्षण आते हैं और फिर निराशा के, तब उनमें 'स्वपीड़न' की मनोदशा उत्पन्न होती है। तब वे राजनीति की विफलता और छल को कविता रूप देते हैं और निराशा प्रकट करते हैं। वे केवल उसको दोषी ही ठहराते हैं या कभी-कभी अपने-आपको ही दोषी ठहराने लगते हैं। लेकिन न तो अपने से लड़कर उस राजनीति से बाहर आते हैं और न उस राजनीति से लड़कर उसे बदलना चाहते हैं। यह उनकी डायरियों से और 'गरुड़ किसने देखा है' की कुछ कविताओं से भी लगता है। कुल मिलाकर वे भावुकता और सम्मोहन की स्थिति पैदा करते हैं। श्रीकान्त वर्मा एक सम्मोहक कवि तो हो सकते हैं पर एक बड़ा कवि उन्हें नहीं कहा जा सकता।

इस 'बड़े कवि' से आपका क्या आशय है?

मेरी दृष्टि में एक बड़े कवि में और एक सम्मोहक कवि में अन्तर है। सम्मोहक कवि कई बार अपनी रचना से ऐसी प्रतीति कराता है कि जैसे वह आपको बहुत दूर ले जाना चाहता हो, लेकिन वह दूर ले जाता नहीं है। एक बड़ा कवि ऐसी प्रतीति भी कराता है कि वह दूर ले जा रहा है और एक ऐसे संघर्ष के बीच से भी गुजारता है कि जिससे आप अपनी प्रश्नाकुलता या अपनी बेचैनी का कोई-न-कोई सार्थक रास्ता ढूँढ़ते नज़र आते हैं। ऐसा नहीं है कि मनुष्य को क्षोभ में से, हताशा-निराशा में से रास्ता नज़र न आता हो। मैं उस कवि को बड़ा मानता हूँ जो अपनी हताशाओं में से ऐसा रास्ता दिखाता है जो मनुष्य को शक्तिहीन नहीं होने देता, बल्कि जागरूकता और संघर्ष की प्रेरणा देता है। यह किसी वैद्य की दवा की तरह नहीं है लेकिन ऐसा अनुभव है कि जो मनुष्य की गरिमा को बचाए रखता है।

एक सवाल इन दिनों काफी तेजी से आलोचना में आ रहा है कि हम कथ्य को प्राथमिकता दें या शिल्प को? कुछ लोग हैं जो कथ्य को प्राथमिकता देते हैं और शिल्प को मात्र एक साधन मानते हैं और कुछ लोग कथ्य को नगण्य मानते हैं और शिल्प को ही कविता या कला का पर्याय मानते हैं...?

लेकिन बड़े कवियों में आपको इस प्रकार का भेद करना सम्भव नहीं होगा। जैसे हम तुलसीदास के सन्दर्भ में बात करें तो, तुलसीदास वर्ण-व्यवस्था के कवि हैं,

फिर भी उन्होंने ऐसी कविता की है जो कविता के धरातल पर भी बड़ी है और वैचारिक धरातल पर भी।

नहीं, मैं आधुनिक कविता की बात कर रहा हूँ...।

नंद चतुर्वेदी : हाँ, आधुनिक कविता के सन्दर्भ में भी, आप किसी भी कवि को लें, अगर वह बड़ा कवि है तो उसे कथ्य और शिल्प के दायरे में बाँटकर उसके श्रेष्ठत्व को समझना कठिन होगा।

दरअसल मैं सन्दर्भ लाना चाहता हूँ, जनवादी कविता का। उनका मानना है कि...।

किसी भी बड़े जनवादी कवि को शायद इस प्रकार से विभाजित करके नहीं सराहा जा सकता क्योंकि कविता एक समग्र अन्विति है। इस स्थिति में कथ्य ही उसको ऐसा कला-रूप देगा जो उसकी सघन अर्थवत्ता के अनुकूल होगा। ये दोनों ही जल और तरंग की तरह से हैं—'कहियत भिन्न न भिन्न!'।

समकालीन प्रगतिशील और ग़ैर-प्रगतिशील आलोचना में एक अन्तर पाया जाता है और कुछ लोगों का कहना है कि प्रगतिशील आलोचना में एक आक्रामकता-सी पाई जाती है। वे यह आरोप लगाते हैं कि प्रगतिशील ज्यादा आक्रामक होते हैं। आप इस बारे में क्या सोचते हैं?

कभी भी प्रगतिशील आक्रामक होंगे क्योंकि उन्हें ही यथास्थितिवाद से लड़ना पड़ता है और जो यथास्थितिवाद से लड़ेगा, वह स्वभाववश आक्रामक हो ही जाएगा। वह वैचारिक भिड़ंत भी करेगा जो उसको भी चाहिए। यह कह देना तो सरल होता है और सज्जनता जैसी भी लगती है कि उसे आक्रामक नहीं होना चाहिए लेकिन आक्रामक होना उसकी नियति है क्योंकि उसे सर्वथा नए भाव-बोध की दुनिया बनानी होती है। लेकिन सच तो यह भी है कि ग़ैर-प्रगतिशील आलोचक भी कम आक्रामक नहीं होते!

उनके यहाँ एक रहस्यवादिता भी पाई जाती है जो अन्तत: व्यवस्था से जुड़ जाती है।

हाँ; क्योंकि व्यवस्था-पक्ष के वे होते हैं। वे व्यवस्था को उथल-पुथल कर देना नहीं चाहते इसलिए भी वे आक्रामकता का दोष लगाकर प्रगतिशील आलोचना की वैधता को ही सन्देहास्पद बना देते हैं। वह उनका बचाव पक्ष होता है जिससे उन्हें लोग स्वीकार कर लें, लेकिन प्रगतिशील आलोचना को आक्रामक होने से नहीं, कटु होने से बचना चाहिए।

आलोचना में खेमेबाजी आज भी खूब चल रही है। एक वर्ग है, उसके अपने लेखक हैं और उसी वर्ग के आलोचक भी हैं और एक वर्ग है जिसके लेखक हैं और उसी के आलोचक भी हैं तो एक जो सामान्य पाठक है, वह क्या केवल अपनी बुद्धि से तय करे कि...?

सामान्य पाठक की है, शम्भूबाबू, एक बुद्धि! और कभी-कभी वह सामान्य बुद्धि आलोचक की बुद्धि से भी अधिक पुष्ट और विवेकपूर्ण होती है। आप देखते हैं कि काल के बीच में से जो रचनाएँ बच जाती हैं, उन्हें बचाने वाला आलोचक नहीं होता। उन्हें बचाने वाला दरअसल सामान्य बुद्धि का पाठक ही होता है। हम कहीं भी इसकी जाँच करें और कैसे भी मूर्खता के बीच इस बात की जाँच करें तो हमें ऐसा अवश्य प्रतीत होता है कि लोग अनपढ़ हैं या निरक्षर हैं लेकिन ये अनपढ़ और निरक्षर लोग भी अपनी परम्परा, अपनी संस्कृति और अपने साहित्य के सम्बन्ध में कोई-न-कोई विवेकसम्मत राय बनाए रखते हैं और वह राय आलोचकों की दी हुई राय नहीं होती। वे यह अच्छी तरह से जान जाते हैं कि कौन-सा साहित्य उनके मनोबल को क्षत और ध्वस्त नहीं होने दे रहा! और जो साहित्य उनके मनोबल को ध्वस्त नहीं होने देता, उनकी आन्तरिक दुनिया को मजबूत और बड़ा बनाता है, वही साहित्य काल को लाँघ जाता है। तब एक पाठक भी आलोचक हो जाता है। यद्यपि वह लिखता नहीं है लेकिन उसका ऐसा प्रभाव होता है, ऐसी राय बनती है कि श्रेष्ठ और निकृष्ट छँट जाता है। काल छँटनी कर लेता है। श्रेष्ठ साहित्य की एक कसौटी यह भी है।

कुछ लोग मानते हैं कि जो साहित्य अपने समय के समानान्तर चलता है, अपने समय के साथ-साथ इतिहास के लम्बे दौर के बाद भी वही जीवित बच रहता है?

लेकिन यहाँ फिर हमें समय की भी बात करनी पड़ेगी कि हम समय को कैसे देखते-समझते हैं। समय को वही, उतना ही मानते हैं कि जो हम देख रहे हैं या समय को एक ऐसी शक्ति के रूप में स्वीकार करते हैं कि जो आन्दोलनों को, बदलावों को, परिवर्तनों को—सबको विलय करके हमें एक विशेष दृष्टि देता है। इस दृष्टि से यदि आप देखेंगे तो बहुत-सी बार कबीर हमें अपने समय का मालूम होने लगता है, गोकि वह हमारे समय का नहीं है। इसी तरह हमें कई बार ऐसा मालूम होने लगता है कि टॉल्स्टॉय जिसने किसी दूसरे देश में जन्म लिया था, वह हमारे ही देश का है, गोकि वह हमारे देश का है नहीं! तो कुछ बड़ी सम्बद्धताएँ होती हैं, कुछ मनुष्य के बड़े सरोकार होते हैं, बड़े अन्तर्द्वंद्व होते हैं। इन बड़े अन्तर्द्वंद्वों को, इन बड़े सरोकारों को, इन बड़े अभिप्रायों और अभिप्रेतों को जो साहित्य समेटता है,

वह एक बड़े अर्थ में हमारे समय का साहित्य होता है यानी वह वर्षों की गणना में समय नहीं होता लेकिन मनुष्य की गरिमा बचाने के उद्यमों की अनुभव की गणना का समय होता है...।

सन्दर्भ सामयिक उसके चाहे भले ही हों...?

हाँ, उसके सामयिक सन्दर्भ हो सकते हैं और सम्भव है कि कभी-कभी वे न भी हों, तो मनुष्य की शक्ति के सन्दर्भ हों, नैतिकता के सन्दर्भ हों! लेकिन जैसी कि मैंने अभी कबीर की बात कही, कबीर एक ऐसी सार्वकालिक भाषा काम में लेते हैं जो उनके समय को लाँघ जाती है और जो आज भी हमें अपनी लगती है तो काल के लम्बे दौर में ऐसी ही रचनाएँ बच पाती हैं।

नंद बाबू, वह खेमेबाजी वाली बात रह ही गई...?

खेमेबाजी के बारे में यह कि...इस प्रकार की खेमेबाजी ठीक नहीं है कि हम अपने खेमे के एक बुरे कवि को श्रेष्ठ बना दें और दूसरे खेमे के एक अच्छे और श्रेष्ठ कवि को बुरा सिद्ध करने में लगे रहें। अतिसद्भावनाशील और कुंठित मन आलोचक किसी भी खेमे में पाए जा सकते हैं जिनकी ओर से हमें लापरवाह हो जाना चाहिए।

('सम्बोधन' के सौजन्य से)

मीडिया का खेल बड़ा रोमांचक है

डॉ. पल्लव से बातचीत

कवि नंद चतुर्वेदी हिन्दी कवियों की उस पीढ़ी से सम्बन्ध रखते हैं जिसने प्रगतिशील लेखक संघ की स्थापना के आसपास से अपना रचना कर्म प्रारम्भ किया था। उनके अब तक पाँच कविता संग्रह और दूसरी विधाओं में अनेक पुस्तकें प्रकाशित हो चुकी हैं। बीते दिनों संस्मरणों की उनकी पुस्तक 'अतीत राग' पर्याप्त चर्चा में रही है। प्रस्तुत है उनसे की बातचीत के कुछ अंश—

पल्लव : जिन सरोकारों से आपके लेखन का प्रारम्भ हुआ था, वह चेतना-ऊर्जा अब भी महसूस करते हैं?

नंद चतुर्वेदी : बहुत प्रारम्भ में तो वह चेतना नहीं थी, जिसे हम बदलाव या ज़िन्दगी के त्रास से जुड़ी हुई कह सकते हैं। मैंने बारह वर्ष की आयु में झालावाड़ नरेश के दरबार में कविता पाठ किया था। वे कविता-प्रेमी रसिक थे और स्वयं भी कविता करते थे। उन दिनों झालावाड़ के हर मुहल्ले में कवि हो गए थे। लेकिन गहन दृष्टि डालें तो लगता है कि कोई-न-कोई बुनियादी चिन्ता अवचेतन में रही होगी जो धीरे-धीरे विकसित होती गई। मैं विचार करता हूँ कि हमारे समय के बड़े दार्शनिक हुए हैं गांधी और मार्क्स...मान लीजिए, वे न होते तो मनुष्य जीवन के संतापों-विषमताओं से हमारा संघर्ष होता या नहीं? जीवन के गहन विरोधाभासों से संघर्ष करने की चेतना क्या बुनियादी चेतना है या एक ज़रूरत?...मेरी कविताओं में निरन्तर विषमताओं से संघर्ष करने की चेतना देख पाता हूँ तो कहता हूँ कि ऐसा न लिखूँ तो लिखने की मेरी चाहत अधूरी ही रह जाएगी। लेकिन सबके लिए यह दावा नहीं करूँगा कि अवधारणाएँ बदलती न हों। मेरे लिए वे सरोकार बुनियादी हैं तभी तो मैं लिख रहा हूँ।

इधर भूमंडलीकरण के साथ आए नए विमर्शों ने क्या आपके बुनियादी सरोकारों को प्रभावित नहीं किया?

जो संघर्ष है, उसका सम्बन्ध समाज से है। एक सामाजिक आशा है, जिसके चलते साहस बनता है। जब समाज तेजी से बदलने लगते हैं, उनके राजनीतिक-

आर्थिक-नैतिक आदर्श बदलते हैं तब लेखकीय आवेगों और आवश्यकताओं पर असर पड़ने लगता है। जब मैं बड़े संघर्षों को देखता हूँ तो लगता है कि जिन्होंने नेतृत्व किया, उनसे सामाजिक परिवर्तन की आशा थी और यह भी कि लोग उनकी आवाज़ सुन रहे हैं। लोगों का उनके संकल्पों से आन्तरिक जुड़ाव था, चाहे वह प्रकट न होता हो। लेकिन जब लेखक और समाज की इच्छाओं और आशाओं में दूरी लगने लगे तो लेखक में फ्रस्ट्रेशन (विफलता बोध) पैदा होना स्वाभाविक है। अब नेतृत्व के लिए बड़ी सामाजिक मान्यता नज़र नहीं आती, एक संशय बराबर बना रहता है।

जो सामाजिक चिन्ताएँ 60 और 70 के दशक में सार्वजनिक थीं, वे अब क्षीण होती गई हैं। इसलिए उनसे जुड़ा मन भी कमज़ोर पड़ा है। यदि प्रगति के, विकास के सामाजिक आदर्श बदल जाएँ तो लेखक उससे प्रभावित होगा ही। समाज, लेखक की मनोकामनाओं के समर्थन में यदि खड़ा नज़र न आए तो लेखक एक सामान्य आदमी की तरह अपने-आपको हारा हुआ अनुभव करता है। आख़िर उत्साह का झरना समाज से ही तो आता है।

फिर भी आप हारे नहीं हैं, कविता अभी भी लिख रहे हैं?

नंद चतुर्वेदी : इसे आप निराशा का दर्शन न मानें। यह एक सामाजिक दुर्घटना है, जिसे हम देख रहे हैं। यह दुर्घटना नाटकीय भी मालूम होती है। जहाँ पूरा समाज मुट्ठी-भर धनाढ्य लोगों के हाथ में आ गया हो और मुट्ठी-भर मध्य वर्ग तमाम सामाजिक चेतना का प्रतिनिधित्व कर रहा हो तो तब ऐसा होता है। अगर इस नाटकीयता से पर्दा हट जाए तो स्थितियाँ और भी अधिक संतापग्रस्त करने वाली होंगी और तब संघर्ष के इरादों को अधिक प्रबल बनाना वाज़िब लगेगा। मैं जब आज के परिदृश्य को इस ऐश्वर्य के नाटक के बीच देखता हूँ तब मुझे परिवर्तनकारी कविता लिखना और ज़रूरी मालूम होता है।

अपनी सुदीर्घ कविता यात्रा को देखते हैं तो क्या विचार आता है? क्या एक गहरा रोमांटिक बोध आपकी इस कविता की यात्रा में बराबर नहीं बना रहता?

हमारे यहाँ गीत की जो सरल व्याख्या की जाती है, उसमें रागात्मकता का भाव प्रबल रहा है। कई आलोचकों ने रागात्मकता को कविता का आवश्यक हिस्सा भी माना है। इस दृष्टि से जो मेरी कविता में भी रागात्मकता देखते हैं तो वह मुझे कोई प्रतिकूल टिप्पणी नहीं लगती। यदि 'इमोशन' भी कविता की बुनावट का हिस्सा हो तो उसे उदारता से देखा जाना चाहिए।...बाद की पश्चिमी कविता में ज़िन्दगी की नष्ट होती सहजता इलियट के यहाँ दिखाई देने लगी, बीटनिक्स की कविता में भयंकर सामाजिक आक्रोश नज़र आता है। जब उपभोक्तावाद और

अमानुषीकरण ज़िन्दगी को आक्रान्त करता है तो हम कविता के भोलेपन को भी अनावश्यक मानने लग जाते हैं।...तब भी मैं यह ढूँढ़ता हूँ कि कविता नितान्त रूखेपन से बोझिल न हो जाए और इसीलिए प्राय: उसे आस्वादपरक और मृदु बनाने की कोशिश करता हूँ।

आपको समकालीन कविता परिदृश्य कैसा दिखाई देता है?

हिन्दी कविता एक बड़ा क्षेत्र है और उसमें आप कई तरह के प्रयोग देख सकते हैं। प्रगतिशील कविता के स्तंभ कवियों—निराला, केदारनाथ अग्रवाल, शमशेर, नागार्जुन और त्रिलोचन—को देखें तो आज की कविता के समक्ष उनकी कविताएँ लगभग रोमांटिक हैं। प्रचुर मात्रा में गीत, लय और भावाकुलता उनमें देखने को मिलती है। बाद के दौर में नए कवियों ने कविता के लिए यह दुर्गुण मान लिया था कि उनको सुनकर तालियाँ बजा दी जाएँ। जैसे यह कविता के लिए अशुभ है कि उसे सुनकर श्रोता इतने अभिभूत हो जाएँ कि तालियाँ बजा सकें।... आख़िर जो जनता की कविता होगी, उसका जुड़ाव ही एक भोलेपन से होगा। भोलेपन का अर्थ मूर्खता नहीं है। उर्दू और हिन्दी कविता में यह भेद है, जैसे आप फ़ैज़ को देखें क्योंकि वे मनुष्य की भावनात्मक आवश्यकताओं को स्पर्श करते हैं, बड़े पाठक वर्ग तक पहुँचते हैं। जो सहज भावुकता है, उसे 'गलदश्रु भावुकता' न समझा जाए, वह कविता का उपकरण नहीं, सजग मानवीय स्पर्श ही है। जब गांधी ने 'साकेत' पढ़ा तब कहा कि आपने उर्मिला को बहुत रुलाया लेकिन मुझे ज़रा भी रोना नहीं आया। इसके साथ यह भी कहूँगा कि आज की कविता को समाजशास्त्रीय छवियाँ ग्रहण करते हुए आलोचनात्मक गद्य नहीं होना चाहिए।

हिन्दी में लोकप्रिय माध्यमों को अच्छी निगाह से नहीं देखा जाता।

सवाल यह है कि लोक माध्यमों से कौन कटा? आप याद करें, हिन्दी कवि सम्मेलनों में महादेवी, पंत या निराला रात-रात भर कविताएँ सुनते-सुनाते थे। हिन्दी में और भी चीजें कम हुई हैं, जैसे नाटक। मुझे लगता है, हमने अपनी अहंमन्यता के कारण, भाषाई वर्गवाद के कारण श्रोताओं का भी तो चुनाव नहीं कर लिया है? लोगों ने हमें काटा या नहीं, हमने स्वयं ही लोक विमुख होने का उपक्रम तो नहीं कर लिया है? मैं दूसरी भाषाओं को नहीं जानता लेकिन हिन्दी लेखक अधिकांशत: अध्यापन करने वाले हुए और वे लोक माध्यमों के प्रति 'अशिष्टता बोध' से पीड़ित हैं। हो सकता है, यह लिखित और वाचिक परम्परा का भेद हो। लिखित को गौरवपूर्ण और वाचिक को हीन समझने की मनोवृत्ति हो। कविता का पाठ्य-पुस्तक में आना भी कविता के मिज़ाज को बदल देता है। एक सरल कविता पर अध्यापकों को आपत्ति होती है कि इसमें पढ़ाने जैसा

कुछ नहीं है। पढ़ाने जैसा होने का अभिप्राय कठिन होना तो नहीं है? आपके इस सवाल की गहन परीक्षा होना चाहिए कि हिन्दी की लोकप्रिय विधाएँ जनपक्ष से क्यों कट रही हैं?

आज के समय में मीडिया की नई उपस्थिति कैसी लगती है?

एक गरीब देश का मीडिया प्रभुत्वशाली वर्ग का ही तो नहीं मान लिया जाता है? यदि हाँ, तो उसके क्या परिणाम होंगे? वह मीडिया अपनी ही ज़रूरतों के मुताबिक एक विशेष वर्ग को तलाश करने में लगा रहेगा जो पहले से ही किसी कारण (जाति, भाषा या सम्पदा) से प्रभुत्वशाली है। इस तरह स्वयं मीडिया भी एक अलगाववादी रुझान उत्पन्न करता है और वह उन्हें ही लोकप्रिय बनाता है, जो समाज में पहले से ही प्रतिष्ठित (कुप्रतिष्ठित) हैं। हिन्दी का लेखक मीडिया की दृष्टि में प्रतिष्ठित वर्ग का लेखक नहीं लेकिन अंग्रेज़ी का है। इससे आप समझ सकते हैं कि भाषा कैसे वर्ग तैयार करती है। मीडिया ने अपना दायरा तय करते समय ही 'अभिजनवादी' होना तय कर लिया है इसलिए वहाँ उसे लेकर कोई विचलन नहीं है कि वे उन लोगों के संघर्ष के साथ नहीं हैं, जिनके साथ होना चाहिए। मीडिया की चालाकी यह है कि वह जिस वर्ग का प्रतिनिधि है, उसी की खिल्ली उड़ाकर आदरास्पद बने रहने का दिखावा करता है। यह खेल बड़ा रोमांचक है।

एक कवि के संस्मरण 'अतीत राग' में आना...यह गद्य की ओर आकर्षण तो नहीं है?

यह कोई फुदकना नहीं है कि कविता करते-करते गद्य शुरू कर दिया हो। मैं तो समझता हूँ कि हमारी कविता भी एक तरह का गद्य ही है। जब यह प्रयत्न ही हुआ था कि कविता की भाषा ज़िन्दगी से अलग न हो तभी अभिधा की शक्ति कविता में आ सकी। अभिधा में ही लक्षणा और व्यंजना की शक्तियाँ आईं। निराला की 'भिक्षुक' कविता याद कीजिए, 'वह आता/दो टूक कलेजे के करता/पछताता/पथ पर आता।' यह अभिधात्मक स्वभाव की कविता है, उसकी अन्तर्वेदना इसी से लक्षित हुई है। दरअसल यह गद्य (अतीत राग) कविता से अलग है ही नहीं। गद्य को कवियों की कसौटी माना गया है। अज्ञेय, मुक्तिबोध जैसे बड़े कवियों ने डायरियाँ और कहानियाँ लिखी हैं। छायावाद की कवयित्री महादेवी ने गहन दुनियादारी का गद्य 'शृंखला की कड़ियाँ' में लिखा है। मेरे लिए गद्य और पद्य का कोई अन्तर नहीं है बल्कि वह एक ही प्रकार की निर्मिति है।

(दैनिक 'हरिभूमि' के सौजन्य से)

चिन्तन में स्वाधीनता और रचना-कर्म में प्रयोगशीलता के पक्षधर

डॉ. नवलकिशोर

नवलकिशोर : साहित्य सृजन कैसे? रुझान कैसे?

नंद चतुर्वेदी : साहित्य-सृजन का आरम्भ संयोगवश ही हुआ। इसका कोई अनुमान भी नहीं था कि यह जीवन-पर्यन्त चलने वाला कर्म होगा और इससे कोई प्रसिद्धि मिलेगी। 'कवि-दरबार' नाम की झालावाड़ में एक संस्था थी, जो राजा के काव्यानुरागी होने के कारण समय-समय पर आयोजन करती थी, जिसमें समस्यापूर्ति की काव्य-परम्परा थी। वह देश के वरिष्ठ कवियों को समय-समय पर आमंत्रित करती थी। कानपुर के 'सुकवि' के सम्पादक गयाप्रसाद शुक्ल 'सनेही' और सीतामऊ के वीर रस के विख्यात कवि अनूप शर्मा जैसे साहित्यकार वहाँ आमंत्रित होते थे। उन दिनों जब मैं सातवीं में पढ़ता था, 'हमारे हैं' की समस्या-पूर्ति दी गई थी और मैंने उसमें भाग लिया एवं पुरस्कृत हुआ। प्रथम बार में ही पुरस्कार पाया तो सृजन के लिए बहुत उत्साह मिला। निर्णायकों में द्विवेदीकाल के विश्रुत कवि गिरिधर शर्मा 'नवरत्न' निर्णायक थे। तब से कवि-दरबार में निरन्तर आमंत्रित किया जाता रहा और सनेही जी के 'सुकवि' में मेरी समस्या-पूर्तियाँ छपती रहीं। उस कवि-दरबार में काव्य-भाषा के रूप में ब्रज की प्रतिष्ठा थी और मेरी काव्य-यात्रा भी ब्रज भाषा से ही शुरू हुई थी। झालावाड़ में राजकवि के रूप में कवीन्द्र हरनाथ की उपस्थिति नए लेखकों के लिए अत्यन्त प्रेरणास्पद थी। वे अपने समय के एक ख्यात सर्जक और आचार्य थे और उनका कविता-पाठ बहुत प्रभावशाली होता था। राजा राजेन्द्रसिंह 'सुधाकर', जो स्वयं कवि और शाइर थे (उर्दू में वे 'मख़्मूर' तख़ल्लुस से लिखते थे), उनका बहुत आदर करते थे। हरनाथ जी ने मुझे अल्पायु में ही 'उद्धवशतक' के अनेक कवित्त याद करा दिये थे, जिससे काव्य-लय, छन्द-गति आदि के बारे में सीखा और अपने रचना-कर्म के प्रति विश्वास जगा। राजा के काव्यप्रेमी होने के कारण झालावाड़ के सांस्कृतिक परिवेश में ही कविता रची-बसी थी और कवि को

बड़ा मान सम्मान दिया जाता था। गद्य रचना को भी पर्याप्त प्रोत्साहित किया जाता था। उस समय वहाँ से पं. रामनिवास शर्मा ने 'सौरभ' नामक पत्रिका निकाली थी जिसकी तुलना 'सरस्वती' से की जानी चाहिए। वे हिन्दी अध्यापक थे और मेरे साहित्य-सृजन पर उनके सान्निध्य का भी प्रभाव रहा। मेरे पिता पं. सुदर्शनलाल चतुर्वेदी ने भी मुझे काव्य-लेखन की दिशा में बहुत प्रोत्साहित किया। उन्हें भक्त-कवियों की रचनाएँ कंठस्थ थीं, जिन्हें वे मधुर स्वर में गाया करते थे। उनसे मैंने कविता के लालित्य का महत्त्व जाना।

उस समय तक खड़ी बोली प्रतिष्ठित हो चुकी थी। राजगुरु पं. गिरिधर शर्मा 'नवरत्न' उसके प्रतिष्ठित कवियों में थे। ब्रजभाषा में लिखने के दिनों से ही मुझमें खड़ी बोली को अपना रचना-माध्यम बनाने की आकांक्षा उत्पन्न हो गई थी और इसलिए थोड़े समय बाद ही मैंने उसमें रचना शुरू कर दी। 1941-42 के आते-आते मैंने ब्रजभाषा से एक तरह से विदा ही ले ली और अपनी रचना खड़ी बोली में लिखना शुरू कर दिया। मेरी उस समय की एक लोकप्रिय रचना की कुछ पंक्तियाँ मुझे अभी भी याद हैं :

मधु के प्यालों में पलते हो, वैभव के मादक दीवानो
अरे, तुम्हारे कुत्ते-बिल्ली दूध-जलेबी पीते खाते
मुर्गे-मुर्गी महलों की शोभा के साधन समझे जाते
उधर कहीं जो खुली सड़क पर एक दूध मटकी फट जाती
लाखों बहनें वस्त्र भिगोकर दूध बालमुख में चिचुवाती
ए जननी के भामाशाहो, जननी की कसक पहचानो।

आप ब्रज भाषा की श्रृंगार-परम्परा से क्या सीधे प्रगतिशील दौर में आ गए? छायावादी कविता क्या आपको बिलकुल अछूता छोड़ गई?

तब छायावाद क्या है और प्रगतिवाद क्या है, इसका मुझे स्पष्ट बोध नहीं था, इसलिए उनके प्रभाव का कोई प्रामाणिक आधार मैं आपको नहीं दे सकता। लेकिन संवेदना के स्तर पर मुझे उस समय की सामन्ती क्रूरताएँ, सामाजिक ऊँच-नीच, नारी पर नर का निरंकुश वर्चस्व आदि विषमताएँ बहुत उद्वेलित करती थीं और किन्हीं प्रचलित काव्य परिपाटियों की अपेक्षा उन्हीं के दबाव में मेरा रचनाकर्म हुआ, जिस पर उस समय के बड़े कवियों का अलक्षित प्रभाव भले हो, जानबूझकर मैंने छायावाद या प्रगतिवाद की रचना-शैलियों को नहीं अपनाया। अपने आसपास के आदमी के दु:ख के प्रति अधिक चिन्ता के कारण ही सम्भवत: छायावादी रचनाशीलता का मुझ पर बहुत कम प्रभाव रहा। ब्रजभाषा में लिखते समय भी मैंने केवल प्रेमभाव के छन्द ही नहीं लिखे थे, सामाजिक विद्रुपताओं को लक्ष्य करके भी रचना की थी।

पद्माकर की जैसी परिपाटीबद्ध रचना-पद्धति थी, उसके बरक्स मैंने उसी पद्धति में एक कवित्त लिखा था, जिसकी अन्तिम पंक्तियाँ इस प्रकार हैं :

दीजै रंगशाला रतिशाला को हवाला कहा
बिलखत जे हैं एक एक ही निवाला को।

बाद में तो आप जानते ही हैं कि यह समाजबोध और यथास्थिति-प्रतिवाद मेरे काव्य-कर्म की पहचान ही बन गए।

आपकी सामान्य जन के प्रति पक्षधरता का यह संवेदनात्मक बोध कब और कैसे एक वैचारिक दृष्टि में परिणत हुआ? आप केवल रचना के स्तर पर ही समाजवादी सोच के लेखक नहीं रहे, लोहिया जी के विचारों के गहरे प्रभाव को आपने अनेक बार मुक्तभाव से स्वीकारा है। आप समाजवादी दल में सक्रिय रहे। स्पष्ट है कि आपके चिन्तन के जीवन और कर्म के जीवन में अविच्छिन्न सम्बन्ध रहा है।

आरम्भ में तो कविता के प्रति मेरा रुझान रोमांटिक प्रकृति का ही था—शब्द-कौतुक से एक मायावी संसार रचना ही कवि-कर्म का लक्ष्य लगता था। उसमें सामाजिक सरोकार संवेदनाजन्य ही था। साथ ही मेरी मानस-रचना में स्वाधीनता-संघर्ष की मूल्य-चेतना एक जीवित अनुभव थी। सन् 48 में गांधी की हत्या ने मुझे अपने समय के अन्य संवेदनशील युवा बौद्धिक की तरह बहुत विक्षुब्ध किया। मुझे वह केवल एक व्यक्ति की हत्या नहीं, एक विचार की हत्या लगने लगी और उससे मेरे मन में स्थितियों की जटिलता को समझने के लिए ज्यादा स्पष्ट दृष्टि की आवश्यकता का अनुभव हुआ। उस समय मैं महाराष्ट्र में एक हाई स्कूल का प्रधानाचार्य था। वहाँ तब सम्प्रदायवादियों और उनके विरोधियों के बीच विचारों की टकराहट बहुत तीव्र थी, जिसमें मैंने अपने को संकीर्ण हिन्दुत्ववाद के विरुद्ध पाया। वह संस्था सम्प्रदायवादियों के कब्जे में थी, इसलिए मैंने वहाँ से नौकरी छोड़ दी। मैं आगे के अध्ययन के लिए कोटा आ गया। मुझे अब अपने कवि-कर्म के लिए भी कविता के प्रति अपना रोमांच-भाव अपर्याप्त लगने लगा और मानवीय सरोकारों से उसे गहराई से जोड़ने की ज़रूरत महसूस हुई। अपने विचार और लेखन-कर्म को एक वैचारिक धरातल देने के लिए मुझे जयप्रकाश-नरेन्द्रदेव-लोहिया के भारतीय समाजवाद ने आकर्षित किया। मैं न केवल उनके विचारों से प्रभावित हुआ, बल्कि समाजवादी दल से भी सक्रियता से जुड़ा। आगे चलकर लोहिया के लेखों और उनकी किताबों का मुझ पर जबरदस्त प्रभाव पड़ा। यह मेरा सौभाग्य रहा कि लोहिया जी से मेरा व्यक्तिश: सम्पर्क भी बना। लेकिन मेरी तलाश यहीं समाप्त नहीं हुई। मैंने अपने समय के प्रखर पाश्चात्य मनीषियों और लेखकों को भी अपनी पहुँच के अनुसार लगातार पढ़ा। उन सबका

प्रभाव मेरे कवि-कर्म पर पड़ा है और इस तरह मैं किसी एक विचारधारा और किसी एक परिपाटी का कवि होने से बचा रहा और मेरी लगातार बचने की कोशिश भी रही।

अपनी काव्य-यात्रा के आरम्भ से ही आपमें समाज के निचले तबके के प्रति जो सहानुभूति मिलती है और जो आगे आपकी समाजवादी प्रतिबद्धता में प्रकट हुई, उसके चलते आपको प्रगतिशील खेमे के कवियों में मान्यता मिलनी चाहिए थी, किन्तु वैसा क्यों नहीं हुआ?

सन् 1948 की गर्मियों में मनमोहन ठाकौर (जो आज भी साम्यवादी विचारधारा से जुड़े हैं) और मैंने झालावाड़ में अपने घर पर कुछ मित्रों के साथ दो दिन के विचार-विमर्श के उपरान्त 'हाड़ौती प्रगतिशील लेखक संघ' की स्थापना की थी। मुझे उसका महासचिव बनाया गया था। इसके तत्त्वावधान में हमने हाड़ौती के अनेक कस्बों में कवि-सम्मेलन और लेखक-गोष्ठियों के माध्यम से प्रगतिशील विचारधारा का प्रचार करने का उद्यम भी किया था। मैं 1950 में उदयपुर आया, तब भी कुछ आयोजन किए, जिनमें डॉ. मोहम्मद शफी अगवानी (प्रसिद्ध राजनीति-शास्त्री और जवाहरलाल नेहरू वि.वि., नई दिल्ली के पूर्व कुलपति) और कवि प्रकाश आतुर (सुखाड़िया विश्वविद्यालय के प्राध्यापक और राजस्थान साहित्य अकादमी के अध्यक्ष) जैसे लोगों ने भी शिरकत की थी। लेकिन प्रगतिवादी विचारधारा की वैचारिक जकड़न और स्थूल कलादृष्टि से मैंने अपने को दूर होते पाया। साम्यवादी विचारधारा से मेरे बुनियादी मतभेद थे—जैसे सर्वहारा क्रान्तिमार्ग की अपेक्षा मेरी आस्था गांधी-दृष्टि से जुड़े समाजवाद में अधिक थी और रचनाकर्म मेरे लिए कोरा सामाजिक अनुष्ठान नहीं था अपितु एक कला-सृजन था। मुझमें इसी समय अपनी काव्य-भाषा को बदलने का एहसास भी जागा और जबकि मेरे अधिकांश साथी गीत-भाषा लिख रहे थे, मैंने कविता की उस खुली और नई राह को पकड़ा जो नई कविता की राह थी। मैंने अपनी कविता के जरिये स्वतंत्रता के बाद के मोहभंग को अपना स्वर दिया। मेरी बहुत सारी कविताएँ इसलिए व्यंग्य-प्रधान थीं। उदाहरण के लिए उस समय कई पत्रिकाओं में छपी अपनी कविता 'धन का अजगर' का उल्लेख करूँगा, जिसकी कुछ पंक्तियाँ इस प्रकार हैं :

जी हाँ, यह धन का अजगर है
मोटा ताजा
जिसको बिड़ला के बेटों ने
दूध पिलाकर पोसा-पाला
यह लेटा
पाकिस्तानी मस्जिद में गुमसुम

यह लेटा हिन्दुस्तानी मन्दिर में गुपचुप
अब खादी की नई केंचुली में
सज-धज कर
फन फैलाकर
सरक रहा है धीरे-धीरे... ।

इस तरह मेरी कविता की विषयवस्तु और रचना-रूप (फॉरमेट) बदले। राजस्थान में तब लिखी जा रही हिन्दी कविता में यह काव्य-संस्कार नया था। प्रदेश में इसका विरोध भी हुआ, लेकिन नई कविता तब तक हिन्दी में अपने पाँव जमा चुकी थी।

मैं सोचता हूँ कि अपनी इस नई काव्य-यात्रा में भी आपने अपना वैशिष्ट्य बनाए रखा। क्या आप बताएँगे कि वैसा कैसे सम्भव हुआ?

उस समय कविता में जो दो दृष्टियाँ थीं और जो अब भी हैं, वे मुझे अतिवादी लगीं। एक ओर प्रगतिशीलता का ऐसा आग्रह था, जो चिन्तन में स्वाधीनता और रचनाकर्म में प्रयोगशीलता को अस्वीकार करता था, दूसरी ओर 'नई कवितावाद' में स्वाधीनता का प्रश्न साम्यवाद-विरोध की राजनीति से जुड़ता था और रचना-दृष्टि में कलावाद की ओर जाता था। मुझे दोनों खेमे अस्वीकार्य लगे और इसलिए किसी भी खेमे के कवियों में मेरा नाम नहीं जुड़ सका। इसके बावजूद कवि के रूप में मेरी प्रतिष्ठा बढ़ती रही। मैं अपनी अलग पहचान बनाए रख सका, इस पर यदि मैं गर्व करूँ तो अनुचित नहीं होगा। आपको स्मरण होगा कि अपनी साहित्य-दृष्टि को प्रस्तुत करने की बलवती प्रेरणा ही 'बिन्दु' निकालने का निमित्त बनी थी।

आपके रचना-कर्म में यह जो बदलाव आया था, वह अन्तिम नहीं था। अपने समय के साथ मुठभेड़ में आपकी कविता भी समृद्धतर होती गई है। क्या आप तब से अब तक की अपनी काव्य-यात्रा के विषय में कुछ बताना चाहेंगे?

आरम्भ में कविता के मानवीय सरोकारों को लेकर जो एक दृष्टि थी, वह मनुष्य-केन्द्रित थी और लगता था कि हम उससे अपने समय को परिभाषित करने में समर्थ थे। लेकिन धीरे-धीरे लगने लगा कि शत्रु चेहराविहीन होता जा रहा है और उसे परास्त करना और दुष्कर बन गया है। अब पहले वाली दृष्टि खंड-दृष्टि लगने लगी और उससे अपने समय की जटिलताओं को समझा नहीं जा सकता था। यह दृष्टि आज के उपभोक्तावादी दौर में और अपर्याप्त हो गई है। एक ओर स्थिति हमारे अपने देश में जड़ें जमाने लगी थीं। यह संस्कृति के नाम पर मनुष्य से मनुष्य के विरोध को लेकर चलती थी। स्पष्ट शब्दों में कहूँ तो सम्प्रदायवाद का दैत्य अधिक भयावह रूप में हमारे समाज पर अपनी प्रेत-लीला का तांडव कर रहा है। लेकिन इससे

मेरी पूर्वास्था में विचलन नहीं आया, बल्कि एक समय, न्यायपूर्ण और समतावादी समाज को बनाने का संकल्प दृढ़तर होता रहा। इसे आप मेरे प्रथम काव्य संग्रह 'यह समय मामूली नहीं' (प्रकाशन वर्ष 1986) की कविताओं में देख सकते थे। उदाहरण के लिए 'सब हमारे पक्ष में हैं' कविता की कुछ पंक्तियाँ द्रष्टव्य हैं :

यह शताब्दी क्रूर लोगों की है
लेकिन हमारी भी है
यह युद्ध है
खड़े रहो
कोई पाप आकस्मिक नहीं होता
हमने होने दिया तो हुआ
सिर्फ इच्छाओं से रास्ते बदलते नहीं हैं
सत्ता की हार-जीत
यह दुःख
हमारा नहीं
युद्धरत रहो
जिसे बदलना है बदलेगा
ये वनस्पतियाँ जलेंगी नहीं
न यह कृति अनुर्वरा होगी
अब की बार पकड़ लें
हवा और बादल
और वक़्त
और चौथा इस बार का भविष्य
सब हमारे पक्ष में हैं।

इसके बाद के अगले दोनों कविता-संग्रहों—'ईमानदार दुनिया के लिए' और 'वे सोये तो नहीं होंगे'—में आदमी और उसकी ज़िन्दगी को बचाने तथा एक उदार एवं सहिष्णु संस्कृतिवाला समाज बनाने की चिन्ता और प्रबल हुई है। भाषा के स्तर पर मेरा जो प्रयास रहा है, उसके बारे में आपने लिखा ही है, 'कवि अपने समय की गवाही देकर ही सन्तुष्ट नहीं रहता, वह इतिहास, परम्परा और संस्कृति में जाकर वर्तमान को समझना भी चाहता है...अपने समय पर उसकी टिप्पणियाँ और तीखी हुई हैं और उसका व्यंग्य और धारदार...उसकी भाषा बोलचाल की ज़ुबान से जुड़कर और ताक़तवर हुई है...इस क्रम में वह पुराने मिथकों को तोड़ते हुए सांस्कृतिक प्रतीकों के साथ एक शरारतभरी छेड़खानी करता है और साथ ही अतीत के खँडहरों पर भविष्य की नींव रखता है।'

आज आप अपने रचना-कर्म पर किस तरह के दबावों का अनुभव कर रहे हैं?

मैं आज जिन दबावों के बीच अपने सर्जक को पाता हूँ, उनमें प्रमुख हैं :

(अ) मूल्य-क्षरण के इस दौर में आप स्वयं सन्देह और अविश्वास से घिरते जाते हैं और एक खंडित व्यक्तित्व वाले हो जाते हैं। इसलिए काव्य-कर्म और उसके प्रभाव के बारे में भी सन्देहशीलता जन्म लेने लगती है। जैसे मेरी कविता 'तब भी बचेगी दुनिया' की ये पंक्तियाँ लें :

मनुष्य को बचा लेने की
जितना बच सके
खुद मैंने कोशिश की
कुछ बचा नहीं।

(ब) आज भाषा अर्थ और प्रयोजन से शून्य होने लगी है। कवि और उसके समाज के बीच दूरी बढ़ गई है, उसके श्रोता और पाठक घटने लगे हैं। पहले कवि और पाठक एक विद्युत तरंग पर रहते थे, अब ज़रूरी नहीं है कि वह कवि को ठीक उसी अर्थ में लें, जिसमें वह रचता है—दोनों के बीच का फासला बहुत बढ़ गया है। पहले जिस आत्मविश्वास से कविता लिखने में सुख था, वह अनुभव नहीं होता, जो मेरी 'फिर से कहें' कविता में इस प्रकार व्यक्त हुआ है :

जब जड़ें सूख गई थीं
पत्ते और टहनियाँ
फल गिरने लगे थे
तब मैंने कहा था
हवा और पानी के बारे में
रोशनी, पृथ्वी और आकाश के बारे में
डरते हुए भी मैंने कहा था
डर के बारे में।

क्या आप सूचना-क्रान्ति के कारण भी अपने रचना-कर्म पर किसी तरह के दबाव का अनुभव करते हैं?

सबसे बड़े दबाव का अनुभव तो शब्द के प्रयोग के प्रसंग में होता है। सूचना-क्रान्ति में सूचनाओं का ऐसा तो अंबार होता है, जो लालच के बहुत-से दरवाज़ा खोलती हैं, लेकिन उनमें से ज्यादातर कहीं ले नहीं जातीं। वह चयन-विवेक को नष्ट करती है। जो महत्त्वपूर्ण है और जो महत्त्वहीन है, उनके बीच की सीमारेखा को वह पाटती

है। वह हमें एकायामी सोच देती है। मसलन टी.वी. में दृश्यात्मकता तो रहती है, पर शब्द के उस सौन्दर्य को जो लय में, नाद में, अर्थगर्भिता आदि में निहित होता है, उसे नहीं खोलती। वह शब्दों का व्यावसायीकरण करती है। वहाँ एक होटल का विज्ञापन भी कविता की तरह पेश किया जा सकता है और वास्तविक कविता भी एक विज्ञापन जैसी नज़र आने लगती है। इसी तरह अख़बारों की भाषा की तात्कालिकता का दबाव इतना अधिक रहता है कि बहुत सारे कवि अपने अनुभव को अपनी ज़ुबान में लिखने के बजाय जीवनानुभवों को अख़बार से आयातित करते लगते हैं। अभिव्यक्ति की स्वतंत्रता अख़बारों के लिए बिकाऊ माल बन गई है। यह जबर्दस्त भ्रम फैलाया जा रहा है कि इंटरनेट, चैनल्स और अख़बार आदि अभिव्यक्ति की स्वतंत्रता के अलमबरदार हैं। किन्तु वास्तविकता इससे भिन्न है—वे विश्वव्यापी व्यापारिक प्रतिष्ठानों और घरेलू पूंजीपतियों के हाथ में हैं, जिनकी दिलचस्पी अपने अर्थतंत्र की समृद्धि पर केन्द्रित होती है। हम रचनाकार जो इन प्रतिष्ठानों से ही स्वतंत्र होने की कामना करते हैं, उन्हीं के जाल में फँसते जाते हैं।

एक रचनाकर्मी के रूप में हिन्दी भाषी क्षेत्र में पुस्तक-संस्कृति के ह्रास पर आपकी क्या प्रतिक्रिया है?

साहित्यिक पुस्तकों के पाठक जहाँ घटते जा रहे हैं, वहीं अन्य विषयों की पुस्तकों, साहित्येतर पत्र-पत्रिकाओं और किस्से-कहानियों की किताबों की माँग बढ़ती जा रही है। इसका मतलब है कि पढ़ने वालों की संख्या बढ़ी है, पर लेखक उन तक नहीं पहुँच रहे हैं तो इसलिए कि वे बढ़ते पाठकों की इच्छाजन्य चुनौतियों को समझ ही नहीं पा रहे हैं। इसलिए लेखकों को पाठक-संस्कृति का दृश्य निराशाजनक लगता है। आगे आने वाले दिनों में यह खतरा भी बढ़ेगा कि बहुत-से लेखक ऐसा साहित्य रचेंगे जो भावुकतापूर्ण और विवेकशून्य प्रकृति का होगा। साहित्यधर्मियों को इस चुनौती का सामना करना ही पड़ेगा।

क्या आपका गद्य-लेखन आपके कवि-कर्म का ही विस्तार है?

बिलकुल ऐसा तो नहीं है। बहुत-सी बातें जो कविता में नहीं आती हैं, उन्हें अलग से कहने की आवश्यकता प्रतीत होती है और यह लगातार इन दिनों ज्यादा महसूस होती है। मेरा इधर का बहुत सारा गद्य वैसा गद्य नहीं है, जिसमें साहित्यिक समस्याओं पर चिन्तन-मनन हो, बल्कि वह सामाजिक उथल-पुथल से जुड़ा है। ऐसे गद्य-लेखन की एक जबर्दस्त ज़रूरत मैं महसूस करता हूँ। निस्सन्देह उसके लिखने में कविता-लेखन से अर्जित साहित्याभ्यास सहायता करता है, लेकिन उसकी तार्किक परिणति अधिक स्पष्ट और उद्देश्यनिष्ठ होती है। समता और स्वाधीनता के आग्रह भी उनमें स्पष्ट हैं और अनेक विषयों में मेरी रुचि भी परिलक्षित होती है। मेरी पूर्व प्रकाशित

गद्य पुस्तक में अवश्य साहित्यिक प्रश्न प्रमुख हैं। अब जो पुस्तक प्रकाशित होगी, वह भिन्न प्रकार की होगी। मैंने साहित्यिक विषयों पर अनेक पाश्चात्य लेखकों के विचारोत्तेजक लेखों का अनुवाद भी किया है। इन्हें आप अगली गद्य कृति में देखेंगे।

क्या आप अपनी इतनी लम्बी काव्य-यात्रा के बाद अपने रचना-कर्म को लेकर एक सन्तोष का अनुभव करते हैं?

कर लेता यदि रचनाकर्म अब न करता होता। मैं आज भी उसी ऊर्जा से लिख रहा हूँ और देखता हूँ कि आज भी बेहतर दुनिया का मेरा सपना अधूरा है और मेरा रचनाकर्म अब भी उस सपने के प्रति समर्पित है। मैं अपने रचनाकर्म के बारे में अपनी एक कविता के शब्द उधार लेकर यह वक्तव्य देना चाहूँगा :

एक किताब जैसी भी बनी हो
जिस किसी भी भाषा में लिखी गई हो
लेकिन जब कभी पढ़ी जाएगी
बहुत कुछ विलुप्त हो जाएगा
बदल बदल कर पढ़ने से
किताब का कुछ भी नष्ट नहीं होगा
बच जाएगा
जितना बचना चाहिए।

(राजस्थान साहित्य अकादमी द्वारा प्रकाशित 'साक्षात्कार' के सौजन्य से)

कविता एक यूटोपिया है और वह यूटोपिया मनुष्य ही रच सकता है

डॉ. पद्मजा शर्मा से रू-ब-रू होते हुए

नंद चतुर्वेदी जी जोधपुर एक कार्यक्रम में आए थे। तब उन्हें सुना, देखा। पढ़ा तो था ही। साक्षात्कार की बात की तो बड़ी सहजता से राजी हो गए और बाद में जिस तरह मैंने चाहा, कहा वैसे-वैसे फोटो खिंचवाते रहे। और मुझे भी कहते रहे कि आपके सवाल बड़े अच्छे हैं। एक ख़ास मुक़ाम हासिल करने के बाद व्यक्ति में, रचनाकार में इतनी सहजता बनी रहती है तो भला लगता है।

नंद चतुर्वेदी जी की कविताओं की किताब 'जहाँ एक उजाले की रेखा खिंची है' में झीलों की नगरी में रहने वाले कवि को सूखती फतहसागर झील का दर्द बेचैन किए है। करे कैसे नहीं! उसने देखा है इस किनारे से उस किनारे तक 'अछोर पानी और हवा/धुंध की चादर में लिपटा सज्जनगढ़/पुराने महलों से बातें करता ढलता/पश्चिम का वर्षा भीगा सूर्य'।

यहाँ दर्द झेलती अनेक ज़िन्दगियाँ हैं। अकाल-भूख है, जूते रगड़ते बेकार युवक, कैरोसीन के खाली डिब्बे पीटते क्यू में खड़े पेंशनर हैं। कवि ने पूरे दिसम्बर खिड़कियाँ नहीं खोलीं, नीले आकाश, बादलों, बच्चों के लिए तक। उसे तकलीफ है इस बात की। मगर इन कविताओं की सबसे बड़ी ख़ासियत यह है कि ये आपको निराश-हताश नहीं करतीं बल्कि सच और सोच की दुनिया में ले जाती हैं।

पद्मजा शर्मा : अपनी रचना-प्रक्रिया पर प्रकाश डालें।

नंद चतुर्वेदी : कविता लिखने के सिलसिले में बहुत-सी किंवदंतियाँ हैं, जैसे कई कवियों, लेखकों की हैं। कोई एक कवि अपनी टेबल पर कोई पुराना एप्पल नहीं रख लेता था तब तक उसे लिखने की प्रेरणा नहीं मिलती थी या कि जैसे मैंने शायद तुर्गनेव या पुश्किन के बारे में पढ़ा था, ठीक से याद नहीं आ रहा है कि रात के बारह बजे उनकी टेबल पर 'प्रेत' का सिर आता था और वह उनको लिखने के लिए विवश करता था और जब वे लिखते थे, वह सारे समय वहाँ रहता था। कुछ

समय बाद वह चला जाता था और उनके लेखन की ऊर्जा भी चली जाती थी। लेकिन मुझे बहुत बार यह लगता है कि हमारे यहाँ जो परम्परा है, एक लम्बी कवि परम्परा है, उसमें इस प्रकार की कोई चर्चा नहीं आती। क्योंकि आप यह पूछें कि तुलसीदास की रचना-प्रक्रिया क्या रही होगी? जिन्होंने इतना लिखा कि जिसके हम पृष्ठ उलटते जाएँ तो शायद ज़िन्दगी के कुछ दिन ख़त्म हो जाएँ। जहाँ सवा लाख पद, कहते हैं, सूर ने लिखे। तो वे यदि अपनी रचना-प्रेरणा का ही इन्तज़ार करते रहते या उसकी विलक्षणताओं के बारे में ही सोचते तो? मुझे लगता है कि रचना सतत प्रवाह है, जिसे अंग्रेज़ी में हम 'कंटीन्युअस प्रोसेस' कह सकते हैं। तो जैसा मैंने कहा कि आपको लगता है कि आप हर समय कविता कर रहे हैं। कोई निश्चित मुद्रा या उपक्रम नहीं होता। कबीर ने नित्य जीवन जीते, कपड़े बुनते-बुनते कविता लिखी। रैदास को लें। जूते बनाते हुए लिखा। मेरा भी कोई ख़ास समय, कोई ख़ास ऋतु, कोई पुष्प-गन्ध, कोई नक्षत्र लिखने का है, ऐसा याद नहीं आता। मैं यह भी कहना चाहता हूँ कि कई बार बाहरी दबाव भी होते हैं जो कविता लिखने के कारण होते हैं। मान लीजिए, कहा जाए कि 'राजस्थान दिवस' पर एक कविता लिखिए। तो कोई कहेंगे कि 'राजस्थान दिवस' पर कविता लिखना तो एक घटिया 'कवि कर्म' है, क्योंकि आप विषय दे रहे हैं। लेकिन कई बार ऐसा होता है कि आप शुरू करते हैं और आपकी प्रतिभा जागृत होती है। तो हो सकता है कि एक दिये हुए विषय पर भी कविता लिख दें। हमारे जीवन में बहुत-से बाहरी दबाव ऐसे होते हैं जो हमें रचना के लिए प्रेरित करते हैं। दबाव केवल आन्तरिक ही नहीं होते। लेकिन यह बात मैं मानता हूँ कि वह एक सतत प्रक्रिया है और उसके लिए यह कहना कि ख़ास क़िस्म का वातावरण हो, मुझे थोड़ा-सा बौद्धिक ऐश्वर्य मालूम पड़ता है।

कविता मन के लिए कि जन के लिए?

मन से तो लिखता हूँ और जन तक पहुँचा देता हूँ, तो 'जन मन' की कविता हो जाती है। लेकिन मैं यह ठीक से नहीं जानता कि हम लोग जो कविता लिख रहे हैं, वह दरअसल जन की है? क्योंकि हम लोगों की, कविता की ऑडियंस पहले से निश्चित-सी होती है। वह अदृश्य तो होती है लेकिन मन-ही-मन कवि यह जानता है कि उसकी कविता का पाठक कौन है। हम आज के मध्यवर्गीय कवि शायद मध्य वर्ग के लिए ही कविता लिख रहे हैं।

मान लीजिए, जो कविताएँ अभी मैंने सभा गृह में सुनाईं, वे कविताएँ मैं गाँव में जाकर सुनाऊँ तो गाँव के लोग कैसी प्रतिक्रिया करेंगे? यह प्रश्न मेरे मन में प्राय: विचलन पैदा करता रहता है कि मैं क्या दरअसल उन लोगों के लिए लिख रहा हूँ जिनको कविता की ज़रूरत है; या कि उस 'ऑडियंस' के लिए जिसे कविता की ज़रूरत नहीं है; या कि यह मेरा मनोविलास है; या मैं किसी के कल्याण के लिए

कविता लिख रहा हूँ? यह मेरे मन में हमेशा सन्देहास्पद सवाल की तरह से रहता है। मैं जिस भाषा को काम में ले रहा हूँ, वह मीराँ की जनभाषा या भक्त कवियों की भाषा से कितनी और क्यों भिन्न है! तो लिख तो मैं भी मन से रहा हूँ। मन के बिना तो कोई कविता होती नहीं है। लेकिन आप जन की बात कहें तो वह जन आपको भी व्याख्यायित करना पड़ेगा। प्रतिप्रश्न है आपसे कि कौन है आम आदमी?

आम आदमी माने—पीड़ित, दलित, दमित। एक कवि होने के नाते आप किसे 'आम' आदमी समझते हैं?

जिसको भोजन नहीं मिलता, रहने को मकान नहीं है। जो वंचित है, शोषित है। हम यही कहते हैं। हाँ, हम उनके लिए लिखते हैं। पर क्या यह कविता उनके लिए है? मैं एक माध्यम हूँ। उनकी वेदनाओं को व्यक्त करने के लिए। उनका एक वकील हूँ। लेकिन इससे उनका मेरी कविता से क्या सम्बन्ध जुड़ता है? मैंने तो आपसे कहा ही है कि कोई भी कवि अदृश्य रूप में अपनी 'ऑडियंस' तय करता है। वह जानता है कि वह किसके लिए लिख रहा है। यह भाषा किसकी है। ऐसा नहीं है कि यह भाषा मुझे अनायास ही प्राप्त हो गई है। गद्य की हो या पद्य की हो, यह मेरी ही अपनी चुनी 'वर्गीय भाषा' है।

मैं इस बात को मानता हूँ कि भाषा एक चुना हुआ माध्यम है। वह किसी नदी की तरह स्वत: प्रवहमान नहीं है। मैंने अपनी मनोवैज्ञानिक ज़रूरत के लिए, अपने संवाद के लिए, यह तय किया है कि यही भाषा मेरे काम की है। यह भाषा अनायास नहीं आती। कवि ने वह चुनी है। वह चुनता है। जैसे बिहारी कहता है कि 'वह चितवन औरे कछू' तो वह चितवन क्या है? मेरे ख़याल से वह उसकी भाषा-भंगिमा ही है, जो दूसरे कवि की चितवन या भाषा से भिन्न है। बिहारी कहता है कि 'अनियारी' और बड़ी-बड़ी आँखों वाली तरुणियाँ तो मैंने बहुत सारी देखी हैं पर जो चितवन की वक्र भंगिमा है, चितवन का बाँकपन है, वही तो सुजानों को बस में करता है, वही तो विरल है। तो मैं भाषा के सम्बन्ध में यह सोचता हूँ कि जो भाषा मैं काम में ले रहा हूँ, वह सायास मैंने विकसित की है। उसके लिए मैंने कोशिश की है कि यही भाषा मेरी है। वह एक मेरा अहम् भी है। हर कवि अपने अहम् को व्याख्यायित करने के लिए एक प्रकार की भाषा चुन लेता है और उसी से वह इतराता है, घमंड करता रहता है। प्रसन्न रहता है। पर आपका सवाल तब भी बराबर बना रहता है कि मध्यम वर्ग, कुछ लोगों ने कहा कि जन नहीं है। तो जो हमारी कविता है, मध्यमवर्गीय कविता है। और उसे 'जन' की कविता कहना मुनासिब नहीं है। दरअसल यह आपके प्रश्न का साफ उत्तर नहीं है। लेकिन हर कवि को इसका उत्तर देना पड़ता है कि उसकी कविता किसकी कविता है।

क्या कविता के बिना दुनिया चल नहीं सकती?

दुनिया के चलने का सवाल नहीं है। दुनिया बहुआयामी है। आप भावनात्मक जीवन को समृद्ध नहीं करना चाहतीं? क्या केवल 'इंस्टिंक्टिव लेवल', प्रवृत्त्यात्मक जीवन स्तर पर ही देखना चाहती है जिसमें आहार, निद्रा, भय, मैथुन शामिल हैं? तो देखें। कविता इससे अलग दुनिया बनाती है। इसीलिए हम कहते हैं कि जो मनुष्य की विशेषता है, भावनाओं की, उन भावनाओं के उद्वेलन की, उनके परिष्करण की और एक यूटोपिया बनाने की, यही कविता की ज़रूरत है।

दूसरी तरफ भी देखें, इस दुनिया से आदमी, मेरे ख़याल से थोड़ा अलग भी होना चाहता है। क्योंकि जो दुनिया हमें मिली है, यह नहीं कहा जा सकता है कि वह हमारी चाही गई दुनिया है। रवीन्द्रनाथ ने एक जगह कहा है कि 'जो मुझे मिला है वह मैंने चाहा नहीं, जो मैंने चाहा वह मुझे मिला नहीं'। यह जो रवीन्द्रनाथ की पंक्ति है, इस बात की ओर संकेत करती है कि जिस दुनिया में हम रहते हैं, वह दुनिया और जो हमारी मनपसन्द दुनिया है, वे अलग-अलग हैं। उस अलग दुनिया के लिए कविता एक 'सांत्वना' है। कविता 'क्षतिपूर्ति' है। कविता एक 'यूटोपिया' है और वह यूटोपिया मनुष्य ही रच सकता है। इसलिए मैं समझता हूँ कि केवल ज़रूरतों की दुनिया ही नहीं, कविता की दुनिया की भी ज़रूरत है और वह वैसी ही ज़रूरत है, जैसी ज़रूरतों की दुनिया है।

किसी लेखक को कब लगता है कि मैं अपनी कलम को तलवार की मानिन्द ताक़तवर समझता था, पर वह बहुत असमर्थ है?

इस दंभ में लिखना बहुत कठिन होगा। एक लेखक के लिए यह दयनीय स्थिति होगी। लिखना एक क़िस्म से आत्मसंघर्ष है। वह ताक़त दिखाना नहीं है। कवि हर समय कामयाबी और नाकामयाबी के बीच गुजरता है। वह कभी जय-पराजय की निर्णायक लड़ाई नहीं लड़ता। इसलिए न बहादुर होता है, न कायर। न बाजी हारता है, न जीतता है। लेखन एक नैतिक यात्रा है। इसलिए 'समर्थ' और 'असमर्थ' होकर न सम्पन्न होती है, न समाप्त। ईमानदार लेखक हमेशा अन्याय के विरुद्ध है। न दैन्यम न पलायनम। यह ज़िन्दगी की रिडल है। यह असल में ज़िन्दगी की पहेली है। ज़िन्दगी की पहेली यह है कि सारे समय हम यह समझते रहते हैं कि मैं दुनिया को समझ रहा हूँ। मैं बड़ा विशिष्ट हूँ। शायद एक बहुत ही निराशाजनक दुनिया में यही उसकी आशा है यह तसल्ली है कि मैं ख़ारिज नहीं हो गया हूँ। मैं विकलांग नहीं हो गया हूँ यानी विकलांग भी यह समझता है कि मैं सकलांग हूँ। निराश व्यक्ति भी यह समझता है कि बहुत सारी स्पेस बची हुई है। बहुत सारी जगह बची हुई है तो किसी भी समय कवि यह नहीं समझता

कि अब उसकी कविता की ज़रूरत समाप्त हो गई है; या उसकी कविता की धार कुंठित हो गई है।

कविता मनुष्य की 'एक्सिसटेंशियल' और दुर्दमनीय ज़रूरत है। अस्तित्व का ही एक हिस्सा है। इसीलिए वह कभी भी यह नहीं समझता कि मैं चुक गया हूँ। शायद यह आत्मा का स्वभाव भी न हो। चुक जाने या कि विरक्त हो जाने का भाव। मैं सोचता हूँ कि जब तक कोई गहरा इन्द्रियाघात या कि कोई दुर्घटना न हो जाए कि जिससे मस्तिष्क की क्षति हो जाए तब तक कविता से विरक्ति हो जाने का विचार अस्वाभाविक होगा। कविता वास्तव में हमारी जीवनदायिनी शक्ति और सभ्यता-विमर्श भी है।

कविता ईश्वर-प्रदत्त गुण है या सायास भी सम्भव है?

मैं लेखन की निरन्तरता पर बल दूँगा। मैं सोचता हूँ कि पचास प्रतिशत प्रतिभा भी हो तो पचास प्रतिशत कवि का अभ्यास और उसका श्रम होना आवश्यक होगा, जैसा टी.एस. इलियट ने भी कहा है। उन्होंने माना कि एक कवि को निरन्तर कुछ-न-कुछ लिखते रहना चाहिए। कुछ नहीं तो चिट्ठियाँ ही लिखते रहना चाहिए क्योंकि उससे वह सतत अभ्यास के दायरे में रहेगा। हो सकता है, अभ्यास न हो तो प्रतिभा का एक विलक्षण क्षण उसका दरवाज़ा खटखटाकर चला जाए।

प्रतिभा के विलक्षण क्षण को पकड़ने के लिए कवि को लगातार परिश्रम, अभ्यास, अध्ययन, चिन्तन करते रहना होगा। चाहे उसे लगे कि इसका कोई तत्काल मूल्य नहीं है या कि इसको कोई परखने वाला तो है नहीं, तब भी अपनी क्षमता को सजग रखने के लिए उसे ऐसा करना चाहिए। 'पोएट्स आर बॉर्न एंड नोट मेड' जो यह प्रचलित कहावत है, इसमें कुछ सत्य हो सकता है। कुछ ऐसी प्रतिभाएँ ज़रूर होती होंगी। मैं सोचता हूँ कि उनमें तुलसीदास या कालिदास, सूरदास इत्यादि लोग रहे होंगे कि जिनकी मानसिक ऊर्जा शोध लायक है। यह कि वह कौन-सा तत्त्व था उनकी स्मृति का, उनकी रचनात्मकता का कि जो इतने बड़े जीवन परिदृश्य को इतनी सहजता से और एकाग्रता से समझ सके? जैसे 'महाभारत' विलक्षण रचना है। लोग कहते हैं कि कई लोगों ने उसकी रचना की। तब भी उसमें जो प्रवाह और अनुभव साक्ष्य हैं, वे काल का अतिक्रमण करते हैं। चकित होकर हम ऐसे ग्रंथों को कालजयी कहते हैं।

रचना समाज को कितना प्रभावित करती है?

यह कठिन सवाल है क्योंकि 'कितना प्रभावित करती है', इसको कैसे मालूम करें? दूसरी दिक्कत यह है कि समाज केवल साहित्यिक रचनाओं से ही प्रभावित नहीं

होता, अनेक तरह से, अनेक घटनाओं-परिघटनाओं से प्रभावित होता है, यहाँ तक कि साहित्यकार भी। तब भी शब्द का प्रभाव तो रहा ही है। शब्दों की मंत्रशक्ति का वर्चस्व शताब्दियों से बना है। वे मानव नियति को संचालित करने में सहायक रहे हैं। हमारी यथार्थ की दुनिया केवल यथार्थ की ही नहीं है और न एक आयामी है। दुनिया से हमारे अनेक तरह के सम्बन्ध हैं—अबूझ, भावनात्मक, दारुण, मानव नियति के साथ उलझे। यहीं साहित्य सम्पूर्ण चराचर, मनुष्य और प्रकृति के साथ हमारे रिश्तों को प्रभावित करता है। प्रभाव की यह प्रक्रिया एकदम उजली-सी नज़र नहीं आती लेकिन कुछ छिपी और अदृश्य-सी चलती है। साहित्य का प्रभाव अन्तर्मुखी है। मेरी दृष्टि से वह एक सहिष्णु, सुरुचिसम्पन्न समाज और व्यक्ति बनाने में अंशदान करता है। बहुत-से तत्त्व हैं जिनसे साहित्य की तकरार चलती है। वे प्रबल हों तो साहित्य निष्प्रभावी हो सकता है।

'अतीत राग' क्यों?

'अतीत राग' के लिए कोई विधिवत् तैयारी नहीं की थी। दरअसल जो मित्रगण थे, उनकी स्मृति में मैं कुछ लिखता रहा। बहुत सारी सामग्री इकट्ठी हो गई। मैं इस बात को स्वीकार करता हूँ कि मेरी प्रकृति में संचय करना नहीं है। जैसे बहुत सारे लोग होते हैं, जो अपनी कविता की कटिंग रखते हैं। मैं लिखने के बाद खुद निराश हो जाता हूँ। फिर उसके प्रति मेरे ममत्व में थोड़ी कमी आ जाती है। इसे आप मेरी रचना-प्रक्रिया भी कह सकते हैं कि मैं उसे जाने देता हूँ। हो जाने के बाद फिर उसके लिए कोई ख़ास रागात्मकता नहीं रहती। ऐसे कि जल्दी से छप जाए। कई बार मुझे यह आश्चर्य भी होता है कि कवि गण छपने की जल्दी में क्यों रहते हैं? बायरन ने एक जगह लिखा है : 'इट्स वन थिंग टू सी वंस ओन नेम इन अ बुक अदरवाइज़ ए बुक इज ए बुक'। मैं भी पुस्तकें छपवा रहा हूँ। मैं उससे मुक्त नहीं हूँ। लेकिन मैं हर बार यह सवाल करता हूँ।

'अतीत राग' में मित्रों से जुड़ी सामग्री जो संचित होती रही, इधर-उधर जो बिखरी थी, वही है। यह मेरे पुत्र का प्रयास है। उसने देखा और कहा कि 'यह तो बहुत ठीक है। एकत्रित कर लेते हैं।' तो बहुत सारा शेष रह गया। जो एकत्रित कर लिया, उसे छपने दिया। संयोग से राजकमल प्रकाशन वालों ने कहा कि इसे छाप देते हैं। मैं किसी अहंकार से नहीं कह रहा। बिलकुल विनम्रता मानिए कि साठ बरस तक कविता की कोई पुस्तक नहीं छपवाई। सबसे पहले 'यह समय मामूली नहीं' साठ बरस की आयु में छपी है। लेकिन अब भी मेरे मन में विकलता नहीं रहती कि कोई बड़ा काम कर लिया है, उसे जल्दी से जल्दी लोकार्पित कर दूँ। कविता लिखने के बाद एक 'निराशाजनक वैक्यूम' आ जाता है।

हिन्दी भाषा की वर्तमान स्थिति को दृष्टि में रखते हुए एक प्रश्न। 'अतीत राग' में आप कहते हैं कि 'भाषा के मोर्चे पर नेहरू ने अंग्रेज़ी को महत्त्वपूर्ण भाषा बनाने की चालाकियों को रोका नहीं'।

हाँ, एक तो यही चालाकी रही कि नेहरू हमारे लेखक होते, हिन्दी के होते, उत्तर प्रदेश के होते तो जो हैसियत उनको प्राप्त थी, वह सहज ही हमें मिलती। लेकिन क्या हमारे में प्रसिद्ध होने के स्थान पर अन्तर्राष्ट्रीय ख्याति का होना उन्होंने उचित नहीं समझा? क्या 'डिस्कवरी ऑफ इंडिया' के लेखन के समय उनके मन में यह भाव नहीं रहा कि मैं अंग्रेज़ी के लेखक की तरह विश्व-ख्याति का व्यक्ति बनूँ? उन्होंने अंग्रेज़ी भाषा क्यों चुनी? एक लेखक भाषा चुनता है। वह क्यों चुनता है? वे उत्तर प्रदेश के थे। यह भी नहीं था कि जवाहरलाल नेहरू हिन्दी भाषा में कमज़ोर थे और अगर मिली-जुली भाषा, गांधी की हिन्दुस्तानी में लिखते तब भी मेरा ख़याल है कि नेहरू लिखने की एक कूवत रखते थे। तो कहीं अन्तर्राष्ट्रीय ख्याति का लेखक बनने की आकांक्षा उन्हें हिन्दी लेखक होने से दूर तो नहीं कर रही थी? ऐसा मेरा सन्देह है। इसी से मैंने 'चालाकी' शब्द काम में लिया। अपनी भाषा का दायरा जहाँ तक है, आप वहीं तक ख्याति प्राप्त करेंगे। लेकिन अंग्रेज़ी की ख्याति तो विश्व की भाषा की तरह है। क्या नेहरू विश्व-भाषा के लेखक बनने की आकांक्षा नहीं कर रहे थे? अपनी भाषा को छोड़ कर?

आपको 'बिहारी पुरस्कार, मीरा पुरस्कार' से सम्मानित किया गया। इनसे मिलने वाली खुशी को आप किस तरह से लेते हैं?

बहुत अच्छा लगा, कि चलो, यह भी मिल गया। बुरा भी क्यों लगता? कोई मैंने चोरी का पैसा तो हासिल नहीं किया था, या मैंने किसी की खुशामद करके वह पैसा हासिल नहीं किया, या कि मैंने किसी से चिट्ठियाँ या सिफारिश भी नहीं लिखवाई। आप सच मानें तो जब पुरस्कार घोषित हो गया तब मुझे पता चला कि पुरस्कृत हुआ। 'बिहारी पुरस्कार' की ख़बर एक अख़बार में छपी। 'जय राजस्थान' में। उन्हीं के पत्रकार ने मेरा इंटरव्यू लिया। उसके सहसा आने पर मैं चकित हुआ। मैंने कहा, मैं तो बहुत बरसों से यहाँ रह रहा हूँ। आप तो कभी आए नहीं। अब क्यों आए हैं? उसने कहा—आपको मालूम नहीं? आपको पुरस्कार मिल गया। मैंने कहा, कितने रुपए का? उसने कहा, पचास हजार का। तो मुझे बहुत प्रसन्नता हुई। घर बैठे पुरस्कार मिल गया। न तो मैंने उस पुस्तक को पुरस्कार के लिए भेजा। हाँ, साहित्य अकादमी, उदयपुर के 'मीरा पुरस्कार' के लिए तो फिर भी भेजनी पड़ी। लेकिन प्रसन्नता हुई कि अनायास मिल गया। अगर मैंने कोई भी ऐसे हथकंडे अपनाए होते कि जो सुरुचिपूर्ण नहीं हैं, जिन्हें निन्दनीय दृष्टि से

देखा जाता है; या अगर मैं कोई 'तिकड़म' करता तो ज़रूर अपराध-बोध होता। मैं खुश हुआ। लिखता रहा।

रचनाकार की धारणाओं में क्रमश: कोई परिवर्तन होता है?

हाँ, होता है। क्यों न हो? रचनाकार कोई जड़ीभूत 'स्टिल' पदार्थ तो है नहीं। मैं पहले ब्रज भाषा में लिखता था। फिर गीत लिखे। पहले ब्रज भाषा में कविता-सवैया लिखना शुरू किया। फिर सहसा गीत लिखने लगा। बीच में मैं समाजवादी गीत लिखता रहा। उनको मैं जनसभाओं में सुनाता। जैसे आप रिकॉर्ड बजाते हैं, उस तरह से। पहले हमारी जनसभाओं में कवि खड़ा कर दिया जाता था। जोधपुर के प्रसिद्ध कवि रेवतदान और मैं पहले कविता पाठ करते थे। जब सब लोग आ जाते, स्त्रियाँ-पुरुष, फिर मीटिंग शुरू हो जाती। हम रिकॉर्ड थे। सभा में गाते थे खूब, खड़े हो-होकर। बड़ा आनन्द लेते थे। आप उन्हें हारमोनियम पर बजा लें। ऐसे गाते थे। फिर समझ में आया कि यह ठीक नहीं। फिर अतुकान्त कविता भी की। अतुकान्त कविता में भी फिर समझ में आया कि यह शैली ठीक नहीं है, तो शैली बदल ली। फिर जीवन ने बताया, कुछ आयु ने, कुछ अनुभव ने बताया। कवि जड़ नहीं होता। वह सबसे ज्यादा सजग व्यक्ति है। धारणाएँ बदलती हैं, लेकिन यह बदलाव अपनी अभिव्यक्ति को अधिक सार्थक, सक्षम बनाने के लिए होता है। कभी वैचारिक धारणाएँ भी बदल जाती हैं। ऐसा 'परिवर्तन' कई प्रसिद्ध लेखकों में मिलता है। कविता करने वाले गड़बड़ स्वभाव वाले होते हैं।

यह गड़बड़ जन्मजात होती होगी?

नंद चतुर्वेदी : हाँ, लगभग। कवि में एक 'सिक्स्थ सेन्स' होता है। वे छठी संवेदनात्मक इन्द्रिय से भावों को संगृहीत करते हैं। जैसे मधुमक्खी पुष्प का मधु लेती है, ऐसे ही सिक्स्थ सेन्स है। वह अपनी धारणाएँ बदल ले तो मुझे कोई आश्चर्य नहीं है। पहले ऐसा लिखता था, अब नहीं। किसी का कोई आदेश मानने को रचनाकार विवश नहीं है। धारणाएँ ही नहीं बदलतीं, लिखना बन्द भी हो जाता है।

('राजस्थान पत्रिका' के सौजन्य से)

साहित्य की व्यापक चिन्ताएँ

नंदबाबू के साथ डॉ. नवलकिशोर,
डॉ. सदाशिव श्रोत्रिय

नंदजी की काव्य यात्रा का प्रारम्भ रीतिकाल की समाप्ति का वह समय है जब झालावाड़ में एक 'कवि दरबार' हुआ करता था जिसमें समस्यापूर्ति करने वालों को वहाँ के तत्कालीन नरेश श्री राजेन्द्रसिंह जी के सम्मुख अपनी रचना सुनाने का अवसर मिलता था। 12-13 वर्ष की वय में एक बार नंदजी ने भी इस 'कवि दरबार' में एक समस्यापूर्ति कर पुस्कार प्राप्त किया और तब उस अल्पायु में ही जैसे वे सार्वजनिक रूप से एक कवि घोषित कर दिए गए। सम्भवतः उस सहज अर्जित कीर्ति की रक्षार्थ ही नंदजी तब से निरन्तर काव्याभ्यास करने लगे और अन्तिम सृजन-यात्रा पर चल पड़े। **—सदाशिव श्रोत्रिय।**

सदाशिव : क्या आप याद कर सकते हैं कि आपको अपने कवि होने का अहसास सबसे पहले कब हुआ? कोई तो ऐसा समय रहा होगा जब आपने यह महसूस किया होगा कि मैं कविता लिख सकता हूँ?

नंद चतुर्वेदी : यदि आप लगातार लिखते चले जाएँ तो यह चमत्कृत करने वाला अनुभव शायद आपको कभी भी न हो क्योंकि आप उसको जीवन का एक हिस्सा ही बना लेते हैं...तो आप अनुमान कीजिए कि जिस लड़के ने छठी या सातवीं कक्षा से किसी भी तरह से कविता करना प्रारम्भ किया—चाहे वह तुकबन्दी ही हो, समस्यापूर्ति ही हो।—और तब से लगातार लिखना...लिखना।... तब वह कौन-सा क्षण होगा इसे अलग से याद करना, एक कठिनाई हो सकती है।...यह उन कवियों के लिए हो सकता है, जिन्होंने किया हो और छोड़ दिया हो।

सदाशिव : कविता की एक प्रक्रिया यह भी तो हो सकती है कि एक भीतरी रचनात्मक दबाव के कारण कवि यह अनुभव करे कि उसकी किसी क्षण

की विशिष्ट भावनात्मक अनुभूति को शब्दों में उतार लिया जाना चाहिए। मेरा ख़याल है, आपने भी ऐसा कई बार किया होगा : यदि प्रारम्भ में नहीं तो बाद में किया होगा। क्या 'यह समय मामूली नहीं' की 'दर्द' या 'हवाओं की दस्तक' जैसी कविताओं के पीछे ऐसी कोई विशिष्ट अनुभूति नहीं है? जब तक यह आन्तरिक स्फुरण न हो तब तक तो आप कविता कैसे कर सकते हैं?

नंद चतुर्वेदी : यह एक सतत प्रक्रिया है सदाशिव, मेरा ख़याल है कि यह सारे समय ही होता रहता है—यह दुनिया का आकलन...यह दुनिया को आत्मसात करना...। और फिर यह तो हो सकता है कि आप किन्हीं क्षणों को कविता के रूप में दर्ज करें उनमें से, या सबको दर्ज करने योग्य न समझें, लेकिन इसको बहुत सावधानी से अलग करना या अभिव्यक्त करना कि एक पूरे समय की उथल-पुथल में से कौन-सा दबाव, कौन-सा आवेग किस समय अभिव्यक्त हो जाएगा, आप यह ठीक से कह नहीं सकते। तो आप जो सवाल कर रहे हैं, उसके लिए मैं यह कह सकता हूँ कि यह एक सार्वकालिक चिन्ता है, एक सार्वकालिक सृजन है जो होता रहा है। उसी में से शायद बाद में कुछ चीज निथर-छनकर अभिव्यक्त होती है...। मुझे ऐसा लगता है कि मेरे लिए यह क्रम रहा हो, या यह प्रक्रिया रही हो, इसलिए वह जो अलग से कोई बहुत सारे कवियों में होता है, वैसा कुछ नहीं हुआ मेरे साथ...।

आपने जिन कविताओं का ज़िक्र किया है, वे 50 के आसपास की कविताएँ हैं और उन पर निश्चय ही एक क़िस्म का रूमानी दबाव है। पर कवि के लिए केवल जो बाहरी है, या केवल जो आन्तरिक भाव है, वही कविता का विषय नहीं है...। मेरी दृष्टि में कविता की यात्रा दोनों तरफ होनी चाहिए। जो बाहर का विश्व है, उसको आप झुठला नहीं सकते और आपका अन्दर का जो विश्व है, उसकी तलाश लगातार होती रहनी चाहिए। तो आपने जिन कविताओं का उल्लेख किया यहाँ, उन कविताओं में शायद उस तलाश की यह कोशिश रही हो, जो बहुत-सी बाद की कविताओं में भी देखने को मिल सकती है...। कई बार वैसी कोशिशें विश्व के दूसरे बड़े कवियों को पढ़ते हुए भी मैंने अपने कवि कर्म के साथ जोड़ी हैं।

कवि यह प्रयत्न करता है कि जो उसका एकान्त है, जो उसकी अन्तर्मुखिता है, वह भी टूटे, क्योंकि इस प्रकार की अन्तर्मुखता उसे एक तरह से आत्मकेन्द्रित बनाती है। लेकिन यदि कवि इस आत्ममुग्धता या आत्मकेन्द्रीकरण को तोड़ने की कोशिश में बाहर जाता है और बाहर का ही हो जाता है, तब भी वह सम्पूर्ण नहीं होता। उसका खतरा यह होता है कि वह बाहर ही को देखता चला जाता है और अपने को अस्वीकार करता जाता है।

सदाशिव : आप यह समझते हैं कि यह प्रक्रिया यदि नहीं हो तो इसके बिना कोई कवि अधूरा होगा?

नंद चतुर्वेदी : मेरी दृष्टि में यह कवि के कविता लेखन में बाधा पहुँचाएगी, अगर कवि दुनिया के सारे परिवर्तनों को नकारता और अस्वीकार करता जाए; या कि वह अपनी जो आन्तरिक आकांक्षा है, आन्तरिक इच्छा है रचना की, उसे नकारता जाए क्योंकि बाहर इतना कुछ परिवर्तित हो रहा है, तो इन दोनों ही रास्तों से कवि-कर्म बाधित हो सकता है।

सदाशिव : आप अपने कवि होने को किस रूप में लेते हैं? क्या विशिष्ट और दूसरों से कुछ भिन्न होने के रूप में नहीं लेते?

नंद चतुर्वेदी : मैंने जो दूसरे लोग हैं, जो कवि नहीं हैं, उन लोगों को कभी अपने से हीनतर नहीं पाया। उनके लिए मेरे मन में कभी कोई अनादर का भाव नहीं आया बल्कि मुझे कई बार यह लगता रहा कि उनसे मुझे बहुत निकट सम्बन्ध जोड़ने चाहिए और उनकी आकांक्षाओं के संसार को न समझना बल्कि यह अनुभव उस समय भी मुझे हुआ जब मैं ब्रजभाषा की कविता लिख रहा था और रीतिकाल की जो कविताएँ थीं, पद्माकर आदि की ख़ासतौर से ऋतु-वर्णन, ऋतु-चर्या की कविताएँ, उन्हें पढ़कर भी मुझे अनुभव होता रहा कि यह लेखन एक क़िस्म का कलावाद है।

सदाशिव : आपकी कई कविताओं को मैं जटिल काव्यात्मक मनोभावों को अभिव्यक्त करने वाली कविताएँ मानता हूँ। उस प्रकार की कविताएँ लिखने की क्षमता जिस व्यक्ति में है, उसे आप किसी ऐसे दूसरे व्यक्ति से, जो न तो शायद उन भावों को उस रूप में कभी अनुभव करता है और न ही जिसमें उन्हें अभिव्यक्त करने की क्षमता है, भिन्न नहीं मानते?

नंद चतुर्वेदी : मैंने इसका बहुत बारीकी से मनोवैज्ञानिक अध्ययन नहीं किया लेकिन मुझे यह हमेशा लगता रहता है कि यदि किन्हीं भावों को कोई अभिव्यक्त करे या अभिव्यक्त न भी कर पाए तब भी मैं यह कभी नहीं मानूँगा कि उसके पास उन्हें अनुभव करने की क्षमता नहीं है।

नवल जी : जब आप कविता लिखने लगे तब यह अनुभव नहीं किया आपने कि एक ख़ास विशेषता आपमें है? इस अहसास से एक प्रसन्नता, एक आनन्द अनुभव नहीं हुआ आपको कि दूसरों के मुकाबले कोई विशेष चीज आपके पास है?

उनके साथ प्रतिस्पर्धा करते या उनके साथ अपनी तुलना करने में मुझे वह आनन्द नहीं मिला लेकिन जो रचना का आनन्द है, वह रचना का आनन्द ही मुझे समृद्ध करता रहा।

नवल जी : एक ज्यादा उन्नत जीवन बिताने का आनन्द?

नंद चतुर्वेदी : मुकाबले में नहीं...।

नवल जी : कोई मुकाबला नहीं, किन्तु जो जीवन चल रहा है आपके पास, उससे आप एक बेहतर जीवन जी रहे हैं, ऐसा अनुभव?

नंद चतुर्वेदी : जान-बूझकर तो कभी ऐसा अनुभव नहीं हुआ कि मैं उनसे कोई विशिष्ट...।

सदाशिव : सृजनात्मक होकर आप कुछ समृद्ध कर रहे हैं एक विशिष्ट आनन्द के लिए—ऐसा?

नंद चतुर्वेदी : मुझे उसमें सदाशिव, ऐसा लगता है कि दूसरे दूसरी तरह से समृद्ध कर रहे हैं।

नवल जी : यह आज लगता है कि उस समय भी लगता था?

नंद चतुर्वेदी : हमेशा ही मुझे यह लगता रहा कि अगर मैं कविता कर रहा हूँ तो दूसरा जलेबी बना रहा है, एक प्रयोगशाला में काम कर रहा है, एक बहुत अच्छी दुकान लगाए हुए है।...यह सब मिलकर ही तो एक दुनिया को समृद्ध कर रहे हैं, इसमें मैं विशेष क्या हूँ? अगर एक रंगरेज है...हमारे यहाँ पड़ोस में एक ख़ुदाबख़्श रंगाई का काम करते थे तो मुझे ऐसा लगता था कि ख़ुदाबख़्श भाई कितने अच्छे रंगरेज हैं और कैसे चटकदार रंग वस्त्रों को देते हैं! अपने वैशिष्ट्य को ही लेकर मैं कोई फूला-फूला नहीं फिरता था लेकिन इसमें भी मुझे आनन्द आता था कि बहुत सारे वैशिष्ट्य मौजूद हैं, आज भी मुझे यह नहीं लगता। जैसे कि मान लीजिए, मेरी किसी कविता को मेरी पत्नी नहीं समझती हैं तो मुझे कभी उन पर कोई क्रोध या ग्लानि या वे कम हैं और उनके जीवन में वह समृद्धि इस कविता को समझने के बाद आ जाती, ऐसा प्रतीत नहीं हुआ।

सदाशिव : अपने प्रारम्भिक जीवन के किन अनुभवों को याद कर सकते हैं आप जिन्होंने आपको कवि बनने में मदद की—रूप के, गंध के, स्पर्श के, भावों के अनुभव?

नंद चतुर्वेदी : हाँ, हैं जो उन कविताओं में भी हैं। जैसे एक तो जो स्मृतियों के—उनमें स्मृतियाँ ज्यादा रहीं और उनमें भी, जो नाना का गाँव हैं...या जैसे वह मौसियों वाली कविता है न 'दर्द', 'यह समय मामूली नहीं' (पृ. 71), वह परिवार का ही एक हिस्सा है तो जो स्मृतियों का संसार है और उनमें भी जो महिलाएँ हैं,

जैसे नानी है, माँ है, मौसियाँ हैं, पड़ोसी हैं, मोहल्ला है...और उन स्त्रियों का जो एक प्रेममय संसार है, विशेषत: जिसमें कोई आकांक्षा नहीं है...बस, केवल अपना देना ही देना है, वह बात बराबर मन को विचलित करती है, जैसे वे प्रतिदान में कुछ नहीं चाहतीं, न कुछ चाहा।

सदाशिव : कोई खुशबुएँ?

नंद चतुर्वेदी : (अब भी जैसे अपने कल्पनालोक में ही खोए हुए) केवल दिया, कोई खुशबू नहीं।

सदाशिव : कोई रंग जो गहरी कहीं...?

नंद चतुर्वेदी : केवल नदी आती है जिसकी तरफ दूसरे कुछ आलोचकों ने भी इशारा किया है।

सदाशिव : ध्वनियाँ?

नंद चतुर्वेदी : (जैसे मेरी बात न सुनकर बोलते चले जाते हैं) गति...देखिए आप, गति का कैसा रहा...जो कविता में आशावाद है...प्राय: मेरी कविताओं में मुझे ऐसा लगता है कि एक...निराशा नहीं है लेकिन एक आशा है...वह उस नदी की गति का ही...अगति नहीं है...जो हमारी आशाएँ हैं वे गतिमान...गति ही हैं...तो जो नदी का प्रवाह है वह कविता में एक प्रकार से...नाना के गाँव में उस नदी को प्रवाहित देखने का ही मैं आनन्द लेता था...जहाँ बाल्यकाल व्यतीत हुआ...किशोर अवस्था के दिन भी कुछ व्यतीत हुए...।

सदाशिव : नदी का जो प्रवाह है उसकी एक छाप आपके...।

नंद चतुर्वेदी : हाँ, मेरे मन पर बराबर...।

सदाशिव : वह छाप जो कवि रूप में आपके मन पर बराबर एक...?

नंद चतुर्वेदी : लेकिन ऐंद्रिक अनुभवों के अलावा भी जैसे बहुत सारी चीजें कविता की प्रेरणा बन जाती हैं...एकदम कोई विचार...कोई ख़याल...आत्मा-परमात्मा का भी हो सकता है...समाज का यथार्थ भी हो सकता है...या कोई ऐसा विचार जिसको...लगा हो आपको कि इसे अभिव्यक्त मुझे करना है...और वह या जो जुड़ गया किसी अनुभव से...प्रत्यक्ष किसी अच्छे-बुरे अनुभव से...जो अनुभव देखा...और उसकी कौंध हुई...आपको लगा कि ऐसा है मानवीय अनुभव...तिक्त है...या मधुर है...?

ऐसी तो साहब, बहुत सारी कविताएँ हुईं जो सामाजिक जीवन से जुड़ी हुई हैं, जैसे जो अकाल की कविता है...या कि जो युद्ध की कविता है...जो सामाजिक परिवर्तन की कविता है...जो स्त्रियों की दुर्दशा की या उनकी...।

सदाशिव : आप पुराने उस समय को याद करें, उन अनुभवों को, जो आपकी स्मृति के भंडार में रहे, वे कौन-से विचार थे जिन्हें...?

नंद चतुर्वेदी : ऐसा मैंने नहीं किया। ऐसा नहीं हुआ सदाशिव कि वह जो कोई एक विचार का भंडार था...

सदाशिव : अनुभवों का?

नंद चतुर्वेदी : जहाँ से ऊर्जा ग्रहण की हो...।

सदाशिव : अचानक ही अंकित हो गया हो जो बड़ी गहराई से...?

नंद चतुर्वेदी : नहीं, बल्कि जो अचानक से अंकित हुआ, उसे मैंने ज्यादा काम में नहीं लिया।

सदाशिव : मेरा मतलब यही था कि इस प्रकार के कोई अनुभव हों जो गहराई से आपकी स्मृति में बराबर रहे हों, जैसे कि वह जो गाड़ी गुजरती थी और उसकी जो सीटी बजती थी—'गीली लकड़ियों के बीच', 'ईमानदार दुनिया के लिए' (पृ. 56-57), वह उस समय...?

नंद चतुर्वेदी : हाँ, वह तो मैंने आपको बताया ही था, मैंने आपको कहा था...नहीं अभी भी मैंने कहा कि ये जो स्मृतियाँ हैं, दिन भर जो सूना गाँव है या उदास गाँव है, वह जो नदी है, उस उदासी के बीच में भी वह नदी लगातार आगे ही ले जाती है...।

सदाशिव : तो ये जो भावनात्मक अनुभव हैं, वे कोई उत्फुल्लता के अनुभव न होकर उदासी के अनुभव हैं?...इस प्रकार के अनुभव अधिक हैं क्या?

नंद चतुर्वेदी : हाँ, यह तो है ही कि वह एक जो सैडनिंग इफेक्ट...एक जो निराशा का, लेकिन उसमें सदाशिव, जो हमेशा एक अजीब स्थिति मेरे मन की बनती है, वह यह थी कि यह सब करते-करते...करते-करते जहाँ कविता अन्त करती है, वहाँ फिर कोई-न-कोई ऐसा धक्का लगता है...ऐसी कोई इच्छा होती है जो एक सामान्य मुहावरे में कहें तो, उस अनुभव को बदलने की आकांक्षा पैदा करती है, इस दुख की दुनिया को एक प्रीतिकर दुनिया बनाने की कोशिश करती है। यह सब है...ये उदास गाँव भी हैं...ये उदास रिश्ते भी हैं...यह न चाहा हुआ बदलाव भी है...ये स्मृतियाँ भी हैं...लेकिन

तब भी मोर्बिडिट (रुग्णता) नहीं है। यह दुनिया रहने योग्य है। इस दुनिया में बहुत-सा प्रीतिकर भी है। सारी बौद्धिक कविताओं में, यह जो रचना का आनन्द है, यह विद्यमान है।

सदाशिव : अच्छा, अब हम ज़रा कुछ आज के समय पर आएँ। आज के जीवन में कविता यदि पहले की तुलना में कम उपस्थित है तो आपकी राय में आगे चलकर इसके क्या परिणाम हो सकते हैं?

नंद चतुर्वेदी : मुझे ऐसा लगता है सदाशिव कि कविता पहले भी बहुत ज्यादा उपस्थित नहीं थी (प्रश्नकर्ता की हँसी), और अब भी यह कहना कि कविता उपस्थित नहीं है, यह भी कदाचित उचित नहीं है।

सदाशिव : अच्छा!

नंद चतुर्वेदी : कविता...दरअसल इसके लिए बहुत सारी हमारे देश की स्थितियाँ जिम्मेदार हैं।

सदाशिव : कौन-सी स्थितियाँ?

नंद चतुर्वेदी : देश में शिक्षा का जो अभाव रहा है, अब यह अध्ययन का विषय है कि क्या वह आर्थिक पिछड़ापन था? साहित्य के पिछड़ेपन का भी एक कारण होता है, लेकिन भारतवर्ष में कविता की उपस्थिति को व्यापक रूप से ही जाँचना चाहिए। जैसे जब मैं गाँव में कविता का केन्द्र ढूँढ़ता हूँ, तो वह एक धार्मिक, जैसे निराकार के भजन गाने वाले...।

सदाशिव : लेकिन अब तो वह भी नहीं है। हमारे घरों में भी जितनी धार्मिक कविता पहले रहती थी, क्या उतनी मात्रा में वह अब भी है?

नंद चतुर्वेदी : नहीं, लेकिन अब दूसरे प्रकार से वह मौजूद है—जैसे सिनेमा के गीतों के रूप में वह मौजूद है, जैसे केसेट्स के रूप में वह मौजूद है।

सदाशिव : कविता?

नंद चतुर्वेदी : वह भी जो कविता थी, जो लोक कविताएँ हैं, उनकी भी जाँच करनी पड़ेगी कि वे एक लय या तुकबन्दी के रूप में ही थीं या वे उस तरह की कविता थी जिसे हम कविता कहते हैं, क्योंकि बहुत सारे निराकार-साकार के जो भजन और कविताएँ हैं, उनमें भी कोई शब्द का उल्लास नहीं है। वे एक धुन हैं। वे एक लय हैं संगीत की। उनके शब्द-विन्यास की चमक हमें आकर्षित नहीं करती।

नवल जी : सृजनात्मकता का जो क्षण होता है, उसको आप कैसे पहचानते हैं और वह क्षण रचना में कहाँ तक जीवित रहता है?

नंद चतुर्वेदी : सृजनात्मकता के सन्दर्भ में मैं ज्यादातर मनुष्य नियति को ही देखता हूँ। इसलिए जो बहुत सारे आवेशपूर्ण क्षण होते हैं, या चिन्ताएँ होती हैं, जो वैयक्तिक जीवन की होती हैं, जो काफी कष्ट-क्लेश देती हैं, वे भी मेरी कविता में आती रही हैं...या मैं उन पर भी कविता...तो इस तरह से जो समय और मनुष्य के सन्दर्भ में व्यापक क्लेश हैं, उन्हीं पर केन्द्रित हो जाता है सृजनात्मक क्षण प्रायः, या इच्छा। सृजनात्मक क्षण का अभिप्राय मैं यह समझता हूँ कि जो सृजन की इच्छा है, वह इच्छा मनुष्य के व्यापक क्लेशों के साथ है—जो भी है...।

सदाशिव : एक बार बातचीत के दौरान आपने मुझे कहा था कि काव्य-रचना के समय कभी-कभी आप अपने-आपको एक विशिष्ट आवेश में महसूस करते हैं। तब आप अपने-आपमें एक अतिरिक्त ऊर्जा का अनुभव करते हैं, जिसे आप बगीचे में पानी देने या ऐसे ही किसी अन्य काम में विसर्जित करने का प्रयास करते हैं।

नंद चतुर्वेदी : वह क्या होता है सदाशिव, वह इसलिए होता है कि आप सन्तुलन न खोएँ। आप लिखने के समय अपने-आपको बचा सकें। इस बचाने के क्रम में कभी-कभी ये जो बाहरी चेष्टाएँ हैं, ये आपको दूसरी तरह से भी सोच लेने का अवसर देती हैं और एक अतिशय भावनात्मकता को—अतिशय भावुकता को गुज़र जाने देती हैं जिससे, मेरी दृष्टि से जो काव्य का शिल्प है, उसकी रक्षा हो जाती है और बहुत बार आप उस भाव से सम्मोहित होने से बच जाते हैं।...यह एक निर्वैयक्तिकता जिसे कहते हैं—जिसको अंग्रेज़ी कवियों ने निर्वैयक्तिकता कहा है, जो मेरी दृष्टि से भी कविता के सौन्दर्य की रक्षा करती है—बनिस्बत उसका अत्यधिक रागमय हो जाना...।

सदाशिव : तो आप जान-बूझकर उस भाव में अपने-आपको बहने नहीं देते हैं?

नंद चतुर्वेदी : कई बार...।

सदाशिव : उसे रोकने की कोशिश करते हैं...?

नंद चतुर्वेदी : हाँ, बचाने की कोशिश करता हूँ, और उसमें जो एक कलात्मक सौन्दर्य है, उसकी रक्षा होते हुए भी मैंने देखा है...।

नवल जी : आपकी लम्बी साहित्य-साधना उदयपुर में हुई जो एक छोटा नगर था। यहाँ रहते हुए आप महानगर के बहुत-से लाभों और सुविधाओं से वंचित रहे, क्या आप ऐसा महसूस करते हैं कभी?

नंद चतुर्वेदी : नवल जी! मैं इसको इस तरह देखता हूँ कि हमारे यहाँ नगर-महानगर भी कोई ज्यादा मतलब नहीं रखते। हमारे यहाँ बहुत-सी बातें महानगर में होते हुए भी कोई मतलब नहीं रखतीं। हमारे यहाँ ज्यादातर सम्पर्कों का ही मैं प्रभाव देखता हूँ—आपके मन पर, आपकी प्रवृत्ति पर, आपके स्वभाव पर यह निर्भर करता है। मैं महानगर में भी ऐसे कई लोगों को पाता हूँ, जिन्हें उनके कौशल के अनुपात में प्रसिद्धि नहीं मिली, या मैं ऐसे लोगों को भी पाता हूँ जिन्होंने अवसरों के अनुकूल उपयोग में अपनी प्रतिभा के अनुपात में ज्यादा प्रसिद्धि प्राप्त कर ली। लेकिन सामान्यतया इस बात को मैं स्वीकार करता हूँ कि महानगरों में अवसर ज्यादा मिलते हैं और यदि आप उन अवसरों का उपयोग कर पाएँ तो प्रसिद्धि की दौड़ में थोड़े से आगे आ जाएँ। लेकिन कई बार छोटे स्थानों पर रहने के अपने लाभ और आनन्द भी हैं, और बहुत सारा क्षरण जो महानगरों में परिस्थितियों के साथ तालमेल बिठाने में होता है, जो कष्ट और बाधाएँ आती हैं, छोटे कस्बों में आप उनसे बच जाते हैं। सम्बन्धों की कटुता की जो आशंकाएँ महानगरों में होती हैं, वह छोटे कस्बों में कम नज़र आती हैं। तो ऐसा नहीं है कि हम लोग इन सम्पर्कों का ज्यादा पछतावा करें, या ज्यादा दारिद्र्य अनुभव करें और मन को कमज़ोर बनाते रहें।

नवल जी : अच्छा, आपकी पीढ़ी के कई लोग इस बात को लेकर प्रसन्न हैं कि इधर आज के युवकों की जो कविता आ रही है, वह सब प्रकार से विचारधाराओं से मुक्ति की कविता है। आप, जो ज़िन्दगी के ज्यादा दौर में समाजवाद से जुड़े रहे हैं, विचार-मुक्ति की इस कविता को किस रूप में देखते हैं? आप इस विचार-मुक्ति का स्वागत करते हैं या आपके पास अब भी कविता के लिए विचार का कोई स्वप्न बाकी है? क्या आप जब भी यह मानते हैं कि कविता तभी अच्छी हो सकती है जब उसके पीछे कोई दर्शन, कोई दृष्टि या दुनिया बदलने का कोई एक सपना हो?

नंद चतुर्वेदी : मैं आगे तो नहीं जानता नवल जी! मैं भविष्य की बात भी ज्यादा नहीं कर सकता, लेकिन मैंने जीवन में जो भी छोटा-मोटा अध्ययन किया है, उसके बल पर मैं यह पाता हूँ कि कविता समाज से विच्छिन्न नहीं हुई कभी भी, और विश्व के तमाम बड़े कवि सामाजिक सन्दर्भ में ही समझे गए। सामाजिक सन्दर्भों से हटकर केवल कुतूहल करते हुए, या केवल उत्सुकता जागृत करते हुए वे कभी बड़े कवियों की गणना में नहीं आए। सामान्यता कवि जो अपना काम

करता है, वह समाज के अन्दर ही करता है, इसलिए यह जो एक विचारमुक्ति का आन्दोलन है, वह मुझे एक भटकाव-सा ही प्रतीत होता है। मैं यह समझता हूँ कि 'सामाजिक दृष्टि' का अभिप्राय उपदेश नहीं है। अगर एक कविता उपदेशित करती है तो कविता का नुकसान होता है। लेकिन एक समाज में अनेक प्रकार की स्थितियाँ हैं—अनेक प्रकार की—ऊर्जा देने वाली, ऊर्जा को तोड़ने वाली, मन को बनाने वाली, मन को खिन्न करने वाली। जो अनेक प्रकार की धाराएँ हैं, उन धाराओं को यदि कवि पहचानता है और उनके साथ अपना सम्बन्ध जोड़े रखता है तो समाज-मुक्ति से कविता अच्छी हो जाएगी या समाज के साथ जुड़ने से कविता अच्छी हो जाएगी, इस प्रकार के प्रश्न ही नहीं उठेंगे। ये प्रश्न एक तरह से कविता रचना के प्रश्न ही नहीं हैं। कविता रचना के प्रश्न ये हैं कि आप किन सन्दर्भों में समाज को आकलित करते हैं, देखते हैं, उसके क्लेशों को समझते हैं? उसकी विपन्नताओं को समझते हैं? उसके उत्कर्ष को समझते हैं? उसका आभ्यान्तरीकरण किस प्रकार से करते हैं? मनुष्य के उत्कर्ष को आप किस प्रकार से ग्रहण करते हैं और इस उत्कर्ष के साथ आप अपने सम्बन्धों को कैसे जोड़ते हैं?

नवल जी : अच्छा, इसको आप इससे जोड़िए...आपके पास बहुत समय तक एक सपना रहा—समाज बदलेगा, वर्ग विहीन होगा, तो जो स्थितियाँ आज हैं, उससे अपना स्वप्न टूटने का एक दुःख, एक रंज, एक निराशा आपको होती है?

नंद चतुर्वेदी : हाँ, होती है।

नवल जी : तो क्या भविष्य के लिए सपना आप आज भी देखते हैं या देखना चाहिए?

नंद चतुर्वेदी : व्यवस्था के पुनर्निर्माण की आशा अब भी बची है, क्योंकि ये जो बहुत-से सपने हैं, वे काल्पनिक नहीं हैं। उनको हम सपना भी कहते हों, लेकिन वे केवल कल्पना ही नहीं हैं, वे मनुष्य के अस्तित्व की बुनियादी शर्तें हैं—जैसे मनुष्य की स्वाधीनता, जैसे मनुष्य की समता। इनको छोड़ना सम्भव नहीं है। और तब मुझे यह प्रतीत होता है कि चाहे जितने दिन तक चीजें उथल-पुथल होती रहें लेकिन अन्त में समता और स्वाधीनता के प्राप्त हुए बिना मनुष्य बच नहीं पाएगा, और इसलिए यदि इस बात को हम कविता में भी लाते हैं तो वह एक तरह से सृजनात्मकता की ही तलाश है।

सदाशिव : लेकिन आपकी बाद वाली कविताओं के स्वर से लगता है, जैसे आप उन सपनों का टूटना देख रहे हों? और भविष्य में भी जब तक बाहर का

तंत्र उनके अनुकूल नहीं होगा तब तक क्या हम उम्मीद कर सकते हैं कि वह हमें अपनी इच्छित दिशाओं में ले जाएगा?

नंद चतुर्वेदी : लेकिन हम अन्त तक उस उम्मीद को बचाने की कोशिश करते हैं। हम उस टूटन के बाद भी, उस निराशा के बाद भी, उस सूखती हुई नदी को देखते हुए भी, उसकी गति की, उसके प्रवाह की इच्छा करते हैं। एक चीज का, सदाशिव, हो जाना ही अन्तिम स्थिति नहीं है। उस हो जाने को भी मनुष्य लगातार तोड़ता रहता है। मनुष्य की जो जैविक इच्छा है, उसे मैं इस तरह देखता हूँ कि वह किन्हीं परिस्थितियों के कारण कुछ समय के लिए निराश करती हों लेकिन यह उसकी नियति नहीं है। इस हद को भी वह तोड़ देना चाहता है, और आप देखते हैं कि ऐसा होता है, अन्यथा एक समय की जो व्यवस्था है, वह तो हर तरह से बाधित करेगी लेकिन तब बाधा-मुक्ति कैसे होगी?...सामन्तवाद को समेटे रखने की सामन्तों ने हर प्रकार से कोशिश की, पर क्या हुआ? वे जो सबसे ज्यादा प्रभुत्वशाली, पराक्रमशाली लोग-बाग थे, वे कैसे टूटे? वे क्यों टूट गए? उनके किले ध्वस्त क्यों हो गए?...तो मैं यह पाता हूँ कि अभी जो निराशा की स्थितियाँ हैं, उन निराशा की स्थितियों के बीच में भी उन स्थितियों को तोड़ने वाले लोग आन्दोलनरत हैं। कविता भी संघर्ष कर रही है, ऐसे कवि भी हैं जो उस बेहतरीन, सौन्दर्यमूलक कल्पना का रूप देने में लगे हुए हैं या उसकी रचना में लगे हुए हैं, वे सब मिलकर एक समूह हैं—जैसे कट्टरतावादियों का एक समूह है, जैसे कट्टरवादी भाषा की दृष्टि से भी कट्टरता लाना चाहते हैं...पवित्रता संस्कृति में भी पवित्रता, स्त्री-पुरुषों के व्यवहार में भी एक कट्टरतावादी दृष्टिकोण आपको देखने को मिलेगा। अगर एक कट्टरतावादी दृष्टि है तो वह हर क्षेत्र में है। ऐसे ही यदि एक संघर्षवादी दृष्टि है तो वह सब जगह है—कवियों में भी है, समाज, रचनाकारों में भी है, व्यवस्थाकारों में भी है। मैं ऐसे व्यवस्थाकार, ऐसे न्यायाधीश भी देखता हूँ जो मनुष्य की आकांक्षाओं के सन्दर्भ में न्याय को देखते हैं, समय के बदलते हुए स्वभाव के सन्दर्भ में न्याय को देखते हैं। तो ऐसे भी न्यायाधीश हैं जो काना-मात्रा के किसी तकनीकी बिन्दु के आधार पर ही चीजों को इधर से उधर करते रहते हैं।

नवल जी : अच्छा, अब आप यह जवाब दीजिए कि आजकल जो नई क्रान्तिकारी मुद्राओं वाले दलितवादी लोग हैं, नारीवादी लेखिकाएँ हैं, ये सब आपकी पीढ़ी पर यह आरोप लगाते हैं कि समाजवाद के सारे नारों के बावजूद आप भी अन्ततः सवर्णवादी और मर्दवादी रहे हैं और यदि आज आप उनके बारे में चिन्ता करने लगे हैं तो इसका कारण आपकी अन्तःप्रेरणा न होकर उनके आन्दोलन रहे हैं। क्या आप उनके आरोपों को स्वीकार करते हैं? आपके जाति, लिंग आदि

समस्त भेदभावों के परे हमेशा से समानता का राग अलापते रहने के बावजूद ये लोग आपको मित्र पक्ष का क्यों नहीं मानते?

नंद चतुर्वेदी : जो उन्हें कष्ट में डालने वाले हैं, वे भी शायद मुझसे ही कुछ मिलते-जुलते हैं (हँसते हैं)...अत: यदि उन्हें मुझ पर भी सन्देह हो गया हो तो यह उनके सन्देह का स्थानान्तरण ही है और इतना तो मैं मानता हूँ कि कष्ट में अब भी वे ही हैं—मोटे तौर पर।...छोड़ दीजिए आप हजार-दस हजार या लाख-दो लाख को, यदि उनमें से कोई मंत्री इत्यादि के पद पा गए हों...। वहाँ भी वे मंत्रिगण सामाजिक दृष्टि से अपने-आपको हीन ही अनुभव करते हैं। आज भी दलित जाति का कोई मंत्री किसी ब्राह्मण मंत्री की तुलना में अपने-आपको अपाहिज और अनाश्रित ही पाता है। एक मनोवैज्ञानिक निराशा या पिछड़ेपन का दबाव बना है।

नवल जी : यह आपका सहानुभूतिपूर्ण उत्तर तो ठीक है, पर यह जो हमारे सारे प्राचीन साहित्य को मर्दवादी या सवर्णवादी करार देते हैं और बड़ा साहित्य जिस तरह जाति, धर्म, लिंग के भेदभाव से परे सामान्य मनुष्य की चिन्ता करता है, इस बारे में आपकी सैद्धान्तिक स्थिति को तो आपको थोड़ा स्पष्ट करना होगा।

नंद चतुर्वेदी : मुझे, नवल जी, बार-बार यही प्रतीत होता है कि वे छले गए हैं और उनके विश्वास और इन सद्भावनाओं के बावजूद व्यवस्था से उन्हें कोई हक, कोई सहानुभूति, कोई गरिमा नहीं मिली। जो मूलत: व्यवस्था है, वह उनके पक्ष में नहीं है—हर तरफ से—आचरण में नहीं है। मन से उनके प्रति सहानुभूति नहीं है। सामाजिक कर्म के बँटवारे में उनको हमने कोई बहुत ज्यादा जगह नहीं दी, और उस शुद्धि के उस काम को भी, जो बहुत कष्टकर हैं, वे करते रहे हैं तो उनका विश्वास हम पर कैसे हो? और जहाँ एक लचीली व्यवस्था का हम प्रारम्भ करते हैं, वहाँ हमीं में से लोग उनको मत-प्राप्ति के लिए तो चाहे जितने नरम, कोमल आश्वासन देते हों, लेकिन व्यवहार में उनका कोई आश्वस्त करने वाला परिणाम मिलता नज़र नहीं आता।

नवल जी : इधर आपकी कविताओं में औरत को लेकर ख़ास हमदर्दी दिखाई देती है, पर यह पहचानना बड़ा मुश्किल है कि आपकी कविता में दलित वर्ग भी उस तरह आया है। यह क्या कारण है कि आपकी औरत के प्रति जो हमदर्दी जगी और एक दलित के प्रति आप सोए रहे?

नंद चतुर्वेदी : इसका कारण यह प्रतीत होता है कि स्त्री के साथ हम अपने घर में, अपने समाज में भी, अधिक निकटता से आते रहते हैं। उसके जीवन की बरबादी को, उसकी असमर्थताओं को, उसकी निराशाओं को और उसकी शक्ति को हम ज्यादा नजदीक से देख पाते हैं। लेकिन दलितों से हमारा मिलना, सम्पर्क वह

यदाकदा और आकस्मिक है। जातिवादी संरचना ने हमारा और उनका मेल-मिलाप बहुत कम किया है। स्त्री के साथ हमारा व्यवहार हमें हर दिन देखने को मिलता है, और एक तरह से हम उसके अपराधी भी होते हैं। अगर स्त्री हमारी रचनाओं में बार-बार आती हैं तो उसका कारण यह है कि हम स्त्री की शक्ति को जान-बूझ कर निरादृत करते रहे हैं और इसका अपराध-बोध हमें आहत करने लगा है। और वैसे भी दलितों की तरह स्त्री आकस्मिक रूप से हमारे जीवन का हिस्सा नहीं है। कविता में उसका आना औचित्यपूर्ण और स्वाभाविक लगता है। दलितों के जीवन को चूँकि हम गहराई से जानते ही नहीं हैं, उसके सम्बन्ध में हमारी जानकारी और संवेदना, स्त्रियों के जीवन की जानकारी और संवेदनाओं की अपेक्षा अत्यधिक कम है। शायद वह चर्चा में भी कम आता है और इसीलिए वह कविता में भी कम है। मुझे हिन्दी साहित्य में दलितों से सम्बन्धित कविताएँ कम ही देखने को मिली हैं। अब भी वे ही अपनी यातनाभरी 'आत्मकथाएँ' लिख रहे हैं।

सदाशिव : इसी से जुड़ा एक प्रश्न मैं आपसे पूछता हूँ नंद बाबू! आपकी कई कविताओं में बच्चे जिस रूप में आते हैं, उससे लगता है कि हमारा समाज उनके प्रति पर्याप्त संवेदनशील नहीं है। इस बारे में आप कुछ कहना चाहेंगे?

नंद चतुर्वेदी : उनके जीवन का मनमौजीपन मुझे छिनता हुआ प्रतीत होता है और उनके माता-पिता की इच्छाएँ उन पर सवार देखता हूँ। सबसे बड़ा कष्ट यह है कि वे उसे व्यक्त नहीं कर पाते। उनके पास भाषा नहीं है। उनसे छिन गई स्वतंत्रता के कष्ट को बताने के लिए वे बेज़ुबान हैं। आप देखते हैं कि जो बेज़ुबान हैं, वे ही हमें ज्यादा उत्तेजित करते हैं। जैसे अगर हम स्त्री की बात करें तो स्त्री कष्ट पाती हुई बेज़ुबान है। अगर हम बच्चों की बात करें तो बच्चों का जो आनन्दमय संसार है, उस आनन्दमय संसार से वे बेदखल किए हुए देखे जा सकते हैं। तो बच्चे भी एक तरह से उस सामाजिक बड़प्पन के कष्ट को भोगते हैं और इस कारण उनका जो सहज, सरल जीवन बिखरा हुआ प्रतीत होता है, उन बच्चों के लिए भी कुछ कविताएँ हैं। एक वह है जिसमें उसकी माँ उसे घसीट कर ले जाती है, 'जो न चिड़िया है न तितली', 'ईमानदार दुनिया के लिए' (पृष्ठ 43-44) और 'मैं तुम्हारे लिए क्या कर सकता हूँ'—ऐसी एक कविता शायद कहीं है; या जहाँ अंग्रेज़ी... वह दादी माँ वाली कविता में भी है, 'दादी माँ चिन्ता छोड़ो' (वही, पृ. 35), एक बच्चा है जो शायद कुछ भाषा के कष्ट भोग रहा है।

नवल जी : एक बात बताइए नंद बाबू, आपकी कविताओं में प्रेम की कोमल अनुभूतियों की कविताएँ क्यों नहीं हैं? सारी कविताओं में बस समाज का दर्द...औरत का दर्द...पीड़ा...! क्या हुआ कि किशोर अवस्था की बातें आपने

छोड़ दीं? क्या यह देखकर कि ज़िन्दगी में संघर्ष ज्यादा जटिल है? वह ज्यादा अर्थपूर्ण है, क्या यह लगा?

नंद चतुर्वेदी : पुरानी जो स्त्रियों की स्मृतियाँ हैं, वे दरअसल प्रेम की स्मृतियाँ नहीं हैं। जैसे प्रेम को प्राप्त नहीं कर सकती इन कष्टों के बीच से...कि प्रेम जैसे किन्हीं ख़ास क़िस्म की स्त्रियों का अधिकार है...सुख-सुविधाएँ भोगती स्त्रियों का—ऐसा मेरे मन में बराबर भाव बना रहा...कि मोहिनी जीजी पिता के द्वारा पीटी ही जाती है...या नाथी जीजी पिता के द्वारा पीटी ही जा रही है क्योंकि उसने किसी लड़के को प्रेमपूर्ण दृष्टि से देखा है। तो एक प्रेम वाली...एक प्रेम में डूबी हुई रीतिकालीन स्त्री...यदि रीतिकालीन कविता को आप प्रेम की कविता मानते हों तो। मैं नहीं जानता कि वह कितनी प्रेम की कविता थी...या क्या वैसा ही प्रेम होता है जो बिहारी की नायिकाएँ करती रही हैं...यह भी एक प्रश्न है...या फिर चाहे घनानंद ने ही उससे प्रेम किया हो...यह भी एक विवेचना की बात है कि दरअसल प्रेम क्या चीज है और प्रेम की कविता कैसी होती है, लेकिन प्रेम करती हुई स्त्रियाँ नज़र ही नहीं आईं।

नवल जी : सुना है, आपने तो प्रेम किया (नंद जी हँसते हैं)...आपने तो कहा नहीं...पर इधर, उधर से...विद्याभवन में आपके रंगीले स्वभाव के बारे में...?

नंद चतुर्वेदी : इसमें कोई शक नहीं...कोई शक नहीं है...जो प्रेम...या आकर्षण... प्रेमाकर्षण की बातें कही जाती रही हों...वे हों भी सच...तब भी यह कहना कठिन है कि वे सब स्त्रियाँ—वे सब प्रेम करती हुई स्त्रियाँ थीं—या उनसे किया हुआ प्रेम ही प्रेम का मर्म है, या उस तरह का प्रेम ही प्रेम कविता की उत्तेजना दे सकता है। लेकिन आप अगर लगातार एक समुदाय को या अपने आसपास की स्त्रियों को विकल, असहाय, पीड़ित...लगातार क्षीण होती हुई...उच्च वर्गों द्वारा सम्मोहित की जाती हुई...अगर ऐसी स्त्रियों को ही जानते हों...या ऐसी स्त्रियाँ को कि जिन्हें गाँव में जूते पहनने की भी आजादी न हो...मैंने कई बार आपसे यह कहा भी कि मुझे सबसे अच्छा अब यह देखकर लगता है कि सब स्त्रियों के पैर में चप्पल हैं। वे सब अब नंगे पैर नहीं हैं। उनके तलवे जल नहीं रहे हैं...तो जब रीतिकाल की कविता मैं पढ़ रहा था तब भी मैंने यह लिखा :

दीजे रंगशाला, रतिशाला को हवाला कहा
बिलखत जे हैं एक एक ही निवाला को।

यह कविता बहुत प्रारम्भ की कविता है, तो जैसे पुरुषों का बिलखना मौजूद है, ऐसे ही एक समाज में स्त्रियाँ लगातार कष्ट पाती हुई हैं—चाहे वे मौसियाँ हों... जैसे मेरी नानी है...कि तुम्हारी देह से जैसे बर्फ की धार ही निकल रही हो...या मैं

तुम्हारी देह पर सो जाता...और तुम कहतीं कि लो, नौ बज गए...वह जो रेल की सीटी लगातार...वह कविता वही कविता है...।

नवल जी : कवि के रूप में भाषा के साथ आपका सरोकार कैसा रहता है? क्या केवल सम्प्रेषण का माध्यम है वह आपके लिए या यदि वह उससे बढ़कर है तो क्या है? किस तरह से व्यवहार करते हैं आप भाषा के साथ कविता में? और उसी सन्दर्भ में यह भी कि क्या आपका लोक-भाषा की तरफ कभी रुझान हुआ और यदि नहीं तो क्यों नहीं हुआ?

नंद चतुर्वेदी : हाँ, सामान्यत: मैंने भाषा के सर्जनात्मक पक्ष को ही देखने की कोशिश की—यथासम्भव अपनी चिन्ताओं से मिलाते हुए, और इसमें कोई सन्देह नहीं कि जो एक अदृश्य पाठक-श्रोता मेरे मन में बना रहा, जिसे मैं सम्बोधित करता रहा अपनी कविता द्वारा, वह एक प्रबुद्ध वर्ग ही है। और एक प्रकार से शिल्प को भी मैंने कमज़ोर नहीं होने देना चाहा। और जब आप शिल्प के लिए एक ख़ास क़िस्म की कोशिश करते हों...उसको बचाने की कोशिश करते हों...तब उसमें थोड़ी बौद्धिकता, थोड़ी चतुराई, थोड़ा अभ्यास—इन सबकी आवश्यकता आ जाती है। इसलिए आपको यों देखने में वे कविताएँ सरल मालूम होती हैं और मैंने लिखना भी—कविता की दृष्टि से—उत्कर्षमय समय में शुरू किया। वे कविता के अच्छे दिन थे—जब चाहे पश्चिम की कविता हो या चाहे भारतीय कविता हो या चाहे वे प्रगतिवादी या किसी अन्य धारा के कवि रहे हों, उस समय के कवि, चाहे वे निराला रहे हों या पंत रहे हों या महादेवी जी रही हों, या बाद में चाहे मुक्तिबोध रहे हों या अज्ञेय रहे हों—चाहे और भी जो उनके समकालीन कवि रहे, वे एक बौद्धिक युग के कवि, एक तरह के अध्ययनशील, एक तरह से कविता के शिल्प पक्ष को, कविता के भाषा-पक्ष को लापरवाही से नहीं देखने वाले।

नवल जी : अच्छा, एक बात बताइए, एक समय था जब आपका गद्य साहित्यिक प्रश्नों पर केन्द्रित था, जैसे 'शब्द संसार की यायावरी' में ज्यादातर आपके साहित्य से सम्बन्धित लेख हैं। इधर जो गद्य आपने लिखा है, उसका सम्बन्ध दूसरी चिन्ताओं से है, वह गांधी से है या कि विनोबा से है या कि वे जो नए आन्दोलन चल रहे हैं, इनसे। तो यह जो आपका भावात्मक पक्ष है, उसके लिए आपने कभी समय नहीं दिया। चिन्तन का जो पक्ष है, उसके लिए समाज...?

नंद चतुर्वेदी : समाज को मैंने जोड़ा...सामाजिक चिन्ताओं को...।

नवल जी : यह स्पष्ट विभाजन-सा दिखाई देता है।

नंद चतुर्वेदी : हाँ, जी।

नवल जी : चिन्तनपरक गद्य लिखते हैं तो आपकी चिन्ताएँ भी दूसरी हो जाती हैं?

नंद चतुर्वेदी : हाँ, बिलकुल।

नवल जी : यह एक रचनात्मक गद्य नहीं है। यह सम्बोधनात्मक या विचारपरक गद्य हुआ, तो उस गद्य के लिखने में या इसके लिखने में कोई अन्तर लगता है आपको रचना-प्रक्रिया में?

नंद चतुर्वेदी : यह एक प्रकार का अभ्यास ही है जो...मैं ऐसा समझता हूँ कि गद्य इंग्जेक्टनेस और एक बौद्धिक अनुशासन देने वाला होता है, तो कविता के वह विरोध में नहीं है, और अगर आप समाज की एक रचनाशील कल्पना करते हों या एक रचनाशील समाज की कल्पना करते हों, तो आपको सामाजिक हस्तक्षेप अपने लेखन के जरिये करना चाहिए—उसके निर्माण में...उसकी समस्याओं को देखने में।...और इधर हमारे साहित्य की बहुत सारी जो विधाएँ हैं, उनमें गद्य का सौन्दर्य भी कितना विकसित हुआ है! जैसे कई बार आप यदि होटलों के विज्ञापनों को भी देखें तो वे आपको लगभग कविता जैसे ही लगेंगे (नवल जी की हँसी)।...तो मुझे ऐसा लगता है कि एक तो अपने-आपको इंग्जेक्ट बनाने के लिए और दूसरा रचनाशील समाज के निर्माण के लिए गद्य भी लिखना चाहिए...जो साहित्यिक समस्याओं से अलग हो।...जैसे अगर आप कविता में मूल्यों की बात करते हैं तो जब तक सामाजिक प्रसंगों में मूल्यधर्मिता नहीं होगी तब तक आप कविता में कैसे अलग से...?

नवल जी : आपने बिन्दु का सम्पादन किया था। आजकल जो साहित्यिक पत्रिकाएँ निकल रही हैं, उनमें क्या चीज तो आपको काबिले-तारीफ लगती है और क्या आलोचनीय लगती है? और कैसा उनका स्वरूप होना चाहिए? और जब हम इन्टरनेट वगैरह के जमाने में जा रहे हैं तो क्या समझ रहे हैं कि पत्रिकाएँ कैसे जी सकेंगी?

नंद चतुर्वेदी : मुझे एक तो यह लगता है कि पिछले दिनों जो ज्ञान की या सत्य की, या मूल्यों की जो एक तलाश थी, बिन्दु के समय में हम लोगों ने यही कोशिश की थी कि जो अन्तग्रथित मूल्य है—विनम्रतापूर्वक प्रयत्न किया जाए उनकी तलाश का कि हमारे समय के लिए उनमें से कौन-से सार्थक है! बिन्दु का पहला अंक ही 'मूल्य विश्लेषण अंक' था। तो वह जो एक प्रकार की प्रश्नाकुलता थी, जो एक जानने की इच्छा थी, अब इस प्रकार की चिन्ता करना एक तरह से ढीला-ढाला प्रयत्न माना जाता है। अब ज्यादा विश्वासपूर्वक घोषणाएँ की जाती हैं सत्य को जानने की, मूल्यों सन्दर्भ जानने की और मूल्यों को एक तरह से शिविरबद्धता की दृष्टि से देखने की...और अपने ज्ञान की प्रगल्भता का, या एक बौद्धिक दावा करने की, तो आज जो पत्र-पत्रिकाएँ हम देखते हैं, उनमें जानने की इच्छा क्षीण होती

नज़र आती है और घोषित करने की इच्छा प्रबल होती है...कि हम सब जानते हैं। ज्ञान के उपार्जन में जो एक विनम्रता का हिस्सा है, या जो अनेक दृष्टियों से सत्य को जानने की इच्छा है, वह क्षीण होती जा रही है, क्योंकि उस तरह से अब जीवन में लाभ-हानि का भी मूल्यांकन हो रहा है। वह कठोरता से ही हो सकता है, एक तरफ हो जाने से ही होता है। अब अगर आप चीजों को गहराई से समझने की कोशिश करें तो वह समय का अपव्यय माना जाता है। एक बात तो यह...और जो आगे आप कहते हैं कि इंटरनेट वगैरह के समय में...तो मुझे ऐसा प्रतीत होता है, नवल जी कि सारी चीजें रहेंगी—पुस्तक भी रहेगी, कम्प्यूटर भी रहेगा, टी.वी. भी रहेगा। कोई चीज बेदखल नहीं होगी। समाज की दृष्टि से भी देखें आप—कितने स्तर वाला समाज है भारतीय समाज।...वहाँ एक पुस्तक भी मूल्यवान रहेगी। वहाँ इंटरनेट भी मूल्यवान रहेंगे। जब आप तुरन्त किसी चीज को जानने की इच्छा करेंगे तब आप एक दूसरा उपकरण काम में लेंगे, लेकिन जब आपके पास अधिक समय होगा तब आप पुस्तक पढ़ने की आकांक्षा करेंगे। जब अनेक रुचियों वाला समाज होगा तब अनेक रुचियों से ज्ञान सम्पन्न होने की आकांक्षा भी बनेगी, और ऐसा पश्चिम में हुआ भी है।

नवल जी : राजनीति का आपका अनुभव कैसा रहा? राजनीति में आप बड़े-बड़े लोगों के बहुत नजदीक रहे, तो उस समय आपकी कोई राजनीतिक महत्त्वाकांक्षा जागी? राजनीति से आपके सम्बन्धों के बारे में सोचकर आज आपको कैसा लगता है?

नंद चतुर्वेदी : मेरा ख़याल है कि मेरे जो पारिवारिक दायित्व थे, उनके रहते मुझे कभी इतनी शक्ति और इतनी स्वाधीनता नहीं मिली कि राजनीति में होने के ख़तरे उठा सकूँ, क्योंकि राजनीति करना आसान नहीं है। आपकी आर्थिक परिस्थितियाँ मददगार होनी चाहिए। और मैं जिस परिवार से था, उस परिवार की आर्थिक स्थिति इतनी अच्छी नहीं थी कि वह मुझे लम्बे समय तक राजनीति करने की स्वाधीनता देती। इसलिए राजनीति का जो सम्बन्ध रहा, वह महत्त्वाकांक्षाओं से नहीं जुड़ सका। दूसरी बात मैं यह समझता हूँ कि राजनीति को एक रचनाशीलता की दृष्टि से ही मैंने देखा कि वह हमारे भारतीय समाज में कैसे परिवर्तन ला सकती है, और मुझे यह लगा कि भारतीय समाज में जो सबसे बड़ा उसका दोष है, वह विषमता ही है। मुझे बहुत पहले से ही गांधी आकर्षित करते थे और मुझे ऐसा लगता था कि गांधी में जो एक अराजकतावादी तत्त्व था—एक स्टेट को न मानने का, यदि आप गांधी को ध्यान से देखें तो गांधी कभी भी राज्य-व्यवस्था के समर्थक नहीं लगते। और राज्य-व्यवस्था को वे एक तरह से मनुष्य के विकास की बाधा भी मानते हैं, इसीलिए वे लगातार लोकशक्ति के उन्नयन की बात करते हैं। समाजवादी पार्टी

में जो व्यापक संकल्प थे, वे गांधी दृष्टियों का समर्थन करते थे। वे अहिंसावादी बदलाव के समर्थक थे। वे चौखम्भा राज्य का अनुकरण करते थे। वे स्त्रियों के, दलितों के अभ्युदय की बात करते थे। वह मुझे राजनीति ही नहीं, समाजनीति भी लगती थी। इसलिए मैं समाजवादी पार्टी की तरफ आकर्षित हुआ और बाद में जयप्रकाश जी या लोहिया जी का चिन्तन या उनकी जो चिन्ताएँ मुझे आकर्षित करती रहीं, वे चिन्ताएँ भारतीय संस्कृति की मुख्य धाराओं से मिलती-जुलती भी थीं। इस दृष्टि से राजनीति के ऊपर वे आक्षेप ही मुझे कोई बहुत सार्थक नहीं लगते थे। मुझे ऐसा लगता था कि जैसे हमें बहुत-सी जिज्ञासाओं से साक्षात्कार करना चाहिए, उसी तरह एक रचनाशील राजनीति के पक्ष का आदमी भी होना चाहिए, तो वह जो रचनाशीलता थी, वह जो लोकशक्ति को जगाने की बात थी, वह जो गांधी की परम्परा को आगे बढ़ाने के रास्ते को ढूँढ़ना था, वह सब मुझे समाजवादी पार्टी में मिलता था। इसलिए मैं समाजवादी पार्टी तक गया। उसमें किसी प्रकार की वैयक्तिक या कि कोई मंत्री बनने की, या किसी पद-प्राप्ति की कोई आकांक्षा नहीं थी। और इसी क्रम में मुझे जब टीचर्स ट्रेनिंग कॉलेज में पढ़ाने का अवसर मिला तब मुझे यह पद अपनी आकांक्षा की सन्तोषपूर्ण पूर्ति प्रतीत हुआ, कि मैं इस तरह भी समाज निर्माण का या सामाजिक रचना का काम कर सकता हूँ, क्योंकि मैं शिक्षा को भी हमेशा एक बड़ा सामाजिक हस्तक्षेप मानता रहा। और अगर अध्यापकों का ही पुनर्निर्माण किया जा सके या उनको ही कुछ नए सपने दिये जा सकें तो यह मुझे राजनीतिक आकांक्षा की पूर्ति-सा ही लगा, कि अगर मैं ऐसा समाज बनाना चाहता हूँ तो बुनियादी रूप में अध्यापकों के बीच में ही जाकर वह काम करूँ। पर कोई बहुत कामयाबी उस तरफ नहीं मिली।

नवल जी : क्या हम शिक्षा में अपनी इच्छा पूरी कर सकते हैं? हमें शिक्षा में किताबें-पाठ्यक्रम वगैरह पढ़ाना होता है। एक समय था जब पाठ्य-क्रम के अतिरिक्त गतिविधियाँ खूब होती थीं। फिर हमारे देखते-देखते वे समाप्त हो गईं। हम अपने व्यक्तित्व का, अपने विचारों का प्रभाव जिन छात्रों पर डालना चाहते हैं, उन छात्रों का मतलब अब केवल डिग्री से है और उस डिग्री के लिए उसे अपने अध्यापक से निजी सम्बन्ध बनाने की ज़रूरत अब महसूस नहीं होती। तो आप बताइए, शिक्षक के रूप में आपने कैसे प्रभावित किया छात्रों को और आप अगर आज भी शिक्षा दे रहे होते तो आप अपनी क्या भूमिका देखते हैं? क्या सार्थकता महसूस करते हैं? आपको ऐसा नहीं लगता कि आपकी सारी प्रतिभा, सारी विद्या के लिए अब कोई अवसर नहीं है?

नंद चतुर्वेदी : मैं आपसे बिलकुल सहमत हूँ कि जगह की बहुत कमी हो गई है— परिवर्तन लाने के लिए कोई 'स्पेस' बची नहीं है, लेकिन तब भी मैं आपसे पूछता

हूँ, और स्वयं से भी यह पूछता हूँ कि दरअसल यह जो कुछ हुआ है, जो शिक्षा को कमज़ोर किया है या जो शिक्षक को कमज़ोर किया है, उसके पीछे एक क़िस्म का षड्यंत्र ही तो नहीं रहा है? एक क़िस्म की हताशा उत्पन्न करने की कोशिश ही तो नहीं की गई है? पर जैसे मैं नाकामयाब नहीं हुआ हूँ, तब भी मैं सरकार द्वारा, व्यवस्था के द्वारा और जो तंत्र इस समय काम कर रहा है—नौकरशाही का या व्यवस्थाओं का या राजनीति का—उस तंत्र ने जैसे सम्पूर्ण जीवन को मूल्य-भ्रष्ट किया है या नष्ट किया है, उसी तरह शिक्षा को भी नष्ट कर दिया है और इसी तरह उसने मुझे भी नष्ट कर दिया है। लेकिन तब भी यदि मुझे अपने को बचाना है तो मुझे यह विश्वास करना ही पड़ेगा कि अभी भी जीवन को बचाने लायक जगह बची है।

सदाशिव : भाषा और साहित्य के शिक्षक के रूप में अपने अनुभवों के बारे में आप क्या कहना चाहेंगे?

नंद चतुर्वेदी : साहित्य शिक्षा देते हुए मुझे अनुभव होता था कि साहित्य की शिक्षा को जिस तरह की संवेदनशीलता उत्पन्न करनी चाहिए—मनुष्य के निर्माण, समाज की रचनाशीलता, उसके बौद्धिक उत्कर्ष के सन्दर्भ में—हमारी साहित्य-शिक्षा ने ठीक इसके विपरीत आचरण किया है और वह अभी भी भाग्यवादी या आदर्शवादी या उपदेशवादी पाठ्य-सामग्री ही उपलब्ध करवाती है। हम लोगों ने पूरी आयु ही जिस काम में लगाई, उसका प्रतिफल हमने साहित्य के प्रति आसक्तिमूलक नहीं पाया, यहाँ तक कि हमने जो अभिव्यक्ति की परिष्कृति, उसकी श्रेष्ठता, मौलिकता या सर्जनात्मकता चाही, उसे तो जाने दीजिए; किन्तु अभिव्यक्ति की जो सामान्य परिष्कृति है, उसमें भी।

सदाशिव : बल्कि अभिव्यक्ति की क्षमता ही क्यों न कहें...?

नंद चतुर्वेदी : हाँ, अभिव्यक्ति की क्षमता की दिशा में भी आगे नहीं बढ़ सके।

सदाशिव : यह आपने बहुत महत्त्वपूर्ण बात कही है। इसका मतलब यह है कि भाषा की दृष्टि से हमारा शिक्षित वर्ग अब भी बहुत पंगु-सा?

नंद चतुर्वेदी : पंगु-सा और लापरवाह।

सदाशिव : और यह शिक्षा की लापरवाही...?

नंद चतुर्वेदी : यह शिक्षा की लापरवाही भी है और यह एक सामाजिक लापरवाही भी है। देखिए, कभी-कभी क्या होता है सदाशिव कि सामाजिक लापरवाही की जब हम बात नहीं करते तो सारी जिम्मेदारी जैसे शिक्षक के ऊपर ही आ जाती है।

शिक्षक को ही उस बात का अपराधी मान लिया जाता है जिसके कारण ये अक्षमताएँ उत्पन्न हो रही हैं, जबकि आप यदि व्यापक रूप से देखें तो यह एक सामाजिक दृष्टिहीनता ही है। भाषा के प्रति लापरवाही का मतलब है—एक गहरी सामाजिक लापरवाही की उपस्थिति।

सदाशिव : बल्कि क्या नंद बाबू, आप ऐसा नहीं मानते कि यह हमारे मानवाधिकारों का हनन भी है? मतलब आप शिक्षा तो दे रहे हैं, पर उस शिक्षा के फलस्वरूप किसी व्यक्ति को जो अधिकार मिल जाना चाहिए था, वह उसे नहीं मिल पाया अर्थात् आप उसको भाषा के स्तर पर उतना सक्षम नहीं बनाना चाहते कि वह अपने-आपको अभिव्यक्त कर सके?

नंद चतुर्वेदी : यह बिलकुल सही है। तो मैं आपको कहता हूँ कि पूरी उम्र कवि के रूप में व्यतीत करते हुए, एक पूरी आयु साहित्य शिक्षक के रूप में व्यतीत करते हुए भी एक सामाजिक दृष्टिहीनता के कारण, एक सामाजिक लापरवाही के कारण, एक संकल्पबद्ध शिक्षानीति न होने के कारण हम उन सब अक्षमताओं को चलने देते हैं।

सदाशिव : और साहित्य के द्वारा संवेदनशीलता उत्पन्न करने की सम्भावना को भी नष्ट करते हैं?

नंद चतुर्वेदी : जिसके लिए हम साहित्य पढ़ाते हैं, समाज से भी वह संवेदनशीलता गायब हो गई है। हमारे स्कूल-कॉलेजों में भी हम उस संवेदनशीलता का अभाव देखते हैं।

सदाशिव : व्यक्ति के द्वारा साहित्य की समझ भी तभी तो सम्भव है जबकि भाषा के स्तर पर उसमें उसके प्रति संवेदनशील होने की क्षमता रहे?

नंद चतुर्वेदी : हाँ, यह सही है। मैं आपके साथ सहमत होते हुए एक बात इसमें और जोड़ देना चाहता हूँ कि इसके लिए हम केवल शिक्षक को या विद्यालय को या पाठ्यक्रम को ही जिम्मेदार न मानें, बल्कि हम उस सामाजिक रचना के बदलाव की भी बात करें जिसमें इस संवेदनशीलता का विकास सम्भव नहीं होता। यदि वह सामाजिक व्यवस्था ही इतनी असंवेदनशील हो गई है तो आप चाहे कैसे भी शिक्षक या शिक्षा की बात करेंगे, आख़िर टकराएगा वह शिक्षक, वह शिक्षा, उसी समाज से...तो जो दृष्टि उत्पन्न की जानी चाहिए, वह केवल शिक्षानीति को बदलने की ही नहीं लेकिन उस समाज को बदलने की होनी चाहिए ताकि संवेदनशील शिक्षा आसानी से फल दे सके।

सदाशिव : अपने खान-पान या पहनने-ओढ़ने की रुचियों के सम्बन्ध में कुछ बताएँ?

नवल जी : पर इससे पहले पढ़ने की रुचियों के बारे में ही क्यों न बताएँ—किस विधा की, विचारात्मक या ऐसा तो नहीं कि ज़िन्दगी के ढलान पर आकर यह लगने लगा हो कि यह सब पढ़ना-लिखना व्यर्थ है?

नंद चतुर्वेदी : नहीं, बिलकुल नहीं; बल्कि जब पढ़ाते थे तब पढ़ाने से सम्बन्धित गतिविधियों में बहुत-सा समय लगता था। अब समय की पर्याप्तता के कारण अध्ययनशीलता बढ़ ही गई है—अधिक पढ़ा है, अधिक पत्र-पत्रिकाओं में लिखने की इच्छा बनी है; बल्कि यह लगता है कि इसी इच्छा के साथ कुछ समय पहले भी पढ़ा होता तो कितना अच्छा होता! दरअसल जिस वातावरण में पढ़े, वहाँ अच्छे पुस्तकालय का न होना, पुस्तकों का प्राप्त न होना, शिक्षा का पिछड़ापन—इन सबने बहुत नुकसान पहुँचाया और उसका परिणाम यह हुआ कि अध्ययनशीलता की जो आदत पड़नी चाहिए थी, वह नहीं पड़ी उस समय। यह आदत कि पढ़ना, और पढ़ने से मौलिकता नष्ट नहीं होती, बल्कि पढ़ने से बहुत सारे दूसरे गुण भी आप देख पाते हैं, तो नवल जी ने जैसा पूछा कि अवस्था के कारण...बल्कि उलटा ही हुआ कि आयु के कारण जो शैथिल्य अनुभव होने लगता है, वह भी नहीं हुआ।

सदाशिव : आपकी रुचि किन विधाओं में है?

नंद चतुर्वेदी : सामान्यतया वैचारिक निबन्ध पढ़ना मुझे पसन्द है। उन्हें मैं उसी तरह पढ़ता हूँ जिस तरह कोई उपन्यास-प्रेमी उपन्यास पढ़ता है, और वह भी विविध प्रकार का गद्य जैसे—मनोविज्ञान, धर्मशास्त्र, शिक्षा, समीक्षा-आलोचना आदि।

सदाशिव : समाजशास्त्र?

नंद चतुर्वेदी : हाँ, समाजशास्त्र और समकालीन चिन्तन। यह पढ़ने में आनन्द आता है। खान-पान के सम्बन्ध में आपने पूछा तो मेरे ख़याल से भारत में इन प्रश्नों को इसलिए नहीं पूछना चाहिए कि वे भी जातियों के साथ बँध ही गए हैं, तो जैसे आपको बहुत-सी स्वतंत्रताएँ नहीं हैं, वैसे ही आस्वाद की भी आपको स्वतंत्रता नहीं है। इसी प्रकार से आपको प्रेम करने की भी स्वतंत्रता नहीं है। स्त्रियों के सम्बन्ध में भी आप जैसे एक-पत्नी का आनन्द है—एक पत्नीव्रत का (हँसी)...इसी प्रकार से एक ही आस्वाद है प्रधान।

सदाशिव : पहनने-ओढ़ने के सम्बन्ध में?

नंद चतुर्वेदी : पहनने-ओढ़ने के भी हमारे अधिकांश शौक हमारी आर्थिक सीमाओं से बँधे हैं। आप देखिए, मैंने पैंट पहनना टीचर्स ट्रेनिंग कॉलेज में नौकरी

करने के बाद प्रारम्भ किया। धोती-कुर्ता पहनने के कारण मैं एक बार गवर्नमेंट कॉलेज, अजमेर से निष्कासित कर दिया गया था। उन दिनों जब स्वतंत्रता का संघर्ष भी था, तब वहाँ के प्रिंसिपल एस.एस. माथुर ने मेरी धोती-कुर्ते की भूषा को अभद्र भूषा—'रस्टिक ड्रेस'—कहकर मुझे कॉलेज से निष्कासित किया। वे नाराज़ तो थे स्वतंत्रता आन्दोलन में मेरे भाग लेने से किन्तु उन्होंने सूचना-पट्ट पर मेरे निष्कासन का कारण यह लिखा। हाँ, पर मैं वेशभूषा में सुरुचिपूर्णता का हिमायती हूँ। यह नहीं कि आप धोती पर बुश्शर्ट पहन लें और ऊपर से कोट पहन कर हेट लगा लें जैसा कि यहाँ के एक प्रोफेसर किया करते थे, या बिना मोजों के जूते पहन लें!

सदाशिव : अच्छा, नंद बाबू, अपनी माँ को आप किस रूप में याद करते हैं? आपकी कुछ कविताओं में जिस तरह से आती हैं, उससे लगा है कि आपके रचना-जगत में उनका विशिष्ट स्थान रहा है?

नंद चतुर्वेदी : क्या होता है सदाशिव, कि अवचेतन में तो बहुत-सी चीजें रहती ही हैं। ऐसा नहीं है कि माँ सहसा प्रकट की गई हों, अवचेतन में न रही हों, और बहुत-सी बातें अवचेतन में रहती हैं। हजारों प्रतीक कवि के मन में हैं, बिम्ब हैं, लेकिन कौन-सा उपकरण कवि कब काम में लेगा, इसके सम्बन्ध में आप कभी निश्चयपूर्वक नहीं बता सकते। जैसे नदी थी, तो नदी मेरी कविता में, मेरी चेतना में, शायद मेरी परम्परा में भी जो प्रवाह है, जो गति है, इसका मैंने आपको बताया है—एक उमंग है नदी। वह हमेशा उसके प्रतीक के रूप में ही आती है। जैसे कई बार कुछ मित्रों ने यह प्रश्न किया कि आपकी कविता में इतनी आशा कहाँ से आ गई? वह दरअसल नदी का ही रूपान्तरण है। रुकती नहीं है न नदी, तो ऐसे ही जीवन के साथ एकाकार हो गई है वह नदी की गति, नदी का प्रवाह, परिवर्तन, क्रान्ति, कई तरह से वह नदी उसमें शामिल हो जाती है। तो इस तरह से माँ के सन्दर्भ में, हमेशा वे स्मृति में रहीं, लेकिन बाद में जब उनकी मृत्यु हो गई तो वे बहुत-सी कविताएँ, जिनमें माँ बार-बार लौट आती हैं, वे उनकी मृत्यु के उपरान्त हैं, जब वे न हों तो ही स्मृति हो, यह स्मृति का एक हिस्सा भी है। होने पर तो कोई स्मृति होती नहीं है, न होने की अवस्था में स्मृति होती है, वह स्मृति इन कविताओं में, जब उनकी मृत्यु हो गई, उस मृत्यु के बाद ही वह गहरा दबाव नज़र आने लगा कि उनकी उपस्थिति कितनी रोमांचक, कितनी मोहक, कितनी आवश्यक, कितनी सर्जनात्मक थी। इसलिए मेरी बाद की कविताओं में बहुत बार वे आती रहीं और उनका अवदान भी स्मरण होता रहा, क्योंकि एक और बात भी जुड़ी हुई है इसके साथ। वह यह कि मैं अपने पिता के पास ज्यादा रहा ही नहीं, वे बाहर ही नौकरी करते थे। माता ही सब तरह से—भावनात्मक रूप से भी, रचना भी उनके नजदीक

होती थी, सान्निध्य में होती थी, और वे ही एक तरह से सारा जीवन चलाती रहीं। पिता एक तरह से विरक्त ही थे।

सदाशिव : मैंने यह प्रश्न अन्य रूप में पहले भी आपसे पूछा था पर मैं उसे फिर से पूछना चाहूँगा। एक कवि अन्य व्यक्तियों की तुलना में अधिक संवेदनशील होता है कुछ चीजों के प्रति, ऐसी आपकी मान्यता नहीं है क्या?

नंद चतुर्वेदी : रहता है, तभी तो जो उसकी मनोरचना है, उसकी जो भावनात्मक बनावट है, उसमें जो राग-विराग के प्रसंग हैं, जो प्रेम और घृणा के प्रसंग हैं, जो नाराज़गी और पसन्द के प्रसंग हैं, वे तीव्र होते हैं और उसी से रचना का एक पक्ष बनता है, उसी से सृजन का पक्ष बनता है एक, जिसको हम दृष्टि कहते हैं। जो कविताओं में आपको दृष्टि देखने को मिलती है, वह दृष्टि उस संवेदना का ही हिस्सा है, और हर कवि की एक दृष्टि होती है। एक वैश्विक दृष्टि भी है। ऐसी दृष्टि हो तो मेरे सुख का कारण हो! वैसी दृष्टि होती तो नहीं है, लेकिन बाद में वह दृष्टि अभावों की क्षतिपूर्ति करती है। मेरी कविताओं में वह दृष्टि बराबर उपस्थित है। और वह सामाजिक दृष्टि ही है, क्योंकि मैं यह मानता हूँ कि जब तक समाज से आप, यदि समाज बिलकुल भिन्न हो तो आप परिपूर्ण नहीं हो सकते। बहुत सारे कष्ट तो हमारे सामाजिक कष्ट हैं। अधिकांश नाराज़गियाँ, अधिकांश रोष अपूर्ण समाज के कारण ही है, व्यवस्था के ही है, और आप देखेंगे कि पग-पग पर वह आपको विचलित करते हैं, या वह आपके मनोबल को तोड़ते हैं, तो संवेदनाओं का तो है ही।

सदाशिव : यदि आज अधिकांश लोग कविता के प्रति संवेदनशील नहीं रहे हैं या यदि उसमें रुचि नहीं रही है तो क्या आपको ऐसा नहीं लगता कि उसके लिए पर्याप्त प्रयत्न भी नहीं हुए हैं? मेरा मतलब है कि क्या कुछ ऐसा नहीं किया जा सकता कि अधिकाधिक लोगों को अच्छी कविता सुनने को मिले और इस तरह श्रेष्ठ काव्य की समझ हेतु उनकी संवेदना विकसित हो?

नंद चतुर्वेदी : इसमें कठिनाई इसलिए लगती है मुझे सदाशिव कि कभी-कभी आप संवेदनाओं के अकाल में ही कविता करते हैं। कभी समय ऐसा आता है जब पूरा समाज रचना के, सर्जना के पक्ष का होता है, जबकि कभी-कभी सहसा अकाल पड़ जाता है, संवेदनाओं का...। जो आज आप देखते हैं—चाहे वह हमारे समझ में न आए, लेकिन बहुत सारी चीजें घटित हुई हैं जो मनुष्य और मनुष्य के बीच विभाजन कर रही हैं और एक समाज को बहुत-से हिस्सों में बाँट रही हैं। कई हिस्सों में बँटा हुआ समाज—अनेक प्रकार के अभावों से प्यासा समाज कभी भी साहित्य के आनन्द को ग्रहण नहीं कर सकता।

सदाशिव : लेकिन अच्छी कविता के आनन्द को क्या हर व्यक्ति के अनुभव का हिस्सा नहीं बनाया जाना चाहिए? शिक्षा के सन्दर्भ में भी मैं आपसे यह पूछना चाहता हूँ कि अच्छी कविता के आनन्द को क्या हर व्यक्ति के संवेदनात्मक प्रशिक्षण का हिस्सा नहीं बनाया जाना चाहिए क्योंकि यदि ऐसा नहीं हुआ तो फिर कवि के लिए कविता करने का बहुत कार्य क्षेत्र भी कैसे बचेगा?

नंद चतुर्वेदी : यह सवाल तो आपने बहुत ठीक उठाया लेकिन अभी कविता की जो शिक्षा है, उसमें तो पूरी कविता आती नहीं है। जिन कविताओं का चयन पाठ्य-पुस्तकों में किया जाता है, वे कविताएँ एक विशिष्ट दृष्टि की होती हैं। वे कविताएँ कई बार काव्यात्मक आनन्द की या पूरे जीवन की नहीं होतीं। उनका चयन कई बार कविता से नाराज़ करता है, और वे अच्छी कविताएँ भी नहीं होतीं क्योंकि एक बने-बनाए समाज को पुष्ट करने के लिए ही उनकी आवश्यकता होती है। जैसे वे प्राय: उपदेशात्मक होती हैं। वे नीति-सम्मत और सामाजिक सुरक्षा के दबाव में चुनी हुई होती हैं और दूसरा अध्यापक भी है। यह इस बात पर भी बहुत निर्भर करता है कि वह अध्यापक स्वयं कविता का रसज्ञ है या नहीं?

सदाशिव : पाठ्यक्रम के अलावा क्या कोई अन्य साधन नहीं हो सकते जिनके द्वारा अच्छी कविता से परिचय करवाया जा सके?

नंद चतुर्वेदी : लेकिन सदाशिव, हमारे पास वही साधन है। हमारे यहाँ, जैसे एक बार अज्ञेयजी ने कहा था कि वही कवि हमारे यहाँ जाना जाता है जिसकी कविताएँ पाठ्यक्रम में हों!

सदाशिव : और हमारे यहाँ कवि इस बात की घोषणा भी करते हैं कि उनकी कविता अमुक पाठ्यक्रम में...?

नंद चतुर्वेदी : हाँ, और इसके लिए तरसते भी हैं।

सदाशिव : आज की साम्प्रदायिक ताक़तों को पराजित करने में क्या साहित्य की कोई महत्त्वपूर्ण भूमिका हो सकती है?

नंद चतुर्वेदी : वस्तुत: सारे काव्य का प्रयोजन सब प्रकार की कट्टरताओं और संकीर्णताओं को तोड़ना ही है। एक अनुभव के सार्वजनिकीकरण का काम ही एक कवि करता है, इसलिए वह स्थान-काल के पार जाता है और साम्प्रदायिकता

दरअसल है क्या?—आप एक आग्रह को, एक सिद्धान्त को, अटल और श्रेष्ठ मानते हैं। साम्प्रदायिकता एक उपासना-पद्धति, एक मज़हब के श्रेष्ठत्व की घोषणा है कि मेरा मत दुनिया के सारे मत मतान्तरों से श्रेष्ठ है।...पर वह दुनिया को सीमित भी करता है।...इस तरह से आप देखते हैं सदाशिव कि अपने यहाँ पहले से ही कहा गया है—जो धर्माज्ञाएँ हैं और जो राजाज्ञाएँ हैं, उनसे अलग ही होगा कवि। और वह एक 'कान्ता सम्मततयो उपदेश युज:'...जैसे प्रिया की मृदुवाणी आपका हृदय आकर्षित करती है, वैसे ही कवि की वाणी आपका हृदय आकर्षित करे। इस प्रकार से साहित्य में, क्योंकि राजाज्ञा से भी एक बनी-बनाई ही सृष्टि मिलती है, और धर्माज्ञाओं से भी, तो ये दोनों एक तरह से सत्ताएँ हैं। और सत्ता, मुक्ति, वह कैसी भी सत्ता हो—चाहे धर्म की सत्ता हो, चाहे राज की सत्ता हो—उस सत्ता को सदा चुनौती के सामने खड़ी रखना यह एक अच्छे कवि या एक अच्छी सर्जना का लक्षण है। यह कविता ही नहीं, एक अच्छी सर्जना का भी लक्षण है कि वह जो एक बना-बनाया ढाँचा है, उसका अतिक्रमण करे। तो सम्प्रदाय में बँधकर जो उन ढाँचों की रक्षा करे, तब कवि कर्म का निर्वहन उस तरह कठिन होगा, तब कवि पराधीन होगा।

सदाशिव : कवि रूप में आपको अब तक मिली ख्याति से क्या आप सन्तुष्ट हैं?

नंद चतुर्वेदी : मेरी दृष्टि में मैंने कभी विशिष्ट होने की आकांक्षा की नहीं। कभी इस तरह का भाव मन में मेरे आया ही नहीं। इसको बहुत-से लोग स्वीकार नहीं करते। वे समझते हैं कि यह नहीं मिली तो अब इस तरह कहना ही ठीक होगा (हँसते हैं)...कभी-कभी कोई चीज आपको मिलती नहीं तो उसके सम्बन्ध में रेशनेलाइज भी करते हैं, लेकिन मेरे मन में हमेशा यह भी भाव बना रहा है कि उस तरह की बड़ी कविता हुई भी नहीं, जो कविता की बड़ी परम्परा है, जो कवि होने का महत्त्व है, कविता की जो साधना है एक तरह से—उतनी पूँजी नहीं पास में थी, तो जितनी ख्याति मिली, वही सन्तोष के लिए थी। दरअसल बड़ी कविता के प्रसंग में ही बड़ा कवि होना महत्त्वपूर्ण लगता है, और इस दृष्टि से यह पछतावा कभी नहीं रहा कि बहुत-से कवियों के साथ अपना नाम नहीं छपा, या किसी बड़े आलोचक ने कविता के सन्दर्भ में कुछ नहीं लिखा, या कोई बड़ा पुरस्कार नहीं मिला। इससे जो एक इर्ष्या होती है, वैसी इर्ष्या कभी नहीं हुई। अब यों कभी कोई डाह हो गया हो तो उसने कोई बड़ा आघात नहीं पहुँचाया कि अब जैसे कोई अपना नोटिस ही नहीं ले रहा है, या कविता लिखने से क्या फायदा, या यश ही नहीं मिल रहा है तो क्यों रचना की जाए, इत्यादि-इत्यादि।

सदाशिव : अच्छा, नंद बाबू, यह आपके भावनात्मक जीवन से सम्बन्धित एक प्रश्न है : कौन-सी चीजें आपको सबसे ज्यादा खुश करती हैं और कौन-सी सर्वाधिक निराश व दुखी?

नंद चतुर्वेदी : मुझे सबसे बड़ा आनन्द तभी आता है कि जब मैं बहुत-से लोगों के साथ होता हूँ और उनके बीच में एक गप्पबाजी, और कुछ निन्दा-स्तुति, सब तरह के रस-रंग की बातें—स्त्री की भी, प्रेम की भी, सौन्दर्य की भी—तो मुझे लगता है कि बड़ा अच्छा है। जैसे मैंने अभी नईम को एक ख़त में लिखा कि मुझे सबसे अच्छा तब लगता है जब—जैसे रात को बहुत-से लोग एक साथ सोए हुए हों और दिन में जो कुछ हुआ, उस पर कुछ टिप्पणियाँ कर रहे हों और फिर टिप्पणियाँ करते-करते ही सो जाएँ, फिर जब रात को नींद उड़े फिर बातचीत शुरू हो जाए! लेकिन जब तक यह साथ में, और ज़मीन पर वह भी, ज़मीन पर एक साथ सोने का आनन्द—यह मुझे बहुत ही तृप्तिकर लगता है, बड़ा खुश करने वाला लगता है...।

और जब बहुत कृपण लोग मिल जाते हैं, या लगातार दूसरों की निन्दा करने वाले लोग मिल जाते हैं, या निराश करने वाले लोग मिल जाते हैं, तो खिन्नता होती है तो मन उदास होता है। कुछ हर समय मेरे मन में यह रहता है कि कुछ बचा है अच्छा, जो उस अच्छे को बचाने के पक्ष वाले होते हैं, आशान्वित करने वाले लोग, कुछ चलने की उमंग देने वाले, और जो कुछ नज़र आ रहा है, उसके पार देखने वाले लोग मिलते हैं तो मजा आता है।

सदाशिव : हिन्दी लेखन के समकालीन परिदृश्य में राजस्थान के लेखकों के स्थान व योगदान से क्या आप सन्तुष्ट हैं?

नंद चतुर्वेदी : यों सत्तर के दशक तक राजस्थान में साहित्य का जो अभ्युदय हुआ था, वह तो एक आशा बँधाता था, लेकिन बाद में जो घाटा नज़र आने लगा, वह मन को अवश्य उदास और खिन्न करता है।

सदाशिव : क्या कारण रहे होंगे उस घाटे के पीछे?

नंद चतुर्वेदी : एक तो मुझे लगता है कि जो यह पूरी ज़िन्दगी को बदलने की एक तस्वीर थी, जो एक सामाजिक स्फूर्ति प्राप्त होने की स्थिति थी, उसकी अपूर्णता मुझे इस बात के लिए जिम्मेदार लगती है, क्योंकि जैसा मैंने पहले भी कहा—मुझे हमेशा यह लगता रहता है कि रचना के भी बहुत सारे प्रसंग नितान्त वैयक्तिक नहीं हैं। आप कितनी भी व्यक्तिगत ऊर्जाओं वाले व्यक्ति हों लेकिन यदि सामाजिक स्थितियाँ मददगार नहीं हैं और सम्पूर्ण जीवन आपका शिथिल

और ढीला-ढाला है तो बहुत सारी उमंगें रखते हुए भी आप कामयाब नहीं होते। यह बात रचना के पक्ष में मुझे बहुत गम्भीर रूप से आहत करती है। आजादी के बाद राजस्थान में जो साहित्य, संस्कृति और कला के गम्भीर सवाल हैं और उन्हें जितनी गम्भीरता से लिया जाना चाहिए, उसका वह पक्ष कभी भी मजबूत नहीं हुआ लेकिन मन में एक प्रतिस्पर्द्धा की भावना कि हमारा प्रान्त साहित्य का पिछड़ा प्रान्त माना जाता है, यह बात मन को हमेशा कष्ट देती रही। लेकिन जब साहित्य के पिछड़ेपन के सवाल को नज़रअन्दाज़ कर उनके स्थान पर, जैसे दूसरे पिछड़ेपन के सवाल उभरने लगे, जैसे विकास या और आर्थिक या राजनीतिक प्रश्न उभरने लगे, तो ये जो दूसरी आकांक्षाएँ थीं, सत्तर के पश्चात—आर्थिक अभ्युदय को, राजनीतिक अभ्युदय को, ज़िन्दगी को ज्यादा सुरक्षा मिले। नौकरियों की, जो पहले साहित्य की आकांक्षा थी, उसके साथ-साथ ये आकांक्षाएँ जब आईं, तब ऐसा लगने लगा कि साहित्य के सवाल को थोड़े दिनों तक स्थगित रखा जा सकता है...।

सदाशिव : साहित्य जीवन के एक मूल्य के रूप में महत्त्वपूर्ण नहीं रहा?

नंद चतुर्वेदी : वह ज़िन्दगी की कोई बहुत अनिवार्य आवश्यकता हो और उसके बिना ज़िन्दगी जैसे चौपट हो जाएगी, ऐसा भाव धीरे-धीरे क्षीण होता गया। और अब आप देखते हैं कि वह और अधिक क्षीण ही होता जा रहा है, और अब जो भूमंडलीकरण का चक्र है, उसने हमें काफी निराश किया है, क्योंकि साहित्य वह समृद्धि दे नहीं सकता जिस समृद्धि की इच्छा हम अब करने लगे हैं। साहित्य दरअसल सारी दौड़ों से अलग ही करता है। साहित्य का मिज़ाज ही कुछ भिन्न प्रकार का है तो अब कहीं से भी साहित्य-रचना के लिए उत्साह का कारण नहीं रह गया है—यहाँ तक कि स्वयं साहित्यकार के मन में भी 'बाजार' घर कर रहा है, और इसलिए हम देखते हैं कि जिस साहित्यकार को पैसा मिल जाता है...या जिसे बड़ी रॉयल्टी की आशा बँध जाती है, वह साहित्यकार सहसा हमें मूल्यवान मालूम होने लगता है। मुझे कभी-कभी भय लगता है कि साहित्यकार की जो मूल्यवत्ता है, वह उसे मिलने वाली रॉयल्टी के कारण तो नहीं है? हम उसकी चर्चा करने लगेंगे और इस तरह से भी साहित्यकार के लिए जगह बनाई जाती है—एक पूरी तैयारी के साथ, तो उससे जो सहज रूप से साहित्य-रचनाकार हैं, उन्हें थोड़ा क्लेश हो सकता है...।

और राजस्थान में ख़ासतौर पर पिछले दिनों साहित्य और संस्कृति के साथ जो सलूक हुआ है और जिस तरह से उसे हाशिए पर ले आया गया है, वह तो चिन्ताजनक है ही। अब आप देखिए, हमारे यहाँ कितनी पत्र-पत्रिकाएँ निकलती हैं, यहाँ से कितने दैनिक निकलते हैं लेकिन उनमें साहित्य का पक्ष कितना दुर्बल

है! उनमें साहित्य की चर्चा कितनी कम है! हमारे राजपुरुष, उन्हें तो एक भी साहित्यकार का नाम शायद ही याद हो! हो तो मुझे एक तरह का आश्चर्य ही होगा...। आप इसके बरक्स बंगाल में देखिए या आप गुजरात में देखिए या आप दक्षिण में देखिए, वहाँ के राजनेताओं को, राजपुरुषों को अपने लेखकों का, अपने कवियों का, अपनी परम्परा का जितना गहन ज्ञान? उतना ही गहन अज्ञान राजस्थान में हमारे राजपुरुषों को, राजनीतिज्ञों को...। इसलिए मुझे लगता है कि यह जो बाद वाला समय है, उसे हमारी दृष्टि से, साहित्य की दृष्टि से, अच्छा समय नहीं कहा जा सकता। आप और भी देखिए, हमारे यहाँ की पाठ्य-पुस्तकों में, हमारे यहाँ की पढ़ाई में, हमारे यहाँ की यूनिवर्सिटी की साहित्य-शिक्षा में राजस्थान के लेखकों की, राजस्थान के कवियों की बात करना एक तरह से यह माना जाता है कि हम प्रान्तीयता की बात कर रहे हैं। मैंने तो, आप जानते ही हैं, इस बारे में कुछ ज्यादा ही वाचालता, मुखरता बताई और यह कहा कि हम 'उत्तर प्रदेश की मंडी नहीं बनेंगे'। सबसे पहले 'सप्त किरण' निकाली। वह एक तरह से सामूहिक प्रयास था इस उदासी को तोड़ने का, कि अच्छी कविता प्रकाशित ही नहीं हो रही थी। फिर बाद में बहुत सारे मित्रगण मिले जिनमें प्रकाश आतुर का नाम एक विशेष प्रकार से उल्लेखनीय है कि उन्होंने हम लोगों ने मिल कर अकादमी के मंच से—पत्र-पत्रिकाओं के माध्यम से—जगह-जगह से इस प्रश्न को उठा कर कि राजस्थान में भी साहित्य-रचना हो रही है, कुछ जगह बनाने की कोशिश की। लेकिन इन दिनों तो फिर परिस्थिति निराशाजनक ही है...।

सदाशिव : नए लेखकों को आप कोई सीख या सन्देश देना चाहेंगे?

नंद चतुर्वेदी : नहीं। मुझे ऐसा लगता है कि हम उनको कोई सीख या उपदेश न दें तो ही अच्छा रहेगा, क्योंकि जैसा मैंने कहा, रचना उपदेश को निरर्थक बना देती है, और हमने बहुत बार उपदेश दे-देकर एक तरह का असन्तोष ही फैलाया है। दरअसल यह पीढ़ी अपने दुख-सुख को उसी तरह से भोग रही है जिस तरह से हमने अपने दु:ख-सुखों को भोगा। और उसके बीच में से हमने रचना की है—जैसी भी की है—इसी तरह से जैसी भी रचना हो रही है जो नए लेखक कर रहे हैं। और मुझे कई बार आज के बहुत-से लेखकों के बारे में कहा जाता है कि क्या हो रहा है, ये वे जान नहीं रहे हैं, पर मुझे लगता है कि वे जिस संकट में हैं, उसे वे जान भी रहे हैं और उससे संघर्ष का उत्साह भी उनमें मौजूद है। जो मूल्य विध्वंस हो रहा है, उसके सम्बन्ध में पिछले दिनों कई छोटी-बड़ी गोष्ठियों में सम्मिलित होने के बाद मैंने अनुभव किया कि आज का लेखक अपनी दुनिया को बेहतरीन बनाने की हर कोशिश में लगा हुआ है और बहुत सारे लेखक उन सवालों से मुठभेड़ कर रहे हैं जिनसे हमारी पीढ़ी ने कभी मुठभेड़ नहीं की।

नवल जी : समाजवादी विचारों से जुड़े कुछ हिन्दी रचनाकारों को लेकर शीतयुद्ध के दौर में प्रगतिशील लेखक और आलोचक उन पर उसी प्रकार प्रहार करते थे, जैसे साम्यवादी दल से जुड़े राजनीतिक लोग समाजवाद से जुड़े जयप्रकाश-लोहिया और उनके अनुयायी राजनीतिकों पर। क्या आपने भी उस समय उनके विरोध और उनके प्रति विरोध का तीव्रता से अनुभव नहीं किया? क्या उसका आपके रचनाकार पर कोई प्रभाव पड़ा?

नंद चतुर्वेदी : यह दुर्भाग्यपूर्ण ही रहा कि साम्यवादियों और समाजवादियों के बीच एक प्रकार से टक्कर होती रही और एक राजनीतिक विरोध बना रहा लेकिन मुझे इसका मूल कारण कुछ गहरा भी लगता है। गहरा इस दृष्टि से लगता है कि दरअसल साम्यवादियों की नाराज़गी मूलत: गांधी से थी जबकि समाजवाद की मुख्यधारा में गांधी विमर्श के ही लोग थे। कुछ तो बात साध्य और साधन को लेकर थी—जैसे अहिंसा का मुद्दा एक बड़ा मुद्दा था। साम्यवादियों के लिए यह कोई महत्त्वपूर्ण मुद्दा नहीं था क्योंकि जिस समय मैं समाजवादी पार्टी में शामिल हुआ—1948 की बात है यह—उस समय जयप्रकाश सबसे अधिक तीखी आलोचना स्टालिनवाद के प्रसंग में कर रहे थे, जिसने 'यातना शिविर' आदि का प्रारम्भ किया था। वे इस बात के लिए कोई बुरा नहीं मानते थे कि उनके मत से न मिलने वालों को मृत्यु से दंडित किया जाए। जैसे खेती के सम्बन्ध में जो कलेक्टिव फार्मिंग का विरोध कर रहे थे, वे स्टालिनवादियों की दृष्टि में कोई बहुत सुलझे हुए और सुबुद्धि किसान नहीं थे, और उन्हें अनेक प्रकार के दंड दिए गए। दरअसल इस प्रकार के किसी दबाव के अन्तर्गत समाज के निर्माण की बात गांधीवादियों और समाजवादियों को पसन्द नहीं थी तो एक तो मुझे यह मुख्य कारण नज़र आता है। दूसरा कारण मुझे यह लगता है कि जो केन्द्रीकृत व्यवस्था है, उसका आग्रह हिंसात्मक ही होगा क्योंकि उसमें यह माना जाता है कि सुन्दर समाज, जैसा हम सोचते हैं, उस तरह से ही बनेगा, और 'ग्राम स्वराज' की जो कल्पना है, जो 'हिन्द स्वराज' में अंकित है, और वह जो चौखम्भा राज बनाने की कल्पना है कि राज्य शक्ति मूलत: जनशक्ति है जो कि गाँवों से केन्द्र पर जाए न कि केन्द्र राजाज्ञाओं द्वारा लोक शक्ति को शिक्षित करे—लोक में से शक्ति निथर-छन कर आए, न कि शक्ति के आदेशों के अनुसार लोक बने...जो सारा केन्द्रीकृत समाज है, वह एक बड़ा कारखाना या एक बड़ा बाँध या एक बड़ी रचना नहीं है, बड़ी रचना तो जनशक्ति है। तो जो साम्यवादी शक्तियाँ हैं, वे हमेशा केन्द्रीकृत शक्तियाँ हैं। और ये जो गांधी वाले समाजवादी लोग थे—जैसे लोहिया थे या जयप्रकाश थे—जयप्रकाश ने तो आपको मालूम होगा कि दलविहीन राजनीति को पंचायतों में चुनाव का आधार बनाने को कहा। उन्होंने कहा कि जो सज्जन है, जो अच्छे आदमी हैं, उन्हें ही पंचायत में लाया जाए और पार्टी चिह्न पर चुनाव न लड़े जाएँ। बड़े दिनों तक उन्होंने अपनी यह व्याख्या की थी।

जयप्रकाश ने और लोहिया ने चौखम्भा राज्य का नारा दिया था। और तीसरा जो कारण मुझे समझ में आने लगा, जो साम्यवादियों और समाजवादियों के बीच भेद करता है, वह यह कि साम्यवादी सोचते थे कि जो मूल बात है, वह अर्थ नियोजन है। जो आर्थिक नियोजन है, उसके चरित्र को बदल देने से मनुष्य का चरित्र बदल जाएगा, तो सामाजिक प्रयत्नों पर आग्रह न करना और आर्थिक संरचना को ही केन्द्र में मानना—उसका परिणाम यह निकला कि बहुत सारे आर्थिक परिवर्तन तो हुए, विश्व भर में हुए, लेकिन जो सांस्कृतिक प्रयत्न हैं, जो पारम्परिक इतिहास या शिक्षा के प्रयत्न हैं, उनको नज़रन्दाज कर दिया। साम्यवादियों की यह दृष्टि बनी रही लेकिन समाजवादियों का व्यक्ति-निर्माण की दृष्टि का आग्रह रहा यानी व्यक्ति की रचना में जो भी बहुत-सी धाराएँ हैं, हमारी स्मृतियाँ हैं, हमारा इतिहास है, हमारी परम्पराएँ हैं—अर्थ ही नहीं है उनमें प्रमुख...बहुत सारी छोटी-मोटी चीजें ही हमें मालूम होती है, लेकिन क्लेश के कारण बहुत-से दूसरे भी हैं—ऐसे बहुत-से कारण बने। साम्यवादियों को यह लगता था, जैसे उनका एक अन्तर्राष्ट्रीय समुदाय है और समाजवादियों को वे उतना महत्त्वपूर्ण नहीं मानते थे। वे समझते थे कि मार्क्स ने ही तत्त्व-चिन्ता की है। इस प्रकार का भी जो एक आग्रह है और शिविरबद्धता है, वह भी बनी रही...। तो इन कारणों से जो साम्यवादी पार्टी थी, वह अपने ही लेखकों को महत्त्वपूर्ण बनाए रखने की चेष्टा करती रही, और उन्होंने समाजवादियों को कोई स्थान नहीं दिया।

लेकिन राजस्थान में साम्यवादियों और समाजवादियों की कोई प्रबल तकरार हुई हो, ऐसा मुझे मालूम नहीं होता। कुछ समय के लिए यहाँ समाजवादी शक्ति के रूप में उभरे, कहना चाहिए कि साम्यवादियों से ज्यादा ही, और बाद में आप यदि विधानसभा आदि के चुनावों को देखें, तो समाजवादी अच्छी संख्या में मिलेंगे। लेकिन कोई तकरार इनके और उनके बीच में नहीं थी। और इसलिए हमारे रचनाकर्म को साम्यवादियों ने किस तरह ग्रहण किया, इसका कोई प्रश्न ही नहीं उठा। हम लोग अपने ही प्रान्त में इतने असहाय थे, और हम उसमें ही अपनी पहचान बनाने के लिए इतने संघर्षशील थे कि साम्यवादियों ने हमारी पहचान को धुँधलाने की कोई कोशिश की हो, यह सवाल ही हमारे सामने कभी नहीं आया, और आज आप देख रहे हैं कि समाजवादी पार्टी तो लगभग समाप्त ही हो गई है और साम्यवादी भी किसी तरह आगे नहीं आ रहे हैं। उनका भी कोई राजनीतिक या अन्य प्रकार का अभ्युदय नहीं हो रहा है। दुर्भाग्य से समाजवादी और साम्यवादी, या सारा का सारा बौद्धिक वाम राजस्थान की सामन्तवादी शक्तियों से, सम्प्रदायवादी शक्तियों से ही जूझ रहा है, और एक तरह से उन्हीं से आक्रांत भी है। बहुत सारे संगठन इस माने में ढीले भी पड़े हैं, और इस बीच में बहुत-सी दूसरी चिन्ताएँ भी शुरू हो गई हैं।

नवल जी : आज अपनी राजनीतिक और उससे प्रभावित साहित्यिक प्रतिबद्धता के विषय में क्या कोई स्पष्ट वक्तव्य देना चाहेंगे?

नंद चतुर्वेदी : मैं केवल इतना ही कह सकता हूँ कि राजस्थान में जो निरक्षरता है, जो आर्थिक व सामाजिक पिछड़ापन है, जो बाल विवाह है, जो सती प्रथा का उन्माद है, जो जातियों का कलह है, जो कुशिक्षा है, कुपोषण है—वे ही ऐसी चिन्ताएँ हैं जिनका प्रगतिशील लोगों को, बौद्धिक लोगों को मिलकर प्रतिवाद करना चाहिए और जो प्रतिगामी शक्तियाँ हैं, उनका मिलजुल कर हमें सामना करना चाहिए।

(राजस्थान साहित्य अकादमी की मासिक पत्रिका 'मधुमती' के
नंद चतुर्वेदी पर केन्द्रित विशेषांक से साभार)

सामाजिक संघर्ष ही कविता का असली संघर्ष है

नंद भारद्वाज से बातचीत

स्वाधीनता, समानता और सामाजिक न्याय के लिए अपने रचना-कर्म के माध्यम से संघर्ष करने वाले साहित्यकारों के बीच राजस्थान के वरिष्ठ हिन्दी कवि और समाजवादी चिन्तक नंद चतुर्वेदी की एक मुखर और जीवन्त व्यक्तित्व के रूप में अलग पहचान है। अपने समाजवादी विचारों और राजनैतिक आन्दोलनों में सक्रिय हिस्सेदारी के बावजूद वे मूलतः एक संवेदनशील कवि हैं, जो यह मानते हैं कि विचार से रचना समृद्ध होती है, लेकिन विचार को धारण करने वाले घटक का स्वयं संवेदनशील होना भी उतना ही लाजिमी है। उनकी दृष्टि में 'रचनाकार की सबसे बड़ी परेशानी यह हो गई है कि इस व्यवस्था में जीते हुए वह अपने वजूद को कैसे सुरक्षित रखें।' देश की अग्रणी साहित्यिक पत्र-पत्रिकाओं में उनकी रचनाएँ प्रकाशित होती रही हैं, लेकिन कविताओं का पहला व्यवस्थित संग्रह 'यह समय मामूली नहीं' सन् 1983 में जीवन के साठ वर्ष पूरे कर लेने के बाद ही प्रकाशित हो सका। अगले ही वर्ष उनके साहित्यिक निबन्धों का संग्रह 'शब्द-संसार की यायावरी' भी प्रकाशित हुआ, जिस पर राजस्थान साहित्य अकादमी ने अपने सर्वोच्च सम्मान 'मीरा पुरस्कार' से उन्हें सम्मानित किया और इसके एक दशक बाद जीवन के सत्तरवें वर्ष में, अर्थात् सन् 1993 में उन्हें बिड़ला फाउंडेशन ने 'बिहारी पुरस्कार' से अलंकृत किया।

वैसे तो नंद बाबू से मेरा परिचय और सम्पर्क काफी पुराना है, लेकिन सुबह-शाम साथ रहते हुए अपने समय और साहित्य से जुड़े सवालों पर खुली चर्चा करने का सुखद संयोग वर्ष 1986-87 में मुझे अपने उदयपुर प्रवास के दौरान ही मिल सका। नंद बाबू से उनके रचना-कर्म, समकालीन साहित्य और समाजवादी आन्दोलन के साथ उनके लम्बे जुड़ाव को लेकर समय-समय पर जो अनौपचारिक चर्चाएँ होती रही हैं, प्रस्तुत संवाद उन्हीं चर्चाओं के दौरान उठे सवालों और जवाबों को एक व्यवस्थित क्रम में पाठकों के सम्मुख रखने का प्रयास है—

नंद भारद्वाज : नंद बाबू, एक लेखक के रूप में आपकी रचनात्मक प्रवृत्तियों में काफी विविधता और फैलाव है—आपने कविताएँ लिखी हैं, साहित्यिक लेख और समीक्षाएँ लिखी हैं, राजनीतिक टिप्पणियाँ, संस्मरण और सम्पादकीय लिखे हैं, भूमिकाएँ लिखी हैं। 'बिन्दु' जैसी साहित्यिक पत्रिका का सम्पादन किया है। यहाँ तक कि राजनीतिक गतिविधियों और शिक्षकों के आन्दोलन में खुलकर हिस्सा लिया है, लेकिन इन सबके बीच आपका कवि-व्यक्तित्व सर्वत्र मुखर रूप में विद्यमान रहा है। वह छवि कहीं भी ओझल नहीं हो पाई है। कविता के प्रति इस गहरी सम्बद्धता और अनुराग की आप क्या वजह पाते हैं, कुछ खुलासा करेंगे?

नंद चतुर्वेदी : पहली बात तो यह है कि मैं आपको कोई साक्षात्कार या 'इंटरव्यू' नहीं दे रहा हूँ, आप स्वयं एक लेखक साथी हैं और इस नाते आपके सामने यह अहंकार शोभा नहीं देगा कि कोई 'साक्षात्कार' जैसा झमेला बने, बल्कि मैं बहुत आभारी हूँ कि यह मौका आप दे रहे हैं और उसी तरह से धीरे-धीरे बात करने लगूँगा, जैसा मैं आपसे अमूमन सड़क पर या बाजार में करता हूँ, क्योंकि यह तो परीक्षा देने जैसा हो जाएगा इसलिए इतनी आजादी मुझे आप देंगे कि बातचीत बहुत सहज ढंग से हो और वही होनी भी चाहिए। एक लेखक साथी दूसरे लेखक साथी से इसी तरह संवाद ही करता है, और उससे ज्यादा मुझमें वजन है भी नहीं। (सहज हँसी)

मुझे ठीक से मालूम है भी नहीं कि मैं कवि क्यों हुआ और वह छवि कैसे बनी। यह सही है कि वह आवेश तो सब जगह रहता है, शायद कवि-संवेदनशीलता का ही यह चरित्र हो या उसका ही यह पक्ष हो कि कहीं भी कोई विकृति, कोई अन्याय, कोई असहनीय बात, कोई दम्भ सामने आए तो उसका प्रतिकार-प्रतिरोध किया जाए, हो सके तो लड़ाई लड़ी जाए, न हो सके तो कम-से-कम विरोध तो किया ही जाए। मैं सामान्यतया यह समझता हूँ कि सभी लेखकों में यह बात होनी चाहिए, इसके बिना लेखक होता ही नहीं है, होता है तो एक, अंग्रेज़ी शब्द ही याद आ रहा है—कैजुअलनैस, उसमें होती है, लेकिन जिसे लगातार एक लेखक के रूप में रहना हो, उसे सब जगह कैसा भी छोटा अन्याय हो, बड़ा अन्याय हो, सत्ता का अन्याय हो, व्यक्ति का अन्याय हो, कोई विकृति हो, संघर्ष करना उसका 'स्वधर्म' होता है।

हम अगर अपनी पुरानी साहित्यिक परम्परा को देखें तो पाएँगे कि मुख्य रूप से माध्यम के रूप में आदमी ने कविता को ही चुना है। जो भी लेखक या कवि हुआ, या जिस किसी को भी अपनी बात कहनी थी, तो उसे कहने के लिए सबसे सहज और प्रभावशाली माध्यम कविता ही लगी है। क्या आपको

भी इसी अर्थ में अपनी बात कहने के लिए सबसे सशक्त और अपने नजदीक माध्यम कविता ही लगता था?

ऐसा नंद जी, कभी बारीकी से सोचा नहीं। प्रारम्भ में तो सातवीं क्लास से ही जब मैंने कविता लिखना शुरू किया तो उस समय यह सिद्धान्त या विवेक था नहीं, एक तरह से कौतुक मानें इसे कि तुकबन्दी करना, समस्यापूर्ति करना, कुछ छन्द बनाना, हो सकता है कि वही सबसे आसान रहा हो, लेकिन बाद में तो यह जाना कि कविता से भी अलग चीजें विरोध के लिए हैं, जैसे आलोचना है। आलोचना को किताबी अर्थ में न लें, लेकिन जो शब्द का बड़ा संसार है, वह आलोचना है। कविता में भी आलोचना होती है अन्योक्ति, व्यंग्य-स्तुति आदि लेकिन गद्य ज्यादा असर करता है और उसकी ज्यादा बड़ी जगह होती है। कविता में वह बात नहीं हो पाती है। किसी समय में जब गद्य का रूप परिष्कृत न हुआ हो तब हो सकता है कि उन्हें दूसरा कोई माध्यम न मिला हो और उस मात्रा में उनकी सर्जनात्मक ऊर्जा का विस्तार भी कम नज़र आता है। जैसे मैं यह सोचता हूँ कि जैसे बिहारी या भूषण या दूसरे जो कवि हैं, वे गद्यकार भी रहे होते तो उनकी प्रतिभा का अधिक विस्तार देखने को मिलता।

नंद बाबू, इस मामले में अपने यहाँ प्रतिभा को भी बहुत महत्त्व दिया जाता रहा है, यानी यह माना जाता रहा है कि किसी कवि में जन्मजात प्रतिभा होती है और उसी का विकास एक ख़ास अवस्था में किसी ख़ास विधा में होता है, आप इस धारणा से कहाँ तक सहमत हैं?

आंशिक रूप से ही सहमत हूँ। मैंने बहुत पहले एक टिप्पणी भी की थी कवि-कर्म के प्रति। उसमें मैंने यह कहा कि बहुत-से लोग और मैं भी यह मानता हूँ कि अभ्यास भी बड़ी बात होती है। सिर्फ प्रतिभा को लेकर जो रचनाकार बैठे रहते हैं, वे कभी कोई बात चमत्कारपूर्ण या प्रभावशाली कह देते हों, लेकिन जो निरन्तर बनी रहने वाली सामाजिक स्थितियाँ हैं, उनके ऊपर जब कोई बात करनी होती है, तो वह लम्बे अभ्यास से ही प्राप्त होती है। जैसे आप प्रतिभा से कविता करते जाएँ, लेकिन पढ़े कुछ भी नहीं, तो पाएँगे कि एक 'हुनर' आपको मिल गया है, लेकिन जो विवेक है, जो विचार है, जो ऊष्मा है, वह लम्बे अभ्यास से, अध्ययनशीलता, लेखकीय निरन्तरता से ही प्राप्त की जा सकती है।

हम यह भी देखते हैं कि जैसे एक संगीतकार का बच्चा है, वह साल-डेढ़ साल बाद से ही, जैसा उसके चारों ओर माहौल है, उसी को सहज भाव से ग्रहण करने लगता है, ठीक उसी तरह एक पढ़े-लिखे और काव्य-प्रेमी परिवार में पलने वाला बच्चा भी बचपन से कविताओं और किताबों की

चर्चा के माहौल में जब बड़ा होता है तो उनके प्रति उसमें सहज रुझान होना स्वाभाविक है।

लेकिन मेरे घर में कुछ था नहीं ऐसा। अब कभी कोई पैतृक संस्कार रहा हो तो मुझे उसका स्मरण नहीं है। मैंने तो, थोड़ी-बहुत प्रतिभा हुई होगी तो हुई होगी, लेकिन अभ्यास की कमी नहीं रखी। जो भी अवसर आया तो पढ़ने-लिखने में आलस्य नहीं किया और निरन्तरता बनाए रखी। बहुत-से लोग मेरे सामने ऐसे थे जो प्रतिभा को ही महत्त्व देते रहे थे। वे थोड़े दिनों में एक ही ढर्रे में पड़ गए और बुझ गए, तो प्रतिभा के साथ जब तक आपका परिश्रम न हो, लेखन न हो—विशेष रूप से अपनी परम्परा को जानने का, उसके महत्त्व को समझने का, उसकी कमज़ोरियों, सामर्थ्य को, असामर्थ्य को पहचानने का तो केवल प्रतिभा पर आप बहुत दिनों तक मुग्ध नहीं रह सकते। मेरा कहने का अभिप्राय यह न समझा जाए कि मैं कोई बड़ा कवि हूँ, लेकिन बड़प्पन ऐसे ही मिल सकता है। आप जब तक अपनी समकालीनता और पूर्व-परम्पराओं से जुड़ते नहीं हैं, अभ्यास नहीं करते, विश्व-साहित्य को नहीं देखते, तो केवल प्रतिभा से बड़ा कवि-पद पाना मुझे सम्भव नहीं लगता।

थोड़ा बतौर जानकारी के बताएँगे कि वह कौन-सा समय था, जब आपने सचेत होकर लिखना आरम्भ किया और उस समय का माहौल कैसा था?

मेरी कविता-लेखन सामन्तशाही के विरोध से ही शुरू होता है। राजस्थान में, चाहे कहीं राजा थोड़े उदार हो गए हों या कठोर हों लेकिन मुझे यह लगता रहा कि राजा को अधिकारी के रूप में, विरासत के रूप में प्राप्त हुई राजशाही अन्त तक जनोन्मुखी नहीं होने देती और उससे लड़ना ही चाहिए। मैं बी.ए. में आया, 1942-43 के लगभग, जब स्वाधीनता का संघर्ष भी उग्र होता दिखाई देता है, उस वक़्त मेरी करीब 20 वर्ष की आयु रही होगी, तब मैं रीतिकालीन कविता पढ़ रहा था और उस परम्परा के छन्द भी लिख रहा था, क्योंकि मुझे यह लगा कि जब तक मैं बड़े कवियों के कवित्त-सवैया, छन्द इत्यादि याद नहीं करूँ तब तक छन्द की विषमता या कि लयात्मकता से परिचित नहीं हो सकता। इसलिए रत्नाकर के छन्द और रीतिकालीन कवियों के छन्द याद करता रहा। उस तरह के छन्द लिखे भी, एक आध शृंगार का भी लिखा, वय:सन्धि पर पहुँची नायिका का भी लिखा, लेकिन मैं स्वयं चकित हूँ कि यह विवेक कैसे उत्पन्न हुआ—यह जो सामाजिक वैषम्य का है, जिसे अनुभव करते उस समय मैंने यह कविता लिखी और अपने काव्य-गुरु हरनाथ जी की ऋतुओं की कविता या कि पद्माकर की शिशिर, शरद, हेमन्त की कविताएँ याद करते, जिसमें रतिशाला, रंगशाला का ज़िक्र होता था। तब मैंने भी एक छन्द लिखा, जिसकी अब तो एक-दो पंक्तियाँ ही मुझे याद रह गई हैं, जिसके

अन्त में यह चरण आता है—'दीजै रंगशाला, रतिशाला को हवाला कहा, बिलखत जे हैं एक-एक ही निवाला को।' 'बिलखत जे हैं एक-एक ही निवाला को'—इस भाव पर बाद में तो कई कविताएँ लिखीं और यही कविता आज तक लिखता रहा हूँ, दरअसल यह उसी कविता का विस्तार है।

यह माना कि उस वक़्त तो इतना सचेत रहकर आपने नहीं लिखा लेकिन उसके बाद तो आपने जो कुछ लिखा है, वह निरन्तर सजग रहते हुए लिखा है।

जैसा मैंने कहा, बीस वर्ष की आयु के बाद से तो मैंने निरन्तर उस राजशाही और सामन्तशाही के विरोध में एक तरह से बगावत ही की, और उस राज्य में जहाँ कवि-सम्मेलन की परम्परा हमीं लोगों ने समस्यापूर्ति के रूप में शुरू की थी, वहीं यह कविता पढ़ी—'मधु के प्यालों में पलते हो वैभव के मादक दीवानो! अरे तुम्हारे कुत्ते-बिल्ली दूध-जलेबी पीते-खाते। मुर्गे-मुर्गी महलों की शोभा के साधन समझे जाते।' यह जब मैं बी.ए. में पढ़ता था, तब की कविताएँ हैं। बाद में जब मैं हेड-मास्टरी छोड़कर लौटा, तब भारत आजाद हो चुका था और जब मैं कोटा में पढ़ने लगा, तब तक तो पूरी-पूरी जानकारी हो गई कि जब तक विषमतावादी समाज मौजूद है, ग़ैर-बराबरी और सामन्तशाही मौजूद हैं, और जब तक अंग्रेज़ी मानसिकता मौजूद है, तब तक कोई भी कविता सार्थक नहीं हो सकती।

तब तक मैं पचीस वर्ष की आयु पार कर चुका था। मुझे लगने लगा कि कांग्रेस जब तक रहेगी, किसी समतामूलक व्यवस्था की सम्भावना नहीं है। हम लोगों की उस समय ऐसी मान्यता थी कि कांग्रेस की जो सोच है, वह स्पष्ट नहीं है। उसका राजनीतिक चिन्तन भी, आजादी के समय का मिला-जुला चिन्तन है, जबकि अब देश को बनाने के लिए क्रान्तिकारी सामाजिक व्यवस्था की आवश्यकता है। उस समय समाजवादी पार्टी में भी, जैसे आचार्य नरेन्द्रदेव थे, वह यह मानते थे कि वर्ग-संघर्ष की आवश्यकता है, लेकिन जयप्रकाश, डॉ. लोहिया आदि पर गांधी का ही प्रभाव था। गांधी का प्रभाव ख़ासतौर से जयप्रकाशजी पर था, लोहिया पर भी था और दूसरे समाजवादियों पर भी था। लेकिन आचार्य नरेन्द्रदेव उन सबमें अलग थे, जो यह मानते थे कि वर्ग-संघर्ष जब तक प्रबल नहीं होता है, तब तक आजादी के सुफल मुकम्मिल रूप से प्राप्त नहीं हो सकते। लेकिन इस मतभेद के चलते 'लोकतांत्रिक समाजवाद' पर सभी की सहमति थी।

कांग्रेस के बारे में आपका यह जो नज़रिया है, वह आजादी से पहले का है या बाद में आपको ऐसा लगा?

यह जब मैं समाजवादी पार्टी में शामिल हो गया, तब कांग्रेस के सम्बन्ध में मेरी यह धारणा बनी। उन दिनों मैंने एक कविता भी लिखी, 'धन का अजगर',

जिसमें कांग्रेस की पूँजीवादी नीतियों पर भी कटाक्ष है, कुछ यह जो अहिंसावादी तत्त्व हैं, उसके प्रति भी और धार्मिक-विद्वेष का जो वातावरण बना, उसकी भी निन्दा है :

जी हाँ, यह 'धन का अजगर' है मोटा-ताजा
इसको बिड़ला के बेटों ने दूध पिलाकर पोसा-पाला
यह लेटा पाकिस्तानी मस्जिद में गुमसुम
यह लेटा हिन्दुस्तानी मन्दिर में गुप-चुप
अब खादी की नई केंचुली में सज-धज कर
फन फैला कर
सरक रहा है धीरे-धीरे...

और इसका अन्त होता है : 'जिसने छोड़ा वह सम्हाल ले, वरना फिर तोड़ेंगे हम जहरीली दाढ़ें, जी हाँ, इस धन के अजगर की।'

अच्छा, समाजवादी सोच और आन्दोलन से जुड़ने की क्या पृष्ठभूमि रही?

समाजवादी सोच से जुड़ने की पृष्ठभूमि कविता ही है। मैंने आपसे कहा कि कोई भी लेखक-कवि यथास्थिति के साथ जुड़ नहीं सकता, वह परिवर्तन और बदलाव के मूल्यों की पदचाप सुनता है। कवि होने के नाते मुझे विषमता या भुखमरी या गरीबी को सहन करना और रस-विलास में डूबे रहना सम्भव प्रतीत नहीं हुआ। चेतना के किसी स्तर पर भी यह कभी स्वीकार नहीं हुआ कि दुनिया की तरफ से आँख मूँदकर ऐसे संसार में डूबे रहें जो स्मृतियों का है, क्योंकि वे स्मृतियाँ भी सामाजिक-व्यवस्था से टकराती रहती हैं। दरअसल एक क्रूर संसार में कोई भी मुलायम, कमनीय स्मृति जीवित नहीं रह सकती। अगर आपको अपनी कमनीय स्मृति भी जीवित रखनी हो, तो संसार की क्रूरता, विषमता, गरीबी, भुखमरी आदि से संघर्ष करना ही होगा। यह संघर्ष कविता से अलग नहीं है। कुछ रचनाकार यह कहते हैं कि दोनों अलग-अलग हैं, एक नागरिक की तरह कह लीजिए और दूसरे के साथ कविता में लौट आइए। मेरे लिए यह मानना कभी सम्भव नहीं हुआ। मैं यह मानता हूँ कि जो सामाजिक संघर्ष है, वही दरअसल कविता का संघर्ष भी है और जो सामाजिक संघर्ष से निखर-छनकर आते हैं, वे बड़े कवि होते हैं।

नंद बाबू, आपकी कविता से ही जुड़े वैचारिक पक्ष के सिलसिले में मैं यह जानना चाहूँगा कि मार्क्स, गांधी और लोहिया के विचारों और जीवन-दर्शन सम्बन्धी मान्यताओं की आप अपने तईं क्या समीक्षा करते हैं—किस माने में

लोहिया के विचार आपको भारतीय सन्दर्भ में ज्यादा उपयुक्त और व्यावहारिक नज़र आते हैं?

दरअसल इस तरह से मैंने कभी सोचा नहीं, इसका विश्लेषण भी नहीं किया। इसका यह कारण है नंद जी, कि हम लोगों की जो पीढ़ी रही है, वह बड़ी विविधताओं की है। उसके मन में बहुत-से आदर भाव हैं और हमारा जो वैचारिक जगत् है, वह कई चिन्ताओं को शामिल किए हैं। उसमें से कभी इस तरह से हम लोगों ने नहीं छाँटा, या विभाजन नहीं किया और न यह जिद की कि यह मार्क्सवाद है, यह गांधीवाद है या यह लोहियावाद है। ऐसा मुझे लगता रहा कि किसी समस्या को हल करने के लिए मार्क्स बेहतर समझ देते हैं, किसी समस्या को हल करने में गांधी का दृष्टिकोण ठीक लगता है, तो किसी समस्या के लिए लोहिया उपयुक्त हैं। अब भी मैं इन तीनों में से किसी को भी अस्वीकार कर सकता हूँ और तीनों ही को स्वीकार कर सकता हूँ और वक़्त आए तो दो को अस्वीकार करके एक को स्वीकार कर सकता हूँ। जैसे वर्ग-संघर्ष की बात अगर आप करें या व्यक्ति-सम्पदा की बात करें तो मुझे मार्क्स का दर्शन सार्थक मालूम होता है, लेकिन जब मैं व्यक्ति-उन्नयन की बात करने लगता हूँ, उसका जब मैं विश्लेषण करने लगता हूँ, उसकी क्रूरताओं को देखने लगता हूँ, आचरण का विश्लेषण करने लगता हूँ, तो मुझे गांधी से कई बार प्रेरणा मिलती है। जैसे जब जन-आन्दोलन के बारे में सोचता हूँ, तब प्रश्न करता हूँ कि गांधी में वह कौन-सी कूवत थी, कौन-सी शक्ति थी, कि न हो उतना वैज्ञानिक सोच फिर भी, उतना बड़ा आन्दोलन चला सके, कौन-सा वह जादू था और हमारे पास वह कमी क्यों है तो कई बार गांधी भी प्रभावित करते हैं। लेकिन लोहिया से एक तो हम लोगों की पार्टी-सैद्धान्तिक निकटता रही; दूसरे, गांधी को व्यक्तिगत रूप में नहीं देखा और मार्क्स को तो देखने का सवाल ही नहीं था लेकिन लोहिया के साथ तो आन्दोलन भी किया। फिर लोहिया का फक्कड़ाना आक्रामक स्वभाव, वह बड़ा आकर्षक लगता रहा। दूसरे, उनकी शब्द और कर्म के प्रति निष्ठा भी, वह सत्यनिष्ठा प्रभावित करती थी। तीसरी बात यह कि हमारे अपने समय में अंग्रेज़ियत के आग्रह थे, और जिन पर नेहरू बल दे रहे थे, और लोहिया जैसे भाषा का संघर्ष करते थे, पूरे देशज मिज़ाज के थे, या जैसे छोटे लोगों को उठाने की कोशिश करते थे और एक निर्लिप्त मन उनका जैसा था, जैसे मुसलमानों के प्रति सख्ती भी, उनको ताकीद भी, मिलाना भी। जैसे स्त्रियों का पक्ष लेना और उन्हें राष्ट्रीय जीवनधारा में शामिल करना, ये कुछ ऐसे प्रसंग थे जो कुल मिलाकर मुझे लोहिया-प्रशंसक बनाते थे। जैसे मार्क्स के प्रति लगाव के कारण कुछ लोग तो कहते थे कि मैं, जैसे शंकराचार्य के लिए कहते थे कि 'वे' 'प्रच्छन्न बौद्ध' थे, इसी तरह मुझे कहते थे कि मैं 'प्रच्छन्न कम्यूनिस्ट' हूँ। उसी समय प्रगतिशील लेखक संघ झालावाड़ में बनाया और कविता-पाठ भी साथ-साथ करने के लिए साधुओं

की-सी जमात चलती है, ऐसे ही कवियों की जमात ले गए। दरअसल हमने बारीक सैद्धान्तिक भेद भी नहीं किया। बाद में यह मालूम होने लगा कि समाजवाद में और साम्यवाद में अन्तर है। हमारा लक्ष्य विषमतामूलक सभ्यता थी, उसको नष्ट करने में लगे हुए थे, लेकिन बहुत बाद में लोहिया ने इस सिद्धान्त का प्रतिपादन किया, 'इक्वल-डिस्टेंस थियरी' का कि 'इक्वल डिस्टेंस'—समान दूरी—रहे कांग्रेसजनों से और साम्यवादियों से भी। दोनों से सैद्धान्तिक दूरी और अपनी पहचान अलग रखी जाए, क्योंकि संयुक्त मोर्चे में उनके जो अनुभव रहे होंगे, मुझे नहीं जानकारी है कि क्या तनाव रहे, लेकिन बाद-बाद में तो मैंने कई बार यह अनुभव किया कि हमारी ज्यादा-से-ज्यादा समीपता यदि किसी से हो सकती है तो वे साम्यवादी ही हैं। हमारा भारतीय जनता पार्टी या स्वतंत्र पार्टी से मेल कैसे हो सकता है? तो जैसा आपने पूछा कि मार्क्स, गांधी और लोहिया के विचारों का क्या प्रभाव रहा, तो यह एक ढीला-ढाला उत्तर है।

हम यह भी देखते हैं कि हमारे भारतीय समाज में समाजवादी आन्दोलन ने अपने लिए जो लक्ष्य निर्धारित किए थे, वह उन लक्ष्यों को पूरा नहीं कर पाया, वह कामयाबी उसको नहीं मिली। क्योंकि आप उस पूरे प्रसंग या उस आन्दोलन से जुड़े रहे हैं, तो आप थोड़ा विश्लेषण करके बताएँगे कि वे कौन-सी ऐसी नुक़्ते की कमज़ोरियाँ या तो पैदा हुईं या उस पूरे कार्यक्रम में ही ऐसी ख़ामियाँ छूट गईं, जिनकी वजह से यह समाजवादी आन्दोलन हमारे देश में कामयाब नहीं हो पाया?

क्या रहा नंद जी, एक तो मुझे यह लगता है कि समय का अभाव रहा। समय ही सबसे बड़ा तत्त्व या कारण रहा—जितने दिन वह लोकतांत्रिक समाजवादी आन्दोलन चला उतने में वह अलग से पहचान ही नहीं बना सका। दूसरे, मुझे यह प्रतीत होता है कि उसमें ज्यादातर वही लोग थे, जो कांग्रेस से ही टूटकर आए थे, चाहे जयप्रकाश हों, चाहे राममनोहर लोहिया हों, चाहे कृपलानी हों, चाहे रामानंदन मिश्र हों या अच्युत पटवर्धन हों, मूलत: वे सब लोग कांग्रेस से ही आ रहे थे और वे कांग्रेस की परिधि में ही अपने सिद्धान्तों की व्याख्या करते थे, कोई अलग से सिद्धान्त नहीं बने। केवल 'राज-काज' की नीतियों और तरीकों को वे नाकारा बता रहे थे। अहिंसा, सत्य इत्यादि को वे सही मानते थे, गांधी के रचनात्मक कार्यक्रम को भी समर्थन दे रहे थे। उनका मतभेद उस कांग्रेस के नेतृत्व से था जो पूँजीपतियों के मध्यवर्गीय लोगों के हाथों में था और जिनकी मानसिकता बहुत कुछ अंग्रेज़-शासकों से मिलती-जुलती थी। इस मानसिकता के कारण समाजवादियों को लगता था कि कांग्रेस गांधी के उसूलों का भारत नहीं बना सकती और बाद-बाद में तो बड़े उद्योगों की बात होने लगी, जो पहले से सम्पत्तिशाली लोग थे, उनकी समृद्धि की बात होने

लगी, जैसे बिड़ला जैसे लोग की। 'बिड़ला रहस्य' नाम से लोहिया ने एक छोटी किताब भी लिखी। देखा कि आजादी के बाद जो पूँजीपति हैं, वे कांग्रेस की नीतियों से समृद्ध होते जा रहे हैं और एक छलावा या एक नाटक चल रहा है, तो उनको यह लगा कि जिन लोगों ने आजादी के लिए संघर्ष किया था, उन लोगों को तो पीछे धकेल दिया और जो शोषक थे, वे समृद्ध हो रहे हैं। एक तो वे इस यथास्थिति को देखते रहे और दूसरी ओर कांग्रेस से अलग हटकर कोई बड़ा सैद्धान्तिक मॉडल या विश्लेषण नहीं कर पाए। जयप्रकाश जी ने जो 'सम्पूर्ण क्रान्ति' की बात कही या लोहिया ने 'सप्त क्रान्ति' की, दरअसल इन दोनों में बहुत-सी बातें गांधी सैद्धान्तिक की थीं। इस तरह कोई सैद्धान्तिक नज़रिया नहीं बन सका। जो विश्लेषण किया, वह थोड़ा-बहुत लोहिया ने किया, लेकिन वे ही चूँकि आन्दोलन भी चला रहे थे और विश्लेषण भी कर रहे थे—यदि वे कर्म में इतना लिप्त न होते और क्रान्ति दर्शन की अधिक स्पष्ट व्याख्या करते तो पार्टी को मजबूत जनाधार मिलता।

क्या आपको यह अन्तर्विरोध बहुत निर्णायक नहीं लगता कि अगर कोई निश्चित कार्यक्रम लेकर क्रान्ति की बात नहीं उठाई जाएगी तो वह क्रान्ति सफल नहीं होगी? यानी हम बदलने की सारी बातें तो करें, लेकिन बदलने का तरीका हमारे पास नहीं हो?

तरीके तो थे, लेकिन वे जिन तरीकों की बात करते थे, वे 'गांधियन' तरीके थे। जैसे बड़े उद्योगों के स्थान पर जो 'इंटरमीडियरी इंडस्ट्रीज' हैं, उनकी बात उन्होंने की। जो मध्यम दर्जे के उद्योग हैं, भीमकाय उद्योग नहीं और बहुत छोटे भी नहीं। वे 'मशीनीकरण' के विरोध में नहीं थे, लेकिन पश्चिमी मुल्कों में जो उद्योग बढ़े और उनसे जो वहाँ की संवेदनशीलता और संस्कृति का ह्रास हुआ, उससे वे चिन्तित थे। जो साम्यवादी देशों में, बाद में स्टालिन के युग में, नृंशसता आई, जिन किन्हीं भी कारणों से, वे यहाँ नहीं देखना चाहते थे। वे लोकतंत्र भी चाहते थे और समाजवाद भी। तो लोकतंत्र और समाजवाद में जो अन्तर्विरोध है, क्योंकि लोकतंत्र व्यक्ति-गरिमा और स्वातंत्र्य का पक्ष-समर्थक है और समाजवाद बराबरी का। लोकतांत्रिक समाजवादी दोनों चाहते थे और जैसा कि रोजा लक्जम्बर्ग का सिद्धान्त था—'ब्रैड एंड रोजेज बोथ' यानी रोटी और गुलाब दोनों। उनकी दृष्टि से यह सम्भव नहीं था कि पहले समाजवाद और फिर लोकतंत्र। वे यह समझते थे कि मानवीय विकास के लिए स्वाधीनता और समता—दोनों मोर्चों पर एक साथ संघर्ष किया जाना चाहिए।

इस वक़्त भारत में समाजवादी आन्दोलन की जो भी परिणति होनी थी, वह आपके सामने स्पष्ट है, आगे आपको और कोई सम्भावना दिखाई देती है तो

वह आप और स्पष्ट करेंगे लेकिन आप आज की स्थिति में किस तरह से पूरे परिदृश्य और परिणति पर सोचते हैं और आगे के लिए क्या विकल्प चुनते हैं?

अब समाजवादी आन्दोलन पर मैं कुछ नहीं सोचता, क्योंकि वह आन्दोलन तो समाप्त हो गया है और उसके लिए मन में केवल दु:ख ही बचा है। वह पार्टी भी अब लगभग समाप्त हो गई। जो छोटी पार्टी का हश्र होना था, वह हो गया। अब तो मुझे यह भी लगता है कि बड़ी-बड़ी पार्टियों का भी अन्त होता चला जा रहा है और उनकी शक्ति भी क्षीण होती जा रही है। कई बार कुछ क्रान्तिकारी संगठन बनते हैं, वे भी असफल हो जाते हैं। मैं कभी-कभी सोचता हूँ कि अगर साम्यवादी पार्टी कुछ परिवर्तन अपनी नीतियों में करे और भारत के मन को, भारत की संस्कृति को, भारत के स्वभाव को देखते हुए अपने संघर्ष की रचना करे तो मुझे यह विश्वास है कि वह कुछ कर सकती है, लेकिन अब सवाल यह भी है कि साम्यवादी पार्टी भी कौन-सी? यहाँ सबसे बड़ा संकट यह आ गया है। आप अगर मुझसे पूछें कि मैं किस साम्यवादी पार्टी का सदस्य होना चाहता हूँ तो मेरे जैसे बहुत-से लोगों के लिए सीधे-सीधे इसका उत्तर दे पाना कठिन है।

पार्टी से जुड़ने की बात अगर कुछ अरसे के लिए छोड़ भी दें, तो भी उस विचार-दर्शन से सहमति होने पर उस विचारधारा से जुड़ी सामाजिक चेतना के निर्माण की दिशा में न्यूनतम सहमति के आधार पर काफी दूर तक सक्रिय रहकर काम किया जा सकता है और इसी क्रम में पार्टी से जुड़ने का मसला भी काम के दौरान सुलझाया जा सकता है।

मैंने आपसे कहा न कि विचारधारा का जो सबसे जटिल पक्ष है, वह यह है कि विचारधारा के बाद मुझे यह लगता है कि उसका सदस्य भी हो जाना चाहिए। यह विलम्ब समझ में नहीं आता कि हम विचारधारा के पक्ष में तो रहें, लेकिन जब सदस्यता का मौका आए और उसके लिए काम करने की और कुछ छोड़ने की बात आए, तब हम मनमौजी कवि हो जाएँ। दूसरी बात यह है कि ज्योंही हम सदस्य हो जाते हैं, तब सबसे बड़ी बात यह हो जाती है कि उस पार्टी में रहते हुए हम जो अवसरवादिता के विरोध में होते हैं, पाते हैं कि यहाँ भी अवसरवादिता की रंगशाला खुली हुई है। हम देखते हैं कि पार्टी नेता की तानाशाही के विरुद्ध हम न कुछ कह सकते हैं, न कर सकते हैं। हम देखते हैं कि एक पार्टी-नेता दूसरे नेता को झूठा कह रहा है और एक नेता अपने को दूसरे से अधिक क्रान्तिकारी मानता है या एक नेता एक सिद्धान्त को दूसरे से बढ़कर प्रतिपादित करने वाला साबित करता है। हमें एक प्रकार से 'बौद्धिक तानाशाही' देखने को मिलती है। यह भी देख पाता हूँ कि पार्टी नेता हमेशा ही साहित्यकार की संवेदनशीलता को हास्यास्पद मानते हैं। वे यह

मानते हैं कि यह कवि-चित्त है, एक भावुक आदमी है, दरअसल काम करने वाला आदमी तो 'ट्रेड-यूनियनिस्ट' ही है।

आप चूँकि मूलत: कवि या रचनाकार हैं, इसलिए मैं बात का रुख फिर रचना की ओर ही मोड़ता हूँ और ख़ासतौर से इसलिए भी कि एक विचार और राजनीति से भी आपका गहरा सम्बन्ध रहा है। थोड़ा अपने उस अनुभव से बताएँगे कि रचना और विचार—दोनों के जो अन्तर्सम्बन्ध हैं, उनको आप किस तरह से देखते हैं, यानी कहाँ विचार रचना की मदद करता है या उसे बाधित करता है?

ऐसा निर्णय रचना से होता है। रचना को अलग करके हम विचार नहीं कर सकते और विचाररहित रचना नहीं होती। विचार और रचना का सम्बन्ध अन्योन्याश्रित है। हम विकृतियों को, ग़ैर-बराबरी को, विषमता को किस शिद्दत से अनुभव करते हैं, यह हमारी अपनी संवेदनशीलता पर निर्भर करता है। इस समय जो मुहावरे हैं, वे इतने तेज-तर्रार हो गए हैं और कवियों या रचनाकारों, बड़े रचनाकारों के सम्बन्ध में मैं यह नहीं कहता, लेकिन बहुत-से रचनाकार उन तेज-तर्रार मुहावरों से कविता बना लेते हैं और पार्टियाँ, साहित्यकार भी (जो उन पार्टियों में शामिल हैं) हर्ष व्यक्त करते हुए उस मुहावरे पर श्रेष्ठ कविता होने की छाप लगा देते हैं। लेकिन यह कहना कि विचारधारा से कविता कमज़ोर हो जाती है, यह मुझे मान्य नहीं है। विचारधारा से कविता श्रेष्ठ हो जाती है, मैं यह भी नहीं मानता। मैं ऐसी कई कविताओं के बारे में जानता हूँ जिनको विचार ने श्रेष्ठ बना दिया है और कई ऐसी निकम्मी कविताओं को भी जानता हूँ जो विचार होने के उपरान्त भी लद्धड़ हैं। शायद कविता का मर्म उसकी अन्तरंगता और एकाग्रता में है जिसके लिए कोई फार्मूला नहीं है। मैं अपने समय के कवियों को देखता हूँ तो मुझे प्रतीत होता है कि वे सामान्य जन के साथ थे। उनकी आर्थिक स्थिति और सामान्य जनों की आर्थिक स्थिति में आज जैसा अन्तर नहीं था, मकानों में ज्यादा अन्तर नहीं था, भोजन में ज्यादा अन्तर नहीं था, लेकिन आजकल बहुत-से लोग जो क्रान्ति सन्दर्भ की कविता करते हैं, उनके जीवन और कच्ची बस्ती वालों के जीवन में भारी अन्तर आ गया है और वह कविता में भी नज़र आता है। उदाहरण के लिए नागार्जुन जी की कविता और उनके जीवन में कोई फ़र्क़ नहीं रहा। वे उन्हीं लोगों की तरह जीवन जीने वाले कवि थे। अब क्योंकि कविता का निजीकरण हो रहा है। अब ऐसी कविता लिखी जा रही है जिसमें संवेदनशीलता और जनोन्मुखता का अभाव नज़र आता है। मेरी मान्यता है कि विचार से रचना निष्प्रभ नहीं होती लेकिन वह किताबी विचार न हो। उसका हमारे जीवन से तालमेल और तादात्म्य हो। जब तक लेखक स्वयं को 'डी-क्लास' नहीं कर लेता, तब तक कविता

सम्भव नहीं होती। मैं मानता हूँ कि विचार से रचना समृद्ध होती है लेकिन जब तक विचारक रचनाकार नहीं होता, तब तक केवल विचार के बल पर कोई कविता बहुत प्रभावशाली नहीं हो सकती।

मार्क्सवादी सौन्दर्यशास्त्र की एक बुनियादी अवधारणा है कि वस्तु और रूप, दोनों एक-दूसरे से अभिन्न हैं, इन्हें एक-दूसरे से अलग किया ही नहीं जा सकता, लेकिन इसके बावजूद वस्तु की भूमिका रचना में या टोटल क्रिएशन में निर्णायक मानी जाती है, यानी आकृति बदलती है। आकृति न बदली होती तो कविता कालिदास के जमाने से लेकर आज तक इतनी विकसित न हुई होती। वह विकसित होती है और चूँकि सामाजिक यथार्थ भी बदलता है, स्थितियाँ बदलती हैं तो उनके साथ रचना की आकृति भी बदलती है और दोनों एक-दूसरे को प्रभावित भी करती हैं लेकिन इस प्रभावित करने में वस्तु की या अन्तर्वस्तु की भूमिका निर्णायक होती है। इस धारणा को कभी-कभी ग़ैर-मार्क्सवादी लोग भी अपने पक्ष में उद्धृत करते हैं, लेकिन अपनी मनमानी व्याख्या के साथ। मैं जानना चाहूँगा कि आप इस सम्बन्ध में किस तरह सोचते हैं?

मुझे यह मानने में कोई संकोच नहीं है कि जो वस्तु है, या जो कथ्य है, वह महत्त्वपूर्ण होता है। मैं किसी कविता या कहानी के सम्बन्ध में सोच ही नहीं सकता हूँ, जिसमें कथ्य न हो, लेकिन सवाल फिर वहीं आता है कि वह कथ्य हमें कैसे और कहाँ से प्राप्त होता है? क्या वह हमारी व्यापक ज़िन्दगी का हिस्सा है या कोई दूसरे स्रोतों से हमने उसे हासिल किया है? क्या वह बहुत संश्लिष्ट अनुभव है? और यदि वह संश्लिष्ट है तो हमें उस संश्लिष्टता को व्यक्त करने के लिए वह कला रूप भी विकसित करना पड़ेगा जो उस संश्लिष्टता की अभिव्यक्ति के लिए अभीष्ट है। इसके साथ ही 'आस्वाद' की समस्या भी जुड़ती है। ध्यान देने की बात यह है कि कोई भी कला रूप, कोई भी रंग, कोई भी स्वर, कोई भी शब्द स्वयं एक लम्बे सामाजिक अनुभव से भी आता है और कवि-अनुभव से भी। हो सकता है कि कभी-कभी कवि-अनुभव प्रबल हो जाता हो और कभी सामाजिक-अनुभव। जब विचारधारा की बात होती है तो हमारे सामाजिक अनुभवों से मेल खाते हुए अनुभवों को हम महत्त्व दे देते हैं लेकिन जब कवि-अनुभव से कोई चीज मेल खाती है, या कवि किसी सिद्धान्त से कुछ अलग हटकर अपने जीवनानुभवों से जुड़कर किसी अनुभव को प्रकट करता है, तो हम उस रचना की अन्तर्वस्तु को 'इंडिविजुअलिस्टिक' कहकर या उसकी निजता को असंगत मानकर अवमूल्यित करने लगते हैं। तब हमारी भी अपनी भूमिका स्पष्ट होनी चाहिए।

एक तो यह कि रचना के लिए कोई भी विषय वर्ण्य नहीं है, जीवन सम्पूर्ण रूप में उसका विषय है, इसलिए यह कहना कि सामाजिक यथार्थ की बात करना ही रचना के लिए असंगत है, तो विचारणीय है।

लेकिन नंद जी, उस सम्पूर्ण रूप के सम्बन्ध में भी एक बात हमें ध्यान रखना होगा कि मान लीजिए, जीवन को सम्पूर्ण मानकर मैं एक ऐसी रचना को जन्म देता हूँ, या ऐसा शब्द-कौतुक करता हूँ, कौशल बताता हूँ कि अन्त में जिसमें से एक निरर्थकता या सत्त्वहीन जीवन निकल आए, तो इस सीमा तक रचना औचित्य के बारे में सोच पाना मेरे लिए असम्भव है और न मैं उसके पक्ष का हूँ। मैं यह सोचता हूँ कि कविता मनुष्य-केन्द्रित ही होगी लेकिन कैसा मनुष्य—शोषक या शोषित? वह शोषित ही होगा क्योंकि शोषक का अमानुषीकरण पहले ही हो चुका है। उसमें मनुष्यत्व बचा ही नहीं है। उसे लेकर क्या लिखा जा सकता है?

नंद बाबू, आपने अपने लेखों और रचनाओं में तंत्र या सत्ता का निरन्तर विरोध किया है, लेकिन आपके उस विरोध में पूँजीवादी तंत्र और समाजवादी तंत्र के बुनियादी चरित्र में बहुत कम भेद नज़र आता है। क्या सभी समाज-व्यवस्थाओं का बुनियादी चरित्र आपकी दृष्टि में एक-सा ही है? आख़िर आपके इस अनवरत प्रतिपक्ष का अपना पक्ष क्या है?

आप अगर विचारधारा की बात करें तब तो मैं यह मानता हूँ, दोनों अलग-अलग हैं। जैसे आप समाजवादी या साम्यवादी या मार्क्सवादी और पूँजीवादी विचारों में अन्तर करें, तो मुझे यह प्रतीत होता है कि वे बिलकुल भिन्न हैं और उनको मिलाना ठीक नहीं, लेकिन जब व्यवस्था की बात आती है तो पिछले दिनों जो राजनीति विकसित हुई है, उसे देखते हुए यह प्रतीत होता है कि व्यवस्था का अपना एक-सा चरित्र हो गया है और उनमें भी इस कदर अवसरवादिता और आत्म-रक्षा की भावना आई है कि कभी-कभी ऐसा प्रतीत होता है कि साम्यवादी देशों और पूँजीवादी देशों के राजनीतिक आचरण में साम्यवादी कोई अन्तर हो। कहीं व्यवस्था ही तो इसका कारण नहीं है? जैसे चीन साम्यवादी मुल्क है। वह जब सम्प्रदायवादी पाकिस्तान के साथ मेल-जोल करता है तो उसकी राजनीति और व्यवस्था के प्रति मेरे मन में सन्देह होता है। जब चीन अमेरिका को आमंत्रित करता है और उसके परिणाम भी फौरन हमको मालूम होने लगते हैं कि वहाँ एक-दूसरे प्रकार का रुझान शुरू हो जाता है और पूँजीवादी उपभोक्ता अपसंस्कृति का प्रभाव नज़र आने लगता है। जब मैं सोचता हूँ कि उनकी मैत्री लोकतांत्रिक भारत से होनी चाहिए, तब कट्टरतावादी पाकिस्तान से होती है। ऐसे ही शस्त्रों के व्यापार की बात है। अब देखिए, शस्त्र में सभी देश पैसा लगा रहे हैं, तो वे सभी

बाजार भी तलाश कर रहे हैं और जब बाजार तलाश करते हैं, तो बारी-बारी से अपनी मित्रता के घोड़े भी बदलते रहते हैं, क्योंकि बन्दूकें तो बिकनी ही हैं—चाहे वह अमेरिका बेचे, चाहे वह रूस बेचे, यहाँ तक कि भारत भी बेच रहा है, तब मैं समझता हूँ कि व्यवस्था में जो अवसरवादिता आ गई है, वह थोड़े-बहुत अन्तर के साथ एक विश्व-चरित्र बना गई है, इसलिए मुझे पूँजीवादी व्यवस्था में और साम्यवादी व्यवस्था में समानता नज़र आती है, गोकि उनकी विचारधाराओं में बहुत अन्तर है। पिछले बीस-पच्चीस वर्षों में जो राज्य-व्यवस्थाओं का चेहरा नज़र आने लगा है, उसमें अनेक समानताएँ देखने को मिल जाती हैं। तब सत्ता के अनवरत विरोध का औचित्य भी अनुचित नहीं लगता।

लेकिन नंद बाबू, मेरा ख़याल है कि अन्ततः जो जिम्मेदारी है, वह उस समाजवादी देश की जनता पर ही आती है कि वह अपनी व्यवस्था के इस भटकाव को किस हद तक नियंत्रित करती है या करने की आवश्यकता महसूस करती है।

इस सम्बन्ध में एक तो यह देखें नंद जी कि इतनी शिक्षा होती नहीं है जनता की। दूसरी बात यह है कि जो चौकसी है, वह पुरानी चौकसी की तरह नहीं है। अब चौकसी के अभिप्राय आप जानते हैं—इतनी समर्थ हो गई है व्यवस्था और इतनी क्रूर भी हो गई है, और इतने सैनिक तथा शस्त्र भी उसने एकत्रित कर लिये हैं कि अब व्यापक जन-क्रान्ति जैसा कोई सिलसिला मैं देख पाने में असमर्थ हूँ। अब गांधी जैसा जन-आन्दोलन भारत में होगा, इस भ्रष्ट व्यवस्था को उखाड़ने के लिए, ऐसा मुझे मुमकिन नज़र नहीं आता। चीन में माओ को भी विस्मृत कर देने की चेष्टा हुई, वह तो अभी-अभी की बात है। व्यवस्था 'आत्म-रक्षा' के लिए सारी क्रूरताओं को तर्कसंगत मानती है। उसके पास जो संचार-साधन आ गए हैं, वे सत्य को असत्य और असत्य को सत्य में जैसे चाहें, पेश कर सकते हैं। उनके अख़बार, उनका मीडिया, उन सबके सामने कोई विरोध कर पाना मुश्किल है। तंत्र इतना समर्थ हो गया है कि बहुत ईमानदारी से भी मैं कोई कोशिश करूँ, तो मुझे परेशानी नज़र आती है, इसलिए जनता की चौकसी वाला मुहावरा मुझे कभी-कभी ललचाने वाला मुहावरा तो लगता है, लेकिन उसके अनुकूल कोई कार्रवाई होना कठिन लगता है।

हम फिर रचना और रचनाकार की तरफ आते हैं, क्योंकि कन्सर्न हमारा वही है। जब एक ख़ास तरह की परिस्थिति है, जैसे हम आज की परिस्थिति को देख लें, हमारे देश में जो आतंक, अलगाव और साम्प्रदायिक राजनीति उभरकर आई है, तो इस स्थिति में या किसी भी तरह की सामाजिक परिस्थिति में

रचनाकार की, जिसके लिए आपने भी शुरू में कहा था कि उसके लिए चरित्र में बहुत भेद नहीं करना चाहिए, तो उस परिस्थिति में उसकी क्या भूमिका बनती है? उसे किस तरह अपनी रचनाओं के माध्यम से उस परिस्थिति में काम करना चाहिए?

अब कठिनाई थोड़ी बढ़ गई है नंद जी, और आप भी चूँकि रचनाकार हैं इसलिए चाहता हूँ कि आप भी इस परिस्थिति पर विचार करें। आप देखें कि मुझे जो जीवन-यापन करना पड़ता है, वह कई बार प्रतिकूल तंत्र और व्यवस्था के अन्तर्गत रहकर करना पड़ता है। मुझे जो तरक्की पानी होती है, जो समृद्धि आती है, पदोन्नति आती है, वह उस व्यवस्था के अधीन है। बहुत इच्छा करने पर भी मैं एक सीमा तक ही ईमानदार हो पाता हूँ। अक्सर तो जीवन और व्यवस्था की जटिलताएँ ही मुझे बहुत-सी अवसरवादिता और समझौते के लिए तैयार कर देती हैं, क्योंकि मैं देख पाता हूँ कि वैसा आचरण ही मेरी समृद्धि के रास्ते खोलता है। तब रचनाकार जीवन-निर्वाह के लिए क्या करे? कोई सम्मानजनक वैकल्पिक साधन तो उसके पास है नहीं। स्वतंत्र साधन तो क्या, अगर आप एक बोतल घासलेट के लिए भी बाजार में जाएँ और कोई सिफारिश आपके पास न हो तो सम्भव है, आपका पूरा दिन छुट्टी का व्यतीत हो जाए और शाम को आप खाली बोतल लौट आएँ। रचनाकार की सबसे बड़ी परेशानी यह हो गई है कि इस व्यवस्था में जीते हुए वह अपने वजूद को, अपनी रचनात्मक ऊर्जा को कैसे बरकरार रखे, जबकि सारे लाभ उन्हीं लोगों के हाथ में हैं, उसी व्यवस्था के हाथ में हैं, जिस व्यवस्था की विकृतियों और विसंगतियों से वह परेशान है। यह 'लव-हेट रिलेशनशिप' का मामला है, यह प्यार और घृणा का द्वंद्व है कि आप उसी तंत्र में हैं और उस तंत्र में नहीं भी हैं, उसका विरोध भी करते हैं। तो आज ये दोनों मोर्चे रचनाकार के सामने भी मौजूद हैं। जैसे आज के रचनाकार को लें, जो यूनिवर्सिटी में पढ़ाता है, आकाशवाणी पर जाता है, टी.वी. पर जाता है, किताब लिखता है, यदि वह सत्ता-व्यवस्था का विरोध करता है, तो जहाँ-जहाँ व्यवस्था उसको लाभ देने वाली है, उन लाभों से उसको दूर होना होगा। आज मैं इस बात पर निरन्तर चिन्ता करता रहता हूँ कि सत्ता, व्यवस्था की निरंकुशता के बीच रचना-कर्म की स्वाधीनता को कैसे बचा सकता हूँ?

मेरा ख़याल है, जीवित रहा जाए, यह समस्या तो है ही, और जैसा आपने बताया, बहुत प्राथमिक स्तर पर यह आज के हरेक साधारण आदमी की समस्या है, लेकिन हमारी समस्या थोड़ी इससे आगे से शुरू होती है कि इस बुरी व्यवस्था से मुकाबला कैसे किया जाए, लड़ा कैसे जाए? अकेले स्तर पर तो सम्भवत: इसके कोई रास्ते नहीं दिखाई देते, लेकिन अगर संगठित रूप में कोशिश की

जाए, तो रचनाकार के रूप में एक मानसिकता, एक चेतना तो तैयार की ही जा सकती है, कम-से-कम अपनी ही तरह सोचने वाले पचास लोगों को जुटाया तो जा सकता है?

मुझे संगठित होने वालों में भी एक चालाकी नज़र आती है।

वह तो आपको हर जगह नज़र आएगी, लेकिन हम उस ज़रूरत की बात कर रहे हैं।

उस चालाकी के चलते हमारे अपने जो क्रान्ति तेवर या जो संघर्ष हैं, उनसे निराशा उत्पन्न होती है, बाद में उन्हीं लोगों का चरित्र हमें सन्दिग्धताओं से जुड़ा नज़र आता है।

हम इस बात को भी जानते हैं कि यह कमज़ोर लोगों का साथ है, इसके बावजूद इन कमज़ोर लोगों में कुछ ऐसी बाते हैं, जो कहीं उस बड़ी लड़ाई में काम आ सकती है, क्या उस तरह की न्यूनतम बातों को एक जगह रखकर हम साथ काम नहीं कर सकते?

वैसी लड़ाई से कोई मुझे लाभ प्रतीत नहीं होता कि आप बहुत छोटी-छोटी लड़ाइयाँ शुरू करें और वे भी जो संगठित हुए हैं लोग, उन्हीं के व्यक्ति-हित की हों। एक तरफ विश्व और सामाजिक स्थितियों के लिए क्रान्तिधर्मी संघर्ष-शीलता और दूसरी तरफ किसी के प्रमोशन के, किसी के स्थानान्तरण के मुद्दे की माँग क्या विचित्र विसंगति नहीं होगी?

नंद बाबू, आप जानते हैं कि जितने भी लेखक हमारे चाहे किसी भी भाषा से आते हैं, वह मुख्य रूप से निम्न-मध्यवर्ग में से निकलकर आते हैं और जैसा आपने पहले बताया कि उनकी अपनी निजी कठिनाइयाँ हैं, उनके समान हित हैं, उनकी एक सामूहिक चेतना भी बन सकती है?

अब नहीं। अब मैं उनको समृद्ध लेखकों में और विपन्न लेखकों में अलग-अलग करने लगा हूँ। एक समृद्ध लेखकों का समूह है जिसमें आप बहुत-से नाम ले सकते हैं, जिनका दु:खों से, जीवन-संघर्षों से कोई वास्ता नहीं है, बल्कि उनका अपना एक तर्क भी है कि लेखक को क्यों न वह समृद्धि मिले जो सामान्य जीवन में एक बड़े अफसर को मिल जाती है? अब उसमें भी कई लेखक दोनों तरफ हैं, वे क्रान्तिकारी लोगों में भी शामिल हो जाते हैं और वे समृद्ध लोगों में भी शामिल हो जाते हैं। यहाँ अपराध-बोध के कारण और वहाँ प्रतिष्ठित होने की दृष्टि से।

समृद्ध लेखक तो सब तरह के खेल करता है और विपन्न लेखक इन्तज़ार करता है, प्रतीक्षा करता है।

लड़ाई तो समृद्ध और विपन्न की ही है, अब चाहे आप उन्हें लेखक में या और किन्हीं में बाँट दें, वह बात दूसरी है, लेकिन कुल मिलाकर समृद्ध और विपन्न की लड़ाई है, और मेरा ख़याल है कि विपन्न अगर अकेले रूप में लड़ेंगे तो वह कहीं भी नहीं पहुँचेंगे। रचनाकार के रूप में भी वे टूटेंगे ही...?

अब यही है कि रचना की लड़ाई में जैसे एक अच्छी कविता है और एक बुरी कविता है, मेरा मानना है कि विपन्न लेखकों को अपने मुद्दे कविता में भी लाने चाहिए और कविता के माध्यम से भी लोगों में जागरूकता उत्पन्न करनी चाहिए, इसमें मुझे कोई आपत्ति नज़र नहीं आती है। लेकिन फिर यही है कि वह कविता गरीबों की कविता नहीं हो, यानी कविता का जो कौशल है, उसमें यह न हो कि चूँकि हम क्रान्ति के लिए कविता लिख रहे हैं और चूँकि क्रान्ति पक्ष के लोग निम्न जन हैं, इसलिए मैं उनके लिए निम्न-बुद्धि की कविता करूँगा, और जब दूसरे लोगों में सुनाने जाऊँगा तो मैं कविता का रंग बदल दूँगा।

मैं आपकी बात से जो निष्कर्ष निकाल पाया, वह यह है कि लेखक को संगठित होने की कोई ज़रूरत नहीं है। उसे स्वतंत्र रूप से, जो उसका विवेक ठीक कहता है या जिस चीज को गलत मानता है, उस 'गलत' के ख़िलाफ़ उसे अकेले लड़ना चाहिए, उसे संगठित होकर या उस तरह के तमाम लोगों को इकट्ठा होकर, एक सामूहिक चेतना के तहत लड़ने की कोई ज़रूरत नहीं है।

नहीं, मेरे ख़याल से मैंने ऐसा नहीं कहा है, मैंने यह कहा है कि ऐसा नहीं हो कि हम संगठित होते समय, या अन्याय पक्ष की लड़ाई लड़ते समय उस कविता-कर्म को दोयम दर्जे का बना दें।

यह बात तो हमारी पहली बुनियादी शर्त है कि रचना के रूप में समर्थ रचनाकार को रचना पर सबसे पहले ध्यान देना चाहिए।

लेकिन लेखक संगठनों की प्राय: यही भूमिका देखी जाती है कि वे उन लेखकों को पसन्द करते हैं, जो उनकी विचारधारा को स्थूल कविता रूप दे देते हैं और कविरूप में स्थापित हो जाते हैं।

अगर समर्थ लेखक उस तरह के संगठनों में सक्रिय न हो, उन संगठनों को बेहतर न बनाएँ, केवल मध्यम श्रेणी के लेखकों के लिए ही वह सब कुछ छोड़

दें, तो ऐसे में तो निश्चित रूप से इसी तरह की चीजें ज्यादा विकसित होंगी, क्योंकि समर्थ लोग तो इस ख़तरे या आशंका के कारण दूर हैं कि वे तो वही राजनीति करेंगे।

ऐसा होना सम्भव है। लेकिन परेशानी तब होती है जब पार्टी नेतृत्व की तानाशाही और हुकूमत चलने लगती है और वे लेखन-सम्बन्धी हिदायतें देने लगते हैं। वे लेखक-संगठन को 'पार्टी-लाइन' के प्रचार का साधन समझते हैं। लेखक इसे 'सर्जनात्मक स्वाधीनता' का निषेध मानते हैं। यह एक बारीक-सी बात है जिस पर विचार करना ज़रूरी है।

एक और पक्ष है जिस पर मैं आपकी राय जानना चाहूँगा—और वह है भाषा के सम्बन्ध में हमारे दृष्टिकोण का पक्ष, क्योंकि इधर भाषा को लेकर हमारे देश में जिस तरह की स्थितियाँ बनी हैं, और जिस तरह से लेखकों में एक तरह की फाँक पड़ गई है, ख़ासतौर से एक ही प्रान्त में रहने वाले दो भाषा के लेखक या तीन भाषा के लेखक, उनके बीच में कोई संवाद नहीं है, उनके बीच में बेहतर सम्बन्ध नहीं है, तो उस लिहाज से बताएँ कि एक तो विभिन्न भाषाओं के साहित्य के सम्बन्ध में हमारा बुनियादी नज़रिया क्या हो और उस स्थिति को सुधारने के लिए हम क्या कुछ कर सकते हैं?

वैसे तो बहुत बड़ी बात है, लेकिन हम, जैसे हमारे राजस्थान प्रान्त को ही लें, इसमें थोड़े-से रचनाशील लेखक हैं। अगर वे बहुत दुराग्रही कठमुल्ला और जिद्दी नहीं हैं, तो उनकी आपस की मैत्री को कौन रोकता है? पहले जैसे प्रगतिशील लेखक संघ के जरिये होता रहता था कि नगर के उर्दू, हिन्दी, राजस्थानी और ब्रजभाषा के लेखक एक मंच से अपनी रचनाएँ सुनाते थे और उनके बीच सौहार्दपूर्ण संवाद भी होता था। इसे किसने रोका, इसके बीच दीवारें कैसे पैदा हुईं और क्यों हुईं? देखिए, मैं रचना भाषा की बात कर रहा हूँ। उस भाषा की नहीं कि आप किस भाषा की पाठ्य-पुस्तक पढ़ाएँ। सभी भाषा के रचनाकारों का तो पिछले दिनों सौभाग्य रहा कि उन्होंने एक ऐसी ऊर्जावान भाषा विकसित की कि जो लोकतांत्रिक भावाभिव्यक्ति के लिए उपयुक्त रही।

हुआ क्या कि यहाँ भी थोड़ी राजनीति हुई। अकादमियाँ बनीं। जिन्हें मेल-मिलाप और श्रेष्ठ सृजन का अंग होना था, एक पुल बनाना था, उन्होंने हदबन्दी कर ली। पहले अकादमियाँ नहीं थीं तो सब एक मंच पर आते थे, अब अकादमियाँ हुईं तो उन्होंने लेखकों का भाषावार बँटवारा कर लिया। होना यह चाहिए था कि अकादमियाँ वर्ष में लेखकों का एक शिविर ऐसा आयोजित करती कि जिसमें सब मिलते और रचना उत्सव होता। लेकिन क्या एक भी अवसर आपको ऐसा याद

आता है कि जहाँ सब भाषाओं के लेखकों को बुलाकर संवाद आयोजित किया गया हो? वहीं दुर्भाग्यपूर्ण यह हुआ कि अकादमियों को भाषाओं के द्वेषपूर्ण नज़रियों ने जकड़ लिया और लेखक एक-दूसरे के सृजन-कर्म से अपरिचित हो गए। प्रान्त की विभिन्न भाषा लेखकों के बीच एक-दूसरे को प्रतिस्पर्धी भावना से देखने के भाव नज़र आने लगे।

संयोग से बात चूँकि राजस्थान के प्रसंग में हो रही है तो मेरी यह भी जिज्ञासा है कि जो इधर आजादी के बाद में राजस्थान में लेखन हुआ है, एक तो उस लेखन पर गुणवत्ता की दृष्टि से उसके स्तर और उपलब्धियों की दृष्टि से हम सभी जानते हैं कि हिन्दी में बहुत कम चर्चा हुई है, जबकि हिन्दी जगत में जो बड़े लेखक माने जाते हैं, उनके साथ जब हम राजस्थान के लेखकों की रचनाओं का मिलान करते हैं तो हमें यह भी लगता है कि कई चीजें बहुत आगे की रही हैं, जबकि उनकी उस रूप में बहुत कम चर्चा हुई है। उसकी आप क्या वजह मानते हैं?

अब कारण तो बहुत-से रहे। सबसे बड़ा कारण तो यह रहा कि पाठ्य-पुस्तकों में जो लेखक आ गए, चर्चित हो गए। इस गरीब प्रान्त में और कोई साधन तो प्रसिद्ध होने को थे नहीं, अब भी नहीं है। आप बी.ए. के पाठ्यक्रम में किसी कवि को ले आइए और उसके गुण-दोष बताने लगिए, उसको सभी लोग जान जाएँगे। श्रुति-परम्परा की जो साधना थी, जो खुले रूप में, जैसे ब्रजभाषा की कविताएँ वगैरह हुआ करती थीं, वह परम्परा समाप्त ही हो गई। जब लिखित परम्परा, छपित परम्परा या पाठ्य-पुस्तकीय परम्परा आई तब तक हमारे पास पाठ्य-पुस्तक भी हमारी नहीं थी। हमारी पाठ्य-पुस्तक के प्रसंग में भी जैसे हमारे प्रान्त की, वैसे हमारी पाठ्य-पुस्तकों की सामग्री भी राजनीति आयातित थी, आयातित रहीं और जैसे राजनीति में हमें विकसित नहीं होने दिया गया, ऐसे ही हमारे लेखक का रूप भी विकसित नहीं हुआ। दरअसल बहुत सारे राजनीतिक जुड़ाव रहे। दूसरा यह रहा कि कुछ प्रान्तों ने तो अपने साहित्यिक विस्तार के लिए कोशिश की, जैसे उत्तर प्रदेश, बिहार, मध्यप्रदेश। बिहार के रामवृक्ष बेनीपुरी, फणीश्वरनाथ रेणु, रामधारी सिंह 'दिनकर' आदि ने। उनकी राजनीतिक क्षेत्र में पहचान भी रही। हमारे यहाँ ऐसे लेखक नहीं हुए कि जिनकी बड़ी राजनीतिक पहचान बनी हो और जो साहित्यिक प्रतिनिधि होकर राज्य सभा या कि लोक सभा में गए हों। लेकिन आप उधर देखें तो कई लेखक ऐसे दिखाई देंगे जिन्होंने राज्य सभा-लोक सभा वगैरह में नुमाइन्दगी की और राजनीतिक प्रभाव बनाया। तो राजनीति के प्रभाव की दृष्टि से हम घाटे में रहे। बाद में विश्वविद्यालय खुले तो वहाँ भी दूसरे प्रान्त के लेखकों का, प्रोफेसरों का प्रभाव और हस्तक्षेप बना रहा। वहीं के कुलपति

भी रहे। इस तरह वे अपने लेखकों को लाए। जब हम अपने लिए जगह की माँग करने लगे तब कहा यह जाने लगा कि 'प्रान्तवाद' फैला रहे हैं। हमारे रचनाकर्म की उस समय समीक्षा करने वाला था ही कौन? हमारे समीक्षा लेखक जो भी थे, वे हमें कमज़ोर कर रहे थे। हमारी गुणवत्ता को कोई देखने वाला ही नहीं था। हम रचनाकार हैं, कोई यह स्वीकार करने को ही तैयार नहीं था। तब हम लोगों ने ही यह काम किया। कविता भी लिखी और ढोल भी पीटे। हम अपने और साथियों के नगारे बजाने लगे। मैं तो हमेशा यह मानता रहा कि यदि हमारा लेखन दूसरे लेखकों से बड़ा नहीं है तो कमज़ोर भी नहीं है। लेकिन यह बात भी कौन सुनता था? यह बात भी आप कह सकते हैं जो राजस्थान के हैं, और रचनाकार हैं और यही बात मैं आपके सम्बन्ध में भी कह देता हूँ, मैं भी यहाँ का हूँ और रचनाकर हूँ। तो 'परस्पर' प्रशंस्ति, अहो रूपं अहो ध्वनि' यह आरोप लगाया जाता है। दूसरा जब हम अपने साथियों की समीक्षा करने लगते हैं तो हम चूँकि कोई प्रथम श्रेणी के माने हुए समीक्षक नहीं हैं, इसलिए हमारी समीक्षा को ही समीक्षा नहीं माना जाता। हम तो अभी भी अपने घर में बहुत समादृत लेखकों में से नहीं हैं। आप बतलाइए कि आज राजस्थान की पाठ्य-पुस्तकों में हिन्दी के हमारे कितने लेखकों की रचनाएँ शामिल हैं? कभी किसी विश्वविद्यालय की पाठ्य-पुस्तक समिति में मित्रों के आ जाने से राजस्थान के कवियों की कविताएँ शामिल करना अनिवार्य हो गया था तब भी बहुत सारे कवि-मित्र नाराज़ हो गए और उन्होंने यह प्रस्ताव रखवाया कि कोई बाध्यता न हो। खुली प्रतिस्पर्धा में श्रेष्ठता ही आधार हो। परिणाम यह हुआ कि अब जो पुस्तकें हैं, उनमें संयोग से ही प्रान्त के लेखकों की रचनाएँ नज़र आती हैं। इस तरह हमारा संघर्ष अपनों से भी है और बाहर से तो है ही। अभी भी मुझे यह लगता है कि राजस्थान के लेखकों को यह मानने में संकोच का अनुभव होता है कि हमारे लेखक बड़े नहीं तो छोटे भी नहीं हैं। इसलिए नज़र आएगा कि दूसरों को उद्धृत करते हुए हमें किसी प्रकार का संकोच नहीं होता जबकि अपने परिवार या अपने प्रान्त के लेखकों को उद्धृत करते गहरे संकोच का अनुभव होता है।

आपने 'बिन्दु' जैसी पत्रिका निकाली, बल्कि इस दौर में 'लहर', 'वातायन', 'ओर' आदि बहुत-सी साहित्यिक पत्रिकाएँ राजस्थान से निकलीं और मेरा ख़याल है कि आप लोगों ने बहुत प्रयत्न करके राजस्थान के लेखकों को प्रमुखता से न भी छापा हो, इसके बावजूद राजस्थान का बहुत-सा श्रेष्ठ लेखन इन पत्रिकाओं के माध्यम से सामने आया है, और कहीं-न-कहीं इन पत्रिकाओं के माध्यम से राजस्थान के लेखन की सार्थक चर्चा भी हुई है। तो थोड़ा अपने अनुभव से बताएँ कि एक आपद्धर्म के रूप में ही सही, इस तरह

प्रकाशन के जो प्रयत्न शुरू हुए, क्या आज आप उस तरह के प्रयत्नों की ज़रूरत नहीं महसूस करते?

इन प्रयत्नों की बेहद ज़रूरत है। अब तो मुझे लगता है नंद जी कि राजस्थान के लेखन को हमें तब भी अपनी पत्रिकाओं में ज्यादा प्रतिनिधित्व देना चाहिए था। मैंने श्रेष्ठ लेखन की परम्परा को ध्यान में रखते हुए कोशिश तो की कि राजस्थान के अच्छे लेखक प्रकाशित हों, लेकिन और ज्यादा प्रयत्न हो सकते थे। ऐसा ही मुझे 'लहर' में भी लगा, 'वातायन' में भी लगा कि अनायास जो हो गया, वह हो गया, लेकिन सायास और अधिक प्रयत्न होते तो एक सशक्त साहित्यिक मोर्चा बन सकता था और हमारी साहित्यिक पत्रकारिता को यह श्रेय मिलता कि हमने प्रदेश को महत्त्व दिया। अब कई बार हमारे साथी यह कहते हैं कि आपने ही 'बिन्दु' में राजस्थान के कितने लोगों को छापा तो पछतावा होता है और कहना पड़ता है कि और ज्यादा छापना चाहिए था। आप यह देखिए, कितनी विचित्र बात है कि इस प्रान्त से, जिसकी लोग कोई सम्भावना नहीं देखते थे, वहाँ एक बार साहित्यिक पत्रकारिता का उन्मेष हुआ और लम्बे समय तक उनके सम्पादकों ने संघर्ष किया और सभी सम्पादकों को मैं जानता हूँ कि उन्होंने घर-फूँक तमाशा देखा। चाहे प्रकाश जैन हों, चाहे हरीश भादानी हों, चाहे 'बिन्दु' के समय की बात याद करें, तो आर्थिक दीनता ही का समय नज़र आता है।

लेकिन नंद बाबू, वह उपलब्धि भी छोटी नहीं थी।

यह नहीं मैं कह रहा हूँ कि उपलब्धि छोटी रही, लेकिन उस वक़्त धार में थे, यह तो जब मैं तटस्थ होकर देखता हूँ, तब मुझे लगता है कि वह समय था जब हम लोगों को अपने प्रान्त की रचनाशीलता के लिए ज्यादा कुछ करना चाहिए था, लेकिन एक बात यह भी थी कि रचनाशीलता के क्रम में हम खड़े ही कहाँ थे, हमारी दौड़ भी तो बाद में शुरू हुई। यह बात दूसरी है कि हम दौड़े बाद में और बराबर आ गए। आज कुछ मित्र-लेखक तो हैं ही कि जिन्होंने ध्यान आकर्षित किया है। शिकायत तो दूसरों को दरगुज़र करने की है।

बात तो होना ज़रूरी है ही लेकिन उनके लिखे हुए को व्यवस्थित करके प्रकाशित किया जाना शायद और भी ज्यादा ज़रूरी है।

है ज़रूरी, लेकिन आप भी जानते हैं कि प्रकाशित क्यों करे कोई, जब उनको कोई व्यवस्थित पहचान ही न मिली हो? अब तो राजनीतिक लाभ के दिन आ गए हैं। जो राजनीतिक सम्पर्क के लोग हैं, उन्हीं का प्रकाशन होता है, उन्हीं की पुस्तकें खरीदी जाती हैं। अब कोई लेखक अपनी रचनाशीलता के कारण नहीं खरीदा जा

सकता है। राजनीतिक मैत्री और सम्पर्क के आधार पर ही सब सम्भव होता है—पद, प्रतिष्ठा, पुरस्कार, मान-सम्मान।

इस सारी स्थिति के बावजूद आपको कुछ उम्मीद के आसार नज़र आते हैं?

यही क्या कम है कि जीवित हैं, और लिख रहे हैं और कोई नहीं सुन रहा है तो भी बोल रहे हैं और अपनी बात कहे जा रहे हैं? यदि इस लड़ाई और कष्ट में से यह ऊर्जा भी निकलती है कि हम जो बात करते हैं, वह निराश नहीं करती, बल्कि कई बार निराशा के कर्तव्यों के लिए राजस्थानी शौर्य को जगाती है (उन्मुक्त ठहाका और हँसी)।

('संवाद निरन्तर' के सौजन्य से)

समता और स्वाधीनता के लिए ही लिखता हूँ

पल्लव एवं हिमांशु पंड्या की नंद चतुर्वेदी से बातचीत

पल्लव : आपने जब लेखन शुरू किया था, चीजों को देखना-समझना शुरू किया था, तब से आज तक समाज में आए बदलावों को आप किस तरह से देखते हैं? कैसा लगता है आपको नए परिवर्तन देखकर?

नंद चतुर्वेदी : मैंने जब लेखन प्रारम्भ किया था, तब हम लोग पूरी तरह से राजस्थान में सामन्तों के दबाव में थे और उन्हीं का प्रभुत्व था। एक तरह से वे ही हमारे नियामक-नियंत्रक थे। उस समय से लेकर अब तक व्यापक परिवर्तन हुए हैं और विशेषतया वे परिवर्तन जो निराशा के बावजूद आशावान बनाते हैं, वे मुझे एक बड़े परिवर्तन का संकेत भी लगते हैं। जैसे, जैसा-कैसा भी लोकतंत्र हमें प्राप्त है, लेकिन जो लोकतंत्र हमें प्राप्त है, वह बहुत आशान्वित करने वाला न होते हुए भी एक क्षीण-सी आशा जाग्रत करता है। उसके चलते जो स्त्रियों का, दलितों का, वंचितों का, उत्पीड़ितों का सवाल बार-बार उठ कर आता है, यद्यपि वह बार-बार दबाया भी जाता है। लेकिन सवाल तो है। तो मैं इस तरह से देखता हूँ जो मेरे समय में, जब लेखन मैंने प्रारम्भ किया था और चारों ओर सामन्तों का दबाव था, उस दबाव से बहुत-सी आजादी और स्वतंत्रता मिली है, इससे मैं एक तरह से खुश भी हूँ।

पल्लव : क्या अब मानव जीवन को बेहतर बनाने के स्वप्न, ऊर्जा और इच्छाशक्ति आप कहीं देख पाते हैं? या आपको ऐसा लगता है कि प्रार्थना ही अब अन्तिम उपाय रह गया है?

नंद चतुर्वेदी : (थोड़ा विचार कर गम्भीर होते हुए) मैं देख पाता हूँ और मैं कई ऐसे समुदायों से, आन्दोलनों से परिचित हूँ, जो बहुत बड़े तो नहीं हैं। इस अभिप्राय में जैसी कि राजनीतिक पार्टियाँ हुआ करती हैं और उनके एजेंडा होते हैं, लेकिन जो छोटे पैमाने पर छोटे स्तर पर हैं। लेकिन वे बहुत उम्मीदें जगाते हैं। हमेशा ऐसा हुआ है कि बड़े-बड़े आन्दोलनों के बीच निराशा आई है। किन्तु, वे आन्दोलन, जो

हमें छोटे मालूम होते हैं, फिर कब अपना बीज-रूप छोड़ देते हैं, बड़े हो जाते हैं और फिर किस समय जहाँ हमने समाप्त किया है, वहीं से कुछ नया शुरू होता है, इसका अनुमान लगाना कठिन है।

इसलिए मैं कहता हूँ कि इस समय भी यद्यपि बहुत-सी निराशाएँ मौजूद हैं, लेकिन तब भी, जैसा मैंने कई बार कहा है और अब फिर से कहता हूँ कि इसके लिए लोहिया ने बहुत बढ़िया मुहावरा काम में लिया था, 'निराशा के कर्तव्य', तो हमें हमेशा यह याद रखना चाहिए कि जब-जब कभी हमें निराशा व्याप्त हो, तब इस निराशा को आशा में बदलने के जो कर्तव्य हमारे पास हैं, उन्हें कभी भी हम न भूलें और एक प्रबुद्धता हमारे पास है या इस पीढ़ी के पास है, बल्कि मैं यह कहता हूँ, इस समय बहुत-से लोग लद्दड़ भी हों, लेकिन बहुत-से लोग ऐसे हैं जो जीवन को बहुत गहरी दृष्टि से देखते हैं और उसके लिए ईमानदार परिवर्तन के आकांक्षी भी हैं। ऐसे लोगों को भी, ऐसे युवा लोगों को, युवतियों को न भूलें और उनसे लगातार बात करें, सम्पर्क रखें।

जैसे साहित्य की बात ही आपसे करूँ तो मैं ऐसे बहुत-से युवा साहित्यकारों को जानता हूँ जो साहित्य-जीवन को नजदीक लाने की जबरदस्त चेष्टा में लगे हुए हैं और वे केवल दिखावा नहीं, एक ईमानदार प्रयत्न भी करते हैं, तो मैं अब भी एक तरह से, जैसे कविता में कहते हैं न 'हारा नहीं हूँ', तो इस दृष्टि से कभी हारा नहीं हूँ और जैसा कि तुम्हें मालूम है, मैंने अभी एक गीत भी लिखा था—गा, हमारी ज़िन्दगी, कुछ गा। वही मैं कहता हूँ कि इस सघन अँधेरे में भी हम उत्पीड़न और विषमताओं के विरुद्ध आवाज़ सजग रख सकते हैं।

पल्लव : इसका यह एक अर्थ मैं मान सकता हूँ कि आप अभी भी यह मानते हैं, विश्वास रखते हैं कि लिखने का असर पड़ता है और लेखन की ताक़त और उसकी सामाजिक प्रासंगिकता अभी भी बची हुई है, जबकि लोग अब पहले जैसे पढ़ने वाले तो शायद नहीं रहे हैं।

नंद चतुर्वेदी : पता नहीं, पल्लव ऐसा निष्कर्ष कैसे निकालता है कि इतने पढ़ने वाले लोग अब नहीं रह गए हैं? (थोड़ा ठहरकर) अब ठीक से पुस्तक को कब पढ़ा जाएगा या किस आवश्यकता से वह पढ़ ली जाएगी, इसका अनुमान हम नहीं लगा सकते और इसलिए कभी-कभी यह निराशा होती है कि यह पुस्तक कौन पढ़ता है। लेकिन आप यह कैसे जानते हैं कि कौन-सी पुस्तक कौन कब पढ़ता है? उसकी आवश्यकता पाठक को किस समय अनुभव होती है? मैं तुम्हें एक बात बताता हूँ, बहुत पहले काका कालेलकर की एक पुस्तक आई थी—'जीवन और साहित्य'। मेरे पास वह रखी थी : आप आश्चर्य करेंगे कि उस पुस्तक को मैंने अभी छह-एक महीने पहले पढ़ा। अब क्या आप अनुमान लगा

सकते हैं कि पचास वर्ष बाद 'जीवन और साहित्य' आठ आने की पुस्तक, मैं उसे 51वें या 52वें साल में पढ़ूँगा? आज यह जो सहज साधारणीकरण कर लिया जाता है कि पुस्तक कौन पढ़ता है, इसका कौन सर्वेक्षण करता है कि कौन-सी पुस्तक कब पढ़ी जाती है और क्या यह बिलकुल सही है कि पुस्तकें नहीं पढ़ी जातीं? ख़ासतौर पर यह कहा जाता है कि ज्यों-ज्यों औद्योगिकीकरण होगा या ज्यों-ज्यों टी.वी. और रेडियो आते चले जाएँगे, पुस्तक पढ़ने वाले कुछ कम हो जाएँगे, लेकिन जो पुस्तक में मैसेज निहित हैं, वह प्रकारांतर से टी.वी. में भी हो सकता है, रेडियो में भी हो सकता है। हो सकता है कि जीवन को बनाने वाले सन्देश पुस्तक के अतिरिक्त दूसरे उपकरणों और माध्यमों से भी दिए जाने लगें, लेकिन महत्त्व इस बात का है कि मनुष्य की सीखने की और जानने की अदम्य इच्छा है या नहीं?

मैं समझता हूँ कि यह कुछ अतिरंजित वक्तव्य है और हम लोगों को पुस्तक पढ़ने वाली संस्कृति को चलाने की जैसे-तैसे भी हो, कोशिश करनी चाहिए। कम-से-कम अपने वक्तव्यों से निराशा और बेबुनियाद बातें तो फैलाना नहीं ही चाहिए।

हिमांशु पंड्या : नहीं, नंद बाबू, मुझे लगता है कि अपने-आपमें यह अतिरंजित वक्तव्य नहीं है, जैसा कि आपने अभी कहा, मैं आपको थोड़ा उत्तेजित कर रहा हूँ। असल में तकनीक का जो प्रभुत्व इस समय बढ़ रहा है, वह एक प्रकार का विचार-विरोधी वातावरण तो बना ही रही है। सिर्फ पुस्तक की बात नहीं है, किसी भी प्रकार से विचार फैले, चाहे पुस्तक के बजाय माध्यम और कोई क्यों न हो, लेकिन कुल मिलाकर विचार का महत्त्व इस दशक में समाज में घटा है, मुझे ऐसा लगता है। निश्चित रूप से लिखते समय लेखक यह मानने के लिए स्वतंत्र है ही कि उसका लिखा हुआ कोई-न-कोई, किसी-न-किसी मोड़ पर ज़रूर पढ़ेगा। यह तो भवभूति से लेकर आज तक के लेखकों का विश्वास रहा है और होना भी चाहिए। लेकिन बात यह है कि इस समय विचार को कितना महत्त्व हासिल है?

नंद चतुर्वेदी : आपने ठीक कहा हिमांशु, लेकिन मैं आपसे एक प्रतिप्रश्न पूछता हूँ, वह यह कि आप जिस विचार की बात कहते हैं, क्यों हमेशा ही ज्यादा लोग विचार में दिलचस्पी रखते हैं? कभी आप देखिए, हम पुराने समय में भी देखें तो कुछ ही विरल विचारक रहे होंगे और फिर बाद में वे विचार व्यवस्था में बदल गए। हम लोग कुछ धर्म, कुछ कर्मकांड, कुछ इस तरह के विचार बनाने लगे, तब भी विचार के प्रति सजगता, विचार का विरोध, विचार का प्रतिविचार ऐसी परम्परा आप अपने लेखन में देखते हैं क्या?

हिमांशु पंड्या : विचार का प्रतिविचार तो मुझे लगता हमेशा ही रहा है, उसका कभी-कभार दमन हुआ हो और वह हमारे सामने न आ आया पाया हो, यह एक अलग बात है। इस युग में हम कल्पना करें कि विचार इसलिए है, क्योंकि पुस्तकें ज्यादा बिक रही हैं या विचार इसलिए है, क्योंकि लोग लेख ज्यादा पढ़ना चाह रहे हैं। मैं जब विचार की अनुपस्थिति कह रहा हूँ तो इस सन्दर्भ में ग्रहण करें कि इस देश में परिवर्तन की इच्छा रखने वाले जो लोग थे, उनकी इच्छाएँ शनैः-शनैः समाप्त हुई हैं। 'समाप्त हुई हैं' का अर्थ यह है कि जो उनकी इच्छाएँ थीं, वे एक 'यूटोपिया' के रूप में बदलती जा रही हैं। आज प्रतिविचार के लिए जगह नहीं है। मैं यह पूरे देश के सन्दर्भ में बात कर रहा हूँ, जहाँ उदारीकरण के बाद में बहुत सारे लोग यह मानकर चलने लग गए हैं कि अब जो-जो स्थितियाँ हैं, उन्हीं को मानकर उन्हीं में प्रयास किया जाए। प्रतिविचार की अनुपस्थिति से मेरा अर्थ इस रूप में है कि नई परिस्थितियों में किसी परिवर्तन की उम्मीद करना ही बेमानी लगने लगा है।

नंद चतुर्वेदी : मुझे, हिमांशु, यह एक तरह से नियतिवादी वक्तव्य-सा ही लगता है कि मनुष्य अपने पराक्रम को, अपनी वैचारिक शक्ति को कभी भी इतना दयनीय बना देगा या नष्ट कर देगा। ऐसा कई बार प्रतीत होता है कि अब कुछ बदलने वाला नहीं, लेकिन जैसा आप जानते हैं और वास्तविकता भी है कि कभी भी विचार या प्रतिविचार रुकता नहीं है।

थीसिस-एंटीथीसिस के चलते भी हम देखें तो भी यह मनुष्य प्रकृति है ही नहीं कि वह अपनी विचारशक्ति से विरत हो जाए। ऐसा कभी भी किसी क्रूरतम समय में भी नहीं हुआ और मैं देखता हूँ कि ग्लोबलाइजेशन के प्रतिपक्ष में भी सारे विश्व की अनेक बिखरी हुई शक्तियाँ एकजुट हो रही हैं और यह धीरे-धीरे समझने लगी हैं कि जो एक आकर्षक और मोहक व्यंजन पेश किया जा रहा है, वह सारी मनुष्य जाति के स्वास्थ्य के लिए पुष्टिकर नहीं है तो बिखरी-बिखरी जनशक्ति, जैसे जेनेवा में हुआ, आप अनुमान लगा सकते हैं कि यूरोप के लोग भी इतने उद्विग्न, इतने परेशान होकर एक प्रति-विश्वशक्ति के रूप में खड़ी हो जाएगी—ग्लोबलाइजेशन के विपरीत, ग्लोबलाइजेशन की सम्भावनाओं को चुनौती देते हुए। तब इस सन्दर्भ में क्या हम लोगों की निराशा एक तरह से नियतिवादी निराशा नहीं मान ली जानी चाहिए और क्या यह मान लिया जाना चाहिए कि मनुष्य हमेशा विचार को बेच देगा? विचार को नष्ट हो जाने देगा और अपने हित और अहित के बीच की जैसी भी क्षीण, बारीक रेखा हो, उसको विलुप्त हो जाने देगा? मैं आपसे इस सम्बन्ध में फिर से विचार करने का आग्रह करता हूँ।

पल्लव : अब हम थोड़ी दूसरी तरफ चलते हैं। मैं आपसे धर्म के सम्बन्ध में कुछ पूछना चाहूँगा। धर्म को लेकर आप क्या सोचते हैं और यह दिलचस्प तथ्य तो आप जानते हैं कि भारतीय नवजागरण का एक भी व्यक्तित्व नास्तिक नहीं था।

नंद चतुर्वेदी : देखिए, पल्लव, यह एक जटिल मुद्दा है और इसके सम्बन्ध में हमें ज्यादा बड़ी चिन्ता करनी चाहिए। क्योंकि धर्म के मामले में भावुकता भी एक विशेष प्रकार की कमज़ोरी है, जो हम सब लोगों में रहती है। लेकिन मैं जो समझता हूँ, वह यह कि हम धर्म से दुनिया के बदलाव को धुन्ध में न डालें।

धर्म का जो मुद्दा है, उससे मनुष्य के उत्पीड़न को अलग रखें और जो लौकिक जीवन है, जिसका अर्थ सेक्यूलर है, मैंने सेक्यूलर का अर्थ पढ़ते हुए कहीं यह जाना कि सेक्यूलर होना अपने लौकिक जीवन को समृद्ध करना है और वह मैं लगातार विश्वास के साथ स्वीकार करता हूँ, जो हमारा वर्तमान है, उस वर्तमान को समृद्ध होना चाहिए और यहाँ मुझे धर्म सबसे ज्यादा विचलित करता प्रतीत होता है, क्योंकि धर्म एक तरह से अपरिवर्तन की शक्ति का आग्रह करता है या अगर वह परिवर्तन भी करता है, तो कुछ पहले से बने-बनाए ढाँचे में ही परिवर्तन का आग्रह करता है। लौकिक और वर्तमान जिसमें मनुष्य कष्ट भोगता है और लगातार अपने भविष्य को नष्ट होते देखता है, उसके सन्दर्भ में धर्म ज्यादा कोशिश नहीं करता और अपनी दुनिया में, अपने समय में ही जीवित रह सकता हूँ। अपनी परिस्थितियों से संघर्ष करता ही जीवित रह सकता हूँ। वहाँ बार-बार मुझे ईश्वर या धर्म से प्रेरणा नहीं मिलती। यह बात यूरोप में नहीं है। यूरोप में कोई भी व्यक्ति वर्तमान जीवन की सुख-सुविधाओं को छोड़कर धर्म की तरफ नहीं भागता। जैसे मैंने आपसे शायद कहा हो कि वह जो विदेशी महिला मेरे पास आई थीं और वे कल्चर इत्यादि के सम्बन्ध में बात कर रही थीं, वे भी धर्म के सम्बन्ध में कुछ पूछ रही थीं। मैंने उनसे कहा कि आप अपनी जो भौतिक सुख-सुविधाएँ हैं, उनको छोड़कर धर्म के पास नहीं जातीं। आप हमारे यहाँ जो बार-बार धर्म की तलाश करने आती हैं, वह इसलिए आती हैं कि आप वहाँ भौतिक सुख-सुविधाओं से अघा गए हैं इसलिए हमारे यहाँ ये विरक्ति इत्यादि के मार्ग ढूँढ़ती हैं।

अभी 'कथन' के एक अंक में रमेश उपाध्याय ने यह लिखा था कि हमें थोड़ी-सी विरक्ति बतानी चाहिए, तो मैंने उनसे यह कहा था कि हमारे घरों में तो विरक्ति ही विरक्ति का आलम है। (हँसते हैं) हमारे पास हरिस्मरण और हरिशरण, इसके सिवाय कुछ बचता नहीं है। मेरी मुख्य बात यह है कि मेरा धर्म से जो झगड़ा है, वह यह कि धर्म वर्तमान को, हमारे लौकिक जीवन को, जो किंचित् हमारे लौकिक सुख-आराम हैं, उनको धुँधलाता है और इस दृष्टि से मैं धर्म से भी झगड़ने के लिए तैयार हूँ।

पल्लव : नंद बाबू, हमारे यहाँ राजनीति में जिस तरह प्रतिदिन नित-नए परिवर्तन हो रहे हैं, जो छिछलापन आया है, उससे आपको क्या लगता है कि लोकतंत्र में आम आदमी की आशा बनी रह सकेगी?

नंद चतुर्वेदी : मुझे नहीं मालूम पल्लव, एक लेखक से इस सवाल की कोई बहुत अच्छे उत्तर की आशा हो सकती है क्योंकि मैं यह देखता हूँ कि इस लोकतंत्र में जो छद्म लोकतंत्र है, जिससे उत्पीड़न और दु:ख तो कम होता नहीं है और लोकतंत्र चलता रहता है। एक तरह से मैंने पिछले समय में यह देखा भी है कि लोक ही गायब हुआ है, तंत्र प्रबल हुआ है। यह लोकतंत्र का दुखद पर्यवसान है।

आप पिछले तीन-चार दशक को देखें, 'लोकशक्ति' का एक जबरदस्त अभ्युदय करने की दृष्टि से जयप्रकाश ने आन्दोलन किया था और तीस-चालीस वर्ष के दौरान ही यह दुर्घटना हम देखते हैं कि आज वही लोकशक्ति का विमर्श या लोकशक्ति के सम्बन्ध की चर्चा या राज्य और लोक का सम्बन्ध, वे सब राजनीति की बुनियादी और आवश्यक बातें सहसा ही गायब हो गई हैं। इसका परिणाम आप देखते हैं कि एक पूँजीवादी समाज बनाने की तरफ ही हमारी सब प्रबल आकांक्षाएँ मुड़ गई हैं।

पूँजीवादी समाज नहीं, समृद्धिमूलक समाज बनाने में मुझे कोई हिचक नहीं है, लेकिन यह समृद्धिमूलक समाज किन्हीं नैतिक अवधारणाओं के बल पर नहीं बनाना चाहते। श्रम करने वाली संस्कृति ही तिरोहित होती चली जा रही है और हम यह देख रहे हैं कि जिस तरह से 'फास्ट फूड' तुरन्त, इसी प्रकार से तुरन्त पूँजी की सारी सम्भावनाओं को तलाश करने वाले लोग, ख़ासतौर पर मध्यवर्ग-नवधनाढ्य लोग पैदा होते चले जा रहे हैं। (थोड़ा ठहरकर) लेकिन तब, पल्लव, अपने से ही सवाल पूछता हूँ कि विकल्प क्या है? तब थक-हार कर फिर से जनोन्मुख होना, लोक की शक्ति को जगाना, उनको वर्तमान के प्रति चिन्तित करना, यही मुझे नज़र आता है। जैसा गांधी भी कहते हैं कि 'अन्तिम आदमी' का दारिद्र्य उत्पीड़न से मुक्ति हमारी सारी राजनीति की श्रेष्ठता है। इन्हीं सब कारणों से लोकतंत्र के प्रति लोग निराश भी हो रहे हैं। जैसा आपने कहा, उसको हिकारत की दृष्टि से देखते भी हैं। लेकिन तब भी वे राजनीति से बच नहीं पाएँगे। बल्कि इस समय एक चौकन्ने और सजग राष्ट्र को जिस तरह से राजनीति में रुचि लेनी चाहिए, मेरा तो यह आग्रह होगा कि चौकन्ने और सजग राष्ट्र के नागरिकों की तरह तंत्र पर अपनी दृष्टि रखें और उसको कभी भी वह स्वतंत्रता न दें कि जिससे वह स्वतंत्रता पर आघात कर सके।

हिमांशु पंड्या : यहाँ मैं ज़रूर हस्तक्षेप करना चाहूँगा, क्योंकि जिसे आप नियतिवाद की संज्ञा दे रहे थे, मुझे लगता है कि कहीं-न-कहीं आपके विचार

में भी वह झलक रहा है। फिर चाहे आप उसके बाद लेखन की या जनता के चौकन्नेपन की बात कहें, इन दोनों में इतना अन्तरविरोध है कि यह रस्मी-सा नज़र आता है। यह जो तथाकथित समृद्धिमूलक सभ्यता है, यह किसी भी रूप में समतामूलक नहीं है और यह समृद्धिमूलक सभ्यता भी अपने साथ इतना सारा माल लेकर आ रही है कि वह सबसे निचले पायदान पर खड़े व्यक्ति को भी दो रोटी दे सकती है। अब ऐसे में किसी भी प्रकार के परिवर्तन की आकांक्षा ज्यादा मुश्किल इसलिए होती जा रही है पुराने समय से आज तक कि सबको कुछ-न-कुछ देने के लिए इसके पास है, क्योंकि यह कल्याणकारी राज्य के भेस में आता है। ऐसे में और ज्यादा मुश्किल है कि हम किसी परिवर्तन की उम्मीद में या किसी समतामूलक समाज की उम्मीद में काम करें। मतलब, चीजें अगर अपने क्रूरतम रूप में हों तो उनका विरोध करना आसान होता है, ऐसे में हम कहें कि जनता चौकन्नी होगी, तो मुझे यह एक कल्पना बहुत दूर की कौड़ी इसलिए ही लगती है कि उसके लिए हमने कोई आधार छोड़ा ही नहीं है।

नंद चतुर्वेदी : आपने कहा कि इतनी उदारता तो उनमें आ ही गई है कि सबको कुछ-न-कुछ दे दें, लेकिन धीरे-धीरे। धीरे-धीरे क्या हिमांशु, यह बात भी समझ में नहीं आती कि यह उनकी बचाव की रणनीति ही है? यह उनका एक 'प्रोटेक्शन' है, एक कवच है। इस प्रकार की चालाकियाँ क्या मनुष्य या लोक या कि जन, जो भी आप कहें, धीरे-धीरे इस सबको समझ नहीं आता? क्या इन अन्तर्विरोधों को वह जान नहीं जाता? आप पुराने समय में भी आन्दोलनों को देखें, चाहे वह भक्ति आन्दोलन हो या साम्प्रदायिक, किसी क़िस्म का आन्दोलन हो, लेकिन क्या गाँव के लोग वास्तविकता तथा छल और उत्पीड़न के अन्तर को समझ नहीं जाते? अगर वे इसको समझते हैं, तो क्या वे धीरे-धीरे एक वृहद् आन्दोलन में अपनी शक्ति को तब्दील नहीं कर देते? जैसे अंग्रेज़ों के समय में आप देखें, लोग पुलिस से और जिसे अपने यहाँ सिणा कहते हैं, जो रेवेन्यू उगाहता था, उस तक से डरते थे। जब भी अन्त में उन डरपोक लोगों ने उनके विरुद्ध झंडे उठाए, आन्दोलन किए, ताँगे के पीछे उन लोगों को घसीटा गया और न जाने कितने-कितने प्रकार की उन लोगों को यातनाएँ दी गईं, तब भी क्या हुआ? तो इस बात से मुझे सन्तोष मिलता है कि अन्तरविरोधों के बीच में भी, कोई तो शक्ति ऐसी है, कोई बुद्धि ऐसी है, कोई विवेक ऐसा है, जो हमारी लगातार क्षीण होती हुई विरोधी शक्ति को संगृहीत करता है, संगठित करता है। मैं कभी यह कल्पना नहीं कर सकता कि आने वाले दिनों में हो सकता है कि हमारे संघर्ष के तरीके बदल जाएँ, हम अनुकूल तरीकों की तलाश करने लगें, लेकिन उत्पीड़न यदि है तो उत्पीड़न के विरोध के मोर्चे भी खुलेंगे, यह आशा करना हमेशा फलदायक होता है।

पल्लव : नंद बाबू! एक बार मायावती ने कहीं कहा था जो दलित गांधीजी के मार्ग पर चले, वे पिछड़ गए और जो अम्बेडकर के अनुयायी थे, वे तरक्की कर गए, क्या यह आकलन हतप्रभ करने जैसा नहीं लगता?

नंद चतुर्वेदी : वैसे इस प्रकार के जो वक्तव्य हैं, वे गम्भीर नहीं होते। वे केवल राजनीतिक वक्तव्य होते हैं, इसलिए उन पर हम लोगों को ज्यादा चिन्ता करने की आवश्यकता नहीं है और न ही उनसे हतप्रभ होने की आवश्यकता है, क्योंकि ऐसे चमत्कारपूर्ण वक्तव्य, जिनका आधार किसी सिद्धान्त की तलाश नहीं करना है, बल्कि एक तात्कालिक राजनीति को उद्वेलित करना है। उससे हमें ज्यादा न तो हतप्रभ होना चाहिए और न विचलित होना चाहिए। (थोड़ा ठहरकर)...जैसा कि आप जानते हैं कि अम्बेडकर और गांधी-विमर्श जटिल भी है और उसकी ज्यादा जटिलता राजनीतिक कारणों से है, इसलिए हमें इस सवाल को फिलहाल एक राजनीतिकार का नैतिक वक्तव्य मानकर छोड़ देना चाहिए और गांधी व अम्बेडकर की प्रतिद्वंद्विता की जगह दोनों के दलित-मुक्ति के प्रयत्नों को पहचानना चाहिए।

पल्लव : आरक्षण को लेकर युवावर्ग में जो हताशा और गुस्सा उभरा था या शायद वह अभी भी है, यह हमें किस ओर ले जाएगा?

नंद चतुर्वेदी : 'हम' का मतलब आप अगर अपर क्लास से लें कि वह आपको किस तरफ ले जाएगा, तो अब एक तरह से तो समझौता हो गया है। एक तरह से अपर क्लास ने 'कम्प्रोमाइज' कर लिया है उसके साथ। और अपर क्लास जो राजनीति कर रहा है, उस राजनीति के दौरान दलित वर्ग को भी यह समझ में आ गया है कि जिनके लिए आरक्षण है, उनके आरक्षण की सुविधा हटाकर वे वोट की राजनीति में हार जाएँ। इसीलिए, उनके पास जो लगाम है, तब भी वे लगाम को ढीली छोड़ना नहीं चाहते। अभी जैसे जो आरक्षण-विरोधी हैं, वे भी आरक्षण की सुविधाएँ देने को तैयार हैं और उन्हें बढ़ा रहे हैं। लेकिन छल यह नहीं है पल्लव! छल यह है कि आरक्षण-विरोधी राजनीति हमारे मन में है। देखिए, उसको मैं आने वाले दिनों में बड़ा अजीब परिप्रेक्ष्य देखता हूँ। अब ज्यों-ज्यों 'प्राइवेटाइजेशन' होता जाएगा और अपर क्लास ही इसके मालिक होंगे...वे इस प्रकार की व्यवस्था करेंगे कि आरक्षण के चलते हुए भी पूरी मुक्ति मिल जाए। हताशा...आप 'अपर क्लास' पर ही चिन्ता मत कीजिए। हताशा उन लोगों की भी है, जो तंत्र में 50 या 51 या 52 प्रतिशत हैं : ज्यों-ज्यों प्राइवेटाइजेशन बढ़ता चला जाएगा, इन सामान्य लोगों की हताशाएँ, चिन्ताएँ और अधिक गहरी होती चली जाएँगी क्योंकि पक्षपात, जातिवाद बढ़ता चला जाएगा। तब जो जातियाँ 'प्राइवेटाइजेशन' करेंगी, वे अपनी ही जातियों को आर्थिक सुरक्षा भी प्रदान करेंगी। आज जातिवाद का प्रसंग इतना जटिल हो गया

है कि जब अपर क्लास करता है, तब हमें वह जातिवाद नज़र नहीं आता। लेकिन जब 'शिड्यूल कास्ट' का आदमी यत्‌किंचित जातिवाद करता हुआ नज़र आता है तो हम उसको 'माइक्रोस्कोप' से देखने की कोशिश करते हैं और तब वह इतना वृहद नज़र आने लगता है कि जैसे केवल वे ही जातिवाद फैला रहे हैं। हम तो सीधे-सच्चे साधुमना लोग हैं तो मुझे, जो आगे आने वाले समय में हताशा और चिन्ता नज़र आती है, वह अपर क्लास की नहीं, लेकिन प्राइवेटाइजेशन के साथ-साथ जो निहित स्वार्थ जुड़े हैं तब की नज़र आती है। अभी भी आरक्षण की व्यवस्था होने के बावजूद यूनिवर्सिटियाँ, अस्पतालों में देख लीजिए, कितने प्रतिशत लोग होंगे, जो प्रोफेसर हैं, डॉक्टर हैं? दरअसल, मीडिया जो निम्न वर्ग के साथ सहानुभूति प्रदर्शित करता है जबकि वह स्वयं उच्चवर्गीय स्वार्थों और महत्त्वाकांक्षाओं का प्रतिनिधि है।

पल्लव : टी.वी. व फिल्मों में आदर्श परिवारवाद जैसी चीजों का उभरना और एक काल्पनिक हवाई दुनिया में विचरण करना क्या आज के प्रश्नों से न टकराने की वजह से हो रहा है या इसके पीछे कुछ और गम्भीर सवाल हैं?

नंद चतुर्वेदी : वे किसी से टकराना-वकराना कुछ नहीं चाहते हैं, दरअसल जो टी.वी. की तकनीक है, उस तकनीक में ये चीजें 'टी.आर.पी.' बढ़ाने वाली हैं। ये प्रसंग उनकी लोकप्रियता बढ़ाने वाले होते हैं। ये एक मनोरंजक, आसानी से समझ में आने वाले द्वंद्वरहित, कॉप्लेक्स सवालों से बचाव करते हैं। आप टी.वी. से किसी बौद्धिक टकराहट की, जटिल समस्याओं से जूझने की, इनके उत्तर तलाश करने की आशा करें, यह भी हमारी सबसे बड़ी भूल होगी।

हिमांशु पंड्या : मैं बीच में रोक रहा हूँ, लेकिन क्या आप यह कह रहे हैं कि टी.वी. का हमारे वैचारिक उद्‌देश्यों को आगे लाने के लिए इस्तेमाल नहीं किया जा सकता? जैसे न्यूज चैनल, जो तथाकथित विचार को आगे बढ़ाने की बात करते हैं, उनमें भी मैंने यह बात देखी है लगातार, कि वे सिर्फ सनसनीखेज ख़बरों को या जो बिकता है, उसे आगे लाने की कोशिश करते हैं, जो विचार हैं, वह तो टी.वी. से लगातार अनुपस्थित ही रहता है, तो क्या हम इसमें उस वैचारिक सघनता को नहीं पा सकते कभी भी?

नंद चतुर्वेदी : नहीं, मैं यह नहीं कहता। मैं तो उनका लक्ष्य कहता हूँ कि वे वैचारिक शून्यता उत्पन्न करना चाहते हैं। अभी थोड़े दिन पहले की याद करें, एक बार टी.वी. पर समानान्तर फिल्में दिखाने का दौर शुरू हुआ था, वह कुछ ही समय में सिमट गया। उसके सिमटने का कारण भी यही था कि जो मीडिया के नियामक हैं, नियंत्रक हैं, उनकी इच्छा सजग वैचारिकता उत्पन्न करना नहीं है, क्योंकि ज्यों-ज्यों विचार-शून्यता उत्पन्न होती चली जाएगी, उन लोगों का काम आसान होता

चला जाएगा। उनको इसी परिस्थिति में ज्यादा से ज्यादा दर्शक मिलेंगे। यह उनके व्यापार का हिस्सा है। अपने बाजार को सुदृढ़ करने के लिए वे जान-बूझकर इस प्रकार की मसखरियाँ, इस प्रकार की रोमांचकता और नशा पैदा करना चाहते हैं।

लेकिन हमारी कठिनाई यह है कि जहाँ हमें जनता को शिक्षित करना चाहिए, उसे अपने वास्तविक कष्टों को उनके कामकाजी लक्ष्यों को बताना चाहिए, वहाँ हम नाकामयाब हो जाते हैं क्योंकि हमारे पास वैकल्पिक साधन नहीं हैं। टी.वी. की जगह हम कुछ और विकल्प दें कि टी.वी. देखने से स्त्रियाँ थोड़ी विरत हों, या थोड़ा वे समझने लगें कि यह दरअसल उन्हें ही फँसाने का जादू है, या उन्हें ही निष्क्रिय या विचारशून्य करने का षड्यंत्र है।

पल्लव : स्वतंत्रता-आन्दोलन के दिनों में आप लगभग 20-20 साल के रहे होंगे और आपने 'भारत छोड़ो' आन्दोलन व स्वतंत्रता-प्राप्ति के दिन भी देखे हैं। वे अनुभव कैसे थे, आप हमें कुछ बताएँगे?

नंद चतुर्वेदी : ज्यादा मुझे कुछ देखने को मिला नहीं, क्योंकि एक तो मैं बहुत छोटी जगह छोटे नगर में रहता था, झालावाड़ में। दूसरे, वहाँ स्वतंत्रता का आन्दोलन प्रबल नहीं था। मुझे जो कुछ देखने का थोड़ा अवसर मिला, वह जब अजमेर में मैं बी.ए. करने आया था, तब ही मिला। (थोड़ा विचार कर)...लेकिन उन दिनों मैंने किसी संघर्षशील, स्वतंत्रता संग्राम के बड़े सेनानी को न पहचाना, न जाना। बस, एक रोमानी ख़याल था कि स्वतंत्रता कोई महत्त्वपूर्ण उपलब्धि है और वह हमें प्राप्त करना चाहिए या अंग्रेज़ी राज से मुक्त हो जाना चाहिए जबकि हमारे ऊपर कोई अंग्रेज़ राज नहीं था, हमारे ऊपर तो राजाओं का ही नृशंस शासन था, लेकिन एक तरह से जो वातावरण बन गया था, उस वातावरण के हम भी साझेदार थे।... जो हमारी नाराज़गी थी, वह राजाओं के प्रति ही थी। जैसी मेरी अपनी नाराज़गी ही थी, जो मैंने कविताओं में व्यक्त भी की, जब पेरिस से राजा कुत्ते ले आए। वह जो प्राय: आपको कहा करता हूँ, वह नाराज़गी जो राजा के प्रति थी, वह शायद प्रकारांतर से अंग्रेज़ों के प्रति भी थी और उसी के विरुद्ध हम लोग लड़ रहे थे। मैंने कुछ आन्दोलनात्मक काम, जब मैं अजमेर में बी.ए. पढ़ने आया था, तब किए थे।

हिमांशु पंड्या : नंद बाबू, गांधीजी की हत्या के समय आप कहाँ थे? और उस समय क्या साम्प्रदायिक शक्तियों को लेकर जनता में किसी प्रकार के गुस्से या किसी प्रकार का कोई भाव आप देख पाते थे?

नंद चतुर्वेदी : मैं उस समय महाराष्ट्र में एक स्कूल का प्रधानाध्यापक था, यद्यपि मेरी आयु छोटी थी, क्योंकि मैंने बी.टी. कर लिया था, इसलिए प्रधानाध्यापक बना दिया था। महाराष्ट्र की राजनीति कांग्रेस और कांग्रेस-विरोध में बँटी थी। महाराष्ट्र

के अधिकांश ब्राह्मण प्रतिक्रियावादी और दक्षिणापंथी विचारधारा के थे लेकिन कृषक-श्रमिक वर्ग गांधी के साथ था। 'न्यू इंग्लिश स्कूल' की जो मैनेजिंग कमेटी थी, उसमें ब्राह्मण भी थे और किसान भी। जो वहाँ के अध्यक्ष थे, उनका नाम था रामभाऊ कुलकर्णी। वे ब्राह्मण थे, और उन्होंने अपने साले को अध्यापक बना दिया था। मैं इन बातों को ज्यादा गहराई से जानता नहीं था, लेकिन उस कस्बे में नसीराबाद में (जो भुसावल के पास है), वहाँ आर.एस.एस. का काफी काम था, महाराष्ट्र में तो था ही। मैंने पहली बार गोलवलकर को जलगाँव में देखा था। जलगाँव की एक सभा में मैं उनको सुनने गया था और जिस प्रकार का जुलूस और जनसभा मैंने देखी, उस प्रकार की जनसभाएँ मैंने पहले कभी नहीं देखी थीं। अनुशासन के आतंक में वह जनसभा आयोजित थी। गोलवलकर काली शेरवानी पहने थे। वे घोड़े पर उस सभास्थल तक लाए गए थे, जहाँ मैंने उनका भाषण सुना था। नसीराबाद में विचार-सभाएँ होती थीं, पर वे एकान्त स्थानों पर होती थीं जिनमें वे मुझे भी बुलाते थे। वे मुझे इसीलिए बुलाते थे कि मैं उस नगर में हेडमास्टर था जहाँ हेडमास्टर होना बहुत महत्त्व की बात थी। मैं हमेशा ही आश्चर्य करता था कि वे मीटिंग रात में ही क्यों होती है। दूसरी मेरी सबसे बड़ी दिक्कत यह थी कि मैं हिन्दी ही समझता था और वहाँ जो सभा की कार्रवाई होती थी, वह मराठी में होती थी। लेकिन उनके लिए मेरी उपस्थिति ही काफी थी। अध्यक्ष के साले कोरान्ना आर.एस.एस. के सक्रिय कार्यकर्ता थे और जो स्कूल की संरचना थी, वह इस प्रकार की थी कि उसमें विद्यार्थीगण वहाँ की वर्नाक्यूलर फाइनल परीक्षा देकर ही दाख़िला लेते थे। तब तक वे सत्रह-अठारह वर्ष के हो जाते थे। इस तरह 'न्यू इंग्लिश स्कूल' के लड़के युवा थे और कृषक वर्ग के थे। वे आर.एस.एस. के अध्यापक की नियुक्ति से चौकन्ने हो गए। उन्हीं दिनों गांधी की हत्या हो गई और जिस दिन हत्या हुई, कोरान्ना पेड़े बाँटकर गायब हो गया। यह बात किसी-न-किसी तरह से उन युवा विद्यार्थियों को मालूम पड़ गई। इससे बड़ा भारी उपद्रव हुआ और उपद्रव के कारण होने वाली भारी हिंसा से मैंने नगर को बचाया। इससे विद्यार्थी भी बचे और वह नगर भी बचा। उपद्रव-स्थल पर खड़े होकर मैंने भीड़ को सम्बोधित किया। नाराज़ छात्रों का जुलूस अध्यक्ष कुलकर्णी के घर तक पहुँच गया था और भारी पथराव हो रहा था, बिजली काट दी गई थी। मैंने अपने कपड़े उतार दिये और कहा कि मैं यहाँ हूँ—तुम्हारा हेडमास्टर।

'न्यू इंग्लिश स्कूल' के विद्यार्थी अगर यहाँ हैं तो मैं कहता हूँ कि गांधी की मृत्यु का बदला हिंसा से लेना उनकी मृत्यु का अपमान होगा। तुम जो पत्थर फेंकोगे, वे मेरे ऊपर ही होंगे। इसका परिणाम यह हुआ कि लड़के वहाँ से चले गए। जिन पर बाद में उस मैनेजिंग कमेटी के ब्राह्मण सदस्यों ने यह आरोप लगाया था कि वे मेरे उकासाए विद्यार्थी थे। इसलिए मेरे कहने से लौट गए।

इसका सबसे ज्यादा दु:ख मुझे हुआ और मैं त्यागपत्र देकर राजस्थान आ गया। लेकिन पूरा महाराष्ट्र जल उठा था। जहाँ मैं प्रधानाध्यापक था, वहाँ लोगों ने भारी नाराज़गी व्यक्त करते हुए आर.एस.एस. पर प्रतिबंध लगा देने की माँग की। उस समय की नाराज़गी को देखते हुए अगर हमारे राजनेताओं ने चौकसी की होती तो आज हम जिस साम्प्रदायिक अग्नि में झुलस रहे हैं, उसकी लपटें कुछ कम प्रभावशाली होतीं। जयप्रकाश ने यह सवाल उठाया था कि इसमें गृह-विभाग की ही लापरवाही थी कि उन्होंने गांधी जी को वह सुरक्षा प्रदान नहीं की, जो उनको दी जानी थी। ख़ासतौर पर उस समय, जब हिन्दुत्ववादी और हिंसावादी शक्तियाँ प्रबल हो रही थीं, याद करें, गांधी जी ने भारत सरकार को यह याद दिलाया था कि पाकिस्तान और हिन्दुस्तान के बीच में लेन-देन का जो करार हुआ है, उसके अनुसार धन पाकिस्तान को दिया जाना है।

जनता गांधी की हत्या से बहुत नाराज़ थी। थोड़े दिनों तक साम्प्रदायवादी शक्तियों ने अपना चेहरा छिपाए रखा लेकिन समय आने पर उन्होंने फिर वही चेहरा लगा लिया, जिसको उसने बहुत दिनों तक गांधी की हत्या के कारण छिपा लिया था।

हिमांशु पंड्या : क्या आपको ऐसा नहीं लगता कि साम्प्रदायिक शक्तियों के सामने आज भी गांधी जैसा धार्मिक व्यक्ति और उनका चिन्तन ही सबसे बड़ी चुनौती है?

नंद चतुर्वेदी : हाँ, हिमांशु, वे ही चुनौती हैं और इसलिए आप देखते होंगे कि गांधी ने जिस देश को तैयार किया, उसी देश के मूल्यवान आदर्शों को नष्ट करने में साम्प्रदायिक ताक़तें प्रबल रूप से काम कर रही हैं। उन्हें इतना बड़ा प्रतिरोधी दूसरा नज़र नहीं आता, जितना बड़ा गांधी नज़र आता है। इसलिए उनकी सबसे बड़ी चिन्ता गांधी के बनाए हुए भारत से ही है। दूसरे नेताओं को तो वे बहुत-से लांछन लगाकर दरकिनार कर देते हैं, लेकिन गांधी पर कौन-सा लांछन लगाएँ?

पल्लव : नंद बाबू, आख़िरी सवाल पूछ रहा हूँ, वह यह कि अब आप अस्सी वर्ष के हो गए हैं। कवि, आलोचक और निबन्धकार के रूप में आपने पर्याप्त स्तरीय साहित्य पाठकों को दिया है। आपने जब लिखना शुरू किया था, तब से आज तक आख़िर वे कौन-से सवाल और चिन्ताएँ निरन्तर आपके लेखन का आधार बनती गईं?

नंद चतुर्वेदी : ऐसा है पल्लव, तुमने प्रश्न किया, इसमें मुझे कोई आपत्ति नहीं है, मैं हो ही गया हूँ अस्सी साल का, लेकिन हमारे हिन्दू मन में आयु का भाव प्रबल ही रहता है, प्राय: परेशान करता रहता है। तुम्हीं नहीं हो, बहुत सारे लोग-बाग जहाँ अनावश्यक होता है, वहाँ भी यह पूछते रहते हैं, अब आप कितने वर्ष के हो गए

हैं; जबकि मनुष्य की आयु से नहीं, उसकी सृजनात्मक ऊर्जा से हमें खुश होना चाहिए। आयु तो हो ही गई है और उससे मैं इनकार भी नहीं करता। यह भी एक प्रकार का पलायन ही है, जब आपने बहुत पहले से जन्म लिया हो, तो और भी वर्ष हो जाएँगे क्योंकि यह वर्ष का स्वभाव है। लेकिन खुशी इस बात की है कि आयु के उपरांत भी जो मेरे मन का उत्साह है, वह अघटित है। अभी मैंने पीयूष (दइया) के 'रंगायन' के लिए लगभग पचास कविताओं—जो कुछ संथाली हैं, कुछ ऊरांव हैं—का अनुवाद किया है।

कल ही एक पुस्तक की भूमिका लिखी है और ऐसा कोई दिन नहीं होता, जब कुछ-न-कुछ रचनात्मक काम न हो जाता हो। तब भी मुझे कोई बुरा नहीं लगता कि आप आयु की बात करें। (अत्यन्त कोमल भाव से मुस्कुराते हैं।)

पल्लव : क्षमा करें, नंद बाबू! मेरा उद्देश्य आपको आहत करना नहीं था। जैसा आपके अधिकांश पाठक व मित्र कहते ही हैं, आप चिर युवा हैं। हाँ, मेरा प्रश्न रह गया, वह यह था कि वे सवाल और चिन्ताएँ क्या थीं, जो आपके लेखन का निरन्तर आधार बन सकीं?

नंद चतुर्वेदी : पल्लव, मैंने इसका कई बार ज़िक्र किया है कि मेरे जीवन का अधिकांश जुड़ाव दो ही महत्त्वपूर्ण चिन्ताओं से है। उनको मैं कई तरह से देखता हूँ। जब मैंने लिखना प्रारम्भ किया था तब मैं एक रोमानी दृष्टि से देखता था। अब मैं उनको बहुत आवश्यक दृष्टियों से देखने लगा हूँ, क्योंकि मुझे अब वे आर्थिक, राजनीतिक, सांस्कृतिक प्रभाव लेती नज़र आ रही हैं। जब मैंने लिखा था, पद्‌माकर की शैली के एक छन्द का प्रतिकार करते हुए, आपको पद्‌माकर का वह छन्द मालूम है :

गलीचा हो गुनीजन हो चाँदनी हो चिक हो
चिरागन की माला हो कहें पद्‌माकर ज्यों...

(हँसते हुए पूरा करते हैं) पद्‌माकर का सुप्रसिद्ध छन्द जिसमें पद्‌माकर ने 'बालाओं' को 'मसाला' कहा है। (फिर हँसी, संयत होकर) मतलब स्त्रियाँ भी एक मसाला हैं तो उसका उत्तर मैंने बहुत छोटी आयु में छन्द लिखकर दिया था जिसकी अन्तिम पंक्ति है :

दीजै रंगशाला, रतिशाला को हवाला कहा
बिलखत जे हैं एक-एक निवाला को।

जो एक-एक अन्न के दाने, ग्रास के लिए बिलख रहे हैं, उनको 'दीजै रंगशाला', 'रतिशाला को हवाला कहा'। और यह कोई मैंने मार्क्स की, लोहिया की, गांधी की,

या जयप्रकाश की पुस्तक पढ़कर नहीं लिखा। यह सहज ही पीड़ादायक उद्गार थे जो उत्पीड़न के विरुद्ध थे। यह कविता पन्द्रह-सोलह वर्ष की आयु में लिखी थी। पर बाद में जब मैंने इन्हीं भावों को अपनी कविताओं के लिए चुना तो मुझे लगा कि मेरी कविता की चिन्ताएँ मूलत: यही हैं। मुझे अब भी वह सारी बयानबाजी, जो समाज से साहित्य को काटने के सन्दर्भ में दी जाती हैं, निरर्थक और क्षुब्ध करने वाली लगती हैं और मेरे पास उसके तर्क भी हैं। मैं दो लक्ष्यों को बार-बार चिन्हित करता हूँ : मनुष्य की स्वाधीनता और मनुष्य की समता।

मुझे ऐसा लगता है कि दोनों ही चीजें बुनियादी और जीवन की अपरिहार्य आवश्यकताएँ हैं। मनुष्य का स्वाधीन होना, क्योंकि स्वाधीन लोग ही समता की और समता के लोग ही स्वाधीनता की बात कर सकते हैं। पूँजीवादी या कि अधिनायकवादी व्यवस्थाएँ, मैं समझता हूँ, सब आवश्यकताएँ, सुख-सुविधाएँ उपलब्ध करा देंगी। लेकिन तब हम एक-दूसरे प्रकार की पराधीनता को भोगेंगे। सब सुखों के बीच भी स्वाधीनता अपना एक मूल्य रखती है और सारी स्वाधीनता के बावजूद समता न हुई तो एक दुखान्त पराधीनता की ओर ही जाएँगे।

जब मैंने कविता लिखना प्रारम्भ किया था, तब तो शायद मेरे मन में यह ख़याल न रहा हो और एक 'इंस्टिक्टिव' आवेश रहा हो, लेकिन आज तो मैं समता और स्वाधीनता के लक्ष्यों को साहित्य के लिए बहुत ज़रूरी और बुनियादी मानता हूँ।

('प्रभात ख़बर' के सौजन्य से)

समानता के मानवीय सपनों के पक्षधर

डॉ. विश्वम्भर व्यास

नंद चतुर्वेदी, जिन्हें हम 'नंद बाबू' ही कहकर पुकारते हैं। हमारे समय के उन कवियों में हैं, जिनके लिए कविता, कविता के लिए नहीं, बल्कि ग़ैर-बराबरी, अन्याय, अत्याचार व शोषण के ख़िलाफ़ जंग का एक हथियार है। वह सामाजिक-सरोकारों के प्रति समर्पित है। इस क्रूर शताब्दी से वह भयभीत नहीं हैं, बल्कि उसी संकल्प को दृढ़ता से रेखांकित करते हैं जो उनके ईमानदार दुनिया के संकल्प को साकार करने में सहायक हो। उनकी कविता रह-रह कर शिद्दत के साथ उन सवालों से रू-ब-रू होती है जो तब्दीली के पक्षधर हैं। वह मानते हैं—

...यह युद्ध है खड़े रहो
यह कविता हार की नहीं
बल्कि फिर से उन संकल्पों को
दुहराने की है,
जिसके लिए हम सब
इस क्रूर शताब्दी में युद्धरत हैं।

और उनका यह विश्वास भी कम महत्त्वपूर्ण नहीं कि—

...इस ग़ैर मामूली समय में
इतिहास के बन्द किवाड़े खुलेंगे।
पूरे के पूरे तालाब में
सहस्त्रों कमल तैरते हुए
बहते हुए फैल जाएँगे...।

उनका व्यक्तित्व बहुआयामी है। कवि बहुत सधे हुए और श्रेष्ठतर गद्यकार, आलोचक, अनुवादक, सम्पादक के रूप में हम उन्हें देखते आ रहे हैं। नंद बाबू एक चिन्तक के रूप में भी जाने-पहचाने जाते हैं। वाक्विदग्धता और प्रत्युत्पन्न मतित्व उनके व्यक्तित्व को विशेष आकर्षण और गरिमा प्रदान करते हैं।

उन दिनों एम.ए. प्रीवियस में रहा होऊँगा, जब उनको एक कवि-सम्मेलन में 'आह! ह्वेनसांग' कविता सस्वर पढ़ते सुना था, लीक से हटकर लगी थी वह। उसके बाद ही में 'महाराज' कविता भी सुनी। इस दरम्यान उनकी काव्य-यात्रा के कई पड़ाव, मुड़ाव 'माइलस्टोन' रहे हैं। निश्चय ही उनका सृजन-कर्म प्रचुर परिणाम में तो नहीं रहा पर यही एक बात तो कवि के मूल्यांकन का मानदंड नहीं कही जा सकती। असल में 'गुणवत्ता' ही वह पैमाना है, जिससे उसकी परख की जानी चाहिए। मैं सोचता हूँ कि हिन्दी काव्य-जगत में उनकी 'यह समय मामूली नहीं', 'ईमानदार दुनिया के लिए', 'वे सोये तो नहीं होंगे' और 'उत्सव का निर्मम समय' जैसी कृतियाँ अपनी अलग सी पहचान के सामर्थ्य से भरपूर हैं। हाल ही में राजकमल प्रकाशन से उनकी संस्मरण कृति 'अतीत राग' आई है, जो उन लोगों, स्थितियों, सवालों को उजागर करती हैं, जिन्होंने उनके मन-मानस पर गहरी छाप छोड़ी।

नंद बाबू एक ओजस्वी वक्ता भी हैं। सभाओं-गोष्ठियों को उनकी प्रभावशाली वाग्मिता और उपस्थिति जीवन्त बना देती है। आकर्षक और अपनी तरह की खुद की वाणी-शैली का यह वरदान बिरले ही लोगों को प्राप्त होता है। अध्ययन, मनन उनका शगल है। कहा भी गया है कि "काव्यशास्त्र-विनोदेन कालो गच्छति-धीमताम।" नंद बाबू की कविता की अदा और अन्दाज़ ही कुछ ऐसा होता है कि कोई उनसे प्रभावित हुए बिना नहीं रह सकता। अपने शब्दों से वह एक ऐसा चित्र प्रस्तुत कर देते हैं, जिनका एक-एक पिक्सल...(पिक्चर-इलेमेंट) अपनी उपस्थिति का गहरा अहसास कराता चलता है। मसलन इन पंक्तियों को ही लें—

दुःख के जानकार लेखकों,
पत्रकारों के शामियाने पखड़े हैं
कैमरे, रंगीन और तेज़ रोशनी वाले कैमरे,
लटके स्तनों वाली वृद्धाओं और पुष्ट वक्षों वाली
लड़कियों पर रोशनी डालते हैं।
दुःख के समय भी
अगणित सवाल है।

लेकिन यह निराशा नहीं है...आहत नहीं है खम ठोक कर कहते हैं—

दुःख फिर लौट आए तो आए
एक दीपित शिखर पर
खड़ा रहूँगा पलाश की तरह
यहाँ से वहाँ तक देख लूँगा
उनकी विलीन होती धूप-छाँह
पलाश की तरह तेजस्विता काबिले गौर है।

लोहिया के अनुयायी हैं नंदबाबू! अपनी कविताओं के माध्यम से वह लोगों में नयी ऊर्जा, जोश का संचार कर सकते हैं। उनका यह अविचलित यकीन उनकी इन पंक्तियों में व्यक्त हुआ है—लेकिन मनुष्य में अपनी रचनाओं से मैं ग़ैर-बराबरी और उत्पीड़न के ख़िलाफ़ उमंग उत्पन्न कर सकता हूँ...यह ख़याल मुझे विश्वास से भर देता है।

मुझे यह कहने में किंचित भी संकोच नहीं कि मैं उनका फैन रहा हूँ। मेरे लिए वह 'फ्रेंड, फिलोसॉफर और गाइड' के मानिन्द हैं। वे अपने जीवन के एक सौ बसन्त को स्पर्श करें। मैं अपनी इस उम्मीद को रेखांकित करना ज़रूरी समझता हूँ। यह मलाल कि क्या यह हमारी बेरहम-बेरूखी और बेगानापन नहीं है कि हम उन्हें अपेक्षित रिकगनिशन नहीं दे पाए, जिसके वह शत प्रतिशत हक़दार हैं। **—विश्वम्भर व्यास**

विश्वम्भर व्यास : हाल ही में आपकी नई किताब आई है 'अतीत राग'। आपका कहना है कि अतीत से भविष्य के लिए दृष्टि मिलती है। शोषणरहित समाज की रचना इसका मकसद है, पर समाज में शोषण को किसी-न-किसी रूप में अपना आधिपत्य जमाए देखा जा सकता है। क्या अब भी आप इस उम्मीद को सँजोए हैं कि एक-न-एक दिन अपने मकसद में कामयाब होंगे?

नंद चतुर्वेदी : मैं समझता हूँ कि यह एक बुनियादी तृष्णा है, इच्छा है कि एक समाज ऐसा बने जो शोषणरहित हो इसलिए जब तक शोषण है विकृतियाँ हैं तब तक यह 'यूटोपिया' जीवित रहेगा कि एक संसार ऐसा बने जो इन विकृतियों से मुक्त हो और मनुष्य को एक सुखमय, शान्तिमय, तनावरहित जीवन हासिल हो। मैं सारी मनुष्य जाति की तरफ से यह इच्छा करता हूँ कि विषमताओं का यह समाज विषमता-रहित हो और अनेक तरह की जो विषमताएँ हैं, चाहे वे जाति की हों, चाहे धर्म की हों, चाहे अशिक्षा की हों, चाहे वे अस्वास्थ्य की हों, उनसे मनुष्य को कम-से-कम कष्ट हो।

200 पृष्ठों में फैले इन निबन्धों में 'अतीत' को जिस शिद्दत से पेश किया गया है, उनसे भविष्य के प्रति कौन-सी दृष्टि बनती है?

यह शायद पहले प्रश्न में निहित है। इस प्रश्न का भी यही उत्तर है कि भविष्य की कल्पना में एक शोषण-मुक्त समाज शामिल है क्योंकि जब तक व्यवस्था बदलती नहीं है तब तक हमारे निजी प्रयत्न चाहे जितने ऊर्ध्वमुखी हों, चाहे जितने आनन्ददायक हों, लेकिन वे व्यक्ति की परिधि में रह जाते हैं। व्यक्तिगत-परिधि की एक सीमा है। अगर हमें व्यक्तिगत कष्टों से मुक्ति पानी है तो यह बहुत ही आवश्यक होगा कि हम उन्हें केवल ईश्वरीय इच्छा या और किन्हीं धुन्ध भरे

शब्दों में न बाँधें, बल्कि एक सामाजिक व्यवस्था की रचना भी करें, जो यह विश्वास दिलाए कि मनुष्य के कष्टों का अन्त होने वाला है। देखिए, इसमें बहुत सारी बातें हैं। आप अगर धर्म के स्वरूप को भी देखें, तो वह भी इसी भावना को पुष्ट करता है कि यदि व्यक्ति धर्माचरण करेगा, तो उसके जीवन में आनन्द और सुख प्राप्त होगा यानी धर्म की भी मूल कामना मनुष्य को कष्ट-मुक्त करना ही है। अगर धर्म की मूल कामना कष्ट-मुक्त करना है और धर्म ने मनुष्य की इस कष्ट-मुक्ति के लिए न केवल शुभकामनाएँ ही दी हैं, बल्कि एक व्यवस्था भी बनाई है। एक धार्मिक व्यवस्था भी है। उस धार्मिक व्यवस्था का भी आग्रह कष्ट-मुक्त करना ही है और अन्त में वह एक ऐसी मुक्ति की कामना ही है जिससे बार-बार जन्म न लेना पड़े। ऐसा प्रतीत होता है कि जन्म लेना शायद एक व्यवस्था के कष्टों से घिर जाना है, जो दु:ख का कारण है। सारे धर्माचार्य, सारे धर्म, अगर मुक्ति की कामना करते हैं, तो क्यों करते हैं? शायद इसलिए कि उनके अनुयायी इस ग़ैर-बराबरी की कष्ट देने वाली दुनिया और व्यवस्था से मुक्ति पा सकें।

'प्रभात-ख़बर' में इसे लेकर अच्छी-सी समीक्षा हरिवंश ने लिखी है। जयप्रकाश, लोहिया जी, हीरालाल जी, राजेन्द्र जी, नरेन्द्र जी का अपने ध्येय के प्रति समर्पण नि:सन्देह प्रेरणास्पद है, पर आज समाजवादियों की जो दशा-दुर्दशा, दिशाहीनता है, उसे देखते तो निराशा का ही आभास होता है। इस परिप्रेक्ष्य में आप क्या कुछ टिप्पणी करना चाहेंगे?

यह बड़ा अच्छा प्रश्न है लेकिन उत्तर देना थोड़ा कठिन है। इस दृष्टि से तो आप ठीक ही कहते हैं कि पिछले दशकों में जो समाज की रचना हुई है, उसमें अधिकांशत: ऐसा ही प्रतीत होता है कि पहले के बहुत सारे प्रयत्न उलट दिये गए हैं और एक ऐसी व्यवस्था की स्थापना होने जा रही है कि जो व्यक्ति और शोषण-केन्द्रित है, जो लुका-छिपी का खेल भी खेल रही है और यह भी कि जिसने चालाक क़िस्म का एक वर्ग तैयार कर लिया है, जिसको हम कई बार 'मध्यमवर्गीय मानसिकता' भी कहते हैं तब मुझे यह विचार करना आवश्यक प्रतीत होता है कि इस समय हम किस तरह का संघर्ष करें या कि शोषण-मुक्त सामाजिक व्यवस्था बनाएँ...? क्योंकि आज कठिनाई यह आ गई है कि शत्रु चेहराविहीन हो गया है। मशीनों का गांधी जब विरोध करते थे तब ऐसा लगता था, जैसे वे कोई नया और कभी सफल न होने वाला 'यूटोपिया' बना रहे हैं, लेकिन अब तो मुझे यह लगता है कि मनुष्य की सम्पूर्ण इच्छाशक्ति आधुनिक 'टेक्नोलॉजिकल' व्यवस्था ने समाप्त कर दी है और वह पहचान ही नहीं पा रहा है, क्या हो रहा है? वह खुद जैसे मशीन हो गया है!

लक्षित करें कि वह पहले की लड़ाई, जिसे हम 'समाजवादी लड़ाई' कहते थे, वह लड़ाई हमें नज़र आती थी। एक वर्ग, जो पूँजीवादी वर्ग था, एक मशीन स्थापित करने वाला मालिक था, उसके लोभ या लालच के विरुद्ध हम मजदूर-यूनियन बनाते थे या लड़ाई के लिए मोर्चा तैयार करते थे, लेकिन अब जिस तकनीक का विस्तार होता चला जा रहा है, वह चेहराविहीन है, धुआँ-धुआँ है।

लेकिन समाजवादियों की दशा-दुर्दशा...पर आपकी टिप्पणी?

यह तो आप ने ठीक ही कहा कि समाजवादियों का जो निष्ठावान समूह था, वह विलुप्त हो गया है और इससे बड़ा नुकसान यह हुआ कि एक दृष्टि देने वाली पार्टी का अभाव हो गया है। अब तो हमें यह भी नज़र आता है, जैसे एक तो यह हुआ, जिसे हर्बर्ट माक्र्यूज ने 'यूनिडायमेंशनल' कहा है। अब हमें व्यवस्था का दूसरा विकल्प नज़र नहीं आता, जैसे 'समाजवाद' जिसके समाप्त होने से पूँजीवाद निरंकुशता की सीमा तक पहुँच गया है। कहने के लिए ज़रूर लोकतंत्र या डेमोक्रेसी की बात की जाती है, लेकिन सारी व्यवस्था में से जो सम्भावना, जो भविष्य निकल कर आ रहा है, वह 'तानाशाही' का है, क्योंकि अगर 'यूनिडायमेंशनल' व्यवस्था बनती है कि जिसमें कोई विकल्प नहीं है, 'बहुवचन' है ही नहीं...एकवचन ही है तो दुर्भाग्यपूर्ण है। यह समाज के शुभाकांक्षी के लिए एक चुनौती भी है। एक और दुर्घटना हुई जिन्हें 'आत्म-संशय' कह सकते हैं जिसके चलते मनुष्य स्वयं अपनी बुनियादी नैतिक स्थापनाओं से ही लड़ रहा है और उसको यह विश्वास नहीं है कि किस प्रकार की दुनिया 'मंगलकारी' और मानवीय होगी। आज का मनुष्य स्वयं यह नहीं जानता कि मुक्ति का रास्ता अन्ततः क्या है?

अतीत राग' के कुछ संस्मरण निश्चय ही अपनी प्रामाणिकता और बेबाकी के कारण न केवल दिलचस्प हैं बल्कि प्रभावित करने वाले भी हैं, जहाँ आवाज़ अन्दर से निकलती है। ख़ासतौर पर मैं 'लन्दन के दस दिन', 'माँ का गाँव' और 'भागीरथ काका' की बात करना चाहूँगा। लेकिन राजनीति से जुड़ी शख़्सियतों के लेख मन-मानस पर वह प्रभाव नहीं छोड़ते, जितना होना चाहिए। पता नहीं, आप क्या सोचते हैं इस बारे में?

ये अलग-अलग प्रसंगों पर लिखे गए हैं। मैंने अपने प्रारम्भिक लेख में इस तथ्य को व्यक्त किया है कि ये अलग-अलग प्रसंगों, व्यक्तियों की स्मृतियाँ हैं और इनमें कोई तारतम्य नहीं है। दूसरा यह कि ये इस दृष्टि से कभी लिखे भी नहीं गए कि एक पुस्तक के रूप में प्रकाशित होंगे। ये भिन्न-भिन्न प्रकार के, भिन्न-भिन्न अवसरों पर लिखे गए कुछेक लेख हैं। इनमें से कुछ लेखों में मेरा भी मन

रमा है—वहाँ, जहाँ स्मृतियों के साथ सघनता और 'तादात्म्य' है। कुछ लेखों में औपचारिकता भी है। लेकिन जिनसे तादात्म्य हुआ है, वे वही लोग हैं, जिनका मैं पारिवारिक या सामाजिक हिस्सा हूँ। दरअसल जब तक लेखक अपनी स्मृतियों के पूरे परिवेश में नहीं रमता, उसका आत्मीय हिस्सा नहीं होता, तब तक उसके लेखन में वह 'ताप' नहीं आता जो ग़ैर पाता है। हम कई बार लेखक से यह पूछते हैं, 'क्या इस लेख में उसका ईमानदार चेहरा चमका है?' तब 'अतीत राग' के कुछ लेखों से मैं यह समझ पाता हूँ कि वे 'ईमानदार' लेखन के चमकते चेहरे के प्रमाण हैं, दूसरे श्रद्धा के या सामाजिक कर्तव्य पूरा करने के। लेकिन ऐसा करने से कुछ हानि नहीं होती। लेखन कई आवश्यकताओं की पूर्ति करने के लिए किया जाता है। लेखक को कई दृष्टियों से काम करना पड़ता है। इसमें कभी-कभी बाहरी दृष्टियाँ भी होती हैं। लेखक हमेशा ही आन्तरिक दबाव के कारण लेखन नहीं लिखता।

विश्वव्यापी मन्दी के महाव्याल ने पिछले कुछ एक साल से जनजीवन को बुरी तरह प्रभावित किया है। जीवन का शायद ही कोई ऐसा क्षेत्र हो जो इससे प्रभावित नहीं हुआ हो। ज़ाहिर है, कविता भी इसकी चपेट में आई है, उसकी दशा-दिशा पर कोई टिप्पणी करना चाहेंगे?

मेरा ऐसा मानना है कि लेखन और उसका प्रचार—ये दो अलग-अलग चीजें हो सकती हैं। कविता का लेखन और उसके बाद...इन दो स्थितियों के बीच का अन्तर समझना चाहिए। लेखन करते समय मन्दी और बेरोजगारी और बहुत सारी दूसरी बातें प्रभावित नहीं करतीं लेकिन जब आप लिख चुके होते हैं, तब आपके सामने दूसरी स्थितियाँ होती हैं। उस लिखे हुए के व्यापार में वह कवि रूप में मौजूद नहीं होता, जो कविता या साहित्य लिखता है। लेखन के बाद 'मार्केटिंग' करने वाला साहित्यकार चोला बदल लेता है। वह फिर एक व्यापार वाला व्यक्ति होता है और इस व्यापार में वह बहुत सारी तिकड़में काम में लेता है। कविता के लेखन का क्षण और कविता-लेखन का आवेश गुजरने के बाद का दो मन:स्थितियाँ बन जाती हैं। लेखन के समय का आवेश और लेखन का समय गुज़र जाने के बाद की तृष्णा। इन दोनों को हमें अलग-अलग करके सोचना चाहिए। मैं यह मानता हूँ कि इस युग में जब पूँजीवाद का इतना जबर्दस्त प्रभाव हो तब एक लेखक के मन में अगर यह इच्छा उत्पन्न होती है कि उस लेखन का मार्केटिंग कर ले, तो यह स्वाभाविक है। तब वह अख़बारों को ढूँढ़ेगा, मैत्री को भी ढूँढ़ेगा, राजनीति भी करेगा, प्रचार भी करेगा और अपने लिखे हुए को एक उत्पाद—एक 'प्रोडक्ट'—एक माल बनाकर 'लांच' करेगा और उससे वह धन भी कमाना चाहेगा। लेकिन मैं समझता हूँ कि उस वक़्त वह आदमी एक 'बाजार का आदमी' होगा, लेखक नहीं।

लेकिन आप यह तो स्वीकार करते हैं कि मन्दी का असर कहीं-न-कहीं किसी-न-किसी रूप में होता ही है?

इससे यह नहीं कह सकते कि कविता 'व्यापार' हो गई है क्योंकि वह पुरस्कार ला रही है, रॉयल्टी ला रही है, वह 'बाजार' बना रही है; या हो सकता है कि कुछ लेखक, बाजार की गति को देखकर, अपने सम्पूर्ण लेखन के प्रयोजनों को ही बदल ले रहे हैं। ऐसी चतुराई देख सकता हूँ और आप यह देखते भी हैं कि बहुत सारे समृद्ध नगरों में, योरोप में इधर-उधर कई कार्यशालाएँ हैं, कई वर्कशॉप्स हैं, जिनमें यह सिखाया जाता है कि कहानी कैसे लिखी जाए, कविता कैसे लिखी जाए? अगर इस प्रकार कोई 'ट्रेनिंग' फलदायक होती हुई कवि या लेखक बनाती है तो फिर दूसरा सवाल होता है कि क्या कविता जन्मजात गुण है अथवा कवि 'बनाया' भी जा सकता है? अगर हम यह कहते हैं कि यह एक वर्कशॉप है, एक कार्यशाला है जिसमें कविता लिखने का हुनर सिखाया जाता है तब यह कहना बड़ा विवादास्पद हो जाएगा कि कवि 'जन्मना' होता है। कवि 'कर्मणा' भी हो सकता है। अगर वह सचमुच एक कर्मणा कवि है तो वह उस व्यापारिक-कौशल को भी काम में लेगा जो उसकी अभीष्ट पूर्ति करे, जो उसने पहले से ही तय कर रखे हैं। आपका प्रश्न कई तरह की जिज्ञासाओं को जन्म देता है कि क्या आज के जमाने में कविता भी एक तरह की 'स्किल' होकर एक व्यवसाय हो सकती है? जैसे आप 'हँसोड़' कवि-सम्मेलनों को लीजिए। अभी मैं यह कह रहा था कि वे कोई हँसोड़-कवि हैं और उनको बुलाया गया। बुलाने वालों ने उनको 15000 रुपए दिये। मैं इसको एक तरह का व्यापार ही मानता हूँ कि उनको 15000 रुपए दिये गए क्योंकि वे लोगों को एक उदास वातावरण में हँसाने का काम करते आए थे। यह एक पूर्व-निश्चित काम था जो कविता के जरिये किया जाता था यानी हँसाना है, इसलिए कविता है। ऐसी सारी कविताएँ कविता के क्षेत्र में नहीं आतीं। जैसे पहले आयुर्वेद शास्त्र था। आयुर्वेद शास्त्र के सारे के सारे नुस्खे उनके रसायन, कविता रूप में वर्णित हैं। किसी समय वैद्य को 'कविराज' कहा जाता था। लेकिन उनमें से कभी-किसी को अश्वघोष या कालिदास की श्रेणी में नहीं रखा गया क्योंकि वे पूर्व-निश्चित विषय को छन्द-रूप देते थे।

अभी 'हिन्दी आउटलुक' पत्रिका ने हिन्दी के 'टॉप' तीन कवि चुनने के लिए पाठकों से यह जानना चाहा कि सच्चे अर्थों में जनमानस में किस कवि की लोकप्रियता कैसी और कितनी है? चुनिन्दा नाम थे—केदारनाथ सिंह, अशोक वाजपेयी, कुँवर नारायण, विष्णु खरे, विष्णु नागर, अरुण कमल, विनोद कुमार शुक्ल, मंगलेश डबराल, राजेश जोशी, चन्द्रकान्त देवताले, ज्ञानेन्द्रपति, आलोक धन्वा आदि। राजस्थान के एक भी कवि का नाम इसमें शामिल नहीं था। क्या

यहाँ का कोई भी कवि इस हैसियत का नहीं कि उसका नाम सम्मिलित होता? यह कैसी मनोवृत्ति है? आप कुछ कहेंगे इस पर?

इस मनोवृत्ति की व्याख्या करने की कोई आवश्यकता नहीं है, क्योंकि अब तो बहुत सारी पहचान संचार-साधन ही करवाते हैं। इन कवियों को उन संचार-साधनों की सुविधा अधिक उपलब्ध हुई है, और राजस्थान में जो लेखन हुआ है, उस लेखन को यह 'सुविधा' अपेक्षाकृत बहुत कम मिली है। अभी हम लोग उन सारी सुविधाओं से वंचित हैं, जिन्हें आप दिल्ली में या दूसरे 'बड़े' नगरों में देख सकते हैं। राजस्थान में शिक्षा का भी अभाव रहा है। राजस्थान में जो भी कॉलेज या विश्वविद्यालय खुले, उनमें राजस्थान के साहित्य की, कला की, संस्कृति की विशिष्टताओं की अवमानना हुई। हम यह भी समझते थे कि साहित्य का क्षेत्र तो शाश्वत और विश्वव्यापी है, इसलिए हमारे लेखकों को भी उस समय तक इन्तज़ार करना चाहिए जिस समय तक उनकी अपनी प्रतिभा तथा अपना वैशिष्ट्य स्वत: ही प्रमाणित न हो जाए। लेकिन यह बात जाननी चाहिए कि प्रतिभा का विकास अवसरों की अनुकूलता और उपलब्धता से होता है। यदि अवसर न मिलें तो अच्छी से अच्छी प्रतिभा नष्ट हो सकती है। जैसे यह कि मनुष्य के पास बोलने के सभी उपकरण होते हुए भी यदि उसे बोलने के अवसर न मिलें तो वाणी का वरदान खो देगा। हमारे यहाँ जो कवियों या साहित्यकारों का दखल नहीं हुआ है, वह इस कारण से कि यहाँ शिक्षा के क्षेत्र में, मीडिया के क्षेत्र में, हमारी उपेक्षा है। अभी भी प्रान्त के जो अख़बार निकलते हैं, उनकी हमारे साहित्य में कितनी सीमित रुचि है? अभी भी आप वर्षों से स्थापित एकेडेमियों की दुर्दशाओं के सम्बन्ध में सोच सकते हैं। हमारे प्रचार, हमारे पक्ष के मुख्य केन्द्र हैं इतने दुर्बल, इतने क्षीण हो गए हैं कि उनसे किसी प्रकार की साहित्योन्नयन की आशा या किसी प्रकार की साहित्य को प्रतिष्ठित करने की बात करना अपमान-सी मालूम होती है। अगर हमारे नाम कोई नहीं जानता तो यह महज अवसरों की अनुपलब्धि है।

'उत्सव का निर्मम समय' की भूमिका में आप बिहारी के हवाले से 'सुजानों के मन को बाँधने वाली चितवन' की बात कहकर उससे रू-ब-रू होने की बजाय बड़ी चतुराई से किनारा कर गए। आख़िर क्या होती है वैसी चितवन, बताएँगे?

आपका सवाल कठिन है लेकिन जवाब देने की कोशिश करता हूँ। जिसे 'चितवन' की विलक्षणता कहा है, वह बड़े रचनाकारों की सृजनात्मक प्रतिभा का अवदान ही है जो कई विशेषताओं के कारण उल्लेखनीय होता है। जैसे कालिदास की वर्णनात्मक क्षमता विलक्षण थी और ग़ालिब का 'अन्दाज़े-बयाँ'। कहते हैं कि

ग़ालिब का 'अन्दाज़े-बयाँ' कुछ और। यह एक तरह से अभिव्यक्त होने की विलक्षणता है अर्थात् जो हमारे भावों की स्थापित दुनिया है, उसे बदलना, पुनर्नवा करना, सौन्दर्य-बोध की क्षमता देना। बिहारी शायद इसी उथल-पुथल को 'चितवन' मानते हैं जो 'सुजानौ' को सम्मोहित करती है। कदाचित् यही विलक्षणता है, जो याद करने योग्य रह जाती है, अन्यथा सामान्यतया जो चीजें घटित हो रही हैं, वे घटती ही रहती हैं...लेकिन जैसे बहुत सारे चित्रों में भी देखते हैं, एक चीज एक चित्रकार को कहीं की कहीं मालूम होती है, जैसे कई चित्रों में पेट में आँख होती है। सामान्यतया यह बुद्धिगम्य नहीं होता कि पेट में आँख है, लेकिन जो चित्रकर्म करते हैं, उनको यह आँख उतनी ही सत्य मालूम होती है, जितनी सामान्य जगह आदमी को आँख की तरह आँख होना। तो यह जो उसकी, एक कवि की, एक चित्रकार की, एक कृतिकार की, एक तीक्ष्ण अनुभूति या तीक्ष्ण विवेक या इसको कुछ भी नाम दे सकते हैं, हालाँकि नाम देते समय आदमी का सावधान रहना चाहिए क्योंकि उससे बहुत सारे भिन्न-भिन्न अर्थ भी निकल जाते हैं। तो अभी तो मैं आपके प्रश्न के सन्दर्भ में इतना ही समझ पा रहा हूँ। कोशिश करूँगा कि और समझूँ। लेकिन मैं ज़रूर इस बात की तलाश में लगा रहूँगा कि वह विलक्षणता क्या है, जिसको बिहारी कहते हैं, 'वह चितवन और कछू'।

कई बार कवि अपने पाठकों से यह अपेक्षा रखते हैं कि उनकी कविता को पढ़ने वाले प्रबुद्ध हों या सहृदय हों। क्या आप भी अपने पाठकों से कुछ इसी प्रकार की अपेक्षा रखते हैं कि वे ऐसे-ऐसे हों और क्या यह ध्यान में रखकर कविता करते हैं?

मुझे कई बार सन्देह होता है कि ये ख़ास विवेक, ख़ास बुद्धि और आम बुद्धि और आम सहृदयता का विभाजन उचित है कि नहीं, क्योंकि कई बार हम देखते हैं कि कई कविताएँ सुजनों और सामान्य जनों को समान रूप से प्रिय लगती हैं तब क्या सहृदयता को श्रेणीबद्ध किया जाना चाहिए या एक सर्वसाधारणीकरण के रूप में ही देखा जाना चाहिए क्योंकि साधारणीकरण को भी हम महत्त्व देते रहे हैं और काव्य की विशेषता भी मानते हैं?

तो 'सहृदय' की माँग करना...?

इसका उत्तर देने की बजाय मैं आपसे प्रश्न करता हूँ कि यह 'सहृदय' और 'सामान्य' का भेद करना 'कविता की सराहना' के क्षेत्र में औचित्यपूर्ण है या नहीं है? साधारणीकरण फिर क्या है? तुलसीदास की कविता को ही ले लीजिए। जो सन्त-कवि हैं, उन्होंने कविता के साधारणीकरण का पक्ष लिया है और लोक-परिचित प्रतिमानों को चुना है। जैसे कबीर कहते हैं कि 'झीनी झीनी रे चदरिया'। 'चदरिया'

एक सामान्य सन्दर्भ है। किन्तु कविता में प्रयुक्त होते ही एक जानी-पहचानी विद्रूपता के साथ वह हमारे भाव-लोक को चमत्कृत करना सहज ही आध्यात्मिकता का रहस्य समझता है।

सृजन का एक आयाम 'अतीत राग' में देखा जा सकता है। क्या 'अतीत राग' भाग-2 की भी प्रतीक्षा की जा सकती है?

यह एक भाग भी अनायास ही छप गया है जिसकी मैंने कोई योजना नहीं बनाई थी। शायद मेरी आयु को देखकर (मेरे पुत्र) अनुराग ने यह सोचा हो कि मैं अपनी बिखरी हुई सारी रचनाओं व्यवस्थित कर लूँ...। इस दृष्टि से मैंने उन्हें इकट्ठी कर लीं। अनुराग के प्रयत्नों और राजकमल के व्यवस्थापक भाई अशोक महेश्वरी के अनुग्रह से प्रकाशित हो गई। हिन्दी में अभी भी इस प्रकार की सुविधा प्राय: मुहैया नहीं होती।

काव्य को लेकर आजकल का माहौल क्या निराशा पैदा करने वाला नहीं है? कवि-सम्मेलनों की गिरती साख उसे और अधिक शोचनीय बना देती है...कुल मिलाकर आपकी क्या प्रतिक्रिया होगी इस बारे में?

देखिए, अब आप कठिन से 'कठिनतर' प्रश्न करते जा रहे हैं। पहले आपने बहुत सरल-सरल प्रश्न किए थे, अब कठिन प्रश्नों में फँसाते चले जा रहे हैं। जिन्हें आप सरल मान रहे हैं, उसके पीछे पूरी एक सामाजिक बदलाव की प्रक्रिया है। इन कवि-सम्मेलनों की बढ़त का क्या कारण है...तो आप देखेंगे कि इनका कारण शहरों के बड़े होने से और मध्यवर्ग की आर्थिक सम्पन्नता से जुड़ गया है। आप बड़े शहरों में जाइए तो मालूम पड़ेगा कि वहाँ अधिकांश स्त्रियाँ अपने पतियों के सान्निध्य की प्रतीक्षा करती रहती हैं। इन कवि-सम्मेलनों में एक ऐसा आकर्षण होता है जिसमें पति-पत्नी दोनों साथ-साथ बैठकर आनन्दित होते हैं और यह एक अवसर मिलता है उन दोनों को साथ-साथ रहने का। मैंने एक बार ऐसे कवि-सम्मेलनों का विश्लेषण किया था। अपने पत्र-वाचन में यह कहा था कि जिन कवि-सम्मेलनों को हम मनोविनोद का माध्यम मान रहे हैं, वे एक प्रकार की स्वास्थ्यवर्द्धक-आरोग्यदायिनी औषधि भी है, क्योंकि यहाँ बैठकर पति-पत्नी—दोनों एक विरक्त जीवन से अनुरक्त जीवन में आ जाते हैं और इसलिए बड़े नगरों में इस प्रकार का वातावरण बनाने में ये कवि-सम्मेलन जान-बूझकर आयोजित भी किए जाने लगे हैं। श्री रामरिख 'मनहर' का नाम आपने सुना होगा जो कवि और 'हँसोड़ संयोजक' भी थे, उनके कवि-सम्मेलनों में जो पति दिनों तक व्यावसायिक गतिविधियों में लिप्त होने के कारण अपने दाम्पत्य जीवन को नहीं सँभाल रहे थे, दो-तीन या चार घंटे फिर से अपनी पत्नी के साथ बैठकर आनन्दित होते हैं। सच पूछा जाए तो उन गृहस्थों का

'कविता' से मतलब नहीं होता, वे केवल अपनी अकेली ज़िन्दगी की थकान मिटाने का उपाय ढूँढ़ रहे होते हैं जो इस कवि-सम्मेलन से मिल जाता है। लेकिन आप जो दूसरा प्रश्न पूछ रहे हैं कि एक निराशा का वातावरण तो नहीं है, तो मैं गम्भीर कविता के लिए ज़रूर निराशा का समय कहूँगा। नई कविता मनोविनोद की कविता नहीं है। वह जीवन के गहन मनुष्यों की सामाजिक उथल-पुथल की अभिव्यक्ति है इसलिए एक प्रबुद्ध पाठक वर्ग की अपेक्षा करती है। इसी प्रसंग में ध्यान देने की बात यह है कि हास्य कवि-सम्मेलनों की आवश्यकता भी धीरे-धीरे कम होती जा रही है क्योंकि टी.वी. ने अपने चैनलों से प्रोफेशनल हास्य-अभिनेता जोड़ लिये हैं। वे विविध प्रकार के 'लाफ्टर' कार्यक्रम दिखाते हैं।

सुना है, आपको वकालत की पढ़ाई करने के लिए भेजा गया और कवि बनकर लौटे। कैसे कुछ हुआ यह बदलाव?

राजस्थान में तब बहुत कम कॉलेज ऐसे थे, जहाँ एम.ए. की पढ़ाई हो सके। जब मैंने बी.ए. पास कर लिया तब मैंने उस समय कई वाद-विवाद प्रतियोगिताओं में भाग लिया था और कविता पाठ तो मैं करता ही था। जब मैं थोड़ा युवा हो गया तो मैं अच्छी तरह कविता पाठ करने लगा। एक विशेष प्रकार के आरोह-अवरोह के साथ मेरा उच्चारण भी शुद्ध और स्पष्ट—ये सब होने के कारण और पिता ने सोचा कि मुझे एल.एल-बी. कर लेना चाहिए। उस समय एक सुविधा यह थी कि एम.ए. और एल.एल-बी.—दोनों तीन साल में हो जाते थे यानी कि बी.ए. के बाद एम.ए., एल.एल-बी. तीन साल में हो जाता था। नियम यह था कि दो फाइनल परीक्षाएँ एक साथ नहीं दे सकते। इस तरह एम.ए., एल.एल-बी. में दाख़िल लेकर मैं आगरा यूनिवर्सिटी में पढ़ने लगा। एल.एल-बी. की क्लासेज सन्ध्या में होती थीं। थोड़े दिनों बाद ही इन सांध्यकालीन कक्षाओं से मेरा मन उचटने लगा। मुझे लॉ की पढ़ाई नीरस लगने लगी। संयोग से कुछ ही दिनों बाद किसी पर्व या त्योहार के अवसर पर अजमेर आया जहाँ मुझे डी.ए.वी. कॉलेज में अनायास नौकरी मिल गई। नौकरियों के लिए मुझे कभी प्रयत्न नहीं करने पड़े। इस तरह मेरी एल.एल-बी. की पढ़ाई छूट गई और अध्यापक-जीवन शुरू हो गया जिसको अन्त तक निभाता रहा।

शुरुआती दिन ब्रजभाषा में कवित्त सवैया लिखने का था। क्या आप याद कर सकते हैं कि क्या थी आपकी आदि कविता?

मैंने बताया आपको, वही थी मेरी आदि कविता जो 'समस्या-पूर्ति' थी—'हमारे हैं'। वह जो समस्यापूर्ति थी, उसमें राजा का ही गुणगान था। यह न समझें कि वह कोई राष्ट्रीयता की कविता थी। ऐसे हमारे नृपति हैं। इनमें ये-ये-ये-ये गुण हैं। वे

वैभव में इन्द्र जैसे हैं या पार्थ प्रणवारे हैं। सब अतिशयोक्तियाँ थीं। राजा को प्रसन्न करने वाली थीं।

एम.ए. प्रीवियस में रहा होऊँगा मैं तब आपको 'आह! ह्वेनसांग' कविता सस्वर पढ़ते हुए सुना था। लीक से हटकर लगी थी वह और हाल ही में 'महाराज' कविता भी सुनी, तो 'ह्वेनसांग' से लगाकर 'महाराज' तक की कविता...यदि पीछे मुड़कर देखें तो कैसा महसूस करेंगे? वे कौन-से स्थल हैं, जो आपको सर्वाधिक आह्लादित करते हैं? दरअसल मैं जानना यह चाह रहा था कि आपकी कविता-यात्रा में कई पड़ाव-मुड़ाव, माइल स्टोन रहे होंगे...?

काव्य-यात्रा के जो पड़ाव हैं, वे हमारे आन्दोलन से चिन्हित होते हैं, जैसे प्रयोगवादी, प्रगतिशील या सुररियेलिस्टिक या दादावादी, एक्जिस्टन्सिये लिस्ट इत्यादि। अगर आप पीछे मुड़कर देखें तो सबसे बड़ी बात वह यह है कि प्रारम्भ की जो बहुत सारी कविताएँ हैं, वे भाववादी सिम्पलीफिकेशन्स हैं, वे स्थूलताओं में ज्यादा उलझी हुई हैं। लेकिन जो बाद वाली कविताएँ हैं, जैसे 'उत्सव का निर्मम समय' में एक कविता है—'किला' या 'किताब', बहुत लोगों को 'किला' बहुत अच्छी लगी। मुझे भी बहुत अच्छी लगती है। 'किताब' अन्तराल से लिखी गई थी। लेकिन बहुत सारे लोगों को वह प्रभावित नहीं कर सकी। उसमें एक फिलॉसोफिकल टोन है। यह धीरे-धीरे अमूर्तीकरण हुआ था कविता का। मुझे ऐसा लगने लगा कि जो स्थूलताएँ हैं, वे बाहरी रंग तो पैदा करती हैं लेकिन जो सामाजिक परिवर्तन की समस्याएँ या ज़िन्दगी के विषाद हैं, उन्हें व्यक्त नहीं करतीं। जैसे 'किला' कविता में देखें, जब सब स्त्रियाँ आत्मदाह के लिए जाती हैं, उनसे भी यह पूछा जाता है कि वे कैसे गई थीं—अँधेरा था या उजाला था? बुर्ज पर उनको कोई देखने वाला था या नहीं था? किशोरियाँ थीं वे या वृद्धाएँ थीं। हमें ऐसा लगता है, जैसे वे बड़ी साहसिक थीं! बाहर से वह साहस लगता है लेकिन अन्दर से जो उनका क्षत-विक्षत होता संसार था, अप्रत्याशित मृत्यु थी, उसका कॉनसैप्चुअलाइजेशन मुझे ज्यादा मार्मिक लगने लगा और यह भी लगने लगा कि विषाद के जो बाहरी आवरण हैं, वे इतने मारक नहीं हैं जितना अन्दर का क्षरण है या अन्दर का टूट जाना है या अन्दर का दु:ख। यह नहीं कि वह अन्दर का दु:ख व्यक्तिगत दु:ख है...वह एक सामाजिक परिवर्तन भी है। दरअसल निराशा की कविताएँ रोने की कविता नहीं होतीं, कुछ होने की भी होती हैं। रोने और होने में अन्तर करना चाहिए। आप निराशा में रो भी सकते हैं और निराशा में आप फिर से पैदा भी हो सकते हैं। मुझे निराशा बुरी नहीं लगती क्योंकि अगर वह जीवन में है और जीवन का सत्य है तो कविता में भी उसका आना क्या बुरा है? लेकिन बहुतों को लगला है कि ये निराशा की कविताएँ व्यक्तिवादी होती हैं, जैसे वह जो चैक लेखक है काफ्का—फ्रैंज काफ्का—मुख्य धारा के बहुत सारे...

ख़ासतौर पर समाजवादी खेमे के लेखक साहसिक साहित्यकार नहीं मानते। उनको उसमें कोई सम्भावनाएँ नज़र नहीं आतीं। मुझे नहीं लगता कि काफ्का को इतने तिरस्कार की दृष्टि से देखना चाहिए। बहुत सारा स्थूलीकरण कविता के मर्म को नष्ट कर सकता है और यह कि जानबूझकर स्थूलीकरण करना इसलिए कि वह समझ में आ जाएगी, कवि कर्म को एक आयामी बना सकता है।

लेकिन आप कविता में लगातार सूक्ष्म से सूक्ष्मतर होते चले जाएँगे तो समझने वालों की तो कमी होती चली जाएगी न? कितने लोगों के लिए वे 'ग्राह्य' हो पाएँगी?

मुझे यह लगता है कि दोनों तरफ से होना चाहिए समाजीकरण। मतलब अगर आप एक बिलकुल निर्बुद्धि समुदाय...एक पूरे बाहर-बाहर देखने वाले समुदाय में ही कविता करते रहे तो भी कविता का क्षरण हो जाएगा। अगर आप एक ऐसे समुदाय के लिए कविता करें, जिसको कविता के रस-बोध की कोई चिन्ता न हो तो वह समाज भी कभी संवेदनशील समाज नहीं बनेगा। कविता अगर संवेदनशील समाज बनाती है तो संवेदना एक कठिन पक्ष तो है ही, ख़ासतौर पर एक हिंसक समाज जब बन रहा हो, तो आप कविता की क्या भूमिका सोचते हैं?

कविता एक औज़ार बन जाएगी तब...?

यह औज़ार की जो बात है, यह अपने-आपमें कविता का लक्ष्यच्युत होना है क्योंकि तब आप उसको सीमित कर देंगे। आपकी आन्तरिक आवश्यकता, आवेश सबको दरगुजार कर आप केवल आक्रोश अभिव्यक्त कर रहे होंगे।

तो फिर वही पुराना सवाल सामने आ जाता है कि कला किसके लिए है? कला कला के लिए है या जीवन के लिए है?

नहीं, उसकी चिन्ता नहीं करनी चाहिए। सवाल आते रहें, बार-बार भी सवाल आते रहें और हम बार-बार उसका उत्तर देते रहें और बार-बार उन डायमेंशन्स को खोजते रहें, जो हमारी लापरवाही में विलुप्त भी हो सकते हैं। इसमें आपको क्या नुकसान मालूम होता है कि सवाल बार-बार आ जाते हैं?

नहीं, नहीं, नुकसान की बात नहीं है...।

कोई बात नहीं अगर मनुष्य है और उसमें जिजीविषा है तो पुराने सवाल भी आएँगे और नए सवाल भी आएँगे और उनका उत्तर भी देना पड़ेगा और हो सकता है, पुराने तरीके से रिपीट भी करना पड़े। आख़िर पुराने का भी तो मनुष्य ने उत्तर दिया

है। अगर मनुष्य ने पुराने सवालों को भी 'इंटरप्रेट' किया है तो आपको कैसा लगता है? नहीं, आप बताइए न? नहीं, यह मेरा जो प्रश्न है, जिसे कुछ उग्र होकर पूछा आपसे...आप भी एक साहित्यकर्मी, एक आलोचक हैं...उत्तर दीजिए न? क्या किसी प्रश्न का एक उत्तर हो सकता है?

नहीं, यह मैंने कब कहा?

अच्छा, अगर आपका प्रश्न पुराना भी है...पुराना प्रश्न इतना पुराना हो गया है कि वह जैसे जीर्ण वस्त्र हो गया हो, जिसमें गर्मी बिलकुल न रह गई हो!

कविता के लिहाज से आपका कोई रोल मॉडल भी रहा है, जैसे मैथिलीशरण गुप्त का यह कहना था कि 'राम तुम्हारा चरित स्वयं ही काव्य है, कोई कवि बन जाए सहज सम्भाव्य है'? रांगेय राघव तुलसीदास की लोकप्रियता और प्रसाद की कविता के कायल रहे हैं, क्या आपका...?

नहीं, मैं नहीं सोचता कि कोई रोल मॉडल रहा है। दरअसल हम लोगों की जो ट्रेनिंग हुई है, हम लोग साहित्य के जिस वातावरण में रहे हैं और जिस दौर से गुजरे हैं, उसमें मताग्रह इतना नहीं रहा। यों आधुनिकतावादी जिन कवियों को पुराना मानते हैं, उदाहरण के लिए जैसे दिनकर की छन्दोबद्धता...दिनकर का ओज मुझे प्रिय लगता है। उनके 'उर्वशी' के कुछ अंश, छन्द, आपको मालूम है, मुझे कंठाग्र है। यहाँ तक कि मुझे ब्रजभाषा के पद्माकर जैसे कवि, जो अनुप्रास को सर्वाधिक काम में लेते हैं, आनन्दित करते हैं। लेकिन मैथिलीशरण जी के राम की तरह किसी रोल मॉडल की बात करें कि कृष्ण हैं या शिव हैं या कि हनुमानजी तो मैं कहूँगा—न देवता न मनुष्य।

मुझे ब्लादिमीर मायकोवस्की पसन्द है?

हाँ-हाँ, ज़रूर पढ़ा और पसन्द आया होगा। क्या आपने बस मायकोवस्की को पढ़कर समाप्त कर दिया? आपने तो खूब पढ़ा है और मुझे भी पढ़ने को दिया है। मायकोवस्की को यत्किंचित मैंने भी पढ़ा है और कविताएँ भी पढ़ीं अंग्रेज़ी की, जैसे इलियट की कविताएँ—एजरा पाउंड की।

एलेन गिन्सबर्ग को पढ़ा आपने?

एलेन गिन्सबर्ग की कविताएँ इन्हीं दिनों पढ़ी हैं और दूसरे बीटनिक्स की कविताएँ और उनका जो 'थीरियोराइजेशन' है, 'कॉन्सेप्च्युलाइजेशन' है, उन्होंने समाज से कैसे विद्रोह किया और एक बीमार और गतानुगतिक समाज की कैसे अवमानना की

और अकविता को भी पढ़ा। मैं सामाजिक चेतना जगाने वाले कवि और रचनाकारों और बुद्धिजीवियों को अपना आदर्श मानता हूँ और आज के समाजवादी कवियों का प्रशंसक हूँ, लेकिन समाजवादी कवियों ने जिस प्रकार की कविता के लिए यश पाया, वह स्वर इन दिनों मन्द होता नज़र आता है।

वे कौन-से बिम्ब, प्रतीक, रंग हैं जिन्होंने आपको गहरे आप्लावित, उद्वेलित कर दिया है?

हाँ, नदी...तो एक तरह से भारतीय जीवन की भी मुझे प्रतीक नज़र आती है। उसमें जो एक प्रवाह का, एक कंटीन्यूटी का, मुझे नदी ऐसी लगती है, जैसे वह मेरी ज़िन्दगी से मेल खाती हुई कंटीन्यूटी है। इसलिए वह चाहे-अनचाहे बार-बार आती रहती है और जल भी, जो मेरे ख़याल से भारतीय जीवन का एक विशेष अर्थबोध कराता है, उसकी पवित्रता का। और रंग? चटक रंग। मुझे राजस्थानी रंग प्रिय है। आधुनिक सभ्यता के रंग वे मुझे उदास करने वाले लगते हैं। ऐसे ही, जैसे चन्दन की गंध मुझे प्रिय है। लेकिन 'परफ्यूम' मुझे ज्यादा तीव्र गंध वाले लगते हैं।

और कैक्टस...?

वे ज्यादा पानी नहीं माँगते, काँटों में भी रंग बिखेरते हैं। 'लहर' के सम्पादक-कवि प्रकाश जैन ने तो बहुत सारे और नानावर्णी कैक्टस के पौधे लगा रखे थे। यों उस समय कैक्टस भी कविता का एक हिस्सा बन गया था। वह 'गुलाब' का प्रतिद्वंद्वी था।

अज्ञेय ने सृजन को एक 'यंत्रणाभरी प्रक्रिया' कहा है—छोटे-छोटे युद्धों का इतिहास। क्या आप भी कुछ ऐसा सोचते हैं? क्या है आपका प्रि-पोएटरी प्रोसेस?

व्यास जी, यह कि मुझे ऐसा लगता है कि कोई एक ख़ास समय नहीं होता कविता सृजन का। एक पूरे समय ही आप शायद कविता रचते रहते हैं। अज्ञेय जब उसे यंत्रणा-भरी प्रक्रिया कहते हैं तब वे शायद उसकी संश्लिष्टता को ही लक्षित कर रहे हैं। कविता करना कोई सीधी रेखा खींचना नहीं है। व्यक्त करने का क्षण हो सकता है कि बैठें और आप कागज पर लिखें कलम से। लेकिन एक पूरे समय ही आप यह करते हैं। जैसे मैं आपसे बात कर रहा हूँ तो हो सकता है, अन्दर-ही-अन्दर कविता बुन रहा हूँ। जैसे बहुत बार ऐसा होता है, जैसे नींद में ही पूरी कविता हो जाती है।

हर्बर्ट रीड कहता है कि ध्वस्त आकांक्षाएँ, इच्छाएँ, स्वप्न, कला, कविता सृजन के जबर्दस्त कारक होते हैं...?

मैंने हर्बर्ट रीड की एक पुस्तक से कुछ अनुवाद भी किया था। पुस्तक थी 'द थिंग्ज अननोन टु कम'। वे कहते हैं कि बाहर से जो कवि अव्यवस्थित मालूम होता है, वह अपनी चेतना के स्तर पर सन्तुलित रहता है अन्यथा यह कैसे होता है कि ज़िन्दगी में अव्यवस्थित लगता कवि या लेखक एक ऐसी रचना लिख सके जो आनन्ददायी और प्रेरक हो? यह आश्चर्यजनक नहीं है कि दुनिया की नज़रों में पागल से कवि, पागल से चित्रकार, पागल से नाटककार, सन्तुलित, सुव्यवस्थित, ऑर्डरली रचनाओं से दुनिया को समृद्ध करें?

ऑवरफ्लो ऑफ इमोशन्स?

...वर्डस्वर्थ ने कहा था। अंग्रेज़ी कवियों ने दरअसल बहुत सारी अपनी स्वभावजन्य विवशताओं को भी कविता की डेफिनेशन में शामिल किया, जैसे कॉलरिज व्याख्या करते हैं। एजरा पाउंड अलग।

आपको जो ख्याति मिली और पुरस्कार मिले, क्या उससे आप सन्तुष्ट हैं?

बहुत सारी चीजों में वह भी एक चीज है कि तत्काल आपको अच्छा लगता है। तात्कालिकता अच्छी लगती है लेकिन उसका क्रिएटिविटी या सृजनात्मकता पर कोई असर होता है, मैंने इस तरह कभी अनुभव नहीं किया।

पर प्रोत्साहन-पैकेज तो है ही यह एक?

नहीं, प्रोत्साहन बिलकुल एक बाहरी वस्तु है। मुझे प्रसन्न करती है लेकिन 'प्रोत्साहित' करती है इस क्रिया-पद को काम में लेते हुए थोड़ा संकोच करूँगा। प्रसन्नता हमेशा प्रोत्साहित ही करे, यह आवश्यक नहीं।

तो क्या तत्त्व है जो प्रोत्साहित करता है?

इसका कोई स्पष्ट उत्तर नहीं हो सकता। यह कहना मुश्किल है कि बिहारी ने जो एक-एक अशर्फी प्राप्त करते दोहे लिखे, अगर नहीं दी जाती तो वे लिखते या नहीं? मैं नहीं जानता कि रचना का प्रेरणा-केन्द्र क्या है। मेरी दृष्टि से अनेक आवश्यकताएँ हैं—दुनिया की और रचनाकार की, जो लेखन के लिए स्फूर्त करती हैं।

यश भी...?

लेकिन केवल यश भी नहीं। इसके अतिरिक्त भी तो कुछ हो सकता है जिसकी काव्य के प्रयोजनों में गणना नहीं हुई हो! लिखने का प्रयोजन निर्धारित करना जटिल और बहुआयामी है। रचनाकार के लिए जो क्रिएटिविटी का कारण है, वह दूसरे के लिए न हो? कोई निश्चित उत्तर नहीं है। जैसे यह सोचें कि काफ्का एक बीमार आदमी थे इसलिए वे ऐसा लिखते थे। क्या बीमारी उसका कारण था? एडलर कहता है कि एक 'बेसिक हीनता' की क्षति-पूर्ति करने के लिए जो बहुत-से उपाय हैं, लिखना भी उनमें से एक है। फ्रायड के सृजनात्मकता को दमित कामेच्छाओं का उदात्तीकरण मानता ही है। भारतीय काव्यशास्त्र कुछ दूसरी तरह सोचता है।

आजकल आप क्या लिख-पढ़ और सोच रहे हैं?

बहुत सारी बातें होती रहती हैं। मैं कोई विशेष पुस्तक, कोई विषयाधारित या साहित्य से सम्बन्धित, साहित्यकारों से सम्बन्धित या किसी कवि विशेष पर लिखने की तैयारी में लगा हूँ, सो कुछ नहीं है। लेकिन इधर जो सामाजिक समस्याएँ हैं, उनका दबाव बढ़ता हुआ चला जा रहा है। वे मेरे मन पर भी दबाव बनाते हैं। उनके बारे में ज़रूर मैं चिन्ता करता हूँ और कष्ट भी पाता हूँ कि कितने छोटे-छोटे अन्याय हैं और मनुष्य उनको सह रहा है। उनमें शक्ति आए और वे उसका प्रतिरोध करें।

यह तो ठीक है, पर क्या कुछ पढ़ रहे हैं आजकल?

जैसे दलित विमर्श, तेजी से बदलती दुनिया के बारे में अपनी जानकारियाँ देने वाला साहित्य पढ़ता हूँ और एक बेहतर दुनिया बनाने की चिन्ता करते कुछ लिखता रहता हूँ।

('कला-प्रयोजन' से साभार)

भाषा और रचना अलग-अलग जेब में रखी चीज नहीं है

नंद चतुर्वेदी, प्रकाश परिमल, अशोक आत्रेय और हेमन्त शेष की भाषा, सर्जनात्मक, समाज और साहित्य पर बातचीत

हेमन्त शेष : नन्द जी, कुछ दिनों पहले आपने एक चिट्ठी में मुझे 'गद्य' के बारे में लिखा था कि गद्य 'गल्प' का विस्तार भी है। गद्यकार, हालांकि एक कवि की तुलना में, अधिक वस्तुनिष्ठ होता है, लेकिन अच्छा गद्य, अपने लेखन से एक विनोद भाव की अदृश्य अपेक्षा भी रखता है, क्योंकि अच्छा गद्य पांडित्य और विनोद दोनों का ही योग हो सकता है। 'विनोद' की बात शायद इसलिए आपने लिखी थी कि गद्य पर जो आरोप प्रायः उसकी शुष्कता को लेकर लगाया जा सकता है उसमें वैसा गद्य अपने आप को बचा ले जा सकेगा। हाँ, इस बात में मतभेद सम्भव है कि शुद्ध गद्य कविता से निहायत भिन्न चीज होता है। और क्या गद्य तभी गद्य कहलाएगा जब वह कविता से पूरी तरह मुक्त हो? पर तब कई बार हमें एक अच्छे गद्य को पढ़ते वक्त एक अच्छी कविता पढ़ने जैसा आनन्द क्यों आता है? क्यों ना इस बात से चर्चा शुरू करें कि अच्छे गद्य के क्या निष्कर्ष, क्या मायने हैं? प्रकाश जी, आप क्या सोचते हैं?

प्रकाश परिमल : मैं पिछले कुछ अरसे से इस जैसे और भी दूसरे प्रश्नों पर विचार करता रहा हूँ। मैं इधर-उधर इस पर लिखा भी है। काफी समय से हम लोग इसी बात की चर्चा करते रहे हैं कि जैसे-जैसे हममें वैज्ञानिक चेतना का विकास होता जा रहा है, हम सांस्कृतिक जीवन में यह आवश्यकता महसूस करते जा रहे हैं कि वैज्ञानिक ज्ञान की ही तरह साहित्य को अलग-अलग विधाओं में एक विवेक सम्मत, वैज्ञानिक अवस्था का अन्तर स्पष्ट हो। जैसे विज्ञान में अलग-अलग क्षेत्र में विशिष्टीकरण है, बहुत कुछ वैसे ही साहित्य में भी विविध विधाओं के बीच कुछ बुनियादी फर्क किए जाएँ। क्योंकि गद्य में भी उपन्यास, कहानी, नाटक आदि जैसे कई फॉर्म हैं और विधा के तौर पर इन सबकी अपनी स्वतंत्र इयत्ता भी है। हमने

पिछले सौ पचास सालों के दौरान इसी से विधाओं को उनकी भाषिक या संरचनात्मक विशेषता के कारण एक दूसरे को अलग करने की पहचान की। निबन्ध लेखन के बारे में जैसे समीक्षकों द्वारा कहा गया—ऐसे राइटिंग इस ए लूज सैले ऑफ़ माइंड। जहाँ तक गद्य में विनोद की बात का प्रश्न है, मुझे लगता है की गद्य लेखन में यह शुरुआती बात थी। जब निबन्ध जैसी विधा का प्रारंभ हुआ था तब यह कहा जाता था कि विनोद का भाव निबन्ध को रोचक और पठनीय बना दे सकता है। निबन्ध में शायद विनोद की जरूरत सरसता के लोकप्रिय आग्रह की वजह से रही होगी, जिसमें एक तरह का 'विट' भी हो और 'विजडम' भी और 'प्लेजर सीकिंग' का भाव भी। पर यह बात पूरे गद्य लेखन के लिए कैसे लागू हो सकती है? उदाहरण के लिए आलोचना को लीजिए। उसमें भी दो तरह की धाराएँ हैं—एक तो वह जो केवल 'प्लेजर सेक' है और दूसरी वह जो किन्हीं मूल्य दृष्टियों को स्थापित करने का आग्रह भी रखती है। तो यह बात तो प्रतिगामी सी है और उतनी उपयुक्त भी नहीं कि हम पुरानी दशा में लौट कर जाना चाहें और अब फिर कविता और गद्य को मिलने की कोशिश करें...

हेमन्त शेष : नहीं, आपकी बात की प्रसंग में मेरा सवाल अब दूसरा है। मेरा प्रश्न है कि ऐसी कौन सी भाषिक संरचनाएँ या विशिष्टताएँ हैं जो एक कविता को एक गद्य से भिन्न करती है? ऐसी स्थिति में जब कि आज की कविता पारस्परिक कविता से बिलकुल अलग है, और ऊपर से ऐसा लग सकता है कि वह पद्य की बजाय गद्य की भाषिक रचना के अधिक निकट है। हिन्दी की बात करें तो अभी-अभी छपे विष्णु खरे की गत कविता संग्रह 'सब की आवाज के परदे में' की बहुत सारी कविताएँ कविता और गद्य को बहुत नजदीक ले आती हैं। गद्य—कविता की भी दो एक परम्परा रही है। सोल्जेनित्सिन जैसे कई बड़े कहानीकारों ने गद्य—कविताएँ भी लिखी है।

प्रकाश परिमल : हाँ, हिन्दी कविता की प्रसंग ही में कहें तो कविता में सपाटबयानी की बात उठी थी। धूमिल जैसे कई लोग इस तरह की कविता करने वालों में थे। पर गद्य की फॉर्म तो कविता ने बहुत पहले ग्रहण कर लिया था इसके नजदीक हम आज भी हैं। यह इसी बात का प्रमाण है कि पहले की तुलना में हमारा नजरिया अधिकतर पूर्ण और अधिक वैज्ञानिक है। पर दो बातें पहचानना जरूरी है—एक तो छंद के बँध तोड़ते हुए भी बोलचाल की यह साधारण भाषा के भीतर अन्तर्निहित वाचिक छंद की पहचान और दूसरा...

हेमन्त शेष : नहीं, प्रश्न का जवाब अब भी नहीं आ रहा...मैं तो यह स्पष्ट पूछ रहा हूँ कि भाषिक संरचना या अर्थ की दृष्टि से ऐसे कौन से बिन्दु हैं जहाँ गद्य

और पद्य की सीमा रेखाएँ अलग-अलग होती है? हम कैसे कहें कि यह शुद्ध कविता है और यह शुद्ध गद्य? नन्द जी, कविता और गद्य के इस अन्तर पर आप क्या कुछ कहना चाहेंगे?

नंद चतुर्वेदी : हेमन्त, प्रारंभ में जो आपने बात की थी वह मेरे पत्र के अंश से शुरू थी जिसमें गद्य की चर्चा थी। अब जो बात चल रही है, वह शायद दूसरे प्रसंग में है। मैंने पत्र में गद्य के सन्दर्भ में अपनी पसन्दगी जाहिर की थी तो वह आपको थोड़ा चकित करने के लिए भी लिखा था, और इस तरह से भी कि आप एक नए अन्दाज का अनुभव भी करें। मैं पत्र लिखते समय तो कभी भी नहीं सोच पाया था कि उस पर कोई बहस या विवाद हो सकता है। तब भी, अगर हम गद्य और पद्य के अन्तर की बात करें तो प्रकटतः नजर आने वाली बात तो यही है कि ना जाने पर भी पद्य भाषा में एक लय होगी। लय ही शायद वह मुख्य मुद्दा होगा जो गद्य और पद्य के बीच एक अन्तर ला सकेगा। हमारे देश में जिस प्रकार का गद्य लिखा जा रहा है या हमारे मन, जिस प्रकार के बने हुए हैं, उसमें मैं कहूँगा कि वह एक लयात्मक गद्य ही है। अभी भी उस तरह की तार्किकता और उस प्रकार की एकआयामी अर्थ देने वाली गद्य भाषा से हम मुखातिब नहीं हुए हैं जिस तरह की भाषा अब—अब इन—इन दिनों देखने को मिलती है, जिसकी चेष्टा की जाती है या की जा रही है। हमारी प्रकृति भी मुझे ऐसी प्रतीत होती है, सामाजिक प्रकृति भी और हमारी संस्कृत प्रकृति भी, कि उसमें एक कुहासा सा एक लयात्मकता की इच्छा, लगातार हमारी भाषा में मिलती है। आप चाहें इस रोशनी में पुरानी चीजों को भी देखें। मुझे कई बार यह बहुत आश्चर्य मालूम होता है कि संस्कृत में जो कविता लिखी गई है वह सारी छन्दबद्ध थी, परन्तु बीच—बीच में आने वाले संवाद गद्य के टुकड़े होते थे। और नाटक तो लिखा ही छंद में जाते थे। हमने यह तो अब इलियट आदि के बाद कहना शुरू किया कि हमारी कविता की भाषा गद्य के निकट आ जाए। बाद में हमने हिन्दी कविता में जो प्रयोग किये मसलन रघुवीर सहाय और अन्यों की कविता में, उसकी चेष्टा यही है कि भाव और भाषा का अन्तराल न रहे। ऐसा ना मालूम हो कि यह जान-बूझकर कविता लिखी गई है, और यह जान-बूझकर लिखा गया गद्य है। जो जान-बूझकर पद्य लिखें, और जान-बूझकर गद्य लिखें तो एक आग्रह तो यह भी है कि जो सहजता के आग्रह हैं, हम जान-बूझकर गद्य लिखेंगे तो भी असहज होंगे और जान-बूझकर पद्य लिखे तो भी असहज होंगे। यह भाषिक स्तर पर सहजता को लौटाने का भी एक प्रयत्न है।

हेमन्त शेष : नन्द जी, मुझे आपकी बात से यह लग रहा है कि समाज चित्त भी भाषा की प्रकृति का निर्माण करता है और आपके अनुसार भारतीय संस्कृति समाज का चित्त मूलतः काव्यपरक है, वह चित्र गद्यात्मक नहीं है...

नंद चतुर्वेदी : एक शब्द में और कहना चाहता हूँ कि हम उसको सीधे काव्यात्मक भी कहें या उसे 'काव्यात्मक' होने से ज्यादा आगे बढाएँ तो उसे हम 'रागात्मक' चित्त भी कह सकते हैं।

हेमन्त शेष : गद्य लेखन के लिए जिस तरह की वस्तुनिष्ठता या चीजों से एक खास तरह की दूरी, या ऑब्जेक्टिविटी होनी चाहिए, वह हमारी चित्तवृत्ति का अंग नहीं है। शायद इसीलिए सारा भारतीय गद्य एक तरह से कवितात्मक है या तो ये...।

नंद चतुर्वेदी : या यह कि भारत में गद्य ढंग से विकसित ही नहीं हुआ...

प्रकाश परिमल : ...बातचीत शायद एक महत्त्वपूर्ण बिन्दु पर आ गई है। इस सम्बन्ध में मुझे भी कुछ कहना जरूरी लग रहा है कि भारत में लोक अभिव्यक्ति के बहुत सारे ढंग जैसे बात साहित्य है या जो साहित्य भारत की प्रान्तीय भाषाओं में है, खासतौर पर लोक क्षेत्र में लिखे गए साहित्य की प्रासंगिकता, इस बात पर निर्भर करती रही है कि वह एक प्रदर्शनकारी कला के रूप में भी प्रसांगिक बना रहा है। प्रदर्शनकारी कला की खूबियाँ में सहज लय और लोकोन्मुखता दो प्रधान तत्त्व हैं। चाहे वह लोकनाट्य हो या लोक काव्य, हमारे साहित्य में उसने लय और छंद को सहज रूप से ग्रहण किया है। उसमें भाषा के उस व्यावहारिक पक्ष का स्वीकार है, जिसमें संवाद अदायगी की एक सजीव, अन्तर्निहित भाषिक लय हैं। हमारे शिष्ट साहित्य, खासतौर पर गद्य साहित्य ने, इस तरह लोक साहित्य से बहुत कुछ ग्रहण किया है और भारत ही नहीं, संसार के विविध साहित्यिक रूपों में लोक से यह प्रेरणा स्वाभाविक रूप से ली गई है। लेकिन जब से साहित्य का लिखित रूप आया या प्रकाशित साहित्य की परम्परा शुरू हुई, जिसमें आइसोलेटेड रीडिंग की बात शुरू हुई, तो गद्य भाषा का रूप भी बदला। पर पहले ऐसा नहीं था। पहले व्यापक स्तर की सहभागिता के अवसर थे। छापेखाने की अविष्कार के बाद और साहित्य की वाचिक परम्परा की समाप्ति के साथ ही गद्यात्मकता की तरफ झुकाव भी साहित्य के रूपों में आया है।

हेमन्त शेष : प्रकाश जी ने जो बात अभी उठायी वह दूसरी है। और नन्द जी का तर्क यह था कि भारत में रागात्मक चित्त की उपस्थिति से सही तरह से गद्य का विकास नहीं हुआ...एक कहानीकार के तौर पर या एक गद्य लेखक के रूप में, अशोक जी, आप इन बिन्दुओं पर क्या कुछ कहना चाहेंगे?

अशोक आत्रेय : मैं यह मानता हूँ कि जिस तरह से पद्य के क्षेत्र में नाटक और कविता की अपनी एक परम्परागत पहचान है, उसी तरह से गद्य के क्षेत्र में उपन्यास,

कहानी और आलोचना की स्वतंत्रता विधाओं के तौर पर अपनी अस्मिता है। नाटक आज की कविता के अधिक निकट की विधा है। हालांकि लिखा यह गद्य के रूप में ही जाता है, पर नाटक की सम्पूर्ण अन्विति, उसकी परम्परा, इसका मुहावरा किसी दूसरे गद्य रूप की बजाय कविता के ज्यादा निकट है। जबकि कहानी और उपन्यास की परम्परा चाहे महाकाव्य रूपों की परम्परा से प्रभावित हो, किन्तु पश्चिम में आलोचना और निबन्ध लेखन का जो रूप विकसित हुआ है, उस कहानी और उपन्यास कला अधिक प्रभावित हुई। मैं इस बात से सहमत हूँ कि भारत में भी साहित्य ने बातपोशी की परम्परा और वैसी ही दूसरी वाचिक परम्पराओं से जो लोक साहित्य से जुड़ी हुई हैं, कुछ प्रभाव ग्रहण किए हैं। गद्य और पद्य में मौलिक अन्तर करने के लिए हमें इन विधाओं की परम्पराओं की तरफ भी देखना पड़ेगा। नन्द जी ने जैसे रघुवीर सहाय की कविता के माध्यम से भाषा और भाव के अन्तर सम्बन्धों में आए परिवर्तन की बात की, और प्रकाश जी ने धूमिल की कविता के माध्यम से सपाटबयानी की चर्चा की। पर मैं तो यह मानता हूँ कि एक दौर में हिन्दी कविता में एक बड़ा बदलाव बीटनिक कविता के प्रभाव के कारण भी आया है। बंगाली कविता और बीटनिक काव्य पीढ़ी के खुलेपन के असर के कारण, हिन्दी कविता, कविता से गद्य की तरफ बढ़ी। उसके बाद अकवितावादी, आन्दोलनों आदि ने कविता को और गद्योनमुखी बनाया। छंद, लय की व्यवस्था भंग होने के बाद कविता अधिक मुखर, सरल और सम्प्रेषण बनी। जहाँ तक साहित्य एवं कला आलोचना का प्रश्न है रवीन्द्रनाथ टैगोर या आनन्द कुमारस्वामी का लेखन हमें आज भी कई आधुनिक निबन्धकारों या विचारकों से भी ज्यादा सरल और स्पष्ट लगने के कारण प्रभावित करता है। वह कहीं भी पद्यात्मक नहीं है, जबकि उसमें व्यक्तिनिष्ठता और वस्तुनिष्ठता दोनों ही हैं। इसके बरअक्स मुझे बाणभट्ट की आत्मकथा पूर्णतः गद्यात्मक होते हुए भी, काव्यात्मक लगती है।

हेमन्त शेष : परिमल जी ने अपनी बात में छपे हुए शब्द के कारण साहित्य रूपों में अन्तर की बात कही थी। नन्द जी, क्या एक रचनाकार पर माध्यम का प्रभाव इस हद तक होता है और उसे पूर्ण विचार लगातार इस बात का रहता है कि जब कविता छपेगी तो क्या उसका भविष्य होगा? क्या भाषिक संरचना इस चीज से तय होती है कि एक लिखे हुए शब्द की नियति छापना या छप जाना है यह एकांत में पढ़ा जाना जैसा परिमल जी ने संकेत किया...जो अपनी बात शायद और स्पष्ट करना चाहेंगे, पर भाषा को सामाजिक ढंग से देखते हुए मुझे लगता है कि क्या भाषा में हम एक समूचे योग की ध्वनि नहीं सुनते? जिस तरह का समय हमारे सामने, हमारे आसपास होता है या जिस समय में हम होते हैं, उसे सारे समय की छवियाँ भी आपको अपनी भाषा में तत्काल दिखती है। इस अर्थ में हमारी भाषा एक

थर्मामीटर भी है जो समकालीन समय के तापक्रम का पता हमें देता है। भाषा में हम अपने सामाजिक मन को भी तो व्यक्त करते होते हैं। नई भाषा की तरफ चलना, एक नए सामाजिक मन की तरफ जाना भी है। भाषा में आ रहे बदलाव खासतौर पर मुहावरे के परिवर्तन, क्या एक नए सामाजिक मन का पता भी नहीं दे रहे हैं?

नंद चतुर्वेदी : ऐसे कैसे सोचें हेमन्त, कि जो हमारा सामाजिक मन है उसका पूर्वराग किससे है? यह परिभाषा भी कठिन है कि सामाजिक मन पर केवल 'तत्काल' ही प्रभाव डालता है या की उसका भी एक दीर्घकालीन संरचनात्मक परिवेश है? क्योंकि कोई भी भाषा 'तत्काल' तो कुछ होती ही नहीं। खासतौर पर अगर उसे रचनात्मक भाषा होना हो। जैसे मैं यह कहूँ कि आजकल जिस तरह की वेशभूषा या वस्त्रों की रचना हो रही है, तो शायद उसे व्यक्त करने के लिए मैं तत्काल की भाषा से काम ले लूँगा। लेकिन यदि मुझे रचनात्मक भाषा का आवेग झेलना हो तो मैं कहाँ से ऊर्जा ग्रहण करूँगा, जैसे ड्रेस डिजाइनर्स हैं। अगर मुझे ड्रेस डिजाइंस की बात करनी हो, उसकी काट-छाँट की, उसके नाप आदि की, हालांकि मैं यह नहीं कहूँगा, पर बहुत-सी ड्रेस डिजाइनर्स भी ऐसा कहती हैं कि वे भी क्रिएटिव है, और वे भी समकालीन जीवन में वस्त्रभूषा की निराशा को काटने के लिए तत्पर है। वह भी उस ऊब को, यांत्रिकता को तोड़ने के लिए संकल्पशील है, जिससे मन काफी घबरा गया है, थक गया है और वह भी इस तरह एक रचनात्मक योगदान कर रही है। लेकिन अगर साहित्यिक भाषा, रचनात्मक भाषा की हम बात करें तो सामाजिक चित्त के लिए हम क्या फिर उन रागात्मक आवेगों को नहीं लौटा लाते जिसके साथ न जानते हुए भी हमने बहुत लम्बा समय व्यतीत किया है। अब यही रिश्ता सारी कठिनाइयाँ भी पैदा करता है और हम किसी भी...रचनात्मक साहित्य को समर्थ भी देती है क्योंकि...सम्पूर्णतया 'ट्रांसडेंटल' नहीं कह सकता...तत्काल से चलांग लगाकर हम थोड़े पूर्व में...हमारा मन सम्पूर्ण दया पूर्व में ही हो, तो उसकी सामाजिकता...लिए तत्काल में कैसे लौटे? आखिर रचना का द्वंद है क्या?...का द्वंद भी क्या है? रचना और भाषा के द्वंद्व को हम अलग-अलग महाद्वीपों में नहीं बांट सकते। रचना में ही एक भाषा निहित है, और भाषा में भी एक रचना निहित है। यह दोनों अलग-अलग जेब में रखी चीज नहीं है कि मैं उन्हें अलग-अलग देख सकूँ और अलग-अलग जान सकूँ कि एक जेब में से मैं भाषण निकाल ली और दूसरी से रचना। और एक करिश्मा, एक चमत्कार और एक जादू पैदा कर दिया। जो लोग यह कहते हैं कि वह एक 'ट्रांस' में है और रचना कर रहे हैं, वे भी शायद सम्पूर्ण रचनात्मक आवेग की व्याख्या नहीं करते। और वे, जो यह कहते हैं कि तत्काल के सिवाय वे कुछ देखते ही नहीं है, वे भी भाषा के रचनात्मक रूपों को शायद पूरी तरह देख नहीं पाते। इसीलिए हमारी बहुत सारी कठिनाइयाँ पैदा हो

जाती है। लेखक के रूप में हमारी सबसे बड़ी चिन्ता यह है कि रचनात्मक भाषा को रूपों की तलाश फिर कैसे हो? रचनात्मक भाषा की क्या शर्ते हैं? यह बात बहुत सारे कवियों को भी मालूम ना हो कि उनकी कविता भाषा ठहर गई है, या उनकी कविता भाषा रचनात्मक है? वे कविता तो लिखते हैं लेकिन इस तरह से एक विभाजन मुश्किल होता है। गद्य के विकास को देखें तो मुझे ऐसा नहीं लगता कि सौ बरस पहले गद्य की ऐसी भाषा रही होगी। जो स्थानीय भाषा तब थी, चाहे उन्हें आवेगात्मक कह दें, या ढीली-ढाली, ऐसी परिनिष्ठित गद्य भाषा जो हम आज काम में ले रहे हैं, वह तो इतिहास के बतौर सिर्फ सो या सवा सौ साल की आयु की रही होगी...और उससे पहले आपको कहाँ बहुत परिष्कृत या मंजी हुई भाषा में गद्य पढ़ने को मिला?

हेमन्त शेष : क्या इस विचार में कोई भी संगति नहीं कि एक तरफ हमारा भारतीय मन बुनियादी तौर पर रागात्मक है, दूसरी यह कि रचनात्मक भाषा में हम तत्काल और अनन्त या तत्काल और परम्परा का द्वंद्व भी देखें। तो क्या हमें फिर परम्परा से कोई चीज नहीं मिली? क्योंकि प्रकाश जी ने यह बात उठाई थी कि लोक परम्परा का भी भाषा के विकास में अदृश्य योगदान है। दूसरी तरफ आप कह रहे हैं कि गद्य भाषा की वर्तमान परम्परा का इतिहास खड़ी बोली का सौ सवा साल का इतिहास ही है। तब आखिर वे कौन से घटक हैं जो एक रचनाशील भाषा का निर्माण करते हैं?

प्रकाश परिमल : इस सन्दर्भ में मुझे फणीश्वर नाथ रेणु का उपन्यास 'परती परिकथा' याद आ रहा है। ज्यादातर लोगों ने रेणु की लेखन को 'आंचलिक' कहा लेकिन मेरे निकट वह आंचलिक नहीं है। वह आज बढ़ती हुई नागरता और यांत्रिकता के बीच, ध्वनियों के माध्यम से अतीत में डूबे एक अंचल को वर्तमान में संजीव करने की कोशिश है जिसे प्रेमचन्द की यथार्थवादी उपन्यास परम्परा से भिन्न नए भाषिक धरातल पर पहचाना जा सकता है। 'परती परिकथा' एक प्रकार से एक नई सर्जनात्मक भाषा के विकास का उदाहरण ही है जो आज के परिवेश के साथ जुड़ा हुआ है और उसके माध्यम से हम अपने जीवन के रचनात्मक रूपों का नवीनीकरण कर रहे हैं या जिनके साथ यात्रा कर रहे हैं...मैं सोचता हूँ कि हमारे सामने अपने एक्सप्रेशन के जितने भी परम्परागत फॉर्म्स रहे हैं वे लुप्त नहीं हुए बल्कि वे दूसरे, तीसरे नए-नए रूपों में अच्छे रचनाकारों के हाथों नवीनीकृत हो रहे हैं। ऐसा सारे लेखक समाजों में हो रहा है। पश्चिम में भी।...कविता में हमारी यात्रा प्राचीन काल के छंद और विशुद्ध लय कि नहीं है, वह आज के आधुनिक जीवन की जरूरत के मुताबिक यथावश्यकता बदल भी रही है। घोड़े का नहीं, यह सुपरसैनिकों का

जमाना है। विकास की यही सहज प्रक्रिया है। पर कई बार ऐसा भी लगता है की परम्परा की खूबियाँ की तुलना में आज का साहित्य उतना वैविध्यपूर्ण और सम्पन्न नहीं है...अन्य भारतीय भाषाओं में हो रहे काम की तुलना में कई बार, हिन्दी की हालत सोचनीय और ठहरी लगती है, खासतौर पर नवोन्मेष की दिशा में...ऊपर से हिन्दी प्रयोग कविता के आधार पर अन्य भारतीय भाषाओं से आगे जाती दिखती है, पर हिन्दी की आत्मा शायद उसकी रचनात्मक ताप से उत्तप्त नहीं हुई है...

अशोक आत्रेय : सामाजिक मनोविज्ञान भी रचना भाषा पर अन्तर डालता है। इसे यों देखें कि समूह के प्रति व्यक्ति के आकर्षण या सामाजिकता के आग्रह में कमी आने से रचना की भाषा भी बदली। याद करें कि पहले के नाटकों, महाकाव्य में कैसे लम्बे, पेचीदा, सघन वाक्य होते थे। मनुष्य के अकेलेपन और उसके समाज से क्रमशः कटने या दूर होते जाने के कारण साहित्य में छोटी, संक्षिप्त वाक्य रचनाओं का उपयोग किया जाने लगा। मैं अपनी रचनाओं, खासतौर पर कहानियों के बारे में तो स्पष्ट तौर पर स्वीकार करूँगा कि मैंने भारतीय साहित्य की परम्परा की बजाय पश्चिमी कथा साहित्य से ज्यादा प्रेरणा ग्रहण की है। चाहे आप इसे विडम्बना माने। काफ्का, ब्रेख्त और आयनैस्को...यहाँ तक की कुछ रुसी लेखकों से भी बजाय किसी हिन्दुस्तानी लेखक से।...विभाजित व्यक्तित्व का जो अनुभव मैंने किया, व्यक्तित्व के संकट की जो मेरी समस्या कहानी में थी, उसका मॉडल मुझे पश्चिम साहित्य में दिखा, भारतीय साहित्य में नहीं। इसी तरह मनुष्य के समूचे भौतिक और आध्यात्मिक अवमूल्यन का कोई मॉडल भारत में मुझे नहीं मिला। पश्चिम के नए साहित्य में वहाँ के समाज के छद्‌म अभिजात्य (विक्टोरियन परम्परा) के तथाकथित संभ्रांत बोध को बहुत साहस से तोड़ा है। कारण है कि पश्चिम में मनोविज्ञान, मार्क्सवाद, अस्तित्ववाद, दर्शन, विज्ञान आदि सब क्षेत्र में नए ढंग से सोचा गया। अतः मुझे लगता यही है कि भाषा की संरचना व्यक्ति से भी जुड़ी होती है और समाज से भी...आगे आने वाली रचना भाषा विज्ञान, समाज दर्शन, जीवन शैली सबको समेटकर बनेगी।

नंद चतुर्वेदी : अशोक ने अपने वक्तव्य से इस बातचीत का जिस तरह समाहार किया है उसे तो ऐसा लगता है कि 21वीं सदी में साहित्य निर्माण या रचना के किन आग्रहों को हमें ग्रहण करना चाहिए। ऐसा एक 'विजन' या भविष्य की कुछ बातें कही जा रही हो...और यह भी की उन्होंने अपनी रचना के लिए पश्चिमी सोच के मॉडल से ज्यादा ग्रहण किया है...अब इसमें यह ही एक सन्देह बनता है कि अगर हम ऐसा करें तो क्या एक बहुत ही 'स्पेशलाइज्ड फॉर्म ऑफ़ लिटरेचर' तो नहीं आ जाएगा? जिसके साथ ज्यादातर लोगों को सम्बन्ध होने में, जुड़ने में

कठिनाई होगी। यानी कितनी वैयक्तिक रुचियों से हमारी भाषा और हमारे साहित्य का सरोकार निर्धारित हो? अगर ऐसे अलगाव हो जाए और उसमें ज्यादा व्यक्ति आग्रह ही कम करें, तब ऐसी स्थिति में साहित्य का विलक्षणत्व तो आ सकता है लेकिन उसका पाठक के साथ जो रिश्ता बनाना चाहिए, क्या उसमें कोई कठिनाई नहीं आ जाएगी?

अशोक आत्रेय : मैं रचनाकार के तौर पर आज पूरब और पश्चिम में कोई विशेष अन्तर नहीं देखता। जैसे दोनों ही जगह यानी पूरब और पश्चिम में, ग्रामीण और नगरीय समाज है...साहित्य और भाषा में आ रहा परिवर्तन वैयक्तिक कारणों से ही हो—ऐसा नहीं है। सामाजिक रूप से जो बदलाव हमारे मनुष्य के भीतर या आसपास घटित हो रहा है, रचना उसी को प्रतिबिंबित कर रही है।

प्रकाश परिमल : मैं इस सन्दर्भ में यह कहना चाहता हूँ कि प्रभाव तो आप कहीं से भी ग्रहण कर सकते हैं और आज के समाजों में अन्तरराष्ट्रीय स्तर पर पहले जैसी दूरी भी नहीं है, पर प्रश्न यह है कि हम रचना कैसी कर रहे हैं? उसे रचना का स्वरूप क्या है? चाहे साहित्य प्रेरणा में मॉडल भले ही हमारे सामने पश्चिम हो या भारतीय, दोनों में कोई अन्तर नहीं है, खासतौर पर उसके ग्रहण की प्रक्रिया में, बार हमारी अपनी भाषा की अपनी प्रकृति...रचना की प्रकृति के दो रूप हैं... एक तो रचना का सारा...

नंद चतुर्वेदी : प्रकाश, अच्छा हो भाषा की प्रकृति पर ही कहो क्योंकि रचना में आते-आते भाषा...अगर हम भाषा की प्रकृति पर ही बात करें तो वह ज्यादा...

प्रकाश परिमल : हाँ, मैं भाषा की प्रकृति पर ही कह रहा हूँ,...भाषा की प्रकृति का एक लक्षण तो यह है कि उसका एक उपजीव्य तो उसकी अपनी सुदीर्घ परम्परा है। अगर मान लीजिए आप हिन्दी के एक लेखक हैं और आपका सम्पूर्ण कंटेंट पश्चिमी है तो सम्भवत: आपके मन में निरन्तर एक द्वंद्व रहेगा और तब...

अशोक आत्रेय : टोटल कंटेंट तो वेस्टर्न हो ही नहीं सकता...

प्रकाश परिमल : ...भाषा की प्रकृति के बारे में मैं कह रहा था की भाषा उपजीव्य, उसका मूल आधार यह है कि अपनी ही भूमि पर खड़ी हो सकती है भले ही वह दुनिया-भर से प्रभाव पिकअप कर रही हो...

अशोक आत्रेय :...हेमन्त, आप इस पर कुछ कहना चाहेंगे?

हेमन्त शेष : कुछ विशेष नहीं, एक सीधी सरल सी बात। वह यह की फणीश्वर नाथ रेणु के हवाले से प्रकाश जी ने जिस प्रतिभा का स्मरण किया और उसे हिन्दी उपन्यास को समृद्ध करने के प्रसंग में देखा और नन्द जी ने जो कुछ भी कहा उसको 'ब्लैंड' करने पर हम कह सकते हैं कि वैयक्तिक प्रतिभा भी रचनात्मक भाषा का निर्माण करती है और समाज चेतना भी, क्योंकि एक कलाकार, एक लेखक भी उसी भाषा परिवार का एक अंग होता है जिस भाषा परिवार पर दूसरी भाषाओं, दूसरे साहित्य के बराबर असर पड़ रहे हैं।...एक रचनाकार सर्जनात्मक रूप से एक भाषा में अपनी तरह काम कर रहा है, पर उसका निजत्व उसे समूची भाषा परम्परा के गैमट के से नितान्त भिन्न तो हो ही नहीं सकता, वह उसी भाग का भाग है, फिर भी अपने व्यक्तिगत प्रतिभा की वजह से वह पूरी रचनात्मक भाषा में एक अलग तरह का रेजोनेंस पैदा करता है ऐसे बहुत सारे लोग जब एक साथ एक लेखक समाज के रूप में काम करते होते हैं तो वह सब मिलकर अन्ततः उसे भाषा की भविष्य का निर्धारण भी कर रहे होते हैं...वही भाषा परिवार हमारे रचनात्मक भाषा को बनता भी है और बिगाड़ता भी है...जैसा भी हो...पर वह सूत्र शायद छूट गया है जिसमें अशोक ने यह कहा था कि उन्होंने अपनी कहानी भाषा का निर्माण पश्चिम के प्रश्न से अधिक सम्पृक्त होते हुए किया है। यह विकल्प भी खुलकर दिख रहा है कि हम लेखक के तौर पर सम्पूर्ण पृथ्वी के किसी भी कोने में भाषिक प्रभाव ग्रहण करते हुए अपनी भाषा बनाएँ...पर सवाल यह है कि आपकी भाषा आपके भीतर की रचनाशील उथल-पुथल को, उसके सवालों को कितनी सचाई से किस प्रकार रूपायित करती है? कई बार ऐसा क्यों लगता है की भाषा हमारे भीतर संघनित अनुभव को उतनी ही तीव्रता से व्यक्त नहीं कर पा रही? पर एक अपूर्णता का बोध हमें क्यों लगता है? निर्मल वर्मा ने एक जगह हर रचना में इस अपूर्णता के बोध की उपस्थिति को एक लेखक की अगली रचना की प्रेरणा माना है। कला में कभी कुछ भी पूर्ण या सन्तोषप्रद तो होता ही नहीं...भाषा में भी हम अपने सचों का सन्धान करने की कोशिश में लगे रहते हैं...मैं नन्द जी द्वारा हमारे छठे अंक में छपे अनूदित लेख का ही उदाहरण दूँ जिसमें आयनैस्को ने यह प्रश्न पूछे जाने पर कि वह क्यों लिखते हैं, कहा था कि मैं यह जानने के लिए ही शायद लिखता हूँ कि मैं क्यों लिखता हूँ...

नंद चतुर्वेदी : हमें यह सोचना चाहिए कि इधर ऐसे सवाल बार-बार क्यों उठने लगे हैं कि मैं क्यों लिखता हूँ? कहीं यह सवाल इस भय से तो नहीं उठ रहे कि मुझे लग रहा है कि मैं अपने मूल से, अपनी स्थानीय रंगत से अलग हो रहा हूँ... पहले तो मैंने कभी भी ऐसा नहीं पढ़ा...भवभूति में ऐसा जरूर पढ़ा कि 'समानधर्मा कहीं होगा'...ऐसा भी मैंने पढ़ा कि पुराना, पुराना है, वही सब श्रेष्ठ नहीं है, नया

भी है और नीर क्षीर वाली बात थी...हर लेखक इधर अद्वितीय भी, विलक्षण भी होना चाहता है, हर लेखक इसी बात पर आग्रह करता है और पूछता है और खुद ही जवाब भी देता है कि मैं ऐसा क्यों लिखना चाहता हूँ...ये क्या फिनोमिना है और यह किसी संशय के कारण है कि मैं एक उपन्यास लिखूँ, कविता की कुछ शैलियों तलाश करूँ, एक प्रश्न भी तलाश करूँ और एक सवाल उठाऊँ, और फिर भी अपने बचाव की दलीलें भी दूँ।...इस तरह की जो बहुत-सी बातें आती हैं तो जो हमारा एक सामान्य पाठक है,...अब देखिए, भारत में, इसमें कोई सन्देह नहीं है कि प्रश्नों की परम्परा में हम अपने लेखन की परम्परा को भी समृद्ध करने की चेष्टा करते हैं, क्योंकि एक पतझड़ आ चुका होता है...एक शैली से लोग, स्वयं लेखक भी, उससे मुक्त हो जाना चाहता है, और नई तलाश करता है...लेकिन अगर इस तरह के प्रयत्न में ज्यादा हो तो पाठक के साथ इसका कैसा सम्बन्ध बनता है?

हेमन्त शेष : आपकी बात से मुझे लगा कि अगर हम बहुत ज्यादा क्लासिकल या पारम्परिक ढंग से सोचें तो साहित्य के कुछ बेहतर लक्ष्य, कुछ बड़े अभिप्राय, कुछ प्रयोजन या कुछ अभिप्रेत निश्चित थे...बहुत ही रूढ़ ढंग से कहे तो शिव, शक्ति और सुंदर, साहित्य और कलाओं के लिए जैसे एक प्रेरक धारणा थी, वही सारे परम्परागत रचना रूपों की उत्तेजना का केन्द्रीय विचार था। जब वह खंडित हुआ, टूटा और बदला और जब समाज की बजाय व्यक्ति, जैसा कि अशोक आत्रेय ने एक जगह कहा, महत्त्वपूर्ण हुआ तो साहित्य का केन्द्रीय सरोकार, कला रचना की प्रेरणा भी इंडिविजुअल्स होती चली गई। शायद इससे भी यह सन्देह और सवाल उठ रहे हैं क्योंकि यह संक्रमण के दौर के सवाल हैं, मूल्यों के संक्रमण दूर की चिन्ताएँ, जहाँ रचनाकार का स्वयं अपनी रचना के बारे में संशय ग्रस्त या स्कैप्टिकल हो जाना स्वाभाविक है...

प्रकाश परिमल : आप लोगों की चर्चा हमें इस दिशा में सोचने के लिए भी प्रेरित कर रही है कि क्या इस युग में हमारे समाधान की बजाय प्रश्न अधिक हैं और क्या प्रश्नाकुलता हमारे समय का धर्म हो गया है और व्यक्तिगत रूप से अपने-अपने सवालों के अपने-अपने उत्तर खोजने की जो बात चल रही है वह शायद हमारे इस युग की विशेष माँग के अन्तर्गत है...एक चीज तो हेमन्त की बात से यह समझ में आ रही है कि हम एक बड़ी केन्द्रीय संवेदना से च्युत हो चुके हैं, या हमने जान-बूझकर अपने आप को उसे केन्द्रीय संवेदना से अलग कर दिया है, उन मूल प्रश्नों से जो साहित्य में सत्यम् शिवम् सुंदरम् के जैसे मूल प्रश्न थे। उनकी तुलना में हम और बड़े प्रश्नों से सामाजिक और व्यक्तिगत स्तर पर मुखातिब हो रहे हैं...

नंद चतुर्वेदी : जब प्रकाश, आप यह कह रहे हैं कि उसे आदर्श धारणा से आपने आपको उन प्रश्नों से अलग कर लिया है तो आप यह रेखांकित करें कि वे दरअसल क्या समकालीन आग्रह हैं जिसने हमारे मन में आखिर इतनी हलचल पैदा कर दी है?

प्रकाश परिमल :...जी हाँ, मैं इसी दिशा में आ रहा था कि जैसे-जैसे हमारे जीवन और समाज की जटिलताएँ बढ़ती चली जा रही है ऐसे नए प्रश्न भी उन जटिलताओं से उत्पन्न हो रहे हैं जो हमें ठहरे हुए मूल्यों की तरफ नहीं ले जाना चाहते...जिन प्रश्नों का हमने सन्धान कर लिया था, बहुत पहले ही...ऐसे प्रश्न आज हमारे सामने नहीं है...कुछ ऐसे प्रश्न हैं जिनका जवाब हमें इस शताब्दी में ही देना है... वे सवाल पहले कभी उपस्थित ही नहीं थे...इसीलिए अपनी रचनात्मकता की ऊर्जा बने हुए ऐसे प्रश्नों का समाधान हम ढूंढ रहे है...सत्य, शिव, सुंदर जैसे कई प्रश्न हमारे लिए आज प्रासंगिक नहीं हैं...आज विश्व को बनाने या बचाने के और बड़े सवाल हमारे सामने हैं...

हेमन्त शेष : एक बात और भी है कि हमारा समय इतनी जल्दी बदल रहा है... जितने परिवर्तन सौ-पचास सालों में हुए उतने पहले कभी नहीं हुए थे...मानव इतिहास में उतने संरचनामूलक परिवर्तन कभी इतने कम समय में नहीं हुए...उन बदलावों ने भी हमारी वैचारिक खलबली में योगदान किया है...

नंद चतुर्वेदी :...यह मान लें कि समय सन्दर्भ जल्दी-जल्दी बदल भी रहे हों तो उन्होंने हमारे लेखक को कितना रचनात्मक सहयोग दिया है? यह दलील और यह तर्क तो ठीक है कि बहुत से सवाल आ रहे हैं पर...उन सब सवालों का जवाब क्या साहित्य को देना चाहिए? क्या यह आवश्यक है कि जितने सवाल उठें, और जब-जब उठें, और एक दिन के बाद दूसरे दिन उठें, उन सबका जवाब, क्या हम अपने साहित्य में दें और क्या वे प्रश्न इतने पक गए हैं, अपने मन में, जिनका उत्तर देने की हमारी आकांक्षा हो...क्या भाषा के साथ ऐसा कोई चमत्कारी प्रयोग किया जा सकता है जो रचनात्मक भी रहे और कल के सवाल का जवाब आज भी दे दिया जाए। तो प्रकाश जी, यह चिन्ता भी मेरे मन में हमेशा बनी रहती है कि मैं सब सवालों का जवाब दूँ...क्या उन सवालों का जवाब देते हुए मैं उसे रचनात्मकता को पुष्ट कर रहा हूँ जो सर्जनात्मक लेखन के लिए आवश्यक है? और क्या साथ ही में उसे भाषा को भी पुष्ट कर रहा हूँ जो कुछ सवालों के उत्तर देने के सिलसिले में है? यह भी एक लेखक को थोड़ा ठिठक कर सोचना होगा। और अगर आप ऐसे देखें तो मुझे कई बार सौ साल या दो सौ

साल या हजार—दो हजार वर्ष पहले लिखी हुई रचना में भी मेरे आज के सवाल का उत्तर मिल जाता है...

अशोक आत्रेय : मेरी धारणा यह है कि धर्म ने समाज में जो रूढ़ता पैदा की, उसके जवाब साहित्य ने दिए हैं, साहित्य मनुष्य से सम्बद्ध है, पर धर्म अतिमानव की ईश्वर की बात करता है, इसीलिए जीवन के प्रश्नों का जवाब हमें साहित्य में मिलता है और जीवन के बारे में प्रश्न भी सबसे अधिक धर्म की बजाय साहित्य में ही मिलते है...महाभारत मानवीय विडम्बना का कितना बड़ा महाकाव्य है। यहाँ तक की कई वैदिक कथाओं में हमें मनुष्य की जिज्ञासाओं का, उसकी कमजोरियों का, उसके सम्बन्धों का पता लगता है...धर्म उन्हें ढंकता है पर साहित्य प्रश्नों को उजागर करता है...

हेमन्त शेष : मेरे निकट एक और दिशा है सोचने की और वह यह कि साहित्य के अलावा साहित्येतर विधाओं में जैसे समाज विज्ञान आदि क्षेत्रों में जो लेखन इधर हो रहा है हम उसे भी साहित्यिक चिन्ताओं का ही हिस्सा उसका एक्सटेंशन क्यों नहीं मानें? मैं ऐसा इसलिए कह रहा हूँ कि अभी मैं एक किताब पढ़ रहा था आशीष नन्दा द्वारा सम्पादित—'वायलैंस, हेगेमॉनी एंड साइंस' जिसमें जीवन के अलग-अलग क्षेत्र में छिपे और खुले तौर पर, साहित्य यहाँ तक की सिनेमा विज्ञान, मेडिसिन आदि क्षेत्रों में, हिंसा के बढ़ते हुए विविध रूपों की चर्चा की गई है। इसी तरह...जिसकी चर्चा नन्द जी करते रहते हैं, का सार लेखन, क्या साहित्यिक चिताओं का लेखन नहीं बन जाता है? जैक डगलस की 'टेक्नोलॉजिकल थ्रेट', डेविड रीसमैन की 'लोनली क्राउड', 'इनसेन सोसायटी' वगैरह में साहित्यिक और सामाजिक प्रश्न ही मिलते हैं...कविता और साहित्य के अलावा समाजशास्त्र भी वैसे ही सवाल बराबर रख रहा है...समकालीन जीवन के बारे में...

प्रकाश परिमल : हेमन्त और अशोक ने कुछ बातें कहीं, उसी क्रम में मेरा कहना है कि पिछले सौ सालों में गति हमारा एक पहचान में आने वाला लक्षण है। पुराने साहित्य की तुलना में इधर चीज बहुत गति से बदली हैं। परिवर्तन अब शताब्दी नहीं दशाब्दियों में हो रहे हैं। समाज के विकास की गति को दर्शाता है। एक तरफ इस परिदृश्य में हम कुछ अपेक्षाकृत स्थिर मूल्यों का सन्धान करें और दूसरी तरफ गति के साथ बहने और बदलने की जरूरत दोनों को कैसे साधे—यह हमारा मूल संकट है। ऐसे में समाजशास्त्री और साहित्यकार दोनों ही एक ही चिन्ता में भागीदार हैं...

हेमन्त शेष : पर एडवर्ड डी-बोनो जैसे शिक्षा दार्शनिकों की चिन्ता तो यह है कि विचार की योग्यता और सर्जनात्मकता में कमी आ रही है...

अशोक आत्रेय : एक संकट विचार को उपभोक्तावादी ढंग से परोसने का भी है जो हमें बाहर से मिल रहा है...ऐसे देश में जो हमें माल भी बेच रहे हैं और संस्कृति भी...

नंद चतुर्वेदी : अशोक, मेरा यह कहना है कि इतनी सब चिन्ताओं में कहीं हम साहित्य ही की चिन्ता को न छोड़ दें...ऐसा ना हो कि हम अपनी चिताओं से आक्रान्त हो जाएँ और उनको जिनको हमारे उपदेश की आवश्यकता नहीं है, उनको तो हम उपदेश देने लगें, लेकिन जिस माध्यम को हमने अपनाया है और जिसके लिए हम प्राण की बाजी लगाए हैं, वो न छूट जाए, क्योंकि वही बात इन दिनों भी सबसे ज्यादा कहीं जा रही है कि सबसे ज्यादा असरदार वही है... क्योंकि आप अगर अपनी पहचान बनाना चाहते हैं तो वह साहित्य कर्म के द्वारा ही है...आपके लिए वे दूसरे उपकरण होंगे जिसे आप सामाजिक विज्ञान के क्षेत्र में दखल कर सकें। जैसे आप शिक्षा के क्षेत्र में इन दिनों कोई बात करना चाहें तो वह आसान नहीं है...या आप समाजशास्त्र के विषय में कोई बात करना चाहे तो वह भी उतनी आसान नहीं है।

अशोक आत्रेय : ऐसा भी तो है कि भारतीय देश जैसे दूसरे देशों का चिन्तन विश्व के सामने ही नहीं आ पाता...बाहर से इंपोर्ट हो रहा है सारा चिन्तन, सारी किताबें... और उन्हीं की चर्चा चलती है...उनके अपने राजनीतिक कारण हैं...

नंद चतुर्वेदी : नहीं, आप या प्रकाश जैसा कहते हैं आज का नया लड़का बड़ी जिज्ञासाएँ कर रहा है, पर वे जिज्ञासाएँ क्या परिपक्व जिज्ञासाएँ हैं या कौतूहलवश वह ऐसा कर रहा है, जिन पर वही थोड़े दिनों बाद हंसने लगेगा कि ये जिज्ञासाएँ मेरी क्या थी? जैसे बहुत-सी जिज्ञासाओं में मेरी एक जिज्ञासा यह भी है कि पुलिस कैसे लोगों को पकड़ती है? ..

अशोक आत्रेय : बच्चों को हथियार के खिलौने दिए जा रहे हैं खेलने को इन दिनों...

नंद चतुर्वेदी : हाँ, हमसे कोई अब यह पूछे कि ये जो दिए जा रहे हैं तो कोई ऐसा भी कह सकता है कि अब युग आ गया है जिससे इन खिलौनों को देखकर बच्चे को आत्मरक्षा के भाव से प्रेरित कर सकें...छोटी आयु में ही हम उसे पिस्तौल या दूसरे घातक शस्त्रों की जानकारी दे दें...ताकि वह...

हम आज को इतना महत्त्व क्यों दे रहे हैं...इसीलिए बात ठहरी हुई सी लग रही है और यह भी सोचे कि यह जो 'आज' है वह में चाहता हूँ क्या? दुर्भाग्य से जो मैंने चाहा नहीं है मैं उसे आज में आ फंसा हूँ...लेकिन क्या इस आज की बनाई जाने

वाली संरचना में कल की भी संरचना चाहता हूँ? क्या यह मेरा सपना है? क्या यह मेरा संकल्प है या यह मेरी इच्छा है कि जो आज कुछ हो रहा है क्या मैं इस सबसे मुक्ति नहीं चाहता? मैं दरअसल जिस समाज में आ गया हूँ वह मेरा चाहा हुआ नहीं है। वह अवांछित और अयाचित भी है। तब मैं इसके प्रति दायित्व भी नहीं समझता। मैंने जिस समाज को बनाया ही नहीं है, जिस हिंसावादी समाज को, जिस अराजकतावादी समाज को, व्यवस्था की विसंगतियाँ वाले जिस समाज को मैंने नहीं बनाया, उसकी रक्षा की, उसकी प्रश्नाकुलता की, उत्तर देने की चिन्ता में नहीं करता...

प्रकाश परिमल : लेकिन इस समय, जैसा कि अभी अशोक ने कहा, कंज्यूमरिज्म भी एक बड़ी चुनौती है। नई पीढ़ी को जिस तरह की जीवन शैली में ढाल कर अपने व्यवसायिक हितों के अधीन बनाया जा रहा है, लगता है उस पर हमारा बस ही नहीं है...हम असहाय सा महसूस कर रहे हैं...हमारी सरकारें तक बिकी हुई हैं जो न जाने किस रिमोट से संचालित हो...

नंद चतुर्वेदी : यहाँ प्रकाश, मैं हस्तक्षेप करना चाहूँगा। माफ करें, आप उन्हें हमारी सरकारें न कहें। आप कहें सरकारें बिकी हुई हैं क्योंकि उनको हम किसी भी प्रकार का हमारा संरक्षण प्रदान नहीं करते और ना कर सकते हैं...कम-से-कम हमें इससे गुरेज होना चाहिए...यहाँ मैं केवल 'रिटोरिक' की दृष्टि से नहीं कहता, एक विकल्प भी खड़ा करना चाहता हूँ और लोगों से भी कहना चाहता हूँ कि ऐसी सरकारें जो हमारे भविष्य को असुरक्षित बना रही है, और जो हमारी काम्य सरकारें नहीं है, उन्हें कम-से-कम 'हमारी' सरकारें ना कहें...और दूसरा जैसा कि हेमन्त ने कहा, हम जहाँ चिन्ता करने बैठे हैं इस बीच जहाँ ऐसी अराजकता और भयानक उथल-पुथल है, उसमें साहित्य की जमीन कहाँ है? साहित्य में आखिर जैसी भी रचना हम कर रहे हैं, उसमें यह जो सृष्टि है, जो यह समय है, मैं उसे अपने काम्य समय में, अपनी इच्छा के समय में, अपने संकल्प के समय में, अपने सपने के समय में, अपनी कल्पना के समय में ही तो बदल देना चाहता हूँ।

हेमन्त शेष : समकालीन कविता इसी बात का साक्ष्य दे रही है...इतनी निराशाजनक हालत वहाँ नहीं है, जितनी दिखती है...वे सारे प्रश्न, वे सारी चिन्ताएँ वहाँ मौजूद हैं...कविता में यह बात और स्पष्ट है क्योंकि कहानी या उपन्यास की तरह कविता में सम्प्रेषणीयत्ता या लोकप्रियता का एक अचेतन आग्रह उतना मुखर भी नहीं है... नई कविताओं में बदलाव की इच्छा बड़ी प्रबल है...

नंद चतुर्वेदी : ...नई कविताओं में ही यह सहसा नहीं आया है...यह संस्कार कविता का बहुत मौलिक संस्कार है...

प्रकाश परिमल : यह साहित्य का भी मौलिक संस्कार है, नन्द जी...

नंद चतुर्वेदी : ...बिलकुल ठीक है...यह समूचे साहित्य का मौलिक संस्कार है जो नये आग्रह इसमें जन्म ले रहे हैं, वह इसीलिए की नई चुनौतियाँ और नई चिन्ताएँ भी इसके सामने हैं...वे नई चिन्ताएँ इसी संकल्प को बार-बार दोहरा रही है...

प्रकाश परिमल : कथित प्रगतिशील साहित्य पर आप यह नहीं हो सकता कि उसमें सारी समकालीन चिन्ताओं का अभाव है, बल्कि उस पर दूसरे कारणों से आप विचार कर सकते हैं...

नंद चतुर्वेदी : हेमन्त शेष ने कुछ देर पहले एक बात उठाई थी, आप आज्ञा दें तो मैं उसे प्रश्न का जवाब अब देना चाहूँगा...उन्होंने समाज विज्ञान की पुस्तकों के सन्दर्भ में कहा और कुछ पुस्तकों का हवाला भी दिया...मुझे ऐसा लगता है कि अशोक, कि इन पुस्तकों में जो कुछ घटित हो रहा है उसी की व्याख्या है, जैसे टॉपलर जैसे लेखक, जिन सूचनाओं को एकत्रित करते हैं, पढ़ने में भले ही वे आपको चाहे बड़ी आकर्षक और साहित्य जैसी ही लगे, तब भी वह घटित का ही वर्णन है...उसमें कोई संकल्प नहीं है, उसमें कोई कल्पना नहीं है, उसमें कोई इच्छा नहीं है...जो घटित हो चुका उस पर वहाँ विचार है, वह एक परिदृश्य ही दिखता है...यह आप पर निर्भर करता है कि उसमें से आप क्या सन्देश...क्या मैसेज लेते हैं—आशा का या निराशा का? लेकिन वह, आपके आन्तरिक संकल्पों का, या आपकी इच्छा शक्ति का, या आपकी कल्पना का, या सम्भावनाओं का कोई रूप नहीं देता और कोई प्रति संसार भी नहीं रचता में ऐसा समझता हूँ कि साहित्य में और इन पुस्तकों में एक मूलभूत अन्तर यह है कि वह कोई प्रति विश्व नहीं रचता। समाज विज्ञान की ये पुस्तकें या चिन्ताएँ बस उस विश्व की ही व्याख्याएँ हैं जो हमारे सामने हैं...वह किसी प्रति विश्व का मनोहारी या अद्‌भुत निर्माणात्मक सपना नहीं देता...इस दृष्टि से साहित्य इनसे कितनी मदद ले सकता है? अगर यह कहें कि साहित्य अपनी शर्तों पर ही उनसे मदद लेगा तो देखें कि साहित्य की शर्तें क्या है?...

हेमन्त शेष : वे शर्तें सर्जनात्मकता के प्रश्न के साथ जुड़ी है...

नंद चतुर्वेदी : अगर वे सर्जनात्मकता से जुड़ी हुई है तो मैं ऐसा समझता हूँ उसमें मनुष्य की इच्छा शक्ति, मनुष्य के संकल्प, मनुष्य की कल्पना के सहारे विसंगति और अराजकतापूर्ण दृष्टि को संयत, सौन्दर्य मूलक रूप देने की बात ही प्रमुख होगी। और सर्जनात्मक साहित्य की शर्तें क्या है?

अशोक आत्रेय : नन्द जी, अच्छा हो आप अपने वक्तव्य के रूप में इस बातचीत का समापन करें...

नंद चतुर्वेदी : यह बात तो कहीं ही जानी चाहिए कि हम लोग लेखन के सारे क्रम को या सारे सिलसिले को अब बहुत आसानी से या सरलता से या आनन्द के साथ जोड़ते हुए कठिनाई का अनुभव करते हैं और करेंगे भी...क्योंकि हमारे मन पर और हमारी सृजनशीलता पर अनेक प्रकार के दबाव बने हुए हैं। मेरा खयाल है कि इस प्रकार के दबाव पहले साहित्य लिखने वालों के मन पर ना रहे हो...जो व्यवस्था हमें मिली हुई थी, उसके सन्दर्भ में हमारे पूर्वज लेखक कभी सशंकित या शंकालु कभी नहीं रहे। यह उनकी शान्ति का सबसे बड़ा कारण था कि जो व्यवस्था उन्हें मिली हुई है वह एक तरह से उनके हिसाब से पूरी भी है और इसी में से उन्हें सुख-दुख हासिल करना है। जीवन उसी में से आना है। आज का सबसे बड़ा सवाल तो यही है कि हमें जो व्यवस्था प्राप्त हुई है वह सुखकर है कि नहीं, वह सपनों को सार्थक कर सकने वाली है या नहीं, हमको समृद्ध करने वाली है कि नहीं है? सबसे महत्त्वपूर्ण जी प्रश्न का हम इस बातचीत में जिक्र नहीं कर पाए, मैं चाहता था कि उस समय, जब प्रकाश परिमल कुछ बातों का संकेत कर रहे थे, उनसे पूछो कि आपका इशारा व्यवस्था बदलाव की ओर भी है? क्योंकि जो सबसे गहनतम प्रश्न है वह व्यवस्था से ही टकराते हैं...उन्हीं से हमारी मुठभेड़ करते हैं...दरअसल व्यक्ति और सरकार की, व्यक्ति और समाज की जिन किन्हीं मुद्दों पर लड़ाई है, वह भी एक निरंकुश व्यवस्था से मुक्त होने की ही है, अशोक जब वैयक्तिकता की बात करते थे तो मुझे ऐसी ही कुछ ध्वनि मिलती थी कि वैयक्तिकता की लड़ाई भी यही है कि जिसमें वैयक्तिकता कुंठित कर दी है...अन्यथा वैयक्तिकता के आग्रह की लड़ाई और क्या हो सकती है? जहाँ सारी व्यवस्था इतनी बोझिल हो जिसमें आदमी बोल ना सके या जो स्वाधीनता वह चाहता है, वह स्वाधीनता प्राप्त न कर सके...इसीलिए मैंने कहा कि चाहे किसी भी रूप में हमारे सामने प्रश्न आएँ, वे प्रश्न कठिन हैं। मुझे एक और तकलीफ मालूम होती है कि अब शायद जो उत्तर हम देंगे वह उत्तर भी ज्यादा समय तक किसी को सन्तुष्ट नहीं कर पाएँगे। अब आप खुद सोचें कि कोई भी प्रश्न लेने पर उसका उत्तर सर्वकालिक या सार्वदेशिक या सार्वभौमिक जैसे पुराने शब्दों को काम लें, तो ना वह सार्वकालिक होगा, न सार्वदेशिक और न सार्वभौमिक। इसीलिए साहित्य में भी हम शिव-अशिव, मंगल-अमंगल की जिन पारम्परिक धारणाओं को चलाते आये, वे प्रासंगिकता के तौर पर अब मुश्किल होगी...हम इन लहरों में कब तक उछलते रहे जो समय पैदा कर रहा है? हम अपने कितने प्रश्नों का उत्तर देने में समर्थ है और कितने प्रकार के प्रश्न है जिनका वास्ता हमसे है? मैं बहुत सारे प्रश्न सुनता हूँ पर उनके मूल का,

उनके जेनेसिस का मुझे पता नहीं है। जिस अभिप्राय में मैं संस्कृति को समझता था, उसे अभिप्राय में अब संस्कृति की अवधारणा ही बदल गई है। एंथ्रोपोलॉजी एक अलग तरह से संस्कृति की बात करती है और एथेनिक दूसरी तरह से। कई प्रकार की कल्चर है। एक एग्रीकल्चर भी है। लेकिन हम लोगों ने जो बातें की वह कुछ समाधान भी करती हैं और कुछ दूसरी तरह की उद्विग्नता भी उत्पन्न करती हैं और यही इस चर्चा की सार्थकता हो शायद...धन्यवाद।

हेमन्त शेष : नहीं, नन्द जी, अभी धन्यवाद नहीं, आप 'कला-प्रयोजन' के लिए पहले वह कविता रिकॉर्ड कराएँ जो आपके संकलन 'वे सोये तो नहीं होंगे' में मुझे अच्छी लगी—किला—

नंद चतुर्वेदी : मेरा ननिहाल दरअसल चित्तौड़ दुर्ग की तलहटी में है, जिसकी बहुत सारी कथाएँ मैं कई लोगों से और कई प्रकार से बरसों से सुनता रहा हूँ...तो मैंने सोचा...सोचा क्या...यह कविता बनी...किला...

वह किला पूरी तरह ध्वस्त हो गया था
एक पूरे शानदार इतिहास के बावजूद
वे स्त्रियाँ आग में कूद गई थीं
अपने कृतघ्न और क्लीव पतियों के लिए
जिन्हें प्रेम करना नहीं आता था

वे सुंदर और अप्रतिम थीं
वे मर चुकी थीं
और अब वे स्वतंत्र थे
उनके पति
प्रेम के विरुद गाने को

कोई नहीं था वह जिन्दगी देखने वाला
जो उन्होंने दी थी

वे पैदल आई थीं
या शिविकाओं में
अकेली-अकेली या एक साथ
शान्त, विक्षुब्ध या रोती हुई
अपने पतियों का आलिंगन करके

या उन्हें श्राप देती
सबसे आगे कोई वृद्धा थी
या किशोरी
रोशनी बची थी
और बुर्ज पर कोई सैनिक था

बालक सो गए थे या चीखते रहे
शान्ति पाठ करने आये तो होंगे ब्राह्मण
उन्होंने कहा भी होगा
वे फिर यहाँ आएँगी
पृथ्वी पर
अपना बचा हुआ जीवन जीने के लिए

इतिहास सिर्फ मौत बताता है
बाद की बातें जिन्दगी को ही तलाश करनी पड़ती है।

मनुष्य मुक्ति से बड़ी कोई कविता नहीं

भगवतीलाल व्यास

प्रश्न : आपकी पहली काव्य पुस्तक "यह समय मामूली नहीं" सन् 1983 में प्रकाशित हुई जबकि आपने 40 वर्ष की काव्य यात्रा पूरी कर ली थी। क्या इन 40 वर्षों में आपको कभी इस बात ने परेशान नहीं किया कि आप पुस्तकाकार क्यों नहीं छप रहे हैं?

उत्तर : नहीं ही किया। पुस्तकाकार छप जाने से अद्भुत बात हो जाती हो, ऐसा मेरे मन पर कभी प्रभाव नहीं हुआ। जिनकी छप गई थी उनसे ईर्ष्या नहीं हुई और ना मैं उनसे कभी आतंकित हुआ। न छपने पर भी मुझे प्रान्त के कवियों तथा अन्य मित्रों का इतना स्नेह प्राप्त होता रहा कि पुस्तक का न छपना कभी अखरा नहीं।

प्रश्न : क्या कवि कर्म की सार्थकता के लिए आप किसी विचारधारा विशेष जैसे जनवाद, प्रगतिवाद आदि से जुड़ना जरूरी समझते हैं?

उत्तर : ऐसा विचार कभी किया ही नहीं कि जुड़ना चाहिए या नहीं जुड़ना चाहिए। यह आग्रह भी पिछले वर्षों में ही ज्यादा होने लगा। लेकिन अगर हम व्यापक रूप से राजस्थान की कविता का अध्ययन करें और नए पुराने कवियों को देखें तो पाएँगे कि हमारी कविता हमेशा मामूली आदमी से सम्बन्ध रखती रही है और मैं तो यही जानता हूँ कि राजस्थान की कविता प्रायः जनोन्मुखी है इसीलिए अलग से जनवादी, प्रगतिवादी होने की घोषणा करने की जरूरत ही नहीं हुई। बहुत से लोग जो रचनाकर्म में लगे हैं, वे आज भी इस प्रकार की घोषणा नहीं करते। कविता में कुछ मत अभिव्यक्त होते रहें और वाणी से और कुछ कहा जाता रहे तो मेरी दृष्टि से उसका कोई विशेष महत्त्व नहीं है। यह बात अवश्य ध्यान में आती है कि हम लोग जब कविता को 'जनोन्मुखी' कहते हैं तो किसी बड़े अभिप्राय से कहते हैं। जनवादी प्रगतिवादी लेखक संगठनों को जो बनाते हैं उनका आग्रह साम्यवादी पार्टियों की तरफ होता है चाहे वह कहें नहीं।

प्रश्न : जनोन्मुखी और साम्यवादी व्यवस्था में अन्तर क्या है?

उत्तर : जनहित की बात हम अनेक प्रकार से सोच सकते हैं लेकिन साम्यवादी स्थापना के तरीके भिन्न होंगे। उदाहरण के लिए जनकल्याण की बात

गांधी भी करते हैं लेकिन साम्यवादी दलों से उनके अभिप्राय और आन्दोलन भिन्न होते हैं।

प्रश्न : मनुष्य की यंत्रणा, शोषण और दीन-हीन दशा का वर्णन करना आजकल कविता का एक खास अन्दाज बन गया है। क्या आपकी दृष्टि से इस सबके बिना श्रेष्ठ कविता नहीं हो सकती?

उत्तर : हो सकती होगी। लेकिन मनुष्य मुक्ति से बड़ी कविता और कोई नहीं हो सकती है इसमें मुझे सन्देह है। आदमी जब दुख में डूबा हुआ हो तो बहुत से रूप, रस, गंध के अर्थ होते हुए भी एक अर्थहीनता आ जाती है। ऐसे ही जब मनुष्य का दुख इतना बड़ा हो तब कविता को उससे अलग करना सम्भव नहीं होगा। ऐसे क्षणों में वही कविता श्रेष्ठ होगी जो मनुष्य के दुख से अभिभूत हो, उसके लिए हो, उसकी हो। लेकिन यह हमें स्मरण रखना चाहिए कि मनुष्य के दुख को पहचाना, उसमें डूबना और कविता करना तीनों ही स्थितियाँ मुश्किल होती है। यहाँ फिर, जो कवि कर्म है, इसकी जितनी भी आवश्यकताए है, उनकी ओर हमारा ध्यान रहना चाहिए क्योंकि कई बार वास्तविक दुख भी नाटक, गीता का रूप ले लेते हैं और रोने के भी कई 'स्टाइल' विकसित हो जाते हैं। कई जगह रोने के लिए किराये पर स्त्रियाँ ले आई जाती है। उनके रोने और दुख में डूबे लोगों के रोने में अन्तर होता है।

प्रश्न : 'यह समय मामूली नहीं' की कविताओं के बारे में कुछ मित्रों का यह कहना है कि इनमें व्यवहार्थ भंगिमा इतनी गैर आम है कि आम पाठक के गले नहीं उतरती जबकि आप बात आम आदमी के ही दुख दर्द की कर रहे होते हैं। क्या आपको ऐसा नहीं लगता?

उत्तर : मान लीजिए मुझे ना भी लगे तब भी मुझे पाठक का ही आदर करना चाहिए। यदि उन्हें ऐसा लगता है कि वह ही ठीक है तो इसे मैं अपनी काव्याभ्यास की कमी ही मानूँगा। अपनी कविता के सम्बन्ध में कोई भी आदमी पूर्वाग्रह मुक्त होकर सोच ही नहीं सकता। सबको अपना कवित्व चारुशील लगता है। इसीलिए जो मेरे मित्र कहते हैं, उन्हीं की राय को आधार देता हूँ।

प्रश्न : आपकी कविताओं में नदी, चिड़िया, फूल, लड़की, औरत, पेड़, धूप जैसे शब्दों का बार-बार प्रयोग हुआ है जिनका सम्बन्ध एक कोमल सृष्टि से है किन्तु आपकी कविता का समग्र प्रभाव किसी कोमलता की सृष्टि नहीं करता बल्कि वह जीवन के खुरदरे यथार्थ को छूने के लिए बाध्य करता है। क्या यह विरोधाभास नहीं है?

उत्तर : यह विरोधाभास नहीं है। इन शब्दों के साथ कोमलता भी नहीं है। लड़की से अपार दुख जन्म लेता है। नदी से भयावहता जन्म लेती है। अलग से कोई चीज

कोमल या कठोर नहीं होती। उसके सारे प्रभाव को ही ग्रहण करना होगा। अगर मेरी 'आह ह्वेनसांग' कविता में 'पारिजात' शब्द आता है तो किसी के मन में भी अर्चना का भाव उत्पन्न नहीं होगा। जो सादृश्यता मूलक भाव है, उन्हीं पर विचार करना चाहिए। एक अन्य कविता 'यास्मीन' में यास्मीन एक रूमानी लड़की है। लोग छत पर चढ़कर उसे देखते हैं उसके तारुण्य पर मुग्ध होते हैं। बाद में शहर के कुछ भद्र लोग उसके साथ बलात्कार करते हैं। यह सब हो चुकने पर भी वह अपने अस्तित्व के लिए जद्दोज़हद करती है तब उसका पूरा रूप ही अग्नि शिखा की तरह हो जाता है।

प्रश्न : कुछ लोग कविता को सामाजिक बदलाव का एक हथियार मानते हैं। क्या आप भी ऐसा ही मानते हैं?

उत्तर : हाँ, मानता हूँ। लेकिन इस अभिप्राय में कि वह बदलाव का एक जागरूक पक्ष है, राजनीति का पक्ष नहीं। उदाहरण के लिए अगर कभी साम्यवादी पार्टी का राज्य बने और उसमें व्यवस्था की कोई कमी नजर आए तो उनके विरुद्ध भी जनता में जागरूकता लाने का वही प्रयास करूँगा जो मैं पूँजीवादी व्यवस्था में करता। ऐसा करते समय भी पूँजीवाद और साम्यवाद के बीच जो एक बड़ा अन्तर है, उसे भी मैं ध्यान में रखूँगा और साम्यवादी शासन को हटाकर पूँजीवादी शासन को स्थापित करने से मैं कभी प्रसन्न नहीं होऊँगा।

प्रश्न : आप मूलतः कवि हैं पर जब आपको राजस्थान साहित्य अकादमी का पुरस्कार (मीरा पुरस्कार) आपकी कृति 'शब्द संसार की यायावरी' पर मिला तो आपको कैसा लगा?

उत्तर : आप मानेंगे नहीं, पर कुछ लगा ही नहीं। जिस वर्ष यह पुस्तक पुरस्कृत हुई, उस वर्ष इस पुरस्कार के लिए गद्य कृतियाँ ही थीं। यदि मैं विनम्रता से कहो तो मैं चाहे अच्छा गद्य न लिखता होऊँ, पर बुरा गद्य भी नहीं लिखता। इसीलिए गद्य के लिए पुरस्कृत होना भी मुझे अच्छा ही लगा। आपको स्मरण होगा यह पुरस्कार घोषित होने पर लोगों ने मेरी दृष्टि में इस मसले को लेकर अशोभन चर्चा भी की। पुरस्कार मिला तो मैं उसे आयु तक पहुँच चुका था जहाँ 9000 का पुरस्कार ज्यादा उत्साहप्रद प्रतीत नहीं होता। बल्कि मुझे लज्जा ही आती रही कि इतनी लम्बी उम्र में पर भी मुझे पुरस्कार का एक प्रतियोगी बनना पड़ा। मैं सोचता हूँ राजस्थान के किसी भी साहित्यकार का को ऐसी प्रतिस्पर्धा में शामिल करके पुरस्कृत करने की कोशिश नहीं होनी चाहिए। मध्य प्रदेश पच्चीस हजार शिखर सम्मान अपने प्रदेश के प्रतिष्ठित साहित्यकर्मियों को देता ही है। ऐसे ही उपाय से राजस्थान के साहित्यकर्मियों को भी पुरस्कृत किया जाना चाहिए। (इस सुझाव के द्वारा मैं उसका प्रत्याशी नहीं बनना चाहता।)

प्रश्न : 'शब्द संसार की यायावरी' में अपने क्रमशः सुधीन्द्र, हरीश भादानी और कन्हैयालाल सेठिया पर तीन अलग-अलग आलेख लिखे हैं। अपने समसामयिक दर्जनों लोगों के बीच में इन्हीं तीन को चुनने की क्या वजह रही?

उत्तर : अपने समय के सबसे ज्यादा लेखन पर किसी-न-किसी रूप में लिखा है। रांगेय राघव से लेकर आयु में सबसे छोटे कवि अंबिका दत्त तक। किसी की पुस्तक समीक्षा, किसी की भूमिका तो किसी पर बड़े आलेख। राजस्थान की कविता के लिए 'सप्त किरण' तथा 'राजस्थान के कवि भाग 1' की भूमिका में भी लेखक और उनके लेखन पर ही लिखा है। और 'बिन्दु' पत्रिका (जो अब बन्द हो गई है) में प्रान्त की बड़ी हैसियत बनाने के लिए अनवरत कोशिश की है। इसीलिए यह तीन ही आलेख नहीं माने जाने चाहिए। अभी-अभी मदन डागा पर भी लिखा है। यह आलेख अकादमी ने लिखवाये। ना भी लिखवाए होते तब भी मैं अवसर आता तो लिखता।

एक बड़ा प्रयत्न 'स्वातंत्र्योत्तर राजस्थान की कविता' के अन्तर्गत भी कर रहा हूँ और कोशिश यही है कि राजस्थान के बड़े कृतित्व का कुछ मूल्यांकन सम्भव हो। मैं मानता हूँ कि अभी भी राजस्थान के लेखकों की बड़ी पक्षधरता नहीं हुई है और उनकी कविता को, साहित्य को मूल्यांकित करने वाले ज्यादा लोग नहीं है। तो, जब कभी किसी गोष्ठी में राजस्थान पर ही लिखवाया जाता है तो लिखते हैं। दूसरे कवियों के साथ अपने प्रान्त के कवियों को उद्धृत करने में वह उदारता मानते हैं, उनके कृतित्व का हक नहीं मानते।

प्रश्न : इधर लिखी जा रही आलोचना के बारे में लोगों का यह आक्षेप है कि वह विचारधारा विशेष की बोझ बेहद आक्रान्त है। यदि आलोचक जनवादी हुआ तो उसे जनवादी खेमे के कवि की कमजोर कविता भी श्रेष्ठ लगेगी। इसके विपरीत यदि वह अन्य किसी वाद से बँधा हुआ हो तो उसे वही कविता काफी बड़ी लगने लगेगी। क्या आप इस प्रवृत्ति को स्वस्थ मानते हैं?

उत्तर : यह प्रवृत्ति तो यहाँ शुरू ही नहीं हुई। यहाँ प्रगतिवादी, जनवादी, कलावादी, लोगों पर बड़ा काम हुआ हो तब तो ठीक। कुल मिलाकर इस मोर्चे पर बहुत कम कहा गया है। हाल ही में दुर्गा प्रसाद अग्रवाल ने 'मधुमति' में लिखा। लिखा तो अवश्य है लेकिन उन जैसे लेखक से अधिक गम्भीरता की आशा थी। जो सब जानते हैं, उसी को कहना कोई अर्थ नहीं रखता। इसीलिए मेरा आग्रह है कि कोई गम्भीर लेखन हो और उसमें जनवादी लेखक या दूसरे लेखक अपने कवि को स्थापित करें। स्थापना ना हो।

प्रश्न : वर्तमान में हमारे प्रदेश में लिखे जा रहे गद्य और पद्य साहित्य में से आप अधिक प्रौढ़ किस मानेंगे?

उत्तर : पद्य साहित्य को। पद्य साहित्य ही ज्यादा प्रकाशित हुआ है। गद्य विचारात्मक, समीक्षात्मक अथवा शास्त्रीय गद्य ज्यादा नहीं है जबकि उसे होना चाहिए। क्योंकि भाषा

की वयस्कता का प्रमाण अच्छा गद्य लेखन ही है। आप देखेंगे कि इतने महाविद्यालय और हिन्दी के प्राध्यापकों की इतनी संख्या होते हुए भी कितना कम गद्य लेखन हुआ है। दूसरे अनुशासन में तो लगभग कुछ नहीं हुआ है। बहुत कम समाजशास्त्र, अर्थशास्त्र, राजनीति शास्त्र पर लिखा गया है। प्रायः अनुवाद हुए हैं। हिन्दी ग्रंथ अकादमी में मौलिक चिन्तन को कोई महत्त्व नहीं दिया और भाषानुवाद ही कराए। वह भी इतना कठिन कि पाठकों ने समझा कि इससे अच्छा तो अंग्रेजी ग्रंथ पढ़ना ही है।

साहित्य में प्रायः कविताएँ ही लिखी जाती रहीं। गद्य में बहुत-सी बातें करनी होती हैं, विशेष तरह बहुत से दूसरे अनुशासनों और विधाओं का अध्ययन करना होता है, वह मुश्किल होता है। दूसरे गद्य की गलतियाँ जल्दी पकड़ में आ जाती है। तीसरा यह कि गद्य में आप उसे प्रकार की लापरवाही नहीं बरत सकते जैसी 'निरंकुशः काव्यः' कहकर आप पद्य में बरत सकते हैं लेकिन मैं चाहूँगा जरूर की गद्य में बहुत सा लेखन हो और सभी अनुशासनों में हो।

प्रश्न : आपकी दृष्टि में सफल रचनाकार होने की बुनियादी शर्तें क्या है?

उत्तर : यह बहुत कठिन प्रश्न है। यही कह सकता हूँ, कि हम जितना मनुष्य के मन को, उसकी आकांक्षाओं को जानेंगे और समतावादी समाज के लिए कोशिश करेंगे उतनी ही हमारी कलात्मक ऊर्जा का विकास सम्भव हो सकेगा।

प्रश्न : आपने विभिन्न भारतीय भाषाओं और विदेशों में लिखी जा रही कविता का अच्छा खासा अध्ययन किया है। क्या आप यह बताने का कष्ट करेंगे कि वर्तमान हिन्दी कविता की स्थिति सम्पूर्ण कविता साहित्य के सन्दर्भ में कैसी है?

उत्तर : इतने थोड़े समय में हिन्दी कविता में एक कविता भाषा की रचना की है, वह बड़ी बात है। भारतीय भाषाओं में हिन्दी कविता का भाषा संस्कार और अभिव्यक्ति दोनों का स्तर प्रसन्नता देने वाला है। हिन्दी कविता या कहानी में और भी एक बात की है और वह उसकी मनुष्य पक्षधरता है। मनुष्य की पक्षधरता को लेकर हिन्दी के लेखकों और साहित्यकर्मियों की बहस भी सार्थक है। मनुष्य की बात करके हमें यह नहीं मानना चाहिए कि उसे कलात्मक आग्रह कम हो जाएँगे बल्कि मनुष्य और कला की मैत्री से बड़ा साहित्य आएगा। दूसरी भाषाओं में, विदेशी साहित्य में भी मनुष्य पक्षधरता का इतना आग्रह देखने को नहीं मिलता। विदेशी कविता पढ़ते हुए भी ऐसा प्रतीत होता है कि हिन्दी कविता भी विकसित हुई है और भाषा के किशोरत्व को पार कर गई है।

भावनात्मक ईमानदारी अधिक जरूरी है

राजेश्वर वशिष्ठ

प्रश्न : नन्द बाबू! आप आज के समय के प्रतिष्ठित कवि हैं और लगभग 70 वर्ष आपके सक्रिय साहित्य सृजन से जुड़े वर्ष रहे हैं। इस दीर्घ अवधि में आपने कविता तो लिखी ही है, गद्य की अन्य विधाओं में भी लिखा है। इतना ही नहीं, आप सामाजिक रूप से भी सक्रिय रहे हैं। ये आपकी पृष्ठभूमि का बहुत संक्षिप्त-सा परिचय है लेकिन आप के व्यक्तित्व और कृतित्व पर चर्चा करने से पूर्व मैं, आपके सुदीर्घ अनुभव के आधार पर यह जानना चाहूँगा कि हिन्दी कविता ने आपकी दृष्टि से इन सत्तर वर्षों में क्या सफ़र तय किया है?

उत्तर : हिन्दी कविता का जितना और जैसा सफ़र रहा राजेश्वर, उसमें मेरे 65-70 वर्ष भी शामिल हैं और वे इस दृष्टि से भी शामिल हैं कि जिस तरह मेरी अपनी कविता का विकास, परिवर्तन और परिमार्जन हुआ, उसी तरह से हिन्दी कविता का समग्र बदलाव भी हुआ मानना चाहिए। जैसे कि मैंने जब कविता प्रारंभ की तो वह ब्रज भाषा में थी और जिस समय मैंने ब्रज भाषा में कविता प्रारंभ की, उन्हीं दिनों ये कोशिश भी हो रही थी कि कविता की भाषा ब्रज भाषा से खड़ी बोली हो और आचार्य महावीर प्रसाद द्विवेदी ने इसमें सर्वाधिक प्रयास किया। जिस रियासत में मैं रहता था,यानी झालावाड़ में, वहाँ भी यह संघर्ष उसी तरह से विद्यमान था, जिस तरह से कि देश में संघर्ष था। वहाँ भी जो कविता रची जा रही थी, उसके दोनों पुरोधा मौजूद थे। ब्रज भाषा में कविता लिखने वाले और खड़ी बोली में कविता लिखने वाले भी। उनमें से एक सुविदित, सुप्रसिद्ध नाम श्री गिरिधर शर्मा नवरत्न का है। नवरत्न हिन्दी खड़ी बोली के वरिष्ठ कवियों में से रहे और उनका परिवार भी खड़ी बोली की कविता का परिवार था। लेकिन झालावाड़ में उस समय ब्रज भाषा की कविता मान्य थी और मैंने भी ब्रज भाषा में कविता लिखना प्रारंभ किया, समस्या-पूर्ति से, जिसमें मुझे छोटा-मोटा एक पुरस्कार भी मिला। मेरी उस समय की कविताएँ छोटी आयु में, कानपुर के सुप्रसिद्ध कवि गया प्रसाद शुक्ल स्नेही द्वारा सम्पादित 'सुकवि' में प्रकाशित हुईं।

तो एक स्थिकति तो यह है जैसे हिन्दी कविता ने एक मंज़िल को पार किया। जब महावीर प्रसाद द्विवेदी ने यह कहा कि हिन्दी क्षेत्र में जो भाषा बोली जा रही है, उसी में कविता भी लिखी जानी चाहिए और कविता का मुहावरा बोलचाल का होना चाहिए, जिसकी चर्चा आगे चलकर इलियट आदि ने भी की और कहा कि अन्त में कविता की भाषा गद्य भाषा ही होगी। कविता लगभग गद्य के निकट आ जाएगी और आज हम देखते हैं कि कविता लगभग गद्य के निकट आ गई है बल्कि मैं ये कहूँ कि कविता में ज़्यादा बेहतर गद्य लिखा जाने लगा है, बनिस्बत उन गद्य शैलियों के जो गद्य की अपनी शैलियाँ हैं।

प्रश्न : इतना मुहावरा हिन्दी ने तय किया है और अब तो गीत में भी यह आग्रह होने लगा कि गीत भी बोलचाल की भाषा के निकट आए और उनमें लक्षणा,व्यंजना आदि का जो प्रयोग होता है, वह प्रयोग कम हो। जैसा कि इन दिनों की कविता के सन्दर्भ में हिन्दी आलोचक कहते हैं कि हिन्दी की कविता अभिधा की कविता हो गई है और अभिधा का मुहावरा ही उसमें काम में आने लगा है तो अभिधा भी तो एक शब्द शक्ति है! और यदि अभिधा शब्द शक्ति है तो अभिधा का मुहावरा गीत में वर्जित क्यों?

उत्तर : आप देखें, ज़्यादा विस्तार से नहीं, लेकिन मैंने इन साठ से अधिक वर्षों की हिन्दी कविता की यात्रा के सन्दर्भ में जो आपसे कहा, जैसे मैंने अपनी ज़िन्दगी तय की, उसी तरह से हिन्दी कविता ने भी अपनी एक लम्बी ज़िन्दगी तय की है और संक्षेप में अगर कहें तो यह कि कविता, गीत, अगीत उन सबमें जो बोलचाल की भाषा है, उस बोलचाल की भाषा के कविता निकट आती गई और कविता का अपना जो एक अलग-सा वर्चस्व था कि वह उन शैलियों को आविष्कृत करती है जो शैलियाँ गद्य में अपरिचित हैं, उनको विखंडित करती हुई अब कविता वास्तव में गद्य शैलियों के निकट आ गई है। अब गद्य में कविता है और अभिधात्मक कविता है। इसके अलावा बोलचाल की भाषा का वह उत्कर्ष भी कविता में शामिल है, जोकि कविता की विशेषता है।

प्रश्न : लौटकर एक बार फिर पीछे मुड़कर देखें तो मुझे लगता है आपके ज़माने में निराला की कविता से आई नई दृष्टि और नए शिल्प का बहुत प्रभाव रहा होगा?

उत्तर : ये प्रभाव धीरे-धीरे रहा। धीरे-धीरे हम लोगों को ज्ञात हुआ। दरअसल राजस्थान इस दृष्टि से कहना चाहिए, थोड़ा पीछे ही चला, क्योंकि जो राज परिवार थे, वे विद्या के उत्कर्ष से डरते थे। उन लोगों को भय था कि ज्यों-ज्यों लोगों की ज़िन्दगी शिक्षा के निकट आएगी, भाषा के निकट आएगी, व्यवस्थाएँ बदल जाएँगी और व्यवस्था के बदलाव से उन्हें इसलिए डर लगता था कि इससे उनका निज़ाम

भी बदल जाएगा। आप देखिए कि उदयपुर में एक महाराणा ऐसे भी हुए हैं, जिन्होंने रेल इसीलिए उदयपुर के निकट नहीं आने दी, क्योंकि उन्हें डर था कि यातायात के साधन ज्यों-ज्यों समृद्ध होंगे, लोग एक दूसरी ज़िन्दगी से भी परिचित होंगे। वे और सजग होंगे और उन लोगों की सजगता राजशाही के लिए बहुत हानिकारक होगी। लिहाज़ा उन्होंने रेल देबारी पर ही रोक दी थी। देबारी का सन्दर्भ द्वार से है अत: उदयपुर के निकट रेल के आ जाने के परिणामस्वरूप होने वाले परिवर्तन कहीं उनकी व्यवस्था को स्पर्श न कर लें, इसलिए वे रेल को भी शहर के निकट, जनता के निकट नहीं आने देना चाहते थे।

प्रश्न : लेकिन नन्द बाबू, साहित्य के एक सजग विद्यार्थी के रूप में आपको उस समय पत्र पत्रिकाओं में छप रहे अनेक कवियों को पढ़ने का अवसर मिला होगा, उस समय अनेक बड़े कवि हिन्दी साहित्य के आकाश पर नक्षत्र की भाँति उदय हो रहे थे जिनमें प्रसाद, निराला, सुमित्रा नन्दन पंत, महादेवी, अज्ञेय आदि तो थे ही। इनके लेखन से आपने कितना प्रभाव या प्रेरणा को ग्रहण किया?

उत्तर : दरअसल वो बहुत बाद का परिवेश है। हमारे अपने समय में मैथिली शरण गुप्त बड़े कवि माने गए, जिन्हें आचार्य महावीर प्रसाद द्विवेदी ने "सरस्वती" से एक पहचान दी, क्योंकि गुप्त जी की कविता कुछ व्याकरण सम्मत भी थी और द्विवेदी जी भी कुछ व्याकरण सम्मत कविता के पक्षधर थे। वे कविता के बहुत सारे अर्थों की तलाश को ज़्यादा तरजीह नहीं देते थे, यानी गद्य भाषा का अभिप्राय उनकी दृष्टिव में यह था कि जो गद्य के सरल अर्थ हैं, कविता बस वहीं तक सीमित हो और कविता में भी भाषा का जो मुहावरा है, जो व्याकरण है, वह व्याकरण बहुत उलट-पुलट न हो,इसलिए मैथिली शरण गुप्त की जो उस समय की कविता थी, उसे महावीर प्रसाद द्विवेदी कई बार दुरुस्त करके भी उनके पास भेज दिया करते थे। इस दृष्टि से उन दोनों की एक मैत्री थी। इस क्रम में आगे चलकर बाद के जो कवि आए, उन्होंने फिर कविता शुरू की।

प्रश्न : प्रसाद जी की चर्चा भी उन दिनों बहुत रही होगी?

उत्तर : हाँ, लेकिन हम लोगों के पाठ्यक्रम में उन दिनों कविता के स्थान पर उनकी कहानियाँ अधिक हुआ करती थीं। उनकी 'कामायनी' आदि को वो मान्यता प्राप्त नहीं थी जो उनकी 'पुरस्कार' कहानी को थी, क्योंकि उसमें जो राष्ट्रीय संस्कृति की दस्तक थी, वो उस समय बहुत महत्त्वपूर्ण थी। एक तरह का रोमेंटिक मुहावरा, जो पुरस्कार कहानी में था, मधुलिका और राजकुमार अरुण का प्रेम और अन्त में राजकुमार अरुण के प्रेम की अपेक्षा राष्ट्र प्रेम को सर्वोच्च वरीयता देना लेकिन अपने प्रेम के लिए राजदरबार में जाकर खड़ा हो जाना और यह कहना कि यदि

अरुण को फाँसी दी जाती है तो उनके साथ मुझे भी फाँसी दी जाए। ये जो नैतिक आदर्शवाद था, उस समय लोगों को बहुत अपील भी करता था और लोग उसी तरह बलिदान हो जाना चाहते थे। उन दिनों काफ़ी लोगों ने अपने बच्चों के नाम अरुण भी रख दिए थे। इस प्रकार प्रसाद की कहानियों के पात्रों के नाम तक प्रचलन में आ चुके थे अतः प्रसाद की कविताओं के स्थान पर उनकी "पुरस्कार" कहानी ही अधिक लोकप्रिय थी।

इसके अलावा उनके नाटक 'स्कन्दगुप्त', 'अजातशत्रु', 'ध्रुवस्वामिनी' बहुत महत्त्वपूर्ण थे। शायद इसलिए भी कि उस तेवर का, उस भंगिमा का हिन्दी में कोई नाट्य लेखन हुआ नहीं था उस समय तक। उस समय जो पारसी थिएट्रीकल कम्पनी थी, मुझे याद है, उनका एक नाटक था 'चूंचूं का मुरब्बा' जो हमारे झालावाड़ में भी खेला जाता था। तो बहुत-से नाटक जो उस समय लिखे जा रहे थे, चूंचूं के मुरब्बे ही थे जो पारसी थिएट्रीकल कम्पनी की शैलियों पर ही लिखे गए थे।

ऐसे में जयशंकर प्रसाद की जो शैली आई, वो भाषा के परिमार्जन की दृष्टिप से, परिष्कृति की दृष्टिल से और पुस्तकों में साहित्य की दृष्टिक से जैसे नाटकों की आवश्यकता थी, उनकी पूर्ति प्रसाद कर रहे थे। कविताओं की पूर्ति तो अन्य बहुत-से कवि कर ही रहे थे लेकिन और भी तो विधाएँ हैं और नाटक एक महत्त्वपूर्ण विधा है। अपने यहाँ तो शास्त्रों में नाटक को पंचम वेद माना गया है तो उस विधा की पूर्ति प्रसाद कर रहे थे, इसलिए पाठ्यक्रम में जयशंकर प्रसाद कविता से अधिक नाटककार के रूप में, कहानीकार की दृष्टि से, निबन्धकार की दृष्टि से उस वक्त क्षतिपूर्ति कर रहे थे।

प्रश्न : ये तो एक अच्छी स्थिति रही। आपको बहुत अच्छा अवसर मिला,इन सब लोगों का समय आपके साथ-साथ चल रहा था।

उत्तर : हाँ, वो चला तो राजेश्वर! लेकिन उस समय तक जो हम लोगों की साहित्यिक शिक्षा हुई थी, वो साहित्यिक शिक्षा मैं कहूँ कि कोई बहुत गम्भीर शिक्षा नहीं थी।

प्रश्न : लेकिन आप में प्रतिभा थी, चेतना थी, जिसके रहते मुझे लगता है, आप प्रतिकूल परिस्थितियों के बावजूद पढ़ने, सीखने और जानने का प्रयास अवश्य करते रहे होंगे।

उत्तर : हाँ, वो सब ठीक है, फिर भी मुझे कभी-कभी ऐसा लगता है कुछ वैसा ज़्यादा हुआ नहीं। उस समय बनारस या इलाहाबाद के विद्यार्थी जिस तरह के माहौल में साहित्य की शिक्षा प्राप्त कर रहे थे, उस दृष्टि से हम लोग बहुत घाटे में रहे। हमारा स्कूल और हमारा परिवेश भी उतना साहित्यमय नहीं था क्योंकि मैं मानता हूँ कि स्कूल के साथ-साथ परिवेश आपको ज़्यादा शिक्षित करता है।

प्रश्न : जी, बिलकुल ठीक कह रहे हैं आप। वह समय गांधी जी और अनेक बडे स्वतंत्रता सेनानियों की सक्रियता का समय भी था, जब आप बड़े हो रहे थे। 1940-42 से लेकर 47-48 तक यानी लगभग उनकी मृत्यु तक का समय—उनकी विचारधारा ने उस आन्दोलनकारी समय ने भी आपको अवश्य प्रभावित किया होगा?

उत्तर : मैंने पहले भी कहा कि हम लोग इस लिहाज़ से घाटे में ही रहे जो रियासतों के अधीन रहने का घाटा था। यहाँ हमारे जो मालिक थे, जो सामन्त थे, वे दरअसल अंग्रेज़ों से ही पोषण प्राप्त करते थे। उनको राष्ट्रीय चेतना से लगातार भय रहता था, इसलिए हम लोग गांधी या जवाहरलाल नेहरू या और लोग, उनके नाम, उनके गुण, उनके पराक्रम, उनके पुरुषार्थ का पूरा आकलन कर नहीं पाए। उस समय उसका पूरा प्रभाव हम नहीं ले पाए और कहना चाहिए कि वो एक तरह से एक फ़ासला ही था। जैसे हम लोगों ने कभी अन्त तक गांधी को नहीं देखा। मैंने जवाहरलाल को पहली बार जब मैं विद्याभवन टीचर्स ट्रेनिंग कॉलेज में पढ़ाने लगा, तब यहाँ वे आए थे,तब मैंने उनको देखा था लेकिन बस एक तरह की हवा थी, एक तरह की उनकी सुगंध थी, कीर्ति थी।

प्रश्न : तब तो मुझे लगता है, आज़ादी के बाद लगभग 1950 से 60 तक का जो काल रहा, अपने को अपडेट करने के लिए आपको बहुत कुछ पढ़ना पड़ा होगा। बहुत सारे राजनैतिक, सामाजिक परिवर्तनों ने आपको प्रभावित किया होगा।

उत्तर : हाँ, ये ही रहे मेरे जीवन के सबसे अधिक महत्त्वपूर्ण वर्ष। आपने बिलकुल ठीक कहा, 1948 में महाराष्ट्र से नौकरी छोड़ने के बाद मैंने एम.ए. में प्रवेश लिया। गांधीजी की मृत्यु भी उन्हीं दिनों, महाराष्ट्र में मेरी नौकरी के दौरान ही हुई थी। महाराष्ट्र उस समय विशेष रूप से राष्ट्रीय स्वयंसेवक संघ का केन्द्र था। मैंने गोलवलकर जी को जलगाँव में देखा भी और उनकी एक सभा में मैं, शामिल भी हुआ था जो जलगाँव में आयोजित हुई थी,क्योंकि मैं तब जलगाँव और भुसावल के बीच में नसीराबाद में 'न्यू इंग्लिश' स्कूल का हेड मास्टर था और उन्हें सुनने के लिए और उनका दबदबा देखने के लिए जलगाँव की उस सभा में गया था। मुझे आज भी वो दृश्य याद है : उनका घोड़े पर सवार होना, उनके स्वागत में वहाँ का ख़ास किस्म का लेज़म नाम का रण वाद्य बजना और फिर उस मैदान में भाषण। लोगों का पंक्तिबद्ध बैठना, जिसको वह एक फ़ौजी अनुशासन कहते थे, वह फ़ौजी अनुशासन वाली सभा, वह वृत्तान्त मुझे आज भी भलीभाँति याद है।

पार्टीशन तो हो ही चुका था। पार्टीशन के कारण ही तो हिन्दू-मुस्लिम वैमनस्य बढ़ गया था! बात ये है कि गांधी और सावरकर का बहुत पुराना झगड़ा था। मैंने किसी प्रसंग में एक जगह कहीं पढ़ा भी था कि जब गांधी इंग्लैंड में पढ़ते थे, तब सावरकर भी वहीं पढ़ा करते थे। इंडियन लीग में उन दोनों का जो विमर्श होता था,

एक डिबेट होती थी, वैचारिक मतभेद तभी से विद्यमान था। उसको इस पार्टीशन ने एक प्रकार की हवा दी और अन्ततः गांधी मारे गए। उनकी हत्या कर दी गई और उस समय महाराष्ट्र में, जलगाँव में राष्ट्रीय स्वयंसेवक संघ के विरुद्ध उग्र प्रदर्शन हुआ और अन्त में वह संस्था भी प्रतिबन्धित हो गई। जो लोग आरएसएस से जुड़े हुए थे, उनको सरकार ने उनकी कट्टरता के कारण किस तरह से दंडित किया, ये सब मैंने देखा है।

मेरे स्कूल का मैनेजमेंट दरअसल चितपावन ब्राह्मणों का था और जिस जगह मैं था, वहाँ भी काँग्रेस और हिन्दू महासभा या रामराज्य परिषद् का वह संघर्ष मौजूद था। उसका कारण दरअसल आर्थिक ही था, क्योंकि कृषि और उत्पादन के जितने भी संसाधन थे, उन पर सामन्तों एवं वहाँ के चितपावन ब्राह्मणों का ही आधिपत्य था और जो दूसरे खेती करने वाले किसान थे, पाटिल थे। पाटिलों को चितपावन ब्राह्मण, जिनके अधीन उनके खेत थे, दबाकर रखते थे। अतः अन्दर-ही-अन्दर जो दाह था, ईर्ष्या थी, तब भी विद्यमान थी। लेकिन पढ़े-लिखे लोग तो वे ही थे और उत्पादन के साधन भी उस अभिजात वर्ग के पास थे तो वो संघर्ष उस गाँव में भी था जो महाराष्ट्र के शायद गाँव-गाँव में मौजूद हो उस समय।

प्रश्न : बीच में टोकने के लिए क्षमा चाहूँगा, मुझे लगता है, ये सारी प्रक्रिया जो आप अपनी मौजूदगी में देख-सुन रहे थे, आगे चलकर क्या इसी सोच ने आपको समाजवाद से जोड़ा? या लोहिया जी के आप निकट आए, क्या यही चिन्तन आपको वहाँ तक ले गया?

उत्तर : समाजवाद जैसी अवधारणा से, उसके निहितार्थों से तो मैं परिचित नहीं था, लेकिन जो अन्याय का परिदृश्य था, जो कट्टरता का परिदृश्य था, सामाजिक निष्करुणा जो आस-पास व्याप्त थी, उन सबके दबाव को मैं हमेशा अनुभव करता रहता था और जब मुझे लगने लगा कि उन दबावों से लड़ने की ताकत समाजवाद प्रदान कर सकता है, लोक शक्तिा को एकजुट करने की, लोक नीति को प्रयुक्त करने की, लोक चेतना को मुखर करने की शक्तित समाजवाद देता है तो मैं समाजवादियों के साथ हो गया। लेकिन अन्दर एक छटपटाहट थी, जो एक खलबली, जो उथल-पुथल थी, दरअसल समाजवाद उसी को बल प्रदान करने वाले, उसीको ताकत देने वाले संगठन का नाम है। तो अकेले-अकेले जूझने की बजाय मुझे ऐसा लगा कि अनेक लोगों के साथ यदि हम ये तैयारी करते हैं तो अपने अभिप्राय को, अपने मन्तव्य को, अपनी मंज़िल को पाने में शायद ज़्यादा सुविधा होगी।

प्रश्न : नन्द बाबू! आज भले ही हम कितनी ही बड़ी-बड़ी बातें करें, मूल रूप से भारत एक जातिप्रधान और सम्प्रदाय प्रधान देश तो है ही। और आप भी उच्च वर्ण

के कुलीन ब्राह्मण हैं, तो क्या कहीं ये दबाव आप पर नहीं रहा कि मैं जिस वर्ण से सम्बन्धित हूँ, ऐसा करके मैं उसके विरुद्ध जा रहा हूँ। कहा यह भी गया होगा कि ब्राह्मण होकर क्यों आप इस व्यवस्था का विरोध करते हैं।

उत्तर : ज़्यादातर तो ब्राह्मणों में, विशेष रूप से भारत की चेतना में मुझे दोनों तरह के प्रभाव नज़र आते हैं। एक कट्टरता का प्रभाव भी मुझे नज़र आता है और उन्हीं लोगों में एक एंटिथीसेस भी है जो उदारता का है, जो मुक्ति का है, जो विश्व बंधुत्व का है और जो भाईचारे का है। कट्टरता का जो एंटिथीसेस है, वहीं से वो निकलता भी है और यदि हम देखें, विचार करें तो पुराना पूरा-का-पूरा भक्ति कालीन आन्दोलन उस कट्टरता का विरोध करता हुआ आन्दोलन ही है, जिसमें बहुत-से उच्च वर्ग के लोग भी शामिल हैं।

प्रश्न : लेकिन कहीं पर एक साक्षात्कार में आपसे जब पूछा गया कि आपने महिलाओं पर लिखा किन्तु दलितों पर आपने कलम कम चलाई, तब आपने कहा था कि दलितों के विषय में मेरी जानकारी सीमित है।

उत्तर : जुड़ाव का जो मनोविज्ञान है, बहुत बार वह बौद्धिक भी होता है। एक तरह से आप यह अनुभव करते हैं कि ये आपकी बौद्धिक ईमानदारी हो। वो बौद्धिक ईमानदारी आपको उनके साथ रखती है। लेकिन जो भावनात्मक ईमानदारी है, उस भावनात्मक ईमानदारी के लिए बौद्धिक ईमानदारी से कुछ अधिक की आवश्यकता होती होगी, ऐसा मैं अनुभव करता हूँ।

प्रश्न : लेकिन आपके साहित्य के अध्ययन से प्रतीत होता है कि आपने इस ईमानदारी को बरता है।

उत्तर : लेकिन तब भी मैं उस परिवार में जन्मा नहीं हूँ। जन्म लेना, सम्पूर्ण मनोरचना उस तरह होना एक बात है और एक बौद्धिक सहानुभूति, एक बौद्धिक सजगता, एक बौद्धिक कर्तव्यशीलता, ये एक दूसरी बात है। कई बार जब दलित लोग इस बात को कहते हैं, तब मुझे ये बराबर लगता है कि बौद्धिक ईमानदारी और उन्हीं के कुटुब में, उन्हीं के परिवेश में जन्म लेकर उन स्थितियों को जीना, ये दो बहुत भारी अन्तर करने वाली बातें हैं। दलित साहित्य में जैसे ओमप्रकाश वाल्मीकि की कृति 'जूठन' या इन दिनों मैं गायकवाड़ का एक उपन्यास पढ़ रहा हूँ 'उचक्का' या एक और जीवनी 'हरामज़ादे'। इन सबको जब मैंने पढ़ा, तो मुझे महसूस हुआ कि बिना उनके बीच में जन्मे उन्हें समझा ही नहीं जा सकता, इसलिए वे जो भी आरोप हम पर लगाते हों, जो भी भला-बुरा वे हमें कहते हों, वो कतई मुरा मानने की बात नहीं है। उसे हमें खुले मन से स्वीकार करना ही चाहिए। उसका अपराधबोध

लगातार क्षुब्ध करता है और जैसे लोहिया कहते हैं कि सबसे बड़े दो ही कटघरे हैं भारत में। एक वर्ण का कटघरा और एक स्त्री का कटघरा, तो वो ज़्यादा सचाई के करीब मालूम होते हैं। भारत की बुद्धि,भारत की चेतना इन दो कटघरों से जब तक मुक्त नहीं होती है, तब तक कुछ-न-कुछ चिन्ताएँ लगातार बनी रहेंगी और सामाजिक उत्कर्ष के बहुत-से दरवाज़े बन्द रहेंगे।

प्रश्न : चिन्तन से नन्द बाबू, पुन: हम आपके अपने सृजन की ओर लौटना चाहेंगे। आप लगातार कविताएँ लिखते रहे, लेख भी लिखते रहे, इस बीच आपने अनुवाद भी किए, वो सब यदा-कदा, इधर-उधर छपते भी रहे। ये मेरी अपनी धारणा है, शायद आप इससे सहमत भी होंगे कि जब यहां-वहाँ हम छपते रहते हैं और हमारे संकलन लोगों तक नहीं पहुँचते तो लोग हमारा समग्र मूल्यांकन नहीं कर पाते, क्योंकि किसी समय पर एक पत्रिका में आपकी एक रचना पढ़ी और आपके विषय में एक धारणा बनी, फिर एक अन्तराल के बाद कहीं से एक दूसरी रचना पढ़ने को मिली। इस बीच कोई गद्य रचना आ गई, इस बीच में कुछ और पढ़ा, तो मुझे ये लगता है कि पाठक आपके विषय में सुनिश्चित राय नहीं बना पाते। ये राय कायम करने में उन्हें थोड़ी—सी कठिनाई होती रही है और इस दृष्टि से मैं कहूँगा कि आपके संकलन के रूप में कविताएँ अथवा आलेख जो-कुछ भी प्रकाशित हुए, वो काफ़ी देर से आए। यूँ तो ज़ाहिर है, ये आपकी अपनी व्यक्तिगत स्वतंत्रता का प्रश्न है। आपने जब भी उन्हें चाहा, वे छपीं, फिर भी इस पर थोड़ा प्रकाश डालेंगे कि आखिर वे क्या परिस्थितियाँ रहीं?

उत्तर : परिस्थितियाँ तो यही रहीं राजेश्वर! जो हमारे राजस्थान की शैक्षिक परिस्थितियाँ थीं। इच्छा भी हुई हो कभी कि जल्दी से कहीं कुछ छापें-छपवाएँ, परन्तु कोई सम्मानजनक वातावरण बना नहीं, किसी ने आकर तो कहा नहीं। यहाँ बड़े-बड़े विद्वान लोग बैठे थे जो प्रकाशकों के चक्कर लगाते थे और प्रकाशक भी इसलिए उनके ग्रंथ छापते रहे, क्योंकि वे या तो शिक्षा विभाग में महत्त्वपूर्ण पदों पर थे या वे विश्वविद्यालयों में उनकी दूसरी पुस्तकों को लगा सकते थे। इसलिए नहीं कि वे साहित्य का बहुत आदर करते थे बल्कि इसलिए कि यह एक तरह का व्यापार हो सकता था, एक मार्केटिंग सम्भव थी।

प्रश्न : मुझे ये भी लगता रहा नन्द बाबू! कि वो जो महत्त्वपूर्ण समय था, उस समय में शिक्षक राजनीति, बहुत खुले रूप में साहित्य के माध्यम से व्याप्त भ्रष्टाचार या जो गुटबन्दियाँ थीं, आप सम्भवत: उन्हें लेकर भी चिन्तित और सतर्क रहे, उनमें भी आपने स्वयं को कुछ अधिक उलझाकर रखा, ये भी क्या विलम्ब का कारण नहीं है? आपने शिक्षकों की बड़ी ऐतिहासिक हड़ताल करवाई, हम सबको

तो कभी-कभी ये लगता रहा था कि कहीं आप साहित्य को छोड़कर राजनीति में ही न चले जाएँ।

उत्तर : ऐसी राजनीति मैंने ही नहीं की और लोगों ने भी ऐसी राजनीति की, बल्कि सम्पूर्ण स्वाधीनता संग्राम इस राजनीति की मिसाल है, जिसमें साहित्यकारों ने खुलकर, बहुत बढ़-चढ़कर हिस्सा लिया लेकिन उनको तो कोई नुकसान नहीं हुआ। दरअसल हमारे यहाँ सामन्ती चरित्र के चलते जो वातावरण, जो सामन्ती परिवेश था, वो साहित्य को महत्त्व ग्रहण ही नहीं करने देता था। अब ऐसी परिस्थिति में या तो ये होता कि आप प्रकाशकों के आगे अपना माथा रगड़ते या फिर अपने पैसों से पुस्तकें छपवाते, जैसा कि मेरे समकालीनों ने किया और उनसे लाभ लिया लेकिन वो सब एक व्यापार था। इस कारण मुझे ऐसा लगता रहा कि इससे मेरा कोई नुकसान नहीं हुआ, अगर मेरी पुस्तकें विलम्ब से भी आईं। लेकिन मैं उस समय की प्रतीक्षा करता रहा और जब वो समय आया, लोगों ने जब मुझसे कहा कि लाइए, हम आपकी किताब छापने को तैयार हैं। जब ये सम्मान उन्होंने दिया तो मैंने अपनी किताब भी दे दी और मुझे इसका कोई पछतावा नहीं रहा,क्योंकि समग्रता में अवश्य किताब देर से आई हो लेकिन किताब से पहले भी मैं राजस्थान के एक अच्छे कवि के रूप में पहचाना जाने लगा था। अतः जहाँ तक थोड़ी-बहुत प्रसिद्धि हिन्दी के लेखक या कवि को मिलती है, उस प्रसिद्धि से मैं सन्तुष्ट भी था।

प्रश्न : केवल राजस्थान के ही नहीं, आप देश के सुपरिचित कवि के रूप में विख्यात हुए। आपको 'धर्मयुग' ने छापा, आपको हर प्रसिद्ध पत्र-पत्रिकाओं ने छापा।

उत्तर : हाँ, इसीलिए प्रसिद्धि की जो भूख होती है, वह तो इस तरह से तृप्त होती रही, लेकिन आपने ठीक ही कहा, शायद पुस्तकों के आ जाने के बाद किसी लेखक की जो प्रतिष्ठा बनती है, वो थोड़ी समग्रता में हो जाती है पर कई बार आपको सम्मानपूर्ण स्थितियों के लिए इंतज़ार भी करना पड़ता है।

लेखक को मानवीय सरोकारों के प्रति प्रतिबद्ध होना चाहिए

रेवती रमण शर्मा

प्रश्न : कविता को शाश्वत होना चाहिए या समकालीन समस्याओं से जुड़ा होना चाहिए? जो कविता सामूहिक सत्य को उजागर नहीं कर सकती वह शाश्वत कैसे हो सकती है?

उत्तर : यदि कोई व्यक्ति जब कविता लिखता है वह इस तरह सोचता ही नहीं है कि वह शाश्वत होगी या नहीं। यदि पूर्व सोच के साथ कविता लिखी जाएगी तो कविता लिखी ही नहीं जाएगी। कोई भी कई अमर होने या समकालीनता के लिए नहीं लिखता, समय को इस प्रकार नहीं बांटा जा सकता है। दरअसल कोई कवि समय को विभाजित करने के लिए नहीं बल्कि अविभाजित रहने देने के लिए लिखता है।

प्रश्न : आजकल लोग प्रतिबद्धता की अधिक बात करते हैं। क्या मनुष्य को सम्पूर्ण मानवता से प्रतिबद्ध होना चाहिए या किसी राजनीतिक विचारधारा मात्र से?

उत्तर : ज्यों-ज्यों हम प्रतिबद्धता पर अधिकाधिक बातचीत करने लगे, त्यों-त्यों प्रतिबद्धता को खंडित भी करने लगे और उसकी सार्थकता ही समाप्त होने लगी। कविता में जब प्रतिबद्धता की बात आई तो हम चाहने लगे कि राजनीतिक प्रतिबद्धता की बात हो। यह किसी भी रचनाकार के लिए सम्भव नहीं होता कि वह किसी राजनीतिक पार्टी के राजनीतिक संकल्पना को दोहराकर प्रतिबद्ध कवि हो जाए। उसको अपने समय की सारी विकृतियों के लिए कविता करनी होती है। जबकि राजनीतिज्ञ यह चाहते हैं कि उनके दल को छोड़कर शेष दल की विकृतियाँ इंगित की जाए। किसी ईमानदार कवि के लिए विकृतियों को इस हद तक तोड़ना सम्भव नहीं हो पाता। एक कालखंड की विकृतियाँ लगभग एक समान होती है और उन पर आक्रमण भी करना होता है। इसीलिए हम मानवीय सरोकारों के प्रति प्रतिबद्ध होना ज्यादा मूल्यवान मानते हैं। जिस सीमा तक राजनीति भी यह रचनात्मक दृष्टिकोण रखती है हमारे लिए वरेण्य होती है। किसी भी राजनीतिक आवेश में डूबे रहने पर भी कविता को खतरा हो सकता है क्योंकि कोई भी रचनाकर्म आवेश मुक्ति है और एक सन्तुलन की शुरुआत है। आवेश मुक्त होने पर आदमी पुनर्नवा होता है और ताजा बना रहता है।

प्रश्न : क्या कवि आम आदमी से इतर वस्तु है?

उत्तर : जो रचनात्मक आवेग को जानते नहीं है वही कवि को आम आदमी से अलग करते हैं। वह अपनी सामान्य परिस्थितियों में ही जीता है। किन्तु उसका तनाव, उसकी भाषा साधारण आदमी को ही ऐसी लगती है जैसे वह असाधारण है। बल्कि वह तो अपने आप को सर्वसामान्य बनने की पुरजोर कोशिश करता रहता है। तभी वह आम लोगों और अपने आप को जान पाता है। निराला ने अपने आप को सामान्य बनाने की प्रक्रिया में ऐसी जीवन शैली अपनायी कि लोग उन्हें 'विचलित चित्त' कहने लगे। आज कवि 'इतर' होकर जीने का ढकोसला नहीं कर सकता।

प्रश्न : आप कविता में कथ्य की प्रधानता चाहते हैं या रूप और शिल्प की महत्ता स्वीकार करते हैं या फिर अच्छी कविता के लिए दोनों का होना जरूरी मानते हैं?

उत्तर : जैसा आपने स्वयं कहा कि कवि, कविता क्या इसीलिए लिखता है कि वह कथ्य के लिए लिख रहा है या शिल्प के लिए—यह हम आग्रह क्यों करते हैं। इसीलिए हमारा ही मन्तव्य है और हम यह कहना चाहते हैं कि एक प्राथमिक है और दूसरा गौण है। कविता का एक सम्पूर्ण अन्विति है जो ना कथ्य के अभाव में जीवित रह सकती और ना शिल्प के अभाव में।

प्रश्न : आप में जो ताजगी है, आपकी कविताओं में जो नयापन, एक तेवर है, नए लोगों में ऐसा नहीं है। समय से पहले चुकने लगते हैं, ऐसा क्यों?

उत्तर : में पूर्वांश का ही उत्तर दूँगा। मैं नहीं मानता कि बाद वाले लोग जल्दी चूक जाते हैं। ऐसा कोई सामान्य नियम नहीं है। मैं अपनी ही कविता की चार दशक की बात करूँ। मेरे साथी ही बहुत अल्पजीवी रहे। यह अपनी-अपनी ऊर्जा का सवाल है। जहाँ तक मेरी कविता का प्रश्न है उसे मैं हमेशा समय के साथ और जिन्हें मैं 'जिन्दगी की तनावों' के साथ जुड़ा हुआ मानता हूँ, जोड़े रहा शायद इसीलिए आपको इसमें ईमानदारी और ताजगी नजर आती हो। जब मैं कहता हूँ कि समय के साथ जुड़ा रहा तब मेरा अभिप्राय उन सारी त्रसदायक स्थितियों से होता है जो हमारी धार्मिक और कहरतापूर्ण अवस्थाओं से सम्बन्धित है। मैं इसमें बहुत बार ब्राह्मणवाद की भी जिम्मेदार मानता हूँ जो बहुत कम समय लचीला रहा है, ज्यादातर कठोर और एक सीमा तक अमानवीय भी रहा है।

प्रश्न : आप गद्य और पद्य दोनों लिखते हैं फिर भी कवि के रूप में आप अधिक स्थापित हुए हैं, ऐसा क्यों?

उत्तर : कविता मेरी केन्द्रीय विधा है और गद्य पर भी उसकी छाया है। किन्तु मैं हमेशा गद्य को अधिकाधिक रचनात्मक बनाने की चेष्टा करता रहा हूँ। ऐसा मैं

पहला आदमी नहीं हूँ। इसमें बहुत से समानधर्मा हैं जो पद्य और गद्य में समान हैसियत वाले लेखक बनने की कोशिश करते रहे हैं।

हम लोग आलोचना को अध्यापकों के साथ जोड़ते चले गए हैं कि जैसे उनके सिवा इसकी पात्रता और किसी में ना हो। इसीलिए जब मुझे साहित्यिक निबन्धों पर 'मीराँ पुरस्कार' मिला तब कुछ अध्यापकीय मिजाज के लेखक और पाठक विचलित हो गए। किन्तु मैं समकालीन कवि मित्रों से यह आग्रह करता हूँ कि वह कविता के सम्बन्ध में और दूसरी साहित्यिक विधाओं के सम्बन्ध में निरन्तर सोचते रहें और निरन्तर गद्य की सारी सम्भावनाओं को तलाशते रहें ताकि वे उसे अध्यापकीय जुल्म से बचा सकें।

प्रश्न : कविता से आपकी क्या अपेक्षाएँ हैं?

उत्तर : आपकी और मेरी कविताओं से जबरदस्त अपेक्षाएँ हैं। क्योंकि उससे हम धर्म, अर्थ, काम, मोक्ष सभी सिद्धियाँ प्राप्त करने में लगे हैं। किन्तु इस समय एक और संकट भी फैला है जिसकी ओर आपका और पाठकों का ध्यान केन्द्रित करना चाहता हूँ। संकट यह है कि संचार माध्यमों ने शब्द का अवमूल्यन कर दिया है और उनके अर्थच्युति हो गई है। ऐसे समय में शब्दों को यदि कोई बचा सकता है तो वह सिर्फ कवि है। एक साथ सभी मोर्चों पर सब लोग शब्द को निस्तेज करने में लगे हैं और उनके अर्थ भ्रष्ट कर देने में भी उनकी अपार दिलचस्प है। ऐसे भयावह समय में शब्द के संवेदनात्मक अर्थों को फैलाने का काम कवि या किसी भी रचनाधर्मी का है। इसीलिए केवल कविता से ही नहीं पूरे साहित्यकर्म से मेरी अपार अपेक्षाएँ हैं। दूसरे क्षेत्रों में भी शब्दों की गरिमा बढ़ाने की एक उत्कंठा मुझे नजर आती है। वह भी इन दिनों साहित्यकारों में एक नए तेज और दर्प को देखने के आकांक्षी हैं।

प्रश्न : अकादमी पुरस्कार पर आपको कैसा लगा?

उत्तर : यह संस्थानिक पुरस्कार है। आप जानते हैं कि मेरी आर्थिक आवश्यकताएँ हैं। मैंने इमानदार लेखक के रूप में पुस्तक दी। वह एक प्रतियोगिता थी। मेरी पुस्तक की दूसरी पुस्तकों के साथ जाँच की गई। यह कोई लॉटरी तो थी नहीं जो मैं विचलित होता। मेरे जैसे व्यक्ति को उससे न हर्षातिरेक होने की जरूरत थी ना किसी अन्यथा भाव की। दूसरे लोग चाहे इससे असामान्य हो गए हों।